甲《こう》骨《こう》文《ぶん》

甲骨文《こうこうぶん》の説明《せつめい》

漢字の最古《さいこ》のすがたをしめす甲骨文字《こうこつもじ》の実物です。硬《かた》い牛の肩胛骨《けんこうこつ》に鋭《するど》い刃物《はもの》で刻《きざ》みこんだので、直線的《てき》な字形になっています。

甲骨文字は、甲骨を用いて天に占《うらな》いたずねた内容《ないよう》を記録《きろく》するために刻んだもので、ここにそのようすがはっきりとしめされています。まず、何日に占った(卜)か、次にだれが天にたずねた(貞)かを書きます。ここでは「辛亥」「丁未」という日付と「賓」「争」の二人の名前とが見えます。そのあとは、たずねたことがらが書かれますが、ここでは「登人」「令」という一部分が読めます。

いちばん左の文について解読《かいどく》すると、「辛亥の日に占い、争がたずねた。出撃《しゅつげき》するために人々(人)を兵隊《へいたい》として動員(登)して……」といったことが書かれています。

(中国河南省安陽県《かなんしょうあんようけん》出土・東洋文庫所蔵《しょぞう》)

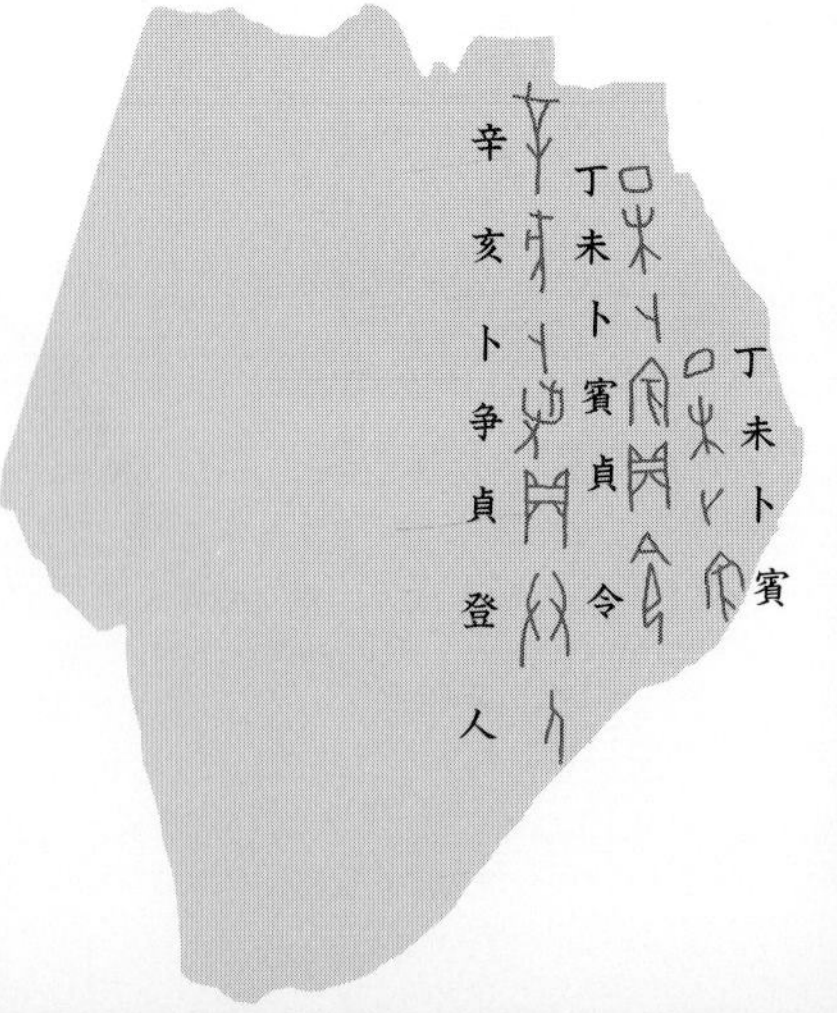

三省堂

例解小学漢字辞典

第四版

林　四郎
大村はま　監修
月本雅幸
濱口富士雄　編

三省堂

■監修

林《はやし》 四郎《しろう》▼筑波大学名誉教授・国立国語研究所名誉所員・北京外国語大学名誉教授・明海大学名誉教授

大村《おおむら》はま▼元公立中学校教諭・日本国語教育学会顧問

■編者

月本雅幸《つきもとまさゆき》▼東京大学大学院教授

濱口富士雄《はまぐちふじお》▼群馬県立女子大学文学部教授

■編集協力者

川嶋《かわしま》 優《ゆたか》▼学習院名誉教授

小幡敏行《おばたとしゆき》▼横浜市立大学国際総合科学部准教授

肥爪周二《ひづめしゅうじ》▼東京大学文学部准教授

菅井紫野《すがいしの》▼漢字記号学研究家

■執筆協力者

内海《うつみ》まゆみ

沖山義明《おきやまよしあき》

苅谷夏子《かりやなつこ》

佐藤庸子《さとうようこ》

鈴木宗一《すずきむねかず》

中山直子《なかやまなおこ》

藤田隆美《ふじたたかみ》

古川亮二《ふるかわりょうじ》

柳沢長男《やなぎさわながお》

山本多佳子《やまもとたかこ》

■校正協力者

兼古和昌《かねこかずまさ》

沓掛和子《くつかけかずこ》

重政敬子《しげまさけいこ》

田平知子《たびらともこ》

田丸貴利《たまるたかとし》

山本厚子《やまもとあつこ》

和田《わだ》 徹《とおる》

渡邉《わたなべ》さゆり

東京出版《とうきょうしゅっぱん》サービスセンター

■篆書文字

河内利治《かわちとしはる》▼大東文化大学文学部教授

■口絵図版協力

東洋文庫《とうようぶんこ》

■イラスト

(株)キャデック(イラスト協力)

くらべちづる

榊原唯幸《さかきばらただゆき》

中山聖雨《なかやましょうう》

楢崎義信《ならざきよしのぶ》

福田宣子《ふくだのぶこ》

■地図製作

ジェイ・マップ

■装画

菅野泰紀《すがのやすのり》

■装丁・紙面設計・特典設計

志岐《しき》デザイン事務所《じむしょ》

(下野 剛/齋藤清史/西岡裕二/水谷歩美)

もくじ

この辞典《じてん》は、漢字《かんじ》の特徴《とくちょう》をこうとらえて、編集《へんしゅう》しました。

字《じ》は

中国《ちゅうごく》で生《う》まれた文字《もじ》ですから、中国《ちゅうごく》の知恵《ちえ》を秘《ひ》めています。

●文字《もじ》の生《う》み出《だ》し方《かた》

象形文字《しょうけいもじ》　指事文字《しじもじ》　会意文字《かいいもじ》　形声文字《けいせいもじ》

●字形《じけい》の作《つく》り方《かた》

[構成《こうせい》]へん(偏)　つくり(旁)　かんむり(冠)　あし(脚)　たれ　にょう　かまえ

[書体《しょたい》]楷書体《かいしょたい》　行書体《ぎょうしょたい》　草書体《そうしょたい》

●字《じ》とことばと意味《いみ》

一字一字《いちじいちじ》がことばだから、意味《いみ》をもっている。(表語文字《ひょうごもじ》)

意味《いみ》がいくつかに分《わ》かれたものもある。(多義文字《たぎもじ》)

服《ふく》(着《き》るもの)⇩服《ふく》を着《き》る　服《ふく》(心《こころ》からしたがう)⇩服従《ふくじゅう》・心服《しんぷく》　服《ふく》(口《くち》に入《い》れる)⇩服用《ふくよう》・一服《いっぷく》

●故事成語《こじせいご》

中国《ちゅうごく》の古典《こてん》にあるおもしろい話《はなし》から、そういう言《い》い方《かた》が生《う》まれ、今《いま》もさかんに使《つか》われる。

⇩呉越同舟《ごえつどうしゅう》　四面楚歌《しめんそか》　温故知新《おんこちしん》　月下氷人《げっかひょうじん》

日本《にほん》で育《そだ》った文字《もじ》ですから、日本《にほん》の文化《ぶんか》を背負《せお》っています。

●音読《おんよ》みと訓読《くんよ》み

[音《おん》]日本人《にほんじん》の発音《はつおん》になった日本漢字音《にほんかんじおん》　海＝カイ

[訓《くん》]むかしからの日本語《にほんご》、やまとことば　海＝うみ

●一字《いちじ》の使《つか》い方《かた》と、二字熟語《にじじゅくご》、三字熟語《さんじじゅくご》、四字熟語《よじじゅくご》

●かな文字《もじ》との協力《きょうりょく》

漢《かん》

「流《なが》れる」「速《はや》い」「仲良《なかよ》く」など、かなといっしょでなければ表《あらわ》せない。

●日本語《にほんご》らしい漢字《かんじ》の使《つか》い方《かた》

[いろいろな書《か》き方《かた》]あすか⇩飛鳥・明日香　なら⇩奈良・寧楽・楢

[おもしろいことば]切手《きって》・切符《きっぷ》・手形《てがた》・重箱《じゅうばこ》・型録《かたろぐ》・時計《とけい》

●日本語《にほんご》としての造語《ぞうご》力《りょく》

家⇩公家《くげ》・武家《ぶけ》・将軍家《しょうぐんけ》・御三家《ごさんけ》・御家人《ごけにん》・家来《けらい》

家⇩大家《おおいえ》・大家《おおや》・大家《たいか》・大家《たいけ》

地域名《ちいきめい》　房総《ぼうそう》半島《はんとう》・信越《しんえつ》本線《ほんせん》・甲武信《こぶし》岳《だけ》

日本《に》本《ほん》の現代の文字ですから、日本人《にほんじん》の現代《げんだい》生活《せいかつ》を支《ささ》えています。

●常用漢字《じょうようかんじ》・学習漢字《がくしゅうかんじ》（教育漢字《きょういくかんじ》）・漢字《かんじ》の学年配当《がくねんはいとう》・人名用漢字《じんめいようかんじ》・JIS《ジス》漢字《かんじ》

●字体《じたい》の簡略化《かんりゃくか》・旧字体《きゅうじたい》から新字体《しんじたい》へ

圓《えん》⇩円《えん》　舊《きゅう》⇩旧《きゅう》　辨《べん》・瓣《べん》・辯《べん》⇩弁《べん》

●パソコンでの生活《せいかつ》

かな入力《にゅうりょく》・ローマ字入力《じにゅうりょく》と漢字変換《かんじへんかん》

●現代的造語《げんだいてきぞうご》力《りょく》

的《てき》⇩積極的《せっきょくてき》・平和的《へいわてき》解決《かいけつ》・地《じ》すべり的《てき》大勝利《だいしょうり》

化《か》⇩少子高齢化《しょうしこうれいか》社会《しゃかい》・地球《ちきゅう》の温暖化《おんだんか》現象《げんしょう》・情報《じょうほう》の見《み》える化《か》

型《かた》⇩血液型《けつえきがた》・梅雨型《つゆがた》の気圧配置《きあつはいち》・薄型《うすがた》テレビ・循環型《じゅんかんがた》社会《しゃかい》

系《けい》⇩理科系《りかけい》・外資系《がいしけい》企業《きぎょう》・塩素系《えんそけい》漂白剤《ひょうはくざい》・いやし系《けい》音楽《おんがく》・新幹線《しんかんせん》N《エヌ》700系《けい》

超《ちょう》⇩超《ちょう》スピード・超満員《ちょうまんいん》・超高層《ちょうこうそう》ビル・超《ちょう》目玉商品《めだましょうひん》

激《げき》⇩激増《げきぞう》・激減《げきげん》・激白《げきはく》・激辛《げきから》・激安《げきやす》・激《げき》やせ

絶《ぜつ》⇩絶好調《ぜっこうちょう》・絶《ぜつ》不調《ふちょう》

この辞典《じてん》の調《しら》べ方《かた》

「楽」をさがそう！

部首《ぶしゅ》がわかるときには…

部首《ぶしゅ》さくいん

1 表紙《ひょうし》のうらにある「部首《ぶしゅ》さくいん」を開《ひら》く。

「楽」の部首《ぶしゅ》はどれでしょう。

「白《しろ》」かな？「木《き》」かな？まずは「白《しろ》」を見《み》てみよう！

2 部首《ぶしゅ》をさがす。

部首《ぶしゅ》さくいんは画数《かくすう》順《じゅん》にならんでいるよ。

5画

玄	げん	728
玉(王)	たま	729
…		
癶	はつがしら	755
白	しろ しろへん	758
皮	けがわ	763

「白《しろ》」は5画《かく》の字《じ》です。5画《かく》の部首《ぶしゅ》を順《じゅん》に見《み》ていくと「白《しろ》」が758ページに出《で》ていることがわかります。

3 部首《ぶしゅ》の見出《みだ》しの「この部首《ぶしゅ》の字《じ》」の中《なか》から漢字《かんじ》をさがす。

読《よ》み方《かた》がわかるときには…

音訓《おんくん》さくいん

1 辞典のはじめの方《ほう》の(14)ページにある「音訓《おんくん》さくいん」を開《ひら》く。

「楽」は音楽《おんがく》の「がく」だね！

2 「音訓《おんくん》さくいん」の最初《さいしょ》のページで読《よ》みのはじめの文字《もじ》をさがす。

たくさんの漢字《かんじ》がのっているから、はじめのページに五十音《ごじゅうおん》のガイドがあるよ。

あ・ア (14)	い・イ (16)	う・ウ (17)
か・カ (19)	き・キ (22)	く・ク (23)
さ・サ (27)	し・シ (28)	す・ス (31)
た・タ (34)	ち・チ (35)	つ・ツ (36)

「がく」のはじめの文字《もじ》は「か」ですね。「か」のページを見《み》てみましょう。

画数《かくすう》がわかるときには…

総画《そうかく》さくいん

1 辞典《じてん》のはじめの方《ほう》の(50)ページにある「総画《そうかく》さくいん」を開《ひら》く。

部首《ぶしゅ》も読《よ》み方《かた》もわからなくても、総画《そうかく》さくいんで調《しら》べられるよ！

「楽」の字《じ》を一画《いっかく》ずつ気《き》をつけながら、画数《かくすう》を数《かぞ》えてみましょう。

画数《かくすう》の数《かぞ》え方《かた》について、くわしくは☞「ものしり巻物《まきもの》」481ページ

2 あてはまる画数《かくすう》のところで漢字《かんじ》をさがす。

「楽」は13画《かく》だね！

13画

乙 亂【乱】		40
…		
木 楷	常 カイ	621
楽	❷ ガク たのしい	621
棄	常 キ すてる	622

621ページ

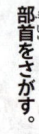

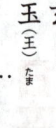

「白《しろ》」の部首見《ぶしゅみ》出《だ》しの**この部首の字**を見《み》てみましょう。**この部首の字**は、その部首《ぶしゅ》のなかでの画数順《かくすうじゅん》にならんでいます。

5画 白 [しろ] [しろへん] の部

色《いろ》のしろを表《あらわ》す「白《しろ》」をもとにして作《つく》られた字《じ》と、「白《しろ》」の形《かたち》がめやすとなっている字《じ》を集《あつ》めてあります。

この部首の字

0 白……758	1 百……760	3 的……761	4 皆……762	皇……762
6 皐……762	7 皓……763	白→臼 886	泉→水 661	畠→田 746
習→羽 858	楽→木 621			

部首《ぶしゅ》をのぞいた部分《ぶぶん》の画数《かくすう》が漢字《かんじ》の上《うえ》に書《か》いてあるね。

「楽」から「白《しろ》」をのぞくと8画《かく》ですが……ありません。あとのほうに「楽」がありました。そして「→木621」と書《か》いてあります。これは「木《き》」の部首《ぶしゅ》の621ページに説明《せつめい》があるということを表《あらわ》しています。

★**はじめから「木《き》」の部首見出《ぶしゅみだ》しを開《ひら》いたときは…**

同《おな》じ部首《ぶしゅ》で同《おな》じ画数《かくすう》のときは、読《よ》み方《かた》の五十音順《ごじゅうおんじゅん》に並《なら》んでいるよ！

「楽」から「木《き》」をのぞくと9画《かく》です。「楽」は9画《かく》の二番《にばん》目《め》にありました。

4画 木 [き] [きへん] の部

「木《き》」をもとにして作《つく》られ、樹木《じゅもく》の種類《しゅるい》や木材《もくざい》から作《つく》られたものにかかわる字《じ》を集《あつ》めてあります。

この部首の字

0 木……592	1 札……593	本……593	末……596	未……597
2 机……598	朽……598	朱……598	朴……598	3 杞……599
杏……599	…	椀……620	9 楷……621	楽……621
棄……622	業……622	楕……622	椿……622	楠……623

621ページ

3 「音訓《おんくん》さくいん」の中《なか》から読《よ》みをさがす。

音読《おんよ》みはかたかな、訓読《くんよ》みはひらがなで書《か》いてあるよ。同《おな》じ読《よ》み方《かた》のものは画数《かくすう》の順《じゅん》にならんでいるよ。

か・カ

カ	3 下	❶	11
	4 化	❸	170
…			
…			
ガク	8 学	❶	303
	8 岳	常	347
	13 楽	❷	621
	18 額	❺	1040

「ガク」に「楽」がありました。

621ページ

木-9

楽

総画13　JIS-1958　教2年

音 ガク・ラク
訓 たのしい・たのしむ

［樂］

筆順 楽 楽 楽 楽 楽 楽 楽 楽 楽（はねない）（はらう）

なりたち 【会意】もとの字は、「樂」。木《き》に糸《いと》をはった楽器《がっき》とつめ（白）とを合《あ》わせ、楽器《がっき》をかなでることを表《あらわ》す字《じ》。「おんがく」の意味《いみ》から、「たのしむ」として使《つか》われている字《じ》。

意味

❶おんがく。音楽《おんがく》を演奏《えんそう》すること。例 楽《がく》の音《ね》。楽譜《がくふ》・器楽《きがく》

❷たのしい。たのしむ。たやすい。ゆったりしている。例 休日《きゅうじつ》を楽《たの》しむ。楽《らく》あれば苦《く》あり。安楽《あんらく》・快楽《かいらく》 対 苦《く》

❸千秋楽《せんしゅうらく》。ものごとの終《お》わり。例 楽日《らくび》

ほかにもこんな調《しら》べ方《かた》があるよ！

●辞典《じてん》の各《かく》ページの情報《じょうほう》

辞典《じてん》の各《かく》ページには、そのページにどんな字《じ》があるか、前《まえ》のページと次《つぎ》のページにはどんな字《じ》があるかが書《か》いてあります。

●学年別漢字《がくねんべつかんじ》さくいん

総画《そうかく》さくいんのあとにある「学年《がくねん》別漢字《べつかんじ》さくいん」では、小学校《しょうがっこう》で習《なら》う漢字《かんじ》を調《しら》べられます。

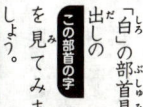

この辞典《じてん》の使《つか》い方《かた》

〈見出《みだ》し編《へん》〉

①**部首《ぶしゅ》の見出《みだ》しをしめしています。**
ここでは、部首《ぶしゅ》の画数《かくすう》、部首《ぶしゅ》の形《かたち》、代表的《だいひょうてき》な読《よ》み方《かた》がしめしてあります。

②**部首《ぶしゅ》の意味《いみ》や役割《やくわり》が書《か》いてあります。**
部首《ぶしゅ》の見出《みだ》しのすぐあとには、その部首《ぶしゅ》の意味《いみ》や役割《やくわり》が書《か》いてあります。

③**その部首《ぶしゅ》に所属《しょぞく》する字《じ》がどのページにあるかがわかります。**
同《おな》じ部首《ぶしゅ》のなかでは、画数順《かくすうじゅん》にならんでいます。漢字《かんじ》の上《うえ》に小《ちい》さくついている数字《すうじ》は、部《ぶ》首《しゅ》をのぞいた部分《ぶぶん》の画数《かくすう》です。同《おな》じ画数《かくすう》のものは、代表的《だいひょうてき》な読《よ》み方《かた》の順《じゅん》にならんでいます。細《ほそ》い字《じ》で書《か》いてあるのは、ほかの部首《ぶしゅ》に所《しょ》属《ぞく》する漢字《かんじ》です。↓の先《さき》にその部首《ぶしゅ》とページをしめしてあります。

④**どの部首《ぶしゅ》で何画《なんかく》の字《じ》かをしめします。**

⑤**部首《ぶしゅ》がどこにあるかわかります。**
部首《ぶしゅ》は黒《くろ》くぬりつぶされているところにあることをしめします。くわしくは☞ふろく「漢字《かんじ》の組《く》み立《た》て」[4]ページ

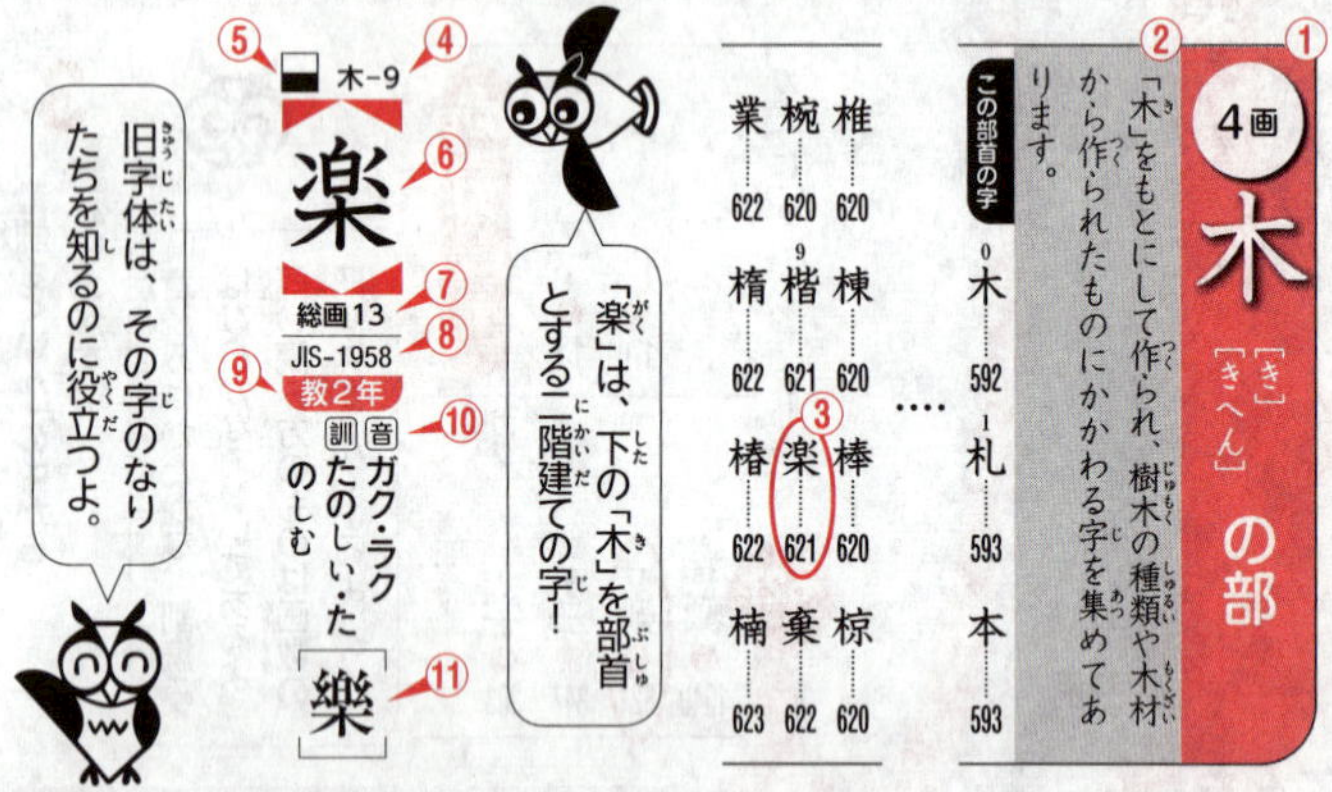

⑥**見出《みだ》しの漢字《かんじ》です。**
漢字辞典《かんじじてん》では「親字《おやじ》」といいます。

⑦**その字《じ》が全部《ぜんぶ》で何画《なんかく》の字《じ》かという総画数《そうかくすう》です。**
画数《かくすう》の数《かぞ》え方《かた》について、くわしくは☞「ものしり巻物《まきもの》」481ページ

⑧**パソコンなどで使《つか》われているJIS《ジス》の区《く》点《てん》コード番号《ばんごう》です。**

⑨**その字《じ》をいつ学《まな》ぶかがわかります。**

⑩**その字《じ》の読《よ》み方《かた》です。**
音《おん》はかたかな、訓《くん》はひらがなでしめしてあります。太《ふと》い字《じ》になっているものは、常用《じょうよう》漢字表《かんじひょう》にある読《よ》み方《かた》です。細《ほそ》い字《じ》は常用漢《じょうようかん》字表《じひょう》にない音訓《おんくん》です。

⑪**見出《みだ》しの字《じ》の形《かたち》がむかしとちがっているときは、むかしの形《かたち》を[　]にしめしました。**
これを旧字体《きゅうじたい》といいます。旧字体《きゅうじたい》について、くわしくは☞「ものしり巻物《まきもの》」417ページ

⑫**筆順《ひつじゅん》です。**
すべての常用漢字《じょうようかんじ》についています。とくに小学校《しょうがっこう》で習《なら》う漢字《かんじ》には、「とめる」「はねる」など、正《ただ》しく字《じ》をおぼえるためにだいじなことも書《か》いてあります。

⑬**その字《じ》のなりたちの解説《かいせつ》です。**
その字《じ》のなりたちとして代表的《だいひょうてき》なものをわかりやすく書《か》いてあります。

⑭**篆書《てんしょ》といって、その字《じ》のむかしの形《かたち》です。**
篆書《てんしょ》について、くわしくは☞「ものしり巻物《まきもの》」161ページ

⑮**［ ］の中《なか》は、漢字《かんじ》のでき方《かた》の種類《しゅるい》をあらわしています。**
漢字《かんじ》のなりたちや使《つか》われ方《かた》で、いっぱん的《てき》に用《もち》いられる六種類《ろくしゅるい》（象形《しょうけい》・指事《しじ》・会意《かいい》・形声《けいせい》・転注《てんちゅう》・仮借《かしゃ》）をしめしました。☞ふろく「漢字《かんじ》のなりたち」［3］ページ

⑯**その字《じ》のおもな意味《いみ》です。**
意味《いみ》が大《おお》きく分《わ》かれるときには、❶❷…の数字《すうじ》の下《した》に、一《ひと》つの大《おお》きな意味《いみ》から小《ちい》さな意味《いみ》に分《わ》かれるときは、㋐㋑…で分《わ》けて書《か》いてあります。

辞典《じてん》を見《み》ながらていねいに書《か》こう。

⑫筆順 楽（はらう・はねない）

⑬なりたち ⑭ ⑮［会意］もとの字《じ》は、「樂」。木《き》に糸《いと》をはった楽器《がっき》とつめ（白）とを合《あ》わせ、楽器《がっき》をかなでることを表《あらわ》す字《じ》。「おんがく」の意味《いみ》から、「たのしむ」として使《つか》われている字《じ》。

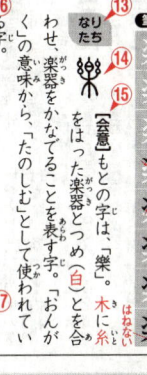

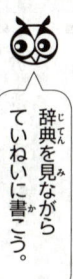

⑯意味
❶おんがく。音楽《おんがく》を演奏《えんそう》すること。⑰例楽《がく》の音《ね》。楽譜《がくふ》・器楽《きがく》
❷たのしい。たのしむ。たやすい。ゆったりしている。例休⑱日を楽《たの》しむ。楽《らく》あれば苦《く》あり。安楽《あんらく》・快楽《かいらく》 対苦《く》
❸千秋楽《せんしゅうらく》。ものごとの終《お》わり。例楽日《らくび》

⑲参考 ❶では「ガク」と読《よ》み、❷❸では「ラク」と読《よ》む。

⑳
発音あんない ガク→ガッ…例楽器《がっき》 ラク→ラッ…例楽観《らっかん》
特別なよみ 神楽（かぐら）
名前のよみ もと・よし

一《ひと》つの漢字《かんじ》がいろいろな意味《いみ》に使《つか》われるんだね。

⑰**その字《じ》のおもな使《つか》われ方《かた》です。**
一字《いちじ》で使《つか》われるものや、熟語《じゅくご》として使《つか》われるものがあります。

⑱**その字《じ》とかかわりのある字《じ》です。**
対 反対《はんたい》の意味《いみ》の字《じ》、対《つい》になる字《じ》
関連 セットで覚《おぼ》えておくとよい字《じ》
❶❷…があるときは、その意味《いみ》によって、かかわりのある字《じ》がちがうときもありますから、おなじ字《じ》でもそれぞれに挙《あ》げてあります。

⑲**その字《じ》について、参考《さんこう》になることが書《か》いてあります。**
ここでは、読《よ》み方《かた》によってまったくちがった意味《いみ》を表《あらわ》すことについて書《か》いてあります。そのほかにも、参考《さんこう》になるコラムへの案内《あんない》や、その字《じ》のむかしの使《つか》われ方《かた》の紹介《しょうかい》などもあります。

⑳**その字《じ》のさらにくわしい情報《じょうほう》です。**
読《よ》み方《かた》の注意《ちゅうい》や、関連《かんれん》するコラムのページなどが書《か》いてあります。それぞれの記号《きごう》については☞⑽ページ

この辞典《じてん》の使《つか》い方《かた》

〈熟語編《じゅくごへん》〉

①熟語《じゅくご》の分類《ぶんるい》です。
親字《おやじ》の意味《いみ》に❶❷…があるとき、どの意味《いみ》に分類《ぶんるい》されるかをしめしています。

②熟語《じゅくご》の見出《みだ》しです。
五十音順《ごじゅうおんじゅん》にならんでいます。
熟語《じゅくご》の漢字《かんじ》についている記号《きごう》は次《つぎ》のようなことをあらわします。
。 学習漢字《がくしゅうかんじ》以外《いがい》の常用漢字《じょうようかんじ》です。
▲ 常用漢字表《じょうようかんじひょう》にない読《よ》み方《かた》です。
◆ 常用漢字表《じょうようかんじひょう》にはない漢字《かんじ》です。印《しるし》がないものは学習漢字《がくしゅうかんじ》です。
その字《じ》が学習漢字《がくしゅうかんじ》でも、その読《よ》み方《かた》が常用漢字表《じょうようかんじひょう》にないときは▲がつきます。その字《じ》が常用漢字《じょうようかんじ》で、常用漢字表《じょうようかんじひょう》にない読《よ》み方《かた》のときは、。と▲がつきます。

③その語《ご》の読《よ》み方《かた》です。
語《ご》の組《く》み立《た》てがわかるように2行《ぎょう》に分《わ》けて書《か》いてあります。読《よ》み方《かた》が2字《じ》だけのときは、組《く》み立《た》てに関係《かんけい》なく、2字《じ》をたて書《が》きにしてあります。

---

① ❶〈おんがく〉の意味で
【楽章】《がくしょう》 ↓ 交響曲《こうきょうきょく》など長《なが》い曲《きょく》の、大《おお》きなひとくぎり。例 第一楽章《だいいちがくしょう》
② 【楽聖】 ③ 《がくせい》 ④ ↓ と ⑤ にすぐれた大音楽家《だいおんがくか》。
【楽隊】《がくたい》 ↓ 隊《たい》を組《く》んで楽器《がっき》を演奏《えんそう》する人《ひと》たちの集《あつ》まり。類 音楽隊《おんがくたい》
【楽団】《がくだん》 ↓ いろいろな楽器《がっき》で音楽《おんがく》を演奏《えんそう》する人《ひと》たちの集《あつ》まり。⑥ 例 交響楽団《こうきょうがくだん》
【楽。譜】《がくふ》 ↓ 記号《きごう》を使《つか》って、音楽《おんがく》の曲《きょく》を書《か》き表《あらわ》したもの。⑦ 類 音譜《おんぷ》・五線譜《ごせんふ》・譜面《ふめん》
【楽屋】《がくや》 ↓ 舞台《ぶたい》のうらがわにあって、出演《しゅつえん》者《しゃ》が準備《じゅんび》をしたり休《やす》んだりするためのへや。例 楽屋口《がくやぐち》・楽屋話《がくやばなし》
【楽屋裏】《がくやうら》 外《そと》からはわからない、内部《ないぶ》の事情《じじょう》。例 楽屋裏《がくやうら》をさらけだす。類 内幕《うちまく》・内情《ないじょう》・舞台裏《ぶたいうら》・内実《ないじつ》・裏面《りめん》
【楽器】《がっき》 ↓ 音楽《おんがく》を演奏《えんそう》するための音《おと》を出《だ》す器具《きぐ》。例 弦楽器《げんがっき》・管楽器《かんがっき》・打楽器《だがっき》
【楽曲】《がっきょく》 ↓ 音楽《おんがく》で、声楽《せいがく》・器楽《きがく》・管弦楽《かんげんがく》などの曲《きょく》。
❷〈たのしい〉の意味で
【楽。隠居】《らくいんきょ》 つとめなどをやめたあと、気《き》楽《らく》に老後《ろうご》の生活《せいかつ》をすること。

---

④熟語《じゅくご》の組《く》み立《た》てです。
2字《じ》でできている熟語《じゅくご》について、上《うえ》の字《じ》と下《した》の字《じ》の関係《かんけい》を8種類《しゅるい》に分《わ》けて記号《きごう》でしめしてあります。くわしくは☞ふろく「熟語《じゅくご》の組《く》み立《た》て」[6]ページ

⑤熟語《じゅくご》の意味《いみ》です。
読《よ》み方《かた》によって意味《いみ》がちがうときは一二…で分《わ》けてあります。
意味《いみ》がいくつかに分《わ》かれるときは、①②…で分《わ》けてしめしてあります。

⑥その語《ご》の使《つか》われ方《かた》の例《れい》です。
ふつう漢字《かんじ》よりもひらがなで書《か》かれることが多《おお》いものは、少《すこ》し太《ふと》めのひらがなでしめしてあります。

⑦その語《ご》と意味《いみ》がにている語《ご》や対《つい》になる語《ご》です。
類 意味《いみ》がにている語《ご》
対 反対《はんたい》の意味《いみ》の語《ご》、対《つい》になる語《ご》
関連 深《ふか》いつながりのある語《ご》

⑧その語《ご》のあとに、どんなことばがつくかをしめしてあります。

―する　―たる　―と　―な　―に　などがあります。

⑨その語《ご》についての、さらにくわしい情報《じょうほう》をしめしました。

参考　その語《ご》のもともとの意味《いみ》や、どうしてその字《じ》を使《つか》うか、どういう読《よ》み方《かた》をするかなど、その語《ご》をより深《ふか》く理解《りかい》するのに参《さん》考《こう》になることが書《か》いてあります。

知識　その語《ご》に関係《かんけい》することで、知《し》っておいたほうがよいことがらが書《か》いてあります。国語《こくご》以外《いがい》の教科《きょうか》の内容《ないよう》などもここでふれてあります。

表現　その語《ご》がどんな使《つか》われ方《かた》をするのか、意《い》味《み》の広《ひろ》がりやほかの語《ご》とのちがいなど、表現《ひょうげん》に役立《やくだ》つ情報《じょうほう》について書《か》いてあります。

表記　その語《ご》のべつの書《か》き方《かた》があるときにしめします。

【楽園】らくえん ↓ なんの心配《しんぱい》もなく、楽《たの》しく幸《しあわ》せにくらせるところ。パラダイス。例 この世《よ》の楽《らく》園《えん》を夢見《ゆめみ》る。⑧類 極楽《ごくらく》・天国《てんごく》

【楽勝】らくしょう ↓ 〈―する〉苦労《くろう》しないで勝《か》つこと。類 快勝《かいしょう》・圧勝《あっしょう》 対 辛勝《しんしょう》

【楽天】らくてん ▲ ものごとを明《あか》るくよいほうに考《かんが》えること。例 楽天主義《らくてんしゅぎ》

【楽天家】らくてんか ものごとをよいほうへ考《かんが》え、心《しん》配《ぱい》したりくよくよしたりしない人《ひと》。

【楽観】らっかん ↓ 〈―する〉ものごとがうまくいくと明《あか》るく考《かんが》えて、楽《らく》な気分《きぶん》でいること。例 病《びょう》状《じょう》は楽観《らっかん》をゆるさない。対 悲観《ひかん》

❸〈千秋楽〉の意味で

⑨【楽日】らくび ↓ 相撲《すもう》や芝居《しばい》などの最後《さいご》の日《ひ》。参考「千秋楽《せんしゅうらく》の日《ひ》」という意味《いみ》。

⑩**楽が下につく熟語　上の字の働き**

⑪❶**楽**＝〈おんがく〉のとき

【洋楽《ようがく》　邦楽《ほうがく》】ドコの音楽《おんがく》か。

【声楽《せいがく》　器楽《きがく》　吹奏楽《すいそうがく》】ナニによる音楽《おんがく》か。

【雅楽《ががく》　交響楽《こうきょうがく》　室内楽《しつないがく》】⑫ドウイウ種類《しゅるい》の音楽《おんがく》か。

❷**楽**＝〈たのしい〉のとき

【安楽《あんらく》　快楽《かいらく》　歓楽《かんらく》　悦楽《えつらく》　娯楽《ごらく》】近《ちか》い意味《いみ》。

【苦楽《くらく》　哀楽《あいらく》（喜怒哀楽《きどあいらく》）】反対《はんたい》の意味《いみ》。

⑬◆音楽《おんがく》　享楽《きょうらく》　気楽《きらく》　行楽《こうらく》　極楽《ごくらく》　千秋楽《せんしゅうらく》　奏楽《そうがく》　道楽《どうらく》　能楽《のうがく》

辞典《じてん》の見方《みかた》がわかると、引《ひ》くのが楽《たの》しくなって、漢字《かんじ》がもっとおもしろくなるね！

⑩その字《じ》が下《した》につく熟語《じゅくご》です。

上《うえ》についてたくさんの熟語《じゅくご》をつくる漢字《かんじ》もあれば、下《した》の字《じ》としてはたらくものもあります。ここでは、その漢字《かんじ》が下《した》につくときにどのようなはたらきをするか解説《かいせつ》してあります。

⑪下《した》につく熟語《じゅくご》の分類《ぶんるい》です。

親字《おやじ》の意味《いみ》に❶❷…があるとき、そのどの意味《いみ》に分類《ぶんるい》される熟語《じゅくご》かをしめしています。

⑫下《した》の字《じ》と上《うえ》の字《じ》の関係《かんけい》がにたものをなかまにし、その関係《かんけい》をしめしました。

くわしくは☞ふろく「その字《じ》が下《した》につく熟《じゅく》語《ご》」[10]ページ

⑬下《した》につく熟語《じゅくご》のうち、同《おな》じようななかまのないものは、◆の記号《きごう》の下《した》にまとめてあります。

この辞典《じてん》の使《つか》い方《かた》

〈記号《きごう》一覧《いちらん》〉

▯▯▯▯▯▯▯▯▯▯▯▯▯▯ その字《じ》の組《く》み立《た》て。くわしくは☞ふろく「漢字《かんじ》の組《く》み立《た》て」[4]ページ

（赤）常用漢字表《じょうようかんじひょう》にある漢字《かんじ》

（黒）常用漢字表《じょうようかんじひょう》にない漢字《かんじ》

JIS-4458 その字《じ》のＪＩＳ《ジス》区点《くてん》コード

教1年 小学校《しょうがっこう》で習《なら》う字《じ》とその学年《がくねん》

常用 常用漢字《じょうようかんじ》のうち、小学校《しょうがっこう》で習《なら》わない字《じ》

人名 人名用漢字《じんめいようかんじ》

表外 常用漢字《じょうようかんじ》でも人名用漢字《じんめいようかんじ》でもない字《じ》

音 音読《おんよ》み。かたかなでしめしています。常用漢字《じょうようかんじ》にある読《よ》みは太《ふと》い字《じ》になっています。

訓 訓読《くんよ》み。ひらがなでしめしています。常用漢字《じょうようかんじ》にある読《よ》みは太《ふと》い字《じ》で、細《ほそ》い字《じ》は送《おく》りがなです。細《ほそ》い字《じ》に‐があるものは‐のあとが送《おく》りがなです。

筆順 その字《じ》を書《か》くときの順番《じゅんばん》。常用漢字《じょうようかんじ》すべてについています。学習漢字《がくしゅうかんじ》には書《か》き方《かた》の注意《ちゅうい》もついています。

なりたち その漢字《かんじ》のでき方《かた》の説明《せつめい》。くわしくは☞「ものしり巻物《まきもの》」161ページ

意味 意味 その字《じ》の意味《いみ》

❶❷… 字《じ》の意味《いみ》が大《おお》きく分《わ》かれるとき

㋐㋑… 字《じ》の意味《いみ》が分《わ》かれるとき

。 学習漢字《がくしゅうかんじ》以外《いがい》の常用漢字《じょうようかんじ》

▲ 常用漢字表《じょうようかんじひょう》にない読《よ》み方《かた》

◆ 常用漢字表《じょうようかんじひょう》にない漢字《かんじ》

印《しるし》がないものは学習漢字《がくしゅうかんじ》

漢字《かんじ》じたいは学習漢字《がくしゅうかんじ》でも、その読《よ》み方《かた》が常用漢字表《じょうようかんじひょう》にないときは▲がつく

漢字《かんじ》じたいが常用漢字《じょうようかんじ》で、常用漢字表《じょうようかんじひょう》にない読《よ》み方《かた》のときは。と▲がつく

⊟⊡⊠▽▲⊠⊠◯ その熟語《じゅくご》の組《く》み立《た》て。くわしくは☞ふろく「熟語《じゅくご》の組《く》み立《た》て」[6]ページ

〈―する〉〈―たる〉〈―な〉… その語《ご》の後《あと》につくことば

一二… 熟語《じゅくご》の見出《みだ》しで読《よ》み方《かた》がちがうとき

①②… 熟語《じゅくご》の意味《いみ》が分《わ》かれるとき

◆ 下《した》につく熟語《じゅくご》

例 その字《じ》やその語《ご》の使《つか》われ方《かた》の例《れい》

意味欄《いみらん》のなかでは、その字《じ》が一字《いちじ》で使《つか》われているものや、熟語《じゅくご》として使《つか》われるものを漢字《かんじ》でしめしました。熟語欄《じゅくごらん》では、いっぱんにおこなわれている表《ひょう》記《き》をしめしましたので、ふつうひらがなで書《か》かれるものは太字《ふとじ》のひらがなでしめしました。

類 その語《ご》ににた使《つか》われ方《かた》をする語《ご》

対 その字《じ》や語《ご》の反対《はんたい》の意味《いみ》になったり、対《つい》になったりする字《じ》や語《ご》

関連 **類**や**対**の関係《かんけい》ではないもので、セットでおぼえておくとよいもの

☞ この項目《こうもく》やページを見《み》てくださいという記号《きごう》。おなじ漢字《かんじ》を組《く》み合《あ》わせた熟《じゅく》語《ご》でも、漢字《かんじ》がちがうはたらきをする熟語《じゅくご》への案内《あんない》や、関連《かんれん》するコラムなどへの案内《あんない》

使い分け その字《じ》と同《おな》じ読《よ》み方《かた》をする字《じ》とで、どんなふうに使《つか》われ方《かた》がちがうのかがわかるコラム「使《つか》い分《わ》け」への案内《あんない》

故事のはなし コラム「故事《こじ》のはなし」への案内《あんない》

字体のはなし 手《て》で書《か》くときと、本《ほん》などで見《み》かけるときの字《じ》の形《かたち》が違《ちが》うものなどについての説明《せつめい》。常用漢字表《じょうようかんじひょう》で＊がついている項《こう》目《もく》について取《と》り上《あ》げています。くわしくは☞常用漢字表《じょうようかんじひょう》から「字体《じたい》についての解説《かいせつ》」ふろく[28]ページ

文字物語 その字《じ》のもつ意味《いみ》や日本語《にほんご》の中《なか》での役《やく》割《わり》について、くわしく書《か》いてあるコラム「文字物語《もじものがたり》」への案内《あんない》

発音あんない 熟語《じゅくご》になったときに発音《はつおん》がかわるもの

【楽】ガク→ガッ… **例** 楽器《がっき》

特別なよみ ほかの字《じ》と組《く》み合《あ》わさったときに、特《とく》別《べつ》な読《よ》み方《かた》をするもの。常用漢字表《じょうようかんじひょう》の「付表《ふひょう》」にある語《ご》をとりあげました。

神楽（**かぐら**）　七夕（**たなばた**）

注意するよみ その読《よ》み方《かた》をすることばが、かぎられているもの。常用漢字表《じょうようかんじひょう》の音訓欄《おんくんらん》で一《いち》字下《じさ》げになっているものをとりあげました。

【兄】キョウ… **例** 兄弟《きょうだい》

県名 都道府県名《とどうふけんめい》に使《つか》われるときに、特別《とくべつ》な読《よ》み方《かた》をするもの。二〇一〇年《ねん》に常用《じょうよう》漢字表《かんじひょう》が改定《かいてい》されたときに入《はい》った、都《と》道府県《どうふけん》の読《よ》み方《かた》をとりあげました。

大分（**おおいた**）

※それ以外《いがい》の県名《けんめい》に使《つか》われる漢字《かんじ》は、とくに何《なに》もしめしていません。

名前のよみ 名前《なまえ》としてつかわれる読《よ》み方《かた》

この辞典《じてん》の使《つか》い方《かた》

コラムを楽《たの》しもう!

ここで示《しめ》したコラム以外《いがい》にも「漢字《かんじ》のなりたち」や「熟語《じゅくご》の組《く》み立《た》て」、漢字《かんじ》をめぐる歴史《れきし》や中国《ちゅうごく》の代表的《だいひょうてき》な人物《じんぶつ》をとりあげた「中国《ちゅうごく》書名物語《しょめいものがたり》」など、ふろくにもたくさんのコラムがあります。

ものしり巻物《まきもの》

漢字《かんじ》について知《し》っておきたいこと、知《し》っていると役《やく》に立《た》つことがらをとりあげて、ひとつひとつまとめて書《か》いてあります。左《ひだり》がわのページのところどころにあります。

「ものしり巻物《まきもの》」のもくじは(73)ページ

ものしり巻物 第4巻

甲骨文字《こうこつもじ》と金文《きんぶん》

【甲骨文字《こうこつもじ》】 甲骨文字《こうこつもじ》というのは、亀《かめ》の甲羅《こうら》や動物《どうぶつ》のほねにきざみこまれた最古《さいこ》の漢字《かんじ》を指《さ》します。

したのです。これが甲骨文字《こうこつもじ》発見《はっけん》のきっかけでした。王懿栄《おういえい》は知人《ちじん》の竜鉄雲《りゅうてつうん》という学者《がくしゃ》に自分《じぶん》の考《かんが》えとともに、きざみきずのついた竜骨《りゅうこつ》を見《み》せました。そこで竜鉄雲《りゅうてつうん》は、その後《ご》たくさんの竜骨《りゅうこつ》を集《あつ》め、本格的《ほんかくてき》に研究《けんきゅう》して、

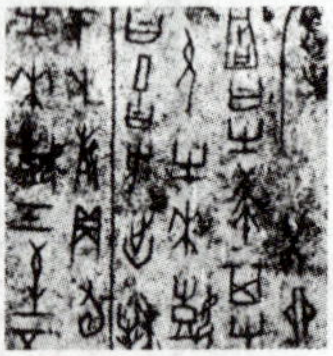
甲骨文字

文字物語《もじものがたり》

文字物語

器

「器」は、「うつわ」。「うつわ」がもつ、それぞれの形《かたち》とはたらきとが中心《ちゅうしん》になって、意味《いみ》がひろがっていく。

❶うつわは、中《なか》に物《もの》を入《い》れるのに使《つか》う道具《どうぐ》、つまり、入《い》れ物《もの》としてはたらく「容器《ようき》」「器物《きぶつ》」だ。「食器《しょっき》」「洗面器《せんめんき》」など、いろいろある。

❷は、何《なに》かをするときに使《つか》う道具《どうぐ》をいう。はたらかなければ道具《どうぐ》ではない。目的《もくてき》によって、「計器《けいき》」「計算器《けいさんき》」「炊飯器《すいはんき》」「湯《ゆ》わかし器《き》」などいくらでも「…器」がつくられる。

❸は、生《い》き物《もの》のからだの中《なか》ではたらく「うつわ」、つまり「器官《きかん》」だ。「呼吸器《こきゅうき》」「消化《しょうか》器《き》」「循環器《じゅんかんき》」、どれも生《い》きていくのにだいじなはたらきをもっている。

❹は、人間《にんげん》ひとりひとりがもっている、はたらき・能力《のうりょく》を表《あらわ》すもの。大《おお》きな「器量《きりょう》」をもった人《ひと》が「大器《たいき》」で、「大器晩成《たいきばんせい》」の言《い》い方《かた》でよく使《つか》われる。

漢字《かんじ》のことを勉強《べんきょう》するのにとくにたいせつだと思《おも》われる字《じ》について、その字《じ》のもつ意《い》味《み》や、日本語《にほんご》の中《なか》ではたす役割《やくわり》という面《めん》から物語風《ものがたりふう》に書《か》いたものです。その字《じ》の出《で》ている本文《ほんぶん》と合《あ》わせて読《よ》みましょう。右《みぎ》がわのページのところどころにあります。

「文字物語《もじものがたり》」のもくじは(72)ページ

使《つか》い分《わ》け

例解 使い分け

[のる《乗る・載る》]

乗る＝車《くるま》などに入《はい》る。高《たか》い所《ところ》にあがる。相《あい》手《て》に合《あ》わせる。反対《はんたい》は「下《お》りる・降《お》りる」。

例 電車《でんしゃ》に乗《の》る。口車《くちぐるま》に乗《の》る。相談《そうだん》に乗《の》る。

載る＝物《もの》の上《うえ》に置《お》かれる。

例 雑誌《ざっし》に載《の》る。地図《ちず》に載《の》る。机《つくえ》に載《の》っている本《ほん》。

馬に乗る

新聞に載る

おなじ読《よ》みをする漢字《かんじ》（同訓異字《どうくんいじ》）や熟語《じゅくご》（同音異義語《どうおんいぎご》）の意味《いみ》のちがいや使《つか》い方《かた》のちがいが書《か》いてあります。おなじ読《よ》みをする漢字《かんじ》の使《つか》い分《わ》けは、左《ひだり》がわのページにあります。おなじ読《よ》みをする熟語《じゅくご》の使《つか》い分《わ》けは、その熟語《じゅくご》のページにあります。

☞「使《つか》い分《わ》け」のもくじは(74)ページ

故事《こじ》のはなし

むかしのできごとや、古《ふる》い本《ほん》に書《か》いてあることがもとになって、とくべつの意味《いみ》で使《つか》われるようになったことばについて、その由来《ゆらい》をていねいに説明《せつめい》してあります。左《ひだり》がわのページの上《うえ》のほうにあります。

☞「故事《こじ》のはなし」のもくじは(70)ページ

故事のはなし

出藍《しゅつらん》の誉《ほま》れ

青《あお》い色《いろ》の染料《せんりょう》はあいぐさから作《つく》るが、できた青色《あおいろ》はもとのあいぐさよりも青《あお》い。（『荀《じゅん》子《し》』勧学篇《かんがくへん》）

参考 むかしの青《あお》い色《いろ》の原料《げんりょう》のあいぐさは、植物《しょくぶつ》であるからそのものはさほど青《あお》くはない。あいぐさが先生《せんせい》、できた青色《あおいろ》が生徒《せいと》にあたり、恩師《おんし》よりもりっぱになることを表《あらわ》している。学問《がくもん》の大切《たいせつ》さをいうたとえで、「青《あお》は藍《あい》より出《い》でて藍《あい》より青《あお》し」ともいう。原文《げんぶん》はおなじく「氷《こおり》は水之《みずこれ》を為《つく》りて水《みず》より寒《つめた》し」とつづく。

中国《ちゅうごく》の古《ふる》い本《ほん》のことばが、今《いま》の日本《にほん》でも使《つか》われているんだね。

全部正解《ぜんぶせいかい》だったら、漢字博士《かんじはかせ》だね！

漢字《かんじ》パズル

漢字《かんじ》についてのパズルです。

☞「漢字《かんじ》パズル」のもくじは(73)ページ
☞「漢字《かんじ》パズル」の答《こた》えは1074ページ

漢字パズル 4

くみあわせ

風《かぜ》がふいて、ぼうしが飛《と》んでしまいました。どのぼうしが、どの人《ひと》のでしょう。

音訓《おんくん》さくいん

調《しら》べたい漢字《かんじ》の読《よ》みがわかっているときに、このさくいんを使《つか》います。

- この辞典《じてん》に収録《しゅうろく》した親字《おやじ》の音《おん》と訓《くん》を、五十音順《ごじゅうおんじゅん》にならべました。
- 音《おん》はかたかな、訓《くん》はひらがなでしめしてあります。
- おなじ読《よ》みの場合《ばあい》は、総画数順《そうかくすうじゅん》にならべてあります（漢字《かんじ》の上《うえ》に小《ちい》さくある数字《すうじ》が総画数《そうかくすう》です）。
- 漢字《かんじ》の下《した》にある❶❷❸❹❺❻は、何年生《なんねんせい》で習《なら》う学習漢字《がくしゅうかんじ》であるかをしめしています。常は、学習漢字《がくしゅうかんじ》以外《いがい》の常用漢字《じょうようかんじ》です。人のついた漢字《かんじ》は、人名用漢字《じんめいようかんじ》です。外のついた漢字《かんじ》は、常用漢字《じょうようかんじ》でも人名用漢字《じんめいようかんじ》でもないものです。
- 音訓《おんくん》さくいんは、あいうえお…の五十音順《ごじゅうおんじゅん》にならんでいます。その配列《はいれつ》とページをこのページの左上《ひだりうえ》にしめしました。

あ・ア

音訓 さくいん

い・イ

お・オ

か・カ

音訓 さくいん

音訓さくいん

く・ク

け・ケ

こ・コ

さ・サ

し・シ

音訓さくいん

す・ス

せ・セ

読み	漢字	画数	区分	ページ
	染	9	⑥	607
	泉	9	⑥	661
	洗	9	⑥	670
	浅	9	④	669
	穿	9	人	805
	扇	10	常	503
	栓	10	常	614
	旋	11	常	559
	船	11	②	888
	揃	12	人	532
	戦	13	④	499
	煎	13	常	711
	羨	13	常	857
	腺	13	常	879
	詮	13	常	935
	践	13	常	969
	箋	14	常	819
	銑	14	人	1000
	銭	14	⑤	999
	撰	15	人	536
	潜	15	常	696
	線	15	②	848
	遷	15	常	447
	選	15	④	447
	薦	16	常	416
	繊	17	常	851
	鮮	17	常	1064
ゼン	全	6	③	67
	前	9	②	151
	善	12	⑥	228
	然	12	④	706
	禅	13	常	792
	漸	14	常	693
	膳	16	常	881
	繕	18	常	852
センじる	煎	13	常	711
センチメートル	糎	15	外	825

そ・ソ

読み	漢字	画数	区分	ページ
ソ	狙	8	常	723
	阻	8	常	454
	祖	9	⑤	789
	租	10	常	796
	素	10	⑤	830
	措	11	常	529
	曽	11	常	583
	粗	11	常	822
	組	11	②	837
	疎	12	常	750
	訴	12	常	931
	塑	13	常	260
	想	13	③	490
	鼠	13	外	1072
	噌	15	人	232
	礎	18	常	786
	蘇	19	人	419
ゾ	曽	11	常	583
ソウ	双	4	常	190
	争	6	④	44
	壮	6	常	266
	早	6	①	564
	宋	7	人	310
	走	7	②	964
	宗	8	⑥	313
	奏	9	⑥	287
	相	9	③	772
	草	9	①	407
	荘	9	常	408
	送	9	③	424
	倉	10	④	93
	挿	10	常	524
	捜	10	常	523
	桑	10	常	615
	巣	11	④	616
	掃	11	常	529
	曹	11	常	583
	曽	11	常	583
	爽	11	常	715
	窓	11	⑥	805
	創	12	⑥	156
	喪	12	常	229
	惣	12	人	484
	痩	12	常	753
	葬	12	常	412
	装	12	⑥	908
	僧	13	常	103
	想	13	③	490
	蒼	13	人	414
	層	14	⑥	345
	槍	14	人	624
	漕	14	人	693
	漱	14	人	693
	綜	14	人	845
	総	14	⑤	844
	聡	14	人	864
	遭	14	常	444
	噌	15	人	232
	槽	15	常	627
	踪	15	常	970
	操	16	⑥	536
	燥	17	常	713
	霜	17	常	1027
	贈	18	常	963
	騒	18	常	1056
	藻	19	常	419
	鰺	22	外	1065
そう	沿	8	⑥	660
	添	11	常	682
ゾウ	造	10	⑤	428
	象	12	④	950
	像	14	⑤	104
	増	14	⑤	262
	憎	14	常	493
	雑	14	⑤	1018
	蔵	15	⑥	415
	贈	18	常	963
	臓	19	⑥	881
ソウじて	総	14	⑤	844
そうろう	候	10	④	91
そえる	副	11	④	155
	添	11	常	682
ソク	即	7	常	183
	束	7	④	600
	足	7	①	967
	促	9	常	87
	則	9	⑤	153
	息	10	③	477
	捉	10	常	524
	速	10	③	429
	側	11	④	98
	測	12	⑤	686
	塞	13	常	260
ゾク	俗	9	常	87
	族	11	③	560
	属	12	⑤	344
	粟	12	人	824
	続	13	④	842
	賊	13	常	958
ソクする	即	7	常	183
ゾクする	属	12	⑤	344
そこ	底	8	④	372
そこなう	害	10	④	319
	損	13	⑤	534
そこねる	損	13	⑤	534
そしる	誹	15	外	942
そそぐ	注	8	③	662
	漑	15	外	695
	灌	20	外	699
そそのかす	唆	10	常	222
そだつ	育	8	③	869
そだてる	育	8	③	869
ソツ	卒	8	④	178
	率	11	⑤	728
そで	袖	10	常	906
そと	外	5	②	270
そなえる	供	8	⑥	82
	備	12	⑤	100
そなわる	具	8	③	121
	備	12	⑤	100
その	苑	8	人	403
	園	13	②	243
その	其	8	人	121
そば	傍	12	常	101
そまる	染	9	⑥	607
そむく	背	9	⑥	872
そむける	背	9	⑥	872
そめる	初	7	④	142
	染	9	⑥	607

音訓 さくいん

ち・チ

つ・ツ

な・ナ

に・ニ

ぬ・ヌ

ね・ネ

ひ・ヒ

読み	画数	漢字	区分	ページ
	12	琵	人	734
	13	微	常	398
	14	鼻	③	1072
ひいでる	7	秀	常	794
ひいらぎ	9	柊	人	607
ひえる	7	冷	④	130
ひかえる	11	控	常	525
ひがし	8	東	②	604
ひかり	6	光	②	109
ひかる	6	光	②	109
ひき	4	匹	常	172
ひきいる	11	率	⑤	728
ひく	4	引	②	380
	11	牽	人	721
	12	弾	常	386
ひくい	7	低	④	77
ひくまる	7	低	④	77
ひくめる	7	低	④	77
ひける	4	引	②	380
ひこ	9	彦	人	388
ひざ	15	膝	常	881
ひさぐ	12	粥	人	823
ひさしい	3	久	⑤	38
ひじ	7	肘	常	869
ひじり	13	聖	⑥	863
ひそか	11	密	⑥	323
ひそむ	15	潜	常	696
ひたい	18	額	⑤	1040
ひたす	10	浸	常	673
ひだり	5	左	①	352
ひたる	10	浸	常	673
ヒツ	4	匹	常	172
	5	必	④	466
	8	泌	常	664
	12	筆	③	816
ひつじ	5	未	④	597
	6	羊	③	853
ひつじさる	8	坤	外	250
ひと	1	一	①	1
	2	人	①	53
ひどい	14	酷	常	984
ひとえ	9	単	④	178
ひとえに	11	偏	常	99
ひとしい	12	等	③	815
ひとつ	1	一	①	1
ひとみ	11	眸	人	775
	17	瞳	常	776
ひとり	9	独	⑤	724
ひな	18	雛	人	1019
ひのえ	5	丙	常	28
ひのき	17	檜	人	629
ひのと	2	丁	③	10
ひびく	20	響	常	1035
ひま	12	閑	常	1012
	13	暇	常	578
ひめ	10	姫	常	297
	12	媛	常	298
ひめる	10	秘	⑥	796
ひや	7	冷	④	130
ひやかす	7	冷	④	130
ヒャク	6	百	①	760
ビャク	5	白	①	758
ひやす	7	冷	④	130
ビュウ	18	謬	外	946
ヒョウ	5	氷	③	654
	7	兵	④	120
	8	拍	常	519
	8	表	③	905
	10	俵	⑤	95
	10	豹	人	951
	11	彪	人	388
	11	票	④	790
	12	評	⑤	931
	14	漂	常	694
	15	標	④	627
ビョウ	5	平	③	365
	8	苗	常	406
	9	秒	③	795
	10	病	③	752
	11	描	常	530
	11	猫	常	725
ヒョウする	8	表	③	905
	12	評	⑤	931
ひら	5	平	③	365
ひらく	8	拓	常	517
	12	開	③	1009
ひらける	12	開	③	1009
ひる	9	昼	②	571
ひる	3	干	⑥	364
ひるがえす	18	翻	常	859
ひるがえる	18	翻	常	859
ひろい	5	広	②	370
	5	弘	人	381
	7	宏	人	310
	10	浩	人	672
ひろう	9	拾	③	522
ひろがる	5	広	②	370
ひろげる	5	広	②	370
ひろまる	5	広	②	370
ひろめる	5	広	②	370
ヒン	6	牝	外	717
	9	品	③	220
	10	浜	常	674
	11	彬	人	388
	11	貧	⑤	955
	15	賓	常	962
	17	頻	常	1040
	19	瀕	人	699
ビン	9	便	④	88
	10	敏	常	542
	11	瓶	常	735
	11	貧	⑤	955
ヒンする	19	瀕	人	699

ふ・フ

読み	画数	漢字	区分	ページ
フ	4	不	④	21
	4	夫	④	284
	4	父	②	715
	5	付	④	62
	5	布	⑤	357
	7	扶	常	514
	7	芙	人	402
	8	府	④	373
	8	怖	常	474
	8	歩	②	637
	8	阜	常	1015
	8	附	常	454
	9	訃	常	925
	9	負	③	952
	9	赴	常	965
	9	風	②	1044
	10	浮	常	674
	10	釜	常	996
	11	婦	⑤	298
	11	符	常	814
	12	富	⑤	325
	12	普	常	576
	13	蒲	人	414
	14	腐	常	878
	15	撫	人	536
	15	敷	常	548
	15	膚	常	881
	15	賦	常	962
	19	譜	常	947
ブ	4	不	④	21
	4	分	②	139
	8	侮	常	83
	8	奉	常	286
	8	武	⑤	636
	8	歩	②	637
	11	部	③	452
	12	無	④	707
	12	葡	人	412
	15	撫	人	536
	15	舞	常	991
フウ	4	夫	④	284
	9	封	常	331
	9	風	②	1044
	12	富	⑤	325
	13	楓	人	623
フウじる	9	封	常	331
ふえ	11	笛	③	814
ふえる	12	殖	常	640
	14	増	⑤	262
ふかい	11	深	③	680
ふかす	7	更	常	582
ふかまる	11	深	③	680
ふかめる	11	深	③	680

ま・マ

み・ミ

む・ム

音訓さくいん

音訓さくいん

ろ・ロ

わ・ワ

総《そう》画《かく》さくいん

調《しら》べたい漢字《かんじ》の総画数《そうかくすう》がわかるときに、このさくいんを使います。

- この辞典《じてん》に収録《しゅうろく》したすべての親字《おやじ》(旧字体《きゅうじたい》をふくむ)を、総画数順《そうかくすうじゅん》にならべました。
- おなじ画数《かくすう》の場合《ばあい》は、部首順《ぶしゅじゅん》にならべてあります(部首《ぶしゅ》は漢字《かんじ》の上《うえ》に小《ちい》さく書《か》いてあります)。
- 漢字《かんじ》の下《した》にある①②③④⑤⑥は、何年生《なんねんせい》で習《なら》う学習漢字《がくしゅうかんじ》であるかをしめしています。常は、学習漢字《がくしゅうかんじ》以外《いがい》の常用漢字《じょうようかんじ》です。人のついた漢字《かんじ》は、人名用漢字《じんめいようかんじ》です。外のついた漢字《かんじ》は、常用漢字《じょうようかんじ》でも人名用漢字《じんめいようかんじ》でもないものです。
- 代表的《だいひょうてき》な音訓《おんくん》もしめしてあります。
- 旧字体《きゅうじたい》は、その下《した》に新字体《しんじたい》を【 】であげて、そのページ数《すう》をしめしました。
- 画数《かくすう》の数《かぞ》え方《かた》は☞「ものしり巻物《まきもの》」(481ページ)

7画

8画

水	泉	6	セン いずみ	661
	洩	外	エイ もれる	666
	海	2	カイ うみ	666
	活	2	カツ いきる	668
	洪	常	コウ	668
	洸	人	コウ	668
	洲	人	シュウ しま	669
	洵	人	ジュン まことに	669
	浄	常	ジョウ きよい	669
	津	常	シン つ	669
	浅	4	セン あさい	669
	洗	6	セン あらう	670
	洞	常	ドウ ほら	670
	派	6	ハ	670
	洋	3	ヨウ	671
	洛	人	ラク	672
火	為	常	イ ため	703
	炭	3	タン すみ	703
	点	2	テン つける	703
牛	牲	常	セイ	719
犬	狭	常	キョウ せまい	724
	狐	外	コ きつね	724
	狩	常	シュ かる	724
	独	5	ドク ひとり	724
王	珍	常	チン めずらしい	730
	玲	人	レイ	731
甘	甚	常	ジン はなはだ	736
田	畏	常	イ おそれる	745
	界	3	カイ	746
	畑	3	はた	746
疒	疫	常	エキ	751
癶	発	3	ハツ たつ	755
白	皆	常	カイ みな	762
	皇	6	コウ	762
皿	盆	常	ボン	763
目	看	6	カン みる	770
	県	3	ケン	771
	盾	常	ジュン たて	771
	省	4	セイ かえりみる	771
	相	3	ソウ あい	772
	眉	常	ビ まゆ	773
	冒	常	ボウ おかす	773
石	研	3	ケン とぐ	780
	砂	6	サ すな	781
	砕	常	サイ くだく	781
示	祈	【祈】		788
	祉	【祉】		788
	祝	4	シュク いわう	788
	神	3	シン かみ	788
	祖	5	ソ	789
	祐	人	ユウ たすける	790
禾	科	2	カ	794
	秋	2	シュウ あき	795
	秒	3	ビョウ	795
穴	突	【突】		804
	窃	常	セツ	805
	穿	人	セン うがつ	805
竹	竿	人	カン さお	813
米	粁	外	キロメートル	822
糸	紀	4	キ	826
	級	3	キュウ	827
	糾	常	キュウ	827
	紅	6	コウ べに	827
	約	4	ヤク	828
羊	美	3	ビ うつくしい	853
老	者	【者】		861
而	耐	常	タイ たえる	862
耳	耶	人	ヤ や	863
肉	胃	4	イ	870
	胤	人	イン たね	871
	胡	人	コ	871
	胎	常	タイ	871
	胆	常	タン きも	871
	背	6	ハイ せ	872
	肺	6	ハイ	872
	胞	常	ホウ	873
自	臭	常	シュウ くさい	885
虍	虐	常	ギャク しいたげる	892
虫	虹	常	コウ にじ	895
衣	衷	常	チュウ	906
	衿	人	キン えり	906
	袂	外	ベイ たもと	906
西	要	4	ヨウ かなめ	913
言	計	2	ケイ はかる	924
	訂	常	テイ	925
	訃	常	フ	925
貝	貞	常	テイ	952
	負	3	フ まける	952
走	赴	常	フ おもむく	965
車	軌	常	キ	972
	軍	4	グン いくさ	972
里	重	3	ジュウ え	987
臣	臥	人	ガ ふす	990
面	面	3	メン おも	1032
革	革	6	カク かわ	1033
音	音	1	オン おと	1033
頁	頁	人	ケツ	1035
風	風	2	フウ かぜ	1044
飛	飛	4	ヒ とぶ	1046
食	食	2	ショク くう	1047
首	首	2	シュ くび	1052
香	香	常	コウ か	1053

10画

ノ	乗	【乗】		39
人	併	【併】		84
	俺	常	おれ	91
	倶	人	グ ともに	91
	倹	常	ケン	91
	個	5	コ	91
	候	4	コウ そうろう	91
	倖	人	コウ さいわい	92
	借	4	シャク かりる	92
	修	5	シュウ おさめる	92
	倉	4	ソウ くら	93
	値	6	チ ね	94
	倒	常	トウ たおれる	94
	俳	6	ハイ	94
	倍	3	バイ	95
	俵	5	ヒョウ たわら	95
	俸	常	ホウ	95
	倣	常	ホウ ならう	95
	倫	常	リン	96
	倭	人	ワ やまと	96
儿	党	6	トウ	114
八	兼	常	ケン かねる	122
冖	冥	常	メイ	128
冫	准	常	ジュン	131
	凄	常	セイ	131
	凍	常	トウ こおる	131
	凌	人	リョウ しのぐ	131
刀	剣	常	ケン つるぎ	153
	剛	常	ゴウ	154
	剤	常	ザイ	154
	剝	常	ハク はがす	154
	剖	常	ボウ	155
力	勉	3	ベン つとめる	164
匚	匿	常	トク かくす	173
厂	原	2	ゲン はら	185
口	員	3	イン	221
	唆	常	サ そそのかす	222
	唇	常	シン くちびる	222
	啄	人	タク ついばむ	222
	哲	常	テツ	222
	唐	常	トウ から	222
	唄	常	バイ うた	223
	哺	常	ホ	223
土	埋	常	マイ うめる	252
夂	夏	2	カ なつ	269
女	娯	常	ゴ	297
	娠	常	シン	297
	姫	常	ひめ	297
	娘	常	むすめ	297
子	孫	4	ソン まご	306
宀	宴	常	エン	317
	家	2	カ いえ	317
	害	4	ガイ そこなう	319
	宮	3	キュウ みや	319
	宰	常	サイ	319
	宵	常	ショウ よい	320
	容	5	ヨウ	320
寸	射	6	シャ いる	331
	将	6	ショウ	332
尸	屑	人	セツ くず	344
	展	6	テン	344
山	峡	【峡】		348
	峻	人	シュン	349
	島	3	トウ しま	349
	峰	常	ホウ みね	349
工	差	4	サ さす	354
巾	帰	2	キ かえる	359
	師	5	シ	360
	席	4	セキ	360
	帯	4	タイ おびる	361
广	庫	3	コ くら	374
	座	6	ザ すわる	374

総画 さくいん

12画

13画

14画

総画 さくいん

15画

総画 さくいん

16画

17画

18画

19画

部首	漢字	区分	音	訓	ページ
麦	麴	外	キク	こうじ	992
金	鏡	④	キョウ	かがみ	1004
門	關	【関】			1013
隹	難	【難】			1019
	離	常	リ	はなれる	1020
雨	霧	常	ム	きり	1027
音	韻	常	イン	—	1035
頁	類	【類】			1042
	願	④	ガン	ねがう	1043
骨	髄	常	ズイ	—	1058
魚	鯨	常	ゲイ	くじら	1064
	鯖	外	セイ	さば	1064
	鯛	人	チョウ	たい	1065
鳥	鶏	常	ケイ	にわとり	1066
	鵬	人	ホウ	おおとり	1067
鹿	麗	常	レイ	うるわしい	1067
	麓	常	ロク	ふもと	1068

20画

部首	漢字	区分	音	訓	ページ
土	壤	【壌】			264
女	孃	【嬢】			300
宀	寶	【宝】			315
山	巖	人	ガン	いわ	350
心	懸	常	ケン	かける	496
攵	嚴	【厳】			549
木	欄	常	ラン	—	629
水	灌	外	カン	そそぐ	699
火	爐	【炉】			703
牛	犧	【犠】			721
犬	獻	【献】			726
立	競	④	キョウ	きそう	809
弁	瓣	【弁】			378
竹	籍	常	セキ	—	821
糸	繼	【継】			842
	纂	人	サン	あつめる	853
羽	耀	人	ヨウ	かがやく	859
見	覺	【覚】			918
角	觸	【触】			923
言	譯	【訳】			928
	譽	【誉】			935
	議	④	ギ	—	948
	護	⑤	ゴ	まもる	948
	譲	常	ジョウ	ゆずる	948
酉	醸	常	ジョウ	かもす	986
采	釋	【釈】			986
麦	麵	【麺】			992
金	鐘	常	ショウ	かね	1004
雨	霰	外	サン	あられ	1027
音	響	常	キョウ	ひびく	1035
香	馨	人	ケイ	かおる	1053
馬	騷	【騒】			1056
	騰	常	トウ	—	1057
黒	黨	【党】			114
歯	齡	【齢】			1071

21画

部首	漢字	区分	音	訓	ページ
尸	屬	【属】			344
手	攝	【摂】			534
木	櫻	【桜】			611
	權	【権】			626
	欄	【欄】			629
欠	歡	【歓】			633
糸	續	【続】			842
舟	艦	常	カン	—	890
西	霸	【覇】			915
言	辯	【弁】			378
足	躍	常	ヤク	おどる	970
車	轟	人	ゴウ	とどろく	979
金	鐵	【鉄】			997
雨	露	常	ロ	つゆ	1027
頁	顧	常	コ	かえりみる	1043
飛	飜	【翻】			859
馬	驅	【駆】			1054
鬼	魔	常	マ	—	1062
魚	鰯	人	—	いわし	1065
鳥	鷄	【鶏】			1066
	鶯	外	オウ	うぐいす	1067
	鶴	常	カク	つる	1067

22画

部首	漢字	区分	音	訓	ページ
田	疊	【畳】			749
禾	穰	【穣】			802
竹	籠	常	ロウ	かご	821
耳	聽	【聴】			864
肉	臟	【臓】			881
衣	襲	常	シュウ	おそう	912
見	覽	【覧】			920
言	讀	【読】			938
	讚	人	サン	—	949
金	鑄	【鋳】			1001
音	響	【響】			1035
食	饗	人	キョウ	もてなす	1051
馬	驚	常	キョウ	おどろく	1057
魚	鯵	外	ソウ	あじ	1065
	鰻	外	マン	うなぎ	1065
鳥	鷗	人	オウ	かもめ	1067

23画

部首	漢字	区分	音	訓	ページ
夂	變	【変】			268
山	巖	【巌】			350
心	戀	【恋】			478
穴	竊	【窃】			805
糸	纖	【繊】			851
缶	罐	【缶】			853
金	鑛	【鉱】			996
	鑑	常	カン	かんがみる	1005
頁	顯	【顕】			1041
馬	驛	【駅】			1054
	驗	【験】			1056
骨	體	【体】			76
	髓	【髄】			1058
魚	鰹	外	ケン	かつお	1065
	鱒	人	ソン	ます	1065
鳥	鷲	人	シュウ	わし	1067

24画

部首	漢字	区分	音	訓	ページ
口	囑	【嘱】			232
土	鹽	【塩】			259
色	艷	【艶】			892
見	觀	【観】			920
言	讓	【譲】			948
酉	釀	【醸】			986
雨	靈	【霊】			1026
魚	鱗	人	リン	うろこ	1065
鳥	鷹	人	ヨウ	たか	1067
	鷺	人	ロ	さぎ	1067
鹿	麟	人	リン	—	1068

25画

部首	漢字	区分	音	訓	ページ
广	廳	【庁】			371
水	灣	【湾】			688
虫	蠻	【蛮】			896

26画

部首	漢字	区分	音	訓	ページ
門	鬭	【闘】			1014
虫	蠶	【蚕】			895

29画

部首	漢字	区分	音	訓	ページ
鬯	鬱	常	ウツ	ふさぐ	1060

学年別漢字《がくねんべつかんじ》さくいん

- 学習漢字《がくしゅうかんじ》一〇〇六字《じ》を学年別《がくねんべつ》にまとめてしめしました。
- 各学年《かくがくねん》の見出《みだ》しから、音読《おんよ》み（音《おん》のないものは訓読《くんよ》み）の五十音順《ごじゅうおんじゅん》に並《なら》べてあります。（学習指導要領《がくしゅうしどうようりょう》の掲載順《けいさいじゅん》と同《おな》じ順《じゅん》です）

1年　80字

2年　160字

3年　200字

4年 200字

5年 185字

6年 181字

さくいん〈故事《こじ》成語《せいご》など〉

・五十音順《ごじゅうおんじゅん》にならんでいます。
・★印《じるし》は「故事《こじ》のはなし」のコラムがあります。

さくいん〈文字《もじ》物語《ものがたり》〉

・画数順《かくすうじゅん》(おなじ画数《かくすう》は五十音順《ごじゅうおんじゅん》)にならんでいます。

さくいん〈ものしり巻物《まきもの》・漢字《かんじ》パズル〉

・掲載順《けいさいじゅん》にならんでいます。

ものしり巻物《まきもの》

漢字《かんじ》パズル

さくいん〈同音《どう》・同訓《どうくん》異字《いじ》の使《つか》い分《わ》け〉

・五十音順にならんでいます。

1画

一［いち］の部

「一《いち》」をもとにして作《つく》られた字《じ》と、「一《いち》」の形《かたち》がめやすとなっている字《じ》を集《あつ》めてあります。

この部首の字

0 一……1
1 七……10
丁……10
2 下……11
三……14
上……16
丈……19
万……20
与……21
3 丑……21
不……21
4 且……27
丘……27
世……27
丙……28
5 丞……28
両……28
7 並……30
二→二 46
十→十 173
干→干 364
才→扌 507
五→二 48
互→二 49
友→又 192
天→大 282
戸→戸 501
右→口 199
可→口 200
左→工 352
布→巾 357
平→干 365
旦→日 563
末→木 596
正→止 634
瓦→瓦 735
亘→二 49
再→冂 126
吏→口 212
在→土 246
存→子 302
有→月 586
死→歹 638
百→白 760
耳→耳 863
至→至 885
西→西 913
亜→二 49
吾→口 214
否→口 215
更→曰 582
束→木 600
求→氺 654
甫→用 741
豆→豆 949
車→車 971
酉→酉 982
事→亅 45
東→木 604
画→田 744
雨→雨 1021
昼→日 571
衷→衣 906
面→面 1032
晋→日 573
夏→夊 269
爾→爻 715
憂→心 493

■ 一-0

一

総画1
JIS-1676
教1年
音 イチ・イツ
訓 ひと・ひとつ

筆順 一 ひだりからみぎへ

なりたち 一 【指事】横《よこ》にひいた一本《いっぽん》の線《せん》で数《かず》の「いち」を表《あらわ》している字《じ》。

意味

❶かぞえられるもののひとつ。数《かず》のいち。例一《ひと》つちがい。一口《ひとくち》・一個《いっこ》

❷さいしょ。ひとつめ。順序《じゅんじょ》の最初《さいしょ》。例一《いち》から十《じゅう》まで。一番《いちばん》・一年生《いちねんせい》

❸いちばんすぐれている。最高《さいこう》。最上《さいじょう》。例一流《いちりゅう》・日本一《にほんいち｜にっぽんいち》

❹それひとつだけ。ほかはなくてそればかり。ひたすら。例一念《いちねん》・一心《いっしん》

❺それひとつで全部《ぜんぶ》。ひとまとまりにする。例心《こころ》を一《いつ》にする。一様《いちよう》・統一《とういつ》

❻数《かず》ある中《なか》のひとつ。あるひとつの。ちょっとした。例一案《いちあん》・一市民《いちしみん》・一工夫《ひとくふう》

❼その一度《いちど》だけで。すっかり。例一掃《いっそう》

❽わずか。ほんのすこし。例一見《いっけん》・一睡《いっすい》

❾…たり…たり。「一《いち》…一《いち》…」の形《かたち》で対義語《たいぎご》をかさね、「…あるいは…」の意味《いみ》を表《あらわ》す。例一利一害《いちりいちがい》・一進一退《いっしんいったい》・一長一短《いっちょういったん》

特別なよみ 一日（ついたち）・一人（ひとり）

名前のよみ おさむ・かず・かつ・くに・すすむ・ただ・のぶ・はじむ・ひで・ひとし・まこと・もと

❶〈かぞえられるもののひとつ〉の意味で

【一応《いちおう》】↓ じゅうぶんでなくても、まあいいだろうといえるほど。ひとまず。ひととおり。例一応《いちおう》の手当《てあ》てをする。一応《いちおう》、話《はなし》は聞《き》いた。類大略《たいりゃく》 表記「一往」とも書《か》く。

【一行《いちぎょう》】↓ 文字《もじ》や数字《すうじ》を書《か》いたときの一《ひと》つの列《れつ》。☞「いっこう」は❺

【一群《いちぐん｜ひとむれ》】↓ 人《ひと》や動物《どうぶつ》などのひとかたまり。

【一◦撃《いちげき》】↓〈─する〉強《つよ》い力《ちから》で一度《いちど》だけ打《う》つこと。ひとうち。例一撃《いちげき》をくわえる。

【一期一会《いちごいちえ》】一生《いっしょう》のうち、会《あ》えるのはこの一度《いちど》だけだという気持《きも》ちで、人《ひと》との出会《であ》いをたいせつにしなさいという教《おし》え。知識 千利休《せんのりきゅう》の弟子《でし》が書《か》いた『山上宗二記《やまのうえのそうじき》』のことばにもとづく茶道《さどう》の教《おし》え。

【一◦汁一菜《いちじゅういっさい》】汁《しる》とおかずが一品《いっぴん》ずつの質素《しっそ》な食事《しょくじ》。

【一◦巡《いちじゅん》】↓〈─する〉ぐるりとまわって、もとのところにもどってくること。ひとまわり。例コースを一巡《いちじゅん》する。類一周《いっしゅう》

【一存《いちぞん》】↓ 自分《じぶん》ひとりだけの考《かんが》え。例わたくしの一存《いちぞん》では決《き》められません。

【一代《いちだい》】↓ ①ひとりの人《ひと》が生《う》まれてから死《し》ぬまで。例一代記《いちだいき》 類一生《いっしょう》 ②ひとりの人《ひと》が、その地位《ちい》についているあいだ。例先代《せんだい》の社長《しゃちょう》は一代《いちだい》で会社《かいしゃ》の基礎《きそ》をきずいた。☞❷❻

【一段《いちだん》】↓ ①段々《だんだん》になっているものや、地位《ちい》・技能《ぎのう》などの段階《だんかい》の一《ひと》つ一《ひと》つ。②文章《ぶんしょう》などのひとくぎり。類一段落《いちだんらく》 ③〈─と〉前《まえ》のようすやほかとくらべて、目立《めだ》ってちがうようす。

◦学習漢字でない常用漢字　▲常用漢字表にない音訓　◆常用漢字でない漢字

例一段《いちだん》とじょうずになった。類一層《いっそう》・一際《ひときわ》

【一段落】いちだんらく ①文章《ぶんしょう》の中《なか》のひとくぎり。類一段《いちだん》 ②〈—する〉やっている仕事《しごと》などの中《なか》で、ひとまとまりのことが終《お》わること。例一段落《いちだんらく》ついたところでお茶《ちゃ》にする。参考②は、「ひとだんらく」ともいう。

【一日】いちにち｜いちじつ ↓ ①午前零時《ごぜんれいじ》からの二十四時《にじゅうよじ》間《かん》。例まる一日《いちにち》。②日《ひ》の出《で》から日《ひ》の入《い》りまでのあいだ。朝起《あさお》きてから夜《よる》ねるまでのあいだ。☞❷❻❽

【一日千秋】いちにちせんしゅう｜いちじつせんしゅう 一日《いちにち》がまるで千年《せんねん》のように感《かん》じられるほど、時間《じかん》のたつのがおそいと思《おも》うこと。待《ま》ちどおしく思《おも》う気持《きも》ちや、会《あ》えない人《ひと》をこいしく思《おも》う気持《きも》ちを表《あらわ》す。例一日千秋《いちにちせんしゅう｜いちじつせんしゅう》の思《おも》い。

【一番】いちばん ↓ すもうや碁《ご》・将棋《しょうぎ》などの一回《いっかい》の勝負《しょうぶ》。表現「よし、一番《いちばん》がんばってみるか」「だめかもしれないが、ここは一番《いちばん》たのんでみよう」などと、「思《おも》い切《き》って」とか「ためしに」とかの気持《きも》ちを表《あらわ》すのにも使《つか》う。☞❷❸

【一部】いちぶ ↓ 本《ほん》や新聞《しんぶん》などの一《ひと》つ一《ひと》つ。☞❻

【一命】いちめい ↓ ひとりの人《ひと》の、いのち。例一命《いちめい》をとりとめる。一命《いちめい》にかかわる。

【一目】いちもく ↓ 碁《ご》で、碁盤《ごばん》の目《め》の一《ひと》つ。例一目《いちもく》置《お》く（碁《ご》で強《つよ》い相手《あいて》と勝負《しょうぶ》するときに、先《さき》に石《いし》を一《ひと》つ置《お》かせてもらうこと。相手《あいて》の実力《じつりょく》をみとめて下手《したて》に出《で》ること）。☞「ひとめ」は❽

【一里。塚】いちりづか 江戸時代《えどじだい》、街道《かいどう》の道《みち》のりをしめすために一里《いちり》（約《やく》四キロ）ごとに道《みち》ばたに立《た》てた目印《めじるし》。土《つち》をもり、木《き》を植《う》えた。表現「ここが最初《さいしょ》の一里塚《いちりづか》だ」などと、大《おお》きな目標《もくひょう》に到達《とうたつ》する途中《とちゅう》の一段階《いちだんかい》の意味《いみ》にも使《つか》う。

【一両日】いちりょうじつ 一日《いちにち》か二日《ふつか》。その日《ひ》か、その次《つぎ》の日《ひ》。例一両日中《いちりょうじつちゅう》にご用意《ようい》します。

【一連】いちれん ↓ ①詩《し》の中《なか》の、ひとまとまり。類一節《いっせつ》 ②糸《いと》やひもなどでつないだ、ひとつながりのもの。例数珠《じゅず》一連《いちれん》。☞❺

【一を聞いて十を知る】いちをきいてじゅうをしる 一部分《いちぶぶん》を聞《き》いただけで全体《ぜんたい》がわかるほど、理解《りかい》が早《はや》い。

故事のはなし ☞3ページ

【一角】いっかく ↓ ①図形《ずけい》で、一《ひと》つの角《かく》やかど。②中心《ちゅうしん》からはなれたすみのところ。例町《まち》の一角《いっかく》。類片隅《かたすみ》 ③一本《いっぽん》のつの。例一角獣《いっかくじゅう》 ☞❽

【一。騎当千】いっきとうせん ひとりの騎馬武者《きばむしゃ》で千人《せんにん》の敵《てき》を相手《あいて》にしてたたかえるほど、強《つよ》くすぐれていること。例一騎当千《いっきとうせん》のつわもの。

【一挙】いっきょ ↓ 一《ひと》つの動作《どうさ》。例一挙一動《いっきょいちどう》 ☞❼

【一挙両得】いっきょりょうとく 一《ひと》つのことをして、二《ふた》つの得《とく》をすること。参考『晋書《しんじょ》』の束皙《そくせき》のことばから。類一石二鳥《いっせきにちょう》

【一件】いっけん ↓ 一《ひと》つの事件《じけん》。ひとつながりのできごと。例一件落着《いっけんらくちゃく》 ☞❻

【一昨】いっさく ↓ 時《とき》を表《あらわ》すことばの前《まえ》について「前《まえ》の前《まえ》」という意味《いみ》を表《あらわ》す。例一昨日《いっさくじつ｜おととい》・一昨年《いっさくねん｜おととし》・一昨夜《いっさくや》・一昨晩《いっさくばん》 表現「前《まえ》の前《まえ》の前《まえ》」は、「一昨昨日《いっさくさくじつ｜さきおととい》」「一昨昨年《いっさくさくねん｜さきおととし》」のようにいう。

【一札】いっさつ ↓ 証拠《しょうこ》になる書類《しょるい》や文書《ぶんしょ》。例一札《いっさつ》入《い》れる（約束《やくそく》ごとを書《か》いて相手《あいて》にわたす）。

【一種】いっしゅ ↓ ひといろ。ひとつの種類《しゅるい》。☞❻

【一周】いっしゅう ↓ 〈—する〉ぐるりとひとまわりしてもとにもどること。例世界一周《せかいいっしゅう》 類一巡《いちじゅん》

【一世】いっせ ↓ 仏教《ぶっきょう》でいう三世《さんぜ》（前世《ぜんせ》・現世《げんせ》・来世《らいせ》）の一《ひと》つ。とくに、現世《げんせ》をいう。☞❷❺❻

【一席】いっせき ↓ 宴会《えんかい》や落語《らくご》・演説《えんぜつ》などの一回《いっかい》。例一席《いっせき》うかがう。表現「一席《いっせき》もうける」は、客《きゃく》をよんで宴会《えんかい》をもよおすこと。☞❸

【一石二鳥】いっせきにちょう 一《ひと》つのことをして、二《ふた》つのものを手《て》に入《い》れること。類一挙両得《いっきょりょうとく》 参考もとは、一《ひと》つの石《いし》を投《な》げて、一度《いちど》に二羽《にわ》の鳥《とり》を打《う》ちおとすという意味《いみ》のことば。

【一節】↓ 一 いっせつ｜ひとふし 文章《ぶんしょう》や音楽《おんがく》などの、ひとくぎり。類一連《いちれん》 二 ひとふし 竹《たけ》のようなふしのある植物《しょくぶつ》のくきの、ふしからふしまで一《ひと》つ分《ぶん》。

【一線】いっせん ↓ ①一本《いっぽん》のまっすぐな線《せん》。例横一線《よこいっせん》にならぶ。②はっきりした区切《くぎ》り。例一線《いっせん》を画《かく》する。☞❸

【一層】いっそう ↓ ①つみかさなった層《そう》のうちの一《ひと》つ。②ものごとの程度《ていど》が、前《まえ》よりはげしくなったり目立《めだ》ったりするようす。ますます。ひときわ。例暑《あつ》さがいっそうきびしくなった。

【一足】↓ 一 いっそく くつやくつ下《した》などの一《ひと》そろい。一組《ひとくみ》。表現「一足飛《いっそくと》び」は、きまった順序《じゅんじょ》を一《ひと》つ一《ひと》つふまないで、遠《とお》くや高《たか》い位置《いち》にい

っぺんに進《すす》むこと。[二]《ひとあし》 前《まえ》へ出《だ》した足《あし》とうしろの足《あし》とのあいだの長《なが》さ。そのくらいのわずかな距離《きょり》や時間《じかん》。[例]あと一足《ひとあし》だ。

【一体】《いったい》[↓] 仏像《ぶつぞう》などの一《ひと》つ。☞❺

【一◦旦】《いったん》[↓] とりあえず一度《いちど》。[例]とにかく、いったん返《かえ》してください。☞❼

【一対】《いっつい》[↓] 二《ふた》つで一《ひと》組《く》みになるもの。ペア。

【一手】《いって｜ひとて》[↓] 碁《ご》で一回《いっかい》石《いし》をおくこと。将棋《しょうぎ》で一度《いちど》こまを動《うご》かすこと。☞❹

【一◦杯】《いっぱい》[↓] 一《ひと》つのさかずきやコップなどに入《い》れる分量《ぶんりょう》。☞❺❽

【一◦匹◆狼】《いっぴきおおかみ》 集団《しゅうだん》の力《ちから》にたよらず、自分《じぶん》の力《ちから》だけで行動《こうどう》する人《ひと》。[知識] オオカミはふつう、むれで行動《こうどう》する。

【一筆】《いっぴつ｜ひとふで》[↓] とちゅうですみをつけなおしたり、とぎらせたりしないで、一気《いっき》につづけて書《か》くこと。[例]一筆書《ひとふでが》き ☞❽

【一服】《いっぷく》[↓] ①こなぐすりの一回分《いっかいぶん》の量《りょう》。②〈一する〉お茶《ちゃ》やたばこを一回《いっかい》のむこと。また、そのようなことをして、ひと休《やす》みすること。[例]このへんで一服《いっぷく》しよう。[表現]「一服盛《いっぷくも》る」の「一服《いっぷく》」は毒薬《どくやく》を意味《いみ》することが多《おお》い。

故事のはなし

一《いち》を聞《き》いて十《じゅう》を知《し》る

孔子《こうし》が、弟子《でし》の子貢《しこう》に「おまえと顔回《がんかい》とでは、どちらがすぐれているのか」とたずねたところ、子貢《しこう》は、「どうして顔回《がんかい》をのぞめましょう。顔回《がんかい》は一《いち》を聞《き》いて十《じゅう》をさとりますが、私《わたくし》などは一《いち》を聞《き》いて二《に》がわかるだけです」と答《こた》えた。（『論語《ろんご》』）

【一◦幅】《いっぷく》[↓] 絵《え》や書《しょ》を一《ひと》つのかけじくにしたもの。[例]一幅《いっぷく》の絵《え》。

【一片】《いっぺん》[↓] 小《ちい》さなひときれや、うすく小《ちい》さい一枚《いちまい》。ひとひら。☞❽

【一口】《ひとくち》[↓] ①一度《いちど》に口《くち》に入《い》れること。[例]一《ひと》口《くち》ようかん ②寄付《きふ》などに参加《さんか》するときの単《たん》位《い》。[例]寄付《きふ》は一口《ひとくち》五百円《ごひゃくえん》から。☞❽

【一▲入】《ひとしお》[↓] 一段《いちだん》と。[例]寒《さむ》さがひとしお身《み》にしみる。[知識] 染《そ》め物《もの》を色《いろ》の液体《えきたい》に一回《いっかい》つけることを「ひとしお」という。一回《いっかい》つけると一段《いちだん》と色《いろ》が濃《こ》くなるように、一段《いちだん》と進《すす》むこと。

【一筋】《ひとすじ》[↓] 細《ほそ》く長《なが》いものが一本《いっぽん》のすじになってつづいているようす。[例]一筋《ひとすじ》の川《かわ》。☞❹

【一筋◦縄】《ひとすじなわ》 一本《いっぽん》のなわ。[例]一筋縄《ひとすじなわ》ではいかない（ふつうのやり方《かた》ではだめだ）。

【一◦粒種】《ひとつぶだね》 ひとりしかいないたいせつな子《こ》ども。[例]この子《こ》はわが家《や》の一粒種《ひとつぶだね》だ。

【一昔】《ひとむかし》[↓] すぎさったある時期《じき》。ふつうは十年《じゅうねん》くらい前《まえ》をいう。[例]十年一昔《じゅうねんひとむかし》。一昔前《ひとむかしまえ》には小川《おがわ》にまだメダカがいた。

【一山】《ひとやま》[↓] ①一《ひと》つの山《やま》。[例]一山《ひとやま》こえる。②ものを山《やま》のようにつみあげた、ひとかたまり。[例]一山三百円《ひとやまさんびゃくえん》のナス。③おおもうけのもと。[例]一山《ひとやま》あてる。[参考] ③は、鉱脈《こうみゃく》を指《さ》すことば。運《うん》よく見《み》つけると、大金持《おおがねも》ちになれることから。

❷〈さいしょ〉の意味で

【一次】《いちじ》[↓] 何回《なんかい》かに分《わ》けておこなわれるものごとの、はじめの回《かい》。[例]一次試験《いちじしけん》

【一時】《いちじ》[↓] 時刻《じこく》としての一時《いちじ》。午前一時《ごぜんいちじ》か午《ご》後一時《ごいちじ》のこと。☞❺❻❽

【一代】《いちだい》[↓] その系統《けいとう》の最初《さいしょ》の人《ひと》。[例]一代将《いちだいしょう》軍家康《ぐんいえやす》。[表現] いっそうはっきりいえば「第一《だいいち》代《だい》」「一代目《いちだいめ》」。[類] 初代《しょだい》 ☞❶❻

【一人◦称】《いちにんしょう》 「わたくし」「わたし」「ぼく」など、話《はな》し手《て》自身《じしん》を指《さ》すことば。[関連] 一人《いちにん》称《しょう》・二人称《ににんしょう》（あなた・きみ）・三人称《さんにんしょう》（かれ・それ）

【一番】《いちばん》[↓] 順番《じゅんばん》をかぞえる最初《さいしょ》。[例]一番《いちばん》でゴールインする。☞❶❸

【一面】《いちめん》[↓] 「第一面《だいいちめん》」の略《りゃく》。新聞《しんぶん》の最初《さいしょ》のページ。[例]一面《いちめん》トップをかざる記事《きじ》。☞❺❻

【一世】《いっせい》[↓] ①おなじ名前《なまえ》の皇帝《こうてい》や国王《こくおう》などのうち、最初《さいしょ》の人《ひと》。[例]エリザベス一世《いっせい》 ②外国《がいこく》に移住《いじゅう》してその国《くに》の人《ひと》となった家族《かぞく》の、最初《さいしょ》の代《だい》の人《ひと》。[例]日系一世《にっけいいっせい》 ☞❶❺❻

【一報】《いっぽう》[↓] 「第一報《だいいっぽう》」の略《りゃく》。ものごとが起《お》こって、最初《さいしょ》にとどけられる知《し》らせ。[例]事故《じこ》の一報《いっぽう》が入《はい》った。☞❽

【一日】《ついたち｜いちじつ》[↓] その月《つき》の最初《さいしょ》の日《ひ》。[参考]「いちじつ」はやや古《ふる》い言《い》い方《かた》。☞❶❻❽

❸〈いちばんすぐれている〉の意味で

【一大事】《いちだいじ》たいへんなできごと。[例]天下《てんか》の一大事《いちだいじ》。[表現]「たいへんだ」という気持《きも》ちを表《あらわ》すときに使《つか》うことが多《おお》い。

【一番】《いちばん》[↓]①同種《どうしゅ》のものやなかまの中《なか》でもっともすぐれていること。もっともよいこと。[例]寒《さむ》い日《ひ》は、あたたかい食《た》べ物《もの》が一番《いちばん》だ。②ほかのどれよりも。もっとも。[例]これがいちばんおもしろい。[参考]アクセントは、①ではイチバン。②ではイチバン。☞❶❷

【一富士二◆鷹三◆茄▲子】《いちふじにたかさんなすび》正月《しょうがつ》、初夢《はつゆめ》に見《み》るとよいことがあるといわれる、三《みっ》つのものを順《じゅん》にならべたことば。

【一流】《いちりゅう》[↓]その方面《ほうめん》では、いちばんすぐれているなかまに入《い》れてよいと世間《せけん》でみとめていること。[例]一流選手《いちりゅうせんしゅ》。[関連]一流《いちりゅう》・二流《にりゅう》・三流《さんりゅう》 ☞❻

【一家】《いっか》[↓]ある専門《せんもん》の方面《ほうめん》で、すぐれているとみとめられること。[例]一家《いっか》をなす。☞❺

【一家言】《いっかげん》その人《ひと》らしい、すぐれた考《かんが》え方《かた》や意見《いけん》。[例]一家言《いっかげん》を持《も》つ。

【一席】《いっせき》[↓]コンクールなどでの一等《いっとう》。[例]一席《いっせき》にえらばれる。[類]首席《しゅせき》・一位《いちい》 ☞❶

【一線】《いっせん》[↓]「第一線《だいいっせん》」の略《りゃく》。仕事《しごと》などで、先頭《せんとう》になる重要《じゅうよう》な立場《たちば》。[例]一線《いっせん》をになう。☞❶

❹〈それひとつだけ〉の意味で

【一念】《いちねん》[↓]一《ひと》つのことを深《ふか》く思《おも》いつめること。[例]勝《か》ちたいという一念《いちねん》で、がんばる。

【一念発起】《いちねんほっき》〈—する〉あることをなしとげようと、かたい決心《けっしん》をすること。[参考]仏《ほとけ》をかたく信仰《しんこう》することを決心《けっしん》することからきたことば。

【一枚看板】《いちまいかんばん》①そのグループのいちばんの中心人物《ちゅうしんじんぶつ》。[例]一枚看板《いちまいかんばん》として活躍《かつやく》する。②じまんできるただ一《ひと》つのもの。[例]安《やす》いというのが、この店《みせ》の一枚看板《いちまいかんばん》だ。

【一目散】《いちもくさん》〈—に〉よそ見《み》もせず、全速力《ぜんそくりょく》で走《はし》るようす。[例]一目散《いちもくさん》ににげる。[類]一散《いっさん》

【一律】《いちりつ》[↓]〈—な・—に〉①調子《ちょうし》に変化《へんか》がないようす。[例]千編一律《せんぺんいちりつ》②どれもおなじようにあつかうこと。[例]一律《いちりつ》二〇パーセントの値引《ねび》き。

【一路】《いちろ》[↓]行《い》こうとする道《みち》をまっすぐに進《すす》むようす。[例]一路邁進《いちろまいしん》

【一°貫】《いっかん》[↓]〈—する〉はじめから終《お》わりまで、おなじ考《かんが》えややり方《かた》をまもりとおすこと。[例]一貫《いっかん》して賛成《さんせい》してきた。終始一貫《しゅうしいっかん》

【一向】《いっこう》[↓]〈—に〉すこしも。「…ない」と強《つよ》く打《う》ち消《け》すためのことば。[例]この薬《くすり》は一向《いっこう》にきかない。

【一刻】《いっこく》[↓]〈—な〉がんこで、自分《じぶん》の考《かんが》えをかえようとしないようす。[例]一刻者《いっこくもの》[類]一徹《いってつ》[表記]「一国」とも書《か》く。☞❽

【一散】《いっさん》[↓]〈—に〉よそ見《み》もしないで、むちゅうで走《はし》るようす。[例]一散《いっさん》に家《いえ》にかけもどる。[類]一目散《いちもくさん》[表記]「逸散」とも書《か》く。

【一心】《いっしん》[▲]〈—に〉そのことばかりを思《おも》うこと。[例]じょうずになりたい一心《いっしん》で、ひたすら練習《れんしゅう》した。[類]無心《むしん》・熱心《ねっしん》

【一心不乱】《いっしんふらん》〈—な・—に〉一《ひと》つのことに気持《きも》ちを集中《しゅうちゅう》させて、ほかのことはまったく気《き》にしないようす。[例]一心不乱《いっしんふらん》に練習《れんしゅう》をする。

【一張°羅】《いっちょうら》ただ一枚《いちまい》しかないたいせつなよそ行《い》きの服《ふく》。[例]一張羅《いっちょうら》のスーツ。[知識]「羅《ら》」は夏《なつ》の着物《きもの》にするうすい織物《おりもの》。

【一手】[↓][一]《いって／ひとて》ほかの人《ひと》に手出《てだ》しをさせないで、自分《じぶん》ひとりでなにかをすること。[例]仕事《しごと》を一手《いって／ひとて》に引《ひ》き受《う》ける。[二]《いって》ただ一《ひと》つのわざや、やり方《かた》。[例]おしの一手《いって》。☞❶

【一定】《いってい》[↓]①一《ひと》つに決《き》まっていること。[例]一定《いってい》の用紙《ようし》がある。②〈—する〉ある状態《じょうたい》のままで、かえないこと。また、かわらないこと。[例]へやの温度《おんど》を一定《いってい》にたもつ。☞❻

【一°徹】《いってつ》[↓]〈—な・—に〉自分《じぶん》の考《かんが》えをおしとおそうとするようす。[例]老《お》いの一徹《いってつ》。[類]一刻《いっこく》

【一°途】[↓][一]《いっと》ただ一《ひと》つの道《みち》。[例]没落《ぼつらく》の一途《いっと》をたどる。[二]《いちず》〈—な・—に〉ほかのものに心《こころ》を動《うご》かさず、ただ一《ひと》つのものを追《お》いもとめるようす。ひたすら。[例]いちずに思《おも》いつめる。[類]一筋《ひとすじ》

【一辺°倒】《いっぺんとう》一方《いっぽう》だけにかたよること。[例]クラシック一辺倒《いっぺんとう》で、ほかには興味《きょうみ》がない。

【一本気】《いっぽんぎ》〈—な・—に〉損《そん》も得《とく》も考《かんが》えず、これと思《おも》ったことに、いっしょうけんめいになるようす。[例]一本気《いっぽんぎ》な男《おとこ》。[類]生一本《きいっぽん》

【一本調子】《いっぽんちょうし／いっぽんぢょうし》〈—な・—に〉ずっとおなじ調子《ちょうし》で、変化《へんか》がないこと。[例]話《はな》し方《かた》が一本調《いっぽんぢょう》

子《し》で、つまらない。類 単調《たんちょう》・平板《へいばん》・千編一律《せんぺんいちりつ》

【一本◆槍《いっぽんやり》】一《ひと》つのやり方《かた》だけで、ずっとおしとおすこと。例 直 球《ちょっきゅう》一本槍《いっぽんやり》の勝負《しょうぶ》。

【一方《ひとかた》】↓ ひととおり。例 一方《ひとかた》ならぬおせわになった。表現 あとに「ならぬ」と打《う》ち消《け》しのことばがつづく。☞「いっぽう」は❻

【一筋《ひとすじ》】↓〈―に〉一《ひと》つのことだけに心《こころ》も力《ちから》も集 中《しゅうちゅう》させてわき目《め》もふらないようす。例 仕《し》事一筋《ごとひとすじ》に生《い》きる。類 一途《いちず》 ☞❶

❺〈それひとつで全部〉の意味で

【一円《いちえん》】Ⅲ そのあたり全部《ぜんぶ》。例 関東一円《かんとういちえん》に大雨《おおあめ》がふった。類 一帯《いったい》 表現 地名《ちめい》のあとにつけて、かなり広《ひろ》い地域全体《ちいきぜんたい》をいうのに使《つか》う。

【一◦概《いちがい》】↓〈―に〉どれもおなじように。例 一《いち》概《がい》に都会《とかい》がいいとは言《い》えない。類 一様《いちよう》 表現 それぞれの事情《じじょう》も考《かんが》えずに、かんたんにひっくるめてものを言《い》うことに対《たい》して、打《う》ち消《け》しの形《かたち》で使《つか》うことが多《おお》い。

【一丸《いちがん》】↓ ひとかたまり。団結《だんけつ》の強《つよ》いようすをいうことば。例 クラスが一丸《いちがん》となる。

【一元化《いちげんか》】〈―する〉ばらばらなものごとを、一《ひと》つの集《あつ》まりややり方《かた》にまとめあげること。例 命令系統《めいれいけいとう》を一元化《いちげんか》する。

【一族《いちぞく》】↓ 血《ち》のつながった親類《しんるい》の人《ひと》びと。例 一族郎党《いちぞくろうとう》 類 一門《いちもん》・同族《どうぞく》

【一同《いちどう》】↓ その場《ば》にいる人《ひと》、その立場《たちば》にある人全員《ひとぜんいん》。例 有志一同《ゆうしいちどう》・一同起立《いちどうきりつ》

【一堂《いちどう》】↓ おなじ建物《たてもの》や会場《かいじょう》。例 一堂《いちどう》に会《かい》する。

【一時《いちどき》】↓〈―に〉いくつものことが、いっしょになっておこるようす。☞❷❻❽

【一任《いちにん》】↓〈―する〉どのようにするかを、全部《ぜんぶ》まかせること。例 交渉《こうしょう》を一任《いちにん》する。

【一部始終《いちぶしじゅう》】あるものごとの、はじめから終《お》わりまで全部《ぜんぶ》のくわしいようす。例 事件《じけん》の一部始終《いちぶしじゅう》を語《かた》って聞《き》かせた。

【一枚岩《いちまいいわ》】まるで一枚《いちまい》の板《いた》のような、大《おお》きな岩《いわ》。強《つよ》く一《ひと》つにまとまっているようすを表《あらわ》すのに使《つか》う。例 一枚岩《いちまいいわ》の団結《だんけつ》をほこる。

【一味《いちみ》】↓ わるいことをするなかま。例 強《ごう》盗一味《とういちみ》がつかまった。類 一派《いっぱ》・徒党《ととう》

【一面《いちめん》】↓ あたり全体《ぜんたい》、見《み》わたすかぎり。例 一面《いちめん》の菜《な》の花《はな》。☞❷❻

【一門《いちもん》】↓ ①おなじ家系《かけい》の人《ひと》びと。例 一門《いちもん》の名誉《めいよ》。類 一族《いちぞく》 ②おなじ宗派《しゅうは》で修行《しゅぎょう》している人《ひと》びと。③おなじ人《ひと》を先生《せんせい》にして学問《がくもん》をしている人《ひと》びと。例 一門《いちもん》の師《し》。

【一様《いちよう》】↓〈―に〉どれもおなじで、かわったところのないようす。類 一概《いちがい》 対 多様《たよう》

【一連《いちれん》】↓ ばらばらでなく、一《ひと》つにつながっていること。例 一連《いちれん》の事件《じけん》。☞❶

【一◆蓮◆托生《いちれんたくしょう》】さいごまでいっしょに行動《こうどう》して、運命《うんめい》をともにすること。知識 仏教《ぶっきょう》から出《で》たことば。死後《しご》、極楽《ごくらく》でおなじ蓮《はす》の花《はな》の上《うえ》に生《う》まれかわる、という意味《いみ》。

【一家《いっか》】↓ 一《ひと》つの家族《かぞく》。ファミリー。例 一《いっ》家《か》だんらん 類 家族《かぞく》 ☞❸

【一◦括《いっかつ》】↓〈―する〉ひとまとめにすること。例 きっぷを一括《いっかつ》して買《か》う。類 統括《とうかつ》・総括《そうかつ》

【一◆揆《いっき》】↓ 農民《のうみん》や信徒《しんと》が、支配者《しはいしゃ》に集団《しゅうだん》で抵抗運動《ていこううんどう》をおこすこと。例 百 姓一揆《ひゃくしょういっき》

【一行《いっこう》】↓ いっしょに行動《こうどう》しているひとまとまりの人《ひと》びと。☞「いちぎょう」は❶

【一式《いっしき》】↓ あるものごとに関係《かんけい》のある道具《どうぐ》や部品《ぶひん》などのひとそろい。例 スキー用具《ようぐ》一式《いっしき》を買《か》う。

【一◦緒《いっしょ》】↓ ①ばらばらでなく、ひとまとまりであること。例 全部《ぜんぶ》いっしょにふくろに入《い》れる。②〈―する〉何人《なんにん》かの人《ひと》が、おなじ行動《こうどう》をすること。例 お食事《しょくじ》をご一緒《いっしょ》したい。③区《く》別《べつ》がないこと。例 動《うご》かない自動車《じどうしゃ》なんてごみと一緒《いっしょ》だ。表現「一緒《いっしょ》になる」は、「校門《こうもん》の前《まえ》で一緒《いっしょ》になろう」のように「落《お》ち合《あ》う」ことや、「すきな者《もの》どうし一緒《いっしょ》になった」のように「結《けっ》婚《こん》する」ことを表《あらわ》すことがある。

【一生《いっしょう》】↓ ①生《う》まれてから死《し》ぬまでのあいだ。例 文学《ぶんがく》に一生《いっしょう》をささげる。類 終生《しゅうせい》・生涯《しょうがい》・一代《いちだい》・一世《いっせい》・一生涯《いっしょうがい》 ②これから死《し》ぬまでずっと。③生《い》きているあいだで、その一度《いちど》だけ。例 一生《いっしょう》のおねがい。

【一生◦涯《いっしょうがい》】人《ひと》が生《う》まれてから死《し》ぬまでのあいだ。類 終生《しゅうせい》・一生《いっしょう》・生涯《しょうがい》

【一生◦懸命《いっしょうけんめい》】もっている力《ちから》を全部《ぜんぶ》使《つか》って、本気《ほんき》でとりくむこと。類 真剣《しんけん》・必死《ひっし》・懸命《けんめい》

◦学習漢字でない常用漢字　▲常用漢字表にない音訓　◆常用漢字でない漢字

知識 もとは「一所懸命《いっしょけんめい》」といい、武士《ぶし》が殿様《とのさま》からもらった一《いっ》か所《しょ》の領地《りょうち》を、命《いのち》を懸《か》けてまもったところから出《で》たことば。

【一身】《いっしん》 [↓] ①自分自身《じぶんじしん》の全部《ぜんぶ》。例 一身《いっしん》をささげるような仕事《しごと》ぶり。②自分《じぶん》だけ。例 責任《せきにん》を一身《いっしん》にせおう。

【一身上】《いっしんじょう》 その人《ひと》ひとりの身《み》の上《うえ》。例 一身上《いっしんじょう》のつごうで、休学《きゅうがく》する。

【一心同体】《いっしんどうたい》 二人《ふたり》以上《いじょう》の人《ひと》が、まるで一人《ひとり》の人間《にんげん》のように、一《ひと》つにまとまること。例 劇《げき》づくりに、全員《ぜんいん》が一心同体《いっしんどうたい》となった。

【一世】《いっせ せい》 [↓] ひとりの人《ひと》の生《い》きているあいだ。例 一世一代《いっせいちだい》 類 一生《いっしょう》・生涯《しょうがい》 ☞❶❷❻

【一。斉】《いっせい》 [II] 〈―に〉たくさんの人《ひと》やものが、同時《どうじ》になにかをしたり、おなじようになったりするようす。例 みんなが一斉《いっせい》にわらった。

【一世一代】《いっせいちだい》 その人《ひと》の一生《いっしょう》で、ただ一度《いちど》だけのこと。例 一世一代《いっせいちだい》の大仕事《おおしごと》。参考 もとは役者《やくしゃ》が、自分《じぶん》の得意《とくい》とする大《おお》きな役《やく》を、これが最後《さいご》で二度《にど》と演《えん》じませんというときに用《もち》いた。

【一帯】《いったい》 [↓] そのあたりの土地《とち》のほとんど全体《ぜんたい》。例 半島一帯《はんとういったい》に大雨《おおあめ》がふった。類 一円《いちえん》

【一体】《いったい》 [↓] ①いくつかのものが一《ひと》つにまとまっていること。例 クラスが一体《いったい》となって歌《うた》う。②〈―に〉全体《ぜんたい》として。おしなべて。例 今年《ことし》のできは一体《いったい》によくない。③いかりやうたがいの気持《きも》ちを強《つよ》く表《あらわ》すことば。例 いったい、どういうことだ。☞❶

【一体全体】《いったいぜんたい》 「いったい」を強《つよ》めた言《い》い方《かた》。ふしぎに思《おも》ったり、うたがったりする気《き》持《も》ちを表《あらわ》す。例 一体全体《いったいぜんたい》どういうことだ。

【一。致】《いっち》 [↓] 〈―する〉二《ふた》つ以上《いじょう》のものが、ぴったりおなじようになること。例 言行一致《げんこういっち》(口《くち》で言《い》っていることと、じっさいにやっていることが、くいちがっていないこと)。類 合致《がっち》

【一昼夜】《いっちゅうや》 まる一日《いちにち》。

【一。杯】《いっぱい》 [↓] ①あふれるほどにたっぷりあるようす。例 反省点《はんせいてん》はいっぱいある。②それ以上《いじょう》にはならないようす。また、できないようす。例 精《せい》いっぱい努力《どりょく》する。☞❶❽

【一。般】《いっぱん》 [↓] 全体《ぜんたい》に広《ひろ》く当《あ》てはまって、ふつうであること。例 一般家庭《いっぱんかてい》・世間一般《せけんいっぱん》 対 特殊《とくしゅ》

❻〈数ある中のひとつ〉の意味で

【一案】《いちあん》 [↓] いくつかある中《なか》の、それなりのねうちのある考《かんが》え。例 それも一案《いちあん》だな。

【一因】《いちいん》 [↓] ものごとのおきた原因《げんいん》のうちの一《ひと》つ。

【一員】《いちいん》 [↓] グループや団体《だんたい》の中《なか》のひとり。

【一芸】《いちげい》 [↓] 何《なに》か一《ひと》つの技術《ぎじゅつ》や芸能《げいのう》。例 一芸《いちげい》に秀《ひい》でる。

【一時】《いちじ》 [↓] 今《いま》より前《まえ》の、あるとき。例 一時《いちじ》はどうなることかと思《おも》った。☞❷❺❽

【一代】《いちだい》 [↓] ある時代《じだい》。例 一代《いちだい》の名優《めいゆう》となる。☞❶❷

【一日】《いちにち|いちじつ》 [↓] ある日《ひ》。☞❶❷❽

【一部】《いちぶ》 [↓] 全体《ぜんたい》の中《なか》の、ある部分《ぶぶん》。例 一部《いちぶ》省略《しょうりゃく》 対 全体《ぜんたい》・全部《ぜんぶ》 ☞❶

【一脈】《いちみゃく》 [↓] どこかでつながっているもの。表現 「一脈通《いちみゃくつう》じるものがある」とは、どこかに共通点《きょうつうてん》が感《かん》じられて、まったくべつのものとは思《おも》えないことをいう。

【一面】《いちめん》 [↓] ものごとの、ある方向《ほうこう》から見《み》たときのようす。例 意外《いがい》な一面《いちめん》を発見《はっけん》する。類 半面《はんめん》 ☞❷❺

【一。翼】《いちよく》 [↓] 全体《ぜんたい》の仕事《しごと》の中《なか》の、ある一《ひと》つの役割《やくわり》。例 一翼《いちよく》をになう。類 片腕《かたうで》 参考 もともとは、二《ふた》つの翼《つばさ》の片方《かたほう》という意味《いみ》のことば。

【一理】《いちり》 [↓] いちおうなるほどと思《おも》えるような道理《どうり》や理由《りゆう》。例 かれの言《い》い分《ぶん》にも一理《いちり》あるだろう。

【一流】《いちりゅう》 [↓] ①芸道《げいどう》などで、考《かんが》え方《かた》ややり方《かた》によって分《わ》かれている一《ひと》つのなかま。類 一派《いっぱ》 ②やり方《かた》などがその人《ひと》だけのものであること。例 かれ一流《いちりゅう》のユーモア。類 独特《どくとく》 ☞❸

【一。環】《いっかん》 [↓] ひとつながりのもののうちの、一《ひと》つの部分《ぶぶん》。例 給食《きゅうしょく》は食育《しょくいく》の一環《いっかん》となっている。参考 もとは、くさり(チェーン)などの輪《わ》の一《ひと》つの意味《いみ》。

【一興】《いっきょう》 [↓] ちょっとした、おもしろいこと。例 たまには俳句《はいく》を作《つく》るのも、一興《いっきょう》だろう。

【一計】《いっけい》 [↓] なんとかなりそうな、うまいやり方《かた》。例 一計《いっけい》を案《あん》じる。一計《いっけい》をめぐらす。

【一件】《いっけん》 [↓] おたがい気《き》になっている、あのこ

と。例例《れい》の一件《いっけん》を持《も》ち出《だ》す。表現ほのめかした言《い》い方《かた》だけでも相手《あいて》にすぐ通《つう》じるようなことがらについて使《つか》う。☞❶

【一策】《いっさく》↓うまくやるために考《かんが》え出《だ》した、一《ひと》つの方法《ほうほう》。例一策《いっさく》を案《あん》じる。

【一種】《いっしゅ》↓①おなじなかまで、種類《しゅるい》がいろいろある中《なか》の一《ひと》つ。また、考《かんが》え方《かた》によっては、そのなかまに入《い》れてもよいもの。例身《み》ぶりもことばの一種《いっしゅ》だ。②ほかとちがって。例この花《はな》には一種独特《いっしゅどくとく》の気品《きひん》がある。☞❶

【一世】《いっせい》↓ある一《ひと》つの時代《じだい》。とくに、ひとりの君主《くんしゅ》や王《おう》がその国《くに》をおさめている期間《きかん》。例一世《いっせい》を風靡《ふうび》する（たいへんないきおいで人《ひと》びとにもてはやされる）。☞❶❷❺

【一説】《いっせつ》↓一《ひと》つの考《かんが》え方《かた》や意見《いけん》。また、それまでの考《かんが》え方《かた》や意見《いけん》とはちがった説《せつ》。

【一°端】《いったん》↓①一方《いっぽう》のはし。②全体《ぜんたい》の中《なか》のある部分《ぶぶん》。例責任《せきにん》の一端《いったん》はわたくしにある。

【一定】《いってい》↓ある程度《ていど》の。それなりの。例一《いっ》定《てい》の評価《ひょうか》をあたえる。☞❹

【一派】《いっぱ》↓①学問《がくもん》や宗教《しゅうきょう》などの、一《ひと》つの考《かんが》え方《かた》ややり方《かた》でまとまった流派《りゅうは》。類一流《いちりゅう》②ある大《おお》きな集団《しゅうだん》の中《なか》にできた、おなじ考《かんが》えをもつなかま。類一味《いちみ》表現ちがう立場《たちば》の人《ひと》たちが、あまりよくない意味《いみ》で使《つか》う場合《ばあい》が多《おお》い。

【一風】《いっぷう》↓どこがとは言《い》えないが、全体《ぜんたい》から受《う》ける感《かん》じとして。例一風《いっぷう》かわった人《ひと》。表現ほとんど「一風《いっぷう》かわった」の形《かたち》で使《つか》う。

【一方】《いっぽう》↓①ある一《ひと》つの方向《ほうこう》。②二《ふた》つあるもののうちの一《ひと》つ。類片方《かたほう》対他方《たほう》・双方《そうほう》・両《りょう》方《ほう》③ものごとが、ある方向《ほうこう》にばかり進《すす》むこと。例緑《みどり》はへる一方《いっぽう》だ。④べつの面《めん》で言《い》えば。例仕事《しごと》はつらいが、一方《いっぽう》、おもしろいこともある。類他方《たほう》・他面《ためん》☞「ひとかた」は❹

【一方通行】《いっぽうつうこう》道路交通《どうろこうつう》の規則《きそく》で、一方向《いちほうこう》の車《くるま》だけ、道《みち》を通《とお》らせること。表現知《し》らせや考《かんが》え方《かた》などが、一《ひと》つの方向《ほうこう》からつたわるばかりで、反対方向《はんたいほうこう》からはつたわらないような場《ば》合《あい》についても使《つか》う。

【一方的】《いっぽうてき》〈―な ―に〉①なりゆきが、ある方向《ほうこう》にばかりかたよっているようす。例一方的《いっぽうてき》な試合《しあい》になった。②片方《かたほう》のつごうばかりが強《つよ》いようす。例話《はな》し合《あ》いを一方的《いっぽうてき》に打《う》ち切《き》る。

【一▲°廉】《ひとかど》↓ひときわ目《め》につくようなよいところがあること。例ひとかどの人物《じんぶつ》。

【一際】《ひときわ》↓とくに目《め》につくこと。一段《いちだん》と。例雨《あめ》のあとの木々《きぎ》の緑《みどり》はひときわ美《うつく》しい。

【一°癖】《ひとくせ》↓ふつうの人《ひと》とはちがった、どことなく気《き》になる感《かん》じ。例一癖《ひとくせ》ある男《おとこ》。

【一工夫】《ひとくふう》〈―する〉ちょっとした考《かんが》えや思《おも》いつきをくわえること。例もう一工夫《ひとくふう》ほしい。

【一苦労】《ひとくろう》〈―する〉けっこうたいへんだと感《かん》じるような、ひとくぎりの仕事《しごと》。

【一°頃】《ひところ》↓今《いま》より少《すこ》し前《まえ》の、ある時期《じき》。例ひところ、苦《くる》しいときもあった。表現あまり遠《とお》いむかしのことではない、人《ひと》がまだおぼえている程度《ていど》のそんなに長《なが》くない期間《きかん》を指《さ》す。

【一役】《ひとやく》↓一《ひと》つの役目《やくめ》。例一役買《ひとやくか》う（進《すす》んである役目《やくめ》を引《ひ》き受《う》ける）。

❼〈その一度だけで〉の意味で

【一望】《いちぼう》↓〈―する〉遠《とお》く広《ひろ》く、ひと目《め》で見《み》わたすこと。例町《まち》を一望《いちぼう》におさめる。

【一望千里】《いちぼうせんり》とても広々《ひろびろ》としていて見晴《みは》らしがいいこと。例一望千里《いちぼうせんり》の景色《けしき》。参考ひと目《め》で、千里《せんり》もある遠《とお》いところまで見《み》わたすことができる、というのがもともとの意味《いみ》。

【一°網打°尽】《いちもうだじん》悪者《わるもの》を一度《いちど》にみんなつかまえてしまうこと。参考もとは、網《あみ》を一度《いちど》水《みず》に投《な》げこむだけで、そこの魚《さかな》をとりつくす、という意味《いみ》。『宋史《そうし》』にあることば。

【一目°瞭然】《いちもくりょうぜん》〈―たる ―と〉ひと目見《めみ》ただけで、全体《ぜんたい》のようすがはっきりとよくわかること。

【一°躍】《いちやく》↓〈―する〉一《ひと》つのことをきっかけにしていっぺんに出世《しゅっせ》したり有名《ゆうめい》になったりするようす。例一曲《いっきょく》で一躍人気歌手《いちやくにんきかしゅ》になる。

【一覧】《いちらん》全体《ぜんたい》がひと目《め》でわかるようにつくってあるもの。例一覧表《いちらんひょう》☞❽

【一°獲千金】《いっかくせんきん》一度《いちど》に、たやすく大金《たいきん》を手《て》に入《い》れること。例一獲千金《いっかくせんきん》を夢見《ゆめみ》る。

【一°喝】《いっかつ》↓〈―する〉びくっとするような大《おお》きな声《こえ》で、するどくしかりつけること。

【一気】《いっき》↓〈―に〉短《みじか》い時間《じかん》で、ひと息《いき》にやり終《お》えるようす。例一気《いっき》に読《よ》んでしまった。

【一気◆呵成】《いっきかせい》いきおいをつけて、ひと息《いき》にやってしまうこと。

【一挙《いっきょ》】[↓]〈―に〉ものごとを、いっぺんにまとめておこなうようす。[例]宿題《しゅくだい》を一挙《いっきょ》にしあげる。☞❶

【一切《いっさい》】[⊠]①なにからなにまで全部《ぜんぶ》。[例]知《し》っている一切《いっさい》を話《はな》す。②まったく。[例]わることは一切《いっさい》やっていない。[類]全然《ぜんぜん》 [表現]②は、あとに打《う》ち消《け》しのことばをつけて使《つか》う。

【一切合切《いっさいがっさい》】のこすことなく全部《ぜんぶ》。[参考]「一切《いっさい》」を強《つよ》め、調子《ちょうし》をとるために、「合切《がっさい》」をくわえたもの。[表記]「一切合財」とも書《か》く。

【一。蹴《いっしゅう》】[↓]〈―する〉①さっさとことわること。②相手《あいて》をかんたんに負《ま》かすこと。[例]となり町《まち》のチームを一蹴《いっしゅう》した。

【一新《いっしん》】[↓]〈―する〉すっかり新《あたら》しくすること。また、新《あたら》しくなること。[例]面目一新《めんぼくいっしん》 [類]刷新《さっしん》

【一。掃《いっそう》】[↓]〈―する〉一度《いちど》できれいさっぱりとはらいのけること。[例]不安《ふあん》を一掃《いっそう》する。

【一。旦《いったん》】[↓]その一度《いちど》だけですべてが決《き》まってしまう一度《いちど》。[例]いったん読《よ》みはじめるととまらない。☞❶

【一転《いってん》】[↓]〈―する〉がらりとかわること。[例]心機一転《しんきいってん》(あることがきっかけになり、気持《きも》ちがかわってすっかり新《あたら》しくなること) [類]一変《いっぺん》

【一刀両断《いっとうりょうだん》】①刀《かたな》のひとふりで、真《ま》っ二《ぷた》つにすること。[例]敵《てき》を一刀両断《いっとうりょうだん》、あっというまにしとめた。②急所《きゅうしょ》をとらえ、一度《いちど》にすべてを解決《かいけつ》してしまうこと。[例]一刀両《いっとうりょう》断《だん》、みごとなさばきであった。[参考]『朱子語《しゅしご》類《るい》』に出《で》てくることば。

【一変《いっぺん》】[↓]〈―する〉とつぜん、まるでちがうものにかわること。[例]空港《くうこう》ができて、町《まち》のようすが一変《いっぺん》した。[類]一転《いってん》

【一息《ひといき》】[↓]〈―に〉とちゅうに休《やす》みを入《い》れずに、いきおいよくするようす。[例]買《か》ってきた本《ほん》を一息《ひといき》に読《よ》み終《お》えた。☞❽

❽〈わずか〉の意味で

【一言《いちげん|いちごん|ひとこと》】[↓]短《みじか》いちょっとしたことばや話《はなし》。[例]一言《いちごん》もない(相手《あいて》の言《い》うとおりで、なにも言《い》えない)。一言多《ひとことおお》い(言《い》わなくてもいいことを言《い》う)。[類]一口《ひとくち》

【一言居士《いちげんこじ》】なにかあると、一言《ひとこと》ものを言《い》わなければ気《き》がすまない人《ひと》。

【一言半句《いちごんはんく》】ほんのちょっとしたことばの一《ひと》つ一《ひと》つ。[例]一言半句《いちごんはんく》も聞《き》きもらさない。

【一時《いちじ|いっとき》】[↓]わずかのあいだ。その時《とき》だけ。[例]一時《いちじ|いっとき》の気休《きやす》め。[類]片時《かたとき》 ☞❷❺❻

【一日《いちじつ|いちにち》】[↓]短《みじか》い期間《きかん》。[例]一日《いちじつ》の長《ちょう》がある(ほんの少《すこ》しまさっている)。ローマは一日《いちにち》にして成《な》らず。☞❶❷❻

【一読《いちどく》】[↓]〈―する〉さらっとひととおり読《よ》んでみること。[例]この本《ほん》は一読《いちどく》の価値《かち》がある。

【一木一草《いちぼくいっそう》】一本《いっぽん》の木《き》、一本《いっぽん》の草《くさ》。[例]一《いち》木一草《ぼくいっそう》、すべてにいのちがある。

【一。抹《いちまつ》】[↓]わずか。[例]一抹《いちまつ》の不安《ふあん》がよぎる。[参考]「抹《まつ》」は絵筆《えふで》でちょっとなでること。

【一面識《いちめんしき》】一度《いちど》くらい会《あ》ったことがあって、その人《ひと》の顔《かお》ぐらいは知《し》っているというあいだがら。[例]一面識《いちめんしき》もない。

【一文】[↓][一]《いちもん》ごくわずかなお金《かね》。[例]無一文《むいちもん》。びた一文《いちもん》出《だ》さない。[参考]「文《もん》」はむかしのお金《かね》の単位《たんい》で、ふだんの生活《せいかつ》で使《つか》う小銭《こぜに》だった。[二]《いちぶん》一《ひと》つの文《ぶん》。ちょっとした文章《ぶんしょう》。[例]一文《いちぶん》を寄《よ》せる。

【一覧《いちらん》】[↓]〈―する〉こまかいところにこだわらず、ざっと見《み》ること。[例]ご一覧《いちらん》ください。☞❼

【一利《いちり》】[↓]少《すこ》しのよいところや利益《りえき》。[例]百《ひゃく》害《がい》あって一利《いちり》なし(わるいことはたくさんあるが、いいことは一《ひと》つもない)。

【一礼《いちれい》】[↓]〈―する〉一度《いちど》、ちょっとおじぎをすること。[例]一礼《いちれい》してへやを出《で》る。

【一過《いっか》】[↓]〈―する〉さっと通《とお》りすぎること。[例]台風一過《たいふういっか》、すきとおる青空《あおぞら》だ。[表現]さった後《あと》、なにも残《のこ》っていないことをいうのに使《つか》う。

【一。介《いっかい》】[↓]とくべつでない、ふつうのもの。[例]一介《いっかい》のサラリーマン。

【一角《いっかく》】[↓]ほんの一部分《いちぶぶん》。[例]その問題《もんだい》は氷《ひょう》山《ざん》の一角《いっかく》にすぎない。☞❶

【一挙一動《いっきょいちどう》】動作《どうさ》の一《ひと》つ一《ひと》つ。[例]一挙一《いっきょいち》動《どう》に気《き》を配《くば》る。[類]一挙手一投足《いっきょしゅいっとうそく》

【一挙手一投足《いっきょしゅいっとうそく》】①一《ひと》つ一《ひと》つの手足《てあし》の動《うご》き。[類]一挙一動《いっきょいちどう》 ②ほんのわずかの努力《どりょく》や労力《ろうりょく》。[例]一挙手一投足《いっきょしゅいっとうそく》をおしむ。

【一見】《いっけん》 ↓ ①〈—する〉ちょっと見《み》てみること。例 百聞《ひゃくぶん》は一見《いっけん》にしかず(百《ひゃっ》ぺん聞《き》くより一度《いちど》でも見《み》たほうがわかる)。②ちょっと見《み》たところでは。例 一見《いっけん》、学生《がくせい》ふうの男《おとこ》の人《ひと》。

【一考】《いっこう》 ↓ 〈—する〉そのことについて少《すこ》し考《かんが》えてみること。例 一考《いっこう》を要《よう》する。

【一刻】《いっこく》 ↓ ほんの短《みじか》い時間《じかん》。例 一刻《いっこく》をあらそう事態《じたい》。参考 「刻《こく》」はむかしの時間《じかん》の単位《たんい》で、今《いま》の約《やく》二時間《にじかん》。☞❹

【一刻千金】《いっこくせんきん》 このひとときは、たいへんなねうちがある。早《はや》くすぎさる時《とき》をおしむ気《き》持《も》ちをあらわす。参考 中国《ちゅうごく》の宋《そう》の時代《じだい》の詩《し》の「春宵一刻値千金《しゅんしょういっこくあたいせんきん》(春《はる》の夜《よる》は、値《ね》をつければ一刻《いっこく》が千金《せんきん》だ)」という句《く》から出《で》たことば。

【一°瞬】《いっしゅん》 ↓ 一度《いちど》まばたき(瞬)をするくらいのほんのわずかな時間《じかん》。例 一瞬《いっしゅん》のできごと。類 瞬間《しゅんかん》・瞬時《しゅんじ》

【一笑】《いっしょう》 ↓ 〈—する〉にっこりすること。例 一笑《いっしょう》に付《ふ》す(わらってすませる)。破顔一笑《はがんいっしょう》

【一°触°即発】《いっしょくそくはつ》 ちょっとさわっただけで、すぐに爆発《ばくはつ》しそうなひじょうに危険《きけん》なようす。例 関係《かんけい》は、一触即発《いっしょくそくはつ》の状態《じょうたい》にある。

【一°睡】《いっすい》 ↓ 〈—する〉少《すこ》しだけねむること。ひとねむり。例 一睡《いっすい》もしないで夜《よ》を明《あ》かす。

【一寸】《いっすん》 ↓ とても短《みじか》いこと。例 一寸先《いっすんさき》は闇《やみ》。一寸《いっすん》の虫《むし》にも五分《ごぶ》の魂《たましい》。一寸法師《いっすんぼうし》 参考 「寸《すん》」はむかしの長《なが》さの単位《たんい》で、約《やく》三センチ。

【一朝一夕】《いっちょういっせき》 一日《いちにち》やそこらのわずかな期間《きかん》。例 身《み》についた習慣《しゅうかん》は、一朝一夕《いっちょういっせき》にはなおらない。参考 中国《ちゅうごく》の書物《しょもつ》『易経《えききょう》』の中《なか》の「一朝一夕《いっちょういっせき》の故《こと》に非《あら》ず(わずかの間《あいだ》におこることではない)」ということばから。

【一°杯】《いっぱい》 ↓ 酒《さけ》を少《すこ》し飲《の》むこと。例 一杯《いっぱい》きげん。☞❶❺

【一筆】《いっぴつ｜ひとふで》 ↓ かんたんな短《みじか》い文章《ぶんしょう》や手紙《てがみ》を書《か》くこと。例 一筆《いっぴつ》書《か》きそえる。☞❶

【一片】《いっぺん》 ↓ ほんのわずか。例 一片《いっぺん》の親切心《しんせつしん》があるなら、助《たす》けてほしい。☞❶

【一報】《いっぽう》 ↓ 〈—する〉手早《てばや》く知《し》らせること。例 荷物《にもつ》が着《つ》いたら、ご一報《いっぽう》ください。☞❷

【一息】《ひといき》 ↓ ①少《すこ》しのがんばり。例 あと一息《ひといき》だ。②ひと休《やす》みすること。例 一息《ひといき》つく。ここらで一息《ひといき》いれよう。☞❼

【一口】《ひとくち》 ↓ ①少《すこ》しだけ飲《の》んだり食《た》べたりすること。例 一口《ひとくち》いかが。②短《みじか》い話《はなし》。例 一口《ひとくち》では言《い》えない。一口話《ひとくちばなし》 類 一言《ひとこと》 ☞❶

【一目】《ひとめ》 ↓ ちょっと見《み》ること。例 ひと目《め》、会《あ》いたい。☞「いちもく」は❶

❾〈…たり…たり〉の意味で

例解 使い分け

［もと《下・元・本・基》］

下＝物《もの》の下《した》の方《ほう》。影響《えいきょう》のおよぶところ。例 一撃《いちげき》の下《もと》にたおす。法《ほう》の下《もと》に平等《びょうどう》。

元＝起《お》こるところ。始《はじ》め。例 火《ひ》の元《もと》。元《もと》にもどる。

本＝中心《ちゅうしん》となるだいじなところ。例 本《もと》と末《すえ》。本《もと》を正《ただ》す。

基＝土台《どだい》。例 資料《しりょう》を基《もと》に報告書《ほうこくしょ》を作《つく》る。事実《じじつ》に基《もと》づいて話《はな》す。

【一問一答】《いちもんいっとう》 〈—する〉質問《しつもん》と答《こた》えを一《ひと》つ一《ひと》つくりかえすこと。Q&A《キューアンドエー》。

【一利一害】《いちりいちがい》 得《とく》にも害《がい》にもなるところがあること。例 どの計画《けいかく》にも一利一害《いちりいちがい》があって、決《き》めようがない。類 一得一失《いっとくいっしつ》

【一喜一°憂】《いっきいちゆう》 〈—する〉ものごとのようすがよくなると大《おお》よろこびし、わるくなるとがっかりしたり心配《しんぱい》したりして落《お》ち着《つ》かないこと。例 知《し》らせが入《はい》るたびに一喜一憂《いっきいちゆう》する。

【一進一退】《いっしんいったい》 〈—する〉ちょっと進《すす》んだかと思《おも》うとあともどりしたり、少《すこ》しよくなるとまたわるくなったりして、思《おも》うような進展《しんてん》が見《み》られないようす。例 病状《びょうじょう》は一進一退《いっしんいったい》だ。

【一長一短】《いっちょういったん》 長所《ちょうしょ》もあるが、同時《どうじ》に短所《たんしょ》もあること。例 どの案《あん》も一長一短《いっちょういったん》だ。

一が下につく熟語 上の字の働き

❸一＝〈いちばんすぐれている〉のとき
【天下一《てんかいち》 世界一《せかいいち》 日本一《にほんいち｜にっぽんいち》】ドコでいちばんか。

❺一＝〈それひとつで全部〉のとき
【同一《どういつ》 専一《せんいつ》 均一《きんいつ》 純一《じゅんいつ》】近《ちか》い意味《いみ》。

前ページ▶一

【画一《かくいつ》 統一《とういつ》】一《ひと》つにドウスルか、ドウナルか。

◆随一《ずいいち》 択一《たくいつ》 単一《たんいつ》 逐一《ちくいち》 万一《まんいち》 唯一《ゆいいつ》

一-1

【七】

総画2 JIS-2823 教1年

訓 音 シチ なな・ななつ・なの

筆順 七 七 おらない

なりたち 【指事】横《よこ》の線《せん》をまん中《なか》からたちきることを表《あらわ》した字《じ》。借《か》りて、数《かず》の「しち」として使《つか》われている。

意味

❶ななつ。六《ろく》と八《はち》の間《あいだ》の数《かず》「しち」。なな。例 七草《ななくさ》・七福神《しちふくじん》・初七日《しょなのか｜しょなぬか》

❷数《かず》が多《おお》い。いくつも。なんども。

注意するよみ なの…例 七日《なのか》

特別なよみ 七夕(たなばた)

名前のよみ かず

❶〈ななつ〉の意味で

【七五三《しちごさん》】数《かぞ》え年《どし》で三歳《さんさい》と五歳《ごさい》の男子《だんし》、三《さん》歳と七歳《ななさい》の女子《じょし》が、ぶじに成長《せいちょう》することをねがっていわい、氏神《うじがみ》におまいりをする行事《ぎょうじ》。毎年《まいとし》十一月十五日《じゅういちがつじゅうごにち》におこなわれる。

【七五調《しちごちょう》】日本語《にほんご》の詩《し》や和歌《わか》で、「夕《ゆう》やけ小《こ》やけで／日《ひ》がくれて／山《やま》に大《おお》きな／お月様《つきさま》」のように、七音《しちおん》と五音《ごおん》の句《く》をくりかえす形《かたち》。対 五七調《ごしちちょう》

【七福神《しちふくじん》】幸《しあわ》せをまねくと日本《にほん》で古《ふる》くから信《しん》じられている、七人《しちにん》の神《かみ》。恵比寿《えびす》・大黒天《だいこくてん》・毘沙門天《びしゃもんてん》・弁財天《べんざいてん》・福禄寿《ふくろくじゅ》・寿老人《じゅろうじん》・布袋《ほてい》。

七福神

【七夜《しちや》】⇩子《こ》が生《う》まれて七日《なのか》めの夜《よる》にするおいわい。命名《めいめい》のならわしがある。お七夜《しちや》。

【七夕《たなばた》】⇩七月七日《しちがつなのか》の夜《よる》にするたなばた祭《まつ》り。天《あま》の川《がわ》をはさんで光《ひか》るひこ星《ぼし》とおりひめ星《ぼし》が年《ねん》に一度《いちど》だけ会《あ》うひと夜《よ》。知識 ひこ星《ぼし》は「牽牛星《けんぎゅうせい》(アルタイル)」、おりひめ星《ぼし》は「織女星《しょくじょせい》(ベガ)」。七夕《たなばた》にねがいごとを書《か》いた短冊《たんざく》をササにつるすとかなうという。

【七草《ななくさ》】⇩①春《はる》の七草《ななくさ》。春《はる》にめばえる植物《しょくぶつ》の代表《だいひょう》とされた、七種類《ななしゅるい》の植物《しょくぶつ》。セリ・ナズナ・ゴギョウ(ハハコグサ)・ハコベラ(ハコベ)・ホトケノザ(タビラコ)・スズナ(カブ)・スズシロ(ダイコン)。②秋《あき》の七草《ななくさ》。秋《あき》の美《うつく》しい植物《しょくぶつ》の代表《だいひょう》とされた、七種類《ななしゅるい》の植物《しょくぶつ》。ハギ・オバナ(ススキ)・クズ・ナデシコ・オミナエシ・フジバカマ・キキョウ。③七草《ななくさ》がゆのしきたり。正月七日《しょうがつなのか》に、春《はる》の七草《ななくさ》を入《い》れたおかゆを食《た》べて、健康《けんこう》をねがうもの。表記「七種」とも書《か》く。

❷〈数が多い〉の意味で

【七転八倒《しちてんばっとう｜しってんばっとう》】(〜する)苦《くる》しさのあまり、何度《なんど》も転《ころ》げまわるほどもがくこと。

【七癖《ななくせ》】人《ひと》であればだれでももっているという、いくつかのくせ。例 無《な》くて七癖《ななくせ》。

一-1

【丁】

総画2 JIS-3590 教3年

訓 音 チョウ・テイ ひのと

筆順 丁 丁 はねる

なりたち 【象形】くぎの形《かたち》をえがいた字《じ》。

意味

❶十干《じっかん》の四番《よんばん》め。ひのと。例 甲乙丙丁《こうおつへいてい》

❷成長《せいちょう》した男子《だんし》。はたらきざかりの人《ひと》。例 壮丁《そうてい》

❸書物《しょもつ》の紙《かみ》。表《おもて》とうらの二《に》ページ分《ぶん》。例 落丁《らくちょう》

❹町《まち》の単位《たんい》。町《まち》の区域《くいき》を数《かぞ》える単位《たんい》。例 一丁目《いっちょうめ》

❺道具《どうぐ》・とうふ・料理《りょうり》などをかぞえることば。例 のこぎり一丁《いっちょう》。とうふ一丁《いっちょう》。

❻偶数《ぐうすう》。二《ふた》つのさいころの目《め》の合計《ごうけい》が偶数《ぐうすう》であること。例 丁《ちょう》か半《はん》か。対 半《はん》

❼《その他》例 丁重《ていちょう》・符丁《ふちょう》

名前のよみ つよし

❼《その他》

【丁丁発止】《ちょうちょうはっし》〈―と〉刀《かたな》と刀《かたな》が打《う》ち合《あ》わされるときのはげしい音《おと》。たがいに一歩《いっぽ》もゆずらず、はげしくあらそうようすを表《あらわ》す。例 丁々発止《ちょうちょうはっし》とやりあう。

【丁度】《ちょうど》 ◎ ①数《かず》・大《おお》きさ・ねだん・時刻《じこく》・温度《ど》などいろいろに変化《へんか》するものが、そのときの目的《もくてき》や目《め》じるしなどにぴたりと合《あ》っているようす。例 ちょうどサクラが満開《まんかい》だった。②あるものが、ほかのものにとてもよく似《に》ているようす。まるで。例 ねむっている赤《あか》ちゃんはちょうど天使《てんし》のように見《み》えた。

【丁字路】《ていじろ》 丁《てい》の字《じ》の形《かたち》に交《まじ》わっている道《どう》路《ろ》。T《ティー》字《じ》路《ろ》。

【丁重】《ていちょう》 ◎〈―に〉〈―な〉心《こころ》をこめて礼儀《れいぎ》ただしく相手《あいて》に接《せっ》するようす。例 客《きゃく》を丁重《ていちょう》にもてなす。対 疎略《そりゃく》・粗略《そりゃく》

【丁寧】《ていねい》 ◎〈―に〉〈―な〉①人《ひと》に対《たい》する態度《たいど》やことばづかいが、行《い》きとどいている。例 丁寧《ていねい》なあいさつ。②こまかいところまで注意《ちゅうい》が行《い》きわたっている。例 丁寧《ていねい》に作《つく》る。対 乱暴《らんぼう》

丁が下につく熟語 上の字の働き

❷ 丁=〈成長した男子〉のとき
【園丁《えんてい》 馬丁《ばてい》】ナニをうけもつ人《ひと》か。

❸ 丁=〈書物の紙〉のとき
【落丁《らくちょう》 乱丁《らんちょう》】ページがドウナッテイルのか。

◆壮丁《そうてい》 装丁《そうてい》 符丁《ふちょう》

下

一-2

総画3 JIS-1828 教1年

音 カ・ゲ

訓 した・しも・もと・さげる・さがる・くだる・くだす・くださる・おろす・おりる

筆順 一 丅 下 (まんなか) (とめる)

なりたち 丅 【指事】あるもの（一）のしたにしるしをつけて、それよりしたであることをしめしている字《じ》。

意味

❶した。位置《いち》や地位《ちい》の低《ひく》いほう。時間《じかん》・順序《じゅんじょ》などであとのほう。例 屋根《やね》の下《した》。下《しも》の句《く》。下位《かい》・下旬《げじゅん》・風下《かざしも》 対 上《じょう》

❷わるい。質《しつ》がおとる。例 下等《かとう》 対 上《じょう》

❸表《おもて》からは見《み》えない部分《ぶぶん》。内《うち》がわのほう。例 下心《したごころ》・靴下《くつした》・水面下《すいめんか》

❹あらかじめ。前《まえ》もって用意《ようい》しておくこと。例 下見《したみ》

❺くだる。おりる。おろす。低《ひく》いほうへ移《うつ》る、移《うつ》す。例 頭《あたま》を下《さ》げる。手紙《てがみ》を下《くだ》さる。こしを下《お》ろす。下《くだ》りの電車《でんしゃ》。下車《げしゃ》・投下《とうか》

❻…のもと。そのわくのなかで。例 法《ほう》の下《もと》の平等《びょうどう》。現下《げんか》・統治下《とうちか》

❼とどまる。とまる。例 下宿《げしゅく》

使い分け もと［下・元・本・基］☞9ページ

使い分け さげる［下・提］☞11ページ

使い分け おろす［下・降］☞13ページ

特別なよみ 下手（へた）

例解 使い分け

［さげる《下げる・提げる》］

下げる＝低《ひく》くする。しりぞける。反対《はんたい》は「上《あ》げる」。
例 頭《あたま》を下《さ》げる。ねだんを下《さ》げる。おぜんを下《さ》げる。

提げる＝手《て》ににぎったり、肩《かた》にかけたりして、たらすように持《も》つ。
例 買《か》い物《もの》ぶくろを提《さ》げる。手提《てさ》げかばん。

❶〈した〉の意味で

【下位】《かい》 ↓ 順位《じゅんい》や位《くらい》が低《ひく》いほうであること。対 上位《じょうい》

【下院】《かいん》 ↓ 二院制《にいんせい》の議会《ぎかい》で、日本《にほん》の衆議院《しゅうぎいん》にあたるもの。対 上院《じょういん》

【下記】《かき》 ↓ 書類《しょるい》などで、そこからあとに書《か》きしるしてあることがら。例 下記参照《かきさんしょう》。類 左記《さき》

対上記《じょうき》・右記《うき》

【下級】《かきゅう》 ↓ 位《くらい》や等級《とうきゅう》・学年《がくねん》などが下《した》であること。対高級《こうきゅう》・上級《じょうきゅう》

【下。弦】《かげん》 ↓ 陰暦《いんれき》で二十二《にじゅうに》、三日《さんにち》ごろの月《つき》の形《かたち》。例下弦《かげん》の月《つき》。対上弦《じょうげん》 知識 満月《まんげつ》すぎの半月《はんげつ》を弓《ゆみ》に見立《みた》て、月《つき》の入《い》りのとき弦《げん》に当《あ》たる直線《ちょくせん》の部分《ぶぶん》が下《した》になるので下弦《かげん》という。

【下限】《かげん》 ↓ ①変化《へんか》する数量《すうりょう》やもののねだんで、これより下《した》はないという、いちばん下《した》のところ。そのくぎりめの数《かず》。対上限《じょうげん》 ②歴史《れきし》のうえで、ある長《なが》さの時期《じき》を考《かんが》えるとき、その中《なか》でいちばん今《いま》に近《ちか》い時期《じき》。対上限《じょうげん》

【下。肢】《かし》 ↓ 動物《どうぶつ》の手足《てあし》のうち、うしろのほうのもの。人間《にんげん》では足《あし》を指《さ》す。例下肢《かし》をきたえる。類後肢《こうし》 対上肢《じょうし》

【下層】《かそう》 ↓ ①上下《じょうげ》にかさなりあったものの下《した》の部分《ぶぶん》。例ビルの下層《かそう》。対上層《じょうそう》 ②社《しゃ》会《かい》の中《なか》で、地位《ちい》も低《ひく》く、まずしい人《ひと》びと。類下流《かりゅう》 対上層《じょうそう》・上流《じょうりゅう》

【下等】《かとう》 ↓ 〈―な〉位《くらい》や等級《とうきゅう》が下《した》であること。例下等動物《かとうどうぶつ》 類低級《ていきゅう》 対上等《じょうとう》 ☞❷

【下半身】《かはんしん｜しもはんしん》 からだの、こしから下《した》の部分《ぶぶん》。例下半身《かはんしん》をきたえる。対上半身《じょうはんしん》

【下部】《かぶ》 ↓ 一《ひと》つのものの下《した》の部分《ぶぶん》。対上部《じょうぶ》

【下流】《かりゅう》 ↓ ①川《かわ》の流《なが》れで、流《なが》れていく先《さき》の方向《ほうこう》。海《うみ》などへ流《なが》れこむ河口《かこう》に近《ちか》いあたり。類川下《かわしも》・末流《まつりゅう》 ②社会《しゃかい》の中《なか》で、地位《ちい》も低《ひく》く、まずしい人《ひと》びと。類下層《かそう》 関連上流《じょうりゅう》・中流《ちゅうりゅう》・下流《かりゅう》

【下界】《げかい》 ↓ ①きよらかな天上《てんじょう》の世界《せかい》に対《たい》して、美《うつく》しいものもきたないものも入《い》り交《ま》じっている人間《にんげん》の世界《せかい》。類地上《ちじょう》 ②高《たか》いところから見《み》おろした地上《ちじょう》。

【下。克上】《げこくじょう》 地位《ちい》の下《した》の者《もの》が力《ちから》で上《うえ》の者《もの》をおしのけ、上《うえ》に立《た》つこと。表記「下剋上」とも書《か》く。

【下。旬】《げじゅん》 ↓ 月《つき》の終《お》わりの約十日間《やくとおかかん》。二十一日《にじゅういちにち》から月末《げつまつ》までをいう。関連初旬《しょじゅん》・上旬《じょうじゅん》・中旬《ちゅうじゅん》・下旬《げじゅん》

【下足】《げそく》 ▲ 入《い》り口《ぐち》でぬいだはきもの。類履物《はきもの》 参考おおぜいの人《ひと》が集《あつ》まり、はきものをぬいで上《あ》がる場所《ばしょ》で使《つか》うことば。

【下。駄】《げた》 ○ 木製《もくせい》の台《だい》にはなおをつけた、日本古来《にほんこらい》の、はきもの。表現「下駄《げた》をあずける」は「うまくやってくれるよう、いっさいをまかせる」、「下駄《げた》をはかせる」は「水《みず》まして、じっさいより点数《てんすう》や数量《すうりょう》をふやす」ことをいう。

【下段】《げだん》 ↓ ①下《した》の段《だん》。②剣道《けんどう》などで、かまえの一《ひと》つ。刀《かたな》の先《さき》を下《した》に向《む》けて、低《ひく》くかまえる形《かたち》。対上段《じょうだん》

【下略】《げりゃく｜かりゃく》 ↓ 〈―する〉文章《ぶんしょう》のそれよりあとの部分《ぶぶん》をはぶいてしまって、書《か》きしるさないこと。類後略《こうりゃく》 関連上略《じょうりゃく》・中略《ちゅうりゃく》・下略《げりゃく》

【下草】《したくさ》 ↓ 木《き》の下《した》に生《は》えている草《くさ》。

【下手】 ↓ ㊀《したて》 すもうで、相手《あいて》のうでの内《うち》がわに自分《じぶん》の手《て》をさしこみ、相手《あいて》のまわしを取《と》ること。例下手投《したてな》げ 対上手《うわて》 ㊁《しもて》 ①川《かわ》の、流《なが》れていく先《さき》のほう。類川下《かわしも》 対上手《かみて》 ②劇《げき》の舞台《ぶたい》で、観客《かんきゃく》から見《み》て左《ひだり》のほう。例下手《しもて》に退場《たいじょう》する。対上手《かみて》 ☞❷

【下腹】《したはら｜したばら｜したっぱら》 ↓ おなかの下《した》のあたり。下《か》腹部《ふくぶ》。例下腹《したばら》に力《ちから》をこめる。

【下町】《したまち》 ↓ 都会《とかい》の中《なか》で、海《うみ》や川《かわ》に近《ちか》い低《ひく》い土《と》地《ち》にある、商店《しょうてん》や小工場《しょうこうじょう》の多《おお》いにぎやかなところ。例下町育《したまちそだ》ち。対山手《やまて｜やまのて》

【下役】《したやく》 ↓ 役所《やくしょ》や会社《かいしゃ》などで、地位《ちい》が下《した》の人《ひと》。対上役《うわやく》 表現「上役《うわやく》」は、自分《じぶん》の上《うえ》の人《ひと》をいうが、「下役《したやく》」はその団体《だんたい》での下《した》のほうの人《ひと》をいう意味《いみ》で使《つか》うほうが多《おお》い。

【下期】《しもき》 ↓ 一年《いちねん》を六《ろっ》か月《げつ》ずつ二《ふた》つに分《わ》けたときの、後《あと》のほうの期間《きかん》。類下半期《しもはんき》 対上期《かみき》

【下座】 ↓ ㊀《しもざ｜げざ》 ならんでいる席《せき》の中《なか》で、身《み》分《ぶん》の軽《かる》い人《ひと》や年《とし》のわかい人《ひと》がすわる席《せき》。だいたい出入《でい》り口《ぐち》に近《ちか》い席《せき》をいう。類末席《まっせき｜ばっせき》 対上座《かみざ｜じょうざ》 ㊁《げざ》 歌舞伎《かぶき》などで、舞台《ぶたい》の向《む》かって左《ひだり》はしにある、音楽《おんがく》を演奏《えんそう》するところ。また、それを受《う》け持《も》つ人《ひと》たちやその音楽《おんがく》。

【下半期】《しもはんき》 一年《いちねん》を六《ろっ》か月《げつ》ずつ二《ふた》つに分《わ》けたときの、後《あと》のほうの期間《きかん》。類下期《しもき》 対上半期《かみはんき》

❷〈わるい〉の意味で

【下等】《かとう》 ↓ 質《しつ》がよくないこと。対上等《じょうとう》 ☞❶

【下戸】《げこ》 ↓ 酒《さけ》を飲《の》めない人《ひと》。対上戸《じょうご》

【下水】げすい ↓ 台所《だいどころ》やふろ・トイレなど生活《せいかつ》で使《つか》ったあとのよごれた水《みず》や雨水《あまみず》。それを流《なが》すためのみぞや管《かん》。類 汚水《おすい》 対 上水《じょうすい》

【下世話】げせわ ふだんの生活《せいかつ》で、おもしろ半分《はんぶん》で口《くち》にする、あまり上品《じょうひん》でない話題《わだい》や言《い》い方《かた》。

【下品】げひん ↓〈―な・―に〉品《ひん》がわるいこと。まわりの人《ひと》によい感《かん》じをあたえないようす。対 上品《じょうひん》

【下。劣】げれつ Ⅱ〈―な・―に〉人《ひと》がらや、考《かん》え方《かた》・やり方《かた》がいやしく、きたないようす。

【下手】したて ↓ ━ へりくだった態度《たいど》をとること。例 下手《したて》に出る。対 上手《うわて》 ━ へた〈―な・―に〉①うまくできないこと。例 下手《へた》の横《よこ》ずき〈うまくないのに、おもしろがってやりたがること〉。対 上手《じょうず》 ②やり方《かた》やめぐり合《あ》わせがよくないこと。例 下手《へた》に動《うご》くとあぶない。☞❶

❸〈表からは見えない部分〉の意味で

【下着】したぎ ↓ パンツ・シャツなど、直接《ちょくせつ》はだにつける衣服《いふく》。インナー。類 肌着《はだぎ》 対 上着《うわぎ》

【下心】したごころ ↓ 心《こころ》の中《なか》にこっそりともっている、あまりよくない考《かんが》え。類 魂胆《こんたん》

【下地】したじ ↓ ①あるものごとができるようになるためのもとになる力《ちから》。例 下地《したじ》があるから、のみこみが早《はや》い。類 基礎《きそ》・基盤《きばん》 ②はじめからそなわっている、もともとの性質《せいしつ》。類 素質《そしつ》・素地《そじ》 ③その上《うえ》にぬったり書《か》いたりするもとになるもの。例 下地《したじ》ぬり。④〈お下地《したじ》の形《かたち》で〉しょうゆ。煮物《にもの》のしる。

❹〈あらかじめ〉の意味で

【下絵】したえ ↓ ①完成《かんせい》した絵《え》を作《つく》る前《まえ》の、準備《じゅんび》のための絵《え》。例 染《そ》め物《もの》の下絵《したえ》をかく。類 下図《したず》 ②便箋《びんせん》など、文字《もじ》を書《か》くための紙《かみ》に、もようとしてうすくつけてある絵《え》。

【下検分】したけんぶん 〈―する〉なにかをする前《まえ》に、その場所《ばしょ》へ行《い》って調《しら》べておくこと。類 下見《したみ》

【下相談】したそうだん 〈―する〉会議《かいぎ》などの前《まえ》に、あらかじめ必要《ひつよう》なことを話《はな》し合《あ》っておくこと。例 議事《ぎじ》の進《すす》め方《かた》について下相談《したそうだん》する。

【下見】したみ ↓〈―する〉なにかをする前《まえ》に、その場所《ばしょ》へ行《い》って、じっさいのようすを考《かんが》えておくこと。例 遠足《えんそく》の下見《したみ》に行《い》く。類 下検分《したけんぶん》

❺〈くだる〉の意味で

【下降】かこう Ⅱ〈―する〉下《した》のほうへ、低《ひく》いほうへと下《さ》がること。類 降下《こうか》・低下《ていか》 対 上昇《じょうしょう》

【下命】かめい ▲〈―する〉上《うえ》の立場《たちば》から命令《めいれい》や注文《ちゅうもん》を出《だ》すこと。例 ご下命《かめい》をうけたまわります。

【下校】げこう ▲〈―する〉家《いえ》に帰《かえ》るため、学校《がっこう》をはなれること。例 下校時刻《げこうじこく》 対 登校《とうこう》

【下。剤】げざい ↓ 大便《だいべん》を早《はや》くからだから出《だ》させるための薬《くすり》。

【下山】げざん|げさん ▲〈―する〉①山《やま》をおりること。対 登山《とざん》 ②寺《てら》での修行《しゅぎょう》を終《お》えて、寺《てら》を出《で》ること。参考 ②の「山」は、寺《てら》を表《あらわ》す。

【下車】げしゃ ▲〈―する〉電車《でんしゃ》やバスなどからおりること。例 途中下車《とちゅうげしゃ》 類 降車《こうしゃ》 対 乗車《じょうしゃ》

【下手人】げしゅにん 人《ひと》を殺《ころ》したり傷《きず》つけたりした犯人《はんにん》。時代劇《じだいげき》などに使《つか》われる古《ふる》いことば。

【下船】げせん ▲〈―する〉乗《の》っていた船《ふね》からおりること。対 乗船《じょうせん》

【下馬】げば ▲〈―する〉人《ひと》が馬《うま》からおりること。とくに、身分《みぶん》の高《たか》い人《ひと》や神社《じんじゃ》、寺《てら》の前《まえ》などで、うやまう気持《きも》ちを表《あらわ》すために馬《うま》からおりること。類 下乗《げじょう》 対 乗馬《じょうば》

例解 使い分け

[おろす《下ろす・降ろす》]

下ろす＝上《うえ》から下《した》へ移《うつ》す。
例 手《て》を下《お》ろす。根《ね》を下《お》ろす。貯金《ちょきん》を下《お》ろす。

降ろす＝高《たか》い所《ところ》や乗《の》り物《もの》などから人《ひと》や物《もの》を下《した》へ移《うつ》す。
例 乗客《じょうきゃく》を降《お》ろす。荷物《にもつ》をたなから降《お》ろす。

参考 「おろす」の反対《はんたい》は「あげる」。ただし、「降《お》ろす」の場合《ばあい》は「載《の》せる・乗《の》せる」もくわわる。

根を下ろす

乗客を降ろす

◦学習漢字でない常用漢字　▲常用漢字表にない音訓　◆常用漢字でない漢字

【下馬評】《げばひょう》 直接《ちょくせつ》そのことに関係《かんけい》のない人《ひと》びとが、かってなうわさをすること。世間《せけん》の評判《ひょうばん》。参考 むかし、城《しろ》や寺社《じしゃ》の入《い》り口《ぐち》などに、「下馬《げば》」という札《ふだ》が立《た》っていて、その場所《ばしょ》を「下馬先《げばさき》」といった。下馬先《げばさき》で中《なか》に入《はい》った主人《しゅじん》を待《ま》つあいだに、お供《とも》の者《もの》どうしが人《ひと》の批評《ひひょう》やうわさ話《ばなし》をしたことから出《で》たことば。

【下落】《げらく》 [II]〈—する〉もののねだんやねうちが下《さ》がること。対 高騰《こうとう》・騰貴《とうき》

【下。痢】《げり》 [II]〈—する〉細菌《さいきん》や食《た》べすぎなどのためにおなかをこわし、大便《だいべん》が水《みず》のようになること。おなかがくだること。

【下火】《したび》 [↓] ①もえさかっていた火《ひ》のいきおいが、弱《よわ》くなること。例 火事《かじ》が下火《したび》になる。②はやっていたもののいきおいがおとろえてくること。例 人気《にんき》が下火《したび》になる。

❼〈とどまる〉の意味で

【下宿】《げしゅく》 [▲]〈—する〉よその家《いえ》にお金《かね》をはらってへやを借《か》り、食事《しょくじ》のしたくもしてもらって、住《す》まわせてもらうこと。また、その家《いえ》。

下が下につく熟語 上の字の働き

❶下＝〈した〉のとき

【天下《てんか》 地下《ちか》 階下《かいか》 眼下《がんか》 皮下《ひか》 床下《ゆかした》 机下《きか》】ドコの下《した》か。

【零下《れいか》 氷点下《ひょうてんか》】ドノ基準《きじゅん》より下《した》か。

❺下＝〈くだる〉のとき

【降下《こうか》 低下《ていか》】近《ちか》い意味《いみ》。

【落下《らっか》 沈下《ちんか》 投下《とうか》】ドウナッテ下《くだ》るか、ドウヤッテ下《お》ろすか。

【南下《なんか》 西下《さいか》】ドチラへ下《くだ》るか。

❻下＝〈…のもと〉のとき

【門下《もんか》 言下《げんか》 傘下《さんか》 統治下《とうちか》 影響下《えいきょうか》】ナニの下《もと》か。

【閣下《かっか》 殿下《てんか》 陛下《へいか》】ドウイウ建物《たてもの》の下《もと》にあるか。

◆以下《いか》 風下《かざしも》 川下《かわしも》 貴下《きか》 却下《きゃっか》 靴下《くつした》 県下《けんか》 現下《げんか》 上下《じょうげ》 臣下《しんか》 直下《ちょっか》 滴下《てきか》 手下《てした》 配下《はいか》 幕下《ばっか／まくした》 卑下《ひげ》 府下《ふか》 部下《ぶか》 目下《もっか／めした》 廊下《ろうか》

一-2

三

総画3
JIS-2716
教1年
音 サン
訓 み・みつ・みっつ

筆順 一 二 三 ながく

なりたち 三 [指事]「一」をみっつ重《かさ》ねて数《かず》の「さん」を表《あらわ》した字《じ》。

意味

❶みっつ。二《に》と四《よん》の間《あいだ》の数《かず》「さん」。例 三《み》つ子《ご》・三日《みっか》・三日月《みかづき》・三権《さんけん》

❷みっつめ。三番《さんばん》め。例 三等《さんとう》・三男《さんなん》

❸数《かず》が多《おお》い。いくつも。なんども。例 三《さん》省《せい》・再三《さいさん》 参考「三省《さんせい》」の出典《しゅってん》は、「省《せい》」の「文字物語」(770ページ)を参照《さんしょう》。

❹三河《みかわ》。旧国名《きゅうこくめい》。今《いま》の愛知県東部《あいちけんとうぶ》。例 三州《さんしゅう》

❺《その他《た》》例 三昧《さんまい／ざんまい》

特別なよみ 三味線（しゃみせん）

名前のよみ かず・さぶ・さむ・そ・そう・ぞう・ただ

発音あんない サン→ザン…例 三昧《ざんまい》

❶〈みっつ〉の意味で

【三角】《さんかく》 [↓] 三《みっ》つの角《かく》のある形《かたち》。例 三角巾《さんかくきん》

【三角形】《さんかくけい／さんかっけい》 三《みっ》つの直線《ちょくせん》でかこまれ、三《みっ》つの角《かく》のある図形《ずけい》。

【三角州】《さんかくす》 川《かわ》の流《なが》れが運《はこ》んだすなやどろが、河口《かこう》につもってできた三角形《さんかくけい》の土地《とち》。デルタ。

【三寒四温】《さんかんしおん》 冬《ふゆ》から春《はる》にかけての時期《じき》、三日間《みっかかん》くらい寒《さむ》い日《ひ》がつづくと、そのあと四日間《よっかかん》くらいあたたかい日《ひ》がつづくこと。参考 もとは、真冬《まふゆ》にいったことば。

【三。脚】《さんきゃく》 [↓] ①カメラ・望遠鏡《ぼうえんきょう》などをささえるための、三本《さんぼん》の足《あし》の台《だい》。②「三脚《さんきゃく》いす」の略《りゃく》。足《あし》が三本《さんぼん》で、おりたためる小型《こがた》のいす。

【三権】《さんけん》 [↓] 国《くに》の政治《せいじ》をおこなうために必要《ひつよう》な三《みっ》つの権力《けんりょく》。立法権《りっぽうけん》・司法権《しほうけん》・行政権《ぎょうせいけん》をいう。例 三権分立《さんけんぶんりつ》

【三原色】《さんげんしょく》 適当《てきとう》な割合《わりあい》でまぜると、ほかの全部《ぜんぶ》の色《いろ》を表《あらわ》すことのできる三《みっ》つの色《いろ》。絵《え》の具《ぐ》では赤《あか》・黄《き》・青《あお》、光《ひかり》では赤《あか》・緑《みどり》・青《あお》をいう。

【三差路】《さんさろ》 道《みち》が三《み》つまたになったところ。

【三三九度】《さんさんくど》 結婚式《けっこんしき》の礼《れい》の一《ひと》つ。夫婦《ふうふ》になるしるしとして、花婿《はなむこ》と花嫁《はなよめ》が三《み》つがさねのさかずきで三度《さんど》ずつ、合計九回《ごうけいきゅうかい》酒《さけ》を飲《の》む。

【三三五五】《さんさんごご》 三《さん》、四人《よにん》また五《ご》、六人《ろくにん》ぐら

いがつれだって、あちこちにちらばっていたり、歩《ある》いていたりするようす。例 花見客《はなみきゃく》が、三々五々《さんさんごご》、お弁当《べんとう》を開《ひら》いている。

【三重奏】《さんじゅうそう》 三人《さんにん》が三種類《さんしゅるい》の楽器《がっき》を使《つか》って合奏《がっそう》すること。知識 室内楽《しつないがく》の一《ひと》つ。ピアノ・チェロ・バイオリンという組《く》み合《あ》わせが多《おお》い。

【三唱】《さんしょう》 ↓〈―する〉おなじことばを三回《さんかい》、声《こえ》に出《だ》して言《い》うこと。例 万歳三唱《ばんざいさんしょう》

【三羽◆烏】《さんばがらす》 なかまの中《なか》で、目立《めだ》っている三人《さんにん》。表現 おなじ先生《せんせい》について勉強《べんきょう》している弟子《でし》や、おなじところで仕事《しごと》をしている人《ひと》、あるいは、ある方面《ほうめん》で目立《めだ》つ三人《さんにん》をいう。

【三◦拍子】《さんびょうし》 ①音楽《おんがく》のリズムの一《ひと》つ。強《きょう》・弱《じゃく》・弱《じゃく》の三拍《さんはく》で一《ひと》つのまとまりとなる拍子《ひょうし》。②あるものごとについての、三《みっ》つのたいせつな条件《じょうけん》。例 三拍子《さんびょうし》そろう。

【三方】↓ 一《さんぼう｜さんぼう》 三《みっ》つの方向《ほうこう》や方面《ほうめん》。二《さんぼう》 神仏《しんぶつ》や身分《みぶん》の高《たか》い人《ひと》にものをささげたりするときに使《つか》う、白木《しらき》の台《だい》。参考 胴《どう》の三方《さんぼう》にあながあいているところから。

三方

故事のはなし

三顧《さんこ》の礼《れい》

三国時代《さんごくじだい》の蜀《しょく》の丞相《じょうしょう》となった諸葛亮《しょかつりょう》は、字《あざな》を孔明《こうめい》といい、はじめはなんの身分《みぶん》もないまま、いなかに住《す》んで耕作《こうさく》する生活《せいかつ》をしていた。いつも自分自身《じぶんじしん》を古代《こだい》の名臣《めいしん》として有《ゆう》名《めい》な管仲《かんちゅう》や楽毅《がっき》になぞらえていたが、当時《とうじ》の人《ひと》びとはみとめなかった。そんな中《なか》で、孔明《こうめい》のほんとうのねうちを見《み》ぬいていた徐庶《じょしょ》が、のちに蜀《しょく》の皇帝《こうてい》となる劉備《りゅうび》に会見《かいけん》して、「諸葛《しょかつ》孔明《こうめい》は臥竜《がりょう》です。将軍《しょうぐん》はお会《あ》いになりたくありませんか」と、まだ世《よ》に出《で》ない英雄《えいゆう》をねている竜《りゅう》にたとえてすすめた。劉備《りゅうび》が「つれて来《き》なさい」と言《い》うと、「この人《ひと》は、行《い》って会《あ》うことはできますが、むりに来《こ》させることはできません。将軍《しょうぐん》のほうから出《で》むいてお会《あ》いになったほうがよいです」と忠告《ちゅうこく》した。そこで、劉備《りゅうび》はわざわざ三度《さんど》も孔明《こうめい》のもとをおとずれて、やっと会《あ》うことができ、かれを軍師《ぐんし》にむかえることになったのである。（『三国志《さんごくし》』蜀書《しょくしょ》 諸葛亮伝《しょかつりょうでん》）

参考 当時《とうじ》、劉備《りゅうび》は後漢《ごかん》の鎮東将軍《ちんとうしょうぐん》であった。そういう身分《みぶん》の人《ひと》が自《みずか》ら庶民《しょみん》の家《いえ》へ出《で》むくのはきわめて異例《いれい》であるうえ、わざわざ三《さん》度《ど》も足《あし》を運《はこ》んでやっと会《あ》えたというのであるから、劉備《りゅうび》の熱意《ねつい》と人《ひと》がらがうかがわれる。諸葛亮《しょかつりょう》の「前出師表《ぜんすいしのひょう》」にも、「先帝《せんてい》（劉備《りゅうび》）はわたしの身分《みぶん》が低《ひく》いにもかかわらず、自《みずか》らまげて三度《さんど》も草廬《そうろ》にわたしを顧《かえり》みた」とある。

【三位一体】《さんみいったい》 ①キリスト教《きょう》で、父《ちち》である神《かみ》と、子《こ》であるイエス・キリストと、神《かみ》のべつの形《かたち》である聖霊《せいれい》とは、一《ひと》つのものだという考《かんが》え。②三《みっ》つのものがしっかりと組《く》み合《あ》わさって一《ひと》つになること。

【三文】《さんもん》 ↓ ①ほんのわずかなお金《かね》。②安物《やすもの》で、たいしたねうちがないこと。例 三文小説《さんもんしょうせつ》 参考 「文《もん》」はむかしのお金《かね》の単位《たんい》で、ふだんの生活《せいかつ》で使《つか》う小銭《こぜに》だった。

【三文判】《さんもんばん》 安《やす》い既製品《きせいひん》のはんこ。

【三役】《さんやく》 ↓ ①すもうで、大関《おおぜき》・関脇《せきわけ》・小結《こむすび》の三《みっ》つの位《くらい》。今《いま》は、横綱《よこづな》をふくめていう。例 三《さん》役《やく》そろいぶみ ②政党《せいとう》・会社《かいしゃ》などいろいろの団体《だんたい》で、おもな三《みっ》つの役職《やくしょく》。

【三味線】《しゃみせん｜さみせん》 日本《にほん》の弦楽器《げんがっき》の一《ひと》つ。四角《しかく》の胴《どう》と棹《さお》に三本《さんぼん》の弦《げん》をはり、ばちではじいて音《おと》を出《だ》す。浄瑠璃《じょうるり》や長唄《ながうた》などの伴奏《ばんそう》に使《つか》われる。

【三日月】《みかづき》 新月《しんげつ》から三日《みっか》めのころの、細《ほそ》い弓《ゆみ》のような形《かたち》の月《つき》。類 新月《しんげつ》 参考 むかし、月《つき》のみちかけをもとにしたこよみ（陰暦《いんれき》）を使《つか》っていたころは、毎月三日《まいつきみっか》には月《つき》も三日月《みかづき》だった。

【三毛】《みけ》 ↓ ネコの毛《け》の色《いろ》で、白《しろ》・黒《くろ》・茶《ちゃ》の三《さん》色《しょく》。また、その三色《さんしょく》の毛《け》の生《は》えているネコ。

【三▲十一文字】《みそひともじ》 日本《にほん》の短歌《たんか》。参考 三十一《みそひと》

◦学習漢字でない常用漢字　▲常用漢字表にない音訓　◆常用漢字でない漢字

は、短歌《たんか》の五《ご》・七《しち》・五《ご》・七《しち》・七《しち》という決《き》められた音《おん》の数《かず》を足《た》し合《あ》わせた数《かず》。「三十《さんじゅう》」を「みそ」と読《よ》むのは、「三十日《さんじゅうにち》」を「みそか」と読《よ》むのとおなじで古《ふる》い読《よ》み方《かた》。

【三日《みっか》。坊主《ぼうず》】なにをやっても長《なが》つづきせず、すぐにあきて投《な》げ出《だ》してしまうこと。また、そういう人《ひと》。

❷〈みっつめ〉の意味で

【三《さん》人。称《にんしょう》】 自分《じぶん》と、話《はなし》の相手《あいて》以外《いがい》の人《ひと》を指《さ》すことば。「かれ」「かれら」「あの人《ひと》」「その人《ひと》」など。また、人間《にんげん》以外《いがい》のものは、「これ」「それ」も「その本《ほん》」もみな三人称《さんにんしょう》となる。関連 一人称《いちにんしょう》（わたし・ぼく）・二人称《ににんしょう》（あなた・きみ）・三人称《さんにんしょう》

【三枚目《さんまいめ》】 ①劇《げき》や映画《えいが》などでこっけいな役《やく》を演《えん》じる役者《やくしゃ》。また、そういう役《やく》。②いつもまわりの人《ひと》をわらわせる、おどけた人《ひと》。参考 むかし、役者《やくしゃ》の名《な》を劇場《げきじょう》の前《まえ》にかかげる看板《かんばん》で、こっけいな役《やく》をする役者《やくしゃ》を三枚《さんまい》めに書《か》いたことからできたことば。一枚《いちまい》めには座《ざ》頭《がしら》、二枚《にまい》めには若手《わかて》の人気《にんき》役者《やくしゃ》を書《か》いた。

【三面記事《さんめんきじ》】 新聞《しんぶん》の社会面《しゃかいめん》とよばれるページにのっている、社会《しゃかい》のできごとをあつかった記事《きじ》。参考 新聞《しんぶん》が四《よん》ページだてであったころ、第三《だいさん》ページが社会面《しゃかいめん》だったことから。

【三流《さんりゅう》】[↓] 地位《ちい》や内容《ないよう》・実績《じっせき》の程度《ていど》が高《たか》くなく、むしろ下《した》であること。例 三流《さんりゅう》週刊誌《しゅうかんし》 関連 一流《いちりゅう》・二流《にりゅう》・三流《さんりゅう》

❸〈数が多い〉の意味で

【三《さん》。顧の《この》礼《れい》】 すぐれた人物《じんぶつ》を何度《なんど》もおとずれて、礼《れい》をつくしてまねくこと。故事のはなし ☞15ページ

【三拝《さんばい》九拝《きゅうはい》】〈—する〉たのみごとをなんとか聞《き》いてもらおうと、相手《あいて》に何度《なんど》も何度《なんど》も頭《あたま》を下《さ》げること。知識 三拝《さんばい》も九拝《きゅうはい》も中国《ちゅうごく》での実際《じっさい》の礼法《れいほう》。

❺《その他》

【三。味】[○] 一《さんまい》 仏教《ぶっきょう》で、雑念《ざつねん》をはらいのけて仏《ほとけ》を思《おも》う心《こころ》一《ひと》つになること。二《ざんまい》 ただそれだけに熱中《ねっちゅう》すること。例 読書三味《どくしょざんまい》。ぜいたく三味《ざんまい》。参考 インドのことばを書《か》き表《あらわ》すのに漢字《かんじ》の音《おん》をあてただけで、「三」にも「味」にも意味《いみ》はない。

◆再三《さいさん》 七五三《しちごさん》

上

一-2 総画3 JIS-3069 教1年

音 ジョウ・ショウ
訓 うえ・うわ・かみ・あげる・あがる・のぼる・のぼせる・のぼす

筆順

まんなか

なりたち

【指事】あるもの（一）のうえにしるしをつけて、それよりうえ（一）であることをしめしている字《じ》。

意味

❶うえ。位置《いち》・身分《みぶん》・流《なが》れの方向《ほうこう》などで高《たか》いほう。時間《じかん》・順序《じゅんじょ》などで先《さき》のほう。例 机《つくえ》の上《うえ》。上《かみ》の句《く》。上段《じょうだん》・上流《じょうりゅう》・上位《じょうい》 対 下《か》

❷よい。質《しつ》が高《たか》い。例 上《じょう》の部《ぶ》。上質《じょうしつ》

❸表《おもて》に見《み》える部分《ぶぶん》。外《そと》がわのほう。例 上着《うわぎ》・上辺《うわべ》・海上《かいじょう》・席上《せきじょう》

❹のぼる。上《うえ》へ行《い》く。高《たか》いほうへ移《うつ》す。その場《ば》に出《だ》す。上《うえ》へ向《む》かってする。たてまつる。例 温度《おんど》が上《あ》がる。川《かわ》を上《のぼ》る。浮上《ふじょう》

❺終《お》わる。終《お》える。例 雨《あめ》が上《あ》がる。

❻…に関《かん》して。…のうえで。…の点《てん》で。例 史上《しじょう》・一身上《いっしんじょう》・都合上《つごうじょう》

❼上野《こうずけ》。旧国名《きゅうこくめい》。今《いま》の群馬県《ぐんまけん》。例 上州《じょうしゅう》・上越線《じょうえつせん》

使い分け あげる［上・挙・揚］☞17ページ

使い分け のぼる［上・登・昇］☞19ページ

注意するよみ ショウ…例 身上《しんしょう》をつぶす。上人《しょうにん》 うわ…例 上着《うわぎ》・上積《うわづ》み

特別なよみ 上手(じょうず)

名前のよみ すすむ・たか・たかし・ひさ

❶〈うえ〉の意味で

【上着《うわぎ》】[↓] せびろや学生服《がくせいふく》など、上下《じょうげ》がべつべつの服《ふく》の、上《うえ》のほうの服《ふく》。表記「上衣」とも書《か》く。☞❸

【上背《うわぜい》】[↓] せいの高《たか》さ。例 上背《うわぜい》がある。類 身長《しんちょう》

【上手《うわて》】[↓] 一 すもうで、相手《あいて》のうでの外《そと》がわから相手《あいて》のまわしをとること。例 上手投《うわてな》

げ 対下手《したて》 二《かみて》 ①川《かわ》の上流《じょうりゅう》に近《ちか》いほう。類川上《かわかみ》 対下手《しもて》 ②劇《げき》の舞台《ぶたい》で、観客《かんきゃく》から見《み》て右《みぎ》のほう。例上手《かみて》から登場《とうじょう》する。対下手《しもて》

☞❷

【上目】《うわめ》 ↓ 顔《かお》をあげずに目《め》だけを上《うえ》に向《む》けること。例上目《うわめ》づかい 対下目《しため》

【上役】《うわやく》 ↓ 会社《かいしゃ》や役所《やくしょ》など、おなじ仕事《しごと》の場《ば》での地位《ちい》が上《うえ》の人《ひと》。類上司《じょうし》 対下役《したやく》・部下《ぶか》

【上期】《かみき》 ↓ 一年《いちねん》を六《ろっ》か月《げつ》ずつ二《ふた》つに分《わ》けたときの、前《まえ》のほうの期間《きかん》。類上半期《かみはんき》 対下期《しもき》

【上座】《かみざ｜じょうざ》 ↓ 身分《みぶん》の高《たか》い人《ひと》やたいせつな客《きゃく》がすわる、上位《じょうい》の席《せき》。対下座《しもざ｜げざ》・末席《まっせき》 知識 日本間《にほんま》では、床《とこ》の間《ま》の前《まえ》が上座《かみざ》。

【上半期】《かみはんき》 ↓ 一年《いちねん》を六《ろっ》か月《げつ》ずつ二《ふた》つに分《わ》けたときの、前《まえ》のほうの期間《きかん》。類上期《かみき》 対下半期《しもはんき》

【上位】《じょうい》 ↓ 順位《じゅんい》や地位《ちい》が上《うえ》であること。例上位《じょうい》に立《た》つ。類優位《ゆうい》 対下位《かい》

【上意下達】《じょういかたつ》 〈―する〉 地位《ちい》や立場《たちば》が上《うえ》の人《ひと》の考《かんが》えや意見《いけん》を、下《した》の人《ひと》につたえてまもらせること。対下意上達《かいじょうたつ》

【上院】《じょういん》 ↓ 二院制《にいんせい》の議会《ぎかい》で、日本《にほん》の参議院《さんぎいん》にあたるもの。対下院《かいん》

【上記】《じょうき》 ↓ 書類《しょるい》などで、そこより前《まえ》に書《か》きしるしたことがら。例会《かい》の目的《もくてき》は上記《じょうき》のとおりである。類右記《うき》・上述《じょうじゅつ》 対下記《かき》・左記《さき》

【上級】《じょうきゅう》 ↓ 位《くらい》や等級《とうきゅう》・学年《がくねん》などが上《うえ》であること。例上級生《じょうきゅうせい》 類高級《こうきゅう》 対下級《かきゅう》 関連 初級《しょきゅう》・中級《ちゅうきゅう》・上級《じょうきゅう》

【上空】《じょうくう》 ↓ ①ある場所《ばしょ》のま上《うえ》の空《そら》。例スカイツリーの上空《じょうくう》。②空《そら》の高《たか》いところ。例上空《じょうくう》は空気《くうき》もうすく気温《きおん》も低《ひく》い。

【上下】 ⇕ 一《じょうげ》 ①うえとした。例学年《がくねん》の上《じょう》下《げ》など関係《かんけい》なくつきあう。②衣服《いふく》の上《うえ》と下《した》との一対《いっつい》。例せびろの上下《じょうげ》。二《かみしも》 ①うえとした。とくに、身分《みぶん》の高《たか》い者《もの》と低《ひく》い者《もの》。②江《え》戸《ど》時代《じだい》の武士《ぶし》のあらたまった服装《ふくそう》。例上下《かみしも》をぬぐ(四角《しかく》ばらない、うちとけた気持《きも》ちや態度《たいど》になる)。表記 二②は ふつう、「裃」と書《か》く。「裃」は国字《こくじ》で、音《おん》はない。☞❹

【上◦弦】《じょうげん》 ↓ 陰暦《いんれき》で七日《なのか》、八日《ようか》ごろの月《つき》の形《かたち》。例上弦《じょうげん》の月《つき》。対下弦《かげん》 知識 満月前《まんげつまえ》の半《はん》月《げつ》を弓《ゆみ》に見立《みた》て、月《つき》の入《い》りのときに弦《げん》に当《あ》たる直線《ちょくせん》の部分《ぶぶん》が上《うえ》になるので上弦《じょうげん》という。

【上限】《じょうげん》 ↓ ①数量《すうりょう》やもののねだんで、これより上《うえ》はないという、いちばん上《うえ》のところ。そのくぎりめの数《かず》。例おこづかいの上限《じょうげん》を決《き》める。対下限《かげん》 ②歴史上《れきしじょう》のことがらで、考《かんが》えられるいちばん古《ふる》い時期《じき》。対下限《かげん》

【上皇】《じょうこう》 ↓ 前《まえ》に天皇《てんのう》であった人《ひと》。類太上《だいじょう》天皇《てんのう》 表現「白河上皇《しらかわじょうこう》」などのように、よび名《な》として使《つか》うことが多《おお》い。

【上司】《じょうし》 ↓ 会社《かいしゃ》や役所《やくしょ》などの仕事《しごと》の場《ば》で、その人《ひと》より地位《ちい》が上《うえ》の人《ひと》。類上役《うわやく》 対部下《ぶか》

【上◦肢】《じょうし》 ↓ 動物《どうぶつ》の手足《てあし》のうち、頭《あたま》に近《ちか》いほうのもの。人間《にんげん》では手《て》をいう。類前肢《ぜんし》 対下肢《かし》

【上述】《じょうじゅつ》 ↓ 〈―する〉 文章《ぶんしょう》などで、そこより前《まえ》にのべたことがら。類前述《ぜんじゅつ》・上記《じょうき》・前記《ぜんき》

例解 使い分け

[あげる《上げる・挙げる・揚げる》]

上げる＝高《たか》いほうへ移《うつ》す。例温度《おんど》を上《あ》げる。位《くらい》を上《あ》げる。腕《うで》を上《あ》げる。

挙げる＝力《ちから》を入《い》れて高《たか》くしめす。例手《て》を挙《あ》げる。全力《ぜんりょく》を挙《あ》げる。国《くに》を挙《あ》げてたたかう。

揚げる＝高《たか》くかかげる。例国旗《こっき》を揚《あ》げる。たこを揚《あ》げる。花火《はなび》を揚《あ》げる。

参考 習慣《しゅうかん》として、「てんぷらを揚《あ》げる」と使《つか》う。「あげる」の反対《はんたい》は「下《さ》げる・下《お》ろす・降《お》ろす」。

【上。旬】《じょうじゅん》[↓]月《つき》のはじめの一日《ついたち》から十日《とおか》の間《かん》。[関連]初旬《しょじゅん》・上旬《じょうじゅん》・中旬《ちゅうじゅん》・下旬《げじゅん》

【上層】《じょうそう》[↓]①かさなりあったものの上《うえ》の部分《ぶぶん》。②社会《しゃかい》で、地位《ちい》も高《たか》く生活《せいかつ》もゆたかな人《ひと》びと。[例]上層階級《じょうそうかいきゅう》[類]上流《じょうりゅう》[対]下層《かそう》

【上体】《じょうたい》[↓]人《ひと》のからだのこしから上《うえ》の部分《ぶぶん》。[例]上体《じょうたい》を前《まえ》にたおす。[類]上半身《じょうはんしん》

【上代】《じょうだい》[↓]①大《おお》むかし。②日本《にほん》の歴史《れきし》のうえで、大和《やまと》・奈良時代《ならじだい》。[類]上古《じょうこ》③品物《しなもの》の代金《だいきん》。

【上段】《じょうだん》[↓]①上《うえ》の段《だん》。[例]たなの上段《じょうだん》におく。②剣道《けんどう》などで、刀《かたな》を頭《あたま》より上《うえ》にあげて、かまえる形《かたち》。[対]下段《げだん》

【上等】《じょうとう》[↓]〈—な/—に〉位《くらい》や等級《とうきゅう》が上《うえ》であること。[対]下等《かとう》☞❷

【上半身】《じょうはんしん・かみはんしん》からだの、こしから上《うえ》の部分《ぶぶん》。[類]上体《じょうたい》[対]下半身《かはんしん》

【上部】《じょうぶ》[↓]一《ひと》つのものの上《うえ》の部分《ぶぶん》。[対]下部《かぶ》

【上方】[↓]❶《じょうほう》上《うえ》のほう。[対]下方《かほう》❷《かみがた》京都《きょうと》・大阪《おおさか》を中心《ちゅうしん》とする地方《ちほう》。近畿地方全体《きんきちほうぜんたい》を指《さ》す場合《ばあい》もある。[例]上方落語《かみがたらくご》[参考]「上《かみ》」は、皇居《こうきょ》のあるところ。明治時代《めいじじだい》はじめに東京《とうきょう》にうつるまで、皇居《こうきょ》は京都《きょうと》にあった。

【上略】《じょうりゃく》[↓]〈—する〉文章《ぶんしょう》のそれより前《まえ》の部分《ぶぶん》をはぶくこと。[類]前略《ぜんりゃく》[関連]上略《じょうりゃく》・中略《ちゅうりゃく》・下略《げりゃく・かりゃく》

【上流】《じょうりゅう》[↓]①川《かわ》で、水《みず》の流《なが》れてくる上《うえ》のほう。みなもとに近《ちか》いあたり。[類]川上《かわかみ》②社会《しゃかい》で、地位《ちい》も高《たか》く、ゆたかな人《ひと》びと。[類]上層《じょうそう》[対]下層《かそう》[関連]上流《じょうりゅう》・中流《ちゅうりゅう》・下流《かりゅう》

❷〈よい〉の意味で

【上手】[↓]〈—な/—に〉❶《うわて》ほかとくらべて、すぐれていること。[例]算数《さんすう》では、ぼくのほうが上手《うわて》だ。[対]下手《したて》❷《じょうず》やり方《かた》がうまいこと。うでまえがいいこと。[例]字《じ》が上手《じょうず》だ。[対]下手《へた》[表現]「お上手《じょうず》を言《い》う」は、相手《あいて》をよろこばせようとして、おせじを言《い》うこと。☞❶

【上機。嫌】《じょうきげん》〈—な/—に〉とてもきげんがよいようす。[対]不機嫌《ふきげん》

【上策】《じょうさく》[↓]とてもすぐれたやり方《かた》。[対]下策《げさく》

【上質】《じょうしつ》[↓]〈—な〉質《しつ》がすぐれていること。上等《じょうとう》なものであること。[例]上質紙《じょうしつし》

【上首。尾】《じょうしゅび》〈—な/—に〉ものごとがねがっていたようにうまくいくこと。[例]話《はな》し合《あ》いは、上首尾《じょうしゅび》に終《お》わった。[対]不首尾《ふしゅび》

【上上】《じょうじょう》[Ⅱ]〈—な〉これ以上《いじょう》はないというほどよいこと。[例]天気《てんき》も上々《じょうじょう》、気分《きぶん》も上々《じょうじょう》だ。[表記]「上乗」とも書《か》く。

【上水】《じょうすい》[↓]人《ひと》が飲《の》んだり炊事《すいじ》に使《つか》ったりするきれいな水《みず》。また、それを人《ひと》びとにとどける水道管《すいどうかん》などの設備《せつび》。[例]上水道《じょうすいどう》[対]下水《げすい》

【上製】《じょうせい》[↓]ふつうの品《しな》よりも材料《ざいりょう》をえらび、手間《てま》をかけて上等《じょうとう》に作《つく》ること。また、そうして作《つく》ったもの。[対]並製《なみせい》

【上出来】《じょうでき》〈—な〉できぐあいが、よいこと。[例]八十点《はちじってん》なら上出来《じょうでき》だ。[類]上等《じょうとう》[対]不出来《ふでき》

【上天気】《じょうてんき》よく晴《は》れわたった、気持《きも》ちのよい天気《てんき》。[類]好天《こうてん》・晴天《せいてん》

【上等】《じょうとう》[↓]〈—な/—に〉①内容《ないよう》や質《しつ》がすぐれていること。[例]上等《じょうとう》の菓子《かし》。[類]高級《こうきゅう》②結果《けっか》などが、これでよいと思《おも》えること。[例]半分《はんぶん》できれば上等《じょうとう》だ。[類]上出来《じょうでき》☞❶

【上人】《しょうにん》[↓]知識《ちしき》と徳《とく》のある、すぐれたお坊《ぼう》さん。[類]聖人《しょうにん》

【上品】《じょうひん》[↓]〈—な/—に〉品《ひん》がよいこと。しぜんにまわりの人《ひと》によい感《かん》じをあたえるようす。[例]ことばづかいが上品《じょうひん》だ。[対]下品《げひん》

【上物】《じょうもの》[↓]おなじ品物《しなもの》のうちでも、品質《ひんしつ》のすぐれた、上等《じょうとう》なもの。

❸〈表に見える部分〉の意味で

【上着】《うわぎ》[↓]シャツなど下着《したぎ》を着《き》た上《うえ》に身《み》につける洋服《ようふく》。[対]下着《したぎ》☞❶

【上辺】《うわべ》[↓]ものごとの外《そと》がわの部分《ぶぶん》。見《み》かけ。[例]上辺《うわべ》をつくろう。

【上前】《うわまえ》[↓]①着物《きもの》を着《き》たとき、からだの前《まえ》で左右《さゆう》からかさなる布《ぬの》のうち、外《そと》がわになるほう。[対]下前《したまえ》②取《と》り次《つ》ぎをするときに取《と》るお金《かね》。[例]上前《うわまえ》をはねる（人《ひと》が受《う》け取《と》ることになっているお金《かね》や品物《しなもの》の一部《いちぶ》を、あいだに立《た》つ人《ひと》が自分《じぶん》のものにしてしまう）。[参考]むかし年貢《ねんぐ》を米《こめ》でおさめたころ「上米《うわまい》をはねる」ということばもあり、おなじ意味《いみ》で使《つか》われた。

❹〈のぼる〉の意味で

【上映】《じょうえい》[▲]〈—する〉映画《えいが》をうつしてお客《きゃく》に見《み》

てもらうこと。

【上演《じょうえん》】▲〈―する〉劇《げき》などを舞台《ぶたい》で演《えん》じてお客《きゃく》に見《み》てもらうこと。例 話題作上映中《わだいさくじょうえいちゅう》。類 公演《こうえん》

【上気《じょうき》】▲〈―する〉顔《かお》がほてって赤《あか》くなること。のぼせること。例 上気《じょうき》した顔《かお》。

【上京《じょうきょう》】▲〈―する〉地方《ちほう》から東京《とうきょう》へ行《い》くこと。類 東上《とうじょう》 参考 みやこに上《のぼ》るということ。明治以前《めいじいぜん》は京都《きょうと》へ行《い》くことを指《さ》していた。

【上下《じょうげ》】⇕ ①鉄道《てつどう》などののぼりとくだり。②〈―する〉あがったり、さがったりすること。例 上下線《じょうげせん》。例 気温《きおん》が大《おお》きく上下《じょうげ》する。☞❶

【上◦昇《じょうしょう》】II〈―する〉上《うえ》や高《たか》いほうへあがること。例 上昇気流《じょうしょうきりゅう》 対 下降《かこう》・降下《こうか》・低下《ていか》

【上達《じょうたつ》】↓〈―する〉うでまえやわざが、練習《れんしゅう》をつんでじょうずになること。類 進歩《しんぽ》

【上◆洛《じょうらく》】▲〈―する〉ほかの地方《ちほう》から京都《きょうと》へ行《い》くこと。例 将軍《しょうぐん》の上洛《じょうらく》。類 入洛《にゅうらく》 参考「洛《らく》」はみやこ、とくに日本《にほん》では京都《きょうと》のこと。似《に》たことばに「上京《じょうきょう》」があるが、今《いま》は東京《とうきょう》へ行《い》くことを指《さ》すようになった。

【上陸《じょうりく》】▲〈―する〉海《うみ》から陸《りく》にあがること。また、船《ふね》から陸《りく》にあがること。例 台風《たいふう》が上陸《じょうりく》した。表現 動植物《どうしょくぶつ》や病気《びょうき》、ものの考《かん》え方《かた》や流行《りゅうこう》などが、外国《がいこく》から入《はい》ってくることについても使《つか》う。

上が下につく熟語 上の字の働き

❶上＝〈うえ〉のとき

【頂上《ちょうじょう》 長上《ちょうじょう》】近《ちか》い意味《いみ》。

【山上《さんじょう》 天上《てんじょう》 床上《ゆかうえ》】ナニの上《うえ》か。

❷上＝〈よい〉のとき

【特上《とくじょう》 極上《ごくじょう》 最上《さいじょう》 至上《しじょう》】ドノクライよいか。

❸上＝〈表に見える部分〉のとき

【陸上《りくじょう》 地上《ちじょう》 海上《かいじょう》 洋上《ようじょう》 水上《すいじょう》 砂上《さじょう》 机上《きじょう》 卓上《たくじょう》 屋上《おくじょう》 壇上《だんじょう》】ドコの表面《ひょうめん》か。

【席上《せきじょう》 紙上《しじょう》 誌上《しじょう》 路上《ろじょう》 機上《きじょう》 途上《とじょう》】ドコの場所《ばしょ》か。

❹上＝〈のぼる〉のとき

【参上《さんじょう》 進上《しんじょう》】近《ちか》い意味《いみ》。

【炎上《えんじょう》 浮上《ふじょう》】ドウヤッテ上《のぼ》るか。

【逆上《ぎゃくじょう》 北上《ほくじょう》 東上《とうじょう》】ドチラへ上《のぼ》るか。

【献上《けんじょう》 奏上《そうじょう》 啓上《けいじょう》 返上《へんじょう》】ドウヤッテたてまつるか。

❻上＝〈…に関して〉のとき

【史上《しじょう》 身上《しんじょう》 歴史上《れきしじょう》 名目上《めいもくじょう》 事実上《じじつじょう》 空想上《くうそうじょう》 職務上《しょくむじょう》 都合上《つごうじょう》 一身上《いっしんじょう》】ナニの上《うえ》でか。

◆以上《いじょう》 風上《かざかみ》 川上《かわかみ》 計上《けいじょう》 口上《こうじょう》 言上《ごんじょう》 無上《むじょう》

例解 使い分け

［のぼる《上る・登る・昇る》］

上る＝下《した》から上《うえ》へ行《い》く。
例 川《かわ》を上《のぼ》る。坂《さか》を上《のぼ》る。

登る＝足《あし》を使《つか》って一歩一歩《いっぽいっぽ》高《たか》い所《ところ》へ行《い》く。
例 山《やま》に登《のぼ》る。演壇《えんだん》に登《のぼ》る。木《き》に登《のぼ》る。

昇る＝空中《くうちゅう》へ高《たか》くあがる。
例 日《ひ》が昇《のぼ》る。天《てん》に昇《のぼ》る。

参考「のぼる」の反対《はんたい》は「くだる・おりる」で、それぞれの場面《ばめん》に応《おう》じて「下・降」の字《じ》が使《つか》われる。ただし、「日《ひ》が昇《のぼ》る」の反対《はんたい》は「日《ひ》が沈《しず》む」。

一−2

丈

総画3
JIS-3070
常用
音 ジョウ
訓 たけ

筆順

なりたち

【会意】「十」と手の形（ヌ）を合《あ》わせてできた字《じ》。ヌはかた手《て》の親指《おやゆび》と他《た》の四本《よんほん》の指《ゆび》を広《ひろ》げた長《なが》さを意味《いみ》し、これがむかしの「一尺《いっしゃく》」で、それを十倍《じゅうばい》した長《なが》さを表《あらわ》す。

意味

❶長《なが》さの単位《たんい》。一尺《いっしゃく》の十倍《じゅうばい》。約《やく》三・〇三メートル。例 方丈《ほうじょう》

❷たけ。たての長《なが》さ。例丈《たけ》くらべ・背丈《せたけ》
❸しっかりしている。つよそうだ。例頑《がん》丈《じょう》

名前のよみ ひろ・ます

❸〈しっかりしている〉の意味で
【°丈夫】↓[一]《じょうふ》りっぱな男子《だんし》。[二]《じょうぶ》〈―に・な〉①からだが強《つよ》く、健康《けんこう》であること。例丈夫《じょうぶ》に育《そだ》つ。類達者《たっしゃ》 ②しっかりできていて、かんたんにこわれたりだめになったりしないようす。例丈《じょう》夫《ぶ》なひも。類頑《がん》丈《じょう》

一-2

万

総画3
JIS-4392
教2年
音 マン・バン
訓 よろず
［萬］

筆順

はねる

なりたち

【象形】もとの字《じ》は、「萬」。「萬」はさそりをえがいた字《じ》。借《か》りて、数《かず》の「まん」として使《つか》われている。

意味
❶まん。千《せん》の十倍《じゅうばい》。例万一《まんいち》・一万円《いちまんえん》
❷たいへん多《おお》い。無数《むすう》。あらゆるもの。すべて。例万国《ばんこく》・万能《ばんのう》・巨万《きょまん》

名前のよみ かず・かつ・たか・つむ・つもる

❶〈まん〉の意味で
【万一】《まんいち》↓①めったにないだろうが、もしも。例万一《まんいち》熱《ねつ》が上《あ》がったら、また来《き》てください。②最悪《さいあく》の場合《ばあい》。例万一《まんいち》にそなえる。表現一万回《いちまんかい》に一回《いっかい》という意味《いみ》。あってはならないようなよくないことを考《かんが》えたときに使《つか》う。

❷〈たいへん多い〉の意味で
【万感】《ばんかん》↓あとからあとから心《こころ》にうかんでくるいろいろな思《おも》い。例万感《ばんかん》むねにせまる。
【万国】《ばんこく》↓世界《せかい》じゅうのすべての国《くに》。例万国旗《ばんこくき|ばんこっき》
【万。歳】↓[一]《ばんざい》①いつまでも、長生《ながい》きし、さかえつづけること。例千秋万歳《せんしゅうばんざい》 ②めでたいわいの場《ば》でさけぶことば。例万歳《ばんざい》を三唱《さんしょう》する。[二]《まんざい》おもしろいことを言《い》ったり、つづみに合《あ》わせておどったりする人《ひと》。例三河万歳《みかわまんざい》 参考「歳」は「年」とおなじ意味《いみ》の字《じ》。表現「万歳《ばんざい》」とさけぶとき両手《りょうて》を高《たか》くあげる形《かたち》が、降参《こうさん》を表《あらわ》すかっこうにも似《に》ているので、「万歳《ばんざい》する」があきらめて投《な》げ出《だ》すことを表《あらわ》すことにもなる。それが「お手上《てあ》げ」。
【万策】《ばんさく》↓思《おも》いつくかぎり、できるかぎりのやり方《かた》。例万策《ばんさく》つきた、もうおしまいだ。
【万事】《ばんじ》↓ありとあらゆること。すべて。例万事休《ばんじきゅう》す（もうどうしようもない）。一事《いちじ》が万《ばん》事《じ》だ（一《ひと》つがそうならほかのこともおなじだ）。類諸事《しょじ》
【万障】《ばんしょう》↓さまたげになる、いろいろなことすべて。例万障《ばんしょう》おくりあわせのうえ、お出《で》かけください。
【万全】《ばんぜん》‖〈―に・な〉手《て》おちが少《すこ》しもなく、あらゆる面《めん》で完全《かんぜん》な状態《じょうたい》であること。例万全《ばんぜん》を期《き》して、警備《けいび》にあたる。類完全《かんぜん》・完璧《かんぺき》・十全《じゅうぜん》
【万。端】《ばんたん》↓そのことに関係《かんけい》する、あらゆることがら。例準備万端《じゅんびばんたん》ととのう。
【万難】《ばんなん》↓数多《かずおお》くの、めんどうなことやむずかしいことがら。例万難《ばんなん》を排《はい》して行《おこな》う。
【万人】《ばんにん|ばんじん》↓世《よ》の中《なか》のありとあらゆる人《ひと》すべて。例万人受《ばんにんう》けする映画《えいが》。類万民《ばんみん》
【万能】《ばんのう》↓①あらゆることにききめがあること。例万能薬《ばんのうやく》 ②なにをやってもよくできること。例万能選手《ばんのうせんしゅ》
【万万】《ばんばん》‖①どんなことでもじゅうぶんに。例万々承知《ばんばんしょうち》の上《うえ》だ。類重重《じゅうじゅう》 ②どんなことがあっても。例万々失敗《ばんばんしっぱい》することはあるまい。表現②は、あとに打《う》ち消《け》しのことばをつけて使《つか》う。
【万物】《ばんぶつ》↓この宇宙《うちゅう》にある、ありとあらゆるもの。例万物《ばんぶつ》の霊長《れいちょう》（人間《にんげん》のこと）。類森羅万象《しんらばんしょう》
【万民】《ばんみん》↓すべての国民《こくみん》。類万人《ばんにん》
【万。雷】《ばんらい》↓たくさんのかみなりが鳴《な》りひびくような、大《おお》きな音《おと》。例万雷《ばんらい》の拍手《はくしゅ》。
【万巻】《まんがん|ばんかん》↓ひじょうに多《おお》い冊数《さっすう》。例わかいころから万巻《まんがん》の書《しょ》をひもといた。表現ほとんど「万巻《まんがん》の書《しょ》」という形《かたち》で使《つか》う。
【万年雪】《まんねんゆき》高《たか》い山《やま》の上《うえ》などで、一年《いちねん》じゅうとけることのない雪《ゆき》。
【万病】《まんびょう》↓あらゆる病気《びょうき》。例かぜは万病《まんびょう》のもと。
【万力】《まんりき》↓工作《こうさく》で、材料《ざいりょう》が動《うご》かないように

しっかりとはさむ道具《どうぐ》。例 万力《まんりき》で固定《こてい》する。

万が下につく熟語 上の字の働き

❶万＝〈まん〉のとき
【一万《いちまん》 数万《すうまん》 百万《ひゃくまん》 千万《せんまん》】ドレホドの万《まん》か。

❷万＝〈たいへん多い〉のとき
【巨万《きょまん》 億万《おくまん》】近《ちか》い意味《いみ》。

一―2

与

総画3
JIS-4531
常用
音 ヨ
訓 あたえる・あずかる
［與］

筆順 与 与 与

なりたち  【形声】もとの字は、「與」。四《よっ》つの手《て》と、がっしり組《く》み合《あ》わせる意《い》味《み》と「ヨ」という読《よ》み方《かた》をしめす「与」とからでき、多《おお》くの人《ひと》が手《て》を組《く》み合《あ》わせることを表《あらわ》す字《じ》。

意味
❶あたえる。ものをやる。例 大《おお》きな影響《えいきょう》を与《あた》える。授与《じゅよ》
❷かかわる。関係《かんけい》する。例 関与《かんよ》・参与《さんよ》
❸なかま。味方《みかた》。例 与党《よとう》

名前のよみ あと・とも・のぶ・よし

❸〈なかま〉の意味で
【◦与党】《よとう》 ↓ おなじ意見《いけん》をもっているなかま。政権《せいけん》をになっている政党《せいとう》。対 野党《やとう》

与が下につく熟語 上の字の働き

❶与＝〈あたえる〉のとき
【授与《じゅよ》 譲与《じょうよ》 贈与《ぞうよ》 貸与《たいよ》 付与《ふよ》 給与《きゅうよ》 供与《きょうよ》 寄与《きよ》】近《ちか》い意味《いみ》。

❷与＝〈かかわる〉のとき
【関与《かんよ》 参与《さんよ》】近《ちか》い意味《いみ》。

◆ 賞与《しょうよ》

一―3

丑

総画4
JIS-1715
人名
音 チュウ
訓 うし

意味 十二支《じゅうにし》の二番《にばん》め。動物《どうぶつ》では牛《うし》。方角《ほうがく》では北北東《ほくほくとう》。時刻《じこく》では午前二時《ごぜんにじ》、またはその前後二時間《ぜんごにじかん》。参考 ☞「巽《そん》」の「文字物語」（356ページ）

一―3

不

総画4
JIS-4152
教4年
音 フ・ブ
訓 ―

筆順 不 不 不 不（はねない）（とめる）

なりたち  【象形】花弁《かべん》のついているへたをえがいた字《じ》。借《か》りて、「…ない」の意味《いみ》に使《つか》われている。

意味
❶…でない。…しない。例 不可《ふか》・不合格《ふごうかく》
❷よくない。じゅうぶんでない。例 不作《ふさく》

❶〈…でない〉の意味で
【不安】《ふあん》 ⊠〈―な・―に〉わるいことがおこるのではないかという心配《しんぱい》のために、気持《きも》ちが落《お》ち着《つ》かないこと。例 不安《ふあん》になる。
【不安定】《ふあんてい》 ⊠〈―な・―に〉落《お》ち着《つ》きがない。かわりやすい。例 不安定《ふあんてい》な天気《てんき》。対 安定《あんてい》
【不案内】《ふあんない・ぶあんない》 〈―な〉あることについて、ようすや内容《ないよう》をよく知《し》らないこと。例 このあたりの地理《ちり》には不案内《ふあんない・ぶあんない》だ。
【不意】《ふい》 ⊠〈―な・―に〉思《おも》いがけずとつぜん。例 不《ふ》意《い》に声《こえ》をかけられた。類 唐突《とうとつ》・不時《ふじ》
【不一】《ふいつ》 ⊠ 手紙《てがみ》の文章《ぶんしょう》の終《お》わりに書《か》くことば。「気持《きも》ちをじゅうぶんには表《あらわ》せませんでした」という意味《いみ》を表《あらわ》す。類 草々《そうそう》 表現「前略《ぜんりゃく》」「冠省《かんしょう》」などで書《か》き始《はじ》めたときに使《つか》う。少《すこ》し古《こ》風《ふう》な感《かん》じのことば。
【不得手】《ふえて》 〈―な〉向《む》いていなくて、やってもうまくできないこと。類 不得意《ふとくい》・苦手《にがて》 対 得手《えて》
【不◦穏】《ふおん》 ⊠〈―な・―に〉世間《せけん》のようす、人《ひと》びとの動《うご》きなどに落《お》ち着《つ》きがなく、なにかさわぎがおこりそうなようす。例 不穏《ふおん》な空気《くうき》。類 険悪《けんあく》
【不◦穏当】《ふおんとう》 〈―な〉ことばづかいや言《い》い方《かた》が、その場面《ばめん》にふさわしくないようす。例 不《ふ》穏当《おんとう》な発言《はつげん》を取《と》り消《け》す。対 穏当《おんとう》
【不可】《ふか》 ⊠ ①よくないこと。例 可《か》もなく不可《ふか》もない（よくもないし、わるくもない）。②成績《せいせき》を四《よっ》つの段階《だんかい》（優《ゆう》・良《りょう》・可《か》・不可《ふか》）に分《わ》けたときの一《ひと》つ。合格《ごうかく》できない点《てん》。
【不快】《ふかい》 ⊠〈―な・―に〉①いやな気持《きも》ちであること。例 不快《ふかい》の念《ねん》を表《あらわ》す。②からだのぐあいがよくないこと。表現 ②は、身分《みぶん》の高《たか》い人《ひと》などの場合《ばあい》に、病気《びょうき》のことを遠《とお》まわしにいうことば。「ご不快《ふかい》」という言《い》い方《かた》で使《つか》う。
【不可解】《ふかかい》 〈―な・―に〉なんとかわかろうとしても、

不◀次ページ

◦学習漢字でない常用漢字 ▲常用漢字表にない音訓 ◆常用漢字でない漢字

どうにもわからないようす。例 世《よ》の中《なか》には不《ふ》可解《かかい》なことが多《おお》い。

【不覚《ふかく》】⊠〈—な・—に〉①うっかりして、思《おも》いがけない失敗《しっぱい》をすること。例 一生《いっしょう》の不覚《ふかく》。②そのつもりではないのに、そうしてしまうこと。例 不覚《ふかく》のなみだ。③ぼんやりして、なにもわからなくなる。例 前後不覚《ぜんごふかく》

【不可欠《ふかけつ》】〈—な〉それがなくてはすまされないこと。なくてはならないこと。例 新鮮《しんせん》な空《くう》気《き》は生《い》き物《もの》にとって不可欠《ふかけつ》だ。

【不可。抗力《ふかこうりょく》】人《ひと》の力《ちから》ではふせぎとめることができないこと。例 あの事故《じこ》を不可抗力《ふかこうりょく》とかたづけていいのだろうか。

【不可思議《ふかしぎ》】〈—な〉人間《にんげん》のちえや知識《ちしき》ではわからない、ふしぎきわまること。類 不思議《ふしぎ》

【不可。侵《ふかしん》】ほかの国《くに》の土地《とち》をうばったり、ほかの人《ひと》の権利《けんり》をじゃましたりすることを、ゆるさないこと。例 不可侵条約《ふかしんじょうやく》

【不可能《ふかのう》】〈—な・—に〉しようとしても、できないこと。例 科学《かがく》の力《ちから》は、不可能《ふかのう》をつぎつぎと可《か》能《のう》にしてきた。類 不能《ふのう》 対 可能《かのう》

【不可。避《ふかひ》】そうならないようにしようと思《おも》っても、どうしてもそうなってしまうこと。例 生物《せいぶつ》にとって、死《し》は不可避《ふかひ》だ。

【不可分《ふかぶん》】〈—な〉むすびつきがかたくて引《ひ》きはなすことができないこと。例 土地開発《とちかいはつ》と環《かん》境《きょう》問題《もんだい》とは不可分《ふかぶん》の関係《かんけい》にある。

【不帰《ふき》】⊠行《い》ってしまって、もう帰《かえ》らないこと。表現「不帰《ふき》の客《きゃく》となる」「不帰《ふき》の人《ひと》となる」は、人《ひと》が死《し》ぬことを表《あらわ》す。

【不規則《ふきそく》】〈—な・—に〉そろっていない。ととのっていない。でたらめだ。例 不規則《ふきそく》な生活《せいかつ》。

【不。吉《ふきつ》】⊠〈—な・—に〉えんぎがわるい。なにかわるいことが起《お》こりそうな感《かん》じがする。

【不気味《ぶきみ》】〈—な・—に〉ようすがわからず、なんとなくおそろしくて、いやな感《かん》じがする。例 不気《ぶき》味《み》な物音《ものおと》。表記「無気味」とも書《か》く。

【不。朽《ふきゅう》】⊠価値《かち》がなくならない。いつまでもりっぱなものとしてのこる。例 不朽《ふきゅう》の名《めい》作《さく》。類 不滅《ふめつ》

【不急《ふきゅう》】⊠〈—な〉とくに急《いそ》いでしなくてもよい。例 不急《ふきゅう》の電話《でんわ》はごえんりょください。

【不興《ふきょう》】⊠おもしろみを感《かん》じないこと。きげんがわるいこと。表現「不興《ふきょう》を買《か》う」は、目《め》上《うえ》の人《ひと》のきげんをわるくさせてしまうこと。

【不器用《ぶきよう》】〈—な・—に〉手先《てさき》や指先《ゆびさき》を使《つか》ってする作《さ》業《ぎょう》がにがてなこと。例 不器用《ぶきよう》な手《て》つき。類 不細工《ぶさいく》 対 器用《きよう》 表記「無器用」とも書《か》く。

【不協和音《ふきょうわおん》】二《ふた》つ以上《いじょう》の音《おと》が、調和《ちょうわ》しないでいやなひびきになること。表現 人《ひと》びとの意見《いけん》がくいちがい、うまくいかないときにも、「不協和音《ふきょうわおん》が高《たか》まる」などと使《つか》う。

【不義理《ふぎり》】〈—な・—に〉①つきあいのうえで、とうぜんしなければならないと思《おも》われていることを、しないこと。例 電話《でんわ》もせずに欠席《けっせき》し、不《ふ》義理《ぎり》をしてしまった。②人《ひと》に借《か》りたお金《かね》を返《かえ》さないこと。例 不義理《ふぎり》をかさねる。

【不均。衡《ふきんこう》】〈—な・—に〉つりあいがとれていないこと。例 不均衡《ふきんこう》が生《しょう》じる。不均衡《ふきんこう》を生《う》む。

【不。謹。慎《ふきんしん》】〈—な・—に〉言《い》うことやすることに、まわりに心《こころ》を配《くば》る気《き》持《も》ちがないようす。例 こんなときにわらうとは不謹慎《ふきんしん》だ。

【不。遇《ふぐう》】⊠〈—な・—に〉力《ちから》があるのに、世《よ》にみとめられず、ふさわしい地位《ちい》や名声《めいせい》がえられないこと。例 この芸術家《げいじゅつか》は、生前《せいぜん》は不遇《ふぐう》だった。

【不◆倶。戴天《ふぐたいてん》】おなじ世《よ》に生《い》きていることががまんできないほど、にくいこと。例 不《ふ》倶戴天《ぐたいてん》の敵《てき》。参考「倶《とも》ニ天《てん》ヲ戴《いただ》カズ」の意味《いみ》。

【不。屈《ふくつ》】⊠〈—な〉むずかしい問題《もんだい》や苦《くる》しいことにぶつかっても、くじけないで最後《さいご》までやりとおすこと。例 不屈《ふくつ》の精神《せいしん》。

【不経済《ふけいざい》】〈—な・—に〉お金《かね》や時間《じかん》などの使《つか》い方《かた》に、むだが多《おお》いようす。例 テレビのつけっぱなしは不経済《ふけいざい》だ。

【不潔《ふけつ》】⊠〈—な・—に〉よごれていて、きたないこと。例 不潔《ふけつ》なへや。対 清潔《せいけつ》・奇麗《きれい》 表現 人《ひと》の心《こころ》やおこないについても、正《ただ》しくない、けがらわしいという意味《いみ》で使《つか》う。

【不見識《ふけんしき》】〈—な・—に〉しっかりした考《かんが》えを持《も》っていないこと。例 不見識《ふけんしき》をはじる。

【不言実行《ふげんじっこう》】やるべきことをだまって実《じっ》行《こう》すること。例 不言実行《ふげんじっこう》の人《ひと》。

【不孝《ふこう》】⊠〈—な〉子《こ》どもが親《おや》をだいじにしないで、心配《しんぱい》をかけたり悲《かな》しませたりすること。

例不孝者《ふこうもの》 類親不孝《おやふこう》 対孝行《こうこう》

【不幸《ふこう》】⊠①〈―な/―に〉つらく悲《かな》しい状態《じょうたい》。ふしあわせ。例不幸《ふこう》な目《め》にあう。対幸福《こうふく》 ②家族《かぞく》や親戚《しんせき》が死《し》ぬこと。例親戚《しんせき》に不幸《ふこう》があった。

【不合理《ふごうり》】〈―な/―に〉りくつに合《あ》わないようす。例不合理《ふごうり》なやり方《かた》。類不条理《ふじょうり》 対合理的《ごうりてき》

【不在《ふざい》】⊠そこにいないこと。例不在者投票《ふざいしゃとうひょう》。父《ちち》はいま不在《ふざい》です。類留守《るす》

【不治《ふじ|ふち》】⊠病気《びょうき》が、どのようにしてもなおらないこと。例不治《ふじ|ふち》の病《やまい》にかかる。

【不時《ふじ》】⊠予定《よてい》できなかったこと。思《おも》いがけないとき。例不時《ふじ》の出費《しゅっぴ》。類不意《ふい》

【不思議《ふしぎ》】〈―な/―に〉なぜなのか、どうなっているのか、よくわからないこと。また、そういうことがら。例不思議《ふしぎ》な話《はなし》。類不可思議《ふかしぎ》・奇怪《きかい》

【不自然《ふしぜん》】〈―な/―に〉①わざとらしくて、ぎこちないようす。例話《はな》し方《かた》が不自然《ふしぜん》だ。対自然《しぜん》 ②とくべつなことがなければそうはならない、へんなぐあい。例不自然《ふしぜん》な死《し》に方《かた》。対自然《しぜん》

【不時着《ふじちゃく》】〈―する〉飛行機《ひこうき》が故障《こしょう》などのために、着陸《ちゃくりく》することになっていない場所《ばしょ》に着《ちゃく》陸《りく》すること。類緊急着陸《きんきゅうちゃくりく》

【不死鳥《ふしちょう》】五百年《ごひゃくねん》たつと、火《ひ》の中《なか》にとびこんで灰《はい》になり、その中《なか》からまた生《う》まれることをくりかえす鳥《とり》。フェニックス。例不死鳥《ふしちょう》のごとくよみがえる。知識エジプト神話《しんわ》で、アラビア砂漠《さばく》の鳥《とり》という。

【不実《ふじつ》】⊠〈―な/―に〉約束《やくそく》をかんたんにやぶるなど、まじめに生《い》きようとするようすが見《み》られないこと。例不実《ふじつ》な男《おとこ》。対誠実《せいじつ》

【不死身《ふじみ》】〈―な〉どんなにあぶない目《め》にあっても死《し》なないからだを持《も》っていること。表現そういうことはじっさいにはありえないから、ひじょうにからだが強《つよ》いとか、ふしぎに運《うん》よく助《たす》かるとかいうような人《ひと》を「不死身《ふじみ》の人《ひと》」といったりする。

【不自由《ふじゆう》】〈―する〉・〈―な/―に〉ものごとが思《おも》うようにならない。例不自由《ふじゆう》な生活《せいかつ》をする。対自由《じゆう》 表現何《なに》かがゆたかにあって、めぐまれていることを、たとえば「水《みず》に不自由《ふじゆう》しない土《と》地《ち》」のようにいう。

【不十分《ふじゅうぶん》】〈―な/―に〉たりないところや欠《か》けたところがあるようす。例練習《れんしゅう》が不十分《ふじゅうぶん》だった。対十分《じゅうぶん》

【不純《ふじゅん》】⊠〈―な/―に〉よけいなまじりものが入《はい》っていて、あまりよくないこと。例不純物《ふじゅんぶつ》をとりのぞく。対純粋《じゅんすい》 表現「動機《どうき》が不純《ふじゅん》だ」は、したことはいいようでも、自分《じぶん》のためにそれをしたような感《かん》じがすることをいう。

【不順《ふじゅん》】⊠〈―な/―に〉ものごとがきまったとおりに進《すす》まないこと。例天候不順《てんこうふじゅん》

【不◦肖《ふしょう》】⊠①親《おや》や師《し》よりできがわるいこと。例あれは不肖《ふしょう》の息子《むすこ》だ。②自分《じぶん》のことを、おろかな、力不足《ちからぶそく》なものだと、へりくだっていうことば。例不肖《ふしょう》わたくしがこの役《やく》を引《ひ》き受《う》けさせていただきます。参考もとは「(親《おや》に)似《に》ない」という意味《いみ》のことば。

【不◦詳《ふしょう》】⊠〈―な〉くわしくはわからないこと。例身元不詳《みもとふしょう》。作者不詳《さくしゃふしょう》。類未詳《みしょう》・不明《ふめい》

【不精《ぶしょう》】⊠〈―する〉・〈―な/―に〉しなければならないことでも、めんどうくさがってしないこと。ものぐさ。例筆不精《ふでぶしょう》 表記「無精」とも書《か》く。

【不◦祥事《ふしょうじ》】あってはならない、わるいできごと。例不祥事《ふしょうじ》の責任《せきにん》をとる。

【不承不承《ふしょうぶしょう》】いやだいやだと思《おも》いながら、しかたなしに。しぶしぶするようす。例泣《な》きつかれて不承不承《ふしょうぶしょう》貸《か》した。

【不信《ふしん》】⊠①信用《しんよう》できないこと。例不信感《ふしんかん》・人間不信《にんげんふしん》 ②うそをついたり、約束《やくそく》を守《まも》らないこと。例友人《ゆうじん》の不信《ふしん》を責《せ》める。類不実《ふじつ》

【不◦振《ふしん》】⊠〈―な/―に〉いきおいや調子《ちょうし》・成績《せいせき》などが、よくないこと。例食欲不振《しょくよくふしん》

【不◦審《ふしん》】⊠〈―な/―に〉よくわからないところや、へんだと思《おも》われるところがあり、うたがわしいこと。例不審《ふしん》な人物《じんぶつ》。

【不信任《ふしんにん》】〈―する〉信用《しんよう》して仕事《しごと》をまかせられないこと。例内閣不信任案《ないかくふしんにんあん》。

【不◦寝番《ふしんばん》】一晩《ひとばん》じゅうねむらないで、みはり番《ばん》をすること。また、その人《ひと》。寝《ね》ずの番《ばん》。例不寝番《ふしんばん》に立《た》つ。

【不◦審火《ふしんび》】原因《げんいん》がよくわからない火事《かじ》。放《ほう》火《か》ではないかと思《おも》われる火事《かじ》。

【不。随】《ふずい》⊠からだが思《おも》うように動《うご》かないこと。例半身不随《はんしんふずい》

【不。粋】《ぶすい》⊠〈―な・―に〉情《じょう》がこまやかでない。人《ひと》の心《こころ》の動《うご》きがわからない。例不粋《ぶすい》な男《おとこ》。表記「無粋」とも書《か》く。

【不正】《ふせい》⊠〈―な・―に〉正《ただ》しくないこと。とくに、お金《かね》などのやりとりで、きまりをやぶること。例不正乗車《ふせいじょうしゃ》。不正《ふせい》をはたらく。

【不世出】《ふせいしゅつ》めったにあらわれないほど、すぐれていること。例不世出《ふせいしゅつ》の天才《てんさい》。

【不全】《ふぜん》⊠もののようすやはたらきが、完全《かんぜん》でないこと。じゅうぶんでないこと。例発育《はついく》不全《ふぜん》・心不全《しんふぜん》 類不完全《ふかんぜん》 表現「〇〇不全《ふぜん》」とほかのことばのあとにつけて使《つか》うことが多《おお》い。

【不戦勝】《ふせんしょう》試合《しあい》やゲームなどの勝負《しょうぶ》ごとで、相手《あいて》が休《やす》んだりしたために、たたかわないで勝《か》ったことになること。対不戦敗《ふせんぱい》

【不相応】《ふそうおう》〈―な・―に〉そのものにふさわしくないこと。つりあいがとれていないようす。例身分《みぶん》不相応《ふそうおう》なぜいたくはやめた。

【不足】《ふそく》⊠①〈―する・―な〉じゅうぶんでないこと。足《た》りないこと。例水不足《みずぶそく》を心配《しんぱい》する。類欠乏《けつぼう》 対過剰《かじょう》 ②気持《きも》ちが満足《まんぞく》していないこと。例不足《ふそく》を言《い》う。類不平《ふへい》

【不測】《ふそく》⊠こうなる、こういうことがおきる、と前《まえ》もって考《かんが》えていなかったこと。思《おも》いがけないこと。例不測《ふそく》の事態《じたい》。類不慮《ふりょ》

【不。即不。離】《ふそくふり》くっつくのでもなく、はなれてしまうのでもないようす。つかずはなれず。例不即不離《ふそくふり》の関係《かんけい》をたもつ。

【不。遜】《ふそん》⊠〈―な・―に〉自分《じぶん》をえらいとうぬぼれ、他《た》の人《ひと》を見《み》くだすこと。例不遜《ふそん》な態度《たいど》を見《み》せる。類高慢《こうまん》・尊大《そんだい》 対謙遜《けんそん》

【不退転】《ふたいてん》なにがあっても、あきらめずにやりとげようとすること。例不退転《ふたいてん》の決意《けつい》。

【不断】《ふだん》⊠①とぎれることなく、ずっとつづくこと。例不断《ふだん》の努力《どりょく》が実《み》を結《むす》んだ。②とくべつでない、ふつうのとき。いつも。例ふだん着《ぎ》。ふだんから心《こころ》がけている。類平素《へいそ》・平生《へいぜい》・日常《にちじょう》 ③心《こころ》を決《き》めることができず、ぐずぐずすること。「優柔不断《ゆうじゅうふだん》」として使《つか》う。表記②は「普段」とも書《か》く。

【不通】《ふつう》⊠①鉄道《てつどう》や道路《どうろ》・電話《でんわ》などが、通《つう》じない。例地下鉄《ちかてつ》が一部《いちぶ》不通《ふつう》。②たよりがとだえて、つながりが切《き》れる。例音信《おんしん》不通《ふつう》

【不定】《ふてい》⊠〈―な・―に〉ふつうなら決《き》まっていることが決《き》まっていないこと。例住所《じゅうしょ》不定《ふてい》

【不敵】《ふてき》⊠〈―な・―に〉こわいものがなにもないようす。例不敵《ふてき》なつらがまえ。大胆《だいたん》不敵《ふてき》

【不。徹底】《ふてってい》〈―な・―に〉やり方《かた》や考《かんが》え方《かた》などがちゅうとはんぱなこと。対徹底的《てっていてき》

【不当】《ふとう》⊠〈―な・―に〉正《ただ》しいとも、これでいいとも思《おも》えないこと。例不当《ふとう》な差別《さべつ》。類不法《ふほう》 対正当《せいとう》

【不同】《ふどう》⊠〈―な・―に〉①同《おな》じでないこと。②なんの順序《じゅんじょ》もなく、でたらめにならんでいること。表現「順不同《じゅんふどう》」は、人《ひと》の名前《なまえ》を書《か》きならべるときにことわり書《が》きの形《かたち》で使《つか》う。

【不動】《ふどう》⊠①どっしりとしていて、動《うご》いたりかわったりしないこと。例不動《ふどう》の信念《しんねん》。②「不動明王《ふどうみょうおう》」の略《りゃく》。仏教《ぶっきょう》の五大明王《ごだいみょうおう》の一《ひと》つで、すべての悪《あく》をとりのぞくという。お不動《ふどう》さん。

【不動産】《ふどうさん》土地《とち》や建物《たてもの》など、かんたんに動《うご》かすことのできない財産《ざいさん》。対動産《どうさん》

【不道徳】《ふどうとく》〈―な・―に〉ずるい、正直《しょうじき》でない、自分《じぶん》かってだ、など、世《よ》の中《なか》の人《ひと》がよくないと思《おも》っていることを平気《へいき》でやること。例不道徳《ふどうとく》きわまりない。対道徳的《どうとくてき》 知識道徳《どうとく》は法律《ほうりつ》とちがうから、不道徳《ふどうとく》だからといって、処罰《しょばつ》することはできない。

【不。透明】《ふとうめい》〈―な・―に〉中《なか》や向《む》こうがわがすけて見《み》えないようす。例不透明《ふとうめい》ガラス 対透明《とうめい》 表現「先行《さきゆ》き不透明《ふとうめい》」は、これからどうなっていくかわからないこと。「不透明《ふとうめい》な会計《かいけい》」は、不正《ふせい》があるのではないかと疑《うたが》わしいことをいう。

【不徳】《ふとく》⊠おこないや心《こころ》がけによくない点《てん》があること。例私《わたくし》の不徳《ふとく》のいたすところです。表現自分《じぶん》に関係《かんけい》したことがうまくいかなかったときに、その責任《せきにん》をとる気持《きも》ちを表《あらわ》してわびることば。形式的《けいしきてき》によく使《つか》われる。

【不特定】《ふとくてい》〈―な・―に〉とくにこれだときまっていないこと。例不特定多数《ふとくていたすう》 対特定《とくてい》

【不◦如意】《ふにょい》 ⊠〈―な・―に〉思《おも》うようにならないこと。とくに、お金《かね》にこまっていることをいうことが多《おお》い。[例]手元不如意《てもとふにょい》。

【不燃】《ふねん》 ⊠燃《も》えないこと。燃《も》えにくいこと。[例]不燃《ふねん》フィルム [対]可燃《かねん》

【不能】《ふのう》 ⊠しようとしてもできないこと。[例]再起不能《さいきふのう》のけが。[類]不可能《ふかのう》 [対]可能《かのう》

【不発】《ふはつ》 ⊠①弾丸《だんがん》が発射《はっしゃ》しないこと。爆弾《ばくだん》が爆発《ばくはつ》しないこと。[例]不発弾《ふはつだん》 ②しようとしたことがだめになること。[例]計画《けいかく》が不発《ふはつ》におわった。

【不備】《ふび》 ⊠〈―な・―に〉なければならないものが、きちんとそろっていないようす。用意《ようい》が完全《かんぜん》でないこと。[例]不備《ふび》な点《てん》がある。[対]完備《かんび》

【不◆憫】《ふびん》 ⊠〈―な・―に〉かわいそうである。[例]早《はや》くになくなったあの子《こ》が不憫《ふびん》でならない。

【不服】《ふふく》 ⊠〈―な・―に〉人《ひと》からなにかされたことに対《たい》して、納得《なっとく》できず不満《ふまん》に思《おも》うこと。[例]不服《ふふく》申《もう》し立《た》て。[類]不平《ふへい》・不満《ふまん》

【不文律】《ふぶんりつ》 はっきり文書《ぶんしょ》に書《か》かれているのではないが、みんながまもっているきまりや習慣《しゅうかん》。[例]どの社会《しゃかい》にも特有《とくゆう》な不文律《ふぶんりつ》がある。

【不平】《ふへい》 ⊠〈―な・―に〉満足《まんぞく》できなくて、いやな気《き》持《も》ちでいること。[例]不平《ふへい》をならべたてる。[類]不満《ふまん》・不服《ふふく》・苦情《くじょう》・不足《ふそく》

【不平不満】《ふへいふまん》 思《おも》いどおりにならなくて、いやな気分《きぶん》でいること。

【不変】《ふへん》 ⊠かわらないこと。前《まえ》のままであること。[例]不変《ふへん》の友情《ゆうじょう》。[対]可変《かへん》

【不法】《ふほう》 ⊠〈―な・―に〉①法律《ほうりつ》や規則《きそく》をやぶっていること。[例]不法侵入《ふほうしんにゅう》 [類]違法《いほう》 [対]合法《ごうほう》 ②常識《じょうしき》や道徳《どうとく》からはずれているようす。[例]不法《ふほう》な要求《ようきゅう》。[類]不当《ふとう》

【不本意】《ふほんい》 〈―な・―に〉自分《じぶん》がもともとそうなってほしいと思《おも》っていたことと合《あ》わないこと。[例]不本意《ふほんい》ながら、やってみよう。[対]本意《ほんい》

【不満】《ふまん》 ⊠〈―な・―に〉これでじゅうぶんだと思《おも》えず、気《き》にいらないこと。[例]不満《ふまん》をいだく。[類]不平《ふへい》・不服《ふふく》・苦情《くじょう》

【不◦眠】《ふみん》 ⊠①ねむらないこと。②ねむろうとしてもねむれないこと。

【不◦眠不休】《ふみんふきゅう》 ねむりもせず、休《やす》みもとらないこと。[例]不眠不休《ふみんふきゅう》でがんばる。

【不明】《ふめい》 ⊠〈―な・―に〉①ものごとのほんとうのようすや、先《さき》のことを見《み》ぬく力《ちから》がたりないこと。[例]不明《ふめい》をはじる。②わからないこと。[例]行方《ゆくえ》不明《ふめい》・原因《げんいん》不明《ふめい》 [類]未詳《みしょう》・不詳《ふしょう》

【不明◦瞭】《ふめいりょう》 〈―な・―に〉はっきりしていないこと。[例]発音《はつおん》が不明瞭《ふめいりょう》だ。[対]明瞭《めいりょう》

【不明朗】《ふめいろう》 〈―な・―に〉かげになにかがありそうで、すっきりしない。[例]不明朗《ふめいろう》なうわさが流《なが》れている。[対]明朗《めいろう》 [表現]ほがらかでないことを「明朗《めいろう》でない」とはいえるが、「不明朗《ふめいろう》」とはいえない。「不明朗《ふめいろう》」の場合《ばあい》、どうもすっきりしない、というような意味《いみ》になる。

【不◦滅】《ふめつ》 ⊠なくなったり、だめになったりしないで、いつまでもそのままであること。[例]不滅《ふめつ》の功績《こうせき》をのこす。[類]不朽《ふきゅう》

【不毛】《ふもう》 ⊠〈―な〉土地《とち》がやせているために、草《くさ》や木《き》・農作物《のうさくぶつ》がまるで育《そだ》たないこと。[例]不毛《ふもう》の地《ち》。[対]肥沃《ひよく》 [表現]「不毛《ふもう》の議論《ぎろん》」のように、成果《せいか》や発展《はってん》がなかったりする意味《いみ》にも用《もち》いられる。

【不問】《ふもん》 ⊠問題《もんだい》としてとりあげたり、質問《しつもん》したりしないこと。[例]不問《ふもん》に付《ふ》す(ほんとうは問題《もんだい》があるが、とりあげないことにする)。経《けい》験《けん》不問《ふもん》

【不用】《ふよう》 ⊠〈―な・―に〉使《つか》わないこと。もう用《よう》がないこと。[例]不用《ふよう》の品《しな》。[類]無用《むよう》・不要《ふよう》 [対]入用《いりよう》

【不要】《ふよう》 ⊠〈―な・―に〉なくてもいいこと。必要《ひつよう》でないこと。[例]不急不要《ふきゅうふよう》 [類]不用《ふよう》 [対]必要《ひつよう》

【不養生】《ふようじょう》 〈―な〉健康《けんこう》に心《こころ》くばりをせず、からだによくないことをすること。[例]医者《いしゃ》の不養生《ふようじょう》。[対]養生《ようじょう》

【不◆埒】《ふらち》 ⊠〈―な・―に〉考《かんが》え方《かた》やすることが、でたらめで度《ど》をこしていること。[例]不埒《ふらち》なおこない。[参考]「埒《らち》」は垣根《かきね》やかこい、限界《げんかい》のこと。[表現]「とんでもないやつだ」「けしからんことだ」という気持《きも》ちをこめて使《つか》う。

【不利】《ふり》 ⊠〈―な・―に〉うまくいく見《み》こみがない。損《そん》になる。[例]不利《ふり》な条件《じょうけん》。[対]有利《ゆうり》

【不◦慮】《ふりょ》 ⊠そんなことがおこるとは、思《おも》ってもみなかったこと。[例]不慮《ふりょ》の事故《じこ》。[類]不測《ふそく》・意外《いがい》 [表現]わるいことがおこったときだ

けにいう。

【不良《ふりょう》】⊠〈―な〉①ものがよくない。よい状態《じょうたい》でない。〔例〕不良品《ふりょうひん》・天候不良《てんこうふりょう》 〔対〕良好《りょうこう》 ②することや考《かんが》え方《かた》が、ほめられるようなものでない。〔例〕不良少年《ふりょうしょうねん》 〔類〕非行《ひこう》

【不。倫《ふりん》】⊠〈―な〉結婚《けっこん》している人《ひと》が、自分《じぶん》の夫《おっと》や妻《つま》以外《いがい》の人《ひと》と男女《だんじょ》の関係《かんけい》を持《も》つこと。〔参考〕もともとは、「人《ひと》の道《みち》からはずれたおこない」という広《ひろ》い意味《いみ》を持《も》つことば。

【不連続線《ふれんぞくせん》】気象《きしょう》で、温度《おんど》や気圧《きあつ》のちがう空気《くうき》のかたまりどうしがふれあうときのさかいめの線《せん》。そのあたりでは天気《てんき》がわるくなる。〔類〕前線《ぜんせん》

【不老長。寿《ふろうちょうじゅ》】年《とし》をとらず、いつまでも長生《ながい》きすること。〔例〕不老長寿《ふろうちょうじゅ》の妙薬《みょうやく》。

【不老不死《ふろうふし》】年《とし》をとらず、死《し》なないこと。

【不和《ふわ》】⊠〈―な/―に〉仲《なか》がわるいこと。〔例〕家庭不和《かていふわ》になやむ。〔類〕間隙《かんげき》 〔対〕融和《ゆうわ》

【不。惑《ふわく》】⊠四十歳《よんじっさい》。〔参考〕『論語《ろんご》』の中《なか》にある、「四十《しじゅう》にして惑《まど》わず」から出《で》たことば。☞【而立《じりつ》】(862ページ)

❷〈よくない〉の意味で

【不運《ふうん》】⊠〈―な/―に〉運《うん》がわるく、どうにもうまくいかないこと。〔例〕不運《ふうん》に見舞《みま》われる。〔類〕悪運《あくうん》・非運《ひうん》 〔対〕幸運《こううん》

【不格好《ぶかっこう》】〈―な/―に〉すがたやようすが、見苦《みぐる》しいこと。〔表記〕「不恰好」とも書《か》く。

【不機。嫌《ふきげん》】〈―な/―に〉きげんがわるくて近《ちか》よりにくい感《かん》じ。〔例〕不機嫌《ふきげん》な顔《かお》。〔対〕上機嫌《じょうきげん》

【不。況《ふきょう》】⊠世《よ》の中《なか》のお金《かね》の動《うご》きがわるく、会社《かいしゃ》が倒産《とうさん》したり失業《しつぎょう》する人《ひと》がふえたりする状態《じょうたい》。〔類〕不景気《ふけいき》 〔対〕好況《こうきょう》

【不行。跡《ふぎょうせき》】〈―な〉日《ひ》ごろのおこないがわるく、社会《しゃかい》の常識《じょうしき》や道徳《どうとく》にそむいていること。〔類〕不行状《ふぎょうじょう》

【不景気《ふけいき》】〈―な〉①世《よ》の中《なか》のお金《かね》の動《うご》きがわるいこと。ものを作《つく》っても売《う》れない状態《じょうたい》。〔例〕不景気《ふけいき》を打開《だかい》する。〔類〕不況《ふきょう》 〔対〕好景気《こうけいき》 ②その店《みせ》や会社《かいしゃ》の商売《しょうばい》が、調子《ちょうし》のよくないこと。③気分《きぶん》がもりあがらず、元気《げんき》がないこと。〔例〕不景気《ふけいき》な顔《かお》をする。

【不心得《ふこころえ》】〈―な〉ものごとに対《たい》する考《かんが》え方《かた》や態度《たいど》がわるいこと。〔例〕不心得者《ふこころえもの》

【不細工《ぶさいく》】〈―な/―に〉①ものを作《つく》ったりするのがへたなこと。作《つく》ったもののできがわるいこと。〔例〕不細工《ぶさいく》な茶《ちゃ》わん。〔類〕不器用《ぶきよう》 ②顔《かお》かたちがととのっていないこと。〔類〕不器量《ぶきりょう》 〔表記〕「無細工」とも書《か》く。

【不作《ふさく》】⊠農作物《のうさくぶつ》のできがわるいこと。〔例〕長雨《ながあめ》で不作《ふさく》が心配《しんぱい》だ。〔類〕凶作《きょうさく》 〔対〕豊作《ほうさく》

【不作法《ぶさほう》】〈―な/―に〉行儀《ぎょうぎ》がわるいこと。〔類〕失礼《しつれい》 〔表記〕「無作法」とも書《か》く。

【不。躾《ぶしつけ》】⊠〈―な/―に〉礼儀《れいぎ》にはずれていて、えんりょのないこと。〔例〕不《ぶ》しつけなおねがいで申《もう》しわけありません。

【不始末《ふしまつ》】〈―な〉①なにかをしたあとの、かたづけ方《かた》や終《お》わり方《かた》がよくないこと。〔例〕花火《はなび》のあとは火《ひ》の不始末《ふしまつ》がないように。②人《ひと》に知《し》られてははずかしいおこないやあやまち。〔例〕不始末《ふしまつ》をしでかす。〔類〕不都合《ふつごう》

【不首。尾《ふしゅび》】〈―な/―に〉思《おも》っていたようなよい結果《けっか》にならないこと。〔例〕不首尾《ふしゅび》に終《お》わる。〔類〕不調《ふちょう》 〔対〕上首尾《じょうしゅび》

【不調《ふちょう》】⊠〈―な/―に〉①ものごとの動《うご》きやはたらきぐあいが、よくないこと。〔例〕からだの不《ふ》調《ちょう》をうったえる。〔対〕好調《こうちょう》・快調《かいちょう》 ②話《はな》し合《あ》いや仕事《しごと》などが、うまくまとまらないこと。〔例〕交渉《こうしょう》は不調《ふちょう》に終《お》わった。〔類〕不首尾《ふしゅび》

【不調法《ぶちょうほう》】①〈―な/―に〉心《こころ》くばりがいきとどかない、ものごとがうまくできない、などのこと。〔例〕不調法《ぶちょうほう》なところをお見《み》せしました。②やりそこない。あやまち。〔例〕お茶《ちゃ》をこぼした不調法《ぶちょうほう》をわびる。〔表記〕「無調法」とも書《か》く。〔表現〕酒《さけ》が飲《の》めない、芸《げい》ごとができないなどの言《い》いわけで、「そのほうはどうも不調法《ぶちょうほう》で」などということがある。

【不都合《ふつごう》】①〈―な/―に〉ぐあいがわるいこと。つごうがつかないこと。〔例〕今週《こんしゅう》が不都合《ふつごう》なら、来週《らいしゅう》はいかがですか。〔対〕好都合《こうつごう》 ②とんでもない失敗《しっぱい》。〔例〕不都合《ふつごう》をしでかす。〔類〕不始末《ふしまつ》

【不出来《ふでき》】〈―な/―に〉できあがりぐあいが、よくないこと。〔例〕不出来《ふでき》なものですが、使《つか》ってみてください。〔対〕上出来《じょうでき》

【不手際《ふてぎわ》】〈―な〉やり方《かた》がへただったり、う

まくいかなかったりするようす。例 司会者《しかいしゃ》の不手際《ふてぎわ》で、会《かい》が混乱《こんらん》する。

【不人情】《ふにんじょう》〈―な・―に〉思《おも》いやりなど、人間《にんげん》らしい気持《きも》ちをもっていないこと。例 都会《とかい》の人《ひと》が不人情《ふにんじょう》だとはかぎらない。類 非人情《ひにんじょう》・無情《むじょう》

【不評】《ふひょう》 ⊠ 評判《ひょうばん》がわるいこと。例 不評《ふひょう》を買《か》う。類 悪評《あくひょう》 対 好評《こうひょう》

【不便】《ふべん》 ⊠〈―な・―に〉なにかをするのに、つごうよくできていないこと。例 交通《こうつう》に不便《ふべん》な土地《とち》。対 便利《べんり》

【不用意】《ふようい》〈―な・―に〉準備《じゅんび》や心《こころ》がまえがじゅうぶんでないこと。うっかりしているようす。例 不用意《ふようい》なことばが人《ひと》をきずつける。

【不用心】《ぶようじん》〈―な・―に〉①犯罪《はんざい》などに対《たい》する注意《ちゅうい》や心《こころ》がまえがたりない。例 不用心《ぶようじん》な家《いえ》。②よくないことがおこりそうで、あぶない。例 夜道《よみち》は不用心《ぶようじん》だ。表記「無用心」とも書《か》く。

【不漁】《ふりょう》 ⊠ 魚《さかな》や貝《かい》などをとりにいって、獲《え》物《もの》が少《すく》ないこと。類 時化《しけ》 対 大漁《たいりょう》・豊漁《ほうりょう》

且

一―4

総画5 JIS-1978 常用

音 ―
訓 かつ

筆順

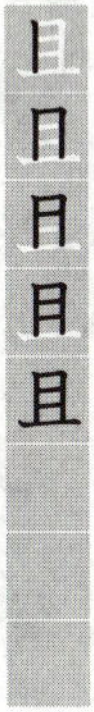

なりたち

【象形】いけにえをのせて神《かみ》にそなえる器《うつわ》をえがいた字《じ》。器《うつわ》を重《かさ》ねることから、「そのうえ、さらに」の意味《いみ》に使《つか》われている。

意味 かつ。そのうえ。さらに。(一《ひと》つのことにもう一《ひと》つ重《かさ》ねて何《なに》かを言《い》うときに使《つか》うことば) 例 なお且《か》つ。歌《うた》い且《か》つ踊《おど》る。

丘

一―4

総画5 JIS-2154 常用

音 キュウ
訓 おか

筆順

なりたち

【象形】小《ちい》さな山《やま》がつらなった形《かたち》をえがいた字《じ》で、「おか」を表《あらわ》している。

意味 おか。山《やま》ほどではないが、すこし高《たか》くなっている土地《とち》。例 丘《おか》に登《のぼ》る。砂丘《さきゅう》

名前のよみ お・たか・たかし

【°丘陵】《きゅうりょう》 Ⅱ 小《ちい》さくて低《ひく》く、なだらかな山《やま》。例 学校《がっこう》は丘陵《きゅうりょう》の上《うえ》にある。丘陵地《きゅうりょうち》

世

一―4

総画5 JIS-3204 教3年

音 セイ・セ
訓 よ

筆順

なりたち

【会意】「十《じゅう》」を三《みっ》つ合《あ》わせた形《かたち》で、「三十《さんじゅう》」を表《あらわ》している字《じ》。三十年《さんじゅうねん》で世《よ》の中《なか》がかわることから、「世《よ》の中《なか》、人《ひと》の一生《いっしょう》、時代《じだい》」の意味《いみ》に使《つか》われている。

意味

❶よのなか。人《ひと》の住《す》む社会《しゃかい》。例 世《よ》を去《さ》る。この世《よ》。世界《せかい》・時世《じせい》

❷人《ひと》の一生《いっしょう》。㋐親《おや》・子《こ》・孫《まご》とうけつぐ中《なか》でのそれぞれの一生《いっしょう》。例 世代《せだい》 ㋑仏教《ぶっきょう》で、その人《ひと》の生《う》まれてから死《し》ぬまで。例 前世《ぜんせ》

❸時代《じだい》。一《ひと》つの時代《じだい》のくぎり。例 世紀《せいき》・中世《ちゅうせい》・末世《まっせ》

名前のよみ つぎ・つぐ・とき・とし

❶〈よのなか〉の意味で

【世界】《せかい》 ↓ ①地球上《ちきゅうじょう》の国《くに》や人《ひと》びとの全部《ぜんぶ》。例 世界地図《せかいちず》 ②見方《みかた》・考《かんが》え方《かた》によって見《み》えてくるすべて。例 文学《ぶんがく》の世界《せかい》。③おなじもののあつまり。例 子《こ》どもの世界《せかい》。④その人《ひと》が活動《かつどう》できる場所《ばしょ》。例 新《あたら》しい世界《せかい》を見《み》つける。類 舞台《ぶたい》

【世間】《せけん》 ↓ ①世《よ》の中《なか》。例 世間知《せけんし》らず ②世《よ》の中《なか》の人《ひと》びと。例 世間《せけん》なみ ③その人《ひと》のつきあいや活動《かつどう》の範囲《はんい》。例 世間《せけん》が広《ひろ》い。

【世間体】《せけんてい》 世《よ》の中《なか》の人《ひと》がどう思《おも》うかということ。類 外聞《がいぶん》・体面《たいめん》・体裁《ていさい》

【世故】《せこ》 ↓ 複雑《ふくざつ》な世《よ》の中《なか》で生《い》きていくためのちえや知識《ちしき》。例 世故《せこ》にたける(世《よ》の中《なか》をうまくわたっていくためのちえをしっかり身《み》につけている)。類 世才《せさい》・世知《せち》

【世事】《せじ》 ↓ 世《よ》の中《なか》でおこなわれたり起《お》きたりしていること。例 世事《せじ》にうとい。類 俗事《ぞくじ》

【世辞】《せじ》 ↓ 調子《ちょうし》よく相手《あいて》のきげんをとるようなことば。例 お世辞《せじ》がうまい。表現 ふつう、「お世辞《せじ》」と言《い》う。

【世情】《せじょう》 ↓ 世《よ》の中《なか》のようすや、人《ひと》びとの心《こころ》

°学習漢字でない常用漢字 ▲常用漢字表にない音訓 ◆常用漢字でない漢字

の動《うご》き。例 世情《せじょう》に明《あか》るい。類 世相《せそう》

【世相】《せそう》 [↓] できごとなどにあらわれる、世《よ》の中《なか》のようす。例 世相《せそう》を反映《はんえい》する。類 世情《せじょう》

【世。俗】《せぞく》 [‖] ①ごくふつうの世《よ》の中《なか》。また、そこに生《い》きている人《ひと》びと。例 世俗《せぞく》にまみれる。類 俗世間《ぞくせけん》 ②世《よ》の中《なか》でふつうにおこなわれている考《かんが》え方《かた》やならわし。

【世帯】《せたい》 [↓] 住《す》まいや生活《せいかつ》をいっしょにしている人《ひと》びとの集《あつ》まり。家族《かぞく》。例 二《に》世帯《せたい》住宅《じゅうたく》。類 所帯《しょたい》 表現 「世帯数《せたいすう》」「世帯主《せたいぬし》」などと、おもに役所《やくしょ》などで使《つか》う。

【世評】《せひょう》 [↓] ①世間《せけん》の評判《ひょうばん》。例 世評《せひょう》どおりの作品《さくひん》。類 声価《せいか》・評判《ひょうばん》 ②うわさ。

【世論】《せろん|よろん》 [↓] 世《よ》の中《なか》の多《おお》くの人《ひと》びとの意見《いけん》。みんなの考《かんが》え。例 世論調査《せろんちょうさ》 参考 もとからあった「輿論《よろん》」を「世論」と書《か》きかえたら、これが「せろん」と読《よ》まれ、新《あたら》しく「世論《せろん》」ということばができてしまった。今《いま》は、「よろん」「せろん」両方《りょうほう》言《い》われる。

【世話】《せわ》 [↓] ①〈—する〉人《ひと》のめんどうをみること。身《み》のまわりのことをしてやること。例 老後《ろうご》は子《こ》どもの世話《せわ》になる。②やっかいなこと、めんどうなこと。例 世話《せわ》がやける。類 手数《てすう|てかず》 ③〈—する〉人《ひと》とのあいだに立《た》って、たのんでやったり話《はなし》をつけてやったりすること。例 仕事《しごと》を世話《せわ》する。類 紹介《しょうかい》・仲介《ちゅうかい》 ④その時代《じだい》の世《よ》の人《ひと》びとの生活《せいかつ》と、その中《なか》におこる事件《じけん》。例 世話物《せわもの》 表現 「大《おお》きなお世話《せわ》」は、よぶんなことをしてくれるなという意味《いみ》。それをもっとはっきり言《い》ったのが、「よけいなお世話《せわ》」「いらぬお世話《せわ》」。

【世話人】《せわにん》 会《かい》やもよおしものなどの中心《ちゅうしん》として、全体《ぜんたい》に気《き》をくばり、ものごとを進《すす》める役目《やくめ》の人《ひと》。例 会《かい》の世話人《せわにん》を引《ひ》き受《う》ける。

❷〈人の一生〉の意味で

【世。襲】《せしゅう》 [↓] 〈—する〉家《いえ》の職業《しょくぎょう》・財産《ざいさん》・地位《ちい》などを、親《おや》から子《こ》へ代々《だいだい》受《う》けついでいくこと。例 世襲《せしゅう》財産《ざいさん》・世襲《せしゅう》議員《ぎいん》

【世代】《せだい》 [↓] ①おなじくらいの年《とし》ごろの人《ひと》びと。例 親《おや》の世代《せだい》。②人《ひと》が親《おや》のあとをつぎ、子《こ》どもにゆずるまでのあいだ。例 三世代同居《さんせだいどうきょ》。

❸〈時代〉の意味で

【世紀】《せいき》 [↓] 西暦《せいれき》で、百年《ひゃくねん》を一《ひと》つのくぎりとした年代《ねんだい》の単位《たんい》のこと。たとえば、二十世紀《にじっせいき》は、一九〇一年《ねん》から二〇〇〇年《ねん》までをいう。

世が下につく熟語 上の字の働き

❶世＝〈よのなか〉のとき
【後世《こうせい》 時世《じせい》 当世《とうせい》】イツの世《よ》か。
【濁世《だくせ|だくせい|じょくせ》 乱世《らんせい|らんせ》】ドウイウ世《よ》の中《なか》か。
【在世《ざいせい》 辞世《じせい》 出世《しゅっせ》 処世《しょせい》 絶世《ぜっせい》】世《よ》を（世《よ》に）ドウスルか。

❷世＝〈人の一生〉のとき
【一世《いっせい》 二世《にせい》】イクツめの代《だい》か。
【前世《ぜんせ》 現世《げんせ|げんぜ》 来世《らいせ》】イツの人生《じんせい》か。

❸世＝〈時代〉のとき
【中世《ちゅうせい》 近世《きんせい》 末世《まっせ》】イツの時代《じだい》か。
◆隔世《かくせい》

丙

一-4　総画5　JIS-4226　常用
音 ヘイ　訓 ひのえ

筆順 丙 丙 丙 丙 丙

なりたち [象形] 神《かみ》にそなえる肉《にく》をのせる大《おお》きなつくえをえがいた字《じ》。

意味 十干《じっかん》の三番《さんばん》め。ひのえ。ものごとの三《さん》番《ばん》め。例 丙午《へいご|ひのえうま》・丙種《へいしゅ》・甲乙丙《こうおつへい》

名前のよみ あき・え

【。丙午】《へいご|ひのえうま》 [‖] 干支《えと》で、丙《ひのえ》と午《うま》の組《く》み合《あ》わせになる年《とし》。知識 この年《とし》には火事《かじ》が多《おお》いとか、この年生《としう》まれの女《おんな》の人《ひと》は気性《きしょう》がはげしいというような迷信《めいしん》が、むかしはあった。

丞

一-5　総画6　JIS-3071　人名
音 ジョウ　訓 —

意味 ❶たすける。すくう。例 丞相《じょうしょう》 ❷副官《ふくかん》。長官《ちょうかん》をたすける役目《やくめ》の人《ひと》。

名前のよみ すけ・すすむ

両

一-5　総画6　JIS-4630　教3年
音 リョウ　訓 —

［兩］

筆順 両 両 両 両 両 両（はねる）

なりたち 【象形】左右《さゆう》にふり分《わ》けて重《おも》さをはかるてんびんの形《かたち》をえがいた字《じ》。

意味

❶ふたつ。対《つい》になっているもののどちらも。例 両《りょう》の手《て》。両者《りょうしゃ》・両眼《りょうがん》

❷くるま。車《くるま》をかぞえるときのことば。例 車両《しゃりょう》・六両編成《ろくりょうへんせい》

❸むかしのお金《かね》や重《おも》さの単位《たんい》。例 千両《せんりょう》 参考 重《おも》さの単位《たんい》としては約四十二《やくよんじゅうに》グラム。

❶〈ふたつ〉の意味で

【両院《りょういん》】↓ 国会《こっかい》の二《ふた》つの院《いん》。日本《にほん》では衆議院《しゅうぎいん》と参議院《さんぎいん》。アメリカなどでは上院《じょういん》と下院《かいん》。例 衆参両院《しゅうさんりょういん》

【両側《りょうがわ》】↓ おもてとうら、右《みぎ》と左《ひだり》など、ものの二《ふた》つの面《めん》や方向《ほうこう》。例 道《みち》の両側《りょうがわ》に木《き》を植《う》える。類 両面《りょうめん》・両方《りょうほう》 対 片側《かたがわ》

【両岸《りょうがん／りょうぎし》】↓ 川《かわ》や海峡《かいきょう》をはさんでむかいあった両《りょう》がわのきし。

【両極《りょうきょく》】↓ 地球《ちきゅう》の北極《ほっきょく》と南極《なんきょく》、電池《でんち》の陽極《ようきょく》(プラス)と陰極《いんきょく》(マイナス)、磁石《じしゃく》のN極《エヌきょく》とS極《エスきょく》などのように、性質《せいしつ》や方向《ほうこう》が正反対《せいはんたい》である両《りょう》はしのところ。

【両極。端《りょうきょくたん》】 なにからなにまで正反対《せいはんたい》の二《ふた》つ。例 ふたりの意見《いけん》は両極端《りょうきょくたん》にある。

【両軍《りょうぐん》】↓ 双方《そうほう》の軍隊《ぐんたい》やチーム。

【両者《りょうしゃ》】↓ 相対《あいたい》する、またはならんでいるふたりの人《ひと》や二《ふた》つのもの。例 両者《りょうしゃ》の言《い》い分《ぶん》を聞《き》く。類 両方《りょうほう》

【両親《りょうしん》】↓ 父《ちち》と母《はは》。例 両親《りょうしん》とも健在《けんざい》です。類 父母《ふぼ》・二親《ふたおや》 対 片親《かたおや》

【両成敗《りょうせいばい》】 どちらがわるいか決《き》めないで、両方《りょうほう》を罰《ばっ》すること。例 けんか両成敗《りょうせいばい》

【両生類《りょうせいるい》】 カエルやサンショウウオなど、幼生《ようせい》のときには水中《すいちゅう》で生活《せいかつ》し、成長《せいちょう》すると陸上《りくじょう》で生活《せいかつ》するようになる動物《どうぶつ》。表記「両棲類」とも書《か》く。知識 脊椎動物《せきついどうぶつ》の一《ひと》つ。魚類《ぎょるい》とはちゅう類《るい》のあいだのもの。カエルは、おたまじゃくしのうちはえら呼吸《こきゅう》し水中《すいちゅう》で生活《せいかつ》するが、変態後《へんたいご》は陸《りく》に上《あ》がり肺《はい》で呼吸《こきゅう》し水《みず》べにすむ。

【両。端《りょうたん／りょうはし》】↓ 一《ひと》つのものの両方《りょうほう》のはし。例 ひもの両端《りょうはし》をむすんで輪《わ》にする。

【両手《りょうて》】↓ 左右《さゆう》の手《て》。例 両手《りょうて》に花《はな》(二《ふた》つのよいものをひとりじめすること)。対 片手《かたて》

【両天•秤《りょうてんびん》】 てんびんばかりの両側《りょうがわ》。例 両天秤《りょうてんびん》にかける(片方《かたほう》がだめになってもいいように、もう片方《かたほう》とも関係《かんけい》をもっておく)。類 二股《ふたまた》

【両人《りょうにん》】↓ そのふたり。話題《わだい》になっているふたりの人《ひと》の両方《りょうほう》。例 ご両人《りょうにん》。

【両。刃《りょうば／もろは》】↓ 刃物《はもの》の、両側《りょうがわ》に刃《は》がついていること。例 両刃《りょうば／もろは》のつるぎ(相手《あいて》を切《き》るのにも役《やく》に立《た》つが自分《じぶん》をきずつけるおそれもあるもの)。類 諸刃《もろは》・双刃 対 片刃《かたは》

【両方《りょうほう》】↓ ①二《ふた》つとも。どちらも。例 両方《りょうほう》ほしい。類 双方《そうほう》・両者《りょうしゃ》 対 一方《いっぽう》・片方《かたほう》 ②二《ふた》つの方面《ほうめん》。例 左右両方《さゆうりょうほう》に道《みち》が分《わ》かれる。類 両側《りょうがわ》 対 片方《かたほう》

【両名《りょうめい》】↓ ふたりの者《もの》。例 両名起立《りょうめいきりつ》

【両面《りょうめん》】↓ ①おもてとうら。例 両面《りょうめん》テープ 類 両側《りょうがわ》 対 片面《かためん》 ②二《ふた》つの方面《ほうめん》。例 物心《ぶっしん》両面《りょうめん》から援助《えんじょ》する。

【両。雄《りょうゆう》】↓ 相対《あいたい》するふたりの英雄《えいゆう》。例 両雄《りょうゆう》ならび立《た》たず(ふたりの英雄《えいゆう》はかならず力《ちから》をあらそい、一方《いっぽう》だけがのこることになる)。

【両用《りょうよう》】↓ 一《ひと》つのものが、ふたとおりのことに使《つか》えること。例 水陸両用自動車《すいりくりょうようじどうしゃ》

【両様《りょうよう》】↓ ふたとおり。例 君《きみ》の意見《いけん》は両様《りょうよう》にとれてわかりにくい。類 二様《によう》

【両。翼《りょうよく》】↓ ①鳥《とり》や飛行機《ひこうき》の左右《さゆう》のつばさ。例 トンビが両翼《りょうよく》をひろげて空《そら》をとぶ。②横一列《よこいちれつ》にならんでいるものの両《りょう》はし。

【両立《りょうりつ》】↓ 〈―する〉相対《あいたい》する二《ふた》つのものがどちらもなりたつこと。例 勉強《べんきょう》と遊《あそ》びを両立《りょうりつ》させる。類 共存《きょうそん／きょうぞん》・並立《へいりつ》

【両輪《りょうりん》】↓ 車《くるま》の左右《さゆう》二《ふた》つの輪《わ》。表現 一《ひと》つのものをささえあって、切《き》っても切《き》れない関係《かんけい》にある、二《ふた》つのものごとを「車《くるま》の両輪《りょうりん》」ということがある。

❸〈むかしのお金や重さの単位〉の意味で

【両。替《りょうがえ》】↓ 〈―する〉①一万円札《いちまんえんさつ》一枚《いちまい》を千円《せんえん》札十枚《さつじゅうまい》と取《と》りかえるなど、お金《かね》をべつの種類《しゅるい》のお金《かね》に取《と》りかえること。②ある国《くに》のお金《かね》を

おなじねうちをもつよその国《くに》のお金《かね》にかえること。例日本円《にほんえん》を米《べい》ドルに両替《りょうがえ》する。

一-7

並

総画8 JIS-4234 教6年 [竝]

音 ヘイ
訓 なみ・ならべる・ならぶ・ならびに

筆順 並 並 並 並 並 並 並 並（ながく）

なりたち [会意]もとの字《じ》は「竝」で、人《ひと》が立《た》っているすがたを二《ふた》つ合《あ》わせてできた字《じ》。「ならぶ」として使《つか》われている。

意味

❶ならぶ。ならべる。例机《つくえ》を並《なら》べる。二《に》列《れつ》に並《なら》ぶ。いすの並《なら》びを整《ととの》える。町並《まちな》み

❷ならびに。二《ふた》つ以上《いじょう》のものをいっしょに挙《あ》げるときのことば。

❸ふつうの。なかまの多《おお》くとおなじぐらい。例並《なみ》の品《しな》。並製《なみせい》・人並《ひとな》み

名前のよみ みつ

❶〈ならぶ〉の意味で

【並木】なみき ↓ 道路《どうろ》の両側《りょうがわ》にそって、おなじようにあいだをあけて植《う》えてある木《き》。例この通《とお》りは、イチョウ並木《なみき》で有名《ゆうめい》です。類街路樹《がいろじゅ》

【並行】へいこう ↓〈―する〉①二《ふた》つ以上《いじょう》のものが、ならんでいくこと。例海岸線《かいがんせん》と並行《へいこう》して走《はし》る道路《どうろ》。対交差《こうさ》 ②二《ふた》つのものごとが同時《どうじ》におこなわれること。例二《ふた》つの工事《こうじ》を並行《へいこう》しておこなう。類並立《へいりつ》 表記「併行」とも書《か》く。

使い分け [平行・並行] ☞365ページ

【並立】へいりつ ↓〈―する〉同時《どうじ》にいくつものものがならびたつこと。類両立《りょうりつ》・並行《へいこう》

【並列】へいれつ ↓〈―する〉①いくつかのものが横《よこ》にならぶこと。また、ならべること。②電池《でんち》のおなじ極《きょく》どうしをつなぐこと。また、そのつなぎ方《かた》。対直列《ちょくれつ》

❸〈ふつうの〉の意味で

【並製】なみせい ↓とくべつに作《つく》ったのではない、ふつうの品物《しなもの》。対上製《じょうせい》・特製《とくせい》

【並大。抵】なみたいてい ふつうであること。例この仕事は、並大抵《なみたいてい》の努力《どりょく》ではできない。表現ほとんど「並大抵《なみたいてい》(の…)ではない」と、打《う》ち消《け》しの形《かたち》で、大《おお》きいもの、すばらしいものを引《ひ》き立《た》てるのに使《つか》う。

1画 丨の部 [ぼう][たてぼう]

「丨《ぼう》」をもとにして作《つく》られた字《じ》と、「丨《ぼう》」の形《かたち》がめやすとなっている字《じ》を集《あつ》めてあります。

この部首の字

3中……30	4巨……34	6串……34	
巾→巾357	弔→弓381	出→山134	半→十176
旧→日563	甲→田742	申→田742	由→田743

丨-3

中

総画4 JIS-3570 教1年

音 チュウ・ジュウ
訓 なか

筆順 中 中 中 中（まんなか）

なりたち [指事]もののまんなかをつらぬいた形《かたち》からできた字《じ》。「なか」として使《つか》われている。

意味

❶位置《いち》のなか。範囲《はんい》のうちがわ。まんなか。例家《いえ》の中《なか》。中空《ちゅうくう》・集中《しゅうちゅう》・夢中《むちゅう》

❷ものごとのなかほど。三《みっ》つに分《わ》けたまんなか。また、「中学《ちゅうがく》」の略《りゃく》。例中《ちゅう》くらい。小《しょう》・中《ちゅう》・高《こう》。大《だい》・中《ちゅう》・小《しょう》。上《じょう》・中《ちゅう》・下《げ》。

❸ものごとをしているあいだ。…している最中《さいちゅう》。例年中《ねんじゅう》・食事中《しょくじちゅう》

❹かたよらない。どちらでもない。例中正《ちゅうせい》・中立《ちゅうりつ》

❺あたる。あてる。例中毒《ちゅうどく》・的中《てきちゅう》

❻中国《ちゅうごく》。例日中《にっちゅう》の友好親善《ゆうこうしんぜん》。米中関係《べいちゅうかんけい》

注意するよみ ジュウ…例世界中《せかいじゅう》・一日中《いちにちじゅう》

名前のよみ あたる・かなめ・ただ・ただし・のり・よし

❶〈位置のなか〉の意味で

【中央】ちゅうおう ‖ ①もののまんなかの部分《ぶぶん》。例校庭《こうてい》の中央《ちゅうおう》。類中心《ちゅうしん》 対末端《まったん》・周辺《しゅうへん》 ②政《せい》治・経済《けいざい》・文化《ぶんか》など国家《こっか》の重要《じゅうよう》なはたらきをする役所《やくしょ》などが集《あつ》まっているところ。例中央集権《ちゅうおうしゅうけん》 対地方《ちほう》 ③おおもとになるたいせつなはたらきをするもの。例中央銀行《ちゅうおうぎんこう》

【中。核】ちゅうかく ‖ ものごとの中心《ちゅうしん》となる重要《じゅうよう》な

部分《ぶぶん》。例国家《こっか》の中核《ちゅうかく》。類中心《ちゅうしん》・中央《ちゅうおう》

【中間《ちゅうかん》】‖①二《ふた》つのあいだのまんなかのあたり。例中間地点《ちゅうかんちてん》②まだ終《お》わっていない、そのとちゅう。例中間報告《ちゅうかんほうこく》

【中間色《ちゅうかんしょく》】①三原色《さんげんしょく》でもなく、白《しろ》や黒《くろ》でもない色《いろ》。類間色《かんしょく》 対原色《げんしょく》②あざやかな色《いろ》に、白《しろ》や灰色《はいいろ》をまぜた色《いろ》。対純色《じゅんしょく》

【中空】↓ 一《ちゅうくう｜なかぞら》 空《そら》のなかほどのあたり。例中空《ちゅうくう｜なかぞら》の月《つき》。二《ちゅうくう》〈—な〉もののなかがからっぽであること。例中空《ちゅうくう》の柱《はしら》。

【中◦継《ちゅうけい》】↓〈—する〉①とちゅうで受《う》けつぐこと。なかつぎ。例中継《ちゅうけい》プレー②「中継放送《ちゅうけいほうそう》」の略《りゃく》。スポーツやもよおしもの、事故《じこ》などの現場《げんば》のようすを、放送局《ほうそうきょく》がなかつぎして放送《ほうそう》すること。例実況中継《じっきょうちゅうけい》・中継局《ちゅうけいきょく》

【中◦堅《ちゅうけん》】↓①社会《しゃかい》や団体《だんたい》・会社《かいしゃ》などでじっさいの仕事《しごと》の中心《ちゅうしん》となってはたらく人《ひと》。例中堅社員《ちゅうけんしゃいん》②「中堅手《ちゅうけんしゅ》」の略《りゃく》。野球《やきゅう》で、外野《がいや》のまんなかをまもる選手《せんしゅ》。センター。

【中◦腰《ちゅうごし》】↓半分《はんぶん》ほどこしを上《あ》げた、立《た》ちかけの姿勢《しせい》。例中腰《ちゅうごし》になる。

【中◦軸《ちゅうじく》】↓①ものごとの中心《ちゅうしん》をつらぬく軸《じく》。②ものごとの中心《ちゅうしん》となるたいせつなものや人《ひと》。例中軸打者《ちゅうじくだしゃ》 類中心《ちゅうしん》・中枢《ちゅうすう》

【中心《ちゅうしん》】‖①ものや場所《ばしょ》のまんなか。例町《まち》の中心《ちゅうしん》。類中央《ちゅうおう》 対周辺《しゅうへん》②全体《ぜんたい》のまとめとなるような、たいせつなものやところ。例事件《じけん》の中心人物《ちゅうしんじんぶつ》。類中枢《ちゅうすう》・中核《ちゅうかく》・中軸《ちゅうじく》 対末端《まったん》③円周《えんしゅう》または球面《きゅうめん》のすべての点《てん》から等《ひと》しい距離《きょり》にある点《てん》。

【中◦枢《ちゅうすう》】‖ものごとを動《うご》かす中心《ちゅうしん》になる、だいじなところ。例政治《せいじ》の中枢《ちゅうすう》。中枢神経《ちゅうすうしんけい》 類中心《ちゅうしん》・中軸《ちゅうじく》・枢軸《すうじく》・根幹《こんかん》

【中天《ちゅうてん》】↓空《そら》のまんなかあたり。例中天《ちゅうてん》にかかる月《つき》。

【中州《なかす》】↓川《かわ》の流《なが》れの中《なか》に土《つち》や砂《すな》がつもって水面《すいめん》より高《たか》くなっているところ。表記「中洲」とも書《か》く。

【中庭《なかにわ》】↓建物《たてもの》にかこまれた場所《ばしょ》につくられている庭《にわ》。類内庭《うちにわ》

【中程《なかほど》】↓ある場所《ばしょ》やある長《なが》さの、まんなかのあたり。例入《い》り口《ぐち》に立《た》ちどまらず中程《なかほど》におつめください。月《つき》の中程《なかほど》。☞❷

【中身《なかみ》】↓①容器《ようき》などの中《なか》に入《はい》っているもの。中《なか》にふくまれているもの。例びんの中身《なかみ》。②ことばや絵《え》などによって表《あらわ》されていることがら。例話《はなし》の中身《なかみ》。類内容《ないよう》・本体《ほんたい》 表記「中味」とも書《か》く。

❷〈ものごとのなかほど〉の意味で

【中期《ちゅうき》】↓ある期間《きかん》の中《なか》ごろ。関連初期《しょき》・前期《ぜんき》・中期《ちゅうき》・後期《こうき》・末期《まっき》

【中級《ちゅうきゅう》】↓初級《しょきゅう》と上級《じょうきゅう》のあいだ。関連初《しょ》級《きゅう》・中級《ちゅうきゅう》・上級《じょうきゅう》

【中元《ちゅうげん》】↓①仏教《ぶっきょう》の年中行事《ねんちゅうぎょうじ》の一《ひと》つ、「お盆《ぼん》」のこと。七月十五日《しちがつじゅうごにち》(地方《ちほう》によっては八月十五日《はちがつじゅうごにち》)におこない、祖先《そせん》の霊《れい》をまつる。②七月上旬《しちがつじょうじゅん》からお盆《ぼん》にかけての時期《じき》の、おせわになった人《ひと》へのおくりもの。ふつう、「お中元《ちゅうげん》」という。対歳暮《せいぼ》

【中古《ちゅうこ｜ちゅうぶる》】↓前《まえ》に人《ひと》が使《つか》ったことのある品物《しなもの》。例中古車《ちゅうこしゃ》・中古品《ちゅうこひん》 対新品《しんぴん》

【中興《ちゅうこう》】↓〈—する〉おとろえかけたものを、またさかんにすること。例中興《ちゅうこう》の祖《そ》。類再興《さいこう》・復興《ふっこう》

【中産階級《ちゅうさんかいきゅう》】有産階級《ゆうさんかいきゅう》(資本家《しほんか》など)と無産階級《むさんかいきゅう》のあいだで、中《ちゅう》くらいの財産《ざいさん》をもち、はたらきながら生活《せいかつ》している人《ひと》びとの層《そう》。類中流《ちゅうりゅう》

【中秋《ちゅうしゅう》】↓①陰暦《いんれき》の八月十五日《はちがつじゅうごにち》。例中秋《ちゅうしゅう》の名月《めいげつ》。②秋《あき》の中《なか》ごろ。陰暦八月《いんれきはちがつ》。表記②は「仲秋」とも書《か》く。知識陰暦《いんれき》では七《しち》・八《はち》・九月《くがつ》が秋《あき》で、「中秋《ちゅうしゅう》」は、まんなかの八月《はちがつ》を指《さ》す。今《いま》のこよみでは九月《くがつ》から十月《じゅうがつ》ごろになる。

【中◦旬《ちゅうじゅん》】↓ひと月《つき》を三《みっ》つに分《わ》けたうちの、十一日《じゅういちにち》から二十日《はつか》までの十日間《とおかかん》。関連初《しょ》旬《じゅん》・上旬《じょうじゅん》・中旬《ちゅうじゅん》・下旬《げじゅん》

【中世《ちゅうせい》】↓時代区分《じだいくぶん》の一《ひと》つ。日本史《にほんし》では、鎌倉時代《かまくらじだい》から戦国時代《せんごくじだい》までを、西洋史《せいようし》では、五世紀《ごせいき》から十五世紀半《じゅうごせいきなか》ばまでを指《さ》す。関連古《こ》代《だい》・中世《ちゅうせい》・近世《きんせい》・近代《きんだい》・現代《げんだい》

【中肉中背《ちゅうにくちゅうぜい》】ふとりすぎでも、やせすぎでもなく、せいも中《ちゅう》くらいで、ごくふつうの体格《たいかく》。例中肉中背《ちゅうにくちゅうぜい》のからだつき。

【中日】↓一《ちゅうにち》 彼岸《ひがん》の七日間《なのかかん》のまんなかの

日《ひ》。春分《しゅんぶん》の日《ひ》と秋分《しゅうぶん》の日《ひ》にあたる。例 お中《ちゅう》日《にち》にお墓参《はかまい》りに行《い》く。[二] 中日《なかび》 すもうや演劇《えんげき》・展《てん》覧会《らんかい》などのちょうどまんなかの日《ひ》。例 春場所《はるばしょ》も中日《なかび》をむかえた。☞❻

【中《ちゅう》年《ねん》】[↓] 青年期《せいねんき》と老年期《ろうねんき》のあいだの、四《よん》十代《じゅうだい》から五十歳前後《ごじっさいぜんご》のはたらきざかりのころ。例 中年《ちゅうねん》の男《おとこ》。関連 幼年《ようねん》・少年《しょうねん》・青年《せいねん》・壮《そう》年《ねん》・中年《ちゅうねん》・熟年《じゅくねん》・老年《ろうねん》

【中《ちゅう》。盤《ばん》】[↓] 碁《ご》や将棋《しょうぎ》・スポーツの試合《しあい》などが、なかほどまで進《すす》んで本格的《ほんかくてき》なたたかいがくりひろげられるという時期《じき》。例 選挙戦《せんきょせん》も中《ちゅう》盤《ばん》に入《はい》った。参考 もとは、碁《ご》や将棋《しょうぎ》で使《つか》うことば。「盤《ばん》」は碁盤《ごばん》・将棋盤《しょうぎばん》の盤《ばん》である。関連 序盤《じょばん》・中盤《ちゅうばん》・終盤《しゅうばん》

【中《ちゅう》火《び》】[↓] 料理《りょうり》をするときの火《ひ》かげんで、とくに強《つよ》くも弱《よわ》くもない、中《ちゅう》くらいの火《ひ》。

【中《ちゅう》略《りゃく》】[↓]〈―する〉文章《ぶんしょう》を引用《いんよう》するときや話《はなし》の中身《なかみ》などで、とちゅうをはぶくこと。例 中略《ちゅうりゃく》して結論《けつろん》に入《はい》る。関連 前略《ぜんりゃく》・中略《ちゅうりゃく》・後《こう》略《りゃく》。上略《じょうりゃく》・中略《ちゅうりゃく》・下略《げりゃく｜かりゃく》

【中《ちゅう》流《りゅう》】[↓] ①川《かわ》のみなもとと河口《かこう》のあいだの、なかほどのあたり。例 中流《ちゅうりゅう》までくると、川《かわ》はばも広《ひろ》くなった。②川《かわ》の流《なが》れで、両《りょう》岸《ぎし》からおなじくらいはなれたところ。例 中《ちゅう》流《りゅう》に舟《ふね》をうかべる。③社会《しゃかい》で、地位《ちい》や収入《しゅうにゅう》が中《ちゅう》くらいで、ふつうの生活《せいかつ》をしていること。例 中流《ちゅうりゅう》家庭《かてい》 類 中産階級《ちゅうさんかいきゅう》 関連 上流《じょうりゅう》・中流《ちゅうりゅう》・下流《かりゅう》

【中《なか》程《ほど》】[↓] ①順番《じゅんばん》にならんだうちの、まんなかのあたり。例 成績《せいせき》はいつも中程《なかほど》です。②ある時間《じかん》のうちの、なかごろ。例 映画《えいが》の中程《なかほど》でねむってしまう。☞❶

❸〈ものごとをしているあいだ〉の意味で

【中《ちゅう》座《ざ》】[○]〈―する〉会議《かいぎ》や宴会《えんかい》などのとちゅうでぬけること。例 忘年会《ぼうねんかい》を中座《ちゅうざ》する。

【中《ちゅう》止《し》】[↓]〈―する〉①やりはじめたものごとをとちゅうでやめること。うちきること。類 中断《ちゅうだん》 例 意見《いけん》が合《あ》わず、会談《かいだん》を中止《ちゅうし》する。②予定《よてい》していたことを、やる前《まえ》にとりやめにすること。例 運動会《うんどうかい》が雨《あめ》で中止《ちゅうし》になった。

【中《ちゅう》絶《ぜつ》】[↓]〈―する〉それまでつづいていたものごとを、とちゅうでとぎれさせること。例 せっかくのものを中絶《ちゅうぜつ》はできない。類 中断《ちゅうだん》

【中《ちゅう》退《たい》】[○]〈―する〉「中途退学《ちゅうとたいがく》」の略《りゃく》。学生《がくせい》・生徒《せいと》が卒業《そつぎょう》を待《ま》たず、とちゅうで学校《がっこう》をやめてしまうこと。類 退学《たいがく》・退校《たいこう》

【中《ちゅう》断《だん》】[↓]〈―する〉つづいていたものごとがとちゅうで切《き》れること。また、切《き》ること。例 にわか雨《あめ》で試合《しあい》が中断《ちゅうだん》された。類 中止《ちゅうし》・中《ちゅう》絶《ぜつ》 表現 「中断《ちゅうだん》」は切《き》れたあとも、つづきがあるという感《かん》じがするが、「中止《ちゅうし》」は切《き》れたままで終《お》わることを意味《いみ》する場合《ばあい》が多《おお》い。

【中《ちゅう》。途《と》】[↓] ①今《いま》までつづけてきたものごとがまだ終《お》わっていない状態《じょうたい》。例 中途《ちゅうと》でやめる。中途退学《ちゅうとたいがく》 類 途中《とちゅう》・中道《ちゅうどう》 ②どこかへ向《む》かって進《すす》んでいる、なかほどのところ。例 中途《ちゅうと》で引《ひ》き返《かえ》す。類 途中《とちゅう》

【中《ちゅう》道《どう》】[↓] ものごとや仕事《しごと》をしているとちゅう。なかほど。例 中道《ちゅうどう》にしてたおれる（大《おお》きな仕事《しごと》をしていた人《ひと》が、やりとげられずに、大病《たいびょう》になったり、なくなったりする）。類 中《ちゅう》途《と》・途中《とちゅう》 ☞❹

【中《ちゅう》。途《と》半《はん》。端《ぱ》】〈―な・―に〉つづけるのかやめるのか、賛成《さんせい》なのか反対《はんたい》なのか、どっちつかずでいいかげんなようす。例 中途半端《ちゅうとはんぱ》な態度《たいど》。

❹〈かたよらない〉の意味で

【中《ちゅう》正《せい》】[II]〈―な・―に〉考《かんが》え方《かた》がかたよらず、正《ただ》しいこと。例 中正《ちゅうせい》を欠《か》く。類 中庸《ちゅうよう》・中道《ちゅうどう》

【中《ちゅう》性《せい》】[↓] ①化学《かがく》で、酸性《さんせい》でもアルカリ性《せい》でもないこと。例 中性洗剤《ちゅうせいせんざい》 ②男《おとこ》でも女《おんな》でもない性質《せいしつ》。例 中性的《ちゅうせいてき》

【中《ちゅう》道《どう》】[↓] 考《かんが》え方《かた》などにかたよりがなく、おだやかなこと。例 中道《ちゅうどう》をあゆむ。類 中《ちゅう》正《せい》・中庸《ちゅうよう》 ☞❸

【中《ちゅう》。庸《よう》】[II]〈―な・―に〉考《かんが》え方《かた》などがかたよらず、おだやかでむりのないこと。例 中庸《ちゅうよう》の人《ひと》。中庸《ちゅうよう》をえる。類 中道《ちゅうどう》・中正《ちゅうせい》

【中《ちゅう》立《りつ》】[↓]〈―する〉対立《たいりつ》しているもののどちらにも、味方《みかた》も反対《はんたい》もしないこと。例 中立《ちゅうりつ》をまもる。中立国《ちゅうりつこく》

【中《ちゅう》和《わ》】[↓]〈―する〉ちがう性質《せいしつ》を持《も》つものがとけあって、それぞれの特性《とくせい》をうしなうこと。とくに、酸性《さんせい》とアルカリ性《せい》の溶液《ようえき》がまじりあって、どちらの性質《せいしつ》もしめさなくなること。

ものしり巻物 第1巻

日本語《にほんご》の文字《もじ》の種類《しゅるい》

ローマ字は、「Yokohama（横浜《よこはま》）」のように、駅《えき》や道路《どうろ》の看板《かんばん》で、外国《がいこく》の人《ひと》にも読《よ》めるように、地名《ちめい》を書《か》くときによく使《つか》われます。最近《さいきん》では、ＮＨＫ《エヌエイチケイ》、ＪＲ《ジェイアール》、ＮＴＴ《エヌティーティー》のように、会社《かいしゃ》の名前《なまえ》や、タレントの名前《なまえ》にもローマ字《じ》書《が》きのものがふえています。

7時《じ》の「7」は、**アラビア数字《すうじ》**、または**算用数字《さんようすうじ》**といいます。もともとは、インドで作《つく》られた文字《もじ》ですが、アラビアを通《とお》ってヨーロッパにつたえられ、ヨーロッパから、さらに日本《にほん》につたえられました。

このように、わたしたちは、日本語《にほんご》で文章《ぶんしょう》を書《か》くときに、いろいろな種類《しゅるい》の文字《もじ》を使《つか》い分《わ》けているのです。

「きのうの夜《よる》は、ＮＨＫ《エヌエイチケイ》の7時《じ》のニュースを見《み》ました。」

というような文《ぶん》を書《か》くとき、わたしたちはたくさんの種類《しゅるい》の文字《もじ》をまぜて使《つか》います。右《みぎ》の文《ぶん》には、**平仮名《ひらがな》・片仮名《かたかな》・漢字《かんじ》・ローマ字《じ》・アラビア数字《すうじ》**が使《つか》われています。わたしたちは日本語《にほんご》を書《か》くとき、平仮名《ひらがな》・片仮名《かたかな》・漢字《かんじ》・ローマ字《じ》などをまぜて文章《ぶんしょう》を書《か》いているのです。

片仮名《かたかな》は、「ニュース」「テレビ」のような、外国《がいこく》から入《はい》ってきたことば（外来語《がいらいご》）や、「ニューヨーク」「バッハ」のような、外国《がいこく》の地名《ちめい》・人名《じんめい》を書《か》くときに使《つか》われます。ほかにも、「パタパタ」「ワンワン」のような、ものの音《おと》や動物《どうぶつ》の鳴《な》き声《ごえ》を表《あらわ》すことばなどを書《か》くときにも使《つか》います。

漢字《かんじ》は、「夜《よる》」、見《み》るの「見」のように、ものの名前《なまえ》や動《うご》き・ようすなどを表《あらわ》すことばを書《か》くときに使《つか》います。もちろん、むずかしいことばのときは平仮名《ひらがな》で書《か》いてもかまいません。

❺〈あたる〉の意味で

【中傷】ちゅうしょう ⇩ 〈―する〉悪口《わるくち》を言《い》いふらして、人《ひと》の心《こころ》や名誉《めいよ》をきずつけること。類 誹謗《ひぼう》

【中毒】ちゅうどく ▲ 〈―する〉からだにわるいものを、飲《の》んだり食《た》べたりすったりしたために起《お》こる病気《びょうき》。例 中毒《ちゅうどく》を起《お》こす。食中毒《しょくちゅうどく》 表現「コーヒー中毒《ちゅうどく》」「インターネット中毒《ちゅうどく》」などと、それなしではいられないことも言《い》う。

【中風】ちゅうふう｜ちゅうぶう｜ちゅうぶ ▲ 脳出血《のうしゅっけつ》・脳梗塞《のうこうそく》などによって起《お》こる、からだが思《おも》うように動《うご》かなくなる病気《びょうき》。類 中気《ちゅうき》・卒中《そっちゅう》・脳卒中《のうそっちゅう》

❻〈中国〉の意味で

【中。華】ちゅうか Ⅱ ①自分《じぶん》の国《くに》が世界《せかい》の中心《ちゅうしん》であり、もっとも文化《ぶんか》の進《すす》んだ国《くに》だとする考《かんが》えから、中国人《ちゅうごくじん》が自分《じぶん》の国《くに》を指《さ》していったことば。例 中華思想《ちゅうかしそう》 ②「中華料理《ちゅうかりょうり》」の略《りゃく》。例 中華《ちゅうか》そば

【中国】ちゅうごく ⇩ ①アジア大陸《たいりく》の東《ひがし》にある広大《こうだい》な地域《ちいき》を持《も》つ国《くに》。正式《せいしき》な国名《こくめい》は「中華人民共和国《ちゅうかじんみんきょうわこく》」。人口《じんこう》は約十三億人《やくじゅうさんおくにん》で世界第一《せかいだいいち》。首都《しゅと》北京《ペキン》。古《ふる》くから東《ひがし》アジアの文明《ぶんめい》の中心地《ちゅうしんち》として さかえ、日本《にほん》にも大《おお》きな影響《えいきょう》をあたえた。②日本《にほん》で「中国地方《ちゅうごくちほう》」のこと。岡山《おかやま》・広島《ひろしま》・山口《やまぐち》・鳥取《とっとり》・島根《しまね》の五県《ごけん》を指《さ》す。例 中国山脈《ちゅうごくさんみゃく》

【中日】ちゅうにち Ⅱ 中国《ちゅうごく》と日本《にほん》。例 中日友好《ちゅうにちゆうこう》

☞❷ 表現 同《おな》じ中国《ちゅうごく》と日本《にほん》を合《あ》わせていうときにも、日本《にほん》では「日中《にっちゅう》」といい、中国《ちゅうごく》では「中日《ちゅうにち》」ということが多《おお》い。

°学習漢字でない常用漢字　▲常用漢字表にない音訓　◆常用漢字でない漢字

前ページ ▶ 中

中が下につく熟語 上の字の働き

❶中＝〈位置《いち》のなか〉のとき
【宮中《きゅうちゅう》 空中《くうちゅう》 山中《さんちゅう／やまなか》 陣中《じんちゅう》 五里霧中《ごりむちゅう》】ドウイウ場所《ばしょ》の中《なか》か。
【懐中《かいちゅう》 眼中《がんちゅう》 胸中《きょうちゅう》 掌中《しょうちゅう》】からだのドコの中《なか》か。
【渦中《かちゅう》 術中《じゅっちゅう》 夢中《むちゅう》 熱中《ねっちゅう》】ナニの中《なか》か。

❸中＝〈ものごとをしているあいだ〉のとき
【忌中《きちゅう》 喪中《もちゅう》 途中《とちゅう》 道中《どうちゅう》 忙中《ぼうちゅう》】ナニのあいだか。
【最中《さいちゅう》 暑中《しょちゅう》 日中《にっちゅう》 年中《ねんじゅう／ねんちゅう》 四六時中《しろくじちゅう》】ドンナ時期《じき》のあいだか。
【食事中《しょくじちゅう》 通話中《つうわちゅう》 工事中《こうじちゅう》 使用中《しようちゅう》 飛行中《ひこうちゅう》 旅行中《りょこうちゅう》 営業中《えいぎょうちゅう》】ドウシテイル最中《さいちゅう》か。︵上《うえ》にくるのは「…する」という意味《いみ》の二字漢語《にじかんご》が多《おお》い︶

❺中＝〈あたる〉のとき
【卒中《そっちゅう》 百発百中《ひゃっぱつひゃくちゅう》】ドノヨウニあたるか。
【的中《てきちゅう》 命中《めいちゅう》】ナニにあたるか。

◆御中《おんちゅう》 禁中《きんちゅう》 在中《ざいちゅう》 集中《しゅうちゅう》 連中《れんちゅう／れんじゅう》

丨-4

巨

総画5 JIS-2180 常用
音 キョ
訓 —

筆順 巨

なりたち 【象形】もとの字は「巨」。とって(コ)のついた大《おお》きな定規《じょうぎ》(エ→匚)をかたどった字《じ》。

意味
❶とくべつ大《おお》きい。例巨人《きょじん》
❷とくべつ多《おお》い。例巨額《きょがく》
❸とくべつえらい。例巨匠《きょしょう》

名前のよみ お・おお・なお・まさ・み

❶〈とくべつ大きい〉の意味で
【巨漢《きょかん》】[↓]なみはずれてからだが大《おお》きい男《おとこ》。例巨漢《きょかん》ぞろい。類大男《おおおとこ》・巨人《きょじん》
【巨視的《きょしてき》】〈—な・—に〉ものごとを全体《ぜんたい》として大《おお》きくとらえる見方《みかた》。対微視的《びしてき》
【巨人《きょじん》】[↓]ひじょうにからだの大《おお》きい人《ひと》。類大男《おおおとこ》・巨漢《きょかん》・大人《たいじん》 対小人《こびと》 ☞❸
【巨星《きょせい》】[↓]アンタレスやカペラなど、恒星《こうせい》の中《なか》でとくに大《おお》きい星《ほし》。対矮星《わいせい》 ☞❸
【巨体《きょたい》】[↓]たいへんに大《おお》きなからだ。
【巨大《きょだい》】[II]〈—な・—に〉とくべつ大《おお》きいようす。例巨大都市《きょだいとし》 対微小《びしょう》・矮小《わいしょう》
【巨砲《きょほう》】[↓]ひじょうに大《おお》きい大砲《たいほう》。表現野《や》球《きゅう》では、ホームランを打《う》つような力《ちから》のある、すぐれた打者《だしゃ》を指《さ》す。
【巨木《きょぼく》】[↓]とくべつ大《おお》きな木《き》。類大木《たいぼく》

❷〈とくべつ多い〉の意味で
【巨額《きょがく》】[↓]〈—な〉お金《かね》の額《がく》がけたはずれに多《おお》いこと。例巨額《きょがく》な財産《ざいさん》をのこす。類多額《たがく》
【巨費《きょひ》】[↓]とてつもなくたくさんのお金《かね》。例巨費《きょひ》を投《とう》じて科学《かがく》センターが作《つく》られた。
【巨万《きょまん》】[II]ひじょうに大《おお》きな数《かず》や量《りょう》。表現「巨万《きょまん》の富《とみ》をきずく(大金持《おおがねも》ちになる)」の言《い》い方《かた》でしかほとんど使《つか》われないことば。
【巨利《きょり》】[↓]とてつもないたくさんのもうけ。例巨利《きょり》を博《はく》する。対小利《しょうり》

❸〈とくべつえらい〉の意味で
【巨匠《きょしょう》】[↓]芸術《げいじゅつ》の世界《せかい》で、だれもが認《みと》める、りっぱな仕事《しごと》をした人《ひと》。類大家《たいか》・泰斗《たいと》
【巨人《きょじん》】[↓]とくにすぐれたえらい人《ひと》。例書道界《しょどうかい》の巨人《きょじん》。類巨星《きょせい》 ☞❶
【巨星《きょせい》】[↓]とくべつ偉大《いだい》な人《ひと》。例巨星墜《きょせいお》つ(大人物《だいじんぶつ》が死《し》んだ)。類巨人《きょじん》 ☞❶
【巨頭《きょとう》】[↓]大《おお》きな国《くに》や団体《だんたい》の先頭《せんとう》に立《た》つような、重要《じゅうよう》な地位《ちい》にある人《ひと》。類首脳《しゅのう》

丨-6

串

総画7 JIS-2290 常用
音 カン
訓 くし

筆順 串

意味 くし。物《もの》をつき通《とお》す細《ほそ》い棒《ぼう》。例だんごの串《くし》。串刺《くしざ》し・串焼《くしや》き

1画

丶［てん］の部

「丶《てん》」の形《かたち》がめやすとなっている字《じ》を集《あつ》めてあります。

この部首の字

■ 丶-2

【丸】

総画3
JIS-2061
教2年
音 ガン
訓 まる・まるい・まるめる

筆順 丸 丸 丸 （はねる）（おらない）

なりたち 【指事】かたむく意味の「仄」の字《じ》を反対《はんたい》にしめすことで、人《ひと》がからだをまるめてころがることを表《あらわ》している字《じ》。

意味

❶まるい。まるいもの。まるくかためたもの。例 頭《あたま》を丸《まる》める。丸《まる》とばつ。丸《まる》い球《たま》。丸《まる》太《た》・丸薬《がんやく》

❷すっかり。すべて。みな。例 丸裸《まるはだか》

❸たま。鉄砲《てっぽう》や大砲《たいほう》のたま。例 弾丸《だんがん》

❹人《ひと》や船《ふね》の名前《なまえ》につけることば。例 牛若《うしわか》丸《まる》・氷川丸《ひかわまる》

使い分け まるい[丸・円] 35ページ

名前のよみ まろ

❶〈まるい〉の意味で

【丸薬】《がんやく》 ↓ 練《ね》りあわせて、小《ちい》さくまるめた薬《くすり》。錠剤《じょうざい》。関連 丸薬《がんやく》・水薬《すいやく》・散薬《さんやく》

【丸木】《まるき》 ↓ 四角《しかく》にけずったりしていない、丸《まる》いままの木材《もくざい》。例 丸木《まるき》の柱《はしら》。類 丸太《まるた》

【丸木橋】《まるきばし》 丸木《まるき》を流《なが》れの上《うえ》にかけわたしただけの橋《はし》。

【丸木舟】《まるきぶね》 大《おお》きくて太《ふと》い一本《いっぽん》の丸木《まるき》をくりぬいて作《つく》ったふね。

【丸太】《まるた》 ◎ 切《き》りたおして、えだを落《お》としただけの木材《もくざい》。例 丸太《まるた》を組《く》んで足場《あしば》をつくる。類 丸木《まるき》 表現 「丸木《まるき》」にくらべ、太《ふと》さも細《ほそ》めであまり上等《じょうとう》でないものをいうことが多《おお》い。

❷〈すっかり〉の意味で

【丸暗記】《まるあんき》 〈—する〉理解《りかい》するのではなく、全体《ぜんたい》をそっくりそのまま覚《おぼ》えること。類 棒暗記《ぼうあんき》

【丸腰】《まるごし》 ↓ 刀《かたな》などの武器《ぶき》をなにも持《も》っていないこと。例 丸腰《まるごし》でたたかう。

【丸損】《まるぞん》 ↓ 得《とく》になることがなくて、すっかり損《そん》をすること。例 今度《こんど》の商売《しょうばい》は丸損《まるぞん》だった。

【丸裸】《まるはだか》 ↓ ①なにも身《み》につけず、すはだを全部《ぜんぶ》出《だ》すこと。すっぱだか。類 全裸《ぜんら》 ②からだのほかには、持《も》ち物《もの》も財産《ざいさん》も、なにもないこと。例 火事《かじ》で丸裸《まるはだか》になる。

【丸坊主】《まるぼうず》 かみの毛《け》をすべてそりおとした頭《あたま》。または、ごく短《みじか》くかった頭《あたま》。表現 木《き》を切《き》り出《だ》されたり木《き》がかれたりして、山《やま》に木《き》が少《すこ》しもないことにもいう。

◆一丸《いちがん》 弾丸《だんがん》 砲丸《ほうがん》

例解 使い分け

[まるい《丸い・円い》]

丸い＝まるの形《かたち》をしている。全部《ぜんぶ》。
例 日《ひ》の丸《まる》。丸見《まるみ》え。丸《まる》つぶれ。丸《まる》く治《おさ》まる。

円い＝平面的《へいめんてき》に「まるい」形《かたち》。
例 円《まる》い図形《ずけい》。円《まる》い窓《まど》。円《まる》く輪《わ》になる。

参考 「丸」は「丸《まる》・丸《まる》める」とも使《つか》うが、「円」は「まる・まるめる」とは使《つか》わない。

丸い

円い

□ 丶-2

【之】

総画3
JIS-3923
人名
音 シ
訓 これ・の

意味 これ。この。

名前のよみ いたる・のぶ・ひで・ゆき・よし・より

■ 丶-3

【丹】

総画4
JIS-3516
常用
音 タン
訓 —

筆順 丹 丹 丹 丹

なりたち 【指事】井戸《いど》の中《なか》の石《いし》（丶）を表《あらわ》している。むかし、井戸《いど》をほって赤《あか》い色《いろ》の原料《げんりょう》になる石《いし》をとったことから、「赤《あか》い色《いろ》」を表《あらわ》す字《じ》として使《つか》われるようになった。

意味

❶赤《あか》。赤《あか》い色《いろ》をしている。例 丹頂《たんちょう》

❷まごころ。まごころをこめる。例 丹精《たんせい》・丹念《たんねん》

❸ねりかためた薬《くすり》。例 反魂丹《はんごんたん》

◦学習漢字でない常用漢字　▴常用漢字表にない音訓　◆常用漢字でない漢字

❹丹波《たんば》・丹後《たんご》。旧国名《きゅうこくめい》。今《いま》の京都府《きょうとふ》の北部《ほくぶ》・兵庫県《ひょうごけん》の一部《いちぶ》。例 丹州《たんしゅう》

❺《その他《た》》例 丹前《たんぜん》・切支丹《きりしたん》

名前のよみ あかし・あきら・に・まこと

❶〈赤〉の意味で

【°丹頂《たんちょう》】〔↓〕ツルの一種《いっしゅ》。頭《あたま》の頂上《ちょうじょう》が赤《あか》いので「丹頂鶴《たんちょうづる》」の名《な》がついた。首《くび》と羽《はね》の先《さき》が黒《くろ》いほかは白《しろ》い羽毛《うもう》におおわれている。美《うつく》しく、めでたい鳥《とり》とされ、現在《げんざい》、日本《にほん》でふつう「ツル」といえばこの鳥《とり》を指《さ》す。知識 北海道《ほっかいどう》の釧路《くしろ》・根室《ねむろ》などが飛来《ひらい》地《ち》として有名《ゆうめい》で、特別《とくべつ》天然記念物《てんねんきねんぶつ》に指定《してい》されている。

丹頂

❷〈まごころ〉の意味で

【°丹精《たんせい》】〔Ⅱ〕〈―する〉まごころ。また、まごころをこめてせわや仕事《しごと》をすること。例 丹精《たんせい》して育《そだ》てたサツキの花《はな》がさいた。

【°丹念《たんねん》】〔↓〕〈―に・―な〉心《こころ》をこめて、ていねいにすること。例 毎日《まいにち》、丹念《たんねん》に観察日記《かんさつにっき》をつける。類 入念《にゅうねん》

❺《その他》

【°丹前《たんぜん》】〔◎〕着物《きもの》より少《すこ》し長《なが》く、そでも広《ひろ》く大《おお》きめに作《つく》り、わたを入《い》れた防寒用《ぼうかんよう》の和服《わふく》。ねまきなどの上《うえ》に着《き》る。どてら。

丶-4

【主】

総画5
JIS-2871
教3年
音 シュ・ス
訓 ぬし・おも・あるじ

筆順 主 （ななめ、つかない）（ながく）

なりたち 【象形】燭台《しょくだい》に火《ひ》がともっている形《かたち》をえがいた字《じ》。ともし火《び》が家《いえ》の中心《ちゅうしん》に置《お》かれてだいじにされることから、「ぬし」として使《つか》われるようになった。

意味

❶あるじ。ぬし。かしら。自分《じぶん》。例 このあたりの主《ぬし》。主《しゅ》と従《じゅう》。地主《じぬし》 対 従《じゅう》・客《きゃく》

❷中心《ちゅうしん》の。中心《ちゅうしん》となっておこなう。おもな。例 主《おも》に学生《がくせい》が集《あつ》まる。主催《しゅさい》 対 副《ふく》

注意するよみ ス…例 法主《ほっす》・坊主《ぼうず》

名前のよみ かず・つかさ・もり

❶〈あるじ。ぬし〉の意味で

【主観《しゅかん》】〔↓〕自分《じぶん》ひとりの立場《たちば》からものを見《み》て、感《かん》じたり考《かんが》えたりする心《こころ》のはたらき。例 主観《しゅかん》にとらわれる。対 客観《きゃっかん》

【主客《しゅきゃく／しゅかく》】〔⇕〕まねいた人《ひと》と、まねかれた客《きゃく》。☞❷

【主君《しゅくん》】〔Ⅱ〕自分《じぶん》が家来《けらい》として仕《つか》えている、身《み》分《ぶん》の高《たか》い人《ひと》。類 殿《との》 対 臣下《しんか》

【主権《しゅけん》】〔↓〕その国《くに》の政治《せいじ》を決《き》めていく、いちばんもとになる権力《けんりょく》。例 主権在民《しゅけんざいみん》（主権《しゅけん》が国《こく》民《みん》にあること）知識 民主主義《みんしゅしゅぎ》の国家《こっか》では、選《せん》挙《きょ》で自分《じぶん》たちの代表《だいひょう》をえらぶことによって、主権《しゅけん》が国民《こくみん》にあることになる。

【主語《しゅご》】〔↓〕一《ひと》つ一《ひと》つの文《ぶん》が表《あらわ》す、動作《どうさ》や状《じょう》態《たい》のもとになるものを表《あらわ》すことば。「鳥《とり》が鳴《な》く」「時《とき》は金《かね》なり」の「鳥《とり》」「時《とき》」など。知識 文法《ぶんぽう》用語《ようご》。動作《どうさ》や状態《じょうたい》を表《あらわ》すほうのことばは「述《じゅつ》語《ご》」という。

【主従《しゅじゅう》】〔⇕〕主人《しゅじん》と家来《けらい》。例 主従《しゅじゅう》のちかい。☞❷

【主人《しゅじん》】〔↓〕①家庭《かてい》の中心《ちゅうしん》となる人《ひと》。例 家《いえ》の主人《しゅじん》。②客《きゃく》をもてなすがわの人《ひと》。ホスト。対 客《きゃく》 ③妻《つま》が、自分《じぶん》の夫《おっと》を指《さ》していうことば。例 主人《しゅじん》がよろしくと申《もう》しておりました。類 亭主《ていしゅ》 ④店《みせ》の持《も》ち主《ぬし》。やといぬし。

【主席《しゅせき》】〔↓〕政党《せいとう》や国家《こっか》の最高指導者《さいこうしどうしゃ》。

【主体《しゅたい》】〔↓〕自分《じぶん》の意志《いし》を持《も》ち、まわりのものにはたらきかけていくもの。例 主体的《しゅたいてき》にクラブ活動《かつどう》にとりくむ。対 客体《きゃくたい》 ☞❷

【主婦《しゅふ》】〔↓〕家族《かぞく》のために家事《かじ》をおこなっている女《おんな》の人《ひと》。例 専業主婦《せんぎょうしゅふ》

❷〈中心の〉の意味で

【主因《しゅいん》】〔↓〕いくつかの原因《げんいん》の中《なか》でいちばん大《おお》きなもの。例 失敗《しっぱい》の主因《しゅいん》。類 要因《よういん》 対 副因《ふくいん》

【主演《しゅえん》】〔↓〕〈―する〉映画《えいが》や劇《げき》で、中心《ちゅうしん》になるだいじな役《やく》を演《えん》じること。類 主役《しゅやく》 対 助演《じょえん》

【主眼《しゅがん》】〔↓〕なにかをするときの、いちばんたいせつなねらい。例 体力《たいりょく》づくりに主眼《しゅがん》をおいた練習《れんしゅう》。類 眼目《がんもく》・主旨《しゅし》

【主義《しゅぎ》】〔↓〕人《ひと》の生《い》き方《かた》や行動《こうどう》のもとになっている、あるきまった考《かんが》え方《かた》。例 主義主張《しゅぎしゅちょう》。主義《しゅぎ》をつらぬく。類 思想《しそう》・宗旨《しゅうし》 表現 ひとりの人《ひと》の信《しん》じる考《かんが》え方《かた》から、世界的《せかいてき》に知《し》られた

ひとまとまりの思想《しそう》（たとえば民主主義《みんしゅしゅぎ》）まで、範囲《はんい》は広《ひろ》い。

【主客】しゅきゃく｜しゅかく ①⇕ 中心《ちゅうしん》となるものと、それ以外《いがい》のまわりのもの。②⇩ おもな客《きゃく》。中心《ちゅうしん》になるだいじな客《きゃく》。類 主賓《しゅひん》 ☞❶

【主客転。倒】しゅきゃくてんとう｜しゅかくてんとう〈—する〉いちばんだいじなことと、それほどでないこととをとりちがえてしまうこと。例 機械《きかい》に人間《にんげん》が使《つか》われるなんて、主客転倒《しゅきゃくてんとう》もいいところだ。類 本末転倒《ほんまつてんとう》 表記「主客顚倒」とも書《か》く。

【主。宰】しゅさい ⇩〈—する〉たくさんの人《ひと》の集《あつ》まりのリーダーとして、ものごとをおこなうこと。また、そのリーダー。例 研究会《けんきゅうかい》の主宰者《しゅさいしゃ》。

【主。催】しゅさい ⇩〈—する〉中心《ちゅうしん》となって会《かい》やもよおしものを計画《けいかく》し、準備《じゅんび》して、ひらくこと。例 子《こ》ども会《かい》がバザーを主催《しゅさい》する。

【主。旨】しゅし ⇩ ひとまとまりの文章《ぶんしょう》・話《はなし》などの中心《ちゅうしん》となるおもな内容《ないよう》。類 主題《しゅだい》・主眼《しゅがん》・要旨《ようし》・要点《ようてん》・趣旨《しゅし》

例解 使い分け

［主旨《しゅし》・趣旨《しゅし》］

主旨＝ものごとの中心《ちゅうしん》となる意味《いみ》や考《かんが》え。例 主旨《しゅし》のはっきりした文章《ぶんしょう》。判決理由《はんけつりゆう》の主旨《しゅし》。

趣旨＝ものごとをおこなうわけやねらい。例 計画《けいかく》の趣旨《しゅし》を説明《せつめい》する。趣旨《しゅし》に賛同《さんどう》する。

【主治医】しゅじい ①その患者《かんじゃ》の治療《ちりょう》を受《う》け持《も》つ医者《いしゃ》。②いく人《にん》かの医者《いしゃ》の中《なか》で、中心《ちゅうしん》となる人《ひと》。②いつもみてもらっている、かかりつけの医者《いしゃ》。

【主従】しゅじゅう ⇕ おもなものと、それにつづくもの。例 主従関係《しゅじゅうかんけい》 ☞❶

【主将】しゅしょう ⇩ 軍隊《ぐんたい》やスポーツチームの全体《ぜんたい》をたばねる役目《やくめ》の人《ひと》。キャプテン。

【主食】しゅしょく ⇩ 毎日《まいにち》の食事《しょくじ》の中心《ちゅうしん》となる食品《しょくひん》。対 副食《ふくしょく》 知識 日本《にほん》では、米《こめ》を主食《しゅしょく》にして、おかずをそえて食《た》べるのがふつうだが、世界《せかい》にはそうした区別《くべつ》のない国《くに》も多《おお》い。

【主。審】しゅしん ⇩ スポーツの試合《しあい》で、何人《なんにん》かいる審判員《しんぱんいん》のうち、中心《ちゅうしん》になる人《ひと》。対 副審《ふくしん》

【主人公】しゅじんこう 物語《ものがたり》や事件《じけん》などで、いちばんたいせつな役《やく》まわりをする人《ひと》。例 悲劇《ひげき》の主人公《しゅじんこう》。類 中心人物《ちゅうしんじんぶつ》・主役《しゅやく》 対 脇役《わきやく》・端役《はやく》

【主体】しゅたい ⇩ 中心《ちゅうしん》となってはたらくもの。例 六年生主体《ろくねんせいしゅたい》のチーム。☞❶

【主題】しゅだい ⇩ ①作品《さくひん》や研究《けんきゅう》などの、中心《ちゅうしん》となる考《かんが》え。テーマ。類 題目《だいもく》・主旨《しゅし》・要旨《ようし》 ②音楽《おんがく》で、一《ひと》つの音楽作品《おんがくさくひん》の中《なか》に何度《なんど》もあらわれ、中心《ちゅうしん》となっているメロディー。

【主張】しゅちょう ⇩〈—する〉自分《じぶん》の意見《いけん》を、相手《あいて》になっとくさせるために、強《つよ》くはっきりと表現《ひょうげん》すること。また、その意見《いけん》。表現 似《に》た意味《いみ》をもつ「言《い》い張《は》る」は、どこまでも主張《しゅちょう》する意味《いみ》で、いくらか度《ど》がすぎる感《かん》じがある。

【主導】しゅどう ⇩〈—する〉リーダーとして人《ひと》びとを引《ひ》っぱっていくこと。例 主導権《しゅどうけん》をにぎる。

【主任】しゅにん ⇩ グループで仕事《しごと》をするとき、その中心《ちゅうしん》となる役目《やくめ》。例 学年主任《がくねんしゅにん》

【主犯】しゅはん ⇩ 犯人《はんにん》グループの中心人物《ちゅうしんじんぶつ》。対 共犯《きょうはん》 知識 法律《ほうりつ》では「正犯《せいはん》」という。

【主。賓】しゅひん ⇩ 会《かい》にまねかれた客《きゃく》の中《なか》で、もっともだいじな客《きゃく》。例 主賓《しゅひん》あいさつ。類 主客《しゅきゃく》

【主。謀者】しゅぼうしゃ わるいことを、中心《ちゅうしん》になって計画《けいかく》したりおこなったりする人《ひと》。類 張本人《ちょうほんにん》 表記「首謀者」とも書《か》く。

【主役】しゅやく ⇩ ①映画《えいが》・テレビドラマ・演劇《えんげき》などで、その物語《ものがたり》の中心《ちゅうしん》となる、主人公《しゅじんこう》の役《やく》。また、それを演《えん》じる人《ひと》。例 主役《しゅやく》に新人《しんじん》を抜擢《ばってき》する。類 主演《しゅえん》 対 端役《はやく》・脇役《わきやく》 ②ものごとの、中心《ちゅうしん》となる人《ひと》。例 パーティーの主役《しゅやく》。

【主要】しゅよう Ⅱ〈—な〉ものごとの中心《ちゅうしん》になっていてとてもたいせつなこと。例 主要《しゅよう》な問題《もんだい》。

【主流】しゅりゅう ⇩ ①川《かわ》がとちゅうでえだ分《わ》かれしたり合流《ごうりゅう》したりする中《なか》で、中心《ちゅうしん》となる流《なが》れ。類 本流《ほんりゅう》 対 支流《しりゅう》 ②学問《がくもん》や思想《しそう》がいろいろな説《せつ》に分《わ》かれている中《なか》で、その中心《ちゅうしん》となる考《かんが》え方《かた》。③一《ひと》つの集団《しゅうだん》の中《なか》にいくつか小《ちい》さいグループができている場合《ばあい》、その中心《ちゅうしん》となる強《つよ》いグループ。例 主流派《しゅりゅうは》

【主力】しゅりょく ⇩ ①その人《ひと》や団体《だんたい》の持《も》っている力《ちから》のおもな部分《ぶぶん》。例 主力《しゅりょく》をそそぐ。②活動《かつどう》の中心《ちゅうしん》となる力《ちから》。例 主力選手《しゅりょくせんしゅ》

主が下につく熟語 上の字の働き

❶ **主**＝〈あるじ。ぬし〉のとき

【家主《やぬし》 株主《かぶぬし》 神主《かんぬし》 船主《せんしゅ｜ふなぬし》 地主《じぬし》 亭主《ていしゅ》 坊主《ぼうず》

○学習漢字でない常用漢字　▲常用漢字表にない音訓　◆常用漢字でない漢字

店主《てんしゅ》 城主《じょうしゅ》 藩主《はんしゅ》 領主《りょうしゅ》】ナニの主《あるじ》か。
【施主《せしゅ》 喪主《もしゅ》 興行主《こうぎょうしゅ》】ナニをするときの主《あるじ》か。
◆君主《くんしゅ》 丸坊主《まるぼうず》 三日坊主《みっかぼうず》

丶−4
【丼】
総画5
JIS-4807
常用
訓 音 —— どんぶり・どん

筆順

意味 どんぶり。どんぶりばち。また、それにもった料理《りょうり》。例 丼飯《どんぶりめし》・親子丼《おやこどん》

注意するよみ どん…例 牛丼《ぎゅうどん》・天丼《てんどん》

1画 ノ [の] の部

「ノ」の形《かたち》がめやすとなっている字を集《あつ》めてあります。

この部首の字
1乃……38　2久……38　及……38
3乏……38　8乗……39　九→乙40　人→人53
入→入114　丸→丶35　千→十174　手→手504
午→十175　升→十175　牛→牛717　斤→斤554
欠→欠630　毛→毛646　氏→氏647　爪→爪714
丘→一27　右→口199　失→大284　斥→斤554
生→生736　白→白758　矢→矢777　先→儿110
向→口206　年→干366　有→月586　朱→木598
気→气648　自→自882　舌→舌887　舟→舟887
血→血900　兎→儿113　我→戈498　系→糸826
身→身970　受→又194　垂→土251　阜→阜1015
卑→十180　卸→卩184　段→殳642　重→里987
烏→灬705　鬼→鬼1061　釈→采986　喬→口228
奥→大288　無→灬707　鼻→鼻1072　舞→舛991

ノ−1
【乃】
総画2
JIS-3921
人名
訓 音 ダイ・ナイ の

意味
❶すなわち。例 乃武乃文《すなわちぶすなわちぶん》（武《ぶ》であり文《ぶん》である。文武《ぶんぶ》ともにそろう）
❷なんじ。おまえ。例 乃公《だいこう》
❸の。例 日乃出印《ひのでじるし》

名前のよみ おさむ

ノ−2
【久】
総画3
JIS-2155
教5年
訓 音 キュウ・ク ひさしい

筆順 はらう

なりたち  【指事】「人《ひと》（ク）」と、これを引《ひ》きとめるしるし（丶）とからでき、「とまる」意味《いみ》を表《あらわ》している字《じ》。

意味 ひさしい。時間《じかん》がきわめてながい。例 久《ひさ》しく会《あ》わない。久《ひさ》しい間《あいだ》。久遠《くおん》・永久《えいきゅう》

注意するよみ ク…例 久遠《くおん》

名前のよみ ひさお

【久遠《くおん》】Ⅱ 時《とき》の流《なが》れがいつまでもつづくこと。類 永久《えいきゅう》・永遠《えいえん》 表現「久遠《くおん》のかなた」などと、詩歌《しいか》などに使《つか》われる。
【久久《ひさびさ》】Ⅱ〈—に〉ひさしぶりに。

久が下につく熟語 上の字の働き
【永久《えいきゅう》 恒久《こうきゅう》 悠久《ゆうきゅう》】近《ちか》い意味《いみ》。

ノ−2
【及】
総画3
JIS-2158
常用
訓 音 キュウ およぶ・および・およぼす

筆順

なりたち  【会意】もとの字《じ》は「及」。人《ひと》（𠂉）のうしろに手《て》（又）がとどいているようすを表《あらわ》す字《じ》。

意味
❶およぶ。およぼす。動作《どうさ》や力《ちから》が、ある範《はん》囲《い》や程度《ていど》にとどく。いきわたる。例 被害《ひがい》が全国《ぜんこく》に及《およ》ぶ。迷惑《めいわく》を及《およ》ぼす。追及《ついきゅう》
❷二《ふた》つのものをならべて結《むす》びつけることば。および。例 大阪及《おおさかおよ》び京都《きょうと》。

名前のよみ いたる・たか・ちか

❶〈およぶ〉の意味で
【°及第《きゅうだい》】▲〈—する〉試験《しけん》に合格《ごうかく》すること。例 どうにか及第《きゅうだい》した。類 合格《ごうかく》 対 落第《らくだい》
【°及落《きゅうらく》】⇕ 及第《きゅうだい》か落第《らくだい》かということ。例 一点《いってん》の差《さ》で及落《きゅうらく》が分《わ》かれた。類 合否《ごうひ》

及が下につく熟語 上の字の働き
❶及＝〈およぶ〉のとき
【言及《げんきゅう》 論及《ろんきゅう》】ドウヤッテそこに及《およ》ぶか。
◆追及《ついきゅう》 波及《はきゅう》 普及《ふきゅう》

ノ−3
【乏】
総画4
JIS-4319
常用
訓 音 ボウ とぼしい

筆順 乏

なりたち 【指事】「正」の反対向きの字で、正《ただ》しい状態《じょうたい》でないことを表《あらわ》している。

意味 たりない。とぼしい。まずしい。例 乏《とぼ》しい予算《よさん》。乏《とぼ》しい生活《せいかつ》。欠乏《けつぼう》

乏が下につく熟語 上の字の働き
【窮乏《きゅうぼう》 欠乏《けつぼう》 貧乏《びんぼう》】近《ちか》い意味《いみ》。
◆耐乏《たいぼう》

ノ-8
乗
総画9 JIS-3072 教3年
音 ジョウ
訓 のる・のせる
［乘］

筆順 乗（ながく・はねない・はらう）

なりたち 【会意】もとの字《じ》は、「乘」。「木《き》」の上《うえ》に「人《ひと》」と両足《りょうあし》（舛）とがのった形《かたち》を表《あらわ》し、「のる」として使《つか》われている。

意味
❶のる。乗《の》り物《もの》などにのる。例 車《くるま》に乗《の》る。電波《でんぱ》に乗《の》せる（放送《ほうそう》する）。乗車《じょうしゃ》・同乗《どうじょう》 対 降《こう》
❷かけ算《ざん》。かける。例 乗数《じょうすう》・自乗《じじょう》 対 除《じょ》
❸うまく利用《りよう》する。つけこむ。例 相手《あいて》のすきに乗《じょう》じる。便乗《びんじょう》

使い分け のる［乗・載］☞39ページ

❶〈のる〉の意味で
【乗員《じょういん》】↓ 列車《れっしゃ》・船《ふね》・飛行機《ひこうき》などの乗《の》り物《もの》に乗《の》って、その中《なか》の仕事《しごと》をする人《ひと》。類 乗組員《のりくみいん》・乗務員《じょうむいん》
【乗客《じょうきゃく》】↓ 列車《れっしゃ》・船《ふね》・飛行機《ひこうき》などの乗《の》り物《もの》に、お金《かね》をはらって乗《の》る客《きゃく》。例 乗客名簿《じょうきゃくめいぼ》
【乗降《じょうこう》】⇕〈―する〉乗《の》り物《もの》に乗《の》ることや乗《の》り物《もの》からおりること。乗《の》りおり。例 乗降口《じょうこうぐち》
【乗車《じょうしゃ》】▲〈―する〉自動車《じどうしゃ》や電車《でんしゃ》などの乗《の》り物《もの》に乗《の》ること。例 乗車券《じょうしゃけん》 対 下車《げしゃ》・降車《こうしゃ》
【乗船《じょうせん》】▲〈―する〉船《ふね》に乗《の》りこむこと。例 連絡船《れんらくせん》に乗船《じょうせん》する。対 下船《げせん》
【乗馬《じょうば》】①▲〈―する〉馬《うま》に乗《の》ること。例 乗馬服《じょうばふく》 類 騎馬《きば》 対 下馬《げば》 ②↓ 乗《の》るための馬《うま》。例 乗馬《じょうば》をいたわる。
【乗務《じょうむ》】↓〈―する〉鉄道《てつどう》や飛行機《ひこうき》などに乗《の》り組《く》んで、必要《ひつよう》な仕事《しごと》につくこと。例 乗務員《じょうむいん》
【乗組員《のりくみいん》】船《ふね》や飛行機《ひこうき》などに乗《の》って、その中《なか》で必要《ひつよう》な仕事《しごと》をする人《ひと》。類 乗員《じょういん》・乗務員《じょうむいん》

❷〈かけ算〉の意味で
【乗除《じょうじょ》】⇕〈―する〉かけ算《ざん》とわり算《ざん》。かけたりわったりすること。例 加減乗除《かげんじょうじょ》
【乗数《じょうすう》】↓ かけ算《ざん》で、かけるほうの数《かず》。対 被乗数《ひじょうすう》（かけられるほうの数《かず》）
【乗法《じょうほう》】↓ かけ算《ざん》。関連 加法《かほう》（たし算《ざん》）・減《げん》法《ぽう》（ひき算《ざん》）・乗法《じょうほう》・除法《じょほう》（わり算《ざん》）

乗が下につく熟語 上の字の働き
❶乗＝〈のる〉のとき
【騎乗《きじょう》 搭乗《とうじょう》】近《ちか》い意味《いみ》。
【同乗《どうじょう》 分乗《ぶんじょう》】ドノヨウナ乗《の》り方《かた》か。
◆自乗《じじょう》 二乗《にじょう/じじょう》 便乗《びんじょう》

例解 使い分け
［のる《乗る・載る》］
乗る＝車《くるま》などに入《はい》る。高《たか》い所《ところ》にあがる。相手《あいて》に合《あ》わせる。反対《はんたい》は「下《お》りる・降《お》りる」。
例 電車《でんしゃ》に乗《の》る。口車《くちぐるま》に乗《の》る。相談《そうだん》に乗《の》る。
載る＝物《もの》の上《うえ》に置《お》かれる。
例 雑誌《ざっし》に載《の》る。地図《ちず》に載《の》る。机《つくえ》に載《の》っている本《ほん》。

馬に乗る

新聞に載る

1画
乙［おつ］ し［おつにょう］の部

「乙《おつ》」や「し《おつにょう》」の形《かたち》がめやすとなっている字《じ》を集《あつ》めてあります。

この部首の字
0 乙……40
1 九……40
2 乞……40
6 乱……40
7 乳……42
10 乾……42
也……40
丸→丶 35
孔→子 301
胤→月 871
亀→亀 1070

乙-0

乙

総画1
JIS-1821
常用
音 オツ
訓 おと・きのと

筆順 乙

なりたち
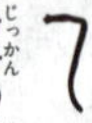
【象形】植物《しょくぶつ》が曲《ま》がって生長《せいちょう》するすがたをえがいた字《じ》。

意味
❶十干《じっかん》の二番《にばん》め。きのと。ものごとの二番《にばん》め。例 乙種《おつしゅ》・甲乙《こうおつ》
❷かわいい。わかい。例 乙姫《おとひめ》・乙女《おとめ》
❸気《き》がきいている。しゃれている。例 乙《おつ》な味《あじ》。

特別なよみ 乙女（おとめ）・早乙女（さおとめ）

名前のよみ お・たか・つぎ・とどむ

❷〈かわいい〉の意味で
【▲乙。姫】おとひめ ↓ 昔話《むかしばなし》「浦島太郎《うらしまたろう》」で、海《うみ》の中《なか》の竜宮《りゅうぐう》に住《す》んでいる美《うつく》しいおひめさま。

【。乙女】おとめ ↓ 少女《しょうじょ》。結婚《けっこん》まえの若《わか》いむすめ。例 早乙女《さおとめ》・乙女《おとめ》ごころ

乙-1

九

総画2
JIS-2269
教1年
音 キュウ・ク
訓 ここの・ここのつ

筆順 九 九（おらない・はねる）

なりたち

【象形】曲《ま》がったひじを表《あらわ》していた字《じ》。のちに、数《かず》の「きゅう」として使《つか》われるようになった。

意味
❶ここのつ。八《はち》と十《じゅう》の間《あいだ》の数《かず》「きゅう」。例 三《さん》の三倍《さんばい》は九《きゅう》。九日《ここのか》・九州《きゅうしゅう》
❷数《かず》が多《おお》い。なんども。例 九拝《きゅうはい》

名前のよみ かず・ただ・ちか・ちかし・ひさ

❶〈ここのつ〉の意味で
【九官鳥】きゅうかんちょう ムクドリ科《か》の黒《くろ》い鳥《とり》。人《ひと》のことばをまねることがうまい。

【九死に一生を得る】きゅうしにいっしょうをえる ほとんど助《たす》からないような危機《きき》から助《たす》かること。絶体絶《ぜったいぜっ》命《めい》の状態《じょうたい》を脱《だっ》する。参考『楚辞《そじ》』にあることばから。九死《きゅうし》は、十分《じゅうぶん》の九《きゅう》の確率《かくりつ》で死《し》ぬということ。一生《いっしょう》は、残《のこ》り十分《じゅうぶん》の一《いち》の確率《かくりつ》で生《い》きながらえること。

【九州】きゅうしゅう ↓ 本州《ほんしゅう》の南西《なんせい》にある島々《しまじま》をまとめていうときの名前《なまえ》。九州地方《きゅうしゅうちほう》。福岡《ふくおか》・佐賀《さが》・長崎《ながさき》・大分《おおいた》・熊本《くまもと》・宮崎《みやざき》・鹿児島《かごしま》・沖縄《おきなわ》の八《やっ》つの県《けん》がある。例 九州男児《きゅうしゅうだんじ》 参考 むかし、この地域《ちいき》は西海道《さいかいどう》といい、筑前《ちくぜん》・筑後《ちくご》・肥前《ひぜん》・肥後《ひご》・豊前《ぶぜん》・豊後《ぶんご》・日向《ひゅうが》・大隅《おおすみ》・薩摩《さつま》の九《ここの》つの国《くに》に分《わ》かれていたため、「九州《きゅうしゅう》」とよばれた。

【九九】くく Ⅱ 一《いち》から九《きゅう》までの数《かず》どうしのかけ算《ざん》を順序《じゅんじょ》よくならべた、ひとまとまりの計算《けいさん》表《ひょう》。例 九九《くく》をおぼえる。

【九分九。厘】くぶくりん ①ほとんど全部《ぜんぶ》。例 研究《けんきゅう》は九分九厘完成《くぶくりんかんせい》した。②ほとんどまちがいなく。例 九分九厘成功《くぶくりんせいこう》するだろう。類 十中八九《じっちゅうはっく》 参考 百分率《ひゃくぶんりつ》でいえば九九パーセント。

❷〈数が多い〉の意味で
【九拝】きゅうはい ↓〈─する〉うやまった気持《きも》ちを表《あらわ》して、なんどもおじぎをすること。また、ありがたがること。例 三拝九拝《さんばいきゅうはい》する。

◆十中八九《じっちゅうはっく》 じっちゅうはっく|じゅっちゅうはっく|じゅうちゅうはっく

乙-2

乞

総画3
JIS-2480
常用
音 ─
訓 こう

筆順 乞 乞 乞

意味 こう。ねだる。もとめる。例 命乞《いのちご》い

乚-2

也

総画3
JIS-4473
人名
音 ヤ
訓 なり

意味 …なり。…だ。…である。例 金五千円《きんごせんえん》也《なり》。

名前のよみ また

乚-6

乱

総画7
JIS-4580
教6年
音 ラン
訓 みだれる・みだす

［亂］

筆順 乱 乱 乱 乱 乱 乱 乱（おらない・はねる）

なりたち

【会意】もとの字《じ》は、「亂」。「𤔔」がみだれる糸《いと》を引《ひ》っぱるようすを、「乚」が「おさめる」意味《いみ》を表《あらわ》す。合《あ》わせて、糸《いと》のみだれをおさめることを表《あらわ》す字《じ》。のちに「みだれる」としてだけに使《つか》われるようになった。

意味

❶みだれる。きまりやまとまりがない。例服装《ふくそう》が乱《みだ》れる。列《れつ》を乱《みだ》す。乱雑《らんざつ》・混乱《こんらん》

❷世《よ》の中《なか》のみだれ。世《よ》の中《なか》の争《あらそ》いやさわぎ。例治《ち》にいて乱《らん》を忘《わす》れず(平和《へいわ》なときでも世《よ》の中《なか》のみだれたときのことを考《かんが》え、それにそなえておけ)。乱世《らんせい｜らんせ》・戦乱《せんらん》

❸やたらに。むやみに。例乱立《らんりつ》

表記 ❸は、「濫」とも書《か》く。

名前のよみ おさむ

❶〈みだれる〉の意味で

【乱行《らんぎょう》】[↓] らんぼうで、でたらめなおこない。例乱行《らんぎょう》におよぶ。

【乱気流《らんきりゅう》】まわりの空気《くうき》とちがう方向《ほうこう》に動《うご》く空気《くうき》の流《なが》れ。

【乱雑《らんざつ》】[II]〈―な・―に〉ひどくちらかっているようす。例乱雑《らんざつ》で足《あし》のふみ場《ば》もない。

【乱視《らんし》】[↓] ものの形《かたち》がゆがんで見《み》えたり、二《に》重《じゅう》に見《み》えたりすること。

【乱心《らんしん》】[▲]〈―する〉悲《かな》しみやいかりのために、心《こころ》が乱《みだ》れること。例ご乱心《らんしん》 類逆上《ぎゃくじょう》・発狂《はっきょう》 表現 古《ふる》めかしい言《い》い方《かた》。

【乱数表《らんすうひょう》】たくさんのいろいろな数字《すうじ》を、でたらめな順序《じゅんじょ》にならべた表《ひょう》。暗号《あんごう》をつくったり、統計調査《とうけいちょうさ》でサンプルを選《えら》び出《だ》したりするときに使《つか》う。

【乱戦《らんせん》】[↓] 敵《てき》と味方《みかた》とが入《い》り交《ま》じって、どこがどうなっているかわからないようなたたかい。スポーツで、逆転《ぎゃくてん》がくりかえされたりして、どうなるかわからないような試合《しあい》。例乱《らん》戦《せん》もよう。類混戦《こんせん》

【乱丁《らんちょう》】[▲] 本《ほん》のページが順序《じゅんじょ》どおりになっていないこと。例乱丁本《らんちょうぼん》 類落丁《らくちょう》

【乱調《らんちょう》】①[↓] 動《うご》きぐあいや進《すす》みぐあいがわるくなること。例ピッチャーのとつぜんの乱調《らんちょう》で試合《しあい》に負《ま》ける。②[▲] 音楽《おんがく》や詩《し》などで、わざとリズムをくずすこと。

【乱◦闘《らんとう》】[↓]〈―する〉おおぜいが入《い》り交《ま》じって、暴力《ぼうりょく》をふるうこと。例乱闘《らんとう》さわぎ。

【乱入《らんにゅう》】[↓]〈―する〉かってに入《はい》りこむこと。例ファンがグラウンドに乱入《らんにゅう》する。類侵入《しんにゅう》

【乱反射《らんはんしゃ》】[↓]〈―する〉光《ひかり》が、でこぼこの面《めん》に当《あ》たって、いろいろな方向《ほうこう》へはねかえること。例水面《すいめん》で夕日《ゆうひ》が乱反射《らんはんしゃ》している。

【乱筆《らんぴつ》】[↓] 形《かたち》のくずれた読《よ》みにくい字《じ》。例乱筆《らんぴつ》おゆるしください。表現 手紙《てがみ》などで自分《じぶん》の書《か》き方《かた》についてけんそんして言《い》う。

【乱◦舞《らんぶ》】[↓]〈―する〉おおぜいの人《ひと》が入《い》り交《ま》じっておどること。表現「チョウが乱舞《らんぶ》する」など、人《ひと》でないものについても使《つか》う。

【乱文《らんぶん》】[↓] 書《か》き方《かた》がわるく、へたな文章《ぶんしょう》。例乱筆乱文《らんぴつらんぶん》おゆるしを。表現 手紙《てがみ》などで自分《じぶん》の文章《ぶんしょう》をけんそんして言《い》うのがふつう。

【乱暴《らんぼう》】[↓] ①〈―する〉あばれたり、ものを投《な》げつけたり、人《ひと》におそいかかったりすること。例乱暴《らんぼう》をはたらく。類暴行《ぼうこう》 ②〈―な・―に〉やり方《かた》があらっぽくて、ていねいでないようす。例乱《らん》暴《ぼう》なことばづかい。対丁寧《ていねい》

【乱脈《らんみゃく》】[↓]〈―な・―に〉やり方《かた》がいいかげんで、すじみちが通《とお》っていないようす。例乱脈経営《らんみゃくけいえい》

❷〈世の中のみだれ〉の意味で

【乱世《らんせい｜らんせ》】[↓] 人《ひと》びとをまとめる力《ちから》やしくみがじゅうぶんでないために、国《くに》じゅうで大《おお》きなあらそいがたえない世《よ》の中《なか》。対治世《ちせい》

❸〈やたらに〉の意味で

【乱◦獲《らんかく》】[↓]〈―する〉魚《さかな》やけものなどをやたらにとってしまうこと。例乱獲《らんかく》で資源《しげん》がへった。

【乱射《らんしゃ》】[↓]〈―する〉ピストルなどを、めちゃくちゃにうつこと。例乱射事件《らんしゃじけん》

【乱造《らんぞう》】[↓]〈―する〉ものをやたらに作《つく》ること。例粗製乱造《そせいらんぞう》(粗末《そまつ》なできあがりのものが、数《かず》ばかりたくさん作《つく》られる)

【乱打《らんだ》】[↓]〈―する〉①めちゃめちゃに何度《なんど》も打《う》つこと。例半鐘《はんしょう》を乱打《らんだ》する。②野球《やきゅう》で、安打《あんだ》をつぎつぎと打《う》ちこむこと。③テニスなどの練習《れんしゅう》でボールを打《う》ち合《あ》うこと。例乱打戦《らんだせん》

【乱読《らんどく》】[↓]〈―する〉いろいろな種類《しゅるい》の本《ほん》を、手《て》当《あ》たりしだいに読《よ》むこと。対精読《せいどく》

【乱◦伐《らんばつ》】[↓]〈―する〉やたらに森《もり》や林《はやし》の木《き》を切《き》り出《だ》すこと。例乱伐《らんばつ》によって水害《すいがい》がふえた。

【乱発《らんぱつ》】[↓]〈―する〉お札《さつ》や手形《てがた》などを無計画《むけいかく》に発行《はっこう》すること。

【乱費《らんぴ》】[↓]〈―する〉お金《かね》やものをむだにつか

うこと。類浪費《ろうひ》

【乱用《らんよう》】↓〈―する〉ちょうどよいという程度《ていど》をこえて、むやみに使《つか》うこと。例職権乱用《しょっけんらんよう》

【乱立《らんりつ》】↓〈―する〉人《ひと》やものが、むやみに多《おお》く立《た》ちならぶこと。例候補者《こうほしゃ》が乱立《らんりつ》する。

乱が下につく熟語 上の字の働き

❶乱＝〈みだれる〉のとき
【狂乱《きょうらん》 錯乱《さくらん》】近《ちか》い意味《いみ》。
【混乱《こんらん》 散乱《さんらん》】ドノヨウニ乱《みだ》れるのか。
【酒乱《しゅらん》 腐乱《ふらん》】ナニによって乱《みだ》れるのか。

❷乱＝〈世の中のみだれ〉のとき
【戦乱《せんらん》 反乱《はんらん》】ナニによって乱《みだ》れるのか。
【騒乱《そうらん》 内乱《ないらん》】ドウイウようすの乱《みだ》れか。

◆胴乱《どうらん》 動乱《どうらん》

乳

乚-7 総画8 JIS-3893 教6年
訓音 ニュウ ちち・ち

筆順

なりたち

【会意】もとの字《じ》は「乳」。つばめ（乚）と、手《て》で子《こ》どもをだいている形《かたち》（孚《ふ》）を合《あ》わせた字《じ》。むかし中国《ちゅうごく》ではつばめは子《こ》どもをさずける使者《ししゃ》と考《かんが》えられていたことから、子《こ》どもを育《そだ》てる意味《いみ》を表《あらわ》し、「ちち」として使《つか》われている。

意味 ちち。ちぶさから出《で》る白《しろ》い液体《えきたい》。ちちに似《に》たもの。ちぶさ。例牛《うし》の乳《ちち》をしぼる。

乳首《ちくび》・乳液《にゅうえき》・乳児《にゅうじ》・母乳《ぼにゅう》

特別なよみ 乳母（うば）

【乳母《うば》】↓母親《ははおや》の代《か》わりに、自分《じぶん》のちちを飲《の》ませて人《ひと》の子《こ》どもを育《そだ》てる女《おんな》の人《ひと》。めのと。例乳母車《うばぐるま》

【乳首《ちくび》】↓①赤子《あかご》が母親《ははおや》のちぶさからちちをすうときに、口《くち》にふくむところ。②赤子《あかご》が母親《ははおや》のちちをすう代《か》わりに、口《くち》にくわえるようにつくったもの。

【乳房《ちぶさ》】↓女《おんな》の人《ひと》のむねの、二《ふた》つのふくらみ。そこに母乳《ぼにゅう》ができ、乳首《ちくび》から子《こ》どもにのませる。

【乳液《にゅうえき》】↓牛乳《ぎゅうにゅう》のような白《しろ》い液体《えきたい》。けしょう用《よう》のものが多《おお》い。例乳液《にゅうえき》を顔《かお》につける。

【乳牛《にゅうぎゅう／ちちうし》】↓牛乳《ぎゅうにゅう》をとるために飼《か》うウシ。関連肉牛《にくぎゅう》・役牛《えきぎゅう》・乳牛《にゅうぎゅう》

【乳業《にゅうぎょう》】↓なまの牛乳《ぎゅうにゅう》から飲用牛乳《いんようぎゅうにゅう》やバター・チーズなどの乳製品《にゅうせいひん》をつくる仕事《しごと》。

【乳酸《にゅうさん》】↓ちちが発酵《はっこう》してできる酸《さん》。例乳酸菌《にゅうさんきん》・乳酸飲料《にゅうさんいんりょう》

【乳歯《にゅうし》】↓生《う》まれて六《ろっ》か月《げつ》くらいから生《は》えはじめて、十歳前後《じっさいぜんご》に永久歯《えいきゅうし》とぬけかわる子《こ》どもの歯《は》。対永久歯《えいきゅうし》

【乳児《にゅうじ》】↓生《う》まれてから一年《いちねん》くらいまでの、まだちちを飲《の》んで育《そだ》つ時期《じき》の子《こ》ども。ちのみご。あかんぼう。類嬰児《えいじ》

【乳脂肪《にゅうしぼう》】ちちの中《なか》にふくまれているあぶらの成分《せいぶん》。例乳脂肪分《にゅうしぼうぶん》が多《おお》い。

【乳製品《にゅうせいひん》】バターやチーズ・こなミルクなど、牛乳《ぎゅうにゅう》からつくる食品《しょくひん》。

【乳白色《にゅうはくしょく》】牛乳《ぎゅうにゅう》のような、すきとおっていない白《しろ》い色《いろ》。例乳白色《にゅうはくしょく》の液体《えきたい》。

【乳幼児《にゅうようじ》】満一歳《まんいっさい》くらいまでの子《こ》どもと、学校《がっこう》に入《はい》るまえまでの子《こ》ども。参考「乳児《にゅうじ》」と「幼児《ようじ》」をいっしょにしたことば。

乳が下につく熟語 上の字の働き

【牛乳《ぎゅうにゅう》 豆乳《とうにゅう》 母乳《ぼにゅう》】ナニ・ダレの乳《ちち》か。
【粉乳《ふんにゅう》 練乳《れんにゅう》】ドウイウ状態《じょうたい》の乳《ちち》か。
【搾乳《さくにゅう》 授乳《じゅにゅう》 離乳《りにゅう》】乳《ちち》をドウスルのか。

乾

乙-10 総画11 JIS-2005 常用
訓音 カン・ケン かわく・かわかす

筆順

なりたち
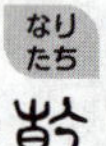
【形声】日《ひ》がのぼる意味《いみ》の「倝」と草木《くさき》ののびる意味《いみ》の「乙」を合《あ》わせて、高《たか》くのぼることを表《あらわ》している字《じ》。のちに、もとの意味《いみ》からはなれて「かわく」として使《つか》われるようになった。

意味
❶かわく。かわかす。水気《みずけ》をなくす。例シャツを乾《かわ》かす。乾燥《かんそう》・乾物《かんぶつ》 対湿《しつ》
❷天《てん》。易《えき》のことばで、天《てん》を表《あらわ》す。対坤《こん》
❸北西《ほくせい》の方位《ほうい》。いぬい。参考☞「巽《そん》」の「文字物語」（356ページ）

使い分け かわく[渇・乾]☞679ページ

名前のよみ きみ・すすむ・つとむ

❶〈かわく〉の意味で

【◦乾季】かん《かん》き《き》 [↓] 一年《いちねん》のうちで、雨《あめ》の少《すく》ない季《き》節《せつ》。対 雨季《うき》・雨期《うき》 表記「乾期」とも書く。知識 一年間《いちねんかん》が雨《あめ》が少《すく》ない時期《じき》と多《おお》い時期《じき》とに分《わ》かれる。熱帯《ねったい》や亜熱帯《あねったい》では、一年間が雨が少ない時期と多い時期とに分かれる。

【◦乾◦湿】かん《かん》しつ《しつ》 [⇕] 天候《てんこう》や空気《くうき》などの、かわきぐあいとしめりぐあい。

【◦乾◦湿計】かんしつけい《かんしつけい》 「乾湿球湿度計《かんしつきゅうしつどけい》」の略《りゃく》。空気《くうき》のしめりぐあいをはかるための道具《どうぐ》。

【◦乾◦燥】かんそう《かんそう》 [‖]〈―する〉①水分《すいぶん》やしめりけがなくなること。また、なくすこと。例 乾燥剤《かんそうざい》 対 湿潤《しつじゅん》 ②うるおいにとぼしく、おもしろみや味《あじ》わいがないこと。例 無味乾燥《むみかんそう》な文章《ぶんしょう》。

【◦乾電池】かんでんち《かんでんち》 液体《えきたい》を使《つか》わずに作《つく》った電池《でんち》。例 アルカリ乾電池《かんでんち》 対 湿電池《しつでんち》

【◦乾◦杯】かんぱい《かんぱい》 [▲]〈―する〉さかずきの酒《さけ》を飲《の》みほすこと。とくに、宴会《えんかい》などでみんながいっせいにさかずきをあげて酒《さけ》を飲《の》むこと。例 乾杯《かんぱい》の音頭《おんど》をとる。

【◦乾物】かんぶつ《かんぶつ》 [↓] するめ・にぼし・かんぴょう・こんぶなど、魚《さかな》・野菜《やさい》・海藻《かいそう》などを日《ひ》にほし、長《なが》持《も》ちするようにした食品《しょくひん》。例 乾物店《かんぶつてん》 類 干物《ひもの》

❷〈天〉の意味で

【▲◦乾◆坤一◆擲】けんこんいってき《けんこんいってき》 自分《じぶん》の運命《うんめい》をかけて、思《おも》い切《き》って大《おお》きな勝負《しょうぶ》をすること。例 乾坤一擲《けんこんいってき》の大仕事《おおしごと》を始《はじ》める。参考「坤《こん》」は易《えき》で地《ち》を表《あらわ》すことば。「一擲《いってき》」は、ばくちでさいころを気合《きあい》をこめて投《な》げること。天地《てんち》、すなわち天下《てんか》をかけて、いちかばちかの大勝負《おおしょうぶ》をするというのがもともとの意味《いみ》。

1画 亅〔はねぼう〕の部

「亅《はねぼう》」の形《かたち》がめやすとなっている字《じ》を集《あつ》めてあります。

この部首の字

亅-1

了

総画2
JIS-4627
常用
訓 ―
音 リョウ

筆順

なりたち

【象形】「子《こ》」の字《じ》から両手《りょうて》をとった形《かたち》で、手《て》のからまった子《こ》どもを表《あらわ》した字《じ》。のちに、「おわる」の意味《いみ》に使《つか》われるようになった。

意味

❶おわる。ものごとがおわる。例 完了《かんりょう》
❷さとる。理解《りかい》する。例 了解《りょうかい》

名前のよみ あき・あきら・さとる・すみ・のり

❷〈さとる〉の意味で

【◦了解】りょうかい《りょうかい》 [‖]〈―する〉相手《あいて》の言《い》うことがわかるだけでなく、相手《あいて》の考《かんが》えについても、同意《どうい》できるくらいによく理解《りかい》すること。例 了解《りょうかい》をもとめる。類 了承《りょうしょう》・承知《しょうち》・理解《りかい》

【◦了見】りょうけん《りょうけん》 [↓] あるものごとについて、どのように受《う》けとめ、ふるまうかという考《かんが》え。例 了《りょう》見《けん》がせまい。表記「料簡」「了簡」とも書《か》く。

【◦了承】りょうしょう《りょうしょう》 [↓]〈―する〉相手《あいて》の気持《きも》ちや事情《じじょう》をよく理解《りかい》して、承知《しょうち》すること。例 了承《りょうしょう》を得《え》る。類 了解《りょうかい》・承認《しょうにん》

了が下につく熟語 上の字の働き

❶了＝〈おわる〉のとき
【終了《しゅうりょう》 完了《かんりょう》】近《ちか》い意味《いみ》。
【議了《ぎりょう》 修了《しゅうりょう》 読了《どくりょう》】ドウスルのがおわるのか。
◆投了《とうりょう》 満了《まんりょう》 未了《みりょう》 魅了《みりょう》

亅-3

予

総画4
JIS-4529
教3年
訓 あらかじ-め
音 ヨ
［豫］

筆順

なりたち

【形声】もとの字《じ》は、「豫」。「予」が「ヨ」という読《よ》み方《かた》をしめし、「象《ぞう》」をくわえて、大《おお》きな象《ぞう》を表《あらわ》していた。常《じょう》用漢字《ようかんじ》は、「象」の部分《ぶぶん》を略《りゃく》したもの。この読《よ》み方《かた》を表《あらわ》す「予」は、もともと、機《はた》を織《お》るときの横糸《よこいと》をとおす道具《どうぐ》をえがいた形《かたち》。

意味

❶あらかじめ。まえもって。例 予定《よてい》
❷わたし。自分《じぶん》のことを指《さ》す。例 予《よ》は王《おう》者《じゃ》なり。類 余《よ》
❸ゆっくりする。のんびりする。例 猶予《ゆうよ》
❹伊予《いよ》。旧国名《きゅうこくめい》。今《いま》の愛媛県《えひめけん》。例 予州《よしゅう》

❶〈あらかじめ〉の意味で

【予感《よかん》】[↓]〈—する〉これから先《さき》におこりそうなことを前《まえ》もって感《かん》じること。また、そういう感《かん》じ。虫《むし》の知《し》らせ。[例]わるい予感《よかん》がする。

【予期《よき》】[↓]〈—する〉こうなりそうだと考《かんが》えて、それに対《たい》する心《こころ》がまえをすること。[例]予期《よき》せぬできごと。[類]予想《よそう》・予測《よそく》

【予見《よけん》】[↓]〈—する〉ものごとがまだおこらないうちに、見《み》とおしをもつこと。[例]気候《きこう》の変《へん》化《か》を予見《よけん》する。[類]予知《よち》・予測《よそく》

【予言《よげん》】[↓]〈—する〉この先《さき》なにがおこるかを、前《まえ》もって言《い》うこと。[例]予言的中《よげんてきちゅう》。[類]預言《よげん》

【予行《よこう》】[↓]〈—する〉だいじな行事《ぎょうじ》をするとき、少《すこ》し前《まえ》に、じっさいのとおりのやり方《かた》でやってみること。リハーサル。[例]予行演習《よこうえんしゅう》

【予告《よこく》】[↓]〈—する〉このようなことがある、このようになると、前《まえ》もって知《し》らせること。[例]映画《えいが》の予告編《よこくへん》。

【予算《よさん》】[↓]①この先《さき》のある期間《きかん》の、入《はい》ってくるお金《かね》と出《で》ていくお金《かね》を前《まえ》もって計算《けいさん》した見《み》つもり。[例]来年度《らいねんど》の国家予算《こっかよさん》。②あることをするために必要《ひつよう》な費用《ひよう》を前《まえ》もって見《み》つもったもの。[例]家族旅行《かぞくりょこう》の予算《よさん》は五万円《ごまんえん》だ。

【予習《よしゅう》】[↓]〈—する〉これから学《まな》ぶことについて、前《まえ》もって勉強《べんきょう》しておくこと。[対]復習《ふくしゅう》

【予選《よせん》】[↓]〈—する〉たくさんの中《なか》から代表《だいひょう》や本選《ほんせん》に出場《しゅつじょう》する人《ひと》やチームをえらぶために、選考会《せんこうかい》や試合《しあい》をおこなうこと。[例]地区予選《ちくよせん》

【予想《よそう》】[↓]〈—する〉先《さき》のことについて、こうではないかと前《まえ》もって見当《けんとう》をつけること。[例]予《よ》想外《そうがい》の寒《さむ》さだ。[類]予期《よき》

【予測《よそく》】[↓]〈—する〉これから先《さき》のことについて、前《まえ》もってだいたいの見当《けんとう》をつけること。[例]十年後《じゅうねんご》を予測《よそく》する。[類]予期《よき》・予見《よけん》

【予断《よだん》】[↓]〈—する〉きっとこうなるだろうと、考《かんが》えをかためること。[例]予断《よだん》をゆるさない。

【予知《よち》】[↓]〈—する〉まだ先《さき》のことについて、どうなるか知《し》ること。[例]地震《じしん》を予知《よち》する。[類]予見《よけん》

【予定《よてい》】[↓]〈—する〉これから先《さき》にすることなどを、前《まえ》もって決《き》めておくこと。その決《き》めたこと。[例]予定《よてい》をたてる。予定表《よていひょう》

【予備《よび》】[↓]前《まえ》もって用意《ようい》しておくこと。いつでも使《つか》えるように用意《ようい》してあるもの。[例]予備《よび》のお金《かね》。

【予備知識《よびちしき》】なにかをするとき、その前《まえ》に知《し》っておいたほうがよいことがら。

【予報《よほう》】[↓]〈—する〉これから先《さき》のことについてこうなるであろうと、知《し》らせること。その知《し》らせ。[例]天気予報《てんきよほう》

【予防《よぼう》】[↓]〈—する〉病気《びょうき》や災害《さいがい》などのわるいことが起《お》こらないように、前《まえ》もって必要《ひつよう》なことをすること。[例]予防接種《よぼうせっしゅ》・予防線《よぼうせん》

【予約《よやく》】[↓]〈—する〉なにかを買《か》ったり、借《か》りたり、使《つか》ったりするまえに相手《あいて》と約束《やくそく》しておくこと。[例]予約席《よやくせき》

[Ⅰ] 亅-5

争

総画6
JIS-3372
教4年
[音]ソウ
[訓]あらそう
「爭」

筆順

なりたち

【会意】もとの字は「爭」。二《ふた》つの手《て》(爫と彐)とそのあいだにおかれた物《もの》(亅)を合《あ》わせて、手《て》と手《て》で物《もの》を引《ひ》き合《あ》うことを表《あらわ》している字《じ》。「あらそう」として使《つか》われる。

意味 あらそう。たたかう。[例]先《さき》を争《あらそ》う。争《あらそ》いを起《お》こす。争乱《そうらん》・論争《ろんそう》

【争議《そうぎ》】[↓]①意見《いけん》のちがう人《ひと》たちが、それぞれの考《かんが》えをぶつけあってあらそうこと。②「労働争議《ろうどうそうぎ》」の略《りゃく》。

【争。奪《そうだつ》】[↓]〈—する〉なにかを自分《じぶん》のものにしようとして、取《と》り合《あ》い、あらそうこと。うばいあい。[例]優勝《ゆうしょう》カップの争奪戦《そうだつせん》。

【争点《そうてん》】[↓]言《い》いあらそいや裁判《さいばん》などで、そのあらそいのもとになっている、おもな点《てん》。[例]争点《そうてん》を整理《せいり》する。

【争乱《そうらん》】[↓]あらそいが起《お》こり、世《よ》の中《なか》がみだれること。[例]争乱《そうらん》の世《よ》をおさめた英雄《えいゆう》。

【争論《そうろん》】[↓]〈—する〉言《い》いあらそうこと。[表現]「論争《ろんそう》」より口《くち》げんかに近《ちか》いものをいう。

争が下につく熟語 上の字の働き

【競争《きょうそう》 戦争《せんそう》 闘争《とうそう》】近《ちか》い意味《いみ》。

【論争《ろんそう》 紛争《ふんそう》 抗争《こうそう》】ドウヤッテ・ドウナッテ争《あらそ》うか。
◆係争《けいそう》 政争《せいそう》

亅-7
【事】
総画8
JIS-2786
教3年
音 ジ・ズ
訓 こと

筆順

なりたち

【会意】計数用《けいすうよう》の棒《ぼう》が入《はい》った容器《ようき》(中)と手《て》(又)を合《あ》わせて、役所《やくしょ》の記録《きろく》などのしごとを表《あらわ》している字《じ》。

意味
❶こと。ことがら。とくべつなできごと。例 事《こと》ここに至《いた》る。事件《じけん》・無事《ぶじ》
❷しごと。人《ひと》のおこない。例 事業《じぎょう》・従事《じゅうじ》
❸つかえる。目上《めうえ》の人《ひと》やりっぱな人《ひと》につかえる。例 師事《しじ》

注意するよみ ズ…例 好事家《こうずか》
名前のよみ つとむ

❶〈こと〉の意味で
【事。柄】《ことがら》 ↓ ものごと。ものごとのようすやありさま。例 事柄《ことがら》をメモする。類 事項《じこう》
【事件】《じけん》 Ⅱ ふだんの生活《せいかつ》ではあまり見《み》られない、人《ひと》びとの話題《わだい》になるようなできごと。例 殺人事件《さつじんじけん》。事件《じけん》がおこる。
【事故】《じこ》 Ⅱ 思《おも》いがけないときに、人《ひと》の不注《ふちゅう》意《い》などがもとでおこる、わるいできごと。例 事故《じこ》にあう。交通事故《こうつうじこ》 表現 自然《しぜん》の力《ちから》によっておこるわるいできごとは、「災害《さいがい》」という。
【事後】《じご》 ↓ ものごとがおこってのち。または、終《お》わったあと。例 事後報告《じごほうこく》 対 事前《じぜん》
【事。項】《じこう》 ↓ あることがらの全体《ぜんたい》を組《く》み立《た》てている、一《ひと》つ一《ひと》つのことがら。例 連絡事項《れんらくじこう》・注意事項《ちゅういじこう》 類 項目《こうもく》・事柄《ことがら》・条項《じょうこう》
【事後承。諾】《じごしょうだく》 一《ひと》つのことがすんでしまったあとで、「それでよい」とみとめること。例 事後承諾《じごしょうだく》をもとめる。
【事実】《じじつ》 Ⅱ ①じっさいにあったこと。ほんとうのこと。例 歴史上《れきしじょう》の事実《じじつ》。類 真実《しんじつ》・真相《しんそう》 ②ほんとうに。例 事実《じじつ》、ぼくは知《し》らない。
【事実上】《じじつじょう》 名前《なまえ》や形《かたち》はべつにして、ほんとうの中身《なかみ》を考《かんが》えること。例 事実上《じじつじょう》の権力者《けんりょくしゃ》。
【事実無根】《じじつむこん》 それが事実《じじつ》であるという根《こん》拠《きょ》がなにもないこと。例 事実無根《じじつむこん》のうわさ。
【事象】《じしょう》 ↓ 目《め》でとらえられるものごと。じっさいのことがら。例 社会的《しゃかいてき》な事象《じしょう》に興味《きょうみ》をもつ。類 現象《げんしょう》
【事情】《じじょう》 ↓ ①あるものごとが、どんなようすであるかということ。例 海外《かいがい》の事情《じじょう》。②そのようなことになったわけ。例 事情《じじょう》があって、閉店《へいてん》したらしい。
【事前】《じぜん》 ↓ なにかをする前《まえ》。なにかがおこる前《まえ》。例 事前運動《じぜんうんどう》 対 事後《じご》
【事態】《じたい》 ↓ ものごとのうつりかわっていく、そのときそのときのようす。例 非常事態《ひじょうじたい》
【事典】《じてん》 ↓ いろいろなものやことがらについて、おおまかなことがわかるように作《つく》られた本《ほん》。ことばだけでなく、図《ず》や写真《しゃしん》などを使《つか》って説明《せつめい》してあるものが多《おお》い。例 百科事典《ひゃっかじてん》 表現 ことばの意味《いみ》や使《つか》い方《かた》を説明《せつめい》する「辞《じ》典《てん》」に対《たい》して、「ことてん」というよび方《かた》をすることがある。
使い分け 〔辞典・事典〕☞979ページ
【事物】《じぶつ》 Ⅱ ものごと。その場《ば》にあるもの。例 新《あたら》しい事物《じぶつ》に目《め》をみはる。表現 「もの」について、いうことが多《おお》い。
【事変】《じへん》 Ⅱ ①大《おお》きな災害《さいがい》やさわぎなど、社《しゃ》会《かい》に混乱《こんらん》をおこすたいへんなできごと。類 変《へん》事《じ》 ②宣戦布告《せんせんふこく》(戦争《せんそう》を始《はじ》めるという知《し》らせ)をしないままに始《はじ》まった戦争《せんそう》。例 満州事変《まんしゅうじへん》
【事例】《じれい》 ↓ ①じっさいにあった事件《じけん》。例 過《か》去《こ》の事例《じれい》をさがす。類 先例《せんれい》 ②事件《じけん》の一《ひと》つ一《ひと》つの内容《ないよう》。例 事例《じれい》を研究《けんきゅう》する。

❷〈しごと〉の意味で
【事業】《じぎょう》 Ⅱ ①広《ひろ》く社会《しゃかい》にかかわりのある仕事《しごと》。例 福祉事業《ふくしじぎょう》・社会事業《しゃかいじぎょう》 ②利益《りえき》をえることを目的《もくてき》としておこなう仕事《しごと》。例 事業《じぎょう》をおこす。類 企業《きぎょう》・実業《じつぎょう》 表現 大《おお》がかりなものについて使《つか》う。
【事務】《じむ》 Ⅱ 会社《かいしゃ》・役所《やくしょ》などで、おもに書類《しょるい》を書《か》いたり計算《けいさん》したりするような仕事《しごと》。例 事務《じむ》員《いん》・事務所《じむしょ》
【事務的】《じむてき》 〈□な〉どう思《おも》うかということはぬきにして、ものごとをきまりどおりに、仕事《しごと》

◦学習漢字でない常用漢字 ▲常用漢字表にない音訓 ◆常用漢字でない漢字

として進《すす》めるようす。例 事務的《じむてき》に処理《しょり》する。

事が下につく熟語 上の字の働き

❶**事**＝〈こと〉のとき
【慶事《けいじ》 吉事《きちじ》 惨事《さんじ》 悪事《あくじ》 珍事《ちんじ》 変事《へんじ》 故事《こじ》 大事《だいじ｜おおごと》 小事《しょうじ》 細事《さいじ》 雑事《ざつじ》 俗事《ぞくじ》 世事《せじ》 時事《じじ》 食事《しょくじ》 炊事《すいじ》 家事《かじ》 芸事《げいごと》 刑事《けいじ》 軍事《ぐんじ》 工事《こうじ》 神事《しんじ》 法事《ほうじ》 人事《じんじ｜ひとごと》 火事《かじ》 用事《ようじ》 私事《しじ｜わたくしごと》 茶《さ》飯事《はんじ》】ドンナできごと(ことがら)か。
【万事《ばんじ》 諸事《しょじ》 多事《たじ》】ドレホドあるできごとか。
【議事《ぎじ》 行事《ぎょうじ》 仕事《しごと》】ドウスルことがらか。
【無事《ぶじ》 有事《ゆうじ》】事件《じけん》が有《あ》るか無《な》いか。

❷**事**＝〈しごと〉のとき
【判事《はんじ》 刑事《けいじ》】ナニの仕事《しごと》をする人《ひと》か。
【理事《りじ》 幹事《かんじ》 検事《けんじ》 執事《しつじ》 知事《ちじ》 領事《りょうじ》 従事《じゅうじ》】仕《し》事《ごと》を(仕事《しごと》に)ドウスル人《ひと》か。
◆記事《きじ》 師事《しじ》 叙事《じょじ》 出来事《できごと》 何事《なにごと》 返事《へんじ》 見事《みごと》

2画 二［に］の部

数《かず》を表《あらわ》す「二《に》」をもとにして作《つく》られた字《じ》と、「二《に》」の形《かたち》がめやすとなっている字《じ》を集《あつ》めてあります。

この部首の字
0 二……46　2 云……48　五……48　互……49　井……49　4 亘……49　5 亜……49
三→一 14　干→干 364　元→儿 107　夫→大 284
井→丶 38　平→干 365　未→木 597　示→示 786
弐→弋 380　来→木 601

■ 二-0

二

総画2
JIS-3883
教1年
音 ニ
訓 ふた・ふたつ

筆順 二 ながく

なりたち 一 一 ［指事］ひとつを表《あらわ》すぼう線《せん》「一」をふたつ重《かさ》ねて数《かず》の「に」を表《あらわ》した字《じ》。

意味
❶ふたつ。一《いち》と三《さん》の間《あいだ》の数《かず》「に」。例 二《ふた》つとない品《しな》。二重《にじゅう｜ふたえ》・無二《むに》
❷ふたつめ。二番《にばん》め。つぎ。例 二次《にじ》

特別なよみ 十重二十重(とえはたえ)・二十歳(はたち)・二十日(はつか)・二十(はたち)・二人(ふたり)・二日(ふつか)

名前のよみ かず・じ・つぎ・つぐ

❶〈ふたつ〉の意味で
【二院制】《にいんせい》 国会《こっかい》が二《ふた》つに分《わ》かれている制度《せいど》。類 両院制《りょういんせい》 知識 日本《にほん》の国会《こっかい》は、衆議院《しゅうぎいん》・参議院《さんぎいん》の二院制《にいんせい》である。アメリカなど多《おお》くの国《くに》も二院制《にいんせい》で、上院《じょういん》・下院《かいん》に分《わ》かれている。
【二期作】《にきさく》 おなじ田畑《たはた》で、おなじ種類《しゅるい》の作物《さくもつ》を一年《いちねん》に二回《にかい》作《つく》ること。知識 べつの作物《さくもつ》を作《つく》る場合《ばあい》は二毛作《にもうさく》という。
【二者択一】《にしゃたくいつ》 二《ふた》つのなかから、どちらか一方《いっぽう》を選《えら》びとること。例 試合《しあい》か旅行《りょこう》か、二者《にしゃ》択一《たくいつ》をせまられた。類 二者選一《にしゃせんいつ》
【二重】《にじゅう｜ふたえ》 ↓ ［一］ おなじようなものがかさなるようにして二《ふた》つあること。例 二重《にじゅう》まる・二重《ふたえ》まぶた 対 一重《いちじゅう｜ひとえ》 ［二］《にじゅう》 おなじようなことが二度《にど》おこなわれること。例 二重《にじゅう》の手間《てま》。類 重複《ちょうふく》
【二重唱】《にじゅうしょう》 ふたりの人《ひと》が、それぞれ高音部《こうおんぶ》と低音部《ていおんぶ》を受《う》け持《も》っていっしょに歌《うた》うこと。デュエット。例 女声《じょせい》二重唱《にじゅうしょう》
【二重人格】《にじゅうじんかく》 一人《ひとり》の人間《にんげん》が、まったくべつの二《ふた》つの性格《せいかく》をもっていること。
【二重奏】《にじゅうそう》 二《ふた》つの楽器《がっき》でいっしょに演奏《えんそう》すること。デュエット。例 弦楽《げんがく》二重奏《にじゅうそう》 知識 おなじ楽器《がっき》によるときと、ちがう楽器《がっき》によるときがある。
【二心】《にしん｜ふたごころ》 ↓ 主君《しゅくん》にそむいたり、味方《みかた》をうらぎったりする心《こころ》。例 二心《にしん｜ふたごころ》をいだく。
【二世】《にせ》 ↓ 仏教《ぶっきょう》で、この世《よ》と後《のち》の世《よ》。例 二世《にせ》のちぎり(いつまでもいっしょにという夫婦《ふうふ》の約束《やくそく》)。☞「にせい」は❷
【二束三文】《にそくさんもん》 数多《かずおお》くあってもねだんが安《やす》いこと。参考 「文《もん》」はむかしのお金《かね》の単位《たんい》。「二束《ふたたば》で三文《さんもん》」の意味《いみ》だが、わらじとむすびついて「二足三文」とも書《か》いた。
【二転三転】《にてんさんてん》 〈―する〉なりゆきや態度《たいど》などが、何度《なんど》もかわること。例 返事《へんじ》が二転三転《にてんさんてん》するとこまる。
【二◆兎を追う者は一◆兎をも得ず】《にとをおうものはいっとをもえず》 同時《どうじ》に二《ふた》つのことをしようとすると、両方《りょうほう》ともだめになる。参考 (よくばっ

て）一度《いちど》に二匹《にひき》のうさぎをつかまえようとすると、逆《ぎゃく》に一匹《いっぴき》もつかまえることができないというたとえから。

【二等分】《にとうぶん》〈─する〉全体《ぜんたい》を、おなじになるように二《ふた》つに分《わ》けること。例もうけを二等分《にとうぶん》する。表現ただ「等分《とうぶん》する」といえば二等分《にとうぶん》することを指《さ》す。

【二人三◦脚】《ににんさんきゃく》 横《よこ》にならんだ二人《ふたり》がとなりあう足首《あしくび》をしばり、三本足《さんぼんあし》のかっこうで走《はし》る競技《きょうぎ》。表現「友達《ともだち》と二人三脚《ににんさんきゃく》で完成《かんせい》させた作品《さくひん》」のように、二人《ふたり》が力《ちから》をあわせてものごとにとりくむようすを表《あらわ》すのにも使《つか》う。

【二百十日】《にひゃくとおか》 立春《りっしゅん》からかぞえて二百十《にひゃくとお》日《か》めの日《ひ》。九月一日《くがつついたち》ごろにあたる。類二百《にひゃく》二十日《はつか》 知識このころは、二百《にひゃく》二十日《はつか》とともに、台風《たいふう》のくることが多《おお》い。

【二枚舌】《にまいじた》 前《まえ》に言《い》ったこととくいちがうことを言《い》うこと。例二枚舌《にまいじた》をつかう。

【二毛作】《にもうさく》 一《ひと》つの田畑《たはた》で、作物《さくもつ》の種類《しゅるい》をかえ、一年《いちねん》に二度《にど》作《つく》ること。例米《こめ》と麦《むぎ》の二毛作《にもうさく》。知識おなじ作物《さくもつ》を二回《にかい》作《つく》るのは二期作《にきさく》。

【二輪車】《にりんしゃ》 自転車《じてんしゃ》やオートバイなど、車輪《しゃりん》が二《ふた》つついた乗《の》り物《もの》。

【二六時中】《にろくじちゅう》 一日《いちにち》じゅういつも。参考一《いち》日《にち》を十二《じゅうに》の時《とき》に分《わ》けたころの言《い》い方《かた》。今《いま》の二《に》十四時間《じゅうよじかん》は「四六時中《しろくじちゅう》」という。

【二十日】《はつか》 ①二十日分《にじゅうにちぶん》の日数《にっすう》。②その月《つき》の二十番《にじゅうばん》めの日《ひ》。例十月二十日《じゅうがつはつか》。

【二手】《ふたて》 ↓ある目的《もくてき》のために分《わ》かれた、二《ふた》つの集団《しゅうだん》。例二手《ふたて》に分《わ》かれてさがす。

【二◦股】《ふたまた》 ↓①根《ね》もとは一《ひと》つのものが、先《さき》のほうで二《ふた》つに分《わ》かれていること。例この先《さき》で道《みち》は二股《ふたまた》に分《わ》かれる。表記「二叉」とも書《か》く。②一《ひと》つがだめでもこまらないように、二《ふた》つを同時《どうじ》に用意《ようい》しておくこと。例二股《ふたまた》をかける。類両天秤《りょうてんびん》

故事のはなし

五十歩百歩《ごじっぽひゃっぽ》

戦争《せんそう》でいざ敵《てき》に切《き》りかかろうとするときに、よろいをぬぎすてて武器《ぶき》を引《ひ》きずって逃《に》げ出《だ》す人《ひと》がいた。ある人《ひと》は百歩《ひゃっぽ》逃《に》げてからやっと止《と》まり、またある人《ひと》は五十歩《ごじっぽ》逃《に》げてから止《と》まった。五十歩《ごじっぽ》しか逃《に》げなかった人《ひと》が、百歩《ひゃっぽ》も逃《に》げた人《ひと》をおくびょう者《もの》とわらったという。しかし、たとえ五十歩《ごじっぽ》でも、敵《てき》の前《まえ》から逃《に》げたことにかわりはないので、他人《たにん》をわらうことはできないのである。（『孟子《もうし》』梁恵王《りょうけいおう》上《じょう》）

❷〈ふたつめ〉の意味で

【二義的】《にぎてき》〈─な・─に〉いちばんめほどたいせつではないこと。例二義的《にぎてき》なことはあとまわしにしよう。類二次的《にじてき》

【二次】《にじ》 ↓①二番《にばん》め。また、二回《にかい》め。例二《に》次試験《じしけん》②いちばんめほどたいせつでないこと。例二次的《にじてき》な問題《もんだい》。

【二世】《にせい》 ↓①前《まえ》の人《ひと》とおなじ名前《なまえ》で、おなじ地位《ちい》についた二番《にばん》めの人《ひと》。例エリザベス二《に》世《せい》②外国《がいこく》からうつり住《す》んでいる人《ひと》の子《こ》で、その国《くに》で生《う》まれ育《そだ》ち、その国《くに》の国籍《こくせき》または永《えい》住権《じゅうけん》を持《も》っている人《ひと》。例日系二世《にっけいにせい》③親《おや》に対《たい》して子《こ》ども。類二代目《にだいめ》☞「にせ」は❶

【二人◦称】《ににんしょう》 文法《ぶんぽう》で、「あなた・きみ」など、話《はなし》の相手《あいて》を指《さ》す言《い》い方《かた》。関連一人称《いちにんしょう》（わたし・ぼく）・二人称《ににんしょう》・三人称《さんにんしょう》（かれ・それ）

【二枚目】《にまいめ》 ①劇《げき》や映画《えいが》などの美男子《びだんし》の役《やく》。また、それを演《えん》じる俳優《はいゆう》。②美男子《びだんし》。類色《いろ》男《おとこ》 知識歌舞伎《かぶき》の役者看板《やくしゃかんばん》で、二枚《にまい》めに若手《わかて》の人気役者《にんきやくしゃ》の名《な》を書《か》いたことから。なお、一《いち》枚《まい》めには座頭《ざがしら》、三枚《さんまい》めには人《ひと》をわらわせる役《やく》を演《えん》じる役者《やくしゃ》の名《な》を書《か》いた。

【二流】《にりゅう》 ↓いちばんすぐれている人《ひと》や物《もの》にくらべると、ややていどがひくいこと。関連一流《いちりゅう》・二流《にりゅう》・三流《さんりゅう》

【二言目】《ふたことめ》 なにか言《い》いだすと、かならず言《い》うのがくせになっていることば。例母《はは》は二言《ふたこと》目《め》には「勉強《べんきょう》しなさい」と言《い》う。

◦学習漢字でない常用漢字　▲常用漢字表にない音訓　◆常用漢字でない漢字

二－2

【云】

総画4
JIS-1730
人名
音 ウン
訓 い-う

意味 いう。他人《たにん》のことばを引《ひ》いてのべる。…という。例 云云《うんぬん》

二－2

【五】

総画4
JIS-2462
教1年
音 ゴ
訓 いつ・いつつ

筆順

すこしななめに
ながく

なりたち

【指事】「いつつ」が「一《いち》」から「九《きゅう》」までの数《かず》のまん中《なか》であることから「×」でしめし、のちに「二」がくわえられた。

意味
❶いつつ。四《よん》と六《ろく》の間《あいだ》の数《かず》「ご」。例 五《いつ》つの子《こ》。五色《ごしき｜ごしょく》・五線紙《ごせんし》・五分五分《ごぶごぶ》
❷いつつめ。五番《ごばん》め。例 五日《いつか》・第五交響曲《だいごこうきょうきょく》

特別なよみ 五月《さつき》・五月雨《さみだれ》

名前のよみ い・いず・かず・ゆき

❶〈いつつ〉の意味で

【五官】《ごかん》 [↓] 目《め》・耳《みみ》・鼻《はな》・した・ひふの五《いつ》つの器官《きかん》。例 五官《ごかん》をはたらかす。

【五感】《ごかん》 [↓] 見《み》る・聞《き》く・かぐ・あじわう・ふれるの五《いつ》つの感覚《かんかく》。例 五感《ごかん》をとぎすます。表現 五感《ごかん》以外《いがい》に、なにか心《こころ》に感《かん》じることを、「第六感《だいろっかん》のはたらき」ということがある。

【五行】《ごぎょう》 [↓] むかしの中国《ちゅうごく》で、万物《ばんぶつ》のもとと考《かんが》えられた「木《もく》・火《か》・土《ど》・金《ごん》・水《すい》」をまとめていうことば。知識 のちに五行《ごぎょう》が「十干《じっかん》」に配合《はいごう》され、その十干《じっかん》が「十二支《じゅうにし》」と組《く》み合《あ》わさって「干支《えと》」ができた。こうして、もののかぞえ方《かた》や順序《じゅんじょ》のつけ方《かた》に、次《つぎ》の四《よっ》つがよく使《つか》われるようになった。
(1)五行《ごぎょう》により、一番《いちばん》から五番《ごばん》まで。
(2)十干《じっかん》により、一番《いちばん》から十番《じゅうばん》まで。
(3)十二支《じゅうにし》により、一番《いちばん》から十二番《じゅうにばん》まで。
(4)干支《えと》により、一番《いちばん》から六十番《ろくじゅうばん》まで。
☞【十干】《じっかん》(173ページ)【十二支】《じゅうにし》(174ページ)【干支】《かんし｜えと》(365ページ)

【五穀】《ごこく》 [↓] 米《こめ》・麦《むぎ》・アワ・キビ・豆《まめ》の五種類《ごしゅるい》の穀物《こくもつ》。例 五穀豊穣《ごこくほうじょう》(豊作《ほうさく》)をいのる。

【五指】《ごし》 [↓] かた手《て》の五本《ごほん》の指《ゆび》。例 五指《ごし》にあまる(五《いつ》つ以上《いじょう》ある)。五指《ごし》に入《はい》る(五番《ごばん》めまでに入《はい》る)。

【五色】《ごしき｜ごしょく》 [↓] ①五種類《ごしゅるい》の色《いろ》。とくに、青《あお》・黄《き》・赤《あか》・白《しろ》・黒《くろ》の五《いつ》つの色《いろ》。例 五色《ごしき》の短冊《たんざく》。②さまざまな色《いろ》。

【五七調】《ごしちちょう》 歌《うた》や詩《し》などで、たとえば、「名《な》も知《し》らぬ／遠《とお》き島《しま》より／流《なが》れよる／椰子《やし》の実《み》ひとつ」のように五音《ごおん》のことばと七音《しちおん》のことばを五《ご》・七《しち》、五《ご》・七《しち》とくりかえしてひとつのリズムとするもの。対 七五調《しちごちょう》

【五十歩百歩】《ごじっぽひゃっぽ》 少《すこ》しのちがいはあっても、実質《じっしつ》はおなじこと。にたりよったりで大《たい》差《さ》のないこと。類 大同小異《だいどうしょうい》

【五十音】《ごじゅうおん》 五段《ごだん》ずつ十行《じゅうぎょう》にならべた図《ず》で表《あらわ》される「あいうえお」からはじまる日本語《にほんご》の音《おと》の呼《よ》び名《な》。例 五十音図《ごじゅうおんず》・五十音順《ごじゅうおんじゅん》 知識 辞典《じてん》や事典《じてん》などのことばのならべ方《かた》は五十音《ごじゅうおん》の順《じゅん》になっていることが多《おお》い。故事のはなし ☞47ページ

【五十三次】《ごじゅうさんつぎ》 江戸《えど》時代《じだい》、江戸《えど》(東京《とうきょう》)の日本橋《にほんばし》から京都《きょうと》の三条大橋《さんじょうおおはし》まで、東海道《とうかいどう》にあった五十三《ごじゅうさん》の宿場《しゅくば》。

【五線紙】《ごせんし》 音楽《おんがく》で、楽譜《がくふ》を書《か》くために、五《ご》本《ほん》の横線《よこせん》を何組《なんくみ》も引《ひ》いた用紙《ようし》。

【五臓六腑】《ごぞうろっぷ》 ①東洋《とうよう》の医学《いがく》でいう、からだの中《なか》のたいせつな器官《きかん》。五臓《ごぞう》は、肺臓《はいぞう》・心臓《しんぞう》・脾臓《ひぞう》・肝臓《かんぞう》・腎臓《じんぞう》。六腑《ろっぷ》は、大腸《だいちょう》・小腸《しょうちょう》・胆《たん》・胃《い》・三焦《さんしょう》・膀胱《ぼうこう》。②はらの中《なか》。例 水《みず》のつめたさが、五臓六腑《ごぞうろっぷ》にしみわたる。

【五体】《ごたい》 [↓] ①人《ひと》のからだの頭《あたま》・両手《りょうて》・両足《りょうあし》。また、頭《あたま》・首《くび》・胸《むね》・手《て》・足《あし》。②からだ全体《ぜんたい》。例 五《ご》体に力《ちから》がみなぎる。

【五分五分】《ごぶごぶ》 二《ふた》つのものをくらべて、ほとんど差《さ》がないこと。例 勝《か》つか負《ま》けるか、みこみは五分五分《ごぶごぶ》だ。類 五分《ごぶ》・互角《ごかく》

【五目】《ごもく》 [↓] ①いろいろな種類《しゅるい》、材料《ざいりょう》がまじっていること。例 五目《ごもく》そば・五目《ごもく》めし ②五目《ごもく》ならべ。例 五目《ごもく》をしてあそぶ。

【五里霧中】《ごりむちゅう》 五里四方《ごりしほう》のこい霧《きり》の中《なか》で方《ほう》角《がく》を見《み》うしなうように、ものごとにまよってどうしたらよいかわからなくなること。参考

前ページ ▶ 二

「霧中《むちゅう》」を「夢中《むちゅう》」と書《か》いてはあやまり。

故事のはなし ☞49ページ

【五輪《ごりん》】↓ ①オリンピックのマークとしてえがかれた五《いつ》つの大陸《たいりく》を表《あらわ》す五色《ごしょく》の輪《わ》。例 五輪旗《ごりんき》 ②オリンピック。例 五輪出場《ごりんしゅつじょう》をめざす。

【五月雨《さみだれ》】つゆの季節《きせつ》にふりつづく雨《あめ》。類 梅雨《ばいう》―つゆ 例 五月雨《さみだれ》を集《あつ》めてはやし最上川《もがみがわ》（松尾芭蕉《まつおばしょう》の俳句《はいく》）。

◆三三五五《さんさんごご》

二-2 互

総画4 JIS-2463 常用
音 ゴ
訓 たがい

筆順 互 互 互 互

故事のはなし

五里霧中《ごりむちゅう》

後漢《ごかん》時代《じだい》の張楷《ちょうかい》は、道教《どうきょう》の術《じゅつ》をこのみ、五里四方《ごりしほう》（中国《ちゅうごく》の一里《いちり》は約《やく》六五〇メートルなので、三キロ四方《しほう》くらい）の広《ひろ》さに霧《きり》を起《お》こすことができたという。（『後漢書《ごかんじょ》』張楷伝《ちょうかいでん》）

なりたち 互 【象形】なわや糸《いと》をねじ合《あ》わせる道具《どうぐ》の形《かたち》をえがいた字《じ》。左右《さゆう》かわるがわるまいていくことから、「たがいに」の意味《いみ》を表《あらわ》す。

意味 たがいに…しあう。たがいちがいに。かわるがわる。例 お互《たが》いさま。互角《ごかく》・互選《ごせん》・交互《こうご》

【°互角《ごかく》】↓〈―に・―な〉どちらも力《ちから》やわざに差《さ》がないこと。例 実力《じつりょく》は互角《ごかく》だ。類 五分五分《ごぶごぶ》 参考「牛角《ごかく》」がもとの形《かたち》で、牛《うし》の二本《にほん》の角《つの》の大《おお》きさに差《さ》がないことからいう。

【°互°換《ごかん》】↓〈―する〉たがいにとりかえること。とりかえることができること。例 ほかのメーカーのものとも互換性《ごかんせい》があるソフト。単位互換制度《いごかんせいど》。

【°互°恵《ごけい》】↓ たがいに相手《あいて》の利益《りえき》になるようにつとめること。例 互恵条約《ごけいじょうやく》 表現 国《くに》と国《くに》との貿易《ぼうえき》についていうことが多《おお》い。

【°互助《ごじょ》】↓ みんながたがいに助《たす》けあうこと。例 互助《ごじょ》の精神《せいしん》。互助会《ごじょかい》 類 共済《きょうさい》

【°互選《ごせん》】↓〈―する〉係《かかり》や代表《だいひょう》などを、なかまの中《なか》から自分《じぶん》たちでえらび出《だ》すこと。例 キャプテンは、部員《ぶいん》の互選《ごせん》で決《き》める。

互が下につく熟語 上の字の働き

【相互《そうご》 交互《こうご》】近《ちか》い意味《いみ》。

二-2 井

総画4 JIS-1670 常用
音 セイ・ショウ
訓 い

筆順 井 井 井 井

なりたち 井 【象形】いどのわくの形《かたち》をえがいた字《じ》。

意味
❶いど（井戸）。いどばた。例 井《い》の中《なか》の蛙《かわず》。市井《しせい》・油井《ゆせい》
❷いどのわく。いげた。いどのわくのように四角《しかく》にくぎった形《かたち》。例 天井《てんじょう》

注意するよみ ショウ…例 天井《てんじょう》

◆市井《しせい》 天井《てんじょう》 油井《ゆせい》

二-4 亘

総画6 JIS-4743 人名
音 コウ
訓 わた-る

［亙］

意味 わたる。つらなる。

名前のよみ のぶ

二-5 亜

総画7 JIS-1601 常用
音 ア
訓 ―

［亞］

筆順 亜 亜 亜 亜 亜 亜 亜

なりたち 亞 【象形】もとの字《じ》は、「亞」。古代《こだい》のたて穴《あな》の住居《じゅうきょ》をえがいた字《じ》。借《か》りて、「つぐ」の意味《いみ》に使《つか》われている。

意味
❶つぐ。次《つぎ》の。二番《にばん》め。例 亜流《ありゅう》
❷アジア。「亜細亜《アジア》」の略《りゃく》。例 東亜《とうあ》

名前のよみ つぎ・つぐ

❶〈つぐ。次の〉の意味で

【°亜°鉛《あえん》】↓ 青《あお》みをおびた、銀白色《ぎんはくしょく》の金属《きんぞく》。

°学習漢字でない常用漢字 ▲常用漢字表にない音訓 ◆常用漢字でない漢字

トタン板《いた》やしんちゅうをつくるのに使《つか》う。参考 見《み》た感《かん》じが鉛《なまり》ににているところから。
【°亜寒帯《あかんたい》】温帯《おんたい》と寒帯《かんたい》との中間《ちゅうかん》のところ。類 冷帯《れいたい》 対 亜熱帯《あねったい》
【°亜熱帯《あねったい》】熱帯《ねったい》と温帯《おんたい》との中間《ちゅうかん》のところ。例 亜熱帯気候《あねったいきこう》 対 亜寒帯《あかんたい》
【°亜流《ありゅう》】⇩ 一流《いちりゅう》の人《ひと》のまねをしているだけで、自分《じぶん》らしいところがないこと。例 だれかの亜流《ありゅう》にならないように努力《どりょく》する。類 追随者《ついずいしゃ》
◆東亜《とうあ》 白亜《はくあ》

2画 亠 の部 ［なべぶた］［けいさんかんむり］

「亠《なべぶた》」の形《かたち》がめやすとなっている字《じ》を集《あつ》めてあります。

この部首の字

1亡……50	4亦……50	亥……50	
交……50	5亨……52	6京……52	享……52
7亭……52	亮……52	六→八 119	文→文 550
方→方 557	市→巾 357	玄→玄 728	立→立 807
充→儿 109	妄→女 293	衣→衣 905	忘→心 468
言→言 924	卒→十 178	夜→夕 273	盲→目 770
育→月 869	斉→斉 1031	哀→口 220	変→夂 268
帝→巾 359	衷→衣 906	彦→彡 388	恋→心 478
畜→田 746	衰→衣 906	高→高 1058	商→口 224
率→玄 728	産→生 739	斎→斉 1031	蛮→虫 896
棄→木 622	裏→衣 910	豪→豕 951	褒→衣 912

亡 亠-1

総画3 JIS-4320 教6年
音 ボウ・モウ
訓 ない・ほろ-びる・ほろ-ぼす

筆順 亡 (まっすぐ、つく／おらない)

なりたち

【会意】「人《ひと》（人）」と「かこい（乚）」とからでき、人《ひと》がかくれることを表《あらわ》している字《じ》。

意味 ❶ほろびる。ほろぼす。なくなる。死《し》んだ。例 今《いま》は亡《な》き人《ひと》。亡者《もうじゃ》・死亡《しぼう》 対 興《こう》・存《そん》
❷にげる。ゆくえをくらます。例 逃亡《とうぼう》

注意するよみ モウ…例 亡者《もうじゃ》

❶〈ほろびる〉の意味で
【亡国《ぼうこく》】①⇩ ほろびた国《くに》。例 亡国《ぼうこく》の民《たみ》。②▲ 国《くに》をほろぼすこと。例 亡国行為《ぼうこくこうい》
【亡命《ぼうめい》】▲〈―する〉政治的《せいじてき》な理由《りゆう》で、よその国《くに》にのがれること。例 大使館《たいしかん》に亡命《ぼうめい》を願《ねが》い出《で》る。参考 「命」は名《めい》。もとの国《くに》での戸籍《こせき》をうしなうというのが、もともとの意味《いみ》。
【亡°霊《ぼうれい》】⇩ 死《し》んだ人《ひと》のたましい。類 幽霊《ゆうれい》
【亡者《もうじゃ》】⇩ ①死《し》んだ人《ひと》。死《し》んでも仏《ほとけ》になれないでいる人《ひと》。②なにかにとりつかれて、ぬけだせない人《ひと》。例 金《かね》の亡者《もうじゃ》。

亡が下につく熟語 上の字の働き

❶亡＝〈ほろびる〉のとき
【滅亡《めつぼう》 死亡《しぼう》】近《ちか》い意味《いみ》。
【存亡《そんぼう》 興亡《こうぼう》】反対《はんたい》の意味《いみ》。
◆衰亡《すいぼう》

亦 亠-4

総画6 JIS-4382 人名
音 エキ
訓 また

意味 また。…もまた。…も同《おな》じように。

亥 亠-4

総画6 JIS-1671 人名
音 ガイ
訓 い

意味 十二支《じゅうにし》の十二番《じゅうにばん》め。動物《どうぶつ》ではイノシシ。方角《ほうがく》では北北西《ほくほくせい》。時刻《じこく》では午後十時《ごごじゅうじ》、またはその前後二時間《ぜんごにじかん》。参考 ☞「巽《そん》」の「文字物語」（356ページ）

交 亠-4

総画6 JIS-2482 教2年
音 コウ
訓 まじわる・まじえる・まじる・まざる・まぜる・かう・かわす

筆順 交 (まっすぐ、つく／とめる／はらう)

なりたち

【象形】人《ひと》が足《あし》をまじわらせている形《かたち》をえがいた字《じ》。

意味 ❶人《ひと》と人《ひと》とがまじわる。まじわり。つきあい。例 水魚《すいぎょ》の交《まじ》わり。交際《こうさい》・外交《がいこう》
❷ものとものとがまじわる。たがいにやりとりする。いれかわる。例 戦《たたか》いを交《まじ》える。大人《おとな》の中《なか》に子《こ》どもが交《ま》じる。言葉《ことば》を交《か》わ

す。飛《と》び交《か》う。交互《こうご》・混交《こんこう》

❸ひきかえにわたす。例 交付《こうふ》

使い分け まじる[交・混] ☞51ページ

名前のよみ かた・とも・みち

❶〈人と人とがまじわる〉の意味で

【交。歓】こうかん ▲ 〈—する〉集《あつ》まったみんながうちとけて、いっしょに楽《たの》しむ。例 交歓会《こうかんかい》

【交際】こうさい Ⅱ 〈—する〉人《ひと》と人《ひと》とがつきあうこと。例 外国《がいこく》の人《ひと》と交際《こうさい》する。交際費《こうさいひ》

【交。渉】こうしょう Ⅱ 〈—する〉つきあい。かかわりあい。例 交渉《こうしょう》がとだえる。類 関係《かんけい》・接触《せっしょく》 ☞❷

【交友】こうゆう ↓ 友達《ともだち》とつきあうこと。また、つきあっている友達《ともだち》。例 交友関係《こうゆうかんけい》

【交流】こうりゅう ↓ 〈—する〉ちがう場所《ばしょ》やちがう組織《そしき》にいる人《ひと》が、たがいに行《い》き来《き》してつきあいをすること。例 交流《こうりゅう》を深《ふか》める。国際交流《こくさいこうりゅう》 ☞❷

❷〈ものとものとがまじわる〉の意味で

【交易】こうえき Ⅱ 〈—する〉おたがいに品物《しなもの》を売《う》ったり買《か》ったり、交換《こうかん》したりすること。例 両国《りょうこく》間《かん》の交易《こうえき》がさかんになった。類 貿易《ぼうえき》・通商《つうしょう》

【交。換】こうかん Ⅱ 〈—する〉とりかえること。いれかえること。例 部品《ぶひん》を交換《こうかん》する。交換日記《こうかんにっき》

【交。響曲】こうきょうきょく オーケストラによって演奏《えんそう》されるいちばん規模《きぼ》の大《おお》きな曲《きょく》。シンフォニー。例 ベートーベンの第九交響曲《だいくこうきょうきょく》。表現「交《こう》響楽《きょうがく》」は古《ふる》い言《い》い方《かた》。知識 多《おお》くは四楽章《よんがくしょう》からできている。

【交。互】こうご Ⅱ 〈—に〉たがいちがい。かわるがわる。例 足《あし》を交互《こうご》に動《うご》かす。類 相互《そうご》

【交差】こうさ Ⅱ 〈—する〉十文字《じゅうもんじ》やななめにまじわること。例 立体交差《りったいこうさ》 対 並行《へいこう》

【交。錯】こうさく Ⅱ 〈—する〉いろいろのものがいりまじること。例 よろこびと悲《かな》しみが交錯《こうさく》する。類 錯綜《さくそう》

【交差点】こうさてん 道路《どうろ》などのまじわっているところ。四《よ》つ角《かど》。類 十字路《じゅうじろ》

【交。渉】こうしょう Ⅱ 〈—する〉なにかをとりきめるために相手《あいて》と話《はな》しあうこと。例 交渉《こうしょう》がまとまる。類 折衝《せっしょう》・談判《だんぱん》 ☞❶

【交信】こうしん ↓ 〈—する〉無線通信《むせんつうしん》などで通信《つうしん》しあうこと。例 嵐《あらし》のために交信《こうしん》がとだえる。宇《う》宙《ちゅう》飛行士《ひこうし》との交信《こうしん》に成功《せいこう》。交信記録《こうしんきろく》 類 通信《つうしん》

【交戦】こうせん ↓ 〈—する〉たがいに戦《たたか》うこと。例 交《こう》戦状態《せんじょうたい》に入《はい》る。交戦国《こうせんこく》

【交代】こうたい Ⅱ 〈—する〉いれかえること。また、いれかわること。例 交代《こうたい》で荷物《にもつ》を持《も》つ。表記「交替」とも書《か》く。

【交通】こうつう ↓ ①道路《どうろ》を人《ひと》や車《くるま》が行《い》き来《き》すること。例 交通事故《こうつうじこ》 類 通行《つうこう》・往来《おうらい》 ②人《ひと》や品物《しなもの》を目的地《もくてきち》に運《はこ》ぶしくみ。例 交通《こうつう》の便《べん》。交通網《こうつうもう》

【交点】こうてん ↓ 線《せん》と線《せん》、また、線《せん》と面《めん》がまじわるところ。例 二本《にほん》の直線《ちょくせん》の交点《こうてん》。

【交配】こうはい ↓ 〈—する〉ちがう種類《しゅるい》のおすとめす、おしべとめしべとをかけあわせて、新種《しんしゅ》を作《つく》ること。例 交配種《こうはいしゅ》 類 交雑《こうざつ》 知識 よりよい品《ひん》種《しゅ》を作《つく》り出《だ》すために、農作物《のうさくぶつ》や家畜《かちく》に対《たい》しておこなうことが多《おお》い。

【交番】こうばん ↓ 町《まち》のところどころにあって、警察《けいさつ》官《かん》がかわるがわるつめているところ。類 駐《ちゅう》在所《ざいしょ》 参考 交代《こうたい》で番《ばん》をすることから。

【交流】こうりゅう ↓ 電気《でんき》で、流《なが》れる方向《ほうこう》が変化《へんか》する電流《でんりゅう》。対 直流《ちょくりゅう》 知識 日本《にほん》の家庭《かてい》に配《くば》られている電気《でんき》は交流《こうりゅう》で、一秒間《いちびょうかん》に五十回《ごじっかい》(東日《ひがしに》本《ほん》)か六十回《ろくじっかい》(西日本《にしにほん》)ずつ流《なが》れる方向《ほうこう》を変《か》える。☞❶

❸〈ひきかえにわたす〉の意味で

【交付】こうふ Ⅱ 〈—する〉国《くに》や役所《やくしょ》などが、きまった手《て》つづきをしたうえで、書類《しょるい》やお金《かね》などをわ

例解 使い分け

[まじる《交じる・混じる》]

交じる＝いろいろなものが入《い》り組《く》む。
例 漢字《かんじ》にかなが交《ま》じる。おとなの中《なか》に子《こ》どもが交《ま》じる。白髪《しらが》が交《ま》じる。

混じる＝まじって区別《くべつ》できないようになる。
例 酒《さけ》に水《みず》が混《ま》じる。ほかの色《いろ》が混《ま》じる。雑音《ざつおん》が混《ま》じる。

たすこと。例 交付金《こうふきん》 類 給付《きゅうふ》

交が下につく熟語 上の字の働き

❶交＝〈人と人とがまじわる〉のとき

【国交《こっこう》 外交《がいこう》 社交《しゃこう》 旧交《きゅうこう》 親交《しんこう》】ドノヨウナ交《まじ》わりか。

【絶交《ぜっこう》 断交《だんこう》】交《まじ》わりをドウスルか。

◇混交《こんこう》 団交《だんこう》

亠−5

亨

総画7 JIS-2192 人名

音 コウ・キョウ 訓 とお-る

意味 とおる。順調《じゅんちょう》に進《すす》む。

名前のよみ あき・あきら・すすむ・とし・なが・みち・ゆき

亠−6

京

総画8 JIS-2194 教2年

音 キョウ・ケイ 訓 みやこ

筆順 京 京 京 京 京 京 京 京（まっすぐ、つく／はねる／とめる）

なりたち 【象形】高《たか》いおかの上《うえ》に立《た》っている建物《たてもの》をえがいた字《じ》。むかしはおかの上《うえ》に神殿《しんでん》をたて、その周囲《しゅうい》にたくさんの人《ひと》が住《す》んだことから、「みやこ」の意味《いみ》に使《つか》われている。

意味 みやこ。国《くに》の首都《しゅと》。「東京《とうきょう》」または「京《きょう》都《と》」の略《りゃく》。例 京《きょう》の都《みやこ》。上京《じょうきょう》

名前のよみ あつ・たかし

【京◆洛】《きょうらく／けいらく》 ‖ みやこ。例 京洛《きょうらく／けいらく》のにぎわい。

【京。阪】《けいはん》 ‖ 京都《きょうと》と大阪《おおさか》。また、その地方《ちほう》。例 京阪《けいはん》地方《ちほう》・京阪電車《けいはんでんしゃ》

【京。阪神】《けいはんしん》 京都《きょうと》・大阪《おおさか》・神戸《こうべ》を合《あ》わせたよび名《な》。類 関西《かんさい》

【京。浜】《けいひん》 ‖ 東京《とうきょう》と横浜《よこはま》。また、その地方《ちほう》。例 京浜国道《けいひんこくどう》・京浜工業地帯《けいひんこうぎょうちたい》

【京葉】《けいよう》 ‖ 東京《とうきょう》と千葉《ちば》。また、その地方《ちほう》。例 京葉線《けいようせん》

京が下につく熟語 上の字の働き

【上京《じょうきょう》 帰京《ききょう》 在京《ざいきょう》 離京《りきょう》】東京《とうきょう》にドウスルか。

亠−6

享

総画8 JIS-2193 常用

音 キョウ 訓 う-ける

筆順 享 享 享 享 享 享 享 享

なりたち 【象形】城壁《じょうへき》の上《うえ》に立《た》つ、見《み》はりのための建物《たてもの》をえがいた字《じ》。借《か》りて、「うける」意味《いみ》に使《つか》われている。

意味 うける。身《み》にうける。例 享有《きょうゆう》

名前のよみ あきら・すすむ・たか・みち・ゆき

【。享受】《きょうじゅ》 ‖〈—する〉じゅうぶんにあじわい、楽《たの》しむこと。例 文化生活《ぶんかせいかつ》を享受《きょうじゅ》する。

【。享年】《きょうねん》 ↓ 死《し》んだ人《ひと》が生《い》きていた年数《ねんすう》。死《し》んだときのとし。類 行年《ぎょうねん／こうねん》・没年《ぼつねん》 表現 「享年七十《きょうねんしちじゅう》」のように、年齢《ねんれい》を表《あらわ》す数字《すうじ》の前《まえ》につけて使《つか》う。多《おお》く中年《ちゅうねん》以上《いじょう》で死《し》んだ人《ひと》に使《つか》い、子《こ》どものときに死《し》んだ人《ひと》などには使《つか》わない。

【。享有】《きょうゆう》 ↓〈—する〉能力《のうりょく》や権利《けんり》などを、生《う》まれながらにもっていること。例 自由《じゆう》を享有《きょうゆう》する。

【。享楽】《きょうらく》 ▲〈—する〉ほかのことは気《き》にせず、じゅうぶんに楽《たの》しむこと。類 悦楽《えつらく》・歓楽《かんらく》

亠−7

亭

総画9 JIS-3666 常用

音 テイ 訓 —

筆順 亭 亭 亭 亭 亭 亭 亭 亭 亭

なりたち 【形声】「高」が「たかい建物《たてもの》」を表《あらわ》し、「丁」が「立《た》ちどまる」意味《いみ》と「テイ」という読《よ》み方《かた》をしめしている。人《ひと》が立《た》ちどまって休《やす》む建物《たてもの》を表《あらわ》す字《じ》。

意味 人《ひと》の休《やす》む家《いえ》。やど。あずまや。例 亭主《ていしゅ》・料亭《りょうてい》 参考 旅館《りょかん》や食堂《しょくどう》の名《な》につけることがある。

名前のよみ たかし

【。亭主】《ていしゅ》 ↓ ①一家《いっか》の主人《しゅじん》。とくに、宿屋《やどや》や茶店《ちゃみせ》などの主人《しゅじん》。②夫《おっと》のややくだけた言《い》い方《かた》。類 主人《しゅじん》 対 女房《にょうぼう》 ③茶《ちゃ》の湯《ゆ》の会《かい》で、茶《ちゃ》をたてる役目《やくめ》の人《ひと》。例 茶会《ちゃかい》の亭主《ていしゅ》をつとめる。類 主人《しゅじん》 対 客《きゃく》

亠−7

亮

総画9 JIS-4628 人名

音 リョウ 訓 あき-らか

意味 あきらか。あかるい。
名前のよみ かつ・すけ・とおる・ふさ・まこと・よし

2画 人〔ひと〕 イ〔にんべん〕 入〔ひとがしら〕 の部

「人《ひと》(イ《にんべん》)」をもとに作《つく》られ、おもに人《ひと》の行動《こうどう》や性質《せいしつ》について表《あらわ》す字《じ》と、「入《ひとがしら》」の形《かたち》がめやすとなっている字《じ》を集《あつ》めてあります。

この部首の字

人-0

人

総画2
JIS-3145
教1年
訓音 ジン・ニン ひと

筆順

なりたち

【象形】ひとが立《た》っている形《かたち》をえがいた字《じ》。

意味
❶ひと。にんげん。人《ひと》がら。例 人命《じんめい》・旅人《たびびと》
❷ほかのひと。他人《たにん》。例 人事《ひとごと》
❸人《ひと》をかぞえることば。例 五人《ごにん》

特別なよみ 大人(おとな)・玄人(くろうと)・素人(しろうと)・仲人(なこうど)・一人(ひとり)・二人(ふたり)・若人(わこうど)

名前のよみ たみ・と・ひこ・ひとし

❶〈ひと〉の意味で

【人為《じんい》】▽ 人間《にんげん》のしわざ。自然《しぜん》のままでなく、人手《ひとで》をくわえること。例 人為的《じんいてき》に雨《あめ》を降《ふ》らせる実験《じっけん》。類 人工《じんこう》・人造《じんぞう》 対 自然《しぜん》・天然《てんねん》

【人員《じんいん》】↓ あることがらや組織《そしき》に関係《かんけい》する人《ひと》の数《かず》。例 人員《じんいん》をたしかめる。類 人数《にんずう》・員数《いんずう》

【人家《じんか》】↓ 人《ひと》が住《す》んで生活《せいかつ》している家《いえ》。例 人家《じんか》が密集《みっしゅう》している。類 住宅《じゅうたく》

【人海戦術《じんかいせんじゅつ》】一度《いちど》にたくさんの人《ひと》で、大《おお》きな仕事《しごと》をなしとげようとするやり方《かた》。

【人格《じんかく》】↓ ①人間《にんげん》としてのねうち。人《ひと》がら。例 人格《じんかく》を高《たか》める。②責任《せきにん》や義務《ぎむ》を果《は》たすことができる一人前《いちにんまえ》の人間《にんげん》としての資格《しかく》。例 人《じん》格《かく》をそなえる。表現「人格者《じんかくしゃ》」は「りっぱな人《ひと》がらの人《ひと》」という意味《いみ》。

【人権《じんけん》】↓ 生《う》まれながらにもっている人間《にんげん》としての権利《けんり》。知識 自由《じゆう》であること、平等《びょうどう》であること、命《いのち》をたいせつにされること、この三《みっ》つが人権《じんけん》の基本的《きほんてき》なものである。

【人件費《じんけんひ》】給料《きゅうりょう》など、はたらいている人《ひと》にはらうお金《かね》。例 人件費《じんけんひ》がかさむ。

【人口《じんこう》】↓ ①あるきまった地域《ちいき》に住《す》んでいる人《ひと》の数《かず》。例 日本《にほん》の人口《じんこう》。②世間《せけん》の人《ひと》びとが口《くち》にすること。例 人口《じんこう》に膾炙《かいしゃ》する(そのよさが世間《せけん》の評判《ひょうばん》になって、広《ひろ》く知《し》れわたる)。

人◀ 次ページ

【人工《じんこう》】↓人力《じんりょく》でつくりだすこと。例人工《じんこう》衛星《えいせい》 類人為《じんい》・人造《じんぞう》 対自然《しぜん》・天然《てんねん》

【人災《じんさい》】↓人《ひと》の不注意《ふちゅうい》などがもとでおこるわざわい。例今度《こんど》の水害《すいがい》は人災《じんさい》といってよい。対天災《てんさい》

【人材《じんざい》】↓才能《さいのう》のある人《ひと》。役《やく》にたつ人《ひと》。例人材不足《じんざいぶそく》。人材《じんざい》を求《もと》める。

【人事《じんじ》】↓①人間《にんげん》の力《ちから》でやれること。例人《じん》事《じ》をつくして天命《てんめい》をまつ（できるかぎりのことをして、あとはなりゆきにまかせる）。②会社《かいしゃ》や役所《やくしょ》などで、そこにはたらく人《ひと》の身分《みぶん》や役目《やくめ》などについてのことがら。例人事異動《じんじいどう》

☞「ひとごと」は❷

【人事不省《じんじふせい》】病気《びょうき》やけがなどのために、意識《いしき》がなくなること。例人事不省《じんじふせい》におちいる。

【人種《じんしゅ》】↓人類《じんるい》を、かみの毛《け》やひふの色《いろ》、からだつきなどの特徴《とくちょう》によって分《わ》けた種類《しゅるい》。例白色人種《はくしょくじんしゅ》・人種差別《じんしゅさべつ》

【人心《じんしん》】↓世間《せけん》の人《ひと》びとの気持《きも》ち。例人心《じんしん》の一新《いっしん》をはかる。

【人身《じんしん》】↓①人《ひと》のからだ。例人身事故《じんしんじこ》 ②個人《こじん》の身《み》のうえ。例人身攻撃《じんしんこうげき》（その人《ひと》のおこないなどを強《つよ》くとがめる）

【人生《じんせい》】↓①人《ひと》として生《い》きていくこと。例人生《じんせい》の意義《いぎ》を考《かんが》える。②ひとりの人《ひと》がこの世《よ》に生《い》きているあいだ。例人生《じんせい》の幕《まく》をとじる。類一生《いっしょう》・生涯《しょうがい》

【人生観《じんせいかん》】人《ひと》はなんのために生《い》きるのか、どのように生《い》きるのがよいか、などについての考《かんが》え方《かた》。例人生観《じんせいかん》を語《かた》りあう。

【人跡《じんせき》】↓人間《にんげん》の足《あし》あと。そこを人《ひと》が通《とお》ったことをしめすような手《て》がかり。例人跡《じんせき》まれな山奥《やまおく》。

【人。跡未。踏《じんせきみとう》】人《ひと》がまだ一度《いちど》もそこを通《とお》ったり、おとずれたりしたことがないこと。例人跡未踏《じんせきみとう》のジャングル。類前人未到《ぜんじんみとう》

【人選《じんせん》】↓〈―する〉ふさわしい人《ひと》を選《えら》ぶこと。例新《あたら》しい組織《そしき》の人選《じんせん》にとりかかる。

【人造《じんぞう》】▽人《ひと》がつくること。また、つくったもの。例人造《じんぞう》ダイヤ・人造湖《じんぞうこ》 類人工《じんこう》・人為《じんい》 対天然《てんねん》・自然《しぜん》

【人体】↓一《じんたい》人間《にんげん》のからだ。例人体《じんたい》への農薬《のうやく》の影響《えいきょう》を調《しら》べる。類身体《しんたい》 二《にんてい》服装《ふくそう》など、そとから見《み》たその人《ひと》のようす。類人品《じんぴん》

【人知《じんち》】↓人間《にんげん》のちえ。例人知《じんち》をこえる。

【人。畜《じんちく》】Ⅱ人間《にんげん》と家畜《かちく》。例人畜無害《じんちくむがい》

【人的《じんてき》】⊠〈―な/―に〉物《もの》やお金《かね》などではなく、人間《にんげん》についての。例人的資源《じんてきしげん》 対物的《ぶってき》

【人道《じんどう》】↓①人間《にんげん》としてやらなければならない正《ただ》しいおこない。モラル。例人道的立場《じんどうてきたちば》 類道徳《どうとく》・道義《どうぎ》 ②歩《ある》く人《ひと》のために車道《しゃどう》とはべつに作《つく》られた道《みち》。類歩道《ほどう》 対車道《しゃどう》

【人道主義《じんどうしゅぎ》】すべての人間《にんげん》の人権《じんけん》をおなじようにみとめ、人類全体《じんるいぜんたい》のしあわせをめざす考《かんが》え方《かた》。ヒューマニズム。

【人徳《じんとく》】↓その人《ひと》にそなわっている人《ひと》がらのよさ。人《ひと》から尊敬《そんけい》されたり、したわれたりするような性格《せいかく》。例人徳《じんとく》がある人《ひと》。

【人品《じんぴん》】↓その人《ひと》の人《ひと》がらのよしあし。その人《ひと》の顔《かお》だちやようすから受《う》ける感《かん》じ。例人品《じんぴん》いやしからぬ青年《せいねん》。類人体《にんてい》

【人物《じんぶつ》】Ⅱ①人《ひと》。例歴史上《れきしじょう》の人物《じんぶつ》。人物画《じんぶつが》 ②人《ひと》がら。例人物《じんぶつ》を保証《ほしょう》する。③人《ひと》がらや能力《のうりょく》のすぐれた人《ひと》。例ひとかどの人物《じんぶつ》。

【人文《じんぶん/じんもん》】↓人類《じんるい》がつくりあげた文化《ぶんか》。例人文科学《じんぶんかがく》・人文地理《じんぶんちり》

【人望《じんぼう》】↓多《おお》くの人《ひと》から尊敬《そんけい》されたり、たよりにされたりすること。例人望《じんぼう》がある。

【人脈《じんみゃく》】↓おなじ考《かんが》えや、利害《りがい》、血《ち》のつながり、出身《しゅっしん》などによってつながっている人《ひと》びとのグループ。例人脈《じんみゃく》を広《ひろ》げる。

【人民《じんみん》】Ⅱ社会《しゃかい》や国《くに》を構成《こうせい》している人《ひと》びと。例人民《じんみん》の、人民《じんみん》による、人民《じんみん》のための政治《せいじ》。類国民《こくみん》・民衆《みんしゅう》

【人命《じんめい》】↓人《ひと》のいのち。例人命救助《じんめいきゅうじょ》

【人名用漢字《じんめいようかんじ》】常用漢字《じょうようかんじ》のほかに、人《ひと》の名前《なまえ》に使《つか》ってよいとみとめられている漢字《かんじ》。

【人力《じんりょく/じんりき》】↓人間《にんげん》のもっている力《ちから》。機械《きかい》の力《ちから》に対《たい》して、人間《にんげん》がからだを使《つか》って出《だ》す力《ちから》。例人力《じんりょく》にたよるしかない。人力車《じんりきしゃ》 表現人力《じんりょく/じんりき》の およぶところではない。

【人類《じんるい》】↓人間《にんげん》をほかの動物《どうぶつ》とくべつして言《い》うことば。例人類愛《じんるいあい》

【人気】↓❶《にんき》多《おお》くの人《ひと》びとに愛《あい》され、もてはやされること。例人気者《にんきもの》 ❷《ひとけ》人《ひと》がいるらしいようす。人《ひと》のけはい。例人気《ひとけ》のない部屋《へや》。 ❸《じんき／にんき》その土地《とち》の人《ひと》びとの性質《せいしつ》や気風《きふう》。例人気《じんき／にんき》のよい村《むら》。

【人魚《にんぎょ》】↓上半身《じょうはんしん》が人間《にんげん》、下半身《かはんしん》は魚《さかな》の形《かたち》をしている想像上《そうぞうじょう》の動物《どうぶつ》。例人魚姫《にんぎょひめ》

【人形《にんぎょう》】↓人《ひと》や動物《どうぶつ》の形《かたち》をまねてつくったもの。例ひな人形《にんぎょう》・人形劇《にんぎょうげき》

【人間《にんげん》】↓①人《ひと》。人類《じんるい》。例人間《にんげん》の歴史《れきし》。②人《ひと》がら。その人《ひと》の性質《せいしつ》。例人間《にんげん》ができている。

【人間味《にんげんみ》】いかにも人間《にんげん》らしい、心《こころ》のやさしさやあたたかみ。類人情味《にんじょうみ》

【人間業《にんげんわざ》】ふつうの人間《にんげん》にできること。例とても人間業《にんげんわざ》とは思《おも》えない。対神業《かみわざ》

【人情《にんじょう》】↓思《おも》いやりの気持《きも》ち。あわれみいつくしむ心《こころ》。例人情《にんじょう》の厚《あつ》い土地《とち》。

【人情味《にんじょうみ》】人間《にんげん》らしい思《おも》いやりやこまやかな感情《かんじょう》のこもったあたたかみ。例人情味《にんじょうみ》あふれる下町《したまち》。類人間味《にんげんみ》

【人数《にんずう／にんず》】↓人《ひと》のかず。例人数《にんずう／にんず》をかぞえる。人数《にんずう／にんず》をそろえる。類員数《いんずう》・人員《じんいん》

【人相《にんそう》】↓①人《ひと》の顔《かお》かたち。例人相《にんそう》のよくない人《ひと》。類顔《かお》つき ②顔《かお》かたちにあらわれているその人《ひと》の性質《せいしつ》や運命《うんめい》。例人相見《にんそうみ》 類手相《てそう》

【人非人《にんぴにん》】人間《にんげん》とは思《おも》えないような、ひどいことをする人《ひと》。人《ひと》でなし。

【人◦垣《ひとがき》】↓たくさんの人《ひと》が、かきねのように立《た》ちならぶこと。例人垣《ひとがき》ができる。

【人◦影《ひとかげ》】↓①人《ひと》のすがた。例人影《ひとかげ》もまばらな通《とお》り。②ものにうつった人《ひと》の影《かげ》。例障子《しょうじ》に人影《ひとかげ》がうつる。

【人◦柄《ひとがら》】↓その人《ひと》の身《み》についている、ものの考《かんが》え方《かた》や態度《たいど》。例人柄《ひとがら》がいい。類性格《せいかく》
表記「人がら」と書《か》いてよい。

【人心地《ひとごこち》】たいへんな目《め》にあったあとの、ほっとしたときの気持《きも》ち。例人心地《ひとごこち》がつく。

【人里《ひとざと》】↓人《ひと》の集《あつ》まり住《す》んでいるところ。例人里《ひとざと》はなれた一《いっ》けん家《や》。類村里《むらざと》

【人質《ひとじち》】↓①約束《やくそく》をまもるしるしとして、相手《あいて》にあずけるこちらがわの人間《にんげん》。②要求《ようきゅう》をとおすためにつかまえておく人間《にんげん》。例武装《ぶそう》グループが住民《じゅうみん》を人質《ひとじち》にとって立《た》てこもる。

【人手《ひとで》】↓はたらく人《ひと》の数《かず》。例人手《ひとで》がなくて仕事《しごと》が進《すす》まない。☞❷

【人出《ひとで》】▽ある場所《ばしょ》に人《ひと》がおおぜいやってくること。例日曜《にちよう》は人出《ひとで》が多《おお》い。

【人波《ひとなみ》】↓おおぜいの人《ひと》が、おし合《あ》って、ゆれ動《うご》いていること。例人波《ひとなみ》にもまれる。

【人◦肌《ひとはだ》】↓①あたたかみの感《かん》じられる、人《ひと》のはだ。②人《ひと》のはだくらいの、ほんのりあたたかい温度《おんど》。例ミルクを人肌《ひとはだ》に温《あたた》める。

❷〈ほかのひと〉の意味で

【人事《ひとごと》】↓自分《じぶん》にはかかわりのないこと。他人《たにん》のこと。例先日《せんじつ》の災害《さいがい》は人《ひと》ごととは思《おも》えない。表記「他人事」とも書《か》く。☞「じんじ」は❶

【人様《ひとさま》】↓世《よ》の中《なか》の人《ひと》。例人様《ひとさま》にめいわくをかけてはいけません。参考他人《たにん》をうやまって言《い》うときに使《つか》う。

【人▲伝《ひとづて》】↓じかにでなく、べつの人《ひと》があいだに入《はい》ってつたわること。例人伝《ひとづて》に聞《き》く。

【人手《ひとで》】↓他人《たにん》の手《て》。例財産《ざいさん》が人手《ひとて》にわたる(他人《たにん》のものになる)。☞❶

【人前《ひとまえ》】↓人《ひと》のいるところ。ほかの人《ひと》の目《め》に見《み》えているところ。例人前《ひとまえ》ではじをかいた。

【人目《ひとめ》】↓ほかの人《ひと》が見《み》ていること。世間《せけん》の人《ひと》びとの目《め》。例人目《ひとめ》をさける。人目《ひとめ》を気《き》にする。人目《ひとめ》をひく。人目《ひとめ》につく(めだつところがあって、人《ひと》の注意《ちゅうい》をひく)。人目《ひとめ》をしのぶ(人《ひと》に見《み》つからないようにする)。人目《ひとめ》をはばかる(世間《せけん》に知《し》られないように気《き》をくばる)。人目《ひとめ》をくらます(見《み》つからないようにかくれる。見《み》てもわからないようにごまかす)。

人が下につく熟語 上の字の働き

❶人＝〈ひと〉のとき

【偉人《いじん》 貴人《きじん》 聖人《せいじん》 美人《びじん》 麗人《れいじん》 佳人《かじん》 古人《こじん》 新人《しんじん》 粋人《すいじん》 俗人《ぞくじん》 凡人《ぼんじん》 巨人《きょじん》 要人《ようじん》 哲人《てつじん》 常人《じょうじん》 超人《ちょうじん》 異人《いじん》 変人《へんじん》 奇人《きじん》 達人《たつじん》 囚人《しゅうじん》 才人《さいじん》 原人《げんじん》 故人《こじん》 野人《やじん》 婦人《ふじん》 教養人《きょうようじん》 善人《ぜんにん》 悪人《あくにん》 仙人《せんにん》 流人《るにん》 浪人《ろうにん》 何人《なにびと／なんぴと》】ドノヨウナ人《ひと》か。

【軍人《ぐんじん》 武人《ぶじん》 文人《ぶんじん》 詩人《しじん》 歌人《かじん》 俳人《はいじん》 犯人《はんにん》 下手人《げしゅにん》 罪人《ざいにん》 住人《じゅうにん》 商人《しょうにん》 職人《しょくにん》 番人《ばんにん》 役人《やくにん》 証人《しょうにん》

芸人《げいにん》 弁護人《べんごにん》 旅人《たびびと》】ナニをする人《ひと》か。
【別人《べつじん》 余人《よじん》 個人《こじん》 知人《ちじん》 主人《しゅじん》 客人《きゃくじん》 友人《ゆうじん》 同人《どうじん/どうにん》 本人《ほんにん》 他人《たにん》 恋人《こいびと》 先人《せんじん》 夫人《ふじん》】ドノヨウナ関係《かんけい》の人《ひと》か。
【大人《おとな/だいにん/だいじん》 小人《しょうにん/しょうじん》 成人《せいじん》 老人《ろうじん》】ドレクライの年《とし》の人《ひと》か。
【何人《なんにん》 衆人《しゅうじん》 万人《ばんにん/ばんじん》】ドノクライの数《かず》の人《ひと》か。
【隣人《りんじん》 邦人《ほうじん》 外国人《がいこくじん》 天人《てんにん》 町人《ちょうにん》】ドコの人《ひと》か。
【殺人《さつじん》 求人《きゅうじん》】人《ひと》をドウスルか。
◆張本人《ちょうほんにん》 八方美人《はっぽうびじん》 傍若無人《ぼうじゃくぶじん》 法人《ほうじん》 門人《もんじん》

介

へ-2
総画4
JIS-1880
常用
音 カイ
訓 たすーける・すけ

筆順 介 介 介 介

なりたち 【象形】人《ひと》がよろいを身《み》につけたすがたをえがく字《じ》。

意味
❶中《なか》に立《た》つ。あいだにはさまる。仲《なか》をとりもつ。例 人《ひと》を介《かい》する。介入《かいにゅう》・仲介《ちゅうかい》
❷たすける。例 介抱《かいほう》
❸かたいから。こうら・からをつけた生《い》き物《もの》。例 魚介《ぎょかい》

名前のよみ あき・ゆき・よし

❶〈中に立つ〉の意味で
【介在《かいざい》】↓〈―する〉二《ふた》つのものにはさまれるようにして、ほかのものがあること。例 両《りょう》国《こく》のあいだに介在《かいざい》する問題《もんだい》を解決《かいけつ》する。
【介入《かいにゅう》】↓〈―する〉よこからわりこんで、かかわりあいをもつこと。例 武力介入《ぶりょくかいにゅう》 類 干渉《かんしょう》

❷〈たすける〉の意味で
【介護《かいご》】Ⅱ〈―する〉病人《びょうにん》や、からだの不自由《ふじゆう》な人《ひと》につきそって、生活《せいかつ》の手《て》だすけをすること。例 介護保険《かいごほけん》・訪問介護《ほうもんかいご》
【介助《かいじょ》】Ⅱ〈―する〉病人《びょうにん》や、からだの不自由《ふじゆう》な人《ひと》の、身《み》の回《まわ》りの手《て》だすけをすること。例 患者《かんじゃ》の介助《かいじょ》をする。介助犬《かいじょけん》
【介抱《かいほう》】Ⅱ〈―する〉けが人《にん》や病人《びょうにん》などの手《て》当《あ》てやせわをすること。例 やさしく介抱《かいほう》する。類 看病《かんびょう》・看護《かんご》

介が下につく熟語 上の字の働き
❶介＝〈中に立つ〉のとき
【仲介《ちゅうかい》 紹介《しょうかい》 媒介《ばいかい》】近《ちか》い意味《いみ》。
◆一介《いっかい》 魚介《ぎょかい》 厄介《やっかい》

仇

イ-2
総画4
JIS-2156
表外
音 キュウ
訓 あだ

意味 かたき。あだ。うらみのある相手《あいて》。例 恩《おん》を仇《あだ》で返《かえ》す。仇敵《きゅうてき》・仇討《あだう》ち

今

へ-2
総画4
JIS-2603
教2年
音 コン・キン
訓 いま

筆順 今 今 今 今（はらう）

なりたち 【会意】やね（亼）の下《した》に物《もの》（乚）をかくすようすを表《あらわ》す字《じ》。借《か》りて、「いま」の意味《いみ》に使《つか》われる。

意味 現在《げんざい》。いまの時《とき》。いまに近《ちか》い時《とき》。例 昔《むかし》と今《いま》。今後《こんご》・今度《こんど》・古今《ここん/こきん》 対 古《こ》・昔《せき》

特別なよみ 今日（きょう）・今朝（けさ）・今年（ことし）

【今更《いまさら》】↓①いまあらためて。例 地震《じしん》のこわさをいまさらのように感《かん》じた。②いまごろになって（おそすぎるという気持《きも》ちをこめて使《つか》う）。例 いまさらなにを言《い》うんだ。
【今時《いまどき》】↓いまごろ。このごろ。例 今《いま》どきなんの用《よう》だ。今《いま》どきの若者《わかもの》。
【▲今。宵《こよい》】↓きょうの夜《よる》。例 今宵《こよい》はどうぞお楽《たの》しみください。類 今晩《こんばん》・今夕《こんゆう/こんせき》
【今回《こんかい》】↓このたび。何度《なんど》もおこなわれたなかで、いちばん今《いま》に近《ちか》いもの。例 今回《こんかい》の事件《じけん》。類 今度《こんど》 関連 前回《ぜんかい》・今回《こんかい》・次回《じかい》
【今月《こんげつ》】↓きょうをふくむこの月《つき》。例 今月《こんげつ》のこんだて。関連 先月《せんげつ》・今月《こんげつ》・来月《らいげつ》
【今後《こんご》】↓これからあと。例 今後《こんご》ともよろしくお願《ねが》いします。類 以後《いご》
【今週《こんしゅう》】↓きょうをふくむ一週間《いっしゅうかん》。例 今《こん》週《しゅう》の予定《よてい》。関連 先週《せんしゅう》・今週《こんしゅう》・来週《らいしゅう》
【今朝《こんちょう/けさ》】↓きょうの朝《あさ》。例 今朝《けさ》の天気《てんき》。
【今度《こんど》】↓①このたび。何回《なんかい》もあったことのうち、今《いま》にいちばん近《ちか》いもの。例 今度《こんど》もだめだった。類 今回《こんかい》 ②この次《つぎ》。例 今度《こんど》から気《き》

をつけます。類 次回《じかい》

【今日】《こんにち｜きょう》 ↓ ━ いま現在《げんざい》の、この日《ひ》。例 今日《きょう》もいい天気《てんき》だ。十年前《じゅうねんまえ》に入社《にゅうしゃ》し、今日《こんにち》にいたる。類 本日《ほんじつ》 ━ このごろ。現代《げんだい》。例 今日《こんにち》の世界情勢《せかいじょうせい》。関連 昨日《さくじつ》・本日《ほんじつ》・今日《こんにち》・明日《みょうにち》。昨日《きのう》・今日《きょう》・明日《あす》 表現 あらたまった場面《ばめん》のあいさつなどでは「本日《ほんじつ》」や「今日《こんにち》」を使《つか》うことが多《おお》い。

【今年】《こんねん｜ことし》 ↓ この年《とし》。今《いま》の年《とし》。例 今年《ことし》は豊作《ほうさく》だ。関連 去年《きょねん》・今年《ことし》・来年《らいねん》。昨年《さくねん》・本年《ほんねん》・今年《こんねん》・明年《みょうねん》 表現 「今年《こんねん》」はあらたまった場面《ばめん》で使《つか》うことが多《おお》い。

【今晩】《こんばん》 ↓ きょうの晩《ばん》。類 今夜《こんや》・今夕《こんゆう｜こんせき》 関連 昨晩《さくばん》・今晩《こんばん》・明晩《みょうばん》

【今。般】《こんぱん》 ↓ このたび。例 今般《こんぱん》は格別《かくべつ》のご協力《きょうりょく》をたまわり、まことにありがとうございました。表現 あらたまった場面《ばめん》で使《つか》う、ややかたい感《かん》じのすることば。

【今夜】《こんや》 ↓ きょうの夜《よる》。こよい。例 今夜《こんや》はいい月夜《つきよ》だ。類 今晩《こんばん》・今夕《こんゆう｜こんせき》 関連 昨夜《さくや》・今夜《こんや》・明夜《みょうや》

◆古今《ここん｜こきん》 昨今《さっこん》 当今《とうこん》

イ－2

仁

総画4

JIS-3146

教6年

訓 音 ジン・ニ

—

筆順

ながく

なりたち

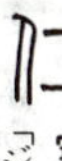

【形声】「二《ジ》」が「ふたり」の意味《いみ》と、「ジン」とかわって読《よ》み方《かた》をしめしている。人《ひと》(イ)に思《おも》いやりをかけることを表《あらわ》す字《じ》。

意味

❶やさしさ。思《おも》いやりの心《こころ》。例 仁愛《じんあい》

❷ひと。例 そこの御仁《ごじん》。

❸《その他《た》》例 仁王《におう》

参考 ❷は音《おん》が「人《じん》」とおなじであることから。

注意するよみ ニ…例 仁王《におう》

名前のよみ きみ・さね・しのぶ・ただし・と・とよ・にん・のり・ひさし・ひと・ひとし・ひろし・まさ・まさし・み・めぐみ・やすし・よし

❶〈やさしさ〉の意味で

【仁愛】《じんあい》 Ⅱ 思《おも》いやり。なさけ深《ぶか》いこと。例 仁愛《じんあい》の精神《せいしん》。類 慈愛《じあい》

【仁義】《じんぎ》 Ⅱ ①思《おも》いやりの心《こころ》と、人《ひと》としておこなわなければならないたいせつなこと。例 仁義《じんぎ》を重《おも》んじる。②人《ひと》に対《たい》する義理《ぎり》や礼儀《れいぎ》など。例 仁義《じんぎ》にはずれる。

【仁術】《じんじゅつ》 ↓ 思《おも》いやりの心《こころ》で、人《ひと》をたすけるためのわざ。例 医《い》は仁術《じんじゅつ》(医術《いじゅつ》は金《かね》もうけのためではなく、命《いのち》を救《すく》うためのものである)。

【仁政】《じんせい》 ↓ 人民《じんみん》に対《たい》して思《おも》いやりのある政治《せいじ》。例 仁政《じんせい》をしく。類 善政《ぜんせい》 対 悪政《あくせい》・暴政《ぼうせい》

❸《その他》

【仁王】《におう》 ◎ 仏《ほとけ》をまもる役目《やくめ》をする一対《いっつい》の神《かみ》とその像《ぞう》。例 仁王門《におうもん》 知識 口《くち》を開《ひら》いた像《ぞう》と、口《くち》をとじた像《ぞう》として表《あらわ》され、もとは「二王」と書《か》いた。寺《てら》の門《もん》の両《りょう》わきに立《た》っている。

イ－2

仏

総画4

JIS-4209

教5年

訓 音 ブツ・フツ ほとけ

［佛］

筆順

とめる

なりたち

【形声】もとの字《じ》は、「佛」。「弗《フツ》」が「ブツ」とかわって読《よ》み方《かた》をしめしている。人《ひと》(イ)が見分《みわ》けにくいことを表《あらわ》す字《じ》。この字《じ》の音《おと》を借《か》りて、インドで「ブッダ」と言《い》っていた「ほとけ」を表《あらわ》すようになった。

意味

❶ほとけ。仏《ほとけ》さま。死《し》んで仏《ほとけ》になった人《ひと》。例 仏《ほとけ》の顔《かお》も三度《さんど》(何度《なんど》も無礼《ぶれい》なことをされれば、どんなにやさしい人《ひと》でもおこりだす)。仏法《ぶっぽう》・成仏《じょうぶつ》

❷ぶっきょう(仏教)。釈迦《しゃか》の教《おし》え。例 仏門《ぶつもん》

❸ぶつぞう(仏像)。いろいろの仏《ほとけ》をかたどったもの。例 仏師《ぶっし》・仏殿《ぶつでん》・大仏《だいぶつ》

❹フランス。「仏蘭西《フランス》」の略《りゃく》。例 仏語《ふつご》

参考 ❹では「フツ」と読《よ》む。

名前のよみ さとる

❶〈ほとけ〉の意味で

【仏教】《ぶっきょう》 ↓ 紀元前五百年《きげんぜんごひゃくねん》ころ、釈迦《しゃか》がこの世《よ》の苦《くる》しみから人《ひと》びとをすくおうとしてはじめた宗教《しゅうきょう》。例 仏教徒《ぶっきょうと》 類 仏法《ぶっぽう》 知識 インドにおこり、キリスト教《きょう》・イスラム教《きょう》とともに

。学習漢字でない常用漢字 ▲常用漢字表にない音訓 ◆常用漢字でない漢字

世界三大宗教《せかいさんだいしゅうきょう》の一《ひと》つ。

【仏心】[↓]一《ぶっしん》 仏《ほとけ》の、あわれみ深《ぶか》い心《こころ》。二《ほとけごころ》 やさしい、思《おも》いやりの気持《きも》ち。例 つい仏心《ほとけごころ》を出《だ》してゆるしてしまった。

【仏前】《ぶつぜん》[↓] 仏《ほとけ》の前《まえ》。死《し》んで仏《ほとけ》としてまつられている人《ひと》の前《まえ》。例 祖父《そふ》の仏前《ぶつぜん》に花《はな》をそなえる。表現 死者《ししゃ》へのそなえ物《もの》の上書《うわが》きにも、「御《ご》仏前《ぶつぜん》」を使《つか》う。

【仏像】《ぶつぞう》[↓] 仏《ほとけ》のすがたを絵《え》や彫刻《ちょうこく》で表《あらわ》したもの。例 国宝《こくほう》の仏像《ぶつぞう》。

【仏・陀】《ぶっだ》[○] 仏教《ぶっきょう》で、さとりをひらいた人《ひと》。とくに、お釈迦《しゃか》さま。例 仏陀《ぶっだ》の教《おし》え。

【仏頂面】《ぶっちょうづら》 ぶあいそうな顔《かお》つき。ふくれっつら。例 仏頂面《ぶっちょうづら》をする。

【仏道】《ぶつどう》[↓] 仏《ほとけ》のといた道《みち》。例 仏道《ぶつどう》に帰依《きえ》する。類 仏教《ぶっきょう》・仏法《ぶっぽう》

【仏法】《ぶっぽう》[↓] 仏《ほとけ》の教《おし》え。類 仏教《ぶっきょう》・仏道《ぶつどう》

【仏。滅】《ぶつめつ》[▽] ①釈迦《しゃか》の死《し》。②こよみで、なにをするにもよくないとされている日《ひ》。対 大安《たいあん》

❷〈ぶっきょう(仏教)〉の意味で

【仏閣】《ぶっかく》[↓] 寺《てら》の建物《たてもの》。例 神社仏閣《じんじゃぶっかく》

【仏式】《ぶっしき》[↓] 仏教《ぶっきょう》のきまりにそっておこなう儀式《ぎしき》。例 仏式葬儀《ぶっしきそうぎ》 対 神式《しんしき》

【仏典】《ぶってん》[↓] 仏《ほとけ》の教《おし》えを書《か》いた本《ほん》。お経《きょう》の本《ほん》。類 経典《きょうてん》

【仏門】《ぶつもん》[↓] 仏《ほとけ》への道《みち》。例 仏門《ぶつもん》に入《はい》る(僧《そう》になる)。

❸〈ぶつぞう(仏像)〉の意味で

【仏師】《ぶっし》[↓] 仏像《ぶつぞう》を作《つく》る職人《しょくにん》。

【仏。壇】《ぶつだん》[↓] 仏像《ぶつぞう》や位牌《いはい》などをまつっておくところ。また、そのための戸《と》だな。例 仏壇《ぶつだん》の前《まえ》で手《て》を合《あ》わせる。

❹〈フランス〉の意味で

【▲仏語】《ふつご》[↓] フランス語《ご》。

仏が下につく熟語 上の字の働き

❶ 仏=〈ほとけ〉のとき
【念仏《ねんぶつ》 讃仏《さんぶつ》】仏《ほとけ》をドウスルか。

❸ 仏=〈ぶつぞう(仏像)〉のとき
【石仏《せきぶつ|いしぼとけ》 金仏《かなぶつ》】ナニでつくられた仏像《ぶつぞう》か。
【天平仏《てんぴょうぶつ》 飛鳥仏《あすかぶつ》】イツの時代《じだい》の仏像《ぶつぞう》か。

❹ 仏=〈フランス〉のとき
【英仏《えいふつ》 独仏《どくふつ》】ドコの国《くに》とフランスか。

◆ 成仏《じょうぶつ》 大仏《だいぶつ》

人-3

以

総画5
JIS-1642
教4年
訓 もっ-て
音 イ

筆順

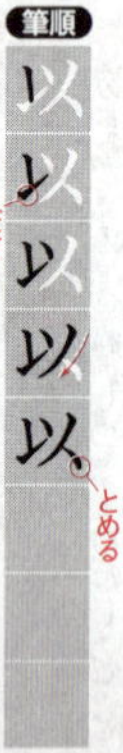

なりたち

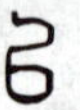

[形声]もとの字は、「㠯」。のちに「人《ひと》」がくわわり「以」となる。「㠯→𠂤」が「イ」という読《よ》み方《かた》をしめし、人《ひと》が「すき」を持《も》って仕事《しごと》をする意味《いみ》を表《あらわ》した。のちに「もって」として使《つか》われるようになった。

意味

❶そこから。その時《とき》・場所《ばしょ》・数《かず》から。例 以上《いじょう》・以来《いらい》

❷…で。…でもって。…を用《もち》いて。例 以心伝心《いしんでんしん》

名前のよみ これ・しげ・とも・のり・もち・ゆき

❶〈そこから〉の意味で

【以遠】《いえん》[↓] ある場所《ばしょ》よりも遠《とお》いところ。そこから先《さき》。例 大阪以遠《おおさかいえん》

【以下】《いか》[↓] ①それより下《した》。(それをふくめて)その数《かず》より少《すく》ないこと。例 三年生以下《さんねんせいいか》の部《ぶ》。類 未満《みまん》 対 以上《いじょう》 ②「…以下《いか》…」の形《かたち》で、ある人《ひと》を代表《だいひょう》にして、あとのすべてをひっくるめてという意味《いみ》を表《あらわ》す。例 隊長《たいちょう》以下《いか》十名《じゅうめい》。③そこからあと。例 以下《いか》同文《どうぶん》 類 下記《かき》 対 以上《いじょう》 表現 ①の場合《ばあい》、「三年生以下《さんねんせいいか》」は、三《さん》年生《ねんせい》をふくめる。また、②でも、「隊長《たいちょう》以下《いか》十名《じゅうめい》」は、全員《ぜんいん》で十名《じゅうめい》ということになる。

【以外】《いがい》[↓] それをのぞいたほかのもの。

例解 使い分け
[以外《いがい》・意外《いがい》]
以外=それよりほか。
例 音楽《おんがく》以外《いがい》趣味《しゅみ》を持《も》っていない。関係《かんけい》者《しゃ》以外《いがい》立《た》ち入《い》り禁止《きんし》。
意外=思いがけないこと。
例 意外《いがい》な結末《けつまつ》をむかえる。犯人《はんにん》は意外《いがい》な人物《じんぶつ》だった。

【以後】《いご》[↓] ①(それをふくめて)そのときよりもあと。例 明治以後《めいじいご》の作家《さっか》。類 以降《いこう》 対 以《い》前《ぜん》 ②これからさき。例 以後《いご》気《き》をつけます。類 今後《こんご》

【以降】《いこう》[↓] (それをふくめて)そのときより

あと、ずっと。例 五時《ごじ》以降《いこう》は家《いえ》にいます。類 以後《いご》・以来《いらい》 対 以前《いぜん》

【以上《いじょう》】↓ ①（それをふくめて）それより上《うえ》。その数《かず》より多《おお》いこと。例 駅《えき》まで歩《ある》いて十《じっ》分《ぷん》以上《いじょう》かかる。対 以下《いか》 ②…するからには。例 試合《しあい》に出《で》る以上《いじょう》は、勝《か》ちたい。③それまでのべてきたこと。例 わたしの考《かんが》えは以上《いじょう》のとおりです。対 以下《いか》 ④手紙《てがみ》や書類《しょるい》、発言《はつげん》などの終《お》わりに使《つか》い、「おしまい」という意味《いみ》を表《あらわ》す。

【以前《いぜん》】↓ ①そのときよりも前《まえ》である。例 明治《めいじ》以前《いぜん》の日本《にほん》。対 以後《いご》・以降《いこう》 ②もと。むかし。例 ここは以前《いぜん》は畑《はたけ》だった。類 過去《かこ》 ③取《と》りあげる必要《ひつよう》もないくらいのこと。例 議論《ぎろん》以《い》前《ぜん》の問題《もんだい》。

【以内《いない》】↓（それをふくめて）その範囲内《はんいない》であること。例 半径《はんけい》三〇〇キロ以内《いない》は暴風域《ぼうふういき》となる。六位《ろくい》以内入賞《いないにゅうしょう》。

【以来《いらい》】⊠ そのときから今《いま》まで。例 昨夜《さくや》以《い》来降《らいふ》りつづいた雨《あめ》がやんだ。類 以降《いこう》

❷〈…で〉の意味で

【以心伝心《いしんでんしん》】ことばにして言《い》わなくても、思《おも》っていることがしぜんに相手《あいて》につたわること。例 父《ちち》と母《はは》を見《み》ていると、なんでも以《い》心伝心《しんでんしん》だなと思《おも》う。参考「心《こころ》を以《も》って心《こころ》を伝《つた》える」という意味《いみ》で、禅宗《ぜんしゅう》でことばや文字《もじ》を使《つか》わないで、真理《しんり》を心《こころ》から心《こころ》へつたえてさとらせること。

仕

亻－3

総画5

JIS-2737

教3年

音 シ・ジ

訓 つかえる

筆順

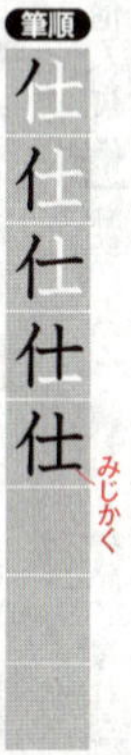

なりたち

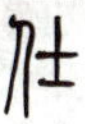

【形声】「士」が「しごと」の意味《いみ》とる。人《ひと》（亻）のためにしごとをすることを表《あらわ》す字《じ》。

意味

❶つかえる。人《ひと》のためにはたらく。例 国《こく》王《おう》に仕《つか》える。仕官《しかん》・給仕《きゅうじ》・奉仕《ほうし》

❷する。おこなう。例 仕事《しごと》

注意するよみ ジ…例 給仕《きゅうじ》

名前のよみ まなぶ

❶〈つかえる〉の意味で

【仕官《しかん》】▲〈―する〉武士《ぶし》が主君《しゅくん》にめしかかえられてつかえること。例 大名《だいみょう》に仕官《しかん》する。

❷〈する〉の意味で

【仕事《しごと》】↓ ①はたらくこと。例 黒板消《こくばんけ》しは日直《にっちょく》の仕事《しごと》だ。②職業《しょくぎょう》。例 仕事《しごと》につく。

【仕度《したく》】↓〈―する〉あることのために、必要《ひつよう》な用意《ようい》をすること。例 出《で》かける仕度《したく》。類 準備《じゅんび》 表記「支度」とも書《か》く。

【仕様《しよう》】↓ ①ものごとのやり方《かた》。しかた。例 どうにもしようがない。②機械《きかい》などのしくみや使《つか》い方《かた》。例 仕様書《しようしょ》

【仕業《しわざ》】↓ やったこと。おこない。例 このいたずらは、だれの仕業《しわざ》だ。

仕が下につく熟語 上の字の働き

❶仕＝〈つかえる〉のとき

【奉仕《ほうし》 給仕《きゅうじ》】近《ちか》い意味《いみ》。

仙

亻－3

総画5

JIS-3271

常用

音 セン

訓 ―

筆順

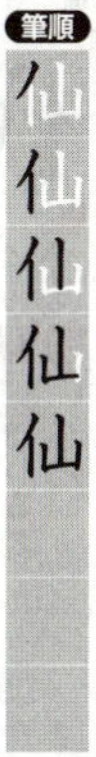

なりたち

【会意】「人《ひと》（亻）」と「山《やま》」とを合《あ》わせて、「せんにん」の意味《いみ》を表《あらわ》す字《じ》。

意味

❶せんにん。人間《にんげん》ばなれしたひと。例 仙《せん》人《にん》・仙女《せんにょ》

❷名人《めいじん》。例 歌仙《かせん》・詩仙《しせん》

名前のよみ たかし・のり・ひさ・ひと

❶〈せんにん〉の意味で

【仙境《せんきょう》】↓ 仙人《せんにん》の住《す》むようなところ。

【仙人《せんにん》】↓ 山《やま》の中《なか》に住《す》み、年《とし》もとらず、死《し》ぬこともなく、ふしぎな力《ちから》をもつと考《かんが》えられた人《ひと》。

◆歌仙《かせん》 詩仙《しせん》 酒仙《しゅせん》

他

亻－3

総画5

JIS-3430

教3年

音 タ

訓 ほか

筆順

°学習漢字でない常用漢字 ▲常用漢字表にない音訓 ◆常用漢字でない漢字

なりたち [seal script] [形声]もとの字は、「佗」。「它」がヘビの意味と「タ」という読《よ》み方《かた》をしめしている。「べつにおかわりありませんか」とたずねる場合《ばあい》、「它《タ》なきや」と言《い》ったことから、「它」は「べつ」の意味《いみ》になり、「人《ひと》(イ)」がついて、べつの人《ひと》を表《あらわ》すようになった。

意味 ほか。それ以外《いがい》のもの。自分以外《じぶんいがい》のもの。例…他《ほか》。その他《た》。他人《たにん》 対 自《じ》

使い分け ほか[外・他] ☞271ページ

名前のよみ ひと

【他意】《たい》 ↓ 口《くち》に出《だ》したことばとはべつの、心《こころ》のなかにかくしている考《かんが》え。例 彼《かれ》の言《い》ったことには悪気《わるぎ》も他意《たい》もないようだった。

【他界】《たかい》 ↓〈―する〉この世《よ》とちがう世界《せかい》へ行《い》くという意味《いみ》から、死《し》ぬこと。例 祖父《そふ》は、昨《さく》年他界《ねんたかい》しました。表現「死《し》ぬ」「なくなる」を遠《とお》回《まわ》しに言《い》う。

【他国】《たこく》 ↓ ①自分《じぶん》の生《う》まれ育《そだ》った国《くに》でない、よその国《くに》。類 外国《がいこく》・異国《いこく》 対 自国《じこく》 ②自分《じぶん》の生《う》まれたところでない、よその土地《とち》。類 異《い》郷《きょう》・異境《いきょう》

【他言】《たごん／たげん》 ↓〈―する〉ひみつにすべきことを、ほかの人《ひと》に話《はな》すこと。例 他言無用《たごんむよう》 類 口《こう》外《がい》

【他殺】《たさつ》 ↓ 人《ひと》に殺《ころ》されること。対 自殺《じさつ》

【他山の石】《たざんのいし》 他人《たにん》のつまらない言動《げんどう》でも、自分《じぶん》をみがく役《やく》に立《た》つ。例 わたしの失敗《しっぱい》を、他山《たざん》の石《いし》としてください。参考『詩《し》経《きょう》』(小雅《しょうが》・鶴鳴《かくめい》)にある「他《た》の山《やま》から出《で》るそまつな石《いし》でも、といしとして自分《じぶん》の宝玉《ほうぎょく》をみがく役《やく》には立《た》つ」というたとえから。表現 そまつな物《もの》だが、よくない手本《てほん》としてなら役《やく》に立《た》つという意味《いみ》であるから、相手《あいて》のことについて用《もち》いては失礼《しつれい》にあたる。

【他者】《たしゃ》 ↓ ほかの人《ひと》。例 他者《たしゃ》を寄《よ》せつけない強《つよ》さ。類 他人《たにん》 対 当人《とうにん》 表現「他人《たにん》」よりもかたいことばで、おもに書《か》きことばに使《つか》う。

【他薦】《たせん》 ↓ ほかの人《ひと》からの推薦《すいせん》。例 自薦《じせん》、他薦《たせん》を問《と》いません。対 自薦《じせん》

【他動詞】《たどうし》 動詞《どうし》のうち、他《た》のものに働《はたら》きかけることを表《あらわ》すもの。対 自動詞《じどうし》 知識「本《ほん》を読《よ》む」の「読《よ》む」のように、「を」を受《う》けることがほとんどである。

【他人】《たにん》 ↓ ①自分《じぶん》と血《ち》のつながりのない人《ひと》。例 赤《あか》の他人《たにん》。対 身内《みうち》 ②自分以外《じぶんいがい》の人《ひと》。例 他人《たにん》まかせ。類 他者《たしゃ》 ③そのことに関係《かんけい》のない人《ひと》。よそもの。例 他人《たにん》あつかい。類 第《だい》三者《さんしゃ》

【他人行儀】《たにんぎょうぎ》〈―な／―に〉親《した》しさが感《かん》じられない、よそよそしい態度《たいど》。例 他人行儀《たにんぎょうぎ》なあいさつなどよしてください。表現 もっと親《した》しい態度《たいど》のほうがしぜんだと思《おも》うときに使《つか》うことが多《おお》い。

【他方】《たほう》 ↓ ①ほかの方向《ほうこう》。べつの方面《ほうめん》。例 一方《いっぽう》だけでなく、他方《たほう》の言《い》い分《ぶん》も聞《き》いておこう。類 一方《いっぽう》 ②見方《みかた》をかえると。例 気《き》は強《つよ》いが、他方《たほう》、なみだもろいところもある。類 他《た》面《めん》・一方《いっぽう》

【他面】《ためん》 ↓ べつの方《ほう》から見《み》ると。例 悲《かな》しい話《はなし》だが、他面《ためん》、少《すこ》しこっけいなところもある。類 他方《たほう》・一方《いっぽう》

【他力本願】《たりきほんがん》 自分《じぶん》で努力《どりょく》しないで、他人《たにん》のたすけをあてにすること。参考 もとは、すべて阿弥陀如来《あみだにょらい》の力《ちから》にたよることによって、人《ひと》が死《し》んでから浄土《じょうど》に生《う》まれかわることができるという仏教《ぶっきょう》のことば。

【他流試合】《たりゅうじあい》 武道《ぶどう》などで、ちがう流派《りゅうは》の相手《あいて》とわざをきそいあうこと。

他が下につく熟語 上の字の働き
【排他《はいた》 利他《りた》】他《た》をドウスルか。

イ-3
代
総画5
JIS-3469
教3年
音 ダイ・タイ
訓 かわる・かえる・よ・しろ

筆順 代 代 代 代 代 (はねる)

なりたち [seal script] [形声]「弋《ヨク》」が「かわる」意味《いみ》と、「タイ」とかわって読《よ》み方《かた》をしめしている。人《ひと》(イ)がかわることを表《あらわ》している字《じ》。

意味

❶**かわる**。かえる。入《い》れかわる。例 父《ちち》に代《か》わってあいさつする。代役《だいやく》・総代《そうだい》

❷**一だい**。ある人《ひと》が家《いえ》や王朝《おうちょう》の主《あるじ》であるあいだ。せだい。例 孫《まご》の代《だい》まで。歴代《れきだい》

❸**世《よ》の中《なか》のじだい**。時《とき》の流《なが》れの中《なか》のある期《き》間《かん》。例 現代《げんだい》・神代《じんだい|かみよ》

❹**だいきん**。引《ひ》きかえにわたすお金《かね》。例 お代《だい》はいくらですか。地代《ちだい|じだい》・飲《の》み代《しろ》

❺**田《た》**。田《た》の区画《くかく》。例 代《しろ》かき・苗代《なわしろ》

❻**年齢《ねんれい》などのはんいを表《あらわ》すことば**。例 十《じゅう》代《だい》・二《に》千年代《せんねんだい》

使い分け かわる［変・代・替・換］☞269ページ

名前のよみ のり・より

❶〈かわる〉の意味で

【代案】《だいあん》 [↓] ある考《かんが》えや計画《けいかく》に対《たい》して、その代《か》わりになるように出《だ》された考《かんが》えや計画《けいかく》。例 代《だい》案《あん》を出《だ》す。類 対案《たいあん》

【代価】《だいか》 [↓] ①品物《しなもの》のねだん。類 代金《だいきん》 ②あることをするためにはらうぎせいや損害《そんがい》。類 代償《だいしょう》

【代官】《だいかん》 [↓] 江戸時代《えどじだい》に幕府《ばくふ》や藩《はん》の領地《りょうち》である地域《ちいき》をおさめた役人《やくにん》。例 代官所《だいかんしょ》・悪代官《あくだいかん》

【代議士】《だいぎし》 選挙《せんきょ》でえらばれ、国民《こくみん》の代表《だいひょう》として国《くに》の政治《せいじ》をおこなう人《ひと》。とくに、衆議院《しゅうぎいん》議員《ぎいん》を指《さ》す。

【代休】《だいきゅう》 [↓] 休日《きゅうじつ》に会社《かいしゃ》や学校《がっこう》に出《で》たかわりに、ふつうの日《ひ》にとる休《やす》み。

【代金】《だいきん》 [↓] 品物《しなもの》を買《か》った人《ひと》が、売《う》った人《ひと》にはらうお金《かね》。例 代金《だいきん》を計算《けいさん》する。類 代価《だいか》

【代行】《だいこう》 [↓]〈―する〉本人《ほんにん》にかわって仕事《しごと》をすること。例 教頭《きょうとう》が校長《こうちょう》の仕事《しごと》を代行《だいこう》する。

【代作】《だいさく》 [↓]〈―する〉詩《し》や文章《ぶんしょう》などを、本人《ほんにん》にかわって作《つく》ること。

【代謝】《たいしゃ》 [II] 生物《せいぶつ》が必要《ひつよう》な栄養《えいよう》などを外《そと》からとり入《い》れ、いらなくなったものをからだの外《そと》へ出《だ》すこと。例 新陳代謝《しんちんたいしゃ》（古《ふる》いものと新《あたら》しいものが入《い》れかわること）

【代書】《だいしょ》 [↓]〈―する〉本人《ほんにん》にかわって書類《しょるい》や手《て》紙《がみ》などを書《か》くこと。

【代°償】《だいしょう》 [↓] ①損害《そんがい》をあたえた相手《あいて》に、つぐないとしてさしだすお金《かね》や品物《しなもの》など。類 賠《ばい》償《しょう》・補償《ほしょう》 ②なにかをするために、それとひきかえにはらうぎせいや損害《そんがい》。例 ダム建設《けんせつ》による自然破壊《しぜんはかい》は、便利《べんり》さの代償《だいしょう》というには大《おお》きかった。類 代価《だいか》

【代°替】《だいたい》 [II]〈―する〉あるもののかわりに、ほかのもので間《ま》に合《あ》わせること。代替《だいが》え。例 代《だい》替《たい》エネルギー

【代読】《だいどく》 [↓]〈―する〉本人《ほんにん》にかわって読《よ》みあげること。例 市長《しちょう》の祝辞《しゅくじ》を先生《せんせい》が代読《だいどく》した。

【代入】《だいにゅう》 [↓]〈―する〉数学《すうがく》で、式《しき》の中《なか》の文字《もじ》に、ある数《かず》や文字《もじ》などをあてはめること。例 公式《こうしき》に実際《じっさい》の数《かず》を代入《だいにゅう》して計算《けいさん》する。

【代筆】《だいひつ》 [↓]〈―する〉本人《ほんにん》にかわって、手紙《てがみ》や書《しょ》類《るい》を書《か》くこと。その書《か》いたもの。対 自筆《じひつ》・直《じき》筆《ひつ》

【代表】《だいひょう》 [↓]〈―する〉①そのグループでえらび出《だ》されて、みんなにかわってなにかをすること。例 クラスを代表《だいひょう》して出席《しゅっせき》する。②一《ひと》つをしめすだけで、全体《ぜんたい》の特色《とくしょく》を表《あらわ》すこと。表《あらわ》しているもの。例 代表作《だいひょうさく》

【代弁】《だいべん》 [↓]〈―する〉本人《ほんにん》にかわって、その人《ひと》の考《かんが》えや気持《きも》ちをのべること。例 代弁者《だいべんしゃ》

【代名詞】《だいめいし》 文法《ぶんぽう》で、人《ひと》や物《もの》などをしめすとき、その名前《なまえ》のかわりに使《つか》う、「あなた」「わたし」「かれ」「これ」「そっち」「どこ」などという種類《しゅるい》のことば。

【代役】《だいやく》 [↓] 劇《げき》などで、ある役《やく》の人《ひと》が出《で》られなくなったとき、その人《ひと》のかわりをすること。かわりをする人《ひと》。例 代役《だいやく》をたてる。

【代用】《だいよう》 [↓]〈―する〉あるもののかわりに、べつのもので間《ま》に合《あ》わせること。例 代用品《だいようひん》

【代理】《だいり》 [↓]〈―する〉本人《ほんにん》にかわってあることをすること。かわりの人《ひと》。例 店長代理《てんちょうだいり》。類 名《みょう》代《だい》

❷〈一だい〉の意味で

【代代】《だいだい》 [II] 何代《なんだい》もつづいて。例 先祖代々《せんぞだいだい》。類 歴代《れきだい》・累代《るいだい》

代が下につく熟語 上の字の働き

❶代＝〈かわる〉のとき
【名代《みょうだい》 城代《じょうだい》 総代《そうだい》】ナニの代《か》わりか。

❷代＝〈一だい〉のとき
【一代《いちだい》 二代《にだい》 千代《ちよ》 初代《しょだい》 先代《せんだい》 当代《とうだい》 末代《まつだい》】イクツ・イクツメ・イツゴロの代《だい》か。

【歴代《れきだい》 累代《るいだい》 譜代《ふだい》】ドレホドの代《だい》か。

❸代＝〈世の中のじだい〉のとき
【古代《こだい》 上代《じょうだい》 近代《きんだい》 現代《げんだい》 前代《ぜんだい》】イツの時代《じだい》か。

❹代＝〈だいきん〉のとき
【地代《ちだい》 車代《くるまだい》 足代《あしだい》】ナニの代金《だいきん》か。

◆一世《いっせ》一代《いちだい》 希代《きだい》 交代《こうたい》 身代《しんだい》 世代《せだい》 苗代《なわしろ》 年代《ねんだい》

付

イ－3
総画5
JIS-4153
教4年
音 フ
訓 つける・つく

筆順 付付付付付（はねる）

なりたち  【会意】手《て》にものを持《も》っている形《かたち》（寸）と「人《ひと》（イ）」を合《あ》わせて、人《ひと》に「ものをあたえる」意味《いみ》を表《あらわ》す。

意味
❶つける。くっつける。つく。くっつく。例傷《きず》を付《つ》ける。どろが付《つ》く。付着《ふちゃく》・日付《ひづけ》
❷あたえる。ゆだねる。例不問《ふもん》に付《ふ》す（取《と》り立《た》てて問題《もんだい》にしない）。付与《ふよ》・寄付《きふ》・交付《こうふ》

参考「付」とほとんどおなじ意味《いみ》の字《じ》に「附」があり、「附属《ふぞく》・寄附《きふ》・附則《ふそく》・附帯《ふたい》」のように用《もち》いるが、今《いま》はほとんど「付」を使《つか》う。

使い分け つく［付・着・就］☞63ページ

❶〈つける〉の意味で
【付加《ふか》】Ⅱ〈─する〉つけくわえること。つけたすこと。例条件《じょうけん》を付加《ふか》する。類追加《ついか》
【付記《ふき》】↓〈─する〉つけたして書《か》くこと。書《か》かれたことがら。例電話番号《でんわばんごう》を付記《ふき》する。
【付近《ふきん》】Ⅱある場所《ばしょ》にちかいところ。例付《ふ》近《きん》に学校《がっこう》がある。類近所《きんじょ》・近辺《きんぺん》・界隈《かいわい》
【付。随《ふずい》】Ⅱ〈─する〉あることがあると、それにつれて起《お》こること。例開発《かいはつ》に付随《ふずい》して起《お》こる自然破壊《しぜんはかい》。
【付設《ふせつ》】↓〈─する〉付属《ふぞく》のものとして作《つく》ること。例公民館《こうみんかん》に郷土資料室《きょうどしりょうしつ》を付設《ふせつ》する。
【付。箋《ふせん》】↓注意《ちゅうい》すべきことや疑問点《ぎもんてん》などを書《か》き、本《ほん》などにはりつける小《ち》さな紙《かみ》。
【付則《ふそく》】↓おもな規則《きそく》をおぎなうためにつけくわえた規則《きそく》。対本則《ほんそく》
【付属《ふぞく》】Ⅱ〈─する〉組織《そしき》などの一部分《いちぶぶん》として、本体《ほんたい》にくっついていること。例付属品《ふぞくひん》・付属《ふぞく》小学校《しょうがっこう》・大学付属病院《だいがくふぞくびょういん》
【付着《ふちゃく》】Ⅱ〈─する〉くっつくこと。例服《ふく》に付《ふ》着《ちゃく》したよごれをおとす。
【付録《ふろく》】↓①文章《ぶんしょう》や書類《しょるい》などの本文《ほんぶん》のあとにつけた図表《ずひょう》や説明《せつめい》など。例巻末付録《かんまつふろく》 対本《ほん》文《ぶん》②雑誌《ざっし》などにつけたおまけ。例別冊付録《べっさつふろく》 対本誌《ほんし》・本体《ほんたい》
【付和。雷同《ふわらいどう》】〈─する〉よく考《かんが》えもしないで、人《ひと》につられて行動《こうどう》すること。例付和雷同《ふわらいどう》をつつしむ。参考雷《かみなり》が鳴《な》るとそれに合《あ》わせてひびくように、かるがるしく人《ひと》の説《せつ》に同意《どうい》すること。『礼記《らいき》』にあることば。

❷〈あたえる〉の意味で
【付。与《ふよ》】Ⅱ〈─する〉あたえること。例権限《けんげん》を付与《ふよ》する。

付が下につく熟語 上の字の働き
❶付＝〈つける〉のとき
【日付《ひづけ》 番付《ばんづけ》】ナニを付《つ》けるか。
❷付＝〈あたえる〉のとき
【寄付《きふ》 給付《きゅうふ》 交付《こうふ》 納付《のうふ》 配付《はいふ》】近《ちか》い意味《いみ》。
【送付《そうふ》 添付《てんぷ》】ドウヤッテあたえるか。
◆受付《うけつけ》

令

へ－3
総画5
JIS-4665
教4年
音 レイ
訓 ─

筆順 令令令令令（はらう）（｜・ノにならない）

なりたち  【会意】あつめる意味《いみ》の「亼」と、人《ひと》がひざまずいている形《かたち》の「㔾→マ」を合《あ》わせた字《じ》で、人《ひと》をあつめて言《い》いつけることを表《あらわ》す。

意味
❶めいれい。めいれいする。言《い》いつける。さしずする。例令状《れいじょう》・号令《ごうれい》
❷よい。うるわしい。他人《たにん》の親族《しんぞく》につけることば。（うやまった言《い》い方《かた》）例令名《れいめい》・令室《れいしつ》・令嬢《れいじょう》

名前のよみ のり・はる・よし

❶〈めいれい〉の意味で
【令状《れいじょう》】↓命令《めいれい》を書《か》いた文書《ぶんしょ》。例逮捕令《たいほれい》状《じょう》

❷〈よい〉の意味で
【令。嬢《れいじょう》】↓よその家《いえ》のむすめを、うやまっ

て言《い》うことば。おじょうさま。対 令息《れいそく》

【令息】《れいそく》 ↓ よその家《いえ》のむすこを、うやまって言《い》うことば。類 子息《しそく》 対 令嬢《れいじょう》

【令夫人】《れいふじん》 身分《みぶん》の高《たか》い人《ひと》や、相手《あいて》の妻《つま》をうやまって言《い》うことば。類 令室《れいしつ》

【令名】《れいめい》 ↓ すばらしいということで、よく知《し》られている名前《なまえ》。例 令名《れいめい》はかねがねお聞《き》きしております。類 高名《こうめい》・名声《めいせい》

令が下につく熟語 上の字の働き

❶ 令＝〈めいれい〉のとき

【法令《ほうれい》 命令《めいれい》 指令《しれい》 号令《ごうれい》 律令《りつりょう》】近《ちか》い意味《いみ》。

【禁令《きんれい》 訓令《くんれい》 戒厳令《かいげんれい》 外出禁止令《がいしゅつきんしれい》】ドウイウ命令《めいれい》か。

【政令《せいれい》 省令《しょうれい》】ドコの命令《めいれい》か。

【発令《はつれい》 伝令《でんれい》 司令《しれい》】命令《めいれい》をドウスルのか。

◇ 辞令《じれい》

伊

イ－4　総画6　JIS-1643　人名

音 イ　訓 —

意味

❶ この。かの。

❷ イタリア。「伊太利《イタリア》」の略《りゃく》。例 伊首《いしゅしょう》相

❸ 伊賀《いが》。旧国名《きゅうこくめい》。今《いま》の三重県《みえけん》西部《せいぶ》。例 伊《い》州《しゅう》

❹《その他《た》》例 伊達《だて》

名前のよみ これ・ただ・よし

仮

イ－4　総画6　JIS-1830　教5年

音 カ・ケ　訓 かり

［假］

筆順 仮仮仮仮仮仮（はらう）

なりたち 假 【形声】もとの字は、「假」。「叚」が「にせもの」の意味《いみ》と「カ」という読《よ》み方《かた》をしめしている。ほんものではない人《ひと》（イ）を表《あらわ》す字《じ》。

意味

❶ かりに。かりの。ほんとうではない。例 仮《かり》の住《す》まい。仮《かり》の名《な》。仮面《かめん》・仮病《けびょう》 対 実《じつ》

❷ かりる。ゆるす。例 仮借《かしゃく｜かしゃ》

注意するよみ ケ…例 仮病《けびょう》

特別なよみ 仮名（かな）

❶〈かりに〉の意味で

【仮死】《かし》 ↓ 生《い》きているのに意識《いしき》がなくなって、死《し》んでいるようにみえること。例 仮死《かし》状態《じょうたい》

【仮称】《かしょう》 ↓〈—する〉かりの名《な》をつけること。かりの名前《なまえ》。類 仮題《かだい》

【仮設】《かせつ》 ↓〈—する〉限《かぎ》られた期間《きかん》に使《つか》うためにつくること。例 仮設《かせつ》のトイレ。対 常設《じょうせつ》

【仮説】《かせつ》 ↓ 研究《けんきゅう》などを進《すす》めるために、もしもこうならと、決《き》めておく考《かんが》え。例 仮説《かせつ》をたてる。

【仮装】《かそう》 ↓〈—する〉遊《あそ》びとして、ほかのもののすがたをまねて、それに似《に》た身《み》なりをすること。例 仮装行列《かそうぎょうれつ》。類 変装《へんそう》

【仮題】《かだい》 ↓ かりにつけた題名《だいめい》。類 仮称《かしょう》

表現 きちんと題名《だいめい》が決《き》まる前《まえ》に、発表《はっぴょう》しなければならないようなとき、「鳥《とり》のなき方《かた》（仮題《かだい》）」などとかっこをつけて使《つか》うことが多《おお》い。

【仮定】《かてい》 ↓〈—する〉考《かんが》えなどを進《すす》めるために、かりにこうであると決《き》めること。例 火事《かじ》だと仮定《かてい》して、ひなん訓練《くんれん》をする。類 想定《そうてい》

【仮眠】《かみん》 ↓〈—する〉みじかい時間《じかん》、とりあえずねむること。例 ソファーで仮眠《かみん》をとる。

【仮名】↓ 一《かめい》 本名《ほんみょう》を出《だ》さず、かりにつけた名前《なまえ》。例 文中《ぶんちゅう》の氏名《しめい》は仮名《かめい》。類 偽名《ぎめい》・変名《へんめい》 対 実名《じつめい》・本名《ほんみょう》 二《かな》 日本語《にほんご》の発音《はつおん》を表《あらわ》すために、漢字《かんじ》をもとにして日本《にほん》でつくった文字《もじ》。かたかなとひらがながある。対 真名《まな》（漢字《かんじ》）

例解 使い分け

［つく《付く・着く・就く》］

付く＝はなれなくなる。
例 墨《すみ》が付《つ》く。力《ちから》が付《つ》く。傷《きず》が付《つ》く。

着く＝ある場所《ばしょ》にとどく。
例 手紙《てがみ》が着《つ》く。席《せき》に着《つ》く。船《ふね》が港《みなと》に着《つ》く。

就く＝始《はじ》める。したがう。
例 床《とこ》に就《つ》く。職《しょく》に就《つ》く。地位《ちい》を占《し》める。王位《おうい》に就《つ》く。

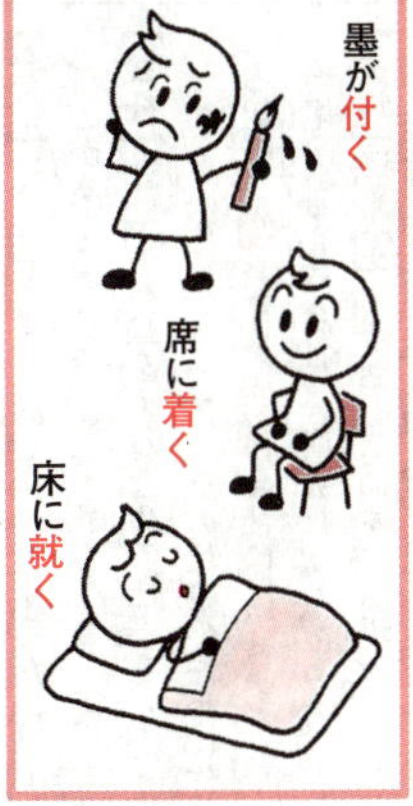

◦学習漢字でない常用漢字　▲常用漢字表にない音訓　◆常用漢字でない漢字

参考 ☞ものしり巻物(65ページ) 表現 ☞【偽名《ぎめい》】(96ページ)

【仮面《かめん》】[↓] 顔《かお》のかたちにつくったかぶりもの。おめん。例 仮面舞踏会《かめんぶとうかい》 表現「仮面《かめん》をかぶる(本心《ほんしん》をかくし、べつのことを考《かんが》えているように見《み》せる)」「仮面《かめん》をぬぐ(正体《しょうたい》をあらわす)」などの使《つか》い方《かた》もある。

【仮病《けびょう》】[↓] 病気《びょうき》でもないのに病気《びょうき》のようにみせかけること。例 仮病《けびょう》を使《つか》う。

❷〈かりる〉の意味で

【仮借《かしゃく》】[Ⅱ] [一]〈―する〉①かりること。②大目《おおめ》に見《み》て、ゆるすこと。例 少《すこ》しのミスでも、仮借《かしゃく》なく罰《ばっ》する。類 容赦《ようしゃ》 [二]《かしゃ》 漢字《かんじ》の使《つか》い方《かた》で、もとの漢字《かんじ》の意味《いみ》に関係《かんけい》なく、音《おと》だけを借《か》りてべつのことばを表《あらわ》すようになったもの。仮借文字《かしゃもじ》。六書《りくしょ》の一《ひと》つ。参考 ☞ふろく「漢字のなりたち」([3]ページ)

へ-4

会

総画6
JIS-1881
教2年
音 カイ・エ
訓 あう

「會」

筆順 会 会 会 会 会 会 (はらう)

なりたち

【会意】もとの字《じ》は「會」。穀物《こくもつ》をむす器《うつわ》(甑)にふた(亼)をあわせることを表《あらわ》し、「あう」として使《つか》われている。

意味 ❶あう。であう。あわせる。例 会見《かいけん》・面会《めんかい》 ❷人《ひと》のあつまり。人《ひと》びとが集《あつ》まる。例 会《かい》を開《ひら》く。一堂《いちどう》に会《かい》する。会場《かいじょう》・研究会《けんきゅうかい》 ❸わかる。さとる。心《こころ》にかなう。例 会得《えとく》

使い分け あう[合・会・遭] ☞207ページ

❶〈あう〉の意味で

【会意《かいい》】[▲] 二《ふた》つ以上《いじょう》の漢字《かんじ》を組《く》み合《あ》わせて、新《あら》たに漢字《かんじ》を作《つく》る方法《ほうほう》。会意文字《かいいもじ》。六書《りくしょ》の一《ひと》つ。参考 ☞ふろく「漢字のなりたち」([3]ページ)

【会計《かいけい》】[↓]〈―する〉①お金《かね》の出《だ》し入《い》れをとりあつかうこと。とりあつかう人《ひと》。例 会計係《かいけいがかり》 類 経理《けいり》 ②旅館《りょかん》や飲食店《いんしょくてん》などで、代金《だいきん》を支払《しはら》うこと。例 会計《かいけい》をすませる。類 勘定《かんじょう》

【会見《かいけん》】[Ⅱ]〈―する〉おおやけの立場《たちば》で人《ひと》に会《あ》うこと。例 会見《かいけん》を申《もう》し入《い》れる。記者会見《きしゃかいけん》

【会談《かいだん》】[↓]〈―する〉重《おも》い役《やく》めの人《ひと》たちが、会《あ》って話《はな》し合《あ》うこと。例 首脳会談《しゅのうかいだん》

【会話《かいわ》】[↓]〈―する〉たがいに話《はなし》をすること。例 会話《かいわ》がはずむ。類 対話《たいわ》

❷〈人のあつまり〉の意味で

【会員《かいいん》】[↓] 会《かい》に入《はい》っている人《ひと》。例 会員募集《かいいんぼしゅう》。

【会館《かいかん》】[↓] 人《ひと》びとが集《あつ》まって、会《かい》や行事《ぎょうじ》をするための建物《たてもの》。例 学生会館《がくせいかいかん》

【会期《かいき》】[↓] 会《かい》をひらく時期《じき》。ひらいているあいだ。例 会期《かいき》を延長《えんちょう》する。

【会議《かいぎ》】[↓]〈―する〉人《ひと》びとが集《あつ》まって、あることがらについて話《はな》し合《あ》うこと。例 職員会議《しょくいんかいぎ》 類 協議《きょうぎ》 表現「日本学術会議《にほんがくじゅつかいぎ》」のように、組織《そしき》や機関《きかん》の名前《なまえ》を表《あらわ》すこともある。

【会合《かいごう》】[Ⅱ]〈―する〉話《はな》し合《あ》いをするために人《ひと》びとが集《あつ》まること。類 集会《しゅうかい》

【会社《かいしゃ》】[↓] 利益《りえき》をえるための仕事《しごと》をしようとする人《ひと》があつまって、その仕事《しごと》のために作《つく》る組織《そしき》。例 会社員《かいしゃいん》 知識 会社《かいしゃ》には、株式会社《かぶしきがいしゃ》・合名会社《ごうめいがいしゃ》・合資会社《ごうしがいしゃ》・合同会社《ごうどうがいしゃ》などがある。

【会場《かいじょう》】[↓] もよおしものをする場所《ばしょ》。

【会食《かいしょく》】[↓]〈―する〉人《ひと》が集《あつ》まって、いっしょに食事《しょくじ》をすること。例 会食《かいしょく》にまねかれる。

【会席料理《かいせきりょうり》】料理屋《りょうりや》で宴会用《えんかいよう》に出《だ》す料理《りょうり》。知識「懐石料理《かいせきりょうり》」は、茶《ちゃ》の湯《ゆ》のもよおしで出《だ》す簡素《かんそ》な料理《りょうり》。

【会。葬《かいそう》】[▲]〈―する〉葬式《そうしき》に参列《さんれつ》すること。

【会則《かいそく》】[↓] 会《かい》のきまり。類 会規《かいき》

【会費《かいひ》】[↓] ①会《かい》をつづけていくために、会員《かいいん》が出《だ》すお金《かね》。例 会費《かいひ》を滞納《たいのう》する。②そのもよおしに出席《しゅっせき》する人《ひと》が出《だ》すお金《かね》。例 入《い》り口《ぐち》で会費《かいひ》をはらう。

【会報《かいほう》】[↓] 会《かい》のようすなどを会員《かいいん》に知《し》らせるために出《だ》す印刷物《いんさつぶつ》。例 会報《かいほう》を発行《はっこう》する。

❸〈わかる〉の意味で

【会。釈《えしゃく》】〈―する〉①[Ⅱ] 人《ひと》の気持《きも》ちを考《かんが》えること。思《おも》いやり。例 遠慮会釈《えんりょえしゃく》もなく人《ひと》をやっつける。②[◎] かるく頭《あたま》を下《さ》げること。例 会釈《えしゃく》をかわす。

【会得《えとく》】[↓]〈―する〉そのことがらのいちばんだいじなところを理解《りかい》し、自分《じぶん》のものにすること。例 使《つか》い方《かた》を会得《えとく》する。類 体得《たいとく》

ものしり巻物 第2巻

万葉仮名《まんようがな》・平仮名《ひらがな》・片仮名《かたかな》の成立《せいりつ》

大《おお》むかしの日本人《にほんじん》は、自分《じぶん》たちのことばである日本語《にほんご》を書《か》き表《あらわ》すための文字《もじ》を持《も》っていませんでした。そこで、中国《ちゅうごく》に学《まな》んで、漢字《かんじ》を使《つか》って日本語《にほんご》を書《か》き表《あらわ》すことにしました。しかし、漢字《かんじ》は中国語《ちゅうごくご》を書《か》くために作《つく》られた文字《もじ》であって、漢字《かんじ》だけで日本語《にほんご》の文章《ぶんしょう》の細《こま》かいところまで書《か》き表《あらわ》すのはとてもむりです。それで、漢字《かんじ》の読《よ》み方《かた》だけを利用《りよう》して、日本語《にほんご》の「音《おん》」を表《あらわ》す方法《ほうほう》を考《かんが》え出《だ》しました。たとえば、「やま」ということばを、「夜麻」「八万」などと書《か》くことにしたのです。これは、中国《ちゅうごく》の人《ひと》が外国《がいこく》の人《ひと》の名前《なまえ》や土地《とち》の名前《なまえ》を書《か》くときの方法《ほうほう》をまねしたものです。このような文字《も》を使《つか》って書《か》いたものとして代表的《だいひょうてき》なのが、『万葉集《まんようしゅう》』という奈良時代《ならじだい》にまとめられた歌《か》集《しゅう》です。ですから、このように使《つか》われた文字《もじ》のことを**万葉仮名《まんようがな》**とよびます。

現在《げんざい》わたしたちが使《つか》っている平仮名《ひらがな》と片仮《かたか》名《な》の祖先《そせん》は、平安時代《へいあんじだい》のはじめごろ、この万葉《まんよう》仮名《がな》から生《う》まれたものです。

平仮名《ひらがな》は、万葉仮名《まんようがな》をくずして書《か》いたものから発達《はったつ》しました。おもに、和歌《わか》や手紙《てがみ》・物語《ものがたり》を書《か》くのに用《もち》いられました。

安→あ→あ　加→か→か

片仮名《かたかな》は、万葉仮名《まんようがな》の偏《へん》や旁《つくり》などの一部分《いちぶぶん》をとってかんたんに書《か》いたものから発達《はったつ》しました。おもに漢文《かんぶん》（中国《ちゅうごく》の文章《ぶんしょう》）を勉強《べんきょう》するときに用《もち》いられました。

阿（へんから）ア　江（つくりから）エ

ほかの仮名《かな》については☞ふろく「ひらがな・かたかなのもとになった漢字《かんじ》」（[2]ページ）

平仮名《ひらがな》も片仮名《かたかな》も、むかしは一《ひと》つの音《おん》を表《あらわ》すのに何種類《なんしゅるい》も文字《もじ》がありましたが、明治時《めいじじ》代《だい》になってからは、一《ひと》つの音《おん》に一《ひと》つずつに整《せい》理《り》されました。ただし、お店《みせ》の看板《かんばん》などには、現在《げんざい》でもときどきむかしの平仮名《ひらがな》が使《つか》われています。

（生《き》そば）

【会心】《かいしん》 ▲ 心《こころ》から満足《まんぞく》すること。例 会心《かいしん》の作《さく》。会心《かいしん》の笑《え》み（自分《じぶん》の思《おも》いどおりになって思《おも》わずにっこりすること）。

会が下につく熟語 上の字の働き

❶会＝〈あう〉のとき
【面会《めんかい》 再会《さいかい》】ドノヨウニ会《あ》うか。

❷会＝〈人のあつまり〉のとき
【議会《ぎかい》 協会《きょうかい》 教会《きょうかい》 商会《しょうかい》 園遊会《えんゆうかい》 公聴会《こうちょうかい》 博覧会《はくらんかい》 研究会《けんきゅうかい》】ドウスル会《かい》か。
【総会《そうかい》 大会《たいかい》 部会《ぶかい》 例会《れいかい》 納会《のうかい》】ドウイウ会合《かいごう》か。
【宴会《えんかい》 句会《くかい》 茶会《ちゃかい》 法会《ほうえ》 仏生会《ぶっしょうえ》】ナニの会合《かいごう》か。

◆機会《きかい》 国会《こっかい》 際会《さいかい》 集会《しゅうかい》 盛会《せいかい》 夜会《やかい》

へ-4

企

総画6
JIS-2075
常用

音 キ
訓 くわだてる・たくら-む

筆順

なりたち

【会意】人《ひと》（人）とあし（止）とからでき、人《ひと》がつま先《さき》で立《た》って遠《とお》くを見《み》ることを表《あらわ》している字《じ》。

意味 くわだてる。計画《けいかく》する。なにかをしようと考《かんが》える。例 悪事《あくじ》を企《くわだ》てる。企画《きかく》

名前のよみ もと

【◦企画】《きかく》 Ⅱ〈-する〉なにかをしようと計画《けいかく》を立《た》てること。その計画《けいかく》。プラン。例 新企画《しんきかく》。文化祭《ぶんかさい》の企画《きかく》を考《かんが》える。類 企図《きと》・計画《けいかく》

【°企業】《きぎょう》 ①▲事業《じぎょう》をはじめること。例企《き》業家《ぎょうか》 類事業《じぎょう》 ②↓会社《かいしゃ》や工場《こうじょう》などのように、利益《りえき》をえるための事業《じぎょう》をするしくみ。例大企業《だいきぎょう》・中小企業《ちゅうしょうきぎょう》

【°企図】《きと》 ||〈—する〉なにかをめざして、計画《けいかく》を立《た》てること。くわだて。例会社《かいしゃ》のいっそうの発展《はってん》を企図《きと》する。類企画《きかく》

イ-4

【伎】

総画6
JIS-2076
常用
音 キ・ギ
訓 —

筆順

意味 わざ。うでまえ。芸《げい》をする人《ひと》。例歌舞伎《かぶき》

イ-4

【休】

総画6
JIS-2157
教1年
音 キュウ
訓 やすむ・やすまる・やすめる

筆順

なりたち  【会意】人《ひと》(イ)と「木」を合《あ》わせて、人《ひと》が木《こ》かげでやすむ意味《いみ》を表《あらわ》す字《じ》。

意味 やすむ。やすみ。くつろぐ。活動《かつどう》をやめる。例気《き》が休《やす》まる。休日《きゅうじつ》・代休《だいきゅう》

名前のよみ のぶ・よし

【休演】《きゅうえん》 ▲〈—する〉①音楽《おんがく》や劇《げき》などのもよおしをおこなわないこと。例このホールは、三月《さんがつ》まで休演《きゅうえん》だ。②歌手《かしゅ》や役者《やくしゃ》が舞台《ぶたい》に出《で》ないこと。例主役《しゅやく》は急病《きゅうびょう》のため、休演《きゅうえん》する。

【休。暇】《きゅうか》 ||会社《かいしゃ》や学校《がっこう》などで、日曜《にちよう》や祝《しゅく》日以外《じついがい》の休《やす》み。例休暇《きゅうか》をとる。夏期休暇《かききゅうか》

【休会】《きゅうかい》 ▲〈—する〉会議《かいぎ》のとちゅうで、やすみ時間《じかん》、またはやすみの日《ひ》をとること。例午後《ごご》一時《いちじ》まで休会《きゅうかい》とします。

【休学】《きゅうがく》 ▲〈—する〉病気《びょうき》や家《いえ》のつごうなどで、長《なが》いあいだ学校《がっこう》を休《やす》むこと。例一年間《いちねんかん》休学《きゅうがく》する。休学届《きゅうがくとどけ》 対復学《ふくがく》

【休火山】《きゅうかざん》 前《まえ》に噴火《ふんか》した記録《きろく》があるが、今《いま》は活動《かつどう》がみられない火山《かざん》のことを言《い》ったことば。知識 今《いま》は使《つか》われない。☞【火山】《かざん》(700ページ)

【休刊】《きゅうかん》 ▲〈—する〉新聞《しんぶん》や雑誌《ざっし》などを、一時《いちじ》出《だ》さずにおくこと。対復刊《ふっかん》

【休館】《きゅうかん》 ▲〈—する〉図書館《としょかん》・美術館《びじゅつかん》などがその仕事《しごと》を休《やす》むこと。例休館日《きゅうかんび》

【休業】《きゅうぎょう》 ▲〈—する〉店《みせ》や工場《こうじょう》などが仕事《しごと》を休《やす》むこと。例本日休業《ほんじつきゅうぎょう》いたします。

【休。憩】《きゅうけい》 ||〈—する〉仕事《しごと》や活動《かつどう》などをとちゅうでやめて、しばらくからだや心《こころ》を休《やす》めること。例二十分間休憩《にじっぷんかんきゅうけい》します。類休息《きゅうそく》

【休校】《きゅうこう》 ▲〈—する〉授業《じゅぎょう》をとりやめて、学校《がっこう》を休《やす》みにすること。例台風《たいふう》で休校《きゅうこう》になる。

【休耕】《きゅうこう》 ▲〈—する〉その田《た》や畑《はたけ》で農作物《のうさくぶつ》を作《つく》ることを、しばらく休《やす》むこと。例休耕田《きゅうこうでん》

【休講】《きゅうこう》 ▲〈—する〉先生《せんせい》が講義《こうぎ》(大学《だいがく》などでの授業《じゅぎょう》)をとりやめて休《やす》みにすること。

【休止】《きゅうし》 ||〈—する〉運動《うんどう》や活動《かつどう》などを、とちゅうで一時《いちじ》やめること。例このあたりで小《しょう》休《きゅう》止《し》を入《い》れよう。

【休日】《きゅうじつ》 ↓日曜《にちよう》や祝日《しゅくじつ》など、仕事《しごと》や授業《じゅぎょう》などを休《やす》むことになっている日《ひ》。対平日《へいじつ》

【休止。符】《きゅうしふ》 音楽《おんがく》を楽譜《がくふ》にかき表《あらわ》すときの記号《きごう》の一《ひと》つ。きまった長《なが》さだけ音《おと》を出《だ》さずに休《やす》むことをしめす。休符《きゅうふ》ともいい、四分休符《しぶきゅうふ》「𝄽」、八分休符《はちぶきゅうふ》「𝄾」などがある。

【休場】《きゅうじょう》 ▲〈—する〉①劇場《げきじょう》や競技場《きょうぎじょう》などがもよおしものを休《やす》むこと。例改装《かいそう》のため休《きゅう》場《じょう》する。②出《で》るはずのスポーツ選手《せんしゅ》や俳優《はいゆう》などが休《やす》んで出《で》ないこと。例横綱《よこづな》がけがで休《きゅう》場《じょう》する。類欠場《けつじょう》 対出場《しゅつじょう》

【休職】《きゅうしょく》 ▲〈—する〉つとめ人《にん》が、病気《びょうき》などで、長《なが》いあいだ仕事《しごと》を休《やす》むこと。対復職《ふくしょく》

【休。診】《きゅうしん》 ▲〈—する〉病院《びょういん》などが、診察《しんさつ》をやめて休《やす》みにすること。例本日休診《ほんじつきゅうしん》。

【休戦】《きゅうせん》 ▲〈—する〉話《はな》し合《あ》いによって、それまでつづけてきた戦争《せんそう》をしばらくやめること。類停戦《ていせん》

【休息】《きゅうそく》 ||〈—する〉つかれをとるために、からだをやすめること。例休息《きゅうそく》をとる。類休《きゅう》憩《けい》・休養《きゅうよう》

【休養】《きゅうよう》 ↓〈—する〉からだをやすめて、それまでのつかれをとること。例じゅうぶんな休《きゅう》養《よう》をとる。類休息《きゅうそく》・静養《せいよう》・保養《ほよう》

休が下につく熟語 上の字の働き

【公休《こうきゅう》 定休《ていきゅう》 代休《だいきゅう》 週休《しゅうきゅう》 連休《れんきゅう》】ドウイウ休《やす》みか。

◆運休《うんきゅう》 不休《ふきゅう》 無休《むきゅう》

イ-4

【仰】

総画6 JIS-2236 常用

音 ギョウ・コウ
訓 あおぐ・おおせ

筆順 仰 仰 仰 仰 仰 仰

なりたち [形声]「卬」がひざまずいて人《ひと》をあおぎみる意味《いみ》と「ギョウ・コウ」という読《よ》み方《かた》をしめしている。人《ひと》(イ)があおぎみることを表《あらわ》している字《じ》。

意味
❶あおぐ。見上《みあ》げる。心《こころ》からうやまう。例 星空《ほしぞら》を仰《あお》ぐ。仰天《ぎょうてん》・信仰《しんこう》 対 俯《ふ》
❷おっしゃる。おおせ。おおせ。例 仰《おお》せのとおり。

注意するよみ コウ…例 信仰《しんこう》

名前のよみ たか

❶〈あおぐ〉の意味で

【◦仰角《ぎょうかく》】↓ものを見《み》あげたときの、水平線《すいへいせん》に対《たい》する角度《かくど》。対 俯角《ふかく》

【◦仰天《ぎょうてん》】▲〈─する〉からだがひっくりかえるほどにおどろくこと。例 びっくり仰天《ぎょうてん》

参考「おどろきのあまり、のけぞって天《てん》を見《み》あげる」ということ。

イ-4

【件】

総画6 JIS-2379 教5年

音 ケン
訓 ─

筆順 件 件 件 件 件 件（ながく・だす）

なりたち [会意]「人《ひと》(イ)」と「牛《うし》」を合《あ》わせて、人《ひと》が牛《うし》を引《ひ》くようすを表《あらわ》した字《じ》。のちに借《か》りて、「ことがら」として使《つか》われるようになった。

意味 ことがら。一《ひと》つ一《ひと》つのことがら。ことがらをかぞえることば。例 例《れい》の件《けん》。条件《じょうけん》

名前のよみ かず

【件数《けんすう》】↓ことがらや事件《じけん》の数《かず》。

【件名《けんめい》】↓①ことがらを分類《ぶんるい》したひとまとまりずつの項目《こうもく》の名前《なまえ》。例 件名目録《けんめいもくろく》・件名索引《けんめいさくいん》 ②内容《ないよう》を示《しめ》す題《だい》。例 メールの件名《けんめい》。

件が下につく熟語 上の字の働き

【案件《あんけん》 用件《ようけん》 要件《ようけん》 本件《ほんけん》】ドンナことがらか。

◆一件《いっけん》 事件《じけん》 条件《じょうけん》 物件《ぶっけん》 無条件《むじょうけん》

イ-4

【伍】

総画6 JIS-2464 人名

音 ゴ
訓 ─

意味
❶なかま。なかまになる。くむ。例 落伍《らくご》
❷五人《ごにん》を一組《ひとくみ》にした集《あつ》まり。兵隊《へいたい》の五人《ごにん》前後《ぜんご》の組《くみ》。例 伍長《ごちょう》
❸数《かず》の五《ご》。領収書《りょうしゅうしょ》など、書《か》きかえられてはこまる金額《きんがく》の記入《きにゅう》などに使《つか》う。例 伍萬円《ごまんえん》

名前のよみ あつむ・くみ・ひとし

◆隊伍《たいご》 落伍《らくご》

ヘ-4

【全】

総画6 JIS-3320 教3年

音 ゼン
訓 まったく・すべて

筆順 全 全 全 全 全 全（はらう・ながく）

なりたち [会意] もとの字《じ》は、「仝」。「かこい・ふた(入)」と「たま(王)」を合《あ》わせて、美《うつく》しいたまをむきずでまもる意味《いみ》を表《あらわ》す字《じ》。

意味 すべて。一《ひと》つも欠《か》けることなくそろっている。まったく。すっかり。例 任務《にんむ》を全《まっと》うする。全員《ぜんいん》・全国《ぜんこく》・完全《かんぜん》

名前のよみ あきら・たけ・たもつ・はる・まさ・また・みつ・やす

【全域《ぜんいき》】↓その地域《ちいき》やその分野《ぶんや》の全体《ぜんたい》。例 東北全域《とうほくぜんいき》が冷害《れいがい》にあった。類 全土《ぜんど》

【全員《ぜんいん》】↓全部《ぜんぶ》の人《ひと》。みんな。例 全員《ぜんいん》ぶじです。学級《がっきゅう》の全員《ぜんいん》が合格《ごうかく》だ。類 総員《そういん》

【全音《ぜんおん》】↓音楽《おんがく》で、音《おと》と音《おと》のあいだの高《たか》さのはばを表《あらわ》す単位《たんい》。対 半音《はんおん》 知識 ドレミの音階《おんかい》で、ミとファ、シとドのあいだだけが半音《はんおん》で、あとは全音《ぜんおん》。

【全会《ぜんかい》】↓その会《かい》に出《で》ている人《ひと》ぜんぶ。例 全会一致《ぜんかいいっち》で可決《かけつ》する。

【全快《ぜんかい》】↓〈─する〉病気《びょうき》やけがが、すっかりよくなること。例 全快祝《ぜんかいいわ》い 類 全治《ぜんち》・快癒《かいゆ》

【全開《ぜんかい》】↓〈─する〉①とびらや栓《せん》などを、い

全◀次ページ

っぱいにあけること。例 窓《まど》を全開《ぜんかい》にして空気《くうき》を入《い》れかえる。②出《だ》せる力《ちから》をすべて出《だ》すこと。例 エンジン全開《ぜんかい》。

【全。壊】《ぜんかい》 ↓〈—する〉家《いえ》などが、すっかりこわれること。類 半壊《はんかい》

【全額】《ぜんがく》 ↓ そのことについてのお金《かね》の全部《ぜんぶ》。例 全額一度《ぜんがくいちど》に支払《しはら》う。類 総額《そうがく》

【全巻】《ぜんかん》 ↓ ①一冊《いっさつ》の本《ほん》のはじめから終《お》わりまで。例 七冊《ななさつ》めは全巻《ぜんかん》が日記《にっき》だ。②いくつかの巻《かん》に分《わ》かれている書物《しょもつ》や映画《えいが》などの全《ぜん》部《ぶ》。例 文学全集《ぶんがくぜんしゅう》を全巻《ぜんかん》そろえる。

【全景】《ぜんけい》 ↓ ある場所《ばしょ》の全体《ぜんたい》のけしき。例 学《がっ》校《こう》の全景《ぜんけい》を写真《しゃしん》にとる。

【全権】《ぜんけん》 ↓ あることがらについてすべてをとりしきることのできる権限《けんげん》。その権限《けんげん》をもつ代表者《だいひょうしゃ》。例 会長《かいちょう》に全権《ぜんけん》を委任《いにん》する。全権《ぜんけん》大使《たいし》

【全校】《ぜんこう》 ↓ ①学校全体《がっこうぜんたい》。例 全校生徒《ぜんこうせいと》 ②すべての学校《がっこう》。

【全国】《ぜんこく》 ↓ 国《くに》じゅう。国内《こくない》すべて。類 全土《ぜんど》

【全国紙】《ぜんこくし》 国《くに》じゅうの読者《どくしゃ》に向《む》けて売《う》り出《だ》されている新聞《しんぶん》。対 地方紙《ちほうし》

【全山】《ぜんざん》 ↓ ①山《やま》じゅう。山全体《やまぜんたい》。例 全山《ぜんざん》が紅葉《こうよう》におおわれる。②すべての山々《やまやま》。例 アルプス全山《ぜんざん》を見《み》わたす。

【全紙】《ぜんし》 ↓ ①すべての新聞《しんぶん》。例 この事件《じけん》を、全紙《ぜんし》がとりあげた。②一《ひと》つの新聞《しんぶん》の紙面全《しめんぜん》体《たい》。③切《き》ったり印刷《いんさつ》するときのもとになる、きまった紙《かみ》の大《おお》きさ。A《エー》判《ばん》・B《ビー》判《ばん》などがある。

【全集】《ぜんしゅう》 ↓ ①ある種類《しゅるい》の作品《さくひん》をシリーズとして集《あつ》めた書物《しょもつ》。例 世界文学全集《せかいぶんがくぜんしゅう》 ②ある人《ひと》が書《か》いた作品《さくひん》を全部《ぜんぶ》集《あつ》めた書物《しょもつ》。例 宮沢賢《みやざわけん》治全集《じぜんしゅう》。

【全勝】《ぜんしょう》 ↓〈—する〉すべての試合《しあい》や競争《きょうそう》に勝《か》つこと。例 全勝優勝《ぜんしょうゆうしょう》 対 全敗《ぜんぱい》

【全焼】《ぜんしょう》 ↓〈—する〉火事《かじ》ですっかりやけてしまうこと。例 三棟《みむね》が全焼《ぜんしょう》した。対 半焼《はんしょう》

【全身】《ぜんしん》 ↓ からだじゅう。例 全身運動《ぜんしんうんどう》。全《ぜん》身《しん》びしょぬれ。類 満身《まんしん》・総身《そうみ》 対 半身《はんしん》

【全身全。霊】《ぜんしんぜんれい》 その人《ひと》にある、からだと心《こころ》の力《ちから》のすべて。例 全身全霊《ぜんしんぜんれい》をかたむける。

【全盛】《ぜんせい》 ↓ まっさかり。いちばんいきおいがよいこと。例 全盛時代《ぜんせいじだい》 類 最盛《さいせい》

【全線】《ぜんせん》 ↓ 鉄道《てつどう》や道路《どうろ》など、線《せん》のようにつながっているものの、はしからはしまで。例 停《てい》電《てん》で地下鉄《ちかてつ》が全線不通《ぜんせんふつう》になる。

【全然】《ぜんぜん》 ⊠ まったく。まるで。例 そんなことは全然聞《ぜんぜんき》いていない。類 一切《いっさい》 表現 あとに「ない」などの打《う》ち消《け》しのことばがくることが多《おお》い。

【全速力】《ぜんそくりょく》 出《だ》せるかぎりのいちばんのはやさ。例 全速力《ぜんそくりょく》で走《はし》る。全速力《ぜんそくりょく》を出《だ》す。

【全体】《ぜんたい》 ↓ ①ひとまとまりになったもののすべて。例 クラス全体《ぜんたい》の意見《いけん》をまとめる。類 全部《ぜんぶ》 対 一部《いちぶ》・部分《ぶぶん》 ②もともとにかえって、すべてを考《かんが》えると。例 全体《ぜんたい》、むりな計画《けいかく》だったた。類 土台《どだい》 ③いったい。例 全体《ぜんたい》、どうなっているんだ。

【全体主義】《ぜんたいしゅぎ》 一人《ひとり》ひとりよりも、国家《こっか》や社会全体《しゃかいぜんたい》の利益《りえき》をたいせつにしようとする考《かんが》え方《かた》。対 個人主義《こじんしゅぎ》 知識 二十世紀前半《にじっせいきぜんはん》に、イタリア・ドイツ・日本《にほん》で全体主義《ぜんたいしゅぎ》の力《ちから》が強《つよ》まり、第二次世界大戦《だいにじせかいたいせん》をおこす原因《げんいん》になった。

【全治】《ぜんち》 ↓〈—する〉けがなどがすっかりよくなること。例 全治二《ぜんちに》か月《げつ》の大《おお》けが。類 全快《ぜんかい》・完治《かんち》・快癒《かいゆ》・根治《こんじ|こんち》 表現 病気《びょうき》については「全快《ぜんかい》」、けがについては「全治《ぜんち》」を使《つか》うことが多《おお》い。

【全知全能】《ぜんちぜんのう》 あらゆることを知《し》り、あらゆることができる力《ちから》。そういう力《ちから》をもつこと。例 全知全能《ぜんちぜんのう》の神《かみ》。

【全長】《ぜんちょう》 ↓ そのもののはしからはしまでの長《なが》さ。例 全長《ぜんちょう》一〇キロのトンネル。

【全通】《ぜんつう》 ↓〈—する〉「全線開通《ぜんせんかいつう》」の略《りゃく》。ある道路《どうろ》や鉄道《てつどう》が、起点《きてん》から終点《しゅうてん》までずっと通《とお》れるようになること。

【全土】《ぜんど》 ↓ その土地全体《とちぜんたい》。例 その台風《たいふう》の被《ひ》害《がい》は、九州全土《きゅうしゅうぜんど》にわたった。類 全国《ぜんこく》・全域《ぜんいき》

【全日制】《ぜんにちせい》 高等学校《こうとうがっこう》などで、朝《あさ》から夕方《ゆうがた》までの時間《じかん》を使《つか》って授業《じゅぎょう》をする制度《せいど》。そういう学校《がっこう》。対 定時制《ていじせい》

【全能】《ぜんのう》 ↓ あらゆることができる力《ちから》。

【全敗】《ぜんぱい》 ↓〈—する〉出場《しゅつじょう》したすべての試合《しあい》や競争《きょうそう》に負《ま》けること。対 全勝《ぜんしょう》

【全。廃】《ぜんぱい》 ↓ 〈—する〉そのものやことのすべてをやめにすること。例 核兵器《かくへいき》の全廃《ぜんぱい》。

【全。般】《ぜんぱん》 ↓ あることがらの全体。例 テストの結果《けっか》は全般《ぜんぱん》によかった。

【全部】《ぜんぶ》 ↓ あるものごとに関係《かんけい》するすべて。みんな。対 一部《いちぶ》

【全。幅】《ぜんぷく》 ↓ ①はばいっぱい。例 全幅《ぜんぷく》二二メートルに道《みち》を広《ひろ》げる。②あらんかぎり。例 全幅《ぜんぷく》の信頼《しんらい》をよせる。

【全文】《ぜんぶん》 ↓ 一《ひと》つの文章《ぶんしょう》のはじめから終《お》わりまで。例 全文《ぜんぶん》を書《か》き写《うつ》す。

【全編】《ぜんぺん》 ↓ 詩《し》や小説《しょうせつ》・映画《えいが》などの一《ひと》つの作《さく》品《ひん》のはじめから終《お》わりまで。

【全。貌】《ぜんぼう》 ↓ 全体《ぜんたい》のすがたやようす。例 事件《じけん》の全貌《ぜんぼう》が明《あき》らかになった。類 全容《ぜんよう》

【全。滅】《ぜんめつ》 ↓ 〈—する〉全部《ぜんぶ》だめになること。例 松林《まつばやし》が全滅《ぜんめつ》寸前《すんぜん》。すっかりなくなること。類 根絶《こんぜつ》だ。

【全面】《ぜんめん》 ↓ ①いくつかある面《めん》のすべて。例 箱《はこ》の全面《ぜんめん》に色《いろ》をぬる。対 一面《いちめん》 ②ある一《ひと》つの面《めん》の全体《ぜんたい》。例 新聞《しんぶん》の全面広告《ぜんめんこうこく》。

【全面的】《ぜんめんてき》 〈—な〉〈—に〉すべてにわたって。そのものごとについてのあらゆるところで。例 この計画《けいかく》には全面的《ぜんめんてき》に賛成《さんせい》だ。

【全訳】《ぜんやく》 ↓ 〈—する〉文章《ぶんしょう》全体《ぜんたい》をほかの国《くに》のことばになおすこと。そのようになおしたもの。類 完訳《かんやく》 対 抄訳《しょうやく》 表現 「全訳源氏物語《ぜんやくげんじものがたり》」のように、古典《こてん》を現代語《げんだいご》になおす場合《ばあい》にもいう。

【全容】《ぜんよう》 ↓ 全体《ぜんたい》のすがたやようす。例 富士《ふじ》山《さん》がその全容《ぜんよう》をあらわす。類 全貌《ぜんぼう》

【全。裸】《ぜんら》 ↓ 着《き》るものをまったく身《み》につけていないこと。類 丸裸《まるはだか》

【全力】《ぜんりょく》 ↓ ありったけの力《ちから》。例 全力《ぜんりょく》をつくす。全力投球《ぜんりょくとうきゅう》 類 最善《さいぜん》

全が下につく熟語 上の字の働き

【完全《かんぜん》 健全《けんぜん》 十全《じゅうぜん》 万全《ばんぜん》】近《ちか》い意味《いみ》。

◆安全《あんぜん》 不全《ふぜん》 保全《ほぜん》

イ-4

仲

総画6

JIS-3571

教4年

音 チュウ

訓 なか

筆順

なりたち

[形声]「中」が「なか」の意味《いみ》と「チュウ」という読《よ》み方《かた》をしめしている。兄弟《きょうだい》の一番《いちばん》めと三番《さんばん》めのあいだにいる人《ひと》(イ)を表《あらわ》す字《じ》。

意味

❶なかだち。人《ひと》と人《ひと》とのあいだがら。例 仲《なか》がいい。仲《なか》を取《と》り持《も》つ。仲間《なかま》・仲裁《ちゅうさい》

❷まんなか。なか。例 仲《ちゅう》秋《しゅう》

❸兄弟《きょうだい》の二番《にばん》め。例 伯仲《はくちゅう》

特別なよみ 仲人(なこうど)

❶〈なかだち〉の意味で

【仲。介】《ちゅうかい》 Ⅱ 〈—する〉両方《りょうほう》のあいだに入《はい》って話《はなし》をとりついだりまとめたりすること。なかだち。とりつぎ。例 仲介《ちゅうかい》の労《ろう》をとる。仲介《ちゅうかい》人《にん》 類 媒介《ばいかい》

【仲裁】《ちゅうさい》 ↓ 〈—する〉あらそっている両方《りょうほう》のあいだに入《はい》って、なかなおりさせること。例 けんかの仲裁《ちゅうさい》をする。類 調停《ちょうてい》

【仲買】《なかがい》 ↓ 売《う》る人《ひと》と買《か》う人《ひと》のあいだに入《はい》って品物《しなもの》を動《うご》かし、手数料《てすうりょう》をかせぐこと。例 仲《なか》買人《がいにん》

【仲間】《なかま》 ↓ ①あることをいっしょにする人《ひと》。または、その集《あつ》まり。例 仲間《なかま》に入《い》れる。仕事仲間《しごとなかま》 類 同志《どうし》 ②おなじ種類《しゅるい》。例 クジラとイルカはおなじ仲間《なかま》だ。

【仲人】《なこうど》 ↓ 結婚《けっこん》しようとしている男性《だんせい》と女《じょ》性《せい》とのあいだで、縁談《えんだん》をまとめる人《ひと》。例 仲人《なこうど》をつとめる。類 媒酌人《ばいしゃくにん》・月下氷人《げっかひょうじん》

❷〈まんなか〉の意味で

【仲秋】《ちゅうしゅう》 ↓ 陰暦《いんれき》で、秋《あき》のなかばの八月《はちがつ》。今《いま》の九月《くがつ》から十月《じゅうがつ》ごろ。表記 「中秋」とも書《か》く。関連 初秋《しょしゅう》・仲秋《ちゅうしゅう》・晩秋《ばんしゅう》

【仲春】《ちゅうしゅん》 ↓ 陰暦《いんれき》で、春《はる》のなかばの二月《にがつ》。今《いま》の三月《さんがつ》ごろ。関連 初春《しょしゅん》・仲春《ちゅうしゅん》・晩春《ばんしゅん》

イ-4

伝

総画6

JIS-3733

教4年

「傳」

音 デン

訓 つたわる・つたえる・つたう

筆順

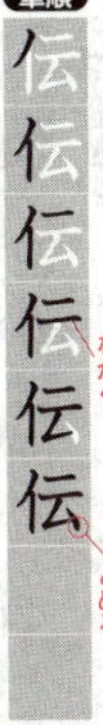

ながく

とめる

○学習漢字でない常用漢字 ▲常用漢字表にない音訓 ◆常用漢字でない漢字

なりたち 傳 【形声】もとの字《じ》は、「傳」。「専」が「うつす」意味《いみ》と「セン」という読《よ》み方《かた》をしめしている。人《ひと》（イ）につたえることを表《あらわ》す字《じ》。

意味

❶つたえる。つぎつぎにつたえる。世《よ》の中《なか》にひろくつたえる。つたわる。例うわさが伝《つた》わる。後世《こうせい》に伝《つた》える。伝道《でんどう》・遺伝《いでん》・宣伝《せんでん》

❷人《ひと》の一生《いっしょう》を記《しる》したもの。例伝記《でんき》・自伝《じでん》

❸たどる。つたう。例屋根伝《やねづた》い。

❹宿場《しゅくば》。馬《うま》つぎをした、むかしの駅《えき》。例駅伝《えきでん》

特別なよみ 手伝う（てつだう）・伝馬船（てんません）

名前のよみ ただ・つぐ・つとむ・のぶ・のり

❶〈つたえる〉の意味で

【伝奇《でんき》】▲ふしぎな話《はなし》。例伝奇小説《でんきしょうせつ》 類怪《かい》奇《き》 参考「伝奇《でんき》」だけではあまり使《つか》わない。

【伝言《でんごん》】▲〈―する〉あることを人《ひと》につたえてくれるようにたのむこと。そのことば。ことづけ。ことづて。メッセージ。例伝言板《でんごんばん》

【伝授《でんじゅ》】↓〈―する〉学問《がくもん》や芸《げい》ごとなどについて、考《かんが》え方《かた》ややり方《かた》を教《おし》えること。例秘法《ひほう》を伝授《でんじゅ》する。

【伝承《でんしょう》】↓〈―する〉むかしからのしきたりや言《い》いつたえなどを受《う》けついで、次《つぎ》の時代《じだい》の人《ひと》たちにつたえること。つたえられたことがら。

【伝説《でんせつ》】↓むかしから人《ひと》びとのあいだに言《い》いつたえられている話《はなし》。言《い》いつたえ。例伝説《でんせつ》上《じょう》の人物《じんぶつ》。羽衣伝説《はごろもでんせつ》

【伝染《でんせん》】↓〈―する〉病気《びょうき》がつぎつぎにうつること。例家畜伝染病《かちくでんせんびょう》 類感染《かんせん》 表現「あくびが伝染《でんせん》した」のように、よくないものごとや考《かんが》え方《かた》がうつることについても使《つか》う。

【伝達《でんたつ》】Ⅱ〈―する〉知《し》らせをほかの人《ひと》につたえること。例伝達事項《でんたつじこう》

【伝統《でんとう》】↓むかしからつづいてきたならわしや考《かんが》え方《かた》・やり方《かた》・行事《ぎょうじ》など。例伝統行事《でんとうぎょうじ》 表現「かがやかしい伝統《でんとう》」「伝統《でんとう》をまもる」のように、ほこりをこめていうことが多《おお》い。

【伝道《でんどう》】▲〈―する〉宗教《しゅうきょう》の教《おし》えを広《ひろ》めること。例伝道師《でんどうし》 類布教《ふきょう》・宣教《せんきょう》

【伝導《でんどう》】Ⅱ〈―する〉熱《ねつ》や電気《でんき》が物《もの》をつたわっていくこと。例熱伝導《ねつでんどう》・伝導体《でんどうたい》 知識 熱《ねつ》の伝導《でんどう》とは、熱《ねつ》が温度《おんど》の高《たか》い方《ほう》から低《ひく》い方《ほう》へ物《もの》の中《なか》をつたわっていくことをいう。

【伝統的《でんとうてき》】〈―な・―に〉むかしからかわることなく。例この学校《がっこう》は伝統的《でんとうてき》に野球《やきゅう》が強《つよ》い。

【伝播《でんぱ》】Ⅱ〈―する〉つたわり広《ひろ》まっていくこと。例漢字文化《かんじぶんか》の伝播《でんぱ》。類流布《るふ》・波及《はきゅう》

【伝票《でんぴょう》】↓銀行《ぎんこう》・会社《かいしゃ》・商店《しょうてん》などで、お金《かね》や品物《しなもの》の出《だ》し入《い》れについて、書《か》き入《い》れておく小《ちい》さな紙《かみ》きれ。例伝票《でんぴょう》をきる。売《う》り上《あ》げ伝票《でんぴょう》

【伝聞《でんぶん》】↓〈―する〉ほかの人《ひと》からつたえ聞《き》くこと。またぎき。例伝聞《でんぶん》だから事実《じじつ》かどうかわからない。

【伝来《でんらい》】↓〈―する〉①外国《がいこく》からつたわってくること。例仏教《ぶっきょう》の伝来《でんらい》。類渡来《とらい》 ②代々《だいだい》うけつぐこと。例先祖伝来《せんぞでんらい》の土地《とち》。

【伝令《でんれい》】▲命令《めいれい》やさしずをつたえること。つたえる人《ひと》。例本部《ほんぶ》からの伝令《でんれい》がとどく。

❷〈人の一生を記したもの〉の意味で

【伝記《でんき》】↓ある人《ひと》の一生《いっしょう》を物語《ものがたり》のかたちにまとめたもの。例伝記《でんき》を読《よ》む。類一代記《いちだいき》

❹〈宿場〉の意味で

【伝馬船《てんません》】むかし日本《にほん》で使《つか》われていた、荷物《にもつ》を運《はこ》ぶための小《ちい》さな木《き》の船《ふね》。参考「伝馬《てんま》」は、宿場《しゅくば》から次《つぎ》の宿場《しゅくば》へと乗《の》りついだり荷《に》を受《う》けわたしたりするための馬《うま》。

伝が下につく熟語 上の字の働き

❶伝＝〈つたえる〉のとき

【直伝《じきでん》 口伝《くでん》 秘伝《ひでん》】ドノヨウニつたえるのか。

❷伝＝〈人の一生を記したもの〉のとき

【史伝《しでん》 自伝《じでん》 自叙伝《じじょでん》 武勇伝《ぶゆうでん》 立志伝《りっしでん》】ナニの伝《でん》記《き》なのか。

【評伝《ひょうでん》 詳伝《しょうでん》 略伝《りゃくでん》】ドノヨウナ伝記《でんき》か。

◆遺伝《いでん》 駅伝《えきでん》 宣伝《せんでん》

イ-4

任

総画6
JIS-3904
教5年
音 ニン
訓 まかせる・まかす

筆順 任 任 任 任 任 任 みじかく

なりたち 任 【形声】「壬《ジン》」が「かつぐ」意味《いみ》と、「ニン」とかわって読《よ》み方《かた》をしめ

している。人《ひと》(イ)が荷物《にもつ》をせおうことを表《あらわ》している字《じ》。

意味

❶まかせる。したいようにさせる。例 運《うん》を天《てん》に任《まか》せる。任意《にんい》・信任《しんにん》

❷役《やく》につかせる。仕事《しごと》をまかせる。例 会《かい》長《ちょう》に任《にん》じる。任命《にんめい》・新任《しんにん》

❸つとめ。まかされた仕事《しごと》。例 任《にん》に就《つ》く。任務《にんむ》・担任《たんにん》・在任中《ざいにんちゅう》

名前のよみ あたる・たえ・ただ・たね・たもつ・とう・ひで・まこと・よし

❶〈まかせる〉の意味で

【任意《にんい》】▲〈―に・―な〉自分自身《じぶんじしん》の考《かんが》えで決《き》めること。例 旅行先《りょこうさき》を任意《にんい》にえらぶ。類 随意《ずいい》

❷〈役につかせる〉の意味で

【任期《にんき》】↓ その役目《やくめ》を受《う》けもつことに決《き》められている期間《きかん》。例 委員《いいん》の任期《にんき》。

【任地《にんち》】↓ そこで仕事《しごと》をするように決められた土地《とち》。例 任地《にんち》におもむく。

【任命《にんめい》】↓〈―する〉ある役目《やくめ》につくようにいいつけること。例 裁判官《さいばんかん》の任命《にんめい》。類 任用《にんよう》 対 解任《かいにん》

【任◦免《にんめん》】⇕ 役《やく》につかせることと、役《やく》をやめさせること。例 役員《やくいん》の任免《にんめん》を決《き》める。

【任用《にんよう》】↓〈―する〉役目《やくめ》をあたえて仕事《しごと》をさせること。例 部長《ぶちょう》に任用《にんよう》する。類 任命《にんめい》

❸〈つとめ〉の意味で

【任務《にんむ》】Ⅲ 責任《せきにん》をもってしなければならない仕事《しごと》。例 重要《じゅうよう》な任務《にんむ》。類 役目《やくめ》・役割《やくわり》・責務《せきむ》

任が下につく熟語 上の字の働き

❶任＝〈まかせる〉のとき
【一任《いちにん》 信任《しんにん》 放任《ほうにん》】ドノヨウニまかせるか。

❷任＝〈役につかせる〉のとき
【専任《せんにん》 兼任《けんにん》 主任《しゅにん》 常任《じょうにん》】ドウイウ形《かたち》で任《にん》ずるのか。
【前任《ぜんにん》 後任《こうにん》 新任《しんにん》 初任《しょにん》 再任《さいにん》 歴任《れきにん》】イツ任《にん》に当《あ》たる(当《あ》たった)のか。

❸任＝〈つとめ〉のとき
【担任《たんにん》 解任《かいにん》 辞任《じにん》 退任《たいにん》 離任《りにん》 赴任《ふにん》 就任《しゅうにん》 着任《ちゃくにん》 留任《りゅうにん》 転任《てんにん》 在任《ざいにん》 背任《はいにん》 適任《てきにん》】任務《にんむ》に対《たい》してドウスルか・ドウアルか。

◆委任《いにん》 自任《じにん》 責任《せきにん》 大任《たいにん》

伐

イ-4 総画6 JIS-4018 常用
音 バツ
訓 き-る

筆順 伐伐伐伐伐伐

なりたち  【会意】「人《ひと》(イ)」と「ほこ(戈)」を合《あ》わせて、ほこで人《ひと》を切《き》ることを表《あらわ》す字《じ》。

意味

❶切《き》る。木《き》を切《き》る。例 伐採《ばっさい》・乱伐《らんばつ》

❷やっつける。うちしたがえる。例 征伐《せいばつ》

❶〈切る〉の意味で

【◦伐採《ばっさい》】Ⅲ〈―する〉木《き》をきりたおすこと。

伐が下につく熟語 上の字の働き

❶伐＝〈切る〉のとき
【乱伐《らんばつ》 濫伐《らんばつ》】ドノヨウニ切《き》るか。

❷伐＝〈やっつける〉のとき
【征伐《せいばつ》 討伐《とうばつ》】近《ちか》い意味《いみ》。

◆殺伐

伏

イ-4 総画6 JIS-4190 常用
音 フク
訓 ふせる・ふす

筆順 伏伏伏伏伏伏

なりたち  【会意】「犬《いぬ》」が人《ひと》(イ)のそばでうずくまり、ようすをうかがっていることを表《あらわ》している字《じ》。

意味

❶ふせる。身《み》を低《ひく》くする。目立《めだ》たないように身《み》をひそめる。例 顔《かお》を伏《ふ》せる。潜伏《せんぷく》

❷したがう。負《ま》けてしたがう。例 降伏《こうふく》

❶〈ふせる〉の意味で

【◦伏在《ふくざい》】↓〈―する〉おもてにあらわれないでかくれていること。例 この事件《じけん》には、多《おお》くの問題《もんだい》が伏在《ふくざい》している。類 潜在《せんざい》

【◦伏線《ふくせん》】↓ 物語《ものがたり》で、あとからおこることをにおわせる事件《じけん》や人物《じんぶつ》をそれとなくえがくこと。例 伏線《ふくせん》をはる。表現 実際《じっさい》の生活《せいかつ》の中《なか》でも、「あとでしかられないように、伏線《ふくせん》をはっておく」などという使《つか》い方《かた》をする。

【◦伏兵《ふくへい》】↓ 敵《てき》の不意《ふい》をついておそいかかるために、待《ま》ちぶせしている兵《へい》。例 伏兵《ふくへい》をおく。

【◦伏流《ふくりゅう》】↓ 川《かわ》の水《みず》が、あるところだけ地《ち》上《じょう》から消《き》えて地下《ちか》を流《なが》れること。

伏が下につく熟語 上の字の働き

前ページ▶ 伐 伏

❶伏＝〈ふせる〉のとき
【潜伏《せんぷく》 平伏《へいふく》】近《ちか》い意味《いみ》。
◆起伏《きふく》 降伏《こうふく》 雌伏《しふく》 山伏《やまぶし》

位

イ-5 総画7 JIS-1644 教4年
音 イ 訓 くらい

筆順 位 位 位 位 位 位 位（まっすぐ、つく／ながく）

なりたち 【会意】人《ひと》(イ)と人《ひと》がたっている意味《いみ》の「立」とを合《あ》わせて、人《ひと》が立《た》つ場所《ばしょ》、くらいなどの意味《いみ》を表《あらわ》す字《じ》。

意味
❶それがある場所《ばしょ》。基準《きじゅん》にてらして、それがどこにあるかをしめす場所《ばしょ》。例 位置《いち》・水位《すいい》
❷くらい。人《ひと》などが置《お》かれている段階《だんかい》や順位《じゅんい》。等級《とうきゅう》。例 位《くらい》が上《あ》がる。即位《そくい》・地位《ちい》
❸数《かず》のけた。数《かぞ》えたり、はかったりするときの基準《きじゅん》。例 位取《くらいど》り・単位《たんい》

発音あんない イ→ミ…例 三位《さんみ》

名前のよみ くら・たか・ただ・ただし・なり・のり・ひこ・み

❶〈それがある場所〉の意味で
【位置】《いち》 Ⅱ（—する）それがどこにあるかをしめす場所《ばしょ》。例 花《か》びんの位置《いち》をかえる。日本《にほん》は北半球《きたはんきゅう》に位置《いち》する。

❷〈くらい〉の意味で
【位階】《いかい》 Ⅱ 功績《こうせき》や年功《ねんこう》によって国《くに》がさずける位《くらい》や等級《とうきゅう》。例 位階勲等《いかいくんとう》
【位牌】《いはい》 ⇩ 仏教《ぶっきょう》で、死《し》んだ人《ひと》につける名《な》（戒名《かいみょう》）などを書《か》いて、仏壇《ぶつだん》にまつっておく木《き》のふだ。例 先祖《せんぞ》の位牌《いはい》に手《て》を合《あ》わせる。

位が下につく熟語 上の字の働き
❶位＝〈それがある場所〉のとき
【水位《すいい》 方位《ほうい》 体位《たいい》】ナニの位置《いち》か。
❷位＝〈くらい〉のとき
【王位《おうい》 帝位《ていい》 皇位《こうい》 爵位《しゃくい》 学位《がくい》】ナニの位《くらい》か。
【即位《そくい》 在位《ざいい》】位《くらい》にドウスルか。
【退位《たいい》 譲位《じょうい》】位《くらい》をドウスルか。
【上位《じょうい》 下位《かい》 高位《こうい》 中位《ちゅうい・ちゅうくらい》 低位《ていい》 首位《しゅい》 末位《まつい》 優位《ゆうい》 劣位《れつい》】ドノクライの等級《とうきゅう》か。
【順位《じゅんい》 段位《だんい》 品位《ひんい》 気位《きぐらい》】ナニについての等級《とうきゅう》か。
◆各位《かくい》 単位《たんい》 地位《ちい》 本位《ほんい》

何

イ-5 総画7 JIS-1831 教2年
音 カ 訓 なに・なん

筆順 何 何 何 何 何 何 何（でる／はねる）

なりたち 【形声】「可」が「かつぐ」意味《いみ》と「カ」という読《よ》み方《かた》をしめしている。人《ひと》(イ)がにもつをかつぐことを表《あらわ》していたが、のちに「なに」として借《か》りて使《つか》われるようになった字《じ》。

意味 なに。どんな。どのような。どれほど

漢字パズル 1 しりとり

熟語《じゅくご》のしりとりをしましょう。あいているところにどんな漢字《かんじ》を入《い》れれば、うまくつながりますか。

例 国語学校庭（こくご ごがく がっこう こうてい）

① 合 □ 算 □ 字
② 安 □ 部 □ 上
③ 牧 □ 面 □ 社
④ 西 □ 食 □ 実
⑤ 正 □ 決 □ 配
⑥ 記 □ 音 □ 器
⑦ 味 □ 角 □ 胸

の。例 何《なに》も無《な》い。これは何《なん》だ。何事《なにごと》

注意するよみ なん…例 何本《なんぼん》・何十《なんじゅう》・何点《なんてん》

名前のよみ いず

【何▲故▲】なぜ｜なにゆえ ↓ 理由《りゆう》や原因《げんいん》をたずねることば。どうして。例 なぜ、来《こ》ないの。表現「この苦《くる》しみは何故《なにゆえ》ぞ」のように、「なにゆえ」はやや古《ふる》く、かたい感《かん》じの言《い》い方《かた》。

【何事】なにごと ↓ ①なんのこと。どういうこと。例 あの人《ひと》だかりは何事《なにごと》だろう。②あらゆることの一《ひと》つ一《ひと》つ。例 かれは何事《なにごと》にも熱心《ねっしん》に取《と》り組《く》む。③とりたてていうほどの目立《めだ》ったこと。例 何事《なにごと》もなく一年《いちねん》がすぎた。表現 ①では、相手《あいて》をせめる気持《きも》ちをこめて、「遅刻《ちこく》するとは何事《なにごと》だ」などと使《つか》うこともある。

【何分】なにぶん ↓ 一 ①いくらか。例 何分《なにぶん》のご寄付《きふ》をおねがいします。②なんといっても。例 何分子《なにぶんこ》どものやったことですから。③どうか。なにとぞ。例 何分《なにぶん》よろしくたのむ。二 なんぷん 時間《じかん》や時刻《じこく》がわからないときに使《つか》う。例 会場《かいじょう》まで何分《なんぷん》かかりますか。

【何人】なんにん ↓ 一 いく人。人数《にんずう》がわからないときに使《つか》う。例 誕生会《たんじょうかい》には何人《なんにん》来《く》るだろう。二 なにびと｜なんびと｜なんぴと どういう人《ひと》。だれ。例 よわい者《もの》いじめは何人《なにびと》｜《なんびと》｜《なんぴと》であろうと許《ゆる》さない。

◆ 幾何《きか》　誰何《すいか》

イ－5

伽

総画7　JIS-1832　人名

音 ガ・カ　訓 とぎ

意味

❶とぎ。たいくつをなぐさめること。例 夜伽《よとぎ》・お伽話《とぎばなし》

❷「カ」「ガ」の発音《はつおん》。インドからの外来語《がいらいご》を音《おん》で表《あらわ》した字《じ》。例 伽藍《がらん》

イ－5

佐

総画7　JIS-2620　常用

音 サ　訓 たす-ける・すけ

筆順 佐佐佐佐佐佐佐

なりたち 【形声】「左」が「たすける」意味《いみ》と「サ」という読《よ》み方《かた》をしめしている。人《ひと》(イ)をたすけることを表《あらわ》す字《じ》。

意味

❶たすける。例 佐幕《さばく》・補佐《ほさ》

❷軍人《ぐんじん》や自衛官《じえいかん》の階級《かいきゅう》の名《な》。「将《しょう》」の下《した》、「尉《い》」の上《うえ》に位置《いち》する。例 佐官《さかん》・一佐《いっさ》・大佐《たいさ》

❶〈たすける〉の意味で

【°佐幕】さばく ▲ 幕府《ばくふ》をたすけまもろうとすること。例 佐幕派《さばくは》 対 倒幕《とうばく》 知識 江戸時代《えどじだい》の終《お》わりごろ、徳川幕府《とくがわばくふ》をたおして王政復古《おうせいふっこ》をめざす勤王派《きんのうは》に対《たい》し、幕府《ばくふ》をまもろうとした側《がわ》。

佐が下につく熟語　上の字の働き

❷佐＝〈軍人や自衛官の階級の名〉のとき
【大佐《たいさ》　中佐《ちゅうさ》　少佐《しょうさ》　一佐《いっさ》　二佐《にさ》　三佐《さんさ》】ドンナ地位《ちい》の佐官《さかん》か。

◆ 補佐《ほさ》

イ－5

作

総画7　JIS-2678　教2年

音 サク・サ　訓 つくる

筆順 作作作作作作作（亻にならない）

なりたち 【形声】「乍」が木《き》に切《き》れめを入《い》れて物《もの》をつくる意味《いみ》と「サク・サ」という読《よ》み方《かた》をしめしている。人《ひと》(イ)がつくることを表《あらわ》す字《じ》。

意味

❶つくる。ものをこしらえる。つくったもの。例 文《ぶん》を作《つく》る。会心《かいしん》の作《さく》。作文《さくぶん》・名作《めいさく》

❷する。おこなう。目的《もくてき》をもってする。例 作業《さぎょう》・操作《そうさ》

❸田畑《たはた》をたがやす。実《みの》った物《もの》。例 作物《さくもつ》・豊作《ほうさく》

❹美作《みまさか》。旧国名《きゅうこくめい》。今《いま》の岡山県北東部《おかやまけんほくとうぶ》。例 作州《さくしゅう》

使い分け つくる［作・造］☞75ページ

発音あんない サク→サッ…例 作曲《さっきょく》

名前のよみ とも・なお・なり

❶〈つくる〉の意味で

【作意】さくい ↓ 詩《し》・小説《しょうせつ》・絵《え》・彫刻《ちょうこく》・音楽《おんがく》などを作《つく》ったときの心《こころ》もちや、作品《さくひん》に表《あらわ》そうとした考《かんが》え。例 作意《さくい》がわからない。☞❷

【作詞】さくし ▲〈―する〉歌《うた》われるためのことば（歌詞《かし》）を作《つく》ること。例 校歌《こうか》の作詞《さくし》をする。

【作詩】さくし ▲〈―する〉詩《し》を作《つく》ること。類 詩作《しさく》

【作者】さくしゃ ↓ 詩《し》・歌《うた》・小説《しょうせつ》・絵《え》・彫刻《ちょうこく》などの作品《さくひん》を作《つく》った人《ひと》。類 筆者《ひっしゃ》・著者《ちょしゃ》

【作図】さくず ▲〈―する〉①設計図《せっけいず》などをえがくこ

伺 ◀次ページ

°学習漢字でない常用漢字　▲常用漢字表にない音訓　◆常用漢字でない漢字

と。②数学《すうがく》で、コンパスや定規《じょうぎ》を使《つか》って図形《ずけい》をえがくこと。例 指示《しじ》どおりに作図《さくず》する。

【作成】さくせい [‖]〈—する〉書類《しょるい》や計画《けいかく》などを作《つく》ること。例 報告書《ほうこくしょ》を作成《さくせい》する。

例解 使い分け

[作成《さくせい》・作製《さくせい》]

作成＝とくに、文書《ぶんしょ》や計画書《けいかくしょ》などをつくること。

例 報告書《ほうこくしょ》を作成《さくせい》する。予定表《よていひょう》の作成《さくせい》。

作製＝物《もの》をつくること。

例 標本《ひょうほん》を作製《さくせい》する。本棚《ほんだな》を作製《さくせい》する。

【作製】さくせい [‖]〈—する〉物《もの》を作《つく》ること。例 本立《ほんた》てを作製《さくせい》する。類 製作《せいさく》・製造《せいぞう》

使い分け [作成・作製] ☞74ページ

【作戦】さくせん [▲] ①試合《しあい》や戦争《せんそう》などで、前《まえ》もって考《かん》えておくたたかい方《かた》。例 作戦《さくせん》をねる。類 戦術《せんじゅつ》 ②軍隊《ぐんたい》が、ある期間《きかん》にわたって、計画《けいかく》的《てき》におこなうたたかい。例 上陸作戦《じょうりくさくせん》を開始《かいし》する。③ある目的《もくてき》をはたすための方法《ほうほう》。例 妹《いもうと》をよろこばせる作戦《さくせん》を思《おも》いついた。

【作品】さくひん [↓] 詩歌《しいか》・小説《しょうせつ》・絵《え》・彫刻《ちょうこく》・音楽《おんがく》などのできあがったもの。例 作品展《さくひんてん》・文学作品《ぶんがくさくひん》

【作風】さくふう [↓] 詩《し》・小説《しょうせつ》・絵《え》・彫刻《ちょうこく》・音楽《おんがく》などにあらわれた、その作者《さくしゃ》らしい特徴《とくちょう》。

【作文】さくぶん ①[▲]〈—する〉文章《ぶんしょう》を作《つく》ること。②[↓]書《か》かれた文章《ぶんしょう》。例 作文募集《さくぶんぼしゅう》。

【作例】さくれい [↓] 詩《し》や文章《ぶんしょう》などの作《つく》り方《かた》がわかるような手本《てほん》。例 作例《さくれい》をよく見《み》て作《つく》る。

【作家】さっか [↓] 小説《しょうせつ》や劇《げき》・童話《どうわ》などを作《つく》る人《ひと》。例 劇《げき》作家《さっか》・陶芸作家《とうげいさっか》 作家志望《さっかしぼう》 表現 小説家《しょうせつか》を指《さ》すことが多《おお》い。

【作曲】さっきょく [▲]〈—する〉音楽《おんがく》の曲《きょく》を作《つく》ること。また、詩《し》などにふしをつけること。例 作曲家《さっきょくか》

❷〈する〉の意味で

【作業】さぎょう [‖]〈—する〉からだを使《つか》って仕事《しごと》をすること。その仕事《しごと》。例 作業《さぎょう》がはかどる。作《さ》業服《ぎょうふく》

【作。為】さくい [‖]〈—する〉わざと仕組《しく》んだり、手直《てなお》ししたりすること。例 この報告書《ほうこくしょ》には作為《さくい》のあとがみえる。対 無作為《むさくい》

【作意】さくい [↓] よくない考《かん》え。わるだくみ。例 この提案《ていあん》にはなにか作意《さくい》がありそうで、すなおに賛成《さんせい》できない。☞❶

【作動】さどう [‖]〈—する〉機械《きかい》がその役目《やくめ》をはたして動《うご》くこと。例 誤作動《ごさどう》

【作法】[↓] 一 さほう あいさつや、立《た》ったりすわったりするときの、しかた。とくに、むかしからのきまった順序《じゅんじょ》や型《かた》。マナー。例 食事《しょくじ》の作法《さほう》。二 さくほう｜さほう つくりかた。例 俳句《はいく》の作法《さくほう》。

【作用】さよう [‖]〈—する〉①ほかのものにはたらきかけて、そのようすをかえること。そのはたらき。例 副作用《ふくさよう》 ②生物《せいぶつ》が生《い》きていくためのいとなみ。例 呼吸作用《こきゅうさよう》 ③理科《りか》で、二《ふた》つの物体《ぶったい》のあいだにはたらく力《ちから》。対 反作用《はんさよう》

❸〈田畑をたがやす〉の意味で

【作。柄】さくがら [↓] 米《こめ》・麦《むぎ》・野菜《やさい》など、農作物《のうさくぶつ》のできぐあい。例 イネの作柄《さくがら》。作柄《さくがら》がいい。

【作物】さくもつ [↓] 田畑《たはた》で育《そだ》てる米《こめ》・麦《むぎ》・野菜《やさい》など。例 この地方《ちほう》のおもな作物《さくもつ》は米《こめ》だ。類 農作物《のうさくぶつ》

作が下につく熟語 上の字の働き

❶作＝〈つくる〉のとき
【工作《こうさく》 制作《せいさく》 製作《せいさく》 創作《そうさく》 著作《ちょさく》 造作《ぞうさく》】近《ちか》い意味《いみ》。
【試作《しさく》 自作《じさく》 習作《しゅうさく》 代作《だいさく》 盗作《とうさく》 合作《がっさく》 改作《かいさく》】ドウヤッテ作《つく》るか。
【力作《りきさく》 佳作《かさく》 傑作《けっさく》 大作《たいさく》 名作《めいさく》 駄作《ださく》 原作《げんさく》 連作《れんさく》 労作《ろうさく》 代表作《だいひょうさく》 出世作《しゅっせさく》】ドノヨウナ作品《さくひん》か。

❷作＝〈する〉のとき
【動作《どうさ》 操作《そうさ》 造作《ぞうさ》】近《ちか》い意味《いみ》。

❸作＝〈田畑をたがやす〉のとき
【稲作《いなさく》 米作《べいさく》 麦作《むぎさく》】ナニを作《つく》るか。
【豊作《ほうさく》 凶作《きょうさく》 不作《ふさく》 平年作《へいねんさく》】ドンナできぐあいか。
【表作《おもてさく》 裏作《うらさく》 単作《たんさく》 輪作《りんさく》 二期作《にきさく》 二毛作《にもうさく》】ドウイウやり方《かた》の農作《のうさく》か。

◆家作《かさく》 寡作《かさく》 耕作《こうさく》 小作《こさく》 詩作《しさく》 所作《しょさ》 畑作《はたさく》 発作《ほっさ》 無造作《むぞうさ》

イ-5
伺
総画7
JIS-2739
常用
訓 音
シ
うかがう

筆順 伺伺伺伺伺伺伺

なりたち 【形声】「司」が「のぞく」意味《いみ》と、「シ」という読《よ》み方《かた》をしめしている。人《ひと》(イ)がひそかにさぐることを表《あらわ》す字《じ》。

意味 うかがう。お聞《き》きする。ようすを見《み》る。例 お話《はなし》を伺《うかが》う。伺候《しこう》

名前のよみ み

【◦伺候】しこう 三〈—する〉身分《みぶん》の高《たか》い人《ひと》のそばに近《ちか》くにつかえること。ごきげんをうかがうこと。

表現 古《ふる》い言《い》い方《かた》で、今《いま》はほとんど使《つか》わない。

似

イ−5 総画7 JIS-2787 教5年 音 ジ 訓 にる

筆順 似似似似似似似（だす・とめる）

なりたち 【形声】「以《シ》」が道具《どうぐ》で作業《さぎょう》する意味《い》と、「ジ」とかわって読《よ》み方《かた》をしめしている。人《ひと》(イ)が実物《じつぶつ》に似《に》ている物《もの》を作《つく》ることを表《あらわ》している字《じ》。

意味 にる。にている。例 似《に》ても似《に》つかない。似顔絵《にがおえ》・類似《るいじ》

名前のよみ い

【似顔】にがお ↓「似顔絵《にがおえ》」の略《りゃく》。

【似顔絵】にがおえ その人《ひと》の顔《かお》の特徴《とくちょう》をとらえてえがいた絵《え》。

似が下につく熟語 上の字の働き

【類似《るいじ》 近似《きんじ》 疑似《ぎじ》】近《ちか》い意味《いみ》。

【酷似《こくじ》 相似《そうじ》 空似《そらに》】ドノヨウニ似《に》ているか。

◆真似《まね》 猿真似《さるまね》

住

イ−5 総画7 JIS-2927 教3年 音 ジュウ 訓 すむ・すまう

筆順 住住住住住住住（ななめ、つかない・ながく）

なりたち 【形声】「主《シュ》」が「とどまる」意味《いみ》と、「ジュウ」とかわって読《よ》み方《かた》をしめしている。人《ひと》(イ)がとどまることから、「すむ」として使《つか》われている字《じ》。

意味 すむ。その場所《ばしょ》で生活《せいかつ》する。すまう。例 住《す》まいを移《うつ》す。住《す》めば都《みやこ》。住居《じゅうきょ》・永住《えいじゅう》・衣食住《いしょくじゅう》

名前のよみ よし

【住居】じゅうきょ ↓住《す》んでいる家《いえ》。住《す》まい。例 住《じゅう》居《きょ》をかまえる。類 住宅《じゅうたく》

【住所】じゅうしょ ↓住《す》んでいる場所《ばしょ》。とくに、その所番地《ところばんち》。アドレス。例 住所録《じゅうしょろく》

【住職】じゅうしょく ↓その寺《てら》を責任《せきにん》をもってあずかっているお坊《ぼう》さん。類 住持《じゅうじ》

【住宅】じゅうたく ↓人《ひと》が住《す》むための家《いえ》。すまい。例 市営住宅《しえいじゅうたく》・住宅地《じゅうたくち》 類 住居《じゅうきょ》・人家《じんか》

【住人】じゅうにん ↓その土地《とち》や家《いえ》に住《す》んでいる人《ひと》。例 横丁《よこちょう》の住人《じゅうにん》。類 住民《じゅうみん》

【住民】じゅうみん ↓その土地《とち》に住《す》んでいる人《ひと》。例 住民《じゅうみん》の意見《いけん》を聞《き》く。住民税《じゅうみんぜい》 類 住人《じゅうにん》

住が下につく熟語 上の字の働き

【居住《きょじゅう》 在住《ざいじゅう》】近《ちか》い意味《いみ》。

【安住《あんじゅう》 永住《えいじゅう》 定住《ていじゅう》 移住《いじゅう》 先住《せんじゅう》】ドノヨウニ住《す》むか。

伸

イ−5 総画7 JIS-3113 常用 音 シン 訓 のびる・のばす・のべる

例解 使い分け

「つくる《作る・造る》」

作る＝形《かたち》のあるものでも、形《かたち》のないものでも、いろいろなものをこしらえる。

例 米《こめ》を作《つく》る。詩《し》を作《つく》る。規則《きそく》を作《つく》る。

造る＝とくに、機械《きかい》などを使《つか》って大《おお》きな物《もの》をこしらえる。

例 船《ふね》を造《つく》る。庭園《ていえん》を造《つく》る。家《いえ》の造《つく》りがいい。

参考 「酒《さけ》をつくる」は、慣例《かんれい》で「造《つく》る」のほうを使《つか》う。

筆順 伸 伸 伸 伸 伸 伸 伸

なりたち 【形声】「申」が「ひきのばす」意味《いみ》と「シン」という読《よ》み方《かた》をしめしている。人《ひと》(亻)がせのびすることを表《あらわ》す字《じ》。

意味

❶のびる。のばす。例足《あし》を伸《の》ばす。伸《の》び率《りつ》・伸長《しんちょう》 対屈《くっ》・縮《しゅく》

❷のべる。申《もう》しあげる。例追伸《ついしん》

使い分け のびる[伸・延]☞77ページ

名前のよみ のぶ・のぼる

❶〈のびる〉の意味で

【伸縮《しんしゅく》】⇕(―する)のびることと、ちぢむこと。のびちぢみ。例伸縮《しんしゅく》のはばが広《ひろ》い。

【伸長《しんちょう》】Ⅱ(―する)長《なが》さや力《ちから》がのび、ふえること。例学力《がくりょく》の伸長《しんちょう》を図《はか》る。

【伸展《しんてん》】Ⅱ(―する)勢力《せいりょく》や実力《じつりょく》が拡大《かくだい》すること。例経済力《けいざいりょく》の伸展《しんてん》がめざましい。

◆屈伸《くっしん》 追伸《ついしん》

【体】

イ-5 総画7 JIS-3446 教2年 音タイ・テイ 訓からだ 〔體〕

筆順 体 体 体 体 体 体 体 (はねない)(はらう)

なりたち 【会意】もとの字《じ》は、「體」。「つらなる」意味《いみ》の「豊」と「骨」とを合《あ》わせて、骨《ほね》がつらなっている「からだ」を表《あらわ》す字《じ》。なお、「体」は古《ふる》くから「體」の代《か》わりとして使《つか》われていた。

意味

❶からだ。人《ひと》のからだ。生《い》きているからだ。例じょうぶな体《からだ》。体温《たいおん》・身体《しんたい》

❷形《かたち》のあるもの。例体積《たいせき》・物体《ぶったい》

❸ひとまとまりのもの。ぜんたいのかまえ。例体制《たいせい》

❹かたち。すがた。ようす。例ほうほうの体《てい》で逃《に》げ出《だ》す。体裁《ていさい》・文体《ぶんたい》

名前のよみ み

❶〈からだ〉の意味で

【体位《たいい》】↓①体格《たいかく》や健康《けんこう》、運動《うんどう》する能力《のうりょく》などの点《てん》からみたからだのようす。例小学生《しょうがくせい》の体位《たいい》が向上《こうじょう》した。②仕事《しごと》や運動《うんどう》をするときのからだの位置《いち》や姿勢《しせい》。

【体育《たいいく》】↓健康《けんこう》なからだを作《つく》るための教育《きょういく》。また、それを学《まな》ぶ学校《がっこう》の教科《きょうか》。例体育《たいいく》の日 関連知育《ちいく》・徳育《とくいく》・体育《たいいく》

【体液《たいえき》】↓動物《どうぶつ》の体内《たいない》にある、血液《けつえき》・リンパ液《えき》・唾液《だえき》などの、液体《えきたい》。

【体温《たいおん》】↓人《ひと》や動物《どうぶつ》のからだのあたたかさ。例体温《たいおん》をはかる。体温計《たいおんけい》 知識人《ひと》は三六度《ど》～三七度《ど》、犬《いぬ》は三九度《ど》、ニワトリは四二度《ど》ぐらいがふつうとされる。

【体外《たいがい》】↓からだの外《そと》。例いらなくなったものを体外《たいがい》へ出《だ》す。対体内《たいない》

【体格《たいかく》】↓からだつき。とくに、背《せ》の高《たか》さや肉《にく》づき。例がっちりした体格《たいかく》。

【体感《たいかん》】↓(―する)からだにうける感《かん》じ。例ゆれの大《おお》きさを体感《たいかん》する。体感温度《たいかんおんど》

【体形《たいけい》】↓人《ひと》や動物《どうぶつ》のからだの形《かたち》。

【体型《たいけい》】↓やせているか、太《ふと》っているかや、体質《たいしつ》などの面《めん》から体《からだ》つきを分《わ》けたもの。例肥《ひ》満体型《まんたいけい》・平均体型《へいきんたいけい》

【体験《たいけん》】↓(―する)自分《じぶん》のからだでじっさいにやってみること。じっさいに経験《けいけん》したこと。例体験《たいけん》を語《かた》る。体験談《たいけんだん》 類経験《けいけん》

【体質《たいしつ》】↓生《う》まれつきもっているからだの性質《せいしつ》。例体質《たいしつ》を改善《かいぜん》する。アレルギー体質《たいしつ》 表現団体《だんたい》の性質《せいしつ》などを「党《とう》の体質《たいしつ》」「会社《かいしゃ》の体質《たいしつ》」のようにいうこともある。

【体臭《たいしゅう》】↓①からだのにおい。例体臭《たいしゅう》が強《つよ》い。②その人《ひと》だけがもっているとくべつの感《かん》じ。例体臭《たいしゅう》まで感《かん》じさせる談話《だんわ》。

【体重《たいじゅう》】↓からだの重《おも》さ。例体重計《たいじゅうけい》

【体勢《たいせい》】↓なにかしようとするときのからだのかまえ。例体勢《たいせい》を立《た》て直《なお》す。類姿勢《しせい》

使い分け[態勢・体勢・体制・大勢]☞492ページ

【体操《たいそう》】↓①からだをじょうぶにするために、からだのあちこちを動《うご》かす運動《うんどう》。例ラジオ体操《たいそう》・器械体操《きかいたいそう》 ②「体操競技《たいそうきょうぎ》」のこと。例体操《たいそう》の選手《せんしゅ》。新体操《しんたいそう》

【体長《たいちょう》】↓動物《どうぶつ》のからだの長《なが》さ。身長《しんちょう》。例体長《たいちょう》二メートルのヘビ。

【体調《たいちょう》】↓からだの調子《ちょうし》。例体調《たいちょう》をくずす。体調《たいちょう》をととのえる。

【体得《たいとく》】↓(―する)じっさいにやってみて、わ

ざを身《み》につけること。例 口《くち》では言《い》えぬ体得《たいとく》のわざ。類 会得《えとく》

【体内《たいない》】↓ からだの中《なか》。例 体内《たいない》にとりいれる。体内時計《たいないどけい》 対 体外《たいがい》

【体。罰《たいばつ》】↓ こらしめるために、なぐるなどして痛《いた》みや苦《くる》しみをあたえること。

【体力《たいりょく》】↓ 運動《うんどう》や仕事《しごと》をするためのからだの力《ちから》。病気《びょうき》にまけないからだの力《ちから》。例 体力《たいりょく》をつける。体力《たいりょく》テスト 対 気力《きりょく》・精神力《せいしんりょく》

❷〈形のあるもの〉の意味で

【体現《たいげん》】↓ 〈—する〉思《おも》いを具体的《ぐたいてき》なかたちにあらわすこと。例 大仏《だいぶつ》は慈愛《じあい》の体現《たいげん》。

【体積《たいせき》】↓ たて・よこ・高《たか》さをもったものの大《おお》きさ。かさ。例 体積《たいせき》が大《おお》きい。類 容積《ようせき》 知識 体積《たいせき》の単位《たんい》には立方《りっぽう》メートル・立方《りっぽう》センチメートルなどがある。

❸〈ひとまとまりのもの〉の意味で

【体系《たいけい》】↓ 一《ひと》つ一《ひと》つべつなものを、あるきまりによって、整理《せいり》して順序《じゅんじょ》づけたものの全体《ぜんたい》。例 知識《ちしき》を体系《たいけい》づける。

【体制《たいせい》】↓ 国《くに》や集団《しゅうだん》を動《うご》かす、おおもとのしくみ。例 社会体制《しゃかいたいせい》

使い分け 「態勢・体勢・体制・大勢」☞492ページ

❹〈かたち〉の意味で

【体面《たいめん》】Ⅲ 人《ひと》から見《み》て、「りっぱだな」と思《おも》われたい気持《きも》ち。例 体面《たいめん》をたもつ。類 世間体《せけんてい》・面目《めんぼく／めんもく》・体裁《ていさい》・名誉《めいよ》

【体裁《ていさい》】Ⅲ そとから見《み》たときのすがた・かたち。見《み》かけ。見《み》てくれ。例 体裁《ていさい》をととのえる。体裁《ていさい》よく花《はな》をかざる。

体が下につく熟語 上の字の働き

❶ 体＝〈からだ〉のとき
【母体《ぼたい》 人体《じんたい》 胴体《どうたい》 上体《じょうたい》 巨体《きょたい》 裸体《らたい》 老体《ろうたい》 生体《せいたい》 死体《したい》 遺体《いたい》 病原体《びょうげんたい》】ドノヨウナ体《からだ》か。

❷ 体＝〈形のあるもの〉のとき
【気体《きたい》 液体《えきたい》 固体《こたい》 実体《じったい》 媒体《ばいたい》 導体《どうたい》（半導体《はんどうたい》） 被写体《ひしゃたい》 立方体《りっぽうたい》 直方体《ちょくほうたい》 平行六面体《へいこうろくめんたい》】ドウイウ物《もの》か。

❸ 体＝〈ひとまとまりのもの〉のとき
【車体《しゃたい》 船体《せんたい》 機体《きたい》 天体《てんたい》 団体《だんたい》】ナニの全体《ぜんたい》か。
【弱体《じゃくたい》 本体《ほんたい》 主体《しゅたい》】ドノヨウナまとまりか。
【全体《ぜんたい》 総体《そうたい》 大体《だいたい》 一体《いったい》 自体《じたい》】ドレダケのまとまりか。
【解体《かいたい》 具体《ぐたい》】まとまりをドウスルか。

❹ 体＝〈かたち〉のとき
【文体《ぶんたい》 字体《じたい》 書体《しょたい》】ナニのかたちか。
【重体《じゅうたい》 明朝体《みんちょうたい》 教科書体《きょうかしょたい》 筆写体《ひっしゃたい》】ドノヨウナかたちか。
◆三位一体《さんみいったい》 肢体《したい》 正体《しょうたい》 身体《しんたい》 世間体《せけんてい》 肉体《にくたい》 風体《ふうてい》 物体《ぶったい》

例解 使い分け

［のびる《伸びる・延びる》］

伸びる＝その形《かたち》で長《なが》くなる。反対《はんたい》は「縮《ちぢ》む」。
例 草木《くさき》が伸《の》びる。身長《しんちょう》が伸《の》びる。学力《がくりょく》が伸《の》びる。

延びる＝つぎたすように長《なが》くなる。時期《じき》がおくれる。
例 鉄道《てつどう》が延《の》びる。出発《しゅっぱつ》が延《の》びる。遠足《えんそく》が雨《あめ》のため延《の》びる。

但

亻-5 総画7 JIS-3502 常用

音 —
訓 ただし

筆順 但 但 但 但 但 但 但

意味

❶ ただし。そうではあるが。（先《さき》にのべたことに注意《ちゅうい》をつけくわえる場合《ばあい》に使《つか》うことば）例 但《ただ》し書《が》き

❷ 但馬《たじま》。旧国名《きゅうこくめい》。今《いま》の兵庫県北部《ひょうごけんほくぶ》。例 但州《たんしゅう》

低

亻-5 総画7 JIS-3667 教4年

音 テイ
訓 ひくい・ひくめる・ひくまる

筆順 低 低 低 低 低 低 低
（はねる　／にならない　はねる）

なりたち 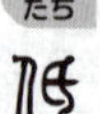 【形声】「氏」が「おかの下《した》のひくい所《ところ》」の意味《いみ》と「テイ」という読《よ》み方《かた》をしめしている。おかのふもとに住《す》む身分《みぶん》のひくい人《ひと》(亻)を表《あらわ》す字《じ》。また、せいのひくい人《ひと》を表《あらわ》すという説《せつ》もある。

意味 ひくい。高《たか》さがない。さがる。おとっている。例 声《こえ》を低《ひく》める。低《ひく》い土地《とち》。少《すこ》し低《ひく》まった場所《ばしょ》。低下《ていか》・低地《ていち》・最低《さいてい》 対 高《こう》

【低音】《ていおん》 [↓] ひくい音《おと》や声《こえ》。例 低音《ていおん》の、ゆっくりした話《はな》し方《かた》。対 高音《こうおん》

【低温】《ていおん》 [↓] ひくい温度《おんど》。例 低温《ていおん》で殺菌《さっきん》する。対 高温《こうおん》

【低下】《ていか》 [‖]〈—する〉①程度《ていど》がさがること。例 気温《きおん》が低下《ていか》する。類 下降《かこう》 対 上昇《じょうしょう》 ②ものの質《しつ》や学力《がくりょく》などの程度《ていど》がわるくなること。例 学力《がくりょく》が低下《ていか》する。対 向上《こうじょう》

【低額】《ていがく》 [↓] 少《すく》ない金額《きんがく》。例 低額所得《ていがくしょとく》(少《すく》ない収入《しゅうにゅう》) 類 少額《しょうがく》 対 高額《こうがく》

【低気圧】《ていきあつ》 大気《たいき》のなかで、まわりにくらべて気圧《きあつ》がひくいところ。例 低気圧《ていきあつ》が近《ちか》づく。熱帯低気圧《ねったいていきあつ》 対 高気圧《こうきあつ》 表現 「先生《せんせい》はきょうは低気圧《ていきあつ》だぞ」といえば、先生《せんせい》のきげんがわるいことを表《あらわ》す。知識 低気圧《ていきあつ》のあるあたりは雨《あめ》かくもりになりやすい。熱帯低気圧《ねったいていきあつ》が発達《はったつ》すると、台風《たいふう》になる。

【低級】《ていきゅう》 [↓]〈—な・—に〉程度《ていど》がひくいこと。例 技術《ぎじゅつ》が低級《ていきゅう》だ。類 下等《かとう》・低次元《ていじげん》 対 高級《こうきゅう》

【低空】《ていくう》 [↓] 空《そら》の、地面《じめん》に近《ちか》いほう。例 低空《ていくう》飛行《ひこう》 対 高空《こうくう》

【低次元】《ていじげん》 [↓]〈—な・—に〉あまり考《かんが》えるねうちもないようす。例 低次元《ていじげん》な話《はなし》。類 低級《ていきゅう》

【低姿勢】《ていしせい》 [↓]〈—な・—に〉したてにでて、ひかえめな態度《たいど》をとるようす。例 低姿勢《ていしせい》であやまる。対 高姿勢《こうしせい》

【低速】《ていそく》 [↓] 速《はや》さがおそいこと。例 低速運転《ていそくうんてん》 対 高速《こうそく》

【低。俗】《ていぞく》 [‖]〈—な・—に〉下品《げひん》で、いやらしいようす。例 低俗《ていぞく》な番組《ばんぐみ》。類 俗悪《ぞくあく》 対 高尚《こうしょう》

【低地】《ていち》 [↓] ひくい土地《とち》。例 大雨《おおあめ》で低地《ていち》は水《みず》びたしだ。対 高地《こうち》

【低調】《ていちょう》 [↓]〈—な・—に〉①いきおいがよわく、ぱっとしないようす。例 会《かい》の活動《かつどう》が低調《ていちょう》だ。対 好調《こうちょう》 ②内容《ないよう》がなく、程度《ていど》がひくいようす。例 低調《ていちょう》な議論《ぎろん》。

【低木】《ていぼく》 [↓] ツツジ・アジサイなど、あまり高《たか》くならない木《き》。例 落葉低木《らくようていぼく》 対 高木《こうぼく》 参考 もとは、「灌木《かんぼく》」といった。

【低迷】《ていめい》 [↓]〈—する〉ひくいところをさまよっていること。例 景気《けいき》の低迷《ていめい》。暗雲低迷《あんうんていめい》

【低利】《ていり》 [↓] 安《やす》い利息《りそく》。例 低利《ていり》のお金《かね》を借《か》りる。対 高利《こうり》

【低率】《ていりつ》 [↓]〈—な・—に〉わりあいがひくいこと。ひくいわりあい。対 高率《こうりつ》

【低。廉】《ていれん》 [‖]〈—な・—に〉ねだんが安《やす》い。例 低廉《ていれん》な商品《しょうひん》。類 安価《あんか》 対 高価《こうか》

◆ 高低《こうてい》 最低《さいてい》

伯

亻-5 総画7 JIS-3976 常用
訓 — 音 ハク

筆順 

なりたち  【形声】親指《おやゆび》の形《かたち》を表《あらわ》す「白」が「ハク」という読《よ》み方《かた》をしめしている。人《ひと》(亻)がついて、「かしらとなる人《ひと》」を表《あらわ》す字《じ》。

意味
❶兄弟《きょうだい》のいちばん上《うえ》。例 伯仲《はくちゅう》
❷(父《ちち》・母《はは》の)兄《あに》や姉《あね》。例 伯父《おじ》・伯母《おば》
❸華族《かぞく》の位《くらい》の三番《さんばん》め。例 伯爵《はくしゃく》
❹伯耆《ほうき》。旧国名《きゅうこくめい》。今《いま》の鳥取県西部《とっとりけんせいぶ》。例 伯《はく》州《しゅう》・西伯郡《さいはくぐん》
❺画家《がか》をうやまってよぶことば。例 画伯《がはく》

特別なよみ 伯父(おじ)・伯母(おば)
名前のよみ お・おさ・たか・たけ・とも・のり・はか・ほ・みち

❶〈兄弟のいちばん上〉の意味で

【。伯仲】《はくちゅう》 [‖]〈—する〉両方《りょうほう》がおなじくらいで、どちらが上《うえ》ともいえないこと。例 実力伯仲《じつりょくはくちゅう》 参考 「伯《はく》」は兄弟《きょうだい》のいちばん上《うえ》、「仲《ちゅう》」は二番《にばん》め。そんなに差《さ》がないことを言《い》う。三番《さんばん》めは「叔《しゅく》」。

❷〈(父・母の)兄や姉〉の意味で

【。伯父】《おじ》 [↓] 父母《ふぼ》の兄《あに》。また、伯母《おば》の夫《おっと》。例 母方《ははかた》の伯父《おじ》。伯父《おじ》の世話《せわ》になる。対 伯母《おば》 表記 父母《ふぼ》の弟《おとうと》は「叔父」と書《か》く。

【◦伯母《おば》】↓ 父母《ふぼ》の姉《あね》。また、伯父《おじ》の妻《つま》。例東京《とうきょう》に父方《ちちかた》の伯母《おば》がいる。対伯父《おじ》 表記父母《ふぼ》の妹《いもうと》は「叔母」と書《か》く。

❸〈華族の位の三番め〉の意味で

【◦伯◦爵《はくしゃく》】↓ 華族《かぞく》の位《くらい》の三番《さんばん》め。例伯爵《はくしゃく》の位《くらい》をさずけられる。知識日本《にほん》では、明治時代《めいじじだい》から、公爵《こうしゃく》・侯爵《こうしゃく》・伯爵《はくしゃく》・子爵《ししゃく》・男爵《だんしゃく》という五《いつ》つの階級《かいきゅう》があったが、第二次大戦後《だいにじたいせんご》廃止《はいし》された。

イ-5 【伴】

総画7 JIS-4028 常用

訓 音 ハン・バン ともなう

筆順 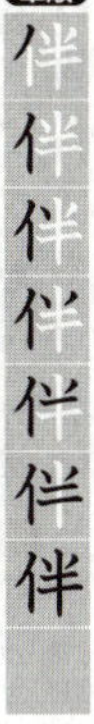

なりたち  【形声】「半」が「二《ふた》つに分《わ》ける」意《い》味《み》と「ハン」という読《よ》み方《かた》をしめしている。かたわれのつれそう人《ひと》(亻)を表《あらわ》す字《じ》。

意味 ともなう。いっしょにつれていく。いっしょにする。例母《はは》を伴《ともな》う。伴奏《ばんそう》・同伴《どうはん》

名前のよみ すけ・とも

【伴走《ばんそう》】↓〈—する〉走《はし》っている人《ひと》のそばについて、いっしょに走《はし》ること。例姉《あね》のジョギングに、自転車《じてんしゃ》で伴走《ばんそう》する。

【伴奏《ばんそう》】↓〈—する〉中心《ちゅうしん》となる歌唱《かしょう》や楽器《がっき》の演奏《えんそう》をひきたてるために、ほかの楽器《がっき》を演奏《えんそう》すること。例ピアノで伴奏《ばんそう》する。

【◦伴◦侶《はんりょ》】Ⅱ ①みちづれ。なかま。例ギターを伴侶《はんりょ》に旅《たび》をする。②つれあい。夫《おっと》からみて妻《つま》、妻《つま》からみて夫《おっと》。例一生《いっしょう》の伴侶《はんりょ》。

伴が下につく熟語 上の字の働き

【相伴《しょうばん》 同伴《どうはん》】ドノヨウニ伴《ともな》うか。

◆随伴《ずいはん》

イ-5 【佑】

総画7 JIS-4504 人名

訓 音 ユウ たす-ける

意味 たすける。たすけ。例天佑《てんゆう》

名前のよみ すけ

ヘ-5 【余】

総画7 JIS-4530 教5年

訓 音 ヨ あまる・あます

「餘」

筆順 

なりたち  【形声】もとの字は、「餘」。「飠」が「食《た》べること」を、「余」が「ヨ」という読《よ》み方《かた》をしめしている。「ヨ」は「みちている」意《い》味《み》を持《も》ち、食《た》べ物《もの》がたくさんあることを表《あらわ》す字《じ》。

意味

❶あまる。あまり。…あまり。例余《あま》りが出《で》る。余《あま》さず食《た》べる。余分《よぶん》・残余《ざんよ》・千人余《せんにんよ》

❷ほかの。それとはべつの。例余病《よびょう》

❸われ。自分《じぶん》を指《さ》すことば。例余《よ》は満足《まんぞく》じゃ。類予《よ》

❹《その他《た》》例余程《よほど》

❶〈あまる〉の意味で

【余◦韻《よいん》】↓ ①鐘《かね》をついたときなどの、あとにのこるひびき。例鐘《かね》の余韻《よいん》に耳《みみ》をかたむける。②なにかしたあとに心《こころ》にのこっている感《かん》じ。例音楽会《おんがくかい》の感動《かんどう》の余韻《よいん》がまだ消《き》えない。類名残《なごり》 ③詩《し》や文章《ぶんしょう》などで、書《か》かれたことばのおくに感《かん》じられるあじわい。例詩《し》の余《よ》韻《いん》にひたる。類余情《よじょう》

【余◦暇《よか》】↓ 勉強《べんきょう》や仕事《しごと》をしなくてもよい自《じ》由《ゆう》な時間《じかん》。例余暇《よか》を利用《りよう》する。

【余寒《よかん》】↓ 立春《りっしゅん》がすぎてからものこっている寒《さむ》さ。例今年《ことし》はいつもより余寒《よかん》がきびしい。対残暑《ざんしょ》 知識二十四気《にじゅうしき》で、一年《いちねん》のうちもっとも寒《さむ》いといわれる「大寒《だいかん》」が一月下旬《いちがつげじゅん》にあり、二月三日《にがつみっか》か四日《よっか》の「立春《りっしゅん》」で「寒《かん》があける」とされていた。

【余計《よけい》】↓ ①〈—な〉しなくてもよい。例余計《よけい》なおせわ。②〈—な〉〈—に〉ふつうより多《おお》く。例おつりを余計《よけい》にわたしてしまった。類余分《よぶん》 ③〈—に〉前《まえ》にもまして。ますます。いっそう。例やると言《い》われると余計《よけい》やりたくなる。

【余◦剰《よじょう》】Ⅱ いるだけの分《ぶん》をとったあとのこり。あまり。例余剰金《よじょうきん》 類剰余《じょうよ》

【余情《よじょう》】↓ 詩《し》や文章《ぶんしょう》などで、ことばのおくにかくれている深《ふか》いあじわい。また、あとにのこるしみじみとしたあじわい。例書《か》きつくさないところに余情《よじょう》がある。類余韻《よいん》

【余◦震《よしん》】↓ 大《おお》きな地震《じしん》のあとにつづいておこる小《ちい》さな地震《じしん》。ゆりかえし。

【余生】《よせい》 [↓] 年《とし》をとって仕事《しごと》をやめたあとの死《し》ぬまでの残《のこ》された生活《せいかつ》。例ゆったりと余生《よせい》を送《おく》る。

【余勢】《よせい》 [↓] ものごとをうまくやりとげたあとの、はずみのついたいきおい。例余勢《よせい》を駆《か》って決勝《けっしょう》へ進《すす》む。

【余地】《よち》 [↓] のこされているところ。ゆとり。よゆう。例くふうの余地《よち》がある。

【余熱】《よねつ》 [↓] ①火《ひ》を消《け》したあとに、さめきらないでのこっている熱気《ねっき》。ほとぼり。例ごみ焼却《しょうきゃく》の余熱《よねつ》を利用《りよう》した温水《おんすい》プール。②高《たか》い熱《ねつ》が引《ひ》いたあとに、下《さ》がりきらないでのこる高《たか》めの熱《ねつ》。例余熱《よねつ》がつづく。

【余波】《よは》 [↓] ①風《かぜ》がやんでからも、まだしずまらないで、ゆれ動《うご》いている波《なみ》。例台風《たいふう》の余《よ》波《は》。②あとにまでのこっているよくない影響《えいきょう》。とばっちり。あおり。例不況《ふきょう》の余波《よは》。

【余白】《よはく》 [↓] 文字《もじ》や絵《え》などのかいてある紙《かみ》の中《なか》で、なにもかかれていない白《しろ》い部分《ぶぶん》。例余《よ》白《はく》にメモする。表現 書類《しょるい》のおわりのページにあきがあるとき、あとから書《か》きくわえられないように「以下余白《いかよはく》」と書《か》くことがある。

【余分】《よぶん》 [↓] 〈―な／―に〉①あまった分《ぶん》。のこり。例余《よ》分《ぶん》がある。②いるだけよりも多《おお》い。例余分《よぶん》なお金《かね》は持《も》って行《い》かないこと。類余計《よけい》

【余命】《よめい》 [↓] これから先《さき》、死《し》ぬまでの命《いのち》。例余《よ》命《めい》いくばくもない(いくらもない)。

【余。裕】《よゆう》 [Ⅱ] ①ほかのことに使《つか》えるほどに多《おお》めにあること。また、その多《おお》めの分《ぶん》。例時《じ》間《かん》の余裕《よゆう》。②ゆったりしてあせらないこと。ゆとり。例心《こころ》に余裕《よゆう》をもつ。

【余力】《よりょく》 [↓] なにかをしたあと、使《つか》いきらずにのこっている力《ちから》。例余力《よりょく》のある人《ひと》は宿題《しゅくだい》のほかに自由研究《じゆうけんきゅう》をするといい。

❷〈ほかの〉の意味で

【余技】《よぎ》 [↓] 仕事《しごと》としてではなく、楽《たの》しみとしてすること。例余技《よぎ》として絵《え》をかく。

【余興】《よきょう》 [↓] 会合《かいごう》などを、より楽《たの》しくするためにやって見《み》せるもの。アトラクション。例余興《よきょう》に手品《てじな》をする。類座興《ざきょう》

【余罪】《よざい》 [↓] 問題《もんだい》になっている罪《つみ》のほかにおかした罪《つみ》。例余罪《よざい》を追及《ついきゅう》する。

【余人】《よじん｜よにん》 [↓] ほかの人《ひと》。例この悲《かな》しみは余《よ》人《じん》にはわかるまい。表現「この人《ひと》でなければやれない」ということを、むかしふうの言《い》い方《かた》で「余人《よじん｜よにん》をもって代《か》えがたい」という。

【余所】《よそ》 [↓] ①自分《じぶん》の家《いえ》やなじんだ場所《ばしょ》とはべつのところ。例よそ行《い》きの服《ふく》。②その場所《ばしょ》とはちがう場所《ばしょ》。例よその店《みせ》。③関係《かんけい》のないものごと。例両親《りょうしん》の心配《しんぱい》をよそに遊《あそ》びまわる。

【余所事】《よそごと》 自分《じぶん》には関係《かんけい》のないこと。表記「他所」という書《か》き方《かた》もある。例とてもよそごととは思《おも》えない。

【余所者】《よそもの》 その土地《とち》の住人《じゅうにん》にとって、ほかの土地《とち》からやって来《き》た人《ひと》。

【余談】《よだん》 [↓] 本《ほん》すじからはずれたほかの話《はなし》。例余談《よだん》はさておき、本題《ほんだい》にもどります。

【余得】《よとく》 [↓] 余分《よぶん》のもうけ。例一《ひと》つのことで有名《ゆうめい》になると、何《なに》かと余得《よとく》が生《しょう》じる。類役得《やくとく》

【余念】《よねん》 [↓] 今《いま》していることとは関係《かんけい》のない心《こころ》の動《うご》き。例試合中《しあいちゅう》余念《よねん》が生《しょう》じた。類雑念《ざつねん》

【余病】《よびょう》 [↓] ある病気《びょうき》にともなっておこる、べつの病気《びょうき》。例余病《よびょう》を併発《へいはつ》する。

【余話】《よわ》 [↓] 話《はなし》の本《ほん》すじから少《すこ》しはずれた、こぼれ話《ばなし》。エピソード。例これには、ちょっとした余話《よわ》がある。類挿話《そうわ》・余聞《よぶん》

❹《その他》

【余程】《よほど》 [◎] ①思《おも》ったよりも。だいぶ。かなり。例よほど自信《じしん》があるらしい。②あと少《すこ》しというところまで。例よほど注意《ちゅうい》しようと思《おも》ったが、やめた。

◆窮余《きゅうよ》 剰余《じょうよ》 病余《びょうよ》

伶

亻-5 総画7 JIS-4666 人名
訓 ― 音 レイ

意味 ❶音楽《おんがく》や芝居《しばい》を演《えん》じる人《ひと》。楽人《がくじん》。役者《やくしゃ》。❷かしこい。りこう。例伶俐《れいり》

依

亻-6 総画8 JIS-1645 常用
訓 よ-る 音 イ・エ

筆順 依 依 依 依 依 依 依 依

なりたち

【形声】「衣」が「イ」という読《よ》み方《かた》をしめしている。「イ」は「よりか

かる」意味《いみ》を持《も》ち、人《ひと》（イ）にたよることを表《あらわ》す字《じ》。

意味

❶たよる。たよりにする。よりかかる。例 依頼《いらい》・帰依《きえ》

❷もとのまま。あいかわらず。例 依然《いぜん》

❸《その他《た》》例 依怙地《いこじ|えこじ》

注意するよみ エ…例 帰依《きえ》

名前のよみ より

❶〈たよる〉の意味で

【°依願】《いがん》▲「本人《ほんにん》の願《ねが》いによって」ということ。例 依願退職《いがんたいしょく》・依願免官《いがんめんかん》

【°依存】《いそん|いぞん》↓〈―する〉それにたよっていること。例 主食《しゅしょく》まで海外《かいがい》に依存《いぞん》している。

【°依°頼】《いらい》Ⅱ〈―する〉①人《ひと》にたよること。②人《ひと》にものごとをたのむこと。例 依頼心《いらいしん》 例 依頼状《いらいじょう》

❷〈もとのまま〉の意味で

【°依然】《いぜん》☒そのままで、かわることもなく。例 旧態依然《きゅうたいいぜん》 表現「依然《いぜん》つづく水不足《みずぶそく》」「依然《いぜん》として つづく水不足《みずぶそく》」両方《りょうほう》言《い》う。

❸《その他》

【°依•怙地】《いこじ|えこじ》〈―な|―に〉意地《いじ》をはって、自分《じぶん》の考《かんが》えをかえようとしない、心《こころ》のありさま。がんこ。例 依怙地《いこじ|えこじ》になる。依怙地《いこじ|えこじ》な態度《たいど》。

イ-6

【価】

総画8　JIS-1833　教5年

音 カ　訓 あたい

［價］

筆順 価 価 価 価 価 価 価 価（西にならない）

なりたち 價 【形声】もとの字は、「價」。「賈《コ》」が「売《う》り買《か》い」の意味《いみ》と、「カ」とかわって読《よ》み方《かた》もしめしている。のちに「イ」をつけて、売《う》り買《か》いする人《ひと》が定《さだ》める「あたい」を表《あらわ》すようになった。

意味

❶ねだん。売《う》り買《か》いするものにつけられた金額《きんがく》。例 価《あたい》をつける。価格《かかく》・物価《ぶっか》

❷ねうち。例 価値《かち》・評価《ひょうか》

使い分け あたい［値・価］☞95ページ

❶〈ねだん〉の意味で

【価格】《かかく》↓ものを売《う》り買《か》いするときのねだん。例 正札《しょうふだ》どおりの価格《かかく》で売《う》る。類 値段《ねだん》

❷〈ねうち〉の意味で

【価値】《かち》Ⅱものごとのねうち。例 この本《ほん》は読《よ》む価値《かち》がある。

【価値観】《かちかん》どういうことをだいじにして、この人生《じんせい》を生《い》きるかという、人《ひと》それぞれの考《かんが》え方《かた》。例 価値観《かちかん》がちがって、話《はなし》があわない。

価が下につく熟語 上の字の働き

❶価＝〈ねだん〉のとき

【物価《ぶっか》 米価《べいか》 地価《ちか》 株価《かぶか》】ナニのねだんか。

【安価《あんか》 高価《こうか》 廉価《れんか》 定価《ていか》 正価《せいか》 特価《とっか》 市価《しか》 時価《じか》 原価《げんか》 単価《たんか》】ドノヨウナねだんか。

【代価《だいか》 売価《ばいか》 買価《ばいか》】ドウスルときのねだんか。

◆真価《しんか》 声価《せいか》 評価《ひょうか》

イ-6

【佳】

総画8　JIS-1834　常用

音 カ　訓 よ-い

筆順 佳 佳 佳 佳 佳 佳 佳 佳

なりたち 佳 【形声】「圭《ケイ》」が「美《うつく》しい」の意味《いみ》と、「カ（カイ）」とかわって読《よ》み方《かた》をしめしている。美《うつく》しい人《ひと》（イ）を表《あらわ》す字《じ》。

意味 よい。このましい。めでたい。例 佳作《かさく》・絶佳《ぜっか》

名前のよみ よし

【°佳境】《かきょう》↓話《はなし》の中《なか》の、いよいよ心《こころ》をわくわくさせるようなところ。クライマックス。例 話《はなし》が佳境《かきょう》に入《はい》る。参考 もともとは「景色《けしき》のよいところ」の意味《いみ》。

【°佳作】《かさく》↓できばえのよい作品《さくひん》。例 選外佳作《せんがいかさく》（入選《にゅうせん》しなかったなかで、できがよかったもの）

【°佳人】《かじん》↓美《うつく》しい女《おんな》の人《ひと》。例 佳人薄命《かじんはくめい》（美《び》人《じん》はとかくからだが弱《よわ》く命《いのち》が短《みじか》い）類 美人《びじん》・麗人《れいじん》

イ-6

【侃】

総画8　JIS-2006　人名

音 カン　訓 ―

意味 つよい。強《つよ》く正《ただ》しい。例 侃侃諤諤《かんかんがくがく》（たいへん元気《げんき》よく議論《ぎろん》するようす）

名前のよみ あきら・すなお・ただ・ただし・つよし・なお・やす

°学習漢字でない常用漢字　▲常用漢字表にない音訓　◆常用漢字でない漢字

イ-6

供

総画8
JIS-2201
教6年
訓 音 キョウ・ク
そなえる・とも

筆順 亻 仁 仕 什 世 供 供 供（ながく・とめる）

なりたち 【形声】「共」が「そなえる」意味《いみ》と「キョウ」という読《よ》み方《かた》をしめしている。人《ひと》（亻）に物《もの》をそなえることを表《あらわ》す字《じ》。

意味
❶さしあげる。そなえる。さしだす。例 仏前《ぶつぜん》に花《はな》を供《そな》える。供養《くよう》・提供《ていきょう》
❷申《もう》しのべる。わけを話《はな》す。例 供述《きょうじゅつ》・自供《じきょう》
❸つきしたがう。おとも。例 お供《とも》をする。

使い分け そなえる［備・供］☞101ページ

注意するよみ ク…例 供物《くもつ》・供養《くよう》

❶〈さしあげる〉の意味で
【供応】《きょうおう》 [↓]〈―する〉酒《さけ》やごちそうで人《ひと》をもてなす。例 客《きゃく》をてあつく供応《きょうおう》する。類 接待《せったい》
【供給】《きょうきゅう》 [Ⅱ]〈―する〉①相手《あいて》がほしいというものをこちらからさしだすこと。例 災害地《さいがいち》に水《みず》を供給《きょうきゅう》する。類 提供《ていきょう》 ②市場《しじょう》に商品《しょうひん》を出《だ》すこと。例 買《か》い手《て》が多《おお》くて、供給《きょうきゅう》が間《ま》に合《あ》わない。対 需要《じゅよう》
【供。託】《きょうたく》 [↓]〈―する〉お金《かね》や品物《しなもの》を法律《ほうりつ》で定《さだ》められたところへあずけること。例 供託金《きょうたくきん》
【供。与】《きょうよ》 [Ⅱ]〈―する〉物《もの》やお金《かね》などをあたえること。例 資金供与《しきんきょうよ》 表現 ある国《くに》がほかのある国《くに》を援助《えんじょ》するときにいうことが多《おお》い。
【供物】《くもつ》 [↓] 神仏《しんぶつ》にさしあげるもの。おそなえ。例 神前《しんぜん》に供物《くもつ》をささげる。
【供養】《くよう》 [↓]〈―する〉おそなえをして、仏《ほとけ》や死《し》んだ人《ひと》をまつること。例 先祖《せんぞ》の供養《くよう》をする。類 回向《えこう》・法要《ほうよう》

❷〈申しのべる〉の意味で
【供述】《きょうじゅつ》 [Ⅱ]〈―する〉検察官《けんさつかん》や裁判官《さいばんかん》などに、事情《じじょう》を話《はな》すこと。例 供述《きょうじゅつ》をくつがえす。

◆子供《こども》 自供《じきょう》 提供《ていきょう》

イ-6

使

総画8
JIS-2740
教3年
訓 音 シ
つかう

筆順 亻 仁 仁 仁 仁 佢 使 使（だす・はらう・だす）

なりたち 【形声】もと「事《こと》」とおなじ字《じ》だった「吏」が、「仕事《しごと》」の意味《いみ》と「シ」という読《よ》み方《かた》をしめしている。仕事《しごと》をする人《ひと》（亻）を表《あらわ》す字《じ》。

意味
❶つかう。用《もち》いる。例 人《ひと》を使《つか》う。行使《こうし》
❷つかいの人《ひと》。つかいの役目《やくめ》。例 使《つか》いにやる。使者《ししゃ》・大使《たいし》

使い分け つかう［使・遣］☞83ページ

❶〈つかう〉の意味で
【使役】《しえき》 [Ⅱ]〈―する〉①人《ひと》に仕事《しごと》をさせること。例 荷物運《にもつはこ》びの使役《しえき》に出《で》る。②文法《ぶんぽう》で、「人《ひと》を使《つか》いに行《い》かせる」の「せる」を使役《しえき》の助動詞《じょどうし》という。
【使。途】《しと》 [↓] お金《かね》などの使《つか》いみち。例 使途《しと》を明《あき》らかにする。類 用途《ようと》
【使用】《しよう》 [Ⅱ]〈―する〉①物《もの》を使《つか》うこと。例 使用中《しようちゅう》・使用禁止《しようきんし》 類 利用《りよう》 ②仕事《しごと》の必要《ひつよう》で人《ひと》をやとうこと。例 使用人《しようにん》
【使用者】《しようしゃ》 ①物《もの》を使《つか》う人《ひと》。例 ロッカーの使用者《しようしゃ》はかぎをかけるように。②人《ひと》をやとってはたらかせるときの、やとうがわの人《ひと》。表現 やとうがわの人《ひと》を「使用者《しようしゃ》」、やとわれるがわの人《ひと》を「使用人《しようにん》」という。
【使用人】《しようにん》 人《ひと》や会社《かいしゃ》・店《みせ》・家《いえ》などにやとわれて、はたらいている人《ひと》。

❷〈つかいの人〉の意味で
【使者】《ししゃ》 [↓] 主人《しゅじん》の代《か》わりとして、主人《しゅじん》のことばや手紙《てがみ》、品物《しなもの》などを先方《せんぽう》へとどける役目《やくめ》の人《ひと》。使《つか》い。例 使者《ししゃ》をたてる。
【使節】《しせつ》 [↓] 国《くに》や政府《せいふ》を代表《だいひょう》して外国《がいこく》に出《で》むく人《ひと》。例 親善使節《しんぜんしせつ》
【使命】《しめい》 [↓] あたえられた仕事《しごと》。例 使命《しめい》をはたす。使命《しめい》をおびる。
【使命感】《しめいかん》 これこそ、天《てん》が自分《じぶん》に与《あた》えた使命《しめい》だと強《つよ》く感《かん》じること。例 使命感《しめいかん》にもえる。

使が下につく熟語 上の字の働き
❶使＝〈つかう〉のとき
【駆使《くし》 酷使《こくし》】ドノヨウニ使《つか》うか。
❷使＝〈つかいの人〉のとき
【大使《たいし》 公使《こうし》 急使《きゅうし》 特使《とくし》 密使《みっし》 勅使《ちょくし》 天使《てんし》】ド

ノヨウナ使《つか》いか。
【遣唐使《けんとうし》】ナニのための使《つか》いか。
◆行使《こうし》 労使《ろうし》

イ-6
侍
総画8
JIS-2788
常用
訓 音 ジ
さむらい・はべる

筆順 侍 侍 侍 侍 侍 侍 侍 侍

なりたち 【形声】「寺」が「仕事《しごと》をする」意味《いみ》と「ジ」という読《よ》み方《かた》をしめしている。身分《みぶん》の高《たか》い人《ひと》のそばで仕事《しごと》をする人《ひと》(イ)を表《あらわ》す字《じ》。

意味
❶つかえる。えらい人《ひと》のそば近《ちか》くにいて、その人《ひと》のために仕事《しごと》をする。例侍従《じじゅう》
❷さむらい。武士《ぶし》。例若侍《わかざむらい》

❶〈つかえる〉の意味で
【°侍医】じい ↓元首《げんしゅ》や皇族《こうぞく》など身分《みぶん》の高《たか》い人《ひと》につく専門《せんもん》の医者《いしゃ》。
【°侍従】じじゅう Ⅲ天皇《てんのう》や皇太子《こうたいし》のそば近《ちか》くにつかえて補佐《ほさ》する役《やく》。その役目《やくめ》の人《ひと》。
【°侍女】じじょ ↓身分《みぶん》の高《たか》い人《ひと》のそばにつかえて、いろいろな用《よう》をする女《おんな》の人《ひと》。

へ-6
舎
総画8
JIS-2843
教5年
訓 音 シャ
—

筆順 舎 舎 舎 舎 舎 舎 舎 舎（はらう）（ながく）

なりたち 【形声】もとの字《じ》は、「舍」。「佘」と「口」とからできた字。「佘《ヨ》(↓余)」が「ゆっくり」の意味《いみ》と、「シャ」とかわって読《よ》み方《かた》をしめしている。ゆっくりやすむ場所《ばしょ》(口)を表《あらわ》す。

意味
❶いえ。人《ひと》の住《す》む建物《たてもの》。例宿舎《しゅくしゃ》
❷《その他《た》》例舎利《しゃり》

特別なよみ 田舎(いなか)
名前のよみ いえ・や

❶〈いえ〉の意味で
【舎。監】しゃかん ↓寄宿舎《きしゅくしゃ》に住《す》む人全体《ひとぜんたい》のせわをする人《ひと》。

❷《その他》
【舎利】しゃり ◎①仏陀《ぶっだ》や聖人《しょうにん》の遺骨《いこつ》。例仏舎利《ぶっしゃり》塔《とう》 ②火葬《かそう》した遺骨《いこつ》。③米《こめ》の飯《めし》。例すしのしゃり。参考③は、形《かたち》が②に近《ちか》いため。

例解 使い分け
[つかう《使う・遣う》]
使う=はたらかせる。利用《りよう》する。
例人《ひと》を使《つか》う。人使《ひとづか》いがあらい。工作機械《こうさくきかい》を使《つか》う。車《くるま》を使《つか》って運《はこ》ぶ。
遣う=とくに、役立《やくだ》つようにくふうして「つかう」。
例お小遣《こづか》い。金遣《かねづか》い。かな遣《づか》い。気《き》を遣《つか》う。
参考「遣《つか》う」は「金遣《かねづか》い」「かな遣《づか》い」のようなかぎられたことばに用《もち》いられ、ふつうの表現《ひょうげん》の「金《かね》をつかう」「かなをつかう」などは「使《つか》う」が用《もち》いられる。

手を使って書く
正しいかな遣い

舎が下につく熟語 上の字の働き
❶舎=〈いえ〉のとき
【校舎《こうしゃ》 庁舎《ちょうしゃ》 官舎《かんしゃ》 兵舎《へいしゃ》 畜舎《ちくしゃ》 豚舎《とんしゃ》 鶏舎《けいしゃ》】ナニのための建物《たてもの》か。
【宿舎《しゅくしゃ》 獄舎《ごくしゃ》 寄宿舎《きしゅくしゃ》】ドウスルための建物《たてもの》か。

イ-6
侮
総画8
JIS-4178
常用
訓 音 ブ
あなどる
[侮]

筆順 侮 侮 侮 侮 侮 侮 侮 侮

なりたち 【形声】もとの字《じ》は、「侮」。「毎《バイ》」が「ブ」とかわって読《よ》み方《かた》をしめしている。「バイ」は「あなどる」の意味《いみ》を持《も》ち、人《ひと》(イ)をあなどることを表《あらわ》す字《じ》。

意味 あなどる。軽《かる》く見《み》る。ばかにする。例

°学習漢字でない常用漢字 ▲常用漢字表にない音訓 ◆常用漢字でない漢字

相手《あいて》を侮《あなど》る。侮辱《ぶじょく》・軽侮《けいぶ》

【°侮°辱】《ぶじょく》 [II] 〈―する〉人《ひと》をばかにすること。[例]あまりに人《ひと》を侮辱《ぶじょく》したやり方《かた》だ。

【°侮°蔑】《ぶべつ》 [II] 〈―する〉人《ひと》をばかにして、見《み》くだすこと。[例]侮蔑《ぶべつ》にたえる。[類]軽蔑《けいべつ》

イ-6

【併】

総画8
JIS-4227
常用
[訓][音] ヘイ
あわせる
「倂」

筆順 併 併 併 併 併 併 併 併

なりたち 【形声】もとの字《じ》は、「倂」。「幷」が「ならぶ」意味《いみ》と「ヘイ」という読《よ》み方《かた》をしめしている。人《ひと》(イ)と人《ひと》とがならぶことを表《あらわ》す字《じ》。

意味 **あわせる。**いっしょにする。ならぶ。ならべる。[例]併用《へいよう》・合併《がっぺい》

【°併記】《へいき》 [↓] 〈―する〉二《ふた》つ以上《いじょう》のことをならべて書《か》く。[例]両方《りょうほう》の意見《いけん》を併記《へいき》する。[類]列記《れっき》

【°併合】《へいごう》 [II] 〈―する〉べつべつのものを一《ひと》つにあわせる。[例]二《ふた》つの学校《がっこう》を併合《へいごう》した。[類]合《がっ》併《ぺい》・合体《がったい》・統合《とうごう》

【°併設】《へいせつ》 [↓] 〈―する〉おなじ場所《ばしょ》に、ほかの設備《せつび》をあわせて建《た》てること。[例]動物園《どうぶつえん》に遊園地《ゆうえんち》が併設《へいせつ》されている。

【°併発】《へいはつ》 [↓] 〈―する〉ある病気《びょうき》がもとになって、ほかの病気《びょうき》にかかること。[例]インフルエンザから肺炎《はいえん》を併発《へいはつ》した。

【°併用】《へいよう》 [↓] 〈―する〉いくつかのものをあれもこれもといっしょに使《つか》うこと。[例]漢字《かんじ》とかなを併用《へいよう》する。三種類《さんしゅるい》の薬《くすり》を併用《へいよう》する。

イ-6

【侑】

総画8
JIS-4850
人名
[訓][音] ユウ
―

意味 ❶**すすめる。**食事《しょくじ》をすすめる。❷**たすける。**たすけ。

名前のよみ あつむ・すすむ・ゆき

イ-6

【例】

総画8
JIS-4667
教4年
[訓][音] レイ
たとえる

筆順 例 例 例 例 例 例 例 例 (はらう・はねる)

なりたち 【形声】「列《レツ》」が「ならぶ」意味《いみ》と、「レイ」とかわって読《よ》み方《かた》をしめしている。人《ひと》(イ)が順序《じゅんじょ》よくならぶことを表《あらわ》す字《じ》。

意味
❶**いつものとおり。**ふつうのとおり。[例]例年《れいねん》・定例《ていれい》
❷**参考《さんこう》になる見本《みほん》。**たとえに引《ひ》くもの。[例]例《れい》を挙《あ》げる。例《たと》えばの話《はなし》。例示《れいじ》・実例《じつれい》

名前のよみ つね

❶**〈いつものとおり〉の意味で**

【例会】《れいかい》 [↓] 毎月一回《まいつきいっかい》などと、日《ひ》をきめておいてひらく会《かい》。[例]次《つぎ》の例会《れいかい》は七日《なのか》だ。

【例外】《れいがい》 [↓] きまりやいつものやり方《かた》とはちがっているものごと。[例]例外《れいがい》をみとめる。[対]原則《げんそく》

【例祭】《れいさい》 [↓] 神社《じんじゃ》などで、毎年《まいとし》きまった日《ひ》におこなわれる祭《まつ》り。[例]秋《あき》の例祭《れいさい》。

【例大祭】《れいたいさい》 神社《じんじゃ》などで毎年《まいとし》きまった日《ひ》におこなわれる大《おお》きな祭《まつ》り。

【例年】《れいねん》 [↓] いつもの年《とし》。[例]今年《ことし》は例年《れいねん》になく雪《ゆき》が多《おお》い。[類]毎年《まいとし》

❷**〈参考になる見本〉の意味で**

【例解】《れいかい》 [↓] 〈―する〉使《つか》い方《かた》の例《れい》をあげてことばの意味《いみ》がよくわかるようにすること。

【例示】《れいじ》 [↓] 〈―する〉わかりやすくするために、たとえばこんなふうにと見本《みほん》を見《み》せること。[例]申《もう》し込《こ》み書《しょ》の書《か》き方《かた》を例示《れいじ》する。

【例証】《れいしょう》 [↓] 〈―する〉見本《みほん》をしめして、ものご

文字物語 係

「係《かかり》」の字《じ》がいちばんふつうに使《つか》われるのは、「受付係《うけつけがかり》」「案内係《あんないがかり》」「接待係《せったいがかり》」など、仕《し》事《ごと》の名前《なまえ》につけて、その人《ひと》の分担《ぶんたん》する役目《やくめ》を表《あらわ》す場合《ばあい》である。

下《した》につくので、「…がかり」とにごってよまれる。学校《がっこう》でも、運動会《うんどうかい》や文化祭《ぶんかさい》の「準備《じゅんび》係《がかり》」「進行係《しんこうがかり》」「かたづけ係《がかり》」「放送係《ほうそうがかり》」、お昼《ひる》の「給食係《きゅうしょくがかり》」など、いくらでも「係《かかり》」ができてくる。

との意味《いみ》や道理《どうり》をはっきりさせること。そのための見本《みほん》。例具体的《ぐたいてき》な例証《れいしょう》がほしい。

【例題《れいだい》】↓やり方《かた》・考《かんが》え方《かた》がわかるようにするための練習問題《れんしゅうもんだい》。例例題《れいだい》をやってみる。

【例文《れいぶん》】↓ことばの使《つか》い方《かた》、文章《ぶんしょう》の書《か》き方《かた》がわかるような、見本《みほん》の文《ぶん》。例あいさつの例《れい》文集《ぶんしゅう》。

例が下につく熟語 上の字の働き

❶例＝〈いつものとおり〉のとき
【慣例《かんれい》 吉例《きちれい》 恒例《こうれい》 通例《つうれい》 定例《ていれい》】ドノヨウナ例《れい》か。

❷例＝〈参考になる見本〉のとき
【実例《じつれい》 先例《せんれい》 前例《ぜんれい》 好例《こうれい》 適例《てきれい》 悪例《あくれい》 類例《るいれい》 特例《とくれい》 異例《いれい》 文例《ぶんれい》 作例《さくれい》 用例《ようれい》 判例《はんれい》 実践例《じっせんれい》】ドノヨウナ例《れい》か。

◆条例《じょうれい》 凡例《はんれい》 比例《ひれい》

イ-7 俄

総画9 JIS-1868 人名
音 ガ
訓 にわ-か

意味 にわか。急《きゅう》に。たちまち。例俄《にわ》か雨《あめ》

【◆俄然《がぜん》】☒にわかに。とつぜん。例ほめられたら、俄然勉強《がぜんべんきょう》する気《き》になった。

イ-7 係

総画9 JIS-2324 教3年
音 ケイ
訓 かかる・かかり

筆順 係 はねない とめる

なりたち 【形声】「系」が「つなぐ」意味《いみ》と「ケイ」という読《よ》み方《かた》をしめしている。人《ひと》(イ)のつながりを表《あらわ》す字《じ》。

意味 かかわる。関係《かんけい》する。つながる。例本《ほん》件《けん》に係《かか》るいっさいを任《まか》せる。係《かかり》の人《ひと》。係争《けいそう》・係留《けいりゅう》・会計係《かいけいがかり》

文字物語 ☞84ページ

【係員《かかりいん》】↓その仕事《しごと》を受《う》けもっている人《ひと》。例係員《かかりいん》の指示《しじ》にしたがう。

【係数《けいすう》】↓円周《えんしゅう》の長《なが》さは直径《ちょっけい》の約三倍《やくさんばい》というような、一定《いってい》の関係《かんけい》を表《あらわ》す数《かず》。例エンゲル係数《けいすう》

【係争《けいそう》】▲〈―する〉裁判《さいばん》であらそうこと。例その事件《じけん》は係争中《けいそうちゅう》だ。

【係留《けいりゅう》】↓〈―する〉船《ふね》や気球《ききゅう》などをつなぎとめること。例港《みなと》に船《ふね》を係留《けいりゅう》する。

【係。累《けいるい》】Ⅱ両親《りょうしん》・妻子《さいし》・兄弟《きょうだい》など、家族《かぞく》としてつながりのある人《ひと》たち。例係累《けいるい》が多《おお》い。

◆関係《かんけい》 無関係《むかんけい》

イ-7 侯

総画9 JIS-2484 常用
音 コウ
訓 ―

筆順 侯

なりたち 【形声】もとの字《じ》は、「矦」。「厂」がまとになるたれまく、「𠂉」が人《ひと》、「矢」がやをしめし、「まと」あるいは「弓《ゆみ》を射《い》る人《ひと》」を表《あらわ》す字《じ》。のちに「イ(人《ひと》)」をさらにくわえて今《いま》の字形《じけい》となった。弓《ゆみ》を射《い》るうでまえによって地位《ちい》をさずけたことから、身分《みぶん》の高《たか》い人《ひと》の意味《いみ》に使《つか》われるようになった。

意味 ❶君主《くんしゅ》や大名《だいみょう》。とのさま。きみ。例王侯《おうこう》 ❷華族《かぞく》の位《くらい》の二番《にばん》め。例侯爵《こうしゃく》

名前のよみ きみ・とき・よし

❷〈華族の位の二番め〉の意味で
【。侯。爵《こうしゃく》】↓華族《かぞく》の位《くらい》の二番《にばん》め。知識☞【伯爵《はくしゃく》】(79ページ)

◆王侯《おうこう》 紀州侯《きしゅうこう》 諸侯《しょこう》

イ-7 俊

総画9 JIS-2951 常用
音 シュン
訓 ―

筆順 俊

なりたち 【形声】「夋」が「ぬき出《で》る、すぐれる」意味《いみ》と「シュン」という読《よ》み方《かた》をしめしている。すぐれた人物《じんぶつ》(イ)を表《あらわ》す字《じ》。

意味 すぐれている。すばしこい。例俊敏《しゅんびん》

名前のよみ すぐる・たか・たかし・とし・まさる・よし

【。俊才《しゅんさい》】↓すぐれた才能《さいのう》を持《も》った人《ひと》。また、すぐれた才能《さいのう》。類秀才《しゅうさい》・英才《えいさい》・俊英《しゅんえい》・俊秀《しゅう》 対凡才《ぼんさい》・鈍才《どんさい》

【。俊足《しゅんそく》】↓①走《はし》るのがとてもはやいこと。例俊足《しゅんそく》ぶりを見《み》せる。対鈍足《どんそく》 ②すぐれた才能《さいのう》を持《も》った人《ひと》。類俊才《しゅんさい》

前ページ ▶ 俄 係 侯 俊

【俊。敏】しゅんびん 〓〈―に―な〉頭《あたま》のはたらきも行動《こうどう》もすばやい。例 俊敏《しゅんびん》な動《うご》き。類 機敏《きびん》

イ-7

【信】

総画9 JIS-3114 教4年
音 シン
訓 ―

筆順 信信信信信信信信信（なかなめ、つかない／ながく）

なりたち 【会意】「イ（人《ひと》）」と「言（ことば）」とを合《あ》わせて、人《ひと》の口《くち》から出《で》ることばと心《こころ》が一致《いっち》するまことを表《あらわ》す字《じ》。

意味
❶しんじる。ほんとうだと思《おも》う。うそはないと思《おも》ってまかせる。例 信《しん》を置《お》く。神《かみ》を信《しん》じる。信任《しんにん》・確信《かくしん》
❷まこと。いつわりがない。誠実《せいじつ》。例 信《しん》義《ぎ》
❸知《し》らせ。たより。手紙《てがみ》。合図《あいず》。情報《じょうほう》。例 信書《しんしょ》・通信《つうしん》
❹信濃《しなの》。旧国名《きゅうこくめい》。今《いま》の長野県《ながのけん》。例 信州《しんしゅう》・信越本線《しんえつほんせん》・関東甲信越《かんとうこうしんえつ》・甲武信岳《こぶしだけ》

名前のよみ あき・あきら・さだ・しげ・しな・しの・ただ・ちか・とき・のぶ・まこと・まさ・みち

❶〈しんじる〉の意味で

【信教】しんきょう ▲ 人《ひと》が何《なに》かの宗教《しゅうきょう》を信《しん》じること。例 信教《しんきょう》の自由《じゆう》。

【信。仰】しんこう ↓〈―する〉神《かみ》や仏《ほとけ》を信《しん》じ、その教《おし》えにしたがうこと。例 信仰心《しんこうしん》 類 信心《しんじん》

【信者】しんじゃ ↓ ある宗教《しゅうきょう》を信《しん》じている人《ひと》。例 キリスト教信者《きょうしんじゃ》 類 信徒《しんと》・宗徒《しゅうと》・教徒《きょうと》 表現 宗《しゅう》教《きょう》でなくても、心《こころ》から信《しん》じていれば、「かれは進化論《しんかろん》の信者《しんじゃ》だ」とか「この薬《くすり》の信者《しんじゃ》はおおぜいいる」などと使《つか》う。

【信条】しんじょう ↓ ①心《こころ》に決《き》めて、まもっている事項《じこう》。モットー。例 誠実《せいじつ》さはわたしの信条《しんじょう》。生活信条《せいかつしんじょう》 ②宗教《しゅうきょう》の教《おし》えなどを箇条《かじょう》書《が》きにしてまとめたもの。類 教義《きょうぎ》・宗旨《しゅうし》

【信心】しんじん ↓〈―する〉神《かみ》や仏《ほとけ》の力《ちから》を信《しん》じ、その教《おし》えにしたがって生《い》きること。例 信心《しんじん》ぶかい人《ひと》。神信心《かみしんじん》 類 信仰《しんこう》

【信。託】しんたく ↓〈―する〉相手《あいて》を信用《しんよう》してまかせること。お金《かね》や土地《とち》などの財産《ざいさん》のとりあつかいをまかせること。例 信託銀行《しんたくぎんこう》

【信徒】しんと ↓ ある宗教《しゅうきょう》を信《しん》じている人《ひと》。例 信《しん》徒《と》の集《あつ》まりに出《で》る。類 信者《しんじゃ》・宗徒《しゅうと》・教徒《きょうと》

【信任】しんにん ↓〈―する〉その人《ひと》を信《しん》じて仕事《しごと》などをまかせること。例 社長《しゃちょう》の信任《しんにん》があつい。

【信念】しんねん ↓ 正《ただ》しいと思《おも》うことをやりぬく心《こころ》。例 信念《しんねん》をつらぬく。

【信・憑性】しんぴょうせい 信《しん》じてよい確《たし》からしさ。例 信憑性《しんぴょうせい》が高《たか》い。

【信望】しんぼう 〓 その人《ひと》を信《しん》じ、たよれると思《おも》う、まわりの人《ひと》たちの気持《きも》ち。例 市民《しみん》の信望《しんぼう》を集《あつ》める。

【信。奉】しんぽう ↓〈―する〉絶対《ぜったい》に正《ただ》しいと信《しん》じてしたがっていくこと。例 師《し》の教《おし》えを信奉《しんぽう》する。

【信用】しんよう ↓〈―する〉①たしかだ、まちがいないと思《おも》う。例 君《きみ》の言《い》ったことを信用《しんよう》する。類 信頼《しんらい》 ②人《ひと》びとからまちがいないと見《み》こまれる度合《どあ》いの高《たか》さ。例 店《みせ》の信用《しんよう》にきずがつく。

【信。頼】しんらい ↓〈―する〉信《しん》じきって、すべてをまかせること。例 相手《あいて》の信頼《しんらい》にこたえる。信頼《しんらい》関係《かんけい》をきずく。類 信用《しんよう》

❷〈まこと〉の意味で

【信義】しんぎ 〓 人《ひと》びとから得《え》ている信用《しんよう》に決《けっ》してきずをつけないこと。例 利害《りがい》よりも信義《しんぎ》を重《おも》んじる。

【信賞必。罰】しんしょうひつばつ よいことはみとめて、まちがいなくほめ、わるいことは見《み》のがさず、かならず罰《ばっ》すること。例 信賞必罰《しんしょうひつばつ》の方針《ほうしん》をつらぬく。参考『韓非子《かんぴし》』にあることばから。

❸〈知らせ〉の意味で

【信号】しんごう 〓 あることがらをつたえるための光《ひかり》や音《おと》、形《かたち》や色《いろ》などによる合図《あいず》。例 信号《しんごう》を送《おく》る。信号機《しんごうき》 類 合図《あいず》 知識 信号《しんごう》は、赤《あか》は「とまれ」、青《あお》は「すすめ」のようにおくるがわと受《う》け取《と》るがわが、その意味《いみ》を知《し》っていなければならない。あらかじめとりきめができていれば、まばたき一《ひと》つでも信号《しんごう》になる。

【信書】しんしょ 〓 個人《こじん》の手紙《てがみ》。類 書簡《しょかん》・私信《ししん》

信が下につく熟語 上の字の働き

❶信＝〈しんじる〉のとき
【確信《かくしん》 過信《かしん》 狂信《きょうしん》 妄信《もうしん》 自信《じしん》】ドノヨウニ信《しん》じるか。

❸信＝〈知らせ〉のとき

【書信《しょしん》 電信《でんしん》】ナニによる知《し》らせか。
【往信《おうしん》 返信《へんしん》 私信《ししん》】ドウイウ性格《せいかく》の手紙《てがみ》か。
【発信《はっしん》 送信《そうしん》 受信《じゅしん》】情報《じょうほう》をドウスルのか。
◆威信《いしん》 音信《おんしん》 所信《しょしん》 通信《つうしん》 背信《はいしん》 迷信《めいしん》

侵

イ-7
総画9
JIS-3115
常用
音 シン
訓 おかす

筆順 侵侵侵侵侵侵侵侵侵

なりたち 【形声】もとの字は「侵《じ》」。ほうきを手《て》に持《も》ち、少《すこ》しずつはき進《すす》む意味《み》をしめす「㑴」が「シン」という読《よ》み方《かた》をしめしている。人《ひと》(イ)が他《た》の領分《りょうぶん》に入《はい》りこむことを表《あらわ》す字《じ》。

意味 おかす。他人《たにん》の領分《りょうぶん》に入《はい》りこむ。例 国《こっ》境《きょう》を侵《おか》す。侵害《しんがい》・侵略《しんりゃく》

使い分け おかす[犯・侵・冒]→723ページ

【。侵害《しんがい》】↓〈―する〉他人《たにん》の権利《けんり》や利益《りえき》などに損害《そんがい》をあたえること。例 プライバシーの侵《しん》害《がい》。人権侵害《じんけんしんがい》

【。侵。攻《しんこう》】↓〈―する〉よその国《くに》にせめこむこと。類 侵略《しんりゃく》・侵入《しんにゅう》・侵犯《しんぱん》

【。侵食《しんしょく》】↓〈―する〉だんだんくいこんでいって、自分《じぶん》のものにすること。例 他国《たこく》の領土《りょうど》を侵食《しんしょく》する。

【。侵入《しんにゅう》】↓〈―する〉よその国《くに》や他人《たにん》の家《いえ》などに不法《ふほう》に入《はい》りこむこと。類 侵略《しんりゃく》・侵攻《しんこう》・乱《らん》入《にゅう》

例解 使い分け
[侵入《しんにゅう》・浸入《しんにゅう》]
侵入＝よその国《くに》や土地《とち》にむりやりに入《はい》りこむこと。
例 不法《ふほう》侵《しん》入《にゅう》
浸入＝水《みず》が入《はい》りこむこと。
例 濁流《だくりゅう》が浸入《しんにゅう》する。
参考 「人《ひと》(イ)が侵入《しんにゅう》する」「水《みず》(氵)が浸《しん》入《にゅう》する」とおぼえて使《つか》い分《わ》ける。

【。侵犯《しんぱん》】Ⅱ〈―する〉国境《こっきょう》をこえ、他国《たこく》の領土《りょうど》や権利《けんり》をおかすこと。例 領空侵犯《りょうくうしんぱん》 類 侵攻《しんこう》・侵略《しんりゃく》

【。侵略《しんりゃく》】↓〈―する〉よその国《くに》にせめいって、その国《くに》の主権《しゅけん》や土地《とち》をうばい取《と》ること。例 侵《しん》略者《りゃくしゃ》・侵略戦争《しんりゃくせんそう》 類 侵入《しんにゅう》・侵犯《しんぱん》・侵攻《しんこう》

◆不可侵《ふかしん》

促

イ-7
総画9
JIS-3405
常用
音 ソク
訓 うながす

筆順 促促促促促促促促促

なりたち 【形声】「足」が「ソク」という読《よ》み方《かた》をしめしている。「ソク」は「はやめる」意味《いみ》を持《も》ち、人《ひと》(イ)をせきたてることを表《あらわ》す字《じ》。

意味
❶うながす。せきたてる。例 注《ちゅう》意《い》を促《うなが》す。促進《そくしん》・催促《さいそく》
❷つまる。あいだが、みじかくなる。例 促音《そくおん》

名前のよみ ゆき

❶〈うながす〉の意味で
【。促進《そくしん》】↓〈―する〉ものごとの進行《しんこう》がはかどるようにすること。例 交通安全運動《こうつうあんぜんうんどう》を促進《そくしん》する。促進《そくしん》を図《はか》る。

【。促成《そくせい》】↓〈―する〉植物《しょくぶつ》の生長《せいちょう》を人工的《じんこうてき》に早《はや》めること。例 トマトの促成栽培《そくせいさいばい》。

使い分け [速成・促成・即製]→429ページ

❷〈つまる〉の意味で
【。促音《そくおん》】↓「はっと」や、「ラッパ」の中《なか》にある、声《こえ》を出《だ》すときにつまるような音《おと》。小《ちい》さな「っ」「ッ」で書《か》き表《あらわ》し、ふつう、カ・サ・タ・パ行《ぎょう》の音《おと》(「と」や「パ」のように)の前《まえ》にくる。参考 小《ちい》さな「や・ゆ・よ」をつけて書《か》き表《あらわ》される音《おと》を「拗音《ようおん》」、「ん」で書《か》き表《あらわ》される音《おと》を「撥音《はつおん》」という。

促が下につく熟語 上の字の働き
❶促＝〈うながす〉のとき
【催促《さいそく》 督促《とくそく》】近《ちか》い意味《いみ》。

俗

イ-7
総画9
JIS-3415
常用
音 ゾク
訓 ―

筆順 俗俗俗俗俗俗俗俗俗

なりたち  【形声】「谷《コク》」が「ゾク」とかわって読《よ》み方《かた》をしめしている。「コク」は「くりかえし習《なら》う」意味《いみ》を持《も》ち、人《ひと》(イ)の習《なら》いしたしんだことを表《あらわ》す字《じ》。

意味

❶世間《せけん》のならわし。世《よ》の中《なか》のふつうのすがた。例 俗事《ぞくじ》・世俗《せぞく》

❷上品《じょうひん》でない。いやしい。例 俗《ぞく》なことば。俗悪《ぞくあく》・低俗《ていぞく》 対 雅《が》

❸仏教界《ぶっきょうかい》の外《そと》。出家《しゅっけ》していない人《ひと》たちの世界《せかい》。例 俗名《ぞくみょう》|《ぞくめい》・還俗《げんぞく》

発音あんない ゾク→ゾッ… 例 俗化《ぞっか》

❶〈世間のならわし〉の意味で

【°俗字《ぞくじ》】[↓]「卒《そつ》」を「卆」、「働《どう》」を「仂」、「職《しょく》」を「耺」と書《か》くなど、正《ただ》しいとは言《い》えないが、世間《せけん》ではふつうに使《つか》われている漢字《かんじ》。類 略《りゃく》字《じ》 対 正字《せいじ》・本字《ほんじ》

【°俗事《ぞくじ》】[↓]社会生活《しゃかいせいかつ》をつづけていくための、人《ひと》とのつきあいやこまごまとした日常《にちじょう》の用事《ようじ》。例 俗事《ぞくじ》をはなれて研究《けんきゅう》にうちこむ。類 雑事《ざつじ》・俗務《ぞくむ》・世事《せじ》

【°俗習《ぞくしゅう》】[Ⅱ]世間《せけん》でひろくおこなわれているならわし。例 冬至《とうじ》にかぼちゃを食《た》べるのも俗習《ぞくしゅう》の一《ひと》つだ。類 習俗《しゅうぞく》

【°俗°称《ぞくしょう》】[↓]世間《せけん》でふつうに使《つか》われているよび名《な》。例「ぺんぺん草《ぐさ》」はナズナの俗称《ぞくしょう》だ。類 通称《つうしょう》・俗名《ぞくめい》 ☞❸

【°俗説《ぞくせつ》】[↓]根拠《こんきょ》はたしかでないが、世間《せけん》にひろく信《しん》じられている考《かんが》え。類 通説《つうせつ》

【°俗名《ぞくめい》】[↓]世間《せけん》でふつうに使《つか》われている、動植物《どうしょくぶつ》などの正式《せいしき》でない名前《なまえ》。例「トンビ」はトビの俗名《ぞくめい》だ。類 通称《つうしょう》・俗称《ぞくしょう》 ☞❸

❷〈上品でない〉の意味で

【°俗悪《ぞくあく》】[Ⅱ]〈―な・―に〉下品《げひん》。趣味《しゅみ》がわるい。例 俗《ぞく》悪《あく》な本《ほん》をとりしまる。類 低俗《ていぞく》

【°俗語《ぞくご》】[↓]「おやじ」「おふくろ」「頭《あたま》にくる」「いかれる」「ずらかる」など、くだけた感《かん》じやらんぼうな感《かん》じがして、あらたまった場面《ばめん》では使《つか》いにくいことば。対 雅語《がご》

【°俗°臭《ぞくしゅう》】[↓]利益《りえき》や名誉《めいよ》に執着《しゅうちゃく》するなどして、下品《げひん》さが感《かん》じられる。

【°俗人《ぞくじん》】[↓]お金《かね》のことや世間体《せけんてい》にとらわれやすい、ごくふつうの人《ひと》。類 俗物《ぞくぶつ》 表現「俗《ぞく》人《じん》」には、不快《ふかい》な感《かん》じが少《すこ》しもこもっていないが、「俗物《ぞくぶつ》」には、やや見下《みさ》げた感《かん》じがこもる。☞❸

【°俗世間《ぞくせけん》】ふつうの人《ひと》がふつうに生活《せいかつ》している世《よ》の中《なか》。例 俗世間《ぞくせけん》のできごとには関心《かんしん》がない。類 世俗《せぞく》・俗界《ぞっかい》・俗世《ぞくせい》

【°俗物《ぞくぶつ》】[↓]金《かね》もうけ、出世《しゅっせ》など、この世《よ》の生活《せいかつ》のことしか頭《あたま》にない人間《にんげん》。類 俗人《ぞくじん》

【°俗化《ぞっか》】[↓]〈―する〉どこにでもあるような、つまらないものになること。例 このあたりもずいぶん俗化《ぞっか》してきた。

❸〈仏教界の外〉の意味で

【°俗°称《ぞくしょう》】[↓]僧《そう》になる前《まえ》の名前《なまえ》。類 俗名《ぞくみょう》 対 法名《ほうみょう》 ☞❶

【°俗人《ぞくじん》】[↓]仏教《ぶっきょう》で、出家《しゅっけ》していない、世間《せけん》いっぱんの人《ひと》。☞❷

【°俗名《ぞくみょう》|《ぞくめい》】[↓]①死《し》んだ人《ひと》の、生《い》きていたときの名前《なまえ》。例 墓石《ぼせき》には俗名《ぞくみょう》|《ぞくめい》も書《か》いてある。②僧《そう》の、出家《しゅっけ》する前《まえ》の名《な》前《まえ》。対 戒名《かいみょう》 類 俗称《ぞくしょう》・俗姓《ぞくせい》 対 法名《ほうみょう》 ☞❶

俗が下につく熟語 上の字の働き

❶俗＝〈世間のならわし〉のとき
【習俗《しゅうぞく》 風俗《ふうぞく》 世俗《せぞく》】近《ちか》い意味《いみ》。
【民俗《みんぞく》 土俗《どぞく》】ドコでのならわしか。

❷俗＝〈上品でない〉のとき
【低俗《ていぞく》 卑俗《ひぞく》】近《ちか》い意味《いみ》。

◇還俗《げんぞく》 通俗《つうぞく》

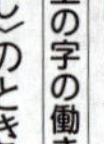

イ-7

便

総画9
JIS-4256
教4年
訓 たより
音 ベン・ビン

筆順 便便便便便便便便便 (ださない／はらう／はっきりだす)

なりたち 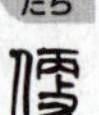 【会意】人《ひと》(イ)と「かえる」の意味《いみ》の「更」とを合《あ》わせて、人《ひと》がふつごうなことを変更《へんこう》する意味《いみ》を表《あらわ》す字《じ》。

意味

❶つごうのよい。よいついで。例 交通《こうつう》の便《べん》。便利《べんり》・方便《ほうべん》

❷たより。手紙《てがみ》。荷物《にもつ》や手紙《てがみ》を送《おく》ること。例 便《たよ》りのないのはよい便《たよ》り。午後《ごご》の便《びん》で

送《おく》る。便箋《びんせん》・郵便《ゆうびん》
❸大小《だいしょう》べん(便)。はいせつ物《ぶつ》。つうじ。例 便《べん》の検査《けんさ》。便所《べんじょ》・用便《ようべん》

❶〈つごうのよい〉の意味で

【便乗】《びんじょう》 ↓〈—する〉①ほかの人《ひと》の車《くるま》などにいっしょに乗《の》せてもらうこと。例 友達《ともだち》の車《くるま》を利用《りよう》して駅《えき》に行《い》く。②あるできごとを利用《りよう》して自分《じぶん》につごうのよいことをすること。例 便乗《びんじょう》値上《ねあ》げ反対《はんたい》!

【便船】《びんせん》 ↓ちょうどつごうよく利用《りよう》できる船《ふね》。例 便船《びんせん》があれば荷物《にもつ》をおくります。

【便覧】《びんらん|べんらん》 ↓あることがらについて知《し》りたいことが手《て》がるにわかるようにまとめてある本《ほん》。例 学校便覧《がっこうびんらん》

【便。宜】《べんぎ》 Ⅱ〈—な〉なにかをするうえでつごうがよくて、得《とく》になること。例 便宜《べんぎ》な方法《ほうほう》。便《べん》宜《ぎ》をはかる。類 利便《りべん》

【便。宜上】《べんぎじょう》 きちんとしたやり方《かた》ではないが、そのほうがつごうがよいと考《かんが》えて。とりあえず。例 便宜上《べんぎじょう》の処置《しょち》。

【便。宜的】《べんぎてき》〈—な・—に〉とりあえずそのときのつごうに合《あ》わせてものごとをするようす。例 便《べん》宜的《ぎてき》に名簿《めいぼ》の番号《ばんごう》で分《わ》けたが、あとであらためてグループ分《わ》けをしよう。表現「そんなやり方《かた》はあまりにも便宜的《べんぎてき》だ」のように、よく考《かんが》えもしないでいいかげんになにかをするようすにも使《つか》う。

【便法】《べんぼう》 ↓かんたんにできる方法《ほうほう》。例 カロリー計算《けいさん》の便法《べんぽう》を思《おも》いついた。

【便利】《べんり》 Ⅱ〈—な・—に〉つごうがよくて、役《やく》にたつ。例 自動車《じどうしゃ》はやはり便利《べんり》だ。対 不便《ふべん》

❷〈たより〉の意味で

【便。箋】《びんせん》 ↓手紙《てがみ》を書《か》くために使《つか》う紙《かみ》。例 便《びん》箋《せん》と封筒《ふうとう》のセット。

❸〈大小べん(便)〉の意味で

【便意】《べんい》 ↓大便《だいべん》を出《だ》したいという感《かん》じ。例 便意《べんい》をもよおす。類 尿意《にょうい》

【便器】《べんき》 ↓大便《だいべん》や小便《しょうべん》をうけるうつわ。例 洋式便器《ようしきべんき》

【便所】《べんじょ》 ↓大便《だいべん》や小便《しょうべん》をする場所《ばしょ》。表現 ずばりと言《い》うのをさけて、遠《とお》まわしにいろいろな言《い》い方《かた》をする。古《ふる》くは「はばかり・手水場《ちょうずば》・ご不浄《ふじょう》・かわや・せっちん」などと言《い》っていたが、「W《ダブリュー》C《シー》・手洗《てあら》い」などとなり、今《いま》は「トイレ・化粧室《けしょうしつ》」などが使《つか》われる。

【便通】《べんつう》 ▽大便《だいべん》が出《で》ること。通《つう》じ。例 毎日《まいにち》便通《べんつう》がある。

【便秘】《べんぴ》 ▽〈—する〉おなかに大便《だいべん》がたまっていてなかなか出《で》ないこと。例 運動不足《うんどうぶそく》で便秘《べんぴ》している。

便が下につく熟語 上の字の働き

❶便=〈つごうのよい〉のとき
【方便《ほうべん》 簡便《かんべん》】近《ちか》い意味《いみ》。

❷便=〈たより〉のとき
【郵便《ゆうびん》 船便《ふなびん》 前便《ぜんびん》 後便《こうびん》 別便《べつびん》 速達便《そくたつびん》 定期便《ていきびん》】ドノヨウナ便《びん》か。

❸便=〈大小べん(便)〉のとき
【大便《だいべん》 小便《しょうべん》】ドノヨウナ便《べん》か。
【用便《ようべん》 検便《けんべん》】便《べん》をドウスルか。
◆穏便《おんびん》 至便《しべん》 不便《ふべん》

保

イ-7
総画9
JIS-4261
教5年
音 ホ
訓 たもつ

筆順

なりたち

[形声]「呆」が「おむつをした赤《あか》子《ご》」の意味《いみ》と「ホ」という読《よ》み方《かた》をしめしている。赤子《あかご》をまもり養《やしな》う人《ひと》(イ)を表《あらわ》す字《じ》。

意味

❶たもつ。そのまま持《も》ちつづける。例 健《けん》康《こう》を保《たも》つ。保健《ほけん》・確保《かくほ》
❷まもる。たいせつに世話《せわ》する。例 保育《ほいく》・保護《ほご》
❸うけあう。ひきうける。あずかる。例 保管《ほかん》・保証《ほしょう》

名前のよみ お・まもる・もり・やす・やすし・より

❶〈たもつ〉の意味で

【保安】《ほあん》 ▲①社会《しゃかい》の安全《あんぜん》や秩序《ちつじょ》をたもつこと。例 保安官《ほあんかん》 ②工事現場《こうじげんば》などでの安全《あんぜん》を守《まも》ること。例 保安施設《ほあんしせつ》

【保温】《ほおん》 ▲〈—する〉あたたかさがそのままつづくようにすること。例 保温設備《ほおんせつび》

【保健】《ほけん》 ▲ 長《なが》くじょうぶなからだでいられるようにすること。例 保健室《ほけんしつ》・保健体育《ほけんたいいく》

【保持】《ほじ》 Ⅱ 〈—する〉しっかり持《も》ちつづけること。例 世界記録保持者《せかいきろくほじしゃ》。類 維持《いじ》

【保守】《ほしゅ》 Ⅱ 〈—する〉①古《ふる》くからのしきたりや考《かんが》え方《かた》を急《きゅう》にかえようとしないこと。例 保《ほ》守党《しゅとう》 対 革新《かくしん》 ②各設備《かくせつび》の手入《てい》れをおこたらないこと。例 警報機《けいほうき》の保守点検《ほしゅてんけん》。

【保身】《ほしん》 ▲ 自分《じぶん》の身分《みぶん》や地位《ちい》などを、なによりもたいせつにまもろうとすること。例 保身《ほしん》にあけくれる。保身術《ほしんじゅつ》

【保線】《ほせん》 ▲ 鉄道線路《てつどうせんろ》の安全《あんぜん》をまもること。例 保線工《ほせんこう》・保線区《ほせんく》

【保全】《ほぜん》 ↓ 〈—する〉全体《ぜんたい》の平和安全《へいわあんぜん》をしっかりまもること。例 環境保全《かんきょうほぜん》につとめる。

【保存】《ほぞん》 Ⅱ 〈—する〉たいせつにとっておくこと。そのまま長《なが》くのこしておくこと。例 史《し》跡《せき》の保存《ほぞん》。保存《ほぞん》がきかない食品《しょくひん》。類 保管《ほかん》

【保有】《ほゆう》 Ⅱ 〈—する〉自分《じぶん》のものとして持《も》っていること。例 核保有国《かくほゆうこく》 類 所有《しょゆう》

【保留】《ほりゅう》 Ⅱ 〈—する〉すぐに決《き》めないで、そのままのこしておくこと。例 態度《たいど》を保留《ほりゅう》する。類 留保《りゅうほ》

❷〈まもる〉の意味で

【保育】《ほいく》 ↓ 〈—する〉小《ち》さい子《こ》どものせわをして、育《そだ》てること。例 保育園《ほいくえん》・保育器《ほいくき》

【保育士】《ほいくし》 保育所《ほいくしょ》や養護施設《ようごしせつ》などで子《こ》どものせわをする人《ひと》。

【保護】《ほご》 Ⅱ 〈—する〉こわれたり、あぶないめにあったりしないように、たいせつにまもること。例 自然《しぜん》を保護《ほご》する。保護者《ほごしゃ》

【保護色】《ほごしょく》 動物《どうぶつ》が自分《じぶん》のすがたをかくすために、まわりのものの色《いろ》やもようと見分《みわ》けがつかないようにしているからだの色《いろ》。類 警戒《けいかい》色《しょく》 知識 敵《てき》から身《み》をまもったり、気《き》づかれないでえものに近《ちか》づいたりできる。

【保母】《ほぼ》 ↓ 保育士《ほいくし》の女《おんな》の人《ひと》を前《まえ》はこう言《い》った。

【保養】《ほよう》 ↓ 〈—する〉心《こころ》やからだを休《やす》めること。例 温泉《おんせん》で保養《ほよう》する。類 静養《せいよう》・休養《きゅうよう》・養生《ようじょう》・療《りょう》養《よう》 表現 「目《め》の保養《ほよう》」は、美《うつく》しいものなどを見《み》て、楽《たの》しい思《おも》いをすることをいう。

❸〈うけあう〉の意味で

【保管】《ほかん》 Ⅱ 〈—する〉あずかったものを、なくしたりこわしたりしないようにしまっておくこと。例 保管場所《ほかんばしょ》

【保険】《ほけん》 ▲ 前《まえ》もってお金《かね》をはらいこんでおき、病気《びょうき》やけがや死亡《しぼう》、または事故《じこ》や火事《かじ》などのときに、まとまったお金《かね》を受《う》け取《と》ることができるしくみ。例 保険《ほけん》をかける。

【保。釈】《ほしゃく》 ▲ 〈—する〉わるいことをしたという疑《うたが》いでとらえた人《ひと》を、保証金《ほしょうきん》と引《ひ》きかえに、留置場《りゅうちじょう》から出《だ》して、外《そと》での生活《せいかつ》をゆるすこと。例 保釈《ほしゃく》を請求《せいきゅう》する。保釈金《ほしゃくきん》

【保証】《ほしょう》 ↓ 〈—する〉「だいじょうぶ」「まちがいない」とうけあうこと。例 身元保証人《みもとほしょうにん》

例解 使い分け

［保証《ほしょう》・保障《ほしょう》・補償《ほしょう》］

保証＝まちがいないとうけあうこと。例 身元《みもと》を保証《ほしょう》する。保証《ほしょう》つきの時計《とけい》。

保障＝不安《ふあん》や危険《きけん》がないようにまもること。例 人権《じんけん》を保障《ほしょう》する。最低生活《さいていせいかつ》を保障《ほしょう》する。

補償＝相手《あいて》にあたえた損害《そんがい》をお金《かね》などでつぐなうこと。例 事故《じこ》の補償金《ほしょうきん》をはらう。話《はな》し合《あ》いで補償額《ほしょうがく》を決《き》める。

【保障】《ほしょう》 ▲ 〈—する〉よそから危険《きけん》やわざわいを受《う》けないようにせきにんをもってまもること。例 安全保障《あんぜんほしょう》

使い分け ［保証・保障・補償］☞90ページ

◆ 確保《かくほ》 担保《たんぽ》 留保《りゅうほ》

イ-7

侶

総画9
JIS-4623
常用
音 リョ
訓 —

筆順 侶侶侶侶侶侶侶侶侶

意味 いっしょにいる仲間《なかま》。仲間《なかま》にする。例 僧侶《そうりょ》・伴侶《はんりょ》

俺

イ-8 総画10 JIS-1822 常用 音 — 訓 おれ

筆順 俺俺俺俺俺俺俺俺

意味 男性《だんせい》が自分《じぶん》のことを指《さ》すことば。くだけた、少《すこ》し荒々《あらあら》しい言《い》い方《かた》。主《おも》に男《おとこ》どうしで、目下《めした》や親《した》しい相手《あいて》に向《む》かって言《い》う。例 俺《おれ》について来《こ》い。

倶

イ-8 総画10 JIS-2270 人名 音 グ・ク 訓 ともーに

意味 ともに。いっしょに。そろって。例 不《ふ》倶戴天《ぐたいてん》

参考 地名《ちめい》で使《つか》われる「倶利迦羅《くりから》」は、もともと不動明王《ふどうみょうおう》の化身《けしん》の名《な》。また、「クラブ」を当《あ》て字《じ》で「倶楽部」と書《か》くことがある。

倹 〔儉〕

イ-8 総画10 JIS-2380 常用 音 ケン 訓 —

筆順 倹倹倹倹倹倹倹倹

なりたち [形声]もとの字《じ》は、「儉」。「僉」が「ひきしめる」意味《いみ》と「ケン」という読《よ》み方《かた》をしめしている。人《ひと》(イ)に対《たい》してきびしくすることを表《あらわ》す字《じ》。

意味 むだづかいをしない。つましい。

【倹約】けんやく Ⅲ〈—する〉お金《かね》や物《もの》をむだに使《つか》わないこと。例 おこづかいを倹約《けんやく》して貯金《ちょきん》する。類 節約《せつやく》・節減《せつげん》 対 浪費《ろうひ》

倹が下につく熟語 上の字の働き
【勤倹《きんけん》 節倹《せっけん》】近《ちか》い意味《いみ》。

個

イ-8 総画10 JIS-2436 教5年 音 コ 訓 —

筆順 個個個個個個個個（ナにならない）

なりたち [形声]「固」が「コ」という読《よ》み方《かた》をしめしている。ひとつひとつ、ひとり(イ)を表《あらわ》す字《じ》。ひとつひとつを表《あらわ》す「箇」に対《たい》し、ひとりの意味《いみ》を表《あらわ》すためにのちに人《ひと》(イ)をくわえて「個」が作《つく》られた。

意味 ❶ひとりの。ひとつの。ひとりひとり。一《ひと》つ一《ひと》つ。例 個《こ》をたいせつにする。別個《べっこ》 ❷ものをかぞえることば。例 一個《いっこ》・数個《すうこ》・個数《こすう》 類 箇

❶〈ひとりの。ひとつの〉の意味で

【個個】ここ Ⅲ 一《ひと》つ一《ひと》つ。または、ひとりひとり。例 個々別々《ここべつべつ》。個々《ここ》の意見《いけん》をよく聞《き》く。類 個別《こべつ》

【個室】こしつ ↓ ほかの人《ひと》といっしょにではなく、自分《じぶん》だけで使《つか》うへや。例 個室完備《こしつかんび》 対 大部屋《おおべや》

【個人】こじん ↓ ①みんなの中《なか》のひとりひとり。例 個人《こじん》の自由《じゆう》。②ばらばらに分《わ》けたひとりひとり。例 個人行動《こじんこうどう》 対 集団《しゅうだん》・団体《だんたい》 ③役目《やくめ》や立場《たちば》をはなれた、その人自身《ひとじしん》。例 わたし個人《こじん》としては、お気《き》の毒《どく》に思《おも》っております。

【個人主義】こじんしゅぎ Ⅲ ①社会《しゃかい》のもとはひとりひとりの人間《にんげん》であるという理由《りゆう》で、個人《こじん》の独立《どくりつ》と自由《じゆう》をたいせつにしようとする考《かんが》え方《かた》。対 全体主義《ぜんたいしゅぎ》 ②ほかの人のことを考《かんが》えない、自分《じぶん》かってな考《かんが》え方《かた》。類 利己主義《りこしゅぎ》

【個性】こせい ↓ その人《ひと》、または、そのものだけがもっているとくべつの性質《せいしつ》。例 個性《こせい》をのばす。個性の尊重《そんちょう》。個性的《こせいてき》

【個体】こたい ↓ ほかのものと区別《くべつ》でき、一《ひと》つのものとして存在《そんざい》しているもの。例 さる山《やま》のサルを個体識別《こたいしきべつ》する。対 種《しゅ》

【個展】こてん ↓ ひとりだけの作品《さくひん》をならべた展覧会《てんらんかい》。例 個展《こてん》をひらく。

【個別】こべつ Ⅲ 一《ひと》つ一《ひと》つ、べつべつのようす。例 個別《こべつ》に相談《そうだん》する。類 個個《ここ》

候

イ-8 総画10 JIS-2485 教4年 音 コウ 訓 そうろう

筆順 候候候候候候候候（だす・ださない・はらう）

なりたち [形声]「矦(侯)」が「コウ」という読《よ》み方《かた》をしめしている。「コウ」は「うかがう」意味《いみ》を持《も》ち、人《ひと》(イ)をうかがう

ことを表《あらわ》す字《じ》。

意味

❶変化《へんか》する自然《しぜん》のようす。時《とき》のうつりかわり。とき。例 秋冷《しゅうれい》の候《こう》。気候《きこう》・兆候《ちょうこう》

❷ようすをうかがう。さぐる。まちうける。例 候補《こうほ》・斥候《せっこう》

❸そうろう。…であります。（むかしの手《て》紙《がみ》の文末《ぶんまつ》のことば）例 元気《げんき》に暮《く》らしおり候《そうろう》。候文《そうろうぶん》

名前のよみ とき・よし

❷〈ようすをうかがう〉の意味で

【候補】《こうほ》 ▲ ①ある役目《やくめ》や仕事《しごと》につくようにえらばれたいと思《おも》い、申《もう》しでた人《ひと》。例 候補者《こうほしゃ》・立候補《りっこうほ》 ②事実《じじつ》が決《き》まる前《まえ》に、その可能性《かのうせい》があるとして名前《なまえ》がならべられるいくつかのもの。例 優勝候補《ゆうしょうこうほ》

❸〈そうろう〉の意味で

【候文】《そうろうぶん》 ↓ 文《ぶん》のおわりを「…ます」のかわりに、「…そうろう」ということばでとめたむかしの文章《ぶんしょう》。知識 「…そうろう」というのはていねいなことばで、むかしの手紙《てがみ》は、「家族《かぞく》一同無事《いちどうぶじ》に暮《く》らしおり候《そうろう》」などと候文《そうろうぶん》で書《か》くのがふつうであった。

候が下につく熟語 上の字の働き

❶候＝〈変化する自然のようす〉のとき
【徴候《ちょうこう》 兆候《ちょうこう》】近《ちか》い意味《いみ》。
【気候《きこう》 時候《じこう》 天候《てんこう》】ナニの変化《へんか》のようすか。

❷候＝〈ようすをうかがう〉のとき
【伺候《しこう》 斥候《せっこう》】近《ちか》い意味《いみ》。

倖

亻－8 総画10 JIS-2486 人名

音 コウ 訓 さいわ－い

意味 さいわい。思《おも》いがけないさいわい。

名前のよみ さち

借

亻－8 総画10 JIS-2858 教4年

音 シャク 訓 かりる

筆順 借借借借借借借借借借（ながく）

なりたち  [形声]「昔」が「かさねる」意味《いみ》と「シャク」という読《よ》み方《かた》をしめしている。人《ひと》（亻）から不足《ふそく》のところにかりて重《かさ》ねることを表《あらわ》す字《じ》。

意味 かりる。他人《たにん》のものをかりる。例 あの人《ひと》には借《か》りがある。借用《しゃくよう》・拝借《はいしゃく》 対 貸《たい》

発音あんない シャク→シャッ… 例 借金《しゃっきん》

【借財】《しゃくざい》 ①▲〈―する〉お金《かね》を借《か》りること。例 借財《しゃくざい》を申《もう》しこむ。②↓借《か》りたお金《かね》。例 借《しゃく》財《ざい》がふえて倒産《とうさん》した。類 負債《ふさい》

【借地】《しゃくち》 ①▲〈―する〉土地《とち》を借《か》りること。例 借地料《しゃくちりょう》 ②↓借《か》りた土地《とち》。例 借地《しゃくち》に家《いえ》を建《た》てる。

【借家】《しゃくや｜しゃっか》 ①▲〈―する〉家《いえ》を借《か》りること。例 借家人《しゃくやにん》 ②↓借《か》りた家《いえ》。対 貸家《かしや》

【借用】《しゃくよう》 ↓〈―する〉人《ひと》の物《もの》を借《か》りて使《つか》うこと。例 借用証書《しゃくようしょうしょ》

【借。款】《しゃっかん》 ↓ 国《くに》と国《くに》とのあいだのお金《かね》の貸《か》し借《か》り。例 相手国《あいてこく》に借款《しゃっかん》を申《もう》し出《で》る。

【借金】《しゃっきん》 ①▲〈―する〉お金《かね》を借《か》りること。生活《せいかつ》にこまって借金《しゃっきん》する。②↓借《か》りたお金《かね》。例 借金《しゃっきん》を返《かえ》す。類 負債《ふさい》

【借景】《しゃっけい》 ▲ 遠《とお》くの山《やま》などの景色《けしき》をとり入《い》れて、庭《にわ》の背景《はいけい》とすること。例 借景庭園《しゃっけいていえん》

借が下につく熟語 上の字の働き

【前借《ぜんしゃく》 拝借《はいしゃく》 寸借《すんしゃく》】ドノヨウニ借《か》りるか。

◆ 仮借《かしゃく》 租借《そしゃく》 貸借《たいしゃく》

修

亻－8 総画10 JIS-2904 教5年

音 シュウ・シュ 訓 おさめる・おさまる

筆順 修修修修修修修修修修（だす・はらう・ミにならない）

なりたち  [形声]「彡」が「かざり」の意味《いみ》を表《あらわ》し、「攸《ユウ》」が「きよめる」意味《いみ》と、「シュウ」とかわって読《よ》み方《かた》をしめしている。きれいにかざることを表《あらわ》す字《じ》。

意味

❶学《まな》んで身《み》につける。一《ひと》つの方面《ほうめん》のことに練習《れんしゅう》をかさね、よくできるようにする。例 学問《がくもん》を修《おさ》める。修得《しゅうとく》・研修《けんしゅう》

❷形《かたち》をととのえる。かざりつける。例 身《み》持《も》ちが修《おさ》まらない。修辞《しゅうじ》・補修《ほしゅう》

❸《その他《た》》例 修羅場《しゅらば｜しゅらじょう》

使い分け おさめる［納・収・修・治］☞831ページ

注意するよみ シュ…例 修行《しゅぎょう》

名前のよみ あつむ・おさ・おさむ・たけ・なお・なが・ながし・のぶ・のり・ひさ・まさ・みち・もと・やす・よし・よしみ

❶〈学んで身につける〉の意味で

【修学】しゅうがく ▲〈―する〉学問《がくもん》を習《なら》い、身《み》につけること。例 修学旅行《しゅうがくりょこう》

【修道院】しゅうどういん キリスト教《きょう》のカトリックの僧《そう》や尼僧《にそう》が、共同生活《きょうどうせいかつ》をする寺院《じいん》。

【修得】しゅうとく ↓〈―する〉ある学問《がくもん》や技術《ぎじゅつ》をひととおり身《み》につけること。例 修得《しゅうとく》した技術《ぎじゅつ》をいかす。類 習得《しゅうとく》

【修養】しゅうよう Ⅱ〈―する〉りっぱな人《ひと》になろうと、いろいろなことを学《まな》んで心《こころ》をみがくようにつとめること。例 精神修養《せいしんしゅうよう》 類 修練《しゅうれん》

【修。了】しゅうりょう ⊠〈―する〉学問《がくもん》や習《なら》い事《ごと》のきめられた範囲《はんい》を学《まな》びおえること。例 修了証書《しゅうりょうしょうしょ》

使い分け [終了・修了] ☞836ページ

【修練】しゅうれん Ⅱ〈―する〉心《こころ》やからだをきたえ、わざをみがくこと。例 剣道《けんどう》の修練《しゅうれん》をつむ。類 鍛錬《たんれん》・修養《しゅうよう》 表記「修錬」とも書《か》く。

【修行】しゅぎょう ▲〈―する〉①仏教《ぶっきょう》で、仏《ほとけ》の教《おし》えにしたがって心《こころ》をみがき、りっぱな僧《そう》になれるようにつとめること。例 修行《しゅぎょう》をつむ。②わざをみがいたり、心《こころ》をきたえたりするために努力《どりょく》をすること。例 武者修行《むしゃしゅぎょう》

【修業】しゅぎょう|しゅうぎょう ▲〈―する〉学問《がくもん》や技術《ぎじゅつ》などを学《まな》んで身《み》につけること。例 修業証書《しゅうぎょうしょうしょ》・花嫁《はなよめ》修業《しゅぎょう》

❷〈形をととのえる〉の意味で

【修好】しゅうこう ▲〈―する〉国《くに》と国《くに》とが、なかよくつきあうこと。例 日米修好通商条約《にちべいしゅうこうつうしょうじょうやく》 表記「修交」とも書《か》く。

【修辞】しゅうじ ▲ことばをえらび、うまく使《つか》って、効果的《こうかてき》な表現《ひょうげん》にすること。レトリック。例 修辞学《しゅうじがく》

【修。飾】しゅうしょく Ⅱ〈―する〉①見《み》かけをうまくかざること。例 あの人《ひと》の話《はなし》は修飾《しゅうしょく》ばかりで中身《なかみ》がない。②文法用語《ぶんぽうようご》で、あることばが、あとにくることばの内容《ないよう》を、くわしく説明《せつめい》するはたらきをすること。「赤《あか》い花《はな》」の場合《ばあい》、「赤《あか》い」が「花《はな》」を修飾《しゅうしょく》しているので、「赤《あか》い」を修飾語《しゅうしょくご》、「花《はな》」を被修飾語《ひしゅうしょくご》という。

【修正】しゅうせい Ⅱ〈―する〉ふじゅうぶんなところやまちがいなどをなおすこと。例 字句《じく》を修正《しゅうせい》する。類 訂正《ていせい》

【修整】しゅうせい Ⅱ〈―する〉写真《しゃしん》などに手《て》をくわえて、ととのえなおすこと。例 記念写真《きねんしゃしん》を修整《しゅうせい》してもらう。

【修。繕】しゅうぜん Ⅱ〈―する〉こわれたり、ぐあいがわるくなったりしたところをなおすこと。例 家《いえ》の屋根《やね》を修繕《しゅうぜん》する。類 修理《しゅうり》・修復《しゅうふく》・改修《かいしゅう》

【修復】しゅうふく ↓〈―する〉いたんだところをなおして、もとのようにすること。例 修復工事《しゅうふくこうじ》 類 修繕《しゅうぜん》・修理《しゅうり》

【修理】しゅうり Ⅱ〈―する〉こわれているところをなおすこと。例 機械《きかい》を修理《しゅうり》する。修理《しゅうり》が必要《ひつよう》だ。類 修繕《しゅうぜん》・修復《しゅうふく》・改修《かいしゅう》

❸《その他》

【修。羅場】しゅらば|しゅらじょう ①芝居《しばい》などで、はげしい戦《たたか》いの場面《ばめん》。②はげしい戦《たたか》いや争《あらそ》いの場所《ばしょ》。例 人生《じんせい》の修羅場《しゅらば|しゅらじょう》をくぐりぬけてきた。参考「修羅《しゅら》」は「阿修羅《あしゅら》」の略《りゃく》。もとインド神話《しんわ》の戦《たたか》いの神《かみ》。のち仏教《ぶっきょう》の守護神《しゅごしん》になった。

修が下につく熟語 上の字の働き

❶修＝〈学んで身につける〉のとき
【研修《けんしゅう》 履修《りしゅう》】近《ちか》い意味《いみ》。

❷修＝〈形をととのえる〉のとき
【改修《かいしゅう》 補修《ほしゅう》】ドウヤッテととのえるか。

◆監修《かんしゅう》 専修《せんしゅう》 必修《ひっしゅう》

へ-8

倉

総画10 JIS-3350 教4年 音 ソウ 訓 くら

筆順

なりたち

【会意】「食」の省略《しょうりゃく》した形《かたち》(亼)と「口(かこった場所《ばしょ》)」とを合《あ》わせて、穀物《こくもつ》をしまっておく「くら」を表《あらわ》す字《じ》。

意味 くら。物《もの》を入《い》れておくくら。例 倉《くら》が建《た》つ。倉庫《そうこ》・穀倉《こくそう》

【倉庫】そうこ Ⅱ 物《もの》をしまっておく建物《たてもの》。例 倉庫《そうこ》番《ばん》。米《こめ》を貯蔵《ちょぞう》する倉庫《そうこ》。類 倉《くら》

◆校倉《あぜくら》 穀倉《こくそう》 船倉《せんそう|ふなぐら》 胸倉《むなぐら》

前ページ▶倉

イ−8

値

総画10 JIS-3545 教6年

訓 音 チ ね・あたい

筆順 ナにならない きちんとおる

なりたち 【形声】「直」が「当《あ》たる」意味《いみ》と「チ」という読《よ》み方《かた》をしめしている。人《ひと》(イ)が物《もの》に相当《そうとう》するねうちを表《あらわ》す字《じ》。

意味

❶ねだん。売《う》り買《か》いのための金額《きんがく》。例 値《ね》が上《あ》がる。元値《もとね》

❷ねうち。役《やく》に立《た》つ度合《どあ》い。例 賞賛《しょうさん》に値《あたい》する。価値《かち》

❸数の大きさ。数《かず》のなかみ。例 x《エックス》の値《あたい》。数値《すうち》

使い分け あたい[値・価]☞95ページ

❶〈ねだん〉の意味で

【値段】《ねだん》 ↓ 物《もの》を売《う》り買《か》いするときの金額《きんがく》。例 値段《ねだん》が安《やす》い。類 価格《かかく》・値《ね》|《あたい》

【値札】《ねふだ》 ↓ 店《みせ》の商品《しょうひん》についている、ねだんが書《か》いてある小《ちい》さなふだ。例 値札《ねふだ》を見《み》て、高《たか》いのにびっくりする。

値が下につく熟語 上の字の働き

❶値＝〈ねだん〉のとき

【元値《もとね》 卸値《おろしね》 売値《うりね》 買値《かいね》 高値《たかね》 安値《やすね》 半値《はんね》】ドンナ値段《ねだん》か。

❸値＝〈数の大きさ〉のとき

【平均値《へいきんち》 近似値《きんじち》】ドンナ数値《すうち》か。

イ−8

倒

総画10 JIS-3761 常用

訓 音 トウ たおれる・たおす

筆順

なりたち 【形声】「到」が「いたる」意味《いみ》と「トウ」という読《よ》み方《かた》をしめしている。人《ひと》(イ)が地《ち》についてたおれることを表《あらわ》す字《じ》。

意味 たおれる。たおす。さかさになる。例 木《き》が倒《たお》れる。敵《てき》を倒《たお》す。倒立《とうりつ》・打倒《だとう》

【倒壊】《とうかい》 ‖ 〈―する〉建物《たてもの》がたおれてつぶれること。例 地震《じしん》で家屋《かおく》が倒壊《とうかい》した。

【倒閣】《とうかく》 ▲ 〈―する〉内閣《ないかく》の失敗《しっぱい》をせめ、大臣《だいじん》を総辞職《そうじしょく》させること。例 倒閣運動《とうかくうんどう》

【倒産】《とうさん》 ▲ 〈―する〉会社《かいしゃ》や店《みせ》などが、お金《かね》のやりくりがつかなくなってつぶれること。例 不景気《ふけいき》で会社《かいしゃ》が倒産《とうさん》する。類 破産《はさん》

【倒置】《とうち》 ↓ 〈―する〉①上下《じょうげ》をさかさまにして置《お》くこと。例 倒置厳禁《とうちげんきん》 ②文法用語《ぶんぽうようご》で、「だれだ、君《きみ》は」のように、ことばをぎゃくの順序《じゅんじょ》でならべること。例 倒置法《とうちほう》

【倒木】《とうぼく》 ↓ かれたり、あらしにあったりしてたおれた木《き》。

【倒立】《とうりつ》 ↓ 〈―する〉さかさまに立《た》つこと。さかだち。例 倒立《とうりつ》の練習《れんしゅう》をする。

倒が下につく熟語 上の字の働き

【転倒《てんとう》 傾倒《けいとう》】ドウナッテ倒《たお》れるのか。

【圧倒《あっとう》 打倒《だとう》】ドウヤッテ倒《たお》すか。

【卒倒《そっとう》 八倒《ばっとう》(七転八倒《しちてんばっとう》) 絶倒《ぜっとう》(抱腹絶倒《ほうふくぜっとう》)】ドノヨウニ倒《たお》れるのか。

◆一辺倒《いっぺんとう》 主客転倒《しゅかくてんとう》|《しゅきゃくてんとう》 本末転倒《ほんまつてんとう》 面倒《めんどう》

イ−8

俳

総画10 JIS-3948 教6年

訓 音 ハイ —

筆順 まっすぐ

なりたち 【形声】「非《ひ》」が「ハイ」とかわって読《よ》み方《かた》をしめしている。「ハイ」は「そむく」意味《いみ》をもち、ふつうとかわったことをする人《ひと》(イ)、芸人《げいにん》を表《あらわ》す字《じ》。

意味

❶はいく(俳句)。例 俳人《はいじん》

❷役者《やくしゃ》。例 俳優《はいゆう》

❶〈はいく(俳句)〉の意味で

【俳諧】《はいかい》 ‖ 俳句《はいく》や連句《れんく》。参考 もともとは、おかしみのある和歌《わか》のこと。

【俳句】《はいく》 ↓ 「古池《ふるいけ》やかわず飛《と》びこむ水《みず》の音《おと》」のように、五《ご》・七《しち》・五《ご》の十七音《じゅうしちおん》で作《つく》る短《みじか》い詩《し》。例 俳句《はいく》をあじわう。類 発句《ほっく》 知識 何人《なんにん》かの人《ひと》が、五《ご》・七《しち》・五《ご》の句《く》と七《しち》・七《しち》の句《く》をかわるがわる作《つく》ってつづけていく連歌《れんが》の最初《さいしょ》の句《く》(発句《ほっく》)が独立《どくりつ》したもの。句《く》の中《なか》に季節《きせつ》を表《あらわ》すことば(季語《きご》)をよみこむという約束《やくそく》がある。

【俳号】《はいごう》 ↓ 俳句《はいく》を作《つく》るときに使《つか》う名前《なまえ》。類 俳名《はいめい》

【俳人】はいじん ⇩俳句《はいく》を作《つく》る人《ひと》。例俳人小林一茶《はいじんこばやしいっさ》。参考 短歌《たんか》を作《つく》る人《ひと》は「歌人《かじん》」、詩《し》を作《つく》る人《ひと》は「詩人《しじん》」。

【俳。壇】はいだん ⇩俳句《はいく》を作《つく》る人《ひと》たちの集《あつ》まり。例 新《あたら》しい句集《くしゅう》が俳壇《はいだん》で評判《ひょうばん》になる。

❷〈役者〉の意味で

【俳優】はいゆう Ⅱ 映画《えいが》や劇《げき》の中《なか》で、役《やく》を演《えん》じる人《ひと》。例 映画俳優《えいがはいゆう》 類 役者《やくしゃ》

倍

イ-8 総画10 JIS-3960 教3年 音 バイ 訓 —

筆順 倍倍倍倍倍倍倍倍（まっすぐ、つく）

なりたち 【形声】「音《ホウ》」が「バイ」とかわって読《よ》み方《かた》をしめしている。「バイ」は「そむく」意味《いみ》を持《も》ち、人《ひと》(イ)にそむくことを表《あらわ》す字《じ》。借《か》りて、「ばいにふえる」意味《いみ》に使《つか》われている。

意味 ばいにする。もう一《ひと》つ分大《ぶんおお》きくなる。例 倍《ばい》にして返《かえ》す。前回《ぜんかい》に倍《ばい》する支援《しえん》を願《ねが》う。倍倍《ばいばい》ゲーム

名前のよみ やす

【倍加】ばいか ⇩〈—する〉二倍《にばい》、またはそれ以上《いじょう》にふえること。例 おもしろみが倍加《ばいか》する。類 倍増《ばいぞう》

【倍数】ばいすう ⇩ある数《かず》の何倍《なんばい》かの数《かず》。例 二十五《にじゅうご》は五《ご》の倍数《ばいすう》だ。対 約数《やくすう》

【倍増】ばいぞう ⇩〈—する〉二倍《にばい》に、ふえること。また、ふやすこと。例 所得倍増《しょとくばいぞう》。類 倍加《ばいか》

【倍率】ばいりつ ⇩あるものがほかのものの何倍《なんばい》であるかというわりあい。例 入学試験《にゅうがくしけん》の倍率《ばいりつ》が上《あ》がる。

俵

イ-8 総画10 JIS-4122 教5年 音 ヒョウ 訓 たわら

筆順 俵俵俵俵俵俵俵俵（ながく、はねる、人にならない）

なりたち 【形声】「表」が「ヒョウ」という読《よ》み方《かた》をしめしている。借《か》りて、「たわら」として使《つか》うのは日本《にほん》での用《もち》い方《かた》である。人《ひと》(イ)に分《わ》けあたえることを表《あらわ》す字《じ》。

意味 たわら。わらであんだふくろ。また、たわらに入《い》れたものを数《かぞ》えることば。例 俵《たわら》をかつぐ。米俵《こめだわら》・一俵《いっぴょう》

俵が下につく熟語 上の字の働き
【土俵《どひょう》 米俵《こめだわら》 炭俵《すみだわら》】ナニをつめた俵《たわら》か。

例解 使い分け

［あたい《値・価》］

値＝もののねうち。また、どれだけあるかを数字《すうじ》で表《あらわ》したもの。
例 一見《いっけん》に値《あたい》する。未知数《みちすう》の値《あたい》をもとめる。値千金《あたいせんきん》。

価＝売《う》り買《か》いするときのもののねだん。
例 商品《しょうひん》の価《あたい》。命《いのち》に価《あたい》はつけられない。

俸

イ-8 総画10 JIS-4280 常用 音 ホウ 訓 —

筆順 俸俸俸俸俸俸俸俸

なりたち 【形声】「奉」が「あたえる」意味《いみ》と「ホウ」という読《よ》み方《かた》をしめしている。仕事《しごと》をした人《ひと》(イ)にあたえるものを表《あらわ》す字《じ》。

意味 給料《きゅうりょう》。お金《かね》でしはらう手当《てあて》。例 俸《ほう》給《きゅう》・年俸《ねんぽう》

【。俸給】ほうきゅう Ⅱ つとめている人《ひと》が、はたらいた見返《みかえ》りとして受《う》け取《と》るお金《かね》。例 俸給生活者《ほうきゅうせいかつしゃ》 類 給料《きゅうりょう》・給金《きゅうきん》・給与《きゅうよ》

俸が下につく熟語 上の字の働き
【年俸《ねんぽう》 月俸《げっぽう》】ドレダケ分《ぶん》の俸給《ほうきゅう》か。

倣

イ-8 総画10 JIS-4279 常用 音 ホウ 訓 ならう

筆順 倣倣倣倣倣倣倣倣

。学習漢字でない常用漢字　▲常用漢字表にない音訓　◆常用漢字でない漢字

なりたち [形声]「放」が「ならう」意味《いみ》と「ホウ」という読《よ》み方《かた》をしめしている。人《ひと》(イ)のまねをすることを表《あらわ》す字《じ》。

意味 まねする。ならう。人《ひと》とおなじようにする。例 前例《ぜんれい》に倣《なら》う。模倣《もほう》

イ-8 【倫】

総画10 JIS-4649 常用
音 リン 訓 ―

筆順 倫倫倫倫倫倫倫倫倫倫

なりたち [形声]「侖」が「順序《じゅんじょ》だてる」意味《いみ》と「リン」という読《よ》み方《かた》をしめしている。人《ひと》(イ)と人《ひと》との正《ただ》しい関係《かんけい》を表《あらわ》す字《じ》。

意味 人《ひと》と人《ひと》との関係《かんけい》。人《ひと》のふみおこなうべき道《みち》。例 倫理《りんり》・人倫《じんりん》

名前のよみ おさむ・つぐ・つね・とし・とも・のり・ひと・ひとし・みち・もと

【倫理】《りんり》 ⇩ 人《ひと》としてまもらなければならない正《ただ》しい生《い》き方《かた》。例 倫理《りんり》に反《はん》する。倫理学《りんりがく》 類 道徳《どうとく》・道義《どうぎ》

◆人倫《じんりん》 不倫《ふりん》

イ-8 【倭】

総画10 JIS-4733 人名
音 ワ 訓 やまと

意味 ❶したがう。つつしむ。❷やまと。むかし、中国人《ちゅうごくじん》が日本《にほん》をよんだ名《な》。例 倭人《わじん》

名前のよみ かず・しず・まさ・やす

イ-9 【偽】

総画11 JIS-2122 常用
音 ギ 訓 いつわる・にせ [僞]

筆順 偽偽偽偽偽偽偽偽偽偽偽

なりたち [形声] もとの字《じ》は、「僞」。「爲《イ》」が「つくる」意味《いみ》と、「ギ」とかわって読《よ》み方《かた》をしめしている。人《ひと》(イ)がわざとする、人《ひと》のまねをすることを表《あらわ》す字《じ》。

意味 いつわる。ごまかす。にせものを使《つか》って人《ひと》をだます。例 身分《みぶん》を偽《いつわ》る。偽《にせ》のお金《かね》。偽名《ぎめい》・虚偽《きょぎ》 対 真《しん》

【偽作】《ぎさく》 ⇩ (―する)本物《ほんもの》でないのに本物《ほんもの》に見《み》せようとして作《つく》った作品《さくひん》。また、それを作《つく》ること。類 偽造《ぎぞう》・贋作《がんさく》

【偽証】《ぎしょう》 ⇩ (―する)裁判《さいばん》などで、うその証言《しょうげん》をすること。例 偽証罪《ぎしょうざい》

【偽善】《ぎぜん》 ⇩ うわべだけをとりつくろって、いいことをしているように見《み》せかけること。例 偽善《ぎぜん》をにくむ。偽善者《ぎぜんしゃ》

【偽装】《ぎそう》 ⇩ (―する)相手《あいて》の目《め》をごまかすために、ほかのものと見分《みわ》けがつかないようなすがたをすること。例 偽装《ぎそう》を見《み》やぶる。

【偽造】《ぎぞう》 ⇩ (―する)人《ひと》をだまそうとして、本物《ほんもの》そっくりのにせものを作《つく》ること。例 一万円《いちまんえん》札《さつ》を偽造《ぎぞう》する。類 偽作《ぎさく》

【偽名】《ぎめい》 ⇩ うその名前《なまえ》。類 変名《へんめい》・仮名《かめい》 対 実名《じつめい》・本名《ほんみょう》 表現 「偽名《ぎめい》」はべつの人物《じんぶつ》になりすますためのうその名前《なまえ》。「仮名《かめい》」はその人《ひと》がだれであるかわからないようにするためのかりの名前《なまえ》。「犯人《はんにん》は偽名《ぎめい》を使《つか》っていた」「記事《きじ》中《ちゅう》の人物名《じんぶつめい》はすべて仮名《かめい》です」などと使《つか》われる。

【偽札】《にせさつ》 ⇩ 本物《ほんもの》そっくりに作《つく》られたにせのお札《さつ》(紙幣《しへい》)。類 偽金《にせがね》

【偽物】《にせもの・ぎぶつ》 ⇩ 本物《ほんもの》と思《おも》わせようとして作《つく》った品物《しなもの》。まがいもの。例 偽物《にせもの》を高《たか》く買《か》わされた。対 本物《ほんもの》

【偽者】《にせもの》 ⇩ ある人《ひと》のふりをして、いかにもその人《ひと》のように見《み》せかける人物《じんぶつ》。対 本人《ほんにん》

◆虚偽《きょぎ》 真偽《しんぎ》

イ-9 【偶】

総画11 JIS-2286 常用
音 グウ 訓 ―

筆順 偶偶偶偶偶偶偶偶偶偶偶

なりたち [形声]「禺」が「グウ」という読《よ》み方《かた》をしめしている。「グウ」は「ならびあう」意味《いみ》を持《も》ち、人《ひと》(イ)がならぶことを表《あらわ》す字《じ》。

意味 ❶人形《にんぎょう》。木《き》や土《つち》で作《つく》った人形《にんぎょう》。例 土偶《どぐう》 ❷二《ふた》つそろうこと。二《に》の倍数《ばいすう》。例 偶数《ぐうすう》・配偶《はいぐう》 ❸たまたま。思《おも》いがけずに。例 偶然《ぐうぜん》

❶〈人形〉の意味で

【偶像】《ぐうぞう》 Ⅲ ①まつったりおがんだりするために、神《かみ》や仏《ほとけ》などのすがたをかたどって作《つく》

ものしり巻物 第3巻

漢字《かんじ》を発明《はつめい》した蒼頡《そうけつ》

「漢字《かんじ》を発明《はつめい》したのはだれなんだろう。」

こんな疑問《ぎもん》をもったことはありませんか。

古代《こだい》の中国《ちゅうごく》の人《ひと》びとも、いつも用《もち》いていた漢字《かんじ》に対《たい》してこんな疑問《ぎもん》をいだき、その答《こた》えとして、「蒼頡《そうけつ》が漢字《かんじ》を作《つく》り出《だ》した」という伝《でん》説《せつ》を生《う》み出《だ》したのです。

そして、漢《かん》の時代《じだい》になると、次《つぎ》のような内容《ないよう》の言《い》いつたえとなっていました。

『そのむかし、蒼頡《そうけつ》は、神話上《しんわじょう》の帝王《ていおう》である黄帝《こうてい》のもとで、記録《きろく》をつかさどる史官《しかん》という仕事《しごと》をしておりました。あるとき蒼頡《そうけつ》は、いつもはなにげなく見《み》すごしていた地面《じめん》の鳥《とり》や獣《けもの》の足跡《あしあと》がとても気《き》になりました。やわらかな土《つち》にくっきりとのこされた足跡《あしあと》の形《かたち》から、それがどの鳥《とり》か獣《けもの》かがよくわかるのです。そこから、なにかを記録《きろく》したりつたえたりするときに、じっさいのすがたそのものをかかずに、その特徴《とくちょう》をうまくとらえた記号《きごう》によっておこなうことを考《かんが》えつきました。このとき漢字《かんじ》が誕生《たんじょう》したのです。』

漢字《かんじ》の誕生《たんじょう》はとても偉大《いだい》なことであったことから、蒼頡《そうけつ》が漢字《かんじ》を作《つく》ったとき、天《てん》が感動《かんどう》して空《そら》から穀物《こくもつ》を降《ふ》らせたといわれています。

また後世《こうせい》の人《ひと》びとは、蒼頡《そうけつ》の天才的《てんさいてき》な能力《のうりょく》をうやまい、目《め》を四《よっ》つも持《も》っていた人《ひと》であったと想像《そうぞう》しました。

じっさいは、もちろん蒼頡《そうけつ》ひとりが漢字《かんじ》を作《つく》ったわけではありません。

古代《こだい》の多《おお》くの人《ひと》びとの知恵《ちえ》とくふうの結《けっ》晶《しょう》として作《つく》り出《だ》されてきたものです。このことはすでに中国《ちゅうごく》の古代《こだい》の人《ひと》びともきちんと知《し》っていました。たとえば、戦国時代《せんごくじだい》の学者《がくしゃ》である荀子《じゅんし》は、「漢字《かんじ》を作《つく》るのを好《この》んだ人《ひと》はおおぜいいたが、蒼頡《そうけつ》ひとりが名《な》をのこしたのは、漢字《かんじ》だけに心《こころ》を打《う》ちこんだからだ」と言《い》っています。

しかし、漢字《かんじ》が鳥《とり》や獣《けもの》の足跡《あしあと》をヒントにして作《つく》られたというこの蒼頡伝説《そうけつでんせつ》の内容《ないよう》は、たしかに、漢字《かんじ》の最初《さいしょ》のものは、ものの特徴《とくちょう》をとらえて作《つく》り出《だ》された、というその性格《せいかく》を言《い》いあてているように思《おも》われます。

ったもの。例 偶像崇拝《ぐうぞうすうはい》 ②信仰《しんこう》やあこがれの的《まと》になる人《ひと》。

❷〈二つそろうこと〉の意味で

【°偶数《ぐうすう》】↓二《に》・四《し》・六《ろく》・八《はち》のように、二《に》でわりきれる数《かず》。例 偶数週《ぐうすうしゅう》（第二《だいに》、四週《よんしゅう》）対 奇数《きすう》

❸〈たまたま〉の意味で

【°偶然《ぐうぜん》】⊠〈―な・―に〉思《おも》いがけないこと。たまたま。例 駅《えき》で偶然《ぐうぜん》、先生《せんせい》にであった。対 必然《ひつぜん》

【°偶発《ぐうはつ》】↓〈―する〉思《おも》いがけなくおこること。例 偶発事件《ぐうはつじけん》・偶発的《ぐうはつてき》

偶が下につく熟語 上の字の働き

❶偶＝〈人形〉のとき

【土偶《どぐう》 木偶《もくぐう》】ナニでつくった人形《にんぎょう》か。

❷偶＝〈二つそろうこと〉のとき

【配偶《はいぐう》 対偶《たいぐう》】ドンナ二《ふた》つぞろいか。

イ-9

健

総画11

JIS-2382

教4年

音 ケン

訓 すこやか

筆順

なりたち

【形声】「建」が「ケン」という読《よ》み方《かた》をしめしている。「ケン」は「つよい」の意味《いみ》を持《も》ち、力《ちから》づよい人《ひと》（イ）を表《あらわ》す字《じ》。

意味

❶じょうぶ。元気《げんき》。しっかりしている。例 健《すこ》やかに育《そだ》つ。健康《けんこう》・保健《ほけん》

❷さかんに。よく…する。例 健闘《けんとう》・健忘《けんぼう》

°学習漢字でない常用漢字 ▲常用漢字表にない音訓 ◆常用漢字でない漢字

名前のよみ かつ・きよ・きよし・たけ・たけし・たける・たつ・たて・つよ・つよし・とし・まさる・やす

❶〈じょうぶ〉の意味で

【健気】《けなげ》 ◎〈—な・—に〉弱《よわ》い者《もの》やおさない子《こ》が、苦労《くろう》にもくじけず、勇敢《ゆうかん》に立《た》ちむかっていこうとするようす。例 小《ちい》さな子《こ》どものけなげなすがたには、なみだが出《で》る。

【健。脚】《けんきゃく》 ↓ じょうぶな足《あし》。足《あし》がじょうぶで、よく歩《ある》けること。例 健脚《けんきゃく》の持《も》ち主《ぬし》。

【健康】《けんこう》 Ⅱ〈—な・—に〉①からだも心《こころ》も元気《げんき》で、病気《びょうき》がないようす。例 健康《けんこう》をたもつ。②からだのぐあい。例 健康診断《けんこうしんだん》

【健在】《けんざい》 ↓〈—な・—に〉元気《げんき》で、無事《ぶじ》にくらしているようす。例 両親《りょうしん》ともに健在《けんざい》だ。

【健児】《けんじ》 ↓ 元気《げんき》のよい若者《わかもの》。表現 おもに男《おとこ》の子《こ》についていう。たとえば西小学校《にししょうがっこう》の児童《じどう》のことなら「西小健児《にししょうけんじ》」などと使《つか》う。

【健勝】《けんしょう》 Ⅱ からだがじょうぶで元気《げんき》なこと。類 清勝《せいしょう》 表現「ご健勝《けんしょう》のことと存《ぞん》じます」のように、おもにあいさつ文《ぶん》に使《つか》う。

【健全】《けんぜん》 Ⅱ〈—な・—に〉①からだも心《こころ》も元気《げんき》なようす。例 健全《けんぜん》な発育《はついく》。②欠点《けってん》やかたよりがなく、まじめでしっかりしている。例 健全《けんぜん》な考《かんが》え方《かた》。

❷〈さかんに〉の意味で

【健。闘】《けんとう》 ↓〈—する〉力《ちから》いっぱい、いっしょうけんめいにたたかうこと。例 健闘《けんとう》をたたえる。ご健闘《けんとう》をいのります。類 善戦《ぜんせん》

【健忘。症】《けんぼうしょう》 ものごとをすっかり、またはところどころわすれてしまう病気《びょうき》。

健が下につく熟語 上の字の働き

❶健＝〈じょうぶ〉のとき
【頑健《がんけん》 強健《きょうけん》 剛健《ごうけん》 壮健《そうけん》】近《ちか》い意味《いみ》。

◆ 穏健《おんけん》 保健《ほけん》

イ-9

偲

総画11 JIS-2837 人名
音 サイ・シ 訓 しの-ぶ

意味 しのぶ。なつかしく思《おも》う。例 故人《こじん》を偲《しの》ぶ。

イ-9

側

総画11 JIS-3406 教4年
音 ソク 訓 がわ

筆順

なりたち

[形声]「則」が「ソク」という読《よ》み方《かた》をしめしている。「ソク」は「かたむく」意味《いみ》を持《も》ち、一方《いっぽう》に人《ひと》(イ)がかたむくことを表《あらわ》す字《じ》。

意味 かたわら。そば。がわ。わき。横《よこ》の面《めん》。例 住民《じゅうみん》の側《がわ》に立《た》って考《かんが》える。両側《りょうがわ》 参考「かわ」とも読《よ》む。

【側面】《そくめん》 ↓ ①四角《しかく》い箱《はこ》のような形《かたち》をしたものの、上下《じょうげ》の面《めん》をのぞく横《よこ》の面《めん》。例 側面図《そくめんず》 関連 正面《しょうめん》・側面《そくめん》・背面《はいめん》 ②ものの左右両《さゆうりょう》わき。横《よこ》の方《ほう》。例 側面《そくめん》から援助《えんじょ》する。対 正面《しょうめん》 表現「あの人《ひと》にはそういう側面《そくめん》がある」のように、その人《ひと》がもっているいろいろな性質《せいしつ》のなかの、一《ひと》つの面《めん》を指《さ》す使《つか》い方《かた》もある。

【側近】《そっきん》 Ⅱ 身分《みぶん》の高《たか》い人《ひと》のそば近《ちか》くにつかえる人《ひと》。例 首相《しゅしょう》の側近《そっきん》。

【側。溝】《そっこう》 ↓ 道路《どうろ》や線路《せんろ》のわきにそってつくられている、雨水《あまみず》などを流《なが》すためのみぞ。例 側溝《そっこう》にたまったごみを取《と》る。

側が下につく熟語 上の字の働き

【右側《みぎがわ》 左側《ひだりがわ》 両側《りょうがわ》 片側《かたがわ》 北側《きたがわ》 南側《みなみがわ》 内側《うちがわ》 外側《そとがわ》 一塁側《いちるいがわ》 会社側《かいしゃがわ》】ドチラの側《がわ》か。

◆ 縁側《えんがわ》

イ-9

停

総画11 JIS-3668 教4年
音 テイ 訓 と-める・と-まる

筆順

なりたち

[形声]「亭」が「とどまる」意味《いみ》と「テイ」という読《よ》み方《かた》をしめしている。人《ひと》(イ)が一《いっ》か所《しょ》にとどまることを表《あらわ》す字《じ》。

意味 とめる。とどめる。とまる。例 停止《ていし》・停車《ていしゃ》

【停学】《ていがく》 ▲ 学生《がくせい》や生徒《せいと》に対《たい》する罰《ばつ》として、ある期間《きかん》学校《がっこう》にくることを禁止《きんし》すること。例 一週間《いっしゅうかん》の停学《ていがく》。対 復学《ふくがく》

【停止《ていし》】 Ⅱ〈―する〉①動《うご》きをとめること。中途《ちゅうと》でとまること。例停止線《ていしせん》 ②活動《かつどう》などを一時《いちじ》やめさせること。例営業停止《えいぎょうていし》

【停車《ていしゃ》】▲〈―する〉電車《でんしゃ》・自動車《じどうしゃ》などが一時《いちじ》とまること。とめること。例各駅《かくえき》に停車《ていしゃ》する。停車場《ていしゃじょう》 類駐車《ちゅうしゃ》 対発車《はっしゃ》

【停職《ていしょく》】▲仕事《しごと》のなかでわるいことをした人《ひと》を、罰《ばつ》としてある期間《きかん》仕事《しごと》につくことをとめること。例停職処分《ていしょくしょぶん》

【停船《ていせん》】▲〈―する〉動《うご》いている船《ふね》をとめること。例停船命令《ていせんめいれい》

【停戦《ていせん》】▲〈―する〉戦争《せんそう》を一時《いちじ》やめること。例停戦《ていせん》の話《はな》し合《あ》い。類休戦《きゅうせん》

【停。滞《ていたい》】Ⅱ〈―する〉ものごとがうまくすすまないで、とどまること。とどこおる。例低気《ていき》圧《あつ》が停滞《ていたい》している。

【停電《ていでん》】▲〈―する〉電気《でんき》がとまって、電灯《でんとう》が消《き》えたり、電気器具《でんききぐ》が動《うご》かなくなったりすること。

【停年《ていねん》】↓役所《やくしょ》や会社《かいしゃ》などで、つとめをやめることがきめられている年齢《ねんれい》。例停年退職《ていねんたいしょく》 表記「定年」と書《か》くことが多《おお》い。

【停。泊《ていはく》】Ⅱ〈―する〉船《ふね》がいかりをおろして港《みなと》にとまること。例豪華客船《ごうかきゃくせん》が停泊《ていはく》している。類投錨《とうびょう》

【停留所《ていりゅうじょ》】客《きゃく》の乗《の》り降《お》りのために、バスや路面電車《ろめんでんしゃ》などがとまる、きまった場所《ばしょ》。類停留場《ていりゅうじょう》・停車場《ていしゃじょう》

イ-9

偵

総画11 JIS-3669 常用 音テイ 訓―

筆順 偵偵偵偵偵偵偵偵偵

なりたち 偵 [形声]「貞」が「うらなって問《と》いただす」意味《いみ》と「テイ」という読《よ》み方《かた》をしめしている。かくれたことをさぐる人《ひと》(イ)を表《あらわ》す字《じ》。

意味 ようすをさぐる。うかがう。例偵察《ていさつ》・探偵《たんてい》

【。偵察《ていさつ》】Ⅱ〈―する〉相手《あいて》のようすをさぐること。例偵察機《ていさつき》

偵が下につく熟語 上の字の働き

【密偵《みってい》 内偵《ないてい》】ドノヨウニさぐるのか。

◆探偵《たんてい》

イ-9

偏

総画11 JIS-4248 常用 音ヘン 訓かたよる・ひとえ―に

筆順 偏偏偏偏偏偏偏偏偏偏偏

なりたち 偏 [形声]「扁」が「ヘン」という読《よ》み方《かた》をしめしている。「ヘン」は「かたよる」意味《いみ》を持《も》ち、からだが一方《いっぽう》にかたむいた人《ひと》(イ)を表《あらわ》す字《じ》。

意味 ❶かたよる。公平《こうへい》でない。例偏《かたよ》った考《かんが》え。偏見《へんけん》 対遍《へん》

❷へん。漢字《かんじ》の左《ひだり》がわの部分《ぶぶん》。例偏旁《へんぼう》 類扁《へん》 対旁《つくり》 参考☞ふろく「漢字の組み立て」(〔4〕ページ)

❶〈かたよる〉の意味で

【。偏愛《へんあい》】↓〈―する〉ある人《ひと》だけをとくべつにかわいがること。えこひいき。例三人兄弟《さんにんきょうだい》のうち長男《ちょうなん》を偏愛《へんあい》する。

【偏。狭《へんきょう》】Ⅱ〈―な〉〈―に〉①土地《とち》がせまい。例山《やま》あいの偏狭《へんきょう》な土地《とち》。対広大《こうだい》 ②心《こころ》がせまくて、ほかの人《ひと》の考《かんが》えをうけいれない。例偏狭《へんきょう》な性格《せいかく》。類狭量《きょうりょう》 対寛容《かんよう》

【偏。屈《へんくつ》】Ⅱ〈―な〉〈―に〉くせが強《つよ》くて、人《ひと》に合《あ》わせようとしない。つむじまがり。例偏屈《へんくつ》な人《ひと》。

【。偏見《へんけん》】↓かたよった見方《みかた》や考《かんが》え方《かた》。例偏《へん》見《けん》にとらわれる。偏見《へんけん》をすてる。類先入観《せんにゅうかん》・色眼鏡《いろめがね》

【。偏向《へんこう》】↓〈―する〉考《かんが》え方《かた》が一方《いっぽう》にかたよること。例あの人《ひと》の主張《しゅちょう》には偏向《へんこう》がある。

【。偏在《へんざい》】↓〈―する〉全体《ぜんたい》にちらばるのでなくて、一部《いちぶ》にだけたくさんあること。例富《とみ》が社《しゃ》会《かい》の一部《いちぶ》に偏在《へんざい》する。対遍在《へんざい》 表現「偏在《へんざい》」と「遍在《へんざい》」は発音《はつおん》がおなじで字《じ》も似《に》ているが、意《い》味《み》はまったく正反対《せいはんたい》である。

【。偏差値《へんさち》】テストや検査《けんさ》の結果《けっか》が、それを受《う》けた人全体《ひとぜんたい》の中《なか》で、どのくらいのレベルにあるかを表《あらわ》す数値《すうち》。例偏差値《へんさち》で人間《にんげん》のねうちは決《き》められない。偏差値《へんさち》が高《たか》い。

【偏。執《へんしつ|へんしゅう》】↓ひどくかたよった考《かんが》えにとらわれてしまっていること。

【偏食《へんしょく》】⇩ (—する) 食《た》べ物《もの》にすききらいがあって、すきなものしか食《た》べないこと。

【偏頭痛《へんずつう》】頭《あたま》のかたほうのがわだけに感《かん》じるいたみ。例 偏頭痛《へんずつう》になやまされる。

【偏西風《へんせいふう》】地球《ちきゅう》の温帯《おんたい》のあたりの空《そら》をいつもふいている、西《にし》から東《ひがし》へむかう強《つよ》い風《かぜ》。

知識 赤道付近《せきどうふきん》の貿易風《ぼうえきふう》とは風向《かざむ》きが反対《はんたい》。日本付近《にほんふきん》の天気《てんき》が西《にし》から東《ひがし》へかわるのは偏西風《へんせいふう》に高気圧《こうきあつ》・低気圧《ていきあつ》などが流《なが》されるため。

【偏重《へんちょう》】⇩ (—する) そのものだけをとくべつにたいせつにする。例 学歴《がくれき》を偏重《へんちょう》する。

偉

イ-10 総画12 JIS-1646 常用 音 イ 訓 えらい

筆順 偉偉偉偉偉偉偉偉

なりたち 【形声】「韋」が「イ」という読《よ》み方《かた》をしめしている。「イ」は「ふつうではない」の意味《いみ》を持《も》ち、なみはずれて大《おお》きい人《ひと》(イ)を表《あらわ》す字《じ》。

意味 えらい。ひじょうにすぐれている。見《み》上《あ》げるように大《おお》きい。例 偉《えら》い学者《がくしゃ》。偉人《いじん》

名前のよみ いさむ・たけ・より

【偉業《いぎょう》】⇩ のちの世《よ》にのこるようなりっぱな仕事《しごと》。例 月面着陸《げつめんちゃくりく》の偉業《いぎょう》。偉業《いぎょう》をなしとげる。

【偉丈夫《いじょうふ・いじょうぶ》】からだが大《おお》きく、見《み》るからにりっぱな男子《だんし》。

【偉人《いじん》】⇩ 世《よ》の中《なか》のためになるりっぱなことをした人《ひと》。例 偉人《いじん》と仰《あお》がれる。

【偉大《いだい》】Ⅱ (—な) ずばぬけて大《おお》きくりっぱだ。例 偉大《いだい》な人物《じんぶつ》。

【偉容《いよう》】⇩ とても力強《ちからづよ》く、りっぱなすがた。例 富士《ふじ》の偉容《いよう》をあおぎ見《み》る。

傘

𠆢-10 総画12 JIS-2717 常用 音 サン 訓 かさ

筆順 傘傘傘傘傘傘傘傘

なりたち 【象形】かさを広《ひろ》げた形《かたち》をかたどった字《じ》。

意味 ❶かさ。頭《あたま》の上《うえ》に広《ひろ》げる柄《え》のついたかさ。また、それに似《に》たもの。例 傘《かさ》をさす。傘下《さんか》・落下傘《らっかさん》・雨傘《あまがさ》

❷《その他》例 傘寿《さんじゅ》

❶〈かさ〉の意味で

【傘下《さんか》】⇩ 大《おお》きな力《ちから》を持《も》つ人《ひと》や組織《そしき》の支配《しはい》・指図《さしず》を受《う》ける立場《たちば》にあること。例 大会社《だいがいしゃ》の傘下《さんか》に入《はい》る。

❷《その他》

【傘寿《さんじゅ》】⇩ 八十歳《はちじっさい》をいわういわい。参考「傘《かさ》」を略《りゃく》して書くときの「仐」が「八十《はちじゅう》」と読《よ》めることから。☞【還暦《かんれき》】(448ページ)

備

イ-10 総画12 JIS-4087 教5年 音 ビ 訓 そなえる・そなわる

筆順 備備備備備備備備備備備備 (とめる・はねる)

なりたち 【形声】矢《や》を入《い》れる道具《どうぐ》(えびら)の形《かたち》をえがいた「𤰈」が「ビ」という読み方《かた》をしめしている。人《ひと》(イ)がそなえをすることを表《あらわ》す字《じ》。

意味 ❶そなえる。あらかじめ用意《ようい》しておく。持《も》っている。例 台風《たいふう》に備《そな》える。備品《びひん》・準備《じゅんび》

❷吉備《きび》。今《いま》の岡山県付近《おかやまけんふきん》の古《ふる》い地名《ちめい》。その後《ご》、備前《びぜん》・備中《びっちゅう》・備後《びんご》・美作《みまさか》に分《わ》かれた。

使い分け そなえる[備・供] ☞101ページ

名前のよみ とも・なり・のぶ・まさ・よし

❶〈そなえる〉の意味で

【備えあれば憂いなし《そなえあればうれいなし》】ふだんから準備《じゅんび》しておけば、万一《まんいち》のことがあっても心配《しんぱい》することはない。参考『書経《しょきょう》』に出《で》てくることば。

【備考《びこう》】▲ 参考《さんこう》のために書《か》きつけておくこと。また、そのことがら。例 備考欄《びこうらん》

【備蓄《びちく》】Ⅱ (—する) たいへんなことがおきたときのために、ものをためておくこと。例 石油《せきゆ》を備蓄する。備蓄米《びちくまい》

【備品《びひん》】⇩ 学校《がっこう》や会社《かいしゃ》などにそなえつけておく棚《たな》や机《つくえ》・ロッカーなどの器具《きぐ》。例 備品整理《びひんせいり》。会社《かいしゃ》の備品《びひん》。対 消耗品《しょうもうひん》

【備忘録《びぼうろく》】わすれてしまったときの用心《ようじん》のために書《か》きとめておく記録《きろく》。メモ。

備が下につく熟語 上の字の働き

❶ 備＝〈そなえる〉のとき
【設備《せつび》 装備《そうび》 警備《けいび》 具備《ぐび》 準備《じゅんび》】近《ちか》い意味《いみ》。
【完備《かんび》 常備《じょうび》 予備《よび》 兼備《けんび》】ドノヨウニ備《そな》えるのか。
【軍備《ぐんび》 守備《しゅび》 防備《ぼうび》】ナニの備《そな》えか。
◆ 整備《せいび》 不備《ふび》

傍

イ－10 総画12 JIS-4321 常用
音 ボウ
訓 かたわら・そば

筆順 傍 傍 傍 傍 傍 傍 傍 傍

なりたち 【形声】「旁」が「かたわら」の意味《いみ》と「ボウ」という読《よ》み方《かた》をしめしている。人《ひと》(イ)のそばを表《あらわ》す字《じ》。

意味 かたわら。わき。そば。例 道《みち》の傍《かたわ》らに立《た》つ。傍聴《ぼうちょう》・路傍《ろぼう》

【°傍観《ぼうかん》】↓〈―する〉なにもせず、そばでただ見《み》ていること。例 傍観者《ぼうかんしゃ》 類 黙視《もくし》・座視《ざし》・静観《せいかん》

【°傍系《ぼうけい》】↓中心《ちゅうしん》の大筋《おおすじ》からはずれていること。例 傍系《ぼうけい》の会社《かいしゃ》。対 直系《ちょっけい》

【°傍若無人《ぼうじゃくぶじん》】〈―な〉〈―に〉まるで近《ちか》くに人《ひと》がいないかのように、かって気《き》ままにふるまうようす。例 傍若無人《ぼうじゃくぶじん》な態度《たいど》。参考「傍《かたわ》ラニ人《ひと》無《な》キガ若《ごと》シ」の意味《いみ》。『史記《しき》』にあることば。

【°傍受《ぼうじゅ》】↓〈―する〉外国《がいこく》の放送《ほうそう》や他人《たにん》がやりとりしている無線電信《むせんでんしん》などをわきから聞《き》くこと。例 外国《がいこく》の放送《ほうそう》を傍受《ぼうじゅ》する。

【°傍線《ぼうせん》】↓たて書《が》きの文字《もじ》や文章《ぶんしょう》のよこに、目印《めじるし》のためにひく線《せん》。サイドライン。類 下線《かせん》(アンダーライン)

【°傍°聴《ぼうちょう》】↓〈―する〉会議《かいぎ》や裁判《さいばん》などをわきにいてじかに見聞《みき》きすること。例 国会《こっかい》を傍《ぼう》聴《ちょう》する。傍聴席《ぼうちょうせき》

【°傍点《ぼうてん》】↓文章《ぶんしょう》の中《なか》で、とくに強《つよ》く言《い》いたいところや、読《よ》む人《ひと》に注意《ちゅうい》してほしい部分《ぶぶん》で、字《じ》のわきに打《う》つ点《てん》。「、」「・」「。」など。例 だいじなことばに傍点《ぼうてん》を打《う》つ。類 圏点《けんてん》

【▲°傍役《わきやく》】↓①演劇《えんげき》や映画《えいが》などで、主役《しゅやく》でない役《やく》。類 助演《じょえん》 ②ものごとの中心《ちゅうしん》となる人《ひと》や物《もの》をささえる役割《やくわり》の人《ひと》や物《もの》。例 傍役《わきやく》にまわる。対 主役《しゅやく》 表記「脇役」とも書《か》く。

僅

イ－11 総画13 JIS-2247 常用
音 キン
訓 わずか

筆順 僅 僅 僅 僅 僅 僅 僅 僅

意味 わずか。ほんの少《すこ》し。例 残《のこ》り時間《じかん》僅《わず》か。

字体のはなし 「僅」(イ部《ぶ》「10画《かく》」、総画《そうかく》「12画《かく》」)とも書《か》く。☞ふろく「字体についての解説」(28ページ)

【°僅差《きんさ》】↓少《すこ》しの差《さ》。わずかのちがい。例 僅差《きんさ》で負《ま》ける。類 小差《しょうさ》 対 大差《たいさ》

【°僅少《きんしょう》】Ⅱほんの少《すこ》し。例 在庫《ざいこ》僅少《きんしょう》。

傾

イ－11 総画13 JIS-2325 常用
音 ケイ
訓 かたむく・かたむける

筆順 傾 傾 傾 傾 傾 傾 傾 傾

なりたち 【形声】もともと、頭《あたま》がかたむくことを表《あらわ》していた「頃《ケイ》」が「ころ」として使《つか》われるようになったため、あらためて「イ(人《ひと》)」をくわえて人《ひと》がかたむくことを表《あらわ》すようにした字《じ》。

意味 かたむく。かたむける。一方《いっぽう》へたおれかかる。例 家《いえ》が傾《かたむ》く。話《はなし》に耳《みみ》を傾《かたむ》ける。前《ぜん》

例解 使い分け

［そなえる《備える・供える》］

備える＝心配《しんぱい》のないように、まえもって用意《ようい》する。
例 台風《たいふう》に備《そな》える。将来《しょうらい》に備《そな》えて貯金《ちょきん》をする。備《そな》えあれば憂《うれ》いなし。

供える＝神《かみ》や仏《ほとけ》に物《もの》をさしあげる。
例 おだんごを供《そな》える。お神酒《みき》を供《そな》える。お供《そな》え物《もの》。仏前《ぶつぜん》に花《はな》を供《そな》える。

前ページ ▶ 傍 僅 傾

傾姿勢《けいしせい》

【。傾向《けいこう》】↓ものごとがある方向《ほうこう》にむかっていくこと。例 犯罪《はんざい》がふえる傾向《けいこう》にある。

【。傾。斜《けいしゃ》】Ⅱ〈―する〉①ななめにかたむくこと。かたむきかげん。例 傾斜《けいしゃ》のゆるい坂道《さかみち》。類 勾配《こうばい》 ②考《かんが》えがある方向《ほうこう》にかたむくこと。

【。傾注《けいちゅう》】↓〈―する〉心《こころ》や力《ちから》を一《ひと》つのことに集中《しゅうちゅう》すること。例 作品《さくひん》の完成《かんせい》に全力《ぜんりょく》を傾《けい》注《ちゅう》する。類 専心《せんしん》・専念《せんねん》

【。傾。聴《けいちょう》】↓〈―する〉耳《みみ》をかたむけて、熱心《ねっしん》にきくこと。例 傾聴《けいちょう》にあたいする話《はなし》。

【。傾。倒《けいとう》】Ⅱ〈―する〉ある人《ひと》やものごとにすっかり心《こころ》をうばわれ、むちゅうになること。例 宮沢賢治《みやざわけんじ》に傾倒《けいとう》する。類 一辺倒《いっぺんとう》

傾が下につく熟語 上の字の働き

【右傾《うけい》 左傾《さけい》 前傾《ぜんけい》】ドチラへ傾《かたむ》くか。

傑

イ－11 総画13 JIS-2370 常用 音 ケツ 訓 ―

筆順 傑

なりたち [形声]「桀」が「高《たか》くぬき出《で》る」意《い》味《み》と「ケツ」という読《よ》み方《かた》をしめしている。すぐれた人物《じんぶつ》(イ)を表《あらわ》す字《じ》。

意味 きわだってすぐれている。ずばぬけている。例 傑作《けっさく》・豪傑《ごうけつ》

名前のよみ たかし・たけし

【。傑作《けっさく》】↓①たいへんすぐれた作品《さくひん》。例 この絵《え》はかれの傑作《けっさく》だ。類 名作《めいさく》・秀作《しゅうさく》 対 駄作《ださく》 ②〈―な・―に〉奇妙《きみょう》で、こっけいなようす。

【。傑出《けっしゅつ》】⊠〈―する〉才能《さいのう》や能力《のうりょく》などが、とびぬけてすぐれていること。例 傑出《けっしゅつ》した力《ちから》を発揮《はっき》する。類 抜群《ばつぐん》・出色《しゅっしょく》

【。傑物《けつぶつ》】↓ずばぬけてすぐれた人物《じんぶつ》。例 あれは、なかなかの傑物《けつぶつ》だ。類 大人物《だいじんぶつ》

傑が下につく熟語 上の字の働き

【人傑《じんけつ》 女傑《じょけつ》 快傑《かいけつ》】ドノヨウナ豪傑《ごうけつ》か。

傲

イ－11 総画13 JIS-4894 常用 音 ゴウ 訓 ―

筆順 傲

意味 おごる。人《ひと》をあなどっていばる。

【。傲然《ごうぜん》】⊠〈―たる・―と〉人《ひと》をあなどったようす。例 傲然《ごうぜん》とかまえている。

【。傲。慢《ごうまん》】Ⅱ〈―な・―に〉えらそうにして人《ひと》を見《み》くだすようす。例 態度《たいど》が傲慢《ごうまん》である。

債

イ－11 総画13 JIS-2636 常用 音 サイ 訓 ―

筆順 債

なりたち [形声]「責《セキ》」が「せめる」意《い》味《み》と、「サイ」とかわって読《よ》み方《かた》をしめしている。人《ひと》(イ)が借《か》りたお金《かね》のせめを負《お》うことを表《あらわ》す字《じ》。

意味 借《か》りたお金《かね》のせきにん。貸《か》し借《か》りにともなう権利《けんり》・義務《ぎむ》。例 債務《さいむ》・負債《ふさい》

【。債券《さいけん》】↓国《くに》や県《けん》、会社《かいしゃ》などが、必要《ひつよう》な資《し》金《きん》をいっぱんの人《ひと》から借《か》り入《い》れるときに発行《はっこう》する証券《しょうけん》。国債《こくさい》や地方債《ちほうさい》など。例 債券《さいけん》を発行《はっこう》する。

【。債権《さいけん》】↓貸《か》した品物《しなもの》やお金《かね》をとりたてる権利《けんり》。例 債権者《さいけんしゃ》 対 債務《さいむ》

【。債務《さいむ》】↓借《か》りている品物《しなもの》やお金《かね》を返《かえ》さなければならない義務《ぎむ》。例 債務《さいむ》をかかえる。対 債権《さいけん》

債が下につく熟語 上の字の働き

【国債《こくさい》 公債《こうさい》 社債《しゃさい》 地方債《ちほうさい》】ドコが発行《はっこう》する債《さい》券《けん》なのか。

◆負債《ふさい》

催

イ－11 総画13 JIS-2637 常用 音 サイ 訓 もよおす

筆順 催

なりたち [形声]「崔」が「サイ」という読《よ》み方《かた》をしめしている。「サイ」は「いそぐ」意《い》味《み》を持《も》ち、人《ひと》(イ)をせきたてることを表《あらわ》す字《じ》。

意味

❶しむける。活動《かつどう》をさそいだす。せきたてる。例 ねむけを催《もよお》す。催足《さいそく》

❷行事《ぎょうじ》をおこなう。もよおしものをする。例 記念《きねん》の催《もよお》し。開催《かいさい》

❶〈しむける〉の意味で

【○催○促】催《さい》促《そく》 Ⅱ〈—する〉はやくするようにせきたてること。例 借金《しゃっきん》の催促《さいそく》。類 督促《とくそく》

【○催○眠術】催《さい》眠《みん》術《じゅつ》 とくべつなことばや動作《どうさ》によって人《ひと》をねむったような状態《じょうたい》にさせる術《じゅつ》。例 催眠術《さいみんじゅつ》にかける。

【○催○涙】催《さい》涙《るい》 ▲ 薬物《やくぶつ》を使《つか》って目《め》をしげきし、なみだを出《だ》させること。例 催涙《さいるい》ガス

❷〈行事をおこなう〉の意味で

【○催事場】催《さい》事《じ》場《じょう》 デパートなどで、バーゲンや展《てん》覧会《らんかい》のようなとくべつのもよおしものをする場所《ばしょ》。例 六階《ろっかい》を催事場《さいじじょう》として使《つか》う。

催が下につく熟語 上の字の働き

❷催＝〈行事をおこなう〉のとき
【主催《しゅさい》 共催《きょうさい》】ドウヤッテ催《もよお》すか。

◆開催《かいさい》

イ-11

傷

総画13 JIS-2993 教6年
音 ショウ
訓 きず・いたむ・いためる

筆順 傷 傷 傷 傷 傷 傷 傷 傷（ながく）（はねる）

なりたち 傷 【形声】「昜」が「ショウ」という読《よ》み方《かた》をしめしている。「ショウ」は「きずつける」意味《いみ》を持《も》ち、人《ひと》（イ）がきずをうけることを表《あらわ》す字。

意味 きず。きずつける。きずがつく。いたむ。例 傷《きず》を負《お》う。果物《くだもの》が傷《いた》む。家《いえ》の傷《いた》みがはげしい。肌《はだ》を傷《いた》める。傷心《しょうしん》・切《き》り傷《きず》

使い分け いたむ［痛・傷］☞753ページ

【傷○跡】傷《きず》跡《あと》 ↓ きずがなおってからも、消《き》えずにのこっているあと。表現「台風《たいふう》の傷跡《きずあと》」「失《しつ》恋《れん》の傷跡《きずあと》」などと、災害《さいがい》や心《こころ》のいたでなども表《あらわ》す。表記「傷痕」とも書《か》く。

【傷口】傷《きず》口《ぐち》 ↓ けがをして、ひふや肉《にく》のやぶれたところ。例 傷口《きずぐち》を消毒《しょうどく》する。表現 思《おも》い出《だ》したくないことなどにふれることを、「傷口《きずぐち》にふれる」「傷口《きずぐち》をえぐる」などと言《い》う。

【傷物】傷《きず》物《もの》 ↓ きずがついて、ねうちのひくくなってしまったもの。例 傷物《きずもの》のみかん。

【傷害】傷《しょう》害《がい》 Ⅱ ①人《ひと》のからだをきずつけること。例 傷害事件《しょうがいじけん》・傷害罪《しょうがいざい》 類 危害《きがい》 ②けがをすること。例 傷害保険《しょうがいほけん》

【傷心】傷《しょう》心《しん》 ▲〈—する〉かなしみのためにつらい思《おも》いをすること。きずついた、つらい気持《きも》ち。例 傷心《しょうしん》のあまり寝《ね》こんだという。

【傷病】傷《しょう》病《びょう》 Ⅱ けがと病気《びょうき》。例 傷病者《しょうびょうしゃ》

傷が下につく熟語 上の字の働き

【死傷《ししょう》 殺傷《さっしょう》 損傷《そんしょう》】近《ちか》い意味《いみ》。
【軽傷《けいしょう》 重傷《じゅうしょう》 致命傷《ちめいしょう》 外傷《がいしょう》 凍傷《とうしょう》 裂傷《れっしょう》 打撲傷《だぼくしょう》 擦過傷《さっかしょう》 手傷《てきず》 古傷《ふるきず》 生傷《なまきず》】ドノヨウナ傷《きず》か。

◆食傷《しょくしょう》 中傷《ちゅうしょう》 負傷《ふしょう》 無傷《むきず》

イ-11

僧

総画13 JIS-3346 常用
音 ソウ
訓 —
［僧］

筆順 僧 僧 僧 僧 僧 僧 僧 僧

なりたち 僧 【形声】もとの字は、「僧」。「曾」が「ソウ」という読《よ》み方《かた》をしめしている。人《ひと》（イ）をくわえて、古代《こだい》インドのことば「サンガ（坊《ぼう》さんの集《あつ》まり）」を漢字《かんじ》で表《あらわ》すために作《つく》られた字《じ》。

意味 坊《ぼう》さん。仏《ほとけ》の道《みち》に入《はい》った人《ひと》。例 僧侶《そうりょ》・高僧《こうそう》

【○僧衣】僧《そう》衣《い・え》 ↓ お寺《てら》の坊《ぼう》さんが着《き》る衣服《いふく》。例 僧衣《そうい》をまとう。

【○僧院】僧《そう》院《いん》 ↓ ①坊《ぼう》さんの住《す》む建物《たてもの》。類 寺《てら》・寺院《じいん》 ②キリスト教《きょう》で修道院《しゅうどういん》のこと。知識 キリスト教は、仏教《ぶっきょう》にくらべて日本《にほん》にはずっと後《あと》に入《はい》ったから、そのための建物《たてもの》や修道者《しゅうどうしゃ》を、仏教《ぶっきょう》で用《もち》いていた「寺院《じいん》・僧院《そういん》」「僧《そう》」などのことばで表《あらわ》すことになった。

【○僧正】僧《そう》正《じょう》 ↓ 坊《ぼう》さんのいちばん高《たか》い位《くらい》。例 僧正《そうじょう》にお目《め》にかかる。知識 僧《そう》の位《くらい》は、僧正《そうじょう》・僧都《そうず》・律師《りっし》の順《じゅん》。それぞれの下《した》に、「かりの」の意味《いみ》の「権《ごん》」をつけた、権僧正《ごんのそうじょう》・権僧都《ごんのそうず》・権律師《ごんのりっし》がある。

【○僧兵】僧《そう》兵《へい》 ↓ 武装《ぶそう》した坊《ぼう》さんたちの軍隊《ぐんたい》。例 比叡山《ひえいざん》の僧兵《そうへい》。知識 平安時代《へいあんじだい》のすえから戦国《せんごく》時代《じだい》にかけて、大《おお》きな寺院《じいん》に属《ぞく》して勢力《せいりょく》をもっていた。

【○僧坊】僧《そう》坊《ぼう》 ↓ 坊《ぼう》さんやその家族《かぞく》が住《す》む建物《たてもの》。

【○僧侶】僧《そう》侶《りょ》 ↓「坊《ぼう》さん」のあらたまった言《い》い

○学習漢字でない常用漢字 ▲常用漢字表にない音訓 ◆常用漢字でない漢字

方《かた》。例 出家《しゅっけ》して僧侶《そうりょ》になる。類 僧《そう》・坊主《ぼうず》

僧が下につく熟語 上の字の働き
【高僧《こうそう》 名僧《めいそう》 尼僧《にそう》 修行僧《しゅぎょうそう》】ドノヨウナ僧《そう》か。

働
イ−11 総画13 JIS-3815 教4年
訓 はたらく 音 ドウ

筆順 働 働 働 働 働 働 働 働 働（はねる）

なりたち 【会意】国字《こくじ》。「イ（人《ひと》）」と「ドウ」という読《よ》み方《かた》をしめす「動《うご》（うごく）」とを合《あ》わせて、人《ひと》がからだを動《うご》かしてはたらくことを表《あらわ》す字《じ》。

意味 はたらく。仕事《しごと》をする。例 工場《こうじょう》で働《はたら》く。頭《あたま》の働《はたら》き。労働《ろうどう》

働が下につく熟語 上の字の働き
【労働《ろうどう》 稼働《かどう》】近《ちか》い意味《いみ》。

像
イ−12 総画14 JIS-3392 教5年
訓 — 音 ゾウ

筆順 像 像 像 像 像 像 像 像 像（はねる・はらう）

なりたち 【形声】「象」が「すがた、形《かたち》」の意味《いみ》と「ゾウ」という読《よ》み方《かた》をしめしている。人《ひと》（イ）のすがた・形《かたち》を表《あらわ》す字《じ》。

意味 すがた、形《かたち》。そっくりにうつしとったすがた、形《かたち》。人《ひと》や物《もの》をかたどったもの。例 像《ぞう》をむすぶ。人物《じんぶつ》の像《ぞう》。画像《がぞう》

文字物語 ☞104ページ

名前のよみ かた・のり

像が下につく熟語 上の字の働き
【映像《えいぞう》 画像《がぞう》 彫像《ちょうぞう》 塑像《そぞう》 自画像《じがぞう》】ドウヤッテつくる像《ぞう》か。
【仏像《ぶつぞう》 神像《しんぞう》 群像《ぐんぞう》】ナニをえがいた（かたどった）像《ぞう》か。
【銅像《どうぞう》 木像《もくぞう》 石像《せきぞう》】ナニでつくられた像《ぞう》か。
【実像《じつぞう》 虚像《きょぞう》 残像《ざんぞう》 肖像《しょうぞう》】ドノヨウナ像《ぞう》か。
【胸像《きょうぞう》 立像《りつぞう》 座像《ざぞう》 全身像《ぜんしんぞう》 半身像《はんしんぞう》】ドウイウすがたの像《ぞう》か。
【現像《げんぞう》 受像《じゅぞう》 想像《そうぞう》】像《ぞう》をドウスルのか。

◆偶像

文字物語 像

この字《じ》は、「下《した》につく熟語《じゅくご》」の欄《らん》で見《み》るように下《した》についてたくさんの熟語《じゅくご》をつくるが、上《うえ》についた熟語《じゅくご》は見《み》つけるのがむずかしい。こういう性質《せいしつ》の字《じ》があることもおぼえておこう。

「仏像《ぶつぞう》」「西郷《さいごう》さんの銅像《どうぞう》」「キリストの画像《がぞう》」など、たいていの「像《ぞう》」は、はっきりした形《かたち》があって、目《め》にも見《み》え、手《て》でふれてたしかめることもできるが、現代《げんだい》では「映像《えいぞう》」のように、物《もの》の表面《ひょうめん》にうつしだされるだけで、手《て》でふれることのできない像《ぞう》もでてきた。また、「未来像《みらいぞう》」「理想像《りそうぞう》」「理想《りそう》の父親像《ちちおやぞう》」など、頭《あたま》の中《なか》にえがくだけで、具体的《ぐたいてき》な形《かたち》にあらわしにくい像《ぞう》もある。

僕
イ−12 総画14 JIS-4345 常用
訓 — 音 ボク

筆順 僕 僕 僕 僕 僕 僕 僕 僕 僕

なりたち 【形声】「菐」が「ボク」という読《よ》み方《かた》をしめしている。「ボク」は「粗雑《そざつ》」の意味《いみ》を持《も》ち、粗野《そや》な下《した》ばたらきの人《ひと》（イ）を表《あらわ》す字《じ》。

意味 ❶下《した》ばたらきをする男子《だんし》。しもべ。例 下僕《げぼく》 ❷男子《だんし》が自分《じぶん》を指《さ》していうことば。例 君《きみ》と僕《ぼく》。対 君

僕が下につく熟語 上の字の働き
❶僕＝〈下ばたらきをする男子〉のとき
【家僕《かぼく》 下僕《げぼく》 公僕《こうぼく》 従僕《じゅうぼく》 忠僕《ちゅうぼく》 老僕《ろうぼく》】ドノヨウナ僕《ぼく》か。

僚
イ−12 総画14 JIS-4629 常用
訓 — 音 リョウ

筆順 僚 僚 僚 僚 僚 僚 僚 僚 僚

なりたち 【形声】「尞」が「美《うつく》しいかがり火《び》」の意味《いみ》と「リョウ」という読《よ》み方《かた》

をしめしている。美《うつく》しい人《ひと》(イ)を表《あらわ》す字《じ》。のちに借《か》りて、「なかま」を表《あらわ》すようになった。

意味

❶なかま。おなじ仕事《しごと》をしている人《ひと》。例 僚友《りょうゆう》・同僚《どうりょう》

❷役人《やくにん》。政府《せいふ》ではたらく人《ひと》。つかさ。例 閣僚《かくりょう》・官僚《かんりょう》

名前のよみ あきら・とも

❶〈なかま〉の意味で

【°僚船】りょうせん ↓ なかまの船《ふね》。例 僚船《りょうせん》と交信《こうしん》しながら進《すす》む。

【°僚友】りょうゆう Ⅱ いっしょに仕事《しごと》をするなかま。例 僚友《りょうゆう》をだいじにする。類 同僚《どうりょう》

僚が下につく熟語 上の字の働き

❷僚＝〈役人〉のとき

【閣僚《かくりょう》 幕僚《ばくりょう》】ドコの役人《やくにん》か。

◆官僚《かんりょう》 同僚《どうりょう》

イ-13

億

総画15　JIS-1815　教4年

音 オク　訓 —

筆順 億 億 億 億 億 億 億 億（まっすぐ、つく／はねる／とめる）

なりたち [形声]「意《い》」が「思《おも》う」意味《いみ》と、「オク」とかわって読《よ》み方《かた》をしめしている。人《ひと》(イ)が心《こころ》に考《かんが》えることを表《あらわ》す字《じ》。借《か》りて、数《かず》の「おく」として使《つか》われている。

意味 おく。一万《いちまん》の一万倍《いちまんばい》。例 一億円《いちおくえん》

名前のよみ はかる・やす

イ-13

儀

総画15　JIS-2123　常用

音 ギ　訓 —

筆順 儀 儀 儀 儀 儀 儀 儀 儀

なりたち [形声]「義《ぎ》」が「正《ただ》しい道《みち》」の意味《いみ》と「ギ」という読《よ》み方《かた》をしめしている。手本《てほん》となる人《ひと》(イ)のりっぱなおこないを表《あらわ》す字《じ》。

意味

❶正《ただ》しいやり方《かた》。きちんとした作法《さほう》。ぎしき。例 婚礼《こんれい》の儀《ぎ》。儀式《ぎしき》・礼儀《れいぎ》

❷もけい。基準《きじゅん》をしめす器械《きかい》。例 地球儀《ちきゅうぎ》

❸こと。ことがら。例 その儀《ぎ》ばかりはお許《ゆる》しください。難儀《なんぎ》

名前のよみ ただし・のり・よし

❶〈正しいやり方〉の意味で

【°儀式】ぎしき ↓ 結婚式《けっこんしき》、葬式《そうしき》、卒業式《そつぎょうしき》、成人式《せいじんしき》などの、けじめとしてきまった仕方《しかた》によっておこなわれる行事《ぎょうじ》。例 婚礼《こんれい》の儀式《ぎしき》。

【°儀礼】ぎれい Ⅱ 世《よ》の中《なか》の約束《やくそく》ごととしてやり方《かた》や形《かたち》などのきまっている礼儀《れいぎ》。例 儀礼《ぎれい》をおもんじる。

儀が下につく熟語 上の字の働き

❶儀＝〈正しいやり方〉のとき

【礼儀《れいぎ》 律儀《りちぎ》】近《ちか》い意味《いみ》。

【婚儀《こんぎ》 葬儀《そうぎ》 祝儀《しゅうぎ》】ナニの儀式《ぎしき》か。

❷儀＝〈もけい〉のとき

【地球儀《ちきゅうぎ》 天球儀《てんきゅうぎ》】ナニの模型《もけい》か。

❸儀＝〈こと〉のとき

【難儀《なんぎ》 大儀《たいぎ》】ドノヨウナことか。

◆威儀《いぎ》 行儀《ぎょうぎ》 流儀《りゅうぎ》

ヘ-13

舗

総画15　JIS-4262　常用

音 ホ　訓 —

筆順 舗 舗 舗 舗 舗 舗 舗 舗

意味

❶しく。一面《いちめん》にしきならべる。例 舗装《ほそう》

❷みせ。例 店舗《てんぽ》

特別なよみ 老舗(しにせ)

❶〈しく〉の意味で

【°舗装】ほそう ↓ (〜する)道路《どうろ》の表面《ひょうめん》をアスファルトやコンクリートでかためること。例 アスファルトで舗装《ほそう》する。舗装道路《ほそうどうろ》

【°舗道】ほどう ↓ コンクリートやアスファルト、石《いし》などで表面《ひょうめん》をかためた道《みち》。例 石《いし》の舗道《ほどう》。

◆店舗《てんぽ》 老舗《ろうほ/しにせ》

イ-14

儒

総画16　JIS-2884　常用

音 ジュ　訓 —

筆順 儒 儒 儒 儒 儒 儒 儒 儒

なりたち [形声]「需」が「うるおす」意味《いみ》と「ジュ」という読《よ》み方《かた》をしめしている。徳《とく》をもって身《み》にうるおいのある学者《がくしゃ》(イ)を表《あらわ》す字《じ》。

意味 孔子《こうし》の教《おし》え。孔子《こうし》の教《おし》えについての学《がく》

◀次ページ

問《もん》。例 儒教《じゅきょう》

名前のよみ みち・やす・よし

【儒学】じゅがく ↓ 中国《ちゅうごく》の孔子《こうし》の教《おし》えをもとにして、人《ひと》や世《よ》の正《ただ》しいあり方《かた》を研究《けんきゅう》する学《がく》問《もん》。類 儒教《じゅきょう》

【儒教】じゅきょう ↓ 中国《ちゅうごく》の孔子《こうし》の考《かんが》えによる、人《にん》間《げん》の生《い》き方《かた》や政治《せいじ》についての教え。例 儒教《じゅきょう》の思想《しそう》。儒教《じゅきょう》の影響《えいきょう》。類 儒学《じゅがく》

【儒者】じゅしゃ ↓ 儒教《じゅきょう》について研究《けんきゅう》し、その教《おし》えをとく人《ひと》。例 儒者《じゅしゃ》の塾《じゅく》。

儒が下につく熟語 上の字の働き

【先儒《せんじゅ》 大儒《たいじゅ》】ドノヨウナ儒者《じゅしゃ》か。

償

イ-15 総画17 JIS-2994 常用
音 ショウ 訓 つぐなう

筆順： 償 償 償 償 償 償 償

なりたち [形声]「賞」が「むくいる」意味《いみ》と「ショウ」という読《よ》み方《かた》をしめしている。人《ひと》(イ)につぐないむくいることを表《あらわ》す字。

意味 つぐないをする。借《か》りたお金《かね》やうけた恩《おん》を返《かえ》す。うめあわせをする。例 罪《つみ》を償《つぐな》う。償還《しょうかん》・弁償《べんしょう》

【償還】しょうかん ↓〈─する〉借《か》りたお金《かね》を返《かえ》す。類 償却《しょうきゃく》・返却《へんきゃく》・返済《へんさい》 表現 個人《こじん》でなく、国《くに》や県《けん》、会社《かいしゃ》などについていうのがふつう。

【償却】しょうきゃく ⊠〈─する〉①借《か》りたお金《かね》などを返《かえ》す。類 返却《へんきゃく》・償還《しょうかん》 ②「減価償却《げんかしょうきゃく》」の略《りゃく》。機《き》械《かい》などは、使《つか》うことでねうちが下《さ》がるため、その分《ぶん》を費用《ひよう》としてうめ合《あ》わせすること。例 五年《ごねん》で償却《しょうきゃく》する。

償が下につく熟語 上の字の働き

【弁償《べんしょう》 賠償《ばいしょう》 報償《ほうしょう》】近《ちか》い意味《いみ》。

【代償《だいしょう》 補償《ほしょう》】ドノヨウナうめあわせか。

◆無償《むしょう》

優

イ-15 総画17 JIS-4505 教6年
音 ユウ 訓 やさしい・すぐれる

筆順 優 (白にならない はねる はらう)

なりたち [形声]「憂」が「おどる」意味《いみ》と「ユウ」という読《よ》み方《かた》をしめしている。おどりをする人《ひと》(イ)を表《あらわ》す字。

意味

❶すぐれる。まさっている。じゅうぶんである。例 優《すぐ》れた才能《さいのう》。優《ゆう》に一万人《いちまんにん》は入《はい》る会場《かいじょう》。優等《ゆうとう》 対 劣《れつ》

❷上品《じょうひん》でやさしい。ゆったりとしている。思《おも》いやりのある。例 優《ゆう》に優《やさ》しい。優《やさ》しさあふれる笑顔《えがお》。優美《ゆうび》

❸とくべつにあつかう。てあつい。例 優《ゆう》遇《ぐう》・優待《ゆうたい》

❹役者《やくしゃ》。例 俳優《はいゆう》・名優《めいゆう》・女優《じょゆう》

使い分け やさしい[易・優] ☞567ページ

名前のよみ かつ・ひろ・まさ・まさる・ゆたか

❶〈すぐれる〉の意味で

【優位】ゆうい ↓〈─な〉ほかのものよりすぐれた立《たち》場《ば》にいること。例 優位《ゆうい》に立《た》つ。優位《ゆうい》にすすめる。類 優勢《ゆうせい》・上位《じょうい》

【優越感】ゆうえつかん 自分《じぶん》が人《ひと》よりもすぐれていると、とくに思《おも》う気持《きも》ち。例 優越感《ゆうえつかん》にひたる。対 劣等感《れっとうかん》

【優秀】ゆうしゅう Ⅱ〈─な〉とくにすぐれている。例 優秀《ゆうしゅう》な成績《せいせき》。類 優良《ゆうりょう》 対 劣悪《れつあく》

【優勝】ゆうしょう ↓〈─する〉競技《きょうぎ》やコンクールなどで一位《いちい》になること。例 優勝旗《ゆうしょうき》

【優勝劣敗】ゆうしょうれっぱい 生《い》きていくためのあらそいの中《なか》で、力《ちから》やはたらきのまさっているものが勝《か》ち、おとっているものが負《ま》けること。

【優性】ゆうせい ↓ 親《おや》のもっている性質《せいしつ》のうち、遺伝《いでん》によって次《つぎ》の子《こ》どもの代《だい》にあらわれる性質《せいしつ》。例 優性遺伝《ゆうせいいでん》 対 劣性《れっせい》

【優勢】ゆうせい ↓〈─な〉相手《あいて》より力《ちから》やいきおいがまさっているようす。例 今《いま》のところ赤組《あかぐみ》が優勢《ゆうせい》だ。類 優位《ゆうい》 対 劣勢《れっせい》

【優先】ゆうせん ↓〈─する〉ほかのものよりもそのほうを先《さき》にすること。例 宿題《しゅくだい》よりもクラブ活《かつ》動《どう》を優先《ゆうせん》する毎日《まいにち》だ。対 劣後《れつご》

【優先権】ゆうせんけん ほかの者《もの》よりも先《さき》にそのことをすることができる権利《けんり》。例 優先権《ゆうせんけん》がある。優先権《ゆうせんけん》をあたえる。

【優等】ゆうとう ↓ 成績《せいせき》などが、ほかよりもとくにすぐれていること。例 優等生《ゆうとうせい》・優等賞《ゆうとうしょう》 対 劣等《れっとう》

【優良】ゆうりょう Ⅱ〈━な・━に〉品質《ひんしつ》・成績《せいせき》などが、ひじょうによい。例 健康優良児《けんこうゆうりょうじ》 類 優秀《ゆうしゅう》 対 劣悪《れつあく》

【優。劣】ゆうれつ ⇕ すぐれていることと、おとっていること。例 両《りょう》チームは実力伯仲《じつりょくはくちゅう》で、優劣《ゆうれつ》をつけがたい。類 甲乙《こうおつ》・雌雄《しゆう》

❷〈上品でやさしい〉の意味で

【優男】やさおとこ ↓ からだつきや身《み》ぶりなどがあらあらしくなく、やさしい感《かん》じのする男《おとこ》。

【優。雅】ゆうが Ⅱ〈━な・━に〉やさしく、ゆったりしていて上品《じょうひん》なこと。例 白鳥《はくちょう》の優雅《ゆうが》なすがた。礼儀《れいぎ》正《ただ》しく優雅《ゆうが》にふるまう。対 粗野《そや》

【優。柔不断】ゆうじゅうふだん 〈━な・━に〉いつまでもまよっていて、きっぱりと決《き》められないこと。判断《はんだん》がおそくたよりないようす。例 優柔不断《ゆうじゅうふだん》ではリーダーになれない。

【優美】ゆうび Ⅱ〈━な・━に〉上品《じょうひん》で美《うつく》しい。例 富士山《ふじさん》の優美《ゆうび》なすがた。

❸〈とくべつにあつかう〉の意味で

【優。遇】ゆうぐう ↓〈━する〉とくべつによいあつかいをすること。例 有力《ゆうりょく》選手《せんしゅ》を優遇《ゆうぐう》する。類 優待《ゆうたい》・厚遇《こうぐう》 対 冷遇《れいぐう》

【優待】ゆうたい ↓〈━する〉とくべつ有利《ゆうり》になるようにとりあつかうこと。手《て》あつくもてなすこと。例 映画《えいが》の優待券《ゆうたいけん》。類 優遇《ゆうぐう》

優が下につく熟語 上の字の働き

❹ 優＝〈役者〉のとき
【女優《じょゆう》 男優《だんゆう》 声優《せいゆう》 名優《めいゆう》】ドウイウ俳優《はいゆう》か。

◆俳優《はいゆう》

2画 儿 〔ひとあし〕〔にんにょう〕の部

人《ひと》が立《た》ったり座《すわ》ったりしているすがたをえがいた象形《しょうけい》である「儿《ひとあし》」をもとにして作《つく》られ、おもに人《ひと》の行動《こうどう》にかかわることを表《あらわ》す字《じ》と、「儿《ひとあし》」の形《かたち》がめやすとなっている字《じ》を集《あつ》めてあります。

この部首の字

2 允……107	元……107	3 兄……108		
4 光……109	充……109	先……110	兆……112	
5 克……112	児……112	兎……113	売……113	
6 尭……113	免……113	8 党……114	見→見 916	
虎→虍 892	亮→亠 52	晃→日 572	鬼→鬼 1061	

允

ル−2 総画4 JIS-1684 人名

音 イン 訓 ―

意味
❶まこと。まことに。
❷ゆるす。相手《あいて》の意見《いけん》を聞《き》き入《い》れる。例 允可《いんか》

名前のよみ すけ・ただ・ちか・まこと・まさ・みつ・よし

元

ル−2 総画4 JIS-2421 教2年

音 ゲン・ガン 訓 もと

筆順 元 元 元 元 (ながく はねる おらない)

なりたち 【指事】人《ひと》（儿）に対《たい》してそのあたまの部分《ぶぶん》を「二」のしるしで指《さ》しめして、「あたま」を表《あらわ》している字《じ》。

意味
❶おおもと。はじめ。例 元《もと》も子《こ》もない。元祖《がんそ》・元素《げんそ》・還元《かんげん》
❷かしら。おさ。例 元首《げんしゅ》・家元《いえもと》
❸年号《ねんごう》。年代《ねんだい》の名前《なまえ》。例 元号《げんごう》・改元《かいげん》

使い分け もと［下・元・本・基］☞9ページ

名前のよみ あさ・ちか・つかさ・はる・まさ・もと・ゆき・よし

❶〈おおもと〉の意味で

【元金】がんきん|もときん ↓ ①利息《りそく》を生《う》み出《だ》すもとになるお金《かね》。例 元金《がんきん|もときん》が少《すく》ないから利子《りし》も少《すく》ない。対 利息《りそく》・利子《りし》 ②事業《じぎょう》をはじめるときの、もとになるお金《かね》。類 元本《がんぽん》・元手《もとで》

【元日】がんじつ ↓ 一年《いちねん》のはじめの日《ひ》。一月一日《いちがつついたち》。例 元日《がんじつ》を雑煮《ぞうに》でいわう。類 元旦《がんたん》

【元祖】がんそ Ⅱ ①代々《だいだい》つづいている家《いえ》の最初《さいしょ》の人《ひと》。類 祖先《そせん》 ②最初《さいしょ》にはじめた人《ひと》。例 元祖《がんそ》草《くさ》だんごの店《みせ》。類 創始者《そうししゃ》・始祖《しそ》

【元。旦】がんたん ↓ 一年《いちねん》の最初《さいしょ》の日《ひ》、一月一日《いちがつついたち》の朝《あさ》。例 一年《いちねん》の計《けい》は元旦《がんたん》にあり。類 元日《がんじつ》 表現 年賀《ねんが》状《じょう》の日付《ひづけ》は「元旦《がんたん》」だけでよい。

【元年】がんねん ↓ ある年号《ねんごう》を使《つか》いはじめた年《とし》。例 改元《かいげん》で、昭《しょう》和《わ》六十《ろくじゅう》四年《よねん》が平成元年《へいせいがんねん》になった。表現「J《ジェー》リーグ元年《がんねん》」などの言《い》い方《かた》もできる。

【元本】がんぽん Ⅱ ①事業《じぎょう》をはじめるためのお金《かね》。もとで。例 開業《かいぎょう》の元本《がんぽん》。類 元金《がんきん》 ②もうけ

前ページ ▶ 允 元

を生《う》みだすもとになる、土地《とち》・建物《たてもの》・株券《かぶけん》などの財産《ざいさん》。例 元本保証《がんぽんほしょう》

【元来】《がんらい》 [⊠] ずっとはじめから。もともと。例 かれは元来動物《がんらいどうぶつ》ずきな子《こ》だった。類 本来《ほんらい》

【元利】《がんり》 [⇕] 元金《がんきん》と利息《りそく》。例 元利合計《がんりごうけい》

【元気】《げんき》 [↓] ①なんでもできそうな、心《こころ》のいきおい。例 元気《げんき》いっぱい。元気《げんき》を出《だ》す。類 気力《きりょく》・活気《かっき》 ②〈[-]な・[-]に〉健康《けんこう》である。例 お元気《げんき》ですか。類 達者《たっしゃ》

【元。凶】《げんきょう》 [↓] わるいことのおおもとの原因《げんいん》。例 大気汚染《たいきおせん》の元凶《げんきょう》をつきとめる。☞❷

【元素】《げんそ》 [II] 物《もの》を化学的《かがくてき》にそれ以上《いじょう》分《わ》けられないというところまで分《わ》けた一《ひと》つ一《ひと》つ。例 酸素《さんそ》と水素《すいそ》、両方《りょうほう》の元素《げんそ》が合《あ》わさると水《みず》になる。知識 原子《げんし》の種類《しゅるい》は、炭素《たんそ》・水素《すいそ》・酸素《さんそ》・金《きん》・銀《ぎん》・鉄《てつ》など一〇〇種《しゅ》あまりで、これら一《ひと》つ一《ひと》つを元素《げんそ》とよぶ。

【元歌】《もとうた》 [↓] 替《か》え歌《うた》のもともとの歌《うた》。表記「本歌」とも書《か》く。

【元。栓】《もとせん》 [↓] ガス管《かん》や水道管《すいどうかん》のおおもとのところのせん。例 ガスの元栓《もとせん》をしめる。

【元手】《もとで》 [↓] 商売《しょうばい》をはじめるのにいるお金《かね》。例 商売《しょうばい》をしたくても元手《もとで》がない。類 元金《がんきん》・資金《しきん》・資本《しほん》 表現 お金《かね》のことだけでなく、「人間《にんげん》、なにをするにも体《からだ》が元手《もとで》だ」のように言《い》うことができる。

【元値】《もとね》 [↓] 商品《しょうひん》を買《か》い入《い》れたときのねだん。例 元値《もとね》を割《わ》る。類 原価《げんか》 対 売値《うりね》

❷〈かしら〉の意味で

【元。凶】《げんきょう》 [↓] 悪事《あくじ》の中心人物《ちゅうしんじんぶつ》。例 強盗団《ごうとうだん》の元凶《げんきょう》をとらえる。☞❶

【元首】《げんしゅ》 [↓] 大統領《だいとうりょう》や君主《くんしゅ》など国《くに》を代表《だいひょう》する人《ひと》。例 一国《いっこく》の元首《げんしゅ》をむかえる。

【元服】《げんぷく》 [↓] 〈—する〉男子《だんし》が一人前《いちにんまえ》のおとなになったことを社会《しゃかい》がみとめる儀式《ぎしき》。知識 むかし、公家《くげ》や武家《ぶけ》でおこなわれ、十一歳《じゅういっさい》から十六歳《ろくさい》ごろに、衣服《いふく》をかえ、髪《かみ》をゆい、冠《かんむり》をかぶるなどした。今《いま》の成人式《せいじんしき》にあたる。

❸〈年号〉の意味で

【元号】《げんごう》 [↓] 明治《めいじ》・昭和《しょうわ》・平成《へいせい》のような、その時代《じだい》につける名前《なまえ》。類 年号《ねんごう》 知識 むかしは、なにかあるたびに元号《げんごう》をかえたが、明治《めいじ》からは天皇一代《てんのういちだい》に一《ひと》つの元号《げんごう》（一世一元《いっせいいちげん》）と定《さだ》まった。

元が下につく熟語 上の字の働き

❶元＝〈おおもと〉のとき
【火元《ひもと》 湯元《ゆもと》 身元《みもと》 親元《おやもと》 国元《くにもと》 地元《じもと》 手元《てもと》 足元《あしもと》 胸元《むなもと》 根元《ねもと》 次元《じげん》 単元《たんげん》 中元《ちゅうげん》】ドコ・ナニの元《もと》か。
【還元《かんげん》 復元《ふくげん》】元《もと》にドウナルのか。

❷元＝〈かしら〉のとき
【家元《いえもと》 網元《あみもと》 窯元《かまもと》】ナニのかしらか。

◆ 改元《かいげん》 紀元《きげん》

ル-3

兄

総画5
JIS-2327
教2年
訓 あに
音 ケイ・キョウ

筆順 兄 兄 兄 兄 兄（はねる・おらない）

なりたち
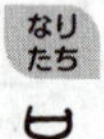
【会意】口《くち》と人《ひと》（儿）とを合《あ》わせて、「口《くち》で指図《さしず》をする年長者《ねんちょうしゃ》」を表《あらわ》している字《じ》。

意味
❶あに。自分《じぶん》より年上《としうえ》のきょうだい。例 兄《けい》たりがたく弟《てい》たりがたし（どちらもすぐれている）。兄《あに》と弟《おとうと》。兄弟《きょうだい》・長兄《ちょうけい》 対 弟《てい》
❷年上《としうえ》の人《ひと》や友人《ゆうじん》をうやまっていうことば。例 諸兄《しょけい》

注意するよみ キョウ…例 兄弟《きょうだい》
特別なよみ 兄さん（にいさん）
名前のよみ え・しげ・ただ・よし

❶〈あに〉の意味で

【兄弟子】《あにでし》 自分《じぶん》より前《まえ》から師匠《ししょう》の門弟《もんてい》であった人《ひと》。例 兄弟子《あにでし》に聞《き》く。

【兄弟】《きょうだい》 [⇕] ①父母《ちちはは》、または父《ちち》か母《はは》のどちらかがおなじである子《こ》どもどうし。②血《ち》のつながりはなくても、おなじような関係《かんけい》をもつことになった人《ひと》どうし、または、兄弟《きょうだい》とおなじくらい親《した》しく思《おも》う者《もの》どうし。例 義理《ぎり》の兄弟《きょうだい》。兄弟《きょうだい》のちぎりを結《むす》ぶ。表記「きょうだい」とかなで書《か》くこともある。

兄が下につく熟語 上の字の働き

❶兄＝〈あに〉のとき
【義兄《ぎけい》 実兄《じっけい》 長兄《ちょうけい》】ドウイウ関係《かんけい》の兄《あに》か。

❷兄＝〈年上の人や友人をうやまっていうこと

ば〉のとき
【諸兄《しょけい》 大兄《たいけい》】ドンナ年長者《ねんちょうしゃ》か。
◆貴兄《きけい》 父兄《ふけい》

ル-4
光
総画6
JIS-2487
教2年
訓 音 コウ
ひかる・ひかり

筆順 光 光 光 光 光 光（たかく・はねる・おらない）

なりたち  【会意】人《ひと》（儿）と頭《あたま》の上《うえ》にかざしている「火《ひ》」とを合《あ》わせて、明《あか》るくてらす「ひかり」を表《あらわ》している字《じ》。

意味
❶ひかり。ひかる。かがやきてらす。例 星《ほし》が光《ひか》る。太陽《たいよう》の光《ひかり》。日光《にっこう》
❷けしき。美《うつく》しい景色《けしき》。例 光景《こうけい》・観光《かんこう》
❸ほまれ。かがやかしくすばらしい。例 光栄《こうえい》・威光《いこう》
❹とき。時間《じかん》。例 光陰《こういん》・消光《しょうこう》

名前のよみ あき・あきら・かね・さかえ・てる・ひこ・ひろ・ひろし・みつ・みつる

❶〈ひかり〉の意味で
【光《こう》。輝《き》】[‖] 強《つよ》い光《ひかり》や、かがやき。☞❸
【光《こう》源《げん》】[↓] 光《ひかり》の出《で》どころ。
【光《こう》合成《ごうせい》】葉緑素《ようりょくそ》をもった植物《しょくぶつ》が、太陽《たいよう》の光《ひかり》のエネルギーを利用《りよう》して、二酸化炭素《にさんかたんそ》と水《みず》から炭水化物《たんすいかぶつ》をつくるはたらき。
【光《こう》。彩《さい》】[‖] きらきらと美《うつく》しくかがやく光《ひかり》。例 光彩《こうさい》をはなつ。表現 美《うつく》しいものやすぐれた才能《さいのう》などをほめるときに使《つか》うことが多《おお》い。
【光《こう》線《せん》】[↓] すじのようにさす光《ひかり》。例 レーザー光線《こうせん》
【光《こう》。沢《たく》】[‖] 表面《ひょうめん》に光《ひか》って見《み》えるかがやき。つや。例 石《いし》をみがいて光沢《こうたく》を出《だ》す。
【光《こう》度《ど》】[↓] 物体《ぶったい》から出《で》ている光《ひかり》の強《つよ》さ。知識 たとえば、星《ほし》の光度《こうど》は、測定《そくてい》して「カンデラ」で表《あらわ》す。一方《いっぽう》、光《ひかり》を受《う》けているものの表面《ひょうめん》の明《あか》るさは「照度《しょうど》」といって「ルクス」という単位《たんい》で表《あらわ》す。
【光熱費《こうねつひ》】光《ひかり》や熱《ねつ》を得《え》るためにかかるお金《かね》。電気代《でんきだい》やガス代《だい》など。
【光《こう》年《ねん》】[↓] 天文学《てんもんがく》での距離《きょり》の単位《たんい》。一光年《いちこうねん》は、光《ひかり》が一年間《いちねんかん》に進《すす》む距離《きょり》。例 地球《ちきゅう》から織女《しょくじょ》星《せい》までは、約二十六光年《やくにじゅうろっこうねん》。
【光《こう》明《みょう》】[‖] ①明《あか》るい光《ひかり》。例 光明《こうみょう》につつまれた仏《ほとけ》のすがた。②苦《くる》しいなかで見《み》つけた、明《あか》るい希望《きぼう》。例 ひとすじの光明《こうみょう》がさす。

❷〈けしき〉の意味で
【光《こう》景《けい》】[‖] 景色《けしき》やようす。例 今《いま》でもあのときの光景《こうけい》が目《め》にうかぶ。類 情景《じょうけい》・風景《ふうけい》

❸〈ほまれ〉の意味で
【光《こう》栄《えい》】[‖]〈―な〉〈―に〉ほめられて、ほこりに思《おも》うこと。ほまれ。例 身《み》にあまる光栄《こうえい》。類 名誉《めいよ》
【光《こう》。輝《き》】[‖] かがやかしさ。例 光輝《こうき》ある賞《しょう》。
☞❶

❹〈とき〉の意味で
【光《こう》。陰《いん》】[‖] 月日《つきひ》、年月《ねんげつ》などの時間《じかん》の流《なが》れ。例 光陰《こういん》をおしむ。
【光。陰矢のごとし】《こういんやのごとし》 月日《つきひ》、時間《じかん》のすぎゆくことが早《はや》いたとえ。参考「光」は、太陽《たいよう》または昼《ひる》、「陰」は、月《つき》または夜《よる》。

光が下につく熟語 上の字の働き
❶光＝〈ひかり〉のとき
【日光《にっこう》 陽光《ようこう》 月光《げっこう》 電光《でんこう》 眼光《がんこう》】ナニからの光《ひかり》か。
【脚光《きゃっこう》 逆光《ぎゃっこう》 極光《きょっこう》 後光《ごこう》】ドコからの光《ひかり》か。
【感光《かんこう》 採光《さいこう》 発光《はっこう》】光《ひかり》をドウスルか。
◆威光《いこう》 栄光《えいこう》 観光《かんこう》 風光《ふうこう》

ル-4
充
総画6
JIS-2928
常用
訓 音 ジュウ
あてる・み-ちる

筆順 充 充 充 充 充 充

なりたち  【形声】「𠫓《イク》」は「育」のもとの字《じ》「育」を略《りゃく》した形《かたち》で、「育《そだ》つ」意味《いみ》と、「ジュウ・ジュウ」とかわって読《よ》み方《かた》をしめしている。「子《こ》ども（儿）のからだがのびる」ことを表《あらわ》している字《じ》。

意味
❶あてる。あてはめる。例 余《あま》った時間《じかん》を読書《どくしょ》に充《あ》てる。充当《じゅうとう》・補充《ほじゅう》
❷みちる。みたす。いっぱいになる。例 充実《じゅうじつ》・拡充《かくじゅう》

使い分け あてる［当・充・宛］☞339ページ

名前のよみ あつ・たかし・まこと・み・みち・みつ・みつる

◦学習漢字でない常用漢字　▲常用漢字表にない音訓　◆常用漢字でない漢字

❶〈あてる〉の意味で

【°充当《じゅうとう》】Ⅱ〈—する〉お金《かね》や人《ひと》を、たりないところにあてはめて使《つか》うこと。例あまった予算《よさん》をクラブの活動費《かつどうひ》に充当《じゅうとう》する。

❷〈みちる〉の意味で

【°充血《じゅうけつ》】▲〈—する〉血管《けっかん》の一《いっ》か所《しょ》に血《ち》が集《あつ》まること。例目《め》が充血《じゅうけつ》する。表現 動脈《どうみゃく》では「充血《じゅうけつ》」を使《つか》い、静脈《じょうみゃく》では「うっ血《けつ》」という。

【°充実《じゅうじつ》】Ⅱ〈—する〉内容《ないよう》がじゅうぶんにそなわっている。例勉強《べんきょう》にスポーツに充実《じゅうじつ》した毎日《まいにち》をすごす。

【°充足《じゅうそく》】↓〈—する〉必要《ひつよう》をみたすこと。例この計画《けいかく》では、みんなの要望《ようぼう》を充足《じゅうそく》できない。類満足《まんぞく》

【°充電《じゅうでん》】▲〈—する〉電池《でんち》に電気《でんき》をためこむこと。例バッテリーに充電《じゅうでん》する。対放電《ほうでん》

【°充分《じゅうぶん》】↓〈—に〉〈—な〉たっぷりある。例予備《よび》はそれだけあれば充分《じゅうぶん》だ。類存分《ぞんぶん》 表記「十分」とも書《か》く。

【°充満《じゅうまん》】Ⅱ〈—する〉いっぱいにつまっていること。例もれたガスがへやに充満《じゅうまん》している。

ル-4

先

総画6

JIS-3272

教1年

訓 音 セン

さき・ま-ず

筆順

前ページ ▶ 光 充

なりたち  [会意]「足《あし》」を表《あらわ》す「⺧→⺧」と「人《ひと》」を表《あらわ》す「儿」とからできた字《じ》。人《ひと》のまえに足《あし》があることから、「さき」として使《つか》われている。

意味

❶位置《いち》の、さき。進《すす》んでいくいちばん前《まえ》。のびたもののいちばんはし。例先頭《せんとう》・旅先《たびさき》 対後《ご》

❷時間《じかん》や順序《じゅんじょ》の、さき。どちら(どれ)がさきかあとかというときの、はやいほう。例先《さき》をあらそう。先着《せんちゃく》 対後《ご》

❸今《いま》より前《まえ》のとき。すぎ去《さ》った時《とき》。例先《せん》から知《し》っている。先月《せんげつ》

❹今《いま》よりのちのとき。これからの時《とき》。将《しょう》来《らい》。例先見《せんけん》

❺相手《あいて》。相手《あいて》のがわ。相手《あいて》の人《ひと》。例先様《さきさま》

名前のよみ すすむ・ひろ・ゆき

❶〈位置の、さき〉の意味で

【先先《さきざき》】Ⅱ出《で》かけた場所《ばしょ》のどこでも。例行《い》く先々《さきざき》で友達《ともだち》ができる。☞❹

【先棒《さきぼう》】↓ぼうを使《つか》ってふたりで荷物《にもつ》をかつぐときの前《まえ》のほう。表現「お先棒《さきぼう》をかつぐ」は、人《ひと》の手先《てさき》になって動《うご》くこと。

【先。鋭《せんえい》】▽〈—に〉〈—な〉考《かんが》え方《かた》やすることが、せっかちで、はげしい。類過激《かげき》 参考 もとは、刃《は》物《もの》の先《さき》がするどくとがっていること。

【先。陣《せんじん》】↓大将《たいしょう》のいる本隊《ほんたい》の前《まえ》にいる部《ぶ》隊《たい》。例先陣《せんじん》をつとめる。類先鋒《せんぽう》 対後陣《こうじん／ごじん》 ☞❷

【先達《せんだつ／せんだち》】↓先《さき》に立《た》って案内《あんない》をする人《ひと》。例先達《せんだつ／せんだち》をつとめる。☞❷

【先。端《せんたん》】Ⅱ細長《ほそなが》いもののいちばんはしのところ。例さおの先端《せんたん》にトンボがとまっている。類末端《まったん》・突端《とったん》 ☞❷

【先頭《せんとう》】Ⅱ列《れつ》のいちばん前《まえ》。例先頭《せんとう》に立《た》つ。対後尾《こうび》

【先導《せんどう》】↓〈—する〉案内《あんない》のために先《さき》に立《た》って進《すす》むこと。例先導《せんどう》をつとめる。先導車《せんどうしゃ》

❷〈時間や順序の、さき〉の意味で

【先客《せんきゃく》】↓先《さき》に来《き》ている客《きゃく》。例先客《せんきゃく》あり。

【先。駆《せんく》】↓〈—する〉まっさきに新《あたら》しいことをはじめること。さきがけ。草分《くさわ》け。例先駆者《せんくしゃ》

【先決《せんけつ》】↓〈—する〉まず決《き》めるべきこと。例先決問題《せんけつもんだい》。会場《かいじょう》よりも日取《ひど》りが先決《せんけつ》だ。

【先行《せんこう》】↓〈—する〉①ほかより先《さき》を行《い》く。例時代《じだい》に先行《せんこう》する。対後続《こうぞく》 ②ほかはさておき、それだけが進《すす》む。例理論《りろん》が先行《せんこう》して現実《げんじつ》からはなれる。③それよりも前《まえ》におこなわれていること。例先行研究《せんこうけんきゅう》

【先。攻《せんこう》】↓〈—する〉順番《じゅんばん》にせめたりまもったりするスポーツで、先《さき》のせめをする。対後攻《こうこう》

【先取《せんしゅ》】↓〈—する〉スポーツで、先《さき》に点《てん》をとること。例三点《さんてん》を先取《せんしゅ》する。先取点《せんしゅてん》

【先住《せんじゅう》】↓〈—する〉前《まえ》からその土地《とち》に住《す》んでいること。例先住民族《せんじゅうみんぞく》

【先進《せんしん》】↓文化《ぶんか》や技術《ぎじゅつ》が進《すす》んでいること。例先進《せんしん》に学《まな》ぶ。

【先◦陣】《せんじん》[↓]まっさきにせめこむこと。例先《せん》陣《じん》あらそい ☞❶

【先生】《せんせい》[↓]①学校《がっこう》などで、学問《がくもん》や技術《ぎじゅつ》を教《おし》えたり、生《い》き方《かた》を指導《しどう》したりする人《ひと》。例先生《せんせい》に相談《そうだん》する。類教師《きょうし》・教員《きょういん》・師匠《ししょう》・師範《しはん》 対児童《じどう》・生徒《せいと》・学生《がくせい》 ②教師《きょうし》・医師《いし》・芸術家《げいじゅつか》・議《ぎ》員《いん》・弁護士《べんごし》・芸《げい》ごとの師匠《ししょう》などをうやまってよぶときのことば。例「先生《せんせい》、お願《ねが》いします」

【先制】《せんせい》[↓]〈—する〉先《さき》にせめて、相手《あいて》より有利《ゆうり》になること。例先制攻撃《せんせいこうげき》をかける。

【先祖】《せんぞ》[↓]①血《ち》すじをさかのぼっていったいちばんはじめの人《ひと》。例先祖《せんぞ》が開拓《かいたく》した土《と》地《ち》。類祖先《そせん》 対子孫《しそん》 ②おなじ血《ち》すじの、これまでの代々《だいだい》の人《ひと》びと。例先祖《せんぞ》の墓《はか》をまもる。類祖先《そせん》 対子孫《しそん》

【先達】《せんだつ|せんだち》[↓]学問《がくもん》や芸《げい》ごとなどで、すでに力《ちから》をつけていて、あとの人《ひと》たちを教《おし》えみちびく人《ひと》。例先達《せんだつ|せんだち》の教《おし》えにしたがう。☞❶

【先◦端】《せんたん》[‖]世《よ》の中《なか》の動《うご》きのいちばん進《すす》んだところ。例時代《じだい》の先端《せんたん》をいく。☞❶

【先着】《せんちゃく》[↓]〈—する〉先《さき》に着《つ》くこと。先《さき》に着《つ》いた人《ひと》。例先着順《せんちゃくじゅん》・先着百名様《せんちゃくひゃくめいさま》

【先手】《せんて》[↓]①碁《ご》や将棋《しょうぎ》の順番《じゅんばん》で先《さき》に石《いし》を打《う》ったり、こまを進《すす》めたりするほう。類先番《せんばん》 対後手《ごて》 ②先《さき》にしかけること。例先手《せんて》を打《う》つ。先手必勝《せんてひっしょう》 対後手《ごて》

【先天的】《せんてんてき》〈—な〉〈—に〉生《う》まれたときすでに、そうなっていること。例先天的《せんてんてき》にそなわった才《さい》能《のう》。対後天的《こうてんてき》

【先入観】《せんにゅうかん》その時《とき》以前《いぜん》、すでにできてしまっている見方《みかた》、考《かんが》え方《かた》。例先入観《せんにゅうかん》なしで見《み》てほしい。類先入主《せんにゅうしゅ》

【先◦輩】《せんぱい》[↓]①おなじ学校《がっこう》や会社《かいしゃ》に、自分《じぶん》よりも先《さき》に入《はい》った人《ひと》。おなじ学校《がっこう》を先《さき》に卒業《そつぎょう》した人《ひと》。対後輩《こうはい》 ②学問《がくもん》・技芸《ぎげい》・年齢《ねんれい》・地位《ちい》などが自分《じぶん》より上《うえ》の人《ひと》。例人生《じんせい》の先輩《せんぱい》。

【先発】《せんぱつ》[↓]〈—する〉先《さき》に出発《しゅっぱつ》したりはじめたりすること。例先発投手《せんぱつとうしゅ》 対後発《こうはつ》

【先◆鞭】《せんべん》[↓]だれよりも先《さき》に、それにとりかかること。例この分野《ぶんや》に先鞭《せんべん》をつけたのがかれである。類先駆《せんく》

【先約】《せんやく》[↓]①前《まえ》からの約束《やくそく》。類前約《ぜんやく》 ②先《さき》にしてあった約束《やくそく》。例先約《せんやく》があって、行《い》けない。

❸〈今より前のとき〉の意味で

【先◦頃】《さきごろ》[↓]少《すこ》し前《まえ》のこと。このあいだ。例先《さき》ごろ来日《らいにち》された大使《たいし》。類先日《せんじつ》・過日《かじつ》 表現少《すこ》しあらたまったときに使《つか》うことば。

【先程】《さきほど》[↓]少《すこ》し前《まえ》。さっき。例先《さき》ほどは失《しっ》礼《れい》いたしました。類先刻《せんこく》 対後程《のちほど》 表現少《すこ》しあらたまったときに使《つか》うことば。

【先月】《せんげつ》[↓]今《いま》の月《つき》のすぐ前《まえ》の月《つき》。関連先月《せんげつ》・今月《こんげつ》・来月《らいげつ》 表現「先月《せんげつ》」は今月《こんげつ》をもとにしていうことば。ある月《つき》をもとにしていうなら、「前《ぜん》月《げつ》」。

【先刻】《せんこく》[↓]①少《すこ》し前《まえ》。さっき。例先刻《せんこく》、お電話《でんわ》がありました。類先程《さきほど》 対後刻《ごこく》 ②前々《まえまえ》から。とっくに。例先刻承知《せんこくしょうち》

【先日】《せんじつ》[↓]きょうより、少《すこ》し前《まえ》の日《ひ》。例先《せん》日《じつ》は、おせわになりました。類過日《かじつ》

【先週】《せんしゅう》[↓]今《いま》の週《しゅう》のすぐ前《まえ》の週《しゅう》。例先週《せんしゅう》の火曜日《かようび》。関連先週《せんしゅう》・今週《こんしゅう》・来週《らいしゅう》

【先人】《せんじん》[↓]むかしの人《ひと》。例先人《せんじん》の書《しょ》を読《よ》む。対後人《こうじん》

【先代】《せんだい》[↓]今《いま》より一《ひと》つ前《まえ》の代《だい》の人《ひと》。例先代《せんだい》の社長《しゃちょう》。先代《せんだい》にもまさる名優《めいゆう》。対当代《とうだい》・当主《とうしゅ》

【先年】《せんねん》[↓]何年《なんねん》か前《まえ》の年《とし》。例先年《せんねん》、引《ひ》っ越《こ》しました。類前年《ぜんねん》 対後年《こうねん》 表現「先年《せんねん》」は今《いま》よりも前《まえ》のある年《とし》をいい、「前年《ぜんねん》」は話《はなし》に出《で》ている年《とし》の前《まえ》の年《とし》をいう。

【先◦般】《せんぱん》[↓]このあいだ。例先般《せんぱん》の件《けん》、承知《しょうち》いたしました。類過日《かじつ》 表現あらたまった言《い》い方《かた》。

【先例】《せんれい》[↓]前《まえ》からのしきたり。あとの手本《てほん》となる例《れい》。例先例《せんれい》にならう。類前例《ぜんれい》

❹〈今よりのちのとき〉の意味で

【先先】《さきざき》[‖]これから先《さき》。例先々《さきざき》のことが心《しん》配《ぱい》だ。類将来《しょうらい》 ☞❶

【先見】《せんけん》[↓]これからのことを前《まえ》もって見通《みとお》すこと。例先見《せんけん》の明《めい》。

❺〈相手〉の意味で

【先様】《さきさま》[◎]相手《あいて》のお方《かた》。あちらさま。例先《さき》様《さま》にもうかがってみます。類先方《せんぽう》 表現今《いま》、面《めん》とむかっている相手《あいて》ではなく、話《はなし》の中《なか》に出《で》

てくる、交渉《こうしょう》や相談《そうだん》などの相手《あいて》を言《い》う。

【先方《せんぽう》】○ 相手《あいて》のがわ。例 先方《せんぽう》のつごうを聞《き》く。類 先様《さきさま》 対 当方《とうほう》

先が下につく熟語 上の字の働き

❶先＝〈位置の、さき〉のとき
【口先《くちさき》 舌先《したさき》 目先《めさき》 鼻先《はなさき》 手先《てさき》 小手先《こてさき》 筒先《つつさき》 矛先《ほこさき》 軒先《のきさき》 庭先《にわさき》】ナニの先《さき》か。
【旅先《たびさき》 出先《でさき》】ナニゴトの先《さき》か。

❷先＝〈時間や順序の、さき〉のとき
【優先《ゆうせん》 率先《そっせん》】ドノヨウニ先《さき》にするか。

◆後先《あとさき》 機先《きせん》 祖先《そせん》 春先《はるさき》

兆

儿-4　総画6　JIS-3591　教4年
音 チョウ
訓 きざす・きざし

筆順 兆 兆 兆 兆 兆 兆（はねる・おらない）

なりたち 【象形】うらないのため、動物《どうぶつ》のほねやかめのこうらを焼《や》いてできたひびわれの形《かたち》をえがいた字《じ》。

意味
❶きざし。前《まえ》ぶれ。ものごとが起《お》こりそうなしるし。例 春《はる》が兆《きざ》す。景気回復《けいきかいふく》の兆《きざ》し。兆候《ちょうこう》・前兆《ぜんちょう》
❷数《かず》の単位《たんい》。億《おく》の一万倍《いちまんばい》。例 万《まん》・億《おく》・兆《ちょう》。一兆円《いっちょうえん》

名前のよみ よし

❶〈きざし〉の意味で
【兆候《ちょうこう》】Ⅱ なにかが起《お》こる前《まえ》ぶれと思《おも》われるようなものごと。きざし。例 回復《かいふく》の兆候《ちょうこう》。表記「徴候」とも書《か》く。

兆が下につく熟語 上の字の働き

❶兆＝〈きざし〉のとき
【吉兆《きっちょう》 前兆《ぜんちょう》】ドノヨウナ兆《きざ》しか。

克

儿-5　総画7　JIS-2578　常用
音 コク
訓 か-つ

筆順 克 克 克 克 克 克 克

なりたち 【会意】人《ひと》(儿)とかぶとをつけた頭《あたま》(古)とを合《あ》わせて、重《おも》さにたえる意味《いみ》を表《あらわ》す字《じ》。

意味
❶うちかつ。力《ちから》をつくしてやりぬく。たえる。例 克服《こくふく》
❷じゅうぶんに。よく。うまく。例 克明《こくめい》

発音あんない コク→コッ…例 克己《こっき》

名前のよみ かつ・かつみ・すぐる・なり・まさる・よし

❶〈うちかつ〉の意味で
【克服《こくふく》】↓ (―する)がんばってつらいことを乗《の》りこえる。例 大《おお》きな困難《こんなん》を克服《こくふく》する。類 征服《せいふく》
【克己《こっき》】▲ (―する)自分《じぶん》のわがままな気持《きも》ちなどをおさえること。例 克己心《こっきしん》

❷〈じゅうぶんに〉の意味で
【克明《こくめい》】↓ (―に)ていねいでくわしく、はっきりしている。例 克明《こくめい》に報告《ほうこく》する。

児

儿-5　総画7　JIS-2789　教4年
音 ジ・ニ
訓 こ
［兒］

筆順 児 児 児 児 児 児 児（おらない・はねる）

なりたち 【象形】もとの字《じ》は「兒」で、頭《あたま》のほねのかたまっていないおさない子《こ》どもをえがいた字《じ》。

意味
❶おさない子《こ》ども。小《ちい》さい子《こ》。わらべ。例 児童《じどう》・育児《いくじ》
❷親《おや》にとってわが子《こ》。例 愛児《あいじ》
❸わかもの。わかい男《おとこ》。例 健児《けんじ》・球児《きゅうじ》

注意するよみ ニ…例 小児科《しょうにか》
特別なよみ 稚児(ちご)
県名 鹿児島(かごしま)
名前のよみ る

❶〈おさない子ども〉の意味で
【児戯《じぎ》】↓ 子《こ》どものあそび。例 児戯《じぎ》に等《ひと》しい。表現 考《かんが》えがあさくてなんの役《やく》にも立《た》たないことを、ばかにして言《い》うときに使《つか》う。
【児童《じどう》】Ⅱ 子《こ》ども。とくに小学校《しょうがっこう》で学《まな》んでいる子《こ》ども。例 児童文学《じどうぶんがく》・児童公園《じどうこうえん》 類 学童《がくどう》
知識 中学生《ちゅうがくせい》・高校生《こうこうせい》は生徒《せいと》、大学生《だいがくせい》などは学生《がくせい》という。

児が下につく熟語 上の字の働き

❶児＝〈おさない子ども〉のとき
【男児《だんじ》 女児《じょじ》 胎児《たいじ》 乳児《にゅうじ》 幼児《ようじ》 小児《しょうに》】ドノヨ

ウナ子《こ》どもか。

❷ 児＝〈親にとってわが子〉のとき

【愛児《あいじ》 遺児《いじ》】ドウシテイル・ドウナッテイル子《こ》どもか。

◆ 育児《いくじ》 園児《えんじ》 健児《けんじ》 孤児《こじ》

ル−5

【兎】

総画7 JIS-3738 人名

音 ト 訓 うさぎ

意味

❶うさぎ。耳《みみ》が長《なが》くて、しっぽの短《みじか》い小《しょう》動物《どうぶつ》。例 白兎《しろうさぎ》・脱兎《だっと》

❷《その他《た》》例 兎角《とかく》

参考「兔」がもとの字《じ》。

ル−5

【売】

総画7 JIS-3968 教2年

音 バイ 訓 うる・うれる

［賣］

筆順

なりたち

【形声】もとの字《じ》は、「賣」。「買」は物《もの》をお金《かね》にとりかえる意味《いみ》と、「バイ」という読《よ》み方《かた》をしめしている。もとと「士」の部分《ぶぶん》は「出」で、「物《もの》をうりに出《だ》してお金《かね》にかえる」ことを表《あらわ》す字《じ》。

意味

❶うる。お金《かね》と交換《こうかん》して品物《しなもの》をあたえる。例 品物《しなもの》を売《う》る。若《わか》さを売《う》りにする。売店《ばいてん》・商売《しょうばい》 対 買《ばい》

❷ひろめる。名《な》が知《し》られるようにする。例 売《う》れない歌手《かしゅ》。売《う》れっ子《こ》・売名《ばいめい》

❸うらぎる。利益《りえき》のためにうらぎる。例 売国《ばいこく》

---

❶〈うる〉の意味で

【売値《うりね》】↓ 品物《しなもの》を売《う》るときのねだん。例 売《うり》値《ね》を決《き》める。類 売価《ばいか》 対 元値《もとね》・買値《かいね》・買価《ばいか》

【売。却《ばいきゃく》】⊠〈―する〉売《う》りはらってしまうこと。例 家《いえ》を売却《ばいきゃく》する。対 購入《こうにゅう》

【売店《ばいてん》】↓ 駅《えき》や劇場《げきじょう》などの中《なか》で、新聞《しんぶん》や雑《ざっ》誌《し》・日用品《にちようひん》などを売《う》る小《ちい》さな店《みせ》。例 駅《えき》の売店《ばいてん》で弁当《べんとう》を買《か》う。

【売買《ばいばい》】⇕〈―する〉ものを売《う》ったり買《か》ったりすること。例 土地《とち》の売買《ばいばい》に手《て》を出《だ》す。

【売約《ばいやく》】↓〈―する〉売《う》る約束《やくそく》をすること。例 この絵《え》は売約済《ばいやくず》みです。

【売薬《ばいやく》】↓ 薬屋《くすりや》で売《う》っている薬《くすり》。例 売薬《ばいやく》で間《ま》に合《あ》わせる。

❷〈ひろめる〉の意味で

【売名《ばいめい》】▲ 自分《じぶん》を有名《ゆうめい》にすることが目的《もくてき》で、なにかすること。例 売名行為《ばいめいこうい》

❸〈うらぎる〉の意味で

【売国《ばいこく》】▲ お金《かね》のために自分《じぶん》の国《くに》のひみつを敵《てき》の国《くに》に知《し》らせるようなこと。

売が下につく熟語 上の字の働き

❶ 売＝〈うる〉のとき

【商売《しょうばい》 販売《はんばい》】近《ちか》い意味《いみ》。

【発売《はつばい》 直売《ちょくばい》 競売《きょうばい／けいばい》 専売《せんばい》 即売《そくばい》 転売《てんばい》 特《とく》売《ばい》 密売《みつばい》 廉売《れんばい》】ドウヤッテ・ドノヨウニ売《う》るのか。

ル−6

【尭】

総画8 JIS-2238 人名

音 ギョウ 訓 ―

［堯］

意味

❶たかい。とおい。たかくとおい。

❷古代中国《こだいちゅうごく》の天子《てんし》の名《な》。例 尭舜《ぎょうしゅん》 参考 ☞ふろく「中国書名物語」の「夏《か》の禹王《うおう》と『書経《しょきょう》』」（[12]ページ）

名前のよみ あき・たか・たかし

ル−6

【免】

総画8 JIS-4440 常用

音 メン 訓 まぬかれる

［免］

筆順

なりたち

【会意】もとの字《じ》は「免」。女《おんな》の人《ひと》のからだ（𠔿）と人《ひと》（儿）とを合《あ》わせて、子《こ》どもが生《う》まれ、「ぬけ出《で》る」意味《いみ》を表《あらわ》す字《じ》。

意味

❶まぬかれる。のがれる。例 責任《せきにん》を免《まぬか》れる。免疫《めんえき》

❷ゆるす。まぬかれさせる。例 免除《めんじょ》・免許《めんきょ》・放免《ほうめん》・減免《げんめん》処置《しょち》

❸やめさせる。職《しょく》からしりぞける。例 職《しょく》を免《めん》じる。免職《めんしょく》・任免《にんめん》

❶〈まぬかれる〉の意味で

【。免。疫《めんえき》】▲ ①病気《びょうき》をおこす細菌《さいきん》やウイルスにうちかつ力《ちから》が体《からだ》にできること。例 前《まえ》にかかったので、はしかには免疫《めんえき》ができている。②なれてしまって気《き》にならなくなること。

◦学習漢字でない常用漢字 ▴常用漢字表にない音訓 ◆常用漢字でない漢字

❷〈ゆるす〉の意味で

【免許】めんきょ Ⅱ ①政府《せいふ》や役所《やくしょ》がしてもよいとゆるすこと。例 運転免許証《うんてんめんきょしょう》 ②武道《ぶどう》や芸《げい》ごとなどで、じゅうぶんに修業《しゅぎょう》をつんだと師匠《ししょう》がみとめること。

【免許皆伝】めんきょかいでん 師匠《ししょう》が弟子《でし》にすべての技《わざ》を教《おし》えさずけること。例 免許皆伝《めんきょかいでん》のうでまえをみとめる。

【免除】めんじょ Ⅱ〈―する〉しなくてもよいとゆるすこと。例 授業料《じゅぎょうりょう》を免除《めんじょ》する。

【免状】めんじょう ↓ 免許《めんきょ》のしるしとなる書《か》きつけ。例 免状《めんじょう》をうける。類 免許状《めんきょじょう》

【免税】めんぜい ▲ 税金《ぜいきん》をかけないこと。例 免税品《めんぜいひん》 類 無税《むぜい》

❸〈やめさせる〉の意味で

【免職】めんしょく ▲〈―する〉職業《しょくぎょう》についている人《ひと》を、やとい主《ぬし》がやめさせること。例 免職処分《めんしょくしょぶん》。懲戒免職《ちょうかいめんしょく》 類 解雇《かいこ》・罷免《ひめん》

◆ 赦免《しゃめん》 任免《にんめん》 放免《ほうめん》 罷免《ひめん》

儿-8

党

総画10 JIS-3762 教6年

訓 ―　音 トウ

[黨]

筆順 党 党 党 党 党 党 (たかく・はねる・おらない)

なりたち [形声] もとの字《じ》は、「黨」。「尚《ショウ》」が「トウ」とかわって読《よ》み方《かた》をしめしている。「ショウ」は「さえぎる」意味《いみ》を持《も》ち、「黒(黑)《くろ》」がついて、うすぐらく外《そと》からわからない「なかま」の意味《いみ》に使《つか》われている。

意味 なかまの集《あつ》まり。同志《どうし》の団体《だんたい》。ある類《るい》の人たち。例 新《あたら》しい党《とう》をつくる。党派《とうは》・政党《せいとう》・甘党《あまとう》

名前のよみ あきら・とも

【党員】とういん ↓ あるなかま、とくに、政党《せいとう》に入《はい》っている人《ひと》。例 党員《とういん》になる。

【党首】とうしゅ ↓ 政党《せいとう》の代表者《だいひょうしゃ》。例 党首会談《とうしゅかいだん》

【党籍】とうせき ↓ 党員《とういん》として名簿《めいぼ》に名前《なまえ》があること。例 党籍《とうせき》をはなれる。

【党派】とうは Ⅱ 考《かんが》え方《かた》がおなじで、いっしょに行動《こうどう》する人《ひと》びとの集団《しゅうだん》。政治上《せいじじょう》のグループ。例 党派《とうは》を組《く》む。

党が下につく熟語 上の字の働き

【政党《せいとう》 野党《やとう》 与党《よとう》】ドウイウ性格《せいかく》の集《あつ》まりか。

【悪党《あくとう》 甘党《あまとう》】ドウイウ類《るい》の人《ひと》たちか。

◆ 徒党《ととう》 郎党《ろうとう》

2画 入 [いる] の部

ここには「入」の字《じ》だけが入《はい》ります。

この部首の字 0 入……114

入-0

入

総画2 JIS-3894 教1年

訓 いる・いれる・はいる　音 ニュウ・ジュ

筆順 入 入 (はらう)

なりたち 入 [指事] 左右《さゆう》から二本《にほん》の線《せん》を山形《やまがた》にして中《なか》へ進《すす》んでいくことを指《さ》ししめしている字《じ》。

意味

❶はいる。あるものの内《うち》がわにはいっていく。例 客《きゃく》の入《い》りがわるい。学校《がっこう》に入《はい》る。気《き》に入《い》る。加入《かにゅう》 対 出《しゅつ》・退《たい》

❷いれる。外《そと》がわから中《なか》におさめる。例 力《ちから》を入《い》れる。記入《きにゅう》・投入《とうにゅう》 対 出《しゅつ》

❸必要《ひつよう》である。必要《ひつよう》とする。かかる。例 入用《にゅうよう》

使い分け いる[入・要・居] ☞115ページ

名前のよみ しお

❶〈はいる〉の意味で

【入院】にゅういん ▲〈―する〉病院《びょういん》にねとまりして治療《ちりょう》をうけること。例 入院患者《にゅういんかんじゃ》 対 退院《たいいん》

【入園】にゅうえん ▲〈―する〉①幼稚園《ようちえん》や保育園《ほいくえん》にはいること。対 卒園《そつえん》 ②動物園《どうぶつえん》や植物園《しょくぶつえん》に入場《にゅうじょう》すること。例 入園料《にゅうえんりょう》

【入荷】にゅうか ▲〈―する〉市場《いちば》や商店《しょうてん》などに品物《しなもの》がとどくこと。例 入荷《にゅうか》を待《ま》つ。対 出荷《しゅっか》

【入会】にゅうかい ▲〈―する〉ある会《かい》や団体《だんたい》にはいって、その会員《かいいん》になること。例 サークルに入会《にゅうかい》する。類 加入《かにゅう》 対 脱会《だっかい》・退会《たいかい》

【入閣】にゅうかく ▲〈―する〉大臣《だいじん》となって、内閣《ないかく》にくわわること。例 入閣《にゅうかく》をもとめる。

【入《にゅう》学《がく》】▲〈─する〉学校《がっこう》に、児童《じどう》・生徒《せいと》・学生《がくせい》としてはいること。例入学試験《にゅうがくしけん》 対卒業《そつぎょう》

【入《にゅう》居《きょ》】↓〈─する〉その家《いえ》で住《す》みはじめること。住《す》んでいること。例入居者《にゅうきょしゃ》

【入《にゅう》金《きん》】①▲〈─する〉お金《かね》がはいってくること。例銀行《ぎんこう》から入金《にゅうきん》の連絡《れんらく》をうける。対出金《しゅっきん》②↓はいったお金《かね》。☞❷

【入《にゅう》港《こう》】▲〈─する〉船《ふね》が港《みなと》にはいること。例タンカーが入港《にゅうこう》する。対出港《しゅっこう》

【入《にゅう》国《こく》】▲〈─する〉外国人《がいこくじん》がある国《くに》へはいること。例不法入国《ふほうにゅうこく》 対出国《しゅっこく》

【入《にゅう》山《ざん》】▲〈─する〉①山《やま》にはいること。②お坊《ぼう》さんが修行《しゅぎょう》のためや住職《じゅうしょく》となるために寺《てら》にはいること。

【入《にゅう》試《し》】○「入学試験《にゅうがくしけん》」の略《りゃく》。入学志願者《にゅうがくしがんしゃ》の中《なか》から、入学《にゅうがく》させる生徒《せいと》や学生《がくせい》をえらぶための試験《しけん》。例高校入試《こうこうにゅうし》

【入《にゅう》室《しつ》】▲〈─する〉へやの中《なか》へはいること。例一人《ひとり》ずつ順番《じゅんばん》に入室《にゅうしつ》する。対退室《たいしつ》

【入《にゅう》社《しゃ》】▲〈─する〉その会社《かいしゃ》の社員《しゃいん》になること。例入社式《にゅうしゃしき》 対退社《たいしゃ》

【入《にゅう》賞《しょう》】▲〈─する〉賞《しょう》をもらえるようなよい成績《せいせき》をとること。例六位入賞《ろくいにゅうしょう》。

【入《にゅう》場《じょう》】▲〈─する〉式場《しきじょう》・会場《かいじょう》・競技場《きょうぎじょう》などにはいること。例入場行進《にゅうじょうこうしん》 対退場《たいじょう》

【入《にゅう》植《しょく》】↓〈─する〉新《あたら》しい土地《とち》をきりひらき、そこで住民《じゅうみん》としての生活《せいかつ》をはじめること。例新天地《しんてんち》に入植《にゅうしょく》する。

【入《にゅう》信《しん》】▲〈─する〉信仰《しんこう》のなかまにくわわること。例入信《にゅうしん》を決意《けつい》する。

【入《にゅう》水《すい》】［一］にゅうすい ①↓水《みず》が流《なが》れこむこと。②▲〈─する〉体《からだ》を水《みず》に入《い》れること。例入水《にゅうすい》して水《みず》になれる。［二］じゅすい｜にゅうすい ▲〈─する〉水《みず》の中《なか》に身《み》を投《な》げて死《し》ぬこと。身投《みな》げ。類投身《とうしん》

【入《にゅう》選《せん》】▲〈─する〉出品《しゅっぴん》した作品《さくひん》が、多《おお》くの中《なか》からえらばれて合格《ごうかく》すること。例入選作《にゅうせんさく》品《ひん》。展覧会《てんらんかい》に入選《にゅうせん》する。対落選《らくせん》

【入《にゅう》団《だん》】▲〈─する〉青年団《せいねんだん》や野球《やきゅう》チームなどの団体《だんたい》にくわわって、その中《なか》の一員《いちいん》となること。例少年団《しょうねんだん》に入団《にゅうだん》する。対退団《たいだん》

【入《にゅう》電《でん》】▲〈─する〉電報《でんぽう》・電話《でんわ》などで知《し》らせがとどくこと。その知《し》らせ。

【入《にゅう》道《どう》】▲①出家《しゅっけ》して、仏門《ぶつもん》にはいった人《ひと》。例入道清盛《にゅうどうきよもり》 類出家《しゅっけ》 ②頭《あたま》の毛《け》をそった人《ひと》。例入道頭《にゅうどうあたま》の大男《おおおとこ》。③頭《あたま》のまるい大《おお》きなもの。例たこ入道《にゅうどう》

【入《にゅう》道《どう》雲《ぐも》】むくむくと高《たか》くもり上《あ》がって出《で》る、入道《にゅうどう》のような形《かたち》の夏《なつ》の雲《くも》。理科《りか》では積乱雲《せきらんうん》という。

【入《にゅう》梅《ばい》】▲梅雨《ばいう》の季節《きせつ》になること。梅雨入《つゆい》り。

【入《にゅう》部《ぶ》】▲〈─する〉部《ぶ》とよばれている集《あつ》まりにくわわること。対退部《たいぶ》

【入《にゅう》幕《まく》】▲〈─する〉相撲《すもう》で、十両《じゅうりょう》の力士《りきし》が幕《まく》内《うち》にあがること。例新入幕《しんにゅうまく》

【入《にゅう》門《もん》】▲①〈─する〉門《もん》のなかにはいること。②〈─する〉教《おし》えを受《う》けるために弟子《でし》になること。③はじめて勉強《べんきょう》するための手引《てび》きとなる本《ほん》。例フランス語入門《ごにゅうもん》。入門書《にゅうもんしょ》

【入《にゅう》浴《よく》】▲〈─する〉ふろにはいること。例入浴剤《にゅうよくざい》

❷〈いれる〉の意味で

【入《にゅう》金《きん》】▲〈─する〉お金《かね》をはらいこむこと。

例解 使い分け

［いる《入る・要る・居る》］

入る＝「はいる」の少《すこ》し古《ふる》い言《い》い方《かた》。（ほかのことばの下《した》について）すっかりそうなる。例飛《と》んで火《ひ》に入《い》る夏《なつ》の虫《むし》。気《き》に入《い》る。おそれ入《い》る。

要る＝必要《ひつよう》である。例人手《ひとで》が要《い》る。お金《かね》が要《い》る。何《なに》も要《い》らない。

居る＝人《ひと》や動物《どうぶつ》がそこにある。例父《ちち》は東京《とうきょう》に居《い》る。だれも居《い》ない部屋《へや》。

夕日が山に
入る

おべんとうが

【入。魂】にゅうこん ▲ 心《こころ》をこめて、力《ちから》いっぱいすること。例 入魂《にゅうこん》の作品《さくひん》。☞❶

【入札】にゅうさつ ▲〈─する〉品物《しなもの》の買《か》い手《て》や工事《こうじ》の実行者《こうしゃ》をきめるとき、希望者《きぼうしゃ》にねだんの見積《みつ》もりを書《か》いて出《だ》させること。入《い》れ札《ふだ》。例 入札《にゅうさつ》制度《せいど》

【入手】にゅうしゅ ▲〈─する〉ほしいものを手《て》にいれること。例 情報《じょうほう》を入手《にゅうしゅ》する。

【入。籍】にゅうせき ▲〈─する〉結婚相手《けっこんあいて》や、養子《ようし》になった人《ひと》を家族《かぞく》の一員《いちいん》として戸籍《こせき》にのせること。

【入念】にゅうねん ▲〈─に〉〈─な〉心《こころ》をこめて、こまかいところまでよく気《き》をくばること。例 入念《にゅうねん》な仕上《しあ》げ。入念《にゅうねん》に点検《てんけん》する。類 丹念《たんねん》

【入力】にゅうりょく ▲〈─する〉コンピューターで、計算《けいさん》や情報処理《じょうほうしょり》などをするために、情報《じょうほう》を入《い》れること。インプット。例 新《あたら》しいデータを入《にゅう》力《りょく》する。対 出力《しゅつりょく》(アウトプット)

❸〈必要である〉の意味で

【入用】にゅうよう ◎〈─な〉〈─に〉あることをするために、必《ひつ》要《よう》なこと。入《い》り用《よう》。例 入用《にゅうよう》の品《しな》。カメラが入《にゅう》用《よう》になる。対 不用《ふよう》

入が下につく熟語 上の字の働き

❶入=〈はいる〉のとき
【没入《ぼつにゅう》 介入《かいにゅう》 浸入《しんにゅう》 潜入《せんにゅう》 転入《てんにゅう》 流入《りゅうにゅう》】ドウヤッテはいるか。
【侵入《しんにゅう》 直入《ちょくにゅう》(単刀直入《たんとうちょくにゅう》) 突入《とつにゅう》 乱入《らんにゅう》】ドノヨウニはいるか。

❷入=〈いれる〉のとき
【移入《いにゅう》 記入《きにゅう》 吸入《きゅうにゅう》 購入《こうにゅう》 挿入《そうにゅう》 混入《こんにゅう》 注入《ちゅうにゅう》 投入《とうにゅう》 導入《どうにゅう》 納入《のうにゅう》 搬入《はんにゅう》 封入《ふうにゅう》 編入《へんにゅう》 輸入《ゆにゅう》】ドウヤッテ入《い》れるか。
◆加入《かにゅう》 歳入《さいにゅう》 算入《さんにゅう》 収入《しゅうにゅう》 四捨五入《ししゃごにゅう》

2画 ソ 八 [はち] [はちがしら] の部

数《かず》を表《あらわ》す「八《はち》」をもとにして作《つく》られた字《じ》と、「八《はち》」あるいは「ソ《はちがしら》」の形《かたち》がめやすとなっている字《じ》を集《あつ》めてあります。

この部首の字
0 八……116　2 公……117　六……119
4 共……119　5 兵……120　6 其……121　具……121
典……121　8 兼……122　分→刀 139　父→父 715
半→十 176　只→口 203　貝→貝 952　呉→口 213
谷→谷 949　翁→羽 857　拳→手 521　真→目 773
貧→貝 955　巽→己 356　興→臼 886

八-0

八

総画2
JIS-4012
教1年
音 ハチ
訓 や・やっ・やっ・よう

筆順

なりたち

[指事] 二《ふた》つのものが分《わ》かれていることを、そむいていることを表《あらわ》していた字《じ》。借《か》りて、数《かず》の「やっつ」として使《つか》われるようになった。

意味

❶やっつ。七《なな》と九《きゅう》の間《あいだ》の数《かず》「はち」。例 八《やっ》つちがい。八人《はちにん》・八倍《はちばい》
❷数《かず》が多《おお》い。いくつも。なんども。例 七《なな》転《ころ》び八《や》起《お》き。千代《ちよ》に八千代《やちよ》に。八《や》つ当《あ》たり・八《や》重《え》
❸《その他《た》》例 八《や》百《お》長《ちょう》

注意するよみ よう…例 八日《ようか》
特別なよみ 八百屋(やおや)・八百長(やおちょう)
発音あんない ハチ→ハッ…例 八本《はっぽん》
名前のよみ かず・わ

❶〈やっつ〉の意味で

【八十八夜】はちじゅうはちや 立春《りっしゅん》から数《かぞ》えて八十《はちじゅう》八日《はちにち》めの日《ひ》。例 夏《なつ》も近《ちか》づく八十八夜《はちじゅうはちや》。知識 五月一日《ごがつついたち》か二日《ふつか》ごろで、霜《しも》の心配《しんぱい》もなくなり、農家《のうか》では、種《たね》まきの時期《じき》とされていた。

【八方】はっぽう 東《ひがし》・西《にし》・南《みなみ》・北《きた》とそのあいだの北東《ほくとう》・北西《ほくせい》・南東《なんとう》・南西《なんせい》の八《やっ》つの方角《ほうがく》。☞❷

❷〈数が多い〉の意味で

【八面六臂】はちめんろっぴ 一人《ひとり》で何人分《なんにんぶん》ものはたらきができること。例 八面六臂《はちめんろっぴ》の活躍《かつやく》。知識 「面」は顔《かお》、「臂」は腕《うで》で、八《やっ》つの顔《かお》と六本《ろっぽん》の腕《うで》を持《も》っていること。仏像《ぶつぞう》などに見《み》られる。

【八方】はっぽう ↓ あらゆる方面《ほうめん》。例 四方八方《しほうはっぽう》。八《はっ》方《ぽう》ふさがり(すべてがぐあいわるくてどうにもならない)。八方《はっぽう》やぶれ(どこから見《み》てもす

きだらけ)。

【八方美人《はっぽうびじん》】☞❶ だれにでも、調子《ちょうし》を合《あ》わせる人《ひと》。

【八重《やえ》】⬇ いくつも重《かさ》なっていること。例 八重《やえ》の潮路《しおじ》(長《なが》い航路《こうろ》)。八重歯《やえば》

【八百屋《やおや》】野菜《やさい》や果物《くだもの》などを売《う》る店《みせ》。類 青果店《せいかてん》・青果商《せいかしょう》

❸《その他》

【八百長《やおちょう》】勝《か》ち負《ま》けを前《まえ》もって決《き》めておきながら、表面《ひょうめん》はいかにも真剣《しんけん》にあらそっているように見《み》せかける、いんちきな試合《しあい》。例 八百長《やおちょう》レース。八百長《やおちょう》をする。参考 八百屋《やおや》の長兵衛《ちょうべえ》という、碁《ご》の強《つよ》い人《ひと》が、相撲《すもう》の親方《おやかた》を相手《あいて》に手《て》かげんして碁《ご》を打《う》ったことからできたことばという。

◆尺八《しゃくはち》

八-2

【公】

総画4
JIS-2488
教2年
音 コウ・ク
訓 おおやけ

筆順 公 公 公 公 はらう とめる

なりたち

【会意】「八」と「口→ム」からできた字《じ》。かこみ(口)をひらいて(八)、「おおやけ」にする意味《いみ》を表《あらわ》す字《じ》。

意味
❶政治《せいじ》にかかわる。国《くに》や地方《ちほう》の政治《せいじ》にかかわること。政府《せいふ》や役所《やくしょ》。例 公営《こうえい》 対 私《し》・民《みん》
❷世《よ》の中《なか》にかかわる。個人《こじん》ではなく、社会《しゃかい》全体《ぜんたい》にかかわること。例 公《おおやけ》にする。公《おおやけ》の場《ば》。公表《こうひょう》 対 私《し》
❸かたよりがない。正《ただ》しく、かたよらない。例 公平《こうへい》
❹広《ひろ》くあてはまる。どこでも通用《つうよう》する。例 公算《こうさん》・公式《こうしき》
❺華族《かぞく》の位《くらい》の一番《いちばん》め。例 公爵《こうしゃく》
❻人《ひと》をうやまってよぶときのことば。親《した》しみをこめてよぶときのことば。例 貴公《きこう》・信玄公《しんげんこう》(武田《たけだ》信玄《しんげん》を尊敬《そんけい》して言《い》う)・わん公《こう》(犬《いぬ》を親《した》しみをこめてよぶ)

名前のよみ あきら・いさお・きみ・く・さと・たか・ただ・ただし・とおる・とも・なお・ひと・ひろ・まさ・ゆき

❶〈政治にかかわる〉の意味で

【▲公家《くげ》】⬇ むかし、朝廷《ちょうてい》につかえた身分《みぶん》の高《たか》い家《いえ》がら。その家《いえ》がらの人《ひと》。対 武家《ぶけ》

【公営《こうえい》】▽ 国《くに》や県《けん》、市町村《しちょうそん》などが、事業《じぎょう》をおこなうこと。例 公営《こうえい》キャンプ場《じょう》 類 国営《こくえい》 対 私営《しえい》・民営《みんえい》 知識 国営《こくえい》・都道府県営《とどうふけんえい》・市営《しえい》・町営《ちょうえい》・村営《そんえい》は、みな公営《こうえい》。

【公金《こうきん》】⬇ 国《くに》や公共団体《こうきょうだんたい》などのお金《かね》。表現 自分《じぶん》ひとりのものではない、みんなのお金《かね》の意味《いみ》でもいう。

【公告《こうこく》】⬇〈―する〉国《くに》や公共団体《こうきょうだんたい》が、広《ひろ》く人《ひと》びとに知《し》らせをすること。例 ごみの出《だ》し方《かた》を公告《こうこく》する。類 告示《こくじ》

【公。債《こうさい》】⬇ 国《くに》や公共団体《こうきょうだんたい》が発行《はっこう》する債権《さいけん》。国債《こくさい》や地方債《ちほうさい》など。

【公使《こうし》】⬇ 国《くに》の代表《だいひょう》として外国《がいこく》に行《い》き、両国《りょうこく》のあいだの交際《こうさい》や交渉《こうしょう》の仕事《しごと》をする役人《やくにん》。関連 大使《たいし》・公使《こうし》・領事《りょうじ》

【公示《こうじ》】⬇〈―する〉国《くに》や公共団体《こうきょうだんたい》が、決《き》めたことなどを人《ひと》びとに知《し》らせること。例 衆議院選挙《しゅうぎいんせんきょ》の公示《こうじ》。類 告示《こくじ》

【公社《こうしゃ》】⬇ 国《くに》や地方公共団体《ちほうこうきょうだんたい》がお金《かね》を出《だ》してつくった会社《かいしゃ》。知識 以前《いぜん》の日本国有鉄道《にっぽんこくゆうてつどう》・日本電信電話《にっぽんでんしんでんわ》・日本専売《にっぽんせんばい》は民営化《みんえいか》された。

【公職《こうしょく》】⬇ 議員《ぎいん》・公務員《こうむいん》など、国《くに》や県《けん》などの仕事《しごと》をする職業《しょくぎょう》。例 公職選挙法《こうしょくせんきょほう》

【公人《こうじん》】⬇ 公務員《こうむいん》や政治家《せいじか》など、おおやけの仕事《しごと》をする人《ひと》。例 公人《こうじん》の身分《みぶん》。対 私人《しじん》

【公団《こうだん》】⬇ 社会一般《しゃかいいっぱん》に役立《やくだ》つように、国《くに》や公《こう》共団体《きょうだんたい》がお金《かね》を出《だ》してつくった団体《だんたい》。例 公《こう》団住宅《だんじゅうたく》

【公。聴会《こうちょうかい》】国会《こっかい》や地方議会《ちほうぎかい》が重要《じゅうよう》なことを決《き》めるとき、関係《かんけい》する人《ひと》びとや専門《せんもん》の知識《ちしき》をもつ人《ひと》から意見《いけん》をきくために開《ひら》く会《かい》。

【公定《こうてい》】⬇ 政府機関《せいふきかん》が世《よ》の中全体《なかぜんたい》におこなわれるように、もののねだんや利息《りそく》の率《りつ》などをきめること。例 公定料金《こうていりょうきん》・公定歩合《こうていぶあい》

【公費《こうひ》】⬇ 国《くに》や公共団体《こうきょうだんたい》で使《つか》うお金《かね》。類 国費《こくひ》・官費《かんぴ》 対 私費《しひ》

【公文書《こうぶんしょ》】国《くに》や地方公共団体《ちほうこうきょうだんたい》でつくる正式《せいしき》の文書《ぶんしょ》。対 私文書《しぶんしょ》

【公報《こうほう》】⬇ 役所《やくしょ》が出《だ》す公式《こうしき》の報告文書《ほうこくぶんしょ》。例

公◀次ページ

◦学習漢字でない常用漢字 ▲常用漢字表にない音訓 ◆常用漢字でない漢字

選挙公報《せんきょこうほう》

【公務《こうむ》】[↓]国《くに》や公共団体《こうきょうだんたい》がおこなう仕事《しごと》。例 国家公務員《こっかこうむいん》・地方公務員《ちほうこうむいん》 類 公用《こうよう》 ☞❷

【公用《こうよう》】[↓]①国《くに》や公共団体《こうきょうだんたい》が行《おこな》う正式《せいしき》な業務《ぎょうむ》。類 公務《こうむ》 対 私用《しよう》 ②国《くに》や公共団体《こうきょうだんたい》が使《つか》うこと。表現 ①は会社《かいしゃ》などでの用事《ようじ》についても言《い》う。☞❷

【公立《こうりつ》】[▽]都道府県《とどうふけん》や市町村《しちょうそん》などが設立《せつりつ》し、運営《うんえい》すること。例 公立中学《こうりつちゅうがく》 類 国立《こくりつ》 対 私立《しりつ》

❷〈世の中にかかわる〉の意味で

【公安《こうあん》】[↓]世《よ》の中《なか》が平和《へいわ》で人《ひと》びとが安全《あんぜん》にくらせること。例 公安委員会《こうあんいいんかい》

【公益《こうえき》】[↓]社会全体《しゃかいぜんたい》の利益《りえき》。例 公益事業《こうえきじぎょう》(鉄道《てつどう》・電話《でんわ》・水道《すいどう》・電気《でんき》・ガスなど)

【公園《こうえん》】[↓]だれもが休《やす》んだり楽《たの》しんだりできるように設《もう》けられた広《ひろ》い場所《ばしょ》。知識 町《まち》の中《なか》の児童公園《じどうこうえん》などの小《ちい》さなものから、国立公園《こくりつこうえん》・国定公園《こくていこうえん》のような大《おお》きなものまである。

【公演《こうえん》】[↓]〈—する〉劇《げき》・音楽《おんがく》・おどりなどを、広《ひろ》く一般《いっぱん》に向《む》けて演《えん》じること。類 上演《じょうえん》

例解 使い分け

[公演《こうえん》・講演《こうえん》]

公演《こうえん》=歌《うた》・おどり・劇《げき》などを多《おお》くの人《ひと》に見《み》せること。

例 劇場公演《げきじょうこうえん》。音楽《おんがく》の定期公演《ていきこうえん》。東京公演《とうきょうこうえん》を終《お》えて、地方公演《ちほうこうえん》に出《で》る。

講演《こうえん》=多《おお》くの人《ひと》の前《まえ》に立《た》って、学問《がくもん》・教養《きょうよう》などの話《はなし》をすること。

例 教育問題《きょういくもんだい》についての講演会《こうえんかい》。司会者《しかいしゃ》が講演者《こうえんしゃ》を紹介《しょうかい》する。

参考 とくに落語《らくご》・講談《こうだん》などの演芸《えんげい》の場合《ばあい》には「口演《こうえん》」を使《つか》う。

【公海《こうかい》】[↓]どの国《くに》のものでもなく、だれでも自由《じゆう》に航海《こうかい》などができる海《うみ》。対 領海《りょうかい》

【公開《こうかい》】[↓]〈—する〉多《おお》くの人《ひと》が見《み》たり、聞《き》いたり、使《つか》ったりできるようにすること。例 会議《かいぎ》を公開《こうかい》する。類 公表《こうひょう》 対 非公開《ひこうかい》

【公害《こうがい》】[↓]工場《こうじょう》から出《で》るガスや液体《えきたい》、自動車《じどうしゃ》の排気《はいき》ガス、騒音《そうおん》などが、世《よ》の中《なか》の人《ひと》びとにあたえる害《がい》。例 公害訴訟《こうがいそしょう》

【公会堂《こうかいどう》】国《くに》や公共団体《こうきょうだんたい》がたてた、集会用《しゅうかいよう》の建物《たてもの》。例 市《し》の公会堂《こうかいどう》で音楽会《おんがくかい》をする。

【公器《こうき》】[↓]世《よ》の中全体《なかぜんたい》の人《ひと》びとのためのもの。例 新聞《しんぶん》は社会《しゃかい》の公器《こうき》だ。

【公休《こうきゅう》】[↓]①土《ど》・日曜《にちよう》や祝日《しゅくじつ》のほかに、みとめる休日《きゅうじつ》。②同《おな》じ業者《ぎょうしゃ》が申《もう》し合《あ》わせてきめた休業日《きゅうぎょうび》。類 定休《ていきゅう》

【公共《こうきょう》】[＝]世《よ》の中《なか》の人《ひと》びとみんなに関係《かんけい》すること。例 公共施設《こうきょうしせつ》・公共心《こうきょうしん》

【公共事業《こうきょうじぎょう》】道路《どうろ》や橋《はし》の建設《けんせつ》、水道事業《すいどうじぎょう》など、社会全体《しゃかいぜんたい》のために国《くに》や地方公共団体《ちほうこうきょうだんたい》がおこなう仕事《しごと》。対 営利事業《えいりじぎょう》

【公共団体《こうきょうだんたい》】社会全体《しゃかいぜんたい》のために活動《かつどう》する団体《だんたい》。例 地方公共団体《ちほうこうきょうだんたい》(都道府県《とどうふけん》や市区町村《しくちょうそん》など)

【公共料金《こうきょうりょうきん》】国民《こくみん》の生活《せいかつ》に関係《かんけい》の深《ふか》い料金《りょうきん》。電気《でんき》・ガス・郵便《ゆうびん》・電話《でんわ》などの料金《りょうきん》や、鉄道《てつどう》・バスの運賃《うんちん》。

【公言《こうげん》】[↓]〈—する〉責任《せきにん》をもって、みんなの前《まえ》ではっきり言《い》うこと。例 政策《せいさく》の見直《みなお》しを公言《こうげん》する。類 宣言《せんげん》

【公私《こうし》】[↕]「公《おおやけ》」(世《よ》の中全体《なかぜんたい》)と「私《わたくし》」(自分一個人《じぶんいちこじん》)。例 公私《こうし》にわたる活動《かつどう》。

【公式《こうしき》】[↓]〈—な・—に〉世《よ》の中全体《なかぜんたい》にみとめられるやり方《かた》。例 公式訪問《こうしきほうもん》。公式《こうしき》の場《ば》。対 非公式《ひこうしき》

【公衆《こうしゅう》】[↓]世《よ》の中《なか》のふつうの人《ひと》びと。例 公衆道徳《こうしゅうどうとく》・公衆電話《こうしゅうでんわ》 類 大衆《たいしゅう》・民衆《みんしゅう》 ☞❹

【公序良俗《こうじょりょうぞく》】世《よ》の中《なか》でよいとみとめられているやり方《かた》や習慣《しゅうかん》。例 公序良俗《こうじょりょうぞく》に反《はん》する。

【公選《こうせん》】[↓]〈—する〉住民投票《じゅうみんとうひょう》でえらぶこと。対 官選《かんせん》

【公然《こうぜん》】[⊠]〈—たる・—と〉だれの目《め》にも明《あき》らか。例 公然《こうぜん》と口《くち》にする。表現 「公然《こうぜん》の秘密《ひみつ》」とは、おもて向《む》きは秘密《ひみつ》だが、じっさいには広《ひろ》く知《し》れわたっていることを表《あらわ》す。

【公的《こうてき》】[⊠]〈—な・—に〉個人《こじん》のことではなく、国《くに》や社会一般《しゃかいいっぱん》にかかわっている。例 公的資金《こうてきしきん》。公的《こうてき》な立場《たちば》で発言《はつげん》する。対 私的《してき》

【公道《こうどう》】[↓]国道《こくどう》や県道《けんどう》など、国《くに》や公共団体《こうきょうだんたい》がつくって管理《かんり》している、だれもが通《とお》れる道《みち》。対 私道《しどう》 ☞❹

【公徳心《こうとくしん》】みんなのめいわくになること

はしないという心《こころ》がけ。例公徳心《こうとくしん》に欠《か》ける行《こう》動《どう》が目《め》につく。類公共心《こうきょうしん》

【公認《こうにん》】↓〈—する〉国《くに》や団体《だんたい》などが正式《せいしき》にみとめること。例公認記録《こうにんきろく》

【公判《こうはん》】↓一般《いっぱん》の人《ひと》も法廷《ほうてい》に入《はい》れるようにしておこなう裁判《さいばん》。例公判《こうはん》の傍聴《ぼうちょう》に行《い》く。

【公表《こうひょう》】↓〈—する〉広《ひろ》く世間《せけん》に発表《はっぴょう》すること。例募集人数《ぼしゅうにんずう》を公表《こうひょう》する。類公開《こうかい》

【公布《こうふ》】↓〈—する〉決《き》まった法律《ほうりつ》・命令《めいれい》などを官報《かんぽう》で国民《こくみん》に知《し》らせること。類告示《こくじ》・発布《はっぷ》

【公。募《こうぼ》】↓〈—する〉広《ひろ》く人《ひと》びとによびかけて集《あつ》めること。例社員《しゃいん》を公募《こうぼ》する。

【公。僕《こうぼく》】↓「国民《こくみん》のためにつくす人《ひと》」の意味《いみ》で、公務員《こうむいん》をいう。例公僕《こうぼく》となる。

【公民《こうみん》】↓①政治《せいじ》に参加《さんか》する権利《けんり》と義務《ぎむ》を持《も》っている人《ひと》。類市民《しみん》②教科《きょうか》の社会科《しゃかいか》の中《なか》で、政治《せいじ》・経済《けいざい》・法律《ほうりつ》にかかわる分野《ぶんや》。

【公民館《こうみんかん》】その地域《ちいき》の人《ひと》が、いろいろなことを学《まな》んだり活動《かつどう》したりするために作《つく》られた集会場《しゅうかいじょう》。

【公務《こうむ》】↓役所《やくしょ》や会社《かいしゃ》の仕事《しごと》。☞❶

【公約《こうやく》】↓〈—する〉政府《せいふ》や政治家《せいじか》が世《よ》の中《なか》にした約束《やくそく》。例公約《こうやく》をかかげる。

【公用《こうよう》】↓世《よ》の中《なか》でふつうに広《ひろ》く用《もち》いられること。例公用語《こうようご》☞❶

❸〈かたよりがない〉の意味で

【公正《こうせい》】Ⅱ〈—な〉えこひいきがなく正《ただ》しいこと。例公正《こうせい》な裁判《さいばん》。類公平《こうへい》

【公平《こうへい》】Ⅱ〈—な〉一方《いっぽう》にかたよらず、えこひいきがない。例公平無私《こうへいむし》 類公正《こうせい》・平等《びょうどう》

【公明正大《こうめいせいだい》】Ⅱ〈—な〉かたよりがなく、正《ただ》しくてどうどうとしている。

❹〈広くあてはまる〉の意味で

【公算《こうさん》】↓そうなるであろう、そのたしからしさ。見通《みとお》し。例成功《せいこう》の公算大《こうさんだい》。類確率《かくりつ》

【公式《こうしき》】↓数学《すうがく》で、どんな場合《ばあい》にもあてはまる計算《けいさん》の方法《ほうほう》を表《あらわ》す式《しき》。例公式《こうしき》にあてはめて計算《けいさん》する。☞❷

【公転《こうてん》】↓〈—する〉ある天体《てんたい》が、ほかの天体《てんたい》のまわりを規則的《きそくてき》にまわること。対自転《じてん》 知識 地球《ちきゅう》は太陽《たいよう》を中心《ちゅうしん》に公転《こうてん》する天体《てんたい》で、その周期《しゅうき》は、三六五・二五六日《にち》である。

【公道《こうどう》】↓だれにもあてはまる正《ただ》しい道理《どうり》。☞❷

【公倍数《こうばいすう》】二《ふた》つ以上《いじょう》の数《かず》のどれで割《わ》っても割《わ》りきれる数《かず》。たとえば二《に》と三《さん》の公倍数《こうばいすう》には、六《ろく》、十二《じゅうに》、十八《じゅうはち》などがある。例最小公倍数《さいしょうこうばいすう》 対公約数《こうやくすう》

【公約数《こうやくすう》】二《ふた》つ以上《いじょう》の数《かず》のどれを割《わ》っても割《わ》りきることのできる数《かず》。たとえば四《よん》と六《ろく》と十《じゅう》の公約数《こうやくすう》は二《に》である。例最大公約数《さいだいこうやくすう》 対公倍数《こうばいすう》

❺〈華族の位の一番め〉の意味で

【公。爵《こうしゃく》】↓華族《かぞく》の位《くらい》のいちばん上《うえ》。知識 ☞【伯爵《はくしゃく》】(79ページ)

◆貴公《きこう》 主人公《しゅじんこう》 奉公《ほうこう》

ハ-2

【六】

総画4 JIS-4727 教1年

訓 音 ロク・リク む・むっ・むっつ・むい

筆順 六 六 六 六（まっすぐつく）（とめる）

なりたち

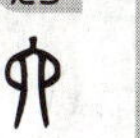

【象形】屋根《やね》をえがいた字《じ》。借《か》りて、数《かず》の「むっつ」として使《つか》われるようになった。

意味 むっつ。五《ご》と七《なな》の間《あいだ》の数《かず》「ろく」。例六《むっ》つ切《ぎ》り。六《むっ》つちがい。六法《ろっぽう》

注意するよみ むい…例六日《むいか》

発音あんない ロク→ロッ…例六本《ろっぽん》

【六書《りくしょ》】↓漢字《かんじ》のなりたち方《かた》の六《むっ》つの種類《しゅるい》。象形《しょうけい》・指事《しじ》・会意《かいい》・形声《けいせい》・転注《てんちゅう》・仮借《かしゃ》の六《むっ》つをいう。参考 ☞ふろく「漢字のなりたち」(3ページ)

【六根《ろっこん》】↓仏教《ぶっきょう》で、人間《にんげん》の感覚《かんかく》や意識《いしき》を支配《しはい》している六《むっ》つの器官《きかん》とその能力《のうりょく》。目《め》・耳《みみ》・鼻《はな》・舌《した》・身《み》(からだ)・意《い》(こころ)を指《さ》す。知識 六根《ろっこん》からおこるまよいをたち切《き》って、きよらかになることを「六根清浄《ろっこんしょうじょう》」という。

【六法《ろっぽう》】↓六《むっ》つの重要《じゅうよう》な法律《ほうりつ》。憲法《けんぽう》・刑法《けいほう》・民法《みんぽう》・商法《しょうほう》・刑事訴訟法《けいじそしょうほう》・民事訴訟法《みんじそしょうほう》をいう。六法《ろっぽう》を記《しる》した本《ほん》を「六法全書《ろっぽうぜんしょ》」という。

ハ-4

【共】

総画6 JIS-2206 教4年

訓 音 キョウ とも

筆順

なりたち

【会意】物《もの》(廾)と両手《りょうて》(廾)とを合《あ》わせて、「両手《りょうて》でささげ持《も》っている」ことを表《あらわ》す字《じ》。「いっしょにする」意味《いみ》を表《あらわ》す。

意味 いっしょに。ともにする。例 親《おや》と子《こ》が共《とも》に学《まな》ぶ。共同《きょうどう》・公共《こうきょう》

名前のよみ たか

【共学《きょうがく》】↓ 男子《だんし》と女子《じょし》がおなじ学校《がっこう》・教室《きょうしつ》でいっしょに勉強《べんきょう》すること。例 男女共学《だんじょきょうがく》

【共感《きょうかん》】↓〈—する〉人《ひと》の意見《いけん》に接《せっ》して「なるほど、そのとおりだ」と思《おも》うこと。例 読者《どくしゃ》の共感《きょうかん》をよぶ。類 共鳴《きょうめい》・同感《どうかん》

【共済《きょうさい》】↓ おなじ団体《だんたい》の人《ひと》びとが、生活《せいかつ》の面《めん》で力《ちから》を合《あ》わせてたがいに助《たす》けあうこと。例 共済組合《きょうさいくみあい》・共済保険《きょうさいほけん》 類 互助《ごじょ》

【共。催《きょうさい》】↓〈—する〉二《ふた》つ以上《いじょう》の団体《だんたい》が、いっしょに一《ひと》つのもよおしものをおこなうこと。例 小中学校共催《しょうちゅうがっこうきょうさい》の運動会《うんどうかい》。

【共生《きょうせい》】↓〈—する〉種類《しゅるい》のちがう生物《せいぶつ》どうしが、たがいに役《やく》に立《た》ちながらいっしょに生《い》きていくこと。アリとアリマキ、クマノミとイソギンチャクなどがその例《れい》である。表現「自《し》然《ぜん》と共生《きょうせい》する」「男女共生《だんじょきょうせい》の時代《じだい》」のように、人間社会《にんげんしゃかい》でも、たがいに助《たす》けあいながら生《い》きていくという意味《いみ》で使《つか》われる。

前ページ ▶ 六 共

【共存《きょうそん|きょうぞん》】↓〈—する〉ちがう立場《たちば》のものが、あらそったりしないで、いっしょに生《い》きていくこと。類 両立《りょうりつ》・併存《へいぞん》

【共存共栄《きょうそんきょうえい》】例 共存共栄《きょうそんきょうえい》〈—する〉両方《りょうほう》がともにさかえること。例 共存共栄めざし連携《れんけい》する。

【共著《きょうちょ》】↓ ふたり以上《いじょう》の人《ひと》が力《ちから》を合《あ》わせて、一冊《いっさつ》の本《ほん》を書《か》くこと。

【共通《きょうつう》】↓〈—する〉・〈—な〉〈—に〉二《ふた》つ以上《いじょう》のものごとにあてはまること。例 共通《きょうつう》の話題《わだい》。両者《りょうしゃ》に共通《きょうつう》する欠点《けってん》。共通点《きょうつうてん》

【共通語《きょうつうご》】① 一《ひと》つの国《くに》のなかでどの地《ち》方《ほう》でも通《つう》じることば。類 標準語《ひょうじゅんご》 対 方言《ほうげん》 ② ことばの異《こと》なる国《くに》や地域《ちいき》をこえて通用《つうよう》することば。例 英語《えいご》は世界《せかい》の共通語《きょうつうご》に近《ちか》い。

【共同《きょうどう》】Ⅱ〈—する〉、ふたり以上《いじょう》の人《ひと》や二《ふた》つ以上《いじょう》の団体《だんたい》が一《ひと》つのことをいっしょにすること。例 五人《ごにん》の共同研究《きょうどうけんきゅう》。三社《さんしゃ》の共同主《きょうどうしゅ》催《さい》。対 単独《たんどく》

【共犯《きょうはん》】↓ ふたり以上《いじょう》で、いっしょになってわるいことをすること。例 共犯者《きょうはんしゃ》

【共。謀《きょうぼう》】↓〈—する〉いっしょになってわるいことをたくらむ。例 共謀者《きょうぼうしゃ》

【共鳴《きょうめい》】↓〈—する〉① あるものの出《だ》す音《おと》につれて、ほかのものが、いっしょに鳴《な》りだすこと。例 共鳴現象《きょうめいげんしょう》 ② 人《ひと》の考《かん》えやおこないに心《こころ》から賛成《さんせい》すること。例 自然《しぜん》をまもる運動《うんどう》に共鳴《きょうめい》する。類 賛同《さんどう》・共感《きょうかん》・同感《どうかん》

【共有《きょうゆう》】↓〈—する〉ふたり以上《いじょう》の人《ひと》が、同時《どうじ》に一《ひと》つの物《もの》の持《も》ち主《ぬし》になっていること。例 共有《きょうゆう》の財産《ざいさん》。共有地《きょうゆうち》 対 専有《せんゆう》

【共用《きょうよう》】↓〈—する〉何人《なんにん》かの人《ひと》が一《ひと》つのものをいっしょに使《つか》うこと。例 このへやは妹《いもうと》との共用《きょうよう》だ。対 専用《せんよう》

【共和国《きょうわこく》】国民《こくみん》が選《えら》んだ大統領《だいとうりょう》や議会《ぎかい》によって政治《せいじ》をおこなう国《くに》。対 君主国《くんしゅこく》

兵

八-5
総画7
JIS-4228
教4年
訓 音 ヘイ・ヒョウ
つわもの

筆順
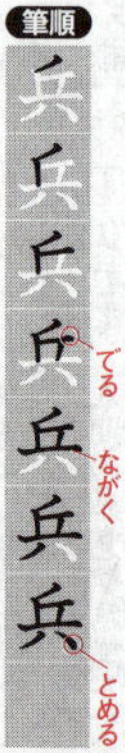

なりたち

【会意】おの(斤)とそれを両手《りょうて》(廾)で持《も》っている形《かたち》から武器《ぶき》を意味《いみ》する字《じ》。

意味
❶ へいたい。武器《ぶき》を持《も》ってたたかう人《ひと》。軍人《ぐんじん》。例 兵《へい》をつのる。兵士《へいし》・番兵《ばんぺい》
❷ 戦争《せんそう》や軍隊《ぐんたい》。いくさ。例 兵《へい》を挙《あ》げる。兵器《へいき》

名前のよみ たけ・むね

❶〈へいたい〉の意味で

【兵士《へいし》】↓ 軍隊《ぐんたい》の中《なか》にいて、たたかいをする人《ひと》。例 一人《ひとり》の兵士《へいし》として戦争《せんそう》を経験《けいけん》する。類 兵卒《へいそつ》・兵隊《へいたい》 表現 将校《しょうこう》などの身分《みぶん》の高《たか》い軍人《ぐんじん》と区別《くべつ》していう。

【兵舎《へいしゃ》】↓ 兵士《へいし》がねおきする建物《たてもの》。

【兵卒《へいそつ》】Ⅱ 位《くらい》のひくい兵士《へいし》。例 一兵卒《いっぺいそつ》とし

てたたかう。類兵隊《へいたい》・兵士《へいし》

【兵隊】《へいたい》↓ ①兵士《へいし》の何人《なんにん》かずつのまとまり。類軍隊《ぐんたい》 ②一人《ひとり》ひとりの兵士《へいし》。類兵卒《へいそつ》 ③ある仕事《しごと》のためのはたらき手《て》。

❷〈戦争や軍隊〉の意味で

【兵糧】《ひょうろう》↓ 軍隊《ぐんたい》のための食糧《しょくりょう》。例兵糧《ひょうろう》攻《ぜ》め。表現 たんに「食《た》べ物《もの》」という意味《いみ》で、「兵糧《ひょうろう》がつきた」などと言う。

【兵役】《へいえき》↓ ある期間《きかん》、義務《ぎむ》として自分《じぶん》の国《くに》の軍隊《ぐんたい》に入《はい》って、兵士《へいし》の仕事《しごと》をすること。例兵《へい》役《えき》につく。

【兵器】《へいき》↓ 戦争《せんそう》で、敵《てき》とたたかうための器械《きかい》や道具《どうぐ》。例化学兵器《かがくへいき》 類武器《ぶき》

【兵法】《へいほう/ひょうほう》↓ ①いくさのしかた。例孫子《そんし》の兵法《へいほう》（孫子《そんし》は古代中国《こだいちゅうごく》の戦術家《せんじゅつか》）。②剣《けん》術《じゅつ》などの武術《ぶじゅつ》。例生兵法《なまびょうほう》は大《おお》けがのもと。

【兵力】《へいりょく》↓ 戦争《せんそう》に使《つか》える軍隊《ぐんたい》の力《ちから》。例兵《へい》力《りょく》を増強《ぞうきょう》する。類武力《ぶりょく》・戦力《せんりょく》

兵が下につく熟語 上の字の働き

❶兵＝〈へいたい〉のとき

【歩兵《ほへい》 騎兵《きへい》 水兵《すいへい》 憲兵《けんぺい》 番兵《ばんぺい》 伏兵《ふくへい》 屯田兵《とんでんへい》】ドウイウ役割《やくわり》の兵士《へいし》か。

【徴兵《ちょうへい》 派兵《はへい》 出兵《しゅっぺい》 撤兵《てっぺい》】兵隊《へいたい》をドウスルか。

八-6

【其】

総画8 JIS-3422 人名

訓音 キ そ-の・そ-れ

意味 その。それ。人《ひと》や物《もの》をさすことば。例其《そ》の日《ひ》。其《そ》れがほしい。

八-6

【具】

総画8 JIS-2281 教3年

訓音 グ そな-わる

筆順 ながく とめる

なりたち 【会意】かなえ（鼎→目）と両手《りょうて》（廾）とを合《あ》わせて、「両手《りょうて》でそなえる食事用具《しょくじようぐ》」を表《あらわ》す字《じ》。

意味
❶どうぐ。必要《ひつよう》な物《もの》。例政争《せいそう》の具《ぐ》。
❷そなわる。すべてのものがそろっている。例威厳《いげん》が具《そな》わる。具体《ぐたい》・具備《ぐび》
❸《その他》例雑煮《ぞうに》の具《ぐ》。具合《ぐあい》

名前のよみ とも

❶〈どうぐ〉の意味で

【具足】《ぐそく》↓ 武士《ぶし》のよろいかぶと。☞❷

❷〈そなわる〉の意味で

【具現】《ぐげん》↓（ーする）目《め》に見《み》える形《かたち》であらわれること、あらわすこと。例理想《りそう》を具現《ぐげん》する。

【具象】《ぐしょう》▲ 目《め》で見《み》たり手《て》にとったりできる、はっきりとしたすがた・形《かたち》をもっていること。例具象画《ぐしょうが》 類具体《ぐたい》 対抽象《ちゅうしょう》

【具申】《ぐしん》↓（ーする）目上《めうえ》の人《ひと》に自分《じぶん》の意見《いけん》や希望《きぼう》をくわしく申《もう》し出《で》ること。例課長《かちょう》に意見《いけん》を具申《ぐしん》する。類進言《しんげん》・上申《じょうしん》

【具足】《ぐそく》↓（ーする）じゅうぶんにそなわっていること。例円満具足《えんまんぐそく》 ☞❶

【具体】《ぐたい》▲ だれの目《め》にも見《み》えるような形《かたち》をもっていること。例具体例《ぐたいれい》を挙《あ》げて話《はな》す。類具象《ぐしょう》 対抽象《ちゅうしょう》

【具体的】《ぐたいてき》（ーな）だれにでもわかる形《かたち》で、はっきりとしているようす。例具体的《ぐたいてき》に説明《せつめい》する。対抽象的《ちゅうしょうてき》・観念的《かんねんてき》

【具備】《ぐび》Ⅱ（ーする）ものがきちんとそなわっている。例必要《ひつよう》な条件《じょうけん》を具備《ぐび》した書類《しょるい》。類完備《かんび》

❸《その他》

【具合】《ぐあい》◎ ①うまくいっているかどうかという点《てん》から見《み》た、ものごとのようす。例仕事《しごと》の進《すす》み具合《ぐあい》。からだの具合《ぐあい》。類調子《ちょうし》 ②ものごとの進《すす》め方《かた》、やり方《かた》。例キャッチャーはこういう具合《ぐあい》にミットをかまえるんだ。③つごう。例今《いま》ことわるのは具合《ぐあい》がわるい。表記「工合《ぐあい》」とも書《か》く。

具が下につく熟語 上の字の働き

❶具＝〈どうぐ〉のとき

【器具《きぐ》 機具《きぐ》】近《ちか》い意味《いみ》。

【家具《かぐ》 建具《たてぐ》 寝具《しんぐ》 夜具《やぐ》 武具《ぶぐ》 雨具《あまぐ》 装身具《そうしんぐ》 工具《こうぐ》 文房具《ぶんぼうぐ》】ナニの目的《もくてき》や用途《ようと》の道具《どうぐ》か。

◆金具《かなぐ》 敬具《けいぐ》 道具《どうぐ》 農機具《のうきぐ》

八-6

【典】

総画8 JIS-3721 教4年

訓音 テン ―

筆順 だす とめる

なりたち 【会意】竹《たけ》のふだに書《か》きつけた書物《しょもつ》（冊）とつくえ（丌）とを合《あ》わせて、「たいせつな書物《しょもつ》」を表《あらわ》した字《じ》。

意味

❶たよるべき書物《しょもつ》。もとになる書物《しょもつ》。例 典籍《てんせき》・辞典《じてん》

❷正《ただ》しい手本《てほん》。よりどころとなるもの。例 典型《てんけい》・特典《とくてん》

❸きちんとした儀式《ぎしき》。おごそかな儀式《ぎしき》。例 祝典《しゅくてん》

名前のよみ おき・すけ・つかさ・つね・のり・ふみ・みち・もり・よし・より

❷〈正しい手本〉の意味で

【典雅】てんが Ⅱ〈―な〉きちんとしていて上品《じょうひん》なようす。例 パイプオルガンの典雅《てんが》な調《しら》べ。

【典拠】てんきょ Ⅱ 文章《ぶんしょう》などの、よりどころとなっている文献《ぶんけん》。例 典拠《てんきょ》をしめす。類 出典《しゅってん》

【典型】てんけい ↓ それらしさをいちばんよく表《あらわ》しているもの。例 仏像《ぶつぞう》の典型《てんけい》。典型的《てんけいてき》な冬型《ふゆがた》の気圧配置《きあつはいち》。

典が下につく熟語 上の字の働き

❶典＝〈たよるべき書物〉のとき
【仏典《ぶってん》 法典《ほうてん》 事典《じてん》 字典《じてん》 辞典《じてん》】ドウイウ内容《ないよう》の書物《しょもつ》か。
【経典《きょうてん》 聖典《せいてん》 古典《こてん》 原典《げんてん》 出典《しゅってん》】ドウイウ性格《せいかく》をもつ書物《しょもつ》か。

❸典＝〈きちんとした儀式〉のとき
【祭典《さいてん》 祝典《しゅくてん》】ナニのための儀式《ぎしき》か。

◆香典《こうてん》 式典《しきてん》 特典《とくてん》

ソ-8

兼

総画10 JIS-2383 常用
音 ケン
訓 かねる

筆順 兼

なりたち 【会意】もとの字《じ》は、「兼」。二本《にほん》のイネ（秝）と手《て》（ヨ）とをくみ合《あ》わせて、二本《にほん》のイネを持《も》つようすから、「かねる」意味《いみ》を表《あらわ》している字《じ》。

意味 かねる。二《ふた》つ以上《いじょう》の役《やく》わりを同時《どうじ》にもつ。例 大《だい》は小《しょう》を兼《か》ねる。社長兼最高経営責任者《しゃちょうけんさいこうけいえいせきにんしゃ》。兼用《けんよう》

名前のよみ かず・かね・とも

【兼業】けんぎょう ▲〈―する〉本業《ほんぎょう》のほかに、べつの仕事《しごと》もすること。例 兼業農家《けんぎょうのうか》 対 専業《せんぎょう》

【兼行】けんこう ↓〈―する〉昼夜合《ちゅうやあ》わせて、仕事《しごと》を急《いそ》ぐこと。例 昼夜兼行《ちゅうやけんこう》の突貫工事《とっかんこうじ》。

【兼任】けんにん ↓〈―する〉一人《ひとり》で二《ふた》つ以上《いじょう》の役《やく》を受《う》けもつこと。かけもち。例 小《しょう》・中学校《ちゅうがっこう》の校長《こうちょう》を兼任《けんにん》する。類 兼務《けんむ》 対 専任《せんにん》

【兼備】けんび ↓〈―する〉二《ふた》つ以上《いじょう》の長所《ちょうしょ》を合《あ》わせもっていること。例 才色兼備《さいしょくけんび》

【兼務】けんむ ▲〈―する〉二《ふた》つ以上《いじょう》の仕事《しごと》を受《う》けもつこと。例 部長《ぶちょう》が室長《しっちょう》を兼務《けんむ》する。類 兼任《けんにん》・兼職《けんしょく》

【兼用】けんよう ↓〈―する〉一《ひと》つのものを、二《ふた》つ以上《いじょう》のことに役立《やくだ》てて使《つか》うこと。例 日《ひ》がさ兼用《けんよう》の雨《あま》がさ。対 専用《せんよう》

2画

冂 ［けいがまえ］［どうがまえ］ の部

「冂《けいがまえ》」の形《かたち》がめやすとなっている字《じ》を集《あつ》めてあります。

この部首の字

2 円……122 内……123 3 冊……125 4 再……126
同→口 208 巾→巾 357 丹→丶 35 用→用 740 岡→山 348 肉→肉 867 典→八 121 周→口 216

冂-2

円

総画4 JIS-1763 教1年
音 エン
訓 まるい

［圓］

筆順 円（とめる・はねる）

なりたち 【形声】もとの字《じ》は、「圓」。「員《イン》」が「まるい」意味《いみ》と、「エン」とかわって読《よ》み方《かた》をしめしている。「囗（かこみ）」がついて、「まるいこと」を表《あらわ》している字《じ》。

意味

❶まるい。角《かど》がない。なめらか。まるい形《かたち》。全体《ぜんたい》に行《い》きわたる。例 円《まる》く輪《わ》になる。円《えん》をえがく。円滑《えんかつ》・円周《えんしゅう》・円満《えんまん》・関東一円《かんとういちえん》 対 方《ほう》

❷お金《かね》の単位《たんい》。日本《にほん》のお金《かね》の単位《たんい》。例 ドルを円《えん》にかえる。円高《えんだか》・一万円《いちまんえん》・百円《ひゃくえん》

使い分け まるい［丸・円］☞ 35ページ

名前のよみ かず・のぶ・まど・まどか・みつ

❶〈まるい〉の意味で

【円。滑】《えんかつ》 ＝〈―な・―に〉とどこおらず、すらすら進《すす》むさま。例仕事《しごと》が円滑《えんかつ》に運《はこ》ぶ。

【円形】《えんけい》 ↓まるい形《かたち》。例中央《ちゅうおう》に円形《えんけい》の花壇《かだん》を作《つく》る。対方形《ほうけい》

【円座】《えんざ》 ↓①まるい形《かたち》に編《あ》んだしきもの。例円座《えんざ》をしく。②〈―する〉輪《わ》になってすわる。例芝生《しばふ》に円座《えんざ》する。類車座《くるまざ》

【円周】《えんしゅう》 ↓円《えん》のまわり。また、その長《なが》さ。

【円周率】《えんしゅうりつ》 円《えん》の直径《ちょっけい》の長《なが》さにその数《かず》をかけると円周《えんしゅう》の長《なが》さになる数《かず》。約《やく》三・一四一六。記号《きごうパイ》πで表《あらわ》す。

【円熟】《えんじゅく》 ↓〈―する〉①わざをじゅうぶんに身《み》につけ、ゆとりをもってやりこなす力《ちから》があること。例円熟《えんじゅく》した演技《えんぎ》を見《み》せる。類熟練《じゅくれん》 対未熟《みじゅく》 ②長《なが》い経験《けいけん》から、心《こころ》におちつきができていること。例円熟《えんじゅく》の境地《きょうち》。

【円。陣】《えんじん》 ↓多《おお》くの人《ひと》が集《あつ》まって、まるい輪《わ》の形《かたち》にならぶこと。例円陣《えんじん》をくむ。

【円◆錐】《えんすい》 ↓底《そこ》が平《たい》らでまるく、上《うえ》がとがった立体《りったい》。例円錐形《えんすいがた》の帽子《ぼうし》。関連円錐《えんすい》・角錐《かくすい》

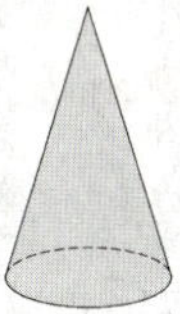

円錐

【円。卓】《えんたく》 ↓まるいテーブル。例円卓《えんたく》をかこむ。表現円卓《えんたく》を使《つか》って自由《じゆう》な発言《はつげん》を楽《たの》しむ会議《かいぎ》を「円卓会議《えんたくかいぎ》」という。

【円柱】《えんちゅう》 ↓①まるい柱《はしら》。例古代建築《こだいけんちく》の円柱《えんちゅう》。②茶《ちゃ》づつの形《かたち》の立体《りったい》。類円筒《えんとう》 関連円柱《えんちゅう》・角柱《かくちゅう》

【円。筒】《えんとう》 ↓まるいつつ。例円筒形《えんとうけい》のビル。類円柱《えんちゅう》

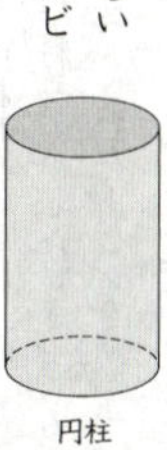

円柱

【円。盤】《えんばん》 ↓①まるくて平《ひら》たい形《かたち》のもの。例空飛《そらと》ぶ円盤《えんばん》 ②陸上競技《りくじょうきょうぎ》の「円盤投《えんばんな》げ」に使《つか》うまるい板《いた》の形《かたち》をしたもの。

【円。舞曲】《えんぶきょく》 四分《よんぶん》の三拍子《さんびょうし》のゆったりとしたおどりの曲《きょく》。ワルツ。

【円満】《えんまん》 ＝〈―な・―に〉とげとげしさがなく、おだやかな感《かん》じ。例円満《えんまん》な家庭《かてい》。円満《えんまん》に解決《かいけつ》する。円満退社《えんまんたいしゃ》。

❷〈お金の単位〉の意味で

【円高】《えんだか》 ▽世界各国《せかいかっこく》の通貨《つうか》にくらべて、日本《にほん》の通貨《つうか》である円《えん》の相場《そうば》が高《たか》めであること。例円高《えんだか》ドル安《やす》 対円安《えんやす》 知識円高《えんだか》だと、外国《がいこく》のものは安《やす》く手《て》に入《はい》るが、日本《にほん》のものを外国《がいこく》に売《う》るにはねだんが高《たか》くて売《う》りにくくなる。

【円安】《えんやす》 ▽世界各国《せかいかっこく》の通貨《つうか》にくらべて、日本《にほん》の通貨《つうか》である円《えん》の相場《そうば》が安《やす》めであること。対円高《えんだか》

円が下につく熟語 上の字の働き

❶円＝〈まるい〉のとき
【半円《はんえん》 同心円《どうしんえん》】ドンナ形《かたち》の円《えん》か。
◆一円《いちえん》 大団円《だいだんえん》

内 冂－2

内

総画4
JIS-3866
教2年
訓 うち
音 ナイ・ダイ

筆順
内 内 内 内（はねる・とめる）

なりたち

【会意】もとの字は「内」。家(冂)と「入」とを合わせて、家《いえ》の中《なか》に入《はい》る意味《いみ》を表《あらわ》す字《じ》。

意味
❶うちがわ。くぎられた範囲《はんい》の中《なか》。例福《ふく》は内《うち》。場内《じょうない》・体内《たいない》 対外《がい》
❷おもてに出《だ》さない。うちうち。こっそり。例手《て》の内《うち》。内輪《うちわ》・内定《ないてい》
❸宮中《きゅうちゅう》。皇居《こうきょ》の中《なか》。例内裏《だいり》・参内《さんだい》

注意するよみ ダイ…例内裏《だいり》・参内《さんだい》

名前のよみ ただ・ちか・のぶ・まさ・みつ

❶〈うちがわ〉の意味で

【内金】《うちきん》 ↓買《か》ったり契約《けいやく》したりする意思《いし》をしめすために、代金《だいきん》の一部《いちぶ》としてしはらうお金《かね》。手《て》つけ。例内金《うちきん》を入《い》れておく。

【内弟子】《うちでし》 先生《せんせい》(師匠《ししょう》)の家《いえ》に住《す》んで、教《おし》えをうける弟子《でし》。例内弟子《うちでし》に入《はい》る。

【内弁。慶】《うちべんけい》 〈―な・―に〉家《いえ》の中《なか》では強《つよ》いが、外《そと》の社会《しゃかい》では弱《よわ》い人《ひと》。例内弁慶《うちべんけい》で、買《か》い物《もの》もできない。参考弁慶《べんけい》は源義経《みなもとのよしつね》の忠実《ちゅうじつ》な家来《けらい》。「強《つよ》い人《ひと》」の代表《だいひょう》になる。

【内孫】《うちまご・ないそん》 ↓自分《じぶん》のむすこ夫婦《ふうふ》のあいだに生《う》まれた子《こ》ども。対外孫《そとまご・がいそん》

【内輪】《うちわ》 ↓少《すく》なめに見《み》た数量《すうりょう》。例内輪《うちわ》に見《み》つもる。☞❷

【内訳】《うちわけ》 ↓費用《ひよう》が、何《なに》にいくらかかって、全《ぜん》

◦学習漢字でない常用漢字　▲常用漢字表にない音訓　◆常用漢字でない漢字

体《たい》でいくらなのかをはっきり示《しめ》すこと。例代《だい》金《きん》の内訳《うちわけ》を書《か》きなさい。類明細《めいさい》

【内科】《ないか》 ↓ 肺《はい》・胃《い》腸《ちょう》などの内臓《ないぞう》の病気《びょうき》を手《しゅ》術《じゅつ》なしで扱《あつか》う医学部門《いがくぶもん》。対外科《げか》

【内海】《ないかい｜うちうみ》 ↓ 海《うみ》が陸地《りくち》内部《ないぶ》に入《はい》りこんでいるところ。入《い》り海《うみ》。例瀬戸内海《せとないかい》 対外海《がいかい｜そとうみ》・外洋《がいよう》

【内外】《ないがい》 ⇕ ①うちとそと。例家《いえ》の内外《ないがい》をそうじする。②国内《こくない》と国外《こくがい》。例内外《ないがい》の注目《ちゅうもく》をあびる。③ある数量《すうりょう》を越《こ》すか越《こ》さないかぐらい。例五千円内外《ごせんえんないがい》の品《しな》。一万《いちまん》トン内外《ないがい》の客《きゃく》船《せん》。類程度《ていど》・前後《ぜんご》

【内角】《ないかく》 ↓ ①三角形《さんかくけい》など、多角形《たかくけい》の内《うち》がわの角《かく》。例三角形《さんかくけい》の内角《ないかく》の和《わ》は一八〇度《ど》。対外角《がいかく》 ②野球《やきゅう》のホームベースで、打者《だしゃ》に近《ちか》いほう。インコーナー。例内角《ないかく》ひくめの球《たま》。対外角《がいかく》

【内閣】《ないかく》 ↓ 国《くに》の行政《ぎょうせい》の最高機関《さいこうきかん》で、内閣総《ないかくそう》理大臣《りだいじん》、その他《た》の大臣《だいじん》でつくられる。

【内閣総理大臣】《ないかくそうりだいじん》 内閣《ないかく》の責任者《せきにんしゃ》。国《こっ》会《かい》で国会議員《こっかいぎいん》の中《なか》から指名《しめい》され、天皇《てんのう》が任命《にんめい》する。「首相《しゅしょう》」「総理大臣《そうりだいじん》」ともいう。

【内規】《ないき》 ↓ その団体《だんたい》の中《なか》でだけ通用《つうよう》するきまり。例会社《かいしゃ》の内規《ないき》にしたがう。

【内勤】《ないきん》 ↓ 〈—する〉外《そと》まわりの仕事《しごと》でなく、建《たて》物《もの》の中《なか》で仕事《しごと》をすること。対外勤《がいきん》

【内。攻】《ないこう》 ↓ 〈—する〉①病気《びょうき》が外側《そとがわ》に出《で》ないかたちで進《すす》むこと。例内攻性疾患《ないこうせいしっかん》 ②なやみを心《こころ》にためこんで苦《くる》しみを深《ふか》めること。例会《かい》社《しゃ》への不満《ふまん》が内攻《ないこう》する。

【内在】《ないざい》 ↓ 〈—する〉それ自身《じしん》の中《なか》にあること。例チームに内在《ないざい》する不満《ふまん》を除《のぞ》く。対外在《がいざい》

【内。需】《ないじゅ》 ↓ 国《くに》の中《なか》で、商品《しょうひん》がほしがられ買《か》われること。例内需《ないじゅ》の拡大《かくだい》。対外需《がいじゅ》

【内出血】《ないしゅっけつ》 〈—する〉からだの中《なか》で血管《けっかん》がやぶれ、血《ち》がたまること。

【内助】《ないじょ》 ↓ 家庭内《かていない》での助《たす》け。参考「内助《ないじょ》の功《こう》」は妻《つま》が夫《おっと》のはたらきを助《たす》けることをいう。

【内政】《ないせい》 ↓ 国《くに》の中《なか》をどうするかの政治《せいじ》。例内政《ないせい》に力《ちから》を入《い》れる。対外交《がいこう》

【内政干。渉】《ないせいかんしょう》 他国《たこく》がある国《くに》の政治《せいじ》に口《くち》を出《だ》すこと。

【内戦】《ないせん》 ↓ 一《ひと》つの国《くに》の中《なか》で、自国民《じこくみん》どうしでおこなう戦争《せんそう》。類内乱《ないらん》

【内装】《ないそう》 ↓ 〈—する〉建物《たてもの》などの内部《ないぶ》の設備《せつび》やかざり。インテリア。例内装工事《ないそうこうじ》。対外装《がいそう》

【内蔵】《ないぞう》 ↓ 〈—する〉そのものの中《なか》にそなえてあること。例内蔵《ないぞう》マイク

【内臓】《ないぞう》 ↓ 胸《むね》や腹《はら》の中《なか》にある、胃《い》や腸《ちょう》、心臓《しんぞう》、肺《はい》、肝臓《かんぞう》など。はらわた。類臓物《ぞうもつ》

【内地】《ないち》 ↓ 国内《こくない》。例内地留学《ないちりゅうがく》 対外地《がいち》 参考第二次大戦時代《だいにじたいせんじだい》に、日本《にほん》の本土《ほんど》以外《いがい》を「外地《がいち》」といったのに対《たい》して使《つか》われたことば。

【内燃機関】《ないねんきかん》 燃料《ねんりょう》をもやしたとき生《しょう》じるガスを使《つか》って、ピストンやタービンを動《うご》かすしくみ。知識ガソリンエンジン・ディーゼルエンジンなど。

【内部】《ないぶ》 ↓ ものの内《うち》がわの部分《ぶぶん》。「身体《しんたい》の内《ない》部《ぶ》」とか「会社組織《かいしゃそしき》の内部《ないぶ》」とかいう。対外部《がいぶ》

【内服】《ないふく》 ↓ 〈—する〉くすりをのむこと。例内《ない》服薬《ふくやく》 類内用《ないよう》・服用《ふくよう》 対外用《がいよう》

【内。紛】《ないふん》 ↓ 国《くに》や会社《かいしゃ》などの内部《ないぶ》でおきるもめごと。内輪《うちわ》もめ。例内紛《ないふん》がたえない。

【内面】《ないめん》 ↓ 一 ①ものの内《うち》がわの面《めん》。例内面《ないめん》塗装《とそう》 類内部《ないぶ》 対外面《がいめん》・表面《ひょうめん》 ②外《そと》からは見《み》えない、人《ひと》の心《こころ》の中《なか》。例内面《ないめん》に強《つよ》さをひめる。対外面《がいめん》 二 《うちづら》 家族《かぞく》や親《した》しいなかまにだけ見《み》せる態度《たいど》や表情《ひょうじょう》。例内面《うちづら》がいい。対外面《そとづら》

【内野】《ないや》 ↓ 野球《やきゅう》で、ホームベース、一塁《いちるい》、二《に》塁《るい》、三塁《さんるい》をむすんだ正方形《せいほうけい》の内《うち》がわ。そこをまもる選手《せんしゅ》。例内野《ないや》ゴロ 対外野《がいや》

【内。憂外。患】《ないゆうがいかん》 国内《こくない》での心配事《しんぱいごと》と、外国《がいこく》から受《う》ける心配事《しんぱいごと》。例内憂外患《ないゆうがいかん》こもごも(かわるがわる)いたる。

【内容】《ないよう》 ↓ ①文章《ぶんしょう》や絵《え》などで表《あらわ》されている話《はなし》のなかみ。例内容《ないよう》を読《よ》みとる。類中身《なかみ》 対形式《けいしき》 ②箱《はこ》や包《つつ》みなどの中《なか》に入《はい》っているもの。例内容物《ないようぶつ》

【内乱】《ないらん》 ↓ 国《くに》の中《なか》でおこる、武力《ぶりょく》によるさわぎ。例内乱《ないらん》をおさめる。類内戦《ないせん》・反乱《はんらん》

【内陸】《ないりく》 ↓ 陸地《りくち》の中《なか》の、海岸《かいがん》から遠《とお》くはなれた地方《ちほう》。例内陸部《ないりくぶ》・内陸性気候《ないりくせいきこう》

【内輪山】《ないりんざん》 火山《かざん》の大《おお》きな火口《かこう》の中《なか》にあとからできた小《ちい》さな火山《かざん》。対外輪山《がいりんざん》

❷〈おもてに出さない〉の意味で

【内気《うちき》】↓〈―な・―に〉気《き》が弱《よわ》くて、思《おも》ったことを、なかなか言《い》ったり実行《じっこう》したりできないこと。例内気《うちき》な性格《せいかく》。類内向的《ないこうてき》・消極的《しょうきょくてき》

【内幕《うちまく》】↓かくれた内《うち》がわの事情《じじょう》。例内幕《うちまく》をあばく。類内情《ないじょう》・楽屋裏《がくやうら》 参考むかしのいくさで、陣営《じんえい》にはった二重《にじゅう》の幕《まく》の内《うち》がわの幕《まく》から。

【内輪《うちわ》】↓家族《かぞく》や身《み》うちなど、ごく近《ちか》いあいだがら。例内輪《うちわ》もめ。類内内《ないない》・内部《ないぶ》 ☞❶

【内意《ないい》】↓おもてには出《だ》さずに、心《こころ》の中《なか》にもっている考《かんが》え。例内意《ないい》をさぐる。

【内向的《ないこうてき》】〈―な・―に〉気持《きも》ちや考《かんが》えをおもてに表《あらわ》さず、とじこもりがちな、心《こころ》のありさま。類内気《うちき》 対外向的《がいこうてき》

【内示《ないじ》】↓〈―する〉発表《はっぴょう》する前《まえ》に、関係者《かんけいしゃ》だけに知《し》らせること。例予算《よさん》の内示《ないじ》。

【内実《ないじつ》】↓外《そと》からはわからない、内《うち》がわの事情《じじょう》。例苦《くる》しい内実《ないじつ》。類内情《ないじょう》

【内°緒《ないしょ》】↓人《ひと》にはひみつにしておくこと。例内緒話《ないしょばなし》 類内内《ないない》・内密《ないみつ》・内分《ないぶん》 参考もと「内証《ないしょう》」であったのが、「ないしょ」とつまって「内緒《ないしょ》」になった。

【内情《ないじょう》】↓知《し》られていない、内部《ないぶ》の事情《じじょう》。例内情《ないじょう》は複雑《ふくざつ》だ。類内実《ないじつ》・内幕《うちまく》・楽屋裏《がくやうら》

【内職《ないしょく》】↓〈―する〉①職業《しょくぎょう》のあいまにする、ちょっとした仕事《しごと》。アルバイト。例本業《ほんぎょう》より内職《ないしょく》のほうがいそがしい。類副業《ふくぎょう》 対本職《ほんしょく》・本業《ほんぎょう》 ②主婦《しゅふ》などが、家事《かじ》のあいまにする仕事《しごと》。例あて名《な》書《が》きの内職《ないしょく》。

【内心《ないしん》】↓心《こころ》の奥《おく》のほんとうの気持《きも》ち。例内心《ないしん》はドキドキだ。類心中《しんちゅう》

【内申書《ないしんしょ》】成績《せいせき》や人《ひと》がらについて出身《しゅっしん》の学校《がっこう》から知《し》らせる書類《しょるい》。類調査書《ちょうさしょ》

【内省《ないせい》】↓〈―する〉自分《じぶん》のおこないや考《かんが》えなどについて、心《こころ》の中《なか》をじっくりと見《み》つめること。例内省的《ないせいてき》

【内°諾《ないだく》】↓〈―する〉正式通知《せいしきつうち》の前《まえ》に、「よろしい」という考《かんが》えをつたえること。例内諾《ないだく》を得《え》る。

【内通《ないつう》】↓〈―する〉味方《みかた》のひみつやようすなどをこっそりと敵《てき》につたえること。例敵《てき》に内通《ないつう》する。類内応《ないおう》

【内定《ないてい》】↓〈―する〉おおやけには発表《はっぴょう》していないが、内々《ないない》に決《き》めておくこと。例内定通知《ないていつうち》

【内°偵《ないてい》】↓〈―する〉気《き》づかれないように、ようすをさぐること。例内偵《ないてい》をすすめる。

【内内《ないない｜うちうち》】Ⅱ〈―に〉なかまや親《した》しい人《ひと》たちのあいだだけのことにしておくこと。例内々《ないない｜うちうち》に話《はなし》を進《すす》める。類内緒《ないしょ》・内輪《うちわ》・内密《ないみつ》

【内分《ないぶん》】↓関係者《かんけいしゃ》のあいだだけのこととすること。例このことはご内分《ないぶん》にねがいます。類内密《ないみつ》 表記「内聞」とも書《か》く。

【内密《ないみつ》】Ⅱ〈―な・―に〉外《そと》にもらさないこと。例内密《ないみつ》に事《こと》を運《はこ》ぶ。類内緒《ないしょ》・内内《ないない》・内分《ないぶん》・秘密《ひみつ》

【内覧《ないらん》】↓〈―する〉発表《はっぴょう》されていないものを、一部《いちぶ》の人《ひと》がとくべつに見《み》ること。例内覧会《ないらんかい》

❸〈宮中〉の意味で

【内裏《だいり》】↓①むかしの天皇《てんのう》の住《す》まい。例内裏《だいり》に参上《さんじょう》する。類禁中《きんちゅう》・禁裏《きんり》・御所《ごしょ》 ②「内裏《だいり》びな」の略《りゃく》。天皇《てんのう》・皇后《こうごう》のすがたに似《に》せて作《つく》った、男女《だんじょ》ひとそろいのひな人形《にんぎょう》。三月三日《さんがつみっか》、桃《もも》の節句《せっく》にかざる。例お内裏《だいり》さま

内が下につく熟語 上の字の働き

❶内＝〈うちがわ〉のとき
【案内《あんない》 家内《かない》 管内《かんない》 境内《けいだい》 坑内《こうない》 構内《こうない》 室内《しつない》 場内《じょうない》 体内《たいない》 胎内《たいない》 年内《ねんない》 圏内《けんない》 枠内《わくない》 湾内《わんない》 幕内《まくうち》】ドウイウ範囲《はんい》の内《うち》か。

◆以内《いない》 参内《さんだい》 不案内《ふあんない》 身内《みうち》

冂-3

冊

総画5
JIS-2693
教6年
訓 ―
音 サツ・サク

筆順
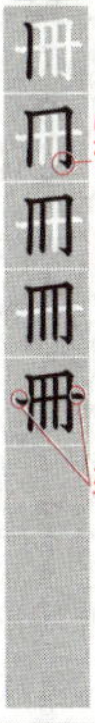

なりたち

【象形】もとの字は「册」。木《き》や竹《たけ》のふだをならべてひもで編《あ》んだ書《しょ》物《もつ》の形《かたち》をえがいた字《じ》。

意味
❶本《ほん》。書《か》きつけ。例冊子《さっし》・別冊《べっさつ》
❷ものを書《か》きつけるふだ。例短冊《たんざく》
❸書物《しょもつ》を数《かぞ》えることば。例冊数《さっすう》・一冊《いっさつ》

名前のよみ ふみ

❶〈本〉の意味で

【冊子《さっし》】⊠本《ほん》、雑誌《ざっし》など、紙《かみ》をとじたもの。

前ページ▶冊

例 小冊子《しょうさっし》 参考 もともとは、糸《いと》でとじた本《ほん》のこと。広《ひろ》く「書物《しょもつ》」の意味《いみ》で使《つか》われる。

冊が下につく熟語 上の字の働き

❶冊＝〈本〉のとき
【大冊《たいさつ》 分冊《ぶんさつ》 別冊《べっさつ》】ドウイウ形《かたち》の一冊《いっさつ》の本《ほん》か。

冂-4 再

総画6
JIS-2638
教5年
音 サイ・サ
訓 ふたたび

筆順

なりたち

【指事】木《き》を組《く》みあげたもの（冓）の略《りゃく》した形《かたち》（冉）に「一」のしるしをくわえて、もう一《ひと》つあることを指《さ》しめした字《じ》。「かさねる、ふたたび」として使《つか》われている。

意味 ふたたび。もう一度《いちど》。例 再《ふたた》びおとずれる。再会《さいかい》

注意するよみ サ…例 再来年《さらいねん》・再来月《さらいげつ》・再来週《さらいしゅう》

【再演《さいえん》】↓〈—する〉二度目《にどめ》の上演《じょうえん》をする。例 おなじメンバーで再演《さいえん》する。対 初演《しょえん》

【再会《さいかい》】↓〈—する〉長《なが》く会《あ》わなかった人《ひと》と、また会《あ》うこと。例 再会《さいかい》を期《き》する。

【再開《さいかい》】↓〈—する〉やめていたことを、またはじめること。例 試合《しあい》を再開《さいかい》する。

【再起《さいき》】↓〈—する〉病気《びょうき》や失敗《しっぱい》などのわるい状態《じょうたい》からたちなおり、活動《かつどう》をはじめること。例 再起《さいき》をめざす。類 再挙《さいきょ》

【再挙《さいきょ》】↓〈—する〉一度《いちど》だめになってやめていたことを、またはじめること。例 再挙《さいきょ》をはかる。類 再起《さいき》

【再建《さいけん》】↓〈—する〉こわれた建物《たてもの》や、だめになった会社《かいしゃ》などをたてなおすこと。例 倒産《とうさん》した会社《かいしゃ》を再建《さいけん》する。参考 神社《じんじゃ》やお寺《てら》の場合《ばあい》は「さいこん」と読《よ》む。

【再現《さいげん》】↓〈—する〉なくなったものが、またあらわれること。あるいは、もう一度《いちど》つくり出《だ》すこと。例 事故現場《じこげんば》の状況《じょうきょう》を再現《さいげん》する。

【再検討《さいけんとう》】〈—する〉もう一度《いちど》調《しら》べなおしてよく考《かんが》えること。例 計画《けいかく》を再検討《さいけんとう》する。

【再考《さいこう》】↓〈—する〉一度《いちど》決《き》めたことについて、もう一度《いちど》考《かんが》えなおすこと。例 再考《さいこう》の余地《よち》がある。再考《さいこう》をうながす。

【再興《さいこう》】↓〈—する〉おとろえていた家《いえ》や国《くに》、行事《ぎょうじ》などをもう一度《いちど》さかんにすること。また、さかんになること。例 つぶれた会社《かいしゃ》を再《さい》興《こう》する。類 復興《ふっこう》・復活《ふっかつ》

【再。婚《さいこん》】↓〈—する〉一度《いちど》結婚《けっこん》した人《ひと》が相手《あいて》とわかれたあと、べつの人《ひと》と結婚《けっこん》すること。

【再三《さいさん》】‖ 二度《にど》も三度《さんど》も。何度《なんど》も。

【再三再四《さいさんさいし》】何度《なんど》も何度《なんど》もくりかえして。「再三《さいさん》」をさらに強《つよ》めて言《い》う。例 再三再四《さいさんさいし》注意《ちゅうい》したのに、いたずらをやめない。

【再出発《さいしゅっぱつ》】〈—する〉出《で》なおすこと。とくに、今《いま》までやっていたことを終《お》わりにして、新《あたら》しくなにかをはじめること。例 前《まえ》の会社《かいしゃ》をやめて、新《あたら》しい職場《しょくば》で再出発《さいしゅっぱつ》する。

【再。審《さいしん》】↓〈—する〉判決《はんけつ》の出《で》た事件《じけん》について、裁判《さいばん》をしなおすこと。例 再審請求《さいしんせいきゅう》。

【再生《さいせい》】↓〈—する〉①死《し》にそうだったものが、いきおいを取《と》りもどすこと。例 日本映画《にほんえいが》界《かい》の再生《さいせい》をはかる。②心《こころ》を入《い》れかえて、新《あたら》しい生活《せいかつ》をはじめること。例 再生《さいせい》をちかって出《で》なおす。類 新生《しんせい》・更生《こうせい》・再起《さいき》 ③動物《どうぶつ》や植物《しょくぶつ》のからだの一部分《いちぶぶん》を切《き》りとっても、またできてくること。例 トカゲのしっぽは再生《さいせい》する。④使《つか》って古《ふる》くなったものを、使《つか》えるようにつくりかえること。例 再生紙《さいせいし》 ⑤録音《ろくおん》や録画《ろくが》したものを機械《きかい》にかけて、音《おと》や映像《えいぞう》を出《だ》すこと。例 ビデオの再生装置《さいせいそうち》。

【再選《さいせん》】↓〈—する〉前《まえ》に選《えら》んだ人《ひと》をもう一度《いちど》選《えら》び出《だ》すこと。また、かさねて当選《とうせん》すること。例 再選《さいせん》をはたす。

【再度《さいど》】↓もう一度《いちど》。ふたたび。例 再度《さいど》のおねがい。金《きん》メダルに再度《さいど》挑戦《ちょうせん》する。

【再任《さいにん》】↓〈—する〉以前《いぜん》つとめた職《しょく》や地位《ちい》にもう一度《いちど》つくこと。例 議長《ぎちょう》に再任《さいにん》される。

【再認識《さいにんしき》】〈—する〉前《まえ》からわかっているはずのことを、もう一度《いちど》みとめなおすこと。例 平和《へいわ》のたいせつさを再認識《さいにんしき》する。

【再燃《さいねん》】↓〈—する〉終《お》わったはずのことが、また問題《もんだい》になること。例 国際紛争《こくさいふんそう》が再燃《さいねん》する。

【再発《さいはつ》】↓〈—する〉以前《いぜん》の病気《びょうき》や事故《じこ》がまたおこること。例 事故《じこ》の再発《さいはつ》を防止《ぼうし》する。

【再発見】《さいはっけん》〈―する〉前《まえ》は気《き》づいていなかったよさやねうちを見《み》つけること。

【再評価】《さいひょうか》〈―する〉そのことのねうちを新《あら》たに認《みと》めること。例 生徒《せいと》の力《ちから》を再評価《さいひょうか》する。

【再編】《さいへん》 ↓ 〈―する〉内容《ないよう》を組《く》みかえて新《あたら》しくすること。例 委員会《いいんかい》を再編《さいへん》する。

【再来】《さいらい》 ↓ 〈―する〉①それがまた、やって来《く》ること。例 好景気《こうけいき》の再来《さいらい》を待《ま》つ。②過去《かこ》の人物《じんぶつ》が、もう一度《いちど》この世《よ》にあらわれること。例 エジソンの再来《さいらい》かという発明家《はつめいか》。類 再生《さいせい》

【再来年】《さらいねん》 来年《らいねん》の次《つぎ》の年《とし》。

2画 冖 ［わかんむり］の部

物《もの》を上《うえ》からおおう意《い》を表《あらわ》す「冖《わかんむり》」をもとに作《つく》られた字《じ》と、「冖《わかんむり》」の形《かたち》がめやすとなっている字《じ》を集《あつ》めてあります。

この部首の字

2 冗……127　3 写……127　7 冠……128　8 冥……128　軍→車 972

冗

冖-2　総画4　JIS-3073　常用

音 ジョウ　訓 ―

筆順 冗 冗 冗 冗

なりたち 【会意】もとの字は「宂」。家《いえ》(宀)の中《なか》で人《ひと》(儿)がじっとしているようすを表《あらわ》し、「ひま、むだ」の意味《いみ》で使《つか》われる。

意味

❶むだな。必要《ひつよう》のない。例 冗談《じょうだん》

❷長《なが》すぎてしまりがない。長《なが》たらしい。例 冗長《じょうちょう》

❶〈むだな〉の意味で

【冗舌】《じょうぜつ》 ↓ 〈―に・―な〉やたらにしゃべること。例 冗舌《じょうぜつ》をふるう。類 多弁《たべん》・多言《たげん》 対 無口《むくち》・寡黙《かもく》 表記「饒舌」とも書《か》く。

【冗談】《じょうだん》 ↓ ふざけて、本気《ほんき》でないことを言《い》うこと。ジョーク。例 冗《じょう》談《だん》を真《ま》に受《う》ける。冗《じょう》談《だん》をとばす。対 本気《ほんき》

【冗費】《じょうひ》 ↓ むだに使《つか》われるお金《かね》。むだづかい。例 冗《じょう》費《ひ》節約《せつやく》。

❷〈長すぎてしまりがない〉の意味で

【冗長】《じょうちょう》 Ⅱ 〈―に・―な〉むだに長《なが》い。例 冗長《じょうちょう》な文章《ぶんしょう》。類 冗漫《じょうまん》

【冗漫】《じょうまん》 Ⅱ 〈―に・―な〉ばらばらでしまりがない。例 冗漫《じょうまん》な説明《せつめい》。類 冗長《じょうちょう》 対 簡潔《かんけつ》

写

冖-3　総画5　JIS-2844　教3年

音 シャ　訓 うつす・うつる

［寫］

筆順 写 写 写 写 写（ノにならない　はねる　だす）

なりたち 【形声】もとの字は、「寫」。「舄」が「物《もの》を運《はこ》ぶ」意味《いみ》と「シャ」という読《よ》み方《かた》をしめしている。家《いえ》(宀)の中《なか》で物《もの》をうつすことを表《あらわ》す字《じ》。

意味

❶書《か》きうつす。文字《もじ》などを書《か》きうつす。例 ノートに写《うつ》す。写本《しゃほん》・模写《もしゃ》

❷ありのままにうつす。すがたやようすをそのとおりに表《あらわ》す。例 写生《しゃせい》・描写《びょうしゃ》

❸フィルムにうつしとる。写真《しゃしん》をうつす。例 カメラで写《うつ》す。写真《しゃしん》・接写《せっしゃ》

使い分け うつす［写・映］ ☞127ページ

❷〈ありのままにうつす〉の意味で

【写実】《しゃじつ》 ▲ 〈―する〉実際《じっさい》のようすをありありとえがきだすこと。例 写実的《しゃじつてき》な表現《ひょうげん》。

【写実主義】《しゃじつしゅぎ》 写実《しゃじつ》を第一《だいいち》とする、芸術《げいじゅつ》上《じょう》の立場《たちば》。リアリズム。

【写生】《しゃせい》 ▲ 〈―する〉見《み》えるものや、聞《き》こえるも

例解 使い分け

［うつす《写す・映す》］

写す＝文字《もじ》や絵《え》などで、そのとおりに表《あらわ》す。
例 黒板《こくばん》の字《じ》を写《うつ》す。書類《しょるい》を写《うつ》す。写《うつ》しを作《つく》る。記念写真《きねんしゃしん》を写《うつ》す。

映す＝光《ひかり》を利用《りよう》して、物《もの》の形《かたち》や色《いろ》を表《あらわ》す。
例 スライドを映《うつ》す。映《うつ》し出《だ》す。すがたを鏡《かがみ》に映《うつ》す。障子《しょうじ》にかげを映《うつ》す。

のを、そのままうつしとり、えがきだすこと。スケッチ。例 写生文《しゃせいぶん》・写生大会《しゃせいたいかい》・写生帳《しゃせいちょう》

❸〈フィルムにうつしとる〉の意味で

【写真《しゃしん》】▲ カメラでフィルムにうつしとった形《かたち》を印画紙《いんがし》にやきつける技術《ぎじゅつ》。そうしてできた画像《がぞう》。例 写真《しゃしん》をとる。

写が下につく熟語 上の字の働き

❶写＝〈書きうつす〉のとき
【書写《しょしゃ》 透写《とうしゃ》 複写《ふくしゃ》 模写《もしゃ》 誤写《ごしゃ》】ドウヤッテ・ドノヨウニ写《うつ》すか。
【手写《しゅしゃ》 筆写《ひっしゃ》】ナニで書き写《うつ》すか。
❸写＝〈フィルムにうつしとる〉のとき
【試写《ししゃ》 実写《じっしゃ》 接写《せっしゃ》】ドウ写《うつ》すか。
◆ 映写《えいしゃ》 謄写《とうしゃ》 描写《びょうしゃ》

冠

冖―7 総画9 JIS-2007 常用
音 カン 訓 かんむり

筆順 冠 冠 冠 冠 冠 冠 冠 冠 冠

なりたち  【形声】おおうもの（冖）を手《て》（寸）で頭《あたま》（元）につけることから、「かんむり」を表《あらわ》している字。「元《ゲン》」が「カン」とかわって読《よ》み方《かた》をしめしている。

意味
❶かんむり。かんむりをつける。例 冠《かんむり》を曲《ま》げる（きげんを悪《わる》くする）。王冠《おうかん》
❷成人《せいじん》する。成人《せいじん》したしるしにかんむりをつける。（中国《ちゅうごく》からきた風習《ふうしゅう》）例 冠婚葬祭《かんこんそうさい》・弱冠《じゃっかん》
❸かぶる。かぶせる。例 冠水《かんすい》
❹いちばん上《うえ》にある。もっともすぐれている。例 世界《せかい》に冠《かん》たる存在《そんざい》。
❺漢字《かんじ》の上《うえ》の部分《ぶぶん》。例 草冠《くさかんむり》 参考 ☞ふろく「漢字の組み立て」（[4]ページ）

❶〈かんむり〉の意味で

【冠省《かんしょう》】↓ 手紙《てがみ》で、あいさつを略《りゃく》すことば。類 前略《ぜんりゃく》 知識 むすびは「不一《ふいつ》」「草々《そうそう》」など。

❷〈成人する〉の意味で

【冠婚葬祭《かんこんそうさい》】成人式《せいじんしき》・婚礼《こんれい》・葬式《そうしき》・法事《ほうじ》。

❸〈かぶる〉の意味で

【冠水《かんすい》】▲（―する）田畑《たはた》や道路《どうろ》などが、大水《おおみず》のために水《みず》をかぶること。例 洪水《こうずい》で畑《はたけ》の野菜《やさい》が冠水《かんすい》した。類 浸水《しんすい》

冠が下につく熟語 上の字の働き

❶冠＝〈かんむり〉のとき
【王冠《おうかん》 宝冠《ほうかん》】ナニの冠《かんむり》か。
◆ 栄冠《えいかん》 弱冠《じゃっかん》

冥

冖―8 総画10 JIS-4429 常用
音 メイ・ミョウ 訓 ―

筆順 冥 冥 冥 冥 冥 冥 冥 冥

意味
❶くらい。例 幽冥《ゆうめい》
❷あの世《よ》。例 冥土《めいど》・冥福《めいふく》
❸おく深《ふか》い。
❹神《かみ》や仏《ほとけ》のはたらき。例 冥加《みょうが》・冥利《みょうり》
❺思《おも》いにふける。例 冥想《めいそう》
❻《その他《た》》例 冥王星《めいおうせい》

❷〈あの世〉の意味で

【冥土《めいど》】↓ 死《し》んでから行《い》くところ。あの世《よ》。表記「冥途」とも書《か》く。

【冥福《めいふく》】↓ あの世《よ》での幸《しあわ》せ。例 故人《こじん》の冥福《めいふく》をいのる。

❹〈神や仏のはたらき〉の意味で

【冥利《みょうり》】↓ ①知《し》らないうちに神《かみ》や仏《ほとけ》から受《う》ける幸《しあわ》せ。②ある立場《たちば》にいることで受《う》ける幸福《こうふく》や喜《よろこ》び。例 役者冥利《やくしゃみょうり》につきる。

❺〈思いにふける〉の意味で

【冥想《めいそう》】Ⅱ 目《め》をとじてしずかに考《かんが》える。例

❻《その他》

【冥王星《めいおうせい》】準惑星《じゅんわくせい》。太陽《たいよう》のまわりをまわる小《ちい》さい星《ほし》。もとは惑星《わくせい》とされていた。

2画 冫［にすい］の部

氷《こおり》の意《い》で、気候《きこう》の寒《さむ》さにかかわる「冫《にすい》」をもとに作《つく》られた字と、「冫《にすい》」の形《かたち》がめやすとなっている字を集《あつ》めてあります。

この部首の字

ものしり巻物　第4巻

甲骨文字《こうこつもじ》と金文《きんぶん》

【甲骨文字《こうこつもじ》】　甲骨文字《こうこつもじ》というのは、亀《かめ》の甲羅《こうら》や動物《どうぶつ》のほねにきざみこまれた最古《さいこ》の漢字《かんじ》を指《さ》します。

　この甲骨文字《こうこつもじ》は、わずかに百年《ひゃくねん》ほど前《まえ》にぐうぜんのことから発見《はっけん》されました。しかしそれはただ甲骨文字《こうこつもじ》が発見《はっけん》されたということに終《お》わらず、それまでなかば伝説《でんせつ》の王朝《おうちょう》であった「殷《いん》」がほんとうに存在《そんざい》したということの証《しょう》拠《こ》にもなりました。

　むかしから殷《いん》の都《みやこ》があったと言《い》いつたえられていた土地《とち》であった黄河流域《こうがりゅういき》の河南省《かなんしょう》安陽県《あんようけん》の小屯《しょうとん》という村《むら》のあたりでは、大《おお》むかしの動物《どうぶつ》のほねの化石《かせき》がときどき出土《しゅつど》していました。それを漢方薬屋《かんぽうやくや》が「竜骨《りゅうこつ》」と名《な》づけ、風邪《かぜ》にきく薬《くすり》として売《う》っていました。

　あるとき、王懿栄《おういえい》という学者《がくしゃ》は、いつも薬《くすり》として買《か》わせていた「竜骨《りゅうこつ》」になにかがきざまれていることに気《き》づきました。そして、それはどうも古代《こだい》の漢字《かんじ》のすがたではないかと想像《そうぞう》したのです。これが甲骨文字《こうこつもじ》発《はっ》見《けん》のきっかけでした。王懿栄《おういえい》は知《ち》人《じん》の竜鉄雲《りゅうてつうん》という学者《がくしゃ》に自分《じぶん》の考《かんが》えとともに、きざみきずのついた竜骨《りゅうこつ》を見《み》せました。そこで竜鉄雲《りゅうてつうん》は、その後《ご》たくさんの竜骨《りゅうこつ》を集《あつ》め、本格的《ほんかくてき》に研究《けんきゅう》して、『鉄雲蔵亀《てつうんぞうき》』という本《ほん》を出版《しゅっぱん》して、甲骨文字《こうこつもじ》を世《よ》の中《なか》に紹介《しょうかい》しました。この書物《しょもつ》によって甲《こう》骨文字《こつもじ》が世《よ》の中《なか》に知《し》れわたり、その解読《かいどく》がおこなわれていきました。その結果《けっか》、小屯《しょうとん》あたりは、伝説《でんせつ》とされていた殷王朝《いんおうちょう》（紀元前《きげんぜん》一三〇〇年《ねん》ころ）の都《みやこ》の跡《あと》であることがわかり、殷王朝《いんおうちょう》の実在《じつざい》が証明《しょうめい》されることになったのです。

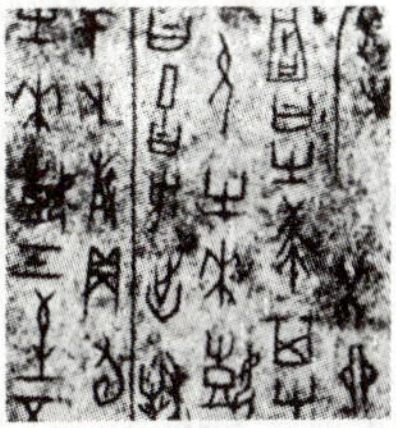

甲骨文字

　殷《いん》では、国《くに》の政治《せいじ》の重要《じゅうよう》なことがらはすべて神《かみ》にたずねました。この神《かみ》の意志《いし》をうらなうために、亀《かめ》の腹《はら》のほうの平《たい》らな甲羅《こうら》や動物《どうぶつ》のほねを用《もち》いました。それらのうらがわに小《ち》さなあなを浅《あさ》くあけて、そこに、やいて熱《あつ》くした棒《ぼう》をあてます。すると、表《おもて》がわにひびが入《はい》ります。このひびわれの形《かたち》によって神《かみ》の意志《いし》をうらなったのです。そのうらないの結果《けっか》をその甲羅《こうら》やほねにするどい刃物《はもの》できざみこんだ文字《もじ》が甲骨文字《こうこつもじ》なのです。（…カラー口絵《くちえ》）

【金文《きんぶん》】　殷王朝《いんおうちょう》の次《つぎ》の周王朝《しゅうおうちょう》は、青銅器《せいどうき》の時代《じだい》ともいわれ、ひじょうに多《おお》くの青銅器《せいどうき》が発掘《はっくつ》されています。銅《どう》に錫《すず》をまぜ合《あ》わせてとかしたものを青銅《せいどう》といい、型《かた》にとかし入《い》れてさまざまな形《かたち》の器《うつわ》に鋳造《ちゅうぞう》しやすい金属《きんぞく》とされています。

　周《しゅう》では、王族《おうぞく》や国《くに》の実力者《じつりょくしゃ》は神《かみ》や祖先《そせん》をまつるため、また戦争《せんそう》や征伐《せいばつ》であげた手柄《てがら》を記《き》念《ねん》してながく子孫《しそん》につたえるために、青銅《せいどう》でりっぱな鼎《かなえ》や鐘《かね》などを作《つく》りました。このとき、いのりの内容《ないよう》や手柄《てがら》の中身《なかみ》を文字《もじ》にして、もようとおなじように鋳込《いこ》んだものが金文《きんぶん》といわれる文字《もじ》です。むかしは銅《どう》のことを「金《きん》」と言《い》っていたので、この文字《もじ》を金文《きんぶん》といいます。この金文《きんぶん》は甲骨文字《こうこつもじ》とちがって、唐《とう》や宋《そう》といった古《ふる》い時代《じだい》からすでに知《し》られていて研《けん》究《きゅう》も進《すす》められていました。

　金文《きんぶん》は、細《ほそ》く直線的《ちょくせんてき》な甲骨文字《こうこつもじ》にくらべて、太《ふと》く丸《まる》みのある文《も》字《じ》です。

金文

冫－5

【冴】

総画7
JIS-2667
人名
音 コ・ゴ
訓 さ-える

意味
❶さえる。すみわたる。例 月《つき》が冴《さ》える。
❷ひえる。ひえこむ。さむい。例 冬《ふゆ》の夜《よ》空《ぞら》が冴《さ》える。

冫－5

【冶】

総画7
JIS-4474
常用
音 ヤ
訓 ―

筆順 冶 冶 冶 冶 冶 冶 冶

意味
❶金属《きんぞく》をとかしてかたどる。金属《きんぞく》をとかして器《うつわ》や道具《どうぐ》をつくる。例 冶金《やきん》
❷りっぱなものにしあげる。例 陶冶《とうや》

特別なよみ 鍛冶(かじ)

冫－5

【冷】

総画7
JIS-4668
教4年

音 レイ
訓 つめたい・ひえる・ひや・ひやす・ひやかす・さめる・さます

筆順 冷 冷 冷 冷 冷 冷 冷
はらう　｜・一にならない　とめる

なりたち

【形声】「令」は「レイ」という読《よ》み方《かた》をしめし、「レイ」は「すむ」意《い》味《み》を持《も》つ。こおりを表《あらわ》す「冫」をくわえて、氷《こおり》のつめたさを表《あらわ》している字《じ》。

意味
❶温度《おんど》が低《ひく》い。つめたい。ひえる。ひやす。例 からだが冷《ひ》える。お湯《ゆ》を冷《さ》ます。冷《つめ》たい水《みず》。お冷《ひ》や。冷害《れいがい》・寒冷《かんれい》 対 暖《だん》・温《おん》・熱《ねつ》
❷心《こころ》がつめたい。思《おも》いやりがない。例 人《ひと》を冷《ひ》やかす。冷淡《れいたん》
❸落《お》ち着《つ》いている。しずめる。しずまる。例 頭《あたま》を冷《ひ》やす。熱《ねつ》が冷《さ》める。冷静《れいせい》

❶〈温度が低い〉の意味で

【冷夏《れいか》】[↓] ふだんの年《とし》ほどに暑《あつ》くならずに、すずしい日《ひ》のつづく夏《なつ》。例 冷夏《れいか》の影響《えいきょう》で、お米《こめ》のできぐあいがよくない。

【冷害《れいがい》】[↓] ふだんの夏《なつ》より、気温《きおん》が低《ひく》かったり、早《はや》めに寒《さむ》くなったりして農作物《のうさくぶつ》が受《う》ける害《がい》。例 冷害対策《れいがいたいさく》。類 寒害《かんがい》

【冷気《れいき》】[↓] ひんやりとした空気《くうき》。例 朝《あさ》の冷《れい》気《き》に当《あ》たる。対 熱気《ねっき》

【冷却《れいきゃく》】[⊠]〈―する〉あたたかいものや、熱《あつ》いものをひやすこと。例 冷却装置《れいきゃくそうち》 表現 あらそっている者《もの》どうしが冷静《れいせい》になるのを待《ま》つことを、「冷却期間《れいきゃくきかん》をおく」という。

【冷血《れいけつ》】[↓] 自分《じぶん》のからだをあたためられない血《ち》であること。例 冷血動物《れいけつどうぶつ》 対 温血《おんけつ》 ☞❷

【冷水《れいすい／ひやみず》】[↓] つめたい水《みず》。例 冷水《れいすい》まさつ 対 温水《おんすい》 表現 相手《あいて》の熱《ねつ》を一気《いっき》にさますようなことを言《い》うのを、「冷水《れいすい／ひやみず》をあびせる」という。

【冷蔵《れいぞう》】[↓]〈―する〉食《た》べ物《もの》などがくさらないように、温度《おんど》の低《ひく》い状態《じょうたい》にしてしまっておくこと。例 要冷蔵《ようれいぞう》。

【冷蔵庫《れいぞうこ》】食《た》べ物《もの》や飲《の》み物《もの》などをひやしておく箱形《はこがた》の入《い》れ物《もの》。

【冷凍《れいとう》】[||]〈―する〉食《た》べ物《もの》などを保存《ほぞん》するために、こおらせておくこと。対 解凍《かいとう》

【冷房《れいぼう》】[▲]〈―する〉機械《きかい》などで、へやの中《なか》をすずしくすること。例 冷房《れいぼう》をきかす。対 暖《だん》房《ぼう》 参考「房《ぼう》」はへや。

❷〈心がつめたい〉の意味で

【冷遇《れいぐう》】[↓]〈―する〉相手《あいて》をつめたくそまつにあつかうこと。対 優遇《ゆうぐう》・厚遇《こうぐう》・礼遇《れいぐう》

【冷血《れいけつ》】[↓]〈―な〉〈―に〉人間《にんげん》らしい心《こころ》をもたないつめたさ。類 非情《ひじょう》・冷酷《れいこく》・無慈悲《むじひ》 ☞❶

【冷酷《れいこく》】[||]〈―な〉〈―に〉思《おも》いやりの気持《きも》ちがなく、ひどいことをするようす。例 冷酷《れいこく》なしうち。類 非情《ひじょう》・冷血《れいけつ》・無慈悲《むじひ》

【冷笑《れいしょう》】[↓]〈―する〉人《ひと》をばかにしてひややかにわらうこと。例 冷笑《れいしょう》をかう。類 嘲笑《ちょうしょう》

【冷淡《れいたん》】[||]〈―な〉〈―に〉思《おも》いやりがないようす。そっけないようす。例 冷淡《れいたん》な態度《たいど》。

❸〈落ち着いている〉の意味で

【冷厳《れいげん》】[||]〈―な〉〈―に〉①うわついたところがなく、しずかに落《お》ち着《つ》いているようす。例 冷厳《れいげん》な態度《たいど》。②ごまかしたり、かくしたりできないほど、重々《おもおも》しいようす。例 冷厳《れいげん》な事実《じじつ》。

【冷静《れいせい》】[||]〈―な〉〈―に〉おこったりあわてたりしないで、落《お》ち着《つ》いていること。例 冷静《れいせい》をよそおう。

【冷戦《れいせん》】↓ 戦争《せんそう》はしないが、たがいに対立《たいりつ》した状態《じょうたい》にあること。第二次世界大戦後《だいにじせかいたいせんご》のアメリカとソ連《れん》(今《いま》のロシア)の対立《たいりつ》をいった。
【冷◦徹《れいてつ》】↓〈―な・―に〉落《お》ち着《つ》いて、深《ふか》くするどく見《み》とおしている。例 冷徹《れいてつ》な視線《しせん》。

ン-8
准
総画10 JIS-2958 常用
音 ジュン
訓 ―

筆順 准准准准准准准

意味
❶なぞらえる。つぎにくらいする。準《じゅん》ずる。例 准教授《じゅんきょうじゅ》
❷ゆるす。承認《しょうにん》する。例 批准《ひじゅん》

名前のよみ のり

ン-8
凄
総画10 JIS-3208 常用
音 セイ
訓 ―

筆順 凄凄凄凄凄凄凄

意味 すごい。すさまじい。ぞっとするくらいさむい。

【◦凄◦惨《せいさん》】II〈―な〉むごくてとても見《み》ていられないさま。むごたらしい。例 凄惨《せいさん》な事故《じこ》。
【◦凄絶《せいぜつ》】⊠〈―な〉ひじょうにすさまじい。例 凄絶《せいぜつ》なたたかい。

ン-8
凍
総画10 JIS-3764 常用
音 トウ
訓 こおる・こごえる・いてる

筆順 凍凍凍凍凍凍凍

なりたち  【形声】「東」が「トウ」という読《よ》み方《かた》をしめし、「トウ」が「かさなる」意味《いみ》を持《も》つ。「こおり」の意味《いみ》の「冫」をくわえて、氷《こおり》があつくかさなることを表《あらわ》す字《じ》。

意味
❶こおる。こおりつく。例 水《みず》が凍《こお》る。凍結《とうけつ》・冷凍《れいとう》
❷こごえる。例 手足《てあし》が凍《こご》える。凍傷《とうしょう》

❶〈こおる〉の意味で
【◦凍結《とうけつ》】↓〈―する〉①こおりつくこと。例 水道《すいどう》の凍結《とうけつ》をふせぐ。類 氷結《ひょうけつ》 ②財産《ざいさん》や資金《しきん》の使用《しよう》や移動《いどう》を禁止《きんし》すること。例 資産《しさん》を凍結《とうけつ》する。③ものごとの処理《しょり》を保留《ほりゅう》すること。
【◦凍土《とうど》】↓寒《さむ》さで水分《すいぶん》がこおり、かたくなった土《つち》。例 凍土地帯《とうどちたい》・永久凍土《えいきゅうとうど》

❷〈こごえる〉の意味で
【◦凍死《とうし》】↓〈―する〉きびしい寒《さむ》さのために、こごえて死《し》ぬこと。例 冬山《ふゆやま》での凍死者《とうししゃ》のニュース。
【◦凍傷《とうしょう》】↓きびしい寒《さむ》さのために、からだにうける傷害《しょうがい》。例 凍傷《とうしょう》におかされる。知識「しもやけ」はその軽《かる》いものをいう。

ン-8
凌
総画10 JIS-4631 人名
音 リョウ
訓 しのぐ

意味
❶しのぐ。こえる。例 凌駕《りょうが》
❷おかす。力《ちから》ずくでおさえこむ。例 凌辱《りょうじょく》

ン-13
凜
総画15 JIS-8405 人名
音 リン
訓 ―

意味 りりしい。寒《さむ》さがきびしい。例 凜《りん》とした声《こえ》。勇気凜凜《ゆうきりんりん》 参考「凛《りん》」の字《じ》も、人名用漢字《じんめいようかんじ》。

ン-14
凝
総画16 JIS-2237 常用
音 ギョウ
訓 こる・こらす

筆順 凝凝凝凝凝凝凝凝

なりたち  【形声】「疑《ぎ》」が「とどまる」意味《いみ》と、「ギョウ」とかわって読《よ》み方《かた》をしめしている。氷《こおり》を表《あらわ》す「冫」をくわえて、氷《こおり》がこおっているようすを表《あらわ》している字《じ》。

意味
❶こりかたまる。こる。例 肩《かた》が凝《こ》る。凝固《ぎょうこ》・凝縮《ぎょうしゅく》
❷じっと動《うご》かずに集中《しゅうちゅう》する。心《こころ》を集中《しゅうちゅう》させる。例 目《め》を凝《こ》らす。凝視《ぎょうし》

❶〈こりかたまる〉の意味で
【◦凝結《ぎょうけつ》】II〈―する〉①こりかたまること。②小《ちい》さなものが集《あつ》まってかたまりになること。とくに、水蒸気《すいじょうき》が集《あつ》まって、しずくになること。類 凝縮《ぎょうしゅく》・凝固《ぎょうこ》
【◦凝固《ぎょうこ》】II〈―する〉水《みず》が氷《こおり》になるなど、液体《えきたい》が固体《こたい》になること。例 凝固点《ぎょうこてん》(液体《えきたい》が固体《こたい》にかわるときの温度《おんど》) 類 凝結《ぎょうけつ》・凝縮《ぎょうしゅく》 対 融解《ゆうかい》
【◦凝集《ぎょうしゅう》】↓〈―する〉ちらばっていたものが、

前ページ▶ 准 凄 凍 凌 凜 凝

一《ひと》つにかたまること。例水銀《すいぎん》の凝集力《ぎょうしゅうりょく》。
【。凝縮《ぎょうしゅく》】⇩〈—する〉ぎゅっとまとまって、濃《こ》くなったり、かたまったりすること。例ことわざには先人《せんじん》の知恵《ちえ》が凝縮《ぎょうしゅく》されている。気体《きたい》の凝縮《ぎょうしゅく》。類凝結《ぎょうけつ》・凝固《ぎょうこ》

❷〈じっと動かずに集中する〉の意味で
【。凝視《ぎょうし》】⇩〈—する〉じっと見《み》つめること。例一点《いってん》を凝視《ぎょうし》する。類熟視《じゅくし》・注視《ちゅうし》・注目《ちゅうもく》

2画 几《つくえ》 [つくえ] 𠘨 [かぜがまえ] の部

「几《つくえ》」の形《かたち》がめやすとなっている字《じ》と「𠘨《かぜがまえ》」(風《かぜ》を省略《しょうりゃく》した形《かたち》)」をもとにして作《つく》られた字《じ》を集《あつ》めてあります。

この部首の字
1 凡……132 3 処……132 凧……133
4 凪……133 9 凰……133 10 凱……133 冗→冖 127
風→風 1044 鳳→鳥 1066

几−1
凡
総画3 JIS-4362 常用
音 ボン・ハン
訓 およ-そ

筆順 凡 凡 凡

なりたち  【象形】甲骨文字《こうこつもじ》では「H」と書《か》かれ、ひろげた布《ぬの》の形《かたち》をえがいた字《じ》とされる。

意味 ❶ふつうである。なみの。例凡人《ぼんじん》・平凡《へいぼん》 ❷すべて。おしなべて。例凡例《はんれい》

参考 ❶では「ボン」と読《よ》み、❷では「ハン」と読《よ》む。

注意するよみ ハン…例凡例《はんれい》

名前のよみ ちか・つね

❶〈ふつうである〉の意味で
【。凡才《ぼんさい》】⇩とくにすぐれたところのない、ごくふつうの才能《さいのう》。ふつうの才能《さいのう》しかもっていない人《ひと》。類鈍才《どんさい》 対英才《えいさい》・秀才《しゅうさい》・俊才《しゅんさい》・天才《てんさい》
【。凡人《ぼんじん》】⇩とりたててすぐれた点《てん》のない、ごくふつうの人《ひと》。類凡夫《ぼんぶ》
【。凡打《ぼんだ》】⇩〈—する〉野球《やきゅう》で、ヒットや犠打《ぎだ》にならないこと。例凡打《ぼんだ》に終《お》わる。
【。凡退《ぼんたい》】⇩〈—する〉野球《やきゅう》で、打者《だしゃ》が塁《るい》に出《で》られず、ひきさがること。例三者凡退《さんしゃぼんたい》
【。凡夫《ぼんぶ》】⇩①仏《ほとけ》の教《おし》えをさとることができず、迷《まよ》いから抜《ぬ》け出《だ》せない人《ひと》。例凡夫《ぼんぶ》のあさましさ。②ふつうの人《ひと》。例凡夫《ぼんぶ》のおよぶところではない。類凡人《ぼんじん》
【。凡。庸《ぼんよう》】Ⅱ〈—な・—に〉これといってすぐれたところもなく、ふつうであるようす。例凡庸《ぼんよう》な作品《さくひん》。類平凡《へいぼん》 対非凡《ひぼん》

❷〈すべて〉の意味で
【。凡例《はんれい》】⇩書物《しょもつ》のはじめにある、その本《ほん》の全体《ぜんたい》にわたる説明《せつめい》を書《か》いた部分《ぶぶん》。例辞書《じしょ》を使《つか》う前《まえ》に凡例《はんれい》を読《よ》む。

◆非凡《ひぼん》 平凡《へいぼん》

几−3
処
総画5 JIS-2972 教6年
音 ショ
訓 ところ

[處]

筆順 処 夂 夂 処 処 (はらう・はねる・おらない)

なりたち  【形声】もとの字《じ》は、「處」。「虍《コ》」が「ショ」とかわって読《よ》み方《かた》をしめしている。「処」はこしかけ(几)とあし(夂)を合《あ》わせた形《かたち》で、「すわる」ことを表《あらわ》している字《じ》。

意味 ❶そのままでいる。初《はじ》めのままでいる。❷とりさばく。しまつをつける。例要領《ようりょう》よく事《こと》を処《しょ》する。処置《しょち》・善処《ぜんしょ》 ❸ところ。「所《ところ》」とおなじ。

❶〈そのままでいる〉の意味で
【処女《しょじょ》】⇩①まだ結婚《けっこん》していないおとめ。②だれも手《て》をつけていない。例処女峰《しょじょほう》 ③はじめての。最初《さいしょ》の。例処女航海《しょじょこうかい》・処女作《しょじょさく》
表現 ②③は、「処女《しょじょ》…」と、ほかのことばの前《まえ》につけて使《つか》う。
【処女作《しょじょさく》】その人《ひと》にとってはじめての作品《さくひん》。
【処女地《しょじょち》】まだ人《ひと》がふみこんだり、切《き》りひらいたりしたことのない土地《とち》。表現 それまでにだれも調《しら》べたり研究《けんきゅう》したりしたことのないことがらについてもいう。

❷〈とりさばく〉の意味で
【処。遇《しょぐう》】⇩〈—する〉仕事《しごと》ぶりや力《ちから》などにふさ

わしい地位《ちい》などをあたえること。類待遇《たいぐう》

【処。刑】しょけい ▲〈―する〉刑罰《けいばつ》をくだすこと。とくに、死刑《しけい》にすること。類処罰《しょばつ》 表現☞【処罰《しょばつ》】(133ページ)

【処世】しょせい ▲世《よ》の中《なか》でいろいろなできごとに出《で》あったり、人《ひと》とつきあったりして生《い》きていくこと。例処世術《しょせいじゅつ》

【処断】しょだん ↓〈―する〉よいかわるいかをよく判《はん》断《だん》してしまつをつけること。

【処置】しょち ↓〈―する〉①どうあつかうかを決《き》めてしまつをつけること。例処置《しょち》をほどこす。処置《しょち》にこまる。類処理《しょり》・措置《そち》 ②病気《びょうき》やけがなどに対《たい》する手当《てあ》て。例応急処置《おうきゅうしょち》

【処。罰】しょばつ ▲〈―する〉罰《ばつ》をあたえること。例関《かん》係者《けいしゃ》を処罰《しょばつ》する。類処刑《しょけい》・処分《しょぶん》 表現「処罰《しょばつ》」は「処刑《しょけい》」よりも軽《かる》い意味《いみ》で広《ひろ》くいう。

【処分】しょぶん ▲〈―する〉①人《ひと》を罰《ばっ》すること。例退《たい》学処分《がくしょぶん》。類処罰《しょばつ》 ②あまったものやいらないものをしまつすること。例在庫処分《ざいこしょぶん》。

【処方】しょほう ▲〈―する〉医者《いしゃ》が病人《びょうにん》の症状《しょうじょう》を見《み》て薬《くすり》の種類《しゅるい》や分量《ぶんりょう》を決《き》めること。

【処方。箋】しょほうせん 医者《いしゃ》が、患者《かんじゃ》にあたえるべき薬《くすり》の名《な》や量《りょう》などをしるした文書《ぶんしょ》。表現「不況《ふきょう》脱出《だっしゅつ》のための処方箋《しょほうせん》」のように、ものごとの解決法《かいけつほう》などを意味《いみ》することもある。

【処理】しょり ↓〈―する〉ものごとのしまつをつけること。例てきぱきと仕事《しごと》を処理《しょり》する。ごみ処理場《しょりじょう》。情報処理《じょうほうしょり》 類処置《しょち》・措置《そち》

◆出処《しゅっしょ》 善処《ぜんしょ》 対処《たいしょ》

凧

几-3 総画5 JIS-3492 人名

訓 たこ 音 ―

意味 たこ。わくに紙《かみ》などをはって糸《いと》をつけ、風《かぜ》にのせて空《そら》にあげるもの。例凧揚《たこあ》げ

参考 国字《こくじ》。「風《かぜ》」を省略《しょうりゃく》した「几」と「巾(きれ)」を合《あ》わせた字《じ》。

凪

几-4 総画6 JIS-3868 人名

訓 なぎ 音 ―

意味 なぎ。風《かぜ》もなく、波《なみ》もしずか。例朝《あさ》凪《なぎ》・夕凪《ゆうなぎ》

参考 国字《こくじ》。「風《かぜ》」を省略《しょうりゃく》した「几」と「止(やむ)」を合《あ》わせた字《じ》。

凰

几-9 総画11 JIS-4964 人名

訓 おおとり 音 コウ・オウ

意味 おおとり。中国《ちゅうごく》でめでたいときにあらわれると考《かんが》えられていた想像上《そうぞうじょう》の鳥《とり》。めすを「凰《おう》」、おすを「鳳《ほう》」という。例鳳凰《ほうおう》

凱

几-10 総画12 JIS-1914 人名

訓 ― 音 ガイ

意味 ❶かちどき。例凱歌《がいか》・凱旋《がいせん》 ❷やわらぐ。例凱風《がいふう》(南風《みなみかぜ》)

名前のよみ とき・よし

2画 凵の部 [かんにょう][うけばこ]

箱《はこ》を表《あらわ》す「凵《かんにょう》」をもとに作《つく》られた字《じ》と、「凵《かんにょう》」の形《かたち》がめやすとなっている字《じ》を集《あつ》めてあります。

この部首の字

凶

凵-2 総画4 JIS-2207 常用

訓 ― 音 キョウ

筆順

なりたち

【指事】あな(凵)に対《たい》してきけんであることを「メ」のしるしで指《さ》ししめした字《じ》。

意味 ❶わざわい。えんぎがわるいこと。例吉《きち》と出《で》るか凶《きょう》と出《で》るか。凶事《きょうじ》・凶報《きょうほう》 対吉《きち》 ❷人《ひと》に害《がい》をあたえる。人《ひと》を殺《ころ》したり、きずつけたりする。例凶悪《きょうあく》・元凶《げんきょう》 ❸作物《さくもつ》のできがわるい。例凶作《きょうさく》 対豊《ほう》

❶〈わざわい〉の意味で

【。凶事】きょうじ ↓人《ひと》が死《し》ぬなど、えんぎのわるいできごと。対吉事《きちじ》・慶事《けいじ》

【。凶兆】きょうちょう ↓わるいことがおこる前《まえ》ぶれ。例凶兆《きょうちょう》に青《あお》ざめる。対吉兆《きっちょう》

前ページ ▶ 凧 凪 凰 凱 凶

【凶年】《きょうねん》 ↓ わるいことの多《おお》い年《とし》。例 地震《じしん》、台風《たいふう》と、今年《ことし》は凶年《きょうねん》だ。☞❸

【凶報】《きょうほう》 ↓ 人《ひと》が死《し》んだなどの、わるい知《し》らせ。例 突然《とつぜん》の凶報《きょうほう》にだれもが声《こえ》をなくした。類 悲報《ひほう》 対 吉報《きっぽう》

❷〈人に害をあたえる〉の意味で

【凶悪】《きょうあく》 Ⅱ〈─な〉ぞっとするほどわるい。例 凶悪犯罪《きょうあくはんざい》 類 極悪《ごくあく》

【凶器】《きょうき》 ↓ 人《ひと》をきずつけたり、殺《ころ》したりするために使《つか》われる道具《どうぐ》。例 凶器《きょうき》を使《つか》った犯行《はんこう》。

【凶行】《きょうこう》 ↓ 人《ひと》を殺《ころ》したりきずつけたりする、おそろしいおこない。例 口論《こうろん》のすえ、凶行《きょうこう》におよぶ。

【凶刃】《きょうじん》 ↓ 人殺《ひとごろ》しなどに使《つか》われた刃物《はもの》。例 凶刃《きょうじん》にたおれる。

【凶弾】《きょうだん》 ↓ 悪者《わるもの》がうった弾丸《だんがん》。例 凶弾《きょうだん》にたおれる。類 凶刃《きょうじん》

【凶暴】《きょうぼう》 Ⅱ〈─な〉性質《せいしつ》がわるくあらあらしい。例 凶暴性《きょうぼうせい》がある。

❸〈作物のできがわるい〉の意味で

【凶作】《きょうさく》 ↓ 農作物《のうさくぶつ》のできぐあいがひじょうにわるいこと。例 冷夏《れいか》で米《こめ》が凶作《きょうさく》となる。類 不作《ふさく》・飢饉《ききん》 対 豊作《ほうさく》

【凶年】《きょうねん》 ↓ 農作物《のうさくぶつ》のできが、ひどくわるい年《とし》。例 今年《ことし》も天候《てんこう》がわるくて、二年《にねん》つづきの凶年《きょうねん》だ。対 豊年《ほうねん》 ☞❶

◆ 吉凶《きっきょう》 元凶《げんきょう》

凵-3

凹

総画5 JIS-1790 常用

音 オウ
訓 ─

筆順

なりたち 【象形】中央《ちゅうおう》がくぼんでいる形《かたち》をえがいた字《じ》。

意味 くぼむ。中央《ちゅうおう》がへこんでいる。例 凹《おう》レンズ・凹面鏡《おうめんきょう》・凹凸《おうとつ》 対 凸《とつ》

特別なよみ 凸凹(でこぼこ)

【凹凸】《おうとつ》 ⇕ 表面《ひょうめん》がくぼんだり、でっぱったりしていること。例 月《つき》の表面《ひょうめん》には凹凸《おうとつ》がある。類 凸凹《でこぼこ》

【凹面鏡】《おうめんきょう》 面《めん》の中央《ちゅうおう》がくぼんでいる鏡《かがみ》。光《ひかり》を集《あつ》める性質《せいしつ》があり、天体望遠鏡《てんたいぼうえんきょう》などに使《つか》われる。対 凸面鏡《とつめんきょう》

凵-3

出

総画5 JIS-2948 教1年

音 シュツ・スイ
訓 でる・だす

筆順 (たかく)

なりたち 【会意】足《あし》の意味《いみ》の「止」と、ある地《ち》点《てん》をしめす「凵」を合《あ》わせて、ある地点《ちてん》からでていくことを表《あらわ》している字《じ》。

意味
❶外《そと》にでる。内《うち》から外《そと》に行《い》く。例 家《いえ》から出《で》る。水《みず》の出《で》がわるい。出港《しゅっこう》・門出《かどで》 対 入《にゅう》
❷その場《ば》にでていく。そこにでむく。例 出場《しゅつじょう》 対 欠《けつ》
❸外《そと》にだす。とりだす。もちだす。おくりだす。例 金《かね》を出《だ》す。出力《しゅつりょく》・放出《ほうしゅつ》 対 入《にゅう》
❹おもてにあらわれる。すがたをあらわす。例 元気《げんき》が出《で》る。出没《しゅつぼつ》・続出《ぞくしゅつ》

注意するよみ スイ…例 出納《すいとう》

名前のよみ いず・いずる

❶〈外にでる〉の意味で

【出家】《しゅっけ》 ▲〈─する〉仏教《ぶっきょう》を学《まな》ぶために、お坊《ぼう》さんになること。また、お坊《ぼう》さん。例 出家《しゅっけ》の身《み》。対 在家《ざいけ》

【出撃】《しゅつげき》 ↓〈─する〉敵《てき》をせめるために、自分《じぶん》の陣地《じんち》や基地《きち》から出《で》ていくこと。例 出撃命令《しゅつげきめいれい》。類 進撃《しんげき》 対 迎撃《げいげき》

【出航】《しゅっこう》 ↓〈─する〉船《ふね》や飛行機《ひこうき》が出発《しゅっぱつ》すること。例 出航《しゅっこう》を見送《みおく》る。類 出帆《しゅっぱん》・船出《ふなで》 対 欠航《けっこう》

【出港】《しゅっこう》 ▲〈─する〉港《みなと》から船《ふね》が出《で》ていくこと。例 出港《しゅっこう》の合図《あいず》に汽笛《きてき》を鳴《な》らす。類 船出《ふなで》・出帆《しゅっぱん》 対 入港《にゅうこう》・帰港《きこう》

【出国】《しゅっこく》 ▲〈─する〉今《いま》いる国《くに》を出《で》て、よその国《くに》へ行《い》くこと。例 出国手《しゅっこくて》つづき。対 入国《にゅうこく》

【出所】《しゅっしょ》 ▲〈─する〉刑務所《けいむしょ》から出《で》ること。類 出獄《しゅつごく》 対 入獄《にゅうごく》 ☞❷❹

【出処進退】《しゅっしょしんたい》 官職《かんしょく》につくか、民間《みんかん》にとどまるか、今《いま》の地位《ちい》にとどまるか、やめるか、といった分《わ》かれ目《め》。身《み》のふり方《かた》。例 出処進退《しゅっしょしんたい》を明《あき》らかにする。類 去就《きょしゅう》

【出《しゅっ》°陣《じん》】▲〈—する〉戦場《せんじょう》や試合《しあい》に出《で》かけていくこと。例 いざ出陣《しゅつじん》。出陣式《しゅつじんしき》

【出《しゅっ》°征《せい》】⇩〈—する〉軍隊《ぐんたい》の一人《ひとり》として戦地《せんち》へ行《い》くこと。例 出征兵士《しゅっせいへいし》

【出《しゅっ》立《たつ》】Ⅱ〈—する〉旅行《りょこう》に出《で》かけること。旅《たび》立《だ》ち。例 明朝出立《みょうちょうしゅったつ》する。類 出発《しゅっぱつ》・門出《かどで》

【出《しゅっ》発《ぱつ》】Ⅱ〈—する〉①目的地《もくてきち》にむかって出《で》かけること。例 見学《けんがく》に出発《しゅっぱつ》する。類 門出《かどで》・出立《しゅったつ》 対 到着《とうちゃく》 ②新《あたら》しい目的《もくてき》にむかって動《うご》きはじめること。スタート。例 再出発《さいしゅっぱつ》 類 門出《かどで》

【出《しゅっ》°帆《ぱん》】▲〈—する〉船《ふね》が航海《こうかい》に出《で》かけること。類 船出《ふなで》・出航《しゅっこう》・出港《しゅっこう》 表現 今《いま》のほとんどの船《ふね》には帆《ほ》はないが、「出帆《しゅっぱん》」という。

【出《しゅっ》°奔《ぽん》】⇩〈—する〉行《ゆ》く先《さき》を知《し》らせずににげ出《だ》すこと。例 故郷《こきょう》を出奔《しゅっぽん》する。類 家出《いえで》

【出《て》足《あし》】⇩①ものが動《うご》きだすときの速《はや》さやいきおい。例 出足《てあし》の速《はや》い車《くるま》。②はじまったときの進《すす》みぐあい。例 出足《てあし》でつまずく。☞❷

【出《て》口《ぐち》】⇩内《うち》から外《そと》へ出《で》るための場所《ばしょ》。例 出口《てぐち》はあちらです。対 入《い》り口《ぐち》

【出鼻《てばな｜てはな》】◎ものごとをはじめようとした、そのとき。例 出鼻《てばな｜てはな》をくじく。表記「出端」とも書《か》く。参考「はな」は「はじめ」の意味《いみ》で、「鼻」は当《あ》て字《じ》。

【出《て》不《ぶ》精《しょう》】〈—な・—に〉外《そと》へ出《で》かけるのをめんどうがること。例 年《とし》をとって出不精《てぶしょう》になった。表記「出無精」とも書《か》く。

❷〈その場にでていく〉の意味で

【出《しゅっ》演《えん》】⇩〈—する〉舞台《ぶたい》や映画《えいが》、テレビなどに出《で》て、歌《うた》をうたったり芝居《しばい》をしたりすること。例 出演料《しゅつえんりょう》

【出《しゅっ》勤《きん》】▲〈—する〉①仕事《しごと》をするために会社《かいしゃ》などに出《で》かけること。例 出勤時間《しゅっきんじかん》 対 退勤《たいきん》 ②つとめに出《で》ていること。対 欠勤《けっきん》

【出《しゅっ》欠《けつ》】⇕ 出席《しゅっせき》か欠席《けっせき》か。例 出欠《しゅっけつ》をとる。

【出《しゅっ》向《こう》】⇩〈—する〉自分《じぶん》が一員《いちいん》となっている会社《かいしゃ》や役所《やくしょ》から命《めい》じられて、身分《みぶん》はそのままで、べつの場所《ばしょ》につとめること。例 子会社《こがいしゃ》に出向《しゅっこう》する。

【出《しゅっ》社《しゃ》】▲〈—する〉仕事《しごと》のために会社《かいしゃ》に出《で》てくること。例 八時《はちじ》に出社《しゅっしゃ》する。対 退社《たいしゃ》

【出《しゅっ》所《しょ》】▲〈—する〉事務所《じむしょ》や研究所《けんきゅうじょ》など「所」のつく機関《きかん》に、つとめのために出《で》かけること。対 退所《たいしょ》 ☞❶❹

【出《しゅっ》場《じょう》】▲〈—する〉競技会《きょうぎかい》やコンテストなどに参加《さんか》すること。例 全国大会《ぜんこくたいかい》に出場《しゅつじょう》する。対 欠場《けつじょう》・休場《きゅうじょう》

【出《しゅっ》世《せ》】▲〈—する〉りっぱな身分《みぶん》の人《ひと》になること。高《たか》い地位《ちい》につくこと。例 立身出世《りっしんしゅっせ》 類 栄達《えいたつ》

【出《しゅっ》席《せき》】▲〈—する〉授業《じゅぎょう》や会議《かいぎ》・会合《かいごう》などに出《で》ること。例 出席者《しゅっせきしゃ》 対 欠席《けっせき》

【出世《しゅっせ》作《さく》】その人《ひと》が世間《せけん》にみとめられるきっかけになった作品《さくひん》。

【出《しゅっ》張《ちょう》】◎〈—する〉仕事《しごと》のために、自分《じぶん》のつとめ先《さき》以外《いがい》のところに出《で》かけること。例 大阪《おおさか》へ出張《しゅっちょう》する。海外出張《かいがいしゅっちょう》 参考「出張《でば》る（その場《ば》に出《で》ていく）」の漢字《かんじ》を音読《おんよ》みしたもの。

【出《しゅっ》°廷《てい》】▲〈—する〉被告《ひこく》・原告《げんこく》・証人《しょうにん》などが裁判《さいばん》のために、法廷《ほうてい》（裁判所《さいばんしょ》）に出《で》てくること。例 証人《しょうにん》として出廷《しゅってい》する。対 退廷《たいてい》

【出《しゅっ》頭《とう》】▲〈—する〉警察署《けいさつしょ》や裁判所《さいばんしょ》などによび出《だ》されて出《で》むくこと。例 出頭命令《しゅっとうめいれい》

【出《しゅっ》動《どう》】Ⅱ〈—する〉軍隊《ぐんたい》や警察《けいさつ》、消防隊《しょうぼうたい》などが、活動《かつどう》するために出《で》かけること。例 火事《かじ》の知《し》らせに消防車《しょうぼうしゃ》が出動《しゅつどう》する。

【出《しゅっ》馬《ば》】▲〈—する〉①地位《ちい》の高《たか》い人《ひと》が、自分《じぶん》でその場《ば》に出《で》むいてことにあたること。例 社長《しゃちょう》みずから出馬《しゅつば》して交渉《こうしょう》にあたる。②選挙《せんきょ》に立候補《りっこうほ》すること。例 出馬表明《しゅつばひょうめい》

【出漁《しゅつりょう｜しゅつぎょ》】▲〈—する〉魚《さかな》をとりに出《で》かけること。例 まぐろ漁船《ぎょせん》が出漁《しゅつりょう》する。

【出《て》足《あし》】⇩ある場《ば》に出《で》かける人《ひと》びとの出《で》かた。例 客《きゃく》の出足《てあし》がよい。☞❶

【出《て》先《さき》】⇩①出《で》かけていった先《さき》。例 出先《てさき》から連絡《れんらく》が入《はい》る。類 外出先《がいしゅつさき》 ②「出先機関《てさききかん》」の略《りゃく》。

【出先《てさき》機関《きかん》】政府《せいふ》や役所《やくしょ》・会社《かいしゃ》などが、外国《がいこく》やはなれた土地《とち》につくって、そこでの仕事《しごと》をするようにした支部《しぶ》や出張所《しゅっちょうじょ》。

【出《て》番《ばん》】⇩①舞台《ぶたい》に出《で》ていく順番《じゅんばん》。例 出番《てばん》を待《ま》つ。②自分《じぶん》の力《ちから》をいかして活躍《かつやく》するチャンス。例 いよいよ君《きみ》の出番《てばん》だ。

出 ◀次ページ

【出前《でまえ》】◎料理《りょうり》などを、注文《ちゅうもん》した人《ひと》の家《いえ》までとどけること。例出前《でまえ》をとる。類店屋物《てんやもの》

3〈外にだす〉の意味で

【出荷《しゅっか》】▲〈―する〉商品《しょうひん》として市場《しじょう》に送《おく》り出《だ》すこと。例レタスの出荷《しゅっか》。対入荷《にゅうか》

【出願《しゅつがん》】▲〈―する〉役所《やくしょ》や学校《がっこう》などに、許可《きょか》をねがい出《で》ること。例出願期間《しゅつがんきかん》。出願《しゅつがん》の手《て》つづきをする。類申請《しんせい》

【出札《しゅっさつ》】▲〈―する〉駅《えき》できっぷを売《う》ること。例出札係《しゅっさつがかり》・出札口《しゅっさつぐち》

【出資《しゅっし》】▲〈―する〉商売《しょうばい》などのもとになるお金《かね》を出《だ》すこと。例共同出資者《きょうどうしゅっししゃ》。類投資《とうし》

【出題《しゅつだい》】▲〈―する〉①試験《しけん》やクイズなどの問題《もんだい》を出《だ》すこと。例出題傾向《しゅつだいけいこう》。②前《まえ》もって、詩《し》や歌《うた》などの題《だい》をきめておくこと。例来月《らいげつ》の句会《くかい》の出題《しゅつだい》を発表《はっぴょう》する。

【出店】一《しゅってん》▲その場所《ばしょ》に新《あたら》しく店《みせ》をかまえること。例関西《かんさい》にも出店《しゅってん》を計画《けいかく》している。二《でみせ》↓①本店《ほんてん》から分《わ》かれて、よそにかまえた店《みせ》。②町中《まちなか》に出《だ》す店《みせ》。類露店《ろてん》

【出版《しゅっぱん》】▲〈―する〉小説《しょうせつ》、論文《ろんぶん》、絵《え》などを書物《しょもつ》や雑誌《ざっし》などの印刷物《いんさつぶつ》にして売《う》り出《だ》すこと。例全集《ぜんしゅう》を出版《しゅっぱん》する。出版社《しゅっぱんしゃ》。類刊行《かんこう》

【出費《しゅっぴ》】①↓なにかをするのにかかるお金《かね》。例出費《しゅっぴ》がかさむ。②▲〈―する〉お金《かね》を出《だ》すこと。例むだな出費《しゅっぴ》をなくす。

【出品《しゅっぴん》】▲〈―する〉展覧会《てんらんかい》やバザーなどに、作品《さくひん》や品物《しなもの》を出《だ》すこと。例出品作《しゅっぴんさく》。

【出兵《しゅっぺい》】▲〈―する〉国外《こくがい》に軍隊《ぐんたい》をくり出《だ》すこと。類派兵《はへい》 対撤兵《てっぺい》 表現 国内《こくない》の場合《ばあい》には「出動《しゅつどう》」が使《つか》われる。

【出力《しゅつりょく》】①↓発電機《はつでんき》やエンジンなどの出《だ》す力《ちから》。例出力《しゅつりょく》の大《おお》きいエンジンがほしい。②▲〈―する〉コンピューターなどから、電気信号《でんきしんごう》や文字《もじ》、画像《がぞう》などの形《かたち》で情報《じょうほう》をとり出《だ》すこと。アウトプット。対入力《にゅうりょく》(インプット)

【出納《すいとう》】⇔〈―する〉支出《ししゅつ》と収入《しゅうにゅう》。お金《かね》や品物《しなもの》の出《だ》し入《い》れ。例現金出納帳《げんきんすいとうちょう》

4〈おもてにあらわれる〉の意味で

【出火《しゅっか》】▲〈―する〉火事《かじ》を出《だ》すこと。例出火《しゅっか》の原因《げんいん》を調《しら》べる。対鎮火《ちんか》・消火《しょうか》

【出血《しゅっけつ》】▲〈―する〉①けがなどをして、血《ち》が出《で》ること。例内出血《ないしゅっけつ》 ②商売《しょうばい》などで、損《そん》をすること。例出血大《しゅっけつだい》サービス。

【出現《しゅつげん》】Ⅱ〈―する〉今《いま》までなかったものや、知《し》られていなかったものなどが、あらわれ出《で》ること。例怪獣《かいじゅう》が出現《しゅつげん》した。類現出《げんしゅつ》

【出産《しゅっさん》】Ⅱ〈―する〉子《こ》どもがうまれること。子《こ》どもをうむこと。例出産祝《しゅっさんいわ》い。類分娩《ぶんべん》

【出自《しゅつじ》】Ⅱその人《ひと》がどのような家庭《かてい》・家《いえ》がらの生《う》まれであるかということ。例出自《しゅつじ》を明《あき》らかにする。類素性《すじょう》

【出所《しゅっしょ/でどころ》】↓ものごとが出《で》てきた、もとのところ。例出所《でどころ》をつきとめる。☞❶❷

【出生《しゅっしょう/しゅっせい》】Ⅱ〈―する〉人《ひと》がこの世《よ》に生《う》まれ出《で》ること。例出生届《しゅっしょうとどけ》 類誕生《たんじょう》

【出生率《しゅっしょうりつ/しゅっせいりつ》】全人口《ぜんじんこう》に対《たい》する、その年《とし》に生《う》まれた子《こ》の数《かず》の割合《わりあい》。

【出色《しゅっしょく》】▲多《おお》くのものの中《なか》で、とびぬけてすぐれていること。例出色《しゅっしょく》のできばえ。類抜群《ばつぐん》・圧巻《あっかん》・傑出《けっしゅつ》

【出身《しゅっしん》】▲その人《ひと》がどこで生《う》まれたか、どういう学校《がっこう》を終《お》え、どういう職場《しょくば》にいたことがあるかなど、これまでのこと。例出身地《しゅっしんち》

【出水《しゅっすい/でみず》】▲〈―する〉川《かわ》などの水《みず》がその外《そと》に流《なが》れ出《で》ること。例大雨《おおあめ》による出水《しゅっすい》。類洪水《こうずい》・大水《おおみず》

【出典《しゅってん》】↓故事《こじ》・成語《せいご》や、引用《いんよう》された文章《ぶんしょう》などの出《で》どころである書物《しょもつ》など。例出典《しゅってん》を明示《めいじ》する。類典拠《てんきょ》

【出土《しゅつど》】▲〈―する〉土《つち》の中《なか》から、化石《かせき》や、むかしの人《ひと》びとの生活《せいかつ》のあとや道具《どうぐ》などがほり出《だ》されること。例出土品《しゅつどひん》

【出没《しゅつぼつ》】⇔〈―する〉あらわれたり、かくれたりすること。例「クマ出没注意《しゅつぼつちゅうい》！」

【出藍の誉れ《しゅつらんのほまれ》】生徒《せいと》が先生《せんせい》よりもすぐれること。弟子《でし》が師《し》よりもえらくなること。

故事のはなし ☞137ページ

【出来《でき》】◎①ものが作《つく》り出《だ》されること。例出来高《できだか》 ②作《つく》り出《だ》されたものや、したことの結果《けっか》のようす。できばえ。例出来《でき》のいい作品《さくひん》。③その人《ひと》がもっている性格《せいかく》や力《ちから》。例出来《でき》のいいむすこを持《も》って幸《しあわ》せだ。④農作物《のうさくぶつ》のとれぐあい。例例年《れいねん》なみの出来《でき》。類作柄《さくがら》 表現①

の意味《いみ》では、漢字《かんじ》を音読《おんよ》みして「出来《しゅっらい》↓しゅったい」ということばができ、「一大事《いちだいじ》が出来《しゅったい》した」のように使《つか》う。

【出来心《できごころ》】そのとき、ふとおこったよくない考《かんが》え。例ほんの出来心《できごころ》でしたこと。

【出来事《できごと》】じっさいにおこったことがらや事件《じけん》。例今日《きょう》の出来事《できごと》。

【出物《でもの》】⇩①持《も》ち主《ぬし》が手《て》ばなして、安《やす》く売《う》りに出《で》ているもの。古道具《ふるどうぐ》や不動産《ふどうさん》などをいうことが多《おお》い。例よい出物《でもの》がある。②おできのようなふきでもの。ときに、おならをもさす。例出物《でもの》はれ物所《ものところ》きらわず(おならやふきでものは、時《とき》や場所《ばしょ》に関係《かんけい》なく出《で》る)。

出が下につく熟語 上の字の働き

❶出=〈外にでる〉のとき
【遠出《とおで》 外出《がいしゅつ》】ドコに出《で》るのか。
【退出《たいしゅつ》 転出《てんしゅつ》 突出《とっしゅつ》 噴出《ふんしゅつ》 流出《りゅうしゅつ》】ドウヤッテ出《で》るのか。

❸出=〈外にだす〉のとき
【案出《あんしゅつ》 演出《えんしゅつ》 救出《きゅうしゅつ》 供出《きょうしゅつ》 検出《けんしゅつ》 産出《さんしゅつ》 算出《さんしゅつ》 支出《ししゅつ》 析出《せきしゅつ》 選出《せんしゅつ》 帯出《たいしゅつ》 抽出《ちゅうしゅつ》 提出《ていしゅつ》 摘出《てきしゅつ》 派出《はしゅつ》 排出《はいしゅつ》 搬出《はんしゅつ》 描出《びょうしゅつ》 輸出《ゆしゅつ》】ドウヤッテ出《だ》すのか。

❹出=〈おもてにあらわれる〉のとき
【現出《げんしゅつ》 露出《ろしゅつ》】近《ちか》い意味《いみ》。
【続出《ぞくしゅつ》 輩出《はいしゅつ》 百出《ひゃくしゅつ》 嫡出《ちゃくしゅつ》】ドノヨウニ出《で》て来《く》るのか。

◆門出《かどで》 傑出《けっしゅつ》 歳出《さいしゅつ》 進出《しんしゅつ》 脱出《だっしゅつ》 人出《ひとで》 不世出《ふせいしゅつ》 船出《ふなで》

凸

凵-3

総画5 JIS-3844 常用

音 トツ 訓 —

筆順 凸凸凸凸凸

なりたち 【象形】中央《ちゅうおう》がつき出《で》ている形《かたち》をえがいた字《じ》。

意味 出《で》っぱっている。つきでる。例凸面鏡《とつめんきょう》・凹凸《おうとつ》 対凹《おう》

特別なよみ 凸凹(でこぼこ)

【°凸°凹《でこぼこ》】⇳〈—する・—な〉表面《ひょうめん》が高《たか》くなったり低《ひく》くなったりしていること。類凹凸《おうとつ》

【°凸版《とっぱん》】⇩出《で》っぱった部分《ぶぶん》にインクをつけて印刷《いんさつ》するための版面《はんめん|はんづら》。

【°凸面鏡《とつめんきょう》】面《めん》の中央《ちゅうおう》がもりあがっている鏡《かがみ》。うつっているものが小《ち》さく見《み》える。反射《はんしゃ》望遠鏡《ぼうえんきょう》などに使《つか》う。対凹面鏡《おうめんきょう》

函

凵-6

総画8 JIS-4001 人名

音 カン 訓 はこ

意味
❶はこ。ものをしまっておく入《い》れ物《もの》。手紙《てがみ》を入《い》れるはこ。例投函《とうかん》
❷函館《はこだて》。北海道《ほっかいどう》の都市名《としめい》。例青函《せいかん》トンネル

故事のはなし

出藍《しゅつらん》の誉《ほま》れ

青《あお》い色《いろ》の染料《せんりょう》はあいぐさから作《つく》るが、できた青色《あおいろ》はもとのあいぐさよりも青《あお》い。(『荀子《じゅんし》』勧学篇《かんがくへん》)

参考 むかしの青《あお》い色《いろ》の原料《げんりょう》のあいぐさは、植物《しょくぶつ》であるからそのものはさほど青《あお》くはない。あいぐさが先生《せんせい》、できた青色《あおいろ》が生徒《せいと》にあたり、恩師《おんし》よりもりっぱになることを表《あらわ》している。学問《がくもん》の大切《たいせつ》さをいうたとえで、「青《あお》は藍《あい》より出《い》でて藍《あい》よりも青《あお》し」ともいう。原文《げんぶん》はおなじく「氷《こおり》は水之《みずこれ》を為《つく》りて水《みず》よりも寒《つめた》し」とつづく。

刀の部

2画

刀［かたな］ 刂［りっとう］ の部

「刀《かたな》(つくりのときは刂《りっとう》)」をもとにして作《つく》られ、刃物《はもの》で物《もの》を切《き》ったりけずったりすることを表《あらわ》す字《じ》を集《あつ》めてあります。

この部首の字

前ページ ▶ 凸 函

刀

刀-0
総画2
JIS-3765
教2年
訓 音 トウ
かたな

筆順 刀 刀 はねる

なりたち [象形]かたなの形《かたち》をえがいた字《じ》。

意味 かたな。はもの。例 小刀《しょうとう》・木刀《ぼくとう》

特別なよみ 太刀(たち)・竹刀(しない)

【刀。剣】《とう けん》 Ⅱ 刀《かたな》やつるぎ。

【刀工】《とうこう》 ⬇ 刀《かたな》をつくることを仕事《しごと》にしている人《ひと》。刀《かたな》かじ。例 この刀《かたな》には刀工《とうこう》の魂《たましい》がこもっている。

【刀身】《とうしん》 ⬇ 刀《かたな》の、刃《は》のついている部分《ぶぶん》。例 刀身のさびを落《お》とす。

刀が下につく熟語 上の字の働き

【作刀《さくとう》 執刀《しっとう》 帯刀《たいとう》】刀《かたな》をドウスルのか。

【短刀《たんとう》 小刀《しょうとう》 大刀《だいとう》 太刀《たち》 木刀《ぼくとう》 竹刀《しない》 名刀《めいとう》】ドノヨウナ刀《かたな》か(形《かたち》や材料《ざいりょう》や評価《ひょうか》)。

刃

刀-1
総画3
JIS-3147
常用
訓 音 ジン・ニン
は・やいば

筆順 刃 刃 刃

なりたち [指事]「刀《かたな》」のよく切《き》れるところを「丶」でしめし、「刀《かたな》のは」を表《あらわ》している字《じ》。

意味 ❶刀《かたな》のは。やいば。例 刃物《はもの》・白刃《はくじん》 参考 はがねを焼《や》いて「は」を作《つく》るから「焼《や》き刃《ば》」。それが「やいば」となった。

❷切《き》る。切《き》りつける。例 刃傷《にんじょう》・自刃《じじん》

❶〈刀のは〉の意味で

【刃物】《はもの》 ⬇ ナイフやのこぎりなど、刃《は》のついている道具《どうぐ》。

❷〈切る〉の意味で

【刃傷。沙。汰】《にんじょうざた》 刃物《はもの》で人《ひと》をきずつけるような事件《じけん》。例 刃傷沙汰《にんじょうざた》におよぶ。

刃が下につく熟語 上の字の働き

❶刃=〈刀のは〉のとき

【凶刃《きょうじん》 白刃《はくじん》】ドンナ刀《かたな》の刃《は》か。

刈

刂-2
総画4
JIS-2002
常用
訓 音 —
かる

筆順 刈 刈 刈 刈

なりたち [形声]「乂→メ」は草《くさ》をかりとる大《おお》ばさみをかたどり、また「カイ」という読《よ》み方《かた》をしめす。「刂(刀《かたな》)」をくわえて、「かりとる」ことを表《あらわ》している字《じ》。

意味 かる。かりとる。草《くさ》やかみの毛《け》などを切りとること。例 稲《いね》を刈《か》る。

切

刀-2
総画4
JIS-3258
教2年
訓 音 セツ・サイ
きる・きれる

筆順 切 切 切 切 おらない はねる

なりたち [形声]「七《シチ》」が「きる」意味《いみ》と、「セツ」とかわって読《よ》み方《かた》をしめしている。「刀《かたな》できる」ことを表《あらわ》している字《じ》。

意味 ❶きる。きりはなす。切《き》れる。例 紙《かみ》を切る。息《いき》が切《き》れる。切《き》れのいい球《たま》。切断《せつだん》

❷この上《うえ》なく。ぎりぎりまで。てあつい。例 切《せつ》にいのる。切実《せつじつ》・懇切《こんせつ》

❸すべて。例 一切《いっさい》

注意するよみ サイ…例 一切《いっさい》

❶〈きる〉の意味で

【切手】《きって》 ⊙ 「郵便切手《ゆうびんきって》」の略《りゃく》。郵便料金《ゆうびんりょうきん》をはらったしるしとして、郵便物《ゆうびんぶつ》にはる小《ちい》さな紙《かみ》のふだ。例 世界《せかい》の切手を集《あつ》める。参考「切符《きっぷ》」と「手形《てがた》」を合《あ》わせたことば。はじめ、郵便切手《ゆうびんきって》のほかに商品切手《しょうひんきって》もあり、米《こめ》の切手《きって》、酒《さけ》の切手などいろいろあった。それらは、今《いま》は「商品券《しょうひんけん》」といわれる。

【切。符】《きっぷ》 ⬇ 乗車券《じょうしゃけん》や入場券《にゅうじょうけん》など、お金《かね》を

はらったしるしのふだ。チケット。例 周遊《しゅうゆう》切符《きっぷ》。類 券《けん》

【切開】《せっかい》 ↓ 〈―する〉病気《びょうき》をなおすためにからだの一部《いちぶ》を切《き》り開《ひら》くこと。例 切開手術《せっかいしゅじゅつ》

【切。磋。琢。磨】《せっさたくま》 〈―する〉なかまどうし、おたがい努力《どりょく》をして、学問《がくもん》や人格《じんかく》を高《たか》め、成長《せいちょう》すること。参考「切磋《せっさ》」は石《いし》を切《き》り、けずること。「琢磨《たくま》」はその石《いし》をさらにこすり、みがくこと。『詩経《しきょう》』にあることばで、『論語《ろんご》』に引用《いんよう》されている。

【切歯◆扼。腕】《せっしやくわん》 〈―する〉奥歯《おくば》をぎりぎりとならし、自分《じぶん》の腕《うで》をにぎって、ひどくくやしがること。表現 力《ちから》を出《だ》してはたらきたいのに、自分《じぶん》がその立場《たちば》にいないため力《ちから》の出《だ》しようがないくやしさを表《あらわ》す。

【切除】《せつじょ》 ↓ 〈―する〉切《き》りはなしてとりのぞくこと。例 胃《い》の一部《いちぶ》を切除《せつじょ》する。

【切断】《せつだん》 Ⅱ 〈―する〉つながっているものを切《き》りはなすこと。例 針金《はりがね》を切断《せつだん》する。

【切腹】《せっぷく》 ▲ 〈―する〉自分《じぶん》で腹《はら》を切《き》って死《し》ぬこと。はらきり。類 割腹《かっぷく》 知識 切腹《せっぷく》は日本《にほん》の武士《ぶし》に特有《とくゆう》のもので、自分《じぶん》の面目《めんもく》を立《た》てるためのものと、罰《ばつ》として受《う》けるものとがあった。

❷〈この上なく〉の意味で

【切片】《せっぺん》 ↓ ものの切《き》れはし。

【切実】《せつじつ》 ▲ 〈―な・―に〉じかに自分《じぶん》の利害《りがい》にかかわってくると感《かん》じられる。さしせまったこととして、強《つよ》く気持《きも》ちが動《うご》かされる。例 バス代《だい》の値上《ねあ》げは切実《せつじつ》な問題《もんだい》だ。類 痛切《つうせつ》

【切切】《せつせつ》 Ⅱ 〈―たる・―と〉思《おも》いがみちあふれるようす。例 切々《せつせつ》とうったえる。

【切。迫】《せっぱく》 Ⅱ 〈―する〉①ぎりぎりまでおしせまっている。例 期日《きじつ》が切迫《せっぱく》する。②大事件《だいじけん》がおこりそうな、はりつめた状態《じょうたい》になっている。例 事態《じたい》が切迫《せっぱく》する。類 緊迫《きんぱく》・急迫《きゅうはく》

【切望】《せつぼう》 ↓ 〈―する〉そうなるようにと心《こころ》からのぞむこと。例 平和《へいわ》の到来《とうらい》を切望《せつぼう》する。類 熱望《ねつぼう》・渇望《かつぼう》・懇望《こんもう》・懇願《こんがん》・懇請《こんせい》

切が下につく熟語 上の字の働き

❷切＝〈この上なく〉のとき

【懇切《こんせつ》 親切《しんせつ》 適切《てきせつ》】この上《うえ》なくドウデアルか。

◇ 一切《いっさい》 一切合切《いっさいがっさい》 大切《たいせつ》 痛切《つうせつ》 踏切《ふみきり》

刀-2 分

総画4

JIS-4212

教2年

音 ブン・フン・ブ

訓 わける・わかれる・わかる・わかつ

筆順 分 分 分 分（あける・はらう・はねる）

なりたち 【会意】「八」と「刀《かたな》」とを合《あ》わせて、切《き》り分《わ》けることを表《あらわ》している字《じ》。

意味

❶わける。べつべつになる。わかれる。例 紅白《こうはく》に分《わ》かれる。たもとを分《わ》かつ（縁《えん》を切《き》る）。勝敗《しょうはい》の分《わ》かれめ。分解《ぶんかい》・半分《はんぶん》

❷あるものの一部《いちぶ》。全体《ぜんたい》を構成《こうせい》しているそれぞれのもの。例 あなたの分《ぶん》。塩分《えんぶん》・成分《せいぶん》

❸全体《ぜんたい》の中《なか》での立場《たちば》。わりあてられた役《やく》割《わり》。持《も》ち分《ぶん》。例 分相応《ぶんそうおう》・分際《ぶんざい》・自分《じぶん》

❹わかる。はっきりする。例 答《こた》えが分《わ》かる。分《わ》かりがいい。分別《ふんべつ》・検分《けんぶん》

❺度合《どあ》いやころあい。ほど。例 分《ぶ》が有《あ》る。この分《ぶん》でいけば。十分《じゅうぶん》・存分《ぞんぶん》・当分《とうぶん》

例解 使い分け

［わかれる《分かれる・別れる》］

分かれる＝ものがべつべつにはなれる。
例 道《みち》が分《わ》かれる。意見《いけん》が分《わ》かれる。勝《しょう》敗《はい》の分《わ》かれ目《め》。

別れる＝いっしょにいた人《ひと》がべつべつにはなれる。
例 友達《ともだち》と別《わか》れる。別《わか》れのことば。親《おや》と別《わか》れて住《す》む。

参考「分《わ》かれる」「別《わか》れる」の送《おく》りがなに注意《ちゅうい》しよう。

◦学習漢字でない常用漢字　▲常用漢字表にない音訓　◆常用漢字でない漢字

❻時間《じかん》・角度《かくど》・長《なが》さなどの単位《たんい》。十分《じゅうぶん》の一《いち》の割合《わりあい》。一割《いちわり》の十分《じゅうぶん》の一《いち》。例一時間《いちじかん》と十五《じゅうご》分《ふん》。一寸五分《いっすんごぶ》・五分五分《ごぶごぶ》

使い分け わかれる[分・別] ☞139ページ

発音あんない フン→プン…例一分《いっぷん》二十《にじゅう》秒《びょう》

県名 大分(おおいた)

名前のよみ ちか

❶〈わける〉の意味で

【分化】《ぶんか》 ↓〈―する〉一《ひと》つのものが発達《はったつ》して、いくつかのものに分《わ》かれること。例学問《がくもん》の分化《ぶんか》。

【分解】《ぶんかい》 Ⅱ〈―する〉①ばらばらにすること。ばらばらになること。例カメラを分解《ぶんかい》する。空中分解《くうちゅうぶんかい》 類解体《かいたい》 ②化合物《かごうぶつ》が二《ふた》つ以上《いじょう》の物質《ぶっしつ》に分《わ》かれること。分《わ》けること。例電気分解《でんきぶんかい》 対合成《ごうせい》

【分割】《ぶんかつ》 Ⅱ〈―する〉まとまっているものを、いくつかに分《わ》けること。例分割《ぶんかつ》ばらい。五分割《ごぶんかつ》 類分離《ぶんり》

【分。岐点】《ぶんきてん》 道《みち》が分《わ》かれているところ。わかれめ。表現「人生《じんせい》の分岐点《ぶんきてん》」などと、ものごとのなりゆきのわかれめについてもいう。

【分業】《ぶんぎょう》 ▲〈―する〉一《ひと》つの仕事《しごと》をいくつかの部分《ぶぶん》に分《わ》け、手分《てわ》けして受《う》けもつこと。例分業《ぶんぎょう》で作業《さぎょう》をすすめる。

【分教場】《ぶんきょうじょう》 学校《がっこう》の本校《ほんこう》からはなれたところにある、とくに小《ちい》さな分校《ぶんこう》。類分校《ぶんこう》 対本校《ほんこう》

【分極化】《ぶんきょくか》〈―する〉集団《しゅうだん》の中《なか》に、対立《たいりつ》しあうグループが二《ふた》つ以上《いじょう》うまれること。

【分家】《ぶんけ》 ▲〈―する〉家族《かぞく》のだれかが家《いえ》を出《で》て、べつに一家《いっか》をたてること。また、その家《いえ》。類別家《べっけ》 対本家《ほんけ》

【分権】《ぶんけん》 ▲政治《せいじ》の権力《けんりょく》や権限《けんげん》が一《ひと》つのところに集中《しゅうちゅう》しないように、いくつかに分《わ》けること。例地方分権《ちほうぶんけん》 対集権《しゅうけん》

【分校】《ぶんこう》 ↓本校《ほんこう》から分《わ》かれてつくられた学校《がっこう》。類分教場《ぶんきょうじょう》 対本校《ほんこう》

【分冊】《ぶんさつ》 ①▲〈―する〉書物《しょもつ》をいく冊《さつ》かに分《わ》けて製本《せいほん》すること。また、その一冊《いっさつ》。

【分散】《ぶんさん》 Ⅱ〈―する〉①まとまっていたものが、ばらばらにちらばること。例分散《ぶんさん》した書類《しょるい》を集《あつ》める。対集中《しゅうちゅう》 ②理科《りか》で、光《ひかり》がプリズムを通《とお》って、ちがった色《いろ》の光《ひかり》に分《わ》かれること。

【分子】《ぶんし》 ↓①物質《ぶっしつ》の性質《せいしつ》をうしなわないまで分《わ》けられる、最小《さいしょう》のつぶ。例分子《ぶんし》はいくつかの原子《げんし》からなる。②分数《ぶんすう》の横線《おうせん》の上《うえ》にある数《かず》や式《しき》。対分母《ぶんぼ》 ③集団《しゅうだん》の中《なか》で、ある特徴《とくちょう》がはっきりしている人間《にんげん》。例危険分子《きけんぶんし》

【分乗】《ぶんじょう》 ↓〈―する〉何台《なんだい》かの乗《の》り物《もの》に分《わ》かれて乗《の》ること。例三台《さんだい》のタクシーに分乗《ぶんじょう》する。

【分。譲】《ぶんじょう》 ↓〈―する〉ひとつづきの土地《とち》やひとまとまりの建物《たてもの》などを、いくつかに分《わ》けて売《う》ること。例分譲地《ぶんじょうち》・分譲《ぶんじょう》マンション

【分身】《ぶんしん》 ↓一《ひと》つのものや、一人《ひとり》のからだから分《わ》かれ出《で》たべつのもの。例子《こ》は親《おや》の分身《ぶんしん》。

【分水•嶺】《ぶんすいれい》 ふった雨《あめ》や雪《ゆき》が、べつべつの方向《ほうこう》の川《かわ》に分《わ》かれることになる、さかいめの山《やま》や、山脈《さんみゃく》。

【分数】《ぶんすう》 ↓ある数《かず》をほかの数《かず》で割《わ》るとき、横線《おう》の上《うえ》に割《わ》られる数《かず》(分子《ぶんし》)を、下《した》に割《わ》る数《かず》(分母《ぶんぼ》)を書《か》いて表《あらわ》したもの。関連整数《せいすう》・小数《しょうすう》・分数《ぶんすう》

【分。析】《ぶんせき》 Ⅱ〈―する〉①ものごとをこまかく分《わ》け、すじみちにしたがって調《しら》べること。例原因《げんいん》を分析《ぶんせき》する。類解析《かいせき》 対総合《そうごう》 ②化学《かがく》で、物質《ぶっしつ》の成分《せいぶん》を調《しら》べること。例薬品《やくひん》の分析《ぶんせき》。

【分担】《ぶんたん》 ↓〈―する〉仕事《しごと》や、かかるお金《かね》などを何人《なんにん》かで分《わ》けて受《う》けもつこと。例費用《ひよう》をきょうだいで分担《ぶんたん》する。役割分担《やくわりぶんたん》。

【分断】《ぶんだん》 Ⅱ〈―する〉ひとつながりのものを、ばらばらに切《き》りはなすこと。切《き》りはなされること。例台風《たいふう》で鉄道《てつどう》が分断《ぶんだん》された。

【分派】《ぶんぱ》 ①Ⅱ〈―する〉大《おお》きなグループの中《なか》にべつのグループを作《つく》り、全体《ぜんたい》の統制《とうせい》をやぶる動《うご》きをすること。例分派行動《ぶんぱこうどう》 ②↓あるグループから分《わ》かれてできたグループ。類分流《ぶんりゅう》

【分配】《ぶんぱい》 ↓〈―する〉分《わ》けて、それぞれにくばること。例利益《りえき》を分配《ぶんぱい》する。類配分《はいぶん》

【分。泌】《ぶんぴ／ぶんぴつ》 ↓〈―する〉生物《せいぶつ》が、あせや消化《しょうか》液《えき》・ホルモンなどの液体《えきたい》をからだの中《なか》や外《そと》に出《だ》すこと。例胃液《いえき》の分泌《ぶんぴつ》。

【分布】《ぶんぷ》 ↓〈―する〉広《ひろ》い場所《ばしょ》のあちこちに分《わ》

かれてひろがっていること。例 人口分布《じんこうぶんぷ》

【分別】《ぶんべつ》 Ⅲ 〈―する〉種類《しゅるい》ごとに分《わ》けること。例 ごみの分別《ぶんべつ》。☞「ふんべつ」は❹

【分◆娩】《ぶんべん》 ↓ 〈―する〉女《おんな》の人《ひと》や、動物《どうぶつ》のめすが子《こ》をうむこと。例 分娩室《ぶんべんしつ》 類 出産《しゅっさん》

【分母】《ぶんぼ》 ↓ 算数《さんすう》で、分数《ぶんすう》の横線《おうせん》の下《した》にある数《かず》や式《しき》。対 分子《ぶんし》

【分野】《ぶんや》 ↓ 全体《ぜんたい》を、ある考《かんが》え方《かた》によって分《わ》けたときの、一《ひと》つ一《ひと》つ。例 分野別《ぶんやべつ》の集計《しゅうけい》。得意《とくい》分野《ぶんや》。類 領域《りょういき》

【分。離】《ぶんり》 Ⅲ 〈―する〉①一《ひと》つであったものを、二《ふた》つ以上《いじょう》に分《わ》けること。分《わ》かれること。例 油《あぶら》が分離《ぶんり》する。中央分離帯《ちゅうおうぶんりたい》 類 分割《ぶんかつ》 ②いくつかの物質《ぶっしつ》でできているものの中《なか》から、ある物質《ぶっしつ》を取《と》り出《だ》すこと。例 遠心分離器《えんしんぶんりき》

【分類】《ぶんるい》 ▲ 〈―する〉さまざまなものを、似《に》ているところやちがうところを見《み》て、整理《せいり》すること。例 植物《しょくぶつ》を分類《ぶんるい》する。類 類別《るいべつ》

【分。裂】《ぶんれつ》 Ⅲ 〈―する〉一《ひと》つのものがばらばらになること。例 細胞分裂《さいぼうぶんれつ》 対 統一《とういつ》・融合《ゆうごう》

❸〈全体の中での立場〉の意味で

【分際】《ぶんざい》 Ⅲ 世《よ》の中《なか》でのその人《ひと》の地位《ちい》や立場《たちば》。例 学生《がくせい》の分際《ぶんざい》でぜいたくを言《い》うな。類 身分《みぶん》・分限《ぶんげん》 表現 見下《みくだ》した気持《きも》ちで用《もち》いる。

【分相応】《ぶんそうおう》 〈―な・―に〉その人《ひと》の身分《みぶん》や能力《のうりょく》に対《たい》して、そのくらいがちょうどいい。例 分相応《ぶんそうおう》なくらし。対 分不相応《ぶんふそうおう》

❹〈わかる〉の意味で

【分別】《ふんべつ》 Ⅲ ものごとのよしあしを考《かんが》え、見分《みわ》ける力《ちから》。わきまえ。例 分別《ふんべつ》がある。分別《ふんべつ》くさい人《ひと》。☞「ぶんべつ」は❶

❻〈時間・角度・長さなどの単位〉の意味で

【分速】《ふんそく》 ↓ 一分間《いっぷんかん》にどれだけの距離《きょり》を進《すす》むかで表《あらわ》した、速《はや》さ。関連 秒速《びょうそく》・分速《ふんそく》・時速《じそく》

【分銅】《ふんどう》 ↓ てんびんばかりや、さおばかりなどで重《おも》さをはかるときに使《つか》う、重《おも》さのきまっている金属《きんぞく》のおもり。

【分度器】《ぶんどき》 角度《かくど》をはかる道具《どうぐ》。例 分度器《ぶんどき》をあててみたら、三五度《ど》だった。

【分量】《ぶんりょう》 Ⅲ めかた・かさなどの、多《おお》い少《すく》ないの程度《ていど》。例 くすりの分量《ぶんりょう》。目分量《めぶんりょう》

分が下につく熟語 上の字の働き

❶分＝〈わける〉のとき
【区分《くぶん》 細分《さいぶん》 半分《はんぶん》 等分《とうぶん》】ドノヨウニ分《わ》けるか。
【秋分《しゅうぶん》 春分《しゅんぶん》 節分《せつぶん》】イツの分《わ》けめか。
【通分《つうぶん》 約分《やくぶん》】分数《ぶんすう》をドウスルか。

❷分＝〈あるものの一部〉のとき
【塩分《えんぶん》 鉄分《てつぶん》 水分《すいぶん》 糖分《とうぶん》 気分《きぶん》】ナニの要素《ようそ》か。

❸分＝〈全体の中での立場〉のとき
【応分《おうぶん》 過分《かぶん》 処分《しょぶん》】持《も》ち分《ぶん》に対《たい》してドウスルのか、ドウデアルのか。
【子分《こぶん》 親分《おやぶん》 身分《みぶん》 自分《じぶん》】ドウイウ資格《しかく》の持《も》ち分《ぶん》なのか。
【性分《しょうぶん》 名分《めいぶん》(大義名分《たいぎめいぶん》) 天分《てんぶん》 本分《ほんぶん》】ナニから来《く》る持《も》ち分《ぶん》なのか。

❺分＝〈度合やころあい〉のとき
【十分《じゅうぶん》 十二分《じゅうにぶん》 不十分《ふじゅうぶん》 存分《ぞんぶん》 多分《たぶん》 大分《だいぶん》 当分《とうぶん》 余分《よぶん》 何分《なにぶん》】ドノクライの度合《どあい》か。
【時分《じぶん》 夜分《やぶん》】イツのころあいか。
◇ 検分《けんぶん》 五分五分《ごぶごぶ》 随分《ずいぶん》 寸分《すんぶん》 成分《せいぶん》 配分《はいぶん》 不可分《ふかぶん》 部分《ぶぶん》 領分《りょうぶん》

刊

リ−3
総画5
JIS-2009
教5年
訓 ―
音 カン

筆順

なりたち

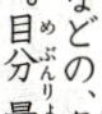

【形声】「干」が「けずる」意味《いみ》と「カン」という読《よ》み方《かた》をしめしている。刀《かたな》(刂)でけずることを表《あらわ》している字《じ》。

意味 出版《しゅっぱん》する。新聞《しんぶん》・雑誌《ざっし》などを発行《はっこう》する。例 刊行《かんこう》・発刊《はっかん》

【刊行】《かんこう》 ↓ 〈―する〉新聞《しんぶん》や本《ほん》を印刷《いんさつ》して世《よ》に出《だ》すこと。例 定期刊行物《ていきかんこうぶつ》 類 出版《しゅっぱん》・発行《はっこう》

刊が下につく熟語 上の字の働き

【日刊《にっかん》 週刊《しゅうかん》 旬刊《じゅんかん》 月刊《げっかん》 季刊《きかん》 年刊《ねんかん》 朝刊《ちょうかん》 夕刊《ゆうかん》】イツ・ドレダケを周期《しゅうき》として刊行《かんこう》するのか。
【創刊《そうかん》 発刊《はっかん》 増刊《ぞうかん》】ドウヤッテ刊行《かんこう》するのか。
【休刊《きゅうかん》 廃刊《はいかん》 復刊《ふっかん》】刊行《かんこう》をドウスルか。
【既刊《きかん》 新刊《しんかん》】イツの時期《じき》に刊行《かんこう》したか。

刑

リ−4
総画6
JIS-2326
常用
訓 ―
音 ケイ

筆順 刑 刑 刑 刑 刑 刑

なりたち 【形声】「井→开」が「わくにはめる」意味《いみ》と「ケイ」という読《よ》み方《かた》をしめしている。刀《かたな》(刂)をくわえて、わくにはめてこらしめることを表《あらわ》す字《じ》。

意味 しおき。罰《ばっ》する。例刑《けい》に服《ふく》する。

名前のよみ のり

【°刑期《けいき》】↓罰《ばつ》を受《う》ける年月《ねんげつ》の長《なが》さ。とくに、刑務所《けいむしょ》に入れられている期間《きかん》。例刑期《けいき》を終《お》える。

【°刑事《けいじ》】↓①どろぼう・殺人《さつじん》・放火《ほうか》など、刑法《けいほう》にふれる事件《じけん》。例刑事事件《けいじじけん》 対民事《みんじ》 ②刑法《けいほう》にふれた犯人《はんにん》をつかまえたり、事件《じけん》を調《しら》べたりする警察官《けいさつかん》。例私服刑事《しふくけいじ》

【°刑場《けいじょう》】↓死刑《しけい》をおこなうところ。例刑場《けいじょう》のつゆと消《き》える。

【°刑罰《けいばつ》】‖罪《つみ》をおかした人《ひと》に、国《くに》があたえる罰《ばつ》。例刑罰《けいばつ》を科《か》す。類罪科《ざいか》

【°刑法《けいほう》】↓どういうおこないが犯罪《はんざい》となるか、犯罪者《はんざいしゃ》にどんな刑罰《けいばつ》をあたえるかを決《き》めた法律《ほうりつ》。例刑法《けいほう》にふれる。

【°刑務所《けいむしょ》】裁判《さいばん》で有罪《ゆうざい》となり、刑《けい》が決《き》まった人《ひと》を、きめられた期間《きかん》入れておくところ。例刑務所《けいむしょ》に送《おく》られる。類獄舎《ごくしゃ》

刑が下につく熟語 上の字の働き

【求刑《きゅうけい》 減刑《げんけい》 処刑《しょけい》】刑《けい》を(刑に)ドウスルか。
【極刑《きょっけい》 死刑《しけい》 実刑《じっけい》】ドウイウ刑《けい》か。

刂-4

列

総画6
JIS-4683
教3年
訓 ―
音 レツ

筆順 列 列 列 列 列 列 (はねない) (はねる)

なりたち 【会意】ほねを意味《いみ》する「歹」と「刂」(刀《かたな》)を合《あ》わせて、切《き》り分《わ》けることを表《あらわ》している字《じ》。

意味 ならぶ。ずらりとならぶ。順《じゅん》にならんだもの。たくさんの。例列《れつ》をそろえる。大国《たいこく》に列《れっ》する。列車《れっしゃ》・列席《れっせき》・整列《せいれつ》・参列《さんれつ》 参考「一列《いちれつ》」「二列《にれつ》」と数《かぞ》えることばにもなる。

名前のよみ つら・のぶ

【列記《れっき》】↓(―する)いくつかのことを、一つ一つならべて書《か》くこと。類併記《へいき》・連記《れんき》

【列挙《れっきょ》】↓(―する)いくつかのことを、一つ一つならべあげること。例問題点《もんだいてん》を列挙《れっきょ》する。類枚挙《まいきょ》

【列強《れっきょう》】↓強《つよ》くて大《おお》きな力《ちから》をもつ国々《くにぐに》。例列強《れっきょう》の首脳会談《しゅのうかいだん》。

【列国《れっこく》】↓たくさんの国々《くにぐに》。例列国《れっこく》の代表《だいひょう》が居《い》ならぶ。類諸国《しょこく》

【列車《れっしゃ》】↓ひとつづきになった客車《きゃくしゃ》や貨車《かしゃ》。例夜行列車《やこうれっしゃ》

【列席《れっせき》】▲(―する)会議《かいぎ》や式典《しきてん》などに出席《しゅっせき》すること。例列席者《れっせきしゃ》 類臨席《りんせき》・参列《さんれつ》

【列伝《れつでん》】▲人《ひと》びとの伝記《でんき》を書《か》きならべたもの。例戦国武将列伝《せんごくぶしょうれつでん》。列伝中《れつでんちゅう》の人物《じんぶつ》。

【列島《れっとう》】↓ひとつづきになってならんでいる島々《しまじま》。例日本列島《にほんれっとう》 類諸島《しょとう》

列が下につく熟語 上の字の働き

【行列《ぎょうれつ》 序列《じょれつ》 陳列《ちんれつ》 羅列《られつ》】近《ちか》い意味《いみ》。
【参列《さんれつ》 整列《せいれつ》 配列《はいれつ》】列《れつ》に(列を)ドウスルか。
【系列《けいれつ》 同列《どうれつ》】ドウイウ性格《せいかく》のならびか。
【直列《ちょくれつ》 並列《へいれつ》】ドンナ形《かたち》の列《れつ》か。
【戦列《せんれつ》 隊列《たいれつ》】ナニを組《く》んだ列《れつ》か。

刀-5

初

総画7
JIS-2973
教4年
音 ショ
訓 はじめ・はじめて・はつ・うい・そめる・うぶ

筆順 初 初 初 初 初 初 初 (ななめ、つかない) (とめる) (はねる)

なりたち 【会意】「衣《ころも》(衤)」と「刀《かたな》」を合《あ》わせて、着物《きもの》をつくるために布《ぬの》を刀《かたな》で切りはじめることを表《あらわ》している字《じ》。

意味 ❶はじめ。そこからはじまる。第一歩《だいいっぽ》。例今世紀《こんせいき》の初《はじ》め。初歩《しょほ》・当初《とうしょ》 ❷はじめて。第一回《だいいっかい》め。例初《はじ》めて会《あ》う。初《はつ》の仕事《しごと》。書《か》き初《ぞ》め。初荷《はつに》・初陣《ういじん》・初演《しょえん》

使い分け はじめ[初・始] ☞143ページ

名前のよみ もと

❶〈はじめ〉の意味で

【初夏《しょか》《はつなつ》】↓夏《なつ》のはじめ。五《ご》、六月《ろくがつ》ごろを

いう。例さわやかな初夏《しょか》の風《かぜ》。関連初夏《しょか》・盛夏《せいか》・晩夏《ばんか》

【初期《しょき》】[↓]ものごとのはじめのころ。例初期《しょき》消火《しょうか》。昭和《しょうわ》初期《しょき》。初期《しょき》の飛行機《ひこうき》。類早期《そうき》 関連初期《しょき》・前期《ぜんき》・中期《ちゅうき》・後期《こうき》・末期《まっき》

【初級《しょきゅう》】[↓]勉強《べんきょう》やスポーツ、習《なら》いごとなどで、いちばんはじめのやさしいところ。例初《しょ》級英会話《きゅうえいかいわ》。類初歩《しょほ》・初等《しょとう》 関連初級《しょきゅう》・中級《ちゅうきゅう》・上級《じょうきゅう》

【初志《しょし》】[↓]なにかをしようと思《おも》ったときの、最初《さいしょ》の決心《けっしん》。例初志《しょし》をつらぬく。類初心《しょしん》

【初秋《しょしゅう｜はつあき》】[↓]秋《あき》のはじめ。九月《くがつ》ごろ。例初秋《しょしゅう》の空《そら》にいわし雲《ぐも》を見《み》る。関連初秋《しょしゅう》・仲秋《ちゅうしゅう》・晩秋《ばんしゅう》

【初春《しょしゅん｜はつはる》】[↓]①春《はる》のはじめ。三月《さんがつ》ごろ。例梅《うめ》の花《はな》で初春《しょしゅん》を知《し》る。類早春《そうしゅん》・浅春《せんしゅん》・春先《はるさき》 関連初春《しょしゅん》・仲春《ちゅうしゅん》・晩春《ばんしゅん》 ②年《とし》のはじめ。「正月《しょうがつ》」のこと。例初春《はつはる》のおよろこびを申《もう》し上《あ》げます。類新春《しんしゅん》

【初旬《しょじゅん》】[↓]ひと月《つき》を十日《とおか》ずつ三《みっ》つに分《わ》けたうちの、はじめの十日間《とおかかん》。関連初旬《しょじゅん》・上旬《じょうじゅん》・中旬《ちゅうじゅん》・下旬《げじゅん》

【初心《しょしん》】[↓]①なにかをはじめたときの、最《さい》初《しょ》の気持《きも》ち。例初心《しょしん》にかえる。類初志《しょし》 ②学《がく》問《もん》や技術《ぎじゅつ》などの習《なら》いはじめで、まだなれていないこと。類初級《しょきゅう》・初学《しょがく》

【初心者《しょしんしゃ》】その分野《ぶんや》の学問《がくもん》や技術《ぎじゅつ》、習《なら》いごとなどを、習《なら》いはじめたばかりの人《ひと》。例初《しょ》心者《しんしゃ》のための講習会《こうしゅうかい》。

【初代《しょだい》】[↓]何代《なんだい》もつづいている家《いえ》や役職《やくしょく》のいちばんはじめの人《ひと》。例初代会長《しょだいかいちょう》 表現歌舞《かぶ》伎俳優《きはいゆう》や伝統芸能《でんとうげいのう》を受《う》けつぐ人《ひと》について使《つか》われることが多《おお》い。

【初段《しょだん》】[↓]武道《ぶどう》や囲碁《いご》・将棋《しょうぎ》などのはじめの段位《だんい》。類初級《しょきゅう》

【初手《しょて》】[↓]①碁《ご》や将棋《しょうぎ》で、最初《さいしょ》にうったり指《さ》したりする手《て》。②なにかをするときの、やりはじめのころ。例初手《しょて》でつまずく。

【初冬《しょとう》】[↓]冬《ふゆ》のはじめ。十一月下旬《じゅういちがつげじゅん》ごろ。例初冬《しょとう》の風《かぜ》がつめたい。対晩冬《ばんとう》

【初頭《しょとう》】[＝]その年代《ねんだい》になったばかりのころ。例今世紀初頭《こんせいきしょとう》。類初期《しょき》・初年《しょねん》

【初等《しょとう》】[↓]学問《がくもん》などを勉強《べんきょう》するときの、いちばんはじめのところ。例初等教育《しょとうきょういく》 類初《しょ》級《きゅう》 対高等《こうとう》

【初等教育《しょとうきょういく》】小学校《しょうがっこう》でおこなわれる教《きょう》育《いく》。参考中学《ちゅうがく》・高校《こうこう》は「中等教育《ちゅうとうきょういく》」、「高等《こうとう》教育《きょういく》」は大学《だいがく》など。

【初七日《しょなのか｜しょなぬか》】仏教《ぶっきょう》で、人《ひと》が死《し》んでから、死《し》んだ日《ひ》を入《い》れて七日《なのか》め。その日《ひ》の法事《ほうじ》。

【初日《しょにち》】[↓]一《しょにち》もよおしものの最初《さいしょ》の日《ひ》。例初日《しょにち》をむかえる。対千秋楽《せんしゅうらく》・楽日《らくび》 二《はつひ》一月《いちがつ》一日《ついたち》の朝《あさ》の太陽《たいよう》。例初日《はつひ》をおがむ。表現相撲《すもう》で、その場所《ばしょ》の二日《ふつか》めよりあとになってはじめて勝《か》つことを、「初日《しょにち》が出《で》る」という。

【初歩《しょほ》】[↓]ものごとの習《なら》いはじめのいちばんやさしいところ。例スケートを初歩《しょほ》から習《なら》う。類初級《しょきゅう》

【初老《しょろう》】[▲]からだがそろそろおとろえ、老人《ろうじん》のなかま入《い》りをしたと感《かん》じる年《とし》ごろ。むかしは四十代《よんじゅうだい》から言《い》ったが、今《いま》は五十代後半《ごじゅうだいこうはん》から十年《じゅうねん》ぐらいのあいだを指《さ》すことが多《おお》い。

例解 使い分け

［はじめ《初め・始め》］

初め＝時間《じかん》や時期《じき》のまえのほうの部分《ぶぶん》。最《さい》初《しょ》。
例来月《らいげつ》の初《はじ》めに遠足《えんそく》がある。初《はじ》めて会《あ》う。生《う》まれて初《はじ》めての経験《けいけん》。

始め＝ものごとを新《あたら》しくやり出《だ》すこと。
例事《こと》の始《はじ》め。仕事始《しごとはじ》めの合図《あいず》。まず手始《てはじ》めに、この問題《もんだい》に取《と》り組《く》もう。

参考「初」は「はじめる・はじまる・はじまり」とは使《つか》わない。「はじめ」の反対《はんたい》は「終《お》わり」。

◦学習漢字でない常用漢字　▴常用漢字表にない音訓　◆常用漢字でない漢字

❷〈はじめて〉の意味で

【初産《ういざん｜しょさん》】↓ 母親《ははおや》がはじめて子《こ》どもをうむこと。例 初産婦《しょさんぷ》

【初。陣《ういじん》】↓ 戦争《せんそう》やスポーツの試合《しあい》にはじめて出《で》ること。例 初陣《ういじん》をかざる。

【初孫《ういまご｜はつまご》】↓ その人《ひと》にとってはじめての孫《まご》。参考 もともとは、「ういまご」が正《ただ》しい言《い》い方《かた》。今《いま》は、「はつまご」と言《い》う人《ひと》が多《おお》い。

【初演《しょえん》】↓〈―する〉はじめて上演《じょうえん》したり演奏《えんそう》したりすること。また、その上演《じょうえん》や演奏《えんそう》。例 本邦初演《ほんぽうしょえん》 対 再演《さいえん》

【初学者《しょがくしゃ》】その学問《がくもん》を勉強《べんきょう》しはじめたばかりの人《ひと》。類 初心者《しょしんしゃ》

【初。婚《しょこん》】↓ その人《ひと》にとってはじめての結婚《けっこん》。

【初。診《しょしん》】↓ その病気《びょうき》になってはじめてみてもらう診察《しんさつ》。例 初診料《しょしんりょう》 対 再診《さいしん》

【初対面《しょたいめん》】はじめて顔《かお》をあわせること。例 初対面《しょたいめん》のときから、気《き》が合《あ》った。

【初潮《しょちょう》】↓ その女性《じょせい》が経験《けいけん》する、はじめての生理《せいり》(月経《げっけい》)。

【初犯《しょはん》】↓ その人《ひと》がはじめてやった、犯罪《はんざい》。対 再犯《さいはん》・重犯《じゅうはん》

【初版《しょはん》】↓ その本《ほん》を印刷《いんさつ》するための最初《さいしょ》の版《はん》による出版《しゅっぱん》。対 重版《じゅうはん》・再版《さいはん》

【初。恋《はつこい》】↓ その人《ひと》が経験《けいけん》する、はじめての恋《こい》。例 初恋《はつこい》の人《ひと》。

【初氷《はつごおり》】↓ その冬《ふゆ》になって、はじめてはった氷《こおり》。例 今年《ことし》の初氷《はつごおり》は例年《れいねん》より早《はや》い。

【初。霜《はつしも》】↓ その冬《ふゆ》になって、はじめておりた霜《しも》。例 けさ、東京《とうきょう》でも初霜《はつしも》がおりた。

【初節句《はつぜっく》】赤《あか》ちゃんがはじめてむかえる節句《せっく》。男《おとこ》の子《こ》は最初《さいしょ》の五月五日《ごがついつか》の端午《たんご》の節句《せっく》、女《おんな》の子《こ》は三月三日《さんがつみっか》の桃《もも》の節句《せっく》(ひな祭《まつ》り)をいう。例 初節句《はつぜっく》をいわう。

【初荷《はつに》】↓ その年《とし》になってはじめて送《おく》り出《だ》される商品《しょうひん》。例 問屋《とんや》から初荷《はつに》がとどいた。知識 正月二日《しょうがつふつか》に、美《うつく》しくかざりつけた初荷《はつに》を出荷《しゅっか》する習慣《しゅうかん》があった。

【初音《はつね》】↓ その年《とし》はじめて聞《き》く、小鳥《ことり》の鳴《な》き声《ごえ》。例 ウグイスの初音《はつね》に春《はる》を感《かん》じる。

【初場所《はつばしょ》】その年最初《としさいしょ》の大相撲《おおずもう》。一月《いちがつ》にひらかれるから、一月場所《いちがつばしょ》ともいう。参考 「場《ば》所《しょ》」は大相撲《おおずもう》の取組《とりくみ》がある期間《きかん》をいうことば。

【初。舞台《はつぶたい》】はじめて舞台《ぶたい》に立《た》ち、客《きゃく》の前《まえ》で演技《えんぎ》をすること。デビュー。例 初舞台《はつぶたい》をふむ。

【初。盆《はつぼん》】↓ その人《ひと》が死《し》んでから、はじめてむかえるうら盆《ぼん》。類 新盆《にいぼん｜しんぼん》 知識 「うら盆《ぼん》」は、七月《しちがつ》または八月《はちがつ》の十三日《じゅうさんにち》から十五日《じゅうごにち》にかけての、仏教《ぶっきょう》の行事《ぎょうじ》。死者《ししゃ》の霊《れい》がもどってくるのをむかえてもてなす。

【初耳《はつみみ》】↓ はじめてその話《はなし》を聞《き》くこと。例 その話《はなし》は初耳《はつみみ》だ。

【初物《はつもの》】↓ その季節《きせつ》になってはじめてとれた野菜《やさい》や果物《くだもの》など。はしり。例 初物《はつもの》の桃《もも》。

【初雪《はつゆき》】↓ その冬《ふゆ》に、はじめて降《ふ》った雪《ゆき》。例

漢字パズル 2

よみかた

赤《あか》い字《じ》の読《よ》みを参考《さんこう》にして、次《つぎ》の熟語《じゅくご》を読《よ》んでみましょう。

例 胴体…(同《どう》)→どうたい

① 福祉 ○○○
② 菓子 ○○
③ 郊外 ○○○
④ 拍手 ○○○
⑤ 零点 ○○○○
⑥ 冷凍 ○○○○
⑦ 販売 ○○○○
⑧ 被害 ○○○
⑨ 挑戦 ○○○○○
⑩ 破裂 ○○○
⑪ 露店 ○○○
⑫ 湖畔 ○○○

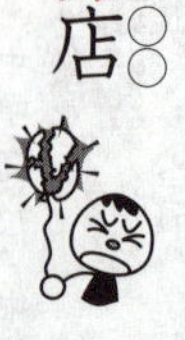

初雪《はつゆき》の観測《かんそく》を伝《つた》えるニュース。

【初夢《はつゆめ》】↓新年《しんねん》にはじめて見《み》る夢《ゆめ》。一月《いちがつ》一日《ついたち》、または二日《ふつか》の夜《よる》に見《み》る夢《ゆめ》。知識 初夢《はつゆめ》に見《み》ると縁起《えんぎ》がよいとされているものをならべたことばが「一富士《いちふじ》、二鷹《にたか》、三茄子《さんなすび》」である。

◆最初《さいしょ》 当初《とうしょ》

刂-5

判

総画7
JIS-4029
教5年
音 ハン・バン
訓 —

筆順

なりたち  【形声】「半」が「二《ふた》つに分《わ》ける」意《い》味《み》と「ハン」という読《よ》み方《かた》をしめしている。刀《かたな》(刂)ではんぶん(半)に切《き》り分《わ》けることを表《あらわ》している字《じ》。

意味

❶はっきりさせる。見《み》わける。例 判定《はんてい》・談《だん》判《ぱん》

❷さばきをくだす。善悪《ぜんあく》を決《き》める。例 判《はん》決《けつ》・裁判《さいばん》

❸はんこ。例 判《はん》をおす。印判《いんばん》

❹むかしの金貨《きんか》。例 小判《こばん》

❺紙《かみ》や本《ほん》の大《おお》きさの規格《きかく》。例 新書判《しんしょばん》

発音あんない ハン→ホウ…例 判官《ほうがん》

名前のよみ さだ・ちか・ゆき

❶〈はっきりさせる〉の意味で

【判然《はんぜん》】☒〈—たる〉〈—と〉はっきりとよくわかるようす。例 欠席《けっせき》の理由《りゆう》が判然《はんぜん》としない。類 歴《れき》然《ぜん》・明瞭《めいりょう》・明白《めいはく》 対 漠然《ばくぜん》

【判断《はんだん》】↓〈—する〉考《かんが》えて、こうだと思《おも》うこと。例 判断《はんだん》を下《くだ》す。

【判定《はんてい》】↓〈—する〉どちらが正《ただ》しいか、どちらが勝《か》ったかを決《き》める立場《たちば》の人《ひと》が、全体《ぜんたい》から判《はん》断《だん》して決《き》めること。例 判定《はんてい》を下《くだ》す。

【判読《はんどく》】↓〈—する〉読《よ》みにくい文字《もじ》や文章《ぶんしょう》を、書《か》きぐせ、前後《ぜんご》のつづきぐあいなどを考《かんが》えながら読《よ》むこと。例 古文書《こもんじょ》を判読《はんどく》する。

【判別《はんべつ》】Ⅱ〈—する〉種類《しゅるい》や性質《せいしつ》などのちがいを見分《みわ》けること。例 形《かたち》も色《いろ》も似《に》ていて判別《はんべつ》がむずかしい。類 識別《しきべつ》・鑑別《かんべつ》

【判明《はんめい》】↓〈—する〉はっきりわかるようになること。例 事故《じこ》の原因《げんいん》が判明《はんめい》した。

❷〈さばきをくだす〉の意味で

【判官《はんがん|ほうがん》】↓むかしの役人《やくにん》の職務《しょくむ》の名《な》で、今《いま》の裁判官《さいばんかん》にあたる。知識 歴史上《れきしじょう》有名《ゆうめい》な判《ほう》官《がん》は源《みなもとの》義経《よしつね》で、兄頼朝《あによりとも》にくまれてほろぼされたことから、不利《ふり》な立場《たちば》の人《ひと》に同情《どうじょう》したくなる気持《きも》ちを「判官《ほうがん》びいき」という。

【判決《はんけつ》】↓〈—する〉裁判所《さいばんしょ》が法律《ほうりつ》にあてはめて出《だ》す決定《けってい》。例 判決《はんけつ》が下《くだ》る。判決《はんけつ》を言《い》いわたす。

【判事《はんじ》】↓裁判官《さいばんかん》。裁判所《さいばんしょ》で、罪《つみ》のあるなしを決《き》める人《ひと》。例 最高裁判事《さいこうさいはんじ》

【判例《はんれい》】↓裁判所《さいばんしょ》がこれまでにおこなった判決《はんけつ》の例《れい》。例 判例《はんれい》にしたがう。

判が下につく熟語 上の字の働き

❶判＝〈はっきりさせる〉のとき
【審判《しんぱん》 裁判《さいばん》 談判《だんぱん》 批判《ひはん》 評判《ひょうばん》】ドウヤッテはっきりさせるか。

❹判＝〈むかしの金貨〉のとき
【大判《おおばん》 小判《こばん》】ドンナ大《おお》きさの金貨《きんか》か。

◆印判《いんばん》 公判《こうはん》 太鼓判《たいこばん》

刂-5

別

総画7
JIS-4244
教4年
音 ベツ
訓 わかれる

筆順

なりたち  【会意】ほねを表《あらわ》す「冎(のちに另)」と「刂(刀《かたな》)」を合《あ》わせて、刀《かたな》でほねをばらばらに分《わ》けることを表《あらわ》している字《じ》。

意味

❶人《ひと》とわかれる。はなればなれになる。例 別《わか》れのことば。別離《べつり》・告別《こくべつ》

❷くべつする。ある特色《とくしょく》や性質《せいしつ》でまとめる。例 個別《こべつ》・選別《せんべつ》・クラス別《べつ》

❸ほかの。それとはちがうもの。例 別《べつ》の仕事《しごと》を探《さが》す。別人《べつじん》・別行動《べつこうどう》・千差万別《せんさばんべつ》

❹ふつうとちがっている。とりわけ。例 別《べつ》にかわりはない。別《べつ》あつらえ・特別《とくべつ》

文字物語 ☞146ページ

使い分け わかれる[分・別] ☞139ページ

名前のよみ わき・わけ

❶〈人とわかれる〉の意味で

別◀次ページ

【別居《べっきょ》】[↓]〈―する〉家族《かぞく》が、べつべつの場所《ばしょ》にわかれて住《す》むこと。例 別居生活《べっきょせいかつ》 対 同居《どうきょ》

【別。離《べつり》】[‖]〈―する〉人《ひと》とわかれてはなればなれになること。例 別離《べつり》の悲《かな》しみ。類 離別《りべつ》

❸〈ほかの〉の意味で

【別館《べっかん》】[↓]本館《ほんかん》のほかに、べつにつくられた建物《たてもの》。例 ホテルの別館《べっかん》に泊《と》まる。対 本館《ほんかん》

【別記《べっき》】[↓]〈―する〉本文《ほんぶん》のほかに書《か》きそえた文章《ぶんしょう》。例 別記参照《べっきさんしょう》。

【別口《べっくち》】[↓]それまでのものとはちがう、ほかのもの。例 これは別口《べっくち》の話《はなし》です。

【別。掲《べっけい》】[↓]〈―する〉ここでない場所《ばしょ》にしめすこと。例 地図《ちず》は巻末《かんまつ》に別掲《べっけい》する。

【別件《べっけん》】[↓]いま問題《もんだい》とする事件《じけん》とはちがう事件《じけん》。例 別件逮捕《べっけんたいほ》。

【別個《べっこ》】[↓]それぞれちがうこと。べつのもの。例 各自《かくじ》別個《べっこ》のものを食《た》べる。類 別別《べつべつ》

【別行動《べっこうどう》】〈―する〉はなれてちがうことをすること。例 一人《ひとり》だけ別行動《べっこうどう》をとる。

【別冊《べっさつ》】[↓]①雑誌《ざっし》や全集《ぜんしゅう》などの付録《ふろく》としてつけくわえられた本《ほん》。例 別冊付録《べっさつふろく》。②定期的《ていきてき》に出《で》る雑誌《ざっし》のほかに、おなじ誌名《しめい》で臨時《りんじ》に出《で》る雑誌《ざっし》。例 別冊記念特集号《べっさつきねんとくしゅうごう》。

【別紙《べっし》】[↓]べつの紙《かみ》。または、それに書《か》いてあることがら。例 別紙参照《べっしさんしょう》。

【別室《べっしつ》】[↓]今《いま》いるへやではない、ほかのへや。例 面談《めんだん》は別室《べっしつ》でおこないます。

【別人《べつじん》】[↓]その人《ひと》ではない、ほかの人《ひと》。例 今《いま》までとはまるで別人《べつじん》のようだ。

【別席《べっせき》】[↓]ほかの席《せき》やほかのへや。例 食事《しょくじ》は別席《べっせき》に用意《ようい》してあります。

【別。荘《べっそう》】[↓]暑《あつ》さ寒《さむ》さをさけてゆっくりするためなどに、いつも住《す》んでいる家《いえ》とはべつにたてた家《いえ》。例 夏《なつ》を別荘《べっそう》ですごす。

【別送《べっそう》】[↓]〈―する〉荷物《にもつ》などをべつの便《びん》で送《おく》ること。例 果物《くだもの》を別送《べっそう》しました。

【別。邸《べってい》】[↓]ふだん住《す》む家《いえ》とはべつにもうけてあるやしき。対 本宅《ほんたく》 参考「邸《てい》」は、やしき。

【別。途《べっと》】[↓]ほかのやり方《かた》によること。例 旅《りょ》費《ひ》は別途支給《べっとしきゅう》する。

【別表《べっぴょう》】[↓]文章《ぶんしょう》のほかにそえてある表《ひょう》。例 別表参照《べっぴょうさんしょう》のこと。

【別便《べつびん》】[↓]その郵便物《ゆうびんぶつ》や荷物《にもつ》とはべつに送《おく》る郵便《ゆうびん》や荷物《にもつ》。例 品物《しなもの》は別便《べつびん》で送《おく》る。

【別別《べつべつ》】[‖]〈―に・―な〉それぞれにちがっていること。例 別々《べつべつ》の道《みち》を進《すす》む。類 別個《べっこ》

【別。棟《べつむね》】[↓]おもな建物《たてもの》の近《ちか》くに、べつにたっている建物《たてもの》。例 食堂《しょくどう》は別棟《べつむね》になっている。

【別名《べつめい》】[↓]もともとの名《な》のほかにつけた名《な》前《まえ》。例 イトトンボは別名《べつめい》をトウシントンボともいう。類 異名《いみょう》・別称《べっしょう》

【別問題《べつもんだい》】そのときにとりあげていること

文字物語

別

この字《じ》はいろいろのかたちではたらく。

◎音《おん》の「ベツ」がすこし仮名《かな》の助《たす》けを借《か》りると、一字《いちじ》が一単《いちたん》語《ご》として、次《つぎ》のようなはたらきをする。

別《べつ》 例 人間《にんげん》には男女《だんじょ》の別《べつ》がある。
別《べつ》な 例 別《べつ》なことに興味《きょうみ》がうつる。
別《べつ》の 例 別《べつ》の話題《わだい》にうつる。
別《べつ》に 例 別《べつ》にかわったこともない。
別《べつ》として 例 味《あじ》は別《べつ》として、ねだんは手《て》ごろだ。
別《べつ》になる 例 これから二人《ふたり》は別《べつ》になって行動《こうどう》しよう。
別《べつ》だ 例 それとこれとは問題《もんだい》がまったく別《べつ》だ。

◎「別《べつ》」は、いろいろのことばの下《した》についてもはたらく。たとえば、人間社会《にんげんしゃかい》を観察《かんさつ》しようとするとき、「男女別《だんじょべつ》」「年齢別《ねんれいべつ》」「職業別《しょくぎょうべつ》」「産業別《さんぎょうべつ》」など、ある基準《きじゅん》で分《わ》けることが必《ひつ》要《よう》になる。店先《みせさき》の商品《しょうひん》も「ねだん別《べつ》」や「色別《いろべつ》」に分《わ》けてあると、わかりやすい。

◎「別《べつ》」は、ことばの上《うえ》についてもよくはたらく。おなじグループのもののなかで、ある一《ひと》つのものから見《み》てそれ以外《いがい》のものはどれも別《べつ》のもの。だから「別会社《べつがいしゃ》」「別部門《べつぶもん》」「別様式《べつようしき》」「別項目《べつこうもく》」「別問題《べつもんだい》」などという。また、おなじグループのなかでも、ふつうとはちがったあつかいをするものを「別仕立《べつじた》て」「別《べつ》あつらえ」などという。

とはあまり関係《かんけい》のないことがら。例それとこれとは別問題《べつもんだい》だ。

❹〈ふつうとちがっている〉の意味で

【別格】《べっかく》 ⇩ ほかからはなして、とくべつなあつかいをするもの。例別格《べっかく》の待遇《たいぐう》。

【別状】《べつじょう》 ⇩ ふだんとちがうようす。例命《いのち》に別状はない。類異状《いじょう》

【別世界】《べっせかい》 ①今《いま》までいた世界《せかい》とはまったくつながりがなく、なにもかもが新《あたら》しくめずらしく感《かん》じられるところ。例夏《なつ》のホームステイで別世界《べっせかい》を体験《たいけん》しました。類異境《いきょう》 ②ものの見方《みかた》・考《かんが》え方《かた》などがちがう社会《しゃかい》。例彼女《かのじょ》はわれわれとは別世界《べっせかい》の人間《にんげん》だ。

【別段】《べつだん》 ⇩ ①ふつうとは程度《ていど》がちがうこと。例別段《べつだん》のくふうがいりそうだ。類特別《とくべつ》・格別《かくべつ》 ②とくに。とりわけ。例別段《べつだん》かわったことはない。表現①がもともとの言《い》い方《かた》だったが、今《いま》はあまり言《い》わない。ふつうは、②のように打《う》ち消《け》す言《い》い方《かた》になる。

【別天地】《べってんち》 今生《いまい》きているところとはまったくちがう世界《せかい》。例別天地《べってんち》に羽《は》ばたく。類新《しん》世界《せかい》

別が下につく熟語 上の字の働き

❶別＝〈人とわかれる〉のとき
【死別《しべつ》 生別《せいべつ》】ドウナッテ別《わか》れたか。
【告別《こくべつ》 惜別《せきべつ》 送別《そうべつ》】別《わか》れをドウスルか。

❷別＝〈くべつする〉のとき
【区別《くべつ》 分別《ぶんべつ》 判別《はんべつ》 弁別《べんべつ》 差別《さべつ》】近《ちか》い意味《いみ》。
【鑑別《かんべつ》 識別《しきべつ》 選別《せんべつ》】ドウヤッテ区別《くべつ》したか。
【細別《さいべつ》 大別《たいべつ》 類別《るいべつ》】ドノヨウニ区別《くべつ》するか。
【個別《こべつ》 戸別《こべつ》 種別《しゅべつ》 性別《せいべつ》 学年別《がくねんべつ》 年齢別《ねんれいべつ》】ナニを基準《きじゅん》に区別《くべつ》するか。

◆格別《かくべつ》 千差万別《せんさばんべつ》 特別《とくべつ》 無分別《むふんべつ》 離別《りべつ》

刂-5

利

総画7
JIS-4588
教4年
音リ
訓きく

筆順

なりたち

【会意】穀物《こくもつ》を表《あらわ》す「禾」とすきを意味《いみ》する「刂（刀《かたな》）」を合《あ》わせて、穀物《こくもつ》を収穫《しゅうかく》するために、すきでたがやすことを表《あらわ》している字《じ》。

意味

❶するどい。よく切《き》れる。例鋭利《えいり》
❷すばしっこい。かしこい。例利発《りはつ》
❸つごうがよい。役立《やくだ》つ。きちんとはたらく。例気《き》が利《き》く。地《ち》の利《り》。便利《べんり》 対害《がい》
❹得《とく》なこと。もうけ。例利益《りえき》・権利《けんり》

特別なよみ 砂利（じゃり）

名前のよみ かが・かず・さと・と・とおる・とし・のり・まさ・みち・よし・より

❶〈するどい〉の意味で

【利器】《りき》 ⇩ するどい武器《ぶき》。切《き》れ味《あじ》のよい刃物《はもの》。対鈍器《どんき》 ☞❸

❷〈すばしっこい〉の意味で

【利口】《りこう》 ▲〈—に・—な〉①理解《りかい》やものおぼえがはやい。例利口《りこう》な犬《いぬ》。類利発《りはつ》 対馬鹿《ばか》 ②口先《くちさき》がうまく、ぬけめがない。例利口《りこう》に立《た》ちまわる。

【利発】《りはつ》 Ⅲ〈—に・—な〉頭《あたま》のはたらきがはやい。かしこい。例利発《りはつ》な子《こ》。類利口《りこう》

❸〈つごうがよい〉の意味で

【利益】《りえき》 Ⅲ 役《やく》に立《た》つこと。ためになること。例公共《こうきょう》の利益《りえき》をはかる。☞❹

【利器】《りき》 ⇩ 便利《べんり》な道具《どうぐ》や機械《きかい》。例自動車《じどうしゃ》は文明《ぶんめい》の利器《りき》だ。☞❶

【利己】《りこ》 ▲ 自分《じぶん》のためだけを考《かんが》えること。例利己的《りこてき》な人《ひと》。対利他《りた》

【利己主義】《りこしゅぎ》 自分《じぶん》の利益《りえき》や楽《たの》しみだけをだいじにする考《かんが》え。エゴイズム。

【利他】《りた》 ▲ 自分《じぶん》のことよりも、まず相手《あいて》やほかの人《ひと》のためになるように考《かんが》えること。例利《り》他的《たてき》な考《かんが》え。対利己《りこ》

【利点】《りてん》 ⇩ よい点《てん》や役《やく》に立《た》つところ。メリット。例利点《りてん》を生《い》かす。類長所《ちょうしょ》

【利。尿】《りにょう》 ▲ 小便《しょうべん》の出《で》をよくすること。例利尿《りにょう》作用《さよう》がある飲《の》み物《もの》。利尿剤《りにょうざい》

【利便】《りべん》 Ⅲ つごうがよいこと。例乗客《じょうきゃく》の利《り》便《べん》をはかる。類便宜《べんぎ》

【利用】《りよう》 ⇩〈—する〉①役立《やくだ》つように使《つか》うこと。例余暇《よか》を利用《りよう》して習《なら》いごとをする。通学《つうがく》には電車《でんしゃ》を利用《りよう》している。類活用《かつよう》 ②自分《じぶん》のつごうだけで、人《ひと》や物《もの》をいいように使《つか》うこと。

❹〈得なこと〉の意味で

例地位《ちい》を利用《りよう》する。

【利益】り《り》えき《えき》 II 大《おお》きな利益《りえき》を上《あ》げる。商業《しょうぎょう》などでのもうけ。とく。例 害《がい》・欠損《けっそん》 ☞❸ 類 収益《しゅうえき》・利潤《りじゅん》 対 損《そん》

【利害】りがい ⇕ 利益《りえき》と損害《そんがい》。得《とく》になるか損《そん》になるか。例 利害関係《りがいかんけい》。類 損得《そんとく》

【利害得失】りがいとくしつ 利益《りえき》と損害《そんがい》。

【利権】りけん ↓ もうけを自分《じぶん》のものにすることができる権利《けんり》。例 利権《りけん》をあさる。

【利子】りし II 貸《か》したり、あずけたりしたお金《かね》に対《たい》して、決《き》まった割合《わりあい》ではらわれるお金《かね》。例 利子《りし》がつく。類 利息《りそく》 対 元金《がんきん》

【利。潤】りじゅん II 商売《しょうばい》などでのもうけ。売《う》り上《あ》げの総額《そうがく》から、かかった費用《ひよう》をさし引《ひ》いたのこり。例 利潤《りじゅん》が大《おお》きい。類 利益《りえき》

【利。殖】りしょく ↓〈―する〉お金《かね》をうまく動《うご》かして財産《ざいさん》をふやすこと。例 利殖《りしょく》をはかる。

【利息】りそく II 利子《りし》。例 利息《りそく》が高《たか》い。対 元金《がんきん》

【利欲】りよく ↓ もうけようとする気持《きも》ち。例 利《り》欲《よく》のために身《み》をほろぼす。

【利率】りりつ ↓ 貸《か》したりあずけたりしてある元《がん》金《きん》に対《たい》する利子《りし》の割合《わりあい》。利回《りまわ》り。例 利率《りりつ》が上《あ》がる。利率《りりつ》が高《たか》い。知識 利率《りりつ》は、年利《ねんり》・月利《げつり》・日歩《ひぶ》で表《あらわ》す。

利が下につく熟語 上の字の働き

❹ 利 = 〈得なこと〉のとき

【巨利《きょり》 薄利《はくり》】ドノクライの利益《りえき》か。

【金利《きんり》 年利《ねんり》 高利《こうり》 低利《ていり》 単利《たんり》 複利《ふくり》】ドノヨウナ利子《りし》か。

【私利《しり》 実利《じつり》】ドウイウ内容《ないよう》の利益《りえき》か。

◇ 営利《えいり》 鋭利《えいり》 元利《がんり》 権利《けんり》 勝利《しょうり》 福利《ふくり》 不利《ふり》 便《べん》利《り》 有利《ゆうり》

刀-6

券

総画8
JIS-2384
教5年
音 ケン
訓 ―

筆順
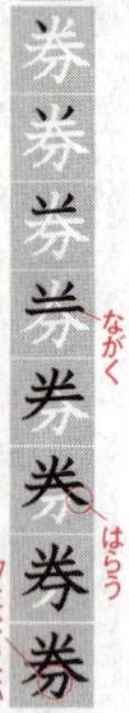

なりたち

【形声】「龹」が「両手《りょうて》で作業《さぎょう》する」意味《いみ》と「ケン」という読《よ》み方《かた》をしめしている。刀《かたな》で木《き》にきざみめをつけて証拠《しょうこ》とする「ふだ」を表《あらわ》している字《じ》。

意味

❶ 証拠《しょうこ》となる書面《しょめん》。そのことを証明《しょうめい》する書類《しょるい》。てがた。わりふ。例 株券《かぶけん》

❷ きっぷ。チケット。例 券《けん》を買《か》う。券売《けんばい》機《き》・乗車券《じょうしゃけん》

券が下につく熟語 上の字の働き

❶ 券 = 〈証拠となる書面〉のとき

【株券《かぶけん》 債券《さいけん》 証券《しょうけん》 旅券《りょけん》】ナニについての券《けん》か。

❷ 券 = 〈きっぷ〉のとき

【乗車券《じょうしゃけん》 入場券《にゅうじょうけん》 優待券《ゆうたいけん》】ナニができる券《けん》か。

◇ 回数券《かいすうけん》 半券《はんけん》

リ-6

刻

総画8
JIS-2579
教6年
音 コク
訓 きざむ

筆順
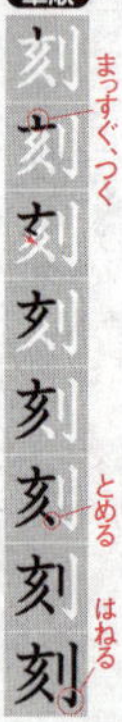

なりたち
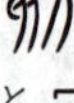
【形声】「亥《カイ|ガイ》」がかたい意味《いみ》と、「コク」とかわって読《よ》み方《かた》をしめしている。かたいものを刀《かたな》(リ)できざむことを表《あらわ》している字《じ》。

意味

❶ きざむ。ほりこむ。例 刻《きざ》みを入《い》れる。時《とき》を刻《きざ》む。刻印《こくいん》・彫刻《ちょうこく》

❷ ひどい。きびしい。例 深刻《しんこく》

❸ とき。時間《じかん》。例 子《ね》の刻《こく》。一刻《いっこく》

発音あんない コク→コッ…例 刻苦《こっく》

名前のよみ とき

❶〈きざむ〉の意味で

【刻印】こくいん ①▲〈―する〉はんこをほること。②↓ ほったはん。例 刻印《こくいん》をおす。表現 消《け》し去《さ》ることができない、よくない評判《ひょうばん》などをいうときにも使《つか》う。

❷〈ひどい〉の意味で

【刻苦】こっく II〈―する〉苦《くる》しい思《おも》いをして、たいへんな努力《どりょく》をかさねること。例 刻苦勉励《こっくべんれい》する。

❸〈とき〉の意味で

【刻一刻】こくいっこく〈―と〉時間《じかん》がたえず過《す》ぎて、なにかがどんどん近《ちか》づいてくる感《かん》じ。例 刻一刻《こくいっこく》と夕《ゆう》やみがせまる。類 刻刻《こっこく|こくこく》・時時刻刻《じじこっこく》

【刻限】こくげん ↓ 前《まえ》もって決《き》めてあった時刻《じこく》。例 約束《やくそく》の刻限《こくげん》に間《ま》に合《あ》う。類 定刻《ていこく》

【刻刻】こっこく|こくこく II〈―と〉小《こ》きざみに時《とき》がたって

いくようす。類 刻一刻《こくいっこく》 例 刻々《こっこく｜こくこく》と開始時間《かいしじかん》がせまる。

刻が下につく熟語 上の字の働き

❸ 刻＝〈とき〉のとき
【一刻《いっこく》 寸刻《すんこく》】ドノクライの時《とき》か。
【先刻《せんこく》 後刻《ごこく》 即刻《そっこく》 夕刻《ゆうこく》】イツの時《とき》か。
◆ 時刻《じこく》 深刻《しんこく》 遅刻《ちこく》 彫刻《ちょうこく》 定刻《ていこく》 復刻《ふっこく》

リ−6
刷
総画8
JIS-2694
教4年
音 サツ
訓 する

筆順

なりたち

【会意】「こすりとる」意味《いみ》を持《も》つ「𠩺」と刂（刀《かたな》）を合《あ》わせて、刀《かたな》でものをけずりとることを表《あらわ》した字《じ》。

意味
❶ こすりつけてうつす。印刷《いんさつ》する。例 新聞《しんぶん》を刷《す》る。刷《す》りがきれいだ。刷版《さっぱん》・縮刷《しゅくさつ》
❷ ぬぐってきれいにする。例 刷新《さっしん》

❷〈ぬぐってきれいにする〉の意味で
【刷子】《さっし》 ☒ はけ。ブラシ。
【刷新】《さっしん》 ↓〈—する〉これまでのわるいところをなおして、すっかり新《あたら》しくすること。例 人事《じんじ》を刷新《さっしん》する。類 一新《いっしん》・更新《こうしん》・改新《かいしん》

刷が下につく熟語 上の字の働き

❶ 刷＝〈こすりつけてうつす〉のとき
【縮刷《しゅくさつ》 増刷《ぞうさつ》】ドウナルように印刷《いんさつ》するか。
◆ 印刷《いんさつ》

リ−6
刹
総画8
JIS-4975
常用
音 サツ・セツ
訓 —

筆順

意味
❶ 仏教《ぶっきょう》の寺《てら》。例 古刹《こさつ》・名刹《めいさつ》
❷ 古代《こだい》インドのことばを近《ちか》い音《おと》で表《あらわ》した字《じ》。例 刹那《せつな》

❷〈古代インドのことばを近い音で表した字〉の意味で
【刹。那】《せつな》 ◎ とても短《みじか》い時間《じかん》。例 刹那的《せつなてき》な喜《よろこ》び。一刹那《いちせつな》 類 瞬間《しゅんかん》・瞬時《しゅんじ》・一瞬《いっしゅん》

刹が下につく熟語 上の字の働き

❶ 刹＝〈仏教の寺〉のとき
【古刹《こさつ》 名刹《めいさつ》】ドンナ寺《てら》か。

リ−6
刺
総画8
JIS-2741
常用
音 シ
訓 さす・ささる

筆順

なりたち

【形声】「朿」が「とげ」の意味《いみ》と「シ」という読《よ》み方《かた》をしめしている。刀《かたな》（刂）の先《さき》でさすことを表《あらわ》している字《じ》。

意味
❶ つきさす。例 針《はり》を刺《さ》す。刺激《しげき》
❷ とげ。例 有刺鉄線《ゆうしてっせん》
❸ そしる。なじる。例 風刺《ふうし》
❹ 名《な》を書《か》いたふだ。例 名刺《めいし》

使い分け さす［差・指・刺・挿］ ☞ 355ページ

❶〈つきさす〉の意味で
【。刺身】《さしみ》 ↓ 魚《さかな》や貝《かい》などをうすく切《き》って、なまのままで食《た》べる料理《りょうり》。例 アジの刺身《さしみ》。
【。刺客】《しきゃく｜しかく》 ↓ ある人《ひと》をつけねらって殺《ころ》そうとする人《ひと》。例 刺客《しきゃく》におそわれる。
【。刺激】《しげき》 ↓〈—する〉感覚《かんかく》や心《こころ》に外《そと》から強《つよ》くはたらきかけること。例 刺激《しげき》が強《つよ》い。対 反応《はんのう》
【。刺殺】《しさつ》 ↓〈—する〉①刃物《はもの》で刺《さ》し殺《ころ》すこと。例 刺殺体《しさつたい》 ②野球《やきゅう》で、ボールを走者《そうしゃ》につけてアウトにすること。例 刺殺《しさつ》プレー。
【。刺◆繍】《ししゅう》 ↓〈—する〉布《ぬの》にいろいろな色《いろ》の糸《いと》をぬいつけて、絵《え》やもようなどをえがき出《だ》すこと。ぬいとり。例 刺繍《ししゅう》入《い》りのハンカチ。
◆ 風刺《ふうし》 名刺《めいし》

リ−6
制
総画8
JIS-3209
教5年
音 セイ
訓 —

筆順

なりたち

【会意】小《こ》えだのある木《き》を表《あらわ》す「𠂔」と「刂（刀《かたな》）」を合《あ》わせて、刀《かたな》でえだを切《き》りそろえることを表《あらわ》している字《じ》。

意味
❶ とりきめる。みんなにまもらせるきまり。しくみ。例 制度《せいど》・体制《たいせい》
❷ おさえる。おしとどめる。おさめる。例 地区大会《ちくたいかい》を制《せい》する。制限《せいげん》・規制《きせい》
❸ つくる。こしらえる。例 制作《せいさく》・編制《へんせい》

名前のよみ いさむ・おさむ・さだ・すけ・ただ・のり

❶〈とりきめる〉の意味で

【制定】せいてい ‖〈—する〉法律《ほうりつ》やきまりをつくり正《せい》式《しき》に定《さだ》めること。例 憲法《けんぽう》を制定《せいてい》する。

【制度】せいど ‖ 団体《だんたい》や社会《しゃかい》を動《うご》かしていくためのしくみやきまり。例 議会制度《ぎかいせいど》

【制服】せいふく ↓ 学校《がっこう》や団体《だんたい》などで着《き》るように決《き》めてある服装《ふくそう》。ユニホーム。対 私服《しふく》

【制。帽】せいぼう ↓ 学校《がっこう》や団体《だんたい》などでかぶるように決《き》められている帽子《ぼうし》。類 学帽《がくぼう》

❷〈おさえる〉の意味で

【制圧】せいあつ ‖〈—する〉力《ちから》でおさえつけてしまうこと。例 反対派《はんたいは》を制圧《せいあつ》する。類 鎮圧《ちんあつ》

【制球】せいきゅう ▲〈—する〉野球《やきゅう》などで、投手《とうしゅ》がボールを思《おも》うところに投《な》げること。コントロール。例 制球力《せいきゅうりょく》

【制。御】せいぎょ ‖〈—する〉①ものごとを自分《じぶん》の思《おも》うようにおさえつけたり、動《うご》かしたりすること。コントロール。例 欲望《よくぼう》を制御《せいぎょ》する。②機械《きかい》などを思《おも》いどおりに動《うご》くようにすること。例 自動制御装置《じどうせいぎょそうち》 類 統制《とうせい》

【制限】せいげん ‖〈—する〉ここまでというさかいめを決《き》めること。例 速度制限《そくどせいげん》 類 制約《せいやく》・限定《げんてい》

【制裁】せいさい ‖〈—する〉わるいことをしたり、きまりなどをやぶったりした者《もの》をこらしめること。例 制裁《せいさい》をくわえる。類 罰《ばつ》

【制止】せいし ‖〈—する〉しないようにおしとどめること。例 みんなの制止《せいし》をふり切《き》って出《で》ていってしまった。

【制動】せいどう ▲〈—する〉車輪《しゃりん》の回転《かいてん》など、動《うご》きをおさえたり止《と》めたりすること。例 制動装置《せいどうそうち》

【制。覇】せいは ‖〈—する〉①相手《あいて》をたおして、権力《けんりょく》をにぎること。例 世界制覇《せかいせいは》の野望《やぼう》を持《も》つ。類 征服《せいふく》 ②スポーツなどで、優勝《ゆうしょう》すること。例 全国制覇《ぜんこくせいは》の夢《ゆめ》。

【制約】せいやく ‖〈—する〉行動《こうどう》の範囲《はんい》をここまでと定《さだ》めること。例 時間《じかん》の制約《せいやく》がある。類 制限《せいげん》

❸〈つくる〉の意味で

【制作】せいさく ‖〈—する〉絵画《かいが》や彫刻《ちょうこく》などの芸術作《げいじゅつさく》品《ひん》や工芸品《こうげいひん》、また、テレビ番組《ばんぐみ》などの作品《さくひん》をつくること。例 卒業制作《そつぎょうせいさく》。

使い分け [製作・制作] ☞ 911ページ

制が下につく熟語 上の字の働き

❶制＝〈とりきめる〉のとき
【学制《がくせい》 市制《しせい》 税制《ぜいせい》 法制《ほうせい》】ナニについてのとりきめか。
【旧制《きゅうせい》 新制《しんせい》】イツのとりきめか。

❷制＝〈おさえる〉のとき
【禁制《きんせい》 節制《せっせい》 抑制《よくせい》】近《ちか》い意味《いみ》。
【管制《かんせい》 規制《きせい》 統制《とうせい》】ドウヤッテ制《せい》するか。
【圧制《あっせい》 強制《きょうせい》 自制《じせい》 先制《せんせい》 専制《せんせい》】ドノヨウニ制《せい》するか。

◆体制《たいせい》 編制《へんせい》

文字物語 前

「前」が「ゼン」と音《おん》でよまれるときは、いつも、場所《ばしょ》をいう「まえ・うしろ」の「まえ」か、時間《じかん》をいう「まえ・あと」の「まえ」かを表《あらわ》す。ところが、「まえ」と訓《くん》でよむときには、少《すこ》しようすのちがった「まえ」がある。

「一人《ひとり》あたりの分《わ》け前《まえ》」「すし一人前《いちにんまえ》」などというときの「まえ」は、「前後《ぜんご》」ということには関係《かんけい》なく、「その人《ひと》にみあうだけの量《りょう》」という意味《いみ》を表《あらわ》す。さらに、この「まえ」は、「自前《じまえ》でごちそうする」の「自前《じまえ》」、「持《も》ち前《まえ》のねばりづよさでがんばる」の「持《も》ち前《まえ》」、「そんなことはあたり前《まえ》」の「あたり前《まえ》」などのことばをつくっていく。古《ふる》くから、日本語《にほんご》の「まえ」には、このような「その人《ひと》にあてがわれたもの」という意味《いみ》もあったのだ。

刂-6

到

総画8
JIS-3794
常用
訓 音 トウ
いた-る

筆順
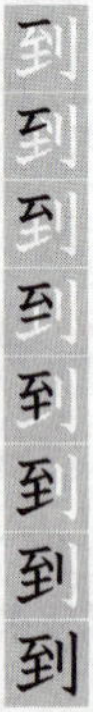

なりたち

[形声]「刂（刀《かたな》）」が「トウ」という読《よ》み方《かた》をしめしている。いたる意味《いみ》の「至」をくわえて、「ゆきつく」ことを表《あらわ》している字《じ》。

意味 いたる。たっする。ゆきとどく。例 到《とう》

着《ちゃく》・未到《みとう》・周到《しゅうとう》

名前のよみ ゆき・よし

【°到達】《とうたつ》 Ⅱ〈—する〉ものごとが進《すす》んで、あるところまで行《い》き着《つ》くこと。例 到達度調査《とうたつどちょうさ》。

【°到着】《とうちゃく》 Ⅱ〈—する〉目的地《もくてきち》や終点《しゅうてん》に行《い》き着《つ》くこと。例 到着時刻《とうちゃくじこく》 対 出発《しゅっぱつ》

【°到底】《とうてい》 ▲どうやってみても。例 この荷物《にもつ》は、一人《ひとり》ではとうてい運《はこ》べない。表現 下《した》には打《う》ち消《け》す意味《いみ》のことばがくる。

【°到来】《とうらい》 Ⅱ〈—する〉①待《ま》っていた時《とき》がやってくること。例 時節到来《じせつとうらい》。②おくりものがとどくこと。例 到来物《とうらいもの》(よそからのいただきもの)

◆殺到《さっとう》 周到《しゅうとう》 未到《みとう》

リ-7

削

総画9
JIS-2679
常用
音 サク
訓 けずる

筆順

なりたち

【形声】「肖《ショウ》」が「小《ちい》さくする」意味《いみ》と「サク」とかわって読《よ》み方《かた》をしめしている。刀《かたな》(刂)で小《ちい》さくけずる意味《いみ》を表《あらわ》す字《じ》。

意味 けずる。けずりとる。例 えんぴつを削《けず》る。削除《さくじょ》・添削《てんさく》

【°削減】《さくげん》 ↓〈—する〉人数《にんずう》や金額《きんがく》を少《すく》なくすること。例 定員削減《ていいんさくげん》。赤字削減《あかじさくげん》。類 減殺《げんさい》

【°削除】《さくじょ》 Ⅱ〈—する〉文章《ぶんしょう》の一部分《いちぶぶん》を消《け》しさること。例 三行分《さんぎょうぶん》を削除《さくじょ》する。類 抹消《まっしょう》

◆掘削《くっさく》 添削《てんさく》

リ-7

前

総画9
JIS-3316
教2年
音 ゼン
訓 まえ

筆順

なりたち

【会意】「歬→⿱䒑月」がもと「すすむ」「まえ」をしめす会意《かいい》の字《じ》であった。のちにこの字《じ》が使《つか》われなくなり、刀《かたな》(刂)できりそろえることを表《あらわ》す「前」が、借《か》りて、「まえ」として使《つか》われている。

意味

❶「うしろ」に対《たい》する、まえ。顔《かお》を向《む》けているほう。ものの正面《しょうめん》。例 前《まえ》へ進《すす》め。目《め》の前《まえ》。前進《ぜんしん》・眼前《がんぜん》 対 後《ご》

❷「あと」に対《たい》する、まえ。時間《じかん》や順序《じゅんじょ》で、それより、まえ。例 前言《ぜんげん》・直前《ちょくぜん》 対 後《ご》

❸それ以前《いぜん》にまず。中心《ちゅうしん》となるものごとに先立《さきだ》って。例 前金《まえきん》・前納《ぜんのう》

❹わりあて。その人《ひと》に応《おう》じた分量《ぶんりょう》。例 五《ご》人前《にんまえ》・分《わ》け前《まえ》

文字物語 ☞150ページ

名前のよみ くま・さき・すすむ・ちか

❶〈「うしろ」に対する、まえ〉の意味で

【前衛】《ぜんえい》 ↓ ①バレーボール、サッカーなどの競技《きょうぎ》で、相手方《あいてがた》に近《ちか》いところにいて、守《まも》りと攻《せ》めをする役《やく》。フォワード。対 後衛《こうえい》 ②敵《てき》にいちばん近《ちか》い場所《ばしょ》をまもる部隊《ぶたい》。対 後衛《こうえい》 ③芸術活動《げいじゅつかつどう》などの先頭《せんとう》に立《た》ち、新《あたら》しい形《かたち》を作《つく》り出《だ》そうとする運動《うんどう》。例 前衛画家《ぜんえいがか》

【前°傾】《ぜんけい》 ↓〈—する〉からだが、前《まえ》のめりにかたむくこと。例 前傾姿勢《ぜんけいしせい》で走《はし》る。対 後傾《こうけい》

【前後】《ぜんご》 ⇕ 前《まえ》とうしろ。例 前後左右《ぜんごさゆう》の間隔《かんかく》をあける。☞❷

【前進】《ぜんしん》 ↓〈—する〉前《まえ》へ進《すす》むこと。例 話《はな》し合《あ》いが一歩前進《いっぽぜんしん》した。類 向上《こうじょう》 対 後退《こうたい》

【前線】《ぜんせん》 ↓ ①戦場《せんじょう》で、敵《てき》といちばん先《さき》にふれ合《あ》う位置《いち》。例 前線《ぜんせん》でたたかう兵士《へいし》。対 後方《こうほう》 ②寒気団《かんきだん》(つめたい空気《くうき》)と暖気団《だんきだん》(あたたかい空気《くうき》)がぶつかる線《せん》。例 前線《ぜんせん》が通過《つうか》する。類 不連続線《ふれんぞくせん》 ③気候《きこう》のうつりかわりを地上《ちじょう》の変化《へんか》、おもに植物《しょくぶつ》の目立《めだ》つ変化《へんか》で写《うつ》し出《だ》そうとする線《せん》。例 桜前線《さくらぜんせん》 知識 ②には、寒冷前線《かんれいぜんせん》や温暖前線《おんだんぜんせん》などがあり、この付近《ふきん》では大気《たいき》が不安定《ふあんてい》となり、天気《てんき》がわるくなる。

【前°途】《ぜんと》 ↓ これから先《さき》の道《みち》のり、運命《うんめい》。ゆくて。例 前途多難《ぜんとたなん》 類 将来《しょうらい》

【前°途洋洋】《ぜんとようよう》〈—たる〉〈—と〉これから先《さき》が、どこまでもひろがっているようす。例 君《きみ》たちの人生《じんせい》は、前途洋々《ぜんとようよう》たるものがある。

【前方】《ぜんぽう》 ↓ 前《まえ》のほう。進《すす》んでいく先《さき》のほう。例 前方注意《ぜんぽうちゅうい》 類 先方《せんぽう》 対 後方《こうほう》

【前面】《ぜんめん》 ↓ 前《まえ》のほう。おもてのがわ。例 前面《ぜんめん》におし出《だ》す。類 正面《しょうめん》 対 背面《はいめん》

❷〈「あと」に対する、まえ〉の意味で

【前科《ぜんか》】[↓] 前《まえ》にうけた刑罰《けいばつ》。[例] 前科《ぜんか》がある。

【前回《ぜんかい》】[↓] ひとつ前《まえ》の回《かい》。[関連] 前回《ぜんかい》・今回《こんかい》・次回《じかい》

【前記《ぜんき》】[↓]〈―する〉文章《ぶんしょう》の中《なか》で、そこよりも前《まえ》に書《か》いたこと。[例] 前記《ぜんき》のとおり。[類] 前述《ぜんじゅつ》・上述《じょうじゅつ》 [対] 後記《こうき》

【前期《ぜんき》】[↓] 期間《きかん》を二《ふた》つか三《みっ》つに分《わ》けたときの最初《さいしょ》の期間《きかん》。[例] 平安時代前期《へいあんじだいぜんき》。[関連] 初期《しょき》・前期《ぜんき》・中期《ちゅうき》・後期《こうき》・末期《まっき》

【前。掲《ぜんけい》】[↓]〈―する〉本《ほん》や文章《ぶんしょう》の中《なか》で、そのことに関係《かんけい》のある図《ず》や表《ひょう》などが、そこよりも前《まえ》にしめしてあること。[例] 前掲図《ぜんけいず》・前掲書《ぜんけいしょ》

【前月《ぜんげつ》】[↓] ある月《つき》の前《まえ》の月《つき》。[関連] 前月《ぜんげつ》・当《とう》月《げつ》・翌月《よくげつ》

【前言《ぜんげん》】[↓] その人《ひと》が前《まえ》に言《い》ったことば。[例] 前言撤回《ぜんげんてっかい》

【前後《ぜんご》】[⇕] ①ものごとの前《まえ》とあと。[例] 中学《ちゅうがく》生《せい》には、夏休《なつやす》みの前後《ぜんご》で大《おお》きな変化《へんか》が見《み》られる。[類] 後先《あとさき》 ②ものごとのつながり。また、そのものごとがひきおこす結果《けっか》。[例] 前後《ぜんご》の考《かんが》えもなくさそいに乗《の》るな。③そのころ、そのぐらい。[例] 八時前後《はちじぜんご》。千円前後《せんえんぜんご》の品《しな》。[類] 内《ない》外《がい》 ④〈―する〉ものごとの順序《じゅんじょ》が逆《ぎゃく》になること。[例] 話《はなし》が前後《ぜんご》する。[類] 後先《あとさき》 ⑤〈―する〉二《ふた》つのことがらが、ほとんど間《ま》をおかずに引《ひ》きつづいておこること。[例] 父《ちち》と母《はは》から前後《ぜんご》して連《れん》絡《らく》が入《はい》った。☞❶

【前後不覚《ぜんごふかく》】意識《いしき》がなくなって、あとさきのことがわからなくなること。[例] 前後不覚《ぜんごふかく》におちいる。

【前日《ぜんじつ》】[↓] ある日《ひ》の、すぐ前《まえ》の日《ひ》。[例] 運動《うんどう》会《かい》の前日《ぜんじつ》は大雨《おおあめ》だった。[関連] 前日《ぜんじつ》・当日《とうじつ》・翌日《よくじつ》

【前者《ぜんしゃ》】[↓] 二《ふた》つかかげたうちの前《まえ》のもの。[対] 後者《こうしゃ》

【前述《ぜんじゅつ》】[↓]〈―する〉文章《ぶんしょう》の中《なか》で、前《まえ》のほうでのべてあること。[例] 理由《りゆう》は前述《ぜんじゅつ》のとおり。[類] 前記《ぜんき》 [対] 後述《こうじゅつ》

【前身《ぜんしん》】[↓] ①団体《だんたい》や組織《そしき》が今《いま》のかたちになる前《まえ》のかたち。[例] この高校《こうこう》の前身《ぜんしん》は女子校《じょしこう》である。②仏教《ぶっきょう》で言《い》う、前世《ぜんせ》での身《み》のうえ。

【前人未。到《ぜんじんみとう》】今《いま》までだれもやりとげていないこと。そこまでだれも行《い》き着《つ》いていないこと。[例] 前人未到《ぜんじんみとう》の大記録《だいきろく》。[類] 人跡未踏《じんせきみとう》

【前世《ぜんせ》】[↓] 仏教《ぶっきょう》の考《かんが》え方《かた》で、この世《よ》に生《う》まれてくる前《まえ》にいた世界《せかい》。[例] 前世《ぜんせ》のむくい。[関連] 前世《ぜんせ》・現世《げんぜ》・来世《らいせ》・後世《ごせ》

【前代未聞《ぜんだいみもん》】これまで一度《いちど》も聞《き》いたことのないような、めずらしい、かわったこと。[例] 前代未聞《ぜんだいみもん》の珍事件《ちんじけん》。[類] 未曽有《みぞう》・破天荒《はてんこう》

【前任《ぜんにん》】[↓] ①今《いま》のすぐ前《まえ》にその地位《ちい》や役目《やくめ》にいたこと。[例] 前任者《ぜんにんしゃ》 [類] 先任《せんにん》 [対] 後任《こうにん》 ②その人《ひと》が前《まえ》についていた職務《しょくむ》。

【前年《ぜんねん》】[↓] ある年《とし》の前《まえ》の年《とし》。[関連] 前年《ぜんねん》・当《とう》年《ねん》・翌年《よくねん》

【前半《ぜんはん》―《ぜんぱん》】[↓] 二《ふた》つに分《わ》けたときの、前《まえ》の半《はん》分《ぶん》。[例] 前半戦終了《ぜんはんせんしゅうりょう》。[対] 後半《こうはん》

【前非《ぜんぴ》】[↓] 過去《かこ》に自分《じぶん》がしてしまったあやまち。[例] 前非《ぜんぴ》をくいる。

【前文《ぜんぶん》】[↓] 前《まえ》に書《か》いた文章《ぶんしょう》。[例] 前文《ぜんぶん》でふれてある。[対] 後文《こうぶん》 ☞❸

【前編《ぜんぺん》】[↓] 書物《しょもつ》やテレビ番組《ばんぐみ》などで、全体《ぜんたい》が二《ふた》つ、または三《みっ》つに分《わ》かれる場合《ばあい》の前《まえ》のほう。[例] 前編《ぜんぺん》のあらすじ。[対] 後編《こうへん》

【前夜《ぜんや》】[↓] ①きのうの夜《よる》。[例] 前夜《ぜんや》は失礼《しつれい》しました。[類] 昨夜《さくや》 ②ある日《ひ》の、前《まえ》の日《ひ》の夜《よる》。[例] 出発《しゅっぱつ》の前夜《ぜんや》はいそがしい。[表現]「明治維新《めいじいしん》前夜《ぜんや》」のように、「大《おお》きなできごとの直前《ちょくぜん》の時《じ》期《き》」の意味《いみ》でも用《もち》いる。

【前夜祭《ぜんやさい》】行事《ぎょうじ》のおこなわれる前《まえ》の晩《ばん》に、おいわいのためにひらくにぎやかなもよおし。[知識] クリスマスイブや日本《にほん》の神社《じんじゃ》の宵宮《よいみや》のように、元来《がんらい》、むかしは夜《よる》から次《つぎ》の日《ひ》の朝《あさ》までがひとつながりであり、その中《なか》で「まつり」がおこなわれた。

【前略《ぜんりゃく》】[↓] ①手紙《てがみ》で、前書《まえが》きなしですぐに用件《ようけん》に入《はい》るときのあいさつのことば。[類] 冠《かん》省《しょう》 ②文章《ぶんしょう》の引用《いんよう》のときなどに、そこよりも前《まえ》の部分《ぶぶん》をはぶいたことをしめすことば。[関連] 前略《ぜんりゃく》・中略《ちゅうりゃく》・後略《こうりゃく》 [表現] ①の場合《ばあい》、むすびは「草々《そうそう》」「不一《ふいつ》」など。

【前例《ぜんれい》】[↓] じっさいにあったこと。とくに、前《まえ》からのしきたりやこれから先《さき》の手本《てほん》になるようなやり方《かた》。[例] 前例《ぜんれい》にしたがう。[類] 先例《せんれい》

【前歴《ぜんれき》】[↓] その人《ひと》が、それまでにしてきた仕《し》

事《こと》やおこない。例前歴《ぜんれき》を記《しる》す。類履歴《りれき》

❸〈それ以前にまず〉の意味で

【前座《ぜんざ》】↓寄席《よせ》などで、中心《ちゅうしん》となる人《ひと》の前《まえ》に出演《しゅつえん》すること。例前座《ぜんざ》をつとめる。対真《しん》打《う》ち

【前菜《ぜんさい》】↓コース料理《りょうり》で、最初《さいしょ》に出《だ》す軽《かる》い食《た》べ物《もの》。オードブル。例前菜《ぜんさい》の盛《も》り合《あ》わせ。

【前▲哨戦《ぜんしょうせん》】大《おお》きな戦《たたか》いをする前《まえ》の小《ちい》さなあらそい。例大会《たいかい》の前哨戦《ぜんしょうせん》で腕《うで》をためす。

【前奏《ぜんそう》】↓歌《うた》や歌劇《かげき》のはじめに演奏《えんそう》される音楽《おんがく》。

【前兆《ぜんちょう》】↓大《おお》きなことがおこる前《まえ》ぶれ。きざし。例火山噴火《かざんふんか》の前兆《ぜんちょう》。

【前提《ぜんてい》】↓あるものごとがなりたつためのもとになる条件《じょうけん》。例全員《ぜんいん》の参加《さんか》を前提《ぜんてい》として計画《けいかく》を立《た》てる。対結論《けつろん》

【前納《ぜんのう》】↓(―する)お金《かね》などを前《まえ》もっておさめること。前《まえ》ばらい。例授業料《じゅぎょうりょう》を前納《ぜんのう》する。対後納《こうのう》

【前文《ぜんぶん》】↓①法律《ほうりつ》や条約《じょうやく》などの本文《ほんぶん》の前《まえ》にある文章《ぶんしょう》。例憲法前文《けんぽうぜんぶん》 対主文《しゅぶん》 ②手紙《てがみ》の最初《さいしょ》に書《か》くあいさつの文章《ぶんしょう》。例前文《ぜんぶん》ぬきで用件《ようけん》に入《はい》る。表現②で、前文《ぜんぶん》を省略《しょうりゃく》するときは、「前略《ぜんりゃく》」「冠省《かんしょう》」などと書《か》く。☞❷

【前金《まえきん》】↓前《まえ》もって代金《だいきん》をはらうこと。また、そのお金《かね》。前《まえ》ばらい。例前金《まえきん》でお願《ねが》いします。

【前口上《まえこうじょう》】芸《げい》や話《はなし》をする前《まえ》のあいさつ。前《まえ》おき。例前口上《まえこうじょう》が長《なが》い。

前が下につく熟語 上の字の働き

❶前=〈「うしろ」に対する、まえ〉のとき
【面前《めんぜん》 目前《もくぜん》 眼前《がんぜん》 神前《しんぜん》 仏前《ぶつぜん》 墓前《ぼぜん》 霊前《れいぜん》 人前《ひとまえ》 敵前《てきぜん》】ナニの前《まえ》か。

❷前=〈「あと」に対する、まえ〉のとき
【事前《じぜん》 食前《しょくぜん》 産前《さんぜん》 戦前《せんぜん》】ナニの(ナニをする)前《まえ》か。
【最前《さいぜん》 寸前《すんぜん》 直前《ちょくぜん》】ドノクライ前《まえ》なのか。
【空前《くうぜん》 同前《どうぜん》 従前《じゅうぜん》】前《まえ》に対《たい》してドウデアルか。
【午前《ごぜん》 以前《いぜん》】イツの前《まえ》か。

◆板前《いたまえ》 腕前《うでまえ》 気前《きまえ》 御前《ごぜん》 錠前《じょうまえ》 生前《せいぜん》 丹前《たんぜん》 手前《てまえ》 出前《でまえ》 左前《ひだりまえ》

則

リ-7
総画9
JIS-3407
教5年
訓 音 ソク すなわ-ち

筆順 (とめる／はねる)

なりたち 【会意】「刀《かたな》(刂)」と、銅《どう》で作《つく》ったうつわの「鼎(かなえ)」→「貝」を合《あ》わせて、刀《かたな》でかなえにきざみをつけてきまりとしたことを表《あらわ》す字《じ》。

意味 きまり。まもらなければならないとりきめ。てほん。例法《ほう》に則《そく》して決《き》める。規則《きそく》・反則《はんそく》

名前のよみ つね・とき・のり・みつ

則が下につく熟語 上の字の働き

【法則《ほうそく》 規則《きそく》】近《ちか》い意味《いみ》。
【学則《がくそく》 校則《こうそく》 会則《かいそく》】ドコでおこなわれる規則《きそく》か。
【総則《そうそく》 通則《つうそく》 細則《さいそく》 付則《ふそく》】規則全体《きそくぜんたい》の中《なか》でドウイウ部分《ぶぶん》か。
【原則《げんそく》 鉄則《てっそく》】ドノヨウナ性質《せいしつ》の規則《きそく》か。
【反則《はんそく》 変則《へんそく》】規則《きそく》に対《たい》してドウデアルか。

◆罰則《ばっそく》

剣

リ-8
総画10
JIS-2385
常用
訓 音 ケン つるぎ
[劍]

筆順

なりたち 【形声】もとの字《じ》は、「劍」。「僉《セン》」が「そろう」の意味《いみ》と「ケン」とかわって読《よ》み方《かた》をしめしている。両刃《りょうば》のそろったつるぎ(刂)を表《あらわ》す字《じ》。

意味 ❶つるぎ。刀《かたな》。刀《かたな》を使《つか》うこと。例剣《けん》をふるう。剣《けん》をとる。もろ刃《は》の剣《つるぎ》。剣道《けんどう》・短剣《たんけん》 ❷《その他》例剣幕《けんまく》

名前のよみ はや

❶〈つるぎ〉の意味で

【剣客《けんきゃく／かく》】↓剣術《けんじゅつ》が強《つよ》い人《ひと》。例剣客《けんきゃく》として名高《なだか》い。類剣士《けんし》

【○剣山《けんざん》】↓生《い》け花《ばな》のときに、花《はな》のくきを立《た》たせるための道具《どうぐ》。上向《うわむ》きにうえつけたたくさんの針《はり》に、くきをさしこむよう

剣山

にして使《つか》う。

【°剣士《けんし》】↓ 剣術《けんじゅつ》を身《み》につけた人《ひと》。例 少年《しょうねん》剣士《けんし》 類 剣客《けんきゃく/けんかく》

【剣術《けんじゅつ》】↓ 刀《かたな》または木刀《ぼくとう》・竹刀《しない》で勝負《しょうぶ》する術《じゅつ》。例 剣術《けんじゅつ》の名人《めいじん》。類 剣道《けんどう》・剣法《けんぽう》

【°剣道《けんどう》】↓ 面《めん》や胴《どう》、籠手《こて》などの防具《ぼうぐ》をつけて、竹刀《しない》で相手《あいて》と打《う》ち合《あ》う競技《きょうぎ》。類 剣術《けんじゅつ》

❷《その他》

【°剣幕《けんまく》】◎ ひどく腹《はら》をたてているようす。例 えらいけんまくでおこられた。参考「剣幕」はあて字《じ》。

剣が下につく熟語 上の字の働き

❶剣＝〈つるぎ〉のとき

【真剣《しんけん》 短剣《たんけん》】ドノヨウナ剣《つるぎ》か。

◆刀剣《とうけん》

剛

刂−8 総画10 JIS-2568 常用
音 ゴウ
訓 ―

筆順

なりたち  【形声】「岡《コウ》」が「かたい」の意味《いみ》と、「ゴウ」とかわって読《よ》み方《かた》をしめしている。かたくて強《つよ》い刀《かたな》(刂)を表《あらわ》す字《じ》。

意味 がんこで強《つよ》い。しっかりしている。例 剛《ごう》の者《もの》。剛健《ごうけん》・金剛《こんごう》 対 柔《じゅう》

名前のよみ かた・たか・たかし・たけ・たけし・つよ・つよし・ひさ・まさ・よし

【°剛◆毅《ごうき》】‖ 〈―に・―な〉意志《いし》が強《つよ》くてくじけないこと。例 剛毅《ごうき》な性格《せいかく》。

【°剛球《ごうきゅう》】↓ 野球《やきゅう》で、速《はや》くて力《ちから》の強《つよ》い投球《とうきゅう》。例 剛球投手《ごうきゅうとうしゅ》。バットをへしおる剛球《ごうきゅう》。

【°剛健《ごうけん》】‖ 〈―に・―な〉心《こころ》もからだもしっかりしていること。例 質実剛健《しつじつごうけん》 類 強健《きょうけん》 対 柔弱《にゅうじゃく》

【剛°胆《ごうたん》】↓ 〈―に・―な〉勇気《ゆうき》があってどっしりしている。例 剛胆《ごうたん》な男《おとこ》。表記「豪胆」とも書《か》く。

【°剛直《ごうちょく》】↓ 〈―に・―な〉自分《じぶん》の考《かんが》えをつらぬきとおす強《つよ》さがある。例 剛直《ごうちょく》な男《おとこ》。

【°剛毛《ごうもう》】↓ 太《ふと》くてかたい毛《け》。例 全身剛毛《ぜんしんごうもう》におおわれているイノシシ。

【°剛勇《ごうゆう》】↓ 〈―に・―な〉たいへんに強《つよ》くて勇気《ゆうき》があること。例 剛勇《ごうゆう》できこえた将軍《しょうぐん》。表記「豪勇」とも書《か》く。

◆外柔内剛《がいじゅうないごう》 金剛《こんごう》

剤

刂−8 総画10 JIS-2662 常用 ［劑］
音 ザイ
訓 ―

筆順

なりたち  【形声】もとの字は、「劑」。「齊《セイ》」《サイ》が「ととのえる」意味《いみ》と、「ザイ」とかわって読《よ》み方《かた》をしめしている。刀《かたな》(刂)で切《き》りそろえることを表《あらわ》す字《じ》。

意味 くすり。くすりをまぜあわせる。例 薬剤《やくざい》・清涼剤《せいりょうざい》

文字物語 ☞154ページ

剤が下につく熟語 上の字の働き

【液剤《えきざい》 散剤《さんざい》 錠剤《じょうざい》】ドンナくすりか。

【下剤《げざい》 洗剤《せんざい》 強心剤《きょうしんざい》 覚醒剤《かくせいざい》 清涼剤《せいりょうざい》】ドウスルためのくすりか。

【調剤《ちょうざい》 配剤《はいざい》】くすりをドウスルか。

文字物語 剤

現代《げんだい》は生活《せいかつ》のあらゆるところにくすりが使《つか》われている。ビタミン剤《ざい》・ホルモン剤《ざい》・増血剤《ぞうけつざい》・鎮痛剤《ちんつうざい》・精神安定剤《せいしんあんていざい》など病《びょう》気《き》の予防《よぼう》・治療《ちりょう》に使《つか》われるくすりはもちろん、台所《だいどころ》には食器《しょっき》の洗剤《せんざい》、おふろには入浴剤《にゅうよくざい》、トイレには脱臭剤《だっしゅうざい》がある。食品《しょくひん》にも防腐剤《ぼうふざい》・酸化防止剤《さんかぼうしざい》・発色剤《はっしょくざい》などが使《つか》われていて、からだに安全《あんぜん》かどうかが社会問題《しゃかいもんだい》にもなる。オリンピック選手《せんしゅ》が筋肉増強剤《きんにくぞうきょうざい》を使《つか》って失格《しっかく》になる事件《じけん》もある。いやなニュースが多《おお》い今《いま》の世《よ》の中《なか》で、ときに、すかっとするような話《はなし》を聞《き》くと、「一服《いっぷく》の清涼剤《せいりょうざい》のようだ」と言《い》う。いろんな「剤」があるものだ。

剝

刂−8 総画10 JIS-3977 常用
音 ハク
訓 はがす・はぐ・はがれる・はげる・む-く

筆順

意味 ❶表面《ひょうめん》をはぎ取《と》る。皮《かわ》や膜《まく》がはがれる。例 シールを剝《は》がす。剝落《はくらく》する。剝離《はくり》
❷うばい取《と》る。例 官位《かんい》を剝奪《はくだつ》する。

字体のはなし 「剥」とも書《か》く。☞ふろく「字体についての解説」(〔28〕ページ)

❶〈表面をはぎ取る〉の意味で

【◦剥製《はくせい》】[↓] はいだ動物《どうぶつ》の皮《かわ》につめものをして、生《い》きているときのすがたにした標本《ひょうほん》。例 シカの剥製《はくせい》。

【◦剥片《はくへん》】[↓] はがれ落《お》ちたかけら。

【◦剥落《はくらく》】[↓]〈―する〉はがれて落《お》ちること。例 塗装《とそう》が剥落《はくらく》する。

【◦剥◦離《はくり》】[Ⅱ]〈―する〉はがれてとれること。はいで離《はな》すこと。例 網膜剥離《もうまくはくり》・剥離剤《はくりざい》

❷〈うばい取る〉の意味で

【◦剥◦奪《はくだつ》】[Ⅱ]〈―する〉強制的《きょうせいてき》に取《と》り上《あ》げること。例 市民権《しみんけん》を剥奪《はくだつ》する。対 付与《ふよ》

剖

刂-8 総画10 JIS-4322 常用

音 ボウ 訓 ―

筆順 剖

なりたち  【形声】「音」が「さいてひらく」意《い》味《み》と「ボウ」という読《よ》み方《かた》をしめす。刀《かたな》(刂)で切《き》り分《わ》けることを表《あらわ》す字《じ》。

意味 切《き》りさいて分《わ》ける。例 解剖《かいぼう》

剰

刂-9 総画11 JIS-3074 常用

音 ジョウ 訓 あま-る

［剩］

筆順 剰

なりたち 【形声】もとの字《じ》は、「剩」。「乗」が「あまり」の意味《いみ》と「ジョウ」という読《よ》み方《かた》をしめしている。刀《かたな》(刂)で切《き》ったあまりを表《あらわ》す字《じ》。

意味 あまる。余分《よぶん》なものがのこる。あまり。例 剰余《じょうよ》・過剰《かじょう》

名前のよみ のり

【◦剰員《じょういん》】[↓] あまっている人《ひと》。余分《よぶん》の人数《にんずう》。例 仕事《しごと》がへって剰員《じょういん》が出《で》た。

【◦剰余《じょうよ》】[Ⅱ] いるだけのものを取《と》ったあとののこり。例 剰余金《じょうよきん》 類 余剰《よじょう》

◆過剰《かじょう》 余剰《よじょう》

副

刂-9 総画11 JIS-4191 教4年

音 フク 訓 そ-える

筆順 副 はねる

なりたち  【形声】「畐」が「フク」という読《よ》み方《かた》をしめしている。「フク」は「ひらく」意味《いみ》を持《も》ち、刀《かたな》(刂)で半分《はんぶん》に切《き》り分《わ》けることを表《あらわ》す字《じ》。半分《はんぶん》にしたものをならべたり合《あ》わせたりすることから、「そう、そえる」意《い》味《み》に使《つか》われている。

意味 おもなものにそえる。おもなものに対《たい》して、二番《にばん》めのもの。助《たす》けるもの。例 正《せい》と副《ふく》。副業《ふくぎょう》・副会長《ふくかいちょう》 対 主《しゅ》・正《せい》

名前のよみ すえ・すけ・つぎ

【副業《ふくぎょう》】[↓] おもな仕事《しごと》のほかにする仕事《しごと》。例 会社《かいしゃ》につとめるかたわら副業《ふくぎょう》として作曲《さっきょく》をする。類 内職《ないしょく》 対 本業《ほんぎょう》・本職《ほんしょく》

【副作用《ふくさよう》】 病気《びょうき》をなおすはたらきとはべつに、薬《くすり》がおこすよくないはたらき。例 かぜ薬《ぐすり》の副作用《ふくさよう》でねむくなった。

【副産物《ふくさんぶつ》】 ①ものを作《つく》るときに、その途《と》中《ちゅう》でできてくるべつのもの。例 おからは豆《とう》腐《ふ》の副産物《ふくさんぶつ》だ。対 主産物《しゅさんぶつ》 ②あるものごとに関係《かんけい》して生《しょう》じるべつのものごと。例 工業発《こうぎょうはっ》展《てん》の副産物《ふくさんぶつ》として公害《こうがい》が生《しょう》じた。

【副詞《ふくし》】[↓] ことばをはたらきによって分《わ》けたときの一《ひと》つのグループ。「もっと」「ゆっくり」「たぶん」など、おもに動詞《どうし》・形容詞《けいようし》・形容動《けいようどう》詞《し》の前《まえ》について、そのようすをさらに具体的《ぐたいてき》にのべるはたらきをする、活用《かつよう》しないことば。

【副収入《ふくしゅうにゅう》】 おもにしている仕事《しごと》からの収入《しゅうにゅう》とはべつに、ほかから入《はい》るお金《かね》。例 夜《よる》、アルバイトをして副収入《ふくしゅうにゅう》を得《え》る。

【副将《ふくしょう》】[↓] 主将《しゅしょう》の次《つぎ》の地位《ちい》。また、その人《ひと》。例 副将《ふくしょう》として主将《しゅしょう》を助《たす》ける。

【副賞《ふくしょう》】[↓] 正式《せいしき》の賞《しょう》にそえておくられる賞金《しょうきん》や賞品《しょうひん》。例 優勝《ゆうしょう》トロフィーに副賞《ふくしょう》十《じゅう》万円《まんえん》がそえられた。

【副食《ふくしょく》】[↓] 主食《しゅしょく》のごはんやパンにそえる食《た》べ物《もの》。おかず。副食物《ふくしょくぶつ》。対 主食《しゅしょく》

【副◦審《ふくしん》】[↓] スポーツの試合《しあい》で、主審《しゅしん》を助《たす》けるための審判員《しんぱんいん》。対 主審《しゅしん》

【副題《ふくだい》】[↓] 書物《しょもつ》や論文《ろんぶん》などの表題《ひょうだい》のわきに

内容《ないよう》をわかりやすくするためにつける短《みじか》いことば。サブタイトル。

【副読本《ふくどくほん》】教科書《きょうかしょ》とはべつに、学習《がくしゅう》の助《たす》けとして使《つか》う読《よ》み物《もの》。例 社会科《しゃかいか》の副読本《ふくどくほん》。

【副都心《ふくとしん》】大《おお》きな都会《とかい》で、中心部《ちゅうしんぶ》とおなじようなはたらきを受《う》けもつ地域《ちいき》。

刂-10

割

総画12 JIS-1968 教6年

音 カツ
訓 わる・わり・われる・さく

筆順 割 割 割 割 割 割（まっすぐ、つく）（はねる）

なりたち 【形声】「害《カイ／ガイ》」が「カツ」とかわって読《よ》み方《かた》をしめしている。「カイ」は「ひらく、わける」意味《いみ》を持《も》ち、刀《かたな》(刂)で切《き》り開《ひら》く、切《き》り分《わ》けることを表《あらわ》す字《じ》。

意味

❶わる。いくつかに分《わ》ける。切《き》りさく。例 卵《たまご》を割《わ》る。時間《じかん》を割《さ》く。割《わ》り算《ざん》・役割《やくわり》

❷わりあい。そのものが全体《ぜんたい》に対《たい》してしめる量《りょう》。例 割《わり》が合《あ》わない。割引《わりびき》・学割《がくわり》

❸下《した》まわる。以下《いか》になる。例 千円《せんえん》を割《わ》り込《こ》む。

❹十分《じゅうぶん》の一《いち》。一〇パーセント。例 三割引《さんわりび》き

❶〈わる〉の意味で

【割愛《かつあい》】▲〈─する〉おしいと思《おも》うものを思《おも》いきってはぶいたり、手《て》ばなしたりすること。例 時間《じかん》の関係《かんけい》で、説明《せつめい》は割愛《かつあい》します。

【割拠《かっきょ》】↓〈─する〉それぞれが、自分《じぶん》の土地《とち》にたてこもって活動《かつどう》すること。例 群雄割拠《ぐんゆうかっきょ》

【割賦《かっぷ》】↓ものを買《か》った代金《だいきん》を何回《なんかい》かに分《わ》けてしはらうこと。分割《ぶんかつ》ばらい。例 割賦販売《かっぷはんばい》

【割腹《かっぷく》】▲〈─する〉腹《はら》を切《き》って死《し》ぬこと。例 割腹《かっぷく》してはてる。類 切腹《せっぷく》

【割烹《かっぽう》】Ⅱ 日本《にほん》ふうの料理《りょうり》をつくること。そういう料理《りょうり》を出《だ》す店《みせ》。例 割烹旅館《かっぽうりょかん》。

【割烹着《かっぽうぎ》】料理《りょうり》やそうじなどをするときに身《み》につける、そでのついた前《まえ》かけ。和服《わふく》(着物《きもの》)の上《うえ》からでも着《き》られる形《かたち》になっている。

割烹着

❷〈わりあい〉の意味で

【割合《わりあい》】Ⅱ ①全体《ぜんたい》の中《なか》でそのものがしめている量《りょう》。例 五人《ごにん》に一人《ひとり》の割合《わりあい》で虫歯《むしば》がある。類 比率《ひりつ》・割《わり》 ②思《おも》ったよりも。例 割合早《わりあいはや》く着《つ》いた。表現「安《やす》い割合《わりあい》にじょうぶな品物《しなもの》だ」のように、「割合《わりあい》に」の形《かたち》でも使《つか》う。

【割高《わりだか》】↓〈─な〉品物《しなもの》の質《しつ》や量《りょう》にくらべて、ねだんが高《たか》いこと。例 特別注文《とくべつちゅうもん》だったので、割高《わりだか》についた。対 割安《わりやす》

【割引《わりびき》】↓〈─する〉きまったねだんよりも、安《やす》くすること。例 団体割引《だんたいわりびき》。割引料金《わりびきりょうきん》。参考 値下《ねさ》げの率《りつ》で「一割引《いちわりび》き」「三割引《さんわりび》き」などというところからできたことば。

【割安《わりやす》】↓〈─な〉品物《しなもの》の質《しつ》や量《りょう》にくらべて、ねだんが安《やす》いこと。例 セットだと割安《わりやす》になります。類 徳用《とくよう》 対 割高《わりだか》

◆ 学割《がくわり》 分割《ぶんかつ》 役割《やくわり》

刂-10

創

総画12 JIS-3347 教6年

音 ソウ
訓 つくる

筆順 創 創 創 創 創 創（とめる）（「ヽ」にならない）（はねる）

なりたち 【形声】「倉」が「ソウ」という読《よ》み方《かた》をしめしている。「ソウ」は「きずつける」意味《いみ》を持《も》ち、刀《かたな》(刂)できずつけることを表《あらわ》す字《じ》。借《か》りて、「つくる」意味《いみ》にも使《つか》われている。

意味

❶はじめてつくる。新《あたら》しくつくりだす。はじめる。例 創造《そうぞう》・創作《そうさく》

❷きず。刀《かたな》など武器《ぶき》によってできたきず。例 創傷《そうしょう》・銃創《じゅうそう》・絆創膏《ばんそうこう》

名前のよみ はじむ・はじめ

❶〈はじめてつくる〉の意味で

【創案《そうあん》】①▲〈─する〉だれも考《かんが》えつかなかったことを最初《さいしょ》に考《かんが》えだすこと。例 創案者《そうあんしゃ》 類 創意《そうい》 ②↓まったく新《あたら》しい考《かんが》え。

【創意《そうい》】↓新《あたら》しく生《う》みだした考《かんが》え。例 創意工夫《そういくふう》 類 創案《そうあん》

【創意工夫《そういくふう》】今《いま》までになかったものを生《う》みだそうと、あれこれ考《かんが》えること。例 創意工《そういく》夫《ふう》をこらす。

劇

総画15　JIS-2364　教6年
訓　音 ゲキ
—

【創刊】そうかん ⇩〈—する〉新聞《しんぶん》・雑誌《ざっし》などの刊行物《かんこうぶつ》を新《あたら》しく出《だ》すこと。例 創刊号《そうかんごう》 類 発刊《はっかん》 対 廃刊《はいかん》

【創業】そうぎょう ▲〈—する〉新《あたら》しく事業《じぎょう》や店《みせ》などをはじめること。例 明治元年創業《めいじがんねんそうぎょう》。創業十周年《そうぎょうじっしゅうねん》。

【創建】そうけん ⇩〈—する〉建物《たてもの》をはじめてたてること。例 創建当時《そうけんとうじ》のままの建物《たてもの》。類 創立《そうりつ》

【創作】そうさく Ⅲ〈—する〉①新《あたら》しくつくりだすこと。例 創作舞踊《そうさくぶよう》。創作料理《そうさくりょうり》。類 創造《そうぞう》 ②小説《しょうせつ》。フィクション。例 現代創作集《げんだいそうさくしゅう》。③作《つく》り話《ばなし》。例 その話《はなし》は創作《そうさく》だな。

【創始】そうし Ⅲ〈—する〉事業《じぎょう》や仕事《しごと》などを新《あたら》しくはじめること。例 会社《かいしゃ》の創始者《そうししゃ》。類 草創《そうそう》

【創世】そうせい ▲この世界《せかい》のできはじめ。例 創世記《そうせいき》 類 天地創造《てんちそうぞう》

【創設】そうせつ ⇩〈—する〉施設《しせつ》や組織《そしき》などを新《あたら》しくつくること。例 劇団《げきだん》の創設《そうせつ》をよびかける。類 創立《そうりつ》・設立《せつりつ》・開設《かいせつ》

【創造】そうぞう Ⅲ〈—する〉今《いま》までになかったものを新《あたら》しくつくりだすこと。例 天地創造《てんちそうぞう》の物語《ものがたり》。類 創作《そうさく》 対 模倣《もほう》

【創立】そうりつ ⇩〈—する〉学校《がっこう》や会社《かいしゃ》などを新《あたら》しくつくること。例 学校《がっこう》の創立記念日《そうりつきねんび》。類 開設《かいせつ》・創設《そうせつ》・創建《そうけん》・設立《せつりつ》

◆ 銃創《じゅうそう》 草創《そうそう》 独創《どくそう》

筆順

なりたち

形声 もともとは「勮」で、「力」があやまって「リ」と書《か》かれた。「豦《キョ》」が「はげしい」の意味《いみ》と、「ゲキ」とかわって読《よ》み方《かた》をしめしている。力《ちから》をそえてはげしくすることを表《あらわ》す字《じ》。

意味

❶はげしい。はたらきや動《うご》きが急《きゅう》である。例 劇変《げきへん》・劇薬《げきやく》

❷しばい。えんげき（演劇《えんげき》）。例 劇《げき》に出演《しゅつえん》する。劇場《げきじょう》・歌劇《かげき》

❶〈はげしい〉の意味で

【劇痛】げきつう ⇩ひどいいたみ。例 せなかに劇痛《げきつう》がはしる。劇痛《げきつう》におそわれる。表記「激痛」とも書《か》く。

【劇毒】げきどく ⇩少《すこ》しでもすぐにききめのあらわれる毒薬《どくやく》。類 猛毒《もうどく》

【劇変】げきへん ⇩〈—する〉ようすが急《きゅう》に大《おお》きくかわること。例 病状《びょうじょう》が劇変《げきへん》する。表記「激変」とも書く。

【劇務】げきむ ⇩たいへんいそがしいつとめ。例 劇務《げきむ》にたえる。類 劇職《げきしょく》 表記「激務」とも書く。

【劇薬】げきやく ⇩分量《ぶんりょう》や使《つか》い方《かた》をまちがえると、命《いのち》にかかわるような、ききめの強《つよ》い薬《くすり》。例 劇薬《げきやく》につき保管注意《ほかんちゅうい》。

【劇烈】げきれつ Ⅲ〈—な〉ひどくはげしい。例 劇烈《げきれつ》なたたかい。表記「激烈」とも書く。

❷〈しばい〉の意味で

【劇化】げきか ⇩〈—する〉小説《しょうせつ》や事件《じけん》などを劇《げき》の形《かたち》にして上演《じょうえん》すること。ドラマ化《か》。例 漫画《まんが》を劇化《げきか》する。類 脚色《きゃくしょく》

【劇画】げきが ⇩写実的《しゃじつてき》で物語性《ものがたりせい》の強《つよ》い長編《ちょうへん》の漫画《まんが》。類 漫画《まんが》

【劇作家】げきさくか｜さっか 戯曲《ぎきょく》・脚本《きゃくほん》を書《か》く仕事《しごと》をする人《ひと》。例 古典演劇《こてんえんげき》の劇作家《げきさくか》。

【劇場】げきじょう ⇩芝居《しばい》・映画《えいが》・歌《うた》やおどりなどを多《おお》くの客《きゃく》に見《み》せるための建物《たてもの》。例 市民劇場《しみんげきじょう》

【劇団】げきだん ⇩劇《げき》を作《つく》ったり演《えん》じたりする人《ひと》たちの集《あつ》まり。例 劇団《げきだん》に入《はい》る。劇団員《げきだんいん》

【劇中劇】げきちゅうげき 劇《げき》の中《なか》で演《えん》じられるべつの劇《げき》。

【劇的】げきてき ☒〈—な〉劇《げき》の中《なか》の場面《ばめん》のように感動的《かんどうてき》な展開《てんかい》。ドラマチック。例 劇的《げきてき》な再会《さいかい》。

劇が下につく熟語 上の字の働き

❷劇＝〈しばい〉のとき

【歌劇《かげき》 喜劇《きげき》 寸劇《すんげき》 悲劇《ひげき》】ドノヨウナ劇《げき》か。

【演劇《えんげき》 観劇《かんげき》】劇《げき》をドウするか。

2画 力〔ちから〕の部

「力《ちから》」をもとにして作《つく》られ、田畑《たはた》での耕作《こうさく》やさまざまな労働《ろうどう》、また力《ちから》をくわえることを表《あらわ》す字《じ》を集《あつ》めてあります。

この部首の字

◦学習漢字でない常用漢字　▲常用漢字表にない音訓　◆常用漢字でない漢字

■ 力-0

【力】

総画2
JIS-4647
教1年
訓 音 リョク・リキ ちから

筆順 フ 力（はねる）

なりたち 【象形】農具《のうぐ》のすきの形《かたち》をえがいた字《じ》。

意味
❶ちから。はたらき。例 力《ちから》をこめる。力《ちから》点《りきてん》・体《たい》力《りょく》がある。顔《かお》を真《ま》っ赤《か》にして力《りき》む。力《りき》点・体力・原子《げんし》力《りょく》
❷ちからを入《い》れてはげむ。いっしょうけんめいつとめる。がんばって…する。例 力《りき》走《そう》・努《ど》力《りょく》

参考 音読《おんよ》みで「力《りき》む」のようにも用《もち》いる。

名前のよみ いさお・いさむ・お・ちか・つとむ・よし

❶〈ちから〉の意味で
【力仕事】ちからしごと 重《おも》い物《もの》を運《はこ》んだり持《も》ち上《あ》げたりするような、強《つよ》い力《ちから》のいる仕事《しごと》。類 肉体労働《にくたいろうどう》
【力学】りきがく ↓ 物体《ぶったい》に、どんな力《ちから》がはたらいて、どんな動《うご》きがおこるかを研究《けんきゅう》する学問《がくもん》。
【力感】りきかん ↓ 力《ちから》強《づよ》い感《かん》じ。例 スポーツのスピード感《かん》と力感《りきかん》が好《す》きだ。
【力士】りきし ↓ 相撲《すもう》とり。例 幕内力士《まくうちりきし》。
【力点】りきてん ↓ ①とくにだいじだと考《かんが》えて、力《ちから》を入《い》れるところ。例 復習《ふくしゅう》に力点《りきてん》をおく。類 重点《じゅうてん》 ②てこで物《もの》を動《うご》かすとき、力《ちから》をかけるところ。知識 てこの働《はたら》きの要点三《ようてんみっ》つ。力点《りきてん》・支点《してん》・作用点《さようてん》。参考 ☞【支点】してん（538ページ）
【力量】りきりょう ↓ その人《ひと》その人《ひと》の、ものごとをやりとげる力《ちから》の大《おお》きさ。例 力量《りきりょう》がある。

❷〈ちからを入れてはげむ〉の意味で
【力泳】りきえい ↓ 〈─する〉いっしょうけんめい、力《ちから》強《づよ》いおよぎをすること。
【力演】りきえん ↓ 〈─する〉演劇《えんげき》・演芸《えんげい》などで、熱心《ねっしん》に演《えん》じること。例 せいいっぱい力演《りきえん》した。類 熱演《ねつえん》
【力作】りきさく ↓ 全力《ぜんりょく》をこめて作《つく》りあげた作品《さくひん》。例 力作《りきさく》を発表《はっぴょう》する。類 労作《ろうさく》
【力説】りきせつ ↓ 〈─する〉自分《じぶん》の考《かんが》えを、熱心《ねっしん》に主張《しゅちょう》したり説明《せつめい》したりすること。例 予防《よぼう》の必要《ひつよう》を力説《りきせつ》する。類 強調《きょうちょう》
【力走】りきそう ↓ 〈─する〉ありったけの力《ちから》を出《だ》して走《はし》ること。例 四百《よんひゃく》メートルを力走《りきそう》する。
【力投】りきとう ↓ 〈─する〉力《ちから》をこめてボールを投《な》げこむこと。表現 「全力投球《ぜんりょくとうきゅう》」「続投《ぞくとう》」など、野《や》球《きゅう》のことばが一般社会《いっぱんしゃかい》のことによく使《つか》われる。「力投《りきとう》」もその一《ひと》つ。

力が下につく熟語 上の字の働き
❶力＝〈ちから〉のとき
【能力《のうりょく》 勢力《せいりょく》】近《ちか》い意味《いみ》。
【体力《たいりょく》 脚力《きゃくりょく》 腕力《わんりょく》 眼力《がんりき》 学力《がくりょく》 筆力《ひつりょく》 胆力《たんりょく》 精力《せいりょく》 国力《こくりょく》 武力《ぶりょく》 兵力《へいりょく》 速力《そくりょく》】ナニの能力《のうりょく》か。
【火力《かりょく》 水力《すいりょく》 風力《ふうりょく》 電力《でんりょく》 磁力《じりょく》 重力《じゅうりょく》 魔力《まりょく》 気力《きりょく》 富力《ふりょく》 資力《しりょく》 権力《けんりょく》 原子力《げんしりょく》 念力《ねんりき》 馬力《ばりき》】ナニによるエネルギーか。
【聴力《ちょうりょく》 視力《しりょく》 握力《あくりょく》 動力《どうりょく》 弾力《だんりょく》 張力《ちょうりょく》 浮力《ふりょく》 引力《いんりょく》 圧力《あつりょく》 活力《かつりょく》 労力《ろうりょく》 戦力《せんりょく》 効力《こうりょく》 魅力《みりょく》 迫力《はくりょく》 神通力《じんつうりき／じんずうりき》】ドウスル力《ちから》か。
【怪力《かいりき》 強力《きょうりょく》 微力《びりょく》 非力《ひりき》】ドノクライの力《ちから》か。
【助力《じょりょく》 尽力《じんりょく》 協力《きょうりょく》 極力《きょくりょく》】力《ちから》をドウスルか。
【全力《ぜんりょく》 総力《そうりょく》 主力《しゅりょく》 余力《よりょく》 実力《じつりょく》 底力《そこぢから》】出《だ》せる力《ちから》のドノ部分《ぶぶん》の力《ちから》か。
【有力《ゆうりょく》 無力《むりょく》】力《ちから》の有《あ》る無《な》し。
【千人力《せんにんりき》 独力《どくりょく》】ナン人分《にんぶん》の力《ちから》か。
【暴力《ぼうりょく》 死力《しりょく》 威力《いりょく》】ドノヨウナ力《ちから》か。
◆遠心力《えんしんりょく》 原動力《げんどうりょく》 出力《しゅつりょく》 自力《じりき》 全速力《ぜんそくりょく》 努力《どりょく》 無気力《むきりょく》

■ 力-3

【加】

総画5
JIS-1835
教4年
訓 音 カ くわえる・くわわる

筆順
加 加 加 加 加
はねる

なりたち

【会意】「力《ちから》」とことばをしめす「口《くち》」を合《あ》わせて、「いきおいをつける、くわえる」ことを表《あらわ》す字《じ》。

意味
❶くわえる。たしてふやす。手《て》をくわえる。はたらきかける。例危害《きがい》を加《くわ》える。いっそうの寒《さむ》さが加《くわ》わる。加熱《かねつ》・追加《ついか》 対減《げん》
❷なかまにくわわる。例加入《かにゅう》・参加《さんか》
❸カナダ。「加奈陀《カナダ》」の略《りゃく》。例日加関係《にっかかんけい》
❹加賀《かが》。旧国名《きゅうこくめい》。今《いま》の石川県《いしかわけん》の南部《なんぶ》。例加州《かしゅう》

名前のよみ ます

❶〈くわえる〉の意味で
【加害者】《かがいしゃ》人《ひと》にけがをさせたり、死《し》なせたり、損害《そんがい》をあたえたりした人《ひと》。対被害者《ひがいしゃ》
【加減】《かげん》 ⇕ ①たし算《ざん》とひき算《ざん》。例加減乗除《かげんじょうじょ》 ②〈—する〉ちょうどよくなるように調節《ちょうせつ》すること。例へやの温度《おんど》をかげんする。③もののようす、やり方《かた》の程度《ていど》。例湯《ゆ》かげん・塩《しお》かげん。かげんがよくない(からだの調子《ちょうし》がわるい)。表現③は「あのばかさかげんにはおどろいた」のように、上《うえ》のことばを強《つよ》めるような使《つか》い方《かた》と、「顔《かお》をうつむきかげんにしている」のように、少《すこ》しばかりそうであることを表《あらわ》す使《つか》い方《かた》とがある。
【加護】《かご》 ▲〈—する〉神《かみ》や仏《ほとけ》が、人《ひと》をまもり助《たす》けること。例神仏《しんぶつ》の加護《かご》。類守護《しゅご》
【加工】《かこう》 ▲〈—する〉原料《げんりょう》や製品《せいひん》に手《て》をくわえて、作《つく》りかえること。例木材《もくざい》を加工《かこう》する。
【加算】《かさん》 ⇩ ①たし算《ざん》。対減算《げんざん》 ②〈—する〉もととなるものに、ある数《かず》や量《りょう》をくわえること。例消費税《しょうひぜい》を加算《かさん》する。類合算《がっさん》
【加勢】《かせい》 ▲〈—する〉力《ちから》をかして助《たす》けること。すけだち。例加勢《かせい》をたのむ。類助勢《じょせい》・応援《おうえん》
【加速】《かそく》 ▲〈—する〉動《うご》いているものが、さらに速《はや》さを増《ま》すこと。例加速車線《かそくしゃせん》 対減速《げんそく》
【加速度】《かそくど》 ①あるきまった時間《じかん》のうちで、速《はや》さの増《ま》す割合《わりあい》。②動《うご》く速《はや》さや変化《へんか》するいきおいが、ますます大《おお》きくなること。
【加熱】《かねつ》 ▲〈—する〉熱《ねつ》をくわえてあたためること。例加熱殺菌《かねつさっきん》。レンジで加熱《かねつ》する。
【加筆】《かひつ》 ▲〈—する〉できあがった文章《ぶんしょう》や絵《え》にさらにかきくわえて、手《て》なおしすること。
【加法】《かほう》 ⇩ たし算《ざん》。関連 加法《かほう》・減法《げんぽう》(ひき算《ざん》)・乗法《じょうほう》(かけ算《ざん》)・除法《じょほう》(わり算《ざん》)
【加味】《かみ》 ▲〈—する〉①味《あじ》をつけくわえること。②あるものに、ほかの特徴《とくちょう》などをくわえること。例反対意見《はんたいいけん》も加味《かみ》して案《あん》をまとめる。

❷〈なかまにくわわる〉の意味で
【加担】《かたん》 ⇩〈—する〉自分《じぶん》もなかまにくわわること。表記「荷担」とも書《か》く。
【加入】《かにゅう》 Ⅱ〈—する〉団体《だんたい》や組織《そしき》などに入《はい》ること。類加盟《かめい》・入会《にゅうかい》 対脱退《だったい》
【加盟】《かめい》 ▲〈—する〉おなじ目的《もくてき》を持《も》った団体《だんたい》などに入《はい》ること。類加入《かにゅう》

故事のはなし
助長《じょちょう》
むかし、宋《そう》の国《くに》のある農民《のうみん》で、苗《なえ》が生長《せいちょう》しないのを心配《しんぱい》して、一本一本《いっぽんいっぽん》ひっぱってやった人《ひと》がいた。ぐったりして家《いえ》に帰《かえ》り、家族《かぞく》に「きょうはつかれたよ、苗《なえ》を助《たす》けて生長《せいちょう》させたから」と話《はな》した。かれの息子《むすこ》がいそいで畑《はたけ》にかけつけてみると、苗《なえ》はすっかり枯《か》れてしまっていた。(『孟子《もうし》』公孫丑上篇《こうそんちゅうじょうへん》)

加が下につく熟語 上の字の働き
❶加=〈くわえる〉のとき
【増加《ぞうか》 添加《てんか》 付加《ふか》】近《ちか》い意味《いみ》。
◆参加《さんか》 追加《ついか》 倍加《ばいか》

カ-3
功
総画5
JIS-2489
教4年
音 コウ・ク
訓 いさお

筆順
功 功 功 功 功
はねる

なりたち  【形声】「工」が「しごと」の意味《いみ》と「コウ」という読《よ》み方《かた》をしめしている。力《ちから》をこめた仕事《しごと》や、はたらきを表《あらわ》す字《じ》。

意味 てがら。力《ちから》をつくして得《え》られるりっぱな結果《けっか》。例 功《こう》なり名《な》とげる（りっぱな仕事《しごと》をして有名《ゆうめい》になる）。功績《こうせき》・成功《せいこう》 対 罪《ざい》

注意するよみ ク…例 功徳《くどく》

【功徳】《くどく》 II 仏教《ぶっきょう》で、現世《げんせ》や来世《らいせ》でめぐみを受《う》けるもとになるようなよいおこない。例 功《く》徳《どく》をつむ。功徳《くどく》をほどこす。

【功罪】《こうざい》 ⇕ ためになるところと害《がい》になるところ。例 功罪相半《こうざいあいなか》ばする。類 利害得失《りがいとくしつ》

【功績】《こうせき》 ↓ 世《よ》の中《なか》や社会《しゃかい》などのためになるりっぱなはたらき。例 優勝《ゆうしょう》できたのは、かれの功績《こうせき》によるところが大《おお》きい。類 功労《こうろう》

【功名】《こうみょう》 ↓ てがらを立《た》てて、名《な》をあげること。例 功名《こうみょう》を立《た》てる。表現「功名心《こうみょうしん》（なんとか有名《ゆうめい》になってやろうという気持《きも》ち）」「けがの功名《こうみょう》（失敗《しっぱい》がかえってよい結果《けっか》になった）」「ぬけがけの功名《こうみょう》（人《ひと》をだしぬいてがらを立《た》てる）」など、あまりほめていない言《い》い方《かた》もする。

【功利的】《こうりてき》 〈―に・―な〉得《とく》をすることを第一《だいいち》とする考《かんが》え方《かた》。例 功利的《こうりてき》に行動《こうどう》する。類 打算的《ださんてき》

【功労】《こうろう》 II 長《なが》いあいだ努力《どりょく》して、世《よ》の中《なか》のためになしとげたてがら。例 功労《こうろう》をみとめる。

◆ 勲功《くんこう》 成功《せいこう》 年功《ねんこう》 類 功績《こうせき》

カ-4

劣

総画6 JIS-4684 常用

訓 音 レツ おとる

筆順 劣 劣 劣 劣 劣 劣

なりたち 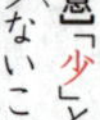 【会意】「少」と「力」を合《あ》わせて、力《ちから》が少《すく》ないことを表《あらわ》す字《じ》。

意味 ❶おとる。力《ちから》や質《しつ》がほかより低《ひく》い。例 体《たい》力《りょく》が劣《おと》る。劣勢《れっせい》・拙劣《せつれつ》 対 優《ゆう》
❷いやしい。下品《げひん》である。例 下劣《げれつ》

❶〈おとる〉の意味で

【°劣悪】《れつあく》 II 〈―な〉ほかよりひどくわるい。例 劣悪《れつあく》な環境《かんきょう》。類 粗悪《そあく》 対 優良《ゆうりょう》・優秀《ゆうしゅう》

【°劣化】《れっか》 ↓ 〈―する〉品物《しなもの》の質《しつ》などが、わるくなっていくこと。例 劣化《れっか》したプラスチックはこわれやすい。

【°劣性】《れっせい》 ↓ 両親《りょうしん》のもっている性質《せいしつ》のうち、遺伝《いでん》によって次《つぎ》の子《こ》どもの代《だい》にはあらわれない性質《せいしつ》。例 劣性遺伝《れっせいいでん》 対 優性《ゆうせい》

【°劣勢】《れっせい》 ▲ 〈―な・―に〉相手《あいて》よりいきおいが弱《よわ》いこと。例 劣勢《れっせい》をはね返《かえ》す。対 優勢《ゆうせい》

【°劣等】《れっとう》 ↓ 〈―な〉ほかとくらべて、おとっていること。対 優等《ゆうとう》

【°劣等感】《れっとうかん》 自分《じぶん》がほかの人《ひと》よりもおとっていると思《おも》う気持《きも》ち。ひけめ。コンプレックス。例 劣等感《れっとうかん》をいだく。対 優越感《ゆうえつかん》

【°劣敗】《れっぱい》 ▽ 弱《よわ》い者《もの》、力《ちから》のおとっている者《もの》が、あらそいに負《ま》けること。例 優勝劣敗《ゆうしょうれっぱい》

❷劣＝〈いやしい〉のとき
【下劣《げれつ》 卑劣《ひれつ》 愚劣《ぐれつ》】近《ちか》い意味《いみ》。

◆ 拙劣《せつれつ》 優劣《ゆうれつ》

劣が下につく熟語 上の字の働き

カ-5

助

総画7 JIS-2985 教3年

訓 音 ジョ たすける・たすかる・すけ

筆順 助 助 助 助 助 助 助（だす・はねる）

なりたち  【形声】「且《ショ》」が「かさねる」意味《いみ》と、「ジョ」とかわって読《よ》み方《かた》をしめしている。力《ちから》をくわえて、たすけることを表《あらわ》す字《じ》。

意味 たすける。人《ひと》やものごとに力《ちから》をそえる。すくう。例 助《たす》けをもとめる。命《いのち》が助《たす》かる。助太刀《すけだち》・助力《じょりょく》・援助《えんじょ》

名前のよみ ひろ・ます

【助演】《じょえん》 ↓ 〈―する〉映画《えいが》や演劇《えんげき》で、主役《しゅやく》を助《たす》ける役《やく》わりを演《えん》じること。演《えん》じる人《ひと》。例 助演男《じょえんだん》優賞《ゆうしょう》を受賞《じゅしょう》する。類 脇役《わきやく》 対 主演《しゅえん》

【助言】《じょげん》 ↓ 〈―する〉こまっていることについて、参考《さんこう》になることを言《い》ってやること。そのことば。アドバイス。例 ご助言《じょげん》おねがいします。表現 助言《じょげん》は目上《めうえ》の人《ひと》が目下《めした》の人《ひと》にするのがふつう。

【助詞】《じょし》 ↓ ことばをそのはたらきによって分《わ》けたとき、「窓《まど》を開《あ》けると富士山《ふじさん》が見《み》える

ものしり巻物 第5巻

篆書《てんしょ》と隷書《れいしょ》

【篆《てん》書《しょ》】 周王朝《しゅうおうちょう》のすえ、戦国時代《せんごくじだい》(紀元前《きげんぜん》四〇三年《ねん》〜二二一年《ねん》)になると、天子《てんし》の力《ちから》はおとろえ、実力《じつりょく》のある諸侯《しょこう》たちが独立《どくりつ》してそれぞれが天下統一《てんかとういつ》をめざし始《はじ》めました。諸侯《しょこう》の国々《くにぐに》では独自《どくじ》に文化《ぶんか》を発展《はってん》させ、文字《もじ》も国《くに》ごとにかなりちがうものになっていきました。

そうした中《なか》で、秦《しん》の始皇帝《しこうてい》が紀元前《きげんぜん》二二一年《ねん》に天下《てんか》を統一《とういつ》しました。秦《しん》では統一王朝《とういつおうちょう》にふさわしく、中国全体《ちゅうごくぜんたい》の政治《せいじ》のしくみや社会《しゃかい》のきまりをおなじにしました。そのとき、丞《じょう》相《しょう》(総理大臣《そうりだいじん》)であった李斯《りし》が中心《ちゅうしん》となって制定《せいてい》したのが篆書《てんしょ》といわれる書体《しょたい》です。

これは小篆《しょうてん》あるいは秦篆《しんてん》ともいわれるもので、文字全体《もじぜんたい》がおなじ太《ふと》さのゆったりした線《せん》で、ややたて長《なが》に曲線《きょくせん》を多《おお》く用《もち》いてまとめられた文字《もじ》となっています。

篆書

中国《ちゅうごく》で最初《さいしょ》に作《つく》られた漢字《かんじ》の字書《じしょ》『説文解字《せつもんかいじ》』が見出《みだ》しとしてかかげて解説《かいせつ》しているのは、この篆書《てんしょ》の書体《しょたい》についてです。この辞書《じしょ》のなりたち欄《らん》も、この篆書《てんしょ》をもとに解説《かいせつ》しています。

この書体《しょたい》はとても美《うつく》しく、今《いま》でも印鑑《いんかん》の文《も》字《じ》などに利用《りよう》されています。

【隷《れい》書《しょ》】 篆書《てんしょ》は速《はや》く書《か》くのがむずかしいため、これをかんたんにし、そのうえ直線的《ちょくせんてき》に直《なお》して、より書《か》きやすくした書体《しょたい》が隷書《れいしょ》です。

隷書《れいしょ》という名前《なまえ》については、いろいろな説《せつ》がありますが、国《くに》の事務《じむ》や裁判《さいばん》などの記録《きろく》を、急《いそ》いでしかも正確《せいかく》に書《か》くために、隷吏《れいり》(下級《かきゅう》の官吏《かんり》)たちがくふうして使《つか》いはじめたので隷《れい》書《しょ》といわれた、ともいわれています。

この隷書《れいしょ》は、現在使《げんざいつか》われている漢字《かんじ》の書体《しょたい》とかなり似《に》かよってきていて、わたしたちにもだいぶわかりやすい形《かたち》になっています。

隷書

よ」の中《なか》の、「を」「と」「が」「よ」のように、他《た》のことばの下《した》について、ことばとことばのつながりをしめしたり意味《いみ》をそえたりすることば。活用《かつよう》がない。

【助手】じょしゅ ⬇ 仕事《しごと》や研究《けんきゅう》の手助《てだす》けをする人《ひと》。アシスタント。

【助成】じょせい ⬇ 〈—する〉おもに金銭面《きんせんめん》で助《たす》けて、仕《し》事《ごと》や研究《けんきゅう》などがりっぱに仕上《しあ》がるようにすること。 例 村《むら》の発展《はってん》を助成《じょせい》する。助成金《じょせいきん》

【助勢】じょせい ▲ 〈—する〉手助《てだす》けすること。 例 たのもしい助勢《じょせい》があらわれた。 類 加勢《かせい》・助力《じょりょく》

【助走】じょそう ⬇ 〈—する〉陸上競技《りくじょうきょうぎ》などで、とんだり投《な》げたりするいきおいをつけるために、ふみきりのところまで走《はし》ること。

【助長】じょちょう ▲ 〈—する〉ものごとの動《うご》きなどをよりいっそう進《すす》ませること。 例 あらそいを助《じょ》長《ちょう》する。 参考 とかく、よくない傾向《けいこう》に力《ちから》をそえるような場合《ばあい》に使《つか》われることが多《おお》い。

故事のはなし ☞159ページ

【助動詞】じょどうし ことばをそのはたらきによって分《わ》けたとき、「宿題《しゅくだい》をやらないとしかられる」の「ない」「られる」、「もう疲《つか》れたから帰《かえ》ります」の「た」「ます」のように、他《た》のことばの下《した》について、そのことばに意味《いみ》をそえたり、話《はな》し手《て》の判断《はんだん》をしめしたりすることば。活用《かつよう》がある。

【助命】じょめい ▲ 〈—する〉殺《ころ》されるはずの人《ひと》の命《いのち》を助《たす》けること。 例 死刑囚《しけいしゅう》の助命《じょめい》を嘆願《たんがん》する。

表現 人《ひと》をすくうこと。「救命《きゅうめい》」は病気《びょうき》や事故《じこ》で死《し》にかけている人をすくうこと。

【助役】《じょやく》 ↓ 市長《しちょう》や町長《ちょうちょう》・村長《そんちょう》、または駅《えき》長《ちょう》などの次《つぎ》の位《くらい》で、その仕事《しごと》を助《たす》ける役《やく》。その役《やく》の人《ひと》。

【助力】《じょりょく》 ▲ 〈―する〉力《ちから》をかして、てつだうこと。手助《てだす》け。力《ちから》ぞえ。例 ご助力《じょりょく》をおねがいいたします。類 助勢《じょせい》

【助太刀】《すけだち》 〈―する〉争《あらそ》っている者《もの》の一方《いっぽう》を助《たす》けて争《あらそ》いにくわわること。例 助太刀《すけだち》はいらない。表現 刀《かたな》をぬいて争《あらそ》いごとをした時代《じだい》のことば。今《いま》は「手助《てだす》け」「加勢《かせい》」の意味《いみ》で、ふつうに使《つか》う。

助が下につく熟語 上の字の働き
【援助《えんじょ》 救助《きゅうじょ》 補助《ほじょ》 扶助《ふじょ》 賛助《さんじょ》】近《ちか》い意味《いみ》。
【互助《ごじょ》 内助《ないじょ》】ドノヨウニ助《たす》けるか。

努

力-5
総画7
JIS-3756
教4年
訓 音 ド
つとめる

筆順

なりたち 【形声】「奴」が「どれい」の意味《いみ》と「ド」という読《よ》み方《かた》をしめしている。「力」がついて、どれいのように力《ちから》をつくすことを表《あらわ》す字《じ》。

意味 つとめる。力《ちから》をつくす。こつこつとがんばる。例 勉学《べんがく》に努《つと》める。努《つと》めて健康《けんこう》に注《ちゅう》意《い》する。努力《どりょく》

使い分け つとめる［努・務・勤］☞163ページ

名前のよみ つとむ

【努力】《どりょく》 ‖ 〈―する〉力《ちから》を出《だ》し切《き》ってがんばること。例 日《ひ》ごろの努力《どりょく》がみのる。努力家《どりょくか》 類 尽力《じんりょく》

励

力-5
総画7
JIS-4669
常用
訓 音 レイ
はげむ・はげます
「勵」

筆順

なりたち  【形声】もとの字《じ》は、「勵」。「厲」が「はげしい」の意味《いみ》と「レイ」という読《よ》み方《かた》をしめしている。力《ちから》をつくしてはげむことを表《あらわ》す字《じ》。

意味 はげむ。はげます。いっしょうけんめいつとめる。他人《たにん》を力《ちから》づける。例 勉強《べんきょう》に励《はげ》む。励《はげ》ましのことば。励行《れいこう》・奮励《ふんれい》・激励《げきれい》

名前のよみ つとむ

【。励行】《れいこう》 ↓ 〈―する〉きまったことを、きちんとまじめにつとめること。例 整理《せいり》整《せい》とんを励《れい》行《こう》する。

励が下につく熟語 上の字の働き
【精励《せいれい》 奮励《ふんれい》】ドノヨウニ励《はげ》むか。
【激励《げきれい》 奨励《しょうれい》 督励《とくれい》】ドノヨウニ励《はげ》ますか。

◆勉励《べんれい》

労

力-5
総画7
JIS-4711
教4年
訓 音 ロウ
―
「勞」

筆順

なりたち  【会意】もとの字《じ》は、「勞」。「𤇾」が火《か》が燃えるようすをしめし、消《しょう》火に力《ちから》を用《もち》いほねがおれることを表《あらわ》す字《じ》。

意味 ほねおる。ほねおり。はたらく。からだや心《こころ》のつかれ。例 労《ろう》をねぎらう。労多《ろうおお》くして功少《こうすく》なし。労《ろう》をいとわない。心《こころ》を労《ろう》する。労働《ろうどう》・苦労《くろう》

【労役】《ろうえき》 ↓ ①むりやりさせられる労働《ろうどう》。例 三年間《さんねんかん》の労役《ろうえき》を命《めい》じる。②つらくて苦《くる》しい労《ろう》働《どう》。例 一日《いちにち》の労役《ろうえき》を終《お》える。

【労苦】《ろうく》 ‖ 仕事《しごと》や生活《せいかつ》での、つらいことや苦《くる》しいこと。例 労苦《ろうく》をともにする。類 苦労《くろう》

【労災】《ろうさい》 ○ 「労働災害《ろうどうさいがい》」をちぢめたことば。労《ろう》働者《どうしゃ》が仕事《しごと》を通《つう》じて受《う》けるけがや病気《びょうき》、死亡《しぼう》などの災害《さいがい》。例 労災保険《ろうさいほけん》

【労作】《ろうさく》 ↓ 苦労《くろう》をかさねてつくりあげること。苦心《くしん》してつくった作品《さくひん》。類 力作《りきさく》

【労使】《ろうし》 ↕ 労働者《ろうどうしゃ》のがわと労働者《ろうどうしゃ》をやとっている使用者《しようしゃ》のがわ。

【労働】《ろうどう》 ‖ 〈―する〉賃金《ちんぎん》をもらうためにはたらくこと。例 労働者《ろうどうしゃ》・重労働《じゅうろうどう》・肉体労働《にくたいろうどう》

【労務】《ろうむ》 ‖ 賃金《ちんぎん》のしはらいを受《う》けてはたらくこと。例 労務管理《ろうむかんり》。類 労働《ろうどう》

【労力】《ろうりょく》 ↓ ①仕事《しごと》のために力《ちから》を使《つか》うこと。ほねおり。例 労力《ろうりょく》をおしまない。②必要《ひつよう》な

人手《ひとで》。例 労力《ろうりょく》を集《あつ》める。類 労働力《ろうどうりょく》

労が下につく熟語 上の字の働き

【功労《こうろう》 疲労《ひろう》 苦労《くろう》】近《ちか》い意味《いみ》。
【過労《かろう》 徒労《とろう》】ドノヨウナほねおりか。
【心労《しんろう》 足労《そくろう》】ナニのほねおりか。
◆慰労《いろう》 漁労《ぎょろう》 就労《しゅうろう》

劾

カ-6　総画8　JIS-1915　常用
音 ガイ　訓 ―

筆順

なりたち 【形声】「亥」が「ガイ」という読《よ》み方《かた》をしめしている。「ガイ」は「ひきしめる」意味《いみ》を持《も》ち、力《ちから》をつくして調《しら》べることを表《あらわ》す字《じ》。

意味 罪《つみ》を調《しら》べる。他人《たにん》の罪《つみ》を調《しら》べて明《あき》らかにする。例 弾劾《だんがい》

効

カ-6　総画8　JIS-2490　教5年
音 コウ　訓 きく
［效］

筆順（まっすぐ、つく／とめる／はねる）

なりたち 【形声】もとの字《じ》は、「效」。「攵」が「むりにさせる」ことを、「交」が「コウ」という読《よ》み方《かた》をしめしている。「コウ」は「まねる、ならう」意味《いみ》を持《も》ち、むりにならわせることを表《あらわ》す字《じ》。

意味 ききめ。ききめがある。役《やく》に立《た》つ。例 よく効《き》く薬《くすり》。薬石《やくせき》の効《こう》。効果《こうか》・有効《ゆうこう》

【効果《こうか》】Ⅱ ①使《つか》ったり、ためしたりして得《え》たよい結果《けっか》。ききめ。例 効果《こうか》があらわれる。逆効果《ぎゃくこうか》 類 効力《こうりょく》・効用《こうよう》・効能《こうのう》 ②演劇《えんげき》や映画《えいが》などで、音《おと》・照明《しょうめい》・音楽《おんがく》などを使《つか》って、場面《ばめん》をもり上《あ》げたり、ほんとうらしく見《み》せたりすること。例 照明効果《しょうめいこうか》。効果音《こうかおん》

【効能《こうのう》】Ⅱ 使《つか》うことによって、よい結果《けっか》が出《で》るというはたらき。例 温泉《おんせん》の効能書《こうのうが》き。類 効力《こうりょく》・効用《こうよう》・効果《こうか》

【効用《こうよう》】↓ 使《つか》って役《やく》に立《た》つ用《もち》い方《かた》。ききめのあるはたらき。類 効力《こうりょく》・効果《こうか》・効能《こうのう》

【効率《こうりつ》】↓ ある仕事《しごと》で、それに使《つか》った労力《ろうりょく》や時間《じかん》と、そのできばえとをくらべたときの割合《わりあい》。例 効率《こうりつ》がよい。熱効率《ねつこうりつ》

【効力《こうりょく》】↓ じっさいに役《やく》に立《た》つはたらき。ききめ。類 効用《こうよう》・効果《こうか》・効能《こうのう》

効が下につく熟語 上の字の働き

【有効《ゆうこう》 無効《むこう》】ききめが有《あ》るか無《な》いか。
◆時効《じこう》 実効《じっこう》

例 解 使い分け

［つとめる《努める・務める・勤める》］

努める＝いっしょうけんめいにする。力《ちから》をつくす。
例 勉学《べんがく》に努《つと》める。問題《もんだい》の解決《かいけつ》に努《つと》める。

務める＝役目《やくめ》を受《う》け持《も》つ。
例 司会《しかい》を務《つと》める。主役《しゅやく》を務《つと》める。

勤める＝あたえられた仕事《しごと》を毎日《まいにち》する。
例 役所《やくしょ》に勤《つと》める。勤《つと》め人《にん》。

勁

カ-7　総画9　JIS-5006　人名
音 ケイ　訓 つよ-い

意味 つよい。まっすぐに一本《いっぽん》とおった強《つよ》さ。
例 簡勁《かんけい》・雄勁《ゆうけい》

勅

カ-7　総画9　JIS-3628　常用
音 チョク　訓 みことのり
［敕］

筆順

なりたち 【形声】もとの字《じ》は、「敕」。「攵」が「むりにさせる」ことを、「束《ソク》」が「チョク」とかわって読《よ》み方《かた》をしめしている。「ソク」は「まっすぐ、いましめる」の意味《いみ》を持《も》ち、いましめて正《ただ》しくさせることを表《あらわ》す字《じ》。

意味 みことのり。天皇《てんのう》や皇帝《こうてい》のことば。例 勅語《ちょくご》・詔勅《しょうちょく》

名前のよみ ただ・て・とき

【。勅語】ちょくご ↓ 天皇《てんのう》が国民《こくみん》にのべることば。例 教育勅語《きょういくちょくご》。表現 今《いま》は「おことば」といっている。

【。勅使】ちょくし ↓ 天皇《てんのう》のことばをつたえる使《つか》いの人《ひと》。例 勅使《ちょくし》を派遣《はけん》する。

【。勅命】ちょくめい ↓ 天皇《てんのう》の出《だ》す命令《めいれい》。みことのり。

カ-7

【勃】

総画9 JIS-4354 常用 音 ボツ 訓 —

筆順

意味 急《きゅう》におこるさま。にわかに。突然《とつぜん》に。

【。勃興】ぼっこう ↓〈—する〉急《きゅう》に盛《さか》んになる。例 産業《さんぎょう》が勃興《ぼっこう》する。ローマ帝国《ていこく》の勃興《ぼっこう》。

【。勃発】ぼっぱつ ↓〈—する〉事件《じけん》などが突然《とつぜん》に起《お》こること。例 内戦《ないせん》が勃発《ぼっぱつ》する。

カ-7

【勇】

総画9 JIS-4506 教4年 音 ユウ 訓 いさむ

筆順

はねる だす

なりたち

[形声]「甬《ヨウ》」が「ユウ」とかわって読《よ》み方《かた》をしめしている。「ヨウ」は「わき出《で》る」意味《いみ》を持《も》ち、力《ちから》がわき出《で》ることを表《あらわ》す字《じ》。

意味 いさましい。いさむ。くじけず立《た》ちむかう心《こころ》。例 勇《いさ》んで出《で》かける。勇《いさ》ましいすがた。勇《ゆう》を鼓《こ》す。勇気《ゆうき》・武勇《ぶゆう》

名前のよみ いさお・お・たけ・たけし・つよ・とし・はや

【勇。敢】ゆうかん ॥〈—に〉自分《じぶん》から立《た》ちむかっていくようす。例 勇敢《ゆうかん》に戦《たたか》う。類 果敢《かかん》

【勇気】ゆうき ↓ なにものをもおそれない心《こころ》。例 勇気《ゆうき》を出《だ》す。

【勇士】ゆうし ↓ なにものをもおそれずにたたかう強《つよ》い人《ひと》。例 歴戦《れきせん》の勇士《ゆうし》。類 勇者《ゆうしゃ》

【勇姿】ゆうし ↓ いさましいすがたや活躍《かつやく》するようす。例 さっそうたる勇姿《ゆうし》。類 英姿《えいし》

【勇者】ゆうしゃ ↓ なにものをもおそれず、立《た》ちむかうことのできる強《つよ》い人《ひと》。類 勇士《ゆうし》

【勇。壮】ゆうそう ॥〈—な〉〈—に〉元気《げんき》がよくていきおいがあるようす。例 勇壮《ゆうそう》な行進曲《こうしんきょく》。

【勇退】ゆうたい ↓〈—する〉あとの人《ひと》にゆずるために、自分《じぶん》からすすんで役《やく》をしりぞくこと。

【勇断】ゆうだん ↓ 思《おも》い切《き》って決《き》めること。類 英断《えいだん》

【勇名】ゆうめい ↓ いさましくて強《つよ》いという評判《ひょうばん》。例 勇名《ゆうめい》をとどろかす。

【勇。猛】ゆうもう ॥〈—な〉〈—に〉ものすごく強《つよ》くていさましい。例 勇猛果敢《ゆうもうかかん》な行動《こうどう》。

【勇。躍】ゆうやく ↓〈—する〉元気《げんき》いっぱい、心《こころ》をはずませる。例 勇躍出発《ゆうやくしゅっぱつ》する。

勇が下につく熟語 上の字の働き
【剛勇《ごうゆう》 武勇《ぶゆう》 蛮勇《ばんゆう》 義勇《ぎゆう》 猛勇《もうゆう》】ドウイウ勇《いさ》ましさか。

カ-8

【勉】

総画10 JIS-4257 教3年 音 ベン 訓 つと-める

「勉」

筆順

はねる おらない

なりたち

[形声]「免」が「ベン」という読《よ》み方《かた》をしめしている。「ベン」は「りきむ」意味《いみ》を持《も》ち、力《ちから》をくわえて、しいてつとめることを表《あらわ》す字《じ》。

意味 いっしょうけんめいつとめる。例 勉《べん》強《きょう》・勤勉《きんべん》

名前のよみ かつ・つとむ・まさる・ます

【勉学】べんがく ▲〈—する〉学問《がくもん》にせいを出《だ》すこと。熱心《ねっしん》にまなぶこと。例 勉学《べんがく》にいそしむ。勉学《べんがく》にはげむ。類 勉強《べんきょう》

【勉強】べんきょう ॥〈—する〉①学問《がくもん》や仕事《しごと》などを身《み》につけるために、はげむこと。類 勉学《べんがく》・学習《がくしゅう》 ②将来《しょうらい》のためになる経験《けいけん》。例 つらかったが、いい勉強《べんきょう》になった。③商品《しょうひん》のねだんをできるだけ安《やす》くすること。例 せいぜい勉強《べんきょう》する。

【勉。励】べんれい ॥〈—する〉いっしょうけんめい努力《どりょく》すること。例 刻苦勉励《こっくべんれい》(ひどく苦《くる》しい思《おも》いをして努力《どりょく》をつづけること) 類 精励《せいれい》

カ-9

【勘】

総画11 JIS-2010 常用 音 カン 訓 —

筆順

なりたち [形声]「甚《ジン》」が「カン」とかわって読《よ》み方《かた》をしめしている。「ジン」は「ふかい」意味《いみ》を持《も》ち、力《ちから》をくわえて、「ふかく調《しら》べる」ことを表《あらわ》す字《じ》。

意味
❶よく考《かんが》える。考《かんが》え調《しら》べる。例 勘定《かんじょう》・勘案《かんあん》
❷ぴんとくる。感《かん》じとる心《こころ》のはたらき。例 勘《かん》がいい。勘《かん》がにぶる。山勘《やまかん》

名前のよみ さだ・さだむ

❶〈よく考える〉の意味で

【°勘案】かんあん [Ⅲ] (—する) ほかのことも考《かんが》え合《あ》わせること。例 いろいろな事情《じじょう》を勘案《かんあん》する。

【°勘定】かんじょう [↓] (—する) ①ものの数《かず》や金額《きんがく》を数《かぞ》えること。類 計算《けいさん》 ②代金《だいきん》をはらうこと。代金《だいきん》。例 勘定《かんじょう》をすます。類 会計《かいけい》 表現「勘定《かんじょう》ずく(損得《そんとく》だけを考《かんが》えて行動《こうどう》する)」「勘定高《かんじょうだか》い(損得《そんとく》をすごく気《き》にする)」「勘定《かんじょう》に入《い》れる(考《かんが》えることの中《なか》にふくめる)」などの使《つか》い方《かた》がある。

【°勘当】かんどう [↓] (—する) わるいおこないをとがめて、親子《おやこ》や師弟《してい》の関係《かんけい》を絶《た》つこと。類 義絶《ぎぜつ》

【°勘弁】かんべん [↓] (—する) 相手《あいて》の罪《つみ》やあやまちなどをゆるしてやること。例 どうか勘弁《かんべん》してください。類 堪忍《かんにん》 表現「勘弁《かんべん》」は相手《あいて》をゆるす気持《きも》ちを、「堪忍《かんにん》」は自分《じぶん》のいかりをこらえるはたらきを、おもに表《あらわ》す。

力-9

動

総画11 JIS-3816 教3年
訓 音 ドウ うごく・うごかす

筆順 はねる

なりたち [形声]「重《チョウ》」が「ドウ」とかわって読《よ》み方《かた》をしめしている。「かさねる」意味《いみ》と、力《ちから》をくわえることを表《あらわ》す字《じ》。

意味
❶うごく。うごかす。うごき。例 気持《きも》ちが動《うご》く。静中動《せいちゅうどう》あり。動物《どうぶつ》・運動《うんどう》 対 静《せい》
❷みだれる。ゆさぶる。世《よ》の中《なか》のみだれ。さわぎ。例 ものに動《どう》じない。暴動《ぼうどう》
❸人《ひと》のふるまい。例 動機《どうき》・活動《かつどう》

❶〈うごく。うごかす〉の意味で

【動員】どういん [▲] (—する) ①兵士《へいし》を集《あつ》めること。対 復員《ふくいん》 ②たくさんの人《ひと》を集《あつ》めること。例 動員《どういん》をかける。

【動画】どうが [↓] 少《すこ》しずつ変化《へんか》した絵《え》や人形《にんぎょう》を、一《ひと》こま一《ひと》こま撮影《さつえい》し、つづけてうつして人物《じんぶつ》などが動《うご》いて見《み》えるように作《つく》った映画《えいが》。アニメーション。アニメ。

【動◆悸】どうき [Ⅲ] 心臓《しんぞう》がどきどきすること。例 動悸《どうき》がはげしくなる。類 心悸《しんき》

【動議】どうぎ [▲] 会議《かいぎ》で、その場《ば》で新《あたら》しく議題《ぎだい》を出《だ》すこと。例 緊急動議《きんきゅうどうぎ》

【動向】どうこう [↓] 人《ひと》の心《こころ》や世《よ》の中《なか》のなりゆき。例 社会《しゃかい》の動向《どうこう》に気《き》を配《くば》る。類 動静《どうせい》・情勢《じょうせい》

【動産】どうさん [↓] 現金《げんきん》や商品《しょうひん》など、そのまま持《も》ち運《はこ》べる財産《ざいさん》。対 不動産《ふどうさん》

【動詞】どうし [↓] ことばをそのはたらきによって分《わ》けたとき、「走《はし》る」「思《おも》う」「ある」などのように、人《ひと》やものの動《うご》きやはたらき・存在《そんざい》を表《あらわ》すことば。活用《かつよう》があるが、言《い》い切《き》るときの形《かたち》は五十音図《じゅうおんず》のウ段《だん》の音《おと》で終《お》わる。

【動静】どうせい [⇕] 世《よ》の中《なか》や人《ひと》などの動《うご》き。例 敵《てき》の動静《どうせい》をさぐる。類 動向《どうこう》・消息《しょうそく》

【動的】どうてき [⊠] (—に・—な) 動《うご》きや変化《へんか》が、いきいきとしている。例 動的《どうてき》にとらえた描写《びょうしゃ》。対 静的《せいてき》

【動物】どうぶつ [↓] ①生物《せいぶつ》を大《おお》きく二《ふた》つに分《わ》けたときの一《ひと》つ。ふつう、ほかの生物《せいぶつ》を食《た》べて栄養《えいよう》を取《と》り、自分《じぶん》で動《うご》くことができるものをいう。対 植物《しょくぶつ》 ②けものなど、人間以外《にんげんいがい》の動物《どうぶつ》。対 人間《にんげん》

【動脈】どうみゃく [↓] ①きれいな血《ち》を、心臓《しんぞう》からからだじゅうに送《おく》りとどけるための血管《けっかん》。対 静脈《じょうみゃく》 ②人《ひと》やものを運《はこ》ぶための鉄道《てつどう》や道路《どうろ》。例 地下鉄《ちかてつ》は都会《とかい》のかくれた動脈《どうみゃく》だ。知識 心臓《しんぞう》から大動脈《だいどうみゃく》と肺動脈《はいどうみゃく》が出《で》ている。

【動力】どうりょく [↓] 水力《すいりょく》・風力《ふうりょく》・電力《でんりょく》・原子力《げんしりょく》など、機械《きかい》の動《うご》きを作《つく》り出《だ》す力《ちから》。例 太陽《たいよう》エネルギーを動力《どうりょく》にかえる。類 原動力《げんどうりょく》

【動輪】どうりん [↓] 動力《どうりょく》を受《う》けて回転《かいてん》し、機関車《きかんしゃ》などを走《はし》らせる車輪《しゃりん》。

❷〈みだれる〉の意味で

【動転】どうてん [Ⅲ] (—する) びっくりして、落《お》ち着《つ》きを

うしなうこと。例気《き》が動転《どうてん》する。

【動揺《どうよう》】Ⅱ〈―する〉①ぐらぐらゆれること。例船《ふね》が大《おお》きく動揺《どうよう》する。②落《お》ち着《つ》かなくなること。例動揺《どうよう》のあまり仕事《しごと》が手《て》につかない。対安定《あんてい》

【動乱《どうらん》】Ⅱ〈―する〉戦争《せんそう》や暴動《ぼうどう》などで世《よ》の中《なか》がさわがしくなること。例動乱《どうらん》の時代《じだい》。

❸〈人のふるまい〉の意味で

【動機《どうき》】↓①行動《こうどう》をおこす気《き》にさせたきっかけ。例志望動機《しぼうどうき》。類原因《げんいん》・動因《どういん》 ②音楽《おんがく》で、楽曲《がっきょく》の主題《しゅだい》となる短《みじか》い旋律《せんりつ》。モチーフ。

【動作《どうさ》】Ⅱ〈―する〉なにかをするときのからだの動《うご》き。身《み》のこなし。モーション。例動作《どうさ》がにぶい。類所作《しょさ》

動が下につく熟語 上の字の働き

❶動=〈うごく。うごかす〉のとき

【震動《しんどう》 躍動《やくどう》 運動《うんどう》 移動《いどう》】近《ちか》い意味《いみ》。

【振動《しんどう》 変動《へんどう》 流動《りゅうどう》 異動《いどう》 連動《れんどう》 反動《はんどう》】ドノヨウニ動《うご》くか。

【微動《びどう》 激動《げきどう》】ドノクライ動《うご》くか。

【自動《じどう》 手動《しゅどう》】ナニによって動《うご》くか(動《うご》かすか)。

【起動《きどう》 制動《せいどう》 発動《はつどう》】動きをドウスルか。

【波動《はどう》 鼓動《こどう》 律動《りつどう》 脈動《みゃくどう》】ナニのような動《うご》きか。

❷動=〈みだれる〉のとき

【騒動《そうどう》 暴動《ぼうどう》】ドウヤッテみだれるか。

❸動=〈人のふるまい〉のとき

【挙動《きょどう》 行動《こうどう》】近《ちか》い意味《いみ》。

【策動《さくどう》 出動《しゅつどう》】ドノヨウナ行動《こうどう》をするか。

◆活動《かつどう》 言動《げんどう》 衝動《しょうどう》 扇動《せんどう》 胎動《たいどう》 不動《ふどう》 鳴動《めいどう》 妄動《もうどう》

務 カ-9

総画11 JIS-4419 教5年

訓音 ム つとめる・つとまる

筆順

なりたち

[形声]「敄」が「しいておこなう」意味《いみ》と「ム」という読《よ》み方《かた》をしめしている。力《ちから》をくわえて、しいてつとめることを表《あらわ》す字《じ》。

意味 つとめ。やらなければいけない仕事《しごと》。つとめる。はげむ。例司会《しかい》を務《つと》める。親《おや》としての務《つと》めをはたす。任務《にんむ》

使い分け つとめる[努・務・勤]☞163ページ

名前のよみ かね・ちか・つとむ・なか・みち

務が下につく熟語 上の字の働き

【業務《ぎょうむ》 勤務《きんむ》 職務《しょくむ》 事務《じむ》 用務《ようむ》 労務《ろうむ》】近《ちか》い意味《いみ》。

【急務《きゅうむ》 激務《げきむ》 残務《ざんむ》 雑務《ざつむ》 実務《じつむ》】ドノヨウナ性質《せいしつ》の仕事《しごと》か。

【国務《こくむ》 公務《こうむ》 税務《ぜいむ》 総務《そうむ》 外務《がいむ》 庶務《しょむ》】ドウイウ内容《ないよう》の務《つと》めか。

【執務《しつむ》 服務《ふくむ》 兼務《けんむ》】仕事《しごと》を(仕事《しごと》に)ドウスルか。

【債務《さいむ》 責務《せきむ》 任務《にんむ》 義務《ぎむ》】ドノヨウナ務《つと》めか。

勤 カ-10

総画12 JIS-2248 教6年

訓音 キン・ゴン つとめる・つとまる

「勤」

筆順

なりたち

[形声]もとの字《じ》は、「勤」。「力《ちから》」が「ちからしごと」を、「堇」が「キン」という読《よ》み方《かた》をしめしている。仕事《しごと》をすることを表《あらわ》す字《じ》。

意味

❶力《ちから》をつくしてはたらく。きちんと自分《じぶん》の仕事《しごと》をする。例勤勉《きんべん》・勤行《ごんぎょう》・精勤《せいきん》

❷会社《かいしゃ》などにつとめる。会社《かいしゃ》などではたらく。つとめ。例会社《かいしゃ》に勤《つと》める。勤《つと》めに出《で》る。勤務《きんむ》・通勤《つうきん》

使い分け つとめる[努・務・勤]☞163ページ

注意するよみ ゴン…例勤行《ごんぎょう》

名前のよみ いそ・いそし・つとむ・のり

❶〈力をつくしてはたらく〉の意味で

【勤王《きんのう》】▲天皇《てんのう》のためにつくし、はたらくこと。例勤王《きんのう》の志士《しし》。対佐幕《さばく》 表記「勤皇」とも書《か》く。知識江戸時代《えどじだい》のおわりに、幕府《ばくふ》をたおす勢力《せいりょく》の中心《ちゅうしん》となった考《かんが》え方《かた》。

【勤勉《きんべん》】Ⅱ〈―な〉勉強《べんきょう》や仕事《しごと》をいっしょうけんめいすること。例勤勉《きんべん》な人《ひと》。対怠惰《たいだ》

【勤労《きんろう》】Ⅱ〈―する〉からだを使《つか》ってはたらくこと。例勤労感謝《きんろうかんしゃ》の日《ひ》。☞❷

【勤行《ごんぎょう》】▲〈―する〉お坊《ぼう》さんが仏前《ぶつぜん》でお経《きょう》を

あげたり、念仏《ねんぶつ》をとなえたりすること。おつとめ。

❷〈会社などにつとめる〉の意味で

【勤続《きんぞく》】↓〈―する〉おなじつとめ先《さき》や職業《しょくぎょう》で、何年《なんねん》もつづけてはたらくこと。例 勤続《きんぞく》二十年《じゅうねん》。

【勤務《きんむ》】Ⅲ〈―する〉会社《かいしゃ》などで仕事《しごと》をすること。例 勤務時間《きんむじかん》 類 服務《ふくむ》・執務《しつむ》・就業《しゅうぎょう》

【勤労《きんろう》】Ⅲ〈―する〉賃金《ちんぎん》をもらって、仕事《しごと》をすること。例 勤労者《きんろうしゃ》・勤労所得《きんろうしょとく》 ☞❶

勤が下につく熟語 上の字の働き

❶勤＝〈力をつくしてはたらく〉のとき
【精勤《せいきん》 忠勤《ちゅうきん》】ドノヨウニはたらくか。

❷勤＝〈会社などにつとめる〉のとき
【夜勤《やきん》 外勤《がいきん》 内勤《ないきん》】イツ・ドコの勤《つと》めか。
【出勤《しゅっきん》 欠勤《けっきん》 通勤《つうきん》 在勤《ざいきん》 転勤《てんきん》】勤《つと》めに〈勤《つと》めを〉ドウスルか。

◆皆勤《かいきん》 常勤《じょうきん》

カ-10 勝

総画12 JIS-3001 教3年
音 ショウ
訓 かつ・まさる

筆順
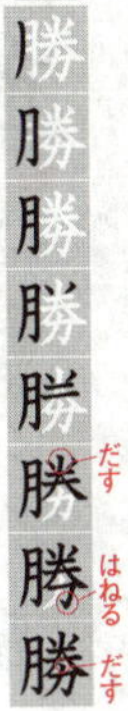

なりたち 【形声】「朕《ヨウ》」が「もちあげる」意味《いみ》と、「ショウ」とかわって読《よ》み方《かた》をしめしている。力《ちから》で物《もの》を持《も》ち上《あ》げることを表《あらわ》す字《じ》。

意味

❶かつ。相手《あいて》をうちまかす。例 勝《か》ってかぶとの緒《お》をしめよ（勝《か》ったからといってゆだんをしてはいけない）。勝利《しょうり》・決勝《けっしょう》 対 負《ふ》・敗《はい》

❷すぐれる。まさる。すぐれた。例 勝《まさ》るとも劣《おと》らない。景勝《けいしょう》・健勝《けんしょう》

❸《その他》例 勝手《かって》

名前のよみ すぐる・とう・のり・ます・よし

❶〈かつ〉の意味で

【勝因《しょういん》】↓たたかいに勝《か》てた原因《げんいん》。例 勝因《しょういん》はあのホームランだ。対 敗因《はいいん》

【勝機《しょうき》】↓勝《か》つのにぐあいのいいとき。例 勝機《しょうき》をつかむ。勝機《しょうき》をのがす。

【勝算《しょうさん》】↓勝《か》てる見《み》こみ。かちめ。例 勝算《しょうさん》のないたたかい。類 成算《せいさん》

【勝者《しょうしゃ》】↓たたかいや試合《しあい》などに勝《か》った人《ひと》。例 勝者《しょうしゃ》をたたえる。対 敗者《はいしゃ》

【勝。訴《しょうそ》】▲〈―する〉裁判《さいばん》に勝《か》つこと。対 敗訴《はいそ》

【勝敗《しょうはい》】⇕どちらかが勝《か》ち、どちらかが負《ま》けること。勝《か》ち負《ま》け。例 勝敗《しょうはい》を決《けっ》する。類 勝負《しょうぶ》

【勝負《しょうぶ》】⇕①勝《か》つことと負《ま》けること。例 勝負《しょうぶ》をつける。類 勝敗《しょうはい》 ②〈―する〉勝《か》ち負《ま》けをあらそうこと。例 真剣勝負《しんけんしょうぶ》。類 試合《しあい》

【勝利《しょうり》】Ⅲ〈―する〉たたかいや試合《しあい》に勝《か》つこと。例 勝利《しょうり》を得《え》る。対 敗北《はいぼく》

【勝率《しょうりつ》】↓試合《しあい》などに勝《か》った割合《わりあい》。勝《か》った回数《かいすう》を試合《しあい》した回数《かいすう》で割《わ》って出《だ》す。

❸《その他》

【勝手《かって》】◎①〈―な〉自分《じぶん》のしたいようにすること。わがまま。例 勝手《かって》な行動《こうどう》が目立《めだ》つ。②便利《べんり》かどうかのぐあい。例 このはさみは使《つか》い勝手《がって》がいい。③台所《だいどころ》。例 お勝手《かって》・勝手道具《かってどうぐ》・勝手口《かってぐち》

勝が下につく熟語 上の字の働き

❶勝＝〈かつ〉のとき
【圧勝《あっしょう》 完勝《かんしょう》 快勝《かいしょう》 楽勝《らくしょう》 大勝《たいしょう》 辛勝《しんしょう》 不戦勝《ふせんしょう》】ドノヨウニ勝《か》つか。
【全勝《ぜんしょう》 連勝《れんしょう》 優勝《ゆうしょう》】ドノクライ勝《か》つか。

❷勝＝〈すぐれる〉のとき
【健勝《けんしょう》 名勝《めいしょう》】近《ちか》い意味《いみ》。

◆景勝《けいしょう》 決勝《けっしょう》 殊勝《しゅしょう》 準決勝《じゅんけっしょう》 必勝《ひっしょう》

カ-10 募

総画12 JIS-4271 常用
音 ボ
訓 つのる

筆順

なりたち 【形声】「莫」が「ボ」という読《よ》み方《かた》をしめしている。「ボ」は「もとめる」意味《いみ》を持《も》ち、手《て》に入《い》れようと力《ちから》をこめることを表《あらわ》す字《じ》。

意味 つのる。よびかけて集《あつ》める。例 参加者《さんかしゃ》を募《つの》る。募金《ぼきん》・応募《おうぼ》

【。募金《ぼきん》】▲〈―する〉多《おお》くの人《ひと》から寄付金《きふきん》を集《あつ》めること。例 募金《ぼきん》に応《おう》じる。

【。募集《ぼしゅう》】 〓 〈—する〉人《ひと》や作品《さくひん》などをよびかけて集《あつ》めること。 例 ご意見《いけん》募集《ぼしゅう》中《ちゅう》。 対 応募《おうぼ》

◆ 応募《おうぼ》 公募《こうぼ》

力-11
【勧】
総画13 JIS-2011 常用
音 カン
訓 すすめる
［勸］

筆順 勧 勧 勧 勧 勧 勧 勧 勧

なりたち 【形声】もとの字は、「勸」。「雚」が「カン」という読《よ》み方《かた》をしめしている。「カン」は「はげむ」意味《いみ》を持《も》ち、力《ちから》をこめて仕事《しごと》にはげむことを表《あらわ》す字《じ》。

意味 すすめる。自分《じぶん》がよいと思《おも》うことを相《あい》手《て》にそうするようにすすめる。 例 入会《にゅうかい》を勧《すす》める。勧誘《かんゆう》

使い分け すすめる［進・勧・薦］ ☞435ページ

名前のよみ ゆき

【。勧告《かんこく》】 ⇩ 〈—する〉そうするように、強《つよ》くすすめること。 例 退職《たいしょく》を勧告《かんこく》する。

【。勧進《かんじん》】 〓 〈—する〉寺《てら》をたてたり、修理《しゅうり》したりするために、人《ひと》びとに寄付《きふ》をすすめること。 例 勧進帳《かんじんちょう》・勧進元《かんじんもと》

【。勧善。懲悪《かんぜんちょうあく》】 よいおこないをすすめ、悪《あく》をこらしめ、世《よ》の中《なか》に正義《せいぎ》が行《おこな》われることを求《もと》める考《かんが》え方《かた》。 参考 『春秋左氏伝《しゅんじゅうさしでん》』から。

【。勧。誘《かんゆう》】 〓 〈—する〉その気《き》になるように、相《あい》手《て》をさそいこむこと。 例 生命保険《せいめいほけん》への加入《かにゅう》を勧誘《かんゆう》する。

力-11
【勢】
総画13 JIS-3210 教5年
音 セイ
訓 いきおい

筆順 勢 勢 勢 勢 勢 勢 勢 勢（ハにならない）（はねる）（はねる）

なりたち 【会意】「草木《くさき》を植《う》える」意味《いみ》を持《も》つ「埶」と力《ちから》とを合《あ》わせて、農業《のうぎょう》にはげむことを表《あらわ》す字《じ》。

意味

❶いきおい。さかんな力《ちから》。 例 勢《いきお》いを増《ま》す。勢力《せいりょく》・威勢《いせい》

❷ようす。ありさま。なりゆき。 例 形勢《けいせい》・姿勢《しせい》

❸人《ひと》の集《あつ》まり。 例 敵《てき》の勢《せい》。軍勢《ぐんぜい》

❹伊勢《いせ》。旧国名《きゅうこくめい》。今《いま》の三重県《みえけん》の北部《ほくぶ》・中部《ちゅうぶ》。 例 勢州《せいしゅう》・紀勢線《きせいせん》

名前のよみ なり

❶〈いきおい〉の意味で

【勢力《せいりょく》】 〓 他《た》のものをおさえつけて、自分《じぶん》の思《おも》うようにする力《ちから》。世《よ》の中《なか》を動《うご》かす力《ちから》。 例 台風《たいふう》の勢力《せいりょく》がおとろえる。 類 威勢《いせい》・威力《いりょく》

勢が下につく熟語 上の字の働き

❶勢＝〈いきおい〉のとき
【火勢《かせい》 水勢《すいせい》 気勢《きせい》 筆勢《ひっせい》 権勢《けんせい》】ナニの勢《いきお》いか。
【威勢《いせい》 虚勢《きょせい》 余勢《よせい》】ドノヨウナ勢《いきお》いか。

❷勢＝〈ようす〉のとき
【情勢《じょうせい》 態勢《たいせい》 形勢《けいせい》 姿勢《しせい》】近《ちか》い意味《いみ》。
【優勢《ゆうせい》 劣勢《れっせい》 攻勢《こうせい》 守勢《しゅせい》 豪勢《ごうせい》】ドノヨウナ勢《いきお》いのようすか。
【国勢《こくせい》 地勢《ちせい》 時勢《じせい》 運勢《うんせい》】ナニのようすか。

❸勢＝〈人の集まり〉のとき
【多勢《たぜい》 大勢《おおぜい》 総勢《そうぜい》】ドノクライの集《あつ》まりか。
【軍勢《ぐんぜい》 敵勢《てきぜい》 手勢《てぜい》】ドノヨウナ集《あつ》まりか。

力-13
【勲】
総画15 JIS-2314 常用
音 クン
訓 いさお
［勳］

筆順 勲 勲 勲 勲 勲 勲 勲 勲

なりたち 【形声】もとの字は、「勳」。「熏」が「かぐわしい」意味《いみ》と「クン」という読《よ》み方《かた》をしめしている。力《ちから》をくわえて、「いさお、てがら」を表《あらわ》す字《じ》。

意味 てがら。りっぱなはたらき。 例 勲《いさお》を立《た》てる。勲章《くんしょう》・殊勲《しゅくん》

名前のよみ いさ・こと・つとむ・ひろ

【。勲功《くんこう》】 〓 国《くに》や主君《しゅくん》のためになるはたらき。いさお。 例 勲功《くんこう》を立《た》てる。 類 功績《こうせき》・功労《こうろう》

【。勲章《くんしょう》】 ⇩ 国《くに》や社会《しゃかい》につくしたことをほめて、国《くに》がおくる記章《きしょう》。 例 文化勲章《ぶんかくんしょう》を受章《じゅしょう》する。

勲が下につく熟語 上の字の働き

【殊勲《しゅくん》 武勲《ぶくん》】ドンナてがらか。

◆ 叙勲《じょくん》

2画 勹 ［つつみがまえ］ の部

人《ひと》がからだを曲《ま》げて物《もの》を抱《かか》えこむようすをしめす「勹《つつみがまえ》」をもとに作《つく》られ、物《もの》を包《つつ》む意《い》味《み》を表《あらわ》す字《じ》と、「勹《つつみがまえ》」の形《かたち》がめやすとなっている字《じ》を集《あつ》めてあります。

この部首の字
1 勺……169　2 勾……169　匂……169　勿……169　匁……169　3 包……169
旬→日 564　句→口 200

勺
ク-1　総画3　JIS-2859　人名
音 シャク　訓 ―

意味 ❶ひしゃく。水《みず》をくむための道具《どうぐ》。❷容積《ようせき》の単位《たんい》。尺貫法《しゃっかんほう》で、一合《いちごう》の十分《じゅうぶん》の一《いち》。約《やく》〇・〇一八リットル。❸面積《めんせき》の単位《たんい》。尺貫法《しゃっかんほう》で、一坪《ひとつぼ》の百分《ひゃくぶん》の一《いち》。約《やく》〇・〇三三平方《へいほう》メートル。

勾
ク-2　総画4　JIS-2491　常用
音 コウ　訓 ―

筆順

意味 ❶かたむく。そるように曲《ま》がる。例 勾玉《まがたま》 ❷とらえる。ひっかけてつかまえる。

❶〈かたむく〉の意味で
【゜勾配《こうばい》】↓ ①傾《かたむ》いている程度《ていど》。例 勾配《こうばい》の急《きゅう》な坂《さか》。②斜《なな》めになっている面《めん》。

❷〈とらえる〉の意味で
【゜勾留《こうりゅう》】Ⅱ〈―する〉法律《ほうりつ》にしたがって取《と》り調《しら》べのためにとどめておく。例 勾留期間《こうりゅうきかん》

匂
ク-2　総画4　JIS-3887　常用
音 ―　訓 におう

筆順

意味 ❶におう。におい。例 匂《にお》い袋《ぶくろ》 ❷美《うつく》しくはえる。照《て》りかがやいてはなやか。例 咲《さ》き匂《にお》う。

参考 国字《こくじ》。

使い分け におう［匂・臭］☞169ページ

勿
ク-2　総画4　JIS-4462　人名
音 ブツ・モチ　訓 なか-れ・な-い

意味 なかれ。するな。なし。例 悲《かな》しむこと勿《なか》れ。

参考「勿忘草」は「わすれなぐさ」と読《よ》む。「勿来《なこそ》の関《せき》」は、むかしの関所《せきしょ》の名《な》。

【◆勿論《もちろん》】▲ 言《い》うまでもなく。むろん。例 あなたの意見《いけん》にはもちろん賛成《さんせい》だ。

匁
ク-2　総画4　JIS-4472　人名
音 ―　訓 もんめ

意味 重《おも》さの単位《たんい》。尺貫法《しゃっかんほう》で、一貫《いっかん》の千分《せんぶん》の一《いち》。約《やく》三・七五グラム。

参考 めかたの単位《たんい》「もんめ」を「文メ」と書《か》き、それらを組《く》み合《あ》わせてつくった国字《こくじ》という説《せつ》もある。

包
ク-3　総画5　JIS-4281　教4年
音 ホウ　訓 つつむ

筆順

なりたち

【会意】もとの字は、「包」。からだを曲《ま》げた人《ひと》(勹)がおなかの中《なか》に子《こ》ども(巳)をかかえている形《かたち》からできた字《じ》。

意味 ❶つつむ。中《なか》につつみこむ。例 お金《かね》を包《つつ》む。包《つつ》みをほどく。小包《こづつみ》・包囲《ほうい》 ❷《その他《た》》例 包丁《ほうちょう》

名前のよみ かね・しげ

❶〈つつむ〉の意味で
【包囲《ほうい》】Ⅱ〈―する〉にげられないように、まわりをとりかこむこと。例 包囲網《ほういもう》をしく。
【包。括《ほうかつ》】Ⅱ〈―する〉いろいろなことがらをひっくるめてまとめること。例 いろいろな意見《いけん》を包括《ほうかつ》して原案《げんあん》を作《つく》る。
【包。含《ほうがん》】Ⅱ〈―する〉中《なか》につつみこんでいるこ

> **例解 使い分け**
> ［におう《匂う・臭う》］
> 匂う＝よいかおりが感《かん》じられる。
> 例 キンモクセイがかすかに匂《にお》う。せっけんの匂《にお》い。
> 臭う＝くさく感《かん》じる。
> 例 生《なま》ごみが臭《にお》う。腐《くさ》った臭《にお》いがする。ガスのもれた臭《にお》いがする。

と。例さまざまな問題《もんだい》を包含《ほうがん》している。

【包《ほう》装《そう》】↓〈―する〉品物《しなもの》がいたまないようにしたり、きれいに見《み》せたりするために、紙《かみ》などでつつむこと。例包装紙《ほうそうし》 類梱包《こんぽう》

【包《ほう》帯《たい》】↓傷口《きずぐち》をまもるためにまきつけるガーゼや布《ぬの》。例包帯《ほうたい》をする。

【包《ほう》容《よう》】Ⅱ〈―する〉心《こころ》が広《ひろ》く、いろいろなことを受《う》け入れること。例包容力《ほうようりょく》がある。

❷《その他》

【包《ほう》丁《ちょう》】◎料理《りょうり》のときに材料《ざいりょう》を切《き》るために使《つか》う刃物《はもの》。例包丁《ほうちょう》さばき 知識もとは「庖《ほう》丁《ちょう》」と書《か》いた。「庖」は調理場《ちょうりば》、「丁」は人名《じんめい》。丁《ちょう》さんは牛《うし》の肉《にく》を骨《ほね》から切《き》りはなす名人《めいじん》で、刃《は》の使《つか》い方《かた》に無理《むり》がないので刃《は》がいたまず、十九年《じゅうきゅうねん》使《つか》ってもぴかぴかだった。参考『荘《そう》子《じ》』養生編《ようじょうへん》にある話《はなし》。

2画 匕 [ひ] の部

「匕《ひ》」の形《かたち》がめやすとなっている字《じ》を集《あつ》めてあります。

この部首の字

2化……170 3北……170 匂→勹169

比→比645 尼→尸340 旨→日563 此→止636

老→老859 壱→士266 頃→頁1035 疑→疋750

ヒ-2

化

総画4 JIS-1829 教3年

音カ・ケ
訓ばける・ばかす

筆順

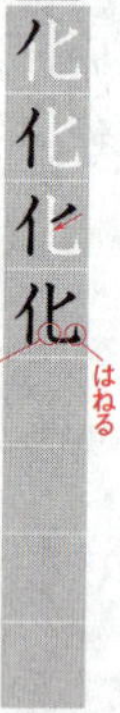

なりたち

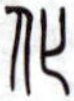

【会意】人《ひと》(亻)と人《ひと》がさかさまになった形《かたち》(匕)を合《あ》わせて、人《ひと》がようすをかえることを表《あらわ》す字《じ》。

意味

❶べつのものになる。かわる。かえる。例がれきの山《やま》と化《か》す。化合《かごう》・温暖化《おんだんか》・消化《しょうか》

❷すがたをかえる。ばける。ばかす。例たぬきに化《ば》かされる。化《ば》けの皮《かわ》。化身《けしん》・権化《ごんげ》

❸人《ひと》びとを教《おし》えみちびく。よいほうにかえる。例感化《かんか》・教化《きょうか》

❹《その他》例文化《ぶんか》

名前のよみ のり

❶〈べつのものになる〉の意味で

【化《か》学《がく》】↓物質《ぶっしつ》の性質《せいしつ》や変化《へんか》などを研究《けんきゅう》する学問《がくもん》。例化学調味料《かがくちょうみりょう》 表現「科学《かがく》」と区別《くべつ》するために、「ばけ学」と言うこともある。

【化学。繊。維《かがくせんい》】↓石油《せきゆ》などから化学的《かがくてき》につくられた繊維《せんい》。ナイロン・レーヨンなど。

【化《か》合《ごう》】↓〈―する〉二《ふた》つ以上《いじょう》の物質《ぶっしつ》が一《ひと》つになって、まったく性質《せいしつ》のちがう物質《ぶっしつ》になること。例水素《すいそ》と酸素《さんそ》が化合《かごう》して、水になる。化《か》合物《ごうぶつ》 表現まざり合《あ》っているだけで、べつの物質《ぶっしつ》ができないときには「混合《こんごう》」という。

【化《か》石《せき》】↓大《おお》むかしの動物《どうぶつ》や植物《しょくぶつ》が岩石《がんせき》の中《なか》に形《かたち》をのこしたもの。例化石《かせき》の発掘調査《はっくつちょうさ》に参加《さんか》する。

【化。繊《かせん》】◎「化学繊維《かがくせんい》」の略《りゃく》。

【化・膿《かのう》】▲〈―する〉傷《きず》やはれものが、うみをもつこと。例傷口《きずぐち》が化膿《かのう》する。

❷〈すがたをかえる〉の意味で

【化。粧《けしょう》】Ⅱ〈―する〉①顔《かお》に粉《こな》をつけたり口紅《くちべに》をぬるなどして、美《うつく》しくすること。例化粧《けしょう》室《しつ》(トイレ)・うす化粧《げしょう》 ②もののうわべをきれいにかざること。例一面《いちめん》の雪化粧《ゆきげしょう》。

【化。粧箱《けしょうばこ》】①化粧《けしょう》の道具《どうぐ》を入れておく箱《はこ》。②おくりもののためにかざった箱《はこ》。

【化身《けしん》】↓神《かみ》や仏《ほとけ》が、人間《にんげん》や動物《どうぶつ》のすがたになって、この世《よ》にあらわれたもの。例神《かみ》の化身《けしん》。類権化《ごんげ》

化が下につく熟語 上の字の働き

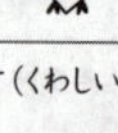

❶化＝〈べつのものになる〉のとき

【変化《へんか》 転化《てんか》】近《ちか》い意味《いみ》。

【強化《きょうか》 硬化《こうか》 軟化《なんか》 俗化《ぞっか》 緑化《りょっか》 美化《びか》 浄化《じょうか》 悪化《あっか》 老化《ろうか》 激化《げきか》 劇化《げきか》 電化《でんか》 同化《どうか》 温暖化《おんだんか》】ドノヨウニなるか。

【気化《きか》 炭化《たんか》 液化《えきか》 酸化《さんか》】ナニになるか。

【消化《しょうか》 分化《ぶんか》 進化《しんか》 退化《たいか》 開化《かいか》 帰化《きか》】ドウナッテかわるか。

【羽化《うか》 風化《ふうか》】ナニのようにかわるか。

◆感化《かんか》 教化《きょうか》 権化《ごんげ》 千変万化《せんぺんばんか》 道化《どうけ》 文化《ぶんか》

ヒ-3

北

総画5 JIS-4344 教2年

音ホク
訓きた

筆順

なりたち

【会意】人《ひと》がせなかを向《む》けあっている形《かたち》からでき、「反対《はんたい》する、そむく」意味《いみ》を表《あらわ》す字《じ》。借《か》りて、「きた」の方角《ほうがく》として使《つか》われている。

意味
❶きた。方角《ほうがく》のきた。例北極《ほっきょく》 対南《なん》
❷にげる。せなかを見《み》せる。例敗北《はいぼく》

発音あんない ホク→ホッ…例北極《ほっきょく》

❶〈きた〉の意味で

【北風《きたかぜ／ほくふう》】↓北《きた》のほうからふいてくるつめたい風《かぜ》。例北風《きたかぜ》がふきすさぶ。対南風《みなみかぜ》

【北国《きたぐに／ほっこく》】↓北《きた》のほうの国《くに》や地方《ちほう》。対南国《なんごく》

【北半球《きたはんきゅう》】赤道《せきどう》をさかいにして地球《ちきゅう》を半分《はんぶん》に分《わ》けたときの、北《きた》の部分《ぶぶん》。対南半球《みなみはんきゅう》 知識アジア・ヨーロッパ・北《きた》アメリカ大陸《たいりく》などがふくまれる。

【北。枕《きたまくら》】↓頭《あたま》のほうを北《きた》に向《む》けた形《かたち》でねること。知識北枕《きたまくら》をさけるのは、遺体《いたい》を北《きた》枕《まくら》にしておく風習《ふうしゅう》があるから。

【北。緯《ほくい》】↓赤道《せきどう》を〇度《ど》、北極点《ほっきょくてん》を九〇度《ど》として地球《ちきゅう》の中心《ちゅうしん》からはかった角度《かくど》。対南緯《なんい》 知識日本列島《にほんれっとう》は、およそ北緯《ほくい》二四度《ど》から四五度《ど》に位置《いち》している。

【北限《ほくげん》】↓ある動物《どうぶつ》や植物《しょくぶつ》が自然《しぜん》のままで生《い》きることのできる地域《ちいき》の北《きた》のさかいめ。対南限《なんげん》

【北上《ほくじょう》】↓〈—する〉北《きた》へむかってすすむこと。例台風《たいふう》が北上《ほくじょう》している。対南下《なんか》

【北。端《ほくたん》】↓ある土地《とち》の北《きた》のはし。対南端《なんたん》

【北。斗《ほくと》】↓北《きた》の空《そら》に見《み》える、ひしゃくの形《かたち》にならんだ七《なな》つの星《ほし》。おおぐま座《ざ》の一部《いちぶ》。例北斗七星《ほくとしちせい》・北斗星《ほくとせい》 参考「斗《と》」は、ひしゃくを表《あらわ》す。知識ひしゃくがわのはしにある二《ふた》つの星《ほし》をむすぶ方向《ほうこう》に北極星《ほっきょくせい》がある。

【北辺《ほくへん》】↓北《きた》のあたり。北《きた》のはての地《ち》。

【北洋《ほくよう》】↓北《きた》のほうの海《うみ》。対南洋《なんよう》

【北極《ほっきょく》】↓①地軸《ちじく》(地球《ちきゅう》自身《じしん》の回転軸《かいてんじく》)の北《きた》のはしにあたるところ。対南極《なんきょく》 ②北極圏《ほっきょくけん》(北緯《ほくい》六六度《ど》三三分《ふん》より北《きた》の地域《ちいき》)。対南極《なんきょく》

【北極星《ほっきょくせい》】こぐま座《ざ》にある二等星《にとうせい》。天《てん》の北極《ほっきょく》に近《ちか》く、ほとんど動《うご》かないので、北《きた》の方向《ほうこう》を知《し》る目《め》じるしになる。

【北方《ほっぽう》】↓北《きた》のほう。北《きた》の方角《ほうがく》。対南方《なんぽう》

◆敗北《はいぼく》

2画 匚 [はこがまえ] の部

箱《はこ》の形《かたち》を表《あらわ》す「匚《はこがまえ》」と、ものを囲《かこ》ったりくぎったりする意味《いみ》を表《あらわ》す「匸《かくしがまえ》」とは、もともとべつのものでしたが、常用漢字《じょうようかんじ》では字《じ》の形《かたち》を区別《くべつ》していませんので、ここでは「匚《はこがまえ》」にまとめて、「匚《はこがまえ》」の形《かたち》がめやすとなっている字《じ》を集《あつ》めてあります。

この部首の字

区

匚-2
総画4
JIS-2272
教3年
音 ク
訓 —
[區]

筆順

なりたち

【会意】もとの字《じ》は、「區」。「品」が「多《おお》くのもの」を、「匸」が「くぎる」意味《いみ》をしめし、多《おお》くのものをくぎることを表《あらわ》す字《じ》。

意味
❶くぎる。くぎり。ものごとにさかいめをつける。そのひとくぎり。例区分《くぶん》・地区《ちく》
❷行政区画《ぎょうせいくかく》の「く(区)」。大都市《だいとし》の中《なか》をくぎった地域《ちいき》。例区役所《くやくしょ》・千代田区《ちよだく》

❶〈くぎる。くぎり〉の意味で

【区域《くいき》】↓あるくぎりの中《なか》の場所《ばしょ》。エリア。例危険区域《きけんくいき》。遊泳禁止区域《ゆうえいきんしくいき》。

【区画《くかく》】Ⅱ①〈—する〉土地《とち》などをいくつかに分《わ》けること。例区画整理《くかくせいり》 ②分《わ》けられた土地《とち》。

【区間《くかん》】↓長《なが》い距離《きょり》をいくつかに分《わ》けたときの、あるくぎりとあるくぎりとのあいだ。

【区分《くぶん》】↓〈—する〉きまった範囲《はんい》のものを、さかいめをつけて分《わ》けること。区分《くわ》け。例時代《じだい》区分《くぶん》

前ページ▶区

【区《く》別《べつ》】⬇〈—する〉形《かたち》や性質《せいしつ》からみたちがいによって分《わ》けること。例もう、いいかわるいかの区別《くべつ》がつく年《とし》だ。

❷〈行政区画の「く〈区〉」〉の意味で

【区《く》民《みん》】⬇ある区《く》の中《なか》に住《す》む人《ひと》びと。

区が下につく熟語 上の字の働き

❶区＝〈くぎる。くぎり〉のとき

【学区《がっく》 漁区《ぎょく》 地区《ちく》】ナニのひとくぎりか。

匚−2

匹

総画4 JIS-4104 常用

音 ヒツ
訓 ひき

筆順

なりたち  【会意】「儿」が反物二《たんものふた》つをしめし、「匚」がそれをかけるものを意味《いみ》して、布《ぬの》を二本《にほん》ならべることを表《あらわ》す字《じ》。

意味

❶ならぶ。二《ふた》つのものの力《ちから》やようすがおなじようであること。例匹敵《ひってき》

❷動物《どうぶつ》を数《かぞ》えることば。例三匹《さんびき》 参考「男《おとこ》一匹《いっぴき》」は男《おとこ》を動物《どうぶつ》あつかいしているのではなく、生《い》き生《い》きと活動《かつどう》する者《もの》としてとらえている。

❸布《ぬの》の長《なが》さを数《かぞ》える単位《たんい》。一匹《いっぴき》は二反《にたん》。

❶〈ならぶ〉の意味で

【°匹《ひっ》敵《てき》】‖〈—する〉能力《のうりょく》がおなじくらいで、勝負《しょうぶ》するのにいい相手《あいて》であること。例かれの計算《けいさん》のはやさには、匹敵《ひってき》する者《もの》がない。類比肩《ひけん》

匚−4

匡

総画6 JIS-2209 人名

音 キョウ
訓 ただ-す

意味 ただす。たすける。

名前のよみ ただし・まさ・まさし

匚−4

匠

総画6 JIS-3002 常用

音 ショウ
訓 たくみ

筆順

なりたち  【会意】さしがね（匚）と手《て》おの（斤）を合《あ》わせて、大工《だいく》のわざを表《あらわ》している字《じ》。

意味

❶わざや学問《がくもん》にすぐれた人《ひと》。職人《しょくにん》。先生《せんせい》。例巨匠《きょしょう》・師匠《ししょう》

❷すぐれたくふう。さいく。例意匠《いしょう》

名前のよみ なる

匠が下につく熟語 上の字の働き

❶匠＝〈わざや学問にすぐれた人〉のとき

【巨匠《きょしょう》 名匠《めいしょう》 宗匠《そうしょう》】ドノヨウナすぐれた人《ひと》か。

◆意匠《いしょう》 師匠《ししょう》

匚−5

医

総画7 JIS-1669 教3年

音 イ
訓 —

筆順 (ださない)

［醫］

なりたち  【会意】もとの字《じ》は、「醫」。「酉」が「さけ」を、「殹」が「病人《びょうにん》のうめく声《こえ》」の意味《いみ》を持《も》ち、薬酒《やくしゅ》で病人《びょうにん》をなおす医者《いしゃ》を表《あらわ》す字《じ》。

意味 病気《びょうき》をなおすこと。病気《びょうき》をなおす人《ひと》。例医学《いがく》・獣医《じゅうい》・名医《めいい》

【医《い》院《いん》】⬇病気《びょうき》やけがを治療《ちりょう》するところ。例医院《いいん》を開業《かいぎょう》する。類病院《びょういん》 知識医院《いいん》は「病院《びょういん》」よりも小《ちい》さくて、医者《いしゃ》が一人《ひとり》か二人《ふたり》ということが多《おお》い。

【医《い》学《がく》】⬇病気《びょうき》の原因《げんいん》やなおし方《かた》、予防法《よぼうほう》を研究《けんきゅう》する学問《がくもん》。例西洋医学《せいよういがく》

【医《い》局《きょく》】⬇大《おお》きな病院《びょういん》で、ちょくせつ治《ち》療《りょう》を受《う》けもつところ。対薬局《やっきょく》

【医《い》師《し》】⬇病気《びょうき》やけがをなおすことを仕事《しごと》としている人《ひと》。ドクター。表現「医者《いしゃ》」よりもあらたまった言《い》い方《かた》。

【医《い》者《しゃ》】⬇病気《びょうき》やけがをなおすことを仕事《しごと》としている人《ひと》。例医者《いしゃ》にかかる。

【医《い》薬《やく》】①⬇病気《びょうき》をなおすくすり。例医薬《いやく》品《ひん》②‖医療《いりょう》と薬品《やくひん》。例医薬分業《いやくぶんぎょう》

【医°療《い》《りょう》】‖医師《いし》の技術《ぎじゅつ》やくすりで、病気《びょうき》やけがをなおすこと。例医療費《いりょうひ》

医が下につく熟語 上の字の働き

【女医《じょい》 名医《めいい》 主治医《しゅじい》 開業医《かいぎょうい》】ドウイウ医者《いしゃ》か。

【軍医《ぐんい》 校医《こうい》 船医《せんい》 獣医《じゅうい》】ナニに関《かん》する医者《いしゃ》か。

匸-8

匿

総画10
JIS-3831
常用
音 トク
訓 かく-す

筆順

なりたち [形声]「匸」が「かくす」意味《いみ》を表《あらわ》し、「若《ジャク》」が「したがう」意味《いみ》と、「トク」とかわって読《よ》み方《かた》をしめしている。かくれておとなしくしていることを表《あらわ》す字《じ》。

意味 かくす。かくれる。例 隠匿《いんとく》

【°匿名】《とくめい》 ▲ 文章《ぶんしょう》や手紙《てがみ》などを出《だ》すときに、自分《じぶん》の名前《なまえ》をかくすこと。例 匿名希望《とくめいきぼう》。

匿が下につく熟語 上の字の働き

【隠匿《いんとく》 秘匿《ひとく》】近《ちか》い意味《いみ》。

2画 十［じゅう］の部

数《かず》を表《あらわ》す「十《じゅう》」をもとにして作《つく》られた字《じ》と、「十《じゅう》」の形《かたち》がめやすとなっている字《じ》を集《あつ》めてあります。

この部首の字

0 十……173
1 千……174
2 午……175
升……175
3 半……176
6 協……177
卒……178
卓……178
7 単……178
南……179
卑……180
10 博……180
干→干 364
支→支 537
斗→斗 552
古→口 201
平→干 365
早→日 564
克→儿 112
辛→辛 979
尭→儿 113
直→目 767
阜→阜 1015
真→目 773
索→糸 828
隼→隹 1016
乾→乙 42
率→玄 728
章→立 808
幹→干 368
準→氵 689
翠→羽 859
韓→韋 1062

十-0

十

総画2
JIS-2929
教1年
音 ジュウ・ジッ
訓 とお・と

筆順 まんなかに

なりたち [指事] 古《ふる》くは「丨(甲骨文字《こうこつもじ》)」で、「とお」の数《かず》のまとまりを指《さ》ししめした。のちに「†」や「十」に字形《じけい》をかえた。

意味

❶とお。九《きゅう》のつぎの数《かず》「じゅう」。じゅうばんめ。例 ことしで十《とお》になる。十進法《じっしんほう》・数十《すうじゅう》

❷数《かず》が多《おお》い。たくさんの。例 一《いち》を聞《き》いて十《じゅう》を知《し》る。十重二十重《とえはたえ》

❸すべて。みちたりている。例 十分《じゅうぶん》

❹十《じゅう》の形《かたち》をしたもの。例 十字架《じゅうじか》

❺《その他《た》》例 十手《じって|じゅって》

参考 「ジッ」の音《おん》は、「ジュッ」とも読《よ》む。

特別なよみ 十重二十重(とえはたえ)・二十(はたち)・二十歳(はたち)・二十日(はつか)

名前のよみ かず・しげ・そ・とみ・みつ・みつる

❶〈とお〉の意味で

【▲十▲六▲夜】《いざよい》 新月《しんげつ》から数《かぞ》えて十六日《じゅうろくにち》め、満月《まんげつ》の次《つぎ》の日《ひ》の夜《よる》。その夜《よる》の月《つき》。参考 陰暦八月十《いんれきはちがつじゅう》六日《ろくにち》を指《さ》すこともある。

【十干】《じっかん》 ↓ むかしの中国《ちゅうごく》で、日《ひ》づけや順序《じゅんじょ》を表《あらわ》すのに使《つか》われた十個《じっこ》の漢字《かんじ》。日本《にほん》では「木《もっ》火土金水《かどごんすい》」の五行《ごぎょう》をそれぞれ「え(兄)」と「と(弟)」に分《わ》けたものと重《かさ》ねて、年《とし》や日《ひ》、時刻《じこく》、方角《ほうがく》を表《あらわ》すのに用《もち》いた。「甲《コウ|きのえ》・乙《オツ|きのと》・丙《ヘイ|ひのえ》・丁《テイ|ひのと》・戊《ボ|つちのえ》・己《キ|つちのと》・庚《コウ|かのえ》・辛《シン|かのと》・壬《ジン|みずのえ》・癸《キ|みずのと》」が十干《じっかん》で、これと、十二支《じゅうにし》とを組《く》み合《あ》わせると、甲子《カッシ|コウシ|きのえね》にはじまって癸亥《キガイ|みずのとい》まで六十《ろくじゅう》の組《くみ》ができる。これを「干支《えと》」という。参考 ☞【五行《ごぎょう》】(48ページ)【干支《かんし|えと》】(365ページ)【十二支《じゅうにし》】(174ページ)

【十指】《じっし|じゅっし》 ↓ 十本《じっぽん》の指《ゆび》。例 十指《じっし》にあまる(両手《りょうて》の指《ゆび》だけでは数《かぞ》えきれないくらいたくさんある)。

【十進法】《じっしんほう|じゅっしんほう》 0から9までの十個《じっこ》の文字《もじ》を使《つか》った数《かず》の表《あらわ》し方《かた》。一《いち》・十《じゅう》・百《ひゃく》・千《せん》・万《まん》のように、十倍《じゅうばい》するごとに、けた数《すう》が一《ひと》つずつふえる。知識 十進法《じっしんほう》以外《いがい》の「けたあがり」には、ダース→グロスと進《すす》む十二進法《じゅうにしんほう》、秒《びょう》→分《ふん》と進《すす》む六十進法《ろくじっしんほう》などがある。なお、コンピューターには、二進法《にしんほう》が使《つか》われている。

【十中八九】《じっちゅうはっく|じゅっちゅうはっく》 十回《じっかい》のうち八回《はちかい》か九回《きゅうかい》の割合《わりあい》でそうなるだろうというくらいたしかなこと。ほとんど。例 合格《ごうかく》は十中《じっちゅう》八九《はっく》まちがいない。類 九分九厘《くぶくりん》

【十五夜】《じゅうごや》 陰暦《いんれき》で、毎月十五日《まいつきじゅうごにち》の満月《まんげつ》の夜《よる》。満月《まんげつ》。知識 陰暦八月十五日《いんれきはちがつじゅうごにち》の夜《よる》の月《つき》を「中秋《ちゅうしゅう》の名月《めいげつ》」といって「お月見《つきみ》」をする。

【十三夜】《じゅうさんや》 新月《しんげつ》から数《かぞ》えて十三日《じゅうさんにち》めの

夜《よる》。その夜《よる》の月《つき》。知識 陰暦《いんれき》九月十三日《くがつじゅうさんにち》の夜《よる》には月見《つきみ》をする風習《ふうしゅう》があった。

【十二支】《じゅうにし》 方角《ほうがく》や時刻《じこく》、年《とし》や日《ひ》を表《あらわ》すために使《つか》う十二種《じゅうにしゅ》の動物《どうぶつ》の名《な》。子《ね》・丑《うし》・寅《とら》・卯《う》・辰《たつ》・巳《み》・午《うま》・未《ひつじ》・申《さる》・酉《とり》・戌《いぬ》・亥《い》をいう。十干《じっかん》と組《く》み合《あ》わせて使《つか》われる。参考☞【十干】《じっかん》（173ページ）【干支】《かんし／えと》（365ページ）【五行】《ごぎょう》（48ページ）

【十二単】《じゅうにひとえ》 むかし、宮廷《きゅうてい》につかえた女《おんな》の人《ひと》の衣服《いふく》で、色《いろ》のちがった着物《きもの》を何枚《なんまい》もかさねて、着《き》かざったもの。

【十人十色】《じゅうにんといろ》 十人《じゅうにん》いれば、好《この》みや考《かんが》え方《かた》も十種類《じっしゅるい》ある。人《ひと》はそれぞれ好《この》みや考《かんが》えがちがうということ。例 行《い》きたい場所《ばしょ》も十人十《じゅうにんと》色《いろ》で、相談《そうだん》がまとまらない。

【十年一日】《じゅうねんいちじつ》 長《なが》いあいだ、おなじことのくりかえしで、変化《へんか》のないようす。例 十年《じゅうねん》一日《いちじつ》のごとく背広《せびろ》すがたで会社《かいしゃ》へ行《い》く。

【十年一昔】《じゅうねんひとむかし》 十年《じゅうねん》という時《とき》がたつといろいろなことがかわって、十年前《じゅうねんまえ》がむかしのことのように思《おも》われてくるということ。

❷〈数が多い〉の意味で

【十八番】《じゅうはちばん／おはこ》 もっとも得意《とくい》な芸《げい》。参考 歌舞伎《かぶき》の市川家《いちかわけ》につたわる十八《じゅうはち》の狂言《きょうげん》をいう「歌舞伎十八番《かぶきじゅうはちばん》」から。

【十重二十重】《とえはたえ》 ものが何重《なんじゅう》にもかさなっているようす。例 十重二十重《とえはたえ》にとりかこむ。

❸〈すべて〉の意味で

【十全】《じゅうぜん》 Ⅱ すべてがととのっているようす。例 十全《じゅうぜん》のそなえ。類 完全《かんぜん》・万全《ばんぜん》

【十二分】《じゅうにぶん》 〈ーな・ーに〉じゅうぶんのうえにもじゅうぶんであるようす。例 もう十二分《じゅうにぶん》に食《た》べた。参考「十分《じゅうぶん》」以上《いじょう》だという意味《いみ》で、「二《に》」をくわえて意味《いみ》を強《つよ》めたことば。

【十分】《じゅうぶん》 ↓〈ーな・ーに〉不足《ふそく》のないようす。例 この案《あん》は十分《じゅうぶん》に練《ね》られている。対 不十分《ふじゅうぶん》 表記「充分」とも書《か》く。

❹〈十の形をしたもの〉の意味で

【十字】《じゅうじ》 ↓「十《じゅう》」の字《じ》の形《かたち》をしていること。例 南十字星《みなみじゅうじせい》 類 十文字《じゅうもんじ》

【十字。架】《じゅうじか》 ①むかし、罪人《ざいにん》をはりつけにした、十《じゅう》の字《じ》の形《かたち》をした柱《はしら》。例 十字架《じゅうじか》にかける。②キリスト教《きょう》で信仰《しんこう》のしるしとする十《じゅう》字《じ》の形《かたち》。参考 イエス・キリストが十字架《じゅうじか》にかけられたことから生《う》まれたもの。③一生《いっしょう》のがれられない大《おお》きな苦労《くろう》やなやみ。例 十字《じゅうじ》架《か》をせおう。

【十字路】《じゅうじろ》 道路《どうろ》が十《じゅう》の字《じ》の形《かたち》にまじわっているところ。四《よ》つ角《かど》。類 交差点《こうさてん》

【十文字】《じゅうもんじ》「十《じゅう》」の字《じ》のように、たてとよこの線《せん》がまじわった形《かたち》。類 十字《じゅうじ》

❺《その他》

【十手】《じって／じゅって》 ◎ 江戸《えど》時代《じだい》、役人《やくにん》が犯罪者《はんざいしゃ》をつかまえるときに使《つか》った道具《どうぐ》。手《て》もとにかぎがついた鉄《てつ》の棒《ぼう》。

十手

■ 十−1

千

総画3
JIS-3273
教1年
音 セン
訓 ち

筆順

なりたち

【指事】人《ひと》（亻）に横線《おうせん》「一」のしるしをして「せん」の数《かず》のまとまりを指《さ》ししめした。甲骨文字《こうこつもじ》では二千《にせん》を「⺆」、三千《さんぜん》を「⺆」、五千《ごせん》を「⺆」としるしていた。

意味
❶せん。百《ひゃく》の十倍《じゅうばい》。例 百《ひゃく》・千《せん》・万《まん》。千円《せんえん》
❷数《かず》が多《おお》い。とてもたくさんの。例 千万《せんまん》
❸《その他《た》》例 千鳥《ちどり》

名前のよみ かず・ゆき

❷〈数が多い〉の意味で

【千客万来】《せんきゃくばんらい》 店《みせ》などに、多《おお》くの客《きゃく》があとからあとからつめかけて、はんじょうすること。例 開店早々千客万来《かいてんそうそうせんきゃくばんらい》のにぎわいだ。

【千金】《せんきん》 ↓ たくさんのお金《かね》。例 千金《せんきん》に値《あたい》する。

【千言万語】《せんげんばんご》 とてもたくさんのことば。

【千。載一。遇】《せんざいいちぐう》 千年《せんねん》に一回《いっかい》あるかどうかといった、めったに得《え》られない機会《きかい》のこと。例 千載一遇《せんざいいちぐう》のチャンス。

【千差万別】《せんさばんべつ》 どれもこれもちがいのあること。例 人《ひと》の考《かんが》え方《かた》は千差万別《せんさばんべつ》だ。

【千秋】《せんしゅう》 ↓ ひじょうに長《なが》い年月《ねんげつ》。表現「一《いち》

日千秋《いちじつせんしゅう》」という使《つか》い方《かた》で、待《ま》ち遠《どお》しくて一日《いちにち》が千年《せんねん》にも思《おも》えるほど時間《じかん》のたつのがおそく感《かん》じられるということを表《あらわ》す。

【千秋楽《せんしゅうらく》】 相撲《すもう》や演劇《えんげき》などの最終日《さいしゅうび》。うちあげの日《ひ》。略《りゃく》して「楽《らく》」「楽日《らくび》」ともいう。例 千秋楽《せんしゅうらく》のむすびの一番《いちばん》。対 初日《しょにち》 参考 何日《なんにち》かつづいた法会《ほうえ》の最後《さいご》の日《ひ》に、いつも雅楽《ががく》の「千《せん》秋楽《しゅうらく》」という曲《きょく》を奏《そう》したことから。

【千。尋《せんじん｜ちひろ》】 ↓ 谷《たに》や淵《ふち》、海《うみ》などがたいへんに深《ふか》いこと。例 千尋《せんじん》の谷《たに》。千尋《ちひろ》の海《うみ》。参考「尋《ひろ》」は両手《りょうて》を左右《さゆう》にのばしたときの長《なが》さ。約《やく》一・八メートル。

【千人力《せんにんりき》】 千人《せんにん》で出《だ》すほどの大《おお》きな力《ちから》。例 きみが手伝《てつだ》ってくれたら千人力《せんにんりき》だ。

【千羽。鶴《せんばづる》】 ①折《お》り紙《がみ》などで作《つく》った、たくさんのツルを糸《いと》でつないだもの。②たくさんのツルをえがいた、もよう。知識 ①は、一羽《いちわ》一羽《わ》ねがいをこめて折《お》り、千羽《せんば》になるとそのねがいがかなえられるといわれている。

【千編一律《せんぺんいちりつ》】 〈—な〉〈—に〉 どれもおなじようで、おもしろみがないこと。類 一本調子《いっぽんぢょうし》 参考 たくさんの詩《し》が全部《ぜんぶ》おなじ調子《ちょうし》でつくられていることを批評《ひひょう》したことば。「編《へん》」は詩《し》を数《かぞ》えることば。「律《りつ》」はリズム。

【千変万化《せんぺんばんか》】 〈—する〉 いろいろに変化《へんか》すること。めまぐるしくかわること。

【千万】 Ⅱ ❶せんまん 数《かず》のたいへん多《おお》いこと。例 千《せん》万言《まんげん》をついやす。 ❷せんばん ①こまったことを表《あらわ》すことばのあとにつけて、「たいへんに…だ」という意味《いみ》を表《あらわ》す。例 迷惑千万《めいわくせんばん》きわまりない。②なにからなにまで。例 千万心《せんばんこころ》をつくす。

【千里眼《せんりがん》】 遠《とお》くや未来《みらい》のできごと、人《ひと》の心《こころ》などを見《み》とおす力《ちから》。そのような力《ちから》をもつ人《ひと》。参考『魏書《ぎしょ》』にあることば。

【千両役者《せんりょうやくしゃ》】 演技《えんぎ》がすぐれ、人気《にんき》もある、すばらしい役者《やくしゃ》。参考 江戸時代《えどじだい》、一年《いちねん》に千両《せんりょう》ももらうほどの人気俳優《にんきはいゆう》を指《さ》したことば。表現 役者《やくしゃ》だけでなく、人《ひと》をあっと言《い》わせるようなことのできる人《ひと》についてもいう。

【千草《ちぐさ》】 ↓ いろいろな種類《しゅるい》の草花《くさばな》。

【千代《ちよ》】 ↓ たいへんに長《なが》い年月《ねんげつ》。例 千代《ちよ》に八千代《やちよ》に。類 千歳《ちとせ》

❸《その他》

【千鳥《ちどり》】 ◎ 水《みず》べにすむ小形《こがた》の鳥《とり》。砂《すな》の上《うえ》を歩《ある》いて、ジグザグの足《あし》あとをのこす。例 浜千鳥《はまちどり》

【千鳥足《ちどりあし》】 酒《さけ》によった人《ひと》の足《あし》どりが、千鳥《ちどり》の歩《ある》きぶりのようにジグザグになること。

午

十-2
総画4
JIS-2465
教2年
訓 うま
音 ゴ

筆順
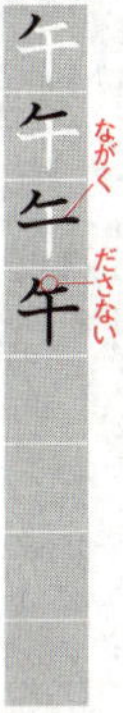

なりたち

【象形】もちつきに使《つか》うようなきねの形《かたち》をえがいた字《じ》。借《か》りて、十二支《じゅうにし》の「うま」として使《つか》われている。

意味 十二支《じゅうにし》の七番《ななばん》め。動物《どうぶつ》では馬《うま》。方角《ほうがく》では南《みなみ》。時刻《じこく》では昼《ひる》の十二時《じゅうにじ》、またはその前《ぜん》後《ご》二時間《にじかん》。例 午前《ごぜん》・端午《たんご》 参考 ☞「巽《そん》」の「文字物語《もじものがたり》」(356ページ)

名前のよみ ま

【午後《ごご》】 ↓ ①正午《しょうご》から夜《よる》の十二時《じゅうにじ》までのあいだ。②正午《しょうご》から日没《にちぼつ》ごろまでのあいだ。関連 午前《ごぜん》・正午《しょうご》・午後《ごご》

【午。睡《ごすい》】 ↓ 〈—する〉 昼間《ひるま》、横《よこ》になって少《すこ》しねむること。ひるね。

【午前《ごぜん》】 ↓ ①夜《よる》の十二時《じゅうにじ》から正午《しょうご》までのあいだ。②夜明《よあ》けごろから正午《しょうご》までのあいだ。関連 午前《ごぜん》・正午《しょうご》・午後《ごご》

◆正午《しょうご》 端午《たんご》 丙午《ひのえうま》

升

十-2
総画4
JIS-3003
常用
訓 ます
音 ショウ

筆順

なりたち

【会意】ます( )と手( )とを合《あ》わせて、ますで液《えき》をくみあげたようすを表《あらわ》した字《じ》。

意味 ❶ます。穀物《こくもつ》や酒《さけ》の量《りょう》をはかる箱形《はこがた》の道《どう》具《ぐ》。例 升《ます》ではかる。升酒《ますざけ》・一合升《いちごうます》 ❷容積《ようせき》の単位《たんい》。尺貫法《しゃっかんほう》で、一合《いちごう》の十倍《じゅうばい》。約《やく》一・八リットル。例 一升《いっしょう》の酒《さけ》。

名前のよみ のぼる・のり・みのる

十−3

半

総画5
JIS-4030
教2年
音 ハン
訓 なかば

筆順
半 半 半 半 半
ながく

なりたち

【会意】「牛《うし》」と分《わ》ける意味《いみ》の「八」を合《あ》わせて、牛《うし》を二《ふた》つに分《わ》けることを表《あらわ》す字《じ》。

意味
❶二分《にぶん》の一《いち》。なかば。はんぶん(半分)。例 八月《はちがつ》の半《なか》ば。半径《はんけい》・四半《しはん》(四分《よんぶん》の一《いち》)・折半《せっぱん》
❷完全《かんぜん》でない。そろっていない。例 半端《はんぱ》
❸奇数《きすう》。二《ふた》つのさいころの目《め》の合計《ごうけい》が奇数《きすう》であること。例 丁《ちょう》と半《はん》。対 丁《ちょう》

❶〈二分の一〉の意味で
文字物語 ☞176ページ

【半円《はんえん》】[↓] 丸《まる》い形《かたち》を半分《はんぶん》にしたもの。

【半音《はんおん》】[↓] 音楽《おんがく》で、全音《ぜんおん》の半分《はんぶん》にあたる音《おん》程《てい》。ドレミの音階《おんかい》で「ミ」と「ファ」、「シ」と「ド」のあいだの音程《おんてい》。対 全音《ぜんおん》

【半。壊《はんかい》】[↓] 〈―する〉建物《たてもの》などが半分《はんぶん》ちかくこわれること。例 半壊家屋《はんかいかおく》 類 全壊《ぜんかい》

【半額《はんがく》】[↓] きめられた金額《きんがく》や料金《りょうきん》の半分《はんぶん》。例 半額《はんがく》セール 類 半値《はんね》・半価《はんか》

【半期《はんき》】[↓] きめられた期間《きかん》の半分《はんぶん》。とくに、一年《いちねん》の半分《はんぶん》。例 上半期《かみはんき》・下半期《しもはんき》

【半旗《はんき》】[↓] たいせつな人《ひと》の死《し》を悲《かな》しむ気持《きも》ちを表《あらわ》すために、国旗《こっき》などをはたざおのてっぺんから三分《さんぶん》の一《いち》ほどさげてかかげること。類 弔旗《ちょうき》

【半球《はんきゅう》】[↓] ①球《きゅう》を半分《はんぶん》に分《わ》けたものの一《ひと》つ。例 半球形《はんきゅうがた》のドーム。②地球《ちきゅう》を東西《とうざい》または南北《なんぼく》に分《わ》けたうちの一《ひと》つ。例 北半球《きたはんきゅう》

【半径《はんけい》】[↓] 円《えん》や球《きゅう》の中心《ちゅうしん》から、円周《えんしゅう》や球面《きゅうめん》までの長《なが》さ。直径《ちょっけい》の半分《はんぶん》。例 行動半径《こうどうはんけい》

【半月】[↓] ■一 はんげつ 円《えん》の半分《はんぶん》の形《かたち》をした月《つき》。新月《しんげつ》や満月《まんげつ》から七日《なのか》すぎたころに見《み》える。■二 はんつき 一《いっ》か月《げつ》の半分《はんぶん》。

【半券《はんけん》】[↓] 物《もの》をあずかったり入場《にゅうじょう》したりしたしるしになる、きりとったのこりの券《けん》。

【半減《はんげん》】[↓] 〈―する〉半分《はんぶん》にへること。例 交通《こうつう》安全運動《あんぜんうんどう》の結果《けっか》、事故《じこ》が半減《はんげん》した。

【半紙《はんし》】[↓] たて三四センチ、よこ二四センチくらいの大《おお》きさの、おもに習字《しゅうじ》に使《つか》う和紙《わし》。

【半死半生《はんしはんしょう》】例 事故《じこ》で、半死半生《はんしはんしょう》の目《め》にあう。今《いま》にも死《し》にそうなようす。

【半。鐘《はんしょう》】[↓] 火事《かじ》を知《し》らせるために鳴《な》らすのに使《つか》っていた小形《こがた》のつりがね。例 半鐘《はんしょう》を打《う》ち鳴《な》らす。参考 お寺《てら》の鐘《かね》の半分《はんぶん》くらいの大《おお》きさということから。

【半身】[↓] ■一 はんしん からだを上下《じょうげ》、または左右《さゆう》に分《わ》けたときの半分《はんぶん》。例 右半身《みぎはんしん》。下半身《かはんしん》。対 全身《ぜんしん》 ■二 はんみ ①剣道《けんどう》などで、相手《あいて》に対《たい》してからだをななめにかまえること。例 半身《はんみ》のかまえ。②魚《さかな》を背骨《せぼね》にそって二枚《にまい》におろしたうちの一《ひと》つ。

【半信半疑《はんしんはんぎ》】ほんとうのようにも、うそのようにも思《おも》えること。例 入選《にゅうせん》の知《し》らせを半信半疑《はんしんはんぎ》で聞《き》く。

【半身不。随《はんしんふずい》】脳《のう》の中《なか》の出血《しゅっけつ》やけがなど

文字物語

半

「半《はん》」は「半分《はんぶん》」。物《もの》の量《りょう》をいくつかに分《わ》けるとき、まず全《ぜん》体《たい》を半分《はんぶん》にすることから始《はじ》める。そして、その分《わ》けた半分《はんぶん》を、量《りょう》を表《あらわ》すおおざっぱな単位《たんい》とする。「学校《がっこう》は八時半《はちじはん》に始《はじ》まる」「一《いち》キロ半《はん》の道《みち》のり」「ミルク半《はん》カップ」「えんぴつ半《はん》ダース」「半時間《はんじかん》ほどでもどれる」などの言《い》い方《かた》はふだんの生活《せいかつ》でもよく耳《みみ》にする。「半《はん》」を半分《はんぶん》にすると「四半《しはん》」、「四半分《しはんぶん》」になる。四分《よんぶん》の一《いち》だ。百年《ひゃくねん》が一世《いっせい》紀《き》なら「半世紀《はんせいき》」は五十年《ごじゅうねん》、「四半世紀《しはんせいき》」は二十五年《にじゅうごねん》。よく五十周年《ごじっしゅうねん》や二十五周年《にじゅうごしゅうねん》をいわうのは、「半《はん》」と、その半分《はんぶん》の「四半《しはん》」のくぎりをだいじにしているのだ。役所《やくしょ》や会社《かいしゃ》の経理《けいり》で、一年《いちねん》を、二《ふた》つに分《わ》けて「上半期《かみはんき》」「下半期《しもはんき》」、四《よっ》つに分《わ》けて「第一四半期《だいいちしはんき》」「第《だい》二四半期《にしはんき》」「第三四半期《だいさんしはんき》」「第四四半期《だいよんしはんき》」といい、その間《かん》のお金《かね》の出入《でい》りをチェックしている。英語《えいご》にも「半《はん》」にあたる「ハーフ」、「四半《しはん》」にあたる「クォーター」ということばがあって、量《りょう》をとらえるのに共通《きょうつう》した考《かんが》え方《かた》、つまり単位《たんい》があることがわかる。

がもとで、からだの右《みぎ》か左《ひだり》の半分《はんぶん》がうまく動《うご》かなくなること。

【半数】《はんすう》 ↓ 全体《ぜんたい》の半分《はんぶん》の数《かず》。例 過半数《かはんすう》

【半生】《はんせい》 ↓ 生《う》まれてから死《し》ぬまでの半分《はんぶん》の年月《ねんげつ》。または、人生《じんせい》にとってたいせつな年月《ねんげつ》のほとんど。例 難民救済《なんみんきゅうさい》に半生《はんせい》をささげる。

【半島】《はんとう》 ↓ 陸地《りくち》が海《うみ》に長《なが》くつき出《だ》したところ。岬《みさき》より大《おお》きいものをいう。例 伊豆半島《いずはんとう》 表現 「〇〇半島《はんとう》」のかたちで、地名《ちめい》として使《つか》われることが多《おお》い。

【半日】《はんにち|はんじつ》 ↓ 一日《いちにち》の半分《はんぶん》。例 半日《はんにち》かけて料理《りょうり》を作《つく》る。表現 午前中《ごぜんちゅう》か午後《ごご》の夕方《ゆうがた》までか、どちらかを指《さ》すことが多《おお》い。

【半値】《はんね》 ▲ 定価《ていか》の半分《はんぶん》のねだん。例 市価《しか》の半値《はんね》で売《う》る。類 半額《はんがく》・半価《はんか》

【半半】《はんはん》 Ⅱ 半分《はんぶん》ずつ。例 半々《はんはん》に分《わ》ける。

【半分】《はんぶん》 ↓ ①全体《ぜんたい》を等《ひと》しく二《ふた》つに分《わ》けたうちの一《ひと》つ。②ほかのことばの下《した》について、そういう気持《きも》ちもあって、という意味《いみ》を表《あらわ》す。例 おもしろ半分《はんぶん》・ふざけ半分《はんぶん》 表現 ②は、その人《ひと》の言《い》ったことやしたことがまるまる本気《ほんき》でないということを表《あらわ》すときに使《つか》う。

【半面】《はんめん》 ↓ ①顔《かお》をたてに分《わ》けた半分《はんぶん》。②ものごとの片方《かたほう》の面《めん》。例 半面《はんめん》の真理《しんり》。類 一面《いちめん》 表現 「反面《はんめん》」は反対《はんたい》の面《めん》、べつの面《めん》のこと。「気《き》の強《つよ》い反面《はんめん》、涙《なみだ》もろいところもある」などと使《つか》う。

❷〈完全でない〉の意味で

【半永久】《はんえいきゅう》 ほとんど永久《えいきゅう》といっていいほどの長《なが》い時間《じかん》。例 半永久的《はんえいきゅうてき》に使《つか》える機械《きかい》。

【半可通】《はんかつう》 〈—な〉よく知《し》らないのに、知《し》ったふりをすること。また、そういう人《ひと》。知《し》ったかぶり。例 半可通《はんかつう》なりくつをこねる。

【半熟】《はんじゅく》 ↓ ①ゆでたまごがじゅうぶんにかたまっていない状態《じょうたい》。例 半熟《はんじゅく》たまご ②くだものがじゅうぶん熟《じゅく》していないこと。

【半濁音】《はんだくおん》 パ・ピ・プ・ペ・ポ、ピャ・ピュ・ピョの八《やっ》つの音《おと》。関連 清音《せいおん》・濁音《だくおん》・半濁音《はんだくおん》

【半透明】《はんとうめい》 〈—な〉むこうがわがぼんやりと見《み》える程度《ていど》にすけて見《み》えること。

【半端】《はんぱ》 Ⅱ 〈—に・—な〉①数《かず》がそろわないこと。たりないこと。例 どう分《わ》けても半端《はんぱ》が出《で》る。②いいかげんで、どっちつかずのようす。例 半《はん》端《ぱ》な気持《きも》ち。表現 ②は、「あの子《こ》の絵《え》は半端《はんぱ》ではない」のように打《う》ち消《け》して、「ずばぬけている」と感心《かんしん》する意味《いみ》で使《つか》うことが多《おお》い。

【半病人】《はんびょうにん》 病気《びょうき》ではないが、からだや気《き》持《も》ちがよわよわしくなっている人《ひと》。例 あまりのショックで、半病人《はんびょうにん》のようになっている。

◆ 折半《せっぱん》 大半《たいはん》 夜半《やはん》

十-6

協

総画8
JIS-2208
教4年
訓 —
音 キョウ

筆順

なりたち

【形声】「劦」が「力《ちから》を合《あ》わせる」意味《いみ》と「キョウ」という読《よ》み方《かた》をしめしている。多《おお》い意味《いみ》の「十」をくわえて、多《おお》くの人《ひと》が力《ちから》を合《あ》わせることを表《あらわ》す字《じ》。

意味
❶合《あ》わせる。力《ちから》や心《こころ》を一《ひと》つにする。例 協《きょう》力《りょく》・妥協《だきょう》・農協《のうきょう》（農業協同組合《のうぎょうきょうどうくみあい》）
❷集《あつ》まって相談《そうだん》する。話《はな》し合《あ》う。例 協議《きょうぎ》

名前のよみ かのう・やす

❶〈合わせる〉の意味で

【協会】《きょうかい》 ↓ ある目的《もくてき》のために、会員《かいいん》が力《ちから》を合《あ》わせてつくっている会《かい》。例 日本放送協会《にっぽんほうそうきょうかい》

【協賛】《きょうさん》 ↓ 〈—する〉成功《せいこう》するように助《たす》けること。例 文化庁《ぶんかちょう》協賛《きょうさん》の映画《えいが》。類 賛助《さんじょ》・後援《こうえん》

【協調】《きょうちょう》 Ⅱ 〈—する〉考《かんが》え方《かた》や立場《たちば》がちがっても、ゆずり合《あ》い、助《たす》け合《あ》ってなかよくすること。例 協調性《きょうちょうせい》に欠《か》ける。

【協同】《きょうどう》 Ⅱ 〈—する〉多《おお》くの人《ひと》が力《ちから》を出《だ》しあうこと。例 生活協同組合《せいかつきょうどうくみあい》 表現 「共同《きょうどう》」はいっしょになっておなじことをすること、「協同《きょうどう》」は力《ちから》を合《あ》わせて一《ひと》つのことをすること。

【協力】《きょうりょく》 ▲ 〈—する〉あることに向《む》けて、力《ちから》を合《あ》わせること。例 みんなで協力《きょうりょく》する。

【協和】《きょうわ》 Ⅱ 〈—する〉①よい協力関係《きょうりょくかんけい》ができること。例 協和《きょうわ》の精神《せいしん》。②二《ふた》つ以上《いじょう》の音《おと》を同時《どうじ》に出《だ》したとき、とけ合《あ》って感《かん》じのいい音《おと》になること。そういう音《おと》が「協和音《きょうわおん》」。表現 よく使《つか》うのは「不《ふ》」のついた「不協和音《ふきょうわおん》」。「一《いち》部《ぶ》に不協和音《ふきょうわおん》がきこえる」など。

❷〈集まって相談する〉の意味で

【協議】ぎきょう〔↓〕〈―する〉人《ひと》びとが集《あつ》まって相談《そうだん》すること。例 協議《きょうぎ》して決《き》める。

【協定】ていきょう〔↓〕合議《ごうぎ》のすえのとりきめ。例 国際《こくさい》協定《きょうてい》 類 協約《きょうやく》

【協約】やくきょう〔↓〕〈―する〉相談《そうだん》の結果《けっか》とりかわされる約束《やくそく》。例 労働協約《ろうどうきょうやく》 類 協定《きょうてい》

◆ 妥協《だきょう》 農協《のうきょう》

十-6 【卒】

総画8 JIS-3420 教4年

訓 ― 音 ソツ

筆順 卒卒卒卒卒卒卒卒（まっすぐ、つく／とめる／だす）

なりたち [指事]「衣《ころも》」にしるし(ノ)をつけ、しるしのある衣服《いふく》を表《あらわ》す字《じ》。むかし、兵士《へいし》やどれいがしるしのある衣服《いふく》を着《き》ていたことから、おもに位《くらい》の低《ひく》い兵士《へいし》の意味《いみ》に使《つか》われるようになった。

意味

❶位《くらい》の低《ひく》い兵士《へいし》。例 兵卒《へいそつ》

❷おわる。おえる。「卒業《そつぎょう》」の略《りゃく》。例 卒園《そつえん》・卒論《そつろん》・高卒《こうそつ》

❸だしぬけに。とつぜん。急《きゅう》に。例 卒倒《そっとう》

❹《その他》例 卒寿《そつじゅ》

❷〈おわる〉の意味で

【卒園】えんそつ〔▲〕〈―する〉幼稚園《ようちえん》や保育園《ほいくえん》を卒業《そつぎょう》すること。例 卒園式《そつえんしき》 対 入園《にゅうえん》

【卒業】ぎょうそつ〔▲〕〈―する〉①きめられた学業《がくぎょう》を終《お》えて、学校《がっこう》を出《で》ること。例 卒業式《そつぎょうしき》・卒業証書《そつぎょうしょうしょ》 対 入学《にゅうがく》 ②あることを終《お》わりにすること。例 テレビゲームはそろそろ卒業《そつぎょう》にしなさい。

【卒論】ろんそつ〔○〕「卒業論文《そつぎょうろんぶん》」の略《りゃく》。大学《だいがく》を卒業《そつぎょう》するとき学生《がくせい》が提出《ていしゅつ》する論文《ろんぶん》。

❸〈だしぬけに〉の意味で

【卒然】ぜんそつ〔⊠〕〈―と〉〈―として〉急《きゅう》に。にわかに。例 卒然《そつぜん》としてすがたを消《け》した。類 突然《とつぜん》 表記「率然」とも書《か》く。

【卒中】ちゅうそっ〔↓〕脳《のう》の中《なか》の出血《しゅっけつ》などのために、急《きゅう》に意識《いしき》がなくなったり、手足《てあし》がまひしたりする病気《びょうき》。脳卒中《のうそっちゅう》。

【卒倒】とうそっ〔↓〕〈―する〉急《きゅう》に気《き》をうしなってたおれること。類 失神《しっしん》

❹《その他》

【卒寿】じゅそつ〔↓〕九十歳《きゅうじっさい》のこと。参考「卒《そつ》」の略字《りゃくじ》「卆」が「九十《きゅうじゅう》」と読めることから。☞【還暦《かんれき》】(448ページ)

◆ 高卒《こうそつ》 新卒《しんそつ》 大卒《だいそつ》 兵卒《へいそつ》

十-6 【卓】

総画8 JIS-3478 常用

訓 ― 音 タク

筆順 卓卓卓卓卓卓卓卓

なりたち [会意] 甲骨文字《こうこつもじ》では「」と作《つく》られ、鳥《とり》()があみ()の上《うえ》にえがかれ、あみがとどかないほど高《たか》いという意味《み》を表《あらわ》す字《じ》。

意味

❶つくえ。テーブル。例 卓球《たっきゅう》・円卓《えんたく》

❷ぬきんでている。ひときわすぐれている。例 卓説《たくせつ》

発音あんない タク→タッ…例 卓球《たっきゅう》

名前のよみ たか・たかし・つな・まこと・まさる

❶〈つくえ〉の意味で

【卓上】じょうたく〔↓〕つくえやテーブルなどの上《うえ》。例 卓上《たくじょう》オルガン 類 机上《きじょう》

【卓球】きゅうたっ〔↓〕長方形《ちょうほうけい》の台《だい》の中央《ちゅうおう》にネットをはり、ラケットでたまを打《う》ち合《あ》って得点《とくてん》をきそう室内球技《しつないきゅうぎ》。ピンポン。

❷〈ぬきんでている〉の意味で

【卓越】えつたく〔Ⅱ〕〈―する〉とびぬけてすぐれていること。例 卓越《たくえつ》した力《ちから》をもつ。類 卓絶《たくぜつ》・傑出《けっしゅつ》

【卓絶】ぜつたく〔⊠〕〈―する〉くらべられないくらい、とびぬけてすぐれていること。類 卓越《たくえつ》・卓抜《たくばつ》

【卓抜】ばつたく〔Ⅱ〕〈―な〉まねできないほどずばぬけてすぐれていること。類 秀逸《しゅういつ》

【卓見】けんたっ〔↓〕ほかの人《ひと》が考《かんが》えおよばないようなすぐれた意見《いけん》や考《かんが》え。類 卓説《たくせつ》・卓論《たくろん》・達見《たっけん》

卓が下につく熟語 上の字の働き

❶卓＝〈つくえ〉のとき

【食卓《しょくたく》 教卓《きょうたく》】ドウスルためのつくえか。

◆ 円卓《えんたく》

十-7 【単】

総画9 JIS-3517 教4年

訓 ひとえ 音 タン

［單］

筆順 単 単 単 単 単 単 単 ながく

なりたち 單 【形声】もとの字《じ》は、「單」。「吅」が「タン」という読《よ》み方《かた》をしめしている。甲は武器《ぶき》の形《かたち》をえがいた字《じ》。借《か》りて、「ひとつ」の意味《いみ》に使《つか》われている。

意味

❶ただひとつ。ひとり。ひとまとまり。例単語《たんご》 対複《ふく》

❷あっさりしている。ただそれだけ。例単《たん》なるうわさにすぎない。単純《たんじゅん》・簡単《かんたん》

❶〈ただひとつ〉の意味で

【単位《たんい》】↓ ①ものをはかったり、数《かぞ》えたりするときのもとになるもの。例長《なが》さの単位《たんい》。②大《おお》きな組織《そしき》をつくるもとになるもの。例班単位《はんたんい》で行動《こうどう》する。③高等学校《こうとうがっこう》や大学《だいがく》で、学《がく》習《しゅう》の量《りょう》をはかるもとになるもの。例卒業《そつぎょう》に必要《ひつよう》な単位《たんい》をとる。

【単一《たんいつ》】Ⅱ〈─に・─な〉ただ一《ひと》つであること。例問《もん》題《だい》の原因《げんいん》は単一《たんいつ》ではない。知識 乾電池《かんでんち》に単《たん》一《いち》、単二《たんに》、単三《たんさん》とあるのは「単《たん》(乾電池《かんでんち》をつなぐときの単位《たんい》)」の一号《いちごう》・二号《にごう》・三号《さんごう》で、「たんいつ」とは無関係《むかんけい》。

【単価《たんか》】↓ 一《ひと》つあたりのねだん。一単位《いちたんい》あたりのねだん。例単価《たんか》が安《やす》い。

【単記《たんき》】↓〈─する〉選挙《せんきょ》で、一枚《いちまい》の投票用紙《とうひょうようし》に候補者《こうほしゃ》を一人《ひとり》だけ書《か》くこと。対連記《れんき》

【単元《たんげん》】↓ 学校《がっこう》などで学習《がくしゅう》することがらのひとまとまり。ユニット。例単元学習《たんげんがくしゅう》

【単語《たんご》】↓ 一《ひと》つ一《ひと》つのことば。知識 単語《たんご》を集《あつ》めて解説《かいせつ》した本《ほん》が辞書《じしょ》だといえる。

【単行本《たんこうぼん》】一冊《いっさつ》でまとまった本《ほん》として発《はっ》行《こう》される本《ほん》。表現 雑誌《ざっし》・全集《ぜんしゅう》・文庫《ぶんこ》などの一《いっ》冊《さつ》は単行本《たんこうぼん》といわない。

【単作《たんさく》】↓〈─する〉おなじ土地《とち》に、一年間《いちねんかん》に一《いっ》回《かい》、一種類《いっしゅるい》の作物《さくもつ》をつくること。例水田単作《すいでんたんさく》地帯《ちたい》 類一毛作《いちもうさく》

【単車《たんしゃ》】↓ エンジンつきの二輪車《にりんしゃ》。オートバイ。

【単身《たんしん》】↓ つれになる人《ひと》がいなくて、自分《じぶん》ひとりであること。例単身赴任《たんしんふにん》

【単数《たんすう》】↓ 一《ひと》つであること。対複数《ふくすう》

【単線《たんせん》】↓ ①一本《いっぽん》だけの線《せん》。②鉄道《てつどう》で、上《のぼ》りと下《くだ》りの列車《れっしゃ》がおなじ線路《せんろ》を通《とお》るようになっていること。対複線《ふくせん》

【単刀直入《たんとうちょくにゅう》】〈─に・─な〉前《まえ》おきなしで、いきなり言《い》いたいことを話《はな》しだすこと。類率直《そっちょく》 参考 たった一人《ひとり》で敵地《てきち》に切《き》りこんでいく意《い》味《み》から。『五灯会元《ごとうえげん》』にあることば。

【単独《たんどく》】Ⅱ ただ一人《ひとり》。ただ一《ひと》つ。例単独行《たんどくこう》動《どう》 対共同《きょうどう》

【単発《たんぱつ》】↓ ①エンジンが一《ひと》つだけの飛行《ひこう》機《き》。対双発《そうはつ》 ②一《ひと》つだけで終《お》わり、つづきがないこと。例単発《たんぱつ》に終《お》わる。対連続《れんぞく》

【単品《たんぴん》】↓ 一《ひと》つ、または一種類《いっしゅるい》だけの品物《しなもの》。

【単利《たんり》】↓ 利子《りし》を元金《がんきん》にくりいれないで、はじめの元金《がんきん》にだけ一定《いってい》の利子《りし》をつける計算《けいさん》のしかた。対複利《ふくり》

❷〈あっさりしている〉の意味で

【単眼《たんがん》】↓ 昆虫《こんちゅう》の目《め》のように、光《ひかり》を感《かん》じる程度《ていど》のはたらきをする、かんたんなしくみの目《め》。対複眼《ふくがん》

【単細◦胞《たんさいぼう》】細胞一個《さいぼういっこ》。生物《せいぶつ》のからだの組《そ》織《しき》としてもっとも単純《たんじゅん》なものなので、単細胞《たんさいぼう》の生物《せいぶつ》は、生物《せいぶつ》が生《う》まれた最初《さいしょ》の形《かたち》をのこしているものである。表現 考《かんが》え方《かた》や感《かん》じ方《かた》が単《たん》純《じゅん》なことをからかって言《い》うのにも使《つか》うことがある。

【単純《たんじゅん》】Ⅱ〈─に・─な〉①まじりけがない。例単《たん》純《じゅん》明瞭《めいりょう》 類純一《じゅんいつ》 ②こみいっていない。例単純《たんじゅん》なしくみ。類簡単《かんたん》 対複雑《ふくざつ》 ③幼稚《ようち》でものたりない。例単純《たんじゅん》な考《かんが》え。

【単調《たんちょう》】↓〈─な〉いつもおなじような調子《ちょうし》で、変化《へんか》やおもしろみのないようす。例単調《たんちょう》な仕事《しごと》。類平板《へいばん》・一本調子《いっぽんちょうし》

十-7

【南】

総画9

JIS-3878

教2年

音 ナン・ナ

訓 みなみ

筆順 南 南 南 南 南 南 南 ナにならない はねる ださない

なりたち 南 【象形】テントの形《かたち》をえがいた字《じ》、あるいは南方《なんぽう》異民族《いみんぞく》の楽器《がっき》のかねの形《かたち》をえがいた字《じ》ともいう。借《か》りて、「みな

「み」として使《つか》われている。

意味 みなみ。方角《ほうがく》のみなみ。例 南風《みなみかぜ》 対 北《ほく》

注意するよみ ナ…例 南無《なむ》

名前のよみ なみ・みな

【南°緯《なんい》】↓ 赤道《せきどう》を〇度《ど》、南極点《なんきょくてん》を九〇度《ど》として地球《ちきゅう》の中心《ちゅうしん》からはかった角度《かくど》。対 北緯《ほくい》

【南下《なんか》】↓〈—する〉南《みなみ》へむかって進《すす》むこと。例 赤道《せきどう》をこえて南下《なんか》する。対 北上《ほくじょう》

【南極《なんきょく》】↓ ①地軸《ちじく》(地球自身《ちきゅうじしん》の回転軸《かいてんじく》)の南《みなみ》のはしにあたるところ。対 北極《ほっきょく》 ②南極圏《なんきょくけん》(南緯《なんい》六六度《ど》三三分《ふん》より南《みなみ》の地域《ちいき》)。対 北極《ほっきょく》 ③「南極大陸《なんきょくたいりく》」の略《りゃく》。

【南船北馬《なんせんほくば》】あちこちを旅行《りょこう》すること。参考 中国《ちゅうごく》の南部《なんぶ》は川《かわ》が多《おお》いので船《ふね》で行《い》き、北部《ほくぶ》は平原《へいげん》が多《おお》いので馬《うま》で行《い》くという『淮南子《えなんじ》』のことばから。

【南°端《なんたん》】↓ ある土地《とち》の南《みなみ》のはし。対 北端《ほくたん》

【南中《なんちゅう》】↓〈—する〉太陽《たいよう》や星《ほし》などの天体《てんたい》が真《ま》南《みなみ》にくること。

【南°蛮《なんばん》】↓ ①むかし、中国《ちゅうごく》で南方《なんぽう》の異民族《いみんぞく》を指《さ》したことば。対 北狄《ほくてき》 ②室町時代《むろまちじだい》から江戸時代《えどじだい》にかけて、海外貿易《かいがいぼうえき》をおこなった東南《とうなん》アジアの国々《くにぐに》。また、これらの地《ち》をへてやってきたスペイン人《じん》やポルトガル人《じん》の国々《くにぐに》を指《さ》したことば。例 南蛮渡来《なんばんとらい》のギヤマン。

【南洋《なんよう》】↓ 南《みなみ》のほうの海《うみ》。南太平洋《みなみたいへいよう》の赤道《せきどう》近《ちか》くの海《うみ》や島々《しまじま》。対 北洋《ほくよう》

【南十字星《みなみじゅうじせい》】南半球《みなみはんきゅう》で見《み》られる、四《よっ》つの星《ほし》。知識 ケンタウルス座《ざ》にあり、向《む》き合《あ》っている星《ほし》をむすぶと十字《じゅうじ》になる。ならぶ二《ふた》つの星《ほし》の延長線《えんちょうせん》が南極《なんきょく》を指《さ》すので方角《ほうがく》の目《め》じるしになる。

【南半球《みなみはんきゅう》】赤道《せきどう》をさかいに、地球《ちきゅう》を半分《はんぶん》に分《わ》けたときの、南《みなみ》の部分《ぶぶん》。対 北半球《きたはんきゅう》

十-7

卑

総画9 JIS-4060 常用

音 ヒ

訓 いやしい・いやしむ・いやしめる

[卑]

筆順

なりたち

【会意】もとの字《じ》は、「卑」。十(もと左手《ひだりて》の形《かたち》)と甶(道具《どうぐ》の形《かたち》)とを合《あ》わせて、左手《ひだりて》に道具《どうぐ》を持《も》って仕事《しごと》をすることを表《あらわ》す字《じ》。むかしは右手《みぎて》をたっとんだことから、「いやしい」として使《つか》われている。

意味

❶身分《みぶん》・地位《ちい》がひくい。対 尊《そん》

❷品《ひん》がなくて、おとる。下品《げひん》である。例 卑《いや》しいおこない。卑小《ひしょう》・卑劣《ひれつ》

❸ひくいものとする。みさげる。へりくだる。例 みなりだけで人《ひと》を卑《いや》しめるな。卑下《ひげ》・卑屈《ひくつ》 対 尊《そん》

❷〈品がなくて、おとる〉の意味で

【°卑・怯《ひきょう》】↓〈—な〉〈—に〉おくびょうであったりずるかったりして、正面《しょうめん》から立《た》ちむかうりっぱさがないこと。例 卑怯者《ひきょうもの》 類 卑劣《ひれつ》 対 勇敢《ゆうかん》

【°卑近《ひきん》】‖〈—な〉身近《みぢか》でだれにでもわかりやすい。例 卑近《ひきん》な例《れい》で説明《せつめい》する。

【°卑小《ひしょう》】‖〈—な〉ちっぽけで、ねうちもない。例 人《ひと》は卑小《ひしょう》な存在《そんざい》ではない。

【°卑°俗《ひぞく》】‖〈—な〉〈—に〉下品《げひん》でいやしいこと。例 卑俗《ひぞく》なことばづかい。類 低俗《ていぞく》

【°卑°劣《ひれつ》】‖〈—な〉〈—に〉考《かんが》えやおこないがずるい。例 卑劣《ひれつ》なやり方《かた》で人《ひと》をだます。類 卑怯《ひきょう》

❸〈ひくいものとする〉の意味で

【°卑°屈《ひくつ》】‖〈—な〉〈—に〉自信《じしん》がなくて、相手《あいて》にへつらうようす。例 卑屈《ひくつ》になる。

【°卑下《ひげ》】‖〈—する〉自分《じぶん》をおとると考《かんが》えて、へりくだること。例 卑下《ひげ》した態度《たいど》。

◆尊卑《そんぴ》 野卑《やひ》

十-10

博

総画12 JIS-3978 教4年

音 ハク・バク

訓 —

筆順

なりたち

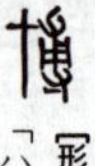

【形声】「尃《ふ》」が「広《ひろ》くしく」意味《いみ》と、「ハク」とかわって読《よ》み方《かた》をしめしている。多《おお》い意味《いみ》の「十」をくわえて、たくさんのものが広《ひろ》くゆきわたることを表《あらわ》す字《じ》。

意味

❶はばひろい。なにごとにも広《ひろ》く通《つう》じている。例 博識《はくしき》・該博《がいはく》

❷手《て》に入《い》れる。例 好評《こうひょう》を博《はく》す。

❸かけごと。ばくち。例 博徒《ばくと》・賭博《とばく》

注意するよみ バク…例 博労《ばくろう》・博徒《ばくと》
特別なよみ 博士（はかせ）
名前のよみ とおる・ひろ・ひろし・ひろむ

❶〈はばひろい〉の意味で
【博愛】《はくあい》⬇すべての人《ひと》を、広《ひろ》い心《こころ》で分《わ》けへだてなく愛《あい》すること。例 博愛《はくあい》の精神《せいしん》。
【博学】《はくがく》⬇〈—な〉いろいろなことを学《まな》んでよく知《し》っていること。例 博学多才《はくがくたさい》（知識《ちしき》が広《ひろ》く、才能《さいのう》が豊《ゆた》かである）類 博識《はくしき》・該博《がいはく》
【博士】《はくし｜はかせ》⬇ある学問《がくもん》を深《ふか》く研究《けんきゅう》し、その内容《ないよう》がすぐれているとみとめられた人《ひと》にあたえる学位《がくい》。ドクター。例 博士号《はくしごう》 表現「お天気《てんき》博士《はかせ》」「漢字《かんじ》博士《はかせ》」のようにその方面《ほうめん》についての物知《ものし》りの意味《いみ》でも使《つか》う。
【博識】《はくしき》⬇〈—な〉〈—に〉どんなことでもよく知《し》っていること。物知《ものし》り。例 博識《はくしき》をもって知《し》られる。博識《はくしき》な人《ひと》。類 博学《はくがく》・該博《がいはく》
【博物館】《はくぶつかん》自然《しぜん》や文化《ぶんか》、歴史《れきし》などに関係《かんけい》のある品物《しなもの》をたくさん集《あつ》めてならべ、人《ひと》びとに見《み》せるところ。例 科学博物館《かがくはくぶつかん》
【博覧会】《はくらんかい》あるテーマを決《き》めて、それに関《かん》係《けい》のある製品《せいひん》や商品《しょうひん》などを集《あつ》め、多《おお》くの人《ひと》たちに見《み》せるもよおし。例 万国博覧会《ばんこくはくらんかい》
【博覧強記】《はくらんきょうき》広《ひろ》くたくさんの書物《しょもつ》を読《よ》み、多《おお》くの知識《ちしき》をもっていること。例 かれの博覧強記《はくらんきょうき》にはおどろく。

❸〈かけごと〉の意味で
【博徒】《ばくと》⬇ばくち打《う》ち。

2画 卜［ぼく］の部

ここには「占」「卦」が入《はい》ります。

この部首の字

3 占……181	6 卦……181		上→一 16
止→止 634	外→夕 270	卓→十 178	虎→虍 892
点→灬 703	貞→貝 952	赴→走 965	

卜-3

占

総画5
JIS-3274
常用
音 セン
訓 しめる・うらなう

筆順

なりたち

【会意】「卜」が「うらなう」ことを、「口」が「ことば」を意味《いみ》し、うらないのことばを表《あらわ》す字《じ》。

意味

❶うらない。将来《しょうらい》や運命《うんめい》をおしはかる。例 運勢《うんせい》を占《うらな》う。星占《ほしうらな》い・占星術《せんせいじゅつ》
❷しめる。物《もの》や場所《ばしょ》を自分《じぶん》のものにする。例 席《せき》を占《し》める。ひとり占《じ》め。占領《せんりょう》・独占《どくせん》

❶〈うらない〉の意味で
【◦占星術】《せんせいじゅつ》星《ほし》の動《うご》きに引《ひ》きあてて、人《ひと》の運命《うんめい》や将来《しょうらい》をうらなう術《じゅつ》。星占《ほしうらな》い。アストロジー。参考 アストロノミーは天文学《てんもんがく》。

❷〈しめる〉の意味で
【◦占◦拠】《せんきょ》⬇〈—する〉ある場所《ばしょ》を自分《じぶん》のものにして、ほかの人《ひと》を入《はい》らせないこと。例 不法占《ふほうせん》拠《きょ》 類 占領《せんりょう》
【◦占有】《せんゆう》Ⅱ〈—する〉自分《じぶん》だけのものとして持《も》っていること。例 土地《とち》を占有《せんゆう》する。占有権《せんゆうけん》 類 所有《しょゆう》
【◦占用】《せんよう》⬇〈—する〉あるきまった人《ひと》だけが使《つか》って、ほかの人《ひと》は使《つか》えないようにすること。例 道路《どうろ》の占用許可《せんようきょか》。表現「専用《せんよう》」は、「社長専《しゃちょうせん》用《よう》」「バス専用道路《せんようどうろ》」など、使《つか》う人《ひと》や使《つか》いみちがきまっていること。
【◦占領】《せんりょう》⬇〈—する〉①ある地域《ちいき》を武力《ぶりょく》で自《じ》分《ぶん》のものにして支配《しはい》すること。②場所《ばしょ》をひとりじめにすること。例 荷物《にもつ》で座席《ざせき》を占領《せんりょう》する。類 占拠《せんきょ》

占が下につく熟語 上の字の働き
❷占＝〈しめる〉のとき
【独占《どくせん》 寡占《かせん》】全体《ぜんたい》のドノクライを占《し》めるか。

卜-6

卦

総画8
JIS-2321
表外
音 カ・ケ
訓 —

意味 うらないによる良《よ》い・悪《わる》いのきざし。例 どんな卦《け》が出《で》るか、うらなってみよう。当《あ》たるも八卦《はっけ》、当《あ》たらぬも八卦《はっけ》。参考 ☞「巽《そん》」の「文字物語」（356ページ）

2画 卩 㔾［ふしづくり］の部

◦学習漢字でない常用漢字 ▲常用漢字表にない音訓 ◆常用漢字でない漢字

人《ひと》がひざまずくすがたをえがいた象形《しょうけい》である「卩」あるいは「㔾」をもとにして作《つく》られた字《じ》と、「卩《ふしづくり》」の形《かたち》がめやすとなっている字《じ》を集《あつ》めてあります。

この部首の字

卩-3

卯

総画5 JIS-1712 人名
音 ボウ
訓 う

意味

❶十二支《じゅうにし》の四番《よんばん》め。動物《どうぶつ》ではウサギ。方《ほう》角《がく》では東《ひがし》。時刻《じこく》では午前六時《ごぜんろくじ》、またはその前後二時間《ぜんごにじかん》。参考 ☞「巽《そん》」の「文字物語」(356ページ)

❷うつぎ。初夏《しょか》に、白《しろ》い小《ちい》さな花《はな》をつける落葉低木《らくようていぼく》。例 卯《う》の花《はな》・卯月《うづき》(陰暦四月《いんれきしがつ》)・卯《う》の花《はな》くだし(卯月《うづき》のころの長雨《ながあめ》)

名前のよみ しげ・しげる

卩-4

印

総画6 JIS-1685 教4年
音 イン
訓 しるし

筆順 印 印 印 印 印 印(とめる・はねる)

なりたち 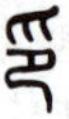 【会意】「E」は手《て》の形《かたち》、「卩」は人《ひと》がひざまずいている形《かたち》で、手《て》で人《ひと》をおさえつけることを表《あらわ》す字《じ》。

意味

❶はんこ。しるし。例 印《しるし》をつける。印《いん》をおす。印鑑《いんかん》・調印《ちょういん》

❷きざみをつける。いんさつ(印刷)する。例 印字《いんじ》・印象《いんしょう》

❸インド。「印度《インド》」の略《りゃく》。例 印哲《いんてつ》(インド哲《てつ》学《がく》)

名前のよみ かね

❶〈はんこ〉の意味で

【印鑑《いんかん》】Ⅱ ①「はんこ」のあらたまった言《い》い方《かた》。類 印《いん》・印章《いんしょう》 ②本人《ほんにん》のものであることを証明《しょうめい》するための、役所《やくしょ》にとどけ出《で》てある特定《とくてい》のはんこ。または、それをおしたあと。例 印《いん》鑑証明《かんしょうめい》 類 実印《じついん》

【印紙《いんし》】↓「収入印紙《しゅうにゅういんし》」の略《りゃく》。税金《ぜいきん》や手数《てすう》料《りょう》をおさめたしるしに証書《しょうしょ》にはる、切手《きって》に似《に》た紙《かみ》。例 領収書《りょうしゅうしょ》に印紙《いんし》をはる。

【印章《いんしょう》】Ⅱ ①「はんこ」のあらたまった言《い》い方《かた》。類 印鑑《いんかん》 ②はんこをおしたあとにできる図形《ずけい》。類 印影《いんえい》

【印肉《いんにく》】↓ はんこをおすときに使《つか》う、朱《しゅ》などの顔料《がんりょう》をしみこませたもの。たんに「にく」ともいう。類 朱肉《しゅにく》

【印判《いんばん》】Ⅱ「はんこ」のやや古《ふる》い言《い》い方《かた》。

❷〈きざみをつける〉の意味で

【印画紙《いんがし》】写真《しゃしん》を焼《や》きつける用紙《ようし》。感光紙《かんこうし》。

【印刷《いんさつ》】Ⅱ (―する)文字《もじ》や写真《しゃしん》などを版《はん》にして、インクをつけて紙《かみ》などにすりうつすこと。例 印刷物《いんさつぶつ》・カラー印刷《いんさつ》

【印字《いんじ》】▲ (―する)コンピューターなどの機械《きかい》を使《つか》って、文字《もじ》や記号《きごう》を紙《かみ》に印刷《いんさつ》すること。

【印象《いんしょう》】▲ 見《み》たり聞《き》いたりしたときに感《かん》じたことが心《こころ》にきざまれ、あとまでのこっているもの。例 第一印象《だいいちいんしょう》。印象的《いんしょうてき》な絵《え》。

印が下につく熟語 上の字の働き

❶印＝〈はんこ〉のとき
【押印《おういん》 調印《ちょういん》】はんこをドウスルか。
【封印《ふういん》 消印《けしいん》】ドウシタしるしか。
◆実印《じついん》 旗印《はたじるし》

㔾-4

危

総画6 JIS-2077 教6年
音 キ
訓 あぶない・あやうい・あやぶむ

筆順 危 危 危 危 危 危(とめる・はねる・はねる)

なりたち  【会意】人《ひと》(⺈)ががけ(厂)の上《うえ》で、こわがってひざまずいている(㔾)ようすを表《あらわ》している字《じ》。

意味 あぶない。あやうい。あやぶむ。あぶないと思《おも》う。例 危《あぶ》ない橋《はし》をわたる。計画《けいかく》の実現《じつげん》を危《あや》ぶむ。危惧《きぐ》・危険《きけん》

【危害《きがい》】Ⅱ 人《ひと》のからだをきずつけたり、命《いのち》にかかわるようなことをしたりすること。例 危害《きがい》をくわえる。類 傷害《しょうがい》

【危機《きき》】↓ あぶないとき。例 危機《きき》を脱《だっ》する。

【危機一髪《ききいっぱつ》】大《おお》きな危険《きけん》がすぐ近《ちか》くにせまっていること。例 危機一髪《ききいっぱつ》のところで命《いのち》び

ろいした。類 間一髪《かんいっぱつ》 表記「一髪」は髪《かみ》の毛《け》一本《いっぽん》ぐらいのすきまという意味《いみ》で、「危機一発」と書《か》くのはまちがい。参考 むかしの中国《ちゅうごく》の書物《しょもつ》にある「そのあぶないことといったら、一本《いっぽん》の髪《かみ》の毛《け》でとても重《おも》いものを引《ひ》くようなものだ」ということばから。

【危急】《ききゅう》 Ⅲ あぶないことやおそろしいことが、まぢかにせまっていること。例 危急存亡《ききゅうそんぼう》のときがせまる。

【危◦惧】《きぐ》 Ⅲ〈—する〉わるい結果《けっか》になりはしないかと心配《しんぱい》して、びくびくすること。おそれ。例 危惧《きぐ》の念《ねん》をいだく。類 懸念《けねん》

【危険】《きけん》 Ⅲ〈—な〉あぶないこと。例 危険物《きけんぶつ》。危険《きけん》を察知《さっち》する。対 安全《あんぜん》

【危地】《きち》 ↓ あぶない場所《ばしょ》や立場《たちば》。例 危地《きち》におちいる。危地《きち》を脱《だっ》する。類 窮地《きゅうち》

【危◦篤】《きとく》 Ⅲ 今《いま》にも死《し》んでしまいそうなほど病気《びょうき》がおもいこと。例 危篤状態《きとくじょうたい》を脱《だっ》する。類 重体《じゅうたい》

【危難】《きなん》 Ⅲ 命《いのち》にかかわるようなあぶないめ。例 危難《きなん》をのがれる。類 難儀《なんぎ》・災難《さいなん》

卩-5

却

総画7 JIS-2149 常用
訓 —— 音 キャク

筆順 却 却 却 却 却 却 却

なりたち [形声]「去《キョ》」が「反対《はんたい》の方向《ほうこう》に行《い》く」意味《いみ》と、「キャク」とかわって読《よ》み方《かた》をしめしている。人《ひと》がひざまずいている「卩」をくわえて、うしろにもどることを表《あらわ》す字《じ》。

意味
❶もどす。うしろにもどる。しりぞく。しりぞける。例 却下《きゃっか》・返却《へんきゃく》
❷しつくす。…してしまう。例 焼却《しょうきゃく》

発音あんない キャク→キャッ… 例 却下《きゃっか》

❶〈もどす〉の意味で

【◦却下】《きゃっか》 Ⅲ〈—する〉裁判所《さいばんしょ》や役所《やくしょ》などで、申《もう》し立《た》てをとりあげないこと。とりあわないこと。類 棄却《ききゃく》

却が下につく熟語 上の字の働き

❶却=〈もどす〉のとき
【棄却《ききゃく》 退却《たいきゃく》 返却《へんきゃく》】近《ちか》い意味《いみ》。
❷却=〈しつくす〉のとき
【閑却《かんきゃく》 困却《こんきゃく》 焼却《しょうきゃく》 脱却《だっきゃく》 売却《ばいきゃく》 忘却《ぼうきゃく》】ドウしつくすか。

卩-5

即

総画7 JIS-3408 常用
訓 すなわ-ち 音 ソク
[卽]

筆順 即 即 即 即 即 即 即

なりたち [会意]もとの字は、「卽」。「皀」が食《た》べ物《もの》をもった器《うつわ》の形《かたち》、「卩」が人《ひと》がひざまずいた形《かたち》で、食卓《しょくたく》につくことを表《あらわ》している字《じ》。

意味
❶その位置《いち》につく。そこにぴたりとつく。例 現状《げんじょう》に即《そく》したやり方《かた》。即位《そくい》
❷その場《ば》ですぐに。ただちに。例 即答《そくとう》・即刻《そっこく》

発音あんない ソク→ソッ… 例 即刻《そっこく》

名前のよみ ちかし

❶〈その位置につく〉の意味で

【◦即位】《そくい》 ▲〈—する〉天皇《てんのう》や国王《こくおう》などの位《くらい》につくこと。例 即位《そくい》の礼《れい》。対 退位《たいい》

【◦即応】《そくおう》 ↓〈—する〉まわりのようすや、ものごとの変化《へんか》にぴたりと合《あ》わせていくこと。

【◦即物的】《そくぶってき》〈—な・—に〉じっさいの物《もの》からはなれないようす。例 即物的《そくぶってき》に説明《せつめい》する。

❷〈その場ですぐに〉の意味で

【◦即座】《そくざ》 ↓〈—に〉その場《ば》ですぐに。例 即座《そくざ》に返答《へんとう》する。類 即刻《そっこく》・即時《そくじ》

【◦即死】《そくし》 ↓〈—する〉事故《じこ》などでその場《ば》ですぐに死《し》んでしまうこと。例 即死状態《そくしじょうたい》

【◦即時】《そくじ》 ↓ そのとき、すぐに。リアルタイムに。例 即時返却《そくじへんきゃく》。類 即刻《そっこく》・即座《そくざ》

【◦即日】《そくじつ》 ↓ すぐ、その日《ひ》のうちに。例 即日《そくじつ》開票《かいひょう》 類 当日《とうじつ》

【◦即製】《そくせい》 ↓〈—する〉その場《ば》ですぐに作《つく》ること。例 木《き》の枝《えだ》が即製《そくせい》の箸《はし》になった。類 即席《そくせき》

【◦即席】《そくせき》 ↓ その場《ば》ですぐにすること。例 即席《そくせき》で班《はん》をつくる。即席《そくせき》ラーメン 類 即製《そくせい》

使い分け [速成・促成・即製] ☞429ページ

【◦即戦力】《そくせんりょく》 訓練《くんれん》をしないで、そのままじっさいの仕事《しごと》に役立《やくだ》つ人材《じんざい》。

【◦即断】《そくだん》 ↓〈—する〉その場《ば》ですぐに決《き》めること。例 即断《そくだん》をせまる。類 即決《そっけつ》 表現 判断《はんだん》のは

前ページ ▶ 却 即

やさをいうのは「速断《そくだん》」で、「はやすぎる」の意《い》味《み》にもなる。

【°即答】《そくとう》 ↓ 〈―する〉その場《ば》ですぐに答《こた》えること。例 即答《そくとう》をさける。類 直答《ちょくとう》

【°即売】《そくばい》 ↓ 〈―する〉展示《てんじ》してあるその場《ば》で、品物《しなもの》を売《う》ること。例 展示《てんじ》即売会《そくばいかい》

【°即興】《そっきょう》 ↓ ①その場《ば》でおこる興味《きょうみ》。類 座興《ざきょう》 ②思《おも》いうかんだことをもとに、その場《ば》で表現《ひょうげん》すること。例 即興《そっきょう》で演奏《えんそう》する。

【°即金】《そっきん》 ↓ 買《か》い物《もの》の代金《だいきん》を、その場《ば》で現金《げんきん》ではらうこと。キャッシュ。

【°即決】《そっけつ》 ↓ 〈―する〉その場《ば》ですぐに決《き》めること。例 即断《そくだん》即決《そっけつ》。即決《そっけつ》してください。

【°即効】《そっこう》 ↓ その場《ば》ですぐにききめがあらわれること。☞【速効】《そっこう》(429ページ)

【°即刻】《そっこく》 ↓ 待《ま》ったなしで、すぐに。例 工事《こうじ》の即刻《そっこくちゅうし》中止を求《もと》める運動《うんどう》。類 即時《そくじ》・即座《そくざ》

卵

卩-5 総画7 JIS-4581 教6年

音 ラン 訓 たまご

筆順

なりたち

【象形】たくさん産《う》みつけられる生物《せいぶつ》の「たまご」の形《かたち》をえがいた字《じ》。

意味 たまご。例 卵《たまご》に目鼻《めはな》(色《いろ》が白《しろ》くて丸《まる》い、かわいらしい顔《かお》だち)。卵白《らんぱく》・生卵《なまたまご》

【卵黄】《らんおう》 ↓ にわとりなどのたまごの中身《なかみ》の、黄色《きいろ》の部分《ぶぶん》。類 黄身《きみ》 対 卵白《らんぱく》

【卵。殻】《らんかく》 ↓ たまごのから。

【卵子】《らんし》 ↓ めすの体内《たいない》で作《つく》られる、新《あたら》しい生命《せいめい》のもとになる細胞《さいぼう》。類 卵《らん》・卵細胞《らんさいぼう》 対 精子《せいし》

【卵生】《らんせい》 ↓ 魚《さかな》や鳥《とり》のように、子《こ》どもがたまごの形《かたち》で生《う》まれること。対 胎生《たいせい》

【卵巣】《らんそう》 ↓ 動物《どうぶつ》のめすの体内《たいない》で、卵子《らんし》をつくるとともにホルモンを出《だ》すところ。対 精巣《せいそう》

【卵白】《らんぱく》 ↓ にわとりなどのたまごの中身《なかみ》の、すきとおった部分《ぶぶん》。類 白身《しろみ》 対 卵黄《らんおう》

◆ 鶏卵《けいらん》 産卵《さんらん》 生卵《なまたまご》

卸

卩-7 総画9 JIS-1823 常用

音 ― 訓 おろす・おろし

筆順

意味 問屋《とんや》が商品《しょうひん》をおろす。問屋《とんや》が小売店《こうりてん》に商品《しょうひん》を売《う》る。例 小売《こう》り へ卸《おろ》す。卸値《おろしね》

【°卸値】《おろしね》 ↓ 問屋《とんや》が品物《しなもの》を小売《こう》りする人《ひと》に売《う》りわたすときのねだん。対 小売値《こうりね》

卿

卩-10 総画12 JIS-2210 人名

音 キョウ・ケイ 訓 ―

意味

❶むかし、政治《せいじ》にたずさわった身分《みぶん》の高《たか》い役人《やくにん》。例 公卿《くぎょう|こうけい|くげ》

❷身分《みぶん》の高《たか》い人《ひと》をうやまって、名前《なまえ》の下《した》につけることば。例 チャーチル卿《きょう》

2画 厂 [がんだれ] の部

がけの形《かたち》をえがいた象形《しょうけい》である「厂《がんだれ》」をもとにして作《つく》られ、がけや岩《いわ》・土地《とち》の形状《けいじょう》について表《あらわ》す字《じ》と、「厂《がんだれ》」の形《かたち》がめやすとなっている字《じ》を集《あつ》めてあります。

この部首の字

厄

厂-2 総画4 JIS-4481 常用

音 ヤク 訓 ―

筆順

なりたち

【会意】「がけ」をしめす「厂」と、人《ひと》がひざまずいている形《かたち》の「㔾」とからでき、がけのふちで身《み》をかがめているあぶないようすを表《あらわ》す字《じ》。

意味 わざわい。さいなん。例 厄《やく》をはらう。厄日《やくび》・災厄《さいやく》

発音あんない ヤク→ヤッ…例 厄介《やっかい》

【°厄年】《やくどし》 ↓ ①人間《にんげん》の一生《いっしょう》のうちで、よくないことがおこりやすいとされる年齢《ねんれい》。男《おとこ》では

二十五歳《にじゅうごさい》と四十二歳《よんじゅうにさい》、女《おんな》では十九歳《じゅうきゅうさい》と三十三歳《さんじゅうさんさい》といわれている。②災難《さいなん》の多《おお》い年《とし》。

【°厄日】《やくび》 ⇩ ①いやなことがあったり、災難《さいなん》にあったりする、えんぎのよくない日《ひ》。②二百十日《にひゃくとおか》など、農家《のうか》などで天候《てんこう》による災害《さいがい》が多《おお》いとされている日《ひ》。

【°厄°介】《やっかい》 ◎〈—な・—に〉手数《てすう》がかかり、めんどうであること。手間《てま》のかかるせわ。例 厄介《やっかい》をかける。人《ひと》の厄介《やっかい》になる。

厚

厂-7 総画9 JIS-2492 教5年

音 コウ 訓 あつい

筆順 厚 厚 厚 厚 厚 厚 厚 厚 厚 (はねる)(ながく)

なりたち 【形声】「㫗」が「高《たか》い」の意味《いみ》と「コウ」という読《よ》み方《かた》をしめしている。「がけ」を意味《いみ》する「厂」をくわえて、岩《いわ》が高《たか》く重《かさ》なるようすを表《あらわ》す字《じ》。

意味

❶あつみがある。中身《なかみ》がたくさんある。ゆたかだ。例 選手《せんしゅ》の層《そう》が厚《あつ》い。濃厚《のうこう》 対 薄《はく》

❷心《こころ》がこもっている。他人《たにん》に対《たい》する思《おも》いやりがある。例 厚意《こうい》・温厚《おんこう》

使い分け あつい［暑・熱・厚］☞575ページ

名前のよみ ひろ・ひろし

❶〈あつみがある〉の意味で

【厚着】《あつぎ》 ⇩〈—する〉衣服《いふく》を何枚《なんまい》も重《かさ》ねて着《き》ること。対 薄着《うすぎ》

【厚地】《あつじ》 ⇩ 布《ぬの》がふつうよりも厚《あつ》めであること。類 厚手《あつで》 対 薄地《うすじ》

【厚手】《あつで》 ⇩ 布地《ぬのじ》や紙《かみ》・陶器《とうき》などで、厚《あつ》みのあること。例 厚手《あつで》のボール紙《がみ》。類 厚地《あつじ》 対 薄手《うすで》

【厚顔】《こうがん》 ⇩〈—な〉あつかましくて、ずうずうしい。例 厚顔無恥《こうがんむち》 類 鉄面皮《てつめんぴ》 参考「つらの皮《かわ》が厚《あつ》い」ということから。

❷〈心がこもっている〉の意味で

【厚意】《こうい》 ⇩ やさしい思《おも》いやりの心《こころ》。類 厚情《こうじょう》・厚志《こうし》

例解 使い分け ［厚意《こうい》・好意《こうい》］

厚意＝思《おも》いやりのある相手《あいて》の心《こころ》。

例 厚意《こうい》に感謝《かんしゃ》する。厚意《こうい》にあまえる。ご厚意《こうい》に報《むく》いるよう努力《どりょく》いたします。

好意＝相手《あいて》をこのましく思《おも》う気持《きも》ち。反対《はんたい》は「悪意《あくい》」。

例 好意的《こういてき》な態度《たいど》をとる。ひそかに好意《こうい》をいだく。

【厚情】《こうじょう》 ⇩ 思《おも》いやりのある、あたたかい心《こころ》。例 ご厚情《こうじょう》をたまわり、恐縮《きょうしゅく》しております。類 厚意《こうい》・厚志《こうし》 対 薄情《はくじょう》

【厚生】《こうせい》 ▲ 人《ひと》びとの健康《けんこう》をまもり、生活《せいかつ》をゆたかなものにしていくこと。例 会社《かいしゃ》の厚生施設《こうせいしせつ》を利用《りよう》する。厚生労働省《こうせいろうどうしょう》

厚が下につく熟語 上の字の働き

❶厚＝〈あつみがある〉のとき

【重厚《じゅうこう》 濃厚《のうこう》】近《ちか》い意味《いみ》。

◆温厚《おんこう》

厘

厂-7 総画9 JIS-4650 常用

音 リン 訓 —

筆順 厘 厘 厘 厘 厘 厘 厘 厘 厘

意味

❶割合《わりあい》の単位《たんい》。一《いち》の千分《せんぶん》の一《いち》。例 九分九厘《くぶくりん》

❷むかしのお金《かね》の単位《たんい》。一円《いちえん》の千分《せんぶん》の一《いち》。（一円《いちえん》の百分《ひゃくぶん》の一《いち》が「一銭《いっせん》」。一銭《いっせん》の十分《じゅうぶん》の一《いち》が「一厘《いちりん》」）

原

厂-8 総画10 JIS-2422 教2年

音 ゲン 訓 はら

筆順 原 原 原 原 原 原 原 原 原 原 (ノ)(はねる)(とめる)

なりたち 【会意】がけ（厂）と泉《いずみ》（㝴）とを合《あ》わせて、泉《いずみ》がわき出《で》る「みなもと」を表《あらわ》している字《じ》。

意味

❶おおもと。もともとの。根本《こんぽん》のもの。はじめの。例 原因《げんいん》・原形《げんけい》

❷はら。はらっぱ。例 原野《げんや》・野原《のはら》・高原《こうげん》

名前のよみ はじめ・もと

特別なよみ 海原（うなばら）・河原（かわら）・川原（かわら）

❶〈おおもと。もともとの〉の意味で

【原案】《げんあん》 ⇩ 話《はな》し合《あ》いのもとになる案《あん》。例 原案《げんあん》を修正《しゅうせい》して可決《かけつ》。類 草案《そうあん》

原◀次ページ

【原因《げんいん》】 Ⅱ ものごとのおこるもと。例 事故《じこ》の原因《げんいん》を調《しら》べる。対 結果《けっか》

【原液《げんえき》】 ↓ うすめたり、べつの液体《えきたい》をまぜたりしていない、もともとの液《えき》。例 希釈用原液《きしゃくようげんえき》。

【原価《げんか》】 ↓ ①品物《しなもの》をつくるためにじっさいにかかる、すべての費用《ひよう》。コスト。例 原価計算《げんかけいさん》 類 生産費《せいさんひ》 ②商品《しょうひん》の仕入《しい》れのねだん。例 原価《げんか》を割《わ》ったねだんで売《う》る。類 元値《もとね》 表記 ②は、「元価」とも書《か》く。

【原画《げんが》】 ↓ 複製《ふくせい》の絵《え》や印刷《いんさつ》した絵《え》に対《たい》して、もとの絵《え》。例 絵本《えほん》の原画《げんが》を見《み》る。

【原義《げんぎ》】 ↓ そのことばの、もともとの意味《いみ》。類 本義《ほんぎ》 対 転義《てんぎ》

【原形《げんけい》】 ↓ もとの形《かたち》。例 原形《げんけい》をたもつ。

【原型《げんけい》】 ↓ ものをつくるときの、もとになる型《かた》。例 原型《げんけい》に合《あ》わせて布《ぬの》を裁《た》つ。

【原語《げんご》】 ↓ ほんやくしたものの、もとになっている外国語《がいこくご》。対 訳語《やくご》

【原。稿《げんこう》】 ↓ 公表《こうひょう》するために書《か》きしるした文章《ぶんしょう》。例 新聞記事《しんぶんきじ》の原稿《げんこう》を書《か》く。類 草稿《そうこう》

【原告《げんこく》】 ↓ うったえをおこして、裁判《さいばん》を要求《ようきゅう》した人《ひと》。対 被告《ひこく》 知識 刑事裁判《けいじさいばん》では、検事《けんじ》が原告《げんこく》の役割《やくわり》をする。

【原材料《げんざいりょう》】 いろいろな製品《せいひん》をつくるもとになるもの。原料《げんりょう》と材料《ざいりょう》。例 原材料費《げんざいりょうひ》・原材料名《げんざいりょうめい》

【原作《げんさく》】 ↓ ほんやくしたり、劇《げき》や映画《えいが》にしたりする前《まえ》の、もとの作品《さくひん》。例 この映画《えいが》の原作《げんさく》は外国《がいこく》の小説《しょうせつ》だ。

【原産地《げんさんち》】 ①動物《どうぶつ》や植物《しょくぶつ》が、はじめて生息《せいそく》していた土地《とち》。②作物《さくもつ》や産物《さんぶつ》が作《つく》られた土地《とち》。参考 ②は、その一類《いちるい》についていうのでなく、今見《いまみ》ている品物《しなもの》がどこでとれたのかということ。

【原子《げんし》】 ↓ 物質《ぶっしつ》のもととなっている、いちばん小《ち》さい粒子《りゅうし》。アトム。例 水素原子《すいそげんし》 知識 原《げん》子《し》は、一《ひと》つの原子核《げんしかく》といくつかの電子《でんし》でできており、原子《げんし》が集《あつ》まって分子《ぶんし》になる。

【原子。爆。弾《げんしばくだん》】 ウランやプルトニウムの原子核《げんしかく》が分裂《ぶんれつ》するときにできる大《おお》きなエネルギーを利用《りよう》した、破壊力《はかいりょく》の大《おお》きいおそろしい爆弾《ばくだん》。原爆《げんばく》。知識 一九四五年八月六日《ねんはちがつむいか》、世界《せかい》で最初《さいしょ》に原子爆弾《げんしばくだん》が広島《ひろしま》に投下《とうか》された。

【原始《げんし》】 Ⅱ ①ものごとのはじまり。例 原始《げんし》時代《じだい》。類 始原《しげん》 ②自然《しぜん》のままであること。例 原始林《げんしりん》 類 原生《げんせい》

【原住民《げんじゅうみん》】 あとから来《き》た者《もの》に対《たい》して、もとからその土地《とち》に住《す》んでいた民族《みんぞく》。類 先住民《せんじゅうみん》 表現 今《いま》は、「先住民《せんじゅうみん》」のほうが多《おお》く使《つか》われる。

【原書《げんしょ》】 ↓ 原語《げんご》で書《か》かれた本《ほん》。もとになった本《ほん》。例 原書《げんしょ》に忠実《ちゅうじつ》に訳《やく》す。類 原本《げんぽん》・原典《げんてん》 対 訳書《やくしょ》・訳本《やくほん》

【原色《げんしょく》】 ↓ ①もとのままの色《いろ》。例 原色《げんしょく》を再現《さいげん》する。②赤《あか》・黄《き》・青《あお》の三色《さんしょく》。まぜ合《あ》わせることでさまざまな色《いろ》をつくることができる。類 三原色《さんげんしょく》 対 中間色《ちゅうかんしょく》 ③けばけばしくて目立《めだ》つ強《つよ》い色《いろ》。対 中間色《ちゅうかんしょく》 知識 絵《え》の具《ぐ》では赤《あか》・黄《き》・青《あお》が原色《げんしょく》だが、「光《ひかり》の三原色《さんげんしょく》」というと、赤《あか》・緑《みどり》・青《あお》になる。

【原子力《げんしりょく》】 原子核《げんしかく》が分裂《ぶんれつ》したり融合《ゆうごう》したりするときに生《しょう》じるエネルギー。例 原子力発電所《げんしりょくはつでんしょ》

【原子。炉《げんしろ》】 核分裂《かくぶんれつ》がゆっくり連続《れんぞく》しておこるように調節《ちょうせつ》できる装置《そうち》。そのとき発生《はっせい》する熱《ねつ》をエネルギーとして発電《はつでん》などに利用《りよう》している。

【原人《げんじん》】 ↓ 猿人《えんじん》から進化《しんか》した段階《だんかい》の、原始時代《げんしじだい》の人類《じんるい》。例 北京原人《ペキンげんじん》

【原寸《げんすん》】 ↓ もとのものとおなじ寸法《すんぽう》。例 原寸《げんすん》B5《ビーご》のノートをA4《エーよん》に拡大《かくだい》してコピーする。原寸大《げんすんだい》

【原生林《げんせいりん》】 大《おお》むかしから、自然《しぜん》のままの状態《じょうたい》でしげりつづけてきた林《はやし》。

【原石《げんせき》】 ↓ ①金《きん》や銅《どう》などの鉱物《こうぶつ》をとり出《だ》す前《まえ》の、ほり出《だ》したままの鉱石《こうせき》。類 原鉱《げんこう》 ②けずったり、みがいたりする前《まえ》の、まだ材料《ざいりょう》の状態《じょうたい》の宝石《ほうせき》。例 ダイヤモンドの原石《げんせき》。

【原則《げんそく》】 ↓ ものごとについて考《かんが》えるときのよりどころになる、おおもとのきまり。対 例外《れいがい》 表現 「原則《げんそく》として」は、「とくべつの場合《ばあい》をのぞいて」の意味《いみ》で使《つか》われることが多《おお》い。

【原典《げんてん》】 ↓ べつのことばに訳《やく》したり、ほかの

本《ほん》に引用《いんよう》したりするとき、そのもとになっている書物《しょもつ》。例 原典《げんてん》にあたる。類 原本《げんぽん》・原書《げんしょ》

【原点】《げんてん》 ⬇ ①問題《もんだい》になっていることがらがはじまった、いちばんもとのところ。例 原点《げんてん》にもどって考《かんが》えなおす。②距離《きょり》や位置《いち》などをはかるときに、基準《きじゅん》になる点《てん》。類 基点《きてん》

【原動機】《げんどうき》 機械《きかい》を動《うご》かすためのエンジンやモーターなどの装置《そうち》。例 原動機付自転車《げんどうきつきじてんしゃ》

【原動力】《げんどうりょく》 ①機械《きかい》に運動《うんどう》をおこさせるもとになる力《ちから》。類 動力《どうりょく》 ②ものごとを活動《かつどう》させるもとになる力《ちから》。例 クラブ活動《かつどう》の原動力《げんどうりょく》。

【原。爆】《げんばく》 ◎「原子爆弾《げんしばくだん》」の略《りゃく》。

【原文】《げんぶん》 ⬇ 訳《やく》したり、書《か》きあらためたりする前《まえ》のもとの文章《ぶんしょう》。例 原文直訳《げんぶんちょくやく》。対 訳文《やくぶん》

【原。簿】《げんぼ》 ⬇ いちばんもとになる帳簿《ちょうぼ》。類 元帳《もとちょう》・台帳《だいちょう》

【原本】《げんぽん》 ⬇ ①訳《やく》したり、写《うつ》したりしたもののもとになった本《ほん》。例 写本《しゃほん》と原本《げんぽん》をてらし合《あ》わせる。類 原書《げんしょ》・原典《げんてん》 対 訳本《やくほん》・写本《しゃほん》 ②役所《やくしょ》などにおいてある、もとになる文書《ぶんしょ》。例 戸籍《こせき》の原本《げんぽん》。対 抄本《しょうほん》・謄本《とうほん》

【原油】《げんゆ》 ⬇ 地下《ちか》からとったままで精製《せいせい》されていない黒茶色《くろちゃいろ》の石油《せきゆ》。これから重油《じゅうゆ》・軽油《けいゆ》・灯油《とうゆ》・ガソリンなどがつくられる。対 精油《せいゆ》

【原理】《げんり》 ⬇ おおもととなる理論《りろん》や法則《ほうそく》。例 多数決《たすうけつ》の原理《げんり》。アルキメデスの原理《げんり》。

【原料】《げんりょう》 ⬇ ものをつくったり加工《かこう》したりするもとになる材料《ざいりょう》。例 原料《げんりょう》を海外《かいがい》から輸入《ゆにゅう》する。類 材料《ざいりょう》 表現「原料《げんりょう》」は性質《せいしつ》がかわる場合《ばあい》、「材料《ざいりょう》」は形《かたち》をかえる場合《ばあい》と使《つか》い分《わ》けることが多《おお》い。

❷〈はら〉の意味で

【原野】《げんや》 Ⅱ 人《ひと》の手《て》がくわわっていない自然《しぜん》のままの野原《のはら》。例 原野《げんや》の保存運動《ほぞんうんどう》。類 荒野《こうや》

原が下につく熟語 上の字の働き

❷ 原＝〈はら〉のとき

【高原《こうげん》 平原《へいげん》】ドノヨウナ原《はら》か。

【雪原《せつげん》 草原《そうげん》】ナニの原《はら》か。

厂−10

【厨】

総画12 JIS-3163 人名

音 チュウ・ズ 訓 くりや

意味

❶くりや。台所《だいどころ》。料理《りょうり》をするところ。キッチン。

❷ひつ。戸《と》だな。たんす。

❶〈くりや〉の意味で

【◆厨。房】《ちゅうぼう》 ⬇ 台所《だいどころ》。料理場《りょうりば》。

❷〈ひつ〉の意味で

【◆厨子】《ずし》 ⊠ 仏像《ぶつぞう》・お経《きょう》などをおさめる箱《はこ》。とびらが両《りょう》がわに開《ひら》くようになっている。例 玉虫厨子《たまむしのずし》

厂−12

【厭】

総画14 JIS-1762 表外

音 エン 訓 いと-う・あ-きる

意味 いとう。いやになる。あきる。例 どんな苦労《くろう》も厭《いと》わない。

【◆厭世】《えんせい》 ▲ 世《よ》の中《なか》がいやになる。

厂−12

【厩】

総画14 JIS-1725 人名

音 キュウ 訓 うまや

意味 うまや。馬《うま》を飼《か》っておく建物《たてもの》。

【◆厩舎】《きゅうしゃ》 ⬇ 馬小屋《うまごや》。

2画 ム［む］の部

「ム」の形《かたち》がめやすとなっている字《じ》を集《あつ》めてあります。

この部首の字

3 去……187 6 参……188 云→二 48

允→儿 107 公→八 117 台→口 204 弁→廾 378

弘→弓 381 怠→心 474 能→月 875

ム−3

【去】

総画5 JIS-2178 教3年

音 キョ・コ 訓 さる

筆順

なりたち

【会意】ひと(大→土)と穴《あな》(ム)を合《あ》わせて、人《ひと》が穴《あな》をはなれてたちさる意味《いみ》を表《あらわ》す字《じ》。

意味

❶さる。その場《ば》をはなれる。すぎさる。例 去《さ》る者《もの》は追《お》わず。去年《きょねん》・過去《かこ》 対 来《らい》

❷とりのぞく。なくする。例 除去《じょきょ》

❶〈さる〉の意味で

【去就】《きょしゅう》 ⇕ ある地位《ちい》や職場《しょくば》から去《さ》るか、と

参◀次ページ

○学習漢字でない常用漢字 ▲常用漢字表にない音訓 ◆常用漢字でない漢字

どまるか。例 去就《きょしゅう》にまよう。類 出処進退《しゅっしょしんたい》

【去年《きょねん》】↓ ことしの前《まえ》の年《とし》。類 昨年《さくねん》 関連 去《きょ》年《ねん》・今年《ことし》・来年《らいねん》 表現「去年《きょねん》」は、ことしをもとにした言《い》い方《かた》。ある年《とし》をもとにしていうときには「前年《ぜんねん》」を使《つか》う。

【去来《きょらい》】⇕〈—する〉心《こころ》の中《なか》に、うかんだり消《き》えたりすること。例 卒業《そつぎょう》をむかえ、さまざまな思《おも》いが去来《きょらい》する。

❷〈とりのぞく〉の意味で

【去勢《きょせい》】▲ 動物《どうぶつ》のおすから、生殖能力《せいしょくのうりょく》をとりのぞくこと。

去が下につく熟語 上の字の働き

❶ 去＝〈さる〉のとき
【退去《たいきょ》 逝去《せいきょ》】近《ちか》い意味《いみ》。

❷ 去＝〈とりのぞく〉のとき
【除去《じょきょ》 撤去《てっきょ》】近《ちか》い意味《いみ》。

◆ 過去《かこ》 死去《しきょ》

ム－6

参

総画8
JIS-2718
教4年
音 サン
訓 まいる

［參］

筆順 参 参 参 参 参 参 参 参
だす はらう ミにならない

なりたち

【形声】もとの字《じ》は、「參」。「(𠫭)」が女《おんな》の人《ひと》が頭《あたま》の上《うえ》に玉《たま》のかんざしをつけてかざっているようすを表《あらわ》していた。これに「サン」の音《おと》をしめす「彡」をくわえた字《じ》。

意味

❶なかまに入《はい》る。集《あつ》まる。くわわる。例 参列《さんれつ》

❷おまいりする。「行《い》く」「来《く》る」をへりくだっていう言《い》い方《かた》。例 神社《じんじゃ》に参《まい》る。わたくしが参《まい》ります。参拝《さんぱい》・持参《じさん》

❸つきあわせる。ひきくらべる。例 参考《さんこう》

❹負《ま》ける。例 暑《あつ》さに参《まい》る。降参《こうさん》

❺数《かず》の三《さん》。領収書《りょうしゅうしょ》など、書《か》きかえられてはこまる金額《きんがく》の記入《きにゅう》に使《つか》う。例 金参萬円《きんさんまんえん》 関連 壱《いち》・弐《に》・参《さん》

名前のよみ かず・ちか・み・みつ・也《なり》

❶〈なかまに入る〉の意味で

【参加《さんか》】Ⅱ〈—する〉団体《だんたい》やグループ活動《かつどう》などのなかまに入《はい》ること。例 クラブ活動《かつどう》に参加《さんか》する。類 加盟《かめい》

【参会《さんかい》】▲〈—する〉会合《かいごう》に出席《しゅっせき》すること。例 参会者《さんかいしゃ》 類 参列《さんれつ》

【参画《さんかく》】▲〈—する〉計画《けいかく》をつくったり実行《じっこう》したりするときのなかまに入《はい》ること。例 開発《かいはつ》プロジェクトに参画《さんかく》する。類 参与《さんよ》 表現 おもに大《おお》きな仕事《しごと》をするときに使《つか》う。

【参議院《さんぎいん》】衆議院《しゅうぎいん》とともに国会《こっかい》をつくっている議院《ぎいん》。衆議院《しゅうぎいん》で決《き》めたことを見《み》なおすところ。参院《さんいん》。対 衆議院《しゅうぎいん》 知識 議員《ぎいん》の任期《にんき》は六年《ろくねん》で、解散《かいさん》はなく、三年《さんねん》ごとに半数《はんすう》が改選《かいせん》される。

【参集《さんしゅう》】↓〈—する〉ある目的《もくてき》のために、人《ひと》びとが集《あつ》まること。例 ご参集《さんしゅう》のみなさま。

【参政権《さんせいけん》】選挙権《せんきょけん》や被選挙権《ひせんきょけん》など、政治《せいじ》に参加《さんか》する権利《けんり》。

【参戦《さんせん》】▲〈—する〉戦争《せんそう》にくわわること。

【参入《さんにゅう》】Ⅱ〈—する〉新《あたら》しい仕事《しごと》の分野《ぶんや》などに、くわわること。例 新規参入《しんきさんにゅう》

【参謀《さんぼう》】▲ ①作戦《さくせん》の計画《けいかく》を立《た》てる将校《しょうこう》。②方法《ほうほう》や計画《けいかく》を考《かんが》える役《やく》の人《ひと》。例 選挙《せんきょ》の参謀《さんぼう》。

【参与《さんよ》】Ⅱ ①〈—する〉あることをいっしょになってすすめること。例 参与観察《さんよかんさつ》 類 参画《さんかく》 ②会社運営《かいしゃうんえい》の相談相手《そうだんあいて》をつとめる人《ひと》。相談役《そうだんやく》。

【参列《さんれつ》】↓〈—する〉儀式《ぎしき》・行事《ぎょうじ》などに出席《しゅっせき》すること。例 式《しき》に参列《さんれつ》する。類 列席《れっせき》・参会《さんかい》

❷〈おまいりする〉の意味で

【参賀《さんが》】↓〈—する〉皇居《こうきょ》に行《い》き、おいわいすること。例 正月《しょうがつ》の一般参賀《いっぱんさんが》。

【参観《さんかん》】↓〈—する〉その場所《ばしょ》へ行《い》って、じっさいに見《み》ること。例 授業参観《じゅぎょうさんかん》 類 見学《けんがく》

【参詣《さんけい》】Ⅱ〈—する〉神社《じんじゃ》や寺《てら》におまいりすること。例 初《はつ》もうでの参詣者《さんけいしゃ》。類 参拝《さんぱい》

【参上《さんじょう》】Ⅱ〈—する〉目上《めうえ》の人《ひと》のところに行《い》くこと。例 さっそく参上《さんじょう》いたします。表現 けんそんした言《い》い方《かた》。

【参道《さんどう》】↓ 神社《じんじゃ》や寺《てら》におまいりする人《ひと》のためにつくられた道《みち》。例 表参道《おもてさんどう》

【参拝《さんぱい》】↓〈—する〉神社《じんじゃ》や寺《てら》におまいりしておがむこと。例 神社《じんじゃ》に参拝《さんぱい》する。類 参詣《さんけい》

❸〈つきあわせる〉の意味で

【参考《さんこう》】↓考《かんが》えをまとめたり、学習《がくしゅう》したりするときに、助《たす》けとなること。例参考資料《さんこうしりょう》

【参考書《さんこうしょ》】勉強《べんきょう》や研究《けんきゅう》、試験《しけん》の準備《じゅんび》などのために助《たす》けとして使《つか》う、教科書《きょうかしょ》以外《いがい》の本《ほん》。

【参照《さんしょう》】↓〈―する〉ほかのものを見《み》たりつき合《あ》わせたりして、理解《りかい》のたしにすること。例資料参照《しりょうさんしょう》。類照合《しょうごう》

参が下につく熟語 上の字の働き

❶参＝〈なかまに入る〉のとき

【古参《こさん》 新参《しんざん》】イツ参《さん》じたか。

◆降参《こうさん》 持参《じさん》 日参《にっさん》 墓参《ぼさん》

2画 又［また］の部

「又《また》」をもとにして作《つく》られ、手《て》でおこなう動作《どうさ》にかかわることを表《あらわ》す字《じ》を集《あつ》めてあります。

この部首の字

0 又……189	反……190	叔……195	支→支 537
2 収……189	友……192	7 叙……195	皮→皮 763
双……190	6 取……194	14 叡……196	隻→隹 1016
	受……194	及→ノ 38	

■又-0

【又】

総画2 JIS-4384 常用

訓 また 音 ―

筆順

なりたち 【象形】右手《みぎて》の形《かたち》をえがいた字《じ》。借《か》りて、「また」として使《つか》われるようになった。

意味

❶ふたたび。例又来《またく》るよ。

❷おなじように。例それも又《また》よい。

❸一方《いっぽう》では。かつ。例画家《がか》でもあり、又《また》俳人《はいじん》でもあった。又《また》の名《な》。

❹さらにその上《うえ》に。例山又山《やままたやま》。

❺直接《ちょくせつ》でない。例又貸《またが》し・又借《またが》り

名前のよみ やす

■又-2

【収】［收］

総画4 JIS-2893 教6年

音 シュウ 訓 おさめる・おさまる

筆順 おる はらう

なりたち 【会意】もとの字《じ》は、「收」。「丩」が「よりあわせる」意味《いみ》を持《も》ち、はたらきかける意味《いみ》の「攵」をくわえて、「あわせおさめる」ことを表《あらわ》す字《じ》。

意味

❶おさめる。取《と》り入《い》れる。一《いっ》か所《しょ》にまとめる。例成功《せいこう》を収《おさ》める。回収《かいしゅう》

❷おさまる。おちつく。まとまる。例あらそいが収《おさ》まる。収《おさ》まりがつく。

❸お金《かね》を手《て》に入《い》れる。例年収《ねんしゅう》

❹ちぢまる。しぼむ。例収縮《しゅうしゅく》

使い分け おさめる【納・収・修・治】☞831ページ

名前のよみ おさむ・かず・のぶ・もと

❶〈おさめる〉の意味で

【収穫《しゅうかく》】Ⅲ〈―する〉①田《た》や畑《はたけ》でつくったものの取《と》り入《い》れ。例収穫祭《しゅうかくさい》。②よい結果《けっか》。みのり。例読書《どくしょ》からの収穫《しゅうかく》は大《おお》きい。類成果《せいか》

【収拾《しゅうしゅう》】Ⅲ〈―する〉こんがらがったものごとをうまくまとめること。例混乱《こんらん》した事態《じたい》を収拾《しゅうしゅう》する。類収束《しゅうそく》

【収集《しゅうしゅう》】Ⅲ〈―する〉①あちこちにあるものを一《いっ》か所《しょ》に集《あつ》めること。例ごみの収集日《しゅうしゅうび》。②研究《けんきゅう》や楽《たの》しみのために、ものを集《あつ》めること。コレクション。例切手《きって》の収集《しゅうしゅう》。

【収納《しゅうのう》】Ⅲ〈―する〉①家《いえ》の中《なか》の品物《しなもの》を、たんすなどにしまうこと。例収納場所《しゅうのうばしょ》 ②役所《やくしょ》が税金《ぜいきん》や公共料金《こうきょうりょうきん》を受《う》けとること。

【収容《しゅうよう》】Ⅲ〈―する〉人《ひと》やものを、そのための場所《ばしょ》に入《い》れること。例収容人数《しゅうようにんずう》

【収録《しゅうろく》】↓〈―する〉①雑誌《ざっし》や本《ほん》などに記事《きじ》としてのせること。類掲載《けいさい》 ②放送《ほうそう》するためや、記録《きろく》としてのこすために、録音《ろくおん》や録画《ろくが》をすること。例番組《ばんぐみ》を収録《しゅうろく》する。

【収賄《しゅうわい》】▲〈―する〉公務員《こうむいん》が地位《ちい》や立場《たちば》を不正《ふせい》に利用《りよう》して、相手《あいて》に有利《ゆうり》になるようとりはからうのと引《ひ》きかえに、お金《かね》や品物《しなもの》を受《う》けとること。例収賄《しゅうわい》のうたがい。対贈賄《ぞうわい》

❸〈お金を手に入れる〉の意味で

【収益《しゅうえき》】↓事業《じぎょう》などをして得《え》た利益《りえき》。もうけ。例収益金《しゅうえききん》 類利益《りえき》

【収支《しゅうし》】⇕入《はい》るお金《かね》と出《で》るお金《かね》。収入《しゅうにゅう》と支出《ししゅつ》。例収支決算《しゅうしけっさん》。収支《しゅうし》のバランス。

【収入《しゅうにゅう》】Ⅲ自分《じぶん》のところに入《はい》ってくるお

金《かね》。例 予定外《よていがい》の収入《しゅうにゅう》を得《え》る。類 所得《しょとく》 対 支出《ししゅつ》。

❹〈ちぢまる〉の意味で

【収縮】《しゅうしゅく》 Ⅱ（―する）ふくらんでいたものがちぢまること。ちぢめること。例 筋肉《きんにく》の収縮《しゅうしゅく》。対 膨張《ぼうちょう》

収が下につく熟語 上の字の働き

❶収＝〈おさめる〉のとき
【徴収《ちょうしゅう》 領収《りょうしゅう》 没収《ぼっしゅう》】近《ちか》い意味《いみ》。
【買収《ばいしゅう》 吸収《きゅうしゅう》 撤収《てっしゅう》 回収《かいしゅう》 接収《せっしゅう》 押収《おうしゅう》】ドウヤッテ取《と》り入《い》れるか。

❸収＝〈お金を手に入れる〉のとき
【年収《ねんしゅう》 月収《げっしゅう》】ドレダケの期間《きかん》についての収入《しゅうにゅう》か。
【増収《ぞうしゅう》 減収《げんしゅう》】収入《しゅうにゅう》がドウナルか。

双

又-2 総画4 JIS-3348 常用
音 ソウ
訓 ふた
［雙］

筆順 双 双 双 双

なりたち 雙 【会意】もとの字は、「雙」。「隹」が「とり」、「又」が「手《て》」で、つがいのとり（隹）を手《て》に持《も》っているようすを表《あらわ》す字《じ》。

意味
❶一組《ひとくみ》になる二《ふた》つのもの。例 双《そう》のひとみ。双子《ふたご》・双肩《そうけん》・無双《むそう》 対 隻《せき》
❷《その他《た》》例 双六《すごろく》

名前のよみ なみ・ふ

❶〈一組みになる二つのもの〉の意味で

【双眼鏡】《そうがんきょう》 両目《りょうめ》にあてて見《み》るようにつくってある望遠鏡《ぼうえんきょう》。例 双眼鏡《そうがんきょう》をのぞく。

【双肩】《そうけん》 ↓ ①右《みぎ》の肩《かた》と左《ひだり》の肩《かた》との両方《りょうほう》。②その人《ひと》のもっている力《ちから》とはたらき。例 研究《けんきゅう》の将来《しょうらい》は、かれの双肩《そうけん》にかかっている。表現「双肩《そうけん》にかかる」という言《い》い方《かた》には、たよりにしているから、がんばってほしいという気持《きも》ちがこもっている。

【双生児】《そうせいじ》 おなじ母親《ははおや》から一度《いちど》に生《う》まれたふたりの子《こ》ども。例 一卵性双生児《いちらんせいそうせいじ》 類 双子《ふたご》

【双発】《そうはつ》 ↓ 飛行機《ひこうき》でエンジンが二《ふた》つあるもの。例 双発機《そうはつき》 対 単発《たんぱつ》

【双璧】《そうへき》 ↓ おなじようにりっぱな二《ふた》つのもの。りっぱなふたりの人《ひと》。例 これからの学界《がっかい》をになう双璧《そうへき》といわれている。表現「璧《へき》」は美《うつく》しい玉《たま》。「双璧《そうへき》」は対《つい》になっている美《うつく》しい玉《たま》という意味《いみ》だから、「双壁」と書《か》いてはまちがいになる。

【双方】《そうほう》 ↓ 相対《あいたい》する当事者《とうじしゃ》の両方《りょうほう》。例 この事故《じこ》は双方《そうほう》に責任《せきにん》がある。類 両方《りょうほう》

【双子】《ふたご》 ↓ 双生児《そうせいじ》。表現 双子《ふたご》と双生児《そうせいじ》はおなじものを指《さ》すが、ことばの性質《せいしつ》がちがう。「ふたご」は「みつご」「よつご」「いつつご」…とふえていくが、双生児《そうせいじ》にあたることばは、三人《さんにん》以上《いじょう》にはない。また「双子《ふたご》の兄弟《きょうだい》」「双子《ふたご》の星《ほし》」など、ふつうのことばとして言《い》いやすい。

【双葉】《ふたば》 ↓ 草《くさ》や木《き》が芽《め》を出《だ》したばかりのころ、最初《さいしょ》にひらく二枚《にまい》の葉《は》。例 栴檀《せんだん》は双葉《ふたば》より芳《かんば》し（りっぱな人物《じんぶつ》は小《ちい》さいころからすぐれたところを見《み》せる）。表記「二葉」とも書《か》く。知識 最初《さいしょ》の葉《は》が双葉《ふたば》である植物《しょくぶつ》と、一枚《いちまい》の葉《は》である植物《しょくぶつ》とがある。双葉《ふたば》のあとに本葉《ほんば》が出《で》る。

❷《その他》

【双六】《すごろく》 ◎ さいころを使《つか》って紙《かみ》の上《うえ》であそぶゲーム。「ふり出《だ》し」からはじめて、さいころの目《め》の数《かず》だけコースを進《すす》み、早《はや》く「あがり」に着《つ》いた人《ひと》が勝《か》ち。例 道中双六《どうちゅうすごろく》

反

又-2 総画4 JIS-4031 教3年
音 ハン・ホン・タン
訓 そる・そらす

筆順 反 反 反 反（はらう）

なりたち 【会意】「又」が「手《て》」で、「厂」が「がけ」をしめし、手でがけをおしくつがえすことを表《あらわ》す字。

意味
❶もとにもどる。かえる。かえす。例 反省《はんせい》・反射《はんしゃ》
❷逆《ぎゃく》になる。ひっくりかえる。そる。そらす。例 反《そ》りが合《あ》わない（性格《せいかく》や考《かんが》えがちがって、しっくりいかない）。反転《はんてん》
❸そむく。はむかう。さからう。例 規則《きそく》に反《はん》する。反則《はんそく》・違反《いはん》
❹くりかえす。例 反復《はんぷく》

❺土地《とち》の面積《めんせき》や布《ぬの》の長《なが》さの単位《たんい》。[例] 町《ちょう》・反《たん》・歩《ぶ》。反当《たんあ》たり。

[注意するよみ] ホン…[例] 謀反《むほん》　タン…[例] 反物《たんもの》

❶〈もとにもどる〉の意味で

【反映《はんえい》】[↓]〈―する〉①光《ひかり》の反射《はんしゃ》によって、水《すい》面《めん》などにもののすがたがうつって見《み》えること。反射《はんしゃ》した光《ひかり》がべつのものにあたること。照《て》りかえし。[例] 夕日《ゆうひ》が湖《みずうみ》に反映《はんえい》する。②もののごとの性質《せいしつ》や考《かんが》え方《かた》などが、べつのものに形《かたち》となってあらわれること。[例] 世相《せそう》の反映《はんえい》としての事件《じけん》。[類] 投影《とうえい》

【反。響《はんきょう》】[▲]〈―する〉①音《おと》がかべなどにあたって、はねかえって聞《き》こえること。[例] 声《こえ》が反《はん》響《きょう》する。②事件《じけん》がもとになって生《しょう》じる世間《せけん》の言論《げんろん》や動《うご》き。[例] 新聞《しんぶん》の記事《きじ》が反響《はんきょう》をよぶ。

【反。撃《はんげき》】[↓]〈―する〉せめてくる敵《てき》に対《たい》して、せめかえすこと。[類] 反攻《はんこう》・逆襲《ぎゃくしゅう》

【反作用《はんさよう》】くわえた力《ちから》に対《たい》し、おなじ大《おお》きさで正反対《せいはんたい》の方向《ほうこう》にはたらく力《ちから》。[類] 反動《はんどう》 [対] 作用《さよう》

【反射《はんしゃ》】[▲]〈―する〉①光《ひかり》・音《おと》・熱《ねつ》・電波《でんぱ》などが、ものにあたって、はねかえること。[例] 反射熱《はんしゃねつ》 ②生物《せいぶつ》が外《そと》からの刺激《しげき》に反応《はんのう》すること。[例] 反射神経《はんしゃしんけい》

【反省《はんせい》】[II]〈―する〉自分《じぶん》のしたことをふりかえって、よいかわるいか考《かんが》えてみること。[例] きょうの反省《はんせい》をする。[類] 内省《ないせい》・自省《じせい》

【反動《はんどう》】[↓] 動《うご》きに対《たい》して正反対《せいはんたい》の方向《ほうこう》にはたらく力《ちから》。[例] 衝突《しょうとつ》の反動《はんどう》。[類] 反作用《はんさよう》 [表現]「自分《じぶん》の考《かんが》えをおし通《とお》すと、あとからの反動《はんどう》が大《おお》きいよ」のように、人間関係《にんげんかんけい》についてもいう。☞❸

【反応《はんのう》】[II]〈―する〉①はたらきかけに対《たい》して、手《て》ごたえがあること。[例] いくら言《い》っても反応《はんのう》がない。②生物《せいぶつ》が刺激《しげき》に応《おう》じて動《うご》きや変《へん》化《か》をおこすこと。[例] 拒否反応《きょひはんのう》 ③二《ふた》つ以上《いじょう》の物質《ぶっしつ》がふれ合《あ》ったときに化学変化《かがくへんか》をおこすこと。[例] 酸《さん》アルカリ反応《はんのう》の実験《じっけん》。[対] 刺激《しげき》

【反問《はんもん》】[▲]〈―する〉人《ひと》からなにか質問《しつもん》されたときに、逆《ぎゃく》に問《と》いかえすこと。

【反論《はんろん》】[↓]〈―する〉相手《あいて》の意見《いけん》や議論《ぎろん》に対《たい》して、反対《はんたい》の意見《いけん》を言《い》うこと。[例] 反論《はんろん》をとなえる。[類] 反駁《はんばく》

❷〈逆になる〉の意味で

【反意語《はんいご》】対義語《たいぎご》のうち、「上《うえ》」に対《たい》する「下《した》」のように、あることばに対《たい》して、反対《はんたい》の意味《いみ》を表《あらわ》すことば。[類] 反対語《はんたいご》・対義語《たいぎご》 [対] 同意《どうい》語《ご》

【反語《はんご》】[↓]①そのまま「できない」と言《い》わずに、「どうしてそんなことができようか」などと疑問《ぎもん》の形《かたち》で表《あらわ》して、かえって意味《いみ》を強《つよ》めるような言《い》い方《かた》。②言《い》いたいことをわざと反対《はんたい》の表現《ひょうげん》で言《い》うこと。ひにく。「しごく」ことを「かわいがる」と言《い》うなど。

【反証《はんしょう》】[↓]〈―する〉相手《あいて》の言《い》うことや証拠《しょうこ》を打《う》ち消《け》すための、反対《はんたい》の証拠《しょうこ》。[例] 検察側《けんさつがわ》の反証《はんしょう》で、アリバイがくずれた。

【反対《はんたい》】[↓] 一方《いっぽう》が一方《いっぽう》に対《たい》して逆《ぎゃく》であること。さかさま。あべこべ。[類] 逆《ぎゃく》 ☞❸

【反対語《はんたいご》】「大《おお》きい」と「小《ち》さい」、「あかるい」と「くらい」のように表《あらわ》す意味《いみ》がたがいに反対《はんたい》であるようなことば。[類] 反意語《はんいご》・対義語《たいぎご》 [表現]「男《おとこ》」と「女《おんな》」、「白《しろ》」と「黒《くろ》」のように二《ふた》つならべて対《つい》になることばは、反対語《はんたいご》といわず、「対義語《たいぎご|ついぎご》」「対語《たいご|ついご》」という。

【反転《はんてん》】[II]〈―する〉①ひっくりかえること。ひっくりかえすこと。[例] 左右反転《さゆうはんてん》。②反対《はんたい》の方向《ほうこう》へ向《む》きをかえること。[例] 旅客機《りょかくき》は、機《き》首《しゅ》を反転《はんてん》させ、空港《くうこう》へもどった。

【反比例《はんぴれい》】〈―する〉一方《いっぽう》の量《りょう》がふえたりへったりするのにつれて、おなじ割合《わりあい》でもう一方《いっぽう》の量《りょう》がへったりふえたりすること。[例] 面積《めんせき》が一定《いってい》な長方形《ちょうほうけい》の、たての長《なが》さと横《よこ》の長《なが》さは反《はん》比例《ぴれい》する。[類] 逆比例《ぎゃくひれい》 [対] 比例《ひれい》・正比例《せいひれい》

【反面《はんめん》】[↓]①反対《はんたい》がわの面《めん》。②もう一方《いっぽう》では。[例] べんりな反面《はんめん》、こわれやすい。

【反面教師《はんめんきょうし》】これではいけない、このようではこまるというような、わるい手本《てほん》。

❸〈そむく〉の意味で

【反感《はんかん》】[↓] 人《ひと》に対《たい》する、腹立《はらだ》たしいとか、いやだとかいう感《かん》じ。[例] 反感《はんかん》をかう。[類] 反発《はんぱつ》

【反旗《はんき》】[↓] 仕《つか》えている人《ひと》にそむいた人《ひと》たちが立《た》てるはたじるし。[例] 反旗《はんき》をひるがえす。

【反逆《はんぎゃく》】[II]〈―する〉主君《しゅくん》や政府《せいふ》、世間《せけん》のやり

方《かた》などにそむくこと。例反逆《はんぎゃく》をくわだてる。類謀反《むほん》・反乱《はんらん》・造反《ぞうはん》

【反抗】《はんこう》 Ⅱ 〈―する〉親《おや》や目上《めうえ》の人《ひと》などの言《い》うことをきかないで、はむかうこと。例反抗的《はんこうてき》な態度《たいど》。反抗期《はんこうき》 類反発《はんぱつ》 対服従《ふくじゅう》

【反骨】《はんこつ》 ↓ 大《おお》きな力《ちから》にしたがわず、自分《じぶん》をとおす気持《きも》ち。例反骨精神《はんこつせいしん》。

【反社会】《はんしゃかい》 道徳《どうとく》、習慣《しゅうかん》にさからったおこないをすること。例反社会的《はんしゃかいてき》な行動《こうどう》。

【反戦】《はんせん》 ▲ 戦争《せんそう》に反対《はんたい》すること。例反戦運《はんせんうん》動《どう》が全国《ぜんこく》に広《ひろ》がる。対主戦《しゅせん》

【反則】《はんそく》 ▲ 〈―する〉スポーツなどで規則《きそく》をやぶること。例反則《はんそく》をおかす。

【反対】《はんたい》 ↓ 〈―する〉ある意見《いけん》や行動《こうどう》に対《たい》してさからうこと。例反対意見《はんたいいけん》をのべる。類敵《てき》対《たい》・対立《たいりつ》 対賛成《さんせい》 ☞❷

【反動】《はんどう》 ↓ 世《よ》の中《なか》の進歩《しんぽ》にさからって、むかしに逆《ぎゃく》もどりしようとすること。例反動勢《はんどうせい》力《りょく》 ☞❶

【反発】《はんぱつ》 ↓ 〈―する〉外《そと》からのおさえつける力《ちから》をはねかえそうとすること。例強引《ごういん》なやり方《かた》に反発《はんぱつ》する。

【反目】《はんもく》 ↓ 〈―する〉たがいになかがわるく、はり合《あ》うこと。例反目《はんもく》がつづく。類対立《たいりつ》

【反乱】《はんらん》 ↓ 〈―する〉国《くに》や政府《せいふ》にそむいて、たたかいやさわぎをおこすこと。例反乱《はんらん》を鎮圧《ちんあつ》する。類謀反《むほん》・反逆《はんぎゃく》・暴動《ぼうどう》

❹〈くりかえす〉の意味で

【反芻】《はんすう》 ▲ 〈―する〉①牛《うし》やラクダなどの草《そう》食動物《しょくどうぶつ》が、いちど飲《の》みこんだ食《た》べ物《もの》をまた口《くち》にもどしてこまかくよくかむこと。例反芻動《はんすうどう》物《ぶつ》。②くりかえし考《かんが》えたり味《あじ》わったりすること。例教訓《きょうくん》をよく反芻《はんすう》する。

【反復】《はんぷく》 Ⅱ 〈―する〉おなじことを何度《なんど》もくりかえしてすること。例反復練習《はんぷくれんしゅう》

❺〈土地の面積や布の長さの単位〉の意味で

【反物】《たんもの》 ↓ 和服《わふく》をつくるための織物《おりもの》。類呉《ご》服《ふく》 参考もとは、一反《いったん》の布《ぬの》という意味《いみ》のことば。長《なが》さが約十《やくじゅう》メートルで、ちょうどおとなの着物一枚分《きものいちまいぶん》。なお、二反《にたん》を一匹《いっぴき》と数《かぞ》える。

反が下につく熟語 上の字の働き

❸反＝〈そむく〉のとき

【違反《いはん》 背反《はいはん》】近《ちか》い意味《いみ》。

◆謀反《むほん》 離反《りはん》

友

又-2 総画4 JIS-4507 教2年

訓 とも 音 ユウ

筆順

はらう

なりたち

【会意】手《て》(ナ)と、手《て》(又)をとりあって助《たす》けることを表《あらわ》している字《じ》。

意味

❶なかよし。なかま。心《こころ》がかよう関係《かんけい》。例心《こころ》の友《とも》。友達《ともだち》・友人《ゆうじん》・親友《しんゆう》

❷《その他》例友禅《ゆうぜん》

特別なよみ 友達(ともだち)

名前のよみ すけ

❶〈なかよし〉の意味で

【友達】《ともだち》 ⊠ 身分《みぶん》や仕事《しごと》に関係《かんけい》なく親《した》しくつきあっている人《ひと》。例友達《ともだち》になる。友達《ともだち》づきあい。類友人《ゆうじん》・仲間《なかま》

【友愛】《ゆうあい》 ↓ 相手《あいて》を友達《ともだち》としてたいせつに思《おも》う気持《きも》ち。例友愛《ゆうあい》の精神《せいしん》。類友情《ゆうじょう》

【友軍】《ゆうぐん》 ↓ 味方《みかた》の軍隊《ぐんたい》。例友軍《ゆうぐん》の応援《おうえん》を待《ま》つ。対敵軍《てきぐん》

【友好】《ゆうこう》 Ⅱ 国家間《こっかかん》や団体間《だんたいかん》などの、なかのよいつきあい。例友好団体《ゆうこうだんたい》 類親善《しんぜん》

【友情】《ゆうじょう》 ↓ 友達《ともだち》に対《たい》する思《おも》いやりや、まごころ。例友情《ゆうじょう》をはぐくむ。類友愛《ゆうあい》

【友人】《ゆうじん》 ↓ 友達《ともだち》。例友人《ゆうじん》を紹介《しょうかい》します。

表現「友達《ともだち》」よりあらたまった言《い》い方《かた》。

【友邦】《ゆうほう》 ↓ たがいに親《した》しくしている国《くに》。類友好国《ゆうこうこく》

❷《その他》

【友禅】《ゆうぜん》 ◎「友禅染《ゆうぜんぞめ》」の略《りゃく》。絹布《けんぷ》などに花《はな》や鳥《とり》、風景《ふうけい》などをいろどりゆたかに染《そ》め出《だ》した染《そ》め物《もの》や染《そ》め方《かた》。参考江戸時代《えどじだい》、京都《きょうと》の宮崎《みやざき》友禅《ゆうぜん》が考《かんが》え出《だ》したもの。

友が下につく熟語 上の字の働き

❶友＝〈なかよし〉のとき

【良友《りょうゆう》 親友《しんゆう》 旧友《きゅうゆう》 悪友《あくゆう》】ドノヨウナ友達《ともだち》か。

【学友《がくゆう》 級友《きゅうゆう》 戦友《せんゆう》】ドコでの友達《ともだち》か。

◆交友《こうゆう》 僚友《りょうゆう》

ものしり巻物 第6巻

楷書《かいしょ》・行書《ぎょうしょ》・草書《そうしょ》

この三《みっ》つの書体《しょたい》は、それぞれをくらべると、楷書《かいしょ》が一番《いちばん》かちっとし、次《つぎ》に行書《ぎょうしょ》が少《すこ》しくずれて、草書《そうしょ》がもっともくずれたものであるように見《み》えるでしょう。このことから、以前《いぜん》は、楷書《かいしょ》から行書《ぎょうしょ》が作《つく》られ、行書《ぎょうしょ》をさらに速《はや》く書《か》くためにくずしたのが草書《そうしょ》であると考《かんが》えられてきました。しかし、古代《こだい》の書体《しょたい》の研究《けんきゅう》が進《すす》んで、以前《いぜん》の理解《りかい》はあらためられました。

【草《そう》書《しょ》】 漢《かん》の時代《じだい》になると、中国《ちゅうごく》の国力《こくりょく》はいっそう強大《きょうだい》なものとなり、それにしたがって国《くに》の仕事《しごと》もふえて文書《ぶんしょ》を記録《きろく》することも多《おお》くなってきました。このため隷書《れいしょ》(☞「ものしり巻物」161ページ)をさらに速《はや》く書《か》きやすくするくふうがなされ、そのくずし書《が》きがおこなわれるようになりました。これが草書《そうしょ》のはじまりです。

草書《そうしょ》という名前《なまえ》がつけられた理由《りゆう》は、「草」には、「下書《したが》き」「かんたん」「急《いそ》ぐ」といった意味《いみ》があるので、正式《せいしき》ではない文章《ぶんしょう》をどんどんかんたんに書《か》くために作《つく》られた書体《しょたい》ということからであるといわれています。

【行《ぎょう》書《しょ》】 行書《ぎょうしょ》は、六朝《りくちょう》時代《じだい》の晋《しん》のころにたいへんさかんになった書体《しょたい》で、この時期《じき》にひじょうによく整《ととの》えられたことから、これまでは、すでに広《ひろ》くおこなわれていた楷書《かいしょ》をいくぶんくずして流《なが》れ行《ゆ》くような形《かたち》にした書体《しょたい》と考《かんが》えられていました。しかしその書体《しょたい》をさかのぼって調《しら》べていくと、ほぼ草書《そうしょ》が生《う》まれたのとおなじころにまでたどりつけることが明《あき》らかになってきました。したがって行書《ぎょうしょ》も、草《そう》書《しょ》とおなじく隷書《れいしょ》を書《か》きやすくすることから生《う》まれた書体《しょたい》であるということになります。

【楷《かい》書《しょ》】 隷書《れいしょ》を速《はや》く書《か》くために生《う》まれた草《そう》書《しょ》が、あまりにも字形《じけい》をくずしすぎてわかりにくくなったため、より読《よ》みやすく、また書《か》きやすい書体《しょたい》をもとめて、隷書《れいしょ》からまたべつの書体《しょたい》が生《う》まれました。隷書《れいしょ》をより直線的《ちょくせんてき》にしてかちっと整《ととの》った書体《しょたい》に整理《せいり》した楷書《かいしょ》です。これは後漢《ごかん》時代《じだい》のすえころには完成《かんせい》し、当時《とうじ》「今隷《きんれい》」とも「真書《しんしょ》」ともよばれ、現在《げんざい》までずっと漢字《かんじ》の標準《ひょうじゅん》となる正《ただ》しい書体《しょたい》として用《もち》いられています。

楷書《かいしょ》という名前《なまえ》については、言《い》いつたえがあります。山東省《さんとうしょう》にある孔子《こうし》の霊《れい》をまつった廟《びょう》に、弟子《でし》の子貢《しこう》が楷《かい》の木《き》を植《う》えたといわれています。この木《き》はえだぶりが定規《じょうぎ》をあてたようにきちんとしているといわれていることから、楷書《かいしょ》は、その名《な》を借《か》りて名《な》づけたということです。

日本《にほん》で孔子《こうし》をまつっている東京《とうきょう》の湯島聖《ゆしませい》堂《どう》にも、この楷《かい》の木《き》が植《う》えられています。

隷書	魚	雨
草書	魚	雨
行書	魚	雨
楷書	魚	雨

湯島聖堂の楷の木

又−6

取

総画8
JIS-2872
教3年
音 シュ
訓 とる

筆順

なりたち

【会意】耳《みみ》と手《て》(又)とからなり、戦《せん》争《そう》で手《て》がらをしめすために敵《てき》の耳《みみ》を切《き》りとることを表《あらわ》している字《じ》。

意味 とる。手《て》にもつ。自《じ》分《ぶん》のものにする。
例 手《て》に取《と》る。取得《しゅとく》・奪取《だっしゅ》 対 捨《しゃ》

使い分け とる[取・捕・採・執] ☞195ページ

【取材《しゅざい》】▲〈―する〉①報《ほう》道《どう》するために、関係《かんけい》する人《ひと》から話《はなし》を聞《き》いたりようすを調《しら》べたりすること。例 商店街《しょうてんがい》を取材《しゅざい》する。取材《しゅざい》メモ ②作《さく》品《ひん》の題材《だいざい》を、ある事《じ》件《けん》や問《もん》題《だい》の中《なか》から取《と》り上《あ》げること。例 この小説《しょうせつ》は、身《み》近《ぢか》なできごとから取材《しゅざい》したものだ。

【取捨選。択《しゅしゃせんたく》】〈―する〉よいものや役《やく》に立《た》つものをのこし、わるいものやいらないものはすてるようにして、うまくえらびとること。例 情報《じょうほう》を取捨選択《しゅしゃせんたく》して記《き》事《じ》を書《か》く。

【取水《しゅすい》】▲〈―する〉飲用水《いんようすい》や農業《のうぎょう》用水《ようすい》などを川《かわ》や湖《みずうみ》から取《と》りこむこと。例 取水制限《しゅすいせいげん》

【取得《しゅとく》】Ⅱ〈―する〉あるものを手《て》に入《い》れて、自《じ》分《ぶん》のものとすること。例 資格取得《しかくしゅとく》。類 入手《にゅうしゅ》

【取。締役《とりしまりやく》】会《かい》社《しゃ》の重役《じゅうやく》で、会社全体《かいしゃぜんたい》を動《うご》かしていく責任《せきにん》のある役目《やくめ》。例 常務取締《じょうむとりしまり》役《やく》

取が下につく熟語 上の字の働き

【採取《さいしゅ》 摂取《せっしゅ》】近《ちか》い意味《いみ》。
【受取《うけとり》 詐取《さしゅ》 搾取《さくしゅ》 奪取《だっしゅ》 窃取《せっしゅ》 進取《しんしゅ》 聴取《ちょうしゅ》】ドウヤッテ取《と》るか。
◆ 関取《せきとり》 先取《せんしゅ》 頭取《とうどり》

又−6

受

総画8
JIS-2885
教3年
音 ジュ
訓 うける・うかる

筆順
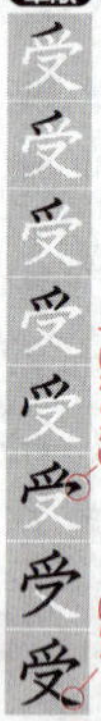

なりたち

【形声】下《した》向《む》きの手《て》(爫)と、上向《うわむ》きの手《て》(又)とが、手《て》から手《て》へ物《もの》をうけわたすことを表《あらわ》す字《じ》。「舟《シュウ》→冖」が「ジュ」とかわって読《よ》み方《かた》をしめしている。

意味 うけとる。もらう。うけいれる。こうむる。例 注文《ちゅうもん》を受《う》ける。受《う》けがいい。試《し》験《けん》に受《う》かる。受付《うけつけ》・受験《じゅけん》・受信《じゅしん》・享受《きょうじゅ》

名前のよみ しげ・つぐ

【受付《うけつけ》】↓①よそから来《き》た人《ひと》から、まず用《よう》件《けん》を聞《き》き、取《と》りつぎをする役目《やくめ》。例 受付係《うけつけがかり》 ②申《もう》しこみや注文《ちゅうもん》などを受《う》け入《い》れること。例 願書受付《がんしょうけつけ》をしめきる。

【受取《うけとり》】↓受《う》け取《と》ったしるしに出《だ》す書《か》きつけ。レシート。類 受領《じゅりょう》証《しょう》・領《りょう》収《しゅう》書《しょ》

【受益者《じゅえきしゃ》】そのことでとくをする立場《たちば》の人《ひと》。

【受験《じゅけん》】▲〈―する〉試験《しけん》を受《う》けること。例 受《じゅ》験《けん》勉強《べんきょう》。私立《しりつ》中学《ちゅうがく》を受験《じゅけん》する。

【受講《じゅこう》】▲〈―する〉講義《こうぎ》・講習《こうしゅう》を受《う》けること。

【受章《じゅしょう》】▲〈―する〉勲章《くんしょう》などを受《う》けること。例 文《ぶん》化《か》勲章《くんしょう》の受章者《じゅしょうしゃ》。対 授章《じゅしょう》

【受賞《じゅしょう》】▲〈―する〉賞《しょう》をもらうこと。例 書《か》きぞめ展《てん》で金賞《きんしょう》を受賞《じゅしょう》する。対 授賞《じゅしょう》

【受信《じゅしん》】▲〈―する〉①通信《つうしん》やラジオ・テレビの放送《ほうそう》を受《う》けること。例 海外《かいがい》からの電波《でんぱ》を受《じゅ》信《しん》する。類 受像《じゅぞう》 対 送信《そうしん》 ②郵便物《ゆうびんぶつ》を受《う》け取《と》ること。例 受信人《じゅしんにん》 対 発信《はっしん》

【受。診《じゅしん》】▲〈―する〉医《い》者《しゃ》に診察《しんさつ》してもらうこと。例 受診者《じゅしんしゃ》カード

【受精《じゅせい》】▲〈―する〉めすのからだでつくられた卵《らん》子《し》に、おすのからだでつくられた精《せい》子《し》がむすびつき、新《あたら》しく生《う》まれる子《こ》のもとになる細胞《さいぼう》ができること。例 受精卵《じゅせいらん》 知識 植物《しょくぶつ》の場《ば》合《あい》は、おしべの花粉《かふん》がめしべにつき種《しゅ》子《し》となるので、「受粉《じゅふん》」と受精《じゅせい》が同《おな》じことになる。

【受像《じゅぞう》】▲〈―する〉電波《でんぱ》を受《う》けとめて、テレビに映像《えいぞう》をうつし出《だ》すこと。類 受信《じゅしん》

【受。諾《じゅだく》】Ⅱ〈―する〉相手《あいて》の意見《いけん》や要求《ようきゅう》などを聞《き》き入《い》れること。例 ポツダム宣言《せんげん》を受諾《じゅだく》する。類 承諾《しょうだく》 対 拒絶《きょぜつ》

【受注《じゅちゅう》】▲〈―する〉仕事《しごと》や商品《しょうひん》の注文《ちゅうもん》を受《う》けること。例 大量受注《たいりょうじゅちゅう》。対 発注《はっちゅう》

【受難《じゅなん》】▲〈―する〉なにもわるいことをしていないのに、ひどい苦《くる》しみやつらいめにあう

こと。例 受難《じゅなん》の時代《じだい》。表現 とくに、キリストが罪《つみ》なく十字架《じゅうじか》にかけられたことを指《さ》す。

【受納】《じゅのう》 Ⅱ〈―する〉受《う》け取《と》っておさめること。例 つまらぬ物《もの》ですがご受納《じゅのう》ください。

【受粉】《じゅふん》 ▲〈―する〉おしべの花粉《かふん》が風《かぜ》や虫《むし》などに運《はこ》ばれて、めしべにつくこと。参考 「授《じゅ》粉《ふん》」は、栽培《さいばい》のためにおしべの花粉《かふん》をめしべにつけてやること。

【受理】《じゅり》 ↓〈―する〉書類《しょるい》などを正式《せいしき》に受《う》け取《と》ること。例 辞表《じひょう》を受理《じゅり》する。

【受領】《じゅりょう》 Ⅱ〈―する〉品物《しなもの》やお金《かね》を受《う》け取《と》ること。例 受領証《じゅりょうしょう》 類 領収《りょうしゅう》

【受話器】《じゅわき》 電話機《でんわき》についている、相手《あいて》の話《はなし》を聞《き》くための器械《きかい》。今《いま》ではこちらの話《はなし》を送《おく》る「送話器《そうわき》」と一《ひと》つになって、その部分全体《ぶぶんぜんたい》を受《じゅ》話器《わき》という。

◆ 甘受《かんじゅ》 享受《きょうじゅ》 授受《じゅじゅ》 傍受《ぼうじゅ》

叔

又-6　総画8　JIS-2939　常用

訓 ―　音 シュク

筆順 叔叔叔叔叔叔叔叔

なりたち 【形声】「又」が「手」《て》を、「尗」が「みのっている豆《まめ》」の意味《いみ》と「シュク」という読《よ》み方《かた》をしめしている。手《て》で豆《まめ》をとることを表《あらわ》す字《じ》。借《か》りて、きょうだいの順序《じゅんじょ》をしめす。

意味 父母《ちちはは》の年下《としした》のきょうだい。例 叔父《おじ》

特別なよみ 叔父(おじ)・叔母(おば)

名前のよみ よし

【°叔父】《おじ》 ↓ 父母《ちちはは》の弟《おとうと》。また、叔母《おば》の夫《おっと》。対

【°叔母】《おば》 ↓ 父母《ちちはは》の妹《いもうと》。また、叔父《おじ》の妻《つま》。対

表記 父母《ちちはは》の兄《あに》は「伯父」と書《か》く。

表記 父母《ちちはは》の姉《あね》は「伯母」と書《か》く。

叙

又-7　総画9　JIS-2986　常用

訓 ―　音 ジョ

「敍」

筆順 叙叙叙叙叙叙叙叙叙

なりたち 【形声】もとの字《じ》は、「敍」。「攴」が「むりにさせる」ことを、「余《ヨ》」が「ジョ」とかわって読《よ》み方《かた》をしめしている。「ジョ」は「順序《じゅんじょ》」の意味《いみ》を持《も》ち、順序《じゅんじょ》づけることを表《あらわ》す字《じ》。

意味 ❶順序《じゅんじょ》だててのべる。例 叙述《じょじゅつ》・叙情《じょじょう》 ❷順序《じゅんじょ》をつける。位《くらい》をさずける。例 叙勲《じょくん》

名前のよみ のぶ

❶〈順序だててのべる〉の意味で

【°叙景】《じょけい》 ▲ 自然《しぜん》の景色《けしき》のようすを、詩《し》や文章《ぶんしょう》に表現《ひょうげん》すること。風景描写《ふうけいびょうしゃ》 例 叙景歌《じょけいか》

【°叙事】《じょじ》 ▲ 人物《じんぶつ》の行動《こうどう》やものごとのようすなどを、感情《かんじょう》をまじえないで表現《ひょうげん》すること。例 叙事詩《じょじし》 対 叙情《じょじょう》

【°叙述】《じょじゅつ》 Ⅱ〈―する〉ものごとを、順《じゅん》を追《お》って文章《ぶんしょう》に書《か》き表《あらわ》すこと。類 記述《きじゅつ》

【°叙情】《じょじょう》 ▲ 気持《きも》ちや心《こころ》の動《うご》きをことばで表現《ひょうげん》すること。例 叙情詩《じょじょうし》 対 叙事《じょじ》 参考 以前《いぜん》は「抒情」と書《か》いていた。

❷〈順序をつける〉の意味で

【°叙°勲】《じょくん》 ▲ 国《くに》や社会《しゃかい》のためにつくした人《ひと》

例解 使い分け

［とる《取る・捕る・採る・執る》］

取る＝手《て》に持《も》つ。手《て》に入《い》れる。とりのぞく。
例 手《て》に取《と》る。メモを取《と》る。よごれを取《と》る。

捕る＝つかまえる。
例 ネズミを捕《と》る。虫《むし》を捕《と》る。生《い》け捕《ど》る。

採る＝選《えら》んで拾《ひろ》いあげる。
例 山菜《さんさい》を採《と》る。社員《しゃいん》を採《と》る。血《ち》を採《と》る。

執る＝仕事《しごと》をする。
例 事務《じむ》を執《と》る。指揮《しき》を執《と》る。式《しき》を執《と》りおこなう。

参考 「写真《しゃしん》をとる」の場合《ばあい》は「撮《と》る」を使《つか》う。

°学習漢字でない常用漢字　▲常用漢字表にない音訓　◆常用漢字でない漢字

に位《くらい》や勲章《くんしょう》をさずけること。例 春《はる》の叙勲《じょくん》。

又-14 叡 総画16 JIS-1735 人名
音 エイ
訓 あき-らか

意味 ❶あきらか。例 叡智《えいち》(↓英知《えいち》) ❷天子《てんし》の言動《げんどう》につけることば。例 叡聞《えいぶん》・叡慮《えいりょ》

名前のよみ あきら・さとし・ただ・とおる・とし・まさ・よし

前ページ ▶ 叔 叙

2画 ク [く] の部

「ク」は、もともと部首《ぶしゅ》ではありませんが、「ク」の形《かたち》からでも字《じ》がひけるように、検索記号《けんさくきごう》として設《もう》けました。
↓でしめされたページをひいてください。

この部首の字
久→ノ 38　争→亅 44　危→㔾 182
色→色 891　角→角 921　免→儿 113　急→心 471
負→貝 952　勉→力 164　亀→亀 1070　魚→魚 1063
象→豕 950

2画 マ [ま] の部

「マ」は、もともと部首《ぶしゅ》ではありませんが、「マ」の形《かたち》からでも字《じ》がひけるように、検索記号《けんさくきごう》として設《もう》けました。
↓でしめされたページをひいてください。

この部首の字
予→亅 43　矛→矛 777　勇→力 164
柔→木 607　務→力 166　疑→疋 750　々→ 993

2画 𠂉 [のいち] の部

「𠂉」は、もともと部首《ぶしゅ》ではありませんが、「𠂉」の形《かたち》からでも字《じ》がひけるように、検索記号《けんさくきごう》として設《もう》けました。
↓でしめされたページをひいてください。

この部首の字
午→十 175　失→大 284　生→生 736
矢→矢 777　年→干 366　朱→木 598　毎→毋 644
気→气 648　缶→缶 853　無→灬 707　舞→舛 991

3画 口 [くち][くちへん] の部

「口《くち》」をもとに作《つく》られ、飲食《いんしょく》したり声《こえ》を出《だ》すことにかかわる意味《いみ》を表《あらわ》す字《じ》を集《あつ》めてあります。

この部首の字
0 口……197　2 右……199　可……200
叶……200　句……200　古……201　叩……202
号……202　史……202　司……203　只……203
叱……203　召……203　台……204　3 各……204
吉……205　吸……205　叫……206　向……206
后……206　合……206　吊……208　吐……208
同……208　名……210　吏……212　4 含……212
吟……213　君……213　呉……213　吾……214

漢字パズル 3

かがみたて

……のところに鏡《かがみ》を立《た》てて、のぞきこむと、漢字《かんじ》がうかびあがります。どんな漢字《かんじ》でしょう。

例 ① ② ③ ④ ⑤ ⑥ ⑦ ⑧ ⑨

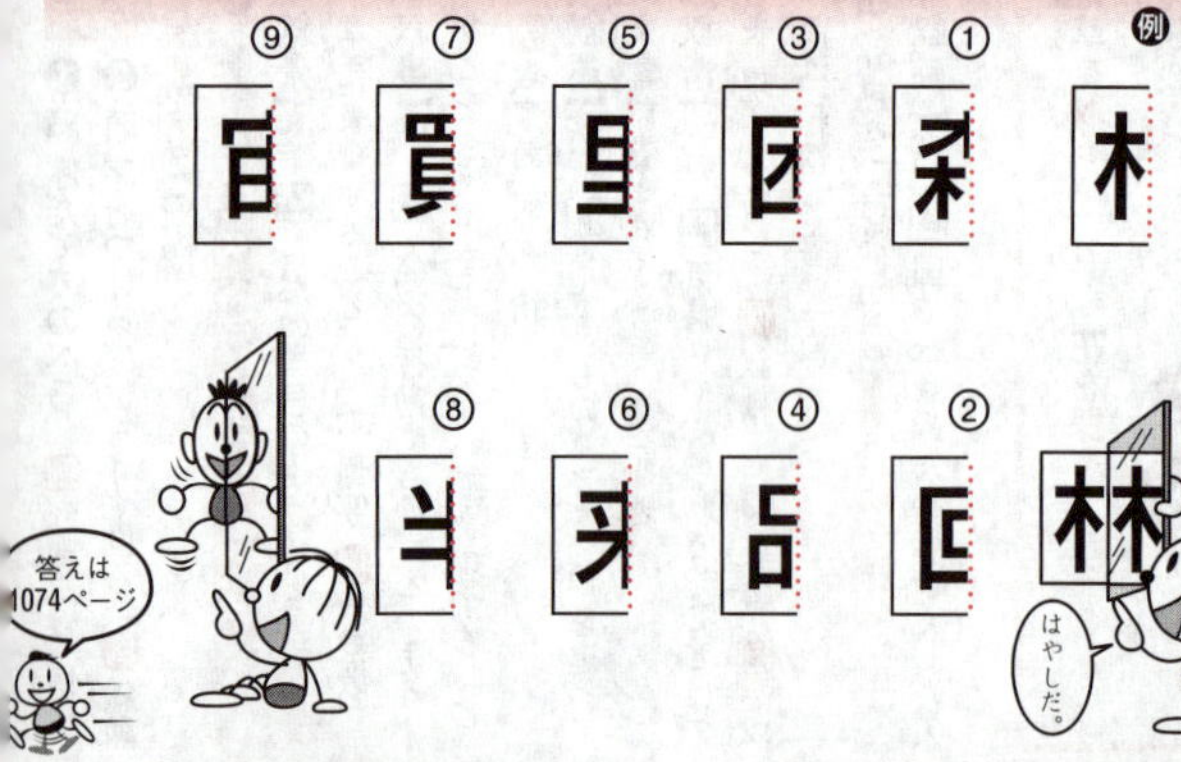

ものしり巻物 第7巻

漢字《かんじ》の形《かたち》

漢字《かんじ》は、時代《じだい》の流《なが》れに沿《そ》ってさまざまに変《へん》化《か》してきました。

漢字《かんじ》の起源《きげん》は、亀《かめ》の甲羅《こうら》や獣《けもの》の骨《ほね》などに刻《きざ》まれた**甲骨文字**《こうこつもじ》とされ、銅《どう》に鋳込《いこ》んだ**金文**《きんぶん》（☞「ものしり巻物」**129**ページ）となり、さらに発展《はってん》して**篆書**《てんしょ》や**隷書**《れいしょ》という書体《しょたい》が生《う》まれました（☞「ものしり巻物」**161**ページ）。

時代《じだい》がくだると、隷書《れいしょ》で速《はや》く多《おお》くの文書《ぶんしょ》を書《か》くために**草書**《そうしょ》や**行書**《ぎょうしょ》がくふうされました。しかし、あまりにも形《かたち》をくずしすぎたため、今《こん》度《ど》は、整《ととの》った書《か》きやすい書体《しょたい》として**楷書**《かいしょ》が生まれました（☞「ものしり巻物」**193**ページ）。

さらに中国《ちゅうごく》では、一九五〇年代《ねんだい》以降《いこう》の改革《かいかく》により、複雑《ふくざつ》な字形《じけい》を簡略化《かんりゃくか》した漢字《かんじ》「**簡化**《かんか》**字**《じ》」（簡体字《かんたいじ》とも）が生《う》みだされます。これは字形《じけい》の一部《いちぶ》をとったり、草書体《そうしょたい》を楷書体《かいしょたい》のようにしたりするなどのくふうをしてつくられました。現在《げんざい》の中国《ちゅうごく》では、この簡化字《かんかじ》が正式《せいしき》に使《つか》われています。簡化字《かんかじ》に対《たい》して、もとの字《じ》を**繁体字**《はんたいじ》と言《い》います。

日本《にほん》でもまた、中国《ちゅうごく》とは異《こと》なる展開《てんかい》があります。一九四六（昭和二十一《しょうわにじゅういち》）年《ねん》に発表《はっぴょう》された「当用漢字表《とうようかんじひょう》」では、漢字《かんじ》に親《した》しみやすくするためにと、字形《じけい》の難《むずか》しい漢字《かんじ》にそれまで一《いっ》般《ぱん》の間《あいだ》で使《つか》われていた略字体《りゃくじたい》を採用《さいよう》するなど、字体《じたい》の整理《せいり》が行《おこな》われました。これを**新字体**《しんじたい》と呼び、それまでに使《つか》われていた字《じ》を**旧字体**《きゅうじたい》と言《い》います。一九八一（昭和五十六《しょうわごじゅうろく》）年《ねん》の「常用漢字表《じょうようかんじひょう》」も当用漢字《とうようかんじ》の流《なが》れを受《う》けて制《せい》定《てい》されました（☞「ものしり巻物」**417**ページ）。

二〇一〇（平成二十二《へいせいにじゅうに》）年《ねん》に改定《かいてい》された「常用漢字表《じょうようかんじひょう》」では、新《あたら》しく追加《ついか》した漢字《かんじ》に対《たい》して、当用漢字《とうようかんじ》のような字体《じたい》の整理《せいり》は行《おこな》わず、一部《いちぶ》の漢字《かんじ》にそのまま、むかしからの字体《じたい》を採用《さいよう》しています。これは、わたしたちの身《み》の回《まわ》りに、パソコンや携帯電話《けいたいでんわ》などの情報機器《じょうほうきき》が普及《ふきゅう》し、すでにその中《なか》で使《つか》われていた字体《じたい》であったということも理由《りゆう》の一《ひと》つでしょう。

とはいえ、「常用漢字表《じょうようかんじひょう》」の前文《ぜんぶん》にもふれられているように、それら一部《いちぶ》の字《じ》を手《て》で書《か》くときには、手書《てが》きの習慣《しゅうかん》がありますので、活《かっ》字《じ》とまったく同《おな》じに書《か》く必要《ひつよう》はありません。

この辞典《じてん》ではそのような説明《せつめい》を（字体のはなし）として、注意《ちゅうい》の必要《ひつよう》な項目《こうもく》につけてあります。ふろくの「字体についての解説」（[28]ページ）も参考《さんこう》にしてください。

■ 口-0

口

総画3
JIS-2493
教1年
訓 音 コウ・ク
くち

筆順

なりたち

[象形] くちの形《かたち》をえがいた字《じ》。

◦学習漢字でない常用漢字　▲常用漢字表にない音訓　◆常用漢字でない漢字

意味

❶**くち。**人《ひと》や動物《どうぶつ》の、食《た》べたり声《こえ》を出《だ》したりするところ。例口先《くちさき》・口角《こうかく》・経口《けいこう》

❷**出入《でい》りするところ。**人《ひと》や物《もの》が出《で》たり入《はい》ったりするところ。例傷口《きずぐち》・河口《かこう》・非常口《ひじょうぐち》

❸**ことば。**口《くち》に出《だ》して言《い》うこと。発言《はつげん》。例口《くち》がすべる。口語《こうご》・口述《こうじゅつ》・悪口《わるくち》

❹**はじめ。はじまり。**ものごとの最初《さいしょ》のところ。例口絵《くちえ》・糸口《いとぐち》

❺**分類《ぶんるい》したひとまとまり。**ものごとをいくつかに分《わ》けた一《ひと》つ。例大口《おおぐち》・辛口《からくち》・別口《べつくち》

文字物語 ☞198ページ

❶**〈くち〉の意味で**

【口先《くちさき》】[↓]くちびるの先《さき》のあたり。例口先《くちさき》をとがらせる。☞❸

【口笛《くちぶえ》】[↓]くちびるをすぼめ、息《いき》を出《だ》して、笛《ふえ》のような音《おと》を出《だ》すこと。例口笛《くちぶえ》をふく。

【口元《くちもと》】[↓]口《くち》のあたり。例口元《くちもと》がゆるむ。表記「口許」とも書《か》く。

【口角《こうかく》】[↓]口《くち》の両《りょう》はしのあたり。例口角《こうかく》あわをとばす（いきおいこんで、ものを言《い》う）。

❷**〈出入りするところ〉の意味で**

【口金《くちがね》】[↓]さいふなど、ものを入《い》れる道具《どうぐ》の口《くち》につける金具《かなぐ》。例ハンドバッグの口金《くちがね》。

【口径《こうけい》】[↓]つつの形《かたち》をしたもののあなの大《おお》きさ。例三十八口径《さんじゅうはちこうけい》のピストル。口径《こうけい》の大《おお》きい天体望遠鏡《てんたいぼうえんきょう》。

❸**〈ことば〉の意味で**

【口裏《くちうら》】[↓]話《はなし》の表面《ひょうめん》には出《だ》していない、おくの意味《いみ》。例口裏《くちうら》を合《あ》わせる（話《はなし》がくいちがわないように、前《まえ》もって打《う》ち合《あ》わせておく）。

【口数《くちかず》】[↓]話《はな》す回数《かいすう》や長《なが》さ。ことばかず。例口数少《くちかずすく》なく答《こた》える。☞❺

【口。癖《くちぐせ》】[↓]何《なに》かといえば、その人《ひと》が口《くち》にすることば。例「もったいない」が祖母《そぼ》の口癖《くちぐせ》だった。

【口口《くちぐち》】[II]〈―に〉めいめいがなにかを言《い》うようす。例思《おも》いつくことを口々《くちぐち》に言《い》う。

【口車《くちぐるま》】[↓]つい賛成《さんせい》し同意《どうい》してしまいそうな、調子《ちょうし》のいい話《はな》し方《かた》。表現「口車《くちぐるま》にのる」、「のせる」、「のせられる」の形《かたち》で使《つか》われる。

【口先《くちさき》】[↓]心《こころ》にもない、うわべだけのことば。例口先《くちさき》だけの人《ひと》。☞❶

【口八丁《くちはっちょう》】〈―な〉〈―に〉口《くち》のきき方《かた》がじょうずで、はやいこと。例口八丁手八丁《くちはっちょうてはっちょう》

【口真似《くちまね》】人《ひと》の話《はな》し方《かた》や声《こえ》などのまねをすること。例先生《せんせい》の口《くち》まねをする。

【口約束《くちやくそく》】〈―する〉書類《しょるい》ではなく、話《はな》し合《あ》いだけでする約束《やくそく》。例口約束《くちやくそく》でも、約束《やくそく》は約束《やくそく》だ。

【口調《くちょう》】[↓]①言《い》い方《かた》・話《はな》し方《かた》にあらわれる、その人《ひと》らしさや、考《かんが》え方《かた》・感《かん》じ方《かた》の特徴《とくちょう》。例きびしい口調《くちょう》。②言《い》いやすいか言《い》いにくいか、聞《き》いたときになめらかかどうか、などの感《かん》じ。例口調《くちょう》がいい。

【口伝《くでん》】[↓]仕事《しごと》や芸《げい》のもっともだいじなことを口《くち》づたえで教《おし》えること。口《くち》づたえの教《おし》え。

【口外《こうがい》】[↓]〈―する〉かくしておかなければならないことを、関係《かんけい》のない人《ひと》に話《はな》してしまうこと。例口外無用《こうがいむよう》。類他言《たごん》

【口語《こうご》】[↓]①話《はな》すときのことば。話《はな》しことば。対文章語《ぶんしょうご》 ②現代人《げんだいじん》がふつうに話《はな》したり書《か》いたりしていることば。例口語体《こうごたい》 対文語《ぶんご》

【口実《こうじつ》】[↓]なにかをしたり言《い》いのがれたりするために考《かんが》え出《だ》したもっともらしい理由《りゆう》。例病気《びょうき》を口実《こうじつ》にして欠席《けっせき》する。類名目《めいもく》

【口述《こうじゅつ》】[↓]〈―する〉文章《ぶんしょう》に書《か》かずに口《くち》で話《はな》

文字物語

❶は、食《た》べ物《もの》や飲《の》み物《もの》をとり入《い》れる口《くち》。その「口《くち》」は、また、ひとりの人間《にんげん》を代表《だいひょう》している。その国《くに》や町《まち》などに住《す》んでいる人《ひと》の数《かず》を「人口《じんこう》」というのも、「食《た》べる口《くち》をもった人間《にんげん》の数《かず》」の意味《いみ》だ。むかし、生活《せいかつ》が苦《くる》しくて子《こ》どもをはたらきに出《だ》すなどしたことを「口《くち》べらし」といったのも、その家《いえ》から食《た》べる人間《にんげん》の数《かず》をへらすためであった。

❸は、声《こえ》を出《だ》して話《はなし》をする「口《くち》」。「口《くち》ぐちにさけぶ」と言《い》えば、おなじことを、おおぜいの人《ひと》びとが、それぞれに大《おお》きな声《こえ》を出《だ》して言《い》っているようすが目《め》にうかんでくる。

❺の「口《くち》」は、「寄付金《きふきん》は、一口千円《ひとくちせんえん》です、なんでもどうぞ」「大口《おおぐち》の注文《ちゅうもん》」のように、申《もう》しこみや、取《と》り引《ひ》きの単位《たんい》にもなる。

して聞《き》かせること。例口述筆記《こうじゅつひっき》・口述試験《こうじゅつしけん》

【口上】《こうじょう》↓①口《くち》で申《もう》しのべること。例にげ口上《こうじょう》。②芝居《しばい》で、出演者《しゅつえんしゃ》が舞台《ぶたい》から観客《かんきゃく》にあいさつや演目《えんもく》の紹介《しょうかい》などをすること。例前口上《まえこうじょう》 参考口《くち》で言《い》うかわりに書《か》いたものを「口上書《こうじょうが》き」という。

【口承文芸】《こうしょうぶんげい》 人《ひと》びとが口《くち》づてで人《ひと》から人《ひと》へと語《かた》りついできた、ものがたりや伝説《でんせつ》などの文芸《ぶんげい》。

【口頭】《こうとう》↓書《か》かないで口《くち》に出《だ》して言《い》うこと。例口頭試問《こうとうしもん》 対文書《ぶんしょ》

【口論】《こうろん》↓〈—する〉言《い》いあらそうこと。例ちょっとした口論《こうろん》から大《おお》げんかになった。

❹〈はじめ。はじまり〉の意味で

【口絵】《くちえ》↓本《ほん》や雑誌《ざっし》のはじめにある絵《え》や写真《しゃしん》。例口絵写真《くちえしゃしん》

【口火】《くちび》↓①火薬《かやく》に点火《てんか》するための火《ひ》。例導火線《どうかせん》に口火《くちび》をつける。②ガス器具《きぐ》に火《ひ》をつけるもとになる小《ちい》さい火《ひ》。③ものごとが動《うご》きだすきっかけ。例発言《はつげん》の口火《くちび》を切《き》る。

❺〈分類したひとまとまり〉の意味で

【口数】《くちすう｜くちかず》↓申《もう》しこみの数《かず》。☞❸

【口座】《こうざ》↓銀行《ぎんこう》が、利用者《りようしゃ》からあずかったお金《かね》を管理《かんり》するために用意《ようい》しておく元帳《もとちょう》。例口座《こうざ》をひらく。口座《こうざ》に振《ふ》りこむ。振込口座《ふりこみこうざ》

口が下につく熟語 上の字の働き

❷口＝〈出入りするところ〉のとき

【戸口《とぐち》 窓口《まどぐち》 門口《かどぐち》】近《ちか》い意味《いみ》。

【河口《かこう》 火口《かこう》 坑口《こうこう》】ナニの出入《でい》り口《ぐち》か。

【入口《いりぐち》 出口《でぐち》】ドウスルための口《くち》か。

❸口＝〈ことば〉のとき

【悪口《わるくち》 陰口《かげぐち》 軽口《かるくち》 早口《はやくち》 大口《おおぐち》】ドノヨウナ物言《ものい》いか。

【閉口《へいこう》 無口《むくち》 利口《りこう》】物言《ものい》う口《くち》をドウスルか、物言《ものい》いがドウデアルか。

❺口＝〈分類したひとまとまり〉のとき

【一口《ひとくち》 小口《こぐち》 大口《おおぐち》】ドノクライの口《くち》か。

【辛口《からくち》 別口《べつくち》】ドウイウ区分《くぶん》に属《ぞく》する口《くち》か。

◆糸口《いとぐち》 裏口《うらぐち》 蛇口《じゃぐち》 人口《じんこう》 手口《てぐち》 間口《まぐち》

口−2

右

総画5

JIS-1706

教1年

音 ウ・ユウ

訓 みぎ

筆順

ややみじかく

なりたち

【形声】「ナ（又）」がみぎ手《て》の意味《いみ》と「ユウ」という読《よ》み方《かた》をしめしている。「口《くち》」をくわえて、「口《くち》ぞえしてたすける」意味《いみ》の字《じ》。もとは、「又（又）」の字《じ》が「みぎ」の意味《いみ》に使《つか》われていたが、「また」の意味《いみ》に用《もち》いられてしまったので、「又」に代《か》わって「右」の字《じ》が使《つか》われるようになった。

意味

❶みぎ。みぎがわ。例右手《みぎて》・右岸《うがん》 対左《さ》

❷今《いま》のままがよいとする考《かんが》え方《かた》。これまでのやり方《かた》をまもろうとする考《かんが》えや立場《たちば》。保守派《ほしゅは》。例右派《うは》 対左《さ》

名前のよみ あき・あきら・これ・すけ・たか

❶〈みぎ〉の意味で

【右往左往】《うおうさおう》〈—する〉どうしたらよいかわからなくて、うろうろすること。例はじめてのできごとに右往左往《うおうさおう》してしまう。

【右岸】《うがん》↓川《かわ》の下流《かりゅう》にむかって右《みぎ》がわの岸《きし》。例船《ふね》を右岸《うがん》につける。対左岸《さがん》

【右◦舷】《うげん》↓船《ふね》の右《みぎ》がわの船《ふな》べり。対左舷《さげん》

【右◦顧左◆眄】《うこさべん》〈—する〉まわりの人《ひと》のようすや言《い》うことばかりを気《き》にして、自分《じぶん》の考《かんが》えでものごとを進《すす》めることができないこと。例右顧左眄《うこさべん》してためらう。類左顧右眄《さこうべん》

【右折】《うせつ》↓〈—する〉交差点《こうさてん》で道《みち》を右《みぎ》へまがること。例右折禁止《うせつきんし》。右折車線《うせつしゃせん》 対左折《させつ》

【右◦翼】《うよく》↓①飛行機《ひこうき》などの右《みぎ》のはね。例右翼《うよく》のエンジン。対左翼《さよく》 ②左右《さゆう》にひろがっているものの右《みぎ》がわの部分《ぶぶん》。例敵《てき》の右翼《うよく》をせめる。対左翼《さよく》 ③野球《やきゅう》で、本塁《ほんるい》から見《み》て右《みぎ》がわの外野《がいや》。ライト。例右翼手《うよくしゅ》 対左翼《さよく》 ☞❷

【右◦腕】↓一《うわん｜みぎうで》右《みぎ》のうで。例勝敗《しょうはい》はかれの右腕《うわん》にかかっている。対左腕《さわん｜ひだりうで》 二《みぎうで》いちばんたよりにできる部下《ぶか》。例社長《しゃちょう》の右腕《みぎうで》となってはたらく。類腹心《ふくしん》

【右手】《みぎて》↓①右《みぎ》の手《て》。例けがで右手《みぎて》が使《つか》えない。類右腕《うわん》 対左手《ひだりて》 ②右《みぎ》の方向《ほうこう》。例右手《みぎて》にあるビル。右手《みぎて》に曲《ま》がる。対左手《ひだりて》

❷〈今のままがよいとする考え方〉の意味で

【右派】《うは》↓今《いま》までの政治《せいじ》のやり方《かた》や社会《しゃかい》の

可 叶 句 ◀次ページ

しくみをまもろうという考《かんが》えを持《も》つ人《ひと》びとの集《あつ》まり。類 右翼《うよく》・保守派《ほしゅは》 対 左派《さは》

【右。翼】《うよく》 ↓ 政治《せいじ》のあり方《かた》や社会《しゃかい》のしくみを古《ふる》いままもろうとする考《かんが》え方《かた》。また、自分《じぶん》の国《くに》がとくべつにとうといとする考《かんが》え方《かた》。類 右派《うは》 対 左翼《さよく》 ☞❶

◆左右《さゆう》 座右《ざゆう》

■ 口-2

可

総画5
JIS-1836
教5年
訓 べ-し
音 カ

筆順 可 可 可 可 可 はねる

なりたち 【形声】「丂」は、「丂」の反転《はんてん》した形《かたち》で、すらすらいく意味《いみ》と、「カ」という読《よ》み方《かた》をしめしている。「口《くち》」をくわえて、声《こえ》がのびやかに出《で》ることを表《あらわ》す。

意味

❶よい。よろしい。許《ゆる》される。例 可《か》もなく不可《ふか》もなし。可決《かけつ》・許可《きょか》
❷できる。そうなりやすい。例 可能《かのう》
❸《その他《た》》例 可哀相《かわいそう》

名前のよみ とき・よし

❶〈よい〉の意味で

【可決】《かけつ》 ↓ 〈―する〉会議《かいぎ》などで出《だ》された、案《あん》をよいと決《き》めること。例 原案《げんあん》どおり可決《かけつ》する。対 否決《ひけつ》

【可否】《かひ》 ⇕ ①よいか、よくないか。類 是非《ぜひ》・良否《りょうひ》 ②賛成《さんせい》か反対《はんたい》か。例 議案《ぎあん》の可否《かひ》を問《と》う。類 賛否《さんぴ》

❷〈できる〉の意味で

【可視】《かし》 ⊠ 人間《にんげん》の目《め》で見《み》ることができること。例 可視光線《かしこうせん》 対 不可視《ふかし》

【可燃】《かねん》 ⊠ もえること。もえやすいこと。例 可燃性《かねんせい》・可燃物《かねんぶつ》 対 不燃《ふねん》

【可能】《かのう》 Ⅱ 〈―に―な〉やればできること。例 可能《かのう》なかぎり努力《どりょく》する。対 不可能《ふかのう》・不能《ふのう》

【可能性】《かのうせい》 できるかどうか。そうなるだろうという見《み》こみ。例 あすは雨《あめ》になる可能性《かのうせい》が高《たか》い。

【可•憐】《かれん》 ⊠ 〈―に―な〉よわよわしく、たよりなさそうで、思《おも》わずいたわりたくなるようなようす。例 可憐《かれん》な少女《しょうじょ》。

❸《その他》

【可•。哀相】《かわいそう》 〈―に―な〉あわれで、こちらの心《こころ》までいたくなる。例 かわいそうな子犬《こいぬ》。表現 「気《き》の毒《どく》」に対《たい》して「かわいそう」には、相手《あいて》を自分《じぶん》より力《ちから》のよわい者《もの》と見《み》る感《かん》じがある。

可が下につく熟語 上の字の働き

❶可＝〈よい〉のとき
【許可《きょか》 認可《にんか》】近《ちか》い意味《いみ》。

◆不可《ふか》

■ 口-2

叶

総画5
JIS-1980
人名
訓 かな-う
音 キョウ

意味 かなう。思《おも》いどおりになる。

名前のよみ やす

■ 口-2

句

総画5
JIS-2271
教5年
訓 —
音 ク

筆順 句 句 句 句 句 はねる

なりたち 【形声】「勹（勹）」が曲《ま》がる意味《いみ》と「ク」という読《よ》み方《かた》をしめしている。「口《くち》」をくわえて、ことばがとどこおりくぎられることから、「ことばや文《ぶん》のひとくぎり」の意味《いみ》として使《つか》われている。

意味

❶ことばのくぎり。ことばや文《ぶん》のひとくぎりのまとまり。例 句点《くてん》・語句《ごく》・文句《もんく》
❷はいく(俳句)。例 一句《いっく》ひねる。句会《くかい》
❸《その他《た》》例 節句《せっく》

❶〈ことばのくぎり〉の意味で

【句点】《くてん》 ↓ 一《ひと》つの文《ぶん》の終《お》わりにつける「。」のしるし。対 読点《とうてん》(「、」)

【句読点】《くとうてん》 句点《くてん》と読点《とうてん》。句点《くてん》「。」は文《ぶん》の終《お》わりにつけ、読点《とうてん》「、」は文中《ぶんちゅう》の意味《いみ》の切《き》れめにつける。

❷〈はいく(俳句)〉の意味で

【句会】《くかい》 ↓ 俳句《はいく》をつくって発表《はっぴょう》しあったり、批評《ひひょう》しあったりする集《あつ》まり。

【句集】《くしゅう》 ↓ 俳句《はいく》を集《あつ》めて本《ほん》にしたもの。

句が下につく熟語 上の字の働き

❶句＝〈ことばのくぎり〉のとき
【語句《ごく》 文句《もんく》】近《ちか》い意味《いみ》。

【対句《ついく》 俳句《はいく》 禁句《きんく》 警句《けいく》 慣用句《かんようく》 半句《はんく》（一言半句《いちごんはんく》）麗句《れいく》（美辞麗句《びじれいく》）】ドノヨウナ句《く》か。
◆字句《じく》 節句《せっく》 絶句《ぜっく》

ロ-2

古

総画5
JIS-2437
教2年
音 コ
訓 ふるい・ふるす・いにしえ

筆順 古 古 古 古 古 （ながく）

なりたち 古 【会意】「十《じゅう》」と「口《くち》」とを合《あ》わせて、十代《じゅうだい》ものあいだ口《くち》で言《い》いつたえられた「むかしの、古《ふる》い」ことがらを表《あらわ》している字《じ》。

意味
❶むかし。今《いま》に対《たい》して、ずっと前《まえ》のこと。例 古人《こじん》・古風《こふう》・復古《ふっこ》 対 今《こん》
❷ふるい。時間《じかん》がずいぶんたってしまっているもの。ふるびている。例 古《ふる》い話《はなし》。使《つか》い古《ふる》しのぞうきん。古参《こさん》・古本《こほん|ふるほん》 対 新《しん》

名前のよみ たか・ひさ

❶〈むかし〉の意味で
【古希《こき》】◎ 七十歳《しちじっさい》。例 祖父《そふ》の古希《こき》を祝《いわ》う。知識 中国《ちゅうごく》の詩人《しじん》、杜甫《とほ》の詩《し》の中《なか》の「人生七十《じんせいしちじゅう》、古来稀《こらいまれ》なり（七十歳《しちじっさい》まで生《い》きる人《ひと》はむかしからめったにいない）」からできたことば。表記「古稀」とも書《か》く。参考 ☞【還暦《かんれき》】（448ページ）
【古語《ここ》】↓ むかし使《つか》われていたことば。ふつう、江戸時代《えどじだい》までのことばを指《さ》す。
【古今《ここん|こきん》】⇕ むかしと今《いま》。むかしから今《いま》までのあいだ。例 古今《ここん》に例《れい》をみない話《はなし》。
【古今東西《ここんとうざい》】 むかしから今《いま》までと、東《ひがし》から西《にし》まで。あらゆる時代《じだい》とあらゆる地方《ちほう》。例 古今東西《ここんとうざい》の偉人《いじん》の伝記《でんき》を読《よ》む。
【古式《こしき》】↓ むかしからおこなわれてきた正《ただ》しいやり方《かた》。例 古式《こしき》にのっとる。
【古書《こしょ》】↓ むかしにつくられた本《ほん》。例 古書《こしょ》展《てん》を見《み》にいく。☞❷
【古人《こじん》】↓ むかしの人《ひと》。例 ことわざには、古人《こじん》のちえが生《い》きている。
【古。跡《こせき》】↓ 歴史《れきし》にのこるできごとがあったり、有名《ゆうめい》な建物《たてもの》があったりしたところ。類 旧跡《きゅうせき》・遺跡《いせき》・史跡《しせき》・名跡《めいせき》
【古戦場《こせんじょう》】 むかしたたかいがあった場《ば》所《しょ》。類 戦跡《せんせき》
【古代《こだい》】↓ ①大《おお》むかし。例 古代魚《こだいぎょ》の化石《かせき》。②歴史《れきし》の時代区分《じだいくぶん》の中《なか》で、いちばんふるい時代《じだい》。関連 古代《こだい》・中世《ちゅうせい》・近世《きんせい》・近代《きんだい》・現代《げんだい》
【古典《こてん》】↓ ①むかしから人《ひと》びとに読《よ》まれてきたすぐれた本《ほん》。例 世界《せかい》の古典《こてん》を読《よ》む。②古《ふる》くからの価値《かち》ある文化《ぶんか》。例 古典芸能《こてんげいのう》
【古都《こと》】↓ むかし、都《みやこ》であったところ。ふるくからの都《みやこ》。例 古都《こと》の旅《たび》。
【古風《こふう》】↓ 〈—に〉〈—な〉むかしが今《いま》にのこっている感《かん》じ。例 古風《こふう》なやり方《かた》。
【古。墳《こふん》】↓ 土《つち》を高《たか》くもりあげてつくった大《おお》むかしの墓《はか》。例 古墳時代《こふんじだい》 知識 日本《にほん》では、三《さん》世紀《せいき》から七世紀《ななせいき》ごろにつくられた。
【古文《こぶん》】↓ むかしの文章《ぶんしょう》。文語体《ぶんごたい》で書《か》かれた文章《ぶんしょう》。例 古文《こぶん》を読《よ》む。類 文語文《ぶんごぶん》 対 現代文《げんだいぶん》
【古文書《こもんじょ》】 むかし書《か》かれたままでのこっている手紙《てがみ》や記録《きろく》。
【古来《こらい》】⊠ むかしから今《いま》までずっとつづけて。例 日本古来《にほんこらい》の風習《ふうしゅう》。類 旧来《きゅうらい》
【古老《ころう》】↓ むかしのことをよく知《し》っているとしより。表記「故老」とも書《か》く。
【古巣《ふるす》】↓ ①前《まえ》にいた巣《す》。例 ツバメが古巣《ふるす》にもどった。②前《まえ》にくらしていたところや、もといた職場《しょくば》。例 転勤《てんきん》で古巣《ふるす》にもどる。

❷〈ふるい〉の意味で
【古。豪《こごう》】↓ 経験《けいけん》と実力《じつりょく》をもっている人《ひと》やチーム。例 古豪対新鋭《こごうたいしんえい》の決勝戦《けっしょうせん》。
【古参《こさん》】↓ ずっと前《まえ》からその仕事場《しごとば》にいる人《ひと》。例 会社《かいしゃ》の最古参《さいこさん》。類 古顔《ふるがお》・古株《ふるかぶ》 対 新参《しんざん》
【古書《こしょ》】↓ だれかが読《よ》んだ本《ほん》。例 古書市《こしょいち》 類 古本《こほん》 対 新本《しんぽん》 ☞❶
【古色◆蒼然《こしょくそうぜん》】〈—たる〉〈—と〉いかにもふるいという感《かん》じ。例 古色蒼然《こしょくそうぜん》たる建物《たてもの》。
【古本《こほん|ふるほん》】↓ いちど人《ひと》の手《て》にわたったことのある本《ほん》。例 古本屋《ふるほんや》 類 古書《こしょ》 対 新本《しんぽん》
【古米《こまい》】↓ 秋《あき》に収穫《しゅうかく》してから一年以上《いちねんいじょう》たった米《こめ》。対 新米《しんまい》
【古顔《ふるがお》】↓ 会社《かいしゃ》やグループにふるくからいる人《ひと》。類 古株《ふるかぶ》・古参《こさん》 対 新顔《しんがお》
【古株《ふるかぶ》】↓ 木《き》のふるい株《かぶ》。例 古株《ふるかぶ》をほる。

表現 ふるくからいる人《ひと》という意味《いみ》でも使《つか》う。

【古着《ふるぎ》】↓ だれかが着《き》た衣服《いふく》。例 古着屋《ふるぎや》

【古傷《ふるきず》】↓ ①何年《なんねん》も前《まえ》の傷《きず》のあと。例 雨《あめ》の日《ひ》は古傷《ふるきず》がいたむ。対 生傷《なまきず》 ②過去《かこ》の事件《じけん》や、いやな思《おも》い出《で》。例 古傷《ふるきず》にふれる。

【古・狸《ふるだぬき》】↓ 世《よ》なれていて、なかなか腹《はら》のうちを人《ひと》に見《み》せない、したたかな人物《じんぶつ》。

【古道具《ふるどうぐ》】使《つか》いふるした家具《かぐ》などの品物《しなもの》。

参考 古道具《ふるどうぐ》を売《う》る人《ひと》は「古物商《こぶつしょう》」。

古が下につく熟語 上の字の働き

❶古＝〈むかし〉のとき
【最古《さいこ》 太古《たいこ》 中古《ちゅうこ》】ドノクライむかしか。
【懐古《かいこ》 復古《ふっこ》】むかしを(むかしに)ドウスルか。

叩

口−2 総画5 JIS-3501 表外
訓 たた-く 音 コウ

意味 たたく。打《う》つ。例 門《もん》を叩《たた》く。

参考 魚《さかな》などをほうちょうで細《こま》かくたたいて作《つく》る料理《りょうり》を「叩《たた》き」という。例 あじの叩《たた》き。

号

口−2 総画5 JIS-2570 教3年
訓 — 音 ゴウ
［號］

筆順 号 号 号 号 号（ながく はねる）

なりたち 【形声】もとの字は、「號」。「号」がさけぶ意味《いみ》と「ゴウ」という読《よ》み方《かた》をしめしていた。「虎」をくわえて、虎《とら》がほえる意味《いみ》を表《あらわ》した字《じ》。今《いま》の字《じ》はその略《りゃく》された形《かたち》で、のびやかであったものがとどこおる意味《み》の「丂」と「口《くち》」を合《あ》わせて、高《たか》い声《こえ》をあげることを表《あらわ》す会意文字《かいいもじ》であった。

意味
❶さけぶ。大声《おおごえ》でよぶ。例 号令《ごうれい》・怒号《どごう》
❷しるし。合図《あいず》。例 号砲《ごうほう》・暗号《あんごう》
❸名前《なまえ》。㋐よび名《な》。例 号《ごう》を南洲《なんしゅう》という。㋑乗《の》り物《もの》や動物《どうぶつ》などの名前《なまえ》の下《した》につけることば。例 ひかり号《ごう》
❹順序《じゅんじょ》をしめすことば。例 次《つぎ》の号《ごう》につづく。号外《ごうがい》・一号《いちごう》・番号《ばんごう》

❶〈さけぶ〉の意味で
【号泣《ごうきゅう》】↓〈—する〉かなしみのあまり、大声《おおごえ》をあげて泣《な》くこと。類 慟哭《どうこく》
【号令《ごうれい》】Ⅱ〈—する〉①おおぜいの人《ひと》を指図《さしず》するときの大《おお》きなかけ声《ごえ》。例 号令《ごうれい》をかける。②支配者《しはいしゃ》が命令《めいれい》を出《だ》して指図《さしず》すること。例 天下《てんか》に号令《ごうれい》する。

❷〈しるし〉の意味で
【号。砲《ごうほう》】↓ 合図《あいず》のためにならす、大砲《たいほう》や銃《じゅう》。例 号砲一発《ごうほういっぱつ》、スタートをきった。

❹〈順序をしめすことば〉の意味で
【号外《ごうがい》】↓ 大《おお》きな事件《じけん》などを知《し》らせるために臨時《りんじ》に出《だ》す新聞《しんぶん》。例 号外《ごうがい》をくばる。
【号数《ごうすう》】↓ つながりの中《なか》のなん番目《ばんめ》かをしめす番号《ばんごう》。例 雑誌《ざっし》の号数《ごうすう》。シャツの号数《ごうすう》。

号が下につく熟語 上の字の働き

❷号＝〈しるし〉のとき
【記号《きごう》 信号《しんごう》】近《ちか》い意味《いみ》。
【符号《ふごう》 暗号《あんごう》】ドウイウ種類《しゅるい》のしるしか。

❸号＝〈名前〉のとき
【院号《いんごう》 屋号《やごう》 元号《げんごう》 年号《ねんごう》 雅号《がごう》 俳号《はいごう》】ドウイウ種類《しゅるい》の名前《なまえ》か。

◆ 称号《しょうごう》 怒号《どごう》 番号《ばんごう》

文字物語 史

むかし、宮廷《きゅうてい》につかえて、文書《もんじょ》を読《よ》み、だいじなできごとを記録《きろく》する役職《やくしょく》に「史《ふびと》」というのがあった。「文《ふみ》の人《ひと》」という意味《いみ》で、学問《がくもん》と広《ひろ》い知識《ちしき》とが必要《ひつよう》な職《しょく》だったから、「ふびと」は教養《きょうよう》のある文化人《ぶんかじん》として尊敬《そんけい》された。これは、当時《とうじ》のほかの多《おお》くの役職《やくしょく》がそうであったように、男性《だんせい》の役職《やくしょく》であった。

最近《さいきん》はあまり使《つか》われないが、「ヘレン・ケラー女史《じょし》」とか「与謝野晶子女史《よさのあきこじょし》」などのように、女性《じょせい》を男性《だんせい》とおなじように評価《ひょうか》し、尊敬《そんけい》していう「女史《じょし》」ということばがある。ここには、古《ふる》い時代《じだい》の「史《ふびと》」の背景《はいけい》がある。

史

口−2 総画5 JIS-2743 教4年
訓 — 音 シ

筆順 史 史 史 史 史（すこしだす はらう）

なりたち  【会意】数《かず》の記録《きろく》をする計数棒《けいすうぼう》を入《い》れる器《うつわ》をしめす「中」と「手《て》(ヌ)」とを合《あ》わせて、記録《きろく》をつかさどる役目《やくめ》を意味《いみ》する字《じ》。記録《きろく》することから、「歴史《れきし》」を表《あらわ》している。

意味 れきし(歴史)。世《よ》の中《なか》の移《うつ》りかわりやできごとを記録《きろく》したもの。例 史《し》をひもとく。史実《しじつ》・国史《こくし》

文字物語 ☞202ページ

名前のよみ ちか・ちかし・ひと・ふみ・み

【史学《しがく》】⊕歴史《れきし》のしるし方《かた》を研究《けんきゅう》する学《がく》問《もん》。例 史学雑誌《しがくざっし》・史学者《しがくしゃ》 類 歴史学《れきしがく》

【史実《しじつ》】⊕歴史《れきし》の中《なか》にじっさいにあったこと。例 史実《しじつ》にもとづいた小説《しょうせつ》。

【史書《ししょ》】⊕歴史《れきし》を書《か》いた本《ほん》。例 史書《ししょ》に学《まな》ぶ。類 史籍《しせき》

【史上《しじょう》】⊕これまでの歴史《れきし》のなかで。例 史《し》上最高《じょうさいこう》の人出《ひとで》。観測史上最大《かんそくしじょうさいだい》のすい星《せい》。

【史。跡《しせき》】⊕歴史《れきし》の上《うえ》で有名《ゆうめい》なできごとがあったところ。例 史跡《しせき》めぐり。類 旧跡《きゅうせき》・古跡《こせき》

【史料《しりょう》】⊕歴史《れきし》を書《か》くのに必要《ひつよう》な、記録文《きろくぶん》書《しょ》・手紙《てがみ》・日記《にっき》などの材料《ざいりょう》。例 史料《しりょう》を集《あつ》める。

史が下につく熟語 上の字の働き

【哀史《あいし》 国史《こくし》】ドノヨウナ歴史《れきし》か。

◆女史《じょし》 歴史《れきし》

口-2

司

総画5 JIS-2742 教4年

訓 音 シ

つかさ・つかさど-る

筆順 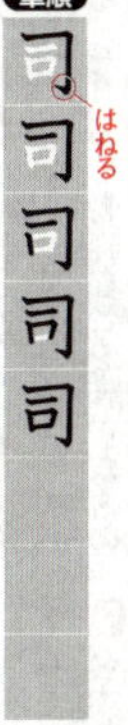

なりたち  【会意】「人《ひと》→ᄀ」と穴《あな》の意味《いみ》の「口」を合《あ》わせて、穴《あな》を通《とお》して「うかがう」意味《いみ》を表《あらわ》す字《じ》。そこからものごとをよく見《み》ぬくことから、「つかさどる(役目《やくめ》をもつ)」として使《つか》われる。

意味 つかさどる。役目《やくめ》としてとりしきる。しきる人《ひと》。例 司会《しかい》・司令《しれい》・行司《ぎょうじ》

名前のよみ おさむ・かず・つとむ・もと・もり

【司会《しかい》】▲〈—する〉予定《よてい》を立《た》てて、会《かい》を進行《しんこう》させること。例 座談会《ざだんかい》の司会者《しかいしゃ》。

【司教《しきょう》】▲カトリック教会《きょうかい》で、僧《そう》の位《くらい》の一《ひと》つ。大司教《だいしきょう》の下《した》、司祭《しさい》の上《うえ》にあたる。

【司祭《しさい》】▲カトリック教会《きょうかい》で、僧《そう》の位《くらい》の一《ひと》つ。類 神父《しんぷ》

【司書《ししょ》】▲図書館《としょかん》で、本《ほん》の整理《せいり》や貸《か》し出《だ》しのせわをする役目《やくめ》の人《ひと》。

【司法《しほう》】▲裁判官《さいばんかん》が、法律《ほうりつ》をもとにして、人《ひと》びとのあらそいごとや罪《つみ》をおかした人《ひと》をさばくこと。例 司法《しほう》の独立《どくりつ》。関連 立法《りっぽう》・行政《ぎょうせい》・司《し》法《ほう》

【司令《しれい》】▲〈—する〉警察《けいさつ》や消防《しょうぼう》、軍隊《ぐんたい》などを指《さし》図《ず》して動《うご》かす職務《しょくむ》。例 司令部《しれいぶ》 類 指揮《しき》

司が下につく熟語 上の字の働き

【宮司《ぐうじ》 行司《ぎょうじ》】ナニの役目《やくめ》の人《ひと》か。〔「行《ぎょう》」は行《ぎょう》事《じ》。相撲《すもう》がむかし宮廷《きゅうてい》の行事《ぎょうじ》だったので〕

口-2

只

総画5 JIS-3494 人名

訓 音 シ

ただ

意味 ❶それだけ。ただそれだけの。❷ただ。無料《むりょう》。例 ただ乗《の》り

口-2

叱

総画5 JIS-2824 常用

訓 音 シツ

しかる

筆順 

意味 しかる。強《つよ》くたしなめる。とがめる。ののしる。

【°叱責《しっせき》】Ⅲ〈—する〉他人《たにん》のあやまちなどをしかってせめること。

【°叱◆咤《しった》】Ⅲ〈—する〉①大声《おおごえ》でしかること。②大声《おおごえ》ではげますこと。例 叱咤激励《しったげきれい》

口-2

召

総画5 JIS-3004 常用

訓 音 ショウ

めす

筆順 

なりたち  【形声】「刀《トウ》」がショウとかわって読《よ》み方《かた》をしめし、「口《くち》」をくわえて、ことばでよびよせる意味《いみ》を表《あらわ》している字《じ》。

意味 よびよせる。目上《めうえ》の立場《たちば》のものが下《した》のものをよぶ。めす。例 召喚《しょうかん》・召集《しょうしゅう》

名前のよみ よし

【°召。喚《しょうかん》】Ⅲ〈—する〉裁判所《さいばんしょ》が、日時《にちじ》を決《き》め

てよびだすこと。類 喚問《かんもん》

【召還】しょうかん ↓〈―する〉外国《がいこく》に行《い》かせた人《ひと》などを、よびもどすこと。例 大使《たいし》を召還《しょうかん》する。

【召集】しょうしゅう ↓〈―する〉①軍隊《ぐんたい》に入るように命令《めいれい》を出すこと。例 召集令状《しょうしゅうれいじょう》 ②国会議員《こっかいぎいん》を議院《ぎいん》によび集《あつ》めること。例 国会《こっかい》が召集《しょうしゅう》された。表現 ②の「召集《しょうしゅう》」は国会《こっかい》だけで、地方《ちほう》の議会《ぎかい》などには「招集《しょうしゅう》」を使《つか》う。

口-2

【台】

総画5 JIS-3470 教2年

訓 音 ダイ・タイ
―

［臺］

筆順 台 台 台 台 台 （おる）（とめる）

なりたち 臺 【会意】もとの字《じ》は、「臺」。「土」と「高」の省略形《しょうりゃくけい》と「至」を合《あ》わせて、土《つち》をきずいてつくった高《たか》い物見《ものみ》やぐらを表《あらわ》した字。常用漢字《じょうようかんじ》の「台」はその代《か》わりとして使《つか》われている字。

意味

❶高《たか》い土地《とち》や建物《たてもの》。高《たか》く平《ひら》たい土地《とち》。例 台地《だいち》・舞台《ぶたい》

❷ものをのせるもの。だい。例 台《だい》の上《うえ》に乗《の》る。台座《だいざ》

❸もののもと。例 台本《だいほん》・土台《どだい》

❹数量《すうりょう》のおおまかなくぎり。年《とし》やねだんなどのおおよその範囲《はんい》を表《あらわ》す。例 大台《おおだい》・千円台《せんえんだい》

❺車《くるま》や機械《きかい》などをかぞえることば。例 車《くるま》三台《さんだい》

❻《その他》例 台頭《たいとう》・台風《たいふう》

名前のよみ もと

❶〈高い土地や建物〉の意味で

【台地】だいち ↓まわりよりも高《たか》くて、上《うえ》が平《たい》らになっている土地《とち》。例 町《まち》はずれの台地《だいち》。

❷〈ものをのせるもの〉の意味で

【台形】だいけい ↓むかいあった二辺《にへん》が、ひと組《くみ》だけ平行《へいこう》な四辺形《しへんけい》。例 台形《だいけい》の面積《めんせき》。類 梯形《ていけい》

【台座】だいざ ↓ものをすえおく台《だい》。とくに仏像《ぶつぞう》をのせておく台《だい》。例 観音像《かんのんぞう》を台座《だいざ》にすえる。

【台紙】だいし ↓ものをはりつける厚《あつ》い紙《かみ》。

【台所】だいどころ ↓家《いえ》の中《なか》で、食事《しょくじ》のしたくや後《あと》かたづけをする場所《ばしょ》。キッチン。例 台所用品《だいどころようひん》 類 炊事場《すいじば》・勝手《かって》 表現「台所《だいどころ》がくるしい」のように、会計《かいけい》の意味《いみ》で使《つか》われることもある。

❸〈もののもと〉の意味で

【台詞】せりふ だいし ↓①俳優《はいゆう》（役者《やくしゃ》）が劇《げき》の中《なか》で言《い》うことば。例 台本《だいほん》のせりふをおぼえる。②相手《あいて》にあまりよくない感《かん》じをあたえることば。例 そんなせりふは聞《き》きあきた。表記「科白《せりふ》」とも書《か》く。

【台帳】だいちょう ↓①商店《しょうてん》などで、売《う》り上《あ》げやお金《かね》の出《だ》し入《い》れなどを書《か》いておく帳簿《ちょうぼ》。例 収支《しゅうし》を台帳《だいちょう》につける。類 元帳《もとちょう》 ②もとになる帳簿《ちょうぼ》。例 住民基本台帳《じゅうみんきほんだいちょう》 類 原簿《げんぼ》

【台本】だいほん ↓劇《げき》・映画《えいが》などをつくるもとになる、せりふや動作《どうさ》などを書《か》いたもの。例 台本《だいほん》の読《よ》み合《あ》わせをする。類 脚本《きゃくほん》・シナリオ

❻《その他》

【台頭】たいとう ▲〈―する〉新《あたら》しい勢力《せいりょく》が、いきおいをつけてあらわれてくること。例 若手《わかて》グループが台頭《たいとう》してきた。

【台風】たいふう ◎夏《なつ》から秋《あき》にかけて熱帯《ねったい》の海上《かいじょう》でおこり、日本《にほん》や中国《ちゅうごく》をおそう暴風雨《ぼうふうう》。

台が下につく熟語 上の字の働き

❶台＝〈高い土地や建物〉のとき
【屋台《やたい》 高台《たかだい》 露台《ろだい》】ドンナかっこうの建物《たてもの》か。
【灯台《とうだい》 舞台《ぶたい》】ナニのための建物《たてもの》か。

❷台＝〈ものをのせるもの〉のとき
【鏡台《きょうだい》 寝台《しんだい》 飯台《はんだい》 砲台《ほうだい》】ナニのための台《だい》か。

◆縁台《えんだい》 大台《おおだい》 土台《どだい》

口-3

【各】

総画6 JIS-1938 教4年

訓 音 カク
おのおの

筆順 各 各 各 各 各 各 （はらう）

なりたち 【会意】足《あし》（夂）をさかさにした「夂」と、ある場所《ばしょ》を表《あらわ》す「口」を合《あ》わせて、ある場所《ばしょ》に至《いた》る意味《いみ》を表《あらわ》す字《じ》。借《か》りて、「おのおの」の意味《いみ》を表《あらわ》す。

意味 おのおの。一《ひと》つ一《ひと》つ。それぞれ。例 各《おのおの》意見《いけん》をのべる。各学校《かくがっこう》・各自《かくじ》

発音あんない カク→カッ…例 各国《かっこく》

名前のよみ まさ

【各位《かくい》】↓ みなさま。みなさまがた。例 会員各位《かいいんかくい》のご協力《きょうりょく》に感謝《かんしゃ》します。表現 あらたまった場《ば》での話《はなし》や書類《しょるい》のあて名《な》などに使《つか》う。「各位様《かくいさま》」「各位殿《かくいどの》」のように「様《さま》」「殿《どの》」をつけるのは正《ただ》しくない。

【各員《かくいん》】↓ めいめい。ひとりひとり。例 各《かく》員《いん》の努力《どりょく》に期待《きたい》する。

【各界《かくかい｜かっかい》】↓ 政界《せいかい》・財界《ざいかい》・学界《がっかい》・スポーツ界《かい》など、それぞれの方面《ほうめん》。例 パーティーには各《かっ》界《かい》の名士《めいし》が集《あつ》まった。

【各紙《かくし》】↓ それぞれの新聞社《しんぶんしゃ》の新聞《しんぶん》。例 各《かく》紙《し》ともトップにその事件《じけん》の記事《きじ》をのせた。

【各自《かくじ》】↓ めいめい。ひとりひとり。おのおの。例 各自《かくじ》で用意《ようい》すること。類 各人《かくじん》

【各種《かくしゅ》】↓ いろいろな種類《しゅるい》。例 花《はな》のたねを各種《かくしゅ》とりそろえて売《う》っている。類 種種《しゅじゅ》

【各人各様《かくじんかくよう》】 それぞれにちがったようすや、やり方《かた》をしていること。

【各地《かくち》】↓ いろいろなところ。例 各地《かくち》を旅《たび》する。

【各派《かくは》】↓ それぞれのグループやなかま。例 野党各派《やとうかくは》がいっせいに反対《はんたい》した。

【各様《かくよう》】↓ いろいろ。さまざま。例 おなじ反対《はんたい》でも、理由《りゆう》は各様《かくよう》だ。

【各論《かくろん》】↓ 一《ひと》つ一《ひと》つのことがらをとりあげて、くわしくのべた意見《いけん》や論説《ろんせつ》。例 全体《ぜんたい》としては賛成《さんせい》だが、各論《かくろん》では反対《はんたい》だ。対 総論《そうろん》

【各国《かっこく》】↓ それぞれの国《くに》。例 世界各国《せかいかっこく》の代《だい》表《ひょう》が集《あつ》まった。

口-3

吉

総画6 JIS-2140 常用

音 キチ・キツ 訓 ―

筆順 吉 吉 吉 吉 吉 吉

なりたち 吉 【会意】「口《くち》」と、ふた(士)を合《あ》わせて、口《くち》いっぱいに物《もの》を入《い》れてふさぐことを表《あらわ》している。なかみがたくさんあることから、「よい、めでたい」の意味《いみ》で使《つか》われる字《じ》。

意味 よい。めでたい。さいわい。例 吉《きち》と出《で》るか凶《きょう》と出るか。吉日《きちじつ》・不吉《ふきつ》 対 凶《きょう》

名前のよみ さち・よし

【。吉事《きちじ｜きつじ》】↓ めでたいこと。えんぎのよいこと。例 吉事《きちじ》がつづく。類 慶事《けいじ》 対 凶事《きょうじ》

【。吉日《きちじつ｜きちにち｜きつじつ》】↓ めでたい日《ひ》。ものごとをするのにえんぎのよい日《ひ》。例 大安吉日《たいあんきちじつ》 対 凶日《きょうじつ》

【。吉例《きちれい｜きつれい》】↓ めでたいしきたり。例 吉例《きちれい》にしたがって、初《はつ》もうでに行《い》く。

【。吉。凶《きっきょう》】↕ えんぎのよいことと、わるいこと。例 吉凶《きっきょう》をうらなう。類 禍福《かふく》

【。吉兆《きっちょう》】↓ よいことがおこるしるし。例 吉兆《きっちょう》があらわれる。類 瑞兆《ずいちょう》・瑞祥《ずいしょう》 対 凶兆《きょうちょう》

【。吉報《きっぽう》】↓ めでたい知《し》らせ。例 高校合格《こうこうごうかく》の吉報《きっぽう》がとどいた。類 朗報《ろうほう》 対 凶報《きょうほう》

◆小吉《しょうきち》 末吉《すえきち》 大吉《だいきち》 不吉《ふきつ》

口-3

吸

総画6 JIS-2159 教6年

音 キュウ 訓 すう

筆順 吸 吸 吸 吸 吸 吸 (ちいさめに・おる・はらう)

なりたち  【形声】「及」がつかまえる意味《いみ》と「キュウ」という読《よ》み方《かた》をしめしている。口《くち》をくわえて、「口《くち》ですう」意味《いみ》を表《あらわ》した字《じ》。

意味 すう。すいこむ。ひきいれる。例 息《いき》を吸《す》う。吸引《きゅういん》・呼吸《こきゅう》 対 呼《こ》

【吸引《きゅういん》】Ⅱ 〈―する〉①すいこむこと。例 水《みず》をポンプで吸引《きゅういん》する。②人《ひと》をひきつけること。例 吸引力《きゅういんりょく》が強《つよ》いイベント。

【吸気《きゅうき》】▲ ①口《くち》から吸《す》い込《こ》む息《いき》。対 呼気《こき》 ②エンジンなどが気体《きたい》を吸《す》い込《こ》むこと。対 排気《はいき》

【吸血《きゅうけつ》】▲ 〈―する〉ほかの生《い》き物《もの》の血《ち》をすうこと。例 吸血鬼《きゅうけつき》

【吸。湿性《きゅうしっせい》】 しめりけや水分《すいぶん》をすいとる性質《せいしつ》。例 吸湿性《きゅうしつせい》のあるシャツ。

【吸収《きゅうしゅう》】↓ 〈―する〉①外《そと》がわにあるものを中《なか》にとりこむこと。例 養分《ようぶん》を吸収《きゅうしゅう》する。②とり入《い》れて自分《じぶん》のものにすること。例 知識《ちしき》を吸収《きゅうしゅう》する。吸収合併《きゅうしゅうがっぺい》

【吸着《きゅうちゃく》】↓ 〈―する〉すいつくこと。

【吸入《きゅうにゅう》】↓ 〈―する〉口《くち》からすいこむこと。す

い入《い》れること。例 吸入《きゅうにゅう》器《き》・酸素《さんそ》吸入《きゅうにゅう》

【吸。盤】《きゅうばん》 ↓ ①タコやイカなどの足《あし》にある、ものにすいつくいぼ。②タイルやガラスなどにすいつかせるのに使《つか》う道具《どうぐ》。例 吸盤《きゅうばん》でお守《まも》りをつるす。

叫

口－3　総画6　JIS-2211　常用
音 キョウ
訓 さけぶ

筆順 叫 叫 叫 叫 叫 叫

なりたち 【形声】「丩《キュウ》」が「キョウ」とかわって読《よ》み方《かた》をしめし、口《くち》で大声《おおごえ》を出《だ》すことを表《あらわ》している字《じ》。

意味 さけぶ。大声《おおごえ》を出《だ》す。例 口々《くちぐち》に叫《さけ》ぶ。叫喚《きょうかん》・絶叫《ぜっきょう》

【。叫。喚】《きょうかん》 ||| 〈―する〉大声《おおごえ》で泣《な》きさけぶこと。例 阿鼻叫喚《あびきょうかん》(人《ひと》びとが苦《くる》しさのあまり助《たす》けをもとめて泣《な》きさけぶようす)

向

口－3　総画6　JIS-2494　教3年
音 コウ
訓 むく・むける・むかう・むこう

筆順 向 向 向（はねる） 向 向 向

なりたち 【象形】家《いえ》の高《たか》い所《ところ》につけた明《あ》かりとりの窓《まど》をえがいた字《じ》。「嚮《きょう》(むかう)」に代《か》わって「むかう」として使《つか》われるようになった。

意味 むかう。むき。そちらの方《ほう》へすすむ。方向《ほうこう》。例 気《き》が向《む》く。顔《かお》を向《む》ける。快方《かいほう》に向《む》かう。山《やま》の向《む》こう。向上《こうじょう》・転向《てんこう》・風向《ふうこう》

名前のよみ ひさ

【向学】《こうがく》 ▲ 勉強《べんきょう》したい気持《きも》ち。例 向学心《こうがくしん》

【向寒】《こうかん》 ▲ 冬《ふゆ》の寒《さむ》さが近《ちか》づいてくること。対 向暑《こうしょ》 表現 「向寒《こうかん》の折《おり》」など手紙《てがみ》に使《つか》う。

【向日性】《こうじつせい》 植物《しょくぶつ》が日光《にっこう》のある方向《ほうこう》に生長《せいちょう》する性質《せいしつ》。対 背日性《はいじつせい》

【向暑】《こうしょ》 ▲ 夏《なつ》の暑《あつ》さが近《ちか》づいてくること。対 向寒《こうかん》 表現 手紙《てがみ》のむすびのことばに、「向暑《こうしょ》の折《おり》、ご自愛専一《じあいせんいつ》に」などと使《つか》う。

【向上】《こうじょう》 ▲ 〈―する〉よくなること。例 成績《せいせき》が向上《こうじょう》する。類 進歩《しんぽ》・前進《ぜんしん》・発展《はってん》・進化《しんか》 対 低下《ていか》

向が下につく熟語 上の字の働き

【傾向《けいこう》 趣向《しゅこう》 方向《ほうこう》】近《ちか》い意味《いみ》。
【回向《えこう》 指向《しこう》】ドウヤッテ向《む》かうのか。
【意向《いこう》 動向《どうこう》 風向《ふうこう》】ナニの向《む》きか。
【内向《ないこう》 外向《がいこう》 偏向《へんこう》】ドチラへの向《む》きか。
◆ 一向《いっこう》 転向《てんこう》

后

口－3　総画6　JIS-2501　教6年
音 コウ
訓 きさき

筆順 后 后 后（厂にならない） 后 后 后

なりたち 【会意】甲骨文字《こうこつもじ》では「𠂤」と書《か》かれ、「人《ひと》」と「子《こ》」を合《あ》わせて、育《そだ》てる意味《いみ》を表《あらわ》す字《じ》であった。借《か》りて、「きさき」や「あと」の意味《いみ》に用《もち》いられる。

意味 ❶きさき。天子《てんし》の妻《つま》。例 皇后《こうごう》 ❷あと。例 午后《ごご》

名前のよみ きみ・み

合

口－3　総画6　JIS-2571　教2年
音 ゴウ・ガッ・カッ
訓 あう・あわす・あわせる

筆順 合 合（はらう） 合 合 合 合

なりたち 【会意】「亼」がふたを表《あらわ》し、容器《ようき》を表《あらわ》す「口」と合《あ》わせて、いれものにふたをきちっと合《あ》わせる意味《いみ》を表《あらわ》す字《じ》。

意味
❶あわせる。いっしょになる。多《おお》くのものを一《ひと》つにまとめる。例 手《て》を合《あ》わす。合《あ》わせる顔《かお》がない。合併《がっぺい》・合戦《かっせん》・連合《れんごう》 対 離《り》
❷あてはまる。かなう。一致《いっち》する。例 答《こた》えが合《あ》う。合図《あいず》・合致《がっち》・合格《ごうかく》・適合《てきごう》
❸数量《すうりょう》をはかることば。㋐むかしの容積《ようせき》の単位《たんい》。一升《いっしょう》の十分《じゅうぶん》の一《いち》。例 米一合《こめいちごう》 ㋑山《やま》の頂上《ちょうじょう》までの距離《きょり》の十分《じゅうぶん》の一《いち》。例 一合目《いちごうめ》
❹二《ふた》つのあいだ。二《ふた》つのものの中間《ちゅうかん》。例 合着《あいぎ》・合間《あいま》

参考 ❹の意味《いみ》は「合」の字《じ》の本来《ほんらい》の意味《いみ》ではなく、「あいだ」の意味《いみ》を表《あらわ》す「あい(間)」に「あい」と読《よ》む「合」をあてたもの。

使い分け あう[合・会・遭] ☞207ページ

注意するよみ カッ…例合戦《かっせん》

❶〈あわせる〉の意味で

【合作】《がっさく》 ⇩〈—する〉何人《なんにん》かの人《ひと》が力《ちから》を合《あ》わせて一《ひと》つのものをつくること。例二人《ふたり》の合作《がっさく》。

【合算】《がっさん》 ⇩〈—する〉全部《ぜんぶ》をたし合《あ》わせること。例支出《ししゅつ》を合算《がっさん》する。類合計《ごうけい》・加算《かさん》

【合宿】《がっしゅく》 ⇩〈—する〉勉強《べんきょう》や練習《れんしゅう》などのために、いっしょにとまりこむこと。

【合唱】《がっしょう》 ⇩〈—する〉①おおぜいの人《ひと》が声《こえ》をそろえていっしょに歌《うた》うこと。②高《たか》い声《こえ》、低《ひく》い声《こえ》などいくつかのグループが一《ひと》つの歌《うた》になるようにうたうこと。例混声合唱《こんせいがっしょう》 関連独唱《どくしょう》・斉唱《せいしょう》・輪唱《りんしょう》・合唱《がっしょう》 表現「反対《はんたい》の大合唱《だいがっしょう》」のような言《い》い方《かた》にも発展《はってん》する。

【合。掌】《がっしょう》 ▲〈—する〉①両方《りょうほう》のてのひらを合《あ》わせて、おがむこと。例仏前《ぶつぜん》で合掌《がっしょう》する。②「合掌組《がっしょうぐ》み」の略《りゃく》。木材《もくざい》を山形《やまがた》に組《く》み合《あ》わせたもの。例合掌《がっしょう》づくりの家《いえ》。

【合戦】《かっせん》 ⇩〈—する〉敵《てき》と味方《みかた》が出《で》あってたたかうこと。いくさ。例川中島《かわなかじま》の合戦《かっせん》。表現むかしの戦争《せんそう》をいうことば。今《いま》は「歌合戦《うたがっせん》」などと、きそいあう意味《いみ》で使《つか》うことが多《おお》い。

【合奏】《がっそう》 ⇩〈—する〉いくつかの楽器《がっき》で一《ひと》つの曲《きょく》を演奏《えんそう》すること。アンサンブル。対独奏《どくそう》

【合体】《がったい》 ▲〈—する〉べつべつのものが、合《あ》わさって一《ひと》つになること。

【合評】《がっぴょう》 ⇩ みんなで批評《ひひょう》をすること。類合併《がっぺい》・併合《へいごう》

【合。併】《がっぺい》 ⫼〈—する〉いくつかのものを一《ひと》つに合《あ》わせること。一《ひと》つになること。例町村合《ちょうそんがっ》併《ぺい》 類合体《がったい》・併合《へいごう》

【合議】《ごうぎ》 ⇩〈—する〉集《あつ》まって相談《そうだん》すること。例合議制《ごうぎせい》 類協議《きょうぎ》

【合金】《ごうきん》 ⇩ 金属《きんぞく》に別《べつ》の金属《きんぞく》などをくわえてつくった新《あたら》しい金属《きんぞく》。もとの金属《きんぞく》とはちがう性質《せいしつ》をもつ。例軽合金《けいごうきん》

【合計】《ごうけい》 ⇩〈—する〉さいごにぜんぶ合《あ》わせて数《かぞ》えること。トータル。関連小計《しょうけい》・合計《ごうけい》・総《そう》計《けい》・累計《るいけい》 知識必要《ひつよう》によっては途中《とちゅう》に「小計《しょうけい》」を入《い》れる。そのとき、全体《ぜんたい》の合計《ごうけい》を「総合計《そうごうけい》」または「総計《そうけい》」という。

【合成】《ごうせい》 ⇩〈—する〉①二《ふた》つ以上《いじょう》のものを合《あ》わせて、一《ひと》つのものにすること。例合成写真《ごうせいしゃしん》 ②化学《かがく》で、二《ふた》つ以上《いじょう》の物質《ぶっしつ》を合《あ》わせて、新《あたら》しい化合物《かごうぶつ》をつくること。例合成樹脂《ごうせいじゅし》 対分解《ぶんかい》

【合同】《ごうどう》 ⇩〈—する〉二《ふた》つ以上《いじょう》のものを合《あ》わせて一《ひと》つにすること。一《ひと》つになること。例合同《ごうどう》で開催《かいさい》する。類合体《がったい》☞❷

【合板】《ごうはん／ごうばん》 ⇩ うすい板《いた》を何枚《なんまい》もはり合《あ》わせてつくった板《いた》。ベニヤ板《いた》。

【合流】《ごうりゅう》 ▲〈—する〉①川《かわ》と川《かわ》とがいっしょになって一《ひと》つの流《なが》れになること。例合流点《ごうりゅうてん》 ②いくつかの団体《だんたい》などが、集《あつ》まって一《ひと》つになること。例先発組《せんぱつぐみ》と山《やま》のふもとで合流《ごうりゅう》する。

❷〈あてはまる〉の意味で

【合図】《あいず》 ◎〈—する〉前《まえ》もって決《き》めておいたやり方《かた》で知《し》らせること。例目《め》で合図《あいず》する。

【合。致】《がっち》 ⫼〈—する〉ぴったり合《あ》うこと。例言《い》うこととすることが合致《がっち》しない。類一致《いっち》

例解 使い分け

［あう《合う・会う・遭う》］

合う＝おなじになる。一《ひと》つになる。ぴったりする。

例どの答《こた》えも合《あ》っている。意見《いけん》が合《あ》う。気《き》が合《あ》わないのでこまる。

会う＝人《ひと》と人《ひと》とが顔《かお》をあわせる。

例三時《さんじ》に会《あ》う約束《やくそく》になっている。また会《あ》う日《ひ》まで。会《あ》うはわかれの始《はじ》め。

遭う＝思《おも》いがけないこと、よくないことにであう。

例あらしに遭《あ》う。とんだ災難《さいなん》に遭《あ》う。帰《かえ》るとちゅうで事故《じこ》に遭《あ》う。

【合点】合点《がってん》 [↓]〈―する〉一 わけがわかって、「ああそうか」と思《おも》うこと。例ひとり合点《がてん》・早合点《はやがてん》 例合《がっ》点《てん》だ、まかせておけ。類納得《なっとく》 二 「よし」と承知《しょうち》すること。

【合意】合意《ごうい》 [▲]〈―する〉おたがいの意見《いけん》が合《あ》うこと。例停戦合意《ていせんごうい》。類同意《どうい》

【合格】合格《ごうかく》 [▲]〈―する〉①必要《ひつよう》な条件《じょうけん》や基準《きじゅん》にあてはまること。例この水《みず》は、水質検査《すいしつけんさ》に合《ごう》格《かく》した。②学校《がっこう》や会社《かいしゃ》などの試験《しけん》にうかること。例合格発表《ごうかくはっぴょう》。類及第《きゅうだい》 対落第《らくだい》

【合憲】合憲《ごうけん》 [▲] 憲法《けんぽう》に決《き》められていることに、合《あ》っていること。例合憲判断《ごうけんはんだん》。対違憲《いけん》

【合同】合同《ごうどう》 [Ⅱ]〈―な〉二《ふた》つの図形《ずけい》がかたちも大《おお》きさもおなじこと。例三角形《さんかくけい》の合同《ごうどう》。☞❶

【合法】合法《ごうほう》 [▲]〈―な・―に〉法律《ほうりつ》や規則《きそく》に合《あ》っていること。例合法的手段《ごうほうてきしゅだん》 類適法《てきほう》・順法《じゅんぽう》 対非合法《ひごうほう》・違法《いほう》・不法《ふほう》

【合理】合理《ごうり》 [▲] 理屈《りくつ》に合《あ》っていること。例合理《ごうり》的《てき》 対不合理《ふごうり》・非合理《ひごうり》

❹〈二つのあいだ〉の意味で

【合着】合着《あいぎ》 [↓]①春《はる》や秋《あき》のころに着《き》る服《ふく》。類合《あい》服《ふく》②上着《うわぎ》と下着《したぎ》のあいだに着《き》る服《ふく》。表記「間着」とも書《か》く。

【合服】合服《あいふく》 [↓] 春《はる》や秋《あき》のころに着《き》る服《ふく》。類合着《あいぎ》 表記「間服」とも書《か》く。

【合間】合間《あいま》 [↓] 次《つぎ》のことがはじまるまでのあいだ。切《き》れ目《め》。例番組《ばんぐみ》の合間《あいま》にCM《シーエム》が入《はい》る。

合が下につく熟語 上の字の働き

❶合＝〈あわせる〉のとき
【総合《そうごう》 統合《とうごう》 併合《へいごう》 連合《れんごう》 糾合《きゅうごう》 集合《しゅうごう》 混合《こんごう》 会合《かいごう》】近《ちか》い意味《いみ》。
【化合《かごう》 結合《けつごう》 接合《せつごう》 調合《ちょうごう》 配合《はいごう》 複合《ふくごう》 縫合《ほうごう》 融合《ゆうごう》 組合《くみあい》】ドウヤッテ合《あ》わせるか・ドウナッテ合《あ》わさるか。

❷合＝〈あてはまる〉のとき
【迎合《げいごう》 照合《しょうごう》 談合《だんごう》】ドウヤッテあてはまるようにするか。

❸合＝〈数量をはかることば〉のとき
【割合《わりあい》 歩合《ぶあい》】近《ちか》い意味《いみ》。

◆試合《しあい》 都合《つごう》 適合《てきごう》 投合《とうごう》 場合《ばあい》 符合《ふごう》 離合《りごう》

吊

口-3

吊

総画6
JIS-3663
表外
訓 つ-る
音 チョウ

意味 つるす。上《うえ》からつって下《さ》げる。例吊《つ》り革《かわ》・吊《つ》り橋《ばし》・宙吊《ちゅうづ》り

吐

口-3

吐

総画6
JIS-3739
常用
訓 はく
音 ト

筆順 吐吐吐吐吐吐

なりたち  【形声】「土」が「ト」という読《よ》み方《かた》をしめしている。「ト」は出《だ》す意味《いみ》をもち、「口《くち》」がついて、口《くち》からはき出《だ》すことを表《あらわ》している字《じ》。

意味 はく。口《くち》からものやことばをはき出《だ》す。例息《いき》を吐《は》く。吐息《といき》・吐血《とけつ》

【°吐息】吐息《といき》 [↓] ほっとしたときや、がっかりしたときにつく息《いき》。ため息《いき》。例青息吐息《あおいきといき》

【°吐血】吐血《とけつ》 [▲]〈―する〉胃《い》や食道《しょくどう》から出《で》た血《ち》を口《くち》からはきだすこと。表現 肺《はい》や気管支《きかんし》からの血《ち》をはきだすときは「喀血《かっけつ》」という。

【°吐•瀉】吐瀉《としゃ》 [Ⅱ]〈―する〉食《た》べたものをはいたり、下痢《げり》をしたりする。はきくだし。例吐瀉物《としゃぶつ》

【°吐°露】吐露《とろ》 [Ⅱ]〈―する〉心《こころ》の中《なか》をかくさずにうちあけて話《はな》すこと。例真情《しんじょう》を吐露《とろ》する。

同

口-3

同

総画6
JIS-3817
教2年
訓 おなじ
音 ドウ

筆順 同同同同同同 とめる はねる

なりたち 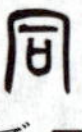 【会意】「冂」は「凡《すべて》」のかわった形《かたち》で、ものを表《あらわ》す「口」と合《あ》わせて、すべてのものをまとめ合《あ》わせることを表《あらわ》す字《じ》。

意味 おなじ。おなじにする。おなじ一《ひと》つの。いっしょにする。例同一《どういつ》・共同《きょうどう》

名前のよみ あつ・とも・ひとし

【同意】同意《どうい》 [▲]〈―する〉人《ひと》の意見《いけん》に賛成《さんせい》すること。例同意《どうい》を得《え》る。類賛同《さんどう》・合意《ごうい》

【同意語】同意語《どういご》 おなじ意味《いみ》をあらわすことば。類同義語《どうぎご》・類義語《るいぎご》 対対義語《たいぎご｜ついぎご》・反対《はんたい》語《ご》 知識「本《ほん》」と「書物《しょもつ》」、「来年《らいねん》」と「明年《みょうねん》」などは、同意語《どういご》といえるが、ことばの感《かん》じや使《つか》い

方《かた》には、ちがいがある。

【同《どう》一《いつ》】Ⅱ〈―な・―に〉①まったくおなじであること。例同一人物《どういつじんぶつ》②わけへだてがないようす。例同一《どういつ》にあつかう。類平等《びょうどう》・無差別《むさべつ》

【同一《どういっ》視《し》】〈―する〉区別《くべつ》しないで、おなじようにあつかうこと。例同一視《どういっし》できない。

【同《どう》音《おん》】↓①発音《はつおん》（読《よ》み方《かた》）がおなじであること。例同音語《どうおんご》②おなじ高《たか》さの音《おと》や声《こえ》。例この歌《うた》では、同音《どうおん》がいくつもつづく。

【同音異義語《どうおんいぎご》】発音《はつおん》（読《よ》み方《かた》）がおなじで、意味《いみ》がちがうことば。「記者《きしゃ》と汽車《きしゃ》」「私立《しりつ》と市立《しりつ》」「機会《きかい》と機械《きかい》と器械《きかい》」などをいう。

参考☞ものしり巻物（929ページ）

【同《どう》化《か》】↓〈―する〉①まわりにとけこむ。例クラスに同化《どうか》する。②理解《りかい》したことを自分《じぶん》のものにする。例自国《じこく》の文化《ぶんか》に同化《どうか》する。③生物《せいぶつ》が、外《そと》からとり入《い》れたものを、自分《じぶん》のからだのものにするはたらき。例同化作用《どうかさよう》

【同《どう》格《かく》】↓資格《しかく》・程度《ていど》・立場《たちば》などがおなじであること。例同格《どうかく》にあつかう。類同等《どうとう》・同列《どうれつ》

【同《どう》感《かん》】↓〈―する〉おなじように考《かんが》えて、賛成《さんせい》する。例私《わたし》も同感《どうかん》です。類共感《きょうかん》・共鳴《きょうめい》

【同《どう》期《き》】↓①おなじ時期《じき》。例去年《きょねん》の同期《どうき》。②入学《にゅうがく》や入社《にゅうしゃ》、卒業《そつぎょう》などの年度《ねんど》がおなじであること。例同期生《どうきせい》

【同《どう》義《ぎ》】↓おなじ意味《いみ》。例同義語《どうぎご》類同意《どうい》・類義《るいぎ》対異義《いぎ》

【同《どう》級《きゅう》】↓①おなじ学級《がっきゅう》または学年《がくねん》。例同級生《どうきゅうせい》②おなじ等級《とうきゅう》。例習字《しゅうじ》では同級《どうきゅう》のうでまえ。

【同《どう》居《きょ》】↓〈―する〉ひとつの家《いえ》にいっしょに住《す》むこと。例祖父母《そふぼ》と同居《どうきょ》する。対別居《べっきょ》

【同《どう》郷《きょう》】▲故郷《こきょう》がおなじであること。例同郷人《どうきょうじん》。わたしはあの先生《せんせい》と同郷《どうきょう》です。

【同《どう》業《ぎょう》】↓職業《しょくぎょう》や商売《しょうばい》がおなじであること。例同業者《どうぎょうしゃ》の競争《きょうそう》がはげしい。

【同《どう》◦慶《けい》】▲相手《あいて》にとってめでたいことが、自分《じぶん》にとってもうれしいこと。例ご同慶《どうけい》のいたりです。

【同《どう》権《けん》】↓おなじ権利《けんり》を持《も》っていること。

【同《どう》好《こう》】▲趣味《しゅみ》がおなじであること。例同《どう》好会《こうかい》。同好《どうこう》の士《し》。

【同《どう》行《こう》】↓〈―する〉だれかについていっしょに行《い》く。例遠征《えんせい》に同行《どうこう》する。類同道《どうどう》・同伴《どうはん》

【同工異曲《どうこういきょく》】ちょっと見《み》た感《かん》じではちがっているようだが、中身《なかみ》がほとんどおなじであること。にたりよったり。

【同《どう》罪《ざい》】↓わるいのはおなじだということ。例とめなかったきみも同罪《どうざい》だ。

【同《どう》士《し》】↓①おなじなかま。例同士《どうし》うち（味方《みかた》と味方《みかた》のあらそい）②おなじ種類《しゅるい》のものであることを表《あらわ》す。例いとこどうし

【同《どう》志《し》】↓おなじ目的《もくてき》や考《かんが》えを持《も》つ人《ひと》びと。例同志《どうし》を集《あつ》めて、会《かい》をつくる。類仲間《なかま》・盟友《めいゆう》

【同《どう》時《じ》】↓①おなじ時間《じかん》。例山田君《やまだくん》と同時《どうじ》に学校《がっこう》についた。②「…と同時《どうじ》に」の形《かたち》で、「…とともに」の意味《いみ》を表《あらわ》す。例部活動《ぶかつどう》には、苦《くる》しみがあると同時《どうじ》によろこびもある。

【同《どう》室《しつ》】▲〈―する〉おなじへやにいること。例Ａ《エー》さんとは会社《かいしゃ》の寮《りょう》で同室《どうしつ》だ。

【同《どう》日《じつ》】↓①おなじ日《ひ》。例衆参同日選挙《しゅうさんどうじつせんきょ》②そのとき話題《わだい》になっている日《ひ》とおなじ日《ひ》。類当日《とうじつ》表現「同日《どうじつ》の論《ろん》でない」「同日《どうじつ》には論《ろん》じられない」は、いっしょにあつかえない、くらべものにならないという意味《いみ》を表《あらわ》す。

【同《どう》宿《しゅく》】▲〈―する〉おなじ宿《やど》にとまること。

【同《どう》上《じょう》】▲まえに書《か》いたことがらとおなじ。類同右《どうみぎ》表現横書《よこが》きの書類《しょるい》などで、「上《うえ》に書《か》いてあることとおなじ」という意味《いみ》で使《つか》う。

【同《どう》乗《じょう》】↓〈―する〉おなじ乗《の》り物《もの》にいっしょにのること。例同乗者《どうじょうしゃ》

【同《どう》情《じょう》】▲〈―する〉人《ひと》の気持《きも》ちになって、かわいそうだと思《おも》うこと。思《おも》いやる気持《きも》ち。例同情《どうじょう》してなみだをながす。

【同心円《どうしんえん》】中心《ちゅうしん》がおなじで、大《おお》きさのちがう円《えん》。例水面《すいめん》に同心円《どうしんえん》をえがく。

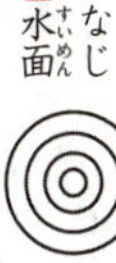

同心円

【同《どう》◦姓《せい》】↓みょうじがおなじ。例同姓同名《どうせいどうめい》

【同《どう》性《せい》】↓どちらも男《おとこ》、どちらも女《おんな》と、性《せい》がおなじであること。例同性《どうせい》の友人《ゆうじん》。対異性《いせい》

【同《どう》席《せき》】▲〈―する〉会合《かいごう》でいっしょになること。例座談会《ざだんかい》で、かれと同席《どうせき》した。

【同《どう》然《ぜん》】⊠〈―な・―に〉おなじようなものであること。例もう、勝《か》ったも同然《どうぜん》だ。類同様《どうよう》

【同窓】どう そう [↓] 卒業《そつぎょう》した学校《がっこう》がおなじであること。例 同窓会《どうそうかい》 類 校友《こうゆう》・学友《がくゆう》

【同族】どう ぞく [↓] 血《ち》すじや種族《しゅぞく》がおなじであること。例 同族会社《どうぞくがいしゃ》 類 一族《いちぞく》

【同調】どう ちょう [▲] 〈―する〉①人《ひと》の考《かんが》えに賛成《さんせい》すること。例 かれの意見《いけん》に同調《どうちょう》する。②テレビやラジオの受信機《じゅしんき》で、周波数《しゅうはすう》を合《あ》わせること。チューニング。例 海外放送《かいがいほうそう》は同調《どうちょう》がむずかしい。

【同点】どう てん [↓] おなじ点数《てんすう》。例 同点《どうてん》においつく。

【同等】どう とう [II] 〈―な・―に〉おなじ程度《ていど》。例 高校卒業《こうこうそつぎょう》と同等《どうとう》の学力《がくりょく》を持《も》つ。類 同格《どうかく》・同列《どうれつ》

【同道】どう どう [▲] 〈―する〉つれだって、いっしょに行《い》くこと。例 妻《つま》を同道《どうどう》する。類 同行《どうこう》・同伴《どうはん》

【同人】[↓] ■一 どう にん おなじ人物《じんぶつ》。その人《ひと》。例 同人《どうにん》 ■二 どう じん|どう にん おなじ趣味《しゅみ》やこころざしを持《も》つなかま。例 同人雑誌《どうじんざっし》

【同輩】どう はい [↓] 年《とし》や身分《みぶん》、立場《たちば》、経歴《けいれき》などがおなじなかま。例 同輩《どうはい》は競争相手《きょうそうあいて》でもある。関連 先輩《せんぱい》・同輩《どうはい》・後輩《こうはい》

【同伴】どう はん [↓] 〈―する〉人《ひと》をつれていっしょに行《い》く。例 夫人同伴《ふじんどうはん》 類 同行《どうこう》・同道《どうどう》・帯同《たいどう》

【同病】どう びょう [↓] おなじ病気《びょうき》。おなじ病気《びょうき》の人《ひと》。例 同病あいあわれむ（おなじ苦労《くろう》をするものは、おたがいのつらさがよくわかって、たがいにいたわりの気持《きも》ちをもつ）

【同封】どう ふう [↓] 〈―する〉一《ひと》つの封筒《ふうとう》の中《なか》に、いっしょに入《い》れること。例 写真《しゃしん》を同封《どうふう》する。

【同文】どう ぶん [↓] ①おなじ文章《ぶんしょう》。例 以下同文《いかどうぶん》。②おなじ文字《もじ》。例 日本《にほん》と中国《ちゅうごく》は同文《どうぶん》の国《くに》。

【同胞】どう ほう|どう ぼう [↓] ①おなじ母《はは》から生《う》まれた子《こ》どもどうし。きょうだい。はらから。②おなじ国《くに》の国民《こくみん》。例 海外《かいがい》の同胞《どうほう》。表現 今《いま》は、②の意味《いみ》で言《い》うことが多《おお》い。

【同盟】どう めい [↓] 〈―する〉国《くに》や団体《だんたい》が、おなじ目的《もくてき》のために、力《ちから》を合《あ》わせて行動《こうどう》する約束《やくそく》をすること。例 同盟《どうめい》をむすぶ。同盟国《どうめいこく》 類 連盟《れんめい》

【同門】どう もん [↓] おなじ先生《せんせい》のもとで勉強《べんきょう》したという関係《かんけい》。おなじ流派《りゅうは》。例 同門《どうもん》の友《とも》。

【同様】どう よう [↓] 〈―な・―に〉ほとんどおなじである。例 きのうと同様《どうよう》に暑《あつ》い。類 同然《どうぜん》

【同僚】どう りょう [↓] おなじ職場《しょくば》ではたらく、おなじ地位《ちい》の人《ひと》。例 同僚《どうりょう》と相談《そうだん》する。類 僚友《りょうゆう》 対 上司《じょうし》

【同類】どう るい [↓] おなじなかまのもの。例 同類項《どうるいこう》

【同列】どう れつ [↓] 程度《ていど》や地位《ちい》などがおなじであること。例 二《ふた》つの問題《もんだい》を同列《どうれつ》に考《かんが》えることはできない。類 同等《どうとう》・同格《どうかく》

同が下につく熟語 上の字の働き

【共同《きょうどう》 協同《きょうどう》 合同《ごうどう》 帯同《たいどう》】近《ちか》い意味《いみ》。

【賛同《さんどう》 混同《こんどう》 雷同《らいどう》（付和雷同《ふわらいどう》）】ドウヤッテいっしょにするか。

◆ 一同《いちどう》 異同《いどう》

口-3

名

総画6
JIS-4430
教1年
訓 な
音 メイ・ミョウ

筆順

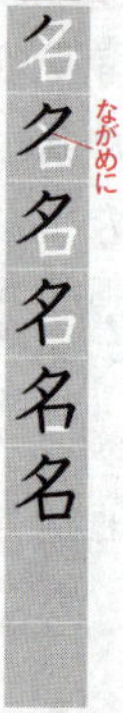

なりたち 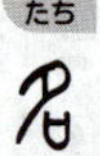 [会意] 夕方暗《ゆうがたくら》いので、名前《なまえ》を口《くち》で言《い》わなければわからないことから、「夕《ゆう》」と「口《くち》」を合《あ》わせて、「名前《なまえ》」を表《あらわ》している字《じ》。

意味

❶ なまえ。なづける。ことばで表《あらわ》す。例 姓《せい》と名《な》。名札《なふだ》・名状《めいじょう》・記名《きめい》

❷ ひょうばん。よくしられている。すぐれているとされる。例 名高《なだか》い。名曲《めいきょく》・有名《ゆうめい》

❸ なごや。「名古屋市《なごやし》」の略《りゃく》。例 名神《めいしん》

❹ 人数《にんずう》をかぞえることば。例 賛成十名《さんせいじゅうめい》。

❺《その他《た》》例 名残《なごり》

特別なよみ 仮名（かな）・名残（なごり）

名前のよみ あきら・かた

❶〈なまえ。なづける〉の意味で

【名主】な ぬし [↓] 江戸時代《えどじだい》に、今《いま》の村長《そんちょう》のような仕事《しごと》をしていた人《ひと》。庄屋《しょうや》。例 村《むら》の名主様《なぬしさま》。☞「めいしゅ」は❷

【名札】な ふだ [↓] 名前《なまえ》を書《か》いたふだ。例 持《も》ち物《もの》に名札《なふだ》をはる。

【名前】な まえ [◎] ①ほかの人《ひと》やものとの区別《くべつ》をするために、それぞれにつけられたよび方《かた》。例 名前《なまえ》をおぼえる。②一《ひと》つの家族《かぞく》ぜんたいが使《つか》う「みょうじ」のほかに、ひとりずつべつにあるよび名《な》。例 姓《せい》は大山《おおやま》、名前《なまえ》は花子《はなこ》。表現 みょうじと名前《なまえ》を合《あ》わせた全体《ぜんたい》を、「姓名《せいめい》」「氏《し》

名《めい》」というが、「名前《なまえ》」ということも多《おお》い。

【名字】《みょうじ》 [↓] 「山本《やまもと》」「中村《なかむら》」のような、家《いえ》の名《な》。[類]姓《せい》 [表記]「苗字」とも書《か》く。

【名◦跡】《みょうせき》 [↓] 先祖《せんぞ》から代々《だいだい》つたわってきた、みょうじや伝統《でんとう》あるよび名《な》。[例]長男《ちょうなん》が名跡《みょうせき》をついだ。☞「めいせき」は❷

【名代】《みょうだい》 [↓] ある人《ひと》のかわりをすること。[例]父《ちち》の名代《みょうだい》でまいりました。[類]代理《だいり》 [表現]「代《だい》理《り》」よりも、あらたまった言《い》い方《かた》。☞「なだい」は❷

【名義】《めいぎ》 [Ⅱ] おおやけの書類《しょるい》などに使《つか》う表向《おもてむ》きの名前《なまえ》。[例]名義変更《めいぎへんこう》。名義人《めいぎにん》

【名◦刺】《めいし》 [↓] 職業《しょくぎょう》・身分《みぶん》・名前《なまえ》・住所《じゅうしょ》などが印刷《いんさつ》してあるカード。[例]名刺《めいし》を交換《こうかん》する。
[知識]むかし、中国《ちゅうごく》で竹《たけ》や木《き》をけずって、姓名《せいめい》を書《か》いたものを「刺《し》」といった。

【名詞】《めいし》 [↓] ことばをそのはたらきによって分《わ》けたものの一《ひと》つ。「学校《がっこう》」「えんぴつ」「先生《せんせい》」など、もの・こと・人《ひと》・数《かず》などを表《あらわ》すことば。

【名◦称】《めいしょう》 [Ⅱ] よび名《な》。なまえ。

【名状】《めいじょう》 [▲] 〈—する〉ものごとのようすを、ことばで言《い》い表《あらわ》すこと。[例]名状《めいじょう》しがたい。

【名◦簿】《めいぼ》 [↓] 関係《かんけい》する人《ひと》たちの名前《なまえ》や住所《じゅうしょ》などが書《か》いてある帳簿《ちょうぼ》。[例]会員名簿《かいいんめいぼ》

【名目】《めいもく／みょうもく》 [Ⅱ] ①じっさいとはちがう、形《かたち》だけの名前《なまえ》。[例]名目《めいもく》だけの会長《かいちょう》。[対]実質《じっしつ》・実《じっ》体《たい》 ②おもて向《む》きのもっともらしい理由《りゆう》。[例]病《びょう》気《き》を名目《めいもく》に会社《かいしゃ》を休《やす》む。[類]口実《こうじつ》

❷〈ひょうばん〉の意味で

【名代】《なだい》 [◎] 多《おお》くの人《ひと》に名《な》が知《し》られている。[例]これが名代《なだい》のさくらもちだ。[類]有名《ゆうめい》・著名《ちょめい》 ☞「みょうだい」は❶

【名案】《めいあん》 [↓] うまい考《かんが》え。よい思《おも》いつき。[例]それは名案《めいあん》だ。[類]妙案《みょうあん》

【名家】《めいか》 [↓] むかしからつづいているりっぱな家《いえ》がら。[例]名家《めいか》のあととり。[類]名門《めいもん》

【名画】《めいが》 [↓] ①すぐれた絵画《かいが》。有名《ゆうめい》な絵画《かいが》。②人《ひと》びとを感動《かんどう》させるような映画《えいが》。

【名器】《めいき》 [↓] 茶《ちゃ》わん・花《か》びん・楽器《がっき》など、すばらしい道具《どうぐ》。[例]家宝《かほう》の名器《めいき》。

【名曲】《めいきょく》 [↓] すばらしい音楽作品《おんがくさくひん》。

【名君】《めいくん》 [↓] すぐれた殿様《とのさま》。りっぱな君主《くんしゅ》。[例]名君《めいくん》の名《な》が高《たか》い。[類]名主《めいしゅ》・明君《めいくん》

【名月】《めいげつ》 [↓] 空《そら》にうかぶ美《うつく》しい月《つき》。陰暦八月《いんれきはちがつ》十五夜《じゅうごや》の月《つき》(中秋《ちゅうしゅう》の名月《めいげつ》)や九月十三夜《くがつじゅうさんや》の月《つき》(後《のち》の月《つき》)。[類]明月《めいげつ》

【名言】《めいげん》 [↓] 真実《しんじつ》をみごとに言《い》い表《あらわ》していることば。[例]名言集《めいげんしゅう》 [類]名句《めいく》 [表現]はっきり言《い》うのは「明言《めいげん》」。

【名工】《めいこう》 [↓] 建築《けんちく》・彫刻《ちょうこく》・刀《かたな》などをつくるうでまえが、とくにすぐれている人《ひと》。[例]現代《げんだい》の名工《めいこう》。

【名作】《めいさく》 [↓] 文学《ぶんがく》・絵画《かいが》・彫刻《ちょうこく》・音楽《おんがく》などで、とくにすぐれている作品《さくひん》。[類]傑作《けっさく》・秀作《しゅうさく》

【名産】《めいさん》 [↓] その土地《とち》でできる有名《ゆうめい》な産物《さんぶつ》。[例]丹波名産《たんばめいさん》の栗《くり》。[類]名物《めいぶつ》

【名士】《めいし》 [↓] りっぱな人《ひと》として、名《な》が知《し》れわたっている人《ひと》。[例]町《まち》の名士《めいし》。

【名実】《めいじつ》 [⇕] ひょうばんと実体《じったい》。[例]名実《めいじつ》ともに日本一《にほんいち》のギタリスト。

【名手】《めいしゅ》 [↓] すぐれたうでまえの人《ひと》。[例]射撃《しゃげき》では百発百中《ひゃっぱつひゃくちゅう》の名手《めいしゅ》だ。[類]名人《めいじん》・達人《たつじん》

【名主】《めいしゅ》 [↓] すぐれた主君《しゅくん》。[例]名主《めいしゅ》としてしたわれる。[類]名君《めいくん》 ☞「なぬし」は❶

【名所】《めいしょ》 [↓] 景色《けしき》のよさなどで、広《ひろ》く知《し》られているところ。観光《かんこう》スポット。[例]名所旧跡《めいしょきゅうせき》

【名将】《めいしょう》 [↓] 名《な》のとおった、りっぱな武将《ぶしょう》。[例]名将《めいしょう》の名《な》をはせた真田幸村《さなだゆきむら》。

【名勝】《めいしょう》 [Ⅱ] 景色《けしき》のよさで有名《ゆうめい》なところ。[例]日本《にほん》の三名勝《さんめいしょう》。[類]景勝《けいしょう》

【名人】《めいじん》 [↓] ①その方面《ほうめん》で、すぐれたうでまえを持《も》つ人《ひと》。[例]つりの名人《めいじん》。[類]名手《めいしゅ》・達人《たつじん》 ②碁《ご》や将棋《しょうぎ》で、最高《さいこう》の位《くらい》。[例]名人位《めいじんい》

【名人▲気▲質】《めいじんかたぎ》 名人《めいじん》にはよくある、がんこな性質《せいしつ》。[例]名人気質《めいじんかたぎ》で、気《き》むずかしい。

【名声】《めいせい》 [↓] すぐれている、りっぱだという評判《ひょうばん》。[例]名声《めいせい》を博《はく》する。[類]声価《せいか》・盛名《せいめい》・令名《れいめい》

【名◦跡】《めいせき》 [↓] 世《よ》の中《なか》に広《ひろ》く知《し》られた、むかしのできごとや建物《たてもの》のあと。[類]古跡《こせき》・旧跡《きゅうせき》 ☞「みょうせき」は❶

【名◦僧】《めいそう》 [↓] りっぱなお坊《ぼう》さん。

【名著】《めいちょ》 [↓] すぐれていて、評判《ひょうばん》も高《たか》い本《ほん》。[例]かずかずの名著《めいちょ》をのこす。

【名店街】《めいてんがい》 ①有名《ゆうめい》な店《みせ》がならんでいる町《まち》

の通《とお》り。例駅前《えきまえ》の名店街《めいてんがい》。②有名《ゆうめい》な店《みせ》がたくさん支店《してん》を出《だ》す売《う》り場《ば》。例デパートの名店《めいてん》街《がい》。

【名答】《めいとう》↓質問《しつもん》や問題《もんだい》にぴたりと合《あ》った、すぐれた答《こた》え。例ご名答《めいとう》！

【名品】《めいひん》↓すばらしい品物《しなもの》。名高《なだか》い品《しな》。例九谷焼《くたにやき》の名品《めいひん》。類逸品《いっぴん》

【名物】《めいぶつ》↓その土地《とち》でとれる有名《ゆうめい》な産物《さんぶつ》。例名物《めいぶつ》のそば。類名産《めいさん》

【名文】《めいぶん》↓①人《ひと》を感動《かんどう》させる、すぐれた文《ぶん》章《しょう》。対悪文《あくぶん》②むかしから評判《ひょうばん》の高《たか》い、有名《ゆうめい》な文章《ぶんしょう》。例名文《めいぶん》の一節《いっせつ》を暗記《あんき》する。

【名門】《めいもん》↓むかしからつづいていて、多《おお》くの人《ひと》に知《し》られている家《いえ》がらや学校《がっこう》。例名門《めいもん》の出《で》。野球《やきゅう》の名門校《めいもんこう》。類名家《めいか》

【名文句】《めいもんく》うまい言《い》い方《かた》だと、みんなが感《かん》心《しん》する表現《ひょうげん》。類名言《めいげん》

【名訳】《めいやく》↓すぐれた翻訳《ほんやく》。例原作《げんさく》の味《あじ》をそのままつたえるのが名訳《めいやく》だ。

【名。誉】《めいよ》Ⅱ〈―な・―に〉①すぐれたもの、りっぱなものとして、人《ひと》びとからみとめられ、ほこりに思《おも》うこと。例学校《がっこう》の名誉《めいよ》を高《たか》める。類体《たい》面《めん》・面目《めんぼく》②りっぱなはたらきをした人《ひと》をうやまうしるしとしておくられるよび名《な》。例名《めい》誉教授《よきょうじゅ》・名誉《めいよ》市民《しみん》

【名。誉職】《めいよしょく》給料《きゅうりょう》をもらわずに、つとめる仕事《しごと》。役職名《やくしょくめい》はつくが仕事《しごと》はしない地位《ちい》。

【名論】《めいろん》↓聞《き》いてなるほどと思《おも》うりっぱな意見《いけん》。例名論卓説《めいろんたくせつ》。名論《めいろん》をはく。

❺《その他》

【名残】《なごり》◎①ものごとが終《お》わったあとまで、なにかのこっていること。例夏《なつ》の名残《なごり》の日焼《ひや》け。類余韻《よいん》・余波《よは》②わかれるときがきても、ずっとそばにいたい、わかれたくないと思《おも》う気持《きも》ち。例名残《なごり》がつきない。

名が下につく熟語 上の字の働き

❶名＝〈なまえ。なづける〉のとき

【氏名《しめい》 姓名《せいめい》】近《ちか》い意味《いみ》。

【書名《しょめい》 地名《ちめい》 病名《びょうめい》 罪名《ざいめい》】ナニの名前《なまえ》か。

【高名《こうめい／こうみょう》 芳名《ほうめい》】ドノヨウナ名前《なまえ》か。

【本名《ほんみょう》 異名《いみょう》 仮名《かめい》 偽名《ぎめい》 芸名《げいめい》 別名《べつめい》 俗名《ぞくみょう》 戒名《かいみょう》 学名《がくめい》 和名《わめい／わみょう》 題名《だいめい》】ドウイウ種類《しゅるい》の名前《なまえ》か。

【改名《かいめい》 記名《きめい》 指名《しめい》 襲名《しゅうめい》 署名《しょめい》 除名《じょめい》 知名《ちめい》 匿《とく》名《めい》 売名《ばいめい》 命名《めいめい》 連名《れんめい》】名前《なまえ》をドウスルか。

❷名＝〈ひょうばん〉のとき

【悪名《あくめい／あくみょう》 汚名《おめい》 功名《こうみょう／こうめい》 勇名《ゆうめい》 雷名《らいめい》 令《れい》名《めい》】ドノヨウナ評判《ひょうばん》か。

【無名《むめい》 有名《ゆうめい》 著名《ちょめい》】世間《せけん》に対《たい》して評判《ひょうばん》がドウデアルか。

◆大名《だいみょう》

口-3

吏

総画6 JIS-4589 常用

訓 ― 音 リ

筆順 

なりたち 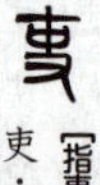【指事】甲骨文字《こうこつもじ》では、はじめ史・吏・事の三字《さんじ》はおなじ形《かたち》であった。のちに役目《やくめ》を表《あらわ》す「史」に対《たい》して、役人《やくにん》という意味《いみ》を区別《くべつ》するためのしるし(V→一)がくわえられてできた字《じ》。

意味 役人《やくにん》。役所《やくしょ》につとめておおやけの仕事《しごと》をする人《ひと》。例吏員《りいん》・官吏《かんり》

名前のよみ さと・つかさ

【。吏員】《りいん》↓役人《やくにん》。県《けん》や市町村《しちょうそん》の仕事《しごと》をする職員《しょくいん》の古《ふる》い言《い》い方《かた》。類公務員《こうむいん》

口-4

含

総画7 JIS-2062 常用

訓 ふくむ・ふくめる 音 ガン

筆順 

なりたち 【形声】「今《キン》」は「ガン」とかわって読《よ》み方《かた》をしめしている。「キン」は「こめる」意味《いみ》を持《も》ち、「口《くち》」がついて、物《もの》を口《くち》の中《なか》に入《い》れることを表《あらわ》す字《じ》。

意味 ふくむ。中《なか》に入《い》れてたもっていること。例水《みず》を口《くち》に含《ふく》む。かんで含《ふく》める。含有《がんゆう》・包《ほう》含《がん》

【。含意】《がんい》▲あることばのうらに、べつの意《い》味《み》がふくまれていること。

【。含。蓄】《がんちく》Ⅱことばにこもるおく深《ぶか》い意味《いみ》や味《あじ》わい。例含蓄《がんちく》のあることば。

【。含有】《がんゆう》Ⅱ〈―する〉何《なに》かの成分《せいぶん》を、中《なか》にふくんでいること。例含有量《がんゆうりょう》

口-4

【吟】

総画7 JIS-2267 常用

音 ギン
訓 —

筆順 吟吟吟吟吟吟吟

なりたち 【形声】「今《キン》」が「ギン」とかわって読《よ》み方《かた》をしめしている。「キン」はふさぐ意味《いみ》をもち、「口《くち》」がついて、口《くち》をふさいで「うめく」ことを表《あらわ》している字《じ》。

意味
❶口《くち》ずさむ。詩《し》や歌《うた》を低《ひく》い声《こえ》でうたう。例 詩《し》を吟《ぎん》じる。吟詠《ぎんえい》・詩吟《しぎん》
❷うめく。苦《くる》しげな声《こえ》をあげる。例 呻吟《しんぎん》
❸しらべる。念入《ねんい》りに調《しら》べる。こまかく味《あじ》わってたしかめる。例 吟味《ぎんみ》

❶〈口ずさむ〉の意味で
【°吟。詠】《ぎんえい》 Ⅲ〈—する〉①詩《し》や歌《うた》を、ふしをつけてよむこと。例 朗々《ろうろう》と吟詠《ぎんえい》する。類 朗詠《ろうえい》 ②詩《し》や歌《うた》をつくること。詩《し》や歌《うた》の作品《さくひん》。例 旅行《りょこう》中《ちゅう》の吟詠《ぎんえい》を発表《はっぴょう》する。
【°吟行】《ぎんこう》 ↓〈—する〉①詩《し》や歌《うた》を口《くち》ずさみながら歩《ある》くこと。②俳句《はいく》や和歌《わか》をつくるために、でかけて行《い》くこと。例 吟行《ぎんこう》にくわわる。

❸〈しらべる〉の意味で
【°吟。醸】《ぎんじょう》 ↓〈—する〉よくえらんだ材料《ざいりょう》を使《つか》い、たっぷり手間《てま》をかけて酒《さけ》・しょうゆ・みそなどをつくること。例 吟醸酒《ぎんじょうしゅ》
【°吟味】《ぎんみ》 ↓〈—する〉①念《ねん》を入《い》れてよく調《しら》べること。例 料理《りょうり》の材料《ざいりょう》を吟味《ぎんみ》する。②江戸時《えどじ》代《だい》のことばで、罪《つみ》があるかどうかよく調《しら》べること。例 吟味方《ぎんみかた》 類 詮議《せんぎ》

口-4

【君】

総画7 JIS-2315 教3年

音 クン
訓 きみ

筆順 君君君君君君君 (だす)

なりたち 【形声】「尹《イン》」が人《ひと》をおさめる意味《いみ》をもち、「クン」とかわって読《よ》み方《かた》をしめしている。「口」がついて、「号令《ごうれい》を出《だ》して世《よ》の中《なか》をおさめる人《ひと》」を表《あらわ》している字《じ》。

意味
❶天子《てんし》や支配者《しはいしゃ》。国《くに》や領地《りょうち》をおさめる人《ひと》。例 君《きみ》に仕《つか》える。君臨《くんりん》・主君《しゅくん》 対 臣《しん》
❷人《ひと》をうやまっていうことば。例 君《きみ》とぼく。源氏《げんじ》の君《きみ》。母君《ははぎみ》・君子《くんし》
❸名前《なまえ》のあとにつけてよぶことば。例 山《やま》下君《したくん》

名前のよみ なお・よし

❶〈天子や支配者〉の意味で
【君主】《くんしゅ》 Ⅲ 王《おう》や皇帝《こうてい》など、国《くに》をおさめる位《くらい》にある人《ひと》。例 君主《くんしゅ》の位《くらい》。類 天子《てんし》 対 臣下《しんか》
【君臨】《くんりん》 ↓〈—する〉①君主《くんしゅ》として国《くに》のいちばん上《うえ》に立《た》つこと。例 王《おう》として君臨《くんりん》する。②ある方面《ほうめん》で、ずばぬけた力《ちから》を見《み》せつけること。例 プロ野球界《やきゅうかい》に君臨《くんりん》する。

❷〈人をうやまっていうことば〉の意味で
【君子】《くんし》 ↓ 人《ひと》がらもおこないもりっぱな人《ひと》。類 聖人《せいじん》・大人《たいじん》
【君子危うきに近寄らず】《くんしあやうきにちかよらず》 すぐれた人物《じんぶつ》は、つねに身《み》をつつしみ、危険《きけん》だとわかっていることにははじめから近《ちか》づかない。

君が下につく熟語 上の字の働き
❶君＝〈天子や支配者〉のとき
【名君《めいくん》 明君《めいくん》 暴君《ぼうくん》】ドノヨウナ君主《くんしゅ》か。
❷君＝〈人をうやまっていうことば〉のとき
【諸君《しょくん》 父君《ふくん／ちちぎみ》 母君《ははぎみ》 姫君《ひめぎみ》】ダレをうやまってよぶのか。
◆主君《しゅくん》

口-4

【呉】

総画7 JIS-2466 常用

音 ゴ
訓 くれ・く-れる

筆順 呉呉呉呉呉呉呉

なりたち 【会意】「口《くち》」と、頭《あたま》をかたむけている人《ひと》の形《かたち》（夨）からでき、人《ひと》が耳《みみ》をそむけるほどの大声《おおごえ》を表《あらわ》す字《じ》。のちに中国《ちゅうごく》にあった国名《こくめい》に借《か》りて使《つか》われるようになった。

意味 むかしの中国《ちゅうごく》の国名《こくめい》。むかしの中国《ちゅうごく》にあった国《くに》の名《な》。その国《くに》から日本《にほん》につたわってきたもの。例 呉《ご》と越《えつ》の戦《たたか》い。呉服《ごふく》

【°呉。越同。舟】《ごえつどうしゅう》 敵《てき》や、仲《なか》のわるい者《もの》どうしが、しかたなくおなじ場所《ばしょ》にいること。

故事のはなし ☞215ページ

【°呉音】《ごおん》 ↓ 漢字《かんじ》の音《おん》の一種《いっしゅ》で、「人」を「に

「ん」、「生」を「じょう」と読《よ》むような読《よ》み方《かた》。仏《ぶっ》教《きょう》のことばに多《おお》く使《つか》われている。参考 ☞ものしり巻物（257ページ）

【呉服】ごふく ⊻ 和服用《わふくよう》の織物《おりもの》。類 反物《たんもの》

口－4 吾

総画7 JIS-2467 人名 音 ゴ 訓 われ・あ

意味 わたし。自分《じぶん》。自分《じぶん》の。例 吾子《あこ》

名前のよみ あき・みち

口－4 告

総画7 JIS-2580 教4年 音 コク 訓 つげる

筆順 告告告告告告告（ながく）

なりたち  【会意】いけにえにする牛《うし》と口《くち》を合《あ》わせて、神《かみ》に「つげる」意味《いみ》を表《あらわ》す字《じ》。

意味 ❶つげる。人《ひと》に知《し》らせる。つたえる。例 わかれを告《つ》げる。告白《こくはく》・報告《ほうこく》 ❷うったえる。裁判所《さいばんしょ》や警察《けいさつ》にうったえ出《で》る。例 告発《こくはつ》・被告《ひこく》

❶〈つげる〉の意味で

【告示】こくじ ⊻ 〈―する〉国《くに》や公共団体《こうきょうだんたい》が決《き》めたことを、広《ひろ》く知《し》らせること。例 市長《しちょう》選挙《せんきょ》が、あす告示《こくじ》される。類 公告《こうこく》・公示《こうじ》・公布《こうふ》

【告知】こくち ⊻ 〈―する〉必要《ひつよう》なことを関係者《かんけいしゃ》に知《し》らせる。例 病名《びょうめい》を告知《こくち》する。類 通知《つうち》・通告《つうこく》

【告白】こくはく Ⅱ 〈―する〉心《こころ》のおくにあることを、人《ひと》にうちあける。例 愛《あい》を告白《こくはく》する。類 白状《はくじょう》

【告別】こくべつ ▲ 〈―する〉わかれをつげる。さいごのわかれをする。例 告別式《こくべつしき》

❷〈うったえる〉の意味で

【告。訴】こくそ Ⅱ 〈―する〉被害《ひがい》を受《う》けた人《ひと》などが、警察《けいさつ》や裁判所《さいばんしょ》などにうったえ出《で》ること。例 自分《じぶん》をだました相手《あいて》を告訴《こくそ》する。類 提訴《ていそ》

【告発】こくはつ ⊻ 〈―する〉①犯罪《はんざい》に関係《かんけい》のない人《ひと》が、犯罪《はんざい》のあったことを知《し》り、そのことを警《けい》察《さつ》などにうったえ出《で》ること。例 汚職《おしょく》を告発《こくはつ》する。②世《よ》に知《し》られないでいる不正《ふせい》や真実《しんじつ》のすがたをみんなに知《し》らせること。例 内部告発《ないぶこくはつ》

告が下につく熟語 上の字の働き

❶告＝〈つげる〉のとき

【宣告《せんこく》 報告《ほうこく》 申告《しんこく》 通告《つうこく》】近《ちか》い意味《いみ》。

【戒告《かいこく》 勧告《かんこく》 急告《きゅうこく》 警告《けいこく》 広告《こうこく》 公告《こうこく》 忠告《ちゅうこく》 布《ふ》告 密告《みっこく》 予告《よこく》】ドノヨウニつげ知《し》らせるか。

◆原告《げんこく》 被告《ひこく》 論告《ろんこく》

口－4 吹

総画7 JIS-3165 常用 音 スイ 訓 ふく

筆順 吹吹吹吹吹吹吹

なりたち  【会意】「口《くち》」と口をあけている形《かたち》の「欠《けん》」とを合《あ》わせて、口《くち》をあけて息《いき》を出《だ》すことを表《あらわ》している字《じ》。

意味 ふく。ふき鳴《な》らす。口《くち》から息《いき》をふっと出《だ》す。ふいて音《おと》を出《だ》す。風《かぜ》がうごく。例 木《こ》がらしが吹《ふ》く。吹雪《ふぶき》・吹奏《すいそう》・鼓吹《こすい》

使い分け ふく［噴・吹］☞231ページ

特別なよみ 息吹（いぶき）・吹雪（ふぶき）

【吹奏】すいそう ⊻ 〈―する〉笛《ふえ》やらっぱなどの管楽器《かんがっき》を演奏《えんそう》する。例 吹奏楽《すいそうがく》

【吹。聴】ふいちょう ◎ 〈―する〉人《ひと》に言《い》いふらす。例 自分《じぶん》のてがらを吹聴《ふいちょう》して歩《ある》く。表現 話《はなし》のなかみが大《おお》げさになってくると、「ほらを吹《ふ》く」になる。

【吹。雪】ふぶき ⊻ 強《つよ》い風《かぜ》にふかれて、よこなぐりにはげしくふる雪《ゆき》。例 花吹雪《はなふぶき》（サクラの花《はな》びらが風《かぜ》にふかれていっせいにちるようす）

表現 「吹雪《ふぶき》」がふるのが、「ふぶく」。

◆鼓吹《こすい》

口－4 呈

総画7 JIS-3672 常用 音 テイ 訓 ―

筆順 呈呈呈呈呈呈呈

なりたち  【形声】「口《くち》」と読《よ》み方《かた》をしめす「壬《テイ》」とからできた字《じ》。「テイ」は、はっきりしめす意味《いみ》をもち、口《くち》ではっきり言《い》うことを表《あらわ》す。

意味 ❶さしだす。さし上《あ》げる。例 贈呈《ぞうてい》 ❷見《み》せる。すっかり見《み》せる。例 活況《かっきょう》を呈《てい》する。露呈《ろてい》

名前のよみ すすむ

呈が下につく熟語 上の字の働き

❶呈＝〈さしだす〉のとき
【献呈《けんてい》 進呈《しんてい》 贈呈《ぞうてい》】近《ちか》い意味《いみ》。
◆謹呈《きんてい》 露呈《ろてい》

否
口-4　総画7　JIS-4061　教6年
音 ヒ　訓 いな・いや

筆順 否否否否否否否（不にならない／とめる）

なりたち [形声]「不《ふ》」が「反対《はんたい》」の意味《いみ》と、「ヒ」にかわって読《よ》み方《かた》をしめしている。口《くち》で反対《はんたい》することを表《あらわ》す字《じ》。

意味 うちけす。そうであることをみとめない。例 提案《ていあん》を否《ひ》とする。賛成《さんせい》か否《いな》か。否《いな》めない事実《じじつ》。否決《ひけつ》・拒否《きょひ》 対 諾《だく》・肯《こう》

【▲否応《いやおう》】⇕「いやだ」という返事《へんじ》と、「よし、わかった」という返事《へんじ》。例 いやおうなしに（どんな返事《へんじ》をしようがおかまいなく）。

【否決《ひけつ》】⊠〈―する〉会議《かいぎ》で、それはだめだと決《き》めること。例 反対多数《はんたいたすう》で否決《ひけつ》。対 可決《かけつ》

【否定《ひてい》】⊠〈―する〉そうではないと、みとめないこと。うちけすこと。例 うわさを否定《ひてい》する。類 否認《ひにん》 対 肯定《こうてい》

【否認《ひにん》】⊠〈―する〉あることがらを、事実《じじつ》とはちがうと言《い》ってみとめないこと。例 容疑者《ようぎしゃ》は犯行《はんこう》を否認《ひにん》している。類 否定《ひてい》 対 是認《ぜにん》・承認《しょうにん》

否が下につく熟語 上の字の働き

【安否《あんぴ》 可否《かひ》 採否《さいひ》 賛否《さんぴ》 正否《せいひ》 成否《せいひ》 諾否《だくひ》 適否《てきひ》】ドウスル・ドウデアルということに対《たい》して、そうかそうでないかどちらかと考《かんが》えさせる形《かたち》。

故事のはなし

呉越同舟《ごえつどうしゅう》

呉《ご》の国《くに》の人《ひと》と越《えつ》の国《くに》の人《ひと》とは、たがいにかたきどうしとしてにくみ合《あ》い、たいへん仲《なか》がわるかった。たまたまおなじ舟《ふね》に乗《の》り合《あ》わせて長江《ちょうこう》を渡《わた》っていたところ、急《きゅう》に暴風《ぼうふう》に見《み》まわれた。そこで日《ひ》ごろの恨《うら》みもわすれ、心《こころ》を一《ひと》つにして助《たす》け合《あ》った。（『孫子《そんし》』九地篇《きゅうちへん》）

参考 春秋時代《しゅんじゅうじだい》の呉《ご》の国《くに》の王夫差《おうふさ》と越《えつ》の国《くに》の王句践《おうこうせん》とは、「臥薪嘗胆《がしんしょうたん》」や「会稽《かいけい》の恥《はじ》をすすぐ」の語《ご》でも知《し》られるように、宿命《しゅくめい》のライバルとして長年死闘《ながねんしとう》をくりひろげていた。それで呉《ご》と越《えつ》といえば、仲《なか》のわるいあいだがらの代表《だいひょう》となった。もともとは、たがいに反目《はんもく》し合《あ》うかたきどうしでも、舟《ふね》が転覆《てんぷく》するような危難《きなん》にあうと、日《ひ》ごろのにくしみもわすれて協力《きょうりょく》するものだという意味《いみ》を表《あらわ》すことばであった。

呆
口-4　総画7　JIS-4282　表外
音 ホウ・ボウ　訓 おろ-か・あき-れる

意味 ❶おろか。ちえや考《かんが》えが足《た》りない。例 痴呆《ちほう》 ❷あきれる。あっけにとられる。例 呆《あき》れてものが言《い》えない。呆然《ぼうぜん》

呂
口-4　総画7　JIS-4704　常用
音 ロ・リョ　訓 ―

筆順 呂呂呂呂呂呂呂

意味 音楽《おんがく》の調子《ちょうし》。例 呂律《りょりつ／ろれつ》

名前のよみ とも・なが

【◦呂律】Ⅱ ❶りょりつ 音楽《おんがく》の調子《ちょうし》。❷ろれつ ものを言《い》う調子《ちょうし》。例 呂律《ろれつ》が回《まわ》らない（舌《した》がよく動《うご》かなくて、話《はな》すことばがはっきりしない）。

◆風呂《ふろ》

呼
口-5　総画8　JIS-2438　教6年
音 コ　訓 よぶ

筆順 呼呼呼呼呼呼呼呼（ながく／はねる）

なりたち [形声]「乎」がはき出《だ》す意味《いみ》と「コ」という読《よ》み方《かた》をしめし、口《くち》

から息《いき》をはく意味《いみ》を表《あらわ》す字《じ》。

意味

❶よぶ。よびかける。さそいだす。例名《な》前《まえ》を呼《よ》ぶ。呼応《こおう》・呼《よ》び水《みず》・歓呼《かんこ》

❷名《な》づける。名前《なまえ》をつける。例呼称《こしょう》

❸息《いき》をはく。息《いき》をはき出《だ》す。はく息《いき》。例呼気《こき》・呼吸《こきゅう》 対 吸《きゅう》

❶〈よぶ〉の意味で

【呼応】《こおう》 ⇕〈―する〉①一方《いっぽう》がよびかけると、もう一方《いっぽう》がこたえること。例合図《あいず》に呼応《こおう》する。②おたがいに気《き》持《も》ちや意志《いし》をしめし合《あ》わせること。例与野党《よやとう》が呼応《こおう》して反対《はんたい》する。③文章《ぶんしょう》の中《なか》で、「たぶん…だろう」「もし…なら ば」「けっして…ない」などのように、上《うえ》のことばに対《たい》して下《した》のことばがきまった表現《ひょうげん》をとること。例呼応《こおう》の関係《かんけい》。

❷〈名づける〉の意味で

【呼。称】《こしょう》 Ⅱ〈―する〉ものに名前《なまえ》をつけて、その名《な》でよぶこと。そのよび名《な》。

❸〈息をはく〉の意味で

【呼気】《こき》 ↓はき出《だ》す息《いき》。対 吸気《きゅうき》

【呼吸】《こきゅう》 ⇕〈―する〉①生物《せいぶつ》が、生《い》きていくために必要《ひつよう》な酸素《さんそ》をすいこみ、二酸化炭素《にさんかたんそ》をはきだすはたらき。例深呼吸《しんこきゅう》 類 息《いき》・気息《きそく》 ②ものごとをうまくするための、調子《ちょうし》やこつ。例カーブを投《な》げる呼吸《こきゅう》。③いっしょになにかをするときの、人《ひと》と人《ひと》とのあいだの調子《ちょうし》。例チームの呼吸《こきゅう》がぴったり合《あ》う。④短《みじか》い時《じ》間《かん》。例ひと呼吸《こきゅう》おいてから、話《はな》しはじめた。

呼が下につく熟語 上の字の働き

❶呼＝〈よぶ〉のとき

【点呼《てんこ》 連呼《れんこ》】ドウヤッテ呼《よ》ぶか。

◆歓呼《かんこ》

口-5

呪

総画8

JIS-2886

常用

音 ジュ

訓 のろう

筆順 呪 呪 呪 呪 呪 呪 呪 呪

意味 のろう。まじないをする。例呪《のろ》いをかける。呪文《じゅもん》

【。呪文】《じゅもん》 ↓のろいやまじないのことば。例呪文《じゅもん》をとなえる。

口-5

周

総画8

JIS-2894

教4年

音 シュウ

訓 まわり

筆順 周 周 周 周 周 周 周 周（はらう・はねる・ながく）

なりたち 𠚏 【形声】「シュウ」と読《よ》んで田《た》いっぱいに作物《さくもつ》ができている形《かたち》（𠚏→用）の字《じ》に、かこいを表《あらわ》す「口」をくわえて「ゆきわたる」意味《いみ》を表《あらわ》す字《じ》。

意味

❶まわり。もののそとまわり。例周《まわ》りの人《ひと》。池《いけ》の周《まわ》り。周辺《しゅうへん》・円周《えんしゅう》

❷めぐる。ひとまわりする。まわりあるく。例周期《しゅうき》・周航《しゅうこう》

❸ゆきわたる。全体《ぜんたい》にゆきわたる。ゆきと

漢字パズル 4

くみあわせ

風《かぜ》がふいて、ぼうしが飛《と》んでしまいました。

どのぼうしが、どの人《ひと》のでしょう。

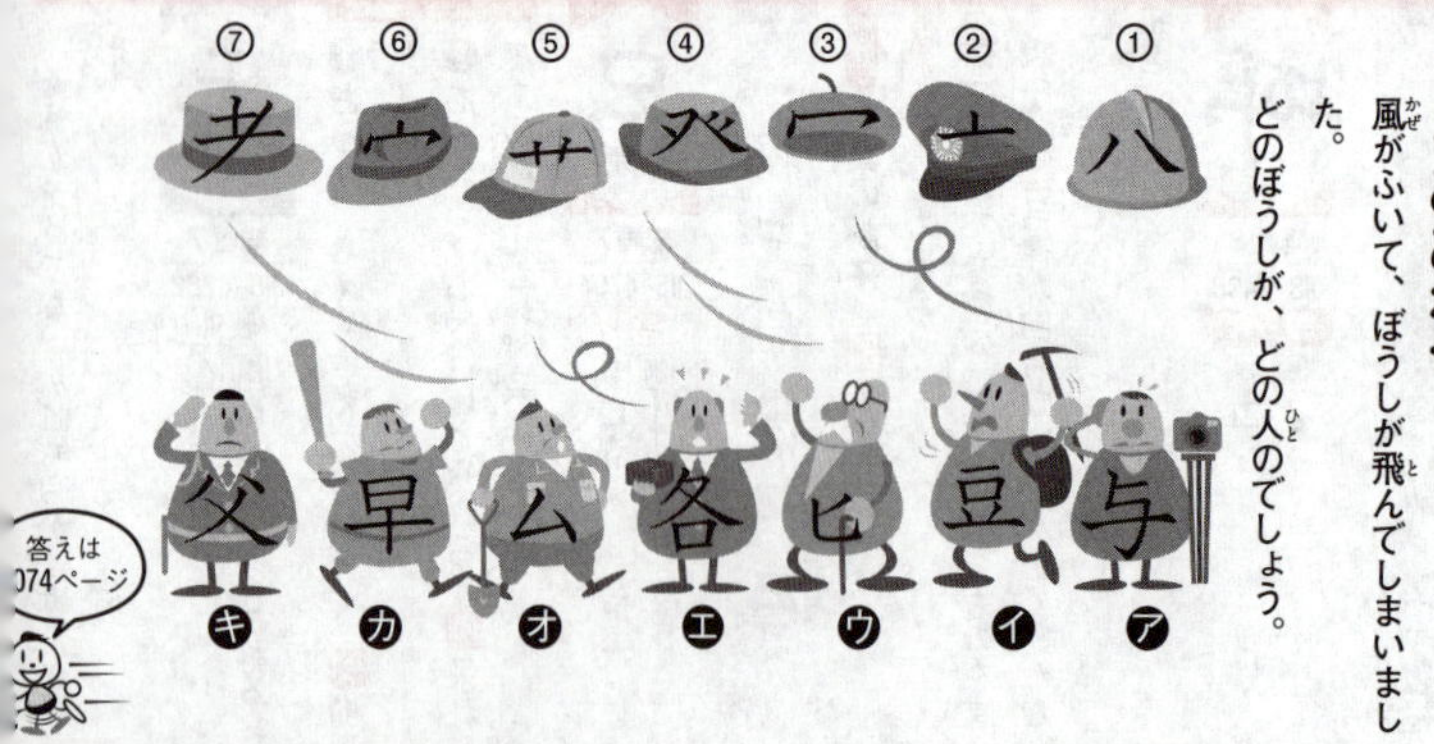

どく。例 周知《しゅうち》・周到《しゅうとう》

使い分け まわり［回・周］☞235ページ

名前のよみ あまね・かね・ただ・ちか・なり・のり・ひろし・まこと

❶〈まわり〉の意味で

【周囲《しゅうい》】Ⅱ ①ものの外《そと》がわのふち。例 湖《みずうみ》の周囲《しゅうい》は、約《やく》二《に》キロある。②まわりをとりまいている人《ひと》やもの。例 学校《がっこう》の周囲《しゅうい》。

【周辺《しゅうへん》】Ⅱ そのまわりいったい。例 工場《こうじょう》の周辺《しゅうへん》。対 中心《ちゅうしん》・中央《ちゅうおう》

❷〈めぐる〉の意味で

【周◦忌《しゅうき》】↓ 人《ひと》の死後《しご》、年《とし》ごとにめぐってくる命日《めいにち》を表《あらわ》すことば。類 回忌《かいき》・年忌《ねんき》 表現 人《ひと》が死《し》んで一年《いちねん》がたったときを「一周忌《いっしゅうき》（一回忌《いっかいき》）」というが、その次《つぎ》の年《とし》（二年《にねん》め）は「三回忌《さんかいき》（三周忌《さんしゅうき》）」という。

【周期《しゅうき》】↓ ①ひとまわりするのにかかる時間《じかん》。例 地球《ちきゅう》が太陽《たいよう》をまわる周期《しゅうき》。②おなじ運動《うんどう》をくりかえすものが、一回《いっかい》の運動《うんどう》にかかる時間《じかん》。例 火山活動《かざんかつどう》の周期《しゅうき》を調《しら》べる。

【周航《しゅうこう》】↓〈—する〉船《ふね》であちこちをめぐること。例 琵琶湖《びわこ》周航《しゅうこう》の船《ふね》に乗《の》る。

【周章◆狼◆狽《しゅうしょうろうばい》】〈—する〉ひどくあわてて、うろたえること。

【周◦旋《しゅうせん》】Ⅱ〈—する〉人《ひと》と人《ひと》とのあいだにたって、商売《しょうばい》や交渉《こうしょう》などがうまくいくようにせわをすること。なかだち。類 斡旋《あっせん》

【周年《しゅうねん》】↓ 数字《すうじ》の下《した》につけて、まる何年《なんねん》たったかを表《あらわ》す。例 学校創立三十周年《がっこうそうりつさんじっしゅうねん》。

【周波数《しゅうはすう》】電波《でんぱ》や音波《おんぱ》・交流電流《こうりゅうでんりゅう》などの、一秒間《いちびょうかん》に振動《しんどう》する回数《かいすう》。ヘルツで表《あらわ》す。

【周遊《しゅうゆう》】↓〈—する〉あちこちまわったあと、出発《しゅっぱつ》したところへもどるように旅行《りょこう》すること。例 周遊切符《しゅうゆうきっぷ》。四国周遊《しこくしゅうゆう》の旅《たび》。類 回遊《かいゆう》

❸〈ゆきわたる〉の意味で

【周知《しゅうち》】↓ みんなが知《し》っている。

【周◦到《しゅうとう》】↓〈—な/—に〉よくゆきとどいていて、ぬかりがない。例 用意周到《よういしゅうとう》

例解 使い分け

［周知《しゅうち》・衆知《しゅうち》］

周知＝多《おお》くの人《ひと》に知《し》れわたっていること。
例 周知《しゅうち》の事実《じじつ》。周知徹底《しゅうちてってい》させる。

衆知＝多《おお》くの人《ひと》びとの知恵《ちえ》。
例 衆知《しゅうち》を集《あつ》める。

口-5

味

総画8
JIS-4403
教3年

訓 あじ・あじわう
音 ミ

筆順

なりたち

【形声】「未」が「ミ」という読《よ》み方《かた》をしめし、「美」の意味《いみ》を表《あらわ》している。「口《くち》」がついて「あじ」の意味《いみ》を表《あらわ》す字《じ》。

意味

❶あじ。あじわう。舌《した》に感《かん》じるあじわい。例 味《あじ》をしめる。美味《びみ》
❷なかみ。心《こころ》に感《かん》じとるものごとのようす。内容《ないよう》。例 意味《いみ》・気味《きみ》・興味《きょうみ》
❸感《かん》じとる。ものごとのおもむきをじっくりと感《かん》じとる。例 幸《しあわ》せを味《あじ》わう。吟味《ぎんみ》
❹《その他《た》》例 味方《みかた》・一味《いちみ》

特別なよみ 三味線（しゃみせん）

名前のよみ ちか

❶〈あじ。あじわう〉の意味で

【味見《あじみ》】↓ 料理《りょうり》のあじをたしかめること。例 味見《あじみ》をする。類 毒見《どくみ》・試食《ししょく》

【味覚《みかく》】↓ うまい・あまい・からいなどの、食《た》べ物《もの》のあじを感《かん》じとる舌《した》のはたらき。例 秋《あき》の味覚《みかく》。関連 視覚《しかく》（目《め》）・聴覚《ちょうかく》（耳《みみ》）・嗅覚《きゅうかく》（臭覚《しゅうかく》、鼻《はな》）・味覚《みかく》（した）・触覚《しょっかく》（ひふ）

❸〈感じとる〉の意味で

【味読《みどく》】↓〈—する〉内容《ないよう》をよく考《かんが》え、そのよさを感《かん》じとりながら読《よ》むこと。

❹《その他》

【味方《みかた》】↓ ①自分《じぶん》のほうのなかま。例 味方《みかた》につける。対 敵《てき》 ②〈—する〉力《ちから》をかして助《たす》けること。例 兄《あに》はいつも妹《いもうと》に味方《みかた》する。

味が下につく熟語 上の字の働き

❶味＝〈あじ。あじわう〉のとき
【後味《あとあじ》 酸味《さんみ》 滋味《じみ》 大味《おおあじ》 珍味《ちんみ》 美味《びみ》 薬味《やくみ》】ドノヨウナ味《あじ》か。

❷味＝〈なかみ〉のとき

【興味《きょうみ》 趣味《しゅみ》】近《ちか》い意味《いみ》。
【意味《いみ》 気味《きみ》 嫌味《いやみ》 強味《つよみ》 弱味《よわみ》 情味《じょうみ》 新味《しんみ》 正《しょう》味《み》 地味《ちみ》 風味《ふうみ》 妙味《みょうみ》 涼味《りょうみ》】ドノヨウナ内容《ないよう》か。
◆一味《いちみ》 加味《かみ》 吟味《ぎんみ》 賞味《しょうみ》 毒味《どくみ》 不気味《ぶきみ》 無意味《むいみ》 無味《むみ》

命

口-5
総画8
JIS-4431
教3年
音 メイ・ミョウ
訓 いのち・みこと

筆順 はらう はねる

なりたち
【会意】「口《くち》」としたがわせる意味《いみ》の「令」を合《あ》わせて、ことばでめいれいすることを表《あらわ》している字《じ》。

意味
❶言《い》いつける。さしずする。言《い》いつけ。例命令《めいれい》・任命《にんめい》
命《めい》にそむく。退廷《たいてい》を命《めい》じる。
❷天《てん》のさだめ。まさにそうなるべきめぐりあわせ。例命運《めいうん》・宿命《しゅくめい》
❸いのち。生《い》きていること。例命《いのち》を落《お》とす。命日《めいにち》・寿命《じゅみょう》・致命《ちめい》傷《しょう》
❹名《な》づける。名《な》まえを登録《とうろく》した籍《せき》。例命《めい》名《めい》・亡命《ぼうめい》
❺めあて。ねらうところ。例命中《めいちゅう》

名前のよみ あきら・とし・なが・のぶ・のり・まこと・みこと・みち・もり・よし

❶〈言いつける〉の意味で
【命令】《めいれい》 Ⅱ 〈―する〉かならずそうするよう強《つよ》く言《い》いつける。言《い》いつけ。例社長命令《しゃちょうめいれい》。類指令《しれい》

❷〈天のさだめ〉の意味で
【命運】《めいうん》 Ⅱ 天《てん》がその人《ひと》にあたえた厳粛《げんしゅく》な運《うん》命《めい》。例命運《めいうん》がつきる。社《しゃ》の命運《めいうん》をかける。類運命《うんめい》 表現「運命《うんめい》」も「命運《めいうん》」も意味《いみ》はにているが、「命運《めいうん》」は、生《せい》と死《し》の分《わ》かれめなどが決《き》まるぎりぎりのときをいうのに使《つか》われる。

❸〈いのち〉の意味で
【命。綱】《いのちづな》 ↓ 高《たか》いところや水中《すいちゅう》など、あぶない場所《ばしょ》ではたらく人《ひと》の命《いのち》をまもるために、その人《ひと》の体《からだ》につけるつな。表現「家《いえ》からの送《そう》金《きん》が命綱《いのちづな》だ」のような言《い》い方《かた》もできる。
【命日】《めいにち》 ↓ 人《ひと》が死《し》んだ日《ひ》。その人《ひと》が死《し》んだ日《ひ》とおなじ日《ひ》づけの日《ひ》。例母《はは》の命日《めいにち》。類忌日《きじつ|きにち》
表現 一年《いちねん》に一度《いちど》まわってくるおなじ月《つき》おなじ日《ひ》づけの日《ひ》を「祥月命日《しょうつきめいにち》」という。たとえば、三月七日《さんがつなのか》になくなった人《ひと》の命日《めいにち》は毎《まい》月《つき》の七日《なのか》で、祥月命日《しょうつきめいにち》は毎年《まいとし》の三月七日《さんがつなのか》だが、このごろは、「命日《めいにち》」というだけで「祥月《しょうつき》命日《めいにち》」を指《さ》すことが多《おお》い。
【命脈】《めいみゃく》 ↓ つづいているいのち。例命脈《めいみゃく》をたもつ。

❹〈名づける〉の意味で
【命名】《めいめい》 ▲ 〈―する〉名前《なまえ》をつける。名《な》づける。例長女《ちょうじょ》に「みどり」と命名《めいめい》した。

❺〈めあて〉の意味で
【命中】《めいちゅう》 ↓ 〈―する〉ねらったとおりにあたる。例矢《や》はずばり命中《めいちゅう》した。類的中《てきちゅう》

命が下につく熟語 上の字の働き

❶命＝〈言いつける〉のとき
【拝命《はいめい》 復命《ふくめい》 革命《かくめい》】言《い》いつけを〈言《い》いつけに〉ドウスルか。〔「革命《かくめい》」は、天命《てんめい》をあらたに受《う》けるという意味《いみ》〕
【任命《にんめい》 厳命《げんめい》 特命《とくめい》】ドノヨウナ言《い》いつけか。
❷命＝〈天のさだめ〉のとき
【使命《しめい》 宿命《しゅくめい》】ドノヨウナさだめか。
❸命＝〈いのち〉のとき
【一命《いちめい》 短命《たんめい》 長命《ちょうめい》 余命《よめい》】ドウイウ命《いのち》か。
【救命《きゅうめい》 懸命《けんめい》 助命《じょめい》 絶命《ぜつめい》 存命《ぞんめい》 落命《らくめい》】命《いのち》をドウスルか。
◆運命《うんめい》 寿命《じゅみょう》 人命《じんめい》 生命《せいめい》 勅命《ちょくめい》 天命《てんめい》 薄命《はくめい》 亡《ぼう》命《めい》 用命《ようめい》

和

口-5
総画8
JIS-4734
教3年
音 ワ・オ
訓 やわらぐ・やわらげる・なごむ・なごやか・あ-える

筆順 はねない とめる

なりたち
【形声】「禾《カ》」が「ワ」とかわって読《よ》み方《かた》をしめし、「カ」には合《あ》わせる意味《いみ》があり、「口《くち》」がついて、声《こえ》を合《あ》わせることから、「ほどよく調和《ちょうわ》する」ことを表《あらわ》す

字《じ》。

意味

❶**よく合《あ》う。**うまくとけこんでいる。いっしょになる。例 和音《わおん》・調和《ちょうわ》

❷**かかわりがうまくいく。**仲《なか》がよい。例 和《わ》を講《こう》じる。和解《わかい》・不和《ふわ》

❸**やわらぐ。**やわらげる。たいどやようすがおだやかである。例 寒《さむ》さが和《やわ》らぐ。気《き》持《も》ちが和《なご》む。和《なご》やかな雰囲気《ふんいき》。温和《おんわ》

❹**たし算《ざん》の結果《けっか》。**合《あ》わせた数《かず》。例 和《わ》と差《さ》。総和《そうわ》 対 差《さ》

❺**日本《にほん》。**むかしからの日本《にほん》。例 和語《わご》・英和《えいわ》

❻**《その他《た》》**例 和尚《おしょう》

注意するよみ オ…例 和尚《おしょう》

特別なよみ 日和（ひより）・大和（やまと）

名前のよみ あい・かず・たか・ちか・とし・とも・な・のどか・ひとし・まさ・ます・やす・やすし・よし・より・わたる

❶〈よく合《あ》う〉の意味で

【和音《わおん》】↓ 高《たか》さのちがう二《ふた》つ以上《いじょう》の音《おと》が、ほどよくひびき合《あ》ってできる音《おと》。表現 不協《ふきょう》和音《わおん》は、調和《ちょうわ》しないで、耳《みみ》ざわりな音《おと》の組《く》み合《あ》わせをいう。

【和声《わせい》】▲ 音楽《おんがく》で、きまりどおりに組《く》み合《あ》わされた和音《わおん》のつらなり。知識 和声《わせい》（ハーモニー）は、旋律《せんりつ》（メロディー）・拍子《ひょうし》（リズム）とともに、音楽《おんがく》のたいせつな三《みっ》つの要素《ようそ》の一《ひと》つ。

❷〈かかわりがうまくいく〉の意味で

【和解《わかい》】↓〈―する〉あらそいをやめて、なかなおりする。例 和解《わかい》が成立《せいりつ》する。

【和議《わぎ》】↓ あらそいをやめて、なかなおりするための相談《そうだん》。例 和議《わぎ》を申《もう》し入《い》れる。

【和親《わしん》】Ⅱ なかよくすること。例 和親条約《わしんじょうやく》 表現 おもに国《くに》と国《くに》との関係《かんけい》に使《つか》う。

【和戦《わせん》】↕ なかよくするか、たたかうか。例 和戦両様《わせんりょうよう》のかまえ。

【和平《わへい》】Ⅱ なかなおりして、平和《へいわ》になること。例 和平条約《わへいじょうやく》 類 平和《へいわ》 対 戦争《せんそう》

【和。睦《わぼく》】Ⅱ〈―する〉なかなおり。

❸〈やわらぐ〉の意味で

【和気◆藹◆藹《わきあいあい》】〈―たる〉〈―と〉なごやかなふんいきがみちている。例 和気藹々《わきあいあい》のクラス会《かい》。

❺〈日本〉の意味で

【和英《わえい》】↕「和英辞典《わえいじてん》」の略《りゃく》。日本語《にほんご》から英《えい》語《ご》をひく辞典《じてん》。対 英和《えいわ》（英和辞典《えいわじてん》）

【和歌《わか》】↓ 日本《にほん》にむかしからある定型詩《ていけいし》。五《ご》音《おん》と七音《しちおん》を組《く》み合《あ》わせてつくる。五《ご》・七《しち》・五《ご》・七《しち》・七《しち》のかたちの短歌《たんか》がその代表《だいひょう》。五《ご》・七《しち》をくりかえし、五《ご》・七《しち》・七《しち》でしめくくる長歌《ちょうか》や五《ご》・七《しち》・七《しち》・五《ご》・七《しち》・七《しち》の旋頭歌《せどうか》もある。

【和漢《わかん》】↕ 日本《にほん》と中国《ちゅうごく》。例 和漢《わかん》の書《しょ》。

【和語《わご》】↓ 中国《ちゅうごく》から漢語《かんご》がつたわってくる前《まえ》から日本《にほん》で使《つか》われていたことば。やまとことば。参考 ☞ ものしり巻物（577ページ）

【和裁《わさい》】↓ 和服《わふく》をぬうこと。日本風《にほんふう》の着物《きもの》をしたてる技術《ぎじゅつ》。対 洋裁《ようさい》

【和紙《わし》】↓ 日本《にほん》でむかしからつくられてきた紙《かみ》。コウゾやミツマタなどを原料《げんりょう》にし、手《て》すきでつくる。類 日本紙《にほんし》 対 洋紙《ようし》

【和式《わしき》】↓ 日本独特《にほんどくとく》の形《かたち》やり方《かた》。例 和式《わしき》トイレ 類 和風《わふう》・日本式《にほんしき》 対 洋式《ようしき》

【和室《わしつ》】↓ たたみや障子《しょうじ》、ふすまなどのある日本風《にほんふう》のへや。例 このホテルには和室《わしつ》もある。類 日本間《にほんま》・座敷《ざしき》 対 洋室《ようしつ》・洋間《ようま》

【和書《わしょ》】↓ 日本語《にほんご》で書《か》かれた本《ほん》。関連 和書《わしょ》・漢籍《かんせき》・洋書《ようしょ》

【和食《わしょく》】↓ さしみ・てんぷら・焼《や》き魚《ざかな》・煮物《にもの》などの日本風《にほんふう》の食事《しょくじ》。類 日本食《にほんしょく》 対 洋食《ようしょく》

【和製《わせい》】↓「日本《にほん》でつくった」ということ。例「ナイター」は和製英語《わせいえいご》だ。類 日本製《にほんせい》

【和船《わせん》】↓ 日本《にほん》のむかしからのつくり方《かた》でつくった木《き》の船《ふね》。

【和装《わそう》】↓ ①日本風《にほんふう》の服装《ふくそう》をすること。②むかしから日本《にほん》にある、本《ほん》のとじ方《かた》。対 洋装《ようそう》 例 和装本《わそうぼん》 対 洋装《ようそう》

【和風《わふう》】↓ 日本《にほん》のむかしからのならわしやり方《かた》。例 和風建築《わふうけんちく》・和風旅館《わふうりょかん》 類 日本風《にほんふう》・日《に》本式《ほんしき》・和式《わしき》 対 洋風《ようふう》・洋式《ようしき》

【和服《わふく》】↓ 日本式《にほんしき》の衣服《いふく》。例 正月《しょうがつ》は和服《わふく》すがたの女性《じょせい》が目立《めだ》つ。類 着物《きもの》 対 洋服《ようふく》

【和文《わぶん》】↓ 日本語《にほんご》の文章《ぶんしょう》。例 和文英訳《わぶんえいやく》 類 邦文《ほうぶん》 対 欧文《おうぶん》・漢文《かんぶん》

【和名《わめい|わみょう》】↓ 日本《にほん》で通用《つうよう》している、ものの名前《なまえ》。おもに動植物《どうしょくぶつ》についていう。例「ポピー」の和名《わめい》は「ひなげし」だ。類 日本名《にほんめい》

◦学習漢字でない常用漢字　▲常用漢字表にない音訓　◆常用漢字でない漢字

【和訳《わやく》】[↓]〈―する〉外国語《がいこくご》を日本語《にほんご》に言《い》いかえること。例 英文和訳《えいぶんわやく》 類 邦訳《ほうやく》

【和洋《わよう》】[⇕]日本《にほん》と西洋《せいよう》。例 和洋《わよう》の家具《かぐ》。

【和洋折。衷《わようせっちゅう》】日本風《にほんふう》と西洋風《せいようふう》をとりあわせること。例 和洋折衷《わようせっちゅう》の家《いえ》。

❻《その他》

【和。尚《おしょう》】[↓]お寺《てら》のお坊《ぼう》さん。表現 お坊《ぼう》さんのあいだでは、弟子《でし》が師《し》の僧《そう》をうやまってよぶのに使《つか》う。また、宗派《しゅうは》により「かしょう」「わしょう」「わじょう」といろいろに読《よ》む。

和が下につく熟語 上の字の働き

❶ 和＝〈よく合う〉のとき

【唱和《しょうわ》 調和《ちょうわ》 融和《ゆうわ》】ドウヤッテ和《わ》するか。

【中和《ちゅうわ》 飽和《ほうわ》】ドノヨウニ和《わ》するか。

❸ 和＝〈やわらぐ〉のとき

【温和《おんわ》 穏和《おんわ》 緩和《かんわ》 柔和《にゅうわ》 平和《へいわ》】近《ちか》い意味《いみ》。

◆ 協和《きょうわ》 講和《こうわ》 不和《ふわ》 総和《そうわ》 英和《えいわ》

口-6

哀

総画9 JIS-1605 常用

音 アイ 訓 あわれ・あわれむ

筆順

なりたち

【形声】「衣《イ》」が「つつむ」意味《いみ》と、「アイ」とかわって読《よ》み方《かた》をしめしている。「口《くち》」をくわえて、おさえるようなかなしい声《こえ》を表《あらわ》している字《じ》。

意味 かなしい。あわれむ。あわれだ。見《み》ていてかわいそうに思《おも》う。例 哀《あわ》れな姿《すがた》で帰《かえ》る。不幸《ふこう》な人《ひと》を哀《あわ》れむ。悲哀《ひあい》・喜怒哀楽《きどあいらく》

【哀歌《あいか》】[↓]かなしい気持《きも》ちをうたった歌《うた》。かなしい感《かん》じの歌《うた》。エレジー。類 悲歌《ひか》

【哀感《あいかん》】[↓]なんとなくかなしい感《かん》じ。例 哀《あい》感《かん》にみちた曲《きょく》。類 哀愁《あいしゅう》

【哀。歓《あいかん》】[⇕]かなしみとよろこび。例 人生《じんせい》の哀歓《あいかん》をあじわう。類 悲喜《ひき》

【哀願《あいがん》】[↓]〈―する〉ただただ「おねがいします」とたのむこと。類 嘆願《たんがん》

【哀史《あいし》】[↓]かなしみにみちた物語《ものがたり》。

【哀。愁《あいしゅう》】[‖]しみじみとした、ものがなしい感《かん》じ。例 哀愁《あいしゅう》がただよう。類 哀感《あいかん》

【哀。惜《あいせき》】[‖]〈―する〉人《ひと》の死《し》をおしんで、かなしむこと。例 哀惜《あいせき》の念《ねん》。類 哀悼《あいとう》

【哀調《あいちょう》】[↓]さびしく、ものがなしい調子《ちょうし》。例 哀調《あいちょう》をおびた音楽《おんがく》。

【哀。悼《あいとう》】[‖]〈―する〉人《ひと》の死《し》をかなしみ、心《こころ》をいためること。例 哀悼《あいとう》の意《い》を表《ひょう》する。類 哀惜《せき》・追悼《ついとう》

【哀話《あいわ》】[↓]かわいそうな話《はなし》。類 悲話《ひわ》

口-6

咽

総画9 JIS-1686 常用

音 イン・エン・エツ 訓 のど

筆順

意味 ❶のど。のみこむ。例 咽喉《いんこう》 ❷むせぶ。息《いき》や声《こえ》がつまる。例 嗚咽《おえつ》

❶〈のど〉の意味で

【咽。喉《いんこう》】[‖]のど。例 耳鼻咽喉科《じびいんこうか》

口-6

咳

総画9 JIS-1917 表外

音 ガイ 訓 せき

意味 せき。せきをする。例 空咳《からせき》

口-6

哉

総画9 JIS-2640 人名

音 サイ 訓 かな・や

意味 ❶…だなあ。…かな。（感動《かんどう》を表《あらわ》す）例 快《かい》哉《さい》・善哉《ぜんざい》 ❷…であろうか。…や。（疑問《ぎもん》を表《あらわ》す）

名前のよみ すけ・ちか・とし・はじめ

口-6

咲

総画9 JIS-2673 常用

音 ― 訓 さく

筆順

なりたち

【形声】もとの正《ただ》しい字《じ》は「咲」。「芺《ショウ》」はしなをつくるようすと読《よ》み方《かた》をしめし、「口《くち》」がついて、口《くち》もとにしなをつくってわらう意味《いみ》の字《じ》。のちに、人《ひと》がわらう意味《いみ》には「笑」の字《じ》が使《つか》われ、「咲」は花《はな》が「さく」として使《つか》い分《わ》けられるようになった。

意味 さく。花《はな》が開《ひら》く。例 花《はな》が咲《さ》く。五分咲《ごぶざ》きのサクラ。

口-6

品

総画9 JIS-4142 教3年

音 ヒン 訓 しな

筆順

ちいさめに

なりたち
【会意】「口」を三《みっ》つならべて多《おお》くの人《ひと》、多《おお》くの物《もの》を表《あらわ》す字《じ》。

意味
❶しなもの。作《つく》ったり、やりとりしたり、売《う》り買《か》いしたりするもの。例品物《しなもの》・食料《しょくりょう》品《ひん》
❷種類《しゅるい》や等級《とうきゅう》。ものを種類《しゅるい》や等級《とうきゅう》に分《わ》けた一《ひと》つ一《ひと》つ。例手《て》をかえ品《しな》をかえ。品種《ひんしゅ》
❸内容《ないよう》のねうち。人《ひと》やものの質《しつ》の高《たか》さ、よさ。ひん。例品《ひん》がいい。品位《ひんい》・品評《ひんぴょう》・気品《きひん》

名前のよみ かず・ただ・のり

❶〈しなもの〉の意味で
【品。薄】《しなうす》▽〈―な・―に〉買《か》い手《て》が多《おお》いのに、品物《しなもの》が少《すく》ない。例ひでりで野菜《やさい》が品薄《しなうす》になる。
【品物】《しなもの》Ⅱ使《つか》うために用意《ようい》されるもの。売《う》ったり買《か》ったりするもの。類品《しな》・商品《しょうひん》
【品質】《ひんしつ》↓使《つか》ってわかる品物《しなもの》のよしあし。例品質《ひんしつ》を保証《ほしょう》する。品質管理《ひんしつかんり》・高品質《こうひんしつ》
【品名】《ひんめい》↓品物《しなもの》の名前《なまえ》。
❷〈種類や等級〉の意味で
【品詞】《ひんし》↓単語《たんご》を、文《ぶん》の中《なか》で受《う》けもつ役目《やくめ》によって分類《ぶんるい》したものの一《ひと》つ一《ひと》つ。日本語《にほんご》では、ふつう、「名詞《めいし》」「代名詞《だいめいし》」「動詞《どうし》」「形容詞《けいようし》」「形容動詞《けいようどうし》」「副詞《ふくし》」「連体詞《れんたいし》」「接続詞《せつぞくし》」「感動詞《かんどうし》」「助詞《じょし》」「助動詞《じょどうし》」の十一《じゅういち》の品詞《ひんし》に分《わ》ける。
【品種】《ひんしゅ》Ⅱ動物《どうぶつ》や植物《しょくぶつ》の種類《しゅるい》。例品種改良《ひんしゅかいりょう》
【品目】《ひんもく》↓品物《しなもの》の種類《しゅるい》ごとについている名《な》前《まえ》。例商品《しょうひん》を品目《ひんもく》ごとにならべる。
❸〈内容のねうち〉の意味で
【品位】《ひんい》↓その人《ひと》にそなわっている品《ひん》のよさ。上品《じょうひん》さ。類品《ひん》・品格《ひんかく》
【品格】《ひんかく》↓人《ひと》やもののもっている感《かん》じのよさやりっぱさ。例品格《ひんかく》がそなわっている人《ひと》。類気品《きひん》・品位《ひんい》・格調《かくちょう》
【品行】《ひんこう》↓ふだんのおこないや態度《たいど》のよしあし。類素行《そこう》・操行《そうこう》・行状《ぎょうじょう》
【品行方正】《ひんこうほうせい》〈―な〉おこないがきちんとしていて正《ただ》しいこと。例品行方正《ひんこうほうせい》なふるまい。
【品性】《ひんせい》↓人間《にんげん》としてりっぱかどうかという点《てん》から見《み》た人《ひと》がら。例品性《ひんせい》がいやしい。
【品評】《ひんぴょう》↓〈―する〉できのよしあしを、みんなで批評《ひひょう》する。例品評会《ひんぴょうかい》

品が下につく熟語 上の字の働き
❶品＝〈しなもの〉のとき
【新品《しんぴん》 小品《しょうひん》 逸品《いっぴん》 絶品《ぜっぴん》 珍品《ちんぴん》 名品《めいひん》 粗品《そしな》】ドンナ品《しな》か。
【金品《きんぴん》 商品《しょうひん》 景品《けいひん》 賞品《しょうひん》 食品《しょくひん》 薬品《やくひん》 部品《ぶひん》 洋品《ようひん》】ドウイウ種類《しゅるい》の品《しな》か。
【現品《げんぴん》 作品《さくひん》 製品《せいひん》 盗品《とうひん》 遺品《いひん》 廃品《はいひん》 備品《びひん》 用品《ひん》】ドウシタ・ドウナッテイル品《しな》か。
【出品《しゅっぴん》 納品《のうひん》 返品《へんぴん》】品《しな》をドウスルか。
❸品＝〈内容のねうち〉のとき
【上品《じょうひん》 下品《げひん》】ドンナねうちか。
【気品《きひん》 人品《じんぴん》】ナニの品《ひん》か。

◆手品《てじな》 天下一品《てんかいっぴん》 物品《ぶっぴん》

口-7

員

総画10
JIS-1687
教3年
訓 ―
音 イン

筆順

とめる

なりたち
【会意】まるをしめすしるしの「口」と「かなえ（鼎《かなえ》→貝）」を合《あ》わせて、煮《に》る容器《ようき》である鼎《かなえ》が円形《えんけい》であることを表《あらわ》す字《じ》。

意味
❶かず。あるきめられた人《ひと》や物《もの》のかず。例員数《いんずう／いんず》・満員《まんいん》
❷人。ある仕事《しごと》や役目《やくめ》を分担《ぶんたん》する人《ひと》。メンバー。例人員《じんいん》・全員《ぜんいん》・店員《てんいん》
❸はば。ひろさ。例幅員《ふくいん》

名前のよみ かず

❶〈かず〉の意味で
【員数】《いんずう／いんず》Ⅱきめられている人《ひと》やものの数《かず》。そなえておくべき数《かず》。例員数《いんずう／いんず》をあわせ。そうじ用具《ようぐ》の員数《いんずう／いんず》を調《しら》べる。表現「質《しつ》を無視《むし》した数《かず》だけ」という意味《いみ》がつよい。「員数《いんずう／いんず》はそろっている」や「員数《いんずう／いんず》がいるだけだ」などの言《い》い方《かた》で使《つか》われる。

員が下につく熟語 上の字の働き
❶員＝〈かず〉のとき
【欠員《けついん》 剰員《じょういん》 定員《ていいん》】ドンナ数《かず》か。
❷員＝〈人〉のとき

3 口 くち 7画 員 唆 唇 啄 哲 唐 ◀次ページ

【駅員《えきいん》 教員《きょういん》 乗員《じょういん》 船員《せんいん》 店員《てんいん》 吏員《りいん》 乗務員《じょうむいん》 乗組員《のりくみいん》】ドウイウ仕事《しごと》をする人員《じんいん》か。
【委員《いいん》 議員《ぎいん》 係員《かかりいん》 雇員《こいん》 職員《しょくいん》 随員《ずいいん》 役員《やくいん》 要員《よういん》】ドウイウ役割《やくわり》や立場《たちば》の人員《じんいん》か。
【会員《かいいん》 社員《しゃいん》 隊員《たいいん》 団員《だんいん》 党員《とういん》】ナニに属《ぞく》する人員《じんいん》か。
【一員《いちいん》 各員《かくいん》 全員《ぜんいん》】全体《ぜんたい》の人員《じんいん》のなかのドノ部分《ぶぶん》か。
【増員《ぞういん》 動員《どういん》】人員《じんいん》をドウスルか。
◆人員《じんいん》 幅員《ふくいん》 満員《まんいん》

口-7 唆
総画10 JIS-2622 常用
音 サ
訓 そそのかす

筆順

なりたち 【形声】「夋《シュン》」が「サ」とかわって読《よ》み方《かた》をしめしている。「口《くち》」を使《つか》って「そそのかす」ことを表《あらわ》している字《じ》。

意味 そそのかす。けしかけてなにかをさせる。例 いたずらを唆《そそのか》す。悪《わる》い仲間《なかま》に唆《そそのか》される。教唆《きょうさ》・示唆《しさ》

唆が下につく熟語 上の字の働き
【教唆《きょうさ》 示唆《しさ》】ドウヤッテ唆《そそのか》すか。

口-7 唇
総画10 JIS-3116 常用
音 シン
訓 くちびる

筆順

なりたち  【形声】「辰」が「シン」という読《よ》み方《かた》をしめしている。「シン」は「ふるわせる」意味《いみ》をもち、「口《くち》」がついて、「口《くち》もとをふるわせる」ことを表《あらわ》している字《じ》。

意味 くちびる。口《くち》のまわりの赤《あか》みをおびたやわらかい部分《ぶぶん》。例 唇《くちびる》をかむ。口唇《こうしん》

口-7 啄
総画10 JIS-3479 人名
音 タク
訓 ついばむ

意味 ❶ついばむ。くちばしで食《た》べる。❷たたく。つつく。

口-7 哲
総画10 JIS-3715 常用
音 テツ
訓 ―

筆順

なりたち  【形声】「折《セツ》」が「たち切《き》る」意味《いみ》と、「テツ」とかわって読《よ》み方《かた》をしめしている。「口《くち》」がついて、「ことばがきっぱりとしている」ことを表《あらわ》す字《じ》。

意味 真理《しんり》。深《ふか》い道理《どうり》。真理《しんり》を求《もと》める人《ひと》。例 哲学《てつがく》・先哲《せんてつ》

名前のよみ あき・あきら・さと・さとし・さとる・のり・よし

【哲学《てつがく》】⇩ ①人生《じんせい》や世界《せかい》の根本問題《こんぽんもんだい》をときあかそうとする学問《がくもん》。例 哲学者《てつがくしゃ》 ②人生《じんせい》をしっかり歩《あゆ》んできた人《ひと》の、人生《じんせい》についての考《かんが》え。例 職人《しょくにん》には職人《しょくにん》の哲学《てつがく》がある。
【哲人《てつじん》】⇩ ①哲学者《てつがくしゃ》。例 哲人《てつじん》カント ②人生《じんせい》をふかく考《かんが》えている人《ひと》。例 村《むら》の哲人《てつじん》として尊敬《そんけい》されている。
【哲理《てつり》】Ⅱ 哲学上《てつがくじょう》の道理《どうり》。人生《じんせい》や人間《にんげん》をとりまく世界《せかい》をつらぬくすじみち。

口-7 唐
総画10 JIS-3766 常用
音 トウ
訓 から

筆順

なりたち  【会意】「大《おお》げさ」の意味《いみ》をもつ「庚↓𢈰」と「口《くち》」を合《あ》わせて、「ほらをふく」ことを表《あらわ》している字《じ》。

意味 ❶王朝《おうちょう》の名《な》。文化《ぶんか》がひじょうに栄《さか》えた、むかしの中国《ちゅうごく》の王朝《おうちょう》の名《な》。例 唐《とう》の都《みやこ》長安《ちょうあん》。唐詩《とうし》・遣唐使《けんとうし》 ❷中国《ちゅうごく》や外国《がいこく》。むかし日本《にほん》で、中国《ちゅうごく》、さらにはその他《た》の外国《がいこく》を指《さ》していったことば。からくに。例 唐《から》の国《くに》。唐人《とうじん》・唐土《とうど》 ❸《その他《た》》例 唐突《とうとつ》

❶〈王朝の名〉の意味で
【唐詩《とうし》】⇩ 中国《ちゅうごく》の唐《とう》の時代《じだい》につくられた詩《し》。例 唐詩選《とうしせん》

❷〈中国や外国〉の意味で
【唐傘《からかさ》】⇩ 竹《たけ》のほねに油紙《あぶらがみ》をはってつくる雨《あま》がさ。じゃのめがさ・番《ばん》がさなどをいう。参考 むかし、頭《あたま》にかぶる「すげがさ」と区別《くべつ》して、柄《え》のあるかさをこうよんだ。

【°唐紙】から かみ ↓ 美《うつく》しい色合《いろあ》いの、いろいろなもようのついた紙《かみ》。また、それをはったふすま。 例 ふすまの唐紙《からかみ》をはりかえる。

【°唐草模様】からくさ もよう つる草《くさ》のようすをもようにしたもの。 知識 唐草模様《からくさもよう》は中国《ちゅうごく》より西《にし》、シルクロードの国々《くにぐに》から伝《つた》わったもの。

唐草模様

【°唐獅子】から じし 中国的《ちゅうごくてき》なすがたのライオン。 例 唐獅子《からじし》の置物《おきもの》。 知識 むかしの日本《にほん》では実物《じつぶつ》のライオンを見《み》ることができなかったので、想像《そうぞう》によっていろいろなすがたにえがかれている。

【°唐音】とう おん ↓ 漢字《かんじ》の音《おん》の一種《いっしゅ》。「行」を「アン」、「和」を「オ」と読《よ》むような読《よ》み方《かた》。呉音《ごおん》や漢音《かんおん》よりもあとになって日本《にほん》に入《はい》ってきた。宋音《そうおん》。

【°唐人】とう じん ↓ ①中国《ちゅうごく》の人《ひと》。 例 唐人服《とうじんふく》 ②外国人《がいこくじん》。 参考 ☞ ものしり巻物《まきもの》(257ページ)

【°唐土】とう ど ↓ むかし、日本《にほん》から中国大陸《ちゅうごくたいりく》を指《さ》していったことば。もろこし。 類 唐《から》

❸《その他》

【°唐突】とう とつ ◎〈□な〉思《おも》いがけなくものごとがおこるようす。だしぬけ。 例 唐突《とうとつ》に指名《しめい》されてどぎまぎした。 類 不意《ふい》・突然《とつぜん》

【°唐変木】とう へんぼく かんがにぶくて、ものわかりのわるい、まぬけな人《ひと》。 表現 「この唐変木《とうへんぼく》め!」などと、人《ひと》をわるくいうときに使《つか》う。

口−7

唄

総画10 JIS-1720 常用

訓 音 バイ / うた・うた-う

筆順

意味 うた。 例 長唄《ながうた》

注意するよみ うた…例 小唄《こうた》・長唄《ながうた》

口−7

哺

総画10 JIS-5114 常用

訓 音 ホ / —

筆順

意味 ふくむ。食《た》べ物《もの》を口《くち》にふくませて育《そだ》てる。口《くち》の中《なか》にふくんだ食《た》べ物《もの》。

【°哺乳】ほ にゅう ▲ 母乳《ぼにゅう》を子《こ》に飲《の》ませて育《そだ》てること。 例 哺乳類《ほにゅうるい》

口−8

喝

総画11 JIS-1969 常用

訓 音 カツ / —

［喝］

筆順

なりたち

形声 もとの字は、「喝」。「曷」が「とどめる」意味と「カツ」という読《よ》み方《かた》をしめしている。「口《くち》」がついて、「大声《おおごえ》でしかる」ことを表《あらわ》している字《じ》。

意味 大声《おおごえ》でずばりと言《い》う。大《おお》きな声《こえ》でつよく言《い》う。どなる。 例 喝采《かっさい》・一喝《いっかつ》・恐喝《きょうかつ》

【°喝°采】かっ さい ↓〈−する〉大声《おおごえ》をあげ、手《て》をたたいてほめること。 例 拍手喝采《はくしゅかっさい》する。

【°喝破】かっ ぱ ⊠〈−する〉ものごとのかんじんな点《てん》をずばり言《い》いあてること。

◆ 一喝《いっかつ》 恐喝《きょうかつ》 大喝《たいかつ》

口−8

啓

総画11 JIS-2328 常用

訓 音 ケイ / —

筆順

なりたち

形声 もとの字は、「啓」。「攴」が「ケイ」という読《よ》み方《かた》と「戸《と》をおしひらく」意味《いみ》を表《あらわ》している。「口《くち》」がついて、「口《くち》をひらく」として使《つか》われている字《じ》。

意味 ❶ひらく。人《ひと》の心《こころ》をひらいて道理《どうり》をわからせる。 例 啓示《けいじ》・啓発《けいはつ》 ❷もうしあげる。つつしんでのべる。 例 啓上《けいじょう》・拝啓《はいけい》

名前のよみ あきら・さとし・たか・のぶ・のり・はじめ・はる・ひら・ひらく・ひろ・ひろし・ひろむ・よし

❶〈ひらく〉の意味で

【°啓示】けい じ ↓〈−する〉人《ひと》のちえではわからないことを、神《かみ》があらわししめすこと。

【°啓°蟄】けい ちつ ▲ 二十四節気《にじゅうしせっき》の一《ひと》つで、冬《ふゆ》ごもりしていた虫《むし》が、地上《ちじょう》に出《で》てくるとされるころ。三月《さんがつ》のはじめにあたる。

【°啓発】けい はつ Ⅲ〈−する〉いろいろなことに気《き》づかせ、ものを見《み》る力《ちから》や考《かんが》える力《ちから》を高《たか》めること。

例 交通安全《こうつうあんぜん》の啓発《けいはつ》ポスター。類 啓蒙《けいもう》

【°啓・蒙《けいもう》】▲〈―する〉まだものがよくわかっていない人《ひと》に考《かんが》え方《かた》を教《おし》えて、一《ひと》つ一《ひと》つわからせていくこと。例 啓蒙活動《けいもうかつどう》 類 啓発《けいはつ》

❷〈もうしあげる〉の意味で

【°啓上《けいじょう》】↓〈―する〉申《もう》し上《あ》げること。表現 手紙《てがみ》の最初《さいしょ》に「一筆啓上《いっぴつけいじょう》」とか「一筆啓上《いっぴつけいじょう》いたします」などと書《か》くことがある。

啓が下につく熟語 上の字の働き

❷ 啓＝〈もうしあげる〉のとき
【謹啓《きんけい》 拝啓《はいけい》】ドウイ態度《たいど》で申《もう》し上《あ》げるか。

口-8

商

総画11
JIS-3006
教3年
訓音 ショウ あきなう

筆順 商 商 商 商 商 商 商 商（まっすぐ、つく／はねる／おらない）

なりたち

【形声】「冏（高《たか》い台地《だいち》）」と「ショウ」という読《よ》み方《かた》をしめす「章→辛」からできた字《じ》で、「高《たか》い台地《だいち》」を表《あらわ》した字《じ》。「あきない」の意味《いみ》に借《か》りて使《つか》われるようになった。

意味

❶ **あきなう。** ものの売《う》り買《か》いをすること。あきない。例 衣料品《いりょうひん》を商《あきな》う。商《あきな》いは牛《うし》のよだれ（商売《しょうばい》では、牛《うし》のよだれのように細《ほそ》長《なが》く気長《きなが》にしんぼうすることがたいせつ）。商人《しょうにん》・通商《つうしょう》

❷ **わり算《ざん》の結果《けっか》。** わり算《ざん》をして出《で》た数《かず》。例 商《しょう》をもとめる。対 積《せき》

❶〈あきなう〉の意味で

【商家《しょうか》】↓商売《しょうばい》をしている家《いえ》。例 大《おお》きな商家がのきをつらねる。類 商店《しょうてん》

【商会《しょうかい》】↓商業活動《しょうぎょうかつどう》をしている会社《かいしゃ》。類 商社《しょうしゃ》・商事《しょうじ》・商店《しょうてん》 表現「○○商会《しょうかい》」のように会社《かいしゃ》の名前《なまえ》のあとにつけて使《つか》う。

【商業《しょうぎょう》】↓仕入《しい》れた商品《しょうひん》を売《う》ってもうけをだす仕事《しごと》。あきない。類 商売《しょうばい》

【商。魂《しょうこん》】↓少《すこ》しでも多《おお》くもうけようとする商人《しょうにん》の心《こころ》がまえ。例 商魂《しょうこん》たくましい人《ひと》。

【商才《しょうさい》】↓商売《しょうばい》をうまくやる才能《さいのう》。例 商《しょう》才《さい》にたける。

【商事会社《しょうじがいしゃ》】売《う》りたい人《ひと》と買《か》いたい人《ひと》とのあいだで、品物《しなもの》の売《う》り買《か》いをする会社《かいしゃ》。

【商社《しょうしゃ》】↓品物《しなもの》の売《う》り買《か》いを仕事《しごと》にしている会社《かいしゃ》。とくに貿易会社《ぼうえきがいしゃ》をいうことが多《おお》い。例 商社《しょうしゃ》マン 類 商会《しょうかい》

【商船《しょうせん》】↓人《ひと》やものを運《はこ》んでかせぐのが目的《もくてき》の船《ふね》。例 商船会社《しょうせんがいしゃ》

【商戦《しょうせん》】↓商売《しょうばい》をするうえでの、ほかの店《みせ》や会社《かいしゃ》との競争《きょうそう》。例 歳末商戦《さいまつしょうせん》

【商談《しょうだん》】↓〈―する〉品物《しなもの》の売《う》り買《か》いを決《き》める話《はな》し合《あ》い。例 大《おお》きな商談《しょうだん》をまとめる。

【商店《しょうてん》】↓商品《しょうひん》を売《う》るための店《みせ》。例 商店《しょうてん》を経営《けいえい》する。商店街《しょうてんがい》 類 商家《しょうか》・店舗《てんぽ》

【商人《しょうにん》】↓品物《しなもの》を買《か》い入《い》れて、それを売《う》ることを仕事《しごと》にしている人《ひと》。あきんど。

【商売《しょうばい》】‖〈―する〉①仕入《しい》れた品物《しなもの》を売《う》ってもうけを出《だ》すこと。例 こんなに安《やす》く売《う》ったら商売《しょうばい》にならない。類 商業《しょうぎょう》 ②くらしをたてるための仕事《しごと》。例 漫才師《まんざいし》は人《ひと》をわらわせるのが商売《しょうばい》だ。類 職業《しょくぎょう》・稼業《かぎょう》

【商。柄《しょうばいがら》】その職業《しょくぎょう》をしているということで身《み》についている人《ひと》の性質《せいしつ》。例 商売柄《しょうばいがら》、一度《いちど》会《あ》った人《ひと》の顔《かお》はわすれません。

【商売気《しょうばいぎ｜しょうばいげ》】①もうけようと思《おも》う気持《きも》ち。例 商売気《しょうばいぎ》をはなれて言《い》います。②その職業《しょくぎょう》に特有《とくゆう》の気質《きしつ》。例 商売気《しょうばいぎ》を出《だ》す。

【商標《しょうひょう》】↓生産者《せいさんしゃ》や会社《かいしゃ》などが、自分《じぶん》のところの品物《しなもの》につけるしるし。トレードマーク。ブランド。例 登録商標《とうろくしょうひょう》

【商品《しょうひん》】↓売《う》るための品物《しなもの》。例 目玉商品《めだましょうひん》

【商法《しょうほう》】↓①商売《しょうばい》のやり方《かた》。例 悪徳商法《あくとくしょうほう》 ②商売《しょうばい》のやり方《かた》について決《き》めた法律《ほうりつ》。例 商法違反《しょうほういはん》

【商用《しょうよう》】↓①商売《しょうばい》のための用事《ようじ》。例 商用《しょうよう》で北海道《ほっかいどう》に行《い》く。②商売《しょうばい》のために使《つか》うもの。例 商用《しょうよう》の風船《ふうせん》をたくさん仕入《しい》れる。

◆ 隊商《たいしょう》 通商《つうしょう》

口-8

唱

総画11
JIS-3007
教4年
訓音 ショウ となえる

筆順 唱 唱 唱 唱 唱 唱 唱 唱 唱 唱 唱（ややちいさく／おおきく）

ものしり巻物 第8巻

「音読《おんよ》み」と「訓読《くんよ》み」

わたしたちの身《み》のまわりで、おなじものをべつのことばを使《つか》って表《あらわ》すことがあることに気《き》がつきませんか。

たとえば、「チョーク」と「はくぼく」、「ノート」と「ちょうめん」、「ペンケース」と「ふでばこ」、「テスト」と「しけん」、「スプーン」と「さじ」など、ほかにもまだありますね。これらは、いっぽうは外国《がいこく》での言《い》い方《かた》をだいたいそのまま用《もち》いたことばであり、もういっぽうはわたしたちの日本語《にほんご》としてのことばであることがすぐにわかるでしょう。

漢字《かんじ》を学習《がくしゅう》していて、いくつもの読《よ》み方《かた》があることに気《き》づきますね。その理由《りゆう》も、じつは今《いま》いくつかあげたことばの例《れい》とおなじなのです。

もともと漢字《かんじ》は古代《こだい》の中国《ちゅうごく》で作《つく》られた文字《もじ》です。この漢字《かんじ》が日本《にほん》に最初《さいしょ》にもたらされたのは三世紀《さんせいき》ごろといわれています。その当時《とうじ》は、漢字《かんじ》を外国語《がいこくご》、つまり中国語《ちゅうごくご》として学《まな》び、中国《ちゅうごく》の人《ひと》たちが読《よ》んでいる読み方《かた》をそのまま用《もち》いていました。

たとえば、漢字《かんじ》の「白」と「墨」とは、むかしの中国《ちゅうごく》での言《い》い方《かた》のまま、それぞれ「ハク」と「ボク」というように学《まな》びましたが、日本語《にほんご》としてのことばでは「しろ」であり、「すみ」であることに気《き》づいていきました。そこで「白」という漢字《かんじ》に対《たい》しては、中国《ちゅうごく》での読《よ》み方《かた》のままの「ハク」と日本語《にほんご》としての「しろ」、そして「墨」という漢字《かんじ》に対《たい》しては「ボク」と「すみ」というように、それぞれに二《に》とおりの読《よ》み方《かた》ができたのです。「ハク」や「ボク」のような読《よ》み方《かた》を音読《おんよ》み、「しろ」や「すみ」のような読《よ》み方《かた》を訓読《くんよ》みと言《い》います。

ところで、この「音読《おんよ》み」や「訓読《くんよ》み」は一《ひと》つずつとはかぎりません。たとえば、「下」という漢字《かんじ》では、「音読《おんよ》み」は「カ・ゲ」の二《ふた》つ、「訓《くん》読《よ》み」は「した・しも・もと・さげる・くだる・おりる・おろす」などたくさんあります。なぜこんなに「訓読《くんよ》み」があるのかというと、「下」という漢字《かんじ》が表《あらわ》す日本語《にほんご》としての意味《いみ》が、これらすべてのことばにあたるからなのです。

なかには、「訓読《くんよ》み」だけで、「音読《おんよ》み」がなかったり、ほとんど使《つか》われないものもあります。「届《とど》ける」「咲《さ》く」「貝《かい》」などがそれです。反対《はんたい》に「菊《キク》」「茶《チャ》」「肉《ニク》」などは「音読《おんよ》み」で「訓《くん》読《よ》み」はないのですが、今《いま》ではすっかりもともとの日本《にほん》のことばのようになってしまっています。さらに、「馬《うま》」「絹《きぬ》」「梅《うめ》」などは、もともとは「音読《おんよ》み」であったものが、はるかむかし、それがわすれられてしまい、もとからあった日本《にほん》のことばのように思《おも》われて「訓読《くんよ》み」とされたものです。

なりたち 唱 [形声]「昌」が「ショウ」という読《よ》み方《かた》をしめしている。「ショウ」は高《たか》くあげる意味《いみ》をもち、「口《くち》」がついて、「声《こえ》を高《たか》くはりあげる」ことを表《あらわ》している字《じ》。

意味 となえる。うたう。声《こえ》に出《だ》して言《い》う。歌《うた》をうたう。例 念仏《ねんぶつ》を唱《とな》える。合唱《がっしょう》

【唱歌《しょうか》】▲ 歌《うた》をうたうこと。またうたうための歌《うた》。例 文部省唱歌《もんぶしょうしょうか》

【唱道《しょうどう》】II〈―する〉自分《じぶん》から先《さき》にたって言《い》うこと。参考「道《どう》」も、「言《い》う」という意味《いみ》。

【唱和《しょうわ》】↓〈―する〉ひとりの人《ひと》が言《い》うのに合《あ》わせて、ほかの人《ひと》びとがおなじことばを言《い》うこと。例「乾杯《かんぱい》」の音頭《おんど》に唱和《しょうわ》する。

唱が下につく熟語 上の字の働き

【愛唱《あいしょう》 詠唱《えいしょう》 絶唱《ぜっしょう》 独唱《どくしょう》 斉唱《せいしょう》 合唱《がっしょう》 輪唱《りんしょう》 二重唱《にじゅうしょう》】ドウイウ仕方《しかた》でうたうか。

◆ 万歳三唱《ばんざいさんしょう》 復唱《ふくしょう》

口-8

唾

総画11 JIS-3435 常用

訓 音 ダ つば・つばき

筆順 唾唾唾唾唾唾唾唾

意味 つば。口《くち》の中《なか》に出《で》る消化液《しょうかえき》の一種《いっしゅ》。例 生唾《なまつば》・唾液《だえき》・唾棄《だき》

特別なよみ 固唾(かたず)

口-8

問

総画11 JIS-4468 教3年

訓 音 モン とう・とい・とん

筆順 問問問問問問問問 (とめる)(はねる)

なりたち 問 [形声]「門」が「モン」という読《よ》み方《かた》をしめしている。「モン」は「たずねる」意味《いみ》を表《あらわ》し、「口《くち》」がついて、「といただす」ことを表《あらわ》している字《じ》。

意味

❶とう。わからないことをたずねる。といただす。例 責任《せきにん》を問《と》う。問題《もんだい》・質問《しつもん》 対 答《こたえ》

❷おとずれる。人《ひと》をたずねる。例 訪問《ほうもん》

❸《その他《た》》例 問屋《とんや／といや》

注意するよみ とん…例 問屋《とんや》

❶〈とう〉の意味で

【問。診《もんしん》】↓〈―する〉医者《いしゃ》が患者《かんじゃ》に、からだのぐあいをたずねて、病状《びょうじょう》を知《し》る手《て》がかりにすること。例 問診票《もんしんひょう》 関連 問診《もんしん》・打診《だしん》・触診《しょくしん》・聴診《ちょうしん》・視診《ししん》

【問題《もんだい》】↓ ①その答《こた》えによって、どのくらいの学力《がくりょく》や知識《ちしき》があるかをためすために出《だ》す問《と》い。例 試験問題《しけんもんだい》 対 解答《かいとう》 ②研究《けんきゅう》したり話《はな》し合《あ》ったりして、解決《かいけつ》しなければならないことがら。例 環境問題《かんきょうもんだい》 ③人《ひと》びとの注目《ちゅうもく》を集《あつ》めているもの。例 問題《もんだい》の本《ほん》を読《よ》んだが、あまりおもしろくない。

【問題点《もんだいてん》】考《かんが》えたり、話《はな》し合《あ》ったりするときのいちばん中心《ちゅうしん》になることがら。例 なにが問題点《もんだいてん》なのかを見《み》きわめる。

【問答《もんどう》】⇕〈―する〉①問《と》うことと答《こた》えること。また、そのやりとり。例 問答《もんどう》をかわす。問答形式《もんどうけいしき》 ②たがいに意見《いけん》をのべて話《はな》し合《あ》うこと。例 問答無用《もんどうむよう》

❸《その他》

【問屋《とんや／といや》】↓ 品物《しなもの》をつくる人《ひと》や会社《かいしゃ》からたくさん買《か》い入《い》れて、それを小売店《こうりてん》に売《う》るなかつぎの店《みせ》。例 呉服問屋《ごふくどんや》 表現 問屋《とんや》が小売店《こうりてん》に品物《しなもの》を売《う》ることを「卸《おろ》す」といい、小売店《こうりてん》が問屋《とんや》から買《か》うときには「仕入《しい》れる」という。

問が下につく熟語 上の字の働き

❶問＝〈とう〉のとき

【諮問《しもん》 質問《しつもん》 尋問《じんもん》 詰問《きつもん》】近《ちか》い意味《いみ》。

【学問《がくもん》 疑問《ぎもん》 喚問《かんもん》 拷問《ごうもん》 検問《けんもん》 査問《さもん》 試問《しもん》】ドウヤッテ問《と》うか。

【愚問《ぐもん》 難問《なんもん》】ドンナ問《と》いか。

【設問《せつもん》 反問《はんもん》】問《と》いをドウスルか。

❷問＝〈おとずれる〉のとき

【慰問《いもん》 弔問《ちょうもん》】ドウスルためにおとずれるか。

◆ 訪問《ほうもん》

口-8

唯

総画11 JIS-4503 常用

訓 音 ユイ・イ ただ

筆順 唯唯唯唯唯唯唯唯

なりたち 唯 [形声]「隹《スイ》」が「ユイ・イ」とかわって読《よ》み方《かた》をしめしている。「スイ」は返事《へんじ》の「はい」のことで、「口《くち》」がついて、「はいという返事《へんじ》」の意味《いみ》で使《つか》われている字《じ》。

意味
❶ただ。ただ…だけ。例唯一《ゆいいつ》 ❷「はい」と答《こた》える返事《へんじ》。例唯唯諾諾《いいだくだく》

注意するよみ イ…例唯唯諾諾《いいだくだく》

❶〈ただ〉の意味で

【°唯一】《ゆいいつ》 [↓] ただ一《ひと》つだけ。例唯一《ゆいいつ》のとりえ。

【°唯一無二】《ゆいいつむに》 たった一《ひと》つだけで、二《ふた》つとはないこと。例この子《こ》はわたしの唯一無二《ゆいいつむに》の宝《たから》だ。

【°唯我独尊】《ゆいがどくそん》 自分《じぶん》だけがすぐれていると、思《おも》いあがること。参考 釈迦《しゃか》が生《う》まれたとき、一方《いっぽう》の手《て》は天《てん》を指《さ》し、もう一方《いっぽう》の手《て》は地《ち》を指《さ》して、「天上天下唯我独尊《てんじょうてんげゆいがどくそん》」と言《い》ったという。これは自分《じぶん》の価値《かち》を自覚《じかく》したことばで、自分《じぶん》をえらいとほめたことばではない。

❷〈「はい」と答える返事〉の意味で

【°唯°唯°諾°諾】《いいだくだく》 〈―と〉なにを言《い》われても「はいはい」と人《ひと》の言《い》うとおりになるようす。例どんな命令《めいれい》にも唯々諾々《いいだくだく》としたがう。

営

口-9 総画12 JIS-1736 教5年

音 エイ 訓 いとなむ

[營]

筆順 営 営 営 営 営 営 営 営（はねる・ややおおきく）

なりたち 營 【形声】もとの字は、「營」。「呂」が建物《たてもの》の連《つら》なった形《かたち》を、「𤇾《ケイ》」が「かこむ、めぐらす」意味《いみ》と、「エイ」とかわって読《よ》み方《かた》をしめしている。「四方《しほう》をかこんだすまい」を表《あらわ》す字《じ》。

意味
❶軍隊《ぐんたい》のいるところ。例陣営《じんえい》 ❷いとなむ。生活《せいかつ》や仕事《しごと》のための、必要《ひつよう》なことをする。例生活《せいかつ》を営《いとな》む。日々《ひび》の営《いとな》み。営業《えいぎょう》・経営《けいえい》 ❸建物《たてもの》をつくる。例営繕《えいぜん》

❷〈いとなむ〉の意味で

【営営】《えいえい》 [Ⅱ]〈―たる・―と〉休《やす》むひまもなくはたらきつづけるようす。例毎日《まいにち》、営々《えいえい》とはたらく。

【営業】《えいぎょう》 [▲]〈―する〉仕事《しごと》や商売《しょうばい》をすること。例日曜《にちよう》も休《やす》まず営業《えいぎょう》します。営業時間《えいぎょうじかん》

【営巣】《えいそう》 [▲]〈―する〉動物《どうぶつ》が、子《こ》を育《そだ》てるための巣《す》をつくること。例野鳥《やちょう》の営巣地《えいそうち》。

【営利】《えいり》 [▲] 利益《りえき》があがるように仕事《しごと》をすること。例営利《えいり》を目的《もくてき》とする。営利事業《えいりじぎょう》

❸〈建物をつくる〉の意味で

【営°繕】《えいぜん》 [Ⅱ]〈―する〉建物《たてもの》を新《あたら》しくつくったり直《なお》したりすること。例営繕係《えいぜんがかり》

【営造】《えいぞう》 [Ⅱ]〈―する〉大《おお》きな建物《たてもの》をつくること。類造営《ぞうえい》・建造《けんぞう》

営が下につく熟語 上の字の働き

❷営＝〈いとなむ〉のとき
【運営《うんえい》 経営《けいえい》】近《ちか》い意味《いみ》。

◆陣営《じんえい》 夜営《やえい》

喚

口-9 総画12 JIS-2013 常用

音 カン 訓 よ-ぶ

筆順 喚 喚 喚 喚 喚 喚 喚 喚

なりたち 喚 【形声】「奐」が「カン」という読《よ》み方《かた》をしめしている。「カン」は「わめく」意味《いみ》をもち、「口《くち》」がついて、「よびさけぶ」ことを表《あらわ》している字《じ》。

意味
❶大声《おおごえ》でよぶ。よびかける。さけぶ。例喚声《かんせい》・叫喚《きょうかん》 ❷よび出《だ》す。よびよせる。例喚問《かんもん》・召喚《しょうかん》

❶〈大声でよぶ〉の意味で

【°喚起】《かんき》 [↓]〈―する〉人《ひと》の心《こころ》の中《なか》に注意《ちゅうい》や関心《かんしん》をよびおこすこと。例人《ひと》の注意《ちゅうい》を喚起《かんき》する。

【°喚声】《かんせい》 [↓] さけびごえ。例喚声《かんせい》をあげて敵陣《てきじん》に切《き》りこむ。表現 よろこびの声《こえ》なら「歓声《かんせい》」。

❷〈よび出す〉の意味で

【°喚問】《かんもん》 [↓]〈―する〉おおやけの場《ば》によび出《だ》して問《と》いただすこと。例国会《こっかい》に証人《しょうにん》を喚問《かんもん》する。類召喚《しょうかん》

喜

口-9 総画12 JIS-2078 教4年

音 キ 訓 よろこぶ

筆順 喜 喜 喜 喜 喜 喜 喜 喜（みじかく・ながく・でない）

なりたち 喜 【会意】「壴」は耳《みみ》をよろこばせるつづみ（鼓）の形《かたち》で、「口《くち》」と合《あ》わせて、「よろこぶ」ことを表《あらわ》している字《じ》。

前ページ ▶ 営 喚 喜

意味

❶よろこぶ。よろこび。おもしろい。例 喜《よろこ》びを分《わ》かち合《あ》う。喜劇《きげき》・喜色《きしょく》・狂喜《きょうき》 対 悲《ひ》・憂《ゆう》

❷《その他》例 喜寿《きじゅ》

名前のよみ のぶ・はる・ひさ・よし

❶〈よろこぶ〉の意味で

【喜《き》悦《えつ》】‖ (—する)心《こころ》からよろこんでうれしく思《おも》うこと。例 喜悦《きえつ》の表情《ひょうじょう》。

【喜《き》劇《げき》】↓ 見《み》ている人《ひと》をわらわせるような、こっけいな劇《げき》。コメディー。例 喜劇俳優《きげきはいゆう》 対 悲劇《ひげき》

【喜《き》捨《しゃ》】↓ (—する)自分《じぶん》からすすんで、神社《じんじゃ》や寺《てら》、あるいはこまっている人《ひと》にお金《かね》や品物《しなもの》を寄付《きふ》すること。例 喜捨《きしゃ》を申《もう》し出《で》る。

【喜《き》色《しょく》】↓ 顔《かお》つきなどにあらわれるうれしそうなようす。例 喜色満面《きしょくまんめん》(よろこびの気《き》持《も》ちを顔全体《かおぜんたい》にあらわすこと) 対 憂色《ゆうしょく》

【喜《き》。怒《ど》。哀楽《あいらく》】よろこび・いかり・かなしみ・たのしみなど、心《こころ》の中《なか》におこるさまざまな気持《きも》ち。

❷《その他》

【喜《き》。寿《じゅ》】↓ 七十七歳《しちじゅうしちさい》のこと。参考「喜《き》」という字の草書体《そうしょたい》の「㐂」が七十七《しちじゅうしち》に見えることからいう。☞【還暦《かんれき》】(448ページ)

喜が下につく熟語 上の字の働き

❶喜=〈よろこぶ〉のとき

【狂喜《きょうき》 驚喜《きょうき》】ドンナニよろこぶか。

◆悲喜《ひき》

口-9

喫

総画12 JIS-2142 常用

訓 音 キッ / すーう

筆順

なりたち

[形声]「契《ケイ》」がきずをつける意味《いみ》と、「キツ」とかわって読《よ》み方《かた》をしめしている。「口《くち》」がついて、「歯《は》でかんで食《た》べる」ことを表《あらわ》している字。

意味

❶ものを口《くち》にする。食《た》べたり飲《の》んだり吸《す》ったりすること。例 喫茶《きっさ》・満喫《まんきつ》

❷身《み》にうける。こうむる。例 大敗《たいはい》を喫《きっ》する。喫水《きっすい》

❶〈ものを口にする〉の意味で

【。喫《きつ》。煙《えん》】▲ (—する)たばこをすうこと。例 喫《きつ》煙室《えんしつ》 対 禁煙《きんえん》

【。喫《きっ》茶《さ》】▲ お茶《ちゃ》をのむこと。例 喫茶店《きっさてん》

❷〈身にうける〉の意味で

【。喫《きっ》水《すい》】▲ 船《ふね》の、水《みず》につかっている部分《ぶぶん》の深《ふか》さ。例 喫水線《きっすいせん》 類 船脚《ふなあし》 表記「吃水」とも書《か》く。

口-9

喬

総画12 JIS-2212 人名

訓 音 キョウ / たかーい

意味 せがたかい。高《たか》くそびえる。例 喬木《きょうぼく》

名前のよみ たかし・もと

【。喬《きょう》木《ぼく》】↓ 幹《みき》がかたく、せの高《たか》い木《き》。高《こう》木《ぼく》。対 灌木《かんぼく》

口-9

喧

総画12 JIS-2386 人名

訓 音 ケン / かまびすーしい

意味 かまびすしい。うるさい。やかましい。例 喧嘩《けんか》・喧騒《けんそう》

口-9

喉

総画12 JIS-2502 常用

訓 音 コウ / のど

筆順

意味 のど。のどぶえ。例 咽喉《いんこう》

口-9

善

総画12 JIS-3317 教6年

訓 音 ゼン / よい

筆順

なりたち

[会意]うまい意味《いみ》の「羊」とたくさんの「言→口」を合《あ》わせて、「りっぱなことば」を表《あらわ》している字。

意味

❶正《ただ》しい。人《ひと》のおこないとして正《ただ》しくてよい。例 善《ぜん》は急《いそ》げ。改善《かいぜん》 対 悪《あく》

❷うまく。よい結果《けっか》をめざして。例 善処《ぜんしょ》

❸なかよくする。よいかかわりあいをもつ。例 善隣《ぜんりん》・親善《しんぜん》

使い分け よい[良・善] ☞889ページ

名前のよみ ただし

❶〈正しい〉の意味で

【善悪《ぜんあく》】[⇕]よいことと、わるいこと。例善《ぜん》悪《あく》をわきまえる。類是非《ぜひ》・理非《りひ》

【善意《ぜんい》】[↓]①人《ひと》のためを思《おも》うやさしい心《こころ》。例これもみなかれが善意《ぜんい》でやったことだ。類好意《こうい》 対悪意《あくい》 ②よい意味《いみ》。例人《ひと》の言《い》うことをなんでも善意《ぜんい》にとる。対悪意《あくい》

【善行《ぜんこう》】[↓]よいおこない。例ごみを拾《ひろ》うのも小《ちい》さな善行《ぜんこう》だ。類徳行《とっこう》 対悪行《あくぎょう》

【善政《ぜんせい》】[↓]人《ひと》びとが幸福《こうふく》になるようなよい政治《せいじ》。例善政《ぜんせい》をしく。類仁政《じんせい》・徳政《とくせい》 対悪政《あくせい》

【善玉《ぜんだま》】[↓]善人《ぜんにん》。よい人《ひと》。対悪玉《あくだま》 参考☞【悪玉《あくだま》】(479ページ)

【善導《ぜんどう》】[↓](-する)よくなるように教《おし》えみちびくこと。例非行少年《ひこうしょうねん》の善導《ぜんどう》につとめる。

【善男善女《ぜんなんぜんにょ》】心《こころ》のよい人《ひと》たち。まじめに生活《せいかつ》している平凡《へいぼん》な人《ひと》たちを、仏《ほとけ》の慈悲《じひ》の心《こころ》から見《み》ていうことば。例この寺《てら》には、多《おお》くの善男善女《ぜんなんぜんにょ》がおまいりにくる。

【善人《ぜんにん》】[↓]うそをついたり、人《ひと》をだましたりできない人《ひと》。例あの老人《ろうじん》は、根《ね》っからの善人《ぜんにん》だ。対悪人《あくにん》

【善良《ぜんりょう》】[Ⅲ](一に)すなおで、まじめなこと。例善良《ぜんりょう》な市民《しみん》。

❷〈うまく〉の意味で

【善後策《ぜんごさく》】事件《じけん》などが起《お》きたとき、うまくあとしまつをする方法《ほうほう》。例善後策《ぜんごさく》を講《こう》じる。

【善処《ぜんしょ》】[↓](-する)うまくいくように、とりはからうこと。例要望《ようぼう》にそうよう善処《ぜんしょ》します。

【善戦《ぜんせん》】[↓](-する)力《ちから》をじゅうぶんに出《だ》しきって、りっぱにたたかうこと。例善戦《ぜんせん》したが、おしくもやぶれた。類健闘《けんとう》 表現負《ま》けたほうをほめることばで、勝《か》ったときには使《つか》わない。

【善用《ぜんよう》】[↓](-する)よいことに役立《やくだ》つように、うまく使《つか》うこと。例科学《かがく》の力《ちから》は善用《ぜんよう》してこそ意味《いみ》がある。対悪用《あくよう》

❸〈なかよくする〉の意味で

【善°隣《ぜんりん》】[▲]となり近所《きんじょ》となかよくすること。表現人《ひと》と人《ひと》より、国《くに》と国《くに》の関係《かんけい》にいうことが多《おお》い。例善隣友好《ぜんりんゆうこう》・善隣外交《ぜんりんがいこう》

◆改善《かいぜん》 偽善《ぎぜん》 慈善《じぜん》 親善《しんぜん》

喪

口-9
総画12
JIS-3351
常用
音 ソウ
訓 も

筆順

なりたち [会意]「死《し》ぬこと」を表《あらわ》す「亡」と「なく」を表《あらわ》す「哭」を合《あ》わせて、「人《ひと》の死《し》んだことをかなしむ」意味《いみ》を表《あらわ》す字《じ》。

意味

❶も。人《ひと》が死《し》んだとき、悲《かな》しみを表《あらわ》すために、ある期間生活《きかんせいかつ》をつつしむ礼儀《れいぎ》。例喪《も》に服《ふく》す。喪中《もちゅう》・服喪《ふくも》

❷うしなう。なくしてしまう。例喪失《そうしつ》・阻喪《そそう》

❶〈も〉の意味で

【°喪主《もしゅ》】[↓]葬式《そうしき》をおこなうとき、その代表《だいひょう》となる人《ひと》。例喪主《もしゅ》のあいさつ。類施主《せしゅ》

【°喪章《もしょう》】[↓]喪服《もふく》のかわりに、ふつうの衣服《いふく》につける黒《くろ》や灰色《はいいろ》の布《ぬの》やリボン。

【°喪中《もちゅう》】[↓]喪《も》に服《ふく》している期間《きかん》。人《ひと》が死《し》んだとき、家族《かぞく》が他人《たにん》との交際《こうさい》をひかえ、家《いえ》にこもってつつしんでいる期間《きかん》。例喪中《もちゅう》につき、新年《しんねん》のごあいさつをえんりょいたします。類忌中《きちゅう》 知識期間《きかん》は多《おお》くは一年間《いちねんかん》で、そのあいだは、晴《は》れがましい行事《ぎょうじ》などはしないし、年賀状《ねんがじょう》なども出《だ》さない。

【°喪服《もふく》】[↓]葬式《そうしき》や喪中《もちゅう》に着《き》る衣服《いふく》。例喪服《もふく》に身《み》をつつむ。知識喪服《もふく》は、黒《くろ》がふつうで、ハンドバッグや靴《くつ》も黒《くろ》い色《いろ》のものにする。

❷〈うしなう〉の意味で

【°喪失《そうしつ》】[Ⅱ](-する)すっかりなくなってしまうこと。例記憶喪失《きおくそうしつ》・自信喪失《じしんそうしつ》 表現おもに心《こころ》のはたらきについて使《つか》う。

喩

口-9
総画12
JIS-5140
常用
音 ユ
訓 さと-す・たと-える

筆順

意味

❶さとす。教《おし》えさとす。わからせる。

❷たとえる。ほかのものにたとえて説明《せつめい》する。例比喩《ひゆ》

表記 今《いま》は「さとす」は「諭《さと》す」、「たとえる」は「例《たと》える」で書《か》くことが多《おお》い。

字体のはなし 「喩」とも書《か》く。☞ふろく「字体についての解説」(28ページ)

口−10

嘩

総画13 JIS-1862 人名

音 カ
訓 かまびすしい

意味 かまびすしい。やかましい。わいわいとうるさい。例 喧嘩《けんか》

口−10

嗅

総画13 JIS-5144 常用

音 キュウ
訓 かぐ

筆順 嗅嗅嗅嗅嗅嗅嗅

意味 ❶かぐ。においを感《かん》じとる。例 においを嗅《か》ぐ。❷ものごとをさぐる。例 嗅《か》ぎ回《まわ》る。

字体のはなし 「嗅」（口部《ぶ》「9画《かく》」、総画《そうかく》「12画《かく》」）とも書《か》く。☞ふろく「字体についての解説」〔28〕ページ）

❶〈かぐ〉の意味で
【°嗅覚《きゅうかく》】↓ 鼻《はな》でにおいを感《かん》じとるはたらき。関連 視覚《しかく》（目《め》）・聴覚《ちょうかく》（耳《みみ》）・嗅覚《きゅうかく》（臭覚《しゅうかく》、鼻《はな》）・味覚《みかく》（した）・触覚《しょっかく》（ひふ）

口−10

嗣

総画13 JIS-2744 常用

音 シ
訓 つーぐ

筆順 嗣嗣嗣嗣嗣嗣嗣嗣

なりたち 【形声】「冊」は竹《たけ》のふだをつないだ形《かたち》からでき、「司」が「シ」という読《よ》み方《かた》をしめしている。「シ」は「ととのえる」意味《いみ》をもち、竹《たけ》のふだをきちんとつなぐことを表《あらわ》している字《じ》。

意味 つぐ。あとをつぐ。例 嗣子《しし》（跡取《あとと》り息子《むすこ》）

名前のよみ ひで

文字物語 器

「器」は、「うつわ」。「うつわ」がもつ、それぞれの形《かたち》とはたらきとが中心《ちゅうしん》になって、意味《いみ》がひろがっていく。

❶うつわは、中《なか》に物《もの》を入《い》れるのに使《つか》う道具《どうぐ》、つまり、入《い》れ物《もの》としてはたらく「容器《ようき》」「器物《きぶつ》」だ。「食器《しょっき》」「洗面器《せんめんき》」など、いろいろある。

❷は、何《なに》かをするときに使《つか》う道具《どうぐ》をいう。目的《もくてき》によって、「計器《けいき》」「計算器《けいさんき》」「炊飯器《すいはんき》」「湯《ゆ》わかし器《き》」などいくらでも「…器」がつくられる。

❸は、生《い》き物《もの》のからだの中《なか》ではたらく「うつわ」、つまり「器官《きかん》」だ。「呼吸器《こきゅうき》」「消化《しょうか》器《き》」「循環器《じゅんかんき》」、どれも生《い》きていくのにだいじなはたらきをもっている。

❹は、人間《にんげん》ひとりひとりがもっている、はたらき・能力《のうりょく》を表《あらわ》すもの。大《おお》きな「器量《きりょう》」をもった人《ひと》が「大器《たいき》」で、「大器晩成《たいきばんせい》」の言《い》い方《かた》でよく使《つか》われる。

口−10

嘆

総画13 JIS-3518 常用

音 タン
訓 なげく・なげかわしい

［嘆］

筆順 嘆嘆嘆嘆嘆嘆嘆嘆

なりたち 【形声】もとの字《じ》は、「嘆」。「莫《カン》」が「なやむ」意味《いみ》と、「タン」とかわって読《よ》み方《かた》をしめしている。「口《くち》」がついて、「なやんでためいきをつく」ことを表《あらわ》している字《じ》。

意味 ❶なげく。ためいきが出《で》る。がっかりする。例 不運《ふうん》を嘆《なげ》く。嘆息《たんそく》・悲嘆《ひたん》 ❷ほめたたえる。感動《かんどう》してほめたたえる。例 嘆声《たんせい》・感嘆《かんたん》

❶〈なげく〉の意味で
【°嘆願《たんがん》】↓〈—する〉つらくこまっている事情《じじょう》をうったえて、いっしょうけんめいにたのむこと。例 嘆願書《たんがんしょ》 類 懇願《こんがん》・哀願《あいがん》
【°嘆声《たんせい》】↓ 悲《かな》しんだり苦《くる》しかったりするときに思《おも》わず出《で》るためいき。☞❷
【°嘆息《たんそく》】↓〈—する〉こまったり、心配《しんぱい》したりして、ためいきをつくこと。例 嘆息《たんそく》をもらす。

❷〈ほめたたえる〉の意味で
【°嘆声《たんせい》】↓ 感心《かんしん》したとき、思《おも》わず出《だ》す声《こえ》。例 すばらしい演奏《えんそう》に嘆声《たんせい》がもれた。☞❶

嘆が下につく熟語 上の字の働き
❶ 嘆＝〈なげく〉のとき
【慨嘆《がいたん》 悲嘆《ひたん》】近《ちか》い意味《いみ》。
❷ 嘆＝〈ほめたたえる〉のとき

【感嘆《かんたん》 驚嘆《きょうたん》 賛嘆《さんたん》】ドウヤッテほめたたえるか。

◆詠嘆《えいたん》

ロ−11
【嘉】
総画14 JIS-1837 人名
音 カ
訓 よ-い

意味 よい。よいとみとめる。めでたい。例 嘉運《かうん》

名前のよみ ひろ・よしみ

ロ−12
【噂】
総画15 JIS-1729 人名
音 ——
訓 うわさ

意味 うわさ。寄《よ》り集《あつ》まってしゃべる。例 噂《うわさ》話《ばなし》

ロ−12
【器】
総画15 JIS-2079 教4年
音 キ
訓 うつわ
［器］

筆順 器 器 器 器 器 器 器 器 器（はらう）

なりたち 【会意】「犬《いぬ》」と多《おお》くのうつわを表《あらわ》す「口」を合わせてできた字《じ》。犬《いぬ》は多《おお》くの器物《きぶつ》をまもるものとしてくわえられたとする説《せつ》がある。

意味
❶入れ物《もの》。例 ガラスの器《うつわ》。器物《きぶつ》・食器《しょっき》
❷はたらく道具《どうぐ》。例 器具《きぐ》・楽器《がっき》
❸からだの中《なか》ではたらくもの。人《ひと》や動植《どうしょく》物《ぶつ》で、生《い》きるためのはたらきをする組織《そしき》。例 器官《きかん》・臓器《ぞうき》
❹人間《にんげん》のはたらき。すぐれた素質《そしつ》や能力《のうりょく》。例 器用《きよう》

文字物語 ☞230ページ

❶〈入れ物〉の意味で
【器物】ぶつ 皿 入《い》れ物《もの》。うつわや道具《どうぐ》。例 器物《きぶつ》破損《はそん》

❷〈はたらく道具〉の意味で
【器械】かい 皿 人《ひと》の力《ちから》でしかけを動《うご》かすような、かんたんな道具《どうぐ》。例 器械体操《きかいたいそう》

使い分け［機械・器械］☞628ページ

【器楽】がく ↓ ピアノやバイオリンなどの楽器《がっき》を使《つか》って演奏《えんそう》する音楽《おんがく》。例 器楽合奏《きがくがっそう》 対 声楽《せいがく》

【器機】きき 皿 器具《きぐ》・器械《きかい》・機械《きかい》をまとめていうことば。表記「機器」とも書《か》く。

【器具】きぐ 皿 ふだんの生活《せいかつ》で使《つか》う、かんたんな器械《きかい》や道具《どうぐ》。例 照明器具《しょうめいきぐ》 類 道具《どうぐ》

【器材】ざい 皿 道具《どうぐ》と材料《ざいりょう》。例 実験用《じっけんよう》の器材《きざい》。

❸〈からだの中ではたらくもの〉の意味で
【器官】かん 皿 生物《せいぶつ》のからだの中《なか》で、生《い》きていくためのあるきまったはたらきをうけもつところ。例 消化器官《しょうかきかん》・呼吸器官《こきゅうきかん》

❹〈人間のはたらき〉の意味で
【器用】よう 皿〈ニな〉①仕事《しごと》をしたり物《もの》を作《つく》るときの、手《て》のはこび、指《ゆび》の動《うご》かし方《かた》などがいかにもうまい。例 器用《きよう》な手《て》つき。対 不器用《ぶきよう》 ②気がきき、要領《ようりょう》がよく、仕事《しごと》をうまくかたづける。例 器用《きよう》にたちまわる。対 不器用《ぶきよう》

【器用貧乏】きようびんぼう 器用《きよう》であるために、いろいろな仕事《しごと》に手《て》を出《だ》したり、人《ひと》からたのまれたりして、かえって大《おお》きな仕事《しごと》ができず成功《せいこう》しないこと。

【器量】りょう ↓ ①ある役目《やくめ》について、その仕事《しごと》をやりとげるだけの能力《のうりょく》。例 部長《ぶちょう》としての器量《きりょう》を見《み》こまれる。②顔《かお》かたち。例 器量《きりょう》のよいむすめ。類 容姿《ようし》・容色《ようしょく》・見目《みめ》

器が下につく熟語 上の字の働き

❶器=〈入れ物〉のとき
【磁器《じき》 漆器《しっき》 土器《どき》 陶器《とうき》 陶磁器《とうじき》】ナニでできている器《うつわ》か。

例解 使い分け
［ふく《噴く・吹く》］
噴く=気体《きたい》や液体《えきたい》をいきおいよく外《そと》へ出《だ》す。
例 火《ひ》を噴《ふ》く。黒煙《こくえん》を噴《ふ》く。蒸気《じょうき》を噴《ふ》き出《だ》す。
吹く=とくに、息《いき》をいきおいよく外《そと》へ出《だ》す。空気《くうき》がいきおいよく動《うご》く。
例 笛《ふえ》を吹《ふ》く。ほらを吹《ふ》く。風《かぜ》が吹《ふ》く。

前ページ▶嘉 噂 器

【食器《しょっき》 容器《ようき》】ドウスルための器《うつわ》か。

❷ 器=〈はたらく道具《どうぐ》〉のとき

【兵器《へいき》 武器《ぶき》 楽器《がっき》 便器《べんき》 分度器《ぶんどき》 補聴器《ほちょうき》】ドウスルための道具《どうぐ》か。

【石器《せっき》 青銅器《せいどうき》 鉄器《てっき》】ナニでできている道具《どうぐ》か。

【公器《こうき》 名器《めいき》 利器《りき》 鈍器《どんき》 凶器《きょうき》】ドノヨウナ道具《どうぐ》か。

❸ 器=〈からだの中ではたらくもの〉のとき

【臓器《ぞうき》 呼吸器《こきゅうき》 消化器《しょうかき》 泌尿器《ひにょうき》】ナニの器官《きかん》か。

◆大器《たいき》

嘘

口-12 総画15 JIS-1719 表外
音 キョ 訓 うそ

意味 うそ。ほんとうではないこと。人《ひと》をだますためにする話《はなし》。例 嘘《うそ》をつく。嘘八百《うそはっぴゃく》をならべる。

嘱

口-12 総画15 JIS-3092 常用
音 ショク 訓 ―
［囑］

筆順 嘱

なりたち [形声]もとの字は「囑」。「屬」が「くっつける」意味《いみ》と「ショク」という読《よ》み方《かた》をしめしている。「口《くち》」がついて、「口《くち》で言《い》いつける」ことを表《あらわ》している字《じ》。

意味 たのむ。のぞむ。「こうしてくれ」と言《い》う。「こうなってくれよ」と思《おも》う。例 将来《しょうらい》を嘱《しょく》する。嘱託《しょくたく》・嘱望《しょくぼう》・委嘱《いしょく》

【嘱託《しょくたく》】Ⅱ ①そのことだけにかぎって、仕事《しごと》をしてもらうこと。例 嘱託医《しょくたくい》 類 委嘱《いしょく》 ②正式《せいしき》の社員《しゃいん》や職員《しょくいん》にはならないで、仕事《しごと》の一部《いちぶ》をうけもつ人《ひと》。例 退職後《たいしょくご》も、嘱託《しょくたく》としてつとめる。

【嘱望《しょくぼう》】▲〈―する〉きっと立派《りっぱ》になるだろうとのぞみをかけ、楽《たの》しみに待《ま》つこと。例 画家《がか》として嘱望《しょくぼう》されている。類 期待《きたい》

噌

口-12 総画15 JIS-3325 人名
音 ソウ・ソ 訓 かまびす-しい

意味 ❶かまびすしい。やかましい。❷調味料《ちょうみりょう》の「味噌《みそ》」に使《つか》われる字《じ》。

嘲

口-12 総画15 JIS-5162 常用
音 チョウ 訓 あざける

筆順 嘲

意味 あざける。からかう。例 嘲《あざけ》るような態度《たいど》。

字体のはなし 「嘲」とも書《か》く。☞ふろく「字体についての解説」(28ページ)

【嘲笑《ちょうしょう》】↓〈―する〉ばかにして笑《わら》うこと。あざけり。あざ笑《わら》う。例 嘲笑《ちょうしょう》をあびる。類 冷笑《れいしょう》 対 称賛《しょうさん》

◆自嘲《じちょう》

噴

口-12 総画15 JIS-4214 常用
音 フン 訓 ふく

筆順噴噴噴噴噴噴噴噴

なりたち  [形声]「賁《ふん》」が「ふきでる」意味《いみ》と「フン」という読《よ》み方《かた》をしめしている。「口《くち》」がついて、「口《くち》からふきだす」ことを表《あらわ》している字《じ》。

意味 ふく。いきおいよくふき出《だ》す。例 火《ひ》を噴《ふ》く。噴火《ふんか》

使い分け ふく[噴・吹] ☞231ページ

【噴煙《ふんえん》】↓火山《かざん》などからふき出《だ》しているけむり。例 浅間山《あさまやま》の噴煙《ふんえん》が見《み》える。

【噴火《ふんか》】▲〈―する〉火山《かざん》が爆発《ばくはつ》して、溶岩《ようがん》・灰《はい》・水蒸気《すいじょうき》・ガスなどをふき出《だ》すこと。例 噴火口《ふんかこう》

【噴射《ふんしゃ》】↓〈―する〉液体《えきたい》や気体《きたい》をすごいいきおいでふき出《だ》させること。例 ロケットがガスの噴射《ふんしゃ》をはじめた。

【噴出《ふんしゅつ》】↓〈―する〉水《みず》や火《ひ》などがいきおいよくふき出《で》ること。例 工事中《こうじちゅう》に、とつぜん温泉《おんせん》が噴出《ふんしゅつ》した。

【噴水《ふんすい》】▲公園《こうえん》や広場《ひろば》などにつくってある、水《みず》を高《たか》くふき出《だ》すしかけ。

【噴飯《ふんぱん》】▲食《た》べかけのものを口《くち》からふき出《だ》すほどにわらってしまうこと。表現 口《くち》の中《なか》に何《なに》もなくても「そいつは噴飯《ふんぱん》ものだ」などと言《い》

う。ほんとうにゆかいでわらうときよりも、ばかにしてわらうときに言《い》うことが多《おお》い。

【◦噴。霧《ふんむ》】▲ 液体《えきたい》などを、きりのように細《こま》かいつぶにしてふき出《だ》すこと。例 噴霧器《ふんむき》

口-14
嚇
総画17
JIS-1937
常用
訓 —
音 カク

筆順 嚇

なりたち 【形声】「赫」が「まっかになる」意味と「カク」という読《よ》み方《かた》をしめしている。「口《くち》」がついて、「はげしくおこる」ことを表《あらわ》している字《じ》。

意味 ❶いかる。はげしくおこる。かっとなる。❷おどす。おどかす。例 威嚇《いかく》

3画 口［くにがまえ］の部

周囲《しゅうい》を囲《かこ》う意味《いみ》を表《あらわ》す「口《くにがまえ》」をもとに作《つく》られ、ものの周《まわ》りを囲《かこ》み、取《と》り巻《ま》くことにかかわる字《じ》を集《あつ》めてあります。

この部首の字

口-2
四
総画5
JIS-2745
教1年
訓 よ・よっ・よっつ・よん
音 シ

筆順 四（おらない）

なりたち 【会意】口と分《わ》かれる意味《いみ》のしるし「八」を合《あ》わせて、「呼吸《こきゅう》」を表《あらわ》していた字《じ》。借《か》りて、数《かず》の「よっつ」として使《つか》われるようになった。

意味
❶よっつ。三《さん》と五《ご》の間《あいだ》の数《かず》「し」。よん。例 四人《よにん》・四《し・よん》たす四《し・よん》は八《はち》。四《よっ》つちがい。四日《よっか》・四輪《よんりん》・四季《しき》
❷まわりのどこも。まわり四方《しほう》。例 四海《しかい》
❸四国《しこく》。「四国地方《しこくちほう》」の略《りゃく》。例 本四架橋《ほんしかきょう》

❶〈よっつ〉の意味で

【四角】《しかく》 ⇩〈―に・―な〉四《よっ》つのかどがあり、四本《よんほん》の直線《ちょくせん》にかこまれた形《かたち》。四角形《しかくけい》。

【四角四面】《しかくしめん》〈―に・―な〉まじめいっぽうでかたくるしく、おもしろみがない。例 かれの性格《せいかく》は四角四面《しかくしめん》で、ちっともおもしろくない。

【四季】《しき》 ⇩春《はる》・夏《なつ》・秋《あき》・冬《ふゆ》の四《よっ》つの季節《きせつ》。例 四季《しき》おりおりの景色《けしき》を楽《たの》しむ。

【四苦八苦】《しくはっく》〈―する〉もがき苦《くる》しむ。例 不景気《ふけいき》で四苦八苦《しくはっく》の状態《じょうたい》だ。類 悪戦苦闘《あくせんくとう》

【四。肢】《しし》 ⇩両手両足《りょうてりょうあし》で、四本《よんほん》の手足《てあし》。

【四捨五入】《ししゃごにゅう》〈―する〉算数《さんすう》で、もとめようとする位《くらい》のすぐ下《した》の位《くらい》の数《かず》が、四以下《よんいか》のときは切《き》りすてにし、五以上《ごいじょう》のときはくりあげてもとめる位《くらい》の数《かず》に一《いち》をくわえること。たとえば、「三十四《さんじゅうよん》」は「三十《さんじゅう》」にし、「三十五《さんじゅうご》」は「四十《よんじゅう》」にすること。例 十円未満《じゅうえんみまん》の端数《はすう》は四捨五入《ししゃごにゅう》する。

【四十九日】《しじゅうくにち》 人《ひと》が死《し》んでから四十九日《しじゅうくにち》めにあたる日《ひ》。その日《ひ》におこなう仏教《ぶっきょう》の法事《ほうじ》。七七日《しちしちにち》《なななぬか》。

【四重奏】《しじゅうそう》 四《よっ》つの楽器《がっき》のそれぞれの音色《ねいろ》を生《い》かしながら、一《ひと》つのまとまった音楽《おんがく》を生《う》

故事のはなし

四面楚歌《しめんそか》

秦《しん》の滅亡後《めつぼうご》、漢《かん》の劉邦《りゅうほう》と楚《そ》の項羽《こうう》が天下《てんか》を争《あらそ》っていた。項羽《こうう》はしだいに追《お》いつめられ、垓下《がいか》で漢軍《かんぐん》に包囲《ほうい》されてしまった。夜《よる》になると、まわりをいくえにも包囲《ほうい》した漢軍《かんぐん》の中《なか》から、項羽《こうう》の故郷《こきょう》である楚《そ》の民謡《みんよう》が聞《き》こえてきた。項羽《こうう》は、最後《さいご》のたのみの綱《つな》としていた出身《しゅっしん》地《ち》が漢《かん》に降伏《こうふく》し、楚《そ》の人《ひと》びとまでもが自分《じぶん》を討《う》ちにきたのかと驚《おどろ》き、もはやこれまでと思《おも》った。そこで、愛《あい》する虞美人《ぐびじん》と名馬《めいば》の騅《すい》にわかれをつげ、烏江亭《うこうてい》で人生《じんせい》をおえた。（『史記《しき》』項羽本紀《こううほんぎ》）

◀次ページ

み出《だ》す演奏《えんそう》。カルテット。例 弦楽四重奏《げんがくしじゅうそう》

【四則】《しそく》 ↓ 数《かず》の計算《けいさん》の四種類《よんしゅるい》。たし算《ざん》・ひき算《ざん》・かけ算・わり算《ざん》。類 加減乗除《かげんじょうじょ》

【四天王】《してんのう》 ①仏教《ぶっきょう》で、四《よっ》つの方角《ほうがく》をまもる神《かみ》。持国天《じこくてん》・増長天《ぞうじょうてん》・広目天《こうもくてん》・多聞天《たもんてん》をいう。②いっしょに学《まな》んだり仕事《しごと》をしたりするなかまの中《なか》で、とくにすぐれた四人《よにん》。例 この道《どう》場《じょう》の四天王《してんのう》のひとりだ。

【四分六】《しぶろく》 四対六《よんたいろく》の割合《わりあい》。例 この試合《しあい》は、四《し》分六《ぶろく》で、こちらが不利《ふり》だ。表現 五対五《ごたいご》のときは「五分五分《ごぶごぶ》」、七対三《ななたいさん》なら「七三《しちさん》」という。

【四分五裂】《しぶんごれつ》 〈—する〉まとまりがなくなって、ばらばらになること。例 ひとりの離反《りはん》から、組織《そしき》は四分五裂《しぶんごれつ》の状態《じょうたい》になってしまった。

【四辺】《しへん》 ↓ 四角形《しかくけい》の四《よっ》つの辺《へん》。例 四辺形《しへんけい》 ☞❷

【四方】《しほう》 ↓ 東《ひがし》・西《にし》・南《みなみ》・北《きた》の四《よっ》つの方向《ほうこう》。☞❷

【四民】《しみん》 ↓ 江戸時代《えどじだい》の、士《し》・農《のう》・工《こう》・商《しょう》という四《よっ》つの身分《みぶん》。例 四民平等《しみんびょうどう》

【四面】《しめん》 ↓ 四《よっ》つの面《めん》。例 四面体《しめんたい》 ☞❷

【四六時中】《しろくじちゅう》 一日《いちにち》じゅう。二十四時間《にじゅうよじかん》ずっと。例 四六時中《しろくじちゅう》、本《ほん》ばかり読《よ》んでいる。参考 四《よん》かける六《ろく》は二十四《にじゅうよん》だから。むかしは「二六時中《にろくじちゅう》」と言《い》った。

【四。隅】《よすみ》 ↓ 四角《しかく》いものの、四《よっ》つのすみ。また、かどの部分《ぶぶん》。例 へやの四隅《よすみ》。

【四輪】《よんりん》 ↓ 四《よっ》つの車輪《しゃりん》。例 四輪駆動《よんりんくどう》

❷〈まわりのどこも〉の意味で

【四海】《しかい》 ↓ まわりの海《うみ》や、それにつながる広《ひろ》い世界《せかい》の全部《ぜんぶ》。例 四海波静《しかいなみしず》か（世《よ》の中《なか》が平和《へいわ》におさまっている）。

【四散】《しさん》 ↓ 〈—する〉ちりぢりばらばらになる。例 一族《いちぞく》は四散《しさん》したとつたえられている。

【四辺】《しへん》 ↓ まわりのすべて。例 四辺《しへん》を見《み》わたす。類 周囲《しゅうい》 ☞❶

【四方】《しほう》 ↓ あらゆる方面《ほうめん》。まわり全部《ぜんぶ》。例 四方《しほう》から人《ひと》がおしよせる。☞❶

【四方八方】《しほうはっぽう》 あらゆる方面《ほうめん》。どこもかしこも。例 四方八方手《しほうはっぽうて》をつくしてさがす。

【四面】《しめん》 ↓ まわり。周囲《しゅうい》。例 四面《しめん》を海《うみ》でかこまれた国《くに》。類 四方《しほう》 ☞❶

【四面楚歌】《しめんそか》 まわりが自分《じぶん》に反対《はんたい》する人《ひと》ばかりで、味方《みかた》する人《ひと》がだれもいないこと。例 わたしの計画《けいかく》は、みんなに反対《はんたい》されて四面《しめん》楚歌《そか》の状態《じょうたい》だ。類 孤立無援《こりつむえん》

故事のはなし ☞233ページ

口 口−2

囚

総画5
JIS-2892
常用
訓 音 シュウ
とら-われる

筆順

なりたち

【会意】人《ひと》がかこみ（口）の中《なか》にいる形《かたち》で、とりこになっているようすを表《あらわ》している字《じ》。

意味 とらわれの身《み》。とらえられた人《ひと》。例 囚《しゅう》人《じん》・虜囚《りょしゅう》

【。囚人】《しゅうじん》 ↓ 刑務所《けいむしょ》に入《い》れられている人《ひと》。類 服役者《ふくえきしゃ》・受刑者《じゅけいしゃ》

口 口−3

因

総画6
JIS-1688
教5年
訓 音 イン
よる・ちな-む

筆順

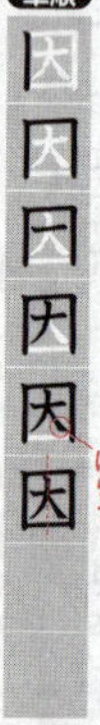

なりたち

【会意】人《ひと》（大）がしきもの（口）の上《うえ》にあおむけになっているようすを表《あらわ》す字《じ》。

意味

❶これまでどおりにする。例 因習《いんしゅう》

❷げんいん（原因）。ものごとをひきおこすもと。例 不注意《ふちゅうい》に因《よ》る事故《じこ》。因子《いんし》・原因《げんいん》 対 果《か》

❸因幡《いなば》。旧国名《きゅうこくめい》。今《いま》の鳥取県東部《とっとりけんとうぶ》。例 因《いん》州《しゅう》

❶〈これまでどおりにする〉の意味で

【因習】《いんしゅう》 ↓ むかしからのしきたりや習慣《しゅうかん》。例 因習《いんしゅう》が村《むら》の発展《はってん》をさまたげている。類 旧《きゅう》習《しゅう》 表記 「因襲」とも書《か》く。表現 ほとんどよくない意味《いみ》で使《つか》われる。

❷〈げんいん（原因）〉の意味で

【因果】《いんが》 ⇕ ①原因《げんいん》と結果《けっか》。例 排気《はいき》ガスとぜんそくの因果関係《いんがかんけい》。②仏教《ぶっきょう》の考《かんが》えで、前世《ぜんせ》にあったことのむくい。例 なんの因果《いんが》で、こ

んなひどい目《め》にあうのだろうか。③〈—な・—に〉運《うん》がわるい。例 因果《いんが》な身《み》の上《うえ》を悲《かな》しむ。

【因果応報】いんがおうほう 前《まえ》におこなったよいこと、わるいことの結果《けっか》が、今《いま》の自分《じぶん》にむくいとなってあらわれること。とくに今《いま》つらく苦《くる》しいことがあるのは昔《むかし》の悪《わる》い行《おこな》いのためでその人《ひと》が悪《わる》いのだという考《かんが》え方《かた》。参考 もとは仏教《ぶっきょう》のことば。

【因業】いんごう ⇔ 〈—な・—に〉欲《よく》が深《ふか》くて、思《おも》いやりやさしさがまるで感《かん》じられないようす。

【因子】いんし ⇩ あることがらをひきおこすもとになるもの。例 遺伝因子《いでんいんし》を分析《ぶんせき》する。

【因。縁】いんねん Ⅱ ①仏教《ぶっきょう》で、ものごとがおこるもとになると思《おも》われるすべての原因《げんいん》。例 前世《ぜんせ》の因縁《いんねん》。②生《う》まれる前《まえ》から決《き》まっている、その人《ひと》の運命《うんめい》。例 あなたとここでめぐり会《あ》ったのも、なにかの因縁《いんねん》だろう。類 宿縁《しゅくえん》 ③人《ひと》にからむための言《い》いがかり。もんく。例 目《め》が合《あ》ったために因縁《いんねん》をつけられた。

因が下につく熟語 上の字の働き

❷因《げんいん》＝〈げんいん（原因）〉のとき

【原因《げんいん》 素因《そいん》】近《ちか》い意味《いみ》。

【遠因《えんいん》 外因《がいいん》 起因《きいん》 内因《ないいん》 誘因《ゆういん》 要因《よういん》】ドノヨウナもとか。

【死因《しいん》 勝因《しょういん》 敗因《はいいん》】ドウナル結果《けっか》のもとか。

口 ロ-3

回

総画6

JIS-1883

教2年

訓 音 カイ・エ まわる・まわす

筆順 回 回 回 回 回 回 まんなかに

なりたち [象形] 水《みず》がぐるぐるまわるようすをえがいた字《じ》。

意味

❶まわる。まわす。ぐるりとめぐる。外《そと》まわりを動《うご》く。べつの所《ところ》へ移《うつ》る。例 急《いそ》がば回《まわ》れ。目《め》を回《まわ》す。回転《かいてん》・回避《かいひ》・巡回《じゅんかい》

❷もとにもどる。もとの所《ところ》にかえす。例 回収《かいしゅう》・奪回《だっかい》

❸度数《どすう》。ものごとが起《お》こった度数《どすう》をかぞえることば。例 回《かい》を重《かさ》ねる。数回《すうかい》

❹《その他《た》》例 回教《かいきょう》

使い分け まわり［回・周］☞235ページ

注意するよみ エ…例 回向《えこう》

❶〈まわる〉の意味で

【回向】えこう ⇩ 〈—する〉仏教《ぶっきょう》でお経《きょう》をあげたり、念仏《ねんぶつ》をとなえたりして、死《し》んだ人《ひと》のあの世《よ》での幸福《こうふく》をいのること。類 供養《くよう》

【回状】かいじょう ⇩ 一通《いっつう》だけ書《か》いて、家《いえ》から家《いえ》、人《ひと》から人《ひと》へとじゅんじゅんにまわして読《よ》む書《か》きつけ。例 回状《かいじょう》をまわして寄付金《きふきん》をつのる。

【回。診】かいしん ⇩ 〈—する〉病院《びょういん》などで、入院《にゅういん》している病人《びょうにん》を、医者《いしゃ》が診察《しんさつ》してまわること。

【回線】かいせん ⇩ 電気《でんき》や情報《じょうほう》の通《とお》りみち。電線《でんせん》だけでなく、光《ひかり》ケーブルや無線《むせん》の場合《ばあい》もある。例 電話回線《でんわかいせん》

【回送】かいそう ⇩ 〈—する〉①送《おく》ってきたものを、そのままべつのところへ送《おく》りとどけること。例 手紙《てがみ》を引《ひ》っこしさきに回送《かいそう》する。類 転送《てんそう》 ②電車《でんしゃ》や車《くるま》などを、乗客《じょうきゃく》や荷物《にもつ》などをのせないでべつのところにまわすこと。例 回送車《かいそうしゃ》

【回転】かいてん Ⅱ 〈—する〉①くるりとまわること。例 回転木馬《かいてんもくば》 ②流《なが》れるように、たえず入《い》れか

例解 使い分け

［まわり《回り・周り》］

回り＝丸《まる》の形《かたち》に動《うご》くこと。

例 見回《みまわ》る。ひと回《まわ》りする。火《ひ》の回《まわ》りが速《はや》い。身《み》の回《まわ》りを整《せい》とんする。

周り＝物《もの》の外《そと》がわ。物《もの》をとりかこんでいる所《ところ》。

例 池《いけ》の周《まわ》り。家《いえ》の周《まわ》りに塀《へい》をめぐらす。周《まわ》りの人《ひと》。

参考「回」は「回《まわ》る」とも使《つか》うが、「周」は「まわる」とは使《つか》わない。

一回り

池の周り

◦学習漢字でない常用漢字　▴常用漢字表にない音訓　◆常用漢字でない漢字

わること。例品物《しなもの》の回転《かいてん》がいい。③頭《あたま》のはたらき。例頭《あたま》の回転《かいてん》がはやい。④スキーやスノーボードの種目《しゅもく》の一《ひと》つ。スラローム。

【回。避】《かいひ》 [‖]〈―する〉向《む》きをかえたり、にげたりして、そうならないようにすること。例責任回避《せきにんかいひ》 類忌避《きひ》・逃避《とうひ》

【回遊】《かいゆう》 [↓]〈―する〉①あちこち旅行《りょこう》してまわること。例北海道《ほっかいどう》を回遊《かいゆう》する。類周遊《しゅうゆう》 ②魚《さかな》のむれなどが、季節《きせつ》によって、きまったところに移動《いどう》していくこと。例回遊魚《かいゆうぎょ》

【回覧】《かいらん》 [↓]〈―する〉じゅんじゅんにまわして見《み》ること。例回覧板《かいらんばん》

【回路】《かいろ》 [↓]電気《でんき》やエネルギーなどがひとまわりしてもとのところにもどるようにつくられた通《とお》りみち。例電子回路《でんしかいろ》

【回。廊】《かいろう》 [↓]神社《じんじゃ》やお寺《てら》などの建物《たてもの》をとりかこむようにつくってあるろうか。

❷〈もとにもどる〉の意味で

【回帰】《かいき》 [↓]〈―する〉ひとまわりしたあと、またもとのところにもどること。または、ほかのところへ行《い》っていたものが、もとのところへもどること。例原点回帰《げんてんかいき》

【回帰線】《かいきせん》 地球《ちきゅう》に対《たい》して太陽《たいよう》がもっとも北《きた》または南《みなみ》に来《く》るときの緯線《いせん》。知識北緯《ほくい》二三度《ど》二七分《ふん》に北回帰線《きたかいきせん》、南緯《なんい》二三度《ど》二七分《ふん》に南《みなみ》回帰線《かいきせん》がある。

【回。顧】《かいこ》 [‖]〈―する〉人《ひと》がすぎさったことをふりかえって、いろいろ思《おも》い出《だ》すこと。例回顧《かいこ》録《ろく》 類回想《かいそう》・追憶《ついおく》

【回収】《かいしゅう》 [↓]〈―する〉一度《いちど》配《くば》ったものやちらばったものを、もとのところにもどすこと。例答案用紙《とうあんようし》を回収《かいしゅう》する。廃品回収《はいひんかいしゅう》

【回想】《かいそう》 [↓]〈―する〉むかしのことをふりかえって、あれこれと思《おも》い出《だ》すこと。例子《こ》ども時代《じだい》を回想《かいそう》する。類回顧《かいこ》・追想《ついそう》・追憶《ついおく》

【回答】《かいとう》 [▲]〈―する〉要求《ようきゅう》や問《と》い合《あ》わせに対《たい》して返事《へんじ》すること。その返事《へんじ》。例回答《かいとう》をもとめる。類返答《へんとう》 表現出《だ》された問題《もんだい》にこたえる「解《かい》答《とう》」とは別《べつ》。

例解 使い分け

[回答《かいとう》・解答《かいとう》]

回答＝質問《しつもん》や要求《ようきゅう》に対《たい》するこたえ。
例アンケートに回答《かいとう》する。当局《とうきょく》に回答《かいとう》をもとめる。こんな回答《かいとう》には納得《なっとく》できない。

解答＝問題《もんだい》をといて出《だ》したこたえ。
例クイズの解答《かいとう》。この解答《かいとう》は正《ただ》しい。試《し》験問題《けんもんだい》の解答集《かいとうしゅう》。

アンケートへの回答

正しい解答

【回復】《かいふく》 [‖]〈―する〉①よくない状態《じょうたい》になっていたものが、もとどおりになること。例景気《けいき》の回復《かいふく》をまつ。けががなおること。天気《てんき》が回復《かいふく》する。例手術後《しゅじゅつご》、回復《かいふく》には二《に》週間《しゅうかん》はかかる。②病気《びょうき》や類治癒《ちゆ》・快復《かいふく》

【回文】《かいぶん》 [↓]そびの一《ひと》つで、「たけやぶやけた」のように、上《うえ》から読《よ》んでも下《した》から読《よ》んでもおなじになることばや文《ぶん》。

❸〈度数〉の意味で

【回。忌】《かいき》 [↓]仏教《ぶっきょう》で、人《ひと》が死《し》んでから毎年《まいとし》めぐってくる、その人《ひと》が死《し》んだ日《ひ》とおなじ月日《つきひ》。また、それが何回《なんかい》めであるかをかぞえることば。例今年《ことし》の十月三日《じゅうがつみっか》は父《ちち》の三回忌《さんかいき》だ。類周忌《しゅうき》・年忌《ねんき》 表現☞【周忌】《しゅうき》(217ページ)

【回数券】《かいすうけん》 何枚《なんまい》かのきっぷをまとめて買《か》って、一回《いっかい》ごとに切《き》りはなして使《つか》えるようにしたもの。ふつうよりもねだんが少《すこ》し安《やす》いことが多《おお》い。

❹《その他》

【回教】《かいきょう》 [↓]アラーの神《かみ》を唯一絶対《ゆいいつぜったい》のものとして信仰《しんこう》する宗教《しゅうきょう》。イスラム教《きょう》ともいう。例回教徒《かいきょうと》 知識仏教《ぶっきょう》・キリスト教《きょう》とともに世界三大宗教《せかいさんだいしゅうきょう》の一《ひと》つ。七世紀《ななせいき》のはじめ、アラビアでマホメットが説《と》いた。

回が下につく熟語 上の字の働き

❶回＝〈まわる〉のとき
【巡回《じゅんかい》 旋回《せんかい》 転回《てんかい》】近《ちか》い意味《いみ》。

❷回＝〈もとにもどる〉のとき
【奪回《だっかい》 撤回《てっかい》】ドウヤッテもどらせるか。

❸回＝〈度数〉のとき

【今回《こんかい》 次回《じかい》 毎回《まいかい》 数回《すうかい》】イクツの・イクツメの回《かい》か。

団

口 口-3 総画6 JIS-3536 教5年

訓 ―
音 ダン・トン

［團］

筆順 団 団 団 団 団 団 （はねる）

なりたち 【形声】もとの字《じ》は、「團」。「囗」がかこみを表《あらわ》し、「專《セン》」が「まるめる」意味《いみ》と、「ダン・タン」とかわって読《よ》み方《かた》をしめしている。「まるめる、ひとかたまり」を表《あらわ》す字《じ》。

意味
❶まるい。円形《えんけい》の。まるいもの。例団子《だんご》・布団《ふとん》
❷集《あつ》まり。人《ひと》や物《もの》のひとまとまり。例団《だん》体《たい》・集団《しゅうだん》

注意するよみ トン…例布団《ふとん》
名前のよみ まどか・まる

❶〈まるい〉の意味で

【団◆扇】うちわ ⇩ 柄《え》をにぎってあおぎ、風《かぜ》をおこす道具《どうぐ》。竹《たけ》などのほそいほねに紙《かみ》や布《ぬの》をはってつくる。知識 柄《え》がなくて、たためるようになっているのは扇子《せんす》という。

【団子】ごだん ☒ 米《こめ》やムギのこなを水《みず》でこね、小《ちい》さくまるめて、焼《や》くかむすかした食《た》べ物《もの》。例花《はな》見団子《みだんご》・きび団子《だんご》 表現「花《はな》より団子《だんご》」は、お花《はな》見《み》に行《い》って、花《はな》を見《み》るより団子《だんご》を食《た》べるたのしみをいう。見《み》て美《うつく》しいものよりも、じっさいに役《やく》に立《た》つもののほうがよいということ。

【団◆栗】どんぐり ⇩ クヌギ・ナラ・カシなどの木《き》の、まるくかたい実《み》。表記「どんぐり」とかなで書《か》いてよい。表現「どんぐりの背《せい》くらべ」は、どれも平凡《へいぼん》で、ほとんど差《さ》がないこと。

❷〈集まり〉の意味で

【団員】いんだん ⇩ その団体《だんたい》をつくっている一人《ひとり》ひとり。例スポーツ少年団《しょうねんだん》の団員《だんいん》。

【団塊】かいだん Ⅱ 大《おお》きなかたまり。例団塊《だんかい》の世代《せだい》（昭和二十年代前半《しょうわにじゅうねんだいぜんはん》に生《う》まれた人《ひと》たち。同《おな》じ年齢《ねんれい》の人口《じんこう》が一番多《いちばんおお》い）。

【団結】けつだん Ⅱ 〈―する〉人《ひと》びとがおなじ心《こころ》で一《ひと》つにまとまること。例団結《だんけつ》をかためる。一致団結《いっちだんけつ》 類結束《けっそく》

【団交】こうだん ◎ 〈―する〉「団体交渉《だんたいこうしょう》」。労働者《ろうどうしゃ》の団《だん》体《たい》と経営者《けいえいしゃ》の団体《だんたい》とが話《はな》し合《あ》うこと。

【団体】たいだん ⇩ おなじ目的《もくてき》で集《あつ》まった人《ひと》びとのまとまり。例団体競技《だんたいきょうぎ》 類集団《しゅうだん》 対個人《こじん》

【団地】ちだん ⇩ 住宅《じゅうたく》や工場《こうじょう》などを、計画的《けいかくてき》に一《ひと》つの場所《ばしょ》に集《あつ》めてつくったところ。例工業《こうぎょう》団地《だんち》。団地《だんち》の住人《じゅうにん》。

【団長】ちょうだん ⇩ 一《ひと》つの団体《だんたい》を代表《だいひょう》する人《ひと》。例応援団長《おうえんだんちょう》

例解 使い分け

【はかる《図る・計る・量る・測る・謀る・諮る》】

図る=うまくいくようにと、考《かんが》えをめぐらす。計画《けいかく》する。例解決《かいけつ》を図《はか》る。合理化《ごうりか》を図《はか》る。

計る=数《かず》をかぞえる。どのくらいかを考《かんが》えてみる。例所要時間《しょようじかん》を計《はか》る。実力《じつりょく》を計《はか》る。

量る=重《おも》さやかさを調《しら》べる。例体重《たいじゅう》を量《はか》る。容積《ようせき》を量《はか》る。

測る=長《なが》さや高《たか》さを調《しら》べる。例身長《しんちょう》を測《はか》る。深《ふか》さを測《はか》る。

謀る=たくらむ。もくろむ。例悪事《あくじ》を謀《はか》る。暗殺《あんさつ》を謀《はか》る。

諮る=相談《そうだん》する。意見《いけん》をたずねる。例審議会《しんぎかい》に諮《はか》る。

【団欒《だんらん》】[↓]〈―する〉家族《かぞく》や親《した》しい人《ひと》たちが集《あつ》まって、なごやかに時《とき》をすごすこと。例夕食《ゆうしょく》後《ご》、一家《いっか》だんらんの時《とき》をすごす。

団が下につく熟語 上の字の働き

❶団《たん》=〈まるい〉のとき
【炭団《たどん》 布団《ふとん》(蒲団《ふとん》)】ナニで作《つく》ったまるいものか。

❷団=〈集まり〉のとき
【楽団《がくだん》 劇団《げきだん》 球団《きゅうだん》】ナニのための集団《しゅうだん》か。
【結団《けつだん》 入団《にゅうだん》】団を(団に)ドウスルか。

◆集団《しゅうだん》 船団《せんだん》

囲

口-4　総画7　JIS-1647　教4年
音 イ
訓 かこむ・かこう
［圍］

筆順 はらう

なりたち  【形声】もとの字《じ》は、「圍」。「口」がかこみを表《あらわ》し、「韋」がめぐる意味《み》と「イ」という読《よ》み方《かた》をしめしている。「かこむ」「かこみ」として使《つか》われている字《じ》。

意味 かこむ。まわり。とりまく。かこみ。例敵陣《てきじん》を囲《かこ》む。周囲《しゅうい》・包囲《ほうい》・雰囲気《ふんいき》

【囲碁】いご [▲] たてよこ十九本《じゅうきゅうほん》の線《せん》をひいた盤《ばん》の上《うえ》に、白《しろ》と黒《くろ》の丸《まる》い碁石《ごいし》をならべて陣地《じんち》をつくりあうゲーム。類碁《ご》

【囲炉裏】いろり ゆかを四角《しかく》に切《き》りぬき、中《なか》で火《ひ》をたく場所《ばしょ》。からだをあたためたり、食《た》べ物《もの》を煮《に》たり焼《や》いたりする。例囲炉裏《いろり》ばた

囲が下につく熟語 上の字の働き

【範囲《はんい》 包囲《ほうい》】近《ちか》い意味《いみ》。

◆胸囲《きょうい》 周囲《しゅうい》

困

口-4　総画7　JIS-2604　教6年
音 コン
訓 こまる

筆順 はねない はらう

なりたち  【会意】木《き》が、かこみ(口)の中《なか》でのびられないでこまっているようすを表《あらわ》している字《じ》。

意味 こまる。苦《くる》しむ。例生活《せいかつ》に困《こま》る。困《こん》難《なん》・貧困《ひんこん》

【困窮】こんきゅう [Ⅱ]〈―する〉お金《かね》がなくて家庭《かてい》・家族《かぞく》の生活《せいかつ》がひどく苦《くる》しいこと。例困窮《こんきゅう》をきわめる。

【困苦】こんく [Ⅱ]〈―する〉生活《せいかつ》が苦《くる》しいこと。

【困難】こんなん [Ⅱ]〈―な〉成功《せいこう》のさまたげになるものが多《おお》いこと。例困難《こんなん》をきわめる。困難《こんなん》にうちかつ。類難儀《なんぎ》・苦難《くなん》 対容易《ようい》

【困惑】こんわく [Ⅱ]〈―する〉どうしてよいかわからずこまってしまうこと。例とつぜん外国語《がいこくご》で話《はな》しかけられて困惑《こんわく》した。類困却《こんきゃく》・当惑《とうわく》

図

口-4　総画7　JIS-3162　教2年
音 ズ・ト
訓 はかる
［圖］

筆順 てん、ななめ とめる

なりたち  【会意】もとの字《じ》は、「圖」。すぐれない意味《み》を表《あらわ》す「啚→啚」と、計画《けいかく》の範囲《はんい》を表《あらわ》す「口」を合《あ》わせて、「あれこれはかりめぐらす」意味《いみ》を表《あらわ》す字《じ》。

意味 ❶ず。え。形《かたち》をえがいたもの。しるし。例図《ず》をかく。図画《ずが》・地図《ちず》・合図《あいず》・指図《さしず》 ❷計画《けいかく》する。具体的《ぐたいてき》な方法《ほうほう》を考《かんが》えて実行《じっこう》する。くわだてる。例解決《かいけつ》を図《はか》る。意図《いと》

使い分け はかる[図・計・量・測・謀・諮] ☞237ページ

❶〈ず。え〉の意味で

【図案】ずあん [↓] 色《いろ》や形《かたち》を組《く》み合《あ》わせてつくったもよう。デザイン。類設計《せっけい》

【図画】ずが [Ⅱ] 絵《え》。絵《え》をかくこと。例図画工作《ずがこうさく》。ぼくは図画《ずが》が苦手《にがて》だ。類絵画《かいが》

【図解】ずかい [↓]〈―する〉図《ず》にかいて、わかりやすく説明《せつめい》すること。絵《え》とき。例棚《たな》の組《く》み立《た》て方《かた》を図解《ずかい》する。類図説《ずせつ》

【図柄】ずがら [Ⅱ] 織物《おりもの》や染《そ》め物《もの》にえがき出《だ》すもよう。例図柄《ずがら》の美《うつく》しい着物《きもの》。類絵柄《えがら》

【図鑑】ずかん [↓] 動物《どうぶつ》や植物《しょくぶつ》、あるいは社会生活《しゃかいせいかつ》に必要《ひつよう》ないろいろなものについて、おなじ種類《しゅるい》のものの絵《え》や写真《しゃしん》を集《あつ》め、説明《せつめい》をつけくわえて、知《し》りたいことが目《め》で見《み》てわかるようにしてある本《ほん》。例昆虫図鑑《こんちゅうずかん》・植物図鑑《しょくぶつずかん》・乗《の》り物《もの》

図鑑《ずかん》

【図形《ずけい》】↓ ①ものの形《かたち》を線《せん》や色《いろ》で表《あらわ》したもの。例波《なみ》をデザインした図形《ずけい》。②算数《さんすう》で、点《てん》や線《せん》や面《めん》などによって、ある形《かたち》や位置《いち》などを表《あらわ》したもの。例平面図形《へいめんずけい》・立体図形《りったいずけい》

【図工《ずこう》】Ⅱ「図画《ずが》・工作《こうさく》」の略《りゃく》。絵《え》をかくことやものを作《つく》ること。小学校《しょうがっこう》の教科《きょうか》の一《ひと》つ。例図工《ずこう》の時間《じかん》。

【図示《ずし》】↓〈―する〉見《み》てわかるように図《ず》にかき表《あらわ》すこと。例道順《みちじゅん》を図示《ずし》する。

【図式《ずしき》】↓ものごとのつながりぐあいを、目《め》で見《み》てわかるように図《ず》で表《あらわ》したもの。例図式《ずしき》化《か》。文章《ぶんしょう》の組《く》み立《た》てを図式《ずしき》にまとめる。

【図説《ずせつ》】↓〈―する〉図《ず》を使《つか》って説明《せつめい》すること。例漢字《かんじ》のしくみを図説《ずせつ》した本《ほん》。類図解《ずかい》

【図版《ずはん》】↓本《ほん》の中《なか》に印刷《いんさつ》してある図《ず》や絵《え》や写真《しゃしん》。例色《いろ》ずりの図版《ずはん》を入《い》れる。

【図表《ずひょう》】Ⅱ数《かず》や分量《ぶんりょう》の大小《だいしょう》や変化《へんか》のようすを、線《せん》や数字《すうじ》を使《つか》って、目《め》で見《み》てわかるようにまとめたもの。グラフ。

【図星《ずぼし》】↓①弓矢《ゆみや》の的《まと》のまん中《なか》の黒《くろ》い丸《まる》。例矢《や》が図星《ずぼし》を射《い》ぬく。②いちばんかんじんなところ。例図星《ずぼし》を指《さ》される。類急所《きゅうしょ》

【図面《ずめん》】↓機械《きかい》の組《く》み立《た》てや、家《いえ》のつくりなどたくさんの部品《ぶひん》や材料《ざいりょう》の組《く》み合《あ》わせ方《かた》を図《ず》に表《あらわ》したもの。例家《いえ》の図面《ずめん》ができあがった。類設計図《せっけいず》

【図録《ずろく》】↓図《ず》や絵《え》などを集《あつ》めた目録《もくろく》。例美《び》術展《じゅつてん》の図録《ずろく》。類図譜《ずふ》

【図書《としょ》】Ⅱ本《ほん》。書物《しょもつ》。出版物《しゅっぱんぶつ》。例図書室《としょしつ》・参考図書《さんこうとしょ》 類書籍《しょせき》

図が下につく熟語 上の字の働き

❶図＝〈ず。え〉のとき
【構図《こうず》 系図《けいず》 地図《ちず》】ナニをかいた図《ず》か。
【縮図《しゅくず》 略図《りゃくず》 鳥瞰図《ちょうかんず》】ドウヤッテかいた図《ず》か。
【作図《さくず》 製図《せいず》】図《ず》をドウスルか。
【合図《あいず》 指図《さしず》】ドウイウしるしか。
❷図＝〈計画《けいかく》する〉のとき
【意図《いと》 企図《きと》】近《ちか》い意味《いみ》。
【壮図《そうと》 雄図《ゆうと》】ドンナくわだてか。
◆版図《はんと》

口 口-5 固

総画8
JIS-2439
教4年
音 コ
訓 かためる・かたまる・かたい

筆順

なりたち

[形声]「口」が都《みやこ》のまわりの城壁《じょうへき》を表《あらわ》し、「古」が「かたい」意味《いみ》と「コ」という読《よ》み方《かた》をしめしている。「城《しろ》のまもりをかためる」意味《いみ》を表《あらわ》す字《じ》。

意味
❶かたい。しっかりしている。かたくする。例土《つち》を固《かた》める。のりが固《かた》まる。固《かた》くおことわりします。固《かた》い決意《けつい》。固《かた》めのさかずき。固体《こたい》・固辞《こじ》・頑固《がんこ》・凝固《ぎょうこ》
❷もともとの。もとからある。例固有《こゆう》
❸《その他《た》》例固唾《かたず》

使い分け かたい[固・堅・硬]☞239ページ
特別なよみ 固唾（かたず）
名前のよみ たか・もと

❶〈かたい〉の意味で

例解 使い分け
かたい《固い・堅い・硬い》
固い＝すきまなくかためてある。
例固《かた》くむすぶ。団結《だんけつ》が固《かた》い。決心《けっしん》が固《かた》い。
堅い＝中身《なかみ》がしっかりしている。
例口《くち》が堅《かた》い。堅《かた》い材木《ざいもく》。堅《かた》い職業《しょくぎょう》につく。
硬い＝かちかちにこわばっている。
例硬《かた》い石《いし》。硬《かた》い表情《ひょうじょう》。表現《ひょうげん》が硬《かた》い。
参考「固」は「固《かた》める・固《かた》まる」とも使《つか》うが、「堅」や「硬」は「かためる・かたまる」とは使《つか》わない。「かたい」の反対《はんたい》は「やわらかい」。

◦学習漢字でない常用漢字 ▴常用漢字表にない音訓 ◆常用漢字でない漢字

【固形《こけい》】[↓]かたまっていて、ある形《かたち》をもっているもの。[例]固形燃料《こけいねんりょう》

【固持《こじ》】[↓]〈―する〉考《かんが》えなどをかえないで、がんこにもちつづけること。[例]自分《じぶん》の説《せつ》を固持《こじ》してゆずらない。[類]堅持《けんじ》

【固辞《こじ》】[↓]〈―する〉いくらすすめられても、つよくことわること。[例]推薦《すいせん》を固辞《こじ》する。

【固。執《こしつ｜こしゅう》】[↓]〈―する〉どこまでも自分《じぶん》の考《かんが》えにこだわって、それをまげないこと。[例]自《じ》分《ぶん》の案《あん》に固執《こしつ》する。

【固守《こしゅ》】[↓]かたくまもること。ゆずらないこと。[例]自説《じせつ》を固守《こしゅ》する。

【固体《こたい》】[↓]あるきまった形《かたち》や大《おお》きさをもち、その形《かたち》がかんたんにはかわらないもの。[関連]気体《きたい》・液体《えきたい》・固体《こたい》

【固定《こてい》】[↓]〈―する〉①形《かたち》やようすがきまっていて、かわらないこと。[例]固定票《こていひょう》・固定客《こていきゃく》 ②ある場所《ばしょ》にくっつけて、動《うご》かないようにすること。[例]壁《かべ》にかがみを固定《こてい》する。

【固定観念《こていかんねん》】「こうだ」と信《しん》じこんでしまっていて、かんたんにはかえられない考《かんが》え。[例]固定観念《こていかんねん》にとらわれる。

❷〈もともとの〉の意味で

【固有《こゆう》】[↓]〈―な〉〈―に〉ほかのものにはなくて、それにだけあること。[例]どの花《はな》にも固有《こゆう》のかおりがある。固有名詞《こゆうめいし》 [類]独特《どくとく》・特有《とくゆう》

❸《その他》

【固。唾《かたず》】[◎]きんちょうしたときに、口《くち》の中《なか》にたまるつば。[例]かたずをのんで、なりゆきを見《み》まもる（いったいどうなるのかと、見《み》つめる）。

固が下につく熟語 上の字の働き

❶固＝〈かたい〉のとき
【凝固《ぎょうこ》 堅固《けんご》 頑固《がんこ》 強固《きょうこ》 禁固《きんこ》 確固《かっこ》】近《ちか》い意《い》味《み》。

◆断固《だんこ》

口 口-5

国

総画8
JIS-2581
教2年
[音]コク
[訓]くに
［國］

筆順

なりたち

[形声]もとの字は、「國」。「口」がかこみを表《あらわ》し、「或《ワク》」がさかいのある地域《ちいき》の意味《いみ》と、「コク」とかわって読《よ》み方《かた》をしめしている。「くに」として使《つか》われている字《じ》。

意味

❶くに。一《ひと》つの政府《せいふ》のもとにまとめられた国民《こくみん》と領土《りょうど》。[例]日本《にほん》の国《くに》。外国《がいこく》・自国《じこく》

❷日本《にほん》のくに。わが国《くに》。[例]国語《こくご》・国字《こくじ》

❸ふるさと。生《う》まれ育《そだ》ったところ。むかしの日本《にほん》の地域名《ちいきめい》。[例]国元《くにもと》・東国《とうごく》・武蔵国《むさしのくに》

発音あんない コク→コッ…[例]国会《こっかい》 コク→ゴク…[例]本国《ほんごく》

名前のよみ とき

❶〈くに〉の意味で

【国。柄《くにがら》】[↓]それぞれの国《くに》の、その国《くに》らしさ。[例]選手団《せんしゅだん》の行進《こうしん》に国柄《くにがら》のちがいがよく出《で》ている。[表現]「お国柄《くにがら》」というと、❸の意味《いみ》にもなる。

【国。威《こくい》】[↓]国《くに》のいきおいや力《ちから》。[例]国威発揚《こくいはつよう》

【国運《こくうん》】[↓]国《くに》がさかえたり、おとろえたりするなりゆき。[例]国運《こくうん》がかたむく。

【国営《こくえい》】[▽]国《くに》が引《ひ》き受《う》けてその仕事《しごと》をすること。[例]国営放送《こくえいほうそう》 [類]公営《こうえい》 [対]民営《みんえい》・私営《しえい》 [関連]国営《こくえい》・県営《けんえい》・市営《しえい》・町営《ちょうえい》・村営《そんえい》

【国益《こくえき》】[↓]国《くに》にとって、得《とく》になること。[例]国益《こくえき》をまもる。

【国王《こくおう》】[↓]国《くに》をおさめる王《おう》。

【国外《こくがい》】[↓]国《くに》の領土《りょうど》の外《そと》。[例]犯人《はんにん》は国外《こくがい》ににげたらしい。[類]海外《かいがい》 [対]国内《こくない》

【国技《こくぎ》】[↓]その国《くに》を代表《だいひょう》するスポーツ・武《ぶ》術《じゅつ》など。[例]国技館《こくぎかん》。相撲《すもう》は、日本《にほん》の国技《こくぎ》だ。

【国語《こくご》】[↓]それぞれの国《くに》で使《つか》われているその国《くに》のことば。[対]外国語《がいこくご》☞❷

【国。債《こくさい》】[↓]国《くに》が国民《こくみん》などからお金《かね》を借《か》りること。そのときに出《だ》す、借金《しゃっきん》の証書《しょうしょ》。[例]赤字《あかじ》国債《こくさい》。国債《こくさい》を発行《はっこう》する。

【国際《こくさい》】[↓]国《くに》と国《くに》とのかかわり。[例]国際空港《こくさいくうこう》・国際結婚《こくさいけっこん》 [対]国内《こくない》

【国際色《こくさいしょく》】いろいろな国《くに》のようすが表《あらわ》れていること。[例]国際色《こくさいしょく》ゆたかな行事《ぎょうじ》。

【国際連合《こくさいれんごう》】一九四五年《ねん》、世界《せかい》の平和《へいわ》をまもり、国際協力《こくさいきょうりょく》をおしすすめるため、多《おお》

くの国《くに》が集《あつ》まってつくったしくみ。略《りゃく》して「国連《こくれん》」。(知識)本部《ほんぶ》はアメリカのニューヨークにある。日本《にほん》は一九五六年《ねん》にくわわった。

【国策】《こくさく》 [↓] ある目的《もくてき》のための、国《くに》の政治《せいじ》のやり方《かた》。(例) 国策《こくさく》にそった計画《けいかく》。(類) 国是《こくぜ》

【国産】《こくさん》 [↓] 自分《じぶん》の国《くに》でつくること。(例) 国産《こくさん》品《ひん》。国産《こくさん》の自動車《じどうしゃ》。(対) 舶来《はくらい》

【国情】《こくじょう》 [↓] 政治《せいじ》・経済《けいざい》・文化《ぶんか》などの面《めん》からみたその国《くに》のようす。

【国°辱】《こくじょく》 [↓] 国全体《くにぜんたい》の恥《はじ》になること。

【国°粋主義】《こくすいしゅぎ》 自分《じぶん》の国《くに》の歴史《れきし》や伝統《でんとう》が、世界《せかい》の中《なか》でも特別《とくべつ》にすぐれたものと信《しん》じ、それがおかされてはならないとする考《かんが》え方《かた》。

【国°是】《こくぜ》 [↓] 国《くに》の方針《ほうしん》として国民《こくみん》の共通理解《きょうつうりかい》がえられているもの。(例) 平和主義《へいわしゅぎ》は日本《にほん》の国《こく》是《ぜ》である。

【国政】《こくせい》 [↓] 国《くに》をおさめる仕事《しごと》。(例) 選挙《せんきょ》によって国政《こくせい》に参加《さんか》する。

【国勢】《こくせい》 [↓] 人口《じんこう》・産業《さんぎょう》などの面《めん》からみた国《くに》のようす。(例) 国勢調査《こくせいちょうさ》

【国税】《こくぜい》 [↓] 国《くに》が、国《くに》としての仕事《しごと》をするために集《あつ》める税金《ぜいきん》。(例) 国税局《こくぜいきょく》 (対) 地方税《ちほうぜい》

【国°籍】《こくせき》 [↓] ①その国《くに》の国民《こくみん》であるという身分《みぶん》・資格《しかく》。(例) 二重国籍《にじゅうこくせき》 ②船《ふね》や飛行機《ひこうき》が、その国《くに》のものであるという資格《しかく》。(例) 国籍不明《こくせきふめい》の飛行機《ひこうき》。

【国°葬】《こくそう》 [↓] 国《くに》のためにとくにりっぱなはたらきをした人《ひと》のために、国《くに》の主催《しゅさい》でおこなう葬式《そうしき》。

【国°賊】《こくぞく》 [↓] 自分《じぶん》の国《くに》に損害《そんがい》をあたえるような悪人《あくにん》。

【国体】《こくたい》 ①[↓] だれが主《しゅ》となって国《くに》をおさめるかという政治《せいじ》のやり方《かた》からみた国《くに》のすがた。(例) 君主制《くんしゅせい》から共和制《きょうわせい》へと国体《こくたい》がかわる。②「国民体育大会《こくみんたいいくたいかい》」の略《りゃく》。毎年《まいとし》、都道府県代表《とどうふけんだいひょう》がきそうスポーツの大会《たいかい》。

【国定】《こくてい》 [▽] 国《くに》が決《き》めること。また、国《くに》で決《き》めたもの。(例) 国定公園《こくていこうえん》

【国土】《こくど》 [↓] くに。その国《くに》の土地《とち》。(例) 日本《にほん》は国土《こくど》がせまいのに、人口《じんこう》が多《おお》い。

【国道】《こくどう》 [↓] 国《くに》の費用《ひよう》でつくり、国《くに》が手入《てい》れする道路《どうろ》。(参考) 県《けん》が管理《かんり》するものは「県道《けんどう》」。地《ち》方公共団体《ほうこうきょうだんたい》が管理《かんり》するものをひっくるめて「公道《こうどう》」という。

【国内】《こくない》 [↓] その国《くに》のなか。その国《くに》のなかだけのこと。(例) 国内旅行《こくないりょこう》 (対) 国外《こくがい》・海外《かいがい》・国際《こくさい》

【国費】《こくひ》 [↓] 国《くに》の費用《ひよう》として国《くに》がしはらうお金《かね》。(類) 公費《こうひ》・官費《かんび》 (対) 私費《しひ》

【国°賓】《こくひん》 [↓] 国《くに》が客《きゃく》としてまねき、もてなしをする外国人《がいこくじん》。(例) 国賓待遇《こくひんたいぐう》

【国宝】《こくほう》 [↓] 国《くに》のたから。たいせつな古《ふる》い建《たて》物《もの》・彫刻《ちょうこく》・絵《え》などを国《くに》がえらんで、保護《ほご》し、管《かん》理《り》しているもの。重要文化財《じゅうようぶんかざい》のうち、とくに価値《かち》の高《たか》いものをいう。(例) 国宝《こくほう》「姫路城《ひめじじょう》」

【国法】《こくほう》 [↓] 国《くに》の法律《ほうりつ》。国《くに》のきまり。

【国防】《こくぼう》 [↓] 外《そと》からせめてくる敵《てき》に対《たい》して国《くに》をまもること。

【国民】《こくみん》 [↓] 国《くに》をつくっている人《ひと》びと。その国《くに》に籍《せき》があって、その国《くに》のきまりにしたがってくらしている人《ひと》。(例) 日本国民《にほんこくみん》 (類) 人民《じんみん》

【国民性】《こくみんせい》 その国《くに》の人《ひと》びとが、いっぱんにもっている性質《せいしつ》。(例) 勤勉《きんべん》な国民性《こくみんせい》。

【国務】《こくむ》 [↓] 国《くに》の政治《せいじ》をすすめるための仕事《しごと》。(例) 国務大臣《こくむだいじん》

【国有】《こくゆう》 [▽] 国《くに》のもちものであること。(例) 国《こく》有林《ゆうりん》 (類) 官有《かんゆう》 (対) 民有《みんゆう》・私有《しゆう》

【国立】《こくりつ》 [▽] 国《くに》のお金《かね》でつくり、国《くに》が管理《かんり》しているもの。(例) 国立劇場《こくりつげきじょう》 (参考) 県《けん》(県立《けんりつ》)や市《し》(市立《しりつ》)など地方公共団体《ちほうこうきょうだんたい》が管理《かんり》するものを合《あ》わせて「公立《こうりつ》」という。

【国力】《こくりょく》 [↓] 国《くに》のいきおい。人口《じんこう》・土地《とち》・産《さん》業《ぎょう》・軍備《ぐんび》など、その国《くに》のいろいろなものをあわせた力《ちから》。(例) 国力《こくりょく》をたくわえる。

【国連】《こくれん》 [〇]「国際連合《こくさいれんごう》」の略《りゃく》。(例) 国連加盟国《こくれんかめいこく》

【国花】《こっか》 [↓] その国《くに》の多《おお》くの人《ひと》びとに愛《あい》され、その国《くに》のしるしとされている花《はな》。(知識) 日本《にほん》はサクラ、イギリスはバラ、韓国《かんこく》はムクゲ、中《ちゅう》国《ごく》はボタンが国花《こっか》とされている。

【国家】《こっか》 [Ⅲ] あるきまった土地《とち》と、そこに住《す》んでいる人《ひと》びとから成《な》り、一《ひと》つの政治《せいじ》によっておさめられている社会《しゃかい》。(例) 独立国家《どくりつこっか》 (類) 国《くに》

【国歌】《こっか》 [↓] 儀式《ぎしき》のときなどにうたわれる、その国《くに》を代表《だいひょう》する歌《うた》。(例) 国歌《こっか》をうたう。

【国会】《こっかい》 [↓] 国民《こくみん》の選挙《せんきょ》によってえらばれた

国会議員《こっかいぎいん》が集《あつ》まり、法律《ほうりつ》や国《くに》の予算《よさん》、政治《せいじ》のやり方《かた》など、国《くに》のもっともだいじなことを決《き》めるところ。知識 日本《にほん》の国会《こっかい》は、二院制《にいんせい》で衆《しゅう》議院《ぎいん》と参議院《さんぎいん》の二《ふた》つからなりたつ。

【国旗】こっき ↓ その国《くに》のしるしとなる旗《はた》。例 校《こう》庭《てい》に、国旗《こっき》と校旗《こうき》を掲揚《けいよう》する。

【国教】こっきょう ↓ 国《くに》が国民《こくみん》に信《しん》じさせようとして、とくべつの保護《ほご》をあたえている宗教《しゅうきょう》。知識 日本《にほん》では、憲法《けんぽう》で信仰《しんこう》の自由《じゆう》がうたわれていて、国教《こっきょう》はない。

【国境】こっきょう・くにざかい ↓ 国《くに》と国《くに》との領土《りょうど》のさかいめ。例 国境線《こっきょうせん》をこえる。☞❸

【国禁】こっきん ↓ 国《くに》の法律《ほうりつ》で禁止《きんし》されていること。例 国禁《こっきん》をおかす。

【国権】こっけん ↓ 国《くに》をおさめる権力《けんりょく》。国《くに》としての権力《けんりょく》。例 国権《こっけん》を発動《はつどう》する。対 私権《しけん》

【国庫】こっこ ↓ 国《くに》のお金《かね》をあずかり、出《だ》し入《い》れするところ。例 国庫補助《こっこほじょ》

【国交】こっこう ↓ 国《くに》と国《くに》とのつきあい。例 国交《こっこう》を樹立《じゅりつ》する。

❷〈日本のくに〉の意味で

【国学】こくがく ↓ 大《おお》むかしの日本人《にほんじん》がもっていた心《こころ》をあきらかにしようとする学問《がくもん》。江戸時代《えどじだい》に賀茂真淵《かものまぶち》や本居宣長《もとおりのりなが》が中心《ちゅうしん》になり、「古事《こじ》記《き》」「万葉集《まんようしゅう》」などの研究《けんきゅう》を進《すす》めた。関連 国学《こくがく》・漢学《かんがく》・洋学《ようがく》

【国語】こくご ↓ ①日本語《にほんご》。例 国語学《こくごがく》・国語辞典《こくごじてん》 対 外国語《がいこくご》 ②「国語科《こくごか》」の略《りゃく》。学校《がっこう》の教科《きょうか》の一《ひと》つ。例 国語《こくご》の時間《じかん》。☞❶

【国史】こくし ↓ 日本《にほん》の歴史《れきし》。

【国字】こくじ ↓ 「峠《とうげ》」「畑《はたけ》」「辻《つじ》」「凧《たこ》」「凩《こがらし》」など、漢《かん》字《じ》のなりたちをまねて、日本《にほん》でつくられた文《も》字《じ》。参考 ☞ものしり巻物《まきもの》(545ページ) 知識 国《こく》語国字問題《ごこくじもんだい》というときの「国字《こくじ》」は日本語《にほんご》を書《か》きしるすための文字全体《もじぜんたい》を指《さ》し、漢字《かんじ》、仮名《かな》、ローマ字《じ》などをすべてふくめていう。

【国文】こくぶん ↓ 日本語《にほんご》で書《か》かれた文章《ぶんしょう》。類 和《わ》文《ぶん》・日本文《にほんぶん》 対 漢文《かんぶん》・英文《えいぶん》

❸〈ふるさと〉の意味で

【国言葉】くにことば ↓ その地方独特《ちほうどくとく》のことばづかいや話《はな》し方《かた》。例 お国言葉《くにことば》で話《はな》す。類 方言《ほうげん》

【国境】くにざかい ↓ むかし、日本《にほん》がいくつもの国《くに》に分《わ》かれていたときの、国《くに》と国《くに》とのさかい。例 国境《くにざかい》の峠《とうげ》。☞❶

【国元】くにもと ↓ ①自分《じぶん》が生《う》まれた土地《とち》。ふるさと。例 国元《くにもと》の母《はは》。類 故郷《こきょう》 ②江戸時代《えどじだい》、自《じ》分《ぶん》の藩《はん》の領地《りょうち》があるところ。例 国元《くにもと》からの急使《きゅうし》。類 本国《ほんごく》

【国司】こくし ↓ 奈良時代《ならじだい》から平安時代《へいあんじだい》にかけて、朝廷《ちょうてい》から派遣《はけん》されて地方《ちほう》をおさめた役人《やくにん》。

国が下につく熟語 上の字の働き

❶ 国=〈くに〉のとき

【故国《ここく》 祖国《そこく》 母国《ぼこく》 本国《ほんごく》 自国《じこく》 異国《いこく》 外国《がいこく》 他国《たこく》】自分《じぶん》にとってドンナ関係《かんけい》の国《くに》か。

【王国《おうこく》 帝国《ていこく》】ドンナ体制《たいせい》の国《くに》か。

【属国《ぞっこく》 敵国《てきこく》】その国《くに》から見《み》て、ドンナ関係《かんけい》の国《くに》か。

【隣国《りんごく》 天国《てんごく》】ドコにある国《くに》か。

【愛国《あいこく》 建国《けんこく》 鎖国《さこく》 開国《かいこく》 出国《しゅっこく》 入国《にゅうこく》 出入国《しゅつにゅうこく》 帰国《きこく》 亡国《ぼうこく》 憂国《ゆうこく》】国《くに》を(国《くに》に)ドウスルか。

文字物語 圏

わたしたちの住《す》んでいるこの地球《ちきゅう》は、岩圏《がんけん》(「岩石圏《がんせきけん》」ともいう、地球《ちきゅう》の大地《だいち》をなすかたい部分《ぶぶん》)と、水圏《すいけん》(地球上《ちきゅうじょう》の海《うみ》・川《かわ》・湖《みずうみ》などの水《みず》の部分《ぶぶん》)と、大気圏《たいきけん》(「気圏《きけん》」ともいう、地球《ちきゅう》をとりまいている大気《たいき》のあるところ)とから成《な》る。大気圏《たいきけん》はさらに、地上《ちじょう》に近《ちか》いほうから対流圏《たいりゅうけん》・成層圏《せいそうけん》・中間圏《ちゅうかんけん》・熱圏《ねっけん》に分《わ》けられる。地上《ちじょう》から発射《はっしゃ》されたロケットは、大気圏《たいきけん》をぬけ、地球《ちきゅう》の引力圏《いんりょくけん》からもはなれて宇宙《うちゅう》へと飛《と》び出《だ》していく。

また、車《くるま》の交通量《こうつうりょう》の多《おお》い通《とお》りでは、歩行者《ほこうしゃ》専用道路《せんようどうろ》は人《ひと》の安全圏《あんぜんけん》を確保《かくほ》するものだ。

このように「圏《けん》」の字《じ》は、ほかのことばの下《した》について、それがしめる範囲《はんい》とか、わくとかを表《あらわ》している。だから、その「圏内《けんない》」にはいるか、「圏外《けんがい》」にあるかが大《おお》きな問題《もんだい》となる。選挙《せんきょ》に立候補《りっこうほ》した人《ひと》は、何票《なんぴょう》とれれば当選圏《とうせんけん》内《ない》にはいれるかと票《ひょう》よみをするし、大《おお》ずもうで千秋楽《せんしゅうらく》近《ちか》くになると、どの力士《りきし》が優勝《ゆうしょう》圏内《けんない》にのこっているかがもっぱらの話題《わだい》となる。

❸ 国＝〈ふるさと〉のとき

【山国《やまぐに》 雪国《ゆきぐに》】ドンナ特徴《とくちょう》のある国《くに》か。

【西国《さいごく・さいこく》 東国《とうごく》】京都《きょうと》から見《み》てドチラにある国《くに》か。

◆島国《しまぐに》 諸国《しょこく》 全国《ぜんこく》 大国《たいこく》 万国《ばんこく》 列国《れっこく》

口－9

圏

総画12 JIS-2387 常用 音 ケン 訓 ──

〔圈〕

筆順 圏 圏 圏 圏 圏 圏 圏 圏 圏 圏

なりたち 【形声】もとの字《じ》は、「圈」。「口」がかこみを表《あらわ》し、「巻」がまるくする意味《いみ》と「ケン」という読《よ》み方《かた》をしめしている。「まわりをとりかこむ」の意味《いみ》で使《つか》われる字《じ》。

意味 はんい。あるかぎられた広《ひろ》がり。例 首都圏《しゅとけん》・暴風圏《ぼうふうけん》

文字物語 ☞242ページ

【°圏外《けんがい》】↓ある広《ひろ》がりのはんいの外《そと》がわ。例 三敗《さんぱい》して、優勝圏外《ゆうしょうけんがい》に去《さ》る。対 圏内

【°圏内《けんない》】↓ある広《ひろ》がりのはんいの内《うち》がわ。例 合格圏内《ごうかくけんない》にある。対 圏外《けんがい》

口－10

園

総画13 JIS-1764 教2年 音 エン 訓 その

筆順 園 園 園 園 園 園 園 園 園（はねない）（はらう）

なりたち 【形声】「口」がかこみを表《あらわ》し、「袁」が「エン」という読《よ》み方《かた》をしめしている。「エン」は「かこむ」意味《いみ》をもち、「かこいでくぎられた場所《ばしょ》」を表《あらわ》している字《じ》。

意味

❶かこいをしたところ。花壇《かだん》や畑《はたけ》などのある場所《ばしょ》。人《ひと》を楽《たの》しませるための庭《にわ》や場所《ばしょ》。例 花園《はなぞの》・園芸《えんげい》・公園《こうえん》

❷人《ひと》を集《あつ》めて教育《きょういく》するところ。子《こ》どもの教育《きょういく》のための施設《しせつ》。例 学《まな》びの園《その》。園児《えんじ》・学園《がくえん》・幼稚園《ようちえん》

参考 「薗《エン・その》」の字《じ》は、人名用漢字《じんめいようかんじ》。

❶〈かこいをしたところ〉の意味で

【園芸《えんげい》】↓草木《くさき》や、野菜《やさい》、くだものなどを植《う》えて育《そだ》てること。例 日曜園芸《にちようえんげい》

【園丁《えんてい》】↓庭《にわ》づくりをする人《ひと》。庭園《ていえん》や植木《うえき》のせわをする人《ひと》。古《ふる》い言《い》い方《かた》。例 植物園《しょくぶつえん》の園丁《えんてい》。類 庭師《にわし》

【園遊会《えんゆうかい》】庭園《ていえん》で人《ひと》びとが食《た》べたり飲《の》んだり話《はな》したりして楽《たの》しくすごす会《かい》。例 春《はる》の園遊会《えんゆうかい》をもよおす。

❷〈人を集めて教育するところ〉の意味で

【園児《えんじ》】↓幼稚園《ようちえん》や保育園《ほいくえん》にかよっている子《こ》ども。例 園児《えんじ》を昼寝《ひるね》させる。

【園長《えんちょう》】↓学園《がくえん》・幼稚園・保育園《ほいくえん》・動物園《どうぶつえん》など、いちばん上《うえ》の責任者《せきにんしゃ》。

園が下につく熟語 上の字の働き

❶園＝〈かこいをしたところ〉のとき

【庭園《ていえん》 田園《でんえん》】近《ちか》い意味《いみ》。

【花園《はなぞの》 桑園《そうえん》 菜園《さいえん》 農園《のうえん》】ナニの園か。

◆学園《がくえん》 公園《こうえん》 造園《ぞうえん》 入園《にゅうえん》 楽園《らくえん》

3画 土 ［つち］［つちへん］の部

大地《だいち》の意味《いみ》を表《あらわ》す「土《つち》」をもとに作《つく》られ、土地《とち》や地形《ちけい》にかかわる字《じ》を集《あつ》めてあります。

この部首の字

0 土……243 2 圧……245 3 圭……246
在……246 地……247 4 均……249 坑……250
坐……250 坂……250 坊……250 5 坤……250
垂……251 坪……251 6 垣……251 型……251
城……252 7 埋……252 8 域……252 基……253
埼……253 執……253 堆……254 堂……254
培……254 堀……254 9 堺……255 堪……255
堅……255 場……255 堕……256 塚……256
堤……256 塔……256 塀……258 報……258
塁……259 10 塩……259 塊……260 塞……260
塑……260 填……260 塗……260 墓……260
11 境……261 塾……262 塵……262 増……262
墨……263 12 墜……263 墳……264 13 壊……264
墾……264 壌……264 壇……264 壁……265
去→ム 187 寺→寸 328 至→至 885 赤→赤 963
走→走 964 幸→干 368 哉→口 220 奎→大 287
封→寸 331

■ 土－0

土

総画3 JIS-3758 教1年 音 ド・ト 訓 つち

°学習漢字でない常用漢字 ▲常用漢字表にない音訓 ◆常用漢字でない漢字

筆順 土 土 土 ながく

なりたち 土【象形】地面《じめん》にもりあげた「つち」のかたちをえがいた字《じ》。

意味

❶つち。大地《だいち》をおおう細《こま》かい砂《すな》のようなもの。どろ。例土《つち》がつく（相撲《すもう》で負《ま》けることもいう）。土器《どき》・粘土《ねんど》

❷地方《ちほう》。人《ひと》が生活《せいかつ》する土地《とち》や地域《ちいき》。ふるさと。くに。例土着《どちゃく》・国土《こくど》

❸五行《ごぎょう》の一《ひと》つ。古代中国《こだいちゅうごく》で、万物《ばんぶつ》のもとして考《かんが》えられていた木《もく》・火《か》・土《ど》・金《こん》・水《すい》の三番《さんばん》め。例土星《どせい》

❹土佐《とさ》。旧国名《きゅうこくめい》。今《いま》の高知県《こうちけん》。例土州《どしゅう》・薩長土肥《さっちょうとひ》

❺《その他》ことばの頭《あたま》につけて、意味《いみ》を強《つよ》める。例土根性《どこんじょう》 参考「土《ど》」は「どえらい」「どでかい」「どつく」などの「ど」とおなじで、ことばを強《つよ》く言《い》うための、調子《ちょうし》づけの発音《はつおん》であり、「土《つち》」とは関係《かんけい》がない。

特別なよみ 土産（みやげ）

名前のよみ ただ

❶〈つち〉の意味で

【土筆】つくし ◎春先《はるさき》、スギナの地下茎《ちかけい》から出《で》る、胞子《ほうし》をもったくき。つくしんぼ。参考 土《つち》から出《で》た筆《ふで》のようなので、「土筆」と書《か》く。

【土気色】つちけいろ 青《あお》ざめて血《ち》の気《け》のない顔色《かおいろ》。類 土色《つちいろ》

【土煙】つちけむり ↓土《つち》やこまかい砂《すな》がまいあがり、けむりのように見《み》えるもの。例土煙《つちけむり》があがる。

【土方】どかた ↓建物《たてもの》や道路《どうろ》などの土木工事《どぼくこうじ》ではたらく人《ひと》。例土方仕事《どかたしごと》 表現 古《ふる》いことばで、今《いま》はあまり使《つか》わない。

【土管】どかん ↓ねんどを焼《や》いて作《つく》ったくだ。煙突《えんとつ》や下水管《げすいかん》などに使《つか》う。コンクリートのものもある。

【土器】どき ↓ねんどで形《かたち》を作《つく》り、うわぐすりをかけないで焼《や》いたうつわ。知識 土器は、その形《かたち》やもように民族《みんぞく》と時代《じだい》があらわれている。日本《にほん》の土器《どき》は、古《ふる》い順《じゅん》に、縄文土器《じょうもんどき》・弥生土器《やよいどき》・土師器《はじき》・須恵器《すえき》などがある。

【土偶】どぐう ↓ねんどで形《かたち》をつくり、焼《や》いてかためた人形《にんぎょう》。日本《にほん》ではおもに縄文時代《じょうもんじだい》に作《つく》られた。例遮光器土偶《しゃこうきどぐう》 類土人形《つちにんぎょう》

【土下座】どげざ （―する）地面《じめん》や床《ゆか》にひざをつけてすわり、深々《ふかぶか》と頭《あたま》を下《さ》げること。現在《げんざい》では、なりふりかまわず、相手《あいて》に謝罪《しゃざい》・頼《たの》みごとをする動作《どうさ》とされる。例土下座《どげざ》してあやまる。

【土建】どけん ◎土木《どぼく》と建築《けんちく》。例土建業《どけんぎょう》

【土砂】どしゃ Ⅱ 土《つち》とすな。例土砂《どしゃ》くずれ

【土壌】どじょう Ⅱ ①作物《さくもつ》をそだてるための田畑《たはた》の土《つち》。例アルカリ性土壌《せいどじょう》 ②そのような結果《けっか》を生《う》み出《だ》す環境《かんきょう》。例金権政治《きんけんせいじ》の土壌《どじょう》。

【土石】どせき Ⅱ 土《つち》や石《いし》。

【土石流】どせきりゅう Ⅱ 土《つち》や石《いし》まじりの水《みず》が猛烈《もうれつ》ないきおいでどっと流《なが》れるもの。

【土葬】どそう ↓（―する）死体《したい》を焼《や》かないで、そのまま土《つち》にうめてほうむること。関連 火葬《かそう》・土葬《どそう》・水葬《すいそう》・風葬《ふうそう》

【土蔵】どぞう ↓防火《ぼうか》などのために、まわりのかべを土《つち》やしっくいで厚《あつ》くぬりかためて、その中《なか》にたいせつなものをしまっておけるようにした建物《たてもの》。

【土足】どそく ↓①はきものをはいたままの足《あし》。例土足厳禁《どそくげんきん》 ②どろのついたままの足《あし》。

【土台】どだい ①↓建物《たてもの》や橋《はし》などのいちばん下《した》にあって、上《うえ》のものをささえている石《いし》やコンクリートなど。類基礎《きそ》・基盤《きばん》 ②↓ものごとのもとになるたいせつなところ。例ことばの勉強《べんきょう》はすべての教科《きょうか》の土台《どだい》になる。類基礎《きそ》 ③◎どう考《かんが》えても。例あのチームに勝《か》つなんて、どだいむりな話《はなし》だ。

【土壇場】どたんば ものごとがいよいよこれで終《お》わりという、せっぱつまった最後《さいご》の場面《ばめん》。例土壇場《どたんば》で逆転《ぎゃくてん》する。参考 もとは、罪人《ざいにん》の首《くび》をきるための、土《つち》を盛《も》り上《あ》げた場所《ばしょ》。

【土地】とち Ⅱ ①生物《せいぶつ》、とくに人間《にんげん》が生《い》きる場所《ばしょ》としての大地《だいち》。例土地《とち》を切《き》りひらく。②なにかに利用《りよう》するための、ある大《おお》きさの地面《じめん》。例郊外《こうがい》に土地《とち》を買《か》う。類地所《じしょ》 ☞❷

【土手】どて ◎水《みず》や波《なみ》・風《かぜ》などをふせぐために、川岸《かわぎし》や海岸《かいがん》などに土《つち》などを高《たか》くもりあげたもの。類堤《つつみ》・堤防《ていぼう》

【土俵《どひょう》】⇩ ①土《つち》をつめたたわら。②相撲《すもう》をとるために、土《つち》をつめたたわらで、丸《まる》くかこんだ場所《ばしょ》。例 土俵入《どひょうい》り。

【土。瓶《どびん》】⇩ 湯《ゆ》やお茶《ちゃ》をそそぐときに使《つか》う、つるのついた陶製《とうせい》のうつわ。

【土木《どぼく》】Ⅲ 道路《どうろ》や港《みなと》・ダム・橋《はし》・水路《すいろ》などをつくる仕事《しごと》。例 土木技師《どぼくぎし》・土木工事《どぼくこうじ》

【土間《どま》】⇩ 家《いえ》の中《なか》で、床《ゆか》をはらずに地面《じめん》のままになっているところ。

【土。塁《どるい》】⇩ 土《つち》をもりあげてつくった小《ちい》さな陣地《じんち》。例 土塁《どるい》をきずく。

【土。鈴《どれい》】⇩ ねんどを焼《や》きかためてつくった鈴《すず》。

❷〈地方〉の意味で

【土地《とち》】Ⅱ その地方《ちほう》。例 土地《とち》の人《ひと》の話《はなし》を聞《き》く。☞❶

【土地。柄《とちがら》】人《ひと》びとのくらし方《かた》、話《はな》し方《かた》、接《せっ》した感《かん》じなどでわかるその土地《とち》らしさ。

【土着《どちゃく》】⇩〈―する〉その土地《とち》に生《う》まれて、ずっと住《す》みついていること。例 土着《どちゃく》の人《ひと》。

【土産《みやげ》】⇩ ①出《で》かけた先《さき》で買《か》って帰《かえ》る、その土地《とち》の産物《さんぶつ》や品物《しなもの》。例 土産話《みやげばなし》(旅行中《りょこうちゅう》に見《み》たり聞《き》いたりしたことを、帰《かえ》ってから家族《かぞく》などに話《はな》してきかせるもの)②よその家《いえ》をたずねていくときに持《も》っていく贈《おく》り物《もの》。例 手土産《てみやげ》

❸〈五行の一つ〉の意味で

【土星《どせい》】⇩ 太陽系《たいようけい》の第六惑星《だいろくわくせい》。まわりに氷《こおり》などが集《あつ》まってできた輪《わ》がある。参考 ☞【太陽系《たいようけい》】(281ページ)

【土用《どよう》】◎ 立春《りっしゅん》・立夏《りっか》・立秋《りっしゅう》・立冬《りっとう》のそれぞれの前十八日間《まえじゅうはちにちかん》。とくに、一年《いちねん》じゅうでもっとも暑《あつ》い立秋《りっしゅう》の前《まえ》の「夏《なつ》の土用《どよう》」をいうことが多《おお》い。例 土用波《どようなみ》(夏《なつ》の土用《どよう》のころに来《く》る大《おお》波《なみ》。台風《たいふう》のうねりがつたわってきたもの)。土《ど》用《よう》のうしの日《ひ》。

❺《その他》

【土根性《どこんじょう》】「根性《こんじょう》」を強《つよ》めて言《い》うことば。

【土性骨《どしょうぼね》】生《う》まれつきの性質《せいしつ》。例 土性《どしょう》骨《ぼね》をたたきなおす。

土が下につく熟語 上の字の働き

❶土＝〈つち〉のとき
【凍土《とうど》 粘土《ねんど》 陶土《とうど》】ドノヨウナ土《つち》か。

❷土＝〈地方〉のとき
【焦土《しょうど》 浄土《じょうど》】ドンナようすの土地《とち》か。
【本土《ほんど》 領土《りょうど》 郷土《きょうど》 国土《こくど》 唐土《とうど》】ドウイウ所属《しょぞく》の土地《とち》か。

◆全土《ぜんど》 風土《ふうど》

圧

土－2 総画5 JIS-1621 教5年 訓― 音アツ

[壓]

筆順 圧 圧 圧 圧 圧 ながく

なりたち 壓 【形声】もとの字《じ》は、「壓」。「猒《エン》」が「おさえる」意味《いみ》と、「アツ」とかわって読《よ》み方《かた》をしめしている。「土《つち》」でおして「おさえる、おしつぶす」意味《いみ》を表《あらわ》す字《じ》。

意味 **おさえる**。重《おも》みや力《ちから》をかけておさえつける。おさえる力《ちから》。例 相手《あいて》を圧《あっ》するいきおい。圧《あつ》がかかる。気圧《きあつ》・弾圧《だんあつ》

【圧巻《あっかん》】▲ いくつかある中《なか》で、いちばん心《こころ》にのこるもの。例 きょうの圧巻《あっかん》は、あのホームランだ。類 出色《しゅっしょく》 参考 むかし、中国《ちゅうごく》の役人《やくにん》の試験《しけん》で、もっともすぐれた巻《かん》(答案《とうあん》)をいちばん上《うえ》にのせたことからいう。

【圧。搾《あっさく》】⇩〈―する〉強《つよ》い力《ちから》で中《なか》のものを押《お》しちぢめること。例 圧搾式《あっさくしき》ジューサー 類 圧縮《あっしゅく》

【圧死《あっし》】⇩〈―する〉おしつぶされて死《し》ぬこと。例 地震《じしん》で、多《おお》くの圧死者《あっししゃ》が出《で》た。

【圧縮《あっしゅく》】⇩〈―する〉①強《つよ》い力《ちから》でおしちぢめること。例 圧縮《あっしゅく》ガス 類 圧搾《あっさく》 ②内容《ないよう》を整理《せいり》してちぢめること。例 レポートを半分《はんぶん》に圧《あっ》縮《しゅく》する。類 縮小《しゅくしょう》・縮約《しゅくやく》 ③コンピューターで、データを小《ちい》さくすること。対 解凍《かいとう》

【圧勝《あっしょう》】⇩〈―する〉相手《あいて》をまったくよせつけないで勝《か》つこと。例 地力《じりき》の差《さ》で圧勝《あっしょう》。類 快《かい》勝《しょう》・完勝《かんしょう》・大勝《たいしょう》・楽勝《らくしょう》 対 辛勝《しんしょう》・惨敗《ざんぱい》

【圧政《あっせい》】⇩ 力《ちから》で人民《じんみん》をおさえつけ、むりやりしたがわせる政治《せいじ》。例 圧政《あっせい》に苦《くる》しむ。

【圧。倒《あっとう》】⇩〈―する〉だんちがいの力《ちから》で、相手《あいて》をおさえつけたり、うちまかしたりすること。例 敵《てき》を圧倒《あっとう》する。

【圧。迫《あっぱく》】⇩〈―する〉①力《ちから》をくわえて強《つよ》くおしつけること。例 むねが圧迫《あっぱく》されて息《いき》ができ

なかった。②おさえつける力《ちから》がはたらいて、自由《じゆう》な動《うご》きをうばうこと。例物価《ぶっか》の上昇《じょうしょう》が、家計《かけい》を圧迫《あっぱく》する。

【圧力】《あつりょく》↓ ①おさえつける力《ちから》。例圧力《あつりょく》釜《がま》。②人《ひと》の考《かんが》えや意見《いけん》を力《ちから》でおさえこもうとすること。例圧力団体《あつりょくだんたい》（組織《そしき》の力《ちから》で政治的圧《せいじてきあつ》力《りょく》をくわえる社会集団《しゃかいしゅうだん》）。多数派《たすうは》の圧力《あつりょく》に負《ま》ける。

圧が下につく熟語 上の字の働き

【制圧《せいあつ》 鎮圧《ちんあつ》 抑圧《よくあつ》】近《ちか》い意味《いみ》。
【威圧《いあつ》 弾圧《だんあつ》】ドウヤッテおさえるか。
【気圧《きあつ》 血圧《けつあつ》 水圧《すいあつ》 電圧《でんあつ》 風圧《ふうあつ》】ナニの圧力《あつりょく》か。
◆高圧《こうあつ》 高気圧《こうきあつ》 指圧《しあつ》 低気圧《ていきあつ》

圭

土−3 総画6 JIS-2329 人名 音ケイ 訓―

意味 たま。玉《たま》のかど。例圭角《けいかく》

名前のよみ か・かど・きよ・きよし・たま・よし

在

土−3 総画6 JIS-2663 教5年 音ザイ 訓ある

筆順 在在在在在在（すこしだす）（ながく）

なりたち 扗 【形声】「才《サイ》」が「ザイ」とかわって読《よ》み方《かた》をしめしている。「サイ」は「ふせぐ」意味《いみ》を持《も》ち、土《つち》がつもってふさがることから、「動《うご》かずにある、そこにいる」意《い》味《み》を表《あらわ》す。

意味
❶ある。いる。ある場所《ばしょ》に位置《いち》をしめている。ある立場《たちば》にいる。例在庫《ざいこ》・健在《けんざい》
❷いなか。町《まち》からはなれたところ。例在《ざい》に住《す》む。東京《とうきょう》の在《ざい》。在所《ざいしょ》・近在《きんざい》

名前のよみ あき・あきら・すみ・みつる

❶〈ある。いる〉の意味で

【在位】《ざいい》▲〈―する〉国王《こくおう》や皇帝《こうてい》などが、その位《くらい》についていること。例在位五十年《ざいいごじゅうねん》。
【在外】《ざいがい》▲外国《がいこく》にあること。外国《がいこく》にいること。例在外公館《ざいがいこうかん》（外国《がいこく》におかれている大使館《たいしかん》・公使館《こうしかん》・領事館《りょうじかん》など）・在外邦人《ざいがいほうじん》
【在学】《ざいがく》▲〈―する〉学生《がくせい》・生徒《せいと》・児童《じどう》として、その学校《がっこう》で学《まな》んでいること。例兄《あに》は高校《こうこう》に在学《ざいがく》中《ちゅう》。在学証明書《ざいがくしょうめいしょ》 類在校《ざいこう》
【在京】《ざいきょう》▲〈―する〉首都《しゅと》に住《す》んでいること。例在京《ざいきょう》の同級生《どうきゅうせい》が集《あつ》まる。
【在勤】《ざいきん》▲〈―する〉つとめについていること。例本店在勤中《ほんてんざいきんちゅう》のなかま。類在職《ざいしょく》
【在庫】《ざいこ》▲商品《しょうひん》が倉庫《そうこ》にあること。倉庫《そうこ》にある商品《しょうひん》。例在庫一掃《ざいこいっそう》セール。
【在校】《ざいこう》▲〈―する〉学生《がくせい》・生徒《せいと》・児童《じどう》として、その学校《がっこう》で学《まな》んでいること。例在校生《ざいこうせい》 類在学《ざいがく》
【在室】《ざいしつ》▲〈―する〉へやの中《なか》にいること。対外出《がいしゅつ》・他出《たしゅつ》
【在住】《ざいじゅう》Ⅱ〈―する〉その土地《とち》に住《す》んでいること。例ブラジル在住《ざいじゅう》の日本人《にほんじん》。類居住《きょじゅう》
【在職】《ざいしょく》▲〈―する〉ある職場《しょくば》ではたらいていること。例在職中《ざいしょくちゅう》はいろいろとおせわになりました。類在勤《ざいきん》
【在世】《ざいせい／ざいせ》▲この世《よ》に生《い》きていること。例死《し》んだ人《ひと》が在世《ざいせい／ざいせ》中《ちゅう》に愛用《あいよう》した品《しな》。
【在籍】《ざいせき》▲〈―する〉学校《がっこう》や会社《かいしゃ》、スポーツ競技《きょうぎ》のチームなどの団体《だんたい》に属《ぞく》していて、名簿《めいぼ》に名前《なまえ》がのっていること。例在籍者《ざいせきしゃ》
【在宅】《ざいたく》▲〈―する〉外出《がいしゅつ》しないで、自分《じぶん》の家《いえ》にいること。例あすは在宅《ざいたく》の予定《よてい》。対外出《がいしゅつ》
【在中】《ざいちゅう》▲〈―する〉封筒《ふうとう》やさいふなどの中《なか》に、そのものが入《はい》っていること。表現封筒《ふうとう》のおもてに「写真在中《しゃしんざいちゅう》」のように書《か》く。
【在日】《ざいにち》▲〈―する〉外国人《がいこくじん》が、日本《にほん》に住《す》んでいたり、来《き》ていたりすること。例在日米人《ざいにちべいじん》
【在任】《ざいにん》▲〈―する〉その役《やく》についていること。任地《にんち》にいること。例父《ちち》はパリに在任中《ざいにんちゅう》だ。
【在野】《ざいや》▲①おおやけの仕事《しごと》につかないで、民間《みんかん》にいること。例在野《ざいや》の歴史家《れきしか》。②内閣《ないかく》をつくっていない、野党《やとう》の立場《たちば》にあること。
【在来】《ざいらい》⊠前《まえ》からあること。例在来線《ざいらいせん》
【在留】《ざいりゅう》Ⅱ〈―する〉しばらくその土地《とち》に（とくに外国《がいこく》に）とどまって住《す》むこと。例在留中《ざいりゅうちゅう》

❷〈いなか〉の意味で

【在所】《ざいしょ》↓①都会《とかい》からはなれたところ。いなか。②ふるさと。出身地《しゅっしんち》。例在所《ざいしょ》に帰《かえ》る。

在が下につく熟語 上の字の働き

❶在＝〈ある。いる〉のとき

【介在《かいざい》 健在《けんざい》 現在《げんざい》 自在《じざい》 実在《じつざい》 潜在《せんざい》 滞在《たいざい》 駐在《ちゅうざい》 点在《てんざい》 内在《ないざい》 伏在《ふくざい》 偏在《へんざい》 遍在《へんざい》】ドノヨウニあるか。

◆所在《しょざい》 存在《そんざい》 不在《ふざい》

土-3

地

総画6
JIS-3547
教2年
音 チ・ジ
訓 —

筆順

なりたち

【形声】「也」が「うねうねとつづく」意味《いみ》と「チ」という読《よ》み方《かた》をしめしている。「土《つち》」がついて、うねうねとつづく「大地《だいち》」を表《あらわ》す字《じ》。

意味

❶大地《だいち》。天《てん》の下《した》に広《ひろ》がる土地《とち》。例 地《ち》の果《は》て。山地《さんち》 対 天《てん》

❷ある土地《とち》。ある地域《ちいき》や地方《ちほう》。目的《もくてき》や性格《せいかく》のきまっている土地《とち》。例 地主《じぬし》・領地《りょうち》

❸立場《たちば》。その人《ひと》の立場《たちば》や身分《みぶん》、境遇《きょうぐう》や状態《じょうたい》など。例 地位《ちい》・境地《きょうち》

❹もとにあるもの。もともと全体《ぜんたい》に広《ひろ》がっていてふつうは目立《めだ》たないもの。例 地《じ》が出《で》る。地《じ》の文《ぶん》。地金《じがね》・素地《そじ》

❺材料《ざいりょう》としての、ぬの。衣服《いふく》にする織物《おりもの》。例 地《じ》の厚《あつ》いもめん。生地《きじ》・布地《ぬのじ》

特別なよみ 意気地(いくじ)・心地(ここち)

名前のよみ くに・ただ

❶〈大地〉の意味で

【地下足◦袋】じかたび 足《あし》のうらがゴムになっていて、たびとくつとが一《ひと》つになったようなはきもの。

【地◦獄】じごく ⇩この世《よ》以外《いがい》の世界《せかい》として考《かんが》えられるもののうち、暗《くら》く、おそろしく、救《すく》いのない世界《せかい》。対 天国《てんごく》・極楽《ごくらく》 知識 仏教《ぶっきょう》では、この世《よ》での悪行《あくぎょう》のむくいのある場所《ばしょ》として説《と》かれ、無間地獄《むげんじごく》・焦熱地獄《しょうねつじごく》・血《ち》の池地獄《いけじごく》などが語《かた》られたり絵《え》にかかれたりした。その影響《えいきょう》で、火山《かざん》や温泉《おんせん》の熱湯《ねっとう》がふき出《だ》しているところに「地獄谷《じごくだに》」などの名《な》がつくし、この世《よ》でも、のがれがたい苦《くる》しみのあるところを、「借金《しゃっきん》地獄《じごく》」「受験地獄《じゅけんじごく》」などという。

【地◦獄耳】じごくみみ ①一度《いちど》聞《き》いたら、いつまでもわすれないこと。②人《ひと》のひみつなどを、ふしぎにすばやく聞《き》きつけること。例 母《はは》は地獄耳《じごくみみ》で、家《いえ》ではないしょ話《ばなし》もできない。

【地◦震】じしん ▽火山《かざん》の爆発《ばくはつ》や地殻《ちかく》のずれなどの地球《ちきゅう》の内部《ないぶ》の急《きゅう》な変化《へんか》によって、地面《じめん》がゆれうごくこと。例 地震《じしん》、雷《かみなり》、火事《かじ》、親父《おやじ》(むかしの人《ひと》がおそろしいものとしてならべたことば)。知識 地震《じしん》のゆれの強《つよ》さは震度《しんど》(0から7まである)で表《あらわ》し、地震《じしん》そのものの大《おお》きさはマグニチュードで表《あらわ》す。

【地蔵】じぞう ◎「地蔵菩薩《じぞうぼさつ》」の略《りゃく》。子《こ》どもをまもるといわれている仏《ほとけ》。道《みち》ばたにもよくまつってある丸《まる》い坊主頭《ぼうずあたま》の石《いし》の像《ぞう》。例 お地蔵様《じぞうさま》。

【地団太】じだんだ｜じたんだ くやしかったり、はらが立《た》ったりして、両足《りょうあし》を強《つよ》くふみならすこと。例 地団太《じだんだ》をふんでくやしがる。

【地◦肌】じはだ ⇩むき出《だ》しになった大地《だいち》の表面《ひょうめん》。例 雪《ゆき》がとけて地肌《じはだ》があらわれた。類 地表《ちひょう》
☞❹

【地◦盤】じばん ⇩建物《たてもの》などの土台《どだい》となる土地《とち》。例 地盤《じばん》が弱《よわ》い土地《とち》。☞❸

【地面】じめん ⇩むき出《だ》しのままの土地《とち》の表面《ひょうめん》。例 地面《じめん》がぬれている。類 地表《ちひょう》

【地◦雷】じらい ⇩土《つち》の中《なか》にうめておき、その上《うえ》を人《ひと》や車《くるま》が通《とお》ると爆発《ばくはつ》するようになっている兵器《へいき》。例 地雷除去活動《じらいじょきょかつどう》。地雷原《じらいげん》

【地温】ちおん ⇩大地《だいち》の温度《おんど》。関連 気温《きおん》・水温《すいおん》・地温《ちおん》

【地下】ちか ⇩地面《じめん》の下《した》。例 地下水《ちかすい》・地下道《ちかどう》 対 地上《ちじょう》 表現 「地下組織《ちかそしき》」「地下《ちか》にもぐる」のように、人《ひと》びとの目《め》にふれないところという意味《いみ》に使《つか》うこともある。☞「じげ」は❸

【地階】ちかい ⇩建物《たてもの》で、地面《じめん》より下《した》の階《かい》。例 ビルの地階《ちかい》は駐車場《ちゅうしゃじょう》になっている。

【地◦殻】ちかく ⇩地球《ちきゅう》の表面《ひょうめん》に近《ちか》い、かたいところ。例 地殻変動《ちかくへんどう》 知識 地球《ちきゅう》の中《なか》はやわらかいマグマで、そのまわりをたまごのからのように地殻《ちかく》がおおっている。地殻《ちかく》の厚《あつ》さは大陸《たいりく》では、約三十《やくさんじゅう》~五十《ごじっ》キロあるが、海底《かいてい》では五《ご》~十《じっ》キロしかない。

【地下◦茎】ちかけい 植物《しょくぶつ》の地中《ちちゅう》にある茎《くき》。根茎《こんけい》・塊茎《かいけい》・球茎《きゅうけい》・鱗茎《りんけい》などがある。

地 ◀ 次ページ

【地下水《ちかすい》】↓ 地中《ちちゅう》にたまったり、地下の水脈《すいみゃく》にそって流《なが》れたりしている水《みず》。

【地球《ちきゅう》】↓ わたしたち人間《にんげん》が住《す》んでいる天体《てんたい》。太陽系《たいようけい》の第三惑星《だいさんわくせい》。例 地球《ちきゅう》の温暖化《おんだんか》。
知識 地球《ちきゅう》は一日《いちにち》に一回《いっかい》自転《じてん》し、約《やく》三六五・二五日《にち》で太陽《たいよう》のまわりをまわる。直径《ちょっけい》は約《やく》一万《いちまん》二千七百《にせんななひゃく》キロ。

【地球儀《ちきゅうぎ》】表面《ひょうめん》に世界地図《せかいちず》をえがき、ぐるぐるまわして見《み》られるようにした地球《ちきゅう》のもけい。

【地形《ちけい》】↓ 山《やま》・川《かわ》・平野《へいや》・海岸《かいがん》など、形《かたち》のうえから見《み》た土地《とち》のようす。例 地形図《ちけいず》。地形《ちけい》を生《い》かして公園《こうえん》をつくる。類 地勢《ちせい》

【地磁気《ちじき》】地球《ちきゅう》がもっている磁気《じき》。

【地軸《ちじく》】↓ 地球《ちきゅう》の北極《ほっきょく》と南極《なんきょく》をつらぬく線《せん》。地球《ちきゅう》はこれを軸《じく》にして一日《いちにち》に一回《いっかい》、西《にし》から東《ひがし》へまわっている。

【地質《ちしつ》】↓ その土地《とち》をかたちづくる岩石《がんせき》や地層《ちそう》のようす。例 地質調査《ちしつちょうさ》

【地上《ちじょう》】↓ ①地面《じめん》の上《うえ》。例 地上《ちじょう》十六階《じゅうろっかい》、地下《ちか》二階《にかい》のビル。対 地下《ちか》・地中《ちちゅう》 ②この世《よ》。例 地上《ちじょう》の楽園《らくえん》。対 天上《てんじょう》

【地図《ちず》】↓ ①山《やま》や川《かわ》・平野《へいや》などの土地《とち》のありさまを一定《いってい》の割合《わりあい》でちぢめて、文字《もじ》や記号《きごう》・線《せん》などを使《つか》って紙《かみ》の上《うえ》に書《か》き表《あらわ》したもの。例 世界地図《せかいちず》 ②建物《たてもの》のある場所《ばしょ》や道順《みちじゅん》などをわかりやすく書《か》き表《あらわ》したもの。例 家《いえ》までの地図《ちず》を書《か》く。

【地勢《ちせい》】↓ 山《やま》や川《かわ》・平野《へいや》などの、土地全体《とちぜんたい》のようす。例 けわしい地勢《ちせい》。類 地形《ちけい》

【地層《ちそう》】↓ 長《なが》い年月《としつき》をかけてできあがった岩《いわ》や土《つち》のつみかさなり。例 地層《ちそう》によって化石《かせき》の年代《ねんだい》がわかる。

【地底《ちてい》】↓ 地面《じめん》の下《した》のずっと深《ふか》いところ。例 地底探検《ちていたんけん》

【地熱《ちねつ|じねつ》】↓ 地球《ちきゅう》の内部《ないぶ》の熱《ねつ》。例 地熱《ちねつ|じねつ》を利用《りよう》して温室《おんしつ》をつくる。地熱《ちねつ|じねつ》発電《はつでん》

【地表《ちひょう》】↓ 大地《だいち》の表面《ひょうめん》。例 火山灰《かざんばい》が地表《ちひょう》をおおっている。類 地面《じめん》・地肌《じはだ》 対 地中《ちちゅう》

【地平線《ちへいせん》】はるか遠《とお》くに見《み》える、地面《じめん》と空《そら》とのさかいめの線《せん》。例 地平線《ちへいせん》に太陽《たいよう》がしずむ。

【地味《ちみ》】↓ 作物《さくもつ》にとっての土地《とち》のよしあし。例 地味《ちみ》が肥《こ》えている。☞「じみ」は❹

【地理《ちり》】↓ ①土地《とち》のようす。例 おじはこのあたりの地理《ちり》にくわしい。②地形《ちけい》や気候《きこう》・人口《じんこう》・産業《さんぎょう》・交通《こうつう》などについての知識《ちしき》・学問《がくもん》。

❷〈ある土地〉の意味で

【地酒《じざけ》】↓ その土地《とち》でできる酒《さけ》。

【地所《じしょ》】Ⅱ 土地《とち》。建物《たてもの》をたてるための土地《とち》。例 別荘用《べっそうよう》に地所《じしょ》をさがす。類 土地《とち》・地面《じめん》

【地代《じだい|ちだい》】↓ 土地《とち》の借《か》り賃《ちん》。

【地鎮祭《じちんさい》】新《あたら》しい建物《たてもの》をたてる前《まえ》に、その土地《とち》の神《かみ》をまつって工事《こうじ》の無事《ぶじ》や建物《たてもの》の安全《あんぜん》をいのる行事《ぎょうじ》。

【地頭《じとう》】↓ 鎌倉時代《かまくらじだい》に、荘園《しょうえん》をとりしまり、年貢《ねんぐ》のとりたてや、警察《けいさつ》の仕事《しごと》などをした役人《やくにん》。例 泣《な》く子《こ》と地頭《じとう》には勝《か》てぬ（泣《な》いてだだをこねる子《こ》どもをだまらせることも、権力者《けんりょくしゃ》に反抗《はんこう》して勝《か》つこともできないので、言《い》われるとおりにするほかない）。

【地主《じぬし》】↓ 土地《とち》の持《も》ち主《ぬし》。例 大地主《おおじぬし》

【地元《じもと》】↓ ①そのことにかかわりのある地方《ちほう》。例 地元《じもと》の意向《いこう》を聞《き》く。②自分《じぶん》が住《す》んでいる土地《とち》。例 買《か》い物《もの》は地元《じもと》の商店《しょうてん》でする。

【地域《ちいき》】↓ あるかぎられた範囲《はんい》の土地《とち》。例 危険地域《きけんちいき》。地域《ちいき》の子《こ》ども会《かい》。類 地区《ちく》

【地価《ちか》】↓ 土地《とち》を売《う》り買《か》いするときのねだん。例 地価《ちか》が下《さ》がる。

【地区《ちく》】↓ いくつかにくぎられた土地《とち》の一《ひと》つ一《ひと》つ。例 地区大会《ちくたいかい》 類 地域《ちいき》

【地帯《ちたい》】↓ ある程度《ていど》の広《ひろ》がりをもったひとつづきの土地《とち》。例 水田地帯《すいでんちたい》

【地点《ちてん》】↓ あることが起《お》きる、またはおこなわれる、その場所《ばしょ》。例 目標地点《もくひょうちてん》に達《たっ》する。

【地方《ちほう》】↓ ①国《くに》などを大《おお》きくいくつかに分《わ》けたときの一《ひと》つ。例 東北地方《とうほくちほう》 ②そのあたり一帯《いったい》。例 山《やま》ぞいの地方《ちほう》。③都会《とかい》からはなれたところ。例 工場《こうじょう》を地方《ちほう》にうつす。対 中央《ちゅうおう》
☞「じかた」は❹

【地方自治《ちほうじち》】都道府県《とどうふけん》・市町村《しちょうそん》が、住民《じゅうみん》の意思《いし》によって運営《うんえい》されること。

【地方色《ちほうしょく》】その地方《ちほう》の自然《しぜん》や人《ひと》びとのくらし方《かた》などの全体《ぜんたい》がもっている、独特《どくとく》な感《かん》じ。

[例] 地方色《ちほうしょく》ゆたか。[類] 郷土色《きょうどしょく》
【地《ち》名《めい》】[↓] その土地《とち》につけられた名前《なまえ》。
【地《ち》目《もく》】[↓] 土地《とち》を、田《た》・畑《はたけ》・宅地《たくち》・山林《さんりん》など、その使《つか》い方《かた》によって種類《しゅるい》ごとに分《わ》けたときの名前《なまえ》。

❸〈立場〉の意味で

【地《じ》下《げ》】[↓] むかし、宮中《きゅうちゅう》のご殿《てん》にのぼることをゆるされなかった身分《みぶん》の低《ひく》い役人《やくにん》。[例] 地《じ》下《げ》の者《もの》。☞「ちか」は❶
【地《じ》。盤《ばん》】[↓] 自分《じぶん》が仕事《しごと》などをするときの足《あし》場《ば》になるところ。[例] 選挙《せんきょ》地盤《じばん》 ☞❶
【地《ち》位《い》】[Ⅱ] ①その社会《しゃかい》のなかでの身分《みぶん》。[例] 会社《かいしゃ》での地位《ちい》をあらそう。②おかれている立《たち》場《ば》。[例] 地域《ちいき》で指導的《しどうてき》な地位《ちい》にある。

❹〈もとにあるもの〉の意味で

【地《じ》方《かた》】[↓] おどりで、音楽《おんがく》をうけもつ人《ひと》。[対] 立方《たちかた》 ☞「ちほう」は❷
【地《じ》金《がね》】[↓] ①めっきをしたり、細工《さいく》をしたりしたものの下地《したじ》になっている金属《きんぞく》。[例] めっきがはげて地金《じがね》が見《み》える。②その人《ひと》が、もともと持《も》っている性質《せいしつ》。[例] かくしても地金《じがね》が出《で》る。[類] 本性《ほんしょう》
【地《じ》声《ごえ》】[↓] ふだんふつうに出《だ》している、生《う》まれつきの声《こえ》。[例] 地声《じごえ》が大《おお》きい。[対] 裏声《うらごえ》
【地《じ》。肌《はだ》】[↓] けしょうをしていない、そのままの肌《はだ》。[例] あれた地肌《じはだ》をけしょうでかくす。[類] 素肌《すはだ》 [表記]「地膚」とも書《か》く。☞❶
【地《じ》味《み》】[↓] 〈―な ―に〉落《お》ち着《つ》いていて、ぱっと目《め》立《だ》つところがないようす。[例] 地味《じみ》な服《ふく》。地味《じみ》に生《い》きる。[対] 派手《はで》 ☞「ちみ」は❶
【地《じ》道《みち》】[↓] 〈―な ―に〉むりをせず、こつこつとまじめにやるようす。目《め》立《だ》たなく、手《て》がたいようす。[例] 地道《じみち》な研究《けんきゅう》が、新《あたら》しい技術《ぎじゅつ》の開発《かいはつ》につながった。[類] 着実《ちゃくじつ》・堅実《けんじつ》
【地《じ》力《りき》】[↓] いそいで身《み》につけた力《ちから》やわざではなく、もともともっていた実力《じつりょく》。[例] 地力《じりき》がある。[類] 実力《じつりょく》・底力《そこぢから》

地が下につく熟語 上の字の働き

❶地＝〈大地〉のとき
【山地《さんち》 平地《へいち》 湿地《しっち》 沼地《ぬまち》 台地《だいち》 低地《ていち》 盆地《ぼんち》 大地《だいち》 陸地《りくち》】ドノヨウナ大地《だいち》か。
❷地＝〈ある土地〉のとき
【内地《ないち》 外地《がいち》 局地《きょくち》 極地《きょくち》 現地《げんち》 実地《じっち》 当地《とうち》 辺《へん》地《ち》】ドノアタリの地域《ちいき》か。
【産地《さんち》 任地《にんち》 領地《りょうち》 緑地《りょくち》 余地《よち》 植民地《しょくみんち》 扇状《せんじょう》地《ち》 遊園地《ゆうえんち》 基地《きち》 陣地《じんち》 敵地《てきち》 宅地《たくち》 団地《だんち》 田地《でんち》 農地《のうち》 耕地《こうち》 墓地《ぼち》 聖地《せいち》 路地《ろじ》】ドウイウ土地《とち》か。
【借地《しゃくち》 敷地《しきち》 用地《ようち》 立地《りっち》 露地《ろじ》】ドウシテイル・ドウナッテイル土地《とち》か。
❸地＝〈立場〉のとき
【窮地《きゅうち》 死地《しち》】ドンナ立場《たちば》か。
❹地＝〈もとにあるもの〉のとき
【生地《きじ》 下地《したじ》 素地《そじ》】近《ちか》い意味《いみ》。
【意地《いじ》 心地《ここち》】ナニの下地《したじ》か。
❺地＝〈材料としての、ぬの〉のとき
【厚地《あつじ》 薄地《うすじ》 白地《しろじ》】ドンナぐあいのぬのか。
【服地《ふくじ》 裏地《うらじ》】ナニにするぬのか。
◆境地《きょうち》 見地《けんち》 戦地《せんち》 底意地《そこいじ》 転地《てんち》 土地《とち》 布地《ぬのじ》 番地《ばんち》 別天地《べってんち》

土-4

均

総画7
JIS-2249
教5年
[音] キン
[訓] ―

筆順

なりたち
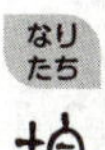
【形声】「匀」が「平《たい》らにする」意味《いみ》と「キン」という読《よ》み方《かた》をしめしている。「土」がついて、土《つち》を平《たい》らにすることを表《あらわ》している字《じ》。

意味 ひとしい。かたよりがない。すべてひとしくする。平《たい》らにする。[例] 平均《へいきん》

名前のよみ ただ・なお・なり・ひとし・ひら・まさ

【均《きん》一《いつ》】[Ⅱ] 〈―な ―に〉どれもおなじで差《さ》がないこと。[例] 百円《ひゃくえん》均一《きんいつ》・均一《きんいつ》料金《りょうきん》
【均《きん》。衡《こう》】[Ⅱ] 〈―する〉二《ふた》つ以上《いじょう》のもののあいだで、力《ちから》などのつりあいがとれていること。バランス。[例] 0対《たい》0の均衡《きんこう》がやぶれた。
【均《きん》質《しつ》】[↓] 〈―な ―に〉一《ひと》つの物体《ぶったい》のどこをとっても性質《せいしつ》や成分《せいぶん》がおなじであるようす。また、いくつかのものが、むらがなくてまったくおなじであるようす。[類] 等質《とうしつ》
【均《きん》整《せい》】[Ⅱ] すがたかたちが、つりあいがとれていて、美《うつく》しくととのっていること。[例] 均整《きんせい》

のとれたからだ。表記「均斉《きんせい》」とも書《か》く。

【均等《きんとう》】Ⅱ〈―な・―に〉二《ふた》つ以上《いじょう》のもののあいだで、数《かず》や量《りょう》の差《さ》がないようす。例ケーキを均《きん》等《とう》に切《き》り分《わ》ける。機会均等《きかいきんとう》 類平等《びょうどう》

【均分《きんぶん》】↓〈―する〉ひとしく分《わ》けること。類等分《とうぶん》

土-4
坑
総画7 JIS-2503 常用
音 コウ
訓 あな

筆順 坑坑坑坑坑坑坑

なりたち  形声 もとの字は、「阬」。「亢」が「から」の意味《いみ》の「コウ」という読《よ》み方《かた》をしめしている。小高《こだか》いおかを表《あらわ》す「阝」がついて、「大《おお》きなあな」を表《あらわ》している字《じ》。

意味 あな。石炭《せきたん》や鉱石《こうせき》をとるために地下《ちか》にほったあな。例炭坑《たんこう》

【°坑口《こうこう|こうぐち》】↓石炭《せきたん》や鉱石《こうせき》をほりだすためのあなの入《い》り口《ぐち》。

【°坑道《こうどう》】↓鉱山《こうざん》や炭鉱《たんこう》などで人《ひと》が出入《でい》りしたり、鉱物《こうぶつ》・石炭《せきたん》などを運《はこ》びだしたりするためにつくった地下道《ちかどう》。

【°坑内《こうない》】↓石炭《せきたん》や鉱石《こうせき》をほりだすためのあなの中《なか》。例坑内作業員《こうないさぎょういん》 対坑外《こうがい》

【°坑夫《こうふ》】↓石炭《せきたん》や鉱石《こうせき》をほりだす仕事《しごと》をする人《ひと》。類鉱員《こういん》 参考古《ふる》いことばで、今《いま》はあまり使《つか》わない。

◆炭坑《たんこう》 廃坑《はいこう》

土-4
坐
総画7 JIS-2633 人名
音 ザ
訓 すわ-る

意味 すわる。ひざまずく。じっとしている。

表記「坐」のつくことばは、今《いま》はすべて「座」に置《お》きかえる。

土-4
坂
総画7 JIS-2668 教3年
音 ハン
訓 さか

筆順 坂坂坂坂坂坂坂 はらう

なりたち  形声 もとの字は、「阪」。「反」が「ハン」という読《よ》み方《かた》をしめしている。そりかえる意味《いみ》と「ハン」という読《よ》み方《かた》をしめしている。小高《こだか》いおかを表《あらわ》す「阝」がついて、そりかえってかたむいた「さか」を表《あらわ》している字《じ》。

意味 さか。ななめになった面《めん》。ななめにかたむいている道《みち》。例坂《さか》を上《のぼ》る。急坂《きゅうはん》

【坂道《さかみち》】↓坂《さか》になっている道《みち》。例急《きゅう》な坂道《さかみち》。

土-4
坊
総画7 JIS-4323 常用
音 ボウ・ボッ
訓 ―

筆順 坊坊坊坊坊坊坊

なりたち 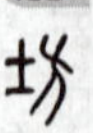 形声「方《ホウ》」が「方形《ほうけい》（四角《しかく》）」の意味《み》と、「ボウ」とかわって読《よ》み方《かた》をしめしている。「土」がついて、区画《くかく》された「まち」の意味《いみ》を表《あらわ》していた字《じ》。

意味
❶僧《そう》の住《す》む建物《たてもの》。おぼうさんの住《す》むところ。例宿坊《しゅくぼう》・僧坊《そうぼう》
❷僧《そう》。おぼうさん。お寺《てら》の主《ぬし》。例坊主《ぼうず》
❸人《ひと》をよぶことば。人《ひと》を親《した》しみやからかう気持《きも》ちをこめてよぶことば。例坊《ぼう》や・坊《ぼっ》ちゃん・あわてん坊《ぼう》・寝坊《ねぼう》

注意するよみ ボッ…例坊《ぼっ》ちゃん

❷〈僧〉の意味で

【°坊主《ぼうず》】↓①お寺《てら》のお坊《ぼう》さん。もとは、僧《そう》坊《ぼう》のあるじである人《ひと》の意《い》。例坊主《ぼうず》にくけりゃ袈裟《けさ》までにくい（その人《ひと》がにくいと、その人《ひと》に関係《かんけい》のあるものまでが全部《ぜんぶ》にくくなる）。類僧《そう》・僧侶《そうりょ》・出家《しゅっけ》 ②お坊《ぼう》さんのようにかみの毛《け》を短《みじか》く切《き》ったり、そったりしたさま。例坊主《ぼうず》頭《あたま》・くりくり坊主《ぼうず》 ③男《おとこ》の子《こ》を、親《した》しみをこめたり、からかったりしていうことば。例これがうちの三番《さんばん》めの坊主《ぼうず》です。三日坊主《みっかぼうず》（なにをやっても、長《なが》つづきしない人《ひと》）類小僧《こぞう》 ④表面《ひょうめん》をおおっているはずのものがないこと。例木《き》が切《き》りたおされて、山《やま》が坊主《ぼうず》になった。

◆宿坊《しゅくぼう》 僧坊《そうぼう》 寝坊《ねぼう》

土-5
坤
総画8 JIS-2605 表外
音 コン
訓 ひつじさる

意味
❶つち。易《えき》のことばで、地《ち》を表《あらわ》す。例乾《けん》坤《こん》 対乾《けん》
❷南西《なんせい》の方位《ほうい》。ひつじさる。

参考 ☞「巽《そん》」の「文字物語」(356ページ)

垂

土−5 総画8 JIS-3166 教6年

訓 たれる・たらす 音 スイ

筆順 垂 垂 垂(ながく) 垂 垂 垂 垂(だす) 垂(ながく)

なりたち 【形声】草木《くさき》の花《はな》や葉《は》のたれさがったようすを表《あらわ》す「𠂹」が「スイ」という読《よ》み方《かた》をしめしている。「土」がついて、遠《とお》くはなれた地方《ちほう》を表《あらわ》すことになった字《じ》。

意味 ❶たれる。ぶらりと下《した》にさがる。例 口《くち》からよだれを垂《た》らす。上《うえ》から下《した》にたらす。垂《すい》涎《ぜん》・懸垂《けんすい》

❷上《うえ》の者《もの》がしめす。立場《たちば》の上《うえ》の者《もの》が教《おし》える。例 垂範《すいはん》

❸たれ。漢字《かんじ》の上《うえ》と左《ひだり》をかこむ部分《ぶぶん》。例 雁垂《がんだれ》(厂)・麻垂《まだれ》(广)・病垂《やまいだれ》(疒) 参考 ☞ふろく「漢字の組み立て」[4]ページ)

❶〈たれる〉の意味で

【垂線】《すいせん》 ↓ 数学《すうがく》で、直線《ちょくせん》や平面《へいめん》に直角《ちょっかく》にまじわる直線《ちょくせん》。垂直線《すいちょくせん》。例 三角形《さんかくけい》の頂点《ちょうてん》から底辺《ていへん》に垂線《すいせん》を引《ひ》く。

【垂•涎】《すいぜん》 ▲ 〈—する〉どうしてもほしくてたまらないこと。例 垂涎《すいぜん》の的《まと》。参考「涎《ぜん》」はよだれ。よだれが垂《た》れるほどほしいことから。

【垂直】《すいちょく》 ↓ 〈—に〉〈—な〉①ものを糸《いと》でつりさげたときのまっすぐにたれさがった糸《いと》の方向《ほうこう》。例 垂直《すいちょく》にきりたったがけ。類 鉛直《えんちょく》 対 水平《すいへい》 ②数学《すうがく》で、直線《ちょくせん》と直線《ちょくせん》、直線《ちょくせん》と平面《へいめん》、または平《へい》面《めん》と平面《へいめん》が直角《ちょっかく》にまじわること。

❷〈上の者がしめす〉の意味で

【垂。範】《すいはん》 ▲ 〈—する〉ほかのものの手本《てほん》になるようなことをする。例 率先垂範《そっせんすいはん》(自分《じぶん》からすすんで、ほかの手本《てほん》になる)

◆胃下垂《いかすい》 懸垂《けんすい》

坪

土−5 総画8 JIS-3658 常用

訓 つぼ 音 —

筆順 坪 坪 坪 坪 坪 坪 坪 坪

なりたち 【形声】「平」が「たいら」の意味《いみ》と「ヘイ」という読《よ》み方《かた》をしめしている。「土」がついて、平《たい》らな土地《とち》を表《あらわ》す。日本《にほん》では、面積《めんせき》の単位《たんい》として使《つか》われる。

意味 つぼ。土地《とち》や建物《たてもの》の面積《めんせき》をしめす単位《たんい》。約《やく》三・三平方《へいほう》メートル。例 建坪《たてつぼ》

【。坪数】《つぼすう》 ↓ 坪《つぼ》(約《やく》三・三平方《へいほう》メートル、たたみ約《やく》二枚分《にまいぶん》)を単位《たんい》として数《かぞ》えた広《ひろ》さ。土地《とち》や建物《たてもの》の広《ひろ》さを表《あらわ》すのに使《つか》う。知識 むかしは土《と》地《ち》の広《ひろ》さを表《あらわ》すのに三十坪《さんじっつぼ》で一畝《いちせ》、十畝《じっせ》で一《いっ》反《たん》、十反《じったん》で一町歩《いっちょうぶ》(約一《やくいち》ヘクタール)という単《たん》位《い》を使《つか》った。

垣

土−6 総画9 JIS-1932 常用

訓 かき 音 —

筆順 垣 垣 垣 垣 垣 垣 垣 垣 垣

なりたち 【形声】「亘《セン》」がめぐらす意味《いみ》と、「エン」とかわって読《よ》み方《かた》をしめしている。「土」がついて、土地《とち》のまわりにめぐらした「かき」を表《あらわ》す字《じ》。

意味 かき。家《いえ》のある土地《とち》のまわりにつくるしきり。かきね。例 垣《かき》を作《つく》る。石垣《いしがき》

【。垣根】《かきね》 ◎ 敷地《しきち》のくぎりをしめすために木《き》を植《う》えたり、竹《たけ》を組《く》んだりしてつくったかこい。例 垣根《かきね》ごしに見《み》る。

垣が下につく熟語 上の字の働き

【人垣《ひとがき》 石垣《いしがき》】ナニでできた垣《かき》か。

型

土−6 総画9 JIS-2331 教4年

訓 かた 音 ケイ

筆順 型 型(はらう) 型 型 型(はねる) 型 型 型 型(ながく)

なりたち 【形声】「刑」がきまりの意味《いみ》と「ケイ」という読《よ》み方《かた》をしめしている。土《つち》を使《つか》ってつくった「鋳型《いがた》」を表《あらわ》す字《じ》。

意味 かた。タイプ。きまった形《かたち》に作《つく》るためのわくぐみ。同《おな》じ種類《しゅるい》のものを何《なに》がた何《なに》がたと分《わ》ける「かた」。例 型《かた》に入《い》れて作《つく》る。型《かた》にはまった考《かんが》え方《かた》。型通《かたどお》り。新型《しんがた》・典型《てんけい》

参考「型録《カタログ》」は、「カタログ」の発音《はつおん》と意味《いみ》の両《りょう》方《ほう》に合《あ》わせて当《あ》てた表記《ひょうき》。

使い分け かた[形・型]☞387ページ

【型紙】かたがみ ↓ ①染《そ》めものをするときに使《つか》う、もようの形《かたち》を切《き》りぬいた紙《かみ》。②服《ふく》を作《つく》るとき、布地《ぬのじ》を切《き》りわける形《かたち》がわかるようにした紙《かみ》。例 型紙《かたがみ》に合《あ》わせて生地《きじ》を裁《た》つ。

型が下につく熟語 上の字の働き
【鋳型《いがた》 原型《げんけい》 模型《もけい》 典型《てんけい》 類型《るいけい》 旧型《きゅうがた》 小型《こがた》 新型《しんがた》 大型《おおがた》】ドウイウ型《かた》か。

◆体型《たいけい》

城

土-6　総画9　JIS-3075　教6年
音 ジョウ
訓 しろ

筆順 城 城 城 城 城 城 城 城 城（つにならない）（はねる）

なりたち 【形声】「成」がまもる意味《いみ》と「ジョウ」という読《よ》み方《かた》をしめしている。「土」がついて、土《つち》をかためてめぐらした「とりで、しろ」として使《つか》われる字《じ》。

意味 しろ。むかし、敵《てき》の攻撃《こうげき》からまもるためにきずいた大《おお》がかりな建物《たてもの》。例 城《しろ》をきずく。

名前のよみ き・くに・しげ・なり・むら

県名 茨城（いばらき）・宮城（みやぎ）

【城下】じょうか ↓ 城《しろ》のまわり。例 城下町《じょうかまち》

【城。郭】じょうかく ‖ ①城《しろ》と、それをまもるための外囲《そとがこ》い。②町《まち》や村《むら》を敵《てき》からまもるためにつくった囲《かこ》い。例 城郭都市《じょうかくとし》

【城主】じょうしゅ ↓ ①その城《しろ》のいちばんの大将《たいしょう》。例 城主《じょうしゅ》とともに城《しろ》をまもる。②江戸時代《えどじだい》、自分《じぶん》の国《くに》に城《しろ》をもっていた大名《だいみょう》。

【城代】じょうだい ↓ 城主《じょうしゅ》にかわって城《しろ》をまもる人《ひと》。江戸《えど》時代《じだい》に大名《だいみょう》がるすのあいだ、すべての政《せい》治《じ》をまかせられていた、いちばん上《うえ》の家来《けらい》。例 城代家老《じょうだいがろう》

【城。壁】じょうへき ↓ 城《しろ》のまわりのかべや石垣《いしがき》。類 塁壁《るいへき》

【城門】じょうもん ↓ 城《しろ》に出入《でい》りするための門《もん》。

【城。跡】じょうせき｜しろあと ↓ むかし城《しろ》があった跡《あと》。類 城址《じょうし》

城が下につく熟語 上の字の働き
【築城《ちくじょう》 登城《とじょう》 落城《らくじょう》】城《しろ》を（城《しろ》に）ドウスルか。

◆根城《ねじろ》

埋

土-7　総画10　JIS-4368　常用
音 マイ
訓 うめる・うまる・うもれる

筆順 埋 埋 埋 埋 埋 埋 埋 埋 埋 埋

なりたち 【形声】もとの字《じ》は、「薶」。「里」は、「貍《り》」の省略《しょうりゃく》した形《かたち》で、「マイ」とかわって読《よ》み方《かた》をしめしている。「貍《たぬき》」が土《つち》に身《み》をかくすことを表《あらわ》している字《じ》。

意味 うめる。土《つち》やなにかの中《なか》にうずめること。うまっている。うもれる。例 穴《あな》を埋《う》める。会場《かいじょう》は人《ひと》で埋《う》まった。埋《う》め立《た》て地《ち》

【。埋設】まいせつ ↓〈―する〉電線《でんせん》や水道管《すいどうかん》などを地下《ちか》にとりつけること。例 下水管《げすいかん》を埋設《まいせつ》する。

【。埋。葬】まいそう ↓〈―する〉死者《ししゃ》を土《つち》の中《なか》にうめること。例 遺骨《いこつ》を墓地《ぼち》に埋葬《まいそう》する。

【。埋蔵】まいぞう ↓〈―する〉①地下《ちか》にうめてかくすこと。また、うずもれてかくれていること。例 埋蔵文化財《まいぞうぶんかざい》 ②金《きん》・銀《ぎん》・銅《どう》などの鉱物《こうぶつ》が地中《ちちゅう》にうまっていること。例 銅《どう》の埋蔵量《まいぞうりょう》。

【。埋。没】まいぼつ ‖〈―する〉①土《つち》や砂《すな》などにうもれて見《み》えなくなること。例 がけくずれで、家屋《かおく》が土砂《どしゃ》に埋没《まいぼつ》した。②世《よ》の中《なか》に知《し》られていないこと。例 埋没《まいぼつ》した人材《じんざい》を発掘《はっくつ》する。

域

土-8　総画11　JIS-1672　教6年
音 イキ
訓 ―

筆順 域 域 域 域 域 域 域 域 域 域 域（はねる）

なりたち 【形声】「或《ワク》」がさかいのある場所《ばしょ》を表《あらわ》し、「イキ」とかわって読《よ》み方《かた》をしめしている。「土」がついて、土地《とち》の「くぎり、さかい、ところ」として使《つか》われている字《じ》。

意味 範囲《はんい》。かぎられた場所《ばしょ》。かぎられた広《ひろ》がり。例 素人《しろうと》の域《いき》を出《で》ない。域内《いきない》・音域《おんいき》・地域《ちいき》

名前のよみ くに

◆区域《くいき》 芸域《げいいき》 西域《せいいき｜さいいき》 領域《りょういき》

土−8

基

総画11 JIS-2080 教5年

訓 もと・もとい 音 キ

筆順 基（だす・ながく・はらう）

なりたち 【形声】「其」が「キ」という読《よ》み方《かた》をしめしている。「キ」ははじめの意味《いみ》を持《も》ち、「土」がついて、「ものごとをはじめる土台《どだい》」の意味《いみ》を表《あらわ》す字《じ》。

意味

❶もと。もとにするところ。ものごとの土《ど》台《だい》。例資料《しりょう》を基《もと》にする。事実《じじつ》に基《もと》づく。国《くに》の基《もとい》。基点《きてん》・基本《きほん》

❷大《おお》きな物《もの》をかぞえることば。どっかりすえられたものを数《かぞ》えるのに使《つか》う。例クレーン一基《いっき》

使い分け もと［下・元・本・基］☞9ページ

名前のよみ のり・はじめ

❶〈もと〉の意味で

【基幹】《きかん》Ⅲ いちばんもとになる中心《ちゅうしん》のことがら。例基幹産業《きかんさんぎょう》 類根幹《こんかん》

【基金】《ききん》↓ あることをするために用意《ようい》したり、つみたてておいたりするお金《かね》。例奨学《しょうがく》基金《ききん》

【基準】《きじゅん》Ⅲ ものごとを決《き》めるときのよりどころとなるもの。類標準《ひょうじゅん》

【基◦礎】《きそ》Ⅲ ①その上《うえ》にたてる建物《たてもの》などをささえる根元《ねもと》の部分《ぶぶん》。例基礎工事《きそこうじ》 類土台《どだい》 ②そのことのもとになる大事《だいじ》な部分《ぶぶん》。例基《き》礎体力《そたいりょく》・基礎学力《きそがくりょく》 類基本《きほん》・根本《こんぽん》・下地《したじ》・素地《そじ》

【基地】《きち》↓ そなえがあって、なにかをするときのよりどころとなる場所《ばしょ》。例南極観測基地《なんきょくかんそくきち》 類根拠地《こんきょち》

【基調】《きちょう》↓ ①音楽《おんがく》で、その曲《きょく》の中心《ちゅうしん》になっている音階《おんかい》。例この曲《きょく》の基調《きちょう》は八長調《はちょうちょう》だ。類主調《しゅちょう》 ②ある思想《しそう》や行動《こうどう》、作品《さくひん》などの根本《こんぽん》になっているもの。例基調報告《きちょうほうこく》。青《あお》を基調《きちょう》にして、黄色《きいろ》でアクセントをつける。

【基点】《きてん》↓ 距離《きょり》などをはかったりするときのもとになるところ。例学校《がっこう》を基点《きてん》として、家《いえ》までの時間《じかん》をはかる。類原点《げんてん》

【基◦盤】《きばん》↓ ものごとの、いちばんのもとになるもの。例生活基盤《せいかつきばん》。類土台《どだい》

【基本】《きほん》Ⅲ ものごとのおおもと。例基本方針《きほんほうしん》。基本《きほん》を学《まな》ぶ。類基礎《きそ》・土台《どだい》・根本《こんぽん》 対応用《おうよう》

土−8

埼

総画11 JIS-2675 常用

訓 さい・さき 音 ―

筆順 埼

意味 みさき。陸地《りくち》から海《うみ》や湖《みずうみ》につき出《で》ている部分《ぶぶん》。半島《はんとう》より小《ちい》さいものをいう。

県名 埼玉（さいたま）

土−8

執

総画11 JIS-2825 常用

訓 とる 音 シツ・シュウ

筆順 執

なりたち 【会意】「幸」が刑罰《けいばつ》の道具《どうぐ》（「卒」→「幸」）を表《あらわ》し、「丸」が手《て》でつかむ形《かたち》（「丮」→「丸」）を表《あらわ》し、これらを合《あ》わせて、罪人《ざいにん》をとらえることを表《あらわ》している字《じ》。

意味

❶手《て》に持《も》つ。手《て》にとってなにかをする。例執筆《しっぴつ》

❷おこなう。じっさいに仕事《しごと》をする。とりあつかう。例事務《じむ》を執《と》る。執行《しっこう》

❸こだわる。思《おも》いこむ。例固執《こしつ・こしゅう》

使い分け とる［取・捕・採・執］☞195ページ

名前のよみ もり

❶〈手に持つ〉の意味で

【◦執刀】《しっとう》▲（―する）医者《いしゃ》が手術《しゅじゅつ》や解剖《かいぼう》のためにメス（手術用《しゅじゅつよう》の小刀《こがたな》）を手《て》に持《も》つこと。例手術《しゅじゅつ》は院長《いんちょう》の執刀《しっとう》でおこなわれる。執刀医《しっとうい》

【◦執筆】《しっぴつ》▲（―する）手《て》に筆《ふで》を持《も》って文章《ぶんしょう》を書《か》くこと。現在《げんざい》では、たんに原稿《げんこう》などを書《か》くこと。例執筆者《しっぴつしゃ》

❷〈おこなう〉の意味で

【◦執権】《しっけん》▲ 鎌倉幕府《かまくらばくふ》の将軍《しょうぐん》を助《たす》けた役目《やくめ》。知識 北条氏《ほうじょうし》のとき、将軍《しょうぐん》より執権《しっけん》が政治《せいじ》の実権《じっけん》をもった。

【◦執行】《しっこう》Ⅲ（―する）決定《けってい》したことを、じっさいにおこなうこと。例執行猶予《しっこうゆうよ》

【◦執事】《しつじ》▲ 名門《めいもん》の家《いえ》や宗教団体《しゅうきょうだんたい》などで、事務《じむ》をあつかう人《ひと》。類幹事《かんじ》

前ページ▶基埼執

【執務】《しつむ》 ▲〈—する〉事務《じむ》をとること。例 大臣《だいじん》は、今《いま》、執務中《しつむちゅう》です。類 勤務《きんむ》

❸〈こだわる〉の意味で

【執拗】《しつよう》 II〈—な・—に〉しつこくて、すぐにはあきらめない。例 執拗《しつよう》にたのむ。対 淡白《たんぱく》

【執心】《しゅうしん》 ▲〈—する〉あることから心《こころ》がはなれず、そのことばかり考《かんが》えていること。例 彼《かれ》は切手集《きってあつ》めにご執心《しゅうしん》だ。類 執着《しゅうちゃく》

【執着】《しゅうちゃく|しゅうじゃく》 ⊠〈—する〉そのことだけを深《ふか》く思《おも》いつめて、なかなかあきらめないこと。例 地位《ちい》に執着《しゅうちゃく》する。類 執心《しゅうしん》

【執念】《しゅうねん》 ↓ 深《ふか》く思《おも》いこんで、そのことにこだわりつづける心《こころ》。例 執念《しゅうねん》をもやす。執念《しゅうねん》深《ぶか》い。類 熱意《ねつい》

堆

土−8　総画11　JIS-3447　常用
訓 —　音 タイ

筆順

意味 うずたかい。うずたかいおか。つもりつもって、こんもり高《たか》くなっている。

【堆積】《たいせき》 ↓〈—する〉うずたかくつもる。つみ重《かさ》なる。例 土砂《どしゃ》が堆積《たいせき》する。堆積物《たいせきぶつ》

【堆肥】《たいひ》 ↓ 雑草《ざっそう》やごみをつみ重《かさ》ねてくさらせた肥料《ひりょう》。例 堆肥用《たいひよう》の落《お》ち葉《ば》を集《あつ》める。

堂

土−8　総画11　JIS-3818　教4年
訓 —　音 ドウ

筆順 たかく　つにならない　ながく

なりたち 【形声】「尚《ショウ》」が高《たか》い意味《いみ》と、「ドウ」とかわって読《よ》み方《かた》をしめしている。「土」がついて、土台《どだい》の上《うえ》にたった「高《たか》い建《たて》物《もの》」を表《あらわ》す字《じ》。

意味

❶大《おお》きな建物《たてもの》。人《ひと》が集《あつ》まるための大《おお》きな建《たて》物《もの》。例 堂《どう》に入《い》る（よくなれて、身《み》についている）。殿堂《でんどう》

❷神《かみ》や仏《ほとけ》をまつった建物《たてもの》。お堂《どう》。例 聖堂《せいどう》・本堂《ほんどう》

❸りっぱなようす。はじいることがなくりっぱなこと。例 堂堂《どうどう》

❹人《ひと》の母親《ははおや》をうやまうことば。例 母堂《ぼどう》

名前のよみ たか

❸〈りっぱなようす〉の意味で

【堂堂】《どうどう》 II〈—たる・—と〉①力《ちから》づよく、りっぱなようす。例 堂々《どうどう》とした体格《たいかく》。堂々《どうどう》たる入場行《にゅうじょうこう》進《しん》。②おそれたり、ためらったりしないようす。例 自分《じぶん》の考《かんが》えを堂々《どうどう》と発表《はっぴょう》する。正々《せいせい》堂々《どうどう》

堂が下につく熟語 上の字の働き

❶堂＝〈大きな建物〉のとき
【講堂《こうどう》 食堂《しょくどう》】ナニをするための建物《たてもの》か。

❷堂＝〈神や仏をまつった建物〉のとき
【聖堂《せいどう》 本堂《ほんどう》】ドウイウ堂《どう》か。

◆ 一堂《いちどう》 正正堂堂《せいせいどうどう》 殿堂《でんどう》 母堂《ぼどう》

培

土−8　総画11　JIS-3961　常用
訓 つちかう　音 バイ

筆順

なりたち 【形声】「咅《ホウ》」が「重《かさ》ねる」意味《いみ》と、「バイ」とかわって読《よ》み方《かた》をしめしている。土《つち》をよせて「草木《くさき》を育《そだ》てる」ことを表《あらわ》す字《じ》。

意味 つちかう。草木《くさき》をやしない育《そだ》てる。例 知性《ちせい》を培《つちか》う。栽培《さいばい》

【培養】《ばいよう》 II〈—する〉①草《くさ》や木《き》をやしない育《そだ》てること。例 培養土《ばいようど》 ②研究《けんきゅう》のために、細菌《さいきん》などを育《そだ》ててふやすこと。③能力《のうりょく》・精神力《せいしんりょく》などをやしない高《たか》めること。

堀

土−8　総画11　JIS-4357　常用
訓 ほり　音 —

筆順

なりたち 【形声】「屈」が「あな」の意味《いみ》と「クツ」という読《よ》み方《かた》をしめしている。「土」がついて、土《つち》をほってつくった「ほらあな」を表《あらわ》す字《じ》。

意味 ほり。地面《じめん》に大《おお》きなみぞをほって、水《みず》を通《とお》したり、水《みず》をためたりしたところ。例 堀《ほり》をめぐらす。釣堀《つりぼり》

堀が下につく熟語 上の字の働き

【内堀《うちぼり》 外堀《そとぼり》】ドコの堀《ほり》か。

堺
土−9 総画12 JIS-2670 人名
音 カイ 訓 さかい

意味 さかい。土地《とち》のさかい。くぎり。

堪
土−9 総画12 JIS-2014 常用
音 カン・タン 訓 たえる

筆順

なりたち 【形声】「甚《ジン》」が「カン」とかわって読《よ》み方《かた》をしめしている。「ジン」は「もりあがる」意味《いみ》を持《も》ち、「土」がついて、「高《たか》くもりあがった土《つち》」を表《あらわ》していた字《じ》。

意味 たえる。がまんする。果《は》たすことができる。例 重《おも》い任務《にんむ》に堪《た》える。

名前のよみ ひで

【◦堪◦忍《かんにん》】 Ⅱ〈―する〉①じっとこらえて、がまんすること。例 ならぬ堪忍《かんにん》、するが堪忍《かんにん》。堪《かん》忍袋《にんぶくろ》の緒《お》が切《き》れる。②おこりたい気持《きも》ちをおさえて人《ひと》をゆるす。例 ごめん、堪忍《かんにん》してね。類 勘弁《かんべん》 表現 ☞【勘弁《かんべん》】(165ページ)

【◦堪能】㊀《たんのう|かんのう》 Ⅱ〈―な|―に〉あることがじょうずにできる。例 ピアノに堪能《たんのう|かんのう》な人《ひと》。類 達者《たっしゃ》 ㊁《たんのう》 ◎〈―する〉じゅうぶんに満足《まんぞく》する。例 久《ひさ》しぶりのご馳走《ちそう》を堪能《たんのう》する。参考 ㊀は、もともとは「かんのう」といったが、今《いま》は「たんのう」ということが多《おお》い。

堅
土−9 総画12 JIS-2388 常用
音 ケン 訓 かたい

筆順

なりたち 【形声】「臤」が「かたい意味《いみ》と「ケン」という読《よ》み方《かた》をしめしている。「土」がついて、「かたい土《つち》」を表《あらわ》している字《じ》。

意味 かたい。こわれにくい。しっかりしている。たしかである。例 堅《かた》い人《ひと》。中堅《ちゅうけん》

使い分け かたい［固・堅・硬］☞239ページ

名前のよみ たか・つよし・みつ・よし

【◦堅気《かたぎ》】 ↓〈―な|―に〉まじめでしっかりした職業《しょくぎょう》。例 堅気《かたぎ》な商売《しょうばい》。

【◦堅物《かたぶつ》】 ↓ まじめすぎるほどまじめで、まわりの人《ひと》がちょっとこまるような人《ひと》。例 あの堅物《かたぶつ》には、じょうだんは通《つう》じないよ。

【◦堅固《けんご》】 Ⅱ〈―な|―に〉しっかりしていて、かんたんにこわれたり、くずれたりしない。例 堅固《けんご》な城《しろ》。堅固《けんご》な意志《いし》。類 堅牢《けんろう》

【◦堅持《けんじ》】 ↓〈―する〉自分《じぶん》の考《かんが》えや立場《たちば》をかたくまもってゆずらないこと。例 一度《いちど》決《き》めた方《ほう》針《しん》を堅持《けんじ》する。類 固持《こじ》

【◦堅実《けんじつ》】 ↓〈―な|―に〉たしかで、まちがいがない。例 あの人《ひと》の考《かんが》え方《かた》は堅実《けんじつ》だ。類 着実《ちゃくじつ》

【◦堅・牢《けんろう》】 Ⅱ〈―な|―に〉じょうぶで、こわれにくいようす。例 堅牢《けんろう》な建物《たてもの》。類 堅固《けんご》

場
土−9 総画12 JIS-3076 教2年
音 ジョウ 訓 ば

筆順 (ながく・はねる)

なりたち 【形声】「昜《ヨウ》」が日《ひ》ののぼる意味《いみ》と、「ジョウ」とかわって読《よ》み方《かた》をしめしている。「土」がついて、「日《ひ》のあたる土《と》地《ち》」を表《あらわ》した字《じ》。

意味
❶ところ。なにかがおこなわれるばしょ(場所)。例 場《ば》をふさぐ。場末《ばすえ》・会場《かいじょう》
❷そのとき。なにかがおこなわれるそのとき。そのおり。劇《げき》や映画《えいが》などのひとくぎり。例 この場《ば》におよんで(ここまできてしまった今《いま》になって)。冬場《ふゆば》・山場《やまば》・一幕三場《いちまくさんば》

特別なよみ 波止場(はとば)

❶〈ところ〉の意味で

【場外《じょうがい》】 ↓ 会場《かいじょう》など、くぎられた場所《ばしょ》のそと。例 場外《じょうがい》ホームラン 対 場内《じょうない》

【場内《じょうない》】 ↓ 会場《かいじょう》など、くぎられた場所《ばしょ》の中《なか》。例 場内放送《じょうないほうそう》 対 場外《じょうがい》

【場数《ばかず》】 ↓ そのことをじっさいにやった回《かい》数《すう》。例 場数《ばかず》をふむ(経験《けいけん》をかさねる)。

【場所《ばしょ》】 Ⅱ ①ものをおいたり、なにかをしたりするところ。例 居場所《いばしょ》 ②ある広《ひろ》さ。例 場所《ばしょ》をとる大《おお》きなつくえ。☞❷

【場所《ばしょ》。柄《がら》】 その場所《ばしょ》が、どういう性質《せいしつ》のと

前ページ ▶ 堺 堪 堅 場

ころなのか。例 場所柄《ばしょがら》をわきまえた服装《ふくそう》。

【場末】《ばすえ》 ↓ にぎやかな町《まち》の中心《ちゅうしん》からはなれたところ。町《まち》はずれ。例 場末《ばすえ》の店《みせ》。

❷〈そのとき〉の意味で

【場合】《ばあい》 ◯ ①そのようなとき。例 雨《あめ》が降《ふ》った場合《ばあい》は中止《ちゅうし》だ。②そのときのようすや事《じ》情《じょう》。例 場合《ばあい》によっては欠席《けっせき》する。

【場所】《ばしょ》 II 大相撲《おおずもう》がおこなわれる期間《きかん》。例 春場所《はるばしょ》がはじまった。☞❶

【場面】《ばめん》 II ①あることがおこったり、おこなわれたりしている、その場《ば》のようす。例 場《ば》面《めん》に応《おう》じた話《はな》し方《かた》をする。②劇《げき》や映画《えいが》・物語《ものがたり》などの中《なか》の、小《ちい》さなひとくぎり。シーン。例 親子《おやこ》の別《わか》れの場面《ばめん》。

場が下につく熟語 上の字の働き

❶場＝〈ところ〉のとき

【会場《かいじょう》 球場《きゅうじょう》 刑場《けいじょう》 劇場《げきじょう》 斎場《さいじょう》 式場《しきじょう》 戦《せん》場《じょう》 道場《どうじょう》 農場《のうじょう》 浴場《よくじょう》 霊場《れいじょう》 酒場《さかば》 宿場《しゅくば》 職《しょく》場《ば》 帳場《ちょうば》 馬場《ばば》 飯場《はんば》 役場《やくば》 工場《こうじょう｜こうば》 市《し》場《じょう｜いちば》 牧場《ぼくじょう｜まきば》 漁場《ぎょじょう｜ぎょば｜りょうば》】ナニの場所《ばしょ》か。

【広場《ひろば》 砂場《すなば》 岩場《いわば》 穴場《あなば》】ドウイウ場所《ばしょ》か。

【開場《かいじょう》 休場《きゅうじょう》 欠場《けつじょう》 満場《まんじょう》 出場《しゅつじょう》 登場《とうじょう》 入《にゅう》場《じょう》 来場《らいじょう》 退場《たいじょう》】その場所《ばしょ》に（場所《ばしょ》を・場《ば》所《しょ》から）ドウスルのか。

【現場《げんば》 足場《あしば》 立場《たちば》】ドウイウ意味《いみ》のある場所《ばしょ》か。

◆魚市場《うおいちば》 急場《きゅうば》 相場《そうば》 独壇場《どくだんじょう》 山場《やまば》

土−9

堕

総画12 JIS-3436 常用

音 ダ 訓 —

［墮］

筆順

なりたち 【形声】もとの字は、「墮」。「隋《タ》」が「タ」とかわって読《よ》み方《かた》をしめしている。「タ」はくずれる意味《いみ》を持《も》ち、「土《つち》」をくずすことを表《あらわ》す字《じ》。

意味 おちる。わるくなっていく。

【◦堕落】《だらく》 II 〈—する〉人《ひと》がらやおこないが、よくしようとする気持《きも》ちをなくして、どんどんわるくなること。例 堕落《だらく》した生活《せいかつ》。自堕落《じだらく》

土−9

塚

総画12 JIS-3645 常用

音 — 訓 つか

［塚］

筆順

なりたち 【形声】もとの字は、「塚」。「冢」がつみあげる意味《いみ》と「チョウ」という読《よ》み方《かた》をしめしている。土《つち》をもりあげた「つか」を表《あらわ》す字《じ》。

意味
❶つか。土《つち》をこんもりともりあげたところ。例 一里塚《いちりづか》・貝塚《かいづか》
❷はか。土《つち》をもりあげてつくったはか。例 塚《つか》をきずく。筆塚《ふでづか》

土−9

堤

総画12 JIS-3673 常用

音 テイ 訓 つつみ

筆順 堤 堤 堤 堤 堤 堤 堤 堤

なりたち 【形声】「是《シ》」が「テイ」とかわって読《よ》み方《かた》をしめしている。「シ」は長《なが》くのびる意味《いみ》を表《あらわ》し、「土《ど》」がついて、「土《ど》手《て》、つつみ」として使《つか》われている字《じ》。

意味 つつみ。川《かわ》の岸《きし》などに石《いし》や土《つち》を高《たか》くもりあげたもの。土手《どて》。例 堤《つつみ》が切《き》れる。突《とっ》堤《てい》

【◦堤防】《ていぼう》 II 川《かわ》の水《みず》があふれ出《で》たり、海《うみ》の波《なみ》がおそってきたりしないように、川《かわ》の岸《きし》や海《かい》岸《がん》に土《つち》やコンクリートでつくった土手《どて》。つつみ。例 大雨《おおあめ》で堤防《ていぼう》がきれて、田《た》がいちめん水《みず》びたしになった。類 土手《どて》

◆突堤《とってい》 防波堤《ぼうはてい》

土−9

塔

総画12 JIS-3767 常用

音 トウ 訓 —

筆順

なりたち 【形声】「土」と「荅《トウ》」とを合《あ》わせ、墓《はか》の意味《いみ》のインドのことば「ストゥーパー（卒塔婆《そとば》）」を表《あらわ》すために作《つく》られた字《じ》。

意味
❶寺《てら》の建物《たてもの》。寺《てら》で、仏《ほとけ》の骨《ほね》などをまつるために建《た》てた高《たか》い建物《たてもの》。例 三重《さんじゅう》の塔《とう》。
❷高《たか》い建物《たてもの》。高《たか》くそびえ立《た》つ建物《たてもの》。例 電《でん》波塔《ぱとう》・鉄塔《てっとう》

◆金字塔《きんじとう》 鉄塔《てっとう》

ものしり巻物 第9巻

呉音《ごおん》・漢音《かんおん》・唐音《とうおん》

「カルタ」や「カード」は、よく知《し》っていることばですね。「カルテ」はどうでしょうか。

これはお医者《いしゃ》さんが、診察《しんさつ》した患者《かんじゃ》さんの病状《びょうじょう》や手当《てあ》てした内容《ないよう》を記録《きろく》するものです。

この三《みっ》つのことばは、まったく関係《かんけい》ないことばのようですが、もともとはおなじものを指《さ》していたことばなのです。これらのことばがそれぞれちがうことばとして用《もち》いられているわけは、日本《にほん》に入《はい》ってきた時代《じだい》やもとになった国《くに》が異《こと》なったからです。「カルタ」は、ポルトガル語《ご》がもとになってもっとも古《ふる》く日本《にほん》のことばになり、「カルテ」はドイツ語《ご》から、「カード」は英語《えいご》から、それぞれ入《はい》ってきました。

漢字《かんじ》についても、これと似《に》たような事情《じじょう》があります。漢字《かんじ》には「音読《おんよ》み」というものがあり、なかには「日《ジツ／ニチ》」「月《ゲツ／ガツ》」のようにいくつもの読《よ》み方《かた》をもっているものもあります。これら複数《ふくすう》の「音読《おんよ》み」の中《なか》には、中国《ちゅうごく》での地域《ちいき》のちがいや日本《にほん》へつたえられた時代《じだい》のちがいによって読《よ》みが異《こと》なるようになったものがあります。これらのつたわり方《かた》のちがいによって生《う》まれた読《よ》み方《かた》のちがいを大《おお》きく分《わ》けて、呉音《ごおん》・漢音《かんおん》・唐音《とうおん》として区別《くべつ》します。

呉音《ごおん》は、もっとも古《ふる》く、飛鳥《あすか》・奈良時代《ならじだい》までにつたわっていた読《よ》み方《かた》とされ、中国《ちゅうごく》の六朝《りくちょう》時代《じだい》の南朝《なんちょう》の国々《くにぐに》があった揚子江《ようすこう》の下《か》流域《りゅういき》である呉《ご》の地方《ちほう》の発音《はつおん》がもとになったと言《い》われます。今《いま》でも仏教関係《ぶっきょうかんけい》のことばや地名《ちめい》などの読《よ》み方《かた》に多《おお》く用《もち》いられています。

漢音《かんおん》は、奈良《なら》・平安時代《へいあんじだい》に遣隋使《けんずいし》や遣唐使《けんとうし》を送《おく》って中国《ちゅうごく》と交流《こうりゅう》した結果《けっか》、北方《ほっぽう》の黄河《こうが》中《ちゅう》流域《りゅういき》の、当時《とうじ》都《みやこ》であった長安《ちょうあん》あたりの発音《はつおん》がもとになってつたえられたものです。こんにちでは、漢字《かんじ》の「音読《おんよ》み」としてこの漢音《かんおん》が広《ひろ》く用《もち》いられています。

もっとも新《あたら》しくつたえられた発音《はつおん》が**唐音《とうおん》**です。鎌倉《かまくら》・室町時代《むろまちじだい》から江戸時代《えどじだい》にかけて中国《ちゅうごく》の宋代《そうだい》以降《いこう》の発音《はつおん》がわずかずつつたえられたもので、唐音《とうおん》で読《よ》まれることばはひじょうにわずかしかありません。

	行	経	外	和
呉音《ごおん》	ギョウ（行事《ギョウジ》）	キョウ（経典《キョウテン》）	ゲ（外科《ゲカ》）	ワ（平和《ヘイワ》）
漢音《かんおん》	コウ（行動《コウドウ》）	ケイ（経営《ケイエイ》）	ガイ（外国《ガイコク》）	カ（和楽《カラク》）
唐音《とうおん》	アン（行灯《アンドン》）	キン（看経《カンキン》）	ウイ（外郎《ウイロウ》）	オ（和尚《オショウ》）

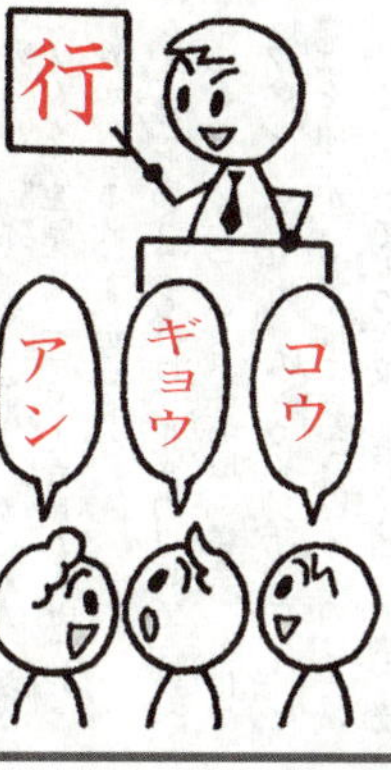

土－9

塀

総画12
JIS－4229
常用
音 ヘイ
訓 ―

［塀］

筆順 塀 塀 塀 塀 塀 塀 塀 塀

なりたち【形声】もとの字は「塀」。「屏」がおおいかくす意味《いみ》と「ヘイ」という読《よ》み方《かた》をしめしている。「土」をくわえて、「かこい」を表《あらわ》す字《じ》。

意味 へい。家《いえ》や土地《とち》のまわりをかこうもの。例 塀《へい》をめぐらす。 板塀《いたべい》

塀が下につく熟語 上の字の働き
【板塀《いたべい》 土塀《どべい》】ナニで作《つく》った塀《へい》か。

土－9

報

総画12
JIS－4283
教5年
音 ホウ
訓 むくいる

筆順 報 報 報 報 報 報 報 報（ださない　つにならない　とめる）

なりたち 報【会意】「幸」が刑罰《けいばつ》の道具《どうぐ》を表《あらわ》し、「𠬝」がひざまずいた罪人《ざいにん》と手《て》を表《あらわ》し、これらを合《あ》わせて、罪人《ざいにん》に罰《ばつ》をむくいることを表《あらわ》す字《じ》。

意味
❶むくいる。されたことに対《たい》してお返《かえ》しをすること。例 労《ろう》に報《むく》いる。恩《おん》に報《ほう》じる。悪事《あくじ》の報《むく》いを受《う》ける。果報《かほう》
❷知《し》らせる。人《ひと》に告《つ》げ知《し》らせること。知《し》らせ。例 死去《しきょ》の報《ほう》に接《せっ》する。事件《じけん》を報《ほう》じる。

文字物語

塩

「塩《しお》」は、食《た》べ物《もの》の味《あじ》つけに必要《ひつよう》な第一《だいいち》のもの。「料理《りょうり》の味《あじ》かげん」をいう「あんばい」ということばは、もともとは「塩《えん》梅《ばい》」からでたことばで、塩《しお》のからさと梅《うめ》のすっぱさが味《あじ》つけの基本《きほん》であることをしめしていた。

むかし、ローマ帝国《ていこく》で、兵士《へいし》にはらう給料《きゅうりょう》を「サラリー」といった。これは、「塩《しお》のためのお金《かね》」という意味《いみ》のことばである。今《いま》いうサラリーマンの「サラリー」がこれだ。塩《しお》が人《ひと》びとの生活《せいかつ》にとってどんなにたいせつだったかが、これでわかる。

「塩《えん》」ということばは、化学《かがく》の世界《せかい》でたいへんかつやくしている。「塩酸《えんさん》」「塩素《えんそ》」「塩化《えんか》マグネシウム」など、たくさん「塩《えん》」のつくことばを聞《き》くが、とくに「塩基《えんき》」というものはだいじで、やがて上《うえ》の学校《がっこう》へ進《すす》んだとき化学《かがく》の授《じゅ》業《ぎょう》で、その重要《じゅうよう》さ、また、それがどう「塩《しお》」とむすびついているかを学《まな》ぶだろう。

名前のよみ つぐ

❶〈むくいる〉の意味で
【報恩《ほうおん》】▲〈―する〉自分《じぶん》が受《う》けたあたたかいめぐみに対《たい》して、お返《かえ》しをすること。恩《おん》がえし。例 報恩《ほうおん》の精神《せいしん》。対 忘恩《ぼうおん》
【報。酬《ほうしゅう》】Ⅱ はたらいたことに対《たい》する、お礼《れい》のお金《かね》や品物《しなもの》。例 報酬《ほうしゅう》を受《う》ける。
【報。奨《ほうしょう》】↓〈―する〉りっぱな成果《せいか》をあげたことに対《たい》して、お金《かね》や品物《しなもの》などを出《だ》して、ほめはげますこと。例 報奨金《ほうしょうきん》 類 奨励《しょうれい》
【報。償《ほうしょう》】Ⅱ〈―する〉あたえた損害《そんがい》に対《たい》して、うめあわせをすること。例 報償金《ほうしょうきん》
【報復《ほうふく》】Ⅱ〈―する〉しかえしをすること。例 報復措置《ほうふくそち》 類 復讐《ふくしゅう》

❷〈知らせる〉の意味で
【報告《ほうこく》】Ⅱ〈―する〉ものごとのなりゆきや結果《けっか》などを知《し》らせること。その知《し》らせの内容《ないよう》。例 中間報告《ちゅうかんほうこく》。報告《ほうこく》を受《う》ける。
【報知《ほうち》】Ⅱ〈―する〉事《こと》がおこったことを知《し》らせること。例 火災報知器《かさいほうちき》 類 通報《つうほう》・通知《つうち》
【報道《ほうどう》】Ⅱ〈―する〉世《よ》の中《なか》のできごとを広《ひろ》く知《し》らせること。その内容《ないよう》。例 報道《ほうどう》の自由《じゆう》。選挙報道《せんきょほうどう》
【報道機関《ほうどうきかん》】新聞《しんぶん》・テレビなど、世《よ》の中《なか》の動《うご》きを広《ひろ》く知《し》らせるためのしくみ。マスコミ。

報が下につく熟語 上の字の働き
❷報＝〈知らせる〉のとき
【会報《かいほう》 官報《かんぽう》】ナニについての知《し》らせか。
【吉報《きっぽう》 朗報《ろうほう》 悲報《ひほう》 凶報《きょうほう》】ドノヨウナ内容《ないよう》の知《し》らせか。
【急報《きゅうほう》 警報《けいほう》 誤報《ごほう》 広報《こうほう》 公報《こうほう》 詳報《しょうほう》 情報《じょうほう》 速報《そくほう》 予報《よほう》 第一報《だいいっぽう》】ドウイウ性格《せいかく》をもつ知《し》らせか。
【月報《げっぽう》 時報《じほう》 週報《しゅうほう》】ドレダケを周期《しゅうき》とする知《し》

らせか。
◆因果応報《いんがおうほう》 果報《かほう》 通報《つうほう》 電報《でんぽう》

土-9
塁
総画12 JIS-4661 常用
訓 —— 音 ルイ
[壘]

筆順 塁 塁 塁 塁 塁 塁 塁 塁

なりたち 壘 [形声]もとの字《じ》は、「壘」。「畾《ライ》」が「重《かさ》ねる」意味《いみ》と、「ルイ」とかわって読《よ》み方《かた》をしめしている。「土」がついて、土《つち》をつみ重《かさ》ねてつくった「とりで」を表《あらわ》している字《じ》。

意味
❶とりで。小《ちい》さなとりで。石《いし》や土《つち》をつみあげてつくった小《ちい》さな城《しろ》。例 塁壁《るいへき》・土塁《どるい》
❷ベース。野球《やきゅう》のベース。例 塁《るい》をふむ。本塁打《ほんるいだ》

故事のはなし
塞翁《さいおう》が馬《うま》
国境《こっきょう》のとりでの近《ちか》くに住《す》む人《ひと》で、占《うらな》いの得意《とくい》な人《ひと》がいた。その人《ひと》の馬《うま》が理由《りゆう》もなく、とりでの外《そと》の異民族《いみんぞく》の土地《とち》へ逃《に》げてしまった。人々《ひとびと》が見舞《みま》うと、その老人《ろうじん》は「これが福《ふく》となるだろう」と言《い》った。数《すう》か月《げつ》すると、逃《に》げた馬《うま》が異民《いみん》族《ぞく》の名馬《めいば》を引《ひ》き連《つ》れて帰《かえ》ってきた。人々《ひとびと》が祝《いわ》うと、その老人《ろうじん》は「これがわざわいとなるだろう」と言《い》った。家《いえ》に名馬《めいば》が増《ふ》えたので、息子《むすこ》が乗馬《じょうば》を好《この》み、落馬《らくば》して股《また》の骨《ほね》を折《お》ってしまった。人々《ひとびと》が見舞《みま》うと、その老人《ろうじん》は「これが福《ふく》となるだろう」といった。一年《いちねん》たつと、異民族《いみんぞく》が大挙《たいきょ》してとりでに攻《せ》め込《こ》んできた。働《はたら》き盛《ざか》りの者《もの》は弓《ゆみ》をとって戦《たたか》い、その九割《きゅうわり》が戦死《せんし》してしまった。息子《むすこ》だけは足《あし》が不自由《ふじゆう》だったので、父《ちち》とともに無事《ぶじ》だった。したがって、福《ふく》がわざわいとなり、わざわいが福《ふく》となる、その変化《へんか》は極《きわ》めることができず、奥深《おくぶか》さは予測《よそく》できないものなのである。(『淮南子《えなんじ》』人間訓《じんかんくん》)

❶〈とりで〉の意味で
【°塁°壁】《るいへき》 ⇩ とりでや城《しろ》の外《そと》まわりのかべ。例 石《いし》をつみ上《あ》げて塁壁《るいへき》をきずく。類 城壁《じょうへき》
❷〈ベース〉の意味で
【°塁°審】《るいしん》 ⇩ 野球《やきゅう》で、一塁《いちるい》・二塁《にるい》・三塁《さんるい》のそばにいて審判《しんぱん》をする人《ひと》。

塁が下につく熟語 上の字の働き
❷塁＝〈ベース〉のとき
【一塁《いちるい》 二塁《にるい》 三塁《さんるい》】イクツめの塁《るい》か。
◆盗塁《とうるい》 本塁《ほんるい》 満塁《まんるい》

土-10
塩
総画13 JIS-1786 教4年
訓 しお 音 エン
[鹽]

筆順 塩 塩 塩 塩 塩 塩 塩 塩 塩 だす

なりたち 鹽 [形声]もとの字《じ》は、「鹽」。「監《カン》」が「エン」とかわって読《よ》み方《かた》をしめしている。「カン」は「からい」意味《いみ》を持《も》ち、「鹵」はしおけで、「しお」の意味《いみ》を表《あらわ》す字《じ》。

意味
❶しお。調味料《ちょうみりょう》や化学製品《かがくせいひん》の原料《げんりょう》となる、しおからい物質《ぶっしつ》。例 敵《てき》に塩《しお》をおくる。食塩《しょくえん》
❷塩素《えんそ》。化学元素《かがくげんそ》の一《ひと》つ。例 塩化《えんか》ナトリウム(塩《しお》のこと)。

文字物語 ☞258ページ

❶〈しお〉の意味で
【塩害】《えんがい》 ⇩ 海《うみ》の水《みず》や、塩分《えんぶん》をふくんだ風《かぜ》のせいでおこる、農作物《のうさくぶつ》や電線《でんせん》などの被害《ひがい》。
【塩素】《えんそ》 ⇩ 黄緑色《おうりょくしょく》で、毒《どく》のある気体《きたい》。元素《げんそ》の一《ひと》つ。刺激性《しげきせい》のにおいがする。色《いろ》のついたものを白《しろ》くしたり、ばいきんをころしたりするのに使《つか》う。参考 これを塩《しお》の成分《せいぶん》と考《かんが》えてつけられた名前《なまえ》。
【塩田】《えんでん》 ⇩ 砂浜《すなはま》をしきって海水《かいすい》を引《ひ》き入《い》れ、蒸発《じょうはつ》させてしおをとるところ。
【塩分】《えんぶん》 ⇩ もののなかにふくまれるしおの分量《ぶんりょう》。例 塩分《えんぶん》ひかえめのしょうゆ。類 塩気《しおけ》
【塩°辛】《しおから》 ⇩ イカや魚《さかな》などの、身《み》やはらわたをしおづけにした食品《しょくひん》。例 いかの塩辛《しおから》。
【塩気】《しおけ》 ⇩ 食物《しょくもつ》などにふくまれているしおの分量《ぶんりょう》。例 塩気《しおけ》が足《た》りない。類 塩分《えんぶん》
❷〈塩素〉の意味で
【塩酸】《えんさん》 ⇩ 塩化水素《えんかすいそ》を水《みず》にとかしたもの。鼻《はな》をさすような強《つよ》いにおいがする。酸性《さんせい》が強《つよ》く、

化学工場《かがくこうじょう》などで広《ひろ》く使《つか》われている。
◆岩塩《がんえん》 食塩《しょくえん》 製塩《せいえん》

土-10
塊
総画13 JIS-1884 常用
音 カイ
訓 かたまり

筆順

なりたち 【形声】「鬼《キ》」が「カイ」とかわって読《よ》み方《かた》をしめしている。「キ」は「かたまり」の意味《いみ》を持《も》ち、「土」がついて、土《つち》の「かたまり」を表《あらわ》している字《じ》。

意味 かたまり。土《つち》やほかのものがひとかたまりになったもの。例 雪《ゆき》の塊《かたまり》。金塊《きんかい》

【塊茎《かいけい》】↓ 植物《しょくぶつ》の地下茎《ちかけい》で、養分《ようぶん》をたくわえてかたまりになっているもの。ジャガイモが、その代表《だいひょう》。

土-10
塞
総画13 JIS-2641 常用
音 サイ・ソク
訓 ふさぐ・ふさがる・とりで

筆順

意味 ❶ふさぐ。ふさがる。とざす。例 閉塞《へいそく》(とじる。通《つう》じなくなる)・梗塞《こうそく》 ❷とりで。例 要塞《ようさい》

❷〈とりで〉の意味で

【塞翁が馬《さいおうがうま》】人《ひと》の世《よ》の運命《うんめい》、幸不幸《こうふこう》はさだめがなく、予測《よそく》できない。「人間万事塞翁《にんげんばんじさいおう》が馬《うま》」とも。参考 とりで(塞《さい》)の近《ちか》くに住《す》む老《ろう》人《じん》(翁《おう》)の馬《うま》ということ。

故事のはなし ☞259ページ

土-10
塑
総画13 JIS-3326 常用
音 ソ
訓 ―

筆順： 塑塑塑塑塑塑塑

なりたち 【形声】「朔《サク》」が「ソ」とかわって読《よ》み方《かた》をしめしている。「ソ」は「けずる」意味《いみ》を持《も》ち、「土《つち》をこねて物《もの》の形《かたち》をつくる」ことを表《あらわ》している字《じ》。

意味 こねて、つくる。粘土《ねんど》をこねて物《もの》の形《かたち》をつくること。例 塑像《そぞう》・彫塑《ちょうそ》

【塑像《そぞう》】↓ 粘土《ねんど》や石膏《せっこう》をかためてつくった、人《ひと》や動物《どうぶつ》などの形《かたち》。対 彫像《ちょうぞう》

土-10
塡
総画13 JIS-1556 常用
音 テン
訓 ―

筆順

意味 ふさぐ。うずめる。例 不足分《ふそくぶん》を補塡《ほてん》する。

字体のはなし 「填」とも書《か》く。(☞ふろく「字体についての解説《かいせつ》」[28]ページ)

◆充塡《じゅうてん》 装塡《そうてん》 補塡《ほてん》

土-10
塗
総画13 JIS-3741 常用
音 ト
訓 ぬる

筆順： 塗塗塗塗塗塗塗塗

なりたち 【形声】「涂」が「どろ」の意味《いみ》と「ト」という読《よ》み方《かた》をしめす。かべにぬる「どろ土《つち》」を表《あらわ》している字《じ》。

意味 ❶ぬる。物《もの》の表面《ひょうめん》にぬりつける。例 薬《くすり》を塗《ぬ》る。塗装《とそう》 ❷どろにまみれる。よごれる。例 塗炭《とたん》

❶〈ぬる〉の意味で

【塗装《とそう》】↓(―する)見《み》た目《め》を美《うつく》しくしたり、さびるのをふせいだりするために、塗料《とりょう》をぬったり、ふきつけたりすること。例 塗装工事《とそうこうじ》。

【塗布《とふ》】↓(―する)薬《くすり》や塗料《とりょう》などを一面《いちめん》にぬりつけること。例 日《ひ》やけ止《ど》めを塗布《とふ》する。

【塗料《とりょう》】↓ 金属《きんぞく》や木材《もくざい》がさびたりくさったりするのをふせぐためや、美《うつく》しく見《み》せるために、その表面《ひょうめん》にぬるもの。ペンキ・ラッカー・ニス・エナメル・うるしなど。例 油性塗料《ゆせいとりょう》

❷〈どろにまみれる〉の意味で

【塗炭《とたん》】Ⅱ どろの中《なか》に落《お》ちてもがき、さらに炭火《すみび》の火《ひ》に焼《や》かれること。表現 「塗炭《とたん》の苦《くる》しみ」という形《かたち》で使《つか》い、ひどい苦《くる》しみを表《あらわ》す。

土-10
墓
総画13 JIS-4272 教5年
音 ボ
訓 はか

筆順 ながく はらう

なりたち 墓 【形声】「莫」が「おおう」意味《いみ》と「ボ」という読《よ》み方《かた》をしめしている。「土」がついて、土《つち》でおおった「はか」を表《あらわ》している字《じ》。

意味 はか。死者《ししゃ》をまつって、その遺体《いたい》や遺骨《いこつ》をうめるところ。例 墓《はか》に参《まい》る。墳墓《ふんぼ》

【墓穴】《ぼけつ／はかあな》 ↓ 死《し》んだ人《ひと》のからだやほねをうめるあな。表現「墓穴《ぼけつ》をほる」は、自分《じぶん》のしたことがもとで自分《じぶん》の身《み》をほろぼすことをいう。

【墓参】《ぼさん》 ↓〈―する〉墓《はか》に行《い》って先祖《せんぞ》や死者《ししゃ》の冥福《めいふく》をいのること。墓参《はかまい》り。例 墓参団《ぼさんだん》

【墓誌】《ぼし》 ↓ 死者《ししゃ》について墓石《はかいし》に記《しる》してあることがら。例 墓標《ぼひょう》の背面《はいめん》の墓誌《ぼし》を読《よ》む。

【墓石】《ぼせき／はかいし》 ↓ 墓《はか》のしるしとしてたてる石《いし》。例 墓石《ぼせき／はかいし》に名《な》をきざむ。

【墓前】《ぼぜん》 ↓ 墓《はか》の前《まえ》。例 墓前《ぼぜん》にぬかずく。類 墓標《ぼひょう》・墓碑《ぼひ》

【墓地】《ぼち》 ↓ 墓《はか》のあるところ。墓《はか》のための土地《とち》。はかば。例 共同墓地《きょうどうぼち》 類 霊園《れいえん》

【墓。碑】《ぼひ》 ↓ 死者《ししゃ》の名前《なまえ》や死《し》んだ年《とし》などを書《か》いてたてる墓石《はかいし》。例 墓碑銘《ぼひめい》 類 墓石《ぼせき／はかいし》

【墓標】《ぼひょう》 ↓ 墓《はか》のしるしとして立《た》てる木《き》や石《いし》。類 墓石《ぼせき》 表記「墓表」とも書《か》く。

墓が下につく熟語 上の字の働き

【墳墓《ふんぼ》 陵墓《りょうぼ》】近《ちか》い意味《いみ》。

■土－11

境

総画14 JIS-2213 教5年

訓 音 キョウ・ケイ
さかい

筆順 境 境 境 境 境 境 境 境（まっすぐ、つく／はねる／おらない）

なりたち 境 【形声】「竟」が「さかい」の意味《いみ》と「キョウ」という読《よ》み方《かた》をしめしている。「土」がついて、「土地《とち》のさかい」を表《あらわ》している字《じ》。

意味

❶さかい。ほかの土地《とち》や国《くに》とのさかいめ。ものとものが接《せっ》するところ。例 生死《せいし》の境《さかい》をさまよう。国境《こっきょう／くにざかい》

❷ある場所《ばしょ》。ところ。例 辺境《へんきょう》

❸人《ひと》がおかれているところ。まわりの状態《じょうたい》やようす。例 無我《むが》の境《きょう》。境地《きょうち》・環境《かんきょう》・苦境《くきょう》

注意するよみ ケイ…例 境内《けいだい》

❶〈さかい〉の意味で

【境界】《きょうかい》 Ⅱ 土地《とち》などのさかいめ。例 境界線《せん》を引《ひ》く。類 境目《さかいめ》 ☞「きょうがい」は❸

【境内】《けいだい》 ↓ 寺《てら》や神社《じんじゃ》の敷地《しきち》のなか。

【境目】《さかいめ》 ↓ ちょうど分《わ》かれめになっているところ。類 境《さかい》・境界《きょうかい》

❸〈人がおかれているところ〉の意味で

【境界】《きょうがい》 Ⅱ 仏教《ぶっきょう》のことばで、前世《ぜんせ》でしたことのむくいとして受《う》けるこの世《よ》でのめぐりあわせ。☞「きょうかい」は❶

【境。涯】《きょうがい》 Ⅱ 生《い》きていくうえでの、その人《ひと》の身分《みぶん》や立場《たちば》。例 幸福《こうふく》な境涯《きょうがい》。類 境遇《きょうぐう》

【境。遇】《きょうぐう》 Ⅱ 生《い》きていくうえで、その人《ひと》のおかれた立場《たちば》。例 めぐまれた境遇《きょうぐう》に育《そだ》つ。類 境涯《きょうがい》

【境地】《きょうち》 Ⅱ ①その人《ひと》がおかれている立場《たちば》。②その人《ひと》の心《こころ》の状態《じょうたい》。例 さとりの境地《きょうち》に達《たっ》する。

境が下につく熟語 上の字の働き

❷境＝〈ある場所〉のとき
【異境《いきょう》 秘境《ひきょう》 辺境《へんきょう》】ドノヨウナところか。

❸境＝〈人がおかれているところ〉のとき
【環境《かんきょう》 順境《じゅんきょう》 逆境《ぎゃっきょう》 苦境《くきょう》 老境《ろうきょう》】ドノヨウナ状態《じょうたい》か。

◆越境《えっきょう》 国境《こっきょう／くにざかい》 心境《しんきょう》 進境《しんきょう》 見境《みさかい》

例解 使い分け

［ふえる《増える・殖える》］

増える＝数《かず》や量《りょう》が（くわわって）多《おお》くなる。
例 人数《にんずう》が増《ふ》える。損害《そんがい》が増《ふ》える。

殖える＝とくに、生物《せいぶつ》が（つぎつぎと生《う》まれて）多《おお》くなる。財産《ざいさん》が多《おお》くなる。
例 細菌《さいきん》が殖《ふ》える。貯金《ちょきん》が殖《ふ》える。

参考「ふえる」の反対《はんたい》は「減《へ》る」。

◦学習漢字でない常用漢字 ▴常用漢字表にない音訓 ◆常用漢字でない漢字

土－11

塾

総画14 JIS-2946 常用

音 ジュク 訓 —

筆順

なりたち 【形声】「孰」が「つきかためる」意《い》味《み》と「ジュク」という読《よ》み方《かた》をしめしている。「土」がついて、土《つち》でつきかためた「へい」を表《あらわ》している字《じ》。

意味 学問《がくもん》を教《おし》えるところ。例 塾《じゅく》に通《かよ》う。私《し》塾《じゅく》・学習塾《がくしゅうじゅく》

【塾生】《じゅくせい》 ↓ 塾《じゅく》で勉強《べんきょう》している生徒《せいと》。例 塾生募集《じゅくせいぼしゅう》

【塾長】《じゅくちょう》 ↓ 塾《じゅく》のいちばん上《うえ》の責任者《せきにんしゃ》。類 塾頭《じゅくとう》

塾が下につく熟語 上の字の働き

【私塾《しじゅく》 村塾《そんじゅく》】ドコがたてている塾《じゅく》か。

土－11

塵

総画14 JIS-3148 表外

音 ジン 訓 ちり

意味 ちり。ほこり。例 塵《ちり》も積《つ》もれば山《やま》となる。塵取《ちりと》り・砂塵《さじん》(すなぼこり)

【塵芥】《じんかい／ちりあくた》 || ちりやごみ。役《やく》に立《た》たないもの。

【塵紙】《ちりがみ》 ↓ そまつでやわらかい紙《かみ》。

土－11

増

総画14 JIS-3393 教5年

音 ゾウ 訓 ます・ふえる・ふやす

「增」

筆順 うえよりほそめ

なりたち 【形声】「曽《ソウ》」が「かさなる」意《い》味《み》と、「ゾウ」とかわって読《よ》み方《かた》をしめしている。「土」がついて、「土《つち》をつみかさねる」ことを表《あらわ》している字《じ》。

意味

❶ます。数《かず》が多《おお》くなる。量《りょう》がふえる。ふやす。例 水《みず》かさが増《ま》す。体重《たいじゅう》が増《ふ》える。三《さん》パーセントの増《ぞう》。倍増《ばいぞう》 対 減《げん》

❷つけあがる。態度《たいど》が大《おお》きくなる。

使い分け ふえる[増・殖] ☞261ページ

❶〈ます〉の意味で

【増員】《ぞういん》 ▲ 〈―する〉人数《にんずう》をふやすこと。例 係《かかり》員《いん》を増員《ぞういん》する。対 減員《げんいん》

【増。援】《ぞうえん》 ▲ 〈―する〉人数《にんずう》をふやして助《たす》けること。例 増援《ぞうえん》部《ぶ》隊《たい》をいそいで送《おく》る。

【増加】《ぞうか》 || 〈―する〉ふえること。例 人口《じんこう》が増《ぞう》加《か》する。類 増大《ぞうだい》 対 減少《げんしょう》

【増額】《ぞうがく》 ▲ 〈―する〉お金《かね》の額《がく》をふやすこと。例 福祉《ふくし》の費用《ひよう》を増額《ぞうがく》する。対 減額《げんがく》

【増刊】《ぞうかん》 ↓ 〈―する〉雑誌《ざっし》などを、きまって出《だ》す号《ごう》のほかに臨時《りんじ》に出《だ》すこと。例 春《はる》の増刊号《ぞうかんごう》。

【増強】《ぞうきょう》 ↓ 〈―する〉人《ひと》やものの数《かず》をふやして、いきおいを強《つよ》くすること。例 生産能力《せいさんのうりょく》を増強《ぞうきょう》する。類 増進《ぞうしん》 対 減退《げんたい》

【増結】《ぞうけつ》 ↓ 〈―する〉列車《れっしゃ》や電車《でんしゃ》にべつの車両《しゃりょう》をつなぎたすこと。例 客車《きゃくしゃ》を二両《にりょう》増結《ぞうけつ》する。

【増減】《ぞうげん》 ⇕ 〈―する〉ふえることと、へることと、ふやすことと、へらすこと。例 人口《じんこう》の増減《ぞうげん》。

【増刷】《ぞうさつ》 ↓ 〈―する〉本《ほん》などを、ある部数《ぶすう》だけ印《いん》刷《さつ》したあとで、さらに追加《ついか》して印刷《いんさつ》すること。増《ま》し刷《ず》り。

【増産】《ぞうさん》 ▲ 〈―する〉生産《せいさん》するものの量《りょう》をふやすこと。例 米《こめ》の増産《ぞうさん》にとりくむ。対 減産《げんさん》

【増収】《ぞうしゅう》 ▲ 〈―する〉手《て》にはいるお金《かね》や作物《さくもつ》のとれ高《だか》がふえること。例 増収《ぞうしゅう》を図《はか》る。対 減《げん》収《しゅう》

【増。殖】《ぞうしょく》 || 〈―する〉ふやすこと。ふえて多《おお》くなること。生物《せいぶつ》や細胞《さいぼう》が、生殖《せいしょく》や分裂《ぶんれつ》によってふえること。例 がん細胞《さいぼう》が増殖《ぞうしょく》する。

【増進】《ぞうしん》 || 〈―する〉力《ちから》やいきおいがいっそう強《つよ》まること。強《つよ》めること。例 食欲増進《しょくよくぞうしん》の秋《あき》。健康増進《けんこうぞうしん》。類 増強《ぞうきょう》 対 減退《げんたい》

【増水】《ぞうすい》 ▲ 〈―する〉雨《あめ》などのために、川《かわ》などの水《みず》がふえること。例 川《かわ》の増水《ぞうすい》にそなえる。対 減水《げんすい》

【増税】《ぞうぜい》 ▲ 〈―する〉税金《ぜいきん》をふやすこと。例 反《はん》対意見《たいいけん》が強《つよ》く、増税《ぞうぜい》を見送《みおく》る。対 減税《げんぜい》

【増設】《ぞうせつ》 ↓ 〈―する〉今《いま》まであるものにつけくわえて、建物《たてもの》や設備《せつび》などを、新《あたら》しくつくること。例 学校《がっこう》に理科室《りかしつ》を増設《ぞうせつ》する。

【増大】《ぞうだい》 ↓ 〈―する〉ふえて大《おお》きくなること。大《おお》きくすること。例 ごみの量《りょう》は、増大《ぞうだい》する一方《いっぽう》だ。類 増加《ぞうか》 対 減少《げんしょう》

【増築】ぞうちく ↓〈—する〉家《いえ》などをたてますこと。例子《こ》どものために勉強《べんきょう》べやを増築《ぞうちく》する。

【増発】ぞうはつ ▲〈—する〉列車《れっしゃ》・電車《でんしゃ》・バスなどの発《はっ》車回数《しゃかいすう》をふやすこと。例バスを増発《ぞうはつ》する。

【増。幅】ぞうふく ▲〈—する〉電波《でんぱ》や電流《でんりゅう》・音《おと》・光《ひかり》などの振幅《しんぷく》をふやして、大《おお》きな出力《しゅつりょく》を取《と》り出《だ》すこと。例増幅装置《ぞうふくそうち》

【増補】ぞうほ ↓〈—する〉前《まえ》に出《だ》した本《ほん》のたりないところをつけたすこと。例増補版《ぞうほばん》

【増量】ぞうりょう ▲〈—する〉ものの量《りょう》をふやすこと。ふえること。例えさを増量《ぞうりょう》する。対減量《げんりょう》

❷〈つけあがる〉の意味で

【増長】ぞうちょう Ⅱ〈—する〉調子《ちょうし》にのってつけあがること。例先生《せんせい》にほめられて、増長《ぞうちょう》する。

増が下につく熟語 上の字の働き

❶増＝〈ます〉のとき

【急増《きゅうぞう》 激増《げきぞう》 漸増《ぜんぞう》 倍増《ばいぞう》】ドノヨウニ増《ふ》える

故事のはなし

墨守《ぼくしゅ》

戦国時代《せんごくじだい》はじめの墨翟《ぼくてき》は、墨子《ぼくし》とよばれ、諸《しょ》子百家《しひゃっか》の一《ひと》つ墨家《ぼっか》の始祖《しそ》である。兼愛《けんあい》(自分《じぶん》を愛《あい》するように他人《たにん》を愛《あい》すること)や非攻《ひこう》(たたかいをしかけないこと)のスローガンをかかげて侵略戦争《しんりゃくせんそう》の否定《ひてい》をうったえた。楚国《そこく》の軍師《ぐんし》の公輸盤《こうしゅばん》が雲梯《うんてい》という道具《どうぐ》を使《つか》って宋《そう》国《こく》を攻《せ》めようとしたとき、机上《きじょう》の模擬戦《もぎせん》で九《きゅう》回《かい》も撃退《げきたい》して見《み》せ、ついに戦争《せんそう》をやめさせた。(『墨子《ぼくし》』公輸篇《こうしゅへん》)

知識 墨家には反戦《はんせん》をとなえるだけでなく、じっさいに籠《ろう》城《じょう》して防戦《ぼうせん》を請《う》け負《お》ったグループもいたらしい。

か。

墨

土-11 総画14 JIS-4347 常用

訓 すみ 音 ボク

［墨］

筆順 墨

なりたち 【形声】もとの字は、「墨」。「黒《コク》」が「くろい」意味《いみ》と、「ボク」とかわって読《よ》み方《かた》をしめしている。「黒《くろ》い土《つち》」ということから、「すみ」を表《あらわ》している字《じ》。

意味

❶すみ。文字《もじ》や絵《え》をかくための黒《くろ》いすみ。赤《あか》・白《しろ》・青《あお》などのものもある。例墨《すみ》をする。白墨《はくぼく》

❷墨子《ぼくし》。むかしの中国《ちゅうごく》の思想家《しそうか》、墨翟《ぼくてき》のこと。例墨守《ぼくしゅ》

発音あんない ボク→ボッ… 例墨痕《ぼっこん》

❶〈すみ〉の意味で

【。墨絵】すみえ ↓黒《くろ》いすみだけでかいた絵《え》。例雪《せっ》舟《しゅう》の墨絵《すみえ》。類水墨画《すいぼくが》

【。墨。汁】ぼくじゅう ↓そのまま使《つか》えるようにしてあるすみの汁《しる》。例墨汁《ぼくじゅう》を筆《ふで》にふくませる。

【。墨。痕】ぼっこん ↓すみで書《か》いた、筆《ふで》づかいのあと。例墨痕《ぼっこん》あざやかな書《しょ》。類筆跡《ひっせき》

❷〈墨子〉の意味で

【。墨守】ぼくしゅ ▽〈—する〉自分《じぶん》の考《かんが》え方《かた》をかたくまもって変《か》えないこと。例旧習《きゅうしゅう》を墨守《ぼくしゅ》する。参考もともとは、城《しろ》を守《まも》り敵《てき》を防《ふせ》ぐことの強《きょう》固《こ》さから出《で》たことば。表現がんこに古《ふる》いやり方《かた》を変《か》えないということで、よくない意味《いみ》に使《つか》うことが多《おお》い。

故事のはなし 263ページ

◆白墨《はくぼく》

墜

土-12 総画15 JIS-3638 常用

訓 — 音 ツイ

筆順 墜

なりたち 【形声】「隊《タイ》」が「落《お》ちる」意味《いみ》と、「ツイ」とかわって読《よ》み方《かた》をしめしている。「土《つち》」がついて、「土《つち》がくずれ落《お》ちる」ことを表《あらわ》している字《じ》。

意味 落《お》ちる。落《お》とす。高《たか》いところから落下《らっか》する。例撃墜《げきつい》・失墜《しっつい》

【。墜死】ついし ↓〈—する〉高《たか》いところから落《お》ちて死《し》ぬこと。例がけから三人《さんにん》の人《ひと》が墜死《ついし》した。

【墜落】《ついらく》 II 〈—する〉高《たか》いところから落《お》ちること。例 墜落事故《ついらくじこ》。飛行機《ひこうき》が墜落《ついらく》した。

土-12 【墳】
総画15 JIS-4215 常用
音 フン 訓 —

筆順 墳 墳 墳 墳 墳 墳 墳 墳

なりたち 墳 [形声]「賁」が「もりあがる」意味《いみ》と「フン」という読《よ》み方《かた》をしめしている。「土」がついて、「土《つち》がもりあがる」ことを表《あらわ》す字《じ》。

意味 はか。土《つち》を高《たか》くもりあげてつくった墓《はか》。例 古墳《こふん》

【墳墓】《ふんぼ》 II 墓《はか》。例 墳墓《ふんぼ》の地《ち》（先祖《せんぞ》の墓《はか》のあるところ、ふるさと）。

土-13 【壊】
総画16 JIS-1885 常用
音 カイ・エ 訓 こわす・こわれる
[壞]

筆順 壊 壊 壊 壊 壊 壊 壊 壊

なりたち 壞 [形声]もとの字《じ》は、「壞」。「褱」が「こわす」意味《いみ》と「カイ」という読《よ》み方《かた》をしめしている。「土」がついて、「土《つち》がくずれる」ことを表《あらわ》している字《じ》。

意味 こわす。形《かたち》あるものをくずしてしまう。こわれる。例 家《いえ》を壊《こわ》す。時計《とけい》が壊《こわ》れる。決壊《けっかい》

表記 「カイ」と読《よ》むときは「潰」とも書《か》く。

【壊死】《えし》 ↓ 〈—する〉けがや病気《びょうき》などのために、からだの一部分《いちぶぶん》が死《し》んでしまうこと。

【壊滅】《かいめつ》 ↓ 〈—する〉もとの形《かたち》がまったくのこらないほど、つぶれたりこわれたりすること。例 壊滅的《かいめつてき》な被害《ひがい》を受《う》ける。類 崩壊《ほうかい》

壊が下につく熟語 上の字の働き

【破壊《はかい》 崩壊《ほうかい》 決壊《けっかい》】近《ちか》い意味《いみ》。
【損壊《そんかい》 倒壊《とうかい》】ドウヤッテ壊《こわ》れたか。
【全壊《ぜんかい》 半壊《はんかい》】ドノクライ壊《こわ》れたか。

土-13 【墾】
総画16 JIS-2606 常用
音 コン 訓 —

筆順 墾 墾 墾 墾 墾 墾 墾 墾

なりたち 墾 [形声]「豤」が「つとめる」意味《いみ》と「コン」という読《よ》み方《かた》をしめしている。「土」がついて、「土地《とち》を切《き》り開《ひら》く」ことを表《あらわ》す字《じ》。

意味 田《た》や畑《はたけ》にする。あれた土地《とち》をたがやして田《た》や畑《はたけ》にする。例 墾田《こんでん》・開墾《かいこん》

【墾田】《こんでん》 ↓ 新《あたら》しく切《き》りひらいた田地《でんち》。とくに、大化《たいか》の改新《かいしん》のあと、耕地《こうち》をふやすために切《き》りひらいた土地《とち》。

土-13 【壌】
総画16 JIS-3077 常用
音 ジョウ 訓 —
[壤]

筆順 壌 壌 壌 壌 壌 壌 壌 壌

なりたち 壤 [形声]もとの字《じ》は、「壤」。「襄」が「やわらかい」意味《いみ》と「ジョウ」という読《よ》み方《かた》をしめしている。「土」がついて、「やわらかなよく肥《こ》えた土《つち》」を表《あらわ》す字《じ》。

意味 つち。肥《こ》えた土《つち》。例 土壌《どじょう》

土-13 【壇】
総画16 JIS-3537 常用
音 ダン・タン 訓 —

筆順 壇 壇 壇 壇 壇 壇 壇 壇

なりたち 壇 [形声]「亶」が「もりあげて平《たい》らにする」意味《いみ》の「タン」という読《よ》み方《かた》をしめしている。「土」がついて、土《つち》をもりあげて平《たい》らにした「だん」を表《あらわ》す字《じ》。

意味
❶だん。まわりよりも高《たか》くしたところ。例 壇《だん》に上《あ》がる。花壇《かだん》
❷人《ひと》びとの集《あつ》まり。あることを専門《せんもん》にしている人《ひと》たちの集《あつ》まり。例 文壇《ぶんだん》

注意するよみ タン…例 土壇場《どたんば》

❶〈だん〉の意味で

【壇上】《だんじょう》 ↓ 話《はなし》などをするために、いちだんと高《たか》くこしらえた台《だい》の上《うえ》。例 壇上《だんじょう》に立《た》つ。

壇が下につく熟語 上の字の働き

❶壇＝〈だん〉のとき
【演壇《えんだん》 教壇《きょうだん》 祭壇《さいだん》】ナニをするための壇《だん》か。
【花壇《かだん》 仏壇《ぶつだん》】ナニのための壇《だん》か。
❷壇＝〈人びとの集まり〉のとき
【歌壇《かだん》 文壇《ぶんだん》】ナニのための集《あつ》まりか。

土-13

壁

総画16

JIS-4241

常用

音 ヘキ

訓 かべ

筆順 壁 尸 尸 启 辟 辟 辟 壁

なりたち 【形声】「辟」が「とりかこむ」意味《いみ》と「ヘキ」という読《よ》み方《かた》をしめしている。「土」がついて、土《つち》でまわりをかこんだ「へい」を表《あらわ》している字《じ》。

意味 かべ。へやをくぎったり建物《たてもの》のまわりをおおったりするかべ。かべのように立《た》ちふさがるもの。例 壁《かべ》に耳《みみ》あり。壁画《へきが》・岸壁《がんぺき》・城壁《じょうへき》

【。壁紙】かべがみ ↓ ①かべがくずれるのをふせいだり、美《うつく》しく見《み》せたりするために、かべにはる紙《かみ》。例 壁紙《かべがみ》をはりかえる。②パソコンなどの待《ま》ち受《う》け画面《がめん》のかざり画像《がぞう》。

【。壁新聞】かべしんぶん 身近《みぢか》なできごとなどを新聞《しんぶん》のかたちにまとめて、掲示板《けいじばん》などにはり出《だ》すもの。例 壁新聞《かべしんぶん》を発行《はっこう》する。

【。壁画】へきが ↓ 建物《たてもの》のかべや天井《てんじょう》に、かざりのためにかいた絵《え》。例 古墳《こふん》の壁画《へきが》を修復《しゅうふく》する。

【。壁面】へきめん ↓ 壁《かべ》や岸壁《がんぺき》の表面《ひょうめん》。例 壁面《へきめん》に額《がく》をかざる。

壁が下につく熟語 上の字の働き

【城壁《じょうへき》 塁壁《るいへき》 岸壁《がんぺき》 障壁《しょうへき》 絶壁《ぜっぺき》】ドノヨウナ壁《へき》面《めん》か。

◆鉄壁《てっぺき》

3画 士 [さむらい] の部

「士《さむらい》」をもとに作《つく》られた字《じ》と、「士《さむらい》」の形《かたち》がめやすとなっている字《じ》を集《あつ》めてあります。

この部首の字

0 士……265　1 壬……265　3 壮……266　4 壱……266　声……266　吉→口 205　売→儿 113　志→心 467　喜→口 227　嘉→口 231

土-0

士

総画3

JIS-2746

教4年

音 シ

訓 ―

筆順 士 士 士（みじかく）

なりたち 【象形】地上《ちじょう》にぼうを立《た》てた形《かたち》をえがいた字《じ》。のちに「おとこ」として使《つか》われるようになった。

意味 ❶おとこ。りっぱな男子《だんし》。例 紳士《しんし》 ❷さむらい。軍隊《ぐんたい》にかかわる人《ひと》。例 兵士《へいし》 ❸資格《しかく》をもった人《ひと》。例 学士《がくし》

特別なよみ 海士(あま)・居士(こじ)・博士(はかせ)

名前のよみ あき・あきら・お・おさむ・つかさ・と・のり・ひと・まもる

❷〈さむらい〉の意味で

【士官】しかん ↓ 軍隊《ぐんたい》で、兵隊《へいたい》を指図《さしず》する位《くらい》の人《ひと》。例 士官学校《しかんがっこう》・陸軍士官《りくぐんしかん》 類 将校《しょうこう》

【士気】しき ↓ ①兵士《へいし》のいさみたった気持《きも》ち。②人《ひと》びとがなにかやろうとするときの意気《いき》ごみ。例 チームの士気《しき》を高《たか》める。類 意気《いき》

【士族】しぞく ↓ 明治時代《めいじじだい》のはじめまで、武士《ぶし》であった家《いえ》がら。例 士族《しぞく》の商法《しょうほう》。知識 一九四七年《ねん》(昭和二十二年《しょうわにじゅうにねん》)まで、華族《かぞく》・士族《しぞく》・平民《へいみん》という身分《みぶん》の区別《くべつ》があり、士族《しぞく》は平民《へいみん》より一段《いちだん》上《うえ》のものとしてあつかわれていた。

【士農工商】しのうこうしょう 武士《ぶし》と農民《のうみん》と職人《しょくにん》と商人《しょうにん》。参考 江戸時代《えどじだい》に、人《ひと》びとをその職業《しょくぎょう》によって四《よっ》つの身分《みぶん》に区別《くべつ》し、上《うえ》から順番《じゅんばん》にならべたことば。

士が下につく熟語 上の字の働き

❶士＝〈おとこ〉のとき
【志士《しし》 闘士《とうし》 烈士《れっし》 義士《ぎし》 名士《めいし》 勇士《ゆうし》 同士《どうし》 紳士《しんし》】ドノヨウナ士《し》か。

❷士＝〈さむらい〉のとき
【騎士《きし》 戦士《せんし》 武士《ぶし》】ドウスルさむらいか。

❸士＝〈資格をもった人〉のとき
【学士《がくし》 修士《しゅうし》 博士《はくし》】ドウイウ資格《しかく》をもつ人《ひと》か。
【文士《ぶんし》 棋士《きし》 弁士《べんし》 力士《りきし》】ナニを専門《せんもん》とする人《ひと》か。

◆藩士《はんし》 兵士《へいし》

土-1

壬

総画4

JIS-3149

人名

音 ジン・ニン

訓 みずのえ

意味 十干《じっかん》の九番《きゅうばん》め。みずのえ。参考 六七二年《ねん》、天皇《てんのう》の位《くらい》をめぐって起《お》きた内乱《ないらん》を、そ

。学習漢字でない常用漢字　▲常用漢字表にない音訓　◆常用漢字でない漢字

の年《とし》が干支《えと》の壬《みずのえ》申にあたることから「壬《じん》申《しん》の乱《らん》」という。

士-3
壮
総画6 JIS-3352 常用
訓 音 ソウ ―
［壯］

筆順 壮 壮 壮 壮 壮 壮

なりたち 壯 [形声]もとの字は、「壯」。「爿《ショウ》」が「ソウ」とかわって読《よ》み方《かた》をしめしている。「ソウ」は「大《おお》きい」意味《いみ》を持《も》ち、「士」をくわえて、「大《おお》きい男《おとこ》」を表《あらわ》す字《じ》。

意味 ❶さかん。意気《いき》さかんで元気《げんき》である。例 志《こころざし》を壮《そう》とする。強壮《きょうそう》・勇壮《ゆうそう》
❷大《おお》きい。大《おお》きくりっぱである。例 豪壮《ごうそう》

名前のよみ あき・たけ・たけし・まさ・もり

❶〈さかん〉の意味で
【壮快】そうかい [↓]〔―な〕力《ちから》がみなぎるようす。例 じつに壮快《そうかい》な活躍《かつやく》だった。表現 さわやかで気持ちいいというときは、「爽快《そうかい》」を使《つか》う。
【壮健】そうけん [Ⅱ]〔―に〕〔―な〕からだがじょうぶで、元気《げんき》だ。例 祖父《そふ》は、とても壮健《そうけん》だ。類 達者《たっしゃ》・強壮《きょうそう》
【壮行】そうこう [↓] なにかのために出《で》かける人《ひと》をはげまして、送《おく》り出《だ》すこと。例 オリンピック選《せん》手《しゅ》の壮行会《そうこうかい》。類 歓送《かんそう》
【壮者】そうしゃ [↓] はたらきざかりの人《ひと》。
【壮絶】そうぜつ [⊠]〔―に〕〔―な〕このうえなく、はげしくいさましい。例 壮絶《そうぜつ》な戦《たたか》い。類 壮烈《そうれつ》
【壮年】そうねん [↓] はたらきざかりの年《とし》ごろ。その年《とし》ごろの人《ひと》。ふつう、三十歳《さんじっさい》から五十歳《ごじっさい》くらいまでのことをいう。関連 幼年《ようねん》・少年《しょうねん》・青年《せいねん》・壮年《そうねん》・中年《ちゅうねん》・熟年《じゅくねん》・老年《ろうねん》
【壮烈】そうれつ [↓]〔―に〕〔―な〕いさましくて、はなばなしい。例 壮烈《そうれつ》な最期《さいご》をとげる。類 壮絶《そうぜつ》

❷〈大きい〉の意味で
【壮観】そうかん [↓]〔―な〕すばらしく雄大《ゆうだい》なながめ。例 海《うみ》で見《み》る日《ひ》の出《で》は壮観《そうかん》だ。類 盛観《せいかん》
【壮挙】そうきょ [↓] やりとげるのが難《むずか》しい、大《おお》がかりな計画《けいかく》。例 壮挙《そうきょ》をなしとげる。
【壮大】そうだい [Ⅱ]〔―に〕規模《きぼ》が大《おお》きくすばらしい。例 アルプスの山《やま》は壮大《そうだい》だ。類 雄大《ゆうだい》
【壮図】そうと [↓] いさましく大《おお》がかりな計画《けいかく》。例 この計画《けいかく》は、まさに壮図《そうと》だ。類 雄図《ゆうと》
【壮途】そうと [↓] りっぱなことをなしとげるための門出《かどで》。例 壮途《そうと》をいわう。
【壮麗】そうれい [↓]〔―な〕大《おお》きく、りっぱで、美《うつく》しい。例 壮麗《そうれい》な富士《ふじ》のすがた。
◆ 悲壮 勇壮

士-4
壱
総画7 JIS-1677 常用
訓 音 イチ ―
［壹］

筆順 壱 壱 壱 壱 壱 壱 壱

なりたち 壹 [形声]もともとは「つぼ(壺)」の形《かたち》と「いっぱいになる」意味《いみ》の「吉《キツ》」とからできた字《じ》。「吉」が「イチ」とかわって読《よ》み方《かた》をしめしている。酒《さけ》がつぼの中《なか》にいっぱいつまるようすを表《あらわ》していた字《じ》。のちに、数《かず》の「一《いち》」の意味《いみ》に使《つか》われるようになった。

意味 数《かず》の一《いち》。「一《いち》・二《に》・三《さん》の一《いち》」。領収書《りょうしゅうしょ》など、書《か》きかえられてはこまる金額《きんがく》の記入《きにゅう》などに使《つか》う。例 壱萬円《いちまんえん》 関連 壱《いち》・弐《に》・参《さん》

名前のよみ かず

士-4
声
総画7 JIS-3228 教2年
訓 音 セイ・ショウ こえ・こわ
［聲］

筆順 声 声 声 声 声 声 声 （みじかく）（はらう）

なりたち 聲 [形声]もとの字は、「聲」。「殸《ケイ》」が打楽器《だがっき》を鳴《な》らすことを表《あらわ》し、「セイ」とかわって読《よ》み方《かた》をしめしている。「耳《みみ》」がついて、「耳《みみ》に聞《き》こえてくる音《おと》」を表《あらわ》した字《じ》。

意味 ❶こえ。人《ひと》や動物《どうぶつ》などが口《くち》から出《だ》す音《おと》。こえを出《だ》すこと。例 虫《むし》の声《こえ》。音声《おんせい》
❷評判《ひょうばん》。うわさ。例 声価《せいか》・名声《めいせい》

注意するよみ ショウ…例 大音声《だいおんじょう》 こわ…例 声色《こわいろ》

名前のよみ な・もり

❶〈こえ〉の意味で
【声色】こわいろ [↓] ①その人《ひと》独特《どくとく》の声《こえ》の調子《ちょうし》や口調《くちょう》。②役者《やくしゃ》などのせりふの調子《ちょうし》・声《こえ》をまねること。例 先代《せんだい》の声色《こわいろ》をつかう。
【声高】こわだか [▽]〔―に〕〔―な〕話《はな》すときの声《こえ》が、ふつうより高《たか》く、大《おお》きいこと。例 声高《こわだか》に話《はな》す。

【声域】せいいき ⇩ 歌《うた》うときに出《で》る低《ひく》い声《こえ》から高《たか》い声《こえ》までの範囲《はんい》。例 声域《せいいき》が広《ひろ》い。

【声。援】せいえん ⇩〈─する〉声《こえ》を出《だ》してはげますこと。例 選手《せんしゅ》に声援《せいえん》をおくる。類 応援《おうえん》

【声楽】せいがく ⇩ 人《ひと》の声《こえ》で表《あらわ》す音楽《おんがく》。独唱《どくしょう》・重唱《じゅうしょう》・合唱《がっしょう》がある。例 声楽家《せいがくか》 対 器楽《きがく》

【声帯】せいたい ⇩ のどのまん中《なか》にあって、声《こえ》を出《だ》すところ。両《りょう》がわに帯《おび》のようなものがついていて、その合《あ》わせ目《め》を息《いき》がとおるときにふるえて声《こえ》になる。知識 ことばを表《あらわ》す音《おと》には、声帯《せいたい》をふるわせて出《だ》す有声音《ゆうせいおん》と、声帯をふるわせないで出《だ》す無声音《むせいおん》とがある。

【声明】せいめい ⇩ 一〈─する〉広《ひろ》く世間《せけん》の人《ひと》びとにむかって、意見《いけん》や考《かんが》えを発表《はっぴょう》すること。その意見《けん》や考《かんが》え。政治《せいじ》や外交《がいこう》についての意見《いけん》の発表《はっぴょう》をいう。例 共同声明《きょうどうせいめい》 二 しょうみょう 仏教《ぶっきょう》で、お経にふしをつけて、うたのようにとなえるもの。

【声。紋】せいもん ⇩ 機械《きかい》を使《つか》って、人《ひと》の声《こえ》をしまもようのパターンで表《あらわ》したもの。知識 人《ひと》によってことなるので、指紋《しもん》とともに、犯罪《はんざい》の捜査《そうさ》に使《つか》われる。

【声優】せいゆう ⇩ ラジオの放送劇《ほうそうげき》や、テレビ・映画《えいが》などのふきかえに出演《しゅつえん》する、声《こえ》だけの俳優《はいゆう》。

【声量】せいりょう ⇩ その人《ひと》の声《こえ》の大《おお》きさやひびきぐあい。例 あの歌手《かしゅ》は声量《せいりょう》がゆたかだ。

【声。涙】せいるい 〓 声《こえ》と涙《なみだ》。例 声涙《せいるい》ともに下《くだ》る名演《めいえん》説《ぜつ》（涙《なみだ》を流《なが》しながら、熱《ねつ》をこめてする話《はなし》）。

❷〈評判〉の意味で

【声価】せいか 〓 世《よ》の中《なか》での評判《ひょうばん》。例 声価《せいか》を高《たか》める。類 名声《めいせい》・評価《ひょうか》・世評《せひょう》

声が下につく熟語 上の字の働き

❶声＝〈こえ〉のとき
【美声《びせい》 悪声《あくせい》 奇声《きせい》 蛮声《ばんせい》】ドウ聞《き》こえる声《こえ》か。
【喚声《かんせい》 歓声《かんせい》 嘆声《たんせい》 涙声《なみだごえ》】ドウイウ心《こころ》のこもった声《こえ》か。
【銃声《じゅうせい》 砲声《ほうせい》】ナニから出《で》る音《おと》か。
❷声＝〈評判〉のとき
【悪声《あくせい》 名声《めいせい》】ドウイウ評判《ひょうばん》か。
◆産声《うぶごえ》 音声《おんせい》 地声《じごえ》 肉声《にくせい》 発声《はっせい》 鼻声《はなごえ》

3画 夂［ふゆがしら］の部

「夂《ふゆがしら》」の形《かたち》がめやすとなっている字《じ》を集《あつ》めてあります。

この部首の字
2 冬……267　6 変……268　7 夏……269
処→几132　各→口204　条→木600　麦→麦992
愛→心485　慶→心493　憂→心493

夂-2
【冬】
総画5　JIS-3763　教2年
訓 ふゆ　音 トウ

筆順
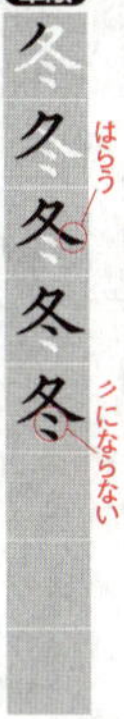

なりたち

【会意】こおりを表《あらわ》す「冫」と終《お》わりを表《あらわ》す「夂」を合《あ》わせて、一年《いちねん》の終《お》わりのさむい「ふゆ」を表《あらわ》す字《じ》。

意味 ふゆ。四季《しき》の一《ひと》つで、もっともさむい季節《きせつ》。例 夏《なつ》と冬《ふゆ》。冬休《ふゆやす》み・冬山《ふゆやま》・冬眠《とうみん》・立冬《りっとう》 対 夏《なつ》

【冬季】とうき ⇩ 冬《ふゆ》の季節《きせつ》。例 冬季《とうき》オリンピック 関連 春季《しゅんき》・夏季《かき》・秋季《しゅうき》・冬季《とうき》

【冬期】とうき ⇩ 冬《ふゆ》のあいだ。例 冬期《とうき》は、バスが運休《うんきゅう》になる。関連 春期《しゅんき》・夏期《かき》・秋期《しゅうき》・冬期《とうき》
表現「冬季」は「冬《ふゆ》の季節《きせつ》」、「冬期《とうき》」は「冬《ふゆ》の期間《かん》」と区別《くべつ》があるが、区別《くべつ》しないことも多《おお》い。

【冬至】とうじ ⇩ 一年《いちねん》のうちで、太陽《たいよう》がもっとも南《みなみ》により、北半球《きたはんきゅう》では一年《いちねん》のうちでもっとも昼《ひる》が短《みじか》く、夜《よる》が長《なが》い日《ひ》。十二月二十二日《じゅうにがつにじゅうににち》ごろ。対 夏至《げし》 知識 冬至《とうじ》の日には、健康《けんこう》をねがって、ゆず湯《ゆ》に入《はい》る、かぼちゃを食《た》べるなどの習慣《しゅうかん》がある。

【冬。眠】とうみん ⇩〈─する〉ヘビやカエル・クマなどの動物《どうぶつ》が、土《つち》やあなの中《なか》に入《はい》って、食《た》べ物《もの》もとらず、活動《かつどう》もやめて冬《ふゆ》をすごすこと。表現「このクラブは今《いま》、冬眠中《とうみんちゅう》」のように、ある組織《しき》の活動《かつどう》がほとんどおこなわれていないという意味《いみ》に使《つか》うこともある。

【冬将軍】ふゆしょうぐん きびしい寒《さむ》さの冬《ふゆ》のこと。参考 ロシアに攻《せ》めこんだナポレオンの軍隊《ぐんたい》が、冬《ふゆ》の寒《さむ》さに負《ま》けてにげ帰《かえ》ったことから、この言《い》い方《かた》ができた。

【冬場】ふゆば ⇩ 冬《ふゆ》のあいだ。例 冬場《ふゆば》は、この地《ち》をおとずれる人《ひと》は少《すく》ない。対 夏場《なつば》

3 夂 ふゆがしら 2画 冬 変 ◀次ページ

【冬物《ふゆもの》】↓ 冬《ふゆ》に着《き》る衣服《いふく》やそれをつくるための布地《ぬのじ》。類 冬着《ふゆぎ》 対 夏物《なつもの》

【冬山《ふゆやま》】↓ ①冬《ふゆ》が来《き》て、木《こ》の葉《は》がちり、草《くさ》がかれてしまった山《やま》。②冬《ふゆ》の登山《とざん》。例 冬山《ふゆやま》は体力《たいりょく》がなければ無理《むり》だ。対 夏山《なつやま》

冬が下につく熟語 上の字の働き

【越冬《えっとう》 立冬《りっとう》】冬《ふゆ》をドウスルか・冬《ふゆ》がドウナルか。

◆ 初冬《しょとう》 暖冬《だんとう》

夂－6

変

総画9 JIS-4249 教4年

音 ヘン
訓 かわる・かえる

［變］

筆順 変 変 変 変 変 変 変 変 変（まっすぐ、つく／はらう／はねる）

なりたち  ［形声］もとの字は、「變」。「攵」が「しいておこなう」ことを表《あらわ》し、「䜌《レン》」が「みだれる」意味《いみ》を持《も》ち、合《あ》わせて、「かえる」意味《いみ》を表《あらわ》す字《じ》。

意味

❶かわる。かえる。ちがったものやようすになる。例 予定《よてい》が変《か》わる。色《いろ》を変《か》える。変《へん》化《か》・一変《いっぺん》

❷ふつうでない。ふつうとはちがったようすやできごと。例 変《へん》な味《あじ》。事変《じへん》

使い分け かわる［変・代・替・換］→ 269ページ

❶〈かわる〉の意味で

【変圧《へんあつ》】▲〈―する〉圧力《あつりょく》の強《つよ》さ、とくに電圧《でんあつ》の高《たか》さをかえること。例 変圧器《へんあつき》（トランス）

【変温動物《へんおんどうぶつ》】爬虫類《はちゅうるい》や魚類《ぎょるい》など、まわりの気温《きおん》や水温《すいおん》につれて体温《たいおん》も変化《へんか》する動物《どうぶつ》。類 冷血動物《れいけつどうぶつ》 対 定温動物《ていおんどうぶつ》・恒温動物《こうおんどうぶつ》

【変化】‖〈―する〉一《へんか》 かわること。ある状態《じょうたい》からべつの状態《じょうたい》になること。例 山《やま》の天候《てんこう》は変《へん》化《か》がはげしい。類 推移《すいい》 二《へんげ》 動物《どうぶつ》などがいろいろにすがたをかえてあらわれること。化《ば》け物《もの》。例 妖怪変化《ようかいへんげ》。七変化《しちへんげ》

【変革《へんかく》】‖〈―する〉政治《せいじ》や社会《しゃかい》のしくみなどが大《おお》きくかわること。類 改革《かいかく》・改変《かいへん》

【変換《へんかん》】‖〈―する〉べつのものにそっくりかえること。例 ひらがなを漢字《かんじ》に変換《へんかん》する。

【変形《へんけい》】▲〈―する〉形《かたち》がかわること。例 プラスチックの容器《ようき》が熱《ねつ》で変形《へんけい》した。

【変幻《へんげん》】‖〈―する〉すがたをあらわしたかと思《おも》うと、またすぐに消《き》えてしまったりして、その正体《しょうたい》がつかめないこと。例 変幻自在《へんげんじざい》

【変更《へんこう》】‖〈―する〉前《まえ》に決《き》めてあったことや、これまでそうであったことを、べつのものにかえること。例 計画《けいかく》を急《きゅう》に変更《へんこう》する。

【変質《へんしつ》】▲〈―する〉ものの性質《せいしつ》がかわること。例 バターが変質《へんしつ》してしまった。→❷

【変色《へんしょく》】▲〈―する〉色《いろ》がかわること。例 古《ふる》い写真《しゃしん》が変色《へんしょく》した。

【変心《へんしん》】▲〈―する〉気持《きも》ちや考《かんが》えがかわること。心《こころ》がわり。例 親友《しんゆう》の変心《へんしん》をせめる。

【変身《へんしん》】▲〈―する〉すがたをほかのものにかえること。例 青虫《あおむし》がチョウに変身《へんしん》した。

【変声期《へんせいき》】出《だ》す声《こえ》が、子《こ》どもの声《こえ》からおとなの声《こえ》にかわる時期《じき》。知識 小学校上級学《しょうがっこうじょうきゅうがく》年《ねん》から中学二年《ちゅうがくにねん》くらいの間《あいだ》で、男子《だんし》にいちじるしい。

【変遷《へんせん》】‖〈―する〉時《とき》がたつにつれて、だんだんにかわっていくこと。例 時代《じだい》の変遷《へんせん》のあとをたどる。類 推移《すいい》・変転《へんてん》・沿革《えんかく》

【変装《へんそう》】▲〈―する〉べつの人《ひと》に見《み》えるように身《み》なりをかえること。類 仮装《かそう》

【変造《へんぞう》】↓〈―する〉手《て》をくわえて形《かたち》や内容《ないよう》をかえること。例 変造防止《へんぞうぼうし》。

【変速《へんそく》】▲〈―する〉速《はや》さをかえること。

【変態《へんたい》】▲〈―する〉生物《せいぶつ》が生育《せいいく》する時期《じき》にしたがって形《かたち》をかえること。例 水生昆虫《すいせいこんちゅう》の変《へん》態《たい》。→❷

【変調《へんちょう》】▲〈―する〉音楽《おんがく》で、調子《ちょうし》をかえること。類 移調《いちょう》 →❷

【変転《へんてん》】‖〈―する〉ものごとがうつりかわること。例 めまぐるしく変転《へんてん》する。類 変遷《へんせん》

【変動《へんどう》】↓〈―する〉ようすがいろいろにかわること。例 地殻変動《ちかくへんどう》 対 安定《あんてい》

【変貌《へんぼう》】▲〈―する〉すがたやようすがかわること。例 この町《まち》も、すっかり変貌《へんぼう》した。類 変容《へんよう》

【変名《へんめい》】↓ 本名《ほんみょう》をかくすために使《つか》うべつの名前《なまえ》。類 仮名《かめい》・偽名《ぎめい》

【変容《へんよう》】▲〈―する〉全体《ぜんたい》のようすが、かわること。例 東京《とうきょう》は、戦後《せんご》大《おお》きく変容《へんよう》をとげた。類

変貌《へんぼう》

❷〈ふつうでない〉の意味で

【変異】《へんい》 ☰ ①ほうっておけないようなかわったできごと。例自然界《しぜんかい》に変異《へんい》がおきている。類異変《いへん》 ②〈―する〉おなじ種類《しゅるい》の生物《せいぶつ》の中《なか》で、それまでと形《かたち》や性質《せいしつ》のかわったものがあらわれること。例突然変異《とつぜんへんい》

【変死】《へんし》 ↓〈―する〉事故《じこ》や自殺《じさつ》などで死《し》ぬこと。類横死《おうし》

【変事】《へんじ》 ↓ふつうでない、たいへんなできごと。例一大変事《いちだいへんじ》。類異変《いへん》・事変《じへん》

【変質】《へんしつ》 ↓性格《せいかく》や行動《こうどう》がふつうの人《ひと》とひどくちがっていること。例変質者《へんしつしゃ》 ☞❶

【変種】《へんしゅ》 ↓おなじ種類《しゅるい》の中《なか》で、かわった性質《せいしつ》をもったもの。かわりだね。対原種《げんしゅ》

【変人】《へんじん》 ↓することや言《い》うことが、ほかの人《ひと》とずいぶんちがう人《ひと》。かわりもの。類奇人《きじん》

【変則】《へんそく》 ↓〈―な〉ふつうのやり方《かた》でないこと。きまりにはずれていること。例変則的《へんそくてき》な生活《せいかつ》。対正則《せいそく》

【変態】《へんたい》 ↓心《こころ》やからだのはたらきがふつうとひどくちがっていること。☞❶

【変調】《へんちょう》 ↓いつもとちがって、ようすがおかしいこと。例からだに変調《へんちょう》をきたす。☞❶

【変哲】《へんてつ》 ◎ほかとくらべて、とくにかわったところ。表現「なんの変哲《へんてつ》もない」と打《う》ち消《け》して、「ありふれている」の意味《いみ》に使《つか》う。

変が下につく熟語 上の字の働き

❶変＝〈かわる〉のとき
【一変《いっぺん》 急変《きゅうへん》 激変《げきへん》(劇変《げきへん》)】ドノヨウニ変《か》わるか。

❷変＝〈ふつうでない〉のとき
【異変《いへん》 事変《じへん》】近《ちか》い意味《いみ》。
◆政変《せいへん》 大変《たいへん》 不変《ふへん》

夂-7

夏

総画10 JIS-1838 教2年
音 カ・ゲ
訓 なつ

筆順 （ながく・はらう）

なりたち 
【象形】人《ひと》が大《おお》きな仮面《かめん》をかぶっておどっているようすをえがいた字《じ》。のちに、「なつ」として借《か》りて使《つか》われるようになった。

意味 なつ。四季《しき》の一《ひと》つで、気温《きおん》がいちばん高《たか》くなる季節《きせつ》。例飛《と》んで火《ひ》に入《い》る夏《なつ》の虫《むし》(なにも知《し》らないで、自分《じぶん》から危険《きけん》なことにとびこむこと)。夏物《なつもの》・夏至《げし》・初夏《しょか》 対冬《とう》

例解 使い分け
[かわる《変わる・代わる・替わる・換わる》]

変わる＝そのものがちがった状態《じょうたい》になる。
例季節《きせつ》が変《か》わる。色《いろ》が変《か》わる。住所《じゅうしょ》が変《か》わる。

代わる＝ある役目《やくめ》をほかのものがする。
例父《ちち》に代《か》わって応対《おうたい》する。入《い》れ代《か》わり立《た》ち代《か》わり。身代《みが》わり。

替わる＝今《いま》までのものがしりぞいて、次《つぎ》のものが事《こと》をおこなう。
例社長《しゃちょう》が替《か》わる。蒸気機関車《じょうききかんしゃ》からディーゼル機関車《きかんしゃ》に替《か》わる。

換わる＝その位置《いち》をべつのものが占《し》める。
例席《せき》が換《か》わる。名義《めいぎ》が換《か》わる。

注意するよみ ゲ…例夏至《げし》

【夏季】《かき》 ↓夏《なつ》の季節《きせつ》。例夏季研修会《かきけんしゅうかい》。関連春季《しゅんき》・夏季《かき》・秋季《しゅうき》・冬季《とうき》

【夏期】《かき》 ↓夏《なつ》のあいだ。例夏期休暇《かききゅうか》 関連春期《しゅんき》・夏期《かき》・秋期《しゅうき》・冬期《とうき》 表現「夏季《かき》」は「夏《なつ》の季節《きせつ》」、「夏期《かき》」は「夏《なつ》の期間《きかん》」と区別《くべつ》があるが、区別《くべつ》しないことも多《おお》い。

【夏至】《げし》 ↓太陽《たいよう》がもっとも北《きた》により、北半球《きたはんきゅう》では一年《いちねん》のうちで、もっとも昼《ひる》が長《なが》く、夜《よる》が短《みじか》い日《ひ》。六月二十二日《ろくがつにじゅうににち》ごろ。対冬至《とうじ》

【夏場】《なつば》 ↓夏《なつ》のあいだ。例このあたりは、夏場《なつば》、避暑《ひしょ》の客《きゃく》でにぎわう。対冬場《ふゆば》

【夏物】《なつもの》 ↓①夏《なつ》の季節《きせつ》に使《つか》うもの。夏《なつ》に出《で》まわる商品《しょうひん》。②夏《なつ》に着《き》る衣服《いふく》やそれをつくるための布地《ぬのじ》。対冬物《ふゆもの》

【夏山】《なつやま》 ↓①夏《なつ》の青葉《あおば》のしげった山《やま》。②夏《なつ》の登山《とざん》。例夏山登山《なつやまとざん》。対冬山《ふゆやま》

夏が下につく熟語 上の字の働き

【初夏《しょか》 盛夏《せいか》】イツの部分《ぶぶん》の夏《なつ》か。
◆常夏《とこなつ》 立夏《りっか》

3画 夕［ゆうべ］［ゆう］の部

暮《く》れ時《どき》を表《あらわ》す「夕《ゆう》」をもとに作《つく》られ、暮《く》れ時《どき》や夜《よる》にかかわる字《じ》と、「夕《ゆう》」の形《かたち》がめやすとなっている字《じ》を集《あつ》めてあります。

夕-0 夕

総画3　JIS-4528　教1年
音 セキ　訓 ゆう

筆順 夕 夕 夕（うえよりながく）

なりたち【象形】三日月《みかづき》の形《かたち》をえがいた字《じ》。もともとは「月《つき》」とおなじ字《じ》で「夜《よる》」の意味《いみ》を表《あらわ》していたが、のちに「夜《よる》のはじめ、ゆうがた」として使《つか》われるようになった。

意味 ゆうがた。日《ひ》がしずみかかってうすぐらくなった時分《じぶん》。ひぐれどき。例 朝《あさ》な夕《ゆう》な。夕日《ゆうひ》・七夕《たなばた》 対 朝《ちょう》

特別なよみ 七夕(たなばた)

名前のよみ ゆ

【夕方《ゆうがた》】↓ 日《ひ》がくれて、あたりがだんだん暗《くら》くなるころ。夕《ゆう》ぐれ。類 夕刻《ゆうこく》 対 朝方《あさがた》

【夕刊《ゆうかん》】↓ 毎日《まいにち》、夕方《ゆうがた》に発行《はっこう》される新聞《しんぶん》。対 朝刊《ちょうかん》

【夕餉《ゆうげ》】↓ ばんごはん。参考「け」は古《ふる》いことばで食事《しょくじ》を表《あらわ》す。関連 朝餉《あさげ》・昼餉《ひるげ》・夕餉

【夕刻《ゆうこく》】↓ 日《ひ》がしずんで、暗《くら》くなりはじめるころ。類 夕方《ゆうがた》

【夕食《ゆうしょく》】↓ 夕方《ゆうがた》の食事《しょくじ》。ばんめし。類 夕《ゆう》飯《はん》・夕餉 関連 朝食《ちょうしょく》・昼食《ちゅうしょく》・夕食《ゆうしょく》・夜食《やしょく》

【夕立《ゆうだち》】↓ 夏《なつ》の午後《ごご》や夕方《ゆうがた》、急《きゅう》にはげしくふりだして、まもなくやむ雨《あめ》。

【夕月夜《ゆうづきよ｜ゆうづくよ》】↓ あたりにまだ明《あか》るさがのこっていて、出《で》ている月《つき》の光《ひかり》がそれほどに感《かん》じられない夕方《ゆうがた》。

【夕凪《ゆうなぎ》】↓ 夕方《ゆうがた》、いちじ波《なみ》がおさまること。対 朝凪《あさなぎ》 知識 海《うみ》に近《ちか》いところでは、風《かぜ》が日中《にっちゅう》は海《うみ》から、夜《よる》は陸《りく》からふく。海風《うみかぜ》と陸風《りくかぜ》が入《い》れかわるときに、朝凪《あさなぎ》、夕凪《ゆうなぎ》になる。

【夕飯《ゆうはん｜ゆうめし》】↓ 夜《よる》の食事《しょくじ》。ばんごはん。類 夕《ゆう》食《しょく》・夕餉 表現「ゆうめし」は「ゆうはん」より少《すこ》しぞんざいな感《かん》じになる。「ゆうげ(夕餉)」というと文学的《ぶんがくてき》になる。

【夕日《ゆうひ》】↓ 夕方《ゆうがた》、西《にし》の空《そら》にしずもうとする太陽《たいよう》。または、その光《ひかり》。入《い》り日《ひ》。類 落日《らくじつ》 対 朝日《あさひ》 表記「夕陽」とも書《か》く。

【夕闇《ゆうやみ》】↓ 夕方《ゆうがた》になって、あたりが暗《くら》くなること。例 夕闇《ゆうやみ》がせまる。類 宵闇《よいやみ》

◆ 一朝一夕《いっちょういっせき》 七夕《たなばた》

夕-2 外

総画5　JIS-1916　教2年
音 ガイ・ゲ　訓 そと・ほか・はずす・はずれる

筆順 外 外 外 外 外（とめる）

なりたち【形声】「夕《ゆう》」と「月《ゲツ》」はもとおなじ字《じ》で、「ゲツ」が「欠《か》ける(ケツ)」意味《いみ》と、「ガイ」とかわって読《よ》み方《かた》をしめしている。「卜」はかめのこうらを焼《や》いて、おもてにできるひびわれでうらなう意味《いみ》であることから、「おもて、そとがわ」として使《つか》われる字《じ》。

意味

❶そと。ある範囲《はんい》から出《で》たところ。ほか。よそ。そとがわ。例 鬼《おに》は外《そと》。その外《ほか》。町《まち》の外《はず》れ。外出《がいしゅつ》・海外《かいがい》 対 内《ない》

❷はずす。はずれる。その範囲《はんい》から出《だ》す。とりのぞく。例 ねらいが外《はず》れる。除外《じょがい》

❸外国《がいこく》。外国《がいこく》にかかわるものごと。例 外《がい》地《ち》・外来語《がいらいご》・在外《ざいがい》

使い分け ほか［外・他］☞271ページ

名前のよみ と・との・ひろ

❶〈そと〉の意味で

【外圧《がいあつ》】↓ 外《そと》がわからくわえられる力《ちから》。例 外圧《がいあつ》が高《たか》まる。対 内圧《ないあつ》

【外界《がいかい》】↓ 自分《じぶん》をとりまいている、まわりのようす。例 外界《がいかい》の変化《へんか》に応《おう》じる。

【外角《がいかく》】↓ ①多角形《たかくけい》で、ある辺《へん》の延長《えんちょう》と、そのとなりの辺《へん》とがつくる角《かく》。②野球《やきゅう》で、バッターから見《み》てホームベースの遠《とお》いがわ。アウトコーナー。

【外郭団体《がいかくだんたい》】官庁《かんちょう》などの役所《やくしょ》と深《ふか》いつ

ながりをもって、その仕事《しごと》を助《たす》ける団体《だんたい》。

【外観《がいかん》】↓ 外《そと》から見《み》たようす。おもてに見《み》えるようす。みかけ。類 外見《がいけん|そとみ》

【外気《がいき》】↓ 家《いえ》の外《そと》の空気《くうき》。

【外勤《がいきん》】↓〈―する〉集金《しゅうきん》やセールス・配達《はいたつ》など、外《そと》まわりの仕事《しごと》をすること。対 内勤《ないきん》

【外形《がいけい》】↓ 外《そと》から見《み》た形《かたち》やようす。

【外見《がいけん|そとみ》】↓ 外《そと》から見《み》たようす。みかけ。類 外観《がいかん》・外面《がいめん》

【外交《がいこう》】↓ 商店《しょうてん》や会社《かいしゃ》で、外《そと》に出《て》て注文《ちゅうもん》を取《と》ったり、商品《しょうひん》を売《う》ったりすること。例 保険《ほけん》の外交員《がいこういん》。類 渉外《しょうがい》 ☞❸

【外交辞令《がいこうじれい》】人《ひと》づきあいのうえで使《つか》う、相手《あいて》をよろこばせるおせじ。類 社交辞令《しゃこうじれい》 ☞❸

【外向的《がいこうてき》】〈―な|―に〉どんどん外《そと》へ出《で》て人《ひと》と親《した》しくつきあったり、進《すす》んで仕事《しごと》を引《ひ》き受《う》けたりするような性格《せいかく》である。対 内向的《ないこうてき》

【外。柔内。剛《がいじゅうないごう》】見《み》かけはやさしそうだが、心《こころ》の中《なか》はしっかりしていて、しんが強《つよ》いこと。対 内柔外剛《ないじゅうがいごう》

【外出《がいしゅつ》】↓〈―する〉外《そと》に出《で》かけること。例 外《がい》出中《しゅつちゅう》 対 在宅《ざいたく》・在社《ざいしゃ》・在室《ざいしつ》

【外傷《がいしょう》】↓ 外《そと》からからだに受《う》けたきず。

【外食《がいしょく》】↓〈―する〉食堂《しょくどう》・レストランなどで食《しょく》事《じ》をすること。

【外。戚《がいせき》】↓ 母方《ははかた》の親戚《しんせき》。母《はは》や妻《つま》の、父母《ふぼ》・祖《そ》父母《ふぼ》・兄弟《きょうだい》(姉妹《しまい》)などをいう。

【外線《がいせん》】↓ 学校《がっこう》や会社《かいしゃ》などで、外部《がいぶ》に通《つう》じている電話《でんわ》。対 内線《ないせん》

【外注《がいちゅう》】↓〈―する〉その仕事《しごと》を、外部《がいぶ》の業者《ぎょうしゃ》に注文《ちゅうもん》すること。

【外的《がいてき》】⊠〈―な|―に〉ものごとの外部《がいぶ》にかかわるようす。例 気象《きしょう》などの外的条件《がいてきじょうけん》。対 内的《ないてき》

【外敵《がいてき》】↓ 外《そと》からせめてくる敵《てき》。

【外。泊《がいはく》】↓〈―する〉自分《じぶん》の家《いえ》やふだん住《す》んでいるところでないところにとまること。

【外部《がいぶ》】↓ ①ものの外《そと》がわ。例 家《いえ》の外部《がいぶ》工《こう》事《じ》をする。対 内部《ないぶ》 ②なかまでない人《ひと》。例 秘《ひ》密《みつ》が外部《がいぶ》にもれた。対 内部《ないぶ》

【外聞《がいぶん》】↓ 世間《せけん》の評判《ひょうばん》。とくに、名誉《めいよ》にかかわるうわさ。例 外聞《がいぶん》を気《き》にする。はじも外《がい》聞《ぶん》もない。類 世間体《せけんてい》

【外面《がいめん》】↓［一］①ものの外《そと》がわの面《めん》。類 表《ひょう》面《めん》 対 内面《ないめん》 ②外《そと》から見《み》たようす。うわべ。みかけ。例 外面《がいめん》をとりつくろう。類 外見《がいけん》 対 内《ない》面《めん》［二］《そとづら》よその人《ひと》むけの態度《たいど》や顔《かお》つき。例 外《そと》面《づら》がいい。対 内面《うちづら》

【外野《がいや》】↓ 野球《やきゅう》で、ベースラインの外《そと》がわの地帯《ちたい》。例 外野《がいや》フライ・外野手《がいやしゅ》 対 内野《ないや》

【外洋《がいよう》】↓ 陸地《りくち》から遠《とお》くはなれた広《ひろ》い海《うみ》。類 外海《がいかい|そとうみ》・遠洋《えんよう》 対 近海《きんかい》・内海《ないかい|うちうみ》

【外用薬《がいようやく》】皮膚《ひふ》やねんまくなど、からだの表面《ひょうめん》にぬって使《つか》う薬《くすり》。対 内服薬《ないふくやく》

【外来《がいらい》】↓ ①よそから来《く》ること。例 外来者《がいらいしゃ》 ②「外来患者《がいらいかんじゃ》」の略《りゃく》。通《つう》院《いん》して診察《しんさつ》を受《う》けに来《く》る人《ひと》。☞❸

【外輪山《がいりんざん》】火口《かこう》の中《なか》に新《あたら》しく火山《かざん》ができたとき、それを取《と》り囲《かこ》むもとの火口《かこう》の尾根《おね》。

【外科《げか》】↓ 医学《いがく》の部門《ぶもん》の一《ひと》つ。けがの治療《ちりょう》をしたり、手術《しゅじゅつ》によって病気《びょうき》をなおしたりするのが役目《やくめ》。例 外科医《げかい》 対 内科《ないか》

【外道《げどう》】↓ ①仏教《ぶっきょう》で、仏教《ぶっきょう》以外《いがい》の教《おし》え。また、その教《おし》えを信《しん》じる人《ひと》びと。②人《ひと》をののしって言《い》うことば。表現 仏教《ぶっきょう》に関係《かんけい》がなくても、ひどくむごいしうちを「外道《げどう》のしわざ」といったり、つりに行《い》って目当《めあ》ての魚《さかな》でない魚《さかな》がかかったときに「また外道《げどう》だ」といったりする。

【外。堀《そとぼり》】↓ 城《しろ》の外《そと》まわりにあるほり。対 内《うち》堀《ぼり》 表記「外濠」とも書《か》く。

【外孫《そとまご|がいそん》】↓ よめに行《い》ったむすめが生《う》んだ子《こ》ども。対 内孫《うちまご|ないそん》

❸〈外国〉の意味で

【外貨《がいか》】↓ ①外国《がいこく》のお金《かね》。例 外貨《がいか》をかせぐ。対 邦貨《ほうか》 ②外国《がいこく》からの品物《しなもの》。

例解 使い分け

〔ほか《外・他》〕

外＝範囲《はんい》のそと。
例 社会科見学《しゃかいかけんがく》の日《ひ》に遅刻《ちこく》するなんてもっての外《ほか》だ。思《おも》いの外《ほか》。想像《そうぞう》の外《ほか》。

他＝それ以外《いがい》のもの。
例 この他《ほか》に必要《ひつよう》なものをさがす。他《ほか》の人《ひと》の意見《いけん》も聞《き》こう。

【外。患】がい かん ↓ 外国《がいこく》との関係《かんけい》で、心配《しんぱい》なこと。例 内憂外患《ないゆうがいかん》(国《くに》の内外《ないがい》の心配《しんぱい》ごと) 類 外憂《がいゆう》 対 内患《ないかん》・内憂《ないゆう》

【外交】がい こう ↓ 外国《がいこく》とのつきあいや交渉《こうしょう》。例 外《がい》交官《こうかん》・外交交渉《がいこうこうしょう》 対 内政《ないせい》 ☞❶

【外交辞令】がいこう じれい 国《くに》と国《くに》との外交文書《がいこうぶんしょ》などで使《つか》う、儀礼的《ぎれいてき》なことばづかい。☞❶

【外国】がい こく ↓ 自分《じぶん》の国《くに》でない、ほかの国《くに》。例 外国人《がいこくじん》・外国語《がいこくご》 類 異国《いこく》・異邦《いほう》・他国《たこく》

【外資】がい し ◎「外国資本《がいこくしほん》」の略《りゃく》。国内《こくない》の仕事《しごと》のために、外国《がいこく》から入《い》れたお金《かね》のこと。例 外資《がいし》導入《どうにゅう》。外資系《がいしけい》の会社《かいしゃ》。

【外車】がい しゃ ↓ 外国《がいこく》の自動車会社《じどうしゃがいしゃ》がつくった車《くるま》。例 外車《がいしゃ》を輸入《ゆにゅう》する。対 国産車《こくさんしゃ》

【外。需】がい じゅ ↓ 品物《しなもの》を買《か》いたいという注文《ちゅうもん》が国《こく》外《がい》からくること。対 内需《ないじゅ》

【外相】がい しょう ↓ 外務大臣《がいむだいじん》。

【外人】がい じん ↓ 外国人《がいこくじん》。よその国《くに》の人《ひと》。類 異人《いじん》 対 邦人《ほうじん》 表現 今《いま》は、「外国人《がいこくじん》」というようにしている。

【外地】がい ち ↓ 外国《がいこく》の土地《とち》。対 内地《ないち》・本土《ほんど》 知識 第二次世界大戦《だいにじせかいたいせん》までの日本《にほん》では、「外地《がいち》」は、本国《ほんごく》(内地《ないち》)に対《たい》して台湾《たいわん》・樺太《からふと》(今《いま》のサハリン)・朝鮮半島《ちょうせんはんとう》などを指《さ》すことばであった。

【外電】がい でん ↓ 外国《がいこく》から打《う》ってくる電報《でんぽう》。とくに、外国《がいこく》の通信社《つうしんしゃ》からつたわるニュース。

【外米】がい まい ↓ 外国《がいこく》から輸入《ゆにゅう》した米《こめ》。対 内地米《ないちまい》

【外務】がい む ↓ 外国《がいこく》とのつきあい、交渉《こうしょう》などの仕事《しごと》。例 外務省《がいむしょう》 対 内務《ないむ》

【外遊】がい ゆう ↓〈―する〉外国《がいこく》へ旅行《りょこう》すること。例 外遊《がいゆう》の途《と》にのぼる。類 洋行《ようこう》

【外来】がい らい ↓ 外国《がいこく》から来《く》ること。例 外来語《がいらいご》・外《がい》来文化《らいぶんか》 類 舶来《はくらい》・伝来《でんらい》 ☞❶

外が下につく熟語 上の字の働き

❶ 外＝〈そと〉のとき
【案外《あんがい》 意外《いがい》 心外《しんがい》 存外《ぞんがい》 望外《ぼうがい》 慮外《りょがい》】ドウイウ心《こころ》の外《そと》か。
【屋外《おくがい》 戸外《こがい》 窓外《そうがい》 郊外《こうがい》 国外《こくがい》 海外《かいがい》 場外《じょうがい》 野《や》外《がい》 欄外《らんがい》】ドコの外《そと》か。
【課外《かがい》 圏外《けんがい》 言外《げんがい》 口外《こうがい》 号外《ごうがい》 等外《とうがい》 番外《ばんがい》 法外《ほうがい》 例外《れいがい》 論外《ろんがい》】ナニの外《そと》か。

❷ 外＝〈はずす〉のとき
【除外《じょがい》 疎外《そがい》】近《ちか》い意味《いみ》。

◆ 以外《いがい》 在外《ざいがい》 渉外《しょうがい》 内外《ないがい》

タ-3

多

総画6
JIS-3431
教2年
音 タ
訓 おおい

筆順 多 多 多 多 多 多 ややおおきめに

なりたち

【会意】「夕《ゆうべ》」を重《かさ》ねて、日数《にっすう》の重《かさ》なりを表《あらわ》している字《じ》。

意味 おおい。おおくする。量《りょう》がたっぷりあること。例 人数《にんずう》が多《おお》い。雑多《ざった》 対 少《しょう》・寡《か》

名前のよみ かず・まさ・まさる

【多。寡】た か ⇕ 多《おお》いか少《すく》ないか。例 寄付《きふ》するお金《かね》の多寡《たか》は問題《もんだい》でない。類 多少《たしょう》

【多額】た がく ↓ お金《かね》の額《がく》が多《おお》いこと。例 多額《たがく》の借金《しゃっきん》を抱《かか》えて倒産《とうさん》。類 巨額《きょがく》・高額《こうがく》 対 少額《しょうがく》

【多角形】たかく けい|たかっ けい 三《みっ》つ以上《いじょう》の角《かく》をもっていて、直線《ちょくせん》でかこまれた図形《ずけい》。類 多辺形《たへんけい》

【多角経営】たかく けいえい 一《ひと》つの会社《かいしゃ》が、いろいろな分野《ぶんや》の事業《じぎょう》を同時《どうじ》におこなうこと。

【多角的】たかく てき〈―な・―に〉いろいろな方面《ほうめん》に関係《かんけい》をもつようす。例 多角的《たかくてき》な分析《ぶんせき》。類 多面的《ためんてき》

【多感】た かん ▲〈―な・―に〉心《こころ》がゆたかで感《かん》じやすい。例 多情《たじょう》多感《たかん》。多感《たかん》な青年《せいねん》の心《こころ》。

【多。岐】た き ↓〈―な・―に〉ものごとがこまかく分《わ》かれて、しかも入《い》り組《く》んでいるようす。例 問題《もんだい》は多岐《たき》にわたっている。

【多義】た ぎ ↓ たくさんの意味《いみ》。例 多義語《たぎご》

【多極化】たきょく か〈―する〉なにかが中心《ちゅうしん》になるのではなく、いくつものものが対立《たいりつ》しながら存《そん》在《ざい》するようになること。

【多芸】た げい ▲〈―な・―に〉いろいろなことができること。例 多芸《たげい》は無芸《むげい》。対 無芸《むげい》

【多元的】たげん てき〈―な・―に〉ものごとを形《かたち》づくっているもとが、いくつもあるようす。対 一元的《いちげんてき》

【多幸】た こう ▲ 幸《しあわ》せがいっぱい。表現「ご多幸《たこう》をいのります」のように手紙《てがみ》の結《むす》びなどに使《つか》う。

【多才】た さい ▲〈―な・―に〉いろいろなことをうまくやりこなす能力《のうりょく》があること。例 多芸多才《たげいたさい》

【多。彩】た さい ↓〈―な・―に〉いろいろな種類《しゅるい》や変化《へんか》があって見《み》るからににぎやかだ。例 多彩《たさい》な顔《かお》ぶ

れ。類 多種多様《たしゅたよう》

【多事《たじ》】▲ ①仕事《しごと》が多《おお》くて、いそがしいこと。例 多事多用《たじたよう》 ②事件《じけん》が多《おお》くて、世間《せけん》がさわがしいこと。例 多事多難《たじたなん》

【多士済済《たしせいせい》】〈―たる〉〈―と〉すぐれた人物《じんぶつ》がたくさんそろっていること。例 この研究会《けんきゅうかい》は多《た》士済々《しせいせい》でたのもしい。参考「たしさいさい」ともいわれるが、「たしせいせい」が正《ただ》しい。

【多事多。端《たじたたん》】仕事《しごと》がたくさんあって、とてもいそがしい。

【多事多難《たじたなん》】事件《じけん》があいついでおこり、むずかしいことがたくさんあること。

【多。湿《たしつ》】▲〈―な〉しっけが多《おお》い。類 湿潤《しつじゅん》

【多種多様《たしゅたよう》】〈―な〉〈―に〉それぞれにちがうものが、いろいろ、さまざまある。類 多彩《たさい》

【多。趣味《たしゅみ》】〈―な〉〈―に〉たのしみとして、することをたくさんもっていること。

【多少《たしょう》】⇕ ①多《おお》いことと少《すく》ないこと。多《おお》いか少《すく》ないかの程度《ていど》。例 多少《たしょう》にかかわらず、注文《ちゅうもん》に応《おう》じます。類 多寡《たか》 ②いくらか。少《すこ》し。例 多少《たしょう》の不都合《ふつごう》はがまんしよう。類 少少《しょうしょう》・若干《じゃっかん》

【多情《たじょう》】▲〈―な〉①心《こころ》がやさしく、感《かん》じやすいこと。例 多情《たじょう》多感《たかん》な少女時代《しょうじょじだい》をすごす。②異性《いせい》に対《たい》する愛情《あいじょう》がかわりやすく、うつり気《ぎ》であること。

【多数《たすう》】▲ 人数《にんずう》やものの数《かず》が多《おお》いこと。例 多数《たすう》の人々《ひとびと》。多数決《たすうけつ》 対 少数《しょうすう》

【多勢《たぜい》】⇩ 多《おお》くの人《ひと》。例 多勢《たぜい》に無勢《ぶぜい》（相手《あいて》が少《すく》ないおおぜいなのに対《たい》して、こちらの数《かず》が少《すく》ないこと）。類 大勢《おおぜい》

【多多《たた》】Ⅱ たくさん。例 言《い》いたいことは多々《たた》ありますが、一《ひと》つだけ申《もう》します。

【多大《ただい》】Ⅱ〈―な〉〈―に〉ひじょうに多《おお》いこと。例 多《た》大《だい》な恩恵《おんけい》をうける。

【多。端《たたん》】▲〈―な〉用事《ようじ》がたくさんあって、いそがしいこと。例 多事多端《たじたたん》 類 多忙《たぼう》・多用《たよう》

【多読《たどく》】⇩〈―する〉たくさんの本《ほん》を読《よ》むこと。

【多難《たなん》】▲〈―な〉〈―に〉苦《くる》しいことやむずかしいことが多《おお》いようす。例 前途《ぜんと》多難《たなん》

【多年《たねん》】⇩ 長《なが》い年月《としつき》。例 多年《たねん》の研究《けんきゅう》が実《み》をむすぶ。類 長年《ながねん》・永年《えいねん》《ながねん》・積年《せきねん》

【多発《たはつ》】⇩〈―する〉たびたびおこること。例 事故《じこ》の多発《たはつ》をふせぐ。類 頻発《ひんぱつ》・続発《ぞくはつ》

【多分《たぶん》】⇩ ①たくさん。例 多分《たぶん》のご寄付《きふ》をいただいた。類 過分《かぶん》 ②おそらく。例 あすはたぶん雪《ゆき》だろう。表現 ①は「ご多分《たぶん》にもれず（世間《せけん》の多《おお》くの例《れい》のように）」の言《い》い方《かた》もある。

【多弁《たべん》】⇩〈―な〉〈―に〉よくしゃべること。例 多弁《たべん》を要《よう》しない。類 冗舌《じょうぜつ》 対 寡黙《かもく》

【多。忙《たぼう》】⇩〈―な〉〈―に〉たいへんいそがしいこと。

【多面的《ためんてき》】〈―な〉〈―に〉いくつもの面《めん》をもっている。いくつものことに関係《かんけい》がある。例 多面的《ためんてき》に考《かんが》える必要《ひつよう》がある。類 多角的《たかくてき》

【多目的《たもくてき》】〈―な〉〈―に〉一《ひと》つのものが、いくつもの目的《もくてき》に使《つか》えること。例 多目的《たもくてき》ダム。

【多用《たよう》】①⇩〈―する〉たくさん使《つか》うこと。例 外来語《がいらいご》を多用《たよう》する。②▲〈―な〉〈―に〉用事《ようじ》が多《おお》くて、いそがしいこと。例 ご多用中《たようちゅう》のところ、ありがとうございます。類 多忙《たぼう》・多端《たたん》・多事《たじ》

【多様《たよう》】⇩〈―な〉〈―に〉いろいろである。例 多種多《たしゅた》様《よう》 対 一様《いちよう》

【多量《たりょう》】▲ 分量《ぶんりょう》が多《おお》いこと。例 水力発電《すいりょくはつでん》には多量《たりょう》の水《みず》がいる。類 大量《たいりょう》 対 少量《しょうりょう》

多が下につく熟語 上の字の働き

【幾多《いくた》 最多《さいた》】ドノクライ多《おお》いか。

◆過多《かた》 雑多《ざった》

■ タ-5

夜

総画8
JIS-4475
教2年
音 ヤ
訓 よ・よる

筆順

なりたち  【形声】「亦《エキ》」と「夕《ゆうべ》」からできた字。「エキ」が「ヤ」とかわって読《よ》み方《かた》をしめしている。「エキ」は「月《つき》が白《しろ》い」意味《いみ》を持《も》ち、月《つき》が白《しろ》く光《ひか》る「よる」を表《あらわ》している字《じ》。

意味 よる。よ。よなか。日《ひ》がくれてから朝《あさ》までの暗《くら》い時分《じぶん》。例 夜《よ》を日《ひ》につぐ（夜《よる》となく、昼《ひる》となく、休《やす》みなくつづける）。昼《ひる》と夜《よる》。夜空《よぞら》・夜間《やかん》・深夜《しんや》 対 昼《ちゅう》・日《にち》

【夜。陰《やいん》】⇩ 夜《よる》の暗《くら》やみ。例 夜陰《やいん》に乗《じょう》じる（夜《よる》の暗《くら》やみを利用《りよう》する）。

【夜営《やえい》】⇩〈―する〉軍隊《ぐんたい》が、夜《よる》そこで休《やす》むため

に、野外《やがい》に陣《じん》をはること。

【夜学《やがく》】[↓]夕方《ゆうがた》から夜《よる》にかけて授業《じゅぎょう》をする学校《がっこう》。

【夜間《やかん》】[↓]暗《くら》くなってから明《あか》るくなるまでの夜《よる》のあいだ。例 夜間人口《やかんじんこう》 対 昼間《ちゅうかん|ひるま》
【夜勤《やきん》】[↓]夜間《やかん》に職場《しょくば》で仕事《しごと》をすること。

【夜具《やぐ》】[↓]ふとん・まくら・ねまきなど、ねるときに使《つか》うもの。類 寝具《しんぐ》
【夜景《やけい》】[↓]夜《よる》にながめるけしき。

【夜警《やけい》】[↓]夜《よる》のあいだに事件《じけん》が起《お》こらないよう、見《み》まわりをすること。夜《よ》まわり。

【夜光《やこう》】[↓]暗《くら》いなかで光《ひか》って見《み》えること。

【夜行《やこう》】[↓]①夜《よる》のあいだに活動《かつどう》すること。例 夜行性動物《やこうせいどうぶつ》 ②夜《よる》のあいだに運転《うんてん》される列《れっ》車《しゃ》やバス。例 夜行《やこう》に乗《の》る。

【夜。襲《やしゅう》】[↓]〈―する〉夜《よる》、やみにまぎれて敵《てき》をせめること。夜《よ》うち。例 夜襲《やしゅう》をかける。

【夜食《やしょく》】[↓]三度《さんど》の食事《しょくじ》のほかに、夜《よる》おそくにとる軽《かる》い食事《しょくじ》。関連 朝食《ちょうしょく》・昼食《ちゅうしょく》・夕食《ゆうしょく》・夜食《やしょく》
【夜半《やはん》】[↓]夜《よ》なか。夜《よ》ふけ。

【夜分《やぶん》】[↓]夜《よる》になって。夜《よる》おそく。例 夜分《やぶん》おそくのお電話《でんわ》、申《もう》しわけありません。表現 あらたまった場面《ばめん》で使《つか》うことが多《おお》い。

【夜来《やらい》】[⊠]前《まえ》の日《ひ》の夜《よる》から次《つぎ》の朝《あさ》にかけて。例 夜来《やらい》の雨《あめ》があがった。

【夜話《やわ|よばなし》】[↓]夜《よる》、人《ひと》びとが集《あつ》まってする話《はなし》。例 文学夜話《ぶんがくやわ》。夏《なつ》の夜話《よばなし》。

文字物語

大

「大」。なんと書《か》きやすく、したしみやすい字《じ》だろう。

一字《いちじ》のことばとしては、「声《こえ》を大《だい》にしてうったえる」「台風《たいふう》が上陸《じょうりく》する可能性《かのうせい》が大《だい》だ」のように使《つか》われ、「大《だい》は小《しょう》をかねる」「大《だい》なり小《しょう》なり」のように「小《しょう》」と対《つい》にしても使《つか》われる。また、「大《だい》の男《おとこ》」「大《だい》のなかよし」など「大《だい》の」という言《い》い方《かた》もある。


ことばの上《うえ》について、「とびぬけて大《おお》きい」の意味《いみ》で、「大会社《だいがいしゃ》」「大都会《だいとかい》」「大事件《だいじけん》」のようにいう。強《つよ》く言《い》いたい気持《きも》ちを、「大賛成《だいさんせい》」「大反対《だいはんたい》」「大至急《だいしきゅう》」のようにいって表《あらわ》す。人《ひと》の名《な》の上《うえ》につけて「大西郷《だいさいごう》」「大《だい》ナポレオン」などというのは、「偉大《いだい》な」の意味《いみ》で、尊敬《そんけい》の気《き》持《も》ちをこめたもの。また、親子《おやこ》ともにりっぱな小説家《しょうせつか》だったフランスのアレキサンダー・デュマの、父《ちち》のほうを「大《だい》デュマ」、子《こ》を「小《しょう》デュマ」といって、親《おや》と子《こ》を区別《くべつ》していう習《しゅう》慣《かん》もある。

ことばの下《した》について、「ゴルフボール大《だい》のひょうが降《ふ》った」「等身大《とうしんだい》の人形《にんぎょう》」など、物《もの》の大《おお》きさを具体的《ぐたいてき》に表《あらわ》すときにも使《つか》われる。

【夜汽車《よぎしゃ》】夜《よる》のあいだも走《はし》りつづける汽《き》車《しゃ》。類 夜行列車《やこうれっしゃ》
【夜。霧《よぎり》】[↓]夜《よる》にたちこめるきり。対 朝霧《あさぎり》
【夜▲毎《よごと》】[○]毎日《まいにち》、夜《よる》が来《く》るたびに。例 日毎《ひごと》夜毎《よごと》。夜毎《よごと》の夢《ゆめ》に出《で》る。類 毎晩《まいばん》
【夜桜《よざくら》】[↓]夜《よる》の暗《くら》い中《なか》でながめる桜《さくら》の花《はな》。例 夜桜見物《よざくらけんぶつ》
【夜寒《よさむ》】[↓]夜《よる》の寒《さむ》さ。とくに、秋《あき》の終《お》わりごろの夜《よる》の寒《さむ》さ。例 夜寒《よさむ》が身《み》にしみる。
【夜空《よぞら》】[↓]夜《よる》の空《そら》。例 夜空《よぞら》にまたたく星《ほし》。
【夜。露《よつゆ》】[↓]夜《よる》のあいだにおりる露《つゆ》。対 朝露《あさつゆ》
【夜長《よなが》】[▽]夜《よる》の時間《じかん》が長《なが》いこと。その季節《きせつ》。例 秋《あき》の夜長《よなが》に読書《どくしょ》を楽《たの》しむ。対 日長《ひなが》
【夜店《よみせ》】[↓]夜《よる》、道《みち》ばたなどに出《で》る店《みせ》。例 夜《よ》店《みせ》で金魚《きんぎょ》すくいをする。
【夜目《よめ》】[↓]夜《よる》、暗《くら》い中《なか》でものを見《み》ること。例 満開《まんかい》の桜《さくら》が、夜目《よめ》にもあざやかだ。
【夜昼《よるひる》】[⇕]①夜《よる》と昼《ひる》。類 昼夜《ちゅうや》 ②夜《よる》も昼《ひる》もずうっと。類 日夜《にちや》

夜が下につく熟語 上の字の働き

【今夜《こんや》 昨夜《さくや》 前夜《ぜんや》】今《いま》（または、そのとき）から考《かんが》えてイツの夜《よる》か。
【除夜《じょや》 聖夜《せいや》 白夜《はくや|びゃくや》】ドウイウ夜《よる》か。〔「除《じょ》」は一年《いちねん》の終《お》わりを表《あらわ》す〕
【通夜《つや》 徹夜《てつや》 連夜《れんや》】夜《よる》をドウスルか。
◆七夜《しちや》 十五夜《じゅうごや》 終夜《しゅうや》 深夜《しんや》 月夜《つきよ》 日夜《にちや》 八十八夜《はちじゅうはちや》 星月夜《ほしづきよ|ほしづくよ》 夕月夜《ゆうづきよ|ゆうづくよ》

夕-10

夢

総画13
JIS-4420
教5年
訓 ゆめ
音 ム

筆順

なりたち

【形声】もとの字は、「夢」。「𦭝」が「くらい」意味《いみ》と「ボウ」という読《よ》み方《かた》をしめしている。「夕《ゆうべ》」がついて、「夜《よる》のくらいこと」を表《あらわ》す字《じ》。「ゆめ」の意味《いみ》に借《か》りて使《つか》われている。

意味 ゆめ。ねむっているときに見《み》えたり聞《き》こえたりするもの。ゆめのようなこと。大《おお》きな希望《きぼう》。例 夢《ゆめ》を見《み》る。夢《ゆめ》からさめる。将《しょう》来《らい》の夢《ゆめ》を語《かた》る。夢路《ゆめじ》・夢物語《ゆめものがたり》・初夢《はつゆめ》・悪夢《あくむ》

【夢。幻】《むげん|ゆめまぼろし》 Ⅱ ①ゆめとまぼろし。例 夢《む》幻《げん》の世界《せかい》をさまよう。②ゆめやまぼろしのように、はかないもの。

【夢想】《むそう》 ↓〈―する〉ゆめのような、あてもないことを思《おも》うこと。例 優勝《ゆうしょう》なんて夢想《むそう》だにしない。類 空想《くうそう》

【夢中】《むちゅう》 ↓ ①ゆめの中《なか》。ゆめを見《み》ているあいだ。②〈―な・―に〉そのことだけにいっしょうけんめいになること。例 無我夢中《むがむちゅう》 類 熱中《ねっちゅう》

【夢遊病】《むゆうびょう》 ねむっている人《ひと》が、おきあがって歩《ある》きまわったりする病気《びょうき》。

【夢心地】《ゆめごこち》 まるでゆめを見《み》ているときのような、うっとりとしたふしぎな気持《きも》ち。夢見《ゆめみ》心地《ごこち》。例 夢心地《ゆめごこち》で一日《いちにち》をすごす。

【夢路】《ゆめじ》 ↓ ゆめを見《み》つづけることを、道《みち》を行《い》くのにたとえた言《い》い方《かた》。例 夢路《ゆめじ》をたどる(ゆつくりねむる)。

【夢見】《ゆめみ》 ↓ ねむっているあいだにゆめを見《み》ること。また、見《み》たゆめ。例 夢見《ゆめみ》がわるい。

【夢物語】《ゆめものがたり》 ①ゆめに見《み》たことを、目《め》がさめてから話《はな》すこと。②空想《くうそう》の世界《せかい》での話《はなし》。

3画 大〔だい〕の部

「大《だい》」をもとに作《つく》られ、人《ひと》の立《た》っているようすにかかわる字《じ》と、「大《だい》」の形《かたち》がめやすとなっている字《じ》を集《あつ》めてあります。

この部首の字

0 大……275	1 太……280	天……282		
夫……284	2 央……284	失……284	3 夷……285	
5 奇……285	奈……286	奉……286	奔……287	
6 契……287	奎……287	奏……287	9 奥……288	
10 奨……288	11 奪……290	13 奮……290	犬→犬 721	
戻→戸 502	春→日 569	美→⺷ 853	臭→自 885	
泰→氺 662	秦→禾 796	爽→爻 715	器→口 231	

■ 大-0

大

総画3
JIS-3471
教1年

音 ダイ・タイ
訓 おお・おおきい・おおいに

筆順

なりたち

【象形】人《ひと》が両手《りょうて》両足《りょうあし》をおおきく広《ひろ》げて立《た》っている形《かたち》をえがいた字《じ》。

意味

❶おおきい。形《かたち》や規模《きぼ》がふつう以上《いじょう》あること。例 大《だい》は小《しょう》をかねる(大《おお》きいものは小《ちい》さいものの代《か》わりをすることができる)。大型《おおがた》・大会《たいかい》 対 小《しょう》

❷多《おお》い。数《かず》や量《りょう》がふつう以上《いじょう》に多《おお》い。例 大金《たいきん》・大量《たいりょう》

❸なみなみでない。おおいに。例 大《おお》いにけっこう。

❹とくにだいじな。重要《じゅうよう》な。りっぱな。最《さい》高《こう》の。「大学《だいがく》」の略《りゃく》。例 偉大《いだい》・私大《しだい》

❺およそ。おおまかな。だいたいの。全体《ぜんたい》的《てき》な。例 大筋《おおすじ》・大局《たいきょく》 対 細《さい》

❻《その他《た》》例 大和《やまと》

文字物語 ☞ 274ページ

特別なよみ 大人(おとな)・大和(やまと)

名前のよみ おおき・たかし・たけし・とも・なが・はる・ひろ・ひろし・ふと・ふとし・まさ・まさる・もと・ゆたか

❶〈おおきい〉の意味で

【大穴】《おおあな》 ↓ ①大《おお》きいあな。②大《おお》きな損《そん》。例 株《かぶ》で大穴《おおあな》をあける。③競馬《けいば》・競輪《けいりん》などで、予《よ》想《そう》もしなかった結果《けっか》が出《で》ること。番《ばん》くるわせ。例 大穴《おおあな》をあてる。

【大海原】《おおうなばら》 はるか遠《とお》くまで広《ひろ》がる海《うみ》。例 大海原《おおうなばら》へこぎだす。

【大形】《おおがた》 ↓〈―な・―に〉もののかたちが大《おお》きいこと。例 大形《おおがた》の動物《どうぶつ》。対 小形《こがた》

【大型】《おおがた》 ↓〈―な・―に〉おなじ種類《しゅるい》のものの中《なか》で、

大◀ 次ページ

形《かたち》が大《おお》きいこと。[例]大型《おおがた》バス [対]小型《こがた》 [関連]大型《おおがた》・中型《ちゅうがた》・小型《こがた》

【大。柄】《おおがら》 [↓]〈—な・—に〉①からだつきがふつうより大《おお》きいこと。[例]わたしのきょうだいはみんな大《おお》がらだ。[対]小柄《こがら》 ②布《ぬの》などのもようが大《おお》きいこと。[例]大柄《おおがら》のゆかたがよくにあう。

【大。仰】《おおぎょう》 [↓]〈—な・—に〉身《み》ぶりや、することが大《おお》げさで、わざとらしい。[例]大仰《おおぎょう》におどろいてみせる。

【大口】《おおぐち》 [↓]①大《おお》きな口《くち》。[例]大口《おおぐち》をあけてわらう。②えらそうでおおげさなこと。[例]大《おお》口《ぐち》をたたく。☞❷

【大潮】《おおしお》 [↓]潮《しお》のみちひきの差《さ》が、いちばん大《おお》きくなるとき。そのときの潮《しお》。[対]小潮《こしお》 [知識]月《つき》の引力《いんりょく》と太陽《たいよう》の引力《いんりょく》がいっしょになったときに起《お》こる現象《げんしょう》で、ひと月《つき》に二回《にかい》ある。一《いっ》回《かい》は満月《まんげつ》のとき、もう一回《いっかい》は新月《しんげつ》のとき。

【大台】《おおだい》 [↓]金額《きんがく》や数量《すうりょう》などで、くぎりになる数《かず》。[例]一億円《いちおくえん》の大台《おおだい》をわる。

【大手】《おおて》 [↓][一]《おおて》規模《きぼ》の大《おお》きい会社《かいしゃ》。[例]大手《おおて》の私鉄《してつ》。[二]《おおで》両手《りょうて》を大《おお》きく広《ひろ》げたようす。[例]大手《おおて》をふって歩《ある》く（人《ひと》にえんりょしないで、いばっている）。☞❹

【大道具】《おおどうぐ》 劇《げき》の舞台《ぶたい》で使《つか》う、家《いえ》や木《き》などの大《おお》がかりな道具《どうぐ》。[対]小道具《こどうぐ》

【大。鉈】《おおなた》 [↓]木《き》を切《き》ったりわったりする大型《おおがた》の刃物《はもの》。[表現]「大鉈《おおなた》をふるう」は、いらないものを思《おも》い切《き》って取《と》りのぞくことをいう。

【大。幅】《おおはば》 [↓]①〈—な・—に〉かわる前《まえ》とかわったあとの差《さ》が大《おお》きいようす。[例]計画《けいかく》を大幅《おおはば》に変更《へんこう》する。[対]小幅《こはば》 ②布《ぬの》や紙《かみ》などで、ふつうよりもはばが広《ひろ》いもの。[例]大幅《おおはば》の反物《たんもの》。[対]小幅《こはば》

【大判】《おおばん》 [↓]①紙《かみ》や本《ほん》などが、ふつうより大《おお》きいこと。②おもに江戸《えど》時代《じだい》に使《つか》われた、だえん形《けい》の金貨《きんか》。一《ひと》つが十両《じゅうりょう》。[対]小判《こばん》

【大船】《おおぶね》 [↓]大《おお》きなふね。[例]大船《おおぶね》に乗《の》った気《き》持《も》ち（強《つよ》い人《ひと》や大《おお》きな組織《そしき》などを信《しん》じ、安心《あんしん》してまかせきる気持《きも》ち）。

【大風。呂。敷】《おおぶろしき》 大《おお》きなふろしき。[表現]「大《おお》ぶろしきを広《ひろ》げる」は、できそうもないような大《おお》きなことを言《い》うこと。

【大部屋】《おおべや》 ①病院《びょういん》や旅館《りょかん》などで、何人《なんにん》かの人《ひと》がいっしょに使《つか》う大《おお》きなへや。[対]個室《こしつ》 ②あまり有名《ゆうめい》でない俳優《はいゆう》が、何人《なんにん》もいっしょに使《つか》うひかえ室《しつ》。その俳優《はいゆう》。[例]大部屋《おおべや》の女優《じょゆう》。

【大水】《おおみず》 [↓]大雨《おおあめ》のために、川《かわ》やみずうみの水《みず》がふえてあふれ出《で》ること。[類]洪水《こうずい》・出水《しゅっすい》

【大文字】《おおもじ》 ローマ字《じ》で、文《ぶん》のはじめや人名《じんめい》・地名《ちめい》の書《か》きはじめに使《つか》う文字《もじ》。たとえば、a《エー》の大文字《おおもじ》はA《エー》。キャピタル。[対]小文字《こもじ》 ☞「だいもんじ」は❻

【大物】《おおもの》 [↓]ふつうのものよりとくに大《おお》きなもの。[対]小物《こもの》 ☞❹

【大人】《おとな》 [↓]①一人前《いちにんまえ》に成長《せいちょう》した人《ひと》。法律《ほうりつ》では二十歳《にじっさい》以上《いじょう》の人《ひと》。[類]成人《せいじん》 [対]子供《こども》 ②ものの道理《どうり》がよくわかり、おこないがきちんとしていること。[例]年《とし》は若《わか》いが考《かんが》え方《かた》が大人《おとな》だ。☞「たいじん」は❹

【大音声】《だいおんじょう》 強《つよ》く大《おお》きくひびきわたる声《こえ》。[例]大音声《だいおんじょう》で名《な》のる。[参考]「音声」はふつう「おんせい」と読《よ》むが、この場合《ばあい》はべつ。

【大火】《たいか》 [↓]大《おお》きな火事《かじ》。[類]大火事《おおかじ》

【大家】《たいか》 [↓]大《おお》きな建物《たてもの》。☞❹

【大過】《たいか》 [↓]おおきな失敗《しっぱい》。[表現]「大過《たいか》なく終《お》えられたのはみなさんのおかげです」のように、自分《じぶん》がわのことをいうことば。

【大河】《たいが》 [↓]はばが広《ひろ》く、水量《すいりょう》の多《おお》い川《かわ》。[対]小川《おがわ》 [表現]「大河小説《たいがしょうせつ》」「大河《たいが》ドラマ」などと、大《おお》がかりで長《なが》くつづくものについてもいう。

【大会】《たいかい》 [↓]①おおぜいの人《ひと》が集《あつ》まる会《かい》。[例]テニス大会《たいかい》 ②おなじようなもよおしの中《なか》で、いちばん大《おお》がかりな会《かい》。[例]全国大会《ぜんこくたいかい》 [類]総会《そうかい》

【大願】《たいがん／だいがん》 [↓]大《おお》きなねがい。[例]大願《たいがん／だいがん》成就《じょうじゅ》（大《おお》きなねがいごとがかなう）[類]大望《たいもう》

【大気】《たいき》 [↓]地球《ちきゅう》をとりまいている空気《くうき》。[例]大気《たいき》汚染《おせん》（空気《くうき》がよごれること）[類]空気《くうき》

【大規模】《だいきぼ》 〈—な・—に〉建物《たてもの》のつくり、もよおしものや仕事《しごと》などが、大《おお》がかりなようす。[例]大規模《だいきぼ》な開発計画《かいはつけいかく》。[類]大大的《だいだいてき》 [対]小規模《しょうきぼ》

【大群】《たいぐん》 [↓]動物《どうぶつ》などの、大《おお》きな群《む》れ。

【大系】《たいけい》 [↓]ある方面《ほうめん》の全体《ぜんたい》を、一《ひと》つのすじを通《とお》してとらえること。[例]日本文学大系《にほんぶんがくたいけい》

【大国】《たいこく》 [↓]大《おお》きな力《ちから》をもつ国《くに》。[例]経済大国《けいざいたいこく》

類 強国《きょうこく》 対 小国《しょうこく》

【大根】《だいこん》 ↓ ①畑《はたけ》で栽培《さいばい》される野菜《やさい》。白《しろ》くて太《ふと》い根《ね》や葉《は》を食《た》べる。春《はる》の七草《ななくさ》の一《ひと》つ。すずしろ。②演技《えんぎ》のへたな役者《やくしゃ》。例 大根役者《だいこんやくしゃ》

【大差】《たいさ》 ↓ 大《おお》きなちがい、差《さ》。例 相手《あいて》のチームに大差《たいさ》をつけて勝《か》った。対 小差《しょうさ》・僅差《きんさ》

【大罪】《だいざい|たいざい》 ↓ 大《おお》きく重《おも》い罪《つみ》。例 大罪《だいざい|たいざい》をおかす。類 重罪《じゅうざい》 対 微罪《びざい》

【大作】《たいさく》 ↓ 大《おお》がかりな作品《さくひん》。対 小品《しょうひん》 表現 作品《さくひん》を批評《ひひょう》することばとして、大《おお》きさや力《ちから》の入《い》れぐあいで「大作《たいさく》・力作《りきさく》・労作《ろうさく》」、できのよいものを「名作《めいさく》・傑作《けっさく》・秀作《しゅうさく》・佳作《かさく》」、よくないものを「凡作《ぼんさく》・駄作《ださく》・愚作《ぐさく》」などという。

【大志】《たいし》 ↓ りっぱなことをなしとげようとする強《つよ》い気持《きも》ち。例「少年《しょうねん》よ、大志《たいし》をいだけ」類 大望《たいもう》

【大字】 ↓ 一《だいじ》 ①大《おお》きく書《か》いてある字《じ》。②漢《かん》数字《すうじ》の「一《いち》、二《に》、三《さん》、…」の代《か》わりに書《か》く「壱《いち》、弐《に》、参《さん》、…」などの字《じ》。二《おおあざ》 町村《ちょうそん》の中《なか》の大《おお》きな区画《くかく》。対 小字《こあざ》

【大自然】《だいしぜん》 大《おお》きな力《ちから》をもつ自然《しぜん》を強《つよ》めていうことば。

【大◦蛇】《だいじゃ|おろち》 ↓ とくべつ大《おお》きなヘビ。うわばみ。参考「おろち」は古《ふる》い日本語《にほんご》。「やまたのおろち」などと、神話《しんわ》にも出《で》てくる。

【大車輪】《だいしゃりん》 ①車《くるま》の輪《わ》の大《おお》きなもの。②器《き》械体操《かいたいそう》の一《ひと》つ。鉄棒《てつぼう》をにぎり、からだ全体《ぜんたい》をのばしたまままわるわざ。③いっしょうけんめいにやること。例 大車輪《だいしゃりん》でがんばる。

【大小】《だいしょう》 ⇕ ①大《おお》きいことと小《ちい》さいこと。例 事《こと》の大小《だいしょう》をわきまえる。②大《おお》きい刀《かたな》と、そのわきにさす小《ちい》さな刀《かたな》。例 こしに大小《だいしょう》をさす。

【大上段】《だいじょうだん》 ①剣道《けんどう》で、刀《かたな》を頭《あたま》の上《うえ》に高《たか》くかざすかまえ。例 大上段《だいじょうだん》にふりかぶる。②相手《あいて》をおさえつけて、おどかすような態度《たいど》。例 大上段《だいじょうだん》からものを言《い》う。

【大所高所】《たいしょこうしょ》 ものごと全体《ぜんたい》を広《ひろ》く大《おお》づかみにとらえる立場《たちば》。例 大所高所《たいしょこうしょ》に立《た》つ。

【大成】《たいせい》 ↓ 〈—する〉多《おお》くのものを集《あつ》めて一《ひと》つにまとめること。例 集大成《しゅうたいせい》 ☞❹

【大西洋】《たいせいよう》 南北《なんぼく》アメリカとヨーロッパ・アフリカのあいだにあって、北極《ほっきょく》と南極《なんきょく》につながる大《おお》きな海《うみ》。

【大戦】《たいせん》 ↓ 大規模《だいきぼ》な戦争《せんそう》。表現 ふつう、たんに「大戦《たいせん》」といえば第二次世界大戦《だいにじせかいたいせん》を指《さ》す。

【大前提】《だいぜんてい》 考《かんが》えを進《すす》めていくときに、いちばんもとになる条件《じょうけん》。知識「大前提《だいぜんてい》」→「小《しょう》前提《ぜんてい》」→「結論《けつろん》」というすじみちを「三段論法《さんだんろんぽう》」という。

【大◦胆】《だいたん》 ↓ 〈—な・—に〉ものごとをおそれず、びくびくしないようす。例 大胆《だいたん》にふるまう。類 豪胆《ごうたん》・果敢《かかん》 対 小胆《しょうたん》・小心《しょうしん》

【大団円】《だいだんえん》 物語《ものがたり》や劇《げき》などで、すべてきまりがついた最後《さいご》の場面《ばめん》。

【大◦胆不敵】《だいたんふてき》 〈—な・—に〉度胸《どきょう》がよくて、平気《へいき》で立《た》ちむかっていくようす。

【大地】《だいち》 ↓ はてしなくひろがる地面《じめん》。例 大《だい》地《ち》のめぐみ。大地《だいち》をふみしめる。

【大腸】《だいちょう》 ↓ 小腸《しょうちょう》と肛門《こうもん》のあいだにある長《なが》い管状《かんじょう》の消化器官《しょうかきかん》。おもに水分《すいぶん》を吸収《きゅうしゅう》する。

【大敵】《たいてき》 ↓ ひじょうに強《つよ》い敵《てき》。手《て》ごわい相《あい》手《て》。例 油断大敵《ゆだんたいてき》 類 強敵《きょうてき》 対 小敵《しょうてき》

【大刀】《だいとう》 ↓ 大《おお》きい刀《かたな》。とくに、武士《ぶし》が持《も》つ二《に》本《ほん》の刀《かたな》のうちの長《なが》いほう。対 小刀《しょうとう》・短刀《たんとう》

【大道】《だいどう》 ↓ たくさんの人《ひと》が通《とお》る広《ひろ》い道《みち》。例 大道芸《だいどうげい》

【大動脈】《だいどうみゃく》 心臓《しんぞう》からきれいな血《ち》を送《おく》り出《だ》す太《ふと》い血管《けっかん》。対 大静脈《だいじょうみゃく》 表現「新幹線《しんかんせん》は日《に》本《ほん》の大動脈《だいどうみゃく》だ」のように、ひじょうにたいせつな交通路《こうつうろ》をいうこともある。

【大脳】《だいのう》 ↓ 脳《のう》の大部分《だいぶぶん》をしめる器官《きかん》。ものを考《かんが》えたり覚《おぼ》えたりするほか、からだの運動《うんどう》や感覚《かんかく》をつかさどる。

【大部】《たいぶ》 ↓ 本《ほん》のページ数《すう》や冊数《さっすう》が多《おお》いこと。例 千《せん》ページをこえる大部《たいぶ》の本《ほん》。

【大仏】《だいぶつ》 ↓ 大《おお》きな仏像《ぶつぞう》。知識 奈良《なら》の東大寺《とうだいじ》の大仏《だいぶつ》と鎌倉《かまくら》の長谷《はせ》の大仏《だいぶつ》が名高《なだか》い。

【大便】《だいべん》 ↓ 肛門《こうもん》から出《だ》される、食《た》べ物《もの》を消《しょう》化《か》したかす。対 小便《しょうべん》

【大◦砲】《たいほう》 ↓ 太《ふと》いつつから、大《おお》きな弾丸《だんがん》を遠《とお》くにとばす兵器《へいき》。

【大望】《たいもう|たいぼう》 ↓ 大《おお》きな望《のぞ》み。類 大願《たいがん》・大志《たいし》

【大洋】《たいよう》 ↓ 広々《ひろびろ》とした大《おお》きな海《うみ》。類 大海《たいかい》

【大陸】《たいりく》 [↓] 広《ひろ》く大《おお》きな陸地《りくち》。[表現] 日本《にほん》では中国《ちゅうごく》、イギリスではヨーロッパの意味《いみ》で使《つか》われることがある。[知識] アジア・アフリカ・ヨーロッパ・北《きた》アメリカ・南《みなみ》アメリカ・オーストラリア・南極《なんきょく》で七《なな》つの大陸《たいりく》というが、じっさいはアジアとヨーロッパはひとつづきのユーラシア大陸《たいりく》にある。

【大陸。棚】《たいりくだな》 大陸《たいりく》のまわりで、深《ふか》さ二〇〇メートルまでの、傾斜《けいしゃ》のゆるやかな海底《かいてい》。

【大輪】《たいりん|だいりん》 [↓] 花《はな》などの大《おお》きさがふつうよりも大《おお》きいこと。[例] 大輪《たいりん|だいりん》のバラ。

❷〈多い〉の意味で

【大口】《おおぐち|おおくち》 [↓] 金額《きんがく》や数量《すうりょう》が大《おお》きいこと。[例] 大口《おおぐち|おおくち》の寄付《きふ》。[対] 小口《こぐち》 ☞❶

【大勢】《おおぜい》 [↓] 人数《にんずう》が多《おお》いこと。[例] 人《ひと》が大勢《おおぜい》ならんでいる。[類] 多勢《たぜい》 [対] 小勢《こぜい》 [表記] 「多勢」と書《か》くのはまちがい。☞「たいせい」は❺

【大挙】《たいきょ》 [↓] 〈—する〉おおぜいの人《ひと》がそろってものごとをすること。[例] 大挙《たいきょ》しておしかける。

【大金】《たいきん》 [↓] たくさんのお金《かね》。額《がく》の大《おお》きなお金《かね》。[例] 大金《たいきん》をつかむ。

【大衆】《たいしゅう》 [↓] 世《よ》の中《なか》にいるごくふつうのおおぜいの人《ひと》びと。[類] 民衆《みんしゅう》・庶民《しょみん》・公衆《こうしゅう》

【大食】《たいしょく》 [↓] 〈—する〉たくさん食《た》べること。おおぐい。[例] 大食漢《たいしょくかん》 [対] 小食《しょうしょく》・少食《しょうしょく》

【大枚】《たいまい》 [↓] お金《かね》の額《がく》が多《おお》いこと。[例] 大枚《たいまい》をはたいて車《くるま》を買《か》う。

【大量】《たいりょう》 [↓] たくさんであること。[例] 大量《たいりょう》の原油《げんゆ》が海《うみ》に流《なが》れた。[類] 多量《たりょう》 [対] 少量《しょうりょう》

【大漁】《たいりょう》 [↓] 魚《さかな》がたくさんとれること。[例] 大漁《たいりょう》で港《みなと》に帰《かえ》る。[類] 豊漁《ほうりょう》 [対] 不漁《ふりょう》

❸〈なみなみでない〉の意味で

【大安】《たいあん》 [↓] なにをするにもえんぎがよいとされている日《ひ》。[例] 大安吉日《たいあんきちじつ》 [対] 仏滅《ぶつめつ》

【大寒】《だいかん》 [↓] 二十四気《にじゅうしき》の一《ひと》つ。小寒《しょうかん》につづく一月後半《いちがつこうはん》で、一年《いちねん》のうちでいちばん寒《さむ》い時期《じき》。つぎが立春《りっしゅん》になる。

【大器】《たいき》 [↓] なみより上《うえ》の能力《のうりょく》を持《も》った人《ひと》。[例] 未完《みかん》の大器《たいき》。[類] 大人物《だいじんぶつ》・大物《おおもの》

【大器晩成】《たいきばんせい》 ほんとうにすぐれた力《ちから》をもち、りっぱな仕事《しごと》のできる人《ひと》は、若《わか》いころは目立《めだ》たないが、年《とし》をとってから力《ちから》を発揮《はっき》しはじめるものだ。[参考] 『老子《ろうし》』にある大《おお》きな器《うつわ》は完成《かんせい》するのがおくれる、というたとえから。

【大工】《だいく》 [↓] 家《いえ》をたてたり直《なお》したりする職業《しょくぎょう》の人《ひと》。その仕事《しごと》。[例] 日曜大工《にちようだいく》

【大言。壮語】《たいげんそうご》 〈—する〉できそうもないことを、いばって大《おお》げさに言《い》うこと。

【大暑】《たいしょ》 [↓] 二十四気《にじゅうしき》の一《ひと》つ。七月二十三日《しちがつにじゅうさんにち》ごろの、一年《いちねん》のうちでいちばん暑《あつ》い時期《じき》。小暑《しょうしょ》のあとで、立秋《りっしゅう》の前《まえ》。

【大勝】《たいしょう》 [↓] 〈—する〉大《おお》きな差《さ》をつけて勝《か》つこと。[類] 完勝《かんしょう》・圧勝《あっしょう》・快勝《かいしょう》 [対] 大敗《たいはい》

【大層】《たいそう》 [↓] ①〈—な・—に〉おおげさだ。[例] かれの大層《たいそう》な話《はなし》にはうんざりする。②ふつうよりも、もっと。ひじょうに。はなはだ。おおいに。[例] この花《はな》はたいそうきれいだ。

【大大的】《だいだいてき》 〈—な・—に〉大《おお》がかりなようす。[例] 大々的《だいだいてき》に宣伝《せんでん》する。[類] 大規模《だいきぼ》

【大破】《たいは》 [↓] 〈—する〉ひどくこわれること、こわすこと。[例] 台風《たいふう》のために、漁船《ぎょせん》が大破《たいは》した。

【大敗】《たいはい》 [↓] 〈—する〉さんざんに負《ま》けること。[例] 決勝《けっしょう》で大敗《たいはい》した。[類] 惨敗《ざんぱい》 [対] 大勝《たいしょう》

【大病】《たいびょう》 [↓] 〈—する〉ひどくおもい病気《びょうき》。[例] この冬《ふゆ》、妹《いもうと》が大病《たいびょう》をわずらった。[類] 重病《じゅうびょう》

【大変】《たいへん》 [↓] ①〈—な・—に〉そのままにしておけないほど、ひどい。[例] 大変《たいへん》な目《め》にあった。②ふつうの程度《ていど》よりはるかに。ひじょうに。たいそう。[例] 大変失礼《たいへんしつれい》しました。

❹〈とくにだいじな〉の意味で

【大。御所】《おおごしょ》 ある分野《ぶんや》で大《おお》きな勢力《せいりょく》を持《も》っている人《ひと》。[例] 政界《せいかい》の大御所《おおごしょ》。[参考] 徳川家康《とくがわいえやす》が、いんきょしたあとも大《おお》きな勢力《せいりょく》を持《も》っていて「大御所《おおごしょ》」といわれたことから、今《いま》の言《い》い方《かた》ができた。

【大関】《おおぜき》 [↓] 相撲《すもう》で、横綱《よこづな》の次《つぎ》の位《くらい》。[知識] もとは、最高《さいこう》の位《くらい》であった。

【大手】《おおて》 [○] ①城《しろ》のおもてぐち。[例] 大手門《おおてもん》 ②敵《てき》を正面《しょうめん》からせめる部隊《ぶたい》。[対] 搦手《からめて》 ☞❶

【大•晦日】《おおみそか》 一年《いちねん》の最後《さいご》の日《ひ》。十二月三十一日《じゅうにがつさんじゅういちにち》。[知識] 毎月《まいつき》、月《つき》の終《お》わりの日《ひ》が「晦日《みそか》」で、一年《いちねん》の終《お》わりだから「大晦日《おおみそか》」という。「晦《かい》」は陰暦《いんれき》で月《つき》が完全《かんぜん》に見《み》えなくなる闇夜《やみよ》のことで、

の三十日《さんじゅうにち》にあたるから「三十日《みそか》」という。

【大本】《おおもと》[↓]ものごとのいちばんもとになるたいせつなところ。〔類〕根本《こんぽん》・根源《こんげん》

【大物】《おおもの》[↓]①なかまのうちで、大《おお》きな力《ちから》を持《も》つ人《ひと》。〔例〕大物政治家《おおものせいじか》 〔対〕小物《こもの》 ②とくにすぐれた気力《きりょく》や才能《さいのう》を持《も》つ人《ひと》。〔類〕大器《たいき》 ☞❶

【大王】《だいおう》[↓]王《おう》をうやまっていうことば。

【大往生】《だいおうじょう》〈―する〉苦《くる》しみも心《こころ》のみだれもなく、やすらかに死《し》ぬこと。〔例〕祖父《そふ》は、九十《きゅうじっ》歳《さい》で大往生《だいおうじょう》をとげた。〔参考〕もとは仏教《ぶっきょう》のことばだが、今《いま》はじゅうぶんに長生《ながい》きしてから死《し》ぬことをいうようになった。

【大家】[↓] ■一《たいか》 学問《がくもん》や芸術《げいじゅつ》などでりっぱな仕《し》事《ごと》をしている人《ひと》。〔例〕書道《しょどう》の大家《たいか》。〔類〕巨匠《きょしょう》 ■二《たいか|たいけ》 ゆたかで、家《いえ》がらのよい家《いえ》。■三《おおや》 家《いえ》やへやを人《ひと》に貸《か》している人《ひと》。〔類〕家主《やぬし》 ☞❶

【大学】《だいがく》[↓]高等学校《こうとうがっこう》をおえた人《ひと》がさらに進《すす》む上《うえ》の学校《がっこう》。二年制《にねんせい》の短期大学《たんきだいがく》と四年制《よねんせい》の大《だい》学《がく》とがある。

【大義名分】《たいぎめいぶん》①人間《にんげん》としてまもらなければならない道《みち》や、つとめ。②すじのとおったもっともな理由《りゆう》。〔例〕こっちには大義名分《たいぎめいぶん》がある。〔参考〕「大義《たいぎ》」と「名分《めいぶん》」はもともとべつべつのことば。①は「大義《たいぎ》」、②は「名分《めいぶん》」の意味《いみ》がつよい。

【大兄】《たいけい》[↓]男《おとこ》どうしで、年上《としうえ》、または同《おな》じくらいの年齢《ねんれい》の人《ひと》をうやまっていうことば。〔例〕これも大兄《たいけい》のご指導《しどう》のおかげです。〔表現〕おもに手紙《てがみ》で使《つか》う。本文《ほんぶん》の中《なか》だけでなく、「○○大兄《たいけい》」などと、「様《さま》」の代《か》わりに名前《なまえ》の下《した》につける使《つか》い方《かた》もある。

【大◦綱】《たいこう》[↓]ものごとのもとになる大事《だいじ》な点《てん》。〔例〕政策《せいさく》の大綱《たいこう》をしめす。〔対〕細目《さいもく》

【大使】《たいし》[↓]国《くに》の代表《だいひょう》として相手《あいて》の国《くに》につかわされる、いちばん上《うえ》の位《くらい》の外交官《がいこうかん》。その国《くに》とのつきあいや、その国《くに》にいる自分《じぶん》の国《くに》の人《ひと》をまもる仕事《しごと》をする。〔関連〕大使《たいし》・公使《こうし》・領事《りょうじ》

【大事】[↓] ■一《だいじ|おおごと》 そのままにはすまされないこと。そのままではすみそうもないこと。〔例〕大事《だいじ》をまねく。■二《だいじ》 ①重要《じゅうよう》な仕事《しごと》。〔例〕大事《だいじ》をなしとげるためには、小事《しょうじ》の一《ひと》つ一《ひと》つに気《き》をくばることが必要《ひつよう》だ。〔対〕小事《しょうじ》 ②〈―な〉重要《じゅうよう》である。〔例〕大事《だいじ》なことをメモする。③〈―に〉気《き》をくばって、ていねいにあつかう。〔例〕からだを大事《だいじ》にする。〔類〕大切《たいせつ》

【大将】《たいしょう》[↓]①軍隊《ぐんたい》、将官《しょうかん》のいちばん上《うえ》の位《くらい》。②集団《しゅうだん》の中《なか》で、いちばん上《うえ》に立《た》って指《さし》図《ず》する人《ひと》。〔例〕お山《やま》の大将《たいしょう》。③相手《あいて》の男《おとこ》をからかったり、親《した》しみをこめたりしてよびかけることば。〔例〕「おい、大将《たいしょう》、元気《げんき》か」

【大◦丈夫】《だいじょうぶ》〈―な〉心配《しんぱい》しなくてもよい。〔例〕戸《と》じまりは大丈夫《だいじょうぶ》ですか。〔参考〕もとは「だいじょうふ」といって、「たよれる、りっぱな男《おとこ》」のこと。それから、安心《あんしん》してまかせられるという意味《いみ》になった。

【大人】《たいじん》[↓]人《ひと》がらがりっぱな人《ひと》。〔例〕大人《たいじん》の風格《ふうかく》がある。〔類〕大人物《だいじんぶつ》・君子《くんし》 ☞「おとな」は❶

【大臣】《だいじん》[↓]①「国務大臣《こくむだいじん》」の略《りゃく》。国《くに》の政治《せいじ》をおこなう中心《ちゅうしん》となる内閣《ないかく》に入《はい》っている人《ひと》。〔例〕総理大臣《そうりだいじん》・外務大臣《がいむだいじん》 〔類〕閣僚《かくりょう》 ②むかし、国《くに》をおさめていた上《うえ》の役人《やくにん》。太政大臣《だいじょうだいじん》・左大臣《さだいじん》・右《う》大臣《だいじん》・内大臣《ないだいじん》など。

【大人物】《だいじんぶつ》大《おお》きな能力《のうりょく》を持《も》った、りっぱな人《ひと》。〔例〕大人物中《だいじんぶつちゅう》の大人物《だいじんぶつ》。〔類〕傑物《けつぶつ》

【大成】《たいせい》[↓]〈―する〉①才能《さいのう》をのばして、りっぱな人《ひと》になること。〔例〕学者《がくしゃ》として大成《たいせい》する。②ものごとをりっぱにやりとげること。〔例〕苦心《くしん》のすえ、研究《けんきゅう》を大成《たいせい》した。☞❶

【大切】《たいせつ》[↓]〈―な〉〈―に〉①なくてはならないほど大《だい》事《じ》だ。〔例〕大切《たいせつ》な本《ほん》。〔類〕大事《だいじ》・重要《じゅうよう》 ②あつかい方《かた》に気《き》をつけていて、ていねいである。〔例〕からだを大切《たいせつ》にする。〔類〕大事《だいじ》 〔表現〕「大切《たいせつ》な」のときには①の意味《いみ》になり、「大切《たいせつ》に」のときには②の意味《いみ》になることが多《おお》い。

【大統領】《だいとうりょう》共和制《きょうわせい》の国《くに》で、その国《くに》の政府《せいふ》のいちばん上《うえ》に立《た》つ人《ひと》。

【大任】《たいにん》[↓]責任《せきにん》の重《おも》い、たいせつな役目《やくめ》。〔例〕ぶじに大任《たいにん》をはたす。〔類〕大役《たいやく》・重責《じゅうせき》

【大名】《だいみょう》[↓]武士《ぶし》が政治《せいじ》をとっていた時代《じだい》、広《ひろ》い領地《りょうち》を持《も》ち、そこに住《す》んでいる人《ひと》を支配《しはい》していた人《ひと》。江戸時代《えどじだい》では、一万石《いちまんごく》以上《いじょう》の領《りょう》地《ち》を持《も》っていた武士《ぶし》。〔例〕大名《だいみょう》行列《ぎょうれつ》 〔類〕藩主《はんしゅ》

【大役】《たいやく》[↓]責任《せきにん》のある、重《おも》い役目《やくめ》。〔例〕会長《かいちょう》という大役《たいやく》をおおせつかる。〔類〕大任《たいにん》

❺〈おおよそ〉の意味で

【大味《おおあじ》】[↓]〈—な・—に〉①こまやかなうまみがないようす。例この桃《もも》は大味《おおあじ》だ。②こまやかなおもむきがないようす。例大味《おおあじ》のドラマ。

【大方《おおかた》】[↓]①ほとんど。例大方《おおかた》の家《いえ》が停電《ていでん》になった。類大部分《だいぶぶん》②ふつうの人《ひと》たち。例大方《おおかた》の予想《よそう》に反《はん》して、新人《しんじん》が優勝《ゆうしょう》した。③たぶん。例おおかた、そんなことだろうと思《おも》っていた。

【大雑。把《おおざっぱ》】〈—な・—に〉こまかいことを気《き》にしないようす。例見方《みかた》が大雑把《おおざっぱ》で落《お》ちが多《おお》い。

【大筋《おおすじ》】[↓]①だいたいのほねぐみ。あらまし。例話《はなし》の大筋《おおすじ》。類大略《たいりゃく》②だいたいのところ。例このやり方《かた》で大筋《おおすじ》まちがいない。

【大意《たいい》】[↓]長《なが》い文章《ぶんしょう》や話《はなし》の、だいたいの内容《ないよう》。例大意《たいい》をとる。類要旨《ようし》・大要《たいよう》

【大。概《たいがい》】[‖]①ほとんど。例このことは、たいがいの人《ひと》が知《し》っている。②ほどほど。いいかげん。例ふざけるのもたいがいにしろ。

【大局《たいきょく》】[↓]全体《ぜんたい》のなりゆき。例大局《たいきょく》を見《み》うしなう。類大勢《たいせい》

【大勢《たいせい》】[↓]だいたいのなりゆき。例世界《せかい》の大勢《たいせい》を知《し》る。大勢《たいせい》に影響《えいきょう》はない。類趨勢《すうせい》・大局《たいきょく》

使い分け［態勢・体勢・体制・大勢］☞492ページ

☞「おおぜい」は❷

【大体《だいたい》】[↓]①おおすじ。例大体《だいたい》の話《はなし》。②ほとんど。例宿題《しゅくだい》はだいたいできた。③もとはといえば。もともと。例こうなったのも、だいたいおまえがわるいからだ。

【大多数《だいたすう》】ほとんど全部《ぜんぶ》、または全員《ぜんいん》に近《ちか》いこと。例大多数《だいたすう》が賛成《さんせい》した。類大部分《だいぶぶん》

【大。抵《たいてい》】[↓]①ほとんど。たいがい。例朝七時《あさしちじ》にはたいてい起《お》きている。②（あとに打《う》ち消《け》しのことばがついて）ごくふつうの程度《ていど》。例たいていのことではおどろかない。③ほどほど。例夢中《むちゅう》になるのもたいていにしなさい。

【大同小異《だいどうしょうい》】小《ちい》さなちがいはあるが、ほとんどはおなじであること。例どの案《あん》も大同《だいどう》小異《しょうい》だ。類五十歩百歩《ごじっぽひゃっぽ》

【大半《たいはん》】[↓]半分《はんぶん》よりもずっと多《おお》いこと。例仕事《しごと》の大半《たいはん》はかたづいた。類大部分《だいぶぶん》

【大分《だいぶ｜だいぶん》】[↓]「ひじょうに」というほどではないが、それに近《ちか》い程度《ていど》に。かなり。よほど。例雨《あめ》も大分《だいぶ｜だいぶん》やんできた。類相当《そうとう》

【大別《たいべつ》】[↓]〈—する〉大《おお》ざっぱに分《わ》けること。例生物《せいぶつ》は動物《どうぶつ》と植物《しょくぶつ》に大別《たいべつ》される。対細別《さいべつ》

【大要《たいよう》】[↓]長《なが》い文章《ぶんしょう》や話《はなし》のおおすじ。あらまし。例物語《ものがたり》の大要《たいよう》を話《はな》す。類概要《がいよう》

【大略《たいりゃく》】[‖]おおすじ。例計画《けいかく》の大略《たいりゃく》を説明《せつめい》する。類大筋《おおすじ》・概要《がいよう》

❻《その他》

【大黒柱《だいこくばしら》】①家《いえ》の中心《ちゅうしん》にあって、屋根《やね》をささえている太《ふと》い柱《はしら》。②家《いえ》や団体《だんたい》の中心《ちゅうしん》となってはたらく、もっともだいじな人《ひと》。

【大文字《だいもんじ》】「大《だい》」という文字《もじ》。例大文字《だいもんじ》の火《ひ》（八月十六日《はちがつじゅうろくにち》に、京都《きょうと》の東山《ひがしやま》で、「大《だい》」の字《じ》の形《かたち》にたくかがり火《び》）。☞「おおもじ」は❶

【大和《やまと》】[◎]①「日本《にほん》」を指《さ》す古《ふる》いことば。むかしからの日本《にほん》。例大和《やまと》ことば ②今《いま》の奈良《なら》地方《ちほう》のむかしの名前《なまえ》。例大和路《やまとじ》

【大和。魂《やまとだましい》】自然《しぜん》や四季《しき》のおもむきを大事《だいじ》にする日本人《にほんじん》らしい心《こころ》。知識 明治《めいじ》から昭和《しょうわ》のはじめにかけては、強《つよ》くいさましい心《こころ》を指《さ》したこともあったが、もともとは、和歌《わか》でやしなわれる心情《しんじょう》を意味《いみ》していた。

【大和・撫子《やまとなでしこ》】日本《にほん》の女《おんな》の人《ひと》をほめていうことば。

大が下につく熟語 上の字の働き

❶大＝〈おおきい〉のとき

【遠大《えんだい》 壮大《そうだい》】近《ちか》い意味《いみ》。

【巨大《きょだい》 強大《きょうだい》 広大《こうだい》 重大《じゅうだい》 盛大《せいだい》 尊大《そんだい》 寛大《かんだい》 多大《ただい》 雄大《ゆうだい》】ドノヨウニ大《おお》きいか。

【最大《さいだい》 甚大《じんだい》 絶大《ぜつだい》 過大《かだい》 等身大《とうしんだい》 無限大《むげんだい》】ドノクライ大《おお》きいか。

【拡大《かくだい》 誇大《こだい》 増大《ぞうだい》 肥大《ひだい》 膨大《ぼうだい》】ドウヤッテ大《おお》きくする（大《おお》きくなる）か。

◆公明正大《こうめいせいだい》 細大《さいだい》 針小棒大《しんしょうぼうだい》

大−1

太

総画4
JIS-3432
教2年
音 タイ・タ
訓 ふとい・ふとる

筆順

なりたち 【形声】「大」が「おおきい」意味《いみ》と「タイ」の読《よ》み方《かた》をしめしている。「丶」をくわえて、「大」と区別《くべつ》して「ひじょうに大《おお》きい」ことを表《あらわ》した字《じ》。

意味

❶ふとい。大《おお》きい。でっぷりと大《おお》きい。例 からだが太《ふと》る。太目《ふとめ》・丸太《まるた》 対 細《さい》

❷いちばんの。おおもと。大《おお》いに。例 太《たい》古《こ》・太初《たいしょ》・太祖《たいそ》

❸とうとい。たっとい。例 太子《たいし》

特別なよみ 太刀（たち）

名前のよみ おお・たか・ひろ・ふとし・ます・もと

❶〈ふとい。大きい〉の意味で

【太。陰。暦】《たいいんれき》 月《つき》が地球《ちきゅう》を一周《いっしゅう》する期間《きかん》を一か月《いっげつ》としてつくったこよみ。類 旧暦《きゅうれき》・陰暦《いんれき》 対 太陽暦《たいようれき》 知識 「太陰《たいいん》」とは月《つき》のこと。大《だい》の月《つき》は三十日《さんじゅうにち》、小《しょう》の月《つき》は二十九日《にじゅうくにち》で、一年《いちねん》は十二か月《にげつ》。日本《にほん》では明治《めいじ》のはじめまで、四年《よねん》ごとに閏《うるう》の月《つき》を入《い》れる太陰暦《たいいんれき》を使《つか》っていた。

【太。鼓】《たいこ》 ↓ふとい筒《つつ》の形《かたち》をした胴《どう》の両方《りょうほう》の口《くち》にかわをはり、ばちでたたいてならす楽器《がっき》。例 太鼓《たいこ》をたたく。大太鼓《おおだいこ》

【太。鼓判】《たいこばん》 大《おお》きなはんこ。例 太鼓判《たいこばん》をおす（責任《せきにん》を持《も》ってうけあう）。

【太陽】《たいよう》 ↓太陽系《たいようけい》の中心《ちゅうしん》にある高《たか》い熱《ねつ》と光《ひかり》を出《だ》す大《おお》きな天体《てんたい》。お天道《てんとう》さま。日《ひ》。例 太陽《たいよう》光発電《こうはつでん》 類 日輪《にちりん》 知識 地球《ちきゅう》からの距離《きょり》は約一《やくいち》億五千万《おくごせんまん》キロメートル。大《おお》きさ（体積《たいせき》）は地球《ちきゅう》の約三十三万倍《やくさんじゅうさんまんばい》。

【太陽系】《たいようけい》 太陽《たいよう》を中心《ちゅうしん》として動《うご》いている天体《てんたい》の集《あつ》まり。八《やっ》つの惑星《わくせい》（水星《すいせい》・金星《きんせい》・地球《ちきゅう》・火星《かせい》・木星《もくせい》・土星《どせい》・天王星《てんのうせい》・海王星《かいおうせい》）と、そのまわりをまわる衛星《えいせい》・小惑星《しょうわくせい》などからできている。

【太陽。暦】《たいようれき》 地球《ちきゅう》が太陽《たいよう》を一周《いっしゅう》する時間《じかん》を一年《いちねん》とするこよみ。類 新暦《しんれき》・陽暦《ようれき》 対 太陰暦《たいいんれき》 知識 一年《いちねん》は三百六十五日《さんびゃくろくじゅうごにち》。四年《よねん》に一度《いちど》、三百六十六日《さんびゃくろくじゅうろくにち》の閏年《うるうどし》がある。日本《にほん》では、一八七二年《ねん》（明治五年《めいじごねん》）から使《つか》いはじめた。

【太刀】《たち》 ↓むかし、たたかいや儀式《ぎしき》に使《つか》った、大《おお》ぶりのかたな。例 黄金《こがね》づくりの太刀《たち》。

❷〈いちばんの〉の意味で

【太古】《たいこ》 ↓大《おお》むかし。とくに、記録《きろく》されたものがなにものこっていない遠《とお》いむかし。

【太初】《たいしょ》 ↓この世《よ》のはじまり。例 太初以来《たいしょいらい》

【太祖】《たいそ》 ↓その国《くに》をおこしたいちばんはじめの帝王《ていおう》。例 太祖《たいそ》を祭《まつ》る。

【太平】《たいへい》 ↓〈一な・一に〉世《よ》の中《なか》がよくおさまっていて平和《へいわ》なようす。例 天下太平《てんかたいへい》。太平《たいへい》の世《よ》。類 平和《へいわ》 表記 「泰平」とも書《か》く。

【太平洋】《たいへいよう》 アジア・北《きた》アメリカ・南《みなみ》アメリカ・オーストラリア・南極《なんきょく》の五《いつ》つの大陸《たいりく》にかこまれた、世界《せかい》でいちばん広《ひろ》い海《うみ》。

【太平楽】《たいへいらく》 のんきな気分《きぶん》で、すきかってなことを言《い》ったりしたりすること。例 太平楽《たいへいらく》な男《おとこ》だ。知識 もとは、日本《にほん》の古《ふる》い音楽《おんがく》の名前《なまえ》。ゆったりとした曲《きょく》の感《かん》じから、のんびりしたようすを表《あらわ》すことばとして使《つか》われる。

❸〈とうとい〉の意味で

【太公望】《たいこうぼう》 魚《さかな》釣《つ》りをする人《ひと》。魚《さかな》釣《つ》りの好《す》きな人《ひと》。

故事のはなし ☞281ページ

【太子】《たいし》 ↓王《おう》、または天皇《てんのう》のあとをつぐ王子《おうじ》。皇太子《こうたいし》。例 聖徳太子《しょうとくたいし》 表現 今《いま》は、「立太《りったい》

故事のはなし

太公望《たいこうぼう》

古代中国《こだいちゅうごく》の殷《いん》の末期《まっき》、周《しゅう》の文王《ぶんおう》が、たよりになる、りっぱな人物《じんぶつ》に会《あ》えるという占《うらな》いによって狩《か》りに出《で》たところ、渭水《いすい》の北岸《ほくがん》で魚釣《さかなつ》りをする呂尚《りょしょう》と出会《であ》い、あなたこそ太公《たいこう》（文王《ぶんおう》の祖父《そふ》）の待《ま》ち望《のぞ》んだ人物《じんぶつ》だとよろこび、「太《たい》公望《こうぼう》」とよんで師事《しじ》した。はたして太公望《たいこうぼう》は文《ぶん》王《おう》の子《こ》、武王《ぶおう》をたすけて殷《いん》をほろぼし、斉《せい》の国《くに》に封《ほう》じられた。（『史《し》記《き》』斉太公世家《せいたいこうせいか》）

参考 この故事《こじ》から魚《さかな》釣《つ》りをする人《ひと》を太公望《たいこうぼう》とよぶようになった。

◦学習漢字でない常用漢字 ▲常用漢字表にない音訓 ◆常用漢字でない漢字

子《し》の礼《れい》（正式《せいしき》に皇太子《こうたいし》であることをしめす儀《ぎ》式《しき》）などというときしか使《つか》わない。「太子像《たいしぞう》」「太子廟《たいしびょう》」のようにいうときは、ほとんどの場《ば》合《あい》、聖徳太子《しょうとくたいし》を指《さ》している。

太が下につく熟語 上の字の働き

❶太＝〈ふとい。大きい〉のとき
【肉太《にくぶと》 骨太《ほねぶと》】ナニが太《ふと》いか。
◆丸太《まるた》

大-1

天

総画4
JIS-3723
教1年
音 テン
訓 あめ・あま

筆順 天 天 天 天（みじかく・はらう）

なりたち 【指事】甲骨文字《こうこつもじ》では、人《ひと》（大）の頭《あたま》の部分《ぶぶん》に「二」「口」などのしるし（のちに一）をつけて指《さ》しめした字《じ》で、「頭《あたま》」を表《あらわ》していた。いちばん高《たか》い所《ところ》にあることから、のちに「てん」として使《つか》われるようになった。

意味

❶おおぞら。上空《じょうくう》のひろい世界《せかい》。例天《てん》をあおぐ。天体《てんたい》・雨天《うてん》 対地《ち》

❷自然《しぜん》のまま。人《ひと》の手《て》がくわわっていないもの。生《う》まれつき。例天然《てんねん》・楽天《らくてん》

❸神《かみ》のいるところ。宇宙全体《うちゅうぜんたい》を支配《しはい》する力《ちから》。例天命《てんめい》・召天《しょうてん》

❹上《うえ》。いちばん上《うえ》。例天井《てんじょう》・脳天《のうてん》

❺《その他》例天王山《てんのうざん》

注意するよみ あま…例天《あま》の川《がわ》・天下《あまくだ》り

名前のよみ たか・たかし

❶〈おおぞら〉の意味で

【天下《てんか》】↓ ①空《そら》の下《した》にあるこの世界《せかい》。対天上《てんじょう》 ②ぜんこく。世《よ》の中《なか》。例金《かね》は天下《てんか》のまわりもの。③この世で第一流《だいいちりゅう》の。例今《いま》や天下《てんか》の学者《がくしゃ》だ。④「天下《てんか》のあるじ」の意味《いみ》。

【天涯孤独《てんがいこどく》】この広《ひろ》い世《よ》の中《なか》に、身《み》よりがひとりもいないこと。例天涯孤独《てんがいこどく》の身《み》。

【天下一品《てんかいっぴん》】ほかにくらべるものがないほどすぐれていること。そういう品物《しなもの》。

【天気《てんき》】↓ ①晴《は》れ・雨《あめ》・くもりなどの空《そら》のようす。例天気予報《てんきよほう》 類天候《てんこう》 ②空《そら》が晴《は》れていること。例お天気《てんき》つづき。

【天球《てんきゅう》】↓ 地球《ちきゅう》のまわりに広《ひろ》がっている空《そら》や宇宙《うちゅう》を、地球《ちきゅう》を中心《ちゅうしん》とする大《おお》きな球《きゅう》としてとらえたもの。

【天空《てんくう》】↓ はてしなく広《ひろ》がる大空《おおぞら》。

【天候《てんこう》】↓ 天気《てんき》のぐあい。空《そら》もよう。例天候不順《てんこうふじゅん》・悪天候《あくてんこう》 類天気《てんき》・気候《きこう》・気象《きしょう》

【天日《てんじつ》】↓ 一太陽《たいよう》。二てんぴ 太陽《たいよう》の光線《こうせん》。太陽《たいよう》の熱《ねつ》。例天日《てんぴ》ぼしのするめ。

【天守閣《てんしゅかく》】城《しろ》の中心《ちゅうしん》にある、大《おお》きく高《たか》いやぐら。例五層《ごそう》の天守閣《てんしゅかく》。

【天体《てんたい》】↓ 宇《う》宙《ちゅう》にある太陽《たいよう》・月《つき》・星《ほし》などの物体《ぶったい》。例天体観測《てんたいかんそく》

天守閣

【天地《てんち》】⇕ ①天《てん》と地《ち》。あめつち。②世《よ》の中《なか》。例新天地《しんてんち》をもとめる。☞❹

【天地神明《てんちしんめい》】天《てん》や地《ち》の神々《かみがみ》。例天地神明《てんちしんめい》にちかう。

【天動説《てんどうせつ》】宇宙《うちゅう》の中心《ちゅうしん》に地球《ちきゅう》があり、太《たい》陽《よう》や星《ほし》がそのまわりをまわっている、という考《かんが》え方《かた》。対地動説《ちどうせつ》 知識 コペルニクスの「地動説《ちどうせつ》」がみとめられるまでの考《かんが》え方《かた》。

【天変地異《てんぺんちい》】空《そら》におこるかみなり・日食《にっしょく》・月食《げっしょく》や、地上《ちじょう》におこる地震《じしん》・洪水《こうずい》など、ふだんとはちがうできごとや災害《さいがい》。

【天文《てんもん》】↓ 星《ほし》の動《うご》きや月《つき》の満《み》ち欠《か》けなど、天《てん》体《たい》に関係《かんけい》するさまざまな現象《げんしょう》。例天文台《てんもんだい》

❷〈自然のまま〉の意味で

【天才《てんさい》】↓ 生《う》まれつきずばぬけた才能《さいのう》を持《も》つ人《ひと》。例音楽《おんがく》の天才《てんさい》。対凡才《ぼんさい》

【天災《てんさい》】↓ 大水《おおみず》・地震《じしん》・台風《たいふう》などの、自然《しぜん》の力《ちから》でおこるわざわい。例天災《てんさい》はわすれたころにやってくる。類災禍《さいか》 対人災《じんさい》

【天真•爛•漫《てんしんらんまん》】（な）に 気《き》どったりせず、むじゃきで明《あか》るい。類天衣無縫《てんいむほう》

【天成《てんせい》】↓ 生《う》まれつきそなわっていること。例天成《てんせい》の画家《がか》。類天性《てんせい》

【天性《てんせい》】↓ 学習《がくしゅう》や努力《どりょく》の結果《けっか》身《み》につけたのでなく、生《う》まれつきもっている才能《さいのう》や性《せい》質《しつ》。類天分《てんぶん》・天成《てんせい》・本性《ほんしょう》・素質《そしつ》・資質《ししつ》

【天敵《てんてき》】↓ アリマキに対《たい》するナナホシテン

トウのように、ある動物《どうぶつ》にとって、おそろしい敵《てき》になる生物《せいぶつ》。

【天然】《てんねん》 ↓ 人《ひと》の力《ちから》がくわわっていない、自然《しぜん》のままのもの。[例] 天然《てんねん》の美《び》。天然記念物《てんねんきねんぶつ》 [類] 自然《しぜん》・天成《てんせい》 [対] 人為《じんい》・人工《じんこう》・人造《じんぞう》

【天。賦】《てんぷ》 ↓ 生《う》まれながらにそなわっていること。[例] 天賦《てんぷ》の才能《さいのう》。[類] 天与《てんよ》

【天分】《てんぶん》 ↓ 生《う》まれつきもっている才能《さいのう》・性質《せいしつ》。[例] 水泳《すいえい》の天分《てんぶん》がある。[類] 天性《てんせい》・素質《そしつ》

❸〈神のいるところ〉の意味で

【天衣無。縫】《てんいむほう》 〈[一]な[一]に〉詩《し》・文章《ぶんしょう》・絵《え》や人《ひと》がらなどに努力《どりょく》してそうしているようすがなく、いかにも自然《しぜん》で美《うつく》しいようす。[例] 天衣無縫《てんいむほう》のふるまい。[類] 天真爛漫《てんしんらんまん》 [参考] 天女《てんにょ》や天人《てんにん》の衣《ころも》は縫《ぬ》い目《め》がないという意味《いみ》。

【天◆狗】《てんぐ》 ↓ ①山《やま》おくにすみ、顔《かお》が赤《あか》く、鼻《はな》が高《たか》いかいぶつ。太刀《たち》や鳥《とり》の羽《はね》のうちわを持《も》ち、つばさで空《そら》もとべる。②うぬぼれること。[例] 天狗《てんぐ》になる。天狗《てんぐ》の鼻《はな》をおる。

【天国】《てんごく》 ↓ ①天上《てんじょう》にあるという理想《りそう》の国《くに》。[類] 極楽《ごくらく》 [対] 地獄《じごく》 ②思《おも》いどおりにできてすばらしいと感《かん》じられるところ。[例] 歩行者天国《ほこうしゃてんごく》 [類] 楽園《らくえん》

【天子】《てんし》 ↓ 一国《いっこく》の王《おう》。[類] 君主《くんしゅ》・天皇《てんのう》・皇帝《こうてい》 [参考] 天《てん》の命令《めいれい》によって国《くに》をおさめる人《ひと》という意味《いみ》。

【天使】《てんし》 ↓ ①天《てん》の神《かみ》の使《つか》いとして地上《ちじょう》におりてくるといわれるもの。多《おお》く、つばさをもった女《おんな》の人《ひと》や子《こ》どものすがたで表《あらわ》されている。エンゼル。②心《こころ》がやさしく、いたわりの気持《きも》ちをもっている人《ひと》。[例] 白衣《はくい》の天使《てんし》。

【天。寿】《てんじゅ》 ↓ その人《ひと》に天《てん》からあたえられたいのちの長《なが》さ。[例] 天寿《てんじゅ》をまっとうする。[類] 天命《てんめい》

【天職】《てんしょく》 ↓ 天《てん》からあたえられた職業《しょくぎょう》。[例] 医師《いし》はわたしの天職《てんしょく》です。

【天女】《てんにょ》 ↓ 天《てん》の世界《せかい》に住《す》むとされる美《うつく》しい女性《じょせい》。[類] 天人《てんにん》

【天人】《てんにん》 ↓ 仏教《ぶっきょう》で、天上《てんじょう》の世界《せかい》に住《す》むという人《ひと》。羽衣《はごろも》を着《き》て空《そら》を自由《じゆう》にとびまわり、音楽《おんがく》や舞《まい》がよくできるという。[類] 天女《てんにょ》 [参考] 女性《じょせい》のすがたでえがかれるほうが多《おお》い。

【天皇】《てんのう》 ↓ 日本国《にほんこく》の王《おう》。[類] 天子《てんし》 [知識] 日本国《にほんこく》憲法《けんぽう》は天皇《てんのう》を「国《くに》の象徴《しょうちょう》」とする。

【天。罰】《てんばつ》 ↓ 天《てん》がくだす罰《ばつ》。[例] 天罰《てんばつ》てきめん（わるいことをすると、そのむくいがすぐにあらわれる）。天罰《てんばつ》があたる。

【天命】《てんめい》 ↓ ①天《てん》が定《さだ》めた運命《うんめい》。[例] 人事《じんじ》をつくして天命《てんめい》をまつ（できるだけのことをして、結果《けっか》は天《てん》の定《さだ》めにしたがう）。[類] 天運《てんうん》・宿命《しゅくめい》 ②天《てん》からあたえられたいのち。[例] 天命《てんめい》がつきる。[類] 天寿《てんじゅ》・寿命《じゅみょう》

【天。網◆恢◆恢】《てんもうかいかい》 天《てん》にいる神《かみ》のはりめぐらす網《あみ》は、はてしなく大《おお》きい。[参考]「天網恢恢《てんもうかいかい》、疎《そ》にして漏《も》らさず（天網《てんもう》は、目《め》があらいようでも、にげることはできない）」は、わるいことをしたものはかならず天罰《てんばつ》を受《う》けるという意《い》味《み》。（『老子《ろうし》』）

❹〈上〉の意味で

【天。井】《てんじょう》 ↓ ①屋根裏《やねうら》をかくすためや保温《ほおん》のために、へやの上《うえ》のほうに一面《いちめん》に板《いた》をはったもの。[例] 天井《てんじょう》が高《たか》いへや。②いちばん高《たか》いところ。[例] 株《かぶ》の値《ね》はあがる一方《いっぽう》で、天井《てんじょう》知《し》らずだ。

【天地】《てんち》 ⇕ 本《ほん》・紙《かみ》・荷物《にもつ》などの上《うえ》と下《した》。☞❶

【天地無用】《てんちむよう》 荷物《にもつ》の上下《じょうげ》をさかさまにしてはいけないという注意《ちゅうい》のことば。

【天火】《てんぴ》 ↓ 上下《じょうげ》から熱《ねつ》をくわえて、全体《ぜんたい》をむし焼《や》きにする料理《りょうり》の道具《どうぐ》。オーブン。

【天。袋】《てんぶくろ》 ↓ おしいれや床《とこ》の間《ま》の上《うえ》のほうにつくられている、小《ちい》さな戸《と》だな。

【天窓】《てんまど》 ↓ 屋根《やね》に取《と》りつけた窓《まど》。光《ひかり》をとり入《い》れたり、空気《くうき》を入《い》れかえたりする。

❺《その他》

【天王山】《てんのうざん》 ここで勝《か》ち負《ま》けが決《き》まるという、だいじな分《わ》かれめ。[例] この試合《しあい》が天王山《てんのうざん》だ。[知識] 豊臣秀吉《とよとみひでよし》と明智光秀《あけちみつひで》が戦《たたか》った土地《とち》の名《な》。秀吉《ひでよし》は、ここを先《さき》に手《て》に入《い》れることによって戦《たたか》いを勝《か》ちにみちびくことができた。

【天◆秤】《てんびん》 ↓ 重《おも》さをはかる道具《どうぐ》。棒《ぼう》のまん中《なか》をささえ、片方《かたほう》に重《おも》さのわかっているおもり、もう一方《いっぽう》に品物《しなもの》をのせて、つりあうようにしてはかる。[表現]「天秤《てんびん》にかける」で、どちらがよいかをくらべる意味《いみ》にも使《つか》う。

天が下につく熟語 上の字の働き

❶天＝〈おおぞら〉のとき
【晴天《せいてん》 青天《せいてん》 曇天《どんてん》 雨天《うてん》 炎天《えんてん》 寒天《かんてん》 干天《かんてん》 荒天《こうてん》 暁天《ぎょうてん》】ドウイウようすの空《そら》か。
【仰天《ぎょうてん》 満天《まんてん》 昇天《しょうてん》】天をドウスルか・天《てん》にドウナルか。
◆有頂天《うちょうてん》 中天《ちゅうてん》 野天《のてん》 脳天《のうてん》 楽天《らくてん》 露天《ろてん》

大－1
夫
総画4
JIS-4155
教4年
訓 音 フ・フウ
おっと

筆順 ながく はらう

なりたち  【象形】成人《せいじん》したしるしの冠《かんむり》とかんざしをつけた人《ひと》のすがたをえがいた字《じ》。

意味
❶おっと。例夫《おっと》と妻《つま》。夫妻《ふさい》 対婦《ふ》・妻《さい》
❷男《おとこ》の人《ひと》。一人前《いちにんまえ》の男子《だんし》。例凡夫《ぼんぷ》 対婦《ふ》
❸はたらく人《ひと》。労働《ろうどう》する人《ひと》。例工夫《こうふ》

注意するよみ フウ…例夫婦《ふうふ》・工夫《くふう》

名前のよみ お・すけ

❶〈おっと〉の意味で
【夫婦】ふうふ・めおと ⇕結婚《けっこん》している一組《ひとくみ》の男女《だんじょ》。夫《おっと》と妻《つま》。例二人《ふたり》は夫婦《ふうふ》になった。夫婦茶碗《めおとぢゃわん》 類夫妻《ふさい》
【夫妻】ふさい ⇕他人《たにん》の夫婦《ふうふ》をあらたまっていう言《い》い方《かた》。類夫婦《ふうふ》 表現「○○氏夫妻《しふさい》」のように、人《ひと》の名《な》の下《した》につけて使《つか》うことが多《おお》い。
【夫唱婦随】ふしょうふずい 夫《おっと》の言《い》ったことに妻《つま》がしたがうこと。夫《おっと》の考《かんが》えに妻《つま》が協力《きょうりょく》すること。

❷〈男の人〉の意味で
【夫人】ふじん ⇓身分《みぶん》ある人《ひと》の妻《つま》。類妻女《さいじょ》 表現他《た》人《にん》の妻《つま》をていねいにいうことば。

夫が下につく熟語 上の字の働き

❷夫＝〈男の人〉のとき
【丈夫《じょうふ》 凡夫《ぼんぷ》】ドウイウ男子《だんし》か。〔「丈」は古代《こだい》中国《ちゅうごく》の男子《だんし》の平均身長《へいきんしんちょう》を表《あらわ》す〕
❸夫＝〈はたらく人〉のとき
【農夫《のうふ》 工夫《こうふ》 坑夫《こうふ》 水夫《すいふ》】ナニの仕事《しごと》に従事《じゅうじ》する人《ひと》か。
◆工夫《くふう》

大－2
央
総画5
JIS-1791
教3年
訓 音 オウ
—

筆順 だす はらう

なりたち  【会意】人《ひと》が立《た》っている形《かたち》の「大《だい》」と「冂」とを合《あ》わせて、人《ひと》がなにかのもののまん中《なか》に立《た》っていることを意味《いみ》する字《じ》。

意味 まんなか。ものの中心《ちゅうしん》。例中央《ちゅうおう》・震央《しんおう》・期央《きおう》

名前のよみ あきら・ちか・てる・なか・ひさ・ひさし・ひろ・ひろし

大－2
失
総画5
JIS-2826
教4年
訓 音 シツ
うしなう・う-せる

筆順 はっきりだす はらう

なりたち 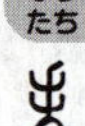 【形声】「乙《イツ》」が「シツ」とかわって読《よ》み方《かた》をしめしている。「イツ」は「うしなう」意味《いみ》を持《も》ち、手《て》をくわえて、「手《て》からおとす」ことを表《あらわ》す字《じ》。

意味
❶うしなう。なくす。例気《き》を失《うしな》う。機会《きかい》を失《しっ》する。失望《しつぼう》・損失《そんしつ》 対得《とく》
❷あやまち。やりそこない。例失敗《しっぱい》・過失《かしつ》

❶〈うしなう〉の意味で
【失意】しつい ▲あてがはずれたり、のぞみがかなわなかったりして、がっくりしていること。例失意《しつい》のどんぞこにある。対得意《とくい》
【失格】しっかく ▲〈—する〉きまりをやぶったりして、資格《しかく》をなくすこと。対適格《てきかく》
【失脚】しっきゃく ▲〈—する〉失敗《しっぱい》して、地位《ちい》をうしなうこと。参考もとは「脚《あし》をふみはずす」という意味《いみ》。
【失業】しつぎょう ▲〈—する〉仕事《しごと》をうしなうこと。また、仕事《しごと》につくことができないこと。例失業《しつぎょう》率《りつ》 類失職《しっしょく》 対就業《しゅうぎょう》・就職《しゅうしょく》
【失禁】しっきん ▲〈—する〉年《とし》をとったり病気《びょうき》にかかったりなどが原因《げんいん》で、自分《じぶん》で気《き》づかないうちに小便《しょうべん》や大便《だいべん》をもらしてしまうこと。

【失敬】《しっけい》 ▲ ①〈[に]な〉礼儀《れいぎ》にはずれている。例 失敬《しっけい》なことを言《い》わないように。類 失礼《しつれい》 ②〈―する〉人《ひと》のものをだまって自分《じぶん》のものにする。例 弟《おとうと》のおやつをちょっと失敬《しっけい》。③〈―する〉人《ひと》とわかれる。例 今夜《こんや》は、ここで失敬《しっけい》する。

【失効】《しっこう》 ▲ 〈―する〉法律《ほうりつ》や規則《きそく》などが、力《ちから》をなくしてしまうこと。例 この契約《けいやく》は三年前《さんねんまえ》に失効《しっこう》しているはずだ。対 発効《はっこう》

【失神】《しっしん》 ▲ 〈―する〉気《き》をうしなうこと。意識《いしき》がなくなって、一時《いちじ》なにもわからなくなること。類 気絶《きぜつ》・卒倒《そっとう》

【失速】《しっそく》 ▲ 〈―する〉①とんでいる飛行機《ひこうき》が、急《きゅう》にスピード不足《ぶそく》で揚力《ようりょく》をうしなうこと。例 着陸《ちゃくりく》しようとして失速《しっそく》する。②急《きゅう》にスピードやいきおいがなくなること。例 ゴール前《まえ》で失速《しっそく》。

【失地】《しっち》 ↓ うしなってしまった土地《とち》や領《りょう》地《ち》。例 失地回復《しっちかいふく》をはかる。表現 地位《ちい》や足《あし》がかりとなる勢力《せいりょく》をなくす意味《いみ》でも使《つか》う。

【失調】《しっちょう》 ▲ つりあいがとれなくて、調子《ちょうし》がくるうこと。例 栄養失調《えいようしっちょう》

【失。墜】《しっつい》 ‖ 〈―する〉名誉《めいよ》や信用《しんよう》などをなくすこと。

【失点】《しってん》 ↓ ①競技《きょうぎ》や試合《しあい》で相手《あいて》にとられた点数《てんすう》。例 失点《しってん》ゼロで勝《か》つ。対 得点《とくてん》 ②仕事《しごと》での失敗《しっぱい》。例 失点《しってん》をかさねる。

【失念】《しつねん》 ▲ 〈―する〉うっかりしてわすれること。例 約束《やくそく》を失念《しつねん》する。

【失望】《しつぼう》 ▲ 〈―する〉望《のぞ》みをうしなうこと。あてがはずれてがっかりすること。例 無責任《むせきにん》な態《たい》度《ど》には失望《しつぼう》させられた。類 絶望《ぜつぼう》・落胆《らくたん》

【失明】《しつめい》 ▲ 〈―する〉視力《しりょく》がなくなること。

【失礼】《しつれい》 ▲ ①〈[に]な〉礼儀《れいぎ》を欠《か》いている。例 失《しっ》礼《れい》な態度《たいど》をとる。類 不作法《ぶさほう》・無礼《ぶれい》・非礼《ひれい》 ②〈―する〉わかれるときやあやまるときに使《つか》うあいさつのことば。例 きょうはこれで失礼《しつれい》します（わかれるとき）。失礼《しつれい》いたしました（あやまるとき）。類 失敬《しっけい》

【失。恋】《しつれん》 ▲ 〈―する〉すきになった人《ひと》への思《おも》いがかなわないこと。対 得恋《とくれん》

❷〈あやまち〉の意味で

【失火】《しっか》 ▲ 〈―する〉不注意《ふちゅうい》から起《お》こった火《か》事《じ》。例 昨夜《さくや》の火事《かじ》は失火《しっか》だそうだ。対 放火《ほうか》

【失言】《しつげん》 ↓ 〈―する〉言《い》ってはいけないことを、つい、うっかり言《い》ってしまうこと。例 失言《しつげん》をとりけす。

【失策】《しっさく》 ▲ やりそこない。しくじり。エラー。類 失敗《しっぱい》 表記「失錯」とも書《か》く。

【失笑】《しっしょう》 ↓ 〈―する〉あきれて、ついわらってしまうこと。例 失笑《しっしょう》を買《か》う。

【失政】《しっせい》 ▲ 政治《せいじ》のやり方《かた》の失敗《しっぱい》。

【失態】《しったい》 ↓ 人《ひと》にわらわれるような見苦《みぐる》しい失敗《しっぱい》。例 とんだ失態《しったい》をしでかした。類 醜態《しゅうたい》

【失敗】《しっぱい》 ‖ 〈―する〉やりそこなうこと。しくじること。例 失敗《しっぱい》は成功《せいこう》のもと。類 失策《しっさく》・過失《かしつ》 対 成功《せいこう》

失が下につく熟語 上の字の働き

❶失＝〈うしなう〉のとき
【消失《しょうしつ》 喪失《そうしつ》 遺失《いしつ》 損失《そんしつ》】近《ちか》い意味《いみ》。
【焼失《しょうしつ》 紛失《ふんしつ》】ドウナッテなくなるか。
◆過失《かしつ》 自失《じしつ》 得失《とくしつ》

大-3

夷

総画6
JIS-1648
人名
音 イ
訓 えびす

意味
❶えびす。むかし、都《みやこ》から遠《とお》くはなれた未《み》開《かい》の地《ち》にすんでいた人《ひと》びと。
❷たいらげる。ほろぼす。はらう。例 焼《しょう》夷弾《いだん》（建物《たてもの》などを焼《や》きはらうために使《つか》う爆《ばく》弾《だん》）
参考 蝦夷（えぞ）

大-5

奇

総画8
JIS-2081
常用
音 キ
訓 ―

筆順 奇 奇 奇 奇 奇 奇 奇 奇

なりたち  [形声]「可《カ》」が「キ」とかわって読《よ》み方《かた》をしめしている。「カ」は「かたよる」意味《いみ》を持《も》ち、人《ひと》が立《た》っている形《かたち》（大）をくわえて、人《ひと》がふつうではない立《た》ち方《かた》をしていることを表《あらわ》す字《じ》。

意味
❶かわっている。めずらしい。ふつうでない。例 奇《き》をてらう。奇行《きこう》・奇声《きせい》・珍奇《ちんき》
❷ふしぎである。あやしげな。例 怪奇《かいき》
❸すぐれている。なみはずれている。例

前ページ▶夷 奇

奇才《きさい》
❹二《に》で割《わ》りきれない。例 奇数《きすう》 対 偶《ぐう》
特別なよみ 数奇屋（すきや）

❶〈かわっている〉の意味で

【°奇異《きい》】Ⅱ〈ーな〉ふつうとはかわっていてふしぎな感《かん》じがすること。類 奇妙《きみょう》・異様《いよう》

【°奇観《きかん》】↓ じつにめずらしいながめ。かわった景色《けしき》。例 天下《てんか》の奇観《きかん》。

【°奇形《きけい》】↓ 動物《どうぶつ》や植物《しょくぶつ》などで、生《う》まれつきふつうとちがった形《かたち》をしたもの。例 奇形種《きけいしゅ》

【°奇計《きけい》】↓ あっとおどろくようなみごとな計略《けいりゃく》。例 奇計《きけい》を用《もち》いる。類 奇策《きさく》

【°奇行《きこう》】↓ ふつうの人《ひと》ならやらない、ふうがわりなおこない。例 奇行《きこう》にあきれる。

【°奇策《きさく》】↓ ふつうには考《かんが》えつかない、かわったはかりごと。類 奇計《きけい》 対 正攻法《せいこうほう》

【°奇習《きしゅう》】↓ ふうがわりなしきたり。

【°奇°襲《きしゅう》】↓〈ーする〉敵《てき》のふいをついたやり方《かた》で、せめかかること。不意打《ふいう》ち。類 急襲《きゅうしゅう》

【°奇人《きじん》】↓ することや考《かんが》えが、ふつうの人《ひと》とひどくちがう、ふうがわりな人《ひと》。類 変人《へんじん》

【°奇声《きせい》】↓ ふつうとかわった、とっぴょうしもない声《こえ》。例 奇声《きせい》をあげる。

【°奇想天外《きそうてんがい》】ひどくふうがわりなようす。例 奇想天外《きそうてんがい》の物語《ものがたり》。類 奇抜《きばつ》

【°奇°抜《きばつ》】Ⅱ〈ーな〉考《かんが》えやおこないが、ひどくかわっていてふつうの人《ひと》には考《かんが》えつかない。例 奇抜《きばつ》なアイデア。類 奇想天外《きそうてんがい》

【°奇病《きびょう》】↓ 今《いま》までにほとんどなかったような、めずらしい病気《びょうき》。

【°奇°妙《きみょう》】Ⅱ〈ーに〉〈ーな〉じつにかわっている。例 奇妙《きみょう》な話《はなし》。類 奇異《きい》・珍奇《ちんき》・珍妙《ちんみょう》・異様《いよう》

❷〈ふしぎである〉の意味で

【°奇°縁《きえん》】↓ 思《おも》いもかけないふしぎなめぐりあわせ。例 同姓同名《どうせいどうめい》だなんて奇縁《きえん》だ。

【°奇°怪《きかい|きっかい》】Ⅱ〈ーな〉〈ーに〉ふしぎで気味《きみ》がわるい。類 不思議《ふしぎ》・異様《いよう》

【°奇°奇°怪°怪《ききかいかい》】〈ーな〉〈ーに〉ひじょうにあやしくてふしぎなようす。参考「奇怪《きかい》」を強《つよ》めたことば。

【°奇°遇《きぐう》】↓ 思《おも》いがけない出会《であ》い。例 こんなところで出会《であ》うとは奇遇《きぐう》だね。

【°奇術《きじゅつ》】↓ 見物人《けんぶつにん》にふしぎだなと思《おも》わせることをしてみせて、みんなをたのしませる術《じゅつ》。マジック。類 手品《てじな》・魔術《まじゅつ》

【°奇°跡《きせき》】↓ ふつうにはありえないようなふしぎなできごと。例 奇跡的《きせきてき》に助《たす》かる。

【°奇談《きだん》】↓ ふつうにはありそうもない、ふしぎな話《はなし》。例 土地《とち》の人《ひと》からさまざまの奇談《きだん》を聞《き》いた。類 奇聞《きぶん》・珍談《ちんだん》

❸〈すぐれている〉の意味で

【°奇才《きさい》】↓ 人《ひと》があっとおどろくような、みごとなことをしてみせる才能《さいのう》。例 奇才《きさい》を発揮《はっき》する。

【°奇特《きとく|きどく》】Ⅱ〈ーな〉心《こころ》がけやおこないがとくにすぐれていて感心《かんしん》だ。例 奇特《きとく|きどく》な人《ひと》。類 殊勝《しゅしょう》

【°奇°麗《きれい》】Ⅱ〈ーな〉〈ーに〉①すがたかたちが、ととのっていて、美《うつく》しい。例 きれいな字《じ》。類 端正《たんせい》 ②よごれがなくて、きよらか。例 きれいな水《みず》。類 清潔《せいけつ》 対 不潔《ふけつ》 ③のこるものがなく、さっぱりしている。例 きれいにだまされた。類 完全《かんぜん》 表記「綺麗」とも書《か》く。

❹〈二で割りきれない〉の意味で

【°奇数《きすう》】↓ 一《いち》・三《さん》・五《ご》・七《なな》・九《きゅう》など、二《に》で割《わ》りきれない数《かず》。対 偶数《ぐうすう》

◆怪奇《かいき》 数奇《すうき》 珍奇《ちんき》

奈

大-5 総画8 JIS-3864 常用
音 ナ
訓 ―

筆順

意味 ❶いかなる。どんな。例 奈辺《なへん》（どこ。どのあたり）
❷奈良《なら》。「奈良市《ならし》」「奈良県《ならけん》」の略《りゃく》。例 阪奈《はんな》道路《どうろ》

奉

大-5 総画8 JIS-4284 常用
音 ホウ・ブ
訓 たてまつる

筆順

なりたち

【形声】上部《じょうぶ》の「□→夫」は、「□」がしげった草《くさ》と「ホウ」という読《よ》み方《かた》をしめし、「□」が両手《りょうて》で草《くさ》をささげること

を表《あらわ》しているが、さらに「手《て》」(下部《かぶ》の「扌」)をくわえて、「たてまつる」として使《つか》われる字《じ》。

意味

❶たてまつる。尊敬《そんけい》の気持《きも》ちをこめておこなう。例供物《くもつ》を奉《たてまつ》る。奉納《ほうのう》・信奉《しんぽう》
❷つかえる。ほかの人《ひと》のために仕事《しごと》をする。例職《しょく》を奉《ほう》じる。奉仕《ほうし》
❸うける。上《うえ》から言《い》いつかる。例奉行《ぶぎょう》

注意するよみ ブ…例奉行《ぶぎょう》

名前のよみ とも・よし

❶〈たてまつる〉の意味で

【°奉《ほう》祝《しゅく》】▲(―する)つつしんでいわうこと。

【°奉《ほう》納《のう》】↓(―する)神《かみ》や仏《ほとけ》にさしだすこと。例絵馬《えま》を奉納《ほうのう》する。類寄進《きしん》

❷〈つかえる〉の意味で

【°奉《ほう》公《こう》】▲(―する)①君主《くんしゅ》に仕《つか》えること。国《こっ》家《か》・社会《しゃかい》のためにつくすこと。②よその家《いえ》ではたらくこと。例奉公人《ほうこうにん》・年季奉公《ねんきぼうこう》(何年間《なんねんかん》と期間《きかん》をきめて奉公《ほうこう》すること)

【°奉《ほう》仕《し》】Ⅲ(―する)①世《よ》の中《なか》や人《ひと》のためにつくすこと。例社会《しゃかい》に奉仕《ほうし》する。奉仕活動《ほうしかつどう》 ②商店《しょうてん》などがねだんをやすくすること。サービス。例奉仕価格《ほうしかかく》

【°奉《ほう》職《しょく》】▲(―する)学校《がっこう》や役所《やくしょ》など、おおやけの仕事《しごと》や役目《やくめ》につくこと。

❸〈うける〉の意味で

【°奉《ぶ》行《ぎょう》】↓江戸時代《えどじだい》、幕府《ばくふ》の中《なか》で、将軍《しょうぐん》から言《い》いつかって仕事《しごと》をした役所《やくしょ》の責任者《せきにんしゃ》。例町奉行《まちぶぎょう》・寺社奉行《じしゃぶぎょう》・奉行所《ぶぎょうしょ》

大-5

奔

総画8 JIS-4359 常用
音 ホン
訓 ―

筆順

なりたち

【会意】もとの字《じ》は、「奔」。左右《さゆう》の手《て》をふり足《あし》を広《ひろ》げて走《はし》っている形《かたち》と、たくさんの足《あし》あとの形《かたち》とからできた字《じ》で、いそいで走《はし》ることを表《あらわ》している。

意味 急《いそ》いで走《はし》る。いきおいがよい。

【°奔《ほん》走《そう》】Ⅲ(―する)あちこち走《はし》りまわること。例寄付集《きふあつ》めに奔走《ほんそう》する。類東奔西走《とうほんせいそう》

【°奔《ほん》放《ぽう》】Ⅲ(―な)きまりなどにとらわれないで、気《き》ままにふるまうようす。例自由奔放《じゆうほんぽう》

【°奔《ほん》流《りゅう》】↓はやくて、はげしい水《みず》の流《なが》れ。類急流《きゅうりゅう》・激流《げきりゅう》

大-6

契

総画9 JIS-2332 常用
音 ケイ
訓 ちぎる

筆順

なりたち

【形声】刃物《はもの》できずをつけることを表《あらわ》す。「㓞」が「ケイ」という読《よ》み方《かた》をしめしている。「大」をつけて、木《き》にきざみをつけた大《おお》きな「わりふ」を表《あらわ》した字《じ》。

意味 ちぎる。約束《やくそく》する。しるしをつける。例契《ちぎ》りをむすぶ。契約《けいやく》・黙契《もっけい》

名前のよみ ひさ

【°契《けい》機《き》】↓なにかがはじまったりかわったりする、もとになるものごと。きっかけ。例父《ちち》の死《し》を契機《けいき》に、すっかり立《た》ち直《なお》った。

【°契《けい》約《やく》】Ⅲ(―する)売《う》り買《か》いや、貸《か》し借《か》りなどの約束《やくそく》をすること。その約束《やくそく》。とくに、法《ほう》律《りつ》にもとづいた約束《やくそく》をいう。

大-6

奎

総画9 JIS-5287 人名
音 ケイ
訓 ―

意味 文筆《ぶんぴつ》の星《ほし》。中国古代《ちゅうごくこだい》の星座《せいざ》の名《な》。とかきぼし。

大-6

奏

総画9 JIS-3353 教6年
音 ソウ
訓 かなでる

筆順 ながく ださない とめる

なりたち

【会意】けだもの、または草《くさ》を両《りょう》手《て》に持《も》って神《かみ》にささげるようすを表《あらわ》している字《じ》。

意味

❶かなでる。音楽《おんがく》をえんそうする。例曲《きょく》を奏《かな》でる。奏楽《そうがく》・伴奏《ばんそう》
❷さしあげる。申《もう》しあげる。例奏上《そうじょう》
❸なしとげる。結果《けっか》を出《だ》す。例効《こう》を奏《そう》する。

❶〈かなでる〉の意味で

【奏《そう》楽《がく》】▲(―する)楽器《がっき》を使《つか》って音楽《おんがく》をかなでること。例入学式《にゅうがくしき》で校歌《こうか》を奏楽《そうがく》する。

°学習漢字でない常用漢字 ▲常用漢字表にない音訓 ◆常用漢字でない漢字

【奏法《そうほう》】⇩楽器《がっき》の演奏《えんそう》のしかた。例三味線《しゃみせん》の奏法《そうほう》を伝授《でんじゅ》する。奏法解説《そうほうかいせつ》。

❷〈さしあげる〉の意味で

【奏上《そうじょう》】▲〈—する〉天皇《てんのう》・国王《こくおう》などに申《もう》し上《あ》げること。類上奏《じょうそう》

❸〈なしとげる〉の意味で

【奏効《そうこう》】▲〈—する〉ききめがあらわれること。例作戦《さくせん》が奏効《そうこう》する。

奏が下につく熟語 上の字の働き

❶奏＝〈かなでる〉のとき

【演奏《えんそう》 弾奏《だんそう》】近《ちか》い意味《いみ》。

【吹奏《すいそう》 独奏《どくそう》 合奏《がっそう》 協奏《きょうそう》 伴奏《ばんそう》 二重奏《にじゅうそう》 三重奏《さんじゅうそう》 四重奏《しじゅうそう》】ドノヨウニ奏《そう》するか。

奥

大-9 総画12 JIS-1792 常用 音 オウ 訓 おく ［奧］

筆順

なりたち 【会意】家《いえ》の形《かたち》（宀）とまるめる意味《いみ》を持つ「釆」を合わせて、家《いえ》の中《なか》のまがりくねってふかまったところを意味《いみ》する字《じ》。

意味 ❶おく。入《い》り口《ぐち》から深《ふか》く遠《とお》いところ。例山《やま》の奥《おく》。深奥《しんおう》 ❷陸奥《むつ》。旧国名《きゅうこくめい》。今《いま》の東北地方《とうほくちほう》の大部分《だいぶぶん》。例奥州《おうしゅう》・奥羽山脈《おううさんみゃく》

名前のよみ おき

❶〈おく〉の意味で

【奥義《おうぎ／おくぎ》】⇩学問《がくもん》・武術《ぶじゅつ》・芸術《げいじゅつ》などで、いちばんおくふかくて、だいじなところ。例茶道《さどう》の奥義《おうぎ／おくぎ》をきわめる。類極意《ごくい》・神髄《しんずい》

【奥方《おくがた》】⇩身分《みぶん》の高《たか》い人《ひと》の妻《つま》。参考やしきの奥《おく》のほうにいる人《ひと》という意味《いみ》。

【奥様《おくさま》】⊠よその人《ひと》の妻《つま》をうやまっていうことば。例名家《めいか》の奥様《おくさま》。

【奥底《おくそこ》】＝おくふかいところ。

【奥地《おくち》】⇩大《おお》きな町《まち》や海岸《かいがん》からずっとはいりこんだ遠《とお》いところ。

【奥付《おくづけ》】⇩本《ほん》の終《お》わりのページにある、その本《ほん》の著者《ちょしゃ》・発行者《はっこうしゃ》・発行年月日《はっこうねんがっぴ》などをまとめてしめした部分《ぶぶん》。

【奥歯《おくば》】⇩口《くち》のおくのほうにあって、ものをかみくだく歯《は》。類臼歯《きゅうし》 対前歯《まえば》

奨

大-10 総画13 JIS-3009 常用 音 ショウ 訓 — ［奬］

筆順

なりたち 【形声】「将《しょう》」が「けしかける」意味《いみ》の「ショウ」という読《よ》み方《かた》をしめしている。「大」はもと「犬」で、犬《いぬ》をけしかけることから、「すすめる」として使《つか》われる字《じ》。

意味 すすめる。はげましてすすめる。例奨励《しょうれい》・推奨《すいしょう》

名前のよみ すすむ・つとむ

【奨学金《しょうがくきん》】学校《がっこう》や大学《だいがく》に行《い》けるように

漢字パズル 5

● まちがいさがし

漢字《かんじ》のまちがいをさがしましょう。

① 入場券《にゅうじょうけん》を買《か》う

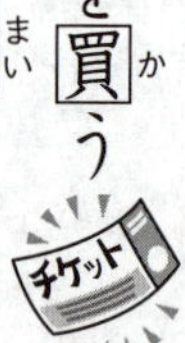

② 神社《じんじゃ》にお参《まい》りする

③ 大平洋《たいへいよう》と太西洋《たいせいよう》

④ 手《て》を挙《あ》げて質問《しつもん》する

⑤ 過去《かこ》と現在《げんざい》と末来《みらい》

⑥ 弓《ゆみ》で失《や》を射《い》る

⑦ 博士《はかせ》は動物《どうぶつ》の専門家《せんもんか》

答えは074ページ

ものしり巻物 第10巻

漢字《かんじ》は表語文字《ひょうごもじ》

わたしたちが口《くち》にする、日本《にほん》のことばの音《おん》は、「ア・イ・ウ・エ・オ・カ…ン」で、それぞれが一《ひと》つの音《おと》であることがわかりますね。

そしてこの発音《はつおん》の種類《しゅるい》は、「五十音図《ごじゅうおんず》」の表《ひょう》からもわかるように、もっとも中心《ちゅうしん》となるものは約五十《やくごじゅう》あります。その一《ひと》つ一《ひと》つの音《おと》「ア・イ・ウ・エ・オ・カ…ン」に対《たい》して、それぞれを書《か》き表《あらわ》すのにつごうがよいようにくふうされたのが、わたしたちの国《くに》の独自《どくじ》の文字《もじ》である四十八文字《よんじゅうはちもじ》の「かな(ひらがな・かたかな)」なのです。

この「かな」は、「つ・く・え」「あ・ら・た・め・る」「ち・い・さ・い」のように、いくつかをひとまとまりにしてはじめて意味《いみ》のあることば、つまり「単語《たんご》」になります。一文字《ひともじ》だけでは、ふつうはなんの意味《いみ》も表《あらわ》しません。ただ、「て(手)」「め(目)」「は(歯)」など一音《いちおん》の単語《たんご》がすこしあります。しかし「て」や「め」という「かな」は、「手《て》」や「目《め》」という意味《いみ》そのものを表《あらわ》すわけではなく、ふつうただその音《おと》をしめすだけなのです。

この「かな」とおなじようなかまの文字《もじ》が、ヨーロッパやアメリカで使《つか》われている二十六文字《にじゅうろくもじ》の「アルファベット(abc…)」で、その一字一字《いちじいちじ》には意味《いみ》がなく、ある発音《はつおん》の仕方《しかた》だけを表《あらわ》します。このような文字《もじ》を**表音文字《ひょうおんもじ》**といいます。

「かな」は四十八文字《よんじゅうはちもじ》、abc《エービーシー》は二十六文字《にじゅうろくもじ》で、数《かず》も少《すく》ないし文字《もじ》もかんたんです。しかしたった二十六文字《にじゅうろくもじ》しかない英語《えいご》でも、それだけおぼえればもういいわけではなく、たとえば、country(国《くに》)、listen(聞《き》く)のような長《なが》い単語《たんご》をおぼえなければなりませんし、また発音《はつおん》とつづりとがぴたりと合《あ》っているわけでもないようです。アメリカで、ある高校《こうこう》のフットボールの選手《せんしゅ》が、コーヒーのつづり(coffee)を正《ただ》しく書《か》いたら試験《しけん》に合格点《ごうかくてん》をあげると言《い》われて、がんばってみたけれどけっきょく正《ただ》しく書《か》けなかったというわらい話《ばなし》があるくらいなのです。

じつは、漢字《かんじ》というのは、英語《えいご》や日本語《にほんご》のcountryやlisten、「つくえ」「あらためる」など、いくつかの文字《もじ》で書《か》き表《あらわ》さなければならない単語《たんご》を、たった一文字《ひともじ》ですませている文字《もじ》なのです。

この漢字《かんじ》はもともと中国《ちゅうごく》で作《つく》られましたが、それは中国《ちゅうごく》のことばを書《か》き表《あらわ》すのにつごうがよいようにくふうされてできあがったものなのです。むかしの中国《ちゅうごく》のことば、つまり単語《たんご》は、ほとんどが一音《いちおん》でした。キ(机)、カイ(改)、ショウ(小)など、なかには音読《おんよ》みすると二音《におん》に見《み》えるものもありますが、中国語《ちゅうごくご》の発音《はつおん》では一回《いっかい》の発音《はつおん》で、それぞれ「つくえ」「あらためる」「ちいさい」の意味《いみ》の単語《たんご》を表《あらわ》しているのです。

ところで、中国《ちゅうごく》のことばは、一音《いちおん》がある意味《いみ》を表《あらわ》す単語《たんご》となっているので、おなじ音《おと》でいろいろの単語《たんご》を表《あらわ》すこととなって不便《ふべん》なことがあります。たとえば、シュは「て」「まもる」「くび」、セイは「はれ」「なさけ」「しずか」というまったくべつな意味《いみ》の単語《たんご》となりますが、区別《くべつ》しにくいので、漢字《かんじ》としてそれぞれに「手」「守」「首」や「晴」「情」「静」を作《つく》ったのです。

つまり、漢字《かんじ》は、中国《ちゅうごく》ではもともと、意味《いみ》をもった音《おと》のかたまりである単語《たんご》を表《あらわ》すためにくふうされた文字《もじ》であったのです。

このような漢字《かんじ》を**表語文字《ひょうごもじ》**といいます。そこで、以前《いぜん》までは、漢字《かんじ》が意味《いみ》を表《あらわ》しているという部分《ぶぶん》だけに注目《ちゅうもく》して「表意文字《ひょういもじ》」と言《い》っていましたが、今《いま》では「表語文字《ひょうごもじ》」というほうがてきせつであると考《かんが》えられています。

と、生徒《せいと》や学生《がくせい》にあたえたり貸《か》したりするお金《かね》。

【奨励】《しょうれい》 ⊞ 〈―する〉よいことだから、そうするようにはげまして言《い》うこと。

◆推奨《すいしょう》 報奨《ほうしょう》

前ページ ▶奨

奪

大-11 総画14 JIS-3505 常用

音 ダツ 訓 うばう

筆順

なりたち

【会意】「大」と「隹(鳥《とり》)」と「寸(手《て》)」を合《あ》わせて、鳥が大《おお》きくはばたいて手からにげることを表《あらわ》している字《じ》。

意味 うばう。むりやりに取《と》りあげる。例 自《じ》由《ゆう》を奪《うば》う。奪回《だっかい》・争奪《そうだつ》

【奪回】《だっかい》 ↓ 〈―する〉うばいかえすこと。例 優《ゆう》勝旗《しょうき》の奪回《だっかい》をちかう。類 奪還《だっかん》

【奪還】《だっかん》 ↓ 〈―する〉うばい去《さ》られたものをとりかえすこと。例 チャンピオンのタイトルを奪還《だっかん》した。類 奪回《だっかい》

【奪取】《だっしゅ》 ↓ 〈―する〉むりやりにうばいとること。例 敵《てき》の陣地《じんち》を奪取《だっしゅ》する。類 略奪《りゃくだつ》・強奪《ごうだつ》

奪が下につく熟語 上の字の働き

【強奪《ごうだつ》 争奪《そうだつ》】ドウヤッテ奪《うば》うか。

◆略奪《りゃくだつ》

奮

大-13 総画16 JIS-4219 教6年

音 フン 訓 ふるう

筆順

なりたち

【会意】「大」と「鳥《とり》(隹)」と「田」を合《あ》わせて、田《た》の上《うえ》を鳥《とり》が大《おお》きくはばたいてとびさるようすを表《あらわ》している字《じ》。

意味 ふるいたつ。元気《げんき》をいっぱいに出《だ》す。例 勇気《ゆうき》を奮《ふる》う。奮闘《ふんとう》・興奮《こうふん》

【奮起】《ふんき》 ↓ 〈―する〉心《こころ》をふるいたたせること。例 奮起一番《ふんきいちばん》、優勝《ゆうしょう》をはたした。類 発奮《はっぷん》

【奮迅】《ふんじん》 ↓ はげしいいきおいで、つきすすむこと。例 獅子奮迅《ししふんじん》のはたらきをする。

【奮戦】《ふんせん》 ↓ 〈―する〉力《ちから》をふりしぼってたたかうこと。類 奮闘《ふんとう》

【奮闘】《ふんとう》 ↓ 〈―する〉力《ちから》のかぎりがんばること。例 孤軍奮闘《こぐんふんとう》(だれの助《たす》けもなく、たったひとりでがんばること) 類 奮戦《ふんせん》

【奮発】《ふんぱつ》 ↓ 〈―する〉①元気《げんき》をふるいおこすこと。例 もうひと奮発《ふんぱつ》して宿題《しゅくだい》をやってしまおう。類 発奮《はっぷん》 ②思《おも》い切《き》ってお金《かね》をつかったり、ものを買《か》ったりすること。例 奮発《ふんぱつ》して弟《おとうと》へのプレゼントを買《か》う。

【奮励】《ふんれい》 ↓ 〈―する〉元気《げんき》を出《だ》していっしょうけんめいにとりくむこと。例 奮励努力《ふんれいどりょく》

◆興奮《こうふん》 発奮《はっぷん》

3画 女 [おんな] [おんなへん] の部

「女《おんな》」をもとに作《つく》られ、女《おんな》の人《ひと》の容姿《ようし》や性質《せいしつ》にかかわる字《じ》を集《あつ》めてあります。

この部首の字

0 女 290	2 奴 291	3 好 291	如 292
妃 293	妄 293	4 妥 293	妊 293
妨 293	妙 294	妖 294	5 委 294
妻 295	姉 295	始 295	姓 295
妬 296	妹 296	6 威 296	姻 296
姿 297	姪 297	7 娯 297	娠 297
姫 297	娘 297	8 婚 298	婆 298
婦 298	9 媛 298	婿 298	媒 298
10 嫁 299	嫌 299	嫉 299	11 嫡 299
12 嬉 299	13 嬢 300	14 嬰 300	要→襾 913

女

女-0 総画3 JIS-2987 教1年

音 ジョ・ニョ・ニョウ 訓 おんな・め

筆順

なりたち

【象形】女《おんな》の人《ひと》が手《て》を組《く》み合《あ》わせ、ひざまずいているすがたをえがいた字《じ》。

意味 ❶おんな。女性《じょせい》。例 女王《じょおう》・少女《しょうじょ》 対 男《だん》 ❷むすめ。親《おや》からみたおんなの子《こ》ども。例 長女《ちょうじょ》 対 男《だん》

注意するよみ ニョウ…例 女房《にょうぼう》

特別なよみ 海女(あま)・乙女(おとめ)・早乙女

（さおとめ）
名前のよみ こ・たか

❶〈おんな〉の意味で

【女手】おんなて ↓ ①女《おんな》のはたらき。例女手《おんなて》ひとつで四人《よにん》の子《こ》どもを育《そだ》てる。対男手《おとこて》 ②女《おんな》の人《ひと》が書《か》いた字《じ》。例女手《おんなて》の手紙《てがみ》。対男手《おとこて》

【女物】おんなもの ↓ 女《おんな》の人《ひと》が使《つか》うようにつくられている品物《しなもの》。類婦人用《ふじんよう》 対男物《おとこもの》

【女医】じょい ↓ 女《おんな》の医者《いしゃ》。

【女王】じょおう ↓ ①女《おんな》の王様《おうさま》。クイーン。類女帝《じょてい》 対王《おう》 ②第一人者《だいいちにんしゃ》、あるいは花形《はながた》である女性《じょせい》。例フィギュアスケート界《かい》の女王《じょおう》。

【女官】じょかん｜にょかん ↓ 宮中《きゅうちゅう》に仕《つか》えている女性《じょせい》。

【女系】じょけい ↓ 一家《いっか》の中《なか》で、母親《ははおや》からむすめといつながり。例女系家族《じょけいかぞく》 対男系《だんけい》

【女。傑】じょけつ ↓ すぐれたちえや、勇気《ゆうき》のある女性《じょせい》。類女丈夫《じょじょうふ》

【女権】じょけん ↓ 女性《じょせい》が、男性《だんせい》とおなじように教育《きょういく》を受《う》けたり、仕事《しごと》をしたり、政治《せいじ》に参加《さんか》したりする権利《けんり》。

【女子】じょし ↓ ①女《おんな》の子《こ》。例女子高校《じょしこうこう》 対男子《だんし》 ②女《おんな》の人《ひと》。類女性《じょせい》・婦人《ふじん》 対男子《だんし》

【女史】じょし ↓ 社会《しゃかい》で活躍《かつやく》している、りっぱな女《おんな》の人《ひと》をよぶときに名前《なまえ》の下《した》につけることば。参考☞「史」の「文字物語」(202ページ)

【女児】じょじ ↓ おさない女《おんな》の子《こ》。対男児《だんじ》

【女。丈夫】じょじょうふ しっかりとした、意志《いし》の強《つよ》い女《おんな》の人《ひと》。男《おとこ》まさり。類女傑《じょけつ》

【女声】じょせい ↓ 声楽《せいがく》で、女《おんな》の人《ひと》の声《こえ》。ソプラノ・アルトなど。例女声合唱《じょせいがっしょう》 対男声《だんせい》

【女性】じょせい ↓ 女《おんな》の人《ひと》。ふつう、成人《せいじん》した女《おんな》を指《さ》す。類女子《じょし》・婦人《ふじん》 対男性《だんせい》

【女。婿】じょせい ↓ むすめが結婚《けっこん》した相手《あいて》。類娘婿《むすめむこ》

【女装】じょそう ↓〈―する〉男《おとこ》が女《おんな》の服装《ふくそう》をすること。対男装《だんそう》

【女中】じょちゅう ◎ ①よその家《いえ》に住《す》みこんで、家事《かじ》の手伝《てつだ》いをする女《おんな》の人《ひと》。②旅館《りょかん》や料理屋《りょうりや》で、料理《りょうり》を出《だ》したり客《きゃく》をもてなしたりする女《おんな》の人《ひと》。表現古《ふる》い言《い》い方《かた》。今《いま》は①は「家政婦《かせいふ》」「お手伝《てつだ》いさん」、②は「仲居《なかい》さん」などという。

【女。帝】じょてい ↓ 女《おんな》の皇帝《こうてい》。類女王《じょおう》

【女優】じょゆう ↓ 劇《げき》や映画《えいが》に出《で》て、演技《えんぎ》する女《おんな》の人《ひと》。例主演女優《しゅえんじょゆう》 対男優《だんゆう》

【女流】じょりゅう ↓ 仕事《しごと》のうえで活躍《かつやく》している女性《じょせい》。例女流画家《じょりゅうがか》・女流作家《じょりゅうさっか》

【女。房】にょうぼう｜にょうぼ ↓ ①「妻《つま》」の少《すこ》しくだけた言《い》い方《かた》。対亭主《ていしゅ》 ②むかし、宮中《きゅうちゅう》に仕《つか》え、へやをあたえられていた身分《みぶん》の高《たか》い女官《じょかん》。

【女人】にょにん ↓ 女《おんな》の人《ひと》。表現古《ふる》い言《い》い方《かた》。女子《じょし》に来《き》てもらってはこまる場所《ばしょ》を表《あらわ》すことばが「女人禁制《にょにんきんせい》」。けわしい山《やま》で修行《しゅぎょう》をする修験道《しゅげんどう》には、このことばがまだのこっている。

【女神】めがみ ↓ 女《おんな》の神様《かみさま》。例自由《じゆう》の女神《めがみ》。

女が下につく熟語 上の字の働き

❶女＝〈おんな〉のとき
【淑女 処女 魔女 織女】ドノヨウナ女性《じょせい》か。
【幼女 童女 少女 老女】年《とし》ごろがドノクライの女性《じょせい》か。

❷女＝〈むすめ〉のとき
【長女《ちょうじょ》 次女《じじょ》】何番《なんばん》めのむすめか。

◆彼女《かのじょ》 子女《しじょ》 婦女《ふじょ》 息女《そくじょ》 養女《ようじょ》 善男善女《ぜんなんぜんにょ》

女-2

奴

総画5
JIS-3759
常用
音 ド
訓 やっこ・やつ

筆順

なりたち

【会意】「女」と「又（手《て》）」を合《あ》わせて、はたらく女《おんな》を表《あらわ》している字《じ》。

意味

❶めしつかい。どれい。人《ひと》にこき使《つか》われる者《もの》。例農奴《のうど》
❷人《ひと》を見下《みさ》げていうことば。例守銭奴《しゅせんど》

❶〈めしつかい〉の意味で

【。奴。隷】どれい Ⅱ むかし、自由《じゆう》も権利《けんり》もすべてうばわれてまるで家畜《かちく》のようにはたらかされ、お金《かね》で売《う》り買《か》いまでされていた人《ひと》びと。

女-3

好

総画6
JIS-2505
教4年
音 コウ
訓 このむ・すく

筆順

なりたち

【会意】「女」と「子」を合《あ》わせて、女《おんな》の人《ひと》が子《こ》どもをかわいがること

を表《あらわ》している字《じ》。

意味

❶このむ。このましく思《おも》う。すく。あるものがすきである。親《した》しみをもつ。例読書《どくしょ》を好《この》む。好《す》きこそ物《もの》の上手《じょうず》なれ（好《す》きなことはすすんでするので上達《じょうたつ》する）。愛好《あいこう》・友《ゆう》好《こう》

❷よい。じょうず。このましい。例好《この》ましい人物《じんぶつ》。好調《こうちょう》・良好《りょうこう》

名前のよみ すみ・たか・よし・よしみ

❶〈このむ〉の意味で

【好意】《こうい》 ↓ ①人《ひと》のことをすきだと思《おも》う気持《きも》ち。例好意《こうい》をよせる。対敵意《てきい》 ②気《き》に入《い》った人《ひと》のために、親切《しんせつ》にしてあげたいと思《おも》う心《こころ》。例好意《こうい》を無《む》にする。類善意《ぜんい》 対悪意《あくい》

使い分け［厚意・好意］☞185ページ

【好悪】《こうお》 ⇕ すきときらい。すききらい。

【好学】《こうがく》 ▲ 勉強《べんきょう》をこのむこと。例好学《こうがく》の士《し》。

【好。奇】《こうき》 ▲ めずらしいものごとに対《たい》して、見《み》たい、知《し》りたいと思《おも》うこと。例好奇《こうき》の目《め》。

【好。奇心】《こうきしん》 かわったことや、新《あたら》しいものに対《たい》して、見《み》たい、知《し》りたいと思《おも》う気持《きも》ち。例好奇心旺盛《こうきしんおうせい》

【好戦的】《こうせんてき》〈―に・―な〉なにかあると、すぐにたたかいやあらそいにもちこもうとする。例好《こう》戦的《せんてき》な態度《たいど》を見《み》せる。

❷〈よい〉の意味で

【好物】《こうぶつ》 ↓ その人《ひと》のすきな食《た》べ物《もの》や飲《の》み物《もの》。

【好一対】《こういっつい》 よい組《く》み合《あ》わせになる二人《ふたり》。よくつり合《あ》う二《ふた》つ。例好一対《こういっつい》の夫婦《ふうふ》。

【好運】《こううん》 ↓〈―な・―に〉ものごとのめぐりあわせが、ぐうぜん自分《じぶん》にとってうまくいくこと。表記「幸運」とも書《か》く。

【好演】《こうえん》 ↓〈―する〉じゅうぶんよい演技《えんぎ》・演奏《えんそう》をして、客《きゃく》をひきつけること。

【好感】《こうかん》 ↓ 感《かん》じがいい、このましいと思《おも》う気《き》持《も》ち。例好感《こうかん》をあたえる。

【好漢】《こうかん》 ↓ さっぱりしていて気持《きも》ちのよい、りっぱな男子《だんし》。

【好機】《こうき》 ↓「やるなら今《いま》だ」というような、よい機会《きかい》。チャンス。例好機《こうき》をのがす。

【好。況】《こうきょう》 ↓ お金《かね》のうごきが活発《かっぱつ》で、人《ひと》びとがゆたかなこと。類好景気《こうけいき》 対不況《ふきょう》

【好好・爺】《こうこうや》 やさしく人《ひと》のよいおじいさん。

【好人物】《こうじんぶつ》 すなおで、気《き》だてのよい人《ひと》。

【好男子】《こうだんし》 ①顔《かお》かたちが美《うつく》しくりっぱな男《おとこ》。類美男子《びだんし／びなんし》 ②性格《せいかく》が明《あか》るくさわやかで、人《ひと》によい感《かん》じをあたえる男《おとこ》の人《ひと》。

【好調】《こうちょう》 ↓〈―な・―に〉ものごとの進《すす》みぐあいがよいこと。例好調《こうちょう》なでだし。絶好調《ぜっこうちょう》 類快《かい》調《ちょう》 対不調《ふちょう》・低調《ていちょう》

【好都合】《こうつごう》〈―な・―に〉なにかをするのにぐあいがよいこと。例万事好都合《ばんじこうつごう》だ。対不都合《ふつごう》

【好適】《こうてき》 ‖〈―な〉なにかをするのにぴったりだ。

【好敵手】《こうてきしゅ》 ちょうどよい相手《あいて》。ライバル。例好敵手《こうてきしゅ》にめぐまれる。

【好天】《こうてん》 ↓ よい天気《てんき》。例好天《こうてん》にめぐまれる。類晴天《せいてん》・上天気《じょうてんき》 対悪天《あくてん》

【好転】《こうてん》 ↓〈―する〉よい方向《ほうこう》へかわっていくこと。例事情《じじょう》が好転《こうてん》する。対悪化《あっか》

【好評】《こうひょう》 ↓〈―な・―に〉評判《ひょうばん》がよいこと。例先日《せんじつ》の草《くさ》もちは好評《こうひょう》だった。対不評《ふひょう》・悪評《あくひょう》

【好例】《こうれい》 ↓ 説明《せつめい》したり、たとえたりするのにぴったりの例《れい》や見本《みほん》。

◆愛好《あいこう》 修好《しゅうこう》 絶好《ぜっこう》 同好《どうこう》 友好《ゆうこう》 良好《りょうこう》

如

女-3
総画6
JIS-3901
常用
音 ジョ・ニョ
訓 ごと-し

筆順

なりたち
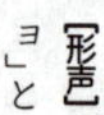
［形声］「女」がすなおの意味《いみ》と「ジョ」という読《よ》み方《かた》をしめしている。ことば（口）にしたがうことを表《あらわ》している字《じ》。

意味

❶…のようである。…のようにする。例突如《とつじょ》

❷《その他《た》》例如才《じょさい》

名前のよみ なお・ゆき・よし

❶〈…のようである〉の意味で

【。如意】《にょい》 ▲ ものごとが思《おも》いどおりになること。対不如意《ふにょい》 表現「手《て》もと不如意《ふにょい》（お金《かね》がなくて思《おも》うようにならない）」など、ふつう「不如《ふにょ》意《い》」の形《かたち》で使《つか》う。

【◦如実《にょじつ》】▲じっさいのようすのまま。例楽《たの》しそうな顔《かお》が、思《おも》いを如実《にょじつ》に表《あらわ》している。

❷《その他》

【◦如才《じょさい》】◎ふじゅうぶんなところ。例如才《じょさい》なく立《た》ちまわる。表現「如才《じょさい》ない」の形《かたち》で、ぬかりがないことを表《あらわ》す。

【◦如来《にょらい》】◎仏教《ぶっきょう》で、悟《さと》りをひらいた人《ひと》。仏《ほとけ》。例釈迦如来《しゃかにょらい》

如が下につく熟語 上の字の働き

❶如＝〈…のようである〉のとき
【欠如《けつじょ》 突如《とつじょ》 躍如《やくじょ》】ドノヨウナようす・状態《じょうたい》か。

女－3

妃

総画6　JIS-4062　常用

訓 きさき　音 ヒ

筆順 妃

なりたち 【形声】「己《キ》」が「ヒ」とかわって読《よ》み方《かた》をしめしている。「ヒ」は「ならぶ」意味《いみ》を持《も》ち、「夫《おっと》とならぶ女《おんな》」を表《あらわ》している字《じ》。

意味 きさき。皇族《こうぞく》や貴族《きぞく》の妻《つま》。例王妃《おうひ》

名前のよみ き

【◦妃殿下《ひでんか》】皇族《こうぞく》・王族《おうぞく》の妻《つま》である妃《きさき》をうやまっていうことば。対殿下《でんか》

女－3

妄

総画6　JIS-4449　常用

訓 ―　音 モウ・ボウ

筆順 妄

なりたち 【形声】「亡」がくらい意味《いみ》と「モウ」という読《よ》み方《かた》をしめしている。「女」をくわえて、「心《こころ》がみだされる」意味《いみ》を表《あらわ》す字《じ》。

意味 でたらめに。みだりに。きちんとした理由《りゆう》や根拠《こんきょ》がない。

【◦妄言《もうげん・ぼうげん》】↓理由《りゆう》も証拠《しょうこ》もない、でまかせのことば。例妄言《もうげん》をはく。類妄語《もうご》

【◦妄信《もうしん》】↓〈―する〉よく考《かんが》えもしないで、むやみに信《しん》じこむこと。例広告《こうこく》を妄信《もうしん》して大損《おおぞん》した。類狂信《きょうしん》 表記「盲信」とも書《か》く。

【◦妄想《もうそう》】↓〈―する〉ありもしないことを心《こころ》にえがき、それを事実《じじつ》のように思《おも》いこんでしまうこと。例被害妄想《ひがいもうそう》

【◦妄動《もうどう》】↓〈―する〉よく考《かんが》えないで、軽《かる》はずみな行動《こうどう》をとること。表記「盲動」とも書《か》く。

女－4

妥

総画7　JIS-3437　常用

訓 ―　音 ダ

筆順 妥

なりたち 【会意】手を表《あらわ》す「爫(爪)」と「女」を合わせて、手《て》で女《おんな》の人《ひと》をなだめることを表《あらわ》す字《じ》。

意味 おだやか。安定《あんてい》している。例妥協《だきょう》

名前のよみ やす

【◦妥協《だきょう》】↓〈―する〉自分《じぶん》の意見《いけん》や立場《たちば》などを、相手《あいて》に合《あ》わせてゆずること。例妥協《だきょう》をはかる。類譲歩《じょうほ》

【◦妥結《だけつ》】↓〈―する〉意見《いけん》や立場《たちば》のちがう両方《りょうほう》のがわがゆずり合《あ》って、話《はなし》がまとまること。例難航《なんこう》していた交渉《こうしょう》がようやく妥結《だけつ》した。

【◦妥当《だとう》】↓〈―する〉・〈―な・―に〉じっさいの場面《ばめん》にうまく当《あ》てはまり、正《ただ》しいと思《おも》われること。例妥当《だとう》な方法《ほうほう》。類適切《てきせつ》・適当《てきとう》・穏当《おんとう》

女－4

妊

総画7　JIS-3905　常用

訓 ―　音 ニン

筆順 妊

なりたち 【形声】「壬《ジン》」が「ニン」とかわって読《よ》み方《かた》をしめしている。「ニン」は「みごもる」意味《いみ》を持《も》ち、女《おんな》の人《ひと》がおなかに「子《こ》どもをやどす」ことを表《あらわ》している字《じ》。

意味 みごもる。おなかに子《こ》どもをやどす。例妊娠《にんしん》・懐妊《かいにん》

【◦妊娠《にんしん》】〓〈―する〉おなかの中《なか》に、子《こ》どもができること。例妊娠八か月《にんしんはちかげつ》。類懐妊《かいにん》

【◦妊婦《にんぷ》】↓おなかに子《こ》どものいる女《おんな》の人《ひと》。例妊婦服《にんぷふく》

◆懐妊《かいにん》 避妊《ひにん》 不妊《ふにん》

女－4

妨

総画7　JIS-4324　常用

訓 さまたげる　音 ボウ

筆順 妨

なりたち [形声]「方」が「左右《さゆう》をはり出《だ》す」意味《いみ》と「ボウ」という読《よ》み方《かた》をしめしている。女《おんな》の人《ひと》が両手《りょうて》を広《ひろ》げて行《い》く手《て》をさえぎることを表《あらわ》す字《じ》。

意味 さまたげる。じゃまをする。例 通行《つうこう》を妨《さまた》げる。

【°妨害】《ぼうがい》 [II] 〈—する〉なにかをしようとしているのを、じゃますること。例 営業妨害《えいぎょうぼうがい》

女-4

【妙】

総画7 JIS-4415 常用 音 ミョウ 訓 たえ

筆順 妙

なりたち [会意]「こまやか」の意味《いみ》の「少」と「女」を合《あ》わせて、こまやかな女《おんな》の美《うつく》しさを表《あらわ》している字《じ》。

意味
❶すぐれている。たくみである。よくできている。とても美《うつく》しい。例 巧妙《こうみょう》
❷どうもへんだ。どこかおかしい。例 妙《みょう》な出来事《できごと》。奇妙《きみょう》

名前のよみ ただ・よし

❶〈すぐれている〉の意味で

【°妙案】《みょうあん》 [↓] たいへんすぐれた考《かんが》え。例 妙案《みょうあん》を思《おも》いつく。類 名案《めいあん》

【°妙技】《みょうぎ》 [↓] だれもが感心《かんしん》するようなすばらしいわざ。例 手品師《てじなし》の妙技《みょうぎ》に見《み》とれる。

【°妙手】《みょうしゅ》 [↓] ①わざやうでまえが、たいへんすぐれた人《ひと》。②碁《ご》や将棋《しょうぎ》などで、ふつうでは思《おも》いつかないようなうまい手《て》。

【°妙味】《みょうみ》 [↓] かんたんには言《い》い表《あらわ》せないようなおもしろみやすぐれた味《あじ》わい。例 文章《ぶんしょう》の妙味《みょうみ》にひかれる。

【°妙薬】《みょうやく》 [↓] ふしぎなほどのききめのある、すばらしい薬《くすり》。例 秘伝《ひでん》の妙薬《みょうやく》。

【°妙°齢】《みょうれい》 [↓] 一生《いっしょう》のうちでいちばん美《うつく》しく見《み》える若《わか》い年《とし》ごろ。例 妙齢《みょうれい》の女性《じょせい》。表現 ふつう、二十歳《はたち》すぎの女《おんな》の人《ひと》についていう。

妙が下につく熟語 上の字の働き

❶妙=〈すぐれている〉のとき
【巧妙《こうみょう》 神妙《しんみょう》 霊妙《れいみょう》】近《ちか》い意味《いみ》。
【軽妙《けいみょう》 絶妙《ぜつみょう》】ドノヨウニすぐれているか。

❷妙=〈どうもへんだ〉のとき
【奇妙《きみょう》 珍妙《ちんみょう》】近《ちか》い意味《いみ》。

◆当意即妙《とういそくみょう》 微妙《びみょう》

女-4

【妖】

総画7 JIS-4537 常用 音 ヨウ 訓 あやしい

筆順 妖

意味
❶あやしい。ばけもの。例 妖怪《ようかい》
❷なまめかしい。あでやか。例 妖艶《ようえん》

❶〈あやしい〉の意味で

【°妖°怪】《ようかい》 [II] ばけもの。例 妖怪変化《ようかいへんげ》。

【°妖精】《ようせい》 [↓] 西洋《せいよう》の伝説《でんせつ》などに出《で》てくる、人《ひと》のすがたをした精《せい》。フェアリー。

女-5

【委】

総画8 JIS-1649 教3年 音 イ 訓 ゆだねる

筆順 委 （はねない・はらう・すこしでる）

なりたち [会意] しなやかに穂《ほ》をたれた形《かたち》の「禾」と「女」を合《あ》わせて、女《おんな》がからだをなよなよさせることを表《あらわ》す字《じ》。

意味
❶まかせる。人《ひと》に、代《か》わりをしてくれるようにたのむ。「委員会《いいんかい》」の略《りゃく》。例 委託《いたく》・委員《いいん》・教委《きょうい》（教育委員会《きょういくいいんかい》）
❷こまかい。くわしい。例 委細《いさい》

名前のよみ とも

❶〈まかせる〉の意味で

【委員】《いいん》 [↓] ある集《あつ》まりの中《なか》でえらばれ、その集《あつ》まりのための仕事《しごと》や役目《やくめ》をまかせられた人《ひと》。例 学級委員《がっきゅういいん》にえらばれる。委員会《いいんかい》

【委°譲】《いじょう》 [↓] 〈—する〉権利《けんり》や仕事《しごと》などを、ほかの人《ひと》にゆずって、すべてをまかせること。例 権限《けんげん》を次《つぎ》の会長《かいちょう》に委譲《いじょう》する。

【委°嘱】《いしょく》 [↓] 〈—する〉ある仕事《しごと》を人《ひと》にたのんで、やってもらうこと。類 委託《いたく》・嘱託《しょくたく》

【委°託】《いたく》 [II] 〈—する〉仕事《しごと》をほかの人《ひと》や団体《だんたい》にたのんでやってもらうこと。例 委託販売《いたくはんばい》 類 委嘱《いしょく》・委任《いにん》

【委任】《いにん》 [II] 〈—する〉自分《じぶん》の権利《けんり》や仕事《しごと》を、ほか

の人《ひと》にすっかりまかせること。例 交渉《こうしょう》を代《だい》理人《りにん》に委任《いにん》する。類 委託《いたく》

❷〈こまかい〉の意味で

【委細】《いさい》 Ⅱ こまごまとしたくわしい事情《じじょう》。例 委細面談《いさいめんだん》(くわしいことは会《あ》ったときに話《はな》します)。委細承知《いさいしょうち》のうえで、引《ひ》き受《う》ける。類 詳細《しょうさい》・子細《しさい》

女-5
妻
総画8
JIS-2642
教5年
音 サイ
訓 つま

筆順 一 ヨ ヨ 事 妻 妻 妻 妻（だす・ださない・すこしだす）

なりたち 【会意】女《おんな》が手《て》(ヨ)でかんざし(十)をさして、人《ひと》の「つま」になったことを表《あらわ》している字《じ》。

意味 つま。夫婦《ふうふ》のうちの女《おんな》のほう。例 夫《おっと》と妻《つま》。夫妻《ふさい》 対 夫《ふ》

【妻子】《さいし》 Ⅱ つまと子《こ》。例 妻子《さいし》を養《やしな》う。

【妻帯】《さいたい》 ↓ 〈―する〉男《おとこ》の人《ひと》が結婚《けっこん》してつまをもつこと。例 二十代《にじゅうだい》で妻帯《さいたい》する。妻帯者《さいたいしゃ》

◆ 夫妻《ふさい》 愛妻《あいさい》 良妻《りょうさい》 稲妻《いなづま》

女-5
姉
総画8
JIS-2748
教2年
音 シ
訓 あね

筆順 く 女 女 女 女 姉 姉 姉（すこしでる・まっすぐ、つく・はねる）

なりたち 【形声】「市」が「上《うえ》の方《ほう》」の意味《いみ》と「シ」という読《よ》み方《かた》をしめしている。「女」がついて、「あね」を表《あらわ》している字《じ》。

意味 ❶あね。年上《としうえ》の女《おんな》のきょうだい。例 姉《あね》と妹《いもうと》。長姉《ちょうし》 対 妹《まい》 ❷女《おんな》の人《ひと》をうやまうことば。例 諸姉《しょし》

特別なよみ 姉さん(ねえさん)

❶〈あね〉の意味で

【姉妹】《しまい》 ⇕ ①あねといもうと。女《おんな》のきょうだい。例 三人姉妹《さんにんしまい》 ②つながりの深《ふか》い、似《に》たところの多《おお》いもの。例 姉妹都市《しまいとし》・姉妹編《しまいへん》

女-5
始
総画8
JIS-2747
教3年
音 シ
訓 はじめる・はじまる

筆順 く 女 女 女 始 始 始 始（すこしでる・とめる）

なりたち 【形声】「台《い》」が「シ」とかわって読《よ》み方《かた》をしめしている。「シ」は「はじめ」の意味《いみ》を持《も》ち、最初《さいしょ》に女《おんな》が子《こ》をはらむことを表《あらわ》した字《じ》。

意味 はじめる。はじめ。はじまる。ものごとのおこり。例 仕事《しごと》を始《はじ》める。新学期《しんがっき》が始《はじ》まる。始《はじ》めと終《お》わり。開始《かいし》・原始《げんし》 対 終《しゅう》

使い分け はじめ[初・始] ☞143ページ

名前のよみ とも・はる・もと

【始業】《しぎょう》 ▲ 〈―する〉一日《いちにち》の仕事《しごと》や学校《がっこう》の授業《じゅぎょう》をはじめること。学校《がっこう》で、その学期《がっき》の授業《じゅぎょう》をはじめること。例 始業式《しぎょうしき》 対 終業《しゅうぎょう》

【始終】《しじゅう》 ⇕ ①ものごとのはじめから終《お》わりまで。例 事件《じけん》の一部《いちぶ》始終《しじゅう》を話《はな》す。②いつも。とぎれることなく。例 この道《みち》は始終《しじゅう》大《おお》型《がた》トラックが走《はし》っている。類 終始《しゅうし》

【始祖】《しそ》 Ⅱ ①あるなかまのうちの、いちばんはじめのもの。例 始祖鳥《しそちょう》 ②あるものごとを、最初《さいしょ》にはじめた人《ひと》。例 仏教《ぶっきょう》の始祖《しそ》。類 元祖《がんそ》・開祖《かいそ》

【始動】《しどう》 ▲ 〈―する〉機械《きかい》をはじめて動《うご》かすこと。機関《きかん》が動《うご》きはじめること。例 始動《しどう》ボタン 類 起動《きどう》

【始発】《しはつ》 ↓ ①その一日《いちにち》のうちで、最初《さいしょ》に運《うん》転《てん》をはじめる電車《でんしゃ》やバス。例 始発電車《しはつでんしゃ》 対 終《しゅう》発《はつ》 ②その電車《でんしゃ》やバスがお客《きゃく》を乗《の》せて運転《うんてん》をはじめる出発点《しゅっぱつてん》。例 始発駅《しはつえき》 対 終着《しゅうちゃく》

【始末】《しまつ》 ⇕ ①〈―する〉しめくくりをきちんとすること。例 火《ひ》の始末《しまつ》。後始末《あとしまつ》 ②終《お》わり方《かた》。類 結末《けつまつ》 ③〈―する〉むだづかいしないこと。例 始末屋《しまつや》。始末《しまつ》のいい人《ひと》。表現 ②は、「注《ちゅう》意《い》していたのにこの始末《しまつ》だ!」のように言《い》って、その結末《けつまつ》のわるさをなげく使《つか》い方《かた》が多《おお》い。

始が下につく熟語 上の字の働き

【開始 創始《そうし》】近《ちか》い意味《いみ》。

◆ 原始《げんし》 終始《しゅうし》 年始《ねんし》

女-5
姓
総画8
JIS-3211
常用
音 セイ・ショウ
訓 かばね

○学習漢字でない常用漢字 ▲常用漢字表にない音訓 ◆常用漢字でない漢字

筆順 姓

なりたち 【形声】「生」が「うまれる」意味《いみ》と「セイ」という読《よ》み方《かた》をしめしている。「女」がついて、女《おんな》から生《う》まれた子《こ》どもの「血《ち》すじの名《な》」を表《あらわ》す字《じ》。

意味 みょうじ。家《いえ》ごとの名前《なまえ》。例 姓《せい》氏《し》・改《かい》姓《せい》

【姓名《せいめい》】Ⅱ みょうじと名前《なまえ》。家《いえ》の名《な》である姓《せい》と、その人《ひと》だけの名《な》を合《あ》わせたもの。類 氏《し》名《めい》

姓が下につく熟語 上の字の働き
【旧姓《きゅうせい》 同姓《どうせい》】ドノヨウナ姓《せい》か。

女－5 妬

総画8 JIS-3742 常用 音 ト 訓 ねたむ

筆順： 妬妬妬妬妬妬妬妬

意味 ねたむ。㋐やきもちをやく。男女《だんじょ》の仲《なか》をねたむ。例 二人《ふたり》の仲《なか》を妬《ねた》む。㋑他人《たにん》をうらやむ。例 才能《さいのう》を妬《ねた》む。

【妬心《としん》】↓ ねたましく思《おも》う気持《きも》ち。例 妬心《としん》をおこす。

妬が下につく熟語 上の字の働き
【嫉妬《しっと》】近《ちか》い意味《いみ》。

女－5 妹

総画8 JIS-4369 教2年 音 マイ 訓 いもうと

筆順 妹（すこしでる ながく はねない）

なりたち 【形声】「わかい」意味《いみ》の「未《み》」が、「マイ」とかわって読《よ》み方《かた》をしめしている。あとに生《う》まれた女《おんな》「いもうと」を表《あらわ》している字《じ》。

意味 いもうと。年下《としした》の女《おんな》のきょうだい。例 兄妹《あにいもうと》・姉妹《しまい》 対 姉《し》

名前のよみ いも

【妹婿《いもうとむこ》】↓ 妹《いもうと》の結婚相手《けっこんあいて》。妹《いもうと》の夫《おっと》。

女－6 威

総画9 JIS-1650 常用 音 イ 訓 おど-す

筆順 威

なりたち 【会意】武器《ぶき》を表《あらわ》す「戌→戊」と「女」を合《あ》わせて、「こわい、おそれさせる」意味《いみ》を表《あらわ》した字《じ》。

意味 いかめしい。いきおいがある。人《ひと》をおそれさせる。例 虎《とら》の威《い》を借る狐《きつね》。威力《いりょく》

名前のよみ たか・たけし・たける・つよし・とし・のり

【威圧《いあつ》】↓（−する）強《つよ》い力《ちから》を見《み》せつけておどし、相手《あいて》の気持ちをすくませてしまうこと。例 大声《おおごえ》を出《だ》して相手《あいて》を威圧《いあつ》する。類 圧迫《あっぱく》

【威嚇《いかく》】Ⅱ（−する）自分《じぶん》の力《ちから》を見《み》せつけて、相手《あいて》をおどすこと。例 威嚇射撃《いかくしゃげき》

【威儀《いぎ》】↓ 礼儀《れいぎ》にかなった、おごそかなようす。例 威儀《いぎ》を正《ただ》す。

【威厳《いげん》】Ⅱ おごそかで近《ちか》よりがたいようす。例 威厳《いげん》がある。類 威信《いしん》・威光《いこう》・威風《いふう》・貫禄《かんろく》

【威光《いこう》】↓ 人《ひと》からおそれられ、したがわせてしまうような力《ちから》。例 親《おや》の威光《いこう》をかさにきる。類 威信《いしん》・威厳《いげん》・威勢《いせい》・権威《けんい》

【威信《いしん》】↓ 人《ひと》におそれられ、たよられること。例 威信《いしん》にかかわる。類 威厳《いげん》・威光《いこう》・権威《けんい》

【威勢《いせい》】↓ いきおいのさかんなようす。さかんないきおい。例 威勢《いせい》をはる。類 元気《げんき》・景気《けいき》・威光《いこう》・威風《いふう》・威力《いりょく》

【威風《いふう》】↓ まわりのものをすべてしたがわせてしまうような、力《ちから》づよく、いかめしいようす。例 威風堂々《いふうどうどう》 類 威厳《いげん》・威勢《いせい》

【威容《いよう》】↓ 近《ちか》よりがたいほど堂々《どうどう》としたりっぱなすがた。例 富士山《ふじさん》の威容《いよう》。

【威力《いりょく》】↓ まわりをおそれさせ、思《おも》いどおりに動《うご》かすような強《つよ》い力《ちから》。類 威勢《いせい》・勢力《せいりょく》

◆ 脅威《きょうい》 権威《けんい》 示威《じい》 猛威《もうい》

女－6 姻

総画9 JIS-1689 常用 音 イン 訓 ―

筆順： 姻姻姻姻姻姻姻姻姻

なりたち 【形声】「因」が「たよる」意味《いみ》と「イン」という読《よ》み方《かた》をしめしている。「女」がついて、女《おんな》のたよるところの「むこ

の家《いえ》」を表《あらわ》す字《じ》。

意味 結婚《けっこん》する。よめいり。えんぐみ。例 姻《いん》戚《せき》・婚姻《こんいん》

【○姻○戚】いんせき ↓ 結婚《けっこん》によってできた新《あたら》しい親《しん》戚《せき》。たがいに相手《あいて》の親戚《しんせき》を指《さ》していう。

姿

女-6 総画9 JIS-2749 教6年

音 シ 訓 すがた

筆順 姿 姿 姿 姿 姿 姿 姿 姿 姿（つにならない／はらう／すこしだす）

なりたち [形声]「次」が「ととのえる」の意《い》味《み》と「シ」という読《よ》み方《かた》をしめしている。女《おんな》の、身《み》をととのえた「すがた」を表《あらわ》す字《じ》。

意味 すがた。からだの形《かたち》やようす。例 姿《すがた》を消《け》す。姿勢《しせい》・容姿《ようし》

名前のよみ しな

【姿勢】しせい ↓ ①人《ひと》のからだの、全体《ぜんたい》としてのすがた。かまえ方《かた》や力《ちから》の入《い》れぐあい。例 正《ただ》しい姿勢《しせい》。類 体勢《たいせい》 ②ものごとに対《たい》する心《こころ》がまえや態度《たいど》。例 会社《かいしゃ》の姿勢《しせい》が問《と》われる。類 態《たい》度《ど》

【姿態】したい Ⅱ からだ全体《ぜんたい》の形《かたち》やようす。

【姿見】すがたみ ↓ 全身《ぜんしん》をうつせる、大《おお》きなかがみ。

姿が下につく熟語 上の字の働き

【勇姿《ゆうし》 雄姿《ゆうし》】ドンナ姿《すがた》か。

◆容姿《ようし》

姪

女-6 総画9 JIS-4437 人名

音 — 訓 めい

意味 めい。兄弟姉妹《きょうだいしまい》のむすめ。対 甥《おい》

娯

女-7 総画10 JIS-2468 常用

音 ゴ 訓 —

筆順 娯 娯 娯 娯 娯 娯 娯 娯 娯 娯

なりたち [形声]「呉」が「人《ひと》が口《くち》をあけてわらう」意味《いみ》を表《あらわ》し、また「ゴ」という読《よ》み方《かた》をしめしている。「女」をくわえて、「たのしむ」ことを表《あらわ》している字《じ》。

意味 たのしむ。たのしい。

【○娯楽】ごらく Ⅱ 人《ひと》の心《こころ》をたのしくさせ、新鮮《しんせん》な気分《きぶん》やくつろいだ気持《きも》ちにさせるもの。例 娯《ご》楽施設《らくしせつ》

娠

女-7 総画10 JIS-3117 常用

音 シン 訓 —

筆順 娠 娠 娠 娠 娠 娠 娠 娠 娠 娠

なりたち [形声]「辰」が「ふるえる」意味《いみ》を持《も》ち、「シン」という読《よ》み方《かた》をしめしている。女《おんな》の人《ひと》の「みごもった子《こ》どもがうごく」ことを表《あらわ》す字《じ》。

意味 みごもる。おなかに子《こ》どもができる。例 妊娠《にんしん》

姫

女-7 総画10 JIS-4117 常用

音 — 訓 ひめ

筆順 姫 姫 姫 姫 姫 姫 姫 姫 姫 姫

なりたち [形声]もとの字《じ》は、「姬」。「𦣝」が「キ」という読《よ》み方《かた》をしめしている。「女」がついて中国古代《ちゅうごくこだい》の周王朝《しゅうおうちょう》の姓《せい》を表《あらわ》した。

意味 ひめ。身分《みぶん》ある人《ひと》のむすめ。女性《じょせい》を指《さ》していうことば。小《ちい》さくかわいいものにつけることば。例 お姫《ひめ》さま。姫《ひめ》ゆり・歌姫《うたひめ》

【○姫君】ひめぎみ ↓ むかし、身分《みぶん》の高《たか》い人《ひと》のむすめを、うやまってよんだことば。お姫《ひめ》さま。

◆乙姫《おとひめ》 舞姫《まいひめ》

娘

女-7 総画10 JIS-4428 常用

音 — 訓 むすめ

筆順 娘 娘 娘 娘 娘 娘 娘 娘 娘 娘

なりたち [会意]「よい」意味《いみ》の「良」と「女」を合《あ》わせて、美《うつく》しい女《おんな》を表《あらわ》したことから、「むすめ」として使《つか》われる字《じ》。

意味 むすめ。㋐わかい女《おんな》の人《ひと》。まだ結婚《けっこん》していない女性《じょせい》。例 村《むら》の娘《むすめ》。㋑親《おや》からみたおんなの子《こ》ども。例 息子《むすこ》と娘《むすめ》。

【○娘心】むすめごころ ↓ 年《とし》わかい女《おんな》の人《ひと》の、感《かん》じやすくういういしい心《こころ》。例 娘心《むすめごころ》に恋《こい》が芽生《めば》える。

【°娘°婿】むすめむこ ⇩ 自分《じぶん》の子《こ》どもの夫《おっと》。類 女婿《じょせい》
◆ 愛娘《まなむすめ》 村娘《むらむすめ》

婚
女-8 総画11 JIS-2607 常用
音 コン 訓 ―

筆順

なりたち 【形声】「日《ひ》ぐれ」の意味《いみ》を表《あらわ》す「昏」が「コン」という読《よ》み方《かた》をしめしている。中国《ちゅうごく》では結婚式《けっこんしき》が夕《ゆう》ぐれにおこなわれたことから、「女《おんな》のよめいり」を表《あらわ》している字《じ》。

意味 夫婦《ふうふ》となる。結婚《けっこん》する。例 婚姻《こんいん》・婚約《こんやく》・未婚《みこん》

【°婚°姻】こんいん Ⅱ 〈―する〉法律《ほうりつ》での手《て》つづきをして、正式《せいしき》に夫婦《ふうふ》になること。例 婚姻届《こんいんとどけ》 表現 おもに法律《ほうりつ》で使《つか》われることば。ふつうは「結婚《けっこん》」という。

【°婚家】こんか ⇩ よめ、またはむことして入《はい》った先《さき》の家《いえ》。対 実家《じっか》

【°婚期】こんき ⇩ 結婚《けっこん》するのに、ちょうどよいと思《おも》われる年《とし》ごろ。結婚適齢期《けっこんてきれいき》。

【°婚約】こんやく ⇩ 〈―する〉結婚《けっこん》することを約束《やくそく》しあうこと。その約束《やくそく》。例 婚約指輪《こんやくゆびわ》

【°婚礼】こんれい ⇩ 結婚式《けっこんしき》。例 婚礼衣装《こんれいいしょう》 類 祝言《しゅうげん》

婚が下につく熟語 上の字の働き
【既婚《きこん》 未婚《みこん》】結婚《けっこん》の状態《じょうたい》にあるかないか。
【求婚《きゅうこん》 結婚《けっこん》 離婚《りこん》】婚《こん》をドウスルか。

【早婚《そうこん》 晩婚《ばんこん》】ドノヨウナ結婚《けっこん》か。
◆ 新婚《しんこん》

婆
女-8 総画11 JIS-3944 常用
音 バ 訓 ばあ・ばば

筆順 婆婆婆婆婆婆婆

意味 おばあさん。年《とし》をとった女《おんな》の人《ひと》。ばば。例 老婆《ろうば》 対 爺《や》

婦
女-8 総画11 JIS-4156 教5年
音 フ 訓 ―

筆順 すこしだす ださない はねる

なりたち 【会意】「帚」はほうきで、「女」がほうきを持《も》った形《かたち》から、家《いえ》のそうじをする女《おんな》を表《あらわ》した字《じ》。

意味
❶ 女《おんな》の人《ひと》。女性《じょせい》。例 婦人《ふじん》・家政婦《かせいふ》 対 夫《ふ》
❷ 妻《つま》。結婚《けっこん》した女《おんな》の人《ひと》。例 主婦《しゅふ》 対 夫《ふ》

❶〈女の人〉の意味で
【婦女】ふじょ Ⅱ 女《おんな》の人《ひと》。類 婦人《ふじん》
【婦人】ふじん ⇩ おとなの女《おんな》の人《ひと》。例 婦人服《ふじんふく》 類 女性《じょせい》・女子《じょし》・婦女《ふじょ》 対 殿方《とのがた》・紳士《しんし》

婦が下につく熟語 上の字の働き
❷ 婦＝〈妻〉のとき
【主婦《しゅふ》 新婦《しんぷ》 妊婦《にんぷ》 寡婦《かふ》】ドウイウ妻《つま》か。
◆ 夫婦《ふうふ》

媛
女-9 総画12 JIS-4118 常用
音 エン 訓 ひめ

筆順 媛媛媛媛媛媛媛

意味 ひめ。わかく美《うつく》しい女性《じょせい》。例 才媛《さいえん》
県名 愛媛（えひめ）

婿
女-9 総画12 JIS-4427 常用
音 セイ 訓 むこ

筆順

なりたち 【形声】「胥《ショ》」が「セイ」とかわって読《よ》み方《かた》をしめしている。「ショ」は「つれあい」の意味《いみ》を持《も》ち、むすめ（女）の相《あい》手《て》である「むこ」を表《あらわ》す字《じ》。

意味 むこ。むすめの夫《おっと》。夫《おっと》である男性《だんせい》。例 婿《むこ》をとる。花婿《はなむこ》

【°婿養子】むこようし 結婚《けっこん》するときに、相手《あいて》の女性《じょせい》の家《いえ》の姓《せい》を名乗《なの》り、相手《あいて》の親《おや》と養子《ようし》えんぐみをする。家《いえ》をつぐことにした男性《だんせい》。

婿が下につく熟語 上の字の働き
【姉婿《あねむこ》 妹婿《いもうとむこ》 娘婿《むすめむこ》】ダレの婿《むこ》か。

媒
女-9 総画12 JIS-3962 常用
音 バイ 訓 ―

筆順

なりたち 【形声】「はかる」意味の「某《ボウ》」が、「バイ」とかわって読《よ》み方《かた》をしめしている。女《おんな》のための「えんぐみをとりはからう」ことを表《あらわ》す字《じ》。

意味 なかをとりもつ。結婚《けっこん》のなかだちをする人《ひと》。二《ふた》つのものごとをむすびつけるはたらきをするもの。例 媒酌《ばいしゃく》・触媒《しょくばい》・虫媒花《ちゅうばいか》

【。媒。介《ばいかい》】Ⅱ〈—する〉二《ふた》つのもののあいだにたって、両方《りょうほう》をむすびつけたり、一方《いっぽう》から一方《いっぽう》へなにかをうつす橋《はし》わたしをしたりすること。例 虫《むし》が媒介《ばいかい》して受粉《じゅふん》する。類 仲介《ちゅうかい》

【。媒。酌《ばいしゃく》】↓〈—する〉結婚《けっこん》のなかだちをすること。例 媒酌人《ばいしゃくにん》 類 仲人《なこうど》

【。媒体《ばいたい》】↓ものとものとをむすびつけたり、変化《へんか》をおこさせたりするための、なかだちをするもの。メディア。例 伝達《でんたつ》の媒体《ばいたい》。

◆ 触媒《しょくばい》 霊媒《れいばい》

嫁

女-10 総画13 JIS-1839 常用 音 カ 訓 よめ・とつぐ

筆順 嫁嫁嫁嫁嫁嫁嫁嫁

なりたち 【形声】「家」が「カ」という読《よ》み方《かた》をしめし、「女」がついて、家《いえ》にむかえた女《おんな》「よめ」を表《あらわ》している字《じ》。

意味
❶よめ。とつぐ。息子《むすこ》の妻《つま》。とつぐ女性《じょせい》。よめ入《い》りする。例 嫁《よめ》に行《い》く。嫁《とつ》ぎ先《さき》。
❷なすりつける。他《た》になすりつける。例 責任転嫁《せきにんてんか》

嫌

女-10 総画13 JIS-2389 常用 音 ケン・ゲン 訓 きらう・いや

筆順 嫌嫌嫌嫌嫌嫌嫌嫌

なりたち 【形声】「兼」が「あきる」意味《いみ》と「ケン」という読《よ》み方《かた》をしめしている。「女」がついて、「女《おんな》の人《ひと》に不満《ふまん》を感《かん》じる」ことを表《あらわ》している字《じ》。

意味
❶きらう。いやに思《おも》う。すきではない。例 好《す》き嫌《きら》い。嫌悪《けんお》・機嫌《きげん》
❷うたがう。うたがい。まぎらわしい。

注意するよみ ゲン…例 機嫌《きげん》

❶〈きらう〉の意味で

【。嫌気《いやけ/いやき》】↓いやだ、もうたくさんだと思《おも》う気持《きも》ち。例 失敗《しっぱい》つづきで嫌気《いやけ》がさす。

【。嫌味《いやみ》】↓〈—な/—に〉相手《あいて》に対《たい》する不満《ふまん》を、それとなくぶつけるようなことばや態度《たいど》。例 嫌味《いやみ》を言《い》う。類 皮肉《ひにく》

【。嫌悪《けんお》】Ⅱ〈—する〉いやでたまらないというくらい、きらうこと。例 嫌悪感《けんおかん》をいだく。

❷〈うたがう〉の意味で

【。嫌疑《けんぎ》】Ⅱ わるいことをしたのではないかという、うたがい。例 嫌疑《けんぎ》がかかる。

嫉

女-10 総画13 JIS-2827 常用 音 シツ 訓 —

筆順 嫉嫉嫉嫉嫉嫉嫉嫉

意味 ねたむ。人《ひと》をうらやましく思《おも》ってにくむ。例 嫉視《しっし》・嫉妬《しっと》

【。嫉。妬《しっと》】Ⅱ〈—する〉やきもちをやく。例 嫉妬《しっと》深《ぶか》い。

嫡

女-11 総画14 JIS-3568 常用 音 チャク 訓 —

筆順 嫡嫡嫡嫡嫡嫡嫡嫡

なりたち 【形声】「商《テキ》」が「チャク」とかわって読《よ》み方《かた》をしめしている。「テキ」は「対等《たいとう》の相手《あいて》」の意味《いみ》を持《も》ち、夫《おっと》と対等《たいとう》である女《おんな》「正妻《せいさい》」を表《あらわ》している字《じ》。

意味 正式《せいしき》の妻《つま》。本妻《ほんさい》。正《ただ》しい系統《けいとう》やあととり。例 嫡出《ちゃくしゅつ》・嫡流《ちゃくりゅう》

【。嫡子《ちゃくし》】↓①正式《せいしき》に結婚《けっこん》している妻《つま》が生《う》んだ子《こ》。嫡出子《ちゃくしゅつし》。②あととり。

【。嫡出《ちゃくしゅつ》】↓正式《せいしき》に結婚《けっこん》している妻《つま》から子《こ》が生《う》まれること。例 嫡出子《ちゃくしゅつし》

【。嫡男《ちゃくなん》】↓正式《せいしき》に結婚《けっこん》している妻《つま》が生《う》んだ、ひとりめの男《おとこ》の子《こ》。類 嫡子《ちゃくし》

【。嫡流《ちゃくりゅう》】↓代々《だいだい》、本家《ほんけ》をついできた血《ち》すじ。例 源氏《げんじ》の嫡流《ちゃくりゅう》。類 直系《ちょっけい》

嬉

女-12 総画15 JIS-2082 人名 音 キ 訓 うれ-しい

前ページ ▶ 嫁 嫌 嫉 嫡 嬉

意味 うれしい。たのしむ。

名前のよみ よし

女-13 嬢

総画16 JIS-3078 常用

音 ジョウ　訓 —

［孃］

筆順 嬢 嬢 嬢 嬢 嬢 嬢 嬢 嬢

なりたち 【形声】もとの字は、「孃」。「襄」が「ジョウ」という読《よ》み方《かた》をしめしている。「女」がついて「母《はは》」を表《あらわ》す字《じ》であったが、のちに、「娘《ジョウ》」と混用《こんよう》して「むすめ」として使《つか》われるようになった。

意味 おじょうさん。結婚前《けっこんまえ》の女《おんな》の人《ひと》。例 案《あん》内嬢《ないじょう》・令嬢《れいじょう》

女-14 嬰

総画17 JIS-1737 表外

音 エイ　訓 あかご・みどりご

意味 あかご。あかんぼう。ちのみご。

【▲嬰児】《えいじ》 ＝ あかんぼう。参考「みどりご」とも読《よ》む。「みどりご」は、新芽《しんめ》のような生《う》まれたばかりのあかんぼうのこと。

3画 子［こ］［こへん］の部

「子《こ》」をもとに作《つく》られ、子《こ》どもや子孫《しそん》にかかわる字《じ》を集《あつ》めてあります。

この部首の字

子-0 子

総画3 JIS-2750 教1年

音 シ・ス　訓 こ・ね

筆順 子 子 子（はねる）

なりたち 【象形】おさない子《こ》が手《て》を広《ひろ》げている形《かたち》をえがいた字《じ》。

意味

❶こども。親《おや》からみた子《こ》。おさない子《こ》。子《こ》どものようなもの。例 子孫《しそん》・妻子《さいし》・利子《りし》 対 親《しん》

❷たね。み。たまご。例 種子《しゅし》・卵子《らんし》

❸男《おとこ》の人《ひと》。人《ひと》。例 君子《くんし》

❹小《ちい》さいもの。要素《ようそ》。例 粒子《りゅうし》

❺ものの名前《なまえ》につけることば。例 障子《しょうじ》 参考 中国《ちゅうごく》では、「帽子《ぼうし》」「扇子《せんす》」「椅子《いす》」のように、身《み》のまわりのものに「子」をつけて表《あらわ》すことが多《おお》い。

❻十二支《じゅうにし》の一番《いちばん》め。ね。動物《どうぶつ》ではネズミ。方角《ほうがく》では北《きた》。時刻《じこく》では夜《よる》の十二時《じゅうにじ》、またはその前後《ぜんご》二時間《にじかん》。例 子《ね》の刻《こく》。子午線《しごせん》 参考 「巽《そん》」の「文字物語」（356ページ）

❼華族《かぞく》の位《くらい》の四番《よんばん》め。例 子爵《ししゃく》

発音あんない シ→ジ…例 王子《おうじ》

特別なよみ 迷子（まいご）・息子（むすこ）

名前のよみ しげ・しげる・ただ・ちか・つぐ・とし・ね・み・やす

❶〈こども〉の意味で

【子会社】《こがいしゃ》 もとになる会社《かいしゃ》がお金《かね》を出《だ》してべつにつくった会社《かいしゃ》。対 親会社《おやがいしゃ》

【子宝】《こだから》 ＝ たからもののようにたいせつな、かわいい子《こ》ども。例 子宝《こだから》にめぐまれる。

【子供】《こども》 ◯ ①親《おや》から生《う》まれた、次《つぎ》の世代《せだい》の人《ひと》。むすこやむすめ。類 子《こ》 対 親《おや》 ②年《とし》がわかくて、まだおとなになっていない人《ひと》。例 子供《ども》っぽい。対 大人《おとな》

【子分】《こぶん》 ↓ 人《ひと》の下《した》にくっついて、その命令《めいれい》どおりに動《うご》く人《ひと》。例 子分《こぶん》をしたがえる。類 手《て》下《した》・部下《ぶか》・家来《けらい》 対 親分《おやぶん》

【子。煩。悩】《こぼんのう》 〈—な〉〈—に〉自分《じぶん》の子《こ》どもをとてもかわいがり、たいせつにすること。

【子守】《こもり》 ↓ 〈—する〉小《ちい》さい子《こ》どもがきげんよく安全《あんぜん》にすごせるように、めんどうをみること。そのためにやとわれた人《ひと》。例 子守歌《こもりうた》

【子役】《こやく》 ↓ 劇《げき》や映画《えいが》の中《なか》で、子《こ》どもの役《やく》がらや役者《やくしゃ》。例 天才的《てんさいてき》な子役《こやく》。

【子音】《しいん／しおん》 ↓ 声《こえ》の出《だ》し方《かた》（発音《はつおん》）を大《おお》きく二《ふた》つに分《わ》けたときの一《ひと》つ。はく息《いき》が歯《は》や舌《した》、くちびるなどにさえぎられて出《で》る音《おと》。たとえば、サクラ（sakura）では、s《エス》、k《ケー》、r《アール》の音《おと》が子音《しいん》にあたる。対 母音《ぼいん》

【子子孫孫】《ししそんそん》 子《こ》やまごからずっとつづいていく子孫《しそん》たち。類 子孫《しそん》

【子女】《しじょ》 〓 ①男《おとこ》の子《こ》や女《おんな》の子《こ》。例 帰国子女《きこくしじょ》 類 子弟《してい》 ②女《おんな》の子《こ》。例 良家《りょうけ》の子女《しじょ》。

【子息】《しそく》 〓 ある人《ひと》のむすこ。類 令息《れいそく》 対 息女《そくじょ》

表現 うやまっていうことば。「ご子息《しそく》」と、「ご」をつけることが多《おお》い。

【子孫】《しそん》 〓 血《ち》のつながっている、あとの世代《せだい》の人《ひと》たち。子《こ》やまご、ひまごたちなど。類 孫《まご》子《こ》 対 先祖《せんぞ》・祖先《そせん》・父祖《ふそ》

【子弟】《してい》 〓 まだ親《おや》のもとにいる年《とし》のわかいもの。類 子女《しじょ》

❷〈たね〉の意味で

【子。房】《しぼう》 ↓ 被子《ひし》植物《しょくぶつ》で、めしべの下《した》のふくらんだ部分《ぶぶん》。受粉《じゅふん》して果実《かじつ》になる。

【子葉】《しよう》 ↓ 植物《しょくぶつ》の種《たね》の中《なか》にあって、発芽《はつが》すると最初《さいしょ》にでる葉《は》。

❹〈小さいもの〉の意味で

【子細】《しさい》 〓 ものごとのくわしい事情《じじょう》。めんどうなこみいった事情《じじょう》。例 子細《しさい》を語《かた》る。類 委細《いさい》

❻〈十二支の一番め〉の意味で

【子午線】《しごせん》 地球《ちきゅう》上《じょう》のある位置《いち》の真上《まうえ》を通《とお》り、真北《まきた》と真南《まみなみ》をむすぶ線《せん》。類 経線《けいせん》 参考 「子」と「午」は、それぞれ北《きた》と南《みなみ》を表《あらわ》す。知識 子午線《しごせん》も経線《けいせん》もりくつで考《かんが》えた線《せん》で、目《め》に見《み》えるものではない。子午線《しごせん》は天体《てんたい》の位置《いち》を、経線《けいせん》は地球《ちきゅう》の上《うえ》の場所《ばしょ》をいうのに使《つか》う。

❼〈華族の位の四番め〉の意味で

【子。爵】《ししゃく》 ↓ 貴族《きぞく》の位《くらい》の一《ひと》つ。上《うえ》から四番《よんばん》め。知識 ☞【伯爵】《はくしゃく》（79ページ）

子が下につく熟語 上の字の働き

❶子＝〈こども〉のとき
【天子《てんし》 王子《おうじ》 皇子《おうじ》】ダレの子《こ》か。
【長子《ちょうし》 末子《まっし／ばっし》 嫡子《ちゃくし》 実子《じっし》 養子《ようし》 孝子《こうし》 里子《さとご》 迷子《まいご》】ドウイウ子《こ》か。
【父子《ふし》 母子《ぼし》】反対《はんたい》の意味《いみ》。

❷子＝〈たね〉のとき
【精子《せいし》 卵子《らんし》 胞子《ほうし》】ナニのたねか。

❸子＝〈男の人〉のとき
【君子《くんし》 才子《さいし》 太子《たいし》（皇太子《こうたいし》） 貴公子《きこうし》 弟子《でし》 馬子《まご》】ドノヨウナ男子《だんし》か。

❹子＝〈小さいもの〉のとき
【因子《いんし》 粒子《りゅうし》 分子《ぶんし》 原子《げんし》 電子《でんし》】ナニの要素《ようそ》か、ドンナ要素《ようそ》か。

❺子＝〈ものの名前につけることば〉のとき
【菓子《かし》 団子《だんご》 骨子《こっし》 冊子《さっし》 障子《しょうじ》 格子《こうし》 扇子《せんす》 帽子《ぼうし》 調子《ちょうし》 拍子《ひょうし》 様子《ようす》 鳴子《なるこ》】上《うえ》の字《じ》がおもな意味《いみ》。

◆妻子《さいし》 種子《しゅし》 女子《じょし》 男子《だんし》 童子《どうじ》 利子《りし》

孔

子-1
総画4
JIS-2506
常用
音 コウ
訓 あな

筆順 孔 孔 孔 孔

なりたち

【象形】金文《きんぶん》は「孑」となっていて、子《こ》どもが乳房《ちぶさ》から乳《ちち》をすう形《かたち》をえがき、乳《ちち》の出《で》るあなを表《あらわ》す字《じ》。

意味
❶あな。つきぬけているあな。例 鼻孔《びこう》
❷孔子《こうし》。中国古代《ちゅうごくこだい》の思想家《しそうか》。

名前のよみ ただ・みち・よし

❷〈孔子〉の意味で

【。孔・孟】《こうもう》 〓 孔子《こうし》と孟子《もうし》。ともにむかしの中国《ちゅうごく》のすぐれた思想家《しそうか》。例 孔孟《こうもう》の教《おし》え。

◆気孔《きこう》 瞳孔《どうこう》 鼻孔《びこう》

字

子-3
総画6
JIS-2790
教1年
音 ジ
訓 あざ

筆順 字 字 字 字 字 字（まっすぐ、つく／はねる）

なりたち

【形声】「子《シ》」が「ジ」とかわって読《よ》み方《かた》をしめしている。「ジ」は「生《う》む」意味《いみ》を持《も》ち、家《いえ》を表《あらわ》す「宀」をくわえて家《いえ》で子《こ》どもを生《う》んで育《そだ》てることを表《あらわ》す字《じ》。子《こ》どもが生《う》まれるように、文字《もじ》がつぎつぎとつくられてふえることから、「もじ」の意味《いみ》に使《つか》われている。

意味
❶もじ。ことばを書《か》きしるすための記号《きごう》。例 字《じ》を書《か》く。字《じ》を習《なら》う。漢字《かんじ》
❷あざ。町村《ちょうそん》の中《なか》の区画《くかく》。例 大字《おおあざ》
❸あざな。よび名《な》。例 名字《みょうじ》

❶〈もじ〉の意味で

【字音】《じおん》 ↓ 一《ひと》つ一《ひと》つの漢字《かんじ》の表《あらわ》す音《おん》。「山」を「サン」と読《よ》み、「川」を「セン」と読《よ》むなど、中国《ちゅうごく》からつたえられた発音《はつおん》をもとにした、音読《おんよ》

み。類音《おん》 対字訓《じくん》

【字画】じかく ↓漢字の形《かたち》をつくりあげている線《せん》や点《てん》。例字画《じかく》を数《かぞ》える。

【字義】じぎ ↓漢字《かんじ》の表《あらわ》す意味《いみ》。例字義《じぎ》どおりに解釈《かいしゃく》する。類語義《ごぎ》

【字句】じく Ⅱ 文字《もじ》とことば。

【字訓】じくん ↓「山」を「やま」と読《よ》み、「川」を「かわ」と読《よ》むなど、意味《いみ》にあわせた読《よ》み方《かた》。類訓《くん》 対字音《じおん》

【字形】じけい ↓文字《もじ》のかたち。参考☞ものしり巻物(353ページ)

【字源】じげん ↓漢字《かんじ》ができたなりたち。

【字書】じしょ ↓漢字《かんじ》のことを調《しら》べるための本《ほん》。類字引《じびき》・字典《じてん》

【字体】じたい ↓①それぞれの文字《もじ》の(標準《ひょうじゅん》となる)点画《てんかく》の骨組《ほねぐ》み。参考☞ものしり巻物(353ページ)②その人《ひと》その人《ひと》のくせの出《で》た字《じ》の形《かたち》。類筆跡《ひっせき》

【字面】じづら ↓①字《じ》の形《かたち》やならび方《かた》・書《か》きぐせなど、書《か》かれた文字《もじ》から受《う》ける感《かん》じ。類文字《もじ》面《づら》②文章《ぶんしょう》の表面《ひょうめん》だけの意味《いみ》。例字面《じづら》どおりにとらえる。

【字典】じてん ↓漢字《かんじ》について読《よ》み方《かた》、意味《いみ》、使《つか》い方《かた》などを説明《せつめい》した本《ほん》。類字引《じびき》・字書《じしょ》・辞書《じしょ》

参考「辞典・事典」☞979ページ

【字引】じびき ↓国語《こくご》辞典《じてん》・漢字《かんじ》辞典《じてん》・外国語《がいこくご》辞典《じてん》などを指《さ》すことば。ことばの辞典《じてん》にかぎられ、百科《ひゃっか》事典《じてん》や各教科《かくきょうか》の事典《じてん》のことはいわない。表現なんでもよく知《し》っている人《ひと》を「生《い》き字引《じびき》」ともいう。

【字幕】じまく ↓映画《えいが》やテレビで、外国語《がいこくご》のセリフの意味《いみ》などを文字《もじ》でうつし出《だ》すもの。

字が下につく熟語 上の字の働き

❶字=〈もじ〉のとき

【漢字《かんじ》 国字《こくじ》 略字《りゃくじ》 俗字《ぞくじ》 数字《すうじ》 点字《てんじ》 大字《だいじ》 太《ふと》字 細字《ほそじ》《さいじ》 活字《かつじ》 誤字《ごじ》 脱字《だつじ》 赤字《あかじ》 黒字《くろじ》 十字《じゅうじ》 題字《だいじ》】ドノヨウナ字《じ》か。

【習字《しゅうじ》 植字《しょくじ》】字をドウスルか。

◆名字《みょうじ》 文字《もじ》《もんじ》

子-3

存

総画6

JIS-3424

教6年

訓 ―

音 ソン・ゾン

筆順 存 存 存 存 存 存 (すこしだす)(はねる)

なりたち

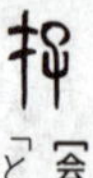

【会意】「才」は「才」とおなじで、「とどめる」ことを表《あらわ》し、「子」と合《あ》わせて、子《こ》どもをなだめ落《お》ち着《つ》かせる意味《いみ》を表《あらわ》した字《じ》。

意味

❶ある。いる。生《い》きている。例存在《そんざい》・生存《せいぞん》 対亡《ぼう》

❷考《かんが》え。思《おも》う。知《し》っている。例よく存《ぞん》じている。存分《ぞんぶん》・異存《いぞん》

名前のよみ あきら・あり・すすむ・たもつ・つぎ・なが・のぶ・のり・まさ・やす・やすし

❶〈ある〉の意味で

【存在】そんざい Ⅱ〈―する〉人《ひと》がそこにいる、ものがそこにある、ということ。例存在感《そんざいかん》

【存続】そんぞく ↓〈―する〉なくならずに、そのままつづいていくこと。例この試合《しあい》にはクラブの存《そん》続《ぞく》がかかっている。類持続《じぞく》・継続《けいぞく》

【存廃】そんぱい ⇕規則《きそく》や施設《しせつ》などを、これまでどおりにのこしておくか、なくしてしまうかということ。例赤字《あかじ》路線《ろせん》の存廃《そんぱい》を論《ろん》じる。類存否《そんぴ》

【存否】そんぴ ⇕①あるかないか、いるかいないかということ。類有無《うむ》・存廃《そんぱい》 ②生《い》きているかいないかということ。類安否《あんぴ》

【存亡】そんぼう ⇕このままのこれるか、ほろんでしまうか。例危急存亡《ききゅうそんぼう》のとき。

【存命】ぞんめい ▲〈―する〉生《い》きていること。例母《はは》が存命中《ぞんめいちゅう》おせわになった先生《せんせい》。類生存《せいぞん》

【存立】そんりつ ↓〈―する〉なりたっていくこと。例会社《かいしゃ》の存立《そんりつ》をおびやかす。

❷〈考《かんが》え〉の意味で

【存外】ぞんがい ↓それまで考《かんが》えていたこととはちがって。例存外《ぞんがい》かんたんだった。類案外《あんがい》

【存念】ぞんねん ▲持《も》っている考《かんが》え。

【存分】ぞんぶん ↓〈―に〉〈―な〉えんりょなく、思《おも》いどおりに。例存分《ぞんぶん》に楽《たの》しむ。思《おも》う存分《ぞんぶん》。類十分《じゅうぶん》・充分《じゅうぶん》

存が下につく熟語 上の字の働き

❶存=〈ある〉のとき

【保存《ほぞん》 生存《せいぞん》】近《ちか》い意味《いみ》。

【依存《いそん／いぞん》 共存《きょうそん／きょうぞん》 現存《げんそん／げんぞん》 残存《ざんそん／ざんぞん》 温存《おんぞん》】ドウヤッテ今《いま》、あるのか。

❷存＝〈考《かんが》え〉のとき

【異存《いぞん》 一存《いちぞん》】ドノヨウナ考《かんが》えか。

◆所存《しょぞん》

子-4

孝

総画7 JIS-2507 教6年

音 コウ
訓 —

筆順 孝 孝 孝 孝 孝 孝 孝 （ながく・つきだす・はねる）

なりたち 【会意】老人《ろうじん》を表《あらわ》す「耂」と「子」を合《あ》わせて、子《こ》が年《とし》よりや親《おや》につかえ、せわすることを表《あらわ》す字《じ》。

意味 親《おや》をうやまい、たいせつにすること。例 孝《こう》をつくす。孝行《こうこう》・不孝《ふこう》

名前のよみ あつ・たか・たかし・なり・のり・もと・ゆき・よし

【孝行】《こうこう》 ↓〈—な・—する〉子《こ》が親《おや》をたいせつにし、心《こころ》からつくすこと。例 親孝行《おやこうこう》 対 不孝《ふこう》

【孝子】《こうし》 ↓ 親《おや》をたいせつにする子《こ》。

【孝心】《こうしん》 ↓ 親《おや》のためにいっしょうけんめいつくそうとする心《こころ》。

【孝養】《こうよう》 ↓〈—する〉子《こ》が親《おや》をたいせつにし、よくめんどうを見《み》ること。例 孝養《こうよう》をつくす。

◆忠孝《ちゅうこう》 不孝《ふこう》

故事のはなし

孟母三遷《もうぼさんせん》

戦国時代《せんごくじだい》、孟子《もうし》の家《いえ》は、墓場《はかば》の近《ちか》くにあった。そのため、おさないころの孟子《もうし》はお葬式《そうしき》ごっこばかりして遊《あそ》んでいた。孟母《もうぼ》（孟子《もうし》の母親《ははおや》）は、ここは住《す》むところではないと言《い》って市場《いちば》のそばへ引《ひ》っこした。今度《こんど》は商売《しょうばい》ごっこをして遊《あそ》んだ。ここも住《す》むところではないと言《い》って学校《がっこう》のそばへ引《ひ》っこした。すると、礼《れい》儀作法《ぎさほう》のまねをするようになったので、やっと住《す》まいを定《さだ》めた。こうして成長《せいちょう》した孟子《もうし》は、学問《がくもん》をおさめて、ついには大学者《だいがくしゃ》となった。

（『列女伝《れつじょでん》』鄒孟軻《すうのもうか》の母《はは》）

子-5

学

総画8 JIS-1956 教1年

音 ガク
訓 まなぶ

［學］

筆順 学 学 学 学 学 学 学 学 （つにならない・はねる）

なりたち 【形声】もとの字《じ》は、「學」。「子」と、身《み》ぶりを表《あらわ》す両手《りょうて》の形《かたち》（臼）と、「爻《コウ》」とからでき、「爻」が「ガク」とかわって読《よ》み方《かた》をしめしている。「コウ」は「ならう」意味《いみ》を持《も》ち、子《こ》どもがまなぶことを表《あらわ》す字《じ》。

意味

❶まなぶ。勉強《べんきょう》する。例 よく学《まな》びよく遊《あそ》べ。学習《がくしゅう》・見学《けんがく》

❷がくもん。ものごとについての知識《ちしき》や理《り》論《ろん》。例 学《がく》がある。学科《がっか》・文学《ぶんがく》

❸がっこう。学問《がくもん》や技術《ぎじゅつ》を習《なら》うところ。例 学園《がくえん》・通学《つうがく》

発音あんない ガク→ガッ… 例 学校《がっこう》

名前のよみ あきら・さと・さとる・たか・つとむ・のり・ひさ・みち

❶〈まなぶ〉の意味で

【学業】《がくぎょう》 ↓ 学校《がっこう》でまなぶ勉強《べんきょう》。

【学才】《がくさい》 ↓ 学問《がくもん》をするうえでの才能《さいのう》。

【学資】《がくし》 ↓ 学校《がっこう》で勉強《べんきょう》をするためにかかるお金《かね》。例 学資《がくし》をかせぐ。類 学費《がくひ》

【学習】《がくしゅう》 Ⅱ〈—する〉知《し》らないこと、できなかったことをくりかえし習《なら》って、身《み》につけること。類 勉強《べんきょう》・習得《しゅうとく》

【学習漢字】《がくしゅうかんじ》 常用漢字《じょうようかんじ》のうち、「学年別《がくねんべつ》漢字《かんじ》配当表《はいとうひょう》」にある一〇〇六字《じ》の漢字《かんじ》。小学《しょうがっ》校六年間《こうろくねんかん》でまなぶようにと定《さだ》められている。「教育漢字《きょういくかんじ》」「配当漢字《はいとうかんじ》」ともいう。

【学生】《がくせい》 ↓ 学校《がっこう》にかよって勉強《べんきょう》している人《ひと》。とくに大学生《だいがくせい》。表現 小学生《しょうがくせい》は児童《じどう》、中《ちゅう》学生《がくせい》・高校生《こうこうせい》は生徒《せいと》という。

【学童】《がくどう》 ↓ 小学校《しょうがっこう》にかよって勉強《べんきょう》してい

学 ◀ 次ページ

◦学習漢字でない常用漢字 ▲常用漢字表にない音訓 ◆常用漢字でない漢字

る子《こ》ども。例学童保育《がくどうほいく》 類小学生《しょうがくせい》・児童《じどう》

【学費《がくひ》】[↓]勉強《べんきょう》をしていくためにかかるお金《かね》。また、学校《がっこう》で学《まな》ぶために必要《ひつよう》な費用《ひよう》。例学費《がくひ》をおさめる。類学資《がくし》

【学友《がくゆう》】[↓]学問《がくもん》をするうえで知《し》りあった友達《ともだち》。☞❸

【学用品《がくようひん》】えんぴつやノートなど、勉強《べんきょう》に使《つか》う道具《どうぐ》。類文房具《ぶんぼうぐ》・文具《ぶんぐ》

【学力《がくりょく》】[↓]勉強《べんきょう》して身《み》につけた、考《かんが》える力《ちから》や知識《ちしき》。例学力《がくりょく》をつける。

【学。齢《がくれい》】[↓]①義務《ぎむ》教育《きょういく》をうける年齢《ねんれい》。六《ろく》歳《さい》から十五歳《じゅうごさい》までをいう。②小学校《しょうがっこう》に入《はい》る年齢《ねんれい》。満六歳《まんろくさい》。例学齢《がくれい》に達《たっ》する。

❷〈がくもん〉の意味で

【学位《がくい》】[↓]到達《とうたつ》した学力《がくりょく》の高《たか》さに応《おう》じて与《あた》えられるよび名《な》。学士《がくし》・修士《しゅうし》・博士《はくし》がある。

【学芸《がくげい》】[Ⅱ]学問《がくもん》と芸術《げいじゅつ》。例学芸会《がくげいかい》

【学際的《がくさいてき》】〈―に・―な〉ある研究《けんきゅう》が、いくつかの分野《ぶんや》のちがう学問《がくもん》にまたがっているようす。

【学士《がくし》】[↓]大学《だいがく》を卒業《そつぎょう》した人《ひと》に与《あた》えられるよび名《な》。

【学識《がくしき》】[Ⅱ]学問《がくもん》して得《え》た、すぐれた知識《ちしき》やものの考《かんが》え方《かた》。例高《たか》い学識《がくしき》のある人《ひと》。

【学者《がくしゃ》】[↓]学問《がくもん》の研究《けんきゅう》を仕事《しごと》にしている人《ひと》。深《ふか》い知識《ちしき》を身《み》につけた人《ひと》。類学究《がっきゅう》

【学術《がくじゅつ》】[↓]専門的《せんもんてき》で高度《こうど》な学問《がくもん》。類学問《がくもん》

【学説《がくせつ》】[↓]あることについての学問的《がくもんてき》な意《い》見《けん》や考《かんが》え方《かた》。例注目《ちゅうもく》すべき学説《がくせつ》。

【学風《がくふう》】[↓]学問研究《がくもんけんきゅう》のしかたの特色《とくしょく》。例恩《おん》師《し》の学風《がくふう》をうけつぐ。☞❸

【学名《がくめい》】[↓]動物《どうぶつ》や植物《しょくぶつ》につける、世界共通《せかいきょうつう》の専門的《せんもんてき》な名前《なまえ》。知識 たとえば、トキをニッポニアニッポンと名《な》づけるなど。学名《がくめい》は、ラテン語《ご》という古《ふる》い西洋《せいよう》のことばを使《つか》う。

【学問《がくもん》】[↓]①さまざまな分野《ぶんや》のことがらについて、専門的《せんもんてき》に深《ふか》く研究《けんきゅう》してまとめあげた知識《ちしき》や理論《りろん》。類学術《がくじゅつ》 ②いろいろな知識《ちしき》やものの考《かんが》え方《かた》などを学《まな》ぶこと。学《まな》んで身《み》につけた知識《ちしき》や力《ちから》。例学問《がくもん》にはげむ。

【学科《がっか》】[↓]学問《がくもん》や勉強《べんきょう》を、その中身《なかみ》によって分《わ》けた科目《かもく》。学校《がっこう》で勉強《べんきょう》する科目《かもく》。

【学会《がっかい》】[↓]専門《せんもん》の学問《がくもん》の研究《けんきゅう》を深《ふか》めるためにつくられた研究者《けんきゅうしゃ》の団体《だんたい》。その団体《だんたい》が開《ひら》く会合《かいごう》。例天文学会《てんもんがっかい》

【学界《がっかい》】[↓]学問《がくもん》の世界《せかい》。学者《がくしゃ》なかまでつくっている社会《しゃかい》。例学界《がっかい》の権威《けんい》。

【学究《がっきゅう》】[↓]学問《がくもん》の研究《けんきゅう》にうちこんでいる人《ひと》。例学究肌《がっきゅうはだ》の人《ひと》。類学者《がくしゃ》

❸〈がっこう〉の意味で

【学園《がくえん》】[↓]学校《がっこう》。例学園《がくえん》の名《な》を高《たか》める。

【学制《がくせい》】[↓]学校《がっこう》や教育《きょういく》についてのきまり。

【学。籍《がくせき》】[↓]その学校《がっこう》の学生《がくせい》・生徒《せいと》・児童《じどう》であることをしめす書類上《しょるいじょう》の記載《きさい》。例学籍簿《がくせきぼ》

【学窓《がくそう》】[↓]学校《がっこう》。自分《じぶん》たちが勉強《べんきょう》した校舎《こうしゃ》。例学窓《がくそう》を巣立《すだ》つ。

【学則《がくそく》】[↓]生徒《せいと》・学生《がくせい》がまもらなければいけない学校《がっこう》の規則《きそく》。例学則《がくそく》を見直《みなお》す。類校則《こうそく》

【学長《がくちょう》】[↓]大学《だいがく》で、いちばん上《うえ》の地位《ちい》にいて、責任《せきにん》をおう人《ひと》。小学校《しょうがっこう》の校長先生《こうちょうせんせい》にあたる立場《たちば》。類総長《そうちょう》

【学。閥《がくばつ》】[↓]おなじ学校《がっこう》を卒業《そつぎょう》した人《ひと》たちだけでできた、つながりの強《つよ》いなかま。

【学風《がくふう》】[↓]その学校《がっこう》の学《まな》び方《かた》や考《かんが》え方《かた》の特《とく》徴《ちょう》。例自由《じゆう》な学風《がくふう》。☞❷

【学。帽《がくぼう》】[↓]生徒《せいと》や児童《じどう》がかぶるようにできている帽子《ぼうし》。類制帽《せいぼう》

【学友《がくゆう》】[↓]おなじ学校《がっこう》でいっしょに勉強《べんきょう》している友達《ともだち》。☞❶

【学歴《がくれき》】[↓]どこの学校《がっこう》で、どのような勉強《べんきょう》をしたかということ。例学歴社会《がくれきしゃかい》

【学期《がっき》】[↓]学校生活《がっこうせいかつ》の一年間《いちねんかん》を三《みっ》つまたは二《ふた》つにくぎった、その一《ひと》つ。例新学期《しんがっき》

【学級《がっきゅう》】[↓]学校《がっこう》で勉強《べんきょう》やその他《た》の活動《かつどう》をするためのまとまり。クラス。類組《くみ》

【学区《がっく》】[↓]その学校《がっこう》に通学《つうがく》する児童《じどう》・生徒《せいと》を決《き》める住《す》まいの区域《くいき》。類校区《こうく》

【学校《がっこう》】[↓]学生《がくせい》や児童《じどう》・生徒《せいと》を集《あつ》めて、先生《せんせい》が教育《きょういく》をするところ。

学が下につく熟語 上の字の働き

❶学＝〈まなぶ〉のとき
【苦学《くがく》 見学《けんがく》 共学《きょうがく》 独学《どくがく》 博学《はくがく》 晩学《ばんがく》 遊学《ゆうがく》 留《りゅう》学《がく》】ドウヤッテ学《まな》ぶか。

❷学＝〈がくもん〉のとき
【医学《いがく》 化学《かがく》 科学《かがく》 語学《ごがく》 国学《こくがく》 史学《しがく》 儒学《じゅがく》 神学《しんがく》

数学《すうがく》 哲学《てつがく》 美学《びがく》 文学《ぶんがく》 法学《ほうがく》 薬学《やくがく》 洋学《ようがく》 力学《りきがく》

考古学《こうこがく》】ナニの学問《がくもん》か。

【修学《しゅうがく》 勉学《べんがく》 篤学《とくがく》 無学《むがく》】学問《がくもん》を(学問《がくもん》に)ドウスルか・学問《がくもん》がドウデアルか。

❸学=〈がっこう〉のとき

【進学《しんがく》 入学《にゅうがく》 就学《しゅうがく》 在学《ざいがく》 通学《つうがく》 休学《きゅうがく》 退学《たいがく》 停学《ていがく》 復学《ふくがく》】学校《がっこう》を(学校《がっこう》に)ドウスルか。

【私学《しがく》 大学《だいがく》】ドウイウ学校《がっこう》か。

子-5

季

総画8

JIS-2108

教4年

音 キ

訓 —

筆順 季 季 季 季 季 季 季 季 (はねない・はらう・はねる)

なりたち

【形声】「禾」は「おさない」の意味《いみ》の「稚《チ》」の省略《しょうりゃく》した形《かたち》で、「キ」とかわって読《よ》み方《かた》をしめしている。「子」をくわえて、兄弟《きょうだい》の一番《いちばん》「すえ」を表《あらわ》す字《じ》。

意味 きせつ。春《はる》、夏《なつ》、秋《あき》、冬《ふゆ》。時期《じき》。期間《きかん》。例 四季《しき》・年季《ねんき》

名前のよみ すえ・とき・とし・ひで・みのる

【季刊《きかん》】⇩雑誌《ざっし》などを、一年《いちねん》に四回《よんかい》、春《はる》・夏《なつ》・秋《あき》・冬《ふゆ》に出《だ》すこと。例 季刊誌《きかんし》 関連 日刊《にっかん》・週刊《しゅうかん》・旬刊《じゅんかん》・月刊《げっかん》・季刊《きかん》・年刊《ねんかん》

【季語《きご》】⇩俳句《はいく》中《ちゅう》に、かならずよみこむ約束《やくそく》になっている、季節《きせつ》を表《あらわ》すことば。たとえば、「雪《ゆき》とけて村《むら》いっぱいの子《こ》どもかな」の季語《きご》は「雪《ゆき》とけて」で、春《はる》を表《あらわ》す。類 季題《きだい》

【季節《きせつ》】⇩春《はる》・夏《なつ》・秋《あき》・冬《ふゆ》という、ことなる気候《きこう》と特徴《とくちょう》を持《も》つ時期《じき》。シーズン。例 季節《きせつ》がめぐる。類 時節《じせつ》

【季節風《きせつふう》】いつもその季節《きせつ》がくるときまってふく、ある方角《ほうがく》からの風《かぜ》。モンスーン。知識 日本《にほん》では、冬《ふゆ》は北東《ほくとう》の風《かぜ》、夏《なつ》は南西《なんせい》の風《かぜ》。

【季題《きだい》】⇩俳句《はいく》の中《なか》に季節《きせつ》を表《あらわ》すためによみこまれたことば。類 季語《きご》

故事のはなし

孟母断機《もうぼだんき》

孟子《もうし》がわかいころ、遊学《ゆうがく》なかばで家《いえ》へ帰《かえ》ってきた。ちょうど糸《いと》をつむいでいた母親《ははおや》は「学業《がくぎょう》はどこまで進《すす》みましたか」とたずねた。孟子《もうし》が「もとのままです」と答《こた》えると、母親《ははおや》はいきなり刀《かたな》で、機織《はたお》りにあった織《お》りかけの布《ぬの》をたち切《き》ってしまった。その理由《りゆう》をたずねると、「あなたが学業《がくぎょう》をとちゅうでやめるのは、わたしが織《お》りかけの布《ぬの》を切《き》るのとおなじことです。学問修養《がくもんしゅうよう》をおこたるならば、どろぼうかめし使《つか》いになるしかありません」と母親《ははおや》は言《い》った。これにおそれをなした孟子《もうし》は、朝《あさ》に夕《ゆう》に学問《がくもん》につとめ、子思《しし》に師事《しじ》して、りっぱな学者《がくしゃ》となった。(『列女伝《れつじょでん》』鄒孟軻母《すうのもうかのはは》)

季が下につく熟語 上の字の働き

【春季《しゅんき》 夏季《かき》 秋季《しゅうき》 冬季《とうき》】イツの季節《きせつ》か。

【雨季《うき》 乾季《かんき》】ドウイウ期間《きかん》か。

子-5

孟

総画8

JIS-4450

人名

音 モウ

訓 —

意味

❶かしら。いちばん上《うえ》。長男《ちょうなん》・長女《ちょうじょ》。

❷はじめ。例 孟春《もうしゅん》

❸孟子《もうし》。中国古代《ちゅうごくこだい》の思想家《しそうか》。例 孔孟《こうもう》

名前のよみ おさ・たけ・たけし・つとむ・とも・はじめ・はる・もと

❸〈孟子〉の意味で

【◆孟母三遷《もうぼさんせん》】子《こ》どもの教育《きょういく》には、よい環境《かんきょう》がたいせつだというたとえ。例 孟母三遷《もうぼさんせん》の教《おし》え。

故事のはなし ☞303ページ

【◆孟母断機《もうぼだんき》】学問《がくもん》を中途《ちゅうと》でやめてはいけないという戒《いまし》め。

故事のはなし ☞305ページ

子-6

孤

総画9

JIS-2441

常用

音 コ

訓 —

筆順 孤 孤 孤 孤 孤 孤 孤 孤 孤

なりたち 𤔔 【形声】「瓜」が「コ」という読み方《かた》をしめしている。「コ」は「ひとり」の意味《いみ》を持《も》ち、「身《み》よりのない子《こ》」を表《あらわ》す字《じ》。

意味 ❶みなしご。親《おや》がいない子《こ》ども。例 孤児《こじ》 ❷ひとりぼっち。ひとつだけの。例 孤独《こどく》

❶〈みなしご〉の意味で

【°孤児】こじ ↓ 両親《りょうしん》と死《し》にわかれて、身《み》よりのない子《こ》ども。みなしご。

❷〈ひとりぼっち〉の意味で

【°孤軍奮。闘】こぐんふんとう〈—する〉助《たす》ける者《もの》もなく、ただひとりでけんめいにたたかいつづけたり、がんばりつづけたりすること。参考 敵中《てきちゅう》で孤立《こりつ》した少数《しょうすう》で力《ちから》のかぎりたたかうというのが、もともとの意味《いみ》。

【孤絶】こぜつ Ⅱ〈—する〉まわりとのつながりを絶《た》たれて孤立《こりつ》すること。

【°孤島】ことう ↓ 陸《りく》からもほかの島《しま》からも遠《とお》くはなれて、ぽつんと一《ひと》つある島《しま》。類 離島《りとう》 表現 陸地《りくち》でも、交通《こうつう》が不便《ふべん》で、人《ひと》がめったに行《い》けない場所《ばしょ》を「陸《りく》の孤島《ことう》」ということがある。

【°孤独】こどく Ⅱ〈—な・—に〉話《はな》し相手《あいて》やなかまなどがいなくて、ひとりぼっちであること。例 天涯孤《てんがいこ》独《どく》（広《ひろ》い世界中《せかいじゅう》でも身寄《みよ》りがいないこと）

【°孤立】こりつ ↓〈—する〉助《たす》けやなかまがなく、ぽつんとひとりでいること。

【°孤立無。援】こりつむえん ひとりぼっちで、助《たす》けてくれるなかまもいないこと。類 四面楚歌《しめんそか》

子-7

孫

総画10 JIS-3425 教4年 音 ソン 訓 まご

筆順 孫 孑（はねる） 孖 孫 孫 孫（はねない） 孫（とめる）

なりたち 𡥸 【会意】「子」と、糸《いと》をつなぐことを表《あらわ》す「系」とからでき、子《こ》のあとにつづく「まご」を表《あらわ》している字《じ》。

意味 まご。子《こ》どもの子《こ》ども。血筋《ちすじ》をひくもの。一《ひと》つとんで次《つぎ》。例 孫引《まごび》き・子孫《しそん》

名前のよみ ただ・ひこ・ひろ

【孫子】まごこ Ⅱ ①孫《まご》と子《こ》。②子孫《しそん》たち。類 子孫《しそん》 参考 孫《まご》の子《こ》は「曽孫《そうそん》（ひまご）」、孫《まご》の孫《まご》は「玄孫《げんそん》（やしゃご）」という。

3画 宀 ［うかんむり］の部

家《いえ》の形《かたち》をえがいた象形《しょうけい》である「宀《うかんむり》」をもとに作《つく》られ、家屋《かおく》や住《す》むことにかかわる字《じ》を集《あつ》めてあります。

この部首の字

宀-3

安

総画6 JIS-1634 教3年 音 アン 訓 やすい

筆順 安 安（まっすぐ、つく） 安 安 安 安（すこしだす）

なりたち 𡚬 【会意】「家《いえ》（宀）」と「女」とからでき、女《おんな》が家《いえ》の中《なか》でしずかにすわっているようすを表《あらわ》している字《じ》。「やすらか」として使《つか》われる。

意味 ❶やすらか。おだやかで、心配《しんぱい》がない。例 気持《きも》ちが安《やす》らぐ。安心《あんしん》・平安《へいあん》 対 危《き》 ❷やすい。たやすい。例 ねだんが安《やす》い。安《あん》易《い》・格安《かくやす》 ❸外来語《がいらいご》の音《おん》にあてる字《じ》。例 安山岩《あんざんがん》（安山《あんざん》はアンデス山《さん》）・硫安《りゅうあん》（硫酸《りゅうさん》アンモニア）

名前のよみ さだ

❶〈やすらか〉の意味で

【安。閑】あんかん Ⅱ〈—たる・—と〉のんきで気楽《きらく》なようす。

例 こんなときに安閑《あんかん》としてはいられない。

【安産】《あんざん》 [↓]〈─する〉わりあいに苦《くる》しまず、ぶじに子《こ》どもを生《う》むこと。対 難産《なんざん》

【安住】《あんじゅう》 [↓]〈─する〉①なんの心配《しんぱい》も危険《きけん》もなく、安心《あんしん》してくらすこと。例 安住《あんじゅう》の地《ち》。②自分《じぶん》の地位《ちい》や立場《たちば》などに満足《まんぞく》して、このままでよいと思《おも》っていること。例 今《いま》の生活《せいかつ》に安《あん》住《じゅう》していては、進歩《しんぽ》はのぞめない。

【安心】《あんしん》 [▲]〈─する・─な〉気《き》にかかることがなく、心《こころ》がゆったりと落《お》ち着《つ》いている。類 安堵《あんど》 対 心配《しんぱい》

【安静】《あんせい》 [‖]〈─な・─に〉からだをたいせつにして、しずかにねていること。例 絶対安静《ぜったいあんせい》

【安全】《あんぜん》 [↓]〈─な・─に〉あぶない目《め》にあう心配《しんぱい》がないこと。例 交通安全《こうつうあんぜん》 対 危険《きけん》

【安息】《あんそく》 [↓]〈─する〉からだも心《こころ》もともにやすらかに休《やす》むこと。例 安息日《あんそくび》(キリスト教徒《きょうと》やユダヤ教徒《きょうと》が、仕事《しごと》を休《やす》み、神《かみ》にいのることにしている日《ひ》)

【安◦泰】《あんたい》 [‖]〈─な・─に〉なにごともなく、どっしりと落《お》ち着《つ》いていること。例 一生安泰《いっしょうあんたい》

【安置】《あんち》 [↓]〈─する〉その場所《ばしょ》にしっかりすえおくこと。おもに、遺体《いたい》や仏像《ぶつぞう》についていう。例 正面《しょうめん》に本尊《ほんぞん》が安置《あんち》してある。

【安定】《あんてい》 [↓]〈─する〉①ものごとのようすや人《ひと》の気持《きも》ちに、かたよりや大《おお》きな変化《へんか》がなく落《お》ち着《つ》いていること。例 安定《あんてい》した体調《たいちょう》。対 不《ふ》安定《あんてい》 ②もののすわりがよく、かんたんにたおれないこと。例 安定感《あんていかん》 対 不安定《ふあんてい》

【安◆堵】《あんど》 [▲]〈─する〉心配《しんぱい》していたことが解決《かいけつ》して、ほっとすること。例 安堵《あんど》のむねをなでおろす。類 安心《あんしん》

【安◦穏】《あんのん》 [‖]〈─な・─に〉心配《しんぱい》ごとがなく、おだやかであること。例 安穏《あんのん》にくらす。類 平穏《へいおん》

【安否】《あんぴ》 [⇕] ぶじか、ぶじでないか。例 安否《あんぴ》を気《き》づかう。類 存否《そんぴ》

【安◦眠】《あんみん》 [↓]〈─する〉ぐっすりと気持《きも》ちよくねむること。例 安眠妨害《あんみんぼうがい》 類 熟睡《じゅくすい》 対 不眠《ふみん》

故事のはなし

守株《しゅしゅ》

宋《そう》の国《くに》の人《ひと》が畑仕事《はたけしごと》をしていると、思《おも》いがけずウサギが走《はし》ってきて畑《はたけ》の木《き》の株《かぶ》にぶつかって死《し》んでしまった。これはもうかったと、その人は、はたらくことをわすれ、またウサギを手《て》に入《い》れようと毎日株《まいにちかぶ》を見《み》まもっていた。

しかし、当然《とうぜん》ながら待《ま》ちぼうけに終《お》わり、ウサギは二度《にど》と手《て》に入《はい》らず、宋《そう》の国《くに》の笑《わら》いものとなった。(『韓非子《かんぴし》』五蠹篇《ごとへん》)

【安楽】《あんらく》 [‖]〈─な・─に〉心配《しんぱい》も苦《くる》しみもなく、ゆったりしている。例 安楽《あんらく》にくらす。

❷〈やすい〉の意味で

【安易】《あんい》 [‖]〈─な・─に〉①かんたんにすむこと。例 安易《あんい》な方法《ほうほう》をとる。類 容易《ようい》 ②深《ふか》く考《かんが》えることもなく、いいかげんだ。例 安易《あんい》に判断《はんだん》するな。類 安直《あんちょく》

【安価】《あんか》 [↓]〈─な・─に〉①ねだんが安《やす》い。類 低廉《ていれん》 対 高価《こうか》 ②いいかげんで、安《やす》っぽい。例 安価《あんか》な同情《どうじょう》はごめんだ。

【安直】《あんちょく》 [‖]〈─な・─に〉手間《てま》をかけないようす。例 安直《あんちょく》に仕上《しあ》げた作品《さくひん》。類 安易《あんい》

【安手】《やすで》 [↓]〈─な〉①ねだんが安《やす》めのもの。例 安手《やすで》の商品《しょうひん》。②安《やす》っぽく、ちゃちなようす。例 できあがりがどこか安手《やすで》な感《かん》じだ。

【安値】《やすね》 [↓] ふつうより、また、ふだんより安《やす》いねだん。類 廉価《れんか》 対 高値《たかね》

【安◦普◦請】《やすぶしん》 あまりお金《かね》をかけないで、安《やす》上《あ》がりに家《いえ》をたてること。

【安物】《やすもの》 [↓] ねだんが安《やす》いだけに、できもわるいもの。例 安物《やすもの》買《が》いの銭《ぜに》うしない(安物《やすもの》はすぐにだめになって、けっきょく損《そん》をする)。

安が下につく熟語 上の字の働き

❶ 安＝〈やすらか〉のとき
【慰安《いあん》 治安《ちあん》 平安《へいあん》】近《ちか》い意味《いみ》。

❷ 安＝〈やすい〉のとき
【格安《かくやす》 割安《わりやす》】ドノクライ安《やす》いか。

◆ 公安《こうあん》 大安《たいあん》 不安《ふあん》 保安《ほあん》 硫安《りゅうあん》

宇

宀-3
総画6 JIS-1707 教6年
音 ウ
訓 ―

筆順 宇宇宇宇宇宇（まっすぐ、つく／ながく／はねる）

なりたち [形声]「于」が「ウ」という読み方《かた》をしめしている。「ウ」は「おおう」意味《いみ》を持《も》ち、家《いえ》（宀）をおおう屋根《やね》を表《あらわ》す字《じ》。

意味 ❶そら。天地四方《てんちしほう》の広《ひろ》がり。例宇宙《うちゅう》 ❷やね。屋根《やね》のある家《いえ》。例一宇《いちう》の堂《どう》。 ❸心《こころ》のひろさ。例気宇《きう》

名前のよみ たか

❶〈そら〉の意味で

【宇宙】《うちゅう》 Ⅱ すべての天体《てんたい》をつつんでいる、はてしない広《ひろ》がり。例宇宙《うちゅう》の神秘《しんぴ》。宇宙空間《うちゅうくうかん》・宇宙旅行《うちゅうりょこう》

【宇宙船】《うちゅうせん》 宇宙空間《うちゅうくうかん》をとぶための乗《の》り物《もの》。

【宇宙線】《うちゅうせん》 地球《ちきゅう》の外《そと》からふりそそいでくる放射線《ほうしゃせん》。

守

宀-3
総画6 JIS-2873 教3年
音 シュ・ス
訓 まもる・もり・かみ

筆順 守守守守守守（まっすぐ、つく／はねる）

なりたち [会意]「寸（手《て》）」と家《いえ》（宀）を合《あ》わせて、家を「まもる」ことを表《あらわ》す字《じ》。

意味 まもる。外《そと》から害《がい》をくわえられないようにふせぐ。例規則《きそく》を守《まも》る。守《まも》りをかためる。守備《しゅび》・子守《こもり》・保守《ほしゅ》・留守《るす》 対攻《こう》

参考 むかしの政治で「知事《ちじ》」の役目を表《あらわ》すときには「伊豆守《いずのかみ》」のように「かみ」と読《よ》む。

注意するよみ ス…例留守《るす》

【守衛】《しゅえい》 Ⅱ 会社《かいしゃ》などで、人《ひと》の出入《でい》りを調《しら》べたり、建物《たてもの》を見《み》まわったりする役目《やくめ》の人《ひと》。

【守護】《しゅご》 Ⅱ（―する）①たいせつな人《ひと》や場所《ばしょ》をまもること。例守護神《しゅごしん》 類加護《かご》 ②鎌倉時代《かまくらじだい》の制度《せいど》で、地方《ちほう》にいてその土地《とち》の安全《あんぜん》をまもる役目《やくめ》の人《ひと》。例守護職《しゅごしょく》｜《しき》・守護大名《しゅごだいみょう》

【守株】《しゅしゅ》《くいぜをまもる》 ▲ 世《よ》の中《なか》がかわったのに、いつまでも前《まえ》とおなじやり方《かた》をつづけていること。

故事のはなし ☞307ページ

【守勢】《しゅせい》 ↓ 敵《てき》の攻撃《こうげき》に対《たい》して、自分《じぶん》をまもろうとする、受《う》け身《み》のかまえ。対攻勢《こうせい》

【守銭奴】《しゅせんど》 お金《かね》をためることばかりに心《こころ》をうばわれた、けちんぼう。

【守備】《しゅび》 ↓（―する）相手《あいて》の攻撃《こうげき》に対《たい》して、まもり、ふせぐこと。例守備《しゅび》をかためる。好守備《こうしゅび》 類防御《ぼうぎょ》 対攻撃《こうげき》

守が下につく熟語 上の字の働き

【遵守《じゅんしゅ》 保守《ほしゅ》】近《ちか》い意味《いみ》。

【看守《かんしゅ》 厳守《げんしゅ》 死守《ししゅ》 鎮守《ちんじゅ》】ドウヤッテ・ドノヨウニ守《まも》るか。

◆居留守《いるす》 攻守《こうしゅ》 墨守《ぼくしゅ》 留守《るす》

宅

宀-3
総画6 JIS-3480 教6年
音 タク
訓 ―

筆順 宅宅宅宅宅宅（まっすぐ、つく／おらない／はねる）

なりたち [形声]「乇」が「タク」という読《よ》み方《かた》をしめしている。「タク」は「よせる」意味《いみ》を持《も》ち、身《み》をよせる家《いえ》（宀）のことから、「すまい」として使《つか》われる字《じ》。

意味 いえ。すまい。例宅《たく》（自分《じぶん》の家《いえ》）に居《い》る。宅《たく》（自分《じぶん》の夫《おっと》）はるすです。お宅《たく》（あなたの家《いえ》）。宅地《たくち》・住宅《じゅうたく》

名前のよみ いえ・やけ

【宅地】《たくち》 ↓ 家《いえ》をたてるための土地《とち》。家《いえ》がたっている土地《とち》。例宅地開発《たくちかいはつ》

【宅配】《たくはい》 ↓（―する）荷物《にもつ》や商品《しょうひん》・新聞《しんぶん》などを、客《きゃく》の家《いえ》まで配達《はいたつ》すること。例宅配便《たくはいびん》

宅が下につく熟語 上の字の働き

【帰宅《きたく》 在宅《ざいたく》】宅《たく》にドウスルか。

【自宅《じたく》 拙宅《せったく》 社宅《しゃたく》 住宅《じゅうたく》 別宅《べったく》】ドウイウ宅《たく》か。

◆邸宅《ていたく》

完

宀-4
総画7 JIS-2016 教4年
音 カン
訓 ―

筆順

なりたち

［形声］「元《ガン》」が「カン」とかわって読《よ》み方《かた》をしめしている。「ガン」は「めぐる」意味《いみ》を持《も》ち、家《いえ》（宀）のまわりにめぐらしたかきねを表《あらわ》す字《じ》。

意味

❶すっかりそろっている。欠《か》けたところがない。例 完全《かんぜん》
❷おわらせる。最後《さいご》までやりとげる。おわり。例 完成《かんせい》・未完《みかん》

名前のよみ さだ・たもつ・ひろ・ひろし・まさ・みつ・ゆたか

❶〈すっかりそろっている〉の意味で

【完熟《かんじゅく》】↓〈―する〉木《こ》の実《み》や草《くさ》のたねが、すっかり熟《じゅく》すこと。類 成熟《せいじゅく》 対 未熟《みじゅく》

【完勝《かんしょう》】↓〈―する〉あぶなげなく、大《おお》きな差《さ》で勝《か》つこと。類 圧勝《あっしょう》・大勝《たいしょう》 対 完敗《かんぱい》

【完全《かんぜん》】Ⅱ〈―な〉〈―に〉たりないところがなく、なにもかもそろっていること。例 完全看護《かんぜんかんご》 類 完璧《かんぺき》・万全《ばんぜん》・十全《じゅうぜん》 対 不完全《ふかんぜん》

【完全無欠《かんぜんむけつ》】〈―な〉〈―に〉なにもかもそろっていて、欠《か》けたところがないこと。類 完璧《かんぺき》

【完治《かんち／かんじ》】↓〈―する〉けがや病気《びょうき》がすっかりなおること。類 根治《こんじ／こんち》・全治《ぜんち》

【完敗《かんぱい》】↓〈―する〉まったくいいところなく、負《ま》けること。類 惨敗《ざんぱい》 対 完勝《かんしょう》

【完備《かんび》】↓〈―する〉必要《ひつよう》なものが全部《ぜんぶ》そろっていること。例 冷暖房完備《れいだんぼうかんび》 対 不備《ふび》

【完。膚《かんぷ》】↓きずのない肌《はだ》。例 完膚《かんぷ》なきまでに、打《う》ちのめす（きずのないところなどないくらいに、てってい的《てき》にやっつける）。

【完。封《かんぷう》】↓〈―する〉①相手《あいて》の動《うご》きを完全《かんぜん》におさえこみ、手《て》も足《あし》もでない状態《じょうたい》にしてしまうこと。②野球《やきゅう》で、投手《とうしゅ》が相手《あいて》チームに一点《いってん》もあたえずに勝《か》つこと。シャットアウト。

【完。璧《かんぺき》】◎〈―な〉〈―に〉完全《かんぜん》で欠《か》けたところがないこと。少《すこ》しの欠点《けってん》もなくりっぱなこと。例 完璧《かんぺき》を期《き》す。類 完全《かんぜん》・完全無欠《かんぜんむけつ》・万全《ばんぜん》 参考 璧《へき》というのは、宝玉《ほうぎょく》の一種《いっしゅ》で、CD《シーディー》のように、平《ひら》たくまるい形《かたち》をしていて中央《ちゅうおう》に丸《まる》いあながあいたもの。もともと完璧《かんぺき》とは、宝玉《ほうぎょく》の璧《へき》を無傷《むきず》のまま完全《かんぜん》にしっかりまもり通《とお》したという意味《いみ》である。 故事のはなし ☞309ページ

【完訳《かんやく》】↓〈―する〉外国《がいこく》のことばや、むかしのことばで書《か》かれた作品《さくひん》を、すっかり全部《ぜんぶ》訳《やく》すこと。類 全訳《ぜんやく》 対 抄訳《しょうやく》

❷〈おわらせる〉の意味で

【完結《かんけつ》】↓〈―する〉長《なが》くつづいてきたものが、すっかり終《お》わること。例 完結編《かんけつへん》

【完工《かんこう》】▲〈―する〉建物《たてもの》などの工事《こうじ》がすべて終《お》わること。例 完工式《かんこうしき》 対 起工《きこう》

【完済《かんさい》】↓〈―する〉借《か》りていたお金《かね》などを、全部《ぜんぶ》返《かえ》し終《お》えること。例 ローンを完済《かんさい》する。

【完。遂《かんすい》】↓〈―する〉仕事《しごと》などをすっかりやりとげること。例 任務《にんむ》を完遂《かんすい》する。

【完成《かんせい》】↓〈―する〉全部《ぜんぶ》できあがること。すっかりしあげること。対 未完成《みかんせい》

【完走《かんそう》】↓〈―する〉マラソンや競走《きょうそう》、自動車《じどうしゃ》レースなどで、ゴールまで走《はし》りぬくこと。

【完納《かんのう》】↓〈―する〉おさめなければならない

故事のはなし

完璧《かんぺき》

戦国時代《せんごくじだい》に趙《ちょう》の恵文王《けいぶんおう》が「和氏《かし》の璧《へき》」という宝玉《ほうぎょく》を手《て》に入《い》れた。それを聞《き》いた秦《しん》の昭王《しょうおう》はほしくてたまらず、十五《じゅうご》の城市《じょうし》（まち）と交換《こうかん》したいと申《もう》しこんできた。弱《よわ》い趙《ちょう》としては、璧《へき》を渡《わた》せばただでとられてしまうだろうし、渡《わた》さないのを口実《こうじつ》に攻撃《こうげき》されるのも心配《しんぱい》だった。趙《ちょう》の使者《ししゃ》に立《た》った藺相如《りんしょうじょ》は、交換《こうかん》できなければ、渡《わた》さずに持《も》ち帰《かえ》ると約束《やくそく》して出《で》かけた。はたして秦王《しんおう》に約束《やくそく》をまもる気《き》がないのを知《し》ると、命《いのち》をかけて璧《へき》を取《と》り返《かえ》し、無事《ぶじ》に趙《ちょう》まで持《も》ち帰《かえ》るという大手柄《おおてがら》をたてた。（『史記《しき》』廉頗藺相如《れんぱりんしょうじょ》列伝《れってん》）

お金《かね》や品物《しなもの》などを、すべておさめること。例 税金《ぜいきん》を完納《かんのう》する。類 全納《ぜんのう》 対 未納《みのう》

【完。了】《かんりょう》 Ⅱ 〈—する〉ものごとがなにもかもすっかり終《お》わること。例 準備完了《じゅんびかんりょう》 類 終了《しゅうりょう》

宀−4
宏
総画7 JIS-2508 人名
音 コウ
訓 ひろ-い

意味 ひろい。大《おお》きい。例 宏壮《こうそう》・宏大《こうだい》

名前のよみ あつ・ひろし

宀−4
宋
総画7 JIS-3355 人名
音 ソウ
訓 —

意味 昔《むかし》の中国《ちゅうごく》の国《くに》の名《な》。

参考 歴史《れきし》の上《うえ》ではいろいろな「宋《そう》」があるが、日本《にほん》にもっとも関係《かんけい》があるのは、九六〇年《ねん》から一二七九年《ねん》まで、中国《ちゅうごく》を統一《とういつ》していた宋王《そうおう》朝《ちょう》(「唐《とう》」のつぎ、「元《げん》」の前《まえ》)である。

宀−5
宛
総画8 JIS-1624 常用
音 —
訓 あてる

筆順 宛宛宛宛宛宛宛宛

意味 あてる。手紙《てがみ》や荷物《にもつ》などをさしむける。例 宛《あ》て名《な》・宛《あ》て先《さき》

使い分け あてる[当・充・宛] ☞339ページ

宀−5
官
総画8 JIS-2017 教4年
音 カン
訓 —

筆順 官官官官官官官官 (まっすぐ、つく) (やや、おおきく)

なりたち 【会意】もと「宀(家《いえ》)」と「𠂤」とからできた字《じ》。「𠂤」は「たくさん集《あつ》まる」ことを表《あらわ》し、人《ひと》がたくさん集《あつ》まって仕事《しごと》をする「役所《やくしょ》」の意味《いみ》を表《あらわ》す字《じ》。

意味
❶役所《やくしょ》。役人《やくにん》。おおやけの仕事《しごと》をするところ。そこにつとめている人《ひと》。例 官《かん》を辞《じ》する。官僚《かんりょう》・長官《ちょうかん》 対 民《みん》
❷からだの中《なか》で、あるはたらきをうけもつ部分《ぶぶん》。きかん。例 器官《きかん》・五官《ごかん》

名前のよみ たか・のり・ひろ

❶〈役所。役人〉の意味で

【官営】《かんえい》 ▽ 政府《せいふ》が、国《くに》の仕事《しごと》としてすること。国《くに》が経営《けいえい》すること。対 民営《みんえい》 表現 今《いま》は、「国営《こくえい》」という。

【官軍】《かんぐん》 ↓ 国内《こくない》のあらそいで、朝廷《ちょうてい》や政府《せいふ》のがわの軍隊《ぐんたい》。例 勝《か》てば官軍《かんぐん》、負《ま》ければ賊軍《ぞくぐん》(たたかいは、勝《か》ったほうが正《ただ》しく、負《ま》けたほうがわるかったということになってしまう)。類 政府軍《せいふぐん》 対 賊軍《ぞくぐん》・朝敵《ちょうてき》

【官公庁】《かんこうちょう》 国《くに》の仕事《しごと》をする官庁《かんちょう》と、地方《ちほう》の仕事《しごと》をする県庁《けんちょう》・市庁《しちょう》などの役所《やくしょ》。

【官舎】《かんしゃ》 ↓ 役人《やくにん》やその家族《かぞく》が住《す》むために役《やく》所《しょ》が用意《ようい》した住宅《じゅうたく》。類 公務員《こうむいん》住宅《じゅうたく》

【官女】《かんじょ|かんにょ》 ↓ むかし、宮《きゅう》中《ちゅう》につかえた女《じょ》性《せい》の役人《やくにん》。例 おひなさまの三人官女《さんにんかんじょ》。

【官職】《かんしょく》 ↓ 役人《やくにん》としての地位《ちい》や役割《やくわり》。

【官製】《かんせい》 ▽ 政府《せいふ》がつくること。対 私製《しせい》

【官庁】《かんちょう》 Ⅱ 国《くに》の仕事《しごと》をうけもつ役所《やくしょ》。類 役《やく》所《しょ》 知識 財務省《ざいむしょう》・文部科学省《もんぶかがくしょう》などの省庁《しょうちょう》のほか、都道府県庁《とどうふけんちょう》などもふくむ。

【官。邸】《かんてい》 ↓ 大臣《だいじん》のような高《たか》い役職《やくしょく》の役人《やくにん》のために用意《ようい》された建物《たてもの》。例 首相官邸《しゅしょうかんてい》 類 公《こう》邸《てい》 対 私邸《してい》

【官費】《かんぴ》 ↓ 政府《せいふ》から出《で》ている費用《ひよう》。例 官費《かんぴ》留学《りゅうがく》 類 国費《こくひ》・公費《こうひ》 対 私費《しひ》

【官報】《かんぽう》 ↓ 政府《せいふ》が国民《こくみん》に知《し》らせることがらをのせて、毎日出《まいにちだ》している印刷物《いんさつぶつ》。

【官民】《かんみん》 ⇕ 政府《せいふ》といっぱんの国民《こくみん》。役人《やくにん》と民《みん》間《かん》の人《ひと》びと。例 官民一体《かんみんいったい》

【官。吏】《かんり》 Ⅱ 国《くに》の役所《やくしょ》につとめる人《ひと》。表現 古《ふる》い言《い》い方《かた》。今《いま》は「公務員《こうむいん》」という。

【官。僚】《かんりょう》 Ⅱ 国《くに》の行政《ぎょうせい》の仕事《しごと》をする人《ひと》。とくに、地位《ちい》の高《たか》い国家公務員《こっかこうむいん》。

❷〈からだの中で、あるはたらきをうけもつ部分〉の意味で

【官能】《かんのう》 ↓ 光《ひかり》・音《おと》・味《あじ》・におい・触《しょっ》感《かん》などを感《かん》じとるはたらき。とくに、性的《せいてき》なしげきを感《かん》じるはたらき。

官が下につく熟語 上の字の働き

❶官＝〈役所。役人〉のとき
【高官《こうかん》 長官《ちょうかん》 次官《じかん》 女官《じょかん|にょかん》 神官《しんかん》 士官《しかん》 武《ぶ》官《かん》 文官《ぶんかん》】ドウイウ役人《やくにん》か。
【仕官《しかん》 退官《たいかん》】役所《やくしょ》に(役所《やくしょ》を)ドウスルか。

◆器官《きかん》 五官《ごかん》

宀－5

【宜】

総画8 JIS-2125 常用

音 ギ
訓 よろ－しい

筆順 宜宜宜宜宜宜宜宜

なりたち  【会意】「且」は神《かみ》へのそなえものを重《かさ》ねてのせるうつわの形《かたち》で、家《いえ》(宀)でそなえものをして神《かみ》をまつることを表《あらわ》す字《じ》。

意味 よろしい。ちょうどよい。例 宜《よろ》しくお願《ねが》いします。時宜《じぎ》・便宜《べんぎ》

名前のよみ たか・なり・のぶ・のり・やす・よし

宜が下につく熟語 上の字の働き
【適宜《てきぎ》 便宜《べんぎ》】近《ちか》い意味《いみ》。

宀－5

【実】

総画8 JIS-2834 教3年

音 ジツ
訓 み・みのる

［實］

筆順 実実実実実実実実（まっすぐ、つく／だす／はらう）

なりたち  【会意】もとの字《じ》は、「實」。「みちる」意味《いみ》の「毌」と家《いえ》(宀)と財宝《ざいほう》(貝)を合《あ》わせて、家《いえ》に財《ざい》がみちていることを表《あらわ》す字《じ》。

意味
❶みのる。みちる。たねがなる。中身《なかみ》がつまっている。木《き》や草《くさ》のみ。努《ど》力《りょく》が実《みの》る。木《こ》の実《み》。果実《かじつ》・結実《けつじつ》・充実《じゅうじつ》 例 実《み》を結《むす》ぶ。
❷まこと。まごころ。例 実《じつ》のある人《ひと》。誠《せい》実《じつ》
❸ほんとうのもの。じっさいの。例 名《な》を捨《す》てて実《じつ》を取《と》る。実《じつ》の親子《おやこ》。実物《じつぶつ》 類 真《しん》 対 虚《きょ》

名前のよみ これ・さね・ちか・つね・のり・まこと・みつ

❷〈まこと〉の意味で
【実直】じっちょく ↓〈―な〉まじめで、正直《しょうじき》であること。例 謹厳実直《きんげんじっちょく》 類 律儀《りちぎ》・朴訥《ぼくとつ》

❸〈ほんとうのもの〉の意味で
【実印】じついん ↓ 役所《やくしょ》にとどけて、自分《じぶん》の印鑑《いんかん》であると証明《しょうめい》できるはんこ。類 印鑑《いんかん》
【実益】じつえき ↓ じっさいに形《かたち》のあるものとなって手《て》に入《はい》る利益《りえき》。例 趣味《しゅみ》と実益《じつえき》をかねて、野《や》菜《さい》を作《つく》る。類 実利《じつり》 対 実害《じつがい》
【実演】じつえん ↓〈―する〉①その場《ば》でじっさいにかをしてみせること。例 実演販売《じつえんはんばい》 ②俳優《はいゆう》や歌手《かしゅ》などが、観客《かんきゃく》の前《まえ》で歌《うた》やおどり、劇《げき》などをなまで見《み》せること。ライブ。
【実家】じっか ↓ 自分《じぶん》が生《う》まれ育《そだ》った家《いえ》。類 里《さと》・生《せい》家《か》 対 婚家《こんか》・養家《ようか》 表現 とくに、結婚《けっこん》したり養《よう》子《し》に行《い》ったりして家《いえ》を出《で》た人《ひと》が使《つか》うことば。
【実害】じつがい ↓ 金銭的《きんせんてき》、物的《ぶってき》、身体的《しんたいてき》などでの、はっきりとした被害《ひがい》や損害《そんがい》。例 実害《じつがい》はない。対 実益《じつえき》・実利《じつり》
【実学】じつがく ↓ 生活《せいかつ》に役《やく》に立《た》つようなことを研《けん》究《きゅう》する学問《がくもん》。農学《のうがく》・工学《こうがく》・医学《いがく》などを指《さ》す。
【実感】じっかん ↓〈―する〉心《こころ》とからだ全体《ぜんたい》で受《う》けとめた感《かん》じ。例 急《きゅう》なことで、実感《じっかん》がわかない。
【実技】じつぎ ↓ 身《み》につけた技術《ぎじゅつ》を、じっさいにおこなうこと。例 体育《たいいく》の実技《じつぎ》。
【実況】じっきょう ↓ その場《ば》の、なまのありさま。例 実況放送《じっきょうほうそう》。実況《じっきょう》を中継《ちゅうけい》でつたえる。
【実業】じつぎょう ↓ 農業《のうぎょう》・工業《こうぎょう》・鉱業《こうぎょう》・商業《しょうぎょう》など、物《もの》をつくったり、売《う》ったりすることを仕事《しごと》にしている事業《じぎょう》。類 事業《じぎょう》
【実刑】じっけい ↓ 執行猶予《しっこうゆうよ》がつかず、じっさいに刑務所《けいむしょ》に入《はい》って服役《ふくえき》しなければならない刑《けい》罰《ばつ》。例 実刑判決《じっけいはんけつ》が出《で》る。
【実権】じっけん ↓ 名前《なまえ》や見《み》かけだけではなく、ほんとうに社会《しゃかい》や人《ひと》を動《うご》かすことのできる強《つよ》い力《ちから》。例 会社《かいしゃ》の実権《じっけん》をにぎる。
【実験】じっけん ↓〈―する〉頭《あたま》の中《なか》で考《かんが》えたことが正《ただ》しいかどうか、じっさいに目《め》に見《み》える形《かたち》でためしてみること。例 実験《じっけん》でたしかめる。
【実現】じつげん ↓〈―する〉計画《けいかく》していたことやのぞんでいたことが、ほんとうにそうなること。例 何年《なんねん》かかっても、夢《ゆめ》を実現《じつげん》させたい。
【実験台】じっけんだい 実験《じっけん》の材料《ざいりょう》に使《つか》われるものや人《ひと》。例 新薬《しんやく》の実験台《じっけんだい》になる。
【実効】じっこう ↓ たしかめることのできるちゃんとしたききめ。例 実効《じっこう》をもたらす。
【実行】じっこう ↓〈―する〉じっさいにおこなうこと。例 実行《じっこう》にうつす。類 実践《じっせん》・実施《じっし》・履行《りこう》
【実行力】じっこうりょく ものごとをじっさいにおこな

う力《ちから》。

【実際】じっさい [↓] ①そのときその場《ば》でおこったほんとうのこと。例 心配《しんぱい》していたことが実際《じっさい》となった。②真実《しんじつ》のようす。例 はでにしているが、実際《じっさい》はずいぶんこまっているらしい。③ほんとうに。まったく。例 実際《じっさい》、どうしたらよいのか。

【実在】じつざい [↓]〈―する〉この世《よ》の中《なか》にほんとうにあること。例 実在《じつざい》の人物《じんぶつ》。類 実存《じつぞん》・現存《げんそん|げんぞん》

【実子】じっし [↓] 血《ち》のつながったほんとうの子《こ》。養《よう》子《し》や継子《ままこ》と区別《くべつ》していうことば。対 架空《かくう》

【実。施】じっし [↓]〈―する〉前《まえ》に決《き》めてあったことや計画《けいかく》していたことがらを、じっさいにとりおこなうこと。例 新《あたら》しい交通規則《こうつうきそく》が実施《じっし》される。類 実行《じっこう》・施行《しこう|せこう》

【実質】じっしつ [↓] ほんとうの中身《なかみ》や性質《せいしつ》。例 実質《じっしつ》がともなわない。類 正味《しょうみ》 対 形式《けいしき》・名目《めいもく》

【実質的】じっしつてき〈―な〉〈―に〉見《み》た目《め》よりも、しっかりした中身《なかみ》がある。例 実質的《じっしつてき》な活動《かつどう》ができた。対 形式的《けいしきてき》

【実社会】じっしゃかい 仕事《しごと》などを通《とお》しておおぜいの人《ひと》とふれあう、じっさいの世《よ》の中《なか》。例 実社会《じっしゃかい》に出《で》る。

【実習】じっしゅう [↓]〈―する〉教《おそ》わったことがらを、じっさいにやってみて学《まな》ぶこと。例 調《ちょう》理《り》実習《じっしゅう》

【実証】じっしょう [↓]〈―する〉たしかな証拠《しょうこ》によってほんとうであることを証明《しょうめい》すること。例 理論《りろん》を実証《じっしょう》する。類 証明《しょうめい》・立証《りっしょう》

【実状】じつじょう [↓] ものごとのじっさいのありさま。例 実状《じつじょう》をまのあたりにする。類 実情《じつじょう》・実態《じったい》

【実情】じつじょう [↓] かんたんに知《し》ることのできない、じっさいのすがたやわけ。例 実情《じつじょう》をうったえる。類 実態《じったい》・実状《じつじょう》・真相《しんそう》

【実生活】じっせいかつ じっさいの現実《げんじつ》の生活《せいかつ》。例 実《じっ》生活《せいかつ》に役立《やくだ》つ知識《ちしき》。

【実績】じっせき [↓] それまでにつみ上《あ》げてきた、仕事《しごと》の結果《けっか》やりっぱな成績《せいせき》。例 実績《じっせき》が認《みと》められる。

【実戦】じっせん [↓] 訓練《くんれん》や練習《れんしゅう》でなく、じっさいのたたかいや試合《しあい》。例 実戦《じっせん》にそなえる。

【実。践】じっせん [↓]〈―する〉ある考《かんが》えにしたがってじっさいにおこない、結果《けっか》まで出《だ》すこと。例 主《しゅ》義主張《ぎしゅちょう》を実践《じっせん》にうつす。類 実行《じっこう》 対 理論《りろん》

【実線】じっせん [↓] 線《せん》のうち、切《き》れ目《め》のないふつうの線《せん》。「――」対 点線《てんせん》(……)・破線《はせん》(------)

【実像】じつぞう [↓] ①理科《りか》で、凸《とつ》レンズや凹面鏡《おうめんきょう》で集《あつ》められた光《ひかり》が、スクリーンなどの上《うえ》にうつし出《だ》したすがた。対 虚像《きょぞう》 ②見《み》かけや評判《ひょうばん》とはちがう、ものごとのほんとうのすがた。例 作家《さっか》の実像《じつぞう》にせまる。類 実体《じったい》 対 虚像《きょぞう》

【実測】じっそく [↓]〈―する〉長《なが》さ・重《おも》さ・広《ひろ》さなどを、図《ず》面《めん》の上《うえ》や計算《けいさん》だけではなく、じっさいにはかること。例 校庭《こうてい》の広《ひろ》さを実測《じっそく》する。対 目測《もくそく》

【実存】じつぞん [↓]〈―する〉今《いま》、この場《ば》にたしかにあること。例 実存的《じつぞんてき》・実存主義《じつぞんしゅぎ》 類 実在《じつざい》

【実体】じったい [↓] そのもののほんとうのすがたや中身《なかみ》。類 正体《しょうたい》・実像《じつぞう》 対 名目《めいもく》

【実態】じったい [↓] ものごとのありのままのようす。例 校内《こうない》のごみの実態調査《じったいちょうさ》。類 実状《じつじょう》・実情《じつじょう》

【実。弾】じつだん [↓] ピストル・大砲《たいほう》などの、ほんものの弾丸《だんがん》。例 実弾射撃《じつだんしゃげき》 対 空砲《くうほう》

【実地】じっち [↓] ①あるものごとがおこなわれたりおきたりした、じっさいの場所《ばしょ》。例 実地調《じっちちょう》査《さ》・実地検証《じっちけんしょう》 類 現場《げんば》・現地《げんち》 ②想像《そうぞう》やりくつではなく、じっさいの場《ば》。じっさいにおこなうこと。例 実地試験《じっちしけん》

【実働】じつどう [↓]〈―する〉つとめの中《なか》で、じっさいに仕事《しごと》をしていること。例 実働時間《じつどうじかん》

【実費】じっぴ [↓] じっさいにかかった費用《ひよう》。もうけや手数料《てすうりょう》などはふくまない、ほんとうにかかったお金《かね》。例 実費負担《じっぴふたん》

【実父】じっぷ [↓] 血《ち》のつながっている、ほんとうの父親《ちちおや》。対 義父《ぎふ》・養父《ようふ》・継父《けいふ》

【実物】じつぶつ [↓] 写真《しゃしん》や模型《もけい》ではなく、そのもの。例 実物見本《じつぶつみほん》・実物大《じつぶつだい》

【実母】じつぼ [↓] 自分《じぶん》を生《う》んでくれた母親《ははおや》。対 義《ぎ》母《ぼ》・養母《ようぼ》・継母《けいぼ》

【実務】じつむ [↓] 外部《がいぶ》と交渉《こうしょう》したり、物資《ぶっし》を整《ととの》えるなど、現実《げんじつ》にものごとを進《すす》めていく仕事《しごと》。例 実務経験《じつむけいけん》

【実名】じつめい [↓] 役所《やくしょ》にとどけてあるほんとうの名前《なまえ》。類 本名《ほんみょう》 対 仮名《かめい》・偽名《ぎめい》 表現 「仮名《かめい》」に対《たい》

しては「実名《じつめい》」、「筆名《ひつめい》・芸名《げいめい》」に対《たい》しては「本名《ほんみょう》」ということが多《おお》い。

【実用】《じつよう》 ↓ じっさいの場《ば》できちんと役《やく》に立《た》つこと。例 実用化《じつようか》をはかる。実用品《じつようひん》

【実利】《じつり》 ↓ じっさいに手《て》に入《はい》るもうけや利《り》益《えき》。類 実益《じつえき》 対 実害《じつがい》

【実力】《じつりょく》 ↓ ①じっさいにもっている力量《りきりょう》やうでまえ。例 実力《じつりょく》を発揮《はっき》する。類 地力《じりき》 ②相手《あいて》とあらそうときの武力《ぶりょく》や腕力《わんりょく》。例 実力《じつりょく》にうったえる。

【実例】《じつれい》 ↓ りくつや説明《せつめい》でなく、見本《みほん》としてしめすことのできるじっさいのものごと。例 実例《じつれい》をあげて説明《せつめい》する。

【実話】《じつわ》 ↓ ほんとうにあったことを、そのままにつたえる話《はなし》。例 実話《じつわ》にもとづいて書《か》かれた小説《しょうせつ》。

実が下につく熟語 上の字の働き

❶ 実＝〈みのる〉のとき
【果実《かじつ》 充実《じゅうじつ》】近《ちか》い意味《いみ》。
【口実《こうじつ》 史実《しじつ》】ナニの中身《なかみ》か。〔「口実《こうじつ》」の「口」は、口《くち》で言《い》うこと〕

❷ 実＝〈まこと〉のとき
【誠実《せいじつ》 忠実《ちゅうじつ》 篤実《とくじつ》 着実《ちゃくじつ》】近《ちか》い意味《いみ》。

❸ 実＝〈ほんとうのもの〉のとき
【真実《しんじつ》 事実《じじつ》 確実《かくじつ》】近《ちか》い意味《いみ》。
【名実《めいじつ》 虚実《きょじつ》】反対《はんたい》の意味《いみ》。

◆ 結実《けつじつ》 堅実《けんじつ》 現実《げんじつ》 写実《しゃじつ》 情実《じょうじつ》 切実《せつじつ》 内実《ないじつ》 如実《にょじつ》 無実《むじつ》

宀－5

宗

総画8 JIS-2901 教6年

訓 ― 音 シュウ・ソウ

筆順

なりたち

【会意】神《かみ》（示）と建物《たてもの》（宀）を合《あ》わせて、神《かみ》をまつるみたまやを表《あらわ》す字《じ》。

意味

❶ 神《かみ》や仏《ほとけ》の教《おし》え。その一《ひと》つ一《ひと》つの流派《りゅうは》。例 宗《しゅう》教《きょう》・禅《ぜん》宗《しゅう》

❷ おおもと。つながりの中心《ちゅうしん》。例 宗家《そうけ》・宗《そう》匠《しょう》

名前のよみ かず・たかし・とき・とし・のり・ひろ・むね・もと

❶〈神や仏の教え〉の意味で

【宗教】《しゅうきょう》 ↓ 人間《にんげん》の力《ちから》をこえた神《かみ》や仏《ほとけ》などを信《しん》じ、その教《おし》えをまもって、心《こころ》のやすらぎを得《え》たり、罪《つみ》からすくわれたいとねがったりする、人間《にんげん》の生《い》き方《かた》、考《かん》え方《かた》。知識 キリスト教《きょう》・仏教《ぶっきょう》・イスラム教《きょう》を世界《せかい》の三大宗《さんだいしゅう》教《きょう》という。

【宗。旨】《しゅうし》 ↓ ①宗《しゅう》教《きょう》でその考《かんが》え方《かた》の中心《ちゅうしん》となっている教《おし》え。類 教義《きょうぎ》 ②一《ひと》つの宗《しゅう》教《きょう》の中《なか》で、考《かんが》え方《かた》のちがうべつべつの流派《りゅうは》。類 宗《しゅう》派《は》・宗門《しゅうもん》 ③自分《じぶん》が信《しん》じる考《かんが》え方《かた》や生《い》き方《かた》。

【宗徒】《しゅうと》 ↓ その宗《しゅう》教《きょう》を信《しん》じ、教《おし》えをまもっている人《ひと》。類 信徒《しんと》・信者《しんじゃ》

【宗派】《しゅうは》 ↓ おなじ宗《しゅう》教《きょう》から分《わ》かれてできた、いくつかのグループ。類 宗門《しゅうもん》・宗旨《しゅうし》

【宗門】《しゅうもん》 ↓ もとはおなじ宗《しゅう》教《きょう》から分《わ》かれてできた、考《かんが》え方《かた》などの一部分《いちぶぶん》がことなるグループ。類 宗《しゅう》派《は》・宗《しゅう》旨《し》

❷〈おおもと〉の意味で

【宗家】《そうけ》 ↓ ①その一族《いちぞく》の中《なか》で、いちばんのもとになっている家《いえ》すじ。例 徳川宗家《とくがわそうけ》 類 本《ほん》家《け》 ②茶道《さどう》・生《い》け花《ばな》・おどりなどで、一《ひと》つの流《りゅう》派《は》のおおもとの家《いえ》。例 宗家《そうけ》のあとつぎになる。類 家元《いえもと》

【宗。匠】《そうしょう》 ↓ 日本《にほん》に古《ふる》くからある芸道《げいどう》や芸《げい》ごと、俳句《はいく》・茶道《さどう》などの先生《せんせい》。

◆ 改宗《かいしゅう》 禅宗《ぜんしゅう》

宀－5

宙

総画8 JIS-3572 教6年

訓 ― 音 チュウ

筆順

なりたち

【形声】「由《ユウ》」が「チュウ」とかわって読《よ》み方《かた》をしめしている。「ユウ」は「おおう」意味《いみ》を持《も》ち、家《いえ》（宀）をおおう屋《や》根《ね》を表《あらわ》す字《じ》。

意味 そら。空中《くうちゅう》。例 宙《ちゅう》にうく。宙《ちゅう》に迷《まよ》う。宇宙《うちゅう》

名前のよみ おき・ひろし・みち

前ページ ▶ 宗 宙

宀-5

定

総画8
JIS-3674
教3年
音 テイ・ジョウ
訓 さだめる・さだまる・さだか

筆順

なりたち

【形声】「正《セイ》」がただしい意味《いみ》と、「テイ」とかわって読《よ》み方《かた》をしめしている。「宀」をくわえて、家《いえ》(宀)の中《なか》を正《ただ》しくおさめることを表《あらわ》す字《じ》。

意味 きめる。きまっている。おちつく。いつもおなじ。例ねらいを定《さだ》める。法《ほう》の定《さだ》めにしたがう。生死《せいし》は定《さだ》かでない。定着《ていちゃく》・指《し》定《てい》

名前のよみ やす

【定規】《じょうぎ》 ↓ 直線《ちょくせん》や曲線《きょくせん》をかくときに使《つか》う道具《どうぐ》。例三角《さんかく》定規《じょうぎ》 表記「定木」とも書《か》く。
表現 一《ひと》つの考《かんが》え方《かた》でおしとおそうとするやり方《かた》を「杓子定規《しゃくしじょうぎ》」ともいう。

【定石】《じょうせき》 ↓ ①碁《ご》で、ある場面《ばめん》でいちばんよいとされている、きまった打《う》ち方《かた》。表記 将《しょう》棋《ぎ》の場合《ばあい》は、「定跡」と書《か》く。②なにかをするときに、いちばんよいとされている、きまったやり方《かた》。例定石《じょうせき》どおりに事《こと》を運《はこ》ぶ。

【定宿】《じょうやど》 ↓ その土地《とち》に行《い》ったときに、いつもとまる旅館《りょかん》やホテル。表記「常宿」とも書《か》く。

【定連】《じょうれん》 ↓ ①その店《みせ》や劇場《げきじょう》などに、いつもよく来《く》るお客《きゃく》。類常客《じょうきゃく》 ②ふだんからいつもいっしょに行動《こうどう》しているなかま。例ご定連《じょうれん》がそろう。表記「常連」とも書《か》く。

【定員】《ていいん》 ↓ あらかじめ決《き》められている人数《にんずう》。学校《がっこう》などの集団《しゅうだん》や、人《ひと》の集《あつ》まる場所《ばしょ》・乗《の》り物《もの》などで、これだけの人数《にんずう》と決《き》まっている場合《ばあい》にいう。例定員《ていいん》をオーバーする。乗車定員《じょうしゃていいん》。

【定価】《ていか》 ↓ 作《つく》り手《て》や売《う》り手《て》が決《き》めたねだん。例定価《ていか》の二割引《にわりび》き。類正価《せいか》

【定。款】《ていかん》 ↓ 会社《かいしゃ》や団体《だんたい》などの、目的《もくてき》・しくみ・仕事《しごと》などを定《さだ》めたきまり。

【定期】《ていき》 ↓ ①期間《きかん》や時間《じかん》が決《き》まっていること。例定期便《ていきびん》・定期試験《ていきしけん》 類定例《ていれい》 対不定期《ふていき》・臨時《りんじ》 ②「定期乗車券《ていきじょうしゃけん》」「定期預金《ていきよきん》」の略《りゃく》。例通《つう》学定期《がくていき》。定期《ていき》の金利《きんり》。

【定義】《ていぎ》 ▲〈—する〉あるものごとやことばについて、意味《いみ》や内容《ないよう》をはっきりと決《き》めること。
知識 定義《ていぎ》は、「三角形《さんかくけい》とは、直線上《ちょくせんじょう》にない三《みっ》つの点《てん》を直線《ちょくせん》でむすんだ図形《ずけい》である」のように、ふつう「…とは…である」という形《かたち》で表《あらわ》される。

【定休】《ていきゅう》 ↓ 店《みせ》や美術館《びじゅつかん》などで、週《しゅう》や月《つき》ごとなどに決《き》められている休《やす》み。例定休日《ていきゅうび》 類公休《こうきゅう》

【定形】《ていけい》 ↓ 決《き》まった形《かたち》。例定形郵便物《ていけいゆうびんぶつ》

【定型】《ていけい》 ↓ 決《き》まった型《かた》。例定型詩《ていけいし》・定型文《ていけいぶん》

【定見】《ていけん》 ↓ しっかりした考《かんが》え方《かた》・意見《いけん》。

【定刻】《ていこく》 ↓ 「いつ」ということに決《き》まっている時刻《じこく》。例列車《れっしゃ》は定刻《ていこく》に着《つ》いた。類定時《ていじ》

【定時】《ていじ》 ↓ ①前《まえ》から決《き》まっている時刻《じこく》。例

文字物語 客

「客《きゃく》」は、よそからおとずれてくる人《ひと》。それを中《なか》でむかえるのが、その家《いえ》の「主《あるじ》」すなわち主人《しゅじん》だ。「客《きゃく》」は「外《そと》から」のもの、「主《あるじ》」は「うちにいる」もの。こうして「主《あるじ》」と「客《きゃく》」とが相対《あいたい》するものとなる。

ものの見方《みかた》に「主観《しゅかん》」と「客観《きゃっかん》」の二《ふた》つがある。ことばはむずかしそうだが、決《けっ》してむずかしくない。「主観《しゅかん》」は、うちから見《み》る見方《みかた》、「客観《きゃっかん》」は、外《そと》から見《み》る見方《みかた》だ。うちからの「主観《しゅかん》」は、その人自身《ひとじしん》の考《かんが》えや気持《きも》ちが中心《ちゅうしん》になるし、外《そと》からの「客観《きゃっかん》」は、前《まえ》からもうしろからも、上《うえ》からも下《した》からもななめからも、あらゆる角度《かくど》から全体《ぜんたい》を見《み》ようとする。

ケーキ屋《や》の主人《しゅじん》が、「このケーキはわたしが心《こころ》をこめて作《つく》ったものだから、ぜったいおいしいですよ」と言《い》うのは主観《しゅかん》。お客《きゃく》が「このケーキは手《て》がこんでいてきれいだし、おいしそうに見《み》える、けれども、ちょっと小《ちい》さいし、ほかの店《みせ》にくらべてねだんが高《たか》いのも事実《じじつ》だ」と言《い》うのは客観《きゃっかん》。おなじものを見《み》ても、主観《しゅかん》と客観《きゃっかん》とでは、だいぶちがったとらえ方《かた》になるものだ。

仕事《しごと》を定時《ていじ》に終《お》える。 類 定刻《ていこく》 ②決《き》まった時期《じき》。 対 臨時《りんじ》

【定時制】《ていじせい》 学校教育《がっこうきょういく》で、夜《よる》または特定《とくてい》の時期《じき》に授業《じゅぎょう》をする制度《せいど》。 対 全日制《ぜんにちせい》

【定住】《ていじゅう》 ↓〈―する〉ある場所《ばしょ》を住《す》まいとして、そこに長《なが》く住《す》むこと。 例 定住者《ていじゅうしゃ》

【定食】《ていしょく》 ↓ 食堂《しょくどう》やレストランなどが、内容《ないよう》・組《く》み合《あ》わせを決《き》めておいて出《だ》す料理《りょうり》。

【定職】《ていしょく》 ↓ きまった職業《しょくぎょう》。 例 定職《ていしょく》をもたない。

【定数】《ていすう》 ↓ ①規則《きそく》などで、これだけと決《き》まっている数《かず》、または人数《にんずう》。 例 議員定数《ぎいんていすう》 ②数学《すうがく》で、一《ひと》つの式《しき》の中《なか》で、その値《あたい》がかわらない文字《もじ》や数《かず》。 類 常数《じょうすう》・恒数《こうすう》 対 変数《へんすう》

【定説】《ていせつ》 ↓ 多《おお》くの人《ひと》びとが正《ただ》しいとみとめている学説《がくせつ》や意見《いけん》。 対 異説《いせつ》

【定着】《ていちゃく》 ↓〈―する〉①ある場所《ばしょ》にしっかりとくっついて、そこをはなれないこと。②新《あたら》しいやり方《かた》や考《かんが》え方《かた》が世《よ》の中《なか》にしっかりと受《う》け入《い》れられて、あたりまえのことになること。 例 男女同権《だんじょどうけん》の考《かんが》え方《かた》が、やっと定着《ていちゃく》しはじめた。③写真《しゃしん》で、現像《げんぞう》したフィルムの感光性《かんこうせい》をなくすこと。 例 定着液《ていちゃくえき》

【定点】《ていてん》 ↓ そこで時間《じかん》をおって観測《かんそく》などをする、ある決《き》まった地点《ちてん》。 例 定点観測《ていてんかんそく》

【定年】《ていねん》 ↓ 会社《かいしゃ》や役所《やくしょ》で、その年齢《ねんれい》になるとつとめをやめることに決《き》まっている年齢《ねんれい》。 例 定年制《ていねんせい》・定年退職《ていねんたいしょく》 表記 「停年」とも書《か》く。

【定評】《ていひょう》 ↓ 多《おお》くの人《ひと》びとがみとめている、たしかな評判《ひょうばん》。 例 味《あじ》に定評《ていひょう》がある店《みせ》。

【定理】《ていり》 ↓ 学問《がくもん》で、だれにもわかることをもとにして、正《ただ》しいということを証明《しょうめい》できるきまりごと。 例 ピタゴラスの定理《ていり》。

【定量】《ていりょう》 ↓ 決《き》められている分量《ぶんりょう》。

【定例】《ていれい》 ↓ いつもどおりのこととして、おこなわれるようにきまっているものごと。 例 定《てい》例議会《れいぎかい》 類 恒例《こうれい》・定期《ていき》 対 臨時《りんじ》

定が下につく熟語 上の字の働き

【決定《けってい》 制定《せいてい》 断定《だんてい》】近《ちか》い意味《いみ》。

【仮定《かてい》 改定《かいてい》 確定《かくてい》 勘定《かんじょう》 鑑定《かんてい》 規定《きてい》 協定《きょうてい》 検定《けんてい》 限定《げんてい》 公定《こうてい》 肯定《こうてい》 査定《さてい》 裁定《さいてい》 算定《さんてい》 指定《してい》 推定《すいてい》 設定《せってい》 選定《せんてい》 想定《そうてい》 測定《そくてい》 特定《とくてい》 内定《ないてい》 認定《にんてい》 判定《はんてい》 評定《ひょうてい》 平定《へいてい》 予定《よてい》】ドウヤッテ・ドノヨウニ定《さだ》めるか。

【安定《あんてい》 一定《いってい》 既定《きてい》 固定《こてい》】ドノヨウニ定《さだ》まっているか。

◆国定《こくてい》 所定《しょてい》 否定《ひてい》 不定《ふてい》 法定《ほうてい》 未定《みてい》

宀－5

宝

総画8

JIS-4285

教6年

音 ホウ

訓 たから

［寶］

筆順

なりたち

【形声】もとの字《じ》は、「寶」。「缶《フ》」が「ホウ」とかわって読《よ》み方《かた》をしめしている。「フ」は「たもつ」意味《いみ》を持《も》ち、家《いえ》（宀）にたいせつにしまっておくたから（玉・貝）を表《あらわ》している字《じ》。

意味 たからもの。だいじなもの。 例 宝《たから》の持《も》ちぐされ。 宝物《ほうもつ／たからもの》・財宝《ざいほう》

名前のよみ たか・たかし・とみ・とも・みち・よし

【宝船】《たからぶね》 ↓ たからものと七福神《しちふくじん》を乗《の》せた船《ふね》。 参考 ☞【七福神】《しちふくじん》（10ページ）

【宝庫】《ほうこ》 ↓ ①たからものをしまっておく、くら。②よいもの、役《やく》に立《た》つものがたくさんあるところ。 例 辞書《じしょ》は知識《ちしき》の宝庫《ほうこ》だ。

【宝石】《ほうせき》 ↓ ダイヤモンドやルビーなど、ひじょうに美《うつく》しくてねうちのある石《いし》。身《み》のまわりをかざるのに使《つか》う。 例 宝石店《ほうせきてん》 類 宝玉《ほうぎょく》

【宝典】《ほうてん》 ↓ 便利《べんり》で必要《ひつよう》な知識《ちしき》を集《あつ》めた本《ほん》。

【宝刀】《ほうとう》 ↓ たからものとしてたいせつにしている刀《かたな》。 例 伝家《でんか》の宝刀《ほうとう》。

【宝物】《ほうもつ／たからもの》 ↓ ひじょうにたいせつな、ねうちのあるもの。

宝が下につく熟語 上の字の働き

【家宝《かほう》 国宝《こくほう》】ドコの宝《たから》か。

【財宝《ざいほう》 重宝《ちょうほう／じゅうほう》 秘宝《ひほう》】ドノヨウナ宝《たから》か。

宀－6

客

総画9

JIS-2150

教3年

音 キャク・カク

訓 ―

筆順

なりたち

【形声】「各」が「いたる、来《く》る」の意味《み》と「カク・キャク」という読《よ》み方《かた》をしめしている。家《いえ》（宀）に来《く》る人《ひと》を表《あらわ》す字《じ》。

意味
❶よそからたずねてきた人《ひと》。まねかれて来《き》た人《ひと》。おきゃくさん。例 来客《らいきゃく》 対 主《しゅ》
❷取引《とりひき》の相手《あいて》。例 店《みせ》の客《きゃく》。旅客《りょかく／りょきゃく》
❸自分《じぶん》に相対《あいたい》するもの。例 客観《きゃっかん》・主客《しゅかく／しゅきゃく》 対 主《しゅ》
❹たびさきの人《ひと》。旅人《たびびと》。例 過客《かかく／かきゃく》
❺うでまえのある人《ひと》。例 論客《ろんきゃく》

文字物語 ☞314ページ

発音あんない キャク→キャッ… 例 客観《きゃっかん》

名前のよみ ひと

❶〈よそからたずねてきた人〉の意味で

【客員】《きゃくいん／かくいん》 ↓ 会社《かいしゃ》や大学《だいがく》などで、客《きゃく》としてとくべつな立場《たちば》でくわわっている人《ひと》。

【客演】《きゃくえん》 ↓〈―する〉俳優《はいゆう》や音楽家《おんがくか》などが、自分《じぶん》の劇団《げきだん》や楽団《がくだん》とはべつのグループにまねかれて、ゲストとして出演《しゅつえん》・演奏《えんそう》すること。

【客人】《きゃくじん》 ↓ 客《きゃく》としてまねかれた人《ひと》。お客《きゃく》さま。表現 やや古《ふる》めかしいことば。

【客土】《きゃくど》 ↓ よそからよい土《つち》をもってきて農地《のうち》に入《い》れること。

【客間】《きゃくま》 ↓ 客《きゃく》をもてなしたり、とめたりするへや。類 応接間《おうせつま》 対 居間《いま》 表現 旅館《りょかん》やホテルなどでは「客室《きゃくしつ》」という。

❷〈取引の相手〉の意味で

【客足】《きゃくあし》 ↓ 店《みせ》やもよおしものなどにやってくる客《きゃく》の集《あつ》まりぐあい。例 客足《きゃくあし》がとだえる。

【客室】《きゃくしつ》 ↓ 客《きゃく》に使《つか》ってもらうためのへや。とくに、旅館《りょかん》やホテルなどの、客《きゃく》がとまるへや。表現 ふつうの家《いえ》で客《きゃく》を通《とお》すためのへやは「客間《きゃくま》」とよばれることが多《おお》い。

【客車】《きゃくしゃ》 ↓ 鉄道《てつどう》の車両《しゃりょう》のうち、乗客《じょうきゃく》を乗《の》せてはこぶためのもの。対 貨車《かしゃ》

【客筋】《きゃくすじ》 ↓ その店《みせ》に客《きゃく》としてやってくる人《ひと》びとの、職業《しょくぎょう》や年代《ねんだい》などの種類《しゅるい》。類 客種《きゃくだね》

【客席】《きゃくせき》 ↓ 劇場《げきじょう》や映画館《えいがかん》などで、客《きゃく》がすわる席《せき》。表現 競技場《きょうぎじょう》なら、「観客席《かんきゃくせき》」。

【客船】《きゃくせん》 ↓ 船《ふね》のうち、客《きゃく》を乗《の》せてはこぶ船《ふね》。例 豪華客船《ごうかきゃくせん》 対 貨物船《かもつせん》 参考 おもに大型《おおがた》で長《なが》い航海《こうかい》をするものを指《さ》す。

【客種】《きゃくだね》 ↓ 店《みせ》にくる客《きゃく》の種類《しゅるい》。例 客種《きゃくだね》がいい。類 客筋《きゃくすじ》・客層《きゃくそう》

❸〈自分に相対するもの〉の意味で

【客観】《きゃっかん》 ↓ ①ものごとを見《み》たり考《かんが》えたりする心《こころ》のはたらきとは関係《かんけい》なく、その外《そと》がわに存在《そんざい》しているもの。心《こころ》のはたらきの相手《あいて》となるもの。対 主観《しゅかん》 ②自分《じぶん》の考《かんが》えをいれないで、ものごとを公正《こうせい》に見《み》ること。対 主観《しゅかん》

【客観的】《きゃっかんてき》 〈―な・―に〉自分《じぶん》ひとりの考《かんが》えでものごとを見《み》るのではなく、いつだれが見《み》ても、なるほどそうだと考《かんが》えられるようす。例 客《きゃっ》観的《かんてき》な立場《たちば》で考《かんが》える。対 主観的《しゅかんてき》

❹〈たびさきの人〉の意味で

【客死】《きゃくし／かくし》 ↓〈―する〉旅行《りょこう》で行《い》った遠方《えんぼう》の土地《とち》で、病気《びょうき》や事故《じこ》で死《し》ぬこと。

客が下につく熟語 上の字の働き

❶客＝〈よそからたずねてきた人〉のとき
【来客《らいきゃく》 先客《せんきゃく》】ドウシテイル客《きゃく》か。

❷客＝〈取引の相手〉のとき
【観客《かんきゃく》 乗客《じょうきゃく》 船客《せんきゃく》 顧客《こきゃく／こかく》 旅客《りょかく／りょきゃく》】ドウスル客《きゃく》か。

❺客＝〈うでまえのある人〉のとき
【論客《ろんきゃく》 刺客《しきゃく／しかく》 剣客《けんきゃく／けんかく》】ナニのうでまえのある人《ひと》か。

◆過客《かかく／かきゃく》 主客《しゅきゃく／しゅかく》 珍客《ちんきゃく》 賓客《ひんきゃく》

宀－6

室

総画9
JIS-2828
教2年
音 シツ
訓 むろ

筆順
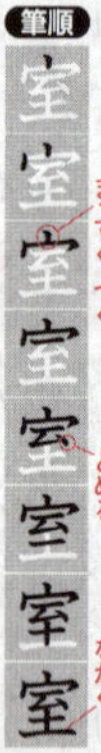

なりたち

【形声】「至《し》」が「シツ」とかわって読《よ》み方《かた》をしめしている。「シ」は「とどまる」意味《いみ》を持《も》ち、家《いえ》（宀）の中《なか》で人《ひと》がとどまる「へや」を表《あらわ》す字《じ》。

意味
❶へや。建物《たてもの》の中《なか》のくぎられた空間《くうかん》。例 室内《しつない》
❷家《いえ》すじ。一族《いちぞく》。例 王室《おうしつ》・皇室《こうしつ》
室《むろ》に野菜《やさい》をしまう。

❶〈へや〉の意味で

【室温】《しつおん》 ↓ へやの中《なか》の温度《おんど》。例 室温《しつおん》を一定《いってい》にたもつ。

【室内】しつ《しつ》ない《ない》 ↓ へやの中《なか》。屋根《やね》のある建物《たてもの》の中《なか》。インドア。例 室内《しつない》プール 類 屋内《おくない》

室が下につく熟語 上の字の働き

❶ 室＝〈へや〉のとき
【暗室《あんしつ》 温室《おんしつ》 客室《きゃくしつ》 個室《こしつ》 船室《せんしつ》 茶室《ちゃしつ》 別室《べっしつ》 病室《びょうしつ》 密室《みっしつ》 洋室《ようしつ》 和室《わしつ》】ドノヨウナ室《しつ》か。
【居室《きょしつ》 寝室《しんしつ》 浴室《よくしつ》 教室《きょうしつ》 談話室《だんわしつ》】ドウスルための室《しつ》か。
【同室《どうしつ》 入室《にゅうしつ》】室《しつ》を（室《しつ》に）ドウスルか。
❷ 室＝〈家すじ〉のとき
【王室《おうしつ》 皇室《こうしつ》】ドウイウ家《いえ》すじか。

宣
宀−6 総画9 JIS-3275 教6年
音 セン 訓 —

筆順 宣 宣 宣 宣 宣 宣 宣（まっすぐ、つく）（ながく）

なりたち  【形声】「亘《エン》」が「セン」とかわって読《よ》み方《かた》をしめしている。「エン」は「へい」の意味《いみ》を持《も》ち、へいをめぐらした家《いえ》（宀）を表《あらわ》す字《じ》。

意味 広《ひろ》く知《し》らせる。つげ知《し》らせる。例 開会《かいかい》を宣《せん》する。宣伝《せんでん》・託宣《たくせん》

名前のよみ あきら・たか・のぶ・のり・ひさ・ふさ・よし

【宣教】せん《せん》きょう《きょう》 ▲ 〈—する〉宗教《しゅうきょう》を人《ひと》びとにつたえ広《ひろ》めること。例 宣教師《せんきょうし》 類 伝道《でんどう》
【宣言】せん《せん》げん《げん》 〓 〈—する〉世《よ》の中《なか》の多《おお》くの人《ひと》にむけて、意見《いけん》や態度《たいど》、めざしていることなどを発表《はっぴょう》すること。例 開会宣言《かいかいせんげん》 類 公言《こうげん》
【宣告】せん《せん》こく《こく》 〓 〈—する〉重《おも》い意味《いみ》を持《も》つことがらを、裁判官《さいばんかん》・医者《いしゃ》など権威《けんい》ある者《もの》の立場《たちば》から相手《あいて》に知《し》らせること。例 がんを宣告《せんこく》される。
【宣。誓】せん《せん》せい《せい》 ▲ 〈—する〉人《ひと》びとの前《まえ》で、ちかいのことばをはっきりとのべること。例 選手宣誓《せんしゅせんせい》
【宣戦】せん《せん》せん《せん》 ▲ 〈—する〉国《くに》がほかの国《くに》に対《たい》して、戦争《せんそう》をはじめることを発表《はっぴょう》すること。例 宣戦《せんせん》布告《ふこく》
【宣伝】せん《せん》でん《でん》 ↓ 〈—する〉ものごとの内容《ないよう》やそのよさなどを、多《おお》くの人《ひと》びとに対《たい》して説明《せつめい》し、広《ひろ》めようとすること。類 広告《こうこく》

宥
宀−6 総画9 JIS-4508 人名
音 ユウ 訓 ゆる-す・なだ-める

意味 ❶ ゆるす。おおめにみる。❷ なだめる。やわらげる。例 宥和《ゆうわ》

名前のよみ すけ・ひろ

宴
宀−7 総画10 JIS-1767 常用
音 エン 訓 —

筆順 宴 宴 宴 宴 宴 宴 宴 宴 宴

なりたち  【形声】「晏」が「エン」という読《よ》み方《かた》をしめしている。「エン」は「やすらかにする」意味《いみ》を持《も》ち、家《いえ》（宀）の中《なか》で楽《たの》しむことを表《あらわ》す字《じ》。

意味 うたげ。集《あつ》まって飲《の》んだり食《た》べたりして楽《たの》しむこと。例 花見《はなみ》の宴《えん》。宴会《えんかい》・祝宴《しゅくえん》

名前のよみ やす・よし

【。宴会】えん《えん》かい《かい》 ↓ 人《ひと》が集《あつ》まって、飲《の》んだり食《た》べたりして楽《たの》しむ会《かい》。類 酒宴《しゅえん》・酒席《しゅせき》
【。宴席】えん《えん》せき《せき》 ↓ お酒《さけ》や食事《しょくじ》などを楽《たの》しむ会《かい》が開《ひら》かれているところ。例 宴席《えんせき》によばれる。

宴が下につく熟語 上の字の働き

【酒宴《しゅえん》 祝宴《しゅくえん》】ドウイウ宴《うたげ》か。

家
宀−7 総画10 JIS-1840 教2年
音 カ・ケ 訓 いえ・や

筆順 家 家 家 家 家 家 家 家 家 家（はねる）（はらう）

なりたち  【会意】家畜《かちく》のブタを表《あらわ》す「豕」と屋根《やね》の意味《いみ》を表《あらわ》す「宀」を合《あ》わせて、神《かみ》にささげるいけにえをおく建物《たてもの》（宀）を表《あらわ》す字《じ》。

意味
❶ いえ。人《ひと》の住《す》む建物《たてもの》。例 家《いえ》を建《た》てる。家屋《かおく》・貸家《かしや》・人家《じんか》
❷ かぞく。血《ち》のつながりのある人《ひと》たちのあつまり。一家《いっか》。一族《いちぞく》。例 家《いえ》を出《で》る。本家《ほんけ》
❸ その道《みち》の人《ひと》。例 家元《いえもと》・画家《がか》・小説家《しょうせつか》

特別なよみ 母家《おもや》

名前のよみ え

❶〈いえ〉の意味で
【家路】いえ《いえ》じ《じ》 ↓ 自分《じぶん》の家《いえ》に帰《かえ》るみちすじ。帰《かえ》りみ

ち。例 家路《いえじ》につく。類 帰路《きろ》・帰途《きと》

【家屋。敷】《いえやしき》 家《いえ》とその敷地《しきち》。例 家屋敷《いえやしき》を手《て》ばなす。表現 売《う》り買《か》いするときに使《つか》われることが多《おお》い。

【家屋】《かおく》 ‖ 人《ひと》の住《す》まいとしてたてられた建物《たてもの》。例 地震《じしん》による家屋倒壊《かおくとうかい》。類 家《いえ》・住宅《じゅうたく》

【家具】《かぐ》 ↓ 家《いえ》の中《なか》で使《つか》う、テーブル・たんす・つくえなどのわりあい大《おお》きな道具《どうぐ》。

【家財】《かざい》 ↓ 家《いえ》にある、その家《いえ》の持《も》ち物《もの》。家具《かぐ》や衣類《いるい》などをひっくるめていう。例 家財道具《かざいどうぐ》

【家作】《かさく》 ↓ 貸《か》すためにたてた家《いえ》。類 貸家《かしや》

【家宅】《かたく》 ‖ 人《ひと》の住《す》んでいる家《いえ》。例 家宅捜索《かたくそうさく》

【家。畜】《かちく》 ↓ ウシ・ウマ・ブタ・ニワトリ・ヒツジなど、人間《にんげん》が生活《せいかつ》に役立《やくだ》てるために飼《か》っている動物《どうぶつ》。表現 かわいがるために飼《か》っているペットのことは家畜《かちく》とは言《い》わない。

【家賃】《やちん》 ↓ 住《す》まいを人《ひと》や会社《かいしゃ》から借《か》りて住《す》んでいる場合《ばあい》にはらう、家《いえ》の借《か》り賃《ちん》。

【家主】《やぬし》 ↓ 人《ひと》に住《す》まいを貸《か》している、建物《たてもの》の持《も》ち主《ぬし》。類 大家《おおや》

❷〈かぞく〉の意味で

【家。柄】《いえがら》 ↓ その一家《いっか》の、世《よ》の中《なか》での格《かく》。例 りっぱな家柄《いえがら》。

【家出】《いえで》 ↓ 〈―する〉もうもどって来《こ》ないつもりで、行《ゆ》く先《さき》も知《し》らせずに、住《す》んでいた家《いえ》を出《て》ること。例 家出人《いえでにん》 類 出奔《しゅっぽん》

【家運】《かうん》 ↓ 一家《いっか》や一族《いちぞく》のなりゆき。

【家業】《かぎょう》 ↓ ①その一家《いっか》の収入《しゅうにゅう》のもとになっている職業《しょくぎょう》。例 うちの家業《かぎょう》は魚屋《さかなや》です。類 渡世《とせい》 ②親《おや》から子《こ》へと代々《だいだい》受《う》けつがれてきた職業《しょくぎょう》。例 家業《かぎょう》をつぐ。

【家訓】《かくん》 ↓ その一家《いっか》につたわり、たいせつにされている教《おし》え。例 代々《だいだい》の家訓《かくん》をまもる。

【家系】《かけい》 ↓ むかしから今《いま》まで、親《おや》から子《こ》へと代々《だいだい》にわたる血《ち》のつながり。例 家系図《かけいず》 類 血筋《ちすじ》・血統《けっとう》

【家計】《かけい》 ↓ 一《ひと》つの家庭《かてい》がくらしていくための、入《はい》ってくるお金《かね》と出《で》ていくお金《かね》のようす。例 家計簿《かけいぼ》 類 生計《せいけい》

【家事】《かじ》 ↓ 家族《かぞく》が気持《きも》ちよくくらせるように、家《いえ》の中《なか》でおこなわれるいろいろな仕事《しごと》。そうじ・せんたく・台所《だいどころ》仕事《しごと》などをひっくるめていう。例 家事《かじ》をてつだう。

【家臣】《かしん》 ↓ 大名《だいみょう》などに仕《つか》えた武士《ぶし》。類 家来《けらい》

【家人】《かじん》 ↓ いっしょに生活《せいかつ》している家族《かぞく》。表現 おもに一家《いっか》の主人《しゅじん》が家族《かぞく》を指《さ》していう。

【家政婦】《かせいふ》 よその家《いえ》にやとわれて、その家《いえ》の家事《かじ》をすることを仕事《しごと》としている女《おんな》の人《ひと》。

【家族】《かぞく》 ↓ 親子《おやこ》・夫婦《ふうふ》・きょうだいなど、血《ち》のつながった者《もの》どうしのひとまとまりの人《ひと》びと。例 家族旅行《かぞくりょこう》。核家族《かくかぞく》 類 一家《いっか》

【家長】《かちょう》 ↓ むかしの法律《ほうりつ》のことばで、一家《いっか》の主人《しゅじん》。類 戸主《こしゅ》・世帯主《せたいぬし》

【家庭】《かてい》 ‖ 夫婦《ふうふ》・親子《おやこ》などの家族《かぞく》がいっしょに生活《せいかつ》しているところ。例 幸《しあわ》せな家庭《かてい》をきずく。

【家伝】《かでん》 ↓ むかしからその家《いえ》につたわっていること。例 家伝《かでん》の妙薬《みょうやく》。類 伝家《でんか》

【家。督】《かとく》 ↓ むかしのことばで、一家《いっか》の主人《しゅじん》としての地位《ちい》。例 家督《かとく》をゆずる。

【家内】《かない》 ↓ ①家《いえ》の中《なか》やそこに住《す》む家族《かぞく》。例 家内安全《かないあんぜん》・家内工業《かないこうぎょう》 ②妻《つま》。男《おとこ》の人《ひと》が自分《じぶん》の妻《つま》のことをよその人《ひと》にいうときのことば。表現 妻自身《つまじしん》が人《ひと》に「山田《やまだ》の家内《かない》でございます」のように言《い》うこともある。

【家風】《かふう》 ↓ その家《いえ》につたわっている、生活《せいかつ》のしきたりやものの考《かんが》え方《かた》・やり方《かた》など。

【家宝】《かほう》 ↓ その家《いえ》のたからもの。

【家名】《かめい》 ↓ ①その家《いえ》の名字《みょうじ》。②家《いえ》の名誉《めいよ》。例 家名《かめい》をけがしたくない。

【家。紋】《かもん》 ↓ その家《いえ》のしるしとしてつたえられている図案《ずあん》。類 紋所《もんどころ》・紋章《もんしょう》

【家老】《かろう》 ↓ 江戸《えど》時代《じだい》の武士《ぶし》の身分《みぶん》の一《ひと》つ。大名《だいみょう》に仕《つか》える家来《けらい》のうち、地位《ちい》がいちばん高《たか》い人《ひと》。じっさいの政治《せいじ》をとりおこなった。例 城代家老《じょうだいがろう》・国家老《くにがろう》

【家来】《けらい》 ○ 君主《くんしゅ》や主人《しゅじん》に仕《つか》え、その命令《めいれい》にしたがってはたらく者《もの》。類 家臣《かしん》・子分《こぶん》・臣下《しんか》

表記 もとは「家礼」「家頼」とも書《か》いた。

❸〈その道の人〉の意味で

【家元】《いえもと》 ↓ 茶道《さどう》・生《い》け花《ばな》・おどりなどの、それぞれの流派《りゅうは》の本家《ほんけ》。その本家《ほんけ》の主人《しゅじん》。例 家元《いえもと》をつぐ。類 宗家《そうけ》・本家《ほんけ》

家が下につく熟語 上の字の働き

❶家《か》＝〈いえ〉のとき
【人家《じんか》 民家《みんか》 生家《せいか》 隣家《りんか》 町家《ちょうか》 商家《しょうか》 農家《のうか》 借家《しゃくや|しゃっか》 貸家《かしや》】ドウイウ家《いえ》か。
❷家《か》＝〈かぞく〉のとき
【名家《めいか》 旧家《きゅうか》 良家《りょうけ》 宗家《そうけ》 本家《ほんけ》 分家《ぶんけ》 実家《じっか》 養家《ようか》 武家《ぶけ》】ドノヨウナ家《いえ》か。
❸家《か》＝〈その道の人〉のとき
【画家《がか》 作家《さっか》 書家《しょか》 芸術家《げいじゅつか》】ナニの道《みち》の人《ひと》か。
◆国家《こっか》 出家《しゅっけ》 大家《たいか》

宀−7

害

総画10
JIS-1918
教4年
音 ガイ
訓 そこ-なう

筆順

なりたち

【会意】かぶりものの形《かたち》（宀）と、頭《あたま》を表《あらわ》す「古《じ》」とからでき、頭《あたま》にかぶるかさを表《あらわ》している字。

意味
❶そこなう。さまたげる。例 気分《きぶん》を害《がい》する。害悪《がいあく》・公害《こうがい》 対 益《えき》
❷わざわい。わるいできごと。例 からだに害《がい》がある。損害《そんがい》 対 利《り》

❶〈そこなう〉の意味で
【害悪】《がいあく》 ⅠⅠ 人《ひと》やものをきずつけたりこわしたりするようなわるいこと。類 害毒《がいどく》
【害虫】《がいちゅう》 ↓ カ・ハエ・アブラムシなど、人《ひと》の生活《せいかつ》に害《がい》をあたえる虫《むし》。例 害虫駆除《がいちゅうくじょ》。対 益虫《えきちゅう》
【害鳥】《がいちょう》 ↓ 農作物《のうさくぶつ》を食《た》べあらしたりする鳥《とり》。例 害鳥《がいちょう》をおいはらう。対 益鳥《えきちょう》
【害毒】《がいどく》 ⅠⅠ 人《ひと》に害《がい》になるもの。社会《しゃかい》にわるい影響《えいきょう》をあたえるもの。例 害毒《がいどく》を流《なが》す。

害が下につく熟語 上の字の働き

❶害＝〈そこなう〉のとき
【危害《きがい》 障害《しょうがい》 阻害《そがい》 妨害《ぼうがい》 殺害《さつがい》 傷害《しょうがい》】近《ちか》い意味《いみ》。
【侵害《しんがい》 迫害《はくがい》】ドノヨウニ害《がい》するか。
❷害＝〈わざわい〉のとき
【災害《さいがい》 損害《そんがい》 弊害《へいがい》】近《ちか》い意味《いみ》。
【干害《かんがい》 水害《すいがい》 雪害《せつがい》 霜害《そうがい》 冷害《れいがい》 虫害《ちゅうがい》 病虫害《びょうちゅうがい》】ナニによる災害《さいがい》か。
【一害《いちがい》（一利一害《いちりいちがい》） 百害《ひゃくがい》】ドノクライの害《がい》か。
【有害《ゆうがい》 無害《むがい》】害《がい》の有《あ》る無《な》し。
◆公害《こうがい》 実害《じつがい》 被害《ひがい》 利害《りがい》

宀−7

宮

総画10
JIS-2160
教3年
音 キュウ・グウ・ク
訓 みや

筆順

なりたち

【会意】家《いえ》（宀）と建物《たてもの》がつらなっている形《かたち》（呂）とからできている。いくつも建物《たてもの》がならんでいる大《おお》きな家《いえ》を表《あらわ》している字《じ》。

意味
❶ごてん。王《おう》さまなどのやしき。例 宮仕《みやづか》え・宮殿《きゅうてん》・王宮《おうきゅう》
❷神社《じんじゃ》。やしろ。例 宮司《ぐうじ》・神宮《じんぐう》

注意するよみ ク…例 宮内庁《くないちょう》

❶〈ごてん〉の意味で
【宮城】《きゅうじょう》 ⅠⅠ 皇居《こうきょ》。表現 古《ふる》い言《い》い方《かた》。
【宮中】《きゅうちゅう》 ↓ 天皇《てんのう》の住《す》まいの中《なか》。皇居《こうきょ》の中《なか》。例 宮中《きゅうちゅう》に仕《つか》える。類 宮廷《きゅうてい》・禁中《きんちゅう》
【宮廷】《きゅうてい》 ↓ 天皇《てんのう》や国王《こくおう》の住《す》まい。類 宮中《きゅうちゅう》
【宮殿】《きゅうでん》 ⅠⅠ 天皇《てんのう》や国王《こくおう》の住《す》む大《おお》きくりっぱな建物《たてもの》。例 バッキンガム宮殿《きゅうでん》
❷〈神社〉の意味で
【宮司】《ぐうじ》 ↓ 神社《じんじゃ》に仕《つか》える神官《しんかん》の中《なか》でいちばん位《くらい》の高《たか》い人《ひと》。

宮が下につく熟語 上の字の働き

❶宮＝〈ごてん〉のとき
【王宮《おうきゅう》 離宮《りきゅう》 東宮《とうぐう》 竜宮《りゅうぐう》】ダレの宮《みや》か、ドノヨウナ宮《みや》か。
◆神宮《じんぐう》 遷宮《せんぐう》

宀−7

宰

総画10
JIS-2643
常用
音 サイ
訓 ―

筆順

なりたち

【形声】「辛《シン》」が「罪人《ざいにん》」の意味《いみ》と、「サイ」とかわって読《よ》み方《かた》をしめしている。「宀」をくわえて、めし使《つか》いにされて家《いえ》（宀）の中《なか》ではたらくことを表《あらわ》す字《じ》。

意味 とりしきる。つかさどる。例 宰相《さいしょう》・主《しゅ》

宰《さい》

名前のよみ おさむ・すず・ただ・つかさ

【。宰相《さいしょう》】↓国《くに》の政治《せいじ》をとりおこなういちばんの責任者《せきにんしゃ》。総理大臣《そうりだいじん》。首相《しゅしょう》。

宀−7

宵

総画10 JIS-3012 常用

音 ショウ 訓 よい

筆順 (まっすぐ、つく)

なりたち 【形声】「肖」が「ショウ」という読《よ》み方《かた》をしめしている。「ショウ」は「ちいさい」、または「くらい」意味《いみ》を持《も》ち、日《ひ》の光《ひかり》がわずかに家《いえ》(宀)の中《なか》にさしこんで、うすぐらいようすを表《あらわ》す字《じ》。

意味 よい。ゆうがた。暗《くら》いあいだ。例 宵《よい》の口《くち》・宵宮《よいみや》・春宵《しゅんしょう》

【。宵。闇《よいやみ》】↓①太陽《たいよう》がしずんだあと、月《つき》もまだ出《で》てこないあいだの暗《くら》さ。②夕方《ゆうがた》の暗《くら》さ。例 宵闇《よいやみ》がせまる。類 夕闇《ゆうやみ》

宀−7

容

総画10 JIS-4538 教5年

音 ヨウ 訓 —

筆順 まっすぐ、つく とめる はらう

なりたち 【形声】「谷《コク》」が「ヨウ」とかわって読《よ》み方《かた》をしめしている。「コク」は「ゆとりがある」意味《いみ》を持《も》ち、家《いえ》(宀)の中《なか》があいていることを表《あらわ》す字《じ》。

意味

❶いれる。中《なか》に入《い》れる。例 容積《ようせき》・内容《ないよう》

❷すがた。かたち。ようす。例 全容《ぜんよう》・容姿《ようし》

❸ゆるす。うけ入《い》れる。例 容認《ようにん》・寛容《かんよう》

❹ゆったりしている。ゆとりがある。例 容易《ようい》・従容《しょうよう》

名前のよみ かた・なり・ひろ・ひろし・まさ・もり・やす・よし

❶〈いれる〉の意味で

【容器《ようき》】↓ものを入《い》れておく入《い》れ物《もの》。類 器《うつわ》

【容疑《ようぎ》】▲わるいことをしたという うたがいがあること。例 容疑《ようぎ》を否認《ひにん》する。容疑者《ようぎしゃ》

【容積《ようせき》】↓①その入《い》れ物《もの》がいっぱいになるまでの、入《はい》る分量《ぶんりょう》。類 容量《ようりょう》 ②ものの大《おお》きさ。例 立方体《りっぽうたい》の容積《ようせき》を計算《けいさん》する。類 体積《たいせき》

【容量《ようりょう》】↓その入《い》れ物《もの》の中《なか》にぎりぎり入《い》れることのできる分量《ぶんりょう》。例 パソコンの空《あ》き容量《ようりょう》。類 容積《ようせき》

❷〈すがた〉の意味で

【容姿《ようし》】‖人《ひと》の顔《かお》だちやからだつき。例 容姿端麗《ようしたんれい》 類 器量《きりょう》・容色《ようしょく》

【容色《ようしょく》】‖おもに女《おんな》の人《ひと》の、顔《かお》の形《かたち》や色《いろ》つや。例 容色《ようしょく》がおとろえる。類 器量《きりょう》・容姿《ようし》

【容体《ようだい|ようたい》】‖病人《びょうにん》の、からだのぐあい。例 容体《ようだい》が急変《きゅうへん》する。類 病状《びょうじょう》 表記「容態」とも書《か》く。

【容。貌《ようぼう》】‖顔《かお》の形《かたち》やようす。顔《かお》だち。例 容貌《ようぼう》が別人《べつじん》のようになる。類 風貌《ふうぼう》

❸〈ゆるす〉の意味で

【容。赦《ようしゃ》】‖〈—する〉①失敗《しっぱい》や罪《つみ》、たりないところなどをゆるして、せめたてたりしないこと。例 ゆきとどかぬ点《てん》は、ご容赦《ようしゃ》ください。②相手《あいて》のことを思《おも》いやって、手《て》かげんすること。例 容赦《ようしゃ》なくしかりつける。

【容認《ようにん》】‖〈—する〉それでよいとみとめること。例 不正《ふせい》は容認《ようにん》できない。類 是認《ぜにん》・許容《きょよう》

❹〈ゆったりしている〉の意味で

【容易《ようい》】‖〈—な・—に〉なにかをするのに、かんたんにできる。例 パソコンを使《つか》いこなすのは容《よう》易《い》ではない。類 簡易《かんい》 対 困難《こんなん》

容が下につく熟語 上の字の働き

❶容＝〈いれる〉のとき
【収容《しゅうよう》 包容《ほうよう》】近《ちか》い意味《いみ》。

❷容＝〈すがた〉のとき
【威容《いよう》 全容《ぜんよう》】ドノヨウナすがたか。
【山容《さんよう》 陣容《じんよう》】ナニのすがたか。
【形容《けいよう》 美容《びよう》 理容《りよう》】すがたをドウスルか。

❸容＝〈ゆるす〉のとき
【寛容《かんよう》 許容《きょよう》】近《ちか》い意味《いみ》。

◆内容《ないよう》

宀−8

寄

総画11 JIS-2083 教5年

音 キ 訓 よる・よせる

筆順 まっすぐ、つく とめる はねる

ものしり巻物 第11巻

漢字《かんじ》の数《かず》

小学校《しょうがっこう》の六年間《ろくねんかん》で、読《よ》み書《か》きができるように学《まな》ぶ漢字《かんじ》の数《かず》を知《し》っていますか。全部《ぜんぶ》で一〇〇六字《じ》と決《き》められていて、それらをしっかり学習《がくしゅう》することになります。これらは、毎《まい》日《にち》の身《み》のまわりの生活《せいかつ》に直接関係《ちょくせつかんけい》するものやことがらを言《い》い表《あらわ》すことばを書《か》く、もっともだいじな漢字《かんじ》ばかりが集《あつ》められていて、学《がく》習《しゅう》漢字《かんじ》といいます。

それでは、みなさんがおとなになるまでにいったいどれほどの漢字《かんじ》が必要《ひつよう》になると思《おも》いますか。この点《てん》については、「常用漢字表《じょうようかんじひょう》」によって、ふだんの生活《せいかつ》で用《もち》いる漢字《かんじ》の目《め》やすがしめされています。

学習漢字《がくしゅうかんじ》…一〇〇六字《じ》
（一年《いちねん》八〇字《じ》、二年《にねん》一六〇字《じ》、三年《さんねん》二〇〇字《じ》
四年《よねん》二〇〇字《じ》、五年《ごねん》一八五字《じ》、六年《ろくねん》一八一字《じ》）

常用漢字《じょうようかんじ》…二一三六字《じ》（学習漢字《がくしゅうかんじ》をふくむ）

人名漢字《じんめいかんじ》…八六一字《じ》

ほぼ三千字《さんぜんじ》くらいの漢字《かんじ》が、いちおう一般《いっぱん》の社会生活《しゃかいせいかつ》を送《おく》るのに不自由《ふじゆう》しない数《かず》とされているようです。

かなり前《まえ》のある調査《ちょうさ》によると、新聞《しんぶん》などはとくべつなことがらを記事《きじ》にすることがあるために、数《かず》としては三千字近《さんぜんじちか》い漢字《かんじ》が使《つか》われるそうですが、使《つか》われた漢字《かんじ》すべてをたし合《あ》わせた漢字《かんじ》の総数《そうすう》のうち、その九〇パーセントは学習漢字《がくしゅうかんじ》であったとされています。

しかし、こんにちでは、みなさんもパソコンや携帯電話《けいたいでんわ》をいじったりじっさいに使《つか》ったりしている人《ひと》もいるでしょうが、漢字変換《かんじへんかん》するとかなりむずかしい漢字《かんじ》でも文章《ぶんしょう》にどんどん取《と》りこめるようになっていますから、常《じょう》用漢字《ようかんじ》の目《め》やすではおさまらなくなってきていることでしょう。変換《へんかん》できる漢字《かんじ》は、今《いま》ではさらにふえ、国際基準《こくさいきじゅん》のユニコードでは、数万《すうまん》の漢字《かんじ》が登録《とうろく》されています。

パソコンなどで用《もち》いる漢字《かんじ》

JIS《ジス》コード
第一水準《だいいちすいじゅん》……二九六五字《じ》
第二水準《だいにすいじゅん》……三三九〇字《じ》
第三・四水準《だいさんよんすいじゅん》…三六九五字《じ》

つぎに、漢字《かんじ》が現在《げんざい》までにどれほど作《つく》り出《だ》されたかについて、部首《ぶしゅ》を考《かんが》え出《だ》して漢字《かんじ》を整理《せいり》した最初《さいしょ》の字書《じしょ》である『説文解字《せつもんかいじ》』から、少し前に中国《ちゅうごく》で完成《かんせい》された『漢語大字典《かんごだいじてん》』までのいくつかの字書《じしょ》を調《しら》べてみましょう。

『説文解字《せつもんかいじ》』（一〇〇年《ねん》ころ）	九三五三字《じ》
『玉篇《ぎょくへん》』（五四三年《ねん》ころ）	一六九一七字《じ》
『字彙《じい》』（一六一五年《ねん》）	三三一七九字《じ》
『康熙字典《こうきじてん》』（一七一六年《ねん》）	四七〇四三字《じ》
『大漢和辞典《だいかんわじてん》』（一九六〇年《ねん》）	四九九六四字《じ》
『漢語大字典《かんごだいじてん》』（一九九〇年《ねん》）	約《やく》五六〇〇〇字《じ》

時代《じだい》が進《すす》むにつれて漢字《かんじ》はふえています。今《いま》では約五万六千字《やくごまんろくせんじ》にもなっています。このように気《き》の遠《とお》くなるほどの数《かず》がありますが、そのすべてが使《つか》われるわけではありません。むかしの中国《ちゅうごく》の文献《ぶんけん》にたった一度《いちど》だけ書《か》かれたというような漢字《かんじ》まで記録《きろく》しているので、こうした数《かず》になるのです。

たとえば『論語《ろんご》』という、孔子《こうし》のことばや行《こう》動《どう》が書《か》かれている書物《しょもつ》には、わずかに一三五五種類《しゅるい》の漢字《かんじ》しか使《つか》われていません。このように、中国《ちゅうごく》においてもじっさいに使《つか》われる漢字《かんじ》の種類《しゅるい》はむやみに多《おお》いというわけではないのです。

なりたち  【形声】「奇」が「キ」という読《よ》み方《かた》をしめしている。「キ」は「よせる」意味《いみ》を持《も》ち、家《いえ》（宀）に身《み》をよせることを表《あらわ》す字《じ》。

意味
❶よりかかる。たよる。たちよる。例寄《よ》り道《みち》。寄港《きこう》・寄生《きせい》
❷あたえる。おくる。あずける。例寄付《きふ》
❸あつまる。集《あつ》める。近《ちか》づく。近《ちか》づける。
例しわが寄《よ》る。波《なみ》が寄《よ》せる。客寄《きゃくよ》せ
❹《その他《た》》例寄席《よせ》

特別なよみ 数寄屋（すきや）・最寄り（もより）・寄席（よせ）

❶〈よりかかる〉の意味で
【寄港】《きこう》▲〈―する〉航海《こうかい》のとちゅうで、船《ふね》が港《みなと》にたちよること。例ホノルルに寄港《きこう》する。
【寄宿】《きしゅく》↓〈―する〉学校《がっこう》や会社《かいしゃ》にかようために、自分《じぶん》の家《いえ》をはなれて宿舎《しゅくしゃ》などにねとまりし、くらすこと。例寄《き》宿《しゅく》舎《しゃ》
【寄生】《きせい》↓〈―する〉生物《せいぶつ》がべつの種類《しゅるい》の生物《せいぶつ》のからだにとりつき、そこから栄養分《えいようぶん》をすいとって生《い》きていくこと。例寄生《きせい》虫《ちゅう》
❷〈あたえる〉の意味で
【寄。稿】《きこう》▲〈―する〉たのまれて、新聞《しんぶん》や雑誌《ざっし》などに原稿《げんこう》を送《おく》ること。表現自分《じぶん》のほうから一方的《いっぽうてき》に原稿《げんこう》を送《おく》る場合《ばあい》は「投稿《とうこう》」という。
【寄進】《きしん》Ⅱ〈―する〉神社《じんじゃ》やお寺《てら》に、お金《かね》や品物《しなもの》を寄付《きふ》すること。例大口《おおぐち》の寄進者《きしんしゃ》。
【寄。贈】《きぞう｜きそう》Ⅱ〈―する〉お金《かね》や品物《しなもの》をおくりものとしてわたすこと。例卒業生《そつぎょうせい》一同《いちどう》からピアノが寄贈《きぞう｜きそう》された。類贈呈《ぞうてい》
【寄付】《きふ》Ⅱ〈―する〉みんなのためになるように、自分《じぶん》のお金《かね》や品物《しなもの》をさし出《だ》すこと。カンパ。類寄進《きしん》・献金《けんきん》 表記「寄附」とも書《か》く。
【寄。与】《きよ》↓〈―する〉あることに役立《やくだ》つこと。例人類《じんるい》の平和《へいわ》に寄与《きよ》する。類貢献《こうけん》
❹《その他》
【寄席】《よせ》○落語《らくご》や漫才《まんざい》などをやるための小《ちい》さな劇場《げきじょう》。類席亭《せきてい》

宀－8
寇
総画11 JIS-5368 表外
訓音 コウ あだ

意味 あだ。害《がい》をくわえる。かたき。外国《がいこく》からせめてくる敵《てき》。例元寇《げんこう》・倭寇《わこう》

宀－8
寂
総画11 JIS-2868 常用
訓音 ジャク・セキ さび・さびしい・さびれる

筆順 

なりたち  【形声】「叔《シュク》」が「ジャク・セキ」とかわって読《よ》み方《かた》をしめしている。「シュク」は「しずか」の意味《いみ》を持《も》ち、家《いえ》（宀）の中《なか》のしずかなことを表《あらわ》す字《じ》。

意味
❶さびしい。しずか。例町《まち》が寂《さび》れる。寂《さび》しい夜道《よみち》。静寂《せいじゃく》
❷死《し》ぬ。例寂滅《じゃくめつ》

注意するよみ セキ…例寂《せき》として。寂然《せきぜん》

名前のよみ しず

❶〈さびしい〉の意味で
【。寂・寞】《せきばく｜じゃくばく》Ⅱ〈―たる｜―と〉ひっそりとしたものさびしさ。例寂寞《せきばく｜じゃくばく》とした風景《ふうけい》。類索漠《さくばく》
【。寂・寥】《せきりょう》Ⅱ〈―たる｜―と〉ひっそりとしずまりかえって、ものさびしいようす。さびしくてしかたがない気分《きぶん》。例寂寥《せきりょう》を感《かん》じる。
❷〈死ぬ〉の意味で
【。寂。滅】《じゃくめつ》Ⅱ仏教《ぶっきょう》のことばで、人《ひと》が死《し》ぬこと。類入寂《にゅうじゃく》

寂が下につく熟語 上の字の働き
❶寂＝〈さびしい〉のとき
【閑寂《かんじゃく》 静寂《せいじゃく》】近《ちか》い意味《いみ》。

宀－8
宿
総画11 JIS-2941 教3年
訓音 シュク やど・やどる・やどす

筆順  まっすぐ、つく

なりたち  【会意】この「百」のもとの形《かたち》は「囚→丙（むしろ）」で、人《ひと》（亻）が家《いえ》（宀）の中《なか》のむしろで寝《ね》ることを表《あらわ》す字《じ》。

意味
❶やどる。やどす。泊《と》まる。やど。泊《と》まるところ。例つゆが宿《やど》る。品川《しながわ》の宿《しゅく》。宿直《しゅくちょく》
❷ずっと前《まえ》からの。前世《ぜんせ》からの。例宿命《しゅくめい》

❶〈やどる〉の意味で
【宿舎】《しゅくしゃ》↓①旅行《りょこう》などのときに、とまると

ころ。例 国民宿舎《こくみんしゅくしゃ》 類 旅館《りょかん》・宿屋《やどや》 ②公務員《こうむいん》などが住《す》むようにつくられた住宅《じゅうたく》。

【宿題《しゅくだい》】↓ ①家《いえ》で勉強《べんきょう》するようにと、出《だ》される課題《かだい》。②その場《ば》では解決《かいけつ》できず、あとまわしにしてのこしておく問題《もんだい》。例 これは宿《しゅく》題《だい》にして、次《つぎ》の議題《ぎだい》にうつります。

【宿直《しゅくちょく》】↓〈—する〉会社《かいしゃ》や学校《がっこう》などで、夜《よる》のあいだの安全《あんぜん》をまもるために、そこにつとめる人《ひと》が交代《こうたい》でとまりこみ、みはり番《ばん》となること。例 宿直室《しゅくちょくしつ》 類 当直《とうちょく》 対 日直《にっちょく》

【宿場《しゅくば》】↓ むかし、大《おお》きな街道《かいどう》で、旅人《たびびと》のための宿屋《やどや》がいくつもあったところ。例 宿《しゅく》場町《ばまち》

【宿。泊《しゅくはく》】Ⅱ〈—する〉旅先《たびさき》などで、宿屋《やどや》やホテルにとまること。例 宿泊施設《しゅくはくしせつ》 類 投宿《とうしゅく》

【宿帳《やどちょう》】↓ 旅館《りょかん》で、お客《きゃく》の住所《じゅうしょ》や名前《なまえ》などを記録《きろく》しておく帳面《ちょうめん》。

【宿賃《やどちん》】↓ 宿屋《やどや》やホテルなどにとまったときにはらうお金《かね》。類 宿泊料《しゅくはくりょう》

【宿屋《やどや》】↓ 旅《たび》の人《ひと》を泊《と》めるのを仕事《しごと》としている家《いえ》。類 宿舎《しゅくしゃ》・旅館《りょかん》

❷〈ずっと前からの〉の意味で

【宿。縁《しゅくえん》】↓ 仏教《ぶっきょう》の考《かんが》えで、その人《ひと》が生《う》まれる前《まえ》からそうなると決《き》まっていた、人《ひと》やものごととの出会《であ》いやつながり。例 前世《ぜんせ》からの宿縁《しゅくえん》。類 因縁《いんねん》・運命《うんめい》・宿命《しゅくめい》

【宿願《しゅくがん》】↓ 長《なが》いあいだずっと持《も》ちつづけてきた、つよいねがい。類 宿望《しゅくぼう》・念願《ねんがん》・本懐《ほんかい》

【宿根《しゅくこん｜しゅっこん》】↓ 植物《しょくぶつ》で、地上《ちじょう》のくきや葉《は》がかれても、地下《ちか》の根《ね》は生《い》きのこること。生《い》きのこっている根《ね》。例 宿根《しゅくこん｜しゅっこん》草《そう》

【宿敵《しゅくてき》】↓ ずっと前《まえ》からねらっていた敵《てき》。例 宿敵《しゅくてき》をたおす。

【宿望《しゅくぼう》】↓ 長《なが》いあいだずっと持《も》ちつづけてきた、つよい望《のぞ》み。例 積年《せきねん》の宿望《しゅくぼう》をはたす。類 宿願《しゅくがん》

【宿命《しゅくめい》】↓ どうしてもこうなることになっていためぐりあわせ。例 宿命《しゅくめい》のライバル。これも宿命《しゅくめい》か。類 天命《てんめい》・運命《うんめい》・宿縁《しゅくえん》

宿が下につく熟語 上の字の働き

❶宿＝〈やどる〉のとき

【寄宿《きしゅく》 合宿《がっしゅく》 野宿《のじゅく》】ドノヨウニ宿《やど》るか。

【民宿《みんしゅく》 定宿《じょうやど》】ドノヨウナ宿《やど》か。

【下宿《げしゅく》 投宿《とうしゅく》】宿《やど》にドウスルか。

◆同宿《どうしゅく》

宀－8

寅

総画11

JIS-3850

人名

訓 とら 音 —

意味 十二支《じゅうにし》の三番《さんばん》め。動物《どうぶつ》ではトラ。方角《ほうがく》では東北東《とうほくとう》。時刻《じこく》では午前四時《ごぜんよじ》、またはその前後二時間《ぜんごにじかん》。参考 ☞「巽《そん》」の「文字物語」(356ページ)

名前のよみ とも・のぶ・ふさ

宀－8

密

総画11

JIS-4409

教6年

訓 ひそ-か 音 ミツ

筆順

なりたち

[形声]「宓」が「ヒツ・ミツ」という読《よ》み方《かた》をしめしている。「ヒツ」は「しずか」の意味《いみ》を持《も》ち、山《やま》の中《なか》のひっそりしているようすを表《あらわ》す字《じ》。

意味

❶すきまがない。ぴったりくっついている。こまかい。例 連絡《れんらく》を密《みつ》にする。密室《みっしつ》・精密《せいみつ》 対 疎《そ》

❷ひそかに。こっそり。例 密《ひそ》かに会《あ》う。密告《みっこく》・秘密《ひみつ》

名前のよみ たかし

❶〈すきまがない〉の意味で

【密室《みっしつ》】↓ 出入《でい》り口《ぐち》を全部《ぜんぶ》しめきって、どこからも出入《でい》りできないへや。☞❷

【密集《みっしゅう》】↓〈—する〉たくさんのものが、すきまのないくらいにくっつきあって集《あつ》まっていること。例 人家《じんか》が密集《みっしゅう》している。

【密生《みっせい》】↓〈—する〉草《くさ》や木《き》などが、すきまがないほどぎっしりと生《は》えること。例 密生地《みっせいち》

【密接《みっせつ》】↓ ①〈—する〉すきまがないくらいにぴったりとくっつきあっている。②〈—な・—に〉ものごとが、深《ふか》くつながり合《あ》っている。例 食事《しょくじ》と健康《けんこう》は密接《みっせつ》な関係《かんけい》がある。類 緊密《きんみつ》

【密着《みっちゃく》】↓〈—する〉ぴったりとくっつくこと。例 シールをガラスに密着《みっちゃく》させる。表現「密着取材《みっちゃくしゅざい》」「生活《せいかつ》に密着《みっちゃく》した商品《しょうひん》」など、人《ひと》

と人《ひと》、人《ひと》とものの関係《かんけい》についても使《つか》う。

【密度《みつど》】↓ ①ある広《ひろ》さの中《なか》に、どれだけの人《ひと》やものが入《はい》っていて、つまりぐあいはどれくらいか、ということ。例人口密度《じんこうみつど》 ②内容《ないよう》がどのくらいしっかりしているか、ということ。例密度《みつど》のこい授業《じゅぎょう》。③物質《ぶっしつ》の、体積《たいせき》に対《たい》する質量《しつりょう》の度合《どあ》い。例空気《くうき》は、ぼうちょうすると、そのぶん密度《みつど》が小《ちい》さくなる。

【密。封《みっぷう》】↓〈―する〉すきまのないように、ぴったりとふさぐこと。例びんを密封《みっぷう》する。

【密閉《みっぺい》】↓〈―する〉すきまがないよう、ぴったりとじること。例へやを密閉《みっぺい》する。

【密林《みつりん》】↓ 植物《しょくぶつ》がびっしりとおいしげった広《ひろ》い森《もり》。ジャングル。例熱帯《ねったい》の密林《みつりん》。

❷〈ひそかに〉の意味で

【密会《みっかい》】↓〈―する〉人《ひと》に見《み》つからないようにこっそりと会《あ》うこと。

【密議《みつぎ》】↓〈―する〉ほかの人《ひと》に知《し》られないようにこっそりとおこなう相談《そうだん》。類密談《みつだん》

【密航《みっこう》】↓〈―する〉正《ただ》しい手《て》つづきをせずに、船《ふね》や飛行機《ひこうき》などでこっそり外国《がいこく》へ行《い》くこと。

【密告《みっこく》】↓〈―する〉他人《たにん》のわるいおこないやかくしごとを、その人《ひと》にはわからないように、警察《けいさつ》などに知《し》らせること。

【密使《みっし》】↓ だれにも知《し》られないようにこっそりとつかわされる使《つか》いの人《ひと》。

【密室《みっしつ》】↓ ひみつのへや。☞❶

【密書《みっしょ》】↓ 人《ひと》に知《し》られてはならない、ひみつの手紙《てがみ》。

【密。葬《みっそう》】↓〈―する〉身内《みうち》の者《もの》だけですませる葬式《そうしき》。対本葬《ほんそう》

【密造《みつぞう》】↓〈―する〉法律《ほうりつ》で禁《きん》じられているものを、こっそりとつくること。

【密談《みつだん》】↓〈―する〉ほかの人《ひと》に知《し》られないように、こっそりと話《はな》し合《あ》うこと。類密議《みつぎ》

【密。偵《みってい》】↓ こっそり敵《てき》のようすをさぐり出《だ》す役目《やくめ》の者《もの》。スパイ。例密偵《みってい》をはなつ。

【密入国《みつにゅうこく》】〈―する〉法律《ほうりつ》で決《き》められた手《て》つづきをしないで、こっそりとその国《くに》に入《はい》ること。対密出国《みつしゅっこく》

【密売《みつばい》】↓〈―する〉法律《ほうりつ》で売《う》ってはいけないことになっているものを売《う》ること。

【密約《みつやく》】↓〈―する〉約束《やくそく》し合《あ》った人《ひと》たちだけが知《し》っている約束《やくそく》。例密約《みつやく》をかわす。

【密輸《みつゆ》】↓〈―する〉法律《ほうりつ》で決《き》められた手《て》つづきをせずに、品物《しなもの》を外国《がいこく》へ売《う》ったり、外国《がいこく》から買《か》ったりすること。

【密。猟《みつりょう》】↓〈―する〉猟《りょう》をしてはいけないと決《き》められた場所《ばしょ》や時期《じき》に、けものや鳥《とり》などをとること。とってはいけないことになっている種類《しゅるい》のけものや鳥《とり》をとること。

【密漁《みつりょう》】↓〈―する〉漁《りょう》が禁《きん》じられている場所《ばしょ》や時期《じき》に、魚《さかな》や貝《かい》などをとること。とってはいけないと決《き》められている種類《しゅるい》の魚《さかな》や貝《かい》をとること。

密が下につく熟語 上の字の働き

❶密＝〈すきまがない〉のとき
【緊密《きんみつ》 厳密《げんみつ》 細密《さいみつ》 親密《しんみつ》 精密《せいみつ》 濃密《のうみつ》 綿密《めんみつ》】近《ちか》い意味《いみ》。

❷密＝〈ひそかに〉のとき
【内密《ないみつ》 秘密《ひみつ》 機密《きみつ》】近《ちか》い意味《いみ》。

◆粗密《そみつ》

宀-9

寒

総画12
JIS-2008
教3年
訓音 カン さむい

筆順

なりたち

【会意】人《ひと》が草《くさ》をしきつめた家《いえ》の中《なか》で横《よこ》たわっている意味《いみ》の「宑」と、氷《こおり》(冫)を合《あ》わせて、さむいようすを表《あらわ》している字《じ》。

意味

❶さむい。つめたい。さむい時期《じき》。例暑《あつ》さ寒《さむ》さも彼岸《ひがん》まで。寒《かん》の入《い》り。夜寒《よさむ》・大寒《だいかん》 対暖《だん》・温《おん》・暑《しょ》

❷さびしい。さむざむとしている。

❶〈さむい〉の意味で

【寒気《かんき》】↓ 一 寒《さむ》さ。例寒気《かんき》がゆるむ。対暑気《しょき》 二 病気《びょうき》のときや、ひどくおそろしい思《おも》いをしたときなどに感《かん》じる、せなかがぞくぞくするような、いやな寒《さむ》さ。例寒気《さむけ》がする。類悪寒《おかん》

【寒。稽古《かんげいこ》】〈―する〉一年《いちねん》でいちばん寒《さむ》い寒《かん》の時期《じき》におこなう武道《ぶどう》などの練習《れんしゅう》。

【寒月】かん げつ ⇩ 寒《さむ》さのきびしい冬《ふゆ》の夜空《よぞら》に、いかにもひえびえと光《ひか》っている月《つき》。

【寒色】かん しょく ⇩ 寒《さむ》そうな感《かん》じの色《いろ》。青《あお》やそのなかまの色《いろ》をいう。対 暖色《だんしょく》

【寒心】かん しん ▲ ぞっとする思《おも》い。表現 多《おお》く「寒心《かんしん》にたえない」の形《かたち》で使《つか》い、「実《じつ》になげかわしい」という意味《いみ》を表《あらわ》す。

【寒帯】かん たい ⇩ 地球《ちきゅう》の表面《ひょうめん》を気候《きこう》によっていくつかに分《わ》けた中《なか》で、北極《ほっきょく》と南極《なんきょく》を中心《ちゅうしん》とする、いちばん寒《さむ》さのきびしい地帯《ちたい》。関連 熱帯《ねったい》・温帯《おんたい》・寒帯《かんたい》

【寒暖】かん だん ⇕ 寒《さむ》さと暖《あたた》かさ。例 寒暖《かんだん》の差《さ》がはげしい。寒暖計《かんだんけい》

【寒中】かん ちゅう ⇩ ①冬《ふゆ》の寒《さむ》さのきびしい期間《きかん》。②小寒《しょうかん》のはじめから大寒《だいかん》のおわりまでの約《やく》三十日間《さんじゅうにちかん》。寒《かん》の内《うち》。例 寒中見舞《かんちゅうみま》い 対 暑中《しょちゅう》

【寒天】かん てん ⇩ ①冬《ふゆ》の最中《さいちゅう》の、さむざむとした空《そら》。類 寒空《さむぞら》 ②食品《しょくひん》の名《な》。海藻《かいそう》の「テングサ」をにてとかし、そのしるをこおらせたあと、かわかしたもの。それを使《つか》ってつくったゼリーのような食《た》べ物《もの》。

【寒波】かん ぱ ⇩ 冬《ふゆ》、北《きた》からやってくるつめたい空気《くうき》の大《おお》きなかたまり。例 寒波《かんぱ》がおしよせる。類 寒気団《かんきだん》

【寒風】かん ぷう ⇩ 冬《ふゆ》のつめたい風《かぜ》。例 寒風《かんぷう》にさらされて、からだのしんまでひえてしまった。

【寒流】かん りゅう ⇩ 寒帯《かんたい》から赤道《せきどう》のほうにむかって流《なが》れる、温度《おんど》のひくい海水《かいすい》の流《なが》れ。対 暖流《だんりゅう》

知識 日本《にほん》の近《ちか》くを流《なが》れる寒流《かんりゅう》が「親潮《おやしお》」。

【寒冷】かん れい Ⅱ 気候《きこう》がとても寒《さむ》くてひえこむこと。例 寒冷地《かんれいち》・寒冷前線《かんれいぜんせん》 対 温暖《おんだん》

【寒空】さむ ぞら ⇩ ①いかにも寒《さむ》そうな冬《ふゆ》の空《そら》。類 寒天《かんてん》 ②冬《ふゆ》のいかにもさむざむとした天候《てんこう》。

❷〈さびしい〉の意味で

【寒村】かん そん ⇩ あまり活気《かっき》の感《かん》じられない、さびれた村《むら》。例 山《やま》おくの寒村《かんそん》にくらす。

寒が下につく熟語 上の字の働き

❶寒＝〈さむい〉のとき

【厳寒《げんかん》 酷寒《こっかん》 余寒《よかん》 夜寒《よさむ》】ドノヨウナ寒《さむ》さか。

【小寒《しょうかん》 大寒《だいかん》】ドノクライ寒《さむ》い時期《じき》か。

【防寒《ぼうかん》 耐寒《たいかん》】寒《さむ》さをドウスルか。

◆悪寒《おかん》

宀-9

富

総画12 JIS-4157 教5年

音 フ・フウ 訓 とむ・とみ

筆順

なりたち

【形声】「畐《フク》」が「ゆたか」の意味《いみ》と、「フ・フウ」とかわって読《よ》み方《かた》をしめしている。家《いえ》(宀)がゆたかなことを表《あらわ》す字《じ》。

意味 ゆたか。とんでいる。財産《ざいさん》が多《おお》い。とみ。財産《ざいさん》。例 経験《けいけん》に富《と》む。富《とみ》をたくわえる。豊富《ほうふ》 対 貧《ひん》

注意するよみ フウ…例 富貴《ふうき》

県名 富山(とやま)

名前のよみ あつ・あつし・さかえ・とし・とよ・ひさ・みつ・みつる・ゆたか・よし

参考「富《とむ》」の字は、人名用漢字《じんめいようかんじ》。

【富貴】ふう き｜ふっ き Ⅱ〈—な〉財産《ざいさん》がたくさんあって、そのうえ身分《みぶん》が高《たか》いこと。

【富豪】ふ ごう Ⅱ ひじょうに多《おお》くの財産《ざいさん》をもつ人《ひと》。大金持《おおがねも》ち。例 大富豪《だいふごう》 類 長者《ちょうじゃ》

【富国強兵】ふこく きょうへい 国《くに》をゆたかにし、軍隊《ぐんたい》を強《つよ》くすること。類 軍国主義《ぐんこくしゅぎ》

【富裕】ふ ゆう Ⅱ〈—な・—に〉お金《かね》やものをたくさんもっていて、生活《せいかつ》にゆとりがあること。例 富裕層《ふゆうそう》 類 裕福《ゆうふく》

◆貧富《ひんぷ》 豊富《ほうふ》

宀-10

寛

総画13 JIS-2018 常用

音 カン 訓 —

［寛］

筆順

なりたち

【形声】もとの字《じ》は、「寬」。「萈」が「カン」という読《よ》み方《かた》をしめしている。「カン」は「ひろい」の意味《いみ》を持《も》ち、家《いえ》(宀)のひろいことを表《あらわ》す字《じ》。

意味 心《こころ》がひろい。ゆったりしている。例 寛大《かんだい》

名前のよみ とも・のぶ・のり・ひろ・ひろし・むね・もと・ゆたか・よし

【寛大】かん だい Ⅱ〈—な・—に〉心《こころ》が広《ひろ》く、思《おも》いやりがある。

前ページ▶富 寛

例 寛大《かんだい》な処置《しょち》。類 寛容《かんよう》

【寛容】《かんよう》 Ⅱ〈―に・―な〉広《ひろ》い心《こころ》でゆったりと受《う》けとめること。失敗《しっぱい》などをとがめずゆるすこと。例 寛容《かんよう》の精神《せいしん》。類 寛大《かんだい》 対 偏狭《へんきょう》

宀-10

寝

総画13 JIS-3118 常用

音 シン
訓 ねる・ねかす

［寢］

筆順 寝寝寝寝寝寝寝寝

なりたち  【形声】もとの字は、「寢」。「㝲」が「シン」という読《よ》み方《かた》をしめしている。「シン」は「きよめる」意味《いみ》を持《も》ち、病気《びょうき》をはらいきよめるために家《いえ》（宀）のねどこ（爿）でねていることを表《あらわ》す字《じ》。

意味 ねる。ねどこにつく。例 子《こ》どもを寝《ね》かす。寝《ね》ても覚《さ》めても。寝言《ねごと》・就寝《しゅうしん》

【寝具】《しんぐ》 ↓ 人《ひと》がねるときに使《つか》う、ふとんやまくらなどの道具《どうぐ》。類 夜具《やぐ》

【寝室】《しんしつ》 ↓ 家《いえ》の中《なか》で、おもにねるために使《つか》っているへや。ベッドルーム。

【寝食】《しんしょく》 Ⅱ 人《ひと》のくらしのうちで、いちばんもとになる、ねることと食《た》べること。例 寝食《しんしょく》をわすれて没頭《ぼっとう》する。

【寝台】《しんだい》 ↓ 床《ゆか》よりすこし高《たか》くなっている、ねるための台《だい》。ベッド。例 寝台車《しんだいしゃ》

【寝殿】《しんでん》 ↓ 平安時代《へいあんじだい》の貴族《きぞく》の屋敷《やしき》の中心《ちゅうしん》にある、主人《しゅじん》が生活《せいかつ》する建物《たてもの》。例 寝殿造《しんでんづく》り

【寝汗】《ねあせ》 ↓ ねていてかくあせ。とくに、からだのぐあいがわるくてかくあせ。類 盗汗《とうかん》

【寝息】《ねいき》 ↓ ねむっているときの呼吸《こきゅう》。例 やすらかな寝息《ねいき》をたてている赤《あか》ん坊《ぼう》。

【寝顔】《ねがお》 ↓ ねむっているときの顔《かお》。

【寝癖】《ねぐせ》 ↓ ①ねているうちにそうなってしまって、すぐにはなおらないかみの毛《け》の形《かたち》。②ねているあいだに、からだをあちこちに動《うご》かすくせ。例 寝癖《ねぐせ》がわるい。類 寝相《ねぞう》

【寝心地】《ねごこち》 ねるとき、また、ねているあいだの気分《きぶん》。例 このベッドは寝心地《ねごこち》がいい。

【寝言】《ねごと》 ↓ ねむっているあいだに、本人《ほんにん》は知《し》らずに言《い》うことば。表現 意味不明《いみふめい》とか見当《けんとう》ちがいの発言《はつげん》に対《たい》し、「なにを寝言《ねごと》言《い》ってるんだ」などということもある。

【寝相】《ねぞう》 ↓ ねむっているときの、からだ全体《ぜんたい》のかっこう。例 寝相《ねぞう》がわるい。類 寝癖《ねぐせ》

【寝床】《ねどこ》 ↓ ①ねるためにしいてあるふとん。②ベッド。寝台《しんだい》。

【寝袋】《ねぶくろ》 ↓ ふくろのようになったうすいふとん。キャンプのとき使《つか》う。シュラフ。

【寝坊】《ねぼう》 ↓〈―する〉朝《あさ》おそくまでねていること。朝《あさ》ねぼう。

【寝間着】《ねまき》 ねるときに着《き》る服《ふく》。パジャマ。表記「寝巻き」とも書《か》く。

【寝物語】《ねものがたり》 ふとんの中《なか》に横《よこ》になってする話《はなし》。例 寝物語《ねものがたり》に昔話《むかしばなし》を聞《き》かせる。

【寝技】《ねわざ》 ↓ 柔道《じゅうどう》のわざの一《ひと》つ。ねた姿勢《しせい》で相手《あいて》をせめ、おさえこむわざ。対 立《た》ち技《わざ》 表現「寝技《ねわざ》を使《つか》う」などと、裏《うら》のほうでおこなうかけひきの意味《いみ》でも使《つか》う。

◆ 就寝《しゅうしん》 空寝《そらね》

宀-11

寡

総画14 JIS-1841 常用

音 カ
訓 ―

筆順 寡寡寡寡寡寡寡寡

なりたち  【会意】「寡」は「ひとり」の意味《いみ》を持《も》ち、家《いえ》（宀）の中《なか》でひとりでいることを表《あらわ》す字《じ》。

意味 ❶すくない。すこし。例 寡占《かせん》・多寡《たか》 対 多《た》・衆《しゅう》 ❷夫《おっと》に死《し》にわかれた。例 寡婦《かふ》

❶〈すくない〉の意味で

【寡作】《かさく》 ▲〈―な〉作家《さっか》や画家《がか》などが、少《すこ》ししか作品《さくひん》をつくらないこと。対 多作《たさく》

【寡占】《かせん》 ↓ 少数《しょうすう》の会社《かいしゃ》が、ある商品《しょうひん》のほとんどを作《つく》ったり売《う》ったりすること。例 寡占《かせん》状態《じょうたい》・寡占価格《かせんかかく》

【寡聞】《かぶん》 ▲ 聞《き》き知《し》っていることが、わずかであること。表現「寡聞《かぶん》にして存《ぞん》じません」と言《い》ってけんそんする。

【寡黙】《かもく》 Ⅱ〈―に・―な〉口《くち》かずが少《すく》ないこと。例 寡黙《かもく》な人《ひと》。類 無口《むくち》 対 多弁《たべん》・冗舌《じょうぜつ》

❷〈夫に死にわかれた〉の意味で

【寡婦】《かふ》 ↓ 夫《おっと》が先《さき》に死《し》んだ女《おんな》の人《ひと》。例 寡婦《かふ》年金《ねんきん》

宀－11

察

総画14　JIS-2701　教4年

音 サツ　訓 ―

筆順（まっすぐ、つく／はらう／はねる）

なりたち  [形声]「宀」が「おおい」を表《あらわ》し、「祭《サイ》」が「サツ」とかわって読《よ》み方《かた》をしめしている。「サイ」は「こまかい」の意味を持ち、おおわれてはっきりしないものをくわしく調《しら》べることを表《あらわ》す字《じ》。

意味 よく見《み》てなかみを知《し》る。こまかく見《み》る。例 気持《きも》ちを察《さっ》する。見《み》えないところまでおしはかる。察《さっ》しがいい。察知《さっち》・観察《かんさつ》・考察《こうさつ》・高察《こうさつ》

名前のよみ あき・あきら

【察知《さっち》】↓〈―する〉まわりのようすなどから、おしはかって知《し》ること。例 危険《きけん》を察知《さっち》する。類 感知《かんち》

察が下につく熱語 上の字の働き

【観察《かんさつ》 診察《しんさつ》 監察《かんさつ》 検察《けんさつ》 査察《ささつ》 偵察《ていさつ》 考察《こうさつ》 省察《せいさつ》 洞察《どうさつ》】近《ちか》い意味《いみ》。

【賢察《けんさつ》 拝察《はいさつ》 明察《めいさつ》 推察《すいさつ》 視察《しさつ》】ドノヨウニ見《み》ぬくか。

◆警察《けいさつ》

宀－11

寧

総画14　JIS-3911　常用

音 ネイ　訓 ―

筆順

なりたち  [形声]もとの字《じ》は、「寍」。「やすらか」の意味《いみ》を表《あらわ》す「寍」が「ネイ」とかわって読《よ》み方《かた》をしめしている。家《いえ》（宀）の中《なか》がやすらかなことを表《あらわ》す字《じ》。

意味 やすらか。おだやか。おちついている。例 寧日《ねいじつ》・安寧《あんねい》・丁寧《ていねい》

名前のよみ さだ・しず・やす・やすし

宀－12

審

総画15　JIS-3119　常用

音 シン　訓 ―

筆順

なりたち  [形声]「宀」が「おおい」を表《あらわ》し、「番《ハン》」が「シン」とかわって読《よ》み方《かた》をしめしている。「ハン」は「見分《みわ》ける」意味《いみ》を持《も》ち、おおわれているものを見分《みわ》けて明《あき》らかにすることを表《あらわ》す字《じ》。

意味 くわしく調《しら》べる。はっきりさせる。あきらかにする。例 審議《しんぎ》・不審《ふしん》・主審《しゅしん》・控訴《こうそ》審《しん》

名前のよみ あき・あきら

【。審議《しんぎ》】↓〈―する〉問題《もんだい》になっていることをくわしく調《しら》べ、それがよいかどうか話《はな》し合《あ》うこと。例 予算案《よさんあん》の審議《しんぎ》。審議会《しんぎかい》

【。審査《しんさ》】Ⅲ〈―する〉くわしく調《しら》べ、よいかわるいか、どのくらいすぐれているかを決《き》めること。例 審査《しんさ》の結果《けっか》を発表《はっぴょう》する。

【。審判《しんぱん》】↓〈―する〉①その人《ひと》のしたことをよく調《しら》べて、よいかわるいか、正《ただ》しいか正《ただ》しくないか、罪《つみ》があるかないかをはっきりさせること。例 選挙《せんきょ》で国民《こくみん》の審判《しんぱん》がくだる。②競技《きょうぎ》で、試合《しあい》を進《すす》めながら、反則《はんそく》の有無《うむ》や勝《か》ち負《ま》けを決《き》めること。

【。審美眼《しんびがん》】美《うつく》しいものとみにくいものを見分《みわ》ける力《ちから》。例 審美眼《しんびがん》をやしなう。

【。審理《しんり》】↓〈―する〉裁判所《さいばんしょ》で、法律《ほうりつ》にしたがって、事件《じけん》の真相《しんそう》を調《しら》べ、明《あき》らかにすること。例 事件《じけん》の審理《しんり》を進《すす》める。

審が下につく熱語 上の字の働き

【誤審《ごしん》 再審《さいしん》】ドノヨウニ審理《しんり》するか。

【球審《きゅうしん》 線審《せんしん》 塁審《るいしん》】ナニについての審判《しんぱん》か。

【主審《しゅしん》 陪審《ばいしん》】ドウイウ立場《たちば》の審判《しんぱん》か。

◆不審《ふしん》

宀－12

寮

総画15　JIS-4632　常用

音 リョウ　訓 ―

筆順

なりたち  [形声]「尞」が「リョウ」という読《よ》み方《かた》をしめしている。「リョウ」は「つらなる」の意味《いみ》を持《も》ち、「つらなった建物《たてもの》（宀）」を表《あらわ》す字《じ》。

意味 寄宿舎《きしゅくしゃ》。学校《がっこう》や会社《かいしゃ》などの共同宿舎《きょうどうしゅくしゃ》。例 大学《だいがく》の寮《りょう》。寮歌《りょうか》・寮生《りょうせい》・寮生活《りょうせいかつ》・寮母《りょうぼ》・

学寮《がくりょう》
◆ 学寮《がくりょう》 独身寮《どくしんりょう》

3画 寸〔すん〕の部

「寸《すん》」をもとに作《つく》られ、おもに手《て》でおこなう動《どう》作《さ》にかかわる字《じ》を集《あつ》めてあります。

この部首の字

0 寸……328	3 寺……328	4 寿……329	対……329
6 専……330	封……331	7 射……331	将……332
8 尉……333	9 尋……333	尊……333	12 導……334
耐→而 862	辱→辰 980	奪→大 290	

寸-0 【寸】

総画3　JIS-3203　教6年
音 スン
訓 ―

筆順

なりたち

【指事】「又（手《て》）」と手首《てくび》の脈《みゃく》をはかるところをしめすしるしの「一」からできた字《じ》。

意味
❶長《なが》さの単位《たんい》。尺貫法《しゃっかんほう》で、一尺《いっしゃく》の十分《じゅうぶん》の一《いち》。約《やく》三・〇三センチメートル。
❷長《なが》さ。例 寸法《すんぽう》・原寸《げんすん》
❸ほんのわずか。すこし。短《みじか》い。例 寸陰《すんいん》・寸時《すんじ》

名前のよみ ちか

❷〈長さ〉の意味で

【寸法】すんぽう ↓ ①ものの長《なが》さや大《おお》きさ。例 寸法《すんぽう》をはかる。類 尺度《しゃくど》 ②計画《けいかく》。もくろみ。例 ものごとは寸法《すんぽう》どおりには進《すす》まない。

❸〈ほんのわずか〉の意味で

【寸。陰】すんいん ↓ 短《みじか》い時間《じかん》。例 寸陰《すんいん》もむだにできない。表現「一寸《いっすん》の光陰《こういん》」を短《みじか》くしたことば。
【寸。暇】すんか ↓ ほんのちょっとの自由《じゆう》にできる時間《じかん》。例 寸暇《すんか》をおしんで学《まな》ぶ。
【寸劇】すんげき ↓ 短《みじか》い軽《かる》い劇《げき》。例 寸劇《すんげき》を演《えん》じる。
【寸言】すんげん ↓ 短《みじか》いが、意味《いみ》の深《ふか》いことば。例 寸言人《すんげんひと》を刺《さ》すものがある。
【寸刻】すんこく ↓ 過《す》ぎていく時間《じかん》の中《なか》のあっという間《ま》。例 寸刻《すんこく》の余裕《よゆう》もない。類 寸時《すんじ》
【寸志】すんし ↓ 人《ひと》にお金《かね》やものをおくるときに、けんそんして使《つか》うことば。「わずかですが、お礼《れい》の気持《きも》ちです」という意味《いみ》。のし紙《がみ》に書《か》いたりする。目上《めうえ》の人《ひと》に対《たい》しては使《つか》わない。
【寸時】すんじ ↓ 短《みじか》い時間《じかん》。例 寸時《すんじ》も休《やす》まずはたらく。類 寸刻《すんこく》
【寸前】すんぜん ↓ ほんの少《すこ》し前《まえ》。例 ゴール寸前《すんぜん》で転《ころ》んでしまった。類 直前《ちょくぜん》
【寸断】すんだん ↓〈―する〉こまかく、ずたずたにたち切《き》ること。例 台風《たいふう》で道路《どうろ》が寸断《すんだん》された。
【寸鉄】すんてつ ↓ ①短《みじか》い刃物《はもの》。例 身《み》に寸鉄《すんてつ》もおびず（武器《ぶき》を持《も》っていない）。②短《みじか》いが、人《ひと》の心《こころ》をつよくうごかすことば。例 寸鉄人《すんてつひと》を刺《さ》す（短《みじか》いが適切《てきせつ》なことばで急所《きゅうしょ》を突《つ》く）。
【寸秒】すんびょう ↓ ほんのわずかな時間《じかん》。例 寸秒《すんびょう》をあらそう。
【寸。描】すんびょう ↓〈―する〉さらっとかんたんにかいた絵《え》や、短《みじか》い文章《ぶんしょう》。スケッチ。例 寸描画《すんびょうが》
【寸評】すんぴょう ↓〈―する〉短《みじか》い批評《ひひょう》。類 短評《たんぴょう》
【寸分】すんぶん ‖ ほんのちょっと。例 寸分《すんぶん》のちがいもない。表現「寸分《すんぶん》の…もない」と、あとに打《う》ち消《け》しのことばをつけて使《つか》う。

◆ 原寸《げんすん》 採寸《さいすん》

寸-3 【寺】

総画6　JIS-2791　教2年
音 ジ
訓 てら

筆順
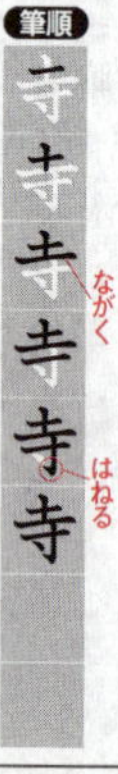

なりたち

【形声】「止」と「寸（手《て》）」とからでき、「止」が「ジ」とかわって読《よ》み方《かた》をしめしている。「ジ」は「つかう」意味《いみ》を持《も》ち、手《て》を使《つか》って仕事《しごと》をする「役所《やくしょ》」を表《あらわ》していた字《じ》。

意味 てら。例 お寺参《てらまい》り。寺院《じいん》

【寺院】じいん ↓ てら。仏《ほとけ》をまつり、僧《そう》が修行《しゅぎょう》するための建物《たてもの》。例 寺院《じいん》の境内《けいだい》。類 僧院《そういん》
【寺社】じしゃ ‖ てらと神社《じんじゃ》。例 寺社《じしゃ》めぐり。
【寺子屋】てらこや 江戸《えど》時代《じだい》、ふつうの家《いえ》の子《こ》どもたちに、読《よ》み書《か》きやそろばんなどを教《おし》えたところ。参考 教育《きょういく》を受《う》けるために寺《てら》にかよった子《こ》どもである「寺子《てらこ》」からできたことば。

◆ 尼寺《あまでら》 社寺《しゃじ》

寿

寸-4　総画7　JIS-2887　常用

音 ジュ　訓 ことぶき

［壽］

筆順 寿寿寿寿寿寿寿

なりたち  【形声】もとの字は、「壽」。もともとは「耂」と「𠷎」とからでき、「𠷎《チュウ》」が「ジュ」とかわって読《よ》み方《かた》をしめしている。「チュウ」は「長《なが》い」意味《いみ》を持《も》ち、また「耂」は年《とし》よりを表《あらわ》すことから、年老《としお》いるまでの長《なが》い年月《としつき》を表《あらわ》している字《じ》。

意味

❶長生《ながい》き。年齢《ねんれい》。例 寿《じゅ》を保《たも》つ。寿命《じゅみょう》・賀寿《じゅ》・長寿《ちょうじゅ》

❷祝《いわ》い。ことほぐ。めでたい。例 寿詞《じゅし》・喜寿《きじゅ》

名前のよみ かず・たもつ・つね・とし・なが・のぶ・ひさ・ひさし・ひで・ひろし・やすし・よし

❶〈長生き〉の意味で

【。寿命】《じゅみょう》 Ⅱ ①生《い》き物《もの》が生《う》まれてから死《し》ぬまでの命《いのち》の長《なが》さ。例 寿命《じゅみょう》がつきる。類 天命《てんめい》・天寿《てんじゅ》 ②道具《どうぐ》や機械《きかい》が役《やく》に立《た》って使《つか》える期間《きかん》。例 この電球《でんきゅう》も寿命《じゅみょう》だ。

寿が下につく熟語 上の字の働き

❶寿＝〈長生き〉のとき
【長寿《ちょうじゅ》 天寿《てんじゅ》】ドンナ寿命《じゅみょう》か。

❷寿＝〈祝い〉のとき
【喜寿《きじゅ》 傘寿《さんじゅ》 米寿《べいじゅ》 卒寿《そつじゅ》 白寿《はくじゅ》】イクツの年齢《ねんれい》の祝《いわ》いか。

対

寸-4　総画7　JIS-3448　教3年

音 タイ・ツイ　訓 ―

［對］

筆順 対対対対対対対（まっすぐ、つく／とめる／はねる）

なりたち  【会意】もとの字は、「對」。「丵」は鐘《かね》をつるす台《だい》の形《かたち》で、台《だい》を二《ふた》つ手《て》（寸）で向《む》かいあわせることを表《あらわ》す字《じ》。

意味

❶むかいあう。相手《あいて》をする。例 敵《てき》と対《たい》する。対岸《たいがん》・反対《はんたい》

❷つきあわせる。つりあう。二《ふた》つでひと組《く》みになる。例 対等《たいとう》・対句《ついく》

❸対馬《つしま》。旧国名《きゅうこくめい》。今《いま》の長崎県《ながさきけん》の一部《いちぶ》となっている島《しま》。例 対州《たいしゅう》

❶〈むかいあう〉の意味で

【対応】《たいおう》 ⇩ 〈―する〉①たがいに向《む》かいあうこと。例 四角形《しかくけい》で対応《たいおう》する二《ふた》つの角《かく》。②相手《あいて》の動《うご》きやまわりのようすに応《おう》じて行動《こうどう》すること。例 対応策《たいおうさく》 類 対処《たいしょ》 ☞❷

【対外】《たいがい》 ▲ 外部《がいぶ》や、外国《がいこく》を相手《あいて》にすること。例 対外貿易《たいがいぼうえき》 対 対内《たいない》

【対角線】《たいかくせん》 四《よっ》つ以上《いじょう》の角《かく》をもつ図形《ずけい》の、となりあわない二《ふた》つの角《かく》の頂点《ちょうてん》をむすぶ線《せん》。例 対角線《たいかくせん》をひく。

【対岸】《たいがん》 ⇩ 川《かわ》やみずうみなどの向《む》こうがわの岸《きし》。例 池《いけ》の対岸《たいがん》までボートでいく。

【対局】《たいきょく》 ▲ 〈―する〉碁《ご》や将棋《しょうぎ》で、向《む》かいあって勝負《しょうぶ》をすること。例 名人《めいじん》と対局《たいきょく》する。

【対極】《たいきょく》 ⇩ まったく正反対《せいはんたい》で、かけはなれていること。例 対極《たいきょく》に立《た》つ。

【対決】《たいけつ》 ⇩ 〈―する〉相手《あいて》と向《む》かいあって、どちらが強《つよ》いか、正《ただ》しいか、などをあらそって決《き》めること。例 ライバルどうしの対決《たいけつ》。

【対向】《たいこう》 ⇩ 〈―する〉向《む》きが反対《はんたい》であること。例 対向車《たいこうしゃ》に道《みち》をゆずる。

【対。抗】《たいこう》 ⇩ 〈―する〉相手《あいて》に負《ま》けないようにと、がんばること。例 対抗意識《たいこういしき》が強《つよ》い。

【対校】《たいこう》 ▲ 学校《がっこう》どうしが試合《しあい》などでたがいに競争《きょうそう》しあうこと。

【対座】《たいざ》 ⇩ 〈―する〉向《む》かいあってすわること。

【対策】《たいさく》 ⇩ 全体《ぜんたい》のなりゆき、相手《あいて》の動《うご》きなどに応《おう》じてとる、自分《じぶん》のがわの手段《しゅだん》や方法《ほうほう》。例 対策《たいさく》を練《ね》る。類 方策《ほうさく》

【対処】《たいしょ》 ⇩ 相手《あいて》やそのときのようすに応《おう》じて、しなければならないことをすること。例 前《まえ》むきに対処《たいしょ》する。類 対応《たいおう》

【対象】《たいしょう》 ⇩ こちらからはたらきかけるときの相手《あいて》。目的《もくてき》。例 対象年齢《たいしょうねんれい》。

例解 使い分け

［対象《たいしょう》・対称《たいしょう》・対照《たいしょう》］

対象＝目標《もくひょう》にするもの。相手《あいて》となるもの。
例 小学生《しょうがくせい》を対象《たいしょう》とした本《ほん》。観察《かんさつ》の対象《たいしょう》はアサガオ。

対称＝二《ふた》つのものがつり合《あ》っていること。
例 左右対称《さゆうたいしょう》の図形《ずけい》。

対照＝二《ふた》つのものをつき合《あ》わせてくらべ

ること。例 白《しろ》と黒《くろ》の対照的《たいしょうてき》な色合《いろあ》い。

【対。陣】《たいじん》 ↓〈—する〉敵《てき》と向《む》かいあって、陣《じん》をとること。例 川《かわ》をはさんで対陣《たいじん》する。

【対戦】《たいせん》 ↓〈—する〉相手《あいて》とたがいに向《む》かいあってたたかうこと。そのたたかい。例 対戦相手《たいせんあいて》

【対談】《たいだん》 ↓〈—する〉ふたりの人《ひと》が向《む》かいあって話《はな》し合《あ》うこと。例 時事対談《じじたいだん》。表現 三人《さんにん》の人《ひと》の話《はな》し合《あ》いは「鼎談《ていだん》」という。「鼎《かなえ》」は三本足《さんぼんあし》のうつわ。

【対日】《たいにち》 ▲ 日本《にほん》に対《たい》する。例 対日貿易《たいにちぼうえき》

【対面】《たいめん》 ▲〈—する〉①相手《あいて》とじかに会《あ》うこと。例 かれとはじめて対面《たいめん》する。類 面会《めんかい》 ②両方《りょうほう》が向《む》かいあうこと。例 対面交通《たいめんこうつう》

【対立】《たいりつ》 ↓〈—する〉たがいにはりあうこと。例 意見《いけん》が対立《たいりつ》する。類 反対《はんたい》・反目《はんもく》

【対話】《たいわ》 ↓〈—する〉向《む》かいあって話《はなし》のやりとりをすること。やりとりした話《はなし》の内容《ないよう》。例 住《じゅう》民《みん》との対話《たいわ》をはかる。類 会話《かいわ》

❷〈つきあわせる〉の意味で

【対応】《たいおう》 ↓〈—する〉二《ふた》つのものごとがつりあうこと。例 支出《ししゅつ》に対応《たいおう》する収入《しゅうにゅう》。類 匹敵《ひってき》

☞❶

【対義語】《たいぎご|ついぎご》 ①「広《ひろ》い」と「せまい」、「売《う》る」と「買《か》う」など、たがいの意味《いみ》が反対《はんたい》になることば。類 反対語《はんたいご》・反意語《はんいご》・反義語《はんぎご》 対 同義語《どうぎご》・類義語《るいぎご》・類語《るいご》 ②「男《おとこ》」と「女《おんな》」など、たがいに対《つい》になることば。類 対語《たいご|ついご》

【対語】《たいご|ついご》 ↓「父《ちち》」と「母《はは》」のように、たがいに対《つい》になることば。類 対義語《たいぎご|ついぎご》

【対。称】《たいしょう》 ↓〈—な・—に〉二《ふた》つの点《てん》や線《せん》・図形《ずけい》が、一《ひと》つの点《てん》や一本《いっぽん》の直線《ちょくせん》を中心《ちゅうしん》にして、ぴったりとかさなりあうように向《む》かいあっていること。シンメトリー。例 左右対称《さゆうたいしょう》

使い分け [対象・対称・対照] ☞329ページ

【対照】《たいしょう》 ↓①〈—する〉二《ふた》つのものごとをならべてくらべること。例 訳文《やくぶん》を原文《げんぶん》と対照《たいしょう》しながら読《よ》む。類 対比《たいひ》・照合《しょうごう》 ②二《ふた》つをくらべてみたとき、そのちがいがはっきりと目立《めだ》つこと。例 対照的《たいしょうてき》な性格《せいかく》。

使い分け [対象・対称・対照] ☞329ページ

【対等】《たいとう》 Ⅱ〈—な・—に〉たがいの力《ちから》や立場《たちば》・身分《みぶん》などに差《さ》がないこと。例 対等《たいとう》な立場《たちば》。

【対比】《たいひ》 ↓〈—する〉二《ふた》つのものをくらべあわせること。例 二《ふた》つの意見《いけん》を対比《たいひ》して決《き》める。類 比較《ひかく》・対照《たいしょう》

【対訳】《たいやく》 ↓〈—する〉外国語《がいこくご》や古《ふる》いことばなどで書《か》かれた原文《げんぶん》と、それを自国語《じこくご》や現代語《げんだいご》に訳《やく》した文《ぶん》とを、ならべてしめすこと。例 対訳《たいやく》つきの英文《えいぶん》の本《ほん》。

【対流】《たいりゅう》 ↓〈—する〉液体《えきたい》や気体《きたい》があたためられると下《した》から上《うえ》へとあがり、入《い》れかわりに温《おん》度《ど》の低《ひく》いものが下《した》にさがることによってできる流《なが》れ。知識 熱《ねつ》のつたわり方《かた》の一《ひと》つ。ほかに、伝導《でんどう》・輻射《ふくしゃ》がある。

【対句】《ついく》 ↓「うさぎ追《お》いしかの山《やま》、こぶな釣《つ》りしかの川《かわ》」などのように、意味《いみ》やことばの調子《ちょうし》などがつりあう二《ふた》つの句《く》をならべたもの。

対が下につく熟語 上の字の働き

❶対＝〈むかいあう〉のとき
【敵対《てきたい》 反対《はんたい》】ドノヨウニむかいあうか。
◆一対《いっつい》 応対《おうたい》 好一対《こういっつい》 絶対《ぜったい》

寸-6

専

総画9
JIS-3276
教6年
訓 音 セン もっぱら
「専」

筆順

なりたち

【形声】もとの字《じ》は、「專」。「叀」が糸《いと》まきの形《かたち》で、「セン」という読《よ》み方《かた》をしめしている。「寸」がついて、糸《いと》まきを手《て》(寸)でまわすことを表《あらわ》す字《じ》。

意味
❶ただそれだけ。例 専門《せんもん》
❷自分《じぶん》かってにする。ひとりじめにする。例 権力《けんりょく》を専《もっぱ》らにする。専制《せんせい》

名前のよみ あつし

❶〈ただそれだけ〉の意味で

【専一】《せんいつ》 [Ⅱ]〈―な/―に〉そのことだけを考《かんが》え、ほかを考《かんが》えないこと。表現「ご自愛専一《じあいせんいつ》に（体《からだ》をたいせつにすることを第一《だいいち》にお考《かんが》えください）」のように、手紙《てがみ》の終《お》わりにそえる。

【専科】《せんか》 [↓]学校《がっこう》で、一《ひと》つのことがらだけを勉強《べんきょう》するコース。例外国語専科《がいこくごせんか》

【専業】《せんぎょう》 [▲]その仕事《しごと》だけを職業《しょくぎょう》としてやっていること。例専業農家《せんぎょうのうか》 対兼業《けんぎょう》

【専◦攻】《せんこう》 [↓]〈―する〉一《ひと》つのことがらや分野《ぶんや》にかぎって研究《けんきゅう》すること。例専攻科目《せんこうかもく》

【専修】《せんしゅう》 [↓]〈―する〉そのことを中心《ちゅうしん》に勉強《べんきょう》すること。例専修学校《せんしゅうがっこう》

【専従】《せんじゅう》 [↓]〈―する〉そのことだけを仕事《しごと》にしてはたらくこと。例専従《せんじゅう》の運転士《うんてんし》。

【専心】《せんしん》 [▲]〈―する〉一《ひと》つのことに気持《きも》ちを集中《しゅうちゅう》させること。例研究《けんきゅう》に専心《せんしん》する。類専念《せんねん》・傾注《けいちゅう》

【専属】《せんぞく》 [↓]〈―する〉一《ひと》つの会社《かいしゃ》や団体《だんたい》とけいやくして、そこの仕事《しごと》だけをすること。例当社《とうしゃ》の経験豊《けいけんゆた》かな専属《せんぞく》スタッフが担当《たんとう》します。

【専任】《せんにん》 [↓]〈―する〉その仕事《しごと》だけをうけもってすること。例専任《せんにん》コーチ 対兼任《けんにん》

【専念】《せんねん》 [▲]〈―する〉ただ一《ひと》つのことに気持《きも》ちを集中《しゅうちゅう》させること。例仕事《しごと》に専念《せんねん》する。類専心《せんしん》・没頭《ぼっとう》・傾注《けいちゅう》・熱中《ねっちゅう》

【専売】《せんばい》 [↓]〈―する〉ある品物《しなもの》を、政府《せいふ》だけが、あるいは、きまった人《ひと》や会社《かいしゃ》だけが売《う》ることに決《き》めること。例専売特許《せんばいとっきょ》

【専務】《せんむ》 [↓]①その仕事《しごと》だけをうけもつこと。例専務車掌《せんむしゃしょう》 ②「専務取締役《せんむとりしまりやく》」の略《りゃく》。社長《しゃちょう》を助《たす》け、会社全体《かいしゃぜんたい》をとりしまる役目《やくめ》。

【専門】《せんもん》 [↓]ある一《ひと》つのことがらだけをとりあつかうこと。例専門家《せんもんか》

【専有】《せんゆう》 [↓]〈―する〉ひとりじめすること。例利益《りえき》を専有《せんゆう》する。類独占《どくせん》 対共有《きょうゆう》

【専用】《せんよう》 [↓]〈―する〉①一《ひと》つのきまった役目《やくめ》にだけ、使《つか》うことになっていること。例自転車《じてんしゃ》専用道路《せんようどうろ》 対兼用《けんよう》 ②その人《ひと》だけが使《つか》うことになっていること。例社長専用車《しゃちょうせんようしゃ》 対共用《きょうよう》

❷〈自分かってにする〉の意味で

【専横】《せんおう》 [Ⅱ]〈―な/―に〉自分《じぶん》の立場《たちば》が強《つよ》いことに気《き》をよくして、わがままをおしとおすこと。例専横《せんおう》をきわめる。類横暴《おうぼう》

【専制】《せんせい》 [↓]自分《じぶん》だけの考《かんが》えで、ものごとを決《き》めたりおこなったりすること。例専制政治《せんせいせいじ》

寸-6

封

総画9
JIS-4185
常用
訓 ―
音 フウ・ホウ

筆順

なりたち

【会意】「圭」はさかいに植《う》える木《き》の形《かたち》からでき、手《て》（寸）で木《き》を植《う》えてさかいを作《つく》ることを表《あらわ》す字《じ》。

意味
❶ふさぐ。とじこめる。例封書《ふうしょ》・密封《みっぷう》
❷領地《りょうち》をあたえる。例封建《ほうけん》

❶〈ふさぐ〉の意味で

【◦封印】《ふういん》 [↓]〈―する〉とじた封《ふう》じめに、はんこをおすこと。封《ふう》をする。例現金書留《げんきんかきとめ》の封筒《ふうとう》に封印《ふういん》をおす。

【◦封◦鎖】《ふうさ》 [Ⅱ]〈―する〉出入《でい》り口《ぐち》をふさいで出入《でい》りできないようにすること。例海上封鎖《かいじょうふうさ》

【◦封書】《ふうしょ》 [↓]封筒《ふうとう》に入《い》れて中《なか》が見《み》えないようにした手紙《てがみ》。例一通《いっつう》の封書《ふうしょ》がとどいた。

【◦封◦筒】《ふうとう》 [↓]手紙《てがみ》や書類《しょるい》などを入《い》れるための、紙《かみ》のふくろ。例二重封筒《にじゅうふうとう》

【◦封入】《ふうにゅう》 [↓]〈―する〉ふくろなどの中《なか》にものを入《い》れて、封《ふう》をすること。例写真《しゃしん》を封入《ふうにゅう》する。

❷〈領地をあたえる〉の意味で

【◦封建】《ほうけん》 [↓]むかし、君主《くんしゅ》が自分《じぶん》の領土《りょうど》を家来《けらい》に分《わ》けあたえて、そこをおさめさせたこと。例封建制度《ほうけんせいど》・封建時代《ほうけんじだい》

【◦封建的】《ほうけんてき》 〈―な/―に〉封建時代《ほうけんじだい》のように、身分《みぶん》などの上下《じょうげ》を重《おも》く考《かんが》え、個人《こじん》の権利《けんり》や自由《じゆう》をたいせつにしない考《かんが》え方《かた》。例封建的《ほうけんてき》な体質《たいしつ》。対民主的《みんしゅてき》

封が下につく熟語 上の字の働き

❶封＝〈ふさぐ〉のとき
【同封《どうふう》 密封《みっぷう》 完封《かんぷう》】ドノヨウニ封《ふう》じるか。
◆開封《かいふう》

寸-7

射

総画10
JIS-2845
教6年
訓 いる
音 シャ

筆順 射 射 射 射 射 射 射 射 射 射（はねる・だす・はねる）

なりたち 【会意】「身」の部分はもともと弓《ゆみ》に矢《や》をつがえた形《かたち》（）で、手《て》（寸）で弓《ゆみ》をいることを表《あらわ》している字《じ》。

意味
❶矢《や》をはなってあてる。銃《じゅう》をうつ。例 矢《や》を射《い》る。的《まと》を射《い》る。射撃《しゃげき》・発射《はっしゃ》
❷いきおいよく出《だ》す。例 注射《ちゅうしゃ》

❶〈矢をはなってあてる〉の意味で
【射。撃】しゃげき [||]〈―する〉銃《じゅう》や大砲《たいほう》でたまをうつこと。例 一斉射撃《いっせいしゃげき》
【射幸心】しゃこうしん 苦労《くろう》なしで幸運《こううん》が手《て》に入《はい》らないかとねがう心《こころ》。例 射幸心《しゃこうしん》をあおる。
【射殺】しゃさつ [↓]〈―する〉銃《じゅう》で相手《あいて》をころすこと。例 人《ひと》をおそったクマが射殺《しゃさつ》された。
【射手】しゃしゅ [↓] 弓《ゆみ》や銃《じゅう》をうつ人《ひと》。
【射程】しゃてい [↓] 弓《ゆみ》で射《い》た矢《や》や、大砲《たいほう》などのたまがとどく距離《きょり》。例 射程距離《しゃていきょり》
【射的】しゃてき [▲] ①的《まと》をねらって、銃《じゅう》や弓《ゆみ》を発射《はっしゃ》させること。例 射的競技《しゃてききょうぎ》 ②空気銃《くうきじゅう》で的《まと》をねらいうちする遊《あそ》び。例 射的屋《しゃてきや》

射が下につく熟語 上の字の働き
❶射＝〈矢をはなってあてる〉のとき
【掃射《そうしゃ》 速射《そくしゃ》 連射《れんしゃ》 乱射《らんしゃ》】ドノヨウニ発射《はっしゃ》するか。
❷射＝〈いきおいよく出す〉のとき
【照射《しょうしゃ》 注射《ちゅうしゃ》 直射《ちょくしゃ》 噴射《ふんしゃ》 放射《ほうしゃ》】ドウヤッテ出《だ》すか。
◇◆発射《はっしゃ》 反射《はんしゃ》

寸-7

【将】

総画10 JIS-3013 教6年
訓 ― 音 ショウ
［將］

筆順 将 将 将 将 将 将 将 将 将 将（はねない・はねる）

なりたち 【形声】もとの字は、「將」。「爿」が「すすめる」意味の「ショウ」という読《よ》み方《かた》をしめしている。「将」は肉《にく》（夕）を手《て》（寸）で持《も》っている形《かたち》で、「爿」と合《あ》わせて、神《かみ》に肉《にく》をそなえることを表《あらわ》す字《じ》。

意味
❶軍隊《ぐんたい》をひきいる人《ひと》。例 将《しょう》を射《い》んとせばまず馬《うま》を射《い》よ（めざすものを手《て》に入《い》れるには、まず手近《てぢか》のものからせめていくのがよい）。将軍《しょうぐん》・大将《たいしょう》
❷これから…しようとする。例 将来《しょうらい》

名前のよみ すすむ・ただし・たもつ・のぶ・ひとし・まさ・ゆき

❶〈軍隊をひきいる人〉の意味で
【将。棋】しょうぎ [↓] たて・よこ九《きゅう》ますずつ、八十一《はちじゅういち》のます目《め》に、八種類四十枚《はちしゅるいよんじゅうまい》のこまを交互《こうご》に動《うご》かして相手《あいて》の王将《おうしょう》を取《と》り合《あ》うゲーム。例 将棋《しょうぎ》を指《さ》す。
【将軍】しょうぐん [▲] ①大《おお》きな軍隊《ぐんたい》を指図《さしず》する人《ひと》。②「征夷大将軍《せいいたいしょうぐん》」の略《りゃく》。幕府《ばくふ》のいちばん上《うえ》に立《た》つ人《ひと》。例 将軍《しょうぐん》と兵《へい》。将軍家《しょうぐんけ》
【将校】しょうこう [↓] 少尉《しょうい》から上《うえ》の軍人《ぐんじん》。例 青年将校《せいねんしょうこう》 類 士官《しかん》
【将兵】しょうへい [||] 将校《しょうこう》と兵士《へいし》。軍人《ぐんじん》。

❷〈これから…しようとする〉の意味で
【将来】しょうらい [↓] これから先《さき》のこと。例 将来《しょうらい》の夢《ゆめ》について語《かた》り合《あ》う。類 未来《みらい》・先先《さきざき》

将が下につく熟語 上の字の働き
❶将＝〈軍隊をひきいる人〉のとき
【大将《たいしょう》 武将《ぶしょう》 名将《めいしょう》】ドノヨウナ将軍《しょうぐん》か。

文字物語

将

高等学校《こうとうがっこう》で漢文《かんぶん》を学《まな》ぶと、「将」の字《じ》が「まさに…せんとす」とよまれることを知《し》るだろう。「今《いま》にも…になろうとしている」という意味《いみ》で、手《て》のとどきそうな近《ちか》い未来《みらい》のことをいっている。だから、「将来《しょうらい》」ということばは、「わたしは将来《しょうらい》、宇宙飛行《うちゅうひこう》士《し》になりたい」と言《い》うように、今《いま》という時《とき》から考《かんが》えることのできるところにある未来《みらい》をいうのにふさわしい。

「未来《みらい》」ということばは、かぎりなくつづく時間《じかん》を、「過去《かこ》（過《す》ぎ去《さ》ってしまった時《とき》）」「現在《げんざい》（今《いま》のこの時《とき》）」「未来《みらい》（まだ来《き》ていない時《とき》）」と三《みっ》つにくぎって考《かんが》えるときにいうことばだ。「近《ちか》い未来《みらい》」から「はるかに遠《とお》い未来《みらい》」まで「未来《みらい》」ははてしなくつづいている。

文字物語 ☞332ページ

【主将《しゅしょう》 副将《ふくしょう》】ドノヨウナ統率者《とうそつしゃ》か。

尉

寸-8 総画11 JIS-1651 常用

音 イ
訓 ―

筆順 尉 尉 尉 尉 尉 尉 尉 尉 尉

なりたち 【会意】「⺶」と「火」と「寸」とからできた字《じ》。「⺶」が「おさえる」意味《み》を持《も》ち、手《て》(寸)で火《ひ》のしを持《も》って布《ぬの》をたいらにすることを表《あらわ》している字《じ》。

意味 軍人《ぐんじん》や自衛官《じえいかん》の階級《かいきゅう》の名《な》。大尉《たいい》・中《ちゅう》尉《い》・少尉《しょうい》・一尉《いちい》など。例 尉官《いかん》

名前のよみ やす

尋

寸-9 総画12 JIS-3150 常用

音 ジン
訓 たずねる

筆順 尋 尋 尋 尋 尋 尋 尋 尋

なりたち 【会意】右手《みぎて》(⺕)と左手《ひだりて》(寸)とを組《く》み合《あ》わせ、両手《りょうて》を広《ひろ》げた長《なが》さを表《あらわ》す字《じ》。

意味 ❶たずねる。例 道《みち》を尋《たず》ねる。尋問《じんもん》 ❷長《なが》さの単位《たんい》。ひろ。両手《りょうて》を左右《さゆう》に広《ひろ》げた長《なが》さ。例 千尋《せんじん|ちひろ》

使い分け たずねる［尋・訪］☞333ページ

名前のよみ ちか・つね・のり・ひろ・ひろし

❶〈たずねる〉の意味で

【°尋問《じんもん》】Ⅱ〈―する〉裁判官《さいばんかん》や警察官《けいさつかん》が、質問《しつもん》をしてとりしらべること。例 証人尋問《しょうにんじんもん》

❷〈長さの単位〉の意味で

【°尋常《じんじょう》】Ⅱ〈―な|―に〉①ごくふつうであること。例 あのあわてかたは尋常《じんじょう》ではない。類 通常《つうじょう》 ②すなおなこと。例 尋常《じんじょう》に勝負《しょうぶ》しろ。

尊

寸-9 総画12 JIS-3426 教6年

音 ソン
訓 たっとい・とうとい・たっとぶ・とうとぶ・みこと

筆順 尊 尊 尊 尊 尊 尊 尊 尊（ながく）（はねる）

なりたち 【会意】酒《さか》だる(酋)を手《て》(廾→寸)に持《も》って神《かみ》にささげることを表《あらわ》している字《じ》。

意味 ❶とうとい。うやまいたいせつにする。例 祖先《そせん》を尊《たっ|とうと》ぶ。尊敬《そんけい》 対 卑《ひ》 ❷相手《あいて》をとうとんでいうことば。例 尊顔《そんがん》

例解 使い分け

［たずねる《尋ねる・訪ねる》］

尋ねる＝わからないことを人《ひと》にきく。
例 道《みち》を尋《たず》ねる。尋《たず》ね当《あ》てる。由来《ゆらい》を尋《たず》ねる。安否《あんぴ》を尋《たず》ねる。

訪ねる＝会《あ》いに行《い》く。
例 知人《ちじん》を訪《たず》ねる。会社《かいしゃ》を訪《たず》ねる。史跡《しせき》を訪《たず》ねる。

使い分け たっとい・とうとい［尊・貴］☞335ページ

名前のよみ たか・たかし

❶〈とうとい〉の意味で

【尊敬《そんけい》】Ⅱ〈―する〉りっぱだ、すばらしい、と心《こころ》からうやまうこと。例 尊敬《そんけい》の念《ねん》。対 軽蔑《けいべつ》

【尊厳《そんげん》】↓とてもたいせつで、おごそかであること。例 生命《せいめい》の尊厳《そんげん》。尊厳死《そんげんし》

【尊°称《そんしょう》】↓人《ひと》をうやまう気持《きも》ちを表《あらわ》すためのよび名《な》。類 敬称《けいしょう》

【尊属《そんぞく》】↓身内《みうち》や親戚《しんせき》のうち、父母《ふぼ》・祖父母《そふぼ》・おじ・おばなどの目上《めうえ》の人《ひと》。対 卑属《ひぞく》

【尊大《そんだい》】Ⅱ〈―な|―に〉えらそうに、むやみにいばるようす。例 尊大《そんだい》な態度《たいど》。類 高慢《こうまん》・不遜《ふそん》

【尊重《そんちょう》】Ⅱ〈―する〉だいじなものとしてあつかうこと。例 人命《じんめい》を尊重《そんちょう》する。対 軽視《けいし》

【尊°卑《そんぴ》】⇕身分《みぶん》や地位《ちい》の、高《たか》いことと、低《ひく》いこと。例 今《いま》や身分《みぶん》に尊卑《そんぴ》はない。類 貴賤《きせん》

❷〈相手をとうとんでいうことば〉の意味で

【尊顔《そんがん》】↓あなたのお顔《かお》。〈うやまった言《い》い

°学習漢字でない常用漢字 ▲常用漢字表にない音訓 ◆常用漢字でない漢字

前ページ ▶ 尉 尋 尊

方《かた》) 例 ご尊顔《そんがん》を拝《はい》す(お会《あ》いする)。
【尊父《そんぷ》】↓ あなたの父上《ちちうえ》。(うやまった言《い》い方《かた》) 例 ご尊父《そんぷ》さまにはたいへんおせわになっております。 類 父上《ちちうえ》 対 尊母《そんぼ》・母堂《ぼどう》
【尊名《そんめい》】↓ あなたのお名前《なまえ》。(うやまった言《い》い方《かた》) 例 ご尊名《そんめい》はかねがねうかがっておりました。 類 高名《こうみょう》
◆ 本尊《ほんぞん》 唯我独尊《ゆいがどくそん》

寸-12
導
総画15 JIS-3819 教5年
訓 音 ドウ みちびく

筆順

なりたち

【形声】「道《みち》」が「みち」の意味《いみ》と「ドウ」という読《よ》み方《かた》をしめしている。手《て》(寸)を引《ひ》いて道《みち》を行《い》くことを表《あらわ》す字《じ》。

意味
❶ みちびく。案内《あんない》する。手引《てび》きする。例 チームを優勝《ゆうしょう》へ導《みちび》く。導入《どうにゅう》・指導《しどう》
❷ つたえる。例 導体《どうたい》・伝導《でんどう》

名前のよみ みち

❶〈みちびく〉の意味で
【導入《どうにゅう》】↓〈―する〉①とりいれること。例 最新技術《さいしんぎじゅつ》を導入《どうにゅう》する。②音楽《おんがく》や文学作品《ぶんがくさくひん》などのはじめの部分《ぶぶん》で、聴《き》く人《ひと》・読《よ》む人《ひと》をひきこもうとすること。例 導入部《どうにゅうぶ》
❷〈つたえる〉の意味で
【導火線《どうかせん》】火薬《かやく》につなぎ、火《ひ》をつけると爆《ばく》発《はつ》がおきるようにする線《せん》。表現 事件《じけん》などの直《ちょく》接《せつ》のきっかけの意味《いみ》で使《つか》うこともある。
【導線《どうせん》】↓ 電気《でんき》を通《とお》すための針金《はりがね》。例 電池《でんち》と豆電球《まめでんきゅう》を導線《どうせん》でつなぐ。
【導体《どうたい》】↓ 銅《どう》・アルミニウムなど、熱《ねつ》や電気《でんき》をつたえやすい物質《ぶっしつ》。類 良導体《りょうどうたい》・伝導体《でんどうたい》 対 不導体《ふどうたい》・絶縁体《ぜつえんたい》 知識 常温《じょうおん》で、電気《でんき》の通《とお》し方《かた》が導体《どうたい》と絶縁体《ぜつえんたい》の中間《ちゅうかん》である物質《ぶっしつ》を半導体《はんどうたい》という。

導が下につく熟語 上の字の働き
❶ 導＝〈みちびく〉のとき
【指導《しどう》 先導《せんどう》 善導《ぜんどう》 補導《ほどう》 誘導《ゆうどう》】ドウヤッテ導《みちび》くか。

3画 ⺌ 小〔しょう〕の部

「小《しょう》」をもとに作《つく》られ、小《ちい》さい意味《いみ》を表《あらわ》す字《じ》と、「小」あるいは「⺌」の形《かたち》がめやすとなっている字《じ》を集《あつ》めてあります。

この部首の字

0 小……334	1 少……337	3 当……338	5 尚……339
示→示 786	光→儿 109	劣→力 160	糸→糸 826
肖→月 869	系→糸 826	京→亠 52	奈→大 286
県→目 771	省→目 771	党→儿 114	堂→土 254
常→巾 361	雀→隹 1016	掌→手 526	賞→貝 960

小-0
小
総画3 JIS-3014 教1年
訓 音 ショウ ちいさい・こ・お

筆順

なりたち

【指事】もともとは小《ちい》さい三《みっ》つの点《てん》からできた字《じ》で、小《ちい》さくこまかいことを表《あらわ》している。

意味
❶ ちいさい。わずか。こまかい。すくない。「小学校《しょうがっこう》」の略《りゃく》。例 家《いえ》が小《ちい》さい。小《しょう》の虫《むし》をころして大《だい》の虫《むし》を助《たす》ける(大《おお》きなことをなしとげるために、小《ちい》さなことを犠牲《ぎせい》にする)。小物《こもの》・小川《おがわ》・縮小《しゅくしょう》 対 大《だい》
❷ すこしばかり。例 小粋《こいき》
❸ じゅうぶんとはいえない。例 小事《しょうじ》
❹ けんそんして言《い》うことば。自分《じぶん》に関係《かんけい》のあることに使《つか》う。例 小生《しょうせい》
❺《その他《た》》例 小正月《こしょうがつ》

特別なよみ 小豆(あずき)
名前のよみ さ

❶〈ちいさい。わずか〉の意味で
【小豆《あずき》】↓ 小粒《こつぶ》で赤《あか》い豆《まめ》。赤飯《せきはん》や和菓子《わがし》のあんの材料《ざいりょう》にする。例 ゆで小豆《あずき》
【小川《おがわ》】↓ 小《ちい》さな川《かわ》。例 小川《おがわ》のせせらぎ。対 大河《たいが》
【小路《こうじ》】↓ 町《まち》の中《なか》のはばのせまい道《みち》。例 袋《ふくろ》小路《こうじ》 対 大路《おおじ》

【小形《こがた》】[↓]〈－な／－に〉もののかたちが小《ちい》さいこと。例 小形《こがた》の花《はな》もよう。小形《こがた》の魚《さかな》。対 大形《おおがた》

【小型《こがた》】[↓]〈－な／－に〉おなじ種類《しゅるい》のものの中《なか》で、形《かたち》が小《ちい》さいこと。例 小型《こがた》カメラ・小型自動車《こがたじどうしゃ》 関連 大型《おおがた》・中型《ちゅうがた》・小型《こがた》

【小。柄《こがら》】[↓]〈－な／－に〉①からだがふつうよりも小《ちい》さい。例 小《こ》がらな人《ひと》。類 小粒《こつぶ》 対 大柄《おおがら》 ②着物《きもの》などの、しまやもようがこまかいこと。例 小柄《こがら》な花《はな》をあしらう。対 大柄《おおがら》

【小口《こぐち》】[↓]量《りょう》や金額《きんがく》が少《すく》ないこと。例 小口《こぐち》の預金《よきん》がある。対 大口《おおぐち》 ☞❺

【小細工《こざいく》】手先《てさき》でする、こまかい仕事《しごと》。☞❸

【小潮《こしお》】[↓]潮《しお》のみちひきの差《さ》が、もっとも小《ちい》さくなるとき。対 大潮《おおしお》 参考 月《つき》に二回《にかい》、半月《はんげつ》のころにみられる。

【小銭《こぜに》】[↓]一円《いちえん》・十円《じゅうえん》・百円《ひゃくえん》などのこまかいお金《かね》。ばら銭《せん》。例 小銭入《こぜにい》れ

【小。僧《こぞう》】[↓]年《とし》のわかい僧《そう》。☞❸

【小包《こづつみ》】[↓]①小《ちい》さなつつみ。②「小包郵便《こづつみゆうびん》」の略《りゃく》。郵便《ゆうびん》で送《おく》る小《ちい》さな荷物《にもつ》。

【小。粒《こつぶ》】[↓]〈－な／－に〉①つぶが小《ちい》さいこと。例 さんしょうは小粒《こつぶ》でもぴりりとからい。対 大粒《おおつぶ》 ②からだが小《ちい》さいこと。例 小粒《こつぶ》ながら長打力《ちょうだりょく》のある選手《せんしゅ》。類 小柄《こがら》・小兵《こひょう》

【小道具《こどうぐ》】①劇《げき》などで使《つか》う、小《ちい》さい道具《どうぐ》。例 小道具係《こどうぐがかり》 対 大道具《おおどうぐ》 ②身《み》のまわりのこまごまとした道具《どうぐ》。例 小道具入《こどうぐい》れ

【小荷物《こにもつ》】手《て》で持《も》って歩《ある》けるほどの小《ちい》さな荷物《にもつ》。例 小荷物預《こにもつあずか》り所《じょ》

【小人数《こにんずう／しょうにんず》】少《すく》ない人数《にんずう》。例 小人数《こにんずう》のグループ。類 少人数《しょうにんずう》 対 大人数《おおにんずう》

【小•糠雨《こぬかあめ》】音《おと》もなく、やわらかにふる粒《つぶ》のこまかい雨《あめ》。例 小糠雨《こぬかあめ》のふる夜道《よみち》。類 霧雨《きりさめ》・小雨《しょうう／こさめ》・細雨《さいう》・煙雨《えんう》

【小鼻《こばな》】[↓]鼻《はな》の下部《かぶ》の、左右《さゆう》にふくらんだところ。例 小鼻《こばな》をふくらませる。類 鼻翼《びよく》

【小。幅《こはば》】[↓]①〈－な／－に〉数《かず》や量《りょう》、ねだんなどの、変化《へんか》の幅《はば》が小《ちい》さいこと。例 小幅《こはば》なねあげにとどまる。対 大幅《おおはば》 ②布地《ぬのじ》の織《お》り幅《はば》が約《やく》三六センチのもの。類 並幅《なみはば》 対 大幅《おおはば》

【小判《こばん》】[↓]①おもに江戸時代《えどじだい》に使《つか》われたお金《かね》。小《ちい》さいだえん形《けい》の金貨《きんか》で、一枚《いちまい》が一両《いちりょう》。例 小判形《こばんがた》のコロッケ。対 大判《おおばん》 ②紙《かみ》などの判《はん》が小《ちい》さいこと。また、その大《おお》きさのもの。例 小判《こばん》のノート。対 大判《おおばん》

【小人《こびと／しょうじん》】[↓] 一 物語《ものがたり》や童話《どうわ》にでてくる小《ちい》さな人間《にんげん》。例 白雪姫《しらゆきひめ》と七人《しちにん》の小人《こびと》。対 巨人《きょじん》 二《しょうにん》 子《こ》ども。例 小人《しょうにん》の入場料《にゅうじょうりょう》は大人《だいにん》の半額《はんがく》。対 大人《だいにん》 ☞❸

【小兵《こひょう》】[↓]からだつきの小《ちい》さいこと。小《ちい》さい男《おとこ》の人《ひと》。例 小兵力士《こひょうりきし》 類 小柄《こがら》・小男《こおとこ》

【小文字《こもじ》】①小《ちい》さな文字《もじ》。②アルファベットの「ABC」に対《たい》して「abc」の文字《もじ》。対 大文字《おおもじ》

【小物《こもの》】[↓]①身《み》のまわりのこまごまとした品物《しなもの》。例 小物入《こものい》れ ②小《ちい》さな魚《さかな》。例 小物《こもの》しか釣《つ》れない。対 大物《おおもの》 ☞❸

【小屋《こや》】[↓]①小《ちい》さくて、かんたんな建物《たてもの》。物《もの》をおいたり家畜《かちく》をかったりするのに使《つか》う。例 物置小屋《ものおきごや》 ②芝居《しばい》や見《み》せ物《もの》などをするための建物《たてもの》。例 見《み》せ物小屋《ものごや》

【小雨《しょうう／こさめ》】[↓]すこしふる雨《あめ》。例 小雨《こさめ》がぱらつく。類 小糠雨《こぬかあめ》 対 大雨《たいう／おおあめ》

【小額《しょうがく》】[↓]単位《たんい》が小《ちい》さいお金《かね》。例 小額貨幣《しょうがくかへい》 対 高額《こうがく》 表現 お金《かね》の多《おお》い少《すく》ないをいうときには「少額《しょうがく》」を使《つか》う。

例解 使い分け

［たっとい・とうとい《尊い・貴い》］

尊い＝うやまうべきである。

例 尊《たっと／とうと》い神《かみ》。尊《たっと／とうと》い犠牲《ぎせい》をはらう。師《し》の尊《たっと／とうと》い教《おし》えをまもる。

貴い＝ねうちが高《たか》い。位《くらい》が高《たか》い。

例 貴《たっと／とうと》い資料《しりょう》。貴《たっと／とうと》い体験《たいけん》。貴《たっと／とうと》い身分《みぶん》。

参考「尊い・貴い」の反対《はんたい》は「卑《いや》しい」。

尊い神

貴い身分

◦学習漢字でない常用漢字　▴常用漢字表にない音訓　◆常用漢字でない漢字

【小寒】しょうかん ↓ 二十四節気《にじゅうしせっき》の一《ひと》つ。一月五日《いちがついつか》、六日《むいか》ごろの、寒《さむ》さがきびしくなりはじめるころ。大寒《だいかん》の前《まえ》の十五日間《じゅうごにちかん》をいう。

【小休止】しょうきゅうし〈―する〉ちょっと休《やす》むこと。例 五十分《ごじっぷん》歩《ある》いて十分間《じっぷんかん》の小休止《しょうきゅうし》をとる。

【小計】しょうけい ↓〈―する〉一部分《いちぶぶん》の合計《ごうけい》。例 小計《しょうけい》をまとめる。関連 小計《しょうけい》・合計《ごうけい》・総計《そうけい》・累計《るいけい》

【小康】しょうこう ↓ あらそいごとや病気《びょうき》が、少《すこ》しのあいだおさまっておだやかなこと。例 小康《しょうこう》状態《じょうたい》をたもつ。

【小差】しょうさ ↓ ほんの少《すこ》しのちがい。例 小差《しょうさ》でにげきる。対 大差《たいさ》

【小冊子】しょうさっし 小《ちい》さくてうすい本《ほん》。パンフレット。例 観光地《かんこうち》を紹介《しょうかい》する小冊子《しょうさっし》。

【小。銃】しょうじゅう ↓ かたにかけたりして持《も》ちはこびできる銃《じゅう》。例 自動小銃《じどうしょうじゅう》 類 鉄砲《てっぽう》

【小食】しょうしょく ↓ 食事《しょくじ》の量《りょう》が少《すく》ないこと。対 大食《たいしょく》 表記「少食」とも書《か》く。

【小心】しょうしん ↓〈―な〉〈―に〉気《き》が小《ちい》さいこと。例 小心者《しょうしんもの》 類 小胆《しょうたん》 対 大胆《だいたん》

【小心。翼。翼】しょうしんよくよく〈―たる〉〈―と〉小《ちい》さなことにも心《こころ》をびくつかせて、おくびょうなようす。「翼翼《よくよく》」はびくびくすること。参考 もとはよい意味《いみ》で、細《こま》かく気《き》をくばること。

【小水】しょうすい ↓「小便《しょうべん》」を、少《すこ》し遠《とお》まわしに、上品《じょうひん》にいうことば。例 小水《しょうすい》をとる。表現「お小水《しょうすい》」という言《い》い方《かた》で使《つか》われることが多《おお》い。

【小数】しょうすう ↓ 一《いち》よりも小《ちい》さい数《かず》。〇・一、〇・〇一などと表《あらわ》したときの「・」の点《てん》のあと。例 小数点《しょうすうてん》 関連 整数《せいすう》・小数《しょうすう》・分数《ぶんすう》

【小節】しょうせつ ↓ ①文章《ぶんしょう》の小《ちい》さいひとくぎり。②音楽《おんがく》で、楽譜《がくふ》の中《なか》のたて線《せん》でくぎられたひとこま。例 前奏《ぜんそう》が六小節《ろくしょうせつ》ある。☞「こぶし」は❷

【小腸】しょうちょう ↓ 胃《い》と大腸《だいちょう》の間《あいだ》にあって食《た》べた物《もの》を消化《しょうか》・吸収《きゅうしゅう》する消化器官《しょうかきかん》。

【小刀】↓ 一 しょうとう 短《みじか》い刀《かたな》。ふつう、大刀《だいとう》に対《たい》するわきざしを指《さ》す。類 短刀《たんとう》 対 大刀《だいとう》 二 こがたな 小《ちい》さな刃物《はもの》。ナイフ。例 小刀《こがたな》でけずる。

【小児】しょうに ↓ おさない子《こ》ども。例 小児科《しょうにか》

【小脳】しょうのう ↓ 大脳《だいのう》と延髄《えんずい》のあいだにある器官《きかん》。運動《うんどう》や平衡《へいこう》をつかさどる。

【小品】しょうひん ↓ 芸術《げいじゅつ》や文学《ぶんがく》などの、ちょっとした作品《さくひん》。例 小品《しょうひん》を発表《はっぴょう》する。対 大作《たいさく》

【小便】しょうべん ↓ おしっこ。尿《にょう》。対 大便《だいべん》

【小用】しょうよう｜こよう ↓ 小便《しょうべん》。おしっこ。例 小用《しょうよう｜こよう》に立《た》つ。☞❸

❷〈すこしばかり〉の意味で

【小。粋】こいき ↓〈―な〉〈―に〉なんとなくかっこうよくて、しゃれた感《かん》じがすること。例 ぼうしを小粋《こいき》にかぶる。表記「小意気」とも書《か》く。

【小金】こがね ↓ 多《おお》くはないが、それなりにまとまった金額《きんがく》のお金《かね》。例 小金《こがね》をためこむ。

【小。奇。麗】こぎれい〈―な〉〈―に〉さっぱりとした感《かん》じで、こころよいようす。例 小《こ》ぎれいな部屋《へや》。

【小。癪】こしゃく ↓〈―な〉〈―に〉なまいきで、いらいらさせるようす。例 こしゃくなまねをするな。

【小話】こばなし ↓ ちょっとした、おもしろい話《はなし》。例 江戸小話《えどこばなし》。

【小節】こぶし ↓ 楽譜《がくふ》には書《か》き表《あらわ》せないような、ちょっとしたふしまわし。例 小節《こぶし》をきかす。☞「しょうせつ」は❶

【小利口】こりこう〈―な〉〈―に〉ちょっとしたことによく気《き》がきいて、ようりょうがいいようす。こざかしい。例 小利口《こりこう》にたちまわる。表現 あまりよくない意味《いみ》に使《つか》われる。

❸〈じゅうぶんとはいえない〉の意味で

【小。唄】こうた ↓ 三味線《しゃみせん》のばんそうに合《あ》わせてうたう、短《みじか》いうたの一種《いっしゅ》。例 江戸小唄《えどこうた》。

【小言】こごと ↓ ①ぶつぶつと不平《ふへい》や不満《ふまん》を言《い》うこと。例 小言《こごと》をならべる。②しかること。例 お小言《こごと》をいただく。

【小細工】こざいく〈―する〉うわべだけのつまらないごまかし。例 小細工《こざいく》を見《み》やぶられる。☞❶

【小。僧】こぞう ↓ なまいきでやんちゃな少年《しょうねん》や若者《わかもの》。例 いたずら小僧《こぞう》。類 坊主《ぼうず》 ☞❶

【小手先】こてさき ↓ ①手《て》の先《さき》の部分《ぶぶん》。例 小手先《こてさき》を働《はたら》かす仕事《しごと》。②少《すく》ない努力《どりょく》でできるやり方《かた》。例 小手先仕事《こてさきしごと》でごまかす。

【小半日】こはんにち だいたい一日《いちにち》の半分《はんぶん》ちかくの時間《じかん》。例 小半日《こはんにち》でできる仕事《しごと》。

【小。娘】こむすめ ↓ まだ一人前《いちにんまえ》とはいえない年若《としわか》い女《おんな》の人《ひと》。例 十五《じゅうご》やそこらの小娘《こむすめ》に、なにがわかるか。類 少女《しょうじょ》

【小《こ》物《もの》】↓ 力《ちから》も地位《ちい》もない、とるにたりない人《ひと》。類 小人物《しょうじんぶつ》・雑魚《ざこ》 対 大物《おおもの》 ☞❶

【小《しょう》事《じ》】↓ あまりだいじでない、小《ち》さなこと。例 大事《だいじ》の前《まえ》の小事《しょうじ》。☞【大《だい》事《じ》】(279ページ) 類 細事《さいじ》 対 大事《だいじ》

【小《しょう》市《し》民《みん》】それほど金持《かねも》ちでもなく、びんぼうでもない、ごくふつうの人《ひと》びと。例 小《しょう》市民《しみん》の一員《いちいん》。

【小《しょう》人《じん》】↓ 心《こころ》や考《かんが》え方《かた》のせまい人《ひと》。例 小《しょう》人閑居《じんかんきょ》して不善《ふぜん》をなす(心《こころ》のせまい人《ひと》は、ひまでいると、ついよくないことをしてしまう)。☞❶

【小《しょう》説《せつ》】↓ 世《よ》の中《なか》のできごとや、登場人物《とうじょうじんぶつ》の行動《こうどう》や心理《しんり》をいろいろに想定《そうてい》し、ありありとえがきだすことによって、人間《にんげん》や社会《しゃかい》を書《か》き表《あらわ》そうとする文学作品《ぶんがくさくひん》。例 長編小説《ちょうへんしょうせつ》 類 物語《ものがたり》 参考「小説《しょうせつ》」とは、いかめしい議論《ぎろん》でなく、なぐさみの文章《ぶんしょう》という意味《いみ》。

【小用《しょうよう・こよう》】↓ ちょっとした、かんたんな用《よう》事《じ》。例 小用《しょうよう》で外出《がいしゅつ》する。☞❶

❹〈けんそんして言うことば〉の意味で

【小《しょう》生《せい》】↓ 男性《だんせい》が、自分《じぶん》をへりくだって言《い》うことば。例 小生《しょうせい》、このたびぶじに大学《だいがく》を卒業《そつぎょう》できました。参考 手紙文《てがみぶん》などで使《つか》う。

❺《その他》

【小《こ》切《ぎっ》手《て》】銀行《ぎんこう》にお金《かね》をあずけている人《ひと》が金額《きんがく》を書《か》いて、受取人《うけとりにん》にはらうようたのむ書《か》きつけ。例 小切手《こぎって》ではらう。

【小《こ》口《ぐち》】○ ほそ長《なが》いものを横《よこ》に切《き》った切《き》り口《くち》。例 ねぎを小口《こぐち》からきざむ。☞❶

【小《こ》作《さく》】↓ 人《ひと》から田畑《たはた》を借《か》りて作物《さくもつ》をつくること。例 小作農《こさくのう》 知識 地主《じぬし》から土地《とち》を借《か》り、小作料《こさくりょう》(借《か》り賃《ちん》)を米《こめ》などの作物《さくもつ》ではらった。

【小《こ》正月《しょうがつ》】一月十五日《いちがつじゅうごにち》、またはその前後《ぜんご》を入《い》れた三日間《みっかかん》。本当《ほんとう》の正月《しょうがつ》(大正月《おおしょうがつ》)とは別《べつ》の正月《しょうがつ》として祝《いわ》った古《ふる》い行事《ぎょうじ》。陰暦《いんれき》を使《つか》っていたころの習慣《しゅうかん》。

【小《こ》間《ま》物《もの》】女《おんな》の人《ひと》の化粧品《けしょうひん》や身《み》につけるこまごまとした品物《しなもの》。例 小間物《こまもの》をあきなう。参考 この「小間《こま》」は「こまかい」の意味《いみ》。

小が下につく熟語 上の字の働き

❶小=〈ちいさい。わずか〉のとき

【過小《かしょう》 最小《さいしょう》】ドノクライ小《ちい》さいか。

◆群小《ぐんしょう》 弱小《じゃくしょう》 縮小《しゅくしょう》 大小《だいしょう》

小-1

少

総画4

JIS-3015

教2年

音 ショウ

訓 すくない・すこし

筆順

なりたち

[指事] 小《ちい》さな点《てん》を四《よっ》つ書《か》いて、小《ちい》さくこまかいことを表《あらわ》している字《じ》。のちに、「小」と区別《くべつ》して、「すくない」として使《つか》われるようになった。

意味

❶すくない。わずか。例 実《みの》りが少《すく》ない。もう少《すこ》し欲《ほ》しい。少数《しょうすう》・減少《げんしょう》 対 多《た》

❷わかい。例 少年《しょうねん》・幼少《ようしょう》 対 老《ろう》

名前のよみ お

❶〈すくない〉の意味で

【少《しょう》額《がく》】▲ お金《かね》の額《がく》が少《すく》ないこと。例 少《しょう》額《がく》でもはらえない。類 低額《ていがく》 対 多額《たがく》

【少《しょう》少《しょう》】Ⅱ 少《すこ》しばかり。しばらく。例 少々《しょうしょう》お待《ま》ちください。類 多少《たしょう》

【少《しょう》食《しょく》】▲〈―な〉食事《しょくじ》の量《りょう》が少《すく》ないこと。例 年《とし》をとって、少食《しょうしょく》になった。対 大食《たいしょく》 表記「小食」とも書《か》く。

【少《しょう》数《すう》】▲ 数《かず》が少《すく》ないこと。例 少数意見《しょうすういけん》 対 多数《たすう》 表記 小数点以下《しょうすうてんいか》は一より「小《ちい》さい」数《かず》だから「小数」。「少数《しょうすう》の人《ひと》」は、人《ひと》の数《かず》が「少《すく》ない」のだから「少数」。

【少《しょう》量《りょう》】▲ 分量《ぶんりょう》が少《すく》ないこと。例 少量《しょうりょう》の塩《しお》をくわえる。対 大量《たいりょう》・多量《たりょう》

❷〈わかい〉の意味で

【少《しょう》女《じょ》】↓ 年《とし》のわかい女《おんな》の子《こ》。おとめ。例 少女時代《しょうじょじだい》。類 小娘《こむすめ》 対 少年《しょうねん》

【少《しょう》壮《そう》】Ⅱ まだわかくて元気《げんき》があること。例 少壮気鋭《しょうそうきえい》の学者《がくしゃ》。類 若手《わかて》

【少《しょう》年《ねん》】↓ ①年《とし》のわかい男《おとこ》の子《こ》。小学生《しょうがくせい》から中学生《ちゅうがくせい》くらいの男《おとこ》の子《こ》をいう。例 少年期《しょうねんき》 対 少女《しょうじょ》 ②法律《ほうりつ》で、二十歳未満《にじっさいみまん》、または満十八歳《まんじゅうはっさい》までの男女《だんじょ》。対 成年《せいねん》 関連 幼年《ようねん》・少年《しょうねん》・青年《せいねん》・壮年《そうねん》・中年《ちゅうねん》・熟年《じゅくねん》・老年《ろうねん》

少が下につく熟語 上の字の働き

❶少=〈すくない〉のとき

【希少《きしょう》 軽少《けいしょう》 微少《びしょう》】近《ちか》い意味《いみ》。
【過少《かしょう》 最少《さいしょう》】ドノクライ少《すく》ないか。
◆減少《げんしょう》 多少《たしょう》 年少《ねんしょう》 幼少《ようしょう》

当

⺌-3 総画6 JIS-3786 教2年
音 トウ
訓 あたる・あてる
［當］

筆順 当 当 当 当 当 当（たかく）（ださない）

なりたち 當 【形声】もとの字《じ》は、「當」。「尚《ショウ》」が「トウ」とかわって読《よ》み方《かた》をしめしている。「ショウ」は「つりあう」の意味《いみ》を持《も》ち、田《た》とつりあうほどのねうちがあることを表《あらわ》す。

意味
❶あたる。あてはまる。担当《たんとう》する。「当選《とうせん》」の略《りゃく》。例 予想《よそう》が当《あ》たる。的《まと》に当《あ》てる。当《とう》然《ぜん》・適当《てきとう》 対 否《ひ》
❷その。この。まさに問題《もんだい》としている。例 当《とう》の本人《ほんにん》。当日《とうじつ》

使い分け あてる［当・充・宛］☞339ページ

名前のよみ たえ・まさ

❶〈あたる〉の意味で
【当意。即。妙】《とういそくみょう》〈―な〉その場《ば》に合《あ》わせて、すばやく頭《あたま》をはたらかせるのがうまい。例 当《とう》意即妙《いそくみょう》の答《こた》え。
【当。該】《とうがい》 Ⅱ そのことにあたっている。例 当《とう》該団体《がいだんたい》・当該官庁《とうがいかんちょう》
【当事者】《とうじしゃ》 そのことに、ちょくせつ関係《かんけい》のある人《ひと》。例 当事者《とうじしゃ》どうしで話《はな》し合《あ》う。類 当《とう》人《にん》・本人《ほんにん》 対 第三者《だいさんしゃ》
【当選】《とうせん》 ▲〈―する〉①選挙《せんきょ》でえらばれること。例 市長《しちょう》に当選《とうせん》する。対 落選《らくせん》 ②宝《たから》くじなど、くじに当《あ》たること。例 当選番号《とうせんばんごう》
【当然】《とうぜん》 ⧗ そうなったり、そうしたりするのがあたりまえである。例 当然《とうぜん》の結果《けっか》。
【当直】《とうちょく》 ▲〈―する〉日直《にっちょく》・宿直《しゅくちょく》などの番《ばん》にあたること。また、その人《ひと》。例 当直看護《とうちょくかんご》師《し》。類 日直《にっちょく》・宿直《しゅくちょく》
【当番】《とうばん》 ▲ わりあてられた順番《じゅんばん》が回《まわ》ってきて、その仕事《しごと》をすること。する人《ひと》。例 そうじ当番《とうばん》。対 非番《ひばん》
【当面】《とうめん》 ⇩〈―する〉今《いま》、目《め》の前《まえ》にせまっていること。例 当面《とうめん》の課題《かだい》。類 直面《ちょくめん》 ☞❷
【当落】《とうらく》 ⇕ 当選《とうせん》か落選《らくせん》か。例 町長選挙《ちょうちょうせんきょ》の当落《とうらく》は、夜九時《よるくじ》ごろにはわかる。
【当。惑】《とうわく》 ⇩〈―する〉どうしてよいかわからなくてこまること。例 当惑顔《とうわくがお》。類 困惑《こんわく》

❷〈その。この〉の意味で
【当局】《とうきょく》 ⇩ そのことを責任《せきにん》をもってとりあつかう人《ひと》や役所《やくしょ》。例 当局《とうきょく》に相談《そうだん》して決《き》める。
【当月】《とうげつ》 ⇩ その月《つき》。関連 前月《ぜんげつ》・当月《とうげつ》・翌月《よくげつ》
【当今】《とうこん》 Ⅱ このごろ。例 当今《とうこん》、いやな事件《じけん》が多《おお》い。類 当節《とうせつ》
【当座】《とうざ》 ⇩ ①その場《ば》。例 当座《とうざ》の難《なん》をしのぐ。②しばらくのあいだ。例 この金《かね》があれば当座《とうざ》の生活《せいかつ》にはこまらない。類 当分《とうぶん》・当面《とうめん》 ③「当座預金《とうざよきん》」の略《りゃく》。
【当時】《とうじ》 ⇩ そのころ。そのことがあったころ。例 戦争当時《せんそうとうじ》の話《はなし》を聞《き》く。
【当日】《とうじつ》 ⇩ その日《ひ》。例 当日《とうじつ》は、とてもいい天気《てんき》だった。類 同日《どうじつ》 関連 前日《ぜんじつ》・当日《とうじつ》・翌日《よくじつ》
【当社】《とうしゃ》 ⇩ ①この会社《かいしゃ》。例 これは当社《とうしゃ》の製《せい》品《ひん》だ。②この神社《じんじゃ》。
【当初】《とうしょ》 ⇩ はじめのころ。例 入学当初《にゅうがくとうしょ》はようすがわからず、こまることが多《おお》かった。
【当世】《とうせい》 ⇩ 今《いま》の世《よ》の中《なか》。例 当世《とうせい》めずらしい親孝行者《おやこうこうもの》だ。類 現代《げんだい》・当代《とうだい》
【当節】《とうせつ》 ⇩ このごろ。例 家族《かぞく》づれの海外旅《かいがいりょ》行《こう》も、当節《とうせつ》ふえてきた。類 当今《とうこん》
【当代】《とうだい》 ⇩ 今《いま》の時代《じだい》。例 当代《とうだい》の名力士《めいりきし》。
【当地】《とうち》 ⇩ 自分《じぶん》が今《いま》いるこの土地《とち》。例 当地《とうち》にきて三年《さんねん》になる。ご当地料理《とうちりょうり》。
【当人】《とうにん》 ⇩ その人自身《ひとじしん》。例 まわりはとにかく、当人《とうにん》は平気《へいき》な顔《かお》だ。類 本人《ほんにん》 対 他者《たしゃ》
【当年】《とうねん》 ⇩ その年《とし》。関連 前年《ぜんねん》・当年《とうねん》・翌年《よくねん》
【当分】《とうぶん》 ⇩ しばらくのあいだ。例 この寒《さむ》さは当分《とうぶん》つづくらしい。類 当座《とうざ》・当面《とうめん》
【当方】《とうほう》 ⇩ 自分《じぶん》のほう。こちら。例 送料《そうりょう》は当方《とうほう》で負担《ふたん》します。対 先方《せんぽう》
【当面】《とうめん》 ⇩ いまのところ。例 当面《とうめん》の計画《けいかく》を知《し》らせる。類 当分《とうぶん》・当座《とうざ》 ☞❶
【当用】《とうよう》 ⇩ ふだんの生活《せいかつ》の中《なか》でいつも使《つか》うこと。そのようなもの。例 当用日記《とうようにっき》

【当用漢字】ふだん使《つか》う漢字《かんじ》として一九四六（昭和二十一《しょうわにじゅういち》）年《ねん》に発表《はっぴょう》になった一八五〇字《じ》。これにもとづいて、現在使《げんざいつか》われている新字体《しんじたい》がさだめられた。知識 その後《ご》、一九八一年《ねん》に「常用漢字表《じょうようかんじひょう》」が発表《はっぴょう》され、「当用漢《とうようかん》字《じ》」は廃止《はいし》された。☞【常用漢字《じょうようかんじ》】（362ページ）

当が下につく熟語 上の字の働き

❶当＝〈あたる〉のとき
【穏当《おんとう》 該当《がいとう》 充当《じゅうとう》 正当《せいとう》 抵当《ていとう》 適当《てきとう》 本当《ほんとう》】近《ちか》い意味《いみ》。
【勘当《かんどう》 配当《はいとう》】ドウヤッテ当《あ》てるか。
【至当《しとう》 順当《じゅんとう》 妥当《だとう》】ドノヨウニ当《あ》たりまえか。
◆芸当《げいとう》 見当《けんとう》 相当《そうとう》 担当《たんとう》 手当《てあて》 日当《にっとう》 不当《ふとう》

尚

⺌－5
総画8
JIS-3016
常用
音 ショウ
訓 なお・たっとーぶ・とうとーぶ

筆順 尚 尚 尚 尚 尚 尚 尚 尚

なりたち 【会意】もとの字《じ》は、「尙」。「八」と「向」とからでき、高《たか》い窓《まど》（向）からかまどのけむりが立《た》ちのぼって出《で》ていく（八）ことを表《あらわ》している。

意味
❶たっとぶ。だいじにする。例 尚武《しょうぶ》
❷たかい。上品《じょうひん》である。例 高尚《こうしょう》
❸なお。まだ。そのうえ。例 尚早《しょうそう》
❹《その他《た》》例 和尚《おしょう》

名前のよみ たか・たかし・なり・ひさ・ひさし・まさ・ます・よし

❶〈たっとぶ〉の意味で
【°尚武《しょうぶ》】▲ 武道《ぶどう》に力《ちから》を入《い》れ、節度《せつど》のある武《ぶ》勇《ゆう》をだいじにすること。例 尚武《しょうぶ》の気風《きふう》。

❸〈なお〉の意味で
【°尚早《しょうそう》】↓ そのことをするには、今《いま》はまだ早《はや》すぎる。例 時期尚早《じきしょうそう》

3画 尢［だいのまげあし］の部

「尢《だいのまげあし》」をもとにして作《つく》られた字《じ》として、ここには「就」の字《じ》だけが入《はい》ります。

この部首の字
9 就……339

就

尢－9
総画12
JIS-2902
教6年
音 シュウ・ジュ
訓 つく・つける

筆順 就 就 就 就 就 就 就 就 就 就 就 就（まっすぐ、つく／はねる／はねる／おらない）

なりたち 【形声】「京」がおかの上《うえ》の家《いえ》を表《あらわ》し、「尤《ユウ》」が「シュウ」とかわって読《よ》み方《かた》をしめしている。「ユウ」は「あつまる」意味《いみ》を持《も》ち、高《たか》いおかに住《す》みつくことを表《あらわ》す字《じ》。

意味
❶とりかかる。つく。例 仕事《しごと》に就《つ》く。就《しゅう》任《にん》 対 退《たい》・辞《じ》
❷なしとげる。できあがる。例 成就《じょうじゅ》

使い分け つく［付・着・就］☞63ページ

注意するよみ ジュ…例 成就《じょうじゅ》

名前のよみ なり・ゆき

❶〈とりかかる〉の意味で
【就学《しゅうがく》】▲〈─する〉学校《がっこう》に、とくに小学校《しょうがっこう》に入《はい》ることをいう。例 就学年齢《しゅうがくねんれい》
【就業《しゅうぎょう》】▲〈─する〉①仕事《しごと》にとりかかること。例 就業時刻《しゅうぎょうじこく》。類 勤務《きんむ》 ②仕事《しごと》についていること。例 就業人口《しゅうぎょうじんこう》 類 就労《しゅうろう》 対 失業《しつぎょう》
【就航《しゅうこう》】▲〈─する〉船《ふね》や飛行機《ひこうき》が、はじめて航路《こうろ》につくこと。例 就航式《しゅうこうしき》
【就職《しゅうしょく》】▲〈─する〉つとめ先《さき》を見《み》つけて、そこではたらくようになること。例 就職活動《しゅうしょくかつどう》 対 退職《たいしょく》・辞職《じしょく》・失職《しっしょく》・失業《しつぎょう》
【就。寝《しゅうしん》】▲〈─する〉ねどこに入《はい》ること。例 就寝時刻《しゅうしんじこく》。類 就眠《しゅうみん》・就床《しゅうしょう》 対 起床《きしょう》
【就任《しゅうにん》】▲〈─する〉ある役目《やくめ》につくこと。例

例解 使い分け
［あてる《当てる・充てる・宛てる》］
当てる＝ぶつける。ふれるようにする。命《めい》中《ちゅう》させる。
例 バットをボールに当《あ》てる。胸《むね》に手《て》を当《あ》てる。ふとんを日《ひ》に当《あ》てる。
充てる＝あてはめる。わりふる。
例 あまった時間《じかん》を読書《どくしょ》に充《あ》てる。人《ひと》を充《あ》てる。
宛てる＝とどけ先《さき》にする。
例 先生宛《せんせいあ》てに年賀状《ねんがじょう》を書《か》く。宛《あ》て先《さき》。

就任式《しゅうにんしき》 対 離任《りにん》・退任《たいにん》・辞任《じにん》

【就。眠】《しゅうみん》 ▲ 〈―する〉よこになって、ねむりにつくこと。 例 就眠時間《しゅうみんじかん》 類 就寝《しゅうしん》

【就労】《しゅうろう》 ▲ 〈―する〉仕事《しごと》にとりかかること。仕事《しごと》をしていること。 例 就労時間《しゅうろうじかん》・不法就労《ふほうしゅうろう》 類 就業《しゅうぎょう》

3画 尸 〔しかばね〕の部

人《ひと》の横《よこ》たわるすがたをえがいた象形《しょうけい》である「尸《しかばね》」をもとに作《つく》られ、人《ひと》のからだにかかわる字《じ》と、「尸《しかばね》」の形《かたち》がめやすとなっている字《じ》を集《あつ》めてあります。

この部首の字

1 尺……340 尻……340 尼……340 2 尽……340 3 局……341 尿……341 尾……341 4 居……342 屈……342 届……343 5 屋……343 6 屍……344 屑……344 展……344 7 属……344 9 層……345 11 履……345 12

刷→刂 149　昼→日 571　尉→寸 333　釈→釆 986　殿→殳 643

尸-1

尺

総画4　JIS-2860　教6年

訓 ―　音 シャク

筆順　つける　はらう

なりたち

【象形】親指《おやゆび》とほかの四本《よんほん》の指《ゆび》とのあいだを開《ひら》いた形《かたち》をえがいた字《じ》。

意味

❶長《なが》さの単位《たんい》。尺貫法《しゃっかんほう》で、十寸《じっすん》。約《やく》三〇・三センチメートル。 例 尺八《しゃくはち》

❷ものさし。長《なが》さ。 例 尺度《しゃくど》・縮尺《しゅくしゃく》

発音あんない シャク→シャッ… 例 尺貫法《しゃっかんほう》

名前のよみ かね

❶〈長さの単位〉の意味で

【尺八】《しゃくはち》 ↓ 竹《たけ》で作《つく》ったたて笛《ぶえ》。おもてに四《よっ》つ、うらに一《ひと》つあながある。 例 琴《こと》と尺八《しゃくはち》の合奏《がっそう》。 参考 長《なが》さが一尺八寸《いっしゃくはっすん》(約《やく》五五センチメートル)であることからこの名《な》がついた。

【尺。貫法】《しゃっかんほう》 ものを測《はか》るのに、長《なが》さを「尺《しゃく》」、重《おも》さを「貫《かん》」、容積《ようせき》を「升《しょう》」の単位《たんい》で表《あらわ》すはかり方《かた》。 知識 一尺《いっしゃく》は〇・三〇三メートル、一貫《いっかん》は三・七五キログラム、一升《いっしょう》は一・八リットル。日本《にほん》では長《なが》いあいだ尺貫法《しゃっかんほう》が使《つか》われていたが、一九五九年《ねん》からメートル法《ほう》になった。

❷〈ものさし〉の意味で

【尺度】《しゃくど》 Ⅱ ①長《なが》さを測《はか》る道具《どうぐ》。ものさし。②ねうちを決《き》める基準《きじゅん》。③長《なが》さ。 例 尺度《しゃくど》をはかる。 類 寸法《すんぽう》

尸-2

尻

総画5　JIS-3112　常用

訓 しり　音 ―

筆順

意味 しり。うしろのほう。終《お》わりのほう。 例 尻餅《しりもち》をつく。目尻《めじり》・帳尻《ちょうじり》

特別なよみ 尻尾(しっぽ)

尸-2

尼

総画5　JIS-3884　常用

訓 あま　音 ニ

筆順

なりたち

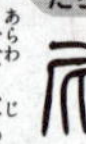

【会意】「尸」が人《ひと》のからだ、「匕」が「ならぶ」ことで、人《ひと》がならぶ意味《いみ》を表《あらわ》す字《じ》。のちに、古代《こだい》インド語《ご》で「あま」の意味《いみ》の「びくに」の「に」にこの字《じ》が借《か》りて使《つか》われたことから、「あま」の意味《いみ》に用《もち》いられるようになった。

意味 あま。女性《じょせい》の僧侶《そうりょ》。仏《ほとけ》やキリスト教《きょう》の神《かみ》につかえる女性《じょせい》。 例 尼僧《にそう》・禅尼《ぜんに》

【尼寺】《あまでら》 ↓ 尼《あま》が住職《じゅうしょく》である寺《てら》。

【尼。僧】《にそう》 ↓ かみの毛《け》をそって、仏《ほとけ》に仕《つか》える女《おんな》のお坊《ぼう》さん。また、キリスト教《きょう》での修道《しゅうどう》女《じょ》。 類 尼《あま》

尸-3

尽

総画6　JIS-3152　常用

訓 つくす・つきる・つかす　音 ジン

[盡]

筆順

なりたち

【形声】もとの字《じ》は、「盡」。「聿」が「つきる」意味《いみ》と「ジン」という読《よ》み方《かた》をしめし、皿《さら》の中《なか》の物《もの》をからにすることを表《あらわ》す字《じ》。「なくなる、つくす」として使《つか》われる。

前ページ▶尚 就

意味

❶だしつくす。つきる。なくなる。例 全《ぜん》力《りょく》を尽《つ》くす。愛想《あいそ》を尽《つ》かす。

❷すべて。全部《ぜんぶ》。例 一網打尽《いちもうだじん》

❶〈だしつくす〉の意味で

【°尽力《じんりょく》】▲〈―する〉あることのために、力《ちから》いっぱいがんばる。例 世界平和《せかいへいわ》のために尽力《じんりょく》することを約束《やくそく》する。類 努力《どりょく》

尽が下につく熟語 上の字の働き

【無尽《むじん》(縦横無尽《じゅうおうむじん》) 不尽《ふじん》(理不尽《りふじん》)】無《む》・不《ふ》が打《う》ち消《け》しを表《あらわ》す。(「無尽《むじん》」はそれだけで使《つか》えることばだが、「不尽《ふじん》」は「理不尽《りふじん》」で、「道理《どうり》にあわない」という意味《いみ》で使《つか》う)

◆一網打尽《いちもうだじん》 焼尽《しょうじん》

尸-4

局

総画7 JIS-2241 教3年

音 キョク 訓 つぼね

筆順 局 局 局 局 局 局 局 (ふさぐ) (はねる)

なりたち 【形声】「句《く》」がくぎることを表《あらわ》し、また「キョク」とかわって読《よ》み方《かた》をしめしている。尸(からだ)をくわえて、からだをかがめることを表《あらわ》す字《じ》。

意味

❶くぎられた部分《ぶぶん》。役所《やくしょ》などの組織《そしき》の一部《いちぶ》門《もん》。つぼね(宮中《きゅうちゅう》や貴族《きぞく》の家《いえ》の中《なか》の部屋《へや》)。例 局地《きょくち》・支局《しきょく》

❷そのときの状況《じょうきょう》。例 局面《きょくめん》・難局《なんきょく》

❸碁《ご》や将棋《しょうぎ》の勝負《しょうぶ》。例 対局《たいきょく》・終局《しゅうきょく》

名前のよみ ちか

❶〈くぎられた部分〉の意味で

【局外《きょくがい》】↓そのことに直接関係《ちょくせつかんけい》のないこと。例 局外者《きょくがいしゃ》 類 部外《ぶがい》・外野《がいや》

【局限《きょくげん》】Ⅱ〈―する〉範囲《はんい》をかぎること。例 問題《もんだい》を一点《いってん》に局限《きょくげん》して論《ろん》じる。類 限定《げんてい》

【局所《きょくしょ》】↓かぎられた部分《ぶぶん》。とくに、からだの一部分《いちぶぶん》。例 局所《きょくしょ》をおさえる。類 局部《きょくぶ》

【局地《きょくち》】↓かぎられたせまい土地《とち》。例 局地的《きょくちてき》な大雨《おおあめ》におそわれる。

【局番《きょくばん》】↓その地域《ちいき》の電話局《でんわきょく》につけられた番号《ばんごう》。例 市内局番《しないきょくばん》

【局部《きょくぶ》】↓かぎられた部分《ぶぶん》。とくに、からだの一部分《いちぶぶん》。例 局部麻酔《きょくぶますい》 類 局所《きょくしょ》

❷〈そのときの状況〉の意味で

【局面《きょくめん》】↓ものごとのなりゆき。例 いきづまった局面《きょくめん》を打開《だかい》する。☞❸

❸〈碁や将棋の勝負〉の意味で

【局面《きょくめん》】↓碁《ご》や将棋《しょうぎ》で勝負《しょうぶ》しているときの盤《ばん》の上《うえ》のようす。例 三手目《さんてめ》の局面《きょくめん》。☞❷

局が下につく熟語 上の字の働き

❶局=〈くぎられた部分〉のとき
【当局《とうきょく》 支局《しきょく》 医局《いきょく》 薬局《やっきょく》】ドウイウ部門《ぶもん》か。

❷局=〈そのときの状況〉のとき
【時局《じきょく》 政局《せいきょく》 戦局《せんきょく》】ナニの状況《じょうきょう》か。
【大局《たいきょく》 難局《なんきょく》 破局《はきょく》 結局《けっきょく》】ドンナ状況《じょうきょう》か。

❸局=〈碁や将棋の勝負〉のとき
【対局《たいきょく》 終局《しゅうきょく》】勝負《しょうぶ》をドウスルか。

尸-4

尿

総画7 JIS-3902 常用

音 ニョウ 訓 ―

筆順 尿 尿 尿 尿 尿 尿 尿

なりたち 【会意】しりを表《あらわ》す「尾→尸」と「水《みず》」とからできた字《じ》で、「にょう」を表《あらわ》している。

意味 にょう。おしっこ。小便《しょうべん》。小水《しょうすい》。例 尿《にょう》の検査《けんさ》。尿意《にょうい》・検尿《けんにょう》

【°尿意《にょうい》】↓小便《しょうべん》をしたいなという感《かん》じ。例 尿意《にょうい》をもよおす。類 便意《べんい》

【°尿道《にょうどう》】↓小便《しょうべん》が、ぼうこうからからだの外《そと》へでるときに通《とお》るくだ。

◆検尿《けんにょう》

尸-4

尾

総画7 JIS-4088 常用

音 ビ 訓 お

筆順 尾 尾 尾 尾 尾 尾 尾

なりたち 【会意】しりを表《あらわ》す「尸」と「毛《け》」とからでき、しりに生《は》えた毛《け》を表《あらわ》している字《じ》。

意味

❶しっぽ。お。例 尾《お》をふる。尾骨《びこつ》

❷いちばんうしろ。あとのほう。例 尾行《びこう》

❸尾張《おわり》。旧国名《きゅうこくめい》。今《いま》の愛知県《あいちけん》の西部《せいぶ》。例 尾州《びしゅう》・濃尾《のうび》

❹魚《さかな》をかぞえることば。例 カツオ一尾《いちび》。

°学習漢字でない常用漢字 ▲常用漢字表にない音訓 ◆常用漢字でない漢字

❺《その他《た》》例 尾根《おね》

特別なよみ 尻尾(しっぽ)

名前のよみ すえ

❷〈いちばんうしろ〉の意味で

【°尾行《びこう》】↓〈―する〉そっとあとをつけて行《い》くこと。

【°尾灯《びとう》】↓電車《でんしゃ》・自動車《じどうしゃ》の車体《しゃたい》のうしろにつく赤《あか》い色《いろ》のあかり。テールライト。テールランプ。例尾灯《びとう》がくらやみの中《なか》に光《ひか》る。

【°尾°翼《びよく》】↓飛行機《ひこうき》の胴体《どうたい》のうしろについているつばさ。水平尾翼《すいへいびよく》と垂直尾翼《すいちょくびよく》とがある。対主翼《しゅよく》

❺《その他》

【°尾根《おね》】◎山頂《さんちょう》と山頂《さんちょう》をむすんでつづく、馬《うま》の背《せ》のような部分《ぶぶん》。例尾根道《おねみち》 類稜線《りょうせん》

尾が下につく熟語 上の字の働き

❷尾=〈いちばんうしろ〉のとき

【語尾《ごび》 船尾《せんび》】ナニのうしろか。

◆首尾《しゅび》 末尾《まつび》 徹頭徹尾《てっとうてつび》 竜頭蛇尾《りゅうとうだび》

尸-5

居

総画8 JIS-2179 教5年

音 キョ 訓 いる・お-る

筆順

なりたち

【形声】「尸」が人《ひと》がうずくまっている形《かたち》で、「古《コ》」が「キョ」とかわって読《よ》み方《かた》をしめしている。「コ」は「動《うご》かない」意味《いみ》を持《も》ち、「とどまっている」ことを表《あらわ》す字《じ》。

意味 いる。すわる。住《す》む。すまい。例居《い》ても立《た》ってもいられない。居間《いま》・住居《じゅうきょ》

使い分け いる[入・要・居] ☞115ページ

特別なよみ 居士(こじ)

名前のよみ すえ・やす

【居心地《いごこち》】ある場所《ばしょ》や立場《たちば》にいるときに感《かん》じる気分《きぶん》。例居心地《いごこち》のいい家《いえ》。

【居酒屋《いざかや》】気軽《きがる》に、あまり高《たか》くないねだんでお酒《さけ》を飲《の》める店《みせ》。類大衆酒場《たいしゅうさかば》

【居候《いそうろう》】◎〈―する〉ただで他人《たにん》の家《いえ》に住《す》んで食《た》べさせてもらっている人《ひと》。類食客《しょっかく》

【居°丈高《いたけだか》】〈―な〉〈―に〉おどしつけるようにして相手《あいて》に接《せっ》すること。例居丈高《いたけだか》にでる。類高圧的《こうあってき》・高飛車《たかびしゃ》・高姿勢《こうしせい》

【居場所《いばしょ》】いるところ。いどころ。例居場《いば》所《しょ》をつきとめる。類居所《きょしょ／いどころ》

【居間《いま》】↓家族《かぞく》がふだんいるへや。リビングルーム。類居室《きょしつ》 対客間《きゃくま》

【居留守《いるす》】家《いえ》にいるのに、いないようにみせること。例居留守《いるす》を使《つか》う。

【居室《きょしつ》】↓ふだんいるへや。類居間《いま》

【居住《きょじゅう》】‖〈―する〉そこに住《す》みつくこと。例居住地《きょじゅうち》・居住者《きょじゅうしゃ》 類在住《ざいじゅう》

【居所《きょしょ／いどころ》】↓その人《ひと》が今《いま》いるところ。例犯人《はんにん》の居所《いどころ》をつきとめた。類居場所《いばしょ》

【居留《きょりゅう》】‖〈―する〉①しばらくのあいだ、ある土地《とち》に住《す》むこと。②条約《じょうやく》によって、外国《がいこく》のみとめられた地域内《ちいきない》に住《す》むこと。

居が下につく熟語 上の字の働き

【隠居《いんきょ》 閑居《かんきょ》 雑居《ざっきょ》 同居《どうきょ》 別居《べっきょ》】ドノヨウニシテ居《い》るか。

◆起居《ききょ》 穴居《けっきょ》 皇居《こうきょ》 敷居《しきい》 芝居《しばい》 住居《じゅうきょ》 新居《しんきょ》 転《てん》居《きょ》 鳥居《とりい》 長居《ながい》 入居《にゅうきょ》

尸-5

屈

総画8 JIS-2294 常用

音 クツ 訓 ―

筆順

なりたち

【形声】「出《シュツ》」が「クツ」とかわって読《よ》み方《かた》をしめしている。「シュツ」は「おじける」意味《いみ》を持《も》ち、「尾→尸(しっぽ)」をくわえて犬《いぬ》などがおじけてしっぽをひっこめることを表《あらわ》す字《じ》。

意味

❶おれまがる。かがむ。例屈折《くっせつ》 対伸《しん》

❷くじける。負《ま》けてしたがう。例屈服《くっぷく》

❸がんじょうだ。力《ちから》づよい。例屈強《くっきょう》

❹いきづまる。例窮屈《きゅうくつ》・退屈《たいくつ》

❶〈おれまがる〉の意味で

【°屈曲《くっきょく》】‖〈―する〉おれまがること。例屈《くっ》曲《きょく》した山道《やまみち》を登《のぼ》る。

【°屈指《くっし》】▲たくさんある中《なか》で、指《ゆび》をおって数《かぞ》える中《なか》に入《はい》るほどすぐれていること。指《ゆび》おり。例世界屈指《せかいくっし》の美《うつく》しい山《やま》だ。

【°屈°伸《くっしん》】⇕〈―する〉からだをちぢめたり、の

ばしたりすること。例 屈伸運動《くっしんうんどう》

【°屈折】《くっせつ》 Ⅱ〈―する〉①おれまがること。例 屈折《くっせつ》した道路《どうろ》。②光《ひかり》や音《おと》などが、ほかの物質《ぶっしつ》へ入《はい》るさかいめで、進《すす》む方向《ほうこう》をかえること。例 屈折率《くっせつりつ》

【°屈°託】《くったく》 ↓〈―する〉思《おも》いなやみ、くよくよと気《き》にすること。例 屈託《くったく》のない顔《かお》。

❷〈くじける〉の意味で

【°屈従】《くつじゅう》 ↓〈―する〉自分《じぶん》の考《かんが》えをまげ、がまんして力《ちから》の強《つよ》い相手《あいて》にしたがうこと。例 武《ぶ》力《りょく》によって屈従《くつじゅう》をしいられる。類 屈服《くっぷく》

【°屈°辱】《くつじょく》 ↓ひどくはじをかかされた、という思《おも》い。例 屈辱《くつじょく》を受《う》ける。屈辱《くつじょく》をはらす。類 恥辱《ちじょく》・汚辱《おじょく》

【°屈服】《くっぷく》 ↓〈―する〉相手《あいて》の力《ちから》にまけて、言《い》いなりになること。例 敵《てき》に屈服《くっぷく》する。類 屈従《くつじゅう》・降伏《こうふく》 表記「屈伏」とも書《か》く。

❸〈がんじょうだ〉の意味で

【°屈強】《くっきょう》 Ⅱ〈[―]な・[―]に〉強《つよ》い。例 屈強《くっきょう》の若者《わかもの》。

◆ 窮屈《きゅうくつ》 退屈《たいくつ》 卑屈《ひくつ》 不屈《ふくつ》 理屈《りくつ》

尸-5

届

総画8
JIS-3847
教6年

音 ―
訓 とどける・とどく

［屆］

筆順 はっきりだす

なりたち 【形声】もとの字は、「屆」。「尸」が人《ひと》のからだを表《あらわ》し、「凷《カイ》」が「カイ・タイ」という読《よ》み方《かた》をしめしている。「カイ・タイ」は「なえる」意味《いみ》を持《も》ち、からだがなえて動《うご》けないようすを表《あらわ》す字《じ》。借《か》りて、「とどける」の意味《いみ》に使《つか》われている。

意味 とどける。とどく。とどけ。届《とど》ける。届《とど》けを出《だ》す。手《て》が届《とど》く。例 品物《しなもの》を

尸-6

屋

総画9
JIS-1816
教3年

音 オク
訓 や

筆順 とめる ながく

なりたち 【会意】もとは「尸」と「至」とからできた字《じ》。「尸」はからだを横《よこ》たえている形《かたち》、「至」は「室(へや)」とおなじで、人《ひと》のねる寝室《しんしつ》を表《あらわ》している字《じ》。

意味

❶いえ。たてもの。例 屋根《やね》・屋敷《やしき》・屋上《おくじょう》・家屋《かおく》

❷商店《しょうてん》などのよび名《な》。例 屋号《やごう》・問屋《とんや／といや》

特別なよみ 母屋(おもや)・数寄屋(すきや)・数奇屋(すきや)・部屋(へや)・八百屋(やおや)

名前のよみ いえ

❶〈いえ〉の意味で

【屋外】《おくがい》 ↓家《いえ》や建物《たてもの》の外《そと》。アウトドア。例 屋外《おくがい》で遊《あそ》ぶ。屋外運動場《おくがいうんどうじょう》 類 戸外《こがい》 対 屋内《おくない》

【屋舎】《おくしゃ》 Ⅱ家《いえ》や建物《たてもの》。例 駅《えき》の屋舎《おくしゃ》。

【屋上】《おくじょう》 ↓①屋根《やね》の上《うえ》。例 屋上屋《おくじょうおく》を架《か》す(よけいなことを重《かさ》ねてする)。②ビルなどのいちばん上《うえ》の平《たい》らになっているところ。例 屋《おく》上《じょう》に出《で》る。

【屋内】《おくない》 ↓家《いえ》や建物《たてもの》の中《なか》。インドア。例 屋《おく》内《ない》プール 類 室内《しつない》 対 屋外《おくがい》・野外《やがい》

【屋形船】《やかたぶね》 日本《にほん》にむかしからある、屋根《やね》のある船《ふね》。例 屋形船《やかたぶね》ですずむ。

【屋°敷】《やしき》 ↓①家《いえ》のまわりのひとくぎりの土《と》地《ち》。例 池《いけ》もある広《ひろ》い屋敷《やしき》。類 敷地《しきち》 ②大《おお》きくてりっぱな家《いえ》。例 武家屋敷《ぶけやしき》 類 邸宅《ていたく》・豪邸《ごうてい》

【屋台】《やたい》 ↓①車《くるま》のついた、屋根《やね》つきの台《だい》。物《もの》を売《う》るのに使《つか》う。例 夜店《よみせ》の屋台《やたい》。②演奏《えんそう》やおどりなどをする台《だい》に屋根《やね》をつけたもの。祭《まつ》りのとき広場《ひろば》に設《もう》ける。例 屋台《やたい》ばやし

【屋根】《やね》 ◎雨《あめ》・風《かぜ》・雪《ゆき》などをふせぐために、建《たて》物《もの》の上《うえ》につくられたおおい。例 屋根裏部屋《やねうらべや》 表現「世界《せかい》の屋根《やね》ヒマラヤ」のように、そのあたりでいちばん高《たか》い山《やま》を指《さ》すこともある。

❷〈商店などのよび名〉の意味で

【屋号】《やごう》 ↓家《いえ》の名字《みょうじ》とべつにつける店《みせ》のよび名《な》。類 商号《しょうごう》 知識 歌舞伎役者《かぶきやくしゃ》に客席《きゃくせき》から声《こえ》をかける「音羽屋《おとわや》」「成駒屋《なりこまや》」なども屋号《やごう》。

屋が下につく熟語 上の字の働き

❶屋＝〈いえ〉のとき
【小屋《こや》 長屋《ながや》 平屋《ひらや》 廃屋《はいおく》】ドノヨウナ家《いえ》か。

❷屋＝〈商店などのよび名〉のとき
【質屋《しちや》 問屋《とんや／といや》】ドンナ商店《しょうてん》か。

◆ 家屋《かおく》 社屋《しゃおく》 寺子屋《てらこや》 母屋《おもや》 納屋《なや》 一軒屋《いっけんや》 岩屋《いわや》 山小屋《やまごや》

◀次ページ

前ページ▶届 屋

尸-6

屍

総画9 JIS-2751 表外

音 シ 訓 しかばね

意味 しかばね。なきがら。死体《したい》。

尸-7

屑

総画10 JIS-2293 人名

音 セツ 訓 くず

意味 くず。役《やく》に立《た》たないもの。例 紙屑《かみくず》

尸-7

展

総画10 JIS-3724 教6年

音 テン 訓 —

筆順

なりたち

【形声】「襄→㠭」が衣《ころも》をひきのばす意味《いみ》と「テン」という読《よ》み方《かた》をしめしている。「尸」をくわえて、人《ひと》がものを下《した》にしいてのばすことを表《あらわ》している字《じ》。

意味

❶広《ひろ》げてならべる。広《ひろ》がってのびる。例 展開《てんかい》・展示《てんじ》・発展《はってん》
❷展覧会《てんらんかい》。例 夏休《なつやす》み工作展《こうさくてん》。

名前のよみ のぶ・ひろ

❶〈広げてならべる〉の意味で

【展開】《てんかい》 ⫴〈—する〉①目《め》の前《まえ》に大《おお》きく広《ひろ》がって見《み》えること。例 眼下《がんか》に展開《てんかい》する大海原《おおうなばら》。②場面《ばめん》が、次々《つぎつぎ》にうつりかわっていくこと。例 試合《しあい》は、息《いき》づまるような展開《てんかい》を見《み》せた。類 発展《はってん》③立体《りったい》を切《き》りひらいて、一《ひと》つの平面《へいめん》の上《うえ》に広《ひろ》げること。例 展開図《てんかいず》

【展翅】《てんし》 ▲〈—する〉標本《ひょうほん》にするために、昆虫《こんちゅう》の羽《はね》を広《ひろ》げてとめること。例 展翅板《てんしばん》

【展示】《てんじ》 ↓〈—する〉ものをならべて人《ひと》に見《み》せること。例 卒業制作展示会《そつぎょうせいさくてんじかい》。類 展覧《てんらん》・陳列《ちんれつ》

【展望】《てんぼう》 ↓〈—する〉①はるか遠《とお》くまで見《み》わたすこと。見《み》はらし。例 山頂《さんちょう》からの展望《てんぼう》はすばらしい。展望台《てんぼうだい》 類 眺望《ちょうぼう》 ②社会《しゃかい》の動《うご》きなどを、先《さき》の方《ほう》まで見《み》とおすこと。例 将来《しょうらい》への展望《てんぼう》が開《ひら》ける。

【展覧会】《てんらんかい》 作品《さくひん》や生産物《せいさんぶつ》などをならべて、おおぜいの人《ひと》に見《み》せるもよおし。類 展示会《てんじかい》

展が下につく熟語 上の字の働き

❶展＝〈広げてならべる〉のとき

【伸展《しんてん》 進展《しんてん》 発展《はってん》】近《ちか》い意味《いみ》。

◆ 個展《こてん》 親展《しんてん》

文字物語

層

「地層《ちそう》」は、地球《ちきゅう》の表面《ひょうめん》に長《なが》い長《なが》い年月《としつき》をかけてできあがった土《つち》や岩《いわ》のつみかさなり。

その一《ひと》つ一《ひと》つの層《そう》の性質《せいしつ》とか、かさなりぐあいとかから、何億年《なんおくねん》も前《まえ》の地《ち》球《きゅう》のありさまや生物《せいぶつ》の進化《しんか》のようすがわかってくる。人間《にんげん》の社会《しゃかい》でも、そのしくみを考《かんが》えるときに、人《ひと》びとをある観点《かんてん》から段階《だんかい》的《てき》にいくつかのグループに分《わ》けて、「支配者《しはいしゃ》層《そう》(王《おう》・貴族《きぞく》など、いっぱんの人《ひと》びとの上《うえ》に立《た》って国《くに》をおさめるがわのグループ)と被支《ひし》配者層《はいしゃそう》(おさめられるがわの人《ひと》びと)」といったり、年齢《ねんれい》の段階《だんかい》で分《わ》けて「若年層《じゃくねんそう》・中高年《ちゅうこうねん》層《そう》・高年齢層《こうねんれいそう》」、収入《しゅうにゅう》の段階《だんかい》で分《わ》けて、「高所《こうしょ》得者層《とくしゃそう》と低所得者層《ていしょとくしゃそう》」といったりする。「層《そう》」は物《もの》のなりたちや構造《こうぞう》と深《ふか》く関係《かんけい》するのだ。

尸-9

属

総画12 JIS-3416 教5年

音 ゾク 訓 —

［屬］

筆順

なりたち

【形声】もとの字《じ》は、「屬」。「𡲾」が「尾《お》」のことで「うしろ」の意味《いみ》を表《あらわ》し、「蜀」が「ショク・ゾク」という読《よ》み方《かた》をしめしている。「ショク」は「つづく」意味《いみ》を持《も》ち、「あとにつづく」ことを表《あらわ》す字《じ》。

意味

❶つきしたがう。くっつく。例 属性《ぞくせい》・所属《しょぞく》
❷…のなかま。分類区分《ぶんるいくぶん》の名《な》。例 金属《きんぞく》・ネコ属《ぞく》 知識 生物学《せいぶつがく》では、生物《せいぶつ》の種類《しゅるい》を、…目《もく》、…科《か》、…属《ぞく》などの順序《じゅんじょ》で、大区分《だいくぶん》から小区分《しょうくぶん》へと区分《くわ》けをほどこしている。

❶〈つきしたがう〉の意味で

【属性】《ぞくせい》 ↓そのものがもともと持《も》っている性質《せいしつ》。例 銅《どう》の属性《ぞくせい》を調《しら》べる。

【属国】《ぞっこく》 ↓独立《どくりつ》しておらず、よその国《くに》の支配《しはい》をうけている国《くに》。対 独立国《どくりつこく》

属が下につく熟語 上の字の働き

❶属《ぞく》＝〈つきしたがう〉のとき

【付属《ふぞく》（附属《ふぞく》） 従属《じゅうぞく》 隷属《れいぞく》】近《ちか》い意味《いみ》。

【専属《せんぞく》 直属《ちょくぞく》】ドノヨウニ属《ぞく》するか。

◆帰属《きぞく》 金属《きんぞく》 所属《しょぞく》 尊属《そんぞく》 配属《はいぞく》

尸-11

層

総画14 JIS-3356 教6年

音 ソウ
訓 ―

［層］

筆順 うえよりほそめ

なりたち 【形声】もとの字は、「層」。「曾」が「かさなる」意味《いみ》と「ソウ」という読《よ》み方《かた》をしめしている。「家《いえ》」の略《りゃく》された形《かたち》の「尸《じ》」をくわえて、「かさねた建物《たてもの》」を表《あらわ》している字。

意味

❶かさなり。かさねる。例 層雲《そううん》・地層《ちそう》

❷はんい。年齢《ねんれい》や階級《かいきゅう》などで分《わ》けた集《あつ》まり。例 階層《かいそう》・中間層《ちゅうかんそう》・読者層《どくしゃそう》

文字物語 ☞344ページ

層が下につく熟語 上の字の働き

❶層＝〈かさなり〉のとき

【高層《こうそう》 上層《じょうそう》 断層《だんそう》】ドノヨウナ層《そう》か。

◆一層《いっそう》 大層《たいそう》 階層《かいそう》 地層《ちそう》

尸-12

履

総画15 JIS-4590 常用

音 リ
訓 はく

筆順

なりたち 【会意】「旦」の部分《ぶぶん》はもと「舟」。「夂」は「あし」で、人《ひと》（尸）が舟《ふね》の形《かたち》の木《き》ぐつをはいて道《みち》（彳）を行《い》くことを表《あらわ》している字《じ》。

意味

❶はきもの。足《あし》にはく。例 くつを履《は》く。草履《ぞうり》

❷ふみおこなう。実行《じっこう》する。例 履行《りこう》

特別なよみ 草履（ぞうり）

名前のよみ ふみ

❶〈はきもの〉の意味で

【°履物《はきもの》】↓ くつ・サンダル・げた・ぞうりなど、足《あし》にはくもの。例 履物店《はきものてん》 類 下足《げそく》

❷〈ふみおこなう〉の意味で

【°履行《りこう》】Ⅱ〈―する〉約束《やくそく》したことをきちんとおこなうこと。例 契約《けいやく》を履行《りこう》する。類 実行《じっこう》

【°履修《りしゅう》】↓〈―する〉きめられた学課《がっか》や課程《かてい》の勉強《べんきょう》をすませること。例 履修《りしゅう》課目《かもく》

【°履歴《りれき》】↓ ①その人《ひと》が、それまでに勉強《べんきょう》してきた学校《がっこう》ややってきた仕事《しごと》などの歴史《れきし》。例 履歴書《りれきしょ》 類 経歴《けいれき》・前歴《ぜんれき》・来歴《らいれき》 ②それまでにおこなわれた記録《きろく》。例 着信履歴《ちゃくしんりれき》

3画 屮 ［てつ］の部

「屮《てつ》」をもとにして作《つく》られた字《じ》として、ここには「屯」の字《じ》だけが入《はい》ります。

この部首の字

屮-1

屯

総画4 JIS-3854 常用

音 トン
訓 ―

筆順

なりたち 【象形】かたくむすんだ草木《くさき》の芽《め》がやっと出《で》ようとしているところをえがいた字《じ》。

意味 むらがる。たむろする。例 駐屯《ちゅうとん》・屯《とん》田兵《でんぺい》

名前のよみ みつ・むら

【°屯田兵《とんでんへい》】ふつうのときは農業《のうぎょう》をしていて、いったん事件《じけん》がおこると武器《ぶき》を持《も》ってまもりにつく兵隊《へいたい》。明治時代《めいじじだい》、北海道開発《ほっかいどうかいはつ》に大《おお》きな役割《やくわり》をはたした。

3画 山 ［やま］［やまへん］の部

「山《やま》」をもとに作《つく》られ、山《やま》や地形《ちけい》にかかわる字《じ》を集《あつ》めてあります。

この部首の字

°学習漢字でない常用漢字　▲常用漢字表にない音訓　◆常用漢字でない漢字

■ 山−0

【山】

総画3
JIS-2719
教1年
音 サン
訓 やま

筆順 山 山 山（たかく）

なりたち 【象形】やまの形《かたち》をえがいた字《じ》。

意味
❶やま。もりあげたもの。[例]山《やま》が見《み》える。山頂《さんちょう》・火山《かざん》
❷鉱山《こうざん》。鉱石《こうせき》をほるところ。[例]金山《きんざん》
❸《その他《た》》[例]山車《だし》

特別なよみ 山車（だし）・築山（つきやま）
発音あんない サン→ザン…[例]氷山《ひょうざん》
名前のよみ たか・たかし・のぶ

❶〈やま〉の意味で
【山河】《さんが|さんか》 [II]山《やま》や川《かわ》。自然《しぜん》のけしき。[例]国《くに》破《やぶ》れて山河《さんが》在《あ》り。[類]山川《さんせん》・山水《さんすい》
【山。岳】《さんがく》 [II]高《たか》く、けわしい山《やま》。[例]山岳地帯《さんがくちたい》
【山間】《さんかん|やまあい》 [↓]山々《やまやま》の中《なか》。[例]山間部《さんかんぶ》
【山系】《さんけい》 [↓]いくつかの山脈《さんみゃく》が、ひとつのまとまりになってつながっているもの。[例]ヒマラヤ山系《さんけい》 [類]山脈《さんみゃく》
【山菜】《さんさい》 [↓]山《やま》に生《は》えるわらび・ぜんまい・ふきなどの、食《た》べられる植物《しょくぶつ》。[例]山菜料理《さんさいりょうり》
【山。紫水明】《さんしすいめい》 山々《やまやま》はうすむらさきに見《み》え、川《かわ》は清《きよ》らかに流《なが》れている美《うつく》しいありさま。[例]山紫水明《さんしすいめい》の地《ち》。
【山水画】《さんすいが》 山《やま》や川《かわ》などの自然《しぜん》のけしきをえがいた中国《ちゅうごく》ふうの絵《え》。[例]雪舟《せっしゅう》の山水画《さんすいが》。
【山積】《さんせき》 [↓]〈−する〉山《やま》のようにたくさんつもり、たまること。[例]課題《かだい》が山積《さんせき》している。
【山川草木】《さんせんそうもく》 山《やま》や川《かわ》、草《くさ》や木《き》などをひっくるめた自然《しぜん》のけしき。
【山。荘】《さんそう》 [↓]①山《やま》の中《なか》にある別荘《べっそう》。[例]山荘《さんそう》にこもって自然《しぜん》を楽《たの》しむ。②登山者《とざんしゃ》やスキー客《きゃく》を泊《と》めるための宿《やど》。[類]山小屋《やまごや》
【山。賊】《さんぞく》 [↓]山《やま》にいて、旅人《たびびと》などをおそい、金品《きんぴん》をうばう盗賊《とうぞく》。[類]海賊《かいぞく》
【山村】《さんそん》 [↓]山《やま》の中《なか》の村《むら》。[例]山村留学《さんそんりゅうがく》 [類]山里《やまざと》・山家《やまが》
【山地】《さんち》 [↓]①山《やま》がいくつも集《あつ》まりつづいている地域《ちいき》。[例]北上山地《きたかみさんち》 [対]平野《へいや》 ②地形《ちけい》が山《やま》になっている土地《とち》。[例]山地《さんち》に木《き》を植《う》える。[対]平地《へいち》
【山中】《さんちゅう》 [↓]山《やま》の中《なか》。[例]山中《さんちゅう》に分《わ》け入《い》る。
【山頂】《さんちょう》 [↓]山《やま》のいちばん高《たか》いところ。山《やま》のいただき。[例]山頂《さんちょう》に立《た》つ。[類]頂上《ちょうじょう》
【山道】《さんどう|やまみち》 [↓]山《やま》の中《なか》の道《みち》。[例]けわしい山道《やまみち》を歩《ある》く。[類]山路《やまじ》
【山腹】《さんぷく》 [↓]山《やま》の中《なか》ほど。山《やま》の頂上《ちょうじょう》とふもとのあいだのところ。[例]山腹《さんぷく》の花畑《はなばたけ》。[類]中腹《ちゅうふく》
【山脈】《さんみゃく》 [↓]たくさんの山《やま》が一《ひと》つづきにつながっている地形《ちけい》。[例]奥羽山脈《おううさんみゃく》 [類]山系《さんけい》
【山門】《さんもん》 [↓]寺《てら》の正面《しょうめん》にある門《もん》。[参考]お寺《てら》はもとは山《やま》の中《なか》に建《た》てることが多《おお》く、その山《やま》の名前《なまえ》を「山号《さんごう》」としてつけ、「××山○○寺」のように言《い》った。それで、お寺《てら》の門《もん》を「山門《さんもん》」という。
【山野】《さんや》 [II]山《やま》や野原《のはら》。[例]チョウを追《お》って山野《さんや》をかけまわる。[類]野山《のやま》・林野《りんや》
【山容】《さんよう》 [↓]山《やま》のかたちやすがた。[例]代々《だいだい》の植林《しょくりん》で、やっともとの山容《さんよう》をとりもどした。
【山林】《さんりん》 ①[II]山《やま》や林《はやし》。②[↓]山《やま》の中《なか》の林《はやし》。[例]山林《さんりん》を保護《ほご》する。
【山。麓】《さんろく》 [↓]山《やま》のふもと。[例]山麓《さんろく》から頂上《ちょうじょう》まで、ロープウェーがある。[類]山裾《やますそ》
【山男】《やまおとこ》 [↓]①きこりや猟師《りょうし》など、山《やま》をすみかにしてはたらいている男《おとこ》。②山《やま》がすきで、しょっちゅう山登《やまのぼ》りに出《で》かける男《おとこ》。③山《やま》の奥《おく》にすんでいるという男《おとこ》の怪物《かいぶつ》。
【山家】《やまが》 [↓]山《やま》ふかい村里《むらざと》の家《いえ》。[例]山家育《やまがそだ》ち。
【山国】《やまぐに》 [↓]山《やま》の多《おお》い地方《ちほう》。[例]雪深《ゆきぶか》い山国《やまぐに》。
【山気】《やまけ》 [↓]山《やま》で鉱脈《こうみゃく》をさがしあてるような、あてにならないことをあてにして、大《おお》もうけをしようと思《おも》う気持《きも》ち。[例]山気《やまけ》が多《おお》い。
【山小屋】《やまごや》 登山者《とざんしゃ》が泊《と》まったり、休《やす》んだりするために、山《やま》に作《つく》られた小屋《こや》。ヒュッテ。[例]山小屋《やまごや》にひなんする。[類]山荘《さんそう》
【山里】《やまざと》 [↓]山《やま》の中《なか》にある小《ちい》さな集落《しゅうらく》。[例]山里《やまざと》の分校《ぶんこう》。[類]山村《さんそん》・村里《むらざと》
【山師】《やまし》 [↓]①山《やま》を歩《ある》いて、鉱脈《こうみゃく》を見《み》つけたり、木《き》の売《う》り買《か》いをしたりする人《ひと》。②あてにならない計画《けいかく》をもちかけて人《ひと》をだます人《ひと》。

【山路《やまじ》】⇩ 山《やま》の中《なか》の細《ほそ》い道《みち》。例 山路《やまじ》をあるきながら小鳥《ことり》の声《こえ》を聞《き》く。類 山道《やまみち》

【山。裾《やますそ》】⇩ 山《やま》のふもとの、なだらかに広《ひろ》がった斜面《しゃめん》。例 山裾《やますそ》の雑木林《ぞうきばやし》。類 山麓《さんろく》

【山手《やまて|やまのて》】⇩ ①山《やま》に近《ちか》いほう。②都会《とかい》の高台《たかだい》の住宅地域《じゅうたくちいき》。対 下町《したまち》

【山場《やまば》】⇩ ものごとのいちばんもりあがるところ。クライマックス。例 ドラマの山場《やまば》。

【山。肌《やまはだ》】⇩ 木《き》も草《くさ》も生《は》えていない、地面《じめん》がむき出《だ》しの山《やま》の表面《ひょうめん》。例 いたいたしい山肌《やまはだ》。

【山•彦《やまびこ》】⇩ 声《こえ》や音《おと》が山《やま》の斜面《しゃめん》に当《あ》たってはねかえり、少《すこ》しおくれて聞《き》こえてくるもの。こだま。エコー。例「おーい」と呼《よ》ぶと「おーい」と山彦《やまびこ》がかえってくる。知識「こだま」は「木霊」「木魂」「木精」などとも書《か》かれ、「山彦《やまびこ》」は人《ひと》の口《くち》まねをする男《おとこ》の精《せい》と考《かんが》えられていた。

【山。伏《やまぶし》】⇩ 野《の》や山《やま》にねたりしながらめぐり歩《ある》き、からだや心《こころ》をきたえる修験者《しゅげんじゃ》。

【山。懐《やまふところ|やまぶところ》】⇩ 山《やま》にかこまれた、おくふかい土地《とち》。例 山懐《やまふところ|やまぶところ》の村《むら》。類 山奥《やまおく》

❸《その他》

【山車《だし》】◎ お祭《まつ》りのときに、町《まち》をねりあるく、きれいにかざった大《おお》きな車《くるま》。例 山車《だし》を引《ひ》く。

山が下につく熟語 上の字の働き

❶山＝〈やま〉のとき

【治山《ちさん》 登山《とざん》 下山《げざん》 遊山《ゆさん》】山《やま》を（山《やま》に）ドウスルか。

【火山《かざん》 氷山《ひょうざん》】ナニの山《やま》か。

【深山《しんざん》 全山《ぜんざん》 連山《れんざん》】ドノヨウナ山《やま》か。

【夏山《なつやま》 冬山《ふゆやま》】イツの山《やま》か。

❷山＝〈鉱山〉のとき

【金山《きんざん》 銀山《ぎんざん》 銅山《どうざん》】ナニをほる鉱山《こうざん》か。

◆黒山《くろやま》 鉱山《こうざん》

岐

山−4　総画7　JIS-2084　常用

音 キ　訓 —

筆順 岐 岐 岐 岐 岐 岐 岐

なりたち  【形声】「支《シ》」が「キ」とかわって読《よ》み方《かた》をしめしている。もと、「岐《き》山《ざん》」という山《やま》の名《な》。

意味 わかれみち。例 岐路《きろ》・分岐《ぶんき》

県名 岐阜（ぎふ）

名前のよみ また・みち

【。岐路《きろ》】⇩ 道《みち》が分《わ》かれているところ。分《わ》かれ目《め》。例 人生《じんせい》の岐路《きろ》に立《た》つ。

◆多岐《たき》 分岐《ぶんき》

岳

山−5　総画8　JIS-1957　常用

音 ガク　訓 たけ

［嶽］

筆順 岳 岳 岳 岳 岳 岳 岳 岳

なりたち  【会意】「岳」はもと「嶽」の古《ふる》い字《じ》形《けい》。「山《やま》」の上《うえ》にさらに「丘《おか》」のある大《おお》きな山《やま》を表《あらわ》している字《じ》。「嶽」は、「山《やま》」と「獄《ゴク》」が「ガク」とかわって読《よ》み方《かた》をしめしている形声文字《けいせいもじ》。

意味 高《たか》くて大《おお》きな山《やま》。例 岳人《がくじん》・山岳《さんがく》

名前のよみ おか・たか・たかし

【。岳父《がくふ》】⇩ 妻《つま》の父《ちち》。しゅうと。参考 高《たか》い山《やま》のように尊敬《そんけい》すべき父《ちち》という意味《いみ》。

岩

山−5　総画8　JIS-2068　教2年

音 ガン　訓 いわ

筆順 岩 岩 岩 岩 岩 岩 岩 岩（ややたかく）

なりたち 【会意】「山《やま》」と「石《いし》」を合《あ》わせて、山《やま》にある大《おお》きな石《いし》「いわ」を表《あらわ》している字《じ》。

意味 いわ。大《おお》きな石《いし》。例 岩場《いわば》・岩石《がんせき》・溶岩《ようがん》・水成岩《すいせいがん》

名前のよみ いわお・かた・たか

【岩場《いわば》】⇩ 山《やま》の斜面《しゃめん》で、むきだしの岩《いわ》の多《おお》い場所《ばしょ》。例 岩場《いわば》を登《のぼ》る。

【岩屋《いわや》】⇩ ①岩《いわ》にあなをあけて作《つく》ったすまい。例 岩屋《いわや》にとじこもる。②岩《いわ》にできたほらあな。例 岩屋《いわや》の中《なか》をさぐる。類 岩窟《がんくつ》

【岩塩《がんえん》】⇩ 陸地《りくち》の岩石《がんせき》のあいだからとれる塩《しお》。塩分《えんぶん》をふくんだ水《みず》が蒸発《じょうはつ》して、塩《しお》が地中《ちちゅう》でかたまったもの。

【岩。窟《がんくつ》】⇩ 岩《いわ》の中《なか》のほらあな。類 岩穴《いわあな》・岩屋《いわや》

【岩礁《がんしょう》】[Ⅱ] 海《うみ》の中《なか》にかくれている大《おお》きな岩《いわ》。例 引《ひ》き潮《しお》で岩礁《がんしょう》があらわれる。類 暗礁《あんしょう》

【岩石《がんせき》】[Ⅱ] ①岩《いわ》。大《おお》きな石《いし》。例 岩石《がんせき》をくだく。②地殻《ちかく》の一部《いちぶ》を形《かたち》づくっている鉱物《こうぶつ》のかたまり。

【岩盤《がんばん》】[↓] 地面《じめん》の下《した》の岩石《がんせき》でできた地盤《じばん》。例 山《やま》くずれで岩盤《がんばん》がむき出《だ》しになる。

【岩壁《がんぺき》】[↓] かべのようにけわしくきりたった大《おお》きな岩《いわ》。例 岩壁《がんぺき》をよじのぼる。表現 船《ふな》つき場《ば》の「がんぺき」は「岸壁」。

岸

山-5　総画8　JIS-2063　教3年
音 ガン　訓 きし

筆順

（丿にならない　ながく）

なりたち

【形声】「厂」が高《たか》いがけを表《あらわ》し、「干《カン》」が「ガン」とかわって読《よ》み方《かた》をしめしている。「ガン」は「高《たか》くつき出《で》る」意《い》味《み》を持《も》ち、「山」をくわえて、高《たか》く切《き》り立《た》ったがけを表《あらわ》す字《じ》。

意味 きし。水《みず》ぎわ。川《かわ》や海《うみ》などのきしべ。例 岸《きし》に船《ふね》をつける。川岸《かわぎし》・海岸《かいがん》

特別なよみ 河岸（かし）

【岸壁《がんぺき》】[↓] ①きりたった岸《きし》。②コンクリートでできた船《ふな》つき場《ば》。例 岸壁《がんぺき》の人《ひと》びとと別《わか》れをおしむ。表現 きりたった岩《いわ》は、「岩壁」。

【岸辺《きしべ》】[↓] 海《うみ》や川《かわ》などの水《みず》ぎわのあたり。

文字物語

峠

「上《うえ》と下《した》」の意味《いみ》を表《あらわ》すつくり「卡」をもった国字《こくじ》が、「峠《とうげ》」のほかにも、以下《いか》のように三《みっ》つある。

(一)「桛」。訓《くん》「かせ」。布《ぬの》を織《お》るときに糸《いと》をかけておく「工《こう》」の字《じ》の形《かたち》をした道具《どうぐ》。糸《いと》を上《じょう》下二本《げにほん》の木《き》の棒《ぼう》にかけるものだから。

(二)「裃」。訓《くん》「かみしも」。武士《ぶし》の着物《きもの》。上半身《じょうはんしん》に着《き》るかたぎぬと下半身《かはんしん》につけるはかまとの一組《ひとくみ》の衣《ころも》をいうから。

(三)「鞐」。訓《くん》「こはぜ」。足袋《たび》の合《あ》わせめをとめる、爪《つめ》の形《かたち》をした金具《かなぐ》。もと、足袋《たび》の上《うわ》前《まえ》と下前《したまえ》とを革《かわ》（なめしがわ）のひもで結《むす》んでいたから。

岸が下につく熟語 上の字の働き

【右岸《うがん》 左岸《さがん》 対岸《たいがん》 彼岸《ひがん》】ドチラの岸《きし》べか。
【沿岸《えんがん》 海岸《かいがん》 河岸《かがん|かわぎし|かし》 湖岸《こがん》 湾岸《わんがん》】ナニの岸《きし》べか。
◆魚河岸《うおがし》 護岸《ごがん》 接岸《せつがん》

岡

山-5　総画8　JIS-1812　常用
音 コウ　訓 おか

筆順

意味 おか。小高《こだか》くなっている場所《ばしょ》。

県名 岡山（おかやま）・静岡（しずおか）・福岡（ふくおか）

岬

山-5　総画8　JIS-4408　常用
音 —　訓 みさき

筆順

意味 みさき。海《うみ》やみずうみにつき出《で》た陸地《りくち》。例 岬《みさき》の灯台《とうだい》。

峡

山-6　総画9　JIS-2214　常用
音 キョウ　訓 —
［峽］

筆順

なりたち 【形声】もとの字《じ》は、「峽」。「夾」が「はさむ」意味《いみ》と「キョウ」という読《よ》み方《かた》をしめしている。山《やま》にはさまれた谷《たに》あいを表《あらわ》す字《じ》。

意味 谷《たに》あい。山《やま》や陸地《りくち》にはさまれてせまくなっているところ。例 峡谷《きょうこく》・峡湾《きょうわん》・海峡《かいきょう》・山峡《さんきょう》

【峡谷《きょうこく》】[Ⅱ] けわしい山《やま》にはさまれたふかい谷《たに》。例 峡谷《きょうこく》ぞいの山道《さんどう》。類 渓谷《けいこく》

峠

山-6　総画9　JIS-3829　常用
音 —　訓 とうげ

筆順

なりたち 【会意】国字《こくじ》。山《やま》の上《のぼ》りと下《くだ》りのさかいである「とうげ」を表《あらわ》している字《じ》。

意味 ❶とうげ。山道《やまみち》がのぼりから下《くだ》りになるところ。❷ものごとのいきおいが絶頂《ぜっちょう》のとき。例 峠《とうげ》を越《こ》す。

文字物語 ☞348ページ

峻
山-7 総画10 JIS-2952 人名

音 シュン 訓 —

意味 ❶高《たか》くけわしい。大《おお》きい。例 急峻《きゅうしゅん》 ❷きびしい。はげしい。例 峻別《しゅんべつ》

名前のよみ たか・たかし・とし・みち

島
山-7 総画10 JIS-3771 教3年

音 トウ 訓 しま

筆順（でない・はねる）

なりたち [形声]「鳥」を省略《しょうりゃく》した形《かたち》の「鳥《チョウ》」が、「トウ」とかわって読《よ》み方《かた》をしめしている。「チョウ」は「波」の意味《いみ》を持《も》ち、「山」をくわえて、波間《なみま》にうかぶ「しま」を表《あらわ》している字《じ》。

意味 しま。水《みず》にかこまれた陸地《りくち》。例 島《しま》にわたる。島民《とうみん》・島国《しまぐに》・列島《れっとう》

参考「嶋《トウ・しま》」の字《じ》は、人名用漢字《じんめいようかんじ》。

【島影】《しまかげ》 ⬇ 島《しま》のすがた。例 きりが晴《は》れて、はるか向《む》こうに島影《しまかげ》が見《み》えてきた。

【島国】《しまぐに》 ⬇ まわりを海《うみ》にかこまれた国《くに》。

【島民】《とうみん》 ⬇ 島《しま》に住《す》んでいる人《ひと》。

島が下につく熟語 上の字の働き

【群島《ぐんとう》 列島《れっとう》 孤島《ことう》 離島《りとう》 半島《はんとう》】ドウナッテイル島か。

峰
山-7 総画10 JIS-4286 常用

音 ホウ 訓 みね

筆順

なりたち [形声]「夆」がとがった先《さき》の意味《いみ》と「ホウ」という読《よ》み方《かた》をしめしている。山《やま》のいただきを表《あらわ》す字《じ》。

意味 みね。山《やま》の高《たか》くとがった所《ところ》。例 山《やま》の峰《みね》。連峰《れんぽう》

参考「峯《ホウ・みね》」の字《じ》は、人名用漢字《じんめいようかんじ》。

名前のよみ たか・たかし・ね

◆最高峰《さいこうほう》 秀峰《しゅうほう》 霊峰《れいほう》 連峰《れんぽう》

崖
山-8 総画11 JIS-1919 常用

音 ガイ 訓 がけ

筆順

意味 がけ。山《やま》や岸《きし》がかべのように切《き》り立《た》っている部分《ぶぶん》。例 崖《がけ》くずれ・崖《がけ》っぷち・懸崖《けんがい》・断崖《だんがい》

崎
山-8 総画11 JIS-2674 常用

音 — 訓 さき

筆順

なりたち [形声]「奇」が「キ」という読《よ》み方《かた》をしめす。「キ」は「あぶない」の意味《いみ》を持《も》ち、山《やま》がつき出《で》ているけわしい所《ところ》を表《あらわ》す字《じ》。

意味 海中《かいちゅう》につき出《で》た陸地《りくち》。例 観音崎《かんのんざき》

崇
山-8 総画11 JIS-3182 常用

音 スウ 訓 あが-める

筆順

なりたち [形声]「宗《シュウ》」が「スウ」とかわって読《よ》み方《かた》をしめしている。「シュウ」は「あつまる、重《かさ》なる」意味《いみ》を持《も》ち、山《やま》が重《かさ》なって高《たか》いことを表《あらわ》す字《じ》。

意味 けだかい。うやまう。例 崇高《すうこう》・崇拝《すうはい》

名前のよみ たかし・たけ

【崇敬】《すうけい》 Ⅲ〈-する〉たっとび、うやまうこと。例 崇敬《すうけい》の念《ねん》にうたれる。類 崇拝《すうはい》

【崇高】《すうこう》 Ⅲ〈-に〉〈-な〉ちかよりがたいほどに、けだかい。例 崇高《すうこう》な精神《せいしん》。

【崇拝】《すうはい》 Ⅲ〈-する〉心《こころ》のそこからふかくうやまうこと。例 崇拝《すうはい》する人物《じんぶつ》。類 崇敬《すうけい》

崩
山-8 総画11 JIS-4288 常用

音 ホウ 訓 くずれる・くずす

筆順

前ページ▶峻 島 峰 崖 崎 崇 崩

なりたち 嵎 [形声] もとの字は、「崩」。「朋」が「ホウ」という読《よ》み方《かた》をしめしている。「ホウ」は「くずれる」意味《いみ》を持《も》ち、山《やま》がくずれることを表《あらわ》す字《じ》。

意味 くずれる。くずれてなくなる。例 がけが崩《くず》れる。列《れつ》を崩《くず》す。崩壊《ほうかい》

特別なよみ 雪崩(なだれ)

【°崩°壊】《ほうかい》 II 〈—する〉くずれてなくなること。例 ビルの崩壊《ほうかい》。モラルの崩壊《ほうかい》。類 壊滅《かいめつ》

【°崩°御】《ほうぎょ》 ◎ 〈—する〉天皇《てんのう》や皇后《こうごう》などがなくなること。

峻

山-8 総画11 JIS-5437 人名 音 リョウ 訓 —

意味 高《たか》い山《やま》。高《たか》くけわしい。

名前のよみ たかし

嵐

山-9 総画12 JIS-4582 常用 音 ラン 訓 あらし

筆順 嵐 嵐 嵐 嵐 嵐 嵐 嵐

意味 ❶はげしく吹《ふ》く風《かぜ》。例 砂嵐《すなあらし》 ❷山《やま》にたちこめる空気《くうき》。例 青嵐《せいらん／あおあらし》(初《しょ》夏《か》にふきわたる風《かぜ》)

文字物語 ☞350ページ

嵯

山-10 総画13 JIS-2623 人名 音 サ 訓 —

意味 けわしい山《やま》。岩《いわ》がごろごろしていてけわしい。例 嵯峨《さが》

文字物語 嵐

平安時代《へいあんじだい》、文屋康秀《ふんやのやすひで》という歌人《かじん》の作《つく》った歌《うた》に「吹《ふ》くからに秋《あき》の草木《くさき》のしおるればむべ山《やま》風《かぜ》をあらしというらん」というのがある。「山《やま》の風《かぜ》が吹《ふ》いたとたんに、秋《あき》の草木《くさき》がたちまちにしおれていく。ほんとうに手荒《てあら》なことをする山《やま》の風《かぜ》。なるほど、それだからこそ山《やま》から吹《ふ》きおろすはげしい風《かぜ》を嵐《あらし》というのだろうな」と、「嵐《あらし》」の字《じ》を「山《やま》」と「風《かぜ》」とに分《わ》けて考《かんが》えることによって、真実感《しんじつかん》をだしている。

もともと中国《ちゅうごく》での「嵐《らん》」の字《じ》の意味《いみ》は「山《やま》の中《なか》の気《き》」をいった。「嵐」は日本《にほん》に来《き》て荒々《あらあら》しい風《かぜ》をいう「あらし」という訓《くん》を得《え》てから、ずっとかつやくの場《ば》がひろがった。砂漠《さばく》の中《なか》で砂《すな》をまきあげてあばれる風《かぜ》を「砂嵐《すなあらし》」というのはもっともだが、空中《くうちゅう》の磁気《じき》を荒《あ》らして電波《でんぱ》に害《がい》をあたえる現象《げんしょう》を、じっさいに風《かぜ》が吹《ふ》くわけでもないのに「磁気嵐《じきあらし》」というのもおもしろい。

嵩

山-10 総画13 JIS-3183 人名 音 スウ 訓 かさ

意味 ❶高《たか》い。山《やま》が高《たか》くそびえるようす。❷かさ。体積《たいせき》。例 嵩高《かさだか》・水嵩《みずかさ》

名前のよみ たか・たかし・たけ

嶺

山-14 総画17 JIS-4670 人名 音 レイ 訓 ね・みね

意味 山《やま》のみね。例 高嶺《たかね》の花《はな》。銀嶺《ぎんれい》

巌

山-17 総画20 JIS-2064 人名 音 ガン・ゲン 訓 いわ・いわお

[巖]

意味 大《おお》きな岩《いわ》。ごつごつした岩《いわ》。例 奇巌《きがん》・碧巌《へきがん》

名前のよみ みち・みね・よし

川 [かわ] の部 3画 巛

「川《かわ》」あるいは「巛」をもとに作《つく》られ、川《かわ》の流《なが》れにかかわる字《じ》を集《あつ》めてあります。

この部首の字 0 川……350 3 州……351 巡……351 災→火 701 順→頁 1036

川

川-0 総画3 JIS-3278 教1年 音 セン 訓 かわ

筆順 川 川 川 (とめる)

なりたち
【象形】「川《かわ》」が流《なが》れるようすをえがいた字《じ》。

意味
❶かわ。水《みず》の流《なが》れ。例 川遊《かわあそ》び。小川《おがわ》・河川《かせん》・山川《さんせん》
❷《その他《た》》例 川柳《せんりゅう》

特別なよみ 川原（かわら）

❶〈かわ〉の意味で

【川魚《かわうお／かわざかな》】⇩ コイ・フナ・ヤマメなどの、川《かわ》にいる魚。例 川魚《かわうお／かわざかな》料理《りょうり》。

【川上《かわかみ》】⇩ 川《かわ》の水《みず》が流《なが》れてくるほう。川《かわ》のみなもとのあたり。類 上流《じょうりゅう》・上手《かみて》・水上《みなかみ》 対 川下《かわしも》

【川下《かわしも》】⇩ 川《かわ》の水《みず》が流《なが》れていくほう。川口《かわぐち》に近《ちか》いあたり。類 下流《かりゅう》・下手《しもて》 対 川上《かわかみ》

【川。床《かわどこ》】⇩ 川《かわ》の底《そこ》の地面《じめん》。類 河床《かしょう》

【川。端《かわばた》】⇩ 川《かわ》のすぐそばのあたり。例 川端《かわばた》の家《いえ》なみ。類 川岸《かわぎし》・川辺《かわべ》

【川辺《かわべ》】⇩ 川《かわ》のそば。類 川端《かわばた》・川岸《かわぎし》

【川▲面《かわも》】⇩ 川《かわ》の水面《すいめん》。例 川面《かわも》にふく風《かぜ》。

【川原《かわら》】⇩ 川《かわ》すじで、ふだんは水《みず》がなくて、石《いし》や砂《すな》などが水面《すいめん》より上《うえ》に出《で》ているところ。例 川原《かわら》で遊《あそ》ぶ。表記「河原」とも書《か》く。

❷《その他》

【川。柳《せんりゅう》】◎ こっけいなことやひにくなことをうたう、五《ご》・七《しち》・五《ご》の十七音《じゅうしちおん》でできている短《みじか》い詩《し》。参考 この句《く》の選者《せんじゃ》だった「柄井川《からいせん》柳《りゅう》」の名《な》から。

◆小川《おがわ》 河川《かせん》 谷川《たにがわ》

川−3

州

総画6
JIS-2903
教3年
音 シュウ
訓 す

筆順
州 州 州 州 州 州
はらう　とめる

なりたち
【象形】川《かわ》にかこまれた陸地《りくち》をえがいて、「なかす」を表《あらわ》している字《じ》。

意味
❶川《かわ》のなかす。流《なが》れのとちゅうに土砂《どしゃ》がたまってできた島《しま》。例 三角州《さんかくす》
❷陸地《りくち》。大陸《たいりく》。行政上《ぎょうせいじょう》の広《ひろ》い地域《ちいき》。例 欧《おう》州《しゅう》・信州《しんしゅう》・九州《きゅうしゅう》・ワシントン州《しゅう》

名前のよみ くに

巛−3

巡

総画6
JIS-2968
常用
音 ジュン
訓 めぐる

筆順
巡 巡 巡 巡 巡 巡

なりたち
【形声】「辶」が道《みち》を行《い》くことを表《あらわ》し、「川」のもとの形《かたち》「巛《セン》」が「ジュン」とかわって読《よ》み方《かた》をしめしている。「セン」は「めぐる」意味《いみ》を持《も》ち、めぐりあるくことを表《あらわ》す字《じ》。

意味 まわってあるく。ひとめぐりする。例 季節《きせつ》が巡《めぐ》る。巡視《じゅんし》・巡礼《じゅんれい》

特別なよみ お巡りさん（おまわりさん）

【。巡。演《じゅんえん》】⇩〈─する〉あちらこちらまわって、演劇《えんげき》などを上演《じょうえん》すること。例 地方巡演《ちほうじゅんえん》。

【。巡回《じゅんかい》】⑪〈─する〉①場所《ばしょ》から場所《ばしょ》へとじゅんじゅんにまわっていくこと。例 巡回図《じゅんかいと》書館《しょかん》 ②見《み》まわりをすること。パトロール。例 警官《けいかん》が巡回《じゅんかい》している。類 巡視《じゅんし》

【。巡業《じゅんぎょう》】⇩〈─する〉芸《げい》や競技《きょうぎ》を見《み》せるために、ほうぼうの地方《ちほう》をまわって営業《えいぎょう》すること。例 地方巡業《ちほうじゅんぎょう》

【。巡航《じゅんこう》】⇩〈─する〉船《ふね》や飛行機《ひこうき》が、あちこちをまわること。例 巡航船《じゅんこうせん》

【。巡査《じゅんさ》】⇩ 警察官《けいさつかん》の位《くらい》の一《ひと》つ。おまわりさん。例 交通巡査《こうつうじゅんさ》

【。巡視《じゅんし》】⇩〈─する〉あるきまわった範囲《はんい》の場《ば》所《しょ》を調《しら》べながら回《まわ》ること。パトロール。例 巡《じゅん》視船《しせん》 類 巡回《じゅんかい》

【。巡礼《じゅんれい》】⇩〈─する〉あちこちの寺《てら》や神社《じんじゃ》におまいりしながら歩《ある》くこと。例 巡礼《じゅんれい》の旅《たび》。類 巡拝《じゅんぱい》・遍路《へんろ》 表記「順礼」とも書《か》く。

【。巡歴《じゅんれき》】⇩〈─する〉あちこちを次々《つぎつぎ》とまわって歩《ある》くこと。例 全国《ぜんこく》の城跡《しろあと》を巡歴《じゅんれき》する。

3画 工の部

［たくみ］［こう］［たくみへん］

「工《たくみ》」をもとに作《つく》られ、工作《こうさく》にかかわる字《じ》と、「工《たくみ》」の形《かたち》がめやすとなっている字《じ》を集《あつ》めてあります。

■ 工−0

工

総画3
JIS-2509
教2年
訓 ——
音 コウ・ク

筆順 ながく

なりたち 工 【象形】工作《こうさく》の道具《どうぐ》の定規《じょうぎ》をかたどり、物《もの》をつくることを表《あらわ》す字《じ》。

意味 ❶ものをつくる。なにかを作《つく》るしごと。うまく作《つく》る技術《ぎじゅつ》。例 工夫《くふう》・工業《こうぎょう》・細工《さいく》 ❷ものをつくる人《ひと》。例 大工《だいく》・刀工《とうこう》・名工《めいこう》・整備工《せいびこう》

名前のよみ たくみ・ただ・つとむ・のり

❶〈ものをつくる〉の意味で

【工夫】↓ ❶《くふう》〈—する〉いい方法《ほうほう》をいろいろ考《かんが》えること。例 工夫《くふう》をこらす。❷《こうふ》工事《こうじ》をする人《ひと》。作業員《さぎょういん》。参考 ❷は古《ふる》い言《い》い方《かた》で今《いま》は使《つか》わない。

【工面】《くめん》◯〈—する〉手《て》だてを考《かんが》えて、お金《かね》や品物《しなもの》をそろえること。例 家《いえ》を買《か》うためにお金《かね》を工面《くめん》する。類 算段《さんだん》・調達《ちょうたつ》・才覚《さいかく》

【工員】《こういん》↓ 工場《こうじょう》ではたらく人《ひと》。類 職工《しょっこう》

【工学】《こうがく》↓ ものをつくる技術《ぎじゅつ》などを研究《けんきゅう》する学問《がくもん》。例 工学部《こうがくぶ》・土木工学《どぼくこうがく》

【工業】《こうぎょう》↓ 原料《げんりょう》を加工《かこう》して、必要《ひつよう》な品物《しなもの》をつくりだす産業《さんぎょう》。例 自動車工業《じどうしゃこうぎょう》

【工具】《こうぐ》↓ かなづちなど、工作《こうさく》に使《つか》う道具《どうぐ》。例 工具箱《こうぐばこ》

【工芸】《こうげい》↓ ぬりもの・やきもの・おりものなど、ふだんの生活《せいかつ》に使《つか》うものを芸術的《げいじゅってき》に美《うつく》しく作《つく》る技術《ぎじゅつ》。例 工芸品《こうげいひん》

【工作】《こうさく》Ⅱ〈—する〉①かんたんな道具《どうぐ》を使《つか》って物《もの》を作《つく》ること。例 工作機械《こうさくきかい》 ②ある目的《もくてき》のために、前《まえ》もってはたらきかけること。例 裏《うら》で工作《こうさく》する。

【工事】《こうじ》↓〈—する〉道路《どうろ》・橋《はし》・建物《たてもの》などをつくったり、なおしたりする仕事《しごと》。例 水道工事《すいどうこうじ》

【工場】《こうじょう／こうば》↓ 機械《きかい》を使《つか》って物《もの》をつくりだすところ。例 町工場《まちこうば》・自動車工場《じどうしゃこうじょう》

【工賃】《こうちん》↓ ものをつくる仕事《しごと》に対《たい》して支払《しはら》うお金《かね》。例 内職《ないしょく》の工賃《こうちん》。類 手間賃《てまちん》

【工程】《こうてい》↓ ①ものをつくるときの仕事《しごと》の順序《じゅんじょ》。例 工程表《こうていひょう》 ②ものをつくる作業《さぎょう》のすすみぐあい。例 工程《こうてい》がおくれる。

【工費】《こうひ》↓ ものをつくったり、なおしたりするのにかかるお金《かね》。例 工費《こうひ》を見積《みつ》もる。

工が下につく熟語 上の字の働き

❶工＝〈ものをつくる〉のとき
【加工《かこう》 施工《しこう／せこう》 起工《きこう》 着工《ちゃっこう》 完工《かんこう》】工事《こうじ》や作業《さぎょう》をドウスルか。

❷工＝〈ものをつくる人〉のとき
【刀工《とうこう》 陶工《とうこう》 石工《いしく／せっこう》】ナニの工作職人《こうさくしょくにん》か。
【名工《めいこう》 大工《だいく》】ドノヨウナ工作者《こうさくしゃ》か。

◆細工《さいく》 人工《じんこう》 図工《ずこう》 木工《もっこう》

■ 工−2

巧

総画5
JIS-2510
常用
訓 たくみ
音 コウ

筆順

なりたち 巧 【形声】「わざ」の意味《いみ》の「工」が「まげる」意味《いみ》と「コウ」という読《よ》み方《かた》をしめしている。「丂」を合《あ》わせて、物《もの》をまげて工作《こうさく》することを表《あらわ》す字《じ》。

意味 じょうず。すぐれたわざ。例 巧《たく》みにあやつる。巧妙《こうみょう》・技巧《ぎこう》 対 拙《せつ》

名前のよみ よし

【巧言令色】《こうげんれいしょく》口先《くちさき》でうまいことを言《い》い、あいそのいい顔《かお》つきをすること。参考 中国《ちゅうごく》の孔子《こうし》が言《い》った「巧言令色鮮《こうげんれいしょくすくな》し仁《じん》（巧言令《こうげんれい》色の人《ひと》にりっぱな人《ひと》はいない）」ということばがもとのことば。

【巧拙】《こうせつ》⇕ じょうずかへたか。例 表現《ひょうげん》の巧拙《こうせつ》より、内容《ないよう》がだいじだ。

【巧妙】《こうみょう》Ⅱ〈—に〉〈—な〉ひじょうにじょうずだ。功妙《こうみょう》に仕組《しく》まれたわな。例 巧妙《こうみょう》な手口《てぐち》でだます。対 拙劣《せつれつ》

巧が下につく熟語 上の字の働き

【精巧《せいこう》 老巧《ろうこう》】ドノヨウニすぐれているか。

◆技巧《ぎこう》

■ 工−2

左

総画5
JIS-2624
教1年
訓 ひだり
音 サ

ものしり巻物 第12巻

漢字《かんじ》の字形《じけい》・字体《じたい》

「大《だい》」「天《てん》」の字《じ》を見《み》てみましょう。バランスがとれて安定《あんてい》感《かん》があり、見《み》る人《ひと》に落《お》ち着《つ》きをあたえます。左右対《さゆうたい》称《しょう》にできています。バランスがとれて安定《あんてい》感《かん》があり、見《み》る人《ひと》に落《お》ち着《つ》きをあたえます。人間《にんげん》のからだも、頭《あたま》の先《さき》から足《あし》の先《さき》まで左右《さゆう》対称《たいしょう》にできているので、安定感《あんていかん》があります。「大《だい》」も「天《てん》」も、人間《にんげん》のからだに合《あ》わせているのですね。

このように、漢字《かんじ》の「字形《じけい》」は、バランスを第《だい》一《いち》に考《かんが》えてできています。「山《やま》」も「川《かわ》」も「木《き》」も左右対称《さゆうたいしょう》です。「典《てん》」の字《じ》も、左右対称《さゆうたいしょう》です。「典《てん》」の下《した》の部分《ぶぶん》はもともと机《つくえ》で、机《つくえ》の二本《にほん》の脚《あし》(八)がふんばっているので、上《うえ》の物《もの》が落《お》ちないのです。また、ころがりそうな丸《まる》い太陽《たいよう》も、いつも形《かたち》をかえている月《つき》も、左右対称《さゆうたいしょう》の四《し》角《かく》い「日・月」にして安定感《あんていかん》を出《だ》しています。

絵文字《えもじ》からできた象形文字《しょうけいもじ》は一字《いちじ》なので左《さ》右対称《ゆうたいしょう》を意識《いしき》して作《つく》ることができますが、形《けい》声文字《せいもじ》のように二字《にじ》以上《いじょう》が組《く》み合《あ》わさった場合《ばあい》は、字形《じけい》はどのようにくふうされているでしょうか。

「心」と「生」とを組《く》み合《あ》わせ、新《あたら》しい字《じ》を作《つく》ろうとして、二《ふた》つを横《よこ》にならべてみましょう。横《よこ》にはみ出《だ》してしまいます。そこで、偏《へん》になっている「心」が遠慮《えんりょ》してからだを細《ほそ》め、「忄《りっしんべん》」になります。できあがった字《じ》は「性」です。これなら、横《よこ》にはみ出《だ》さないで、きちんとますの中《なか》に入《はい》って落《お》ち着《つ》きます。

心生
↓
性

「水《みず》→氵《さんずい》」「人《ひと》→亻《にんべん》」「手《て》→扌《てへん》」「犬《いぬ》→犭《けものへん》」も、それぞれ字形《じけい》を考《かんが》えて、落《お》ち着《つ》きを出《だ》すために変身《へんしん》しているのです。

たての組《く》み合《あ》わせの場合《ばあい》はどうでしょうか。「隹」と「火」とを組《く》み合《あ》わせ、たてにかさねると、下《した》にはみ出《だ》してしまいます。そこで、「火」が遠慮《えんりょ》して平《たい》らになり、「灬《れんが》」になります。できあがった字《じ》は「焦《しょう》」です。これなら、下《した》にはみ出《だ》さないで、きちんとますの中《なか》に入《はい》って落《お》ち着《つ》きます。「恭《きょう》」「慕《ぼ》」に使《つか》われている「心《こころ》→㣺《したごころ》」も、落《お》ち着《つ》きを出《だ》すために変身《へんしん》しているのです。

字形《じけい》に対《たい》して、点画《てんかく》の長《なが》さ・数《かず》・方向《ほうこう》、はねる・はねない、出《で》る・出《で》ないに関係《かんけい》したことがらを「字体《じたい》」といいます。

「天・天」の上《うえ》の二本《にほん》の横棒《よこぼう》のどちらを長《なが》くするかは、字体《じたい》に関係《かんけい》するもので、今《いま》は上《うえ》の部《ぶ》分《ぶん》を長《なが》くして「天《てん》」です。とくに、今《いま》のきまりにしたがってできている字体《じたい》を「標準字体《ひょうじゅんじたい》」とよんでいます。

「土《つち》」と「士《し》」は、横棒《よこぼう》の長《なが》さのちがいによってちがう意味《いみ》の字《じ》になります。これは、字体《じたい》がちがうのです。「矢《や》」も、上《うえ》がつき出《で》ると字体《じたい》がかわり、べつの意味《いみ》の「失《しつ》」になります。

「からだ」は「体」ですが、もともとは「體」というちがう字体《じたい》でした。そこで、「体」のほうを「新字体《しんじたい》」とよび、「體」のほうを「旧字体《きゅうじたい》」とよんでいます。(☞「ものしり巻物」417ページ)

また、字体《じたい》と似《に》ていることばに「書体《しょたい》」があります。(☞「ものしり巻物」385ページ)

参考 漢字《かんじ》の字形《じけい》・字体《じたい》については、「字体《じたい》」を文字《もじ》の骨組《ほねぐ》み、「字形《じけい》」をその文字《もじ》の形《かたち》の表現《ひょうげん》の仕方《しかた》とする考《かんが》え方《かた》もあります。その考《かんが》え方《かた》では、「土《つち》」と「士《し》」はべつの文字《もじ》ですから、「字体《じたい》」がちがうということになります。いっぽう、「字形《じけい》」は、字《じ》の太《ふと》い・細《ほそ》い、大《おお》きい・小《ちい》さいや点画《てんかく》の方向《ほうこう》・長短《ちょうたん》、まげるかまっすぐにするか、つけるかはなすか、はねるかとめるかなどのことです。「天」と「天」は字《じ》としてはおなじ「天《てん》」ですから、「字形《じけい》」がちがうということになります。

筆順 左左左左左 ながく

なりたち 【形声】「エ」が「わざ」を表《あらわ》し、ひだり手《て》の形《かたち》の「ナ」が「サ」という読《よ》み方《かた》をしめしている。「サ」は「たすける」意味《いみ》を持《も》ち、仕事《しごと》をたすけることを表《あらわ》す字《じ》。

意味
❶ひだり。例右《みぎ》と左《ひだり》。左折《させつ》 対右《う》
❷ひくい地位《ちい》。よくない地位《ちい》。例左遷《させん》
❸今《いま》のようすをかえようとする考《かん》え方《かた》。革《かく》新的《しんてき》。例左派《さは》 対右《う》
❹《その他《た》》例左官《さかん》

名前のよみ すけ

❶〈ひだり〉の意味で

【左岸《さがん》】⇩川下《かわしも》にむかって左《ひだり》がわの岸《きし》。例船《ふね》を左岸《さがん》につける。対右岸《うがん》

【左記《さき》】⇩たて書《が》きの文章《ぶんしょう》で、そこよりもあとに書《か》いてあることがら。例左記《さき》のとおり。表現 横書《よこが》きの文章《ぶんしょう》では「下記《かき》」を使《つか》う。

【左。舷《さげん》】⇩船《ふね》の進《すす》む方向《ほうこう》にむかって左《ひだり》がわの船《ふな》べり。対右舷《うげん》

【左折《させつ》】⇩〈―する〉道《みち》を左《ひだり》へ曲《ま》がること。例十字路《じゅうじろ》を左折《させつ》する。対右折《うせつ》

【左右《さゆう》】⇕①左《ひだり》と右《みぎ》。例前後左右《ぜんごさゆう》。②その人《ひと》のそば近《ちか》く。側近《そっきん》。③あっちこっち。例言《げん》を左右《さゆう》にしてごまかす。④〈―する〉思《おも》うように動《うご》かす。例農作物《のうさくぶつ》のできは天候《てんこう》に左右《さゆう》される。

【左。翼《さよく》】⇩①飛行機《ひこうき》などの左《ひだり》のはね。対右《う》翼《よく》②左右《さゆう》にひろがってならんでいるものの左《ひだり》がわの部分《ぶぶん》。例敵《てき》の左翼《さよく》をせめる。対右《う》翼《よく》③野球《やきゅう》で、本塁《ほんるい》から見《み》て左《ひだり》がわの外野《がいや》。レフト。例左翼手《さよくしゅ》 対右翼《うよく》 ☞❸

【左▲団。扇《ひだりうちわ》】はたらかなくても、楽《らく》にくらしていけること。例左《ひだり》うちわでくらす。

【左手《ひだりて》】⇩①左《ひだり》の手《て》。例左《ひだり》手《て》で投《な》げる。類左腕《さわん》 対右手《みぎて》 ②左《ひだり》の方向《ほうこう》。例次《つぎ》の角《かど》を左手《ひだりて》に曲《ま》がる。対右手《みぎて》

【左前《ひだりまえ》】⇩①和服《わふく》を着《き》るとき、ふつうとは反対《はんたい》に、右《みぎ》のえりを上《うえ》にすること。②商売《しょうばい》などがうまくいかなくなって、お金《かね》のやりくりが苦《くる》しくなること。例店《みせ》が左前《ひだりまえ》になる。

左前

❷〈ひくい地位〉の意味で

【左。遷《させん》】⇩〈―する〉低《ひく》い地位《ちい》におとすこと。格下《かくさ》げ。対栄転《えいてん》・昇進《しょうしん》 参考 中国《ちゅうごく》で、右《みぎ》を上《じょう》位《い》、左《ひだり》を下位《かい》としたところからできたことば。

❸〈今のようすをかえようとする考え方〉の意味で

【左派《さは》】⇩政治《せいじ》のあり方《かた》や社会《しゃかい》のしくみを新《あたら》しいものにかえていこうとする考《かんが》えをもつ人《ひと》びとの政治的《せいじてき》な集《あつ》まり。類左翼《さよく》 対右派《うは》

【左。翼《さよく》】⇩政治《せいじ》のあり方《かた》や社会《しゃかい》のしくみを根本《こんぽん》からあらためようという考《かんが》え方《かた》。その考《かんが》えをもつ人《ひと》びとの集《あつ》まり。類左派《さは》・革新《かくしん》 対右《う》翼《よく》 参考 フランス革命《かくめい》のとき、急進派《きゅうしんは》ジャコバン派《は》が議会《ぎかい》で左《ひだり》がわの席《せき》をしめたことから使《つか》われるようになったことば。☞❶

❹《その他》

【左官《さかん》】◎かべに土《つち》やしっくい・セメントなどをぬることを仕事《しごと》とする人《ひと》。

エ-7
差
総画10
JIS-2625
教4年
訓 さす
音 サ

筆順 差差差差差差差差差差 ながく このばしょに ながく

なりたち 【形声】イネやムギの穂《ほ》（𥝌）と「左」とからでき、「左」が「サ」という読《よ》み方《かた》をしめしている。「サ」は「ふぞろい」の意味《いみ》を持《も》ち、イネやムギの穂《ほ》のふぞろいなようすを表《あらわ》している字《じ》。

意味
❶ちがい。量《りょう》や質《しつ》のへだたり。例差異《さい》
❷さしひき。ひらき。例差額《さがく》 対和《わ》
❸つかわす。人《ひと》をさしむける。例差配《さはい》
❹そちらへ進《すす》める。さす。例刀《かたな》を差《さ》す。手《て》を差《さ》し出《だ》す。差《さ》し入《い》れ

使い分け さす［差・指・刺・挿］☞355ページ

特別なよみ 差し支える（さしつかえる）

❶〈ちがい〉の意味で

【差異《さい》】Ⅱちがい。類相違《そうい》・異同《いどう》

【差別《さべつ》】⬇〈—する〉あつかい方《かた》に分《わ》けへだてをすること。対 平等《びょうどう》

❷〈さしひき〉の意味で

【差益《さえき》】⬇さし引《ひ》きして出《で》る利益《りえき》。

【差額《さがく》】⬇多《おお》いほうから少《すく》ないほうを引《ひ》いたのこりの金額《きんがく》。例 精算《せいさん》して差額《さがく》を返《かえ》す。

❸〈つかわす〉の意味で

【差配《さはい》】⬇〈—する〉中心《ちゅうしん》になって指図《さしず》すること。それをする人《ひと》。例 作業《さぎょう》を差配《さはい》する。

差が下につく熟語 上の字の働き

❷ 差=〈さしひき〉のとき

【格差《かくさ》 時差《じさ》】ナニの差《さ》か。

【小差《しょうさ》 大差《たいさ》】ドレホドノ差《さ》か。

◆ 交差《こうさ》 誤差《ごさ》 落差《らくさ》

3画 己《おのれ》 巳《み》 の部

「己《おのれ》」の形《かたち》がめやすとなっている字《じ》を集《あつ》めてあります。

この部首の字

0 己……355 巳……355 1 巴……355
6 巻……356 巷……356 9 巽……356 包→勹 169
忌→心 467 改→攵 539 起→走 965 配→酉 982

■ 己-0

己

総画3
JIS-2442
教6年
訓 音 コ・キ おのれ

筆順 己 (はねる・おらない)

なりたち 【象形】糸《いと》の先《さき》の曲《ま》がりくねった形《かたち》からでき、「さき」の意味《いみ》を表《あらわ》している字《じ》。借《か》りて、「おのれ」として使《つか》われている。

意味

❶ じぶん。わたし。おのれ。例 己《おのれ》を知《し》る。己《おのれ》に克《か》つ。自己《じこ》・知己《ちき》

❷ 十干《じっかん》の六番《ろくばん》め。つちのと。

己が下につく熟語 上の字の働き

❶ 己=〈じぶん〉のとき

【利己《りこ》 知己《ちき》 克己《こっき》】自分《じぶん》を(自分《じぶん》に)ドウスルか。

■ 巳-0

巳

総画3
JIS-4406
人名
訓 音 シ み

意味 十二支《じゅうにし》の六番《ろくばん》め。動物《どうぶつ》ではヘビ。方角《ほうがく》では南南東《なんなんとう》。時刻《じこく》では午前十時《ごぜんじゅうじ》、または、その前後二時間《ぜんごにじかん》。例 巳年生《みどしう》まれ。参考 ☞「巽《そん》」の「文字物語」(356ページ)

■ 巳-1

巴

総画4
JIS-3935
人名
訓 音 ハ ともえ

意味 ともえ。うずまき。例 三《み》つ巴《どもえ》

名前のよみ とも

例解 使い分け

[さす《差す・指す・刺す・挿す》]

差す=ほかのものの中《なか》にはさまれるように入《い》れる。
例 刀《かたな》を差《さ》す。二本差《にほんざ》し。魔《ま》が差《さ》す。

指す=指《ゆび》で方向《ほうこう》をしめす。
例 時計《とけい》の針《はり》が六時《ろくじ》を指《さ》す。頂上《ちょうじょう》を目指《めざ》して進《すす》む。将棋《しょうぎ》を指《さ》す。

刺す=先《さき》のとがったものでつき通《とお》す。
例 ハチが刺《さ》す。注射《ちゅうしゃ》の針《はり》を刺《さ》す。

挿す=とくに、細長《ほそなが》いものをさしこむ。
例 花《か》びんに花《はな》を挿《さ》す。かんざしを挿《さ》す。

参考 「さす」の中《なか》でも、「差《さ》す」がもっとも広《ひろ》く使《つか》われる。右《みぎ》の例以外《れいいがい》でも、「日《ひ》がさす」「かさをさす」なども「差《さ》す」と書《か》く。

◦学習漢字でない常用漢字 ▴常用漢字表にない音訓 ◆常用漢字でない漢字

己-6

巻

総画9 JIS-2012 教6年
音 カン 訓 まく・まき
[卷]

筆順 巻 巻 巻 巻 巻 巻 巻 巻 巻
はっきりだす はらう 㔾・巳にならない

なりたち 卷 【形声】もとの字は、「卷」。「龹《ケン》」がごはんを両手《りょうて》でまるめている意味《いみ》と「カン・ケン」という読《よ》み方《かた》をしめし、ひざまずく形《かたち》(㔾)をくわえて、ひざをまるめることを表《あらわ》している字《じ》。

意味 ❶まく。まるめる。例 糸《いと》を巻《ま》く。巻紙《まきがみ》・鉢《はち》巻《ま》き
❷書物《しょもつ》。書物《しょもつ》をかぞえることば。例 巻《まき》の一《いち》。巻末《かんまつ》・圧巻《あっかん》・第一巻《だいいっかん》

❶〈まく〉の意味で
【巻物】《まきもの》 ↓ 書《か》きしるした紙《かみ》を横《よこ》ながにつないで、軸《じく》になる心棒《しんぼう》に巻《ま》きつけて、片手《かたて》でつかみやすい太《ふと》さにしたもの。例 絵巻物《えまきもの》 参考 これが書物《しょもつ》のはじめの形《かたち》で、現在《げんざい》でも「巻《かん》」が書物《しょもつ》を数《かぞ》えることばとして使《つか》われている。

❷〈書物〉の意味で
【巻頭】《かんとう》 ↓ 本《ほん》や雑誌《ざっし》の、いちばんはじめの部分《ぶぶん》。例 巻頭《かんとう》ページをかざる。巻頭言《かんとうげん》 類 巻首《かんしゅ》 対 巻末《かんまつ》
【巻末】《かんまつ》 ↓ 本《ほん》や雑誌《ざっし》の終《お》わりのところ。例 巻末付録《かんまつふろく》。類 巻尾《かんび》 対 巻頭《かんとう》・巻首《かんしゅ》
◆ 圧巻《あっかん》 全巻《ぜんかん》

巳-6

巷

総画9 JIS-2511 人名
音 コウ 訓 ちまた

意味 ちまた。せけん。まちなか。路地《ろじ》。
【◆巷間】《こうかん》 ↓ せけん。例 巷間《こうかん》をにぎわす事件《じけん》。
【◆巷説】《こうせつ》 ↓ せけんのうわさ。例 巷説《こうせつ》にまどわされる。

己-9

巽

総画12 JIS-3507 人名
音 ソン 訓 たつみ

意味 たつみ。東南《とうなん》の方角《ほうがく》。

文字物語 ☞356ページ

文字物語 巽

中国《ちゅうごく》のいちばん古《ふる》い書物《しょもつ》の一《ひと》つに『易経《えききょう》』というのがある。天地自然《てんちしぜん》と人間社会《にんげんしゃかい》とのあらゆる現象《げんしょう》を説《と》いた書《しょ》で、その根本原理《こんぽんげんり》は「陰《いん》」と「陽《よう》」の二《ふた》つの気《き》から成《な》るとする。陰《いん》はマイナス、陽《よう》はプラスだ。陽《よう》だけの集《あつ》まりを「乾《けん》」とし、陰《いん》だけの集《あつ》まりを「坤《こん》」とする。乾《けん》と坤《こん》のあいだに、陰陽《いんよう》の配合《はいごう》のぐあいで六段階《ろくだんかい》を入《い》れ、全部《ぜんぶ》で八段階《はちだんかい》とし、これを「八卦《はっけ》」という。八卦《はっけ》は次《つぎ》のとおり。乾《けん》・兌《だ》・離《り》・震《しん》・巽《そん》・坎《かん》・艮《ごん》・坤《こん》。いっぽう「子《ね》・丑《うし》・寅《とら》・卯《う》・辰《たつ》・巳《み》・午《うま》・未《ひつじ》・申《さる》・酉《とり》・戌《いぬ》・亥《い》」の十二支《じゅうにし》というのがある。八卦《はっけ》と十二支《じゅうにし》を、それぞれ東西南北《とうざいなんぼく》の方位《ほうい》にあてて配置《はいち》すると図《ず》のようになる。これで見《み》ると、「巽《そん》」が「辰巳《たつみ》(東南《とうなん》)」にあたり、「乾《けん》」が「戌亥《いぬい》(西北《せいほく》)」にあたることがわかる。姓《せい》に「たつみ」「いぬい」がめずらしくないのは、こういう背景《はいけい》があるのだ。

3画 巾 [はば] [はばへん] の部

「巾《はば》」をもとに作《つく》られ、織物《おりもの》にかかわる字《じ》と、「巾《はば》」の形《かたち》がめやすとなっている字《じ》を集《あつ》めてあります。

この部首の字

■ 巾-0

巾

総画3
JIS-2250
常用
音 キン
訓 —

筆順

意味
❶きれ。ぬの。ぬのきれ。例 雑巾《ぞうきん》・布巾《ふきん》
❷おおい。かぶりもの。例 頭巾《ずきん》

◆ 三角巾《さんかくきん》 頭巾《ずきん》 雑巾《ぞうきん》 布巾《ふきん》

■ 巾-2

市

総画5
JIS-2752
教2年
音 シ
訓 いち

筆順 まっすぐ、つく はねる

なりたち  【形声】とどまることを表《あらわ》す「止」が「シ」という読《よ》み方《かた》をしめしている。たいらなことを表《あらわ》す「ハ→平」をくわえて物《もの》のねだんの安定《あんてい》している「いちば」を表《あらわ》している字《じ》。

意味
❶いちば。品物《しなもの》を売買《ばいばい》するところ。例 市《いち》が立《た》つ。市価《しか》・朝市《あさいち》
❷まち。都会《とかい》。例 市街《しがい》・都市《とし》
❸し（市）。地方公共団体《ちほうこうきょうだんたい》の一《ひと》つ。例 市制《しせい》

名前のよみ なが・まち

❶〈いちば〉の意味で

【市場】↓ 一 いちば／しじょう 毎日《まいにち》、または決《き》まった日《ひ》に、魚《さかな》や野菜《やさい》などを競争《きょうそう》で値《ね》をつけあって、売《う》り買《か》いするところ。例 魚市場《うおいちば》 二 いちば 日用《にちよう》品《ひん》・食料品《しょくりょうひん》などを売《う》る店《みせ》が集《あつ》まっているところ。マーケット。例 駅前《えきまえ》の市場《いちば》。三 しじょう 品《しな》物《もの》が売《う》り買《か》いされるところ。そこでの取《と》り引《ひ》きのようす。例 市場《しじょう》を開拓《かいたく》する。

【市価】《しか》↓ いっぱんの店《みせ》で、ふつうに売《う》り買《か》いされているねだん。類 時価《じか》・相場《そうば》

【市況】《しきょう》↓ 商品《しょうひん》や株《かぶ》の取《と》り引《ひ》きのようす。例 商品市況《しょうひんしきょう》・株式市況《かぶしきしきょう》

【市販】《しはん》↓〈—する〉ふつうの店《みせ》で売《う》っていること。例 市販品《しはんひん》。

❷〈まち〉の意味で

【市街】《しがい》Ⅱ 人家《じんか》や店《みせ》がたくさんあってにぎやかなところ。例 市街地《しがいち》

【市井】《しせい》↓ ふつうの人《ひと》たちが集《あつ》まって住《す》んでいるところ。例 市井《しせい》の人《ひと》。参考 むかし、井《い》戸《ど》のあるところに人《ひと》が集《あつ》まって市《いち》ができたところから生《う》まれたことば。

【市民】《しみん》↓ 国政《こくせい》に参加《さんか》する資格《しかく》を持《も》つ人《ひと》びと。例 小市民《しょうしみん》・市民権《しみんけん》 ☞❸

❸〈し（市）〉の意味で

【市営】《しえい》▽ 市《し》がその仕事《しごと》をおこなうこと。例 市営《しえい》バス・市営球場《しえいきゅうじょう》 関連 国営《こくえい》・県営《けんえい》・市《し》営《えい》・町営《ちょうえい》・村営《そんえい》

【市制】《しせい》↓ 市《し》としての政治《せいじ》をしていくうえでのしくみやきまり。例 市制《しせい》をしく。

【市政】《しせい》↓ 市《し》の政治《せいじ》。例 市政《しせい》だより

【市民】《しみん》↓ 市制《しせい》をしく都市《とし》に住《す》む人《ひと》。例 市民税《しみんぜい》。市民《しみん》のつどい。☞❷

【市立】《しりつ》▽ 市《し》がつくり、運営《うんえい》もしていること。例 市立小学校《しりつしょうがっこう》

■ 巾-2

布

総画5
JIS-4159
教5年
音 フ
訓 ぬの

筆順 ややみじかく はねる

なりたち  【形声】「巾」は布《ぬの》のことで、「ナ（父）」が「フ」という読《よ》み方《かた》をしめしている。

意味
❶ぬの。おりもの。例 布《ぬの》を織《お》る。毛布《もうふ》
❷広《ひろ》くゆきわたらせる。例 布告《ふこく》・流布《るふ》
❸いちめんにならべる。例 布陣《ふじん》
❹《その他《た》》例 昆布《こんぶ》

名前のよみ しき・のぶ・よし

❶〈ぬの〉の意味で

【布地】《ぬのじ》Ⅱ 服《ふく》や着物《きもの》などを作《つく》るための布《ぬの》。例 絹《きぬ》の布地《ぬのじ》でブラウスを作《つく》る。類 生地《きじ》

【布目】《ぬのめ》↓ 布《ぬの》を織《お》ったとき、たてよこの糸《いと》でできる織《お》り目《め》。例 布目《ぬのめ》のあらいシーツ。

【布巾】《ふきん》Ⅱ 食器《しょっき》やよごれをふくのに使《つか》う、小形《こがた》の布《ぬの》。例 台《だい》ぶきん

【布団】《ふとん》◎ ぬい合《あ》わせた布《ぬの》の中《なか》に、綿《わた》や羽毛《うもう》を厚《あつ》くたいらに入《い》れたもの。ねるときやすわるときに使《つか》う。例 座布団《ざぶとん》 表記 「蒲団」とも書《か》く。

❷〈広くゆきわたらせる〉の意味で

【布教】ふきょう ▲〈—する〉宗教《しゅうきょう》を教《おし》え広《ひろ》めること。例 布教活動《ふきょうかつどう》。類 伝道《でんどう》

【布告】ふこく ↓〈—する〉人《ひと》びとに広《ひろ》く知《し》らせること。とくに、国家《こっか》がその方針《ほうしん》を公式《こうしき》に広《ひろ》く知《し》らせること。例 宣戦布告《せんせんふこく》

【布。施】ふせ ▲ ①〈—する〉多《おお》くの人《ひと》にめぐみあたえること。②お経《きょう》をあげてもらったお礼《れい》としてお坊《ぼう》さんにわたすお金《かね》や品物《しなもの》。例 お布施《ふせ》をつつむ。

❸〈いちめんにならべる〉の意味で

【布。陣】ふじん ▲〈—する〉戦《たたか》いのために軍隊《ぐんたい》を配置《はいち》すること。その配置《はいち》。陣《じん》がまえ。例 万全《ばんぜん》の布陣《ふじん》をしく。

【布石】ふせき ▲〈—する〉①碁《ご》で、はじめのころに打《う》つ石《いし》のならべ方《かた》。②これからのことを考《かんが》えて、前《まえ》もってしておく準備《じゅんび》や用意《ようい》。例 布石《ふせき》を打《う》つ。

布が下につく熟語 上の字の働き

❶布＝〈ぬの〉のとき
【絹布《けんぷ》 綿布《めんぷ》 毛布《もうふ》 麻布《あさぬの》】ナニの布《ぬの》か。

❷布＝〈広くゆきわたらせる〉のとき
【配布《はいふ》 流布《るふ》】近《ちか》い意味《いみ》。
【散布《さんぷ》 塗布《とふ》 頒布《はんぷ》 分布《ぶんぷ》】ドウヤッテゆきわたらせるか。

◆財布《さいふ》 敷布《しきふ》 湿布《しっぷ》 発布《はっぷ》 公布《こうふ》 昆布《こんぶ》

帆

巾-3　総画6　JIS-4033　常用
訓 ほ　音 ハン

筆順

なりたち 【形声】「風」の省略《しょうりゃく》された形《かたち》の「凡」が「ハン」という読《よ》み方《かた》をしめしている。布《ぬの》を表《あらわ》す「巾」をくわえて、風《かぜ》をはらむ布《ぬの》の意味《いみ》。

意味 ふねの「ほ」。例 帆《ほ》を上《あ》げる。出帆《しゅっぱん》

【帆船】はんせん/ほぶね ↓ 帆《ほ》に受《う》ける風《かぜ》の力《ちから》で走《はし》る船《ふね》。帆《ほ》かけ船《ぶね》。例 大型《おおがた》の帆船《はんせん》。対 汽船《きせん》

【帆走】はんそう ↓〈—する〉帆船《はんせん》が、帆《ほ》に風《かぜ》を受《う》けて走《はし》ること。例 帆走《はんそう》を楽《たの》しむ。

【帆布】はんぷ/ほぬの ↓ 帆《ほ》に使《つか》う布《ぬの》。

【帆柱】ほばしら ↓ 帆《ほ》かけ船《ぶね》の帆《ほ》をはる柱《はしら》。マスト。

◆出帆《しゅっぱん》 順風満帆《じゅんぷうまんぱん》 白帆《しらほ》

希

巾-4　総画7　JIS-2085　教4年
訓 —　音 キ

筆順（とめる　ややみじかく　はねる）

なりたち 【会意】まじわることを表《あらわ》す「爻」と布《ぬの》を表《あらわ》す「巾」を合《あ》わせて、糸《いと》をまぜあわせて織《お》った布《ぬの》を表《あらわ》している。借《か》りて、「ねがう、まれ」として使《つか》われる。

意味 ❶ねがう。のぞむ。例 希望《きぼう》 ❷すくない。まれ。うすい。例 希少《きしょう》

名前のよみ のぞむ・まれ

❶〈ねがう〉の意味で

【希求】ききゅう Ⅱ〈—する〉心《こころ》からねがい求《もと》めること。例 世界平和《せかいへいわ》を希求《ききゅう》する。類 熱望《ねつぼう》

【希望】きぼう Ⅱ〈—する〉こうありたい、こうなってほしいとねがうこと。望《のぞ》み。ねがい。例 将来《しょうらい》への希望《きぼう》。類 願望《がんぼう》・志望《しぼう》

❷〈すくない〉の意味で

【希少】きしょう Ⅱ〈—な〉少《すこ》ししかなくてたいへんにめずらしい。例 希少価値《きしょうかち》

【希代】きたい/きだい ▲ 一 めったにないこと。例 希代《きたい》の英雄《えいゆう》。二〈—な —に〉どうもふしぎであること。例 希代《きたい》な現象《げんしょう》が起《お》きる。

【希。薄】きはく Ⅱ〈—な —に〉①気体《きたい》や液体《えきたい》などがうすいこと。例 空気《くうき》が希薄《きはく》で息苦《いきぐる》しい。対 濃厚《のうこう》 ②熱意《ねつい》などが少《すく》ないこと。例 反省《はんせい》の念《ねん》が希薄《きはく》だ。

帖

巾-5　総画8　JIS-3601　人名
訓 —　音 チョウ・ジョウ

意味 ❶ふだ。書《か》きつけ。ちょうめん。❷紙《かみ》・のりなどの一《ひと》たばを表《あらわ》すことば。「一帖《いちじょう》」は半紙《はんし》二十枚《にじゅうまい》、のり十枚《じゅうまい》。

表記 「ちょうめん」の意味《いみ》で「画帖《がちょう》」「手帖《てちょう》」などと使《つか》うことがある。

帥

巾-6　総画9　JIS-3167　常用
訓 —　音 スイ

筆順

なりたち 【形声】「巾」は布《ぬの》のことで、「自」が「スイ」という読《よ》み方《かた》をしめしている。「スイ」は「たれる」意味《いみ》を持《も》ち、こしにたらす布《ぬの》を表《あらわ》す字《じ》。

意味 ひきいる。軍隊《ぐんたい》をひきいる人《ひと》。かしら。 例 総帥《そうすい》

名前のよみ そつ

◆元帥《げんすい》 総帥《そうすい》 統帥《とうすい》

巾-6 帝

総画9 JIS-3675 常用

音 テイ 訓 みかど

筆順

なりたち 【象形】天《てん》の神《かみ》をまつるときのささげ物《もの》をおくつくえの形《かたち》をえがいた字《じ》。借《か》りて、「天《てん》の神《かみ》」の意味《いみ》に使《つか》われる。

意味 みかど。天子《てんし》。世《よ》の中《なか》をおさめる人《ひと》。 例 帝王《ていおう》・皇帝《こうてい》・女帝《じょてい》

名前のよみ ただ

【。帝位】《ていい》 [↓] 帝王《ていおう》・天子《てんし》の位《くらい》。 例 帝位《ていい》につく。 類 王位《おうい》

【。帝王】《ていおう》 [II] ①国《くに》をおさめる君主《くんしゅ》。 類 皇帝《こうてい》 ②ずばぬけた力《ちから》を持《も》っていて、思《おも》いのままにふるまう人《ひと》。 例 サッカー界《かい》の帝王《ていおう》。

【。帝国】《ていこく》 [↓] 皇帝《こうてい》がおさめる国《くに》。 例 大英帝《だいえいてい》国《こく》・ローマ帝国

【。帝政】《ていせい》 [↓] 皇帝《こうてい》が政治《せいじ》をとる制度《せいど》。 例 帝政《ていせい》をしく。

巾-7 帰

総画10 JIS-2102 教2年

音 キ 訓 かえる・かえす

［歸］

筆順 ださない つにならない はねる

なりたち 【形声】もとの字《じ》は、「歸」。よめの意味《いみ》を表《あらわ》す「婦→帚」と、「行《い》く」意味《いみ》の「止」を組《く》み合《あ》わせた字《じ》。「自」が「キ」とかわって読《よ》み方《かた》をしめしている。よめが夫《おっと》にしたがって夫《おっと》の家《いえ》にかえることを表《あらわ》す字《じ》。

意味

❶かえる。もとのところにもどる。かえす。 例 家《いえ》へ帰《かえ》る。家《いえ》に帰《かえ》す。帰省《きせい》

❷おちつく。本来《ほんらい》行《い》きつくところにおさまる。 例 失敗《しっぱい》に帰《き》す。帰結《きけつ》

❸したがう。なつく。 例 帰依《きえ》

使い分け かえる[返・帰] ☞421ページ

❶〈かえる〉の意味で

【帰。還】《きかん》 [II] 〈—する〉外国《がいこく》や戦地《せんち》などから自分《じぶん》の国《くに》や家族《かぞく》のもとにもどってくること。 例 ぶじ帰還《きかん》する。

【帰京】《ききょう》 [▲] 〈—する〉みやこ(東京《とうきょう》または京都《きょうと》)に帰《かえ》ること。 例 きのう、帰京《ききょう》しました。

【帰郷】《ききょう》 [▲] 〈—する〉ふるさとに帰《かえ》ること。 例 帰郷《ききょう》して職《しょく》につく。 類 帰省《きせい》・帰国《きこく》

【帰港】《きこう》 [▲] 〈—する〉船《ふね》が出発《しゅっぱつ》した港《みなと》に帰《かえ》ってくること。 例 帰港《きこう》の途《と》につく。 対 出港《しゅっこう》 表現 港《みなと》に立《た》ちよるときは、「寄港」。

【帰国】《きこく》 [▲] 〈—する〉①外国《がいこく》から自分《じぶん》の国《くに》に帰《かえ》ること。 例 父《ちち》は、あす帰国《きこく》する。 類 帰朝《きちょう》 ②ふるさとに帰《かえ》ること。 類 帰郷《ききょう》・帰省《きせい》

【帰心】《きしん》 [↓] ふるさとや家《いえ》などに早《はや》く帰《かえ》りたいと思《おも》う気持《きも》ち。 例 帰心《きしん》矢《や》のごとし(矢《や》のようにまっしぐらに飛《と》んで帰《かえ》りたいと思《おも》う)。

【帰省】《きせい》 [↓] 〈—する〉ふるさとに帰《かえ》ること。 例 お盆《ぼん》の帰省《きせい》ラッシュ。 類 帰郷《ききょう》・帰国《きこく》 表現 「一時《いちじ》父母《ふぼ》のもとに帰《かえ》って、元気《げんき》かどうかをたずねる」という意味《いみ》。

【帰巣】《きそう》 [▲] 〈—する〉鳥《とり》や虫《むし》などが、自分《じぶん》の巣《す》にもどること。 例 帰巣性《きそうせい》・帰巣本能《きそうほんのう》

【帰宅】《きたく》 [▲] 〈—する〉自分《じぶん》の家《いえ》に帰《かえ》ること。 例 母《はは》はまだ帰宅《きたく》しておりません。

【帰着】《きちゃく》 [↓] 〈—する〉出発《しゅっぱつ》したところに帰《かえ》りつくこと。 例 全員《ぜんいん》ぶじ帰着《きちゃく》。☞❷

【帰朝】《きちょう》 [▲] 〈—する〉外国《がいこく》から日本《にほん》に帰《かえ》ること。 例 帰朝報告《きちょうほうこく》 類 帰国《きこく》 表現 「帰国《きこく》」より古《ふる》めかしい言《い》い方《かた》。

【帰。途】《きと》 [↓] 帰《かえ》るみち。帰《かえ》るとちゅう。 例 帰《き》途《と》につく。 類 帰路《きろ》・家路《いえじ》

【帰任】《きにん》 [▲] 〈—する〉一時《いちじ》はなれていた任務《にんむ》や任地《にんち》にもどること。 例 帰任《きにん》をのぞむ。

【帰路】《きろ》 [↓] 帰《かえ》りみち。 例 帰路《きろ》、書店《しょてん》に立《た》ちよる。 類 帰途《きと》・家路《いえじ》・復路《ふくろ》 対 往路《おうろ》

❷〈おちつく〉の意味で

【帰結】《きけつ》 [↓] 〈—する〉考《かんが》えやできごとが、あるところに落《お》ち着《つ》くこと。 例 当然《とうぜん》の帰結《きけつ》だ。 類

結末《けつまつ》・決着《けっちゃく》・落着《らくちゃく》・帰着《きちゃく》

【帰着】きちゃく ↓〈―する〉考《かんが》えや話《はな》し合《あ》いなどが、ある点《てん》に落《お》ち着《つ》くこと。類帰結《きけつ》 ☞❶

❸〈したがう〉の意味で

【帰依】きえ Ⅱ〈―する〉神《かみ》や仏《ほとけ》により、その教《おし》えにしたがうこと。例仏教《ぶっきょう》に帰依《きえ》する。

【帰化】きか ↓〈―する〉①もともとの国籍《こくせき》をはなれて、よその国《くに》の国民《こくみん》になること。②よその国《くに》から運《はこ》ばれた動物《どうぶつ》や植物《しょくぶつ》が、来た国《くに》でしぜんにふえるようになること。例帰化植物《きかしょくぶつ》

【帰順】きじゅん Ⅱ〈―する〉心《こころ》をあらためて相手《あいて》にしたがうこと。例帰順《きじゅん》の意《い》を表《あらわ》す。

【帰属】きぞく Ⅱ〈―する〉財産《ざいさん》や権利《けんり》が、ある人《ひと》やある団体《だんたい》、ある国《くに》のものになること。なっていること。例島《しま》の帰属《きぞく》をめぐる争《あらそ》い。

師

巾-7
総画10
JIS-2753
教5年
訓 ―
音 シ

筆順：師 師 師 師 師 師 師 師（はねる・ださない）

なりたち 【会意】多《おお》い意味《いみ》を表《あらわ》す「自」と、あまねくゆきわたる意味《いみ》を表《あらわ》す「帀」を合《あ》わせて、軍隊《ぐんたい》を表《あらわ》す字《じ》。

意味
❶みちびく人《ひと》。先生《せんせい》。手本《てほん》となる人《ひと》。例師《し》とあおぐ。師《し》の恩《おん》。師範《しはん》・恩師《おんし》 対弟《てい》
❷技能《ぎのう》をつかって仕事《しごと》をする人《ひと》。例医師《いし》
❸軍隊《ぐんたい》。いくさ。例師団《しだん》・出師《すいし》
❹《その他》例師走《しわす》

特別なよみ 師走（しわす）
名前のよみ かず・つかさ・のり・みつ・もろ

❶〈みちびく人〉の意味で

【師事】しじ ↓〈―する〉その人《ひと》を先生《せんせい》として、教《おし》えを受《う》けること。例わたしが師事《しじ》した先生《せんせい》。

【師匠】ししょう Ⅱ学問《がくもん》や技術《ぎじゅつ》・芸《げい》などを教《おし》える人《ひと》。類先生《せんせい》・師範《しはん》 対弟子《でし》

【師弟】してい ⇕師匠《ししょう》と弟子《でし》。教《おし》える人《ひと》と教《おし》えを受《う》ける人《ひと》。例師弟関係《していかんけい》

【師範】しはん Ⅱ勉強《べんきょう》やけいこごとを教《おし》える人《ひと》。例師範代《しはんだい》 類先生《せんせい》・師匠《ししょう》

❹《その他》

【師走】しわす しはす ◎一年《いちねん》の最後《さいご》の月《つき》、十二月《じゅうにがつ》。むかしのこよみの上《うえ》の名前《なまえ》。

師が下につく熟語 上の字の働き

❶師＝〈みちびく人〉のとき
【恩師《おんし》 法師《ほうし》 老師《ろうし》】ドノヨウナみちびき手《て》か。
【教師《きょうし》 講師《こうし》 牧師《ぼくし》】ドウスルみちびき手《て》か。

❷師＝〈技能をつかって仕事をする人〉のとき
【医師《いし》 看護師《かんごし》 技師《ぎし》 庭師《にわし》 山師《やまし》 猟師《りょうし》 漁師《りょうし》】ナニの仕事《しごと》をする人《ひと》か。

席

巾-7
総画10
JIS-3242
教4年
訓 ―
音 セキ

筆順：席 席 席 席 席 席 席 席（まっすぐ、つく・はねる）

漢字パズル 6

よみかた

次《つぎ》の熟語《じゅくご》をさかさにすると、どんな言葉《ことば》になりますか。

例 牛乳《ぎゅうにゅう》 ⇅ 乳牛《にゅうぎゅう》

① 上陸《じょうりく》 ⇅ ○○
② 水着《みずぎ》 ⇅ ○○
③ 金賞《きんしょう》 ⇅ ○○
④ 規定《きてい》 ⇅ ○○
⑤ 女王《じょおう》 ⇅ ○○
⑥ 花火《はなび》 ⇅ ○○
⑦ 本日《ほんじつ》 ⇅ ○○
⑧ 曜日《ようび》 ⇅ ○○

なりたち 席 【形声】「广」は「庶《しょ》」を略《りゃく》した形《かたち》で、「セキ」とかわって読《よ》み方《かた》をしめしている。「セキ」は「しく」意味《いみ》を持《も》ち、ぬの(巾)をしくことから、「すわる場所《ばしょ》」として使《つか》われている字《じ》。

意味 すわる場所《ばしょ》。会場《かいじょう》。地位《ちい》や順位《じゅんい》。例 席《せき》に着《つ》く。席順《せきじゅん》・座席《ざせき》・着席《ちゃくせき》

発音あんない セキ→セッ…例 席巻《せっけん》

特別なよみ 寄席《よせ》

【席次《せきじ》】⬇①会合《かいごう》で、すわる席《せき》の順序《じゅんじょ》。例 席次表《せきじひょう》 類 席順《せきじゅん》 ②成績《せいせき》などの順位《じゅんい》。

【席順《せきじゅん》】⬇すわる席《せき》の順序《じゅんじょ》。例 席順《せきじゅん》を決《き》める。類 席次《せきじ》

【席上《せきじょう》】⬇会合《かいごう》や集会《しゅうかい》がひらかれている場《ば》。例 会議《かいぎ》の席上《せきじょう》で意見《いけん》を言《い》う。

【席巻《せっけん》】⬇(—する)次《つぎ》から次《つぎ》へと相手《あいて》をせめほろぼして、自分《じぶん》の領土《りょうど》を広《ひろ》げていくこと。例 近隣諸国《きんりんしょこく》を席巻《せっけん》する。参考 この「席」は、すわるための「むしろ」で、むしろを巻《ま》いていくようにかたはしから巻《ま》きこんでしまうことをいう。

席が下につく熟語 上の字の働き

【議席《ぎせき》 座席《ざせき》 打席《だせき》 寄席《よせ》】ドウスルための席《せき》か。

【空席《くうせき》 末席《まっせき》 隣席《りんせき》】ドンナ席《せき》か。

【主席《しゅせき》 首席《しゅせき》 次席《じせき》 末席《まっせき》】ドンナ順位《じゅんい》か。

【出席《しゅっせき》 欠席《けっせき》 着席《ちゃくせき》 退席《たいせき》 臨席《りんせき》 列席《れっせき》 同席《どうせき》】席《せき》を(席《せき》に)ドウスルか。

◆客席《きゃくせき》 即席《そくせき》 陪席《ばいせき》

帯

巾-7 総画10 JIS-3451 教4年

訓 音 タイ おびる・おび 「帶」

筆順 (にならない / はねる)

なりたち 【会意】もとの字は、「帶」。布《ぬの》を表《あらわ》す「巾」と、いろいろなかざりをこしにさげている形《かたち》の「𢁉」を合《あ》わせて、「おび、身《み》につける」意味《いみ》を表《あらわ》している字《じ》。

意味 ❶おび。ほそ長《なが》いもの。ひとつづきのところ。例 帯《おび》に短《みじか》したすきに長《なが》し(中途半端《ちゅうとはんぱ》で役《やく》に立《た》たない)。地帯《ちたい》・包帯《ほうたい》 ❷おびる。ともなう。身《み》につけて持《も》つ。例 刀《かたな》を帯《お》びる。携帯《けいたい》

❶〈おび〉の意味で

【帯封《おびふう》】⬇おびのようにまわりをまく紙《かみ》。お札《さつ》のたばをまとめるときなどに使《つか》う。

❷〈おびる。ともなう〉の意味で

【帯出《たいしゅつ》】⬇(—する)その場所《ばしょ》から本《ほん》などを持《も》ち出《だ》すこと。例 禁帯出《きんたいしゅつ》

【帯電《たいでん》】▲(—する)物体《ぶったい》が電気《でんき》をおびること。例 帯電体《たいでんたい》

【帯刀《たいとう》】▲(—する)刀《かたな》をこしにつけて持《も》ち歩《ある》くこと。こしにつけた刀《かたな》。例 帯刀《たいとう》をゆるす。

【帯同《たいどう》】‖(—する)いっしょにつれていくこと。例 部下《ぶか》を帯同《たいどう》する。類 同伴《どうはん》

【帯分数《たいぶんすう》】$1\frac{2}{3}$(いちとさんぶんのに)のように、整数《せいすう》(この場合《ばあい》は1)と分数《ぶんすう》(この場合《ばあい》は$\frac{2}{3}$)を一組《ひとく》みにしたもの。

帯が下につく熟語 上の字の働き

❶帯=〈おび〉のとき

【声帯《せいたい》 地帯《ちたい》】ナニの帯《おび》か。

【一帯《いったい》 寒帯《かんたい》 温帯《おんたい》 熱帯《ねったい》】ドノヨウナ地域《ちいき》か。

❷帯=〈おびる。ともなう〉のとき

【携帯《けいたい》 連帯《れんたい》】近《ちか》い意味《いみ》。

◆包帯《ほうたい》 妻帯《さいたい》 所帯《しょたい》 世帯《せたい》

常

巾-8 総画11 JIS-3079 教5年

訓 音 ジョウ つね・とこ

筆順 (たかく / はねる / はねる)

なりたち 【形声】「尚《しょう》」が「長《なが》い」の意味《いみ》と、「ジョウ」とかわって読《よ》み方《かた》をしめしている。長《なが》いぬの(巾)でスカートを表《あらわ》す字《じ》。

意味 ❶いつも。いつもかわらない。ふだん。例 常《つね》に忘《わす》れない。常夏《とこなつ》・常食《じょうしょく》・無常《むじょう》 ❷ふつう。とくべつではない。例 常識《じょうしき》・正常《せいじょう》 ❸常陸《ひたち》。旧国名《きゅうこくめい》。今《いま》の茨城県《いばらきけん》の大部分《だいぶぶん》。例 常州《じょうしゅう》・常磐《じょうばん》

名前のよみ とき・のぶ・ひさ・ひさし

❶〈いつも〉の意味で

【常勤《じょうきん》】⬇(—する)臨時《りんじ》ではなく、毎日《まいにち》きま

った時間《じかん》、会社《かいしゃ》や工場《こうじょう》などではたらくこと。例 常勤講師《じょうきんこうし》 対 非常勤《ひじょうきん》

【常時《じょうじ》】↓ どんなときでもずっと。いつも。例 へやの温度《おんど》を常時《じょうじ》たもつ。

【常習《じょうしゅう》】↓〈―する〉くせになって、くりかえされるわるい習慣《しゅうかん》。例 すりの常習犯《じょうしゅうはん》。

【常食《じょうしょく》】↓〈―する〉毎日《まいにち》の食事《しょくじ》に、いつもとっている食《た》べ物《もの》。例 パンを常食《じょうしょく》にしている。

【常設《じょうせつ》】↓〈―する〉いつでも使《つか》えるように、建物《たてもの》や設備《せつび》などを用意《ようい》しておくこと。例 常《じょう》設《せつ》の市場《いちば》。常設展《じょうせつてん》。類 常置《じょうち》 対 仮設《かせつ》

【常態《じょうたい》】↓ ふだんのようす。例 渋滞《じゅうたい》していた道路《どうろ》が常態《じょうたい》にもどった。

【常。駐《じょうちゅう》】↓〈―する〉ある役目《やくめ》の人《ひと》が、きまった場所《ばしょ》にいつもいること。例 常駐《じょうちゅう》の警備員《けいびいん》。

【常•套手段《じょうとうしゅだん》】いつもどおりの決《き》まりきったやり方《かた》。例 こまると、黙《だま》りこむのがあの人《ひと》の常套手段《じょうとうしゅだん》だ。

【常任《じょうにん》】↓〈―する〉ずっとつづけてその役目《やくめ》や地位《ちい》にいること。例 常任理事国《じょうにんりじこく》

【常備《じょうび》】↓〈―する〉いつでも使《つか》えるように準備《じゅんび》しておくこと。例 消火器《しょうかき》を常備《じょうび》する。常《じょう》備薬《びやく》 類 常置《じょうち》・常設《じょうせつ》

【常夜灯《じょうやとう》】夜《よる》のあいだ、ずっとつけたままにしておく明《あ》かり。例 玄関《げんかん》の常夜灯《じょうやとう》。

【常用《じょうよう》】↓〈―する〉毎日《まいにち》の生活《せいかつ》の中《なか》でふつうに使《つか》うこと。例 ビタミン剤《ざい》を常用《じょうよう》する。

【常用漢字《じょうようかんじ》】日常《にちじょう》に使《つか》う漢字《かんじ》の目《め》やすとして、政府《せいふ》が発表《はっぴょう》した漢字《かんじ》。知識 一九八一（昭和五十六《しょうわごじゅうろく》）年《ねん》に告示《こくじ》されたのは一九四五字《じ》だったが、情報機器《じょうほうきき》の普及《ふきゅう》やコミュニケーションの変化《へんか》を背景《はいけい》に見直《みなお》され、二〇一〇（平成二十二《へいせいにじゅうに》）年《ねん》には二一三六字《じ》に改定《かいてい》された。

【常緑樹《じょうりょくじゅ》】マツやスギなど、葉《は》が落《お》ちず、一年《いちねん》じゅう、緑《みどり》の葉《は》がしげっている木《き》。対 落葉樹《らくようじゅ》

【常連《じょうれん》】↓ ①飲食店《いんしょくてん》や劇場《げきじょう》などに、いつもきまって来《く》るお客《きゃく》。例 この店《みせ》の常連《じょうれん》。類 常客《じょうきゃく》 ②いつもいっしょにいて、おなじことをやっているなかま。例 おなじみの常連《じょうれん》が集《あつ》まる。表記「定連」とも書《か》く。

【常夏《とこなつ》】↓ 冬《ふゆ》の季節《きせつ》がなく、いつでも夏《なつ》のような気候《きこう》であること。例 常夏《とこなつ》の島《しま》。

❷〈ふつう〉の意味で

【常温《じょうおん》】↓ ①自然《しぜん》のままの温度《おんど》。例 直射日光《ちょくしゃにっこう》をさけ、常温《じょうおん》で保存《ほぞん》してください。②一定《いってい》した温度《おんど》。類 恒温《こうおん》

【常。軌《じょうき》】↓ ごくふつうのやり方《かた》。例 常軌《じょうき》を逸《いっ》する（ふつうではない）。

【常識《じょうしき》】↓ だれもがふつうにもっているような知識《ちしき》や考《かんが》え方《かた》。例 常識《じょうしき》をうたがう。常識《じょうしき》はずれ 類 良識《りょうしき》 対 非常識《ひじょうしき》

【常人《じょうじん》】↓ ふつうの人《ひと》。例 あの人《ひと》の勉強《べんきょう》ぶりは、常人《じょうじん》にはまねができない。

【常体《じょうたい》】↓ 文《ぶん》の終《お》わりに「です」「ます」などのていねいなことばを使《つか》わず、「だ」「である」などを使《つか》う文章《ぶんしょう》のかたち。対 敬体《けいたい》

【常道《じょうどう》】↓ ごくふつうの、正《ただ》しいやり方《かた》。例 政治《せいじ》の常道《じょうどう》。

常が下につく熟語 上の字の働き

❷常＝〈ふつう〉のとき
【尋常《じんじょう》 通常《つうじょう》 平常《へいじょう》】近《ちか》い意味《いみ》。
【異常《いじょう》 非常《ひじょう》】ふつうとくらべてドウデアルか。
【正常《せいじょう》 日常《にちじょう》】ドノヨウニふつうであるか。
◆恒常《こうじょう》 無常《むじょう》

巾-8

帳

総画11
JIS-3602
教3年
訓 ―
音 チョウ

筆順

なりたち

[形声]「長」が「チョウ」という読《よ》み方《かた》をしめしている。「チョウ」は「はる」意味《いみ》を表《あらわ》し、寝台《しんだい》の上《うえ》にはったぬの（巾）を表《あらわ》す字《じ》。

意味
❶たれまく。例 蚊帳《かや》・開帳《かいちょう》・緞帳《どんちょう》
❷記入用《きにゅうよう》に紙《かみ》をとじたもの。ノート。例 帳面《ちょうめん》・通帳《つうちょう》

特別なよみ 蚊帳（かや）

❷〈記入用に紙をとじたもの〉の意味で

【帳場《ちょうば》】↓ 旅館《りょかん》や商店《しょうてん》などで、お金《かね》の出《だ》し入《い》れをしたり、帳簿《ちょうぼ》をつけたりするところ。

【帳◦簿《ちょうぼ》】例 帳場《ちょうば》をあずかる。Ⅱ お金《かね》や品物《しなもの》の出《だ》し入《い》れなどを書《か》きこむ帳面《ちょうめん》。例 今日《きょう》の売《う》り上《あ》げを帳簿《ちょうぼ》につける。

【帳面《ちょうめん》】↓ 文書《ぶんしょ》をしるすために紙《かみ》をとじたもの。ノート。例 帳面《ちょうめん》をつける。

帳が下につく熟語 上の字の働き

❷帳＝〈記入用に紙をとじたもの〉のとき
【手帳《てちょう》 台帳《だいちょう》 通帳《つうちょう》 メモ帳《ちょう》 捕物帳《とりものちょう》】ドノヨウナ帳面《ちょうめん》か。
◆開帳《かいちょう》 蚊帳《かや》 記帳《きちょう》

巾−9 幅

総画12　JIS-4193　常用
音 フク　訓 はば

筆順

なりたち 【形声】「畐」が「フク」という読《よ》み方《かた》をしめしている。「フク」は「はば」の意味《いみ》を持《も》ち、ぬの(巾)のはばを表《あらわ》す字《じ》。

意味 ❶はば。横《よこ》の長《なが》さ。例 幅《はば》が広《ひろ》い。横幅《よこはば》 ❷かけじくをかぞえることば。例 一幅《いっぷく》

❶〈はば〉の意味で
【◦幅員《ふくいん》】Ⅱ 道路《どうろ》や橋《はし》などの横《よこ》の長《なが》さ。横《よこ》はば。例 幅員《ふくいん》三メートルの橋《はし》。

幅が下につく熟語 上の字の働き

❶幅＝〈はば〉のとき
【全幅《ぜんぷく》 大幅《おおはば》】ドノクライの幅《はば》か。
【拡幅《かくふく》 増幅《ぞうふく》】幅《はば》をドウスルか。
◆振幅《しんぷく》

巾−9 帽

総画12　JIS-4325　常用
音 ボウ　訓 —

筆順

なりたち 【形声】「冒」がおおう意味《いみ》と「ボウ」という読《よ》み方《かた》をしめしている。頭《あたま》にかぶるぬの(巾)を表《あらわ》している字《じ》。

意味 かぶりもの。ぼうし。例 脱帽《だつぼう》

【◦帽子《ぼうし》】⊠ 暑《あつ》さや寒《さむ》さをしのいだり、日光《にっこう》や危険《きけん》から身《み》を守《まも》ったりするために頭《あたま》にかぶるもの。例 麦《むぎ》わら帽子《ぼうし》。

帽が下につく熟語 上の字の働き

【制帽《せいぼう》 赤帽《あかぼう》】ドンナ帽子《ぼうし》か。

巾−10 幌

総画13　JIS-4358　人名
音 コウ　訓 ほろ

意味 ほろ。日《ひ》や雨《あめ》をふせぐおおい。

【◆幌馬車《ほろばしゃ》】ほろをかけた馬車《ばしゃ》。

巾−10 幕

総画13　JIS-4375　教6年
音 マク・バク　訓 —

筆順（ながく　はらう　はねる）

なりたち 【形声】「莫」が「おおう」意味《いみ》と「バク」という読《よ》み方《かた》をしめしている。上《うえ》をおおうぬの(巾)を表《あらわ》す字《じ》。

意味 ❶たれまく。カーテン。芝居《しばい》のくぎり。例 幕《まく》を張《は》る。幕《まく》を下《お》ろす。暗幕《あんまく》・第一幕《だいいちまく》 ❷将軍《しょうぐん》の本陣《ほんじん》。政治《せいじ》をおこなうところ。例 幕府《ばくふ》・佐幕《さばく》 ❸まくうち。大相撲《おおずもう》の「幕内《まくうち》」の略《りゃく》。例 幕下《まくした》・入幕《にゅうまく》

文字物語 ☞364ページ

❶〈たれまく〉の意味で
【幕▲間《まくあい》】↓ 芝居《しばい》のひとくぎりで幕《まく》がしまり、休憩《きゅうけい》となっている時間《じかん》。参考「まくま」と読《よ》むのはまちがい。

❷〈将軍の本陣〉の意味で
【幕府《ばくふ》】↓ 日本《にほん》の武家政治《ぶけせいじ》で、将軍《しょうぐん》が政治《せいじ》をおこなった役所《やくしょ》。鎌倉《かまくら》・室町《むろまち》・江戸《えど》のそれぞれの時代《じだい》におかれた。
【幕末《ばくまつ》】↓ 徳川幕府《とくがわばくふ》が日本《にほん》をおさめていた、江戸時代《えどじだい》の終《お》わりごろ。例 動乱《どうらん》の幕末《ばくまつ》。

❸〈まくうち〉の意味で
【幕内《まくうち》】↓ 相撲《すもう》で、前頭《まえがしら》以上《いじょう》の力士《りきし》。まくのうち。例 幕内力士《まくうちりきし》
【幕下《まくした》】↓ 相撲《すもう》で、十両《じゅうりょう》と三段目《さんだんめ》のあいだの力士《りきし》。例 幕下優勝《まくしたゆうしょう》。

幕が下につく熟語 上の字の働き

❶幕＝〈たれまく〉のとき
【暗幕《あんまく》 黒幕《くろまく》 内幕《うちまく》】ドノヨウナ幕《まく》か。
【開幕《かいまく》 閉幕《へいまく》】幕《まく》をドウスルか。
❷幕＝〈将軍の本陣〉のとき

【佐幕《さばく》 倒幕《とうばく》】幕府《ばくふ》をドウスルか。

巾-12
幣
総画15
JIS-4230
常用
音 ヘイ
訓 —

筆順

なりたち  【形声】もとの字は、「幣」。「敝」が「ヘイ」という読《よ》み方《かた》をしめしている。「ヘイ」は「ささげる」意味《いみ》を持《も》ち、神《かみ》にささげる絹《きぬ》のぬの(巾)を表《あらわ》す字《じ》。

意味
❶神《かみ》へのささげもの。ぬさ。天子《てんし》へのみつぎもの。例幣物《へいもつ|へいぶつ》・御幣《ごへい》
❷おかね。金銭《きんせん》。例貨幣《かへい》・紙幣《しへい》

❶〈神へのささげもの〉の意味で
【°幣物】《へいもつ|へいぶつ》①神《かみ》にささげるもの。②おくりもの。

3画
干〔かん〕の部
「干《かん》」の形《かたち》がめやすとなっている字《じ》を集《あつ》めてあります。

この部首の字
0 干……364
2 平……365
3 年……366
5 幸……368
10 幹……368
午→十 175
刊→刂 141
栞→木 612

干-0
干
総画3
JIS-2019
教6年
音 カン
訓 ほす・ひる

文字物語
幕
どちらも「莫」からなりたつ「幕《まく》」と「膜《まく》」は、ともにカバーとなるうすいものを指《さ》す。布《ぬの》を表《あらわ》す「巾」がついて布《ぬの》でつくる「幕《まく》」となり、肉《にく》を表《あらわ》す「月《にくづき》」がついて動物《どうぶつ》の臓器《ぞうき》をおおう「膜《まく》」となった。「幕《まく》」も「膜《まく》」も、字音《じおん》の「マク」が日本《にほん》でそのまま意味《いみ》になってしまったから訓《くん》はない。
むかし中国《ちゅうごく》で、戦場《せんじょう》で幕《まく》をまわりにめぐらしてつくった陣営《じんえい》、とくに将軍《しょうぐん》のいる本営《ほんえい》を「幕府《ばくふ》」といったが、日本《にほん》では、武家政治《ぶけせいじ》で将軍《しょうぐん》が政治《せいじ》をおこなうところをいうようになった。時代《じだい》によって、鎌倉幕府《かまくらばくふ》・室町幕府《むろまちばくふ》・江戸幕府《えどばくふ》という。この「幕府《ばくふ》」の「幕」の字《じ》から「幕政《ばくせい》」「幕臣《ばくしん》」「幕末《ばくまつ》」などの漢語《かんご》が生《う》まれた。すもうの「幕内《まく(の)うち》」に関連《かんれん》してできた「入幕《にゅうまく》」なども、日本生《にほんう》まれの漢語《かんご》である。

筆順 一 二《ながく》 干

なりたち  【象形】武器《ぶき》のふたまたの矛《ほこ》の形《かたち》をえがいた字《じ》。

意味
❶かかわる。おかす。例干渉《かんしょう》
❷かわく。かわかす。ほす。ひでり。例洗濯物《せんたくもの》を干《ほ》す。干上《ひあ》がる。干物《ひもの》・干害《かんがい》
❸えと。十干《じっかん》。例干支《かんし|えと》
❹てすり。さおのように長《なが》いもの。例欄干《らんかん》
❺《その他《た》》例若干《じゃっかん》(きまっていない数《かず》)

名前のよみ たて・もと

❶〈かかわる〉の意味で
【干°渉】《かんしょう》 ‖ 〈—する〉ちょくせつ関係《かんけい》のない人《ひと》が、立《た》ち入《い》ってよけいなことを言《い》ったりしたりすること。例内政干渉《ないせいかんしょう》。類介入《かいにゅう》

❷〈かわく〉の意味で
【干害】《かんがい》 ↓ 長《なが》いあいだ雨《あめ》がふらないために、農作物《のうさくぶつ》がとれない災害《さいがい》。例干害《かんがい》になやむ。
【干°拓】《かんたく》 ↓ 〈—する〉湖《みずうみ》や海辺《うみべ》の水《みず》をほし、うめたてて、農地《のうち》や宅地《たくち》にすること。例干拓地《かんたくち》・干拓事業《かんたくじぎょう》
【干潮】《かんちょう》 ↓ ひきしお。一日《いちにち》に二回《にかい》、海《うみ》の水《みず》がひいて海面《かいめん》が低《ひく》くなること。例干潮時《かんちょうじ》には干潟《ひがた》となる。対満潮《まんちょう》
【干天】《かんてん》 ↓ ひでりつづきの空《そら》。例干天《かんてん》の慈雨《じう》(日《ひ》でりのときにふるめぐみの雨《あめ》。こまっているときのありがたい助《たす》け)。
【干満】《かんまん》 ⇕ 海《うみ》の水《みず》がひいたりみちたりすること。干潮《かんちょう》と満潮《まんちょう》。例干満《かんまん》の差《さ》。
【干°菓子】《ひがし》 水分《すいぶん》が少《すく》ない和菓子《わがし》。対生菓子《なまがし》
【干°潟】《ひがた》 ↓ 遠浅《とおあさ》の海岸《かいがん》で、ひきしおのときにあらわれる砂浜《すなはま》。例干潟《ひがた》で潮干狩《しおひが》りをする。
【干物】《ひもの》 ↓ 魚《さかな》や貝《かい》をほして、長《なが》もちするよ

うにした食《た》べ物《もの》。例アジの干物《ひもの》。類乾物《かんぶつ》

❸〈えと〉の意味で

【干支】《かんし|えと》 ⅠⅠ ①十干《じっかん》と十二支《じゅうにし》のそれぞれ一字《いちじ》ずつを順番《じゅんばん》に組《く》み合《あ》わせてできる、「甲《きのえ》子《ね》」「乙丑《きのとうし》」から「癸亥《みずのとい》」までの六十種類《ろくじっしゅるい》の組《く》み合《あ》わせ。②子年《ねどし》・丑年《うしどし》のように十二支《じゅうにし》だけで表《あらわ》した年《とし》。表記「えと」のときは、かなで書《か》いてよい。参考☞「巽《そん》」の「文字物語」(356ページ)【十干】《じっかん》(173ページ)【十二支】《じゅうにし》(174ページ)【五行】《ごぎょう》(48ページ)

干−2

【平】

総画5

JIS-4231

教3年

音 ヘイ・ビョウ

訓 たいら・ひら

筆順 平 平 平 平《ながく》 平

なりたち 【象形】水面《すいめん》にひらたく浮《う》かぶ水《みず》草《くさ》の形《かたち》をえがいた字《じ》。

意味

❶たいら。ひらたい。例平坦《へいたん》・平屋《ひらや》・水平《すいへい》

❷おだやか。しずめる。おちついている。無事《ぶじ》。例敵《てき》を平《たい》らげる。平和《へいわ》・太平《たいへい》

❸ひとしい。かたよらない。例平《びょう》等《どう》・公《こう》平《へい》

❹ふつうの。わかりやすい。例平易《へいい》

❺《その他《た》》例平家《へいけ》

名前のよみ おさむ・たか・つね・とし・なり・なる・ひとし・よし

❶〈たいら〉の意味で

【平手】《ひらて》 ⇩ ひらいたてのひら。例平手打《ひらてう》ち

【平屋】《ひらや》 ⇩ 一階《いっかい》だての建物《たてもの》。例平屋《ひらや》だての家《いえ》。表記「平家」とも書《か》く。

【平原】《へいげん》 ⇩ 平《たい》らで広々《ひろびろ》とした野原《のはら》。例見《み》わたすかぎり平原《へいげん》がつづいている。類平野《へいや》

【平行】《へいこう》 ⇩ 〈―する〉二《ふた》つの直線《ちょくせん》や平面《へいめん》がどこまでいっても交《まじ》わらないこと。例平行線《へいこうせん》

例解 使い分け

[平行《へいこう》・並行《へいこう》]

平行＝二《ふた》つの線《せん》や面《めん》がどこまでのびても交《まじ》わらないこと。

例両者《りょうしゃ》の意見《いけん》は平行線《へいこうせん》をたどっている。平行四辺形《へいこうしへんけい》。

並行＝並《なら》んで進《すす》むこと。

例線路《せんろ》に並行《へいこう》して国道《こくどう》が走《はし》っている。二《ふた》つの種目《しゅもく》を並行《へいこう》しておこなう。

【平身低頭】《へいしんていとう》 〈―する〉からだを低《ひく》くし、頭《あたま》をふかく下《さ》げて、わびたり、たのんだりすること。例平身低頭《へいしんていとう》してわびる。

【平◆坦】《へいたん》 ⅠⅠ 〈―な・―に〉土地《とち》などが平《たい》らなようす。例平坦《へいたん》な道《みち》。

【平地】《へいち》 ⇩ 平《たい》らな土地《とち》。例山《やま》ばかりで平地《へいち》がほとんどない。対山地《さんち》

【平板】《へいばん》 ⇩ 〈―な・―に〉平《たい》らな板《いた》のようで、どこにもりあがりがないこと。例平板《へいばん》な文章《ぶんしょう》。類単調《たんちょう》・一本調子《いっぽんぢょうし》

【平。伏】《へいふく》 ⇩ 〈―する〉両手《りょうて》をつき、頭《あたま》を地《ち》につけるぐらいにしておじぎすること。ひれふすこと。例平伏《へいふく》して殿様《とのさま》をむかえる。

【平方】《へいほう》 ⇩ ①面積《めんせき》を表《あらわ》すことば。長《なが》さを表《あらわ》すことばの前《まえ》につければ面積《めんせき》の単位《たんい》になり、長《なが》さを表《あらわ》すことばのあとにつければその長《なが》さを一辺《いっぺん》とする正方形《せいほうけい》の面積《めんせき》を表《あらわ》す。例一メートル平方《へいほう》の板《いた》。②〈―する〉おなじ数《かず》をかけ合《あ》わせること。そうしてできる数《かず》。例平方根《へいほうこん》 類自乗《じじょう》・二乗《にじょう》

【平面】《へいめん》 ⇩ 平《たい》らな面《めん》。例平面図《へいめんず》・対立体《りったい》

【平野】《へいや》 ⇩ 平《たい》らな土地《とち》がつづく地形《ちけい》。例関《かん》東平野《とうへいや》。類平原《へいげん》 対山地《さんち》

❷〈おだやか〉の意味で

【平安】《へいあん》 ⅠⅠ 〈―な・―に〉なにごともなく、おだやかなこと。例平安《へいあん》な生活《せいかつ》。類平穏《へいおん》

【平。穏】《へいおん》 ⅠⅠ 〈―な・―に〉なにごともなく、安《やす》らかなようす。例平穏《へいおん》にくらす。類平安《へいあん》・安穏《あんのん》・無《ぶ》事《じ》

【平気】《へいき》 ⇩ 〈―な・―に〉気《き》にしないで、いつもの気《き》持《も》ちや態度《たいど》でいるようす。例なにを言《い》われても平気《へいき》だ。類平静《へいせい》・平然《へいぜん》・無頓着《むとんちゃく》

【平静】《へいせい》 ⅠⅠ 〈―な・―に〉しずかに落《お》ち着《つ》いているようす。例平静《へいせい》をよそおう。類平穏《へいおん》・平気《へいき》

【平然】《へいぜん》 ⊠ 〈―と・―たる〉あわてないで落《お》ち着《つ》いているようす。例平然《へいぜん》とした態度《たいど》。類平気《へいき》

◦学習漢字でない常用漢字　▲常用漢字表にない音訓　◆常用漢字でない漢字

【平定】へいてい [↓]〈―する〉抵抗《ていこう》する人《ひと》をうち負《ま》かして、世《よ》の中《なか》をおさめること。例 全土《ぜんど》を平定《へいてい》する。類 鎮圧《ちんあつ》

【平和】へいわ [‖]〈―な/―に〉争《あらそ》いごとも心配《しんぱい》ごともなくおだやかなようす。例 平和《へいわ》を祈念《きねん》する。類 和平《わへい》・太平《たいへい》 対 戦争《せんそう》

❸〈ひとしい〉の意味で

【平等】びょうどう [‖]〈―な/―に〉わけへだてがなく、みなおなじであるようす。類 公平《こうへい》・均等《きんとう》 対 差別《さべつ》

【平均】へいきん [‖]①〈―する〉大小《だいしょう》・多少《たしょう》などのふぞろいがないこと。例 稲《いね》の苗《なえ》が平均《へいきん》にのびている。②〈―する〉いくつかの数量《すうりょう》の中間《ちゅうかん》のあたい。例 平均点《へいきんてん》 ③つりあいがとれていること。バランス。例 平均台《へいきんだい》 類 平衡《へいこう》

【平。衡】へいこう [‖]〈―する〉一方《いっぽう》にかたよらず、つりあいがとれていること。例 平衡感覚《へいこうかんかく》 類 平均《へいきん》

❹〈ふつうの〉の意味で

【平仮名】ひらがな かなの一《ひと》つ。漢字《かんじ》をくずした形《かたち》からできた字《じ》。参考 ☞ものしり巻物(65ページ)

【平易】へいい [‖]〈―な/―に〉やさしくて、わかりやすい。例 平易《へいい》な文章《ぶんしょう》。類 平明《へいめい》 対 難解《なんかい》

【平時】へいじ [↓]戦争《せんそう》とか大《おお》きな行事《ぎょうじ》とか、とくべつのことがない、ふつうのとき。例 平時《へいじ》のそなえがだいじだ。類 平常《へいじょう》

【平日】へいじつ [↓]土曜日《どようび》・日曜日《にちようび》・祝日《しゅくじつ》でない、ふつうの日《ひ》。ウイークデー。例 電車《でんしゃ》の平日《へいじつ》ダイヤ。類 週日《しゅうじつ》 対 休日《きゅうじつ》・祝日《しゅくじつ》

【平常】へいじょう [‖]いつもとおなじであること。例 平常運転《へいじょううんてん》 類 平時《へいじ》・平素《へいそ》・経常《けいじょう》

【平生】へいぜい [↓]ふだんの生活《せいかつ》。日《ひ》ごろ。例 平生《へいぜい》の努力《どりょく》がみのった。類 平素《へいそ》

【平素】へいそ [‖]つね日《ひ》ごろ。例 平素《へいそ》から健康《けんこう》に気《き》をつけている。類 平生《へいぜい》・平常《へいじょう》

【平熱】へいねつ [↓]ふだんの健康《けんこう》なときの体温《たいおん》。例 平熱《へいねつ》にもどる。対 高熱《こうねつ》

【平年】へいねん [↓]①ふつうの年《とし》。いつもの年《とし》。例 平年並《へいねんな》みのでき。類 例年《れいねん》 ②一年《いちねん》が三百六十五日《さんびゃくろくじゅうごにち》の年《とし》。対 閏年《うるうどし》

【平服】へいふく [↓]ふだん着《き》ている、ふつうの服《ふく》。とくに、略装《りゃくそう》のこと。例 平服《へいふく》でお越《こ》しください。対 式服《しきふく》・礼装《れいそう》

【平平。凡。凡】へいへいぼんぼん〈―たる/―と〉ありふれている。例 平々凡々《へいへいぼんぼん》と年《とし》を重《かさ》ねる。参考「平凡《へいぼん》」を強《つよ》めたことば。

【平。凡】へいぼん [‖]〈―な/―に〉ありふれていて、とくにかわったところもすぐれたところもないこと。例 平凡《へいぼん》な毎日《まいにち》を送《おく》る。類 凡庸《ぼんよう》 対 非凡《ひぼん》

【平民】へいみん [↓]地位《ちい》も権力《けんりょく》もないふつうの人《ひと》。明治時代《めいじじだい》から第二次大戦後《だいにじたいせんご》に身分制度《みぶんせいど》が廃止《はいし》されるまでの、華族《かぞく》でも士族《しぞく》でもないふつうの人《ひと》。類 庶民《しょみん》

【平明】へいめい [↓]〈―な/―に〉わかりやすくて、はっきりしている。例 平明《へいめい》な文章《ぶんしょう》を心《こころ》がけて書《か》く。類 平易《へいい》

❺《その他》

【平家】へいけ [↓]平安時代《へいあんじだい》の終《お》わりごろに力《ちから》をふるった武家《ぶけ》、平《たいら》の一族《いちぞく》。平氏《へいし》。例 平家物語《へいけものがたり》

平が下につく熟語 上の字の働き

❷平＝〈おだやか〉のとき

【泰平《たいへい》 和平《わへい》】近《ちか》い意味《いみ》。

◆公平《こうへい》 水平《すいへい》 太平《たいへい》 不平《ふへい》

干-3

年

総画6
JIS-3915
教1年
音 ネン
訓 とし

筆順

なりたち

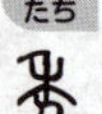

[形声]穀物《こくもつ》を表《あらわ》す「禾」と、「人」または「千」とからできた字《じ》。「人《ジン》」または「千《セン》」が「ネン」とかわって読《よ》み方《かた》をしめしている。「ネン」は「みのる」意味《いみ》を持《も》ち、穀《こく》物《もつ》がみのる期間《きかん》を表《あらわ》す。

意味

❶とし。十二《じゅうに》か月《げつ》をひとまとまりとするくぎり。とき。時代《じだい》。例 年《とし》をこす。年《ねん》に一度《いちど》の行事《ぎょうじ》。年月《としつき/ねんげつ》・年号《ねんごう》

❷ねんれい。とし。よわい。例 年少《ねんしょう》

特別なよみ 今年(ことし)

名前のよみ かず・すすむ・みのる

❶〈とし〉の意味で

【年男】としおとこ [↓]その年《とし》の干支《えと》と、おなじ干支《えと》の年《とし》に生《う》まれた男《おとこ》の人《ひと》。例 年男《としおとこ》なので、節分《せつぶん》の豆《まめ》まきをたのまれる。

【年子】としご [↓]年齢《ねんれい》が一歳《いっさい》ちがいのきょうだい。例 年子《としご》の弟《おとうと》がいる。

【年月】《ねんげつ｜としつき》〔Ⅱ〕何年《なんねん》にもわたる、長《なが》い時間《じかん》。〔例〕年月《ねんげつ》をかさねる。〔類〕月日《つきひ》・歳月《さいげつ》・時日《じじつ》

【年賀】《ねんが》〔↓〕年《とし》のはじめのお祝《いわ》い。新年《しんねん》のあいさつ。〔例〕年賀《ねんが》の客《きゃく》。年賀状《ねんがじょう》

【年刊】《ねんかん》〔↓〕雑誌《ざっし》などを一年《いちねん》に一回《いっかい》出《だ》すこと。〔関連〕日刊《にっかん》・週刊《しゅうかん》・旬刊《じゅんかん》・月刊《げっかん》・季刊《きかん》・年刊《ねんかん》

【年間】《ねんかん》〔↓〕その年《とし》の一年間《いちねんかん》。〔例〕年間計画《ねんかんけいかく》・年《ねん》間雨量《かんうりょう》〔関連〕週間《しゅうかん》・旬間《じゅんかん》・月間《げっかん》・年間《ねんかん》

【年◦鑑】《ねんかん》〔↓〕一年間《いちねんかん》の、おもなできごと・統《とう》計《けい》・調査《ちょうさ》などをまとめて、毎年一回《まいとしいっかい》ずつだす本《ほん》。〔例〕学習年鑑《がくしゅうねんかん》・スポーツ年鑑《ねんかん》

【年季】《ねんき》〔Ⅱ〕むかしの、人《ひと》をやとい入《い》れるときの、約束《やくそく》の年数《ねんすう》。〔例〕年季奉公《ねんきぼうこう》

【年金】《ねんきん》〔↓〕厚生年金《こうせいねんきん》、国民年金《こくみんねんきん》など、その人《ひと》が、毎年《まいとし》きまってうけとることのできるお金《かね》。また、そのために払《はら》うお金《かね》。

【年◦貢】《ねんぐ》〔↓〕①江戸時代《えどじだい》まで、田畑《たはた》や土地《とち》などをもっている人《ひと》にわりあてられた、一年《いちねん》ごとの税《ぜい》。米《こめ》などで納《おさ》めた。〔例〕年貢《ねんぐ》をとりたてる。②むかし、地主《じぬし》から田畑《たはた》を借《か》りて作物《さくもつ》をつくっていた農民《のうみん》が、地主《じぬし》に対《たい》してしはらった土地《とち》の借《か》り賃《ちん》。〔例〕年貢米《ねんぐまい》〔類〕小作料《こさくりょう》〔表現〕「年貢《ねんぐ》の納《おさ》め時《どき》」とは、これまでわるいことをしてきた者《もの》がついにつかまって、罰《ばつ》をうけるとき、また、まんぞくできない状態《じょうたい》でも、あきらめて、おとなしくしたほうがよいとき、などをいう。

【年限】《ねんげん》〔↓〕何年間《なんねんかん》ときめた年数《ねんすう》。〔例〕大学《だいがく》の医学部《いがくぶ》の修業年限《しゅうぎょうねんげん》は六年《ろくねん》だ。

【年功】《ねんこう》〔↓〕①長《なが》いあいだのほねおりやてがら。〔例〕年功《ねんこう》によって賃金《ちんぎん》を決《き》める。②長年《ながねん》その仕事《しごと》をすることによって身《み》についたうでまえ。〔例〕年功《ねんこう》をつむ。

【年号】《ねんごう》〔↓〕明治《めいじ》・大正《たいしょう》・昭和《しょうわ》・平成《へいせい》など、一人《ひとり》の天皇《てんのう》が位《くらい》についている期間《きかん》を表《あらわ》すよび名《な》。〔類〕元号《げんごう》

【年功序列】《ねんこうじょれつ》職場《しょくば》などで、つとめはじめてからの期間《きかん》や年齢《ねんれい》によって、地位《ちい》や給料《きゅうりょう》が決《き》まること。

【年始】《ねんし》〔↓〕①年《とし》のはじめ。〔例〕年末年始《ねんまつねんし》の休《やす》み。〔類〕年頭《ねんとう》・年初《ねんしょ》〔対〕年末《ねんまつ》②年《とし》のはじめを祝《いわ》う行事《ぎょうじ》。〔例〕年始《ねんし》まわり。〔類〕年賀《ねんが》

【年次】《ねんじ》〔↓〕①一年《いちねん》を単位《たんい》とする順序《じゅんじょ》。〔例〕卒業年次《そつぎょうねんじ》〔類〕年度《ねんど》②その年《とし》ごと。〔例〕輸出量《ゆしゅつりょう》の年次統計《ねんじとうけい》。

【年収】《ねんしゅう》〔↓〕一年間《いちねんかん》の収入《しゅうにゅう》の合計《ごうけい》。〔例〕今年《ことし》の年収《ねんしゅう》は去年《きょねん》より多《おお》い。〔関連〕日収《にっしゅう》・月収《げっしゅう》・年収《ねんしゅう》

【年中】《ねんじゅう》〔↓〕①一年《いちねん》のあいだ、ずっと。〔例〕年中無休《ねんじゅうむきゅう》②いつも。〔例〕年中《ねんじゅう》いそがしい。

【年代】《ねんだい》〔Ⅱ〕時《とき》の流《なが》れを、一年《いちねん》またはそれ以《い》上《じょう》のまとまりでくぎって考《かんが》えたときの、ひとくぎり。〔例〕昭和《しょうわ》の年代《ねんだい》。同年代《どうねんだい》の人《ひと》。

【年中行事】《ねんちゅうぎょうじ｜ねんじゅうぎょうじ》毎年《まいとし》きまった時期《じき》におこなわれるもよおし。〔例〕秋祭《あきまつ》りはこの村《むら》最大《さいだい》の年中行事《ねんちゅうぎょうじ》だ。

【年度】《ねんど》〔↓〕役所《やくしょ》・会社《かいしゃ》・学校《がっこう》などで、仕事《しごと》のつごうでくぎる一年《いちねん》の期間《きかん》。ふつう、四月一日《しがつついたち》から翌年《よくとし》の三月三十一日《さんがつさんじゅういちにち》まで。〔例〕年度末《ねんどまつ》〔類〕年《ねん》始《し》・年初《ねんしょ》〔対〕年末《ねんまつ》

【年頭】《ねんとう》〔↓〕年《とし》のはじめ。〔例〕年頭《ねんとう》あいさつ。

【年内】《ねんない》〔↓〕その年《とし》が終《お》わるまでのあいだ。〔例〕年内無休《ねんないむきゅう》で営業《えいぎょう》いたします。〔表現〕「年内《ねんない》無休《むきゅう》」と「年中無休《ねんじゅうむきゅう》」とは意味《いみ》がちがう。

【年年◦歳◦歳】《ねんねんさいさい》毎年毎年《まいとしまいとし》。〔例〕年々歳々《ねんねんさいさい》おなじことのくりかえしだ。〔類〕歳歳年年《さいさいねんねん》

【年表】《ねんぴょう》〔↓〕おもなできごとを、年《とし》のじゅんに書《か》きならべた表《ひょう》。〔例〕歴史年表《れきしねんぴょう》

【年◦譜】《ねんぷ》〔↓〕ある人《ひと》の一生《いっしょう》のできごとや、した仕事《しごと》などを、年月《としつき》じゅんにならべて書《か》いたもの。

【年◦俸】《ねんぽう》〔↓〕一年間《いちねんかん》でいくらと定《さだ》められた給《きゅう》料《りょう》。〔例〕年俸制《ねんぽうせい》〔類〕年給《ねんきゅう》〔関連〕時給《じきゅう》・日給《にっきゅう》・週給《しゅうきゅう》・月給《げっきゅう》・年俸《ねんぽう》

【年報】《ねんぽう》〔↓〕一年《いちねん》に一度《いちど》出《だ》される、事業《じぎょう》などの報告書《ほうこくしょ》。

【年末】《ねんまつ》〔↓〕一年《いちねん》の終《お》わりのころ。〔例〕年末大《ねんまつおお》売《う》り出《だ》し。〔類〕歳末《さいまつ》〔対〕年始《ねんし》・年頭《ねんとう》・年初《ねんしょ》

【年来】《ねんらい》〔⊠〕何年《なんねん》も前《まえ》からずっと。〔例〕年来《ねんらい》ののぞみがかなった。〔類〕長年《ながねん》

【年利】《ねんり》〔↓〕一年間《いちねんかん》でいくらと決《き》めた利息《りそく》。〔参考〕一《いっ》か月《げつ》あたりの利息《りそく》は「月利《げつり》」、一日《いちにち》あたりは「日歩《ひぶ》」。

【年輪】《ねんりん》〔↓〕木《き》を切《き》ったとき、その切《き》り口《くち》に見《み》

られる輪《わ》。一年《いちねん》に輪《わ》が一《ひと》つできるので、木《き》の年齢《ねんれい》がわかる。類 木目《もくめ》 表現 人《ひと》についても「人《じん》生《せい》の年輪《ねんりん》をかさねる」などと言《い》える。

【年。齢《ねんれい》】Ⅱ 生《う》まれてから今《いま》までの年数《ねんすう》。とし。よわい。例 年齢制限《ねんれいせいげん》。表記「年令」とも書《か》かれる。

❷〈ねんれい〉の意味で

【年格好《としかっこう》】その人《ひと》のようすなどから、だいたいこのくらいだろうと見当《けんとう》をつけた年齢《ねんれい》。例 母《はは》とおなじくらいの年格好《としかっこう》の女性《じょせい》。

【年。頃《としごろ》】↓ ①なにかをするのに、またそうなるのにちょうどよい年齢《ねんれい》。とくに、女《おんな》の人《ひと》の結婚《けっこん》してもよさそうな年齢《ねんれい》。例 年《とし》ごろの娘《むすめ》。類 適齢期《てきれいき》 ②外《そと》から見《み》ておしはかっただいたいの年齢《ねんれい》。年《とし》のころ。例 年《とし》ごろ五十《ごじゅう》くらいの男《おとこ》。

【年波《としなみ》】↓ 人《ひと》がだんだん年《とし》をとっていくことを、打《う》ち寄《よ》せてくる波《なみ》にたとえたことば。例 寄《よ》る年波《としなみ》には勝《か》てない。

【年。端《としは》】↓ 年齢《ねんれい》の程度《ていど》。表現 ほとんどの場《ば》合《あい》、「年端《としは》もいかぬ子《こ》ども」という言《い》い方《かた》で、少年少女《しょうねんしょうじょ》を指《さ》す。

【年少《ねんしょう》】▽〈－に・－な〉年《とし》が下《した》であること。例 わたしは兄《あに》よりも三《みっ》つ年少《ねんしょう》だ。年少組《ねんしょうぐみ》。類 年下《としした》・弱小《じゃくしょう》 対 年長《ねんちょう》

【年長《ねんちょう》】▽〈－に・－な〉年《とし》が上《うえ》であること。例 年長者《ねんちょうしゃ》の意見《いけん》を聞《き》く。類 年上《としうえ》 対 年少《ねんしょう》

【年配《ねんぱい》】↓ ①その人《ひと》のようすからみた、だいたいの年齢《ねんれい》。年《とし》ごろ。例 四十年配《しじゅうねんぱい》の男《おとこ》の人《ひと》。②だいぶ年《とし》をとって、世《よ》の中《なか》のだいたいのことがわかるようになる年《とし》ごろ。例 年配《ねんぱい》の婦人《ふじん》。類 中年《ちゅうねん》 ③としうえ。例 三年年配《さんねんねんぱい》のかれ。表記「年輩」とも書《か》く。

年が下につく熟語 上の字の働き

❶ 年＝〈とし〉のとき
【越年《えつねん》 隔年《かくねん》】年《とし》をドウスルか。
【往年《おうねん》 積年《せきねん》】ドウナッタ年《とし》か。
【今年《ことし》 本年《ほんねん》 去年《きょねん》 昨年《さくねん》 先年《せんねん》 来年《らいねん》 明年《みょうねん》 翌年《よくねん／よくとし》 新年《しんねん》 旧年《きゅうねん》 毎年《まいねん／まいとし》 例年《れいねん》 平年《へいねん》 元年《がんねん》】ドンナ年《とし》か。
【凶年《きょうねん》 豊年《ほうねん》】作柄《さくがら》がドノヨウナ年《とし》であるか。
【光年《こうねん》 暦年《れきねん》】ナニを単位《たんい》とした年《とし》か。

❷ 年＝〈ねんれい〉のとき
【享年《きょうねん》 生年《せいねん》 停年《ていねん》 没年《ぼつねん》】ドウスル・ドウシタ年齢《ねんれい》か。
【幼年《ようねん》 少年《しょうねん》 若年《じゃくねん》 弱年《じゃくねん》 青年《せいねん》 成年《せいねん》 壮年《そうねん》 中年《ちゅうねん》 晩年《ばんねん》 老年《ろうねん》 厄年《やくどし》】ドノヨウナ年齢《ねんれい》か。
◇ 永年《えいねん》 周年《しゅうねん》 多年《たねん》

干－5

幸

総画8
JIS-2512
教3年
音 コウ
訓 さいわい・さち・しあわせ

筆順

なりたち

【象形】罪人《ざいにん》の両手《りょうて》をおさえつける手《て》かせの形《かたち》をえがいた字《じ》。

意味

❶さいわい。しあわせ。よいめぐりあわせ。例 幸《さいわ》いにも助《たす》かる。幸《しあわ》せな一生《いっしょう》をおくる。幸多《さちおお》かれといのる。幸《こう》か不幸《ふこう》か。
❷天皇《てんのう》のおでまし。例 行幸《ぎょうこう》

名前のよみ さい・さき・たか・とみ・とも・ひで・みゆき・ゆき・よし

❶〈さいわい〉の意味で

【幸運《こううん》】↓〈－に・－な〉運《うん》がよいこと。ラッキー。例 幸運《こううん》をいのる。対 不運《ふうん》・非運《ひうん》・悪運《あくうん》 表記「好運」とも書《か》く。

【幸福《こうふく》】Ⅱ〈－に・－な〉心《こころ》がみちたりているようす。しあわせ。例 幸福《こうふく》な人生《じんせい》。対 不幸《ふこう》

幸が下につく熟語 上の字の働き

❶ 幸＝〈さいわい〉のとき
【多幸《たこう》 薄幸《はっこう》 不幸《ふこう》】幸《さいわ》いがドウデアルか。

❷ 幸＝〈天皇のおでまし〉のとき
【行幸《ぎょうこう》 巡幸《じゅんこう》】ドウヤッテおでましになるか。

干－10

幹

総画13
JIS-2020
教5年
音 カン
訓 みき

筆順

なりたち

【形声】「倝」と「木→干」とからできた字《じ》。「倝」が「カン」という読《よ》み方《かた》をしめしている。「カン」は「ねもと」の意味《いみ》を持《も》ち、木《き》のねもとの太《ふと》いみきを表《あらわ》す字《じ》。

意味 みき。中心部《ちゅうしんぶ》。例 木《き》の幹《みき》。幹部《かんぶ》・根幹《こんかん》

名前のよみ たかし・つね・つよし・とし・とも・み・もと・もとき・よし・より

【幹事《かんじ》】▲ 団体《だんたい》や会合《かいごう》の中心《ちゅうしん》となってせわをする役《やく》。例 クラス会《かい》の幹事《かんじ》。

【幹線《かんせん》】↓ 鉄道《てつどう》・道路《どうろ》・電線《でんせん》などの、おもな道《みち》すじになる線《せん》。例 幹線道路《かんせんどうろ》・新幹線《しんかんせん》 類 本線《ほんせん》 対 支線《しせん》

【幹部《かんぶ》】↓ 会社《かいしゃ》や団体《だんたい》などで、中心《ちゅうしん》になってはたらく人《ひと》。例 幹部《かんぶ》の責任《せきにん》を問《と》う。類 役員《いん》

3画 幺 ［いとがしら］［よう］の部

細《ほそ》い糸《いと》をより合《あ》わせた形《かたち》をえがいた象形《しょうけい》である「幺《いとがしら》」をもとに作《つく》られ、細《こま》かい・小《ちい》さいことにかかわる字《じ》を集《あつ》めてあります。

この部首の字

1 幻……369　2 幼……369　6 幽……370　9 幾……370
玄→玄 728　糸→糸 826　胤→月 871　郷→阝 451

幺-1 幻

総画4　JIS-2424　常用
訓 音 ゲン　まぼろし

筆順 幻 幻 幻 幻

なりたち  [象形] はたおりの横糸《よこいと》を通《とお》す杼《ひ》という道具《どうぐ》をさかさまにえがいた字《じ》で、「かわる」意味《いみ》を表《あらわ》している。

意味 まぼろし。あやしげなもの。例 幻《まぼろし》の世界《せかい》。幻想《げんそう》・変幻《へんげん》

【幻◦影《げんえい》】↓ ほんとうはなにもないのに、その場《ば》にあるかのように見《み》えるもの。まぼろし。例 幻影《げんえい》におびえる。

【幻◦覚《げんかく》】↓ じっさいにはなにもないのに、なにかが見《み》えたり聞《き》こえたりすること。例 幻覚《げんかく》になやまされる。類 幻聴《げんちょう》

【幻◦想《げんそう》】↓ じっさいのこととは関係《かんけい》なく、ゆめでも見《み》ているように心《こころ》の中《なか》に思《おも》いえがくこと。ファンタジー。例 幻想《げんそう》をいだく。幻想的《げんそうてき》な絵《え》。類 空想《くうそう》

【幻◦聴《げんちょう》】↓ じっさいにはない音《おと》が聞《き》こえるように感《かん》じること。例 幻聴《げんちょう》になやまされる。類 幻覚《げんかく》・空耳《そらみみ》

【幻◦灯《げんとう》】↓ フィルムやガラスの板《いた》にかいた絵《え》に光《ひかり》をあてて、白《しろ》いまくに大《おお》きくうつしだして見《み》せるもの。スライド。例 幻灯機《げんとうき》

【幻◦滅《げんめつ》】▽〈—する〉頭《あたま》の中《なか》で、美《うつく》しいもの、すばらしいものと思《おも》っていたことが、じっさいにはそれとちがっていて、がっかりすること。例 幻滅《げんめつ》を感《かん》じる。

【幻◦惑《げんわく》】Ⅲ〈—する〉心《こころ》がまどわされること。例 うまいことばに幻惑《げんわく》される。

◆変幻《へんげん》 夢幻《むげん》

幺-2 幼

総画5　JIS-4536　教6年
訓 音 ヨウ　おさない

筆順 幼 幼 幼 幼 幼（はねる・はっきりだす）

なりたち  [形声]「幺」が「小《ちい》さい」意味《いみ》と「ヨウ」という読《よ》み方《かた》をしめしている。力《ちから》が弱《よわ》いことから、「おさない」として使《つか》われている字《じ》。

意味 おさない。年《とし》が小《ちい》さい。生《う》まれてまもない。例 幼《おさな》い子《こ》ども。幼児《ようじ》 対 老《ろう》

【幼心《おさなごころ》】↓ まだものごとの意味《いみ》がよくわからない子《こ》どもの心《こころ》。例 幼心《おさなごころ》にもおぼえているほどのできごと。類 子供心《こどもごころ》

【幼児《ようじ》】↓ 三歳《さんさい》から六歳《ろくさい》くらいまでの子《こ》ども。おさなご。例 幼児期《ようじき》 類 稚児《ちご》 表現 幼児《ようじ》よりも年下《としした》の子《こ》どもを「乳児《にゅうじ》」、年上《としうえ》の子《こ》どもを「児童《じどう》」という。

【幼時《ようじ》】↓ 小《ちい》さい子《こ》どものころ。例 幼時《ようじ》の思《おも》い出《で》。

【幼女《ようじょ》】↓「少女《しょうじょ》」より、もっとおさない女《おんな》の子《こ》。例 よちよち歩《ある》きの幼女《ようじょ》。

【幼少《ようしょう》】Ⅲ 年《とし》がいかないこと。おさない。例 幼少《ようしょう》のころは病弱《びょうじゃく》だった。類 幼年《ようねん》

【幼◦稚《ようち》】Ⅲ〈—な〉①年《とし》がわかくておさない。例 幼稚園《ようちえん》 ②考《かんが》えや技術《ぎじゅつ》がまだ低《ひく》い。例 大人《おとな》とは思《おも》えない幼稚《ようち》な考《かんが》え。類 稚拙《ちせつ》

【幼虫《ようちゅう》】↓ たまごからかえって、まだ成虫《せいちゅう》にならない昆虫《こんちゅう》。例 セミの幼虫《ようちゅう》。対 成虫《せいちゅう》

【幼年《ようねん》】↓ おさない年《とし》ごろ。例 幼年時代《ようねんじだい》 類

幼少《ようしょう》 関連 幼年《ようねん》・少年《しょうねん》・青年《せいねん》・壮年《そうねん》・中年《ちゅうねん》・熟《じゅく》年《ねん》・老年《ろうねん》

幽

幺-6 総画9 JIS-4509 常用
音 ユウ
訓 —

筆順

なりたち

[形声]「𢆶」が「かすか」の意味《いみ》と「ユウ」という読《よ》み方《かた》をしめしている。「山《やま》」をくわえて、山《やま》がおく深《ふか》くかすかで見《み》えないことを表《あらわ》す字《じ》。

意味
❶おくがふかくて暗《くら》い。かすかな。例 幽《ゆう》玄《げん》
❷あの世《よ》。死後《しご》の世界《せかい》。例 幽霊《ゆうれい》

❶〈おくがふかくて暗い〉の意味で
【゜幽゜玄】《ゆうげん》 ||〈—な〉〈—に〉おくぶかくて、しみじみとしたおもむきがあること。例 幽玄《ゆうげん》の美《び》。
【゜幽谷】《ゆうこく》 ↓ 底《そこ》のほうがかすんで見《み》えるような深《ふか》い谷《たに》。例 深山幽谷《しんざんゆうこく》をさまよう。
【゜幽閉】《ゆうへい》 ↓〈—する〉人《ひと》をとじこめて自由《じゆう》をうばうこと。類 監禁《かんきん》

❷〈あの世〉の意味で
【゜幽゜霊】《ゆうれい》 ↓ ①死《し》んだ人《ひと》のたましい。類 亡《ぼう》霊《れい》・亡魂《ぼうこん》 ②死《し》んだ人《ひと》が、死後《しご》に行《い》くはずのところに行《い》けず、はっきりしないすがたであらわれるもの。おばけ。例 幽霊《ゆうれい》が出《で》る。類 亡《もう》者《じゃ》 ③じっさいにはないのに、あるように見《み》せかけたもの。例 幽霊会社《ゆうれいがいしゃ》

幾

幺-9 総画12 JIS-2086 常用
音 キ
訓 いく

筆順

なりたち

[会意] かすかの意味《いみ》を表《あらわ》す「𢆶」と武器《ぶき》でまもる意味《いみ》の「戍《じゅ》」を合《あ》わせて、かすかな危険《きけん》のきざしを表《あらわ》す字《じ》。

意味
❶いくつ。いくら。どれほど。例 幾重《いくえ》・幾《いく》多《た》
❷《その他《た》》例 幾何学《きかがく》

名前のよみ ちか・のり・ふさ

❶〈いくつ〉の意味で
【゜幾重】《いくえ/いくじゅう》 ↓ ①たくさん重《かさ》なっていること。例 幾重《いくえ》にもかさなってつづく山《やま》なみ。②二《に》度も三度《さんど》も。かさねがさね。例 失礼《しつれい》の段幾重《だんいくえ》にもおわびいたします。
【゜幾多】《いくた》 ↓ 数《かぞ》えられないほどたくさん。例 幾多《いくた》の困難《こんなん》をのりこえる。
【゜幾度】《いくど/いくたび》 ↓ 何回《なんかい》。何度《なんど》。例 幾度《いくど》も見《み》る夢《ゆめ》。幾《いく》たび泣《な》いたことか。
【゜幾分】《いくぶん》 ↓ ①全体《ぜんたい》をいくつかに分《わ》けたうちの一部分《いちぶぶん》。例 収入《しゅうにゅう》の幾分《いくぶん》かを寄付《きふ》した。②いくらか。すこし。例 熱《ねつ》も幾分《いくぶん》さがってきた。

❷《その他》
【゜幾何学】《きかがく》 図形《ずけい》や空間《くうかん》の性質《せいしつ》を研究《けんきゅう》する数《すう》学《がく》。例 ユークリッド幾何学《きかがく》

3画 广 [まだれ] の部

屋根《やね》の形《かたち》をえがいた象形《しょうけい》である「广《まだれ》」をもとに作《つく》られ、家屋《かおく》や建物《たてもの》にかかわる字《じ》と、「广《まだれ》」の形《かたち》がめやすとなっている字《じ》を集《あつ》めてあります。

この部首の字

広

广-2 総画5 JIS-2513 教2年
[廣]
音 コウ
訓 ひろい・ひろまる・ひろめる・ひろがる・ひろげる

筆順
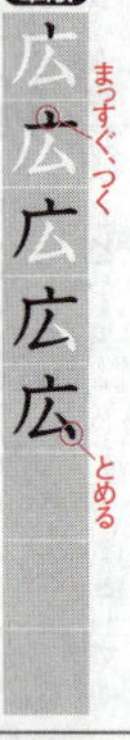

なりたち

[形声] もとの字《じ》は、「廣」。「黄」が「コウ」という読《よ》み方《かた》をしめしている。「コウ」は「がらんとしてなにもない」意《い》

味《み》を持ち、ひろい家（广）を表《あらわ》している字《じ》。

意味 ひろい。ひろげる。ひろめる。例 広《ひろ》い海原《うなばら》。うわさが広《ひろ》まる。名声《めいせい》を広《ひろ》める。病《びょう》気《き》が広《ひろ》がる。両手《りょうて》を広《ひろ》げる。広告《こうこく》 対 狭《きょう》

名前のよみ みつ

【広域《こういき》】↓ 広い範囲《はんい》。例 台風《たいふう》の被害《ひがい》が広域《こういき》におよんでいる。

【広義《こうぎ》】↓ そのことばの広《ひろ》いほうの意味《いみ》。例 広義《こうぎ》に解釈《かいしゃく》する。対 狭義《きょうぎ》 知識 ことばは、使《つか》われ方《かた》しだいで、意味《いみ》する範囲《はんい》が広《ひろ》くなったりせまくなったりする。たとえば、「動物《どうぶつ》と植物《しょくぶつ》」といったときの動物《どうぶつ》は広《ひろ》い意味《いみ》で、人《にん》間《げん》をふくむが、「動物園《どうぶつえん》」の動物《どうぶつ》はせまい意味《いみ》で、人間《にんげん》をふくまない。

【広言《こうげん》】↓〈─する〉自分《じぶん》の力《ちから》ではできないような大《おお》きなことを言《い》うこと。例 広言《こうげん》をはく。類 大言《たいげん》・豪語《ごうご》

【広告《こうこく》】↓〈─する〉商品《しょうひん》やもよおしものなどを、ちらし・新聞《しんぶん》・テレビなどで、広《ひろ》く知《し》らせること。コマーシャル。例 広告《こうこく》をだす。類 宣伝《せんでん》

【広大《こうだい》】Ⅱ〈[に]な〉とても広《ひろ》い。例 広大無辺《こうだいむへん》。広大《こうだい》な土地《とち》。対 狭小《きょうしょう》・偏狭《へんきょう》

【広。範《こうはん》】↓〈[に]な〉ゆきわたっている範囲《はんい》が広《ひろ》い。例 広範《こうはん》な情報《じょうほう》を集《あつ》める。

【広報《こうほう》】↓ 役所《やくしょ》などが人《ひと》びとに広《ひろ》く伝《つた》えようとする知《し》らせ。例 広報車《こうほうしゃ》

【広野《こうや》】↓ 広々《ひろびろ》とした野原《のはら》。例 広野《こうや》を車《くるま》で走《はし》りつづける。

【広葉樹《こうようじゅ》】↓ サクラ・キリなど、うすくてひらたい葉《は》を持《も》つ樹木《じゅもく》。対 針葉樹《しんようじゅ》

【広場《ひろば》】↓ 人《ひと》びとが集《あつ》まったり、遊《あそ》んだりするための広《ひろ》い場所《ばしょ》。例 駅前広場《えきまえひろば》

【広間《ひろま》】↓ おおぜいの人《ひと》が集《あつ》まるための広《ひろ》いへや。例 旅館《りょかん》の大広間《おおひろま》。

广−2 庁

総画5 JIS-3603 教6年

音 チョウ 訓 ─

［廳］

筆順

なりたち

【形声】もとの字《じ》は、「廳」。「きく」意味《いみ》を表《あらわ》す「聴」が「チョウ」という読《よ》み方《かた》をしめしている。人《ひと》びとの意見《いけん》やうったえをきく建物《たてもの》（广）である役所《やくしょ》を表《あらわ》す字《じ》。

意味 役所《やくしょ》。例 庁舎《ちょうしゃ》・官庁《かんちょう》

【庁舎《ちょうしゃ》】↓ 役所《やくしょ》の建物《たてもの》。例 合同庁舎《ごうどうちょうしゃ》

◆官公庁《かんこうちょう》 官庁《かんちょう》 県庁《けんちょう》

广−3 庄

総画6 JIS-3017 人名

音 ショウ 訓 ─

意味 いなか。村《むら》ざと。例 庄屋《しょうや》

广−4 序

総画7 JIS-2988 教5年

音 ジョ 訓 ─

名前のよみ まさ

筆順

なりたち

【形声】「予《よ》」が「ジョ」とかわって読《よ》み方《かた》をしめしている。「ヨ」は「かべ」の意味《いみ》を持《も》ち、四方《しほう》がかべだけの、しきりのない家《いえ》（广）を表《あらわ》す字《じ》。

意味 ❶じゅんばん。例 序列《じょれつ》・順序《じゅんじょ》 ❷はじめの部分《ぶぶん》。いとぐち。例 序曲《じょきょく》・序《じょ》文《ぶん》

名前のよみ つぐ・つね・のぶ・ひさし

❶〈じゅんばん〉の意味で

【序列《じょれつ》】Ⅱ 身分《みぶん》・地位《ちい》・成績《せいせき》などの順序《じゅんじょ》。例 年功序列《ねんこうじょれつ》

❷〈はじめの部分〉の意味で

【序曲《じょきょく》】↓ オペラなどがはじまる前《まえ》に演《えん》奏《そう》される曲《きょく》。類 前奏曲《ぜんそうきょく》 表現 「悲劇《ひげき》の序曲《じょきょく》」のように「はじまり」の意味《いみ》でも使《つか》う。

【序説《じょせつ》】↓ 論文《ろんぶん》などで、本論《ほんろん》に入《はい》る前《まえ》に研《けん》究《きゅう》のきっかけなどをのべる部分《ぶぶん》。類 序論《じょろん》

【序。盤《じょばん》】↓ 碁《ご》や将棋《しょうぎ》で、たたかいのはじめのころの形勢《けいせい》。試合《しあい》や事業《じぎょう》のはじめのころ。例 序盤戦《じょばんせん》 関連 序盤《じょばん》・中盤《ちゅうばん》・終盤《しゅうばん》

【序文《じょぶん》】↓ 本《ほん》のはじめにつける文章《ぶんしょう》。はしがき。まえがき。類 緒言《しょげん》

【序幕《じょまく》】↓ ①劇《げき》で、はじまりのひと幕《まく》。類 第一幕《だいいちまく》 対 終幕《しゅうまく》 ②ものごとのはじまり。

【序論《じょろん》】↓ 論文《ろんぶん》などで、本論《ほんろん》に入《はい》る前《まえ》に、な

床 底 店 ◀次ページ

前ページ▶庁 庄 序

にを、なぜ、どのように取《と》り上《あ》げるかをのべた部分《ぶぶん》。類 緒論《しょろん》・序説《じょせつ》 関連 序論《じょろん》・本論《ほんろん》・結論《けつろん》

序が下につく熟語 上の字の働き

❶序＝〈じゅんばん〉のとき
【順序《じゅんじょ》 秩序《ちつじょ》】近《ちか》い意味《いみ》。

床

广－4 総画7 JIS-3018 常用
音 ショウ
訓 とこ・ゆか

筆順 床 床 床 床 床 床 床

なりたち  【会意】もとの字《じ》は、「牀」。「爿」は寝台《しんだい》の形《かたち》で、木《き》の寝台《しんだい》を表《あらわ》している字。今《いま》の字形《じけい》「床」は家《いえ》(广)の中《なか》の寝台《しんだい》を表《あらわ》す字《じ》。

意味
❶寝台《しんだい》。とこ。例 床《とこ》につく。寝床《ねどこ》・起床《きしょう》
❷ゆか。板《いた》をしいたところ。例 床上《ゆかうえ》
❸とこのま。例 床柱《とこばしら》
❹土台《どだい》。底《そこ》にあってささえとなるもの。例 川床《かわどこ》・苗床《なえどこ》・温床《おんしょう》

❷〈ゆか〉の意味で
【°床屋】とこや ↓ おもに男性《だんせい》の髪《かみ》の毛《け》を刈《か》ったり、髪形《かみがた》をととのえたりする店《みせ》。類 理髪店《りはってん》
参考 むかし、かんたんな床《ゆか》をはった仕事場《しごとば》で仕事《しごと》をしたことから。
【°床板】ゆかいた ↓ 建物《たてもの》の床《ゆか》にはってある板《いた》。例 教室《きょうしつ》の床板《ゆかいた》をみがく。
【°床上】ゆかうえ ↓ 床《ゆか》の上《うえ》。例 床上浸水《ゆかうえしんすい》 対 床下《ゆかした》
【°床下】ゆかした ↓ 床《ゆか》の下《した》。縁《えん》の下《した》。対 床上《ゆかうえ》

❸〈とこのま〉の意味で
【°床柱】とこばしら ↓ 床《とこ》の間《ま》のはしに立《た》てるかざりの柱《はしら》。例 杉丸太《すぎまるた》の床柱《とこばしら》。

床が下につく熟語 上の字の働き

❶床＝〈寝台〉のとき
【起床《きしょう》 臨床《りんしょう》】床《とこ》から(床《とこ》に)ドウスルか。
【病床《びょうしょう》 寝床《ねどこ》】ドウスルための床《とこ》か。
❹床＝〈土台〉のとき
【苗床《なえどこ》 温床《おんしょう》】ドノヨウナ床《とこ》か。

底

广－5 総画8 JIS-3676 教4年
音 テイ
訓 そこ

筆順 底 底 底 底 底 底 底 底（まっすぐ、つく／はねる／はねる）

なりたち  【形声】「氐」が「ひくい」意味《いみ》と「テイ」という読《よ》み方《かた》をしめしている。家《いえ》(广)の中《なか》のもっとも低《ひく》いところを表《あらわ》す字《じ》。

意味 いちばん下《した》。おくそこ。例 底《そこ》をつく(なくなる)。底力《そこぢから》・谷底《たにぞこ》・底辺《ていへん》

【底意】そこい ↓ 心《こころ》のおくにかくしている、なんらかの考《かんが》え。例 底意《そこい》が感《かん》じられることば。
【底意地】そこいじ 心《こころ》の中《なか》にかくしている気持《きも》ち。例 底意地《そこいじ》がわるい。
【底力】そこぢから ↓ ふだん見《み》えなくても、いざというときにあらわれる強《つよ》い力《ちから》。類 地力《じりき》
【底値】そこね ↓ これ以上《いじょう》上下《さ》がらないと思《おも》われる値《ね》だん。例 株《かぶ》は今《いま》が底値《そこね》だ。
【底辺】ていへん ↓ ①いろいろな図形《ずけい》の底《そこ》にあたる辺《へん》。三角形《さんかくけい》の頂点《ちょうてん》に対《たい》する辺《へん》。例 台形《だいけい》の底《てい》辺《へん》。②いちばん下《した》のほう。例 社会《しゃかい》の底辺《ていへん》。
【底面】ていめん ↓ 立体《りったい》の底《そこ》にある面《めん》。例 円《えん》すいの底面《ていめん》。
【底流】ていりゅう ↓ ①川《かわ》や海《うみ》の底《そこ》のほうのながれ。②表面《ひょうめん》には出《で》ていない動《うご》きやいきおい。例 政治不信《せいじふしん》が社会《しゃかい》の底流《ていりゅう》にある。

底が下につく熟語 上の字の働き

【根底《こんてい》 奥底《おくそこ》】近《ちか》い意味《いみ》。
【海底《かいてい》 水底《すいてい／みなそこ》 地底《ちてい》 谷底《たにそこ》】ナニの底《そこ》か。
【眼底《がんてい》 心底《しんそこ／しんてい》】ナニの奥底《おくそこ》か。
【徹底《てってい》 払底《ふってい》】奥底《おくそこ》までドウスルか。

店

广－5 総画8 JIS-3725 教2年
音 テン
訓 みせ

筆順 店 店 店 店 店 店 店 店（まっすぐ、つく）

なりたち 【形声】「占《セン》」が「テン」とかわって読《よ》み方《かた》をしめしている。「セン」は「ならべておく」意味《いみ》を持《も》ち、品物《しなもの》をならべておく家《いえ》(广)を表《あらわ》す字《じ》。

意味 商品《しょうひん》を売《う》るみせ。例 店《みせ》を開《あ》ける。店《みせ》をたたむ(商売《しょうばい》をやめる)。店番《みせばん》・商店《しょうてん》

【店員】てんいん ↓ 店《みせ》ではたらく人《ひと》。
【店主】てんしゅ ↓ 店《みせ》の主人《しゅじん》。

【店頭】《てんとう》 ↓店《みせ》の前《まえ》の入《い》り口《ぐち》のあたり。店先《みせさき》。例安売《やすう》りの品《しな》を店頭《てんとう》にならべる。

【店。舗】《てんぽ》 ＝ 商品《しょうひん》を売《う》るための店《みせ》の建物《たてもの》。例いくつもの店舗《てんぽ》が並《なら》ぶ商店街《しょうてんがい》。類店《みせ》・商店《しょうてん》

【店屋物】《てんやもの》 そば屋《や》、すし屋《や》などからとどけてもらう食事《しょくじ》。例店屋物《てんやもの》で間《ま》に合《あ》わせる。

【店番】《みせばん》 ↓店《みせ》にいて、品物《しなもの》の番《ばん》をしたり、売《う》ったりすること。例店番《みせばん》をてつだう。

店が下につく熟語 上の字の働き

【開店《かいてん》 出店《しゅってん》 閉店《へいてん》】店《みせ》をドウスルか。

【本店《ほんてん》 支店《してん》 書店《しょてん》 露店《ろてん》 夜店《よみせ》】ドウイウ店《みせ》か。

【商店《しょうてん》 売店《ばいてん》】ドウスル店《みせ》か。

府

广－5　総画8　JIS-4160　教4年

音 フ

訓 ―

筆順 府 府 府 府 府 府 府 府（まっすぐ、つく／はねる）

なりたち  [形声]「付」が「フ」という読《よ》み方《かた》をしめしている。「フ」は「集《あつ》まる」意味《いみ》を持《も》ち、物《もの》が集《あつ》まって入《はい》っている建物《たてもの》（广）の「くら」を表《あらわ》す字《じ》。

意味

❶役所《やくしょ》。ものごとの中心地《ちゅうしんち》。例学問《がくもん》の府《ふ》。首府《しゅふ》・政府《せいふ》

❷ふ（府）。地方公共団体《ちほうこうきょうだんたい》の一《ひと》つ。大阪府《おおさかふ》と京都府《きょうとふ》がある。例府下《ふか》

名前のよみ あつ・くら・もと

❷〈ふ（府）〉の意味で

【府下】《ふか》 ↓その府《ふ》のなか。

【府立】《ふりつ》 ▽府《ふ》のお金《かね》でつくり、府《ふ》が管理《かんり》しているもの。例府立図書館《ふりつとしょかん》

府が下につく熟語 上の字の働き

❶府＝〈役所〉のとき

【政府《せいふ》 幕府《ばくふ》】ドウイウ役所《やくしょ》か。

◆学府《がくふ》 首府《しゅふ》

度

广－6　総画9　JIS-3757　教3年

音 ド・ト・タク

訓 たび

筆順 度 度 度 度 度 度 度 度 度（まっすぐ、つく／はらう）

なりたち  [形声]「庶」は「置《お》く」意味《いみ》の「庶《ショ》」の省略《しょうりゃく》した形《かたち》で、「ド」とかわって読《よ》み方《かた》をしめしている。手《て》（又）を広《ひろ》げて物《もの》の長《なが》さをはかることを表《あらわ》す字《じ》。

意味

❶ものさし。数量《すうりょう》の大《おお》きさのめやす。単《たん》位《い》。例度量衡《どりょうこう》・角度《かくど》

❷きまり。基準《きじゅん》。規則《きそく》。例法度《はっと》・限度《げんど》

❸心《こころ》の大《おお》きさ。例度胸《どきょう》・度量《どりょう》

❹回数《かいすう》。たび。例度重《たびかさ》なる。年度《ねんど》

注意するよみ ト…例法度《はっと》　タク…例支度《したく》

名前のよみ のり・わたる

❶〈ものさし〉の意味で

【度量】《どりょう》 ＝ 長《なが》さや分量《ぶんりょう》などをはかる、ものさしと、ます。☞❸

【度量。衡】《どりょうこう》 ①ものをはかるのに使《つか》う、ものさしと、ますとはかり。②ものの大《おお》きさと分量《ぶんりょう》と重《おも》さ。それらの単位《たんい》。知識☞【尺貫法《しゃっかんほう》】（340ページ）

❷〈きまり〉の意味で

【度外視】《どがいし》 〈―する〉だいじなことであっても、今《いま》は無関係《むかんけい》として、それを問題《もんだい》にしないこと。例採算《さいさん》を度外視《どがいし》したサービス。類無《む》視《し》

❸〈心の大きさ〉の意味で

【度胸】《どきょう》 ↓ものごとをおそれない強《つよ》い心《こころ》。例度胸《どきょう》だめし。類胆力《たんりょく》

【度量】《どりょう》 ＝ 人《ひと》の言《い》うことをよく受《う》け入《い》れる心《こころ》の広《ひろ》さ。例度量《どりょう》がせまい。☞❶

❹〈回数〉の意味で

【度数】《どすう》 ↓ものごとの回数《かいすう》。例度数分布《どすうぶんぷ》

度が下につく熟語 上の字の働き

❶度＝〈ものさし〉のとき

【緯度《いど》 経度《けいど》 温度《おんど》 湿度《しつど》 強度《きょうど》 硬度《こうど》 純度《じゅんど》 濃《のう》度《ど》 密度《みつど》 角度《かくど》 光度《こうど》 高度《こうど》 深度《しんど》 震度《しんど》 速度《そくど》】ナニの単位《たんい》か。

❷度＝〈きまり〉のとき

【制度《せいど》 法度《はっと》】近《ちか》い意味《いみ》。

【極度《きょくど》 限度《げんど》 節度《せつど》 適度《てきど》】ドノヨウナ度《ど》合《あ》いか。

【感度《かんど》 進度《しんど》 鮮度《せんど》】ドウナル・ドウデアル度《ど》合《あ》いか。

❹度＝〈回数〉のとき

【再度《さいど》 毎度《まいど》 都度《つど》 今度《こんど》】イクツめの回《かい》か。

◆過度《かど》 支度《したく》 仕度《したく》 尺度《しゃくど》 態度《たいど》 調度《ちょうど》 程度《ていど》 年度《ねんど》 頻度《ひんど》 零度《れいど》

广-7

【庫】

総画10 JIS-2443 教3年 音 コ・ク 訓 くら

筆順 まっすぐつく ながく

なりたち 庫 【会意】車《くるま》(兵車《へいしゃ》・戦車《せんしゃ》など)と建物《たてもの》(广)を合《あ》わせて、車《くるま》を入《い》れる「くら」を表《あらわ》す字《じ》。

意味 くら。物《もの》をしまっておく所《ところ》。例 倉庫《そうこ》

注意するよみ ク…例 庫裏《くり》

【庫裏】くり ↓ 寺《てら》の住職《じゅうしょく》やその家族《かぞく》が住《す》んでいるへや。参考 もとは、寺《てら》の台所《だいどころ》のことを言《い》った。表記「庫裡」とも書《か》く。

庫が下につく熟語 上の字の働き

【金庫《きんこ》 書庫《しょこ》 文庫《ぶんこ》 艇庫《ていこ》 車庫《しゃこ》 宝庫《ほうこ》】ナニを入《い》れるくらか。

◆国庫《こっこ》 在庫《ざいこ》 倉庫《そうこ》

广-7

【座】

総画10 JIS-2634 教6年 音 ザ 訓 すわる

筆順 まっすぐつく とめる ながく

なりたち 【形声】もとの字《じ》は「坐」であったが、のちに「广」がくわえられ、新《あら》たにべつの字《じ》として作《つく》られた。「すわる」意味《いみ》の「坐」が「ザ」という読《よ》み方《かた》をしめしている。家《いえ》(广)の中《なか》に人《ひと》が集《あつ》まってすわる所《ところ》を表《あらわ》す字《じ》。

意味

❶すわる。腰《こし》をおろす。すわる場所《ばしょ》。位《い》置。例 いすに座《すわ》る。座席《ざせき》・王座《おうざ》

❷集《あつ》まり。仲間《なかま》が集《あつ》まる場所《ばしょ》。例 講座《こうざ》

❸劇場《げきじょう》。芸能《げいのう》をする集団《しゅうだん》。例 座長《ざちょう》

名前のよみ くら

❶〈すわる〉の意味で

【座高】ざこう ↓ こしかけたときの、椅子《いす》の面《めん》から頭《あたま》の上《うえ》までの高《たか》さ。例 座高計《ざこうけい》

【座視】ざし ↓ (—する)だまって見《み》ているだけで、なにもしないでいる。例 被災者《ひさいしゃ》の姿《すがた》は座視《ざし》するにしのびない。類 傍観《ぼうかん》・静観《せいかん》・黙過《もっか》・黙視《もくし》

【座。敷】ざしき ↓ たたみをしいたへや。客間《きゃくま》を指《さ》すことが多《おお》い。例 客《きゃく》を座敷《ざしき》に通《とお》す。上座敷《かみざしき》・奥座敷《おくざしき》 類 和室《わしつ》・日本間《にほんま》

【座。礁】ざしょう ▲ (—する)海中《かいちゅう》にかくれている岩《いわ》や砂浜《すなはま》に船《ふね》が乗《の》り上《あ》げて、動《うご》けなくなること。

【座席】ざせき ↓ すわるところ。例 座席表《ざせきひょう》

【座。禅】ざぜん ↓ 禅宗《ぜんしゅう》で、足《あし》を組《く》んですわり、まよいをはらって仏《ほとけ》の教《おし》えに近《ちか》づこうとする修行《しゅぎょう》。例 座禅《ざぜん》をくむ。

【座像】ざぞう ↓ すわっているすがたの像《ぞう》。例 仏《ほとけ》の座像《ざぞう》。対 立像《りつぞう》

【座。卓】ざたく ↓ たたみやゆかにすわって使《つか》う、ひくいテーブル。例 座卓《ざたく》をかこむ。

【座談】ざだん ↓ (—する)何人《なんにん》かが席《せき》について、自由《じゆう》に話《はな》し合《あ》うこと。例 座談会《ざだんかい》

【座標】ざひょう ↓ 平面《へいめん》や空間《くうかん》にある点《てん》の位置《いち》を、もととなる点《てん》や線《せん》からの距離《きょり》などで表《あらわ》したもの。例 座標軸《ざひょうじく》

【座布団】ざぶとん 床《ゆか》にしいて、その上《うえ》にすわる小《ちい》さいふとん。例 座布団《ざぶとん》をすすめる。

【座薬】ざやく ↓ おしりのあなにさしこんで使《つか》う薬《くすり》。例 座薬《ざやく》で熱《ねつ》を下《さ》げる。

【座右】ざゆう・ざう ↓ 自分《じぶん》のすぐそば。例 座右《ざゆう》の銘《めい》(いつも自分《じぶん》のそばにおくような感《かん》じで自分《じぶん》のいましめにすることば)。

❷〈集まり〉の意味で

【座興】ざきょう ↓ その場《ば》におもしろさをそえるための遊《あそ》びや芸《げい》。また、その場《ば》かぎりの冗談《じょうだん》。例 座興《ざきょう》に手品《てじな》をする。類 余興《よきょう》・即興《そっきょう》

【座長】ざちょう ↓ 座談会《ざだんかい》や会議《かいぎ》などで中心《ちゅうしん》になって話《はなし》を進《すす》めていく役目《やくめ》の人《ひと》。類 議長《ぎちょう》 ☞❸

❸〈劇場〉の意味で

【座長】ざちょう ↓ 劇団《げきだん》などの一座《いちざ》のかしら。例 正月公演《しょうがつこうえん》の座長《ざちょう》をつとめる。類 座頭《ざがしら》 ☞❷

座が下につく熟語 上の字の働き

❶座=〈すわる〉のとき

【車座《くるまざ》 対座《たいざ》】ドノヨウニ座《すわ》るか。

【王座《おうざ》 玉座《ぎょくざ》 上座《かみざ》 下座《しもざ》 台座《だいざ》】ドノヨウナ座《ざ》席《せき》か。

【即座《そくざ》 当座《とうざ》】そこにすわっているあいだにドウスルか。

◆口座《こうざ》 高座《こうざ》 講座《こうざ》 星座《せいざ》 前座《ぜんざ》 中座《ちゅうざ》 鎮座《ちんざ》 土下座《げざ》 満座《まんざ》 連座《れんざ》

庭

广-7 総画10 JIS-3677 教3年
音 テイ
訓 にわ

筆順 庭 庭 庭 庭 庭 庭 庭 庭 庭 庭 (まっすぐ、つく／みじかく／はらう)

なりたち 【形声】人《ひと》がまっすぐに立《た》ってならぶ場所《ばしょ》を表《あらわ》す「廷」が「テイ」という読《よ》み方《かた》をしめしている。臣下《しんか》が立《た》ちならんで天子《てんし》のまつりごとをきいた場所《ばしょ》のことで、建物《たてもの》(广)にかこまれた「にわ」として使《つか》われている字《じ》。

意味 にわ。敷地《しきち》のなかの空地《あきち》で、木《き》や草花《くさばな》を植《う》えたりしてある場所《ばしょ》。なにか決《き》まったことをするための場《ば》。例 庭石《にわいし》・校庭《こうてい》

【庭園】《ていえん》 Ⅲ 見《み》たり歩《ある》いたりして楽《たの》しめるようにつくられた庭《にわ》。例 洋風《ようふう》の庭園《ていえん》。

【庭球】《ていきゅう》 ↓ テニス。例 軟式庭球《なんしきていきゅう》

【庭石】《にわいし》 ↓ 庭《にわ》のながめをよくするためにおく石《いし》。例 庭石《にわいし》の配置《はいち》を工夫《くふう》する。

【庭木】《にわき》 ↓ 庭《にわ》に植《う》えるための木《き》。庭《にわ》に植《う》えてある木。例 庭木《にわき》の手入れをする。

【庭木戸】《にわきど》 庭《にわ》の出入《でい》り口《ぐち》に作《つく》った木戸《きど》。

【庭先】《にわさき》 ↓ 庭《にわ》の、建物《たてもの》に近《ちか》いほう。例 庭先《にわさき》におりる。庭先《にわさき》で遊《あそ》ぶ。

【庭師】《にわし》 ↓ 庭《にわ》をつくることや、庭《にわ》の手入《てい》れを仕事《しごと》とする人《ひと》。類 植木屋《うえきや》・園丁《えんてい》

庭が下につく熟語 上の字の働き

【中庭《なかにわ》 校庭《こうてい》】ドコの庭《にわ》か。

◆家庭《かてい》 箱庭《はこにわ》

庵

广-8 総画11 JIS-1635 人名
音 アン
訓 いおり

意味 ❶いおり。草《くさ》ぶきの小《ちい》さい家《いえ》。例 草庵《そうあん》 ❷人《ひと》や住《す》まいなどにそえることば。例 芭《ば》蕉庵《しょうあん》

康

广-8 総画11 JIS-2515 教4年
音 コウ
訓 —

筆順 康 康 康 康 康 康 康 康 康 康 康 (まっすぐ、つく／だす／だす／はねる)

なりたち 【形声】きねを両手《りょうて》で持《も》っている形《かたち》の「庚」が「コウ」という読《よ》み方《かた》をしめしている。米をくわえて、きねで脱穀《だっこく》した「ぬか」を表《あらわ》す字《じ》。

意味 すこやか。やすらか。例 健康《けんこう》・小康《しょうこう》

名前のよみ しずか・ひろ・みち・やす・やすし・ゆき・よし

庶

广-8 総画11 JIS-2978 常用
音 ショ
訓 —

筆順 庶 庶 庶 庶 庶 庶 庶 庶 庶 庶 庶

なりたち 【会意】「炗」は物《もの》を煮《に》る形《かたち》で、家《いえ》(广)の中《なか》でけむりを立《た》てることを表《あらわ》す字《じ》。

意味 もろもろの。多《おお》くの。例 庶民《しょみん》

名前のよみ ちか・もり

【庶民】《しょみん》 ↓ ふつうのくらしをしている人《ひと》びと。例 庶民《しょみん》の生活《せいかつ》。類 大衆《たいしゅう》・民衆《みんしゅう》・平民《へいみん》

【庶務】《しょむ》 ↓ 会社《かいしゃ》や役所《やくしょ》などのさまざまの事務《じむ》。会計《かいけい》などのとくべつな仕事《しごと》はふくまない。例 庶務係《しょむがかり》・庶務課

庸

广-8 総画11 JIS-4539 常用
音 ヨウ
訓 —

筆順 庸 庸 庸 庸 庸 庸 庸 庸 庸 庸 庸

なりたち 【形声】「用」が「ヨウ」という読《よ》み方《かた》をしめしている。「ヨウ」は「あげる」意味《いみ》を持《も》ち、きねを両手《りょうて》で持《も》っている形《かたち》の「庚」をくわえて、きねを持《も》ちあげることを表《あらわ》す。「もちいる」意味《いみ》に使《つか》われている字。

意味 ❶やとう。人《ひと》を使《つか》う。例 登庸《とうよう》 ❷ふつう。なみ。ふだん。例 中庸《ちゅうよう》・凡庸《ぼんよう》 ❸むかしの税《ぜい》の一《ひと》つ。例 租庸調《そようちょう》

名前のよみ いさお・つね・のぶ・のり・みち・やす

廃

广-9 総画12 JIS-3949 常用
音 ハイ
訓 すたれる・すたる

[廢]

筆順 廃 廃 廃 廃 廃 廃 廃 廃

なりたち 【形声】もとの字は、「廢」。「發《ハツ》」が「ハイ」とかわって読《よ》み方《かた》をしめしている。「ハツ」は「やぶれる」意味《いみ》を持《も》ち、こわれた家《いえ》(广)を表《あらわ》す字《じ》。「すたれる」として使《つか》われている。

意味 だめになる。やめる。例 流行《りゅうこう》が廃《すた》れる。廃品《はいひん》・廃止《はいし》・荒廃《こうはい》・撤廃《てっぱい》

【廃案《はいあん》】[↓] 提出《ていしゅつ》はされたが、取《と》りやめになった議案《ぎあん》。例 廃案《はいあん》に追《お》いこむ。

【廃液《はいえき》】[↓] 工場《こうじょう》で、使《つか》ったあとにすてられる薬品《やくひん》などのまじっている液《えき》。例 川《かわ》に工場《こうじょう》の廃液《はいえき》が流《なが》れこんだ。類 廃水《はいすい》

【廃屋《はいおく》】[↓] 住《す》む人《ひと》がいなくなって、あれはてた家《いえ》。例 過疎地《かそち》の廃屋《はいおく》。類 廃家《はいか》

【廃刊《はいかん》】[▲]〈—する〉それまで出《だ》していた新聞《しんぶん》や雑誌《ざっし》の発行《はっこう》をやめること。例 雑誌《ざっし》の廃刊《はいかん》を惜《お》しむ。類 絶版《ぜっぱん》 対 創刊《そうかん》・発刊《はっかん》

【廃棄《はいき》】[II]〈—する〉使《つか》うのをやめてすてること。例 古《ふる》い自転車《じてんしゃ》を廃棄《はいき》する。廃棄物《はいきぶつ》

【廃墟《はいきょ》】[↓] あれはてた、建物《たてもの》や町《まち》などのあと。例 廃墟《はいきょ》と化《か》す。

【廃業《はいぎょう》】[▲]〈—する〉今《いま》までの仕事《しごと》や商売《しょうばい》をやめること。例 魚屋《さかなや》を廃業《はいぎょう》する。対 開業《かいぎょう》

【廃坑《はいこう》】[↓] ほり出《だ》すのをやめた鉱山《こうざん》や炭鉱《たんこう》。例 この鉱山《こうざん》も今年《ことし》で廃坑《はいこう》になる。

【廃校《はいこう》】[▲] それまであった学校《がっこう》をなくすこと。例 分校《ぶんこう》を廃校《はいこう》にする。対 開校《かいこう》

【廃止《はいし》】[II]〈—する〉それまでつづけてきたことをやめること。例 古《ふる》い制度《せいど》を廃止《はいし》する。類 撤廃《てっぱい》

【廃車《はいしゃ》】[▲] だめになって、使《つか》わなくなった自動車《じどうしゃ》。例 廃車処分《はいしゃしょぶん》

【廃水《はいすい》】[↓] 使《つか》ったあとにすてられる、きたない水《みず》。例 工場廃水《こうじょうはいすい》

【廃絶《はいぜつ》】[II]〈—する〉①家《いえ》のあとつぎがなくて、血《ち》すじがたえること。②すっかりなくすこと。例 核兵器《かくへいき》を廃絶《はいぜつ》する。

【廃品《はいひん》】[↓] 役《やく》に立《た》たなくなったもの。いらなくなった品物《しなもの》。例 廃品回収《はいひんかいしゅう》 類 廃物《はいぶつ》

【廃物《はいぶつ》】[↓] もう使《つか》えなくなったもの。例 廃《はい》物利用《ぶつりよう》 類 廃品《はいひん》

廃が下につく熟語 上の字の働き

【荒廃《こうはい》 退廃《たいはい》】近《ちか》い意味《いみ》。

◆ 全廃《ぜんぱい》 撤廃《てっぱい》

広-9

廊

総画12 JIS-4713 常用

訓 — 音 ロウ

［廊］

筆順 廊 廊 廊 廊 廊 廊 廊

なりたち 【形声】もとの字は、「廊」。「郎」が「ロウ」という読《よ》み方《かた》をしめしている。「ロウ」は「からっとつきぬけている」意《い》味《み》を持《も》ち、屋根《やね》(广)の下《した》があいている通路《つうろ》を表《あらわ》す字《じ》。

意味 ろうか。家《いえ》の中《なか》の通路《つうろ》。例 廊下《ろうか》・回廊《かいろう》・歩廊《ほろう》

【廊下《ろうか》】[↓] へやからへや、建物《たてもの》から建物《たてもの》への通路《つうろ》。例 渡《わた》り廊下《ろうか》

广-10

廉

総画13 JIS-4687 常用

訓 — 音 レン

筆順 廉 廉 廉 廉 廉 廉 廉

なりたち 【形声】「兼《ケン》」が「レン」とかわって読《よ》み方《かた》をしめしている。「ケン」は「かどばる」意味《いみ》を持《も》ち、家《いえ》(广)の曲《ま》がりかどを表《あらわ》す字《じ》。

意味 ❶ねだんが安《やす》い。例 廉価《れんか》・低廉《ていれん》 ❷いさぎよい。きよい。例 清廉《せいれん》

名前のよみ かど・きよ・きよし・ただし・やす・ゆき・よし

❶〈ねだんが安い〉の意味で

【廉価《れんか》】[↓]〈[—]に な〉品物《しなもの》のねだんが安《やす》いこと。例 廉価品《れんかひん》 類 安値《やすね》 対 高価《こうか》・高値《たかね》

【廉売《れんばい》】[↓]〈—する〉安《やす》く売《う》ること。安売《やすう》り。

❷〈いさぎよい〉の意味で

【廉潔《れんけつ》】[II]〈—な〉自分《じぶん》の利益《りえき》を考《かんが》えず、けがれがなく、いさぎよいようす。例 廉潔《れんけつ》の士《し》。類 清廉潔白《せいれんけっぱく》

【廉直《れんちょく》】[↓]〈[—]に な〉欲《よく》がなく、まがったことをしないこと。例 廉直《れんちょく》な人《ひと》。

◆ 清廉《せいれん》 低廉《ていれん》

3画 廴 ［えんにょう］の部

道《みち》の形《かたち》にもとづいた「廴《えんにょう》」をもとに作《つく》られ、歩行《ほこう》にかかわる字《じ》と、「廴《えんにょう》」の形《かたち》がめやすとなっている字《じ》を集《あつ》めてあります。

廴-4 【廷】

総画7
JIS-3678
常用
音 テイ
訓 ―

筆順　廷廷廷廷廷廷廷

なりたち 【形声】土《つち》の上《うえ》に人《ひと》が立《た》っている意味《いみ》の「壬（古《ふる》い形《かたち》は、𡈼）」は「テイ」という読《よ》み方《かた》をしめす。のばす意味《いみ》の「廴」をくわえて、人《ひと》びとが立《た》っている庭《にわ》を表《あらわ》している字《じ》。

意味

❶政治《せいじ》をおこなうところ。役所《やくしょ》。例 宮廷《きゅうてい》・朝廷《ちょうてい》

❷裁判所《さいばんしょ》。「法廷《ほうてい》」の略《りゃく》。例 出廷《しゅってい》

名前のよみ たか・ただ

廷が下につく熟語 上の字の働き

❶廷＝〈政治をおこなうところ〉のとき
【宮廷《きゅうてい》 朝廷《ちょうてい》】近《ちか》い意味《いみ》。

❷廷＝〈裁判所〉のとき
【出廷《しゅってい》 閉廷《へいてい》】裁判所《さいばんしょ》に（裁判所《さいばんしょ》を）ドウスルか。

廴-5 【延】

総画8
JIS-1768
教6年
音 エン
訓 のびる・のべる・のばす

筆順 （だす・はらう）

なりたち 【形声】「ノ」が「エン」とかわって「エイ《エイ》」という読《よ》み方《かた》をしめしている。「エイ」は「遠《とお》く」の意味《いみ》を持《も》ち、「廴」は道《みち》、「止」は足《あし》のことで、遠《とお》くへ行《い》くことを表《あらわ》す字《じ》。

意味 のびる。のばす。おくれる。例 寿命《じゅみょう》が延《の》びる。出発《しゅっぱつ》を延《の》ばす。延《の》べ五十人《ごじゅうにん》。

使い分け のびる［伸・延］☞77ページ

名前のよみ すけ・すすむ・ただし・なが

【延期《えんき》】▲〈―する〉きめられた日取《ひど》りを先《さき》にのばすこと。日延《ひの》べ。くり延《の》べ。例 無期延期《むきえんき》。

【延焼《えんしょう》】↓〈―する〉火事《かじ》が、よそへ燃《も》えうつること。例 延焼《えんしょう》をまぬがれる。類 類焼《るいしょう》

【延。滞《えんたい》】Ⅱ〈―する〉お金《かね》のしはらいや品物《しなもの》などをおさめるのが、おくれること。類 滞納《たいのう》

【延着《えんちゃく》】↓〈―する〉乗《の》り物《もの》などが、おくれて着《つ》くこと。例 雪《ゆき》で列車《れっしゃ》が三十分延着《さんじっぷんえんちゃく》した。

【延長《えんちょう》】Ⅱ〈―する〉①時間《じかん》や距離《きょり》などをつぎたしてのばすこと。例 延長戦《えんちょうせん》 対 短縮《たんしゅく》 ②形《かたち》はちがっても、あることの「つづき」と見《み》てよい部分《ぶぶん》。例 学習《がくしゅう》の延長《えんちょう》と考《かんが》え、読書《どくしょ》にはげむ。③合計《ごうけい》した長《なが》さ。例 延長《えんちょう》五〇メートルの垣根《かきね》。

【延命《えんめい》】▲より長《なが》く生《い》かすようにすること。例 延命措置《えんめいそち》

◇順延《じゅんえん》 遅延《ちえん》

廴-6 【建】

総画9
JIS-2390
教4年
音 ケン・コン
訓 たてる・たつ

筆順 （だす・だす・はらう）

なりたち 【形声】道《みち》を行《い》くことを表《あらわ》す「廴《エン》」が「ケン」とかわって読《よ》み方《かた》をしめしている。「聿」はふでを持《も》っている形《かたち》で、ふでを立《た》てて書《か》きすすめることを表《あらわ》している字《じ》。

意味

❶家《いえ》をたてる。新《あたら》しく作《つく》る。例 家《いえ》を建《た》てる。小屋《こや》が建《た》つ。建国《けんこく》・建築《けんちく》・建立《こんりゅう》・創建《そうけん》

❷申《もう》し上《あ》げる。例 建議《けんぎ》・建白《けんぱく》

使い分け たてる［立・建］☞807ページ

注意するよみ コン…例 建立《こんりゅう》

名前のよみ たけ・たけし・たける・のぶ・はじめ

❶〈家をたてる〉の意味で

【建国《けんこく》】▲〈―する〉新《あたら》しく国《くに》をつくること。例 建国記念《けんこくきねん》の日《ひ》。類 開国《かいこく》

【建設《けんせつ》】Ⅱ〈―する〉ビル・ダム・道路《どうろ》などをつくること。例 建設工事《けんせつこうじ》。類 建造《けんぞう》・建築《けんちく》 対 破壊《はかい》 表現「平和日本《へいわにほん》の建設《けんせつ》」のように、大《おお》きなしくみをつくることについてもいう。

【建造《けんぞう》】Ⅱ〈―する〉大《おお》きな建物《たてもの》や船《ふね》などをつ

弁◀ 次ページ

○学習漢字でない常用漢字　▲常用漢字表にない音訓　◆常用漢字でない漢字

くること。例 建造物《けんぞうぶつ》 類 建設《けんせつ》・建築《けんちく》・造営《ぞうえい》・営造《えいぞう》

【建築《けんちく》】 ‖ 〈─する〉家《いえ》などをつくること。例 建築業《けんちくぎょう》 類 建造《けんぞう》・建設《けんせつ》・普請《ふしん》・造作《ぞうさく》

【建立《こんりゅう》】 ‖ 〈─する〉寺《てら》・塔《とう》・神社《じんじゃ》などをたてること。例 都《みやこ》の寺《てら》に五重《ごじゅう》の塔《とう》が建立《こんりゅう》された。

【建具《たてぐ》】 ↓ 障子《しょうじ》やふすまなど、開《あ》けたり閉《し》めたりしてへやのしきりにするもの。

【建物《たてもの》】 ↓ 家《いえ》・小屋《こや》・ビルなど、そこで人《ひと》が住《す》んだり、仕事《しごと》をしたりするためのもの。類 建《けん》築物《ちくぶつ》

❷〈申し上げる〉の意味で

【建議《けんぎ》】 ▲ 〈─する〉政府《せいふ》や役所《やくしょ》などに、意見《いけん》をのべること。例 建議書《けんぎしょ》 類 建言《けんげん》

【建白書《けんぱくしょ》】 高《たか》い地位《ちい》の人《ひと》や大《おお》きな組織《そしき》に対《たい》して、このようにすべきだという意見《いけん》を書《か》いた文書《ぶんしょ》。類 建議書《けんぎしょ》

建が下につく熟語 上の字の働き

❶建＝〈家をたてる〉のとき
【創建《そうけん》 再建《さいけん》】ドノヨウニ建《た》てるか。

◆ 封建《ほうけん》

3画 廾 の部 ［にじゅうあし］［こまぬき］

「廾《にじゅうあし》」の形《かたち》がめやすとなっている字《じ》を集《あつ》めてあります。

この部首の字
2 弁……378　4 弄……379　12 弊……379
升→十 175　奔→大 287　鼻→鼻 1072

廾－2

弁

総画5　JIS-4259　教5年
音 ベン
訓 ―
［辨］［瓣］［辯］

筆順 （ながく）（はらう）

なりたち  【会意】両手《りょうて》（廾）でかんむり（ム）を持《も》ちあげている形《かたち》からでき、「かんむり」を表《あらわ》している字《じ》。「ベン」という読《よ》み方《かた》がおなじなところから「辯（のべる）」「辨（見《み》わける）」「瓣（花《はな》びら）」の字《じ》の代《か》わりとして使《つか》われるようになった。

意味

❶のべたてる。論《ろん》じる。話《はな》しぶり。例 弁《べん》が立《た》つ。弁解《べんかい》・弁論《べんろん》・答弁《とうべん》
❷見《み》わける。くべつする。例 弁別《べんべつ》
❸用《よう》にあてる。役立《やくだ》てる。例 弁償《べんしょう》
❹花《はな》びら。例 五弁《ごべん》の花《はな》。花弁《かべん》
❺液体《えきたい》や気体《きたい》の流《なが》れを調節《ちょうせつ》するもの。バルブ。例 弁《べん》をひねる。安全弁《あんぜんべん》

❶〈のべたてる〉の意味で

【弁解《べんかい》】 ↓ 〈─する〉人《ひと》からとがめられたときなどに、言《い》いわけをすること。例 弁解《べんかい》の余地《よち》がない。類 釈明《しゃくめい》・弁明《べんめい》

【弁護《べんご》】 ↓ 〈─する〉その人《ひと》の事情《じじょう》や理由《りゆう》などを申《もう》し立《た》てて、かばうこと。例 弁護人《べんごにん》

【弁護士《べんごし》】 裁判《さいばん》などのとき、依頼《いらい》された人《ひと》の権利《けんり》や名誉《めいよ》をまもるために、弁護《べんご》をする職《しょく》業《ぎょう》の人《ひと》。例 弁護士《べんごし》を立《た》てて法廷《ほうてい》であらそう。

【弁士《べんし》】 ↓ ①おおぜいの人《ひと》の前《まえ》で、演説《えんぜつ》や話《はなし》をする人《ひと》。例 選挙《せんきょ》の応援弁士《おうえんべんし》。②むかし、映画《えいが》に音《おと》がなかったころ、場面《ばめん》に合《あ》わせて説《せつ》明《めい》した人《ひと》。類 活弁《かつべん》

【弁舌《べんぜつ》】 ‖ 話《はなし》をするときのことばの流《なが》れ、口《くち》の動《うご》き。例 弁舌《べんぜつ》さわやか。

【弁明《べんめい》】 ↓ 〈─する〉どうしてこうなったか、自《じ》分《ぶん》の正当性《せいとうせい》などをくわしくのべたり、主張《しゅちょう》したりすること。申《もう》しひらき。例 弁明《べんめい》をもとめる。類 弁解《べんかい》・釈明《しゃくめい》

【弁論《べんろん》】 ‖ 〈─する〉①おおぜいの人《ひと》の前《まえ》で、すじみちをたてて意見《いけん》をのべること。例 弁論《べんろん》大会《たいかい》 ②裁判《さいばん》で、事件《じけん》に関係《かんけい》のある人《ひと》たちが、事情《じじょう》を説明《せつめい》し、意見《いけん》をのべること。例 最終《さいしゅう》弁論《べんろん》 類 陳述《ちんじゅつ》

❷〈見わける〉の意味で

【弁別《べんべつ》】 ‖ 〈─する〉ちがいを見《み》わけること。例 よい悪《わる》いを弁別《べんべつ》する。類 識別《しきべつ》

❸〈用にあてる〉の意味で

【弁。償《べんしょう》】 ‖ 〈─する〉損《そん》をさせた相手《あいて》に、代《か》わりの品物《しなもの》やお金《かね》をさし出《だ》すこと。つぐない。例 割《わ》ってしまったガラスを弁償《べんしょう》する。類 賠《ばい》償《しょう》 表現 ☞【賠償《ばいしょう》】（962ページ）

【弁当《べんとう》】 ◎ よそで食《た》べるために、入《い》れ物《もの》に入《い》れて持《も》って行《い》く食事《しょくじ》。例 弁当《べんとう》を使《つか》う（食《た》べる）。弁当箱《べんとうばこ》

弁が下につく熟語 上の字の働き

❶弁＝〈のべたてる〉のとき
【代弁《だいべん》 答弁《とうべん》】ドウヤッテのべるか。
【雄弁《ゆうべん》 多弁《たべん》】ドノヨウニのべるか。
【関西弁《かんさいべん》 東北弁《とうほくべん》】ドコの方言《ほうげん》か。

❸弁＝〈用にあてる〉のとき
【支弁《しべん》 自弁《じべん》】ドウあてるか。

❹弁＝〈花びら〉のとき
【合弁《ごうべん》 離弁《りべん》】花《はな》びらがドウナッテイルか。

❺弁＝〈液体や気体の流れを調節するもの〉のとき
【安全弁《あんぜんべん》 調節弁《ちょうせつべん》】ナニのためのバルブか。

◆能弁《のうべん》

廾-4

弄

総画7 JIS-4714 常用

音 ロウ
訓 もてあそぶ

筆順 弄

意味 もてあそぶ。思《おも》うままにあつかう。例 策《さく》を弄《ろう》する。運命《うんめい》に弄《もてあそ》ばれる。翻弄《ほんろう》

弄が下につく熟語 上の字の働き

【愚弄《ぐろう》 嘲弄《ちょうろう》】ドノヨウニもてあそぶか。
【翻弄《ほんろう》】近《ちか》い意味《いみ》。

廾-12

弊

総画15 JIS-4232 常用

音 ヘイ
訓 —

筆順 弊

なりたち 【形声】もとの字《じ》は、「獘」。「敝」が「ヘイ」という読《よ》み方《かた》をしめしている。「ヘイ」は「たおれる」意味《いみ》を持《も》ち、つかれきった犬《いぬ》を表《あらわ》していた字《じ》。

意味 ❶わるい。だめになる。例 弊害《へいがい》・疲弊《ひへい》 ❷けんそんしていうことば。例 弊社《へいしゃ》

❶〈わるい〉の意味で
【°弊害《へいがい》】＝ わるいこと。わるい影響《えいきょう》。例 むりをすると、かならずどこかに弊害《へいがい》が生《しょう》じる。類 悪弊《あくへい》
【°弊風《へいふう》】↓ よくないならわし。例 弊風《へいふう》を打《だ》破《は》する。類 悪風《あくふう》・悪習《あくしゅう》

❷〈けんそんしていうことば〉の意味で
【°弊社《へいしゃ》】↓ わたくしどもの会社《かいしゃ》（へりくだった言《い》い方《かた》）。例 送料《そうりょう》は弊社《へいしゃ》で負担《ふたん》いたします。類 小社《しょうしゃ》 対 御社《おんしゃ》・貴社《きしゃ》

弊が下につく熟語 上の字の働き

❶弊＝〈わるい〉のとき
【旧弊《きゅうへい》 積弊《せきへい》 語弊《ごへい》】ドウイウ弊害《へいがい》か。

◆悪弊《あくへい》 疲弊《ひへい》

3画 弋 の部 ［よく］［しきがまえ］

杭《くい》の形《かたち》をえがいた象形《しょうけい》である「弋《よく》」をもとに作《つく》られ、棒《ぼう》や杭《くい》にかかわる字《じ》と、「弋《よく》」の形《かたち》がめやすとなっている字《じ》を集《あつ》めてあります。

この部首の字
3 式……379 弐……380 武→止636

弋-3

式

総画6 JIS-2816 教3年

音 シキ
訓 —

筆順 式（はねる・わすれない）

なりたち 【形声】「工」が仕事《しごと》の意味《いみ》を表《あらわ》し、「弋《ヨク》」が「シキ」とかわって読《よ》み方《かた》をしめしている。「ヨク」は「きまり」の意味《いみ》を持《も》ち、仕事《しごと》のきまりを表《あらわ》す字《じ》。

意味 ❶きまった形《かたち》の行事《ぎょうじ》。例 式場《しきじょう》・儀式《ぎしき》 ❷やり方《かた》。スタイル。例 形式《けいしき》・書式《しょしき》 ❸計算《けいさん》のやり方《かた》。例 数式《すうしき》

名前のよみ つね・のり

❶〈きまった形の行事〉の意味で
【式次《しきじ》】↓ 式《しき》を進《すす》める順序《じゅんじょ》。例 入学式《にゅうがくしき》は式《しき》次《じ》どおりにおこなわれた。類 式次第《しきしだい》
【式辞《しきじ》】↓ 式《しき》のときにのべるあいさつのことば。例 校長《こうちょう》として式辞《しきじ》をのべる。
【式次第《しきしだい》】式《しき》を進《すす》める順序《じゅんじょ》。例 式次第《しきしだい》にしたがう。類 式次《しきじ》
【式場《しきじょう》】↓ 式《しき》をおこなう場所《ばしょ》。例 紅白《こうはく》の幕《まく》をはりめぐらした式場《しきじょう》に入《はい》る。
【式典《しきてん》】＝ お祝《いわ》いや記念《きねん》のための大《おお》がかりな式《しき》。例 創立《そうりつ》百周年《ひゃくしゅうねん》の式典《しきてん》。類 祭典《さいてん》
【式服《しきふく》】↓ 式《しき》に出《で》るときに着《き》る紋《もん》付《つ》きやモーニングなど、あらたまった服《ふく》。例 式服《しきふく》で参《さん》列《れつ》する。類 礼服《れいふく》 対 平服《へいふく》

°学習漢字でない常用漢字 ▲常用漢字表にない音訓 ◆常用漢字でない漢字

式が下につく熟語 上の字の働き

❶式＝〈きまった形の行事〉のとき
【金婚式《きんこんしき》 銀婚式《ぎんこんしき》 結婚式《けっこんしき》 葬式《そうしき》 開会式《かいかいしき》 閉会式《へいかいしき》】ナニの式典《しきてん》か。

❷式＝〈やり方〉のとき
【格式《かくしき》 形式《けいしき》 方式《ほうしき》 様式《ようしき》】近《ちか》い意味《いみ》。
【株式《かぶしき》 書式《しょしき》】ナニのやり方《かた》か。
【旧式《きゅうしき》 新式《しんしき》 本式《ほんしき》 正式《せいしき》 公式《こうしき》 略式《りゃくしき》 神式《しんしき》 仏式《ぶっしき》 硬式《こうしき》 軟式《なんしき》 単式《たんしき》 複式《ふくしき》 和式《わしき》 洋式《ようしき》 日本式《にほんしき》 西洋式《せいようしき》】ドンナやり方《かた》か。

◆儀式《ぎしき》 挙式《きょしき》 数式《すうしき》 図式《ずしき》

弋-3

弐

総画6 JIS-3885 常用
音 ニ
訓 ―

［貳］

筆順 弐弐弐弐弐弐

なりたち 貳 【形声】もとの字《じ》は、「貳」。「弋」が「くい」を表《あらわ》し、「二」が「ふたつ」の意味《いみ》と「ニ」という読《よ》み方《かた》をしめしている。「貝（財産《ざいさん》）」をくわえて、財産《ざいさん》を二倍《にばい》にすることを表《あらわ》す字《じ》。

意味 数《かず》の二《に》。領収書《りょうしゅうしょ》など、書《か》きかえられてはこまる金額《きんがく》の記入《きにゅう》などに使《つか》う。例 弐万円《にまんえん》

関連 壱《いち》・弐《に》・参《さん》

名前のよみ すけ

3画 弓 ［ゆみ］［ゆみへん］ の部

「弓《ゆみ》」をもとに作《つく》られ、弓《ゆみ》の性質《せいしつ》や部分《ぶぶん》にかかわる字《じ》と、「弓《ゆみ》」の形《かたち》がめやすとなっている字《じ》を集《あつ》めてあります。

この部首の字

0 弓……380　1 引……380　弔……381
2 弘……381　弗……381　4 弟……381　5 弦……381
弥……382　6 弧……382　7 弱……382　8 強……383
張……384　9 弾……386

弓-0

弓

総画3 JIS-2161 教2年
音 キュウ
訓 ゆみ

筆順 弓弓弓 （はねる）

なりたち 弓 【象形】ゆみの形《かたち》をえがいた字《じ》。

意味 ゆみ。矢《や》を射《い》る道具《どうぐ》。例 弓《ゆみ》を引《ひ》く。弓形《きゅうけい｜ゆみがた》

【弓形】《きゅうけい｜ゆみがた》 ⇩ 弓《ゆみ》のように、丸《まる》くそった形《かたち》。弓《ゆみ》なり。例 からだを弓形《ゆみがた》にそらす。

【弓道】《きゅうどう》 ⇩ 的《まと》をめがけて、弓《ゆみ》で矢《や》をいる日本《にほん》の武道《ぶどう》。例 弓道部《きゅうどうぶ》 類 弓術《きゅうじゅつ》

【弓矢】《ゆみや》 ⇳ 弓《ゆみ》と矢《や》。例 弓矢《ゆみや》をとる（武器《ぶき》を手《て》にしてたたかう）。

◆半弓《はんきゅう》 洋弓《ようきゅう》 石弓《いしゆみ》

弓-1

引

総画4 JIS-1690 教2年
音 イン
訓 ひく・ひける

筆順 引引引引 （はねる）

なりたち 引 【形声】「丨《シン》」が「イン」とかわって読《よ》み方《かた》をしめしている。「シン」は「のばす」意味《いみ》を持《も》ち、弓《ゆみ》のつるをひくことを表《あらわ》す字《じ》。

意味
❶ひく。ひきよせる。みちびく。例 線《せん》を引《ひ》く。気《き》が引《ひ》ける。引力《いんりょく》・吸引《きゅういん》
❷ひきだす。ひきぬく。例 引《ひ》き算《ざん》・引用《いんよう》
❸ひきうける。負《お》う。例 引責《いんせき》
❹ひっこむ。さがる。例 引退《いんたい》

名前のよみ のぶ

❶〈ひく〉の意味で

【引火】《いんか》 ▲ 〈―する〉燃《も》えやすいものに、ほかの火《ひ》や熱《ねつ》がうつって燃《も》えだすこと。例 ガソリンは引火《いんか》しやすい。表現 ほかからの火《ひ》によらないで燃《も》えだすことは「発火《はっか》」という。

【引見】《いんけん》 ⇩ 〈―する〉身分《みぶん》の高《たか》い人《ひと》が、人《ひと》をよんで会《あ》うこと。例 国王《こくおう》が、外国《がいこく》からの使者《ししゃ》を引見《いんけん》する。類 接見《せっけん》

【引率】《いんそつ》 Ⅱ 〈―する〉大勢《おおぜい》の人《ひと》を引《ひ》きつれて行《い》くこと。例 生徒《せいと》を引率《いんそつ》して行《い》く。

【引導】《いんどう》 Ⅱ 死《し》んだ人《ひと》のたましいをあの世《よ》へみちびくために、僧《そう》がお経《きょう》をとなえること。表現 よくいう「引導《いんどう》をわたす」は、「もうだめだ」と宣告《せんこく》すること。

【引力】《いんりょく》 ⇩ 物《もの》と物《もの》とが、たがいに引《ひ》き合《あ》う

前ページ▶ 弄 弊 式

力《ちから》。例 万有引力《ばんゆういんりょく》の法則《ほうそく》。対 斥力《せきりょく》

❷〈ひきだす〉の意味で

【引用】《いんよう》 ↓〈—する〉自分《じぶん》の話《はなし》や文章《ぶんしょう》の中《なか》に、ほかの人《ひと》が言《い》ったり書《か》いたりしたことばを使《つか》うこと。例 引用文《いんようぶん》 類 援用《えんよう》 知識 引用《いんよう》をするときは、(1)どこからどこまでが引用《いんよう》か、(2)だれのことばか、(3)どこにのっているものか、などをはっきり示《しめ》すこと。

❸〈ひきうける〉の意味で

【引責】《いんせき》 ▲〈—する〉自分《じぶん》で責任《せきにん》をとること。例 引責辞職《いんせきじしょく》

❹〈ひっこむ〉の意味で

【引退】《いんたい》 Ⅲ〈—する〉役目《やくめ》や仕事《しごと》などをやめること。例 引退《いんたい》を表明《ひょうめい》する。

◇吸引《きゅういん》 強引《ごういん》 索引《さくいん》 字引《じびき》 割引《わりびき》

弔

弓-1 総画4 JIS-3604 常用

訓音 チョウ とむらう

筆順

なりたち 【象形】短《みじか》いぼう(|)につるがまきついた形《かたち》をえがいた字《じ》。

意味 とむらう。人《ひと》の死《し》をいたみ悲《かな》しむ。例 霊《れい》を弔《とむら》う。弔問《ちょうもん》 対 慶《けい》・祝《しゅく》

【°弔意】《ちょうい》 ↓ 人《ひと》の死《し》を悲《かな》しみ、おしむ気持《きも》ち。例 弔意《ちょうい》を表《あらわ》す。対 祝意《しゅくい》

【°弔慰】《ちょうい》 ↓〈—する〉人《ひと》の死《し》をいたみ、遺族《いぞく》をなぐさめること。

【°弔詞】《ちょうし》 ↓ 死《し》んだ人《ひと》をおしみ、悲《かな》しみの気持《きも》ちをのべることば。おくやみ。例 弔詞《ちょうし》をのべる。類 弔辞《ちょうじ》・弔文《ちょうぶん》 対 祝詞《しゅくし》

【°弔辞】《ちょうじ》 ↓ 人《ひと》の死《し》をおしみ、悲《かな》しみの気持《きも》ちを表《あらわ》した文章《ぶんしょう》。例 告別式《こくべつしき》で、弔辞《ちょうじ》を読《よ》む。類 弔詞《ちょうし》・弔文《ちょうぶん》 対 祝辞《しゅくじ》

【°弔電】《ちょうでん》 ↓ 人《ひと》の死《し》を悲《かな》しむ気持《きも》ちをつたえる電報《でんぽう》。例 弔電《ちょうでん》を打《う》つ。対 祝電《しゅくでん》

【°弔文】《ちょうぶん》 ↓ 人《ひと》の死《し》を悲《かな》しみ、おくやみの気《き》持《も》ちをのべる文章《ぶんしょう》。例 霊前《れいぜん》に弔文《ちょうぶん》をささげる。類 弔辞《ちょうじ》・弔詞《ちょうし》

【°弔問】《ちょうもん》 ↓〈—する〉死《し》んだ人《ひと》の家《いえ》をたずねて、悲《かな》しみとおくやみのことばをのべること。例 弔問客《ちょうもんきゃく》 類 弔慰《ちょうい》

弘

弓-2 総画5 JIS-2516 人名

訓音 コウ ひろ-い

意味 ひろい。大《おお》きい。ひろめる。

名前のよみ ひろし・みつ

弗

弓-2 総画5 JIS-4206 表外

訓音 フツ ドル

意味 ドル。アメリカのお金《かね》の単位《たんい》。

参考 ドルの記号《きごう》「$」ににていることから、日本《にほん》で「ドル」として使《つか》う。

弟

弓-4 総画7 JIS-3679 教2年

訓音 テイ・ダイ・デ おとうと

筆順 (つにならない／ださない／とめる)

なりたち 【指事】ぼう(|)に順序《じゅんじょ》よくなめしがわをまいた形《かたち》のいちばん下《した》に「ノ」のしるしをつけて下《した》の兄弟《きょうだい》を表《あらわ》す字《じ》。

意味

❶おとうと。年下《としした》の者《もの》。例 兄弟《きょうだい／けいてい》 対 兄《けい》

❷でし。教《おし》えを受《う》ける者《もの》。例 弟子《でし》・門弟《もんてい》 対 師《し》

注意するよみ ダイ…例 兄弟《きょうだい》 デ…例 弟子《でし》

名前のよみ おと

❷〈でし〉の意味で

【弟子】《でし》 ☒ 先生《せんせい》について、教《おし》えを受《う》ける人《ひと》。類 門人《もんじん》・門下《もんか》・門弟《もんてい》・門下生《もんかせい》 対 師匠《ししょう》

弟が下につく熟語 上の字の働き

❷弟=〈でし〉のとき

【子弟《してい》 徒弟《とてい》】近《ちか》い意味《いみ》。

【高弟《こうてい》 門弟《もんてい》】ドノヨウナ弟子《でし》か。

◇義弟《ぎてい》 兄弟《きょうだい》 師弟《してい》

弦

弓-5 総画8 JIS-2425 常用

訓音 ゲン つる

筆順

なりたち 【形声】糸《いと》の意味《いみ》の「玄」が「ゲン」という読《よ》み方《かた》をしめしている。弓《ゆみ》のつるを表《あらわ》す字《じ》。

前ページ▶弔 弘 弗 弟 弦

意味

❶ゆみのつる。ゆみにはるつる。例 弦《つる》を引《ひ》きしぼる。

❷楽器《がっき》にはった糸《いと》。例 弦《げん》をかきならす。弦《げん》楽器《がっき》・管弦《かんげん》

❸半月《はんげつ》。半円形《はんえんけい》の月《つき》。例 弦月《げんげつ》（ゆみ形《がた》の月《つき》）

❷〈楽器にはった糸〉の意味で

【°弦楽器《げんがっき》】バイオリン・ギター・琴《こと》など、糸《いと》をこすったりはじいたりして音《おと》を出《だ》す楽器《がっき》。表記「絃楽器」とも書《か》く。関連 管楽器《かんがっき》・弦楽器《げんがっき》・打楽器《だがっき》

弦が下につく熟語 上の字の働き

❸弦＝〈半月〉のとき

【上弦《じょうげん》 下弦《かげん》】イツの弦月《げんげつ》か。〔上弦《じょうげん》は満月《まんげつ》以前《ぜん》（みちていく途中《とちゅう》）の半月《はんげつ》、下弦は満月《まんげつ》以後（かけていく途中《とちゅう》）の半月《はんげつ》をいう〕

弥

弓-5　総画8　JIS-4479　常用　音 ビ・ミ　訓 や・いや　［彌］

筆順

意味

❶ますます。いよいよ。例 弥生《やよい》

❷ひろがる。つづく。ゆきわたる。

❸《その他》例 弥勒《みろく》

特別なよみ 弥生（やよい）

名前のよみ ひさ・ひさし・ひろ・ます・みつ・やす・よし・わたる

❶〈ますます〉の意味で

【°弥▲生《やよい》】〇 陰暦《いんれき》の三月《さんがつ》。例 弥生《やよい》の空《そら》。参考 草木《くさき》がいっそう生長《せいちょう》する月《つき》という意味《いみ》。

【°弥▲生土器《やよいどき》】弥生時代《やよいじだい》（紀元前四世紀《きげんぜんよんせいき》～紀元後三世紀《きげんごさんせいき》ごろ）に使《つか》われた、うすでの素焼《すや》きの土器《どき》。弥生式土器《やよいしきどき》。参考 東京都文京区《とうきょうとぶんきょうく》弥生《やよい》で発掘《はっくつ》されたことから。

❷〈ひろがる〉の意味で

【°弥▲漫《びまん》】Ⅱ（ーする）風潮《ふうちょう》などがすみずみまでひろがる。はびこる。

❸《その他》

【°弥▲勒《みろく》】〇 仏教《ぶっきょう》で、人《ひと》びとをみちびく菩薩《ぼさつ》の一《ひと》つ。釈迦《しゃか》の死後《しご》五十六億七千万年後《ごじゅうろくおくななせんまんねんご》にこの世《よ》にあらわれるという。

弧

弓-6　総画9　JIS-2444　常用　音 コ　訓 —

筆順

なりたち
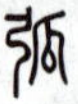
【形声】「瓜《か》」が「コ」とかわって読《よ》み方《かた》をしめしている。「カ」は「曲《ま》がる」意味《いみ》を持《も》ち、弓《ゆみ》の曲《ま》がった形《かたち》を表《あらわ》す字《じ》。

意味 弓《ゆみ》なりに曲《ま》がった線《せん》。例 弧《こ》をえがいて飛《と》ぶ。括弧《かっこ》。

弱

弓-7　総画10　JIS-2869　教2年　音 ジャク　訓 よわい・よわる・よわまる・よわめる

筆順（はねる／ここにならない／はねる）

なりたち

【会意】かざる意味《いみ》の「冫（彡）」と弓《ゆみ》を合《あ》わせ、さらに二《ふた》つならべることで、「よわい」ことを表《あらわ》す字《じ》。

意味

❶よわい。よわる。例 力《ちから》が弱《よわ》い。からだが弱《よわ》る。風《かぜ》が弱《よわ》まる。火《ひ》を弱《よわ》める。弱気《よわき》・病弱《びょうじゃく》 対 強

❷年《とし》がわかい。年少《ねんしょう》である。例 弱年《じゃくねん》

❸…より少《すく》ない。少《すこ》し足《た》りない。例 一時《いちじ》間弱《かんじゃく》。対 強《きょう》

❶〈よわい。よわる〉の意味で

【弱視《じゃくし》】⇩ 眼鏡《めがね》が役立《やくだ》たないほど視力《しりょく》が弱《よわ》いこと。

【弱者《じゃくしゃ》】⇩ ほかの人《ひと》よりも力《ちから》がなくて、弱《よわ》い立場《たちば》にいる人《ひと》。例 弱者《じゃくしゃ》の立場《たちば》になって考《かんが》える。対 強者《きょうしゃ》

【弱小《じゃくしょう》】Ⅱ（ーな）力《ちから》が弱《よわ》くて、小《ちい》さいこと。例 弱小《じゃくしょう》チーム 対 強大《きょうだい》

【弱体《じゃくたい》】⇩（ーな）しくみなどがきちんとしていなくて、力不足《ちからぶそく》でたよりないこと。例 経済《けいざい》が弱体化《じゃくたいか》する。

【弱点《じゃくてん》】⇩ ①弱《よわ》いところ。じゅうぶんでないところ。例 弱点《じゃくてん》をさらけだす。類 欠点《けってん》・短所《たんしょ》 ②人《ひと》に知《し》られるとこまるところ。弱《よわ》み。例 弱点《じゃくてん》をつく。

【弱肉強食《じゃくにくきょうしょく》】弱《よわ》いものの肉《にく》が強《つよ》いものの食《た》べ物《もの》になるという意味《いみ》から、弱《よわ》いものが強《つよ》いものに征服《せいふく》されること。例 戦国時代《せんごくじだい》は、弱肉強食《じゃくにくきょうしょく》の世《よ》の中《なか》だった。参考 中国《ちゅうごく》の韓《かん》

愈《ゆ》の書物《しょもつ》にあることば。

【弱気《よわき》】⇩〈―な〉よわよわしい、いくじのない気《き》の持《も》ち方《かた》。例弱気《よわき》を出《だ》すな。対強気《つよき》

【弱腰《よわごし》】⇩〈―な〉力強《ちからづよ》く向《む》かっていく元気《げんき》さがないこと。例前《まえ》の失敗《しっぱい》が気《き》にかかってつい弱腰《よわごし》になる。類軟弱《なんじゃく》 対強腰《つよごし》

【弱音《よわね》】⇩苦《くる》しさやつらさにがまんできなくなって言《い》う、いくじのないことば。泣《な》き言《ごと》。例弱音《よわね》をはく。類悲鳴《ひめい》

【弱虫《よわむし》】⇩いくじのない人《ひと》をあざけっていうことば。泣《な》き虫《むし》。

❷〈年がわかい〉の意味で

【弱年《じゃくねん》】⇩年《とし》がわかいこと。わかい人《ひと》。例弱年《じゃくねん》だが、よく気《き》がつく。類若者《わかもの》・弱小《じゃくしょう》 表記「若年」とも書《か》く。

【弱輩《じゃくはい》】⇩年《とし》がわかくてまだ経験《けいけん》が浅《あさ》い人《ひと》。例弱輩者《じゃくはいもの》 類青二才《あおにさい》 表記「若輩」とも書《か》く。表現自分《じぶん》のことをけんそんしたり、目下《めした》の人《ひと》を軽《かる》く見《み》たりしていうときに使《つか》う。

【弱冠《じゃっかん》】⇩年《とし》がわかいこと。例弱冠《じゃっかん》二十歳《にじっさい》で横綱《よこづな》になる。知識むかし中国《ちゅうごく》で、かぞえ年《どし》で二十歳《にじっさい》を「弱《じゃく》」といい、その年《とし》に元服《げんぷく》をして冠《かんむり》をつけた。

弱が下につく熟語 上の字の働き

❶弱＝〈よわい。よわる〉のとき

【虚弱《きょじゃく》 衰弱《すいじゃく》 柔弱《にゅうじゃく》 軟弱《なんじゃく》 薄弱《はくじゃく》 貧弱《ひんじゃく》】近《ちか》い意味《いみ》。

◆病弱《びょうじゃく》

弓-8

【強】

総画11 JIS-2215 教2年

訓音 キョウ・ゴウ つよい・つよまる・つよめる・しいる

筆順

なりたち  [形声] 強《つよ》い弓《ゆみ》の意味《いみ》と「キョウ」という読《よ》み方《かた》をしめしている「彊」の省略《しょうりゃく》した形《かたち》(弘)に虫《むし》をくわえて、米《こめ》の中《なか》の小虫《こむし》を表《あらわ》した字《じ》。

意味

❶つよい。力《ちから》がある。例強《つよ》いからだ。勢《いきお》いが強《つよ》まる。警戒《けいかい》を強《つよ》める。強気《つよき》・補強《ほきょう》 対弱《じゃく》

❷むりにする。しいる。つとめる。例寄付《きふ》を強《し》いる。強引《ごういん》・勉強《べんきょう》

❸…より多《おお》い。例百人強《ひゃくにんきょう》 対弱《じゃく》

名前のよみ かつ・たけ・たけし・つとむ・つよし

❶〈つよい〉の意味で

【強化《きょうか》】⇩〈―する〉弱《よわ》いところや、たりないところをおぎなって、いっそう強《つよ》くすること。例取《と》りしまりを強化《きょうか》する。対弱化《じゃっか》

【強肩《きょうけん》】⇩肩《かた》の力《ちから》が強《つよ》く、ボールを速《はや》く、遠《とお》くまで投《な》げることができること。例キャッチャーの強肩《きょうけん》が、チームをすくった。

【強健《きょうけん》】Ⅱ〈―な〉からだががっちりしていて、じょうぶなこと。例身体強健《しんたいきょうけん》な若者《わかもの》。類剛健《ごうけん》 対虚弱《きょじゃく》

【強権《きょうけん》】⇩強《つよ》い権力《けんりょく》。警察《けいさつ》や軍《ぐん》の力《ちから》で国民《こくみん》をおさえる、国《くに》や支配者《しはいしゃ》の力《ちから》。例強権《きょうけん》を発動《はつどう》する。

【強固《きょうこ》】Ⅱ〈―な〉強《つよ》くて、しっかりしているようす。例強固《きょうこ》な意志《いし》。類確固《かっこ》

【強硬《きょうこう》】Ⅱ〈―な〉自分《じぶん》の意見《いけん》をどこまでもおしとおそうとするようす。例強硬《きょうこう》に主張《しゅちょう》する。対柔軟《じゅうなん》・軟弱《なんじゃく》

【強豪《きょうごう》】Ⅱ強《つよ》くてごわい人《ひと》。またはチーム。例相手《あいて》は全国一《ぜんこくいち》の強豪《きょうごう》だ。

【強弱《きょうじゃく》】⇔強《つよ》いことと弱《よわ》いこと。例強弱《きょうじゃく》をつけて演奏《えんそう》する。

【強襲《きょうしゅう》】⇩〈―する〉はげしいいきおいでおそいかかること。例三塁強襲《さんるいきょうしゅう》のヒット。

【強靱《きょうじん》】Ⅱ〈―な〉強《つよ》くしなやかで、ねばりのあるようす。例強靱《きょうじん》な筋肉《きんにく》。

【強壮《きょうそう》】Ⅱ〈―な〉からだがじょうぶで元気《げんき》なようす。例強壮剤《きょうそうざい》 類壮健《そうけん》

【強打《きょうだ》】⇩〈―する〉①強《つよ》く打《う》ちつけること。例転《ころ》んで、鼻《はな》の頭《あたま》を強打《きょうだ》した。②ボールを、力《ちから》をこめて打《う》つこと。例直球《ちょっきゅう》を強打《きょうだ》する。

例解 使い分け

[はる《張る・貼る》]

張る＝のばしてひろげる。おおう。ひきしまっている。
例テントを張《は》る。氷《こおり》が張《は》る。捜査網《そうさもう》を張《は》りめぐらせる。声《こえ》に張《は》りがある。

貼る＝つける。
例封筒《ふうとう》に切手《きって》を貼《は》る。貼《は》り紙《がみ》・貼《は》り薬《ぐすり》

◀次ページ

【強大《きょうだい》】‖〈―な〉ひじょうに強《つよ》くて大《おお》きい。例 力《ちから》の強大《きょうだい》な国《くに》。類 富強《ふきょう》 対 弱小《じゃくしょう》

【強調《きょうちょう》】⇩〈―する〉①とくに力《ちから》を入《い》れて、そのことを言《い》うこと。例 チームワークのたいせつさを強調《きょうちょう》する。類 力説《りきせつ》 ②その部分《ぶぶん》が目立《めだ》つようにすること。例 明暗《めいあん》を強調《きょうちょう》する。

【強敵《きょうてき》】⇩ 強《つよ》くて、てごわい相手《あいて》。例 強《きょう》敵《てき》にぶつかる。類 大敵《たいてき》・難敵《なんてき》 対 弱敵《じゃくてき》

【強度《きょうど》】⇩ ①どのくらい強《つよ》いかということ。例 柱《はしら》の強度《きょうど》を調《しら》べる。②心《こころ》やからだのぐあいのわるさがひどいこと。例 強度《きょうど》の近《きん》視《し》。類 極度《きょくど》 対 軽度《けいど》

【強風《きょうふう》】⇩ 強《つよ》く、はげしくふく風《かぜ》。例 強《きょう》風注意報《ふうちゅういほう》 類 大風《おおかぜ》・烈風《れっぷう》・暴風《ぼうふう》 対 微風《びふう》

【強力】⇩ 一 きょうりょく 〈―な〉力《ちから》が強《つよ》いようす。例 強《きょう》力打線《りょくだせん》 二 ごうりき ①人《ひと》なみはずれて力《ちから》の強《つよ》い人《ひと》。②山《やま》に荷物《にもつ》を運《はこ》び上《あ》げたり、道案内《みちあんない》をしたりする人《ひと》。

【強烈《きょうれつ》】‖〈―な〉強《つよ》くてはげしいようす。例 夏《なつ》の日《ひ》ざしは強烈《きょうれつ》だ。類 激烈《げきれつ》

【強情《ごうじょう》】⇩〈―な〉意地《いじ》をはって自分《じぶん》の考《かんが》えをかえようとしないようす。例 強情《ごうじょう》をはる。類 意固地《いこじ》・片意地《かたいじ》

【強欲《ごうよく》】⇩〈―な〉ひじょうに欲《よく》がふかいこと。例 強欲非道《ごうよくひどう》 類 貪欲《どんよく》 対 無欲《むよく》

【強気《つよき》】⇩〈―な〉きっとうまくいくと思《おも》って、積極的《せっきょくてき》に物事《ものごと》をおこなう気持《きも》ち。例 強《つよ》気《き》な作戦《さくせん》をとる。対 弱気《よわき》

【強腰《つよごし》】⇩ 自分《じぶん》の考《かんが》えをはっきりと出《だ》して、相手《あいて》の言《い》うとおりにならないこと。例 強《つよ》腰《ごし》で会談《かいだん》にのぞむ。対 弱腰《よわごし》

❷〈むりにする〉の意味で

【強圧的《きょうあつてき》】〈―な〉相手《あいて》を、力《ちから》でおさえつけようとするようす。例 強圧的《きょうあつてき》な態度《たいど》。

【強行《きょうこう》】⇩〈―する〉すこしむりだと思《おも》うようなことを、思《おも》い切《き》っておこなうこと。例 強《きょう》行手段《こうしゅだん》 類 決行《けっこう》・断行《だんこう》・敢行《かんこう》

【強行軍《きょうこうぐん》】①早《はや》く目的地《もくてきち》に着《つ》くための、ふつうよりもきつい行軍《こうぐん》。②短《みじか》い日程《にってい》で行事《じ》をこなすこと。例 先日《せんじつ》の旅行《りょこう》はかなりの強行軍《こうぐん》だった。

【強制《きょうせい》】⇩〈―する〉腕力《わんりょく》や権力《けんりょく》を使《つか》って、むりにさせること。例 強制労働《きょうせいろうどう》 類 強要《きょうよう》

【強迫観念《きょうはくかんねん》】打《う》ち消《け》しても打《う》ち消《け》しても頭《あたま》からはなれない不安《ふあん》な気持《きも》ち。例 強迫《きょうはく》観念《かんねん》にとらわれてよく眠《ねむ》れない。

【強要《きょうよう》】⇩〈―する〉むりにさせようとすること。例 寄付《きふ》を強要《きょうよう》する。類 強制《きょうせい》

【強引《ごういん》】⇩〈―な〉むりやりにするようす。例 強引《ごういん》に売《う》りつける。

【強奪《ごうだつ》】⇩〈―する〉力《ちから》ずくでうばいとること。例 金品《きんぴん》を強奪《ごうだつ》する。類 略奪《りゃくだつ》・奪取《だっしゅ》・強盗《ごうとう》

【強盗《ごうとう》】⇩ おどして、むりやりに金《かね》や品物《しなもの》をうばいとる者《もの》。例 駅前《えきまえ》のコンビニに強盗《ごうとう》が入《はい》ったらしい。類 泥棒《どろぼう》・窃盗《せっとう》・強奪《ごうだつ》

強が下につく熟語 上の字の働き

❶強＝〈つよい〉のとき
【頑強《がんきょう》 屈強《くっきょう》 富強《ふきょう》】近《ちか》い意味《いみ》。
【増強《ぞうきょう》 補強《ほきょう》】ドウヤッテ強《つよ》くするか。
◆最強《さいきょう》 勉強《べんきょう》 列強《れっきょう》

張

弓-8
総画11
JIS-3605
教5年
音 チョウ
訓 はる

筆順

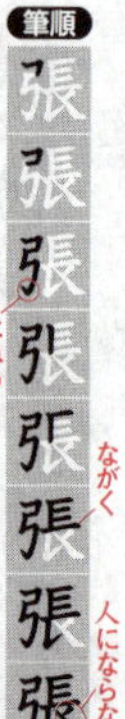

なりたち

【形声】「長《ちょう》」が「チョウ」という読《よ》み方《かた》をしめしている。「チョウ」は「ふくれる」意味《いみ》を持《も》ち、弓《ゆみ》をはることを表《あらわ》す字《じ》。

意味

❶ひろがる。ひろげる。大《おお》きくなる。はりめぐらす。例 根《ね》が張《は》る。張《は》りのある声《こえ》。張《ちょう》力《りょく》・拡張《かくちょう》

❷言《い》いはる。例 誇張《こちょう》・主張《しゅちょう》

❸弓《ゆみ》・琴《こと》・幕《まく》・提灯《ちょうちん》などをかぞえることば。例 弓一張《ゆみひとはり》

使い分け はる[張・貼] ☞383ページ

❶〈ひろがる〉の意味で

【張本人《ちょうほんにん》】事件《じけん》をおこす、いちばんもとになった人《ひと》。例 いたずらの張本人《ちょうほんにん》はだれだ。類 首謀者《しゅぼうしゃ》・主謀者《しゅぼうしゃ》 参考「張本《ちょうほん》」は「本《もと》をつくっておく」という意味《いみ》で、首謀者《しゅぼうしゃ》の意味《いみ》。

【張力《ちょうりょく》】⇩ 物体《ぶったい》の中《なか》ではたらく、ひっぱり合《あ》う力《ちから》。例 水《みず》の表面張力《ひょうめんちょうりょく》。

ものしり巻物 第13巻

書体《しょたい》について

みなさんは、どんな字《じ》を書《か》くでしょうか。教科書《きょうかしょ》の字《じ》のように一画一画《いっかくいっかく》きちんと書《か》くこともあれば、つづけ字《じ》で流《なが》れるように書《か》くこともあるでしょう。

教科書《きょうかしょ》の字《じ》の形《かたち》と新聞《しんぶん》や雑誌《ざっし》の字《じ》の形《かたち》のちがいに気《き》がついている人《ひと》もいるでしょう。また、おなじ新聞《しんぶん》や雑誌《ざっし》でも、本文《ほんぶん》の字《じ》と見出《みだ》しの字《じ》がちがう場合《ばあい》もあります。広告《こうこく》の字《じ》もちがいますね。

これらのように、筆記《ひっき》による文字《もじ》の形《かたち》や活字《かつじ》のデザイン上《じょう》のくふうによる形《かたち》を**書体《しょたい》**といいます。

書体《しょたい》は、なぜ数多《かずおお》くあるのかといえば、それぞれの字《じ》の使《つか》われる目的《もくてき》がちがうからです。読《よ》みやすくわかりやすく見《み》える、美《うつく》しく見《み》える、よく目立《めだ》つ…など、いろいろな目的《もくてき》によって、いろいろな書体《しょたい》がえらばれるのです。たとえば、教科書《きょうかしょ》に使《つか》われる字《じ》は、小学生《しょうがくせい》が習《なら》う字《じ》の手本《てほん》となる形《かたち》でできていなければなりません。そこで、教科書《きょうかしょ》は、教科書《きょうかしょ》に向《む》いた書体《しょたい》の活字《かつじ》を使《つか》っているのです。

筆記体《ひっきたい》では、ふつう、書体《しょたい》は三種類《さんしゅるい》に分《わ》けられます。一画一画《いっかくいっかく》がきちんとした書体《しょたい》を**楷書《かいしょ》**といいます。みなさんが習《なら》って書《か》くのは、最初《さいしょ》は楷書《かいしょ》です。楷書《かいしょ》より少《すこ》しくずれたように見《み》える書体《しょたい》を**行書《ぎょうしょ》**といい、さらにくずれたり、省略《しょうりゃく》されたりしたように見《み》える書体《しょたい》を**草書《そうしょ》**といいます。（☞「ものしり巻物」193ページ）

楷書《かいしょ》　楷書日本

行書《ぎょうしょ》　行書日本

草書《そうしょ》　草書日本

活字体《かつじたい》では、教科書《きょうかしょ》で使《つか》われている書体《しょたい》を、**教科書体《きょうかしょたい》**とよびます。そして、新聞《しんぶん》や雑誌《ざっし》の本文《ほんぶん》に使《つか》われている書体《しょたい》の多《おお》くは**明朝体《みんちょうたい》**です。明朝体《みんちょうたい》にもいろいろあり、新聞社《しんぶんしゃ》や出版社《しゅっぱんしゃ》によって、それぞれ少《すこ》しちがいます。太《ふと》くぬりつぶしたような活字《かつじ》の書体《しょたい》は**ゴシック体《たい》**です。ゴシック体《たい》にも、いろいろデザインのちがいがあります。

あらためて、あちらこちらに書《か》かれている文字《もじ》を見《み》てみましょう。数《かぞ》えきれないほどの書体《しょたい》があるはずです。そして、それぞれ、なぜその書体《しょたい》がえらばれているのかを考《かんが》えると、おもしろくなります。

教科書体《きょうかしょたい》　人・子・北・令・言

明朝体《みんちょうたい》　人・子・北・令・言

ゴシック体《たい》　人・子・北・令・言

宋朝体《そうちょうたい》　人・子・北・令・言

張が下につく熟語 上の字の働き

❶張＝〈ひろがる〉のとき

【拡張《かくちょう》 膨張《ぼうちょう》】近《ちか》い意味《いみ》。

◆緊張《きんちょう》 誇張《こちょう》 主張《しゅちょう》 出張《しゅっちょう》

弾

弓-9 総画12 JIS-3538 常用 ［彈］

音 ダン

訓 ひく・はずむ・たま・はじ-く

筆順

なりたち 【形声】もとの字は、「彈」。「單《タン》」が「ダン」とかわって読《よ》み方《かた》をしめしている。「タン」は「丸《まる》いたま」の意味《いみ》を持《も》ち、たまをはじき出《だ》す弓《ゆみ》を表《あらわ》す字《じ》。

意味

❶たま。鉄砲《てっぽう》のたま。例 弾《たま》をこめる。弾丸《だんがん》

❷はずむ。はねかえる。例 弾力《だんりょく》

❸楽器《がっき》をひく。例 ピアノを弾《ひ》く。弾奏《だんそう》

❹たたきのめす。強《つよ》く非難《ひなん》する。例 弾圧《だんあつ》・糾弾《きゅうだん》

使い分け たま［玉・球・弾］☞729ページ

名前のよみ ただ

❶〈たま〉の意味で

【弾丸】《だんがん》 Ⅱ 鉄砲《てっぽう》や大砲《たいほう》のたま。例 弾丸《だんがん》が雨《あめ》あられととんでくる。類 砲弾《ほうだん》・銃弾《じゅうだん》 表現「弾丸《だんがん》列車《れっしゃ》」「弾丸《だんがん》ライナー」のようにひじょうに速《はや》いもののたとえにも使《つか》う。

【弾痕】《だんこん》 ↓ 大砲《たいほう》や銃《じゅう》のたまのあたったあと。例 弾痕《だんこん》が壁《かべ》にのこっている。

【弾道】《だんどう》 ↓ 発射《はっしゃ》されたたまが、とんでいく道《みち》すじ。例 弾道《だんどう》をえがいてとぶ。

【弾薬】《だんやく》 ↓ 鉄砲《てっぽう》や大砲《たいほう》などの、たまと火薬《かやく》。

❷〈はずむ〉の意味で

【弾性】《だんせい》 ↓ 力《ちから》をくわえると形《かたち》がかわり、その力《ちから》を取《と》り去《さ》ると、またもとにもどる性《せい》質《しつ》。対 塑性《そせい》

【弾力】《だんりょく》 ↓ ①物《もの》が外《そと》からの力《ちから》で変形《へんけい》したとき、もとの形《かたち》にもどろうとする力《ちから》。例 ボールが弾力《だんりょく》で高《たか》くはね上《あ》がった。②その場《ば》に合《あ》わせてやり方《かた》をかえることができるやわらかさ。例 弾力的《だんりょくてき》な判断《はんだん》を求《もと》める。

❸〈楽器をひく〉の意味で

【弾奏】《だんそう》 Ⅱ〈─する〉ギターやハープなどの弦《げん》をはじいて演奏《えんそう》すること。表現 直接手《ちょくせつて》ではじくのではないが、ピアノについても言《い》う。

❹〈たたきのめす〉の意味で

【弾圧】《だんあつ》 ↓〈─する〉力《ちから》でおさえつけること。例 反対派《はんたいは》を弾圧《だんあつ》する。類 抑圧《よくあつ》

【弾劾】《だんがい》 ↓〈─する〉責任《せきにん》のある立場《たちば》の人《ひと》の罪《つみ》や不正《ふせい》を調《しら》べあげて、問《と》いつめること。例 弾《だん》劾裁判《がいさいばん》 類 糾弾《きゅうだん》

弾が下につく熟語 上の字の働き

❶弾＝〈たま〉のとき

【銃弾《じゅうだん》 砲弾《ほうだん》】ナニの弾丸《だんがん》か。

◆糾弾《きゅうだん》 実弾《じつだん》 爆弾《ばくだん》 連弾《れんだん》

3画 ヨ 彐 ［けいがしら］の部

「ヨ」や「彐」の形《かたち》がめやすとなっている字《じ》を集《あつ》めてあります。

この部首の字

8 粛……386 彗……387 10 彙……387

君→口 213 書→曰 582 群→羊 856

粛

ヨ-8 総画11 JIS-2945 常用 ［肅］

音 シュク

訓 ─

筆順

なりたち 【会意】もとの字は、「肅」。筆《ふで》を手《て》に持《も》つ意味《いみ》の「聿」を略《りゃく》した形《かたち》の「⺻」が深《ふか》いふちの意味《いみ》の「㴱」の上《うえ》にあるようすから、身《み》がかしこまることを表《あらわ》す字《じ》。

意味 つつしむ。きびしくひきしめる。例 粛《しゅく》正《せい》・静粛《せいしゅく》・自粛《じしゅく》

名前のよみ きよし・すすむ・とし

【粛粛】《しゅくしゅく》 Ⅱ〈─たる〉〈─と〉おごそかで、ものしずかなようす。例 粛々《しゅくしゅく》と葬列《そうれつ》が進《すす》む。

【粛正】《しゅくせい》 Ⅱ〈─する〉きびしくとりしまって、不正《ふせい》をとりのぞくこと。例 綱紀《こうき》を粛正《しゅくせい》する。

粛が下につく熟語 上の字の働き

【厳粛《げんしゅく》 静粛《せいしゅく》】近《ちか》い意味《いみ》。

ヨ−8
彗
総画11
JIS-5534
人名
音 スイ
訓 —

意味 ほうき。ほうき星《ぼし》。例 彗星《すいせい》

名前のよみ あきら・さとし

彑−10
彙
総画13
JIS-5535
常用
音 イ
訓 —

筆順 彙

意味 あつめる。また集《あつ》めたもの。例 語彙《ごい》

字体のはなし 「彙」とも書《か》く。☞ふろく「字体についての解説」(28ページ)

彙が下につく熟語 上の字の働き

【語彙《ごい》】ナニをあつめたものか。

3画 彡 [さんづくり] の部

美《うつく》しいかざりの意《い》を表《あらわ》す「彡《さんづくり》」をもとに作《つく》られ、かざりやいろどりにかかわる字《じ》を集《あつ》めてあります。

この部首の字

彡−4
形
総画7
JIS-2333
教2年
音 ケイ・ギョウ
訓 かた・かたち

筆順 形（はらう・はねない）

なりたち 形 【形声】「井→幵《セイ》」が「ケイ」とかわって読《よ》み方《かた》をしめしている。「セイ」は「ととのう」意味《いみ》を持《も》ち、かざりを表《あらわ》す「彡《さんづくり》」をくわえて、きちんとととのえるかたを表《あらわ》す字《じ》。

意味

❶物《もの》のかたち。すがた。例 服《ふく》の形《かた》がくずれる。影《かげ》も形《かたち》もない。手形《てがた》・形式《けいしき》

❷かたどる。あらわす。かたちづくる。例 形成《けいせい》

使い分け かた[形・型] ☞387ページ

名前のよみ なり

❶〈物のかたち〉の意味で

【形見】かたみ ↓ 死《し》んだ人《ひと》やわかれた人《ひと》がのこした記念《きねん》の品物《しなもの》。例 形見分《かたみわ》け。類 遺品《いひん》・遺物《いぶつ》

【形相】ぎょうそう Ⅲ 気持《きも》ちがはげしく表《おもて》に出《で》たときの顔《かお》つき。例 形相《ぎょうそう》がかわる。

【形骸】けいがい Ⅲ ①命《いのち》や心《こころ》のないからだ。②中《なか》身がなくなって、ほねぐみや外形《がいけい》だけになっているもの。例 形骸《けいがい》を残《のこ》すだけの建物《たてもの》。

【形式】けいしき Ⅲ ①あることをするときの、決《き》まった手《て》つづきややり方《かた》。例 形式《けいしき》どおりにことを進《すす》める。類 方式《ほうしき》・様式《ようしき》 ②外《そと》がわから見《み》た、ものの形《かたち》や見《み》かけ。例 形式《けいしき》にとらわれる。対 内容《ないよう》・実質《じっしつ》

【形式的】けいしきてき 〈二な〉中身《なかみ》がなくて、形《かたち》だけであるようす。対 実質的《じっしつてき》

【形状】けいじょう Ⅲ ものの形《かたち》やようす。例 こなごなになって、もとの形状《けいじょう》がわからない。

【形勢】けいせい ↓ かわっていくものごとの、そのときそのときのようす。なりゆき。例 形勢《けいせい》を見《み》きわめる。類 情勢《じょうせい》・旗色《はたいろ》

【形跡】けいせき ↓ ものごとがあったことをしめすあと。例 人《ひと》がいた形跡《けいせき》がある。類 跡形《あとかた》・痕跡《こんせき》

【形態】けいたい Ⅲ そのもののすがた。例 政治形態《せいじけいたい》

❷〈かたどる〉の意味で

【形成】けいせい ↓ 〈一する〉つくり上《あ》げること。例 人《にん》間形成《げんけいせい》

【形声】けいせい Ⅲ 意味《いみ》を表《あらわ》す文字《もじ》と音《おん》を表《あらわ》す文字《もじ》とを組《く》み合《あ》わせて一《ひと》つの漢字《かんじ》を作《つく》る方法《ほうほう》。形《けい》

例解 使い分け

[かた《形・型》]

形＝物《もの》のかたち。
例 三日月形《みかづきがた》。大形《おおがた》の花《はな》が開《ひら》く。形崩《かたくず》れした服《ふく》。自由形《じゆうがた》。

型＝とくにきまったかたち。
例 小型《こがた》トラック。型《かた》にはまる。血液型《けつえきがた》。

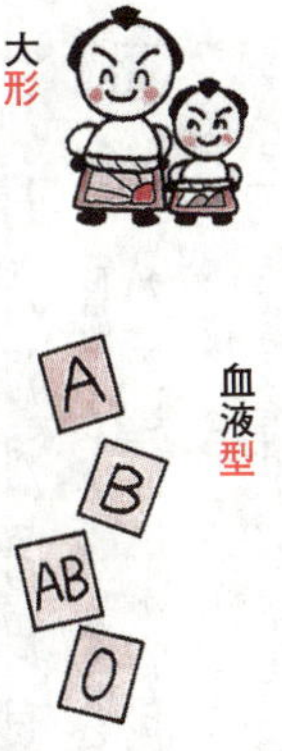

前ページ ▶ 彗 彙 形

声文字《せいもじ》。漢字《かんじ》の六書《りくしょ》の一《ひと》つ。参考 ☞ふろく「漢字のなりたち」[3]ページ）

【形容】けいよう ▲〈―する〉ものの形《かたち》・ようす・性質《せいしつ》などをことばを使《つか》って言《い》い表《あらわ》すこと。例 この美《うつく》しさは、形容《けいよう》しがたい。

【形容詞】けいようし ことばをそのはたらきによって分《わ》けたとき、「赤《あか》い」「強《つよ》い」「悲《かな》しい」のように、ものごとの性質《せいしつ》や人《ひと》の感情《かんじょう》などを表《あらわ》すことば。活用《かつよう》があり、言《い》い切《き》るときの形《かたち》は「い」で終《お》わる。

【形容動詞】けいようどうし ことばをそのはたらきによって分《わ》けたとき、「きれいな部屋《へや》は快適《かいてき》だ」の「きれいな」「快適《かいてき》だ」のような、ものごとの性質《せいしつ》や状態《じょうたい》を表《あらわ》すことば。言《い》い切《き》るときの語尾《ごび》は「だ」「です」となり、名詞《めいし》があとにくるときの語尾《ごび》は「な」となる。

形が下につく熟語 上の字の働き

❶形＝〈物のかたち〉のとき
【円形《えんけい》 方形《ほうけい》（長方形《ちょうほうけい》） 扇形《せんけい／おうぎがた》 台形《だいけい》 弓形《きゅうけい》 原形《げんけい》 固形《こけい》 花形《はながた》】ドノヨウナ形か。
【有形《ゆうけい》 無形《むけい》】形《かたち》の有《あ》る無《な》し。
【字形《じけい》 図形《ずけい》 体形《たいけい》 地形《ちけい》 人形《にんぎょう》 手形《てがた》】ナニの形《かたち》か。
【整形《せいけい》 造形《ぞうけい》 変形《へんけい》】形《かたち》をドウスルか。
◆外形《がいけい》

彦
彡-6 総画9 JIS-4107 人名
音 ゲン 訓 ひこ

意味 美《うつく》しい男《おとこ》。りっぱな男性《だんせい》。例 彦星《ひこぼし》

名前のよみ ひろ・よし

彩
彡-8 総画11 JIS-2644 常用
音 サイ 訓 いろどる

筆順

なりたち [形声]「采」が「サイ」という読《よ》み方《かた》をしめしている。「サイ」は「かさねる」意味《いみ》を持《も》ち、美《うつく》しくかざる意味《いみ》をしめす「彡」をくわえて、いくつも色《いろ》をかさねて美《うつく》しくすることを表《あらわ》す字《じ》。

意味 ❶いろどる。例 彩《いろど》りをそえる。花《はな》で彩《いろど》る。彩色《さいしき》・光彩《こうさい》 ❷ようす。目《め》につくすがた。例 異彩《いさい》

名前のよみ あや

❶〈いろどる〉の意味で

【彩色】さいしき Ⅱ〈―する〉色《いろ》をつけて美《うつく》しくすること。いろどり。例 図案《ずあん》に彩色《さいしき》をほどこす。

彩が下につく熟語 上の字の働き

❶彩＝〈いろどる〉のとき
【色彩《しきさい》 光彩《こうさい》】近《ちか》い意味《いみ》。
【多彩《たさい》 淡彩《たんさい》】ドノヨウナ彩《いろど》りか。
❷彩＝〈ようす〉のとき
【異彩《いさい》 生彩《せいさい》 精彩《せいさい》】ドンナようすか。

彫
彡-8 総画11 JIS-3606 常用
音 チョウ 訓 ほる

筆順

なりたち [形声]「周《シュウ》」がゆきわたる意味《いみ》と、「チョウ」とかわって読《よ》み方《かた》をしめしている。美《うつく》しくかざることをしめす「彡」をくわえて、もようを全体《ぜんたい》につけることを表《あらわ》す字《じ》。

意味 ほる。きざむ。ほって形《かたち》を作《つく》る。例 版《はん》木《ぎ》を彫《ほ》る。浮《う》き彫《ぼ》り・透《す》かし彫《ぼ》り・彫工《ちょうこう》・彫《ちょう》刻《こく》・木彫《もくちょう》

【彫刻】ちょうこく Ⅱ〈―する〉木《き》や石《いし》・金属《きんぞく》などをほったりけずったりして、文字《もじ》や人《ひと》や物《もの》の形《かたち》などをつくること。また、つくったもの。例 彫《ちょう》刻家《こくか》

【彫像】ちょうぞう ⇩ 木《き》や石《いし》・金属《きんぞく》などにほった、人《ひと》や動物《どうぶつ》などの像《ぞう》。対 塑像《そぞう》
◆木彫《もくちょう》

彪
彡-8 総画11 JIS-4123 人名
音 ヒョウ 訓 ―

意味 あや。虎《とら》の皮《かわ》のもよう。

名前のよみ あきら・あや・たけ・たけし・つよし・とら

彬
彡-8 総画11 JIS-4143 人名
音 ヒン 訓 ―

意味 外見《がいけん》・内容《ないよう》ともりっぱである。

名前のよみ あき・あきら・あや・もり・よし

彰

彡−11

総画14

JIS-3020

常用

音 ショウ
訓 —

筆順

なりたち 彰 【形声】美《うつく》しくかざる意味《いみ》をしめす「彡」と、「あきらか」の意味《いみ》と「ショウ」という読《よ》み方《かた》をしめす「章」とからでき、「はっきりとあらわす」意味《いみ》に使《つか》われている字《じ》。

意味 あらわす。あきらかにする。例 顕彰《けんしょう》・表彰《ひょうしょう》

名前のよみ あき・あきら・あや・てる

影

彡−12

総画15

JIS-1738

常用

音 エイ
訓 かげ

筆順

なりたち 【形声】美《うつく》しい意味《いみ》の「彡」と、日《ひ》の光《ひかり》の意《い》味《み》の「景」とからでき、「景《ケイ》」が「エイ」とかわって読《よ》み方《かた》をしめしている。美《うつく》しい日《ひ》の光《ひかり》を表《あらわ》す字《じ》。

意味

❶かげ。光《ひかり》が、ものにさえぎられてできたかげ。例 影《かげ》をおとす。影絵《かげえ》・投影《とうえい》

❷すがた。うつったすがた。例 影《かげ》も形《かたち》もない。幻影《げんえい》・撮影《さつえい》

❸ひかり。例 日影《ひかげ》・火影《ほかげ》・灯影《とうえい》

文字物語 ☞390ページ

使い分け かげ[影・陰] ☞389ページ

❶〈かげ〉の意味で

【◦影◦響】えいきょう Ⅱ〈−する〉あるもののはたらきが、ほかのものにもおよんで、変化《へんか》を引《ひ》きおこすこと。例 影響《えいきょう》が出《で》る。影響《えいきょう》をおよぼす。悪影響《あくえいきょう》 類 波及《はきゅう》

【◦影法師】かげぼうし 地面《じめん》や障子《しょうじ》などにうつった人《ひと》のかげ。例 影法師《かげぼうし》をふむ。

【◦影武者】かげむしゃ ①敵《てき》の目《め》をごまかすために、大将《たいしょう》などの身《み》がわりをつとめる武士《ぶし》。②かげで指図《さしず》する人《ひと》。

影が下につく熟語 上の字の働き

❷影＝〈すがた〉のとき
【遺影《いえい》 近影《きんえい》】ドンナすがた(写真《しゃしん》)か。
【面影《おもかげ》 人影《ひとかげ》 島影《しまかげ》 機影《きえい》 魚影《ぎょえい》 幻影《げんえい》】ナニのすがたか。

❸影＝〈ひかり〉のとき
【星影《ほしかげ》 日影《ひかげ》】ナニのひかりか。

◆陰影《いんえい》 撮影《さつえい》 投影《とうえい》

例解 使い分け

[かげ《影・陰》]

影＝光《ひかり》のはたらきによってできるかげや目《め》にうつるすがた・形《かたち》。
例 影《かげ》ふみ。影《かげ》がうすい。影《かげ》も形《かたち》もない。人影《ひとかげ》まばら。

陰＝光《ひかり》が当《あ》たらない所《ところ》。なにかの後《うし》ろになって目《め》に見《み》えない所《ところ》。
例 机《つくえ》の陰《かげ》にかくれる。陰《かげ》で悪口《わるくち》を言《い》う。陰《かげ》で人《ひと》をあやつる。

3画 彳 [ぎょうにんべん] の部

十字路《じゅうじろ》の形《かたち》をえがいた象形《しょうけい》の一部《いちぶ》にもとづく「彳《ぎょうにんべん》」をもとに作《つく》られ、交通《こうつう》や行動《こうどう》にかかわる字《じ》を集《あつ》めてあります。

この部首の字

役

彳−4

総画7

JIS-4482

教3年

音 ヤク・エキ
訓 —

筆順 役役役役役役役 はねる おらない はらう

なりたち  【会意】道《みち》を行く意味《いみ》の「彳」と、武《ぶ》器《き》を手《て》にした形《かたち》の「殳」とを合《あ》わせて、歩《ある》きまわって警戒《けいかい》することを表《あらわ》す字《じ》。

意味

❶わりあてられたしごと。やくめ。しなければならないつとめ。例 役所《やくしょ》・役牛《えきぎゅう》・大役《たいやく》

❷とくべつな地位《ちい》。例 役職《やくしょく》・上役《うわやく》

❸しばいなどでのやくわり。例 役者《やくしゃ》・配役《はいやく》

❹いくさ。戦争《せんそう》。例 西南《せいなん》の役《えき》。戦役《せんえき》

名前のよみ まもる

❶〈わりあてられたしごと〉の意味で

【役牛】えきぎゅう ↓ 荷物運《にもつはこ》びや、農作業《のうさぎょう》をさせるために飼《か》う牛《うし》。関連 肉牛《にくぎゅう》・役牛《えきぎゅう》・乳牛《にゅうぎゅう》

【役。柄】やくがら ↓ わりあてられた仕事《しごと》の性質《せいしつ》や内《ない》容《よう》。例 役柄《やくがら》にふさわしい人物《じんぶつ》。☞❸

【役所】やくしょ ↓ 国《くに》や都道府県《とどうふけん》・市町村《しちょうそん》などの、おおやけの仕事《しごと》をするところ。例 市役所《しやくしょ》 類 官《かん》庁《ちょう》・役場《やくば》 ☞「やくどころ」は❸

【役人】やくにん ↓ 役所《やくしょ》につとめて、国《くに》や地方自治《ちほうじち》の仕事《しごと》をする人《ひと》。例 県庁《けんちょう》の役人《やくにん》。類 公務員《こうむいん》

【役場】やくば ↓ 町《まち》や村《むら》のおおやけの仕事《しごと》をするところ。例 町役場《まちやくば》・村役場《むらやくば》 類 役所《やくしょ》

【役目】やくめ ↓ やらなければならない仕事《しごと》。つとめ。例 役目《やくめ》をはたす。類 任務《にんむ》・役割《やくわり》・役《やく》

【役割】やくわり ↓ 仕事《しごと》をわりあてること。わりあてられた仕事《しごと》。例 役割《やくわり》を決《き》める。類 役目《やくめ》・任務《にんむ》

❷〈とくべつな地位〉の意味で

【役員】やくいん ↓ ①とくに決《き》められた仕事《しごと》を受《う》けもつ人《ひと》。例 PTA《ピーティーエー》の役員《やくいん》。②会社《かいしゃ》や団体《だんたい》などで、そこを代表《だいひょう》するような責任《せきにん》ある地位《ちい》の人《ひと》。類 重役《じゅうやく》・幹部《かんぶ》

【役職】やくしょく ↓ 会社《かいしゃ》や組合《くみあい》などで、上《うえ》に立《た》ってまとめていく仕事《しごと》をする役目《やくめ》。役《やく》づき。例 役《やく》職《しょく》につく。類 管理職《かんりしょく》

【役得】やくとく ↓ その役目《やくめ》についていることで、手《て》にはいる利益《りえき》。例 役得《やくとく》が多《おお》い。類 余禄《よろく》・余得《よとく》

❸〈しばいなどでのやくわり〉の意味で

【役。柄】やくがら ↓ 劇《げき》に出《で》てくる人物《じんぶつ》の種類《しゅるい》や性《せい》格《かく》。例 役柄《やくがら》に合《あ》わせて衣装《いしょう》をえらぶ。☞❶

【役者】やくしゃ ↓ ①劇《げき》や映画《えいが》に出《で》て役《やく》を演《えん》じる人《ひと》。例 千両役者《せんりょうやくしゃ》(演技力《えんぎりょく》のある役者《やくしゃ》)・大根《だいこん》役者《やくしゃ》(へたな役者《やくしゃ》) 類 俳優《はいゆう》 ②やり方《かた》のじょうずな人《ひと》。例 役者《やくしゃ》が一枚上《いちまいうえ》だ(やり方《かた》がうまくて、とても太刀打《たちう》ちできない)。

【役所】やくどころ ↓ その人《ひと》にあたえられる役《やく》わり。適《てき》した役《やく》わり。例 この役《やく》は、かれにはぴったりの役《やく》どころだ。☞「やくしょ」は❶

【役不足】やくぶそく 〈—な・—に〉あたえられた役《やく》や仕事《しごと》が、その人《ひと》には軽《かる》くてものたりないこと。例 役不《やくぶ》足《そく》をかこつ(不満《ふまん》で不平《ふへい》を言《い》う)。表現 もともとは、役者《やくしゃ》が、わりあてられた役《やく》について、「もっといい役《やく》がついていいはずだ」という不《ふ》満《まん》の気持《きも》ちを表《あらわ》すことば。反対《はんたい》に、役目《やくめ》が重《おも》くてとてもできそうもないときには「力不《ちからぶ》足《そく》」という。

役が下につく熟語 上の字の働き

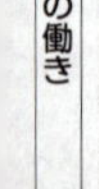

文字物語

影

「影」は、訓《くん》の「かげ」の意味《いみ》と、漢字《かんじ》「影」そのものとの意《い》味《み》がちょうどかさなっている。

「かげ」は、光《ひかり》があたった物《もの》のうしろにできた黒《くろ》い部分《ぶぶん》(かげぼうし)をいうばかりではない。「日影《ひかげ》」「月影《つきかげ》」「火影《ほかげ》」というときは「日《ひ》の光《ひかり》」「月《つき》の光《ひかり》」「火《ひ》の光《ひかり》」の意味《いみ》、「人影《ひとかげ》」「面影《おもかげ》」は「人《ひと》のすがた」「かおかたち」の意味《いみ》だ。「かげ」だけでも、「うわさをすれば影《かげ》がさす(人《ひと》のうわさをしていると、その人《ひと》本人《ほんにん》がそこへひょっこりあらわれることがよくあるものだ)」「影《かげ》もかたちもない」などのように言《い》う。もちろん、黒《くろ》い部分《ぶぶん》であるかげぼうしのほうも、そのもののすがた・かたちをよくあらわしている。

漢字《かんじ》の「影」にもおなじような事情《じじょう》がある。左《ひだり》がわの「景」は「光《ひかり》」また「自然《しぜん》のけしき・すがた・ようす」の意味《いみ》をもっている。それにかざりものを表《あらわ》す「彡《さんづくり》」がついて、「影」の字《じ》ができた。字《じ》の二《ふた》つの要素《ようそ》はどちらも明《あか》るいものなのに、作《つく》られた「影」の字《じ》に「暗《くら》いかげ」の意味《いみ》があるのがおもしろい。そして「影《えい》」にも、「光《ひかり》」と、ものの「すがた・かたち」という意味《いみ》がある。

❶**役**＝〈わりあてられたしごと〉のとき
【大役《たいやく》 適役《てきやく》 一役《ひとやく》】ドノヨウナ役《やく》か。
【苦役《くえき》 雑役《ざつえき》 懲役《ちょうえき》 労役《ろうえき》】ドノヨウナつとめか。
【退役《たいえき》 服役《ふくえき》】つとめを(つとめに)ドウスルか。
❷**役**＝〈とくべつな地位〉のとき
【上役《うわやく》 顔役《かおやく》 三役《さんやく》 重役《じゅうやく》】ドノヨウナ役《やく》か。
【助役《じょやく》 取締役《とりしまりやく》】ナニをする役《やく》か。
❸**役**＝〈しばいなどでのやくわり〉のとき
【主役《しゅやく》 端役《はやく》 子役《こやく》 悪役《あくやく》 敵役《かたきやく》 代役《だいやく》】ドノヨウナ役《やく》か。
◆現役《げんえき》 使役《しえき》 荷役《にやく》 配役《はいやく》 賦役《ふえき》

彳-5

往

総画8　JIS-1793　教5年

音 オウ　訓 ゆ-く

筆順 往 往 往 往 往 往 往 往（ななめ、つかない／ながく）

なりたち 【形声】もとの字は、「𡳿」。「止」が足《あし》を、「王」が「オウ」という読《よ》み方《かた》をしめしている。「オウ」は「行《い》く」意味《いみ》を持《も》ち、足《あし》で歩《ある》いて行《い》くことを表《あらわ》す字《じ》。のちに「彳」がくわわり、「𡳿」が「主」の形《かたち》になった。

意味
❶行《い》く。目的地《もくてきち》へ向《む》かって進《すす》む。例 往路《おうろ》・右往左往《うおうさおう》 対 復《ふく》・来《らい》
❷時間《じかん》がすぎ去《さ》る。去《さ》った時《とき》。例 往年《おうねん》

名前のよみ なり・ひさ・ゆき・よし

❶〈行く〉の意味で
【往往】おうおう Ⅱ たびたび。しばしば。ともすれば。例 あせると、往々《おうおう》にして失敗《しっぱい》する。
【往生】おうじょう ↓〈―する〉①仏教《ぶっきょう》で、あの世《よ》へ行《い》って、そこで生《う》まれかわること。とくに、極楽《ごくらく》に生《う》まれかわること。例 極楽往生《ごくらくおうじょう》 ②死《し》ぬこと。例 大往生《だいおうじょう》 ③どうにもしようがなくなること。例 立《た》ち往生《おうじょう》
【往生際】おうじょうぎわ 命《いのち》がなくなろうとしているとき。死《し》にぎわ。例 往生際《おうじょうぎわ》がわるい(追《お》いつめられてもあきらめず、思《おも》いきりがわるい)。類 臨終《りんじゅう》・最期《さいご》
【往信】おうしん ↓ ①返事《へんじ》を求《もと》めて出《だ》す手紙《てがみ》。②往《おう》復《ふく》はがきの行《い》きの部分《ぶぶん》。対 返信《へんしん》
【往。診】おうしん ↓〈―する〉医者《いしゃ》が、病人《びょうにん》の家《いえ》に行《い》って診察《しんさつ》すること。例 往診《おうしん》をたのむ。類 来診《らいしん》
【往復】おうふく ⇕ ①〈―する〉行《い》って、また帰《かえ》ること。行《い》き来《き》。例 秋田《あきた》と東京《とうきょう》を一日《いちにち》で往復《おうふく》する。②行《い》きと帰《かえ》り。例 往復切符《おうふくきっぷ》 対 片道《かたみち》 ③ことばや手紙《てがみ》のやりとり。例 何度《なんど》も手紙《てがみ》の往復《おうふく》があって、やっと話《はなし》がまとまった。
【往来】おうらい ⇕ ①〈―する〉人《ひと》や車《くるま》が行《い》ったり来《き》たりすること。行《い》き来《き》。例 車《くるま》の往来《おうらい》がはげしい。類 交通《こうつう》 ②人《ひと》や車《くるま》が通《とお》るところ。例 あぶないから、往来《おうらい》であそぶな。類 道路《どうろ》
【往路】おうろ ↓ 目的地《もくてきち》に行《い》くときに通《とお》る道《みち》。例 往路《おうろ》は急行《きゅうこう》で行《い》く。対 復路《ふくろ》・帰路《きろ》

❷〈時間がすぎ去る〉の意味で
【往時】おうじ ↓ 遠《とお》くすぎ去《さ》ったむかし。例 城跡《しろあと》に立《た》って往時《おうじ》をしのぶ。類 往年《おうねん》・昔日《せきじつ》
【往年】おうねん ↓ すぎ去《さ》った、むかしのころ。例 往年《おうねん》の名選手《めいせんしゅ》。類 往時《おうじ》・昔日《せきじつ》
◆右往左往《うおうさおう》 既往《きおう》

彳-5

径

総画8　JIS-2334　教4年

音 ケイ　訓 ―

［徑］

筆順 径 径 径 径 径 径 径 径（はらう／ながく）

なりたち 【形声】もとの字は、「徑」。「巠」が「まっすぐ」の意味《いみ》と「ケイ」という読《よ》み方《かた》をしめしている。「彳」をくわえて、「こみち」を表《あらわ》す字《じ》。

意味
❶さしわたし。例 直径《ちょっけい》・半径《はんけい》
❷こみち。ほそいみち。例 小径《しょうけい》
❸まっすぐに。例 直情径行《ちょくじょうけいこう》

名前のよみ みち

径が下につく熟語 上の字の働き
❶**径**＝〈さしわたし〉のとき
【直径《ちょっけい》 半径《はんけい》 長径《ちょうけい》 短径《たんけい》】ドノヨウナさしわたしか。
◆口径《こうけい》 小径《しょうけい》

彳-5

征

総画8　JIS-3212　常用

音 セイ　訓 ゆ-く

筆順 征 征 征 征 征 征 征 征

◀次ページ

なりたち  【形声】「正」がある場所《ばしょ》に行《い》く意味《み》と「セイ」という読《よ》み方《かた》をしめしている。道《みち》の意味《いみ》の「イ」をくわえて、道《みち》を足《あし》で歩《ある》いていくことを表《あらわ》す字《じ》。

意味 行《い》く。せめこむ。例 征服《せいふく》・遠征《えんせい》

名前のよみ ただし・まさ・もと・ゆき

【。征討】《せいとう》 ‖ 〈—する〉出《で》かけていって敵《てき》をうつこと。例 征討軍《せいとうぐん》 類 征伐《せいばつ》

【。征。伐】《せいばつ》 ‖ 〈—する〉わるものや、したがわないものをせめて、こらしめること。例 鬼《おに》を征《せい》伐《ばつ》する。類 征討《せいとう》・討伐《とうばつ》・退治《たいじ》

【。征服】《せいふく》 ↓ 〈—する〉①相手《あいて》を負《ま》かして、いうとおりにさせること。例 世界《せかい》を征服《せいふく》する。類 制覇《せいは》 ②むずかしいことをやりとげること。例 最高峰《さいこうほう》を征服《せいふく》する。類 克服《こくふく》

◆ 遠征《えんせい》 出征《しゅっせい》

イ−5

彼

総画8 JIS-4064 常用

音 ヒ 訓 かれ・かの

筆順 彼 彼 彼 彼 彼 彼 彼 彼

なりたち  【形声】「イ」が「道《みち》」を、「皮」が「ヒ」という読《よ》み方《かた》をしめしている。「ヒ」は、「はなれる、わかれる」意味《いみ》を持《も》ち、道《みち》のはるか向《む》こうを表《あらわ》す字《じ》。

意味 ❶あれ。あの。かの。向《む》こうの。例 彼岸《ひがん》 ❷かれ。あの人《ひと》。例 彼《かれ》ら

注意するよみ かの…例 彼女《かのじょ》

❶〈あれ〉の意味で

【。彼女】《かのじょ》 ↓ ①相手《あいて》以外《いがい》の女《おんな》の人《ひと》を指《さ》すことば。例 彼女《かのじょ》の家族《かぞく》。対 彼《かれ》 ②特別《とくべつ》にしたしい女《おんな》ともだち。例 ぼくの彼女《かのじょ》。対 彼《かれ》・彼氏《かれし》

【。彼我】《ひが》 ⇕ むこうとこちら。例 彼我《ひが》の区別《くべつ》もつかないほどのはげしいたたかい。

【。彼岸】《ひがん》 ↓ ①春分《しゅんぶん》・秋分《しゅうぶん》の日《ひ》を中心《ちゅうしん》とする七日間《なのかかん》。例 暑《あつ》さ寒《さむ》さも彼岸《ひがん》まで。②仏教《ぶっきょう》でいう、生死《しょうじ》の世《よ》をこえ、なやみ苦《くる》しみをぬけて到達《とうたつ》する、向《む》こう岸《ぎし》の世界《せかい》。知識 お寺《てら》では、①の七日間《なのかかん》に「彼岸会《ひがんえ》」の法要《ほうよう》をする。その初日《しょにち》が「彼岸《ひがん》の入《い》り」、中心《ちゅうしん》の日《ひ》が「彼岸《ひがん》の中日《ちゅうにち》」。

イ−6

後

総画9 JIS-2469 教2年

音 ゴ・コウ 訓 のち・うしろ・あと・おくれる

筆順 後 後 後 後 後 後 後 後 後（とめる・はらう）

なりたち 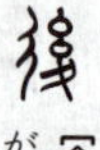 【会意】「イ」が「道《みち》」をしめし、「夂」が「しりぞく」意味《いみ》を表《あらわ》し、「幺」が「わずか」の意味《いみ》を持《も》つことから、全体《ぜんたい》で「うしろに向《む》かって進《すす》む」ことを表《あらわ》す字《じ》。

意味 ❶あと。のち。例 後《あと》でくやむ。後《おく》れをとる（おとる、負《ま》ける）。後《のち》の世《よ》。後悔《こうかい》・最後《さいご》 対 先《せん》・前《ぜん》 ❷うしろ。例 後《うし》ろを向《む》く。後退《こうたい》。対 前《ぜん》

使い分け おくれる［遅・後］ ☞441ページ

❶〈あと。のち〉の意味で

【後味】《あとあじ》 ↓ ①ものを食《た》べたり飲《の》んだりしたあと、口《くち》の中《なか》にのこる味《あじ》。例 この紅茶《こうちゃ》は後味《あとあじ》がよい。類 後口《あとくち》 ②ものごとがすんだあとにのこる気持《きも》ちや感《かん》じ。例 相手《あいて》のミスで勝《か》つなんて後味《あとあじ》がわるい。類 後口《あとくち》

【後先】《あとさき》 ⇕ ①ものごとの先《さき》のこととあとのこと。その順序《じゅんじょ》。例 後先《あとさき》も考《かんが》えないでやりはじめる。類 前後《ぜんご》 ②〈—する〉順序《じゅんじょ》が入《い》れかわること。あとのことが先《さき》になること。例 話《はなし》が後先《あとさき》になりますが…。類 前後《ぜんご》 ③一《ひと》つのものの前《まえ》のほうと後《うし》ろのほう。例 おりた車《くるま》の後先《あとさき》を見《み》て道《みち》をわたる。類 前後《ぜんご》

【後始末】《あとしまつ》 〈—する〉ものごとが終《お》わったあとの整理《せいり》をすること。あとかたづけ。例 後始末《あとしまつ》をきちんとする。表記「跡始末」とも書《か》く。

【後遺。症】《こういしょう》 病気《びょうき》やけがなどがいちおうなおったあとに、まだからだにのこっているぐあいのわるさ。例 後遺症《こういしょう》が出《で》る。

【後。悔】《こうかい》 ↓ 〈—する〉ものごとがすんだあとで、あれこれ考《かんが》えて残念《ざんねん》がること。悔《く》い。例 後悔先《こうかいさき》に立《た》たず（すんでしまったことは、あとでくやんでもどうしようもない）。類 悔恨《かいこん》

【後学】《こうがく》 ↓ ①あとあとためになる知識《ちしき》や学問《がくもん》。例 後学《こうがく》のために聞《き》いておこう。②あとから学問《がくもん》の道《みち》にはいる人《ひと》。例 後学《こうがく》の徒《と》。対 先学《せんがく》

【後記】《こうき》 ↓ ①あとがき。例 編集後記《へんしゅうこうき》 ②〈—

する〉そこよりもあとの方《ほう》に書《か》くこと。書《か》いたこと。例 要領《ようりょう》は後記《こうき》のとおり。対 前記《ぜんき》

【後期《こうき》】↓ ある期間《きかん》を二《ふた》つ、または三《みっ》つに分《わ》けたときの最後《さいご》の期間《きかん》。例 奈良《なら》時代《じだい》後期《こうき》 関連 初期《しょき》・前期《ぜんき》・中期《ちゅうき》・後期《こうき》・末期《まっき》

【後。継《こうけい》】↓〈—する〉役目《やくめ》や仕事《しごと》などを受《う》けつぐこと。あとつぎ。例 後継者《こうけいしゃ》 類 継承《けいしょう》

【後。顧《こうこ》】↓ ふりかえること。あとにのこしてきた肉親《にくしん》や仕事《しごと》が気《き》にかかること。例 後顧《こうこ》の憂《うれ》い（あとあとの心配《しんぱい》）。

【後者《こうしゃ》】↓ 二《ふた》つならべてのべたもののうち、あとのほう。例 洋食《ようしょく》と和食《わしょく》では、ぼくは、後者《こうしゃ》がすきだ。対 前者《ぜんしゃ》

【後述《こうじゅつ》】↓〈—する〉もう少《すこ》し先《さき》へいってのべること。例 その理由《りゆう》は後述《こうじゅつ》する。対 前述《ぜんじゅつ》

【後進《こうしん》】↓ 自分《じぶん》よりもあとから進《すす》んでくる人《ひと》たち。例 後進《こうしん》の指導《しどう》にあたる。類 後輩《こうはい》・後生《こうせい》☞❷

【後世】↓ 一《こうせい》 のちの世《よ》。例 戦争《せんそう》のおそろしさを後世《こうせい》につたえる。類 後代《こうだい》・後年《こうねん》 二《ごせ》 仏教《ぶっきょう》で、自分《じぶん》が死《し》んで生《う》まれかわったあとの世《よ》。関連 前世《ぜんせ》・現世《げんぜ》・来世《らいせ》（後世《ごせ》）

【後生。畏るべし《こうせいおそるべし》】 これからの若《わか》い人《ひと》は、（どれほど成長《せいちょう》するかわからないので）うやまうべきだ。参考『論語《ろんご》』の「後生畏《こうせいおそ》るべし。焉《いずく》んぞ来者《らいしゃ》の今《いま》に如《し》かざるを知《し》らんや。」から。表現「後生」は、自分《じぶん》より後《あと》から生《う》まれる人《ひと》。「後世」と書《か》くのは誤《あやま》り。

【後続《こうぞく》】↓〈—する〉あとにつづくこと。例 後続《こうぞく》部隊《ぶたい》。後続《こうぞく》の到着《とうちゃく》を待《ま》つ。対 先行《せんこう》

【後天的《こうてんてき》】〈—な〉〈—に〉生《う》まれてからあとに、その人《ひと》の身《み》につくようす。例 この病気《びょうき》は遺伝《いでん》ではなく後天的《こうてんてき》なものだ。対 先天的《せんてんてき》

【後難《こうなん》】↓ あとになってふりかかってくるわざわい。例 後難《こうなん》をおそれる。

【後任《こうにん》】↓ 前《まえ》の人《ひと》の役目《やくめ》をつぐこと。つぐ人《ひと》。例 後任者《こうにんしゃ》 類 後釜《あとがま》 対 前任《ぜんにん》

【後。輩《こうはい》】↓ ①おなじ学校《がっこう》や会社《かいしゃ》などに、あとから入《はい》った人《ひと》。例 後輩《こうはい》のめんどうをみる。対 先輩《せんぱい》 ②学問《がくもん》や仕事《しごと》などで、そのことをあとからはじめた人《ひと》。類 後進《こうしん》・後生《こうせい》 対 先輩《せんぱい》

【後発《こうはつ》】↓〈—する〉あとから出発《しゅっぱつ》すること。例 後発《こうはつ》部隊《ぶたい》 対 先発《せんぱつ》

【後半《こうはん》】↓ 大《おお》きく二《ふた》つに分《わ》けたものの、あとの半分《はんぶん》。例 試合《しあい》の後半戦《こうはんせん》。対 前半《ぜんはん》

【後便《こうびん》】↓ この次《つぎ》に出《だ》す手紙《てがみ》。対 前便《ぜんびん》

【後編《こうへん》】↓ 書物《しょもつ》やテレビ番組《ばんぐみ》などで、全体《ぜんたい》が二《ふた》つ、または三《みっ》つに分《わ》かれる場合《ばあい》のあとのほう。対 前編《ぜんぺん》

【後略《こうりゃく》】↓〈—する〉文章《ぶんしょう》などで、あとの部分《ぶぶん》をはぶくこと。多《おお》く、かっこに入《い》れて「（後《こう》略《りゃく》）」のようにして使《つか》う。類 下略《げりゃく》 関連 前《ぜん》略《りゃく》・中略《ちゅうりゃく》・後略《こうりゃく》

【後刻《ごこく》】↓ 少《すこ》し時間《じかん》がたってから。例 具体《ぐたい》的《てき》には後刻《ごこく》お知《し》らせします。類 後程《のちほど》 対 先刻《せんこく》

【後日《ごじつ》】↓ ①何日《なんにち》かたったあと。例 写真《しゃしん》は、後日《ごじつ》おとどけします。類 他日《たじつ》 ②あることが終《お》わったあと。例 後日談《ごじつだん》（あることが終《お》わったあとのことをつたえる話《はなし》）

【後生】↓ 一《ごしょう》 仏教《ぶっきょう》で、人《ひと》が死《し》んでから、生《う》まれかわる次《つぎ》の世《よ》。例 後生《ごしょう》をねがう。類 後《ご》世《せ》・来世《らいせ》 対 今生《こんじょう》 二《こうせい》 あとから生《う》まれる人《ひと》。あとから学《まな》ぶ人《ひと》。例 発展《はってん》を後生《こうせい》にたくす。類 後輩《こうはい》・後進《こうしん》

【後生大事《ごしょうだいじ》】 いつか役《やく》に立《た》つと思《おも》って、ひじょうにたいせつにすること。例 古《ふる》い証文《しょうもん》を後生大事《ごしょうだいじ》にしまっておく。参考 もともとは、極楽《ごくらく》に生《う》まれ変《か》わることを願《ねが》う意味《いみ》。

【後手《ごて》】↓ ①相手《あいて》に先《さき》をこされて、受《う》け身《み》になること。例 後手《ごて》にまわる。②碁《ご》・将棋《しょうぎ》の勝負《しょうぶ》で、相手《あいて》のあとから石《いし》をおいたり、こまを進《すす》めたりすること。対 先手《せんて》

❷〈うしろ〉の意味で

【後。援《こうえん》】↓〈—する〉背後《はいご》にいて力《ちから》をかすこと。うしろだて。例 後援会《こうえんかい》 類 協賛《きょうさん》・支援《しえん》

【後見《こうけん》】↓〈—する〉①背後《はいご》にいて、必要《ひつよう》なせわをし、めんどうをみること。おさない子《こ》どもの親《おや》がわりになること。例 後見人《こうけんにん》 ②舞台《ぶたい》の後《うし》ろのほうにいて、役者《やくしゃ》の手助《てだす》けをする役《やく》。後見役《こうけんやく》。例 おどりの後見《こうけん》。

【後進《こうしん》】↓〈—する〉うしろ向《む》きに進《すす》むこと。バック。類 後退《こうたい》 対 前進《ぜんしん》 ☞❶

【後退《こうたい》】↓〈—する〉①うしろへさがること。例 一歩《いっぽ》後退《こうたい》してかまえる。類 退却《たいきゃく》・後進《こうしん》 対

前ページ▶後

前進《ぜんしん》・進撃《しんげき》 ②ものごとの状態《じょうたい》がわるくなること。例 景気《けいき》が後退《こうたい》する。

【後背地】《こうはいち》 大《おお》きな都市《とし》や港《みなと》などのまわりにあって、産業《さんぎょう》や交通《こうつう》などで深《ふか》いつながりのあるところ。

【後方】《こうほう》 ↓ うしろのほう。対 前方《ぜんぽう》

【後光】《ごこう》 ↓ 仏《ほとけ》や菩薩《ぼさつ》のからだから出《で》ている光《ひかり》。また、その光《ひかり》を表《あらわ》すために、仏像《ぶつぞう》のうしろにつけるかざり。例 後光がさす。類 光背《こうはい》

後が下につく熟語 上の字の働き

❶後＝〈あと。のち〉のとき
【以後《いご》 事後《じご》 午後《ごご》 今後《こんご》 生後《せいご》 術後《じゅつご》 老後《ろうご》 死後《しご》 没後《ぼつご》 戦後《せんご》】イツから後《あと》か。
◆空前絶後《くうぜんぜつご》 最後《さいご》 前後《ぜんご》 直後《ちょくご》 背後《はいご》 落後《らくご》

待

イ-6　総画9　JIS-3452　教3年
音 タイ
訓 まつ

筆順（ながく・はねる）

なりたち [形声]「イ」が「道《みち》」を、「寺《シ》」が「タイ」とかわって読《よ》み方《かた》をしめしている。「シ」は「とまる」意味《いみ》を持《も》ち、道《みち》に立《た》ちどまってまつことを表《あらわ》す字。

意味
❶やってくるのをまつ。まちうける。例 機会《きかい》を待《ま》つ。待機《たいき》・期待《きたい》
❷他人《たにん》をもてなす。あつかう。例 招待《しょうたい》

❶〈やってくるのをまつ〉の意味で

【待機】《たいき》 ▲〈─する〉いつでも動《うご》きだせるように、準備《じゅんび》をととのえて待《ま》つこと。例 救急車《きゅうきゅうしゃ》が待機している。

【待避】《たいひ》 ↓〈─する〉わきによけて、ほかのものが通《とお》りすぎるのを待《ま》つこと。例 待避線《たいひせん》 表現 危険《きけん》をさけるために、安全《あんぜん》なところへにげることは「退避《たいひ》」という。

【待望】《たいぼう》 ↓〈─する〉たのしみにして待《ま》ちこがれること。例 待望《たいぼう》の大型新人《おおがたしんじん》。

❷〈他人をもてなす〉の意味で

【待遇】《たいぐう》 Ⅱ〈─する〉①人《ひと》や客《きゃく》をもてなすこと。例 あのホテルの待遇《たいぐう》はよい。②会社《かいしゃ》が社員《しゃいん》にあたえる給料《きゅうりょう》や地位《ちい》。例 待遇《たいぐう》を改善《かいぜん》する。類 処遇《しょぐう》

待が下につく熟語 上の字の働き

❷待＝〈他人をもてなす〉のとき
【招待《しょうたい》 歓待《かんたい》 優待《ゆうたい》 特待《とくたい》 虐待《ぎゃくたい》】ドノヨウニあつかうか。
◆期待《きたい》 接待《せったい》

律

イ-6　総画9　JIS-4607　教6年
音 リツ・リチ
訓 ―

筆順（だす・だす）

なりたち [形声]「イ」が「道《みち》」を、「聿《イツ》」が筆《ふで》の意味《いみ》と「リツ」とかわって読《よ》み方《かた》をしめしている。道《みち》をきちんと記録《きろく》することを表《あらわ》す字《じ》。

意味
❶きまり。きそく。例 自分《じぶん》の考《かんが》えで人《ひと》を律《りっ》する（こうだろうときめつける）。律儀《りちぎ》・法律《ほうりつ》
❷リズム。音《おと》の調子《ちょうし》。例 律動《りつどう》

注意するよみ リチ…例 律儀《りちぎ》
名前のよみ ただし・のり

❶〈きまり〉の意味で

【律儀】《りちぎ》 Ⅱ [（─な）] まじめで、義理《ぎり》がたいこと。例 律儀《りちぎ》な人《ひと》。類 実直《じっちょく》 表記「律義」とも書《か》く。

【律令】《りつりょう》 Ⅱ むかしの中国《ちゅうごく》の法律《ほうりつ》。例 律令《りつりょう》制《せい》・律令国家《りつりょうこっか》 知識 日本《にほん》で律令《りつりょう》ができたのは、大化《たいか》の改新《かいしん》のち。「律《りつ》」は刑罰《けいばつ》、「令《りょう》」は政治《せいじ》の仕組《しく》みを決《き》めたもの。

❷〈リズム〉の意味で

【律動】《りつどう》 ↓〈─する〉規則正《きそくただ》しく、ある運動《うんどう》がくりかえされること。リズム。例 律動感《りつどうかん》

律が下につく熟語 上の字の働き

❶律＝〈きまり〉のとき
【戒律《かいりつ》 規律《きりつ》 法律《ほうりつ》】近《ちか》い意味《いみ》。
❷律＝〈リズム〉のとき
【旋律《せんりつ》 一律《いちりつ》】ドノヨウナリズム（音《おと》）か。
◆韻律《いんりつ》 自律《じりつ》 調律《ちょうりつ》 不文律《ふぶんりつ》

従

イ-7　総画10　JIS-2930　教6年
音 ジュウ・ショウ・ジュ
訓 したがう・したがえる

「從」

筆順 従 従 従 従 従 従 従 従 従 従（ださない）（はらう）

なりたち 
【形声】もとの字は、「從」。「従」が道《みち》を歩《ある》くことを、「从」が人《ひと》のうしろについていくことを表《あらわ》し「ショウ」という読《よ》み方《かた》をしめしている。前《まえ》の人《ひと》にしたがって歩《ある》いていく意味《いみ》の字《じ》。

意味
❶したがう。ついて行《い》く。けらい。例 命《めい》令《れい》に従《したが》う。部《ぶ》下《か》を従《したが》える。従者《じゅうしゃ》 対 主《しゅ》
❷たずさわる。仕事《しごと》につく。例 専従《せんじゅう》
❸ゆるめる。ゆったりする。例 従容《しょうよう》
❹…から。…より。例 従来《じゅうらい》

注意するよみ ショウ…例 従容《しょうよう》 ジュ…例 従《じゅ》三位《さんみ》

名前のよみ しげ・つぐ・より

❶〈したがう〉の意味で
【従軍】《じゅうぐん》▲〈―する〉軍隊《ぐんたい》について、戦地《せんち》に行《い》くこと。例 従軍記者《じゅうぐんきしゃ》
【従者】《じゅうしゃ》↓ おともをする人《ひと》。
【従順】《じゅうじゅん》Ⅱ〈―な・―に〉おとなしくて、さからわないようす。類 温順《おんじゅん》・素直《すなお》
【従心】《じゅうしん》▲ 心《こころ》にしたがう（思《おも》うままに行動《こうどう》する）。参考『論語《ろんご》』の「七十《しちじゅう》にして心《こころ》の欲《ほっ》するところに従《したが》いて、矩《のり》をこえず（人《ひと》の道《みち》をはずれない）」から。七十歳《しちじっさい》についてもいう。☞【而立】《じりつ》（862ページ）
【従属】《じゅうぞく》Ⅱ〈―する〉自分《じぶん》よりも強《つよ》いものにしたがうこと。類 隷属《れいぞく》

❷〈たずさわる〉の意味で
【従業員】《じゅうぎょういん》会社《かいしゃ》や商店《しょうてん》・工場《こうじょう》などではたらいている人《ひと》。
【従事】《じゅうじ》▲〈―する〉ある仕事《しごと》についていること。たずさわる。例 農業《のうぎょう》に従事《じゅうじ》する。

❸〈ゆるめる〉の意味で
【従容】《しょうよう》◎〈―たる・―と〉ゆったりと落《お》ち着《つ》いているようす。例 従容《しょうよう》として死地《しち》におもむく。

❹〈…から〉の意味で
【従前】《じゅうぜん》▲ 以前《いぜん》から今《いま》まで。例 入学式《にゅうがくしき》は、従前《じゅうぜん》どおりにおこなう。類 従来《じゅうらい》
【従来】《じゅうらい》⊠ これまで。例 従来《じゅうらい》のやり方《かた》をあらためる。類 旧来《きゅうらい》・従前《じゅうぜん》

従が下につく熟語 上の字の働き
❶従＝〈したがう〉のとき
【服従《ふくじゅう》 侍従《じじゅう》】近《ちか》い意味《いみ》。
【屈従《くつじゅう》 忍従《にんじゅう》 盲従《もうじゅう》 追従《ついじゅう》/《ついしょう》】ドノヨウニ従《したが》うか。
◆主従《しゅじゅう》 専従《せんじゅう》

徐
イ－7 総画10 JIS-2989 常用
音 ジョ
訓 おもむろ-に

筆順 徐 徐 徐 徐 徐 徐 徐 徐 徐 徐

なりたち 
【形声】「イ」が道《みち》を行《い》くことを、「余《ヨ》」が「ジョ」とかわって読《よ》み方《かた》をしめしている。「ヨ」は「ゆっくり、ゆるやか」の意味《いみ》を持《も》ち、ゆっくり行《い》くことを表《あらわ》す字《じ》。

意味 ゆっくり。ゆるやかに。例 徐行《じょこう》

名前のよみ やす

【°徐行】《じょこう》↓〈―する〉車《くるま》や電車《でんしゃ》が、ゆっくりした速度《そくど》で走《はし》ること。例 徐行運転《じょこううんてん》
【°徐°徐】《じょじょ》Ⅱ〈―に〉ゆっくりとすこしずつ。例 徐々《じょじょ》に成績《せいせき》が上《あ》がってきた。

徒
イ－7 総画10 JIS-3744 教4年
音 ト
訓 いたずら-に

筆順 徒 徒 徒 徒 徒 徒 徒 徒 徒 徒（ながく）（はらう）

なりたち 
【形声】「従」が道《みち》を歩《ある》くことを、「土」が「ト」という読《よ》み方《かた》をしめしている。「ト」は「ふむ」意味《いみ》を持《も》ち、道《みち》を足《あし》でふんで歩《ある》いていくことを表《あらわ》す字《じ》。

意味
❶なにもない。なにも持《も》たない。例 徒手《としゅ》
❷したがうなかま。つきしたがうもの。教《おし》えをうけるもの。弟子《でし》。例 生徒《せいと》

名前のよみ ただ・とも

❶〈なにもない〉の意味で
【徒競走】《ときょうそう》速《はや》く走《はし》ることをきそうこと。かけっこ。例 徒競走《ときょうそう》で一等《いっとう》になった。
【徒手】《としゅ》↓ 手《て》になにも持《も》っていないこと。例 徒手体操《としゅたいそう》 類 素手《すで》・空手《からて》
【徒食】《としょく》↓〈―する〉これという仕事《しごと》もせず、

ぶらぶらしてくらすこと。例無為徒食《むいとしょく》（「無《む》為《い》」はなにもしないこと）

【徒歩】《とほ》 [‖] 乗《の》り物《もの》に乗《の》らないで、歩《ある》いていくこと。例徒歩《とほ》で十五分《じゅうごふん》の距離《きょり》。

【徒労】《とろう》 [↓] むだなほねおり。ほねおりぞん。例今《いま》までの努力《どりょく》は徒労《とろう》に終《お》わった。

❷〈したがうなかま〉の意味で

【徒弟】《とてい》 [‖] ①親方《おやかた》の家《いえ》に住《す》みこんで、仕事《しごと》や商売《しょうばい》の見習《みなら》いをする人《ひと》。例左官《さかん》の徒弟《とてい》になる。類丁稚《でっち》・小僧《こぞう》 対親方《おやかた》 ②門人《もんじん》。弟子《でし》。

【徒党】《ととう》 [‖] わるいことをするために集《あつ》まったなかま。例徒党《ととう》を組《く》む。類一味《いちみ》

徒が下につく熟語 上の字の働き

❷徒＝〈したがうなかま〉のとき
【教徒《きょうと》 宗徒《しゅうと》 信徒《しんと》 学徒《がくと》 生徒《せいと》 暴徒《ぼうと》】ドウイウなかまか。

彳-8

得

総画11
JIS-3832
教4年
音 トク
訓 える・うる

筆順

なりたち

【形声】「㝵」は貝《かい》と「寸（手《て》）」とからなり、貝（お金《かね》）を拾《ひろ》う意味《いみ》と「トク」という読《よ》み方《かた》をしめしている。「彳」をくわえて、出《で》かけて手《て》に入《い》れることを表《あらわ》す字《じ》。

意味
❶自分《じぶん》のものにする。手《て》に入《い》れる。例許《ゆる》しを得《え》る。得《う》るところが大《おお》きい。得点《とくてん》・取《しゅ》得《とく》 対失《しつ》・損《そん》
❷心《こころ》におちつく。わかる。例得心《とくしん》・説得《せっとく》

名前のよみ あり・なり・のり・やす

❶〈自分のものにする〉の意味で

【得手】《えて》 [↓] 〈—な・—に〉得意《とくい》なわざ。得意《とくい》なようす。例計算《けいさん》は得手《えて》ではない。対不得手《ふえて》

【得手勝手】《えてかって》 自分《じぶん》のしたいようにして、ほかの人《ひと》の迷惑《めいわく》を考《かんが》えないこと。

【得策】《とくさく》 [↓] とくになりそうな、うまいやり方《かた》。例今《いま》は、だまっているほうが得策《とくさく》だ。

【得失】《とくしつ》 [⇕] とくすることと、そんすること。利益《りえき》と損失《そんしつ》。例利害得失《りがいとくしつ》ぬきで働《はたら》く。

【得点】《とくてん》 [▲] 〈—する〉テストや試合《しあい》などで点数《てんすう》をとること。とった点数《てんすう》。例得点《とくてん》をかさねる。対失点《しってん》

【得票】《とくひょう》 [▲] 〈—する〉選挙《せんきょ》で票《ひょう》をとること。選《せん》挙《きょ》でとった票《ひょう》。例得票数《とくひょうすう》をかぞえる。

❷〈心におちつく〉の意味で

【得意】《とくい》 [▲] ①のぞみがかなって、満足《まんぞく》すること。例得意《とくい》の絶頂《ぜっちょう》。対失意《しつい》 ②〈—な・—に〉じょうずにできて、自信《じしん》を持《も》っているようす。例得《とく》意《い》な教科《きょうか》。対不得意《ふとくい》・苦手《にがて》 ③ひいきにしてくれる客《きゃく》。例得意先《とくいさき》 類顧客《こきゃく》

【得心】《とくしん》 [▲] 〈—する〉人《ひと》の言《い》うことや事情《じじょう》などが、よくわかること。例得心《とくしん》がいく。類納《なっ》得《とく》

得が下につく熟語 上の字の働き

❶得＝〈自分のものにする〉のとき
【獲得《かくとく》 取得《しゅとく》】近《ちか》い意味《いみ》。
【会得《えとく》 修得《しゅうとく》 習得《しゅうとく》 体得《たいとく》 拾得《しゅうとく》】ドノヨウニして自分《じぶん》のものにするか。

◆一挙両得《いっきょりょうとく》 心得《こころえ》 自業自得《じごうじとく》 所得《しょとく》 説得《せっとく》 損得《そんとく》

文字物語

御

「御」は、音《おん》の「ギョ」「ゴ」も訓《くん》の「お」「おん」「み」も、ことばの上《うえ》につけて、そのことをする人《ひと》・そのことにかかわる人《ひと》に対《たい》する尊敬《そんけい》を表《あらわ》すのに使《つか》われる。「御《ぎょ》製《せい》（天皇《てんのう》の作《つく》った歌《うた》）」「御覧《ごらん》になる」、「御父上《おちちうえ》様《さま》」「御《おん》みずから（ご自分《じぶん》で）」「御子《みこ》」など。そのなかで、もともと日本《にほん》のことばの上《うえ》につく「お」は、「お札《ふだ》」「お顔《かお》」「おはなし」「お使《つか》い」、漢語《かんご》の上《うえ》についたときでも「お札《さつ》」「お邪魔《じゃま》」「お大事《だいじ》に」のように、「お」と書《か》かれるのがふつうだ。漢語《かんご》の上《うえ》につく「御《ご》」も、「御苦労様《ごくろうさま》」「御心配《ごしんぱい》なく」「御返事《ごへんじ》お待《ま》ちしています」など、日《ひ》ごろあまりかたくるしくなく、気楽《きらく》に使《つか》っていることばのときは、かなの「ご」を使《つか》って、「ご苦労《くろう》さま」「ご心配《しんぱい》なく」「ご返事《へんじ》お待《ま》ちしています」のように書《か》くのが今《いま》ではふつうになっている。しかし、本文《ほんぶん》の中《なか》にあげられている「御所《ごしょ》」「御殿《ごてん》」などのような熟語《じゅくご》の場合《ばあい》は、漢字《かんじ》で書《か》かないとかっこうがつかない。

納得《なっとく》　役得《やくとく》

イ-9

御

総画12
JIS-2470
常用
訓 音 ギョ・ゴ
おん・お・み

筆順 御御御御御御御御御

なりたち 【形声】「彳止」が道《みち》を歩《ある》くことを、「午卩」が「ゴ」という読《よ》み方《かた》をしめしている。「ゴ」は「出《で》むかえる」意味《いみ》を持《も》ち、位《くらい》の高《たか》い人《ひと》を道《みち》で出《で》むかえることを表《あらわ》す字《じ》。

意味 ❶尊敬《そんけい》を表《あらわ》す。例 御中《おんちゅう》・崩御《ほうぎょ》・御所《ごしょ》 ❷うごきをおさえる。あやつる。例 制御《せいぎょ》

文字物語 ☞396ページ

❶〈尊敬を表す〉の意味で

【御曹子】おんぞうし　身分《みぶん》の高《たか》い人《ひと》や金持《かねも》ちの家《いえ》のむすこ。表記「御曹司」とも書《か》く。

【御中】おんちゅう ↓ 会社《かいしゃ》・商店《しょうてん》・学校《がっこう》など、団体《だんたい》にあてた郵便物《ゆうびんぶつ》のあて名《な》の下《した》に書《か》くことば。例 編集部御中《へんしゅうぶおんちゅう》

【御身】おんみ ↓ おからだ。例 御身《おんみ》おたいせつに。表現 古いことばだが、手紙《てがみ》には使《つか》う。

【御意】ぎょい ↓ ①お考《かんが》え。例 御意《ぎょい》のまま。②お指図《さしず》。例 御意《ぎょい》にしたがう。

【御家人】ごけにん　将軍直属《しょうぐんちょくぞく》の家来《けらい》のうち、身分《みぶん》の低《ひく》いもの。

【御三家】ごさんけ　江戸幕府《えどばくふ》の藩《はん》のうち、尾張《おわり》・紀伊《きい》・水戸《みと》の三《みっ》つの家柄《いえがら》。将軍家《しょうぐんけ》の一門《いちもん》として特別《とくべつ》にあつかわれた。表現 その分野《ぶんや》での有力《ゆうりょく》な三《みっ》つのものの意味《いみ》で、「政界御三家《せいかいごさんけ》」などと使《つか》う。

【御所】ごしょ ↓ 天皇《てんのう》・皇太子《こうたいし》などのお住《す》まい。例 東宮御所《とうぐうごしょ》 類 内裏《だいり》

【御前】ごぜん ↓ ①天皇《てんのう》など、ひじょうに身分《みぶん》の高《たか》い人《ひと》の前《まえ》。例 御前会議《ごぜんかいぎ》 ②むかし、身分《みぶん》の高《たか》い人《ひと》をうやまっていったことば。例 御前《ごぜん》さま ③むかし、女性《じょせい》をとうとんで、名前《なまえ》の下《した》につけて使《つか》ったことば。例 静御前《しずかごぜん》

【御足労】ごそくろう　来《き》ていただくこと。行《い》っていただくこと。例 御足労《ごそくろう》をおかけします。

【御殿】ごてん ↓ 身分《みぶん》の高《たか》い人《ひと》の住《す》む建物《たてもの》。大《おお》きくてりっぱな家《いえ》。

【御破算】ごはさん　①そろばんで、おいていた数《かず》をはらって、ゼロにすること。例 御破算《ごはさん》で願《ねが》いましては…。②それまでしていたことをとりやめて、はじめる前《まえ》の状態《じょうたい》にもどすこと。例 計画《けいかく》を御破算《ごはさん》にする。

【御法度】ごはっと　してはいけないときめられていること。例 遅刻《ちこく》は御法度《ごはっと》。参考「法度」は、武家時代《ぶけじだい》の法律《ほうりつ》。

【御無沙汰】ごぶさた〈ーする〉相手《あいて》に会《あ》ったり、手紙《てがみ》を出《だ》したりしないでいること。例 長《なが》いあいだ御無沙汰《ごぶさた》いたしました。

【御用】ごよう ↓ ①用事《ようじ》をていねいにいうことば。例 御用《ごよう》のある方《かた》は受付《うけつけ》へお越《こ》しください。②宮中《きゅうちゅう》や政府《せいふ》の用事《ようじ》。例 御用始《ごようはじ》め ③権力《けんりょく》のある人《ひと》にへつらって、そのいいなりになること。例 御用学者《ごようがくしゃ》 ④お上《かみ》の命令《めいれい》で犯人《はんにん》をつかまえることをいった、むかしのことば。

【御用達】ごようたつ｜ごようたし　皇室《こうしつ》など、とくべつのところに品物《しなもの》をおさめること。おさめる商人《しょうにん》。

【御利益】ごりやく　神《かみ》や仏《ほとけ》がさずけるめぐみ。例 御利益《ごりやく》がある。類 霊験《れいげん》

【御陵】ごりょう ↓ 天皇《てんのう》・皇后《こうごう》などのお墓《はか》。みささぎ。

❷〈うごきをおさえる〉の意味で

【御者】ぎょしゃ ↓ 馬車《ばしゃ》に乗《の》って、馬《うま》をあつかう人《ひと》。例 御者台《ぎょしゃだい》

御が下につく熟語 上の字の働き

❷御＝〈うごきをおさえる〉のとき
【制御《せいぎょ》 防御《ぼうぎょ》】近《ちか》い意味《いみ》。
◆ 統御《とうぎょ》 崩御《ほうぎょ》

イ-9

循

総画12
JIS-2959
常用
訓 音 ジュン
―

筆順 循循循循循循

なりたち 【形声】「彳」が道《みち》を、「盾」が「ジュン」という読《よ》み方《かた》をしめしている。「ジュン」は「めぐる」意味《いみ》を持《も》ち、道《みち》にそっていくことを表《あらわ》す字《じ》。

意味 めぐる。ぐるぐる回《まわ》る。例 循環《じゅんかん》

名前のよみ ゆき・よし

【循環】じゅんかん Ⅲ〈ーする〉ひとまわりしてもとに

帰《かえ》り、それをくりかえすこと。例 循環《じゅんかん》バス。

イ-9

復

総画12
JIS-4192
教5年
訓 —
音 フク

筆順 復復復復復復復復（はらう）

なりたち [形声]「复」が「重《かさ》ねる」意味《いみ》と「フク」という読《よ》み方《かた》をしめしている。「イ」をくわえて、もと行《い》った道《みち》を重《かさ》ねてかえってくることを表《あらわ》す字《じ》。

意味 もどる。例 復習《ふくしゅう》 対 往《おう》

発音あんない フク→フッ… 例 復活《ふっかつ》

名前のよみ あきら

【復員】《ふくいん》 ▲〈―する〉軍人《ぐんじん》としての任務《にんむ》をはなれて、家《いえ》に帰《かえ》ること。例 復員軍人《ふくいんぐんじん》。対 動員《どういん》

【復。縁】《ふくえん》 ▲〈―する〉一度《いちど》切《き》った縁《えん》をもとにもどすこと。例 復縁《ふくえん》をせまる。

【復学】《ふくがく》 ▲〈―する〉休学《きゅうがく》や停学中《ていがくちゅう》の学生《がくせい》・生徒《せいと》が、またもとの学校《がっこう》にもどること。例 復学《ふくがく》の許可《きょか》が出《で》た。対 休学《きゅうがく》・停学《ていがく》

【復元】《ふくげん》 ▲〈―する〉もとのすがたにもどすこと。表記「復原」とも書《か》く。

【復習】《ふくしゅう》 ↓〈―する〉一度《いちど》習《なら》ったことを、くりかえして勉強《べんきょう》すること。その勉強《べんきょう》。おさらい。例 復習《ふくしゅう》に力《ちから》を入《い》れる。対 予習《よしゅう》

【復◆讐】《ふくしゅう》 ▲〈―する〉しかえしをすること。例 復讐《ふくしゅう》をおそれる。類 報復《ほうふく》

【復唱】《ふくしょう》 ↓〈―する〉言《い》われたことをたしかめるために、その場《ば》でそのとおりにくりかえして言《い》うこと。例 命令《めいれい》を復唱《ふくしょう》する。

【復職】《ふくしょく》 ▲〈―する〉一度《いちど》仕事《しごと》をやめた人《ひと》や病気《びょうき》で休《やす》んでいた人《ひと》が、もとの職《しょく》にもどること。例 復職《ふくしょく》を願《ねが》い出《で》る。対 休職《きゅうしょく》

【復調】《ふくちょう》 ▲〈―する〉からだなどの調子《ちょうし》がもとにもどること。例 復調《ふくちょう》のきざしが見《み》える。

【復命】《ふくめい》 ▲〈―する〉命令《めいれい》された人《ひと》に報告《ほうこく》すること。命令《めいれい》されたことの結果《けっか》を、命令《めいれい》した人《ひと》に報告《ほうこく》すること。

【復路】《ふくろ》 ↓帰《かえ》るときに通《とお》る道《みち》。帰《かえ》り道《みち》。例 復路《ふくろ》は船《ふね》にする。類 帰路《きろ》 対 往路《おうろ》

【復活】《ふっかつ》 ↓〈―する〉①死《し》んだ人《ひと》が生《い》きかえること。例 キリストの復活《ふっかつ》。類 蘇生《そせい》 ②一度《いちど》すたれたものが、またさかんになること。例 祭《まつ》りが復活《ふっかつ》した。類 復興《ふっこう》・再興《さいこう》

【復刊】《ふっかん》 ▲〈―する〉発行《はっこう》がとぎれていた新聞《しんぶん》や雑誌《ざっし》を、また発行《はっこう》すること。対 休刊《きゅうかん》

【復帰】《ふっき》 Ⅱ〈―する〉もとの状態《じょうたい》や仕事《しごと》にもどること。例 社会復帰《しゃかいふっき》

【復旧】《ふっきゅう》 ▲〈―する〉こわれたりくずれたりしたものを、もとどおりになおすこと。なおること。例 復旧工事《ふっきゅうこうじ》

【復権】《ふっけん》 ▲〈―する〉いったんうしなった権利《けんり》や資格《しかく》をとりもどすこと。公民権《こうみんけん》や財産権《ざいさんけん》などについていうことが多《おお》い。

【復古】《ふっこ》 ▲〈―する〉むかしの状態《じょうたい》や、やり方《かた》にもどること。参考 明治維新《めいじいしん》の「王政復古《おうせいふっこ》」は、幕府《ばくふ》の武家政治《ぶけせいじ》から、本来《ほんらい》の天皇《てんのう》の政治《せいじ》にもどったという意味《いみ》。

【復興】《ふっこう》 ↓〈―する〉おとろえたものが、もとのようにさかんになること。さかんにすること。例 震災《しんさい》にあった街《まち》の復興《ふっこう》をすすめる。類 再興《さいこう》・中興《ちゅうこう》・復活《ふっかつ》

復が下につく熟語 上の字の働き

【反復《はんぷく》 回復《かいふく》 報復《ほうふく》】近《ちか》い意味《いみ》。
【修復《しゅうふく》 拝復《はいふく》】ドウヤッテもどすか。
◆ 往復《おうふく》

イ-10

微

総画13
JIS-4089
常用
訓 かす-か
音 ビ

筆順 微微微微微微微

なりたち [形声]「イ」が道《みち》を行《い》くことを、「𢼸」が「見《み》えるか見《み》えないほど」の意味《いみ》と「ビ」という読《よ》み方《かた》をしめしている。人《ひと》にかくれてこっそり行《い》くことを表《あらわ》す字《じ》。

意味 ごく小《ちい》さい。こまかい。かすか。例 顕《けん》微鏡《びきょう》・微細《びさい》

【。微温】《びおん》 ↓少《すこ》しだけあたたかいこと。

【。微細】《びさい》 Ⅱ〈―な・―に〉ひじょうにこまかいようす。例 微細《びさい》なことまで調《しら》べる。類 微小《びしょう》

【。微罪】《びざい》 ↓ほんのかるい罪《つみ》。例 微罪《びざい》でも罪《つみ》は罪《つみ》だ。対 重罪《じゅうざい》・大罪《たいざい》

【。微視的】《びしてき》 〈―な・―に〉①人間《にんげん》の目《め》で見分《みわ》けられないほど小《ちい》さい。例 微視的《びしてき》な世界《せかい》。②ひじ

ようにこまかなところに目《め》をむけている。例 微視的《びしてき》な見方《みかた》。対 巨視的《きょしてき》

【◦微弱《びじゃく》】Ⅱ〈―な・―に〉ひじょうに力《ちから》が弱《よわ》いようす。例 微弱《びじゃく》な電波《でんぱ》。

【◦微小《びしょう》】Ⅱ〈―な・―に〉たいへんこまかくて小《ちい》さい。例 微小《びしょう》な生物《せいぶつ》。類 微細《びさい》 対 巨大《きょだい》

【◦微少《びしょう》】Ⅱ〈―な・―に〉ひじょうに少《すく》ない。例 微《び》少《しょう》な金額《きんがく》。

【◦微笑《びしょう》】↓〈―する〉声《こえ》を出《だ》さず、にっこりわらうこと。ほほえみ。例 微笑《びしょう》をうかべる。

【◦微生物《びせいぶつ》】細菌《さいきん》・かび・原生動物《げんせいどうぶつ》など、顕《けん》微鏡《びきょう》でないと見《み》えない、ひじょうに小《ちい》さな生《せい》物《ぶつ》。

【◦微調整《びちょうせい》】〈―する〉こまかい手《て》なおしをすること。例 あとは微調整《びちょうせい》するだけでいい。

【◦微動《びどう》】↓〈―する〉わずかに動《うご》くこと。例 どっしりと構《かま》えて微動《びどう》だにしない。

【◦微熱《びねつ》】↓ ふだんより少《すこ》し高《たか》い体温《たいおん》。例 かぜをひいて微熱《びねつ》があるようだ。

【◦微◦微《びび》】Ⅱ〈―たる〉ほんの少《すこ》しである。例 もうけは微々《びび》たるものだった。

【◦微風《びふう》】↓ かすかにふく風《かぜ》。そよ風《かぜ》。対 強《きょう》風《ふう》・烈風《れっぷう》

【◦微◦妙《びみょう》】Ⅱ〈―な・―に〉一口《ひとくち》では言《い》い表《あらわ》せないほど、こまかくこみいっているようす。例 ふたりの意見《いけん》は微妙《びみょう》にくいちがっている。

【◦微量《びりょう》】↓ ほんの少《すこ》しの量《りょう》。

【◦微力《びりょく》】↓ 力《ちから》が弱《よわ》いこと。わずかな力《ちから》。

表現「微力《びりょく》ながらお手伝《てつだ》いします」のように、けんそんして言《い》うのに使《つか》う。

微が下につく熟語 上の字の働き

【機微《きび》 軽微《けいび》 衰微《すいび》】近《ちか》い意味《いみ》。

イ−11

徴

総画14 JIS-3607 常用

訓 ― 音 チョウ

［徵］

筆順 徴 徴 徴 徴 徴 徴 徴 徴

なりたち  【形声】「壬《テイ》」が「チョウ」とかわって読《よ》み方《かた》をしめしている。「テイ」が「しめす」意味《いみ》を持《も》ち、「かすかに」の意味《いみ》の「微」を省略《しょうりゃく》した形《かたち》「微」をくわえて、かすかにそれとなくしめすことを表《あらわ》す字《じ》。

意味 ❶とりたてる。もとめる。例 徴収《ちょうしゅう》 ❷しるし。例 象徴《しょうちょう》・特徴《とくちょう》

名前のよみ あき・あきら・よし

❶〈とりたてる〉の意味で

【◦徴収《ちょうしゅう》】Ⅱ〈―する〉税金《ぜいきん》や、料金《りょうきん》・会費《かいひ》などを集《あつ》めること。とりたてること。例 PTA《ピーティーエー》の会費《かいひ》を徴収《ちょうしゅう》する。

【◦徴税《ちょうぜい》】▲〈―する〉税金《ぜいきん》をとりたてること。例 消費税《しょうひぜい》を徴税《ちょうぜい》する。対 納税《のうぜい》

【◦徴発《ちょうはつ》】Ⅱ〈―する〉戦争《せんそう》のときなどに、軍隊《ぐんたい》で使《つか》うために、物《もの》をとりあげたり、人《ひと》をかりあつめたりすること。類 徴用《ちょうよう》・接収《せっしゅう》

【◦徴兵《ちょうへい》】▲〈―する〉国家《こっか》が、国民《こくみん》の義務《ぎむ》として、ある年齢《ねんれい》になった人《ひと》をある期間《きかん》軍隊《ぐんたい》に入《い》れること。例 徴兵制《ちょうへいせい》

【◦徴用《ちょうよう》】↓〈―する〉国家《こっか》が国民《こくみん》をむりやりにある仕事《しごと》につかせること。類 徴発《ちょうはつ》

◆追徴《ついちょう》 象徴《しょうちょう》 特徴《とくちょう》

イ−11

徳

総画14 JIS-3833 教5年

訓 ― 音 トク

［德］

筆順 徳 徳 徳 徳 徳 徳 徳 徳（四にならない はねる とめる）

なりたち  【形声】もとの字《じ》は、「德」。「彳」が道《みち》を行《い》くことを、「悳→惪」がりっぱなおこないの意味《いみ》と「トク」という読《よ》み方《かた》をしめしている。「彳」をくわえて、すぐれた行為《こうい》を表《あらわ》す字《じ》。

意味 ❶人《ひと》としてりっぱなこと。例 徳育《とくいく》・道徳《どうとく》 ❷利益《りえき》。例 早起《はやお》きは三文《さんもん》の徳《とく》。徳用《とくよう》

名前のよみ あつ・あつし・いさお・さと・ただし・とみ・なり・のぼる・のり・めぐむ・やす・よし

❶〈人としてりっぱなこと〉の意味で

【徳育《とくいく》】↓ 道徳《どうとく》をまもる心《こころ》をそだてる教《きょう》育《いく》。道徳教育《どうとくきょういく》。関連 知育《ちいく》・徳育《とくいく》・体育《たいいく》

【徳望《とくぼう》】Ⅱ おこないがりっぱで、人《ひと》びとからしたわれていること。例 徳望《とくぼう》の高《たか》い人《ひと》。

【徳目《とくもく》】↓ 人《ひと》としておこなうべきことを、一《ひと》つ一《ひと》つ項目《こうもく》の形《かたち》でしめしたもの。

❷〈利益〉の意味で

【徳用《とくよう》】[↓]〈―な ―に〉値段《ねだん》が安《やす》いわりに量《りょう》が多《おお》くてとくなこと。例 徳用品《とくようひん》 類 割安《わりやす》 表記「得用」とも書《か》く。

徳が下につく熟語 上の字の働き

❶徳＝〈人としてりっぱなこと〉のとき
【功徳《くどく》 福徳《ふくとく》 道徳《どうとく》】近《ちか》い意味《いみ》。
【遺徳《いとく》 高徳《こうとく》 美徳《びとく》】ドノヨウナ徳《とく》か。
◆悪徳《あくとく》 公徳《こうとく》 人徳《じんとく》 背徳《はいとく》

徹

亻－12 総画15 JIS-3716 常用
音 テツ
訓 ―

筆順 徹 徹 徹 徹 徹 徹 徹

なりたち 【形声】「亻」が道《みち》を行《い》くことを、「攴」が「つらぬき通《とお》す」意味《いみ》と「テツ」という読《よ》み方《かた》をしめしている。どこまでも行《い》き通《とお》すことを表《あらわ》す字《じ》。

意味 とおす。つきとおす。例 徹底《てってい》・貫徹《かんてつ》

名前のよみ あきら・いたる・おさむ・とおる・ひとし・みち・ゆき

【。徹底《てってい》】[▲]〈―する〉①すみずみまで行《い》きとどくこと。例 連絡《れんらく》を全員《ぜんいん》に徹底《てってい》させる。②考《かんが》えやおこないなどを、どこまでもつらぬきとおすこと。例 徹底《てってい》した平和主義者《へいわしゅぎしゃ》。

【。徹底的《てっていてき》】〈―な ―に〉ちゅうとはんぱでなく、最後《さいご》の最後《さいご》までやりとおすようす。例 徹底的《てっていてき》にやっつけられた。

【。徹頭。徹。尾《てっとうてつび》】考《かんが》えもやり方《かた》も、はじめからおわりまで決《けっ》してかえないようす。例 その方針《ほうしん》には徹頭徹尾《てっとうてつび》反対《はんたい》だ。

【。徹夜《てつや》】[▲]〈―する〉ひとばんじゅう起《お》きていること。夜明《よあ》かし。例 徹夜《てつや》で勉強《べんきょう》をする。

徹が下につく熟語 上の字の働き

【貫徹《かんてつ》 透徹《とうてつ》】近《ちか》い意味《いみ》。
◆一徹《いってつ》

3画 艹［くさかんむり］の部

草《くさ》の生《は》えているすがたをえがいた象形《しょうけい》である「艹（艸）」をもとに作《つく》られ、植物《しょくぶつ》にかかわる字《じ》を集《あつ》めてあります。

この部首の字

芋

艹－3 総画6 JIS-1682 常用
音 ―
訓 いも

筆順 芋 芋 芋 芋 芋 芋

なりたち 【形声】「艹」が「くさ」を、「于」が「ウ」という読《よ》み方《かた》をしめしている。「ウ」は「大《おお》きい」の意味《いみ》を持《も》ち、葉《は》の大《おお》きいサトイモ、または根《ね》の大《おお》きいイモを表《あらわ》している字《じ》。

意味 いも。植物《しょくぶつ》の地下茎《ちかけい》や根《ね》の大《おお》きくなったもの。例 芋《いも》を洗《あら》うような混雑《こんざつ》ぶり。芋掘《いもほ》り。種芋《たねいも》

【。芋版《いもばん》】[↓]サツマイモやジャガイモを切《き》った面《めん》に絵《え》や字《じ》をかいて、ほった版《はん》。例 芋版《いもばん》で年賀状《ねんがじょう》を作《つく》る。

【。芋名月《いもめいげつ》】陰暦八月十五日《いんれきはちがつじゅうごにち》の月《つき》。太陽暦《たいようれき》では九月半《くがつなか》ば。中秋《ちゅうしゅう》の名月《めいげつ》。参考 サトイモをそなえて月見《つきみ》をする風習《ふうしゅう》から。

芝

艹-3

総画6 JIS-2839 常用

音 シ
訓 しば

筆順 芝

なりたち 芝 [形声]「艹」が「くさ」を、「之」が「シ」という読《よ》み方《かた》をしめしている。めでたいしるしとされる草《くさ》を表《あらわ》す字《じ》。わが国《くに》では「しば」として使《つか》われている。

意味 しば。庭《にわ》や野原《のはら》に一面《いちめん》に生《は》える背《せ》の低《ひく》い多年草《たねんそう》。例 芝《しば》をかる。芝生《しばふ》

特別なよみ 芝生(しばふ)

名前のよみ しげ

【◦芝居】《しばい》 [↓] ①舞台《ぶたい》の上《うえ》で、役者《やくしゃ》が動《うご》きやことばによって物語《ものがたり》を演《えん》じて、人《ひと》に見《み》せるもの。例 芝居見物《しばいけんぶつ》。紙芝居《かみしばい》 類 演劇《えんげき》 ②人《ひと》をだまそうとしてわざとなにかをしてみせること。例 ひと芝居《しばい》うつ。類 演技《えんぎ》 参考 もと、能《のう》楽《がく》などで、一般《いっぱん》の人《ひと》の見物席《けんぶつせき》が芝生《しばふ》にあったことから。

【◦芝生】《しばふ》 [▽] 芝《しば》が一面《いちめん》に生《は》えているところ。例 芝生《しばふ》にねころぶ。類 芝原《しばはら》・芝地《しばち》

花

艹-4

総画7 JIS-1854 教1年

音 カ
訓 はな

筆順 花 (おらない・はねる)

なりたち [形声]「艹」が「くさ」を、「化」が「カ」という読《よ》み方《かた》をしめしている。「カ」は「はな(華)」のことで、草《くさ》のはなの意味《いみ》。「はなやか」の「華」と区別《くべつ》してできた字《じ》。

意味 はな。木《き》や草《くさ》の花《はな》。花《はな》のように美《うつく》しいもの。(日本《にほん》では桜《さくら》を指《さ》すことが多《おお》い) 例 花《はな》がさく。花《はな》の都《みやこ》。両手《りょうて》に花《はな》。火花《ひばな》・開花《かいか》

【花◦壇】《かだん》 [↓] 土《つち》をもり上《あ》げたり、しきりをしたりして草花《くさばな》を植《う》えてあるところ。

【花鳥風月】《かちょうふうげつ》 花《はな》、小鳥《ことり》、風《かぜ》、空《そら》の月《つき》などに見《み》られる自然《しぜん》の美《うつく》しさ。類 雪月花《せつげっか》

【花◦瓶】《かびん》 [↓] 花《はな》をいける、つぼやびん。例 ガラスの花瓶《かびん》。花瓶《かびん》に花《はな》をいける。

【花粉】《かふん》 [↓] 花《はな》のおしべの先《さき》にできるこなのようなもの。めしべについて実《み》をむすばせる。例 花粉症《かふんしょう》

【花弁】《かべん》 [↓] 花《はな》びら。例 花弁《かべん》の数《かず》を調《しら》べる。

【花形】《はながた》 [↓] 人気《にんき》があり、注目《ちゅうもく》を集《あつ》めるはなやかな人《ひと》やもの。例 花形選手《はながたせんしゅ》

【花園】《はなぞの》 [↓] 草花《くさばな》をたくさん植《う》えてある庭《にわ》や公園《こうえん》。例 まるで花園《はなぞの》のようだ。

【花束】《はなたば》 [↓] 草花《くさばな》をたばねたもの。ブーケ。例 花束贈呈《はなたばぞうてい》。花束《はなたば》をおくる。

【花火】《はなび》 [↓] 火薬《かやく》をまぜ合《あ》わせて、美《うつく》しい火《ひ》花《ばな》が出《で》るようにしたもの。例 花火大会《はなびたいかい》

【花◦吹雪】《はなふぶき》 桜《さくら》の花《はな》びらが風《かぜ》にふかれていっせいにみだれちるようす。

【花見】《はなみ》 [↓] 桜《さくら》の花《はな》をながめて楽《たの》しむこと。例 花見客《はなみきゃく》でにぎわう公園《こうえん》。

【花◦婿】《はなむこ》 [↓] 結婚《けっこん》したばかりの男《おとこ》の人《ひと》。類 新《しん》郎《ろう》 対 花嫁《はなよめ》

【花◦嫁】《はなよめ》 [↓] 結婚《けっこん》したばかりの女《おんな》の人《ひと》。例 花《はな》嫁衣装《よめいしょう》 類 新婦《しんぷ》 対 花婿《はなむこ》

【花輪】《はなわ》 [↓] 生花《せいか》または造花《ぞうか》などをつけて、まるい大《おお》きな輪《わ》になるようにしたもの。葬式《そうしき》や開店《かいてん》いわいなどに使《つか》う。例 花輪《はなわ》をかざる。表記「花環」とも書《か》く。

花が下につく熟語 上の字の働き

【生花《せいか》 造花《ぞうか》 雄花《おばな》 雌花《めばな》 国花《こっか》 綿花《めんか》】ドウイウ花《はな》か。

◆開花《かいか》 草花《くさばな》 火花《ひばな》

芹

艹-4

総画7 JIS-2260 人名

音 キン
訓 せり

意味 せり。水辺《みずべ》に生《は》える多年草《たねんそう》。香《かお》りがつよい。春《はる》の七草《ななくさ》の一《ひと》つ。

芥

艹-4

総画7 JIS-1909 人名

音 ケ・カイ
訓 からし・あくた

意味 ❶からし。香《かお》りや辛《から》みをつける調味料《ちょうみりょう》。表記「からし」は「芥子」「辛子」とも書《か》く。 ❷あくた。ごみ。例 塵芥《じんかい|ちりあくた》(ちりやごみ)

芸

艹-4

総画7 JIS-2361 教4年

音 ゲイ
訓 —

[藝]

筆順 芸 芸 芸 芸 芸 芸 芸 (ながく)(とめる)

なりたち 【会意】もとの字《じ》は、「藝」。「くさ」の意味《いみ》の「艹」と、人《ひと》がしゃがんで木《き》を植《う》えている形《かたち》の「埶」と、田畑《たはた》の雑草《ざっそう》をとりのぞく意味《いみ》の「耘」を略《りゃく》した「云」とからでき、草木《くさき》などを植える農作業《のうさぎょう》を表《あらわ》す字《じ》。のちに、「わざ」の意《い》味《み》にも使《つか》われている。常用漢字《じょうようかんじ》の「芸」は「云」が「ウン」という読《よ》み方《かた》をしめす形声文字《けいせいもじ》で、まったくべつの字《じ》であったが、「藝」の代《か》わりに借《か》りて使《つか》われるようになった。

意味
❶みごとなわざ。くふうによる技術《ぎじゅつ》や学《がく》問《もん》。人《ひと》を楽《たの》しませるために演《えん》じるもの。例 芸《げい》が細《こま》かい（細《こま》かいところまで注意《ちゅうい》がゆきとどいている）。芸能《げいのう》・手芸《しゅげい》・学芸員《がくげいいん》
❷安芸《あき》。旧国名《きゅうこくめい》。今《いま》の広島県西部《ひろしまけんせいぶ》。例 芸《げい》州《しゅう》・芸予《げいよ》

名前のよみ き・のり

❶〈みごとなわざ〉の意味で
【芸事】《げいごと》 ↓ おどり・琴《こと》・三味線《しゃみせん》・生《い》け花《ばな》・茶《ちゃ》の湯《ゆ》など、日本《にほん》の伝統的《でんとうてき》なけいこごと。例 芸事《げいごと》のけいこに通《かよ》う。
【芸術】《げいじゅつ》 ↓ 心《こころ》に感《かん》じた美《うつく》しさを作品《さくひん》にまとめる活動《かつどう》。それによって生《う》みだされるもの。文学《ぶんがく》・絵画《かいが》・彫刻《ちょうこく》・音楽《おんがく》・演劇《えんげき》・映画《えいが》などがある。例 芸術祭《げいじゅつさい》
【芸当】《げいとう》 ↓ ふつうではとてもできそうもないわざを人《ひと》に見《み》せ、おどろかせてよろこばせること。
【芸人】《げいにん》 ↓ ①歌手《かしゅ》・俳優《はいゆう》・落語家《らくごか》など、芸《げい》を人《ひと》に見《み》せることを仕事《しごと》としている人《ひと》。②歌《うた》やものまねなど、芸《げい》のうまい人《ひと》。例 かれはなかなかの芸人《げいにん》だ。
【芸能】《げいのう》 ‖ 映画《えいが》・演劇《えんげき》・音楽《おんがく》・おどり・落語《らくご》などをまとめていうことば。例 郷土芸能《きょうどげいのう》
【芸風】《げいふう》 ↓ 音楽《おんがく》・演劇《えんげき》・おどり・落語《らくご》などで、その人《ひと》だけがもっている芸《げい》のやり方《かた》や味《あじ》わい。例 先代《せんだい》の芸風《げいふう》をうけつぐ。
【芸名】《げいめい》 ↓ 歌手《かしゅ》や俳優《はいゆう》・落語家《らくごか》などが、芸能《げいのう》活動《かつどう》をするうえで使《つか》う名前《なまえ》。対 本名《ほんみょう》

芸が下につく熟語 上の字の働き
❶芸＝〈みごとなわざ〉のとき
【学芸《がくげい》 技芸《ぎげい》】近《ちか》い意味《いみ》。
【工芸《こうげい》 手芸《しゅげい》 陶芸《とうげい》 武芸《ぶげい》 文芸《ぶんげい》 民芸《みんげい》】ナニにかかわる芸《げい》か。
【曲芸《きょくげい》 腹芸《はらげい》】ドウイウ芸《げい》か。
◆園芸《えんげい》 演芸《えんげい》 至芸《しげい》 多芸《たげい》 農芸《のうげい》

芯
艹-4 総画7 JIS-3136 常用
訓 ― 音 シン

筆順 芯 芯 芯 芯 芯 芯 芯

意味 しん。物《もの》のまん中《なか》の部分《ぶぶん》。物《もの》のまん中《なか》にある物《もの》。例 芯《しん》のつよい人《ひと》。芯《しん》まであたたまる。えんぴつの芯《しん》。帯芯《おびしん》

芭
艹-4 総画7 JIS-3946 人名
訓 ― 音 ハ・バ

意味 大形《おおがた》の多年草《たねんそう》「芭蕉《ばしょう》」に使《つか》う字《じ》。参考 松《まつ》尾《お》芭《ば》蕉《しょう》（人名《じんめい》）

芙
艹-4 総画7 JIS-4171 人名
訓 はす・はちす 音 フ

意味 はす。美《うつく》しいはすの花《はな》。例 芙蓉《ふよう》
【芙蓉】《ふよう》 ◎ アオイ科《か》の落葉低木《らくようていぼく》にさく、うすもも色《いろ》の美《うつく》しい花《はな》。例 芙蓉峰《ふようほう》（富士山《ふじさん》）

芳
艹-4 総画7 JIS-4307 常用
訓 かんばしい 音 ホウ

筆順 芳 芳 芳 芳 芳 芳 芳

なりたち 【形声】「艹」が「くさ」を、「方」が「ホウ」という読《よ》み方《かた》をしめしている。「ホウ」は「かおりがよい」の意味《いみ》を持《も》ち、かおりのよい草《くさ》を表《あらわ》す字《じ》。

意味
❶よいかおりがする。例 芳《かんば》しい花《はな》の香《かお》り。芳香《ほうこう》
❷尊敬《そんけい》を表《あらわ》すことば。例 芳名《ほうめい》

名前のよみ かおり・かおる・みち・もと・よし

❶〈よいかおりがする〉の意味で
【芳紀】《ほうき》 ↓ 年《とし》ごろの女《おんな》の人《ひと》の年齢《ねんれい》。
【芳香】《ほうこう》 ↓ よいかおり。例 芳香《ほうこう》を放《はな》つ。類 香気《こうき》

【芳°醇】ほうじゅん ↓〈一な〉かおりが高《たか》く、味《あじ》のよいようす。多《おお》く酒《さけ》にいう。例 芳醇《ほうじゅん》な酒《さけ》。

❷〈尊敬を表すことば〉の意味で

【芳°志】ほうし ↓ 相手《あいて》の親切《しんせつ》な気持《きも》ちにたいしてうやまっていうことば。例 ご芳志《ほうし》をいただき、あつくお礼申《れいもう》し上《あ》げます。

【芳°名】ほうめい ↓ お名前《なまえ》。（うやまった言《い》い方《かた》）例 芳名録《ほうめいろく》 表現「御芳名《ごほうめい》」と「御《ご》」をつけるのは敬《けい》語《ご》がかさなるが、じっさいはそのように使《つか》うことが多《おお》い。

苺

艹-5 総画8 JIS-7185 人名

音 ― 訓 いちご

意味 いちご。赤《あか》または黄色《きいろ》の実《み》をつけ、食《た》べられるものが多《おお》い。キイチゴ・クサイチゴなどがある。例 苺《いちご》ジャム・木苺《きいちご》

英

艹-5 総画8 JIS-1749 教4年

音 エイ 訓 ―

筆順 英 英 英 英 英 英 英 英（だす・だす・はらう）

なりたち  【形声】「艹」が「くさ」を、「央《オウ》」が「エイ」とかわって読《よ》み方《かた》をしめしている。「オウ」は「あざやか」の意味《いみ》を持《も》ち、あざやかにさいた草花《くさばな》を表《あらわ》す字《じ》。

意味 ❶ひいでた。群《ぐん》をぬいてすぐれた。例 英《えい》才《さい》・俊英《しゅんえい》
❷イギリス。「英吉利《イギリス》」の略《りゃく》。例 英文《えいぶん》・渡英《とえい》

名前のよみ あき・あきら・あや・すぐる・たけし・つね・てる・とし・はな・ひで・ふさ・よし

❶〈ひいでた〉の意味で

【英気】えいき ↓ ①いきいきしてすぐれた気性《きしょう》。②ものごとをすすんでしようとする気持《きも》ち。例 英気《えいき》をやしなう（やる気《き》が出《だ》せるように休養《きゅうよう》をとる）。

【英才】えいさい ↓ すぐれた才能《さいのう》を持《も》つ人《ひと》。おもにわかい人についていう。例 英才教育《えいさいきょういく》 類 俊才《しゅんさい》・秀才《しゅうさい》 対 鈍才《どんさい》・凡才《ぼんさい》

【英断】えいだん ↓ 思《おも》い切《き》りのよい、すぐれた決心《けっしん》。例 英断《えいだん》をくだす。類 勇断《ゆうだん》

【英知】えいち ↓ すぐれた深《ふか》いちえ。例 英知《えいち》をあつめる。

【英明】えいめい Ⅱ〈一な〉かしこくて、ものごとの道《どう》理《り》がよくわかっていること。対 暗愚《あんぐ》

【英°雄】えいゆう ↓ 才能《さいのう》と勇気《ゆうき》があって、大《おお》きなことをなしとげた人《ひと》。ヒーロー。例 国民的英雄《こくみんてきえいゆう》

【英°霊】えいれい ↓ 死《し》んだ人《ひと》のたましい。戦争《せんそう》で死《し》んだ兵士《へいし》の霊《れい》をうやまっていうことが多《おお》い。類 英魂《えいこん》

❷〈イギリス〉の意味で

【英語】えいご ↓ イギリスをはじめアメリカ・カナダ・オーストラリアなど、世界《せかい》の広《ひろ》い地域《ちいき》で使《つか》われていることば。

【英国】えいこく ↓ イギリス。例 英国製《えいこくせい》の服《ふく》。

【英文】えいぶん ↓ ①英語《えいご》で書《か》いた文章《ぶんしょう》。例 英文《えいぶん》の手紙《てがみ》。②「英文学《えいぶんがく》」「英文学科《えいぶんがっか》」の略《りゃく》。

【英訳】えいやく ↓〈―する〉ほかの国《くに》のことばや文章《ぶんしょう》を英語《えいご》に訳《やく》すこと。

【英和】えいわ ⇕ ①イギリスと日本《にほん》。英語《えいご》と日本語《にほんご》。類 日英《にちえい》 ②「英和辞典《えいわじてん》」の略《りゃく》。英語《えいご》を日本《にほん》語に訳《やく》すための辞書《じしょ》。対 和英《わえい》

◆育英《いくえい》 俊英《しゅんえい》 渡英《とえい》 和英《わえい》 石英《せきえい》

苑

艹-5 総画8 JIS-1781 人名

音 エン・オン 訓 その

意味 にわ。その。例 御苑《ぎょえん》

◆外苑《がいえん》 御苑《ぎょえん》 内苑《ないえん》

苛

艹-5 総画8 JIS-1855 常用

音 カ 訓 ―

筆順 苛 苛 苛 苛 苛 苛 苛 苛

意味 きびしい。むごい。例 苛酷《かこく》

【苛°酷】かこく Ⅱ〈一な〉思《おも》いやりがなくてきびしい。例 苛酷《かこく》な労働条件《ろうどうじょうけん》。

【苛°政】かせい ↓ きびしくむごい政治《せいじ》。

【苛°性】かせい ↓ 動植物《どうしょくぶつ》の組織《そしき》にはげしくはたらいておかす性質《せいしつ》。例 苛性《かせい》ソーダ

【苛°政は虎よりも猛し】かせいはとらよりもたけし きびしくむごい政治《せいじ》は、人《ひと》を食《く》い殺《ころ》す虎《とら》よりもおそろしい。参考『礼記《らいき》』にあることば。

【苛°烈】かれつ Ⅱ〈一な〉きびしくはげしい。例 苛《か》烈《れつ》なたたかい。類 激烈《げきれつ》

前ページ▶莓 英 苑 苛

艹－5

【茄】

総画8
JIS-1856
人名
音 カ
訓 なす・なすび

意味 なす。なすび。むらさき色《いろ》の実《み》をつける野菜《やさい》。その実《み》。例 茄子《なす》

艹－5

【芽】

総画8
JIS-1874
教4年
音 ガ
訓 め

筆順

なりたち  [形声]「艹」が「くさ」を、「牙」が「かみあう」意味《いみ》と「ガ」という読《よ》み方《かた》をしめしている。草木《くさき》のふた葉《ば》がたがいにかみあっているめを表《あらわ》す字《じ》。

意味 ❶草木《くさき》の、め。例 木《き》の芽《め》。芽《め》が出《で》る。発《はっ》芽《が》 ❷ものごとのはじまり。例 萌芽《ほうが》
◆麦芽《ばくが》 発芽《はつが》 萌芽《ほうが》 若芽《わかめ》

艹－5

【苦】

総画8
JIS-2276
教3年
音 ク
訓 くるしい・くるしむ・くるしめる・にがい・にがる

筆順

なりたち  [形声]「艹」が「くさ」を、「古《コ》」が「ク」とかわって読《よ》み方《かた》をしめしている。「コ」は「ひきしまる」意味《いみ》を持《も》ち、口《くち》がひきしまるようなにがい味《あじ》の草《くさ》を表《あらわ》す字《じ》。

意味 ❶くるしい。つらい。思《おも》うようにいかない。ほねをおる。例 苦《くる》しいときの神《かみ》だのみ。病気《びょうき》に苦《くる》しむ。心《こころ》を苦《くる》しめる。楽《らく》あれば苦《く》あり。苦心《くしん》 対 楽《がく》
❷にがい。受《う》け入《い》れるのがむずかしい。例 苦《にが》い薬《くすり》。苦《にが》りきった顔《かお》。苦言《くげん》

❶〈くるしい〉の意味で

【苦役】《くえき》 ⇩ はげしく、つらい仕事《しごと》。また、刑《けい》罰《ばつ》として労働《ろうどう》させられること。例 三年《さんねん》の苦役《くえき》に服《ふく》する。

【苦学】《くがく》 ⇩〈―する〉はたらきながら、苦労《くろう》して勉強《べんきょう》をつづけること。例 苦学生《くがくせい》

【苦境】《くきょう》 ⇩ むずかしく苦《くる》しい立場《たちば》。例 苦《く》境《きょう》に立《た》たされる。類 逆境《ぎゃっきょう》・窮地《きゅうち》

【苦行】《くぎょう》 ⇩〈―する〉苦《くる》しい修行《しゅぎょう》。例 苦行僧《くぎょうそう》

【苦心】《くしん》 ▲〈―する〉うまくいくように、あれこれと心《こころ》をくだいて考《かんが》えること。例 苦心談《くしんだん》・苦《く》心《しん》さんたん(惨憺) 類 苦慮《くりょ》・腐心《ふしん》

【苦節】《くせつ》 ⇩ 苦《くる》しみに負《ま》けないで、自分《じぶん》の考《かんが》えや信《しん》じたことをまもりとおすこと。例 苦節《くせつ》十年《じゅうねん》、やっと入選《にゅうせん》をはたした。

【苦戦】《くせん》 ⇩〈―する〉負《ま》けそうな苦《くる》しいたたかい。例 苦戦《くせん》を強《し》いられる。類 苦闘《くとう》

【苦痛】《くつう》 Ⅱ 心《こころ》やからだの苦《くる》しみやいたみ。

【苦闘】《くとう》 ⇩〈―する〉苦《くる》しいたたかいをすること。むずかしいことに苦《くる》しみながら取《と》り組《く》むこと。例 悪戦苦闘《あくせんくとう》 類 苦戦《くせん》

【苦難】《くなん》 Ⅱ 苦《くる》しみやつらさ。それらをあたえるできごと。例 苦難《くなん》にたえる。類 困難《こんなん》

【苦悩】《くのう》 Ⅱ〈―する〉どうしていいかわからなくて、なやみになやむこと。例 苦悩《くのう》の色《いろ》がにじむ。類 苦悶《くもん》・煩悶《はんもん》

【苦◆悶】《くもん》 ⇩〈―する〉ひどい苦《くる》しみにもだえること。例 苦悶《くもん》の表情《ひょうじょう》。類 苦悩《くのう》・煩悶《はんもん》

【苦楽】《くらく》 ⇕ 苦《くる》しみと楽《たの》しみ。例 苦楽《くらく》をともにする(いっしょに苦労《くろう》したり楽《たの》しんだりする)。

【苦慮】《くりょ》 ⇩〈―する〉いい方法《ほうほう》がないかと思《おも》いなやむこと。類 苦心《くしん》・腐心《ふしん》

【苦労】《くろう》 Ⅱ〈―する〉ものごとがうまくいくように、努力《どりょく》したり、心配《しんぱい》したりすること。例 親《おや》に苦労《くろう》をかける。類 労苦《ろうく》・難儀《なんぎ》

【苦労性】《くろうしょう》〈―な・―に〉なんでもないことまで心《しん》配《ぱい》し、自分《じぶん》で苦労《くろう》をつくっているような性質《せいしつ》。

❷〈にがい〉の意味で

【苦言】《くげん》 ⇩ 言《い》われたときはいやな気《き》がするが、その人《ひと》にとってためになることば。例 苦《く》言《げん》を呈《てい》する。類 忠告《ちゅうこく》 対 甘言《かんげん》

【苦汁】《くじゅう》 ⇩ にがい汁《しる》。例 苦汁《くじゅう》をなめる(つらい経験《けいけん》やいやな思《おも》いをする)。

【苦笑】《くしょう》 ⇩〈―する〉心《こころ》の中《なか》ではこまったことだと思《おも》いながら、しかたなくわらうこと。に

がわらい。例 思《おも》わず苦笑《くしょう》する。

【苦情】《くじょう》 ↓ 損《そん》をしたり迷惑《めいわく》をかけられたりしたことに対《たい》する、不満《ふまん》やいかりの気持《きも》ち。例 苦情《くじょう》が出《で》る。類 文句《もんく》・不平《ふへい》・不満《ふまん》

【苦。杯】《くはい》 ↓ つらい、いやな経験《けいけん》。参考「にがい飲《の》み物《もの》を入《い》れたさかずき」がもとの意味《いみ》。例 苦杯《くはい》をなめる。苦杯《くはい》をきっする。

【苦手】《にがて》 ↓〈[]な[]に〉①あつかい方《かた》がわからず、あまり好《す》きでないこと。あつかいにくい相手《あいて》。例 どうもあの人《ひと》は苦手《にがて》だ。②身《み》につけにくいわざ。得意《とくい》でないこと。例 水泳《すいえい》は苦手《にがて》だ。類 不得手《ふえて》 対 得意《とくい》

【苦味】《にがみ》 ↓ にがい味《あじ》。例 苦味《にがみ》のある薬《くすり》。

苦が下につく熟語 上の字の働き

❶ 苦＝〈くるしい〉のとき
【困苦《こんく》 労苦《ろうく》 辛苦《しんく》(粒粒《りゅうりゅう》辛苦)】近《ちか》い意味《いみ》。
【病苦《びょうく》 貧苦《ひんく》】ナニによる苦《く》か。
◆四苦八苦《しくはっく》

艹-5

茎

総画8 JIS-2352 常用
音 ケイ
訓 くき
[莖]

筆順 茎 茎 茎 茎 茎 茎 茎 茎

なりたち 【形声】もとの字は、「莖」。「艹」が「くさ」を、「巠」が「まっすぐ」の意味《いみ》と「ケイ」という読《よ》み方《かた》をしめし、まっすぐにのびた草《くさ》のくきを表《あらわ》す字《じ》。

意味 草木《くさき》のくき。例 バラの茎《くき》。根茎《こんけい》

◆塊茎《かいけい》 地下茎《ちかけい》 歯茎《はぐき》

艹-5

若

総画8 JIS-2867 教6年
音 ジャク・ニャク
訓 わかい・もしくは

筆順 若 若 若 若 若 若 若 若 (ながく)

なりたち 【形声】「𦬁→芓」が「ジャク」という読《よ》み方《かた》をしめしている。「ジャク」は「したがう」意味《いみ》を持《も》ち、「口」をくわえて、口《くち》ですなおに「はい」と言《い》うことを表《あらわ》す字《じ》。わが国《くに》では、借《か》りて「わかい」の意味《いみ》に使《つか》われる。

意味
❶わかい。例 若者《わかもの》・老若《ろうにゃく》 対 老《ろう》
❷あるいは。または。例 本人《ほんにん》若《も》しくはその代理《だいり》の者《もの》。
❸《その他《た》》例 若干《じゃっかん》

注意するよみ ニャク…例 老若《ろうにゃく》
特別なよみ 若人《わこうど》
名前のよみ よし

❶〈わかい〉の意味で

【若年】《じゃくねん》 ↓ 年《とし》のわかいこと。わかい人《ひと》。類 若者《わかもの》 対 老年《ろうねん》 表記「弱年」とも書《か》く。

【若。輩】《じゃくはい》 ↓ 年《とし》がわかくて、経験《けいけん》があさく、力《ちから》もじゅうぶんについていない人《ひと》。表記「弱輩」とも書《か》く。

【若草】《わかくさ》 ↓ 芽《め》を出《だ》したばかりの草《くさ》。例 春《はる》になっていちめんに若草《わかくさ》が萌《も》えだした。

【若気】《わかげ》 ↓ 深《ふか》く考《かんが》えないで、いきおいにまかせて行動《こうどう》する、わかものにありがちな気持《きも》ち。表現 わかさにまかせて、ついやってしまったことを、あとになって後悔《こうかい》するときに「若気《わかげ》のいたりで」などと使《つか》う。

【若手】《わかて》 ↓ わかくてはたらきざかりの人《ひと》。全《ぜん》体《たい》の中《なか》でわかいほうの人《ひと》たち。例 若手《わかて》の活躍《かつやく》が目立《めだ》つ。類 少壮《しょうそう》

【若年寄】《わかどしより》 ①江戸幕府《えどばくふ》で、老中《ろうじゅう》をたすけ、また旗本《はたもと》のとりしまりにあたった役目《やくめ》。②わかいのに、ふけてみえる人《ひと》。わかいのに年《とし》よりのようなふるまいをする人《ひと》。表記 ②は、ふつう「若年寄り」と書《か》く。

【若芽】《わかめ》 ↓ 生《は》えてまもない草《くさ》や木《き》の芽《め》。例

例解 使い分け

[あらい《荒い・粗い》]

荒い＝いきおいがはげしい。
例 波《なみ》が荒《あら》い。鼻息《はないき》が荒《あら》い。気性《きしょう》が荒《あら》い。

粗い＝粒《つぶ》やすきまが大《おお》きい。そまつである。反対《はんたい》は「細《こま》かい」。
例 肌《はだ》が粗《あら》い。目《め》の粗《あら》い布《ぬの》。作《つく》り方《かた》が粗《あら》い。

◦学習漢字でない常用漢字 ▴常用漢字表にない音訓 ◆常用漢字でない漢字

前ページ▶茎 若

萌《も》え出《で》たばかりの若芽《わかめ》をつみとる。類新芽《しんめ》 類

【若者】《わかもの》 ↓ 年《とし》のわかい人《ひと》。例元気《げんき》な若者《わかもの》。類青年《せいねん》・若人《わこうど》・若年《じゃくねん》・弱年《じゃくねん》

【若人】《わこうど》 ↓ 年《とし》のわかい人《ひと》。類青年《せいねん》・若者《わかもの》

❸《その他》

【若干】《じゃっかん》 ‖ いくらか。少《すこ》し。例若干名《じゃっかんめい》。まだ若干《じゃっかん》の空席《くうせき》がある。類多少《たしょう》

艹-5 【苔】

総画8 JIS-3461 人名 音 タイ 訓 こけ

意味 こけ。例苔《こけ》がむす。

参考「海苔」は「のり」と読《よ》む。

艹-5 【苗】

総画8 JIS-4136 常用 音 ビョウ 訓 なえ・なわ

筆順 苗苗苗苗苗苗苗苗

なりたち 【会意】「くさ」をしめす「艹」と「田」とからでき、田《た》に生《は》える小《ちい》さな草《くさ》「なえ」を表《あらわ》している字《じ》。

意味 なえ。育《そだ》ちはじめた若《わか》い草木《くさき》。例トマトの苗《なえ》。苗木《なえぎ》・種苗《しゅびょう》

注意するよみ なわ…例苗代《なわしろ》

特別なよみ 早苗(さなえ)

名前のよみ え・なり・みつ

【苗木】《なえぎ》 ↓ ほかの場所《ばしょ》に植《う》えるためのわかく小《ちい》さな木《き》。例桜《さくら》の苗木《なえぎ》を用意《ようい》する。

【苗床】《なえどこ》 ↓ たねをまいて、なえを育《そだ》てるところ。例苗床《なえどこ》をビニールでおおう。表現イネの苗《なえ》の場合《ばあい》は「苗代《なわしろ》」という。

【苗代】《なわしろ》 ↓ イネの籾種《もみだね》をまいてなえを育《そだ》てる田《た》。例苗代《なわしろ》のしろかきをする。

◆育苗《いくびょう》 早苗《さなえ》 種苗《しゅびょう》 痘苗《とうびょう》

艹-5 【茅】

総画8 JIS-1993 人名 音 ボウ 訓 かや・ち・ちがや

意味 かや。野原《のはら》に生《は》える背《せ》の高《たか》い草《くさ》。ススキ・チガヤ・スゲなど。例茅《かや》ぶきの屋根《やね》。

艹-5 【茉】

総画8 JIS-7193 人名 音 マツ・バツ 訓 ま

意味 まつり(茉莉)。白《しろ》い花《はな》をさかせるモクセイ科《か》の常緑低木《じょうりょくていぼく》。ジャスミンの一種《いっしゅ》。

艹-5 【茂】

総画8 JIS-4448 常用 音 モ 訓 しげる

筆順 茂茂茂茂茂茂茂茂

なりたち 【形声】「艹」が「くさ」を、「戊《ボ》」が「モ」とかわって読《よ》み方《かた》をしめしている。「モ」は「しげる」意味《いみ》を持《も》ち、草《くさ》がしげることを表《あらわ》す字《じ》。

意味 草木《くさき》がおいしげる。さかんにはえる。例青葉《あおば》が茂《しげ》る。繁茂《はんも》

名前のよみ あり・たか・とも・もち・もと・ゆたか

艹-6 【茜】

総画9 JIS-1611 人名 音 ── 訓 あかね

意味 あかね。根《ね》から赤《あか》い染料《せんりょう》をとるつる草《くさ》。あかね色《いろ》。例茜色《あかねいろ》の空《そら》。

艹-6 【荒】

総画9 JIS-2551 常用 音 コウ 訓 あらい・あれる・あらす

筆順 荒荒荒荒荒荒荒荒荒

なりたち 【形声】「艹」が「くさ」を、「巟」が「コウ」という読《よ》み方《かた》をしめしている。「コウ」は「ぼうぼうと草《くさ》がみだれて生《は》える」意味《いみ》を持《も》ち、草《くさ》が地面《じめん》をおおってあれはてるようすを表《あらわ》す字《じ》。

意味
❶あらい。らんぼうだ。例荒波《あらなみ》・荒天《こうてん》
❷あれはてる。わびしい。例生活《せいかつ》が荒《あ》れる。庭《にわ》を荒《あ》らす犬《いぬ》。荒廃《こうはい》
❸でたらめ。とりとめがない。例荒唐無稽《こうとうむけい》

使い分け あらい[荒・粗] ☞405ページ

❶〈あらい〉の意味で

【荒海】《あらうみ》 ↓ 風《かぜ》や波《なみ》であれている海《うみ》。例荒海《あらうみ》に乗《の》り出《だ》す。

【荒行】《あらぎょう》 ↓ お坊《ぼう》さんなどが自分《じぶん》をきたえるために、滝《たき》にうたれたり、山《やま》を歩《ある》いたりするきびしい修行《しゅぎょう》。例荒行《あらぎょう》にいどむ。

【荒波】《あらなみ》 ↓ はげしいいきおいでおしよせる

波《なみ》。[例] 荒波《あらなみ》にもまれる。[表現]「世間《せけん》の荒波《あらなみ》」のように世《よ》の中《なか》のきびしさなどを表《あらわ》すこともある。

【°荒°療治《あらりょうじ》】〈—する〉①手《て》あらなやり方《かた》でけがや病気《びょうき》をなおすこと。②思《おも》い切《き》ったやり方《かた》で、よくないことをあらため、解決《かいけつ》すること。[例] 政治改革《せいじかいかく》には荒療治《あらりょうじ》が必要《ひつよう》だ。

【°荒技《あらわざ》】[↓] 格闘技《かくとうぎ》で、はげしい動《うご》きをともなう思《おも》い切《き》ったわざ。[例] 荒技《あらわざ》をきめる。

【°荒業《あらわざ》】[↓] 力《ちから》にたよるはげしい仕事《しごと》。[類] 荒《あら》仕事《しごと》

【°荒天《こうてん》】[↓] 雨《あめ》や風《かぜ》のはげしい、あれた天気《てんき》。[例] 荒天《こうてん》をついて出発《しゅっぱつ》する。[類] 悪天候《あくてんこう》

❷〈あれはてる〉の意味で

【°荒°廃《こうはい》】[二]〈—する〉建物《たてもの》や土地《とち》、人《ひと》の心《こころ》などがあれはてること。[例] 戦争《せんそう》で、国土《こくど》が荒廃《こうはい》する。

【°荒野《こうや》】[↓] あれはてた野原《のはら》。荒《あ》れ野《の》。[例] 荒《こう》野《や》をさまよう。[類] 原野《げんや》

【°荒°涼《こうりょう》】[↓]〈—たる —と〉あれはてて、さびしいようす。[例] 荒涼《こうりょう》とした風景《ふうけい》。

❸〈でたらめ〉の意味で

【°荒°唐無°稽《こうとうむけい》】〈—な〉よりどころがなく、でたらめなこと。[例] 荒唐無稽《こうとうむけい》な話《はなし》。[参考]『荘《そう》子《じ》』にある「荒唐之言《こうとうのげん》(よりどころのないことば)」と『書経《しょきょう》』にある「無稽之言《むけいのげん》(たしかな考《かんが》えがないことば)」がいっしょになった四字《よじ》熟語《じゅくご》。

◆手荒《てあら》 破天荒《はてんこう》

茨

艹−6 総画9 JIS-1681 常用

[音] — [訓] いばら

筆順

[意味] いばら。野《の》バラやカラタチなど、とげのある低木《ていぼく》。[例] 茨《いばら》の道《みち》。

[県名] 茨城(いばらき)

茸

艹−6 総画9 JIS-3491 人名

[音] ジョウ [訓] きのこ・たけ

[意味] きのこ。たけ。[例] 毒茸《どくきのこ》|《どくたけ》

草

艹−6 総画9 JIS-3380 教1年

[音] ソウ [訓] くさ

筆順

なりたち

[形声]「艹」はもともと「艸」で「くさ」の意味《いみ》を表《あらわ》す象形《しょうけい》文字《もじ》であったが、これにあらためて読《よ》み方《かた》をしめす「早《ソウ》」をくわえた字《じ》。

意味

❶くさ。植物《しょくぶつ》の草《くさ》。[例] 草原《そうげん》|《くさはら》・雑草《ざっそう》

❷じゅうぶんととのっていない。[例] 草案《そうあん》

❸はじめ。はじまる。[例] 草創《そうそう》

[特別なよみ] 草履(ぞうり)

[名前のよみ] しげ

---

❶〈くさ〉の意味で

【草花《くさばな》】[二] 花《はな》のさく草《くさ》。または、草《くさ》にさく花《はな》。[例] 植物採集《しょくぶつさいしゅう》で草花《くさばな》を集《あつ》める。

【草笛《くさぶえ》】[↓] 草木《くさき》の葉《は》やくきを口《くち》に当《あ》てて、ふえのように ふき鳴《な》らすもの。[例] 草笛《くさぶえ》をふく。

【草°枕《くさまくら》】[↓] 草《くさ》をまくらにしてねるという意味《いみ》で、旅《たび》をすること。旅先《たびさき》でねること。

【草野球《くさやきゅう》】アマチュアの人《ひと》たちが集《あつ》まって、楽《たの》しみでする野球《やきゅう》。

【草原】[↓][一]《そうげん》草《くさ》が一面《いちめん》に生《は》えている広々《ひろびろ》とした野原《のはら》。[例] 大草原《だいそうげん》 [二]《くさはら》木《き》がなく草《くさ》が生《は》えている原《はら》っぱ。[例] 草原《くさはら》にねころぶ。

【草食《そうしょく》】[↓]〈—する〉動物《どうぶつ》が草《くさ》をおもな食《た》べ物《もの》とすること。[例] 草食動物《そうしょくどうぶつ》 [関連] 肉食《にくしょく》・草食《そうしょく》・雑食《ざっしょく》

【草木《そうもく》|《くさき》】[二] 草《くさ》や木《き》。[例] 山川草木《さんせんそうもく》

【草°履《ぞうり》】[↓] わら、竹《たけ》の皮《かわ》などをあんで、はなおをつけた底《そこ》が平《たい》らなはきもの。ビニールやゴムなどでできたものも指《さ》す。

❷〈じゅうぶんととのっていない〉の意味で

【草案《そうあん》】[↓] おおやけにしめす文《ぶん》を書《か》く前《まえ》に、とりあえずしるした、もとになる案《あん》。[例] 憲法《けんぽう》の草案《そうあん》を練《ね》る。[類] 草稿《そうこう》・原案《げんあん》・文案《ぶんあん》

【草°稿《そうこう》】[↓] 詩《し》や文章《ぶんしょう》などの下書《したが》き。[例] スピーチの草稿《そうこう》。[類] 原稿《げんこう》・草案《そうあん》

【草書《そうしょ》】[↓] 漢字《かんじ》の書体《しょたい》の一《ひと》つ。点《てん》や画《かく》をつづけたり、くずしたりして、なめらかに書《か》く書《しょ》体《たい》。[関連] 楷書《かいしょ》・行書《ぎょうしょ》・草書《そうしょ》 [参考] ☞ものしり

巻物(193ページ)

【草《そう》草《そう》】 Ⅱ 手紙《てがみ》の最後《さいご》に書《か》くことば。「いそいで走《はし》り書《が》きをしたため、文《ぶん》も字《じ》もみだれておりますが、これで失礼《しつれい》します」という意味《いみ》を表《あらわ》す。 類 不一《ふいつ》 表現 手紙《てがみ》の最初《さいしょ》に「前略《ぜんりゃく》」「冠省《かんしょう》」などと書《か》いたときのむすびのことば。

❸〈はじめ〉の意味で

【草《そう》創《そう》】 Ⅱ 新《あたら》しい事業《じぎょう》のはじまり。草分《くさわ》け。 例 会社《かいしゃ》の草創《そうそう》に関与《かんよ》する。 類 創始《そうし》

草が下につく熟語 上の字の働き

❶ 草＝〈くさ〉のとき

【海草《かいそう》 牧草《ぼくそう》 雑草《ざっそう》 薬草《やくそう》 若草《わかくさ》】ドウイウ草《くさ》か。

◆ 起草《きそう》 除草《じょそう》 千草《ちぐさ》 七草《ななくさ》

艹－6

荘

総画9 JIS-3381 常用

訓 ―― 音 ソウ・ショウ

［莊］

筆順 荘 荘 荘 荘 荘 荘 荘 荘 荘

なりたち 𦱤 【形声】もとの字は、「莊」。「艹」が「くさ」を、「壯」が「さかん」の意味《み》と「ソウ」という読《よ》み方《かた》をしめしている。草《くさ》のいきおいよくしげるようすを表《あらわ》す字《じ》。

意味

❶ いなか。いなかの住居《じゅうきょ》。旅館《りょかん》や店《みせ》の名《な》につけることば。 例 荘園《しょうえん》・別荘《べっそう》

❷ おごそか。いかめしい。 例 荘重《そうちょう》

名前のよみ たか・たかし・ただし・まさ

❶〈いなか〉の意味で

【荘。園《しょうえん》】 ↓ むかし、貴族《きぞく》や神社《じんじゃ》・寺《てら》などが、自分《じぶん》のものとして持《も》っていた土地《とち》。 表記 「庄園」とも書《か》く。

❷〈おごそか〉の意味で

【荘。厳《そうごん》】 Ⅱ 〈―に―な〉おごそかで重々《おもおも》しいようす。 例 教会《きょうかい》には荘厳《そうごん》なふんいきがただよっていた。

【荘。重《そうちょう》】 Ⅱ 〈―に―な〉おごそかで重々《おもおも》しい。 例 荘重《そうちょう》なパイプオルガンの音《ね》。 類 厳粛《げんしゅく》

◆ 山荘《さんそう》 別荘《べっそう》

艹－6

茶

総画9 JIS-3567 教2年

訓 ―― 音 チャ・サ

筆順 茶 茶 茶 茶 茶 茶 茶 茶 茶 はらう はねない とめる

なりたち 𦯬 【形声】もとの字は、「荼」。「艹」が「くさ」を、「余《ヨ―ト》」が「サ」とかわって読《よ》み方《かた》をしめしている。「ヨ」は「にがい」の意味《いみ》を持《も》ち、にがみのある飲《の》み物《もの》に用《もち》いる植物《しょくぶつ》を表《あらわ》す字《じ》。

意味

❶ おちゃ。飲《の》みもの、おちゃ。 例 茶室《ちゃしつ》・茶器《ちゃき》・茶道《さどう―ちゃどう》・番茶《ばんちゃ》・抹茶《まっちゃ》

❷《その他《た》》 例 茶目《ちゃめ》

❶〈おちゃ〉の意味で

【茶。菓《さか―ちゃか》】 Ⅱ お茶《ちゃ》と菓子《かし》。 例 茶菓《さか》を出《だ》してもてなす。

【茶道《さどう―ちゃどう》】 ↓ 抹茶《まっちゃ》をたてて客《きゃく》とともに味《あじ》わうための作法《さほう》。茶《ちゃ》の湯《ゆ》。

【茶飯事《さはんじ》】 お茶《ちゃ》を飲《の》んだり、ごはんを食《た》べたりするような、毎日《まいにち》やっているごくふつうのこと。 例 日常《にちじょう》茶飯事《さはんじ》

【茶色《ちゃいろ》】 ↓ かれ葉《は》の色《いろ》のような黒《くろ》みがかった赤黄色《あかきいろ》。

【茶会《ちゃかい》】 ↓ 茶道《さどう》で、客《きゃく》をまねいてお茶《ちゃ》を出《だ》してもてなす会《かい》。 例 茶会《ちゃかい》にまねかれる。

【茶。菓子《ちゃがし》】 お茶《ちゃ》を飲《の》むときに食《た》べる菓子《かし》。茶《ちゃ》うけ。 例 お茶菓子《ちゃがし》にようかんを出《だ》す。

【茶器《ちゃき》】 ↓ お茶《ちゃ》を飲《の》むのに使《つか》う道具《どうぐ》。とくに、茶道《さどう》で使《つか》う道具《どうぐ》。茶道具《ちゃどうぐ》。

【茶室《ちゃしつ》】 ↓ 茶道《さどう》のために特別《とくべつ》につくったへや。

【茶番《ちゃばん》】 ↓ 底《そこ》の見《み》えすいた、ばかばかしいできごと。 例 とんだ茶番《ちゃばん》だ。 知識 もともとは、楽屋《がくや》で茶《ちゃ》の番《ばん》をする者《もの》がした座興《ざきょう》(茶番狂言《ちゃばんきょうげん》)のこと。その場《ば》でつくる短《みじか》い芝居《しばい》で、ありふれたものを材料《ざいりょう》にしてことばや身《み》ぶりなどでおどけたことをして見《み》せた。

【茶話会《ちゃわかい―さわかい》】 お茶《ちゃ》を飲《の》んだり、菓子《かし》を食《た》べたりしながら、くつろいで話《はな》し合《あ》う会《かい》。

【茶。碗《ちゃわん》】 ↓ お茶《ちゃ》をついだり、ごはんをもったりするやきもののうつわ。 例 湯飲《ゆの》み茶碗《ちゃわん》

❷《その他》

【茶目《ちゃめ》】 ◎ 〈―な〉あいきょうがあって、いたずらがすきな人《ひと》。 例 ちゃめっけがある。

茶が下につく熟語 上の字の働き

❶ 茶＝〈おちゃ〉のとき

【渋茶《しぶちゃ》　粗茶《そちゃ》　番茶《ばんちゃ》　抹茶《まっちゃ》　紅茶《こうちゃ》　緑茶《りょくちゃ》　麦茶《むぎちゃ》】ドウイウお茶《ちゃ》か。

◆喫茶《きっさ》

艹-7

【荷】

総画10　JIS-1857　教3年

音 カ　訓 に

筆順 荷荷荷荷荷荷荷荷（てる・はねる）

なりたち 【形声】「艹」が「くさ」を、「何」が「カ」という読《よ》み方《かた》をしめし、植《しょく》物《ぶつ》の「ハス」を表《あらわ》していた字《じ》。

意味 にもつ。にもつをかつぐ。例 荷《に》をおろす。荷札《にふだ》・入荷《にゅうか》

【荷重】《かじゅう》 ↓ 橋《はし》や機械《きかい》・トラックなどにかかる力《ちから》。例 橋げたの荷重《かじゅう》を計算《けいさん》する。

【荷担】《かたん》 II 〈―する〉力《ちから》をかして、助《たす》けること。例 悪事《あくじ》に荷担《かたん》する。類 加勢《かせい》 表記「加担」とも書《か》く。表現 よいことにはあまり使《つか》わない。

【荷札】《にふだ》 ↓ 荷物《にもつ》を送《おく》るとき、受《う》け取《と》り人《にん》やさし出《だ》し人《にん》の住所《じゅうしょ》と氏名《しめい》を書《か》いて、つける札《ふだ》。

【荷物】《にもつ》 ↓ もちはこんだり、送《おく》ったりするように、まとめてある品物《しなもの》。例 手荷物《てにもつ》 表現「お荷物《にもつ》になる」は、いっしょに行動《こうどう》するなかまにめいわくをかけること。

【荷役】《にやく》 ↓ 船《ふね》の荷物《にもつ》をつみおろしする仕事《しごと》。例 港《みなと》の荷役《にやく》をする。

荷が下につく熟語 上の字の働き

【出荷《しゅっか》　入荷《にゅうか》　集荷《しゅうか》】荷《に》をドウスルか・荷《に》がドウナルか。

【重荷《おもに》　初荷《はつに》】ドウイウ荷《に》か。

艹-7

【華】

総画10　JIS-1858　常用

音 カ・ケ　訓 はな

筆順 華華華華華華華華

なりたち 【形声】「艹」が「くさ」を、「𠌶」が「カ」という読《よ》み方《かた》をしめしている。「カ」は「つぼみが美《うつく》しくひらく」意味《いみ》を持《も》ち、「はな、はなやか」として使《つか》われている字《じ》。

意味

❶はな。はなやか。例 華《はな》やかな衣装《いしょう》。華《か》道《どう》・華麗《かれい》・栄華《えいが》・香華《こうげ》

❷中国《ちゅうごく》。中国人《ちゅうごくじん》が自分《じぶん》の国《くに》を指《さ》すことば。例 華僑《かきょう》・中華《ちゅうか》

注意するよみ ケ…例 香華《こうげ》・散華《さんげ》

発音あんない ケ→ゲ…例 香華《こうげ》

名前のよみ はる

❶〈はな〉の意味で

【°華道】《かどう》 ↓ 花《はな》をいけるわざや作法《さほう》。生《い》け花《ばな》。例 華道展《かどうてん》 表記「花道」とも書《か》く。

【°華美】《かび》 II 〈―な・―に〉はなやかで美《うつく》しいこと。はでなこと。例 華美《かび》な服装《ふくそう》。類 華麗《かれい》

【°華°麗】《かれい》 II 〈―な・―に〉はなやかで美《うつく》しく、きりっとしている。例 華麗《かれい》な演技《えんぎ》。類 華美《かび》

【▲°華・◆奢】《きゃしゃ》 II 〈―な・―に〉ほっそりしていて、弱々《よわよわ》しいようす。例 きゃしゃな体《からだ》つき。

❷〈中国〉の意味で

【°華・僑】《かきょう》 ↓ 中国《ちゅうごく》出身《しゅっしん》で外国《がいこく》に住《す》んでいる商人《しょうにん》。

華が下につく熟語 上の字の働き

❶華＝〈はな〉のとき

【栄華《えいが》　繁華《はんか》】近《ちか》い意味《いみ》。

◆豪華《ごうか》

艹-7

【莞】

総画10　JIS-2048　人名

音 カン　訓 ―

意味

❶いぐさ。い。むしろを編《あ》むのに用《もち》いる多《た》年草《ねんそう》。

❷にっこりわらうようす。例 莞爾《かんじ》

艹-7

【荻】

総画10　JIS-1814　人名

音 テキ　訓 おぎ

意味 おぎ。水《みず》べに生《は》えるイネ科《か》の植物《しょくぶつ》。

参考「萩《はぎ》」の字《じ》と形《かたち》がにているので注意《ちゅうい》。

艹-7

【莫】

総画10　JIS-3992　人名

音 ボ・モ・バク　訓 な-かれ

意味 ない。なかれ。してはいけない。例 なげくこと莫《な》かれ。

参考「莫大小」は「メリヤス」と読《よ》む。（メリヤスは伸《の》びちぢみが自由《じゆう》なので、大小《だいしょう》がないから）

【◆莫大】《ばくだい》 ↓ この上《うえ》なく大《おお》きい。例 莫大《ばくだい》な費《ひ》用《よう》。

°学習漢字でない常用漢字　▲常用漢字表にない音訓　◆常用漢字でない漢字

前ページ▶荷 華 莞 荻 莫

艹－7
【莉】
総画10 JIS-7229 人名
音 リ 訓 ―

意味 まつり（茉莉）。白《しろ》い花《はな》をさかせるモクセイ科《か》の常緑低木《じょうりょくていぼく》。ジャスミンの一種《いっしゅ》。

艹－8
【萎】
総画11 JIS-1664 常用
音 イ 訓 なえる・しお-れる・しぼ-む

筆順 萎

意味 力《ちから》が弱《よわ》くなって衰《おとろ》える。また、植物《しょくぶつ》がしおれたり、しなびたりする。例 気《き》持《も》ちが萎《な》える。花《はな》が萎《しぼ》む。

【°萎縮】いしゅく ⊻〈―する〉ものがしぼんで小《ちい》さくなる。例 筋肉《きんにく》が萎縮《いしゅく》する。

艹－8
【菓】
総画11 JIS-1859 常用
音 カ 訓 ―

筆順 菓

なりたち [形声]くだものを表《あらわ》す「果」に、さらに草《くさ》木《き》を表《あらわ》す「艹」をくわえた字《じ》。「果」が「カ」という読《よ》み方《かた》をしめしている。

意味 かし（菓子）。例 製菓《せいか》

【°菓子】かし ⊠ 食事《しょくじ》のとき以外《いがい》にすきで食《た》べる食《た》べ物《もの》。例 和菓子《わがし》 参考 むかしは「くだもの」を指《さ》した。今《いま》は、「菓《か》」は「おかし」、「果《か》」は「くだもの」と使《つか》い分《わ》けている。

◇茶菓《さか／ちゃか》 製菓《せいか》 銘菓《めいか》

艹－8
【菅】
総画11 JIS-3191 人名
音 カン 訓 すげ

意味 すげ。植物《しょくぶつ》の名《な》。カヤの一種《いっしゅ》。葉《は》をあんで、笠《かさ》やみのを作《つく》る。例 菅笠《すげがさ》

艹－8
【菊】
総画11 JIS-2138 常用
音 キク 訓 ―

筆順 菊

なりたち  [形声]「艹」が「くさ」を、「匊」が「キク」という読《よ》み方《かた》をしめしている。「キク」は「まるい」意味《いみ》を持《も》ち、まるい花《はな》をつける「キク」を表《あらわ》す字《じ》。

意味 きく。秋《あき》を代表《だいひょう》する美《うつく》しい花《はな》。例 菊《きく》の節句《せっく》。野菊《のぎく》

【°菊人形】きくにんぎょう たくさんのキクの花《はな》を着物《きもの》のようにかざりつけた人形《にんぎょう》。

艹－8
【菌】
総画11 JIS-2261 常用
音 キン 訓 ―

筆順 菌

なりたち  [形声]「艹」が「くさ」を、「囷」が「キン」という読《よ》み方《かた》をしめしている。「キン」は「ひかげ」の意味《いみ》を持《も》ち、日《ひ》かげに生《は》える「きのこ」を表《あらわ》す字《じ》。

意味 ❶きのこ。例 菌類《きんるい》 ❷ばいきん。バクテリア。微生物《びせいぶつ》の一《ひと》つ。例 菌《きん》を培養《ばいよう》する。細菌《さいきん》

❶〈きのこ〉の意味で

【°菌類】きんるい ⊻ キノコやカビ・酵母《こうぼ》など、葉緑素《ようりょくそ》をもたない植物《しょくぶつ》をまとめていうことば。

❷菌＝〈ばいきん〉のとき

菌が下につく熟語 上の字の働き

【殺菌《さっきん》 滅菌《めっきん》】菌《きん》をドウスルか。

【細菌《さいきん》 雑菌《ざっきん》】ドノヨウナ菌《きん》か。

◇病原菌《びょうげんきん》 無菌《むきん》

艹－8
【菫】
総画11 JIS-7233 人名
音 キン 訓 すみれ

意味 すみれ。春《はる》、青《あお》むらさきや白《しろ》の小《ちい》さな花《はな》をさかせる多年草《たねんそう》。例 菫色《すみれいろ》

艹－8
【菜】
総画11 JIS-2658 教4年
音 サイ 訓 な

筆順 菜（だす はねない はらう）

なりたち  [形声]「艹」が「くさ」を、「采」が「とる」意味《いみ》と「サイ」という読《よ》み方《かた》をしめしている。つみとって食《た》べる草《くさ》を表《あらわ》す字《じ》。

意味 ❶あおな。葉《は》や茎《くき》を食用《しょくよう》にする野菜《やさい》。例 菜《な》の花《はな》。菜種《なたね》・山菜《さんさい》

❷食事《しょくじ》のおかず。副食《ふくしょく》。例総菜《そうざい》

❶〈あおな〉の意味で
【菜園《さいえん》】↓野菜《やさい》をつくるための小《ちい》さな土地《とち》。例家庭菜園《かていさいえん》・学校菜園《がっこうさいえん》
【菜食《さいしょく》】↓〈―する〉肉《にく》や魚《さかな》などを食《た》べないで、野菜類《やさいるい》を食《た》べること。対肉食《にくしょく》
【菜種《なたね》】↓アブラナ。また、そのたね。例菜種油《なたねあぶら》

菜が下につく熟語 上の字の働き
❶菜＝〈あおな〉のとき
【山菜《さんさい》 野菜《やさい》】ドコでとれる野菜《やさい》か。
◆前菜《ぜんさい》 総菜《そうざい》

艹-8
菖
総画11 JIS-3052 人名
音ショウ
訓―

意味 あやめ。菖蒲《しょうぶ》。剣状《つるぎじょう》の葉《は》で、長《なが》い茎《くき》の上《うえ》に美《うつく》しい花《はな》をさかせる植物《しょくぶつ》。

艹-8
著
総画11 JIS-3588 教6年
音チョ
訓あらわす・いちじるしい
［著］

筆順 著 著 著 著 著 著 著 著（ながく）（つきだす）

なりたち 【形声】もとは「箸」で、「者《シャ》」が「チョ」とかわって読《よ》み方《かた》をしめしている。物《もの》をはさむ「竹《たけ》のはし」を表《あらわ》す字《じ》。「著」は「箸」の俗字《ぞくじ》で、のちに「あらわす」意味《いみ》に借《か》りて使《つか》われるようになった。

意味
❶本《ほん》を書《か》く。書《か》いた本《ほん》。例本《ほん》を著《あらわ》す。樋口一葉《ひぐちいちよう》の著《ちょ》。著作《ちょさく》・名著《めいちょ》
❷めだつ。はっきりあらわれる。例進歩《しんぽ》が著《いちじる》しい。著名《ちょめい》・顕著《けんちょ》

使い分け あらわす［表・現・著］☞907ページ

名前のよみ あき・あきら・つぐ

❶〈本を書く〉の意味で
【著作《ちょさく》】Ⅱ〈―する〉本《ほん》を書《か》きあらわすこと。本《ほん》になった書《か》き物《もの》。例著作集《ちょさくしゅう》
【著者《ちょしゃ》】↓その本《ほん》を書《か》いた人《ひと》。例著者略歴《ちょしゃりゃくれき》 類著作者《ちょさくしゃ》・作者《さくしゃ》・筆者《ひっしゃ》
【著述《ちょじゅつ》】Ⅱ〈―する〉本《ほん》を書《か》きあらわすこと。例著述家《ちょじゅつか》・著述業《ちょじゅつぎょう》
【著書《ちょしょ》】↓その人《ひと》が書《か》いた本《ほん》。例著書目録《ちょしょもくろく》

❷〈めだつ〉の意味で
【著名《ちょめい》】▲〈―な〉〈―に〉名前《なまえ》が広《ひろ》く知《し》られていること。例著名人《ちょめいじん》 類有名《ゆうめい》
◆共著《きょうちょ》 名著《めいちょ》 顕著《けんちょ》

艹-8
萄
総画11 JIS-3826 人名
音トウ・ドウ
訓―

意味 果物《くだもの》の「葡萄《ぶどう》」に使《つか》われる字《じ》。

艹-8
菩
総画11 JIS-4278 人名
音ホ・ボ
訓―

意味 古代《こだい》インド語《ご》の「ボ」の音《おん》を表《あらわ》した字《じ》。
（もと、草《くさ》の名《な》）

【◆菩◆薩《ぼさつ》】◎①すべての生《い》き物《もの》をすくおうと、仏《ほとけ》の道《みち》にはげむ人《ひと》。仏《ほとけ》の次《つぎ》の位《くらい》。例観世音菩薩《かんぜおんぼさつ》 ②神《かみ》を仏《ほとけ》にたとえたよび名《な》。例八幡大菩薩《はちまんだいぼさつ》
【◆菩▲提《ぼだい》】◎①仏《ほとけ》の道《みち》にはげんで得《え》たさとり。②死《し》んでから極楽《ごくらく》に生《う》まれかわること。例菩提《ぼだい》を弔《とむら》う。
【◆菩▲提寺《ぼだいじ》】先祖《せんぞ》の墓《はか》や位牌《いはい》のある寺《てら》。

艹-8
萌
総画11 JIS-4308 人名
音ホウ
訓も-える・きざ-す・きざ-し
［萠］

意味 芽《め》が出《で》る。きざす。例萌芽《ほうが》

名前のよみ めぐみ

【◆萌芽《ほうが》】Ⅱ出《で》てきたばかりの草木《くさき》の芽《め》。また、ものごとのはじまり。きざし。例新《あたら》しい文明《ぶんめい》の萌芽《ほうが》。

艹-9
葛
総画12 JIS-1975 常用
音カツ
訓くず・かずら・つづら

筆順 葛 葛 葛 葛 葛 葛 葛 葛

意味
❶くず。マメ科《か》のつる草《くさ》。秋《あき》の七草《ななくさ》の一《ひと》つ。例葛粉《くずこ》
❷かずら。つづら。つる草《くさ》のよび名《な》。例葛籠《つづら》（つる草《くさ》や竹《たけ》であんだ箱形《はこがた》のかご）・葛折《つづらお》り（くねくねと曲《ま》がって続《つづ》く坂道《さかみち》や山道《やまみち》）

◦学習漢字でない常用漢字 ▲常用漢字表にない音訓 ◆常用漢字でない漢字

字体のはなし 「葛」(艹部《ぶ》「8画《かく》」、総画《そうかく》「12画《かく》」)とも書《か》く。☞ふろく「字体についての解説」[28]ページ)

❷〈かずら〉の意味で

【葛。藤】かっとう Ⅱ〈―する〉①ごちゃごちゃに入《い》り組《く》んだもめごと。例 両国間《りょうこくかん》の葛藤《かっとう》。②心《こころ》の中《なか》であれこれまよいなやむこと。例 葛藤《かっとう》しながら、どうにか乗《の》り越《こ》えた。参考 葛《かずら》や藤《ふじ》などのつるがもつれ合《あ》うようすから。

艹-9

葵

総画12 JIS-1610 人名
音 キ
訓 あおい

意味 あおい。アオイ科《か》の多年草《たねんそう》。例 葵《あおい》の御《ご》紋《もん》。

名前のよみ まもる

艹-9

萩

総画12 JIS-3975 人名
音 シュウ
訓 はぎ

意味 はぎ。秋《あき》、ふさ状《じょう》に、赤紫《あかむらさき》や白《しろ》などの小《ちい》さな花《はな》をつける落葉低木《らくようていぼく》。秋《あき》の七草《ななくさ》の一《ひと》つ。

艹-9

葬

総画12 JIS-3382 常用
音 ソウ
訓 ほうむる

筆順

なりたち

【会意】「艹」を二《ふた》つ重《かさ》ねて「くさむら」を表《あらわ》す「茻」と「死」とからできていて、くさむらに死体《したい》をほうむることを表《あらわ》す字《じ》。

意味 ほうむる。死者《ししゃ》をうめる。とむらう。例 なきがらを葬《ほうむ》る。葬式《そうしき》・火葬《かそう》

【葬。儀】そうぎ ↓ 死《し》んだ人《ひと》をほうむる儀式《ぎしき》。とむらい。例 葬儀《そうぎ》に参列《さんれつ》する。類 葬式《そうしき》・葬礼《そうれい》・告《こく》別式《べっしき》

【葬祭】そうさい Ⅱ 葬式《そうしき》と祖先《そせん》の霊《れい》をまつること。

【葬式】そうしき ↓ 死《し》んだ人《ひと》をほうむる儀式《ぎしき》。とむらい。例 葬式《そうしき》を出《だ》す。類 葬儀《そうぎ》・葬礼《そうれい》・告別式《こくべつしき》

表現 「葬式《そうしき》」のあらたまった言《い》い方《かた》。

【葬送】そうそう ↓〈―する〉死者《ししゃ》を墓地《ぼち》まで送《おく》ること。表記 「送葬」とも書《か》く。

【葬列】そうれつ ↓ 葬式《そうしき》の行列《ぎょうれつ》。例 葬列《そうれつ》を見送《みおく》る。

葬が下につく熟語 上の字の働き

【火葬《かそう》 土葬《どそう》 埋葬《まいそう》】ドノヨウニ葬《ほうむ》るか。

◆ 会葬《かいそう》 国葬《こくそう》 本葬《ほんそう》 密葬《みっそう》

艹-9

葡

総画12 JIS-4182 人名
音 ブ・ホ
訓 ―

意味 果物《くだもの》の「葡萄《ぶどう》」に使《つか》われる字《じ》。

参考 国名《こくめい》「ポルトガル」を「葡萄牙」と表《あらわ》すことがある。例 日葡《にっぽ》(日本《にほん》とポルトガル)

艹-9

葉

総画12 JIS-4553 教3年
音 ヨウ
訓 は

筆順

なりたち
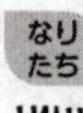
【形声】「艹」が「くさ」を、「枼」が「うすい木《き》のふだ」の意味《いみ》と「ヨウ」という読《よ》み方《かた》をしめしている。草木《くさき》のはを表《あらわ》す字《じ》。

意味

❶草木《くさき》のは。例 葉《は》が散《ち》る。木《こ》の葉《は》・葉脈《ようみゃく》・青葉《あおば》・落葉《らくよう》

❷時代《じだい》。世《よ》。時期《じき》。例 中葉《ちゅうよう》・末葉《まつよう》

❸紙《かみ》などをかぞえることば。例 写真一葉《しゃしんいちよう》

❹千葉《ちば》。「千葉県《ちばけん》」の略《りゃく》。例 京葉地帯《けいようちたい》

特別なよみ 紅葉(もみじ)

名前のよみ のぶ

❶〈草木のは〉の意味で

【葉桜】はざくら ↓ 花《はな》がちって若葉《わかば》が出《で》はじめたころの桜《さくら》の木《き》。例 葉桜《はざくら》の季節《きせつ》。

【葉脈】ようみゃく ↓ 葉《は》のすじ。葉《は》をささえ、水《みず》や養《よう》分《ぶん》の通《とお》りみちになる。

【葉緑素】ようりょくそ 植物《しょくぶつ》の葉《は》などにふくまれる緑《みどり》色《いろ》の色素《しきそ》。光《ひかり》を吸収《きゅうしゅう》してデンプンを作《つく》る光合成《こうごうせい》をおこなう。クロロフィル。例 葉緑《ようりょく》素《そ》の豊富《ほうふ》な青汁《あおじる》。

葉が下につく熟語 上の字の働き

❶葉=〈草木のは〉のとき

【青葉《あおば》 紅葉《こうよう/もみじ》 黄葉《こうよう/もみじ》】ドンナ色《いろ》の葉《は》か。

◆ 言葉《ことば》 子葉《しよう》 枝葉《しよう/えだは》 落葉《らくよう》

艹-9

落

総画12 JIS-4578 教3年
音 ラク
訓 おちる・おとす

筆順 落 落 落 落 落 落 落 落 はらう

なりたち [形声]「艹」が「くさ」を、「洛」が「ラク」という読《よ》み方《かた》をしめしている。「ラク」は「おちる」意味《いみ》を持《も》ち、葉《は》のおちることを表《あらわ》す字《じ》。

意味

❶おちる。おとす。おちぶれる。例猿《さる》も木《き》から落《お》ちる。命《いのち》を落《お》とす。落下《らっか》・没落《ぼつらく》

❷おさまる。おちつく。できあがる。例落成《らくせい》

❸まとまり。人《ひと》びとが集《あつ》まり住《す》んでいるところ。ひとまとまり。例村落《そんらく》

発音あんない ラク→ラッ…例落下《らっか》

❶〈おちる〉の意味で

【落後】《らくご》▲〈—する〉なかまについていけなくなって、とりのこされること。例落後者《らくごしゃ》

【落語】《らくご》↓ひとりで舞台《ぶたい》にすわって、おもしろおかしい話《はなし》をし、最後《さいご》をしめくくる「落《お》ち」で終《お》わる演芸《えんげい》。例落語家《らくごか》

【落差】《らくさ》↓①水《みず》が落《お》ちはじめるところと、落《お》ちたところとの高《たか》さのちがい。例落差《らくさ》の大《おお》きい滝《たき》。②二《ふた》つのもののあいだにあるへだたり。例理想《りそう》と現実《げんじつ》との落差《らくさ》がはげしい。

【落日】《らくじつ》↓しずんでゆく太陽《たいよう》。入《い》り日《ひ》。例西《にし》の海《うみ》に落日《らくじつ》を見《み》る。類夕日《ゆうひ》

【落城】《らくじょう》▲〈—する〉敵《てき》に城《しろ》をせめおとされること。例落城《らくじょう》のうきめにあう。類陥落《かんらく》

【落石】《らくせき》▲〈—する〉山《やま》の上《うえ》や、がけなどから石《いし》が落《お》ちてくること。例落石注意《らくせきちゅうい》

【落選】《らくせん》▲〈—する〉①選挙《せんきょ》などに落《お》ちること。例おしくも落選《らくせん》した。対当選《とうせん》②展覧会《てんらんかい》やコンクールなどで、出品《しゅっぴん》した作品《さくひん》や出場《しゅつじょう》した人《ひと》がえらばれないこと。対入選《にゅうせん》

【落第】《らくだい》▲〈—する〉①成績《せいせき》がわるくて上《うえ》の学年《がくねん》に進《すす》めないこと。例落第生《らくだいせい》 類留年《りゅうねん》 対進級《しんきゅう》・及第《きゅうだい》②試験《しけん》に合格《ごうかく》しないこと。例入学試験《にゅうがくしけん》に落第《らくだい》する。類不合格《ふごうかく》 対合格《ごうかく》・及第《きゅうだい》③基準《きじゅん》に達《たっ》せず、だめであること。例リーダーとしては落第《らくだい》だ。類不適格《ふてきかく》 対合格《ごうかく》

【落。胆】《らくたん》▲〈—する〉がっかりして元気《げんき》をなくすこと。気《き》おち。例落胆《らくたん》のあまり、声《こえ》も出《で》ない。類失望《しつぼう》

【落丁】《らくちょう》▲本《ほん》の一部《いちぶ》のページがぬけおちていること。例落丁本《らくちょうぼん》 類乱丁《らんちょう》

【落馬】《らくば》▲〈—する〉乗《の》っていた馬《うま》から落《お》ちること。例騎手《きしゅ》の落馬《らくば》で失格《しっかく》になる。

【落。盤】《らくばん》▲〈—する〉鉱山《こうざん》などで、坑内《こうない》の天井《てんじょう》やまわりの岩《いわ》や土《つち》がくずれおちること。例落《らく》盤事故《ばんじこ》

【落命】《らくめい》▲〈—する〉思《おも》いがけないことに出《で》あって、死《し》ぬこと。例突然《とつぜん》の落命《らくめい》。

【落葉】《らくよう》▲〈—する〉木《こ》の葉《は》がかれて落《お》ちること。落《お》ち葉《ば》。例落葉樹《らくようじゅ》

【落葉樹】《らくようじゅ》サクラやイチョウなど、秋《あき》から冬《ふゆ》にかけて葉《は》が落《お》ち、春《はる》にまた新《あたら》しい葉《は》のもえ出《で》る木《き》。例落葉樹林《らくようじゅりん》 対常緑樹《じょうりょくじゅ》

【落。雷】《らくらい》▲〈—する〉かみなりが落《お》ちること。

【落。涙】《らくるい》▲〈—する〉なみだを流《なが》すこと。例みなみな落涙《らくるい》におよんだ。

【落下】《らっか》↓〈—する〉高《たか》いところから落《お》ちること。例落下傘《らっかさん》・落下地点《らっかちてん》 類降下《こうか》

❷〈おさまる〉の意味で

【落成】《らくせい》Ⅱ〈—する〉建物《たてもの》などの工事《こうじ》が終《お》わって、すっかりできあがること。例落成式《らくせいしき》 類竣工《しゅんこう》 対着工《ちゃっこう》・起工《きこう》

【落着】《らくちゃく》↓〈—する〉ものごとのきまりがつくこと。例一件落着《いっけんらくちゃく》 類結着《けっちゃく》・帰結《きけつ》・決着《けっちゃく》

落が下につく熟語 上の字の働き

❶落＝〈おちる〉のとき

【下落《げらく》 陥落《かんらく》 堕落《だらく》 脱落《だつらく》 墜落《ついらく》 没落《ぼつらく》 零落《れいらく》】近《ちか》い意味《いみ》。

【転落《てんらく》 暴落《ぼうらく》】ドノヨウニ落《お》ちるか。

【及落《きゅうらく》 当落《とうらく》】反対《はんたい》の意味《いみ》。

❸落＝〈まとまり〉のとき

【群落《ぐんらく》 集落《しゅうらく》 村落《そんらく》 部落《ぶらく》 段落《だんらく》】近《ちか》い意味《いみ》。

艹−10

葦

総画13 JIS-1617 人名

音 イ 訓 あし

意味 あし。よし。水《みず》べに生《は》えるイネ科《か》の植《しょく》物《ぶつ》。例葦笛《あしぶえ》

艹−10

蓋

総画13 JIS-1924 常用

音 ガイ 訓 ふた・おお-う

◦学習漢字でない常用漢字 ▴常用漢字表にない音訓 ◆常用漢字でない漢字

前ページ ▶ 葦 蓋

筆順

意味
❶ふた。例 なべの蓋《ふた》。
❷おおう。おおいかくす。例 蓋世《がいせい》・頭蓋骨《とうがいこつ／ずがいこつ》

艹-10
蒔
総画13 JIS-2812 人名
音 シ 訓 まーく

意味 うえる。種《たね》をまく。例 蒔絵《まきえ》

【蒔絵】まきえ ↓ 漆器《しっき》の表面《ひょうめん》に金《きん》・銀《ぎん》などの粉《こな》でえがいた絵《え》。例 蒔絵《まきえ》のお盆《ぼん》。

艹-10
蒸
総画13 JIS-3088 教6年
音 ジョウ 訓 むす・むれる・むらす

筆順（はねる・はらう）

なりたち [形声]「艹」が「くさ」を、「烝《ショウ》」が「ジョウ」という読《よ》み方《かた》をしめしている。「ジョウ」は「もやす」意味《いみ》を持《も》ち、明《あ》かりをとるためにもやす麻《あさ》がらを表《あらわ》す字《じ》。

意味 湯気《ゆげ》が立《た》ちのぼる。ふかす。むす。例 いもを蒸《む》す。足《あし》が蒸《む》れる。ごはんを蒸《む》らす。蒸発《じょうはつ》

【蒸気】じょうき ↓ 液体《えきたい》が蒸発《じょうはつ》して気体《きたい》となったもの。水《みず》が蒸発《じょうはつ》して気体《きたい》になったもの。スチーム。例 蒸気機関車《じょうききかんしゃ》 類 水蒸気《すいじょうき》

【蒸発】じょうはつ ↓〈—する〉①液体《えきたい》が気体《きたい》になること。例 海水《かいすい》を蒸発《じょうはつ》させて塩《しお》をとる。類 揮発《きはつ》・気化《きか》 ②人《ひと》がなんの手《て》がかりものこさないで、いなくなること。類 家出《いえで》・失踪《しっそう》 例 数年前《すうねんまえ》に蒸発《じょうはつ》したきり行方不明《ゆくえふめい》だ。

【蒸留】じょうりゅう ↓〈—する〉液体《えきたい》を熱《ねっ》してできた蒸《じょう》気《き》をひやして、まじりけのない液体《えきたい》にすること。例 蒸留水《じょうりゅうすい》

艹-10
蒼
総画13 JIS-3383 人名
音 ソウ 訓 あお・あおーい

意味 あおい。例 蒼白《そうはく》・鬱蒼《うっそう》

名前のよみ しげる

艹-10
蓄
総画13 JIS-3563 常用
音 チク 訓 たくわえる

筆順

なりたち [形声]「畜」が「田《た》の作物《さくもつ》をふやす、たくわえる」意味《いみ》と「チク」という読《よ》み方《かた》をしめしていたが、「かちく」の意味《いみ》に使《つか》われたため、あらためて「艹（くさ）」をくわえて「たくわえる」を表《あらわ》した字《じ》。

意味 たくわえる。物《もの》を集《あつ》めてしまっておく。例 燃料《ねんりょう》を蓄《たくわ》える。蓄積《ちくせき》・貯蓄《ちょちく》

【蓄財】ちくざい ▲〈—する〉お金《かね》や財産《ざいさん》をためること。例 蓄財《ちくざい》にはげむ。

【蓄積】ちくせき Ⅱ〈—する〉少《すこ》しずつためて、ふやしていくこと。だんだんたまって、ふえること。ふえてたまったもの。例 経験《けいけん》の蓄積《ちくせき》が役《やく》に立《た》つ。疲労《ひろう》が蓄積《ちくせき》する。

【蓄電器】ちくでんき 二枚《にまい》の金属板《きんぞくばん》をむかいあわせて、そのあいだに電気《でんき》をたくわえるしかけ。コンデンサー。

【蓄電池】ちくでんち 電気《でんき》をたくわえておいて、必《ひつ》要《よう》なときにとりだせるようにした電池《でんち》。バッテリー。例 蓄電池《ちくでんち》に充電《じゅうでん》する。

蓄が下につく熟語 上の字の働き

【貯蓄《ちょちく》 備蓄《びちく》】近《ちか》い意味《いみ》。

◆含蓄《がんちく》

艹-10
蒲
総画13 JIS-1987 人名
音 ホ・フ 訓 がま・かま・かば

意味 がま。水《みず》べに生《は》える多年草《たねんそう》。例 蒲鉾《かまぼこ》・蒲焼《かばや》き・蒲公英《ほこうえい》・菖蒲《しょうぶ》

参考「蒲鉾《かまぼこ》」も「蒲焼《かばや》き」も、串《くし》につけた形《かたち》ががまの穂《ほ》の形《かたち》ににていたことから。「蒲公英」は「たんぽぽ」とも読《よ》み、「菖蒲」は「あやめ」とも読《よ》む。

艹-10
蒙
総画13 JIS-4456 人名
音 モウ 訓 こうむーる・くらーい

意味
❶こうむる。身《み》にうける。例 恩恵《おんけい》を蒙《こうむ》る。
❷くらい。そのことをよく知《し》らない。例 啓蒙《けいもう》
❸「蒙古《もうこ》」の略《りゃく》。「蒙古《もうこ》」は中国《ちゅうごく》の北方《ほっぽう》にある地域《ちいき》・民族《みんぞく》の名《な》。モンゴル。

蓉
艹-10 総画13 JIS-4554 人名
音 ヨウ 訓 はす

意味 はすの花《はな》。例 芙蓉《ふよう》

蓮
艹-10 総画13 JIS-4701 人名
音 レン 訓 はす・はちす

意味 はす。美《うつく》しい花《はな》をさかせる多年生水草《たねんせいみずくさ》。仏教《ぶっきょう》では、極楽浄土《ごくらくじょうど》の花《はな》。例 一蓮托生《いちれんたくしょう》・蓮根《れんこん》・木蓮《もくれん》

◆紅蓮《ぐれん》 睡蓮《すいれん》 木蓮《もくれん》

蔦
艹-11 総画14 JIS-3653 人名
音 チョウ 訓 つた

意味 つた。ブドウ科《か》のつる性落葉植物《せいらくようしょくぶつ》。

蔑
艹-11 総画14 JIS-4246 常用
音 ベツ 訓 さげすむ

筆順

意味 さげすむ。ないがしろにする。そまつにあつかう。例 蔑称《べっしょう》・軽蔑《けいべつ》

【°蔑視】べっし ↓ ばかにして見下《みさ》げること。

蕉
艹-12 総画15 JIS-3054 人名
音 ショウ 訓 ―

意味 ❶ばしょう(芭蕉)。大《おお》きな葉《は》をつける多年《たねん》生植物《せいしょくぶつ》。❷松尾芭蕉《まつおばしょう》。江戸時代《えどじだい》の俳人《はいじん》。例 蕉風《しょうふう》・蕉門《しょうもん》

蔵
艹-12 総画15 JIS-3402 教6年
音 ゾウ 訓 くら
［藏］

筆順 (だす・はねる)

なりたち 【形声】もとの字《じ》は、「藏」。「艹」が「くさ」を、「臧《ソウ》」が「ゾウ」とかわって読《よ》み方《かた》をしめしている。「ソウ」は「しまいこむ」意味《いみ》を持《も》ち、作物《さくもつ》をしまいこむことを表《あらわ》す字《じ》。

意味 ❶しまいこむ。例 蔵書《ぞうしょ》・貯蔵《ちょぞう》・内蔵《ないぞう》 ❷くら。ものをしまっておくための建物《たてもの》や場所《ばしょ》。例 穴蔵《あなぐら》・土蔵《どぞう》

名前のよみ おさむ・ただ・とし・まさ・よし

❶〈しまいこむ〉の意味で

【蔵書】ぞうしょ ↓ 図書館《としょかん》や個人《こじん》がもっている本《ほん》。例 蔵書印《ぞうしょいん》。蔵書《ぞうしょ》を整理《せいり》する。

蔵が下につく熟語 上の字の働き

❶蔵=〈しまいこむ〉のとき
【愛蔵《あいぞう》 死蔵《しぞう》 秘蔵《ひぞう》 埋蔵《まいぞう》 冷蔵《れいぞう》 無尽蔵《むじんぞう》】ドノヨウニしまいこむか。
【内蔵《ないぞう》 腹蔵《ふくぞう》】ドコにしまいこむか。

❷蔵=〈くら〉のとき
【土蔵《どぞう》 穴蔵《あなぐら》】ドンナ蔵《くら》か。

◆地蔵《じぞう》 所蔵《しょぞう》 貯蔵《ちょぞう》

蔽
艹-12 総画15 JIS-4235 常用
音 ヘイ 訓 おお-う

筆順

意味 おおう。上《うえ》からかぶせてかくす。おおい。例 隠蔽《いんぺい》(おおいかくす)・遮蔽《しゃへい》(見《み》えないようにおおう)

字体のはなし 「蔽」とも書《か》く。ふろく「字体についての解説」(28ページ)

薫
艹-13 総画16 JIS-2316 常用
音 クン 訓 かおる
［薰］

筆順

なりたち 【形声】もとの字《じ》は、「薰」。「艹」が「くさ」を、「熏」が「かおりのよい」意味《いみ》と「クン」という読《よ》み方《かた》をしめしている。かおりのよい草《くさ》を表《あらわ》す字《じ》。

意味 ❶かおる。よいにおいがする。例 風薫《かぜかお》る五月《ごがつ》。薫風《くんぷう》 ❷かおりをしみこませる。人《ひと》によい影響《えいきょう》をあたえる。例 薫製《くんせい》・薫陶《くんとう》

名前のよみ しげ・ただ・ふさ・まさ・ゆき

❶〈かおる〉の意味で

【°薫風】くんぷう ↓ 若葉《わかば》のかおりをのせてふく、さわやかな初夏《しょか》の風《かぜ》。例 薫風《くんぷう》の候《こう》。

❷〈かおりをしみこませる〉の意味で

【°薫製《くんせい》】↓ しおづけにした肉《にく》や魚《さかな》を、けむりでいぶしてかわかした保存《ほぞん》のきく食《た》べ物《もの》。
【°薫《くん》°陶《とう》】‖〈―する〉人格《じんかく》でみちびくこと。例 先生《せんせい》の薫陶《くんとう》をうける。参考 薫陶《くんとう》のたまもの。香《こう》をたいてかおりをしみこませた上《うえ》で、ねんどをこねて形《かたち》をととのえ、陶器《とうき》をつくることを言《い》ったことば。

薪
艹－13 総画16 JIS-3137 常用
音 シン
訓 たきぎ・まき

筆順 薪 薪 薪 薪 薪 薪 薪 薪

なりたち 【形声】もともと「新」は「おので切《き》りそろえたたきぎ」を表《あらわ》していたが、「あたらしい」の意味《いみ》に借《か》りて使《つか》われたため、あらためて「艹」をくわえて「たきぎ」として作《つく》った字《じ》。「新」が「シン」という読《よ》み方《かた》をしめしている。

意味 まき。たきぎ。例 薪《まき》をくべる。薪拾《たきぎひろ》い
【°薪炭《しんたん》】‖ 燃料《ねんりょう》にするたきぎとすみ。

薦
艹－13 総画16 JIS-3306 常用
音 セン
訓 すすめる

筆順 薦 薦 薦 薦 薦 薦 薦 薦

意味 すすめる。役《やく》につくようにおしだす。例 候補者《こうほしゃ》として薦《すす》める。推薦《すいせん》

使い分け すすめる［進・勧・薦］☞435ページ

名前のよみ のぶ

薦が下につく熟語 上の字の働き
【自薦《じせん》 他薦《たせん》】ダレが推薦《すいせん》するか。

薄
艹－13 総画16 JIS-3986 常用
音 ハク
訓 うすい・うすめる・うすまる・うすらぐ・うすれる

筆順 薄 薄 薄 薄 薄 薄 薄 薄

なりたち 【形声】「艹」が「くさ」を、「溥」が「ハク」という読《よ》み方《かた》をしめしている。「ハク」は「くっつく」意味《いみ》を持《も》ち、草《くさ》がびっしりくっついて生《は》えるようすを表《あらわ》していた字《じ》。

意味
❶うすい。あわい。例 水《みず》で薄《うす》める。味《あじ》が薄《うす》まる。悲《かな》しみが薄《うす》らぐ。記憶《きおく》が薄《うす》れる。薄《うす》い板《いた》。薄氷《はくひょう》 対 厚《こう》・濃《のう》
❷すくない。とぼしい。例 手薄《てうす》・薄謝《はくしゃ》
❸心《こころ》がこもっていない。考《かんが》えがあさい。例 薄情《はくじょう》・浮薄《ふはく》
❹せまる。近《ちか》づく。例 薄暮《はくぼ》・肉薄《にくはく》

発音あんない ハク→ハッ…例 薄幸《はっこう》

❶〈うすい〉の意味で
【°薄着《うすぎ》】↓〈―する〉衣服《いふく》をほんの一枚《いちまい》か二枚《にまい》だけ身《み》につけること。対 厚着《あつぎ》
【°薄地《うすじ》】↓ うすい布地《ぬのじ》。類 薄手《うすて》 対 厚地《あつじ》
【°薄手《うすで》】↓ 布地《ぬのじ》や紙《かみ》・陶器《とうき》などの厚《あつ》みがないこと。例 薄手《うすて》のセーター。類 薄地《うすじ》 対 厚手《あつて》
【°薄氷《はくひょう／うすごおり》】↓ うすくはった氷《こおり》。例 薄氷《はくひょう》をふむ思《おも》い（今《いま》にもだめになりそうで、ひやひやする気持《きも》ち）。池《いけ》に薄氷《うすごおり》がはる。

❷〈すくない〉の意味で
【°薄日《うすび》】↓ 少《すこ》しくもった空《そら》からさす、弱《よわ》い日《ひ》の光《ひかり》。例 雲間《くもま》から薄日《うすび》がもれている。
【°薄謝《はくしゃ》】↓ ほんの少《すこ》しのお礼《れい》。（へりくだった言《い》い方《かた》）例 採用分《さいようぶん》には薄謝《はくしゃ》をさしあげます。類 薄志《はくし》
【°薄弱《はくじゃく》】‖〈―に―な〉①からだや気持《きも》ちなどが弱《よわ》い。例 意志薄弱《いしはくじゃく》 ②しっかりしていない。例 根拠《こんきょ》が薄弱《はくじゃく》だ。
【°薄命《はくめい》】▲ ①いのちが短《みじか》いこと。例 薄命《はくめい》をおしむ。②ふしあわせ。運《うん》がわるいこと。例 薄命《はくめい》に泣《な》く。類 薄幸《はっこう》
【°薄利《はくり》】↓ 少《すく》ないもうけ。例 薄利多売《はくりたばい》（一《ひと》つ一《ひと》つのもうけを少《すく》なくして、たくさん売《う》ることによって利益《りえき》をえること）
【°薄給《はっきゅう》】↓ 少《すく》ない給料《きゅうりょう》。例 薄給《はっきゅう》にあまんじる。
【°薄幸《はっこう》】▲〈―に―な〉運《うん》がわるく、幸《しあわ》せが少《すく》ないこと。例 薄幸《はっこう》の詩人《しじん》。類 薄命《はくめい》

❸〈心がこもっていない〉の意味で
【°薄情《はくじょう》】▲〈―に―な〉思《おも》いやりの気持《きも》ちが少《すく》なく、つめたいようす。例 薄情《はくじょう》なことを言《い》うな。類 無情《むじょう》 対 厚情《こうじょう》

ものしり巻物 第14巻

新字体《しんじたい》と旧字体《きゅうじたい》

「はは」は「母」ですね。中《なか》に「〻」がついています。では、「まい」といえば…「毎」です。「母」にあった「〻」が、「ノ」になっています。「海《うみ》」も「ノ」です。「〻」は、どうなってしまったのでしょうか。

もともとは、「母」のついている字《じ》は、みんな「〻」がついていました。けれど、「〻」を入《い》れるのは手数《てすう》がかかるので、略《りゃく》して「ノ」にしてしまったのです。

昭和二十一《しょうわにじゅういち》（一九四六）年《ねん》に「当用漢字《とうようかんじ》」が制定《せいてい》され、たくさんの新字体《しんじたい》が生《う》まれました。新字体《しんじたい》には、二《ふた》つの種類《しゅるい》があります。

その一《ひと》つは、もともと略字《りゃくじ》だった字体《じたい》が新《あたら》しく正式《せいしき》の字体《じたい》として昇格《しょうかく》したものです。「区《く》」はもともと「區」だったのですが、中《なか》の「口《くち》」を三《みっ》つも書《か》くのがたいへんなので、「メ」にしてしまいました。一挙《いっきょ》に七画《ななかく》の減少《げんしょう》です。「区」は新字体《しんじたい》で、「區」は旧字体《きゅうじたい》です。先《さき》に挙《あ》げた「毎・海」も新字体《しんじたい》です。

もう一《ひと》つの種類《しゅるい》は、べつの字《じ》を借《か》りてきた新字体《しんじたい》です。今《いま》、三画《さんかく》で書《か》いている「万《まん》」は新字《しんじ》体《たい》で、旧字体《きゅうじたい》は十二画《じゅうにかく》の「萬」です。では、「万」と「萬」は関係《かんけい》があるのかといえば、ありません。たまたま「万」が「まん」と読《よ》むので、数《かず》の「萬」の代《か》わりに使《つか》われたのです。「台《だい》」もかんたんなので、借《か》りられた新字体《しんじたい》です。もとは「臺」です。

新字体《しんじたい》が採用《さいよう》された理由《りゆう》は、むずかしい漢《かん》字《じ》をよりやさしい形《かたち》にして、より多《おお》くの人《ひと》が漢字《かんじ》に親《した》しめるように、漢字《かんじ》を自由《じゆう》に使《つか》いこなせるようにするためです。今《いま》、日本《にほん》じゅうのほとんどの人《ひと》が漢字交《かんじま》じりの新聞《しんぶん》を不自由《ふじゆう》なく読《よ》めるようになったのも、新字体《しんじたい》に負《お》うところが大《おお》きいのです。

さて、話《はなし》をはじめにもどしましょう。なぜ、「毎・海」は新字体《しんじたい》になったのに、「母」だけが旧字体《きゅうじたい》のままでのこったのでしょうか。「母」の「〻」は、母《はは》の二《ふた》つの乳《ち》房《ぶさ》です。人間《にんげん》の命《いのち》のみなもとです。だいじなだいじな点《てん》なので、この字《じ》だけ「〻」をのこしたのです。

前ページ ▶ 薄

❹〈せまる〉の意味で

【°薄暮】はくぼ ▲ 日《ひ》がしずんで、かすかに暗《くら》くなるころ。夕《ゆう》ぐれ。たそがれ。例 薄暮《はくぼ》試合《じあい》

薄が下につく熟語 上の字の働き

❷薄＝〈すくない〉のとき
【手薄《てうす》 品薄《しなうす》】ナニが少《すく》ないか。

❸薄＝〈心がこもっていない〉のとき
【軽薄《けいはく》 浅薄《せんぱく》 浮薄《ふはく》】近《ちか》い意味《いみ》。

◆希薄《きはく》 肉薄《にくはく》

艹-13

【薬】

総画16 JIS-4484 教3年
訓 くすり 音 ヤク
［藥］

筆順 はらう はねない

なりたち

【形声】「艹」が「くさ」を、「楽《ラク》」が「ヤク」とかわって読《よ》み方《かた》をしめしている。「ラク」は「なおす」意味《いみ》を持《も》ち、病気《びょうき》をなおす草《くさ》を表《あらわ》す字《じ》。

意味
❶くすり。病気《びょうき》やけがをなおすためのくすり。例 毒《どく》にも薬《くすり》にもならない。医薬《いやく》
❷化学的《かがくてき》にはたらく材料《ざいりょう》。例 薬品《やくひん》・火薬《かやく》

発音あんない ヤク→ヤッ…例 薬局《やっきょく》

❶〈くすり〉の意味で

【薬玉】くすだま ↓ ①五月五日《ごがついつか》の端午《たんご》の節句《せっく》に、魔《ま》よけとして柱《はしら》にかけたもの。かおりのよいものを中《なか》に入《い》れ、造花《ぞうか》や五色《ごしき》の糸《いと》などのかざりをつける。②二《ふた》つにわると、中《なか》に入《い》れてあった紙《かみ》ふぶきやテープが一度《いちど》にちって落《お》ちるようにした玉《たま》。

【薬学】やくがく ↓ くすりのつくり方《かた》やきめなどを研究《けんきゅう》する学問《がくもん》。例 薬学《やくがく》の勉強《べんきょう》をする。

【薬°剤】やくざい ↓ くすり。とくに、いくつかのくすりをまぜ合《あ》わせてつくったくすり。例 薬剤《やくざい》師 類 薬品《やくひん》

【薬草】やくそう ↓ ゲンノショウコ、センブリなど、くすりになる草《くさ》。例 薬草茶《やくそうちゃ》

【薬品】やくひん ↓ くすり。例 医薬品《いやくひん》 類 薬剤《やくざい》 ☞❷

【薬物】やくぶつ ↓ くすり。とくに、病気《びょうき》をなおすより、からだになにかの変化《へんか》をおこさせるもの。例 尿から薬物《やくぶつ》が検出《けんしゅつ》される。

【薬味】やくみ ↓ ねぎ・しょうが・わさび・とうがらしなど、食《た》べ物《もの》に少《すこ》しそえて、味《あじ》をひきたたせるもの。例 薬味《やくみ》をきかせる。類 香辛料《こうしんりょう》

【薬用】やくよう ↓ くすりに使《つか》うこと。例 薬用植物《やくようしょくぶつ》

【薬局】やっきょく ↓ ①病院《びょういん》などで、くすりを調合《ちょうごう》するところ。対 医局《いきょく》 ②くすりを売《う》る店《みせ》。例 薬局《やっきょく》でかぜぐすりを買《か》う。類 薬屋《くすりや》

【薬効】やっこう ↓ くすりのききめ。

❷〈化学的にはたらく材料〉の意味で

【薬品】やくひん ↓ 化学変化《かがくへんか》をおこさせるために使《つか》う材料《ざいりょう》。例 化学薬品《かがくやくひん》 ☞❶

薬が下につく熟語 上の字の働き

❶薬＝〈くすり〉のとき
【医薬《いやく》 丸薬《がんやく》 劇薬《げきやく》 毒薬《どくやく》 売薬《ばいやく》 麻薬《まやく》 妙薬《みょうやく》 鼻《はな》薬《ぐすり》】ドンナ薬か。
【製薬《せいやく》 投薬《とうやく》】薬《くすり》をドウスルか。

❷薬＝〈化学的にはたらく材料〉のとき
【火薬《かやく》 農薬《のうやく》 弾薬《だんやく》 爆薬《ばくやく》】ナニに使《つか》う材料《ざいりょう》か。

艹-13

【蕗】

総画16 JIS-4189 人名
訓 ふき 音 ロ

意味 ふき。山野《さんや》に生《は》える多年草《たねんそう》。まっすぐな茎《くき》の先《さき》に、一枚《いちまい》の大《おお》きな葉《は》をつける。食《しょく》用《よう》・薬用《やくよう》にする。例 蕗《ふき》のとう

艹-14

【薩】

総画17 JIS-2707 人名
訓 — 音 サツ

意味
❶菩薩《ぼさつ》。仏《ほとけ》の位《くらい》につぐもの。
❷薩摩《さつま》。旧国名《きゅうこくめい》。今《いま》の鹿児島県《かごしまけん》西部《せいぶ》。例 薩州《さっしゅう》・薩長《さっちょう》

艹-15

【藤】

総画18 JIS-3803 常用
訓 ふじ 音 トウ

筆順

意味 ふじ。つるになってのび、五月《ごがつ》ごろ、ふさ状《じょう》にたれさがる、紫《むらさき》や白《しろ》などの美《うつく》しい花《はな》をさかせる落葉低木《らくようていぼく》。例 藤棚《ふじだな》・葛藤《かっとう》

艹-15

【藩】

総画18 JIS-4045 常用
訓 — 音 ハン

筆順

なりたち 【形声】「艹」が「くさ」を、「潘」が「ハン」という読《よ》み方《かた》をしめしている。「ハン」は「かきね」の意味《いみ》を持《も》ち、草《くさ》やしばでつくったかきねを表《あらわ》す字《じ》。

意味 **江戸時代《えどじだい》に大名《だいみょう》がおさめた土地《とち》。** 例 藩《はん》の家老《かろう》。藩主《はんしゅ》・親藩《しんぱん》

【°藩校】はんこう ↓ 江戸《えど》時代《じだい》、藩《はん》で藩士《はんし》の子《こ》どもの教育《きょういく》のためにつくった学校《がっこう》。類 藩学《はんがく》

【°藩士】はんし ↓ 江戸《えど》時代《じだい》、各藩《かくはん》の大名《だいみょう》に仕《つか》えた家来《けらい》。例 藩士《はんし》の身分《みぶん》。

【°藩主】はんしゅ ↓ 江戸《えど》時代《じだい》、藩《はん》をおさめた殿様《とのさま》。例 藩主《はんしゅ》の命《めい》にしたがう。類 大名《だいみょう》

【°藩°邸】はんてい ↓ 江戸《えど》時代《じだい》、各地《かくち》の大名《だいみょう》が江戸《えど》につくったやしき。

◆ 親藩《しんぱん》 脱藩《だっぱん》

艹-15

【藍】

総画18 JIS-4585 常用

音 ラン 訓 あい

筆順 藍 藍 藍 藍 藍 藍 藍 藍

意味 あい。葉《は》や茎《くき》から青色《あおいろ》の染料《せんりょう》をとるタデ科《か》の一年生植物《いちねんせいしょくぶつ》。あい色《いろ》。例 藍染《あいぞ》め・出藍《しゅつらん》

艹-16

【蘇】

総画19 JIS-3341 人名

音 ソ 訓 よみがえ-る

意味 よみがえる。生《い》きかえる。例 記憶《きおく》が蘇《よみがえ》る。

【◆蘇生】そせい Ⅱ〈-する〉生《い》きかえる。

艹-16

【藻】

総画19 JIS-3384 常用

音 ソウ 訓 も

筆順 藻 藻 藻 藻 藻 藻 藻 藻

なりたち 【形声】「艹」が「くさ」、「氵」が「みず」の意味《いみ》を、「喿」が「ソウ」という読《よ》み方《かた》をしめしている。「ソウ」は「むらがりあつまる」意味《いみ》を持《も》ち、むらがって生《は》える水草《みずくさ》を表《あらわ》す字《じ》。

意味 ❶も。水草《みずくさ》。例 藻《も》が生《は》える。海藻《かいそう》 ❷美《うつく》しくかざった文章《ぶんしょう》。例 文藻《ぶんそう》

❶〈も〉の意味で

【°藻類】そうるい ↓ 海《うみ》の中《なか》や池《いけ》の中《なか》などに生《は》えるコンブやワカメ、水草《みずくさ》などの植物《しょくぶつ》。

【°藻◆屑】もくず ↓ 海藻《かいそう》がちぎれて海中《かいちゅう》をただよっているもの。海《うみ》の中《なか》のごみ。表現「海《うみ》の藻《も》屑《くず》と消《き》えた」「海《うみ》の藻屑《もくず》となる」は、事故《じこ》やたたかいなどで死《し》んで海中《かいちゅう》にしずむことをいう。

艹-16

【蘭】

総画19 JIS-4586 人名

音 ラン 訓 —

意味 ❶らん。美《うつく》しくかおり高《たか》い花《はな》をさかせる観《かん》賞用植物《しょうようしょくぶつ》。例 春蘭《しゅんらん》・胡蝶蘭《こちょうらん》 ❷オランダ。「和蘭《オランダ》」の略《りゃく》。例 蘭学《らんがく》

❷〈オランダ〉の意味で

【◆蘭学】らんがく ↓ オランダ語《ご》をとおして、西洋《せいよう》の文明《ぶんめい》、とくに医学《いがく》を研究《けんきゅう》しようとした学問《がくもん》。江戸時代《えどじだい》の中《なか》ごろにはじまり幕末《ばくまつ》までつづいた。類 洋学《ようがく》

3画

辶 の部

［しんにょう］［しんにゅう］

道《みち》を行《い》く意《い》を表《あらわ》す「辶《しんにょう》（辵）」をもとに作《つく》られ、歩行《ほこう》や行動《こうどう》にかかわる字《じ》を集《あつ》めてあります。

この部首の字

°学習漢字でない常用漢字 ▲常用漢字表にない音訓 ◆常用漢字でない漢字

前ページ▶ 藍 蘇 藻 蘭

辶-2

込

総画5 JIS-2594 常用

訓 こむ・こめる　音 ―

筆順 込込込込込

なりたち 【会意】国字《こくじ》。「いれる」意味《いみ》の「入」と、「道《みち》を行《い》く」意味《いみ》の「辶」とを合《あ》わせて、「はいりこむ」ことを表《あらわ》す字《じ》。

意味 中《なか》にはいる。人《ひと》や物《もの》がたくさん集《あつ》まる。例 電車《でんしゃ》が込《こ》む。心《こころ》を込《こ》める。飛《と》び込《こ》み。

辶-2

辻

総画6 JIS-3652 人名

訓 つじ　音 ―

意味 つじ。十字路《じゅうじろ》。交差点《こうさてん》。道《みち》の交《まじ》わったところ。道《みち》ばた。例 辻説法《つじせっぽう》・四《よ》つ辻《つじ》

参考 国字《こくじ》。十字路《じゅうじろ》の形《かたち》を表《あらわ》す「十」と「道《みち》を行《い》く」意味《いみ》の「辶」を合《あ》わせて「つじ」を表《あらわ》す字《じ》。

辶-2

辺

総画5 JIS-4253 教4年

訓 あたり・べ　音 ヘン

［邊］

筆順 辺辺辺辺辺（はねる）（はらう）

なりたち 【形声】もとの字《じ》は、「邊」。「辶」が「道《みち》を行《い》く」ことを、「臱」が「ヘン」という読《よ》み方《かた》をしめしている。「ヘン」は「はし」の意味《いみ》を持《も》ち、行《い》きついたはしを表《あらわ》す字《じ》。

意味

❶ふち。ほとり。多角形《たかくけい》を作《つく》っている線《せん》。例 辺《あた》りを見《み》まわす。浜辺《はまべ》・底辺《ていへん》

❷はて。かぎり。さかいめ。例 辺境《へんきょう》

❷〈はて〉の意味で

【辺境】《へんきょう》↓国《くに》ざかい。または、国《くに》の中心《ちゅうしん》から遠《とお》くはなれた不便《ふべん》な土地《とち》。例 さびしい辺境《へんきょう》の地《ち》。類 僻地《へきち》・辺地《へんち》・辺土《へんど》

【辺地】《へんち》↓都会《とかい》から遠《とお》くはなれた不便《ふべん》な土地《ち》。類 辺土《へんど》・辺境《へんきょう》・僻地《へきち》・片田舎《かたいなか》

辺が下につく熟語 上の字の働き

❶辺＝〈ふち〉のとき

【斜辺《しゃへん》 底辺《ていへん》】ドンナふちか。

【身辺《しんぺん》 炉辺《ろへん》 岸辺《きしべ》 水辺《みずべ／すいへん》 浜辺《はまべ》】ナニ・ドコのほとりか。

◆近辺《きんぺん》 周辺《しゅうへん》

辶-3

迄

総画7 JIS-4388 人名

訓 まで・いたーる・およーぶ　音 キツ

意味 まで。行《い》きつく場所《ばしょ》・時間《じかん》・程度《ていど》などの限度《げんど》をしめす。例 京都迄行《きょうとまでい》く。

辶-3

迅

総画6 JIS-3155 常用

訓 ―　音 ジン

筆順 迅迅迅迅迅迅

なりたち 【形声】「辶」が「道《みち》を行《い》く」ことを、「卂《シン》」が「ジン」とかわって読《よ》み方《かた》をしめしている。「シン」は「はやい」の意味《いみ》を持《も》ち、はやく行《い》くことを表《あらわ》す字《じ》。

意味 はやい。はげしい。いきおいが強《つよ》い。例 迅速《じんそく》・奮迅《ふんじん》

名前のよみ とき・とし・はや

【°迅速】《じんそく》Ⅱ〈一に〉《な》たいへんすばやいこと。例 ものごとを迅速《じんそく》に処理《しょり》する。類 敏速《びんそく》

辶-4

近

総画7 JIS-2265 教2年

訓 ちかい　音 キン

筆順 近近近近近近近（厂にならない）（はらう）

なりたち 【形声】「辶」が「道《みち》を歩《ある》く」ことを、「斤」が「キン」という読《よ》み方《かた》をしめしている。「キン」は「わずか」の意味《いみ》を持《も》ち、道《みち》のりがわずかであることを表《あらわ》す字《じ》。

意味

❶ちかい。距離《きょり》や関係《かんけい》がちかい。ちかよる。ちかづく。例 近道《ちかみち》・接近《せっきん》 対 遠《えん》

❷ちかごろ。時間《じかん》のへだたりが少《すく》ない。例 近《ちか》い将来《しょうらい》。近代《きんだい》・最近《さいきん》

❶〈ちかい〉の意味で

【近火】《きんか》↓近所《きんじょ》におこった火事《かじ》。例 近火見舞《きんかみま》い

【近海】《きんかい》↓陸地《りくち》に近《ちか》い海《うみ》。例 近海漁業《きんかいぎょぎょう》 類 沿海《えんかい》・沿岸《えんがん》 対 遠海《えんかい》・遠洋《えんよう》・外洋《がいよう》

【近眼】《きんがん》↓近《ちか》くのものははっきり見《み》えるが、遠《とお》くのものはぼんやりとしか見《み》えない目《め》。類 近視《きんし》・近視眼《きんしがん》 対 遠視《えんし》

【近景】きんけい ↓ 近《ちか》くのけしき。とくに、絵《え》や写真《しゃしん》で、手前《てまえ》のほうのようす。対遠景《えんけい》

【近県】きんけん ↓ 近《ちか》くの県《けん》。例近県《きんけん》の大学《だいがく》に入《はい》る。

【近。郊】きんこう ↓ 都市《とし》のまわりで、わりあい近《ちか》いところ。例東京 近郊《とうきょうきんこう》の住宅地《じゅうたくち》。類郊外《こうがい》・近在《きんざい》

【近郷】きんごう ↓ 都市《とし》や大《おお》きな町《まち》のまわりにある村々《むらむら》。例近郷《きんごう》の農家《のうか》。類近在《きんざい》

【近在】きんざい ↓ 都市《とし》の近《ちか》くのいなか。類近郷《きんごう》・近郊《きんこう》 表現「近郷近在《きんごうきんざい》から人《ひと》が集《あつ》まる」のように、「近郷《きんごう》」といっしょに言《い》うことが多《おお》い。

【近視】きんし ↓ 近《ちか》くのものははっきり見《み》えるが、遠《とお》くのものはぼんやりとしか見《み》えないこと。類近眼《きんがん》・近視眼《きんしがん》 対遠視《えんし》 知識近視《きんし》は凹《おう》レンズの眼鏡《めがね》をかけることなどによって矯正《きょうせい》できる。

【近似】きんじ 〓〈―する〉数量《すうりょう》がひじょうに近《ちか》いこと。例近似値《きんじち》(かわりに使《つか》ってもいいほど近《ちか》い値《あたい》) 類類似《るいじ》 表現数《かず》でない場合《ばあい》は、「類似《るいじ》」を使《つか》う。

【近所】きんじょ ↓ 近《ちか》いところ。例近所《きんじょ》の店《みせ》で買《か》う。類近隣《きんりん》・付近《ふきん》・近辺《きんぺん》

【近親】きんしん ↓ 親《おや》やきょうだいなど、血《ち》のつながりの深《ふか》い人《ひと》。例近親者《きんしんしゃ》

【近接】きんせつ ↓〈―する〉近《ちか》くにあること。例工 場《こうじょう》に近接《きんせつ》する土地《とち》。類隣接《りんせつ》 対遠隔《えんかく》

【近辺】きんぺん ↓ 近《ちか》いところ。例東京 近辺《とうきょうきんぺん》の農《のう》家《か》。類付近《ふきん》・近所《きんじょ》・界隈《かいわい》

【近。隣】きんりん ↓ となり近所《きんじょ》。例近隣諸国《きんりんしょこく》

【近道】ちかみち ↓ ①ほかの道《みち》より早《はや》くそこに行《ゆ》き着《つ》ける道《みち》。ぬけ道《みち》。例近道《ちかみち》を通《とお》って学校《がっこう》に行《い》く。②早《はや》くしあげる方法《ほうほう》。例学問《がくもん》に近道《ちかみち》はない。類早道《はやみち》

❷〈ちかごろ〉の意味で

【近。影】きんえい ↓ ある人物《じんぶつ》の、近《ちか》ごろのすがたをうつした写真《しゃしん》。例恩師《おんし》の近影《きんえい》。

【近刊】きんかん ↓ 近《ちか》いうちに本《ほん》として売《う》り出《だ》すこと。例近刊案内《きんかんあんない》 表現☞【新刊】しんかん(556ページ)

【近。況】きんきょう ↓ 近《ちか》ごろのようす。例近況 報告《きんきょうほうこく》

【近近】きんきん|ちかぢか 〓 近《ちか》いうちに。例父《ちち》は近々《ちかぢか》、退《たい》院《いん》する予定《よてい》です。類近日《きんじつ》

【近日】きんじつ ↓ 近《ちか》いうち。きょうから数《かぞ》えて、二《に》、三日《さんにち》のうち。例近日開店《きんじつかいてん》 類近近《きんきん|ちかぢか》

【近世】きんせい ↓ ①近《ちか》ごろ。②歴史《れきし》のうえで、古《こ》代《だい》・中世《ちゅうせい》につづく時期《じき》。ふつう、日本《にほん》では江《え》戸時代《どじだい》、西洋《せいよう》ではルネサンスから近代《きんだい》までの時代《じだい》をいう。例近世文学《きんせいぶんがく》 関連古代《こだい》・中世《ちゅうせい》・近《きん》世《せい》・近代《きんだい》・現代《げんだい》

【近代】きんだい ↓ ①近《ちか》ごろの世《よ》の中《なか》。例近代《きんだい》まれな事件《じけん》。②歴史《れきし》のうえで、近世《きんせい》のあとの時代《じだい》。ふつう、日本《にほん》では明治時代《めいじじだい》から昭和《しょうわ》二十年《にじゅうねん》までを、西洋《せいよう》では十七世紀後半《じゅうななせいきこうはん》から二十世紀《にじっせいき》はじめまでをいう。例近代史《きんだいし》 関連古代《こだい》・中《ちゅう》世《せい》・近世《きんせい》・近代《きんだい》・現代《げんだい》 知識世界史《せかいし》では「古代《こだい》・中世《ちゅうせい》・近代《きんだい》」の三区分《さんくぶん》を立《た》てることが多《おお》い。その場合《ばあい》は「近世《きんせい》」は中世《ちゅうせい》に入《はい》り、「現代《げんだい》」は近代《きんだい》に入《はい》る。

【近代的】きんだいてき 〈―な・―に〉新《あたら》しくて、このごろの世《よ》の中《なか》らしいようす。例近代的《きんだいてき》な建築《けんちく》。

【近年】きんねん ↓ ここ数年《すうねん》のあいだ。例ことしの夏《なつ》は近年《きんねん》にない暑《あつ》さだ。

【近来】きんらい ⊠ 少《すこ》しむかしから今《いま》まで。例今大《こんたい》会《かい》は、近来《きんらい》まれにみる盛況《せいきょう》だった。

近が下につく熟語 上の字の働き

❶近＝〈ちかい〉のとき

【側近《そっきん》 卑近《ひきん》 付近《ふきん》 接近《せっきん》】近《ちか》い意味《いみ》。

例解 使い分け

[かえる《返る・帰る》]

返る＝もとにもどる。

例貸《か》したお金《かね》が返《かえ》る。こだまが返《かえ》る。正《しょう》気《き》に返《かえ》る。

帰る＝とくに、人《ひと》や動物《どうぶつ》がもとの場所《ばしょ》にもどる。反対《はんたい》は「行《い》く」。

例家《いえ》に帰《かえ》る。帰《かえ》るしたくをする。帰《かえ》らぬ人《ひと》となる。

◦学習漢字でない常用漢字 ▴常用漢字表にない音訓 ◆常用漢字でない漢字

【至近《しきん》・身近《みぢか》】ドンナニ近《ちか》いか。
◆遠近《えんきん》 最近《さいきん》 間近《まぢか》

辶-4 迎

総画7 JIS-2362 常用
訓音 ゲイ むかえる

筆順

なりたち

【形声】「卬《ギョウ》」が「出《で》むかえる」意味《いみ》と、「ゲイ」とかわって読《よ》み方《かた》をしめしている。これに、さらに「道《みち》を行《い》く」意味《いみ》の「辶」をくわえて、出《で》むかえることを表《あらわ》す字《じ》。

意味 むかえる。相手《あいて》に合《あ》わせる。例 客《きゃく》を迎《むか》える。迎合《げいごう》・歓迎《かんげい》 対 送《そう》

【迎撃《げいげき》】↓〈―する〉せめてくる敵《てき》をむかえうつこと。例 迎撃態勢《げいげきたいせい》 対 出撃《しゅつげき》

【迎合《げいごう》】↓〈―する〉相手《あいて》に調子《ちょうし》をあわせて、その人のごきげんをとるようにつとめる。例 他人《たにん》に迎合《げいごう》する傾向《けいこう》のある人《ひと》。

【迎春《げいしゅん》】▲ 新年《しんねん》をむかえること。表現 年《ねん》賀状《がじょう》によく使《つか》われる。

【迎賓《げいひん》】▲ たいせつな客《きゃく》をむかえること。例 迎賓館《げいひんかん》（外国《がいこく》の元首《げんしゅ》などをむかえてもてなす公邸《こうてい》）

◆歓迎《かんげい》 送迎《そうげい》

辶-4 返

総画7 JIS-4254 教3年
訓音 ヘン かえす・かえる

筆順

なりたち

【形声】「辶」が「道《みち》を行《い》く」ことを、「反《ハン》」が「ヘン」とかわって読《よ》み方《かた》をしめしている。「ハン」は「かえる」意味《いみ》を持《も》ち、もとの道《みち》をもどってくることを表《あらわ》す字《じ》。

意味 かえす。もどす。こたえる。例 恩《おん》をあだで返《かえ》す。落《お》とし物《もの》が返《かえ》る。返事《へんじ》

使い分け かえる［返・帰］☞421ページ

【返還《へんかん》】Ⅱ〈―する〉一度《いちど》手《て》に入《い》れたものをかえすこと。例 優勝旗返還《ゆうしょうきへんかん》 類 返却《へんきゃく》

【返却《へんきゃく》】Ⅱ〈―する〉借《か》りたものやあずかったものをかえすこと。例 借《か》りた本《ほん》を返却《へんきゃく》する。類 返還《へんかん》・償還《しょうかん》・償却《しょうきゃく》

【返金《へんきん》】▲〈―する〉借《か》りたり、あずかったりしていたお金《かね》をかえすこと。

【返済《へんさい》】↓〈―する〉借《か》りたお金《かね》や品物《しなもの》をかえすこと。例 借金《しゃっきん》を返済《へんさい》する。類 償還《しょうかん》

【返事《へんじ》】↓ ①〈―する〉相手《あいて》のよびかけや問《と》いかけに対《たい》して答《こた》えること。答《こた》えのことば。例 大《おお》きな声《こえ》で返事《へんじ》する。類 返答《へんとう》・回答《かいとう》 ②相手《あいて》からの手紙《てがみ》にこたえる手紙《てがみ》。例 返事《へんじ》を書《か》く。類 返信《へんしん》

【返上《へんじょう》】↓〈―する〉もらったものや借《か》りたものをかえすこと。例 休日《きゅうじつ》を返上《へんじょう》して会社《かいしゃ》に出《で》る。

【返信《へんしん》】↓〈―する〉もらった手紙《てがみ》やメールに対《たい》する返事《へんじ》。また、それを送《おく》ること。例 かれから返信《へんしん》がある。返信用《へんしんよう》はがき 対 往信《おうしん》・返事《へんじ》

【返送《へんそう》】↓〈―する〉送《おく》ってきたものを、もとのところへ送《おく》りかえすこと。例 まちがった住所《じゅうしょ》を書《か》いた手紙《てがみ》が返送《へんそう》されてきた。

【返答《へんとう》】Ⅱ〈―する〉聞《き》かれたことに答《こた》えること。例 急《きゅう》に聞《き》かれて返答《へんとう》につまった。類 返《へん》事《じ》・回答《かいとう》

【返納《へんのう》】↓〈―する〉借《か》りていたものを持《も》ち主《ぬし》やもとの場所《ばしょ》にかえすこと。表現 公共《こうきょう》のものを借《か》りたときにいうことが多《おお》い。

【返品《へんぴん》】▲〈―する〉いちど買《か》い入《い》れた品物《しなもの》を、もとのところにかえすこと。また、かえされた品物《しなもの》。例 不良品《ふりょうひん》を返品《へんぴん》する。

【返本《へんぽん》】▲〈―する〉本屋《ほんや》が、仕入《しい》れた本《ほん》を出版《しゅっぱん》元《もと》にかえすこと。かえした本《ほん》。例 返本《へんぽん》の山《やま》。

【返礼《へんれい》】▲〈―する〉おくりものやあいさつを受《う》けたとき、それにこたえてお礼《れい》すること。お礼《れい》のあいさつや品物《しなもの》。お返《かえ》し。例 病気見《びょうきみ》舞《ま》いの返礼《へんれい》の品《しな》を送《おく》る。類 答礼《とうれい》

辶-5 迦

総画9 JIS-1864 人名
訓音 カ ―

意味 梵語《ぼんご》（古代《こだい》インドのことば）の「カ」の音《おん》を表《あらわ》す字《じ》。例 釈迦《しゃか》

辶-5 述

総画8 JIS-2950 教5年
訓音 ジュツ のべる

筆順 はねない とめる はらう

なりたち 【形声】もとの字は、「述」。「辶」が「道《みち》を行《い》く」ことを、「朮」が「ジュツ」という読《よ》み方《かた》をしめしている。「ジュツ」は「したがう」意味《いみ》を持《も》ち、人《ひと》のあとにしたがって行《い》くことを表《あらわ》す字《じ》。

意味 のべる。言《い》い表《あらわ》す。例 意見《いけん》を述《の》べる。述語《じゅつご》・記述《きじゅつ》

名前のよみ あきら・のり

【述。懐】《じゅっかい》 ▲ 〈―する〉心《こころ》に思《おも》っていることや、思《おも》い出《で》などを話《はな》すこと。例 述懐《じゅっかい》を聞《き》く。

故事のはなし

逆鱗《げきりん》に触《ふ》れる

そもそも竜《りゅう》という動物《どうぶつ》は、かいならして乗《の》ることもできる。しかし、のどの下《した》にさかさに生《は》えた直径一尺《ちょっけいいっしゃく》ほどのうろこがあり、もしも、人《ひと》がそれにさわると、かならずその人《ひと》をころしてしまう。君主《くんしゅ》にもやはりこのさかさうろこがあるのだ。（『韓非子《かんぴし》』説難篇《ぜいなんへん》）

【述語】《じゅつご》 ↓ 一《ひと》つの文《ぶん》の中《なか》で、「雨《あめ》がふる」の「ふる」、「花《はな》が美《うつく》しい」の「美《うつく》しい」、「海《うみ》はおだやかだ」の「おだやかだ」などの、「どうする」「どうだ」ということを表《あらわ》している部分《ぶぶん》。日本語《にほんご》では、述語《じゅつご》は文《ぶん》の終《お》わりにあるのがふつう。知識 文法用語《ぶんぽうようご》。前《まえ》の例《れい》の「雨《あめ》」「花《はな》」「海《うみ》」の部分《ぶぶん》は主語《しゅご》という。

述が下につく熟語 上の字の働き

【記述《きじゅつ》 叙述《じょじゅつ》 著述《ちょじゅつ》 陳述《ちんじゅつ》 論述《ろんじゅつ》 供述《きょうじゅつ》】近《ちか》い意味《いみ》。

【口述《こうじゅつ》 詳述《しょうじゅつ》】ドノヨウニ述《の》べるか。

辶－5

迪

総画8 JIS-7776 人名

音 テキ　訓 みち

意味 みち。みちびく。みちをたどって前進《ぜんしん》する。

名前のよみ すすむ・ただ・ふみ

辶－5

迭

総画8 JIS-3719 常用

音 テツ　訓 ―

筆順

意味 いれかえる。いれかわる。例 更迭《こうてつ》

辶－5

迫

総画8 JIS-3987 常用

音 ハク　訓 せまる

筆順

なりたち 【形声】「辶」が「道《みち》を行《い》く」ことを、「白」が「ハク」という読《よ》み方《かた》をしめしている。「ハク」は「近《ちか》づく」意味《いみ》を持《も》ち、道《みち》を歩《ある》いていって人《ひと》に近《ちか》づくことを表《あらわ》す字《じ》。

意味 せまる。近《ちか》づく。おいつめる。例 夕《ゆう》やみが迫《せま》る。迫害《はくがい》・迫力《はくりょく》・脅迫《きょうはく》・切迫《せっぱく》

【。迫害】《はくがい》 ↓ 〈―する〉力《ちから》でおさえつけて、苦《くる》しめること。例 異教徒《いきょうと》を迫害《はくがい》する。

【。迫真】《はくしん》 ▲ ほんものそっくりに見《み》えること。例 迫真《はくしん》の演技《えんぎ》。

【。迫力】《はくりょく》 ↓ 人《ひと》の心《こころ》に強《つよ》くはたらきかける力《ちから》。例 かれのうったえには迫力《はくりょく》があった。

迫が下につく熟語 上の字の働き

【緊迫《きんぱく》 切迫《せっぱく》】近《ちか》い意味《いみ》。

【気迫《きはく》 急迫《きゅうはく》】ドノヨウニ迫《せま》るか。

【圧迫《あっぱく》 脅迫《きょうはく》】ドウヤッテ追《お》いつめるか。

辶－6

逆

総画9 JIS-2153 教5年

音 ギャク・ゲキ　訓 さか・さからう

筆順 ださない はらう

なりたち 【形声】「辶」が「道《みち》を行《い》く」ことを、「屰」が「ギャク・ゲキ」という読《よ》み方《かた》をしめしている。「ギャク・ゲキ」は「むかえる」意味《いみ》を持《も》ち、行《い》って人《ひと》を出《で》むかえることを表《あらわ》す字《じ》。のちに、「屰」のもともとの意味《いみ》を取《と》り入《い》れて「さからう・さかさ」を表《あらわ》すように

送 ◀次ページ

なった。

意味 さかさ。さからう。そむく。順番《じゅんばん》・位《い》置《ち》などが反対《はんたい》になる。例逆《さか》さにつるす。流《なが》れに逆《さか》らう。逆転《ぎゃくてん》・反逆《はんぎゃく》 対順《じゅん》

発音あんない ギャク→ギャッ…例逆行《ぎゃっこう》

【逆効果《ぎゃくこうか》】ねがっていることとは反対《はんたい》の、わるい結果《けっか》になること。例ここでしかるのはかえって逆効果《ぎゃくこうか》になる。

【逆算《ぎゃくさん》】↓〈―する〉ふつうの順序《じゅんじょ》と反対《はんたい》に、終《お》わりのほうから前《まえ》のほうへ計算《けいさん》すること。例おつりから逆算《ぎゃくさん》して、ねだんを知《し》る。

【逆。襲《ぎゃくしゅう》】↓〈―する〉せめられていたほうが、せめかえすこと。例逆襲《ぎゃくしゅう》に転《てん》じる。類反撃《はんげき》

【逆上《ぎゃくじょう》】↓〈―する〉いかりやくやしさのためにかっとなること。例逆上《ぎゃくじょう》してつかみかかる。

【逆接《ぎゃくせつ》】↓二《ふた》つの句《く》や文《ぶん》が予想《よそう》とくいちがう意味《いみ》で、前《まえ》から後《あと》へつながっていくこと。「急《いそ》いで行《い》ったが、乗《の》り遅《おく》れた」のように、ふつう「しかし」「が」「のに」「けれども」などのことばでつながる。対順接《じゅんせつ》

【逆説《ぎゃくせつ》】↓ふつう正《ただ》しいと考《かんが》えられていることと反対《はんたい》のようでも、よく考《かんが》えると、正《ただ》しいことをうまく言《い》っていることば。「負《ま》けるが勝《か》ち」などもその一《ひと》つ。

【逆手《ぎゃくて》】↓一①柔道《じゅうどう》で、相手《あいて》の関節《かんせつ》を反対《はんたい》がわに曲《ま》げて、動《うご》けなくすること。例逆《ぎゃく》手《て》をとる。②相手《あいて》のせめ手《て》を逆《ぎゃく》にこちらが使《つか》って相手《あいて》をせめること。例相手《あいて》のことばを逆《ぎゃく》手《て》にとって言《い》い返《かえ》す。③相手《あいて》が考《かんが》えていたのとちがう、反対《はんたい》のせめ方《かた》。例逆手《ぎゃくて》に出《で》る。二《さかて》、ふつうとは反対《はんたい》の持《も》ち方《かた》をすること。例逆手《さかて》に持《も》ちかえる。

【逆転《ぎゃくてん》】↓〈―する〉①進《すす》む方向《ほうこう》や回転《かいてん》の向《む》きが、反対《はんたい》になること。例モーターが逆転《ぎゃくてん》する。②それまでのなりゆきやようすが逆《ぎゃく》になり、優劣《ゆうれつ》の関係《かんけい》などがかわること。例逆転《ぎゃくてん》勝《が》ち・形勢逆転《けいせいぎゃくてん》

【逆風《ぎゃくふう》】↓進《すす》んでいこうとするほうからふいてくる風《かぜ》。むかい風《かぜ》。例逆風《ぎゃくふう》をついて走《はし》る。対順風《じゅんぷう》

【逆用《ぎゃくよう》】↓〈―する〉もともとの目的《もくてき》とは反対《はんたい》のことに利用《りよう》すること。例法律《ほうりつ》を逆用《ぎゃくよう》して弱者《じゃくしゃ》を苦《くる》しめるのは許《ゆる》せない。

【逆流《ぎゃくりゅう》】↓〈―する〉川《かわ》の流《なが》れなどが、ふつうとは反対《はんたい》の方向《ほうこう》に流《なが》れること。例満潮《まんちょう》で、川《かわ》の水《みず》が逆流《ぎゃくりゅう》する。

【逆境《ぎゃっきょう》】↓立場《たちば》や身《み》の上《うえ》が、苦《くる》しくつらいものであること。例逆境《ぎゃっきょう》に負《ま》けないで、たくましく生《い》きてほしい。類苦境《くきょう》 対順境《じゅんきょう》

【逆光《ぎゃっこう》】↓向《む》かいあったもののうしろのほうから、自分《じぶん》のほうにさす光《ひかり》。例逆光《ぎゃっこう》だと写真《しゃしん》がよくうつらない。類逆光線《ぎゃくこうせん》

【逆行《ぎゃっこう》】↓〈―する〉全体《ぜんたい》の流《なが》れやまわりの動《うご》きと反対《はんたい》の方向《ほうこう》にすすむこと。例時代《じだい》の流《なが》れに逆行《ぎゃっこう》する。

【▲逆◆鱗《げきりん》に。触《ふ》れる】目上《めうえ》のえらい人《ひと》のいかりを買《か》う。参考天子《てんし》のいかりを買《か》うことを、竜《りゅう》にたとえていったもの。

故事のはなし ☞423ページ

辶-6

送

総画9

JIS-3387

教3年

音 ソウ

訓 おくる

筆順

なりたち

[会意]「辶」が「道《みち》を行《い》く」ことを、「关」が「両手《りょうて》で物《もの》をささげ持《も》つ」意味《いみ》を持《も》ち、合《あ》わせて人《ひと》をおくっていくことを表《あらわ》す字《じ》。

意味 おくる。おくりだす。見《み》おくる。おくりとどける。例荷物《にもつ》を送《おく》る。発送《はっそう》 対迎《げい》

使い分け おくる[送・贈]☞425ページ

【送。還《そうかん》】↓〈―する〉もといたところへ人《ひと》を送《おく》りかえすこと。例強制送還《きょうせいそうかん》

【送金《そうきん》】▲〈―する〉お金《かね》を送《おく》ること。また、そのお金《かね》。例子《こ》どもに学費《がくひ》を送金《そうきん》する。

【送。迎《そうげい》】⇕〈―する〉人《ひと》を送《おく》ったり迎《むか》えたりすること。おくりむかえ。例送迎《そうげい》バス

【送検《そうけん》】▲〈―する〉罪《つみ》をおかしたうたがいのある人《ひと》を検察庁《けんさつちょう》に送《おく》ること。例書類送検《しょるいそうけん》

【送辞《そうじ》】↓出《で》て行《い》く人《ひと》へのおわかれのことば。卒業式《そつぎょうしき》で在校生《ざいこうせい》が卒業生《そつぎょうせい》を送《おく》ることば。例在校生代表《ざいこうせいだいひょう》の送辞《そうじ》。対答辞《とうじ》

【送信《そうしん》】▲〈—する〉電波《でんぱ》で通信《つうしん》を送《おく》ること。例メールを送信《そうしん》する。類発信《はっしん》 対受信《じゅしん》

【送電《そうでん》】▲〈—する〉発電所《はってんしょ》から変電所《へんでんしょ》へ、変電《へんでん》所《しょ》から工場《こうじょう》や家庭《かてい》へ電気《でんき》を送《おく》ること。

【送付《そうふ》】↓〈—する〉品物《しなもの》や書類《しょるい》などを送《おく》りとどけること。例合格通知《ごうかくつうち》を送付《そうふ》する。

【送風《そうふう》】▲〈—する〉風《かぜ》や空気《くうき》をふきおくること。例送風機《そうふうき》・送風管《そうふうかん》

【送別《そうべつ》】▲〈—する〉旅《たび》に出《で》る人《ひと》や、わかれていく人《ひと》を見送《みおく》ること。例送別会《そうべつかい》

【送料《そうりょう》】↓品物《しなもの》や手紙《てがみ》などを送《おく》るのにかかるお金《かね》。送《おく》り賃《ちん》。例送料《そうりょう》を負担《ふたん》する。

送が下につく熟語 上の字の働き

【運送《うんそう》 輸送《ゆそう》 発送《はっそう》】近《ちか》い意味《いみ》。

【歓送《かんそう》 葬送《そうそう》】ドウヤッテ送《おく》りだすか。

【急送《きゅうそう》 護送《ごそう》 託送《たくそう》 直送《ちょくそう》 回送《かいそう》 転送《てんそう》 返送《へんそう》 放送《ほうそう》】ドノヨウニ送《おく》りとどけるか。

【電送《でんそう》 郵送《ゆうそう》】ナニによって送《おく》りとどけるか。

辶-6

退

総画9 JIS-3464 教5年

音 タイ
訓 しりぞく・しりぞける

筆順 退 退 退 退 退 退 退 退 退（はねる／人にならない／はらう）

なりたち 【会意】「日」と「反対《はんたい》に行《い》く」意味《いみ》の「夊」と「彳」とからでき、日《ひ》がしずむことを表《あらわ》す字《じ》。のちに「彳」が「辶」になる。

意味 しりぞく。しりぞける。ひきさがる。いなくなる。おとろえる。例現役《げんえき》を退《しりぞ》く。反対《はんたい》を退《しりぞ》ける。引退《いんたい》・早退《そうたい》 対進《しん》・入《にゅう》・就《しゅう》

特別なよみ 立ち退く（たちのく）

【退位《たいい》】▲〈—する〉国王《こくおう》が位《くらい》をしりぞくこと。例国王《こくおう》が退位《たいい》した。対即位《そくい》

【退院《たいいん》】▲〈—する〉病気《びょうき》やけがで病院《びょういん》に入《はい》っていた人《ひと》が、病院《びょういん》を出《で》て家《いえ》に帰《かえ》ること。対入院《にゅういん》

【退役《たいえき》】▲〈—する〉士官《しかん》以上《いじょう》の軍人《ぐんじん》が兵役《へいえき》からはなれること。例退役軍人《たいえきぐんじん》

【退化《たいか》】↓〈—する〉①進歩《しんぽ》がとまって、もとの状態《じょうたい》にもどること。例文明《ぶんめい》が退化《たいか》する。類退歩《たいほ》 対進化《しんか》 ②クジラの後足《あとあし》やヒトの尾骨《びこつ》などのように、生物《せいぶつ》のからだの一部《いちぶ》が、使《つか》われないで何世代《なんせだい》もすごすうちに、小《ちい》さくなったりなくなったりすること。

【退会《たいかい》】▲〈—する〉会《かい》からぬけて、会員《かいいん》でなくなること。例研究会《けんきゅうかい》を退会《たいかい》する。対入会《にゅうかい》

【退学《たいがく》】▲〈—する〉学生《がくせい》・生徒《せいと》が、とちゅうで学校《がっこう》をやめること。学校《がっこう》のほうからやめさせる場合《ばあい》もいう。例中途退学《ちゅうとたいがく》 類退校《たいこう》・中退《ちゅうたい》

【退官《たいかん》】▲〈—する〉役人《やくにん》の地位《ちい》や仕事《しごと》からしりぞくこと。対任官《にんかん》

【退◦却《たいきゃく》】Ⅲ〈—する〉負《ま》けてにげること。たたかいが不利《ふり》になって、しりぞくこと。類後退《こうたい》・退陣《たいじん》・撤収《てっしゅう》・撤退《てったい》 対進撃《しんげき》

【退去《たいきょ》】Ⅲ〈—する〉ある場所《ばしょ》からたちのくこと。例退去命令《たいきょめいれい》

【退◦屈《たいくつ》】Ⅲ〈—する〉・〈—な〉〈—に〉①なにもすることがなくて、ひまでこまること。例雨《あめ》の日曜日《にちようび》は退屈《たいくつ》だ。②つまらなくてあきあきすること。例退屈《たいくつ》な話《はなし》で、あくびがでる。

【退校《たいこう》】▲〈—する〉学校《がっこう》を卒業《そつぎょう》する前《まえ》にやめること。やめさせられること。類退学《たいがく》・中退《ちゅうたい》

【退散《たいさん》】↓〈—する〉①その場《ば》からひきあげること。例もうおそいから退散《たいさん》しよう。②にげさること。例犬《いぬ》にほえられてすごすごと退《たい》

例解 使い分け

［おくる《送る・贈る》］

送る＝人《ひと》や物《もの》をほかの場所《ばしょ》へとどける。人《ひと》の場合《ばあい》、反対《はんたい》は「迎《むか》える」。
例卒業生《そつぎょうせい》を送《おく》る。手紙《てがみ》を送《おく》る。拍手《はくしゅ》を送《おく》る。

贈る＝品物《しなもの》や位《くらい》などを人《ひと》にあげる。
例花束《はなたば》を贈《おく》る。勲章《くんしょう》を贈《おく》る。感謝状《かんしゃじょう》を贈《おく》る。

送る

贈る

追◀次ページ

◦学習漢字でない常用漢字　▲常用漢字表にない音訓　◆常用漢字でない漢字

散《さん》する。

【退治《たいじ》】↓〈—する〉悪人《あくにん》や人間《にんげん》の害《がい》になるものをほろぼすこと。例鬼退治《おにたいじ》 類征伐《せいばつ》

【退室《たいしつ》】▲〈—する〉用《よう》がすんで、へやから出《で》ること。対入室《にゅうしつ》

【退社《たいしゃ》】▲〈—する〉①その日《ひ》の仕事《しごと》を終《お》わって、会社《かいしゃ》から外《そと》に出《で》ること。例退社時刻《たいしゃじこく》 対出社《しゅっしゃ》 ②それまでつとめていた会社《かいしゃ》をやめること。例退社《たいしゃ》して、自分《じぶん》の店《みせ》をひらく。対入社《にゅうしゃ》

【退出《たいしゅつ》】↓〈—する〉あらたまった場所《ばしょ》や、目《め》上《うえ》の人《ひと》の前《まえ》からひきさがること。例式場《しきじょう》から退出《たいしゅつ》する。

【退場《たいじょう》】▲〈—する〉会場《かいじょう》・競技場《きょうぎじょう》・舞台《ぶたい》などから出《で》ていくこと。例審判《しんぱん》が退場《たいじょう》を命《めい》じた。対入場《にゅうじょう》・登場《とうじょう》

【退職《たいしょく》】▲〈—する〉今《いま》までつとめていた職《しょく》をやめること。例定年退職《ていねんたいしょく》 対就職《しゅうしょく》

【退。陣《たいじん》】▲〈—する〉①軍隊《ぐんたい》を後方《こうほう》へ下《さ》げること。例退陣命令《たいじんめいれい》が出《で》る。類退却《たいきゃく》 ②大臣《だいじん》や役員《やくいん》など、高《たか》い地位《ちい》の人《ひと》が、その地位《ちい》を去《さ》ること。例社長《しゃちょう》が退陣《たいじん》した。類辞任《じにん》

【退席《たいせき》】▲〈—する〉会場《かいじょう》や式場《しきじょう》から外《そと》へ出《で》ること。例とちゅうで退席《たいせき》する。類退座《たいざ》

【退団《たいだん》】▲〈—する〉劇団《げきだん》・球団《きゅうだん》などの団体《だんたい》からぬけること。例退団届《たいだんとどけ》 対入団《にゅうだん》

【退潮《たいちょう》】▲①潮《しお》がひくこと。②〈—する〉いきおいがおとろえること。例景気退潮《けいきたいちょう》のきざし。

【退任《たいにん》】▲〈—する〉それまでの役目《やくめ》をやめること。類離任《りにん》 対就任《しゅうにん》・着任《ちゃくにん》

【退。廃《たいはい》】‖〈—する〉人《ひと》びとの気持《きも》ちからまじめさが消《き》えて、だらしなくなること。例退廃《たいはい》した生活《せいかつ》。退廃的《たいはいてき》 類不健全《ふけんぜん》

【退。避《たいひ》】‖〈—する〉危険《きけん》を避《さ》けるために、その場所《ばしょ》から安全《あんぜん》なところへうつること。例退《たい》避命令《ひめいれい》 類避難《ひなん》

【退歩《たいほ》】▲〈—する〉ものごとが、前《まえ》よりわるい状態《じょうたい》になること。例年《とし》をとって、うでまえが退歩《たいほ》している。対進歩《しんぽ》

【退路《たいろ》】↓にげ道《みち》。例退路《たいろ》を断《た》つ。対進路《しんろ》

退が下につく熟語 上の字の働き

【引退《いんたい》 辞退《じたい》 脱退《だったい》】近《ちか》い意味《いみ》。

【撤退《てったい》 敗退《はいたい》 凡退《ぼんたい》】ドノヨウニしりぞくか。

◆撃退《げきたい》 減退《げんたい》 後退《こうたい》 衰退《すいたい》 早退《そうたい》 勇退《ゆうたい》

辶−6

追

総画9
JIS-3641
教3年
音 ツイ
訓 おう

筆順

なりたち

[形声]「辶」が「道《みち》を行《い》く」ことを、「自タイ｜スイ」が「ツイ」とかわって読《よ》み方《かた》をしめしている。「スイ」は「したがう」意味《いみ》を持《も》ち、前《まえ》の人《ひと》のあとについていくことを表《あらわ》す字《じ》。

意味

❶おいかける。なにかをおってゆく。おいはらう。例追《お》いつ追《お》われつ。追跡《ついせき》・追放《ついほう》
❷さかのぼる。過去《かこ》をふりかえる。例追想《ついそう》
❸つけくわえる。あとから重《かさ》ねてする。例追加《ついか》

❶〈おいかける〉の意味で

【追。及《ついきゅう》】‖〈—する〉相手《あいて》の責任《せきにん》をきびしく問《と》いつめること。

例解 使い分け

[追及《ついきゅう》・追求《ついきゅう》・追究《ついきゅう》]

追及＝どこかに悪事《あくじ》があるとうたがい、それをあばき出《だ》すために事実《じじつ》を調《しら》べ、白《しろ》と黒《くろ》をはっきりさせようと追《お》いせまっていくこと。
例犯人《はんにん》を追及《ついきゅう》する。責任《せきにん》を追及《ついきゅう》する。

追求＝利益《りえき》とか幸福《こうふく》とかほしいものがあって、それを手《て》に入《い》れようと追《お》い求《もと》めていくこと。
例利益《りえき》を追求《ついきゅう》する。永遠《えいえん》の平和《へいわ》を追求《ついきゅう》する。

追究＝利益《りえき》などには関係《かんけい》なく、ただただ真理《しんり》がどこにあるかが知《し》りたくて、もっと深《ふか》く究《きわ》めようと追《お》っていくこと。
例真理《しんり》を追究《ついきゅう》する。

【追求《ついきゅう》】↓〈—する〉めざしているものをどこまでも追《お》い求《もと》めて、手《て》に入《い》れようとすること。類探求《たんきゅう》・探索《たんさく》

使い分け [追及・追求・追究] ☞426ページ

【追究】《ついきゅう》[↓]〈—する〉深《ふか》くつきつめて研究《けんきゅう》すること。類 探究《たんきゅう》

使い分け ［追及・追求・追究］☞426ページ

【追◦撃】《ついげき》[↓]〈—する〉にげる敵《てき》を追《お》いかけて、せめたてること。例 追撃《ついげき》をかわす。

【追従】[↓]〈—する〉一《ついじゅう》人《ひと》の言《い》うことやすることにそのままししたがったり、それまでにあったものを、そのまままねたりすること。例 他人《たにん》の意見《いけん》に追従《ついじゅう》する。類 追随《ついずい》 二《ついしょう》人《ひと》によく思《おも》われようとして、きげんをとったり、おせじを言《い》ったりすること。例 お追従《ついしょう》を言《い》う。

【追◦随】《ついずい》[↓]〈—する〉人《ひと》のしたことやり方《かた》を、そのとおりにまねること。あとからついていくこと。例 他《た》の追随《ついずい》をゆるさない（ほかのものがまねしてついていくことができないほどすばらしい）。類 追従《ついじゅう》

【追◦跡】《ついせき》[▲]〈—する〉①にげるもののあとをつけて、追《お》いかけること。例 犯人《はんにん》を追跡《ついせき》する。②あるものが、その後《ご》どうなったかを調《しら》べること。例 追跡調査《ついせきちょうさ》

【追◦突】《ついとつ》[↓]〈—する〉あとからきた車《くるま》が、前《まえ》を行《い》く車《くるま》にぶつかること。例 追突事故《ついとつじこ》

【追放】《ついほう》[II]〈—する〉①追《お》いはらうこと。例 暴《ぼう》力《りょく》追放運動《ついほううんどう》 ②役職《やくしょく》をやめさせること。

❷〈さかのぼる〉の意味で

【追◦憶】《ついおく》[↓]〈—する〉むかしのことを思《おも》い出《だ》してなつかしむこと。類 回想《かいそう》・回顧《かいこ》・追想《ついそう》

【追想】《ついそう》[↓]〈—する〉これまでにあったことなどをしみじみと思《おも》い出《だ》すこと。例 わかき日《ひ》を追想《ついそう》する。類 追憶《ついおく》・追懐《ついかい》・回想《かいそう》

【追◦悼】《ついとう》[↓]〈—する〉死《し》んだ人《ひと》のことをいろいろ思《おも》いおこして、その人《ひと》の死《し》をかなしむこと。例 追悼文《ついとうぶん》 類 哀悼《あいとう》

❸〈つけくわえる〉の意味で

【追加】《ついか》[↓]〈—する〉あとからつけくわえること。例 料理《りょうり》の追加《ついか》をたのむ。類 付加《ふか》

【追記】《ついき》[↓]〈—する〉あとからつけたして、末尾《まつび》に書《か》きくわえること。例 書《か》きわすれたことを追記《ついき》する。

【追試】《ついし》[↓]〈—する〉①人《ひと》のやった実験《じっけん》をそのとおりにやってみて、その結果《けっか》をたしかめること。例 追試《ついし》をこころみる。②「追試験《ついしけん》」の略《りゃく》。試験《しけん》を受《う》けられなかった人《ひと》や不合格者《ふごうかくしゃ》のために、あとで特別《とくべつ》におこなう試験《しけん》。例 追試《ついし》をうける。

【追◦伸】《ついしん》[↓]手紙《てがみ》を書《か》きおえたあとに、べつのことを書《か》きくわえること。追《お》って書《が》き。類 二伸《にしん》 表現 ふつう、書《か》きくわえる文《ぶん》の前《まえ》に「追伸《ついしん》」と記《しる》す。

【追体験】《ついたいけん》[↓]〈—する〉ほかの人《ひと》が体験《たいけん》したことを理解《りかい》するために、自分《じぶん》でもおなじことをしてみること。表現 物語《ものがたり》を読《よ》んで、その場《ば》その場《ば》のようすを生《い》き生《い》きと想像《そうぞう》してみることも、追体験《ついたいけん》という。

【追◦徴】《ついちょう》[↓]〈—する〉一度《いちど》お金《かね》をとったあとで、たりない分《ぶん》をとりたてること。例 追徴金《ついちょうきん》

【追認】《ついにん》[↓]〈—する〉前《まえ》のことを、あとになってからみとめること。例 余罪《よざい》を追認《ついにん》する。

【追肥】《ついひ》[↓]作物《さくもつ》が育《そだ》つとちゅうであたえる肥料《ひりょう》。おいごえ。対 元肥《もとごえ》

⻌-6

逃

総画9
JIS-3808
常用
音 トウ
訓 にげる・にがす・のがす・のがれる

筆順

なりたち

[形声]「辶」が「道《みち》を行《い》く」ことを、「兆《チョウ》」が左右《さゆう》にはなれる意味《いみ》と「トウ」とかわって読《よ》み方《かた》をしめしている。にげていくことを表《あらわ》す字《じ》。

意味 にげる。例 逃《に》げるが勝《か》ち。逃《に》がした魚《さかな》は大《おお》きい。機会《きかい》を逃《のが》す。罪《つみ》を逃《のが》れる。

【◦逃走】《とうそう》[II]〈—する〉にげだすこと。例 逃走経路《とうそうけいろ》を追跡《ついせき》する。類 逃亡《とうぼう》

【◦逃◦避】《とうひ》[II]〈—する〉そのことに取《と》り組《く》まなければいけないのに、それをいやがってさけてしまうこと。例 現実《げんじつ》から逃避《とうひ》する。

【◦逃亡】《とうぼう》[II]〈—する〉にげて、どこへ行《い》ったかわからなくなること。例 逃亡《とうぼう》をはかる。逃亡者《とうぼうしゃ》 類 逃走《とうそう》

⻌-6

迷

総画9
JIS-4434
教5年
音 メイ
訓 まよう

◦学習漢字でない常用漢字　▲常用漢字表にない音訓　◆常用漢字でない漢字

筆順 迷 迷 米 米 米 迷 迷 迷 （はねない・とめる・はらう）

なりたち 【形声】「辶」が「道《みち》」を、「米《マイ》」が「メイ」とかわって読《よ》み方《かた》をしめしている。「マイ」は「はっきりしない」の意味を持《も》ち、道《みち》を見《み》うしなってまようことを表《あらわ》す字《じ》。

意味 まよう。まよわせる。どうしたらいいかわからなくなる。例 道《みち》に迷《まよ》う。迷《まよ》いが生《しょう》じる。迷信《めいしん》・低迷《ていめい》

特別なよみ 迷子(まいご)

【迷子】迷《まい》子《ご》 ↓ 道《みち》にまよったり、つれの人《ひと》とはぐれたりした子《こ》ども。例 迷子《まいご》の呼《よ》び出《だ》し放送《ほうそう》。

【迷宮】迷《めい》宮《きゅう》 ↓ 一度《いちど》入《はい》ると出口《でぐち》がわからないで出《で》られなくなる建物《たてもの》。類 迷路《めいろ》 表現 事件《じけん》が解決《かいけつ》できなくなって終《お》わってしまうことを「迷宮入《めいきゅうい》り」という。

【迷彩】迷《めい》彩《さい》 ↓ 戦車《せんしゃ》や服《ふく》などにえがく、敵《てき》の目《め》をくらますためのもよう。例 迷彩《めいさい》をほどこす。迷彩服《めいさいふく》

【迷信】迷《めい》信《しん》 ↓ 信《しん》じるねうちのない、ばかげた言《い》いつたえ。例 ただの迷信《めいしん》にすぎない。

【迷路】迷《めい》路《ろ》 ↓ 入《はい》りこんだらなかなか出《で》られないような、いりくんだ道《みち》。類 迷宮《めいきゅう》

【迷惑】迷《めい》惑《わく》 Ⅱ (―する)・〈―な〉こまることや、やっかいなこと。例 人《ひと》に迷惑《めいわく》をかける。

迷が下につく熟語 上の字の働き
【混迷《こんめい》 低迷《ていめい》】ドノヨウニ迷《まよ》うか。

辶―7
逝
総画10 JIS-3234 常用
訓音 セイ ゆく・いく

筆順 逝 逝 扌 扌 扩 折 折 逝 逝 逝

なりたち 【形声】「辶」が「道《みち》を行《い》く」ことを、「折《セツ》」が「きれる」意味《いみ》と、「セイ」とかわって読《よ》み方《かた》をしめしている。遠《とお》くへ行《い》ったまま消息《しょうそく》がとぎれることを表《あらわ》す字《じ》。

意味 ゆく。去《さ》って、二度《にど》ともどらない。死《し》ぬ。例 若《わか》くして逝《ゆ》く。逝去《せいきょ》・急逝《きゅうせい》

【逝去】逝《せい》去《きょ》 Ⅱ (―する)この世《よ》から去《さ》る。人《ひと》が死《し》ぬことをていねいに言《い》うことば。例 父上《ちちうえ》のご逝去《せいきょ》をいたみ、おくやみ申《もう》し上《あ》げます。類 永《えい》眠《みん》・死去《しきょ》・物故《ぶっこ》

◆ 急逝《きゅうせい》

辶―7
造
総画10 JIS-3404 教5年
訓音 ゾウ つくる

筆順 造 造 牛 告 告 告 造 造 （ながく・はらう）

なりたち 【形声】「辶」が「道《みち》を歩《ある》く」ことを、「告」が「つく」意味《いみ》と「ゾウ」という読《よ》み方《かた》をしめしている。歩《ある》いていって席《せき》につくことを表《あらわ》す字《じ》。

意味 ❶つくる。形《かたち》のあるものをこしらえる。例 船《ふね》を造《つく》る。造花《ぞうか》・製造《せいぞう》 ❷いたる。きわめる。例 造詣《ぞうけい》

使い分け つくる[作・造] ☞75ページ

名前のよみ いたる・なり

❶〈つくる〉の意味で

【造営】造《ぞう》営《えい》 Ⅱ (―する) 神社《じんじゃ》・寺院《じいん》などの大《おお》きな建《たて》物《もの》をつくること。例 本殿《ほんでん》の造営《ぞうえい》にとりかかる。類 建造《けんぞう》・築造《ちくぞう》・営造《えいぞう》

【造園】造《ぞう》園《えん》 ▲ (―する) 木《き》を植《う》えたり池《いけ》をほったりして、庭《にわ》や公園《こうえん》をつくること。例 造園業《ぞうえんぎょう》

【造花】造《ぞう》花《か》 ↓ 紙《かみ》や布《ぬの》などを使《つか》ってこしらえた花《はな》。例 バラの造花《ぞうか》。対 生花《せいか》

【造形】造《ぞう》形《けい》 ▲ (―する) 絵《え》や彫刻《ちょうこく》などの、形《かたち》のある芸術作品《げいじゅつさくひん》をつくりだすこと。例 造形美術《ぞうけいびじゅつ》 表記「造型」とも書《か》く。

【造語】造《ぞう》語《ご》 ▲ (―する) 新《あたら》しくことばをつくること。新《あたら》しくつくられたことば。参考 ☞まえがき(2)ページ

【造作】造《ぞう》作《さく》 Ⅱ ❶(―する)①つくること。とくに、家《いえ》をたてること。例 新《あたら》しい家《いえ》の造作《ぞうさく》にとりかかる。類 建築《けんちく》 ②たたみ・ふすま・障子《しょうじ》・戸《と》たななど、家《いえ》の中《なか》につくりつけられたもの。例 家《いえ》の形《かたち》はできたが、中《なか》の造作《ぞうさく》はまだだ。③目鼻《めはな》だちなどの顔《かお》のつくり。例 造作《ぞうさく》のはっきりした顔《かお》。 ❷造《ぞう》作《さ》 なにかと手間《てま》がかかること。例 造作《ぞうさ》ない(かんたんだ)。

【造成】造《ぞう》成《せい》 Ⅱ (―する) 土地《とち》などに手《て》をくわえて利用《りよう》できるようにすること。例 宅地造成《たくちぞうせい》

【造船】造《ぞう》船《せん》 ▲ (―する) 船《ふね》をつくること。例 造船《ぞうせん》

所《じょ》

【造反】《ぞうはん》▲〈―する〉中《なか》からの反対《はんたい》で組織《そしき》をひっくりかえすこと。例 造反分子《ぞうはんぶんし》 類 反逆《はんぎゃく》

【造林】《ぞうりん》▲〈―する〉山野《さんや》に木《き》を植《う》えて、森《もり》や林《はやし》に育《そだ》て上《あ》げること。例 造林事業《ぞうりんじぎょう》 類 植林《しょくりん》

❷〈いたる〉の意味で

【造。詣】《ぞうけい》 ⊟ 学問《がくもん》や芸術《げいじゅつ》に、深《ふか》い理解《りかい》や能力《のうりょく》を持《も》つこと。例 美術《びじゅつ》に造詣《ぞうけい》が深《ふか》い。

造が下につく熟語 上の字の働き

❶造=〈つくる〉のとき
【建造《けんぞう》 構造《こうぞう》 製造《せいぞう》 創造《そうぞう》】近《ちか》い意味《いみ》。
【改造《かいぞう》 偽造《ぎぞう》 醸造《じょうぞう》 鋳造《ちゅうぞう》 変造《へんぞう》 密造《みつぞう》 模造《もぞう》 乱《らん》造《ぞう》】ドウヤッテつくるか。

◆人造《じんぞう》 木造《もくぞう》

辶-7

速

総画10 JIS-3414 教3年

訓 音 ソク
はやい・はやめる・はやまる・すみやか

筆順

はねない とめる はらう

なりたち

[形声]「辶」が「道《みち》を行《い》く」ことを、「束」が「ソク」という読《よ》み方《かた》をしめしている。「ソク」は「いそがせる」意味《いみ》を持《も》ち、道《みち》をいそいで行《い》かせることを表《あらわ》す字《じ》。

意味 はやい。はやさ。動《うご》きがはやい。例 足《あし》が速《はや》い。速《すみ》やかに解決《かいけつ》する。速度《そくど》 対 遅《ち》

使い分け はやい[早・速] ☞565ページ

発音あんない ソク→ソッ…例 速攻《そっこう》

【速射】《そくしゃ》 ⊡〈―する〉弾丸《だんがん》をたてつづけにうち出《だ》すこと。例 速射砲《そくしゃほう》

【速成】《そくせい》 ⊡〈―する〉短《みじか》い期間《きかん》でしあげること。例 パソコン教室《きょうしつ》の速成《そくせい》コース。

例解 使い分け
[速成《そくせい》・促成《そくせい》・即製《そくせい》]
速成=短《みじか》い期間《きかん》でしあげること。
例 速成教育《そくせいきょういく》
促成=植物《しょくぶつ》などを人工的《じんこうてき》にはやく生長《せいちょう》させること。
例 促成栽培《そくせいさいばい》
即製=その場《ば》でつくること。インスタント。
例 即製食品《そくせいしょくひん》

【速戦。即決】《そくせんそっけつ》〈―する〉短時間《たんじかん》のたたかいで勝負《しょうぶ》をきめること。例 速戦即決《そくせんそっけつ》の方針《ほうしん》。

【速達】《そくたつ》 ⊡ 特別《とくべつ》の料金《りょうきん》をとって、ふつうの郵便《ゆうびん》よりはやく配達《はいたつ》すること。速達郵便《そくたつゆうびん》。

【速断】《そくだん》 ⊡〈―する〉①すばやく決《き》めること。例 速断《そくだん》をもとめる。②じゅうぶん考《かんが》えないで決《き》めてしまうこと。例 速断《そくだん》して失敗《しっぱい》する。
表現 その場《ば》ですぐ決《き》めるのは、「即断《そくだん》」。

【速度】《そくど》 ⊡ はやさの度合《どあ》い。スピード。例 速度《そくど》を落《お》とす。速度計《そくどけい》・制限速度《せいげんそくど》 類 速力《そくりょく》
表現「時速《じそく》」「秒速《びょうそく》」などで表《あらわ》す。

【速答】《そくとう》 ⊡〈―する〉さっさと答《こた》えること。例 小気味《こきみ》よく、次々《つぎつぎ》と速答《そくとう》していく。
表現「その場《ば》ですぐ」なら、「即答《そくとう》」。

【速読】《そくどく》 ⊡〈―する〉文章《ぶんしょう》の内容《ないよう》を大《おお》きくとらえながら、はやく読《よ》むこと。対 熟読《じゅくどく》・味読《みどく》

【速報】《そくほう》 ⊡〈―する〉すばやく知《し》らせること。例 開票速報《かいひょうそくほう》・ニュース速報《そくほう》 類 急報《きゅうほう》

【速力】《そくりょく》 ⊡ 動《うご》きのはやさ。スピード。例 全《ぜん》速力《そくりょく》で走《はし》る。類 速度《そくど》

【速記】《そっき》 ⊡〈―する〉特別《とくべつ》の記号《きごう》を使《つか》って、人《ひと》の話《はなし》をそのまま書《か》きとること。例 速記録《そっきろく》

【速。攻】《そっこう》 ⊡〈―する〉先手《せんて》をとってせめこむこと。例 速攻《そっこう》で先取点《せんしゅてん》をあげた。

【速効】《そっこう》 ⊡ ききめがはやくあらわれること。例 速効性《そっこうせい》の肥料《ひりょう》。
表現「その場《ば》ですぐにきく」のは「即効《そっこう》」。

速が下につく熟語 上の字の働き

【急速《きゅうそく》 迅速《じんそく》 早速《さっそく》 敏速《びんそく》】近《ちか》い意味《いみ》。
【音速《おんそく》 風速《ふうそく》】ナニの速《はや》さか。
【快速《かいそく》 高速《こうそく》】ドンナ速《はや》さか。
【時速《じそく》 分速《ふんそく》 秒速《びょうそく》】単位時間《たんいじかん》ドレダケごとの速《はや》さか。

◆失速《しっそく》 拙速《せっそく》

辶-7

逐

総画10 JIS-3564 常用

訓 ―
音 チク

筆順

なりたち

[会意]「辶」が「足《あし》」を、「豕」がイノシシなどのけものの意味《いみ》をしめし、合《あ》わせて狩《か》りでけものをおいかけることを表《あらわ》す字《じ》。

◦学習漢字でない常用漢字 ▲常用漢字表にない音訓 ◆常用漢字でない漢字

意味 おう。順序《じゅんじょ》をおう。おいかける。おいはらう。例 逐次《ちくじ》・駆逐《くちく》

【。逐一】ちくいち ▲ 一《ひと》つずつくわしくていねいに。例 学校《がっこう》でのできごとを逐一《ちくいち》話《はな》す。

【。逐次】ちくじ ▲ じゅんじゅんに。例 問題《もんだい》を逐次《ちくじ》解決《かいけつ》していく。類 順次《じゅんじ》

◆ 駆逐《くちく》

通

辶－7 総画10 JIS-3644 教2年

音 ツウ・ツ
訓 とおる・とおす・かよう

筆順

なりたち

【形声】「辶」が「道《みち》」を、「甬《ヨウ》」が「トウ」とかわって読《よ》み方《かた》をしめしている。「ヨウ」は「つきとおる」意味《いみ》を持《も》ち、道《みち》がまっすぐにとおっていることを表《あらわ》す字《じ》。

意味
❶とおる。とおす。かよう。行《い》ったり来《き》たりする。例 人《ひと》が通《とお》る。意地《いじ》を通《とお》す。血《ち》が通《かよ》う。通学《つうがく》・開通《かいつう》
❷いきわたる。全体《ぜんたい》におよぶ。広《ひろ》く知《し》られている。よく知《し》っている。例 通《とお》しの切符《きっぷ》。通算《つうさん》・通用《つうよう》・精通《せいつう》
❸知《し》らせる。相手《あいて》につたえる。例 通信《つうしん》・文通《ぶんつう》
❹手紙《てがみ》などをかぞえることば。例 一通《いっつう》

注意するよみ ツ…例 通夜《つや》

発音あんない ツウ→ズウ…例 融通《ゆうずう》

名前のよみ なお・みち・みつ・ゆき

❶〈とおる〉の意味で

【通院】つういん ▲〈－する〉病気《びょうき》やけがをなおすために、病院《びょういん》にかようこと。例 週《しゅう》に一度《いちど》の通院《つういん》が必要《ひつよう》だ。

【通運】つううん ↓ 貨物《かもつ》をはこぶこと。類 運送《うんそう》

【通過】つうか ↓〈－する〉①とまらずに通《とお》りすぎること。例 通過駅《つうかえき》 ②さまたげられないで、次《つぎ》に進《すす》むこと。例 予選《よせん》を通過《つうか》する。

【通学】つうがく ▲〈－する〉学校《がっこう》にかようこと。例 バスで通学《つうがく》する。通学路《つうがくろ》

【通気】つうき ▲ 空気《くうき》が内《うち》から外《そと》へ、外《そと》から内《うち》へ通《つう》じること。例 通気口《つうきこう》 類 通風《つうふう》

【通勤】つうきん ▲〈－する〉役所《やくしょ》や会社《かいしゃ》など、つとめ先《さき》にかようこと。例 通勤電車《つうきんでんしゃ》

【通行】つうこう ↓〈－する〉人《ひと》や車《くるま》などが道《みち》を行《い》き来《き》すること。例 通行人《つうこうにん》・一方通行《いっぽうつうこう》 類 交通《こうつう》

【通商】つうしょう ▲〈－する〉外国《がいこく》と品物《しなもの》の取《と》り引《ひ》きをすること。例 通商条約《つうしょうじょうやく》 類 貿易《ぼうえき》・交易《こうえき》

【通帳】つうちょう ↓ 銀行《ぎんこう》・商店《しょうてん》などで、お金《かね》や品物《しなもの》の出《だ》し入《い》れ・貸《か》し借《か》りなどを書《か》き入《い》れておく帳面《ちょうめん》。例 預金通帳《よきんつうちょう》

【通風】つうふう ▲〈－する〉風《かぜ》を通《とお》すこと。風《かぜ》とおし。例 通風口《つうふうこう》 類 換気《かんき》・通気《つうき》

【通用】つうよう ↓〈－する〉、ふだん出《で》入《い》りすること。例 通用門《つうようもん》 ☞❷

【通路】つうろ ↓ 行《い》き来《き》するための道《みち》。例 通路《つうろ》をふさぐ。

【通話】つうわ ▲〈－する〉電話《でんわ》で話《はな》すこと。例 通話《つうわ》記録《きろく》・通話《つうわ》料《りょう》

❷〈いきわたる〉の意味で

【通貨】つうか ↓ 国《くに》や地域《ちいき》が決《き》めて使《つか》っているお金《かね》。日本《にほん》なら「円《えん》」、アメリカなら「ドル」。

【通算】つうさん ↓〈－する〉全体《ぜんたい》を通《とお》してかぞえること。例 通算五《つうさんいつ》つめの金《きん》メダル。

【通。称】つうしょう ↓〈－する〉正《ただ》しい名《な》ではないが、世《よ》の中《なか》でふつうに使《つか》われているよび名《な》。類 愛称《あいしょう》・俗称《ぞくしょう》・俗名《ぞくみょう》

【通常】つうじょう Ⅱ ふだんのままであること。例 通常《つうじょう》どおり営業《えいぎょう》します。類 普通《ふつう》・尋常《じんじょう》・本来《ほんらい》

【通性】つうせい ↓ おなじなかまがふつうにもっている性質《せいしつ》。

【通説】つうせつ ↓ 世間《せけん》で広《ひろ》くみとめられている考《かんが》え方《かた》。例 通説《つうせつ》をくつがえす。類 俗説《ぞくせつ》 対 異説《いせつ》

【通則】つうそく ↓ 全体《ぜんたい》を通《とお》してのきまり。全体《ぜんたい》に通《つう》じる規則《きそく》。類 総則《そうそく》 対 細則《さいそく》

【通。俗】つうぞく Ⅱ〈－な・－に〉わかりやすくて、世間《せけん》の人《ひと》に受《う》け入《い》れられること。例 通俗小説《つうぞくしょうせつ》

【通読】つうどく ↓〈－する〉文章《ぶんしょう》をはじめから終《お》わりまで、ひととおり読《よ》みとおすこと。類 一読《いちどく》

【通念】つうねん ↓ 多《おお》くの人《ひと》びとがあたりまえだと思《おも》っている考《かんが》え。例 社会通念《しゃかいつうねん》

【通分】つうぶん ▲〈－する〉分母《ぶんぼ》のちがう分数《ぶんすう》の計算《けいさん》をするとき、分数《ぶんすう》の値《あたい》をかえないで、分母《ぶんぼ》をおなじ数《かず》にそろえること。たとえば、$\frac{1}{2}$と$\frac{1}{3}$を、$\frac{3}{6}$と$\frac{2}{6}$にすること。

【通用】《つうよう》[↓]〈―する〉①効力《こうりょく》がみとめられること。例 通用《つうよう》期間《きかん》 ②広《ひろ》く世《よ》の中《なか》にみとめられること。例 今《いま》では、そんな考《かんが》え方《かた》は通用《つうよう》しない。③あるものごとが、べつのものごとにも当《あ》てはまって役《やく》に立《た》つこと。例 このカードは外国《がいこく》でも通用《つうよう》する。☞❶

【通例】《つうれい》[↓]①いつものやり方《かた》。例 祝賀会《しゅくがかい》は通例《つうれい》にしたがって進《すす》めます。②ふつう。いっぱんに。例 このあたりの商店《しょうてん》は、通例《つうれい》、一月《いちがつ》三日《みっか》に初売《はつう》りをする。

【通夜】《つや》[▲]人《ひと》が死《し》んだときに、家族《かぞく》やしたしかった人《ひと》たちが集《あつ》まって、ひとばんじゅう死《し》んだ人《ひと》のそばにつきそうこと。おつや。

❸〈知らせる〉の意味で

【通告】《つうこく》[Ⅱ]〈―する〉役所《やくしょ》などで決《き》めたことを、ちゃんとした方法《ほうほう》で知《し》らせること。その知《し》らせ。例 処分《しょぶん》を通告《つうこく》する。類 告知《こくち》・通達《つうたつ》・通知《つうち》

【通信】《つうしん》[Ⅱ]〈―する〉①知《し》らせを送《おく》ること。例 通信社《つうしんしゃ》 ②知《し》らせ合《あ》ったり話《はな》し合《あ》ったりすること。例 通信衛星《つうしんえいせい》 類 交信《こうしん》

【通達】《つうたつ》[Ⅱ]〈―する〉知《し》らせること。とくに、役《やく》所《しょ》から役所《やくしょ》へ、役所《やくしょ》からいっぱんの人《ひと》に知《し》らせること。類 通告《つうこく》・通知《つうち》

【通知】《つうち》[Ⅱ]〈―する〉知《し》らせること。知《し》らせ。例 合格通知《ごうかくつうち》 類 通告《つうこく》・通達《つうたつ》・告知《こくち》・報知《ほうち》・通報《つうほう》

【通報】《つうほう》[Ⅱ]〈―する〉できごとやようすなどを知《し》らせること。例 気象通報《きしょうつうほう》 類 通知《つうち》・報知《ほうち》・連《れん》絡《らく》

【通訳】《つうやく》[↓]〈―する〉ちがうことばを話《はな》す人《ひと》のあいだに立《た》って、それぞれに通《つう》じることばに言《い》いかえてつたえること。つたえる人《ひと》。例 同《どう》時通訳《じつうやく》

通が下につく熟語 上の字の働き

❶ 通＝〈とおる〉のとき
【開通《かいつう》 貫通《かんつう》 融通《ゆうずう》 疎通《そつう》】近《ちか》い意味《いみ》。〔「疎《そ》」には「まばら」のほかに「とおる」の意味《いみ》がある〕
【交通《こうつう》 全通《ぜんつう》 直通《ちょくつう》】ドノヨウニ通《とお》るか。

❷ 通＝〈いきわたる〉のとき
【共通《きょうつう》 普通《ふつう》 流通《りゅうつう》 精通《せいつう》】ドノヨウニ行《い》きわたるか。

◆ 食通《しょくつう》 内通《ないつう》 不通《ふつう》 文通《ぶんつう》 便通《べんつう》

辶-7

逓

総画10 JIS-3694 常用 訓 ― 音 テイ

［遞］

筆順

なりたち

【形声】もとの字は、「遞」。「辶」が「道《みち》を行《い》く」ことを、「虒」が「テイ」という読《よ》み方《かた》をしめしている。「テイ」は「かわる」意味《いみ》を持《も》ち、つぎつぎと送《おく》ることを表《あらわ》す字《じ》。

意味 つぎつぎに。しだいに。少《すこ》しずつ。

【。逓減】《ていげん》[↓]〈―する〉しだいにへっていくこと。へらしていくこと。例 予算《よさん》を逓減《ていげん》する。対 逓増《ていぞう》

【。逓信】《ていしん》[↓]手紙《てがみ》などをある場所《ばしょ》からべつの場所《ばしょ》へとつぎつぎに送《おく》りとどけること。

【。逓増】《ていぞう》[↓]〈―する〉しだいにふえていくこと。例 経費《けいひ》が逓増《ていぞう》する。対 逓減《ていげん》

辶-7

途

総画10 JIS-3751 常用 訓 みち 音 ト

筆順

なりたち

【形声】「辶」が「道《みち》を歩《ある》く」ことを、「余《ヨ》」が「ト」とかわって読《よ》み方《かた》をしめしている。「ヨ」は「ふむ」意味《いみ》を持《も》ち、歩《ある》いてふみつけてできた道《みち》を表《あらわ》す字《じ》。

意味 みち。たどるべきみちすじ。使《つか》いみち。例 帰国《きこく》の途《と》につく。途中《とちゅう》・前途《ぜんと》・用途《ようと》

【。途上】《とじょう》[↓]ものごとが進《すす》んでいく、そのとちゅう。例 発展途上国《はってんとじょうこく》

【。途絶】《とぜつ》[↓]〈―する〉通《つう》じていたもの（通信《つうしん》や交通《こうつう》）がぷっつり切《き》れて通《つう》じなくなること。例 大雪《おおゆき》で、交通《こうつう》が途絶《とぜつ》した。

【。途。端】《とたん》[◎]ちょうどそのとき。それから急《きゅう》に。例 外《そと》に出《で》たとたん、雨《あめ》がふりだした。

【。途中】《とちゅう》[↓]①めざす所《ところ》へ行《い》く道《みち》のなかほど。例 行《い》く途中《とちゅう》で忘《わす》れ物《もの》に気《き》づいた。類 中《ちゅう》途《と》 ②はじまってから終《お》わりにならないあいだ。そのなかば。例 途中《とちゅう》で仕事《しごと》を投《な》げ出《だ》すのはよくない。類 中途《ちゅうと》・中道《ちゅうどう》

【。途方】《とほう》[Ⅱ]やり方《かた》。方法《ほうほう》。例 途方《とほう》にくれる

前ページ▶逓 途

(どうしてよいかわからずこまりきる)。途方《とほう》もない(理解《りかい》のしようがない)。

途が下につく熟語 上の字の働き

【帰途《きと》 使途《しと》 前途《ぜんと》 壮途《そうと》 別途《べっと》 用途《ようと》 中途《ちゅうと》 一途《いちず・いっと》】ドウイウみちか。

⻌-7 **【透】** 総画10 JIS-3809 常用

音 トウ 訓 すく・すかす・すける

筆順 透透透透透透透透透透

なりたち [形声]「⻌」が「道《みち》を行《い》く」ことを、「秀《シュウ》」が「トウ」とかわって読《よ》み方《かた》をしめしている。「シュウ」は「とおす」意味《いみ》を持《も》ち、とおりぬけていくことを表《あらわ》す字《じ》。

意味 **すきとおる。** とおりぬける。例 明《あ》かりに透《す》かして見《み》る。透明《とうめい》・浸透《しんとう》

名前のよみ とおる・ゆき

【透視《とうし》】⇩(―する)ものの中《なか》や向《む》こうがわをすかして見《み》ること。

【透写《とうしゃ》】⇩(―する)うすい紙《かみ》をとおして、下《した》においた絵《え》や文字《もじ》などをうつしとること。トレース。例 透写紙《とうしゃし》

【透徹《とうてつ》】Ⅱ(―する)すじみちがはっきりしていて、あいまいなところがないこと。例 透徹《とうてつ》した理論《りろん》。参考 きれいにすきとおっているという意味《いみ》。

【透明《とうめい》】Ⅱ(―な)すきとおっている。例 無色透明《むしょくとうめい》 対 不透明《ふとうめい》

⻌-7 **【逢】** 総画11 JIS-1609 人名

音 ホウ 訓 あ-う

意味 あう。出会《であ》う。めぐり会《あ》う。

⻌-7 **【連】** 総画10 JIS-4702 教4年

音 レン 訓 つらなる・つらねる・つれる

筆順 連連連連連連連連連連（ながく）（はらう）

なりたち [会意]「⻌」が「道《みち》を行《い》く」ことをしめし、車《くるま》がつづいて道《みち》を通《とお》ることを表《あらわ》す字《じ》。

意味 **つながる。** いっしょになる。なにかをするなかま。「連盟《れんめい》」「連合《れんごう》」の略《りゃく》。例 車《くるま》が連《つら》なる。名《な》を連《つら》ねる。子《こ》どもを連《つ》れる。連結《れんけつ》・関連《かんれん》

名前のよみ まさ・やす

【連歌《れんが》】⇩何人《なんにん》かで、上《かみ》の句五七五《くごしちご》と下《しも》の句七七《くしちしち》をかわるがわるに作《つく》ってつづけていく和歌《か》の形式《けいしき》。知識 鎌倉時代《かまくらじだい》から江戸時代《えどじだい》にかけてさかんに作《つく》られた。最初《さいしょ》の五七五《ごしちご》を発句《ほっく》といって、これが俳句《はいく》のもとになった。

【連関《れんかん》】Ⅱ(―する)ものごとが、たがいにつながりあっていること。例 この二《ふた》つの事件《じけん》には深《ふか》い連関《れんかん》がある。類 関連《かんれん》

【連記《れんき》】⇩(―する)いくつかをならべて書《か》くこと。例 役員《やくいん》の選挙《せんきょ》は二名連記《にめいれんき》だ。対 単記《たんき》

漢字パズル 7

かきじゅん

上《うえ》から順《じゅん》に書《か》いていくと、どんな字《じ》ができあがりますか。

【連休】れんきゅう ↓ 日曜《にちよう》・祝日《しゅくじつ》などの休日《きゅうじつ》がつづくこと。例 三連休《さんれんきゅう》。連休《れんきゅう》には人出《ひとで》が多《おお》い。

【連係】れんけい Ⅱ〈—する〉つながりがあること。例 連係《れんけい》プレー

【連◦携】れんけい Ⅱ〈—する〉つながりをつけ、力《ちから》を合《あ》わせて仕事《しごと》をすること。例 連携事業《れんけいじぎょう》

【連結】れんけつ ↓〈—する〉二《ふた》つ以上《いじょう》のものをつないで、ひとつづきにすること。例 客車《きゃくしゃ》を連結《れんけつ》する。連結器《れんけつき》 類 接続《せつぞく》

【連呼】れんこ ↓〈—する〉短《みじか》いことばを何度《なんど》もくりかえして大声《おおごえ》で言《い》うこと。例 候補者《こうほしゃ》の名前《なまえ》を連呼《れんこ》する。

【連行】れんこう ↓〈—する〉むりやりにつれていくこと。例 犯人《はんにん》を警察《けいさつ》に連行《れんこう》する。

【連合】れんごう Ⅱ〈—する〉二《ふた》つ以上《いじょう》の団体《だんたい》が手《て》をむすび、協力《きょうりょく》すること。例 国際連合《こくさいれんごう》(国連《こくれん》)

【連◦鎖】れんさ ↓〈—する〉べつべつのものがくさりの輪《わ》のようにからみあいながら、つながってつづいていくこと。例 連鎖反応《れんさはんのう》

【連座】れんざ ▲〈—する〉他人《たにん》のしたことにまきこまれて罰《ばつ》を受《う》けること。例 連座制《れんざせい》

【連◦載】れんさい ↓〈—する〉小説《しょうせつ》などを、何回《なんかい》かにくぎって新聞《しんぶん》や雑誌《ざっし》などにのせること。例 連載《れんさい》小説《しょうせつ》

【連作】れんさく ↓〈—する〉①農業《のうぎょう》で、おなじ土地《とち》におなじ作物《さくもつ》を何年《なんねん》もつづけて作《つく》ること。対 輪作《りんさく》②おなじ題材《だいざい》で、何人《なんにん》かの作者《さくしゃ》がそれぞれ一部分《いちぶぶん》をうけもって作《つく》り、全体《ぜんたい》で一《ひと》つの作品《さくひん》にすること。③短歌《たんか》・俳句《はいく》・絵《え》などで、ひとりの作者《さくしゃ》があるテーマで作品《さくひん》をいくつもつづけて作《つく》ること。その作品《さくひん》。

【連山】れんざん ↓ いくつもつづいている山々《やまやま》。例 穂高《ほだか》の連山《れんざん》を縦走《じゅうそう》する。類 連峰《れんぽう》

【連日】れんじつ ↓ いく日《にち》もつづくこと。例 連日連夜《れんじつれんや》。連日《れんじつ》の雪空《ゆきぞら》。

【連勝】れんしょう ↓〈—する〉たたかいや試合《しあい》などで、つづけて勝《か》つこと。例 連勝優勝《れんしょうゆうしょう》。対 連敗《れんぱい》

【連戦連勝】れんせんれんしょう〈—する〉次々《つぎつぎ》とたたかって、そのたびに勝《か》つこと。例 わが校《こう》の野球部《やきゅうぶ》は、このところ連戦連勝《れんせんれんしょう》だ。

【連想】れんそう ↓〈—する〉あることから、それにつながりのある、ほかのことを思《おも》いうかべること。例 連想《れんそう》がはたらく。

【連続】れんぞく Ⅱ〈—する〉次《つぎ》から次《つぎ》へといくつもつづくこと。例 連続《れんぞく》ドラマ 対 単発《たんぱつ》・断続《だんぞく》

【連打】れんだ ↓〈—する〉つづけて打《う》つこと。例 エースが連打《れんだ》をあびて、大敗《たいはい》した。

【連帯】れんたい Ⅱ〈—する〉ふたり以上《いじょう》の人《ひと》が、なかまになること。類 団結《だんけつ》

【連帯感】れんたいかん みんながおなじ目的《もくてき》にむかって一《ひと》つにむすびついていると思《おも》う気持《きも》ち。例 チームの連帯感《れんたいかん》を強《つよ》める。

【連帯責任】れんたいせきにん ふたり以上《いじょう》の人《ひと》がいっしょになって、おなじように持《も》つ責任《せきにん》。

【連中】れんちゅう|れんじゅう ◎ なかまをつくっている人《ひと》たち。例 あんな連中《れんちゅう》とは口《くち》もききたくない。

表現「連中《れんちゅう|れんじゅう》」には、したしみをこめて言《い》う場合《ばあい》と、軽《かる》くみて言《い》う場合《ばあい》とがある。

【連動】れんどう ↓〈—する〉ある部分《ぶぶん》が動《うご》くと、それにつながってほかの部分《ぶぶん》も動《うご》くこと。例 カメラのシャッターとフラッシュが連動《れんどう》する。

【連破】れんぱ ↓〈—する〉たたかいや試合《しあい》などで、つづけて相手《あいて》をうちまかすこと。例 強敵《きょうてき》を連破《れんぱ》して首位《しゅい》に立《た》つ。

【連◦覇】れんぱ ↓〈—する〉つづけて優勝《ゆうしょう》すること。例 三連覇《さんれんぱ》を達成《たっせい》した。連覇《れんぱ》をのがす。

【連敗】れんぱい ↓〈—する〉たたかいや試合《しあい》などで、つづけて負《ま》けること。対 連勝《れんしょう》

【連発】れんぱつ ↓〈—する〉①おなじような事件《じけん》がつづいておこる。類 続発《ぞくはつ》②何発《なんぱつ》かつづけて弾丸《だんがん》を発射《はっしゃ》する。例 連発銃《れんぱつじゅう》③しきりにあびせかける。例 ギャグを連発《れんぱつ》する。

【連◦邦】れんぽう ↓ いくつかの国《くに》、または州《しゅう》が集《あつ》まって、一《ひと》つの国《くに》をつくっているもの。例 連邦《れんぽう》国家《こっか》

知識「連邦《れんぽう》」は、それにくわわっている国《くに》や州《しゅう》が、それぞれに自分《じぶん》たちの政治《せいじ》をしながら、一《ひと》つにまとまっている。アメリカ合衆国《がっしゅうこく》は、外国《がいこく》に対《たい》しては一《ひと》つの国《くに》だが、国内《こくない》では州《しゅう》ごとにかなりのちがいがある。

【連◦峰】れんぽう ↓ 一列《いちれつ》になってつづいている高《たか》い山々《やまやま》。例 アルプス連峰《れんぽう》 類 連山《れんざん》

【連名】れんめい ▲ ふたり以上《いじょう》の人《ひと》が、ならべて名前《なまえ》を書《か》くこと。例 連名《れんめい》で手紙《てがみ》を書《か》く。類 連署《れんしょ》

◦学習漢字でない常用漢字 ▲常用漢字表にない音訓 ◆常用漢字でない漢字

【連盟】れんめい ↓ ある目的《もくてき》にむかって、いっしょに行動《こうどう》しようと約束《やくそく》すること。その約束をした団体《だんたい》。例 国際《こくさい》サッカー連盟《れんめい》 類 同盟《どうめい》

【連綿】れんめん ○〈―たる〉〈―と〉きれることなく長々《ながなが》とつづくようす。例 連綿《れんめん》とつづく伝統《でんとう》。

【連夜】れんや ▲ 何夜《なんや》もつづくこと。例 連夜《れんや》の会《かい》合《ごう》で寝不足《ねぶそく》になる。類 毎夜《まいよ》・毎晩《まいばん》

【連絡】れんらく Ⅱ〈―する〉①ほかのものとつながりがある。つながりをつける。例 連絡船《れんらくせん》 類 接《せつ》続《ぞく》 ②用事《ようじ》やようすを知《し》らせる。知《し》らせ。例 緊急連絡《きんきゅうれんらく》・連絡網《れんらくもう》 類 通報《つうほう》

【連立】れんりつ ↓〈―する〉いくつかのものがいっしょになって一《ひと》つの組織《そしき》をなりたたせること。例 連立内閣《れんりつないかく》(二《ふた》つ以上《いじょう》の政党《せいとう》でつくった内《ない》閣《かく》)

◆一連《いちれん》 関連《かんれん》 国連《こくれん》

逸

辶-8　総画11　JIS-1679　常用

音 イツ　訓 そ-れる・そ-らす　[逸]

筆順

なりたち 【会意】もとの字は、「逸」。「辶(道《みち》を行《い》く)」と「兔(ウサギ)」とが組《く》み合《あ》わさって、ウサギが手《て》からすりぬけることを表《あらわ》している字《じ》。

意味 ❶すりぬける。それる。のがす。例 好機《こうき》を逸《いっ》する。逸脱《いつだつ》 ❷うしなわれた。よく知《し》られていない。例 逸話《いつわ》・散逸《さんいつ》 ❸すぐれている。ぬきんでている。例 逸《いっ》材《ざい》

名前のよみ すぐる・とし・はや・まさ・やす

❶〈すりぬける〉の意味で

【逸脱】いつだつ Ⅱ〈―する〉ほんすじや決《き》められた道《みち》すじからはずれること。例 本来《ほんらい》の目的《もくてき》から逸《いっ》脱《だつ》する。類 脱線《だっせん》

❷〈うしなわれた〉の意味で

【逸話】いつわ ↓ 世間《せけん》にあまり知《し》られていない話《はなし》。エピソード。例 人《ひと》がらがわかる逸話《いつわ》。類 逸聞《いつぶん》

❸〈すぐれている〉の意味で

【逸材】いつざい ↓ 人《ひと》なみすぐれた才能《さいのう》を持《も》っている人《ひと》。例 天下《てんか》の逸材《いつざい》。

【逸品】いっぴん ↓ ひじょうにすぐれた品物《しなもの》。えがたい芸術品《げいじゅつひん》。例 天下《てんか》の逸品《いっぴん》。類 絶品《ぜっぴん》・名品《めいひん》

◆後逸《こういつ》 散逸《さんいつ》 秀逸《しゅういつ》

週

辶-8　総画11　JIS-2921　教2年

音 シュウ　訓 ―

筆順

なりたち 【形声】「辶」が「道《みち》を歩《ある》く」ことを、「周」が「めぐらす」意味《いみ》と「シュウ」という読《よ》み方《かた》をしめしている。道《みち》を歩《ある》いてまわることを表《あらわ》す字《じ》。

意味 日曜《にちよう》から土曜《どよう》までの七日間《なのかかん》。例 次《つぎ》の週《しゅう》。週刊《しゅうかん》・毎週《まいしゅう》

【週刊】しゅうかん ↓ 新聞《しんぶん》や雑誌《ざっし》などを一週間《いっしゅうかん》に一《いっ》回発行《かいはっこう》すること。例 週刊誌《しゅうかんし》 関連 日刊《にっかん》・週《しゅう》刊《かん》・旬刊《じゅんかん》・月刊《げっかん》・季刊《きかん》・年刊《ねんかん》

【週間】しゅうかん ↓ ①日曜日《にちようび》から土曜日《どようび》までの七《なの》日間《かかん》。例 週間天気予報《しゅうかんてんきよほう》 ②七日間《なのかかん》を単位《たんい》にして、日《ひ》をかぞえることば。例 あと二週間《にしゅうかん》で冬休《ふゆやす》みだ。③七日間《なのかかん》をくぎって、とくべつな行事《ぎょうじ》をおこなうこと。例 読書週間《どくしょしゅうかん》 関連 週《しゅう》間《かん》・旬間《じゅんかん》・月間《げっかん》・年間《ねんかん》

【週休】しゅうきゅう ↓ 一週間《いっしゅうかん》ごとに休《やす》みの日《ひ》があること。例 週休二日制《しゅうきゅうふつかせい》

【週給】しゅうきゅう ↓ 一週間《いっしゅうかん》をひとくぎりにしてしはらわれる給料《きゅうりょう》。例 週給制《しゅうきゅうせい》 関連 時給《じきゅう》・日《にっ》給《きゅう》・週給《しゅうきゅう》・月給《げっきゅう》・年俸《ねんぽう》

【週日】しゅうじつ ↓ 日曜日以外《にちようびいがい》の日《ひ》。ウィークデー。例 週日《しゅうじつ》は家《いえ》にいない。類 平日《へいじつ》

【週番】しゅうばん ↓ 一週間《いっしゅうかん》ごとに代《か》わりあってする当番《とうばん》。例 今週《こんしゅう》の週番《しゅうばん》。

【週報】しゅうほう ↓ ①一週間《いっしゅうかん》ごとにする報告《ほうこく》。例 売《う》り上げの週報《しゅうほう》を課長《かちょう》に出《だ》す。②一週間《いっしゅうかん》ごとに出《だ》す新聞《しんぶん》や雑誌《ざっし》など。

【週末】しゅうまつ ↓ 一週間《いっしゅうかん》の終《お》わり。ふつう、金曜《きんよう》日《び》の夜《よる》から日曜日《にちようび》にかけてをいう。ウィークエンド。例 週末《しゅうまつ》を別荘《べっそう》ですごす。

週が下につく熟語 上の字の働き

【今週《こんしゅう》 先週《せんしゅう》】イツの一週間《いっしゅうかん》か。

【毎週《まいしゅう》 隔週《かくしゅう》】ドウイウつづき方《かた》の週間《しゅうかん》か。

辶-8

進

総画11
JIS-3142
教3年

音 シン
訓 すすむ・すすめる

筆順 進 進 進 進 進 進 進 進 はらう

なりたち 【会意】「辶」が「道《みち》を行《い》く」ことを、「隹」が「とり」をしめし、鳥《とり》が飛《と》びすすんでいくことを表《あらわ》す字《じ》。

意味
❶前《まえ》にすすむ。先《さき》に行《い》く。すすみ出《で》る。例 時計《とけい》が進《すす》む。話《はなし》を進《すす》める。進行《しんこう》・直進《ちょくしん》 対 退《たい》
❷上《うえ》へあがる。よくなる。上《うえ》の級《きゅう》にのぼる。例 進歩《しんぽ》・増進《ぞうしん》 対 退《たい》
❸さし上《あ》げる。相手《あいて》にわたす。例 寄進《きしん》

使い分け すすめる［進・勧・薦］☞435ページ

名前のよみ のぶ・みち・ゆき

❶〈前にすすむ〉の意味で

【進軍】しんぐん ▲〈―する〉軍隊《ぐんたい》が、敵《てき》にむかって進《すす》むこと。類 行軍《こうぐん》

【進◦撃】しんげき ↓〈―する〉敵《てき》をうってさらに先《さき》へ進《すす》むこと。例 進撃《しんげき》をつづける。類 進攻《しんこう》・出撃《しゅつげき》 対 退却《たいきゃく》・後退《こうたい》

【進行】しんこう ↓〈―する〉①ある方向《ほうこう》にむかって進《すす》んでいくこと。例 発車進行《はっしゃしんこう》 ②はかどること。例 進行係《しんこうがかり》。類 進展《しんてん》 ③ある状態《じょうたい》が深《ふか》まっていくこと。例 病気《びょうき》が進行《しんこう》する。

【進◦攻】しんこう ↓〈―する〉どんどん進《すす》んでいって敵《てき》をせめること。

【進取】しんしゅ ↓自分《じぶん》から進《すす》んで、新《あたら》しいものごとにとりくむこと。例 進取《しんしゅ》の気性《きしょう》。

例 進攻作戦《しんこうさくせん》 類 進撃《しんげき》

【進出】しんしゅつ ↓〈―する〉いっそう大《おお》きくなったり強《つよ》くなったりするために、新《あたら》しい場《ば》に乗《の》り出《だ》していくこと。例 決勝《けっしょう》に進出《しんしゅつ》する。

【進水】しんすい ▲〈―する〉新《あたら》しくつくった船《ふね》を、はじめて水《みず》に浮《う》かべること。例 進水式《しんすいしき》

【進退】しんたい ⇕ ①進《すす》むことと、退《しりぞ》くこと。例 進《しん》退《たい》きわまる。②毎日《まいにち》の行動《こうどう》やふるまい。例 進退《しんたい》をつつしむ。③そのつとめをつづけるか、やめるかということ。例 進退《しんたい》を明《あき》らかにする。

【進◦駐】しんちゅう ↓〈―する〉軍隊《ぐんたい》がよその国《くに》の領土《りょうど》に行《い》って、そこにとどまること。例 進駐軍《しんちゅうぐん》 類 駐留《ちゅうりゅう》・駐屯《ちゅうとん》

【進展】しんてん Ⅱ〈―する〉事態《じたい》が新《あたら》しく進《すす》むこと。

【進度】しんど ↓進《すす》みぐあい。例 進度《しんど》がはやい。

【進入】しんにゅう ↓〈―する〉ある場所《ばしょ》にはいりこむこと。例 車両《しゃりょう》の進入《しんにゅう》を禁止《きんし》する。

【進路】しんろ ↓これから進《すす》んでいく方向《ほうこう》や方面《ほうめん》。例 卒業後《そつぎょうご》の進路《しんろ》を考《かんが》える。類 針路《しんろ》 対 退路《たいろ》

❷〈上へあがる〉の意味で

【進化】しんか ↓〈―する〉①生物《せいぶつ》のからだのしくみが、世代《せだい》がかわっていくあいだに、まわりの自然環境《しぜんかんきょう》に合《あ》ったものへとかわっていくこと。例 進化論《しんかろん》。進化《しんか》の法則《ほうそく》。②ものごとがだんだんにいいほうにかわっていくこと。例 コンピューターはかぎりなく進化《しんか》する。類 進《しん》歩《ぽ》・発展《はってん》・発達《はったつ》・向上《こうじょう》 対 退化《たいか》 知識 ①については、ダーウィンの進化論《しんかろん》が有名《ゆうめい》。

【進学】しんがく ▲〈―する〉上《うえ》の段階《だんかい》の学校《がっこう》に進《すす》むこと。例 大学《だいがく》へ進学《しんがく》する。

【進級】しんきゅう ▲〈―する〉学年《がくねん》や等級《とうきゅう》が進《すす》むこと。

例解 使い分け

［すすめる《進める・勧める・薦める》］

進める＝前《まえ》のほうや上《うえ》のほうへ行《い》かせる。
例 車《くるま》を前《まえ》へ進《すす》める。計画《けいかく》を進《すす》める。時計《とけい》を進《すす》める。

勧める＝相手《あいて》にそうするようにさそう。
例 入会《にゅうかい》を勧《すす》める。食事《しょくじ》を勧《すす》める。

薦める＝自分《じぶん》がよいと思《おも》うことがらを、相手《あいて》に取《と》り上《あ》げるようにはたらきかける。
例 候補者《こうほしゃ》として薦《すす》める。よい本《ほん》を薦《すす》める。お薦《すす》め品《ひん》。

進める

勧める

薦める

例 五年生《ごねんせい》に進級《しんきゅう》した。対 落第《らくだい》・留年《りゅうねん》

【進境《しんきょう》】↓ 進歩《しんぽ》や上達《じょうたつ》のようす。例 進境《しんきょう》いちじるしい。

【進歩《しんぽ》】▲〈—する〉だんだんによいほうに進《すす》むこと。例 医学《いがく》の進歩《しんぽ》はめざましい。類 発達《はったつ》・発展《はってん》・向上《こうじょう》・上達《じょうたつ》・進化《しんか》 対 退歩《たいほ》

【進歩的《しんぽてき》】〈—な・—に〉世《よ》の中《なか》のしくみの、かえたほうがいいところをかえていこうとする考《かんが》え方《かた》。例 進歩的《しんぽてき》な政治家《せいじか》。対 保守的《ほしゅてき》

❸〈さし上げる〉の意味で

【進言《しんげん》】▲〈—する〉目上《めうえ》の人《ひと》に、自分《じぶん》の考《かんが》えや意見《いけん》を申《もう》し上《あ》げること。例 社長《しゃちょう》に、新工場《しんこうじょう》の設立《せつりつ》を進言《しんげん》する。類 具申《ぐしん》・上申《じょうしん》

【進上《しんじょう》】‖〈—する〉人《ひと》にものをさしあげること。例 名産品《めいさんひん》を進上《しんじょう》する。類 進呈《しんてい》・献上《けんじょう》

【進。呈《しんてい》】‖〈—する〉人《ひと》にものをさしあげること。例 先着《せんちゃく》三十名様《さんじゅうめいさま》に粗品《そしな》を進呈《しんてい》します。類 進上《しんじょう》・献上《けんじょう》・献呈《けんてい》・贈呈《ぞうてい》

【進物《しんもつ》】↓ いわいごとや歳暮《せいぼ》・中元《ちゅうげん》などのときに、人《ひと》におくる品物《しなもの》。例 進物用《しんもつよう》にのしをかけてもらう。類 贈答品《ぞうとうひん》

進が下につく熟語 上の字の働き

❶ 進＝〈前にすすむ〉のとき
【行進《こうしん》 推進《すいしん》】近《ちか》い意味《いみ》。
【前進《ぜんしん》 新進《しんしん》 漸進《ぜんしん》 促進《そくしん》 直進《ちょくしん》 突進《とっしん》 躍進《やくしん》】ドノヨウニ進《すす》むか。

❷ 進＝〈上へあがる〉のとき
【昇進《しょうしん》 増進《ぞうしん》】近《ちか》い意味《いみ》。
【精進《しょうじん》 累進《るいしん》】ドノヨウニあがるか。

❸ 進＝〈さし上げる〉のとき
【寄進《きしん》 勧進《かんじん》】近《ちか》い意味《いみ》。

◆ 後進《こうしん》 注進《ちゅうしん》

文字物語

過

「過」の字《じ》の意味《いみ》は、大《おお》きく分《わ》けると、訓《くん》にある「すぎる」と「あやまち」とになる。

「すぎる」には、「すぎていく」動作《どうさ》をいう意味《いみ》と、「度《ど》がすぎる」状態《じょうたい》をいう意味《いみ》とがある。

「すぎていく」には、「時《とき》がすぎていく」のと、「場所《ばしょ》を通《とお》りすぎる」のと、二《ふた》つの場合《ばあい》がある。

表《ひょう》に整理《せいり》すると、おぼえやすい。

〈枝《えだ》わかれ〉			〈整理《せいり》すると〉	〈漢語例《かんごれい》〉	〈訓《くん》の例《れい》〉
過	過《す》ぎる	過《す》ぎていく…	時間《じかん》の「過《す》ぎる」	過去《かこ》・経過《けいか》	過《す》ぎし日《ひ》の思《おも》い出《で》。
			場所《ばしょ》の「過《す》ぎる」	通過《つうか》	列車《れっしゃ》が通《とお》り過《す》ぎた。
		度《ど》が過《す》ぎる…	程度《ていど》の「過《す》ぎる」	過度《かど》・過保護《かほご》・超過《ちょうか》	過《す》ぎたるはおよばざるがごとし。言《い》い過《す》ぎてごめんね。
	過《あやま》ち	……	行為《こうい》の「過《あやま》ち」	過失《かしつ》・罪過《ざいか》	過《あやま》ちはくり返《かえ》しません。

⻌-8

逮

総画11
JIS-3465
常用
訓 —
音 タイ

筆順

なりたち

[形声]「辶」が「道《みち》を行《い》く」ことを、「隶」が「タイ」という読《よ》み方《かた》をしめしている。「タイ」は「およぶ」意味《いみ》を持《も》ち、前《まえ》の人《ひと》においつくことを表《あらわ》す字《じ》。

意味 おいついてつかまえる。

【逮。捕《たいほ》】‖〈—する〉警察《けいさつ》が犯人《はんにん》や犯罪容疑者《はんざいようぎしゃ》をつかまえること。例 逮捕《たいほ》 逮捕状《たいほじょう》 類 検挙《けんきょ》

⻌-9

運

総画12
JIS-1731
教3年
訓 はこぶ
音 ウン

筆順

なりたち

[形声]「辶」が「道《みち》を歩《ある》く」ことを、「軍《グン》」が「ウン」とかわって読《よ》み方《かた》をしめしている。「グン」は「まるい」の意味《いみ》を持《も》ち、ぐるぐる回《まわ》って歩《ある》くことを表《あらわ》す字《じ》。

意味

❶うごかす。はたらかせる。めぐってい く。例足《あし》の運《はこ》び。運営《うんえい》・運動《うんどう》
❷はこぶ。人《ひと》や荷物《にもつ》を別《べつ》の所《ところ》にうつす。例荷物《にもつ》を運《はこ》ぶ。運送《うんそう》・通運《つううん》
❸めぐりあわせ。さだめ。例運《うん》がいい。運《うん》勢《せい》・幸運《こううん》

名前のよみ かず・やす・ゆき

❶〈うごかす〉の意味で

【運営】《うんえい》 Ⅱ〈—する〉しくみなどをうまくはたらかせて、仕事《しごと》を進《すす》めていくこと。例運営委員会《うんえいいいんかい》 類経営《けいえい》

【運休】《うんきゅう》 ◎〈—する〉「運転休止《うんてんきゅうし》」「運航休止《うんこうきゅうし》」の略《りゃく》。列車《れっしゃ》やバス・船《ふね》などの運転《うんてん》をとりやめること。例一部区間運休《いちぶくかんうんきゅう》。類欠航《けっこう》

【運行】《うんこう》 ↓〈—する〉①電車《でんしゃ》・バスなどが、決《き》まったコースを進《すす》むこと。例道《みち》がこんでバスの運行《うんこう》におくれが出《で》る。②太陽《たいよう》や月《つき》・星《ほし》が、決《き》まった道《みち》を進《すす》むこと。

【運航】《うんこう》 ↓〈—する〉航路《こうろ》にそって、船《ふね》や飛行機《ひこうき》が進《すす》むこと。例船《ふね》の運航《うんこう》を見合《みあ》わせる。

【運針】《うんしん》 ▲手《て》で布《ぬの》をぬうときの針《はり》の動《うご》かし方《かた》。例運針《うんしん》の練習《れんしゅう》。

【運転】《うんてん》 Ⅱ〈—する〉①乗《の》り物《もの》や大《おお》きな機械《きかい》を動《うご》かすこと。例自動車《じどうしゃ》を運転《うんてん》する。②お金《かね》などをうまく役立《やくだ》たせて使《つか》うこと。例運転資《し》金《きん》 類運用《うんよう》 表現①で、飛行機《ひこうき》を動《うご》かすことは「操縦《そうじゅう》」という。

【運動】《うんどう》 Ⅱ〈—する〉①ものが動《うご》くこと。例ふりこの運動《うんどう》。対静止《せいし》 ②きたえたり楽《たの》しんだりするために、からだを動《うご》かすこと。スポーツ。例運動会《うんどうかい》 ③目的《もくてき》のために、人《ひと》びとにはたらきかけること。例選挙運動《せんきょうんどう》 類活動《かつどう》

【運筆】《うんぴつ》 ▲字《じ》を書《か》くときの筆《ふで》の動《うご》かし方《かた》。筆《ふで》づかい。例この辞書《じしょ》は運筆《うんぴつ》の注意《ちゅうい》を赤字《あかじ》でしめしてある。類筆法《ひっぽう》

【運用】《うんよう》 ↓〈—する〉お金《かね》やきまりなどを、うまく役立《やくだ》てて使《つか》うこと。例資金《しきん》を運用《うんよう》して危機《きき》を乗《の》り切《き》る。類運転《うんてん》

❷〈はこぶ〉の意味で

【運河】《うんが》 ↓水《みず》を引《ひ》いたり、船《ふね》を通《とお》したりするために、陸地《りくち》をほってつくった水路《すいろ》。例スエズ運河《うんが》・パナマ運河《うんが》

【運送】《うんそう》 Ⅱ〈—する〉荷物《にもつ》を車《くるま》や船《ふね》ではこぶこと。例運送業《うんそうぎょう》 類輸送《ゆそう》・運搬《うんぱん》・運輸《うんゆ》・通運《つううん》

【運賃】《うんちん》 ↓人《ひと》やものを、乗《の》り物《もの》にのせてはこぶときの料金《りょうきん》。例バスの運賃表《うんちんひょう》。

【運◦搬】《うんぱん》 Ⅱ〈—する〉荷物《にもつ》をはこぶこと。例車《くるま》で木材《もくざい》を運搬《うんぱん》する。類運送《うんそう》・輸送《ゆそう》・運輸《うんゆ》

【運輸】《うんゆ》 Ⅱ人《ひと》やものなどを、列車《れっしゃ》・自動車《じどうしゃ》・船《ふね》などではこぶこと。類輸送《ゆそう》・運送《うんそう》・運搬《うんぱん》

❸〈めぐりあわせ〉の意味で

【運勢】《うんせい》 ↓その人《ひと》の、幸不幸《こうふこう》のめぐりあわせ。例運勢《うんせい》をうらなう。

【運命】《うんめい》 Ⅱ①人《ひと》を幸福《こうふく》にしたり不幸《ふこう》にしたりする、人《ひと》の力《ちから》ではどうにもならないめぐりあわせ。例運命《うんめい》にはさからえない。類宿命《しゅくめい》・宿縁《しゅくえん》 ②これから先《さき》のなりゆき。例国《くに》の運命《うんめい》にかかわる大事件《だいじけん》が起《お》きた。類命運《めいうん》

運が下につく熟語 上の字の働き

❷運＝〈はこぶ〉のとき
【海運《かいうん》 陸運《りくうん》】ドコを通《とお》って運《はこ》ぶか。

❸運＝〈めぐりあわせ〉のとき
【好運《こううん》 幸運《こううん》 悪運《あくうん》 非運《ひうん》 悲運《ひうん》 不運《ふうん》】ドンナめぐりあわせか。
【気運《きうん》 命運《めいうん》】ナニによるめぐりあわせか。
【家運《かうん》 国運《こくうん》 社運《しゃうん》 武運《ぶうん》】ナニの運《うん》か。

◆開運《かいうん》 機運《きうん》 通運《つううん》

故事のはなし

過《す》ぎたるはなお及《およ》ばざるがごとし

弟子《でし》の子貢《しこう》が孔子《こうし》に、子張《しちょう》と子夏《しか》とではどちらがすぐれているかとたずねた。孔《こう》子《し》は「子張《しちょう》は度《ど》がすぎている。子夏《しか》は足《た》りない」と答《こた》えた。そこで子貢《しこう》は「それでは子張《しちょう》のほうがまさっているのですか」と聞《き》くと、孔子《こうし》は「ゆきすぎたのは、足《た》りないのと同《おな》じようだ」と言《い》われた。(『論語《ろんご》』)

辶-9

過

総画12
JIS-1865
教5年
音 カ
訓 すぎる・すごす・あやまつ・あやまち

筆順

◦学習漢字でない常用漢字　▲常用漢字表にない音訓　◆常用漢字でない漢字

なりたち 形声「辶」が「道《みち》を行《い》く」ことを、「咼」が「カ」という読《よ》み方《かた》をしめしている。「カ」は「多《おお》い」の意味《いみ》を持《も》ち、行《い》きすぎることを表《あらわ》す字《じ》。

意味

❶**すぎていく**。とおりすぎる。時《とき》がたつ。ある場所《ばしょ》をとおりぬける。例春《はる》が過《す》ぎる。時《とき》を過《す》ごす。過去《かこ》・経過《けいか》・通過《つうか》

❷**度《ど》をこす**。程度《ていど》をこえる。例過労《かろう》・超過《ちょうか》

❸**あやまち**。まちがい。例身《み》を過《あやま》つ。過《あやま》ちをおかす。過失《かしつ》

❶〈すぎていく〉の意味で

文字物語 ☞436ページ

【過去】かこ Ⅱ ①すぎさったとき。むかし。例過去をふりかえる。類以前《いぜん》 ②その人《ひと》が今《いま》までにしてきたこと。例過去《かこ》を問題《もんだい》にする。類経歴《けいれき》 関連過去《かこ》・現在《げんざい》・未来《みらい》

【過日】かじつ ↓ すぎさったある日《ひ》。このあいだ。例過日《かじつ》はごくろうさま。類先日《せんじつ》・先頃《さきごろ》・先般《せんぱん》

【過程】かてい ↓ ものごとが進《すす》んでいくみちすじ。プロセス。例結果《けっか》より過程《かてい》がだいじだ。類経過《けいか》・経緯《けいい》

【過渡期】かとき ものごとのかわり目《め》にあたっている時期《じき》。例近代化《きんだいか》への過渡期《かとき》。

❷〈度をこす〉の意味で

【過激】かげき ↓〈―に〉度《ど》をすぎたはげしさ。例過激《かげき》な運動《うんどう》はひかえてください。対穏健《おんけん》

【過酷】かこく ↓〈―な〉ひどくきびしいようす。例過酷《かこく》な労働環境《ろうどうかんきょう》。

【過言】かごん ↓ 言《い》いすぎ。表現 多《おお》く、「…と言《い》っても過言《かごん》ではない」の形《かたち》で使《つか》われる。

【過重】かじゅう ↓〈―に〉もちこたえるには重《おも》すぎること。例過重《かじゅう》な労働《ろうどう》。

【過少】かしょう ↓〈―な〉少《すく》なすぎること。例収入《しゅうにゅう》を過少《かしょう》に申告《しんこく》する。対過多《かた》

【過小】かしょう ↓〈―に〉小《ちい》さすぎること。例相手《あいて》の力《ちから》を過小《かしょう》に見《み》てはいけない。対過大《かだい》

【過小評価】かしょうひょうか 〈―する〉じっさいよりもひくく小《ちい》さく見《み》ること。例この結果《けっか》を過小評価《かしょうひょうか》すると危険《きけん》だ。対過大評価《かだいひょうか》

【過剰】かじょう ↓〈―な〉ありあまること。度《ど》をこすこと。例自信過剰《じしんかじょう》 類過多《かた》 対不足《ふそく》

【過信】かしん ↓〈―する〉信用《しんよう》しすぎること。例自分《じぶん》を過信《かしん》すると、失敗《しっぱい》する。

【過疎】かそ ↓ ある地域《ちいき》の人口《じんこう》がひじょうに少《すく》なくなること。例過疎《かそ》の村《むら》。対過密《かみつ》

【過多】かた ↓〈―な〉多《おお》すぎること。例情報過多《じょうほうかた》 類過剰《かじょう》 対過少《かしょう》

【過大】かだい ↓〈―に〉大《おお》きすぎること。例過大《かだい》な期待《きたい》を受《う》けて苦《くる》しむ。対過小《かしょう》

【過大評価】かだいひょうか 〈―する〉じっさいよりも高《たか》く大《おお》きく見《み》ること。例わたしの力《ちから》を過大評価《かだいひょうか》しないでください。対過小評価《かしょうひょうか》

【過度】かど ▲〈―に〉ちょうどいいところをこえてやりすぎになること。例過度《かど》の運動《うんどう》でからだをこわした。類過当《かとう》 対適度《てきど》

【過当競争】かとうきょうそう 度《ど》をすぎた競争《きょうそう》。

【過熱】かねつ ↓〈―する〉①こげたりもえだしたりするほど、熱《あつ》くなること。例火事《かじ》はストーブの過熱《かねつ》が原因《げんいん》だ。②程度《ていど》がはげしくなりすぎること。例安《やす》売り競争《きょうそう》が過熱《かねつ》ぎみだ。

【過半数】かはんすう 全体《ぜんたい》の半分《はんぶん》をこえる数《かず》。半数《はんすう》以上《いじょう》。例過半数《かはんすう》が賛成《さんせい》した。

【過敏】かびん ↓〈―に〉感《かん》じる力《ちから》が必要以上《ひつよういじょう》にするどい。例過敏《かびん》に反応《はんのう》する。神経過敏《しんけいかびん》

【過不足】かふそく 多《おお》すぎることと、たりないこと。例要素《ようそ》が過不足《かふそく》なくまとまっている。

【過分】かぶん ▲〈―に〉自分《じぶん》のねうち以上《いじょう》であること。例過分《かぶん》のおほめをいただく。参考つつしみの心《こころ》から出《で》ることば。

【過保護】かほご 〈―に〉子《こ》どもを育《そだ》てるのに、必要以上《ひつよういじょう》にめんどうを見《み》てしまうこと。

【過密】かみつ ↓〈―な〉どうにもならないほど、こみすぎていること。例過密《かみつ》スケジュール。対過疎《かそ》

【過労】かろう ↓ はたらきすぎて、つかれがたまること。例過労《かろう》から病気《びょうき》になる。

【過ぎたるはなお及ばざるがごとし】すぎたるはなおおよばざるがごとし やりすぎは、足《た》りないのと同《おな》じようによくない（どちらもかたよっていて、中庸《ちゅうよう》を得《え》ていないため）。

❸〈あやまち〉の意味で

故事のはなし ☞437ページ

【過失】かしつ Ⅱ うっかりやってしまったまちが

いや、よくないおこない。しくじり。例 過失《かしつ》 をおかす。類 失敗《しっぱい》 対 故意《こい》

過が下につく熟語 上の字の働き

❶過＝〈すぎていく〉のとき
【通過《つうか》 一過《いっか》 看過《かんか》 黙過《もっか》】ドノヨウニ通《とお》りすぎるか。

◆経過《けいか》 大過《たいか》 超過《ちょうか》

遇

辶-9 総画12 JIS-2288 常用
音 グウ
訓 あ-う

筆順 遇

なりたち 【形声】「辶」が「道《みち》を行《い》く」ことを、「禺」が「グウ」という読《よ》み方《かた》をしめしている。「グウ」は「二《ふた》つのものが対《つい》になる」意味《いみ》を持《も》ち、道《みち》で出会《であ》うことを表《あらわ》す字《じ》。

意味 ❶であう。出《で》くわす。例 遭遇《そうぐう》 ❷もてなす。あつかう。例 待遇《たいぐう》

遇が下につく熟語 上の字の働き

❶遇＝〈であう〉のとき
【奇遇《きぐう》 千載一遇《せんざいいちぐう》】ドンナ出会《であ》いか。
❷遇＝〈もてなす〉のとき
【厚遇《こうぐう》 優遇《ゆうぐう》 知遇《ちぐう》 冷遇《れいぐう》 不遇《ふぐう》】ドンナもてなしか。

◆境遇《きょうぐう》 処遇《しょぐう》 遭遇《そうぐう》 待遇《たいぐう》

遂

辶-9 総画12 JIS-3175 常用
音 スイ
訓 とげる・つい-に

筆順 遂

なりたち 【形声】「辶」が「道《みち》を行《い》く」ことを、「㒸《シ》」が「スイ」とかわって読《よ》み方《かた》をしめしている。「シ」は「たどりつく」意味《いみ》を持《も》ち、道《みち》をどこまでも行《い》くことを表《あらわ》す字《じ》。

意味 やりとげる。なしとげる。例 目的《もくてき》を遂《と》げる。遂行《すいこう》・未遂《みすい》

名前のよみ かつ

【°遂行】すいこう Ⅲ〈-する〉さいごまでやりとげること。例 任務《にんむ》を遂行《すいこう》する。

◆完遂《かんすい》 未遂《みすい》

達

辶-9 総画12 JIS-3503 教4年
音 タツ
訓 —

筆順 達（ながく・ださない・はらう）

なりたち 【形声】もともとは、「辶」と「羍」とでき、「辶」が「道《みち》」を、「羍」が「タツ」という読《よ》み方《かた》をしめしている。「タツ」は「とおる」意味《いみ》を持《も》ち、通《とお》りぬけることを表《あらわ》す字《じ》。

意味 ❶とどく。とどける。行《い》きつく。例 目的《もくてき》を達《たっ》する。達成《たっせい》・配達《はいたつ》 ❷深《ふか》く通《つう》じている。すぐれた境地《きょうち》にある。例 達人《たつじん》・熟達《じゅくたつ》

特別なよみ 友達（ともだち）

名前のよみ いたる・かつ・さと・さとし・さとる・すすむ・たて・とおる・のぶ・ひろ・みち・よし

❶〈とどく。とどける〉の意味で
【達意】たっい ▲言《い》いたいことがじゅうぶんにつたわること。例 達意《たつい》の文章《ぶんしょう》。
【達成】たっせい ⇩〈-する〉決《き》めたことを、やりとげること。例 目標《もくひょう》を達成《たっせい》する。類 成就《じょうじゅ》

❷〈深く通じている〉の意味で
【達観】たっかん ⇩〈-する〉①目《め》の前《まえ》の小《ち》さなことがらにとらわれないで、ほんとうにたいせつなことを知《し》り、落《お》ち着《つ》いた気持《きも》ちでいること。例 人生《じんせい》を達観《たっかん》する。②広《ひろ》く全体《ぜんたい》を見《み》とおすこと。例 世《よ》の中《なか》の流《なが》れを達観《たっかん》する。類 大観《たいかん》
【達見】たっけん ⇩遠《とお》くの深《ふか》いところまでよく見《み》とおした、すぐれた考《かんが》えや意見《いけん》。例 あなたの意見《いけん》は、まさに達見《たっけん》だ。類 卓見《たっけん》
【達者】たっしゃ ⇩〈-に〉〈-な〉①ひじょうにじょうずで、よくできること。例 彼女《かのじょ》は英語《えいご》が達者《たっしゃ》だ。類 堪能《たんのう》・巧者《こうしゃ》 ②からだがじょうぶで、元気《げんき》なこと。例 どうぞお達者《たっしゃ》で。類 元気《げんき》・丈夫《じょうぶ》・壮健《そうけん》
【達人】たつじん ⇩一《ひと》つの道《みち》に、とくにすぐれている人《ひと》。例 剣道《けんどう》の達人《たつじん》。類 名人《めいじん》・名手《めいしゅ》
【達筆】たっぴつ ⇩〈-に〉〈-な〉字《じ》をじょうずに書《か》くこと。じょうずに書《か》かれた字《じ》。例 達筆《たっぴつ》の手紙《てがみ》。類 能書《のうしょ》・能筆《のうひつ》 対 悪筆《あくひつ》

達が下につく熟語 上の字の働き

❶達＝〈とどく。とどける〉のとき

3 辶 しんにょう 9画 遇 遂 達 遅 道 ◀次ページ

【通達《つうたつ》 伝達《でんたつ》 到達《とうたつ》】近《ちか》い意味《いみ》。
【速達《そくたつ》 調達《ちょうたつ》 配達《はいたつ》】ドノヨウニとどけるか。
❷ 達＝〈深く通じている〉のとき
【栄達《えいたつ》 熟達《じゅくたつ》 練達《れんたつ》 上達《じょうたつ》 発達《はったつ》 先達《せんだつ|せんだち》】ドウヤッテすぐれるか。

辶-9
遅
総画12
JIS-3557
常用
［遲］

音 チ
訓 おくれる・おくらす・おそい

筆順 遅 遅 尸 尸 屖 屖 遅 遅

なりたち  【形声】もとの字は、「遲」。「辶」が「道《みち》を歩《ある》く」ことを、「犀」が「チ」という読《よ》み方《かた》をしめしている。「チ」は「ゆっくり」の意味《いみ》を持《も》ち、ゆっくり歩《ある》くことを表《あらわ》す字《じ》。

意味 おそい。おくれる。動《うご》きがゆっくりしている。時間《じかん》にまに合《あ》わない。例 出発《しゅっぱつ》を遅《おく》らす。出足《であし》が遅《おそ》い。遅刻《ちこく》 対 速《そく》

使い分け おくれる［遅・後］☞441ページ

【遅延《ちえん》】[Ⅱ]〈—する〉予定《よてい》よりもおくれること。例 大雪《おおゆき》で列車《れっしゃ》が遅延《ちえん》する。
【遅刻《ちこく》】[▲]〈—する〉決《き》められている時刻《じこく》におくれること。例 ねぼうして遅刻《ちこく》する。対 早退《そうたい》
【遅滞《ちたい》】[Ⅱ]〈—する〉進《すす》めたいことがおくれがちで、はかどらないこと。例 期日《きじつ》までに遅滞《ちたい》なくとどけてください。
【遅遅《ちち》】[Ⅱ]〈—たる〉ものごとがのろのろして、うまくはかどらないようす。例 宿題《しゅくだい》が遅々《ちち》として進《すす》まない。
【遅配《ちはい》】[↓]〈—する〉配達《はいたつ》や配給《はいきゅう》がおくれること。

辶-9
道
総画12
JIS-3827
教2年

音 ドウ・トウ
訓 みち

筆順 道 道 首 首 首 首 道 道（はらう）

なりたち  【形声】「辶」が「みち」を、「首《シュ》」が「トウ」とかわって読《よ》み方《かた》をしめしている。「シュウ」は「まっすぐとおる」意味《いみ》を持《も》ち、まっすぐとおったみちを表《あらわ》す字《じ》。

意味
❶ みち。とおりみち。みちすじ。例 道《みち》をたずねる。坂道《さかみち》・道路《どうろ》・沿道《えんどう》
❷ 人《ひと》のおこなうべきみち。人《ひと》がまもるべき生《い》き方《かた》。例 道徳《どうとく》・伝道《でんどう》
❸ やり方《かた》。専門《せんもん》の技術《ぎじゅつ》。方法《ほうほう》。例 道具《どうぐ》・書道《しょどう》
❹ 言《い》う。となえる。例 報道《ほうどう》
❺ 北海道《ほっかいどう》。例 道立《どうりつ》・都道府県《とどうふけん》
❻《その他《た》》例 道化《どうけ》

注意するよみ トウ…例 神道《しんとう》

名前のよみ おさむ・つね・のり・まさ・ゆき・より・わたる

❶〈みち〉の意味で
【道中《どうちゅう》】[↓]旅《たび》。旅《たび》をしているあいだ。例 長《なが》い道中《どうちゅう》、病気《びょうき》ひとつしなかった。
【道程《どうてい》】[↓]ある場所《ばしょ》までの道《みち》のり。例 長《なが》い道程《どうてい》をへて目的地《もくてきち》に着《つ》いた。類 行程《こうてい》
【道標《どうひょう》】[↓]道《みち》のそばに、その道《みち》の行《い》き先《さき》やそこまでの距離《きょり》・時間《じかん》などを書《か》いて立《た》てるふだ。道《みち》しるべ。表現「人生《じんせい》の道標《どうひょう》」のようにたとえに使《つか》われることもある。
【道路《どうろ》】[Ⅱ]人《ひと》や車《くるま》などが通《とお》るための道《みち》。例 道路《どうろ》標識《ひょうしき》・高速道路《こうそくどうろ》 類 往来《おうらい》
【道順《みちじゅん》】[↓]ある場所《ばしょ》までの通《とお》っていく道《みち》の順序《じゅんじょ》。例 道順《みちじゅん》を確《たし》かめる。類 順路《じゅんろ》
【道筋《みちすじ》】[↓]①通《とお》っていく道《みち》。例 道筋《みちすじ》にそって川《かわ》がある。②ものごとをつなげるすじみち。例 議論《ぎろん》の道筋《みちすじ》をたどる。類 筋道《すじみち》
【道端《みちばた》】[↓]道《みち》にそったところ。道《みち》のわき。例 道端《みちばた》のタンポポの花《はな》。類 路傍《ろぼう》
【道道《みちみち》】[Ⅱ]道《みち》を行《い》きながら。道《みち》すがら。例 何《なに》を言《い》うか道々《みちみち》考《かんが》えてきた。

❷〈人のおこなうべきみち〉の意味で
【道義《どうぎ》】[Ⅱ]人間《にんげん》としてしなければならない、正《ただ》しいおこない。例 道義《どうぎ》をたいせつにする。類 道徳《どうとく》・人道《じんどう》・人倫《じんりん》・倫理《りんり》
【道徳《どうとく》】[Ⅱ]人《ひと》としてまもらなければならない正《ただ》しいおこない。モラル。例 公衆道徳《こうしゅうどうとく》 類 道義《どうぎ》・倫理《りんり》・人倫《じんりん》・人道《じんどう》

【道理】《どうり》 [Ⅱ] ものごとの正《ただ》しいすじみち。例 道理《どうり》にかなう。類 理屈《りくつ》・義理《ぎり》・条理《じょうり》 表現「そのようなわけで」「だから」の意味《いみ》で、「道理《どうり》で君《きみ》がおこるわけだ」などという言《い》い方《かた》もよくされる。

❸〈やり方〉の意味で

【道具】《どうぐ》 [↓] ①ものをつくったり動《うご》かしたりするために使《つか》うもの。例 大工道具《だいくどうぐ》 類 用具《ようぐ》・器具《きぐ》 ②目的《もくてき》をはたすために、手《て》だてとして利用《りよう》するもの。例 ことばは考《かんが》えるための道具《どうぐ》だ。

【道場】《どうじょう》 [↓] ①剣道《けんどう》・柔道《じゅうどう》などの武芸《ぶげい》を学《まな》ぶための場所《ばしょ》。例 道場《どうじょう》にかよう。②仏《ほとけ》の道《みち》を修行《しゅぎょう》するところ。

【道楽】《どうらく》 [↓] ①仕事《しごと》以外《いがい》に、気晴《きば》らしや楽《たの》しみのためにすること。例 道楽《どうらく》は魚《さかな》つりだ。類 趣味《しゅみ》 ②酒《さけ》やばくちなどの、よくないことにむちゅうになること。例 道楽息子《どうらくむすこ》

❺〈北海道〉の意味で

【▲道産子】《どさんこ》 ①北海道産《ほっかいどうさん》の馬《うま》。②北海道《ほっかいどう》で生《う》まれた人《ひと》。

❻《その他》

【道化】《どうけ》 [○] 人《ひと》をわらわせるためにするしぐさやことば。それをする人《ひと》。例 道化師《どうけし》

道が下につく熟語 上の字の働き

❶道＝〈みち〉のとき

【街道《かいどう》 坑道《こうどう》 林道《りんどう》 山道《さんどう／やまみち》】ドコを通《とお》る道《みち》か。

【沿道《えんどう》 旧道《きゅうどう》 舗道《ほどう》 桟道《さんどう》 鉄道《てつどう》 近道《ちかみち》 細道《ほそみち》 坂道《さかみち》 片道《かたみち》】ドウイウ道《みち》か。

【国道《こくどう》 県道《けんどう》 公道《こうどう》 私道《しどう》】ドコの道《みち》か。

【参道《さんどう》 農道《のうどう》 歩道《ほどう》】ドウスル道《みち》か。

【車道《しゃどう》 水道《すいどう》 赤道《せきどう》 弾道《だんどう》 尿道《にょうどう》 糧道《りょうどう》】ナニが通《とお》る道《みち》か。

❷道＝〈人のおこなうべきみち〉のとき

【人道《じんどう》 神道《しんとう》 仏道《ぶつどう》】ナニの道《みち》か。

【伝道《でんどう》 入道《にゅうどう》】道《みち》にドウデアルか・道《みち》をドウスルか。

❸道＝〈やり方〉のとき

【武道《ぶどう》 弓道《きゅうどう》 剣道《けんどう》 柔道《じゅうどう》 書道《しょどう》 華道《かどう》 茶道《さどう／ちゃどう》】ナニの技術《ぎじゅつ》か。

【王道《おうどう》 常道《じょうどう》 正道《せいどう》 邪道《じゃどう》】ドウイウやり方《かた》か。

❹道＝〈言う〉のとき

【唱道《しょうどう》 報道《ほうどう》】近《ちか》い意味《いみ》。

◆軌道《きどう》 外道《げどう》 中道《ちゅうどう》 非道《ひどう》

例解 使い分け

［おくれる《遅れる・後れる》］

遅れる＝決《き》まっている時期《じき》や時刻《じこく》に間《ま》に合《あ》わない。

例 電車《でんしゃ》が遅《おく》れる。学校《がっこう》に遅《おく》れる。完成《かんせい》が遅《おく》れる。

後れる＝あとになる。取《と》りのこされる。

例 流行《りゅうこう》に後《おく》れる。人《ひと》に後《おく》れをとる。気《き》後《おく》れする。

参考「時計《とけい》が遅《おく》れる」の場合《ばあい》の「遅《おく》れる」の反対《はんたい》は「進《すす》む」。

遅れる

後れる

辶-9

遍

総画12 JIS-4255 常用

音 ヘン 訓 あまね-く

筆順

なりたち 徧 【形声】もとの字《じ》は、「徧」。「(彳→)辶」が「道《みち》を行《い》く」ことを、「扁」が「ヘン」という読《よ》み方《かた》をしめしている。「ヘン」は「ひろがる」意味《いみ》を持《も》ち、あますところなくいきわたることを表《あらわ》す字《じ》。

意味

❶いきわたる。全体《ぜんたい》にひろがる。例 遍歴《へんれき》・普遍《ふへん》 対 偏《へん》

❷回数《かいすう》をかぞえることば。例 読書百遍《どくしょひゃっぺん》

❶〈いきわたる〉の意味で

【°遍在】《へんざい》 [↓] 〈—する〉広《ひろ》くどこにでも存在《そんざい》していること。例 やおよろずの神々《かみがみ》が日本《にほん》じゅうに遍在《へんざい》する。対 偏在《へんざい》

前ページ ▶ 遍

【。遍歴】へんれき ↓〈—する〉①広《ひろ》くあちこちをめぐり歩《ある》くこと。例ヨーロッパ諸国《しょこく》を遍歴《へんれき》する。②いろいろな経験《けいけん》をすること。

【。遍路】へんろ ↓弘法大師《こうぼうだいし》が修行《しゅぎょう》したという四《し》国八十八《こくはちじゅうはっ》か所《しょ》の寺《てら》をめぐり歩《ある》くこと。類巡《じゅん》礼《れい》

遊

辶-9 総画12 JIS-4523 教3年 音ユウ・ユ 訓あそぶ

筆順 遊 遊 方 方 斿 斿 遊 遊（まっすぐ、つく／はねる／はねる）

なりたち [形声]「辶」が「道《みち》を歩《ある》く」ことを、「斿」が「ユウ」という読《よ》み方《かた》をしめしている。「ユウ」は「のんびり」の意味《いみ》を持《も》ち、のんびり道《みち》を歩《ある》くことから、「あそぶ」として使《つか》われている字《じ》。

意味
❶あそぶ。楽《たの》しむ。役《やく》に立《た》たない。例友達《ともだち》と遊《あそ》ぶ。遊山《ゆさん》・豪遊《ごうゆう》
❷あちこちへ行《い》く。めぐり歩《ある》く。例周遊《しゅうゆう》

注意するよみ ユ…例遊山《ゆさん》

❶〈あそぶ〉の意味で

【遊園地】ゆうえんち 子《こ》どもたちが楽《たの》しく遊《あそ》ぶことができるようにつくられた公園《こうえん》。例遊園地《ゆうえんち》のブランコに乗《の》る。

【遊技】ゆうぎ ↓パチンコやビリヤードなど、技《わざ》をきそう遊《あそ》び。例遊技場《ゆうぎじょう》

【遊。戯】ゆうぎ ‖〈—する〉①楽《たの》しく遊《あそ》ぶこと。例室《しつ》内遊戯《ないゆうぎ》②幼稚園《ようちえん》や小学校《しょうがっこう》などで、子《こ》どもたちが音楽《おんがく》に合《あ》わせておこなうおどりや運動《うんどう》。

【遊休】ゆうきゅう ‖建物《たてもの》や土地《とち》などが、使《つか》われないで、役《やく》に立《た》っていないこと。例遊休施設《ゆうきゅうしせつ》

【遊興】ゆうきょう ‖〈—する〉遊《あそ》んで楽《たの》しむこと。料理《りょうり》屋《や》や酒場《さかば》などで、食《た》べたり飲《の》んだりして遊《あそ》ぶこと。例遊興《ゆうきょう》にふける。遊興費《ゆうきょうひ》

【遊芸】ゆうげい ↓歌《うた》やおどりなど、自分《じぶん》が楽《たの》しんだり人《ひと》を楽《たの》しませたりする芸《げい》ごと。

【遊歩道】ゆうほどう 歩《ある》く人《ひと》のために、まわりの風景《ふうけい》などが楽《たの》しめるようにできている道《みち》。

【遊覧】ゆうらん ↓〈—する〉あちこちを見物《けんぶつ》してまわること。例遊覧船《ゆうらんせん》・遊覧飛行《ゆうらんひこう》

【遊山】ゆさん ▲〈—する〉野《の》や山《やま》などに遊《あそ》びに出《で》かけること。ピクニック。例物見遊山《ものみゆさん》 類行楽《こうらく》

❷〈あちこちへ行く〉の意味で

【遊泳】ゆうえい ↓〈—する〉泳《およ》ぐこと。例遊泳禁止《ゆうえいきんし》

【遊学】ゆうがく ↓〈—する〉自分《じぶん》の家《いえ》をはなれて、よその土地《とち》や国《くに》に行《い》って勉強《べんきょう》すること。類留学《りゅうがく》

【遊。撃】ゆうげき ↓①〈—する〉とくに持《も》ち場《ば》を決《き》めないで、機会《きかい》をとらえて敵《てき》を攻撃《こうげき》すること。例遊撃隊《ゆうげきたい》②「遊撃手《ゆうげきしゅ》」の略《りゃく》。野球《やきゅう》で二塁《にるい》と三塁《さんるい》のあいだをまもる人《ひと》。ショート。

【遊水池】ゆうすいち 川《かわ》の水《みず》がふえたときに、洪水《こうずい》をふせぐために水《みず》をためる池《いけ》。

【遊星】ゆうせい ↓惑星《わくせい》の別《べつ》の言《い》い方《かた》。対恒星《こうせい》 知識 惑星《わくせい》は恒星《こうせい》とちがって、自由《じゆう》に動《うご》くように見《み》えるので、遊星《ゆうせい》ともいう。

【遊説】ゆうぜい ↓〈—する〉政治家《せいじか》などが、あちこちをまわって、自分《じぶん》の考《かんが》えを説明《せつめい》してまわること。例党首《とうしゅ》が地方《ちほう》を遊説《ゆうぜい》する。

【遊牧】ゆうぼく ↓〈—する〉水《みず》や草《くさ》のある土地《とち》をもとめてあちこちにうつり住《す》みながら、ウシやウマ・ヒツジなどを飼《か》うこと。例遊牧民《ゆうぼくみん》

【遊。離】ゆうり ‖〈—する〉①ほかのものとのつながりがなくなって、はなれてしまうこと。例その計画《けいかく》は、現実《げんじつ》から遊離《ゆうり》している。②化学《かがく》で、化合物《かごうぶつ》が分離《ぶんり》すること。ほかのものと化合《かごう》しないでいること。例遊離物質《ゆうりぶっしつ》 類分離《ぶんり》

遊が下につく熟語 上の字の働き

❷遊＝〈あちこちへ行く〉のとき
【回遊《かいゆう》 周遊《しゅうゆう》 漫遊《まんゆう》 外遊《がいゆう》】ドウヤッテめぐるか。

◆豪遊《ごうゆう》 浮遊《ふゆう》 来遊《らいゆう》

遥

辶-9 総画12 JIS-4558 人名 音ヨウ 訓はる-か

意味
❶さまよう。さまよい歩《ある》く。例逍遥《しょうよう》
❷はるか。遠《とお》い。例遥拝《ようはい》

「遙」

違

辶-10 総画13 JIS-1667 常用 音イ 訓ちがう・ちがえる

筆順 違 違 韋 違 韋 違 韋 違 韋 違 違 違

なりたち
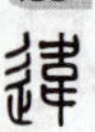
[形声]もともと「韋」は「逆方向《ぎゃくほうこう》に進《すす》む」意味《いみ》と「イ」という読《よ》み

方《かた》をしめしている会意文字《かいいもじ》であった。これにさらに「道《みち》を歩《ある》く」意味《いみ》の「辶」をくわえて、そむき進《すす》むことを表《あらわ》す字《じ》。

意味 ちがう。そむく。例 筋《すじ》を違《ちが》える。違《い》反《はん》・相違《そうい》 対 同《どう》

【◦違憲《いけん》】▲ 憲法《けんぽう》にそむくこと。憲法《けんぽう》違反《いはん》。例 違憲《いけん》のうたがいがある。対 合憲《ごうけん》

【◦違反《いはん》】Ⅱ〈─する〉きまりや約束《やくそく》などにそむくこと。例 選挙《せんきょ》違反《いはん》 類 背反《はいはん》

【◦違法《いほう》】▲〈─な・─に〉法律《ほうりつ》にそむくこと。例 違法《いほう》駐車《ちゅうしゃ》 類 不法《ふほう》・非合法《ひごうほう》 対 合法《ごうほう》・適法《てきほう》・順法《じゅんぽう》

【◦違約《いやく》】▲〈─する〉約束《やくそく》どおりにしないこと。例 違約金《いやくきん》 類 破約《はやく》

【◦違和感《いわかん》】ちぐはぐでしっくりしない感《かん》じ。例 新《あたら》しい眼鏡《めがね》にはまだ違和感《いわかん》がある。

辶-10

遠

総画13 JIS-1783 教2年 訓音 エン・オン とおい

筆順

なりたち 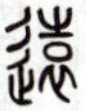 【形声】「辶」が「道《みち》を歩《ある》く」ことを、「袁」が「エン」という読《よ》み方《かた》をしめしている。「エン」は「ながい」の意味《いみ》を持《も》ち、道《みち》を歩《ある》くのが長《なが》いことを表《あらわ》す字《じ》。

意味

❶距離《きょり》がとおい。はなれている。とおざける。とおざかる。関係《かんけい》がうすい。例 当《あ》たらずとも遠《とお》からず。遠縁《とおえん》・遠方《えんぽう》 対 近《きん》

❷時間《じかん》が長《なが》い。久《ひさ》しい。例 その日《ひ》は遠《とお》からず来《く》るだろう。遠《とお》い昔《むかし》。遠大《えんだい》・久遠《くおん》

❸遠江《とおとうみ》。旧国名《きゅうこくめい》。今《いま》の静岡県西部《しずおかけんせいぶ》。例 遠《えん》州《しゅう》・西遠《せいえん》

注意するよみ オン…例 久遠《くおん》

❶〈距離がとおい〉の意味で

【遠因《えんいん》】↓ 直接《ちょくせつ》ではないが、どこかでつながっている原因《げんいん》。例 この病気《びょうき》は、わかいころのむりが遠因《えんいん》になっている。対 近因《きんいん》

【遠泳《えんえい》】↓〈─する〉海《うみ》や湖《みずうみ》で、長《なが》い距離《きょり》を泳《およ》ぐこと。例 兄《あに》は遠泳《えんえい》が得意《とくい》だ。

【遠◦隔操作《えんかくそうさ》】〈─する〉機械《きかい》をはなれたところから動《うご》かすこと。リモートコントロール（略《りゃく》してリモコン）。

【遠近《えんきん》】↕ 遠《とお》いところと近《ちか》いところ。例 このカメラは遠近《えんきん》に関係《かんけい》なくよくうつる。

【遠景《えんけい》】↓ 遠《とお》くに見《み》えるけしき。絵《え》や写真《しゃしん》などで、遠《とお》くのほうのようす。対 近景《きんけい》

【遠視《えんし》】↓ 近《ちか》くのものが見《み》えにくい状態《じょうたい》。また、その目《め》。類 遠視眼《えんしがん》 対 近視《きんし》・近眼《きんがん》

【遠心力《えんしんりょく》】ものがまわっているとき、その中心《ちゅうしん》から遠《とお》ざかって外《そと》へとびだそうとする力《ちから》。対 求心力《きゅうしんりょく》・向心力《こうしんりょく》

【遠◦征《えんせい》】↓〈─する〉遠《とお》くまでたたかいに出《で》て行《い》くこと。例 遠征軍《えんせいぐん》・遠征試合《えんせいじあい》

【遠足《えんそく》】↓ 見学《けんがく》や運動《うんどう》のために、歩《ある》いて遠《とお》くまで出《で》かけること。

【遠望《えんぼう》】↓〈─する〉遠《とお》くまで見《み》わたすこと。例 山頂《さんちょう》から太平洋《たいへいよう》を遠望《えんぼう》する。類 眺望《ちょうぼう》

【遠方《えんぽう》】↓ 遠《とお》いところ。例 遠方《えんぽう》の友《とも》。

【遠来《えんらい》】↓ 遠《とお》くから来《く》ること。例 遠来《えんらい》の客《きゃく》。

【遠◦雷《えんらい》】↓ 遠《とお》くでなっているかみなり。

【遠路《えんろ》】↓ 遠《とお》い道《みち》のり。例 遠路《えんろ》はるばるかけつけた。

【遠浅《とおあさ》】↓ 海《うみ》が、岸《きし》から沖《おき》のほうまであさくなっていること。例 遠浅《とおあさ》の海《うみ》。

【遠◦縁《とおえん》】↓ 親戚《しんせき》ではあっても、血《ち》のつながりがうすいこと。例 母《はは》の遠縁《とおえん》にあたる。

【遠出《とおで》】↓〈─する〉遠《とお》くへ出《で》かけること。例 連休《れんきゅう》には、車《くるま》で遠出《とおで》する予定《よてい》だ。

❷〈時間が長い〉の意味で

【遠大《えんだい》】Ⅱ〈─な・─に〉考《かんが》えや計画《けいかく》が遠《とお》い先《さき》のことまで見《み》とおした、たいへん大《おお》きなものであるようす。例 遠大《えんだい》な理想《りそう》をかかげる。

【遠◦慮《えんりょ》】↓〈─する〉①遠《とお》い先《さき》のことまで考《かんが》えること。例 深謀遠慮《しんぼうえんりょ》（「深謀《しんぼう》」は深《ふか》い計略《けいりゃく》の意味《い》）②ことばやおこないをひかえめにすること。例 遠慮《えんりょ》しないでどんどん食《た》べなさい。③ことわること。例 出席《しゅっせき》を遠慮《えんりょ》する。類 辞退《じたい》

遠が下につく熟語 上の字の働き

❷遠＝〈時間が長い〉のとき

【永遠《えいえん》 久遠《くおん》】近《ちか》い意味《み》。

◆高遠《こうえん》 深遠《しんえん》

辶-10

遣

総画13 JIS-2415 常用 訓音 ケン つかう・つかわす

筆順 中 中 書 書 書 遣 遣

なりたち [形声]「辶」が「道《みち》を行《い》く」ことを、「書」が「ケン」という読《よ》み方《かた》をしめしている。「ケン」は「さし出《だ》す」意味《いみ》を持《も》ち、物《もの》を持《も》って行《い》かせることを表《あらわ》す字《じ》。

意味
❶さしむける。使《つか》いに出《だ》す。例 使者《ししゃ》を遣《つか》わす。派遣《はけん》
❷はたらかせる。あやつる。例 気《き》を遣《つか》う。

使い分け つかう[使・遣] ☞83ページ

❶〈さしむける〉の意味で
【遣。唐使】けんとうし 奈良《なら》時代《じだい》から、平安《へいあん》時代《じだい》にかけて、唐《とう》(中国《ちゅうごく》の古《ふる》い国名《こくめい》)の文化《ぶんか》をとりいれるために、日本《にほん》から唐《とう》に行《い》った使《つか》い。六三〇年《ねん》にはじまり、八九四年《ねん》までに十六回《じゅうろっかい》派遣《はけん》された。知識「遣隋使《けんずいし》」は、六〇〇年《ねん》ごろ、聖徳太子《しょうとくたいし》の時代《じだい》に隋《ずい》に行《い》った使《つか》い。小野妹子《おののいもこ》が有名《ゆうめい》。

遡

辶-10 遡 総画14 JIS-3344 常用 訓音 ソ さかのぼる

辶-10 遡 総画13

筆順 丷 屰 屰 朔 朔 朔 遡 遡

意味 さかのぼる。㋐流《なが》れにさからってすすむ。例 川《かわ》を遡《さかのぼ》る。㋑過《す》ぎたコースを逆《ぎゃく》にたどる。例 時代《じだい》を遡《さかのぼ》る。

字体のはなし 手書《てが》きでは「遡」(総画《そうかく》「13画《かく》」)と書《か》く。☞ふろく「字体についての解説」[28]ページ

【。遡上】そじょう Ⅱ〈—する〉川《かわ》の流《なが》れをさかのぼっていくこと。例 サケの遡上《そじょう》。

遜

辶-10 遜 総画14 JIS-3429 常用 訓音 ソン ゆずーる・へりくだーる

辶-10 遜 総画13

筆順 了 子 孑 孫 孫 孫 遜 遜

意味
❶ゆずる。自分《じぶん》のことをあとまわしにする。
❷へりくだる。自分《じぶん》をひくくする。例 遜《へりくだ》った態度《たいど》をとる。謙遜《けんそん》・不遜《ふそん》
❸おとる。およばない。例 遜色《そんしょく》

字体のはなし 手書《てが》きでは「遜」(総画《そうかく》「13画《かく》」)と書《か》く。☞ふろく「字体についての解説」[28]ページ

❸〈おとる〉の意味で
【。遜色】そんしょく ↓ ほかよりおとっていること。見《み》おとりすること。例 遜色《そんしょく》がない。

遮

辶-11 遮 総画14 JIS-2855 常用 訓音 シャ さえぎる

筆順 广 广 庐 庶 庶 遮 遮

なりたち [形声]「辶」が「道《みち》を行《い》く」ことを、「庶《ショ》」が「シャ」とかわって読《よ》み方《かた》をしめしている。「ショ」は「へだてる、さえぎる」意味《いみ》を持《も》ち、道《みち》をさえぎることを表《あらわ》す字《じ》。

意味 さえぎる。通《とお》り道《みち》をふさぐ。例 行《ゆ》く手《て》を遮《さえぎ》る。遮断《しゃだん》

【。遮光】しゃこう ▲〈—する〉光《ひかり》を通《とお》さないようにすること。例 遮光《しゃこう》カーテン

【。遮断】しゃだん Ⅱ〈—する〉ものの流《なが》れや、通《とお》り道《みち》などをさえぎって止《と》めること。例 遮断機《しゃだんき》

遭

辶-11 遭 総画14 JIS-3388 常用 訓音 ソウ あう

筆順 一 曰 曹 曹 曹 遭 遭

なりたち [形声]「辶」が「道《みち》を行《い》く」ことを、「曹」が「二《ふた》つならぶ」意味《いみ》と「ソウ」という読《よ》み方《かた》をしめしている。道《みち》でめぐりあうことを表《あらわ》す字《じ》。

意味 出《で》あう。思《おも》いがけなくあう。例 災難《さいなん》に遭《あ》う。遭遇《そうぐう》

使い分け あう[合・会・遭] ☞207ページ

【。遭。遇】そうぐう Ⅱ〈—する〉思《おも》いがけなく出《で》あうこと。表現 とかく、よくない出《で》あいにいう。

【。遭難】そうなん ▲〈—する〉山《やま》や海《うみ》などで、災難《さいなん》にあうこと。例 遭難者《そうなんしゃ》の救助《きゅうじょ》を伝《つた》えるニュース。

辶-11

適

総画14
JIS-3712
教5年
音 テキ
訓 ―

筆順 適 啇 啇 啇 啇 適 適 (まっすぐ、つく / はねる / はらう)

なりたち  [形声]「辶」が「道《みち》を行《い》く」ことを、「商」が「テキ」という読《よ》み方《かた》をしめしている。「テキ」は「まっすぐ」の意味《いみ》を持《も》ち、道《みち》をまっすぐ行《い》くことを表《あらわ》す字《じ》。

意味 ふさわしい。ちょうどよい。うまく当《あ》てはまる。例 気候《きこう》に適《てき》した作物《さくもつ》。好適《こうてき》

名前のよみ ゆき

【適応《てきおう》】Ⅱ〈―する〉①まわりのようすなどにうまく合《あ》っていること。また、合《あ》わせること。類 同化《どうか》・順応《じゅんのう》 ②動物《どうぶつ》や植物《しょくぶつ》が、まわりのようすに合《あ》わせて、からだの形《かたち》や生《い》き方《かた》をかえていくこと。知識 ②は、「適者生存《てきしゃせいぞん》」という生物《せいぶつ》の進化《しんか》につながるもの。

【適格《てきかく｜てっかく》】▲〈―な｜―に〉必要《ひつよう》な資格《しかく》や条件《じょうけん》に当《あ》てはまっていること。例 委員《いいん》に適格《てきかく》な人《ひと》。対 不適格《ふてきかく》

【適確《てきかく｜てっかく》】Ⅱ〈―な｜―に〉たしかで、まちがいのないようす。例 適確《てきかく》な判断《はんだん》。類 確実《かくじつ》

【適。宜《てきぎ》】Ⅱ〈―な｜―に〉その時《とき》その時《とき》に、うまく合《あ》っているようす。例 状況《じょうきょう》を見《み》て適宜《てきぎ》な処置《しょち》をしなさい。類 適当《てきとう》・随意《ずいい》

【適合《てきごう》】Ⅱ〈―する〉ぴったりとうまく当《あ》てはまること。例 血液型《けつえきがた》が適合《てきごう》する。

【適材適所《てきざいてきしょ》】適格《てきかく》な人《ひと》が適格《てきかく》な所《ところ》にいるということで、その人《ひと》の人《ひと》がらや力《ちから》が、仕事《しごと》とうまく合《あ》っていること。例 適材適所《てきざいてきしょ》に人《ひと》を配置《はいち》する。

【適者生存《てきしゃせいぞん》】まわりのようすにうまく合《あ》っているものだけが生《い》きのこり、そうでないものはほろびていくこと。類 優勝劣敗《ゆうしょうれっぱい》・自然《しぜん》選択《せんたく》

【適正《てきせい》】Ⅱ〈―な｜―に〉合《あ》っていて正《ただ》しいと思《おも》えるようす。例 適正価格《てきせいかかく》

【適性《てきせい》】↓そのことをするのにむいている性質《せいしつ》。例 適性検査《てきせいけんさ》

【適切《てきせつ》】⊠〈―な｜―に〉よく当《あ》てはまっている。例 適切《てきせつ》な処置《しょち》。類 適当《てきとう》・妥当《だとう》・適宜《てきぎ》 対 不適切《ふてきせつ》

【適中《てきちゅう》】↓〈―する〉予想《よそう》などがぴたりとあたること。例 天気予報《てんきよほう》が適中《てきちゅう》した。表記「的中」とも書《か》く。

【適度《てきど》】↓〈―な｜―に〉ちょうどいい。例 適度《てきど》の運《うん》動《どう》は健康《けんこう》によい。対 過度《かど》

【適当《てきとう》】Ⅱ〈―な｜―に〉①ちょうどいいくらいだ。例 持《も》ちはこぶのに適当《てきとう》な大《おお》きさの荷物《にもつ》だ。類 適切《てきせつ》・妥当《だとう》・適宜《てきぎ》 対 不適当《ふてきとう》・過当《かとう》 ②まじめでなく、いいかげんだ。例 つかれたから、適当《てきとう》にやっておこう。類 無責任《むせきにん》

【適任《てきにん》】▲その仕事《しごと》にむいた性質《せいしつ》や力《ちから》をもっている。例 彼《かれ》なら適任《てきにん》だ。類 適役《てきやく》

【適否《てきひ》】⇕当《あ》てはまるか当《あ》てはまらないか。例 場所《ばしょ》の適否《てきひ》を調《しら》べる。類 適不適《てきふてき》

【適不適《てきふてき》】当《あ》てはまるか当《あ》てはまらないか、ということ。類 適否《てきひ》

【適役《てきやく》】↓劇《げき》や仕事《しごと》などで、その人《ひと》にぴったり当《あ》てはまった役《やく》。はまり役《やく》。例 かれには委《い》員長《いんちょう》が適役《てきやく》だ。類 適任《てきにん》

【適用《てきよう》】↓〈―する〉法律《ほうりつ》やきまりなどを、じっさいのことに当《あ》てはめて使《つか》うこと。例 災害《さいがい》救助法《きゅうじょほう》を適用《てきよう》する。

【適量《てきりょう》】↓ちょうどよい分量《ぶんりょう》。例 適量《てきりょう》をこえると薬《くすり》も毒《どく》になる。

【適例《てきれい》】↓ぴったり当《あ》てはまる例《れい》。例 この文章《ぶんしょう》は、心《こころ》のこもった手紙文《てがみぶん》の適例《てきれい》だ。

【適。齢《てきれい》】↓あることにちょうど当《あ》てはまる年齢《ねんれい》。例 適齢期《てきれいき》をむかえる。表現 結婚《けっこん》にちょうどよい年《とし》ごろをいうことが多《おお》い。

適が下につく熟語 上の字の働き

◆【快適《かいてき》 好適《こうてき》】近《ちか》い意味《いみ》。

◆最適《さいてき》 悠悠自適《ゆうゆうじてき》

辶-12

遺

総画15
JIS-1668
教6年
音 イ・ユイ
訓 のこ-す・のこ-る

筆順 遺 遺 遺 貴 貴 貴 遺 遺 (だす / とめる / はらう)

なりたち  [形声]「辶」が「道《みち》を行《い》く」ことを、「貴《キ》」が「イ」とかわって読《よ》み方《かた》をしめしている。「キ」は「あとにのこす」意味《いみ》を

持《も》ち、道《みち》に物《もの》を落《お》とすことを表《あらわ》す字《じ》。

意味 ❶あとにのこす。あとにのこる。例 遺言《ゆいごん》 ❷おきわすれる。うちすてる。例 遺棄《いき》

注意するよみ ユイ…例 遺言《ゆいごん》

❶〈あとにのこす〉の意味で

【遺《い》。影《えい》】↓ 死《し》んだ人《ひと》の、生《い》きていたときの写真《しゃしん》。例 仏壇《ぶつだん》に遺影《いえい》をかざる。

【遺《い》。骸《がい》】↓ 死《し》んだ人《ひと》のからだ。なきがら。類 遺体《いたい》・死骸《しがい》・死体《したい》

【遺《い》。憾《かん》】▲〈―に・―な〉思《おも》いどおりにいかなくて、ざんねんだ。例 実力《じつりょく》を遺憾《いかん》なく(思《おも》うぞんぶん)発揮《はっき》する。類 残念《ざんねん》

【遺《い》業《ぎょう》】↓ 死《し》んだ人《ひと》が、死《し》ぬ前《まえ》にやった仕《し》事《ごと》。または、未完成《みかんせい》のままのこしていった仕《し》事《ごと》。例 先代《せんだい》の遺業《いぎょう》をつぐ。

【遺《い》訓《くん》】↓ なくなった人《ひと》や先祖《せんぞ》がのこした教《おし》え。例 父《ちち》の遺訓《いくん》をまもる。類 遺風《いふう》

【遺《い》。稿《こう》】↓ 生《い》きているうちに発表《はっぴょう》されずに、死《し》んだあとにのこされた詩《し》・歌《うた》・文章《ぶんしょう》などの作品《さくひん》。例 遺稿《いこう》が発見《はっけん》される。類 遺作《いさく》

【遺《い》骨《こつ》】↓ 死《し》んだ人《ひと》のほね。例 遺骨《いこつ》をうめる。

【遺《い》。恨《こん》】▲ いつまでもわすれられないうらみ。例 遺恨試合《いこんじあい》

【遺《い》作《さく》】↓ 死《し》んだ人《ひと》があとにのこした絵《え》・彫刻《ちょうこく》・文学《ぶんがく》・映画《えいが》などの芸術作品《げいじゅつさくひん》。例 遺作展《いさくてん》

【遺《い》産《さん》】↓ ①死《し》んだ人《ひと》があとにのこした財《ざい》産《さん》。例 遺産相続《いさんそうぞく》 ②前《まえ》の時代《じだい》の人《ひと》があとの時《じ》代《だい》の人《ひと》にのこしたもの。例 文化遺産《ぶんかいさん》

【遺《い》志《し》】↓ 死《し》んだ人《ひと》がやりとげようとしてできなかったのぞみ。または、してほしいとあとの人《ひと》にのこした思《おも》い。例 父《ちち》の遺志《いし》をつぐ。

【遺《い》児《じ》】↓ 親《おや》が死《し》んで、あとにのこされた子《こ》ども。わすれがたみ。例 交通遺児《こうつういじ》

【遺《い》書《しょ》】↓ 死《し》ぬ人《ひと》が、あとにのこる人《ひと》にあてて書《か》いてのこすもの。書《か》きおき。類 遺言《ゆいごん》状《じょう》

【遺《い》。跡《せき》】↓ むかしの建物《たてもの》や、歴史《れきし》にのこるような大《おお》きなできごとのあったあと。例 遺跡《いせき》を発掘《はっくつ》する。類 古跡《こせき》・旧跡《きゅうせき》

【遺《い》族《ぞく》】↓ 人《ひと》が死《し》んで、そのあとにのこされた家族《かぞく》。例 遺族《いぞく》を支援《しえん》する。

【遺《い》体《たい》】↓ 死《し》んだ人《ひと》のからだ。なきがら。例 ゆくえ不明《ふめい》の人《ひと》が、遺体《いたい》で発見《はっけん》された。類 遺《い》骸《がい》・死骸《しがい》・死体《したい》 表現「死骸《しがい》」「死体《したい》」よりも亡《な》くなった人《ひと》をたいせつにする気持《きも》ちをこめたことばで、「ご遺体《いたい》」と敬語《けいご》で言《い》える。

【遺《い》伝《でん》】↓〈―する〉親《おや》の性質《せいしつ》や体質《たいしつ》などが、子《こ》や孫《まご》につたわること。例 遺伝子《いでんし》

【遺《い》徳《とく》】↓ 死《し》んだのちまでしたわれるような、その人《ひと》のおこないや人《ひと》がら。例 先代《せんだい》の遺《い》徳《とく》をしのぶ。類 遺風《いふう》

【遺《い》品《ひん》】↓ 死《し》んだ人《ひと》が、生《い》きているときに使《つか》っていた品《しな》。例 父《ちち》の遺品《いひん》。類 形見《かたみ》・遺物《いぶつ》

【遺《い》風《ふう》】↓ むかしからつたわるならわし。先《せん》人《じん》がのこした教《おし》え。例 百年来《ひゃくねんらい》の遺風《いふう》。父《ちち》の遺風《いふう》をつたえる。類 遺訓《いくん》・遺徳《いとく》

【遺《い》物《ぶつ》】↓ ①むかしの人《ひと》が使《つか》ったもので、今《いま》ものこっているもの。例 前世紀《ぜんせいき》の遺物《いぶつ》。②亡《な》くなった人《ひと》が生前《せいぜん》使《つか》っていたもの。例 母《はは》の遺物《いぶつ》は、どれもなつかしい。類 形見《かたみ》・遺品《いひん》

【遺《い》留《りゅう》】‖〈―する〉死《し》んだあとにのこしておくこと。☞❷

【遺言】《ゆいごん｜いごん》↓〈―する〉死《し》ぬ人《ひと》が、自分《じぶん》の死後《しご》のことについて言《い》いのこすこと。言《い》いのこしたことば。例 遺言状《ゆいごんじょう》 表現 法律用語《ほうりつようご》では「いごん」という。

❷〈おきわすれる〉の意味で

【遺《い》。棄《き》】‖〈―する〉そのままにしておいてはいけないものを、ほうっておいたり、ほかの場所《ばしょ》にすてたりすること。例 死体遺棄《したいいき》

【遺《い》失《しつ》】‖〈―する〉わすれたり落《お》としたりして、なくすこと。例 遺失物《いしつぶつ》 対 拾得《しゅうとく》

【遺《い》留《りゅう》】‖〈―する〉おきわすれること。そこにのこしておくこと。例 犯人《はんにん》の遺留品《いりゅうひん》が見《み》つかった。☞❶

【遺《い》。漏《ろう》】‖〈―する〉必要《ひつよう》なことがぬけおちてしまうこと。手《て》ぬかり。例 万事遺漏《ばんじいろう》なく手配《てはい》する。

辶-12

遵

総画15
JIS-2969
常用
訓 ―
音 ジュン

筆順

なりたち 
[形声]「辶」が「道《みち》を行《い》く」ことを、「尊《ソン》」が「ジュン」とかわって読《よ》み方《かた》をしめしている。「ソン」は「したがう」意味《いみ》を持《も》ち、道《みち》なりに歩《ある》いていくことを表《あらわ》す字《じ》。

意味 したがう。きそくをまもる。例 遵守《じゅんしゅ》

名前のよみ ゆき

【遵守】じゅんしゅ [Ⅱ]〈―する〉きまりや命令《めいれい》などをかたくまもること。例 憲法《けんぽう》を遵守《じゅんしゅ》する。類 厳《げん》守 表記「順守」とも書《か》く。

【。遵法】じゅんぽう ▲ 法律《ほうりつ》を正《ただ》しくまもること。例 遵法精神《じゅんぽうせいしん》 表記「順法」とも書《か》く。

選
辶-12 総画15 JIS-3310 教4年 音 セン 訓 えらぶ

筆順 
はねる おらない はらう

なりたち 
[形声]「辶」が「道《みち》を行《い》く」ことを、「巽《ソン》」が「セン」とかわって読《よ》み方《かた》をしめしている。「ソン」は「そろえる」意味《いみ》を持《も》ち、えらぶことを表《あらわ》す字《じ》。

意味 えらぶ。えらび出《だ》す。例 代表《だいひょう》を選《えら》ぶ。選挙《せんきょ》・当選《とうせん》

名前のよみ かず・より

【選外】せんがい [↓] 展覧会《てんらんかい》やコンクールに出《だ》した作品《さくひん》が入選《にゅうせん》しないこと。例 選外佳作《せんがいかさく》。表現 入《にゅう》選《せん》に近《ちか》いところで、おしくも入《はい》らなかったときに使《つか》うことが多《おお》い。

【選挙】せんきょ [↓]〈―する〉ある地位《ちい》や役目《やくめ》につく人《ひと》をえらぶこと。例 選挙権《せんきょけん》・選挙運動《せんきょうんどう》

【選考】せんこう [↓]〈―する〉能力《のうりょく》や人《ひと》がら、できぐあいなどをよく調《しら》べて、ふさわしい人《ひと》や作品《さくひん》をえらび出《だ》すこと。例 選考委員《せんこういいん》

【選者】せんじゃ [↓] 多《おお》くの作品《さくひん》の中《なか》から、すぐれたものをえらぶ人《ひと》。例 俳句《はいく》の選者《せんじゃ》。類 審査員《しんさいん》

【選手】せんしゅ [↓] おおぜいの人《ひと》の中《なか》からえらばれて、運動競技《うんどうきょうぎ》に出《で》る人《ひと》。例 野球選手《やきゅうせんしゅ》

【選手権】せんしゅけん 競技会《きょうぎかい》などで、優勝《ゆうしょう》したチームや選手《せんしゅ》にあたえられる第一位《だいいちい》の資格《しかく》。例 世《せ》界選手権大会《かいせんしゅけんたいかい》

【選出】せんしゅつ [↓]〈―する〉多《おお》くの中《なか》からえらび出《だ》すこと。例 議長《ぎちょう》を選出《せんしゅつ》する。

【選。択】せんたく [Ⅱ]〈―する〉いくつかある中《なか》から、いいと思《おも》うものをえらぶこと。例 取捨選択《しゅしゃせんたく》

【選。択。肢】せんたくし その中《なか》からえらぶようになっている、いくつかの答《こた》え。例 次《つぎ》の選択肢《せんたくし》の中《なか》から正《ただ》しいと思《おも》うものをえらびなさい。

【選定】せんてい [↓]〈―する〉えらんで、決《き》めること。例 推薦図書《すいせんとしょ》を選定《せんてい》する。

【選。抜】せんばつ [↓]〈―する〉多《おお》くの中《なか》から、これだというものをえらび出《だ》すこと。例 選抜《せんばつ》チーム

【選別】せんべつ [↓]〈―する〉なにかを基準《きじゅん》にしてえらび分《わ》けること。例 ミカンを、大《おお》きさによって選別《せんべつ》する。

選が下につく熟語 上の字の働き

【抽選《ちゅうせん》 互選《ごせん》 公選《こうせん》 改選《かいせん》 再選《さいせん》 精選《せいせん》 厳選《げんせん》 特《とく》選《せん》 予選《よせん》】ドノヨウニ選《えら》ぶか。

【当選《とうせん》 入選《にゅうせん》 落選《らくせん》】選《えら》んでドウナルか。

◆人選《じんせん》

遷
辶-12 総画15 JIS-3311 常用 音 セン 訓 うつ-る

筆順 

なりたち 
[形声]「辶」が「道《みち》を行《い》く」ことを、「䙴」が「セン」という読《よ》み方《かた》をしめしている。「セン」は「高《たか》い所《ところ》にのぼる」意味《いみ》を持《も》ち、場所《ばしょ》をかえることを表《あらわ》す字《じ》。

意味 うつす。うつる。かわる。例 遷都《せんと》・変《へん》遷《せん》

【。遷宮】せんぐう ▲〈―する〉神社《じんじゃ》をたてかえて、ご神《しん》体《たい》をうつすこと。例 遷宮祭《せんぐうさい》 類 遷座《せんざ》

【。遷都】せんと ▲〈―する〉都《みやこ》をほかの土地《とち》にうつすこと。例 平安遷都《へいあんせんと》

◆左遷《させん》 変遷《へんせん》

遼
辶-12 総画15 JIS-4643 人名 音 リョウ 訓 はる-か

意味 とおい。はるか。例 前途遼遠《ぜんとりょうえん》

還
辶-13 総画16 JIS-2052 常用 音 カン 訓 かえ-る

筆順 

前ページ▶選 遷 遼 還

なりたち 還 [形声]「辶」が「道《みち》を行《い》く」ことを、「睘」が「めぐる、かえる」意味《いみ》と「カン」という読《よ》み方《かた》をしめしている。ぐるっとひとめぐりしてかえってくることを表《あらわ》す字《じ》。

意味 かえる。もどる。もどす。もとにかえる。例 還元《かんげん》・返還《へんかん》

【°還元《かんげん》】▲〈―する〉①もとにもどすこと。例 利益《りえき》を社会《しゃかい》に還元《かんげん》する。②化学《かがく》で、酸化物《さんかぶつ》から酸素《さんそ》をとりさること。対 酸化《さんか》

【還付《かんぷ》】Ⅱ〈―する〉国《くに》などがもとの持《も》ち主《ぬし》に物《もの》やお金《かね》をかえすこと。例 税金《ぜいきん》の還付《かんぷ》。

【°還°暦《かんれき》】▲数《かぞ》え年《どし》で六十一歳《ろくじゅういっさい》(満六十歳《まんろくじっさい》)のこと。知識 干支《かんし》(えと)がひと回《まわ》りして生《う》まれたときの干支《かんし》にもどることからきたことば。七十歳《しちじっさい》は「古希《こき》」、七十七歳《しちじゅうしちさい》は「喜寿《きじゅ》」、八《はち》十歳《じっさい》は「傘寿《さんじゅ》」、八十八歳《はちじゅうはっさい》は「米寿《べいじゅ》」、九十歳《きゅうじっさい》は「卒寿《そつじゅ》」、九十九歳《きゅうじゅうきゅうさい》は「白寿《はくじゅ》」とそれぞれいいわう。

還が下につく熟語 上の字の働き

【帰還《きかん》 返還《へんかん》】近《ちか》い意味《いみ》。

【償還《しょうかん》 召還《しょうかん》 送還《そうかん》】ドウヤッテもどすか。

◆ 生還《せいかん》

辶-13

避

総画16 JIS-4082 常用

訓 さける 音 ヒ

筆順 避 尸 尸 启 辟 辟 避 避

なりたち 避 [形声]「辶」が「道《みち》を行《い》く」ことを、「辟《ヘキ》」が「ヒ」とかわって読《よ》み方《かた》をしめしている。「ヘキ」は「かたよる」意味《いみ》を持《も》ち、よけていくことを表《あらわ》す字《じ》。

意味 さける。よける。例 危険《きけん》を避《さ》ける。避《ひ》難《なん》・回避《かいひ》

【°避暑《ひしょ》】▲〈―する〉暑《あつ》さをさけて、すずしい土地《とち》に行《い》くこと。例 避暑地《ひしょち》 対 避寒《ひかん》

【°避難《ひなん》】▲〈―する〉あぶない場所《ばしょ》をはなれて、ほかへ行《い》くこと。例 避難訓練《ひなんくんれん》 類 退避《たいひ》

【°避°雷針《ひらいしん》】かみなりの被害《ひがい》をふせぐために、高《たか》い建物《たてもの》などの上《うえ》に取《と》りつけた金属《きんぞく》の棒《ぼう》。かみなりの電流《でんりゅう》はこの棒《ぼう》をつたって地中《ちちゅう》に流《なが》される。かみなりよけ。

避が下につく熟語 上の字の働き

【回避《かいひ》 忌避《きひ》 退避《たいひ》 逃避《とうひ》】近《ちか》い意味《いみ》。

◆ 待避《たいひ》 不可避《ふかひ》

3画 ⻏ (右) [おおざと] の部

居住《きょじゅう》する場所《ばしょ》の意《い》を表《あらわ》す「⻏《おおざと》(邑)」をもとに作《つく》られ、町《まち》や村《むら》の居住地《きょじゅうち》にかかわる字《じ》を集《あつ》めてあります。

この部首の字

4 那……448 邦……448 5 邪……449
邸……450 6 郁……450 郊……450 郎……450
7 郡……450 8 郭……450 郷……451 都……451
部……452 郵……452 耶→耳863 爺→父715

⻏-4

那

総画7 JIS-3865 常用

訓 なん-ぞ 音 ナ

筆順 那 那 那 那 那 那 那

意味 どの。いずれの。例 那辺《なへん》(どのあたり)

⻏-4

邦

総画7 JIS-4314 常用

訓 くに 音 ホウ

名前のよみ とも

筆順 邦 邦 邦 邦 邦 邦 邦

なりたち 邦 [形声]もとの字《じ》は、「邦」。「⻏」が「むらざと」を、「丰」が「ホウ」という読《よ》み方《かた》をしめしている。「ホウ」は「くいき、ちいき」の意味《いみ》を持《も》ち、「くに」の意味《いみ》を表《あらわ》す字《じ》。

意味 ❶くに。国家《こっか》。例 連邦《れんぽう》 ❷日本《にほん》の国《くに》。日本《にほん》の。例 邦人《ほうじん》

❷〈日本の国〉の意味で

【°邦貨《ほうか》】↓日本《にほん》のお金《かね》。対 外貨《がいか》

【°邦画《ほうが》】↓①日本《にほん》でつくった映画《えいが》。例 邦画《ほうが》の名作《めいさく》を上映《じょうえい》する。対 洋画《ようが》 ②日本画《にほんが》。例 近《きん》代邦画展《だいほうがてん》 対 洋画《ようが》

【°邦楽《ほうがく》】↓雅楽《ががく》・謡曲《ようきょく》・長唄《ながうた》など、むかしからの日本《にほん》の音楽《おんがく》。例 邦楽鑑賞《ほうがくかんしょう》。対 洋楽《ようがく》

【°邦人《ほうじん》】↓日本人《にほんじん》。とくに、外国《がいこく》にいる日《に》本人《ほんじん》。例 在留邦人《ざいりゅうほうじん》 対 外国人《がいこくじん》

【°邦文《ほうぶん》】⇩日本《にほん》の文字《もじ》。日本語《にほんご》の文《ぶん》。類和《わ》文《ぶん》 対欧文《おうぶん》

邦が下につく熟語 上の字の働き

❶邦＝〈くに〉のとき
【異邦《いほう》 本邦《ほんぽう》 友邦《ゆうほう》 連邦《れんぽう》】ドノヨウナ国《くに》か。

ものしり巻物 第15巻
似《に》ている漢字《かんじ》

「田」と「由」は、形《かたち》がたいへんよく似《に》ていますが、まちがえて使《つか》う人《ひと》はあまりいません。読《よ》みも、意味《いみ》もちがうからです。けれど、「宇《う》ちゅう」と書《か》くとき、「ちゅう」は「宀《うかんむり》」の下《した》に「田」？「由」？…と、よくまよいます。また、「複・腹・復」も、よくまちがえます。どれも「复」がついていて、「ふく」と読《よ》むからです。

まよったときは、音《おん》と意味《いみ》のどちらかで考《かんが》えます。先《さき》の例《れい》の「宇《う》ちゅう」の「ちゅう」は、「チュー」と「ユー」の音《おん》が似《に》ているので、「由《ゆう》」が入《はい》ります。「複・腹・復」は、大《おお》きな意味《いみ》のまとまりを表《あらわ》す部首《ぶしゅ》のほうで考《かんが》えます。衣《ころも》（衤）をたくさん着《き》こんでいるのは「ふく雑《ざつ》」の「複」です。からだを表《あらわ》す肉《にく》（月）のついているのは「腹《はら》」です。「おうふく」に使《つか》う「ふく」は、かえり道《みち》を表《あらわ》すので、道《みち》の形《かたち》（彳）がつく「復」です。

このように、おなじ字《じ》を何度《なんど》もまようようだったら、その字《じ》のなりたちを勉強《べんきょう》し、音《おん》や意《い》味《み》を表《あらわ》す部分《ぶぶん》の役割《やくわり》をたしかめれば、二度《にど》とまちがえなくなります。

ことばでおぼえてしまう方法《ほうほう》もあります。有名《ゆうめい》なのは、「牛《うし》に角《つの》あり、午《うま》に角《つの》なし」です。上《うえ》に出《で》ている部分《ぶぶん》が角《つの》です。「午《うま》」は、時刻《じこく》をしめす十二支《じゅうにし》の「うま」の刻《こく》を表《あらわ》す字《じ》です。うまの前《まえ》が「午前《ごぜん》」、うまの後《あと》が「午後《ごご》」、そして、正《まさ》にうまのときが「正午《しょうご》」です。

阝-5

邪

総画8
JIS-2857
常用
音ジャ
訓よこしま

筆順

なりたち

【形声】「阝」が「むらざと」を、「牙《ガ》」が「ジャ」とかわって読《よ》み方《かた》をしめしている。地名《ちめい》を表《あらわ》す字《じ》。借《か》りて、「よこしま」の意味《いみ》に使《つか》われている。

意味 正《ただ》しくない。例邪道《じゃどう》 対正《せい》

特別なよみ 風邪（かぜ）

【°邪悪《じゃあく》】〓〈―な〉心《こころ》がねじけていて、正《ただ》しくないこと。例邪悪《じゃあく》な心《こころ》。

【°邪険《じゃけん》】〓〈―に〉やさしさがなく、意地《いじ》がわるいようす。例邪険《じゃけん》にあつかう。

【°邪心《じゃしん》】⇩ねじまがった、わるい心《こころ》。例邪《じゃ》心《しん》がはたらく。邪心《じゃしん》をいだく。

【°邪推《じゃすい》】⇩〈―する〉人《ひと》が言《い》ったりしたりしたことを、わるい意味《いみ》にとること。例君《きみ》がぼくをきらっていると思《おも》ったのは、邪推《じゃすい》だった。類曲解《きょっかい》

【°邪道《じゃどう》】⇩正《ただ》しくないおこないやり方《かた》。例金《かね》もうけだけを考《かんが》えるような商売《しょうばい》は邪道《じゃどう》

°学習漢字でない常用漢字　▲常用漢字表にない音訓　◆常用漢字でない漢字

前ページ ▶邪

だ。類異端《いたん》 対正道《せいどう》
【邪念《じゃねん》】↓よくない考《かんが》え。類雑念《ざつねん》 例邪念《じゃねん》をふりはらって修行《しゅぎょう》にはげむ。
【邪魔《じゃま》】↓〈—する〉・〈—に〉さまたげをするもの。例勉強《べんきょう》の邪魔《じゃま》をする。参考もとは仏道《ぶつどう》修行《しゅぎょう》のさまたげをする魔物《まもの》を指《さ》した。表現「お邪魔《じゃま》します」は、他人《たにん》の場所《ばしょ》に入《はい》るとき、「お邪魔《じゃま》しました」は、そこから帰《かえ》るときのあいさつのことば。
◆風邪《かぜ》 正邪《せいじゃ》

邸
⻏-5 総画8 JIS-3701 常用
音 テイ 訓 やしき

筆順

なりたち 【形声】「⻏」が「むらざと」を、「氐」が「テイ」という読み方《かた》をしめしている。「テイ」は「とどまる」意味《いみ》を持《も》ち、村《むら》の有力者《ゆうりょくしゃ》のとどまるやしきを表《あらわ》す字《じ》。

意味 やしき。りっぱな家《いえ》。例邸宅《ていたく》・豪邸《ごうてい》

【邸宅《ていたく》】Ⅱ大《おお》きくてりっぱな家《いえ》。例邸宅《ていたく》をかまえる。類屋敷《やしき》・豪邸《ごうてい》

邸が下につく熟語 上の字の働き
【官邸《かんてい》 公邸《こうてい》 私邸《してい》 藩邸《はんてい》 別邸《べってい》 豪邸《ごうてい》】ドウイウやしきか。

郁
⻏-6 総画9 JIS-1674 人名
音 イク 訓 —

意味 かぐわしい。かおりが高《たか》い。文化的《ぶんかてき》である。

名前のよみ かおる・たかし・ふみ

郊
⻏-6 総画9 JIS-2557 常用
音 コウ 訓 —

筆順

なりたち 【形声】「⻏」が「むらざと」を、「交」が「コウ」という読《よ》み方《かた》をしめしている。「コウ」は「ひろい」の意味《いみ》で、村《むら》はずれの広々《ひろびろ》とした所《ところ》を表《あらわ》す字《じ》。

意味 まちはずれ。大《おお》きな都会《とかい》のまわり。例郊外《こうがい》・近郊《きんこう》

名前のよみ おか・さと・ひろ

【郊外《こうがい》】↓都市《とし》の近《ちか》くで、田畑《たはた》や森《もり》などの多《おお》いところ。例郊外《こうがい》の住宅地《じゅうたくち》。類近郊《きんこう》 対都心《としん》
◆近郊《きんこう》

郎
⻏-6 総画9 JIS-4726 常用
音 ロウ 訓 —
[郞]

筆順

なりたち 【形声】もとの字《じ》は、「郞」。「⻏」が「むらざと」を、「良《リョウ》」が「ロウ」とかわって読《よ》み方《かた》をしめしている。もと地名《ちめい》で、借《か》りて「おとこ」の意味《いみ》に使《つか》われている字《じ》。

意味 ❶おとこ。わかい男性《だんせい》。例新郎《しんろう》
❷家《いえ》の人《ひと》びと。例郎党《ろうとう／ろうどう》

名前のよみ お

❷〈家の人びと〉の意味で
【郎党《ろうとう／ろうどう》】↓武士《ぶし》の家《いえ》の人《ひと》びと。例一族《いちぞく》郎党《ろうとう／ろうどう》 表記「郎等」とも書《か》く。
◆新郎《しんろう》 野郎《やろう》

郡
⻏-7 総画10 JIS-2320 教4年
音 グン 訓 こおり

筆順 (だす)(はねる)

なりたち 【形声】「⻏」が「むらざと」を、「君《クン》」が「グン」とかわって読《よ》み方《かた》をしめしている。「グン」は「あつまる」意味《いみ》を持《も》ち、村《むら》の集《あつ》まった地域《ちいき》を表《あらわ》す字《じ》。

意味 ぐん(郡)。都道府県《とどうふけん》のなかで、市《し》や区《く》以外《いがい》の地域《ちいき》。地理上《ちりじょう》の区画《くかく》。例市《し》と郡《ぐん》。郡部《ぐんぶ》

名前のよみ くに・とも

【郡部《ぐんぶ》】↓市《し》ではなく、郡《ぐん》にふくまれている地域《ちいき》。例郡部《ぐんぶ》の町村《ちょうそん》。対市部《しぶ》

郭
⻏-8 総画11 JIS-1952 常用
音 カク 訓 —

筆順

なりたち  【形声】「むらざと」の意味《いみ》の「阝」の形《かたち》と、やぐらのある城がこいの形の「享」とからでき、「享《キョウ》」が「カク」とかわって読《よ》み方《かた》をしめしている。住民《じゅうみん》をまもる外《そと》がこいを表《あらわ》す字《じ》。

意味 かこい。かこいの中《なか》。例 輪郭《りんかく》

名前のよみ ひろ

郭が下につく熟語 上の字の働き

【城郭《じょうかく》 輪郭《りんかく》】近《ちか》い意味《いみ》。

郷
阝-8 総画11 JIS-2231 教6年 音 キョウ・ゴウ 訓 さと 「郷」

筆順 つけない とめる はねる

なりたち  【会意】もとの字《じ》は、「鄕」。食器《しょっき》に食《た》べ物《もの》をもり(皀)、二人《ふたり》(乡・阝)が向《む》かいあって食《た》べている形《かたち》からでき、村《むら》の人《ひと》が集《あつ》まってさかもりをする所《ところ》を表《あらわ》す字《じ》。

意味 ひとざと。人《ひと》の住《す》んでいる土地《とち》。ふるさと。例 郷《ごう》に入《い》っては郷《ごう》に従《したが》え(その土地《とち》に行《い》ったときはその土地《とち》の習慣《しゅうかん》に従《したが》え)。郷土《きょうど》・近郷《きんごう》・故郷《こきょう》

名前のよみ あき・あきら・さと・のり

【郷愁《きょうしゅう》】↓遠《とお》いふるさとやすぎさった日々《ひび》をなつかしく思《おも》う、しみじみとした気持《きも》ち。例 郷愁《きょうしゅう》にひたる。類 里心《さとごころ》

【郷土《きょうど》】↓①人《ひと》の住《す》んでいる、それぞれの土地《とち》。②わがふるさと。例 郷土愛《きょうどあい》

【郷土色《きょうどしょく》】それぞれの土地《とち》にある、その地方《ちほう》らしさ。例 郷土色《きょうどしょく》ゆたか。類 地方色《ちほうしょく》

【郷里《きょうり》】Ⅲ 生《う》まれ育《そだ》ったところ。ふるさと。例 郷里《きょうり》に帰《かえ》る。類 故郷《こきょう》・郷土《きょうど》

郷が下につく熟語 上の字の働き

【異郷《いきょう》 仙郷《せんきょう》 桃源郷《とうげんきょう》 理想郷《りそうきょう》】ドノヨウナところか。

【帰郷《ききょう》 在郷《ざいごう》 同郷《どうきょう》 望郷《ぼうきょう》】ふるさとに(ふるさとを)ドウスルか。

◆近郷《きんごう》 故郷《こきょう》 水郷《すいごう》

都
阝-8 総画11 JIS-3752 教3年 音 ト・ツ 訓 みやこ 「都」

筆順 つきだす はねる

なりたち  【形声】もとの字《じ》は、「都」。「阝」が「人《ひと》の集《あつ》まる所《ところ》」を、「者《シャ|チョ》」が「シャ」という読《よ》み方《かた》をしめしている。「チョ」は「たくさん集《あつ》まる」意味《いみ》を持《も》ち、人《ひと》の多《おお》く集《あつ》まる「みやこ」を表《あらわ》す字《じ》。

意味

❶みやこ。天子《てんし》のいるまち。政治《せいじ》の中心《ちゅうしん》地《ち》。大《おお》きな町《まち》。例 住《す》めば都《みやこ》(どんなところでも住《す》みなれると、そこがよくなってくるものである)。都会《とかい》・首都《しゅと》

❷すべて。全部《ぜんぶ》集《あつ》める。例 都合《つごう》

❸東京都《とうきょうと》。例 都《と》の施設《しせつ》。都立《とりつ》

名前のよみ いち・くに・さと・ひろ

❶〈みやこ〉の意味で

【都会《とかい》】↓人《ひと》がおおぜい集《あつ》まって住《す》んでいる大《おお》きな町《まち》。例 大都会《だいとかい》 類 都市《とし》 対 田舎《いなか》

【都市《とし》】Ⅲ 人《ひと》が多《おお》く住《す》み、経済《けいざい》や文化《ぶんか》などのさかんなところ。例 商業都市《しょうぎょうとし》・都市交通《としこうつう》 類 都会《とかい》 対 農村《のうそん》

❷〈すべて〉の意味で

【都合《つごう》】↓①ぐあい。例 都合《つごう》がわるくて、欠席《けっせき》する。②〈―する〉お金《かね》や時間《じかん》などを、やりくりしてつくること。例 時間《じかん》を都合《つごう》して会《かい》に出《で》る。③全部《ぜんぶ》合《あ》わせて。例 参加者《さんかしゃ》は都合《つごう》五百人《ひゃくにん》をこえた。表現 ①②はアクセントがツゴー、③はツゴー。

【都度《つど》】↓あることをする、そのたびごと。例 食事《しょくじ》の都度《つど》、歯《は》をみがく。

❸〈東京都〉の意味で

【都営《とえい》】▽東京都《とうきょうと》がお金《かね》を出《だ》して施設《しせつ》をつくったり事業《じぎょう》をおこなったりしていること。例 都営住宅《とえいじゅうたく》・都営《とえい》バス 関連 国営《こくえい》・県営《けんえい》(都営《とえい》・道営《どうえい》・府営《ふえい》)・市営《しえい》・町営《ちょうえい》・村営《そんえい》

【都心《としん》】↓東京都《とうきょうと》の中心部《ちゅうしんぶ》。対 郊外《こうがい》 表現 大都市《だいとし》でもいうようになっている。

【都道府県《とどうふけん》】東京都《とうきょうと》・北海道《ほっかいどう》・大阪府《おおさかふ》・京都府《きょうとふ》と、四十三《よんじゅうさん》ある県《けん》をまとめていうことば。

【都立《とりつ》】▽東京都《とうきょうと》がお金《かね》を出《だ》してつくり、運営《うんえい》していること。例 都立高校《とりつこうこう》

都が下につく熟語 上の字の働き

❶都＝〈みやこ〉のとき
【古都《こと》 首都《しゅと》 東都《とうと》】ドウイウみやこか。
◆遷都《せんと》

部

阝-8
総画11
JIS-4184
教3年
音 ブ
訓 べ

筆順 部 部 部 部 部 部 部 部（まっすぐ、つく／はねる）

なりたち  【形声】「阝」が「むらざと」を、「音《ホウ》」が「ブ」とかわって読《よ》み方《かた》をしめしている。部族《ぶぞく》の名《な》、または地名《ちめい》を表《あらわ》す字《じ》。借《か》りて、「ぶぶん」の意味《いみ》に使《つか》われている。

意味
❶わける。くわけ。役所《やくしょ》や会社《かいしゃ》などでの区《く》分《ぶん》。おなじ活動《かつどう》をする仲間《なかま》。例 営業部《えいぎょうぶ》。部署《ぶしょ》・部品《ぶひん》・全部《ぜんぶ》・内部《ないぶ》
❷新聞《しんぶん》・本《ほん》などをかぞえることば。例 部《ぶ》数《すう》・五部《ごぶ》

特別なよみ 部屋（へや）

❶〈わける。くわけ〉の意味で
【部下】《ぶか》 ↓ ある人《ひと》の下《した》にあって、命令《めいれい》や指図《さしず》を受《う》ける人《ひと》。類 配下《はいか》・手下《てした》 対 上司《じょうし》
【部会】《ぶかい》 ↓ ①総会《そうかい》に対《たい》して、いくつかの部《ぶ》門《もん》に分《わ》かれてする集会《しゅうかい》。例 学年《がくねん》ごとに部会《ぶかい》を開《ひら》いて相談《そうだん》する。類 分科会《ぶんかかい》 対 総会《そうかい》 ②その部《ぶ》の人《ひと》たちが集《あつ》まってする集会《しゅうかい》。例 テニス部《ぶ》の部会《ぶかい》。
【部首】《ぶしゅ》 ↓ 漢和辞典《かんわじてん》などで漢字《かんじ》を調《しら》べるときに、目《め》じるしになる漢字《かんじ》の共通《きょうつう》の部分《ぶぶん》。へん・つくり・かんむりなど。参考 この辞典《じてん》での部《ぶ》首《しゅ》の一覧表《いちらんひょう》は、表《ひょう》紙《し》の見返《みかえ》しに示《しめ》してある。
【部署】《ぶしょ》 ＝ わりあてられた仕事《しごと》や役目《やくめ》、持《も》ち場《ば》。例 自分《じぶん》の部署《ぶしょ》をまもる。
【部族】《ぶぞく》 ↓ ある決《き》まった地域《ちいき》に住《す》み、共通《きょうつう》のことばや宗教《しゅうきょう》・習慣《しゅうかん》などをもっている人《ひと》びとの集団《しゅうだん》。例 少数部族《しょうすうぶぞく》 類 種族《しゅぞく》
【部隊】《ぶたい》 ↓ ①軍隊《ぐんたい》のなかの一《ひと》つの隊《たい》。例 戦《せん》車部隊《しゃぶたい》 ②おなじ目的《もくてき》をもった人《ひと》びとの集《あつ》まり。例 救護部隊《きゅうごぶたい》
【部品】《ぶひん》 ↓ 機械《きかい》などの組《く》み立《た》ての材料《ざいりょう》になる、一《ひと》つ一《ひと》つの品物《しなもの》。例 プラモデルの部品《ぶひん》。
【部分】《ぶぶん》 ＝ 全体《ぜんたい》をいくつかに分《わ》けたうちの一《ひと》つ一《ひと》つ。対 全体《ぜんたい》・総体《そうたい》
【部門】《ぶもん》 ↓ 全体《ぜんたい》を種類《しゅるい》などによって大《おお》きく分《わ》けた一《ひと》つ一《ひと》つ。例 販売部門《はんばいぶもん》
【部落】《ぶらく》 ↓ そこに住《す》む人《ひと》びとがなかまのように力《ちから》をあわせてくらしている、いくつかの人家《じんか》の集《あつ》まり。類 村落《そんらく》・集落《しゅうらく》
【部類】《ぶるい》 ↓ 種類《しゅるい》によって分《わ》けたひとまとまり。例 この本《ほん》は小説《しょうせつ》の部類《ぶるい》に入《はい》る。
【部屋】《へや》 ↓ ①家《いえ》の中《なか》を障子《しょうじ》やふすま・かべなどで、いくつかにくぎったものの一《ひと》つ。例 勉強部屋《べんきょうべや》。類 室《しつ》 ②相撲《すもう》で、各力士《かくりきし》が属《ぞく》するそれぞれの親方《おやかた》の家《いえ》。例 同部屋対決《どうべやたいけつ》

❷〈新聞《しんぶん》・本《ほん》などをかぞえることば〉の意味で
【部数】《ぶすう》 ↓ 新聞《しんぶん》や雑誌《ざっし》・本《ほん》などの数《かず》。例 発行《はっこう》部数《ぶすう》をふやす。

部が下につく熟語 上の字の働き

❶部＝〈わける。くわけ〉のとき
【一部《いちぶ》 全部《ぜんぶ》】分《わ》けて、そのドレダケか。
【内部《ないぶ》 外部《がいぶ》 局部《きょくぶ》 細部《さいぶ》 腹部《ふくぶ》 患部《かんぶ》】ドコの部《ぶ》分《ぶん》か。
【幹部《かんぶ》 軍部《ぐんぶ》 郡部《ぐんぶ》 本部《ほんぶ》 支部《しぶ》】ドンナ部署《ぶしょ》か。
◆大部《たいぶ》 入部《にゅうぶ》

郵

阝-8
総画11
JIS-4525
教6年
音 ユウ
訓 ―

筆順 郵 郵 郵 郵 郵 郵 郵 郵（はねる）

なりたち 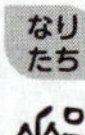 【会意】「国《くに》のはて」をしめす「垂」と、「むらざと」をしめす「阝」とからでき、国《くに》ざかいに置《お》かれた宿場《しゅくば》や駅《えき》を表《あらわ》す字《じ》。

意味 ゆうびん。手紙《てがみ》などを送《おく》りとどけるしくみ。例 郵送《ゆうそう》

【郵送】《ゆうそう》 ↓ 〈―する〉郵便《ゆうびん》で送《おく》ること。例 郵送《ゆうそう》料《りょう》。合格通知《ごうかくつうち》を郵送《ゆうそう》する。
【郵便】《ゆうびん》 ↓ 手紙《てがみ》や小包《こづつみ》などを名《な》あての人《ひと》のところに送《おく》りとどける仕事《しごと》。それによって送《おく》りとどけられるもの。例 郵便局《ゆうびんきょく》

3画 阝(左)[こざと][こざとへん]の部

土《つち》を積《つ》み重《かさ》ねた小高《こだか》いおかの意《い》を表《あらわ》す「阝《こざと》(阜)」をもとに作《つく》られ、土地《とち》や地形《ちけい》にかかわる字《じ》を集《あつ》めてあります。

この部首の字

阻 454	7 院 454	陣 456	陳 458	隆 459	随 460	隈 462	際 463	墜→土 263
4 阪 453	陀 454	陥 455	陛 457	陶 458	陵 459	隋 461	10 隔 462	障 463
防 453	附 454	降 455	8 陰 457	陪 459	9 階 460	隊 461	隙 462	13 隣 463
5 阿 454	6 限 454	除 456	険 458	陸 459	隅 460	陽 461	11 隠 462	堕→土 256

阝-4

阪

総画7 JIS-2669 常用

音 ハン 訓 さか

筆順 阪 阪 阪 阪 阪 阪 阪

意味 ❶坂《さか》。上《のぼ》り下《くだ》りのある道《みち》。❷大阪《おおさか》。例 阪神《はんしん》・京阪《けいはん》

県名 大阪(おおさか)

参考 そりかえる意味《いみ》の「反」に、小高《こだか》いおかを表《あらわ》す「阝」がついて、そりかえってかたむいた「さか」を表《あらわ》している字《じ》。☞【坂】(250ページ)

阝-4

防

総画7 JIS-4341 教5年

音 ボウ 訓 ふせぐ

筆順 防 防 防 防 防 防 防 (まっすぐ、つく)(はねる)

なりたち [形声]「阝」が「もりあげた土《つち》」を、「方《ホウ》」が「ボウ」とかわって読《よ》み方《かた》をしめしている。「ホウ」は「かたわら」の意味《いみ》を持《も》ち、川《かわ》の両側《りょうがわ》にもりあげたつつみを表《あらわ》す字《じ》。

意味 ❶ふせぐ。ふせぎとめる。害《がい》がおよばないようにまもる。例 事故《じこ》を防《ふせ》ぐ。消防《しょうぼう》 対 攻《こう》 ❷周防《すおう》。旧国名《きゅうこくめい》。今《いま》の山口県東部《やまぐちけんとうぶ》。例 防《ぼう》州《しゅう》・防長《ぼうちょう》

❶〈ふせぐ〉の意味で

【防《ぼう》衛《えい》】Ⅲ〈─する〉ほかからの力《ちから》に対《たい》して、自分《じぶん》や自分《じぶん》のたいせつなものをまもること。例 正当防衛《せいとうぼうえい》 類 防御《ぼうぎょ》・防護《ぼうご》・防戦《ぼうせん》

【防《ぼう》◦疫《えき》】▲ 感染症《かんせんしょう》が起《お》こったり、広《ひろ》がったりするのをふせぐこと。例 防疫対策《ぼうえきたいさく》

【防《ぼう》音《おん》】▲〈─する〉うるさい音《おと》がへやに入《はい》ったり、へやの中《なか》の音《おと》が外《そと》へもれたりしないようにすること。例 防音装置《ぼうおんそうち》

【防《ぼう》火《か》】▲〈─する〉①火事《かじ》が起《お》こらないようにすること。例 防火週間《ぼうかしゅうかん》 ②火事《かじ》がもえひろがるのをふせぎとめること。例 防火建築《ぼうかけんちく》

【防《ぼう》寒《かん》】▲ 寒《さむ》さをふせぐこと。例 防寒具《ぼうかんぐ》

【防《ぼう》◦御《ぎょ》】Ⅲ〈─する〉敵《てき》の攻撃《こうげき》をくいとめて、味方《みかた》をまもること。例 防御《ぼうぎょ》をかためる。類 防衛《ぼうえい》・守備《しゅび》 対 攻撃《こうげき》

【防《ぼう》護《ご》】Ⅲ〈─する〉災害《さいがい》をふせぎ、危険《きけん》から身《み》をまもること。例 防護服《ぼうごふく》 類 防衛《ぼうえい》

【防《ぼう》災《さい》】▲ 台風《たいふう》・地震《じしん》・噴火《ふんか》などによる災害《さいがい》をふせぐこと。例 防災訓練《ぼうさいくんれん》

【防《ぼう》止《し》】Ⅲ〈─する〉よくないことが起《お》こらないように、ふせぎとめること。例 危険防止《きけんぼうし》

【防《ぼう》除《じょ》】Ⅲ〈─する〉農作物《のうさくぶつ》の病気《びょうき》をふせいだり、害虫《がいちゅう》をとりのぞいたりすること。例 トマトの病虫害《びょうちゅうがい》を防除《ぼうじょ》する。

【防《ぼう》水《すい》】▲〈─する〉水《みず》がしみこむのをふせぐこと。例 防水加工《ぼうすいかこう》

【防雪林《ぼうせつりん》】ふぶきやなだれなどの害《がい》をふせぐための林《はやし》。

【防《ぼう》戦《せん》】↓〈─する〉敵《てき》がせめてくるのをふせいで、たたかうこと。類 防衛《ぼうえい》・防御《ぼうぎょ》

【防《ぼう》波《は》◦堤《てい》】海《うみ》からの大波《おおなみ》をさえぎり、港《みなと》をまもるための堤防《ていぼう》。例 防波堤《ぼうはてい》を築《きず》く。

【防《ぼう》犯《はん》】▲ 犯罪《はんざい》が起《お》こらないようにすること。例 防犯《ぼうはん》ベル・防犯《ぼうはん》カメラ

【防《ぼう》備《び》】↓〈─する〉敵《てき》の攻撃《こうげき》や災害《さいがい》などをふせぐための用意《ようい》をきちんとしておくこと。例 国境《こっきょう》の防備《ぼうび》をかためる。

【防《ぼう》◦腐《ふ》】▲ 薬《くすり》などを使《つか》ってくさらないようにすること。例 防腐剤《ぼうふざい》

【防風林《ぼうふうりん》】風《かぜ》の害《がい》をふせぐための林《はやし》。

防が下につく熟語 上の字の働き

❶**防**＝〈ふせぐ〉のとき
【消防《しょうぼう》 予防《よぼう》】ドウヤッテ防《ふせ》ぐか。
◆攻防《こうぼう》 国防《こくぼう》 水防《すいぼう》 堤防《ていぼう》

阿
阝－5 総画8 JIS-1604 人名
音 ア 訓 くま・おもねーる・お

意味
❶**まがる。**まげる。へつらう。例 曲学阿《きょくがくあ》世《せい》(学問《がくもん》の真理《しんり》をまげてまで世《よ》におもねる)
❷**親《した》しみをこめて人《ひと》をよぶことば。**名前《なまえ》の上《うえ》につける。例 阿国《おくに》
❸**阿波《あわ》。**旧国名《きゅうこくめい》。今《いま》の徳島県《とくしまけん》。例 阿州《あしゅう》
❹**《その他《た》》**例 阿片《あへん》

阻
阝－5 総画8 JIS-3343 常用
音 ソ 訓 はばむ

筆順 阻

なりたち [形声]「阝」が「山《やま》」を、「且」が「重《かさ》なる」意味《いみ》と「ソ」という読《よ》み方《かた》をしめしている。山《やま》が重《かさ》なってけわしいようすを表《あらわ》す字《じ》。

意味 **さまたげる。**じゃまをする。はばむ。例 行《ゆ》く手《て》を阻《はば》む。阻止《そし》・険阻《けんそ》

【阻害】《そがい》 Ⅱ〈―する〉じゃまをすること。例 夜《よ》ふかしは子《こ》どもの成長《せいちょう》を阻害《そがい》する。

【阻止】《そし》 Ⅱ〈―する〉さえぎること。くいとめること。例 外敵《がいてき》の侵入《しんにゅう》を阻止《そし》する。

陀
阝－5 総画8 JIS-3443 人名
音 タ・ダ 訓 ―

意味 梵語《ぼんご》(古代《こだい》インドのことば)の「ダ」の音《おん》を表《あらわ》す字《じ》。例 阿弥陀《あみだ》(仏《ほとけ》の名《な》)・仏陀《ぶっだ》

附
阝－5 総画8 JIS-4177 常用
音 フ 訓 つーく

筆順 附

なりたち [形声]「阝」が「小高《こだか》いおか」を、「付」が「フ」という読《よ》み方《かた》をしめしている。「フ」は「高《たか》くなる」意味《いみ》を持《も》ち、土《つち》の高《たか》くもりあがったところを表《あらわ》す字《じ》。借《か》りて、「付」とおなじ「つく」意味《いみ》に使《つか》われている。

意味
❶**つける。**つく。そえる。例 附属《ふぞく》
❷**あたえる。**ゆだねる。例 寄附《きふ》

参考 「附」とだいたいおなじ意味《いみ》・使《つか》い方《かた》の字《じ》に「付」があり、今《いま》はほとんど「付」が使《つか》われている。熟語《じゅくご》は、【付】(62ページ)を参照《さんしょう》。

限
阝－6 総画9 JIS-2434 教5年
音 ゲン 訓 かぎる

筆順 限（はねる・はねる・人にならない）

なりたち [形声]「阝」が「山《やま》」を、「艮《コン｜ガン》」が「ゲン」とかわって読《よ》み方《かた》をしめしている。「コン」は「じっとしている」意味《いみ》を持《も》ち、山《やま》がけわしくて進《すす》めないようすを表《あらわ》す字《じ》。

意味 **かぎる。**かぎり。さかいめ。例 人数《にんずう》を限《かぎ》る。限《かぎ》りがない。限界《げんかい》・期限《きげん》

【限界】《げんかい》 Ⅱ もうこれ以上《いじょう》はないというさかいめ。例 体力《たいりょく》の限界《げんかい》。類 限度《げんど》・極限《きょくげん》

【限定】《げんてい》 ↓〈―する〉範囲《はんい》や数《かず》・量《りょう》を、ここまでと決《き》めること。例 先着《せんちゃく》一〇〇名《めい》に限定販売《げんていはんばい》。類 制限《せいげん》・局限《きょくげん》

【限度】《げんど》 ↓ これ以上《いじょう》はもうないという、ぎりぎりのところ。かぎり。例 がまんも限度《げんど》に来《き》ている。類 限界《げんかい》

限が下につく熟語 上の字の働き

【局限《きょくげん》 極限《きょくげん》 際限《さいげん》 制限《せいげん》】近《ちか》い意味《いみ》。
【下限《かげん》 上限《じょうげん》 北限《ほくげん》 最小限《さいしょうげん》 最大限《さいだいげん》 最低限《さいていげん》】ドレホドの限《かぎ》りか。
【期限《きげん》 刻限《こくげん》 時限《じげん》 日限《にちげん》 年限《ねんげん》 権限《けんげん》 門限《もんげん》】ナニの限《かぎ》りか。
【有限《ゆうげん》 無限《むげん》】限《かぎ》りの有《あ》る無《な》し。

院
阝－7 総画10 JIS-1701 教3年
音 イン 訓 ―

筆順 院（はねる・まっすぐ、つく・はねる）

なりたち [形声]「阝」が「もりあげた土《つち》」を、「完《カン》」が「イン」とかわって読《よ》み方《かた》

をしめしている。「カン」は「めぐる」意味《いみ》を持《も》ち、家《いえ》のまわりにめぐらした土《ど》べいを表《あらわ》す字《じ》。

意味

❶**大切《たいせつ》なたてもの。**国会《こっかい》や病院《びょういん》・学院《がくいん》など、だいじな目的《もくてき》をもつ施設《しせつ》や機関《きかん》。例 奥《おく》の院《いん》(本堂《ほんどう》の奥《おく》にある建物《たてもの》)。寺院《じいん》・入院《にゅういん》

❷**上皇《じょうこう》・法皇《ほうおう》の御殿《ごてん》。**上皇《じょうこう》・法皇《ほうおう》をうやまっていうことば。例 院政《いんせい》

❸**戒名《かいみょう》での位《くらい》。**例 院号《いんごう》

❶〈大切なたてもの〉の意味で

【院長】《いんちょう》 ↓ 病院《びょういん》や学院《がくいん》など、「院《いん》」という名《な》のつくところで、いちばん上《うえ》に立《た》つ人《ひと》。

❷〈上皇・法皇の御殿〉の意味で

【院号】《いんごう》 ↓ むかし、位《くらい》をしりぞいた天皇《てんのう》や皇太后《こうたいごう》などにつけた名《な》。☞❸

【院政】《いんせい》 ↓ 天皇《てんのう》の位《くらい》をゆずって、上皇《じょうこう》や法《ほう》皇《おう》となった人《ひと》が、天皇《てんのう》にかわっておこなった政治《せいじ》。知識 平安時代《へいあんじだい》、白河上皇《しらかわじょうこう》が一〇八六年《ねん》にはじめた。

❸〈戒名での位〉の意味で

【院号】《いんごう》 ↓ 仏教《ぶっきょう》で、戒名《かいみょう》としてつける「〇〇院《いん》」の名《な》。☞❷

院が下につく熟語 上の字の働き

❶院＝〈大切なたてもの〉のとき

【寺院《じいん》 書院《しょいん》 僧院《そういん》 病院《びょういん》】ナニのための建物《たてもの》か。

【衆議院《しゅうぎいん》 参議院《さんぎいん》 両院《りょういん》】国会《こっかい》の中《なか》でのドウイウ院《いん》か。

【入院《にゅういん》 退院《たいいん》】病院《びょういん》に(病院《びょういん》を)ドウスルか。

阝-7

陥

総画10 JIS-2057 常用

訓 音 カン
おちいる・おとしいれる

「陷」

筆順

なりたち

【形声】もとの字《じ》は、「陷」。「阝」が「小高《こだか》いおか」を、「臽」が「カン」という読《よ》み方《かた》をしめしている。「カン」は「おちこむ」意味《いみ》を持《も》ち、高《たか》い所《ところ》から下《した》に落《お》ちることを表《あらわ》す字《じ》。

意味 **おちいる。**おちこむ。ぬけおちている。おとしいれる。例 危機《きき》に陥《おちい》る。人《ひと》を陥《おとしい》れる。陥没《かんぼつ》・陥落《かんらく》・欠陥《けっかん》

【陥°没】《かんぼつ》 Ⅱ (―する) 地面《じめん》が落《お》ちこみ、ぽっかりとあながあくこと。例 道路《どうろ》が陥没《かんぼつ》する。対 隆起《りゅうき》

【陥°落】《かんらく》 Ⅱ (―する) ①守《まも》っているところがせめ落《お》とされること。例 城《しろ》が陥落《かんらく》する。類 落《らく》城《じょう》 ②何度《なんど》もしつこく言《い》われて、やむをえず承知《しょうち》すること。例 反対《はんたい》していた父《ちち》がついに陥落《かんらく》した。③成績《せいせき》や地位《ちい》などが下《さ》がること。例 幕内《まくうち》から陥落《かんらく》する。

阝-7

降

総画10 JIS-2563 教6年

訓 音 コウ
おりる・おろす・ふる

筆順

なりたち

【形声】両足《りょうあし》が下《した》むきになっている形《かたち》の「夅」が山道《さんどう》をおりることと「コウ」という読《よ》み方《かた》をしめす会意文字《かいいもじ》であった。これにさらに「山《やま》」の意味《いみ》の「阝」をくわえた字《じ》。

意味

❶**おりる。**くだる。おちてくる。おろす。ふる。例 車《くるま》から降《お》りる。荷《に》を降《お》ろす。雨《あめ》が降《ふ》る。降雨《こうう》・降下《こうか》・降車《こうしゃ》・下降《かこう》 対 昇《しょう》・乗《じょう》

❷**まけてしたがう。**例 降参《こうさん》・投降《とうこう》

使い分け おろす[下・降] ☞13ページ

❶〈おりる〉の意味で

【降雨】《こうう》 ▲ 雨《あめ》がふること。ふった雨《あめ》。例 降《こう》雨量《うりょう》

【降下】《こうか》 Ⅱ (―する) 高《たか》いところから下《した》におりること。類 下降《かこう》・落下《らっか》 対 上昇《じょうしょう》

【降格】《こうかく》 ▲ (―する) 地位《ちい》を下《さ》げること。例 二《に》軍《ぐん》コーチに降格《こうかく》される。対 昇格《しょうかく》

【降車】《こうしゃ》 ▲ (―する) 電車《でんしゃ》や自動車《じどうしゃ》からおりること。例 降車場《こうしゃじょう》 類 下車《げしゃ》 対 乗車《じょうしゃ》

【降水量】《こうすいりょう》 地上《ちじょう》に降《ふ》った雨《あめ》や雪《ゆき》の量《りょう》。ミリメートルで表《あらわ》す。例 一日《いちにち》の降水量《こうすいりょう》が三〇〇ミリをこえた。類 雨量《うりょう》

【降雪】《こうせつ》 ▲ 雪《ゆき》がふること。ふった雪《ゆき》。例 降《こう》雪期《せっき》 類 積雪《せきせつ》

【降誕】《こうたん》 ↓ (―する) 神《かみ》・仏《ほとけ》・聖人《せいじん》などがこの世《よ》に生《う》まれること。例 降誕祭《こうたんさい》

【降板】《こうばん》 ▲ (―する) 野球《やきゅう》の試合《しあい》で、投手《とうしゅ》がとちゅうで交代《こうたい》してひっこむこと。例 わずか三《さん》

回《かい》で降板《こうばん》した。 対 登板《とうばん》

❷〈まけてしたがう〉の意味で

【降参】《こうさん》 ↓ 〈―する〉①たたかいに負《ま》けて敵《てき》の言《い》うとおりになること。 例 鬼《おに》どもが桃太郎《ももたろう》に降参《こうさん》した。 類 降伏《こうふく》 ②やっかいなことが起《お》こって、こまりはてること。お手《て》あげ。 例 この大雪《おおゆき》にはもう降参《こうさん》だ。 類 閉口《へいこう》

【降。伏】《こうふく》 || 〈―する〉負《ま》けをみとめて、敵《てき》の言《い》うとおりになること。 例 無条件降伏《むじょうけんこうふく》 類 降参《こうさん》・屈服《くっぷく》 表記 「降服」とも書《か》く。

◆ 以降《いこう》 下降《かこう》 滑降《かっこう》 乗降《じょうこう》 投降《とうこう》

除

阝-7 総画10 JIS-2992 教6年 音 ジョ・ジ 訓 のぞく

筆順 阝 除 除 除 除 除 除（はねる・はらう・はねる・とめる）

なりたち [形声]「阝」が「かいだん」を、「余」が「いえ」の意味《いみ》と、「ジョ」とかわって読《よ》み方《かた》をしめしている。家《いえ》のかいだんを表《あらわ》す字《じ》。

意味 ❶とりのぞく。取《と》り去《さ》る。どかす。 例 障《しょう》害《がい》を除《のぞ》く。除雪《じょせつ》・掃除《そうじ》 ❷わる。わり算《ざん》をする。 例 除法《じょほう》 対 乗《じょう》

注意するよみ ジ…例 掃除《そうじ》

❶〈とりのぞく〉の意味で

【除外】《じょがい》 || 〈―する〉その中《なか》に入《い》れないで、べつにすること。 例 いたんだ物《もの》を除外《じょがい》する。

【除去】《じょきょ》 || 〈―する〉いらないものやじゃまなものを取《と》り去《さ》ること。 例 不純物《ふじゅんぶつ》を除去《じょきょ》する。

【除。湿】《じょしつ》 ▲ 〈―する〉空気中《くうきちゅう》のしめりけをとりのぞくこと。 例 除湿器《じょしつき》・除湿剤《じょしつざい》

【除。籍】《じょせき》 ▲ 〈―する〉名簿《めいぼ》や戸籍《こせき》などから、名《な》前《まえ》を消《け》すこと。 例 除籍処分《じょせきしょぶん》 類 除名《じょめい》

【除雪】《じょせつ》 ▲ 〈―する〉屋根《やね》や道路《どうろ》にふりつもった雪《ゆき》をとりのぞくこと。雪《ゆき》かき。 例 除雪車《じょせつしゃ》

【除草】《じょそう》 ▲ 〈―する〉田畑《たはた》や庭《にわ》などの雑草《ざっそう》をとりのぞくこと。草取《くさと》り。 例 除草作業《じょそうさぎょう》

【除幕】《じょまく》 ▲ 〈―する〉銅像《どうぞう》や記念碑《きねんひ》などができあがったとき、おおってあった幕《まく》をはずして、人《ひと》びとに見《み》せること。 例 除幕式《じょまくしき》

【除名】《じょめい》 ▲ 〈―する〉名簿《めいぼ》からその人《ひと》の名《な》を消《け》し去《さ》ること。その人《ひと》をなかまから追《お》い出《だ》すこと。 例 除名処分《じょめいしょぶん》 類 除籍《じょせき》

【除夜】《じょや》 ↓ おおみそか（十二月三十一日《じゅうにがつさんじゅういちにち》）の夜《よる》。 知識 お寺《てら》の除夜《じょや》の鐘《かね》には、百八回鳴《ひゃくはちかいな》らして、人間《にんげん》が持《も》っている百八《ひゃくはち》のまよいをとりのぞくという意味《いみ》がある。

❷〈わる〉の意味で

【除数】《じょすう》 ↓ わり算《ざん》の、わるほうの数《かず》。「12÷6=2」という式《しき》では、「6」が除数《じょすう》で、わられるほうの数《かず》「12」を被除数《ひじょすう》という。

【除法】《じょほう》 ↓ わり算《ざん》。 関連 加法《かほう》（たし算《ざん》）・減法《げんぽう》（ひき算《ざん》）・乗法《じょうほう》（かけ算《ざん》）・除法《じょほう》

除が下につく熟語 上の字の働き

❶除＝〈とりのぞく〉のとき

【解除《かいじょ》 駆除《くじょ》 控除《こうじょ》 削除《さくじょ》 防除《ぼうじょ》 排除《はいじょ》 免除《めんじょ》】近《ちか》い意味《いみ》。

【切除《せつじょ》 掃除《そうじ》】ドウヤッテ除《のぞ》くか。

◆ 乗除《じょうじょ》

陣

阝-7 総画10 JIS-3156 常用 音 ジン 訓 ―

筆順 阝 阝 阝 阝 阝 阝 陣

なりたち [形声]もとの字《じ》は、「敶」。「攵」が「…させる」意味《いみ》を、「陳《チン》」が「ジン」とかわって読《よ》み方《かた》をしめしている。「チン」は「ならべる」意味《いみ》を持《も》ち、兵《へい》や車《くるま》をならべていくさにそなえることを表《あらわ》す字《じ》。

意味 ❶軍隊《ぐんたい》のそなえ。たたかうために人《ひと》などを配置《はいち》したところ。 例 陣《じん》をかまえる。敵陣《てきじん》 ❷ひとしきり。 例 一陣《いちじん》の風《かぜ》。陣痛《じんつう》

❶〈軍隊のそなえ〉の意味で

【。陣営】《じんえい》 || ①軍隊《ぐんたい》が、たたかいにそなえて集《あつ》まっているところ。 例 敵《てき》の陣営《じんえい》にせめ入《い》る。 類 軍営《ぐんえい》 ②ほかのグループとたたかうために、おなじ考《かんが》え方《かた》でむすびついている人《ひと》びとの集《あつ》まり。 例 革新陣営《かくしんじんえい》

【。陣地】《じんち》 ↓ たたかいの準備《じゅんび》をととのえた軍《ぐん》隊《たい》のいる場所《ばしょ》。 例 陣地《じんち》をまもる。

【。陣中】《じんちゅう》 ↓ ①たたかっている軍隊《ぐんたい》がいるところ。 例 陣中《じんちゅう》で作戦《さくせん》をねる。 ②たたかっている最中《さいちゅう》。 例 陣中見舞《じんちゅうみま》い（たたかってい

る人《ひと》をはげますために、食《た》べ物《もの》や飲《の》み物《もの》などをさしいれること)

【。陣頭】《じんとう》 ↓ たたかっている軍隊《ぐんたい》の先頭《せんとう》。例 陣頭《じんとう》指揮《しき》 類 最前線《さいぜんせん》 表現 たたかいだけでなく、仕事《しごと》をするときなどにも使《つか》う。

【。陣容】《じんよう》 ↓ ①たたかいをするときの、それぞれの部隊《ぶたい》のたたかう力《ちから》やかまえ方《かた》。例 陣容《じんよう》をたてなおす。②会社《かいしゃ》や団体《だんたい》などで、それぞれの人《ひと》の力《ちから》やその役割《やくわり》。例 会社《かいしゃ》の陣容《じんよう》を一新《いっしん》する。

❷〈ひとしきり〉の意味で

【。陣痛】《じんつう》 ↓ あかんぼうが生《う》まれるときにくりかえしおこる、母親《ははおや》のおなかの痛《いた》み。

陣が下につく熟語 上の字の働き

❶陣=〈軍隊のそなえ〉のとき
【円陣《えんじん》 先陣《せんじん》 敵陣《てきじん》 論陣《ろんじん》】ドンナ陣《じん》か。
【出陣《しゅつじん》 布陣《ふじん》 退陣《たいじん》】陣《じん》をドウスルか。
◆初陣《ういじん》 殺陣《さつじん｜たて》 対陣《たいじん》

阝-7

陛

総画10 JIS-4237 教6年

訓 —　音 ヘイ

筆順

なりたち

[形声]「阝」が「かいだん」を、「坒」が「ヘイ」という読《よ》み方《かた》をしめす。「ヘイ」は「ならぶ」意味《いみ》を持《も》ち、土《つち》をつみならべたかいだんを表《あらわ》す字《じ》。

意味 きざはし。宮殿《きゅうでん》の階段《かいだん》。例 陛下《へいか》

名前のよみ のぼる・のり・より

【陛下】《へいか》 ↓ 天皇《てんのう》や皇后《こうごう》、国王《こくおう》をうやまってよぶことば。例 天皇陛下《てんのうへいか》 類 殿下《でんか》 参考 むかし中国《ちゅうごく》で、皇帝《こうてい》になにかを申《もう》し上《あ》げるときは、ごてんにのぼる階段《かいだん》の下《した》で、おつきの人《ひと》をとおして申《もう》し上《あ》げたことから。

阝-8

陰

総画11 JIS-1702 常用

訓 かげ・かげる　音 イン

筆順

なりたち
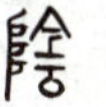
[形声]「阝」が「山《やま》」を、「侌」が「イン」という読《よ》み方《かた》をしめしている。「イン」は「くらい」の意味《いみ》を持《も》ち、日《ひ》のあたらない山《やま》かげを表《あらわ》す字《じ》。

意味

❶かげ。日《ひ》のあたらないところ。じめじめしている。例 陰《かげ》とひなた。陰湿《いんしつ》・夜陰《やいん》 対 陽《よう》

❷「陽《よう》」と対《つい》になるほう。受《う》け身《み》になるほう。例 陰極《いんきょく》 対 陽《よう》 参考 易《えき》の陰陽《いんよう》は、「巽《そん》」の「文字物語」(356ページ)参照《さんしょう》。

❸すぎゆく時《とき》。例 光陰《こういん》・寸陰《すんいん》

使い分け かげ[影・陰] ☞389ページ

❶〈かげ〉の意味で

【。陰。影】《いんえい》 ‖ ①光《ひかり》があたらなくて暗《くら》くなっているところ。かげ。例 絵《え》に陰影《いんえい》をつける。②作品《さくひん》などから感《かん》じとれる深《ふか》みやこまやかな味《あじ》わい。ニュアンス。例 陰影《いんえい》にとむ作品《さくひん》。

【。陰気】《いんき》 ↓ 〈—な/—に〉天気《てんき》・気持《きも》ち・ふんいきなどが暗《くら》くて、はればれしないようす。例 陰気《いんき》な声《こえ》でぼそぼそと話《はな》す。対 陽気《ようき》

【。陰険】《いんけん》 ‖ 〈—な/—に〉ほかからはわからないようにして、かげで意地《いじ》わるなひどいことをする。

【。陰。惨】《いんさん》 ‖ 〈—な/—に〉ぞっとするほどむごたらしいようす。例 陰惨《いんさん》な事件《じけん》。類 凄惨《せいさん》

【。陰。湿】《いんしつ》 ‖ 〈—な/—に〉暗《くら》くじめじめしていて、いやな感《かん》じである。例 陰湿《いんしつ》な事件《じけん》。

【。陰性】《いんせい》 ↓ 〈—な〉暗《くら》くて、じめじめとした性《せい》質《しつ》。対 陽性《ようせい》 ☞❷

【。陰。謀】《いんぼう》 ↓ こっそりと立《た》てた計画《けいかく》。わるだくみ。例 陰謀《いんぼう》をめぐらす。

【。陰口】《かげぐち》 ↓ その人《ひと》のいないところで言《い》うわるくち。例 陰口《かげぐち》をたたく。

❷〈「陽」と対になるほう〉の意味で

【。陰画】《いんが》 ↓ 写真《しゃしん》で、現像《げんぞう》されて明暗《めいあん》が実物《じつぶつ》と反対《はんたい》になっているフィルム。ネガ。対 陽画《ようが》

【。陰極】《いんきょく》 ↓ 電池《でんち》などで、電流《でんりゅう》が流《なが》れこむマイナスの極《きょく》。類 負極《ふきょく》 対 陽極《ようきょく》

【。陰性】《いんせい》 ↓ 病気《びょうき》の検査《けんさ》をして、反応《はんのう》があらわれないこと。例 陰性反応《いんせいはんのう》が出《で》る。対 陽性《ようせい》 ☞❶

【。陰。暦】《いんれき》 ↓ 月《つき》のみちかけをもとにしてつくった暦《こよみ》。日本《にほん》では、ふつう「太陰太陽暦《たいいんたいようれき》」をいう。類 旧暦《きゅうれき》 対 陽暦《ようれき》

陰が下につく熟語 上の字の働き

❶陰＝〈かげ〉のとき【緑陰《りょくいん》 日陰《ひかげ》】ナニの陰《かげ》か。
◆光陰《こういん》 寸陰《すんいん》 夜陰《やいん》

険

阝-8
総画11
JIS-2417
教5年
音 ケン
訓 けわしい
［險］

筆順

なりたち

【形声】もとの字は、「險」。「阝」が「山《やま》」を、「僉」が「ケン」という読《よ》み方《かた》をしめしている。「ケン」は「くるしい」の意味《いみ》を持《も》ち、登《のぼ》るのに苦《くる》しいけわしい山《やま》を表《あらわ》す字《じ》。

意味 あぶない。けわしい。わるい。例 険《けわ》しい道《みち》のり。天下《てんか》の険《けん》。険悪《けんあく》・危険《きけん》

【険悪《けんあく》】Ⅱ〈―な・―に〉よくないことがおこりそうな感《かん》じだ。例 険悪《けんあく》ななりゆき。類 不穏《ふおん》

【険阻《けんそ》】Ⅱ〈―な〉山《やま》がけわしいこと。けわしい場所《ばしょ》。例 険阻《けんそ》な山道《やまみち》。

険が下につく熟語 上の字の働き
【陰険《いんけん》 邪険《じゃけん》】近《ちか》い意味《いみ》。
【保険《ほけん》 冒険《ぼうけん》】危険《きけん》に対《たい》してドウスルか。

陳

阝-8
総画11
JIS-3636
常用
音 チン
訓 ―

筆順

なりたち

【形声】もとの字は「敶」で、「陣」とおなじ字《じ》であった。「攴」が「…させる」意味《いみ》を、「陳」が「チン」という読《よ》み方《かた》をしめし、「ならべる」意味《いみ》を表《あらわ》す字《じ》であったが、のちに「攴」が省略《しょうりゃく》された。

意味
❶ならべる。ならべて見《み》せる。例 陳列《ちんれつ》
❷のべる。考《かんが》えをのべる。例 陳情《ちんじょう》・開陳《かいちん》
❸ふるい。例 陳腐《ちんぷ》・新陳代謝《しんちんたいしゃ》

名前のよみ のぶ・のり・ひさ・よし

❶〈ならべる〉の意味で
【◦陳列《ちんれつ》】Ⅱ〈―する〉品物《しなもの》や作品《さくひん》などを、人《ひと》に見《み》せるためにならべること。例 商品《しょうひん》を陳列《ちんれつ》する。類 展示《てんじ》

❷〈のべる〉の意味で
【◦陳謝《ちんしゃ》】↓〈―する〉はっきりとおわびのことばを言《い》ってあやまること。例 迷惑《めいわく》をかけたことを陳謝《ちんしゃ》する。類 謝罪《しゃざい》・深謝《しんしゃ》

【◦陳述《ちんじゅつ》】Ⅱ〈―する〉意見《いけん》や考《かんが》えを正式《せいしき》にのべること。例 陳述書《ちんじゅつしょ》 類 弁論《べんろん》

【◦陳情《ちんじょう》】▲〈―する〉役所《やくしょ》などに行《い》って、ありのままのようすを話《はな》し、よい方法《ほうほう》をとってくれるようにたのむこと。類 請願《せいがん》

❸〈ふるい〉の意味で
【◦陳◦腐《ちんぷ》】Ⅱ〈―な・―に〉新《あたら》しさがなく、つまらない。例 陳腐《ちんぷ》なデザインだ。対 新鮮《しんせん》・清新《せいしん》

陶

阝-8
総画11
JIS-3811
常用
音 トウ
訓 ―

筆順

なりたち

【形声】「阝」が「山《やま》」を、「匋」が「トウ」という読《よ》み方《かた》をしめしている。「トウ」は「かさなる」意味《いみ》を持《も》ち、重《かさ》なった山《やま》を表《あらわ》す字《じ》。

意味
❶やきもの。陶磁器《とうじき》。せともの。例 陶器《とうき》
❷楽《たの》しむ。うっとりする。例 陶酔《とうすい》

名前のよみ すえ

❶〈やきもの〉の意味で
【◦陶器《とうき》】↓ねんどで形《かたち》をつくり、うわぐすりをぬって窯《かま》でやいたうつわ。やきもの。

【◦陶芸《とうげい》】↓ねんどをこねて、やきものをつくる芸術《げいじゅつ》。例 陶芸品《とうげいひん》・陶芸家《とうげいか》

【◦陶工《とうこう》】↓陶磁器《とうじき》をつくることを仕事《しごと》にしている人《ひと》。類 陶芸家《とうげいか》

【◦陶磁器《とうじき》】陶器《とうき》と磁器《じき》。類 瀬戸物《せともの》

【◦陶土《とうど》】↓陶磁器《とうじき》の原料《げんりょう》になる質《しつ》のよい土《つち》。

【◦陶◦冶《とうや》】Ⅱ〈―する〉才能《さいのう》や性質《せいしつ》などをみがいて、りっぱな人物《じんぶつ》に育《そだ》てあげること。参考 陶《とう》器《き》をやくことと、とかした金属《きんぞく》を型《かた》に流《なが》し入《い》れて鋳物《いもの》をつくることが、もとの意味《いみ》。

❷〈楽しむ〉の意味で
【◦陶◦酔《とうすい》】Ⅱ〈―する〉酒《さけ》に酔《よ》ったときのように、すっかりいい気持《きも》ちになること。例 バイオリンの音色《ねいろ》に陶酔《とうすい》する。

【◦陶然《とうぜん》】⊠〈―たる・―と〉気持《きも》ちよく酔《よ》うようす。

うっとり。例 名曲《めいきょく》に陶然《とうぜん》となる。

陪

阝-8 総画11 JIS-3970 常用
音 バイ
訓 ―

筆順 阝 陪 陪 陪 陪 陪 陪 陪

なりたち 【形声】「阝」が「山《やま》」を、「音《ホウ》」が「バイ」とかわって読《よ》み方《かた》をしめしている。「ホウ」は「くっつく」意味《いみ》を持《も》ち、大《おお》きな山《やま》によりそった小山《こやま》を表《あらわ》す字《じ》。

意味 よりそう。つきそう。例 陪席《ばいせき》

名前のよみ ます

【。陪臣】《ばいしん》 ↓ ある人《ひと》の家来《けらい》のそのまた家来《けらい》。対 直参《じきさん》 知識 江戸《えど》時代《じだい》の大名《だいみょう》に仕《つか》えていた武士《ぶし》は、将軍《しょうぐん》の「陪臣《ばいしん》」にあたる。

【。陪。審】《ばいしん》 ↓ 法律《ほうりつ》の専門家《せんもんか》でない、ふつうの人《ひと》を裁判《さいばん》に参加《さんか》させて、有罪《ゆうざい》・無罪《むざい》の意見《いけん》をきくこと。例 陪審制《ばいしんせい》

【。陪席】《ばいせき》 ↓ 〈―する〉身分《みぶん》の高《たか》い人《ひと》といっしょの席《せき》につくこと。

陸

阝-8 総画11 JIS-4606 教4年
音 リク
訓 おか

筆順 阝 陸 陸 陸 陸 陸 陸 陸（はねる）（ハにならない）

なりたち 【形声】「阝」が「おか、山《やま》」を、「坴《ロク》」が「リク」とかわって読《よ》み方《かた》をしめしている。「ロク」は「つらなる」意味《いみ》を持《も》ち、おかが連《つら》なることを表《あらわ》す字《じ》。

意味
❶りくち。地球《ちきゅう》の表面《ひょうめん》で、水《みず》におおわれていないところ。例 陸上《りくじょう》・着陸《ちゃくりく》 対 海《かい》
❷陸奥《むつ》。旧国名《きゅうこくめい》。今《いま》の福島《ふくしま》・宮城《みやぎ》・岩手《いわて》・青森県《あおもりけん》と秋田県《あきたけん》の一部《いちぶ》。例 三陸《さんりく》（陸前《りくぜん》・陸中《りくちゅう》・陸奥《むつ》）海岸《かいがん》

発音あんない リク→リッ…例 陸橋《りっきょう》

名前のよみ あつ・あつし・たか・たかし・みち・むつ

❶〈りくち〉の意味で

【陸運】《りくうん》 ↓ 人《ひと》や荷物《にもつ》などを、自動車《じどうしゃ》や鉄道《てつどう》ではこぶこと。類 陸送《りくそう》 対 海運《かいうん》・水運《すいうん》

【陸軍】《りくぐん》 ↓ 陸上《りくじょう》でたたかう軍隊《ぐんたい》。関連 陸軍《りくぐん》・海軍《かいぐん》・空軍《くうぐん》

【陸上】《りくじょう》 ↓ ①陸地《りくち》の上《うえ》。例 陸上交通《りくじょうこうつう》 対 水上《すいじょう》・海上《かいじょう》 ②「陸上競技《りくじょうきょうぎ》」の略《りゃく》。

【陸地】《りくち》 ↓ 地球《ちきゅう》の表面《ひょうめん》にあって水《みず》におおわれていないところ。陸《りく》。おか。

【陸。稲】《りくとう》 ↓ 水田《すいでん》ではなく、畑《はたけ》でつくるイネ。おかぼ。対 水稲《すいとう》

【陸路】《りくろ》 ↓ 陸上《りくじょう》の道《みち》。陸上《りくじょう》の道《みち》を通《とお》って行《い》くこと。関連 陸路《りくろ》・海路《かいろ》・空路《くうろ》

【陸橋】《りっきょう》 ↓ 鉄道線路《てつどうせんろ》や広《ひろ》い道路《どうろ》と立体交《りったいこう》差《さ》するための橋《はし》。類 歩道橋《ほどうきょう》・跨線橋《こせんきょう》

陸が下につく熟語 上の字の働き

❶陸＝〈りくち〉のとき
【上陸《じょうりく》 着陸《ちゃくりく》 離陸《りりく》】陸《りく》に（陸《りく》を）ドウスルか。
【大陸《たいりく》 内陸《ないりく》】ドンナ陸《りく》か。
◆水陸《すいりく》

隆

阝-8 総画11 JIS-4620 常用
音 リュウ
訓 ―
［隆］

筆順 阝 隆 隆 隆 隆 隆 降 隆

なりたち 【形声】もとの字《じ》は、「隆」。「阝」が「山《やま》」を、「夆」が「リュウ」という読《よ》み方《かた》をしめしている。「リュウ」は「高《たか》くもりあがる」意味《いみ》を持《も》ち、山《やま》のように高《たか》くもりあがることを表《あらわ》す字《じ》。

意味 もりあがる。そのところが高《たか》くなる。いきおいがさかんになる。例 興隆《こうりゅう》

名前のよみ おき・たか・たかし・とき・なが・もり・ゆたか

【。隆起】《りゅうき》 Ⅱ 〈―する〉土地《とち》などが高《たか》くもりあがること。例 地震《じしん》で地面《じめん》が隆起《りゅうき》する。対 沈下《ちんか》・沈降《ちんこう》・陥没《かんぼつ》

【。隆盛】《りゅうせい》 Ⅱ 〈―な〉いきおいがよく、のぼり調子《ちょうし》なこと。例 隆盛《りゅうせい》をきわめる。対 衰退《すいたい》・衰微《すいび》

【。隆。隆】《りゅうりゅう》 Ⅱ 〈―たる〉〈―と〉①いきおいがさかんだ。例 隆々《りゅうりゅう》とさかえる。②たくましく、もりあがっている。例 筋肉隆々《きんにくりゅうりゅう》

陵

阝-8 総画11 JIS-4645 常用
音 リョウ
訓 みささぎ

前ページ ▶陪 陸 隆 陵

筆順

なりたち  【形声】「阝」が「おか」を、「夌」が「リョウ」という読《よ》み方《かた》をしめしている。「リョウ」は「大《おお》きい」の意味《いみ》を持《も》ち、大《おお》きなおかを表《あらわ》す字《じ》。

意味 ❶おか。大《おお》きなおか。例丘陵《きゅうりょう》 ❷お墓《はか》。天皇《てんのう》などの墓《はか》。例陵墓《りょうぼ》

名前のよみ おか・たか

❷〈お墓〉の意味で

【陵墓《りょうぼ》】Ⅱ 天皇《てんのう》・皇后《こうごう》・皇太后《こうたいごう》の墓《はか》。類陵《みささぎ》・御陵《ごりょう》

阝-9

階

総画12
JIS-1912
教3年
訓 ―
音 カイ

筆順（はねる・おらない）

なりたち  【形声】「阝」が「だんだん」を、「皆」が「カイ」という読《よ》み方《かた》をしめしている。「カイ」は「ならぶ」意味《いみ》を持《も》ち、だんだんがならぶことを表《あらわ》す字《じ》。

意味 かさなっているものの一《ひと》つ一《ひと》つ。上下《じょうげ》のちがい。例階級《かいきゅう》・段階《だんかい》

名前のよみ とも・より

【階下《かいか》】⇩ 建物《たてもの》で、その階《かい》よりも下《した》の階《かい》。例階下《かいか》がさわがしい。対階上《かいじょう》

【階級《かいきゅう》】Ⅱ ①身分《みぶん》や地位《ちい》などの、高《たか》い低《ひく》いの順序《じゅんじょ》づけ。例階級《かいきゅう》があがる。類等級《とうきゅう》 ②社会《しゃかい》で、おなじような地位《ちい》や条件《じょうけん》にある人《ひと》びとの集《あつ》まり。例知識階級《ちしきかいきゅう》 類階層《かいそう》

【階上《かいじょう》】⇩ 建物《たてもの》で、その階《かい》より上《うえ》の階《かい》。例階上《かいじょう》からものが落《お》ちてきた。対階下《かいか》

【階層《かいそう》】Ⅱ 社会《しゃかい》の人《ひと》びとを、身分《みぶん》・地位《ちい》・職《しょく》業《ぎょう》・年齢《ねんれい》などによって分《わ》けた、それぞれの集《しゅう》団《だん》。類階級《かいきゅう》

【階段《かいだん》】Ⅱ 建物《たてもの》の上《うえ》の階《かい》と下《した》の階《かい》をつなぐ、段々《だんだん》になった通路《つうろ》。また、そのような形状《けいじょう》のもの。例非常階段《ひじょうかいだん》 類梯子段《はしごだん》

◆位階《いかい》 音階《おんかい》 段階《だんかい》 地階《ちかい》

阝-9

隅

総画12
JIS-2289
常用
訓 すみ
音 グウ

筆順

なりたち  【形声】「阝」が「小高《こだか》いおか」を、「禺」が「グウ」とかわって読《よ》み方《かた》をしめしている。「グ」は「まがる」意味《いみ》を持《も》ち、おかの下《した》の曲《ま》がったせまい所《ところ》を表《あらわ》す字《じ》。

意味 すみ。かたすみ。はずれ。かど。例隅《すみ》に置《お》けない。片隅《かたすみ》・一隅《いちぐう》

阝-9

随

総画12
JIS-3179
常用
訓 ―
音 ズイ

［隨］

筆順

なりたち 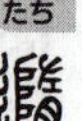 【形声】もとの字《じ》は、「隨」。「辶」と「隋」からでき、「辶」が「道《みち》を行《い》く」ことを、「隋」が「ズイ」という読《よ》み方《かた》をしめしている。「ズイ」は「したがう」意味《いみ》を持《も》ち、あとからついていくことを表《あらわ》す字《じ》。

意味 つきしたがう。…のままにする。例随行《ずいこう》・随想《ずいそう》・付随《ふずい》

名前のよみ ゆき

【随意《ずいい》】▲〈―に〉自分《じぶん》のしたいようにすること。例随意《ずいい》にえらぶ。類任意《にんい》・適宜《てきぎ》

【随一《ずいいつ》】▲ 多《おお》くの中《なか》で、いちばんすぐれていること。例県内随一《けんないずいいち》の観光地《かんこうち》。

【随員《ずいいん》】⇩ 身分《みぶん》の高《たか》い人《ひと》につきしたがっていくお供《とも》の人《ひと》。例首相《しゅしょう》の随員《ずいいん》。

【随行《ずいこう》】⇩〈―する〉お供《とも》をして行《い》くこと。例会長《かいちょう》の訪米《ほうべい》に随行《ずいこう》する。類随伴《ずいはん》

【随時《ずいじ》】▲ 時間《じかん》をかぎらず、いつでも。例入会《にゅうかい》は随時《ずいじ》受《う》けつけます。

【随所《ずいしょ》】▲ どこといわず、いたるところ。例京都《きょうと》には、随所《ずいしょ》に寺院《じいん》がある。表記「随処」とも書《か》く。

【随想《ずいそう》】▲ ふとしたときに心《こころ》に浮《う》かんだ思《おも》いや考《かんが》え。それを書《か》きとめた文章《ぶんしょう》。エッセー。例随想録《ずいそうろく》を読《よ》む。類随感《ずいかん》・随筆《ずいひつ》

【随伴《ずいはん》】Ⅱ〈―する〉①いっしょについていくこと。例父《ちち》に随伴《ずいはん》する。類随行《ずいこう》 ②あるできごとにつられて、べつのことが起《お》こること。例温暖化《おんだんか》に随伴《ずいはん》して起《お》こる災害《さいがい》。

【°随筆】ずいひつ《ずいひつ》 ▲ 見《み》たり聞《き》いたり思《おも》ったりしたことを、心《こころ》のおもむくままに書《か》きとめた文章《ぶんしょう》。エッセー。類 随想《ずいそう》
【°随分】ずいぶん《ずいぶん》 ▲ ①思《おも》ったよりもよけいに。たいそう。かなり。だいぶ。例 宿題《しゅくだい》をするのにずいぶん時間《じかん》がかかった。②〈―な/―に〉思《おも》いやりがなくて、ひどい。例 約束《やくそく》をやぶってひとりで行《い》くなんて、随分《ずいぶん》な人《ひと》だ。参考 もともとは、「分《ぶん》にしたがう」「それ相当《そうとう》に」の意味《いみ》の語《ご》。
◆追随《ついずい》 付随《ふずい》

隋
阝-9
総画12
JIS-7101
表外
音 ズイ・スイ
訓 ―

意味 五八一年《ねん》から六一八年《ねん》まで中国《ちゅうごく》を治《おさ》めた王朝《おうちょう》の名《な》。参考 日本《にほん》から隋《ずい》につかわされた使節《しせつ》を「遣隋使《けんずいし》」という。

隊
阝-9
総画12
JIS-3466
教4年
音 タイ
訓 ―

筆順

なりたち

【形声】「阝」が「小高《こだか》いおか」を、「㒸」が「タイ」という読《よ》み方《かた》をしめしている。「タイ」は「たれさがる、おちる」の意味《いみ》を持《も》ち、おかの上《うえ》から下《した》に落《お》ちることを表《あらわ》す字《じ》。

意味 まとまりのある一団《いちだん》。おなじ目的《もくてき》を持《も》った人《ひと》びとの集《あつ》まり。例 隊列《たいれつ》・編隊《へんたい》

【隊員】たいいん《たいいん》 ↓ 隊《たい》をつくっている人《ひと》びと。その中《なか》のひとり。例 隊員《たいいん》を集《あつ》める。
【隊形】たいけい《たいけい》 ↓ おおぜいの人《ひと》がまとまって動《うご》くときにつくる隊《たい》のかたち。
【隊商】たいしょう《たいしょう》 ↓ ラクダに荷物《にもつ》をのせ、まとまりになって砂漠《さばく》を旅《たび》する商人《しょうにん》。キャラバン。
【隊長】たいちょう《たいちょう》 ↓ 一《ひと》つの隊《たい》のいちばん上《うえ》の人《ひと》。
【隊列】たいれつ《たいれつ》 ↓ おおぜいの人《ひと》が、きちんとならんでつくった列《れつ》。例 隊列《たいれつ》をととのえる。

隊が下につく熟語 上の字の働き
【楽隊《がくたい》 軍隊《ぐんたい》】ナニのための一団《いちだん》か。
【艦隊《かんたい》 兵隊《へいたい》】ナニの一団《いちだん》か。
【横隊《おうたい》 縦隊《じゅうたい》】ドンナならびの隊列《たいれつ》か。
◆部隊《ぶたい》 編隊《へんたい》

陽
阝-9
総画12
JIS-4559
教3年
音 ヨウ
訓 ひ

筆順

なりたち

【形声】「阝」が「山《やま》」を、「昜」が「日《ひ》がのぼる」意味《いみ》と「ヨウ」という読《よ》み方《かた》をしめしている。山《やま》の日《ひ》のあたる側《がわ》を表《あらわ》す字《じ》。

意味
❶お日《ひ》さま。例 陽光《ようこう》・太陽《たいよう》
❷明《あか》るい。あたたかい。めだつ。ひなた。例 陽気《ようき》 対 陰《いん》
❸「陰《いん》」と対《つい》になるほう。はたらきかけるほう。例 陽極《ようきょく》 対 陰《いん》 参考 易《えき》の陰陽《いんよう》は、「巽《そん》」の「文字物語」(356ページ)参照《さんしょう》。

名前のよみ あき・あきら・きよ・きよし・たか・なか・はる

❶〈お日さま〉の意味で
【陽光】ようこう《ようこう》 ↓ 太陽《たいよう》の光《ひかり》。類 日光《にっこう》

❷〈明るい〉の意味で
【陽気】ようき《ようき》 ↓ ①気候《きこう》。例 春《はる》らしい陽気《ようき》になった。②〈―な/―に〉明《あか》るくほがらかなようす。例 陽気《ようき》にさわぐ。類 明朗《めいろう》 対 陰気《いんき》
【陽春】ようしゅん《ようしゅん》 ↓ ぽかぽかとあたたかい春《はる》。表現 「陽春《ようしゅん》の候《こう》となりました」のように、手紙《てがみ》のあいさつのことばとして使《つか》う。
【陽性】ようせい《ようせい》 ↓ 〈―な/―に〉明《あか》るくほがらかな性質《せいしつ》。例 根《ね》が陽性《ようせい》な人《ひと》。対 陰性《いんせい》 ☞❸

❸〈「陰」と対になるほう〉の意味で
【陽画】ようが《ようが》 ↓ 写真《しゃしん》のネガを感光紙《かんこうし》に焼《や》きつけたもの。明暗《めいあん》や色合《いろあ》いが実物《じつぶつ》とおなじに見《み》える。ポジ。対 陰画《いんが》
【陽極】ようきょく《ようきょく》 ↓ 電池《でんち》などで、電流《でんりゅう》が流《なが》れ出《で》るほうの極《きょく》。プラス極《きょく》。対 陰極《いんきょく》
【陽性】ようせい《ようせい》 ↓ 病気《びょうき》などの検査《けんさ》で反応《はんのう》が出《で》ること。例 陽性《ようせい》の反応《はんのう》を示《しめ》す。対 陰性《いんせい》 ☞❷
【陽転】ようてん《ようてん》 ↓ 〈―する〉陰性《いんせい》だった人《ひと》が陽性《ようせい》にかわること。とくにツベルクリン反応《はんのう》で、結核《けっかく》菌《きん》がからだに入《はい》ったことをいう。
【陽°暦】ようれき《ようれき》 ↓ 「太陽暦《たいようれき》」の略《りゃく》。地球《ちきゅう》が太陽《たいよう》のま

前ページ ▶ 隋 隊 陽

わりをひとまわりする時間《じかん》を一年《いちねん》としてつくった暦《こよみ》。今《いま》、ほとんどの国《くに》で使《つか》われている。類 新暦《しんれき》・太陽暦《たいようれき》 対 陰暦《いんれき》

陽が下につく熟語 上の字の働き

❶ 陽＝〈お日さま〉のとき

【太陽《たいよう》 斜陽《しゃよう》】ドンナお日《ひ》さまか。

阝-9 隈

総画12 JIS-2308 人名 音 ワイ 訓 くま

意味 くま。山《やま》や川《かわ》の入《はい》りこんだ所《ところ》。おく深《ふか》い所《ところ》。例 隈無《くまな》くさがす。界隈《かいわい》

阝-10 隔

総画13 JIS-1954 常用 音 カク 訓 へだてる・へだたる

筆順

なりたち [形声]「阝」が「おか、山《やま》」を、「鬲《レキ》」が「カク」とかわって読《よ》み方《かた》をしめしている。「レキ」は「へだてる、くぎる」意《い》味《み》を持《も》ち、おかでへだてること、また、くにざかいの山《やま》を表《あらわ》す字《じ》。

意味 へだたる。へだてる。一《ひと》つおきの。例 遠《とお》く隔《へだ》たった地《ち》。隔離《かくり》・間隔《かんかく》

【隔月《かくげつ》】▲ ひと月《つき》おき。例 隔月集金《かくげつしゅうきん》

【隔日《かくじつ》】▲ 一日《いちにち》おき。

【隔週《かくしゅう》】▲ 一週間《いっしゅうかん》おき。例 隔週連載《かくしゅうれんさい》

【隔世《かくせい》】▲ ①時代《じだい》が大《おお》きくかけはなれていること。例 隔世《かくせい》の感《かん》（世《よ》の中《なか》が大《おお》きくかわってしまったという感《かん》じ）。②血《ち》のつながりで、あいだに一世代《いっせだい》あること。例 隔世遺伝《かくせいいでん》

【隔絶《かくぜつ》】Ⅱ（—する）遠《とお》くはなれていて、ほかとのつながりがないこと。

【隔年《かくねん》】▲ 一年《いちねん》おき。例 隔年《かくねん》にさく花《はな》。

【隔離《かくり》】Ⅱ（—する）ほかからひきはなすこと。例 患者《かんじゃ》を隔離《かくり》する。

隔が下につく熟語 上の字の働き

【間隔《かんかく》 懸隔《けんかく》】近《ちか》い意味《いみ》。

阝-10 隙

総画13 JIS-2368 常用 音 ゲキ 訓 すき

筆順

意味 ❶すきま。さけめ。わずかな間《あいだ》。例 間隙《かんげき》 ❷ちょっとした気《き》のゆるみ。ゆだん。例 隙《すき》をつく。

阝-11 隠

総画14 JIS-1703 常用 音 イン 訓 かくす・かくれる [隱]

筆順

なりたち [形声]もとの字《じ》は、「隱」。「阝」が「山《やま》」を、「㥯」が「イン」という読《よ》み方《かた》をしめしている。「イン」は「おおいかくす」意味《いみ》を持《も》ち、山《やま》におおわれて見《み》えないようすを表《あらわ》す字《じ》。

意味 ❶かくれる。かくす。例 姿《すがた》を隠《かく》す。雲《くも》に隠《かく》れる。隠居《いんきょ》 ❷隠岐《おき》。旧国名《きゅうこくめい》。今《いま》の島根県《しまねけん》の北《きた》の諸島《しょとう》。例 隠州《いんしゅう》

❶〈かくれる〉の意味で

【隠居《いんきょ》】↓（—する）①年《とし》をとった人《ひと》が、仕事《しごと》をやめるなどして、のんびりしたくらしには

文字物語 際

「際」の訓《くん》「きわ」は、そこを越《こ》えるとほかの世界《せかい》に入《はい》ってしまう、ぎりぎりのさかいめのところ。それで、「水際《みずぎわ》」「瀬《せ》戸際《とぎわ》」「窓際《まどぎわ》」などのことばができる。また、その時《とき》を過《す》ぎるとべつの状態《じょうたい》になってしまう、ぎりぎりの時点《じてん》を「去《さ》り際《ぎわ》」「別《わか》れ際《ぎわ》」「死《し》に際《ぎわ》」などという。「往生際《おうじょうぎわ》」も、「死《し》に際《ぎわ》」の意味《いみ》だが、「往生際《おうじょうぎわ》がわるい」というのは、追《お》いつめられても自分《じぶん》の負《ま》けをみとめず思《おも》い切《き》りがわるいこと。人《ひと》は、たずさわることからきっぱりと引退《いんたい》する「引《ひ》き際《ぎわ》」がだいじなのだ。

今日《こんにち》、「際《さい》」の字《じ》をいちばんよく見《み》るのは、「国際《こくさい》」ということばにおいてだろう。国《くに》と国《くに》とが国境《こっきょう》を越《こ》えて、いろいろな接触《せっしょく》をもつことをいうのが「国際《こくさい》」ということば。今《いま》はグローバルな時代《じだい》ともいうように、環境問題《かんきょうもんだい》をはじめ、地球規模《ちきゅうきぼ》で国際協力《こくさいきょうりょく》しなければ解決《かいけつ》できない問題《もんだい》ばかりだ。

いること。例隠居生活《いんきょせいかつ》。②年《とし》をとって、仕《し》事《ごと》からしりぞいた人《ひと》。例ご隠居《いんきょ》。

【°隠語《いんご》】[↓] あるなかまだけにわかる、特別《とくべつ》な意味《いみ》を持《も》ったことば。かくしことば。

【°隠然《いんぜん》】⊠〈—たる〉〈—と〉おもてだってはわからないが、かげで強《つよ》い力《ちから》をもっているようす。

【°隠°匿《いんとく》】[Ⅱ]〈—する〉人《ひと》に見《み》つからないようにかくすこと。ふつう、不正《ふせい》なものをかくす意《い》味《み》に使《つか》う。例隠匿物資《いんとくぶっし》

【°隠°忍自重《いんにんじちょう》】〈—する〉じっとがまんして、はでに動《うご》かないようにすること。

【°隠°滅《いんめつ》】[↓]〈—する〉あとものこらないように、完全《かんぜん》になくすること。例証拠隠滅《しょうこいんめつ》

阝-11 際

総画14
JIS-2661
教5年
音 サイ
訓 きわ

筆順

なりたち

[形声]「阝」が「山《やま》」を、「祭」が「サイ」という読《よ》み方《かた》をしめしている。「サイ」は「出《で》あう」意味《いみ》を持《も》ち、山《やま》と山《やま》が接《せっ》する所《ところ》を表《あらわ》す字《じ》。

意味
❶きわ。ふち。さかいめ。例際限《さいげん》・窓際《まどぎわ》
❷おり。機会《きかい》。場合《ばあい》。例いまわの際《きわ》(死《し》ぬまぎわ)。危急《ききゅう》の際《さい》。際物《きわもの》・実際《じっさい》
❸であう。つきあう。例際会《さいかい》・交際《こうさい》・国際《こくさい》

文字物語 ☞462ページ

❶〈きわ〉の意味で

【際限《さいげん》】[Ⅱ] そこで終《お》わりというところ。きり。例あの人《ひと》のおしゃべりは際限《さいげん》がない。

表現「際限《さいげん》がない」「際限《さいげん》なくつづく」のように、あとに打《う》ち消《け》しのことばがくる。

❷〈おり〉の意味で

【際物《きわもの》】[↓] ①ひな人形《にんぎょう》やこいのぼりのように、ある時期《じき》だけ売《う》れる商品《しょうひん》。②話題《わだい》になっているものごとを題材《だいざい》にして、人《ひと》びとの興《きょう》味《み》や関心《かんしん》がさめないうちにとつくった商品《しょうひん》や、劇《げき》・映画《えいが》・小説《しょうせつ》などの作品《さくひん》。例際物映画《きわものえいが》

❸〈であう〉の意味で

【際会《さいかい》】[Ⅱ]〈—する〉事件《じけん》などにばったりと出《で》くわすこと。例危機《きき》に際会《さいかい》する。

◆交際《こうさい》 国際《こくさい》 金輪際《こんりんざい》 実際《じっさい》 瀬戸際《せとぎわ》 手際《てぎわ》 一際《ひときわ》 分際《ぶんざい》 水際《みずぎわ》

阝-11 障

総画14
JIS-3067
教6年
音 ショウ
訓 さわる

筆順

なりたち

[形声]「阝」が「山《やま》」を、「章」が「ショウ」という読《よ》み方《かた》をしめしている。「ショウ」は「さえぎる、へだてる」意味《いみ》を持《も》ち、行《ゆ》く手《て》をさえぎる山《やま》を表《あらわ》す字《じ》。

意味 さえぎる。へだてる。さしつかえる。例気《き》に障《さわ》る。障《さわ》りがある。障子《しょうじ》・故障《こしょう》

【障害《しょうがい》】[Ⅱ] ①なにかをするときに、そのさまたげや、じゃまになるものやこと。例障《しょう》害物《がいぶつ》 類障壁《しょうへき》 ②からだにぐあいのわるいところがあること。例胃腸《いちょう》障害《しょうがい》 ③障害物《しょうがいぶつ》競走《きょうそう》。途中《とちゅう》においたじゃまなものをとびこして走《はし》る競走《きょうそう》のこと。

【障子《しょうじ》】⊠ 和室《わしつ》をしきる紙《かみ》ばりの建具《たてぐ》。やわらかい光《ひかり》をとり入《い》れる効果《こうか》がある。例障《しょう》子紙《じがみ》

【障°壁《しょうへき》】[↓] ①しきりの壁《かべ》。例防火《ぼうか》障壁《しょうへき》をつくる。②なにかをしようとするときにじゃまになるもの。例ことばの障壁《しょうへき》をのりこえる。類障害《しょうがい》

障が下につく熟語 上の字の働き

【故障《こしょう》 支障《ししょう》】近《ちか》い意味《いみ》。

◆気障《きざ》 万障《ばんしょう》 保障《ほしょう》

阝-13 隣

総画16
JIS-4657
常用
音 リン
訓 となる・となり

筆順

なりたち

[形声]もとの字《じ》は、「鄰」。「阝」が「むらざと」を、「粦」が「リン」という読《よ》み方《かた》をしめしている。「リン」は「つらなる」意味《いみ》を持《も》ち、村《むら》の中《なか》でならんでいるどうしの「となり」を表《あらわ》す字《じ》。

意味 となり。となりあう。例隣《となり》の家《いえ》。隣《とな》り合《あ》わせ。隣人《りんじん》・近隣《きんりん》

前ページ ▶ 際 障 隣

名前のよみ さと・ちか

【隣家《りんか》】↓ となりの家《いえ》。

【隣国《りんごく》】↓ となりの国《くに》。類 隣邦《りんぽう》

【隣人《りんじん》】↓ となりの家《いえ》の人《ひと》。自分《じぶん》の近《ちか》くにいる人《ひと》。例 隣人愛《りんじんあい》

【隣席《りんせき》】↓ となりの席《せき》。例 隣席《りんせき》の人《ひと》。

【隣接《りんせつ》】↓ 〈—する〉となりあってつづいていること。例 公園《こうえん》に隣接《りんせつ》する学校《がっこう》。類 近接《きんせつ》

◆ 近隣《きんりん》 善隣《ぜんりん》

3画 ⺍［つ］の部

「⺍」は、もともと部首《ぶしゅ》ではありませんが、「⺍」の形《かたち》からでも字《じ》がひけるように、検索記号《けんさくきごう》として設《もう》けました。→でしめされたページをひいてください。

この部首の字

労→力162　学→子303　単→十178
栄→木605　挙→手520　巣→木616　蛍→虫895
営→口227　覚→見918　誉→言935　厳→文549

3画 䒑［そいち］の部

「䒑」は、もともと部首《ぶしゅ》ではありませんが、「䒑」の形《かたち》からでも字《じ》がひけるように、検索記号《けんさくきごう》として設《もう》けました。→でしめされたページをひいてください。

この部首の字

羊→羊853　並→一30　前→刂151

美→羊853　首→首1052　兼→⺍122　差→工354
益→皿764　瓶→瓦735　善→口228　尊→寸333
普→日576　着→羊854　慈→心490　義→羊855
養→食1050

3画 丬［しょうのへん］の部

「丬」は、もともと部首《ぶしゅ》ではありませんが、「丬」の形《かたち》からでも字《じ》がひけるように、検索記号《けんさくきごう》として設《もう》けました。→でしめされたページをひいてください。

この部首の字

壮→士266　状→犬722　将→寸332
装→衣908　奨→大288

4画 心［こころ］忄［りっしんべん］⺗［したごころ］の部

「心《こころ》」をもとに作《つく》られ、考《かんが》えたり感情《かんじょう》を表《あらわ》したりする心《こころ》のはたらきにかかわる字《じ》を集《あつ》めてあります。

この部首の字

0 心464　1 必466　3 応466
忌467　志467　忍468　忘468
忙468　4 快469　忽469　忠469
念470　5 怨470　怪470　急471
思472　性473　怠474　怒474
怖474　怜474　6 恩474　悔475
恐475　恭476　恵476　恒476
恨476　恣477　恕477　息477
恥477　恋478　7 悪478　悦480
患480　悟480　悉480　悌480
悩480　悠482　8 惟482　惧482
惨482　情483　惜483　惣484
悼484　惇484　悲484　悶485
惑485　9 愛485　意486　感487
愚489　慌490　慈490　愁490
想490　惰491　愉491　10 慨491
慎491　態491　慕492　慄492
11 慰492　慣492　慶493　慧493
憎493　慢493　憂493　慮494
12 憩494　憬494　憲494　憧494
憤495　13 憶495　懐495　憾496
懇496　憐496　14 懲496　16 懸496

■ 心-0

心

総画4　JIS-3120　教2年

訓音 シン　こころ

筆順

なりたち

【象形】心臓《しんぞう》の形《かたち》をえがいた字《じ》。「こころ」として使《つか》われている。

意味 ❶こころ。こころのはたらき。気持《きも》ち。精神《せいしん》。意識《いしき》。例 心《こころ》が温《あたた》かい。心《こころ》の広《ひろ》い人《ひと》。心《こころ》

を閉《と》ざす。心理《しんり》・本心《ほんしん》

❷しんぞう(心臓)。[例]心音《しんおん》・心電図《しんでんず》

❸まんなか。中心《ちゅうしん》。[例]心棒《しんぼう》・重心《じゅうしん》

特別なよみ 心地(ここち)

名前のよみ なか・むね・もと

❶〈こころ〉の意味で

【心地】《ここち》 ↓ ①なにかを感《かん》じたときの、心《こころ》の中《なか》のようす。気持《きも》ち。心持《こころも》ち。[例]天《てん》にものぼる心地《ここち》。[類]気分《きぶん》 ②あることをしているような気分《きぶん》。あることをしているときの感《かん》じ。[例]夢心地《ゆめごこち》。寝心地《ねごこち》がいい。[参考]②は、ほかのことばの下《した》につき、「…ごこち」とにごる。

【心意気】《こころいき》 自分《じぶん》からものごとにとりくみ、やりとげようとする強《つよ》い気持《きも》ち。[例]心意気《こころいき》を示《しめ》す。

【心得】《こころえ》 ↓ ①何《なに》かをする際《さい》の心《こころ》の準備《じゅんび》。[例]旅《たび》の心得《こころえ》。②習《なら》いごとなどを、あるていど身《み》につけていること。たしなみ。

【心外】《しんがい》 ↓ 〈―に・―な〉相手《あいて》のすることやものごとのなりゆきが思《おも》ったとおりでなくて残念《ざんねん》だ。[例]きみにうたがわれるとは、心外《しんがい》だ。[類]意《い》外《がい》 [表現]思《おも》っていたのとちがう点《てん》では、「意外《いがい》」もおなじだが、「心外《しんがい》」には、うらぎられたという不満《ふまん》がこもる。

【心眼】《しんがん》 ↓ ほんとうのすがたを見《み》ぬく心《こころ》のはたらき。[例]心眼《しんがん》をひらく。

【心機一転】《しんきいってん》 〈―する〉これまでのまよいからさめ、がらりと新《あたら》しい気持《きも》ちになること。[例]心機一転《しんきいってん》、次《つぎ》の仕事《しごと》でがんばりたい。

【心境】《しんきょう》 ↓ 心《こころ》の中《なか》のようす。気持《きも》ち。[例]心境《しんきょう》の変化《へんか》。心境《しんきょう》を語《かた》る。

【心血】《しんけつ》 ‖ 気持《きも》ちとからだ。[例]心血《しんけつ》をそそぐ(ありったけの力《ちから》をこめる)。

【心証】《しんしょう》 ↓ その人《ひと》から受《う》ける感《かん》じ。[例]相手《あいて》の心証《しんしょう》を害《がい》する。

【心象】《しんしょう》 ↓ 見《み》たり聞《き》いたりしたものがもとになって、心《こころ》の中《なか》にかたちとなってうかぶもの。[例]心象風景《しんしょうふうけい》

【心情】《しんじょう》 ‖ 心《こころ》の中《なか》の思《おも》い。[例]心情《しんじょう》を察《さっ》する。[類]胸中《きょうちゅう》

【心身】《しんしん》 ⇕ 心《こころ》とからだ。[例]心身《しんしん》ともに健康《けんこう》な子《こ》ども。[表記]「身心」とも書《か》く。

【心◦酔】《しんすい》 ▽ 〈―する〉ある人《ひと》や考《かんが》え方《かた》などをすばらしいと思《おも》い、夢中《むちゅう》になること。[例]小林《こばやし》一茶《いっさ》に心酔《しんすい》する。

【心中】 ↓ **一**しんちゅう 心《こころ》の中《なか》のほんとうの気持《きも》ち。[例]心中《しんちゅう》おだやかでない。[類]胸中《きょうちゅう》・内心《ないしん》 **二**しんじゅう 〈―する〉生《い》きる希望《きぼう》を失《うしな》って、ふたり以《い》上《じょう》の人《ひと》がいっしょに死《し》ぬこと。[例]一家心中《いっかしんじゅう》

【心痛】《しんつう》 ▽ 〈―する〉ひどく心配《しんぱい》して心《こころ》をいためること。

【心底】 ↓ **一**しんてい 心《こころ》のそこのほんとうの気持《きも》ちや考《かんが》え。[例]心底《しんてい》を見《み》とどける。**二**しんそこ 心《こころ》の奥《おく》底《そこ》から。[例]心底《しんそこ》野《や》球《きゅう》がすきだ。

【心配】《しんぱい》 ↓ 〈―する〉・〈―に・―な〉①これから先《さき》のことが不安《ふあん》になり、あれこれなやむこと。[例]心《しん》配《ぱい》のたね。[対]安心《あんしん》 ②相手《あいて》のためを考《かんが》えて、せわをすること。[例]切符《きっぷ》の心配《しんぱい》までしてくれた。

【心服】《しんぷく》 ↓ 〈―する〉深《ふか》く尊敬《そんけい》して、心《こころ》からその人《ひと》にしたがうこと。[例]監督《かんとく》に心服《しんぷく》する。

【心理】《しんり》 ↓ 心《こころ》のありさま、気持《きも》ちの動《うご》き。[例]群集心理《ぐんしゅうしんり》

【心労】《しんろう》 ↓ 〈―する〉心配《しんぱい》や気《き》づかいで心《こころ》がもみくちゃになること。気《き》づかれ。[例]心労《しんろう》がたえない。[類]気苦労《きぐろう》

❷〈しんぞう(心臓)〉の意味で

【心音】《しんおん》 ↓ 心臓《しんぞう》が一定《いってい》のリズムで血液《けつえき》を送《おく》りだすときの音《おと》。

【心室】《しんしつ》 ↓ 心臓《しんぞう》の下半分《したはんぶん》にあって、血液《けつえき》を動脈《どうみゃく》に送《おく》りだすところ。左右《さゆう》二《ふた》つに分《わ》かれている。

【心臓】《しんぞう》 ↓ 動物《どうぶつ》の内臓《ないぞう》の一《ひと》つ。血液《けつえき》を送《おく》りだすポンプの役目《やくめ》をするもの。[例]心臓《しんぞう》まひ [参考]元来《がんらい》の意味《いみ》は「心《こころ》のはたらきを受《う》けもつ臓器《ぞうき》」。心《こころ》の動揺《どうよう》で心拍《しんぱく》がみだれるところから、心《こころ》のはたらきと心臓《しんぞう》とは大《おお》いに関係《かんけい》がある。英語《えいご》でも心臓《しんぞう》を表《あらわ》す「ハート」が、心《こころ》の意味《いみ》を表《あらわ》している。

【心◦拍】《しんぱく》 ↓ 血液《けつえき》を送《おく》りだすための、こきざみな心臓《しんぞう》の動《うご》き。[例]心拍数《しんぱくすう》

【心◦房】《しんぼう》 ↓ 心臓《しんぞう》の上半分《うえはんぶん》にあって、血液《けつえき》を心室《しんしつ》に送《おく》るところ。左右《さゆう》二《ふた》つに分《わ》かれている。

❸〈まんなか〉の意味で

◦学習漢字でない常用漢字　▲常用漢字表にない音訓　◆常用漢字でない漢字

【心棒《しんぼう》】[↓] ①ぐるぐる回《まわ》るものの軸《じく》となる棒《ぼう》。②活動《かつどう》の中心《ちゅうしん》になる人《ひと》やもの。

心が下につく熟語 上の字の働き

❶心＝〈こころ〉のとき
【身心《しんしん》 物心《ぶっしん》】反対《はんたい》の意味《いみ》。
【安心《あんしん》 一心《いっしん》 改心《かいしん》 寒心《かんしん》 苦心《くしん》 決心《けっしん》 発心《ほっしん》 専心《せんしん》 腐心《ふしん》 変心《へんしん》 放心《ほうしん》 用心《ようじん》 乱心《らんしん》】心《こころ》をドウスルか。
【感心《かんしん》 関心《かんしん》 執心《しゅうしん》 得心《とくしん》 会心《かいしん》】心《こころ》にドウスルか。
【無心《むしん》 初心《しょしん》 童心《どうしん》 孝心《こうしん》 私心《ししん》 野心《やしん》 邪心《じゃしん》 内心《ないしん》 本心《ほんしん》 良心《りょうしん》 悪心《あくしん》 虚心《きょしん》 熱心《ねっしん》 慢心《まんしん》 小心《しょうしん》 細心《さいしん》 傷心《しょうしん》 信心《しんじん》 好奇心《こうきしん》 自尊心《じそんしん》 老婆心《ろうばしん》 射幸心《しゃこうしん》】ドノヨウナ心《こころ》か。
❷心＝〈しんぞう（心臓）〉のとき
【肝心《かんじん》 腹心《ふくしん》】近《ちか》い意味《いみ》。
❸心＝〈まんなか〉のとき
【中心《ちゅうしん》 核心《かくしん》】近《ちか》い意味《いみ》。
【都心《としん》 重心《じゅうしん》】ナニのまん中《なか》か。
◆以心伝心《いしんでんしん》 帰心《きしん》 人心《じんしん》 衷心《ちゅうしん》 手心《てごころ》

必

□ 心－1
総画5 JIS-4112 教4年
訓 音 ヒツ かならず

筆順

なりたち

【象形】武器《ぶき》の柄《え》にする木《き》の棒《ぼう》（戈→𠃊）にひも（八）をまきつけた形《かたち》をえがいた字《じ》。きつくまくことから、「かならず」の意味《いみ》に使《つか》われている。

意味 かならず。まちがいなく。…しなければならない。例 約束《やくそく》は必《かなら》ずまもりなさい。名選手《めいせんしゅ》が必《かなら》ずしも名監督《めいかんとく》ではない（「かならずしも…ない」は「…とはかぎらない」「…でないこともある」という意味《いみ》を表《あらわ》す）。必要《ひつよう》

名前のよみ さだ

【必。携《ひっけい》】[↓] ①いつも持《も》っていなければならないこと。そういうもの。②ある方面《ほうめん》について、たいせつなことをまとめた本《ほん》。例 教員必携《きょういんひっけい》 類 便覧《びんらん|べんらん》
【必見《ひっけん》】[↓] かならず見《み》たり読《よ》んだりしなければならないこと。例 必見《ひっけん》の書《しょ》。
【必殺《ひっさつ》】[↓] かならず相手《あいて》をたおすこと。例 必殺技《ひっさつわざ》。必殺《ひっさつ》の一撃《いちげき》。
【必死《ひっし》】[↓]〈一なに〉死《し》ぬ気《き》になるほど全力《ぜんりょく》をつくすこと。例 必死《ひっし》に勉強《べんきょう》する。類 一生懸命《いっしょうけんめい》
【必至《ひっし》】[↓]〈一なに〉かならずそうなること。例 日照《ひで》りが続《つづ》けば、水不足《みずぶそく》は必至《ひっし》だ。類 必定《ひつじょう》
【必修《ひっしゅう》】[↓] 学校《がっこう》で、かならず学習《がくしゅう》するようにきまっているもの。例 必修科目《ひっしゅうかもく》 対 選択《せんたく》
【必。需品《ひつじゅひん》】なくてはならないもの。例 生活必需品《せいかつひつじゅひん》
【必勝《ひっしょう》】[↓] かならず勝《か》つと心《こころ》に思《おも》うこと。例 必勝《ひっしょう》の信念《しんねん》。
【必定《ひつじょう》】[Ⅱ] きっとそうなるにちがいないこと。例 死《し》ぬるは必定《ひつじょう》。類 必至《ひっし》 表現 少《すこ》しむかしふうのことば。
【必。須《ひっす》】[Ⅱ] なくてはならないこと。例 水分《すいぶん》は植物《しょくぶつ》にとって必須《ひっす》のものだ。類 必要《ひつよう》
【必然《ひつぜん》】[⊠] かならずそうなるようになっていること。例 必然性《ひつぜんせい》。必然《ひつぜん》の結果《けっか》。対 偶然《ぐうぜん》
【必着《ひっちゃく》】[↓] 特定《とくてい》の日《ひ》までに着《つ》くようにすること。例 一月十日《いちがつとおか》必着《ひっちゃく》のこと。
【必読《ひつどく》】[↓] かならず読《よ》まなければならないこと。例 必読図書《ひつどくとしょ》
【必要《ひつよう》】[Ⅱ]〈一なに〉どうしてもそれがいること。なくてはならないこと。類 必須《ひっす》 対 不要《ふよう》
【必要悪《ひつようあく》】よくないことだが、現実《げんじつ》の社会《しゃかい》の中《なか》では、あってもしかたがないこと。例 虚栄心《きょえいしん》は人間《にんげん》にとって必要悪《ひつようあくで》ある。

応

■ 心－3
総画7 JIS-1794 教5年
訓 音 オウ こたえる
［應］

筆順

なりたち

【形声】もとの字《じ》は、「應」。「雁」が「オウ」という読《よ》み方《かた》をしめしている。「オウ」は「うけこたえる」意味《いみ》を持《も》ち、相手《あいて》の言《い》うことを心《こころ》でうけこたえることを表《あらわ》す字《じ》。

意味 こたえる。おうじる。ふさわしい。例 必要《ひつよう》に応《おう》じて備《そな》える。応答《おうとう》・反応《はんのう》

使い分け こたえる［答・応］☞815ページ

発音あんない オウ→ノウ…例反応《はんのう》・順応《じゅんのう》

名前のよみ かず・たか・のぶ・のり・まさ

【応《おう》∘援《えん》】⇩〈—する〉①ものごとがうまくいくように力《ちから》をかすこと。例応援《おうえん》を求《もと》める。類加勢《かせい》 ②スポーツの試合《しあい》のとき、声《こえ》をかけたり手《て》をふったりして、選手《せんしゅ》をはげますこと。例応援団《おうえんだん》 類声援《せいえん》

【応《おう》急《きゅう》】▲突然《とつぜん》のできごとに、とりあえずなんとかすること。例応急手当《おうきゅうてあて》

【応《おう》∘酬《しゅう》】Ⅱ〈—する〉相手《あいて》に負《ま》けずに自分《じぶん》もやりかえすこと。例パンチの応酬《おうしゅう》。

【応《おう》∘召《しょう》】▲〈—する〉国《くに》からのよびだしをうけて、軍隊《ぐんたい》に入《はい》ること。例応召兵《おうしょうへい》

【応《おう》接《せつ》】⇩〈—する〉客《きゃく》に会《あ》い、相手《あいて》をすること。例応接室《おうせつしつ》 類応対《おうたい》

【応《おう》戦《せん》】▲〈—する〉敵《てき》からしかけてきたのに対《たい》して、自分《じぶん》のほうからもたたかうこと。

【応《おう》対《たい》】⇩〈—する〉人《ひと》の相手《あいて》になって、その場《ば》でうけこたえをすること。例きちんとした応対《おうたい》をする。類応接《おうせつ》

【応《おう》答《とう》】Ⅱ〈—する〉質問《しつもん》やよびかけに対《たい》して、うけこたえをすること。例はきはきと応答《おうとう》する。

【応《おう》分《ぶん》】▲力《ちから》や身分《みぶん》にちょうどつりあっていること。例応分《おうぶん》の寄付《きふ》をする。類分相応《ぶんそうおう》

【応《おう》∘募《ぼ》】▲〈—する〉人《ひと》や物《もの》を集《あつ》めようとするよびかけにこたえて、申《もう》しこみをすること。例懸賞《けんしょう》クイズに応募《おうぼ》する。対募《ぼ》集《しゅう》

【応《おう》用《よう》】⇩〈—する〉考《かんが》えたり学《まな》んだりしたことがらを、じっさいの場面《ばめん》にあてはめて使《つか》うこと。例応用問題《おうようもんだい》。てこの原理《げんり》を応用《おうよう》する。類活用《かつよう》 対基礎《きそ》

応が下につく熟語 上の字の働き

【適応《てきおう》 順応《じゅんのう》 反応《はんのう》】近《ちか》い意味《いみ》。

【対応《たいおう》 即応《そくおう》 一応《いちおう》 供応《きょうおう》 相応《そうおう》】ドノヨウニ応《おう》じるか。

◆呼応《こおう》

心-3

忌

総画7 JIS-2087 常用

音 キ 訓 いむ・いまわしい

筆順

なりたち

[形声]「己」が「キ」という読《よ》み方《かた》をしめしている。「キ」は「おそれる」意味《いみ》を持《も》ち、心《こころ》の中《なか》でおそれて遠《とお》ざけることを表《あらわ》す字《じ》。

意味

❶おそれてさける。いやがる。例忌《い》まわしい事件《じけん》。忌避《きひ》・禁忌《きんき》

❷身内《みうち》が死《し》んで喪《も》に服《ふく》すること。例忌《き》が明《あ》ける。忌中《きちゅう》・忌日《きにち|きじつ》

❶〈おそれてさける〉の意味で

【∘忌《き》◆憚《たん》】Ⅱまわりや相手《あいて》に対《たい》する遠慮《えんりょ》。例忌憚《きたん》なく意見《いけん》を言《い》う。表現「忌憚《きたん》なく」「忌憚《きたん》のない」の打《う》ち消《け》しの形《かたち》で使《つか》う。

【∘忌《き》∘避《ひ》】Ⅱ〈—する〉いやがって、さけること。例徴兵忌避《ちょうへいきひ》 類回避《かいひ》

❷〈身内が死んで喪に服すること〉の意味で

【∘忌《き》中《ちゅう》】⇩死後《しご》、のこされた家族《かぞく》が世間《せけん》とのつきあいをつつしむ期間《きかん》。類喪中《もちゅう》 知識ふつうは、四十九日間《しじゅうくにちかん》。

【∘忌日《きにち|きじつ》】⇩月《つき》や年《とし》はかわっても、その人《ひと》が死《し》んだ日《ひ》とおなじ日《ひ》づけの日《ひ》。類命日《めいにち》

忌が下につく熟語 上の字の働き

❷忌＝〈身内が死んで喪に服すること〉のとき

【…周忌《しゅうき》 …回忌《かいき》】イクツめの忌日《きにち》か。☞【周忌《しゅうき》】(217ページ)

【芭蕉忌《ばしょうき》 西行忌《さいぎょうき》】ダレの忌日《きにち》か。

心-3

志

総画7 JIS-2754 教5年

音 シ 訓 こころざす・こころざし

筆順

なりたち

[形声]「之→士」が「ゆく」意味《いみ》と「シ」という読《よ》み方《かた》をしめしている。心《こころ》が向《む》かってゆくところを表《あらわ》す字《じ》。

意味 こころざす。めざす。こころざし。目標《もくひょう》にむかう気持《きも》ち。相手《あいて》に対《たい》する気持《きも》ち。例政治家《せいじか》を志《こころざ》す。志《こころざし》を貫《つらぬ》く。志願《しがん》・意志《いし》・寸志《すんし》

参考 人《ひと》にものをさし上《あ》げるとき、表《おもて》に「志」と書《か》くのは、相手《あいて》に対《たい》する厚意《こうい》を表《あらわ》す。

名前のよみ むね・ゆき

【志《し》学《がく》】▲学問《がくもん》をしようと決意《けつい》する。参考

∘学習漢字でない常用漢字 ▲常用漢字表にない音訓 ◆常用漢字でない漢字

『論語《ろんご》』にある「われ、十有五《じゅうゆうご》にして学《がく》に志《こころざ》す（わたしは、十五歳《じゅうごさい》で学問《がくもん》をしようと決意《けつい》した）」から。十五歳《じゅうごさい》のこともいう。☞【而立《じりつ》】（862ページ）

【志願《しがん》】Ⅱ〈―する〉あるなかまに入《はい》りたい、あることをやりたいと、自分《じぶん》から進《すす》んで申《もう》しでること。例 女優志願《じょゆうしがん》 類 志望《しぼう》

【志気《しき》】↓ ものごとをするときの意気《いき》ごみ。例 志気《しき》があがる。類 意気《いき》

【志向《しこう》】↓〈―する〉あることにむかって、気持《きも》ちが動《うご》くこと。例 エリート志向《しこう》 類 指向《しこう》 表現「志向」は心《こころ》のこと、「指向」はものごとの方向《ほうこう》、と使《つか》い分《わ》ける。

【志士《しし》】↓ 強《つよ》い信念《しんねん》をもって、国《くに》や社会《しゃかい》のためにつくそうという気持《きも》ちの人《ひと》。例 勤王《きんのう》の志士《しし》。類 義士《ぎし》

【志望《しぼう》】Ⅱ〈―する〉自分《じぶん》の将来《しょうらい》について、こうなりたい、こういうことをしたいとのぞむこと。例 第一志望《だいいちしぼう》の大学《だいがく》。類 希望《きぼう》・志願《しがん》

志が下につく熟語 上の字の働き

【大志《たいし》 初志《しょし》 遺志《いし》 闘志《とうし》 芳志《ほうし》 寸志《すんし》】ドノヨウナ志《こころざし》か。

【有志《ゆうし》 同志《どうし》】志《こころざし》をドウスルか。

心－3

忍

総画7 JIS-3906 常用

音 ニン 訓 しのぶ・しのばせる

筆順 忍 忍 忍 忍 忍 忍 忍

なりたち 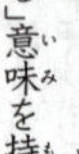 【形声】「刃」が「ニン」という読《よ》み方《かた》をしめしている。「ニン」は「たえる」意味《いみ》を持《も》ち、心《こころ》の中《なか》でじっとたえることを表《あらわ》す字《じ》。

意味

❶がまんする。気《き》づかれないようにする。例 人目《ひとめ》を忍《しの》ぶ。足音《あしおと》を忍《しの》ばせて近《ちか》づく。忍《にん》従《じゅう》・忍術《にんじゅつ》・堪忍《かんにん》

❷むごい。思《おも》いやりがない。例 残忍《ざんにん》

名前のよみ おし

❶〈がまんする〉の意味で

【忍者《にんじゃ》】↓ むかし、忍術《にんじゅつ》を使《つか》って、スパイのような活動《かつどう》をした人《ひと》。しのびの者《もの》。

【忍従《にんじゅう》】↓〈―する〉つらい立場《たちば》や苦《くる》しい生《せい》活《かつ》に、じっとがまんしつづけること。

【忍術《にんじゅつ》】↓ こっそりと行動《こうどう》して敵《てき》のようすをさぐったり、相手《あいて》をうちまかしたりする術《すべ》。例 忍術使《にんじゅつつか》い 類 忍法《にんぽう》

【忍耐《にんたい》】Ⅱ〈―する〉つらいこと、苦《くる》しいことをじっとがまんすること。例 忍耐強《にんたいづよ》い。忍耐《にんたい》を要《よう》する。類 辛抱《しんぼう》

【忍法《にんぽう》】↓ 忍術《にんじゅつ》。例 伊賀流忍法《いがりゅうにんぽう》

◆ 堪忍《かんにん》 残忍《ざんにん》

心－3

忘

総画7 JIS-4326 教6年

音 ボウ 訓 わすれる

筆順 忘 忘 忘 忘 忘 忘 忘（まっすぐ、つく／おらない／はねる）

なりたち  【形声】「亡」が「なくなる」意味《いみ》と「ボウ」という読《よ》み方《かた》をしめしている。心《こころ》の中《なか》にあったものが見《み》えなくなることを表《あらわ》す字《じ》。

意味 わすれる。心《こころ》の中《なか》からなくなる。例 恩《おん》を忘《わす》れる。我《われ》を忘《わす》れて見入《みい》る。忘却《ぼうきゃく》・備忘《びぼう》

【忘恩《ぼうおん》】▲ 自分《じぶん》の受《う》けた恩《おん》への感謝《かんしゃ》の心《こころ》をなくしてしまうこと。例 忘恩《ぼうおん》の徒《と》。対 報恩《ほうおん》

【忘我《ぼうが》】▲ 夢中《むちゅう》になったり、うっとりとしたりして、ぼうっとなること。例 忘我《ぼうが》の境《きょう》。類 無我《むが》・没我《ぼつが》

【忘却《ぼうきゃく》】⊠〈―する〉すっかりわすれてしまうこと。例 忘却《ぼうきゃく》のかなた。

忄－3

忙

総画6 JIS-4327 常用

音 ボウ 訓 いそがしい

筆順 忙 忙 忙 忙 忙 忙

なりたち 【形声】「亡」が「ボウ」という読《よ》み方《かた》をしめしている。「ボウ」は「あちらこちらに向《む》かう」意味《いみ》を持《も》ち、いろいろなことに心《こころ》（忄）が飛《と》んで落《お》ち着《つ》かないことを表《あらわ》す字《じ》。

意味 いそがしい。ひまがない。例 目《め》が回《まわ》るほど忙《いそが》しい。忙殺《ぼうさつ》・多忙《たぼう》 対 閑《かん》

【忙殺《ぼうさつ》】⊠〈―する〉たいへんいそがしいこと。例 仕事《しごと》に忙殺《ぼうさつ》されて、休《やす》むひまもない。

忙が下につく熟語 上の字の働き

【多忙《たぼう》 繁忙《はんぼう》】ドノクライ忙《いそが》しいか。

快

総画7
JIS-1887
教5年
訓 音
カイ
こころよい

筆順
快 快 快 快 快 快 快
とめる だす はらう

なりたち

【形声】「夬」が「カイ」という読《よ》み方《かた》をしめしている。「カイ」は「ひらく」意味《いみ》を持《も》ち、心《こころ》(忄)がはればれとするようすを表《あらわ》す字《じ》。

意味
❶こころよい。気分《きぶん》がよい。病気《びょうき》がなおる。[例] 春風《はるかぜ》がはだに快《こころよ》い。快《こころよ》く引《ひ》き受《う》ける。快適《かいてき》・明快《めいかい》
❷はやい。スピードがある。[例] 快速《かいそく》

名前のよみ はや・やす・よし

❶〈こころよい〉の意味で

【快活《かいかつ》】[Ⅱ]〈―な／―に〉明《あか》るく生《い》き生《い》きとしているようす。[例] 快活《かいかつ》な少女《しょうじょ》。快活《かいかつ》にふるまう。

【快感《かいかん》】[↓] いい気持《きも》ち。[例] 快感《かいかん》を味《あじ》わう。

【快挙《かいきょ》】[↓] むねがすっとするような、すばらしいおこない。[例] 快挙《かいきょ》をなしとげる。

【快◆哉《かいさい》】[☒] すっきりしたよろこびを表《あらわ》すことば。[例] 快哉《かいさい》をさけぶ。

【快勝《かいしょう》】[↓]〈―する〉気持《きも》ちよく、あざやかに勝《か》つこと。[類] 圧勝《あっしょう》・大勝《たいしょう》・楽勝《らくしょう》 [対] 辛勝《しんしょう》

【快晴《かいせい》】[↓] 空《そら》に雲《くも》もなく、気持《きも》ちよく晴《は》れていること。[例] 快晴《かいせい》にめぐまれる。[知識] 理科《りか》の用語《ようご》としては、雲《くも》が空全体《そらぜんたい》の十分《じゅうぶん》の一《いち》より少《すく》ないときをいい、記号《きごう》は○。

【快◦諾《かいだく》】[↓]〈―する〉たのまれごとを、気持《きも》ちよく聞《き》き入《い》れること。[例] 快諾《かいだく》を得《え》る。

【快男児《かいだんじ》】さっぱりしてさわやかな男子《だんし》。

【快調《かいちょう》】[↓]〈―な／―に〉からだやものごとの調子《ちょうし》がすばらしくいい。[例] 快調《かいちょう》に進《すす》む。[類] 好調《こうちょう》 [対] 不調《ふちょう》

【快適《かいてき》】[Ⅱ]〈―な／―に〉とても気持《きも》ちよい。[例] 快適《かいてき》なへや。

【快刀乱麻を断つ《かいとうらんまをたつ》】よく切《き》れる刀《かたな》でもつれた麻《あさ》を切《き》るように、こじれたものごとをあざやかに解決《かいけつ》するたとえ。[参考] 中国《ちゅうごく》の書物《しょもつ》にあることばから。

【快復《かいふく》】[↓]〈―する〉病気《びょうき》やけががなおって、健《けん》康《こう》な状態《じょうたい》にもどること。[類] 回復《かいふく》・快癒《かいゆ》

【快方《かいほう》】[↓] 病気《びょうき》やけががなおっていくこと。[例] 快方《かいほう》にむかう。

【快◦癒《かいゆ》】[↓]〈―する〉病気《びょうき》やけががすっかりよくなること。[類] 全快《ぜんかい》・全治《ぜんち》・快復《かいふく》・快気《かいき》

【快楽《かいらく》】[Ⅱ] おもにからだで感《かん》じる気持《きも》ちのよさや楽《たの》しみ。[例] 快楽《かいらく》におぼれる。[類] 悦楽《えつらく》

❷〈はやい〉の意味で

【快走《かいそう》】[↓]〈―する〉すばらしい速《はや》さで走《はし》ること。[例] 風《かぜ》を切《き》って快走《かいそう》するヨット。

【快足《かいそく》】[↓] すばらしく速《はや》く走《はし》れること。[例] 快足《かいそく》のランナー。

【快速《かいそく》】[↓] ①すばらしく速《はや》いこと。[例] 快速《かいそく》船《せん》 ②「快速電車《かいそくでんしゃ》」の略《りゃく》。とまる駅《えき》を少《すく》なくして、はやく目的地《もくてきち》につくように運転《うんてん》する電車《でんしゃ》。

快が下につく熟語 上の字の働き

❶快＝〈こころよい〉のとき
【軽快《けいかい》 明快《めいかい》 愉快《ゆかい》】近《ちか》い意味《いみ》。
【壮快《そうかい》 豪快《ごうかい》 痛快《つうかい》】ドノヨウニ快《こころよ》いか。
◆全快《ぜんかい》 不快《ふかい》

心−4

忽

総画8
JIS-2590
人名
訓 音
コツ
たちま-ち・ゆるが-せ

意味
❶たちまち。あっという間《ま》に。急《きゅう》に。
❷ゆるがせにする。おろそかにする。[例] 粗忽《そこつ》

❶〈たちまち〉の意味で

【◆忽然《こつぜん》】[☒] とつぜん。[例] 忽然《こつぜん》と消《き》える。

心−4

忠

総画8
JIS-3573
教6年
訓 音
チュウ
―

筆順
忠 忠 忠 忠 忠 忠 忠 忠
とめる はねる とめる

なりたち

【形声】「中」が「なか」の意味《いみ》と「チュウ」という読《よ》み方《かた》をしめしている。心《こころ》のまんなかにあるもの「まごころ」を表《あらわ》す字《じ》。

意味
❶まごころ。心《こころ》から相手《あいて》を思《おも》う気持《きも》ち。[例] 忠告《ちゅうこく》
❷主君《しゅくん》につくす。[例] 忠《ちゅう》ならんと欲《ほっ》すれば孝《こう》ならず（主君《しゅくん》のためにつくそうとすれ

◦学習漢字でない常用漢字 ▲常用漢字表にない音訓 ◆常用漢字でない漢字

ば、親《おや》のためにつくすことができない)。 忠臣《ちゅうしん》

名前のよみ あつ・あつし・きよし・ただ・ただし・なり・のり

❶〈まごころ〉の意味で

【忠言《ちゅうげん》】↓ 心《こころ》から相手《あいて》のためを思《おも》って、注意《ちゅうい》することば。忠告《ちゅうこく》のことば。例 忠言《ちゅうげん》耳《みみ》に逆《さか》らう。

【忠告《ちゅうこく》】↓〈—する〉相手《あいて》のためを思《おも》って、よくないところを注意《ちゅうい》すること。例 忠告《ちゅうこく》にしたがう。類 苦言《くげん》

【忠実《ちゅうじつ》】Ⅱ〈—な・—に〉①上《うえ》の立場《たちば》の人《ひと》に言《い》われたとおりに、まじめにつとめをはたすようす。例 忠実《ちゅうじつ》な社員《しゃいん》。類 誠実《せいじつ》 ②もとになっているものをかってにかえないようす。例 楽譜《がくふ》に忠実《ちゅうじつ》に演奏《えんそう》する。

❷〈主君につくす〉の意味で

【忠義《ちゅうぎ》】↓〈—な・—に〉主人《しゅじん》や国《くに》のためにまごころからつかえ、つとめをはたすこと。例 忠《ちゅう》義《ぎ》をつくす。類 忠節《ちゅうせつ》・忠誠《ちゅうせい》 対 不忠《ふちゅう》

【忠勤《ちゅうきん》】↓ 会社《かいしゃ》などのために、まごころをこめて仕事《しごと》をすること。例 忠勤《ちゅうきん》をはげむ。

【忠犬《ちゅうけん》】↓ 飼《か》い主《ぬし》をたいせつに思《おも》い、よく言《い》うことをきく犬《いぬ》。例 忠犬《ちゅうけん》ハチ公《こう》

【忠孝《ちゅうこう》】Ⅱ 忠義《ちゅうぎ》と孝行《こうこう》。主君《しゅくん》にまごころをつくしてつかえることと、親《おや》をたいせつにすること。

【忠臣《ちゅうしん》】↓ まごころをこめて主君《しゅくん》につかえる家来《けらい》。忠義《ちゅうぎ》な家臣《かしん》。類 義臣《ぎしん》

【忠誠《ちゅうせい》】Ⅱ〈—な〉まごころをこめて主人《しゅじん》のためにはたらくこと。例 忠誠心《ちゅうせいしん》。忠誠《ちゅうせい》をちかう。類 忠義《ちゅうぎ》・忠節《ちゅうせつ》

【忠節《ちゅうせつ》】↓ なにがあってもかわることなく、国《くに》や主人《しゅじん》のためにまごころをこめてつかえること。例 忠節《ちゅうせつ》の人《ひと》。類 忠義《ちゅうぎ》・忠誠《ちゅうせい》

心−4

念

総画8
JIS-3916
教4年
訓 —
音 ネン

筆順

はらう
、にならない
はねる

なりたち

[形声]「今《キン》」が「ネン」とかわって読《よ》み方《かた》をしめしている。「キン」は「かたくとどめる」意味《いみ》を持《も》ち、心《こころ》にしっかりとどめておくことを表《あらわ》す字《じ》。

意味
❶心《こころ》にとどめる。強《つよ》く思《おも》う。考《かんが》え。ねがい。例 念《ねん》には念《ねん》を入《い》れよ。念頭《ねんとう》・入念《にゅうねん》
❷心《こころ》をこめてとなえる。例 み仏《ほとけ》の名《な》を念《ねん》ずる。念仏《ねんぶつ》

❶〈心にとどめる〉の意味で

【念願《ねんがん》】Ⅱ〈—する〉そうなってほしいと、心《こころ》の中《なか》で強《つよ》くのぞむこと。そののぞみ。例 念願《ねんがん》がかなう。類 宿願《しゅくがん》・願望《がんぼう》

【念書《ねんしょ》】↓ 相手《あいて》と約束《やくそく》したことを書《か》いた文《ぶん》書《しょ》。例 念書《ねんしょ》を入《い》れる。念書《ねんしょ》をかわす。

【念頭《ねんとう》】↓ 心《こころ》のなか。例 注意《ちゅうい》されたことがらを念頭《ねんとう》におく。

【念力《ねんりき》】↓ いっしょうけんめいに思《おも》いをこらすことによって生《う》まれてくる力《ちから》。

❷〈心をこめてとなえる〉の意味で

【念仏《ねんぶつ》】▲〈—する〉仏《ほとけ》の名《な》をとなえること。とくに「南無阿弥陀仏《なむあみだぶつ》」ととなえること。

念が下につく熟語 上の字の働き

❶念=〈心にとどめる〉のとき
【観念《かんねん》 祈念《きねん》】近《ちか》い意味《いみ》。
【信念《しんねん》 理念《りねん》 一念《いちねん》 丹念《たんねん》 執念《しゅうねん》 概念《がいねん》 雑念《ざつねん》 邪念《じゃねん》 疑念《ぎねん》 余念《よねん》】ドウイウ思《おも》いか。
【残念《ざんねん》 無念《むねん》】思《おも》いにドウデアルか。
【入念《にゅうねん》 専念《せんねん》 記念《きねん》 懸念《けねん》 失念《しつねん》 断念《だんねん》】念《ねん》を(念《ねん》に)ドウスルか。

心−5

怨

総画9
JIS-1769
常用
訓 うら-む
音 エン・オン

筆順

意味 うらむ。うらみ。うらめしい。例 怨恨《えんこん》・怨念《おんねん》

表記「うらむ」は、「恨む」で表《あらわ》すことが多《おお》い。

【◦怨◦恨《えんこん》】Ⅱ うらみ。

忄−5

怪

総画8
JIS-1888
常用
訓 あやしい・あやしむ
音 カイ・ケ

筆順

なりたち 【形声】「圣」が「カイ」という読《よ》み方《かた》をしめしている。「カイ」は「ふつうでない」の意味《いみ》を持《も》ち、ふつうでないことに対《たい》して心《こころ》(忄)の中《なか》でうたがうことを表《あらわ》す字《じ》。

意味 あやしい。ふつうでない。へんに思《おも》う。例 警官《けいかん》が怪《あや》しむ。怪人《かいじん》・奇怪《きかい》

【°怪異】《かいい》 [II] 〈—な〉りくつでは説明《せつめい》できない、ふしぎなこと。例 怪異伝説《かいいでんせつ》

【°怪°奇】《かいき》 [II] 〈—な・—に〉おそろしい感《かん》じのする、あやしくふしぎなこと。例 複雑怪奇《ふくざつかいき》な事件《じけん》。類 伝奇《でんき》

【°怪気°炎】《かいきえん》 ほんとうかどうか心配《しんぱい》になるような、調子《ちょうし》のよさ。例 怪気炎《かいきえん》をあげる。

【°怪°傑】《かいけつ》 [↓] ひとなみはずれた力《ちから》をもつ、ふしぎな人《ひと》。例 怪傑黒頭巾《かいけつくろずきん》

【°怪°獣】《かいじゅう》 [↓] ふしぎな姿《すがた》で、正体《しょうたい》がわからない動物《どうぶつ》。例 怪獣映画《かいじゅうえいが》

【°怪人】《かいじん》 [↓] 正体《しょうたい》のよくわからない人物《じんぶつ》。

【°怪談】《かいだん》 [↓] お化《ば》けやゆうれいなどのでてくる、ぞっとするような話《はなし》。

【°怪°盗】《かいとう》 [↓] 正体《しょうたい》がわからない、ふしぎなどろぼう。例 怪盗《かいとう》ルパン

【°怪物】《かいぶつ》 [↓] 正体《しょうたい》がわからない、あやしい生《い》きもの。化《ば》け物《もの》。表現 「政界《せいかい》の怪物《かいぶつ》」のように、ふつうの人《ひと》とはちがった大《おお》きな力《ちから》や才能《さいのう》を持《も》つ人《ひと》をいうこともある。

【°怪文書】《かいぶんしょ》 だれが書《か》いたかわからない、悪口《わるくち》やひみつが書《か》いてある文書《ぶんしょ》。

【°怪力】《かいりき》 [↓] ひとなみはずれた、強《つよ》い力《ちから》。例 怪力《かいりき》を発揮《はっき》する。類 大力《だいりき》

【▲°怪我】《けが》 [◎] ①〈—する〉きずをうけること。また、そのきず。例 けが人《にん》。けがをする。類 負傷《ふしょう》 ②小《ちい》さなあやまちやわざわい。例 けがの功名《こうみょう》(失敗《しっぱい》だと思《おも》ったことが、思《おも》いがけずよい結果《けっか》になること)。

【▲°怪◆訝】《けげん》 [II] 〈—な・—に〉ほんとうだろうか、とへんに思《おも》うようす。例 怪訝《けげん》な顔《かお》。

◇奇怪《きかい》 奇奇怪怪《ききかいかい》

心-5

急

総画9 JIS-2162 教3年

訓 音 キュウ いそぐ・せーく

筆順

なりたち

【形声】「及→刍」と「心《こころ》」とからでき、及が「追《お》いつく」意味《いみ》と「キュウ」という読《よ》み方《かた》をしめしている。追《お》いつこうとする心《こころ》を表《あらわ》す字《じ》。

意味

❶いそぐ。いそぎの。さしせまっている。例 急《いそ》ぎの用《よう》。急《きゅう》を要《よう》する。急務《きゅうむ》・緊急《きんきゅう》 対 緩《かん》

❷とつぜん。にわかに。不意《ふい》に。例 急《きゅう》に止《と》まる。急変《きゅうへん》

❸はやい。スピードがはやい。例 急《きゅう》ピッチで進行《しんこう》する。急行《きゅうこう》・急流《きゅうりゅう》

❹けわしい。かたむきがきつい。例 急《きゅう》な階段《かいだん》。急坂《きゅうはん》

❶〈いそぐ〉の意味で

【急行】《きゅうこう》 [↓] 〈—する〉いそいで行《い》くこと。例 事故現場《じこげんば》へ急行《きゅうこう》する。☞❸

【急告】《きゅうこく》 [↓] 〈—する〉いそいで知《し》らせること。その知《し》らせ。例 急告《きゅうこく》が入《はい》る。

【急使】《きゅうし》 [↓] 急《きゅう》の用事《ようじ》のためのいそぎの使《つか》い。例 急使《きゅうし》をたてる。

【急所】《きゅうしょ》 [↓] ①からだの中《なか》で、いのちにかかわるところ。例 急所《きゅうしょ》をはずれる。②ものごとにとって、いちばんたいせつなところ。例 急所《きゅうしょ》をつく。類 要点《ようてん》・要所《ようしょ》

【急進】《きゅうしん》 [↓] 〈—する〉いそいで進《すす》むこと。とくに、ものごとのしくみや規則《きそく》などをどんどんとかえようとすること。例 急進派《きゅうしんは》 対 漸進《ぜんしん》

【急先◆鋒】《きゅうせんぽう》 人《ひと》びとの先頭《せんとう》に立《た》って、いきおいよくものごとをおしすすめようとする人《ひと》。例 市民運動《しみんうんどう》の急先鋒《きゅうせんぽう》。

【急送】《きゅうそう》 [↓] 〈—する〉いそいで送《おく》ること。例 救援物資《きゅうえんぶっし》を急送《きゅうそう》する。

【急造】《きゅうぞう》 [↓] 〈—する〉いそいでつくること。急《きゅう》ごしらえ。例 急造《きゅうぞう》の小屋《こや》。

【急場】《きゅうば》 [↓] すぐになんとかしなければならない場面《ばめん》。例 借金《しゃっきん》で急場《きゅうば》をしのぐ。

【急°迫】《きゅうはく》 [↓] 〈—する〉ものごとが、さしせまってくること。例 情勢《じょうせい》が急迫《きゅうはく》する。類 切迫《せっぱく》・緊迫《きんぱく》

思 ◀次ページ

【急《きゅう》。募《ぼ》】[↓]〈—する〉大《おお》いそぎで募集《ぼしゅう》すること。例 従業員急募《じゅうぎょういんきゅうぼ》。

【急報《きゅうほう》】[↓]〈—する〉いそいで知《し》らせること。いそぎの知《し》らせ。例 急報《きゅうほう》が入《はい》る。類 速報《そくほう》

【急務《きゅうむ》】[↓]いそいでしなければならないさしせまった仕事《しごと》。例 目下《もっか》の急務《きゅうむ》。

【急用《きゅうよう》】[↓]すぐにしなければならない仕《し》事《ごと》。

❷〈とつぜん〉の意味で

【急《きゅう》。患《かん》】[↓]いそいで手当《てあ》てをする必要《ひつよう》がある患者《かんじゃ》。類 急病人《きゅうびょうにん》

【急激《きゅうげき》】[||]〈—な・—に〉とつぜんに大《おお》きくかわるようす。例 物価《ぶっか》が急激《きゅうげき》に上《あ》がった。

【急死《きゅうし》】[↓]〈—する〉とつぜん死《し》ぬこと。例 急死《きゅうし》の知《し》らせを聞《き》く。類 急逝《きゅうせい》

【急《きゅう》。襲《しゅう》】[↓]〈—する〉相手《あいて》がゆだんしているときをねらって、とつぜんおそいかかること。例 敵《てき》の背後《はいご》を急襲《きゅうしゅう》する。類 奇襲《きしゅう》

【急性《きゅうせい》】[↓]病気《びょうき》で、急《きゅう》にはじまって、どんどんあいがわるくなるもの。例 急性肺炎《きゅうせいはいえん》 対 慢性《まんせい》

【急《きゅう》。逝《せい》】[↓]〈—する〉とつぜん死《し》ぬこと。例 昨夜《さくや》急逝《きゅうせい》されました。類 急死《きゅうし》 表現 ていねいであらたまった言《い》い方《かた》。

【急増《きゅうぞう》】[↓]〈—する〉急《きゅう》にふえること。例 人口《じんこう》が急増《きゅうぞう》する。対 急減《きゅうげん》

【急転《きゅうてん》】[↓]〈—する〉ものごとのようすがとつぜんかわること。例 事態《じたい》が急転《きゅうてん》する。

【急転直下《きゅうてんちょっか》】ものごとのなりゆきがいっぺんにかわって、あっというまにかたづくこと。例 事件《じけん》は急転直下《きゅうてんちょっか》解決《かいけつ》した。

【急《きゅう》。騰《とう》】[↓]〈—する〉もののねだんなどが、急《きゅう》にあがること。類 暴騰《ぼうとう》・高騰《こうとう》 対 急落《きゅうらく》

【急病《きゅうびょう》】[↓]とつぜんかかった病気《びょうき》。例 急病人《きゅうびょうにん》。急病《きゅうびょう》にかかる。

【急変《きゅうへん》】[↓]①〈—する〉ものごとのようすが、急《きゅう》にわるいほうにかわること。例 病人《びょうにん》の容体《ようだい》が急変《きゅうへん》する。類 激変《げきへん》 ②とつぜんおきた、思《おも》いがけないできごと。とくに、政治《せいじ》や軍事《ぐんじ》にかかわるものをいう。

【急落《きゅうらく》】[↓]〈—する〉もののねだんなどが、急《きゅう》に下《さ》がること。例 株価《かぶか》が急落《きゅうらく》する。類 暴落《ぼうらく》 対 急騰《きゅうとう》

❸〈はやい〉の意味で

【急行《きゅうこう》】[↓]「急行列車《きゅうこうれっしゃ》」の略《りゃく》。おもな駅《えき》だけにとまり、目的地《もくてきち》にはやく着《つ》く列車《れっしゃ》。類 快速《かいそく》 ☞❶

【急速《きゅうそく》】[||]〈—な・—に〉ものごとの進《すす》み方《かた》が、とてもはやいようす。例 急速《きゅうそく》な進歩《しんぽ》をとげる。急速冷凍《きゅうそくれいとう》

【急流《きゅうりゅう》】[↓]川《かわ》の流《なが》れが急《きゅう》なこと。流《なが》れのはやい川《かわ》。類 早瀬《はやせ》・激流《げきりゅう》・奔流《ほんりゅう》

❹〈けわしい〉の意味で

【急降下《きゅうこうか》】〈—する〉飛行機《ひこうき》が、機首《きしゅ》を下《さ》げ、急角度《きゅうかくど》でおりること。対 急上昇《きゅうじょうしょう》 表現「人気《にんき》が急降下《きゅうこうか》する」のような言《い》い方《かた》もされる。

【急《きゅう》・峻《しゅん》】[||]〈—な〉山《やま》やがけ、坂道《さかみち》などのかたむきがとても急《きゅう》で、けわしいこと。例 急《きゅう》峻《しゅん》な山道《やまみち》を登《のぼ》る。

【急坂《きゅうはん》】[↓]かたむきが大《おお》きく、けわしい坂《さか》。例 やっとのことで急坂《きゅうはん》をのぼる。

急が下につく熟語 上の字の働き

❶急＝〈いそぐ〉のとき
【火急《かきゅう》 緊急《きんきゅう》 早急《さっきゅう/そうきゅう》】近《ちか》い意味《いみ》。
【応急《おうきゅう》 救急《きゅうきゅう》】急《きゅう》な事態《じたい》に対《たい》してドウスルか。
◆緩急《かんきゅう》 至急《しきゅう》 性急《せいきゅう》

心-5

思

総画9
JIS-2755
教2年
訓 音 シ
おもう

筆順

なりたち

【会意】「囟」が「脳《のう》」をしめし、心《こころ》を合《あ》わせて、頭《あたま》や心《こころ》でおもうことを表《あらわ》す字《じ》。

意味 おもう。心《こころ》の中《なか》にえがく。考《かんが》える。例 思《おも》わぬ結果《けっか》。思《おも》いのほか。思考《しこう》・意思《いし》

【思《おも》。惑《わく》】[○]①ものごとがこの先《さき》どうなるかについての、予想《よそう》。例 思《おも》わくどおり。②まわりの人《ひと》びとの思《おも》うこと。評判《ひょうばん》。例 世間《せけん》の思《おも》わくを気《き》にする。

【思案《しあん》】[||]〈—する〉①どうしたらよいかと、あれこれ考《かんが》えること。例 思案《しあん》にくれる。類

料簡《りょうけん》 ②心配《しんぱい》すること。例思案顔《しあんがお》

【思考】《しこう》 Ⅱ〈—する〉じっくりと頭《あたま》をはたらかせて考《かんが》えること。例思考力《しこうりょく》をつける。

【思。索】《しさく》 Ⅱ〈—する〉ものごとの深《ふか》い意味《いみ》などについて、ねばりづよく考《かんが》えること。例思索《しさく》にふける。

【思春期】《ししゅんき》 子《こ》どもの時期《じき》をすぎて、心《こころ》もからだもおとなに近《ちか》づく年《とし》ごろ。とくに、異《い》性《せい》への関心《かんしん》が高《たか》まるころ。

【思想】《しそう》 Ⅱ 一《ひと》つのまとまりをもった考《かんが》え。例思想家《しそうか》 類主義《しゅぎ》

【思潮】《しちょう》 ↓ その時代《じだい》にいきわたっている考《かんが》え方《かた》。例文芸思潮《ぶんげいしちょう》

【思。慕】《しぼ》 Ⅱ〈—する〉相手《あいて》の人《ひと》をしたい思《おも》うこと。例思慕《しぼ》の情《じょう》。

【思。慮】《しりょ》 Ⅱ〈—する〉じっくりとよく考《かんが》えること。例思慮分別《しりょふんべつ》。思慮深《しりょぶか》い人《ひと》。

思が下につく熟語 上の字の働き

【熟思《じゅくし》 沈思《ちんし》 相思《そうし》】ドノヨウニ思《おも》うか。

忄−5

性

総画8　JIS-3213　教5年

訓 —　音 セイ・ショウ

筆順 性 性 性（はねない） 性 性 性 性 性（ながく）

なりたち  【形声】「生」が「うまれる」意味《いみ》と「セイ」という読《よ》み方《かた》をしめしている。「心（忄）」をくわえて、生《う》まれながら持《も》っている心《こころ》を表《あらわ》す字《じ》。

意味

❶せいしつ。生《う》まれつきの心《こころ》。ものごとの性《せい》質。例性《しょう》に合《あ》わない。性分《しょうぶん》・個性《こせい》

❷男《おとこ》と女《おんな》の別《べつ》。性別《せいべつ》・異性《いせい》

発音あんない ショウ→ジョウ…例根性《こんじょう》

❶〈せいしつ〉の意味で

【性根】《しょうね》 Ⅱ 一 なにかをするときのささえとなる心《こころ》がまえ。例性根《しょうね》をすえる。類根性《こんじょう》

二《しょうこん》 一《ひと》つのことを最後《さいご》までやりぬく根気《こんき》。例性根《しょうこん》つきる。類精根《せいこん》

【性分】《しょうぶん》 ↓ 人《ひと》が生《う》まれつき持《も》っている、考《かんが》え方《かた》や行動《こうどう》の仕方《しかた》などの特徴《とくちょう》。例きちょうめんな性分《しょうぶん》。類性質《せいしつ》・性格《せいかく》

【性悪説】《せいあくせつ》 人間《にんげん》の本性《ほんせい》はよくないが、教《きょう》育《いく》や環境《かんきょう》によって、りっぱになっていくという考《かんが》え方《かた》。中国古代《ちゅうごくこだい》の思想家《しそうか》荀子《じゅんし》の説《せつ》。対性善説《せいぜんせつ》

【性格】《せいかく》 ↓ ①人《ひと》がそれぞれに持《も》っている、感《かん》じ方《かた》や考《かんが》え方《かた》、行動《こうどう》の仕方《しかた》などのようす。例性格《せいかく》がひねくれている。類性質《せいしつ》・性分《しょうぶん》・人《ひと》柄《がら》・気質《きしつ》 ②そのものごとだけが持《も》っている、ほかとはちがう中身《なかみ》。

【性急】《せいきゅう》 ▽〈—な・—に〉わけもなく先《さき》をいそぐ態《たい》度《ど》。せっかち。例性急《せいきゅう》に結論《けつろん》を出《だ》すな。

【性向】《せいこう》 ↓ もともと持《も》っている、そうなりやすい性質《せいしつ》。例かれにはともすれば楽《らく》をしようとする性向《せいこう》がある。類気質《きしつ》

【性行】《せいこう》 Ⅱ その人《ひと》の性質《せいしつ》やおこない。

【性質】《せいしつ》 Ⅱ ①生《う》まれつきのたち。考《かんが》え方《かた》や行動《こうどう》の仕方《しかた》などに見《み》られる、その人《ひと》らしさ。例ほがらかな性質《せいしつ》。類性格《せいかく》・性分《しょうぶん》 ②そのものがもともと持《も》っている特色《とくしょく》。例金属《きんぞく》には熱《ねつ》をつたえやすい性質《せいしつ》がある。類特性《とくせい》・特質《とくしつ》

【性善説】《せいぜんせつ》 人間《にんげん》の本性《ほんせい》は善良《ぜんりょう》なものであるが、わるい性質《せいしつ》があとから身《み》についてしまうのだという考《かんが》え方《かた》。中国古代《ちゅうごくこだい》の思想家孟子《しそうかもうし》の説《せつ》。対性悪説《せいあくせつ》

【性能】《せいのう》 ↓ 道具《どうぐ》や機械《きかい》などの持《も》っている性《せい》質《しつ》や能力《のうりょく》。例高性能《こうせいのう》

【性。癖】《せいへき》 ↓ あまりよくない性質《せいしつ》やくせ。

❷〈男と女の別〉の意味で

【性教育】《せいきょういく》 男《おとこ》と女《おんな》はどこがどうちがうか、おたがいにどう接《せっ》すればいいかなど、性《せい》について正《ただ》しい知識《ちしき》をあたえる教育《きょういく》。

【性別】《せいべつ》 ↓ 男《おとこ》と女《おんな》、雄《おす》と雌《めす》の区別《くべつ》。

性が下につく熟語 上の字の働き

❶性＝〈せいしつ〉のとき

【個性《こせい》 特性《とくせい》 本性《ほんせい／ほんしょう》 理性《りせい》 知性《ちせい》 品性《ひんせい》 野《や》性《せい》 習性《しゅうせい》 属性《ぞくせい》 国民性《こくみんせい》 感受性《かんじゅせい》 気性《きしょう》 素性《すじょう》 相性《あいしょう》】ナニの面《めん》での性質《せいしつ》か。

【陽性《ようせい》 陰性《いんせい》 真性《しんせい》 急性《きゅうせい》 慢性《まんせい》 悪性《あくせい》 優性《ゆうせい》 慣《かん》性《せい》 惰性《だせい》 弾性《だんせい》 酸性《さんせい》 魔性《ましょう》 夜行性《やこうせい》 凶暴性《きょうぼうせい》 先天性《せんてんせい》 一過性《いっかせい》 吸湿性《きゅうしつせい》】ドノヨウナ性質《せいしつ》か。

❷性＝〈男と女の別〉のとき

【男性《だんせい》 女性《じょせい》 中性《ちゅうせい》 異性《いせい》】ドノ性《せい》か。

◆根性《こんじょう》

怠 怒 怖 怜 恩 ◀次ページ

怠

心－5 総画9 JIS-3453 常用

音 タイ 訓 おこたる・なまける

筆順 怠怠怠怠怠怠怠怠怠

なりたち 【形声】「台」が「タイ」という読《よ》み方《かた》をしめしている。「タイ」は「ゆるむ」意味《いみ》を持《も》ち、心《こころ》がゆるむことを表《あらわ》す字《じ》。

意味 おこたる。なまける。例 注意《ちゅうい》を怠《おこた》る。仕事《しごと》を怠《なま》ける。怠惰《たいだ》

【。怠。惰】《たいだ》 II 〈ーな〉なまけて、だらしなくしていること。例 怠惰《たいだ》な生活《せいかつ》。対 勤勉《きんべん》 表現 ☞【怠慢】《たいまん》(474ページ)

【。怠。慢】《たいまん》 II 〈ーな・ーに〉なまけて、するべきことをしないこと。例 職務怠慢《しょくむたいまん》 表現「怠惰《たいだ》」は人《ひと》の性質《せいしつ》の問題《もんだい》なので、すぐになおるとは期待《きたい》できないが、「怠慢《たいまん》」はやり方《かた》しだいで、なおすことができる。

怒

心－5 総画9 JIS-3760 常用

音 ド・ヌ 訓 いかる・おこる

筆順 怒怒怒怒怒怒怒怒怒

なりたち 【形声】「奴」が「ド」という読《よ》み方《かた》をしめしている。「ド」は「こみあげる」意味《いみ》を持《も》ち、心《こころ》がむらむらといきり立《た》つことを表《あらわ》す字《じ》。

意味 おこる。はらがたつ。いきおいがはげしい。例 まっかになって怒《おこ》る。怒気《どき》・怒号《どごう》・激怒《げきど》・喜怒哀楽《きどあいらく》

【。怒気】《どき》 ↓ いかりの気持《きも》ち。例 怒気《どき》をふくんだ声《こえ》。

【。怒号】《どごう》 ↓ 〈ーする〉おこってさけぶどなり声《ごえ》。例 怒号《どごう》がとびかう。

【。怒・濤】《どとう》 ↓ すさまじくあれくるう波《なみ》。例 怒濤《どとう》のようにおしよせる。

【。怒。髪】《どはつ》 ↓ いかりのために、さか立《だ》ったかみの毛《け》。例 怒髪天《どはつてん》をつく(激《はげ》しく怒《おこ》ったようす)。

◆ 激怒《げきど》 憤怒《ぬふん/どふん》

文字物語 悔

「悔」の字《じ》の意味《いみ》は、その熟語《じゅくご》「後悔《こうかい》」の意味《いみ》とだいたいかさなる。自分《じぶん》のしたことを「あんなこと、しなければよかった」と、あとになって残念《ざんねん》に思《おも》ったり、くやしく思《おも》ったり。

訓《くん》の「くいる」「くやむ」もおなじような意味《いみ》を表《あらわ》す。だから「弟《おとうと》にいじわるしたことを悔《く》いている」「テストの成績《せいせき》を見《み》て、もっと勉強《べんきょう》しておけばよかったと悔《く》やむ」などという。

「悔《く》いる」からできた名詞《めいし》の「悔《く》い」は、「悔《く》いがのこる(後悔《こうかい》の気持《きも》ちが消《き》えずにあとにまでのこる)」「悔《く》いをのこす」のように使《つか》うが、「悔《く》やむ」からできた名詞《めいし》の「悔《く》やみ」は、もっぱら「お悔《く》やみ」の言《い》い方《かた》で、人《ひと》が亡《な》くなったときにその家族《かぞく》などに言《い》うなぐさめのことばとして使《つか》う。ここでは自分《じぶん》の「後悔《こうかい》」ではなく、その人《ひと》を失《うしな》ったことを残念《ざんねん》に思《おも》う、という気《き》持《も》ちを表《あらわ》している。

「くやしい」は、後悔《こうかい》する気持《きも》ちよりも、「一点差《いってんさ》で負《ま》けたのがくやしくてならない」のように、残念《ざんねん》で、あきらめきれない、と思《おも》う気持《きも》ちを表《あらわ》すことばだ。

怖

忄－5 総画8 JIS-4161 常用

音 フ 訓 こわい

筆順 怖怖怖怖怖怖怖怖

なりたち 【形声】「布《フ/ホ》」が「フ」という読《よ》み方《かた》をしめしている。「ホ」は「おそれる」意味《いみ》を持《も》ち、心《こころ》の中《なか》でおそれることを表《あらわ》す字《じ》。

意味 こわい。おそろしい。こわがる。おそれる。例 怖《こわ》いもの知《し》らず。恐怖《きょうふ》

怜

忄－5 総画8 JIS-4671 人名

音 レイ 訓 さとーい

意味 かしこい。りこうな。

恩

心－6 総画10 JIS-1824 教5年

音 オン 訓 ―

筆順 恩恩恩恩恩恩恩恩恩恩 はねる とめる とめる

なりたち 【形声】「因《イン》」が「オン」とかわって読《よ》み方《かた》をしめしている。「イン」は「いたむ」意味《いみ》を持《も》ち、他人《たにん》をあわれむ心《こころ》を表《あらわ》す字《じ》。

意味 ❶人《ひと》からうけためぐみ。例恩《おん》を返《かえ》す。恩《おん》に着《き》る。恩義《おんぎ》・謝恩《しゃおん》 ❷人《ひと》に対《たい》するあたたかい心《こころ》。例恩恵《おんけい》

名前のよみ おき・めぐみ

❶〈人からうけためぐみ〉の意味で

【恩義】《おんぎ》 ↓ 受《う》けたなさけに対《たい》して、おかえしをしなければならないと思《おも》う気持《きも》ち。例恩義《おんぎ》を感《かん》じる。

【恩師】《おんし》 ↓ 自分《じぶん》が教《おそ》わった先生《せんせい》。

【恩人】《おんじん》 ↓ せわになったありがたい人《ひと》。例命《いのち》の恩人《おんじん》。

❷〈人に対するあたたかい心〉の意味で

【恩愛】《おんあい／おんない》 || 親子《おやこ》・夫婦《ふうふ》のあいだの愛情《あいじょう》。例断《た》ちがたい恩愛《おんあい／おんない》のきずな。

【恩給】《おんきゅう》 ↓ 一定期間《いっていきかん》つとめた公務員《こうむいん》が、仕事《しごと》をやめたり、死亡《しぼう》したりしたあとに、本人《ほんにん》やその家族《かぞく》に国《くに》がしはらうお金《かね》。今《いま》の共済年金《きょうさいねんきん》にあたる。

【恩。恵】《おんけい》 || うけた側《がわ》が得《とく》をしたり、しあわせになったりするもの。例恩恵《おんけい》をうける。

【恩。賜】《おんし》 ↓ 天皇《てんのう》・君主《くんしゅ》が、国民《こくみん》にものをあたえること。例恩賜《おんし》の金杯《きんぱい》。

【恩。赦】《おんしゃ》 ↓ 国《くに》に祝《いわ》いごとがあったときなどに、犯罪人《はんざいにん》を、とくべつにゆるしたり、罰《ばつ》を軽《かる》くしたりすること。例恩赦《おんしゃ》にあずかる。

【恩賞】《おんしょう》 ↓ 天皇《てんのう》・君主《くんしゅ》がてがらをほめて、ほうびのお金《かね》や物《もの》などをあたえること。ほうびの品《しな》。

【恩情】《おんじょう》 ↓ なさけのこもった、思《おも》いやりの心《こころ》。例恩情《おんじょう》が身《み》にしみる。類温情《おんじょう》

【恩◆寵】《おんちょう》 || 神《かみ》や君主《くんしゅ》からあたえられるめぐみ。例神《かみ》の恩寵《おんちょう》。恩寵《おんちょう》にあずかる。

【恩典】《おんてん》 ↓ ありがたい、とくべつなとりあつかい。例学費免除《がくひめんじょ》の恩典《おんてん》に浴《よく》する。

恩が下につく熟語 上の字の働き

❶恩＝〈人からうけためぐみ〉のとき

【旧恩《きゅうおん》 大恩《だいおん》】ドノヨウナ恩《おん》か。

【謝恩《しゃおん》 忘恩《ぼうおん》 報恩《ほうおん》】恩《おん》を（恩《おん》に）ドウスルか。

忄－6

悔

総画9 JIS-1889 常用

［悔］

音カイ 訓くいる・くやむ・くやしい

筆順 悔悔悔悔悔悔悔悔悔

なりたち 【形声】「毎」が「カイ」という読《よ》み方《かた》をしめしている。「カイ」は「ひっかかる」意味《いみ》を持《も》ち、あきらめきれず心《こころ》にひっかかることを表《あらわ》す字《じ》。

意味 くいる。しなければよかったとくやしく思《おも》う。例罪《つみ》を悔《く》いる。悔《く》やんでも悔《く》やみきれない。悔《くや》しい思《おも》い。悔悟《かいご》・後悔《こうかい》

文字物語 ☞474ページ

【。悔。悟】《かいご》 ↓〈─する〉自分《じぶん》のしたことがわるかったと気《き》づいて、あらためようと思《おも》うこと。例悔悟《かいご》のなみだ。類悔悛《かいしゅん》

【。悔。恨】《かいこん》 ||〈─する〉自分《じぶん》のおこないがまちがっていたことがわかり、悲《かな》しみくやむこと。例悔恨《かいこん》の日々《ひび》をおくる。類後悔《こうかい》

【。悔◆悛】《かいしゅん》 ↓〈─する〉自分《じぶん》のおこないがまちがっていたことに気《き》づいて、心《こころ》をいれかえること。類改心《かいしん》・悔悟《かいご》 表記「改悛」とも書《か》く。

心－6

恐

総画10 JIS-2218 常用

音キョウ 訓おそれる・おそろしい

筆順 恐恐恐恐恐恐恐恐恐恐

なりたち 【形声】「巩」が「キョウ」という読《よ》み方《かた》をしめしている。「キョウ」は「すくむ」意味《いみ》を持《も》ち、心《こころ》がすくむことを表《あらわ》す字《じ》。

意味 おそれる。おそろしい。例失敗《しっぱい》を恐《おそ》れる。恐《おそ》ろしい病気《びょうき》。恐怖《きょうふ》

使い分け おそれる［恐・畏］☞477ページ

【。恐。喝】《きょうかつ》 ||〈─する〉相手《あいて》のよわみやひみつにつけこんで、金《かね》などをおどしとること。例恐喝罪《きょうかつざい》 表記「脅喝」とも書《か》く。

【恐慌】きょうこう ↓ ①不安《ふあん》やおそれにとらわれ、わけのわからない行動《こうどう》をすること。パニック。例恐慌《きょうこう》をきたす。②急《きゅう》に不景気《ふけいき》になり、たくさんの会社《かいしゃ》や銀行《ぎんこう》がつぶれたりして、人《ひと》びとの生活《せいかつ》が苦《くる》しくなること。例金融恐慌《きんゆうきょうこう》

【恐縮】きょうしゅく ↓ (—する) 身《み》がちぢむほどおそれいること。例ご迷惑《めいわく》をおかけし、恐縮《きょうしゅく》しております。表現「恐縮《きょうしゅく》ですが」「恐《おそ》れ入《い》りますが」は、人《ひと》にものをたのむときなどに、「すみませんが」よりもていねいな感《かん》じで使《つか》う。

【恐怖】きょうふ Ⅱ ぞっとするようなおそろしさを感《かん》じること。例恐怖《きょうふ》におののく。

【恐竜】きょうりゅう ↓ 大《おお》むかしにいた大《おお》きな爬虫《はちゅう》類《るい》。

◆ 戦戦恐恐《せんせんきょうきょう》

恭
小-6 総画10 JIS-2219 常用
音 キョウ
訓 うやうやしい

筆順 恭恭恭恭恭恭恭

なりたち [形声]「共」と「心《こころ》(⺗)」とからでき、「共」が「キョウ」という読《よ》み方《かた》をしめしている。「キョウ」は「うやまいつつしむ」意味《いみ》を持《も》ち、うやうやしくする気持《きも》ちを表《あらわ》す字《じ》。

意味 うやうやしい。つつしみぶかい。例恭《うやうや》しく頭《あたま》を下《さ》げる。恭順《きょうじゅん》

名前のよみ すみ・たか・たかし・ただ・ただし・ちか・のり・みつ・やす・やすし・ゆき・よし

【恭賀】きょうが ↓ うやうやしくおいわいすること。例恭賀新年《きょうがしんねん》

【恭順】きょうじゅん ↓ (—な・—に) 上《うえ》からの命令《めいれい》に、おとなしくしたがうこと。例恭順《きょうじゅん》の意《い》を表《あらわ》す。

恵
心-6 総画10 JIS-2335 常用
音 ケイ・エ
訓 めぐむ
[惠]

筆順

なりたち [形声]もとの字《じ》は、「惠」。「叀」が「ケイ」という読《よ》み方《かた》をしめしている。「ケイ」は「人《ひと》に物《もの》をあたえる」意味《いみ》を持《も》ち、めぐみぶかい心《こころ》を表《あらわ》す字《じ》。

意味 めぐむ。めぐみ。めぐまれる。例自然《しぜん》の恵《めぐ》み。恵贈《けいぞう》・恩恵《おんけい》・知恵《ちえ》

名前のよみ あや・さと・さとし・しげ・とし・やす・よし

【恵贈】けいぞう Ⅱ (—する) 好意《こうい》をこめて物《もの》を贈《おく》ること。人《ひと》から贈《おく》り物《もの》をもらったとき、お礼《れい》のことばに用《もち》いる。例何《なに》よりの品《しな》をご恵贈《けいぞう》くださり、ありがとうございました。

◆ 恩恵《おんけい》 互恵《ごけい》 知恵《ちえ》

恒
忄-6 総画9 JIS-2517 常用
音 コウ
訓 つね
[恆]

筆順

なりたち [形声]もとの字《じ》は、「恆」。「亙」が「コウ」という読《よ》み方《かた》をしめしている。「コウ」は「動《うご》かない、いつまでもかわらない」の意味《いみ》を持《も》ち、いつまでも心《こころ》(忄)がかわらないことを表《あらわ》す字《じ》。

意味 いつまでもかわらない。いつでもおなじ。例恒久《こうきゅう》

名前のよみ ちか・のぶ・ひさ・ひさし・ひとし

【恒温】こうおん ↓ 一定《いってい》にたもたれた温度《おんど》。例恒温《こうおん》動物《どうぶつ》 類定温《ていおん》 対変温《へんおん》

【恒温動物】こうおんどうぶつ 哺乳類《ほにゅうるい》のように、まわりの温度《おんど》がかわっても、体温《たいおん》があまりかわらない動物《どうぶつ》。類定温動物《ていおんどうぶつ》 対変温動物《へんおんどうぶつ》

【恒久】こうきゅう Ⅱ いつまでもかわることがない。例恒久《こうきゅう》の平和《へいわ》。類永久《えいきゅう》・永遠《えいえん》

【恒常】こうじょう Ⅱ いつでもおなじようすで、かわらないこと。例恒常性《こうじょうせい》 類一定《いってい》

【恒星】こうせい ↓ 太陽《たいよう》のように自分《じぶん》から光《ひかり》をだし、ほとんど位置《いち》のかわらない星《ほし》。対惑星《わくせい》・遊星《ゆうせい》

【恒例】こうれい ↓ 行事《ぎょうじ》やもよおしが、いつもきまったときにおこなわれること。例恒例《こうれい》の盆踊《ぼんおど》り。類定例《ていれい》

恨
忄-6 総画9 JIS-2608 常用
音 コン
訓 うらむ・うらめしい

筆順

なりたち 【形声】「艮」が「コン」という読《よ》み方《かた》をしめしている。「コン」は「深《ふか》くねざす」意味《いみ》を持《も》ち、心《こころ》(忄)の中《なか》でいつまでも根《ね》にもつことを表《あらわ》す字《じ》。

意味 うらむ。うらみ。残念《ざんねん》に思《おも》う。例 恨《うら》みを晴《は》らす。遺恨《いこん》

◆遺恨《いこん》 悔恨《かいこん》 痛恨《つうこん》

恣

心-6　総画10　JIS-5583　常用

訓 ―　音 シ

筆順 恣恣恣恣恣恣恣恣

意味 好《す》きかってにする。ほしいままにする。例 恣意《しい》

字体のはなし 「恣」とも書《か》く。☞ふろく「字体についての解説」(28ページ)

【°恣意的】しいてき (―な・―に) かって気《き》ままにしているようす。例 恣意的《しいてき》な解釈《かいしゃく》。

恕

心-6　総画10　JIS-2990　人名

訓 ゆる-す　音 ジョ

意味 ゆるす。おおめにみる。思《おも》いやる。例 寛恕《かんじょ》

名前のよみ くに・しのぶ・のり・ひろ・ひろし・みち・ゆき・よし

息

心-6　総画10　JIS-3409　教3年

訓 いき　音 ソク

筆順 息息息息息息息息息息（はねる・とめる）

なりたち 【会意】「自」が「はな」、「心」が「むね」のことで、鼻《はな》とむねでいきをすることを表《あらわ》す字《じ》。

意味
❶いき。呼吸《こきゅう》。いきづく。例 息《いき》がつまる。虫《むし》の息《いき》。消息《しょうそく》
❷やすむ。はたらきを止《と》める。例 休息《きゅうそく》
❸子《こ》。生《う》まれたもの。例 息女《そくじょ》・利息《りそく》

特別なよみ 息吹(いぶき)・息子(むすこ)

名前のよみ おき・やす

❶〈いき〉の意味で

【息吹】いぶき ⇩ いきいきしたけはい。例 春《はる》の息吹《いぶき》。参考 もとは息《いき》をはくこと、息《いき》づかいを表《あらわ》すことば。

❷〈やすむ〉の意味で

【息災】そくさい ▲ なにごともなく元気《げんき》でいること。例 無病息災《むびょうそくさい》

❸〈子〉の意味で

【息女】そくじょ Ⅱ 人《ひと》のむすめをうやまっていうときのことば。類 令嬢《れいじょう》 対 子息《しそく》 表現 敬意《けいい》を確《かく》実《じつ》に表《あらわ》したいときは「ご息女《そくじょ》」という。

【息子】むすこ Ⅱ 親《おや》にとって、自分《じぶん》の、男《おとこ》の子《こ》ども。例 うちの息子《むすこ》。対 娘《むすめ》

息が下につく熟語 上の字の働き

❶息=〈いき〉のとき
【嘆息《たんそく》 寝息《ねいき》 吐息《といき》】ドウスル息《いき》か。
【鼻息《はないき》 青息《あおいき》 一息《ひといき》】ドンナ息《いき》か。

❷息=〈やすむ〉のとき
【休息《きゅうそく》 終息《しゅうそく》】近《ちか》い意味《いみ》。

❸息=〈子〉のとき
【子息《しそく》 利息《りそく》】近《ちか》い意味《いみ》。

◆消息《しょうそく》 安息《あんそく》 生息《せいそく》 絶息《ぜっそく》 窒息《ちっそく》 令息《れいそく》 愚息《ぐそく》

恥

心-6　総画10　JIS-3549　常用

訓 はじる・はじ・はじらう・はずかしい　音 チ

筆順 恥恥恥恥恥恥恥恥恥恥

なりたち 【形声】「耳《ジ》」が「チ」とかわって読《よ》み方《かた》をしめしている。「ジ」は「はじる」意味《いみ》を持《も》ち、心《こころ》にはずかしく思《おも》うことを表《あらわ》す字《じ》。

意味 はじ。はずかしく思《おも》う。例 不明《ふめい》を恥《は》じる。恥《はじ》をさらす。赤恥《あかはじ》・恥辱《ちじょく》

【°恥辱】ちじょく Ⅱ 心《こころ》がひどくきずつくほどの、はずかしい思《おも》いをすること。例 恥辱《ちじょく》をこうむる。類 屈辱《くつじょく》・汚辱《おじょく》

例解 使い分け
【おそれる《恐れる・畏れる》】
恐れる=おそろしいと思《おも》う。心配《しんぱい》する。例 失敗《しっぱい》を恐《おそ》れていたらなにもできない。病気《びょうき》が再発《さいはつ》する恐《おそ》れがある。
畏れる=力《ちから》のおよばないものをうやまう。例 師《し》を畏《おそ》れうやまう。自然《しぜん》に対《たい》する畏《おそ》れ。畏《おそ》れ多《おお》いことば。

°学習漢字でない常用漢字　▲常用漢字表にない音訓　◆常用漢字でない漢字

◆赤恥《あかはじ》 破廉恥《はれんち》 無恥《むち》

恋

心-6 総画10 JIS-4688 常用
音 レン
訓 こう・こい・こいしい
［戀］

筆順 恋 恋 恋 恋 恋 恋 恋 恋 恋 恋

なりたち 【形声】もとの字は、「戀」。「䜌」が「レン」という読《よ》み方《かた》をしめしている。「レン」は「ひかれる」意味《いみ》を持《も》ち、心《こころ》がひかれることを表《あらわ》す字《じ》。

意味 **男《おとこ》と女《おんな》のあいだの愛情《あいじょう》**。人《ひと》をすきになる気持《きも》ち。例 人《ひと》を恋《こ》う。ふるさとが恋《こい》しい。初恋《はつこい》・恋愛《れんあい》

【°恋敵《こいがたき》】⇩ 恋人《こいびと》になろうとして競争《きょうそう》しあっている相手《あいて》。ライバル。

【°恋路《こいじ》】⇩ 恋《こい》する心《こころ》を深《ふか》めようとする道《みち》筋《すじ》。類 恋愛《れんあい》

【°恋仲《こいなか》】⇩ おたがいに恋《こい》しあう男女《だんじょ》の間《あいだ》柄《がら》。例 あのふたりは恋仲《こいなか》だ。

【°恋人《こいびと》】⇩ 恋《こい》している相手《あいて》の人《ひと》。例 恋人《こいびと》どうし。永遠《えいえん》の恋人《こいびと》。類 愛人《あいじん》

【°恋文《こいぶみ》】⇩ 恋《こい》する気持《きも》ちを書《か》いて出《だ》す手《て》紙《がみ》。ラブレター。例 恋文《こいぶみ》を書《か》く。

【°恋愛《れんあい》】Ⅱ〈―する〉男女《だんじょ》のあいだで、相手《あいて》がすきになり、いつもいっしょにいたいと思《おも》う気《き》持《も》ちになること。例 恋愛結婚《れんあいけっこん》 類 恋《こい》

【°恋歌《れんか／こいうた》】⇩ 人《ひと》を恋《こい》する気持《きも》ちをうたった詩《し》や歌《うた》。例 恋歌《れんか／こいうた》を贈《おく》る。

【°恋°恋《れんれん》】Ⅱ〈―と・―たる〉①恋《こい》しくてわすれられないようす。例 恋々《れんれん》たる思《おも》いをたち切《き》る。②思《おも》いきりのわるいようす。例 自分《じぶん》の地位《ちい》に恋々《れんれん》としがみつく。

悪

心-7 総画11 JIS-1613 教3年
音 アク・オ
訓 わるい・あーし
［惡］

筆順 悪 悪 悪 悪 悪 悪 悪 悪 悪 悪 悪（はねる・とめる・とめる）

なりたち 【形声】もとの字は、「惡」。「亞《ア》」が「アク」とかわって読《よ》み方《かた》をしめしている。「ア」は「みにくい」の意味《いみ》を持《も》ち、心《こころ》ににくしみを持《も》つことを表《あらわ》す字《じ》。

意味
❶わるい。よくない。例 天気《てんき》が悪《わる》い。悪《あく》の道《みち》に走《はし》る。悪《わる》さをする。悪者《わるもの》・害悪《がいあく》 対 善《ぜん》・良《りょう》
❷にくむ。いやだと思《おも》う。例 嫌悪《けんお》

発音あんない アク→アッ… 例 悪化《あっか》

❶〈わるい〉の意味で

【悪意《あくい》】⇩ ①人《ひと》の不幸《ふこう》をよろこび、傷《きず》つけようとする気持《きも》ち。例 悪意《あくい》をいだく。類 悪《わる》気《ぎ》・毒気《どくけ／どっき》 対 好意《こうい》・善意《ぜんい》 ②わるい意《い》味《み》。例 悪意《あくい》に解釈《かいしゃく》する。対 善意《ぜんい》

【悪運《あくうん》】⇩ ①運《うん》がわるいこと。例 このところ悪運《あくうん》つづきだ。類 不運《ふうん》 対 幸運《こううん》 ②わるいことをしても、ばちもあたらないでいる運命《うんめい》。例 悪運《あくうん》の強《つよ》いやつ。

【悪°影°響《あくえいきょう》】まわりのものごとにわるい変化《へんか》をおこさせること。例 悪影響《あくえいきょう》をおよぼす。

【悪°縁《あくえん》】⇩ わかれようとしてもわかれられない、関係《かんけい》。くされ縁《えん》。例 悪縁《あくえん》をたち切《き》る。

【悪行《あくぎょう》】⇩ 人《ひと》として、してはいけないおこない。例 悪行《あくぎょう》を重《かさ》ねる。類 悪事《あくじ》 対 善行《ぜんこう》

【悪業《あくごう》】⇩ 仏教《ぶっきょう》でいう、この世《よ》でむくいをうけるような前世《ぜんせ》でおかしたわるいおこない。例 悪業《あくごう》のむくい。

【悪事《あくじ》】⇩ 社会的《しゃかいてき》に許《ゆる》されないような悪《わる》いおこない。例 悪事《あくじ》をはたらく。類 悪行《あくぎょう》

【悪事千里を走る《あくじせんりをはしる》】悪《わる》いおこないは、うわさがすぐに遠方《えんぼう》まで伝《つた》わるものである。「悪事千里《あくじせんり》を行《い》く」とも。参考 中国《ちゅうごく》の書《しょ》物《もつ》にある「好事門《こうじもん》を出《い》でず、悪事千里《あくじせんり》を行《い》く（よいおこないの評判《ひょうばん》はなかなか広《ひろ》まらないが、悪《わる》いうわさはすぐに遠《とお》くまで伝《つた》わる）」ということばから。

【悪質《あくしつ》】⇩〈―な・―に〉①とても許《ゆる》せない、たちがわるいこと。例 悪質《あくしつ》ないたずら。②品物《しなもの》などの、質《しつ》がわるいこと。例 悪質《あくしつ》な化粧品《けしょうひん》。類 悪性《あくせい》 対 良質《りょうしつ》

【悪°臭《あくしゅう》】⇩ 気分《きぶん》がわるくなるようないやなにおい。例 悪臭《あくしゅう》を放《はな》つ。類 異臭《いしゅう》

【悪習《あくしゅう》】⇩ 世《よ》の中《なか》のわるいならわし。身《み》についてしまったわるいくせ。例 悪習《あくしゅう》にそまる。類 悪風《あくふう》・悪癖《あくへき》・弊風《へいふう》

【悪◦趣味】《あくしゅみ》〈—な —に〉① 人《ひと》がいやがることをわざとして、おもしろがるような、よくないくせ。例 人《ひと》のあらばかりさがすのは悪趣味《あくしゅみ》だよ。② このみが、下品《げひん》でセンスがよくないこと。例 なんとも悪趣味《あくしゅみ》な服装《ふくそう》だ。

【悪◦循◦環】《あくじゅんかん》〈—する〉ある一《ひと》つがわるくなると、もう一《ひと》つがわるくなり、そのためにいっそうもとのものごとをわるくするというように、かぎりなくわるくなっていくこと。例 悪循環《あくじゅんかん》をたち切《き》る。

【悪書】《あくしょ》↓ 読《よ》むとわるい影響《えいきょう》が出《で》そうな本《ほん》。例 悪書追放運動《あくしょついほううんどう》 対 良書《りょうしょ》

【悪条件】《あくじょうけん》 ものごとをするのにさまたげとなる、まわりのようすやしくみ。例 悪条件《あくじょうけん》を克服《こくふく》する。悪条件《あくじょうけん》がかさなる。

【悪声】《あくせい》↓ ① いやな感《かん》じをあたえる声《こえ》。対 美声《びせい》 ② わるい評判《ひょうばん》。例 悪声《あくせい》がひろまる。

【悪性】《あくせい》↓ 病気《びょうき》などのたちがわるい。例 悪性《あくせい》のかぜがはやる。類 悪質《あくしつ》 対 良性《りょうせい》

【悪政】《あくせい》↓ わるい政治《せいじ》。例 悪政《あくせい》に苦《くる》しむ。類 暴政《ぼうせい》 対 仁政《じんせい》・善政《ぜんせい》

【悪銭】《あくせん》↓ よくない方法《ほうほう》で手《て》に入《い》れたお金《かね》。例 悪銭身《あくせんみ》につかず(わるいことをしてかせいだお金《かね》は、すぐになくなってしまう)。

【悪戦苦◦闘】《あくせんくとう》〈—する〉自分《じぶん》に不利《ふり》なたたかいを、死《し》にものぐるいでたたかうこと。例 悪戦苦闘《あくせんくとう》をしいられる。類 四苦八苦《しくはっく》

【悪態】《あくたい》↓ にくまれぐち。例 悪態《あくたい》をつく。

【悪玉】《あくだま》↓ 悪人《あくにん》。芝居《しばい》などの悪役《あくやく》をいう。類 悪党《あくとう》 対 善玉《ぜんだま》 参考 江戸時代《えどじだい》の庶民向《しょみんむ》け読《よ》み物《もの》のさしえには、作中人物《さくちゅうじんぶつ》の善心《ぜんしん》・悪心《あくしん》のすがたを、顔《かお》のかわりに(善)や(悪)と書《か》いた人物略画《じんぶつりゃくが》でかき入《い》れた。そこから「善玉《ぜんだま》」「悪玉《あくだま》」ということばができてきた。

【悪天候】《あくてんこう》 雨《あめ》だったり、風《かぜ》が強《つよ》かったりする荒《あ》れもようの天候《てんこう》。例 悪天候《あくてんこう》をおして出《で》かける。類 荒天《こうてん》

【悪党】《あくとう》↓ ゆるされないようなわるいことをする人《ひと》。類 悪人《あくにん》・悪者《わるもの》・悪漢《あっかん》・悪玉《あくだま》

【悪童】《あくどう》↓ いたずらっ子《こ》。悪《あく》たれ。

【悪徳】《あくとく》↓ 人《ひと》の道《みち》に反《はん》するようなわるいおこないや、心《こころ》がけ。例 悪徳商人《あくとくしょうにん》 対 美徳《びとく》

【悪人】《あくにん》↓ わるいやつ。例 悪人《あくにん》をこらしめる。類 悪者《わるもの》・悪漢《あっかん》・悪党《あくとう》 対 善人《ぜんにん》

【悪筆】《あくひつ》↓ 字《じ》がへたなこと。対 達筆《たっぴつ》・能筆《のうひつ》

【悪評】《あくひょう》↓ わるい評判《ひょうばん》。例 悪評《あくひょう》がたつ。類 不評《ふひょう》 対 好評《こうひょう》

【悪平等】《あくびょうどう》〈—な —に〉形《かたち》のうえでは公平《こうへい》のようでも、実際《じっさい》にはかえって不公平《ふこうへい》なこと。

【悪風】《あくふう》↓ よくないならわしや考《かんが》え方《かた》。例 悪風《あくふう》にそまる。類 悪習《あくしゅう》・弊風《へいふう》 対 良風《りょうふう》・美風《びふう》

【悪文】《あくぶん》↓ 意味《いみ》のわかりにくい文章《ぶんしょう》。対 名文《めいぶん》

【悪◦弊】《あくへい》↓ その社会《しゃかい》に広《ひろ》まっている、わるい習慣《しゅうかん》。例 悪弊《あくへい》に手《て》をやく。

【悪◦癖】《あくへき》↓ その人《ひと》の持《も》っている、わるいくせ。例 ぬすみの悪癖《あくへき》を直《なお》す。類 悪習《あくしゅう》

【悪◦魔】《あくま》↓ 人《ひと》を悪《あく》へとみちびく魔物《まもの》。例 悪魔《あくま》にとりつかれる。類 魔物《まもの》

【悪夢】《あくむ》↓ いやな夢《ゆめ》やこわい夢《ゆめ》、気味《きみ》のわるい夢《ゆめ》。例 悪夢《あくむ》にうなされる。表現 いやな体験《たいけん》をしたあと、ふりかえって、「悪夢《あくむ》のようなできごとだった」と言《い》ったりする。

【悪名】《あくめい|あくみょう》↓ わるいことをする人《ひと》としてよく知《し》られた名前《なまえ》。例 悪名《あくめい|あくみょう》が高《たか》い。悪名《あくめい|あくみょう》をとどろかせる。

【悪役】《あくやく》↓ 劇《げき》の中《なか》の悪人《あくにん》の役《やく》。例 悪役《あくやく》を演《えん》じる。類 敵役《かたきやく》

【悪友】《あくゆう》↓ つきあう相手《あいて》に、わるい影響《えいきょう》をあたえる友達《ともだち》。例 悪友《あくゆう》と縁《えん》を切《き》る。対 良友《りょうゆう》 表現 仲《なか》のよい友《とも》だちのことを親《した》しみをこめていうときに使《つか》うことがある。

【悪用】《あくよう》↓〈—する〉わるい目的《もくてき》のために、正《ただ》しい使《つか》い方《かた》とはちがう使《つか》い方《かた》をすること。例 地位《ちい》を悪用《あくよう》して、金《かね》をもうける。対 善用《ぜんよう》

【悪例】《あくれい》↓ あとにわるい影響《えいきょう》をおよぼすような前例《ぜんれい》。例 悪例《あくれい》をのこす。

【悪化】《あっか》↓〈—する〉ものごとがわるくなっていくこと。例 病状《びょうじょう》が悪化《あっか》する。対 好転《こうてん》

【悪漢】《あっかん》↓ いかにもわるいやつ。

【悪口】《あっこう|わるくち|わるぐち》↓ 人《ひと》のことをわるく言《い》うこと。わるく言《い》うことば。例 かげで悪口《わるくち》を言《い》う。悪口雑言《あっこうぞうごん》(いろいろなわるくちを、言《い》いたいほうだいに言《い》うこと)

前ページ ▶悪

【悪寒《おかん》】↓ 熱《ねつ》が出《で》たときのぞくぞくとするような、気分《きぶん》のよくない寒気《さむけ》。例 かぜを引《ひ》いたのか悪寒《おかん》がする。

【悪気《わるぎ》】↓ 人《ひと》をこまらせたり、だましたりしてやろうとするわるい気持《きも》ち。類 悪意《あくい》 表現「悪気《わるぎ》はなかったので、ゆるしてください」のように打《う》ち消《け》す形《かたち》で使《つか》うことが多《おお》い。

【悪知°恵《わるぢえ》】わるいことを思《おも》いついたり考《かんが》え出《だ》したりする才能《さいのう》。例 悪知恵《わるぢえ》のはたらくやつだ。類 奸知《かんち》・邪知《じゃち》

【悪者《わるもの》】↓ 悪事《あくじ》をはたらく者《もの》。例 悪者《わるもの》あつかい。類 悪人《あくにん》・悪党《あくとう》・悪漢《あっかん》 対 善人《ぜんにん》

悪が下につく熟語 上の字の働き

❶悪＝〈わるい〉のとき
【凶悪《きょうあく》 邪悪《じゃあく》 醜悪《しゅうあく》 粗悪《そあく》 害悪《がいあく》 俗悪《ぞくあく》 険悪《けんあく》 罪悪《ざいあく》】近《ちか》い意味《いみ》。
【極悪《ごくあく》 最悪《さいあく》】ドノクライ悪《わる》いか。

❷悪＝〈にくむ〉のとき
【憎悪《ぞうお》 嫌悪《けんお》】近《ちか》い意味《いみ》。

◆ 意地悪《いじわる》 改悪《かいあく》 勧善懲悪《かんぜんちょうあく》 善悪《ぜんあく》

忄-7

悦

総画10 JIS-1757 常用
音 エツ
訓 よろこーぶ

筆順

なりたち [形声]「兑」が「エツ」という読《よ》み方《かた》をしめしている。「エツ」は「とける」意味《いみ》を持《も》ち、心《こころ》(忄)がときほぐれることを表《あらわ》す字《じ》。

意味 よろこぶ。たのしむ。例 悦《えつ》に入《い》る。悦楽《らく》・喜悦《きえつ》

名前のよみ のぶ・よし

【°悦楽《えつらく》】Ⅱ〈—する〉よろこびや楽《たの》しみに、うっとりとひたること。例 悦楽《えつらく》にふけって身《み》をほろぼす。類 歓楽《かんらく》・快楽《かいらく》・享楽《きょうらく》

◆ 喜悦《きえつ》 満悦《まんえつ》

心-7

患

総画11 JIS-2021 常用
音 カン
訓 わずらう

筆順

なりたち  [形声]「串」が「つらぬく」意味《いみ》と「カン」という読《よ》み方《かた》をしめしている。心《こころ》のつき通《とお》されるような苦《くる》しい思《おも》いを表《あらわ》す字《じ》。

意味 わずらう。病気《びょうき》にかかる。苦《くる》しむ。例 胃《い》を患《わずら》う。患者《かんじゃ》・疾患《しっかん》

【°患者《かんじゃ》】↓ 病気《びょうき》やけがなどをなおすために医者《いしゃ》にかかっている人《ひと》。類 病人《びょうにん》

【°患部《かんぶ》】↓ からだの中《なか》で、病気《びょうき》になっていたり傷《きず》ついたりしているところ。

◆ 外患《がいかん》 急患《きゅうかん》 疾患《しっかん》

忄-7

悟

総画10 JIS-2471 常用
音 ゴ
訓 さとる

筆順

なりたち  [形声]「吾」が「ゴ」という読《よ》み方《かた》をしめしている。「ゴ」は「あきらか」の意味《いみ》を持《も》ち、心《こころ》(忄)が明《あき》らかになることを表《あらわ》す字《じ》。

意味 さとる。はっきりとわかる。例 真理《しんり》を悟《さと》る。覚悟《かくご》

名前のよみ さとし・のり

心-7

悉

総画11 JIS-2829 人名
音 シツ
訓 ことごとーく

意味
❶ことごとく。すべて。例 出《で》たごちそうを悉《ことごと》く食《た》べた。
❷つくす。すべてきわめつくす。例 知悉《ちしつ》(知《し》りつくしていること)

忄-7

悌

総画10 JIS-3680 人名
音 テイ
訓 —

意味 兄弟仲《きょうだいなか》がいい。やわらぐ。

名前のよみ とも・やす・やすし・よし

忄-7

悩

総画10 JIS-3926 常用
音 ノウ
訓 なやむ・なやます
[惱]

筆順

なりたち [形声]もとの字《じ》は「惱」。「𡿺」が「ノウ」という読《よ》み方《かた》をしめしている。「ノウ」は「みだす」意味《いみ》を持《も》ち、心《こころ》(忄)をみだすことを表《あらわ》す字《じ》。

ものしり巻物 第16巻

漢字《かんじ》の画数《かくすう》

「一《いち》」は1、「二《に》」は2、「三《さん》」は3、「四《よん》」は5、「五《ご》」は4…これは、何《なん》でしょうか。何回《なんかい》で書《か》くかという「総画数《そうかくすう》」ですね。「四《よん》」や「五《ご》」にある「┐」の部分《ぶぶん》は、二本《にほん》の棒《ぼう》でできていますが、一《いっ》回《かい》で書《か》きます。折《お》れている部分《ぶぶん》は一画《いっかく》です。

「口《くち》」は、「丨・┐・一」と数《かぞ》えて三画《さんかく》です。「刀《かたな》」の「𠃌」のように、一度《いちど》折《お》れて、さいごにはねる場合《ばあい》も、一回《いっかい》で書《か》くので、「刀《かたな》」は二画《にかく》の字《じ》です。これが、画数《かくすう》の数《かぞ》え方《かた》です。どの字《じ》もこのように数《かぞ》えていけば、正《ただ》しい画数《かくすう》がわかります。

漢字《かんじ》(漢和《かんわ》)辞典《じてん》を使《つか》うとき、この正《ただ》しい画《かく》数《すう》の数《かぞ》え方《かた》が役立《やくだ》ちます。

まず、「総画《そうかく》さくいん」では、「一《いち》」から始《はじ》まって、画数順《かくすうじゅん》に漢字《かんじ》がならんでいます。もし、「可《か》」の字《じ》をさがしたかったら、五画《ごかく》のところを開《ひら》けば見《み》つかります。

「音訓《おんくん》さくいん」でおなじ音訓《おんくん》の字《じ》も、画数《かくすう》順《じゅん》にならんでいます。「カ」と読《よ》む漢字《かんじ》はたくさんありますが、「可《か》」は五画《ごかく》なので、その中《なか》の前《まえ》のほうをさがせば、すぐ見《み》つかります。

辞典《じてん》にのっている漢字全体《かんじぜんたい》は、部首《ぶしゅ》の画数《かくすう》順《じゅん》です。「可《か》」の部首《ぶしゅ》は三画《さんかく》の「口《くち》」なので、どの辞典《じてん》でも前《まえ》のほうです。「部首《ぶしゅ》さくいん」の三画《さんかく》のところの「口《くち》」をさがし、ここを開《ひら》いて「可《か》」を見《み》つけます。「可《か》」の上《うえ》には「口-2」と書《か》いてあります。この「2」は、「口《くち》」以外《いがい》の部《ぶ》分《ぶん》(丁)の画数《かくすう》です。「口《くち》」のなかまの字《じ》も、やはりこの画数順《かくすうじゅん》にならんでいることがわかります。

このように、漢字辞典《かんじじてん》を引《ひ》くときは、正《ただ》しい画数《かくすう》の数《かぞ》え方《かた》が〝かぎ〟となります。

じっさいに、小学校《しょうがっこう》で習《なら》う字《じ》で画数《かくすう》の数《かぞ》え方《かた》のむずかしいのは「吸《きゅう》」です。「ろ」の部分《ぶぶん》は一画《いっかく》で書《か》きます。ただし、形《かたち》の似《に》ている「えんにょう(廴)」の「ろ」は二画《にかく》です。

正《ただ》しい画数《かくすう》は、正《ただ》しい筆順《ひつじゅん》にも関係《かんけい》します。

「臣《しん》」という字《じ》は、六画《ろっかく》のようにも見《み》えますが、正《ただ》しい筆順《ひつじゅん》で書《か》くと、「臣《しん》」は、七画《ななかく》なのです。

参考 一画《いっかく》の漢字《かんじ》は、「一《いち》」のほかに「乙《オツ》」もあります。画数《かくすう》のきわめて多《おお》い漢字《かんじ》は、この辞典《じてん》では「鷺ロ|さぎ」「鷹ヨウ|たか」「麟《リン》」「鱗リン|うろこ」の四《よっ》つが二十四画《にじゅうよんかく》、さらに二十九画《にじゅうきゅうかく》の「鬱ウツ|ふさぐ」があります。おとな用《よう》の辞典《じてん》では、三十三画《さんじゅうさんかく》の「麤」というのもあります。「ソ」と読《よ》んで、ばらばらになった鹿《しか》のむれを表《あらわ》す字《じ》です。

意味 なやむ。なやます。心《こころ》が苦《くる》しみみだれる。例 悩《なや》みを打《う》ち明《あ》ける。騒音《そうおん》に悩《なや》まされる。悩殺《のうさつ》・苦悩《くのう》

【゜悩殺《のうさつ》】⊠〈—する〉女《おんな》の人《ひと》が、その美《うつく》しさで男《おとこ》の人《ひと》の心《こころ》をかきみだすこと。

悩が下につく熟語 上の字の働き
【苦悩《くのう》 煩悩《ぼんのう》】近《ちか》い意味《いみ》。

悠
心—7 総画11 JIS-4510 常用 音 ユウ 訓 —

筆順 悠悠悠悠悠悠悠悠

なりたち 【形声】「攸」が「長《なが》くつづく」意味《いみ》と「ユウ」という読《よ》み方《かた》をしめしている。心《こころ》に思《おも》いがつづくことを表《あらわ》す字《じ》。

意味 ゆったりしている。時間《じかん》が長《なが》くつづく。例 悠長《ゆうちょう》

名前のよみ はるか・ひさ・ひさし

【゜悠久《ゆうきゅう》】Ⅱ〈—に・—な〉考《かんが》えられないほど長《なが》い長《なが》い年月《としつき》がつづくようす。例 悠久《ゆうきゅう》の大地《だいち》。悠《ゆう》久《きゅう》のむかしに思《おも》いをはせる。類 永久《えいきゅう》

【゜悠然《ゆうぜん》】⊠〈—たる・—と〉ゆったりと落《お》ち着《つ》いているようす。例 悠然《ゆうぜん》とした態度《たいど》。類 泰然《たいぜん》

【゜悠長《ゆうちょう》】Ⅱ〈—な・—に〉のんびりしているようす。例 悠長《ゆうちょう》な話《はなし》。表現 落《お》ち着《つ》きをほめるよりも、おそすぎるとあきれたり、いらいらする気持《きも》ちで言《い》うことが多《おお》い。

【゜悠゜悠《ゆうゆう》】Ⅱ〈—たる・—と〉①じゅうぶん余裕《よゆう》があ

る。落《お》ち着《つ》いている。例 悠々《ゆうゆう》と歩《ある》く。悠々間《ゆうゆうま》に合《あ》う。②ゆったりと、はてしなくつづくようす。例 悠々《ゆうゆう》たる川《かわ》の流《なが》れ。

【゜悠゜悠自適《ゆうゆうじてき》】〈—する〉自分《じぶん》のしたいことをして心静《こころしず》かに日《ひ》をおくること。例 会社《かいしゃ》をやめてからは、悠々自適《ゆうゆうじてき》の毎日《まいにち》だ。類 晴耕雨読《せいこううどく》

【゜悠゜揚《ゆうよう》】Ⅱ〈—たる・—と〉どっしりと落《お》ち着《つ》いて、少《すこ》しもあわてたり、さわいだりしないようす。

惟
忄—8 総画11 JIS-1652 人名 音 イ 訓 おも-う

意味 ❶思《おも》う。よく考《かんが》える。例 思惟《しい》
❷これ。この。ただこれだけ。

名前のよみ これ・ただ・たもつ・のぶ・よし

惧
忄—8 総画11 JIS-5592 常用 音 グ 訓 —

筆順 惧惧惧惧惧惧惧惧

意味 おそれる。心配《しんぱい》する。例 危惧《きぐ》の念《ねん》をいだく。

字体のはなし 「惧」とも書《か》く。☞ ふろく「字体についての解説」[28]ページ)

惧が下につく熟語 上の字の働き
【危惧《きぐ》】近《ちか》い意味《いみ》。

惨
忄—8 総画11 JIS-2720 常用 音 サン・ザン 訓 みじめ
[慘]

筆順 惨惨惨惨惨惨惨惨

なりたち 【形声】もとの字《じ》は、「慘」。「参」が「サン」という読《よ》み方《かた》をしめしている。「サン」は「しみこむ」意味《いみ》を持《も》ち、心《こころ》(忄)にしみこむような思《おも》いを表《あらわ》す字《じ》。

意味 ひどい。目《め》もあてられないほどむごい。いたましい。みじめだ。例 惨《みじ》めな生活《せいかつ》。惨事《さんじ》・惨敗《ざんぱい》・悲惨《ひさん》

【゜惨゜禍《さんか》】↓ 火事《かじ》・風水害《ふうすいがい》・戦争《せんそう》などのいたましい災害《さいがい》。例 戦争《せんそう》の惨禍《さんか》をこうむる。類 惨害《さんがい》

【゜惨劇《さんげき》】↓ むごたらしいできごとや事件《じけん》。例 目《め》をおおう惨劇《さんげき》。

【゜惨殺《ざんさつ》】↓〈—する〉むごいやり方《かた》でころすこと。例 惨殺死体《ざんさつしたい》 類 虐殺《ぎゃくさつ》

【゜惨事《さんじ》】↓ 死者《ししゃ》が何人《なんにん》もでるような、ひどいできごと。例 惨事《さんじ》をまねく。

【゜惨状《さんじょう》】↓ 心《こころ》がいたむような、むごたらしいありさま。例 惨状《さんじょう》をうったえる。

【゜惨・憺《さんたん》】Ⅱ ①〈—たる・—と〉目《め》もあてられないほど、ひどい。例 火事《かじ》のあとは、惨憺《さんたん》たるものだった。②たいへんな努力《どりょく》をすること。例 苦心惨憺《くしんさんたん》して仕上《しあ》げる。

【゜惨敗《ざんぱい》】↓〈—する〉みじめな、ひどい負《ま》けかたをすること。例 惨敗《ざんぱい》を喫《きっ》する。類 完敗《かんぱい》・大敗《たいはい》 対 惜敗《せきはい》

◆ 陰惨《いんさん》 悲惨《ひさん》

情

忄-8 総画11 JIS-3080 教5年

音 ジョウ・セイ
訓 なさけ

筆順 情 情 情 情 情 情 情 情（とめる・ながく・とめる・はねる）

なりたち 情 【形声】「青」が「すみきった」意味《いみ》と「セイ」という読《よ》み方《かた》をしめしている。生《う》まれたままの心《こころ》(忄)のありかたを表《あらわ》す字《じ》。

意味

❶感《かん》じる心《こころ》。心《こころ》のはたらき。おもいやりの心《こころ》。例 情《なさ》けは人《ひと》のためならず(人《ひと》に情《なさ》けをかけると、めぐりめぐって自分《じぶん》もよい報《むく》いを受《う》ける)。情《じょう》が移《うつ》る。情愛《じょうあい》・感情《かんじょう》

❷おもむき。しみじみとしたあじわい。例 情趣《じょうしゅ》・風情《ふぜい》

❸ありさま。ようす。例 情報《じょうほう》・事情《じじょう》

注意するよみ セイ…例 風情《ふぜい》

❶〈感じる心〉の意味で

【情愛】じょうあい Ⅱ 家族《かぞく》など、親《した》しい人《ひと》に対《たい》する、深《ふか》い愛《あい》や思《おも》いやり。例 夫婦《ふうふ》のこまやかな情《じょう》愛《あい》。類 愛情《あいじょう》 表現「愛情《あいじょう》」は、あつく強《つよ》い感《かん》情《じょう》、「情愛《じょうあい》」は、おだやかで、こまやかにはたらく心《こころ》をいう。

【情感】じょうかん ↓ 人《ひと》の心《こころ》にしみじみとつたわってくる感《かん》じ。例 情感《じょうかん》をこめて歌《うた》をうたう。

【情実】じょうじつ Ⅱ 公平《こうへい》さのじゃまになる、個人的《こじんてき》な気持《きも》ちや事情《じじょう》。例 情実人事《じょうじつじんじ》

【情操】じょうそう Ⅱ やさしさや美《うつく》しさを感《かん》じとることのできる、みずみずしい心《こころ》。例 情操教《じょうそうきょう》育《いく》

【情緒】じょうちょ｜じょうしょ Ⅱ よろこび、悲《かな》しみ、いかりなどの感情《かんじょう》。例 情緒不安定《じょうちょふあんてい》 類 情調《じょうちょう》 参考 もとは、「じょうしょ」と読《よ》んだ。☞❷

【情熱】じょうねつ ↓ ものごとに対《たい》する強《つよ》くはげしい気持《きも》ち。例 情熱《じょうねつ》をもやす。類 熱意《ねつい》・熱情《ねつじょう》

【情味】じょうみ ↓ 人《ひと》を思《おも》いやるあたたかい気持《きも》ち。例 情味《じょうみ》あふれる人《ひと》。類 人情味《にんじょうみ》

❷〈おもむき〉の意味で

【情趣】じょうしゅ ↓ しみじみとした感《かん》じをもたせるもの。あじわい。おもむき。例 情趣《じょうしゅ》に富《と》む。類 情緒《じょうちょ｜じょうしょ》・風情《ふぜい》・情味《じょうみ》

【情緒】じょうちょ｜じょうしょ Ⅱ そのものがもっている独《どく》特《とく》のふんいき。例 下町情緒《したまちじょうちょ》。類 情趣《じょうしゅ》 ☞❶

❸〈ありさま〉の意味で

【情況】じょうきょう Ⅱ ものごとの、そのときそのときのようす。例 情況《じょうきょう》をつかむ。類 情勢《じょうせい》 表記「状況」と書《か》くほうが多《おお》い。

【情景】じょうけい Ⅱ なにか心《こころ》をうつようなその場《ば》のようす。例 心温《こころあたた》まる情景《じょうけい》。類 光景《こうけい》・風景《ふうけい》

【情状酌量】じょうじょうしゃくりょう 〈―する〉裁判《さいばん》の判決《はんけつ》で、罪《つみ》をおかした理由《りゆう》を考《かんが》え、しかたがなかった面《めん》もあるとみとめて、刑《けい》をかるくすること。例 情状酌量《じょうじょうしゃくりょう》の余地《よち》がある。

【情勢】じょうせい Ⅱ ものごとの今《いま》のようすやこれからのなりゆき。例 情勢《じょうせい》を判断《はんだん》する。類 情《じょう》況《きょう》・形勢《けいせい》・状態《じょうたい》・様子《ようす》・動向《どうこう》

【情報】じょうほう ↓ 人《ひと》の知《し》りたいことや人《ひと》に知《し》らせたいことを、伝達《でんたつ》できるかたちにまとめたもの。ニュース。インフォメーション。例 情報《じょうほう》が入《はい》る。情報《じょうほう》を流《なが》す。

情が下につく熟語 上の字の働き

❶情＝〈感じる心〉のとき
【感情《かんじょう》 心情《しんじょう》】近《ちか》い意味《いみ》。
【人情《にんじょう》 温情《おんじょう》 厚情《こうじょう》 薄情《はくじょう》 熱情《ねつじょう》 激情《げきじょう》 真情《しんじょう》 純情《じゅんじょう》 私情《しじょう》 愛情《あいじょう》 慕情《ぼじょう》 友情《ゆうじょう》 強情《ごうじょう》】ドウイウ情《じょう》か。
【同情《どうじょう》 表情《ひょうじょう》 叙情《じょじょう》】情《じょう》をドウスルのか。

❷情＝〈おもむき〉のとき
【物情《ぶつじょう》 旅情《りょじょう》 詩情《しじょう》 風情《ふぜい》 余情《よじょう》】ナニにかかわるおもむきか。

❸情＝〈ありさま〉のとき
【事情《じじょう》 実情《じつじょう》 世情《せじょう》 国情《こくじょう》 敵情《てきじょう》 内情《ないじょう》】ナニのありさまか。

◆苦情《くじょう》 陳情《ちんじょう》 無情《むじょう》

惜

忄-8 総画11 JIS-3243 常用

音 セキ
訓 おしい・おしむ

筆順 惜 惜 惜 惜 惜 惜 惜

なりたち 惜 【形声】「昔」が「日《ひ》が重《かさ》なる」意味《いみ》と「セキ」という読《よ》み方《かた》をしめしている。心《こころ》(忄)にいつまでものこる思《おも》いを表《あらわ》す字《じ》。

◦学習漢字でない常用漢字 ▲常用漢字表にない音訓 ◆常用漢字でない漢字

意味 おしい。おしむ。残念《ざんねん》に思《おも》う。例 時間《じかん》が惜《お》しい。別《わか》れを惜《お》しむ。惜別《せきべつ》・愛惜《あいせき》

【惜春《せきしゅん》】▲ すぎさっていく春《はる》をおしむこと。例 惜春《せきしゅん》の情《じょう》。

【惜敗《せきはい》】↓〈─する〉あともう少《すこ》し、という、おしいところで負《ま》けること。例 試合《しあい》は、六対五《ろくたいご》で惜敗《せきはい》した。対 惨敗《ざんぱい》・大敗《たいはい》

【惜別《せきべつ》】▲〈─する〉わかれたくない人《ひと》とのわかれを、残念《ざんねん》に思《おも》うこと。例 親友《しんゆう》との惜別《せきべつ》になみだをこぼす。

惜が下につく熟語 上の字の働き

【哀惜《あいせき》 愛惜《あいせき》】近《ちか》い意味《いみ》。

惣

心−8 総画12 JIS-3358 人名

音 ソウ 訓 ─

意味 ぜんたい。すべて。まとめる。

名前のよみ おさむ・のぶ・ふさ

悼

忄−8 総画11 JIS-3773 常用

音 トウ 訓 いたむ

筆順

なりたち

【形声】「卓《タク》」が「トウ」とかわって読《よ》み方《かた》をしめしている。「タク」は「ゆるがす」意味《いみ》を持《も》ち、心《こころ》(忄)がゆれ動《うご》くことを表《あらわ》す字《じ》。

意味 人の死をかなしむ。いたむ。例 友人《ゆうじん》の死《し》を悼《いた》む。哀悼《あいとう》

参考 いたむ［痛・傷］☞753ページ

【悼辞《とうじ》】↓ 人《ひと》の死《し》に対《たい》する悲《かな》しみを表《あらわ》すことばや文章《ぶんしょう》。類 弔辞《ちょうじ》

◆ 哀悼《あいとう》 追悼《ついとう》

惇

忄−8 総画11 JIS-3855 人名

音 トン・ジュン 訓 ─

意味 思《おも》いやりがある。ねんごろである。

名前のよみ あつ・あつし・とし・まこと

悲

心−8 総画12 JIS-4065 教3年

音 ヒ 訓 かなしい・かなしむ

筆順

なりたち

【形声】「非《ヒ》」が「ヒ」という読《よ》み方《かた》をしめしている。「ヒ」は「ひきさく」意味《いみ》を持《も》ち、心《こころ》のひきさかれるような思《おも》いを表《あらわ》す字《じ》。

意味 かなしい。かなしむ。あわれむ。かなしみ。例 悲《かな》しい思《おも》い出《で》。人《ひと》の死《し》を悲《かな》しむ。悲願《ひがん》・悲劇《ひげき》・慈悲《じひ》 対 喜《き》

【悲哀《ひあい》】＝ 心《こころ》に深《ふか》く感《かん》じられるかなしさ。例 人生《じんせい》の悲哀《ひあい》を味《あじ》わう。

【悲運《ひうん》】↓ いたましい不幸《ふこう》なめぐりあわせ。例 悲運《ひうん》に泣《な》く。

【悲観《ひかん》】↓〈─する〉ものごとが自分《じぶん》の思《おも》うようにならず、がっかりして希望《きぼう》をなくしてしまうこと。例 将来《しょうらい》を悲観《ひかん》する。対 楽観《らっかん》

【悲観的《ひかんてき》】〈─に〉ものごとのなりゆきを、なんでもわるく考《かんが》えがちなようす。例 悲観的《ひかんてき》な見方《みかた》。対 楽観的《らっかんてき》

【悲願《ひがん》】↓ ①仏教《ぶっきょう》で、生《い》きるもののすべてを苦《くる》しみからすくおうとする仏《ほとけ》のねがい。②やりとげたいと、心《こころ》の底《そこ》からのぞんでいるねがい。例 長年《ながねん》の悲願《ひがん》。

【悲喜《ひき》】⇕ かなしみとよろこび。例 悲喜《ひき》こもごも（かなしみとよろこびとが入《い》れかわりにあらわれること） 類 哀歓《あいかん》

【悲劇《ひげき》】↓ かなしみや不幸《ふこう》で終《お》わる劇《げき》。対 喜劇《きげき》 表現 現実《げんじつ》の不幸《ふこう》な事件《じけん》を、たとえば「一家離散《いっかりさん》の悲劇《ひげき》」のように言《い》い表《あらわ》すことがある。

【悲惨《ひさん》】＝〈─な〉〈─に〉見《み》るにたえず聞《き》くにもたえない、ひどいようす。例 悲惨《ひさん》な戦争《せんそう》。

【悲壮《ひそう》】↓〈─な〉〈─に〉かなしさのなかにも、いさましさが感《かん》じられるようす。例 悲壮《ひそう》な決意《けつい》。

【悲愴《ひそう》】＝〈─な〉〈─に〉かなしくて、心《こころ》がいたむようす。例 悲愴感《ひそうかん》がただよう。

【悲嘆《ひたん》】＝〈─する〉つらいできごとにあって、深《ふか》く傷《きず》つきなげくこと。例 悲嘆《ひたん》にくれる。

【悲痛《ひつう》】＝〈─な〉〈─に〉大《おお》きなかなしみで、心《こころ》がいたんで苦《くる》しい。例 悲痛《ひつう》な表情《ひょうじょう》。

【悲憤《ひふん》】↓〈─する〉ひどくかなしみ、いきどおること。例 悲憤慷慨《ひふんこうがい》（世《よ》の中《なか》の不正《ふせい》やみにくいありさまをなげき、いかること）

【悲報《ひほう》】↓ かなしい知《し》らせ。多《おお》く、人《ひと》がなく

なった知《し》らせをいう。例 悲報《ひほう》に接《せっ》する。対 朗報《ろうほう》・吉報《きっぽう》

【悲鳴】《ひめい》 ↓ おそろしさや、おどろき・いたみ・苦《くる》しみなどのために、思《おも》わず出《で》るさけび声《こえ》。例 悲鳴《ひめい》をあげる。類 弱音《よわね》

【悲∘恋】《ひれん》 ↓ かなしい結末《けつまつ》に終《お》わった恋《こい》。

【悲話】《ひわ》 ↓ かなしい物語《ものがたり》。類 哀話《あいわ》

◆慈悲《じひ》 無慈悲《むじひ》

心−8 悶

総画12 JIS-4469 表外

訓 音 モン もだ-える

意味 もだえる。思《おも》いなやむ。苦《くる》しんで体《からだ》を動《うご》かす。例 身悶《みもだ》えして泣《な》く。苦悶《くもん》

【悶絶】《もんぜつ》 ↓ 〈—する〉もだえ苦《くる》しんで気《き》を失《うしな》う。

【悶着】《もんちゃく》 ☒ あらそい。もめごと。例 ひと悶着《もんちゃく》起《お》きる。

【悶。悶】《もんもん》 Ⅲ 〈—たる・—と〉心配《しんぱい》ごとやなやみがあって苦《くる》しむようす。例 悶々《もんもん》とすごす。

心−8 惑

総画12 JIS-4739 常用

訓 音 ワク まど-う

筆順

なりたち  【形声】「或」がうたがう意味《いみ》と「ワク」という読《よ》み方《かた》をしめしている。心《こころ》でうたがうことを表《あらわ》す字《じ》。

意味 まどう。まよう。まどわす。例 人心《じんしん》を惑《まど》わす。惑乱《わくらん》・困惑《こんわく》

【惑星】《わくせい》 ↓ 恒星《こうせい》のまわりを公転《こうてん》する、自分《じぶん》では光《ひかり》を出《だ》さない星《ほし》。遊星《ゆうせい》。対 恒星《こうせい》 知識 水星《すいせい》・金星《きんせい》・地球《ちきゅう》・火星《かせい》・木星《もくせい》・土星《どせい》・天王星《てんのうせい》・海王星《かいおうせい》の八《やっ》つが太陽系《たいようけい》の惑星《わくせい》。

惑が下につく熟語 上の字の働き

【困惑《こんわく》 迷惑《めいわく》 疑惑《ぎわく》 魅惑《みわく》 幻惑《げんわく》】近《ちか》い意味《いみ》。

◆思惑《おもわく》 当惑《とうわく》 不惑《ふわく》 誘惑《ゆうわく》

心−9 愛

総画13 JIS-1606 教4年

訓 音 アイ め-でる・まな

筆順 はねる とめる はらう

なりたち  【形声】もとの字は、「愛」。「夂」が足《あし》あとの下向《したむ》きの形《かたち》を、「㤅」が「アイ」という読《よ》み方《かた》をしめしている。「アイ」は「かすか」の意味《いみ》を持《も》ち、こっそり歩《ある》くことを表《あらわ》す字《じ》。借《か》りて、「いとしく思《おも》う」意味《いみ》に使《つか》われている。

意味 あいする。大《だい》すきだ。気《き》に入《い》っている。だいじにする。このんでする。大《だい》すきな気《き》持《も》ち。例 スポーツを愛《あい》する。愛《あい》をはぐくむ。愛情《あいじょう》・愛用《あいよう》・慈愛《じあい》・恋愛《れんあい》・人類愛《じんるいあい》

県名 愛媛(えひめ)

名前のよみ あき・ちか・つね・なり・なる・のり・ひで・めぐむ・やす・よし

【愛育】《あいいく》 ↓ 〈—する〉愛情《あいじょう》をこめて、子《こ》どもを育《そだ》てること。

【愛飲】《あいいん》 ↓ 〈—する〉その飲《の》みものを、いつもこのんで飲《の》んでいること。

【愛∘玩】《あいがん》 Ⅲ 〈—する〉(小《ちい》さな動物《どうぶつ》などを)かわいがること。例 愛玩動物《あいがんどうぶつ》

【愛郷】《あいきょう》 ▲ 自分《じぶん》のふるさとを愛《あい》すること。例 この土地《とち》の人《ひと》は愛郷心《あいきょうしん》が強《つよ》い。

【愛▲敬】《あいきょう》 Ⅲ ①にこにこしてかわいらしいようす。類 愛想《あいそ》 ②まわりにいる人《ひと》をよろこばせるような、おもしろみのあるサービス。例 愛敬《あいきょう》をふりまく。類 愛想《あいそ》 表記「愛嬌」とも書《か》く。

【愛犬】《あいけん》 ↓ かわいがっている飼《か》い犬《いぬ》。

【愛∘顧】《あいこ》 Ⅲ 〈—する〉客《きゃく》が商店《しょうてん》などをひいきにすること。表現 ふつうは、「ご愛顧《あいこ》いただいております」のように、店《みせ》がお客《きゃく》に礼《れい》をいうときのあいさつのことばとして使《つか》う。

【愛護】《あいご》 ↓ 〈—する〉たいせつにし、まもってやること。例 動物愛護運動《どうぶつあいごうんどう》

【愛好】《あいこう》 Ⅲ 〈—する〉すきで、楽《たの》しみ親《した》しむこと。例 テニス愛好会《あいこうかい》

【愛国】《あいこく》 ▲ 自分《じぶん》の国《くに》をたいせつに思《おも》うこと。例 愛国心《あいこくしん》

【愛妻】《あいさい》 ①▲ 妻《つま》を愛《あい》し、たいせつにする。例 愛妻家《あいさいか》 ②↓ 愛《あい》する妻《つま》。例 愛妻弁当《あいさいべんとう》

【愛児】《あいじ》 ↓ かわいいわが子《こ》。

【愛∘称】《あいしょう》 ↓ 親《した》しみをこめたよび名《な》。あだ名《な》。ニックネーム。

前ページ ▶ 悶 惑 愛

【愛唱】《あいしょう》 ↓ 〈―する〉その歌《うた》がとてもすきで、いつもうたうこと。例 愛唱歌《あいしょうか》

【愛◆誦】《あいしょう》 ↓ 〈―する〉すきな詩《し》や和歌《わか》・文章《ぶんしょう》などをいつも声《こえ》に出《だ》して言《い》ってみること。

【愛情】《あいじょう》 ↓ ①たいせつに思《おも》い、とてもすきだと感《かん》じる気持《きも》ち。例 草花《くさばな》に愛情《あいじょう》をそそぐ。類 情愛《じょうあい》 ②男女《だんじょ》がたがいに、恋《こ》いしたう気持《きも》ち。例 愛情《あいじょう》がめばえる。類 情愛《じょうあい》

【愛。惜】《あいせき》 || 〈―する〉たいせつに思《おも》って、うしないたくないと思《おも》う。なごりおしく思《おも》う。例 愛惜《あいせき》の情《じょう》。すぎゆく時《とき》を愛惜《あいせき》する。

【愛想】《あいそ｜あいそう》 ↓ ①まわりの人《ひと》がよい感《かん》じをうける親《した》しみのあふれた態度《たいど》。例 愛想《あいそ｜あいそう》がいい。類 愛敬《あいきょう》 対 無愛想《ぶあいそう》 ②相手《あいて》の人《ひと》をこのましく思《おも》う気持《きも》ち。例 愛想《あいそ｜あいそう》をつかす。

【愛。憎】《あいぞう》 ⇕ 愛《あい》することと、にくむこと。

【愛蔵】《あいぞう》 ↓ 〈―する〉気《き》に入《い》っていて、注意《ちゅうい》ぶかくしまっておくこと。例 愛蔵《あいぞう》の品《しな》。

【愛着】《あいちゃく》 ⊠ 〈―する〉いつまでも心《こころ》ひかれ、はなれがたく感《かん》じること。例 この品《しな》には愛着《あいちゃく》があってすてられない。

【愛読】《あいどく》 ↓ 〈―する〉とくにすきで、いつも読《よ》んでいる。例 愛読者《あいどくしゃ》・愛読書《あいどくしょ》

【愛◆撫】《あいぶ》 ↓ 〈―する〉なでたりさすったりしてかわいがること。

【愛用】《あいよう》 ↓ 〈―する〉とても気《き》に入《い》って、いつも使《つか》っていること。例 愛用《あいよう》の品《しな》。

【▲愛弟子】《まなでし》 とくにかわいがって、目《め》をかけている弟子《でし》。例 かれはA先生《エーせんせい》の愛弟子《まなでし》だ。

【▲愛。娘】《まなむすめ》 ↓ かわいくてしかたがないむすめ。

心-9

意

総画13
JIS-1653
教3年
音 イ
訓 ―

筆順

なりたち

【形声】「啻」と「心《こころ》」とでき、「啻《ヨク》」が「イ」とかわって読《よ》み方《かた》をしめしている。「ヨク」は「おさえる」意味《いみ》を持《も》ち、心《こころ》におさえてとどめることを表《あらわ》す字《じ》。

意味

❶思《おも》い。考《かんが》え。実現《じつげん》させようとするこころざし。例 意《い》に介《かい》しない。意《い》を決《けっ》する。意見《いけん》・意欲《いよく》・決意《けつい》・任意《にんい》

❷ものごとの意味《いみ》。わけ。内容《ないよう》。例 意義《いぎ》・大意《たいい》

特別なよみ 意気地（いくじ）

名前のよみ のり・むね・もと・よし

❶〈思い〉の意味で

【意外】《いがい》 ↓ 〈―な・―に〉思《おも》っていたのと、まるでちがっている。思《おも》いのほか。例 意外《いがい》な結果《けっか》に終《お》わる。類 案外《あんがい》・心外《しんがい》・予想外《よそうがい》・不慮《ふりょ》 表現 ☞【心外】《しんがい》（465ページ）

使い分け [以外・意外] ☞ 58ページ

【意気】《いき》 || さあ、やるぞ、というさかんな気《き》持《も》ち。例 意気《いき》があがる。意気揚々《いきようよう》

【意気。軒◆昂】《いきけんこう》 〈―たる・―と〉やる気《き》にみちあふれたようす。

【意気消。沈】《いきしょうちん》 〈―する〉さあ、やるぞ、という元気《げんき》が、すっかりなくなってしまうこと。

【意気投合】《いきとうごう》 〈―する〉おたがいの気持《きも》ちや考《かんが》えがぴったりあうこと。

【意気。揚。揚】《いきようよう》 〈―たる・―と〉元気《げんき》いっぱいで、とくいそうなようす。例 勝《か》って意気揚々《いきようよう》と引《ひ》きあげる。

【意気地】《いくじ｜いきじ》 思《おも》うことをやりぬこうとする気持《きも》ち。例 意気地《いくじ》なし 類 意地《いじ》

【意見】《いけん》 || ①あることがらについて考《かんが》えたり感《かん》じたりしていること。例 意見《いけん》を出《だ》しあう。②〈―する〉人《ひと》のまちがいやわるいところを注意《ちゅうい》すること。例 人《ひと》に意見《いけん》する。類 説教《せっきょう》

【意向】《いこう》 ↓ こうしよう、と思《おも》う気持《きも》ち。例 意向《いこう》をただす。

【意固地】《いこじ》 〈―な・―に〉意地《いじ》をはって、自分《じぶん》の考《かんが》えをかえないようす。かたくな。例 意固地《いこじ》になる。類 頑固《がんこ》・強情《ごうじょう》

【意志】《いし》 || こうしようと思《おも》う、強《つよ》い気持《きも》ち。例 意志《いし》をつらぬく。

【意思】《いし》 || 心《こころ》に思《おも》っている考《かんが》え。例 賛成《さんせい》の意思《いし》を表《あらわ》す。

【意地】《いじ》 ↓ ①自分《じぶん》の考《かんが》えを、どこまでもおし通《とお》そうとする気持《きも》ち。例 意地《いじ》をはる。②人《ひと》のおこないのもとになる考《かんが》え方《かた》や心《こころ》がまえ。例 意地《いじ》がわるい。類 根性《こんじょう》

|| ⇕ ↓ ▽ ▲ ⊠ ⊠ ○ 熟語の組み立てを示しています（くわしいせつめいは ☞ ふろく[6]ページ）

【意識】いしき ⬇ ①知《し》ったり気《き》がついたりわかったりする心《こころ》のはたらき。自分《じぶん》が今《いま》どういう状《じょう》態《たい》であるか、なにをしているかがわかっていること。例意識《いしき》をうしなう。意識《いしき》がもどる。類自《じ》覚《かく》②〈—する〉特《とく》別《べつ》に気《き》にすること。例異《い》性《せい》を意《い》識《しき》する。

【意思表示】いしひょうじ〈—する〉心《こころ》の中《なか》に思《おも》っていることをはっきり外《そと》にしめすこと。例意《い》思《し》表《ひょう》示《じ》をはっきりする。

【意。匠】いしょう Ⅱ ①作《さく》品《ひん》をつくるうえでのくふう。例意《い》匠《しょう》をこらす。類趣《しゅ》向《こう》②商《しょう》品《ひん》を美《うつく》しく見《み》せるためにくふうした、形《かたち》や模《も》様《よう》。デザイン。

【意地悪】いじわる〈—な・—に〉人《ひと》をこまらせるようなことをしたがる、ひねくれた性《しょう》分《ぶん》。例意《い》地《じ》悪《わる》をする。意《い》地《じ》悪《わる》な気《き》持《も》ちで言《い》うのではない。

【意中】いちゅう ⬇ 心《こころ》の中《なか》にしまってある考《かんが》え。例意《い》中《ちゅう》の人《ひと》（心《こころ》の中《なか》でこの人《ひと》だと決《き》めている人《ひと》）。意《い》中《ちゅう》をさぐる。意《い》中《ちゅう》をあかす。

【意図】いと Ⅱ〈—する〉こうしようと、はっきり考《かんが》えていること。例作《さく》者《しゃ》の意《い》図《と》がわからない。

【意表】いひょう ⬇ 人《ひと》がまるで思《おも》いもしなかったこと。例人《ひと》の意《い》表《ひょう》をつく。

【意欲】いよく Ⅱ 自《じ》分《ぶん》からすすんでやろうとする、はりきった気《き》持《も》ち。例意《い》欲《よく》をもやす。

❷〈ものごとの意味〉の意味で

【意義】いぎ Ⅱ ①それがあることや、それをすることのねうち。例意《い》義《ぎ》のある仕《し》事《ごと》をしたい。類価《か》値《ち》・意《い》味《み》②ことばの意《い》味《み》。内《ない》容《よう》。

【意味】いみ ⬇〈—する〉①ことばや記《き》号《ごう》などが表《あらわ》している中《なか》身《み》。例ことばの意《い》味《み》を調《しら》べる。②人《ひと》が言《い》ったことやしたことのうらがわにある、ほんとうの気《き》持《も》ちやわけ。例意《い》味《み》ありげな態《たい》度《ど》。類意《い》図《と》③するだけのねうち。例こんなことをしても意《い》味《み》がない。類意《い》義《ぎ》・価《か》値《ち》

【意味深長】いみしんちょう〈—な・—に〉おもてにはあらわれない、深《ふか》くこみいったわけがありそうなようす。例意《い》味《み》深《しん》長《ちょう》な発《はつ》言《げん》。

【意訳】いやく ⬇〈—する〉一《いち》語《ご》一《いち》語《ご》にこだわらず、全《ぜん》体《たい》の意《い》味《み》を効《こう》果《か》的《てき》に表《あらわ》すように訳《やく》すこと。対直《ちょく》訳《やく》

意が下につく熟語 上の字の働き

❶意＝〈思い〉のとき
【悪《あく》意《い》 善《ぜん》意《い》 厚《こう》意《い》 好《こう》意《い》 敬《けい》意《い》 熱《ねつ》意《い》 誠《せい》意《い》 懇《こん》意《い》 賛《さん》意《い》 辞《じ》意《い》 謝《しゃ》意《い》 創《そう》意《い》 極《ごく》意《い》 内《ない》意《い》 本《ほん》意《い》 真《しん》意《い》 民《みん》意《い》 総《そう》意《い》 尿《にょう》意《い》】ドノヨウナ思《おも》いか。
【合《ごう》意《い》 同《どう》意《い》 失《しつ》意《い》 得《とく》意《い》 翻《ほん》意《い》 用《よう》意《い》 留《りゅう》意《い》 注《ちゅう》意《い》】思《おも》いをドウスルか。
【随《ずい》意《い》 任《にん》意《い》】思《おも》いにドウスルか。
【決《けつ》意《い》 鋭《えい》意《い》】意《い》をドウスルか。
【故《こ》意《い》 作《さく》意《い》 殺《さつ》意《い》 敵《てき》意《い》 戦《せん》意《い》 底《そこ》意《い》】ドノヨウナこころざしか。

❷意＝〈ものごとの意味〉のとき
【題《だい》意《い》 文《ぶん》意《い》 来《らい》意《い》】ナニの意《い》味《み》か。
【大《たい》意《い》 他《た》意《い》】ドノヨウナ意《い》味《み》か。

◆趣《しゅ》意《い》 如《にょ》意《い》 不《ふ》意《い》

心－9

感

総画13 JIS-2022 教3年 音 カン 訓 —

筆順

なりたち

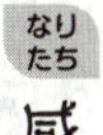

［形声］「咸」が「カン」という読《よ》み方《かた》をしめしている。「カン」は「動《うご》く」意《い》味《み》を持《も》ち、心《こころ》が動《うご》くことを表《あらわ》す字《じ》。

意味

❶心《こころ》にかんじる。例今《こん》昔《じゃく》の感《かん》がある。ありがたく感《かん》じる。実《じっ》感《かん》

❷からだにかんじる。例感《かん》覚《かく》・感《かん》電《でん》・音《おん》感《かん》

文字物語 ☞488ページ

❶〈心にかんじる〉の意味で

【感化】かんか ⬇〈—する〉ふれあいを通《とお》して、相《あい》手《て》の考《かんが》え方《かた》やおこないなどをかえること。例先《せん》生《せい》に感《かん》化《か》されて、絵《え》がすきになった。

【感。慨】かんがい Ⅱ ものごとについての、深《ふか》くしみじみとした気《き》持《も》ち。例感《かん》慨《がい》にひたる。

【感。慨無量】かんがいむりょう はかりしれないほど、心《こころ》に深《ふか》く感《かん》じること。類感《かん》無《む》量《りょう》

【感泣】かんきゅう ⬇〈—する〉心《こころ》をはげしく動《うご》かされて、泣《な》きだすこと。

【感激】かんげき ⬇〈—する〉すばらしいものごとや、人《ひと》のりっぱなおこないに接《せっ》して心《こころ》をはげしく動《うご》かされること。例感《かん》激《げき》に声《こえ》をふるわせる。類感《かん》動《どう》

【感謝】かんしゃ ⬇〈—する〉ありがたく思《おも》うこと。あり

感◀次ページ

°学習漢字でない常用漢字 ▲常用漢字表にない音訓 ◆常用漢字でない漢字

がたく思《おも》って礼《れい》を言《い》うこと。例感謝《かんしゃ》にたえない。心《こころ》から感謝《かんしゃ》します。

【感受性】《かんじゅせい》 外《そと》からのはたらきかけを感《かん》じとることのできる力《ちから》。例感受性《かんじゅせい》が強《つよ》い。

【感傷】《かんしょう》 [↓]ものごとに心《こころ》を動《うご》かされて、さびしくなったり、悲《かな》しくなったりすること。例感傷《かんしょう》にふける。感傷的《かんしょうてき》になる。

【感情】《かんじょう》 [Ⅱ]よろこび・いかり・悲《かな》しみ・楽《たの》しさ・すき・きらいなど、そのときそのときにかわっていく心《こころ》の動《うご》き。気持《きも》ち。対理性《りせい》

【感情論】《かんじょうろん》 感情《かんじょう》が先走《さきばし》ってしまった意《い》見《けん》。例感情論《かんじょうろん》にはしる。

【感心】《かんしん》 [▲]〈—する〉・〈—な・—に〉りっぱなおこないやすぐれたものごとを見《み》たり聞《き》いたりして、たいしたものだと心《こころ》を動《うご》かされること。

使い分け［歓心・関心・感心］☞633ページ

【感性】《かんせい》 [↓]りくつではなく、感《かん》じや気持《きも》ちでとらえる心《こころ》のはたらき。例するどい感性《かんせい》をみがく。対理性《りせい》

【感想】《かんそう》 [Ⅱ]ものごとを見《み》たり聞《き》いたりして、心《こころ》に感《かん》じたこと。例感想文《かんそうぶん》。感想《かんそう》を聞《き》く。

【感。嘆】《かんたん》 [↓]〈—する〉すばらしいと、強《つよ》く感《かん》じてほめること。例感嘆《かんたん》の声《こえ》をあげる。類驚《きょう》嘆《たん》・詠嘆《えいたん》

【感。嘆。符】《かんたんふ》 「！」の符号《ふごう》。その語句《ごく》や文《ぶん》にこめられた気持《きも》ちが強《つよ》いことを表《あらわ》す。エクスクラメーションマーク。

【感動】《かんどう》 [Ⅱ]〈—する〉すばらしいものごとにふれて、心《こころ》がはげしくゆさぶられること。例感《かん》動《どう》のあまりわれをわすれる。類感激《かんげき》

文字物語

感

この字《じ》には訓《くん》がない。意味《いみ》は、人《ひと》が外《そと》からの刺激《しげき》を受《う》けて、それに反応《はんのう》すること。感《かん》動《どう》したり、感激《かんげき》したり、なげき悲《かな》しんだり、リンゴをあまいと感《かん》じたり、水《みず》をつめたいと感《かん》じたりすること。

その人自身《ひとじしん》の心《こころ》の中《なか》からおこる心《こころ》のはたらきをいう「思」や「想」の字《じ》には、「おもう」という、ちょうどいい日本語《にほんご》があったが、「あつい」「さむい」「あまい」「からい」「あかるい」「くらい」など、外《そと》からの刺激《しげき》を身《み》に受《う》けたときの感《かん》じを全部《ぜんぶ》ひっくるめていう「感《かん》じる」にあたることばとしてぴったりのものが日本語《にほんご》にはなかったとみえて、「感」の字音《じおん》「カン」を、そのままに「かんじる」というようになった。

こうして日本語《にほんご》のなかにはいりこんだ「感」は、あらゆる場面《ばめん》で日本人《にほんじん》にとってなくてはならない字《じ》となった。ことばの下《した》について、「幸福感《こうふくかん》」「満足感《まんぞくかん》」「正義感《せいぎかん》」「緊張感《きんちょうかん》」「信頼《しんらい》感《かん》」「存在感《そんざいかん》」「不安感《ふあんかん》」「読後感《どくごかん》」など、さまざまな感情《かんじょう》や感覚《かんかく》や感想《かんそう》を、具体的《ぐたいてき》なものとして表現《ひょうげん》するのにもおおいにかつやくしている。

【感動詞】《かんどうし》 ことばをそのはたらきによって分《わ》けたもののうち、よびかけ・受《う》けこたえ・おどろきなどを表《あらわ》すことば。「おい」「いいえ」「さあ」「おや」「あら」などをいう。類間投詞《かんとうし》

【感服】《かんぷく》 [↓]〈—する〉とてもかなわない、りっぱなものだと、心《こころ》から感心《かんしん》すること。例ねばりづよい仕事《しごと》ぶりには感服《かんぷく》させられる。類敬服《けいふく》

【感無量】《かんむりょう》 〈—な・—に〉しみじみとした思《おも》いが、胸《むね》いっぱいにこみあげてくるようす。例優《ゆう》勝《しょう》できて感無量《かんむりょう》だ。類感慨無量《かんがいむりょう》

【感。銘】《かんめい》 [↓]〈—する〉強《つよ》く感動《かんどう》して、深《ふか》く心《こころ》にきざみこまれること。例感銘《かんめい》を受《う》けた話《はなし》。

【感。涙】《かんるい》 [↓]はげしく心《こころ》を動《うご》かされて流《なが》すなみだ。例感涙《かんるい》にむせぶ。

❷〈からだにかんじる〉の意味で

【感覚】《かんかく》 [Ⅱ]①目《め》・耳《みみ》・鼻《はな》・舌《した》・ひふをとおして、感《かん》じるはたらき。そうして感《かん》じとったもの。例平衡感覚《へいこうかんかく》。感覚《かんかく》がまひする。②ものごとのよしあしや小《ちい》さなちがいなどを感《かん》じとるはたらき。センス。例言語感覚《げんごかんかく》がいい。

【感光】《かんこう》 [▲]〈—する〉写真《しゃしん》のフィルムなどが光《ひかり》にあたって変化《へんか》をおこすこと。

【感。触】《かんしょく》 [Ⅱ]①手《て》ざわりやはだざわり。②相手《あいて》のようすなどからうけとった感《かん》じや手《て》ごたえ。例よい感触《かんしょく》を得《え》る。

【感染】《かんせん》 [↓]〈—する〉①病気《びょうき》がうつること。例感染経路《かんせんけいろ》 類伝染《でんせん》 ②よくないようすや動《うご》きが、ほかのものに広《ひろ》がること。例悪風《あくふう》に感染《かんせん》

する。類 伝染《でんせん》・感化《かんか》

【感染°症《かんせんしょう》】ウイルスなどの感染《かんせん》によってうつる病気《びょうき》。

【感知《かんち》】[↓]〈—する〉感《かん》じとること。例 煙《けむり》を感《かん》知する。類 察知《さっち》

【感電《かんでん》】[▲]〈—する〉電気《でんき》にふれてショックを受《う》けること。例 感電死《かんでんし》

【感度《かんど》】[↓] しげきをうけとめる敏感《びんかん》さの度《ど》合《あ》い。例 感度《かんど》の高《たか》いフィルム。

【感°冒《かんぼう》】[↓] のどや鼻《はな》などがいたみ、熱《ねつ》が出《で》たりする病気《びょうき》。例 感冒薬《かんぼうやく》 類 風邪《かぜ》

感が下につく熟語 上の字の働き

❶感＝〈心にかんじる〉のとき

【実感《じっかん》 直感《ちょっかん》 痛感《つうかん》 共感《きょうかん》 同感《どうかん》 予感《よかん》 霊感《れいかん》】ドノヨウニ感《かん》じるか。

【好感《こうかん》 反感《はんかん》 快感《かいかん》 雑感《ざっかん》 万感《ばんかん》】ドンナ感《かん》じか。

【優越感《ゆうえつかん》 罪悪感《ざいあくかん》】ドウデアルという感《かん》じか。

❷感＝〈からだにかんじる〉のとき

【音感《おんかん》 語感《ごかん》 色感《しきかん》 量感《りょうかん》 五感《ごかん》 第六感《だいろっかん》】ナニについての感覚《かんかく》か。

【敏感《びんかん》 鈍感《どんかん》】感覚《かんかく》がドウなのか。

◆情感《じょうかん》 所感《しょかん》 多感《たかん》 流感《りゅうかん》

心−9

愚

総画13

JIS-2282

常用

音 グ

訓 おろか

筆順

なりたち

【形声】「禺」が「グ」という読《よ》み方《かた》をしめしている。「グ」は「まわりくどい」の意味《いみ》を持《も》ち、心《こころ》のはたらきののろいことを表《あらわ》す字《じ》。

故事のはなし

愚公山《ぐこうやま》を移《うつ》す

北山《ほくざん》の愚公《ぐこう》という九十歳《きゅうじっさい》ちかい老人《ろうじん》が、太行山《たいこうざん》と王屋山《おうおくざん》のそばに住《す》んでいた。この二《ふた》つの大《おお》きな山《やま》が通行《つうこう》のじゃまになっていつも苦労《くろう》していたので、家族《かぞく》を集《あつ》めて、山《やま》をけずって平《たい》らにしようと提案《ていあん》した。みんなは賛成《さんせい》し、石《いし》や土《つち》をほりくずし、もっこで渤海《ぼっかい》へと運《はこ》んだ。河曲《かきょく》の智叟《ちそう》という人《ひと》がこれを見《み》て「なんとおろかなことか。のこり少《すく》ない寿命《じゅみょう》ではどうにもなるまい」とわらった。愚公《ぐこう》は「わしが死《し》んでも子《こ》どもがいる。子《こ》が孫《まご》を生《う》み、孫《まご》がさらに子《こ》を生《う》み、子々孫々《ししそんそん》つきることはない。一方《いっぽう》、山《やま》はふえることがないのだから、平《たい》らにできないはずはない」と言《い》いかえした。天《てん》の神《かみ》は、愚公《ぐこう》のまごころに感動《かんどう》して、二《ふた》つの山《やま》をよそへ移《うつ》してやった。(『列子《れっし》』湯問篇《とうもんへん》)

意味

❶おろか。ばかげている。例 愚《おろ》かな考《かんが》え。愚《ぐ》の骨頂《こっちょう》。愚劣《ぐれつ》・暗愚《あんぐ》 対 賢《けん》

❷けんそんしていうことば。例 愚見《ぐけん》

❶〈おろか〉の意味で

【°愚公山を移す《ぐこうやまをうつす》】まごころをこめて努力《どりょく》しつづければ、どんなにむずかしい大《おお》きなことも、なしとげることができる。

故事のはなし ☞489ページ

【°愚策《ぐさく》】[↓] おろかな計画《けいかく》。へたなやり方《かた》。

【°愚°痴《ぐち》】[Ⅱ] 言《い》ってもどうしようもないようなことを、くどくどと言《い》ってなげくこと。例 愚痴《ぐち》っぽい性格《せいかく》。愚痴《ぐち》をこぼす。

【°愚直《ぐちょく》】[↓]〈—な・—に〉正直《しょうじき》すぎて器用《きよう》に態度《たいど》を変《か》えられないようす。例 愚直《ぐちょく》な人《ひと》。

【°愚°鈍《ぐどん》】[Ⅱ]〈—な・—に〉ものを考《かんが》える力《ちから》もよわく、行動《こうどう》もにぶくて、なにをやってもうまくはできないようす。例 愚鈍《ぐどん》な男《おとこ》。

【°愚問《ぐもん》】[↓] 答《こた》えるだけの価値《かち》のないような、ばかばかしい質問《しつもん》。例 愚問愚答《ぐもんぐとう》

【°愚°劣《ぐれつ》】[Ⅱ]〈—な・—に〉ばかげていて、まったくねうちのないこと。例 愚劣《ぐれつ》なやり方《かた》。

【°愚論《ぐろん》】[↓] くだらない意見《いけん》。☞❷

❷〈けんそんしていうことば〉の意味で

【°愚見《ぐけん》】[↓] わたくしの考《かんが》え・意見《いけん》。(へりくだった言《い》い方《かた》) 例 愚見《ぐけん》をのべさせていただきます。

【°愚妻《ぐさい》】[↓] わたくしの妻《つま》。(へりくだった言《い》

い方《かた》）表現「愚妻《ぐさい》」も「愚息《ぐそく》」も、今《いま》はあまり使《つか》わない。

【愚息】《ぐそく》 ↓ わたくしのむすこ。（へりくだった言《い》い方《かた》）

【愚論】《ぐろん》 ↓ わたくしの意見《いけん》。（へりくだった言《い》い方《かた》）例 以上《いじょう》、愚論《ぐろん》を記《しる》しました。☞❶

慌

忄-9　総画12　JIS-2518　常用

訓音 コウ　あわてる・あわただしい

筆順

意味 あわてる。あわただしい。例 とつぜんの来客《らいきゃく》に慌《あわ》てる。慌《あわ》ただしい毎日《まいにち》。恐慌《きょうこう》

慈

心-9　総画13　JIS-2792　常用

訓音 ジ　いつくしむ

筆順

なりたち 【形声】「茲」が「ジ」という読《よ》み方《かた》をしめしている。「ジ」は「はぐくみ育《そだ》てる」意味《いみ》を持《も》ち、いつくしみの心《こころ》を表《あらわ》す字《じ》。

意味 いつくしむ。いたわりだいじにする。めぐむ。例 子《こ》を慈《いつく》しむ。慈愛《じあい》

名前のよみ しげ・しげる・ちか・なり・やす・よし

【慈愛】《じあい》 Ⅱ やさしくいたわること。例 慈愛《じあい》にみちたまなざし。類 仁愛《じんあい》

【慈雨】《じう》 ↓ かわいた地面《じめん》をほどよくしめらせる、めぐみの雨《あめ》。例 干天《かんてん》の慈雨《じう》（日《ひ》でりがつづいて、地面《じめん》がからからになっているときにふる、めぐみの雨《あめ》）。

【慈善】《じぜん》 Ⅱ こまっている人《ひと》や不幸《ふこう》な人《ひと》のために、お金《かね》や物《もの》を寄付《きふ》したりして助《たす》けること。例 慈善家《じぜんか》・慈善事業《じぜんじぎょう》

【慈悲】《じひ》 Ⅱ 苦《くる》しみをもつ人《ひと》を気《き》のどくに感《かん》じ、救《すく》いたいと思《おも》う心《こころ》。例 慈悲《じひ》ぶかいおこない。ほとけの慈悲《じひ》にすがる。

【慈父】《じふ》 ↓ 愛情深《あいじょうぶか》い父《ちち》。

【慈母】《じぼ》 ↓ 愛情深《あいじょうぶか》い母《はは》。

愁

心-9　総画13　JIS-2905　常用

訓音 シュウ　うれえる・うれい

筆順

なりたち 【形声】「秋」が「シュウ」という読《よ》み方《かた》をしめしている。「シュウ」は「うれえる」意味《いみ》を持《も》ち、心《こころ》がうれえることを表《あらわ》す字《じ》。

意味 うれえる。かなしむ。例 愁《うれ》いにしずむ。愁傷《しゅうしょう》・哀愁《あいしゅう》

【愁傷】《しゅうしょう》 Ⅱ 親《した》しい人《ひと》のふしあわせや死《し》を悲《かな》しみ、なげくこと。表現「ご愁傷《しゅうしょう》さまです」は、死《し》んだ人《ひと》の家族《かぞく》にむかって、悲《かな》しみを思《おも》いやっていうあいさつのことば。

【愁嘆】《しゅうたん》 Ⅱ（―する）人《ひと》とのわかれや死《し》などを、心《こころ》からなげき悲《かな》しむこと。例 愁嘆場《しゅうたんば》（芝《しば》居《い》で、なげき悲《かな》しむ場面《ばめん》）

愁が下につく熟語 上の字の働き

【哀愁《あいしゅう》 憂愁《ゆうしゅう》】近《ちか》い意味《いみ》。

【郷愁《きょうしゅう》 旅愁《りょしゅう》】ナニにともなう愁《うれ》いか。

想

心-9　総画13　JIS-3359　教3年

訓音 ソウ・ソ　おもう

筆順（はねない・はねる・とめる）

なりたち 【形声】「相」が「ソウ」という読《よ》み方《かた》をしめしている。「ソウ」は「すがた・形《かたち》」の意味《いみ》を持《も》ち、心《こころ》にすがた・形《かたち》を思《おも》いうかべることを表《あらわ》す字《じ》。

意味 思《おも》いえがく。心《こころ》に広《ひろ》がる思《おも》い。例 想《そう》がわく。想《そう》を練《ね》る。想起《そうき》・想像《そうぞう》・仮想《かそう》・空想《くうそう》・予想《よそう》

注意するよみ ソ…例 愛想《あいそ》

【想起】《そうき》 ↓（―する）前《まえ》にあったことを思《おも》いおこすこと。例 戦争《せんそう》の悲惨《ひさん》さを想起《そうき》する。

【想像】《そうぞう》 ▲（―する）目《め》の前《まえ》にはないものごとを頭《あたま》の中《なか》に思《おも》いうかべること。例 想像《そうぞう》にすぎない。想像《そうぞう》を絶《ぜっ》する。

【想定】《そうてい》 ↓（―する）じっさいのようすとはちがうことがらを考《かんが》えだして、かりにこうだったら、と決《き》めてみること。例 火災《かさい》を想定《そうてい》した避難訓練《ひなんくんれん》。類 仮定《かてい》

【想念《そうねん》】Ⅱ 心《こころ》にうかんだ思《おも》いや考《かんが》え。

想が下につく熟語 上の字の働き

【思想《しそう》 感想《かんそう》】近《ちか》い意味《いみ》。
【連想《れんそう》 追想《ついそう》 回想《かいそう》 空想《くうそう》 幻想《げんそう》 夢想《むそう》 妄想《もうそう》 黙想《もくそう》
予想《よそう》】ドノヨウニ思《おも》いえがくか。
【構想《こうそう》 発想《はっそう》】想《そう》をドウスルか。
【着想《ちゃくそう》 随想《ずいそう》】想《そう》にドウスルか。
◆愛想《あいそ|あいそう》 無愛想《ぶあいそう》 理想《りそう》

忄－9

惰

総画12 JIS-3438 常用
音 ダ
訓 ―

筆順 惰

なりたち  【形声】「左月」が「ダ」という読《よ》み方《かた》をしめしている。「ダ」は「くずれ落《お》ちる」意味《いみ》を持《も》ち、心《こころ》(忄)がだらりとすることを表《あらわ》す字《じ》。

意味 だらしがない。だらけている。なまける。例 惰性《だせい》・怠惰《たいだ》

【°惰気《だき》】⇩ しまりのない、だらけた気分《きぶん》。
【°惰性《だせい》】⇩ ①今《いま》までの動《うご》きや状態《じょうたい》をそのままつづけようとする性質《せいしつ》。類 慣性《かんせい》 ②今《いま》までのことが、意味《いみ》もなくだらだらとつづくこと。例 惰性《だせい》でなく、目的《もくてき》をもって生《い》きる。
【°惰眠《だみん》】⇩ なまけて、ねむってばかりいること。例 惰眠《だみん》をむさぼる。
【°惰力《だりょく》】⇩ 物《もの》がそれまでとおなじ動《うご》きをつづけようとする力《ちから》。惰性《だせい》の力《ちから》。

忄－9

愉

総画12 JIS-4491 常用
音 ユ
訓 たの-しい

筆順 愉

なりたち  【形声】「兪」が「ユ」という読《よ》み方《かた》をしめしている。「ユ」は「やわらぐ」意味《いみ》を持《も》ち、心《こころ》(忄)がやわらいでたのしいようすを表《あらわ》す字《じ》。

意味 たのしい。たのしむ。例 愉快《ゆかい》

【°愉°悦《ゆえつ》】Ⅱ 楽《たの》しみよろこぶこと。心《こころ》から楽《たの》しむこと。
【°愉快《ゆかい》】Ⅱ〈―な・―に〉楽《たの》しさやおもしろさで、心《こころ》がうきうきとはずむようす。対 不愉快《ふゆかい》

忄－10

慨

総画13 JIS-1920 常用
音 ガイ
訓 ―
［慨］

筆順 慨

なりたち  【形声】もとの字《じ》は、「慨」。「既《キ》」が「ガイ」とかわって読《よ》み方《かた》をしめしている。「キ」は「ためいき」の意味《いみ》を持《も》ち、ためいきをもらして心《こころ》(忄)でなげくことを表《あらわ》す字《じ》。

意味 なげく。ふかく感《かん》じる。例 憤慨《ふんがい》

【°慨°嘆《がいたん》】Ⅱ〈―する〉いかりつつ悲《かな》しむこと。

慨が下につく熟語 上の字の働き

【感慨《かんがい》 憤慨《ふんがい》】近《ちか》い意味《いみ》。

忄－10

慎

総画13 JIS-3121 常用
音 シン
訓 つつしむ
［愼］

筆順 慎

なりたち  【形声】もとの字《じ》は、「愼」。「眞」が「シン」という読《よ》み方《かた》と「こまかい」という意味《いみ》を持《も》ち、心《こころ》(忄)をこまかくつかうことを表《あらわ》す字《じ》。

意味 つつしむ。ひかえめにする。例 身《み》を慎《つつし》む。慎重《しんちょう》・謹慎《きんしん》

名前のよみ ちか・のり・まこと・みつ・よし

【°慎重《しんちょう》】Ⅱ〈―な・―に〉注意《ちゅうい》ぶかく考《かんが》え、軽《かる》はずみな行動《こうどう》をしないようす。対 軽率《けいそつ》
◆謹慎《きんしん》 不謹慎《ふきんしん》

心－10

態

総画14 JIS-3454 教5年
音 タイ
訓 ―

筆順 態（とめる・はねる・はねる）

なりたち  【形声】「能《ノウ|ドウ》」が「タイ」とかわって読《よ》み方《かた》をしめしている。「ノウ」は「いろいろなことができる」意味《いみ》を持《も》ち、いろいろなことができる心《こころ》のはたらきを表《あらわ》す字《じ》。

意味 ありさま。身《み》がまえかた。例 態度《たいど》・状《じょう》態《たい》

前ページ▶ 惰 愉 慨 慎 態

【態勢】たいせい Ⅱ あるものごとに対《たい》してとる身《み》がまえやそなえ。例 万全《ばんぜん》の態勢《たいせい》でのぞむ。

例解 使い分け
[態勢《たいせい》・体勢《たいせい》・体制《たいせい》・大勢《たいせい》]
態勢＝ものごとに対《たい》するかまえ。例 防災《ぼうさい》についての態勢《たいせい》を協議《きょうぎ》する。難民《なんみん》の受《う》け入《い》れ態勢《たいせい》をととのえる。
体勢＝からだの位置《いち》や姿勢《しせい》。例 体勢《たいせい》がくずれる。体勢《たいせい》が入《い》れ替《か》わる。
体制＝国《くに》や団体《だんたい》の組織《そしき》のしくみ。例 国家体制《こっかたいせい》。戦時体制《せんじたいせい》。
大勢＝全体《ぜんたい》のなりゆきやようす。例 大勢《たいせい》を決《けっ》する。天下《てんか》の大勢《たいせい》。

【態度】たいど Ⅱ ①心《こころ》の中《なか》の考《かんが》えや気持《きも》ちがあらわれた、動作《どうさ》や表情《ひょうじょう》など。例 なまいきな態度《たいど》。②あることに対《たい》する心《こころ》の持《も》ち方《かた》。例 賛成《さんせい》か反対《はんたい》か、態度《たいど》を決《き》めてほしい。類 姿勢《しせい》

態が下につく熟語 上の字の働き
【状態《じょうたい》 様態《ようたい》 形態《けいたい》 姿態《したい》 容態《ようだい》】近《ちか》い意味《いみ》。
【実態《じったい》 常態《じょうたい》 生態《せいたい》 醜態《しゅうたい》 失態《しったい》 変態《へんたい》 悪態《あくたい》】ドンナありさまか。
◆事態《じたい》

小-10
慕
総画14
JIS-4273
常用
音 ボ
訓 したう

筆順 慕 慕 慕 慕 慕 慕 慕 慕

なりたち

【形声】「莫」が「ボ」という読《よ》み方《かた》をしめしている。「ボ」は「さぐる」意味《いみ》を持《も》ち、心《こころ》(⺗)でさぐりもとめることを表《あらわ》す字《じ》。

意味 したう。人《ひと》をこのましく思《おも》う気持《きも》ち。例 母《はは》を慕《した》う。慕情《ぼじょう》・思慕《しぼ》

【°慕情】ぼじょう ↓ こいしく、そばにいたいと思《おも》う気持《きも》ち。例 母《はは》への慕情《ぼじょう》がつのる。

慕が下につく熟語 上の字の働き
【思慕《しぼ》 恋慕《れんぼ》】近《ちか》い意味《いみ》。
◆敬慕《けいぼ》

忄-10
慄
総画13
JIS-5643
常用
音 リツ
訓 —

筆順 慄 慄 慄 慄 慄 慄 慄 慄

意味 おそろしくて、体《からだ》がふるえる。

【°慄然】りつぜん ⊠ 〈—たる〉おそろしくてふるえるようす。例 話《はなし》を聞《き》くだけで慄然《りつぜん》とする。

慄が下につく熟語 上の字の働き
【戦慄《せんりつ》】近《ちか》い意味《いみ》。

心-11
慰
総画15
JIS-1654
常用
音 イ
訓 なぐさめる・なぐさむ

筆順 慰 慰 慰 慰 慰 慰 慰 慰

なりたち

【形声】「尉」が「おさえてのばす」意味《いみ》と「イ」という読《よ》み方《かた》をしめしている。心《こころ》をやわらげることを表《あらわ》す字《じ》。

意味 なぐさめる。やさしくいたわる。例 友《とも》を慰《なぐさ》める。心《こころ》が慰《なぐさ》む。慰安《いあん》・弔慰《ちょうい》

名前のよみ やす

【°慰安】いあん Ⅱ 〈—する〉ふだんの苦労《くろう》をいたわるために、ゆっくりたのしんでもらうこと。例 慰安旅行《いあんりょこう》 類 慰労《いろう》

【°慰謝料】いしゃりょう 相手《あいて》に苦《くる》しみをあたえたことに対《たい》して、つぐないのためにしはらうお金《かね》。

【°慰問】いもん ↓ 〈—する〉苦《くる》しんでいる人《ひと》や不幸《ふこう》な人《ひと》をたずねて、なぐさめ、はげますこと。

【°慰留】いりゅう ↓ 〈—する〉仕事《しごと》をやめようとしている人《ひと》をなだめて、思《おも》いとどまらせること。

【°慰°霊】いれい ▲ 〈—する〉死《し》んだ人《ひと》のたましいをなぐさめること。例 戦没者《せんぼっしゃ》の慰霊碑《いれいひ》。

【°慰労】いろう ▲ 〈—する〉今《いま》までの苦労《くろう》をいたわり、感謝《かんしゃ》すること。例 慰労会《いろうかい》 類 慰安《いあん》

忄-11
慣
総画14
JIS-2023
教5年
音 カン
訓 なれる・ならす

筆順 慣 慣 慣 慣 慣 慣 慣 慣
ここにならない だす とめる

なりたち
【形声】「貫」が「カン」という読《よ》み方《かた》をしめしている。「カン」は「つみかさねる」意味《いみ》を持《も》ち、心《こころ》(忄)にくり返《かえ》しかさねてなれることを表《あらわ》す字《じ》。

意味 なれる。なれしたしむ。ならわし。例 習《なら》うより慣《な》れろ。肩《かた》を慣《な》らす。慣例《かんれい》・習慣《しゅうかん》

【慣行】かんこう ↓ 〈—する〉前《まえ》からつづけられてきて

いるしきたり。ならわし。例慣行《かんこう》にしたがう。

【慣習】《かんしゅう》 ‖ 世間《せけん》の人々《ひとびと》の間《あいだ》に、むかしからひろくおこなわれていること。例慣習《かんしゅう》をやぶる。類習慣《しゅうかん》・習俗《しゅうぞく》・風習《ふうしゅう》

【慣性】《かんせい》 ↓ 理科《りか》で、外《そと》からほかの力《ちから》をくわえなければ、物《もの》は今《いま》までの状態《じょうたい》をそのままつづける、という性質《せいしつ》。例慣性《かんせい》の法則《ほうそく》。類惰性《だせい》

【慣用】《かんよう》 ↓ 〈—する〉世《よ》の中《なか》で、習慣《しゅうかん》として使《つか》われること。例慣用語《かんようご》

【慣用句】《かんようく》 「目《め》にする（見《み》かける）」「手《て》を焼《や》く（てこずる）」などのように二《ふた》つ以上《いじょう》のことばがまとまって、特別《とくべつ》な意味《いみ》で使《つか》われているもの。イディオム。類成句《せいく》

【慣例】《かんれい》 ↓ 前《まえ》から何回《なんかい》もおこなわれてきて、もうそうするのが習慣《しゅうかん》になっていることがら。例慣例《かんれい》を重《おも》んじる。

慶

心-11　総画15　JIS-2336　常用

音 ケイ　訓 よろこ-ぶ

筆順

なりたち 【会意】神《かみ》にささげる鹿皮《しかがわ》を表《あらわ》す「鹿」と「心」と行《い》く意味《いみ》の「夂」とからでき、祝賀《しゅくが》のために鹿皮《しかがわ》の礼物《れいもつ》をもって行《い》くことを表《あらわ》す字《じ》。

意味 よろこぶ。よろこばしい。めでたい。いわう。例慶賀《けいが》・同慶《どうけい》 対弔《ちょう》

名前のよみ ちか・のり・みち・やす・よし

【°慶賀】《けいが》 ‖ 〈—する〉「おめでとう」といわうこと。例慶賀《けいが》にたえない。類慶祝《けいしゅく》・祝賀《しゅくが》

【°慶事】《けいじ》 ↓ 結婚《けっこん》や子《こ》が生《う》まれるなどの、めでたいこと。類吉事《きちじ》 対凶事《きょうじ》

【°慶祝】《けいしゅく》 ‖ 〈—する〉めでたいことを、よろこびいわうこと。例慶祝《けいしゅく》パレード 類慶賀《けいが》

【°慶弔】《けいちょう》 ↕ めでたいことと、悲《かな》しいこと。例慶弔電報《けいちょうでんぽう》

慧

心-11　総画15　JIS-2337　人名

音 ケイ・エ　訓 —

意味 かしこい。さとい。例慧眼《けいがん》

名前のよみ あきら・さと・さとし・さとる

憎

忄-11　総画14　JIS-3394　常用

音 ゾウ　訓 にくむ・にくい・にくらしい・にくしみ

［憎］

筆順

なりたち 【形声】もとの字《じ》は、「憎」。「曾」が「ゾウ」という読《よ》み方《かた》をしめしている。「ゾウ」は「きずつける」意味《いみ》を持《も》ち、相手《あいて》をきずつけたいと心《こころ》（忄）で思《おも》うことを表《あらわ》す字《じ》。

意味 にくむ。きらう。にくしみ。例不正《ふせい》を憎《にく》む。憎《にく》しみを感《かん》じる。憎悪《ぞうお》・愛憎《あいぞう》

【°憎悪】《ぞうお》 ‖ 〈—する〉はげしくにくみきらうこと。例いつまでも憎悪《ぞうお》の念《ねん》が消《き》えない。

慢

忄-11　総画14　JIS-4393　常用

音 マン　訓 —

筆順 慢慢慢慢慢慢慢

なりたち 【形声】「曼」が「マン」という読《よ》み方《かた》をしめしている。「マン」は「ゆるい」の意味《いみ》を持《も》ち、心《こころ》（忄）にしまりがないようすを表《あらわ》す字《じ》。

意味 ❶なまける。しまりがない。だらだらつづく。例慢性《まんせい》・怠慢《たいまん》 ❷思《おも》いあがる。人《ひと》を見下《みさ》げてとくいになる。つけあがる。例慢心《まんしん》・高慢《こうまん》

❶〈なまける〉の意味で

【°慢性】《まんせい》 ↓ 病気《びょうき》で、急《きゅう》な変化《へんか》はないが、なおらないで長《なが》びくこと。例慢性鼻炎《まんせいびえん》 対急性《きゅうせい》

❷〈思いあがる〉の意味で

【°慢心】《まんしん》 ↓ 〈—する〉自分《じぶん》の能力《のうりょく》や地位《ちい》を、たいしたものだと思《おも》いあがり、いい気《き》になること。例つい慢心《まんしん》して失敗《しっぱい》した。

慢が下につく熟語 上の字の働き

❶慢＝〈なまける〉のとき

【怠慢《たいまん》 緩慢《かんまん》】近《ちか》い意味《いみ》。

◆我慢《がまん》 高慢《こうまん》 自慢《じまん》

憂

心-11　総画15　JIS-4511　常用

音 ユウ　訓 うれえる・うれい・うい

筆順

なりたち [形声]「夂」が「足《あし》」の意味《いみ》を、「㥑」が「ユウ」という読《よ》み方《かた》をしめしている。「ユウ」は「ゆっくり」の意味《いみ》を持《も》ち、ゆっくり歩《ある》くことを表《あらわ》す字《じ》。

意味 うれえる。心配《しんぱい》する。心配《しんぱい》。例 将来《しょうらい》を憂《うれ》える。備《そな》えあれば憂《うれ》いなし。憂《う》き世《よ》・憂愁《ゆうしゅう》・内憂《ないゆう》 対 喜《き》

【憂鬱】ゆううつ Ⅱ〈—な〉心《こころ》がしずんで、はればれとしないこと。例 毎日雨《まいにちあめ》がつづいて憂鬱《ゆううつ》だ。

【憂国】ゆうこく ▲ 自分《じぶん》の国《くに》の今《いま》のありさまやこれからについて心配《しんぱい》すること。例 憂国《ゆうこく》の士。

【憂愁】ゆうしゅう Ⅱ 心配《しんぱい》ごとや悲《かな》しみで心《こころ》がはればれとしない。例 憂愁《ゆうしゅう》の思《おも》いにしずむ。

【憂色】ゆうしょく ↓ 心配《しんぱい》そうなようす。対 喜色《きしょく》

【憂慮】ゆうりょ ↓〈—する〉悪《わる》いことがおきるのではないかと心配《しんぱい》すること。例 憂慮《ゆうりょ》にたえない。

◆ 一喜一憂《いっきいちゆう》

慮
心−11 総画15 JIS-4624 常用

訓音 リョ おもんぱか-る

筆順

なりたち [形声]「慮」を略《りゃく》した「盧《ロ》」が「ならべる、多《おお》い」などの意味《いみ》と、「リョ」とかわって読《よ》み方《かた》をしめしている。心《こころ》の中《なか》であれこれと思《おも》いめぐらすことを表《あらわ》す字《じ》。

意味 よく考《かんが》える。思《おも》いをめぐらす。思《おも》い。例 先《さき》を慮《おもんぱか》る。考慮《こうりょ》・熟慮《じゅくりょ》

慮が下につく熟語 上の字の働き

【思慮《しりょ》 考慮《こうりょ》 顧慮《こりょ》】近《ちか》い意味《いみ》。

【遠慮《えんりょ》 熟慮《じゅくりょ》 苦慮《くりょ》 憂慮《ゆうりょ》 焦慮《しょうりょ》】ドノヨウニ思《おも》いめぐらすか。

【浅慮《せんりょ》 短慮《たんりょ》】ドノヨウナ思慮《しりょ》か。

◆ 配慮《はいりょ》 無遠慮《ぶえんりょ》 不慮《ふりょ》

憩
心−12 総画16 JIS-2338 常用

訓音 ケイ いこい・いこう

筆順

なりたち [形声]「舌《カツ》」が「ケイ」とかわって読《よ》み方《かた》をしめしている。「カツ」は「とまる」意味《いみ》を持《も》ち、とまって息《いき》をつくことを表《あらわ》す字《じ》。

意味 いこう。休《やす》む。例 憩《いこ》いの場《ば》。休憩《きゅうけい》

名前のよみ やす

憬
忄−12 総画15 JIS-5661 常用

訓音 ケイ —

筆順

意味 あこがれる。心《こころ》をひかれる。例 憧憬《しょうけい|どうけい》をいだく。

憲
心−12 総画16 JIS-2391 教6年

訓音 ケン —

筆順 まっすぐつく ださない 四にならない

なりたち [形声]「害《ベン》」が「ケン」とかわって読《よ》み方《かた》をしめしている。「ベン」は「はやい」の意味《いみ》を持《も》ち、心《こころ》のはたらきがすばやく「さとい」ことを表《あらわ》す字《じ》。

意味 社会《しゃかい》のおおもととなるきまり。「憲法《けんぽう》」の略《りゃく》。例 立憲《りっけん》

名前のよみ あきら・かず・さだ・ただし・とし・のり

【憲章】けんしょう ↓ このようでありたいとねがって、国家間《こっかかん》で決《き》めた、おおもとのきまり。例 児童憲章《じどうけんしょう》・国連憲章《こくれんけんしょう》

【憲法】けんぽう ↓ 国《くに》にとって、いちばんの基本《きほん》となる最高《さいこう》の法律《ほうりつ》。例 憲法《けんぽう》を制定《せいてい》する。

憲が下につく熟語 上の字の働き

【合憲《ごうけん》 違憲《いけん》】憲法《けんぽう》に対《たい》してドウデアルか。

◆ 改憲《かいけん》 立憲《りっけん》

憧
忄−12 総画15 JIS-3820 常用

訓音 ショウ・ドウ あこがれる

筆順

意味 あこがれる。思《おも》いこがれる。例 憧《あこが》れの人《ひと》。

【憧憬】しょうけい|どうけい Ⅱ あこがれること。強《つよ》く心《こころ》をひかれること。例 憧憬《しょうけい|どうけい》のまなざし。

前ページ▶慶 慧 憎 慢 憂

憤

忄-12 総画15 JIS-4216 常用

音 フン 訓 いきどおる

筆順 憤

なりたち [形声]「賁」が「ふき出《だ》す」意味《いみ》と「フン」という読《よ》み方《かた》をしめしている。心《こころ》(忄)の中《なか》にたまっていたものが一時《いちどき》にふき出《で》ることを表《あらわ》す字《じ》。

意味 いきどおる。はげしくおこる。例 不正《ふせい》に憤《いきどお》る。憤慨《ふんがい》・義憤《ぎふん》

【憤慨】ふんがい [Ⅱ] (-する) 正《ただ》しくないことやなっとくできないことに対《たい》して、ひどくおこること。例 憤慨《ふんがい》にたえない。類 立腹《りっぷく》・憤激《ふんげき》

【憤死】ふんし [↓] (-する) はげしいいかりをいだいて死《し》ぬこと。

【憤然】ふんぜん [☒] (-たる・-と) ひどくおこっているようす。例 憤然《ふんぜん》と席《せき》を立《た》つ。

【憤怒】ふんぬ・ふんど [Ⅱ] 腹《はら》の底《そこ》からのはげしいいかり。例 憤怒《ふんぬ》《ふんど》の形相《ぎょうそう》。類 激怒《げきど》

憤が下につく熟語 上の字の働き

【義憤《ぎふん》 公憤《こうふん》】ドノヨウナ憤《いきどお》りか。

◆悲憤《ひふん》

憶

忄-13 総画16 JIS-1817 常用

音 オク 訓 ―

筆順 憶

なりたち [形声]「意《イ―ヨク》」が「オク」とかわって読《よ》み方《かた》をしめしている。「ヨク」は「おさえる」意味《いみ》を持《も》ち、心《こころ》にしっかりおさえておぼえることを表《あらわ》す字《じ》。

意味 ❶心《こころ》にしるす。おぼえる。例 記憶《きおく》 ❷おしはかる。かってに考《かんが》える。例 憶測《おくそく》

❷〈おしはかる〉の意味で

【憶説】おくせつ [↓] かってな想像《そうぞう》による考《かんが》えや意見《いけん》。例 憶説《おくせつ》がとびかう。

【憶測】おくそく [Ⅱ] (-する) たぶんこうだろうと考《かんが》えること。例 憶測《おくそく》でものを言《い》う。

◆記憶《きおく》 追憶《ついおく》

懐 [懷]

忄-13 総画16 JIS-1891 常用

音 カイ 訓 ふところ・なつかしい・なつかしむ・なつく・なつける

筆順 懐

なりたち [形声] もとの字《じ》は、「懷」。「褱」が「カイ」という読《よ》み方《かた》をしめしている。「カイ」は「くり返《かえ》す」意味《いみ》を持《も》ち、心《こころ》(忄)にくり返《かえ》し思《おも》うことを表《あらわ》す字《じ》。

意味 ❶ふところ。ふところに持《も》つ。例 懐《ふところ》が深《ふか》い。懐中《かいちゅう》 ❷思《おも》いをいだく。なつかしく思《おも》う。例 懐《なつ》かしいふるさと。懐疑《かいぎ》・述懐《じゅっかい》 ❸なつく。なつかせる。例 犬《いぬ》が懐《なつ》く。懐柔《かいじゅう》

名前のよみ かね

❶〈ふところ〉の意味で

【懐紙】かいし [↓] たたんで、ふところに入《い》れても ち歩《ある》く、白《しろ》い和紙《わし》。

【懐石料理】かいせきりょうり 茶《ちゃ》の湯《ゆ》の席《せき》で、茶《ちゃ》の前《まえ》に出《だ》すかんたんな料理。「茶懐石《ちゃかいせき》」ともいう。

【懐中】かいちゅう [↓] ふところや、内《うち》ポケットの中《なか》。例 懐中時計《かいちゅうどけい》・懐中電灯《かいちゅうでんとう》

【懐妊】かいにん [↓] (-する) 女《おんな》の人《ひと》のおなかに赤《あか》ちゃんができること。あらたまった言《い》い方《かた》。類 妊娠《にんしん》

【懐炉】かいろ [↓] 服《ふく》の中《なか》などに入《い》れて、からだをあたためる小《ちい》さな道具《どうぐ》。例 使《つか》いすて懐炉《かいろ》

【懐刀】ふところがたな [↓] ①むかしの人《ひと》が身《み》をまもるために懐《ふところ》に入《い》れて持《も》ち歩《ある》いた短刀《たんとう》。②たよりにしている有能《ゆうのう》な部下《ぶか》。例 社長《しゃちょう》の懐刀《ふところがたな》。

❷〈思いをいだく〉の意味で

【懐疑】かいぎ [▲] (-する) うたがいを持《も》つこと。例 懐疑《かいぎ》の念《ねん》。

【懐旧】かいきゅう [▲] しみじみなつかしく思《おも》うこと。例 懐旧《かいきゅう》の情《じょう》。懐旧談《かいきゅうだん》 類 懐古《かいこ》

【懐古】かいこ [▲] (-する) すぎさったむかしをなつかしく思《おも》うこと。例 懐古趣味《かいこしゅみ》 類 懐旧《かいきゅう》

❸〈なつく〉の意味で

【懐柔】かいじゅう [↓] (-する) なれしたしませて、さからわないようにしむけること。例 懐柔策《かいじゅうさく》

◇述懐《じゅっかい》 本懐《ほんかい》

憾

忄-13 総画16 JIS-2024 常用

音 カン 訓 ―

なりたち [形声]「感」が「カン」という読《よ》み方《かた》をしめしている。「カン」は「うらむ」意味《いみ》を持《も》ち、心《こころ》(忄)にうらみをいだくことを表《あらわ》す字《じ》。

意味 心《こころ》のこりに思《おも》う。ざんねんな思《おも》い。例 遺憾《いかん》

懇

心-13 総画17 JIS-2609 常用

音 コン 訓 ねんごろ

なりたち  [形声]「豤」が「コン」という読《よ》み方《かた》をしめしている。「コン」は「いっしょうけんめいにつとめる」意味《いみ》を持《も》ち、心《こころ》をこめてつくすことを表《あらわ》す字《じ》。

意味 ねんごろ。まごころをこめる。例 懇《ねんご》ろにもてなす。懇切《こんせつ》

【懇°意】《こんい》 ⇩〈□な〉うちとけあって親《した》しくつきあっているようす。例 懇意《こんい》な間柄《あいだがら》。類 親密《しんみつ》

【懇°願】《こんがん》 ⇩〈―する〉いっしょうけんめいにたのみこむこと。類 懇請《こんせい》・懇望《こんもう》・切願《せつがん》・切望《せつぼう》・嘆願《たんがん》

【懇°親】《こんしん》 ⇩ たがいにうちとけてなかよくすること。例 懇親会《こんしんかい》 類 親睦《しんぼく》

【懇°請】《こんせい》 ⇩〈―する〉たのみやのぞみをきいてくれるように、けんめいにたのむこと。例 懇《こん》請《せい》に応《おう》じる。類 懇願《こんがん》・懇望《こんもう》・切願《せつがん》・切望《せつぼう》

【懇°切】《こんせつ》 ⊠〈□な〉たいへん親切《しんせつ》で、気《き》くばりがいきとどいているようす。例 懇切《こんせつ》ていねいに道《みち》を教《おし》える。

【懇°談】《こんだん》 ⇩〈―する〉うちとけて気楽《きらく》に話《はな》し合《あ》うこと。例 懇談会《こんだんかい》

【懇°望】《こんもう・こんぼう》 ⇩〈―する〉心《こころ》からのぞむこと。しきりにたのむこと。類 懇願《こんがん》・懇請《こんせい》

【懇°話】《こんわ》 ⇩ 心《こころ》からうちとけて話《はな》すこと。

憐

忄-13 総画16 JIS-4689 人名

音 レン 訓 あわ-れむ・あわ-れみ

意味 ❶あわれむ。かわいそう、きのどくだと思《おも》う。例 憐憫《れんびん》 ❷いとしく思《おも》う。かわいいと思《おも》う。例 可《か》憐《れん》

参考 もと「忄《りっしんべん》」部《ぶ》「12画《かく》」、総画数《そうかくすう》「15画《かく》」。

懲 [懲]

心-14 総画18 JIS-3608 常用

音 チョウ 訓 こりる・こらす・こらしめる

なりたち  [形声] もとの字《じ》は、「懲」。「徵」が「チョウ」という読《よ》み方《かた》をしめしている。「チョウ」は「打《う》ちたたく」意味《いみ》を持《も》ち、心《こころ》にいたでをあたえることを表《あらわ》す字《じ》。

意味 こらしめる。こりる。例 失敗《しっぱい》に懲《こ》りる。いたずらを懲《こ》らしめる。懲罰《ちょうばつ》

【懲°役】《ちょうえき》 ⇩ 罪《つみ》をおかした人《ひと》を刑務所《けいむしょ》に入《い》れて、労働《ろうどう》をさせる刑罰《けいばつ》。類 禁固《きんこ》

【懲°戒】《ちょうかい》 ⇩〈―する〉わるいおこないをした人《ひと》を、しかったり、罰《ばっ》したりすること。例 懲《ちょう》戒処分《かいしょぶん》・懲戒免職《ちょうかいめんしょく》 類 懲罰《ちょうばつ》

【懲°罰】《ちょうばつ》 ⇩〈―する〉わるいおこないに、こらしめの罰《ばつ》をあたえること。類 懲戒《ちょうかい》

懸

心-16 総画20 JIS-2392 常用

音 ケン・ケ 訓 かける・かかる

なりたち [形声]「縣」が「かける」意味《いみ》と「ケン」という読《よ》み方《かた》をしめしている。心《こころ》にかけることを表《あらわ》す字《じ》。

意味 ❶かける。かかる。例 命《いのち》を懸《か》ける。賞金《しょうきん》が懸《か》かる。懸賞《けんしょう》・懸念《けねん》 ❷かけはなれる。へだたる。例 懸隔《けんかく》

使い分け かける[掛・懸・架] ☞527ページ

注意するよみ ケ…例 懸念《けねん》・懸想《けそう》

❶〈かける〉の意味で

【懸°念】《けねん》 ▲〈―する〉よくないことがおきるのではないかと心配《しんぱい》すること。気《き》がかり。例 計画《けいかく》の先行《さきゆ》きにつよい懸念《けねん》をいだく。類 危惧《きぐ》

【°懸案】《けんあん》 [↓] 前《まえ》から問題《もんだい》になっていて、まだ解決《かいけつ》されていないことがら。例 懸案事項《けんあんじこう》

【°懸賞】《けんしょう》 [▲] ほうびを出《だ》すことを約束《やくそく》して、試合《しあい》をさせたり、作品《さくひん》やクイズの答《こた》えなどをもとめること。例 懸賞金《けんしょうきん》

【°懸垂】《けんすい》 [II] 〈―する〉①重《おも》みで下《した》へたれさがること。②鉄棒《てつぼう》にぶらさがり、うでをまげのばしする運動《うんどう》。

【°懸命】《けんめい》 [▲] 〈―な/―に〉自分《じぶん》の持《も》っている力《ちから》を出《だ》しきって、がんばるようす。例 懸命《けんめい》にはげむ。

❷〈かけはなれる〉の意味で

【°懸°隔】《けんかく》 [II] 〈―する〉はるかに遠《とお》くへだたること。例 両者《りょうしゃ》の考《かんが》え方《かた》には、大《おお》きな懸隔《けんかく》がみられる。

4画 戈の部 [ほこ] [ほこがまえ] [ほこづくり]

古代《こだい》の武器《ぶき》であるやりに似《に》た「ほこ」の形《かたち》をえがいた象形《しょうけい》である「戈《ほこ》」をもとに作《つく》られ、武《ぶ》器《き》や戦《たたか》いにかかわる字《じ》を集《あつ》めてあります。

この部首の字

2 戊……497　成……497　3 我……498
戒……499　4 或……499　7 戚……499　9 戦……499
11 戯……501　13 戴……501　哉→口 220　威→女 296
栽→木 614　裁→衣 907　載→車 977

戈-2

【戊】

総画6
JIS-5692
表外
音 ジュツ
訓 いぬ

意味 十二支《じゅうにし》の十一番《じゅういちばん》め。動物《どうぶつ》では犬《いぬ》。方《ほう》角《がく》では西北西《せいほくせい》。時刻《じこく》では午後八時《ごごはちじ》、またはその前後二時間《ぜんごにじかん》。参考 ☞「巽《そん》」の「文字物語」(356ページ)

戈-2

【成】

総画6
JIS-3214
教4年
音 セイ・ジョウ
訓 なる・なす

筆順 成 成 成 成 成 成（つにならない）（はねる）

なりたち 㦯 [形声]もとの字は、「成」。「丁《テイ》」が「打《う》つ」意味《いみ》と、「セイ」とかわって読《よ》み方《かた》をしめしている。武器《ぶき》のほこ(戊)をくわえて、敵《てき》を打《う》ち平《たい》らげることを表《あらわ》す字《じ》。

意味

❶なる。なしとげる。例 なせば成《な》る。名《な》を成《な》す。成就《じょうじゅ》・成功《せいこう》・達成《たっせい》

❷つくりあげる。集《あつ》まってなりたたせる。例 成分《せいぶん》・形成《けいせい》・合成《ごうせい》

❸そだつ。そだてる。例 成育《せいいく》・養成《ようせい》

❹《その他《た》》例 成敗《せいばい》

注意するよみ ジョウ…例 成就《じょうじゅ》・成仏《じょうぶつ》

名前のよみ あき・あきら・おさむ・さだ・しげ・しげる・のり・ひで・ひら・ふさ・まさ・みち・みのる・よし

❶〈なる〉の意味で

【成就】《じょうじゅ》 [II] 〈―する〉のぞんでいたことが、そのとおりになしとげられること。例 大願成就《たいがんじょうじゅ》 類 達成《たっせい》

【成仏】《じょうぶつ》 [▲] 〈―する〉①仏教《ぶっきょう》で、人《ひと》がなやみからぬけだして、さとりをひらくこと。②死《し》んで仏《ほとけ》になること。

【成果】《せいか》 [↓] 努力《どりょく》をかさねてつかんだ、よい結果《けっか》。例 大《おお》きな成果《せいか》をおさめる。類 収穫《しゅうかく》

【成句】《せいく》 [↓] ①むかしから広《ひろ》く知《し》られている詩文《しぶん》のことばやことわざ。例 故事成句《こじせいく》 ②二《ふた》つ以上《いじょう》のことばでできていて、全体《ぜんたい》でまとまって特別《とくべつ》な意味《いみ》を表《あらわ》すことば。「口《くち》がすべる」「さじをなげる」などをいう。類 慣用句《かんようく》

【成功】《せいこう》 [▲] 〈―する〉①思《おも》っていたとおりにうまくいくこと。例 実験《じっけん》はみごと成功《せいこう》した。対 失敗《しっぱい》 ②世《よ》の中《なか》で、りっぱな地位《ちい》や財産《ざいさん》をえること。例 成功者《せいこうしゃ》 類 出世《しゅっせ》

【成算】《せいさん》 [↓] うまくいくはずだという見通《みとお》し。例 この計画《けいかく》には成算《せいさん》がある。類 勝算《しょうさん》

【成績】《せいせき》 [↓] 仕事《しごと》や勉強《べんきょう》などのできぐあい。それに対《たい》するほかの人《ひと》の評価《ひょうか》。

【成層°圏】《せいそうけん》 地上《ちじょう》約《やく》一〇キロから五〇キロくらいまでの空気《くうき》の層《そう》。気温《きおん》はほぼ一定《いってい》で、決《き》まった方向《ほうこう》に風《かぜ》がふいている。対 対流圏《たいりゅうけん》

【成否】《せいひ》 [⇕] うまくいくか、失敗《しっぱい》するか。例 成否《せいひ》のかぎをにぎる。

【成文】《せいぶん》 [▲] 決《き》められた約束《やくそく》ごとなどを、きちんとした文章《ぶんしょう》に書《か》き表《あらわ》した文書《ぶんしょ》。

【成立】《せいりつ》 [II] 〈―する〉あるものごとができあがること。例 今年度《こんねんど》の予算《よさん》が成立《せいりつ》した。

【成金】《なりきん》 [▲] ①将棋《しょうぎ》で、敵陣《てきじん》まで入《はい》って金《きん》

°学習漢字でない常用漢字　▲常用漢字表にない音訓　◆常用漢字でない漢字

前ページ▶戊 成

将《しょう》になった駒《こま》。②急《きゅう》に金持《かねも》ちになった人《ひと》。けいべつした言《い》い方《かた》。

❷〈つくりあげる〉の意味で

【成員】《せいいん》 ↓ 団体《だんたい》をつくりあげている、一人《ひとり》ひとりの人間《にんげん》。メンバー。類構成員《こうせいいん》

【成分】《せいぶん》 ↓ あるものをつくりあげている、一《ひと》つ一《ひと》つの物質《ぶっしつ》や部分《ぶぶん》。類要素《ようそ》

❸〈そだつ〉の意味で

【成育】《せいいく》 Ⅱ 〈―する〉人《ひと》や動物《どうぶつ》が育《そだ》ち、からだが大《おお》きくなること。例子どもの成育《せいいく》を見《み》まもる。類成長《せいちょう》・発育《はついく》・生育《せいいく》 表現 ふつう動物《どうぶつ》について使《つか》い、植物《しょくぶつ》の場合《ばあい》は「生育《せいいく》」を使《つか》う。

【成熟】《せいじゅく》 Ⅱ 〈―する〉①農作物《のうさくぶつ》やくだものなどが、じゅうぶんに実《みの》ること。例トマトがまっかに成熟《せいじゅく》する。類完熟《かんじゅく》 対未熟《みじゅく》 ②人間《にんげん》の心《こころ》とからだが成長《せいちょう》して、一人前《いちにんまえ》になること。

【成人】《せいじん》 ↓ 〈―する〉成長《せいちょう》して、社会的《しゃかいてき》に一人《いちにん》前《まえ》になること。おとな。例成人式《せいじんしき》 類成年《せいねん》 対未成年《みせいねん》 知識 日本《にほん》の法律《ほうりつ》では満二十歳以上《まんにじっさいいじょう》と決《き》められている。

【成虫】《せいちゅう》 ↓ 成長《せいちょう》して、親《おや》とおなじ大《おお》きさ、おなじ形《かたち》になった昆虫《こんちゅう》。対幼虫《ようちゅう》

【成長】《せいちょう》 Ⅱ 〈―する〉人《ひと》や動物《どうぶつ》が育《そだ》って大《おお》きくなること。例わが子《こ》の成長《せいちょう》ぶりに目《め》を見《み》はる。類成育《せいいく》・発育《はついく》・生長《せいちょう》 表現 生《い》き物《もの》だけでなく、ものごとの進歩《しんぽ》についても「経済成長《けいざいせいちょう》」などと使《つか》う。

例解 使い分け

[成長《せいちょう》・生長《せいちょう》]

成長＝生《い》き物《もの》などが育《そだ》って大《おお》きくなること。
例子《こ》どもの成長《せいちょう》を楽《たの》しみにしている。経済《けいざい》の成長《せいちょう》がいちじるしい。

生長＝とくに、植物《しょくぶつ》が生《は》えて大《おお》きくなること。
例草木《くさき》が生長《せいちょう》する。

【成長株】《せいちょうかぶ》 ①大《おお》きくのびていくと思《おも》われる会社《かいしゃ》の株《かぶ》。②将来性《しょうらいせい》のある人物《じんぶつ》。ホープ。

【成年】《せいねん》 ↓ 一人前《いちにんまえ》のおとなとして社会《しゃかい》からみとめられる年齢《ねんれい》。例成年《せいねん》に達《たっ》する。類成《せい》人《じん》 対未成年《みせいねん》

❹《その他》

【成敗】《せいばい》 ◎ 〈―する〉白黒《しろくろ》をはっきりさせて、悪《わる》い者《もの》に罰《ばつ》をあたえること。例けんか両成敗《りょうせいばい》

成が下につく熟語 上の字の働き

❶成＝〈なる〉のとき
【完成 落成 達成《たっせい》 造成《ぞうせい》】近《ちか》い意味《いみ》。

❷成＝〈つくりあげる〉のとき
【結成《けっせい》 合成《ごうせい》 混成《こんせい》 編成《へんせい》】ドウヤッテ成《な》り立《た》たせるか。

❸成＝〈そだつ〉のとき
【育成《いくせい》 養成《ようせい》 醸成《じょうせい》 錬成《れんせい》】近《ちか》い意味《いみ》。
【促成《そくせい》 速成《そくせい》 晩成《ばんせい》】仕上《しあ》がる早《はや》さや時期《じき》の点《てん》で、ドノヨウニ育《そだ》つ(育《そだ》てる)か。

◆既成《きせい》 形成《けいせい》 構成《こうせい》 集大成《しゅうたいせい》 助成《じょせい》

我

戈-3 総画7 JIS-1870 教6年 音ガ 訓われ・わ

筆順

なりたち

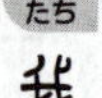

【象形】ぎざぎざの刃《は》(手)のついたほこ(戈)をえがいた字《じ》。借《か》りて、「われ」の意味《いみ》に使《つか》われている。

意味 自分《じぶん》。自分《じぶん》の。例我《われ》を忘《わす》れる。我《が》を張《は》る。我《わ》が国《くに》。我慢《がまん》・我流《がりゅう》・自我《じが》

【我執】《がしゅう》 ↓ 自分《じぶん》だけの考《かんが》えにとらわれて、そこからぬけだせないこと。

【我田引水】《がでんいんすい》 〈―する〉自分《じぶん》につごうのいいように、話《はなし》やことを進《すす》めようとすること。参考 自分《じぶん》のたんぼだけに水《みず》をひき入《い》れる、というたとえからできたことわざ。

【我慢】《がまん》 ↓ 〈―する〉苦《くる》しみや、痛《いた》みなどをこらえて、がんばること。例我慢《がまん》づよい。

【我欲】《がよく》 ↓ 自分《じぶん》だけの利益《りえき》をもとめようとする欲望《よくぼう》。

【我流】《がりゅう》 ↓ 自分《じぶん》かってのやり方《かた》。類自己《じこ》流《りゅう》

◆自我《じが》 彼我《ひが》 忘我《ぼうが》

戈-3

戒

総画7
JIS-1892
常用
音 カイ
訓 いましめる

筆順

なりたち 【会意】武器《ぶき》のほこ(戈)と、左右《さゆう》の手《て》を合《あ》わせた形《かたち》(廾)からでき、ほこを両手《りょうて》に持《も》ってまもることを表《あらわ》す字《じ》。借《か》りて、「つつしむ、いましめる」として使《つか》われている。

意味 ひきしめる。悪《わる》いことが起《お》こらないように、とりしまる。例 非行《ひこう》を戒《いまし》める。戒《かい》告《こく》・警戒《けいかい》・厳戒《げんかい》・自戒《じかい》

【◦戒告】《かいこく》 ⇩〈-する〉きまりや命令《めいれい》にしたがわなかった者《もの》を注意《ちゅうい》すること。例 戒告処分《かいこくしょぶん》

【◦戒名】《かいみょう》 ⇩ 仏教《ぶっきょう》で、死《し》んだ人《ひと》に仏《ほとけ》の弟子《でし》になったという意味《いみ》でつける名《な》。類 法名《ほうみょう》 対 俗名《ぞくみょう》

【◦戒律】《かいりつ》 Ⅱ 同《おな》じ宗教《しゅうきょう》を信《しん》じる人《ひと》たちがまもらなければならないきまり。

◆警戒《けいかい》 厳戒《げんかい》 斎戒《さいかい》 懲戒《ちょうかい》

戈-4

或

総画8
JIS-1631
人名
音 ワク
訓 あ-る・ある-いは

意味
❶ある。どれかしらの。例 或《あ》る時《とき》。
❷あるいは。㋐または。例 曇《くも》り或《あ》るいは雨《あめ》。㋑もしかしたら。例 或《ある》いは負《ま》けるかもしれません。

戈-7

戚

総画11
JIS-3244
常用
音 セキ
訓 —

筆順

意味 みうち。血《ち》すじのつながった人《ひと》。しんるい。例 親戚《しんせき》

戈-9

戦

総画13
JIS-3279
教4年
音 セン
訓 いくさ・たたかう

「戰」

筆順 ⺌にならない はねる このばしょに

なりたち 【形声】もとの字《じ》は、「戰」。「單《タン》」が「センとかわって読《よ》み方《かた》をしめしている。ほこ(戈)をまじえてたたかうことを表《あらわ》す字《じ》。

意味
❶たたかう。あらそう。いくさ。試合《しあい》。例 戦《いくさ》に出《で》る。敵《てき》と戦《たたか》う。戦争《せんそう》・合戦《かっせん》
❷おののく。こわくてふるえる。例 戦慄《せんりつ》

使い分け たたかう[戦・闘] ☞499ページ

例解 使い分け

[たたかう《戦う・闘う》]

戦う＝相手《あいて》や敵《てき》に勝《か》つためにあらそう。

例 敵軍《てきぐん》と戦《たたか》う。紅白《こうはく》に分《わ》かれて戦《たたか》う。戦《たたか》わずに勝《か》つのが最高《さいこう》の勝《か》ち方《かた》。

闘う＝おもに、少人数《しょうにんずう》で「たたかう」。苦《くる》しいことなどに立《た》ち向《む》かい、がんばる。

例 一対一《いったいいち》で闘《たたか》う。病気《びょうき》と闘《たたか》う。自然《しぜん》の力《ちから》と闘《たたか》う。

❶〈たたかう〉の意味で

【戦意】《せんい》 ⇩ たたかおうとする、ふるいたった気持《きも》ち。例 戦意《せんい》をうしなう。

【戦雲】《せんうん》 ⇩ 戦争《せんそう》がはじまりそうな、世《よ》の中《なか》のようす。例 戦雲《せんうん》がたれこめる。

【戦役】《せんえき》 Ⅱ 戦争《せんそう》。例 日露戦役《にちろせんえき》

【戦火】《せんか》 ⇩ ①戦争《せんそう》のとき、攻撃《こうげき》をうけておこる災害《さいがい》。例 戦火《せんか》にみまわれる。②戦争《せんそう》。例 戦火《せんか》をまじえる。

【戦果】《せんか》 ⇩ たたかいや試合《しあい》をして手《て》にいれたよい結果《けっか》。例 戦果《せんか》があがる。

【戦◦禍】《せんか》 ⇩ 戦争《せんそう》によってうけた被害《ひがい》。例 戦《せん》禍《か》をこうむる。類 戦災《せんさい》

【戦◦艦】《せんかん》 ⇩ 大砲《たいほう》をそなえた大《おお》きな軍艦《ぐんかん》。

【戦記】《せんき》 ⇩ 戦争《せんそう》のことを書《か》きとめた記《き》録《ろく》。類 軍記《ぐんき》

【戦◦況】《せんきょう》 ⇩ たたかいの、その場《ば》そのときの

戦 ◀ 次ページ

ようす。例戦況《せんきょう》を見《み》きわめる。類戦局《せんきょく》

【戦局《せんきょく》】↓戦争《せんそう》の全体《ぜんたい》としてのなりゆき。例戦局《せんきょく》を左右《さゆう》する決戦《けっせん》。類戦況《せんきょう》

【戦後《せんご》】↓戦争《せんそう》がおわったあと。とくに第二《だいに》次世界大戦《じせかいたいせん》がおわったあと。対戦前《せんぜん》

【戦国《せんごく》】↓①戦争《せんそう》でみだれた世《よ》の中《なか》。②「戦国時代《せんごくじだい》」の略《りゃく》。日本《にほん》で、十五世紀《じゅうごせいき》なかばの応仁《おうにん》の乱《らん》のあと、いくさがくりかえされたおよそ百年間《ひゃくねんかん》の時代《じだい》。

【戦災《せんさい》】↓戦争《せんそう》による被害《ひがい》。例戦災孤児《せんさいこじ》 類戦禍《せんか》

【戦士《せんし》】↓戦争《せんそう》にくわわって、たたかう兵《へい》士《し》。類闘士《とうし》 表現「企業戦士《きぎょうせんし》」などと、きびしい仕事《しごと》や活動《かつどう》などで、先頭《せんとう》に立《た》ってがんばっている人《ひと》をいうこともある。

【戦死《せんし》】↓〈―する〉戦争《せんそう》にでかけて戦場《せんじょう》で死《し》ぬこと。例戦死者《せんししゃ》をいたむ。類戦没《せんぼつ》

【戦時《せんじ》】↓国《くに》が戦争《せんそう》をしているとき。例戦《せん》時体制《じたいせい》 対平時《へいじ》

【戦車《せんしゃ》】↓全体《ぜんたい》を厚《あつ》い鉄板《てっぱん》でおおい、大砲《たいほう》をそなえる戦争用《せんそうよう》の車《くるま》。タンク。例重戦車《じゅうせんしゃ》

【戦術《せんじゅつ》】↓たたかいに勝《か》つための計画《けいかく》。また、目的《もくてき》を達《たっ》するために考《かんが》えだした方法《ほうほう》や手《しゅ》段《だん》。例戦術《せんじゅつ》を練《ね》る。類戦《せん》略《りゃく》・戦《せん》法《ぽう》・作《さく》戦《せん》 表現☞【戦略《せんりゃく》】（500ページ）

【戦勝《せんしょう》】↓〈―する〉たたかいに勝《か》つこと。例戦勝《せんしょう》いわい・戦勝国《せんしょうこく》 対敗戦《はいせん》

【戦場《せんじょう》】↓じっさいにたたかいのおこなわれている場所《ばしょ》。例古戦場《こせんじょう》 類戦地《せんち》

【戦績《せんせき》】↓たたかいや試合《しあい》の成績《せいせき》。

【戦線《せんせん》】↓戦争《せんそう》のとき、敵《てき》と味方《みかた》とがじかにぶつかりあっているところ。類前線《ぜんせん》

【戦前《せんぜん》】↓戦争《せんそう》がおきる前《まえ》。とくに、第二次《だいにじ》世界大戦《せかいたいせん》がおきる前《まえ》。対戦後《せんご》

【戦争《せんそう》】‖〈―する〉国《くに》と国《くに》とが、軍隊《ぐんたい》を使《つか》ってたたかうこと。例戦争《せんそう》がおきる。対平和《へいわ》・和《わ》平《へい》 表現「交通戦争《こうつうせんそう》」「受験戦争《じゅけんせんそう》」のように、人《ひと》びとがたいへんきびしい状態《じょうたい》におかれている意味《いみ》にも使《つか》う。

【戦。端《せんたん》】↓たたかいのはじまり。例戦端《せんたん》をひらく。

【戦地《せんち》】↓戦争《せんそう》がおこなわれているあたりの地《ち》。例遠《とお》く戦地《せんち》へおもむく。類戦場《せんじょう》

【戦。闘《せんとう》】‖〈―する〉戦争《せんそう》のとき、目《め》の前《まえ》の敵《てき》とたたかうこと。例戦闘機《せんとうき》

【戦犯《せんぱん》】◎「戦争犯罪人《せんそうはんざいにん》」の略《りゃく》。戦争《せんそう》をおこしたり、戦争中《せんそうちゅう》にほりょや人民《じんみん》を苦《くる》しめるなどの罪《つみ》をおかした人《ひと》。

【戦法《せんぽう》】↓勝《か》つためのたたかい方《かた》。類戦術《せんじゅつ》

【戦。没《せんぼつ》】↓〈―する〉戦場《せんじょう》で死《し》ぬこと。戦場《せんじょう》でのけがや病気《びょうき》がもとで死《し》ぬこともいう。例戦《せん》没者慰霊祭《ぼっしゃいれいさい》 類戦死《せんし》 表現「戦死《せんし》」よりもあらたまった言《い》い方《かた》。

【戦友《せんゆう》】↓戦場《せんじょう》でいっしょに敵《てき》とたたかったなかま。例戦友《せんゆう》の死《し》を悲《かな》しむ。

【戦乱《せんらん》】↓戦争《せんそう》がおきて、世《よ》の中《なか》がみだれること。例戦乱《せんらん》の世《よ》。

【戦利品《せんりひん》】戦争《せんそう》に勝《か》って得《え》た品物《しなもの》。

【戦略《せんりゃく》】↓①戦争《せんそう》で勝《か》つための全体的《ぜんたいてき》な計画《けいかく》や方法《ほうほう》。類戦術《せんじゅつ》 ②大《おお》きな活動《かつどう》や仕事《しごと》で、うまく目的《もくてき》をはたすための全体的《ぜんたいてき》な計画《けいかく》や方法《ほうほう》。例不況克服《ふきょうこくふく》の戦略《せんりゃく》を練《ね》る。類戦術《せんじゅつ》 表現「戦術《せんじゅつ》」は、かぎられたその場《ば》その場《ば》のたたかい方《かた》を指《さ》し、「戦略《せんりゃく》」は戦争《せんそう》の全体《ぜんたい》を考《かんが》えたたたかい方《かた》を指《さ》す。

【戦力《せんりょく》】↓①軍隊《ぐんたい》や武器《ぶき》など、戦争《せんそう》をするために必要《ひつよう》な力《ちから》。類兵力《へいりょく》・武力《ぶりょく》 ②仕事《しごと》や活《かつ》動《どう》を進《すす》めるためのはたらき手《て》。例即戦力《そくせんりょく》を求《もと》める。

【戦列《せんれつ》】↓①敵《てき》とたたかうためにならんだ兵士《へいし》たちの列《れつ》。例負傷《ふしょう》のため戦列《せんれつ》をはなれる。②闘争《とうそう》のために組《く》まれた組織《そしき》。例戦列《せんれつ》をととのえる。

❷〈おののく〉の意味で

【戦戦。恐。恐《せんせんきょうきょう》】〈―と たる〉たいへんなことがおこるのではないかと、びくびくしているようす。例戦々恐々《せんせんきょうきょう》と日《ひ》をおくる。

【戦。慄《せんりつ》】‖〈―する〉おそろしさのためにからだがふるえること。例戦慄《せんりつ》がはしる。

戦が下につく熟語 上の字の働き

❶**戦**＝〈たたかう〉のとき
【激戦《げきせん》 実戦《じっせん》 接戦《せっせん》 熱戦《ねっせん》 冷戦《れいせん》 混戦《こんせん》 乱戦《らんせん》 決戦《けっせん》】ドノヨウナ戦《たたか》いか。
【苦戦《くせん》 善戦《ぜんせん》 奮戦《ふんせん》】ドノヨウニ戦《たたか》うか。

【合戦《かっせん》 対戦《たいせん》 交戦《こうせん》 抗戦《こうせん》】ドウヤッテ戦《たたか》うか。
【応戦《おうせん》 開戦《かいせん》 観戦《かんせん》 参戦《さんせん》 宣戦《せんせん》 挑戦《ちょうせん》 休戦《きゅうせん》 停戦《ていせん》 終戦《しゅうせん》 敗戦《はいせん》 反戦《はんせん》 歴戦《れきせん》】戦《たたか》いを（戦《たたか》いに）ドウスルか。
【海戦《かいせん》 内戦《ないせん》】ドコでの戦《たたか》いか。
【舌戦《ぜっせん》 論戦《ろんせん》】ナニによる戦《たたか》いか。
◆作戦《さくせん》 雪合戦《ゆきがっせん》 和戦《わせん》

戈-11 【戯】

総画15 JIS-2126 常用
音 ギ
訓 たわむれる
［戲］

筆順 戯

なりたち 戲 ［形声］もとの字は、「戲」。「䖒《キ》」が「わざをする」意味《いみ》の「ギ」とかわって読《よ》み方《かた》をしめしている。ほこ（戈）を使《つか》って「いくさのわざをする」意味《いみ》を表《あらわ》していたが、のちに借《か》りて「たわむれる」として使《つか》われるようになった。

意味 ❶あそび。たわむれ。ふざける。例 子犬《こいぬ》と戯《たわむ》れる。戯画《ぎが》・遊戯《ゆうぎ》 ❷しばい。えんげき。例 戯曲《ぎきょく》

❶〈あそび〉の意味で
【°戯画】ぎが ↓世《よ》の中《なか》や人《ひと》を、それとなくからかったり、ひにくったりするためにかかれた絵《え》。例 鳥獣戯画《ちょうじゅうぎが》 類 風刺画《ふうしが》

❷〈しばい〉の意味で
【°戯曲】ぎきょく Ⅲ 演劇《えんげき》の台本《だいほん》として書《か》かれた文《ぶん》学作品《がくさくひん》。例 シェークスピアの戯曲《ぎきょく》。

戈-13 【戴】

総画17 JIS-3455 常用
音 タイ
訓 いただ-く

筆順 戴

意味 いただく。㋐頭《あたま》の上《うえ》に物《もの》をのせる。例 雪《ゆき》を戴《いただ》いた山《やま》。㋑ありがたく受《う》ける。例 頂戴《ちょうだい》

【°戴冠式】たいかんしき 皇帝《こうてい》や国王《こくおう》が位《くらい》についたしるしとして冠《かんむり》をかぶる儀式《ぎしき》。

4画 戸 の部

［と］［とかんむり］［とだれ］

「戸《と》」をもとに作《つく》られ、とびらや家《いえ》にかかわる字《じ》を集《あつ》めてあります。

この部首の字

戸-0 【戸】

総画4 JIS-2445 教2年
音 コ
訓 と

筆順 戸（、にならない）（はらう）

なりたち 戶 ［象形］もとの字は、「戶」。「門」のかたほうのとびらをえがいた字。

意味 ❶と。とびら。出入《でい》り口《ぐち》。例 戸《と》を開《あ》ける。戸袋《とぶくろ》・瀬戸《せと》・門戸《もんこ》 ❷いえ。いえを数《かぞ》えることば。例 全戸《ぜんこ》 南《みなみ》向《む》き。戸数《こすう》

❶〈と〉の意味で
【戸口】とぐち ↓家《いえ》の出入《でい》り口《ぐち》。☞「ここう」は❷
【戸°棚】とだな ↓中《なか》にたなをつくり、前《まえ》に戸《と》をつけた、ものを入《い》れる家具《かぐ》。例 食器戸棚《しょっきとだな》
【戸°袋】とぶくろ ↓雨戸《あまど》をしまっておくところ。

❷〈いえ〉の意味で
【戸外】こがい ↓建物《たてもの》のそと。類 屋外《おくがい》・野外《やがい》
【戸口】ここう ↓家《いえ》の数《かず》と人《ひと》の数《かず》。例 戸口調査《ここうちょうさ》
☞「とぐち」は❶
【戸主】こしゅ ↓一家《いっか》の主人《しゅじん》。類 家長《かちょう》 知識 むかしの法律《ほうりつ》のことば。今《いま》は、「戸籍筆頭者《こせきひっとうしゃ》」「世帯《せたい》主《ぬし》」などを使《つか》う。
【戸数】こすう ↓住《す》む場所《ばしょ》としての家《いえ》の数《かず》。例 このマンションの戸数《こすう》は百戸《ひゃっこ》をこえる。類 軒数《けんすう》
表現 建物《たてもの》ではなく、一家族《ひとかぞく》がくらすひとまとまりの場所《ばしょ》を家《いえ》と考《かんが》えて数《かぞ》える。
【戸°籍】こせき ↓家族《かぞく》ごとに、全員《ぜんいん》の名前《なまえ》や生年月日《せいねんがっぴ》、性別《せいべつ》、関係《かんけい》などを書《か》いた役所《やくしょ》の書類《しょるい》。例 戸籍謄本《こせきとうほん》 類 籍《せき》
【戸別】こべつ ↓家一軒一軒《いえいっけんいっけん》。家《いえ》ごと。例 戸別訪問《こべつほうもん》。寄付金《きふきん》を戸別《こべつ》にわりあてる。

戸が下につく熟語 上の字の働き
❶戸＝〈と〉のとき
【雨戸《あまど》 網戸《あみど》 木戸《きど》】ドンナ戸《と》か。

°学習漢字でない常用漢字 ▲常用漢字表にない音訓 ◆常用漢字でない漢字

◆下戸《げこ》 瀬戸《せと》 納戸《なんど》 門戸《もんこ》

戻

戸-3 総画7 JIS-4465 常用
音 レイ 訓 もどす・もどる
［戾］

筆順 戻戻戻戻戻戻戻

なりたち 【会意】もとの字は、「戾」。「犬《いぬ》」が「戸《と》」をくぐりぬけることを表《あらわ》していた字《じ》。

意味 もどる。もどす。例 白紙《はくし》に戻《もど》す。席《せき》に戻《もど》る。返戻《へんれい》

所

戸-4 総画8 JIS-2974 教3年
音 ショ 訓 ところ

筆順 所所所所所所所所（あける）（𠂆にならない）

なりたち 【形声】「戸《コ》」が「ショ」とかわって読《よ》み方《かた》をしめしている。おの（斤）でコツコツと木《き》を切《き》ることを表《あらわ》していた字《じ》。

意味
❶ところ。場所《ばしょ》。部分《ぶぶん》。例 所《ところ》かわれば品《しな》かわる。近所《きんじょ》・住所《じゅうしょ》
❷ある仕事《しごと》や目的《もくてき》のために作《つく》られた施設《しせつ》。例 所長《しょちょう》・役所《やくしょ》・研究所《けんきゅうじょ》
❸…するところ。…されるもの。…されること。例 所有《しょゆう》

発音あんない ショ→ジョ… 例 洗面所《せんめんじょ》

❸〈…するところ〉の意味で

【所轄】《しょかつ》 ⊠〈—する〉ある範囲《はんい》をうけもって、せわをしたり取《と》りしまったりすること。例 所《しょ》轄《かつ》の警察署《けいさつしょ》。類 所管《しょかん》・管轄《かんかつ》

【所感】《しょかん》 ⊠ 感《かん》じたこと。例 年頭所感《ねんとうしょかん》 類 感想《かんそう》

【所管】《しょかん》 ⊠〈—する〉ある範囲《はんい》の仕事《しごと》を引《ひ》き受《う》け、責任《せきにん》をもってせわをすること。例 幼稚園《ようちえん》は文部科学省《もんぶかがくしょう》の所管《しょかん》だ。類 所轄《しょかつ》

【所期】《しょき》 ⊠ そうしようと前《まえ》もって考《かんが》えること。例 所期《しょき》の目標《もくひょう》を達成《たっせい》する。

【所業】《しょぎょう》 ⊠ その人《ひと》のおこない。ふるまい。例 けしからぬ所業《しょぎょう》が目《め》につく。表現 よくないおこないをいうことが多《おお》い。

【所見】《しょけん》 ⊠ 見《み》たり調《しら》べたりしたことにもとづいてまとめた意見《いけん》や考《かんが》え。

【所作】《しょさ》 ⊠ 人《ひと》の動作《どうさ》。しぐさやふるまい。

【所載】《しょさい》 ⊠ 文章《ぶんしょう》や写真《しゃしん》などが、新聞《しんぶん》や雑誌《ざっし》などにのっていること。例 五月号所載《ごがつごうしょさい》。

【所在】《しょざい》 ⊠ 人《ひと》の居場所《いばしょ》やもののあり場所《ばしょ》。例 県庁所在地《けんちょうしょざいち》。責任《せきにん》の所在《しょざい》。

【所産】《しょさん》 ⊠ あることの結果《けっか》としてつくり出《だ》されたもの。例 この作品《さくひん》は、長年《ながねん》の努力《どりょく》の所産《しょさん》である。

【所持】《しょじ》 ⊠〈—する〉身《み》につけて持《も》っていること。例 所持品《しょじひん》 類 携帯《けいたい》

【所信】《しょしん》 ⊠ あることがらについての、自分《じぶん》の考《かんが》え。例 所信《しょしん》を表明《ひょうめい》する。

【所詮】《しょせん》 ⊠ どうこうしてみても。どうせ。例 しょせん、人《ひと》は死《し》ぬものだ。類 結局《けっきょく》

【所蔵】《しょぞう》 ⊠〈—する〉自分《じぶん》のものとして、たいせつにしまっていること。

【所属】《しょぞく》 ⊠〈—する〉ある団体《だんたい》やグループのメンバーに入《はい》っていること。

【所存】《しょぞん》 ⊠ 心《こころ》の中《なか》で考《かんが》えていること。つもり。例 全力《ぜんりょく》をあげる所存《しょぞん》でございます。表現 いくらか古《ふる》めかしい、かたい言《い》い方《かた》。

【所帯】《しょたい》 ⊠ いっしょに生活《せいかつ》する家族《かぞく》のまとまり。例 所帯《しょたい》をもつ。参考「世帯《せたい》」のもとになったことば。

【所帯主】《しょたいぬし》 一家《いっか》を代表《だいひょう》する人《ひと》。類 世帯主《せたいぬし》

【所定】《しょてい》 ⊠ 前《まえ》もって決《き》まっていること。例 所定《しょてい》の用紙《ようし》に記入《きにゅう》する。

【所得】《しょとく》 ⊠ 入《はい》ってきたお金《かね》。類 収入《しゅうにゅう》

【所望】《しょもう》 ⊠〈—する〉こうしてほしいと人《ひと》にたのむこと。例 ご所望《しょもう》の品《しな》。

【所有】《しょゆう》 ⊠〈—する〉自分《じぶん》のものとして持《も》っていること。例 所有権《しょゆうけん》 類 保有《ほゆう》・占有《せんゆう》

【所用】《しょよう》 ⊠ しなければならない仕事《しごと》。例 父《ちち》は所用《しょよう》で外出《がいしゅつ》しております。類 用事《ようじ》

【所要】《しょよう》 ⊠ あることをするのに必要《ひつよう》なこと。それに要《よう》するものごと。例 所要時間《しょようじかん》

所が下につく熟語 上の字の働き

❶ 所＝〈ところ〉のとき
【場所《ばしょ》 地所《じしょ》】近《ちか》い意味《いみ》。
【高所《こうしょ》 近所《きんじょ》 難所《なんしょ》 名所《めいしょ》】ドウイウ場所《ばしょ》か。
【居所《きょしょ》 住所《じゅうしょ》 便所《べんじょ》】ドウスル場所《ばしょ》か。

【長所《ちょうしょ》 短所《たんしょ》 要所《ようしょ》 急所《きゅうしょ》 局所《きょくしょ》 箇所《かしょ》 見所《みどころ》】ドウイウ部分《ぶぶん》か。

❷所＝〈ある仕事や目的のために作られた施設〉のとき

【役所《やくしょ》 関所《せきしょ》 刑務所《けいむしょ》 託児所《たくじしょ》】ナニのための施《し》設《せつ》か。

◆米所《こめどころ》 随所《ずいしょ》 台所《だいどころ》 適材適所《てきざいてきしょ》 紋所《もんどころ》

戸-4

房

総画8 JIS-4328 常用

音 ボウ 訓 ふさ

筆順

なりたち  【形声】「方《ホウ》」が「かたわら」の意味《いみ》の「ボウ」とかわって読《よ》み方《かた》をしめしている。いえ（戸）のかたわらのこべやを表《あらわ》している字《じ》。

意味

❶へや。いえ。例 暖房《だんぼう》・女房《にょうぼう》

❷ふさ。例 ぶどうの房《ふさ》。乳房《ちぶさ》・花房《はなぶさ》

❸安房《あわ》。旧国名《きゅうこくめい》。今《いま》の千葉県南部《ちばけんなんぶ》。例 房《ぼう》州《しゅう》・房総半島《ぼうそうはんとう》

名前のよみ のぶ

戸-6

扇

総画10 JIS-3280 常用

音 セン 訓 おうぎ

筆順

なりたち  【会意】「戸《と》」と「羽《はね》」を合《あ》わせて、羽《はね》のように開《ひら》いたり閉《と》じたりするとびらを表《あらわ》した字《じ》。

意味

❶おうぎ。せんす。例 扇《おうぎ》のかなめ。扇子《せんす》

❷あおぐ。あおる。あおいで風《かぜ》をおこす。あおって勢《いきお》いづかせる。例 扇動《せんどう》・扇風機《せんぷうき》

❶〈おうぎ〉の意味で

【°扇形】せんけい／おうぎがた ↓ おうぎを開《ひら》いたときの形《かたち》。数学《すうがく》の図形《ずけい》としては、二《ふた》つの半径《はんけい》と円《えん》の一部《いちぶ》（弧《こ》という）でかこまれたもの。例 河口《かこう》が扇形《おうぎがた》にひろがっている。

【°扇状地】せんじょうち 川《かわ》が山《やま》から平地《へいち》へと流《なが》れでる場所《ばしょ》に、小石《こいし》や土砂《どしゃ》がつもってできる、おうぎ形《がた》の土地《とち》。

【°扇子】せんす ⊠ 持《も》ちはこびにべんりなように、おりたたみになっている、風《かぜ》をおこす用具《ようぐ》。おうぎ。参考「子」は、ことばの調子《ちょうし》をととのえるためにつけられたもの。「菓子《かし》」「金子《きんす》（お金《かね》）」「椅子《いす》」などの「子」もおなじ。

❷〈あおぐ〉の意味で

【°扇情的】せんじょうてき〈—に・—な〉気持《きも》ちや欲望《よくぼう》をあおりたてるようす。例 扇情的《せんじょうてき》なポスター。

【°扇動】せんどう ↓〈—する〉人《ひと》の気持《きも》ちをあおりたてて、行動《こうどう》をおこさせるようにしむけること。例 人《ひと》びとを扇動《せんどう》して、さわぎをおこす。

【°扇風機】せんぷうき モーターの力《ちから》で羽根《はね》を回《まわ》して風《かぜ》をおこす器械《きかい》。

戸-8

扉

総画12 JIS-4066 常用

音 ヒ 訓 とびら

筆順

なりたち  【形声】「非」が左右《さゆう》に開《ひら》く意味《いみ》をしめしている。おして開《ひら》く「とびら」を表《あらわ》し、「ヒ」という読《よ》み方《かた》をしめしている。

意味 とびら。開《ひら》き戸《と》。例 扉《とびら》をたたく。門扉《もんぴ》

4画

手〔て〕 扌〔てへん〕の部

「手《て》」をもとにして作《つく》られ、手《て》でおこなう動作《どうさ》にかかわる字《じ》を集《あつ》めてあります。

この部首の字

捨 526	推 527	掃 529	排 530	援 531	揃 532	揺 533	損 534	摘 535	撤 536	13 操 536
授 526	据 528	探 529	描 530	換 531	提 532	10 携 533	搬 534	摩 535	播 536	擁 537
掌 526	接 528	捺 530	捧 531	揮 532	搭 532	搾 533	11 撃 535	12 撮 535	撫 536	14 擬 537
捷 527	措 529	捻 530	9 握 531	揆 532	揚 533	摂 534	摯 535	撰 536	撲 536	擦 537

手-0

手

総画4
JIS-2874
教1年
音 シュ
訓 て・た

筆順

なりたち

[象形] 五本《ごほん》の指《ゆび》を開《ひら》いたてのひらの形《かたち》をえがいた字《じ》で、「て」の意味《いみ》を表《あらわ》す。

意味

❶て。㋐てのひら。うで。例 手《て》を出《だ》す。手《て》形《がた》・手綱《たづな》・挙手《きょしゅ》 ㋑手《て》を使《つか》ってする。自分《じぶん》の手《て》でする。例 手品《てじな》・手記《しゅき》 ㋒手《て》に持《も》つ。手《て》の中《なか》に入《い》れる。例 手帳《てちょう》・入手《にゅうしゅ》

❷やること。やり方《かた》。仕事《しごと》。うでまえ。例 手《て》を下《くだ》す。奥《おく》の手《て》。手段《しゅだん》・手腕《しゅわん》・上手《うわて》・苦手《にがて》・着手《ちゃくしゅ》

❸仕事《しごと》をする人《ひと》。労働力《ろうどうりょく》。…する人《ひと》。例 聞《き》き手《て》・男手《おとこで》・歌手《かしゅ》・運転手《うんてんしゅ》

❹お金《かね》。代金《だいきん》。例 元手《もとで》

❺方向《ほうこう》。位置《いち》。例 上手《かみて》・行《ゆ》く手《て》

❻きず。受《う》けた傷《きず》。例 痛手《いたで》・深手《ふかで》

❼状態《じょうたい》を表《あらわ》すことば。例 厚手《あつで》

❽調子《ちょうし》づけのことば。例 手狭《てぜま》

文字物語 ☞504ページ

注意するよみ た…例 手繰《たぐ》る。手綱《たづな》

特別なよみ 上手(じょうず)・手伝う(てつだう)・下手(へた)

❶〈て〉の意味で

【手記《しゅき》】↓ 自分《じぶん》の体験《たいけん》などについて書《か》きしるしたもの。例 手記《しゅき》を発表《はっぴょう》する。

【手芸《しゅげい》】↓ 編《あ》み物《もの》や刺繡《ししゅう》・粘土細工《ねんどざいく》など、手《て》先《さき》を使《つか》う工芸《こうげい》。例 手芸教室《しゅげいきょうしつ》

【手工業《しゅこうぎょう》】機械《きかい》よりも人《ひと》の手《て》をよく使《つか》う工業《こうぎょう》。例 伝統的手工業《でんとうてきしゅこうぎょう》。対 機械工業《きかいこうぎょう》

【手術《しゅじゅつ》】↓〈―する〉患者《かんじゃ》のからだを切《き》りひらいて、わるいところを処置《しょち》すること。

【手中《しゅちゅう》】↓ 手《て》の中《なか》。例 手中《しゅちゅう》におさめる(自《じ》分《ぶん》のものにする)。類 掌中《しょうちゅう》

【手動《しゅどう》】↓ 動力《どうりょく》でなく人《ひと》の手《て》で器械《きかい》を動《うご》かすこと。例 手動《しゅどう》ミシン 対 自動《じどう》・電動《でんどう》

【手話《しゅわ》】↓ 手《て》の形《かたち》や動《うご》きによって思《おも》っていることをつたえる会話《かいわ》のやり方《かた》。例 手話通訳《しゅわつうやく》

【手。綱《たづな》】↓ 乗馬《じょうば》のとき、馬《うま》のくつわにつけ、手《て》に持《も》って馬《うま》をあやつるつな。例 手綱《たづな》さばき 表現 手綱《たづな》を「しめる」「ゆるめる」は、人《ひと》が人《ひと》を動《うご》かすのにも言《い》う。

文字物語

手

手《て》は、人《ひと》のからだのなかで、いちばんよく使《つか》われ、いろんな仕事《しごと》をしてくれるところ。だから、「手」という字《じ》も、たくさんのことばをつくり、たくさんの意味《いみ》をもっている。

訓《くん》で「て」とよむときは、「手《て》を洗《あら》う」「手《て》にとる」のように「て」を独立《どくりつ》のことばとして使《つか》うほか、ことばの上《うえ》について「手紙《てがみ》」「手帳《てちょう》」「手仕事《てしごと》」「手助《てだす》け」となり、また、「右手《みぎて》」「先手《せんて》」「はたらき手《て》」のように下《した》にもつく。音《おん》の「シュ」は、独立《どくりつ》のことばとしては使《つか》われないが、上《うえ》にも下《した》にもついて、いろいろなことばをつくる。ただ、「て」は意味《いみ》の広《ひろ》がりが多《おお》いのにくらべ、「シュ」は、「からだの手《て》、また、そのはたらき」のほかは、大部分《だいぶぶん》がことばの下《した》について「人《ひと》」、とくに「その仕事《しごと》を専門《せんもん》に職業《しょくぎょう》とする人《ひと》」の意味《いみ》に使《つか》われている。「歌手《かしゅ》」「騎手《きしゅ》」「投手《とうしゅ》」「運転手《うんてんしゅ》」など。「て」も、おなじようにことばの下《した》について、「歌《うた》い手《て》」「書《か》き手《て》」「話《はな》し手《て》」「聞《き》き手《て》」「売《う》り手《て》」「買《か》い手《て》」のようにいうが、「手《しゅ》」より広《ひろ》く「その動作《どうさ》をする人一般《ひといっぱん》」を表《あらわ》す。

【手足《てあし》】Ⅱ ①手《て》と足《あし》。例手足《てあし》を動《うご》かす。②その人《ひと》の思《おも》いどおりによくはたらく部下《ぶか》。例部長《ぶちょう》の手足《てあし》となる。

【手当《てあて》】◎ ①病気《びょうき》やけがをなおすための処置《しょち》。例応急手当《おうきゅうてあて》 ②給料《きゅうりょう》のほかに支払《しはら》われるお金《かね》。例通勤手当《つうきんてあて》 ③はたらいてもらったお礼《れい》に出《だ》すお金《かね》。表記①は、「手当て」と「て」をつけて書《か》く。

【手°薄《てうす》】▽〈□な〉備《そな》えがじゅうぶんでない。例商品《しょうひん》の在庫《ざいこ》が手薄《てうす》になってきた。☞❸

【手鏡《てかがみ》】↓ 手《て》に持《も》って使《つか》う、小《ちい》さなかがみ。

【手形《てがた》】↓ ①てのひらに墨《すみ》などをぬり、紙《かみ》におしつけて手《て》のかたちをつけたもの。例人《にん》気力士《きりきし》の手形《てがた》をもらう。②約束《やくそく》の日《ひ》にこの金《きん》額《がく》をしはらうと書《か》いた証書《しょうしょ》。

【手紙《てがみ》】↓ 用事《ようじ》やあいさつを書《か》いて、人《ひと》におくる文書《ぶんしょ》。たより。ふつう、封筒《ふうとう》に入《い》れて出《だ》すものをいう。例手紙《てがみ》を出《だ》す。類書状《しょじょう》・書簡《しょかん》・書面《しょめん》

【手首《てくび》】↓ うでとてのひらとのつなぎめの部分《ぶぶん》。例手首《てくび》を使《つか》ってボールを投《な》げる。

【手°頃《てごろ》】↓〈□な〉①手《て》に持《も》つのにちょうどよい。例手《て》ごろな品《しな》。②条件《じょうけん》に合《あ》っている。例手《て》ごろな物件《ぶっけん》。

【手先《てさき》】↓ 手《て》の指《ゆび》や指先《ゆびさき》。そのはたらきぐあい。例手先《てさき》が器用《きよう》だ。☞❸

【手塩《てしお》】↓ つけ物《もの》をつけるときなどに、手《て》につける塩《しお》。表現「手塩《てしお》にかける」は、野菜《やさい》など一《ひと》つ一《ひと》つにていねいに塩《しお》をすりこんでつけ物《もの》をつけることで、子《こ》どもの時《とき》からせわをして、自分《じぶん》の手《て》でたいせつに育《そだ》てることを表《あらわ》す。

【手仕事《てしごと》】裁縫《さいほう》や編《あ》み物《もの》など、手先《てさき》を使《つか》ってする仕事《しごと》。例手仕事《てしごと》にたよる。

【手品《てじな》】◎ 手先《てさき》を器用《きよう》に動《うご》かして見《み》ている人《ひと》の目《め》をごまかし、ふしぎな芸《げい》をしてみせること。マジック。例手品師《てじなし》 類奇術《きじゅつ》

【手°錠《てじょう》】↓ 警官《けいかん》などが容疑者《ようぎしゃ》をとりおさえたとき、相手《あいて》の手首《てくび》にはめる金属《きんぞく》の輪《わ》。

【手製《てせい》】↓ 人《ひと》の手《て》でつくったもの。自分《じぶん》の手《て》でつくったもの。手作《てづく》り。例手製《てせい》のかばん。

【手相《てそう》】↓ 人《ひと》の運勢《うんせい》がわかるといわれる、てのひらのすじのようす。類人相《にんそう》

【手玉《てだま》】↓ 布《ぬの》でつくった小《ちい》さいふくろにあずきなどを入《い》れてつかみやすくしたもの。お手玉《てだま》。次々《つぎつぎ》に投《な》げ上《あ》げては受《う》けとめて遊《あそ》ぶ。表現「手玉《てだま》に取《と》る」は、人《ひと》を自分《じぶん》の思《おも》うようにあやつること。

【手近《てぢか》】☒〈□な〉手《て》がとどくほど近《ちか》くにあること。例手近《てぢか》な材料《ざいりょう》で料理《りょうり》する。類身近《みぢか》

【手帳《てちょう》】↓ 予定《よてい》や心《こころ》おぼえを書《か》く、小《ちい》さなノート。例電話番号《でんわばんごう》を手帳《てちょう》にメモする。

【手荷物《てにもつ》】自分《じぶん》が手《て》に持《も》って運《はこ》ぶ荷物《にもつ》。

【手°拍子《てびょうし》】手《て》をたたいて、リズムをとること。例かけ声《ごえ》に合《あ》わせて手拍子《てびょうし》を打《う》つ。

【手°袋《てぶくろ》】↓ 寒《さむ》さをふせぐため、手《て》をまもるため、美容《びよう》・礼儀《れいぎ》のため、手《て》をおおうために、手《て》にはめるふくろ。毛糸《けいと》や布《ぬの》・革《かわ》で作《つく》る。

【手弁当《てべんとう》】①自分《じぶん》の弁当《べんとう》を持《も》って仕事《しごと》に行《い》くこと。②お礼《れい》やお金《かね》をもらわないで、人《ひと》のためにはたらくこと。

【手前《てまえ》】↓ ①自分《じぶん》に近《ちか》い「こちら」。例一《ひと》つ手前《てまえ》の駅《えき》でおりる。②他人《たにん》から自分《じぶん》がどう見《み》えるかということ。例世間《せけん》の手前《てまえ》、はずかしい。③わたくし。自分《じぶん》のことをへりくだっていうことば。例手前《てまえ》どもは存《ぞん》じません。④おまえ。相手《あいて》を見《み》くだしていうときに使《つか》う。らんぼうに言《い》えば「てめえ」。例手前《てめえ》はひっこんでいろ。⑤茶道《さどう》できまった作法《さほう》。表記⑤は、ふつう「点前」と書《か》く。

【手前味°噌《てまえみそ》】自分《じぶん》のしたことやつくったものを、本人《ほんにん》がほめること。例手前味噌《てまえみそ》をならべる。参考むかしは、それぞれの家《いえ》でみそをつくったことから出《で》たことば。

【手真▲似《てまね》】手《て》の動《うご》きで、なにかの意味《いみ》やようすを表《あらわ》すこと。例手《て》まねをまじえて話《はな》す。

【手土産《てみやげ》】人《ひと》をたずねていくときに持《も》っていく、ちょっとしたおくりもの。

【手元《てもと》】↓ ①手《て》がとどくくらい近《ちか》いところ。②手《て》のはたらきぐあい。例手元《てもと》がくるう。③すぐに使《つか》えるお金《かね》。例手元不如意《てもとふにょい》（お金《かね》がなくて思《おも》うようにならない）

【手料理《てりょうり》】自分《じぶん》でつくった料理《りょうり》。例手料理《てりょうり》で客《きゃく》をもてなす。

❷〈やること〉の意味で

【手段《しゅだん》】[＝] 目的《もくてき》を実現《じつげん》する方法《ほうほう》。やり方《かた》。[例] 手段《しゅだん》を講《こう》じる。[類] 方法《ほうほう》・策《さく》・方策《ほうさく》 [対] 目的《もくてき》

【手法《しゅほう》】[＝] 芸術作品《げいじゅつさくひん》などをつくるときのやり方《かた》。テクニック。[例] 伝統的手法《でんとうてきしゅほう》。[類] 技法《ぎほう》・筆法《ひっぽう》

【手練《しゅれん》】[↓] 練習《れんしゅう》できたえた、武道《ぶどう》などのみごとなうでまえ。[例] 手練《しゅれん》の早《はや》わざ。

【手《しゅ》。腕《わん》】[＝] すぐれたうでまえ。ものごとをうまくやりとげる力《ちから》。[例] 手腕《しゅわん》が問《と》われる。手《しゅ》腕《わん》を発揮《はっき》する。[類] 技量《ぎりょう》

【手《て》。荒《あら》】[▽]〈―な/―に〉あつかい方《かた》の乱暴《らんぼう》さ。

【手加減《てかげん》】〈―する〉相手《あいて》やその時《とき》のようすを見《み》て、とりあつかいをあまくすること。[例] 手《て》かげんをくわえる。[類] 手心《てごころ》

【手《て》。柄《がら》】[↓] りっぱなはたらき。[例] 手柄《てがら》をたてる。[類] 功績《こうせき》・殊勲《しゅくん》

【手軽《てがる》】[▽]〈―な/―に〉かんたんで、てっとりばやい。[例] 昼食《ちゅうしょく》を、手軽《てがる》にすませる。

【手際《てぎわ》】[↓] ものごとをするときのやり方《かた》や、そのうでまえ。手《て》なみ。[例] 手際《てぎわ》がいい。

【手口《てぐち》】[↓] わるいことをするときのやり方《かた》。[例] 手口《てぐち》から犯人《はんにん》をわり出《だ》す。

【手心《てごころ》】[↓] あつかい方《かた》をゆるやかにすること。[例] 手心《てごころ》をくわえる。[類] 手加減《てかげん》

【手順《てじゅん》】[↓] ものごとをする中《なか》での、細《こま》かな一《ひと》つ一《ひと》つの順序《じゅんじょ》。段《だん》どり。[例] 手順《てじゅん》がくるう。

【手数《てすう|てかず》】[↓] ものごとをするのにかかる時《じ》間《かん》や手間《てま》。[類] 世話《せわ》 [表現] 「お手数《てすう|てかず》ですが」「お手数《てすう|てかず》をおかけしました」などと、人《ひと》にものをたのむときやお礼《れい》を言《い》うときに使《つか》う。

【手数料《てすうりょう》】時間《じかん》や手間《てま》をかけてしてもらった仕事《しごと》に対《たい》してしはらうお金《かね》。

【手配《てはい》】[↓]〈―する〉①仕事《しごと》や行事《ぎょうじ》などをうまく進《すす》めるために、手順《てじゅん》を決《き》め、役《やく》をわりふるなどの準備《じゅんび》をすること。②警察《けいさつ》が犯人《はんにん》をつかまえるように命令《めいれい》を出《だ》すこと。[例] タクシーの手配《てはい》をする。指名手配《しめいてはい》

【手本《てほん》】[↓] ①字《じ》や絵《え》のかき方《かた》をならうとき、見《み》ならったりまねをしたりするもとになるもの。[類] 標準《ひょうじゅん》 ②見《み》ならってまねをするとよいような、りっぱなものごとやおこない。[例] 上級生《じょうきゅうせい》が下級生《かきゅうせい》に手本《てほん》をしめす。

【手間《てま》】[↓] 一《ひと》つの仕事《しごと》をやりおえるのにかかる時間《じかん》や労力《ろうりょく》。[例] 手間《てま》がかかる。

❸〈仕事をする人〉の意味で

【手《て》。薄《うす》】[▽]〈―な/―に〉そのことにあたる人数《にんずう》が少《すく》ないこと。[例] 警備《けいび》が手薄《てうす》で心配《しんぱい》だ。☞❶

【手先《てさき》】[↓] 人《ひと》の言《い》いつけどおりに、よくないことでも実行《じっこう》する者《もの》。[例] 暴力団《ぼうりょくだん》の手先《てさき》をつとめる。[類] 手下《てした》 ☞❶

【手下《てした》】[↓] 主人《しゅじん》に服従《ふくじゅう》し、言《い》うとおりになる者《もの》。[例] 手下《てした》になってはたらく。[類] 子分《こぶん》・配《はい》下《か》・部下《ぶか》・手先《てさき》

【手勢《てぜい》】[↓] 部下《ぶか》として使《つか》える兵力《へいりょく》。[例] 五《ご》百《ひゃく》の手勢《てぜい》をひきいて出陣《しゅつじん》する。

【手不足《てぶそく》】〈―な/―に〉仕事《しごと》をするのにはたらく

漢字パズル 8

かきじゅん

正《ただ》しい筆順《ひつじゅん》は、どちらの道《みち》でしょうか。

答えは1074ページ

人《ひと》の数《かず》がたりないこと。類 人手不足《ひとてぶそく》

❻〈きず〉の意味で

【手傷《てきず》】 [Ⅱ] たたかいでうけたきず。例 手傷《てきず》を負《お》う。

❽〈調子づけのことば〉の意味で

【手。狭《てぜま》】 ⊠ 〈—な・—に〉なにかをするのに、その場《ば》所《しょ》がせまくて不便《ふべん》なようす。例 子《こ》どもが生《う》まれて家《いえ》が手狭《てぜま》になった。

【手短《てみじか》】 ⊠ 〈—な・—に〉話《はなし》や文章《ぶんしょう》を、短《みじか》く、かんたんにすませること。例 手短《てみじか》に話《はな》そう。

手が下につく熟語 上の字の働き

❶手＝〈て〉のとき

【右手《みぎて》 左手《ひだりて》 上手《うわて》 下手《したて》】ドチラの手《て》か。

【徒手《としゅ》 素手《すで》 空手《からて》】ドンナ手《て》か。

【握手《あくしゅ》 挙手《きょしゅ》 拍手《はくしゅ》】手《て》をドウスルか。

【隻手《せきしゅ》 両手《りょうて》】イクツの手《て》か。

❷手＝〈やること〉のとき

【下手《げしゅ》 着手《ちゃくしゅ》】仕事《しごと》する手《て》をドウスルか。

【魔手《ましゅ》 妙手《みょうしゅ》 新手《あらて》】ドンナやり方《かた》か。

【上手《じょうず／うわて》 下手《へた／したて》 得手《えて》（不得手《ふえて》） 苦手《にがて》】ドウイウうでまえか。

【先手《せんて》 後手《ごて》】イツやるか。

【男手《おとこて》 女手《おんなて》】ダレの手《て》で書《か》いたか。

❸手＝〈仕事をする人〉のとき

【歌手《かしゅ》 騎手《きしゅ》 旗手《きしゅ》 助手《じょしゅ》 投手《とうしゅ》 捕手《ほしゅ》 相手《あいて》】ドウスル人《ひと》か。

【名手《めいしゅ》 選手《せんしゅ》 好敵手《こうてきしゅ》】ドンナ人《ひと》か。

【男手《おとこて》 女手《おんなて》 新手《あらて》 人手《ひとて》】ドウイウはたらき手《て》か。

❺手＝〈方向〉のとき

【右手《みぎて》 左手《ひだりて》 上手《かみて》 下手《しもて》】ドチラの方向《ほうこう》か。

❼手＝〈状態を表すことば〉のとき

【厚手《あつて》 薄手《うすて》 大手《おおて》 若手《わかて》】大《おお》きく分《わ》けてドウイウ状態《じょうたい》か。

【上手《うわて》 下手《したて》】相手《あいて》に対《たい》してドウイウ態度《たいど》か。

◆勝手《かって》 義手《ぎしゅ》 切手《きって》 軍手《ぐんて》 土手《どて》 入手《にゅうしゅ》 派手《はて》 深手《ふかて》 元手《もとて》

才

扌-0

総画3

JIS-2645

教2年

訓 —

音 サイ

筆順

なりたち ⺘ 【象形】川《かわ》の流《なが》れをせきとめるくいの形《かたち》をえがいた字《じ》。のちに、「さいのう」の意味《いみ》に借《か》りて使《つか》われるようになった。

意味

❶頭《あたま》のはたらき。すぐれた知恵《ちえ》。例 才《さい》におぼれる。才能《さいのう》・英才《えいさい》

❷年齢《ねんれい》をかぞえることば。（「歳」のかわりに使《つか》う）例 三才《さんさい》

名前のよみ とし

❶〈頭のはたらき〉の意味で

【才。媛《さいえん》】 ↓ 頭《あたま》がよく、学問《がくもん》のある女《おんな》の人《ひと》。類 才女《さいじょ》

【才覚《さいかく》】 ↓ 〈—する〉その場《ば》その場《ば》で必要《ひつよう》なものをととのえ、うまく処置《しょち》すること。そのための知恵《ちえ》。例 才覚《さいかく》のある人《ひと》。類 工面《くめん》・算段《さんだん》

例解 使い分け

［うつ《打つ・討つ・撃つ》］

打つ＝たたく。当《あ》てる。例 くぎを打《う》つ。バットで球《たま》を打《う》つ。心《こころ》を打《う》つ話《はなし》。

討つ＝攻《せ》めてほろぼす。例 あだを討《う》つ。不意《ふい》を討《う》つ。敵《てき》の大将《たいしょう》を討《う》ち取《と》る。

撃つ＝鉄砲《てっぽう》などでたまをとばす。例 鳥《とり》を撃《う》つ。イノシシを撃《う》つ。敵《てき》を迎《むか》え撃《う》つ。

参考 「同士《どうし》打《う》ち・鉄砲《てっぽう》打《う》ち」のように、「討・撃」の代《か》わりに「打」を使《つか》うこともある。

打 ◀ 次ページ

○学習漢字でない常用漢字 ▲常用漢字表にない音訓 ◆常用漢字でない漢字

【才気】さい き [↓]すぐれた頭《あたま》のはたらき。例 才気《さいき》あふれるスピーチ。

【才気煥発】さいきかんぱつ 頭《あたま》のよさが、ことばやふるまいにいきいきとあらわれていること。例 才《さい》気煥発《きかんぱつ》な青年《せいねん》。

【才子】さい し [↓]頭《あたま》がよくて、よく気《き》がつく人《ひと》。類 才人《さいじん》 表現「軽薄才子《けいはくさいし》」ということばがあるように、とかく才気《さいき》ばしっておこないが軽《かる》いという印象《いんしょう》があることば。

【才女】さい じょ [↓]頭《あたま》のはたらきがよく、教養《きょうよう》ゆたかな女《おんな》の人《ひと》。例 才女《さいじょ》のほまれが高《たか》い。類 才《さい》媛《えん》

【才色】さい しょく [II]女《おんな》の人《ひと》の、頭《あたま》のよさと顔《かお》かたちの美《うつく》しさ。例 才色兼備《さいしょくけんび》(才能《さいのう》と美《うつく》しさの両方《りょうほう》が身《み》についていること)

【才人】さい じん [↓]頭《あたま》のはたらきがすぐれている人《ひと》。例 かれはなかなかの才人《さいじん》だ。類 才子《さいし》

【才能】さい のう [II]ものごとをじょうずにやりとげる力《ちから》。例 音楽《おんがく》に才能《さいのう》がある。

才が下につく熟語 上の字の働き

❶ 才＝〈頭のはたらき〉のとき
【英才《えいさい》 秀才《しゅうさい》 俊才《しゅんさい》 鬼才《きさい》 凡才《ぼんさい》】ドンナ能力《のうりょく》のある人《ひと》か。
【商才《しょうさい》 文才《ぶんさい》】ナニについての才能《さいのう》か。
◆ 青二才《あおにさい》 多才《たさい》 漫才《まんざい》

文字物語

扱

「扱」の字《じ》は、「おもちゃをらんぼうに扱《あつか》う」「お金《かね》を扱《あつか》う仕《し》事《ごと》」「こんどの事件《じけん》を扱《あつか》う」「ひどい扱《あつか》いを受《う》ける」などと、「あつかう」「あつかい」にあてて、いろいろの場《ば》面《めん》でよく使《つか》われている。だから「扱」の字《じ》は常《じょう》用漢字表《ようかんじひょう》に入《い》れられていて、「あつかう」の訓《くん》をもっているが、ふしぎなことに音《おん》はしめされていない。常用漢字《じょうようかんじ》表内《ひょうない》で音《おん》をもっていない字《じ》は、「峠《とうげ》」や「枠《わく》」のような日本《にほん》で作《つく》られた漢字《かんじ》(国字《こくじ》という)をのぞけば、そう多《おお》くはない。「働」などは、国字《こくじ》なのに「ドウ」の音《おん》をもっている。

「扱」は、中国《ちゅうごく》から来《き》た漢字《かんじ》なのだから「及」とおなじ「キュウ」の字音《じおん》をもっていて、「収《おさ》める」とか「手《て》がそこに至《いた》る」とかの意味《いみ》を表《あらわ》していた。しかし、「扱《キュウ》」がほかの漢字《かんじ》といっしょになって漢語《かんご》の熟語《じゅくご》をつくることがなかったので、音《おん》は利用《りよう》されなかった。それで、日本《にほん》では、中国《ちゅうごく》の意味《いみ》とは関係《かんけい》なく、「扱」の字《じ》が一字《いちじ》で「あつかう」を表《あらわ》す字《じ》として使《つか》われたのだ。「あつかう」のほかにも、「稲《いね》をこく」の「こく(脱穀《だっこく》する)」や「稲《いね》の穂《ほ》をしごく」「下《か》級《きゅう》生《せい》をしごく」の「しごく」にこの漢字《かんじ》をあてて、「扱《こ》く」「扱《しご》く」と書《か》いたが、今《いま》はほとんど使《つか》われない。

扌-2

打

総画5 JIS-3439 教3年
訓 うつ 音 ダ

筆順

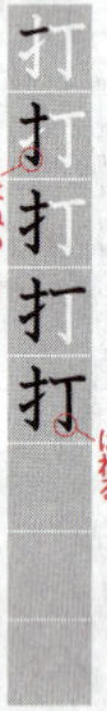

なりたち

[形声]「丁《ティ》」が「ダ」とかわって読《よ》み方《かた》をしめしている。「テイ」は「うつ」意味《いみ》を持《も》ち、手《て》(扌)でうつことを表《あらわ》している字《じ》。

意味

❶ うつ。たたく。例 くぎを打《う》つ。乱打《らんだ》
❷ 意味《いみ》を強《つよ》めることば。他《た》のことばの上《うえ》につく。例 打開《だかい》・打算《ださん》

使い分け うつ[打・討・撃] ☞507ページ

❶〈うつ〉の意味で

【打楽器】だ がっき たたいて音《おと》を出《だ》す楽器《がっき》。太鼓《たいこ》・カスタネット・木琴《もっきん》など。関連 管楽器《かんがっき》・弦楽器《げんがっき》・打楽器《だがっき》

【打球】だ きゅう [↓]野球《やきゅう》・ソフトボールなどで、打《だ》者《しゃ》の打《う》ったボール。例 するどい打球《だきゅう》。

【打撃】だ げき [II]①強《つよ》く打《う》つこと。②ショック。損害《そんがい》。例 台風《たいふう》で農家《のうか》は大打撃《だいだげき》をうけた。③野《や》球《きゅう》・ソフトボールなどで、ボールをバットで打《う》つこと。バッティング。例 打撃戦《だげきせん》

【打者】だ しゃ [↓]野球《やきゅう》で、ボールを打《う》つ人《ひと》。バッター。例 打者一巡《だしゃいちじゅん》

【打順】だ じゅん [↓]野球《やきゅう》で、打席《だせき》に立《た》つ順番《じゅんばん》。

【打診】だ しん [↓]〈―する〉①医者《いしゃ》が、患者《かんじゃ》の胸《むね》や背《せ》を指先《ゆびさき》でかるくたたき、反応《はんのう》で内臓《ないぞう》の状態《じょうたい》を知《し》ること。関連 問診《もんしん》・打診《だしん》・触診《しょくしん》・聴診《ちょうしん》・視診《ししん》 ②相手《あいて》の考《かんが》えを知《し》るために、少《すこ》しはたらきか

けてみること。例先方《せんぽう》の意向《いこう》を打診《だしん》する。

【打席《だせき》】↓野球《やきゅう》で、バッターが立《た》つ場所《ばしょ》。バッターボックス。その回数《かいすう》。例打席《だせき》に立《た》つ。第一《だいいち》打席《だせき》は三振《さんしん》。

【打線《だせん》】↓野球《やきゅう》で、順番《じゅんばん》に出《で》てくる打者《だしゃ》とその打力《だりょく》。

【打点《だてん》】↓野球《やきゅう》で、ヒットなどで得《え》た点数《てんすう》。

【打電《だでん》】▲〈―する〉電報《でんぽう》を相手《あいて》におくること。

【打。撲《だぼく》】Ⅱ〈―する〉からだを強《つよ》く打《う》ったりぶつけたりすること。例打撲傷《だぼくしょう》を負《お》う。

【打率《だりつ》】↓打数《だすう》に対《たい》するヒットの割合《わりあい》。例高打率《こうだりつ》

❷〈意味を強めることば〉の意味で

【打開《だかい》】⊠〈―する〉先《さき》へ進《すす》めない状態《じょうたい》をきりひらき、解決《かいけつ》すること。例打開策《だかいさく》をさぐる。

【打算《ださん》】⊠〈―する〉あらかじめ損得《そんとく》の計算《けいさん》をすること。例打算《ださん》に走《はし》る。

【打算的《ださんてき》】〈―な〉〈―に〉ものごとを、損《そん》になるか得《とく》になるかで、するしないをきめる考《かんが》え方《かた》。例打算的《ださんてき》な人《ひと》。類功利的《こうりてき》

【打。倒《だとう》】⊠〈―する〉相手《あいて》を負《ま》かすこと。例打《だ》倒チャンピオンの意気《いき》ごみ。

【打破《だは》】⊠〈―する〉①たたかいや試合《しあい》で、相手《あいて》を負《ま》かすこと。例強敵《きょうてき》を打破《だは》する。②行《い》きづまりの状態《じょうたい》をきりひらくこと。例悪習《あくしゅう》を打破する。

打が下につく熟語 上の字の働き

❶打＝〈うつ〉のとき

【強打《きょうだ》 連打《れんだ》 乱打《らんだ》】ドンナニ打《う》つか。

◆殴打《おうだ》

扌−2

払

総画5　JIS-4207　常用

訓 はらう　音 フツ

［拂］

筆順 払 払 払 払 払

なりたち 拂 【形声】もとの字は、「拂」。「弗」が「フツ」という読《よ》み方《かた》をしめしている。手《て》(扌)ではらいのけることを表《あらわ》す字《じ》。

意味 はらう。はらいのける。代金《だいきん》・料金《りょうきん》をわたす。例すすを払《はら》う。払拭《ふっしょく》・月払《つきばら》い

【払。拭《ふっしょく》】Ⅱ〈―する〉きれいさっぱりととりのぞくこと。例不信感《ふしんかん》を払拭《ふっしょく》する。

【払。底《ふってい》】▲〈―する〉ほとんどなくなること。例食料《しょくりょう》が払底《ふってい》する。

扌−3

扱

総画6　JIS-1623　常用

訓 あつかう　音 ―

筆順 扱 扱 扱 扱 扱 扱

なりたち 扱 【形声】「及」が「キュウ」という読《よ》み方《かた》をしめしている。「キュウ」は「おさめ入《い》れる」意味《いみ》を持《も》ち、手《て》(扌)でとり入《い》れることを表《あらわ》している字《じ》。

意味 あつかう。手《て》を動《うご》かして処理《しょり》する。例事件《じけん》を扱《あつか》う。取《と》り扱《あつか》い。

文字物語 508ページ

扌−4

技

総画7　JIS-2127　教5年

訓 わざ　音 ギ

筆順 技 技 技 技 技 技 技（はねる）（はらう）

なりたち 技 【形声】「支《し》」が「ギ」とかわって読《よ》み方《かた》をしめしている。「シ」は「しごと」の意味《いみ》を持《も》ち、手《て》(扌)で仕事《しごと》をすることから、「わざ、うでまえ」として使《つか》われている字《じ》。

意味 わざ。うでまえ。はたらき。例技《わざ》をみがく。技術《ぎじゅつ》・演技《えんぎ》

【技芸《ぎげい》】Ⅱ美術《びじゅつ》・工芸《こうげい》などの専門的《せんもんてき》なわざ。例技芸《ぎげい》をみがく。類技術《ぎじゅつ》

【技。巧《ぎこう》】↓なにかを表現《ひょうげん》したりつくったりするときの、すぐれた方法《ほうほう》やくふう。テクニック。例技巧《ぎこう》をこらす。

【技師《ぎし》】↓科学的《かがくてき》な技術《ぎじゅつ》の仕事《しごと》をうけもってはたらく人《ひと》。エンジニア。例設計技師《せっけいぎし》・レントゲン技師《ぎし》　類技術者《ぎじゅつしゃ》

【技術《ぎじゅつ》】Ⅱ①ものをつくったりあつかったりするための方法《ほうほう》やわざ。テクニック。類技能《ぎのう》・技法《ぎほう》　②科学知識《かがくちしき》をじっさいに役立《やくだ》つように応用《おうよう》する手段《しゅだん》。テクノロジー。

【技能《ぎのう》】↓なにかをつくったり、おこなったりするときに必要《ひつよう》な能力《のうりょく》。うでまえ。例特殊《とくしゅ》

前ページ ▶ 払 扱 技

技能《ぎのう》の持《も》ち主《ぬし》。類技術《ぎじゅつ》

【技法《ぎほう》】↓ものをつくるときのやり方《かた》やわざ。例工作《こうさく》の技法《ぎほう》を学《まな》ぶ。類手法《しゅほう》

【技量《ぎりょう》】↓なにかをしたりつくったりする能力《のうりょく》のていど。例技量《ぎりょう》をためす。類手腕《しゅわん》

技が下につく熟語 上の字の働き

【演技《えんぎ》 競技《きょうぎ》】技《わざ》をドウスルか。
【妙技《みょうぎ》 特技《とくぎ》 余技《よぎ》 実技《じつぎ》】ドウイウ技《わざ》か。
【球技《きゅうぎ》 遊技《ぎ》】ドウイウ運動《うんどう》か。

◆国技《こくぎ》

抗

扌-4　総画7　JIS-2519　常用
訓 —　音 コウ

筆順 抗 抗 抗 抗 抗 抗 抗

なりたち  [形声]「亢」が「高《たか》くあげる」意味《いみ》の「コウ」という読《よ》み方《かた》をしめしている。手《て》(扌)で高《たか》くもちあげることを表《あらわ》す字《じ》。

意味 さからう。はむかう。さまたげる。例抗《こう》するすべもない。抗議《こうぎ》・反抗《はんこう》

【抗議《こうぎ》】↓(ーする)相手《あいて》の言《い》ったことやしたことに対《たい》して、反対《はんたい》の意見《いけん》や苦情《くじょう》を言《い》うこと。例審判《しんぱん》に抗議《こうぎ》する。

【抗菌《こうきん》】▲わるい細菌《さいきん》がふえるのをふせぐこと。例抗菌《こうきん》まないた

【抗原《こうげん》】↓からだにはいって、抗体《こうたい》をつくり出《だ》すようにするもの。

【抗生物質《こうせいぶっしつ》】カビや細菌《さいきん》がつくり出《だ》す物《ぶっ》質《しつ》で、ほかの細菌《さいきん》がふえるのをおさえるもの。代表《だいひょう》はペニシリン。

【抗戦《こうせん》】↓(ーする)受《う》けた攻撃《こうげき》にたちむかってたたかうこと。例徹底抗戦《てっていこうせん》のかまえ。

【抗争《こうそう》】↓(ーする)たがいにいがみあってあらそうこと。例内部抗争《ないぶこうそう》をくりかえす。

【抗体《こうたい》】↓抗原《こうげん》(細菌《さいきん》)がからだにはいるとできるもの。新《あたら》しくからだに入《はい》ってくる同《おな》じ細菌《さいきん》に結《むす》びついて病気《びょうき》になるのをふせぐ。

【抗弁《こうべん》】↓(ーする)相手《あいて》の意見《いけん》を押《お》しかえして、つよく自分《じぶん》の意見《いけん》をのべること。

抗が下につく熟語 上の字の働き

【抵抗《ていこう》 反抗《はんこう》】近《ちか》い意味《いみ》。

◆対抗《たいこう》

承

手-4　総画8　JIS-3021　教5年
訓 うけたまわる　音 ショウ

筆順 承 承 承 承 承 承 承 承（はねる）（はらう）

なりたち  [会意]「手《て》」とひざまずいている人《ひと》(卩)と両手《りょうて》(廾)を合《あ》わせて、人《ひと》がささげられたものをうけることを表《あらわ》す字《じ》。

意味 うける。うけとめる。ひきうける。例ご用《よう》を承《うけたまわ》る。承知《しょうち》・継承《けいしょう》

名前のよみ すけ・つぎ・つぐ・よし

【承諾《しょうだく》】Ⅱ(ーする)ひきうけること。例出演《しゅつえん》を承諾《しょうだく》する。類承知《しょうち》・承認《しょうにん》・受諾《じゅだく》・許諾《きょだく》

【承知《しょうち》】↓(ーする)①よく知《し》っていること。例それは承知《しょうち》の上《うえ》だ。②相手《あいて》のたのみやねがいを聞《き》き入《い》れること。例OK《オーケー》、承知《しょうち》した。類承諾《しょうだく》・了解《りょうかい》

【承認《しょうにん》】↓(ーする)それでよいとみとめて、うけいれること。例決算報告《けっさんほうこく》を承認《しょうにん》する。類了承《りょうしょう》・承諾《しょうだく》・是認《ぜにん》・許可《きょか》 対否認《ひにん》

【承服《しょうふく》】↓(ーする)相手《あいて》の言《い》い分《ぶん》にしたがうこと。例この判定《はんてい》には承服《しょうふく》できない。

◆継承《けいしょう》 伝承《でんしょう》 了承《りょうしょう》

抄

扌-4　総画7　JIS-3022　常用
訓 —　音 ショウ

筆順 抄 抄 抄 抄 抄 抄 抄

なりたち [形声]「少」が「すこし」の意味《いみ》と「ショウ」という読《よ》み方《かた》をしめしている。全体《ぜんたい》から手《て》(扌)で一部《いちぶ》をぬき出《だ》すことを表《あらわ》す字《じ》。

意味 ぬき書《が》きする。ぬき書《が》きしたもの。例抄本《しょうほん》

【抄本《しょうほん》】↓もとになる書類《しょるい》や書物《しょもつ》の、一部《いちぶ》分《ぶん》をぬき書《が》きしたもの。例『万葉集《まんようしゅう》』の抄本《しょうほん》。戸籍抄本《こせきしょうほん》 知識 戸籍《こせき》の全部《ぜんぶ》を写《うつ》したものは「謄本《とうほん》」。

【抄訳《しょうやく》】↓(ーする)原作《げんさく》の一部分《いちぶぶん》をぬきだして翻訳《ほんやく》すること。対全訳《ぜんやく》・完訳《かんやく》

扌-4

折

総画7
JIS-3262
教4年
訓 音 おる・おり・おれる　セツ

筆順 折 折 折 折 折 折 折（はねる／はらう／厂にならない）

なりたち 【会意】おの（斤）と、木《き》が切《き》られた形《かたち》（⺿→扌）を合《あ》わせ、おので木《き》をたち切《き》ることを表《あらわ》している字《じ》。

意味
❶おる。おりまげる。おれる。おれまがる。くじく。くじける。例 骨《ほね》を折《お》る。枝《えだ》が折《お》れる。折衝《せっしょう》・折半《せっぱん》・右折《うせつ》・骨折《こっせつ》
❷その時。さかい目《め》のとき。機会《きかい》。場合《ばあい》。例 折《おり》も折《おり》（ちょうどそのとき）。折節《おりふし》

❶〈おる〉の意味で

【折角《せっかく》】▲ わざわざすること。めったにない。例 せっかくの休《やす》み、ゆっくりしよう。

【折°衝《せっしょう》】▲（―する）損得《そんとく》のくいちがう者《もの》が、解決《かいけつ》のために話《はな》し合《あ》うこと。例 売《う》り手《て》とねだんの折衝《せっしょう》をかさねる。類 交渉《こうしょう》

【折°衷《せっちゅう》】▲（―する）二《ふた》つのちがったもののよいところをとって、一《ひと》つにまとめること。例 折衷案《せっちゅうあん》・和洋折衷《わようせっちゅう》

【折半《せっぱん》】▲（―する）お金《かね》やものを半分《はんぶん》ずつに分《わ》ける。例 もうけをふたりで折半《せっぱん》する。

❷〈その時〉の意味で

【折°柄《おりから》】◎ ①ちょうどそのとき。例 折《おり》からの雨《あめ》で試合中止《しあいちゅうし》となった。②…のときであるので。例 諸事節約《しょじせつやく》の折《おり》から、会《かい》はとりやめる。

【折節《おりふし》】Ⅱ ①季節《きせつ》。例 折節《おりふし》のうつりかわり。②ちょうどそのとき。例 折節《おりふし》かみなりが鳴《な》りだした。③なにかのひょうしに。ときどき。例 折節思《おりふしおも》い出《だ》す。

折が下につく熟語 上の字の働き

❶折＝〈おる〉のとき
【屈折《くっせつ》 曲折《きょくせつ》】近《ちか》い意味《いみ》。
【右折《うせつ》 左折《させつ》】ドチラへ曲《ま》がるか。
◆骨折《こっせつ》

扌-4

択

総画7
JIS-3482
常用
訓 音 ―　タク

［擇］

筆順 択 択 択 択 択 択 択

なりたち 【形声】もとの字《じ》は、「擇」。「睪」が「わける」意味《いみ》と「タク」という読《よ》み方《かた》をしめし、「手《て》（扌）」がついて、手《て》でえらびとることを表《あらわ》している字《じ》。

意味 えらぶ。よりわける。例 択一《たくいつ》・選択《せんたく》

【°択一《たくいつ》】▲（―する）二《ふた》つ以上《いじょう》のものごとの中《なか》から、一《ひと》つをえらびとること。例 二者択一《にしゃたくいつ》

択が下につく熟語 上の字の働き
【採択《さいたく》 選択《せんたく》】近《ちか》い意味《いみ》。

扌-4

投

総画7
JIS-3774
教3年
訓 音 なげる　トウ

筆順 投 投 投 投 投 投（はねる／儿にならない／はらう）

なりたち 【形声】「殳《シュ》」が「トウ」とかわって読《よ》み方《かた》をしめしている。「シュ」は「なげつける」意味《いみ》を持《も》ち、手《て》（扌）でなげつけることを表《あらわ》す字《じ》。

意味
❶なげる。なげいれる。身《み》をなげだす。例 球《たま》を投《な》げる。投球《とうきゅう》・投降《とうこう》・力投《りきとう》
❷おくりこむ。あたえる。つぎこむ。例 票《ひょう》を投《とう》じる。投稿《とうこう》・投書《とうしょ》・投薬《とうやく》
❸あう。あわせる。例 投合《とうごう》
❹身《み》をよせる。泊《と》まる。例 投宿《とうしゅく》

特別なよみ 投網（とあみ）

❶〈なげる〉の意味で

【投°網《とあみ》】↓ 魚《さかな》をたくさんとるために、大《おお》きくひろがるように作《つく》った投《な》げあみ。例 投網《とあみ》を打《う》つ。

【投下《とうか》】↓（―する）高《たか》いところからなげ落《お》とすこと。例 原子爆弾《げんしばくだん》の投下《とうか》。☞❷

【投°棄《とうき》】↓（―する）ほうり出《だ》すようにしてすてること。例 廃棄物《はいきぶつ》の不法投棄《ふほうとうき》。

【投球《とうきゅう》】▲（―する）野球《やきゅう》で、ボールを投《な》げること。また、投《な》げたボール。例 全力投球《ぜんりょくとうきゅう》

【投降《とうこう》】Ⅱ（―する）たたかいに負《ま》け、たたかう

投網

◀次ページ

◦学習漢字でない常用漢字　▲常用漢字表にない音訓　◆常用漢字でない漢字

前ページ ▶ 折 択 投

ことをあきらめて、自分《じぶん》のほうから敵《てき》の前《まえ》へ出《で》ていくこと。例 白旗《しろはた》を上《あ》げて投降《とうこう》する。

【投手】《とうしゅ》 ↓ 野球《やきゅう》で、バッターにむかってボールを投《な》げる役目《やくめ》の人《ひと》。ピッチャー。例 投手《とうしゅ》 対 捕手《ほしゅ》

【投身】《とうしん》 ▲〈―する〉死《し》のうとして、高《たか》いところからとびおりたり、水中《すいちゅう》や乗《の》り物《もの》にとびこんだりすること。身投《みな》げ。例 投身自殺《とうしんじさつ》

【投石】《とうせき》 ▲〈―する〉石《いし》を投《な》げつけること。

【投入】《とうにゅう》 ↓〈―する〉なげ入《い》れること。☞❷

❷〈おくりこむ〉の意味で

【投映】《とうえい》 ↓〈―する〉スライドなどをスクリーンにうつしだすこと。例 投映機《とうえいき》

【投。影】《とうえい》 ▲〈―する〉あるものに光《ひかり》をあてて、そのかげをうつしだすこと。例 現代《げんだい》への危機《きき》感《かん》を投影《とうえい》した作品《さくひん》。類 反映《はんえい》

【投。影図】《とうえいず》 ものの形《かたち》をある方向《ほうこう》から見《み》て、そのとおりの形《かたち》を図《ず》にしたもの。知識 正《しょう》面図《めんず》・側面図《そくめんず》・平面図《へいめんず》の三《みっ》つで、全体《ぜんたい》を示《しめ》す。

【投下】《とうか》 ↓〈―する〉事業《じぎょう》をはじめたり、大《おお》きくしたりするために、お金《かね》をつぎこむこと。例 工事《こうじ》に資本《しほん》を投下《とうか》する。☞❶

【投。函】《とうかん》 ▲〈―する〉郵便《ゆうびん》ポストに手紙《てがみ》やはがきを入《い》れること。

【投。稿】《とうこう》 ▲〈―する〉新聞《しんぶん》や雑誌《ざっし》などにのせてもらえるように、自分《じぶん》の原稿《げんこう》を送《おく》ること。例 雑誌《ざっし》に投稿《とうこう》する。

【投。獄】《とうごく》 ▲〈―する〉牢屋《ろうや》に入《い》れること。

【投資】《とうし》 ▲〈―する〉利益《りえき》をえるために、仕事《しごと》のもとでになるお金《かね》を出《だ》すこと。類 出資《しゅっし》

【投書】《とうしょ》 ▲〈―する〉新聞社《しんぶんしゃ》や役所《やくしょ》などに、意見《いけん》や苦情《くじょう》を書《か》いて送《おく》ること。例 投書欄《とうしょらん》

【投入】《とうにゅう》 ↓〈―する〉事業《じぎょう》に、お金《かね》や人《ひと》・力《ちから》をつぎこむこと。例 資金《しきん》を投入《とうにゅう》する。☞❶

【投票】《とうひょう》 ▲〈―する〉選挙《せんきょ》や話《はな》し合《あ》いの採決《さいけつ》のときに、自分《じぶん》がえらんだ人《ひと》の名《な》や、賛成《さんせい》・反対《はんたい》などの意見《いけん》を紙《かみ》に書《か》いて、箱《はこ》に入《い》れること。

【投薬】《とうやく》 ▲〈―する〉患者《かんじゃ》に薬《くすり》をあたえること。例 投薬《とうやく》の効果《こうか》をみる。類 投与《とうよ》

【投。与】《とうよ》 ‖〈―する〉医者《いしゃ》が患者《かんじゃ》に薬《くすり》をあたえること。例 抗生物質《こうせいぶっしつ》の投与《とうよ》。類 投薬《とうやく》

❸〈あう〉の意味で

【投機】《とうき》 ▲ うまくいけば大《おお》きくもうかるような、かけ。例 土地投機《とちとうき》。

【投合】《とうごう》 ‖〈―する〉二《ふた》つのものがぴったりと合《あ》うこと。例 意気投合《いきとうごう》(すっかり気《き》が合《あ》う)

❹〈身をよせる〉の意味で

【投宿】《とうしゅく》 ▲〈―する〉旅館《りょかん》などに泊《と》まること。類 宿泊《しゅくはく》

扌-4

把

総画7

JIS-3936

常用

音 ハ

訓 ―

筆順

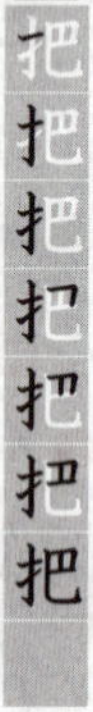

なりたち

[形声]「巴」が「つかむ」意味《いみ》と「ハ」という読《よ》み方《かた》をしめしている。手《て》(扌)でつかむことを表《あらわ》している字《じ》。

意味

❶手《て》でにぎる。つかむ。例 把握《はあく》

❷たばねたものをかぞえることば。例 なっぱ一把《いちわ》

発音あんない ハ→ワ…例 一把《いちわ》

❶〈手でにぎる〉の意味で

【。把。握】《はあく》 ‖〈―する〉ものごとのようすや中身《なかみ》などを、正《ただ》しくしっかりと理解《りかい》すること。例 災害《さいがい》の状況《じょうきょう》を把握《はあく》する。

扌-4

抜

総画7

JIS-4020

常用

音 バツ

訓 ぬく・ぬける・ぬかす・ぬかる

「抜」

筆順

なりたち

[形声]もとの字《じ》は、「拔」。「犮《ハツ》」が「バツ」とかわって読《よ》み方《かた》をしめしている。「ハツ」は「引《ひ》き出《だ》す」意味《いみ》を持《も》ち、「手《て》(扌)」がついて、手《て》でひきぬくことを表《あらわ》す。

意味

❶ぬく。ぬきとる。ぬける。ぬけおちる。例 くぎを抜《ぬ》く。底《そこ》が抜《ぬ》ける。腰《こし》を抜《ぬ》かす。抜歯《ばっし》・抜粋《ばっすい》・選抜《せんばつ》

❷ぬきんでる。すぐれている。例 抜群《ばつぐん》

❶〈ぬく〉の意味で

【。抜糸】《ばっし》 ▲〈―する〉手術《しゅじゅつ》の切《き》り口《くち》をぬいあわせた糸《いと》をとること。

【。抜歯】《ばっし》 ▲〈―する〉歯《は》をぬくこと。

ものしり巻物 第17巻

漢字《かんじ》の筆順《ひつじゅん》

「一《いち》」の字《じ》を書《か》いてみましょう。

左《ひだり》から右《みぎ》へ書《か》いていくのと、右《みぎ》から左《ひだり》へ書《か》いていくのと、どちらが書《か》きやすいでしょうか。左《ひだり》から右《みぎ》へですね。それは、筆《ふで》を持《も》つ右手《みぎて》の骨格《こっかく》や筋肉《きんにく》が、左《ひだり》から右《みぎ》へ動《うご》きやすいようにできているからです。

次《つぎ》に、たて棒《ぼう》の「丨」を書《か》いてみましょう。

上《うえ》から下《した》へ書《か》いていくのと、下《した》から上《うえ》へ書《か》いていくのと、どちらが書《か》きやすいでしょうか。上《うえ》から下《した》へですね。手《て》の骨格《こっかく》や筋肉《きんにく》が、上《うえ》から下《した》へ動《うご》きやすいようにできているからです。

筆順《ひつじゅん》は、このような手《て》の動《うご》きやすさによって決《き》まります。そのため、筆順《ひつじゅん》の大原則《だいげんそく》は、**「左《ひだり》から右《みぎ》へ」「上《うえ》から下《した》へ」**です。

では、「一《いち》」と「丨」とを組《く》み合《あ》わせた「十《じゅう》」の字《じ》を書《か》いてみましょう。「一《いち》」と「丨」のどちらを先《さき》に書《か》けばよいのでしょうか。

「十《じゅう》」の字《じ》がもっとも安定《あんてい》して美《うつく》しく見《み》えるのは、「一《いち》」の真《ま》ん中《なか》に「丨」が通《とお》り、「一《いち》」の左《ひだり》と右《みぎ》の長《なが》さが等《ひと》しく分《わ》けられているときです。「丨」を書《か》いてから、左右《さゆう》の長《なが》さをおなじに分《わ》けようとしながら「一《いち》」を書《か》くのはむずかしいことです。それより、「一《いち》」を先《さき》に書《か》いてから、「一《いち》」の真《ま》ん中《なか》にねらいをつけて「丨」を書《か》けば、やさしくきちんと書《か》けます。そのため、「十《じゅう》」の筆順《ひつじゅん》は「一《いち》→十《じゅう》」となります。

このように、筆順《ひつじゅん》は、美《うつく》しい字《じ》をきちんと書《か》くためにも必要《ひつよう》なのです。

小学校《しょうがっこう》で習《なら》う一〇〇六字の漢字《かんじ》の筆順《ひつじゅん》は、このようにして決《き》められています。急《きゅう》にだれかが決《き》めたのではなく、長《なが》い長《なが》い歴史《れきし》のあいだに、数多《かずおお》くの人《ひと》びとがいろいろな書《か》き方《かた》をためし、このように書《か》いていくのがもっともよいとして決《き》まってきたものなのです。ですから、わたしたちは、先人《せんじん》たちの努力《どりょく》の結晶《けっしょう》をそのまま受《う》けつげば、美《うつく》しい字《じ》がきちんと書《か》けるのです。

いくら練習《れんしゅう》しても字《じ》がじょうずにならない、力強《ちからづよ》い字《じ》が書《か》けない、手《て》がすぐつかれるなどという人《ひと》は、正《ただ》しい筆順《ひつじゅん》でちゃんと書《か》いているかどうか、たしかめてみましょう。

さいごに、「上《うえ》」の字《じ》の筆順《ひつじゅん》を紹介《しょうかい》します。「丨」から？「一《いち》」から？…よくまよう人《ひと》がいますが、むずかしくありません。「上《うえ》はうえから」とおぼえて、「丨」から書《か》けばよいのです。

前ページ ▶抜

【°抜°粋】《ばっすい》 ▲ 〈—する〉書物《しょもつ》や文章《ぶんしょう》などの中《なか》から、たいせつな部分《ぶぶん》だけをぬき出《だ》すこと。ぬき出《だ》したもの。例 要点《ようてん》を抜粋《ばっすい》する。

【°抜・擢】《ばってき》 ∥ 〈—する〉おおぜいの中《なか》からえらびだして、重《おも》い役目《やくめ》につかせること。例 新人《しんじん》を主役《しゅやく》に抜擢《ばってき》する。類 起用《きよう》・登用《とうよう》

【°抜本的】《ばっぽんてき》 〈—な／—に〉根元《ねもと》のところまでさかのぼって。例 制度《せいど》を抜本的《ばっぽんてき》に見直《みなお》す。

❷〈ぬきんでる〉の意味で

【°抜群】《ばつぐん》 ▲ 〈—な／—に〉ずばぬけている。例 抜群《ばつぐん》の成績《せいせき》で合格《ごうかく》する。類 傑出《けっしゅつ》・出色《しゅっしょく》

抜が下につく熟語 上の字の働き

❷ 抜＝〈ぬきんでる〉のとき

【奇抜《きばつ》 卓抜《たくばつ》】近《ちか》い意味《いみ》。

◆ 海抜《かいばつ》 選抜《せんばつ》

扌-4

批

総画7 JIS-4067 教6年 訓 — 音 ヒ

筆順

なりたち [形声]「比」が「ならべる」意味《いみ》と「ヒ」という読《よ》み方《かた》をしめしている。手《て》(扌)でならべくらべることを表《あらわ》す字《じ》。

意味 よいわるいをきめる。品定《しなさだ》めをする。例 批判《ひはん》

【批°准】《ひじゅん》 ↓ 〈—する〉政府《せいふ》が外国《がいこく》と話《はな》しあってつくった条約《じょうやく》を、国《くに》がよいと認《みと》めること。例 通商《つうしょう》条約《じょうやく》が国会《こっかい》で批准《ひじゅん》された。知識 どんな条約《じょうやく》も、国会《こっかい》で批准《ひじゅん》されなければ成立《せいりつ》しない。

【批判】《ひはん》 ↓ 〈—する〉人《ひと》のおこないや考《かんが》え、またものごとのよくないところをとらえて正《ただ》すようのべること。例 批判《ひはん》に耳《みみ》をかたむける。類 批評《ひひょう》

【批判的】《ひはんてき》 〈—な／—に〉あるものごとについて、そのことに賛成《さんせい》できないという考《かんが》えをもっている。例 批判的《ひはんてき》な態度《たいど》をとる。

【批評】《ひひょう》 ↓ 〈—する〉ものごとのよいところ、わるいところについて、自分《じぶん》の考《かんが》えをのべること。類 批判《ひはん》

扌-4

扶

総画7 JIS-4162 常用 訓 たす-ける 音 フ

筆順

なりたち  [形声]「夫」が「そえる」意味《いみ》と「フ」という読《よ》み方《かた》をしめしている。手《て》(扌)をそえてたすけることを表《あらわ》す字《じ》。

意味 たすける。力《ちから》をかす。せわをする。例 扶助《ふじょ》

名前のよみ たもつ・もと

【°扶助】《ふじょ》 ∥ 〈—する〉助《たす》けること。とくに、お金《かね》の面《めん》で力《ちから》をかすこと。例 相互《そうご》扶助《ふじょ》

【°扶養】《ふよう》 ↓ 〈—する〉生活《せいかつ》できるようにせわをすること。例 扶養《ふよう》控除《こうじょ》。家族《かぞく》を扶養《ふよう》する。

扌-4

抑

総画7 JIS-4562 常用 訓 おさえる 音 ヨク

筆順

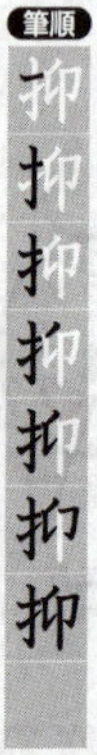

なりたち  [会意]「卬」は手《て》で人《ひと》をおさえつけている形《かたち》で、さらに「手《て》(扌)」をくわえて、「おさえる」として使《つか》われる字《じ》。

意味 おさえる。おさえつける。おさえてとめる。例 感情《かんじょう》を抑《おさ》える。抑圧《よくあつ》

【°抑圧】《よくあつ》 ↓ 〈—する〉人《ひと》の考《かんが》えや行動《こうどう》などをおさえつけること。例 言論《げんろん》の自由《じゆう》を抑圧《よくあつ》する。類 弾圧《だんあつ》

【°抑止】《よくし》 ∥ 〈—する〉おさえつけて、動《うご》きをとめること。例 核《かく》の使用《しよう》を抑止《よくし》する。抑止力《よくしりょく》

【°抑制】《よくせい》 ∥ 〈—する〉行《い》きすぎないように、いきおいを弱《よわ》めること。例 インフレの抑制《よくせい》。

【°抑°揚】《よくよう》 ⇕ ことばを発声《はっせい》するのに、おさえて低《ひく》く言《い》うところと、高《たか》くのびのび言《い》うところをはっきりさせること。例 抑揚《よくよう》をつける。

【°抑留】《よくりゅう》 ↓ 〈—する〉むりにひきとめておくこと。とくに、外国《がいこく》の人《ひと》や船《ふね》をひきとめておくこと。例 長《なが》い抑留《よくりゅう》生活《せいかつ》をおくる。

扌-5

押

総画8 JIS-1801 常用 訓 おす・おさえる 音 オウ

筆順

なりたち 【形声】「甲《コウ》」が「オウ」とかわって読《よ》み方《かた》をしめしている。「オウ」は「おさえる」意味《いみ》を持《も》ち、手《て》（扌）でおさえることを表《あらわ》す字《じ》。

意味 おす。さしおさえる。押印《おういん》・押収《おうしゅう》。例 印《いん》を押《お》す。証《しょう》拠《こ》を押《お》さえる。

使い分け おす［押・推］☞515ページ

【°押印】《おういん》 ▲〈―する〉はんこをおすこと。例 書《しょ》類《るい》に押印《おういん》する。類 捺印《なついん》・押捺《おうなつ》

【°押収】《おうしゅう》 ↓〈―する〉裁判所《さいばんしょ》や検察官《けんさつかん》が犯罪《はんざい》の証《しょう》拠《こ》となる物《もの》をさしおさえること。例 証《しょう》拠《こ》物件《ぶっけん》を押収《おうしゅう》する。類 没収《ぼっしゅう》

【°押・捺】《おうなつ》 Ⅱ〈―する〉はんこや指紋《しもん》をおすこと。例 調書《ちょうしょ》に押捺《おうなつ》する。類 押印《おういん》・捺印《なついん》

扌-5

拐

総画8 JIS-1893 常用

音 カイ 訓 ―

筆順 拐拐拐拐拐拐拐拐

意味 だましとる。だましてつれていく。例 誘拐《ゆうかい》

【°拐帯】《かいたい》 ↓〈―する〉人《ひと》のお金《かね》や品物《しなもの》を持《も》ってにげること。持《も》ちにげ。例 公金拐帯《こうきんかいたい》

扌-5

拡

総画8 JIS-1940 教6年

音 カク 訓 ―

「擴」

筆順 拡拡拡拡拡拡拡拡（はねる・まっすぐ、つく・とめる）

なりたち 【形声】もとの字《じ》は「擴」。「廣」が「ひろげる」意味《いみ》と「コウ」という読《よ》み方《かた》をしめしている。手《て》（扌）でひろげることを表《あらわ》す字《じ》。

意味 ひろげる。ひろがる。ひろめる。ひろまる。例 拡張《かくちょう》

名前のよみ ひろ・ひろし

【拡散】《かくさん》 ↓〈―する〉あちこちに広《ひろ》がること。例 核兵器《かくへいき》の拡散《かくさん》をふせぐ。対 集中《しゅうちゅう》

【拡。充】《かくじゅう》 ↓〈―する〉規模《きぼ》を大《おお》きくして、中身《なかみ》をいっそうよいものにすること。例 図書館《としょかん》の拡充《かくじゅう》をはかる。

【拡声器】《かくせいき》 声《こえ》や音《おと》を大《おお》きくする器具《きぐ》。スピーカー。例 拡声器《かくせいき》でよびかける。

【拡大】《かくだい》 ↓〈―する〉形《かたち》や大《おお》きさを、大《おお》きくすること。例 図面《ずめん》を拡大《かくだい》する。類 拡張《かくちょう》 対 縮小《しゅくしょう》

【拡張】《かくちょう》 Ⅱ〈―する〉大《おお》きさや範囲《はんい》をさらに大《おお》きくひろげること。例 施設《しせつ》を拡張《かくちょう》する。類 拡大《かくだい》

扌-5

拒

総画8 JIS-2181 常用

音 キョ 訓 こばむ

筆順 拒拒拒拒拒拒拒拒

なりたち 𢪊 【形声】「巨」が「キョ」という読《よ》み方《かた》をしめしている。「キョ」は「ふせぐ」意味《いみ》を持《も》ち、手《て》（扌）でふせぐことを表《あらわ》す字《じ》。

意味 こばむ。ことわる。例 要求《ようきゅう》を拒《こば》む。拒《きょ》否《ひ》

【°拒絶】《きょぜつ》 Ⅱ〈―する〉全《まった》くうけ入《い》れず、ことわること。例 申《もう》し込《こ》みを拒絶《きょぜつ》する。拒絶反応《きょぜつはんのう》 類 拒否《きょひ》 対 受諾《じゅだく》 表現 「拒否《きょひ》」よりも強《つよ》いことわり。

【°拒否】《きょひ》 Ⅱ〈―する〉相手《あいて》ののぞみやたのみを、はねつけること。例 取材《しゅざい》を拒否《きょひ》する。類 拒絶《きょぜつ》

例解 使い分け

［おす《押す・推す》］

押す＝向《む》こうのほうへ力《ちから》を入《い》れる。反対《はんたい》は「引《ひ》く」。

例 ボタンを押《お》す。横車《よこぐるま》を押《お》す。念《ねん》を押《お》す。

推す＝よいとして人《ひと》にすすめる。知《し》っていることをもとにして、わかっていないことを考《かんが》える。

例 会長《かいちょう》に推《お》す。計画《けいかく》を推《お》し進《すす》める。推《お》して知《し》るべし。

車を押す

学級委員に推す

拠 ［據］

扌-5 総画8 JIS-2182 常用
音 キョ・コ 訓 よ-る

筆順

なりたち 【形声】もとの字は、「據」。「豦」が「キョ」という読《よ》み方《かた》をしめしている。「キョ」は「よりすがる」意味《いみ》を持《も》ち、手《て》(扌)で何《なに》かによりかかることを表《あらわ》す字《じ》。

意味 よりどころ。よりどころにする。例 拠《きょ》点《てん》・根拠《こんきょ》

【拠出】《きょしゅつ》 ↓〈—する〉お金《かね》や品物《しなもの》を出《だ》し合《あ》うこと。例 被災者《ひさいしゃ》への見舞《みま》い金《きん》を拠出《きょしゅつ》する。

【拠点】《きょてん》 ↓ 活動《かつどう》を進《すす》めていくためのよりどころ。例 拠点《きょてん》をつくる。類 足場《あしば》・根拠《こんきょ》

拠が下につく熟語 上の字の働き

【根拠《こんきょ》 典拠《てんきょ》 準拠《じゅんきょ》】近《ちか》い意味《いみ》。

【証拠《しょうこ》 論拠《ろんきょ》】ドウスルためのよりどころか。

【占拠《せんきょ》 割拠《かっきょ》(群雄割拠《ぐんゆうかっきょ》)】ドウヤッテよりどころにするか。

◆本拠《ほんきょ》

拘

扌-5 総画8 JIS-2520 常用
音 コウ 訓 —

筆順

なりたち 【形声】「とめる」意味《いみ》を持《も》つ「句」が、「コウ」という読《よ》み方《かた》をしめしている。手《て》(扌)で引《ひ》きとどめることを表《あらわ》す字《じ》。

意味 とらえる。とらわれる。例 拘束《こうそく》・拘泥《こうでい》

【拘禁】《こうきん》 ↓〈—する〉とらえて留置場《りゅうちじょう》などにとじこめること。例 容疑者《ようぎしゃ》を拘禁《こうきん》する。

【拘束】《こうそく》 ↓〈—する〉人《ひと》の自由《じゆう》をうばい、ある場所《ばしょ》にいさせること。例 身柄《みがら》を拘束《こうそく》する。

【拘置】《こうち》 ↓〈—する〉犯罪者《はんざいしゃ》や容疑者《ようぎしゃ》をとらえて、とじこめておくこと。例 拘置所《こうちしょ》

【拘泥】《こうでい》 Ⅱ〈—する〉一《ひと》つのことにとらわれて、こだわりつづける。例 規則《きそく》に拘泥《こうでい》する。

【拘留】《こうりゅう》 ↓〈—する〉罪《つみ》をおかした人《ひと》に対《たい》して、一日以上三十日未満《いちにちいじょうさんじゅうにちみまん》のある期間《きかん》、拘置《こうち》所《しょ》にとどめておく刑罰《けいばつ》。

招

扌-5 総画8 JIS-3023 教5年
音 ショウ 訓 まねく

筆順 はねる はねる ださない

なりたち 【形声】「よぶ」意味《いみ》を持《も》つ「召」が、「ショウ」という読《よ》み方《かた》をしめしている。手《て》(扌)でまねきよせることを表《あらわ》す字《じ》。

意味 まねく。手《て》をふってよびよせる。例 うたがいを招《まね》く。招《まね》きを受《う》ける。招待《しょうたい》

名前のよみ あき

【招集】《しょうしゅう》 ↓〈—する〉会議《かいぎ》などのために、関係《かんけい》者《しゃ》をよび集《あつ》めること。例 委員《いいん》を招集《しょうしゅう》する。

表現 ☞【召集】《しょうしゅう》(204ページ)

【招請】《しょうせい》 ↓〈—する〉おねがいして来《き》てもらうこと。例 講師《こうし》を招請《しょうせい》する。類 招聘《しょうへい》

【招待】《しょうたい》 ↓〈—する〉客《きゃく》としてまねくこと。

【招致】《しょうち》 ↓〈—する〉まねいて来《き》てもらうこと。例 オリンピックを招致《しょうち》する。類 誘致《ゆうち》

【招来】《しょうらい》 ↓〈—する〉あることを引《ひ》き起《お》こしてしまうこと。例 インフレを招来《しょうらい》する。

拙

扌-5 総画8 JIS-3259 常用
音 セツ 訓 つたない

筆順

なりたち 【形声】「出《シュツ》」が「セツ」とかわって読《よ》み方《かた》をしめしている。「シュツ」は「おとる」意味《いみ》を持《も》ち、手《て》(扌)のわざがおとることを表《あらわ》す字《じ》。

意味
❶つたない。へたである。おとっている。例 拙劣《せつれつ》・稚拙《ちせつ》 対 巧《こう》
❷わたくしの。自分《じぶん》をへりくだっていうことば。例 拙宅《せったく》

❶〈つたない〉の意味で

【拙策】《せっさく》 ↓ へたな計略《けいりゃく》。どうみてもまずいやり方《かた》。例 それは拙策《せっさく》というべきだろう。

【拙速】《せっそく》 ↓ 仕上《しあ》がりぐあいはわるいが、仕《し》事《ごと》のスピードは速《はや》いこと。例 拙速主義《せっそくしゅぎ》 対 巧《こう》遅《ち》

【拙劣】《せつれつ》 Ⅱ〈—な〉〈—に〉とても、へたであること。

例 拙劣《せつれつ》きわまる作品《さくひん》だ。対 巧妙《こうみょう》

❷〈わたくしの〉の意味で

【。拙作《せっさく》】↓ わたくしの作品《さくひん》。（へりくだった言《い》い方《かた》）例 拙作《せっさく》をお目《め》にかけます。

【。拙者《せっしゃ》】↓ わたくし。むかし、武士《ぶし》が自分《じぶん》のことをへりくだっていったことば。類 身共《みども》

【。拙宅《せったく》】↓ わたくしの家《いえ》。（へりくだった言《い》い方《かた》）例 ぜひ拙宅《せったく》へもお出《で》かけください。

【。拙文《せつぶん》】↓ わたくしの文章《ぶんしょう》。（へりくだった言《い》い方《かた》）例 拙文《せつぶん》をお目《め》にかけます。

◆巧拙《こうせつ》 稚拙《ちせつ》

拓

扌-5 総画8 JIS-3483 常用

訓 音 タク ひら-く

筆順 拓 拓 拓 拓 拓 拓 拓 拓

なりたち 【形声】「石《セキ》」が「タク」とかわって読《よ》み方《かた》をしめしている。「セキ」は「ひろう」意味《いみ》を持《も》ち、手《て》（扌）で取《と》りあげることを表《あらわ》す字《じ》。「きりひらく」として使《つか》われている。

意味

❶きりひらく。未開《みかい》の土地《とち》を利用《りよう》できるようにする。例 拓殖《たくしょく》・開拓《かいたく》

❷うつしとる。石碑《せきひ》などの上《うえ》にすみをつけ、紙《かみ》などをおしあててかたちやもようを紙《かみ》に写《うつ》す。例 拓本《たくほん》・魚拓《ぎょたく》

名前のよみ ひろ・ひろし

❶〈きりひらく〉の意味で

【。拓。殖《たくしょく》】↓〈─する〉自然《しぜん》のままの土地《とち》をきりひらき、住《す》みつくこと。類 開拓《かいたく》

❷〈うつしとる〉の意味で

【。拓本《たくほん》】↓ 石碑《せきひ》などにきざまれた文字《もじ》やもようを、上《うえ》にあてた紙《かみ》にうつしとったもの。墨《すみ》をふくませたものでたたくなどしてすりとる。例 歌碑《かひ》の拓《たく》本《ほん》をとる。

◆開拓《かいたく》 干拓《かんたく》 魚拓《ぎょたく》 未開拓《みかいたく》

担

扌-5 総画8 JIS-3520 教6年

訓 音 タン かつ-ぐ・にな-う

「擔」

筆順 担 担 担 担 担 担 担 担（はねる）（ながく）

なりたち 【形声】もとの字《じ》は、「擔」。「詹」が荷物《にもつ》をかつぐ意味《いみ》と「タン」という読《よ》み方《かた》をしめす。荷物《にもつ》をかつぐことを表《あらわ》す字《じ》。

意味 かつぐ。になう。うけもつ。例 荷物《にもつ》を担《かつ》ぐ。責任《せきにん》を担《にな》う。担架《たんか》・担当《たんとう》・分担《ぶんたん》

名前のよみ ゆたか

【担。架《たんか》】↓ 病人《びょうにん》やけが人《にん》をのせて運《はこ》ぶ道《どう》具《ぐ》。

【担当《たんとう》】↓〈─する〉係《かかり》として、仕事《しごと》や役《やく》わりを受《う》け持《も》つこと。例 学級新聞《がっきゅうしんぶん》を担当《たんとう》する。

【担任《たんにん》】▲〈─する〉教師《きょうし》が一《ひと》つのクラスを受《う》け持《も》つこと。例 担任《たんにん》の先生《せんせい》。

【担保《たんぽ》】▲ お金《かね》を借《か》りるとき、保証《ほしょう》として貸《か》す人《ひと》にさしだしておくもの。類 抵当《ていとう》

◆荷担《かたん》 負担《ふたん》 分担《ぶんたん》

抽

扌-5 総画8 JIS-3574 常用

訓 音 チュウ ─

筆順 抽 抽 抽 抽 抽 抽 抽 抽

なりたち 【形声】「由《ユウ》」が「チュウ」とかわって読《よ》み方《かた》をしめしている。「ユウ」は「引《ひ》く」意味《いみ》を持《も》ち、手《て》（扌）で引《ひ》きぬくことを表《あらわ》す字《じ》。

意味 ぬきだす。例 抽出《ちゅうしゅつ》

【。抽出《ちゅうしゅつ》】↓〈─する〉そこにあるものから目《め》当《あ》てのものをぬき出《だ》すこと。例 エキスを抽《ちゅう》出《しゅつ》する。類 析出《せきしゅつ》

【。抽象《ちゅうしょう》】▲〈─する〉いくつかの中《なか》から、共《きょう》通《つう》するものをひき出《だ》すこと。対 具象《ぐしょう》・具体《ぐたい》

【。抽象的《ちゅうしょうてき》】〈─な〉〈─に〉①いくつかのものごとに共通《きょうつう》する点《てん》をぬき出《だ》して、ひとまとめにとらえている。対 具体的《ぐたいてき》 ②細《こま》かいことがはっきりとしないようす。例 話《はなし》がどうも抽象《ちゅうしょう》的《てき》でわかりにくい。類 観念的《かんねんてき》 対 具体的《ぐたいてき》

【。抽選《ちゅうせん》】↓〈─する〉くじをひくこと。くじびき。例 代表《だいひょう》を抽選《ちゅうせん》で決《き》める。

抵

扌-5 総画8 JIS-3681 常用

訓 音 テイ ─

。学習漢字でない常用漢字 ▲常用漢字表にない音訓 ◆常用漢字でない漢字

前ページ ▶ 拓 担 抽 抵

筆順 抵抵抵抵抵抵抵抵

なりたち 【形声】「氏」が「テイ」という読《よ》み方《かた》をしめしている。「テイ」は「あたる」意味《いみ》を持《も》ち、手《て》（扌）をあててこばむことを表《あらわ》す字《じ》。

意味 ❶さからう。こばむ。例 抵抗《ていこう》 ❷あたる。ふれる。例 抵触《ていしょく》・抵当《ていとう》

名前のよみ やす・ゆき

❶〈さからう〉の意味で

【。抵。抗】《ていこう》 Ⅱ ①〈―する〉外《そと》からの力《ちから》にさからい、押《お》されたら押《お》し返《かえ》すこと。例 空気抵抗《くうきていこう》・負《ま》けをみとめるには抵抗《ていこう》がある。②受《う》けいれまいとする気持《きも》ち。例 抵抗力《ていこうりょく》 ③電気《でんき》の流《なが》れをさまたげる性質《せいしつ》。例 抵抗《ていこう》の小《ち》さい導線《どうせん》。

❷〈あたる〉の意味で

【。抵。触】《ていしょく》 Ⅱ 〈―する〉してはいけないというきまりにぶつかること。例 規則《きそく》に抵触《ていしょく》する。

【。抵当】《ていとう》 Ⅱ お金《かね》を借《か》りるとき、その額《がく》にあたるものとして、貸《か》す人《ひと》にわたしておく物《もの》。例 土地《とち》を抵当《ていとう》に入《い》れて借金《しゃっきん》する。類 担保《たんぽ》

◆大抵《たいてい》

扌-5

拝

総画8
JIS-3950
教6年
音 ハイ
訓 おがむ
［拜］

筆順 拝拝拝拝拝拝拝拝（はねる・ながく・ださない）

文字物語 抱

「抱く」は、「だく」とも「いだく」ともよめる。「だく」はもともと「いだく」から出《で》てきたことばだから、どちらもおなじ動作《どうさ》をいったが、今《いま》では使《つか》い方《かた》にずいぶんちがいがある。「だく」は、「赤《あか》ちゃんをだく」「小犬《こいぬ》をだく」「人形《にんぎょう》をだく」のように、人《ひと》や物《もの》についていうが、「いだく」というときは、「希望《きぼう》をいだく」「好意《こうい》をいだく」「疑問《ぎもん》をいだく」のように、精神的《せいしんてき》なものについていう。だから、「少年《しょうねん》よ大志《たいし》を抱《いだ》け」を、「大志《たいし》をだけ」とよんだら、ひどく品《ひん》がなくなってしまうし、「山《やま》ふところに抱《いだ》かれた村里《むらざと》」のような文学的《ぶんがくてき》な感《かん》じのする文章《ぶんしょう》のときは、「いだかれた」とよまないと調子《ちょうし》がしっくりとしない。

なりたち 【会意】もとの字《じ》は「拜」。ささげ物《もの》と手《て》を合《あ》わせて、ささげ物《もの》をもって礼《れい》をすることを表《あらわ》す字《じ》。

意味 ❶おがむ。うやまう。おじぎをする。例 神《かみ》を拝《おが》む。拝礼《はいれい》・参拝《さんぱい》 ❷相手《あいて》に対《たい》してへりくだる気持《きも》ちを表《あらわ》すことば。…させていただく。つつしんで受《う》ける。例 尊顔《そんがん》を拝《はい》する。拝見《はいけん》

❶〈おがむ〉の意味で

【拝。殿】《はいでん》 ↓ 神社《じんじゃ》で、本殿《ほんでん》の前《まえ》にある、神《かみ》をおがむための建物《たてもの》。

【拝礼】《はいれい》 Ⅱ 〈―する〉頭《あたま》をさげて神《かみ》や仏《ほとけ》などをおがむこと。例 神前《しんぜん》で拝礼《はいれい》する。

❷〈相手に対してへりくだる気持ちを表すことば〉の意味で

【拝。謁】《はいえつ》 ↓ 〈―する〉つつしんでお目《め》にかかること。例 拝謁《はいえつ》を賜《たまわ》る。類 謁見《えっけん》

【拝観】《はいかん》 ↓ 〈―する〉神社《じんじゃ》や寺《てら》、また、そこの宝物《ほうもつ》などを見《み》せてもらうこと。例 拝観料《はいかんりょう》

【拝顔】《はいがん》 ▲ 〈―する〉お目《め》にかかること。相手《あいて》を尊敬《そんけい》する気持《きも》ちで言《い》う。例 拝顔《はいがん》の栄《えい》に浴《よく》する。

【拝。啓】《はいけい》 ↓ 「つつしんで申《もう》し上《あ》げます」の意味《いみ》で手紙《てがみ》の最初《さいしょ》に書《か》くことば。類 謹啓《きんけい》

【拝見】《はいけん》 ↓ 〈―する〉見《み》せていただく。例 お手紙《てがみ》を拝見《はいけん》しました。

【拝察】《はいさつ》 ↓ 〈―する〉相手《あいて》の気持《きも》ちやようすを「こうだろう」と考《かんが》えること。尊敬《そんけい》の気持《きも》ちをこめて言《い》う。例 ご活躍《かつやく》のことと拝察《はいさつ》いたします。

【拝借】《はいしゃく》 ↓ 〈―する〉お借《か》りする。貸《か》していただく。例 ちょっとお手洗《てあら》いを拝借《はいしゃく》します。

【拝受】《はいじゅ》 ↓ 〈―する〉お受《う》けする。いただく。例 ご本《ほん》、拝受《はいじゅ》しました。

【拝。聴】《はいちょう》 ↓ 〈―する〉うけたまわる。お聞《き》きする。例 お話《はなし》を拝聴《はいちょう》いたしました。

【拝読】《はいどく》 ↓ 〈―する〉読《よ》ませていただく。例 ご本《ほん》、拝読《はいどく》いたしました。

【拝復《はいふく》】↓「つつしんでお返事《へんじ》いたします」という意味《いみ》で、返事《へんじ》の手紙《てがみ》の最初《さいしょ》に書《か》くことば。例 拝復《はいふく》お達者《たっしゃ》で何《なに》よりです。
【拝命《はいめい》】▲〈—する〉お役目《やくめ》をいただく。重《おも》い役目《やくめ》につくときに使《つか》う。例 当所長《とうしょちょう》を拝命《はいめい》いたしました。
【拝領《はいりょう》】▲〈—する〉身分《みぶん》の高《たか》い人《ひと》からものをもらう。（へりくだった言《い》い方《かた》）例 拝領《はいりょう》のお品《しな》。

拝が下につく熟語 上の字の働き

❶拝＝〈おがむ〉のとき
【崇拝《すうはい》 礼拝《れいはい／らいはい》】近《ちか》い意味《いみ》。
◆参拝《さんぱい》 三拝九拝《さんぱいきゅうはい》

拍

扌-5 総画8 JIS-3979 常用
音 ハク・ヒョウ
訓 —

筆順

なりたち [形声]「百→白」が「ハク」という読《よ》み方《かた》をしめしている。「ハク」は「うつ」意味《いみ》を持《も》ち、手《て》(扌)をうって音《おと》を出《だ》すことを表《あらわ》す字《じ》。

意味 うつ。手《て》をたたいて音《おと》を出《だ》す。音楽《おんがく》のリズムの単位《たんい》。例 拍手《はくしゅ》・拍子木《ひょうしぎ》・一拍《いっぱく》

注意するよみ ヒョウ…例 拍子《ひょうし》

【°拍車《はくしゃ》】↓ 乗馬《じょうば》のとき、くつのかかとにつけるぎざぎざの金具《かなぐ》。馬《うま》の腹《はら》におしつけて走《はし》らせる。表現「拍車《はくしゃ》をかける」は、進《すす》みぐあいを速《はや》くすること。「拍車《はくしゃ》がかかる」は、進《すす》みぐあいが速《はや》くなること。
【°拍手《はくしゅ》】▲〈—する〉手《て》をたたく。賛成《さんせい》やはげまし、おいわいの気持《きも》ちを表《あらわ》すときにたたく。
【°拍子《ひょうし》】⊠ ①音楽《おんがく》やおどりに合《あ》わせて、手《て》を打《う》ったりかけ声《ごえ》をかけたりすること。例 拍子《ひょうし》をとる。②リズムのもとになる音《おと》の強弱《きょうじゃく》の組《く》み合《あ》わせ。例 ワルツは三拍子《さんびょうし》だ。表現「つまずいた拍子《ひょうし》に、ノートをおとした」のように、「したはずみに」という意味《いみ》を表《あらわ》す使《つか》い方《かた》もある。
【°拍子木《ひょうしぎ》】両《りょう》手《て》に持《も》って打《う》ち合《あ》わせる二本《にほん》の木《き》。火《ひ》の用心《ようじん》の夜回《よまわ》りや芝居《しばい》の合図《あいず》などに使《つか》う。

拍子木

拍が下につく熟語 上の字の働き

【心拍《しんぱく》 脈拍《みゃくはく》】ナニが規則的《きそくてき》に打《う》つか。

披

扌-5 総画8 JIS-4068 常用
音 ヒ
訓 —

筆順

なりたち [形声]「皮」が「ヒ」という読《よ》み方《かた》をしめしている。「ヒ」は「ひらく」意味《いみ》を持《も》ち、手《て》(扌)でおしひらくことを表《あらわ》す字《じ》。

意味 ひらく。ひろめる。明《あき》らかにする。例 披見《ひけん》・披露《ひろう》

【°披見《ひけん》】↓〈—する〉手紙《てがみ》や本《ほん》などをひらいて見《み》ること。例 披見《ひけん》におよぶ。
【°披◆瀝《ひれき》】↓〈—する〉心《こころ》の中《なか》の思《おも》いを、つつまず話《はな》すこと。例 かたい決意《けつい》を披瀝《ひれき》した。
【°披°露《ひろう》】Ⅱ〈—する〉よいニュースや新《あたら》しいものごとなどを多《おお》くの人《ひと》に見《み》せ、知《し》ってもらうこと。例 結婚披露宴《けっこんひろうえん》。新作《しんさく》を披露《ひろう》しよう。
◆直披《じきひ／ひちょく》

抱

扌-5 総画8 JIS-4290 常用
音 ホウ
訓 だく・いだく・かかえる

筆順

なりたち [形声]「つつむ」意味《いみ》を持《も》つ「包」が「ホウ」という読《よ》み方《かた》をしめしている。手《て》(扌)でつつみこむことから、「だく」として使《つか》われている字《じ》。

意味 だく。だきかかえる。心《こころ》に思《おも》う。例 子《こ》どもを抱《だ》く。希望《きぼう》を抱《いだ》く。荷物《にもつ》を抱《かか》える。抱負《ほうふ》・介抱《かいほう》・辛抱《しんぼう》

文字物語 ☞518ページ

【°抱°懐《ほうかい》】Ⅱ〈—する〉思《おも》いをもちつづける。
【°抱負《ほうふ》】↓ 心《こころ》の中《なか》でふくらましている希《き》望《ぼう》や計画《けいかく》。例 抱負《ほうふ》を語《かた》る。
【°抱腹絶°倒《ほうふくぜっとう》】〈—する〉腹《はら》をかかえ、ころげまわって大《おお》わらいすること。
【°抱°擁《ほうよう》】Ⅱ〈—する〉親《した》しみや愛情《あいじょう》をこめて人《ひと》をだきしめること。

抹

扌-5 総画8 JIS-4385 常用
音 マツ 訓 —

筆順 抹抹抹抹抹抹抹抹

なりたち 【形声】「末」が「マツ」という読み方をしめしている。「マツ」は「ぬぐう」意味を持《も》ち、手《て》(扌)でぬぐい消《け》すことを表《あらわ》す字《じ》。

意味 こする。する。ぬりつける。例 抹消《まっしょう》・抹茶《まっちゃ》・一抹《いちまつ》

【°抹°香】《まっこう》 ↓ シキミの葉《は》や皮《かわ》をこなにしてつくった香《こう》。仏前《ぶつぜん》でたくのに使《つか》う。類 線香《せんこう》

【°抹殺】《まっさつ》 ↓ 〈—する〉①書《か》いてあるものを消《け》す。例 氏名《しめい》を名簿《めいぼ》から抹殺《まっさつ》する。類 抹消《まっしょう》 ②なかったことにする。例 事件《じけん》を歴史《れきし》から抹殺《まっさつ》する。

【°抹消】《まっしょう》 ↓ 〈—する〉いらない文字《もじ》や文章《ぶんしょう》を消《け》す。類 削除《さくじょ》・抹殺《まっさつ》

【°抹茶】《まっちゃ》 ↓ お茶《ちゃ》の葉《は》をこなにしたもの。それを湯《ゆ》にとかした飲《の》み物《もの》。ひき茶《ちゃ》。例 抹茶《まっちゃ》をたてる。

拉

扌-5 総画8 JIS-5739 常用
音 ラ 訓 —

筆順 拉拉拉拉拉拉拉拉

意味 ひっぱる。参考 この字《じ》を使《つか》ったことばには「拉麺(ラーメン)」がある。もとはひきのばしてつくった麺《めん》のこと。

【°拉°致】《らち》 II 〈—する〉無理《むり》やりつれていくこと。例 拉致監禁《らちかんきん》

括

扌-6 総画9 JIS-1971 常用
音 カツ 訓 くく-る

筆順 括括括括括括括括括

なりたち 【形声】「舌」は「𠯑」のかわった形《かたち》で、「カツ」という読《よ》み方《かた》をしめしている。「カツ」は「くくる」意味《いみ》を持《も》ち、手《て》(扌)でくくることを表《あらわ》す字《じ》。

意味 くくる。ひとまとめにくくる。例 括弧《かっこ》・統括《とうかつ》

【°括°弧】《かっこ》 ↓ 〈—する〉文字《もじ》を両方《りょうほう》からかこんで、別《べつ》に扱《あつか》うための記号《きごう》。例 括弧《かっこ》でくくる。知識 ( )《まるかっこ》、〈 〉《やまかっこ》、「 」《かぎかっこ》、『 』《にじゅうかぎかっこ》などがあり、それぞれだいたいの使《つか》い方《かた》(表《あらわ》す意味《いみ》)がきまっている。

括が下につく熟語 上の字の働き

【概括《がいかつ》 一括《いっかつ》 総括《そうかつ》】ドノヨウニくくるか。

◆ 包括《ほうかつ》

挙

手-6 総画10 JIS-2183 教4年
音 キョ 訓 あげる・あがる
[擧]

筆順 挙挙挙挙挙挙挙挙挙挙 (⺍にならない・はらう・はねる)

なりたち 【形声】もとの字《じ》は、「擧」。「與《ヨ》」が「キョ」とかわって読《よ》み方《かた》をしめしている。「ヨ」は「あげる」意味《いみ》を持《も》ち、手《て》(扌)をあげることを表《あらわ》す字《じ》。

意味

❶あげる。高《たか》くあげる。例 手《て》を挙《あ》げる。

❷とりたててもちいる。例 挙用《きょよう》・選挙《せんきょ》

❸とりあげてならべる。例 列挙《れっきょ》

❹おこなう。おこない。動作《どうさ》。例 反逆《はんぎゃく》の挙《きょ》に出《で》る。挙行《きょこう》・挙動《きょどう》・快挙《かいきょ》

❺とらえる。めしとる。例 犯人《はんにん》が挙《あ》がる。検挙《けんきょ》

❻すべて。全部《ぜんぶ》。のこらず。例 大挙《たいきょ》

使い分け あげる[上・挙・揚] ☞ 17ページ

名前のよみ たか

❶〈あげる〉の意味で

【挙手】《きょしゅ》 ▲ 〈—する〉①片手《かたて》をあげること。例 賛成《さんせい》のかたは挙手《きょしゅ》をおねがいします。②右手《みぎて》を顔《かお》のよこやななめうえにあげておこなう敬礼《けいれい》。例 挙手《きょしゅ》の礼《れい》。

❷〈とりたててもちいる〉の意味で

【挙用】《きょよう》 II 〈—する〉とりたてて、だいじな地位《ちい》につけて使《つか》う。類 登用《とうよう》

❹〈おこなう〉の意味で

【挙行】《きょこう》 II 〈—する〉式《しき》や行事《ぎょうじ》などをとりおこなうこと。例 開会式《かいかいしき》が挙行《きょこう》された。

【挙式】《きょしき》 ▲ 〈—する〉結婚式《けっこんしき》をおこなうこと。

【挙動】《きょどう》 II 人《ひと》の動作《どうさ》や行動《こうどう》。例 挙動不審《きょどうふしん》(あやしいようすであること)。挙動《きょどう》を見《み》まもる。

【挙兵】《きょへい》 ▲ 〈―する〉兵《へい》を集《あつ》めて反乱《はんらん》をおこすこと。

❻〈すべて〉の意味で

【挙国】《きょこく》 ▲ 国民《こくみん》がみんないっしょになってなにかをすること。例 挙国一致《きょこくいっち》

挙が下につく熟語 上の字の働き

❷挙＝〈とりたててもちいる〉のとき
【推挙《すいきょ》 選挙《せんきょ》】ドウヤッテとりたてるか。

❸挙＝〈とりあげてならべる〉のとき
【枚挙《まいきょ》 列挙《れっきょ》】ドノヨウニならべるか。

❹挙＝〈おこなう〉のとき
【快挙《かいきょ》 壮挙《そうきょ》 軽挙《けいきょ》 暴挙《ぼうきょ》 義挙《ぎきょ》 再挙《さいきょ》】ドノヨウナおこないか。

◆一挙《いっきょ》 検挙《けんきょ》 大挙《たいきょ》

挟

扌-6 総画9 JIS-2220 常用
訓 音 キョウ
はさむ・はさまる
［挾］

筆順 挟

なりたち 【形声】もとの字は、「挾」。「夾《コウ》」は「人《ひと》（大）」が両《りょう》がわからふたりにはさまれている形《かたち》で、「コウ」が「キョウ」とかわって読《よ》み方《かた》をしめしている。手《て》（扌）ではさむことを表《あらわ》す字《じ》。

意味 はさむ。両《りょう》がわからはさむ。例 はしで挟《はさ》む。指《ゆび》が挟《はさ》まる。挟撃《きょうげき》

【挟。撃】《きょうげき》 ↓ 〈―する〉はさみうち。例 敵《てき》の挟《きょう》撃《げき》にあう。

拳

手-6 総画10 JIS-2393 常用
訓 音 ケン
こぶし

筆順 拳

意味 こぶし。げんこつ。例 拳法《けんぽう》・鉄拳《てっけん》

【拳。闘】《けんとう》 ↓ グラブをはめ打《う》ち合《あ》いをする競技《きょうぎ》。ボクシング。例 拳闘《けんとう》の選手《せんしゅ》。

【拳法】《けんぽう》 ↓ こぶしでついたり、足《あし》でけったりすることを中心《ちゅうしん》にする中国《ちゅうごく》の武術《ぶじゅつ》。

◆鉄拳《てっけん》 徒手空拳《としゅくうけん》

拷

扌-6 総画9 JIS-2573 常用
訓 音 ゴウ
―

筆順 拷

なりたち 【形声】「考《コウ》」が「ゴウ」とかわって読《よ》み方《かた》をしめしている。「コウ」は「ぼうでたたく」意味《いみ》を持《も》ち、手《て》（扌）でたたくことを表《あらわ》す字《じ》。

意味 うつ。たたいてせめる。例 拷問《ごうもん》

【拷。問】《ごうもん》 ↓ 〈―する〉いためつけて、白状《はくじょう》させること。例 拷問《ごうもん》にかける。

拶

扌-6 総画9 JIS-2702 常用
訓 音 サツ
―

筆順 拶

意味 せまる。近《ちか》づく。おしよせる。例 挨拶《あいさつ》

指

扌-6 総画9 JIS-2756 教3年
訓 音 シ
ゆび・さす

筆順 指（はねる）（はねる）

なりたち 【形声】「旨」が「シ」という読《よ》み方《かた》をしめしている。「シ」は「分《わ》かれる」意味《いみ》を持《も》ち、手《て》（扌）の先《さき》の分《わ》かれたところの「ゆび」を表《あらわ》す字《じ》。

意味
❶ゆび。手《て》の先《さき》のゆび。例 指輪《ゆびわ》・屈指《くっし》
❷さししめす。さしずする。例 南《みなみ》の方角《ほうがく》を指《さ》す。指示《しじ》

使い分け さす［差・指・刺・挿］☞355ページ

❶〈ゆび〉の意味で

【指圧】《しあつ》 ↓ 〈―する〉つかれやいたみをなおすために、指先《ゆびさき》やてのひらでからだのあちこちをおして血行《けっこう》をよくすること。例 指圧療法《しあつりょうほう》

【指。紋】《しもん》 ↓ 指先《ゆびさき》の内《うち》がわの皮膚《ひふ》のもよう。例 指紋《しもん》が一致《いっち》した。知識 指紋《しもん》は人により全《ぜん》部《ぶ》ちがうので、犯罪捜査《はんざいそうさ》に役立《やくだ》つ。

【指輪】《ゆびわ》 ↓ かざりとして手《て》の指《ゆび》にはめる小《ちい》さな輪《わ》。例 婚約指輪《こんやくゆびわ》

❷〈さししめす〉の意味で

【指図】《さしず》 ▲ 〈―する〉ああしろ、こうしろと言《い》って、人《ひと》を動《うご》かすこと。類 指示《しじ》

【指揮】《しき》 Ⅲ 〈―する〉つぎつぎに指図《さしず》して、全体《ぜんたい》を動《うご》かすこと。例 合唱《がっしょう》の指揮者《しきしゃ》。類 司令《しれい》

【指向】《しこう》 [↓] 〈―する〉ある決《き》まった方向《ほうこう》にむかうこと。例 指向性《しこうせい》の高《たか》いマイク。類 志向《しこう》
表現 ☞【志向】《しこう》(468ページ)

【指示】《しじ》 [＝] 〈―する〉やり方《かた》を、しめして教《おし》えること。例 指示《しじ》にしたがう。類 指図《さしず》

【指事】《しじ》 [▲] 数《かず》や方向《ほうこう》など、その形《かたち》を写《うつ》すことのできないものごとを漢字《かんじ》として表《あらわ》す方法《ほうほう》。漢字《かんじ》の六書《りくしょ》の一《ひと》つ。参考 ☞ ふろく「漢字のなりたち」([3]ページ)

【指針】《ししん》 [↓] ①時計《とけい》や計器《けいき》の目《め》もりをしめす針《はり》。②考《かんが》えや進《すす》め方《かた》のガイド。例 行動指針《こうどうししん》

【指数】《しすう》 [↓] ①物《もの》のねだんなどの変化《へんか》のようすや、ものごとの程度《ていど》などを、もとになる値《あたい》とくらべて表《あらわ》す数《かず》。例 物価指数《ぶっかしすう》・不快指数《ふかいしすう》 ②数学《すうがく》で、数字《すうじ》の右上《みぎうえ》に書《か》く小《ちい》さな数字《すうじ》。大《おお》きな字《じ》のほうを何回《なんかい》かけ合《あ》わせるかをしめすもので、「5^3」なら、5×5×5の意味《いみ》になる。
知識 ①は、もとになるものを一〇〇と考《かんが》え、それに対《たい》するちがいを計算《けいさん》して出《だ》す。たとえば、ある年《とし》の物価指数《ぶっかしすう》の一〇三は、もとになっている年《とし》から物価《ぶっか》が三パーセント上《あ》がったことを表《あらわ》す。

【指定】《してい》 [↓] 〈―する〉ものや、とき・ところなどを、はっきりわかるようにきめて示《しめ》すこと。例 指定席《していせき》

【指。摘】《してき》 [↓] 〈―する〉知《し》らせたいことを、はっきり示《しめ》して告《つ》げること。例 問題点《もんだいてん》の指摘《してき》。

【指導】《しどう》 [↓] 〈―する〉目的《もくてき》にむかって、教《おし》えみちびくこと。例 指導《しどう》をうける。指導者《しどうしゃ》

【指南】《しなん》 [▲] 〈―する〉教《おし》えみちびくこと。例 剣《けん》道指南《どうしなん》 参考 むかしの中国《ちゅうごく》に「指南車《しなんしゃ》」といって台《だい》の上《うえ》の人形《にんぎょう》がつねに南《みなみ》を指《さ》ししめすしかけの車《くるま》があったことから。

【指標】《しひょう》 [↓] ものごとのようすや、進《すす》んでいく方向《ほうこう》などをしめす目《め》じるし。バロメーター。例 米《こめ》のねだんを物価《ぶっか》の指標《しひょう》とする。

【指名】《しめい》 [▲] 〈―する〉人《ひと》の名《な》を、はっきりと指《さ》ししめすこと。名《な》ざし。例 委員《いいん》に指名《しめい》する。

【指令】《しれい》 [＝] 〈―する〉上《うえ》から下《した》へ命令《めいれい》して、させること。例 指令《しれい》を発《はっ》する。類 命令《めいれい》

扌-6

持

総画9
JIS-2793
教3年
音 ジ
訓 もつ

筆順

なりたち

【形声】「寺」が「とどめもつ」意味《いみ》と「ジ」という読《よ》み方《かた》をしめしている。手《て》(扌)で「もつ」ことを表《あらわ》す字《じ》。

意味 もつ。手《て》で持《も》つ。ずっと持《も》っている。例 責任《せきにん》を持《も》つ。持《も》ちがいい。持参《じさん》・持続《じぞく》・所持《しょじ》・保持《ほじ》

名前のよみ よし

【持久】《じきゅう》 [↓] 〈―する〉その状態《じょうたい》を、ずっと持《も》ちこたえること。例 持久力《じきゅうりょく》・持久戦《じきゅうせん》 類 耐久《たいきゅう》

【持参】《じさん》 [↓] 〈―する〉持《も》って行《い》くこと。持《も》ってくること。例 弁当持参《べんとうじさん》で出《で》かける。持参金《じさんきん》

【持説】《じせつ》 [↓] 前《まえ》から持《も》ちつづけている考《かんが》え。例 ながながと持説《じせつ》をのべる。類 持論《じろん》

【持続】《じぞく》 [↓] 〈―する〉おなじようすが長《なが》くつづくこと。例 関係《かんけい》を持続《じぞく》する。類 存続《そんぞく》

【持病】《じびょう》 [↓] 長《なが》いあいだなおらずにいる病気《びょうき》。例 持病《じびょう》の発作《ほっさ》がおきる。

【持論】《じろん》 [↓] いつも持《も》っている考《かんが》え。類 持説《じせつ》

持が下につく熟語 上の字の働き

【固持《こじ》 堅持《けんじ》 維持《いじ》 支持《しじ》】ドノヨウニたもっているか。

扌-6

拾

総画9
JIS-2906
教3年
音 シュウ・ジュウ
訓 ひろう

筆順

なりたち

【形声】もと「シュウ」とも読《よ》んだ「合」が読《よ》み方《かた》をしめしている。「シュウ」は「あつめる」意味《いみ》を持《も》ち、手《て》(扌)であつめることを表《あらわ》す字《じ》。

意味
❶ひろう。ひろいあつめる。例 お金《かね》を拾《ひろ》う。拾得《しゅうとく》・収拾《しゅうしゅう》 対 捨《しゃ》
❷数《かず》の十《じゅう》。領収書《りょうしゅうしょ》など大事《だいじ》な書類《しょるい》で、書《か》きかえられてはこまる金額《きんがく》の記入《きにゅう》に使《つか》う。例 金六拾万円也《きんろくじゅうまんえんなり》。

❶〈ひろう〉の意味で

【拾得】《しゅうとく》 [↓] 〈―する〉落《お》とし物《もの》をひろうこと。

例 拾得物《しゅうとくぶつ》 類 取得《しゅとく》 対 遺失《いしつ》

扌-6 【拭】
総画9 JIS-3101 常用
訓音 ショク ふく・ぬぐう

筆順

意味 ぬぐう。ふきとる。例 あせを拭《ふ》く。手《て》拭《ぬぐ》い・払拭《ふっしょく》

扌-6 【挑】
総画9 JIS-3609 常用
訓音 チョウ いどむ

筆順

なりたち [形声]「兆」が「チョウ」という読《よ》み方《かた》をしめしている。「チョウ」は「かきみだす」意味《いみ》を持《も》ち、手《て》(扌)でかきみだすことを表《あらわ》す字《じ》。

意味 いどむ。けしかける。例 試合《しあい》を挑《いど》む。挑戦《ちょうせん》

【°挑戦】《ちょうせん》▲〈—する〉①強《つよ》い相手《あいて》にたたかいをしかけること。例 挑戦者《ちょうせんしゃ》 ②困難《こんなん》に立《た》ちむかっていくこと。例 挑戦《ちょうせん》こそ人生《じんせい》だ。

【°挑発】《ちょうはつ》↓〈—する〉相手《あいて》がかっとなってなにかしてしまうように、相手《あいて》をしげきすること。例 敵《てき》の挑発《ちょうはつ》にのるな。

扌-7 【挨】
総画10 JIS-1607 常用
訓音 アイ ―

筆順

意味 おす。おし進《すす》める。せまる。

【°挨°拶】《あいさつ》Ⅲ〈—する〉人《ひと》に会《あ》ったりわかれたりするときにかわす、おじぎやことば。例 来賓《らいひん》のあいさつ。

扌-7 【挫】
総画10 JIS-2635 常用
訓音 ザ くじく・くじける

筆順

意味 くじく。くじける。勢《いきお》いが弱《よわ》まる。例 頓挫《とんざ》(とちゅうでだめになること。)

【°挫折】《ざせつ》Ⅲ〈—する〉目的《もくてき》が果《は》たせずだめになること。例 計画《けいかく》が挫折《ざせつ》する。

扌-7 【振】
総画10 JIS-3122 常用
訓音 シン ふる・ふるう・ふれる

筆順

なりたち [形声]「辰」が「シン」という読《よ》み方《かた》をしめしている。「シン」は「ゆれ動《うご》く」意味《いみ》を持《も》ち、手《て》(扌)をふり動《うご》かすことを表《あらわ》す字《じ》。

意味
❶ふり動《うご》かす。ゆれ動《うご》く。例 手《て》を振《ふ》る。
❷さかんにする。活気《かっき》づける。例 商売《しょうばい》が振《ふ》るわない。振興《しんこう》・不振《ふしん》
❸わりあてる。例 振替《ふりかえ》

名前のよみ とし

❶〈ふり動かす〉の意味で

【°振動】《しんどう》↓〈—する〉細《こま》かく速《はや》くゆれ動《うご》くこと。例 弦《げん》が振動《しんどう》して音《おと》がでる。表現 どちらかといえば小《ちい》さなゆれ動《うご》き。地震《じしん》のように大《だい》規模《きぼ》なゆれは「震動」。

【°振幅】《しんぷく》↓ものがゆれ動《うご》いているときのゆれ幅《はば》。ゆれの中心《ちゅうしん》からはしまでの長《なが》さで表《あらわ》す。例 振《ふ》り子《こ》の振幅《しんぷく》。

❷〈さかんにする〉の意味で

【°振興】《しんこう》Ⅲ〈—する〉活動《かつどう》のいきおいをさかんにすること。例 学術《がくじゅつ》の振興《しんこう》を図《はか》る。

❸〈わりあてる〉の意味で

【°振替】《ふりかえ》◎①ほかとかえること。例 振替《ふりかえ》休日《きゅうじつ》 ②しはらいを帳簿《ちょうぼ》の書《か》きかえですますこと。例 振替勘定《ふりかえかんじょう》 ③「郵便振替《ゆうびんふりかえ》」の略《りゃく》。

扌-7 【捜】
総画10 JIS-3360 常用
訓音 ソウ さがす
[搜]

筆順

なりたち [形声]もとの字《じ》は、「搜」。もともと「叟」は、家《いえ》(宀)の中《なか》でたいまつ(火)を手《て》(又)に持《も》ってさがす意味《いみ》の「叜」であったが、「叜」が「叟」とかわり、さらに「手《て》(扌)」がくわわって、「さがす」として使《つか》われるようになった字《じ》。

意味 さがす。どこにいったかわからない人《ひと》

前ページ ▶ 拭 挑 挨 挫 振 捜

や物《もの》をさがす。例 落《お》とし物《もの》を捜《さが》す。捜査《そうさ》

使い分け さがす［探・捜］☞531ページ

【°捜査】《そうさ》 II 〈—する〉警察官《けいさつかん》が犯人《はんにん》をさがしたり、犯罪《はんざい》の証拠《しょうこ》を集《あつ》めたりすること。例 捜査《そうさ》本部《ほんぶ》。捜査《そうさ》の手《て》がのびる。

【°捜。索】《そうさく》 II 〈—する〉①行方不明《ゆくえふめい》の人《ひと》や、見《み》えなくなったものをさがすこと。例 遭難者《そうなんしゃ》を捜《そう》索《さく》する。②警察官《けいさつかん》や検察官《けんさつかん》が、職務上《しょくむじょう》の取《と》り調《しら》べをおこなうこと。例 家宅捜索《かたくそうさく》

挿

扌-7

総画10 JIS-3362 常用

音 ソウ 訓 さす

［插］

筆順

なりたち  【形声】もとの字は、「插」。「臿」がきね(千)とうす(臼)とからでき、きねをうすにさし入《い》れて打《う》つ意味《いみ》を持《も》ち、「ソウ」という読《よ》み方《かた》をしめしている。手《て》(扌)をさし入《い》れることから、「さしこむ」として使《つか》われる字《じ》。

意味 さしこむ。さしはさむ。例 花《はな》を挿《さ》す。挿入《そうにゅう》

使い分け さす［差・指・刺・挿］☞355ページ

【°挿絵】《さしえ》 ↓ 文章《ぶんしょう》のあいだに入《はい》る絵《え》。類 挿画《そうが》

【°挿入】《そうにゅう》 ↓ 〈—する〉ものごとのとちゅうや、ものとものとのあいだにさしこむこと。

【°挿話】《そうわ》 ↓ 本《ほん》すじの話《はなし》のとちゅうに、はさみこむ短《みじか》い話《はなし》。エピソード。類 余話《よわ》

捉

扌-7

総画10 JIS-3410 常用

音 ソク 訓 とらえる

筆順

意味 とらえる。つかまえる。例 捕捉《ほそく》

使い分け とらえる［捕・捉］☞525ページ

捗

扌-7

総画10 JIS-3629 常用

音 チョク 訓 —

筆順

意味 はかどる。例 作業《さぎょう》の進捗《しんちょく》状況《じょうきょう》。

字体のはなし 「捗」(扌部《ぶ》「8画《かく》」、総画《そうかく》「11画《かく》」)とも書《か》く。☞ふろく「字体についての解説」〔28〕ページ)

◆進捗《しんちょく》

捕

扌-7

総画10 JIS-4265 常用

音 ホ 訓 とらえる・とらわれる・とる・つかまえる・つかまる

筆順

なりたち  【形声】「甫」が「ホ」という読《よ》み方《かた》をしめしている。「ホ」は「おおってとる」意味《いみ》を持《も》ち、手《て》(扌)でとらえることを表《あらわ》す字《じ》。

意味 とらえる。つかまえる。例 魚《さかな》を捕《と》る。虫《むし》を捕《つか》まえる。犯人《はんにん》が捕《つか》まる。捕獲《ほかく》・逮捕《たいほ》

使い分け とる［取・捕・採・執］☞195ページ

使い分け とらえる［捕・捉］☞525ページ

【°捕。獲】《ほかく》 II 〈—する〉①魚《さかな》・けものなどの生《い》き物《もの》をつかまえること。②敵《てき》の船《ふね》などをつかまえること。例 密漁船《みつりょうせん》を捕獲《ほかく》する。類 拿捕《だほ》

【°捕。鯨】《ほげい》 ▲ クジラをとること。例 捕鯨船《ほげいせん》

【°捕手】《ほしゅ》 ↓ 野球《やきゅう》のキャッチャー。対 投手《とうしゅ》

【°捕食】《ほしょく》 ↓ 〈—する〉生物《せいぶつ》が他《た》の生物《せいぶつ》をとらえて食《た》べること。

【°捕。捉】《ほそく》 II 〈—する〉つかまえること。

【°捕虫。網】《ほちゅうあみ》 昆虫《こんちゅう》をつかまえるために使《つか》う、ふくろになったあみ。

【°捕。縛】《ほばく》 ↓ 〈—する〉人《ひと》をつかまえて、しばりあげること。

【°捕。虜】《ほりょ》 ↓ 戦争《せんそう》で、敵《てき》のとりこになった人《ひと》。

掛

扌-8

総画11 JIS-1961 常用

音 — 訓 かける・かかる・かかり

筆順

なりたち  【形声】もとの字は、「挂」。「圭《ケイ》・卦《カイ》」が「ケイ・カイ」という読《よ》み方《かた》をしめしている。「ケイ・カイ」は「かける」意《い》味《み》を持《も》ち、手《て》(扌)にかけることを表《あらわ》す字《じ》。

意味

❶かける。ぶらさげる。ひっかける。例 表札《ひょうさつ》を掛《か》ける。壁《かべ》に掛《か》かった絵《え》。掛《か》け軸《じく》

❷かけあわせる。例 掛《か》け算《ざん》

❸かかり。うけもち。例 出納掛《すいとうがかり》

参考 ❸の意味《いみ》では「係」とも書《か》く。

使い分け かける［掛・懸・架］☞527ページ

扌-8 掘

総画11 JIS-2301 常用 音 クツ 訓 ほる

筆順 掘

なりたち ［形声］「屈」が「クツ」という読《よ》み方《かた》をしめしている。「クツ」は「ほりおこす」意味《いみ》を持《も》ち、手《て》（扌）であなをほることを表《あらわ》す字《じ》。

意味 ほる。ほりだす。例 穴《あな》を掘《ほ》る。採掘《さいくつ》

【。掘。削】くっさく Ⅲ〈―する〉土《つち》や岩《いわ》などをほってあなをあけたり、けずりとったりすること。例 掘削工事《くっさくこうじ》

掘が下につく熟語 上の字の働き

【採掘《さいくつ》 試掘《しくつ》 発掘《はっくつ》】ドウスルために掘《ほ》るか。

扌-8 掲

総画11 JIS-2339 常用 音 ケイ 訓 かかげる ［揭］

筆順 掲

なりたち ［形声］もとの字《じ》は、「揭」。「曷《カツ》」が「ケイ」とかわって読《よ》み方《かた》をしめしている。「カツ」は「高《たか》くあげる」意味《いみ》を持《も》ち、手《て》（扌）でかかげることを表《あらわ》す字《じ》。

意味 かかげる。高《たか》くあげる。例 旗《はた》を掲《かか》げる。雑誌《ざっし》などにのせる。例 掲載《けいさい》・掲揚《けいよう》

【。掲。載】けいさい Ⅲ〈―する〉新聞《しんぶん》や雑誌《ざっし》などに文章《ぶんしょう》や写真《しゃしん》、広告《こうこく》をのせること。

【。掲示】けいじ ↓〈―する〉広《ひろ》く知《し》らせたいことを紙《かみ》などにかいて、目立《めだ》つところにかかげること。例 断水《だんすい》の掲示《けいじ》を見《み》る。掲示板《けいじばん》

【。掲。揚】けいよう Ⅲ〈―する〉旗《はた》などを高《たか》いところにあげること。例 国旗《こっき》が掲揚《けいよう》される。

◆前掲《ぜんけい》 別掲《べっけい》

扌-8 控

総画11 JIS-2521 常用 音 コウ 訓 ひかえる

筆順：控控控控控控控

なりたち ［形声］「空」が「コウ」という読《よ》み方《かた》をしめしている。「コウ」は「ひく」意味《いみ》を持《も》ち、手《て》（扌）でひきとめることから、「ひかえる」として使《つか》われる字《じ》。

意味

❶ひかえる。少《すく》なめにする。その場《ば》で待《ま》つ。例 発言《はつげん》を控《ひか》える。控《ひか》え室《しつ》

❷ひく。さしひく。例 控除《こうじょ》

❸うったえる。つげる。例 控訴《こうそ》

❷〈ひく〉の意味で

【。控除】こうじょ Ⅲ〈―する〉計算《けいさん》する金額《きんがく》からある金額《きん》を取《と》りのぞくこと。例 医療控除《いりょうこうじょ》

❸〈うったえる〉の意味で

【。控。訴】こうそ Ⅲ〈―する〉裁判《さいばん》で、第一審《だいいっしん》の判決《はんけつ》に不服《ふふく》があるとき、上級《じょうきゅう》の裁判所《さいばんしょ》にうったえること。例 控訴《こうそ》に踏《ふ》み切《き》る。

扌-8 採

総画11 JIS-2646 教5年 音 サイ 訓 とる

筆順 採（はねる・はらう・はねない）

なりたち ［形声］「采」が木《き》の果実《かじつ》をつみとることを表《あらわ》し、「サイ」という読《よ》み方《かた》をしめしている。手《て》（扌）でとりいれる意味《いみ》に使《つか》われる字《じ》。

意味 とる。とりいれる。えらびとる。つみとる。例 社員《しゃいん》を採《と》る。採集《さいしゅう》・伐採《ばっさい》

使い分け とる［取・捕・採・執］☞195ページ

【採。掘】さいくつ Ⅲ〈―する〉鉱物《こうぶつ》を地下《ちか》からほり出《だ》すこと。類 採鉱《さいこう》

【採血】さいけつ ▲〈―する〉検査《けんさ》や輸血《ゆけつ》のため、血《ち》をと

例解 使い分け

【とらえる《捕らえる・捉える》】

捕らえる＝とりおさえる。にげないようにする。例 犯人《はんにん》を捕《と》らえる。ネコがネズミを捕《と》らえる。

捉える＝しっかりつかむ。把握《はあく》する。理解《りかい》する。例 要点《ようてん》を捉《とら》える。問題《もんだい》を正《ただ》しく捉《とら》える。

◦学習漢字でない常用漢字 ▲常用漢字表にない音訓 ◆常用漢字でない漢字

ること。

【採決】さいけつ [▲]〈—する〉出席者《しゅっせきしゃ》の賛成《さんせい》・反対《はんたい》を調《しら》べて結論《けつろん》をだすこと。例 採決《さいけつ》の結果《けっか》、賛成多数《さんせいたすう》で可決《かけつ》された。

【採光】さいこう [▲]〈—する〉外《そと》の光《ひかり》をとりいれて、室内《しつない》を明《あか》るくすること。

【採鉱】さいこう [▲]〈—する〉地中《ちちゅう》から鉱石《こうせき》をほり出《だ》すこと。類 採掘《さいくつ》

【採算】さいさん [▲]かかったお金《かね》につり合《あ》うだけのもうけがでること。例 採算《さいさん》がとれない。

【採取】さいしゅ [‖]〈—する〉目的《もくてき》のものを取《と》り出《だ》し、ひろい集《あつ》めること。例 砂利《じゃり》を採取《さいしゅ》する。

【採集】さいしゅう [↓]〈—する〉研究《けんきゅう》のために、資料《しりょう》や標本《ひょうほん》を集《あつ》めること。例 昆虫採集《こんちゅうさいしゅう》

【採石】さいせき [▲]〈—する〉山《やま》や地中《ちちゅう》から石《いし》を切《き》り出《だ》すこと。例 採石場《さいせきじょう》

【採。択】さいたく [‖]〈—する〉これならよいというものをえらんで採用《さいよう》すること。例 一部修正《いちぶしゅうせい》の上《うえ》、採択《さいたく》する。類 採用《さいよう》

【採点】さいてん [▲]〈—する〉点数《てんすう》をつけること。

【採否】さいひ [⇕]採用《さいよう》するか、しないか。例 採否《さいひ》はのちほど通知《つうち》します。

【採用】さいよう [↓]〈—する〉これなら良《よ》いとして、使《つか》うことにきめる。例 意見《いけん》を採用《さいよう》する。採用試験《さいようしけん》 類 採択《さいたく》

【採録】さいろく [↓]〈—する〉あるものごとをとりあげて文章《ぶんしょう》・録画《ろくが》・録音《ろくおん》などの形《かたち》で記録《きろく》にのこすこと。例 民謡《みんよう》を採録《さいろく》する。類 収録《しゅうろく》

扌-8

捨

総画11 JIS-2846 教6年

訓 音 シャ すてる

筆順

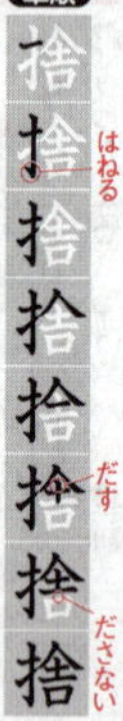

なりたち

【形声】もとの字は、「捨」。「舍」が「シャ」という読《よ》み方《かた》をしめしている。「シャ」は「おく」意味《いみ》を持《も》ち、手《て》(扌)からはなしてほうっておくことを表《あらわ》す字《じ》。

意味 すてる。なげだす。さしだす。例 ごみを捨《す》てる。四捨五入《ししゃごにゅう》・取捨《しゅしゃ》 対 取《しゅ》・拾《しゅう》

扌-8

授

総画11 JIS-2888 教5年

訓 音 ジュ さずける・さずかる

筆順

なりたち

【形声】「受」が「うける」意味《いみ》と「ジュ」という読《よ》み方《かた》をしめしている。手《て》(扌)でうけさせる、さずけることを表《あらわ》す字《じ》。

意味 さずける。あたえる。例 学位《がくい》を授《さず》ける。子《こ》どもが授《さず》かる。授業《じゅぎょう》・伝授《でんじゅ》 対 受《じゅ》

【授業】じゅぎょう [▲]〈—する〉先生《せんせい》が生徒《せいと》に勉強《べんきょう》や技術《ぎじゅつ》などを教《おし》えること。例 授業参観《じゅぎょうさんかん》

【授受】じゅじゅ [⇕]〈—する〉一方《いっぽう》がさし出《だ》し、もう一方《いっぽう》がそれを受《う》けとること。例 金銭《きんせん》の授受《じゅじゅ》。

【授章】じゅしょう [▲]〈—する〉勲章《くんしょう》や記章《きしょう》をあたえること。例 授章式《じゅしょうしき》 対 受章《じゅしょう》

【授賞】じゅしょう [▲]〈—する〉ほうびとして賞《しょう》をあたえること。例 ノーベル賞《しょう》の授賞式《じゅしょうしき》。対 受賞《じゅしょう》

【授乳】じゅにゅう [▲]〈—する〉乳《ちち》を飲《の》ませること。

【授粉】じゅふん [▲]〈—する〉おしべの花粉《かふん》を、めしべにつけて実《み》をならせること。例 人工授粉《じんこうじゅふん》

【授。与】じゅよ [‖]〈—する〉賞状《しょうじょう》などをあたえること。例 卒業証書《そつぎょうしょうしょ》を授与《じゅよ》する。

授が下につく熟語 上の字の働き

【教授《きょうじゅ》 伝授《でんじゅ》】ドウヤッテ授《さず》けるか。

手-8

掌

総画12 JIS-3024 常用

訓 音 ショウ たなごころ

筆順

なりたち

【形声】「尚」が「ショウ」という読《よ》み方《かた》をしめしている。「ショウ」は「あたる」意味《いみ》を持《も》ち、手《て》の中《なか》で物《もの》にあたる部分《ぶぶん》の「てのひら」を表《あらわ》す字《じ》。

意味

❶てのひら。例 掌中《しょうちゅう》・合掌《がっしょう》

❷つかさどる。かんりする。例 掌握《しょうあく》・車掌《しゃしょう》

❶〈てのひら〉の意味で

【。掌中】しょうちゅう [↓]てのひらの中《なか》。例 掌中《しょうちゅう》におさめる(自分《じぶん》のものにする)。類 手中《しゅちゅう》

❷〈つかさどる〉の意味で

【。掌。握】しょうあく [↓]〈—する〉全体《ぜんたい》の中心点《ちゅうしんてん》や人《ひと》の心《こころ》

をしっかりつかむこと。例部下《ぶか》の掌握《しょうあく》につとめる。

扌−8
【捷】
総画11　JIS-3025　人名
音 ショウ　訓 か-つ・はや-い

意味 ❶かつ。たたかいに勝《か》つ。例捷報《しょうほう》 ❷はやい。すばやい。例敏捷《びんしょう》

扌−8
【推】
総画11　JIS-3168　教6年
音 スイ　訓 おす

名前のよみ さとし・すぐる・とし・まさる

筆順 はねる

なりたち 【形声】「隹」が「スイ」という読み方《かた》をしめしている。「スイ」は「おしやる」意味《いみ》を持《も》ち、手《て》(扌)でおしやることを表《あらわ》す字《じ》。

意味 ❶おす。おしすすめる。例推進《すいしん》 ❷人《ひと》にすすめる。例会長《かいちょう》に推《お》す。推薦《すいせん》 ❸おしはかる。こうだろうと考《かんが》える。例推測《すいそく》・類推《るいすい》

使い分け おす[押・推]☞515ページ

❶〈おす〉の意味で

【推移】すい い Ⅱ〈—する〉時《とき》がたつにつれてうつりかわること。例時代《じだい》の推移《すいい》。類変化《へんか》・変遷《へんせん》

【推◆敲】すい こう ◎〈—する〉詩《し》や文章《ぶんしょう》のことばづかいや表現《ひょうげん》を、何度《なんど》もよく考《かんが》えてねりなおすこと。例推敲《すいこう》を重《かさ》ねる。故事のはなし☞529ページ

【推進】すい しん Ⅱ〈—する〉①スクリューやプロペラで前《まえ》へすすめること。例推進力《すいしんりょく》 ②仕事《しごと》をおしすすめること。例緑化運動《りょくかうんどう》を推進《すいしん》する。

【推力】すい りょく ↓飛行機《ひこうき》や船《ふね》を前《まえ》に進《すす》める力《ちから》。例ロケットの推力《すいりょく》を高《たか》める。類推進力《すいしんりょく》

❷〈人にすすめる〉の意味で

【推挙】すい きょ ↓〈—する〉その仕事《しごと》に、ふさわしい人物《じんぶつ》だ、とすすめること。類推奨《すいしょう》・推薦《すいせん》

【推。奨】すい しょう Ⅱ〈—する〉品物《しなもの》のよさや人《ひと》がらのりっぱさをほめて、人《ひと》にすすめること。例友人《ゆうじん》推奨《すいしょう》の辞書《じしょ》を買《か》う。類推挙《すいきょ》・推薦《すいせん》

【推。薦】すい せん Ⅱ〈—する〉よいと思《おも》う人《ひと》や物《もの》などを、ほかの人《ひと》にすすめること。例推薦図書《すいせんとしょ》 類推挙《すいきょ》・推奨《すいしょう》

❸〈おしはかる〉の意味で

【推計】すい けい ↓〈—する〉今《いま》わかっている数量《すうりょう》から、全体《ぜんたい》や今後《こんご》の数量《すうりょう》の動《うご》きをおしはかること。

【推察】すい さつ ↓〈—する〉あらわれていることをもとにして、事情《じじょう》や気持《きも》ちを、こうではないか、と思《おも》いめぐらすこと。例悲《かな》しみの深《ふか》さを推察《すいさつ》する。類推測《すいそく》・推量《すいりょう》・推理《すいり》・推論《すいろん》

【推測】すい そく Ⅱ〈—する〉わかっていることをもとにして、どうもこんなことだろうとようすを思《おも》いえがいてみること。例大《おお》きな困難《こんなん》が推測《すいそく》される。類推量《すいりょう》・推察《すいさつ》・推理《すいり》・推論《すいろん》

【推定】すい てい ↓〈—する〉わかっていることをもとに、わかっていないことを、こうだろうと思《おも》うこと。

【推理】すい り ▲〈—する〉わかっている事実《じじつ》から、わからないことがらを、こうではないかと考《かんが》えること。類推察《すいさつ》・推測《すいそく》・推量《すいりょう》・推論《すいろん》

例解 使い分け

［かける《掛ける・懸ける・架ける》］

掛ける＝ものの上《うえ》にのせる。かぶせる。つるす。
例腰《こし》を掛《か》ける。ふとんを掛《か》ける。めいわくを掛《か》ける。

懸ける＝目《め》あてとしてしめす。目《め》あてのためについやす。
例賞金《しょうきん》を懸《か》ける。命《いのち》を懸《か》けてたたかう。

架ける＝二《ふた》つの物《もの》のあいだにわたす。
例橋《はし》を架《か》ける。電線《てんせん》を架《か》ける。

【推量】すいりょう II (—する) 相手《あいて》の事情《じじょう》や人《ひと》の心《こころ》の中《なか》などを、こうではないかとおしはかること。例当《あ》て推量《ずいりょう》 類推察《すいさつ》・推測《すいそく》・推理《すいり》

【推論】すいろん ↓ (—する) まだわかっていないことについて、わかっていることをもとにして、すじみちを立《た》てて考《かんが》えを組《く》み立《た》てていくこと。例これらの情報《じょうほう》から、次《つぎ》のように推論《すいろん》できる。類推察《すいさつ》・推測《すいそく》・推理《すいり》

推が下につく熟語 上の字の働き

❸推＝〈おしはかる〉のとき
【邪推《じゃすい》 類推《るいすい》】ドノヨウニ推《お》しはかるか。

扌-8

据

総画11 JIS-3188 常用
音 ―
訓 すえる・すわる

筆順

なりたち 据 [形声]「居」が「キョ」という読《よ》み方《かた》をしめしている。「キョ」は「小《ちい》さくちぢむ」意味《いみ》を持《も》ち、「手《て》(扌)」がついて、「ひじをまげてかかえ持《も》つこと」を表《あらわ》していた字《じ》。日本《にほん》では、「扌」と「居(おく)」から、「すえておく」として使《つか》われるようになった。

意味 すえる。動《うご》かないようにしておく。例こしを据《す》える。機械《きかい》を据《す》えつける。度胸《どきょう》が据《す》わる。

扌-8

接

総画11 JIS-3260 教5年
音 セツ
訓 つぐ

筆順 はねる まっすぐ、つく すこしだす

なりたち 接 [形声]「妾《ショウ》」が「セツ」とかわって読《よ》み方《かた》をしめしている。「ショウ」は「とる」意味《いみ》を持《も》ち、手《て》(扌)をとってつなぐことを表《あらわ》す字《じ》。

意味

接《せつ》 ❶つなぐ。ふれる。例骨《ほね》を接《つ》ぐ。接合《せつごう》・密《みっ》接
❷ちかづく。近《ちか》よる。例接戦《せっせん》・近接《きんせつ》
❸人《ひと》とあう。であう。もてなす。例まだ接《せっ》する機会《きかい》がない。接待《せったい》・面接《めんせつ》
❹とる。とりあげる。例接収《せっしゅう》

使い分け つぐ[次・接・継] ☞631ページ

❶〈つなぐ〉の意味で

【接岸】せつがん ▲ (—する) 船《ふね》が岸《きし》に横《よこ》づけになること。例波《なみ》が高《たか》くて接岸《せつがん》できない。

【接合】せつごう ↓ (—する) つなぎあわせること。例部品《ぶひん》をはんだで接合《せつごう》する。類接着《せっちゃく》

【接骨】せっこつ ▲ はずれた関節《かんせつ》などを、つなぎあわせること。ほねつぎ。例接骨院《せっこついん》 類整骨《せいこつ》

【接種】せっしゅ ▲ (—する) 病気《びょうき》予防《よぼう》のために病原菌《びょうげんきん》のワクチンを体内《たいない》に入《い》れること。例予防接種《よぼうせっしゅ》

【接触】せっしょく II (—する) ①ものとものがふれあうこと。例接触事故《せっしょくじこ》 ②人《ひと》と人《ひと》、国《くに》と国《くに》がつながりをもつこと。例接触《せっしょく》をたもつ。類交渉《こうしょう》

【接線】せっせん ↓ 曲線《きょくせん》や曲面《きょくめん》のただ一《ひと》つの点《てん》とふれあう直線《ちょくせん》。表記「切線」とも書《か》く。

【接続】せつぞく II (—する) 二《ふた》つのもののつながり。例マイクを接続《せつぞく》する。電車《でんしゃ》の接続《せつぞく》がいい。類連結《れんけつ》・連絡《れんらく》

【接地】せっち ▲ (—する) ①地面《じめん》につくこと。例車輪《しゃりん》の接地面積《せっちめんせき》。②電気器具《でんききぐ》と地面《じめん》との間《あいだ》を導線《どうせん》でつなぎ、電流《でんりゅう》を地中《ちちゅう》に流《なが》すしかけ。アース。

【接着】せっちゃく II (—する) 二《ふた》つのものをぴったりとくっつけること。例接着剤《せっちゃくざい》 類接合《せつごう》

【接点】せってん ↓ ①二《ふた》つのものごとがふれあうところ。例話《はな》し合《あ》いの接点《せってん》をさがす。②曲線《きょくせん》や曲面《きょくめん》が直線《ちょくせん》とふれあうただ一《ひと》つの点《てん》。

【接吻】せっぷん ▲ (—する) 愛情《あいじょう》の表現《ひょうげん》としてのキス。キッス。

❷〈ちかづく〉の意味で

【接近】せっきん II (—する) すぐそばまで近《ちか》づくこと。例台風《たいふう》が接近《せっきん》しつつある。

【接写】せっしゃ ↓ (—する) 写《うつ》すものにカメラを近《ちか》づけて写真《しゃしん》をとること。例接写《せっしゃ》レンズ

【接戦】せっせん ↓ いい勝負《しょうぶ》のたたかい。例接戦《せっせん》のすえ、一点差《いってんさ》で勝《か》った。

❸〈人とあう〉の意味で

【接客】せっきゃく ▲ (—する) 客《きゃく》をもてなすこと。例接客《せっきゃく》の作法《さほう》をおそわる。接客業《せっきゃくぎょう》

【接見】せっけん II (—する) 高《たか》い地位《ちい》の人《ひと》が、公式《こうしき》に人《ひと》に会《あ》うこと。類引見《いんけん》

【接待】せったい II (—する) お客《きゃく》として、もてなしをす

ること。例 客《きゃく》の接待《せったい》におわれる。類 供応《きょうおう》

❹〈とる〉の意味で

【接収】《せっしゅう》 ↓〈―する〉国家《こっか》などが法《ほう》にもとづき、個人《こじん》の持《も》ち物《もの》をとりあげること。例 土地《とち》が接収《せっしゅう》される。類 徴発《ちょうはつ》・没収《ぼっしゅう》

接が下につく熟語 上の字の働き

❶接＝〈つなぐ〉のとき
【間接《かんせつ》 直接《ちょくせつ》 密接《みっせつ》 隣接《りんせつ》】ドンナつながりか。

❸接＝〈人とあう〉のとき
【応接《おうせつ》 面接《めんせつ》】ドウヤッテ接《せっ》するか。

◆近接《きんせつ》 溶接《ようせつ》

扌－8

措

総画11 JIS-3328 常用
音 ソ
訓 おく

筆順 措

なりたち 【形声】「昔《セキ》/《シャ》」が「かさなる」意味《み》を表《あらわ》し、「ソ」とかわって読《よ》み方《かた》をしめす。手《て》（扌）で物《もの》をかさねておくことから、「おく」として使《つか》われる。

意味 おく。かたをつける。例 措置《そち》

【°措置】《そち》 Ⅱ〈―する〉何《なん》とか手当《てあ》てをすること。例 すぐ措置《そち》を講《こう》じる。類 処置《しょち》・処理《しょり》

扌－8

掃

総画11 JIS-3361 常用
音 ソウ
訓 はく

筆順 掃

なりたち 【形声】もとの字《じ》は「掃」。「帚《シュウ》」が「ほうきを持《も》つ」意味《いみ》と、「ソウ」とかわって読《よ》み方《かた》をしめしている。手《て》（扌）できよめることを表《あらわ》す字《じ》。

意味 はらいのける。例 へやを掃《は》く。清掃《せいそう》

【°掃除】《そうじ》 ↓〈―する〉ごみやほこりをとりのぞいてきれいにすること。例 大掃除《おおそうじ》 類 清掃《せいそう》

【°掃射】《そうしゃ》 ↓〈―する〉銃《じゅう》などで、なぎたおすようにうちまくること。例 機銃掃射《きじゅうそうしゃ》

【°掃討】《そうとう》 ↓〈―する〉たたかいで、敵《てき》をひとりのこらずうちとること。例 掃討作戦《そうとうさくせん》

扌－8

探

総画11 JIS-3521 教6年
音 タン
訓 さぐる・さがす

筆順 探 はねる ハにならない はらう

なりたち 【形声】「罙」はもと「穾」で、あな（穴）の中《なか》の火《ひ》だねを手《て》（又）でさぐることを表《あらわ》し、「タン」という読《よ》み方《かた》をしめしている。「手《て》（扌）」がついて、手《て》でふかいところをさがす意味《いみ》に使《つか》われる。

意味 さぐる。さがしもとめる。わからないことを明《あき》らかにしようとする。例 ひみつを探《さぐ》る。探《さぐ》りを入《い》れる。職《しょく》を探《さが》す。探究《たんきゅう》

使い分け さがす［探・捜］

☞531ページ

【探求】《たんきゅう》 ↓〈―する〉手《て》に入《い》れようとさがしもとめること。例 幸福《こうふく》を探求《たんきゅう》する。類 追求《ついきゅう》

【探究】《たんきゅう》 ↓〈―する〉真実《しんじつ》をさぐり、明《あき》らかにしようとすること。例 真理《しんり》の探究《たんきゅう》。類 追究《ついきゅう》

【探検】《たんけん》 ↓〈―する〉危険《きけん》があっても、まだ知《し》られていないことを明《あき》らかにするため、調《しら》べる

故事のはなし

推敲《すいこう》

唐《とう》の時代《じだい》の賈島《かとう》という人《ひと》が試験《しけん》を受《う》けるために都《みやこ》の長安《ちょうあん》に行《い》った。ロバに乗《の》りながら、試験勉強《しけんべんきょう》のために詩《し》を作《つく》り、「僧《そう》は推《お》す月下《げっか》の門《もん》」という句《く》を思《おも》いついた。しかし、「推《お》す」を「敲《たた》く」にあらためようかとまよい、手《て》でおしたり、たたいたりするしぐさをしてみたが、なかなか決《き》まらなかった。夢中《むちゅう》になって、そうこうしているうちに、都《みやこ》の長官《ちょうかん》の韓愈《かんゆ》の行列《ぎょうれつ》にぶつかってしまった。とがめられてわけを話《はな》したところ、韓《かん》愈《ゆ》は「敲《こう》の字《じ》がよい」と言《い》った。そこで二人《ふたり》は意気投合《いきとうごう》し、くつわをならべて進《すす》みながら詩《し》について話《はな》し合《あ》った。（『唐詩《とうし》紀事《きじ》』）

°学習漢字でない常用漢字 ▲常用漢字表にない音訓 ◆常用漢字でない漢字

こと。類 冒険《ぼうけん》 表記「探険」とも書《か》く。

【探査】たんさ ⇩（―する）まだ知《し》られていない場所《ばしょ》をくわしく調《しら》べること。例 海底探査《かいていたんさ》 類 踏査《とうさ》

【探。索】たんさく Ⅱ（―する）かくされていることやものをさがし出《だ》そうとすること。例 情報探索《じょうほうたんさく》 類 追求《ついきゅう》

【探照灯】たんしょうとう 遠《とお》くまで強《つよ》い光《ひかり》で照《て》らしだせるようにした電灯《でんとう》。サーチライト。

【探知】たんち ⇩（―する）かくれているものや見《み》えないものをさぐり、つきとめること。例 探知《たんち》機《き》

【探。偵】たんてい Ⅱ（―する）人《ひと》の行動《こうどう》などをひそかにさぐり調《しら》べること。また、それを仕事《しごと》にしている人《ひと》。例 探偵事務所《たんていじむしょ》

【探訪】たんぼう ⇩（―する）そこのようすが知《し》りたくて、その場《ば》にでかけていくこと。例 史跡探訪《しせきたんぼう》。社会探訪《しゃかいたんぼう》。

【捺】
扌-8 総画11 JIS-3872 人名 訓 おーす 音 ナツ

意味 おす。おさえつける。例 捺印《なついん》・押捺《おうなつ》

【。捺印】なついん ▲（―する）はんこをおすこと。例 書類《しょるい》に署名捺印《しょめいなついん》する。類 押印《おういん》

【捻】
扌-8 総画11 JIS-3917 常用 訓 ― 音 ネン

筆順

意味 ねじる。ひねる。

【。捻。挫】ねんざ ⇩（―する）関節《かんせつ》をくじいてけがをすること。例 転《ころ》んで捻挫《ねんざ》した。

【。捻出】ねんしゅつ ⇩（―する）どうにかしてひねり出《だ》すこと。例 資金《しきん》を捻出《ねんしゅつ》する。

【。捻転】ねんてん ⇩（―する）ねじれて位置《いち》がかわること。例 腸捻転《ちょうねんてん》

【排】
扌-8 総画11 JIS-3951 常用 訓 ― 音 ハイ

筆順

なりたち

【形声】「非」が左右《さゆう》に開《ひら》くことを表《あらわ》し、「ハイ」とかわって読《よ》み方《かた》をしめしている。手《て》（扌）でおしあけることから、「おしのける」として使《つか》われている字《じ》。

意味 おしのける。外《そと》へおしだす。しりぞける。例 万難《ばんなん》を排《はい》する。排気

【。排気】はいき ▲（―する）①中《なか》の空気《くうき》やガスを外《そと》へ出《だ》すこと。例 排気口《はいきこう》 ②エンジンのはきだすガス。例 排気《はいき》ガス

【。排。撃】はいげき ⇩（―する）じゃまなものをとりのぞくために、攻撃《こうげき》すること。類 排斥《はいせき》

【。排出】はいしゅつ ⇩（―する）じゃまなものを、外《そと》へ出《だ》すこと。

【。排除】はいじょ Ⅱ（―する）おしのけ、とりのぞくこと。例 じゃまなものを排除《はいじょ》する。

【。排水】はいすい ▲（―する）中《なか》にたまったいらない水《みず》を外《そと》へ出《だ》すこと。例 排水溝《はいすいこう》 対 給水《きゅうすい》

【。排。斥】はいせき Ⅱ（―する）じゃまだ、出《で》て行《い》けとなかまからはずすこと。例 排斥運動《はいせきうんどう》 類 排撃《はいげき》

【。排・泄】はいせつ Ⅱ（―する）からだの中《なか》にあっていらなくなったものを、大便《だいべん》・小便《しょうべん》として外《そと》へ出《だ》すこと。例 排泄物《はいせつぶつ》

【。排他】はいた ▲ なかま以外《いがい》の人《ひと》や考《かんが》え方《かた》のちがう人《ひと》を受《う》け入《い》れないこと。例 排他的《はいたてき》

【。排便】はいべん ▲（―する）大便《だいべん》をすること。

【。排卵】はいらん ▲（―する）哺乳類《ほにゅうるい》が卵巣《らんそう》から卵子《らんし》をだすこと。例 排卵期《はいらんき》

【描】
扌-8 総画11 JIS-4133 常用 訓 えがく・かく 音 ビョウ

筆順

なりたち

【形声】「苗」が「ビョウ」という読《よ》み方《かた》をしめしている。「ビョウ」は「まねてうつす」意味《いみ》を持《も》ち、手《て》（扌）で物《もの》の形《かたち》をうつすことを表《あらわ》す字《じ》。

意味 えがく。形《かたち》やありさまをうつす。例 人物《じんぶつ》を描《えが》く。描写《びょうしゃ》・素描《そびょう》

【。描写】びょうしゃ Ⅱ（―する）ものごとのようす、人《ひと》の動作《どうさ》や思《おも》いをうつし出《だ》すこと。例 情景描写《じょうけいびょうしゃ》

【。描出】びょうしゅつ ⇩（―する）感《かん》じたことや考《かんが》えたことなどを、文章《ぶんしょう》や音楽《おんがく》、絵《え》などで表《あらわ》すこと。

描が下につく熟語 上の字の働き

【素描《そびょう》 点描《てんびょう》】ドノヨウニえがくか。

扌-8

捧

総画11 JIS-4291 人名

音 ホウ
訓 ささ-げる

意味 ❶ささげる。両手《りょうて》を高《たか》く上《あ》げてうやうやしく持《も》つ。さしあげる。例 賞状《しょうじょう》を捧《ささ》げ持《も》つ。医学《いがく》に一生《いっしょう》を捧《ささ》げる。❷両手《りょうて》でかかえる。

扌-9

握

総画12 JIS-1614 常用

音 アク
訓 にぎる

筆順 握握握握握握握握

なりたち [形声]「屋《オク》」が「アク」とかわって読《よ》み方《かた》をしめしている。「オク」は「つかむ、にぎる」意味《いみ》を持《も》ち、手《て》(扌)でつかむ、にぎるとして使《つか》われる。

意味 にぎる。つかんで手《て》の中《なか》におさめる。例 手《て》にあせを握《にぎ》る。握手《あくしゅ》・把握《はあく》

【◦握手《あくしゅ》】▲(―する)親《した》しみを示《しめ》すため、たがいに手《て》をにぎりあうこと。例 握手《あくしゅ》を求《もと》める。

【◦握力《あくりょく》】↓ にぎりしめる手《て》の力《ちから》。例 握力計《あくりょくけい》。握力《あくりょく》が強《つよ》い。

◆ 掌握《しょうあく》 把握《はあく》

扌-9

援

総画12 JIS-1771 常用

音 エン
訓 たす-ける

筆順 援援援援援援援援

なりたち [形声]「爰」が「エン」という読《よ》み方《かた》をしめしている。「エン」は「ひく」意味《いみ》を持《も》ち、手《て》(扌)でひく、たすけることを表《あらわ》す字《じ》。

意味 たすける。たすけとする。例 援助《えんじょ》・援用《えんよう》・応援《おうえん》

【◦援軍《えんぐん》】↓ 味方《みかた》を助《たす》けるための軍勢《ぐんぜい》。例 援軍《えんぐん》を送《おく》る。

【◦援護《えんご》】Ⅲ(―する)ひどい状態《じょうたい》からすくいまもること。例 援護《えんご》の手《て》をさしのべる。

【◦援護射撃《えんごしゃげき》】(―する)味方《みかた》がたたかいやすくなるように、わきから敵《てき》を攻撃《こうげき》すること。

表現 「君《きみ》の援護射撃《えんごしゃげき》がとてもありがたかった」のように、なかまが有利《ゆうり》になるように行動《こうどう》するときにも使《つか》う。

【◦援助《えんじょ》】Ⅲ(―する)こまっている人《ひと》に力《ちから》をかして助《たす》けること。例 経済援助《けいざいえんじょ》 類 救援《きゅうえん》・支援《しえん》

【◦援用《えんよう》】↓(―する)自分《じぶん》の意見《いけん》や説《せつ》をよりしっかりとしたものにするために、ほかの人《ひと》の説《せつ》や例《れい》などをとりあげてしめすこと。例 先達《せんだつ》の理論《りろん》を援用《えんよう》する。類 引用《いんよう》

援が下につく熟語 上の字の働き

【救援《きゅうえん》 支援《しえん》】近《ちか》い意味《いみ》。

【応援《おうえん》 後援《こうえん》 声援《せいえん》】ドウヤッテたすけるか。

例解 使い分け

[さがす《探す・捜す》]

探す＝ほしいものを見《み》つけようとする。例 職《しょく》を探《さが》す。獲物《えもの》を探《さが》す。

捜す＝見《み》えなくなったものを見《み》つけようとする。例 落《お》とし物《もの》を捜《さが》す。犯人《はんにん》を捜《さが》す。

扌-9

換

総画12 JIS-2025 常用

音 カン
訓 かえる・かわる

筆順 換換換換換換換換

なりたち [形声]「奐」が「カン」という読《よ》み方《かた》をしめしている。「カン」は「とりかえる」意味《いみ》を持《も》ち、手《て》(扌)でとりかえることから、「かえる」として使《つか》われる字《じ》。

意味 かえる。べつの物《もの》ととりかえる。例 作物《さくもつ》を金《かね》に換《か》える。土地《とち》が金《かね》に換《か》わる。換気《かんき》・交換《こうかん》

使い分け かわる[変・代・替・換] ☞269ページ

【◦換気《かんき》】▲(―する)室内《しつない》のよごれた空気《くうき》を出《だ》して、外《そと》の空気《くうき》を入《い》れること。例 換気扇《かんきせん》

【◦換金《かんきん》】▲(―する)①品物《しなもの》を売《う》ってお金《かね》にかえること。例 在庫品《ざいこひん》を売《う》って換金《かんきん》する。②お金《かね》を外国《がいこく》の通貨《つうか》にかえること。エクスチェ

ンジ。類 両替《りょうがえ》

【換言】《かんげん》▲〈―する〉ほかのことばに言《い》いかえること。例 換言《かんげん》すれば、…とも言《い》える。

【換骨奪胎】《かんこつだったい》〈―する〉できている作品《さくひん》の要点《ようてん》を使《つか》って、新《あたら》しい作品《さくひん》をつくること。

【換算】《かんさん》↓〈―する〉数量《すうりょう》を、べつの単位《たんい》にして表《あらわ》すこと。例 ドルを日本円《にほんえん》に換算《かんさん》する。

換が下につく熟語 上の字の働き

【交換《こうかん》 転換《てんかん》 変換《へんかん》】近《ちか》い意味《いみ》。

◆置換《ちかん》

揮
扌-9 総画12 JIS-2088 教6年 音 キ 訓 ふる-う

筆順 (はねる・ながく)

なりたち [形声]「軍《ウン》」が「キ」とかわって読《よ》み方《かた》をしめしている。「ウン」は「ふるい動《うご》かす」意味《いみ》を持《も》ち、手《て》(扌)をふるうことを表《あらわ》す字《じ》。

意味 ふるう。手《て》をふりまわす。まきちらす。例 揮発《きはつ》・指揮《しき》・発揮《はっき》

【揮発】《きはつ》↓〈―する〉ふつうの温度《おんど》で、液体《えきたい》が気体《きたい》になること。例 揮発油《きはつゆ》 類 蒸発《じょうはつ》・気化《きか》

◆指揮《しき》 発揮《はっき》

揆
扌-9 総画12 JIS-5768 表外 音 キ 訓 ―

意味 はかる。くわだてる。はかりごと。例 農民一揆《のうみんいっき》

揃
扌-9 総画12 JIS-3423 人名 音 セン 訓 そろ-う・そろ-える

意味 そろう。そろえる。例 人数《にんずう》が揃《そろ》う。足《あし》なみを揃《そろ》える。

提
扌-9 総画12 JIS-3683 教5年 音 テイ 訓 さげる

筆順 (はねる・はらう)

なりたち [形声]「是《シ》」が「テイ」とかわって読《よ》み方《かた》をしめしている。「シ」は「さげる、持《も》つ」意味《いみ》を持《も》ち、手《て》(扌)にさげて持《も》つことを表《あらわ》す字《じ》。

意味 ❶手《て》にさげる。手《て》をつなぐ。例 かばんを提《さ》げる。手提《てさ》げ・提携《ていけい》
❷さしだす。かかげる。例 提案《ていあん》・前提《ぜんてい》

使い分け さげる[下・提] ☞11ページ

❶〈手にさげる〉の意味で

【提灯】《ちょうちん》↓竹《たけ》ひごで作《つく》ったいくつもの輪《わ》を骨組《ほねぐ》みとして紙《かみ》をはり、中《なか》にろうそくをともす、おりたためる照明器具《しょうめいきぐ》。例 提灯行列《ちょうちんぎょうれつ》

【提携】《ていけい》Ⅱ〈―する〉別々《べつべつ》の組織《そしき》が、協力《きょうりょく》して一《ひと》つの仕事《しごと》をすること。例 業務提携《ぎょうむていけい》

【提督】《ていとく》↓海軍《かいぐん》の、艦隊《かんたい》をひきいる司令官《しれいかん》。

❷〈さしだす〉の意味で

【提案】《ていあん》▲〈―する〉こうしたらどうかと、新《あたら》しい意見《いけん》を出《だ》すこと。また、出《だ》された案《あん》。例 提案理由《ていあんりゆう》を説明《せつめい》する。類 発案《はつあん》・発議《はつぎ・ほつぎ》

【提起】《ていき》↓〈―する〉新《あたら》しく問題《もんだい》をもちだすこと。例 重要《じゅうよう》な問題《もんだい》を提起《ていき》する。

【提供】《ていきょう》Ⅱ〈―する〉力《ちから》や知識《ちしき》、お金《かね》、物《もの》などを、さしだすこと。例 労働力《ろうどうりょく》を提供《ていきょう》する。類 供給《きょうきゅう》

【提言】《ていげん》▲〈―する〉こうしたらどうかと、考《かんが》えを出《だ》すこと。

【提示】《ていじ》↓〈―する〉みんなによく見《み》えるようにかかげること。類 呈示《ていじ》

【提出】《ていしゅつ》Ⅱ〈―する〉さしだすこと。相手《あいて》にわたすこと。例 書類《しょるい》を提出《ていしゅつ》する。

【提唱】《ていしょう》↓〈―する〉考《かんが》えを発表《はっぴょう》し、広《ひろ》くよびかけること。例 自然保護運動《しぜんほごうんどう》を提唱《ていしょう》する。

【提訴】《ていそ》▲〈―する〉うったえをおこすこと。例 提訴《ていそ》にふみ切《き》る。類 告訴《こくそ》・起訴《きそ》

搭
扌-9 総画12 JIS-3775 常用 音 トウ 訓 ―

筆順 搭搭搭搭搭搭搭搭

なりたち [形声]「荅」が「トウ」という読《よ》み方《かた》をしめしている。「トウ」は「上《うえ》にのせる」意味《いみ》を持《も》ち、手《て》(扌)で上《うえ》にのせることを表《あらわ》す字《じ》。

意味 乗《の》り物《もの》にのる。のせる。つむ。例 搭乗《とうじょう》

【°搭。載】《とうさい》 ‖ 〈―する〉飛行機《ひこうき》や船《ふね》などに備品《びひん》をそなえ、荷物《にもつ》をつむこと。 例 新型《しんがた》レーダーを搭載《とうさい》した護衛艦《ごえいかん》。

【°搭乗】《とうじょう》 ‖ 〈―する〉乗《の》り物《もの》、とくに飛行機《ひこうき》に人《ひと》がのりこむこと。 例 搭乗券《とうじょうけん》

扌-9

揚

総画12 JIS-4540 常用

音 ヨウ
訓 あげる・あがる

筆順

なりたち [形声]「昜」が「日《ひ》が高《たか》くあがる」意味《いみ》と「ヨウ」という読《よ》み方《かた》をしめしている。手《て》(扌)でもちあげることを表《あらわ》す字《じ》。

意味

❶高《たか》くあげる。あがる。 例 花火《はなび》が揚《あ》がる。掲揚《けいよう》・高揚《こうよう》・称揚《しょうよう》

❷油《あぶら》の中《なか》で熱《ねっ》する。 例 揚《あ》げ物《もの》

使い分け あげる[上・挙・揚] ☞17ページ

名前のよみ あき・あきら・のぶ

❶〈高くあげる〉の意味で

【揚水】《ようすい》 ▲ 水《みず》を上《うえ》へくみあげること。

【°揚。揚】《ようよう》 ‖ 〈―たる〉〈―と〉得意《とくい》な気分《きぶん》がおもてにあらわれているようす。 例 意気揚々《いきようよう》

【°揚力】《ようりょく》 ↓ ものを上《うえ》へおしあげるようにはたらく力《ちから》。 例 飛行機《ひこうき》は、つばさの揚力《ようりょく》で空《そら》にうかぶ。

揚が下につく熟語 上の字の働き

❶揚=〈高くあげる〉のとき

【掲揚《けいよう》 高揚《こうよう》 悠揚《ゆうよう》】近《ちか》い意味《いみ》。

【称揚《しょうよう》 賞揚《しょうよう》 発揚《はつよう》】ドノヨウニしてもち上《あ》げるか。

◆抑揚《よくよう》

扌-9

揺

総画12 JIS-4541 常用

［搖］

音 ヨウ
訓 ゆれる・ゆる・ゆらぐ・ゆるぐ・ゆする・ゆさぶる・ゆすぶる

筆順

なりたち [形声]もとの字《じ》は、「搖」。「䍃」が「ヨウ」という読《よ》み方《かた》をしめしている。「ヨウ」は「ゆれる」意味《いみ》を持《も》ち、手《て》(扌)でゆりうごかすことを表《あらわ》す字《じ》。

意味 ゆれる。ゆりうごかす。 例 船《ふね》が揺《ゆ》れる。自信《じしん》が揺《ゆ》らぐ。木《き》を揺《ゆ》さぶる。からだを揺《ゆ》すぶる。動揺《どうよう》

【°揺•籃】《ようらん》 ↓ ゆりかご。 表現 「揺籃期《ようらんき》」は、幼児期《ようじき》や、ものごとの起《お》こりはじめの時期《じき》。

扌-10

携

総画13 JIS-2340 常用

音 ケイ
訓 たずさえる・たずさわる

筆順

なりたち [形声]もとの字《じ》は、「擕」。「巂」が「ケイ」という読《よ》み方《かた》をしめしている。「ケイ」は「つなぐ、さげる」意味《いみ》を持《も》ち、手《て》(扌)にさげることから、「たずさえる、たずさわる」として使《つか》われる字《じ》。

意味

❶手《て》にさげる。身《み》につけて持《も》ち歩《ある》く。 例 携帯《けいたい》・必携《ひっけい》

❷手《て》をひく。ひきつれる。 例 手《て》を携《たずさ》える。提携《ていけい》

❸たずさわる。 例 教育《きょういく》に携《たずさ》わる。

❶〈手にさげる〉の意味で

【°携行】《けいこう》 ↓ 〈―する〉身《み》のまわりのものとして、持《も》っていくこと。 例 携行品《けいこうひん》 類 携帯《けいたい》

【°携帯】《けいたい》 ‖ 〈―する〉身《み》につけて持《も》ちあるくこと。 例 携帯電話《けいたいでんわ》 類 携行《けいこう》・所持《しょじ》

携が下につく熟語 上の字の働き

❷携=〈手をひく〉のとき

【提携《ていけい》 連携《れんけい》】近《ちか》い意味《いみ》。

扌-10

搾

総画13 JIS-2681 常用

音 サク
訓 しぼる

筆順

なりたち [形声]「窄」が「しぼる」意味《いみ》と「サク」という読《よ》み方《かた》をしめしている。手《て》(扌)でしぼることを表《あらわ》す字《じ》。

意味 しぼる。しぼりとる。おしちぢめる。 例 乳《ちち》を搾《しぼ》る。搾取《さくしゅ》・圧搾《あっさく》

使い分け しぼる[絞・搾] ☞841ページ

【°搾取】《さくしゅ》 ↓ 〈―する〉やとい主《ぬし》が、不当《ふとう》にもう

°学習漢字でない常用漢字 ▲常用漢字表にない音訓 ◆常用漢字でない漢字

けをしぼりとること。例中間搾取《ちゅうかんさくしゅ》

【°搾乳《さくにゅう》】▲〈―する〉ウシやヤギのちぶさから乳《ちち》をしぼり出《だ》すこと。例搾乳機《さくにゅうき》

扌-10 摂

総画13 JIS-3261 常用

訓 音 セツ とーる

「攝」

筆順 扌 扌 扌 扌 扌 扌 扌 扌 摂 摂 摂 摂 摂

なりたち [形声]もとの字は、「攝」。「あつめる」意味《いみ》を表《あらわ》す「聶《ショウ》」が「セツ」とかわって読《よ》み方《かた》をしめしている。手《て》(扌)にあつめることから、「とりいれる、とりおこなう」として使《つか》われる。

意味

❶とりいれる。例摂取《せっしゅ》 ❷かわりにおこなう。代理《だいり》をする。例摂政《せっしょう》 ❸やしなう。ととのえる。例摂生《せっせい》 ❹摂津《せっつ》。旧国名《きゅうこくめい》。今《いま》の大阪府《おおさかふ》と兵庫県《ひょうごけん》にまたがる地域《ちいき》。例摂州《せっしゅう》 ❺《その他》例摂氏《せっし》

名前のよみ おさむ・かね

❶〈とりいれる〉の意味で

【°摂取《せっしゅ》】Ⅱ〈―する〉自分《じぶん》のからだにとりいれること。例栄養《えいよう》の摂取《せっしゅ》。

❷〈かわりにおこなう〉の意味で

【°摂政《せっしょう》】▲天皇《てんのう》がおさない時《とき》、かわって政治《せいじ》をおこなう役目《やくめ》。例摂政関白《せっしょうかんぱく》

❸〈やしなう〉の意味で

【°摂生《せっせい》】▲〈―する〉食事《しょくじ》に気《き》をつけ、むちゃなことをしないようにして、健康《けんこう》をたもつように心《こころ》がけること。類養生《ようじょう》 対不摂生《ふせっせい》

【°摂理《せつり》】↓大自然《だいしぜん》や神《かみ》が全宇宙《ぜんうちゅう》の運行《うんこう》をとりしきるはたらき。例神《かみ》の摂理《せつり》。

❺《その他》

【摂氏《せっし》】↓水《みず》がこおる温度《おんど》を〇度《ど》、沸騰《ふっとう》する温度《おんど》を一〇〇度《ど》と決《き》め、そのあいだを百等分《ひゃくとうぶん》した温度《おんど》のはかり方《かた》。C《シー》の記号《きごう》で表《あらわ》す。セ氏《し》。知識この温度《おんど》のはかり方《かた》を考《かんが》えたスウェーデン人《じん》、セルシウスの名《な》からとった名称《めいしょう》。

扌-10 損

総画13 JIS-3427 教5年

訓 音 ソン そこなう・そこねる

筆順 扌 扌 扌 扌 扌 扌 扌 扌 損 損 損 損 損 (はねる・とめる)

なりたち [形声]「員《イン―エン》」が「ソン」とかわって読《よ》み方《かた》をしめしている。「ソン」は「とりさる」意味《いみ》を持《も》ち、手《て》(扌)でとりさることを表《あらわ》す字《じ》。

意味 へる。へらす。うしなう。だめにする。例気分《きぶん》を損《そこ》なう。きげんを損《そこ》ねる。骨折《ほねお》り損《ぞん》。損害《そんがい》・損失《そんしつ》・破損《はそん》 対得《とく》・益《えき》

【損益《そんえき》】⇕損失《そんしつ》と利益《りえき》。事業《じぎょう》にかかった出費《しゅっぴ》と収益《しゅうえき》。例損益《そんえき》を計算《けいさん》する。類損得《そんとく》

【損°壊《そんかい》】↓〈―する〉家《いえ》や道路《どうろ》・橋《はし》などが、くずれたりこわれたりすること。類破損《はそん》・破壊《はかい》

【損害《そんがい》】Ⅱ災害《さいがい》や事故《じこ》で物《もの》がこわれて、損失《そんしつ》となること。例台風《たいふう》で大《おお》きな損害《そんがい》をこうむった。類損失《そんしつ》 対利益《りえき》

【損失《そんしつ》】Ⅱ利益《りえき》をなくすこと。損《そん》をすること。類損害《そんがい》

【損傷《そんしょう》】Ⅱ〈―する〉物《もの》がこわれたり、からだがきずついたりすること。

【損得《そんとく》】⇕損《そん》をすることと得《とく》をすること。例損得《そんとく》ぬきではたらく。類損益《そんえき》・利害《りがい》

【損°耗《そんもう》】Ⅱ〈―する〉使《つか》って、いたんだりへったりすること。例体力《たいりょく》の損耗《そんもう》。類消耗《しょうもう》

【損料《そんりょう》】↓ものを借《か》りたときにはらう料金《りょうきん》。借《か》り賃《ちん》。例車《くるま》の損料《そんりょう》をはらう。

◆破損《はそん》 丸損《まるぞん》

扌-10 搬

総画13 JIS-4034 常用

訓 音 ハン ―

筆順 扌 扌 扌 扌 搬 搬 搬 搬 搬 搬 搬 搬 搬

なりたち [形声]「うつす」意味《いみ》を表《あらわ》す「般」が、「ハン」という読《よ》み方《かた》をしめしている。手《て》(扌)でうつすことから、「もちはこぶ」として使《つか》われる字《じ》。

意味 もちはこぶ。うつす。例搬出《はんしゅつ》・運搬《うんぱん》

【°搬出《はんしゅつ》】↓〈―する〉大《おお》きな品物《しなもの》をはこび出《だ》すこと。例作品《さくひん》を会場《かいじょう》から搬出《はんしゅつ》する。

【°搬送《はんそう》】Ⅱ〈―する〉大《おお》きな品物《しなもの》をはなれた場所《ばしょ》まではこぶこと。例大道具《おおどうぐ》を搬送《はんそう》する。

【°搬入】はんにゅう ↓〈―する〉大《おお》きな品物《しなもの》をはこびいれること。例会場《かいじょう》に搬入《はんにゅう》する。

撃
手-11
総画15
JIS-2366
常用
音 ゲキ
訓 うつ
［擊］

筆順

なりたち
［形声］もとの字《じ》は、「擊」。「ぶつかる」意味《いみ》を表《あらわ》す「毄《ケキ》」が「ゲキ」とかわって読《よ》み方《かた》をしめしている。「手《て》」がついて、手《て》でうつことを表《あらわ》す字《じ》。

意味 強《つよ》くうつ。せめる。ぶつかる。敵《てき》をせめる。弾《たま》を相手《あいて》にうちこむ。例鉄砲《てっぽう》を撃《う》つ。撃退《げきたい》・撃破《げきは》・射撃《しゃげき》・打撃《だげき》

使い分け うつ［打・討・撃］☞507ページ

【°撃退】げきたい ↓〈―する〉せめてくる敵《てき》を追《お》いかえすこと。例敵《てき》の戦車《せんしゃ》を撃退《げきたい》する。

【°撃。沈】げきちん ↓〈―する〉敵《てき》の船《ふね》を攻撃《こうげき》して、しずめること。例戦艦《せんかん》が撃沈《げきちん》された。

【°撃。墜】げきつい ↓〈―する〉敵《てき》の飛行機《ひこうき》をうちおとすこと。例爆撃機《ばくげきき》を撃墜《げきつい》する。

【°撃破】げきは ↓〈―する〉敵《てき》をうちやぶること。

【°撃。滅】げきめつ ↓〈―する〉敵《てき》を徹底的《てっていてき》にやっつけること。例敵艦《てきかん》を撃滅《げきめつ》する。

撃が下につく熟語 上の字の働き

【攻撃《こうげき》 襲撃《しゅうげき》 打撃《だげき》 衝撃《しょうげき》 射撃《しゃげき》】近《ちか》い意味《いみ》。
【一撃《いちげき》 直撃《ちょくげき》】ドンナニ撃《う》つか。
【出撃《しゅつげき》 進撃《しんげき》 突撃《とつげき》 追撃《ついげき》 反撃《はんげき》 挟撃《きょうげき》 迎撃《げいげき》】ドウヤッテせめるか。
【砲撃《ほうげき》 銃撃《じゅうげき》 爆撃《ばくげき》】ナニを使《つか》ってせめるか。
◆排撃《はいげき》 目撃《もくげき》

摯
手-11
総画15
JIS-5785
常用
音 シ
訓 ―

筆順

意味 親切《しんせつ》なようす。まじめなようす。例真摯《しんし》（親切《しんせつ》でまじめなようす）
◆真摯《しんし》

摘
扌-11
総画14
JIS-3706
常用
音 テキ
訓 つむ

筆順

なりたち
［形声］「啇」が「テキ」という読《よ》み方《かた》をしめしている。「テキ」は「ひろいあつめる」意味《いみ》を持《も》ち、手《て》（扌）でつまみとることを表《あらわ》す字《じ》。

意味 つまみとる。つまみ出《だ》す。例花《はな》を摘《つ》む。摘果《てきか》・摘出《てきしゅつ》・指摘《してき》

【°摘出】てきしゅつ ↓〈―する〉①体内《たいない》のわるい部分《ぶぶん》を手術《しゅじゅつ》で取《と》り出《だ》すこと。例患部《かんぶ》を摘出《てきしゅつ》する。②ある部分《ぶぶん》だけをとり出《だ》して見《み》せること。例問題点《もんだいてん》を摘出《てきしゅつ》する。

【°摘発】てきはつ ↓〈―する〉悪事《あくじ》を見《み》つけて、世《よ》に知《し》らせること。例不正《ふせい》な取《と》り引《ひ》きを摘発《てきはつ》する。

摩
手-11
総画15
JIS-4364
常用
音 マ
訓 ―

筆順

なりたち
［形声］麻《あさ》を手《て》でさいてもむことを表《あらわ》す字《じ》で、「麻」が「マ」という読《よ》み方《かた》をしめしている。

意味 こする。こすれる。例摩擦《まさつ》

【°摩。擦】まさつ Ⅲ〈―する〉①物《もの》と物《もの》とがこすれあうこと。例摩擦熱《まさつねつ》 ②考《かんが》えが合《あ》わず、うまくいかないこと。例貿易摩擦《ぼうえきまさつ》

【°摩天。楼】まてんろう 天《てん》までとどくかと思《おも》われるほど高《たか》い建物《たてもの》。超高層《ちょうこうそう》ビル。

【°摩。滅】まめつ ↓〈―する〉物《もの》と物《もの》とがこすれあい、表面《ひょうめん》がすりへってしまうこと。表記「磨滅」とも書《か》く。

【°摩。耗】まもう ↓〈―する〉ほかのものとこすれて、すりへること。例タイヤが摩耗《まもう》する。表記「磨耗」とも書《か》く。

撮
扌-12
総画15
JIS-2703
常用
音 サツ
訓 とる

筆順

なりたち
［形声］「最《サイ》」がもともと「つまみ取《と》る」意味《いみ》を持《も》ち、「サツ」とかわって読《よ》み方《かた》をしめしている。手《て》（扌）でつまみ取《と》

ることを表《あらわ》す字《じ》。

意味 写真《しゃしん》にとる。例 映画《えいが》を撮《と》る。撮影《さつえい》

参考 とる【取・捕・採・執】☞195ページ

【撮影《さつえい》】▲〈―する〉カメラで、写真《しゃしん》や映画《えいが》・ビデオなどをとること。例 記念撮影《きねんさつえい》・撮影所《さつえいじょ》

扌-12 撰

総画15 JIS-3281 人名

訓音 セン えら-ぶ

意味 えらぶ。えらんで作品《さくひん》を作《つく》る。

表記 今《いま》は「選」に置《お》きかえて表《あらわ》す。（撰《えら》ぶ→選《えら》ぶ・撰者《せんじゃ》→選者《せんじゃ》）

扌-12 撤

総画15 JIS-3717 常用

訓音 テツ ―

筆順

なりたち  【形声】「𢿱」が「とりのぞく」意味《いみ》と「テツ」という読《よ》み方《かた》をしめしている。手《て》（扌）でとりのぞくことを表《あらわ》す字《じ》。

意味 とりさる。ひきあげる。ひっこめる。例 撤回《てっかい》・撤去《てっきょ》

【撤回《てっかい》】↓〈―する〉一度《いちど》は出《だ》したものを、ひっこめること。例 発言《はつげん》を撤回《てっかい》する。

【撤去《てっきょ》】Ⅱ〈―する〉その場《ば》から取《と》り去《さ》ること。例 放置自転車《ほうちじてんしゃ》を撤去《てっきょ》する。

【撤収《てっしゅう》】↓〈―する〉①その場《ば》から取《と》り去《さ》って、しまいこむこと。例 撤収作業《てっしゅうさぎょう》 ②軍隊《ぐんたい》がひきあげること。類 退却《たいきゃく》・撤退《てったい》

【撤退《てったい》】↓〈―する〉軍隊《ぐんたい》が陣地《じんち》をすてて、後方《こうほう》へひきあげること。類 退却《たいきゃく》・撤収《てっしゅう》

【撤廃《てっぱい》】Ⅱ〈―する〉今《いま》のやり方《かた》をやめること。例 現状《げんじょう》に合《あ》わない制度《せいど》を撤廃《てっぱい》する。類 廃止《はいし》

【撤兵《てっぺい》】▲〈―する〉出《だ》していた軍隊《ぐんたい》をひきあげること。対 出兵《しゅっぺい》

扌-12 播

総画15 JIS-3937 人名

訓音 ハ・ハン・バン ―

意味 ❶まく。種《たね》をまく。例 播種《はしゅ》 ❷しく。広《ひろ》くおよぼす。例 伝播《でんぱ》 ❸播磨《はりま》。旧国名《きゅうこくめい》。今《いま》の兵庫県《ひょうごけん》の南西部《なんせいぶ》。例 播州《ばんしゅう》

扌-12 撫

総画15 JIS-4179 人名

訓音 ブ・フ な-でる

意味 ❶なでる。手《て》でさする。かわいがる。例 ほおを撫《な》でる。愛撫《あいぶ》 ❷しずめる。なだめる。例 慰撫《いぶ》・鎮撫《ちんぶ》

参考 「撫子」は「なでしこ（植物《しょくぶつ》の名《な》）」と読《よ》む。

扌-12 撲

総画15 JIS-4348 常用

訓音 ボク なぐ-る

筆順

なりたち  【形声】「菐」が「ボク」という読《よ》み方《かた》をしめしている。「ボク」はたくときの音《おと》で、手《て》（扌）でたたくことを表《あらわ》す字《じ》。

意味 つよくうつ。なぐる。例 撲滅《ぼくめつ》

特別なよみ 相撲《すもう》

【撲殺《ぼくさつ》】↓〈―する〉なぐりころすこと。

【撲滅《ぼくめつ》】↓〈―する〉すっかりなくしてしまうこと。例 貧困撲滅《ひんこんぼくめつ》をめざす。類 絶滅《ぜつめつ》・根絶《こんぜつ》

扌-13 操

総画16 JIS-3364 教6年

訓音 ソウ みさお・あやつ-る

筆順 はねる ちいさめに はねない

なりたち  【形声】「喿」が「ソウ」という読《よ》み方《かた》をしめしている。「ソウ」は「しっかりと持《も》つ」意味《いみ》を持《も》ち、手《て》（扌）でしっかりと持《も》つことを表《あらわ》す字《じ》。

意味 ❶あやつる。思《おも》うとおりに動《うご》かす。例 人形《にんぎょう》を操《あやつ》る。操作《そうさ》・体操《たいそう》 ❷かわらない心《こころ》。みさお。例 操《みさお》を立《た》てる。操行《そうこう》・情操《じょうそう》

❶〈あやつる〉の意味で

【操業《そうぎょう》】▲〈―する〉工場《こうじょう》などで機械《きかい》を動《うご》かして仕事《しごと》をすること。例 二十四時間操業《にじゅうよじかんそうぎょう》

【操作《そうさ》】Ⅱ〈―する〉目的《もくてき》を果《は》たすために、うまいやり方《かた》で動《うご》かすこと。例 遠隔操作《えんかくそうさ》

【操車《そうしゃ》】▲〈―する〉鉄道《てつどう》で、車両《しゃりょう》の入れかえや列車《れっしゃ》の編成《へんせい》をすること。例 操車場《そうしゃじょう》

【操縦】《そうじゅう》 Ⅱ 〈—する〉機械《きかい》や人《ひと》などを、自分《じぶん》の思《おも》うように動《うご》かすこと。例 操縦士《そうじゅうし》

❷〈かわらない心〉の意味で

【操行】《そうこう》 ⇩ ふだんの生活態度《せいかつたいど》。類 素行《そこう》・品行《ひんこう》

操が下につく熟語 上の字の働き

❷ 操＝〈かわらない心〉のとき
【節操《せっそう》 貞操《ていそう》 情操《じょうそう》】近《ちか》い意味。

扌−13

擁

総画16
JIS-4542
常用
訓 —
音 ヨウ

筆順

なりたち

【形声】もとの字は、「擁」。「雝」が「とりかこむ」意味《いみ》と「ヨウ」という読《よ》み方《かた》をしめしている。手《て》(扌)でつつむことから、「だく、たすけあう」として使《つか》われる字《じ》。

意味 だきかかえる。かかえもつ。たすける。例 大軍《たいぐん》を擁《よう》する。擁護《ようご》・抱擁《ほうよう》

【°擁護】《ようご》 Ⅱ 〈—する〉だめにされないようにだいじにまもること。例 人権《じんけん》を擁護《ようご》する。

【°擁立】《ようりつ》 ⇩ 〈—する〉ある人《ひと》に力《ちから》をそえて、表《ひょう》面《めん》におし出《だ》すこと。例 候補者《こうほしゃ》を擁立《ようりつ》する。

扌−14

擬

総画17
JIS-2128
常用
訓 —
音 ギ

筆順

なりたち

【形声】「疑」が「まぎらわしい」意《い》味《み》を表《あらわ》し、「ギ」という読《よ》み方《かた》をしめしている。手《て》(扌)まねでにせることから、「にせる、なぞらえる」として使《つか》われる字《じ》。

意味 にせる。本物《ほんもの》になぞらえる。かりにあてはめてみる。例 みずからを作家《さっか》に擬《ぎ》する。擬音《ぎおん》・模擬《もぎ》

【°擬音】《ぎおん》 ⇩ じっさいの物音《ものおと》や動物《どうぶつ》のなき声《ごえ》などをまねてつくり出《だ》す音《おと》。

【°擬人法】《ぎじんほう》 「春《はる》が目《め》をさました」のように、人間《にんげん》でないものを人間《にんげん》に見《み》たてて表現《ひょうげん》する方法《ほうほう》。

【°擬声語】《ぎせいご》 「けらけら」「ゴロゴロ」「カランコロン」など、音《おと》や声《こえ》をまねたことば。類 擬《ぎ》音語《おんご》 表現 「ドンドン戸《と》をたたく」の「ドンドン」は擬声語《ぎせいご》、「どんどん燃《も》やす」の「どんどん」は擬態語《ぎたいご》。

【°擬態】《ぎたい》 ▲ 動物《どうぶつ》が、敵《てき》から身《み》をまもったり、えものをねらったりするために、からだの色《いろ》や形《かたち》、動《うご》きなどをまわりのものに合《あ》わせること。

【°擬態語】《ぎたいご》 「きらきら」「よろよろ」「てきぱき」「にっこり」など、ようすや動《うご》きの感《かん》じをことばに表《あらわ》したもの。表現 ☞ 【擬声語】《ぎせいご》(537ページ)

扌−14

擦

総画17
JIS-2704
常用
訓 する・すれる
音 サツ

筆順

なりたち 【形声】「察」が「サツ」という読《よ》み方《かた》をしめしている。「サツ」は「こする」意味《いみ》を持《も》ち、手《て》(扌)でこする、さすることを表《あらわ》す字《じ》。

意味 こする。する。例 マッチを擦《す》る。角《かど》が擦《す》れて丸《まる》くなる。摩擦《まさつ》

【°擦過傷】《さっかしょう》 すりきず。

4画 支 [し] [しにょう] の部

ここには「支」の字《じ》だけが入《はい》ります。

この部首の字
0 支……537
鼓→鼓 1072

支−0

支

総画4
JIS-2757
教5年
訓 ささえる
音 シ

筆順

はらう

なりたち

【会意】手《て》(又)に枝《えだ》(十)を持《も》っている形《かたち》からでき、「ささえる、わける」などの意味《いみ》を表《あらわ》している。

意味
❶えだ。えだわかれする。わかれ出《で》る。例 支線《しせん》・支流《しりゅう》・気管支《きかんし》
❷わけあたえる。わりあてる。例 支給《しきゅう》・支出《ししゅつ》・収支《しゅうし》

支 ◀ 次ページ

°学習漢字でない常用漢字　▲常用漢字表にない音訓　◆常用漢字でない漢字

❸ささえる。つっかい棒《ぼう》になる。例生活《せいかつ》を支《ささ》える。心《こころ》の支《ささ》え。支持《しじ》・支柱《しちゅう》
❹さしつかえ。例支障《ししょう》
❺えと。ね・うし・とら…。例十二支《じゅうにし》

特別なよみ 差し支える(さしつかえる)

文字物語 ☞538ページ

❶〈えだ〉の意味で

【支局《しきょく》】↓本局《ほんきょく》や本社《ほんしゃ》から分《わ》かれて、うけもちの地域《ちいき》の仕事《しごと》をするところ。例各地《かくち》に支《し》局《きょく》をおく。類支社《ししゃ》 対本局《ほんきょく》

【支社《ししゃ》】↓本社《ほんしゃ》から分《わ》かれて、別《べつ》の場所《ばしょ》で仕《し》事《ごと》を受《う》けもつ事業所《じぎょうしょ》。例支社長《ししゃちょう》 類支店《してん》・支《し》局《きょく》 対本社《ほんしゃ》

【支線《しせん》】↓鉄道《てつどう》の本線《ほんせん》から分《わ》かれ出《で》た線《せん》。対本線《ほんせん》・幹線《かんせん》

【支店《してん》】↓本店《ほんてん》から分《わ》かれてできた店《みせ》。例支店《してん》を出《だ》す。類支社《ししゃ》 対本店《ほんてん》

【支部《しぶ》】↓本部《ほんぶ》から分《わ》かれて、一部《いちぶ》の地域《ちいき》の仕事《しごと》をとりあつかうところ。対本部《ほんぶ》

【支。離。滅。裂《しりめつれつ》】〈―な〉〈―に〉ばらばらでまとまりがない。例話《はなし》が支離滅裂《しりめつれつ》でわからない。

【支流《しりゅう》】↓①大《おお》きな川《かわ》に流《なが》れこんでいる、小《ちい》さな川《かわ》。対本流《ほんりゅう》②中心《ちゅうしん》から分《わ》かれたグループ。類分派《ぶんぱ》・分家《ぶんけ》 対本《ほん》流《りゅう》 主流《しゅりゅう》

❷〈わけあたえる〉の意味で

【支給《しきゅう》】↓〈―する〉お金《かね》や品物《しなもの》などをあたえること。例現物支給《げんぶつしきゅう》 類給与《きゅうよ》

【支出《ししゅつ》】↓〈―する〉つかって出《で》ていくお金《かね》。例今月《こんげつ》は支出《ししゅつ》が多《おお》かった。対収入《しゅうにゅう》

【支度《したく》】◎〈―する〉これからすることに必要《ひつよう》な用意《ようい》をすること。例帰《かえ》りの支度《したく》をする。旅《たび》支度《じたく》 類準備《じゅんび》 表記「仕度」とも書《か》く。

【支配《しはい》】↓〈―する〉上《うえ》に立《た》つ人《ひと》や部局《ぶきょく》が組織《そしき》を思《おも》うように動《うご》かすこと。例支配者《しはいしゃ》・一極支《いっきょくし》配《はい》 表現「農作物《のうさくぶつ》は、天候《てんこう》に支配《しはい》される」のような言《い》い方《かた》もできる。

❸〈ささえる〉の意味で

【支。援《しえん》】Ⅱ〈―する〉力《ちから》をそえて、助《たす》けること。例支援《しえん》の手《て》をさしのべる。類援助《えんじょ》・後援《こうえん》

【支持《しじ》】↓〈―する〉賛成《さんせい》してあとおしすること。サポート。例国民《こくみん》の支持《しじ》を得《え》る。

【支柱《しちゅう》】↓①ささえの柱《はしら》。つっかい棒《ぼう》。例植木《うえき》に支柱《しちゅう》を立《た》てる。②ささえとなるだいじな人物《じんぶつ》。例一家《いっか》の支柱《しちゅう》。

【支点《してん》】↓てこやシーソーを一点《いってん》でささえるところ。参考てこがはたらくのに大事《だいじ》な場《ば》所《しょ》が三《さん》か所《しょ》ある。それぞれを「点《てん》」で表《あらわ》して「力点《りきてん》」「支点《してん》」「作用点《さようてん》」という。力《ちから》をくわえる所《ところ》が力点《りきてん》、動《うご》かしたいものに接《せっ》する所《ところ》が作用《さよう》点《てん》で、小《ちい》さな力《ちから》を大《おお》きな力《ちから》に変《か》えるのにもっとも大事《だいじ》な所《ところ》が支点《してん》である。

❹〈さしつかえ〉の意味で

【支障《ししょう》】Ⅱものがうまくいかなくなるような、ぐあいのわるいこと。さしつかえ。例支障《ししょう》をきたす。類故障《こしょう》

◆干支《かんし｜えと》 収支《しゅうし》 十二支《じゅうにし》

文字物語

支

「支」の意味《いみ》の分《わ》かれ方《かた》はおもしろい。「支」は、木偏《きへん》をつければ「枝《えだ》」であることからもわかるように、本体《ほんたい》から分《わ》かれ出《で》た「えだ」を意味《いみ》する。

❶の「支流《しりゅう》」はそういう流《なが》れのこと。おおもとから分《わ》かれ出《だ》させれば、❷の分《わ》けあたえることになる。「支給《しきゅう》」「支出《ししゅつ》」はそのあらわれ。だから、❶と❷とは組《く》みになる。

❸の「ささえる」と❹の「さしつかえ」とは意《い》味《み》がべつべつのようだが、たがいに逆《ぎゃく》の立場《たちば》から見《み》ているだけで、もとはいっしょである。たとえば壁《かべ》をたおれないようにささえている「支柱《しちゅう》」は、壁《かべ》がたおれようとするのをじゃましているわけで、たおれようとするものにとっては「さしつかえ」となるのだ。

❺の干支《えと》は、まったくべつのものだ。

4画 攵 [ぼくづくり][ぼくにょう][のぶん] の部

手《て》にぼうを持《も》つ意《い》を表《あらわ》す「攴」をもとに作《つく》られ、強制《きょうせい》しておこなわせる動作《どうさ》や行為《こうい》にかかわる字《じ》を集《あつ》めてあります。「攵（のぶん）」は「攴（とまた）」の形《かたち》がかわったもの。

この部首の字

3 改……539　攻……539　4 放……540　5 故……541　政……542　6 敏……542　7 救……543　教……543　敗……544　8 敢……544　敬……546　散……546　敦……547　9 数……547　11 敵……548　敷……548　12 整……549　13 厳……549　致→至885　赦→赤964

攵−3

改

総画7　JIS-1894　教4年

音 カイ　訓 あらためる・あらたまる

筆順

なりたち

【形声】「己《キ》」が「カイ」とかわって読《よ》み方《かた》をしめしている。「キ」は「かわる」の意味《いみ》を持《も》ち、「ぼうを持《も》つ」意味《いみ》の「攵」がついて、「あらためる」ことを表《あらわ》している字《じ》。

意味 ❶あらためる。例 年《とし》が改《あらた》まる。改正《かいせい》　❷しらべる。けんさする。例 改札《かいさつ》

❶〈あらためる〉の意味で

【改悪《かいあく》】[↓]〈─する〉なおしたために、かえってわるくなること。例 憲法《けんぽう》の改悪《かいあく》に反対《はんたい》する。対 改善《かいぜん》・改良《かいりょう》・改正《かいせい》

【改革《かいかく》】[Ⅱ]〈─する〉国《くに》や社会《しゃかい》のしくみなどのふじゅうぶんなところをなおして、よくすること。例 政治《せいじ》改革《かいかく》 類 改変《かいへん》・変革《へんかく》

【改行《かいぎょう》】[▲]〈─する〉次《つぎ》の行《ぎょう》へうつって書《か》きだすこと。知識 文章《ぶんしょう》の流《なが》れのかわるところや、箇条《かじょう》書《が》きの条《じょう》がかわるところで改行《かいぎょう》する。改行《かいぎょう》したら、一字《いちじ》下《さ》げて書《か》くのがふつう。

【改元《かいげん》】[▲]〈─する〉元号《げんごう》をかえること。例 昭《しょう》和《わ》が平成《へいせい》に改元《かいげん》された。知識 ☞【元号《げんごう》】(108ページ)

【改作《かいさく》】[↓]〈─する〉小説《しょうせつ》・脚本《きゃくほん》などに手《て》をくわえて、つくりかえること。

【改修《かいしゅう》】[↓]〈─する〉道路《どうろ》や建物《たてもの》などをつくりなおすこと。例 改修《かいしゅう》工事《こうじ》 類 改築《かいちく》・修理《しゅうり》

【改◦称《かいしょう》】[▲]〈─する〉よび名《な》をかえること。例 社名《しゃめい》を改称《かいしょう》する。類 改名《かいめい》

【改心《かいしん》】[▲]〈─する〉自分《じぶん》がわるかったと心《こころ》から思《おも》うこと。例 改心《かいしん》して出《で》なおす。類 改悛《かいしゅん》

【改新《かいしん》】[↓]〈─する〉それまでのやり方《かた》や制度《せいど》などをかえて、新《あたら》しくすること。例 大化《たいか》の改《かい》新《しん》。類 刷新《さっしん》

【改正《かいせい》】[↓]〈─する〉社会《しゃかい》のきまりをかえること。例 規約《きやく》改正《かいせい》。類 改定《かいてい》・改善《かいぜん》・是正《ぜせい》 対 改悪《かいあく》

【改◦姓《かいせい》】[▲]〈─する〉名字《みょうじ》をかえること。

【改選《かいせん》】[↓]〈─する〉役員《やくいん》や議員《ぎいん》などを新《あたら》しくえらびなおすこと。例 委員《いいん》を改選《かいせん》する。

【改善《かいぜん》】[↓]〈─する〉わるいところをよくすること。例 待遇《たいぐう》改善《かいぜん》。類 改良《かいりょう》 対 改悪《かいあく》

【改装《かいそう》】[▲]〈─する〉建物《たてもの》の設備《せつび》やていさいをかえること。例 改装《かいそう》工事《こうじ》 類 改造《かいぞう》・新装《しんそう》

【改造《かいぞう》】[↓]〈─する〉建物《たてもの》・機械《きかい》・組織《そしき》などをつくりかえること。例 内閣《ないかく》を改造《かいぞう》する。

【改築《かいちく》】[↓]〈─する〉家《いえ》の全部《ぜんぶ》、または一部《いちぶ》をたてなおすこと。例 自宅《じたく》を改築《かいちく》する。類 改修《かいしゅう》

【改定《かいてい》】[↓]〈─する〉今《いま》のきまりを、決《き》めなおすこと。例 運賃《うんちん》改定《かいてい》。類 改正《かいせい》

【改◦訂《かいてい》】[↓]〈─する〉世《よ》に出《で》た本《ほん》や文書《ぶんしょ》のまちがいを正《ただ》しくしたり、古《ふる》い資料《しりょう》を新《あたら》しくしたりして、出《だ》しなおすこと。例 改訂版《かいていばん》

【改名《かいめい》】[▲]〈─する〉名前《なまえ》をかえること。類 改《かい》姓《せい》・改称《かいしょう》 知識 戸籍《こせき》にのっている名前《なまえ》をかえるには、裁判所《さいばんしょ》の許可《きょか》が必要《ひつよう》である。

【改良《かいりょう》】[↓]〈─する〉もっとよいものにすること。例 品種《ひんしゅ》改良《かいりょう》。類 改善《かいぜん》 対 改悪《かいあく》

❷〈しらべる〉の意味で

【改札《かいさつ》】[▲]〈─する〉駅《えき》で乗客《じょうきゃく》の乗車券《じょうしゃけん》・急行《きゅうこう》券《けん》などを調《しら》べること。例 改札口《かいさつぐち》・自動《じどう》改札《かいさつ》 表現 車内《しゃない》で車掌《しゃしょう》が調《しら》べるのは「検札《けんさつ》」。

攵−3

攻

総画7　JIS-2522　常用

音 コウ　訓 せめる

筆順

なりたち

【形声】ぼうを持《も》つ形《かたち》の「攵」が「うつ」意味《いみ》を表《あらわ》し、「エ」が「コウ」という読《よ》み方《かた》をしめしている。「コウ」も「うつ」

◦学習漢字でない常用漢字　▲常用漢字表にない音訓　◆常用漢字でない漢字

意味《いみ》を持《も》ち、「敵《てき》をうつ」ことを表《あらわ》している字《じ》。

意味

❶せめる。せめかかる。例 敵《てき》を攻《せ》める。攻撃《こうげき》・進攻《しんこう》 対 守《しゅ》・防《ぼう》

❷みがく。研究《けんきゅう》する。例 専攻《せんこう》

名前のよみ おさむ・よし

❶〈せめる〉の意味で

【°攻°撃】《こうげき》 ↓ 〈—する〉①敵側《てきがわ》に打撃《だげき》を与《あた》えようとして力《ちから》を尽《つ》くすこと。例 攻撃《こうげき》の手《て》をゆるめない。対 防御《ぼうぎょ》・守備《しゅび》 ②相手《あいて》のわるいところ、よわいところをとりあげてことばでせめること。例 個人攻撃《こじんこうげき》

【°攻守】《こうしゅ》 ⇕ せめることとまもること。例 攻《こう》守《しゅ》に活躍《かつやく》する。類 攻防《こうぼう》

【°攻勢】《こうせい》 ↓ 攻《せ》めの姿勢《しせい》。例 攻勢《こうせい》に転《てん》じる。対 守勢《しゅせい》

【°攻防】《こうぼう》 ⇕ せめる側《がわ》と防《ふせ》ぐ側《がわ》との戦《たたか》い。例 攻防戦《こうぼうせん》 類 攻守《こうしゅ》

【°攻略】《こうりゃく》 ↓ 〈—する〉せめ勝《か》って敵《てき》の陣地《じんち》などをうばいとること。類 占領《せんりょう》

◆ 進攻《しんこう》 専攻《せんこう》 速攻《そっこう》 内攻《ないこう》

攵-4

放

総画8 JIS-4292 教3年

音 ホウ
訓 はなす・はなつ・はなれる・ほうる

筆順

なりたち

[形声]ぼうを持《も》つ形《かたち》の「攵」が「うつ」意味《いみ》を表《あらわ》し、「方」が「ホウ」という読《よ》み方《かた》をしめしている。「ホウ」は「おいはらう」意味《いみ》を持《も》ち、「うって追《お》いはらう」ことを表《あらわ》している字《じ》。

意味

❶ときはなす。はなれさせる。はなつ。ほうりだす。例 魚《さかな》を池《いけ》に放《はな》す。火《ひ》を放《はな》つ。矢《や》がつるを放《はな》れる。放水《ほうすい》・放送《ほうそう》・開放《かいほう》・追放《ついほう》

❷思《おも》うようにする。ほしいままにする。例 放言《ほうげん》・奔放《ほんぽう》

使い分け はなす[放・離] ☞541ページ

❶〈ときはなす〉の意味で

【放映】《ほうえい》 ▲ 〈—する〉テレビで放送《ほうそう》すること。とくに、映画《えいが》を放送《ほうそう》するときにいう。

【放火】《ほうか》 ▲ 〈—する〉火《ひ》をつけて火事《かじ》を起《お》こすこと。つけ火《び》。対 失火《しっか》

【放課後】《ほうかご》 学校《がっこう》で、その日《ひ》の日課《にっか》がおわったあと。例 放課後《ほうかご》のクラブ活動《かつどう》。

【放°棄】《ほうき》 Ⅱ 〈—する〉①持《も》っていたものをすてる。例 権利《けんり》を放棄《ほうき》する。②しなければいけないことをしないこと。例 仕事《しごと》を放棄《ほうき》する。

【放射】《ほうしゃ》 ↓ 〈—する〉①物体《ぶったい》が光《ひかり》・熱《ねつ》などのエネルギーを外《そと》に出《だ》すこと。例 放射線《ほうしゃせん》・放射性《ほうしゃせい》元素《げんそ》・放射冷却《ほうしゃれいきゃく》 類 輻射《ふくしゃ》 ②一点《いってん》から線《せん》などが四方八方《しほうはっぽう》に広《ひろ》がっていくこと。例 市《し》の中心《ちゅうしん》部《ぶ》から放射状《ほうしゃじょう》に道路《どうろ》がのびている。

【放出】《ほうしゅつ》 ↓ 〈—する〉①いきおいよく外《そと》に出《だ》すこと。例 エネルギーを放出《ほうしゅつ》する。②国《くに》や大《おお》きな団体《だんたい》などが、ためてあった品物《しなもの》を広《ひろ》く社会《しゃかい》に提供《ていきょう》すること。例 放出物資《ほうしゅつぶっし》

【放心】《ほうしん》 ▲ 〈—する〉気《き》がぬけてぼんやりしてしまうこと。例 放心《ほうしん》したように立《た》ちつくす。

【放水】《ほうすい》 ▲ 〈—する〉①川《かわ》の水《みず》やダムの水《みず》などをよそへみちびいて流《なが》すこと。例 放水路《ほうすいろ》 類 放流《ほうりゅう》 ②ホースなどからいきおいよく水《みず》を出《だ》すこと。例 消防車《しょうぼうしゃ》が放水《ほうすい》をはじめた。

【放送】《ほうそう》 ↓ 〈—する〉ラジオやテレビで電波《でんぱ》を出《だ》して、ニュース・劇《げき》・音楽《おんがく》などをおおぜいの人《ひと》びとに送《おく》ること。例 放送局《ほうそうきょく》・放送劇《ほうそうげき》

【放置】《ほうち》 ↓ 〈—する〉無責任《むせきにん》にほうっておくこと。例 放置自転車《ほうちじてんしゃ》

【放電】《ほうでん》 ▲ 〈—する〉①電池《でんち》などにたまっていた電気《でんき》が流《なが》れ出《だ》すこと。対 充電《じゅうでん》 ②プラスとマイナスの電極《でんきょく》のあいだで、空気《くうき》などを通《とお》して電流《でんりゅう》が流《なが》れること。例 放電管《ほうでんかん》

【放任】《ほうにん》 ↓ 〈—する〉したいようにさせて、ほうっておくこと。例 いたずらを放任《ほうにん》する。

【放念】《ほうねん》 ▲ 〈—する〉気《き》にしないでわすれてしまうこと。類 休心《きゅうしん》 表現「この件《けん》はどうかご放念《ほうねん》ください(もう気《き》にしないでください)」のように使《つか》う。

【放物線】《ほうぶつせん》 ななめ上《うえ》にむかってものを投《な》げたときに、投《な》げられたものがえがく曲線《きょくせん》。例 打球《だきゅう》は、放物線《ほうぶつせん》をえがいて右翼席《うよくせき》へ。

【放牧】《ほうぼく》 ↓ 〈—する〉牛《うし》・馬《うま》・羊《ひつじ》などを、広《ひろ》い草原《そうげん》で放《はな》しがいにすること。例 放牧地《ほうぼくち》

【放°免】《ほうめん》 ↓ 〈—する〉ときはなして、自由《じゆう》な身《み》にすること。例 無罪放免《むざいほうめん》 類 釈放《しゃくほう》

【放流】ほうりゅう ▲〈―する〉①たまごからかえった稚魚《ちぎょ》を川《かわ》にはなすこと。例 アユの稚魚《ちぎょ》を放流《ほうりゅう》する。②ダムや河川《かせん》で、せきとめていた水《みず》を流《なが》すこと。類 放水《ほうすい》

❷〈思うようにする〉の意味で

【放言】ほうげん ↓〈―する〉まわりの事情《じじょう》など考《かんが》えず、思《おも》うままに言《い》うこと。例 放言癖《ほうげんへき》

【放題】ほうだい ◎ したいことを、したいだけするようす。例 言《い》いたい放題《ほうだい》。食《た》べ放題《ほうだい》の店《みせ》。

【放談】ほうだん ↓〈―する〉思《おも》ったことをえんりょなく自由《じゆう》に話《はな》すこと。例 放談会《ほうだんかい》・新春放談《しんしゅんほうだん》

【放。漫】ほうまん Ⅲ〈―な・―に〉計画性《けいかくせい》がなく、しまりがない。例 放漫経営《ほうまんけいえい》

【放。浪】ほうろう ↓〈―する〉あてもなくさまよい歩《ある》くこと。例 放浪《ほうろう》の旅《たび》に出《で》る。類 流浪《るろう》・漂泊《ひょうはく》

放が下につく熟語 上の字の働き

❶ 放=〈ときはなす〉のとき

【解放《かいほう》 釈放《しゃくほう》】近《ちか》い意味《いみ》。

◇ 開放《かいほう》 豪放《ごうほう》 追放《ついほう》 奔放《ほんぽう》

文-5

故

総画9

JIS-2446

教5年

音 コ

訓 ゆえ

筆順

故 故 故 故 故 故 故 故 故

でる はらう

なりたち

【形声】「攵」が「むりにさせる」意味《み》を表《あらわ》し、「古」が「コ」という読《よ》み方《かた》をしめしている。「コ」は「かたい」意味《いみ》を持《も》ち、「むりにかたくする」ことを表《あらわ》す字《じ》。「わざと」などの意味《いみ》に使《つか》われる。

意味

❶ むかしからの。すぎたむかし。もとの。例 故郷《こきょう》・縁故《えんこ》

❷ 死ぬ。もう死《し》んでしまった。例 故人《こじん》・物故《ぶっこ》

❸ 思いがけない。意外《いがい》なできごと。例 故障《こしょう》・事故《じこ》

❹ わざと。ことさら。例 故意《こい》

❺ 理由《りゆう》。わけ。例 何故《なぜ/なにゆえ》

名前のよみ もと

❶〈むかしからの〉の意味で

【故郷】こきょう/ふるさと ↓ 生《う》まれ育《そだ》った土地《とち》。例 故郷《こきょう》に錦《にしき》をかざる（成功《せいこう》して晴《は》れがましく故郷《きょう》へ帰《かえ》る）。類 郷里《きょうり》・郷土《きょうど》 対 異郷《いきょう》 表現 長《なが》く住《す》んだ場所《ばしょ》や、深《ふか》い関係《かんけい》のある場所《ばしょ》を「第二《だいに》の故郷《こきょう/ふるさと》」などという。

【故国】ここく ↓ ①自分《じぶん》の生《う》まれ育《そだ》った国《くに》。例 なつかしい故国《ここく》の土《つち》をふむ。類 母国《ぼこく》・祖国《そこく》 ②自《じ》分《ぶん》の生《う》まれた地方《ちほう》。類 故郷《こきょう》

【故事】こじ ↓ むかしからつたえられている話《はなし》やいわれ。例 故事《こじ》にちなむ。

【故事成語】こじせいご いわれのある、ことばやことわざ。「矛盾《むじゅん》」「漁夫《ぎょふ》の利《り》」など。中国伝来《ちゅうごくでんらい》のものが多《おお》いが、「敵《てき》は本能寺《ほんのうじ》にあり」「外堀《そとぼり》をうめる」など、日本《にほん》でできたものもある。

【故事来歴】こじらいれき 古《ふる》いいわれや、それまでの歴史《れきし》。類 由来《ゆらい》

❷〈死ぬ〉の意味で

【故人】こじん ↓ 死《し》んだ人《ひと》。例 故人《こじん》の遺志《いし》。

❸〈思いがけない〉の意味で

【故障】こしょう Ⅲ〈―する〉機械《きかい》やからだの一部《いちぶ》が、うまくはたらかなくなること。例 エンジンの故障《こしょう》。

❹〈わざと〉の意味で

【故意】こい ↓〈―に〉そうするつもりで、わざとすること。例 故意《こい》か過失《かしつ》かが問題《もんだい》だ。類 意《い》識的《しきてき》・意図的《いとてき》 対 過失《かしつ》

例解 使い分け

［はなす《放す・離す》］

放す=自由《じゆう》に動《うご》けるようにする。

例 コイを池《いけ》に放《はな》す。小鳥《ことり》を空《そら》に放《はな》す。犬《いぬ》を放《はな》し飼《が》いにする。

離す=くっついていたものを分《わ》ける。あいだをあける。

例 手《て》を離《はな》す。目《め》を離《はな》す。机《つくえ》を離《はな》してならべる。

○学習漢字でない常用漢字　▲常用漢字表にない音訓　◆常用漢字でない漢字

文-5

政

総画9
JIS-3215
教5年
音 セイ・ショウ
訓 まつりごと

筆順 

なりたち  【形声】ぼうを持《も》つ形《かたち》の「攵」が「うつ」意味《いみ》を表《あらわ》し、「正」が「ただす」意味《いみ》と「セイ」という読《よ》み方《かた》をしめしている。力《ちから》をくわえて、ただしくすることを表《あらわ》す字《じ》。

意味 世《よ》の中《なか》をおさめる。きりもりする。まつりごと。例 政《まつりごと》をおこなう。政治《せいじ》・国《こく》政《せい》・財政《ざいせい》

参考 政治《せいじ》をなぜ「まつりごと」というかは、「朝《あさ》」の「文字物語」(590ページ)参照《さんしょう》。

注意するよみ ショウ…例 摂政《せっしょう》

名前のよみ かず・ただ・ただし・つかさ・なり・のぶ・のり・まさ・まさし・ゆき

【政界】《せいかい》 ↓ 政治《せいじ》にかかわる人《ひと》びとの社会《しゃかい》。政《せい》治《じ》の世界《せかい》。例 政界人《せいかいじん》。政界《せいかい》に入《はい》る。

【政局】《せいきょく》 ↓ 政治《せいじ》のなりゆき。例 政局《せいきょく》の見《み》通《とお》し。政局《せいきょく》の安定《あんてい》をはかる。類 政情《せいじょう》

【政見】《せいけん》 ↓ 政治《せいじ》についての、政治家自身《せいじかじしん》の意《い》見《けん》。例 政見放送《せいけんほうそう》

【政権】《せいけん》 ↓ 政府《せいふ》をつくって政治《せいじ》をおこなう権利《けんり》・権力《けんりょく》。例 政権《せいけん》をにぎる。

【政策】《せいさく》 ↓ 政治《せいじ》をおこなうための方針《ほうしん》と方《ほう》法《ほう》。例 政策論争《せいさくろんそう》をいどむ。類 施策《しさく》

【政治】《せいじ》 ‖ 国民《こくみん》が幸福《こうふく》に生活《せいかつ》できるように国《くに》のあゆみを管理運営《かんりうんえい》していく仕事《しごと》。例 政治《せいじ》家《か》・民主政治《みんしゅせいじ》 知識 政治《せいじ》には、(1)法律《ほうりつ》を定《さだ》める、(2)法律《ほうりつ》をとりしまる、(3)法律《ほうりつ》にそって社会《しゃかい》をうごかす、という三《みっ》つの仕事《しごと》がある。これが立法《りっぽう》・司法《しほう》・行政《ぎょうせい》。立法《りっぽう》は議会《ぎかい》、司法《しほう》は裁判《さいばん》所《しょ》、行政《ぎょうせい》は政府《せいふ》がおこなう。

【政情】《せいじょう》 ↓ 政治《せいじ》のようすやなりゆき。例 政《せい》情《じょう》はこんとんとしている。類 政局《せいきょく》

【政争】《せいそう》 ↓ 政治《せいじ》を進《すす》めるうえでの考《かんが》え方《かた》のあらそい。政治権力《せいじけんりょく》のうばいあい。

【政敵】《せいてき》 ↓ 政治上《せいじじょう》の競争相手《きょうそうあいて》。

【政党】《せいとう》 ↓ 政治《せいじ》をするうえで、おなじ意見《いけん》をもつ人《ひと》びとの作《つく》ったグループ。例 政党政治《せいとうせいじ》

【政府】《せいふ》 ↓ 国《くに》の政治《せいじ》をする機関《きかん》。知識 日本《にほん》では、内閣《ないかく》と内閣《ないかく》の下《もと》にある各省庁《かくしょうちょう》。

【政変】《せいへん》 ↓ ①内閣《ないかく》がかわること。②政権《せいけん》の交代《こうたい》が、争乱《そうらん》によってなされること。クーデター。

【政務】《せいむ》 ↓ 国《くに》をおさめるためのいろいろな仕事《しごと》。例 政務《せいむ》に専念《せんねん》する。

【政略】《せいりゃく》 ↓ 政治《せいじ》のためのかけひき。

【政令】《せいれい》 ↓ 法律《ほうりつ》で決《き》まったことを実行《じっこう》するために、内閣《ないかく》が出《だ》す命令《めいれい》。例 政令指定都市《せいれいしていとし》

政が下につく熟語 上の字の働き

【悪政《あくせい》 圧政《あっせい》 仁政《じんせい》 善政《ぜんせい》】ドンナ政治《せいじ》か。
【国政《こくせい》 市政《しせい》 内政《ないせい》】ドコをおさめる政治《せいじ》か。
【行政《ぎょうせい》 施政《しせい》 摂政《せっしょう》】政治《せいじ》をドウスルか。
【院政《いんせい》 帝政《ていせい》】ドウイウ制度《せいど》の政治《せいじ》か。
【財政《ざいせい》 家政《かせい》】ナニをととのえるか。

文-6

敏

総画10
JIS-4150
常用
音 ビン
訓 さと-い
「敏」

筆順 

なりたち  【形声】「攵」が「むりにさせる」意《い》味《み》を表《あらわ》し、「毎マイ―バイ」が「ビン」とかわって読《よ》み方《かた》をしめしている。「バイ」は「はやい」意味《いみ》を持《も》ち、「はやくさせる」ことを表《あらわ》す字《じ》。

意味 すばやい。さとい。例 機《き》を見《み》るに敏《びん》。敏速《びんそく》・機敏《きびん》 対 鈍《どん》

名前のよみ さと・さとし・すすむ・つとむ・とし・はや・はる・ゆき・よし

【°敏感】《びんかん》 ↓ 〈―に・―な〉わずかな変化《へんか》にも反応《はんのう》しやすい。例 季節《きせつ》の変化《へんか》を敏感《びんかん》に感《かん》じとる。類 鋭敏《えいびん》・繊細《せんさい》 対 鈍感《どんかん》

【°敏•捷】《びんしょう》 ‖ 〈―に・―な〉動作《どうさ》がきびきびしていてすばやいこと。例 敏捷《びんしょう》な動《うご》き。類 機敏《きびん》

【°敏速】《びんそく》 ‖ 〈―に・―な〉てきぱきとすばやいこと。例 敏速《びんそく》な対応《たいおう》。類 迅速《じんそく》

【°敏°腕】《びんわん》 ↓ 〈―な〉ものごとをてきぱきとさばく、すぐれたうでまえ。例 敏腕記者《びんわんきしゃ》

敏が下につく熟語 上の字の働き

【鋭敏《えいびん》 俊敏《しゅんびん》 明敏《めいびん》 機敏《きびん》】近《ちか》い意味《いみ》。
◆過敏《かびん》

攵−7

救

総画11
JIS-2163
教4年
音 キュウ
訓 すくう

筆順

なりたち

【形声】「攵」が「むりにさせる」意味《み》を表《あらわ》し、「求」が「キュウ」という読《よ》み方《かた》をしめしている。「キュウ」は「とめる、やすむ」意味《いみ》を持《も》ち、「とめてやすませる」ことを表《あらわ》す字《じ》。

意味 すくう。こまっている人《ひと》をたすける。例 命《いのち》を救《すく》う。救《すく》いの手《て》。救出《きゅうしゅつ》

名前のよみ すけ・ひら・やす

【救。援】きゅうえん Ⅱ〈—する〉災害《さいがい》にあったりしてこまっている人《ひと》を助《たす》けること。例 救援物資《きゅうえんぶっし》 類 援助《えんじょ》・救済《きゅうさい》・救難《きゅうなん》

【救急】きゅうきゅう ▲ 急病人《きゅうびょうにん》やけが人《にん》の手当《てあ》てを急《いそ》いでうること。例 救急車《きゅうきゅうしゃ》・救急箱《きゅうきゅうばこ》

【救護】きゅうご Ⅱ〈—する〉その場《ば》でけが人《にん》や病人《びょうにん》の手当《てあ》てをして助《たす》けること。例 救護班《きゅうごはん》。

【救済】きゅうさい Ⅱ〈—する〉人《ひと》びとを苦《くる》しみや悩《なや》みからすくうこと。例 難民救済《なんみんきゅうさい》

【救出】きゅうしゅつ ↓〈—する〉危険《きけん》な状態《じょうたい》から人《ひと》をすくい出《だ》すこと。例 人質《ひとじち》の救出《きゅうしゅつ》。類 救助《きゅうじょ》

【救助】きゅうじょ Ⅱ〈—する〉あぶない状態《じょうたい》にある人《ひと》を助《たす》けること。例 人命救助《じんめいきゅうじょ》 類 救出《きゅうしゅつ》・救難《きゅうなん》

【救世主】きゅうせいしゅ 望《のぞ》みのなかったところにすくいの道《みち》を開《ひら》き、闇《やみ》に光《ひかり》をもたらす人《ひと》。

【救難】きゅうなん ▲ 危険《きけん》や災難《さいなん》にあっている人《ひと》を助《たす》けること。例 救難物資《きゅうなんぶっし》 類 救援《きゅうえん》・救助《きゅうじょ》

【救命】きゅうめい ▲ 人《ひと》のいのちをすくうこと。例 救命具《きゅうめいぐ》・救命《きゅうめい》ボート

攵−7

教

総画11
JIS-2221
教2年
音 キョウ
訓 おしえる・おそわる

筆順

なりたち

【形声】もとの字《じ》は、「敎」。「攵」がむりにさせる意味《いみ》を表《あらわ》し、「孝《コウ》」が子《こ》どもがならうことと、「キョウ」とかわって読《よ》み方《かた》をしめしている。しいてならわせることから、「おしえる」として使《つか》われる字《じ》。

意味 おしえる。おしえ。例 学問《がくもん》を教《おし》える。教《おし》えをこう。英語《えいご》を教《おそ》わる。教育《きょういく》・宗教《しゅうきょう》

名前のよみ かず・たか・なり・のり・みち・ゆき

【教育】きょういく ↓〈—する〉知識《ちしき》や技術《ぎじゅつ》・教養《きょうよう》などをさずけ、訓練《くんれん》して力《ちから》をのばすこと。

【教育漢字】きょういくかんじ 小学校《しょうがっこう》の六年間《ろくねんかん》に習《なら》うように指定《してい》されている漢字《かんじ》。「学習《がくしゅう》漢字《かんじ》」「配当《はいとう》漢字《かんじ》」ともいう。知識 常用漢字《じょうようかんじ》二一三六字《じ》のうちの一〇〇六字《じ》が、学習指導要領《がくしゅうしどうようりょう》の中《なか》で、六《むっ》つの学年《がくねん》に配当《はいとう》されている。参考 ☞「学年別漢字さくいん」(68ページ)

【教員】きょういん ↓ 専門《せんもん》の資格《しかく》をもち、学校《がっこう》で教育《きょういく》を担当《たんとう》する人《ひと》。学校《がっこう》の先生《せんせい》。類 教師《きょうし》・教諭《きょうゆ》

【教化】きょうか Ⅱ〈—する〉人《ひと》を教《おし》えてよいほうにみちびくこと。例 教化活動《きょうかかつどう》

【教科】きょうか ↓ 国語《こくご》や社会《しゃかい》というような、学校《がっこう》で教《おし》える科目《かもく》。

【教会】きょうかい ↓ キリスト教《きょう》の礼拝《れいはい》をする場所《ばしょ》と、そこに作《つく》られる信者《しんじゃ》の組織《そしき》。

【教科書】きょうかしょ 学校《がっこう》で各教科《かくきょうか》を教《おし》えるときに、第一《だいいち》に必要《ひつよう》な、教材用《きょうざいよう》の本《ほん》。

【教義】きょうぎ ↓ 宗教《しゅうきょう》の教《おし》えの内容《ないよう》。例 教義《きょうぎ》に反《はん》する。類 教理《きょうり》・宗旨《しゅうし》・信条《しんじょう》

【教具】きょうぐ ↓ 黒板《こくばん》・標本《ひょうほん》など、授業《じゅぎょう》に使《つか》う道具《どうぐ》。例 教具《きょうぐ》を整備《せいび》する。

【教訓】きょうくん Ⅱ〈—する〉教《おし》えさとすこと。その教《おし》え。例 教訓《きょうくん》を生《い》かす。

【教材】きょうざい ↓ 授業《じゅぎょう》や学習《がくしゅう》の材料《ざいりょう》として使《つか》うもの。例 実物《じつぶつ》を教材《きょうざい》にする。類 教具《きょうぐ》

【教師】きょうし ↓ 勉強《べんきょう》や技術《ぎじゅつ》を教《おし》える人《ひと》。類 教員《きょういん》・先生《せんせい》

【教室】きょうしつ ↓ ①学校《がっこう》で、授業《じゅぎょう》をするためのへや。②習《なら》いごとの技法《ぎほう》を教《おし》えるところ。例 そろばん教室《きょうしつ》

【教授】きょうじゅ ↓ ①〈—する〉学問《がくもん》や芸《げい》ごとなどを教《おし》えさずけること。②大学《だいがく》などで、教《おし》えたり研究《けんきゅう》したりする地位《ちい》。その地位《ちい》の人《ひと》。

【教習】きょうしゅう ↓〈—する〉技術《ぎじゅつ》を教《おし》えて、身《み》につけさせること。例 自動車教習所《じどうしゃきょうしゅうじょ》

【教職】きょうしょく ↓ 学校《がっこう》で、学生《がくせい》・生徒《せいと》・児童《じどう》を教《おし》え

る職業《しょくぎょう》。例 教職《きょうしょく》につく(先生《せんせい》になる)。

【教祖《きょうそ》】↓ ある宗教《しゅうきょう》・宗派《しゅうは》をはじめた人《ひと》。例 新興宗教《しんこうしゅうきょう》の教祖《きょうそ》。類 開祖《かいそ》

【教団《きょうだん》】↓ ある宗教《しゅうきょう》・宗派《しゅうは》の信者《しんじゃ》による組織《そしき》。例 教団《きょうだん》の代表者《だいひょうしゃ》。

【教。壇《きょうだん》】↓ 教室《きょうしつ》で教師《きょうし》が立《た》つ壇《だん》。表現 教師《きょうし》になることを「教壇《きょうだん》に立《た》つ」、教師《きょうし》をやめることを「教壇《きょうだん》を去《さ》る」という。

【教徒《きょうと》】↓ ある宗教《しゅうきょう》を信《しん》じている人《ひと》たち。例 仏教徒《ぶっきょうと》 類 信徒《しんと》・信者《しんじゃ》

【教頭《きょうとう》】↓ 小学校《しょうがっこう》・中学校《ちゅうがっこう》・高等学校《こうとうがっこう》で、校長《こうちょう》を助《たす》けて学校《がっこう》をまとめる役目《やくめ》の教師《きょうし》。

【教・鞭《きょうべん》】↓ 教室《きょうしつ》で黒板《こくばん》を指《さ》すのに使《つか》ったむち。例 教鞭《きょうべん》をとる(先生《せんせい》になって教《おし》える)。

【教。諭《きょうゆ》】↓ 幼稚園《ようちえん》・小学校《しょうがっこう》・中学校《ちゅうがっこう》・高等学校《こうとうがっこう》の教員《きょういん》の職業名《しょくぎょうめい》。例 養護教諭《ようごきょうゆ》

【教養《きょうよう》】II 広《ひろ》い学《まな》びからできてくる人《ひと》がらや心《こころ》のゆたかさ。例 教養《きょうよう》をつむ。

【教理《きょうり》】↓ それぞれの宗教《しゅうきょう》の教《おし》えや理論《りろん》。例 イスラム教《きょう》の教理《きょうり》。類 教義《きょうぎ》

教が下につく熟語 上の字の働き

【仏教《ぶっきょう》 キリスト教《きょう》 イスラム教《きょう》】ナニにもとづく教《おし》えか。

【説教《せっきょう》 布教《ふきょう》 信教《しんきょう》】教《おし》えをドウスルか。

◆ 国教《こっきょう》 宗教《しゅうきょう》 殉教《じゅんきょう》 調教《ちょうきょう》 文教《ぶんきょう》

敗

文－7 総画11 JIS-3952 教4年

訓 音 ハイ やぶれる

筆順 (とめる でる はらう)

なりたち [形声]「攵」が「うつ」意味《いみ》を表《あらわ》し、「貝《バイ》」が「ハイ」とかわって読《よ》み方《かた》をしめしている。「バイ」は「こわす」意味《いみ》を持《も》ち、「うちこわす」ことを表《あらわ》す字《じ》。

意味 まける。やぶれる。しくじる。だめになる。例 たたかいに敗《やぶ》れる。敗戦《はいせん》・完敗《かんぱい》・失敗《しっぱい》・腐敗《ふはい》 対 勝《しょう》

使い分け やぶれる[破・敗] ☞781ページ

発音あんない ハイ→パイ… 例 失敗《しっぱい》

【敗因《はいいん》】↓ たたかいや試合《しあい》に負《ま》けた原因《げんいん》。例 敗因《はいいん》を分析《ぶんせき》する。対 勝因《しょういん》

【敗軍《はいぐん》】↓ たたかいに負《ま》けること。たたかいに負《ま》けた軍隊《ぐんたい》。例 敗軍《はいぐん》の将《しょう》。

【敗者《はいしゃ》】↓ たたかいや試合《しあい》などに負《ま》けたほう。例 敗者復活戦《はいしゃふっかつせん》 対 勝者《しょうしゃ》

【敗色《はいしょく》】↓ 負《ま》けそうな感《かん》じ。例 敗色濃厚《はいしょくのうこう》。

【敗戦《はいせん》】▲〈―する〉たたかいや試合《しあい》に負《ま》けること。例 敗戦投手《はいせんとうしゅ》 対 勝利《しょうり》・戦勝《せんしょう》

【敗。訴《はいそ》】▲〈―する〉裁判《さいばん》で負《ま》けること。例 原《げん》告《こく》の敗訴《はいそ》がきまった。対 勝訴《しょうそ》

【敗走《はいそう》】↓〈―する〉たたかいに負《ま》けてにげること。例 敗走《はいそう》する敵《てき》を追《お》う。

【敗退《はいたい》】↓〈―する〉試合《しあい》に負《ま》けて、引《ひ》き下《さ》がること。例 初戦《しょせん》で敗退《はいたい》した。

【敗北《はいぼく》】II〈―する〉相手《あいて》に負《ま》けること。例 敗《はい》北《ぼく》を喫《きっ》する。敗北感《はいぼくかん》 対 勝利《しょうり》 参考「北」は敵《てき》にせなかを見《み》せてにげる意味《いみ》。

敗が下につく熟語 上の字の働き

【完敗《かんぱい》 惨敗《ざんぱい》 大敗《たいはい》 惜敗《せきはい》 全敗《ぜんぱい》 連敗《れんぱい》】ドノクライ負《ま》けるか。

◆ 失敗《しっぱい》 勝敗《しょうはい》 成敗《せいはい|せいばい》 腐敗《ふはい》 劣敗《れっぱい》

敢

文－8 総画12 JIS-2026 常用

訓 音 カン あ-えて

筆順

なりたち [会意] もとの字は「叡」で、金文《きんぶん》では「[illegible]」と書《か》かれる。「爫」と「又」は手《て》を表《あらわ》し、もの(口)を両人《りょうにん》がむりやりにあらそい取《と》ることを表《あらわ》す字《じ》。「あえてする」意味《いみ》に使《つか》われている。

意味 思《おも》いきって。わざわざ。例 敢行《かんこう》・勇敢《ゆうかん》

名前のよみ いさむ

【。敢行《かんこう》】↓〈―する〉困難《こんなん》があるとわかっていても、思《おも》い切《き》っておこなうこと。例 冬山登山《ふゆやまとざん》を敢行《かんこう》する。類 決行《けっこう》・断行《だんこう》・強行《きょうこう》

【。敢然《かんぜん》】⊠〈―たる〉〈―と〉危険《きけん》も困難《こんなん》もおそれずに思《おも》い切《き》ってするようす。例 難局《なんきょく》に敢然《かんぜん》と立《た》ち向《む》かう。

【。敢。闘《かんとう》】↓〈―する〉力《ちから》いっぱいたたかうこと。例 敢闘賞《かんとうしょう》・敢闘精神《かんとうせいしん》

敢が下につく熟語 上の字の働き

【果敢《かかん》 勇敢《ゆうかん》】近《ちか》い意味《いみ》。

ものしり巻物 第18巻

国字《こくじ》

平《たい》ら(一)なみち(辶)を走《はし》っていたら、つるりとすべってしまいました。こうしてできた字《じ》が「辷《すべ》る」です。しばらく行《い》くと、十字路《じゅうじろ》になりました。十字路《じゅうじろ》のことを、日本《にほん》では「つじ」といいます。そこで、できあがった字《じ》が「辻《つじ》」です。

じつは「辷」も「辻」も、日本《にほん》で作《つく》った漢字《かんじ》です。漢字《かんじ》の「漢《かん》」は、この場合《ばあい》中国《ちゅうごく》を指《さ》します。中国《ちゅうごく》でできた字《じ》が「漢字《かんじ》」なので、日本《にほん》で作《つく》った「漢字《かんじ》」という言《い》い方《かた》はへんに聞《き》こえます。そこで、このような日本《にほん》で作《つく》った字《じ》を、とくに国字《こくじ》(和製《わせい》漢字《かんじ》)とよんでいます。

神《かみ》(神)にそなえる木は「榊《さかき》」です。これも国《こく》字《じ》です。山の上りと下りのさかいは「峠《とうげ》」です。これも国字《こくじ》です。上下そろった武士《ぶし》の衣服《いふく》(ネ)は「裃《かみしも》」です。これも国字《こくじ》です。

これらのように、国字《こくじ》は意外《いがい》とたくさんあります。日本人《にほんじん》は中国《ちゅうごく》から漢字《かんじ》を取《と》り入《い》れて、それらを使《つか》うだけでなく、漢字《かんじ》をもとにして平仮名《ひらがな》・片仮名《かたかな》を作《つく》り、さらに漢字《かんじ》まで作《つく》ってしまったのです。たいへん勉強熱心《べんきょうねっしん》な民族《みんぞく》といえます。

小学校《しょうがっこう》で習《なら》う一〇〇六字《じ》の漢字《かんじ》の中《なか》に、国《こく》字《じ》はあるでしょうか。あります。中国《ちゅうごく》では「た」と「はたけ」を区別《くべつ》する字《じ》がなかったので、水《みず》のある水田《すいでん》に対《たい》して、水《みず》のないはたけを火田と考《かんが》え、「畑《はたけ》」という国字《こくじ》を作《つく》りました。四年生《よねんせい》で出《で》てくる「働」の字《じ》を見《み》てみましょう。人《ひと》(亻)が動いて…「働《はたら》く」です。

今《いま》までに紹介《しょうかい》した「辷・辻・榊・峠・裃・畑」などは、どれも、意味《いみ》を表《あらわ》す字《じ》と意味《いみ》を表《あらわ》す字《じ》とを組《く》み合《あ》わせた「会意《かいい》文字《もじ》」です。日本《にほん》語《ご》に合《あ》わせて作《つく》った字《じ》なので、どれも訓読《くんよ》みで、音読《おんよ》みはもっていません。

ところが、例外《れいがい》もあります。それは、「働」です。この字《じ》は、「ドウ」という音《おん》ももっています。そして、「労働《ろうどう》」という熟語《じゅくご》にも使《つか》われています。さらに、「働」は親元《おやもと》の中国《ちゅうごく》にぎゃくに輸出《ゆしゅつ》され、「働《どう》」として、どうどうと使《つか》われています。

日本人《にほんじん》の知恵《ちえ》も、すばらしいですね。

■ 攵−8

敬

総画12
JIS-2341
教6年
訓 音 ケイ
うやまう

筆順 はねる でる はらう

なりたち

【形声】「攵」が「むりにさせる」意《い》味《み》を表《あらわ》し、「苟《キョウ》」が「ケイ」とかわって読《よ》み方《かた》をしめしている。「キョウ」はからだを前《まえ》に曲《ま》げる意味《いみ》を持《も》ち、うやうやしく礼《れい》をさせることを表《あらわ》す字《じ》。

意味 うやまう。たっとぶ。例 神《かみ》を敬《うやま》う。敬《けい》して遠《とお》ざける（うわべはうやまうようすをして近《ちか》づけないようにする）。敬意《けいい》・尊敬《そんけい》

名前のよみ あき・あつ・さとし・たか・たかし・とし・のり・はや・ひろ・ひろし・ゆき・よし

【敬愛《けいあい》】↓〈―する〉人《ひと》に対《たい》してうやまう気持《きも》ちと同時《どうじ》に、親《した》しみの気持《きも》ちを持《も》つこと。例 敬愛《けいあい》の念《ねん》。敬愛《けいあい》してやまない。類 敬慕《けいぼ》

【敬意《けいい》】↓ 相手《あいて》をうやまう気持《きも》ち。例 敬意《けいい》をいだく。敬意《けいい》を表《ひょう》す。

【敬遠《けいえん》】↓〈―する〉①表面《ひょうめん》はだいじにするふりをして、なるべくかかわらないようにすること。②野球《やきゅう》で、わざとフォアボールをあたえること。

【敬具《けいぐ》】↓ 手紙《てがみ》の終《お》わりに書《か》くことばで、「つつしんで申《もう》し上《あ》げました」の意味《いみ》。知識 「拝啓《はいけい》」を受《う》けることば。「謹啓《きんけい》」なら「敬白《けいはく》」、「前略《ぜんりゃく》」なら「草々《そうそう》」とするのがふつう。

【敬•虔《けいけん》】↓〈―な〉〈―に〉人間《にんげん》をこえた大《おお》きな力《ちから》に対《たい》するつつしみ。例 敬虔《けいけん》な祈《いの》り。

【敬語《けいご》】↓ うやまう気持《きも》ちや自分《じぶん》を低《ひく》くあつかう気持《きも》ちを表《あらわ》すために、用《もち》いることば。知識 「いらっしゃる」「おっしゃる」などの尊《そん》敬語《けいご》、「うかがう」「申《もう》し上《あ》げる」などの謙譲《けんじょう》語《ご》、「です」「ます」などの丁寧語《ていねいご》、「お花《はな》」「ごほうび」など美化語《びかご》の四種類《よんしゅるい》がある。

【敬。称《けいしょう》】↓「さん・くん・様《さま》・氏《し》・殿《どの》」など、人《じん》名《めい》の下《した》につけて、その人《ひと》をうやまう気持《きも》ちを表《あらわ》すことば。例 敬称《けいしょう》略《りゃく》

【敬体《けいたい》】↓「です・ます・ございます」などを使《つか》って、ていねいな気持《きも》ちを表《あらわ》す文章《ぶんしょう》。「ですます体《たい》」ともいう。対 常体《じょうたい》

【敬服《けいふく》】↓〈―する〉人《ひと》のおこないを知《し》って、「りっぱだなあ」と心《こころ》を打《う》たれること。類 感服《かんぷく》

【敬。慕《けいぼ》】↓〈―する〉心《こころ》からうやまい、したわしく思《おも》うこと。例 敬慕《けいぼ》の念《ねん》。類 敬愛《けいあい》

【敬礼《けいれい》】↓〈―する〉敬意《けいい》を表《あらわ》すために、おじぎや挙手《きょしゅ》などをすること。例 最敬礼《さいけいれい》

【敬老《けいろう》】▲ 年《とし》とった人《ひと》をうやまい、たいせつにすること。例 敬老《けいろう》の日《ひ》

敬が下につく熟語 上の字の働き

【尊敬《そんけい》 崇敬《すうけい》】近《ちか》い意味《いみ》。

■ 攵−8

散

総画12
JIS-2722
教4年
訓 音 サン
ちる・ちらす・ちらかす・ちらかる

筆順 とめる はねる でる

なりたち

【形声】「㪔《サン》」と「月」(肉《にく》)」からできた字《じ》。「サン」は「ばらばらにする」意味《いみ》を持《も》ち、肉《にく》をばらばらにすることを表《あらわ》す字《じ》。

意味
❶ちる。ちらかす。ばらばらになる。こな。例 花《はな》が散《ち》る。火花《ひばな》を散《ち》らす。机《つくえ》の上《うえ》を散《ち》らかす。散在《さんざい》・散薬《さんやく》
❷しばられていない。気《き》まま。ざっくばらん。例 散策《さんさく》・散文《さんぶん》

❶〈ちる。ちらかす〉の意味で

【散。逸《さんいつ》】↓〈―する〉ちらばってなくなること。例 資料《しりょう》の散逸《さんいつ》を防《ふせ》ぐ。

【散会《さんかい》】▲〈―する〉会合《かいごう》が終《お》わること。例 次《じ》回《かい》の日時《にちじ》を決《き》めてから散会《さんかい》する。類 閉会《へいかい》

【散見《さんけん》】↓〈―する〉あちらこちらに、ちらほらと見《み》えること。例 反対《はんたい》の意見《いけん》も散見《さんけん》された。

【散在《さんざい》】↓〈―する〉あちこちにちらばっていること。例 山《やま》あいに散在《さんざい》する農家《のうか》。類 点在《てんざい》

【散財《さんざい》】▲〈―する〉あれこれと、お金《かね》を使《つか》いちらす。例 だいぶ散財《さんざい》してしまった。

【散散《さんざん》】Ⅱ ①ひどいめにあうようす。例 さんざんなめにあう。②いやになるほど。例 さんざん悪口《わるくち》を言《い》う。

【散水《さんすい》】▲〈―する〉水《みず》をまくこと。例 散水車《さんすいしゃ》

【散発《さんぱつ》】↓〈―する〉ぽつり、ぽつりと発生《はっせい》する

こと。例 散発的《さんぱつてき》。その後《ご》も余震《よしん》が散発《さんぱつ》する。

【散。髪】さんぱつ ▲〈―する〉かみそりやはさみで頭髪《とうはつ》をととのえること。類 調髪《ちょうはつ》・理髪《りはつ》

【散布】さんぷ ↓〈―する〉まきちらすこと。例 水田《すいでん》に農薬《のうやく》を散布《さんぷ》する。

【散薬】さんやく ↓ こなぐすり。散剤《さんざい》。例 散薬《さんやく》をオブラートにつつんで飲《の》む。関連 丸薬《がんやく》・水薬《すいやく》・散《さん》薬《やく》

【散乱】さんらん ↓〈―する〉ばらばらにちらばること。例 ガラスの破片《はへん》が散乱《さんらん》している。

❷〈しばられていない〉の意味で

【散策】さんさく ↓〈―する〉気《き》ままにあたりを歩《ある》くこと。例 散策《さんさく》を楽《たの》しむ。類 散歩《さんぽ》

【散文】さんぶん ↓ リズムをととのえることなど考《かんが》えないで書《か》きたいように書《か》く文章《ぶんしょう》。対 韻文《いんぶん》

【散文的】さんぶんてき 〈―な ―に〉①詩的《してき》なリズムをもっていない。例 散文的《さんぶんてき》な詩《し》。②平凡《へいぼん》でつまらない。例 散文的《さんぶんてき》な表現《ひょうげん》。

【散歩】さんぽ ↓〈―する〉気《き》の向《む》くままに歩《ある》くこと。そぞろ歩《ある》き。例 散歩《さんぽ》がてら立《た》ちよる。類 散《さん》策《さく》・漫歩《まんぽ》

【散。漫】さんまん Ⅱ〈―な ―に〉ばらばらでまとまりがないようす。例 注意《ちゅうい》が散漫《さんまん》だ。

散が下につく熟語 上の字の働き

❶ 散＝〈ちる。ちらかす〉のとき

【分散《ぶんさん》 離散《りさん》 解散《かいさん》】近《ちか》い意味《いみ》。

【拡散《かくさん》 四散《しさん》 退散《たいさん》 発散《はっさん》 飛散《ひさん》】ドノヨウニ散《ち》らばるか。

◆胃散《いさん》 一散《いっさん》 閑散《かんさん》 集散《しゅうさん》

敦

攵-8 総画12 JIS-3856 人名

音 トン 訓 ―

意味 てあつい。ねんごろである。例 敦厚《とんこう》

名前のよみ あつ・あつし・おさむ・つとむ・のぶ

数

攵-9 総画13 JIS-3184 教2年

音 スウ・ス 訓 かず・かぞえる

［數］

筆順

なりたち

【形声】もとの字は、「數」。「攵」が手《て》にぼうを持《も》っている形《かたち》で、「婁《ロウ》」が「スウ」とかわって読《よ》み方《かた》をしめしている。「ロウ」は「かぞえる」意味《いみ》を持《も》ち、手《て》にぼうを持《も》ってかぞえることを表《あらわ》す字《じ》。

意味

❶かず。かずをかぞえる。例 数《かず》が多《おお》い。指《ゆび》折《お》り数《かぞ》えて待《ま》つ。数字《すうじ》・算数《さんすう》・少数《しょうすう》

❷いくつかの。一《ひと》つ二《ふた》つではない。例 数《かず》ある中《なか》でも。数段《すうだん》・数等《すうとう》

❸めぐりあわせ。運命《うんめい》。例 数奇《すうき》

❹《その他《た》》例 数寄《すき》

注意するよみ ス…例 人数《にんず》（ふつうは「にんずう」と読《よ》む）

特別なよみ 数珠（じゅず）・数寄屋（すきや）・数奇屋（すきや）

名前のよみ のり

❶〈かず〉の意味で

【数学】すうがく ↓ 数《かず》・量《りょう》・図形《ずけい》などについて研究《けんきゅう》する学問《がくもん》。

【数詞】すうし ↓ 一《ひと》つ・一個《いっこ》・三本《さんぼん》のように数量《すうりょう》や、一番《いちばん》・第四回《だいよんかい》のように順序《じゅんじょ》を表《あらわ》すことば。

【数字】すうじ ↓ ①数《かず》を表《あらわ》す記号《きごう》・文字《もじ》。②数量《すうりょう》でしめされる知識《ちしき》。例 数字《すうじ》に強《つよ》い。知識「1・2・3・4…」はアラビア数字《すうじ》（算用数字《さんようすうじ》）、「一・二・三・四…」は漢数字《かんすうじ》、古《ふる》い時計《とけい》などに使《つか》ってある「Ⅰ・Ⅱ・Ⅲ・Ⅳ…」はローマ数字《すうじ》である。

【数値】すうち ↓ ①数学《すうがく》で、式《しき》のなかの文字《もじ》の部《ぶ》分《ぶん》に当《あ》てはまる数《かず》。例 x《エックス》の数値《すうち》は8だ。②計算《けいさん》や測定《そくてい》で出《で》てきた数《かず》。例 数値《すうち》を入力《にゅうりょく》する。

【数量】すうりょう Ⅱ 数《かず》と量《りょう》。数《かず》で表《あらわ》した量《りょう》。例 注《ちゅう》文《もん》の数量《すうりょう》をたしかめる。

❷〈いくつかの〉の意味で

【数。珠】じゅず ↓ たくさんの丸《まる》い玉《たま》に糸《いと》をとおして、輪《わ》にしたもの。手首《てくび》にかけて仏《ほとけ》をおがむときに使《つか》う。

【数段】すうだん ↓ 程度《ていど》に、ぐっと差《さ》がある。一段《いちだん》どころか何段《なんだん》も。例 前《まえ》よりできばえが数段《すうだん》あがった。類 数等《すうとう》

【数等】すうとう ↓ 差《さ》がはっきりある。例 こちらのほうが数等上《すうとううえ》だ。類 数段《すうだん》

❸〈めぐりあわせ〉の意味で

【数。奇】すうき ↓〈―な〉幸《こう》、不幸《ふこう》のうきしずみのはげしさ。例 数奇《すうき》な運命《うんめい》。☞「すき」は❹

❹《その他》

【数寄】《すき》 ◎ 風流《ふうりゅう》をこのむこと。とくに茶《ちゃ》の湯《ゆ》や和歌《わか》などに熱心《ねっしん》なこと。例 数寄《すき》をこらす（建物《たてもの》や道具《どうぐ》などに風流《ふうりゅう》なくふうをたくさんとりいれる）。表記「数奇」とも書《か》く。「好《す》き」に当《あ》て字《じ》をしたもの。☞「すうき」は❸

【数寄屋】《すきや》 茶《ちゃ》の湯用《ゆよう》の建物《たてもの》。一棟《ひとむね》のなかに、茶席《ちゃせき》と茶《ちゃ》の湯《ゆ》の用意《ようい》をするところとがある。例 数寄屋造《すきやづく》り 表記「数奇屋」とも書《か》く。

数が下につく熟語 上の字の働き

❶数＝〈かず〉のとき

【画数《かくすう》 件数《けんすう》 軒数《けんすう》 戸数《こすう》 人数《にんずう》 坪数《つぼすう》 点数《てんすう》 度数《どすう》 頭数《とうすう》 部数《ぶすう》】ナニという単位《たんい》でかぞえる数《かず》か。〔漢字《かんじ》の書《か》き方《かた》は一画《いっかく》・二画《にかく》、事件《じけん》の数《かず》は一件《いっけん》・二件《にけん》とかぞえるように〕

【場数《ばかず》 口数《くちかず》 手数《てかず／てすう》】ナニの数《かず》か。

【奇数《きすう》 偶数《ぐうすう》 正数《せいすう》 負数《ふすう》 整数《せいすう》 小数《しょうすう》 分数《ぶんすう》】ドノヨウナ性質《せいしつ》の数《かず》か。

【単数《たんすう》 複数《ふくすう》 倍数《ばいすう》 約数《やくすう》 半数《はんすう》 定数《ていすう》 総数《そうすう》 概数《がいすう》 端数《はすう》 除数《じょすう》 指数《しすう》 係数《けいすう》】ドウイウ数《かず》か。

【算数《さんすう》 計数《けいすう》】数《かず》をドウスルか。

【多数《たすう》 少数《しょうすう》】数《かず》がドノクライか。

攵－11

敵

総画15
JIS-3708
教5年
音 テキ
訓 かたき

筆順

なりたち

【形声】「攵」が「うつ」意味《いみ》を表《あらわ》し、「啇」が「テキ」という読《よ》み方《かた》をしめしている。「テキ」は「むかいあう」意味《いみ》を持《も》ち、「打《う》ちあう相手《あいて》」を表《あらわ》す字《じ》。

意味
❶たたかいの相手《あいて》。戦争《せんそう》・試合《しあい》などをする相手《あいて》。例 敵《てき》とたたかう。敵国《てきこく》・強敵《きょうてき》
❷うらみのある相手《あいて》。かたき。例 親《おや》の敵《かたき》。敵役《かたきやく》・宿敵《しゅくてき》
❸くらべる相手《あいて》。対等《たいとう》である。例 匹敵《ひってき》

❶〈たたかいの相手〉の意味で

【敵国】《てきこく／てっこく》 ↓ 戦争《せんそう》をしている相手《あいて》の国《くに》。

【敵情】《てきじょう》 ↓ 敵《てき》のようす。例 敵情《てきじょう》をさぐる。

【敵。陣】《てきじん》 ↓ 敵《てき》の陣地《じんち》。例 敵陣《てきじん》にせめこむ。

【敵前】《てきぜん》 ↓ 敵《てき》の陣地《じんち》のすぐ前《まえ》。例 敵前上陸《てきぜんじょうりく》

【敵対】《てきたい》 ↓〈―する〉相手《あいて》を敵《てき》として立《た》ちむかうこと。例 敵対関係《てきたいかんけい》 類 対立《たいりつ》

【敵地】《てきち》 ↓ 敵《てき》の勢力下《せいりょくか》にある土地《とち》。

❷〈うらみのある相手〉の意味で

【敵役】《かたきやく》 ↓ ①演劇《えんげき》で、悪人《あくにん》の役《やく》。類 悪役《あくやく》 ②人《ひと》にきらわれるようなことをする役目《やくめ》。例 敵役《かたきやく》にまわる。

【敵意】《てきい》 ↓ 相手《あいて》をにくいと思《おも》う気持《きも》ち。例 敵意《てきい》をいだく。対 好意《こうい》

【敵視】《てきし》 ↓〈―する〉相手《あいて》を敵《てき》と考《かんが》えて、にくむこと。

敵が下につく熟語 上の字の働き

❶敵＝〈たたかいの相手〉のとき

【強敵《きょうてき》 大敵《たいてき》 外敵《がいてき》】ドンナ敵《てき》か。

❷敵＝〈うらみのある相手〉のとき

【天敵《てんてき》 宿敵《しゅくてき》】ドンナ関係《かんけい》の敵《かたき》か。

❸敵＝〈くらべる相手〉のとき

【無敵《むてき》 不敵《ふてき》】打《う》ち消《け》し。

攵－11

敷

総画15
JIS-4163
常用
音 フ
訓 しく

筆順

なりたち

【形声】もとの字《じ》は「敷」。「旉」は「尃」のかわった形《かたち》で、「フ」という読《よ》み方《かた》をしめしている。「フ」は「しく」意味《いみ》を持《も》ち、「うつ」ことを表《あらわ》す「攵」がついて、うってしきのばすことを表《あらわ》している字《じ》。

意味 しく。しきひろめる。しきのばす。例 ふとんを敷《し》く。座敷《ざしき》・敷設《ふせつ》

特別なよみ 桟敷（さじき）

名前のよみ のぶ

【°敷居】《しきい》 ↓ 障子《しょうじ》やふすまをすべらせるみぞとなる横木《よこぎ》。対 鴨居《かもい》 表現「敷居《しきい》が高《たか》い」は、義理《ぎり》を欠《か》いたり、はずかしいことがあったりして、その人《ひと》の家《いえ》に行《い》きにくいという気持《きも》ちをいう。

【°敷石】《しきいし》 ↓ 道路《どうろ》や庭《にわ》などで、地面《じめん》にしきならべた平《たい》らな石《いし》。例 歩道《ほどう》の敷石《しきいし》。

【°敷金】《しききん》 ↓ 家《いえ》やへやを借《か》りる人《ひと》が、借《か》り賃《ちん》の保証《ほしょう》として家主《やぬし》にあずけるお金《かね》。

【°敷地】《しきち》 ↓ 建物《たてもの》をたてたり、庭《にわ》・公園《こうえん》・道《みち》な

どにしたりする、くぎられた土地《とち》。類 屋敷《やしき》・用地《ようち》

【。敷布】《しきふ》 ⇩ しきぶとんの上《うえ》にしく布《ぬの》。シーツ。例 新《あたら》しい敷布《しきふ》にとりかえる。

【。敷設】《ふせつ》 ⇩〈—する〉鉄道《てつどう》・水道管《すいどうかん》・ガス管《かん》・電《でん》線《せん》などの設備《せつび》をすること。例 敷設工事《ふせつこうじ》 表記「布設」とも書《か》く。

◆座敷《ざしき》 屋敷《やしき》

文-12

整

総画16
JIS-3216
教3年

音 セイ
訓 ととのえる・ととのう

筆順 整 整 整 整 整 整 整 整（はねない・でる・はらう）

なりたち 整 【形声】「敕」が「いましめる」ことを表《あらわ》し、「正」が「ととのえる」意《い》味《み》と「セイ」という読《よ》み方《かた》をしめしている。きちんと、ととのえることを表《あらわ》す字《じ》。

意味 ととのえる。きちんとそろっている。例 列《れつ》を整《ととの》える。準備《じゅんび》が整《ととの》う。整理《せいり》・調整《ちょうせい》

使い分け ととのえる［整・調］ 549ページ

名前のよみ おさむ・なり・ひとし・まさ・よし

【整形】《せいけい》 ▲〈—する〉ものの形《かたち》をきちんとしたものにすること。

【整合】《せいごう》 ⇩〈—する〉よくそろって、ぴったり合《あ》うこと。例 論《ろん》に整合性《せいごうせい》がある。

【整数】《せいすう》 ⇩ 小数《しょうすう》や分数《ぶんすう》以外《いがい》の数《かず》。0と、1・2・3のようなふつうの数《かず》を表《あらわ》したものと、それにマイナスの記号《きごう》をつけたもの−1・−2・−3をいう。関連 整数《せいすう》・小数《しょうすう》・分数《ぶんすう》

【整然】《せいぜん》 ☒〈—たる〉〈—と〉きちんとしている。例 整《せい》然《ぜん》とならぶ。対 雑然《ざつぜん》

【整地】《せいち》 ▲〈—する〉建築《けんちく》や耕作《こうさく》にそなえて、土《と》地《ち》をならすこと。地《じ》ならし。

【整。頓】《せいとん》 Ⅲ〈—する〉きちんとかたづけること。例 へやの中《なか》を整頓《せいとん》する。類 整理《せいり》

【整。髪】《せいはつ》 ▲〈—する〉みだれたかみの毛《け》の形《かたち》をきちんとととのえること。例 整髪料《せいはつりょう》 類 理《り》髪《はつ》・理容《りよう》・調髪《ちょうはつ》

【整備】《せいび》 ⇩〈—する〉きちんと手入《てい》れをしていつでも使《つか》えるようにしておくこと。例 自動車《じどうしゃ》の整備《せいび》。飛行機《ひこうき》を整備《せいび》する。

【整理】《せいり》 Ⅲ〈—する〉①ごたごたがないように、まとめて、きちんとすること。例 家《いえ》の中《なか》を整理《せいり》する。交通整理《こうつうせいり》 類 整頓《せいとん》 ②いらないものをすてること。例 人員整理《じんいんせいり》

【整列】《せいれつ》 ⇩〈—する〉列《れつ》をつくってきちんとならぶこと。例 運動場《うんどうじょう》に整列《せいれつ》する。

文-13

厳

総画17
JIS-2423
教6年

音 ゲン・ゴン
訓 おごそか・きびしい

「嚴」

筆順 厳 厳 厳 厳 厳 厳 厳 厳（ださない・でる・はらう）

なりたち 嚴 【形声】もとの字《じ》は、「嚴」。「吅」が「きびしくいいたてる」意味《いみ》を表《あらわ》す会意文字《かいいもじ》であったが、これに「ゲン」の読《よ》み方《かた》をしめす「厰」をくわえて、形声文字《けいせいもじ》にしたもの。

意味
❶きびしい。いいかげんにしない。例 寒《さむ》さが厳《きび》しい。厳《きび》しく取《と》りしまる。冷厳《れいげん》
❷おごそか。いかめしい。例 厳《おごそ》かな式典《しきてん》。厳《げん》として存在《そんざい》する事実《じじつ》。厳粛《げんしゅく》・荘厳《そうごん》

注意するよみ ゴン…例 荘厳《そうごん》

名前のよみ いわ・かね・たか・よし

❶〈きびしい〉の意味で

【厳。戒】《げんかい》 ⇩〈—する〉絶対《ぜったい》にかわったことが起《お》こらないように、厳重《げんじゅう》に警戒《けいかい》すること。

例解 使い分け

［ととのえる《整える・調える》］

整える＝みだれないように、そろえる。
例 隊列《たいれつ》を整《ととの》える。呼吸《こきゅう》を整《ととの》える。調子《ちょうし》を整《ととの》える。

調える＝必要《ひつよう》なものをそろえる。
例 必需品《ひつじゅひん》を調《ととの》える。費用《ひよう》を調《ととの》える。交渉《こうしょう》を調《ととの》える。

整える

調える

【厳格】げんかく [↓]〈—な/—に〉いけないことを決《けっ》してゆるさないきびしさ。例 厳格《げんかく》なしつけ。

【厳寒】げんかん [↓] 寒《さむ》さの絶頂《ぜっちょう》。例 厳寒《げんかん》の候《こう》くれぐれもお大事《だいじ》に。類 酷寒《こっかん》・極寒《ごっかん》 対 炎暑《えんしょ》

【厳禁】げんきん [↓]〈—する〉絶対《ぜったい》にしてはいけないと止《と》めること。例 火気厳禁《かきげんきん》・立《た》ち入《い》り厳禁《げんきん》

【厳守】げんしゅ [↓]〈—する〉きまりや約束《やくそく》などをかたくまもること。例 時間厳守《じかんげんしゅ》 類 遵守《じゅんしゅ》

【厳重】げんじゅう [‖]〈—な/—に〉少《すこ》しのことも見《み》のがさず、念入《ねんい》りでしっかりしているようす。例 厳重《げんじゅう》注意《ちゅうい》。厳重《げんじゅう》に戸《と》じまりをする。

【厳正】げんせい [↓]〈—な/—に〉少《すこ》しのわるいこともゆるさない。例 厳正《げんせい》な裁判《さいばん》。厳正《げんせい》に審査《しんさ》する。

【厳選】げんせん [↓]〈—する〉本当《ほんとう》にいいものだけをえらぶこと。例 材料《ざいりょう》を厳選《げんせん》する。類 精選《せいせん》

【厳冬】げんとう [↓] いつもの冬《ふゆ》より寒《さむ》さのきびしい冬《ふゆ》。また、冬《ふゆ》のうちでもとくに寒《さむ》さがきびしい時期《じき》。例 厳冬期《げんとうき》

【厳罰】げんばつ [↓] きびしく罰《ばっ》すること。きびしい罰《ばつ》。例 飲酒運転《いんしゅうんてん》は厳罰《げんばつ》に処《しょ》する。

【厳密】げんみつ [‖]〈—な/—に〉一《ひと》つも見落《みお》としをしないかまえ。例 厳密《げんみつ》に調査《ちょうさ》する。

【厳命】げんめい [↓]〈—する〉ぜったいに果《は》たせとの命令《めいれい》。例 ここを死守《ししゅ》せよとの厳命《げんめい》を受《う》ける。類 厳令《げんれい》

❷〈おごそか〉の意味で

【厳粛】げんしゅく [‖]〈—な/—に〉おごそかで、心《こころ》がひきしまる。例 会場《かいじょう》のふんいきは厳粛《げんしゅく》そのもの。批判《ひはん》は厳粛《げんしゅく》に受《う》けとめます。類 荘重《そうちょう》

【厳然】げんぜん [⊠]〈—たる/—と〉近《ちか》づきがたい重々《おもおも》しさである。例 厳然《げんぜん》たる事実《じじつ》(動《うご》かすことのできない事実《じじつ》)。

【厳父】げんぷ [↓] 威厳《いげん》にみちた父親《ちちおや》。対 慈母《じぼ》 表現 他人《たにん》の父《ちち》をうやまっていうことばにもなる。

厳が下につく熟語 上の字の働き

❶ 厳＝〈きびしい〉のとき
【冷厳《れいげん》 戒厳《かいげん》】近《ちか》い意味《いみ》。

❷ 厳＝〈おごそか〉のとき
【威厳《いげん》 謹厳《きんげん》 尊厳《そんげん》 森厳《しんげん》 荘厳《そうごん》】近《ちか》い意味《いみ》。

4画 文［ぶん］の部

えりもとの美《うつく》しさを表《あらわ》す「文《ぶん》」と、それにもとづく字《じ》を集《あつ》めてあります。

この部首の字
0 文……550
8 斑……552
斐……552
対→寸 329
斉→斉 1031
斎→斉 1031

■ 文-0

文

総画4
JIS-4224
教1年
訓 音 ブン・モン
ふみ・あや

筆順

なりたち

【象形】胸《むね》の前《まえ》でまじわっているえりもとの美《うつく》しい線《せん》からできた字《じ》。「あや、もよう」の意味《いみ》を表《あらわ》している。

意味

❶あや。もよう。例 縄文《じょうもん》

❷ことば。もじ。文章《ぶんしょう》。例 文《ふみ》をつかわす(手紙《てがみ》を送《おく》る。古風《こふう》な言《い》い方《かた》)。作文《さくぶん》

❸学問《がくもん》や芸術《げいじゅつ》。人間《にんげん》のちえによって生《う》み出《だ》されるもの。例 人文《じんぶん/じんもん》

❹むかしの単位《たんい》。㋐お金《かね》の単位《たんい》。例 一文《いちもん》銭《せん》 ㋑長《なが》さの単位《たんい》。尺貫法《しゃっかんほう》で、一貫《いっかん》の千分《せんぶん》の一《いち》。約《やく》三・七五グラム。長《なが》さの単位《たんい》としては約《やく》二・四センチメートル。

❺《その他《た》》例 文楽《ぶんらく》

参考 ❶❹では つねに「モン」と読《よ》まれる。

名前のよみ あき・とも・のぶ・のり・ひさ・ひとし・やす・ゆき・よし

❶〈あや〉の意味で

【文様】もんよう [‖] 模様《もよう》。表記「紋様」とも書《か》く。

❷〈ことば。もじ。文章〉の意味で

【文案】ぶんあん [↓] 文章《ぶんしょう》の下書《したが》き。例 文案《ぶんあん》をつくる。文案《ぶんあん》を練《ね》る。類 草案《そうあん》

【文意】ぶんい [↓] 文《ぶん》や文章《ぶんしょう》が表《あらわ》そうとしている意味《いみ》。例 文意《ぶんい》を読《よ》みとる。

【文学】ぶんがく [↓] ①詩《し》・小説《しょうせつ》・戯曲《ぎきょく》など、人《ひと》が心《こころ》の中《なか》に作《つく》り出《だ》す世界《せかい》をことばで表《あらわ》す芸術《げいじゅつ》。それを研究《けんきゅう》する学問《がくもん》。類 文芸《ぶんげい》 ②哲学《てつがく》・歴史学《れきしがく》・言語学《げんごがく》など、文科《ぶんか》の学問《がくもん》をまとめていうことば。

【文具】ぶんぐ [↓] えんぴつ・消《け》しゴム・ノートなど、ものを書《か》いたり勉強《べんきょう》したりするときに必要《ひつよう》な道具《どうぐ》。類 文房具《ぶんぼうぐ》・学用品《がくようひん》

【文芸】ぶんげい [↓] 詩《し》・小説《しょうせつ》・戯曲《ぎきょく》など、ことばによ

って表《あらわ》される芸術《げいじゅつ》。類 文学《ぶんがく》 ☞❸

【文◦献】《ぶんけん》[↓]研究《けんきゅう》していることを調《しら》べるのに役立《やくだ》つ書類《しょるい》や書物《しょもつ》。例 参考文献《さんこうぶんけん》

【文庫】《ぶんこ》[↓]①本《ほん》をしまっておくところ。そこにおいてある本《ほん》。例 学級文庫《がっきゅうぶんこ》 ②書類《しょるい》や筆記具《ひっきぐ》などを入《い》れて、手《て》もとにおく箱《はこ》。類 手文庫《てぶんこ》 ③小型《こがた》で、おなじ表紙《ひょうし》をつけてシリーズにして出版《しゅっぱん》される、ねだんの安《やす》い本《ほん》。例 文庫本《ぶんこぼん》 表現 ③は、出版社《しゅっぱんしゃ》の名《な》をつけて、「○○文庫《ぶんこ》」とすることが多《おお》い。

【文語】《ぶんご》[↓]おもに、文章《ぶんしょう》を書《か》くときだけに使《つか》うことば。また、明治以前《めいじいぜん》に使《つか》っていた古語《こご》・古文《こぶん》をさすこともある。書《か》きことば。例 文語文《ぶんごぶん》・文語体《ぶんごたい》・文語文法《ぶんごぶんぽう》 類 文章語《ぶんしょうご》 対 口語《こうご》

【文◦豪】《ぶんごう》[↓]りっぱな文学作品《ぶんがくさくひん》を数多《かずおお》くつくった人《ひと》。評判《ひょうばん》になるような大《おお》きな小説《しょうせつ》を次々《つぎつぎ》に書《か》いた人《ひと》。例 文豪《ぶんごう》ゲーテ

【文才】《ぶんさい》[↓]すばらしい文章《ぶんしょう》や小説《しょうせつ》などを書《か》く才能《さいのう》。例 文才《ぶんさい》にめぐまれる。

【文士】《ぶんし》[↓]文章《ぶんしょう》を書《か》くことを仕事《しごと》にしている人《ひと》。おもに、小説《しょうせつ》を書《か》く人《ひと》をいう。

【文集】《ぶんしゅう》[↓]詩《し》や文章《ぶんしょう》などを集《あつ》めて一《いっ》さつにまとめたもの。例 卒業記念文集《そつぎょうきねんぶんしゅう》

【文書】《ぶんしょ／もんじょ》[↓]必要《ひつよう》なことを文字《もじ》にして書《か》きしるしたもの。例 公文書《こうぶんしょ》 類 書面《しょめん》・書類《しょるい》 参考 「もんじょ」は、古文書《こもんじょ》を指《さ》すときにいう。

【文章】《ぶんしょう》[III]ことばの流《なが》れが一《ひと》つのまとまった内容《ないよう》を表《あらわ》しているもの。

【文責】《ぶんせき》[↓]その文章《ぶんしょう》についての責任《せきにん》。表現 文章《ぶんしょう》には署名《しょめい》をして、書《か》いた人《ひと》の責任《せきにん》をしめすが、講演《こうえん》や談話《だんわ》をべつの人《ひと》がまとめた文章《ぶんしょう》には、その文章《ぶんしょう》の責任《せきにん》をしめすために「文責《ぶんせき》速記者《そっきしゃ》」のように書《か》くことがある。

【文節】《ぶんせつ》[↓]文《ぶん》を、しぜんな発音《はつおん》でくぎっていった場合《ばあい》の、いちばん小《ちい》さな意味《いみ》のまとまり。たとえば、「庭《にわ》に赤《あか》い花《はな》が咲《さ》いた」という文《ぶん》は、「庭《にわ》に」「赤《あか》い」「花《はな》が」「咲《さ》いた」という四《よっ》つの文節《ぶんせつ》からできている。

【文体】《ぶんたい》[↓]①口語体《こうごたい》・文語体《ぶんごたい》、です・ます体《たい》、だ・である体《たい》など、ことばの形式《けいしき》から見《み》た文章《ぶんしょう》の種類分《しゅるいわ》け。②作者《さくしゃ》の文章《ぶんしょう》の特徴《とくちょう》。おもに、文学作品《ぶんがくさくひん》についていう。

【文◦壇】《ぶんだん》[↓]作家《さっか》や批評家《ひひょうか》たちの社会《しゃかい》。類 文学界《ぶんがくかい》 参考 俳句《はいく》を作《つく》る人《ひと》たちの社会《しゃかい》を「俳壇《はいだん》」、短歌《たんか》を作《つく》る人《ひと》たちの社会《しゃかい》を「歌壇《かだん》」という。

【文◦鎮】《ぶんちん》[↓]習字《しゅうじ》の紙《かみ》や書類《しょるい》などが動《うご》いたりとんだりしないようにおさえるおもし。

【文通】《ぶんつう》[↓]〈—する〉手紙《てがみ》をやりとりすること。

【文筆】《ぶんぴつ》[II]新聞《しんぶん》や雑誌《ざっし》などにのせる詩歌《しいか》・小説《しょうせつ》・評論《ひょうろん》などを書《か》くこと。例 文筆業《ぶんぴつぎょう》

【文法】《ぶんぽう》[↓]考《かんが》えを言《い》い表《あらわ》すための、単語《たんご》の結《むす》びつき方《かた》のきまり。例 日本語《にほんご》の文法《ぶんぽう》。

【文◦房具】《ぶんぼうぐ》 えんぴつ・ペン・ノート・用紙《ようし》・定規《じょうぎ》など、ものを書《か》いたり勉強《べんきょう》したりするのに使《つか》う道具《どうぐ》。類 文具《ぶんぐ》

【文末】《ぶんまつ》[↓]文《ぶん》の終《お》わりの部分《ぶぶん》。対 文頭《ぶんとう》 知識 文末《ぶんまつ》には句点《くてん》「。」をうつ。

【文脈】《ぶんみゃく》[↓]文《ぶん》のつながりぐあい。文章《ぶんしょう》のすじみち。例 文脈《ぶんみゃく》をたどる。

【文面】《ぶんめん》[↓]文章《ぶんしょう》に文字《もじ》として書《か》き表《あらわ》されていることがら。

【文例】《ぶんれい》[↓]文章《ぶんしょう》のつくり方《かた》や書《か》き方《かた》の見本《みほん》。

【文字】《もじ／もんじ》[II]ことばを書《か》き表《あらわ》す記号《きごう》。類 字《じ》

【文字面】《もじづら》①文字《もじ》のならびぐあいから受《う》ける感《かん》じ。例 漢字《かんじ》ばかりで文字面《もじづら》がかたい。類 字面《じづら》 ②文章《ぶんしょう》の表面上《ひょうめんじょう》の意味《いみ》。例 文字面《もじづら》だけの謝罪《しゃざい》で誠意《せいい》が感《かん》じられない。

【文句】《もんく》[II]①文章《ぶんしょう》の中《なか》の語句《ごく》。いくつかの語《ご》がつづいたもの。②不平《ふへい》や不満《ふまん》など、相手《あいて》に言《い》ってやりたいこと。例 文句《もんく》をつける。

❸〈学問や芸術〉の意味で

【文科】《ぶんか》[↓]①学問《がくもん》を大《おお》きく二《ふた》つに分《わ》けたとき、哲学《てつがく》・歴史学《れきしがく》・文学《ぶんがく》・法律学《ほうりつがく》・経済学《けいざいがく》などの学問《がくもん》。対 理科《りか》 ②大学《だいがく》で、文学部《ぶんがくぶ》のこと。

【文化】《ぶんか》[↓]①人間《にんげん》の考《かんが》えやくふうで、世《よ》の中《なか》がひらけて、生活《せいかつ》が便利《べんり》でゆたかであること。類 文明《ぶんめい》 ②学問《がくもん》・芸術《げいじゅつ》・宗教《しゅうきょう》・法律《ほうりつ》・経済《けいざい》など、人間《にんげん》の心《こころ》のはたらきによって作《つく》り出《だ》されたもの。例 日本《にほん》の文化《ぶんか》。表現 「言語文化《げんごぶんか》」「物質文明《ぶっしつぶんめい》」などのことばでもわかるように、文化《ぶんか》は心《こころ》の問題《もんだい》もふくめた広《ひろ》いもの、文明《ぶんめい》はもの中心《ちゅうしん》という使《つか》い分《わ》けをすることが多《おお》い。

【文化遺産《ぶんかいさん》】むかしの人《ひと》がのこしたすぐれた学問《がくもん》・芸術《げいじゅつ》作品《さくひん》・建物《たてもの》など。

【文化財《ぶんかざい》】学問《がくもん》・芸術《げいじゅつ》など、文化《ぶんか》という面《めん》から見《み》て、ねうちがあると考《かんが》えられるもの。知識 国《くに》は、とくに価値《かち》が高《たか》い文化財《ぶんかざい》をまもっていくために、建物《たてもの》や美術《びじゅつ》工芸品《こうげいひん》などを「重要文化財《じゅうようぶんかざい》」、古来《こらい》の演劇《えんげき》・音楽《おんがく》・工芸《こうげい》などのわざを「無形文化財《むけいぶんかざい》」に指定《してい》している。

【文化人《ぶんかじん》】学問《がくもん》や芸術《げいじゅつ》などの仕事《しごと》をする人《ひと》。また、高《たか》い教養《きょうよう》を身《み》につけた人《ひと》。

【文官《ぶんかん》】[↓]軍事《ぐんじ》以外《いがい》の司法《しほう》、行政《ぎょうせい》などの仕《し》事《ごと》を受《う》けもつ役人《やくにん》。対 武官《ぶかん》

【文教《ぶんきょう》】[‖]学問《がくもん》や教育《きょういく》に関《かん》すること。例 文教政策《ぶんきょうせいさく》・文教地区《ぶんきょうちく》

【文芸《ぶんげい》】[‖]学問《がくもん》と芸術《げいじゅつ》。例 文芸復興《ぶんげいふっこう》(ルネサンス)☞❷

【文人《ぶんじん》】[↓]①学問《がくもん》や芸術《げいじゅつ》などの仕事《しごと》をする人《ひと》。対 武人《ぶじん》②詩《し》や俳句《はいく》などにしたしむ風《ふう》流《りゅう》な人《ひと》。例 文人墨客《ぶんじんぼっかく》・文人画《ぶんじんが》(絵《え》を専門《せんもん》としない文人《ぶんじん》が趣味《しゅみ》でかく、あじわいの深《ふか》い絵《え》)

【文武《ぶんぶ》】[↕]学問《がくもん》と武芸《ぶげい》。例 文武両道《ぶんぶりょうどう》

【文物《ぶんぶつ》】[↓]文化《ぶんか》のあらわれとしての、書物《しょもつ》や芸術《げいじゅつ》作品《さくひん》を中心《ちゅうしん》とするいろいろなもの。例 歴史的《れきしてき》な文物《ぶんぶつ》にふれる。

【文明《ぶんめい》】[↓]世《よ》の中《なか》が開《ひら》け、人間《にんげん》のちえが進《すす》んで生活《せいかつ》がゆたかになること。とくに、技術《ぎじゅつ》や実用《じつよう》に重点《じゅうてん》をおいた物質的《ぶっしつてき》な文化《ぶんか》をいうことが多《おお》い。例 古代文明発祥《こだいぶんめいはっしょう》の地《ち》。類 文化《ぶんか》

【文明開化《ぶんめいかいか》】新《あたら》しい知識《ちしき》や技術《ぎじゅつ》を取《と》り入《い》れて、世《よ》の中《なか》が進歩《しんぽ》すること。とくに、明《めい》治時代《じじだい》のはじめ、日本《にほん》で西洋《せいよう》の文明《ぶんめい》を取《と》り入《い》れたときのことを指《さ》す。

❺《その他》

【文楽《ぶんらく》】[○]義太夫《ぎだゆう》にあわせて、人形《にんぎょう》をつかってする芝居《しばい》。一体《いったい》の人形《にんぎょう》を三人《さんにん》であやつるのが特徴《とくちょう》。参考 江戸時代後期《えどじだいこうき》に、人形《にんぎょう》じょうるりの一座《いちざ》をおこした、「植村文楽軒《うえむらぶんらくけん》」の名《な》から出《で》た語《ご》。

文が下につく熟語 上の字の働き

❷文＝〈ことば。もじ。文章〉のとき

【英文《えいぶん》 欧文《おうぶん》 漢文《かんぶん》 国文《こくぶん》 和文《わぶん》 邦文《ほうぶん》】ドコの国《くに》のことばの文章《ぶんしょう》か。

【原文《げんぶん》 訳文《やくぶん》】ドウイウ文章《ぶんしょう》か。

【散文《さんぶん》 韻文《いんぶん》 候文《そうろうぶん》】ドウイウ形式《けいしき》の文章《ぶんしょう》か。

【序文《じょぶん》 前文《ぜんぶん》 本文《ほんぶん|ほんもん》 全文《ぜんぶん》 例文《れいぶん》】文章全体《ぶんしょうぜんたい》の中《なか》の、ドノ部分《ぶぶん》の文章《ぶんしょう》か。

【作文《さくぶん》 成文《せいぶん》 案文《あんぶん》】文章《ぶんしょう》をドウスルか・ドウシタ文章《ぶんしょう》か。

【経文《きょうもん》 証文《しょうもん》 誓文《せいもん》 論文《ろんぶん》】ナニのための文章《ぶんしょう》か。

【長文《ちょうぶん》 短文《たんぶん》 名文《めいぶん》 悪文《あくぶん》 条文《じょうぶん》】ドノヨウナ文《ぶん》章《しょう》か。

【碑文《ひぶん》 銘文《めいぶん》 電文《でんぶん》】ドコに書《か》かれる文章《ぶんしょう》か。

❹文＝〈むかしの単位〉のとき

【二束三文《にそくさんもん》 無一文《むいちもん》】上《うえ》につく字《じ》は数字《すうじ》。

◆縄文《じょうもん》 人文《じんぶん|じんもん》

文-8

斑

総画12 JIS-4035 常用

訓 まだら・ぶち 音 ハン

筆順 斑 斑 斑 斑 斑 斑 斑 斑

意味 まだら。表面《ひょうめん》とちがう色《いろ》が点々《てんてん》と入《い》りまじっているもよう。ぶち。

参考 法隆寺《ほうりゅうじ》のある「斑鳩」は「いかるが」と読《よ》む。

【斑点《はんてん》】[↓]ちらばっている点《てん》。まだら。例 うでに斑点《はんてん》のようなものが出《で》る。

文-8

斐

総画12 JIS-4069 人名

訓 — 音 ヒ

意味 あや。美《うつく》しいもよう。

参考 旧国名《きゅうこくめい》の「甲斐《かい》」と、「甲斐《かい》がある」の「甲《か》斐《い》」とでよく使《つか》われる。

名前のよみ あきら・あや・よし

4画 斗《と》［とます］の部

「斗《と》」をもとにして作《つく》られ、ます目《め》やはかることにかかわる字《じ》を集《あつ》めてあります。

この部首の字

斗-0

斗

総画4 JIS-3745 常用

訓 — 音 ト

筆順 斗 斗 斗 斗

なりたち [象形]酒《さけ》をくむひしゃくの形《かたち》をえがいた字《じ》。「ひしゃく、ます」を表《あらわ》す。

意味
❶ひしゃく。柄《え》のついたます。例 北斗七星《ほくとしちせい》・漏斗《ろうと》
❷容積《ようせき》の単位《たんい》。尺貫法《しゃっかんほう》で、一斗《いっと》は一升《いっしょう》の十倍《じゅうばい》、約《やく》一八リットル。

❷〈容積の単位〉の意味で

【◦斗酒《としゅ》】⇩たくさんの酒《さけ》。表現「斗酒《としゅ》なお辞《じ》せず」は、酒《さけ》ならいくらでも飲《の》むこと。

斗-6 料

総画10 JIS-4633 教4年 音 リョウ 訓 —

筆順 料 料 料 料 料 料 料 料 料 料（はねない・でる）

なりたち [会意]「ひしゃく」を表《あらわ》す「斗」と「米」を合《あ》わせて、米《こめ》をはかることから、物《もの》をはかる意味《いみ》に使《つか》われる字《じ》。

意味
❶はかる。おしはかる。きりもりする。
❷もとになるもの。なにかに使《つか》うためのもの。例 資料《しりょう》・材料《ざいりょう》
❸はらうお金《かね》。代金《だいきん》。例 料金《りょうきん》・給料《きゅうりょう》

❶〈はかる〉の意味で

【料◦簡《りょうけん》】⇩考《かんが》え。類 思案《しあん》 表記「了見」「了簡」とも書《か》く。表現「こんなことをするとはどういう料簡《りょうけん》なんだ」など、よくない考《かんが》えという意味で使《つか》われることが多《おお》い。

【料◦亭《りょうてい》】⇩高級《こうきゅう》な日本料理店《にほんりょうりてん》。類 割烹《かっぽう》

【料理《りょうり》】⇩(ーする)肉《にく》・魚《さかな》・野菜《やさい》などの材料《ざいりょう》に手《て》をくわえて食《た》べ物《もの》をつくること。そうしてできあがったもの。類 調理《ちょうり》・炊事《すいじ》 表現「強打者《きょうだしゃ》を料理《りょうり》する」などと、うまくあしらってのける意味《いみ》にも使《つか》う。

❸〈はらうお金〉の意味で

【料金《りょうきん》】⇩なにかを使《つか》ったり役立《やくだ》てたりしたときにはらうお金《かね》。例 公共料金《こうきょうりょうきん》

料が下につく熟語 上の字の働き

❷料＝〈もとになるもの〉のとき
【原料《げんりょう》 材料《ざいりょう》 資料《しりょう》】近《ちか》い意味《いみ》。
【食料《しょくりょう》 飲料《いんりょう》 飼料《しりょう》 染料《せんりょう》 塗料《とりょう》 燃料《ねんりょう》 肥料《ひりょう》 衣料《いりょう》】ドウスルためのものか。
【史料《しりょう》 顔料《がんりょう》 香料《こうりょう》 香辛料《こうしんりょう》】ナニの材料《ざいりょう》か。

❸料＝〈はらうお金〉のとき
【送料《そうりょう》 損料《そんりょう》 香料《こうりょう》】ナニに対《たい》する代金《だいきん》か。
【有料《ゆうりょう》 無料《むりょう》 料金《りょうきん》】料金の有《あ》る無《な》し。

斗-7 斜

総画11 JIS-2848 常用 音 シャ 訓 ななめ

筆順 斜 斜 斜 斜 斜 斜 斜

なりたち [形声]「斗」が「ひしゃく」を表《あらわ》し、「余《よ》」が「シャ」とかわって読《よ》み方《かた》をしめしている。「ヨ」は「くみ出《だ》す」意味《いみ》を持《も》ち、ひしゃくをななめにかたむけて酒《さけ》をくみ出《だ》すことを表《あらわ》す字《じ》。

意味 ななめ。かたむいている。例 ごきげん斜《なな》め。道路《どうろ》の斜《なな》め横断《おうだん》はやめよう。斜《しゃ》に構《かま》える。傾斜《けいしゃ》

【◦斜◦滑降《しゃかっこう》】スキーで、斜面《しゃめん》をななめにす

例解 使い分け

[たつ《断つ・絶つ》]

断つ＝つづいているものを切《き》ってつづけなくさせる。
例 敵《てき》の退路《たいろ》を断《た》つ。水《みず》の補給源《ほきゅうげん》を断《た》つ。酒《さけ》を断《た》つ。

絶つ＝つづいているものごとを終《お》わりにする。
例 交際《こうさい》を絶《た》つ。消息《しょうそく》を絶《た》つ。命《いのち》を絶《た》つ。

参考「断《た》つ」は復活《ふっかつ》する可能性《かのうせい》があるが、「絶《た》つ」の場合《ばあい》はない。

べりおりること。対 直滑降《ちょっかっこう》

【斜視《しゃし》】↓ ものを見《み》るとき、一方《いっぽう》の目《め》がべつの方向《ほうこう》を見《み》ているように見《み》える目《め》。

【斜線《しゃせん》】↓ ななめの線《せん》。

【斜辺《しゃへん》】↓ かたむいているななめの辺《へん》。とくに、直角三角形《ちょっかくさんかくけい》の三《みっ》つの辺《へん》のうちで直角《ちょっかく》とむかいあう辺《へん》。

【斜面《しゃめん》】↓ かたむいている面《めん》。坂《さか》。例 山《やま》の斜面《しゃめん》。急斜面《きゅうしゃめん》

【斜陽《しゃよう》】↓ 西《にし》にかたむいた太陽《たいよう》。その光《ひかり》。
参考 作家《さっか》太宰治《だざいおさむ》が『斜陽《しゃよう》』という作品《さくひん》で没落《ぼつらく》貴族《きぞく》をえがいたことから、「斜陽族《しゃようぞく》」のような言《い》い方《かた》ができ、おとろえゆくものを表《あらわ》すようになった。

4画 斤の部 ［おの］［おのづくり］

「斤《おの》」をもとにして作《つく》られ、おのや切《き》ることにかかわる字《じ》を集《あつ》めてあります。

この部首の字

0 斤……554	1 斥……554	7 斬……554	断……554
9 新……555	欣→欠 632	質→貝 959	匠→匚 172
所→戸 502			

斤

斤-0 総画4 JIS-2252 常用 音 キン 訓 ―

斥

斤-1 総画5 JIS-3245 常用 音 セキ 訓 しりぞ-ける

名前のよみ のり

なりたち ［会意］もとの字は、「㡿」。「屰」は家《いえ》(广)をとりのぞくことを表《あらわ》す字《じ》。「斥」は「㡿」の略字《りゃくじ》。「しりぞける」意味《いみ》を持《も》ち、

意味
❶しりぞける。おしのける。例 排斥《はいせき》
❷ようすをさぐる。うかがう。例 斥候《せっこう》

発音あんない セキ→セッ… 例 斥候《せっこう》

❷〈ようすをさぐる〉の意味で

【斥候《せっこう》】Ⅱ 敵《てき》のようすをさぐること。そのために出《で》ていく兵隊《へいたい》。

斬

斤-7 総画11 JIS-2734 常用 音 ザン 訓 きる

意味
❶きる。刀《かたな》できる。きりころす。例 斬殺《ざんさつ》
❷きわだつ。はなはだしい。例 斬新《ざんしん》

❷〈きわだつ〉の意味で

【斬新《ざんしん》】↓ (―な) 考《かんが》えなどが、今《いま》までになく新《あたら》しい。例 斬新《ざんしん》なアイデア。

断

斤-7 総画11 JIS-3539 教5年 音 ダン 訓 たつ・ことわる ［斷］

なりたち ［会意］もとの字は、「斷」。「㡭」が糸《いと》を切《き》ることを表《あらわ》し、おの(斤)でたちきる意味《いみ》を表《あらわ》す字《じ》。

意味
❶たつ。たちきる。例 敵《てき》の退路《たいろ》を断《た》つ。断《だん》絶《ぜつ》・横断《おうだん》 対 続《ぞく》
❷きっぱりきめる。さだめる。例 断《だん》を下《くだ》す。是非《ぜひ》を断《だん》じる。判断《はんだん》
❸ことわる。前《まえ》もって知《し》らせる。例 申《もう》し出《で》を断《ことわ》る。断《ことわ》りもなく。無断《むだん》

使い分け たつ［断・絶］☞553ページ

名前のよみ さだむ

❶〈たつ〉の意味で

【断崖《だんがい》】↓ きりたった、がけ。類 絶壁《ぜっぺき》

【断交《だんこう》】▲ (―する) つきあいをやめること。国《こっ》家間《かかん》のつきあいをやめること。類 絶交《ぜっこう》

【断食《だんじき》】▲ (―する) あるきまった期間《きかん》、食《た》べ物《もの》を口《くち》にすることをやめること。類 絶食《ぜっしょく》 知識 もとは、修行《しゅぎょう》のための断食《だんじき》が多《おお》かったが、今《いま》は、何《なに》かへの抗議《こうぎ》とか、意見主張《いけんしゅちょう》のための断《だん》食《じき》もある。これはふつう「ハンガーストライ

キ」、略《りゃく》して「ハンスト」という。

【断酒《だんしゅ》】[▲]〈―する〉酒《さけ》を飲《の》まないと決《き》め、実行《じっこう》すること。例 断酒《だんしゅ》をちかう。類 禁酒《きんしゅ》

【断水《だんすい》】[▲]〈―する〉工事《こうじ》や水不足《みずぶそく》などのために水道《すいどう》の水《みず》がとまること。

【断絶《だんぜつ》】[Ⅱ]〈―する〉①それまでつづいてきた流《なが》れや関係《かんけい》が切《き》れること。たち切《き》ること。例 国交断絶《こっこうだんぜつ》 ②まったくつながりがないこと。とくに、考《かんが》え方《かた》や気持《きも》ちのつながりがなくなること。例 世代《せだい》の断絶《だんぜつ》が生《う》まれる。

【断層《だんそう》】[↓]①地盤《じばん》が、ある面《めん》をさかいにして上下《じょうげ》または水平方向《すいへいほうこう》にずれていること。②考《かんが》え方《かた》などのくいちがい。ギャップ。

【断続《だんぞく》】[⇕]〈―する〉とぎれたりつづいたりすること。例 雨《あめ》が断続的《だんぞくてき》にふる。対 連続《れんぞく》

【断腸《だんちょう》の思《おも》い】はらわたがちぎれるほどのたえがたい悲《かな》しみ。

故事のはなし ☞555ページ

故事のはなし

断腸《だんちょう》の思《おも》い

桓温《かんおん》が蜀《しょく》の国《くに》を攻《せ》めたとき、長江《ちょうこう》の三峡《さんきょう》で部下《ぶか》が子猿《こざる》を捕《と》らえた。母猿《ははざる》が河岸《かわぎし》沿《ぞ》いに悲《かな》しげに鳴《な》きながら百里《ひゃくり》あまりも追《お》いかけて、ついに船中《せんちゅう》に飛《と》び込《こ》んで死《し》んだ。その腹《はら》の中《なか》を見《み》てみると、腸《はらわた》が細《こま》かくちぎれていた。（『世説新語《せせつしんご》』）

【断熱《だんねつ》】[▲]〈―する〉熱《ねつ》がつたわらないようにすること。例 断熱材《だんねつざい》・断熱《だんねつ》シート

【断念《だんねん》】[▲]〈―する〉したいと思《おも》っていたことをやむをえずあきらめること。

【断片《だんぺん》】[↓]もとはひとまとまりになっていたものの一部分《いちぶぶん》。きれはし。

【断片的《だんぺんてき》】〈―な・―に〉とぎれとぎれで、まとまりのないようす。例 断片的《だんぺんてき》な記憶《きおく》。

【断末◦魔《だんまつま》】死《し》にぎわ。死《し》にぎわの苦《くる》しみ。例 断末魔《だんまつま》のさけび。

【断面《だんめん》】[↓]①ものを切《き》ったときにあらわれる面《めん》。例 断面図《だんめんず》 ②ものごとをある一面《いちめん》から見《み》たとき、そこにあらわれたようす。

❷〈きっぱりきめる〉の意味で

【断言《だんげん》】[↓]〈―する〉疑問《ぎもん》をのこさずきっぱりと言《い》い切《き》ること。例「それはちがう」と断言《だんげん》する。類 明言《めいげん》・確言《かくげん》

【断固《だんこ》】[↓]〈―たる・―と〉何《なに》があっても意志《いし》をまげずにするようす。例 断固反対《だんこはんたい》する。

【断行《だんこう》】[↓]〈―する〉まよわず、はっきりした形《かたち》でおこなうこと。例 値下《ねさ》げ断行《だんこう》。類 敢行《かんこう》

【断罪《だんざい》】[▲]〈―する〉裁判《さいばん》で、たしかに罪《つみ》があると判断《はんだん》をくだすこと。

【断然《だんぜん》】[⊠]〈―たる・―と〉①きっぱりとおこなうようす。例 断然《だんぜん》これに決《き》めた。②ずばぬけているようす。例 こっちが断然《だんぜん》いい。

【断定《だんてい》】[Ⅱ]〈―する〉こうだとはっきり決《き》めつけること。例 本物《ほんもの》であると断定《だんてい》する。

断が下につく熟語 上の字の働き

❶断＝〈たつ〉のとき

【裁断《さいだん》 遮断《しゃだん》 切断《せつだん》】近《ちか》い意味《いみ》。

【横断《おうだん》 縦断《じゅうだん》 寸断《すんだん》 中断《ちゅうだん》 両断《りょうだん》（一刀両断《いっとうりょうだん》）】ドノヨウニ断《た》ち切《き》るか。

❷断＝〈きっぱりきめる〉のとき

【英断《えいだん》 果断《かだん》 勇断《ゆうだん》 独断《どくだん》 速断《そくだん》 即断《そくだん》 予断《よだん》】ドノヨウニ断《だん》じるか。

【判断《はんだん》 裁断《さいだん》 処断《しょだん》 診断《しんだん》】ドウヤッテ断《だん》じるか。

◆易断《えきだん》 禁断《きんだん》 決断《けつだん》 言語道断《ごんごどうだん》 不断《ふだん》 無断《むだん》 油断《ゆだん》

斤-9

新

総画13

JIS-3123

教2年

音 シン

訓 あたらしい・あらた・にい

筆順

なりたち

【形声】「辛」と「木」と「斤」とでできている字。「辛」は「シン」という読《よ》み方《かた》をしめしている。「シン」は「切《き》りそろえる」意味《いみ》を持《も》ち、おの(斤)で切《き》りそろえた木《き》「たきぎ」を表《あらわ》す字《じ》。のちに、「あたらしい」の意味《いみ》に借《か》りて使《つか》われるようになった。

意味 あたらしい。あたらしくする。あらたに。例 思《おも》いを新《あら》たにする。新《あたら》しい服《ふく》。改新《かいしん》

対 旧《きゅう》・古《こ》

名前のよみ あきら・すすむ・ちか・はじめ・よし・わか

【新手《あらて》】[↓]①まだそのことをしないでひか

えている人《ひと》たち。例 新手《あらて》をくり出《だ》す。②新《あたら》しくなかまに入《はい》ってきた人《ひと》。類 新顔《しんがお》 対 古手《ふるて》 ③まだ使《つか》われていない新《あたら》しいやり方《かた》。例 新《あら》手《て》の詐欺《さぎ》。表現 ③や碁《ご》や将棋《しょうぎ》で、今《いま》までなかったやり方《かた》や打《う》ち方《かた》、指《さ》し方《かた》を「新手《しんて》」ということがある。

【新案《しんあん》】[↓] 新《あたら》しく考《かんが》え出《だ》されたくふう。例 新案特許《しんあんとっきょ》

【新。鋭《しんえい》】[↓]〈—な〉新《あたら》しく出《で》てきて、いきいきとしている人《ひと》やもの。類 新進《しんしん》 対 古豪《ここう》

【新顔《しんがお》】[↓] 新《あたら》しくなかまに入《はい》ってきた人《ひと》。ニューフェース。類 新人《しんじん》・新手《あらて》 対 古顔《ふるがお》

【新型《しんがた》】[↓] 今《いま》までには見《み》られない新《あたら》しい型《かた》。例 新型車《しんがたしゃ》

【新刊《しんかん》】[↓] 新《あたら》しく出《で》た本《ほん》。例 新刊書《しんかんしょ》 類 新版《しんばん》 表現 「近《ちか》く出《で》る予定《よてい》の本《ほん》」を「近刊《きんかん》」、「新《あたら》しく出《で》た本《ほん》」を「新刊《しんかん》」と区別《くべつ》している。

【新規《しんき》】[↓]〈—な・—に〉それまでとはべつに、新《あたら》しくおこなうこと。例 新規《しんき》まきなおし。

【新機。軸《しんきじく》】 今《いま》までになかった新《あたら》しい計画《けいかく》やくふう。例 新機軸《しんきじく》を打《う》ち出《だ》す。

【新旧《しんきゅう》】[⇕] 新《あたら》しいことと古《ふる》いこと。新《あたら》しいものとその前《まえ》のもの。例 新旧《しんきゅう》入《い》れかえ。

【新居《しんきょ》】[↓] 新《あたら》しくたてたり、うつったりした住《す》まい。とくに、結婚《けっこん》してはじめて住《す》むところ。例 新居《しんきょ》をかまえる。対 旧居《きゅうきょ》

【新教《しんきょう》】[↓] キリスト教《きょう》の二大教派《にだいきょうは》の一《ひと》つ。十六世紀《じゅうろくせいき》にルターらがローマ旧教《きゅうきょう》による信《しん》仰《こう》に抗議《こうぎ》してできた新《あたら》しい教派《きょうは》。プロテスタント。対 旧教《きゅうきょう》

【新月《しんげつ》】[↓] ①陰暦一日《いんれきついたち》の月《つき》。②陰暦《いんれき》で、月《つき》のはじめ三日《みっか》、四日《よっか》ごろまでに見《み》られる細《ほそ》い月《つき》。類 三日月《みかづき》 対 満月《まんげつ》

【新語《しんご》】[↓] 新《あたら》しく作《つく》られたり新《あら》たに外国《がいこく》から入《はい》ってきたりして使《つか》われるようになったことば。

【新興《しんこう》】[↓] 今《いま》までになかったものが新《あたら》しくあらわれ、いきおいを持《も》つこと。例 新興勢力《しんこうせいりょく》

【新。婚《しんこん》】[↓] 結婚《けっこん》したばかり。例 新婚旅行《しんこんりょこう》

【新作《しんさく》】[↓] 新《あたら》しくできた作品《さくひん》。対 旧作《きゅうさく》

【新参《しんざん》】[↓] 新《あたら》しくなかまに入《はい》った人《ひと》。新入《しんい》り。例 新参者《しんざんもの》 類 新米《しんまい》・新入《しんいり》 対 古参《こさん》

【新式《しんしき》】[↓] 新《あたら》しいやり方《かた》や型《かた》。対 旧式《きゅうしき》

【新出《しんしゅつ》】[↓]〈—する〉国語《こくご》や英語《えいご》の教科書《きょうかしょ》で、その語句《ごく》や漢字《かんじ》などがはじめて出《で》ること。例 新出漢字《しんしゅつかんじ》 類 初出《しょしゅつ》

【新春《しんしゅん》】[↓] 年《とし》のはじめ。類 初春《はつはる》・新年《しんねん》

【新進《しんしん》】[↓] その分野《ぶんや》で、新《あたら》しくうでまえや才能《さいのう》がみとめられだした人《ひと》。類 新鋭《しんえい》

【新人《しんじん》】[↓] ①その分野《ぶんや》に新《あたら》しくあらわれた人《ひと》。ニューフェース。ルーキー。②新《あたら》しくなかまに入《はい》ってきた人《ひと》。新入《しんい》り。類 新顔《しんがお》

【新進気。鋭《しんしんきえい》】 その世界《せかい》に進出《しんしゅつ》してきたばかりで、新鮮《しんせん》さと、さかんないきおいとを持《も》っていること。例 新進気鋭《しんしんきえい》の画家《がか》。

【新星《しんせい》】[↓] ①新《あたら》しく見《み》つかった星《ほし》。②とつぜん明《あか》るくかがやき、そのあとしだいに暗《くら》くなっていく星《ほし》。星《ほし》が爆発《ばくはつ》したものと考《かんが》えられている。表現 「歌謡界《かようかい》の新星《しんせい》」のように、有力《ゆうりょく》な新人《しんじん》スターを表《あらわ》すことばにもなる。

【新生児《しんせいじ》】 生《う》まれたばかりの子《こ》ども。ふつう、生《う》まれてから二週間《にしゅうかん》くらいの赤《あか》ちゃんをいう。

【新生面《しんせいめん》】 これまでになかった新《あたら》しい見《み》方《かた》や領域《りょういき》。例 新生面《しんせいめん》を開《ひら》く。

【新設《しんせつ》】[↓]〈—する〉設備《せつび》や施設《しせつ》などを新《あたら》しくつくること。例 新設校《しんせつこう》 類 開設《かいせつ》

【新雪《しんせつ》】[↓] 新《あたら》しくふりつもった雪《ゆき》。

【新説《しんせつ》】[↓] ①今《いま》までだれも出《だ》したことのない新《あたら》しい学説《がくせつ》や意見《いけん》。②はじめて聞《き》く話《はなし》。

【新。鮮《しんせん》】[‖]〈—な・—に〉①肉《にく》・魚《さかな》・野菜《やさい》などが、まだ新《あたら》しくて生《い》き生《い》きとしている。例 新鮮《しんせん》な野《や》菜《さい》。類 生鮮《せいせん》 ②よごれていなくてすがすがしい。例 新鮮《しんせん》な空気《くうき》。③今《いま》までにない新《あたら》しさが感《かん》じられる。フレッシュ。対 陳腐《ちんぷ》

【新装《しんそう》】[↓]〈—する〉建物《たてもの》などの内《うち》や外《そと》を作《つく》りかえて見《み》ばえをよくしたり、設備《せつび》を新《あたら》しいものにとりかえたりすること。例 新装開店《しんそうかいてん》。

【新卒《しんそつ》】[↓] その年《とし》に学校《がっこう》を卒業《そつぎょう》する者《もの》、卒《そつ》業《ぎょう》した者《もの》。例 新卒《しんそつ》を採用《さいよう》する。

【新大陸《しんたいりく》】 新《あたら》しく発見《はっけん》された大陸《たいりく》。南北《なんぼく》アメリカとオーストラリアをいう。参考 十《じゅう》五《ご》、六世紀《ろくせいき》にヨーロッパ人《じん》が航海《こうかい》をして、ヨーロッパ以外《いがい》にも大陸《たいりく》があることを新《あら》たに発《はっ》

見《けん》したので、ヨーロッパ人《じん》の立場《たちば》で「新《しん》」という。

【新築】《しんちく》 ↓〈—する〉新《あたら》しく建物《たてもの》をたてること。

【新調】《しんちょう》 ↓〈—する〉新《あたら》しく買《か》ったり、あつらえてつくったりすること。例 新調《しんちょう》のスーツ。表現 おもに衣服《いふく》についていう。

【新。陳代謝】《しんちんたいしゃ》〈—する〉新《あたら》しいものが古《ふる》いものと入《い》れかわっていくこと。表現 もともとは生物《せいぶつ》のからだについていうことばだが、広《ひろ》く新旧交替《しんきゅうこうたい》をいうことばになった。

【新天地】《しんてんち》 それまで生活《せいかつ》していたのとはまったくべつの、はじめての土地《とち》や環境《かんきょう》。例 新《しん》天地《てんち》をもとめて旅立《たびだ》つ。類 新世界《しんせかい》

【新入】《しんにゅう》 ↓会社《かいしゃ》や学校《がっこう》などに、新《あたら》しく入《はい》ること。新入《しんい》り。例 新入社員《しんにゅうしゃいん》 類 新参《しんざん》

【新任】《しんにん》 ↓〈—する〉その役目《やくめ》についたばかりであること。例 新任《しんにん》の先生《せんせい》。対 先任《せんにん》・前任《ぜんにん》

【新年】《しんねん》 ↓新《あたら》しい年《とし》。一月七日《いちがつなのか》までをいうことが多《おお》い。類 正月《しょうがつ》・新春《しんしゅん》 対 旧年《きゅうねん》

【新版】《しんぱん》 ↓①今《いま》まで出《で》ている本《ほん》の内容《ないよう》や形《かたち》を新《あたら》しくして出版《しゅっぱん》したもの。対 旧版《きゅうはん》 ②新《あたら》しく出版《しゅっぱん》した本《ほん》。類 新刊《しんかん》

【新品】《しんぴん》 ↓まだ使《つか》っていない、新《あたら》しい品物《しなもの》・製品《せいひん》。例 新品《しんぴん》ととりかえる。対 中古品《ちゅうこひん》

【新婦】《しんぷ》 ↓結婚《けっこん》して妻《つま》になったばかりの女性《じょせい》。例 新郎新婦《しんろうしんぷ》 類 花嫁《はなよめ》 対 新郎《しんろう》 表現 結婚式《けっこんしき》や披露宴《ひろうえん》で使《つか》うことば。

【新風】《しんぷう》 ↓これまでとはちがって、人《ひと》びとに期待《きたい》されているような新《あたら》しいやり方《かた》や考《かんが》え方《かた》。例 政界《せいかい》に新風《しんぷう》をふきこむ。

【新聞】《しんぶん》 ↓ニュースや話題《わだい》などを、すばやく印刷《いんさつ》して読者《どくしゃ》につたえる定期刊行物《ていきかんこうぶつ》。日刊《にっかん》がふつう。

【新米】《しんまい》 ①↓その年《とし》にとれた米《こめ》。対 古米《こまい》 ②◎その仕事《しごと》についたばかりで、まだなれていない人《ひと》。新入《しんい》り。類 新参《しんざん》 参考 ②は、「新前《しんまえ》」が「しんまい」になり、「新米」と書《か》かれるようになった。

【新味】《しんみ》 ↓今《いま》までにない新《あたら》しい感《かん》じ。新《あたら》しみ。例 新味《しんみ》にとぼしい作品《さくひん》。

【新緑】《しんりょく》 ↓五月《ごがつ》のころの、新《あたら》しくもえでた若葉《わかば》の美《うつく》しいみどり。例 新緑《しんりょく》の候《こう》。

【新。暦】《しんれき》 ↓地球《ちきゅう》が太陽《たいよう》のまわりをひとまわりする時間《じかん》を一年《いちねん》とするこよみ。太陽暦《たいようれき》。類 陽暦《ようれき》 対 旧暦《きゅうれき》・陰暦《いんれき》 知識 一年《いちねん》を三百《さんびゃく》六十五日《ろくじゅうごにち》とし、四年《よねん》に一度《いちど》三百六十六日《さんびゃくろくじゅうろくにち》のうるう年《どし》を作《つく》って、ずれをなくす。日本《にほん》では、一八七二(明治五《めいじご》)年《ねん》に、それまでの陰暦《いんれき》にかわって使《つか》われはじめた。

【新。郎】《しんろう》 ↓結婚《けっこん》して、夫《おっと》になったばかりの男性《だんせい》。例 新郎新婦《しんろうしんぷ》 類 花婿《はなむこ》 対 新婦《しんぷ》 表現 結婚《けっこん》式《しき》や披露宴《ひろうえん》で使《つか》うことば。

【新。盆】《にいぼん》 ↓その人《ひと》が死《し》んでからはじめてむかえるお盆《ぼん》。類 初盆《はつぼん》

新が下につく熟語 上の字の働き

【更新《こうしん》 革新《かくしん》】近《ちか》い意味《いみ》。

◆維新《いしん》 一新《いっしん》 温故知新《おんこちしん》 改新《かいしん》 最新《さいしん》 刷新《さっしん》 清新《せいしん》

4画 方 の部

[ほう] [ほうへん] [かたへん]

「方《ほう》」の字《じ》と、「方《ほう》」の字《じ》の形《かたち》がその一部《いちぶ》となっている旗《はた》にかかわる字《じ》を集《あつ》めてあります。

この部首の字

0 方……557	4 於……559	5 施……559	6 旅……559
7 旋……559	族……560	10 旗……560	

房→戸 503　放→攵 540

■ 方-0

方

総画4

JIS-4293

教2年

音 ホウ

訓 かた

筆順

なりたち

【象形】取《と》っ手《て》が左右《さゆう》にはり出《だ》した鋤《すき》の形《かたち》をえがいた字《じ》。のちに、方角《ほうがく》の意味《いみ》に借《か》りて使《つか》われるようになった。

意味

❶むき。方向《ほうこう》。方角《ほうがく》。ある地域《ちいき》。例 西《にし》の方《ほう》。東方《とうほう》・他方《たほう》・八方《はっぽう》

❷四角《しかく》。四角《しかく》い。きちんとしている。例 方形《ほうけい》・平方《へいほう》 対 円《えん》

❸やりかた。きまったコース。例 書《か》き方《かた》・処方《しょほう》

❹人《ひと》をうやまっていうことば。例 あのような方《かた》。おえらい方々《かたがた》。あなた方《がた》。奥方《おくがた》

文字物語 ☞558ページ

◦学習漢字でない常用漢字　▴常用漢字表にない音訓　◆常用漢字でない漢字

特別なよみ 行方(ゆくえ)

名前のよみ しげ・すけ・たか・ただし・たもつ・つね・のり・ふさ・まさ・まさし・みち・やす

❶〈むき〉の意味で

【方位】ほうい ⇩ 東西南北《とうざいなんぼく》などの方向《ほうこう》。類 方角《ほうがく》

【方角】ほうがく ⇩ ①東西南北《とうざいなんぼく》の位置《いち》。類 方位《ほうい》 ②その場所《ばしょ》から見《み》て目的《もくてき》のものの向《む》き。例 火事《かじ》は学校《がっこう》の方角《ほうがく》だ。類 方向《ほうこう》
参考 ☞「巽《そん》」の「文字物語」(356ページ)

【方言】ほうげん ⇩ その地方《ちほう》その地方《ちほう》でのことば。お国《くに》ことば。対 共通語《きょうつうご》・標準語《ひょうじゅんご》

【方向】ほうこう Ⅱ ①進《すす》んでいく向《む》き。そこからの方角《ほうがく》。類 方角《ほうがく》 ②どちらに向《む》かって進《すす》むべきかについての考《かんが》えやめあて。例 将来《しょうらい》の方向《ほうこう》がきまらない。

【方面】ほうめん ⇩ ①場所《ばしょ》を表《あらわ》すことばのあとにつけて、その方向《ほうこう》にある地域《ちいき》を指《さ》すことば。例 東京《とうきょう》方面《ほうめん》行《い》きのバス。②仕事《しごと》や学問《がくもん》を、その中《なか》でいくつかに分《わ》けた一《ひと》つ一《ひと》つ。例 将来《しょうらい》はどの方面《ほうめん》に進《すす》みたいと思《おも》いますか。

❷〈四角〉の意味で

【方眼紙】ほうがんし こまかい真四角《ましかく》のますめを印刷《いんさつ》した紙《かみ》。グラフや設計図《せっけいず》などに使《つか》う。

【方形】ほうけい ⇩ 四角《しかく》い形《かたち》。四角形《しかくけい》。例 正方形《せいほうけい》・長方形《ちょうほうけい》 対 円形《えんけい》

❸〈やりかた〉の意味で

【方正】ほうせい Ⅱ 〈—な〉〈—に〉おこないや心《こころ》の持《も》ち方《かた》がきちんとしていて正《ただ》しいこと。例 品行方正《ひんこうほうせい》

【方策】ほうさく Ⅱ こまったことなどを解決《かいけつ》するための手《て》だて。例 方策《ほうさく》を練《ね》る。類 対策《たいさく》

【方式】ほうしき Ⅱ これをするにはこうするときまっているやり方《かた》。例 新方式《しんほうしき》

【方針】ほうしん ⇩ めざす方向《ほうこう》。参考 もともとは、南《なん》北《ぼく》をしめす磁石《じしゃく》の針《はり》を指《さ》したことば。

【方途】ほうと Ⅱ ものごとの進《すす》め方《かた》や進《すす》むべき方向《こう》。例 和解《わかい》の方途《ほうと》をさぐる。類 方法《ほうほう》

【方便】ほうべん Ⅱ 目的《もくてき》に合《あ》わせて使《つか》い分《わ》けるやり方《かた》。例 うそも方便《ほうべん》。参考 もとは仏教《ぶっきょう》で、人《ひと》をすくうための手《て》だて。

【方法】ほうほう Ⅱ なにかをしたり、つくったりするときのやり方《かた》。類 手段《しゅだん》・方途《ほうと》

❹〈人をうやまっていうことば〉の意味で

【方方】かたがた Ⅱ 人《ひと》びと。(うやまった言《い》い方《かた》) 例 お集《あつ》まりの方々《かたがた》に申《もう》し上《あ》げます。

文字物語

方

「前方《ぜんぽう》にそびえる山《やま》は富士《ふじ》山《さん》、後方《こうほう》に広《ひろ》がる海《うみ》は太平洋《たいへいよう》です」「古墳《こふん》の形《かたち》に、前方後円《ぜんぽうこうえん》墳《ふん》と前方後方墳《ぜんぽうこうほうふん》がある」。どちらにも「前方《ぜんぽう》」「後方《こうほう》」のことばがはいっているが、もちろん意味《いみ》はおなじではない。はじめの例《れい》は、「まえのほう」「うしろのほう」と方向《ほうこう》を指《さ》すし、あとの例《れい》は、「まえが四角形《しかくけい》」「うしろが四角形《しかくけい》」の意味《いみ》だ。このように「方」の字《じ》には、まったくちがう二《ふた》つの意味《いみ》があることがわかる。それが❶の方向《ほうこう》・方角《ほうがく》・方面《ほうめん》の意味《い》味《み》と、❷の四角《しかく》の意味《いみ》だ。❶の「きちんと決《き》まっている方向《ほうこう》・方角《ほうがく》」の意味《いみ》から、❸の「決《き》まったやり方《かた》、すなわち方法《ほうほう》」の意味《いみ》がでてくるし、❶の「方面《ほうめん》」の意味《いみ》から、❹の、「人《ひと》を尊敬《そんけい》していうことば」が出《で》てくることになる。❸と❹は、訓《くん》の「かた」でもよく使《つか》われる。

❸は、動作《どうさ》を表《あらわ》すことばの下《した》につけて「ものの見方《みかた》や考《かんが》え方《かた》」「歩《ある》き方《かた》」「食《た》べ方《かた》」のようにいくらでもことばがつくられる。❹は、「この方《かた》はどなた?」「これをあの方《かた》にさしあげて」とか「名前《なまえ》をご存《ぞん》じの方《かた》はいらっしゃいませんか」などのように言《い》う。直接《ちょくせつ》「この人《ひと》」「あの人《ひと》」などと指《さ》すように言《い》うのは失礼《しつれい》だから、そのかわりに方面《ほうめん》とか場所《ばしょ》とかのことばを使《つか》ってやわらげて言《い》う、むかしからの習慣《しゅうかん》があったのだ。

方が下につく熟語 上の字の働き

❶方=〈むき〉のとき
【前方《ぜんぽう》 後方《こうほう》 四方《しほう》 八方《はっぽう》】ドノ方向《ほうこう》か。
【一方《いっぽう》 他方《たほう》 双方《そうほう》 両方《りょうほう》】ドチラの方《ほう》か。
【父方《ちちかた》 母方《ははかた》】ダレの方《ほう》か。
【当方《とうほう》 先方《せんぽう》】自分《じぶん》から見《み》てドチラの方《ほう》か。

❹方=〈人をうやまっていうことば〉のとき
【奥方《おくがた》 殿方《とのがた》】屋敷《やしき》の中《なか》のドコであるか。

◆裏方《うらかた》 遠方《えんぽう》 親方《おやかた》 快方《かいほう》 処方《しょほう》 地方《ちほう》 平方《へいほう》 味方《みかた》 夕方《ゆうがた》 立方《りっぽう》

方-4 【於】

総画8 JIS-1787 人名

訓 おーいて・おーける 音 オ

意味 …において。例 二十一世紀《にじゅういっせいき》に於《お》ける環境問題《かんきょうもんだい》。

方-5 【施】

総画9 JIS-2760 常用

訓 ほどこす 音 シ・セ

筆順 施施施施施施施施施

なりたち  【形声】「㫃」が「はた」を表《あらわ》し、「也」が「シ」という読《よ》み方《かた》をしめしている。「シ」は「ゆらゆらなびく」意味《いみ》を持《も》ち、はたがなびくことを表《あらわ》す字《じ》。

意味 ❶おこなう。実行《じっこう》する。例 実施《じっし》 ❷ほどこしをする。めぐみあたえる。例 恩恵《おんけい》を施《ほどこ》す。施主《せしゅ》・布施《ふせ》

❶〈おこなう〉の意味で

【°施工】《しこう|せこう》 ▲〈―する〉工事《こうじ》をすること。

【°施行】《しこう|せこう》 Ⅱ〈―する〉①決《き》まったことなどをじっさいにおこなうこと。類 実施《じっし》 ②新《あたら》しく決《き》まった法律《ほうりつ》がじっさいに適用《てきよう》されるようになること。例 施行《しこう|せこう》細則《さいそく》

【°施策】《しさく》 ▲〈―する〉国民《こくみん》のために、行政担当《ぎょうせいたんとう》者《しゃ》が計画《けいかく》や対策《たいさく》をたてて実地《じっち》におこなうこと。その計画《けいかく》や対策《たいさく》。例 国語施策《こくごしさく》 類 政策《せいさく》

【°施政】《しせい》 ▲じっさいに政治《せいじ》をおこなうこと。例 議会《ぎかい》で施政方針《しせいほうしん》をしめす。

【°施設】《しせつ》 Ⅱ〈―する〉ある目的《もくてき》のためにつくる、建物《たてもの》などの大《おお》がかりな設備《せつび》。例 公共施設《こうきょうしせつ》

【°施°錠】《せじょう》 ▲〈―する〉錠《じょう》をかけること。

❷〈ほどこしをする〉の意味で

【°施主】《せしゅ》 ↓ ①お寺《てら》に、金品《きんぴん》をさし出《だ》す人《ひと》。②葬式《そうしき》や法事《ほうじ》のとき、主人《しゅじん》の役《やく》をつとめる人《ひと》。類 喪主《もしゅ》 ③家《いえ》をたてるときのたてぬし。

【°施肥】《せひ》 ▲〈―する〉作物《さくもつ》に肥料《ひりょう》をあたえること。

方-6 【旅】

総画10 JIS-4625 教3年

訓 たび 音 リョ

筆順 旅旅旅旅旅旅旅旅旅旅（まっすぐつく／はねない／人にならない）

なりたち  【会意】「はた」を表《あらわ》す「㫃」と、たくさんの人《ひと》を表《あらわ》す「从」とからできた字《じ》で、はたの下《した》に集《あつ》まる軍隊《ぐんたい》の意味《いみ》。

意味 たび。たびをする。例 旅《たび》に出《で》る。旅行《りょこう》・船旅《ふなたび》

【旅先】《たびさき》 ↓ 旅《たび》のとちゅう。旅《たび》をして着《つ》いた土地《とち》。例 旅先《たびさき》からのたより。

【旅路】《たびじ》 ↓ 旅《たび》していく道《みち》すじ。また、旅《たび》そのもの。例 旅路《たびじ》につく。

【旅°寝】《たびね》 ↓〈―する〉旅先《たびさき》でとまること。例 旅《たび》寝《ね》をかさねる。

【旅客】《りょかく|りょきゃく》 ↓ 旅《たび》をしている人《ひと》。とくに、列車《れっしゃ》・汽船《きせん》・飛行機《ひこうき》などに乗《の》っている客《きゃく》。例 旅《りょ》客列車《かくれっしゃ》・旅客機《りょかくき》

【旅館】《りょかん》 ↓ 旅行《りょこう》する人《ひと》をとめてせわをすることを仕事《しごと》にしている家《いえ》。ふつう、日本《にほん》ふうの宿屋《やどや》をいう。例 温泉旅館《おんせんりょかん》 類 宿舎《しゅくしゃ》

【旅券】《りょけん》 ↓ 外国《がいこく》に行《い》く人《ひと》の国籍《こくせき》と身分《みぶん》を証《しょう》明《めい》し、相手《あいて》の国《くに》にその人《ひと》の安全《あんぜん》をたのむために政府《せいふ》が出《だ》す書類《しょるい》。パスポート。例 旅券《りょけん》を発《はっ》行《こう》する。

【旅行】《りょこう》 ↓〈―する〉旅《たび》をすること。よその土地《とち》に出《で》かけること。例 修学旅行《しゅうがくりょこう》・海外旅行《かいがいりょこう》

【旅°愁】《りょしゅう》 ↓ 旅《たび》で感《かん》じる、なんとなくさびしいような気持《きも》ち。類 旅情《りょじょう》

【旅情】《りょじょう》 ↓ 旅先《たびさき》で感《かん》じる、しみじみとした気持《きも》ち。例 旅情《りょじょう》にひたる。類 旅愁《りょしゅう》

【旅装】《りょそう》 ↓ 旅行《りょこう》にふさわしい服装《ふくそう》やしたく。例 旅装《りょそう》をととのえる。

【旅程】《りょてい》 ↓ ①旅行《りょこう》の道《みち》のり。②旅行《りょこう》の日《にっ》程《てい》。例 旅程表《りょていひょう》

【旅費】《りょひ》 ↓ 旅行《りょこう》をするのにかかるお金《かね》。

方-7 【旋】

総画11 JIS-3291 常用

訓 ― 音 セン

筆順 旋旋旋旋旋旋旋旋旋旋旋

なりたち  【会意】「⺪」が「あし」を表《あらわ》し、「㫃」（はた）と合《あ》わせて、はたが風《かぜ》にひるがえるように、行《い》った道《みち》を歩《ある》いてもどる

4 方 ほう 4画―7画 於 施 旅 旋 族 旗 ◀次ページ

°学習漢字でない常用漢字 ▲常用漢字表にない音訓 ◆常用漢字でない漢字

ことを表《あらわ》す字《じ》。

意味 ぐるぐるまわる。もどる。いったりきたりする。例 周旋《しゅうせん》

【°旋回《せんかい》】Ⅱ〈―する〉円《えん》をかくようにまわること。例 上空《じょうくう》を飛行機《ひこうき》が旋回《せんかい》する。

【旋°盤《せんばん》】↓ 軸《じく》にとりつけた金属《きんぞく》の材料《ざいりょう》をまわしながら刃物《はもの》をあててけずったり、穴《あな》をあけたりする機械《きかい》。

【°旋風《せんぷう》】↓ ①気圧《きあつ》の低《ひく》いところに、まわりからうずまきのようにふきこむはげしい風《かぜ》。つむじかぜ。②とつぜん、世《よ》の中《なか》をさわがせたりおどろかせたりすること。例 政界《せいかい》に旋風《せんぷう》をまきおこす。知識 ①で、旋風《せんぷう》のひじょうに大《おお》きなものが「たつまき」。

【°旋律《せんりつ》】↓ 音《おと》の高低《こうてい》とリズムが組《く》み合《あ》わさってうまれる音《おと》の流《なが》れ。歌《うた》や曲《きょく》のふし。メロディー。例 どこかで聞《き》いた旋律《せんりつ》だ。

◆ 周旋《しゅうせん》 螺旋《らせん》

方-7

族

総画11 JIS-3418 教3年

音 ゾク 訓 ―

筆順 族 族 族 族 族 族 族 (まっすぐ、つく / はねる / ださない)

なりたち

【会意】「はた」を表《あらわ》す「㫃」と、「矢《や》」とからできた字《じ》で、はたの下《した》に矢《や》が集《あつ》まるようにおなじものが集《あつ》まることを表《あらわ》している字《じ》。

意味 ❶おなじ祖先《そせん》から出《で》た人《ひと》びと。血《ち》のつながりのある人《ひと》びと。例 家族《かぞく》・種族《しゅぞく》 ❷なかま。おなじ種類《しゅるい》のなかま。例 貴族《きぞく》・水族館《すいぞくかん》

名前のよみ つぐ

❶〈おなじ祖先から出た人びと〉の意味で

【族長《ぞくちょう》】↓ 種族《しゅぞく》や一族《いちぞく》のリーダー。

族が下につく熟語 上の字の働き

❶族＝〈おなじ祖先から出た人びと〉のとき
【家族《かぞく》 親族《しんぞく》 血族《けつぞく》 氏族《しぞく》 同族《どうぞく》 民族《みんぞく》】ドウイウつながりのみうちか。

❷族＝〈なかま〉のとき
【王族《おうぞく》 皇族《こうぞく》 貴族《きぞく》 士族《しぞく》 豪族《ごうぞく》】ドウイウ身分《みぶん》の族《ぞく》か。

◆ 遺族《いぞく》 種族《しゅぞく》 蛮族《ばんぞく》

方-10

旗

総画14 JIS-2090 教4年

音 キ 訓 はた

筆順 旗 旗 旗 旗 旗 旗 旗 (まっすぐ、つく / はねる / だす)

なりたち

【形声】「㫃」が「はた」を表《あらわ》し、「其」が「キ」という読《よ》み方《かた》をしめしている。「キ」は「集《あつ》める」意味《いみ》を持《も》ち、人《ひと》を集《あつ》める合図《あいず》のはたを表《あらわ》す字《じ》。

意味 はた。例 旗《はた》を立《た》てる。国旗《こっき》

【旗手《きしゅ》】↓ 団体《だんたい》のしるしとなるはたを持《も》つ役《やく》の人《ひと》。表現「新文学《しんぶんがく》の旗手《きしゅ》」のように、ある運動《うんどう》や団体《だんたい》の先頭《せんとう》を行《い》く人《ひと》のたとえにも使《つか》う。

【旗色《はたいろ》】↓ 戦争《せんそう》や試合《しあい》などの勝《か》ち負《ま》けのようす。例 旗色《はたいろ》がわるい。類 形勢《けいせい》

【旗印《はたじるし》】↓ ①むかし、戦場《せんじょう》で、武士《ぶし》が目《め》じるしのはたにつけた紋所《もんどころ》など。②社会運《しゃかいうん》動《どう》などで、行動《こうどう》の目標《もくひょう》や合《あ》いことばとしてかかげるもの。例 民族独立《みんぞくどくりつ》の旗印《はたじるし》をかかげる。

【旗本《はたもと》】↓ 江戸《えど》時代《じだい》に、将軍《しょうぐん》にじきじきに仕《つか》え、将軍《しょうぐん》に会《あ》う資格《しかく》があった武士《ぶし》。

旗が下につく熟語 上の字の働き

【校旗《こうき》 国旗《こっき》】ドコを代表《だいひょう》する旗《はた》か。

◆ 弔旗《ちょうき》 手旗《てばた》 反旗《はんき》 半旗《はんき》

4画

日 [ひ] [ひへん] の部

「日《ひ》」をもとにして作《つく》られ、天体《てんたい》や気象《きしょう》、時間《じかん》や明《あか》るさにかかわる字《じ》を集《あつ》めてあります。

この部首の字

普……576　暖……578　11 暫……580　曙……581　百→白 760　量→里 989
9 暗……576　10 暢……579　暴……580　14 曜……581　者→耂 861
暇……578　暮……579　12 曇……581　白→白 758　香→香 1053
暉……578　暦……579　13 曖……581　亘→二 49　曹→曰 583

日-0

日

総画4
JIS-3892
教1年
音 ニチ・ジツ
訓 ひ・か

筆順 日日日日

なりたち 日 【象形】太陽《たいよう》の形《かたち》をえがいた字《じ》。

意味
❶太陽《たいよう》。太陽《たいよう》の光《ひかり》。ひ。例日《ひ》がのぼる。日光《にっこう》・夕日《ゆうひ》・落日《らくじつ》
❷ひるま。例日中《にっちゅう》・日夜《にちや》 対夜《や》
❸いちにち。ひにち。あるきまったひ。例日《ひ》を数《かぞ》える。三日目《みっかめ》・三日間《みっかかん》・休日《きゅうじつ》
❹まいにちの。日々《ひび》の。例日常《にちじょう》
❺日本《にほん》。例日米《にちべい》・来日《らいにち》
❻七曜《しちよう》の一《ひと》つ。例日曜《にちよう》

特別なよみ 明日(あす)・昨日(きのう)・今日(きょう)・一日(ついたち)・二十日(はつか)・日和(ひより)・二日(ふつか)
発音あんない ニチ→ニッ…例日本《にっぽん》
名前のよみ あき・はる

❶〈太陽〉の意味で
【日月《じつげつ》】Ⅱ 太陽《たいよう》と月《つき》。☞❸
【日°没《にちぼつ》】▽ 太陽《たいよう》がしずむこと。日《ひ》の入《い》り。
【日輪《にちりん》】↓ 太陽《たいよう》。表現 宗教的《しゅうきょうてき》な気持《きも》ちをこめたり、詩《し》のことばとして使《つか》うことが多《おお》い。
【日光《にっこう》】↓ 太陽《たいよう》の光《ひかり》。例日光浴《にっこうよく》 類陽光《ようこう》
【日射病《にっしゃびょう》】強《つよ》い日《ひ》ざしに長《なが》く当《あ》たったとき、頭《あたま》が痛《いた》んでめまいがし、息苦《いきぐる》しくなってたおれる病気《びょうき》。
【日照《にっしょう》】▽ 太陽《たいよう》の光《ひかり》が当《あ》たること。例日照時間《にっしょうじかん》 類日射《にっしゃ》
【日章旗《にっしょうき》】日《ひ》の丸《まる》のはた。日本《にほん》の国旗《こっき》。
【日食《にっしょく》】↓ 太陽《たいよう》と地球《ちきゅう》のあいだに月《つき》が入《はい》って、太陽《たいよう》の一部《いちぶ》または全部《ぜんぶ》が月《つき》のかげになって見《み》えなくなること。参考 部分日食《ぶぶんにっしょく》・皆既日食《かいきにっしょく》・金環食《きんかんしょく》の区分《くぶん》がある。
【日°脚《ひあし》】↓ ①東《ひがし》から西《にし》へとうつる太陽《たいよう》の動《うご》き。例日脚《ひあし》が速《はや》い。②太陽《たいよう》が出《で》てから、しずむまでの時間《じかん》。例日脚《ひあし》がのびる。表記「日足」とも書《か》く。
【日°陰《ひかげ》】↓ 太陽《たいよう》の光《ひかり》が当《あ》たらないところ。対日向《ひなた》 表現「日陰《ひかげ》の人生《じんせい》」などと、世《よ》の中《なか》に出《で》られないこと、世《よ》の中《なか》からとりのこされていることをいうこともある。
【日°影《ひかげ》】↓ 日《ひ》の光《ひかり》。
【日▴向《ひなた》】↓ 日当《ひあ》たりのよい場所《ばしょ》。対日陰《ひかげ》
【日和《ひより》】◎ ①天気《てんき》のようす。例きょうはいい日和《ひより》だ。②おだやかに晴《は》れわたったいい天気《てんき》。例小春日和《こはるびより》 ③なにかをするのにちょうどよい天気《てんき》。例運動会日和《うんどうかいびより》
【日和見《ひよりみ》】なりゆきをうかがっていて、態度《たいど》をはっきり決《き》めないこと。参考 もともとは、船頭《せんどう》がその日《ひ》、船《ふね》が出《だ》せるかどうか空《そら》もようを見《み》て決《き》めたことから。

❷〈ひるま〉の意味で
【日夜《にちや》】⇕ ①昼《ひる》と夜《よる》。②昼《ひる》も夜《よる》も。あけてもくれても。類昼夜《ちゅうや》・夜昼《よるひる》
【日中《にっちゅう》】↓ 日《ひ》が出《で》ていて、明《あか》るいあいだ。類昼日中《ひるひなか》・白昼《はくちゅう》 ☞❺

❸〈いちにち〉の意味で
【日月《じつげつ》】Ⅱ つきひ。または、としつき。☞❶
【日限《にちげん》】↓ 前《まえ》もっていつまでと決《き》めてある日《ひ》。例日限《にちげん》をきる。類期限《きげん》・期日《きじつ》
【日時《にちじ》】Ⅱ ①会合《かいごう》や行事《ぎょうじ》・出発予定《しゅっぱつよてい》などの日《ひ》と時刻《じこく》。日取《ひど》り。類時日《じじつ》 ②日数《にっすう》と時間《じかん》。類時日《じじつ》
【日刊《にっかん》】↓ 毎日発行《まいにちはっこう》すること。例日刊新聞《にっかんしんぶん》 関連日刊《にっかん》・週刊《しゅうかん》・旬刊《じゅんかん》・月刊《げっかん》・季刊《きかん》・年刊《ねんかん》
【日給《にっきゅう》】↓ 一日《いちにち》あたりいくらと決《き》めてしはらわれる給料《きゅうりょう》。類日当《にっとう》 関連時給《じきゅう》・日給《にっきゅう》・週給《しゅうきゅう》・月給《げっきゅう》・年俸《ねんぽう》
【日産《にっさん》】↓ 工場《こうじょう》などで一日《いちにち》につくり出《だ》す品物《しなもの》の数《かず》や量《りょう》。
【日収《にっしゅう》】↓ 一日《いちにち》の収入《しゅうにゅう》。関連日収《にっしゅう》・月収《げっしゅう》・年収《ねんしゅう》
【日直《にっちょく》】↓ その日《ひ》その日《ひ》の当番《とうばん》。

日◀ 次ページ

◦学習漢字でない常用漢字　▴常用漢字表にない音訓　◆常用漢字でない漢字

【日程《にってい》】↓ 何日《なんにち》かつづく仕事《しごと》・会議《かいぎ》・旅行《りょこう》などの一日《いちにち》ごとの予定《よてい》。スケジュール。

【日当《にっとう》】↓ 一日分《いちにちぶん》の仕事《しごと》に対《たい》してはらうお金《かね》。例 日当《にっとう》をはらう。類 日給《にっきゅう》

【日。柄《ひがら》】↓ その日《ひ》が、こよみのうえでえんぎがいいか、わるいかということ。例 本日《ほんじつ》はよいお日柄《ひがら》で…。日柄《ひがら》をえらぶ。

【日銭《ひぜに》】↓ 毎日《まいにち》手《て》もとに入《はい》るお金《かね》。

【日付《ひづけ》】↓ 書類《しょるい》などに書《か》きこむ年月日《ねんがっぴ》。

【日付変。更線《ひづけへんこうせん》】そこをこえるとき、日付《ひづけ》をかえることになっている東経《とうけい》一八〇度《ど》を基準《きじゅん》にした線《せん》。知識 東《ひがし》へ行《い》くときはおなじ日《ひ》をくりかえし、西《にし》へ行《い》くときは一日《いちにち》とばす。

【日歩《ひぶ》】↓ 元金百円《がんきんひゃくえん》に対《たい》する一日《いちにち》あたりの利息《りそく》。知識 率《りつ》ではなく、「〇銭《せん》△厘《りん》」と金額《きんがく》でしめす。

❹〈まいにちの〉の意味で

【日常《にちじょう》】↓ 特別《とくべつ》なことのない、ふつうの毎日《まいにち》。ふだん。つねひごろ。例 日常生活《にちじょうせいかつ》

【日常茶飯事《にちじょうさはんじ》】毎日《まいにち》の食事《しょくじ》のようにあたりまえで、めずらしくもないこと。

【日用《にちよう》】↓ 毎日《まいにち》の生活《せいかつ》の中《なか》で、いつも使《つか》うこと。例 日用雑貨《にちようざっか》

【日用品《にちようひん》】家庭《かてい》で毎日《まいにち》の生活《せいかつ》に使《つか》う品物《しなもの》。

【日課《にっか》】↓ 毎日《まいにち》かかさずすることにしている仕事《しごと》や勉強《べんきょう》。例 夕方《ゆうがた》の散歩《さんぽ》が日課《にっか》だ。

【日記《にっき》】↓ その日《ひ》その日《ひ》のできごとや感《かん》じたことを書《か》きとめたもの。表現 ☞【日誌《にっし》】(562ページ)

【日参《にっさん》】↓〈―する〉①神社《じんじゃ》や寺《てら》に毎日《まいにち》かかさずおまいりすること。②たのみごとなどがあって毎日《まいにち》のようにつづけてたずねていくこと。例 日参《にっさん》してたのみこむ。

【日誌《にっし》】↓ あとで資料《しりょう》にするために、その日《ひ》その日《ひ》のできごとやしたことなどを書《か》きしるしたもの。例 航海日誌《こうかいにっし》 類 日記《にっき》 表現「日誌《にっし》」はおおやけの組織《そしき》や団体《だんたい》で、当番《とうばん》の人《ひと》が書《か》くことが多《おお》く、「日記《にっき》」は個人《こじん》の書《か》くものである。

【日進月歩《にっしんげっぽ》】〈―する〉日《ひ》ごとに月《つき》ごとに、目《め》に見《み》えて進歩《しんぽ》すること。例 日進月歩《にっしんげっぽ》の世《よ》の中《なか》。

❺〈日本〉の意味で

【日米《にちべい》】‖ 日本《にほん》とアメリカ合衆国《がっしゅうこく》。

【日系《にっけい》】↓ 日本人《にほんじん》の血《ち》すじを引《ひ》いていること。引《ひ》いている人《ひと》。例 日系《にっけい》アメリカ人《じん》

【日中《にっちゅう》】‖ 日本《にほん》と中国《ちゅうごく》。☞❷

【日本《にほん/にっぽん》】↓ わが国《くに》の名《な》。アジア大陸《たいりく》の東《ひがし》のはしにある、弓《ゆみ》の形《かたち》にならんだ島々《しまじま》を国土《こくど》とする国《くに》。首都《しゅと》は東京《とうきょう》。知識 大《おお》むかし、わが国《くに》の名《な》としては「おおやしま」「やまと」があった。一方《いっぽう》、わが国《くに》からの中国《ちゅうごく》への手紙《てがみ》には、中国《ちゅうごく》の東《ひがし》の方《ほう》にある国《くに》、日《ひ》の本《もと》の国《くに》であるので「日本」と書《か》いたものもあった。奈良時代《ならじだい》になって、その「日本」が正式《せいしき》の国号《こくごう》となった。読《よ》み方《かた》は、古《ふる》くから「にほん・にっぽん」の両方《りょうほう》がある。

日が下につく熟語 上の字の働き

❶日＝〈太陽〉のとき

【朝日《あさひ》 夕日《ゆうひ》】イツの日光《にっこう》か。

【白日《はくじつ》 落日《らくじつ》 薄日《うすび》 西日《にしび》】ドノヨウナ日光《にっこう》か。

❸日＝〈いちにち〉のとき

【時日《じじつ》 月日《つきひ》】近《ちか》い意味《いみ》。

【一日《いちにち/ついたち》 一両日《いちりょうじつ》 初七日《しょなのか/しょなぬか》 四十九日《しじゅうくにち》 旬日《じゅんじつ》】イクツの・イクツめの日《ひ》か。

【今日《こんにち/きょう》 昨日《さくじつ/きのう》 先日《せんじつ》 過日《かじつ》 昔日《せきじつ》 明日《みょうにち/あす/あした》 後日《ごじつ》 近日《きんじつ》】きょうから見《み》てイツの日《ひ》か。

【当日《とうじつ》 即日《そくじつ》 翌日《よくじつ》】ある日《ひ》から見《み》てイツの日《ひ》か。

【初日《しょにち》 中日《ちゅうにち/なかび》 末日《まつじつ》】一定期間《いっていきかん》のなかのドコの部分《ぶぶん》の日《ひ》か。

【元日《がんじつ》 大晦日《おおみそか》】一年《いちねん》のうちのドコの日《ひ》か。

【毎日《まいにち》 連日《れんじつ》 隔日《かくじつ》】ドウイウつづき方《かた》の日《ひ》か。

【平日《へいじつ》 週日《しゅうじつ》 曜日《ようび》】一週間《いっしゅうかん》のドウイウ日《ひ》か。〔「週日《しゅうじつ》」は以前《いぜん》は一週間《いっしゅうかん》すべての曜日《ようび》を指《さ》すことばだったが、現在《げんざい》はウイークデーにあたることばとなって、日曜《にちよう》以外《いがい》の曜日《ようび》を指《さ》すようになり、週休二日《しゅうきゅうふつか》で土曜日《どようび》も除外《じょがい》されはじめた〕

【休日《きゅうじつ》 祝日《しゅくじつ》 祭日《さいじつ》 縁日《えんにち》 命日《めいにち》】ドウスル・ドウアル日《ひ》か。

【吉日《きちじつ/きちにち/きつじつ》 厄日《やくび》】よい・わるいで分《わ》けてドウイウ日《ひ》か。

◆期日《きじつ》 終日《しゅうじつ》 来日《らいにち》

日−1

旧

総画5 JIS-2176 教5年
音 キュウ 訓 ふる-い
［舊］

筆順 旧 旧 旧 旧 旧 （おなじながさ）

なりたち  【形声】もとの字《じ》は、「舊」。「萑」が頭《あたま》に毛《け》のあるとりを表《あらわ》し、「臼」が「キュウ」という読《よ》み方《かた》をしめしている。ふくろうを表《あらわ》していた字《じ》。のちに「ふるい」として借《か》りて使《つか》われるようになる。「旧」は「臼」の部分《ぶぶん》を略《りゃく》したもの。

意味 ふるい。むかし。古《ふる》くからの。例 旧《きゅう》の正月《しょうがつ》。復旧《ふっきゅう》 対 新《しん》

名前のよみ もと

【旧悪】きゅうあく ↓ かなり前《まえ》のわるいおこない。例 旧悪をあばく。

【旧恩】きゅうおん ↓ むかし受《う》けた恩《おん》。

【旧家】きゅうか ↓ ①その土地《とち》に古《ふる》くからつづいている家《いえ》がら。例 旧家《きゅうか》の出《で》。類 名門《めいもん》 ②もと住《す》んでいた家《いえ》。類 旧居《きゅうきょ》

【旧教】きゅうきょう ↓ キリスト教《きょう》の二大《にだい》教派《きょうは》の一《ひと》つである、カトリック。対 新教《しんきょう》

【旧交】きゅうこう ↓ むかしのつきあい。例 旧交《きゅうこう》をあたためる。

【旧式】きゅうしき ↓ 〈―な〉ものの形《かたち》やものごとの考《かんが》え方《かた》が古《ふる》いこと。例 旧式《きゅうしき》の車《くるま》。対 新式《しんしき》

【旧習】きゅうしゅう ↓ むかしからつづいている習慣《しゅうかん》。例 旧習《きゅうしゅう》を打破《だは》する。類 因習《いんしゅう》

【旧正月】きゅうしょうがつ むかしのこよみ（旧暦《きゅうれき》）のうえでの正月《しょうがつ》。今《いま》のこよみでは一月《いちがつ》のすえごろから二月《にがつ》のはじめに来《く》る。

【旧◦姓】きゅうせい ↓ 結婚《けっこん》したり、養子《ようし》になったりして姓《せい》がかわった人《ひと》の、もとの姓《せい》。

【旧◦跡】きゅうせき ↓ 歴史《れきし》にのこるようなできごとや大《おお》きな建物《たてもの》などがあったところ。類 史跡《しせき》・古跡《こせき》・名跡《めいせき》・遺跡《いせき》

【旧◦態◦依然】きゅうたいいぜん 〈―たる〉〈―と〉むかしのとおりで少《すこ》しもよくなっていない。対 面目一新《めんもくいっしん》（見《み》ちがえるようになる）

【旧知】きゅうち ↓ むかしからの知《し》り合《あ》い。

【旧道】きゅうどう ↓ 新《あたら》しくできた道《みち》に対《たい》して、おなじ地点《ちてん》をむすぶ古《ふる》くからある道《みち》。対 新道《しんどう》

【旧年】きゅうねん ↓ 去年《きょねん》。例 旧年中《きゅうねんちゅう》はいろいろおせわになりました。類 昨年《さくねん》 対 新年《しんねん》 表現 年賀状《ねんがじょう》や新年《しんねん》のあいさつに使《つか》うことば。

【旧聞】きゅうぶん ↓ 前《まえ》に聞《き》いたことのある話《はなし》。例 旧聞《きゅうぶん》にぞくする。

【旧◦弊】きゅうへい ↓ ①古《ふる》くからおこなわれている、よくないしきたり。例 旧弊《きゅうへい》をあらためる。②〈―な〉古《ふる》いしきたりをどこまでもまもっている。例 旧弊《きゅうへい》な考《かんが》え方《かた》。

【旧◦盆】きゅうぼん ↓ 旧暦《きゅうれき》でおこなうお盆《ぼん》。陰暦《いんれき》七月十五日《しちがつじゅうごにち》に、祖先《そせん》のみたまをなぐさめる。

【旧友】きゅうゆう ↓ ずっと前《まえ》からの友達《ともだち》。

【旧来】きゅうらい ⊠ 古《ふる》くからずっとつづいていること。例 旧来《きゅうらい》のやり方《かた》。類 従来《じゅうらい》・古来《こらい》

【旧◦暦】きゅうれき ↓ 日本《にほん》で一八七二（明治五《めいじご》）年《ねん》まで使《つか》っていたこよみ。新月《しんげつ》から新月《しんげつ》までを一《いっ》か月《げつ》とし、元日《がんじつ》を立春《りっしゅん》のころに決《き》めてつくったもの。季節《きせつ》とのずれを、四年《よねん》に一回《いっかい》のうるう月《づき》で調整《ちょうせい》する。類 陰暦《いんれき》・太陰暦《たいいんれき》 対 新暦《しんれき》

旧が下につく熟語 上の字の働き
【懐旧《かいきゅう》 復旧《ふっきゅう》】むかしをドウスルか・むかしにドウナルか。

日−1

旦

総画5 JIS-3522 常用
音 タン・ダン 訓 あさ・あした

筆順 旦 旦 旦 旦 旦

意味 あさ。あけがた。例 元旦《がんたん》

名前のよみ あき・あきら・あさ

日−2

旭

総画6 JIS-1616 人名
音 キョク 訓 あさひ

意味 あさひ。例 旭日《きょくじつ》

名前のよみ あき・あきら・あさ・てる

日−2

旨

総画6 JIS-2761 常用
音 シ 訓 むね・うま-い

筆順 旨 旨 旨 旨 旨 旨

なりたち  【会意】「日」は、もと「甘」で、口《くち》の中《なか》にふくむことを表《あらわ》し、「匕」は

さじの形《かたち》で、合《あ》わせて、口《くち》に入《い》れて味《あじ》わうことを表《あらわ》す字《じ》。

意味

❶考《かんが》え。意味《いみ》。内容《ないよう》。例 質素《しっそ》を旨《むね》とする。主旨《しゅし》

❷味《あじ》がよい。うまい。例 旨煮《うまに》

名前のよみ よし

旨が下につく熟語 上の字の働き

❶旨＝〈考え〉のとき

【主旨《しゅし》 要旨《ようし》】全体《ぜんたい》の中《なか》でドウイウ部分《ぶぶん》にあたる考《かんが》えか。

【宗旨《しゅうし》 論旨《ろんし》】ナニの中心思想《ちゅうしんしそう》か。

◆趣旨《しゅし》 諭旨《ゆし》

旬

日－2 総画6 JIS-2960 常用

音 ジュン・シュン
訓 ―

筆順

なりたち  【形声】「匀《キン》→勹」が「めぐる」意味《いみ》と、「ジュン・ジュン」とかわって読《よ》み方《かた》をしめしている。十干《じっかん》の日《ひ》のひとめぐりである、「十日間《とおかかん》」を表《あらわ》す字《じ》。

意味

❶十日間《とおかかん》。一《いっ》か月《げつ》の十日間《とおかかん》ごとのくぎり。例 初旬《しょじゅん》

❷さかりの時《とき》。例 カツオは今《いま》が旬《しゅん》だ。

参考 ❶では「ジュン」と読《よ》み、❷では「シュン」と読《よ》む。

注意するよみ シュン…例 旬《しゅん》の野菜《やさい》。

名前のよみ ただ・とき・ひとし・まさ・みつ

❶〈十日間〉の意味で

【°旬刊《じゅんかん》】↓ 新聞《しんぶん》や雑誌《ざっし》を十日《とおか》ごとに発行《はっこう》すること。例 旬刊誌《じゅんかんし》 関連 日刊《にっかん》・週刊《しゅうかん》・旬刊《じゅんかん》・月刊《げっかん》・季刊《きかん》・年刊《ねんかん》

【°旬間《じゅんかん》】↓ 十日間《とおかかん》。とくに、もよおしなどのおこなわれる十日間《とおかかん》。例 交通安全旬間《こうつうあんぜんじゅんかん》 関連 週間《しゅうかん》・旬間《じゅんかん》・月間《げっかん》・年間《ねんかん》

【°旬日《じゅんじつ》】↓ 十日間《とおかかん》。

旬が下につく熟語 上の字の働き

❶旬＝〈十日間〉のとき

【上旬《じょうじゅん》（初旬《しょじゅん》） 中旬《ちゅうじゅん》 下旬《げじゅん》】一《いっ》か月《げつ》のうちのドコの十日間《とおかかん》か。

早

日－2 総画6 JIS-3365 教1年

音 ソウ・サッ
訓 はやい・はやまる・はやめる

筆順 （ながく）

なりたち  【会意】「十」はもと「甲」で、「ひらく」意味《いみ》を持《も》ち、日《ひ》がさしはじめる夜明《よあ》けを表《あらわ》す字《じ》。

意味

❶時刻《じこく》・時期《じき》がはやい。例 予定《よてい》が早《はや》まる。尚早《しょうそう》 対 晩《ばん》

❷速度《そくど》がはやい。いそいで。例 生長《せいちょう》を早《はや》める。足早《あしばや》

使い分け はやい［早・速］☞565ページ

注意するよみ サッ…例 早速《さっそく》・早急《さっきゅう》

特別なよみ 早乙女（さおとめ）・早苗（さなえ）

名前のよみ さき

❶〈時刻・時期がはやい〉の意味で

【早《さ》°乙女《おとめ》】田植《たう》えをする女性《じょせい》。とくに、わかい女性《じょせい》をいう。例 早乙女姿《さおとめすがた》がよく似《に》あう。

【早《さ》°苗《なえ》】↓ 苗代《なわしろ》から水田《すいでん》に植《う》えかえるイネのなえ。

【早期《そうき》】↓ 早《はや》い時期《じき》。例 早期《そうき》に発見《はっけん》すればがんもなおる。類 初期《しょき》 対 晩期《ばんき》

【早《そう》°暁《ぎょう》】Ⅱ 夜《よる》が明《あ》けはじめるころ。夜明《よあ》け。明《あ》け方《がた》。例 早暁《そうぎょう》に目《め》ざめる。類 未明《みめい》

【早計《そうけい》】↓ あさはかな早《はや》まった考《かんが》えや行動《こうどう》。例 ここであきらめるのは早計《そうけい》にすぎる。

【早熟《そうじゅく》】↓〈―な〉①くだものなどの熟《じゅく》し方《かた》がふつうのものよりも早《はや》いこと。わせ。対 晩熟《ばんじゅく》 ②年《とし》のわりにおとなびていること。

【早春《そうしゅん》】↓ 春《はる》のはじめのころ。例 早春《そうしゅん》の田《た》おこし。類 初春《しょしゅん》・春先《はるさき》 対 晩春《ばんしゅん》

【早世《そうせい》】↓〈―する〉年《とし》わかく死《し》ぬこと。類 夭折《ようせつ》

【早退《そうたい》】↓〈―する〉つとめ先《さき》や学校《がっこう》を、決《き》められた終《お》わりの時刻《じこく》より早《はや》く出《で》ること。早《はや》びき。早《はや》びけ。例 早退届《そうたいとどけ》 対 遅刻《ちこく》

【早朝《そうちょう》】↓ 朝《あさ》の早《はや》いうち。例 早朝練習《そうちょうれんしゅう》

【早晩《そうばん》】⇕ すぐか少《すこ》し先《さき》になるかはべつとして、どっちみち。おそかれ早《はや》かれ。例 早晩《そうばん》結論《けつろん》が出《で》るだろう。

【早場米《はやばまい》】とりいれの早《はや》い地方《ちほう》でできた米《こめ》。

【早耳《はやみみ》】↓ うわさや情報《じょうほう》をすぐに聞《き》きつけること。

❷〈速度がはやい〉の意味で

【早急《さっきゅう・そうきゅう》】Ⅱ〈―に・な〉時間《じかん》をかけずに、さしせまっているものごとをするようす。急《いそ》いで。例 早急《さっきゅう・そうきゅう》に手配《てはい》する。類 至急《しきゅう》

【早速《さっそく》】Ⅱ 時間《じかん》をおかないで。すぐに。例 ご注文《ちゅうもん》の品《しな》は早速《さっそく》おとどけします。表現「早速《さっそく》ですが」などと、電話《でんわ》や訪問《ほうもん》などで用件《ようけん》を切《き》り出《だ》すときにも使《つか》う。

【早早《そうそう》】Ⅱ ①急《いそ》いで。はやばやと。例 雨《あめ》がふってきたので早々《そうそう》にひきあげた。②…してすぐ。例 試合開始早々《しあいかいしそうそう》、点《てん》を取《と》られた。

【早合点《はやがてん・はやがってん》】〈―する〉よく聞《き》かないうちに、かってにわかったと思《おも》いこむこと。例 早合点《はやがてん・がってん》して失敗《しっぱい》する。早《はや》のみこみ。

【早鐘《はやがね》】↓ 火事《かじ》などの危険《きけん》を知《し》らせるために、半鐘《はんしょう》をつづけざまに打《う》ちならすこと。例 胸《むね》が早鐘《はやがね》を打《う》つ（心臓《しんぞう》がどきどきする）。

【早口《はやくち》】↓ 話《はな》し方《かた》がはやいこと。

【早瀬《はやせ》】↓ 川《かわ》があさくて水《みず》の流《なが》れのはやいところ。類 急流《きゅうりゅう》

【早業《はやわざ》】↓ あっというまにやってしまうこと。例 目《め》にもとまらぬ早業《はやわざ》。表記「早技」とも書《か》く。

日-4 易

総画8 JIS-1655 教5年

音 エキ・イ 訓 やさしい・やす-い

筆順

なりたち

【会意】トカゲ（彡）のひふが光《ひか》るようすを表《あらわ》している字《じ》。ひふの色《いろ》が光《ひかり》によってかわりやすいことから、「かわる、やさしい」などの意味《いみ》に使《つか》われる。

意味

❶やさしい。かんたんである。例 易《やさ》しい問題《もんだい》。容易《ようい》 対 難《なん》

❷うらなう。うらなう。例 易《えき》をたてる。易者《えきしゃ》 参考 ☞「巽《そん》」の「文字物語」（356ページ）

❸かわる。とりかえる。変化《へんか》する。例 不易《ふえき》・貿易《ぼうえき》

参考 ❶では「イ」と読《よ》み、❷❸では「エキ」と読《よ》む。

使い分け やさしい［易・優］☞567ページ

名前のよみ かね

❷〈うらない〉の意味で

【易者《えきしゃ》】↓ 易《えき》でうらなう仕事《しごと》をする人《ひと》。

【易断《えきだん》】↓ 易《えき》で吉凶《きっきょう》をうらなうこと。

易が下につく熟語 上の字の働き

❶易＝〈やさしい〉のとき

【安易《あんい》 簡易《かんい》 平易《へいい》 容易《ようい》】近《ちか》い意味《いみ》。

◆難易《なんい》 交易《こうえき》 貿易《ぼうえき》

日-4 旺

総画8 JIS-1802 常用

音 オウ 訓 さか-ん

筆順

意味 さかんである。例 旺盛《おうせい》

名前のよみ あきら

【旺盛《おうせい》】Ⅱ〈―な・に〉いきおいがよく、さかんなようす。例 旺盛《おうせい》な食欲《しょくよく》。

日-4 昂

総画8 JIS-2523 人名

音 コウ 訓 たか-ぶる

意味 たかぶる。あがる。例 昂奮《こうふん》（→興奮《こうふん》）・意気軒昂《いきけんこう》

例解 使い分け

［はやい《早い・速い》］

早《はや》い＝ある時間《じかん》や時期《じき》のまえのほう。ものごとをするのに時間《じかん》がかからない。

例 朝早《あさはや》く起《お》きる。早《はや》い者勝《ものが》ち。気《き》が早《はや》い。

速《はや》い＝べつの所《ところ》へ移動《いどう》するのに時間《じかん》がかからない。スピードがある。

例 速《はや》い球《たま》を投《な》げる。足《あし》が速《はや》い。呼吸《こきゅう》が速《はや》い。

参考「はやい」の反対《はんたい》は「遅《おそ》い」。

朝早く起きる

足が速い

名前のよみ あき・あきら・のぼる

【昆】

日-4 総画8 JIS-2611 常用 訓 ― 音 コン

筆順

なりたち

【象形】足《あし》のたくさんあるむしの形《かたち》をえがいた字《じ》。

意味 ❶むし。例昆虫《こんちゅう》 ❷《その他》例昆布《こんぶ》

名前のよみ ひで・やす

❶〈むし〉の意味で

【昆虫】《こんちゅう》 ⅠⅠ トンボ・チョウ・セミなどのむし類《るい》。知識 成虫《せいちゅう》は、からだが頭《あたま》・むね・はらにはっきり分《わ》かれ、ふつう、むねに三対《さんつい》(六本《ろっぽん》)の足《あし》がある。アオムシがチョウになるように、成長《せいちょう》のとちゅうで変態《へんたい》するものが多《おお》い。

❷《その他》

【昆布】《こんぶ》 ◎ 寒《さむ》い地方《ちほう》の海《うみ》の中《なか》の岩《いわ》につく茶褐色《ちゃかっしょく》の長《なが》い海藻《かいそう》。食《た》べたりヨードをとったりする。

【昏】

日-4 総画8 JIS-2610 人名 訓 くら-い 音 コン

意味 ❶くらい。日《ひ》がくれてくらい。夕《ゆう》ぐれ。例黄昏《こうこん》(「たそがれ」とも読《よ》む) ❷くらむ。目《め》がくらむ。頭《あたま》がくらくらっとなる。例昏倒《こんとう》

❷〈くらむ〉の意味で

【昏睡】《こんすい》 ↓ 意識《いしき》を失《うしな》って目覚《めざ》めないこと。

【昏倒】《こんとう》 ↓ めまいがしてたおれること。

【昇】

日-4 総画8 JIS-3026 常用 訓 のぼる 音 ショウ

筆順

なりたち

【形声】「升」が「のぼる」意味《いみ》と「ショウ」という読《よ》み方《かた》をしめしている。「日《ひ》がのぼる」ことを表《あらわ》している字《じ》。

意味 のぼる。上《うえ》にあがる。例日《ひ》が昇《のぼ》る。昇《しょう》進《しん》・上昇《じょうしょう》 対降《こう》

使い分け のぼる[上・登・昇] ☞19ページ

名前のよみ すすむ・のり

【昇華】《しょうか》 ↓ 〈─する〉固体《こたい》がそのまま気体《きたい》になること。また、気体《きたい》がそのまま固体《こたい》になること。例ドライアイスを昇華《しょうか》させる。

【昇格】《しょうかく》 ▲ 〈─する〉階級《かいきゅう》・位《くらい》などがあがること。類昇任《しょうにん》・昇進《しょうしん》 対降格《こうかく》

【昇給】《しょうきゅう》 ▲ 〈─する〉給料《きゅうりょう》があがること。

【昇降】《しょうこう》 ⇕ 〈─する〉のぼったりおりたり、あがったりさがったりすること。例昇降口《しょうこうぐち》

【昇進】《しょうしん》 ⅠⅠ 〈─する〉上《うえ》の地位《ちい》にあがること。類栄達《えいたつ》・栄転《えいてん》・昇任《しょうにん》・昇格《しょうかく》 対左遷《させん》

【昇天】《しょうてん》 ▲ 〈─する〉天高《てんたか》くのぼること。表現「死んでたましいが天にのぼる」という意味《いみ》でもいうが、とくにキリスト教では「召天」と書《か》いて信者《しんじゃ》が死《し》ぬことをいう。

【昌】

日-4 総画8 JIS-3027 人名 訓 ― 音 ショウ

意味 さかえる。あきらか。かがやかしい。うつくしい。例隆昌《りゅうしょう》

名前のよみ あき・あきら・あつ・さかえ・すけ・まさ・まさし・まさる・よし

【昔】

日-4 総画8 JIS-3246 教3年 訓 むかし 音 セキ・シャク

筆順 ながく

なりたち

【形声】「龷」が「セキ」という読《よ》み方《かた》をしめしている。「セキ」は「つみかさねる」意味《いみ》を持《も》ち、日《ひ》をつみかさねたむかしを表《あらわ》す字《じ》。

意味 むかし。今《いま》からずっと前《まえ》。いにしえ。例昔《むかし》と今《いま》。昔話《むかしばなし》・昔日《せきじつ》・今昔《こんじゃく》 対今《きん》

注意するよみ シャク…例今昔《こんじゃく》

名前のよみ ひさ

【昔日】《せきじつ》 ↓ むかしのころ。例年《とし》をとって昔《せき》日《じつ》のおもかげがない。類往時《おうじ》・往年《おうねん》

【昔気質】《むかしかたぎ》 ⊡ 〈─な〉考《かんが》え方《かた》やすることが古《ふる》めかしく、がんこでりちぎなこと。

【昔話】《むかしばなし》 ↓ ①むかしから言《い》いつたえられてきた物語《ものがたり》。おとぎばなし。②ずっと前《まえ》に自《じ》

分《ぶん》たちがしたり見《み》たりしたことの話《はなし》。
◆今昔《こんじゃく》 一昔《ひとむかし》

明

日-4　総画8　JIS-4432　教2年

音 メイ・ミョウ・ミン
訓 あかり・あかるい・あかるむ・あからむ・あきらか・あける・あく・あくる・あかす

筆順 明明明明明明明明（はらう・はねる）

なりたち 【会意】もとは「朙」で、明かり《あ》とりのまどを表《あらわ》す「囧」と「月」を合《あ》わせて、「あかるい」意味《いみ》を表《あらわ》す字《じ》。

意味
❶あかるい。あかるくなる。光《ひかり》。例 明《あか》るい気持《きも》ち。東《ひがし》の空《そら》が明《あか》らむ。夜《よ》が明《あ》ける。明《あ》けの明星《みょうじょう》。灯明《とうみょう》 対 暗《あん》
❷はっきりさせる。あきらかである。例 真相《しんそう》を明《あき》らかにする。明白《めいはく》・説明《せつめい》
❸かしこい。りこうである。例 先見《せんけん》の明《めい》。明敏《めいびん》・賢明《けんめい》
❹つぎの。つぎの日《ひ》、つぎの年《とし》など。例 明十日《みょうとおか》。明《あ》くる十三日《じゅうさんにち》。明朝《みょうちょう》
❺神《かみ》。神聖《しんせい》なもの。例 神明《しんめい》
❻中国《ちゅうごく》の王朝《おうちょう》の名《な》。例 明《みん》の時代《じだい》。明朝《みんちょう》

使い分け あける［開・空・明］☞1009ページ
文字物語 ☞568ページ
特別なよみ 明日（あす）

名前のよみ きよし・てる・とおる・とし・のり・はる・ひろ・みつ・よし

❶〈あかるい〉の意味で
【明星】みょうじょう [↓] 明るく《あか》かがやく星《ほし》。明《あ》け方東《がたひがし》の空《そら》に、夕方西《ゆうがたにし》の空《そら》にかがやいて見《み》える金星《きんせい》。例 明《あ》けの明星《みょうじょう》。宵《よい》の明星《みょうじょう》。
【明暗】めいあん [↕] ①明《あか》るいことと暗《くら》いこと。しあわせとふしあわせ。例 明暗《めいあん》を分《わ》けた一瞬《いっしゅん》。②絵《え》や写真《しゃしん》などで、明《あか》るいところと暗《くら》いところのとりあわせ。例 明暗《めいあん》をつける。
【明月】めいげつ [↓] ①くもりなく、すみきった月《つき》。②陰暦八月十五日夜《いんれきはちがつじゅうごにちよる》の月《つき》。類 名月《めいげつ》
【明。滅】めいめつ [↕] 〈―する〉光《ひかり》が明《あか》るくなったり暗《くら》くなったりすること。類 点滅《てんめつ》

❷〈はっきりさせる〉の意味で
【明快】めいかい [Ⅱ] 〈―な・―に〉すじが通《とお》って内容《ないよう》がはっきりしているようす。例 単純明快《たんじゅんめいかい》。明快《めいかい》な答《こた》え。類 明確《めいかく》・明白《めいはく》
【明解】めいかい [↓] はっきりとよくわかるように説明《せつめい》すること。はっきりとした説明《せつめい》。
【明確】めいかく [Ⅱ] 〈―な・―に〉はっきりしていてまちがいがない。類 明快《めいかい》・明白《めいはく》 対 不明確《ふめいかく》
【明記】めいき [↓] 〈―する〉はっきりと書《か》きしるすこと。例 住所《じゅうしょ》・氏名《しめい》を明記《めいき》する。
【明言】めいげん [↓] 〈―する〉はっきり言《い》い切《き》ること。例 明言《めいげん》をさける。類 断言《だんげん》
【明細】めいさい [↓] ①〈―な・―に〉こまかいところまでくわしくわかるようす。②「明細書《めいさいしょ》」の略《りゃく》。こまかいところまで、くわしく書《か》いた書類《しょるい》。例 支出《ししゅつ》の明細《めいさい》を見《み》せる。類 内訳《うちわけ》
【明示】めいじ [↓] 〈―する〉はっきりとしめすこと。例 食品《しょくひん》の添加物《てんかぶつ》を明示《めいじ》する。対 暗示《あんじ》
【明◆晰】めいせき [Ⅱ] 〈―な・―に〉はっきりしてすじみちが通《とお》っているようす。例 頭脳明晰《ずのうめいせき》
【明答】めいとう [↓] 〈―する〉はっきり答《こた》えること。はっきりした返答《へんとう》。例 明答《めいとう》をさける。表現「うまい答《こた》え」「正解《せいかい》」のときは「名答《めいとう》」。
【明白】めいはく [Ⅱ] 〈―な・―に〉はっきりしていて、うたがわしいところがない。例 理由《りゆう》は明白《めいはく》だ。類 明瞭《めいりょう》・明確《めいかく》・明快《めいかい》
【明文化】めいぶんか 〈―する〉きまったことを書《か》きとめて文書《ぶんしょ》にすること。

例解 使い分け
［やさしい《易しい・優しい》］
易しい＝簡単《かんたん》である。反対《はんたい》は「難《むずか》しい」。
例 易《やさ》しい問題《もんだい》。易《やさ》しいことばを使《つか》って説明《せつめい》する。
優しい＝思《おも》いやりがあってあたたかい。
例 優《やさ》しい人《ひと》。優《やさ》しい声《こえ》をかける。

易しい問題

優しい人

映◀次ページ

【明明白白《めいめいはくはく》】〈―な・―に〉まったくうたがわしいところがない。例 明々白々《めいめいはくはく》の事実《じじつ》。表現「明《めい》白《はく》」を強《つよ》めた言《い》い方《かた》。

【明。瞭《めいりょう》】[＝]〈―な・―に〉はっきりしている。例 簡《かん》単明瞭《たんめいりょう》 類 明白《めいはく》 対 不明瞭《ふめいりょう》

【明朗《めいろう》】[＝]〈―な・―に〉①性格《せいかく》が明《あか》るくほがらかである。例 明朗快活《めいろうかいかつ》 類 陽気《ようき》 ②うそやごまかしがない。例 明朗会計《めいろうかいけい》

3〈かしこい〉の意味で

【明君《めいくん》】[↓]多《おお》くの人《ひと》からしたわれるすぐれた君主《くんしゅ》。例 明君《めいくん》の名《な》が高《たか》い。類 名君《めいくん》 対 暗君《あんくん》

【明察《めいさつ》】[↓]〈―する〉実際《じっさい》のことを正《ただ》しく見《み》ぬくこと。表現「ご明察《めいさつ》のとおり」などと、相手《あいて》の見《み》とおしの正《ただ》しさをうやまっていうときに使《つか》う。

【明。敏《めいびん》】[＝]〈―な・―に〉頭《あたま》のはたらきがするどく、理解《りかい》がはやいようす。例 明敏《めいびん》な頭脳《ずのう》。

4〈つぎの〉の意味で

【明後日《みょうごにち｜あさって》】あしたの次《つぎ》の日《ひ》。

【明春《みょうしゅん》】[↓]来年《らいねん》の春《はる》。類 来春《らいしゅん》

【明朝《みょうちょう》】[↓]あすの朝《あさ》。☞「みんちょう」は6

【明日《みょうにち｜あす｜あした》】[↓]きょうの次《つぎ》の日《ひ》。関連 昨日《さくじつ》・本日《ほんじつ》・今日《こんにち》・明日《みょうにち》。昨日《きのう》・今日《きょう》・明日《あす》 表現「みょうにち」は、あらたまったときのことば。

【明年《みょうねん》】[↓]ことしの次《つぎ》の年《とし》。類 来年《らいねん》 関連 昨年《さくねん》・本年《ほんねん》・今年《こんねん》・明年《みょうねん》 表現「来年《らいねん》」よりあらたまった言《い》い方《かた》。

【明晩《みょうばん》】[↓]あしたの晩《ばん》。関連 昨晩《さくばん》・今晩《こんばん》・明晩《みょうばん》 表現 ややあらたまった言《い》い方《かた》。

6〈中国の王朝の名〉の意味で

【▲明朝《みんちょう》】[↓]①中国《ちゅうごく》の王朝《おうちょう》の名《な》(一三六八年《ねん》～一六四四年《ねん》)。②「明朝体《みんちょうたい》」の略《りゃく》。今《いま》いちばんふつうに使《つか》われている和文用《わぶんよう》の活字《かつじ》の書《しょ》体《たい》で、たて線《せん》が太《ふと》く、よこ線《せん》が細《ほそ》いもの。参考 ☞ものしり巻物(385ページ) ☞「みょうちょう」は4

明が下につく熟語 上の字の働き

1 明＝〈あかるい〉のとき
【光明《こうみょう》 灯明《とうみょう》 透明《とうめい》】近《ちか》い意味《いみ》。

2 明＝〈はっきりさせる〉のとき
【解明《かいめい》 釈明《しゃくめい》】近《ちか》い意味《いみ》。
【究明《きゅうめい》 糾明《きゅうめい》 証明《しょうめい》 説明《せつめい》 弁明《べんめい》】わからないことをドウヤッテ明《あき》らかにするか。
【言明《げんめい》 声明《せいめい》 表明《ひょうめい》】自分《じぶん》の考《かんが》えをドウヤッテ明《あき》らかにするか。
【簡明《かんめい》 平明《へいめい》 克明《こくめい》 自明《じめい》】ドノヨウニ明《あき》らかであるか。

3 明＝〈かしこい〉のとき
【英明《えいめい》 賢明《けんめい》】近《ちか》い意味《いみ》。

◆山紫水明《さんしすいめい》 失明《しつめい》 照明《しょうめい》 鮮明《せんめい》 天地神明《てんちしんめい》 発明《はつめい》 判明《はんめい》 不明《ふめい》 文明《ぶんめい》 未明《みめい》

文字物語

明

この字《じ》のなりたちからもわかるように、「明」の意味《いみ》するところはひたすら「あかるく」「あきらか」で、なんのくもりもない。音《おん》は「メイ」「ミョウ」「ミン」と三《みっ》つあるが、熟語《じゅくご》では多《おお》く「メイ」とよまれる。「ミョウ」は「明日《みょうにち》」「明年《みょうねん》」のように、年月《ねんげつ》や季節《きせつ》について「あくる」つまり「次《つぎ》の」の意味《いみ》を表《あらわ》す場合《ばあい》と、「明星《みょうじょう》」「光明《こうみょう》」「灯明《とうみょう》」など、いくつかのことばとにかぎられている。「ミン」は、中国《ちゅうごく》の王朝《おうちょう》のよび名《な》。今日《こんにち》でも、字体《じたい》の「明朝体《みんちょうたい》」などのことばとして使《つか》われている。「明」の字《じ》は、上《うえ》にも下《した》にもつけて、たくさんのことばをつくるほか、九《ここの》つの訓《くん》も日《にち》常《じょう》ふつうに使《つか》われる。また、人《ひと》の名《な》にも、男《だん》女《じょ》を問《と》わずよく使《つか》われている。

日－5

映

総画9
JIS-1739
教6年
音 エイ
訓 うつる・うつす・はえる

筆順

なりたち

【形声】「央《オウ》」が「エイ」とかわって読《よ》み方《かた》をしめしている。「オウ」は「光《ひか》りかがやく」意味《いみ》を持《も》ち、日《ひ》がかがやくことから、「はえる」として使《つか》われる字《じ》。

意味

1 うつる。物《もの》のすがたや形《かたち》がうつる。うつしだす。例 目《め》に映《うつ》る。スライドを映《うつ》す。水《すい》面《めん》に映《えい》じる朝日《あさひ》。映像《えいぞう》・反映《はんえい》

2 はえる。ひきたつ。例 夕日《ゆうひ》に映《は》える山《やま》なみ。夕映《ゆうば》え

使い分け うつす［写・映］☞127ページ

名前のよみ あき・あきら・てる・みつ

❶〈うつる〉の意味で

【映画】《えいが》 ↓ フィルムの画像《がぞう》を動画《どうが》としてスクリーンにうつしだして見《み》せるもの。

【映写】《えいしゃ》 Ⅱ〈─する〉映画《えいが》やスライド写真《しゃしん》などをスクリーンにうつすこと。例 映写機《えいしゃき》

【映像】《えいぞう》 ↓ ①光《ひかり》でうつしだされる、もののすがたや形《かたち》。テレビや映画《えいが》の中《なか》のすがた。②心《こころ》にうかぶすがたや形《かたち》。イメージ。

映が下につく熟語 上の字の働き

❶映＝〈うつる〉のとき

【上映《じょうえい》 放映《ほうえい》】映像《えいぞう》をドウスルか。

◆反映《はんえい》

昨

日－5 総画9 JIS-2682 教4年

音 サク

訓 ─

筆順 昨 昨 昨 昨 昨 昨 昨 昨 昨（亻にならない）

なりたち 【形声】「乍」が「サク」という読《よ》み方《かた》をしめしている。「サク」は「つみかさねる」意味《いみ》を持《も》ち、日《ひ》のつみかさなりから、すぎさった日《ひ》を表《あらわ》す字《じ》。

意味 ひとつ前《まえ》の。前《まえ》の日《ひ》の。例 昨十五日《さくじゅうごにち》の夕《ゆう》。昨夜《さくや》・昨今《さっこん》

特別なよみ 昨日（きのう）

発音あんない サク→サッ… 例 昨今《さっこん》

【昨日】《さくじつ｜きのう》 ↓ きょうの前《まえ》の日《ひ》。例 昨日《さくじつ》はおせわになりました。きのうはいい天気《てんき》だった。

関連 昨日《さくじつ》・本日《ほんじつ》・今日《こんにち》・明日《みょうにち》。昨日《きのう》・今日《きょう》・明日《あす》

表現 「さくじつ」は、「きのう」よりもあらたまった言《い》い方《かた》。

表記 「きのう」と読《よ》んでほしいときはかなで書《か》いたほうがよい。

【昨年】《さくねん》 ↓ ことしの前《まえ》の年《とし》。類 去年《きょねん》・旧年《きゅうねん》

関連 昨年《さくねん》・本年《ほんねん》・今年《こんねん》・明年《みょうねん》

【昨晩】《さくばん》 ↓ きのうの晩《ばん》。ゆうべ。類 昨夜《さくや》・昨夕《さくゆう》

関連 昨晩《さくばん》・今晩《こんばん》・明晩《みょうばん》 表現 あらたまった言《い》い方《かた》。

【昨夜】《さくや》 ↓ きのうの夜《よる》。類 昨晩《さくばん》 関連 昨夜《さくや》・今夜《こんや》・明夜《みょうや》 表現 あらたまった言《い》い方《かた》。「昨晩《さくばん》」より、いくぶんおそい時刻《じこく》をいう。

【昨今】《さっこん》 ⇕ 「きのうきょう」というような、つい最近《さいきん》のこと。このところ。近《ちか》ごろ。例 昨今《さっこん》の社会情勢《しゃかいじょうせい》。

春

日－5 総画9 JIS-2953 教2年

音 シュン

訓 はる

筆順 春 春（ながく） 春 春（はらう） 春 春 春 春 春

なりたち 【形声】もとの字《じ》の「屯」が「屯《チュン》」→「シュン」とかわって読《よ》み方《かた》をしめしている。「シュン」はかたい土《つち》をやぶって芽《め》ぶく意味《いみ》と、「艹」と「日」をくわえて、草《くさ》の芽《め》ぶく「はる」を表《あらわ》している字《じ》。

意味 はる。四季《しき》の一《ひと》つ。新年《しんねん》。人生《じんせい》のわかくて元気《げんき》なころ。例 早春《そうしゅん》・青春《せいしゅん》・思春期《ししゅんき》 対 秋《しゅう》

名前のよみ あつ・かず・はじめ

【春季】《しゅんき》 ↓ 春《はる》の季節《きせつ》。類 春期《しゅんき》 関連 春季《しゅんき》・夏季《かき》・秋季《しゅうき》・冬季《とうき》 表現 「春季《しゅんき》」は「春《はる》という季節《きせつ》」、「春期《しゅんき》」は「春《はる》の時期《じき》」と、いちおう区別《くべつ》する。

【春期】《しゅんき》 ↓ 春《はる》の時期《じき》。類 春季《しゅんき》 関連 春期《しゅんき》・夏期《かき》・秋期《しゅうき》・冬期《とうき》

【春秋】《しゅんじゅう｜はるあき》 ⇕ ①春《はる》と秋《あき》。②一年間《いちねんかん》。年月《としつき》。例 春秋《しゅんじゅう》をへる。類 星霜《せいそう》

【春秋に富む】《しゅんじゅうにとむ》 年《とし》がまだわかくて、将来《しょうらい》が長《なが》いこと。参考 『史記《しき》』にあることば。春《はる》と秋《あき》とで一年《いちねん》をあらわすので、年月《ねんげつ》や年齢《ねんれい》の意味《いみ》にもなる。

【春色】《しゅんしょく》 ↓ 春《はる》らしい感《かん》じやけしき。例 春色《しゅんしょく》に心《こころ》がなごむ。類 春景《しゅんけい》

【春風◆駘◆蕩】《しゅんぷうたいとう》 〈─たる〉春風《しゅんぷう》がおだやかにふき、あたりが平和《へいわ》でのどかなようす。表現 「春風駘蕩《しゅんぷうたいとう》たる人物《じんぶつ》」のように、おだやかで、ゆったりした人《ひと》がらにもいう。

【春分】《しゅんぶん》 ↓ 一年《いちねん》に二度《にど》の、昼《ひる》と夜《よる》の長《なが》さがおなじになる日《ひ》のうちの春《はる》のほうの日《ひ》。三月《さんがつ》二十一日《にじゅういちにち》ごろで、春《はる》の彼岸《ひがん》の中日《ちゅうにち》にあたる。例 春分《しゅんぶん》の日《ひ》。対 秋分《しゅうぶん》

【春。眠】《しゅんみん》 ↓ 春《はる》の夜《よる》のここちよい眠《ねむ》り。例 春眠暁《しゅんみんあかつき》をおぼえず（春《はる》の夜《よる》はねごこちがよ

く、いつ朝《あさ》になったのかもわからずに眠《ねむ》ってしまう。中国《ちゅうごく》の孟浩然《もうこうねん》の詩《し》の一節《いっせつ》☞ものしり巻物801ページ)。

【春。雷】しゅんらい ↓ 春先《はるさき》に鳴《な》るかみなり。

【春先】はるさき ↓ 春《はる》のはじめ。類 早春《そうしゅん》・初春《しょしゅん》

【春雨】はるさめ ↓ ①しずかにふる、春《はる》のこまかい雨《あめ》。②でんぷんを糸《いと》のようにかためて、かんそうさせた食《た》べ物《もの》。湯《ゆ》でもどすと、すきとおったそうめんのようになる。

春が下につく熟語 上の字の働き

【賀春《がしゅん》 迎春《げいしゅん》 惜春《せきしゅん》】春《はる》をドウスルか。

【初春《しょしゅん》 早春《そうしゅん》 晩春《ばんしゅん》 明春《みょうしゅん》 来春《らいしゅん》】イツゴロの春《はる》か。

【陽春《ようしゅん》 新春《しんしゅん》】ドウイウ春《はる》か。

◆回春《かいしゅん》 青春《せいしゅん》

日-5 昭

総画9 JIS-3028 教3年

訓 — 音 ショウ

筆順

なりたち

【形声】「召」が「ショウ」という読《よ》み方《かた》をしめしている。「ショウ」は「あきらか」の意味《いみ》を持《も》ち、日《ひ》の光《ひかり》のあきらかなことを表《あらわ》す字《じ》。

意味 あきらか。世《よ》の中《なか》がよくおさまっている。例 昭和《しょうわ》

名前のよみ あき・あきら・てる・はる

文字物語 昴

牡牛座《おうしざ》にある星団《せいだん》の名《な》「昴《すばる》」。小《ちい》さな六《むっ》つの星《ほし》がてんてんとつながって輪《わ》になっているように肉眼《にくがん》には見《み》えるが、じつは三百《さんびゃく》ほどの星《ほし》の集《あつ》まりである。

「すばる」といえば、明治《めいじ》のすえから大正《たいしょう》のはじめにかけて出版《しゅっぱん》された、森鷗外《もりおうがい》・北原白秋《きたはらはくしゅう》・高村光太郎《たかむらこうたろう》などのかつやくする文芸雑誌《ぶんげいざっし》『スバル』がとくに有名《ゆうめい》である。

「スバル」とかたかなで書《か》かれることが多《おお》いから、てっきり西洋《せいよう》から来《き》たことばかと思《おも》うと、そうではなく、わが国《くに》に大《おお》むかしからあった、れっきとした日本語《にほんご》なのである。「統《す》べる(たくさんのものを一《ひと》つにまとめる)」ということばの古《ふる》いかたち「すぶ」に対《たい》する「すばる(たくさんのものが一《ひと》つにまとまっている)」ということばからきているという。「すばるぼし」、何《なん》だか夢《ゆめ》のあることば。

日-5 是

総画9 JIS-3207 常用

訓 こ-れ 音 ゼ

筆順

なりたち

【象形】さじの形《かたち》をえがいた字《じ》。「これ、この、正《ただ》しい」などの意味《み》に借《か》りて使《つか》われている。

意味 ただしい。よいとみとめる。例 是《ぜ》が非《ひ》でも。是正《ぜせい》・国是《こくぜ》 対 非《ひ》

名前のよみ ただし・ゆき・よし

【是正】ぜせい Ⅱ (—する) わるいところやまちがったところを直《なお》して、正《ただ》しいものにすること。例 不均衡《ふきんこう》を是正《ぜせい》する。類 改正《かいせい》

【是是非非】ぜぜひひ 「よいものはよく、わるいものはわるい」と、公平《こうへい》に考《かんが》える態度《たいど》。

【是認】ぜにん ↓ (—する) それでよい、そのとおりであるとみとめること。類 容認《ようにん》・承認《しょうにん》 対 否認《ひにん》

【是非】ぜひ ⇕ ①正《ただ》しいことと正《ただ》しくないこと。例 是非《ぜひ》を問《と》う。類 理非《りひ》・曲直《きょくちょく》・善悪《ぜんあく》・可否《かひ》 ②どうしても。あとに願望《がんぼう》や命令《めいれい》のことばをつけて、強《つよ》くねがう気持《きも》ちを表《あらわ》す。例 ぜひお会《あ》いしたい。ぜひ行《い》きなさい。表現 「是非《ぜひ》もない」は、いいもわるいも言《い》っていられない、しかたがないということ。

日-5 星

総画9 JIS-3217 教2年

訓 ほし 音 セイ・ショウ

筆順

なりたち

【形声】「日」は、もと「晶」で、多《おお》くのほしをえがいたもの。「生」は「セイ」という読《よ》み方《かた》をしめしている。「セイ」は「きよらか」の意味《いみ》を持《も》ち、きよらかな光《ひかり》を

はなつ「ほし」を表《あらわ》す字《じ》。

意味

❶ほし。宇宙《うちゅう》にある天体《てんたい》。例衛星《えいせい》

❷としつき。例星霜《せいそう》

❸めあて。ねらったところ。例本星《ほんぼし》・目星《めぼし》

❹試合《しあい》などの勝《か》ち負《ま》け。例黒星《くろぼし》

注意するよみ ショウ…例明《みょう》星《じょう》

名前のよみ とし

❶〈ほし〉の意味で

【星雲】《せいうん》↓銀河系《ぎんがけい》の内《うち》にある、ガスやちりの集《あつ》まり。表現 以前《いぜん》は、星《ほし》のたくさんのあつまりのこともいったが、現在《げんざい》はそれは「銀河《ぎんが》」という。

【星座】《せいざ》↓夜空《よぞら》に見《み》える星《ほし》と星《ほし》とをむすび、なにかの形《かたち》を想像《そうぞう》して名前《なまえ》をつけたもの。知識 星座《せいざ》の名《な》は、ギリシャ神話《しんわ》によるものが多《おお》いが、国《くに》や文化《ぶんか》がちがえば、星座《せいざ》のとらえ方《かた》もちがう。西洋《せいよう》の「おおぐま座《ざ》」は中国《ちゅうごく》の「北斗《ほくと》」。

【星団】《せいだん》↓多《おお》くの恒星《こうせい》がかたまって見《み》えるもの。恒星《こうせい》の集団《しゅうだん》。

【星影】《ほしかげ》↓星《ほし》の光《ひかり》。例きらめく星影《ほしかげ》。

【星屑】《ほしくず》↓夜空《よぞら》に光《ひか》る、小《ち》さな数多《かずおお》くの星《ほし》。

【星月夜】《ほしづきよ｜ほしづくよ》 星《ほし》の光《ひかり》で、月夜《つきよ》ほどに明《あか》るい夜《よる》。

❷〈としつき〉の意味で

【星霜】《せいそう》Ⅱ年月《ねんげつ》。長《なが》いとしつき。例幾星霜《いくせいそう》。星霜《せいそう》をへる。類春秋《しゅんじゅう》 参考 星《ほし》は一年《いちねん》で天《てん》を一周《いっしゅう》し、霜《しも》は年《とし》ごとにおりることから。

星が下につく熟語 上の字の働き

❶星＝〈ほし〉のとき
【恒星《こうせい》 衛星《えいせい》 惑星《わくせい》 遊星《ゆうせい》 流星《りゅうせい》 明《みょう》星《じょう》 巨星《きょせい》】ドウイウ星《ほし》か。
【土星《どせい》 北極星《ほっきょくせい》 南十字星《みなみじゅうじせい》】ナニという名《な》の星《ほし》か。

❹星＝〈試合などの勝ち負け〉のとき
【白星《しろぼし》 黒星《くろぼし》 金星《きんぼし》】ドウイウ勝《か》ち負《ま》けか。

◆図星《ずぼし》 目星《めぼし》

昼

日−5 総画9 JIS-3575 教2年

訓 ひる 音 チュウ

［晝］

筆順 昼 昼 昼 昼 昼 昼 昼 昼 昼（尺にならない）（且にならない）

なりたち  【会意】もとの字は、「晝」。「聿」が「くぎる」意味《いみ》を表《あらわ》し、夜《よる》と区別《くべつ》して、日《ひ》のでっている「ひる」として使《つか》われている字《じ》。

意味

❶ひるま。一日《いちにち》のうちの明《あか》るいあいだ。例昼《ひる》と夜《よる》。昼日中《ひるひなか》・昼夜《ちゅうや》・白昼《はくちゅう》 対夜《や》

❷正午《しょうご》。おひるどき。ひるめし。例昼《ひる》の時報《じほう》。お昼《ひる》にしよう。昼飯《ひるめし》・昼食《ちゅうしょく》

❶〈ひるま〉の意味で

【昼夜兼行】《ちゅうやけんこう》 ひるも夜《よる》も休《やす》まずに、仕事《しごと》などを進《すす》めること。例昼夜兼行《ちゅうやけんこう》の突貫工事《とっかんこうじ》。

【昼日中】《ひるひなか》 朝《あさ》でも夕方《ゆうがた》でもない、まさにひるま。類白昼《はくちゅう》・日中《にっちゅう》・真昼《まひる》

【昼間】《ひるま｜ちゅうかん》↓朝《あさ》から夕方《ゆうがた》までの明《あか》るいあいだ。例真《ま》っ昼間《ぴるま》 類白昼《はくちゅう》 対夜間《やかん》

❷〈正午〉の意味で

【昼食】《ちゅうしょく｜ちゅうじき》↓ひるの食事《しょくじ》。ひるめし。関連 朝食《ちょうしょく》・昼食《ちゅうしょく》・夕食《ゆうしょく》・夜食《やしょく》

【昼餉】《ひるげ》↓昼《ひる》ごはん。関連 朝餉《あさげ》・昼餉《ひるげ》・夕餉《ゆうげ》 参考「け」は食事《しょくじ》を表《あらわ》す古《ふる》いことば。

昼が下につく熟語 上の字の働き

❶昼＝〈ひるま〉のとき
【白昼《はくちゅう》 真昼《まひる》】ドウイウ昼《ひる》か。

◆夜昼《よるひる》

昴

日−5 総画9 JIS-5869 人名

訓 すばる 音 ボウ

意味 すばる。おうし座《ざ》にあるプレアデス星団《せいだん》。

昧

日−5 総画9 JIS-4370 常用

訓 くら-い 音 マイ

筆順 昧 昧 昧 昧 昧 昧 昧 昧 昧

文字物語 570ページ

名前のよみ あきら

意味 くらい。あかるくない。うすぐらい。例曖昧《あいまい》(はっきりしないようす)

晏

日−6 総画10 JIS-5871 人名

訓 ― 音 アン

4 日 ひ 5画―6画 昼 昴 昧 晏 晃 時 ◀次ページ

◦学習漢字でない常用漢字 ▴常用漢字表にない音訓 ◆常用漢字でない漢字

意味 やすらか。静《しず》かで安《やす》らかである。
名前のよみ さだ・はる・やす・やすし

日-6
【晃】
総画10 JIS-2524 人名
音 コウ
訓 あきーらか
意味 あきらか。光《ひか》る。例 晃々《こうこう》
名前のよみ あき・てる・ひかる・みつ
参考 「晄《コウ／あきらか》」の字《じ》も、人名用漢字《じんめいようかんじ》。

日-6
【時】
総画10 JIS-2794 教2年
音 ジ
訓 とき

筆順

なりたち

【形声】「寺」が「ジ」という読《よ》み方《かた》をしめしている。「ジ」は「うつる」意味《いみ》を持《も》ち、日《ひ》のうつりかわりから、「季節《きせつ》、とき」として使《つか》われる字《じ》。

意味
❶とき。月日《つきひ》のうつりかわりや時間《じかん》のくぎり。例 時《とき》は金《かね》なり。時刻《じこく》・日時《にちじ》
❷一時間《いちじかん》。一日《いちにち》の二十四分《にじゅうよんぶん》の一《いち》。六十分《ろくじっぷん》。例 午後二時《ごごにじ》。十四時《じゅうよじ》。時速《じそく》
❸そのとき。そのときどきの。その時期《じき》・時代《じだい》。例 時《とき》の運《うん》。時世《じせい》・当時《とうじ》
❹《その他《た》》例 時化《しけ》

特別なよみ 時雨(しぐれ)・時計(とけい)
名前のよみ はる・ゆき・よし

❶〈とき〉の意味で

【時間】《じかん》 ↓ ①止《と》まることなくうつっていく「時《とき》」の流《なが》れ。対 空間《くうかん》 ②内容《ないよう》があって、まとまっているある長《なが》さの「時《とき》」。例 食事《しょくじ》の時間《じかん》。類 時限《じげん》 ③時《とき》の流《なが》れの中《なか》のある一点《いってん》。例 約束《やくそく》の時間《じかん》。類 時刻《じこく》 参考 ☞【時刻】《じこく》(572ページ)☞❷

【時限】《じげん》 ↓ ①時間《じかん》をかぎること。例 時限爆弾《じげんばくだん》(ある時間《じかん》がたつと、爆発《ばくはつ》するしかけの爆弾《ばくだん》) ②学校《がっこう》の授業時間《じゅぎょうじかん》のくぎり。例 第二時限《だいにじげん》。類 校時《こうじ》・時間《じかん》

【時効】《じこう》 ↓ 法律《ほうりつ》で、一定《いってい》の期間《きかん》がすぎたために問題《もんだい》にすることができなくなること。例 時効《じこう》が成立《せいりつ》する。表現 ふつうの会話《かいわ》でも、「その話《はなし》はもう時効《じこう》だよ」などと、古《ふる》いことだからもう責任《せきにん》をとったりひみつをまもったりしなくてもよいという意味《いみ》に使《つか》う。

【時候】《じこう》 ↓ 季節《きせつ》ごとの気候《きこう》。例 手紙《てがみ》は時候《じこう》のあいさつから書《か》き始《はじ》める。類 時節《じせつ》

【時刻】《じこく》 ↓ 時《とき》の流《なが》れの中《なか》のある一点《いってん》。例 発車時刻《はっしゃじこく》。約束《やくそく》の時刻《じこく》におくれる。表現 時《とき》の流《なが》れをものさしと見《み》れば、「時刻《じこく》」はめもりで、「時間《じかん》」はめもりからめもりまでの長《なが》さだといえる。しかし、じっさいには、「時刻《じこく》」というべきところを「時間《じかん》」ということも多《おお》い。

【時差】《じさ》 ↓ ①地球上《ちきゅうじょう》の各地《かくち》で使《つか》われる標準時《ひょうじゅんじ》をくらべたときの時刻《じこく》の差《さ》。例 時差《じさ》ぼけ ②時刻《じこく》をずらすこと。例 時差出勤《じさしゅっきん》

【時時刻刻】《じじこっこく》 時間《じかん》がたつにつれて。例 時々刻々変化《じじこっこくへんか》する。類 刻一刻《こくいっこく》

【時日】《じじつ》 Ⅱ ①ある決《き》まった日《ひ》と時刻《じこく》。日取《ひど》り。例 時日《じじつ》はおって知《し》らせします。類 日時《にちじ》 ②ある長《なが》さの時間《じかん》。類 日時《にちじ》・年月《としつき》・歳月《さいげつ》

【時節】《じせつ》 Ⅱ 季節《きせつ》。類 時候《じこう》 ☞❸

【時点】《じてん》 ↓ 時間《じかん》の流《なが》れの中《なか》のある一点《いってん》。例 現時点《げんじてん》ではまだ解決《かいけつ》していない。

【時報】《じほう》 ↓ 標準時刻《ひょうじゅんじこく》をラジオなどで知《し》らせること。例 正午《しょうご》の時報《じほう》。☞❸

【時折】《ときおり》 Ⅱ ときどき。ときたま。

【時計】《とけい》 ↓ 時刻《じこく》を知《し》ることができるようにした器械《きかい》。

❷〈一時間〉の意味で

【時間】《じかん》 ↓ 時間《じかん》の長《なが》さをはかる単位《たんい》として、一日《いちにち》を二十四等分《にじゅうよんとうぶん》した、その一《ひと》つ一《ひと》つの長《なが》さ。六十分《ろくじっぷん》。☞❶

【時給】《じきゅう》 ↓ 一時間《いちじかん》いくらと決《き》めた給料《きゅうりょう》。時間給《じかんきゅう》。関連 時給《じきゅう》・日給《にっきゅう》・週給《しゅうきゅう》・月給《げっきゅう》・年俸《ねんぽう》

【時速】《じそく》 ↓ 速《はや》さの単位《たんい》。一時間《いちじかん》に進《すす》む距離《きょり》で表《あらわ》す。関連 秒速《びょうそく》・分速《ふんそく》・時速《じそく》

❸〈そのとき。そのときどきの〉の意味で

【時価】《じか》 ↓ そのときどきの品物《しなもの》のねだん。とくに、今《いま》のねだん。相場《そうば》がかわりやすいものについていう。類 相場《そうば》・市価《しか》

【時期】《じき》 Ⅱ なにかをするときの、いつごろとか、いつからいつまでとかのある長《なが》さの時間《じかん》。例 時期尚早《じきしょうそう》(まだ、それをするときではな

い)。時期《じき》がわるい。類 時分《じぶん》

【時機】《じき》 ↓ 今《いま》がちょうどよいという、ぴったりのとき。例 時機《じき》をうかがう。類 潮時《しおどき》・機会《きかい》・好機《こうき》・時節《じせつ》

【時局】《じきょく》 ↓ そのときの社会《しゃかい》の動《うご》きやなりゆき。例 時局《じきょく》に対応《たいおう》する。

【時雨】《しぐれ》 ↓ 秋《あき》の終《お》わりから冬《ふゆ》にかけての、ふったりやんだりする雨《あめ》。

【時事】《じじ》 ↓ そのときどきの世界《せかい》の動《うご》きや社《しゃ》会《かい》のできごと。例 時事問題《じじもんだい》

【時世】《じせい》 ↓ ときとともにうつりかわる世《よ》の中《なか》。例 けっこうなご時世《じせい》だ。類 時代《じだい》 表現 「時《とき》世時節《よじせつ》」のように、「ときよ」ともいう。

【時勢】《じせい》 ↓ うつりかわる世《よ》のなりゆき。世《よ》の中《なか》の動《うご》き。例 時勢《じせい》におくれる。

【時節】《じせつ》 ↓ そのことをするのにちょうどよいとき。チャンス。例 時節到来《じせつとうらい》。類 時機《じき》 表現 「時機《じき》」よりやや長《なが》い期間《きかん》をいう。☞❶

【時代】《じだい》 Ⅱ ①歴史《れきし》のうえで、長《なが》い年月《としつき》をそれぞれの特徴《とくちょう》によってくぎったもの。類 年《ねん》代《だい》 ②あるまとまりをもった、ひとくぎりの期間《きかん》。例 少年時代《しょうねんじだい》 ③時《とき》とともに動《うご》いている世《よ》の中《なか》。例 時代《じだい》の先端《せんたん》をいく。類 時流《じりゅう》・時世《じせい》 ④むかしの世《よ》の中《なか》。例 時代劇《じだいげき》・時代物《じだいもの》

【時代劇】《じだいげき》 武家《ぶけ》の時代《じだい》に題材《だいざい》をとった映画《えいが》や演劇《えんげき》。まげもの。対 現代劇《げんだいげき》

【時代考証】《じだいこうしょう》 映画《えいが》や演劇《えんげき》などで、衣装《いしょう》や道具《どうぐ》などがその時代《じだい》に合《あ》っているかを調《しら》べること。

【時代錯誤】《じださくご》 ①時代《じだい》のちがうものごとをおなじ時代《じだい》のものごとだと考《かんが》えてしまうこと。②考《かんが》えが古《ふる》くて、今《いま》の時代《じだい》に合《あ》わないこと。時代《じだい》おくれ。

【時評】《じひょう》 ↓ ①世《よ》の中《なか》の動《うご》きの中《なか》での批《ひ》評《ひょう》。例 文芸時評《ぶんげいじひょう》 ②あることについての、そのころの評判《ひょうばん》。例 時評《じひょう》にのぼる。

【時分】《じぶん》 ↓ ①とき。ころ。例 若《わか》い時分《じぶん》。類 時期《じき》 ②ちょうどいいとき。例 時分《じぶん》を見《み》はからう。

【時報】《じほう》 ↓ そのときどきのできごとの知《し》らせ。それをのせた新聞《しんぶん》や雑誌《ざっし》。例 社会時報《しゃかいじほう》 ☞❶

【時流】《じりゅう》 ↓ その時代《じだい》の動《うご》きや、考《かんが》え方《かた》。例 時流《じりゅう》にのる。類 風潮《ふうちょう》・潮流《ちょうりゅう》・時代《じだい》

❹《その他》

【▲時化】《しけ》 ○ ①はげしい風《かぜ》や雨《あめ》のために海《うみ》があれること。②海《うみ》があれて、魚《さかな》がとれないこと。類 不漁《ふりょう》

時が下につく熟語 上の字の働き

❶ 時=〈とき〉のとき

【一時《いちじ》|一時《いっとき》 片時《へんじ》|片時《かたとき》 瞬時《しゅんじ》 暫時《ざんじ》】ドノクライの長《なが》さの時《とき》か。

【同時《どうじ》 定時《ていじ》】ドウイウ時《とき》か。

❸ 時=〈そのとき。そのときどきの〉のとき

【今時《いまどき》 近時《きんじ》 当時《とうじ》 往時《おうじ》 常時《じょうじ》】時《とき》が進《すす》むなかでイツの時期《じき》か。

【戦時《せんじ》 平時《へいじ》】社会的《しゃかいてき》にドウイウ時期《じき》・時代《じだい》か。

【臨時《りんじ》 随時《ずいじ》】その時《とき》にドウスルのか。

【災害時《さいがいじ》 緊急時《きんきゅうじ》】ドノヨウナ場合《ばあい》か。

◆ 潮時《しおどき》 日時《にちじ》 毎時《まいじ》 幼時《ようじ》 零時《れいじ》

晋

日-6 総画10 JIS-3124 人名

音 シン 訓 すす-む

意味 すすむ。すすみのぼる。

名前のよみ あき・くに・ゆき

晟

日-6 総画10 JIS-5880 人名

音 セイ 訓 —

意味 あかるい。

名前のよみ あきら・てる・まさ

晦

日-7 総画11 JIS-1902 人名

音 カイ 訓 みそか・くら-い

意味

❶みそか。月《つき》の終《お》わりの日《ひ》。つごもり。例 晦日《かいじつ》|晦日《みそか》 対 朔《さく》

❷くらい。

晨

日-7 総画11 JIS-5879 人名

音 シン 訓 あした

意味 夜明《よあ》け。朝《あさ》。例 晨星《しんせい》

名前のよみ あき・とき

暁

日-8 総画12 JIS-2239 常用

音 ギョウ 訓 あかつき

［曉］

筆順 暁

なりたち 【形声】もとの字は、「曉」。「尭」が「ギョウ」という読《よ》み方《かた》をしめしている。「ギョウ」は「あきらか」の意味《いみ》を持《も》ち、日《ひ》があかるくなる「夜《よ》あけ」を表《あらわ》す字《じ》。

意味 夜明《よあ》け。あけがた。あかつき。例 暁《あかつき》の空《そら》。暁天《ぎょうてん》・通暁《つうぎょう》

名前のよみ あき・あきら・さとし・さとる・とき・とし

【暁天】《ぎょうてん》 ↓ 明《あ》け方《がた》の空《そら》。表現「暁天《ぎょうてん》の星《ほし》」は、見《み》つけるのに苦労《くろう》するほど数《かず》が少《すく》ないこと。

◆早暁《そうぎょう》 通暁《つうぎょう》

日－8

景

総画12 JIS-2342 教4年

訓 ― 音 ケイ

筆順 景（はねる・とめる）

なりたち 【形声】「京」が「ケイ」という読《よ》み方《かた》をしめしている。「ケイ」は「あきらか」の意味《いみ》を持《も》ち、あきらかな日《ひ》の光《ひかり》を表《あらわ》す字《じ》。

意味 ❶けしき。ようす。例 景気《けいき》・風景《ふうけい》 ❷おもむきをそえるもの。例 景物《けいぶつ》

特別なよみ 景色（けしき）

名前のよみ あきら・かげ・ひろ

❶〈けしき〉の意味で

【景観】《けいかん》 Ⅱ 目《め》に入《はい》ってくる景色《けしき》。例 すばらしい景観《けいかん》に圧倒《あっとう》される。

【景気】《けいき》 Ⅱ ①世《よ》の中《なか》の金《かね》のまわりぐあい。②商売《しょうばい》がうまくいっているかどうか。例 景気《けいき》がよい。③ものごとのいきおい。例 景気《けいき》のいいよび声《ごえ》。類 元気《げんき》・威勢《いせい》 例 不景気《ふけいき》

【景勝】《けいしょう》 ▽ 景色《けしき》がよいこと。例 景勝《けいしょう》の地《ち》。類 名勝《めいしょう》

【景物】《けいぶつ》 ↓ 春夏秋冬《しゅんかしゅうとう》、そのおりおりの景色《けしき》におもむきをそえるもの。☞❷

【景色】《けしき》 Ⅱ 山《やま》や川《かわ》・海《うみ》などの自然《しぜん》のながめ。例 冬景色《ふゆげしき》 類 風景《ふうけい》・風光《ふうこう》

❷〈おもむきをそえるもの〉の意味で

【景品】《けいひん》 ↓ ①売《う》る品物《しなもの》にそえる「おまけ」の品《しな》。類 景物《けいぶつ》 ②行事《ぎょうじ》に参加《さんか》したり、ゲームで得点《とくてん》した人《ひと》におくる品物《しなもの》。例 福引《ふくび》きの景品《けいひん》。

【景物】《けいぶつ》 ↓ そえもの。類 景品《けいひん》 参考 ❶の「景《けい》物《ぶつ》」の「おもむきをそえるもの」という意味《いみ》から、日本《にほん》では、そえものとして出《だ》す品物《しなもの》をいうようになった。さらに、「景品《けいひん》」ということばも日本《にほん》でできた。☞❶

景が下につく熟語 上の字の働き

❶景＝〈けしき〉のとき

【光景《こうけい》 情景《じょうけい》 風景《ふうけい》】近《ちか》い意味《いみ》。

【近景《きんけい》 遠景《えんけい》 背景《はいけい》 全景《ぜんけい》 点景《てんけい》 絶景《ぜっけい》 殺風景《さっぷうけい》】ドノヨウナ風景《ふうけい》か。

◆叙景《じょけい》

日－8

暑

総画12 JIS-2975 教3年

訓 あつい 音 ショ

［暑］

筆順 暑（ながく・つきだす）

なりたち 【形声】「者《シャ》」が「ショ」とかわって読《よ》み方《かた》をしめしている。「シャ」は「もえる」意味《いみ》を持《も》ち、太陽《たいよう》（日）が「あつい」として使《つか》われる字《じ》。

意味 あつい。あつさ。例 暑《あつ》さ寒《さむ》さも彼岸《ひがん》まで。暑《あつ》い日《ひ》。暑気《しょき》・残暑《ざんしょ》 対 寒《かん》

使い分け あつい［暑・熱・厚］☞575ページ

【暑気】《しょき》 ↓ 夏《なつ》のあつさ。例 暑気《しょき》あたり・暑気《しょき》ばらい 対 寒気《かんき》

【暑中】《しょちゅう》 ↓ 夏《なつ》のあついあいだ。とくに、夏《なつ》の土用《どよう》の十八日間《じゅうはちにちかん》。例 暑中見舞《しょちゅうみま》い 対 寒中《かんちゅう》

暑が下につく熟語 上の字の働き

【酷暑《こくしょ》 猛暑《もうしょ》】ドノクライの暑《あつ》さか。

◆炎暑《えんしょ》 残暑《ざんしょ》 避暑《ひしょ》

日－8

晶

総画12 JIS-3029 常用

訓 ― 音 ショウ

筆順 晶

なりたち 【会意】「日《ひ》」を三《み》つかさねて、「あかるい」ことを表《あらわ》している字《じ》。

意味 きそく正《ただ》しくならんで、きらきらかが

やくもの。例 結晶《けっしょう》・水晶《すいしょう》

名前のよみ あき・あきら・てる・まさ

日－8

【晴】

総画12 JIS-3218 教2年

音 セイ 訓 はれる・はらす

筆順 晴 晴 晴 晴 晴 晴 晴 晴 (はねる・とめる)

なりたち 【形声】もとの字は「晴」。「青」が「すみきる」意味《いみ》と「セイ」という読《よ》み方《かた》をしめしている。「はれてすみきった日《ひ》」を表《あらわ》す字《じ》。

意味 はれる。天気《てんき》がよい。すみきる。例 晴《は》れのちくもり。晴天《せいてん》・快晴《かいせい》

名前のよみ きよし・てる

【晴雨】せいう ⇕ 晴《は》れと雨《あめ》ふり。

【晴雨計】せいうけい 気圧計《きあつけい》のこと。気圧《きあつ》の上《あ》がり下《さ》がりで、天気《てんき》の変化《へんか》が予測《よそく》できるのでいう。

【晴耕雨読】せいこううどく 〈―する〉晴《は》れた日《ひ》には田畑《たはた》をたがやし、雨《あめ》の日《ひ》には家《いえ》で読書《どくしょ》をすること。職業《しょくぎょう》にしばられない気《き》ままな生活《せいかつ》。例 晴耕《せいこう》雨読《うどく》の日々《ひび》。類 悠悠自適《ゆうゆうじてき》

【晴天】せいてん ⇩ よく晴《は》れた空《そら》。天気《てんき》のよいこと。例 運動会《うんどうかい》は晴天《せいてん》にめぐまれた。類 好天《こうてん》

【晴朗】せいろう ⇩ 〈―な〉空《そら》が気持《きも》ちよく晴《は》れわたっているようす。例 天気《てんき》晴朗《せいろう》

日－8

【智】

総画12 JIS-3550 人名

音 チ 訓 ―

意味 頭《あたま》のはたらき。ちえ。例 叡智《えいち》

名前のよみ あきら・さと・さとし・さとる・とし・とみ・とも・のり・まさる・もと

日－8

【晩】

総画12 JIS-4053 教6年

音 バン 訓 おそ-い

［晩］

筆順 晩 晩 晩 晩 晩 晩 晩 晩 (はねる・おらない)

なりたち 【形声】「免《メン》―《ベン》」が「ぬけ出《で》る」ことを表《あらわ》し、「バン」とかわって読《よ》み方《かた》をしめしている。日《ひ》が見《み》えなくなることから、夕《ゆう》ぐれを表《あらわ》す字《じ》。

意味 ❶日《ひ》ぐれ以後《いご》。夜《よる》。例 晩《ばん》のご飯《はん》。昨晩《さくばん》 ❷おそい。時期《じき》がおそいこと。例 晩年《ばんねん》・早《そう》晩《ばん》 対 早《そう》

❶〈日ぐれ以後〉の意味で

【晩◆餐】ばんさん ⇩ りっぱな夕食《ゆうしょく》。例 晩餐会《ばんさんかい》 参考「餐《さん》」は、ごちそう。

【晩◦酌】ばんしゃく ⇩ 家《いえ》で夕食《ゆうしょく》のときに酒《さけ》を飲《の》むこと。例 晩酌《ばんしゃく》を楽《たの》しむ。

【晩◦鐘】ばんしょう ⇩ 夕方《ゆうがた》に鳴《な》らす寺院《じいん》・教会《きょうかい》などのかね。入《い》り相《あい》の鐘《かね》。

❷〈おそい〉の意味で

【晩夏】ばんか ⇩ 夏《なつ》の終《お》わりのころ。関連 初夏《しょか》・盛《せい》夏《か》・晩夏《ばんか》

【晩学】ばんがく ⇩ 年《とし》をとってから学問《がくもん》を始《はじ》めること。例 晩学《ばんがく》の人《ひと》。

【晩◦婚】ばんこん ⇩ ふつうの人《ひと》よりおそく、年《とし》をとってから結婚《けっこん》すること。対 早婚《そうこん》

【晩秋】ばんしゅう ⇩ 秋《あき》の終《お》わりのころ。類 暮《ぼ》秋《しゅう》 関連 初秋《しょしゅう》・仲秋《ちゅうしゅう》・晩秋《ばんしゅう》

例解 使い分け

［あつい《暑い・熱い・厚い》］

暑い＝気温《きおん》が高《たか》い。
例 日《ひ》ざしが暑《あつ》い。むし暑《あつ》い。ことしの夏《なつ》はとくに暑《あつ》い。

熱い＝そのものの温度《おんど》が高《たか》い。
例 熱《あつ》い湯《ゆ》を注《そそ》ぐ。熱《あつ》いまなざしを向《む》ける。鉄《てつ》は熱《あつ》いうちに打《う》て。

厚い＝ものの表《おもて》と裏《うら》のへだたりが大《おお》きい。
例 厚《あつ》い辞典《じてん》。厚《あつ》い紙《かみ》を折《お》る。情《じょう》が厚《あつ》い。

参考「暑《あつ》い」の反対《はんたい》は「寒《さむ》い・涼《すず》しい」、「熱《あつ》い」の反対《はんたい》は「冷《つめ》たい」、「厚《あつ》い」の反対《はんたい》は「薄《うす》い」。

◦学習漢字でない常用漢字　▲常用漢字表にない音訓　◆常用漢字でない漢字

【晩春】ばんしゅん ↓ 春《はる》の終《お》わりのころ。類 暮春《ぼしゅん》 対 早春《そうしゅん》 関連 初春《しょしゅん》・仲春《ちゅうしゅん》・晩春《ばんしゅん》

【晩成】ばんせい ↓ ほかの人《ひと》よりおそく、年《とし》をとってからりっぱになること。例 大器晩成《たいきばんせい》

【晩年】ばんねん ↓ 一生《いっしょう》の終《お》わりの、死《し》に近《ちか》い時期《じき》。例 晩年《ばんねん》を故郷《こきょう》でくらす。

晩が下につく熟語 上の字の働き

❶晩＝〈日ぐれ以後〉のとき
【昨晩《さくばん》 明晩《みょうばん》 翌晩《よくばん》】イツの晩《ばん》か。
◆早晩《そうばん》 毎晩《まいばん》

普

日-8 総画12 JIS-4165 常用 音 フ 訓 —

筆順 普 普 普 普 普 普 普

なりたち [形声] もとの字は、「普」。「竝《へい》」が「ならぶ」意味《いみ》と「フ」とかわって読《よ》み方《かた》をしめしている。日《ひ》の光《ひかり》がいきわたることを表《あらわ》す字《じ》。「いきわたる」意味《いみ》に借《か》りて使《つか》われる。

意味 ❶広《ひろ》くいきわたっている。例 普及《ふきゅう》 ❷《その他《た》》例 普段《ふだん》

名前のよみ ひろ・ひろし・ゆき

❶〈広《ひろ》くいきわたっている〉の意味で

【普及】ふきゅう ↓〈—する〉広《ひろ》くいきわたること。

【普請】ふしん ↓〈—する〉家《いえ》をつくる工事《こうじ》や土木工《どぼくこう》事をすること。例 安普請《やすぶしん》 類 建築《けんちく》

【普通】ふつう ↓〈—な・—に〉いつもの場合《ばあい》や、ほかのものとおなじで、かわったところのないこと。例 普通《ふつう》の人《ひと》。類 通常《つうじょう》 対 特別《とくべつ》・特殊《とくしゅ》

【普遍】ふへん Ⅱ 広《ひろ》く、すべてのものに当《あ》てはまること。例 普遍性《ふへんせい》 対 特殊《とくしゅ》

❷《その他》

【普段】ふだん ○ いつも。ひごろ。例 ふだんの服装《ふくそう》。類 平生《へいぜい》・日常《にちじょう》 表記「不断」とも書《か》く。

暗

日-9 総画13 JIS-1637 教3年 音 アン 訓 くらい

筆順 暗 暗 暗 暗 暗 暗 暗 暗（まっすぐ、つく／ながく）

なりたち [形声] 「音《イン/オン》」が「アン」とかわって読《よ》み方《かた》をしめしている。「イン」は「かげ」の意味《いみ》を持《も》ち、日《ひ》かげのくらいことを表《あらわ》す字《じ》。

意味 ❶くらい。はっきりしない。くろずんでいる。例 見通《みとお》しが暗《くら》い。暗黒《あんこく》・明暗《めいあん》 対 明《めい》 ❷おろか。例 暗愚《あんぐ》・暗君《あんくん》 ❸おもてにあらわれない。かくされている。それとはなしに。例 暗《あん》ににおわせる。❹そらんじる。頭《あたま》の中《なか》でする。例 暗記《あんき》

❶〈くらい〉の意味で

【暗雲】あんうん ↓ 今《いま》にも雨《あめ》がふり出《だ》しそうな黒《くろ》い雲《くも》。表現「暗雲《あんうん》がただよう」は、戦争《せんそう》など、なにかよくないことが起《お》こりそうな、重苦《おもくる》しいふんいきやようすを表《あらわ》す。

漢字パズル 9

くみあわせ

じょうずに組《く》み合《あ》わせて、漢字《かんじ》を作《つく》ってみましょう。

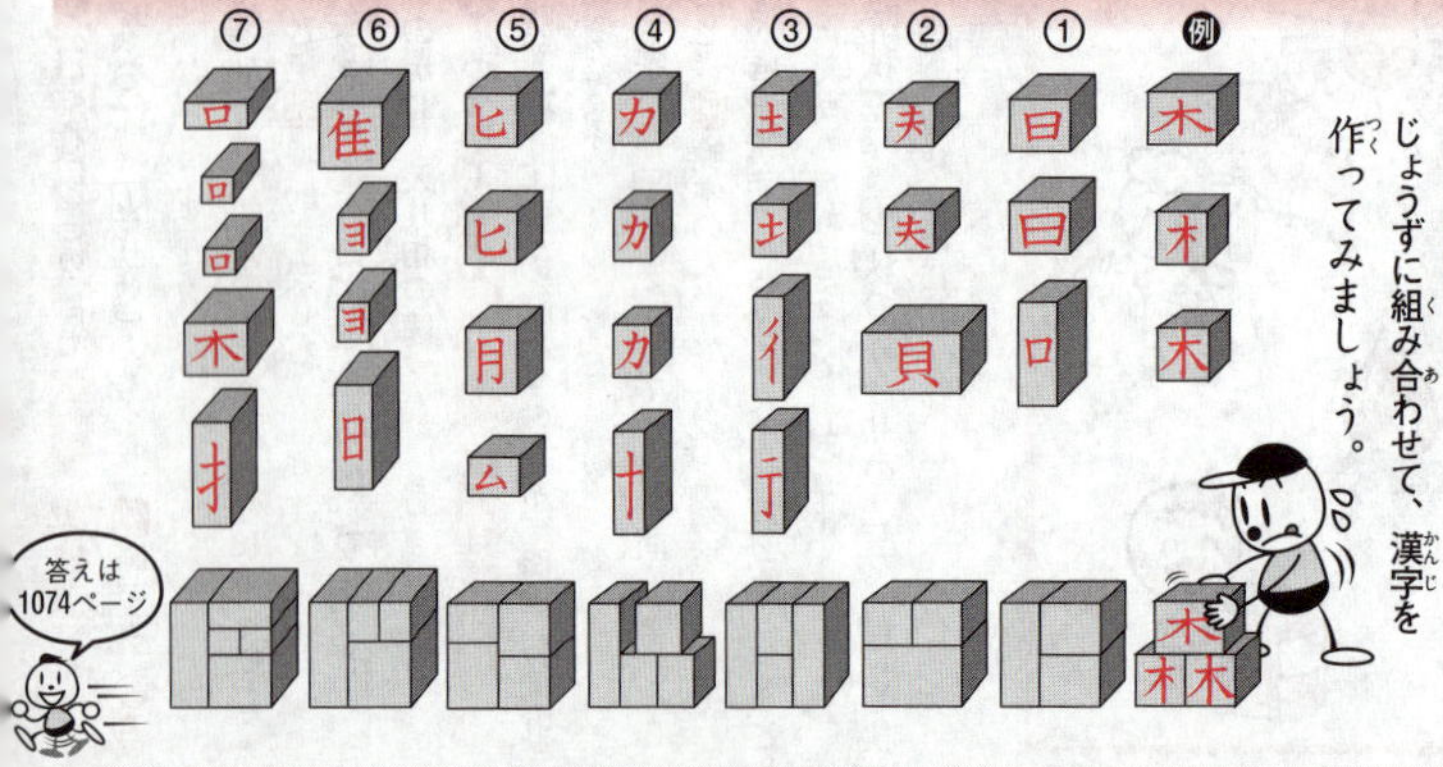

ものしり巻物 第19巻

和語《わご》・漢語《かんご》・外来語《がいらいご》①

日本語《にほんご》には、数《かぞ》えきれないほどたくさんのことばがあります。日本語《にほんご》をじょうずに使《つか》いこなせるようになるためには、たくさんあることばを、いくつかのグループに分《わ》けて考《かんが》えてみるのもよいことです。グループ分《わ》けのしかたにはいろいろありますが、ここで学習《がくしゅう》するのは、日本語《にほんご》を**和語《わご》・漢語《かんご》・外来語《がいらいご》**の三《みっ》つのグループに分《わ》けるやり方《かた》です。この分《わ》け方《かた》は、そのことばが、もともとどこの国《くに》で生《う》まれたものであるか、どのようにでき上《あ》がったものであるかという点《てん》に注目《ちゅうもく》する方法《ほうほう》です。

和語《わご》とは、外国《がいこく》から入《はい》ってきたことばではない、日本《にほん》で作《つく》り出《だ》されたことばのことです。**大和《やまと》ことば**ともよばれます。「やま」「かわ」「そら」「あそぶ」「はしる」「たのしい」「あかるい」など、日本語《にほんご》にはたくさんの和語《わご》があります。これらのことばは、「山《やま》」「川《かわ》」「空《そら》」「遊《あそ》ぶ」「走《はし》る」「楽《たの》しい」「明《あか》るい」などのように、漢《かん》字《じ》を使《つか》って書《か》くこともできます。その場合《ばあい》、その漢字《かんじ》の読《よ》み方《かた》は訓読《くんよ》みになるのがふつうです(当《あ》て字《じ》の場合《ばあい》には、音読《おんよ》みするものもあります)。

漢語《かんご》とは、中国《ちゅうごく》から入《はい》ってきたことばのことです。「学校《がっこう》」「先生《せんせい》」「音楽《おんがく》」「愛《あい》」などのことばがそうです。中国《ちゅうごく》から入《はい》ってきたことばなので、すべて漢字《かんじ》で書《か》くことができます。そして、その漢字《かんじ》の読《よ》み方《かた》は音読《おんよ》みになるのが原則《げんそく》です。また、「僕《ぼく》」「肉《にく》」「菊《きく》」「絵《え》」などは、日本語《にほんご》によくなじんでいるので、和語《わご》のような感《かん》じがしますが、どれも音読《おんよ》みのことばで、正真正銘《しょうしんしょうめい》の漢語《かんご》です。

「編集《へんしゅう》(←編輯)」「不憫《ふびん》(←不便)」「笑止《しょうし》(←勝事)」などのように、中国《ちゅうごく》から入《はい》ってきたことばでも、日本《にほん》で使《つか》われているうちに、ちがう漢字《かんじ》で書《か》くようになり、中国《ちゅうごく》にはない形《かたち》になってしまったことばもあります。これらのことばも漢語《かんご》とよびます。

また、「返事《へんじ》」「大根《だいこん》」「野球《やきゅう》」「哲学《てつがく》」などは日本《にほん》で作《つく》られたことばですが、漢字《かんじ》を音読《おんよ》みすることばなので、見《み》た目《め》は、中国《ちゅうごく》で作《つく》られたことばとそっくりです。これらは、**和製漢語《わせいかんご》**とよばれ、日本《にほん》で作《つく》られたことばであるけれども、やはり漢語《かんご》の中《なか》にふくめて考《かんが》えます。

これらに共通《きょうつう》するのは、漢字《かんじ》を音読《おんよ》みすることばであるということです。そこで、中国《ちゅうごく》から入《はい》ってきたのではないことばまで「漢語《かんご》」とよぶのを避《さ》けたい場合《ばあい》には、これらをまとめて**字音語《じおんご》**とよぶこともあります。ただし、「輿論《よろん》→世論《よろん》」のように、もともと音読《おんよ》みの語《ご》であったものが、日本《にほん》でちがう漢字《かんじ》で書《か》くようになってしまったために、訓読《くんよ》みを交《まじ》えるようになった「字音語《じおんご》」もあります。

外来語《がいらいご》とは、外国《がいこく》から入《はい》ってきたことばということです。「テレビ」「ラジオ」「チャイム」「チョーク」「ズボン」「スカート」など、外国《がいこく》から入《はい》ってきた物《もの》の名前《なまえ》などによく見《み》られます。これらのことばは、ふつうはかたかなで書《か》かれるので、**かたかな語《ご》**ともよばれます。ただし、「煙草《タバコ》」「倶楽部《クラブ》」「浪漫《ロマン》」などのように漢《かん》字《じ》でも書《か》ける外来語《がいらいご》もあります。

漢語《かんご》の多《おお》くも、中国《ちゅうごく》という外国《がいこく》から入《はい》ってきたことばなのですから、本来《ほんらい》なら外来語《がいらいご》のはずです。しかし、漢語《かんご》の場合《ばあい》は、日本《にっぽん》に入《はい》ってきてから長《なが》い年月《ねんげつ》がたっており、日本語《にほんご》の中《なか》にすっかりとけこんでいるので、とくべつあつかいをして外来語《がいらいご》には入《い》れないのです。

【暗黒】あんこく [II]〈—な・—に〉①まっくら。[類]暗闇《くらやみ》②文化《ぶんか》もなく、悪《あく》がはびこること。[例]暗黒街《あんこくがい》・暗黒時代《こくじだい》

【暗室】あんしつ [↓]光《ひかり》が入《はい》らないようにした暗《くら》いへや。写真《しゃしん》の現像《げんぞう》や理科《りか》の実験《じっけん》などに使《つか》う。

【暗然】あんぜん [☒]〈—たる・—と〉悲《かな》しみでむねがいっぱいになっている。[例]暗然《あんぜん》たる気分《きぶん》。

【暗中模。索】あんちゅうもさく〈—する〉なんの手《て》がかりもないまま、答《こた》えをもとめてあれこれやってみること。[例]研究《けんきゅう》は暗中模索《あんちゅうもさく》の状態《じょうたい》だ。[参考]中国《ちゅうごく》でのもともとの意味《いみ》は、よく知《し》っているものは、暗《くら》いところで手《て》さぐりすることになってもはっきり分《わ》かる、というものであった。

【暗転】あんてん [↓]〈—する〉劇《げき》で、幕《まく》をおろさずに舞台《ぶたい》を暗《くら》くして次《つぎ》の場面《ばめん》にかえること。

【暗幕】あんまく [↓]へやを暗《くら》くするために引《ひ》く、黒《くろ》く厚《あつ》いカーテン。

【暗。闇】くらやみ [II]まっくら。まっくらな所《ところ》。[類]闇《やみ》

❷〈おろか〉の意味で

【暗。愚】あんぐ [II]〈—な・—に〉ものごとがよくわからず、おろかなこと。[例]暗愚《あんぐ》な王《おう》。[対]英明《えいめい》

【暗君】あんくん [↓]おろかな君主《くんしゅ》。[対]明君《めいくん》

❸〈おもてにあらわれない〉の意味で

【暗号】あんごう [↓]なかまのあいだだけでとり決《き》めたひみつの符号《ふごう》。[類]符丁《ふちょう》

【暗合】あんごう [↓]〈—する〉思《おも》いがけなくぴったり合《あ》うこと。[例]二《ふた》つの事件《じけん》の暗合《あんごう》におどろく。

【暗殺】あんさつ [↓]〈—する〉政治《せいじ》や思想《しそう》のうえで反対《はんたい》の立場《たちば》の人《ひと》を、すきをねらって殺《ころ》すこと。

【暗示】あんじ [↓]〈—する〉①はっきり言《い》わずに、それとなくしめすこと。ヒント。[類]示唆《しさ》 [対]明示《めいじ》 ②知《し》らず知《し》らずのうちに、ある気持《きも》ちをおこさせるようなはたらきかけをすること。[例]暗示《あんじ》にかける。自己暗示《じこあんじ》

【暗証】あんしょう [↓]本人《ほんにん》だけが知《し》っている文字《もじ》や数字《すうじ》。[例]暗証番号《あんしょうばんごう》

【暗。礁】あんしょう [↓]水面《すいめん》の下《した》にかくれていて船《ふね》が通《とお》るのをさまたげる岩《いわ》。[類]岩礁《がんしょう》 [表現]「暗礁《あんしょう》に乗《の》り上《あ》げる」は、思《おも》わぬ困難《こんなん》にあって、行《い》きづまることをいう。

【暗。黙】あんもく [II]なにも言《い》わずにだまっていること。[例]暗黙《あんもく》のうちにみとめる。

【暗。躍】あんやく [↓]〈—する〉かげでこっそり動《うご》きまわり、なにかしくんだりたくらんだりすること。[例]うらで暗躍《あんやく》する。[類]策動《さくどう》

❹〈そらんじる〉の意味で

【暗記】あんき [↓]〈—する〉書《か》いたものを見《み》ないで、言《い》ったり書《か》いたりできるようにおぼえること。

【暗算】あんざん [↓]〈—する〉紙《かみ》やそろばんなどを使《つか》わず、頭《あたま》の中《なか》だけでする計算《けいさん》。[対]筆算《ひっさん》

【暗唱】あんしょう [↓]〈—する〉文章《ぶんしょう》などをよくおぼえていて、書《か》いたものを見《み》ないで口《くち》に出《だ》して言《い》うこと。[例]詩《し》を暗唱《あんしょう》する。

日−9
暇
総画13
JIS-1843
常用
[音]カ
[訓]ひま

筆順

なりたち
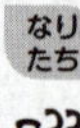
[形声]「叚」が「カ」という読《よ》み方《かた》をしめしている。「カ」は「すきま」の意味《いみ》（一説《いっせつ》に「いる」意味《いみ》）を持《も》ち、なにごともない日《ひ》を表《あらわ》す字《じ》。

意味 ひま。仕事《しごと》をしない時間《じかん》。やることがない時間《じかん》。[例]暇《ひま》をつぶす。休暇《きゅうか》

◆休暇《きゅうか》 寸暇《すんか》 余暇《よか》

日−9
暉
総画13
JIS-5886
人名
[音]キ
[訓]かがや-く

意味 かがやく。光《ひか》る。

名前のよみ あき・あきら・てる

日−9
暖
総画13
JIS-3540
教6年
[音]ダン
[訓]あたたか・あたたかい・あたたまる・あたためる

筆順

なりたち [形声]「爰《エン》」が「ダン」とかわって読《よ》み方《かた》をしめしている。「エン」は「あたたかい」意味《み》を持《も》ち、日《ひ》のあたたかいことを表《あらわ》す字《じ》。

意味 あたたかい。あたためる。[例]へやを暖《あたた》める。暖《だん》をとる。温暖《おんだん》 [対]寒《かん》・冷《れい》

使い分け あたたかい[暖・温]☞579ページ

名前のよみ はる

【暖色】だんしょく ↓ 赤《あか》・だいだい・黄《き》など、あたたかい感《かん》じがする色《いろ》。対 寒色《かんしょく》

【暖冬】だんとう ↓ いつもの年《とし》よりあたたかい冬《ふゆ》。

【暖。房】だんぼう ▲〈―する〉へやの中《なか》をあたためること。対 冷房《れいぼう》

【暖流】だんりゅう ↓ 赤道付近《せきどうふきん》から南北《なんぼく》にむかって流《なが》れる、まわりの水温《すいおん》より温度《おんど》が高《たか》い海流《かいりゅう》。メキシコ湾流《わんりゅう》・日本海流《にほんかいりゅう》(黒潮《くろしお》)などがある。対 寒流《かんりゅう》

【暖。炉】だんろ ↓ 暖房用《だんぼうよう》に火《ひ》をもやす場所《ばしょ》。ふつう、洋間《ようま》のかべの一部《いちぶ》に作《つく》りつける。

【暖◆簾】のれん ↓ ①店《みせ》の名前《なまえ》や品物《しなもの》の名前《なまえ》などをそめぬいて店先《みせさき》にさげる布《ぬの》。②へやをかんたんにしきったり、かざりにしたりするために、入《い》り口《ぐち》にさげる布《ぬの》。表現 暖簾《のれん》には商店《しょうてん》の屋号《やごう》を書《か》いたから、「暖簾《のれん》を分《わ》ける」が、長《なが》く店《みせ》ではたらいた店員《てんいん》に支店《してん》を作《つく》ることをゆるす意味《いみ》になった。「暖簾《のれん》にかかわる」は、店《みせ》の信用《しんよう》を左右《さゆう》する大問題《だいもんだい》であること。

◆ 温暖《おんだん》　寒暖《かんだん》

日-10 **暢** 総画14 JIS-3610 人名 音 チョウ 訓 の-びる

意味 のびのびしている。よくとおる。例 流暢《りゅうちょう》

名前のよみ いたる・とおる・なが・のぶ・まさ・みつ・みつる

日-10 **暮** 総画14 JIS-4275 教6年 音 ボ 訓 くれる・くらす

筆順 （ながく・はらう）

なりたち [形声]「莫《ボ》」が「日《ひ》がくれる」ことを表《あらわ》す会意文字《かいいもじ》であったが、「ない」意味《いみ》に使《つか》われるようになったため、さらに「日《ひ》」をくわえて形声文字《けいせいもじ》として「日《ひ》ぐれ」を表《あらわ》した字《じ》。

意味
❶日《ひ》がくれる。夕《ゆう》ぐれ。例 暮色《ぼしょく》・薄暮《はくぼ》
❷季節《きせつ》や年《とし》がおわりになる。例 年《とし》の暮《く》れ。暮春《ぼしゅん》・歳暮《せいぼ》
❸くらす。生活《せいかつ》する。例 暮《く》らし向《む》き

❶〈日がくれる〉の意味で
【暮色】ぼしょく ↓ 夕《ゆう》ぐれの景色《けしき》。夕《ゆう》やみ。例 暮《ぼ》色につつまれる。

❷〈季節や年がおわりになる〉の意味で
【暮秋】ぼしゅう ↓ 秋《あき》の終《お》わりごろ。類 晩秋《ばんしゅう》
【暮春】ぼしゅん ↓ 春《はる》の終《お》わりごろ。類 晩春《ばんしゅん》

日-10 **暦** 総画14 JIS-4681 常用 音 レキ 訓 こよみ ［曆］

筆順

なりたち [形声]もとの字《じ》は、「曆」。「厤」が「そろえる」意味《いみ》と「レキ」という読《よ》み方《かた》をしめしている。日《ひ》をそろえてかぞえることから、「こよみ」として使《つか》われている字《じ》。

意味 こよみ。例 暦《こよみ》をめくる。西暦《せいれき》

例解 使い分け

[あたたかい《暖かい・温かい》]

暖かい＝寒《さむ》くもなく暑《あつ》くもなく、ぬくもりがほどよい。反対《はんたい》は「涼《すず》しい・寒《さむ》い」。
例 暖《あたた》かい春《はる》。暖《あたた》かいへや。みかんは暖《あたた》かい地方《ちほう》でとれる。

温かい＝冷《つめ》たくもなく熱《あつ》くもなく、ぬくもりがほどよい。反対《はんたい》は「冷《つめ》たい」。
例 温《あた》かい料理《りょうり》。温《あた》かい態度《たいど》。温《あた》かい家庭《かてい》に育《そだ》つ。

参考「暖」は日《ひ》のあたたかさ、「温」は水分《すいぶん》(氵)のあたたかさとおぼえる。

暖かい

温かい

4 日 ひ 10画 暢 暮 暦 暫 暴 ◀次ページ

名前のよみ とし

【°暦年】《れきねん》 ↓ こよみのうえで決《き》めた一年《いちねん》。太《たい》陽暦《ようれき》では、平年《へいねん》は三百六十五日《さんびゃくろくじゅうごにち》、うるう年《どし》は三百六十六日《さんびゃくろくじゅうろくにち》。

【°暦法】《れきほう》 ↓ こよみを作《つく》る方法《ほうほう》。こよみについてのきまり。

暦が下につく熟語 上の字の働き

【陽暦《ようれき》(太陽暦《たいようれき》) 陰暦《いんれき》(太陰暦《たいいんれき》)】ナニを基準《きじゅん》にした暦《こよみ》か。

【新暦《しんれき》 旧暦《きゅうれき》】イツ使《つか》われた暦《こよみ》か。〔新暦《しんれき》=太陽《たいよう》暦《れき》・陽暦《ようれき》、旧暦《きゅうれき》=太陰暦《たいいんれき》・陰暦《いんれき》。旧暦《きゅうれき》の明治《めいじ》五年十二月三日《ねんじゅうにがつみっか》を新暦《しんれき》の明治六年一月一日《めいじろくねんいちがつついたち》とした〕

◆還暦《かんれき》 西暦《せいれき》

日-11 【暫】

総画15 JIS-2735 常用

音 ザン
訓 しばら-く

筆順

なりたち 【形声】「斬」が「ザン」という読《よ》み方《かた》をしめしている。「ザン」は「わずか」の意味《いみ》を持《も》ち、わずかの日《ひ》ということから、「しばらく」として使《つか》われる字《じ》。

意味 しばらく。少《すこ》しのあいだ。例 暫定《ざんてい》

【°暫時】《ざんじ》 ↓ しばらくのあいだ。例 暫時《ざんじ》お待《ま》ちください。

【°暫定】《ざんてい》 ↓ とりあえずかりに決《き》めること。例 暫定予算《ざんていよさん》。暫定《ざんてい》の時間割《じかんわ》り。

日-11 【暴】

総画15 JIS-4329 教5年

音 ボウ・バク
訓 あばく・あばれる

筆順 (ながく はらう 水にならない)

なりたち 【会意】もと「氺」は「米」で、両手《りょうて》(廾)で米《こめ》を日《ひ》に出《だ》してさらすことを表《あらわ》した字《じ》。

意味

❶あばれる。むちゃくちゃになにかをする。あらあらしい。急《きゅう》に。例 馬《うま》が暴《あば》れる。暴《ぼう》をもって暴《ぼう》に報《むく》いる。暴力《ぼうりょく》・乱暴《らんぼう》

❷あばく。日《ひ》にさらす。あかるみに出《だ》す。例 ひみつを暴《あば》く。暴露《ばくろ》

注意するよみ バク…例 暴露《ばくろ》

❶〈あばれる〉の意味で

【暴飲暴食】《ぼういんぼうしょく》 〈―する〉めちゃくちゃに飲《の》んだり食《た》べたりすること。

【暴漢】《ぼうかん》 ↓ らんぼうなことをする悪《わる》い男《おとこ》。

【暴挙】《ぼうきょ》 ↓ 実《じつ》にひどい、むちゃくちゃなおこない。例 ゆるしがたい暴挙《ぼうきょ》。

【暴君】《ぼうくん》 ↓ むちゃくちゃなやり方《かた》で人民《じんみん》を苦《くる》しめる君主《くんしゅ》。例 暴君《ぼうくん》の悪政《あくせい》に泣《な》く。

【暴言】《ぼうげん》 ↓ 礼儀《れいぎ》からはずれた、むちゃくちゃなことば。例 暴言《ぼうげん》をはく。

【暴行】《ぼうこう》 ↓ 〈―する〉力《ちから》ずくで人《ひと》をいじめること。類 乱暴《らんぼう》

【暴政】《ぼうせい》 ↓ 国民《こくみん》を苦《くる》しめるひどい政治《せいじ》。類 悪政《あくせい》

【暴走】《ぼうそう》 ↓ 〈―する〉①バイクや車《くるま》でむちゃくちゃに走《はし》る。例 暴走族《ぼうそうぞく》 ②車《くるま》や機械《きかい》などがかってに動《うご》きだす。例 電車《でんしゃ》が暴走《ぼうそう》して脱線《だっせん》する。③まわりのことを考《かんが》えず、かってにおし進《すす》める。例 やり方《かた》が暴走気味《ぼうそうぎみ》だ。類 独走《どくそう》

【°暴徒】《ぼうと》 ↓ 集《あつ》まってさわぎをおこした人《ひと》たち。例 暴徒《ぼうと》を鎮圧《ちんあつ》する。

【°暴騰】《ぼうとう》 ↓ 〈―する〉もののねだんが、急《きゅう》に大《おお》きくあがること。例 物価《ぶっか》が暴騰《ぼうとう》する。類 急騰《きゅうとう》 対 暴落《ぼうらく》

【暴動】《ぼうどう》 ↓ 集《あつ》まった人《ひと》たちがひとかたまりになってあばれること。類 反乱《はんらん》

【暴発】《ぼうはつ》 ↓ 〈―する〉①なにかのはずみで銃弾《じゅうだん》がとび出《だ》すこと。例 暴発事故《ぼうはつじこ》 ②事件《じけん》などが急《きゅう》におこること。

【暴風雨】《ぼうふうう》 はげしい雨《あめ》と風《かぜ》。あらし。

【暴落】《ぼうらく》 ↓ 〈―する〉もののねだんが、急《きゅう》に大《おお》きく下《さ》がること。例 株価《かぶか》が暴落《ぼうらく》する。類 急落《きゅうらく》 対 暴騰《ぼうとう》

【暴利】《ぼうり》 ↓ よくないやり方《かた》をしてでも手《て》に入《い》れる大《おお》きな利益《りえき》。例 暴利《ぼうり》をむさぼる。

【暴力】《ぼうりょく》 ↓ 力《ちから》ずくのらんぼうなふるまい。例 暴力《ぼうりょく》ざた。暴力《ぼうりょく》をふるう。

【暴論】《ぼうろん》 ↓ すじみちのとおらない、むちゃくちゃな意見《いけん》。例 暴論《ぼうろん》をはく。

❷〈あばく〉の意味で

【°暴露】《ばくろ》 Ⅱ 〈―する〉人《ひと》がかくしていたことを

世間《せけん》に知《し》れわたるようにすること。例正体《しょうたい》を暴露《ばくろ》する。不正《ふせい》を暴露《ばくろ》する。

暴が下につく熟語 上の字の働き

❶暴＝〈あばれる〉のとき
【凶暴《きょうぼう》 粗暴《そぼう》 横暴《おうぼう》】近《ちか》い意味《いみ》。
【狂暴《きょうぼう》 乱暴《らんぼう》】ドノヨウニあらあらしいか。

日－12
曇
総画16 JIS-3862 常用
音 ドン
訓 くもる

筆順

なりたち

【会意】「日《ひ》」と「雲《くも》」を合《あ》わせて、日《ひ》がかげることから、「くもる」として使《つか》われている字《じ》。

意味 くもる。例曇《くも》り日《び》。曇天《どんてん》
【。曇天《どんてん》】⇩くもり空《ぞら》。くもった天気《てんき》。

日－13
曖
総画17 JIS-5903 常用
音 アイ
訓 ―

筆順

意味 くらい。はっきりしない。
【。曖。味《あいまい》】Ⅲ〈―な・―に〉あやふやではっきりしない。例記憶《きおく》が曖昧《あいまい》だ。曖昧模糊《あいまいもこ》（模糊《もこ》もぼんやりしてはっきりしないようす）

日－13
曙
総画17 JIS-2976 人名
音 ショ
訓 あけぼの

意味 あけぼの。夜明《よあ》け。例曙光《しょこう》

名前のよみ あきら

日－14
曜
総画18 JIS-4543 教2年
音 ヨウ
訓 ―

筆順

なりたち
【形声】もとの字《じ》は、「曜」。「翟《テキ》」が「ヨウ」とかわって読《よ》み方《かた》をしめしている。「テキ」は「てりかがやく」意味《いみ》を持《も》ち、日《ひ》のてりかがやくことを表《あらわ》す字《じ》。

意味
❶ひかる。かがやく。かがやく日《ひ》や月《つき》や星《ほし》。例黒曜石《こくようせき》
❷週《しゅう》の七《なな》つのようび。例月曜《げつよう》・七曜表《しちようひょう》

名前のよみ あきら・てる

❷〈週の七つのようび〉の意味で
【曜日《ようび》】⇩日曜日《にちようび》から土曜日《どようび》までの一週間《いっしゅうかん》のそれぞれの日《ひ》。

曜が下につく熟語 上の字の働き

❷曜＝〈週の七つのようび〉のとき
【月曜《げつよう》 火曜《かよう》 水曜《すいよう》 木曜《もくよう》 金曜《きんよう》 土曜《どよう》 日曜《にちよう》】一週間《いっしゅうかん》のうちのナニの曜日《ようび》か。

4画 曰 〔いわく〕〔ひらび〕の部

「曰《いわく》」の形《かたち》がめやすとなっている字《じ》を集《あつ》めてあります。

この部首の字

曰－2
曲
総画6 JIS-2242 教3年
音 キョク
訓 まがる・まげる

筆順

なりたち

【象形】木《き》や竹《たけ》でまげて作《つく》ったうつわをえがいた字《じ》。

意味
❶まがる。まげる。例腰《こし》が曲《ま》がる。からだを曲《ま》げる。曲線《きょくせん》・湾曲《わんきょく》 対直《ちょく》
❷ただしくない。ゆがんでいる。ゆがめる。例曲解《きょっかい》
❸変化《へんか》があっておもしろい。例曲《きょく》がない。曲乗《きょくの》り・曲芸《きょくげい》
❹音楽《おんがく》のメロディーや作品《さくひん》。例名曲《めいきょく》

発音あんない キョク→キョッ…例曲解《きょっかい》

名前のよみ のり

❶〈まがる〉の意味で
【曲折《きょくせつ》】Ⅲ〈―する〉①曲《ま》がりくねっていること。例曲折《きょくせつ》した山道《やまみち》。②こみいったなりゆきや、わけ。例紆余曲折《うよきょくせつ》
【曲線《きょくせん》】⇩なめらかな丸《まる》みをもった線《せん》。例双曲線《そうきょくせん》 対直線《ちょくせん》

。学習漢字でない常用漢字 ▲常用漢字表にない音訓 ◆常用漢字でない漢字

❷〈ただしくない〉の意味で
【曲学・阿世】きょくがく《きょくがく》あせい《あせい》 学者《がくしゃ》が学問上《がくもんじょう》の真理《しんり》をゆがめても、世《よ》の流《なが》れに調子《ちょうし》を合《あ》わせ、人気取《にんきと》りをすること。例 曲学阿世《きょくがくあせい》の徒《と》。
【曲直】きょくちょく ⇕ 正《ただ》しくないことと正《ただ》しいこと。例 曲直《きょくちょく》を明《あき》らかにする。類 理非《りひ》・是非《ぜひ》
【曲解】きょっかい ↓ 〈―する〉ものごとの意味《いみ》をわざとゆがめてうけとめること。例 曲解《きょっかい》もはなはだしい。類 邪推《じゃすい》・誤解《ごかい》
❸〈変化があっておもしろい〉の意味で
【曲芸】きょくげい ↓ つなわたりや玉乗《たまの》りなど、おもしろいわざを見《み》せる芸《げい》。類 芸当《げいとう》
【曲馬団】きょくばだん サーカス。
❹〈音楽のメロディーや作品〉の意味で
【曲目】きょくもく ↓ 音楽《おんがく》の曲《きょく》の名前《なまえ》。

曲が下につく熟語 上の字の働き

❶曲＝〈まがる〉のとき
【屈曲《くっきょく》 湾曲《わんきょく》】近《ちか》い意味《いみ》。
❹曲＝〈音楽のメロディーや作品〉のとき
【作曲《さっきょく》 編曲《へんきょく》】曲《きょく》をドウスルか。
【序曲《じょきょく》 組曲《くみきょく》 交響曲《こうきょうきょく》 舞曲《ぶきょく》 歌曲《かきょく》】ドウイウ形式《けいしき》の曲《きょく》か。
◇ 戯曲《ぎきょく》 名曲《めいきょく》 謡曲《ようきょく》

日-3

更

総画7 JIS-2525 常用
音 コウ
訓 さら・ふける・ふかす

筆順

なりたち

【形声】「丙《へイ》」と「攴」とからできた字。「ヘイ」が「コウ」とかわって読《よ》み方《かた》をしめしている。「ヘイ」は「かわる」意《い》味《み》を持《も》ち、「攴」はむりにさせる意味《いみ》を表《あらわ》すことから、「むりにかえる」ことを表《あらわ》す字《じ》。

意味
❶新《あたら》しくなる。かえる。例 更生《こうせい》・変更《へんこう》
❷ふける。例 夜《よ》が更《ふ》ける。深更《しんこう》
❸さらに。そのうえに。例 更《さら》なる発展《はってん》を期待《きたい》する。殊更《ことさら》

名前のよみ のぶ

❶〈新しくなる〉の意味で
【°更衣】こうい ▲ 服《ふく》を着《き》がえること。例 更衣室《こういしつ》
【°更改】こうかい ‖ 〈―する〉契約《けいやく》を、期限《きげん》切れに合《あ》わせて、新《あたら》しくしなおすこと。例 契約《けいやく》の更改《こうかい》。
【°更新】こうしん ‖ 〈―する〉新《あたら》しいものにかえること。また、かわること。例 記録《きろく》を更新《こうしん》する。
【°更正】こうせい ▲ 〈―する〉税《ぜい》の申告《しんこく》や登記《とうき》などの書《しょ》面《めん》のあやまりを直《なお》すこと。
【°更生】こうせい ▲ 〈―する〉①立《た》ち直《なお》って、もとのよい状態《じょうたい》にもどること。例 悪《あく》の道《みち》から更生《こうせい》する。類 再生《さいせい》 ②役《やく》に立《た》たなくなったものを、もういちど使《つか》えるようにすること。リサイクル。例 更生品《こうせいひん》 類 再生《さいせい》
【°更°迭】こうてつ ‖ 〈―する〉入《い》れかわること。とくに、ある地位《ちい》や役目《やくめ》についている人《ひと》をほかの人《ひと》にかえること。例 大臣《だいじん》を更迭《こうてつ》する。
【°更地】さらち ↓ 建物《たてもの》がなく、すぐに家《いえ》がたてられるような土地《とち》。例 古《ふる》い家《いえ》をこわして、更地《さらち》にする。

◇ 今更《いまさら》 殊更《ことさら》 深更《しんこう》 変更《へんこう》
表記「新地」とも書《か》く。

日-6

書

総画10 JIS-2981 教2年
音 ショ
訓 かく

筆順

なりたち

【形声】「聿」と「者」とからでき、「者」が略《りゃく》されて「曰」となった字《じ》。「聿」はふでを持《も》つ形《かたち》で、「者《シャ》」が「ショ」とかわって読《よ》み方《かた》をしめしている。「シャ」は「かきうつす」意味《いみ》を持《も》ち、ふでてかくことを表《あらわ》す字《じ》。

意味
❶文字《もじ》をかく。文字《もじ》。筆跡《ひっせき》。例 手紙《てがみ》を書《か》く。書《しょ》を習《なら》う。書写《しょしゃ》・書体《しょたい》・行書《ぎょうしょ》・清書《せいしょ》
❷文字《もじ》でかかれたもの。手紙《てがみ》。例 葉書《はがき》
❸本《ほん》。例 書《しょ》をひもとく。書物《しょもつ》・読書《どくしょ》

名前のよみ のぶ・のり・ふみ

❶〈文字をかく〉の意味で
【書留】かきとめ ↓ 「書留郵便《かきとめゆうびん》」の略《りゃく》。郵便物《ゆうびんぶつ》をまちがいなくとどけるために別料金《べつりょうきん》をとって、受取人《うけとりにん》から印鑑《いんかん》をもらうなどの特別《とくべつ》あつかいをする郵便物《ゆうびんぶつ》。
【書家】しょか ↓ 毛筆《もうひつ》で文字《もじ》を芸術的《げいじゅってき》に書《か》くことを仕事《しごと》にしている人《ひと》。
【書画】しょが ⇕ 文字《もじ》を毛筆《もうひつ》で書《か》いた美術作品《びじゅつさくひん》と絵《え》。例 書画《しょが》の展覧会《てんらんかい》。

【書記《しょき》】Ⅱ〈―する〉会議《かいぎ》の記録《きろく》や、事務的《じむてき》な仕事《しごと》をしたりすること。その役《やく》の人《ひと》。

【書式《しょしき》】↓証明書《しょうめいしょ》や願書《がんしょ》などの、決《き》まった書《か》き方《かた》。例 書式《しょしき》にしたがう。

【書写《しょしゃ》】↓〈―する〉①字《じ》を書《か》くこと。書《か》き写《うつ》すこと。②小学校《しょうがっこう》や中学校《ちゅうがっこう》の国語科《こくごか》の学習《がくしゅう》内容《ないよう》のうちの、習字《しゅうじ》。毛筆《もうひつ》も硬筆《こうひつ》もある。類 筆写《ひっしゃ》 表現 ふつう、字《じ》の書《か》き方《かた》を習《なら》う意味《いみ》に使《つか》い、文章《ぶんしょう》などを書《か》き写《うつ》すときには、「筆写《ひっしゃ》」という。

【書体《しょたい》】↓①楷書《かいしょ》・行書《ぎょうしょ》・草書《そうしょ》などの、文字《もじ》の形《かたち》の種類《しゅるい》。参考 ☞ものしり巻物(385ページ) ②その人《ひと》その人《ひと》の書《か》きぶりの出《で》ている字《じ》の形《かたち》。

【書道《しょどう》】↓毛筆《もうひつ》で文字《もじ》を美《うつく》しく書《か》く芸術《げいじゅつ》。類 習字《しゅうじ》

❷〈文字でかかれたもの〉の意味で

【書簡《しょかん》】↓手紙《てがみ》。類 書状《しょじょう》・信書《しんしょ》・書信《しょしん》・手紙《てがみ》 表現 「手紙《てがみ》」よりあらたまった言《い》い方《かた》。

【書状《しょじょう》】↓手紙《てがみ》。類 書簡《しょかん》・書信《しょしん》・書面《しょめん》 表現 「手紙《てがみ》」よりあらたまった言《い》い方《かた》。

【書信《しょしん》】↓手紙《てがみ》。類 書簡《しょかん》・書状《しょじょう》 表現 「手紙《てがみ》」よりあらたまった言《い》い方《かた》。

【書面《しょめん》】↓あることがらをつたえるために書《か》きしるしたもの。例 書面《しょめん》で通知《つうち》する。類 書状《しょじょう》・手紙《てがみ》・文書《ぶんしょ》

【書類《しょるい》】↓伝票《でんぴょう》・帳簿《ちょうぼ》・記録《きろく》など事務《じむ》として必要《ひつよう》なことを書《か》いた文書《ぶんしょ》。例 重要書類《じゅうようしょるい》

❸〈本〉の意味で

【書院《しょいん》】↓①本《ほん》を読《よ》んだり、ものを書《か》いたりするへや。類 書斎《しょさい》 ②書院造《しょいんづく》りの中心《ちゅうしん》になる座敷《ざしき》。書斎《しょさい》や客間《きゃくま》として使《つか》った。知識 「書院造《しょいんづく》り」は、室町時代《むろまちじだい》から安土桃山時代《あづちももやまじだい》にかけて成立《せいりつ》した、武家屋敷《ぶけやしき》のつくり方《かた》の決《き》まった形《かたち》。今《いま》の和風住宅《わふうじゅうたく》のもとになった。

【書架《しょか》】↓本《ほん》をのせる棚《たな》。類 本棚《ほんだな》

【書庫《しょこ》】↓本《ほん》をしまっておく建物《たてもの》やへや。類 文庫《ぶんこ》

【書斎《しょさい》】↓本《ほん》を読《よ》んだりものを書《か》いたりするためのへや。例 書斎《しょさい》にこもる。類 書院《しょいん》

【書籍《しょせき》】Ⅱ本《ほん》。類 書物《しょもつ》・図書《としょ》・典籍《てんせき》

【書店《しょてん》】↓本《ほん》や雑誌《ざっし》を売《う》る店《みせ》。本《ほん》を出版《しゅっぱん》する会社《かいしゃ》。類 本屋《ほんや》・出版社《しゅっぱんしゃ》

【書評《しょひょう》】↓新《あたら》しく出《で》た本《ほん》の内容《ないよう》を紹介《しょうかい》し批評《ひひょう》する文章《ぶんしょう》。例 新聞《しんぶん》の書評欄《しょひょうらん》。

【書名《しょめい》】↓本《ほん》の題名《だいめい》。類 書目《しょもく》

【書目《しょもく》】↓本《ほん》の題名《だいめい》。それを書《か》きならべたもの。類 書名《しょめい》・図書目録《としょもくろく》

【書物《しょもつ》】↓本《ほん》。例 書物《しょもつ》をひもとく。類 図書《としょ》・書籍《しょせき》

書が下につく熟語 上の字の働き

❶書＝〈文字をかく〉のとき
【浄書《じょうしょ》 清書《せいしょ》 能書《のうしょ》 代書《だいしょ》】ドノヨウニ書《か》くか。
【楷書《かいしょ》 行書《ぎょうしょ》 草書《そうしょ》 隷書《れいしょ》】ドウイウ書体《しょたい》の字《じ》か。

❷書＝〈文字でかかれたもの〉のとき
【願書《がんしょ》 証書《しょうしょ》 調書《ちょうしょ》】ドウスルための書類《しょるい》か。
【遺書《いしょ》 親書《しんしょ》 投書《とうしょ》 密書《みっしょ》】ドウヤッテ先方《せんぽう》につたえる書類《しょるい》か。
【文書《ぶんしょ／もんじょ》 封書《ふうしょ》】ドンナ書類《しょるい》か。

❸書＝〈本〉のとき
【聖書《せいしょ》 古書《こしょ》 類書《るいしょ》】ドウイウ性質《せいしつ》の書物《しょもつ》か。
【字書《じしょ》 辞書《じしょ》 史書《ししょ》】ナニの書物《しょもつ》か。
【原書《げんしょ》 洋書《ようしょ》】ドノヨウナ書物《しょもつ》か。
【蔵書《ぞうしょ》 著書《ちょしょ》】ドウスル書物《しょもつ》か。
【読書《どくしょ》 司書《ししょ》】書物《しょもつ》をドウスルか。
◆血書《けっしょ》 詔書《しょうしょ》 図書《としょ》 白書《はくしょ》 板書《ばんしょ》

日-7

曹

総画11
JIS-3366
常用
音 ソウ
訓 ―

筆順

なりたち

【会意】「棘」と「曰」とからできた字《じ》。「棘」が「ならび立《た》つ」意味《いみ》を持《も》ち、「曰」が「言《い》う」意味《いみ》で、二人《ふたり》で言《い》いあらそうことを表《あらわ》している字《じ》。

意味
❶役人《やくにん》。例 法曹《ほうそう》
❷軍隊《ぐんたい》の階級《かいきゅう》の一《ひと》つ。例 軍曹《ぐんそう》

名前のよみ とも・のぶ

日-7

曽

総画11
JIS-3330
常用
音 ソウ・ゾ・ソ
訓 かつ-て

「曾」

筆順

意味

❶かつて。これまで。例未曽有《みぞう》(これまでになかった)
❷血《ち》のつながりの三代前《さんだいまえ》、また三代後《さんだいあと》。

参考 木曽《きそ》(地名《ちめい》)

注意するよみ ゾ…例未曽有《みぞう》

❷〈血のつながりの三代前、また三代後〉の意味で

【°曽祖父】《そうそふ》 おじいさん(祖父《そふ》)・おばあさん(祖母《そぼ》)の父《ちち》。ひいおじいさん。

【°曽祖母】《そうそぼ》 おじいさん(祖父《そふ》)・おばあさん(祖母《そぼ》)の母《はは》。ひいおばあさん。

【°曽孫】《そうそん》 ↓ まごの子《こ》。ひまご。

日-8

【最】

総画12
JIS-2639
教4年
訓 音 サイ もっとも

筆順 最 最 最 最 最 最 最 (ながく)(でない)(はらう)

なりたち  【会意】「曰」はおおいを表《あらわ》す「冃」からでき、おおいをつまみ取《と》ることを表《あらわ》していた字《じ》。のちに、「もっとも」として借《か》りて使《つか》われるようになった。

意味 もっとも。いちばん。この上《うえ》なく。例最《もっと》も優《すぐ》れる。最《さい》たるもの。最大《さいだい》・最年少《さいねんしょう》

特別なよみ 最寄り(もより)

名前のよみ かなめ・まさる・ゆたか・よし

【最愛】《さいあい》 ↓ いちばん愛《あい》していること。

【最悪】《さいあく》 ↓ 〈—な・—に〉いちばんわるいこと。例最《さい》悪《あく》の事態《じたい》をまねく。対最良《さいりょう》・最善《さいぜん》

【最強】《さいきょう》 ↓ いちばん強《つよ》いこと。

【最近】《さいきん》 ↓ 現在《げんざい》よりほんの少《すこ》し前《まえ》。また、少《すこ》し前《まえ》から今《いま》までの時期《じき》。近《ちか》ごろ。このごろ。

【最。恵国】《さいけいこく》 通商《つうしょう》条約《じょうやく》をむすんでいる国《くに》で、いちばん有利《ゆうり》なあつかいを受《う》ける国《くに》。

【最敬礼】《さいけいれい》 〈—する〉頭《あたま》を深《ふか》くさげる、いちばんていねいなおじぎ。

【最古】《さいこ》 ↓ いちばん古《ふる》いこと。例世界《せかい》最古《さいこ》の木造建築《もくぞうけんちく》。対最新《さいしん》

【最後】《さいご》 ↓ ①いちばん終《お》わり。例最後《さいご》までやりぬく。対最初《さいしょ》 ②いちばんうしろ。対先頭《せんとう》 ③いったん…したら。例あの人《ひと》は言《い》い出《だ》したら最後《さいご》、決《けっ》してゆずらない。表現③は、「…したら最後《さいご》」の形《かたち》で使《つか》う。

【最期】《さいご》 ↓ 死《し》ぬまぎわ。死《し》にぎわ。いまわのきわ。例悲惨《ひさん》な最期《さいご》をとげる。類末期《まつご》・臨終《りんじゅう》・終焉《しゅうえん》・往生際《おうじょうぎわ》

【最高】《さいこう》 ↓ 〈—な・—に〉高《たか》さや程度《ていど》などが、いちばん上《うえ》であること。質《しつ》などがいちばんいいこと。例最高《さいこう》の品《しな》。最高気温《さいこうきおん》 類最上《さいじょう》・極上《ごくじょう》・至上《しじょう》 対最低《さいてい》

【最高潮】《さいこうちょう》 その場《ば》の人《ひと》びとの気持《きも》ちがいちばん高《たか》まったとき。クライマックス。例祭《まつ》りは最高潮《さいこうちょう》に達《たっ》した。類山場《やまば》

【最高。峰】《さいこうほう》 ①いちばん高《たか》い山《やま》。近《ちか》くにまとまってある山々《やまやま》とくらべていうことが多《おお》い。例北《きた》アルプスの最高峰《さいこうほう》。②おなじなかまのなかで、いちばんすぐれている人《ひと》やもの。例現代文学《げんだいぶんがく》の最高峰《さいこうほう》といわれる作品《さくひん》。

【最終】《さいしゅう》 ↓ ①いちばん終《お》わり。例最終回《さいしゅうかい》 対最初《さいしょ》 ②列車《れっしゃ》・電車《でんしゃ》・バスなどで、その日《ひ》のいちばん終《お》わりのもの。例最終《さいしゅう》に乗《の》りそこなう。対始発《しはつ》

【最初】《さいしょ》 ↓ いちばんはじめ。対最後《さいご》・最終《さいしゅう》

【最小】《さいしょう》 ↓ いちばん小《ちい》さいこと。対最大《さいだい》

【最少】《さいしょう》 ↓ いちばん少《すく》ないこと。対最多《さいた》

【最上】《さいじょう》 ↓ ①いちばん上《うえ》にあること。例最上階《さいじょうかい》 類最高《さいこう》 対最下《さいか》 ②いちばんすぐれていること。例最上《さいじょう》の方法《ほうほう》。類最良《さいりょう》・最高《さいこう》・極上《ごくじょう》 対最低《さいてい》

【最小限】《さいしょうげん》 できるかぎり小《ちい》さいこと。例被害《ひがい》を最小限《さいしょうげん》にくいとめる。対最大限《さいだいげん》 表現「できるかぎり少《すく》ない」という意味《いみ》にも使《つか》うが、ふつう「最少限」とは書《か》かない。

【最新】《さいしん》 ↓ いちばん新《あたら》しいこと。対最古《さいこ》

【最盛期】《さいせいき》 いきおいがいちばんさかんな時期《じき》。さかり。類絶頂《ぜっちょう》

【最前】《さいぜん》 ↓ ①いちばん前《まえ》。例最前列《さいぜんれつ》 対最後《さいご》 ②ほんのちょっと前《まえ》。さっき。例最前《さいぜん》申《もう》し上《あ》げましたように…。

【最善】《さいぜん》 ↓ ①いちばんよいこと。例最善《さいぜん》の策《さく》。類最良《さいりょう》 対最悪《さいあく》 ②できるかぎりのこと。ベスト。例最善《さいぜん》をつくす。類全力《ぜんりょく》 表現「最《さい》善《ぜん》」の次《つぎ》にすぐれているのが「次善《じぜん》」。

【最前線】《さいぜんせん》 戦場《せんじょう》で、敵《てき》にいちばん近《ちか》いと

ころ。例 最前線《さいぜんせん》でたたかう。類 第一線《だいいっせん》・陣頭《じんとう》
表現 「営業《えいぎょう》の最前線《さいぜんせん》に立《た》つ」のように、みんなで仕事《しごと》を進《すす》めるときにもつかう。

【最多《さいた》】⇩ いちばん多《おお》いこと。対 最少《さいしょう》

【最大《さいだい》】⇩ いちばん大《おお》きいこと。対 最小《さいしょう》

【最大限《さいだいげん》】できるかぎり大《おお》きいこと。例 最大限《さいだいげん》の努力《どりょく》をする。対 最小限《さいしょうげん》

【最短《さいたん》】⇩ いちばんみじかいこと。例 最短《さいたん》距離《きょり》・最短《さいたん》コース 対 最長《さいちょう》

【最中《さいちゅう》】⇩ ❶ ものごとがおこなわれている、ちょうどそのとき。例 会議《かいぎ》の最中《さいちゅう》。真《ま》っ最中《さいちゅう》 ❷ 和菓子《わがし》の名《な》。もち米《ごめ》のこなをこねてうすくのばして皿《さら》のような形《かたち》にやき、あいだにあんを入《い》れて二枚《にまい》をかさね合《あ》わせたもの。参考 ❷は、「最中《もなか》の月《つき》(十五夜《じゅうごや》の月《つき》)」をかたどったことから。

【最低《さいてい》】⇩ 高《たか》さや程度《ていど》などが、いちばん下《した》であること。質《しつ》や内容《ないよう》などがいちばんわるいこと。例 最低《さいてい》のでき。対 最高《さいこう》・最上《さいじょう》

【最低限《さいていげん》】低《ひく》いほうのぎりぎりのところ。最低《さいてい》限度《げんど》。例 この線《せん》が最低限《さいていげん》だ。

【最適《さいてき》】⇩〈_に・_な〉いちばんぴったり合《あ》っていること。うってつけ。例 最適《さいてき》の人材《じんざい》をさがす。

【最良《さいりょう》】⇩ いちばんよいこと。例 最良《さいりょう》の方法《ほうほう》。類 最上《さいじょう》・最善《さいぜん》・絶好《ぜっこう》 対 最悪《さいあく》

日-8

替

総画12
JIS-3456
常用
音 タイ
訓 かえる・かわる

筆順

なりたち

【会意】もとの字は「暜」。二人《ふたり》が立《た》っている「竝」と、「言《い》う」意味《いみ》の「曰」とを合《あ》わせて、二人《ふたり》がことばを交《か》わすことを表《あらわ》す字《じ》。

意味 かえる。かわる。例 商売《しょうばい》が替《か》わる。組《く》み替《か》える。両替《りょうがえ》・交替《こうたい》・代替物《だいたいぶつ》

特別なよみ 為替(かわせ)

使い分け かわる[変・代・替・換] ☞ 269ページ

替が下につく熟語 上の字の働き

【交替《こうたい》 代替《だいたい》】近《ちか》い意味《いみ》。
◆為替《かわせ》 振替《ふりかえ》 両替《りょうがえ》

4画 月 [つき] [つきへん] の部

「月《つき》」をもとにして作《つく》られ、天体《てんたい》や時間《じかん》にかかわる字《じ》と、「月《つき》」の形《かたち》がめやすとなっている字《じ》を集《あつ》めてあります。肉《にく》や身体《しんたい》の形《かたち》・器官《きかん》にかかわる「月(にくづき)」とはべつです。

この部首の字

月-0

月

総画4
JIS-2378
教1年
音 ゲツ・ガツ
訓 つき

筆順

なりたち
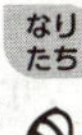
【象形】欠《か》けているつきの形《かたち》をえがいた字《じ》。

意味
❶ 空《そら》にあるつき。例 月《つき》の光《ひかり》。月光《げっこう》・新月《しんげつ》
❷ 一年《いちねん》を十二《じゅうに》に分《わ》けた一《ひと》つ。例 大《だい》の月《つき》。小《しょう》の月《つき》。月給《げっきゅう》・今月《こんげつ》
❸ 七曜《しちよう》の一《ひと》つ。例 月曜《げつよう》

特別なよみ 五月(さつき)・五月雨(さみだれ)

❶〈空にあるつき〉の意味で

【月下氷人《げっかひょうじん》】結婚《けっこん》のなかだちをする人《ひと》。類 仲人《なこうど》・媒酌人《ばいしゃくにん》

故事のはなし ☞ 587ページ

【月光《げっこう》】⇩ 月《つき》の光《ひかり》。例 月光《げっこう》の曲《きょく》。類 月影《つきかげ》
参考 仏教関係《ぶっきょうかんけい》では「月光菩薩《がっこうぼさつ》」など、「がっこ

◦学習漢字でない常用漢字　▴常用漢字表にない音訓　◆常用漢字でない漢字

う」と読《よ》むことがある。

【月食《げっしょく》】↓ 太陽《たいよう》と月《つき》のあいだに地球《ちきゅう》が入《はい》って、地球《ちきゅう》の影《かげ》が月《つき》の一部《いちぶ》または全部《ぜんぶ》を見《み》えなくする現象《げんしょう》。参考 部分月食《ぶぶんげっしょく》と皆既月食《かいきげっしょく》がある。

【月夜《つきよ》】↓ 月《つき》が出《で》ていて明《あか》るい夜《よる》。例 月夜《つきよ》に提灯《ちょうちん》(むだなもののたとえ)。対 闇夜《やみよ》

【月。齢《げつれい》】↓ 月《つき》のみちかけのようすを表《あらわ》す日数《にっすう》。新月《しんげつ》を〇とし、満月《まんげつ》は一五で表《あらわ》される。

❷〈一年を十二に分けた一つ〉の意味で

【月日《がっぴ|つきひ》】Ⅱ 一《がっぴ》 こよみのうえの月《つき》と日《ひ》。例 生年月日《せいねんがっぴ》 二《つきひ》 時《とき》の流《なが》れ。時間《じかん》。例 月日《つきひ》のたつのは早《はや》いものだ。類 歳月《さいげつ》・年月《ねんげつ|としつき》

【月額《げつがく》】↓ 一《いっ》か月《げつ》あたりの金額《きんがく》。例 月額《げつがく》千《せん》円《えん》の会費《かいひ》。

【月刊《げっかん》】↓ 毎月一回発行《まいつきいっかいはっこう》すること。例 月刊《げっかん》誌《し》 関連 日刊《にっかん》・週刊《しゅうかん》・旬刊《じゅんかん》・月刊《げっかん》・季刊《きかん》・年刊《ねんかん》

【月間《げっかん》】↓ 一《いっ》か月間《げつかん》。とくに、行事《ぎょうじ》や活動《かつどう》のためにきめられた一《いっ》か月《げつ》。関連 週間《しゅうかん》・旬間《じゅんかん》・月間《げっかん》・年間《ねんかん》

【月給《げっきゅう》】↓ 給料《きゅうりょう》として毎月《まいつき》しはらわれるお金《かね》。例 月給日《げっきゅうび》 関連 時給《じきゅう》・日給《にっきゅう》・週給《しゅうきゅう》・月給《げっきゅう》・年俸《ねんぽう》

【月産《げっさん》】↓ 工場《こうじょう》などで一《いっ》か月《げつ》につくり出《だ》す品物《しなもの》の数量《すうりょう》。

【月謝《げっしゃ》】↓ 学校《がっこう》や塾《じゅく》、けいこ事《ごと》などの授業《じゅぎょう》料《りょう》として毎月《まいつき》しはらうお金《かね》。

【月収《げっしゅう》】↓ ひと月《つき》を単位《たんい》として入《はい》ってくるお金《かね》。関連 日収《にっしゅう》・月収《げっしゅう》・年収《ねんしゅう》

【月評《げっぴょう》】↓ その月《つき》その月《つき》のできごとや文《ぶん》芸作品《げいさくひん》などについての批評《ひひょう》。

【月。賦《げっぷ》】↓ お金《かね》を一度《いちど》にはらわないで、いく月《つき》かに分《わ》け、毎月《まいつき》決《き》まった金額《きんがく》を決《き》まった日《ひ》までにはらうこと。

【月報《げっぽう》】↓ 毎月一回《まいつきいっかい》出《だ》す報告書《ほうこくしょ》。

【月末《げつまつ|つきずえ》】↓ 月《つき》の終《お》わりごろ。

【月例《げつれい》】↓ 毎月一回《まいつきいっかい》おこなうように決《き》めてあること。例 月例実力《げつれいじつりょく》テスト。月例会《げつれいかい》

月が下につく熟語 上の字の働き

❶ 月＝〈空にあるつき〉のとき

【新月《しんげつ》 満月《まんげつ》 三日月《みかづき》】ドウナッタ月《つき》か。

【名月《めいげつ》 明月《めいげつ》】見《み》る目《め》にドンナ月《つき》か。

❷ 月＝〈一年を十二に分けた一つ〉のとき

【年月《ねんげつ|としつき》 歳月《さいげつ》 日月《じつげつ|にちげつ》】近《ちか》い意味《いみ》。

【先月《せんげつ》 今月《こんげつ》 来月《らいげつ》】今《いま》を基準《きじゅん》にしてイツの月《つき》か。

【毎月《まいつき|まいげつ》 隔月《かくげつ》】ドウイウつづき方《かた》の月《つき》か。

◆ 正月《しょうがつ》 翌月《よくげつ》

有

月-2

総画6

JIS-4513

教3年

音 ユウ・ウ

訓 ある

筆順

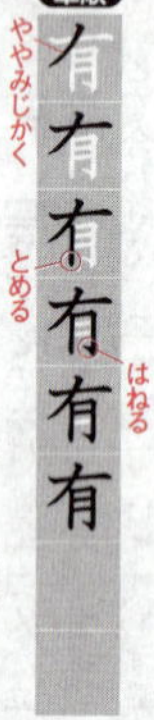

なりたち

【形声】「又」が「手《て》」の意味《いみ》と「ユウ」という読《よ》み方《かた》をしめしている。「肉《にく》(月)」を手《て》にとってすすめることを表《あらわ》す字《じ》。「ある、たもつ」として使《つか》われる。

意味 ある。もっている。いる。例 無《む》から有《ゆう》を生《しょう》じる。権利《けんり》を有《ゆう》する。有《あ》ること無《な》いこと。一万有余《いちまんゆうよ》(一万《いちまん》あまり)。所有《しょゆう》 対 無《む》

名前のよみ すみ・たもつ・とも・なお・なり・みち・もち

【有象無象《うぞうむぞう》】① 仏教《ぶっきょう》で、この世《よ》にあるすべてのものごと。② 数《かず》ばかり多《おお》くてなんの役《やく》にも立《た》たない人《ひと》やものの集《あつ》まり。

【有頂天《うちょうてん》】〈―な・―に〉うれしくてたまらず、すっかりいい気《き》になっているようす。例 大学《だいがく》に合格《ごうかく》して、有頂天《うちょうてん》になる。

【有無《うむ》】⇕ ① あるかないか。例 資格《しかく》の有無《うむ》を問《と》わない。② 承知《しょうち》するかしないか。例 有《う》無《む》を言《い》わせず、取《と》りあげる。

【有。為】▲ 一《ゆうい》〈―な〉能力《のうりょく》や才能《さいのう》がゆたかで、これから先《さき》、りっぱな仕事《しごと》をやりとげる希望《きぼう》があること。例 前途有為《ぜんとゆうい》の青年《せいねん》。二《うい》 仏教《ぶっきょう》で、この世《よ》のうつりかわっていくもの。例 有《う》為転変《いてんぺん》 対 無為《むい》

【有意義《ゆういぎ》】〈―な・―に〉意味《いみ》やねうちがあること。例 有意義《ゆういぎ》な一日《いちにち》だった。対 無意義《むいぎ》・無意味《むいみ》

【有益《ゆうえき》】▲〈―な・―に〉役《やく》に立《た》つこと。ためになること。例 有益《ゆうえき》な話《はなし》。類 有用《ゆうよう》 対 無益《むえき》

【有価《ゆうか》】▲ お金《かね》とおなじようなねうちがあること。例 有価証券《ゆうかしょうけん》

【有害《ゆうがい》】▲〈―な・―に〉害《がい》になること。ためになら

ないこと。例 有害物質《ゆうがいぶっしつ》 対 無害《むがい》

【有害無益】《ゆうがいむえき》 ものごとを悪《わる》くするだけで、なんの役《やく》にも立《た》たないこと。

【有機】《ゆうき》 ▲ 動物《どうぶつ》や植物《しょくぶつ》のように、生《い》きていくはたらきをもっていること。例 有機物《ゆうきぶつ》・有《ゆう》機栽培《きさいばい》 対 無機《むき》

【有機的】《ゆうきてき》 〈―な ―に〉生物《せいぶつ》のからだの中《なか》のように、全体《ぜんたい》が統一《とういつ》された組織《そしき》になっている。例 有機的《ゆうきてき》な結合《けつごう》。対 無機的《むきてき》

【有給】《ゆうきゅう》 ▲ 給料《きゅうりょう》がしはらわれること。例 有給休暇《ゆうきゅうきゅうか》 対 無給《むきゅう》

【有形】《ゆうけい》 ▲ 形《かたち》があること。形《かたち》があって目《め》に見《み》えるもの。例 有形無形《ゆうけいむけい》の恩恵《おんけい》を受《う》けた。対 無形《むけい》

【有限】《ゆうげん》 ▲ 〈―な ―に〉ここまでというかぎりがあること。対 無限《むげん》

【有権者】《ゆうけんしゃ》 選挙権《せんきょけん》をもっている人《ひと》。

【有効】《ゆうこう》 ▲ 〈―な ―に〉目的《もくてき》の結果《けっか》を生《う》みだすはたらきがあること。例 時間《じかん》を有効《ゆうこう》に使《つか》う。類 効果的《こうかてき》 対 無効《むこう》

【有罪】《ゆうざい》 ▲ 裁判所《さいばんしょ》が、罪《つみ》があるとみとめること。例 有罪《ゆうざい》の判決《はんけつ》。対 無罪《むざい》

【有史】《ゆうし》 ▲ 歴史《れきし》として記録《きろく》されていること。例 有史《ゆうし》以前《いぜん》。有史《ゆうし》以来《いらい》の大事件《だいじけん》。

【有志】《ゆうし》 ▲ いっしょにやる気《き》のある人《ひと》。例 有志《ゆうし》をつのる。

【有事】《ゆうじ》 ▲ 事件《じけん》や戦争《せんそう》など、ふだんとかわったことが起《お》こること。

【有識者】《ゆうしきしゃ》 学問《がくもん》や知識《ちしき》があって、しっかりした考《かんが》えをもっている人《ひと》。類 学識経験者《がくしきけいけんしゃ》

【有◦刺鉄線】《ゆうしてっせん》 たくさんの短《みじか》い針金《はりがね》をとげになるようにからませた鉄線《てっせん》。

【有◦償】《ゆうしょう》 ▲ 仕事《しごと》や品物《しなもの》に対《たい》してお金《かね》をはらうこと。対 無償《むしょう》

【有色人種】《ゆうしょくじんしゅ》 皮膚《ひふ》の色《いろ》が黄色《きいろ》や褐色《かっしょく》の人種《じんしゅ》。対 白色人種《はくしょくじんしゅ》

【有数】《ゆうすう》 ▲ 〈―な ―に〉取《と》りたててかぞえあげられるほどにすぐれている。例 全国《ぜんこく》でも有数《ゆうすう》の企《き》業《ぎょう》。

【有線】《ゆうせん》 ▲ 電線《でんせん》を通《とお》して通信《つうしん》をおこなうもの。例 有線放送《ゆうせんほうそう》 対 無線《むせん》

【有毒】《ゆうどく》 ▲ 〈―な ―に〉毒《どく》を持《も》っていること。毒《どく》になること。例 有毒《ゆうどく》ガス 対 無毒《むどく》

【有能】《ゆうのう》 ▲ 〈―な〉すぐれた才能《さいのう》や力《ちから》があること。例 有能《ゆうのう》な人材《じんざい》。対 無能《むのう》

【有望】《ゆうぼう》 ▲ 〈―な ―に〉これから先《さき》、じゅうぶんののぞみがもてる。例 有望《ゆうぼう》な新人《しんじん》が入部《にゅうぶ》してきた。前途有望《ぜんとゆうぼう》

【有名】《ゆうめい》 ▲ 〈―な ―に〉だれにでも知《し》られていること。例 有名《ゆうめい》になる。類 高名《こうみょう》・著名《ちょめい》 対 無名《むめい》

【有名無実】《ゆうめいむじつ》 〈―な ―に〉名前《なまえ》だけがあって、中《なか》身《み》がないようす。例 有名無実《ゆうめいむじつ》の団体《だんたい》。

【有用】《ゆうよう》 ▲ 〈―な ―に〉使《つか》い道《みち》があって、役《やく》に立《た》つようす。例 有用《ゆうよう》な人材《じんざい》。類 有益《ゆうえき》 対 無用《むよう》

【有利】《ゆうり》 ▲ 〈―な ―に〉得《とく》になったり、つごうがよかったりする。例 有利《ゆうり》な条件《じょうけん》。対 不利《ふり》

【有料】《ゆうりょう》 ▲ 使《つか》うのにお金《かね》がいること。例 有《ゆう》料《りょう》道路《どうろ》 対 無料《むりょう》・無償《むしょう》

故事のはなし

月下氷人《げっかひょうじん》

中国《ちゅうごく》の古《ふる》い書物《しょもつ》にある男女縁結《だんじょえんむす》びの話《はなし》二《ふた》つをつないでできたことば。一《ひと》つは、月《つき》の光《ひかり》のもとで本《ほん》を読《よ》んでいたふしぎな老人《ろうじん》が、ふくろの中《なか》に縁結《えんむす》びの赤《あか》いひもを持《も》っていて、それは何《なに》かとたずねた青年《せいねん》に、これで結《むす》んだから君《きみ》のおよめさんはもうきまっていると言《い》った。はたして十四年後《じゅうよねんご》に、月下《げっか》の老人《ろうじん》が言《い》ったとおりの女性《じょせい》と結婚《けっこん》したという話《はなし》。もう一《ひと》つは、夢《ゆめ》で、氷《こおり》の上《うえ》に立《た》ち、氷《こおり》の下《した》の人《ひと》と会話《かいわ》をした人《ひと》が、そのことを夢解《ゆめと》きの人《ひと》にたずねると、氷上《ひょうじょう》は「陽《よう》」、氷下《ひょうか》は「陰《いん》」、陰陽和合《いんようわごう》ゆえ、君《きみ》は人《ひと》の縁結《えんむす》びをすることになると言《い》い、そのとおりになったという話《はなし》。「月下《げっか》の老人《ろうじん》」と「氷人《ひょうじん》」とを結《むす》んで「月下氷《げっかひょう》人《じん》」とし、縁結《えんむす》びをする人《ひと》を指《さ》すことになった。

(『続幽怪録《ぞくゆうかいろく》』『晋《しん》書《じょ》』索紞伝《さくたんでん》)

4月 つき 2画 有 服 朋 朔 朕 朗 ◀次ページ

【有力】ゆうりょく ▲〈―な〉①人《ひと》をしたがわせる力《ちから》や、いきおいがある。例町《まち》の有力者《ゆうりょくしゃ》。対無力《むりょく》 ②たしかな見《み》こみがある。例有力《ゆうりょく》な証拠《しょうこ》。

有が下につく熟語 上の字の働き
【保有《ほゆう》 占有《せんゆう》 含有《がんゆう》】近《ちか》い意味《いみ》。
【国有《こくゆう》 私有《しゆう》】ダレがもっているか。
【共有《きょうゆう》 専有《せんゆう》 特有《とくゆう》 固有《こゆう》 領有《りょうゆう》 享有《きょうゆう》】ドウイウ持《も》ち方《かた》でもっているか。
◆所有《しょゆう》 未曽有《みぞう》

【服】
月-4 総画8 JIS-4194 教3年
訓 ― 音 フク

筆順 服服服服服服服服 (はねる・つにならない・とめる)

なりたち 【形声】「月」はもと舟《ふね》の形《かたち》を表《あらわ》し、「𠬝」は人《ひと》(卩)に手《て》(又)をそえるようすと「フク」という読《よ》み方《かた》をしめし、船《ふね》べりにそえる板《いた》を表《あらわ》す字《じ》。のちに着《き》る「ふく」として借《か》りて使《つか》われるようになった。

意味 ❶ふく。ようふく。きもの。身《み》につけるもの。例服《ふく》を着《き》る。服装《ふくそう》・衣服《いふく》 ❷したがう。したがえる。例命令《めいれい》に服《ふく》する。屈服《くっぷく》 ❸薬《くすり》や茶《ちゃ》などを飲《の》む。例服用《ふくよう》・内服《ないふく》

❶〈ふく〉の意味で
【服地】ふくじ ↓ 洋服《ようふく》を作《つく》るための布《ぬの》。例服地《ふくじ》を裁《た》つ。類布地《ぬのじ》
【服飾】ふくしょく Ⅱ 衣服《いふく》や身《み》につけるかざり。例服飾品《ふくしょくひん》・服飾《ふくしょく》デザイナー
【服装】ふくそう Ⅱ 身《み》につけた衣服《いふく》など。身《み》なり。よそおい。例はでな服装《ふくそう》をする。

❷〈したがう〉の意味で
【服役】ふくえき ▲〈―する〉①罪《つみ》をおかした人《ひと》が刑務所《けいむしょ》の中《なか》で仕事《しごと》につくこと。②兵隊《へいたい》にとられて軍《ぐん》の仕事《しごと》や戦争《せんそう》をさせられること。
【服従】ふくじゅう Ⅱ〈―する〉人《ひと》の言《い》うとおりにすること。例命令《めいれい》に服従《ふくじゅう》する。対反抗《はんこう》
【服務】ふくむ ▲〈―する〉つとめとして決《き》められた仕事《しごと》をすること。例服務規程《ふくむきてい》 類勤務《きんむ》
【服喪】ふくも ▲〈―する〉人《ひと》が死《し》んだとき、家族《かぞく》や親類《しんるい》の人《ひと》が、ある期間《きかん》おいわいごとなどの場《ば》に出《で》ないで、身《み》をつつしむこと。

❸〈薬や茶などを飲む〉の意味で
【服毒】ふくどく ▲〈―する〉毒《どく》を飲《の》むこと。
【服用】ふくよう ↓〈―する〉薬《くすり》を飲《の》むこと。例一日三《いちにちさん》回《かい》、食後《しょくご》に服用《ふくよう》する。類服薬《ふくやく》

服が下につく熟語 上の字の働き
❶服=〈ふく〉のとき
【和服《わふく》 洋服《ようふく》 呉服《ごふく》】ドコ(国《くに》や地域《ちいき》)の服《ふく》か。
【式服《しきふく》 礼服《れいふく》 喪服《もふく》】ナニのための服《ふく》か。
【制服《せいふく》 私服《しふく》】ドウイウ服《ふく》か。
❷服=〈したがう〉のとき
【感服《かんぷく》 承服《しょうふく》 屈服《くっぷく》 敬服《けいふく》】ドウナッテしたがうか。
【克服《こくふく》 征服《せいふく》】ドウヤッテしたがえるか。

◆一服《いっぷく》 衣服《いふく》 元服《げんぷく》 心服《しんぷく》 着服《ちゃくふく》 内服《ないふく》 被服《ひふく》 不服《ふふく》

【朋】
月-4 総画8 JIS-4294 人名
訓 とも 音 ホウ

意味 友《とも》だち。なかま。例朋友《ほうゆう》

【朔】
月-6 総画10 JIS-2683 人名
訓 ついたち 音 サク

意味 ❶ついたち。月《つき》の第一日《だいいちにち》。例朔日《さくじつ》(ついたち) ❷北《きた》。北《きた》の方角《ほうがく》。例朔風《さくふう》

名前のよみ はじめ・もと

【朕】
月-6 総画10 JIS-3631 常用
訓 ― 音 チン

筆順 朕朕朕朕朕朕朕朕朕朕

意味 天皇《てんのう》・天子《てんし》が自分《じぶん》のことを指《さ》していうことば。

【朗】
月-6 総画10 JIS-4715 教6年
訓 ほがらか 音 ロウ
[朗]

筆順 朗朗朗朗朗朗朗朗朗朗 (まっすぐ、つく・とめる・はねる)

なりたち 【形声】「良(良)」が「リョウ」という読《よ》み方《かた》をしめしている。「リョウ」は「あきらか」の意味《いみ》を持《も》ち、月《つき》の光《ひかり》の明《あか》る

いことを表《あらわ》す字《じ》。

意味 ❶ほがらか。例 朗報《ろうほう》・明朗《めいろう》 ❷声《こえ》がよくとおる。例 朗読《ろうどく》

名前のよみ あき・あきら・お・さえ

❶〈ほがらか〉の意味で

【朗報】《ろうほう》 ⇩うれしい知《し》らせ。例 合格《ごうかく》の朗報《ろうほう》に接《せっ》する。類 吉報《きっぽう》 対 悲報《ひほう》

❷〈声がよくとおる〉の意味で

【朗。詠】《ろうえい》 ⇩〈—する〉漢詩《かんし》や和歌《わか》にふしをつけて、声高《こえたか》らかにうたうこと。類 吟詠《ぎんえい》

【朗読】《ろうどく》 ⇩〈—する〉詩歌《しいか》や文章《ぶんしょう》などを声《こえ》に出《だ》して読《よ》むこと。例 詩《し》を朗読《ろうどく》する。類 音読《おんどく》

【朗朗】《ろうろう》 ‖〈—たる〉〈—と〉声《こえ》がはっきりしていて、よくとおるようす。例 朗々《ろうろう》とうたいあげる。

◆ 晴朗《せいろう》 明朗《めいろう》

月–7

望

総画11 JIS-4330 教4年

訓 音 ボウ・モウ のぞむ・もち

筆順 望 望 望 望 望 望 望 望 望 (まっすぐ、つく / はねる / ノにならない)

なりたち 【形声】もと、目《め》をみはり遠《とお》くをのぞむ意味《いみ》の「朢」(省略《しょうりゃく》して「壬」)と月《つき》からなり、月《つき》をのぞむことを表《あらわ》す字《じ》であった。のちに「亡」をくわえて、「ボウ」という読《よ》み方《かた》をしめした。

意味 ❶遠《とお》くをみる。ながめる。例 山々《やまやま》を望《のぞ》み見《み》る。望郷《ぼうきょう》・展望《てんぼう》 ❷ねがう。こうなってほしいと強《つよ》く思《おも》う。のぞむ。例 望《のぞ》みがかなう。希望《きぼう》 ❸よい評判《ひょうばん》。人気《にんき》。例 人望《じんぼう》 ❹十五夜《じゅうごや》の月《つき》。満月《まんげつ》。例 望月《もちづき》

使い分け のぞむ[望・臨] ☞589ページ

名前のよみ もち

❶〈遠くをみる〉の意味で

【望遠鏡】《ぼうえんきょう》 丸《まる》い筒《つつ》にレンズまたは反射《はんしゃ》鏡《きょう》をとりつけて、遠《とお》くのものが大《おお》きく見《み》えるようにするしくみ。遠《とお》めがね。例 天体望遠鏡《てんたいぼうえんきょう》

【望郷】《ぼうきょう》 ▲遠《とお》いふるさとをなつかしく思《おも》うこと。例 望郷《ぼうきょう》の念《ねん》にかられる。類 里心《さとごころ》

【望。楼】《ぼうろう》 ⇩遠《とお》くを見《み》わたすための高《たか》い建《たて》物《もの》。物見《ものみ》やぐら。火《ひ》の見《み》やぐら。

❷〈ねがう〉の意味で

【望外】《ぼうがい》 ⇩自分《じぶん》がのぞんでいたことより、もっとよいこと。例 望外《ぼうがい》のよろこび。

❹〈十五夜の月〉の意味で

【▲望月】《もちづき》 ⇩満月《まんげつ》。とくに、陰暦八月十五日《いんれきはちがつじゅうごにち》の月《つき》。例 望月《もちづき》の夜《よる》。

望が下につく熟語 上の字の働き

❶望=〈遠くをみる〉のとき
【遠望《えんぼう》 展望《てんぼう》】ドノヨウニ望《のぞ》み見《み》るか。

❷望=〈ねがう〉のとき
【願望《がんぼう》 欲望《よくぼう》 希望《きぼう》】近《ちか》い意味《いみ》。
【渇望《かつぼう》 懇望《こんもう／こんぼう》 切望《せつぼう》 熱望《ねつぼう》 待望《たいぼう》】ドノヨウニ望《のぞ》むか。
【野望《やぼう》 大望《たいもう／たいぼう》 宿望《しゅくぼう》 本望《ほんもう》】ドノヨウナ望《のぞ》みか。
【嘱望《しょくぼう》 失望《しつぼう》 絶望《ぜつぼう》】望《のぞ》みをドウスルか。

❸望=〈よい評判〉のとき
【名望《めいぼう》 信望《しんぼう》 徳望《とくぼう》】近《ちか》い意味《いみ》。
【人望《じんぼう》 衆望《しゅうぼう》】ダレに評判《ひょうばん》があるか。

◆ 一望《いちぼう》 所望《しょもう》 眺望《ちょうぼう》 有望《ゆうぼう》

月–8

期

総画12 JIS-2092 教3年

訓 音 キ・ゴ —

筆順 期 期 期 期 期 期 期 期 期 期 期 期 (とめる / はねる)

例解 使い分け

[のぞむ《望む・臨む》]

望む=遠《とお》くを見《み》る。願《ねが》う。
例 遠《とお》くの山々《やまやま》を望《のぞ》む。平和《へいわ》を望《のぞ》む。政府《せいふ》に望《のぞ》む。

臨む=目《め》の前《まえ》にする。その場《ば》に出《で》る。
例 海《うみ》に臨《のぞ》む地域《ちいき》。試合《しあい》に臨《のぞ》む。終《お》わりに臨《のぞ》んで、ひとこと申《もう》します。

なりたち 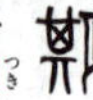 【形声】「其」が「キ」という読《よ》み方《かた》をしめすほか、「ひとめぐり」の意味《いみ》で、月《つき》のひとめぐりを表《あらわ》す字《じ》。

意味
❶きめられた日時《にちじ》。くぎられた時間《じかん》。例 この期《ご》に及《およ》んで。期日《きじつ》・学期《がっき》
❷あてにして待《ま》つ。例 必勝《ひっしょう》を期《き》する。期《き》せずして再会《さいかい》する。予期《よき》

注意するよみ ゴ…例 この期《ご》に及《およ》んで。最期《さいご》
名前のよみ とき・とし

❶〈きめられた日時〉の意味で
【期間《きかん》】↓ なにかをするための、はじまりから終《お》わりまでのあいだ。例 工事期間《こうじきかん》
【期限《きげん》】↓ いつまでと決《き》めておく月日《つきひ》や期間《きかん》。例 賞味期限《しょうみきげん》 類 期日《きじつ》・日限《にちげん》
【期日《きじつ》】↓ 前《まえ》もって決《き》めてある日《ひ》。例 期日《きじつ》厳守《げんしゅ》 類 期限《きげん》・日限《にちげん》
【期末《きまつ》】↓ ある期間《きかん》の終《お》わり。学期《がっき》の終《お》わり。例 期末手当《きまつてあて》・期末《きまつ》テスト

❷〈あてにして待つ〉の意味で
【期待《きたい》】Ⅱ〈―する〉そうなってほしいと、あてにして待《ま》つこと。例 期待《きたい》はずれ 類 希望《きぼう》

期が下につく熟語 上の字の働き

❶期＝〈きめられた日時〉のとき
【春期《しゅんき》 夏期《かき》 秋期《しゅうき》 冬期《とうき》】季節《きせつ》のうえでイツの時期《じき》か。
【初期《しょき》 早期《そうき》 前期《ぜんき》 中期《ちゅうき》 後期《こうき》 末期《まっき》 最期《さいご》】くぎられた期間《きかん》のなかで、イツの時期《じき》か。
【長期《ちょうき》 短期《たんき》 半期《はんき》】ドノクライの期間《きかん》か。
【先期《せんき》 今期《こんき》 次期《じき》】今《いま》からみてイツにあたる時期《じき》か。
【任期《にんき》 刑期《けいき》 会期《かいき》 学期《がっき》 雨期《うき》 漁期《りょうき》 思春期《ししゅんき》 過渡期《かとき》 最盛期《さいせいき》 農繁期《のうはんき》】ナニの期間《きかん》か。
【周期《しゅうき》 納期《のうき》 死期《しき》 婚期《こんき》 変声期《へんせいき》】ドウスル・ドウナル時期《じき》か。
【定期《ていき》 無期《むき》】ドウナッテイル期間《きかん》か。
◆延期《えんき》 時期《じき》 所期《しょき》 同期《どうき》 満期《まんき》 予期《よき》

月−8

朝

総画12
JIS-3611
教2年
訓 音
チョウ
あさ・あした

筆順

文字物語

朝

むかし日本《にほん》で、天皇《てんのう》が政治《せいじ》の仕事《しごと》をつとめることを、「まつりごと」といった。朝早《あさはや》くから表《おもて》の御殿《ごてん》に出《で》て「まつりごと」をするので「朝《あさ》まつりごと」ともいった。

上代《じょうだい》では、農作物《のうさくぶつ》の豊作《ほうさく》をねがって、朝早《あさはや》く天地《てんち》の神々《かみがみ》や祖先《そせん》の神《かみ》たちをまつること、つまり「まつり」がもっともだいじな政治《せいじ》の仕事《しごと》だったので、こういわれたのだ。その政治《せいじ》のおこなわれる場所《ばしょ》が「朝廷《ちょうてい》」、その中心《ちゅうしん》となる人《ひと》が「天皇《てんのう》」「天子《てんし》」。「天皇《てんのう》」「天子《てんし》」がみずから政治《せいじ》をおこなう体制《たいせい》、また、その時代《じだい》を「王朝《おうちょう》」といって、日本《にほん》では奈良時代《ならじだい》から平安時代《へいあんじだい》がこれにあたる。だから、平安時代《へいあんじだい》の文化《ぶんか》や文学《ぶんがく》を、とくに「王朝文化《おうちょうぶんか》」「王朝文学《ちょうぶんがく》」などという。

「朝廷《ちょうてい》」「王朝《おうちょう》」は国家《こっか》を代表《だいひょう》するものだから、当時《とうじ》の文化人《ぶんかじん》たちは、中国《ちゅうごく》をいう「震旦《しんたん》」、インドをいう「天竺《てんじく》」など外国《がいこく》に対《たい》して、日本《にほん》のことを、「わが国《くに》の朝廷《ちょうてい》」ということを強《つよ》く意識《いしき》して「本朝《ほんちょう》」といっていた。現在《げんざい》では、もうわが国《くに》のことを「本朝《ほんちょう》」とはいわないが、外国人《がいこくじん》がわが国《くに》にやって来《く》ることをいう「来朝《らいちょう》」、外国《がいこく》に行《い》っていた人《ひと》が帰《かえ》ってくることをいう「帰朝《きちょう》」は、今《いま》でもよく使《つか》われていることばである。

なりたち 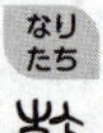 【形声】「𠦝」と「舟」とからできた字《じ》。「舟《シュウ》」が「チョウ」とかわって読《よ》み方《かた》をしめしている。「シュウ」は「のぼる」意味《いみ》を、「𠦝」も「高《たか》くのぼる」意味《いみ》を持《も》ち、日《ひ》がのぼる「あさ」を表《あらわ》す字《じ》。

意味
❶あさ。一日《いちにち》のうちの早《はや》い時間《じかん》。例 朝早《あさはや》く起《お》きる。朝《あさ》と夕《ゆう》。朝市《あさいち》・早朝《そうちょう》 対 夕《せき》
❷天子《てんし》が政治《せいじ》をとる場所《ばしょ》・国《くに》・時代《じだい》。例 朝廷《ちょうてい》・王朝《おうちょう》・帰朝《きちょう》・来朝《らいちょう》

文字物語 ☞590ページ
特別なよみ 今朝(けさ)
名前のよみ さ・とき・とも・のり

❶〈あさ〉の意味で
【朝市《あさいち》】↓ 朝《あさ》ひらく、野菜《やさい》・魚《さかな》などの市《いち》。

【朝・餉】《あさげ》 ↓ 朝《あさ》ごはん。参考「け」は食事《しょくじ》の古《ふる》い言《い》い方《かた》。関連 朝餉《あさげ》・昼餉《ひるげ》・夕餉《ゆうげ》

【朝。露】《あさつゆ》 ↓ 朝《あさ》、草《くさ》の葉《は》などにたまっている小《ちい》さな水玉《みずたま》。例 朝露《あさつゆ》がおりる。対 夜露《よつゆ》

【朝・凪】《あさなぎ》 ↓ 海岸地方《かいがんちほう》で、朝《あさ》のひととき、風《かぜ》がやむこと。対 夕凪《ゆうなぎ》 知識 海岸《かいがん》では、昼《ひる》は海《うみ》から陸《りく》へ、夜《よる》は陸《りく》から海《うみ》へ風《かぜ》がふく。あいだに「凪《なぎ》」が起《お》きる。

【朝飯前】《あさめしまえ》 朝食《ちょうしょく》を食《た》べる前《まえ》のみじかい時間《じかん》でもやってしまえるほどかんたんなこと。例 こんなことは朝飯前《あさめしまえ》だ。

【朝刊】《ちょうかん》 ↓ 毎日発行《まいにちはっこう》する新聞《しんぶん》で、朝出《あさだ》すもの。対 夕刊《ゆうかん》

【朝三暮四】《ちょうさんぼし》 目先《めさき》の損得《そんとく》にとらわれて、結局《けっきょく》はおなじになることに気《き》がつかないこと。ことばたくみに口先《くちさき》で人《ひと》をだますこと。

【朝食】《ちょうしょく》 ↓ 朝《あさ》の食事《しょくじ》。例 朝食《ちょうしょく》をとる。類 朝飯《あさはん》 関連 朝食《ちょうしょく》・昼食《ちゅうしょく》・夕食《ゆうしょく》・夜食《やしょく》

故事のはなし ☞ 591ページ

【朝礼】《ちょうれい》 ↓ 仕事《しごと》や授業《じゅぎょう》がはじまる前《まえ》に集《あつ》まって、あいさつや連絡《れんらく》をすること。類 朝《ちょう》会《かい》

【朝令暮改】《ちょうれいぼかい》 〈—する〉朝出《あさだ》した命令《めいれい》が、その日《ひ》の夕方《ゆうがた》にはあらためられること。法律《ほうりつ》や命令《めいれい》がすぐにかわって、あてにならないこと。参考 中国《ちゅうごく》の古代《こだい》の歴史書《れきししょ》『漢書《かんじょ》』による。

❷〈天子が政治をとる場所・国・時代〉の意味で

【朝。廷】《ちょうてい》 ↓ むかし、天皇《てんのう》が政治《せいじ》をおこなったところ。

【朝敵】《ちょうてき》 ↓ 天皇《てんのう》の敵《てき》。

【朝野】《ちょうや》 ⇕ 政府《せいふ》と民間《みんかん》。一国全体《いっこくぜんたい》。例 朝《ちょう》野《や》をあげていわう。

故事のはなし

朝三暮四《ちょうさんぼし》

宋《そう》の国《くに》の狙公《そこう》という人《ひと》は、サルがすきでたくさん飼《か》っていた。サルの気持《きも》ちを理解《りかい》できたし、サルのほうも狙公《そこう》と心《こころ》が通《つう》じていた。家《か》族《ぞく》の食《た》べ物《もの》をへらしてまでサルに食《た》べさせていたが、あるとき急《きゅう》に貧乏《びんぼう》になり、食料《しょくりょう》が乏《とぼ》しくなった。サルの食事《しょくじ》をへらしたいが、サルどもが自分《じぶん》になつかなくなりそうなのが心配《しんぱい》だった。そこで計略《けいりゃく》をねって、「おまえたちにどんぐりをやるのに、朝《あさ》に三《みっ》つで暮《く》れに四《よっ》つで足《た》りるだろうか」とたずねた。サルどもは立《た》ち上《あ》がって怒《いか》った。すかさず「朝《あさ》に四《よっ》つで、暮《く》れに三《みっ》つなら、じゅうぶんだろうか」と聞《き》いた。すると、サルどもはひれふして喜《よろこ》んだという。（『列子《れっし》』黄帝篇《こうていへん》）

朝が下につく熟語 上の字の働き

❶朝＝〈あさ〉のとき【今朝《けさ》 明朝《みょうちょう》 翌朝《よくちょう／よくあさ》】イツにあたる朝《あさ》か。

◆王朝《おうちょう》 帰朝《きちょう》 早朝《そうちょう》 本朝《ほんちょう》 毎朝《まいあさ》

4画 木 ［き］［きへん］の部

「木《き》」をもとにして作《つく》られ、樹木《じゅもく》の種類《しゅるい》や木材《もくざい》から作《つく》られたものにかかわる字《じ》を集《あつ》めてあります。

この部首の字

∘学習漢字でない常用漢字 ▴常用漢字表にない音訓 ◆常用漢字でない漢字

桃…615 桐…615 梅…615 栗…615
7 械…615 梧…616 梗…616 梓…616
梢…616 巣…616 桶…616 梨…616
8 椅…617 棺…617 棋…617 極…617
検…618 植…619 森…619 棚…620
椎…620 棟…620 棒…620 椋…620
椀…620 9 楷…621 楽…621 棄…622
業…622 楕…622 椿…622 楠…623
楓…623 椰…623 楊…623 楼…623
10 樺…623 概…623 構…624 榛…624
槙…624 槍…624 模…624 様…625
11 横…625 槻…626 権…626 槽…627
標…627 12 樫…627 機…627 橘…628
橋…628 樹…629 樽…629 13 檀…629
檜…629 16 欄…629 呆→口 215 采→爫 714
乗→ノ 39 相→目 772 集→隹 1016 彬→彡 388
禁→示 791 築→竹 820

木−0

木

総画4
JIS-4458
教1年
音 ボク・モク
訓 き・こ

筆順
木 木 木 木
はねない
はらう

なりたち
【象形】立《た》っている木《き》をえがいた字《じ》。

意味
❶き。立《た》ち木《ぎ》。例 木《き》に登《のぼ》る。木《こ》の葉《は》。木《こ》立《だち》・樹木《じゅもく》・大木《たいぼく》
❷ざいもく。材料《ざいりょう》にする木《き》。例 木材《もくざい》・木《き》戸《と》・土木《どぼく》
❸五行《ごぎょう》の一《ひと》つ。古代中国《こだいちゅうごく》で万物《ばんぶつ》のもととして考《かんが》えられていた木《もく》・火《か》・土《ど》・金《ごん》・水《すい》によって、ものの順序《じゅんじょ》を表《あらわ》す。例 木星《もくせい》・木曜《もくよう》

注意するよみ こ…例 木立《こだち》・木陰《こかげ》
特別なよみ 木綿（もめん）
名前のよみ しげ

❶〈き〉の意味で
【木。陰】《こかげ》 ↓ 木《き》の下《した》で、日《ひ》かげになっているところ。例 木陰《こかげ》に入《はい》って汗《あせ》をぬぐう。
【木立】《こだち》 ↓ 何本《なんぼん》か、かたまって生《は》えている木《き》のむれ。例 木立《こだち》の中《なか》の小《ちい》さな家《いえ》。
【木石】《ぼくせき》 Ⅱ 木《き》や石《いし》のように心《こころ》がないもの。表現「人《ひと》は木石《ぼくせき》ではないので…」のように、どんな人《ひと》にも情《じょう》はあることをいう。
類 年輪《ねんりん》
【木目】《もくめ|きめ》 ↓ 木《き》をたてに切《き》ったとき切《き》り口《くち》にあらわれるすじ。まっすぐな「柾目《まさめ》（正目《まさめ》）」と、波形《はけい》や山形《やまがた》の「板目《いため》」とがある。例 木目《もくめ》調《ちょう》
【木綿】《もめん》 ↓ ワタの実《み》からとった糸《いと》。その糸《いと》でおった布《ぬの》。例 木綿《もめん》のハンカチ。

❷〈ざいもく〉の意味で
【木口】↓ 一《こぐち|きぐち》 長《なが》い木材《もくざい》を横《よこ》に切《き》ったときの切《き》り口《くち》。二《きぐち》 建築《けんちく》に使《つか》う木材《もくざい》の種類《しゅるい》や性質《せいしつ》。例 いい木口《きぐち》を使《つか》った家《いえ》。
【木戸】《きど》 ↓ ①庭《にわ》の入《い》り口《ぐち》やうら門《もん》などの、木《き》でできたかんたんな開《ひら》き戸《ど》。例 裏木戸《うらきど》 ②城《しろ》の門《もん》。例 大木戸《おおきど》 ③相撲《すもう》・芝居《しばい》などを見《み》せるところの入《い》り口《ぐち》。例 木戸《きど》銭《せん》

文字物語

札

「札」の字《じ》は、音《おん》の「サツ」一《いち》字《じ》で使《つか》うときと、訓《くん》の「ふだ」で使《つか》うときとでは、思《おも》いうかべるものがずいぶんちがってしまう。「ふだ」は、種類《しゅるい》もたくさんあって、ことばもいろいろある。名前《なまえ》を書《か》いたふだは「名札《なふだ》」、番号《ばんごう》が書《か》いてあるのは「番号札《ばんごうふだ》」、ねだんを書《か》いたのは「値札《ねふだ》」。かべにはれば「はり札《ふだ》」、掛《か》ければ「掛《か》け札《ふだ》」、道《みち》ばたに立《た》てると「立《た》て札《ふだ》」になる。材料《ざいりょう》も紙《かみ》・板《いた》・プラスチックなどさまざまだ。音《おん》をそのままことばとして使《つか》う「札《さつ》」は、「おさつ」で、紙幣《しへい》の意味《いみ》にかぎられている。札《さつ》を束《たば》にしたものが「札束《さつたば》」、紙幣《しへい》の金額《きんがく》について「千円札《せんえんさつ》」「五千円札《ごせんえんさつ》」「一万円札《いちまんえんさつ》」「10ドル札《さつ》」などとなる。だが、「札《さつ》」も漢語《かんご》の熟語《じゅくご》になると、「表札《ひょうさつ》」「門札《もんさつ》」「入札《にゅうさつ》」など、「ふだ」の意味《いみ》でも使《つか》われる。乗客《じょうきゃく》のきっぷをチェックすることをいう「改札《かいさつ》」や「検札《けんさつ》」の「札《さつ》」は、乗《の》り物《もの》用《よう》のふだである乗車券《じょうしゃけん》を指《さ》す。まえは「出札所《しゅっさつじょ》」で売《う》られていたから「札《さつ》」が乗車券《じょうしゃけん》だとわかったが、「自動券売機《じどうけんばいき》」にかわって、「札《ふだ》」の意味《いみ》がわかりにくくなってしまった。

【木刀】ぼくとう ⬇ 木《き》でつくった、刀《かたな》の形《かたち》をしたもの。例 木刀《ぼくとう》で立《た》ち合《あ》う。類 木剣《ぼっけん》 対 真剣《しんけん》

【木魚】もくぎょ ⬇ お経《きょう》を読《よ》むときに、たたいてならす道具《どうぐ》。木《き》をくりぬいた丸《まる》い形《かたち》をし、おもてに魚《さかな》のうろこのもようがある。

木魚

【木材】もくざい ⬇ 家《いえ》や道具《どうぐ》をつくるために切《き》ってある木《き》。例 上質《じょうしつ》の木材《もくざい》。類 材木《ざいもく》

【木製】もくせい ⬇ 木《き》でつくってあること。例 木製《もくせい》の家具《かぐ》。表現 家《いえ》・船《ふね》・橋《はし》などの大《おお》きなもののときは「木造《もくぞう》」という。

【木造】もくぞう ⬇ 家《いえ》や船《ふね》、橋《はし》などを木《き》でつくること。表現 道具《どうぐ》などのときは「木製《もくせい》」という。

【木像】もくぞう ⬇ 木《き》をほってつくった、人《ひと》や仏《ほとけ》などの像《ぞう》。例 仁王《におう》の木像《もくぞう》。

【木炭】もくたん ⬇ ①木《き》をむしやきにして作《つく》った燃《ねん》料《りょう》。炭《すみ》。②デッサンなどに使《つか》う、細《ほそ》くやわらかい炭《すみ》。例 木炭画《もくたんが》

【木馬】もくば ⬇ 木《き》でつくった馬《うま》の形《かたち》をしたもの。乗《の》って遊《あそ》んだりする。例 回転木馬《かいてんもくば》

【木版】もくはん ⬇ 印刷《いんさつ》するために、字《じ》や絵《え》などをほりつけた木《き》の板《いた》。その板《いた》ですった印刷物《いんさつぶつ》。例 木版画《もくはんが》

【木管楽器】もっかんがっき フルート・オーボエ・クラリネットなど、木《き》でつくった管楽器《かんがっき》。知識 フルートなどは、今《いま》は金属《きんぞく》でつくっても、「木管楽《もっかんがっ》器《き》」とよばれる。

【木◦琴】もっきん ⬇ かたい木《き》でつくった長《なが》さのちがう細長《ほそなが》い板《いた》を、ピアノの鍵盤《けんばん》のようにならべて、たたいて音《おと》を出《だ》す楽器《がっき》。シロホン。

【木工】もっこう ⬇ 木《き》を使《つか》って道具《どうぐ》などをつくること。また、つくる人《ひと》。例 木工細工《もっこうざいく》 類 大工《だいく》

❸〈五行の一つ〉の意味で

【木星】もくせい ⬇ 太陽系《たいようけい》でいちばん大《おお》きい惑星《わくせい》。太《たい》陽《よう》から五番《ごばん》めにある。

木が下につく熟語 上の字の働き

❶木＝〈き〉のとき
【草木《そうもく|くさき》 樹木《じゅもく》】近《ちか》い意味《いみ》。
【苗木《なえぎ》 植木《うえき》 雑木《ぞうき|ざつぼく》 並木《なみき》】ドンナさまの木《き》か。

❷木＝〈ざいもく〉のとき
【丸木《まるき》 生木《なまき》 白木《しらき》】ドンナさまの材木《ざいもく》か。
【棟木《むなぎ》 材木《ざいもく》 版木《はんぎ》 拍子木《ひょうしぎ》】ナニに使《つか》う木《き》か。

◆土木《どぼく》

木-1

札

総画5
JIS-2705
教4年
音 サツ
訓 ふだ

筆順

なりたち

【会意】「うすくそぐ」意味《いみ》の「乚」と「木《き》」を合《あ》わせて、木《き》をうすくけずった「ふだ」を表《あらわ》す字《じ》。

意味
❶ふだ。文字《もじ》などを書《か》く小《ちい》さい紙《かみ》きれや板《いた》きれ。例 木《き》の札《ふだ》。名札《なふだ》・門札《もんさつ》
❷きっぷ。例 改札《かいさつ》
❸かきつけ。手紙《てがみ》。例 一札《いっさつ》・手札《しゅさつ》
❹紙《かみ》のお金《かね》。例 札《さつ》を数《かぞ》える。札束《さつたば》・千円札《せんえんさつ》

文字物語 ☞592ページ

❶〈ふだ〉の意味で

【札所】ふだしょ ⬇ おまいりしたしるしとして、ふだをさずけてくれるお寺《てら》やお堂《どう》。知識 巡礼《じゅんれい》のための「札所《ふだしょ》」としては、西国三十三《さいごくさんじゅうさん》か所《しょ》、四《し》国八十八《こくはちじゅうはっ》か所《しょ》などが有名《ゆうめい》。

❹〈紙のお金〉の意味で

【札束】さつたば ⬇ 紙《かみ》のお金《かね》をかさねてたばにしたもの。例 札束《さつたば》をわたす。

札が下につく熟語 上の字の働き

❶札＝〈ふだ〉のとき
【表札《ひょうさつ》 門札《もんさつ》】ドコにかかげる札《ふだ》か。
【鑑札《かんさつ》 標札《ひょうさつ》 名札《なふだ》 荷札《にふだ》】ナニのための札《ふだ》か。

❷札＝〈きっぷ〉のとき
【改札《かいさつ》 検札《けんさつ》 出札《しゅっさつ》】きっぷをドウスルか。

◆赤札《あかふだ》 一札《いっさつ》 入札《にゅうさつ》

木-1

本

総画5
JIS-4360
教1年
音 ホン
訓 もと

筆順

なりたち

【指事】木《き》のねもとに「一」のしるしをつけて、「もと」の意味《いみ》をしめしている字《じ》。

◦学習漢字でない常用漢字　▲常用漢字表にない音訓　◆常用漢字でない漢字

意味

❶おおもと。中心《ちゅうしん》となるもの。もとになる。例本《もと》と末《すえ》。本質《ほんしつ》・基本《きほん》 対末《まつ》
❷もとからある。もともとの。例本能《ほんのう》
❸正式《せいしき》である。ほんとうの。例本気《ほんき》
❹この。当《とう》の。自分《じぶん》の。例本件《ほんけん》
❺書物《しょもつ》。文書《ぶんしょ》。例本《ほん》を読《よ》む。絵本《えほん》
❻細長《ほそなが》いものをかぞえることば。例一本《いっぽん》
線《せん》・四本柱《しほんばしら》・五本指《ごほんゆび》

使い分け もと［下・元・本・基］☞9ページ

発音あんない ホン→ボン…例三本《さんぼん》 ホン→ポン…例一本《いっぽん》

名前のよみ なり・はじめ

❶〈おおもと〉の意味で

【本位《ほんい》】↓ ①なにかをするとき、考《かんが》え方《かた》のもとにするもの。例自分本位《じぶんほんい》。人物本位《じんぶつほんい》で投票《とうひょう》する。②「本位貨幣《ほんいかへい》」の略《りゃく》。その国《くに》のお金《かね》のねうちを決《き》める、いちばんもとになるお金《かね》。例金本位制《きんほんいせい》 表現①も②も、「○○本位《ほんい》」と、もとになるものの下《した》につけて使《つか》う。

【本館《ほんかん》】↓ おなじ施設《しせつ》の中《なか》でいくつかある建物《たてもの》のうち、中心《ちゅうしん》となる建物《たてもの》。対別館《べっかん》

【本給《ほんきゅう》】↓ 基本給《きほんきゅう》。基本《きほん》になる給料《きゅうりょう》。手当《てあて》などをくわえないものをいう。類本俸《ほんぽう》

【本。拠《ほんきょ》】↓ なにかをするための中心《ちゅうしん》となる場所《ばしょ》。例東京《とうきょう》に本拠《ほんきょ》をおく。類根城《ねじろ》

【本業《ほんぎょう》】↓ その人《ひと》の生活《せいかつ》をささえている、おもな職業《しょくぎょう》。類本職《ほんしょく》 対副業《ふくぎょう》・内職《ないしょく》

【本家《ほんけ》】↓ ①一族《いちぞく》の中《なか》で、おおもとになっている家《いえ》。対分家《ぶんけ》 ②茶道《さどう》・生《い》け花《ばな》などの流派《りゅうは》のいちばんもとになる家《いえ》。類宗家《そうけ》・家元《いえもと》 ③商店《しょうてん》などのおおもとの家《いえ》。類元祖《がんそ》

【本校《ほんこう》】↓ 「分校《ぶんこう》」に対《たい》して、中心《ちゅうしん》となる学校《がっこう》。対分校《ぶんこう》・分教場《ぶんきょうじょう》☞❹

【本国《ほんごく》】↓ その人《ひと》の国籍《こくせき》のある国《くに》。また、生《う》まれ育《そだ》った国《くに》。類祖国《そこく》・母国《ぼこく》

【本山《ほんざん》】↓ 仏教《ぶっきょう》で、一《ひと》つの宗派《しゅうは》の中心《ちゅうしん》となる寺《てら》。

【本誌《ほんし》】↓ 雑誌《ざっし》で、付録《ふろく》や別冊《べっさつ》などではない、本体《ほんたい》の部分《ぶぶん》。対付録《ふろく》☞❹

【本質《ほんしつ》】↓ あるものやことがらの、根本《こんぽん》となる性質《せいしつ》や条件《じょうけん》。例問題《もんだい》の本質《ほんしつ》をつかむ。

【本職《ほんしょく》】↓ その人《ひと》がやっているいくつかの仕事《しごと》の中《なか》で、いちばん中心《ちゅうしん》になる職業《しょくぎょう》。例画家《がか》としても有名《ゆうめい》だが、本職《ほんしょく》は医者《いしゃ》だ。類本業《ほんぎょう》 対内職《ないしょく》・副業《ふくぎょう》☞❸

【本筋《ほんすじ》】↓ 物語《ものがたり》や話《はなし》などで、中心《ちゅうしん》となるすじ。例本筋《ほんすじ》をそれる。

【本。籍《ほんせき》】↓ 戸籍《こせき》のある場所《ばしょ》。例本籍地《ほんせきち》

【本線《ほんせん》】↓ 鉄道《てつどう》で、大都市《だいとし》をむすんでいる線《せん》。例東海道本線《とうかいどうほんせん》 類幹線《かんせん》 対支線《しせん》

【本尊《ほんぞん》】↓ その寺《てら》に祭《まつ》ってある中《なか》で、いちばん中心《ちゅうしん》になる仏像《ぶつぞう》。表現「みんなで心配《しんぱい》しているのに、ご本尊《ほんぞん》はのんきなものだ」などと、「当人《とうにん》」の意味《いみ》で使《つか》うこともある。

【本体《ほんたい》】↓ ①おもてに出《で》ていない、そのもののほんとうのすがた。例ふしぎな音《おと》の本体《ほんたい》をつきとめる。類正体《しょうたい》 ②そのものの中心《ちゅうしん》となる、たいせつな部分《ぶぶん》。例ケースはこわれたが本体《ほんたい》はぶじだった。類中身《なかみ》 ③寺《てら》の本尊《ほんぞん》や神社《じんじゃ》のご神体《しんたい》。

【本題《ほんだい》】↓ 話《はなし》や文章《ぶんしょう》などの中心《ちゅうしん》になる内容《ないよう》。例さて、いよいよ本題《ほんだい》にはいります。

【本店《ほんてん》】↓ ある店《みせ》が、いくつか店《みせ》を出《だ》しているときの、中心《ちゅうしん》になる店《みせ》。対支店《してん》

【本。殿《ほんでん》】↓ 神社《じんじゃ》で、ご神体《しんたい》を祭《まつ》ってある建物《たてもの》。例本殿《ほんでん》にむかって頭《あたま》を下《さ》げる。

【本土《ほんど》】↓ 中心《ちゅうしん》になる国土《こくど》。とくに、日本《にほん》の本州《ほんしゅう》。例島《しま》と本土《ほんど》を結《むす》ぶ橋《はし》。対離島《りとう》・属国《ぞっこく》

【本堂《ほんどう》】↓ 寺《てら》で、本尊《ほんぞん》を祭《まつ》ってある建物《たてもの》。例さすがに本堂《ほんどう》は大《おお》きい。類金堂《こんどう》

【本場《ほんば》】↓ そのことがおこなわれたり、そのものが作《つく》られたりする中心地《ちゅうしんち》。

【本部《ほんぶ》】↓ その活動《かつどう》の中心《ちゅうしん》になるところ。例国連本部《こくれんほんぶ》・災害対策本部《さいがいたいさくほんぶ》 対支部《しぶ》

【本文《ほんぶん／ほんもん》】↓ ①本《ほん》や文章《ぶんしょう》で、前書《まえが》きや後書《あとが》きでない、中心《ちゅうしん》の部分《ぶぶん》。②注釈《ちゅうしゃく》などをつけるまえのもとの文《ぶん》。類原文《げんぶん》

【本末転。倒《ほんまつてんとう》】〈―する〉たいせつなことと、どうでもよいことをとりちがえること。例乗客《じょうきゃく》の安全《あんぜん》よりもスピードアップを第一《だいいち》に考《かんが》えるのは本末転倒《ほんまつてんとう》だ。類主客転倒《しゅかくてんとう》

【本流《ほんりゅう》】↓ ①その川《かわ》で、中心《ちゅうしん》となる流《なが》れ。対支流《しりゅう》 ②一《ひと》つの団体《だんたい》や活動《かつどう》で、中心《ちゅうしん》になっているグループ。例現代美術《げんだいびじゅつ》の本流《ほんりゅう》を

行《い》く。類 主流《しゅりゅう》

【本◦塁】《ほんるい》 ↓ 野球《やきゅう》で、キャッチャーの前《まえ》にある五角形《ごかくけい》のベース。ホームベース。

【本論】《ほんろん》 ↓ 論文《ろんぶん》や議論《ぎろん》などで、中心《ちゅうしん》となる部分《ぶぶん》。関連 序論《じょろん》・本論《ほんろん》・結論《けつろん》

❷〈もとからある〉の意味で

【本意】《ほんい》 ↓ もとからある、こうしたいという気持《きも》ち。例 本意《ほんい》ではない。類 真意《しんい》 対 不本意《ふほんい》

【本◦懐】《ほんかい》 ↓ こうしたいと前々《まえまえ》から願《ねが》っていた気持《きも》ち。例 本懐《ほんかい》をとげる。類 本望《ほんもう》・宿願《しゅくがん》

【本心】《ほんしん》 ↓ 人《ひと》がもともと持《も》っている正《ただ》しい心《こころ》。例 本心《ほんしん》に立《た》ちかえる。類 本性《ほんしょう》 ☞❸

【本性】 ↓ (一)《ほんせい》 もともとその人《ひと》にそなわっている性質《せいしつ》。例 人間《にんげん》の本性《ほんせい》は善《ぜん》である。類 天性《てんせい》 (二)《ほんしょう》 ①ふだんは見《み》えないほんとうのすがた。例 本性《ほんしょう》をむきだしにする。類 地金《じがね》 ②まともで、たしかな心《こころ》。例 本性《ほんしょう》をとりもどす。類 正気《しょうき》・本心《ほんしん》

【本能】《ほんのう》 ↓ 動物《どうぶつ》が、生《う》まれつき持《も》っている性質《せいしつ》。例 母性本能《ぼせいほんのう》

【本能的】《ほんのうてき》 〈―な・―に〉考《かんが》えたりまよったりすることなく、生《う》まれつきでしぜんに動作《どうさ》をするようす。例 本能的《ほんのうてき》に反応《はんのう》する。

【本分】《ほんぶん》 ↓ その立場《たちば》の人《ひと》がしなければならないつとめ。例 本分《ほんぶん》をつくす。類 本務《ほんむ》

【本望】《ほんもう》 ↓ ①前《まえ》からこうしたいと思《おも》っていたのぞみ。例 ついに本望《ほんもう》を果《は》たした。類 本懐《ほんかい》 ②のぞみがかなって満足《まんぞく》すること。例 オリンピックに出場《しゅつじょう》できて本望《ほんもう》だ。

【本来】《ほんらい》 ⊠ そのものごとのはじめから。もともと。もとから。例 人間《にんげん》は本来《ほんらい》身《み》一《ひと》つのものだ。類 元来《がんらい》 ☞❸

【本領】《ほんりょう》 ↓ ①もとから持《も》っているすぐれた特色《とくしょく》。例 本領《ほんりょう》を発揮《はっき》する。類 真価《しんか》・真骨頂《しんこっちょう》・真面目《しんめんもく》 ②代々《だいだい》うけついできた領地《りょうち》。

❸〈正式である〉の意味で

【本格的】《ほんかくてき》 〈―な・―に〉「これはほんものだ」と思《おも》えるようす。例 本格的《ほんかくてき》な夏《なつ》のおとずれ。

【本気】《ほんき》 ↓ 〈―な・―に〉心《こころ》からいっしょうけんめいであること。例 本気《ほんき》でおこっていた。類 真剣《しんけん》 対 冗談《じょうだん》 表現「本気《ほんき》にする」は、じょうだんなどをほんとうのことだと受《う》けとめること。「真《ま》にうける」とおなじ。

【本◦腰】《ほんごし》 ↓ 本気《ほんき》になってものごとにとりくむこと。例 勉強《べんきょう》に本腰《ほんごし》をいれる。

【本式】《ほんしき》 ↓ 〈―な・―に〉正《ただ》しいやり方《かた》。例 本式《ほんしき》にピアノを習《なら》う。類 正式《せいしき》 対 略式《りゃくしき》

【本職】《ほんしょく》 ↓ その仕事《しごと》を専門《せんもん》にやっている人《ひと》。例 さすが本職《ほんしょく》の料理人《りょうりにん》だ。☞❶

【本心】《ほんしん》 ↓ 心《こころ》の中《なか》のほんとうの気持《きも》ち。例 本心《ほんしん》をうちあける。類 真意《しんい》 ☞❷

【本◦葬】《ほんそう》 ↓ 正式《せいしき》の葬式《そうしき》。対 密葬《みっそう》・仮葬《かそう》

【本調子】《ほんちょうし》 ものごとがうまくいくときの、動《うご》き方《かた》や進《すす》みぐあい。例 まだ本調子《ほんちょうし》でない。参考 もとは、三味線《しゃみせん》で基本《きほん》となる調子《ちょうし》を指《さ》すことば。

【本当】《ほんとう》 Ⅱ 〈―に〉うそや見《み》せかけでないようす。真実《しんじつ》であること。例 本当《ほんとう》にうれしい。

【本音】《ほんね》 ↓ その人《ひと》のほんとうの考《かんが》えや気持《きも》ちから出《で》たことば。例 本音《ほんね》をはく。類 真意《しんい》

【本番】《ほんばん》 ↓ 映画《えいが》や演劇《えんげき》・テレビなどで、練習《れんしゅう》でなく、じっさいに人《ひと》に見《み》せたりフィルムに撮影《さつえい》したりすること。例 ぶっつけ本番《ほんばん》（練習《れんしゅう》なしで本番《ほんばん》に入《はい》ること） 対 練習《れんしゅう》 表現 ふだんの生活《せいかつ》のなかでも、「いよいよ春本番《はるほんばん》だ」「本番《ほんばん》の入試《にゅうし》」などと使《つか》われる。

【本名】《ほんみょう》 ↓ 戸籍《こせき》にのっている、ほんとうの名前《なまえ》。類 実名《じつめい》 対 芸名《げいめい》・偽名《ぎめい》・仮名《かめい》

【本命】《ほんめい》 ↓ ①競馬《けいば》や競輪《けいりん》などで、一着《いっちゃく》になるだろうと思《おも》われている馬《うま》や選手《せんしゅ》。みんなからいちばん有力《ゆうりょく》だと考《かんが》えられている人《ひと》。例 やはり本命《ほんめい》が勝《か》った。②いくつかある候補《こうほ》のうち、一番《いちばん》にねらいをつけているもの。例 受験《じゅけん》したなかで、本命《ほんめい》はこの学校《がっこう》だ。

【本物】《ほんもの》 ↓ ①ほんとうのもの。例 本物《ほんもの》のダイヤモンド。対 偽物《にせもの》 ②たしかなもの。例 あの人《ひと》のうでまえは本物《ほんもの》だ。

【本来】《ほんらい》 ⊠ ふつう、そうするのが正《ただ》しいやり方《かた》であること。例 本来《ほんらい》なら自分《じぶん》でやるべきであった。類 通常《つうじょう》 ☞❷

❹〈この〉の意味で

【本件】《ほんけん》 ↓ このこと。この事件《じけん》。

【本校】《ほんこう》 ↓ この学校《がっこう》。わが校《こう》。例 本校《ほんこう》の教《きょう》育方針《いくほうしん》。類 当校《とうこう》 対 他校《たこう》 ☞❶

【本誌《ほんし》】[↓]この雑誌《ざっし》。例 本誌《ほんし》に連載中《れんさいちゅう》のまんが。☞❶

【本日《ほんじつ》】[↓]きょう。例 本日中《ほんじつちゅう》にお召《め》しあがりください。本日開店《ほんじつかいてん》。関連 昨日《さくじつ》・本日《ほんじつ》・今日《こんにち》・明日《みょうにち》 表現 書《か》きことばやあいさつなど、あらたまった言《い》い方《かた》をするときに使《つか》う。

【本人《ほんにん》】[↓]その人自身《ひとじしん》。類 当人《とうにん》・当事者《とうじしゃ》

【本年《ほんねん》】[↓]ことし。例 本年《ほんねん》もよろしくおねがいします。類 当年《とうねん》 関連 昨年《さくねん》・本年《ほんねん》・今年《こんねん》・明年《みょうねん》 表現 あらたまったときに使《つか》うことば。ふだんの会話《かいわ》などでは、「ことし」という。

【本。邦《ほんぽう》】[↓]私《わたくし》たちの国《くに》。例 本邦初公開《ほんぽうはつこうかい》

本が下につく熟語 上の字の働き

❶本＝〈おおもと〉のとき

【基本《きほん》 根本《こんぽん》】近《ちか》い意味《いみ》。〔「基」も「根」も「もとづくもと」〕

【資本《しほん》 元本《がんぽん》】近《ちか》い意味《いみ》。〔「資」も「元」も「もとで」〕

❺本＝〈書物〉のとき

【絵本《えほん》 手本《てほん》】ナニがのっている本《ほん》か。〔「手《て》」は「手習《てなら》いのための文字《もじ》」〕

【種本《たねほん》 原本《げんぽん》】ナニになる本《ほん》か。

【読本《とくほん》 古本《ふるほん》 豆本《まめほん》 脚本《きゃくほん》 台本《だいほん》】ドウイウ本《ほん》か。

【拓本《たくほん》 謄本《とうほん》 抄本《しょうほん》】ドウヤッテ作《つく》った文書《ぶんしょ》か。

◆製本《せいほん》 標本《ひょうほん》 見本《みほん》

木-1

末

総画5

JIS-4386

教4年

訓 すえ 音 マツ・バツ

筆順

なりたち

【指事】木《き》の上《うえ》のはし（こずえ）に「一」のしるしをつけて、「すえ」の意味《いみ》をしめしている字《じ》。

意味

❶はしのほう。えだの先《さき》。例 本《もと》と末《すえ》。場《ば》末《すえ》・末節《まっせつ》・末端《まったん》・粗末《そまつ》 対 本《ほん》

❷おわりのほう。さいご。例 今週《こんしゅう》の末《すえ》。末代《まつだい》・結末《けつまつ》 対 始《し》

❸こまかいもの。粉《こな》や粒《つぶ》。例 粉末《ふんまつ》

名前のよみ とも

❶〈はしのほう〉の意味で

【末◆梢《まっしょう》】[Ⅱ]①枝分《えだわ》かれのいちばん先《さき》。例 末梢神経《まっしょうしんけい》（脳《のう》や脊髄《せきずい》から出《で》て、全身《ぜんしん》にはしっている神経《しんけい》）類 末端《まったん》 ②小《ちい》さくて、たいせつでないものごと。例 末梢《まっしょう》にこだわる。類 枝葉《しよう｜えだは》 対 根幹《こんかん》

【末席《まっせき｜ばっせき》】[↓]地位《ちい》の低《ひく》い人《ひと》がすわる出入《でい》り口《ぐち》に近《ちか》い席《せき》。類 下座《しもざ｜げざ》 対 上席《じょうせき》・上座《じょうざ｜かみざ》 表現 自分《じぶん》がある会《かい》の会員《かいいん》であったり、会《かい》に出席《しゅっせき》していたりすることを、「末席《まっせき》をけがしております」などと、へりくだっていう。

【末節《まっせつ》】[↓]ものごとの中心《ちゅうしん》からはずれた、つまらないことがら。例 末節《まっせつ》にとらわれ、本質《ほんしつ》を見《み》うしなう。枝葉末節《しようまっせつ》

【末。端《まったん》】[Ⅱ]①いちばんはしの部分《ぶぶん》。類 先端《せんたん》・末梢《まっしょう》 対 中央《ちゅうおう》・中心《ちゅうしん》 ②会社《かいしゃ》や団体《だんたい》などで、中心《ちゅうしん》からもっとも遠《とお》くはなれたところ。例 本部《ほんぶ》の指示《しじ》が末端《まったん》までとどかない。

❷〈おわりのほう〉の意味で

【末◆裔《まつえい》】[↓]ずっとあとの子孫《しそん》。例 源氏《げんじ》の末裔《まつえい》。類 後裔《こうえい》・末孫《まっそん》・末流《まつりゅう》

【末期】[↓]❶《まっき》①全体《ぜんたい》をいくつかの時期《じき》に分《わ》けたときの終《お》わりに近《ちか》いころ。例 江戸時代《えどじだい》の末期《まっき》。関連 初期《しょき》・前期《ぜんき》・中期《ちゅうき》・後期《こうき》・末期《まっき》 ②ものごとがいよいよだめになる時期《じき》。例 末期《まっき》症状《しょうじょう》 ❷《まつご》人《ひと》が死《し》ぬまぎわ。例 末期《まつご》の水《みず》。類 臨終《りんじゅう》・最期《さいご》・終焉《しゅうえん》

【末期的《まっきてき》】〈―な〉〈―に〉ものごとがだめになってきて終《お》わりに近《ちか》いようす。例 末期的症状《まっきてきしょうじょう》

【末子《まっし｜ばっし》】[↓]きょうだいの中《なか》でいちばん年下《としした》の子《こ》。すえっ子《こ》。類 季子《きし》 対 長子《ちょうし》

【末日《まつじつ》】[↓]ある期間《きかん》の終《お》わりの日《ひ》。月《つき》の最後《さいご》の日《ひ》。例 しめきりは九月末日《くがつまつじつ》です。

【末世《まっせ》】[↓]仏《ほとけ》の教《おし》えがわすれられて、すくいがたい世《よ》の中《なか》になる時代《じだい》。末法《まっぽう》の世《よ》。

【末代《まつだい》】[↓]①ずっとのちの時代《じだい》。例 人《ひと》は一代《いちだい》、名《な》は末代《まつだい》。②何代《なんだい》もつづいた家《いえ》の、最後《さいご》の人《ひと》。例 末代将軍《まつだいしょうぐん》 対 初代《しょだい》

【末。尾《まつび》】[Ⅱ]つながっているものの最後《さいご》の部分《ぶぶん》。例 列《れつ》の末尾《まつび》につく。対 冒頭《ぼうとう》

【末筆《まっぴつ》】[↓]手紙《てがみ》で、終《お》わりにくわえる文《ぶん》。表現 「末筆《まっぴつ》ながら、皆《みな》さまによろしくおつたえください」などとつけくわえる。

【末流《まつりゅう》】[↓]①ある血《ち》すじの子孫《しそん》。例 源氏《げんじ》

の末流《まつりゅう》。類 末裔《まつえい》 ②古典芸能《こてんげいのう》などで、もとから分《わ》かれた後《あと》のほうの流派《りゅうは》。類 末派《まっぱ》

【末路】《まつろ》 ⇩ さかんだったものが、ほろびていく最後《さいご》のとき。例 末路《まつろ》を見《み》とどける。

末が下につく熟語 上の字の働き

❷末＝〈おわりのほう〉のとき

【終末《しゅうまつ》 結末《けつまつ》】近《ちか》い意味《いみ》。

【週末《しゅうまつ》 月末《げつまつ》 期末《きまつ》 歳末《さいまつ》 年末《ねんまつ》 文末《ぶんまつ》 巻末《かんまつ》 幕末《ばくまつ》】ナニの終《お》わりか。

◆始末《しまつ》 粗末《そまつ》 場末《ばすえ》 粉末《ふんまつ》

木-1

未

総画5

JIS-4404

教4年

音 ミ

訓 いま-だ・ひつじ

筆順

なりたち

【象形】木《き》のわかいえだや葉《は》が出《で》はじめた形《かたち》をえがいた字《じ》。「いまだ」などの意味《いみ》に借《か》りて使《つか》われる。

意味

❶まだ…していない。例 未開《みかい》 対 既《き》

❷十二支《じゅうにし》の八番《はちばん》め。動物《どうぶつ》ではヒツジ。方角《ほうがく》では南南西《なんなんせい》。時刻《じこく》では午後二時《ごごにじ》、またはその前後二時間《ぜんごにじかん》。参考 ☞「巽《そん》」の「文字物語」(356ページ)

名前のよみ ひで

❶〈まだ…していない〉の意味で

【未開】《みかい》 ⊠ ①人間《にんげん》がまだ文明《ぶんめい》を持《も》っていない状態《じょうたい》。例 未開社会《みかいしゃかい》 類 野蛮《やばん》 ②土地《とち》に人間《にんげん》の手《て》がくわわらないで、自然《しぜん》のままであること。例 未開《みかい》の原野《げんや》。

【未解決】《みかいけつ》 〈―な・―に〉事件《じけん》などに、まだきまりがついていないこと。

【未開◦拓】《みかいたく》 〈―な・―に〉①土地《とち》が自然《しぜん》のままで、まだたがやされていないこと。例 未開拓地《みかいたくち》 ②研究《けんきゅう》や仕事《しごと》などで、まだだれも手《て》をつけていないこと。例 未開拓《みかいたく》の分野《ぶんや》。

【未確認】《みかくにん》 まだ、たしかにそうだとはわからないようす。例 未確認情報《みかくにんじょうほう》

【未完】《みかん》 ⊠ まだ全部《ぜんぶ》はできあがっていないこと。例 未完《みかん》の大器《たいき》。類 未完成《みかんせい》

【未完成】《みかんせい》 〈―な・―に〉まだすっかりできあがっていない。例 未完成《みかんせい》の建物《たてもの》。類 未完《みかん》

【未経験】《みけいけん》 〈―な・―に〉今《いま》までにやったことがない。例 未経験《みけいけん》のスポーツ。未経験者《みけいけんしゃ》

【未決】《みけつ》 ⊠ ①どうするか、まだ決《き》まっていないこと。対 既決《きけつ》 ②裁判《さいばん》でまだ判決《はんけつ》が出《で》ていないこと。例 未決囚《みけつしゅう》 対 既決《きけつ》

【未◦婚】《みこん》 ⊠ まだ結婚《けっこん》していないこと。類 独身《どくしん》 対 既婚《きこん》

【未熟】《みじゅく》 ⊠ 〈―な・―に〉①穀物《こくもつ》やくだものが、まだじゅうぶんにみのっていない。例 未熟《みじゅく》なリンゴ。対 完熟《かんじゅく》 ②育《そだ》ち方《かた》がふつうよりたりない。例 未熟児《みじゅくじ》 対 成熟《せいじゅく》 ③学問《がくもん》や技術《ぎじゅつ》などがじゅうぶんにみがかれていない。対 円熟《えんじゅく》 表現 ③は、「未熟者《みじゅくもの》でございますが…」と、けんそんしてあいさつするときにも使《つか》う。

【未◦詳】《みしょう》 ⊠ まだはっきりとわかっていないこと。例 年代未詳《ねんだいみしょう》 類 不詳《ふしょう》・不明《ふめい》

【未◦遂】《みすい》 ⊠ 計画《けいかく》などを、やりとげずにいること。例 未遂事件《みすいじけん》 対 既遂《きすい》

【未成年】《みせいねん》 まだ一人前《いちにんまえ》のおとなになっていない年代《ねんだい》。その年代《ねんだい》の人《ひと》。対 成年《せいねん》・成人《せいじん》 知識 日本《にほん》の法律《ほうりつ》では、満二十歳《まんにじっさい》以上《いじょう》を成年《せいねん》としている。

【未然】《みぜん》 ⊠ まだそうなっていないこと。あるいは、まだ事《こと》が起《お》こっていないこと。例 事故《じこ》を未然《みぜん》にふせぐ。

【未◦曽有】《みぞう》 〈―な・―に〉今《いま》までに一度《いちど》もなかった。例 未曽有《みぞう》の災害《さいがい》。類 空前《くうぜん》・前代未聞《ぜんだいみもん》・破天荒《はてんこう》

【未知】《みち》 ⊠ まだ知《し》らないこと。よくわかっていないこと。例 未知《みち》の世界《せかい》。対 既知《きち》

【未着】《みちゃく》 ⊠ 来《く》るはずなのに、まだ着《つ》かないこと。例 荷物《にもつ》が未着《みちゃく》で仕事《しごと》ができない。

【未定】《みてい》 ⊠ 〈―な・―に〉まだ決《き》まっていないこと。例 クラス会《かい》の日取《ひど》りは未定《みてい》です。対 既定《きてい》

【未◦到】《みとう》 ⊠ まだそこまで行《い》きついた人《ひと》がいないこと。例 前人未到《ぜんじんみとう》の記録《きろく》。表現 「未到《みとう》」は、「前人未到《ぜんじんみとう》」の言《い》い方《かた》でなしとげた仕事《しごと》や記録《きろく》などについて使《つか》い、「未踏《みとう》」は、「人跡未踏《じんせきみとう》」の言《い》い方《かた》で場所《ばしょ》について使《つか》う。

【未◦踏】《みとう》 ⊠ まだだれも足《あし》を踏《ふ》み入《い》れたことがないこと。例 人跡未踏《じんせきみとう》の密林《みつりん》。表現 ☞【未到】《みとう》(597ページ)

【未納】《みのう》 ⊠ おさめなければならないお金《かね》や

◦学習漢字でない常用漢字　▲常用漢字表にない音訓　◆常用漢字でない漢字

品物《しなもの》などを、まだおさめていないこと。例 授業料《じゅぎょうりょう》が未納《みのう》だ。類 滞納《たいのう》 対 既納《きのう》・完納《かんのう》

【未発達】《みはったつ》〈—な・—に〉まだじゅうぶんに成長《せいちょう》したり大《おお》きくなったりしていない。例 年齢《ねんれい》のわりに運動能力《うんどうのうりょく》が未発達《みはったつ》だ。

【未亡人】《みぼうじん》 夫《おっと》に死《し》なれてあとにのこされた妻《つま》。やもめ。類 寡婦《かふ》

【未満】《みまん》 ⊠ その数《かず》に達《たっ》していないこと。例 百円未満《ひゃくえんみまん》切《き》りすて。類 以下《いか》 表現「十八歳未満《じゅうはっさいみまん》入場《にゅうじょう》おことわり」は、十八歳《じゅうはっさい》は入《はい》ってよいが、「十八歳以下《じゅうはっさいいか》」なら、十八歳《じゅうはっさい》は入《はい》れないことになる。

【未明】《みめい》 ⊠ 夜《よる》がまだ明《あ》けない暗《くら》いころ。類 払暁《ふつぎょう》・黎明《れいめい》・早暁《そうぎょう》

【未聞】《みもん》 ⊠ まだ聞《き》いたことがないこと。例 前代未聞《ぜんだいみもん》のできごと。

【未来】《みらい》 ⊠ これから先《さき》の時《とき》。例 未来像《みらいぞう》・近未来《きんみらい》 類 将来《しょうらい》 関連 過去《かこ》・現在《げんざい》・未来《みらい》 参考 ☞「将《しょう》」の「文字物語」(332ページ)

【未来永劫】《みらいえいごう》 これから先《さき》、いつまでも。例 未来永劫平和《みらいえいごうへいわ》をねがう。

【未了】《みりょう》 ⊠ まだすっかり終《お》わっていないこと。例 審議未了《しんぎみりょう》

【未練】《みれん》 ⊠〈—な・—に〉心《こころ》のこりがして、あきらめられない。例 未練《みれん》がましい。未練《みれん》がある。

■ 木-2

机

総画6
JIS-2089
教6年
音 キ
訓 つくえ

筆順
はねない
はねる
おらない

なりたち
[形声]「几」が「つくえ」を表《あらわ》し、「キ」という読《よ》み方《かた》をしめしている。木《き》で作《つく》ったつくえを表《あらわ》す字《じ》。

意味 つくえ。例 机《つくえ》に向《む》かう。机上《きじょう》

【机下】《きか》 ↓ 手《て》もとのつくえの下《した》。類 侍史《じし》 表現 手紙《てがみ》のあて名《な》の左下《ひだりした》に書《か》きそえることば。「そっと、おつくえの下《した》にさし出《だ》します」と、ひかえめな気持《きも》ちを表《あらわ》す敬語《けいご》。

【机上】《きじょう》 ↓ つくえの上《うえ》。類 卓上《たくじょう》

【机上の空論】《きじょうのくうろん》 頭《あたま》の中《なか》で考《かんが》えただけのじっさいには役《やく》に立《た》たないりくつ。

■ 木-2

朽

総画6
JIS-2164
常用
音 キュウ
訓 くちる

筆順

なりたち
[形声]「丂《コウ》」が「キュウ」とかわって読《よ》み方《かた》をしめしている。「コウ」は「くさる」意味《いみ》を持《も》ち、木《き》がくさることを表《あらわ》す字《じ》。

意味 くちる。くさる。おとろえて役《やく》に立《た》たなくなる。例 木《き》が朽《く》ちる。不朽《ふきゅう》・老朽《ろうきゅう》

■ 木-2

朱

総画6
JIS-2875
常用
音 シュ
訓 あか

筆順

なりたち
[指事]「木」のあいだに「一」のしるしを入《い》れて、木《き》の切《き》り口《くち》をしめしている字《じ》。木《き》の切《き》り口《くち》のしんがあかいことから、「あか」として使《つか》われる。

意味 あか。黄色《きいろ》がかった赤《あか》。赤《あか》い色《いろ》の顔料《がんりょう》。例 朱《しゅ》を入《い》れる(文字《もじ》や文章《ぶんしょう》を赤《あか》い字《じ》で直《なお》したり書《か》きくわえたりする)。朱肉《しゅにく》

名前のよみ あけみ

【。朱印船】《しゅいんせん》 江戸幕府《えどばくふ》から朱肉《しゅにく》ではんをおした書《か》きつけ(朱印状《しゅいんじょう》)をもらい、外国《がいこく》との貿易《ぼうえき》をゆるされた船《ふね》。

【。朱肉】《しゅにく》 ↓ はんこをおすときの赤色《あかいろ》の印肉《いんにく》。類 印肉《いんにく》

【。朱に交われば赤くなる】《しゅにまじわればあかくなる》 人《ひと》は、交際《こうさい》する仲間《なかま》の影響《えいきょう》でよくも悪《わる》くもなる。参考 中国《ちゅうごく》の書物《しょもつ》にあることばから。よくない意味《いみ》で使《つか》われることが多《おお》い。

【。朱筆】《しゅひつ》 ↓ ①赤《あか》い色《いろ》のすみをつけて書《か》く筆《ふで》。②文字《もじ》や文章《ぶんしょう》を直《なお》したり、その文《ぶん》について意見《いけん》をつけくわえたりする、赤《あか》い字《じ》で書《か》いた書《か》き入《い》れ。例 朱筆《しゅひつ》を入《い》れる。

■ 木-2

朴

総画6
JIS-4349
常用
音 ボク
訓 —

筆順

前ページ ▶ 未

‖ ⇕ ↓ ▽ ▲ ⊠ ⊠ ○ 熟語の組み立てを示しています(くわしいせつめいは☞ふろく[6]ページ)

なりたち 朴 【形声】「卜」が「ボク」という読《よ》み方《かた》をしめす。「ボク」は「はぐ」意《い》味《み》を持《も》ち、皮《かわ》をはいだ木《き》を表《あらわ》す字《じ》。

意味 かざりけがない。すなお。例 素朴《そぼく》

名前のよみ なお

【。朴・訥《ぼくとつ》】[‖]〈―な〉かざりけがなく正直《しょうじき》で無《む》口《くち》である。例 朴訥《ぼくとつ》な人物《じんぶつ》。類 実直《じっちょく》・素朴《そぼく》

【。朴念仁《ぼくねんじん》】口《くち》かずが少《すく》なくて、人《ひと》づきあいのわるい人《ひと》。

朴が下につく熟語 上の字の働き

【質朴《しつぼく》 純朴《じゅんぼく》(淳朴《じゅんぼく》) 素朴《そぼく》】近《ちか》い意《い》味《み》。

故事のはなし

杞憂《きゆう》

杞《き》の国《くに》に、天地《てんち》が崩《くず》れ落《お》ちて、身《み》の置《お》き場《ば》がなくなるのではないかと心配《しんぱい》して、夜《よる》も眠《ねむ》れず、食事《しょくじ》ものどを通《とお》らなくなった人《ひと》がいた。その人《ひと》が心配《しんぱい》しているのを見《み》て、またそれを心配《しんぱい》する人《ひと》がいた。そこで出《で》かけていって、彼《かれ》にさとして言《い》った。「天《てん》は大気《たいき》の積《つ》み重《かさ》ねにすぎない。どこにでも大気《たいき》はある。屈伸《くっしん》したり呼吸《こきゅう》したりして、天《てん》の中《なか》で一日中《いちにちじゅう》動《うご》いている。どうして天《てん》が落《お》ちてくるのを心配《しんぱい》するのか」と。すると、その人《ひと》は、「天《てん》が大気《たいき》の積《つ》み重《かさ》なりだとしても、日《ひ》や月《つき》や星《ほし》が落《お》ちてくる心配《しんぱい》はないのか」と言《い》った。さとす者《もの》は、「日《ひ》や月《つき》や星《ほし》も大気《たいき》の積《つ》み重《かさ》なりの光《ひか》っているものだから、たとえ落《お》ちてもぶつかってけがをすることはない」と言《い》った。すると、その人《ひと》は、「大地《だいち》が崩《くず》れるのをどうしよう」と言《い》う。さとす者《もの》は、「大地《だいち》は、土《つち》のかたまりの積《つ》み重《かさ》ねにすぎない。四方《しほう》までいっぱいに満《み》ちて、どこにでも土《つち》のかたまりはある。歩《ある》いたり踏《ふ》んだりして、大地《だいち》の上《うえ》で一日中《いちにちじゅう》動《うご》いている。どうして大地《だいち》が崩《くず》れるのを心配《しんぱい》するのか」と言《い》った。心配《しんぱい》していた人《ひと》はすっきりと大《おお》いに喜《よろこ》んだ。さとした者《もの》もすっきりして大《おお》いに喜《よろこ》んだ。列子《れっし》はそれを聞《き》いて、笑《わら》って言《い》った。「天地《てんち》が崩《くず》れ落《お》ちるというのもまちがっているが、天地《てんち》が崩《くず》れ落《お》ちないというのもまちがっている。崩《くず》れ落《お》ちるかどうかは、我々《われわれ》には到底《とうてい》わからないことである」と。（『列子《れっし》』天瑞篇《てんずいへん》）

木-3
杞
総画7 JIS-5925 表外
音 キ 訓 ―

意味 むかし中国《ちゅうごく》にあった国《くに》の名《な》。

【◆杞。憂《きゆう》】無用《むよう》の心配《しんぱい》。取《と》りこし苦労《ぐろう》。故事のはなし ☞599ページ

木-3
杏
総画7 JIS-1641 人名
音 キョウ・アン 訓 あんず

意味 あんず。春《はる》、白《しろ》またはもも色《いろ》の花《はな》をつける落葉高木《らくようこうぼく》。果実《かじつ》はジャム・砂糖《さとう》づけなどにして食《た》べる。例 杏《あんず》ジャム・銀杏《ぎんなん|いちょう》

木-3
材
総画7 JIS-2664 教4年
音 ザイ 訓 ―

筆順

なりたち 材 【形声】「才《サイ》」が「ザイ」とかわって読《よ》み方《かた》をしめしている。「サイ」は「きる」意《い》味《み》を持《も》ち、切《き》ってなにかに用《もち》いる木《き》を表《あらわ》す字《じ》。

意味

❶ものをつくるもとになるもの。家《いえ》を建《た》てるのに使《つか》う木《き》をはじめとして、いろいろなものがある。例 材木《ざいもく》・材料《ざいりょう》・木材《もくざい》・資材《しざい》
❷役《やく》に立《た》つひと。能力《のうりょく》のある人物《じんぶつ》。例 有《ゆう》用《よう》の材《ざい》。逸材《いつざい》・人材《じんざい》

名前のよみ き・もとき

❶〈ものをつくるもとになるもの〉の意味で

【材質《ざいしつ》】[↓]材木《ざいもく》など、ものをつくる材料《ざいりょう》の性質《せいしつ》。例 材質《ざいしつ》がかたい。

【材木《ざいもく》】[↓]建物《たてもの》や家具《かぐ》などの材料《ざいりょう》にする木《き》。例 工事現場《こうじげんば》へ運《はこ》ぶ材木《ざいもく》。類 木材《もくざい》

【材料《ざいりょう》】[↓]ものをつくったり、調査《ちょうさ》したり、作品《さくひん》を仕上《しあ》げたりするときの、もとになるもの。例 材料《ざいりょう》をそろえる。類 原料《げんりょう》・素材《そざい》

表現「材料《ざいりょう》」は形《かたち》だけをかえる場合《ばあい》をいい、性質《せいしつ》までかわる場合《ばあい》を「原料《げんりょう》」と使《つか》い分《わ》けることが多《おお》い。

材が下につく熟語 上の字の働き

❶材＝〈ものをつくるもとになるもの〉のとき
【機材《きざい》 器材《きざい》 資材《しざい》 素材《そざい》 用材《ようざい》】近縁《きんえん》の関係《かんけい》。
【鉄材《てつざい》 木材《もくざい》 角材《かくざい》】ナニでできたものか。
◆人材《じんざい》 逸材《いつざい》 取材《しゅざい》 製材《せいざい》

木-3 条 ［條］
総画7 JIS-3082 教5年
訓 ― 音 ジョウ

筆順 はらう ホにならない

なりたち ［形声］もとの字は、「條」。「攸《ユウ》」が「ジョウ」とかわって読《よ》み方《かた》をしめしている。「ユウ」は「小《ち》さい」の意味《いみ》を持《も》ち、木《き》の小《こ》えだを表《あらわ》した字《じ》。

意味 ❶すじ。すじみち。例 条理《じょうり》・線条《せんじょう》
❷項目《こうもく》一《ひと》つ一《ひと》つをならべ上《あ》げること。一《ひと》つずつしめした、その文《ぶん》。例 条文《じょうぶん》・箇条《かじょう》

名前のよみ なが

❶〈すじ〉の意味で
【条理】《じょうり》 Ⅱ ものごとの正《ただ》しいすじみち。例 条理《じょうり》がとおっている。類 道理《どうり》・理屈《りくつ》

❷〈項目一つ一つをならべ上げること〉の意味で
【条件】《じょうけん》 ↓ ①あることがなりたつために、その前《まえ》になりたっていなければならない、ほかのこと。例 条件《じょうけん》がととのう。必要条件《ひつようじょうけん》 ②とりきめをするにあたって、ぜったいに必要《ひつよう》な事項《じこう》。例 条件《じょうけん》をつける。
【条件反射】《じょうけんはんしゃ》 ある決《き》まった条件《じょうけん》のもとで刺激《しげき》をあたえることをくりかえすと、やがて、その条件《じょうけん》だけでおなじ反射《はんしゃ》がおこること。うめぼしを食《た》べなくても、見《み》たり、思《おも》い出《だ》したりしただけでつばが出《で》てくるのもその一《ひと》つ。知識 ロシアのパブロフという学者《がくしゃ》が、犬《いぬ》で実験《じっけん》して発見《はっけん》した。
【条項】《じょうこう》 ↓ ことがらを箇条書《かじょうが》きにしたときの、その一《ひと》つ一《ひと》つ。類 箇条《かじょう》・項目《こうもく》・事項《じこう》
【条文】《じょうぶん》 ↓ 法律《ほうりつ》などの、箇条書《かじょうが》きにした文章《ぶんしょう》。例 憲法《けんぽう》の条文《じょうぶん》。条文《じょうぶん》による。
【条約】《じょうやく》 ↓ 国《くに》と国《くに》のあいだで決《き》めた約束《やくそく》。例 条約《じょうやく》をむすぶ。平和条約《へいわじょうやく》
【条例】《じょうれい》 ↓ 都道府県《とどうふけん》や市町村《しちょうそん》が決《き》めた、その地域《ちいき》の中《なか》だけのきまり。
◆箇条《かじょう》 金科玉条《きんかぎょくじょう》 信条《しんじょう》 線条《せんじょう》

木-3 杖
総画7 JIS-3083 人名
訓 つえ 音 ジョウ

意味 つえ。例 杖《つえ》をつく。転《ころ》ばぬ先《さき》の杖《つえ》。類 杖《つえ》

木-3 杉
総画7 JIS-3189 常用
訓 すぎ 音 サン

筆順

なりたち ［形声］「はり」を表《あらわ》す「彡」が「サン」という読《よ》み方《かた》をしめしている。はりのような葉《は》を持《も》っている木《き》「スギ」を表《あらわ》す字《じ》。

意味 すぎ。細《こま》かい針状《はりじょう》の葉《は》をつける常緑《じょうりょく》高木《こうぼく》。質《しつ》のよい材木《ざいもく》になる。例 杉並木《すぎなみき》・杉《すぎ》花粉《かふん》

木-3 束
総画7 JIS-3411 教4年
訓 たば・つか 音 ソク

筆順 はねない はらう

なりたち ［象形］切《き》った木《き》をたばねた形《かたち》をえがいた字《じ》。

意味 たばねる。しばる。たば。例 古新聞《ふるしんぶん》を束《たば》にする。髪《かみ》を束《たば》ねる。花束《はなたば》・拘束《こうそく》

【束縛】《そくばく》 Ⅱ 〈―する〉思《おも》うような動《うご》きができないようにすること。例 自由《じゆう》を束縛《そくばく》する。
【束髪】《そくはつ》 ▲ かみの毛《け》を一《ひと》つにたばねて結《ゆ》う、女性《じょせい》の髪形《かみがた》。明治《めいじ》から大正時代《たいしょうじだい》にかけて西洋《せいよう》ふうとして流行《りゅうこう》した。

束髪

束が下につく熟語 上の字の働き

【結束《けっそく》 約束《やくそく》】近《ちか》い意味《いみ》。
【花束《はなたば》 札束《さつたば》】ナニの束《たば》か。
◆拘束《こうそく》 装束《しょうぞく》

木-3 村
総画7 JIS-3428 教1年
訓 むら 音 ソン

筆順

なりたち ［形声］「寸《スン》」が「ソン」とかわって読《よ》み方《かた》をしめしている。もと木《き》の名《な》であったが、「ソン」の読《よ》み方《かた》を借《か》りて、「むら」として使《つか》われるようになった。

意味 ❶むら。地方公共団体《ちほうこうきょうだんたい》の一《ひと》つで、町《まち》より小《ちい》さいもの。例 町《まち》と村《むら》。村《むら》の外《はず》れ。農村《のうそん》

❷《その他《た》》例 村雨《むらさめ》

❶〈むら〉の意味で

【村民】《そんみん》 ↓ その村《むら》に住《す》む人《ひと》。類 村人《むらびと》

【村落】《そんらく》 Ⅲ 村《むら》の中《なか》の、家《いえ》が集《あつ》まっているところ。例 山間《やまあい》の村落《そんらく》。類 村里《むらざと》・集落《しゅうらく》

【村里】《むらざと》 ↓ いなかで、家《いえ》が集《あつ》まっているところ。例 村里《むらざと》の春《はる》。類 村落《そんらく》・山里《やまざと》・集落《しゅうらく》・人里《ひとざと》

【村八分】《むらはちぶ》 村《むら》のきまりをまもらなかったとき、村全体《むらぜんたい》が申《もう》し合《あ》わせをして、その家《いえ》の人《ひと》といっさいつきあいをしなかったこと。

❷《その他》

【村雨】《むらさめ》 ◎ ひとしきり強《つよ》くふって、すぐにやむ雨《あめ》。とおり雨《あめ》。類 驟雨《しゅうう》

村が下につく熟語　上の字の働き

❶村＝〈むら〉のとき

【漁村《ぎょそん》 山村《さんそん》 農村《のうそん》】ドンナ村《むら》か。

木-3

【杜】

総画7　JIS-3746　人名

音 ト・ズ　訓 もり

意味 ❶もり。神社《じんじゃ》の森《もり》。例 鎮守《ちんじゅ》の杜《もり》。

❷ふさぐ。とじる。例 杜絶《とぜつ》

❸《その他《た》》例 杜撰《ずさん》

❸《その他》

【◆杜◆撰】《ずさん》 ◎ 〈―に―な〉詩文《しぶん》や著作《ちょさく》にあやまりが多《おお》いこと。やり方《かた》がいいかげんで、ぞんざいなこと。例 杜撰《ずさん》な作品《さくひん》。杜撰《ずさん》な工事《こうじ》。参考 北宋《ほくそう》の杜黙《ともく》が作《つく》った詩《し》は規則《きそく》はずれが多《おお》かったという故事《こじ》から。「撰《せん》―《さん》」は、詩文《しぶん》を作《つく》るという意味《いみ》。

木-3

【来】

総画7　JIS-4572　教2年

音 ライ　訓 くる・きたる・きたす

［來］

筆順

なりたち  ［象形］もとの字《じ》は、「來」。麦《むぎ》の穂《ほ》がみのった形《かたち》をえがいた字《じ》。「くる」の意味《いみ》に借《か》りて使《つか》われている。

意味 ❶こちらへくる。そうなってくる。例 春《はる》が来《く》る。支障《ししょう》を来《きた》す。来場《らいじょう》・未来《みらい》 対 往《おう》・去《きょ》

❷このつぎにくる。きたる。例 来《きた》る十五日《じゅうごにち》。来春《らいしゅん》

❸それから今《いま》までずっと。これまで。例 以来《いらい》・昨年来《さくねんらい》

❶〈こちらへくる〉の意味で

【来意】《らいい》 ↓ たずねてきたわけや目的《もくてき》。

【来館】《らいかん》 ▲ 〈―する〉映画館《えいがかん》・図書館《としょかん》・博物館《はくぶつかん》などに人《ひと》が来《く》ること。

【来客】《らいきゃく》 ↓ 客《きゃく》がやってくること。来《き》た客《きゃく》。

【来航】《らいこう》 ↓ 〈―する〉船《ふね》で外国《がいこく》から来《く》ること。

【来社】《らいしゃ》 ▲ 〈―する〉会社《かいしゃ》などによそから人《ひと》が来《く》ること。例 十時《じゅうじ》にご来社《らいしゃ》ください。

【来◦襲】《らいしゅう》 ↓ 〈―する〉やってきて、害《がい》をあたえること。例 敵機来襲《てきらいしゅう》 類 襲来《しゅうらい》

【来場】《らいじょう》 ▲ 〈―する〉その場所《ばしょ》や会場《かいじょう》に来《く》ること。例 ご来場《らいじょう》のみなさま。来場者《らいじょうしゃ》

【来店】《らいてん》 ▲ 〈―する〉店《みせ》に客《きゃく》が来《く》ること。

【来日】《らいにち》 ▲ 〈―する〉外国人《がいこくじん》が日本《にほん》にくること。類 訪日《ほうにち》 対 離日《りにち》 表現 ふつうの旅行者《りょこうしゃ》でなく、ある特定《とくてい》の人《ひと》についていう。

【来◦賓】《らいひん》 ↓ 式《しき》やもよおしものなどに客《きゃく》としてまねかれてきた人《ひと》。例 来賓席《らいひんせき》

【来訪】《らいほう》 ↓ 〈―する〉人《ひと》がたずねてくること。例 来訪者名簿《らいほうしゃめいぼ》。思《おも》わぬ人《ひと》の来訪《らいほう》を受《う》ける。

【来遊】《らいゆう》 ↓ 〈―する〉レジャーで来《く》ること。例 桜《さくら》の季節《きせつ》にご来遊《らいゆう》ください。

【来臨】《らいりん》 ↓ 〈―する〉人《ひと》が会《かい》や式《しき》に出席《しゅっせき》する。（来《き》てもらう立場《たちば》でいうかしこまった言《い》い方《かた》）例 ご来臨《らいりん》をあおぐ。

【来歴】《らいれき》 ↓ そのものごとが、これまでどんなふうにすぎてきたかということ。いわれ。例 故事来歴《こじらいれき》 類 由来《ゆらい》・由緒《ゆいしょ》・履歴《りれき》

❷〈このつぎにくる〉の意味で

【来月】《らいげつ》 ↓ 今月《こんげつ》の次《つぎ》の月《つき》。類 翌月《よくげつ》 関連 先《せん》

月《げつ》・今月《こんげつ》・来月《らいげつ》

【来春《らいしゅん・らいはる》】↓来年《らいねん》の春《はる》。類 明春《みょうしゅん》 表現「来春《らいしゅん》」が翌年《よくねん》の正月《しょうがつ》を指《さ》すこともある。「来春《らいしゅん》」「春《はる》」には正月《しょうがつ》という意味《いみ》もあるので、早々《そうそう》」といえば、とくにそうなる。

【来世《らいせ》】↓仏教《ぶっきょう》でいう、自分《じぶん》が、死《し》んでから次《つぎ》に生《う》まれかわって行《い》く世《よ》。類 後生《ごしょう》 関連 前世《ぜんせ》・現世《げんぜ》・来世《らいせ》(後世《ごせ》)

【来年《らいねん》】↓ことしの次《つぎ》にくる年《とし》。類 明年《みょうねん》・翌年《よくねん》 関連 去年《きょねん》・今年《ことし》・来年《らいねん》

来が下につく熟語 上の字の働き

❶ **来**=〈こちらへくる〉のとき
【往来《おうらい》 去来《きょらい》】反対《はんたい》の意味《いみ》。
【伝来《でんらい》 渡来《とらい》 飛来《ひらい》 襲来《しゅうらい》 由来《ゆらい》】ドウヤッテ来《く》るのか。
【将来《しょうらい》 未来《みらい》 再来《さいらい》】ドウ来《く》るか。
【遠来《えんらい》 外来《がいらい》 舶来《はくらい》】ドコから来《く》るか。〔「舶《はく》」は「船《ふね》で外国《がいこく》から」を表《あらわ》す〕
❸ **来**=〈それから今までずっと〉のとき
【元来《がんらい》 本来《ほんらい》 生来《せいらい》 在来《ざいらい》】ドノ状態《じょうたい》からこれまでか。
【旧来《きゅうらい》 古来《こらい》 近来《きんらい》 以来《いらい》 従来《じゅうらい》 年来《ねんらい》】イツからこれまでか。
◆家来《けらい》 千客万来《せんきゃくばんらい》 到来《とうらい》

木-3
【李】
総画7 JIS-4591 人名
音 リ
訓 すもも

意味 すもも。春《はる》、白《しろ》い花《はな》をさかせる落葉高《らくようこう》

文字物語

李

「李」の字《じ》で思《おも》いうかぶのは、「李下《りか》」ということば。中国《ちゅうごく》の古《ふる》いことばに「瓜田《かでん》に履《くつ》を納《い》れず、李下《りか》に冠《かんむり》を正《ただ》さず」というのがある。「瓜《うり》のはたけでくつがぬげても、かがんではきなおすな、瓜《うり》をぬすんでいるように見《み》えるから。李《すもも》の木《き》の下《した》で頭《あたま》に手《て》をやってかんむりをかぶりなおすな、すももをぬすんでいるように見《み》えるから」という意味《いみ》。「どんな場合《ばあい》でも、人《ひと》にあやしまれたり、うたがわれたりするようなおこないはするな」ということで、今《いま》でもなるほどとうなずかれる教《おし》えだ。

ついでに、「瓜《うり》」の字《じ》には似《に》たような「爪《つめ》」の字《じ》があるので、「うり(瓜)につめ(︶)あり、つめ(爪)につめなし」と言《い》って、両方《りょうほう》の字《じ》をおぼえてきた。

木《ぼく》。初夏《しょか》に、ウメの実《み》よりやや大《おお》きめの、かおり高《たか》くあまずっぱい果実《かじつ》をつける。プラム。例 李下《りか》

文字物語 ☞602ページ

木-4
【果】
総画8 JIS-1844 教4年
音 カ
訓 はたす・はてる・はて

筆順

なりたち

【象形】くだものが木《き》の上《うえ》になっている形《かたち》をえがいた字《じ》。借《か》りて、「はたす」意味《いみ》にも使《つか》われる。

意味

❶木《こ》の実《み》。くだもの。例 果実《かじつ》・青果《せいか》
❷なしとげたもの。なしとげる。なるようにしてなった結果《けっか》。例 目的《もくてき》を果《は》たす。果報《ほう》・結果《けっか》 対 因《いん》
❸思《おも》いきりがよい。例 果断《かだん》
❹思《おも》ったとおり。例 果《は》たして。果《は》たせるかな。果然《かぜん》
❺おわり。おわる。おわらせる。例 人通《ひとどお》りが果《は》てる。地《ち》の果《は》て。

特別なよみ 果物(くだもの)
名前のよみ まさる

❶〈木の実〉の意味で
【果実《かじつ》】Ⅱ 植物《しょくぶつ》の実《み》。とくに、リンゴ・モモなどの、くだもの。例 果実《かじつ》がみのる秋《あき》。
【果樹《かじゅ》】↓ミカン・ナシなどの、くだものがなる木《き》。例 果樹《かじゅ》の手入《てい》れをする。果樹園《かじゅえん》
【果汁《かじゅう》】↓くだものをしぼったしる。
【果肉《かにく》】↓くだものの、食《た》べられる部分《ぶぶん》。例 果肉《かにく》の多《おお》いくだもの。
【果物《くだもの》】↓リンゴやイチゴなど、木《き》や草《くさ》の実《み》で、食《た》べられるもの。フルーツ。類 水菓子《みずがし》
❷〈なしとげたもの〉の意味で
【果報《かほう》】↓〈［］に〉①仏教《ぶっきょう》で、前世《ぜんせ》でやったこ

との結果《けっか》としてふりかかってくる運命《うんめい》。類宿縁《しゅくえん》 ②ひとりでにやってくる幸《しあわ》せ。例果報《かほう》は寝《ね》て待《ま》て。果報者《かほうもの》

❸〈思いきりがよい〉の意味で

【果。敢】かかん Ⅲ〈—に・—な〉思《おも》いきりよく、勇気《ゆうき》を出《だ》してものごとをするようす。例果敢《かかん》にぶつかる。勇猛果敢《ゆうもうかかん》 類勇敢《ゆうかん》・大胆《だいたん》

【果断】かだん ↓〈—な〉まよわず、思《おも》いきってするようす。例果断《かだん》な処置《しょち》をとる。

◆因果《いんが》 結果《けっか》 効果《こうか》 成果《せいか》 青果《せいか》 戦果《せんか》

杭
木-4 総画8 JIS-2526 人名 音コウ 訓くい

意味 くい。目《め》じるしや支柱《しちゅう》にするために土《つち》の中《なか》に打《う》ちこむ棒《ぼう》。例杭《くい》を打《う》つ。橋杭《はしぐい》

枝
木-4 総画8 JIS-2762 教5年 音シ 訓えだ

筆順

はねない すにならない はらう

なりたち  [形声]「支」が「分《わ》かれる」ことを表《あらわ》し、「シ」という読《よ》み方《かた》をしめしている。木《き》から分《わ》かれ出《で》ている「えだ」を表《あらわ》す字《じ》。

意味 木《き》のえだ。分《わ》かれ出《で》たもの。例枝《えだ》を下《お》ろす。木《き》の枝《えだ》。枝道《えだみち》・枝葉《しよう|えだは》

名前のよみ え・しげ

【枝葉】しよう|えだは Ⅲ①木《き》のえだや葉《は》。②ものごとの中心《ちゅうしん》からはずれた、それほどたいせつでないこと。例枝葉《えだは》のことは後《あと》まわしだ。

【枝葉末節】しようまっせつ ほんすじに関係《かんけい》のない、ささいなこと。例枝葉末節《しようまっせつ》にこだわる。

松
木-4 総画8 JIS-3030 教4年 音ショウ 訓まつ

筆順

はねない はらう とめる

なりたち  [形声]「公《コウ》」が「ショウ」とかわって読《よ》み方《かた》をしめす。「コウ」は「はり」の意味《いみ》を持《も》ち、はりのようなとがった葉《は》を持《も》つ木《き》「マツ」を表《あらわ》す字《じ》。

意味 まつ。長《なが》い針《はり》のような葉《は》をつける常緑樹《じょうりょくじゅ》。寿命《じゅみょう》が長《なが》く、一年《いちねん》じゅう葉《は》の色《いろ》がかわらないところから、常磐木《ときわぎ》ともよばれる。例松《まつ》の木《き》。門松《かどまつ》・松竹梅《しょうちくばい》

【松竹梅】しょうちくばい 寒《さむ》さに強《つよ》く、おめでたいものとされている、松《まつ》と竹《たけ》と梅《うめ》。表現 松《まつ》・竹《たけ》・梅《うめ》の順《じゅん》で、一《いち》・二《に》・三《さん》の等級《とうきゅう》を表《あらわ》すことがある。

【松▲明】たいまつ ◎ むかし、松《まつ》や竹《たけ》などをたばねて火《ひ》をつけてもやし、明《あ》かりにしたもの。

◆門松《かどまつ》 白砂青松《はくしゃせいしょう》

枢
木-4 総画8 JIS-3185 常用 音スウ 訓—

[樞]

筆順

なりたち  [形声]もとの字《じ》は、「樞」。「區《ク》」が「シュ・スウ」とかわって読《よ》み方《かた》をしめしている。「ク」は「あな」の意味《いみ》を持《も》ち、木《き》で作《つく》った戸《と》の軸《じく》をうけるあな「とぼそ」を表《あらわ》す字《じ》。

意味 たいせつなところ。中心《ちゅうしん》となるところ。例枢軸《すうじく》・中枢《ちゅうすう》

名前のよみ かなめ

【。枢機】すうき Ⅲ ものごとの中心《ちゅうしん》になるひじょうにたいせつなところ。類肝要《かんよう》

【。枢軸】すうじく Ⅲ 動《うご》きの中心《ちゅうしん》となるたいせつなところ。政治的《せいじてき》な活動《かつどう》の中心《ちゅうしん》。類中枢《ちゅうすう》

【。枢要】すうよう Ⅲ〈—な〉ものごとの中心《ちゅうしん》となるたいせつなところ。例枢要《すうよう》な地位《ちい》につく。

析
木-4 総画8 JIS-3247 常用 音セキ 訓—

筆順

なりたち  [会意]「木」と「おの(斤)」とを合《あ》わせて、おので木《き》を細《こま》かく分《わ》けることを表《あらわ》す字《じ》。

意味 こまかく分《わ》ける。例分析《ぶんせき》

【。析出】せきしゅつ ↓〈—する〉液体《えきたい》の中《なか》にとけこんでいるものをとりだすこと。例工場廃水《こうじょうはいすい》から有害物質《ゆうがいぶっしつ》を析出《せきしゅつ》する。類抽出《ちゅうしゅつ》

°学習漢字でない常用漢字 ▲常用漢字表にない音訓 ◆常用漢字でない漢字

枕

木－4
総画8
JIS-4377
常用
音 チン
訓 まくら

筆順 枕 枕 枕 枕 枕 枕 枕 枕

意味
❶まくら。ねるとき、頭《あたま》をのせるためのもの。例 枕《まくら》が高《たか》い。枕《まくら》木《ぎ》・夢枕《ゆめまくら》
❷話《はなし》の前《まえ》おき。例 枕《まくら》をふる。枕詞《まくらことば》

❶〈まくら〉の意味で
【。枕石・漱流】ちんせき・そうりゅう 石《いし》をまくらにして眠《ねむ》り、川《かわ》の流《なが》れで口《くち》をすすぐような、自然《しぜん》の中《なか》で自《じ》由《ゆう》な生活《せいかつ》をすることのたとえ。参考 ☞【漱石流】そうせきちんりゅう（693ページ）
【。枕木】まくらぎ ↓ レールの下《した》にしく木材《もくざい》。今《いま》はコンクリート製《せい》が多《おお》い。
【。枕元】まくらもと ↓ ねているときのまくらのそば。表記「枕許」とも書《か》く。

❷〈話の前おき〉の意味で
【。枕詞】まくらことば ↓ 和歌《わか》で、あることばの前《まえ》において、調子《ちょうし》をよくし、色合《いろあ》いをそえることば。たとえば、「あしひきの」は「山《やま》」の、「くさまくら」は「旅《たび》」の枕詞《まくらことば》。

東

木－4
総画8
JIS-3776
教2年
音 トウ
訓 ひがし・あずま

筆順 東 東 東 東 東 東 東 東（はねない）（はらう）

なりたち 【象形】底《そこ》のないふくろに物《もの》を入《い》れ、両《りょう》はしをくくった形《かたち》をえがいた字《じ》。「ひがし」の意味《いみ》に借《か》りて使《つか》われる。

意味 ひがし。太陽《たいよう》の出《で》てくる方角《ほうがく》。例 東《ひがし》の風《かぜ》。東西南北《とうざいなんぼく》・東洋《とうよう》・関東《かんとう》 対 西《せい》

名前のよみ あきら・はじめ・はる・ひで・もと

【東宮】とうぐう ↓ 皇太子《こうたいし》の御所《ごしょ》。また、皇太子《こうたいし》。例 東宮殿下《とうぐうでんか》 参考 東《ひがし》は春《はる》を表《あらわ》すので、「春宮」とも書《か》く。
【東経】とうけい ↓ イギリスの旧《きゅう》グリニッジ天文台《てんもんだい》を通《とお》る子午線《しごせん》を〇度《ど》として、それから東《ひがし》へはかった経度《けいど》。一八〇度《ど》まである。対 西経《せいけい》
【東国】とうごく ↓ むかし、都《みやこ》のあった奈良《なら》や京都《きょうと》から遠《とお》い東《ひがし》のほうの国《くに》。だいたい今《いま》の中部《ちゅうぶ》地《ち》方《ほう》から関東地方《かんとうちほう》。あずま。対 西国《さいごく》
【東西】とうざい ⇕ ①東《ひがし》と西《にし》。例 東西《とうざい》につらなる山《さん》脈《みゃく》。対 南北《なんぼく》 ②東《ひがし》の地方《ちほう》と西《にし》の地方《ちほう》。例 親子《おやこ》の情《じょう》は、洋《よう》の東西《とうざい》を問《と》わない。
【東上】とうじょう ↓〈―する〉西《にし》の地方《ちほう》から東《ひがし》にある東《とう》京《きょう》にむかうこと。類 上京《じょうきょう》 対 西下《さいか》
【東都】とうと ↓ 東《ひがし》の都《みやこ》。京都《きょうと》に対《たい》して、東京《とうきょう》。
【東風】とうふう｜ひがしかぜ｜こち ↓ 東《ひがし》からふいてくる風《かぜ》。春《はる》風《かぜ》。例 馬耳東風《ばじとうふう》
【東。奔西走】とうほんせいそう〈―する〉ある目的《もくてき》や仕事《しごと》のために、あちらこちらいそがしくかけまわること。例 東奔西走《とうほんせいそう》の毎日《まいにち》だ。類 奔走《ほんそう》
【東洋】とうよう ↓ インド・中国《ちゅうごく》・日本《にほん》など、アジアの東部《とうぶ》と南部《なんぶ》の地方《ちほう》。例 東洋医学《とうよういがく》 対 西洋《せいよう》

杯

木－4
総画8
JIS-3953
常用
音 ハイ
訓 さかずき

筆順 杯 杯 杯 杯 杯 杯 杯 杯

なりたち 【形声】「不《ふ》」が「ハイ」とかわって読《よ》み方《かた》をしめしている。「フ」は「ふくらむ」意味《いみ》を持《も》ち、胴《どう》のふくらんだ酒《さけ》をくみとる木《き》のうつわ、「さかずき」を表《あらわ》す字《じ》。

意味
❶さかずき。例 杯《さかずき》を交《か》わす。杯《はい》をあげる。乾杯《かんぱい》
❷うつわに入《い》れたものや、タコ・イカなどをかぞえることば。例 イカ三杯《さんばい》。

参考「盃《ハイ｜さかずき》」の字《じ》は、人名用漢字《じんめいようかんじ》。

杯が下につく熟語 上の字の働き

❶杯＝〈さかずき〉のとき
【乾杯《かんぱい》 賜杯《しはい》】杯《さかずき》をドウスルか。
【天皇杯《てんのうはい》 NHK杯《エヌエッチケーはい》】ダレがあたえる杯《さかずき》か。
◆ 祝杯《しゅくはい》 水杯《みずさかずき》

板

木－4
総画8
JIS-4036
教3年
音 ハン・バン
訓 いた

筆順 板 板 板 板 板 板 板 板（はねない）（はらう）

なりたち 【形声】「反」が「ハン」という読《よ》み方《かた》をしめしている。「ハン」は「平《たい》ら」の意味《いみ》を持《も》ち、木《き》をうすく平《たい》らに切《き》った「いた」を表《あらわ》す字《じ》。

意味 いた。木《き》をうすく平《たい》らにしたもの。〈金《きん》属《ぞく》やガラス、石《いし》についてもいう〉例 板ガラス。板書《ばんしょ》・胸板《むないた》

【板前】《いたまえ》 ↓ 日本料理《にほんりょうり》をつくることを仕事《しごと》にしている人《ひと》。例 板前《いたまえ》の修業《しゅぎょう》をする。類 調理《ちょうり》師《し》 参考「板《いた》」は「まないた」の略《りゃく》。

【板書】《ばんしょ》 ↓〈―する〉黒板《こくばん》に字《じ》や図《ず》などを書《か》くこと。例 板書《ばんしょ》をうつす。

板が下につく熟語 上の字の働き

【登板《とうばん》 降板《こうばん》】投手板《とうしゅばん》に(投手板《とうしゅばん》を)ドウスルか。
【床板《ゆかいた》 胸板《むないた》】ドコの板《いた》か。
【黒板《こくばん》 甲板《こうはん・かんぱん》】ドンナ板《いた》か。
◆看板《かんばん》 羽子板《はごいた》 平板《へいばん》

木-4

枚

総画8 JIS-4371 教6年
訓 ― 音 マイ

筆順 はねない だす はらう

なりたち  【会意】「攵」は手《て》にむちを持《も》っている形《かたち》で、木《き》のえだのむちを表《あらわ》す字《じ》。

意味 ❶一《ひと》つ一《ひと》つかぞえる。例 枚挙《まいきょ》
❷うすい物《もの》をかぞえることば。例 一枚《いちまい》の紙《かみ》。二枚《にまい》の皿《さら》。
❸相撲《すもう》の番付《ばんづけ》の順《じゅん》をかぞえることば。例 番付《ばんづけ》が三枚《さんまい》上《あ》がる。前頭《まえがしら》五枚目《ごまいめ》。

名前のよみ かず・ひら

❶〈一つ一つかぞえる〉の意味で

【枚挙】《まいきょ》 ↓〈―する〉一《ひと》つ一《ひと》つかぞえ上《あ》げること。例 枚挙《まいきょ》にいとまがない(たくさんありすぎて、いちいちかぞえきれない)。類 列挙《れっきょ》

木-4

林

総画8 JIS-4651 教1年
訓 はやし 音 リン

筆順 とめる はねない はらう

なりたち  【会意】木《き》を二《ふた》つならべて、木《き》のたくさん生《は》えている「はやし」を表《あらわ》す字《じ》。

意味 はやし。木《き》や竹《たけ》がたくさん集《あつ》まっているところ。例 森《もり》と林《はやし》。林野《りんや》・山林《さんりん》

名前のよみ しげ・しげる・もと・もり・よし

【林間】《りんかん》 ↓ 林《はやし》の中《なか》。例 林間学校《りんかんがっこう》

【林業】《りんぎょう》 ↓ 森林《しんりん》のせわをして、木材《もくざい》などをうみだす仕事《しごと》。苗木《なえぎ》を植《う》え、よぶんなえだを切《き》りおとすなどの仕事《しごと》をする。

【林道】《りんどう》 ↓ 林《はやし》の中《なか》の道《みち》。山林《さんりん》の手入《てい》れや木《もく》材《ざい》はこびのための道《みち》。例 中部開発林道《ちゅうぶかいはつりんどう》

【林野】《りんや》 Ⅲ 森林《しんりん》と原野《げんや》。例 林野庁《りんやちょう》 類 山野《さんや》

【林立】《りんりつ》 ↓〈―する〉細長《ほそなが》いものが、はやしのようにたくさんならんで立《た》っていること。例 工《こう》場《じょう》の煙突《えんとつ》が林立《りんりつ》している。

林が下につく熟語 上の字の働き

【山林《さんりん》 森林《しんりん》 農林《のうりん》】近縁《きんえん》の関係《かんけい》。
【営林《えいりん》 植林《しょくりん》 造林《ぞうりん》】林《はやし》をドウスルか。
【防雪林《ぼうせつりん》 防風林《ぼうふうりん》】ドウスルための林《はやし》か。

木-4

枠

総画8 JIS-4740 常用
訓 わく 音 ―

筆順

なりたち 【会意】国字《こくじ》。糸《いと》を巻《ま》く道具《どうぐ》を表《あらわ》す「卆」と「木」とを合《あ》わせて、糸《いと》を巻《ま》く木《き》のわくを表《あらわ》している字。

意味 わく。外《そと》がわをかこむもの。例 枠《わく》を組《く》む。枠内《わくない》・窓枠《まどわく》

【◦枠内】《わくない》 ↓ ①枠《わく》の内《うち》がわ。例 枠内《わくない》に氏名《しめい》を記入《きにゅう》してください。対 欄外《らんがい》・枠外《わくがい》 ②ここまでと決《き》められたくぎりの中《なか》。例 予算《よさん》の枠内《わくない》で計画《けいかく》をたてる。対 枠外《わくがい》

木-5

栄

総画9 JIS-1741 教4年
訓 さかえる・はえ・はえる 音 エイ
「榮」

筆順 はねない はらう

なりたち  【形声】もとの字《じ》は、「榮」。「𤇾《けい》」がまわりをかこみかがやく意味《いみ》と、「エイ」とかわって読《よ》み方《かた》をしめしている。木《き》にいっぱいにさく花《はな》を表《あらわ》す字《じ》。

意味 ❶さかえる。さかんになる。いきおいがいい。例 国《くに》が栄《さか》える。栄華《えいが》・栄養《えいよう》・繁栄《はんえい》 対 枯《こ》

❷ほまれ。名誉《めいよ》。引《ひ》き立《た》つ。例 受賞《じゅしょう》の栄《えい》にかがやく。栄えある勝利《しょうり》。栄光《えいこう》・見栄《みば》え

名前のよみ しげ・しげる・たか・てる・とも・なが・ひさ・ひさし・ひで・ひろ・まさ・よし

❶〈さかえる〉の意味で

【栄。華】《えいが》 ⫼ お金《かね》も地位《ちい》も手《て》に入《い》れて、はなばなしいこと。例 栄華《えいが》をきわめる。

【栄。枯】《えいこ》 ⇕ 国《くに》や家《いえ》などが、さかえることとおとろえること。類 興亡《こうぼう》・興廃《こうはい》・盛衰《せいすい》・消長《しょうちょう》

【栄。枯盛。衰】《えいこせいすい》 国《くに》や家《いえ》などが、さかえたり、おとろえたりすること。

【栄養】《えいよう》 ⫼ 生物《せいぶつ》が育《そだ》ち活動《かつどう》するために、とり入《い》れなければならない成分《せいぶん》。類 養分《ようぶん》・滋養《じよう》

❷〈ほまれ〉の意味で

【栄。冠】《えいかん》 ⇩ 競技《きょうぎ》に勝《か》った人《ひと》が手《て》に入《い》れる名誉《めいよ》。例 勝利《しょうり》の栄冠《えいかん》にかがやく。類 栄誉《えいよ》・名誉《めいよ》・栄光《えいこう》 知識 むかしギリシャで、競技《きょうぎ》に優勝《ゆうしょう》した者《もの》に月桂樹《げっけいじゅ》のえだでつくったかんむりをあたえたことから生《う》まれたことば。

【栄光】《えいこう》 ⫼ かがやかしい名誉《めいよ》。例 栄光《えいこう》にかがやく。類 光栄《こうえい》・名誉《めいよ》・栄冠《えいかん》・栄誉《えいよ》

【栄達】《えいたつ》 ⇩ 〈—する〉高《たか》い地位《ちい》につくこと。類 出世《しゅっせ》・栄進《えいしん》・昇進《しょうしん》

【栄転】《えいてん》 ⇩ 〈—する〉高《たか》い地位《ちい》にうつること。例 ご栄転《えいてん》を祝《しゅく》す。類 昇進《しょうしん》 対 左遷《させん》

【栄。誉】《えいよ》 ⫼ 晴《は》れがましくほめられること。ほまれ。例 国民栄誉賞《こくみんえいよしょう》 類 名誉《めいよ》・栄光《えいこう》・栄冠《えいかん》

◆ 虚栄《きょえい》 光栄《こうえい》 繁栄《はんえい》

木−5

架

総画9 JIS-1845 常用

訓 かける・かかる 音 カ

筆順

なりたち  [形声]「加」が「カ」という読《よ》み方《かた》をしめしている。「カ」は「つみかさねる」意味《いみ》を持《も》ち、木《き》をかさねて組《く》み立《た》てることを表《あらわ》す字《じ》。

意味

❶かける。電線《でんせん》・橋《はし》などをかけわたす。例 橋《はし》を架《か》ける。虹《にじ》が架《か》かる。架線《かせん》・高架《こうか》

❷たな。ものをかけたりのせたりするたなや台《だい》。例 書架《しょか》

使い分け かける[掛・懸・架] ☞527ページ

❶〈かける〉の意味で

【。架橋】《かきょう》 ▲ 〈—する〉橋《はし》をかけること。

【。架空】《かくう》 ▲ ①空中《くうちゅう》にかけわたすこと。②想像《そうぞう》してつくりだすこと。例 架空《かくう》ケーブル 架空《かくう》の人物《じんぶつ》。類 虚構《きょこう》 対 実在《じつざい》

【。架設】《かせつ》 ⇩ 〈—する〉かけわたすこと。橋《はし》や電線《でんせん》などをかけること。例 電線《でんせん》を架設《かせつ》する。

【。架線】《かせん》 ①▲ 〈—する〉送電線《そうでんせん》・電話線《でんわせん》などをかけわたすこと。②⇩ かけわたされた電線《でんせん》。

◆ 高架《こうか》 書架《しょか》 担架《たんか》

木−5

柑

総画9 JIS-2027 人名

訓 — 音 カン

意味 みかん。みかんのなかま。こうじ。例 金柑《きんかん》・蜜柑《みかん》

木−5

枯

総画9 JIS-2447 常用

訓 かれる・からす 音 コ

筆順

なりたち  [形声]「古」が「コ」という読《よ》み方《かた》をしめしている。「コ」は「かれる、ひからびる」意味《いみ》を持《も》ち、木《き》がかれることを表《あらわ》す字《じ》。

意味 かれる。草木《くさき》がかれる。水分《すいぶん》がなくなる。おとろえる。例 花《はな》が枯《か》れる。枯渇《こかつ》・栄枯《えいこ》 対 栄《えい》

【枯。渇】《こかつ》 ⫼ 〈—する〉①水《みず》がなくなって、からからにかわくこと。②お金《かね》などのたくわえがなくなること。例 資金《しきん》が枯渇《こかつ》する。

【。枯死】《こし》 ⇩ 〈—する〉草《くさ》や木《き》が、かれてだめになること。例 渇水《かっすい》で稲《いね》が枯死《こし》する。

【。枯。淡】《こたん》 ⫼ よぶんなものがなく、あっさりした味《あじ》わいがあること。例 枯淡《こたん》の趣《おもむき》。

木−5

査

総画9 JIS-2626 教5年

訓 — 音 サ

筆順 はねない はらう 日にならない

なりたち [形声]「且《シャ》ソ」が「サ」とかわって読《よ》み方《かた》をしめしている。「シャ」は「かさねる」意《い》

味を持ち、木《き》をならべ重《かさ》ねたいかだを表《あらわ》す字《じ》。「しらべる」意味《いみ》に借《か》りて使《つか》われている。

意味 しらべる。調《しら》べてたしかめる。例 査察《ささつ》・調査《ちょうさ》

【査察】《ささつ》 Ⅲ〈―する〉役所《やくしょ》の人《ひと》などが、じっさいのようすを見《み》て調《しら》べること。例 施設《しせつ》の安全性《あんぜんせい》について査察《ささつ》を受《う》ける。

【査証】《さしょう》 ↓〈―する〉調《しら》べて証明《しょうめい》すること。とくに、入国《にゅうこく》したいという外国人《がいこくじん》に対《たい》して、身《み》元《もと》や入国《にゅうこく》の目的《もくてき》などを調《しら》べて、入国許可《にゅうこくきょか》の証明《しょうめい》をすること。その証明書《しょうめいしょ》。ビザ。

【査定】《さてい》 ↓〈―する〉くわしく調《しら》べて、金額《きんがく》や等《とう》級《きゅう》などを決《き》めること。例 査定額《さていがく》

【査問】《さもん》 ↓〈―する〉事件《じけん》などを調《しら》べるとき、関《かん》係者《けいしゃ》に問《と》いただすこと。例 査問《さもん》に応《おう》じる。

査が下につく熟語 上の字の働き

【監査《かんさ》 検査《けんさ》 審査《しんさ》 捜査《そうさ》 調査《ちょうさ》】近《ちか》い意味《いみ》。

【巡査《じゅんさ》 踏査《とうさ》】ドウヤッテ調《しら》べるか。

柵

木-5 総画9 JIS-2684 常用

音 サク 訓 ―

筆順

意味 木《き》などを並《なら》べて作《つく》ったかこい。例 柵《さく》で囲《かこ》う。鉄柵《てっさく》

柿

木-5 総画9 JIS-1933 常用

音 シ 訓 かき

筆順

意味 かき。秋《あき》に赤《あか》い実《み》をつける落葉高木《らくようこうぼく》。

柊

木-5 総画9 JIS-4102 人名

音 シュウ 訓 ひいらぎ

意味 ひいらぎ。ふちがとげとげになった葉《は》をつける常緑高木《じょうりょくこうぼく》。

柔

木-5 総画9 JIS-2932 常用

音 ジュウ・ニュウ 訓 やわらか・やわらかい

筆順

なりたち 【形声】「矛《ボウ》」が「ジュウ」とかわって読《よ》み方《かた》をしめしている。「ボウ」は「やわらかい」意味《いみ》を持《も》ち、新芽《しんめ》の出《で》るころのしなやかな木《き》を表《あらわ》す字《じ》。

意味

❶やわらか。しなやか。やわらかにする。ソフト。例 柔《やわ》らかな体《からだ》。柔軟《じゅうなん》 対 剛《ごう》

❷やさしい。おとなしい。心《こころ》がしっかりしていない。例 柔順《じゅうじゅん》・柔和《にゅうわ》・柔弱《にゅうじゃく》

使い分け やわらかい[柔・軟] ☞607ページ

名前のよみ なり・やす・よし

❶〈やわらか〉の意味で

【◦柔道】《じゅうどう》 ↓日本《にほん》で生《う》まれた、格闘競技《かくとうきょうぎ》。相《あい》手《て》とりくみ、投《な》げたり組《く》みふせたりして勝《か》ち負《ま》けを決《き》める。類 柔《やわら》・柔術《じゅうじゅつ》

【◦柔軟】《じゅうなん》 Ⅲ〈―に〉〈―な〉①やわらかで、しなやか。例 柔軟体操《じゅうなんたいそう》 対 硬直《こうちょく》 ②考《かんが》え方《かた》や態度《たいど》をこだわりなく自由《じゆう》にかえることができる。例 柔軟《じゅうなん》に対処《たいしょ》する。類 順応《じゅんのう》 対 硬直《こうちょく》

【◦柔肌】《やわはだ》 ↓やわらかいはだ。

❷〈やさしい〉の意味で

【◦柔順】《じゅうじゅん》 Ⅲ〈―な〉〈―に〉おとなしくて、すなお。例 柔順《じゅうじゅん》な性質《せいしつ》。類 温順《おんじゅん》

【◦柔弱】《にゅうじゃく》 Ⅲ〈―な〉〈―に〉からだや気持《きも》ちに力強《ちからづよ》さがなくて、たよりない。類 軟弱《なんじゃく》 対 剛健《ごうけん》

【◦柔和】《にゅうわ》 Ⅲ〈―な〉〈―に〉やさしくおとなしい。例 柔和《にゅうわ》な性格《せいかく》。柔和《にゅうわ》な笑顔《えがお》。類 温和《おんわ》

染

木-5 総画9 JIS-3287 教6年

音 セン 訓 そめる・そまる・しみる・しみ

例 解 使い分け

《やわらかい《柔らかい・軟らかい》》

柔らかい=ふわっと「やわらかい」。
例 柔《やわ》らかいふとん。柔《やわ》らかい身《み》のこなし。

軟らかい=ぐちゃぐちゃと「やわらかい」。
例 軟《やわ》らかい地面《じめん》。表情《ひょうじょう》が軟《やわ》らかい。

柔らかい

軟らかい

◦学習漢字でない常用漢字 ▴常用漢字表にない音訓 ◆常用漢字でない漢字

筆順 染 染 染 染 染 染 染 染 染（丸にならない・はねない・はらう）

なりたち 【会意】「木《き》」と「水《みず》(氵)」と、「何度《なんど》も」の意味《いみ》を表《あらわ》す「九」を合《あ》わせて、糸《いと》や布《ぬの》を木《き》のしるに何度《なんど》もひたして「そめる」ことを表《あらわ》す字《じ》。

意味
❶そめる。(液体《えきたい》にひたして)色《いろ》をつける。色《いろ》がつく。例 布《ぬの》を染《そ》める。西《にし》の空《そら》が赤《あか》く染《そ》まる。汗《あせ》に染《し》みたシャツ。染《し》みがつく。染料《せんりょう》
❷わるいものがうつる。例 伝染《でんせん》

❶〈そめる〉の意味で
【染色】《せんしょく》▲〈—する〉布《ぬの》や糸《いと》をそめること。
【染色体】《せんしょくたい》細胞《さいぼう》の中《なか》にある、生物《せいぶつ》の遺伝《いでん》に関係《かんけい》する物質《ぶっしつ》。
【染料】《せんりょう》↓布《ぬの》や糸《いと》などに、色《いろ》をそめつけるために使《つか》う材料《ざいりょう》。水《みず》や油《あぶら》などにとかしてそめる。

染が下につく熟語 上の字の働き
❷染＝〈わるいものがうつる〉のとき
【汚染《おせん》 伝染《でんせん》 感染《かんせん》】ドウナッテうつるか。

柱
木-5 総画9 JIS-3576 教3年
音 チュウ
訓 はしら

筆順 柱 柱 柱 柱 柱 柱 柱 柱 柱（はねない・ななめ、つけない・ながく）

なりたち 【形声】「主《シュ》」が「チュウ」とかわって読《よ》み方《かた》をしめしている。「シュ」は「まっすぐ立《た》つ」意味《いみ》を持《も》ち、まっすぐ立《た》つ木《き》を表《あらわ》す字《じ》。

意味
❶はしら。まっすぐ立《た》ったもの。建物《たてもの》の屋《や》根《ね》などをささえるもの。例 杖《つえ》とも柱《はしら》ともたのむ。一家《いっか》の柱《はしら》。茶柱《ちゃばしら》・支柱《しちゅう》
❷神《かみ》をかぞえることば。例 二柱《ふたはしら》の神《かみ》。

柱が下につく熟語 上の字の働き
❶柱＝〈はしら〉のとき
【門柱《もんちゅう》 床柱《とこばしら》】ドコの柱《はしら》か。
【帆柱《ほばしら》 電柱《でんちゅう》】ナニをささえる柱《はしら》か。
【貝柱《かいばしら》 茶柱《ちゃばしら》】ナニの中《なか》の柱《はしら》か。
◆円柱《えんちゅう》 支柱《しちゅう》 霜柱《しもばしら》 大黒柱《だいこくばしら》

栃
木-5 総画9 JIS-3842 常用
音 —
訓 とち

筆順 栃 栃 栃 栃 栃 栃 栃 栃 栃

意味 とちのき。夏《なつ》に白《しろ》い花《はな》をさかせる落葉《らくよう》高木《こうぼく》。実《み》は食用《しょくよう》。例 栃《とち》の実《み》だんご

参考 国字《こくじ》。

県名 栃木(とちぎ)

柏
木-5 総画9 JIS-3980 人名
音 ハク
訓 かしわ

意味 かしわ。大《おお》きめの葉《は》をつける落葉高木《らくようこうぼく》。葉《は》は餅《もち》をつつむのに使《つか》う。例 柏餅《かしわもち》

柄
木-5 総画9 JIS-4233 常用
音 ヘイ
訓 がら・え・つか

筆順 柄 柄 柄 柄 柄 柄 柄 柄 柄

なりたち 【形声】「丙」が「ヘイ」という読《よ》み方《かた》をしめしている。「ヘイ」は「手《て》にとる」意味《いみ》を持《も》ち、木《き》でできたにぎりの部分《ぶぶん》を表《あらわ》す字《じ》。

意味
❶とって。その道具《どうぐ》を持《も》つための棒《ぼう》の部《ぶ》分《ぶん》。え。つか。例 ほうきの柄《え》。
❷動《うご》かす力《ちから》。例 横柄《おうへい》
❸からだつき。性質《せいしつ》。それらしさ。例 柄《がら》にもなく。家柄《いえがら》・大柄《おおがら》・身柄《みがら》
❹布地《ぬのじ》のもよう。例 はでな柄《がら》。柄物《がらもの》・図柄《ずがら》

名前のよみ もと

❹〈布地のもよう〉の意味で
【°柄物】《がらもの》↓布《ぬの》や紙《かみ》などでもようのついているもの。例 柄物《がらもの》のワンピース。対 無地《むじ》

柄が下につく熟語 上の字の働き
❷柄＝〈動かす力〉のとき
【横柄《おうへい》 権柄《けんぺい》】近《ちか》い意味《いみ》。
❸柄＝〈からだつき〉のとき
【大柄《おおがら》 小柄《こがら》】ドノヨウナからだつきか。
【家柄《いえがら》 人柄《ひとがら》 役柄《やくがら》 国柄《くにがら》 事柄《ことがら》 銘柄《めいがら》 場所柄《ばしょがら》 時《じ》節柄《せつがら》】ナニのそれらしさか。
【作柄《さくがら》 手柄《てがら》】ナニのできぐあいか。
◆間柄《あいだがら》 図柄《ずがら》 身柄《みがら》

ものしり巻物 第20巻

和語《わご》・漢語《かんご》・外来語《がいらいご》②

(577ページからつづく)

したがって、外来語《がいらいご》とは、おもにヨーロッパやアメリカから入《はい》ってきた、かたかなで書《か》かれることばのことを指《さ》します。

また、「ナイター」「ガソリンスタンド」「サラリーマン」などは、見《み》たところ英語《えいご》のようですが、日本《にほん》で作《つく》られたことばで、英語《えいご》にはないことばです。これらのことばは、**和《わ》製英語《せいえいご》**・**和《わ》製外来語《せいがいらいご》**などとよばれます。

「ラーメン」「ワンタン」「シューマイ」などは、かたかなでも書《か》きますが、それぞれ、「拉麺」「雲呑」「焼売」のように漢字《かんじ》で書《か》くこともできます。音読《おんよ》みのことばなので、広《ひろ》い意味《いみ》では漢語《かんご》なのですが、これらのことばのように、比較的新《ひかくてきあたら》しく入《はい》ってきた中国語《ちゅうごくご》で、かたかなで書《か》くのがふつうであるものは、外来語《がいらいご》としてあつかうべきかもしれません。

このように、日本語《にほんご》にあることばは、和語《わご》・漢語《かんご》・外来語《がいらいご》の三《みっ》つに分《わ》けることができます。

そして、これらのうちの二《ふた》つ以上《いじょう》のことばが組《く》み合《あ》わさってできていることばもたくさんあります。

「王様《おうさま》」「本棚《ほんだな》」「番組《ばんぐみ》」(漢+和)、「場所《ばしょ》」「夕刊《ゆうかん》」「古本《ふるほん》」(和+漢)、「勉強《べんきょう》する」「愛《あい》する」「奇麗《きれい》な」「堂堂《どうどう》と」(漢+和)などは、和《わ》語《ご》と漢語《かんご》がまざってできたことばです。

「ドライブする」「サボる」「キュートな」(外+和)、「おニュー」「乙女《おとめ》チック」(和+外)などは、外来語《がいらいご》と和語《わご》がまざってできたことばです。

「ビール瓶《びん》」「テレビ塔《とう》」(外+漢)、「携帯《けいたい》ラジオ」「個人《こじん》タクシー」(漢+外)などは、漢《かん》語《ご》と外来語《がいらいご》がまざってできたことばです。

「ニュース番組《ばんぐみ》」(外+漢+和)、「椅子取《いすと》りゲーム」(漢+和+外)、「段《だん》ボール箱《ばこ》」(漢+外+和)などは、和語《わご》と漢語《かんご》と外来語《がいらいご》がまざってできたことばです。

和語《わご》・漢語《かんご》・外来語《がいらいご》は、このように、そのことばがどこで生《う》まれたものであるか、どのようにできあがったものであるか、という点《てん》に注《ちゅう》目《もく》した分《わ》け方《かた》です。しかし、ちがいはそれだけではありません。和語《わご》と漢語《かんご》と外来語《がいらいご》では、そのことばから受《う》ける印象《いんしょう》もちがってくるのです。たとえば、「速《はや》さ・速度《そくど》・スピード」「ほほえみ・微笑《びしょう》・スマイル」「きまり・規則《きそく》・ルール」は、それぞれ順《じゅん》に、和語《わご》・漢語《かんご》・外来語《がいらいご》ですが、意味《いみ》はだいたいおなじです。しかし、ことばの感《かん》じはずいぶんちがいます。

和語《わご》はやわらかでやさしい感《かん》じ、漢語《かんご》はかたくてまじめな感《かん》じ、外来語《がいらいご》はおしゃれで新《あたら》しい感《かん》じのすることの多《おお》いことばなのです。

某
木-5　総画9　JIS-4331　常用
音 ボウ　訓 なにがし

筆順 某

なりたち 【会意】口《くち》にふくむことを表《あらわ》す「甘」と「木」とを合《あ》わせて、実《み》のなるウメの木《き》を表《あらわ》していた字《じ》。

意味 なにがし。人《ひと》や物《もの》・場所《ばしょ》・日時《にちじ》などをぼかして言《い》うことば。例 某氏《ぼうし》・山田《やまだ》 某《なにがし》

【°某国】《ぼうこく》 ↓ ある国《くに》。その国《くに》の名《な》をはっきり言《い》えないときや、言《い》いたくないときに使《つか》う。

【°某氏】《ぼうし》 ↓ ある人《ひと》。その人《ひと》の名前《なまえ》がわからないときや、言《い》いたくないときに使《つか》う。類 某《なにがし》

【°某所】《ぼうしょ》 ↓ あるところ。場所《ばしょ》をはっきり言《い》えないときや、言《い》いたくないときに使《つか》う。

柾
木-5　総画9　JIS-4379　人名
音 —　訓 まさ・まさき

意味 まさめ。まっすぐに通《とお》った木目《もくめ》。例 柾目《まさめ》

柚
木-5　総画9　JIS-4514　人名
音 ユウ　訓 ゆず

意味 ゆず。初夏《しょか》、白《しろ》い花《はな》をつける常緑高木《じょうりょくこうぼく》。すっぱい実《み》は、料理《りょうり》のかおりづけなどに使《つか》う。例 柚《ゆず》みそ・柚湯《ゆずゆ》

柳
木-5　総画9　JIS-4488　常用
音 リュウ　訓 やなぎ

筆順 柳

なりたち 【形声】「丣→卯」が「リュウ」という読《よ》み方《かた》をしめしている。「リュウ」は「流《なが》れる」意味《いみ》を持《も》ち、えだが流《なが》れるようにたれている木《き》、「ヤナギ」を表《あらわ》す字《じ》。

意味 やなぎ。ヤナギの木《き》。ヤナギのように細《ほそ》くてしなやかなもの。例 柳眉《りゅうび》

【°柳眉】《りゅうび》 ↓ ヤナギの葉《は》のように、細《ほそ》くてやさしい形《かたち》の眉《まゆ》。例 柳眉《りゅうび》をさかだてる（美《うつく》しい人《ひと》がいかりを顔《かお》にだす）。

◆ 川柳《せんりゅう》

案
木-6　総画10　JIS-1638　教4年
音 アン　訓 —

筆順 案（まっすぐ、つく／すこしだす／はねない／はらう）

なりたち 【形声】「安」が「アン」という読《よ》み方《かた》をしめしている。「アン」は「置《お》く」意味《いみ》を持《も》ち、物《もの》を置《お》く木《き》のつくえを表《あらわ》す字《じ》。「考《かんが》える」の意味《いみ》に借《か》りて使《つか》われている。

意味
❶ 考《かんが》えをめぐらす。考《かんが》え。文書《ぶんしょ》・書類《しょるい》やその下書《したが》き。例 案《あん》を出《だ》す。案《あん》ずるより産《う》むがやすし（むずかしく見《み》えるものも、じっさいにやってみると、思《おも》いのほかやさしくできるものである）。案件《あんけん》・思案《しあん》

❷《その他《た》》例 案山子《かかし》

❶〈考えをめぐらす〉の意味で

【案外】《あんがい》 ↓（□な・□に）思《おも》いのほか。例 案外《あんがい》うまくいった。類 意外《いがい》・存外《ぞんがい》・予想外《よそうがい》

【案件】《あんけん》 ↓ 考《かんが》えて処理《しょり》すべきこと。会議《かいぎ》の議題《ぎだい》となることがら。例 案件《あんけん》をかたづける。重要案件《じゅうようあんけん》

【案出】《あんしゅつ》 ↓（—する）くふうして考《かんが》え出《だ》す。例 だれにでもできる方法《ほうほう》を案出《あんしゅつ》する。

【案内】《あんない》 ↓（—する）①道《みち》や場所《ばしょ》がわからない人《ひと》に行《い》き方《かた》を教《おし》えるとか、そこへ連《つ》れていくとかすること。例 校内《こうない》を案内《あんない》する。②ようすを知《し》らせること。手引《てび》き。例 入学案内《にゅうがくあんない》 ③知《し》らせ。例 発表会《はっぴょうかい》の案内《あんない》を出《だ》す。表現「ご案内《あんない》のとおり」は、「ご存《ぞん》じのように」という意《い》味《み》。

【案文】《あんぶん》 ↓ ひとつの案《あん》として書《か》いた文章《ぶんしょう》。例 演説《えんぜつ》の案文《あんぶん》。案文《あんぶん》を検討《けんとう》する。

❷《その他》

【▲案▲山子】《かかし》 農作物《のうさくぶつ》を鳥《とり》やけものからまもるために田《た》や畑《はたけ》に立《た》てる、かんたんな人形《にんぎょう》。

案山子

案が下につく熟語 上の字の働き

❶ 案＝〈考えをめぐらす〉のとき

【勘案《かんあん》 考案《こうあん》 思案《しあん》】近《ちか》い意味《いみ》。
【創案《そうあん》 立案《りつあん》 発案《はつあん》 提案《ていあん》 翻案《ほんあん》】考《かんが》えをドウスルか。
【名案《めいあん》 妙案《みょうあん》 新案《しんあん》 私案《しあん》 腹案《ふくあん》 原案《げんあん》 草案《そうあん》 試案《しあん》 懸案《けんあん》 代案《だいあん》 廃案《はいあん》】ドノヨウナ案《あん》か。
【法案《ほうあん》 文案《ぶんあん》 図案《ずあん》 答案《とうあん》 議案《ぎあん》】ナニについての案《あん》か。

木-6
桜
総画10
JIS-2689
教5年
訓 音 オウ さくら
［櫻］

筆順 桜 桜 桜 桜 桜 桜 桜 桜 桜 桜（はねない・すこしだす）

なりたち  【形声】もとの字《じ》は、「櫻」。「嬰《エイ》」が「オウ」とかわって読《よ》み方《かた》をしめしている。「エイ」は「小《ちい》さい」の意味《いみ》を持《も》ち、小《ちい》さな実《み》のなる木《き》を表《あらわ》す字《じ》。「サクラ」として使《つか》われている。

意味 さくら。春《はる》、うすもも色《いろ》の小《ちい》さな花《はな》を木《き》いっぱいにさかせる落葉高木《らくようこうぼく》。むかしから、日本人《にほんじん》に愛《あい》され、日本《にほん》を代表《だいひょう》する花《はな》とされている。例 桜花《おうか》・葉桜《はざくら》

【桜花《おうか》】↓サクラの花《はな》。例 桜花爛漫《おうからんまん》
【桜◦桃《おうとう》】↓サクランボ。サクランボのなるサクラの木《き》。
【桜色《さくらいろ》】↓サクラの花《はな》のような、うすいもも色《いろ》。ピンク。例 ほおを桜色《さくらいろ》にそめる。類 淡紅色《たんこうしょく》

木-6
格
総画10
JIS-1942
教5年
訓 音 カク・コウ
訓 ―

筆順 格 格 格 格 格 格 格 格 格 格（はねない・はらう）

なりたち  【形声】「各《カク》」が「カク・コウ」という読《よ》み方《かた》をしめしている。「コウ」は「高《たか》い」の意味《いみ》を持《も》ち、木《き》が高《たか》く立《た》つことを表《あらわ》す字《じ》。

意味
❶きまり。わくぐみ。基準《きじゅん》。例 格式《かくしき》・規格《きかく》・性格《せいかく》・体格《たいかく》
❷位置《いち》づけ。身分《みぶん》。程度《ていど》。例 格《かく》がちがう。格《かく》が上《あ》がる。格《かく》づけ。格調《かくちょう》
❸木《き》を方形《ほうけい》に組《く》み合《あ》わせたもの。例 格子《こうし》
❹手《て》でうつ。なぐる。例 格闘《かくとう》
❺文《ぶん》の中《なか》での位置《いち》。例 主格《しゅかく》

注意するよみ コウ…例 格子《こうし》
名前のよみ いたる・ただ・ただし・つとむ・のり・まさ

❶〈きまり〉の意味で
【格言《かくげん》】↓「論《ろん》より証拠《しょうこ》」「人《ひと》のふり見《み》てわがふり直《なお》せ」など、ものごとの真理《しんり》や、生《い》きていくうえでの教《おし》えなどを、短《みじか》く言《い》い表《あらわ》したことば。類 警句《けいく》・金言《きんげん》
【格式《かくしき》】Ⅲ身分《みぶん》や家《いえ》がらに合《あ》わせた、それぞれの生活《せいかつ》のきまり。例 格式《かくしき》が高《たか》い。

❷〈位置づけ〉の意味で
【格差《かくさ》】↓もののねだんや資格《しかく》・等級《とうきゅう》などのちがい。例 格差《かくさ》をつける。
【格段《かくだん》】↓〈―に・―の〉程度《ていど》のちがいがとても大《おお》きいようす。例 格段《かくだん》の進歩《しんぽ》。類 格別《かくべつ》
【格調《かくちょう》】↓文章《ぶんしょう》や詩歌《しいか》・絵画《かいが》・音楽《おんがく》などの芸術作品《げいじゅつさくひん》が持《も》っている、上品《じょうひん》な感《かん》じ。例 格調《かくちょう》の高《たか》い文章《ぶんしょう》。類 品格《ひんかく》
【格納《かくのう》】↓〈―する〉きちんとしまいこむこと。例 飛行機《ひこうき》を格納《かくのう》する。格納庫《かくのうこ》
【格別《かくべつ》】↓〈―に・―な〉ふつうとは、大《おお》きくちがうようす。例 遠足《えんそく》で食《た》べるおにぎりは、格別《かくべつ》な味《あじ》がする。類 特別《とくべつ》・格段《かくだん》・別段《べつだん》
【格安《かくやす》】↓〈―に・―な〉ねだんが、ふつうよりとくに安《やす》い。例 格安《かくやす》のねだんで売《う》る。格安品《かくやすひん》

❸〈木を方形に組み合わせたもの〉の意味で
【格子《こうし》】⊠細《ほそ》い木《き》や竹《たけ》などを、あいだをあけて組《く》んだもの。例 格子縞《こうしじま》・鉄格子《てつごうし》
【格子戸《こうしど》】細《ほそ》い木《き》や竹《たけ》を、すきまをあけて、たてよこに組《く》んでつくった戸《と》。

❹〈手でうつ〉の意味で
【格◦闘《かくとう》】↓〈―する〉力《ちから》をつくしてたたかう。例 難問題《なんもんだい》と格闘《かくとう》する。格闘技《かくとうぎ》

格が下につく熟語 上の字の働き
❶格＝〈きまり〉のとき
【骨格《こっかく》 体格《たいかく》】ナニのわくぐみか。
【合格《ごうかく》 適格《てきかく》 破格《はかく》】基準《きじゅん》に対《たい》してドウデアルか。
❷格＝〈位置づけ〉のとき

【本格《ほんかく》 厳格《げんかく》】ドウイウ位置《いち》づけか。
【人格《じんかく》 性格《せいかく》 風格《ふうかく》 品格《ひんかく》 価格《かかく》 資格《しかく》】ナニの位《い》置《ち》づけか。
【同格《どうかく》 別格《べっかく》】位置《いち》づけが他《た》に対《たい》してドウデアルか。
【降格《こうかく》 失格《しっかく》 昇格《しょうかく》】位置《いち》づけをドウスルか。
❺格＝〈文の中での位置〉のとき
【主格《しゅかく》 目的格《もくてきかく》 修飾格《しゅうしょくかく》】ドノヨウナ位置《いち》か。
◆規格《きかく》

核

木−6
総画10
JIS-1943
常用
訓 ―
音 カク

筆順 核 核 核 核 核 核 核 核

なりたち  【形声】「亥《ガイ》」が「カク」とかわって読《よ》み方《かた》をしめしている。「ガイ」は「かたい」の意味《いみ》を持《も》ち、かたい木《き》の「たね」を表《あらわ》す字《じ》。

意味
❶たね。ものごとの中心《ちゅうしん》となるところ。例組織《そしき》の核《かく》となって働《はたら》く。核心《かくしん》・中核《ちゅうかく》
❷原子核《げんしかく》。例核爆発《かくばくはつ》・核兵器《かくへいき》

❶〈たね〉の意味で
【°核家族《かくかぞく》】夫婦《ふうふ》と子《こ》どもだけの少人数《しょうにんずう》の家族《かぞく》。例核家族化《かくかぞくか》
【°核心《かくしん》】Ⅱものごとの中心《ちゅうしん》となる、いちばんだいじなところ。例事件《じけん》の核心《かくしん》にふれる。

❷〈原子核〉の意味で
【°核兵器《かくへいき》】原子核《げんしかく》が分裂《ぶんれつ》したり融合《ゆうごう》したりするときの力《ちから》を使《つか》った、原子爆弾《げんしばくだん》や水素爆《すいそばく》弾《だん》。それらを装着《そうちゃく》したミサイルなどの兵器《へいき》。
◆結核《けっかく》 中核《ちゅうかく》

株

木−6
総画10
JIS-1984
教6年
訓 かぶ
音 ―

筆順 株 株 株 株 株 株 株 株 株（はねない／だす／はねない）

なりたち  【形声】「朱」が「シュ」という読《よ》み方《かた》とともに、「根《ね》を下《お》ろしてしっかりと立《た》つ」の意味《いみ》をあらわし、はえている木《き》の「かぶ」をしめす。

意味
❶植物《しょくぶつ》の根《ね》もとの部分《ぶぶん》。きりかぶ。樹木《じゅもく》を数《かぞ》えることば。例木《き》の株《かぶ》。古株《ふるかぶ》
❷かぶけん（株券）。例株式会社《かぶしきがいしゃ》の株式《かぶしき》。株《かぶ》が上《あ》がる。持《も》ち株《かぶ》・成長株《せいちょうかぶ》・優良株《ゆうりょうかぶ》

名前のよみ もと

❷〈かぶけん（株券）〉の意味で
【株価《かぶか》】⇩株券《かぶけん》のねだん。例株価《かぶか》の変動《へんどう》がはげしい。
【株券《かぶけん》】⇩株式会社《かぶしきがいしゃ》が、元手《もとで》のお金《かね》を出《だ》してもらったしるしとする証券《しょうけん》。類株《かぶ》・株式《かぶしき》
【株式《かぶしき》】⇩株券《かぶけん》を買《か》ってもらって集《あつ》めた元《もと》手《て》をかぞえるときの単位《たんい》。ふつうには略《りゃく》して「株《かぶ》」という。例株式会社《かぶしきがいしゃ》 類株券《かぶけん》
【株主《かぶぬし》】⇩株式会社《かぶしきがいしゃ》をつくる元手《もとで》を出《だ》して、その株式《かぶしき》をもっている人《ひと》。例株主総会《かぶぬしそうかい》

栞

木−6
総画10
JIS-5957
人名
訓 しおり
音 カン

意味 しおり。㋐道《みち》の目《め》じるし。㋑目《め》じるしにするもの。本《ほん》のしおり。㋒手引《てび》き。
参考「しおり」は「枝折《しお》り」で、山道《やまみち》で、木《き》の枝《えだ》を折《お》って道《みち》しるべとすること。

桓

木−6
総画10
JIS-2028
表外
訓 ―
音 カン

意味 はしら。しるしとして立《た》てた木《き》。
参考 桓武天皇《かんむてんのう》（七九四年《ねん》、はじめて京都《きょうと》に都《みやこ》を定《さだ》めた天皇《てんのう》）

桂

木−6
総画10
JIS-2343
人名
訓 かつら
音 ケイ

意味 かつら。ハート形《がた》でふちにぎざぎざのある葉《は》をつける落葉高木《らくようこうぼく》。材《ざい》は家具《かぐ》や彫刻《ちょうこく》に使《つか》う。例桂材《かつらざい》

名前のよみ よし

校

木−6
総画10
JIS-2527
教1年
訓 ―
音 コウ

筆順 校 校 校 校 校 校 校 校 校（はねない／まっすぐ、つく／はらう）

なりたち  【形声】「交」が「まじわる」意味《いみ》と「コウ」という読《よ》み方《かた》をしめす。

木《き》の交差《こうさ》でかきねを表《あらわ》す字《じ》。

意味

❶くらべる。まちがいをなおす。例 校正《こうせい》

❷がっこう。児童《じどう》や生徒《せいと》・学生《がくせい》が勉強《べんきょう》するところ。例 校舎《こうしゃ》・登校《とうこう》

❸軍隊《ぐんたい》の指揮官《しきかん》。例 将校《しょうこう》

❹木《き》を組《く》み合《あ》わせたもの。あぜ。例 校倉《あぜくら》

名前のよみ とし・なり

❶〈くらべる〉の意味で

【校。閲】《こうえつ》 ⇩〈―する〉原稿《げんこう》や文書《ぶんしょ》などを、まちがいや不十分《ふじゅうぶん》な点《てん》を調《しら》べてなおすこと。

【校正】《こうせい》 ⇩〈―する〉もとになったものとくらべて、まちがいをなおすこと。

【校。訂】《こうてい》 ⇩〈―する〉一《ひと》つの作品《さくひん》の、古《ふる》くからつたわってきた本《ほん》をいくつかくらべあわせて、文章《ぶんしょう》の正《ただ》しい形《かたち》を決《き》めること。

❷〈がっこう〉の意味で

【校医】《こうい》 ⇩学校《がっこう》からたのまれて、児童《じどう》・生徒《せいと》の健康《けんこう》を見《み》たり、衛生指導《えいせいしどう》をしたりする医者《いしゃ》。

【校歌】《こうか》 ⇩その学校《がっこう》の校風《こうふう》や精神《せいしん》を表《あらわ》すものとして作《つく》られた歌《うた》。

【校規】《こうき》 ⇩その学校《がっこう》のきまり。類 校則《こうそく》

【校旗】《こうき》 ⇩その学校《がっこう》のしるしとして定《さだ》めた旗《はた》。例 校旗《こうき》を先頭《せんとう》に行進《こうしん》する。

【校訓】《こうくん》 ⇩その学校《がっこう》の教育《きょういく》で、いちばんたいせつなものと考《かんが》えている心構《こころがま》え。

【校舎】《こうしゃ》 ⇩学校《がっこう》の建物《たてもの》。

【校章】《こうしょう》 ⇩その学校《がっこう》の紋章《もんしょう》。

【校則】《こうそく》 ⇩その学校《がっこう》の児童《じどう》・生徒《せいと》がまもらなければならないきまり。類 学則《がくそく》・校規《こうき》

【校長】《こうちょう》 ⇩学校《がっこう》の全部《ぜんぶ》について責任《せきにん》を持《も》ち、学校《がっこう》を代表《だいひょう》する先生《せんせい》。例 校長訓話《こうちょうくんわ》

【校庭】《こうてい》 ⇩学校《がっこう》の運動場《うんどうじょう》や庭《にわ》。

【校風】《こうふう》 ⇩その学校《がっこう》の特色《とくしょく》になっている気《き》風《ふう》。スクールカラー。例 自由《じゆう》な校風《こうふう》。

❹〈木を組み合わせたもの〉の意味で

【▲校倉】《あぜくら》 ⇩三角形《さんかくけい》の長《なが》い木材《もくざい》を井《い》の字形《じがた》にくみ、それをつみ重《かさ》ねて壁《かべ》にしてできた倉《くら》。例 正倉院《しょうそういん》の校倉造《あぜくらづく》り。

校が下につく熟語 上の字の働き

❷校＝〈がっこう〉のとき

【本校《ほんこう》 分校《ぶんこう》 母校《ぼこう》】ドウイウ部分《ぶぶん》にあたる学校《がっこう》か。

【登校《とうこう》 下校《げこう》 転校《てんこう》 在校《ざいこう》 退校《たいこう》】学校《がっこう》に（学校《がっこう》から）ドウスルか。

【開校《かいこう》 休校《きゅうこう》】学校《がっこう》をドウスルか。

◆将校《しょうこう》 対校《たいこう》

木-6

桁

総画10

JIS-2369

常用

訓 けた　音 コウ

筆順 桁 桁 桁 桁 桁 桁 桁 桁

意味

❶けた。㋐家《いえ》の柱《はしら》や橋《はし》のくいにかけわたす横木《よこぎ》。例 橋桁《はしげた》 ㋑そろばんの玉《たま》を通《とお》すたての棒《ぼう》。数《かず》の位《くらい》どり。例 桁《けた》がちがう（大《おお》きな差《さ》がある）。

❷着物《きもの》をかける家具《かぐ》。例 衣桁《いこう》

木-6

根

総画10

JIS-2612

教3年

訓 ね　音 コン

筆順 根 根 根 根 根 根 根 根 根 根

はねない　はねる　人にならない

なりたち

【形声】「艮」が「コン」という読《よ》み方《かた》をしめしている。「コン」は「ねもと」の意味《いみ》を持《も》ち、木《き》のねもとを表《あらわ》す字《じ》。

意味

❶草木《くさき》のねっこ。例 根《ね》をはる。球根《きゅうこん》

❷ものごとの基本《きほん》となるもの。例 根本《こんぽん》

❸その人《ひと》の精神力《せいしんりょく》のもと。気力《きりょく》。例 根《こん》をつめる。根気《こんき》・精根《せいこん》

❹《その他《た》》例 屋根《やね》

名前のよみ もと

❶〈草木のねっこ〉の意味で

【根毛】《こんもう》 ⇩植物《しょくぶつ》の根《ね》の先《さき》にある細《ほそ》い毛《け》のような根《ね》。水分《すいぶん》や養分《ようぶん》を地中《ちちゅう》からすいとる。

【根元】《ねもと》 ⇩①木《き》のみきや草《くさ》のくきと、根《ね》とのさかいめのところ。②つけねの部分《ぶぶん》。例 台風《たいふう》で電柱《でんちゅう》が根元《ねもと》からたおれた。表記「根本」とも書《か》く。☞「こんげん」は❷

❷〈ものごとの基本となるもの〉の意味で

【根幹】《こんかん》 Ⅲものごとのいちばんもとになるたいせつなところ。例 民主主義《みんしゅしゅぎ》の根幹《こんかん》。類 根本《こんぽん》・中枢《ちゅうすう》・基幹《きかん》 対 枝葉《しよう》・末梢《まっしょう》

【根。拠】《こんきょ》 Ⅲ考《かんが》えや行動《こうどう》のもとになる理由《りゆう》や事実《じじつ》。行動《こうどう》の足《あし》がかりになる場所《ばしょ》。よりど

4 木 き 6画 桁 根 栽 柴 桟 栓 ◀次ページ

◦学習漢字でない常用漢字　▲常用漢字表にない音訓　◆常用漢字でない漢字

ころ。例 根拠《こんきょ》のないうわさ。

【根元】《こんげん》 Ⅱ ものごとのおおもと。根拠地《こんきょち》 類 拠点《きょてん》 表記 「根源」とも書《か》く。☞「ねもと」は❶

【根源】《こんげん》 Ⅱ ものごとのおおもと。例 諸悪《しょあく》の根源《こんげん》。類 根本《こんぽん》・根底《こんてい》・本源《ほんげん》・源泉《げんせん》・大本《おおもと》 表記 「根元」とも書《か》く。

【根治】《こんじ｜こんち》 ↓〈―する〉病気《びょうき》が、そのもとのところからすっかりなおること。類 完治《かんち》・全治《ぜんち》

【根絶】《こんぜつ》 ↓〈―する〉根本《こんぽん》からすっかりなくすこと。根《ね》だやし。例 いじめの根絶《こんぜつ》をめざす。類 絶滅《ぜつめつ》・全滅《ぜんめつ》・撲滅《ぼくめつ》

【根底】《こんてい》 Ⅱ ものごとをなりたたせている土台《どだい》。例 根底《こんてい》からくつがえす。類 根本《こんぽん》・根源《こんげん》・根拠《こんきょ》・基底《きてい》・基盤《きばん》

【根本】《こんぽん》 Ⅱ ものごとのもとになるいちばんたいせつなことがら。例 根本《こんぽん》から考《かんが》え直《なお》す。類 根源《こんげん》・根底《こんてい》・根幹《こんかん》・基本《きほん》・土台《どだい》・基礎《きそ》・大本《おおもと》

【根城】《ねじろ》 ↓ なにかをするときの、よりどころにする場所《ばしょ》。類 根拠地《こんきょち》・拠点《きょてん》・本拠《ほんきょ》 参考 もとは、むかし、武将《ぶしょう》が本拠《ほんきょ》にした城《しろ》。

【根太】《ねだ》 ○ 建物《たてもの》の床板《ゆかいた》をささえている横木《よこぎ》。

【根雪】《ねゆき》 ↓ つもって、春《はる》までとけない雪《ゆき》。

❸〈その人の精神力のもと〉の意味で

【根気】《こんき》 ↓ 一《ひと》つのことをねばり強《づよ》くつづける気力《きりょく》。例 根気《こんき》がない。根気《こんき》のいる仕事《しごと》。

【根性】《こんじょう》 Ⅱ ①苦《くる》しくても、やりとげようとする強《つよ》い心《こころ》。例 根性《こんじょう》がある。類 意地《いじ》 ②生《う》まれつきの性質《せいしつ》。例 島国根性《しまぐにこんじょう》 類 性根《しょうね》・土性骨《どしょうぼね》 表現 ②は、とかくよくない性質《せいしつ》にいう。

根が下につく熟語 上の字の働き

❶根＝〈草木のねっこ〉のとき
【球根《きゅうこん》 毛根《もうこん》 大根《だいこん》】ドンナ形《かたち》の根《ね》っこか。

❹根＝《その他《た》》のとき
【屋根《やね》 尾根《おね》 垣根《かきね》】上《うえ》の字《じ》が、意味《いみ》の基本部《きほんぶ》。

◆ 禍根《かこん》 性根《しょうね》 精根《せいこん》 病根《びょうこん》

木-6

栽

総画10 JIS-2647 常用

訓 ― 音 サイ

筆順 栽 栽 栽 栽 栽 栽

なりたち  [形声]「𢦏」が「サイ」という読《よ》み方《かた》をしめしている。「サイ」は「しっかり立《た》てる」意味《いみ》を持《も》ち、木《き》を立《た》てることから、植物《しょくぶつ》を植《う》えることを表《あらわ》す字《じ》。

意味 植物《しょくぶつ》を植《う》える。例 栽培《さいばい》・盆栽《ぼんさい》

【栽培】《さいばい》 Ⅱ〈―する〉野菜《やさい》や草花《くさばな》、くだものの なる木《き》などを植《う》えて育《そだ》てること。例 水栽培《みずさいばい》 対 自生《じせい》 表現 魚《さかな》の養殖《ようしょく》も栽培漁業《さいばいぎょぎょう》という。

木-6

柴

総画10 JIS-2838 人名

訓 しば 音 サイ

意味 しば。野山《のやま》に生《は》える雑木《ぞうき》やその小《こ》えだ。例 柴《しば》の戸《と》。柴《しば》かり。

木-6

桟

総画10 JIS-2723 常用

訓 ― 音 サン

［棧］

筆順 桟 桟 桟 桟 桟 桟 桟

なりたち  [形声]もとの字《じ》は、「棧」。「戔」が「小《ちい》さい」意味《いみ》と「サン」という読《よ》み方《かた》をしめしている。木《き》を小《ちい》さくして作《つく》った「かけはし」を表《あらわ》す字《じ》。

意味

❶かけはし。けわしい山道《やまみち》や水《みず》の上《うえ》などにかけわたした橋《はし》。例 桟橋《さんばし》

❷さん。戸《と》や障子《しょうじ》のわくの内《うち》がわにわたしてある細《ほそ》い木《き》。例 障子《しょうじ》の桟《さん》。桟敷《さじき》

特別なよみ 桟敷(さじき)

❶〈かけはし〉の意味で

【桟道】《さんどう》 ↓ がけにそって、橋《はし》をかけるように板《いた》などをならべてつくった道《みち》。かけ橋《はし》。

【桟橋】《さんばし》 Ⅱ つないである船《ふね》にわたっていけるように、岸《きし》から海《うみ》へつき出《だ》すようにつくった橋《はし》。荷物《にもつ》の積《つ》みおろしにも使《つか》う。

❷〈さん〉の意味で

【桟敷】《さじき》 ↓ 土間《どま》よりも高《たか》く、板《いた》をしきならべて、見物客《けんぶつきゃく》がすわれるようにしたところ。例 桟敷席《さじきせき》・天井桟敷《てんじょうさじき》

木-6

栓

総画10 JIS-3282 常用

訓 ― 音 セン

筆順 栓 栓 栓 栓 栓 栓 栓

なりたち [形声]「全」が「セン」という読《よ》み方《かた》をしめしている。「セン」は「つきとおす」意味《いみ》を

持《も》ち、穴《あな》にさしこむ木《き》を表《あらわ》す字《じ》。

意味 小《ちい》さな出《で》入《い》り口《ぐち》をふさぐもの。例 ビールの栓《せん》をぬく。耳栓《みみせん》・消火栓《しょうかせん》

桑
木−6 総画10 JIS-2312 常用
音 ソウ 訓 くわ

筆順 桑桑桑桑桑桑桑桑桑桑

なりたち 【象形】やわらかい芽《め》の出《で》ているクワの木《き》をえがいた字《じ》。

意味 くわの木。葉《は》をカイコのえさにする落《らく》葉高木《ようこうぼく》。例 桑の実。桑畑《くわばたけ》・桑園《そうえん》

【。桑園《そうえん》】⇩ カイコのえさにするクワの木を植《う》えた畑《はたけ》。類 桑畑《くわばたけ》

桃
木−6 総画10 JIS-3777 常用
音 トウ 訓 もも

筆順 桃桃桃桃桃桃桃桃桃桃

なりたち 【形声】「兆《チョウ》」が「われる」ことを表《あらわ》し、「トウ」とかわって読《よ》み方《かた》をしめしている。二《ふた》つにわれたような形《かたち》の木《き》の実《み》「モモ」を表《あらわ》す字《じ》。

意味 もも。春《はる》にうすべに色《いろ》の花《はな》をさかせ、夏《なつ》に甘《あま》い果実《かじつ》をつける落葉高木《らくようこうぼく》。その果実《かじつ》。例 桃《もも》の節句《せっく》。桃色《ももいろ》・桜桃《おうとう》

【。桃源郷《とうげんきょう》】この世界《せかい》とはまったくべつの、なやみや苦《くる》しみなどのない、楽《たの》しくすばらしい世界《せかい》。ユートピア。類 理想郷《りそうきょう》 知識 中国《ちゅうごく》の詩人《しじん》、陶淵明《とうえんめい》の文章《ぶんしょう》「桃花源記《とうかげんき》」がもとになってできたことば。山《やま》の中《なか》で道《みち》を見《み》うしなって桃《もも》の林《はやし》にまよいこんだ人《ひと》が、そこに、人《ひと》びとが戦乱《せんらん》をさけて平和《へいわ》にくらしている別《べっ》天地《てんち》を見《み》たという話《はなし》。

【。桃色《ももいろ》】⇩ モモの花《はな》のような、うすべに色《いろ》。ピンク。

◆ 桜桃《おうとう》 白桃《はくとう》

桐
木−6 総画10 JIS-2245 人名
音 トウ 訓 きり

意味 きり。落葉樹《らくようじゅ》の一《ひと》つ。葉《は》は大《おお》きく、初《しょ》夏《か》にうすむらさき色《いろ》の花《はな》がさく。木材《もくざい》は軽《かる》くじょうぶで、家具《かぐ》に使《つか》われる。

梅
木−6 総画10 JIS-3963 教4年
音 バイ 訓 うめ

名前のよみ ひさ

［梅］

筆順 梅梅梅梅梅梅梅梅梅梅（はねない・はねる・ここにならない）

なりたち 【形声】もとの字《じ》は、「梅」。「毎」が「バイ」という読《よ》み方《かた》をしめしている。「ウメ」の木《き》を表《あらわ》す字《じ》。

意味 ❶うめ。バラ科の落葉高木《らくようこうぼく》。春《はる》のはじめ、美《うつく》しい花《はな》をさかせ、夏《なつ》にすっぱい実《み》をつける。その花《はな》や実《み》。例 梅《うめ》の花《はな》が開《ひら》く。梅酒《うめしゅ》・梅林《ばいりん》・紅梅《こうばい》 ❷つゆ。ウメの実《み》がなるころにふりつづく雨《あめ》。その時期《じき》。例 入梅《にゅうばい》

特別なよみ 梅雨（つゆ）

❶〈うめ〉の意味で

【梅酒《うめしゅ》】⇩ 焼酎《しょうちゅう》に青梅《あおうめ》と氷砂糖《こおりざとう》をつけこんだ果実酒《かじつしゅ》。

【梅林《ばいりん》】⇩ ウメの木《き》の林《はやし》。類 梅園《ばいえん》

❷〈つゆ〉の意味で

【梅雨《ばいう｜つゆ》】⇩ 夏《なつ》の前《まえ》、ウメの実《み》がじゅくすころに、しとしととふりつづく雨《あめ》。例 梅雨《つゆ》があける。類 五月雨《さみだれ》 知識「ばいう」はおもに雨《あめ》を指《さ》し、「つゆ」はおもにその時期《じき》を指《さ》す。

◆ 青梅《あおうめ》 紅梅《こうばい》 松竹梅《しょうちくばい》 入梅《にゅうばい》

栗
木−6 総画10 JIS-2310 人名
音 リツ 訓 くり

意味 くり。秋《あき》、とげのあるイガにはいった実《み》をつける落葉高木《らくようこうぼく》。その実《み》。例 栗《くり》まんじゅう・甘栗《あまぐり》・団栗《どんぐり》

械
木−7 総画11 JIS-1903 教4年
音 カイ 訓 —

筆順 械械械械械械械械械械械（はねない・はらう・はねる）

なりたち 【形声】「戒」が「いましめる」意味《いみ》を表《あらわ》し、「カイ」という読《よ》み方《かた》を

。学習漢字でない常用漢字 ▲常用漢字表にない音訓 ◆常用漢字でない漢字

前ページ ▶桑 桃 桐 梅 栗 械

しめしている。罪人《ざいにん》をいましめるための木《き》の道具《どうぐ》。「かせ」を表《あらわ》す字《じ》。

意味 しかけのある道具《どうぐ》。例 機械《きかい》

械が下につく熟語 上の字の働き
【器械《きかい》 機械《きかい》】近《ちか》い意味《いみ》。

梧
木−7　総画11　JIS-2472　人名
音 ゴ　訓 あおぎり

意味 あおぎり。大《おお》きな葉《は》をつける落葉高木《らくようこうぼく》。木材《もくざい》は琴《こと》などをつくるのに使《つか》う。

梗
木−7　総画11　JIS-2528　常用
音 コウ　訓 —

筆順 梗

意味 ❶ふさぐ。ものがつまってとおらない。❷おおよそ。だいたいのことがら。

❶〈ふさぐ〉の意味で
【°梗°塞】《こうそく》 ‖ 〈—する〉血管《けっかん》などがつまって通《とお》らない。例 心筋梗塞《しんきんこうそく》・脳梗塞《のうこうそく》

❷〈およそ〉の意味で
【°梗°概】《こうがい》 ‖ 小説《しょうせつ》などのあらまし。

梓
木−7　総画11　JIS-1620　人名
音 シ　訓 あずさ・きささげ

意味 あずさ。カバノキ科《か》の落葉高木《らくようこうぼく》。木材《もくざい》は細工《さいく》がしやすく、木工《もっこう》の材料《ざいりょう》や版木《はんぎ》とされる。例 上梓《じょうし》(本《ほん》を出版《しゅっぱん》すること)

文字物語

棋 碁

今《いま》わたしたちは碁《ご》(囲碁《いご》)と将棋《しょうぎ》をまったくべつのゲームだと思《おも》っているが、文字《もじ》からいえば、「碁《ご》」と「棋《き》」の漢字《かんじ》は、古《ふる》くさかのぼっていくとおなじ漢字《かんじ》「棊《き》」にゆきあたる。「碁《ご》」も「棋《き》」も、「其」に「石《いし》」がついたか「木《き》」がついたかのちがいだけで、どちらも「棊《き》」の異体字《いたいじ》(おなじ字《じ》だけれども見《み》た目《め》にはちがった形《かたち》をしている字《じ》)だという関係《かんけい》にあった。もともと「棊《き》」は、囲碁《いご》や将棋《しょうぎ》など盤《ばん》(ゲーム用《よう》の台《だい》)の上《うえ》でするゲーム、また、その盤《ばん》やこまをいう字《じ》、囲碁《いご》も将棋《しょうぎ》もどちらも「棊《き》」であった。今《いま》では、「碁《ご》」の音《おん》は「ゴ」、「棋《き》」の音《おん》は「キ」と分《わ》かれて、それぞれべつの字《じ》だとされているが、ルーツはおなじだから、将棋《しょうぎ》をさす人《ひと》だけでなく、碁《ご》を打《う》つ人《ひと》も「棋士《きし》」というし、プロの棋士《きし》の団体《だんたい》は、碁のほうを「日本棋院《にほんきいん》」、将棋のほうを「日本将棋連盟《にほんしょうぎれんめい》」といっている。

梢
木−7　総画11　JIS-3031　人名
音 ショウ　訓 こずえ

意味 こずえ。木《き》の先《さき》の部分《ぶぶん》。例 末梢《まっしょう》

巣
木−7　総画11　JIS-3367　教4年
音 ソウ　訓 す

「巣」

筆順 巣（はねない　ながく　はらう）

なりたち 
【会意】もとの字《じ》は、「巢」。「巛」は、かごで、木《き》の上《うえ》の鳥《とり》のすを表《あらわ》す字《じ》。

意味 ❶す。鳥《とり》や動物《どうぶつ》のすみか。小鳥《ことり》の巣《す》。巣箱《すばこ》・古巣《ふるす》。例 巣《す》をかける。❷わるいものの集《あつ》まるところ。例 巣窟《そうくつ》・病巣《びょうそう》

❶〈す〉の意味で
【巣箱】《すばこ》 ↓ ①鳥《とり》が巣《す》をつくりやすいようにこしらえて、木《き》にとりつける箱《はこ》。②ミツバチを飼《か》う木《き》の箱《はこ》。

❷〈わるいものの集まるところ〉の意味で
【巣。窟】《そうくつ》 ‖ 悪者《わるもの》などが、かくれてすんでいるところ。かくれが。例 悪《あく》の巣窟《そうくつ》と化《か》す。類

◆巣《す》・根城《ねじろ》
病巣《びょうそう》 卵巣《らんそう》

桶
木−7　総画11　JIS-1819　人名
音 トウ　訓 おけ

意味 おけ。木《き》などで作《つく》った円筒形《えんとうけい》のうつわ。例 手桶《ておけ》・湯桶《ゆおけ》|《ゆとう》

梨
木−7　総画11　JIS-4592　常用
音 リ　訓 なし

筆順

意味 なし。春《はる》に白《しろ》い花《はな》を一面《いちめん》につけ、秋《あき》に水分《すいぶん》の多《おお》い果実《かじつ》をつける落葉高木《らくようこうぼく》。その果《か》実《じつ》。例 梨《なし》の花《はな》。梨園《りえん》・西洋梨《せいようなし》

【▲◦梨園】りえん ↓ 俳優《はいゆう》の社会《しゃかい》。とくに、歌舞伎役《かぶきやく》者《しゃ》の世界《せかい》。

椅

木−8　総画12　JIS-1656　常用

音 イ　訓 —

筆順

意味 こしかけ。

【◦椅子】いす ☒ こしをかける道具《どうぐ》。こしかけ。例 長椅子《ながいす》

棺

木−8　総画12　JIS-2029　常用

音 カン　訓 —

筆順

なりたち 【形声】「官」が「カン」という読《よ》み方《かた》をしめしている。「カン」は「おおう」意味《いみ》を持《も》ち、死体《したい》をおおう木《き》のはこを表《あらわ》す字《じ》。

意味 ひつぎ。死体《したい》を納《おさ》める箱《はこ》。例 棺《かん》をおおう。納棺《のうかん》

【◦棺・桶】かんおけ ↓ 死体《したい》を納《おさ》める木《き》のおけ。類 棺《かん》

◆ 出棺《しゅっかん》 納棺《のうかん》 石棺《せきかん》

棋

木−8　総画12　JIS-2093　常用

音 キ　訓 —

筆順

なりたち 【形声】もとの字《じ》は、「碁」。「其」が「キ」という読《よ》み方《かた》をしめしている。「キ」は「四角《しかく》」の意味《いみ》を持《も》ち、木《き》で作《つく》ったゲーム用《よう》の盤《ばん》、また、そのこまを表《あらわ》す字《じ》。

意味 ご。しょうぎ。例 棋士《きし》

文字物語 ☞ 616ページ

【◦棋士】きし ↓ 碁《ご》を打《う》つことや将棋《しょうぎ》をさすことを職業《しょくぎょう》とする人《ひと》。

【◦棋◦譜】きふ ↓ 碁《ご》や将棋《しょうぎ》の勝負《しょうぶ》で、石《いし》やこまのならべかたを図《ず》や記号《きごう》で記録《きろく》したもの。

◆ 将棋《しょうぎ》

極

木−8　総画12　JIS-2243　教4年

音 キョク・ゴク　訓 きわめる・きわまる・きわみ

筆順 はねない　はねる　とめる

なりたち 【形声】「亟」が「キョク」という読《よ》み方《かた》をしめしている。「キョク」は「もっとも高《たか》い所《ところ》」の意味《いみ》を持《も》ち、家《いえ》のもっとも高《たか》い所《ところ》にある「むな木《ぎ》」を表《あらわ》す字《じ》。

意味 きわみ。果《は》て。きわめる。きわめて。例 頂上《ちょうじょう》を極《きわ》める。混乱《こんらん》の極《きょく》にある。極《きわ》めて重要《じゅうよう》な問題《もんだい》。喜《よろこ》びの極《きわ》み。極地《きょくち》・極度《きょくど》・極力《きょくりょく》・極秘《ごくひ》・究極《きゅうきょく》

発音あんない キョク→キョッ…例 極刑《きょっけい》　ゴク→ゴッ…例 極寒《ごっかん》

名前のよみ むね

【極言】きょくげん ▲〈—する〉思《おも》い切《き》った言《い》い方《かた》をする。類 極論《きょくろん》

【極限】きょくげん Ⅱ これ以上《いじょう》はない、ぎりぎりのところ。はて。きわみ。例 疲労《ひろう》が極限《きょくげん》に達《たっ》する。極限状態《きょくげんじょうたい》 類 限界《げんかい》

【極◦端】きょくたん ↓〈—な〉〈—に〉考《かんが》え方《かた》やり方《かた》が、これ以《い》上《じょう》はないというほど、かたよっているようす。例 極端《きょくたん》にはしる。類 極度《きょくど》

【極地】きょくち ↓ いちばんはての土地《とち》。南極《なんきょく》・北《ほっ》極《きょく》のあたり。例 極地探検《きょくちたんけん》

【極◦致】きょくち ↓ これ以上《いじょう》はないというすばらしさ。例 美《び》の極致《きょくち》ともいうべき絵《え》。

【極点】きょくてん ↓ ①行《い》き着《つ》くことのできる最後《さいご》のところ。例 苦《くる》しみは極点《きょくてん》に達《たっ》した。類 頂《ちょう》点《てん》 ②北極点《ほっきょくてん》または南極点《なんきょくてん》。

【極度】きょくど ↓ これより先《さき》はないという、最後《さいご》のところ。例 選手《せんしゅ》は極度《きょくど》に緊張《きんちょう》していた。

【極東】きょくとう ↓ ヨーロッパから見《み》て、アジアの東《ひがし》のはしのほうの地域《ちいき》。日本《にほん》・朝鮮《ちょうせん》・中国《ちゅうごく》などを指《さ》す。参考 ヨーロッパに近《ちか》い地域《ちいき》を「近《きん》東《とう》」、近東《きんとう》と極東《きょくとう》の間《あいだ》を「中東《ちゅうとう》」という。まとめて「中近東《ちゅうきんとう》」とも。

【極力】きょくりょく ▲ できるかぎり。例 ご期待《きたい》にそう

◦学習漢字でない常用漢字　▲常用漢字表にない音訓　◆常用漢字でない漢字

よう、極力努力《きょくりょくどりょく》します。

【極論《きょくろん》】↓〈—する〉思《おも》い切《き》って強《つよ》い言《い》い方《かた》をすること。おおげさすぎる意見《いけん》。類 極言《きょくげん》

【極。刑《きょっけい》】↓もっとも重《おも》いばつである、死刑《しけい》。例 極刑《きょっけい》に処《しょ》せられる。類 死刑《しけい》・死罪《しざい》

【極光《きょっこう》】↓極地《きょくち》のあたりの空《そら》にあらわれる帯《おび》や幕《まく》のような美《うつく》しい光《ひかり》。オーロラ。

極光

【極悪《ごくあく》】↓〈—な〉〈—に〉わるくてわるくて、にくむしかない。例 極悪非道《ごくあくひどう》 類 凶悪《きょうあく》

【極意《ごくい》】↓武術《ぶじゅつ》や芸《げい》などで、いちばんおく深《ふか》いわざと心《こころ》。例 剣道《けんどう》の極意《ごくい》をさずかる。類 奥義《おくぎ|おうぎ》・秘訣《ひけつ》

【極印《ごくいん》】↓金貨《きんか》・銀貨《ぎんか》・器物《きぶつ》などが、たしかによいものであることを証明《しょうめい》するために打《う》つしるし。表現「うらぎり者《もの》の極印《ごくいん》をおされる」のように、周囲《しゅうい》がわるいほうに決《き》めつける意味《いみ》にも使《つか》われる。

【極。彩色《ごくさいしき》】はでな色《いろ》を使《つか》ってぬり分《わ》けた、あざやかないろどり。

【極上《ごくじょう》】↓いちばん上等《じょうとう》なこと。例 極上《ごくじょう》のウイスキー。類 最高《さいこう》・最上《さいじょう》

【極秘《ごくひ》】↓ぜったいにひみつにしなければならないこと。例 極秘《ごくひ》に調査《ちょうさ》する。

【極貧《ごくひん》】↓ひじょうにびんぼうなこと。例 極貧《ごくひん》の生活《せいかつ》。類 赤貧《せきひん》

【極楽《ごくらく》】↓「極楽浄土《ごくらくじょうど》」の略《りゃく》。仏教《ぶっきょう》でいう、平和《へいわ》で苦《くる》しみのない理想《りそう》の世界《せかい》。例 聞《き》いて極楽《ごくらく》、見《み》て地獄《じごく》。極楽往生《ごくらくおうじょう》（安《やす》らかに死《し》ぬこと）類 浄土《じょうど》・天国《てんごく》・楽園《らくえん》 対 地獄《じごく》

【極寒《ごっかん》】↓この上《うえ》なくひどい寒《さむ》さ。例 極寒《ごっかん》の地《ち》。類 厳寒《げんかん》 対 極暑《ごくしょ》

極が下につく熟語 上の字の働き

【窮極《きゅうきょく》 究極《きゅうきょく》 至極《しごく》】近《ちか》い意味《いみ》。

【南極《なんきょく》 北極《ほっきょく》 陽極《ようきょく》 陰極《いんきょく》 両極《りょうきょく》】ドチラのはてか。

◆磁極《じきょく》 電極《でんきょく》

検

木-8 総画12 JIS-2401 教5年

音 ケン 訓 —

［檢］

筆順

なりたち

［形声］もとの字《じ》は、「檢」。「僉」が「ケン」という読《よ》み方《かた》をしめしている。「ケン」は「とじる、おさめる」意味《いみ》を持《も》ち、物《もの》をしまう木《き》の箱《はこ》を表《あらわ》す字《じ》。のちに、「しらべる」意味《いみ》に借《か》りて使《つか》われている。

意味 しらべる。とりしまりのために調《しら》べる。例 検査《けんさ》・検束《けんそく》・点検《てんけん》

【検印《けんいん》】↓①検査《けんさ》をしたしるしにおす印《いん》。例 宿題《しゅくだい》ノートに検印《けんいん》をおしてもらう。②その本《ほん》を書《か》いた人《ひと》が、発行《はっこう》をみとめるしるしに奥付《おくづけ》におす印《いん》。例 検印省略《けんいんしょうりゃく》

【検。疫《けんえき》】▲〈—する〉外国《がいこく》から感染症《かんせんしょう》がはいるのをふせぐために、空港《くうこう》や港《みなと》で、人《ひと》・動物《どうぶつ》・植物《しょくぶつ》などを調《しら》べること。例 検疫所《けんえきしょ》

【検。閲《けんえつ》】↓〈—する〉役所《やくしょ》が、本《ほん》や新聞《しんぶん》・映画《えいが》・手紙《てがみ》などの内容《ないよう》を調《しら》べ、とりしまること。知識 日本国憲法《にほんこくけんぽう》は、言論《げんろん》の自由《じゆう》をまもるために、検閲《けんえつ》を禁止《きんし》している。

【検温《けんおん》】▲〈—する〉体温《たいおん》をはかること。

【検眼《けんがん》】▲〈—する〉視力《しりょく》を調《しら》べること。

【検挙《けんきょ》】↓〈—する〉警察《けいさつ》が、罪《つみ》をおかしたうたがいのある人《ひと》を、取《と》り調《しら》べのためにつかまえること。類 逮捕《たいほ》

【検査《けんさ》】Ⅱ〈—する〉よいかわるいか、まちがいや異常《いじょう》があるかないかなどを調《しら》べること。例 身体検査《しんたいけんさ》・血液検査《けつえきけんさ》 類 点検《てんけん》

【検。索《けんさく》】Ⅱ〈—する〉辞書《じしょ》や本《ほん》の索引《さくいん》を調《しら》べたり、コンピューターを使《つか》ったりして、知《し》りたいことをさがし出《だ》すこと。

【検札《けんさつ》】▲〈—する〉乗《の》り物《もの》の中《なか》で、係《かかり》の人《ひと》が客《きゃく》の乗車券《じょうしゃけん》を調《しら》べること。例 検札係《けんさつがかり》

【検察《けんさつ》】Ⅱ 犯罪《はんざい》について調《しら》べ、事実《じじつ》をはっきりさせること。その仕事《しごと》をする役所《やくしょ》や役人《やくにん》。例 検察庁《けんさつちょう》・検察官《けんさつかん》 知識 検察官《けんさつかん》が犯罪《はんざい》の事実《じじつ》があると判断《はんだん》すれば、裁判所《さいばんしょ》にうったえる。

【検算《けんざん》】▲〈—する〉計算《けいさん》の答《こた》えをたしかめるため、もう一度《いちど》計算《けいさん》すること。類 試算《しさん》

【検事《けんじ》】▲検察官《けんさつかん》のうち、犯罪《はんざい》を取《と》り調《しら》べて裁判所《さいばんしょ》にうったえる役目《やくめ》の人《ひと》。

【検出《けんしゅつ》】[↓]〈—する〉ものの中《なか》にふくまれているものを調《しら》べて見《み》つけ出《だ》すこと。例 土《つち》の中《なか》から放射能《ほうしゃのう》を検出《けんしゅつ》する。

【検証《けんしょう》】[↓]〈—する〉じっさいに調《しら》べて事実《じじつ》をはっきりさせること。例 実地検証《じっちけんしょう》

【検針《けんしん》】[▲]〈—する〉電気《でんき》・ガス・水道《すいどう》などを使《つか》った量《りょう》を知《し》るために、メーターのめもりを調《しら》べること。例 月《つき》に一回《いっかい》の検針《けんしん》をする。

【検。診《けんしん》】[Ⅱ]〈—する〉病気《びょうき》があるかないか調《しら》べるために医師《いし》が診察《しんさつ》すること。例 定期検診《ていきけんしん》

【検地《けんち》】[▲]〈—する〉田畑《たはた》を調《しら》べて、その広《ひろ》さや作物《さくもつ》のとれ高《だか》などを決《き》めること。知識 豊臣秀吉《とよとみひでよし》による太閤検地《たいこうけんち》が有名《ゆうめい》。

【検定《けんてい》】[↓]〈—する〉基準《きじゅん》を決《き》めて、そこにどいているか、能力《のうりょく》がどのくらいかを調《しら》べ、合格《ごうかく》・不合格《ふごうかく》や等級別《とうきゅうべつ》を決《き》めること。

【検討《けんとう》】[↓]〈—する〉いろいろな面《めん》からくわしく調《しら》べ、あれこれ考《かんが》えること。

【検分《けんぶん》】[↓]〈—する〉じっさいにその場《ば》に立《た》ち会《あ》って見《み》とどけること。例 実地検分《じっちけんぶん》

【検便《けんべん》】[▲]〈—する〉寄生虫《きせいちゅう》や細菌《さいきん》がいるかどうかを調《しら》べるために、大便《だいべん》を検査《けんさ》すること。

【検問《けんもん》】[↓]〈—する〉あやしい点《てん》がないか、問《と》いただして調《しら》べること。

◆首実検《くびじっけん》　探検《たんけん》　点検《てんけん》

木−8

植

総画12
JIS-3102
教3年
訓 音
ショク
うえる・うわる

筆順

なりたち

【形声】「まっすぐ」の意味《いみ》を持《も》つ「直《チョク》」が、「ショク」とかわって読《よ》み方《かた》をしめしている。まっすぐに木《き》を立《た》てることから、「うえる」として使《つか》われている字《じ》。

意味

❶草《くさ》や木《き》をうえる。草《くさ》や木《き》。例 木《き》を植《う》える。植木《うえき》・植物《しょくぶつ》・移植《いしょく》

❷人《ひと》をうつす。外国《がいこく》などに人《ひと》をうつす。例 植民地《しょくみんち》

❸印刷《いんさつ》するために活字《かつじ》をならべる。例 植字《しょくじ》

❶〈草や木をうえる〉の意味で

【植木《うえき》】[↓]庭《にわ》や公園《こうえん》・はちなどに植《う》えてある木《き》。また、植《う》えるための木《き》。例 植木鉢《うえきばち》

【植樹《しょくじゅ》】[▲]〈—する〉木《き》を植《う》えること。類 植林《しょくりん》

【植物《しょくぶつ》】[↓]生物《せいぶつ》を二《ふた》つに分《わ》けたときの一《ひと》つ。木《き》や草《くさ》・藻《も》、菌類《きんるい》などをまとめていうことば。ほとんどが、土《つち》に根《ね》をおろして養分《ようぶん》をとり、太陽《たいよう》の光《ひかり》をうけて生長《せいちょう》する。対 動物《どうぶつ》

【植林《しょくりん》】[▲]〈—する〉森《もり》や林《はやし》を育《そだ》てるために、山《やま》や野《の》になえ木《ぎ》を植《う》えること。例 植林《しょくりん》を奨励《しょうれい》する。類 植樹《しょくじゅ》・造林《ぞうりん》

❷〈人をうつす〉の意味で

【植民地《しょくみんち》】外国《がいこく》の領土《りょうど》にされ、その外国《がいこく》の支配《しはい》をうける土地《とち》。参考「植民《しょくみん》」は、自分《じぶん》の国《くに》の国民《こくみん》をよその土地《とち》にうつし植《う》えるという意味《いみ》。送《おく》りこむ国《くに》の立場《たちば》でいうことば。

❸〈印刷するために活字をならべる〉の意味で

【植字《しょくじ》】[▲]〈—する〉印刷《いんさつ》するために活字《かつじ》をならべて版《はん》に組《く》むこと。

木−8

森

総画12
JIS-3125
教1年
訓 音
シン
もり

筆順

なりたち

【会意】「木」を三《みっ》つ合《あ》わせて、木《き》がもりあがってしげるようすを表《あらわ》している字《じ》。

意味

❶もり。木《き》がたくさん生《お》いしげっているところ。例 深《ふか》い森《もり》。森《もり》と林《はやし》。森林《しんりん》

❷ひっそりとおごそか。例 森閑《しんかん》

名前のよみ　しげる

❶〈もり〉の意味で

【森。羅万象《しんらばんしょう》】この世《よ》に存在《そんざい》する、あれもこれもすべて。類 万物《ばんぶつ》 参考「森羅《しんら》」は、木々《きぎ》がしげりならぶようす。

【森林《しんりん》】[Ⅱ]大《おお》きな木《き》がたくさん生《お》いしげっているところ。例 森林地帯《しんりんちたい》

【森林浴《しんりんよく》】森林《しんりん》の中《なか》で、自然《しぜん》の空気《くうき》をすって心《こころ》とからだを健康《けんこう》にすること。

❷〈ひっそりとおごそか〉の意味で

【森。閑《しんかん》】[Ⅱ]〈—たる〉〈—と〉ひっそりとしずまりかえ

◦学習漢字でない常用漢字　▲常用漢字表にない音訓　◆常用漢字でない漢字

前ページ ▶ 植 森

っているようす。例 森閑《しんかん》とした神社《じんじゃ》の境内《けいだい》。

【森厳】《しんげん》 II 〈—な〉身《み》も引《ひ》きしまる、おごそかなようす。例 神社《じんじゃ》の森厳《しんげん》なたたずまい。

棚

木−8 総画12 JIS-3510 常用

音 —
訓 たな

筆順

なりたち 【形声】「ならぶ」意味《いみ》を表《あらわ》す「朋」が、「ホウ」という読《よ》み方《かた》をしめしている。木《き》をならべてわたした「たな」を表《あらわ》す字《じ》。

意味 たな。板《いた》などをわたして物《もの》をのせるようにしたもの。また、そのような形《かたち》をしたもの。例 棚《たな》に上《あ》げる。棚《たな》をつる。棚《たな》からぼたもち(思《おも》いがけない幸運《こううん》)。書棚《しょだな》

棚が下につく熟語 上の字の働き

【書棚《しょだな》 神棚《かみだな》】ナニをのせる棚《たな》か。

【網棚《あみだな》 大陸棚《たいりくだな》】ナニの棚《たな》か。

椎

木−8 総画12 JIS-3639 常用

音 ツイ・スイ
訓 しい・つち

筆順

意味

❶つち(槌)。つちで打《う》つ。

❷せぼね。例 脊椎《せきつい》

❸しいの木《き》。かたい実《み》をつけるブナ科《か》の常緑高木《じょうりょくこうぼく》。例 椎《しい》の実《み》。

棟

木−8 総画12 JIS-3779 常用

音 トウ
訓 むね・むな

筆順

なりたち 【形声】「東」が「トウ」という読《よ》み方《かた》をしめしている。「トウ」は「まんなか」、または「とおす」意味《いみ》を持《も》ち、屋根《やね》のいちばん高《たか》いところの中央《ちゅうおう》をとおしている「むな木《ぎ》」を表《あらわ》す字《じ》。

意味

❶屋根《やね》のいちばん高《たか》いところ。屋根《やね》のいちばん高《たか》いところにわたす木《き》。例 棟木《むなぎ》・上棟《じょうとう》式《しき》

❷長《なが》い建物《たてもの》。建物《たてもの》をかぞえることば。例 新《あたら》しい棟《むね》が建《た》つ。一棟《ひとむね》・病棟《びょうとう》

注意するよみ むな…例 棟木《むなぎ》

名前のよみ たか・たかし

❶〈屋根のいちばん高いところ〉の意味で

【°棟•梁】《とうりょう》 II かしら。とくに、大工《だいく》のかしら。参考 建物《たてもの》のいちばん高《たか》いところにある棟《むね》と梁《はり》から。

【°棟木】《むなぎ》 ↓ 屋根《やね》のいちばん高《たか》いところに横《よこ》にわたして、棟《むね》をつくる太《ふと》くて長《なが》い木《き》。

棟木

棒

木−8 総画12 JIS-4332 教6年

音 ボウ
訓 —

筆順 (はねない・はらう・だす)

なりたち 【形声】「奉《ホウ》」が「ボウ」とかわって読《よ》み方《かた》をしめしている。「ホウ」は「たたく」意味《いみ》を持《も》ち、ものをたたく木《き》のぼうを表《あらわ》す字《じ》。

意味 ぼう。手《て》に持《も》てるくらいの大《おお》きさの、細長《ほそなが》くかたいもの。ぼうのようにまっすぐなもの。例 木《き》の棒《ぼう》。棒立《ぼうだ》ち・鉄棒《てつぼう》

【棒暗記】《ぼうあんき》 〈—する〉意味《いみ》や内容《ないよう》を考《かんが》えないで、そのとおりにおぼえること。類 丸暗記《まるあんき》

【棒線】《ぼうせん》 ↓ まっすぐに引《ひ》いた線《せん》。例 書《か》きちがえた金額《きんがく》を棒線《ぼうせん》で消《け》す。類 直線《ちょくせん》

棒が下につく熟語 上の字の働き

【鉄棒《てつぼう》 金棒《かなぼう》 綿棒《めんぼう》】ナニでできた棒《ぼう》か。

【心棒《しんぼう》 先棒《さきぼう》 相棒《あいぼう》 片棒《かたぼう》 用心棒《ようじんぼう》】ドノヨウナ棒《ぼう》か。

◆泥棒《どろぼう》

椋

木−8 総画12 JIS-4426 人名

音 リョウ
訓 むく

意味 むく。ニレ科《か》の落葉高木《らくようこうぼく》。例 椋鳥《むくどり》

椀

木−8 総画12 JIS-4748 人名

音 ワン
訓 —

意味 わん。食《た》べ物《もの》や飲《の》み物《もの》をもるうつわ。おわん。

参考 「きへん(木)」がついているように、「椀」

は木《き》のおわん。「茶《ちゃ》わん」など、せと物《もの》の場合《ばあい》は「碗」の字《じ》を使《つか》う。

楷

木−9　総画13　JIS-6020　常用

音 カイ
訓 ―

筆順 楷楷楷楷楷楷楷楷

意味

❶かいの木《き》。孔子《こうし》の墓《はか》に植《う》えたという木《き》の名《な》(この木《き》は、枝《えだ》がななめでなく、まよこへ、ま上《うえ》へと、四角《しかく》ばって出《で》るので、四角《しかく》ばった書体《しょたい》を楷書《かいしょ》という)。

❷漢字《かんじ》の書体《しょたい》の一《ひと》つ。一点一画《いってんいっかく》をくずさず書《か》く書《か》き方《かた》。楷書《かいしょ》。関連 楷《かい》(楷書《かいしょ》)・行《ぎょう》(行《ぎょう》書《しょ》)・草《そう》(草書《そうしょ》) 参考 ☞ものしり巻物(193ページ)

楽

木−9　総画13　JIS-1958　教2年

音 ガク・ラク
訓 たのしい・たのしむ

[樂]

筆順 楽楽楽楽楽楽楽楽 はらう はねない

なりたち

【会意】もとの字《じ》は、「樂」。木《き》に糸《いと》をはった楽器《がっき》とつめ(白)とを合《あ》わせ、楽器《がっき》をかなでることを表《あらわ》す字《じ》。「おんがく」の意味《いみ》から、「たのしむ」として使《つか》われている字《じ》。

意味

❶おんがく。音楽《おんがく》を演奏《えんそう》すること。例 楽《がく》の音《ね》。楽譜《がくふ》・器楽《きがく》

❷たのしい。たのしむ。たやすい。ゆったりしている。例 休日《きゅうじつ》を楽《たの》しむ。楽《らく》あれば苦《く》あり。安楽《あんらく》・快楽《かいらく》 対 苦《く》

❸千秋楽《せんしゅうらく》。ものごとの終《お》わり。例 楽日《らくび》

参考 ❶では「ガク」と読《よ》み、❷❸では「ラク」と読《よ》む。

発音あんない ガク→ガッ…例 楽器《がっき》　ラク→ラッ…例 楽観《らっかん》

特別なよみ 神楽(かぐら)

名前のよみ もと・よし

❶〈おんがく〉の意味で

【楽章《がくしょう》】⬇交響曲《こうきょうきょく》など長《なが》い曲《きょく》の、大《おお》きなひとくぎり。例 第一楽章《だいいちがくしょう》

【楽聖《がくせい》】⬇とくにすぐれた大音楽家《だいおんがくか》。

【楽隊《がくたい》】⬇隊《たい》を組《く》んで楽器《がっき》を演奏《えんそう》する人《ひと》たちの集《あつ》まり。類 音楽隊《おんがくたい》

【楽団《がくだん》】⬇いろいろな楽器《がっき》で音楽《おんがく》を演奏《えんそう》する人《ひと》たちの集《あつ》まり。例 交響楽団《こうきょうがくだん》

【楽。譜《がくふ》】⬇記号《きごう》を使《つか》って、音楽《おんがく》の曲《きょく》を書《か》き表《あらわ》したもの。類 音譜《おんぷ》・五線譜《ごせんふ》・譜面《ふめん》

【楽屋《がくや》】⬇舞台《ぶたい》のうらがわにあって、出演者《しゅつえんしゃ》が準備《じゅんび》をしたり休《やす》んだりするためのへや。例 楽屋口《がくやぐち》・楽屋話《がくやばなし》

【楽屋裏《がくやうら》】外《そと》からはわからない、内部《ないぶ》の事情《じじょう》。例 楽屋裏《がくやうら》をさらけだす。類 内幕《うちまく》・内情《ないじょう》・舞台裏《ぶたいうら》・内実《ないじつ》・裏面《りめん》

【楽器《がっき》】⬇音楽《おんがく》を演奏《えんそう》するための音《おと》を出《だ》す器具《きぐ》。例 弦楽器《げんがっき》・管楽器《かんがっき》・打楽器《だがっき》

【楽曲《がっきょく》】⬇音楽《おんがく》で、声楽《せいがく》・器楽《きがく》・管弦楽《かんげんがく》などの曲《きょく》。

❷〈たのしい〉の意味で

【楽。隠居《らくいんきょ》】つとめなどをやめたあと、気《き》楽《らく》に老後《ろうご》の生活《せいかつ》をすること。

【楽園《らくえん》】⬇なんの心配《しんぱい》もなく、楽《たの》しく幸《しあわ》せにくらせるところ。パラダイス。例 この世《よ》の楽《らく》園《えん》を夢見《ゆめみ》る。類 極楽《ごくらく》・天国《てんごく》

【楽勝《らくしょう》】⬇〈―する〉苦労《くろう》しないで勝《か》つこと。類 快勝《かいしょう》・圧勝《あっしょう》 対 辛勝《しんしょう》

【楽天《らくてん》】▲ものごとを明《あか》るくよいほうに考《かんが》えること。例 楽天主義《らくてんしゅぎ》

【楽天家《らくてんか》】ものごとをよいほうへ考《かんが》え、心《しん》配《ぱい》したりくよくよしたりしない人《ひと》。

【楽観《らっかん》】⬇〈―する〉ものごとがうまくいくと明《あか》るく考《かんが》えて、楽《らく》な気分《きぶん》でいること。例 病《びょう》状《じょう》は楽観《らっかん》をゆるさない。対 悲観《ひかん》

❸〈千秋楽〉の意味で

【楽日《らくび》】⬇相撲《すもう》や芝居《しばい》などの最後《さいご》の日《ひ》。

参考「千秋楽《せんしゅうらく》の日《ひ》」という意味《いみ》。

楽が下につく熟語 上の字の働き

❶楽＝〈おんがく〉のとき

【洋楽《ようがく》 邦楽《ほうがく》】ドコの音楽《おんがく》か。

【声楽《せいがく》 器楽《きがく》 吹奏楽《すいそうがく》】ナニによる音楽《おんがく》か。

【雅楽《ががく》 交響楽《こうきょうがく》 室内楽《しつないがく》】ドウイウ種類《しゅるい》の音楽《おんがく》か。

❷楽＝〈たのしい〉のとき

【安楽《あんらく》 快楽《かいらく》 歓楽《かんらく》 悦楽《えつらく》 娯楽《ごらく》】近《ちか》い意味《いみ》。

【苦楽《くらく》 哀楽《あいらく》(喜怒哀楽《きどあいらく》)】反対《はんたい》の意味《いみ》。
◆音楽《おんがく》 享楽《きょうらく》 気楽《きらく》 行楽《こうらく》 極楽《ごくらく》 千秋楽《せんしゅうらく》 奏楽《そうがく》 道楽《どうらく》 能楽《のうがく》

棄

木-9 総画13 JIS-2094 常用
音 キ
訓 す-てる

筆順

なりたち

【会意】子《こ》ども(𠫓)と、ちりとりを両《りょう》手《て》に持《も》っている形《かたち》([illegible])とを合《あ》わせ、子《こ》どもをすてることを表《あらわ》す字《じ》。

意味 すてる。ほったらかしにする。例 棄権《きけん》・破棄《はき》

【°棄却《ききゃく》】II 〈—する〉裁判所《さいばんしょ》が、申《もう》し立《た》ての内容《ないよう》を調《しら》べたうえで、うったえをとりあげないこと。例 控訴《こうそ》を棄却《ききゃく》する。類 却下《きゃっか》

【°棄権《きけん》】▲ 〈—する〉自分《じぶん》の権利《けんり》をすてて、使《つか》わないこと。選挙《せんきょ》で投票《とうひょう》しないこと。

棄が下につく熟語 上の字の働き
【遺棄《いき》 廃棄《はいき》 放棄《ほうき》】近《ちか》い意味《いみ》。
【投棄《とうき》 破棄《はき》】ドウヤッテすてるか。
◆自暴自棄《じぼうじき》

業

木-9 総画13 JIS-2240 教3年
音 ギョウ・ゴウ
訓 わざ

筆順

なりたち

【象形】楽器《がっき》をかける台《だい》をえがいた字《じ》。

意味
❶しごと。つとめ。身《み》についたわざ。例 至難《しなん》の業《わざ》。業《ぎょう》を修《おさ》める(学問《がくもん》を身《み》につける)。業務《ぎょうむ》・職業《しょくぎょう》・出版業《しゅっぱんぎょう》
❷しわざ。おこない。例 業績《ぎょうせき》・所業《しょぎょう》
❸善悪《ぜんあく》のむくいをうむ大《おお》もと。仏教《ぶっきょう》でいう、ごう。例 業《ごう》が深《ふか》い。業火《ごうか》・罪業《ざいごう》

参考 ❶❷では「ギョウ」と読《よ》み、❸では「ゴウ」と読《よ》む。

名前のよみ おき・かず・なり・のぶ・のり・はじめ・ふさ

❶〈しごと〉の意味で
【業界《ぎょうかい》】↓ おなじ仕事《しごと》や商売《しょうばい》をしている人《ひと》たちの社会《しゃかい》。例 業界紙《ぎょうかいし》・建築業界《けんちくぎょうかい》
【業者《ぎょうしゃ》】↓ ①事業《じぎょう》や商売《しょうばい》をしている人《ひと》。例 出入《でい》りの業者《ぎょうしゃ》。②同《おな》じような仕事《しごと》や商売《しょうばい》をしている人《ひと》たち。類 同業者《どうぎょうしゃ》
【業務《ぎょうむ》】II 会社《かいしゃ》や役所《やくしょ》などでつとめとしておこなう仕事《しごと》。例 業務分担《ぎょうむぶんたん》

❷〈しわざ〉の意味で
【業績《ぎょうせき》】↓ 事業《じぎょう》や研究《けんきゅう》などでなしとげた仕事《しごと》。例 すぐれた業績《ぎょうせき》をうむ。業績一覧《ぎょうせきいちらん》

❸〈善悪のむくいをうむ大もと〉の意味で
【業火《ごうか》】↓ 地獄《じごく》におちた人《ひと》を苦《くる》しめる火《ひ》。
【業腹《ごうはら》】↓ 〈—な〉しゃくにさわってたまらないようす。例 弟《おとうと》に負《ま》けるとは業腹《ごうはら》だ。
【業病《ごうびょう》】↓ つらく、なおりにくい病気《びょうき》。

業が下につく熟語 上の字の働き
❶業=〈しごと〉のとき
【職業《しょくぎょう》 事業《じぎょう》 作業《さぎょう》】近《ちか》い意味《いみ》。
【漁業《ぎょぎょう》 農業《のうぎょう》 乳業《にゅうぎょう》 林業《りんぎょう》 窯業《ようぎょう》 鉱業《こうぎょう》 工業《こうぎょう》 商業《しょうぎょう》 産業《さんぎょう》】ナニをする業務《ぎょうむ》か。
【開業《かいぎょう》 企業《きぎょう》 兼業《けんぎょう》 創業《そうぎょう》 操業《そうぎょう》 始業《しぎょう》 終業《しゅうぎょう》 営業《えいぎょう》 休業《きゅうぎょう》 罷業《ひぎょう》 就業《しゅうぎょう》 失業《しつぎょう》 転業《てんぎょう》 廃業《はいぎょう》 分業《ぶんぎょう》 専業《せんぎょう》】業務《ぎょうむ》を(業務《ぎょうむ》に)ドウスルか。
【巡業《じゅんぎょう》 残業《ざんぎょう》】ドウイウやり方《かた》で仕事《しごと》をするのか。
【本業《ほんぎょう》 副業《ふくぎょう》 現業《げんぎょう》 実業《じつぎょう》 家業《かぎょう》 稼業《かぎょう》 生業《せいぎょう/なりわい》 同業《どうぎょう》 偉業《いぎょう》 遺業《いぎょう》】ドウイウやり方《かた》での仕事《しごと》か。
【授業《じゅぎょう》 修業《しゅぎょう》 卒業《そつぎょう》】学問《がくもん》のわざをドウスルのか。
❸業=〈善悪のむくいをうむ大もと〉のとき
【悪業《あくごう》 罪業《ざいごう》】ドンナ大《おお》もとか。
◆学業《がくぎょう》 神業《かみわざ》 所業《しょぎょう》 仕業《しわざ》 非業《ひごう》

楕

木-9 総画13 JIS-3442 人名
音 ダ
訓 —

意味 細長《ほそなが》い円《えん》の形《かたち》。こばんの形《かたち》。
【◆楕円《だえん》】↓ 横《よこ》またはたてに長《なが》い円《えん》。長円《ちょうえん》。
例 楕円形《だえんけい》

椿

木-9 総画13 JIS-3656 人名
音 チン
訓 つばき

意味

❶つばき。春《はる》のはじめに赤《あか》い花《はな》をさかせる常緑広葉樹《じょうりょくこうようじゅ》。木《き》はあまり大《おお》きくならないが、実《み》からは油《あぶら》がとれる。❷めずらしい。例 椿事《ちんじ》

木-9

【楠】

総画13 JIS-3879 人名

音 ナン 訓 くす・くすのき

意味 くすのき。暖地《だんち》に自生《じせい》する常緑高木《じょうりょくこうぼく》。木材《もくざい》からは樟脳《しょうのう》をとる。

木-9

【楓】

総画13 JIS-4186 人名

音 フウ 訓 かえで

意味 かえで。カエルの手《て》の形《かたち》に似《に》た葉《は》をつける落葉高木《らくようこうぼく》。秋《あき》に美《うつく》しく紅葉《こうよう》する。

木-9

【椰】

総画13 JIS-6031 人名

音 ヤ 訓 やし

意味 やし。熱帯産《ねったいさん》の常緑高木《じょうりょくこうぼく》。食用《しょくよう》にする実《み》がなる。例 椰子《やし》

木-9

【楊】

総画13 JIS-4544 人名

音 ヨウ 訓 やなぎ

意味 やなぎ。ヤナギの一種《いっしゅ》で、えだが上《うえ》にのびるもの。例 楊枝《ようじ》

木-9

【楼】

総画13 JIS-4716 常用

音 ロウ 訓 —

［樓］

名前のよみ やす

筆順 楼 楼 楼 楼 楼 楼 楼

なりたち 【形声】もとの字は、「樓」。「婁」が「かさなる」意味《いみ》と「ロウ」という読《よ》み方《かた》をしめしている。木《き》を組《く》んで高《たか》くかさねた建物《たてもの》を表《あらわ》す字《じ》。

意味 高《たか》い建物《たてもの》。たかどの。やぐら。ものみやぐら。例 楼閣《ろうかく》・鐘楼《しょうろう》・大家高楼《たいかこうろう》

名前のよみ たか

【°楼閣《ろうかく》】Ⅱ 高《たか》くてりっぱな建物《たてもの》。例 砂上《さじょう》の楼閣《ろうかく》（くずれやすくてなりたたないこと）。空中楼閣《くうちゅうろうかく》（思《おも》いえがくだけのもの）

【°楼門《ろうもん》】↓ お寺《てら》などにある二階造《にかいづく》りの門《もん》。

楼が下につく熟語 上の字の働き

【高楼《こうろう》　摩天楼《まてんろう》】ドノヨウナ建物《たてもの》か。

◆鐘楼《しょうろう》　望楼《ぼうろう》

木-10

【樺】

総画14 JIS-1982 人名

音 カ 訓 かば・かんば

意味 かば。シラカバ・ダケカンバなど、カバノキ科《か》の落葉樹《らくようじゅ》。例 樺細工《かばざいく》

木-10

【概】

総画14 JIS-1921 常用

音 ガイ 訓 おおむ-ね

［槪］

筆順 概 概 概 概 概 概 概

なりたち 【形声】もとの字は「槪」。いっぱいにもることを表《あらわ》す「既《き》」が、「ガイ」とかわって読《よ》み方《かた》をしめしている。ますにもった穀物《こくもつ》などをこすって平《たい》らにならす木《き》の棒《ぼう》（ますかき棒《ぼう》）を表《あらわ》す字《じ》。

意味 おおむね。だいたいのところ。例 概《がい》して良《よ》い。概算《がいさん》・一概《いちがい》

【°概括《がいかつ》】↓〈—する〉全体《ぜんたい》の内容《ないよう》をおおまかにまとめること。類 要約《ようやく》

【°概観《がいかん》】↓〈—する〉全体《ぜんたい》のようすをざっと見《み》ること。例 日本《にほん》の歴史《れきし》を概観《がいかん》する。

【°概況《がいきょう》】↓ だいたいのようす。例 市場《しじょう》の概況《がいきょう》をお知《し》らせします。

【°概算《がいさん》】↓〈—する〉ざっと計算《けいさん》してだいたいの答《こた》えを出《だ》すこと。対 精算《せいさん》

【°概数《がいすう》】↓ だいたいこのくらいという数《かず》。おおよその見当《けんとう》でいう場合《ばあい》と、こまかいところをはぶいていう場合《ばあい》との両方《りょうほう》がある。

【°概説《がいせつ》】↓〈—する〉全体《ぜんたい》を見《み》とおして、だいたいの説明《せつめい》をすること。例 日本史概説《にほんしがいせつ》 類 概論《がいろん》 対 詳説《しょうせつ》

【°概念《がいねん》】↓ なにかをとりあげて、「…とはなにか」と考《かんが》えたとき、おおまかな答《こた》えとして頭《あたま》にえがかれる考《かんが》え。例 美《び》の概念《がいねん》。

【°概要《がいよう》】↓ ことがらのだいじなところをとり出《だ》してまとめた、だいたいの内容《ないよう》。あらまし。類 概略《がいりゃく》・大略《たいりゃく》・大要《たいよう》

【°概略《がいりゃく》】Ⅱ ものごとのだいたいのようす。あらまし。類 概要《がいよう》・大略《たいりゃく》

【°概論《がいろん》】↓〈—する〉ある学問《がくもん》のおおよその内《ない》

°学習漢字でない常用漢字　▲常用漢字表にない音訓　◆常用漢字でない漢字

容《よう》を、ひとわたりのべること。例 哲学概論《てつがくがいろん》

◆一概《いちがい》 気概《きがい》 大概《たいがい》

木-10

構

総画14
JIS-2529
教5年
訓 音 コウ
かまえる・かまう

筆順

なりたち

[形声] 組《く》み合《あ》わせることを表《あらわ》す「冓」が、「コウ」という読《よ》み方《かた》をしめしている。木《き》を組《く》み合《あ》わせることを表《あらわ》す字《じ》。

意味

❶組《く》み立《た》てる。しくみ。例 家《いえ》を構《かま》える。上《じょう》段《だん》の構《かま》え。構成《こうせい》・機構《きこう》

❷建物《たてもの》のかまえ。かこい。例 構内《こうない》

❸相手《あいて》になる。かまう。例 お構《かま》いなし。

❹漢字《かんじ》の部首《ぶしゅ》の一《ひと》つ。字《じ》の外《そと》がわをかこむもの。例 国構《くにがま》え・行構《ぎょうがま》え

❶〈組み立てる〉の意味で

【構図】こうず ↓ 絵《え》や写真《しゃしん》などで、画面《がめん》の中《なか》のものの形《かたち》や位置《いち》などから見《み》た全体《ぜんたい》としての組《く》み立《た》て。例 壁画《へきが》の構図《こうず》を考《かんが》える。

【構成】こうせい Ⅱ (―する) いくつかの部分《ぶぶん》を組《く》み合《あ》わせて、一《ひと》つにまとめあげること。また、その組《く》み立《た》て。例 家族構成《かぞくこうせい》 類 構築《こうちく》・構造《こうぞう》・組織《そしき》

【構想】こうそう ▲ これからしようとすることの、全《ぜん》体《たい》のしくみや、内容《ないよう》をどうするかという考《かんが》え方《かた》。例 小説《しょうせつ》の構想《こうそう》を練《ね》る。

【構造】こうぞう Ⅱ もののしくみ。類 構成《こうせい》

【構築】こうちく Ⅱ (―する) 組《く》み立《た》ててつくること。例 理論《りろん》を構築《こうちく》する。類 構成《こうせい》

❷〈建物のかまえ〉の意味で

【構内】こうない ↓ 大《おお》きな建物《たてもの》や、さくなどでしきられた土地《とち》の中《なか》。例 駅《えき》の構内《こうない》。対 構外《こうがい》

◆機構《きこう》 虚構《きょこう》 結構《けっこう》

木-10

榛

総画14
JIS-3126
人名
訓 音 シン
はしばみ・はり・はん

意味

❶はしばみ。山地《さんち》に自生《じせい》する落葉低木《らくようていぼく》。ドングリに似《に》た実《み》は、菓子《かし》の材料《ざいりょう》になる。

❷はりの木《き》。ハンの木《き》。カバノキ科《か》の落葉《らくよう》高木《こうぼく》。実《み》は染料《せんりょう》にする。

木-10

槙

総画14
JIS-4374
人名
訓 音 シン
まき

名前のよみ はる

意味 まき。イヌマキ・ラカンマキなど、マキ科《か》の常緑高木《じょうりょくこうぼく》。

[槇]

木-10

槍

総画14
JIS-3368
人名
訓 音 ソウ
やり

意味 やり。長《なが》い棒《ぼう》の先《さき》にとがった刃物《はもの》をつけた武器《ぶき》。例 槍術《そうじゅつ》・竹槍《たけやり》

木-10

模

総画14
JIS-4447
教6年
訓 音 モ・ボ
―

筆順

なりたち

[形声]「莫」が「モ・ボ」という読《よ》み方《かた》をしめしている。「ボ」は「型《かた》」の意味《いみ》を持《も》ち、木《き》型《がた》を表《あらわ》す字《じ》。

意味

❶かた。ひながた。型見本《かたみほん》。例 模範《もはん》・規模《きぼ》

❷にせる。まねしてつくる。例 花《はな》の形《かたち》を模《も》したデザイン。模型《もけい》

❸手《て》さぐりをする。例 模索《もさく》

名前のよみ のり

❶〈かた〉の意味で

【模範】もはん Ⅱ 手本《てほん》になるもの。例 模範演技《もはんえんぎ》をしめす。

【模様】もよう Ⅱ ①かざりとしてつけるいろいろな形《かたち》や絵《え》。類 柄《がら》・文様《もんよう》 ②だいたいのようす。例 事故《じこ》の模様《もよう》を話《はな》す。類 状況《じょうきょう》 ③…らしく思《おも》われる。例 雨《あめ》は夕方《ゆうがた》にはあがる模様《もよう》です。

❷〈にせる〉の意味で

【模擬】もぎ Ⅱ ほんものではないが、ほんもののつもりのもの。例 模擬店《もぎてん》・模擬試験《もぎしけん》

【模型】もけい ↓ 実物《じつぶつ》の形《かたち》をまねて、それらしく作《つく》ったもの。例 模型飛行機《もけいひこうき》 類 雛型《ひながた》

【模作】もさく ↓ (―する) まねてつくること。

【模写】もしゃ ↓ (―する) ①もとの実物《じつぶつ》そっくりのものをえがきだすこと。例 壁画《へきが》を模写《もしゃ》する。②音《おと》や人《ひと》の声《こえ》・話《はな》しぶりなどをまねてみせること。例 声帯模写《せいたいもしゃ》

前ページ▶楠 楓 椰 楊 楼 樺 概

【模造】《もぞう》 ↓ 〈—する〉本物《ほんもの》に似《に》せてつくること。例 模造品《もぞうひん》 類 複製《ふくせい》

【模◦倣】《もほう》 Ⅱ 〈—する〉まねをしたり似《に》せたりすること。例 ただの模倣《もほう》にすぎない。類 真似《まね》 対 創造《そうぞう》・独創《どくそう》 表現「まねる」は「まなぶ（学《まな》ぶ）」で、けっしてわるくないが、「模倣《もほう》」はよい意味《いみ》には使《つか》いにくい。

❸〈手さぐりをする〉の意味で

【模◦索】《もさく》 Ⅱ 〈—する〉なにかをもとめて、手《て》がかりもないままに、いろいろとためしてみること。例 暗中模索《あんちゅうもさく》

木-10

様

総画14
JIS-4545
教3年
訓 さま
音 ヨウ
［様］

筆順

なりたち

【形声】もとの字《じ》は、「樣」。「羕」が「ヨウ」という読《よ》み方《かた》をしめしている。「トチの木《き》」を表《あらわ》す字《じ》。「ありさま」として借《か》りて使《つか》われている。

意味

❶ありさま。ようす。もよう。例 様《さま》にならない。様式《ようしき》・様相《ようそう》・模様《もよう》

❷うやまう気持《きも》ちを表《あらわ》すことば。人《ひと》の名前《なまえ》などの下《した》につけて使《つか》う。例 奥様《おくさま》

❶〈ありさま〉の意味で

【様式】《ようしき》 Ⅱ 形《かたち》や順序《じゅんじょ》などのきまったやり方《かた》。例 伝統的《でんとうてき》な様式《ようしき》。様式美《ようしきび》 類 形式《けいしき》

【様子】《ようす》 ⊠ ①ものごとの状態《じょうたい》やありさま。例 街《まち》のようすがすっかりかわった。類 情勢《じょうせい》・状況《じょうきょう》 ②人《ひと》の身《み》なりやすがたかたち。例 だらしのないようす。類 風采《ふうさい》 ③表情《ひょうじょう》や動作《どうさ》などから受《う》ける感《かん》じ。態度《たいど》。そぶり。例 ようすが変《へん》だ。④目《め》に見《み》えない、特別《とくべつ》の事情《じじょう》。例 いかにもようすありげだ。

【様相】《ようそう》 Ⅱ 外《そと》に表《あらわ》れたようす。ありさま。例 様相《ようそう》が一変《いっぺん》する。類 外見《がいけん》

【様態】《ようたい》 Ⅱ ものごとがどうであるか、そのようす。例 社会《しゃかい》の様態《ようたい》を調《しら》べる。

様が下につく熟語 上の字の働き

❶様＝〈ありさま〉のとき
【一様《いちよう》 多様《たよう》 両様《りょうよう》 各様《かくよう》 異様《いよう》 同様《どうよう》】ドノヨウナようすか。

❷様＝〈うやまう気持ちを表すことば〉のとき
【奥様《おくさま》 殿様《とのさま》】ダレ様《さま》か。〔「奥《おく》」も「殿《との》」も、もとは場所《ばしょ》を表《あらわ》すことばで、そこにいる人《ひと》を間接的《かんせつてき》に指《さ》している〕

木-11

横

総画15
JIS-1803
教3年
訓 よこ
音 オウ
［横］

筆順

なりたち

【形声】もとの字《じ》は、「橫」。「黄《コウ》」《オウ》が「オウ」という読《よ》み方《かた》をしめしている。「コウ」は「ふせぐ」意味《いみ》を持《も》ち、門《もん》があかないようによこにさす木《き》「かんぬき」を表《あらわ》す字《じ》。

意味

❶よこ。よこの動《うご》きをする。例 首《くび》を横《よこ》にふる。横顔《よこがお》・横隊《おうたい》 対 縦《じゅう》

❷きまりにしたがわない。ふつうでない。例 横着《おうちゃく》・横領《おうりょう》・専横《せんおう》

❶〈よこ〉の意味で

【横隊】《おうたい》 ↓ 横《よこ》にならんで列《れつ》をつくる形《かたち》。例 横隊《おうたい》のまま前《まえ》に進《すす》む。対 縦隊《じゅうたい》

【横断】《おうだん》 ↓ 〈—する〉①道《みち》や川《かわ》などを横切《よこぎ》って向《む》こうにわたること。例 横断歩道《おうだんほどう》 ②広《ひろ》い海《うみ》や大陸《たいりく》を東西《とうざい》の方向《ほうこう》にわたっていくこと。例 太平洋《たいへいよう》をヨットで横断《おうだん》する。対 縦断《じゅうだん》 ③横《よこ》の方向《ほうこう》に切《き》ること。例 横断面《おうだんめん》 対 縦断《じゅうだん》

【横顔】《よこがお》 ↓ ①横《よこ》から見《み》た顔《かお》。例 横顔《よこがお》が美《うつく》しい。②その人《ひと》の、あまり知《し》られていない一面《いちめん》。例 かれの意外《いがい》な横顔《よこがお》を発見《はっけん》した。

【横◦綱】《よこづな》 ↓ 相撲《すもう》で、力士《りきし》のいちばん上《うえ》の位《くらい》。その位《くらい》にいる力士《りきし》。参考 土俵《どひょう》入《い》りのとき、腰《こし》にしめる太《ふと》い綱《つな》からきた名前《なまえ》。

【横手】《よこて》 ↓ 横《よこ》のほう。例 建物《たてもの》の横手《よこて》の階段《かいだん》。

【横腹】《よこばら｜よこっぱら》 ↓ ①はらの横《よこ》の部分《ぶぶん》。わきばら。②ものの横《よこ》がわ。例 船《ふね》の横腹《よこばら》。

【横笛】《よこぶえ》 ↓ フルートや篠笛《しのぶえ》など、横《よこ》にかまえて吹《ふ》く楽器《がっき》。対 縦笛《たてぶえ》

【横道】《よこみち》 ↓ ①大通《おおどお》りと横《よこ》にまじわる小《ちい》さな道《みち》。類 脇道《わきみち》 ②ほんすじからはずれていくこと。例 話《はなし》が横道《よこみち》にそれる。類 脇道《わきみち》

【横目《よこめ》】↓ 顔《かお》の向《む》きはかえないで、目《め》だけ動《うご》かして横《よこ》を見《み》ること。例 横目《よこめ》でにらむ。

【横文字《よこもじ》】↓ 横書《よこが》きでしか書《か》かない文字《もじ》。西洋《せいよう》のことばで書《か》かれた文章《ぶんしょう》。

❷〈きまりにしたがわない〉の意味で

【横行《おうこう》】↓〈―する〉悪者《わるもの》などが、いばってすきかってなことをすること。わるいことが平気《へいき》でおこなわれること。例 汚職《おしょく》の横行《おうこう》。

【横死《おうし》】↓〈―する〉思《おも》いがけない災難《さいなん》にあって、ふつうでない死《し》に方《かた》をすること。類 変死《へんし》

【横着《おうちゃく》】⊠〈―する〉・〈―な〉やるべきことをやらずにすませようとするずうずうしい態度《たいど》。

【横柄《おうへい》】↓〈―な〉人《ひと》を見《み》くだして、いばりかえっているようす。例 横柄《おうへい》な口《くち》をきく。

【横暴《おうぼう》】Ⅱ〈―な〉力《ちから》のある者《もの》がむりをとおすこと。例 横暴《おうぼう》なふるまい。類 専横《せんおう》

【横領《おうりょう》】↓〈―する〉人《ひと》のものやみんなのものを、かってに自分《じぶん》のものにすること。ねこばば。横《よこ》どり。例 公金横領《こうきんおうりょう》 類 着服《ちゃくふく》

◆縦横《じゅうおう》 専横《せんおう》

木-11

槻

総画15 JIS-3648 人名

音 キ 訓 つき

意味 つき。ニレ科《か》の落葉高木《らくようこうぼく》。ケヤキの一《いっ》種《しゅ》。

木-11

権

総画15 JIS-2402 教6年

音 ケン・ゴン 訓 ―

[權]

筆順

なりたち

[形声] もとの字《じ》は、「權」。「雚《カン》」が「ケン・ゴン」とかわって読《よ》み方《かた》をしめしている。きいろの花《はな》のさく木《き》を表《あらわ》す字《じ》。のちに、「ちから」の意味《いみ》に借《か》りて使《つか》われている。

意味

❶人《ひと》をしたがわせる力《ちから》。例 権威《けんい》・政権《せいけん》

❷かりのもの。その場《ば》に応《おう》じてかわる。例 権化《ごんげ》

注意するよみ ゴン…例 権化《ごんげ》・権現《ごんげん》

名前のよみ のり・よし

❶〈人をしたがわせる力〉の意味で

【権威《けんい》】Ⅱ ①人《ひと》びとをおさえつけてしまう、いきおいのある力《ちから》。例 政治家《せいじか》の権威《けんい》をかさにきる。類 威光《いこう》・威信《いしん》 ②学問《がくもん》や技術《ぎじゅつ》などで、多《おお》くの人《ひと》にすばらしいとみとめられている人《ひと》。例 その道《みち》の権威《けんい》。

【権益《けんえき》】Ⅱ 持《も》っている権利《けんり》と、そこからうまれる利益《りえき》。例 既得《きとく》の権益《けんえき》をまもる。

【権限《けんげん》】↓ 人《ひと》や団体《だんたい》が、法律《ほうりつ》やきまりによって、そこまではやってもよいとされている力《ちから》。例 審判《しんぱん》の権限《けんげん》で退場《たいじょう》を命《めい》じる。

【権勢《けんせい》】↓ 人《ひと》をおさえつけ、自分《じぶん》の思《おも》うように動《うご》かす強《つよ》い力《ちから》。例 権勢《けんせい》をふるう。

【権利《けんり》】Ⅱ ①自分《じぶん》の考《かんが》えで自由《じゆう》にものごとをおこなうことができる資格《しかく》。例 わたしにも言《い》う権利《けんり》がある。対 義務《ぎむ》 ②法律《ほうりつ》で、ほかの人《ひと》に対《たい》して自分《じぶん》の利益《りえき》をもとめたり守《まも》ったりすることができる力《ちから》。対 義務《ぎむ》

【権力《けんりょく》】↓ ほかの人《ひと》を自分《じぶん》の思《おも》いどおりにしたがわせる力《ちから》。例 権力《けんりょく》をにぎる。

❷〈かりのもの〉の意味で

【権謀術数《けんぼうじゅっすう》】人《ひと》をだますためのひみつの計画《けいかく》。類 権謀術策《けんぼうじゅっさく》

【権化《ごんげ》】↓ ①神《かみ》や仏《ほとけ》が人《ひと》びとをすくうために、かりにすがたをかえてこの世《よ》にあらわれること。類 化身《けしん》・権現《ごんげん》 ②考《かんが》えや性格《せいかく》といった形《かたち》のないものが、じっさいにすがたをもってあらわれたと思《おも》われるような人《ひと》。例 悪《あく》の権化《ごんげ》。好奇心《こうきしん》の権化《ごんげ》。

【権現《ごんげん》】↓ 仏《ほとけ》が日本《にほん》の神《かみ》としてすがたをあらわすこと。そういう神《かみ》を権現《ごんげん》さまという。例 熊野権現《くまのごんげん》 知識 神《かみ》と仏《ほとけ》は、本来《ほんらい》、べつのものであるが、両方《りょうほう》をほとんどおなじものと思《おも》う人《ひと》の多《おお》い時代《じだい》もあった。

権が下につく熟語 上の字の働き

❶権＝〈人をしたがわせる力〉のとき

【強権《きょうけん》 金権《きんけん》 実権《じっけん》 特権《とっけん》 全権《ぜんけん》 主権《しゅけん》 同権《どうけん》】ドウイウ性質《せいしつ》の権利《けんり》・権力《けんりょく》か。

【人権《じんけん》 親権《しんけん》 職権《しょっけん》 国権《こっけん》 覇権《はけん》】ナニにそなわる権利《けんり》か。

【政権《せいけん》 債権《さいけん》 利権《りけん》】ナニにかんする権利《けんり》・権力《けんりょく》か。

【参政権《さんせいけん》 発言権《はつげんけん》 主導権《しゅどうけん》】ドウスルことのでき

る権利《けんり》・権力《けんりょく》か。【越権《えっけん》 棄権《きけん》】権利《けんり》をドウスルか。

木-11
【槽】
総画15
JIS-3369
常用
音 ソウ
訓 ―

筆順

なりたち 【形声】「曹」が「ソウ」という読《よ》み方《かた》をしめしている。「ソウ」は「あつめる」の意味《いみ》を持《も》ち、家畜《かちく》のえさをあつめて入《い》れる木《き》の「おけ」を表《あらわ》す字《じ》。

意味 おけ。家畜《かちく》のえさを入《い》れるかいばおけ。おけの形《かたち》をしたもの。例 水槽《すいそう》

木-11
【標】
総画15
JIS-4124
教4年
音 ヒョウ
訓 しるし

筆順 はねない 西にならない はねる

なりたち 【形声】「票」が「ヒョウ」という読《よ》み方《かた》をしめしている。「ヒョウ」は「こずえ」の意味《いみ》を持《も》ち、木《き》のこずえを表《あらわ》す字《じ》。

意味 しるし。めじるし。目《め》につくように高《たか》くかかげたもの。例 標識《ひょうしき》・目標《もくひょう》

名前のよみ たか・ひで

【標語】《ひょうご》 ↓ 意見《いけん》や主張《しゅちょう》などをつたえるために、言《い》いやすくおぼえやすいように短《みじか》く言《い》い表《あらわ》したことば。スローガン。モットー。例 交通安全《こうつうあんぜん》の標語《ひょうご》。

【標高】《ひょうこう》 ↓ 海面《かいめん》からの高《たか》さ。類 海抜《かいばつ》

【標札】《ひょうさつ》 ↓ 住《す》んでいる人《ひと》の名前《なまえ》を書《か》いて家《いえ》の門《もん》や戸口《とぐち》にかけるふだ。類 門札《もんさつ》 表記「表札」とも書《か》く。

【標示】《ひょうじ》 Ⅱ〈―する〉目《め》についてよくわかるようにしめすこと。また、しめしたもの。

【標識】《ひょうしき》 Ⅱ あることを知《し》らせるための目《め》じるし。例 追《お》い越《こ》し禁止《きんし》の交通標識《こうつうひょうしき》。

【標準】《ひょうじゅん》 Ⅱ ①比較《ひかく》したり考《かんが》えを決《き》めたりするときのよりどころ。例 標準語《ひょうじゅんご》 類 基準《きじゅん》・水準《すいじゅん》 ②いちばんふつうのていどであること。例 標準《ひょうじゅん》サイズ。

【標準語】《ひょうじゅんご》 その国《くに》の正式《せいしき》のことばとしてみとめられている、全国《ぜんこく》に通《つう》じることば。類 共通語《きょうつうご》・公用語《こうようご》 対 方言《ほうげん》

【標的】《ひょうてき》 Ⅱ ①射撃《しゃげき》や弓《ゆみ》などの、たまや矢《や》を当《あ》てる目標《もくひょう》。②よくないあつかいをしむける先《さき》。

【標◆榜】《ひょうぼう》 Ⅱ〈―する〉自分《じぶん》の考《かんが》えや主張《しゅちょう》をはっきりとみんなにしめすこと。

【標本】《ひょうほん》 ↓ 動物《どうぶつ》・植物《しょくぶつ》・鉱物《こうぶつ》の実物《じつぶつ》を、研究《けんきゅう》のために保存《ほぞん》した見本《みほん》。サンプル。

標が下につく熟語 上の字の働き

【道標《どうひょう》 墓標《ぼひょう》 商標《しょうひょう》 座標《ざひょう》】ナニの目《め》じるしか。

◆ 指標《しひょう》 浮標《ふひょう》 目標《もくひょう》

木-12
【樫】
総画16
JIS-1963
人名
音 ―
訓 かし

意味 かし。ブナ科《か》の常緑高木《じょうりょくこうぼく》。材質《ざいしつ》はかたい。

参考 国字《こくじ》。材質《ざいしつ》のかたさを表《あらわ》す「堅」と「木」とを合《あ》わせて、「かし」を表《あらわ》す。もと木部《きぶ》「11画《かく》」、総画数《そうかくすう》「15画《かく》」。

木-12
【機】
総画16
JIS-2101
教4年
音 キ
訓 はた

筆順 はねない はっきりだす はねる

なりたち 【形声】「幾」が「キ」という読《よ》み方《かた》をしめしている。「キ」は「こまかい」意味《いみ》を持《も》ち、木製《もくせい》のこまかいしくみを表《あらわ》す。

意味

❶はた。布地《ぬのじ》をおるための機械《きかい》。例 機《はた》を織《お》る。機織《はたお》り

❷からくり。しかけ。しくみ。例 機構《きこう》

❸だいじなところ。例 機密《きみつ》

❹動《うご》きが起《お》こるきっかけ。例 機《き》を見《み》る。

❺心《こころ》のこまやかな動《うご》き。例 機敏《きびん》

❻飛行機《ひこうき》。例 機体《きたい》

名前のよみ のり

❷〈からくり〉の意味で

【機械】《きかい》 Ⅱ 動力《どうりょく》によって、決《き》まった動《うご》きを

くりかえして、ある仕事《しごと》をするしかけ。

例解 使い分け

［機械《きかい》・器械《きかい》］

機械＝「動《うご》かす力《ちから》がある」「動《うご》きをつたえるしくみがある」「いくらでも仕事《しごと》をする」「大《おお》きさにかぎりがない」などの条件《じょうけん》をそなえている装置《そうち》。

例 機械文明《きかいぶんめい》・工作機械《こうさくきかい》

器械＝「機械《きかい》」より規模《きぼ》が小《ちい》さく、人《ひと》の手《て》などで動《うご》かせるもの。

例 器械体操《きかいたいそう》・医療《いりょう》器械《きかい》

【機械的《きかいてき》】〈―な・―に〉①機械《きかい》のようにおなじ動作《どうさ》をくりかえして仕事《しごと》をするようす。例 羽根《はね》が機械的《きかいてき》に回《まわ》っている。②気持《きも》ちを入《い》れずに、型《かた》にはまった行動《こうどう》をするようす。

【機関《きかん》】Ⅱ ①火力《かりょく》・電力《でんりょく》・水力《すいりょく》などで機械《きかい》を動《うご》かすしかけ。例 機関車《きかんしゃ》・機関銃《きかんじゅう》・内燃機関《ないねんきかん》 ②組織《そしき》や団体《だんたい》を、その目的《もくてき》やはたらきから見《み》ていうことば。例 機関誌《きかんし》・報道機関《ほうどうきかん》

【機器《きき》】Ⅱ 機械《きかい》と器械《きかい》を合《あ》わせていう。例 教育機器《きょういくきき》 表記「器機」とも書《か》く。

【機具《きぐ》】Ⅱ 機械《きかい》や道具《どうぐ》。かんたんな器械《きかい》もふくめていうことが多《おお》い。例 農機具《のうきぐ》

【機構《きこう》】Ⅱ ①ものを形《かたち》づくるしくみ。例 人体《じんたい》の機構《きこう》。②会社《かいしゃ》、団体《だんたい》などが仕事《しごと》をするときのしくみ。例 機構改革《きこうかいかく》 類 組織《そしき》

【機材《きざい》】Ⅱ 器具《きぐ》や材料《ざいりょう》。例 撮影機材《さつえいきざい》

【機能《きのう》】↓〈―する〉そのものの持《も》っているはたらき。例 手《て》の機能《きのう》を高《たか》める運動《うんどう》。

❸〈だいじなところ〉の意味で

【機密《きみつ》】Ⅱ 国《くに》や会社《かいしゃ》が外部《がいぶ》に知《し》られないようにしていることがら。例 機密費《きみつひ》 表現「秘密《ひみつ》」より、おおやけのことにいう。

❹〈動きが起こるきっかけ〉の意味で

【機運《きうん》】↓ それをするのにちょうどよいめぐりあわせになってくること。チャンス。例 独立《どくりつ》の機運《きうん》が熟《じゅく》する。類 好機《こうき》

【機縁《きえん》】Ⅱ ふれあうきっかけ。

【機会《きかい》】Ⅱ ちょうどよいとき。チャンス。例 絶好《ぜっこう》の機会《きかい》をのがす。類 折《おり》・時機《じき》

【機先《きせん》】↓ ものごとの始《はじ》まろうとする、その直前《ちょくぜん》。やさき。例 機先《きせん》を制《せい》する。

❺〈心のこまやかな動き〉の意味で

【機嫌《きげん》】○ いい気分《きぶん》かわるい気分《きぶん》かという、心《こころ》のようす。例 機嫌《きげん》がいい。上機嫌《じょうきげん》

【機知《きち》】↓ その場《ば》に合《あ》わせてとっさに出《で》るちえ。ウイット。例 機知《きち》にとんだ答《こた》え。

【機転《きてん》】↓ 変化《へんか》に合《あ》わせて、すばやく解決《かいけつ》できる頭《あたま》のはたらき。例 機転《きてん》がきく。

【機微《きび》】Ⅱ 外《そと》からはとらえにくい、心《こころ》のおくの、ことがら。例 人情《にんじょう》の機微《きび》にふれる話《はなし》。

【機敏《きびん》】Ⅱ〈―な・―に〉変化《へんか》に合《あ》わせて、すばやく行動《こうどう》できること。例 機敏《きびん》な処置《しょち》。

【機略《きりゃく》】↓ そのときその場《ば》のようすに合《あ》わせたはかりごと。例 機略《きりゃく》にとむ。

❻〈飛行機〉の意味で

【機首《きしゅ》】↓ 飛行機《ひこうき》のいちばん前《まえ》の部分《ぶぶん》。

【機上《きじょう》】↓ 飛《と》んでいる飛行機《ひこうき》の中《なか》。

【機体《きたい》】↓ 飛行機《ひこうき》の胴体《どうたい》。また、飛行機《ひこうき》のエンジン以外《いがい》の大部分《だいぶぶん》。

機が下につく熟語 上の字の働き

❷機＝〈からくり〉のとき

【織機《しょっき》 航空機《こうくうき》 起重機《きじゅうき》 扇風機《せんぷうき》 輪転機《りんてんき》】ドウスル機械《きかい》か。

❹機＝〈動きが起こるきっかけ〉のとき

【好機《こうき》 危機《きき》】ドンナ時機《じき》か。

【転機《てんき》 契機《けいき》 動機《どうき》】ドウスルきっかけか。

【待機《たいき》 投機《とうき》】時機《じき》を（時機《じき》に）ドウスルか。

❻機＝〈飛行機〉のとき

【旅客機《りょかくき》 戦闘機《せんとうき》 爆撃機《ばくげきき》】ナニのための飛行機《ひこうき》か。

木−12

橘

総画16
JIS-2144
人名
音 キツ
訓 たちばな

意味 たちばな。ミカン科《か》の常緑《じょうりょく》小高木《しょうこうぼく》。小《ちい》さな実《み》をつける。例 柑橘類《かんきつるい》

木−12

橋

総画16
JIS-2222
教3年
音 キョウ
訓 はし

筆順 橋 橋 橋 橋 橋 橋 橋（はねない・はらう・はねる）

なりたち 橋 【形声】「たかい」意味《いみ》を表《あらわ》す「喬」が、「キョウ」という読《よ》み方《かた》をしめしている。アーチ型《がた》に高《たか》くなった木《き》の「は

し」を表《あらわ》す字《じ》。

意味 はし。川《かわ》や谷《たに》・道路《どうろ》などの上《うえ》にわたしてつくった通《とお》り道《みち》。例 橋《はし》をかける。橋《はし》をわたる。橋脚《きょうきゃく》・架橋《かきょう》

【橋。脚】《きょうきゃく》 ↓ 橋《はし》をささえる柱《はしら》。

橋が下につく熟語 上の字の働き

【船橋《ふなばし》 丸木橋《まるきばし》】ナニでできた橋《はし》か。

◆ 架橋《かきょう》 桟橋《さんばし》 陸橋《りっきょう》

木-12

樹

総画16 JIS-2889 教6年

音 ジュ 訓 き

筆順 樹 樹 樹 樹 樹 樹 樹 樹（はねない・はねる）

なりたち 【形声】「手《て》で立《た》てる」ことを表《あらわ》す「尌」が「ジュ」という読《よ》み方《かた》もしめす。まっすぐに立《た》つ木《き》を表《あらわ》す字《じ》。

意味 立《た》ち木《き》。地面《じめん》に生《は》えている木《き》。しっかりと立《た》てる。例 樹木《じゅもく》・樹立《じゅりつ》・果樹《かじゅ》

名前のよみ しげ・たつ・みき・むら

【樹液】《じゅえき》 ↓ ①樹木《じゅもく》の中《なか》をめぐる水分《すいぶん》。例 昆虫《こんちゅう》が樹液《じゅえき》をすう。②樹木《じゅもく》の皮《かわ》からしみ出《で》る。ゴムの木《き》からとる白《しろ》い液《えき》など。

【樹海】《じゅかい》 ↓ 森林《しんりん》が、海《うみ》のように広《ひろ》くつづいているところ。例 山麓《さんろく》に樹海《じゅかい》が広《ひろ》がる。

【樹。脂】《じゅし》 ↓ 木《き》のみきなどから出《で》る、ねばねばしたもの。やに。知識 木《き》の中《なか》にあるときは液体《えきたい》だが、空気《くうき》にふれるとかたまりになる。

【樹氷】《じゅひょう》 ↓ 霧《きり》のこまかいつぶが樹木《じゅもく》のえだにこおりついて、白《しろ》い花《はな》がいっぱいさいたように見《み》えるもの。例 樹氷《じゅひょう》を見物《けんぶつ》に行《い》く。

【樹木】《じゅもく》 Ⅱ 立《た》ち木《き》。例 樹木《じゅもく》を切《き》りたおす。

【樹立】《じゅりつ》 Ⅱ 〈―する〉しっかりつくってうち立《た》てること。例 新政権《しんせいけん》を樹立《じゅりつ》する。

【樹。齢】《じゅれい》 ↓ 木《き》の年齢《ねんれい》。例 樹齢三百年《じゅれいさんびゃくねん》のスギ。知識 年輪《ねんりん》の数《かず》で知《し》ることができる。

樹が下につく熟語 上の字の働き

【果樹《かじゅ》 針葉樹《しんようじゅ》 広葉樹《こうようじゅ》】ドウイウ木《き》か。

◆ 植樹《しょくじゅ》

木-12

樽

総画16 JIS-3514 人名

音 ソン 訓 たる

意味 たる。酒《さけ》・しょうゆ・みそなどを入《い》れておく、木《き》で作《つく》ったふたつきの大《おお》きな筒形《つつがた》の入《い》れ物《もの》。例 酒樽《さかだる》

木-13

檀

総画17 JIS-3541 人名

音 ダン・タン 訓 まゆみ

意味

❶まゆみ。あまり大《おお》きくならないニシキギ科《か》の落葉樹《らくようじゅ》。

❷かおりのある木《き》。香木《こうぼく》。例 栴檀《せんだん》・白檀《びゃくだん》

❸ほどこし。（もとは梵語《ぼんご》）例 檀家《だんか》

木-13

檜

総画17 JIS-5956 人名

音 ― 訓 ひのき

意味 ひのき。幹《みき》が直立《ちょくりつ》し、細《こま》かい葉《は》をつける常緑高木《じょうりょくこうぼく》。例 檜《ひのき》の柱《はしら》。

参考 「桧」の字《じ》も、人名用漢字《じんめいようかんじ》。

木-16

欄

総画20 JIS-4583 常用

音 ラン 訓 ―

［欄］

筆順 欄 欄 欄 欄 欄 欄 欄 欄

なりたち 【形声】もとの字《じ》は「欄」。「闌」が「ラン」という読《よ》み方《かた》をしめしている。「ラン」は「まわりをかこむ」意味《いみ》を持《も》ち、木《き》でまわりをかこんだ「てすり」を表《あらわ》す字《じ》。

意味

❶てすり。例 欄干《らんかん》

❷かこい。わく。線《せん》でかこんだ部分《ぶぶん》。例 欄外《らんがい》・空欄《くうらん》・投書欄《とうしょらん》

❶〈てすり〉の意味で

【。欄干】《らんかん》 Ⅱ 橋《はし》や縁側《えんがわ》などのふちにつける手《て》すり。例 橋《はし》の欄干《らんかん》。

❷〈かこい。わく〉の意味で

【。欄外】《らんがい》 ↓ 本《ほん》や印刷物《いんさつぶつ》で、本文《ほんぶん》のまわりのあいているところ。

【。欄間】《らんま》 ↓ 天井《てんじょう》と鴨居《かもい》のあいだの、格子《こうし》やすかし彫《ぼ》りの板《いた》をはめたところ。

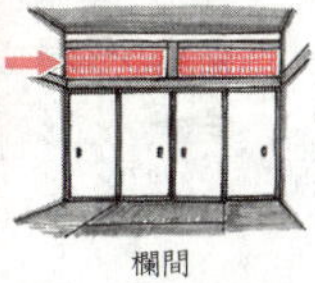

欄間

4画

欠 の部

［あくび］［けんづくり］

前ページ▶ 樹 樽 檀 檜 欄

「欠《あくび》」をもとに作《つく》られ、声《こえ》を出《だ》したり口《くち》を開《あ》ける動作《どうさ》にかかわる字《じ》を集《あつ》めてあります。

この部首の字

欠-0

欠

総画4
JIS-2371
教4年
訓 音 ケツ
かける・かく
［缺］

筆順

なりたち

【象形】人《ひと》が大《おお》きな口《くち》をあけてあくびをしている形《かたち》からできた字《じ》。かめがかけることを表《あらわ》す「缺《ケツ》」の字《じ》の代《か》わりに、「かける」意味《いみ》で使《つか》われている。

意味

❶かける。そこにあるべきものがない。ぬけおちる。空白《くうはく》をつくる。例 茶《ちゃ》わんが欠《か》ける。礼儀《れいぎ》を欠《か》く。欠《けっ》を補《おぎな》う。補欠《ほけつ》

❷出《で》るのをやめる。やすむ。例 欠席《けっせき》・出欠《しゅっけつ》 対 出《しゅつ》

文字物語 ☞ 630ページ

❶〈かける〉の意味で

【欠員】《けついん》 ↓ きめられた人数《にんずう》にたりないこと。たりない人数《にんずう》。例 欠員《けついん》をおぎなう。

【欠。陥】《けっかん》 II はたらきのさまたげとなる落《お》ちがあること。例 欠陥商品《けっかんしょうひん》 類 不備《ふび》・欠点《けってん》

【欠。如】《けつじょ》 ⊠ 〈―する〉必要《ひつよう》なものやあるはずのなにかが、ないこと。例 想像力《そうぞうりょく》の欠如《けつじょ》。

【欠損】《けっそん》 II 〈―する〉①一部分《いちぶぶん》がこわれたりなくなったりして、不完全《ふかんぜん》になること。例 部品《ぶひん》に欠損箇所《けっそんかしょ》が見《み》つかる。②お金《かね》を損《そん》すること。例 多額《たがく》の欠損《けっそん》が出《で》た。対 利益《りえき》

【欠点】《けってん》 ↓ 不十分《ふじゅうぶん》で、よくないところ。例 欠点《けってん》に気《き》づく。欠点《けってん》をおぎなう。類 短所《たんしょ》・弱点《じゃくてん》・欠陥《けっかん》 対 長所《ちょうしょ》・美点《びてん》

【欠番】《けつばん》 ↓ つづいている番号《ばんごう》の中《なか》で、ぬけている番号《ばんごう》。例 永久欠番《えいきゅうけつばん》(野球《やきゅう》で、ある選手《せんしゅ》を記念《きねん》するためにほかの選手《せんしゅ》が永久《えいきゅう》に使《つか》わないようにした背番号《せばんごう》)

【欠。乏】《けつぼう》 II 〈―する〉必要《ひつよう》なものがたりないこと。例 薬品《やくひん》が欠乏《けつぼう》する。類 不足《ふそく》

【欠落】《けつらく》 II 〈―する〉必要《ひつよう》なものがぬけおちていること。例 記憶《きおく》が欠落《けつらく》している。

【欠礼】《けつれい》 ▲ 〈―する〉礼儀《れいぎ》として必要《ひつよう》なあいさつを、しないですますこと。例 欠礼《けつれい》をわびる。

❷〈出るのをやめる〉の意味で

【欠勤】《けっきん》 ▲ 〈―する〉はたらくべき日《ひ》に勤《つと》めを休《やす》むこと。例 欠勤届《けっきんとどけ》 対 出勤《しゅっきん》

【欠航】《けっこう》 ▲ 〈―する〉船《ふね》や飛行機《ひこうき》の出航《しゅっこう》がとりやめになること。類 運休《うんきゅう》 対 出航《しゅっこう》

【欠場】《けつじょう》 ▲ 〈―する〉出場《しゅつじょう》すると思《おも》われていた人《ひと》が出《で》ないこと。類 休場《きゅうじょう》 対 出場《しゅつじょう》

文字物語

欠

「欠」の意味《いみ》を大《おお》きくとらえると、「そこにあるべきものがなくなっている状態《じょうたい》」ということになる。

何《なに》がなくなっているか、なくなってどうなっているか、をいうのが、❶の「欠《か》ける」の意味《いみ》。「欠員《けついん》」は、人《ひと》がいなくなって、定員《ていいん》に不足《ふそく》ができていること、「欠本《けっぽん》」は、本《ほん》がなくなって、全集《ぜんしゅう》などが全部《ぜんぶ》そろっていないこと、「欠損《けっそん》」は、ものの一部《いちぶ》がなくなって、全体《ぜんたい》としてこまった状態《じょうたい》になっていること、「欠乏《けつぼう》」は、なくてはならない必要《ひつよう》なものがなくなって、こまった状態《じょうたい》になっていることをいう。

この「欠」をほかのことばの下《した》につけて、「酸《さん》欠《けつ》」「ガス欠《けつ》」などということばもつくられた。人《ひと》にとってなくてはならない酸素《さんそ》や、車《くるま》の運転《うん》《てん》になくてはならないガソリンが欠乏《けつぼう》していることを表《あらわ》す。ふざけて「金欠病《きんけつびょう》」などともいう。また、「欠陥《けっかん》」は、もののだいじなところが欠《か》けていて、つかいものにならない状態《じょうたい》になっていること、「欠陥車《けっかんしゃ》」「欠陥住宅《けっかんじゅうたく》」が問題《もんだい》になることもある。

「欠」が「出」と組《く》みになって、反対《はんたい》の意味《いみ》を表《あらわ》すことがある。ほんとうは「出《で》る」のが当然《とうぜん》なのに、「出《で》るのをやめる」のが❷の意味《いみ》。「出席《しゅっせき》」に対《たい》して「欠席《けっせき》」、「出勤《しゅっきん》」に対《たい》して「欠勤《けっきん》」、船《ふね》の「出航《しゅっこう》」に対《たい》して「欠航《けっこう》」、選手《せんしゅ》の「出場《しゅつじょう》」に対《たい》して「欠場《けつじょう》」などがその例《れい》。

【欠席】けっせき ▲ （―する）学校《がっこう》や会合《かいごう》の席《せき》に出《で》ないこと。例つごうで欠席《けっせき》する。対出席《しゅっせき》

◆完全無欠《かんぜんむけつ》 出欠《しゅっけつ》 不可欠《ふかけつ》 補欠《ほけつ》

次

欠-2　総画6　JIS-2801　教3年

音ジ・シ　訓つぐ・つぎ

筆順　次 次 次 次 次 次（「つにならない」「はらう」）

なりたち　[会意]もとの字は「次」。「欠」が人《ひと》が口《くち》をあけて言うようすを表《あらわ》し、「二（→冫）」がものが二《ふた》つならぶことを表《あらわ》し、合《あ》わせて、順序《じゅんじょ》をいう意味《いみ》を表《あらわ》す字《じ》。

意味

❶つぎの。あとにつづく。二番《にばん》めの。例富士山《ふじさん》に次《つ》ぐ山《やま》。次《つぎ》から次《つぎ》へ。次回《じかい》・次点《じてん》

❷ならび方。順番《じゅんばん》や回数《かいすう》をかぞえることば。例次第《しだい》・目次《もくじ》・第二次世界大戦《だいにじせかいたいせん》

使い分け　つぐ[次・接・継] 631ページ

❶〈つぎの〉の意味で

【次回】じかい ⇩この次《つぎ》の回《かい》。関連前回《ぜんかい》・今回《こんかい》・次回

【次官】じかん ⇩大臣《だいじん》の次《つぎ》の位《くらい》で、大臣《だいじん》をたすける役《やく》。例事務次官《じむじかん》

【次期】じき ⇩つぎの時期《じき》・期間《きかん》。類来期《らいき》

【次女】じじょ ⇩女《おんな》のきょうだいの中《なか》で、二番《にばん》めに生《う》まれた子。参考役所《やくしょ》の書類《しょるい》では「二女」と書《か》く。一番《いちばん》めは「長女《ちょうじょ》」、三番《さんばん》めからは、三女《じょ》・四女《よんじょ》…となる。

【次席】じせき ⇩二番《にばん》めの地位《ちい》。例次席検事《じせきけんじ》

【次善】じぜん ⇩いちばんよい（最善《さいぜん》）とはいえないが、その次《つぎ》によい。例次善《じぜん》の策《さく》。

【次長】じちょう ⇩長官《ちょうかん》、部長《ぶちょう》など長《ちょう》のつく人《ひと》の次の位《くらい》。

【次点】じてん ⇩選挙《せんきょ》や賞《しょう》などで、当選《とうせん》した人《ひと》の次《つぎ》の順位《じゅんい》。

【次男】じなん ⇩男《おとこ》のきょうだいの中《なか》で、二番《にばん》めに生《う》まれた子《こ》。参考役所《やくしょ》の書類《しょるい》では「二男」と書《か》く。一番《いちばん》めは「長男《ちょうなん》」、三番《さんばん》めからは、三男《なん》・四男《よんなん》…となる。

❷〈ならび方〉の意味で

【次元】じげん ⇩①空間《くうかん》の広《ひろ》がりをかぞえることば。②ものを考《かんが》えるときの立場《たちば》。レベル。例次元《じげん》のひくい話《はなし》。知識①では、直線《ちょくせん》は長《なが》さだけの一次元《いちじげん》、平面《へいめん》は横《よこ》とたてで二次元《にじげん》、空間《くうかん》は横《よこ》とたてと高《たか》さで三次元《さんじげん》。

【次第】しだい Ⅲ ①順序《じゅんじょ》。例式次第《しきしだい》 ②どうしてそうなったかという事情《じじょう》。わけ。なりゆき。例事《こと》と次第《しだい》によってはゆるさない。③〈―に〉だんだんに。例しだいに暗《くら》くなってきた。④その状態《じょうたい》によって決《き》まる。例あした山登《やまのぼ》りをするかどうかは、お天気《てんき》しだいだ。⑤あることが終《お》わったら、すぐに。例駅《えき》に着《つ》きしだい、電話《でんわ》する。

次が下につく熟語 上の字の働き

❷次＝〈ならび方〉のとき

【式次《しきじ》 席次《せきじ》 目次《もくじ》 年次《ねんじ》】ナニの順番《じゅんばん》か。

◆順次《じゅんじ》 漸次《ぜんじ》 逐次《ちくじ》 野次《やじ》

欧

欠-4　総画8　JIS-1804　常用

音オウ　訓―

［歐］

筆順　欧 欧 欧 欧 欧 欧 欧 欧

例解 使い分け

［つぐ《次ぐ・接ぐ・継ぐ》］

次ぐ＝順《じゅん》につづく。例富士山《ふじさん》に次《つ》ぐ山《やま》。事件《じけん》が相次《あいつ》ぐ。

接ぐ＝つなぎ合《あ》わせる。例骨《ほね》を接《つ》ぐ。接《つ》ぎ木《き》。木《き》に竹《たけ》を接《つ》ぐ。

継ぐ＝あとを受《う》けてつづける。例家業《かぎょう》を継《つ》ぐ。王位《おうい》を継《つ》ぐ。父《ちち》のこころざしを継《つ》ぐ。

参考「お茶《ちゃ》をつぐ」「酒《さけ》をつぐ」などは、ほかのことばなので、かなで書《か》く。

なりたち  【形声】もとの字《じ》は、「歐」。「欠」が口《くち》をあけることを表《あらわ》し、「區《ク》」が「オウ」となって読《よ》み方《かた》をしめす。口《くち》をあけて食《た》べ物《もの》をもどすことを表《あらわ》す字《じ》。

意味 ヨーロッパ。「欧羅巴」の略《りゃく》。例 欧州《おうしゅう》・西欧《せいおう》

【欧州《おうしゅう》】↓ ヨーロッパ。例 欧州諸国《おうしゅうしょこく》

【欧風《おうふう》】↓ ヨーロッパのようなようすや、やり方《かた》。例 欧風《おうふう》の建物《たてもの》。類 西洋風《せいようふう》

【欧文《おうぶん》】↓ 英語《えいご》・ドイツ語《ご》・フランス語《ご》など、欧米諸国《おうべいしょこく》の言語《げんご》による文章《ぶんしょう》。例 欧文《おうぶん》タイプ 類 横文字《よこもじ》 対 和文《わぶん》・邦文《ほうぶん》

【欧米《おうべい》】Ⅱ ヨーロッパとアメリカ。例 欧米《おうべい》各国《かっこく》。類 西洋《せいよう》

欧が下につく熟語 上の字の働き

【東欧《とうおう》 西欧《せいおう》 南欧《なんおう》 北欧《ほくおう》】ヨーロッパのドノ方《ほう》向《こう》の地域《ちいき》か。

欠-4 欣

総画8 JIS-2253 人名

音 キン・ゴン 訓 よろこ-ぶ・よろこ-び

意味 よろこぶ。例 欣喜雀躍《きんきじゃくやく》・欣然《きんぜん》

名前のよみ やす・よし

欠-7 欲

総画11 JIS-4563 教6年

音 ヨク 訓 ほっ-する・ほ-しい

筆順

なりたち  【形声】「欠」が口《くち》をあけることを表《あらわ》し、「谷《コク》」が「あながあいている」意味《いみ》と、「ヨク」とかわって読《よ》み方《かた》をしめしている。口《くち》をあけて食《た》べ物《もの》をほしがることを表《あらわ》す字《じ》。

意味 ほしいと思《おも》う。ねがいもとめる。例 欲《よく》が深《ふか》い。平和《へいわ》を欲《ほっ》する。欲望《よくぼう》・意欲《いよく》

発音あんない ヨク→ヨッ… 例 欲求《よっきゅう》

【欲得《よくとく》】▲ 利益《りえき》ばかりほしがる心《こころ》。

【欲望《よくぼう》】Ⅱ なにかをほしい、したいと強《つよ》く思《おも》う気持《きも》ち。例 欲望《よくぼう》をおさえる。

【欲目《よくめ》】↓ よいものと思《おも》いたい気持《きも》ちで見《み》るため、じっさいよりよいものに見《み》てしまうこと。ひいき目《め》。例 親《おや》の欲目《よくめ》。

【欲求《よっきゅう》】Ⅱ (—する) なにかをほしがったり、したがったりする強《つよ》い気持《きも》ち。例 欲求不満《よっきゅうふまん》

欲が下につく熟語 上の字の働き

【食欲《しょくよく》 物欲《ぶつよく》】ナニの欲《よく》か。

【強欲《ごうよく》 無欲《むよく》】ドノクライの欲《よく》か。

◆ 意欲《いよく》 我欲《がよく》 禁欲《きんよく》 私欲《しよく》

欠-8 款

総画12 JIS-2030 常用

音 カン 訓 —

筆順

意味 ❶箇条書《かじょうが》きの文《ぶん》。きざみこまれた文《ぶん》や文字《もじ》。例 定款《ていかん》 ❷書画《しょが》などにおす印《いん》。例 落款《らっかん》をおす。

欠-8 欺

総画12 JIS-2129 常用

音 ギ 訓 あざむ-く

名前のよみ ただ・よし

筆順

なりたち  【形声】「欠」があくびを表《あらわ》し、「其《キ》」が「ギ」とかわって読《よ》み方《かた》をしめしている。あざむくことを表《あらわ》す字《じ》。

意味 あざむく。人《ひと》をだます。うそをつく。例 敵《てき》を欺《あざむ》く。欺瞞《ぎまん》・詐欺《さぎ》

【欺瞞《ぎまん》】Ⅱ (—する) うそをついて人《ひと》をだますこと。例 欺瞞《ぎまん》にみちた世《よ》の中《なか》。

欠-8 欽

総画12 JIS-2254 人名

音 キン 訓 つつし-む

意味 ❶つつしむ。例 欽慕《きんぼ》 ❷天子《てんし》がする。(うやまった言《い》い方《かた》) 例 欽定憲法《きんていけんぽう》

名前のよみ ただ・ひとし・よし

欠-10 歌

総画14 JIS-1846 教2年

音 カ 訓 うた・うた-う

筆順

なりたち  【形声】「哥」が大《おお》きな声《こえ》を出《だ》す意味《いみ》と「カ」の読《よ》み方《かた》をしめす。口《くち》

をあけた形《かたち》の「欠」をくわえて、うたうことを表《あらわ》す字《じ》。

意味

❶うた。うたう。例 小鳥《ことり》が歌《うた》う。歌手《かしゅ》・校《こう》歌《か》

❷和歌《わか》や短歌《たんか》。例 歌人《かじん》

❸《その他《た》》例 歌舞伎《かぶき》

❶〈うた〉の意味で

【歌曲】《かきょく》 ↓ 詩《し》にメロディーをつけて歌《うた》うようにした曲《きょく》。おもに、西洋《せいよう》のものをいう。

【歌劇】《かげき》 ↓ 歌《うた》と音楽《おんがく》を中心《ちゅうしん》にして演《えん》じられる劇《げき》。オペラ。例 歌劇《かげき》を上演《じょうえん》する。

【歌詞】《かし》 ↓ ふしをつけて歌《うた》うためのことば。

【歌手】《かしゅ》 ↓ 歌《うた》をうたうことを職業《しょくぎょう》とする人《ひと》。歌《うた》い手《て》。例 オペラ歌手《かしゅ》

【歌集】《かしゅう》 ↓ 歌《うた》を集《あつ》めた本《ほん》。☞❷

【歌唱】《かしょう》 ‖ 〈―する〉歌《うた》をうたうこと。

【歌。謡曲】《かようきょく》 多《おお》くの人《ひと》びとに親《した》しまれている日本《にほん》のはやり歌《うた》。類 流行歌《りゅうこうか》・演歌《えんか》

❷〈和歌や短歌〉の意味で

【歌心】《うたごころ》 ↓ 和歌《わか》のよさがわかる風流《ふうりゅう》な心《こころ》。和歌《わか》をつくろうという気持《きも》ち。例 美《うつく》しい景色《けしき》に歌心《うたごころ》をそそられる。

【歌集】《かしゅう》 ↓ 和歌《わか》を集《あつ》めた本《ほん》。☞❶

【歌人】《かじん》 ↓ 和歌《わか》を作《つく》る人《ひと》。歌詠《うたよ》み。

【歌。壇】《かだん》 ↓ 和歌《わか》をつくる人《ひと》たちの社会《しゃかい》。

【歌。碑】《かひ》 ↓ 和歌《わか》などをほりこんだ石碑《せきひ》。

参考 俳句《はいく》をほった石碑《せきひ》は「句碑《くひ》」。

【歌風】《かふう》 ↓ 和歌《わか》の作《つく》り方《かた》の特色《とくしょく》。

❸《その他》

【歌。舞。伎】《かぶき》 江戸時代《えどじだい》に生《う》まれた日本《にほん》の伝統《でんとう》的《てき》な演劇《えんげき》の一《ひと》つ。独特《どくとく》の型《かた》をたいせつにした演技《えんぎ》と音楽《おんがく》やおどりを合《あ》わせたもの。参考 ひどくはでな身《み》なりなどをする意味《いみ》の「かぶく」から。それに漢字《かんじ》をあてたもの。

歌が下につく熟語 上の字の働き

❶歌＝〈うた〉のとき

【和歌《わか》 国歌《こっか》 校歌《こうか》】ドコの歌《うた》か。

【軍歌《ぐんか》 舟歌《ふなうた》 哀歌《あいか》 聖歌《せいか》 恋歌《れんか／こいうた》 短歌《たんか》 鼻《はな》歌《うた》】ドウイウ歌《うた》か。

◇ 詠歌《えいか》 詩歌《しいか》 四面楚歌《しめんそか》

欠−11

【歎】

総画15 JIS-3523 人名

音 タン 訓 なげ-く

意味

❶なげく。ため息《いき》をつく。

❷ほめたたえる。

表記 今《いま》は「嘆」を使《つか》って表《あらわ》す。（歎《なげ》く→嘆《なげ》く・感《かん》歎《たん》→感嘆《かんたん》）

欠−11

【歓】

総画15 JIS-2031 常用

音 カン 訓 よろこ-ぶ

［歡］

筆順 歓 歓 歓 歓 歓 歓 歓

なりたち 【形声】もとの字《じ》は、「歡」。「欠」が口《くち》をあけることを表《あらわ》し、「雚」が「カン」という読《よ》み方《かた》をしめしている。「カン」は飲食物《いんしょくぶつ》の意味《いみ》を持《も》ち、飲食物《いんしょくぶつ》にむかって口《くち》をあけていることを表《あらわ》す字《じ》。

意味 よろこぶ。楽《たの》しむ。例 歓声《かんせい》・交歓《こうかん》

名前のよみ よし

【。歓喜】《かんき》 ‖ 〈―する〉うれしくてしかたがないこと。おおよろこび。例 歓喜《かんき》にわく。

【。歓。迎】《かんげい》 ↓ 〈―する〉よろこんでむかえること。例 歓迎会《かんげいかい》 対 歓送《かんそう》

【。歓呼】《かんこ》 ↓ 〈―する〉よろこんで大声《おおごえ》をあげること。例 歓呼《かんこ》の声《こえ》で選手《せんしゅ》をむかえる。

【。歓心】《かんしん》 ↓ うれしいと思《おも》う心《こころ》。例 歓心《かんしん》を買《か》う（気《き》に入《い》られようとする）。

例解 使い分け

［歓心《かんしん》・関心《かんしん》・感心《かんしん》］

歓心＝うれしいと思《おも》う心《こころ》。

例 上役《うわやく》の歓心《かんしん》を買《か》う。

関心＝心《こころ》をひきつけられること。

例 政治《せいじ》に関心《かんしん》を持《も》つ。全国民《ぜんこくみん》の関心《かんしん》が集《あつ》まる。

感心＝りっぱなことに深《ふか》く心《こころ》を動《うご》かされること。

例 感心《かんしん》してうなる。感心《かんしん》な子《こ》ども。

歓心を買う　関心がある　感心な子

【。歓声】《かんせい》 ↓ よろこんで出《だ》す、さけび声《ごえ》。

【。歓送】《かんそう》 ↓ 〈―する〉祝福《しゅくふく》し、はげまして送《おく》り

出《だ》すこと。例歓送会《かんそうかい》 類壮行《そうこう》 対歓迎《かんげい》

【。歓待】《かんたい》 ↓ 〈—する〉おおよろこびでもてなすこと。例思《おも》わぬ歓待《かんたい》を受《う》ける。

【。歓談】《かんだん》 ↓ 〈—する〉うちとけて楽《たの》しく話《はな》し合《あ》うこと。例歓談《かんだん》のときをすごす。類談笑《だんしょう》

【。歓楽】《かんらく》 Ⅱ 遊《あそ》びや酒《さけ》などで、楽《たの》しみにひたること。例歓楽街《かんらくがい》 類享楽《きょうらく》・悦楽《えつらく》

4画 止 [とめる][とめへん] の部

「止《とめる》」をもとに作《つく》られ、歩行《ほこう》にかかわる字《じ》を集《あつ》めてあります。

この部首の字
0 止……634　1 正……634　2 此……636
4 武……636　歩……637　9 歳……637　10 歴……637
企→人 65　凪→几 133　肯→月 870　紫→糸 840
歯→歯 1071　雌→隹 1019　頻→頁 1040

止-0 止

総画4　JIS-2763　教2年
訓音 シ　とまる・とめる

筆順 丨 ㅏ 止 止 止（だす）

なりたち 【象形】足《あし》あとの形《かたち》をえがいた字《じ》。「とまる、とめる」として使《つか》われている。

意味 とまる。とめる。やめる。動《うご》かないようにする。例時計《とけい》が止《と》まる。血《ち》を止《と》める。

特別なよみ 止血《しけつ》・禁止《きんし》・静止《せいし》・中止《ちゅうし》　波止場（はとば）

使い分け とめる［止・留］☞635ページ

【止血】《しけつ》 ▲ 〈—する〉血《ち》が出《で》るのをとめること。ちどめ。例包帯《ほうたい》で止血《しけつ》する。

止が下につく熟語 上の字の働き
【停止《ていし》 休止《きゅうし》 終止《しゅうし》 静止《せいし》 抑止《よくし》】近《ちか》い意味《いみ》。
【禁止《きんし》 制止《せいし》 防止《ぼうし》 阻止《そし》 抑止《よくし》】ドウヤッテ止《と》めるか。
◆笑止《しょうし》 中止《ちゅうし》 廃止《はいし》

止-1 正

総画5　JIS-3221　教1年
訓音 セイ・ショウ　ただしい・ただす・まさ

筆順 一 丅 下 正 正（だす）（ながく）

なりたち 【会意】「一《いち》」が目《め》あてを表《あらわ》し、「止《し》」があるく意味《いみ》で、合《あ》わせて、まっすぐにあるくことを表《あらわ》す字《じ》。「ただしい」として使《つか》われている。

意味
❶ただしい。ただしくする。例正《ただ》しい答《こた》え。誤《あやま》りを正《ただ》す。正義《せいぎ》・改正《かいせい》・公正《こうせい》 対邪《じゃ》・誤《ご》
❷ちょうど。ぴったり。まさしく。例正《まさ》にそのとおり。正午《しょうご》
❸本来《ほんらい》の。ほんとうの。例正式《せいしき》 対副《ふく》
❹ゼロよりも大《おお》きい数《かず》。プラス。例正《せい》の整数《せいすう》。正数《せいすう》 対負《ふ》
❺年《とし》の始《はじ》め。例正月《しょうがつ》
❻もっとも上《うえ》の位《くらい》。長官《ちょうかん》。例検事正《けんじせい》
❼《その他》例正念場《しょうねんば》

名前のよみ あきら・きみ・さだ・たか・なお・のぶ・よし

❶〈ただしい。ただしくする〉の意味で

【正直】《しょうじき》 Ⅱ 〈—な〉正《ただ》しくすなおで、うそやごまかしがないこと。例正直《しょうじき》に話《はな》す。表現「正直《しょうじき》、わたしもこまるのです」などというときには、「ほんとうのことを言えば」という意味《いみ》でつかう。

【正解】《せいかい》 ↓ 〈—する〉正《ただ》しい答《こた》えや解釈《かいしゃく》。例正解《せいかい》を出《だ》す。類正答《せいとう》

【正確】《せいかく》 Ⅱ 〈—な〉正《ただ》しく、たしかなこと。例正確《せいかく》な時刻《じこく》を知《し》らせる。類精確《せいかく》

【正義】《せいぎ》 ↓ 人間《にんげん》がまもらなければならない正《ただ》しい道《みち》。例正義《せいぎ》を重《おも》んじる。

【正誤】《せいご》 ⇕ 正《ただ》しいことと、あやまっていること。例正誤《せいご》を判断《はんだん》する。正誤表《せいごひょう》

【正。邪】《せいじゃ》 ⇕ 正《ただ》しいことと、わるいこと。類理非《りひ》・曲直《きょくちょく》

【正常】《せいじょう》 ↓ 〈—に〉〈—な〉かわったところがなく、ふつうであること。例血圧《けつあつ》は正常《せいじょう》。対異常《いじょう》

【正正堂堂】《せいせいどうどう》 〈—たる〉〈—と〉①きちんとしていていきおいさかんなようす。例正々堂々《せいせいどうどう》の入場行進《にゅうじょうこうしん》。②態度《たいど》や行《おこな》いがりっぱなようす。例正々堂々《せいせいどうどう》とたたかう。

【正答】《せいとう》 ↓ 〈—する〉正《ただ》しく答《こた》えること。正《ただ》しい答《こた》え。例正答《せいとう》を発表《はっぴょう》する。類正解《せいかい》

【正当《せいとう》】‖〈―な・―に〉正《ただ》しくて、すじがとおっていること。例 正当《せいとう》な理由《りゆう》。対 不当《ふとう》 表現「正《せい》当化《とうか》する」というと、理屈《りくつ》をつけてむりに正《ただ》しくしてしまう、よくない意味《いみ》になる。

【正当防衛《せいとうぼうえい》】自分《じぶん》をまもるため、やむをえず暴力《ぼうりょく》を用《もち》いること。法律上《ほうりつじょう》、罪《つみ》にはならない。例 正当防衛《せいとうぼうえい》が成立《せいりつ》する。

【正道《せいどう》】↓ ものごとの正《ただ》しいやり方《かた》。人《ひと》としての正《ただ》しい生《い》き方《かた》。例 正道《せいどう》を行《い》く。対 邪道《じゃどう》

【正否《せいひ》】↕ 正《ただ》しいか、正《ただ》しくないか。例 損《そん》得《とく》でなく、正否《せいひ》の問題《もんだい》だ。

【正論《せいろん》】↓ 道理《どうり》にあった正《ただ》しい意見《いけん》。例 ただ一人《ひとり》正論《せいろん》を吐《は》く。表現 正《ただ》しいが現実《げんじつ》とは合《あ》わない場合《ばあい》もあって、「それは正論《せいろん》だ」は、全《ぜん》面的《めんてき》にほめた言《い》い方《かた》ではない。

❷〈ちょうど〉の意味で

【正午《しょうご》】↓ 昼《ひる》の十二時《じゅうにじ》。午後零時《ごごれいじ》。関連 午《ご》前《ぜん》・正午《しょうご》・午後《ごご》 参考「午」は、十二支《じゅうにし》の「うま」で、午《うま》の刻《こく》は、昼《ひる》の十二時《じゅうにじ》の前後《ぜんご》二時間《にじかん》。

【正反対《せいはんたい》】〈―な・―に〉まったく逆《ぎゃく》であること。例 正反対《せいはんたい》の意見《いけん》。

【正比例《せいひれい》】〈―する〉数学《すうがく》で、二《ふた》つの数《かず》の一方《いっぽう》がふえたりへったりするにつれて、もう一方《いっぽう》もおなじ割合《わりあい》でふえたりへったりすること。類 比例《ひれい》 対 反比例《はんぴれい》

【正方形《せいほうけい》】四《よっ》つの角《かく》が直角《ちょっかく》で、四《よっ》つの辺《へん》の長《なが》さがどれもおなじ長《なが》さの四角形《しかくけい》。正四角《せいしかく》形《けい》。真四角《ましかく》。

【正夢《まさゆめ》】↓ 夢《ゆめ》で見《み》たとおりのことがじっさいに起《お》こる夢《ゆめ》。対 逆夢《さかゆめ》

❸〈本来の〉の意味で

【正気《しょうき》】↓〈―な〉心《こころ》や頭《あたま》のはたらきが正常《せいじょう》であること。類 本性《ほんせい》 対 狂気《きょうき》

【正真正◦銘《しょうしんしょうめい》】たしかでまちがいがないこと。例 正真正銘《しょうしんしょうめい》のダイヤモンド。類 真正《しんせい》

【正体《しょうたい》】↓ ①ほんとうのすがた。類 実体《じったい》・本体《ほんたい》 ②ふつうのときの、しっかりした気持《きも》ち。例 正体《しょうたい》なくねむりこける。

【正札《しょうふだ》】↓ 正価《せいか》を書《か》いて商品《しょうひん》につけるふだ。

【正味《しょうみ》】↓ ①入《い》れ物《もの》やつつみ紙《がみ》などをのぞいた、中身《なかみ》の重《おも》さ。例 正味《しょうみ》百《ひゃく》グラムのあめ。②ほんとうの数《かず》や量《りょう》。例 一日《いちにち》はたらいたと言《い》っても、正味六時間《しょうみろくじかん》だ。類 実質《じっしつ》

【正面《しょうめん》】↓ そのもののおもてがわ。相手《あいて》とまっすぐ向《む》きあう面《めん》。例 正面《しょうめん》からとりくむ。類 前面《ぜんめん》 関連 正面《しょうめん》・側面《そくめん》・背面《はいめん》

【正価《せいか》】↓ かけ値《ね》や割引《わりびき》なしの、ほんとうのねだん。例 正価販売《せいかはんばい》 類 定価《ていか》

例解 使い分け

［とめる《止める・留める》］

止める＝動《うご》いているものを動《うご》かなくする。例 息《いき》を止《と》める。車《くるま》を止《と》める。電気《でんき》を止《と》める。

留める＝はなれないように動《うご》かなくする。例 ボタンを留《と》める。心《こころ》に留《と》める。書《か》き留《と》める。書留郵便《かきとめゆうびん》。

【正課《せいか》】↓ 正式《せいしき》の授業《じゅぎょう》として、かならず受《う》けなければならない学科《がっか》。対 課外《かがい》

【正規《せいき》】↓ きちんときまりにあっていること。例 正規《せいき》の手続《てつづ》きをふむ。

【正◦攻法《せいこうほう》】堂々《どうどう》と真正面《ましょうめん》から敵《てき》とたたかうやり方《かた》。対 奇策《きさく》

【正座《せいざ》】↓〈―する〉おしりを両足《りょうあし》くびの上《うえ》にのせてひざをそろえ、背《せ》すじをのばしたきちんとしたしせいですわること。類 端座《たんざ》

【正視《せいし》】↓〈―する〉まともに目《め》をむけて見《み》ること。例 正視《せいし》して答《こた》える。類 直視《ちょくし》

【正式《せいしき》】↓〈―な・―に〉きまりどおりの正《ただ》しいやり方《かた》。例 正式《せいしき》にみとめる。類 本式《ほんしき》 対 略式《りゃくしき》

【正装《せいそう》】↓〈―する〉儀式《ぎしき》などのときに着《き》る正《せい》式《しき》な服装《ふくそう》。類 礼装《れいそう》 対 略装《りゃくそう》 表現 美《うつく》しく着《き》かざるのは「盛装《せいそう》」。「盛装《せいそう》」は個人《こじん》のこのみによるが、「正装《せいそう》」にはきまりがある。

【正調《せいちょう》】↓ むかしからつたえられてきた正《ただ》しい節《ふし》まわし。例 正調木曽節《せいちょうきそぶし》

【正統《せいとう》】↓〈―な〉①血《ち》すじなどいくつかに分《わ》かれて出《で》たもののうち、中心《ちゅうしん》になるもの。例

前ページ▶正

源氏《げんじ》の正統《せいとう》。②おおもとの精神《せいしん》を正《ただ》しく受《う》けついでいるもの。例 正統派《せいとうは》 対 異端《いたん》

【正門《せいもん》】↓ 正面《しょうめん》の門《もん》。類 表門《おもてもん》 対 裏門《うらもん》

❹〈ゼロよりも大きい数〉の意味で

【正数《せいすう》】↓ 0より大《おお》きい数《かず》。対 負数《ふすう》

❺〈年の始め〉の意味で

【正月《しょうがつ》】↓ ①一年《いちねん》がはじまる月《つき》。一月《いちがつ》。②新年《しんねん》のお祝《いわ》いをする三《さん》が日《にち》、または七日《なのか》までの期間《きかん》。例 正月気分《しょうがつきぶん》。正月《しょうがつ》の行事《ぎょうじ》。類 新年《しんねん》

❼《その他》

【正念場《しょうねんば》】心《こころ》をひきしめて立《た》ちむかわなければならない、だいじな場面《ばめん》。例 今《いま》が受験勉強《じゅけんべんきょう》の正念場《しょうねんば》だ。参考 歌舞伎《かぶき》で、その役《やく》の本質的性格《ほんしつてきせいかく》をしめすだいじな場面《ばめん》である「性根場《しょうねば》」から出《で》たことば。

正が下につく熟語 上の字の働き

❶ 正＝〈ただしい。ただしくする〉のとき

【公正《こうせい》 端正《たんせい》 中正《ちゅうせい》 方正《ほうせい》 矯正《きょうせい》 修正《しゅうせい》 訂正《ていせい》 粛正《しゅくせい》 是正《ぜせい》 適正《てきせい》】近《ちか》い意味《いみ》。

【改正《かいせい》 補正《ほせい》 校正《こうせい》】ドウヤッテ正《ただ》しくするか。

◆ 賀正《がしょう》 厳正《げんせい》 僧正《そうじょう》 不正《ふせい》

此

止-2 総画6 JIS-2601 人名

音 シ 訓 ここ・これ・こ-の

意味 これ。この。ここ。例 此岸《しがん》

武

止-4 総画8 JIS-4180 教5年

音 ブ・ム 訓 —

筆順

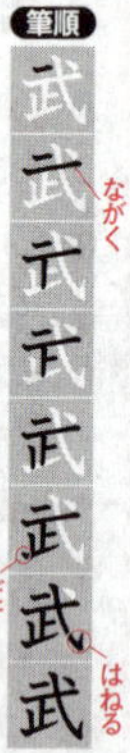

なりたち

【会意】ほこ（弋）と、足《あし》の形《かたち》の「止」とからでき、ほこを持《も》っていさましく進《すす》むことを表《あらわ》す字《じ》。

意味

❶ いくさ。たたかいにかんする。たたかうつよさ。例 武《ぶ》をたっとぶ。武器《ぶき》・武勇《ぶゆう》・武者《むしゃ》

❷ 武蔵《むさし》。旧国名《きゅうこくめい》。今《いま》の東京都《とうきょうと》と埼玉県《さいたまけん》のほぼ全体《ぜんたい》と神奈川県《かながわけん》の一部《いちぶ》。例 武州《ぶしゅう》・西武《せいぶ》・甲武信岳《こぶしだけ》

❸《その他》例 武骨《ぶこつ》

名前のよみ いさむ・たけ・たけし・たける

❶〈いくさ〉の意味で

【武運《ぶうん》】↓ たたかいでの勝《か》ち負《ま》けの運《うん》。例 武運《ぶうん》つたなく敗《やぶ》れる。武運長久《ぶうんちょうきゅう》

【武官《ぶかん》】↓ 軍事関係《ぐんじかんけい》の仕事《しごと》をする役人《やくにん》。対 文官《ぶんかん》

【武器《ぶき》】↓ 刀《かたな》・銃《じゅう》など、たたかいに使《つか》う道具《どうぐ》。類 兵器《へいき》 表現 「ペンが武器《ぶき》だ」「美《うつく》しさを武器《ぶき》にする」など、たのもしい道具《どうぐ》の意味《いみ》でも使《つか》う。

【武具《ぶぐ》】↓ よろい・かぶとなど、たたかいに使《つか》う道具《どうぐ》。例 武具《ぶぐ》をつける。

【武勲《ぶくん》】↓ いくさでのてがら。類 武功《ぶこう》

【武家《ぶけ》】↓ ①武士《ぶし》の家《いえ》がら。類 武門《ぶもん》 対 公家《くげ》 ②さむらい。例 お武家《ぶけ》さま 類 武士《ぶし》

【武芸《ぶげい》】↓ 弓《ゆみ》・やり・剣術《けんじゅつ》・馬術《ばじゅつ》など、たたかいのためのわざ。類 武術《ぶじゅつ》・武道《ぶどう》

【武士《ぶし》】↓ むかし、武芸《ぶげい》を身《み》につけ、たたかうことを専門《せんもん》にして主君《しゅくん》につかえた人《ひと》。農民《のうみん》や町人《ちょうにん》の上《うえ》の身分《みぶん》で、日本《にほん》を支配《しはい》した階級《かいきゅう》。さむらい。例 武士道《ぶしどう》 類 武家《ぶけ》

【武術《ぶじゅつ》】↓ 弓《ゆみ》・やり・剣術《けんじゅつ》・馬術《ばじゅつ》など、たたかうためのわざ。類 武芸《ぶげい》・武道《ぶどう》

【武将《ぶしょう》】↓ 指揮官《しきかん》の立場《たちば》にある武士《ぶし》や軍人《ぐん》。例 戦国時代《せんごくじだい》の武将《ぶしょう》。

【武人《ぶじん》】↓ 武士《ぶし》や軍人《ぐんじん》など、いくさに関係《かんけい》する人びと。対 文人《ぶんじん》

【武装《ぶそう》】↓ （—する）たたかいにそなえて、武器《ぶき》を身《み》につけて用意《ようい》すること。

【武道《ぶどう》】↓ ①武士《ぶし》のまもるべき生《い》き方《かた》。武士道《しどう》。②剣道《けんどう》・柔道《じゅうどう》・弓道《きゅうどう》などをまとめていうことば。類 武芸《ぶげい》・武術《ぶじゅつ》

【武門《ぶもん》】↓ 武士《ぶし》の家《いえ》がら。類 武家《ぶけ》

【武勇《ぶゆう》】↓ 武術《ぶじゅつ》にすぐれ、強《つよ》くて勇《いさ》ましいこと。例 武勇《ぶゆう》のほまれ。

【武勇伝《ぶゆうでん》】①武術《ぶじゅつ》にすぐれた人《ひと》の伝記《でんき》。②いさましいてがらばなし。例 強盗《ごうとう》をつかまえたという武勇伝《ぶゆうでん》。

【武力《ぶりょく》】↓ 戦争《せんそう》をするための、軍隊《ぐんたい》の力《ちから》。類 戦力《せんりょく》・兵力《へいりょく》

【武者《むしゃ》】↓ 武士《ぶし》。よろい・かぶとを身《み》につけた武士《ぶし》。例 武者人形《むしゃにんぎょう》・落《お》ち武者《むしゃ》

❸《その他》

【武骨《ぶこつ》】○ （—な）ごつごつしていて、なめら

かさやスマートさがないが、素朴《そぼく》であること。例武骨者《ぶこつもの》 表記「無骨」とも書《か》く。

止-4 歩

総画8　JIS-4266　教2年

音ホ・ブ・フ　訓あるく・あゆむ

［歩］

筆順　だす　はねる　とめる

なりたち　[会意]左右《さゆう》の足《あし》あとを組《く》み合《あ》わせた字《じ》で、「あるく」意味《いみ》を表《あらわ》している。

意味

❶あるく。すすんでいく。あゆみぐあい。例歩《あゆ》みがおそい。歩《ほ》を進《すす》める。歩行《ほこう》・散歩《さんぽ》

❷わりあい。利率《りりつ》。例歩《ぶ》に合《あ》わない。歩合《ぶあい》・日歩《ひぶ》

❸将棋《しょうぎ》のこまの一《ひと》つ。歩兵《ふひょう》。

注意するよみ　フ…例(将棋《しょうぎ》のこまの)歩《ふ》

発音あんない　ホ→ポ…例一歩《いっぽ》

名前のよみ　すすむ

❶〈あるく〉の意味で

【歩行】ほこう ↓(-する)歩《ある》くこと。例歩行者《ほこうしゃ》

【歩測】ほそく ↓(-する)一歩《いっぽ》一歩歩《いっぽある》いて、その一歩《いっぽ》のはばの長《なが》さと歩数《ほすう》とのかけ算《ざん》で距離《きょり》をはかること。そのはかり方《かた》。

【歩調】ほちょう ↓①歩《ある》きの速《はや》さや足《あし》の動《うご》かし方《かた》。あしなみ。例歩調《ほちょう》をとる。②大《おお》ぜいでいっしょに行動《こうどう》するときのやり方《かた》や進《すす》めぐあい。あしなみ。例仕事《しごと》の歩調《ほちょう》をあわせる。

【歩道】ほどう ↓歩《ある》く人《ひと》のための道《みち》。対車道《しゃどう》

【歩兵】ほへい ↓歩《ある》いてたたかう兵士《へいし》。

❷〈わりあい〉の意味で

【歩合】ぶあい ↓①ある数《かず》を、他《た》の数《かず》とくらべたときのわりあい。②取《と》り引《ひ》きのあつかい高《だか》におうじて出《だ》す手数料《てすうりょう》。例歩合制《ぶあいせい》

歩が下につく熟語 上の字の働き

❶歩=〈あるく〉のとき

【散歩《さんぽ》 漫歩《まんぽ》 牛歩《ぎゅうほ》】ドウ歩《ある》くか。

【進歩《しんぽ》 退歩《たいほ》】ドウナッテいくか。

◆競歩《きょうほ》 五十歩百歩《ごじっぽひゃっぽ》 初歩《しょほ》 譲歩《じょうほ》 徒歩《とほ》 日進月歩《にっしんげっぽ》 日歩《ひぶ》

止-9 歳

総画13　JIS-2648　常用

音サイ・セイ　訓とし

筆順 歳 歳 歳 歳 歳 歳 歳

なりたち　[会意]もとの字《じ》は、「歲」。めぐる意味《いみ》の「歩」と、刈《か》り取《と》る刃物《はもの》を表《あらわ》す「戉」からでき、作物《さくもつ》を刈《か》り取ってからひとめぐりの年《とし》を表《あらわ》す字《じ》。

意味

❶一年《いちねん》。月日《つきひ》。例歳月《さいげつ》・歳暮《せいぼ》

❷ねんれいを表《あらわ》すことば。例満十歳《まんじっさい》

注意するよみ　セイ…例歳暮《せいぼ》

特別なよみ　二十歳(はたち)

名前のよみ　とせ

❶〈一年〉の意味で

【°歳月】さいげつ Ⅱとしつき。例歳月人《さいげつひと》を待《ま》たず(時《とき》は、人《ひと》の思《おも》いなどにかまわず、どんどんすぎていく)。類年月《ねんげつ》・月日《つきひ》・時日《じじつ》

【°歳時記】さいじき ↓①俳句《はいく》の季語《きご》を季節《きせつ》ごとに集《あつ》めて説明《せつめい》し、例句《れいく》をのせた本《ほん》。季寄《きよ》せ。②一年《いちねん》じゅうの季節《きせつ》ごとの行事《ぎょうじ》や自然《しぜん》のようすなどを書《か》いた本《ほん》。

【°歳出】さいしゅつ ↓国《くに》や都道府県《とどうふけん》、市町村《しちょうそん》などが一年間《いちねんかん》にしはらうお金《かね》の合計《ごうけい》。対歳入《さいにゅう》

【°歳入】さいにゅう ↓国《くに》や都道府県《とどうふけん》、市町村《しちょうそん》などに一年間《いちねんかん》に入《はい》ってくるお金《かね》の合計《ごうけい》。対歳出《さいしゅつ》

【°歳費】さいひ ↓国会議員《こっかいぎいん》の一年間《いちねんかん》の手当《てあて》。

【°歳末】さいまつ ↓年《とし》の暮《く》れ。類年末《ねんまつ》・歳暮《せいぼ》

【°歳暮】せいぼ ↓①年《とし》の暮《く》れ。類年末《ねんまつ》・歳末《さいまつ》②年《とし》の暮《く》れに、せわになった人《ひと》などにお礼《れい》の気持《きも》ちをこめておくるおくりもの。表現②は、「お」をつけて「お歳暮《せいぼ》」ということが多《おお》い。

止-10 歴

総画14　JIS-4682　教4年

音レキ　訓―

［歴］

筆順　はねない　はらう

なりたち　[形声]もとの字《じ》は、「歷」。「レキ」と読《よ》んで順序《じゅんじょ》よくならぶ意味《いみ》の「厤」と、歩《ある》く意味《いみ》の「止」とからでき、順序《じゅんじょ》よくあるくことを表《あらわ》す字《じ》。

意味

❶つぎつぎとへていく。すぎてきたあと。例歴史《れきし》・歴任《れきにん》・歴訪《れきほう》・学歴《がくれき》・巡歴《じゅんれき》

名前のよみ つね

❷はっきりしている。例 歴然《れきぜん》

❶〈つぎつぎとへていく〉の意味で

【歴史】《れきし》 ⬇ むかしから今《いま》までの、うつりかわりのようす。また、それを書《か》きしるしたもの。例 日本《にほん》の歴史《れきし》。歴史《れきし》に学《まな》ぶ。類 沿革《えんかく》

【歴戦】《れきせん》 ⬇ 何度《なんど》もたたかいをしてきていること。例 歴戦《れきせん》の勇士《ゆうし》。

【歴代】《れきだい》 ⬇ はじまってから今《いま》までつづいてきたすべての代《だい》。例 歴代大統領《れきだいだいとうりょう》 類 代代《だいだい》

【歴任】《れきにん》 ⬇〈—する〉つぎつぎに責任《せきにん》ある職《しょく》や役目《やくめ》についてきたこと。

【歴訪】《れきほう》 ⬇〈—する〉多《おお》くの土地《とち》や人《ひと》びとをつぎつぎに訪問《ほうもん》すること。例 ヨーロッパ諸国《しょこく》を歴訪《れきほう》する。

❷〈はっきりしている〉の意味で

【歴然】《れきぜん》 ⊠〈—たる〉〈—と〉はっきりしている。例 歴《れき》然《ぜん》たる事実《じじつ》。類 判然《はんぜん》

【歴歴】《れきれき》 ◎ ①〈—たる〉〈—と〉はっきりと。ありありと。例 たたかいのあとが歴々《れきれき》としている。②身分《みぶん》や家《いえ》がらが高《たか》い人《ひと》びと。例 お歴々《れきれき》の集《あつ》まる会合《かいごう》。表現 ②は、ふつう「お歴々《れきれき》」の形《かたち》で使《つか》われる。

歴が下につく熟語 上の字の働き

❶歴＝〈つぎつぎとへていく〉のとき

【経歴《けいれき》 履歴《りれき》 来歴《らいれき》】近《ちか》い意味《いみ》。

【学歴《がくれき》 職歴《しょくれき》】ナニの経歴《けいれき》か。

【巡歴《じゅんれき》 遍歴《へんれき》】ドノヨウニまわるか。

◆前歴《ぜんれき》 略歴《りゃくれき》

4画 歹［がつへん］の部

人《ひと》の骨《ほね》の形《かたち》にもとづいた「歹《がつへん》」をもとに作《つく》られ、死《し》や傷害《しょうがい》にかかわる字《じ》を集《あつ》めてあります。

この部首の字

2 死……638　6 残……639　殊……640
殉……640　8 殖……640　列→刂 142

死

歹-2

総画6
JIS-2764
教3年
音 シ
訓 しぬ

筆順

なりたち

【会意】人《ひと》（匕）とほねの形《かたち》（歹）とからでき、人《ひと》の命《いのち》がつきてほねになることを表《あらわ》す字《じ》。「しぬ」として使《つか》われる。

意味

❶しぬ。命《いのち》がなくなる。例 死《し》んでも死《し》にきれない。死亡《しぼう》・急死《きゅうし》 対 生《せい》

❷生《い》きていない。役《やく》に立《た》たない。例 死蔵《しぞう》

❸しにものぐるい。命《いのち》がけ。例 死力《しりょく》・必《ひっ》死《し》

文字物語 ☞ 638ページ

❶〈しぬ〉の意味で

【死因】《しいん》 ⬇ 死《し》んだ原因《げんいん》。例 死因《しいん》を調《しら》べる。

【死骸】《しがい》 ⬇ 人間《にんげん》・動物《どうぶつ》・虫《むし》などの、死《し》んだからだ。類 死体《したい》・遺体《いたい》・遺骸《いがい》・亡骸《なきがら》・屍《しかばね》 表現 ☞

【死体】《したい》（639ページ）

【死活】《しかつ》 ⇕ 死《し》ぬか、生《い》きるか。だめになるか、ならないか。例 死活問題《しかつもんだい》 類 生死《せいし》

【死期】《しき》 ⬇ 死《し》ぬとき。例 死期《しき》がせまる。

【死去】《しきょ》 Ⅱ〈—する〉人《ひと》が死《し》ぬこと。例 父《ちち》が昨《さく》夜《や》死去《しきょ》いたしました。類 永眠《えいみん》・逝去《せいきょ》 表現 「死《し》亡《ぼう》」よりあらたまった言《い》い方《かた》だが、多《おお》く身内《みうち》のことに使《つか》う。

【死刑】《しけい》 ⬇ 罪《つみ》をおかした人《ひと》のいのちをうば

文字物語

死

生《い》き物《もの》にとって、「死《し》」はさけられないもの。とくに人《ひと》の死《し》については、何《なに》が原因《げんいん》で死《し》んだのか、その死因《しいん》が問題《もんだい》になる。病気《びょうき》による「病死《びょうし》」はしかたないかもしれないが、アフリカの難民《なんみん》などの飢《う》えによる「餓死《がし》」はいたましい。また、新聞《しんぶん》の紙面《しめん》をにぎわすのは、事故《じこ》による「事故死《じこし》」。それも「転落死《てんらくし》」「窒息死《ちっそくし》」「ガス中毒死《ちゅうどくし》」「感電死《かんでんし》」「ショック死《し》」などのことばからは、現代社会《げんだいしゃかい》にひそんでいる危険《きけん》を思《おも》い知《し》らされる。最近《さいきん》では、はたらきすぎた過労《かろう》による「過労死《かろうし》」や「虐待死《ぎゃくたいし》」はまさに社会問題《しゃかいもんだい》である。また、どういう状態《じょうたい》で死《し》ぬかをいう「自然死《しぜんし》」「安楽死《あんらくし》」ということばも、医学《いがく》が発達《はったつ》した今日《こんにち》、人間《にんげん》の尊厳《そんげん》という観点《かんてん》から生《う》まれたものだ。

う、いちばん重《おも》い刑罰《けいばつ》。類死罪《しざい》・極刑《きょっけい》

【死後】しご ⇩死んだあと。類没後《ぼつご》 対生前《せいぜん》

【死罪】しざい ⇩罪《つみ》をおかした人《ひと》のいのちをうばう刑罰《けいばつ》。例死罪《しざい》にあたいする。類死刑《しけい》・極刑《きょっけい》

【死者】ししゃ ⇩死《し》んだ人《ひと》。類死人《しにん》

【死傷】ししょう Ⅱ〈―する〉事故《じこ》などで、死者《ししゃ》と負傷《ふしょう》者《しゃ》とが出《で》ること。例七名《ななめい》の死傷者《ししょうしゃ》。

【死線】しせん ⇩生《い》きるか死ぬかのさかいめ。例高熱《こうねつ》がつづき、三日間《みっかかん》死線《しせん》をさまよった。

【死体】したい ⇩死《し》んだ人《ひと》や死《し》んだ動物《どうぶつ》のからだ。

表現「死体《したい》」「死骸《しがい》」は人《ひと》にも動物《どうぶつ》にも使《つか》う。「遺体《いたい》」「遺骸《いがい》」は人《ひと》だけに使う。

【死地】しち ⇩①ここが自分《じぶん》の死ぬところだと見《み》こんだ場所《ばしょ》。例死地《しち》をもとめて敵陣《てきじん》にきりこむ。②生《い》きて帰《かえ》れるとは思《おも》えないところ。例死地《しち》を脱《だっ》する。

【死人】しにん ⇩死んだ人《ひと》。類死者《ししゃ》

【死別】しべつ ⇩〈―する〉相手《あいて》の人《ひと》が死んで、いなくなってしまうこと。死《し》にわかれ。例幼《おさな》いときに母親《ははおや》と死別《しべつ》した。類永別《えいべつ》 対生別《せいべつ》

【死亡】しぼう Ⅱ〈―する〉人《ひと》が死ぬこと。対生存《せいぞん》

表現役所《やくしょ》などで使《つか》う言《い》い方《かた》。うやまう気持《きも》ちの多《おお》い少《すく》ないで、「逝去《せいきょ》」「死去《しきょ》」「物故《ぶっこ》」など、いろいろに使《つか》い分《わ》ける。

【死◦滅】しめつ Ⅱ〈―する〉全部《ぜんぶ》死《し》んでしまうこと。死《し》にたえること。類絶滅《ぜつめつ》

❷〈生きていない〉の意味で

【死角】しかく ⇩①弾丸《だんがん》のとどく近《ちか》さなのに、さえぎる物《もの》があるためにたまをうちこめないところ。②もののかげになっていて見《み》えないところ。例運転席《うんてんせき》からは死角《しかく》になる。

【死語】しご ⇩むかしは使《つか》われていたが、今《いま》は使《つか》われなくなったことば。一《ひと》つ一《ひと》つの単語《たんご》についていう場合《ばあい》と、それを話《はな》す人《ひと》たちがいなくなった一《ひと》つの言語《げんご》全体《ぜんたい》を指《さ》す場合《ばあい》とがある。

【死蔵】しぞう ⇩〈―する〉役《やく》に立《た》つものを、使《つか》わないまましまいこんでむだにしておくこと。

❸〈しにものぐるい〉の意味で

【死守】ししゅ ⇩〈―する〉いのちがけでまもること。

【死◦闘】しとう ⇩〈―する〉死《し》にものぐるいでたたかうこと。いのちがけのたたかい。類血戦《けっせん》

【死力】しりょく ⇩死《し》にものぐるいで出《だ》す、ありったけの力《ちから》。例死力《しりょく》をつくしてたたかう。

死が下につく熟語 上の字の働き

❶死＝〈しぬ〉のとき

【餓死《がし》 枯死《こし》 焼死《しょうし》 凍死《とうし》 水死《すいし》 戦死《せんし》 圧死《あっし》 墜死《ついし》 死《し》 殉死《じゅんし》】ドウイウことで死ぬか。

【変死《へんし》 急死《きゅうし》 即死《そくし》 惨死《ざんし》】ドノヨウニ死ぬか。

【客死《かくし|きゃくし》 獄死《ごくし》】ドコで死ぬか。

◆仮死《かし》 決死《けっし》 生死《せいし》 致死《ちし》 必死《ひっし》 不老不死《ふろうふし》

歹-6

残

総画10 JIS-2736 教4年

音ザン 訓のこる・のこす ［殘］

筆順

なりたち 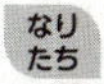 形声 もとの字《じ》は、「殘」。「歹」がほねを表《あらわ》し、「戔《サン》」がこまかくけずる意味《いみ》と、「ザン」とかわって読《よ》み方《かた》をしめしている。ほねをけずることから、「きずつける」意味《いみ》を表《あらわ》したが、のちに「のこる」としても使《つか》うようになった。

意味 ❶のこる。のこす。のこったもの。例名《な》を残《のこ》す。三百円《さんびゃくえん》の残《ざん》。残雪《ざんせつ》・敗残《はいざん》

❷むごい。きずつける。例残酷《ざんこく》

特別なよみ 名残《なごり》

❶〈のこる〉の意味で

【残◦骸】ざんがい ⇩すっかりこわれて、ひどい形《かたち》になってのこっているもの。例事故車《じこしゃ》の残骸《ざんがい》。

【残額】ざんがく ⇩のこりのお金《かね》や数量《すうりょう》。例通帳《つうちょう》の残額《ざんがく》をたしかめる。類残高《ざんだか》

【残◦響】ざんきょう ⇩ある音《おと》が鳴《な》りおわったあとも、ひきつづいて聞《き》こえるひびき。

【残業】ざんぎょう ⇩〈―する〉決《き》められた時間《じかん》のあとまでのこって仕事《しごと》をすること。その仕事《しごと》。

【残金】ざんきん ⇩①手《て》もとにのこっているお金《かね》。例おこづかいの残金《ざんきん》はわずかだ。②はらうはずなのに、まだはらっていないお金《かね》。例残《ざん》金《きん》は来月《らいげつ》十五日《じゅうごにち》にはらいます。

【残月】ざんげつ ⇩夜《よ》が明《あ》けてからも、西《にし》の空《そら》に白《しろ》くのこっている月《つき》。有明《ありあけ》の月《つき》。

【残暑】ざんしょ ⇩立秋《りっしゅう》（八月七日《はちがつなのか》ごろ）をすぎてものこっている夏《なつ》の暑《あつ》さ。例残暑見舞《ざんしょみま》い 対余寒《よかん》

前ページ ▶ 残

【残雪】ざん《せつ》 ⇩ 春《はる》になっても消《き》えないでのこっている雪《ゆき》。例 例年《れいねん》より残雪《ざんせつ》が多《おお》い。

【残像】ざん《ぞう》 ⇩ 見《み》ているものが目《め》の前《まえ》からなくなっても、目《め》にそのすがたがのこること。

知識 フィルム一《ひと》コマ一《ひと》コマの動《うご》かない画像《がぞう》が、映画《えいが》でなめらかな動《うご》きに見《み》えるのは、このはたらきによる。

【残存】ざんぞん《ざんそん》 ⇩ 〈―する〉まだうしなわれないでのこっていること。例 残存勢力《ざんぞんせいりょく》

【残高】ざん《だか》 ⇩ さし引《ひ》きしてのこったお金《かね》。例 預金通帳《よきんつうちょう》の残高《ざんだか》。類 残額《ざんがく》

【残党】ざん《とう》 ⇩ たたかいにまけて、なかまのほとんどが死《し》んでしまったあとに、なお生《い》きのこった人《ひと》。例 豊臣《とよとみ》の残党《ざんとう》。

【残念】ざん《ねん》 ▲ 〈―な・―に〉思《おも》うようにならず、心《こころ》がおさまらない。例 残念《ざんねん》な結果《けっか》になった。類 無念《むねん》・遺憾《いかん》

【残飯】ざん《ぱん》 ⇩ 食《た》べのこりのごはんや食事《しょくじ》の食《た》べのこし。

【残務】ざん《む》 ⇩ かたづかないで、のこってしまった仕事《しごと》。例 残務整理《ざんむせいり》におわれる。

【残留】ざん《りゅう》 Ⅱ 〈―する〉①ほかの者《もの》が行《い》ってしまったあとも、そこにのこること。②消《き》えないで、そのままそこにあること。例 農薬《のうやく》が残《ざん》留《りゅう》している。

❷〈むごい〉の意味で

【残。塁】ざん《るい》 ▲ 〈―する〉野球《やきゅう》で回《かい》が終《お》わるとき、走者《そうしゃ》が塁《るい》にのこっていること。

【残。虐】ざん《ぎゃく》 Ⅱ 〈―な・―に〉いじめ方《かた》やいためつけ方《かた》がひどい。むごたらしい。目《め》もあてられない。例 残虐行為《ざんぎゃくこうい》 表現 おなじ「むごさ」でも、「残《ざん》虐《ぎゃく》」はいためつけ方《かた》のひどさ、「残酷《ざんこく》」はやり方《かた》のひどさや思《おも》いやりのなさ、「残忍《ざんにん》」は性格《せいかく》のおそろしさを表《あらわ》す。

【残。酷】ざん《こく》 Ⅱ 〈―な・―に〉思《おも》いやりも手《て》かげんもなく、ひどい。例 残酷《ざんこく》なしうち。類 無残《むざん》・酷薄《こくはく》・無慈悲《むじひ》 表現 ☞【残虐】ざん《ぎゃく》(640ページ)

【残。忍】ざん《にん》 Ⅱ 〈―な・―に〉むごいことをして平気《へいき》だ。例 残忍《ざんにん》な性格《せいかく》。表現 ☞【残虐】ざん《ぎゃく》(640ページ)

歹-6

殊

総画10
JIS-2876
常用
音 シュ
訓 こと

筆順

なりたち

【形声】「歹」が死《し》ぬことを表《あらわ》し、「朱」が「シュ」という読《よ》み方《かた》をしめしている。「シュ」は「たち切《き》る」意味《いみ》を持《も》ち、ころすことを表《あらわ》す字《じ》。

意味 とくべつな。とりわけて。例 殊《こと》にすぐれる。殊勲《しゅくん》・特殊《とくしゅ》

名前のよみ よし

【。殊。勲】しゅ《くん》 ⇩ 特別《とくべつ》にりっぱなはたらき。例 最《さい》高殊勲選手《こうしゅくんせんしゅ》・殊勲賞《しゅくんしょう》 類 手柄《てがら》

【。殊勝】しゅ《しょう》 ⇩ 〈―な・―に〉心《こころ》がけやおこないがよくて感心《かんしん》だ。例 殊勝《しゅしょう》な心《こころ》がけ。殊勝《しゅしょう》なことを言《い》う。類 奇特《きとく》

歹-6

殉

総画10
JIS-2962
常用
音 ジュン
訓 ―

筆順

なりたち
【形声】「歹」が死《し》ぬことを表《あらわ》し、「旬」が「ジュン」という読《よ》み方《かた》をしめしている。「ジュン」はあとを追《お》う意味《いみ》を持《も》ち、死者《ししゃ》にしたがって死《し》ぬことを表《あらわ》す字《じ》。

意味 そのために死《し》ぬ。例 祖国《そこく》に殉《じゅん》じる。殉《じゅん》教《きょう》・殉死《じゅんし》

【。殉教】じゅん《きょう》 ▲ 〈―する〉信《しん》じる宗教《しゅうきょう》のためにいのちをなげうつこと。例 殉教者《じゅんきょうしゃ》

【。殉死】じゅん《し》 ⇩ 〈―する〉なくなった主君《しゅくん》・主人《しゅじん》のあとを追《お》って死《し》ぬこと。

【。殉職】じゅん《しょく》 ▲ 〈―する〉つとめをはたそうとして、いのちを落《お》とすこと。

歹-8

殖

総画12
JIS-3103
常用
音 ショク
訓 ふえる・ふやす

筆順

なりたち

【形声】「歹」が死《し》ぬことを表《あらわ》し、「直《チョク》」が「ショク」とかわって読《よ》み方《かた》をしめしている。「ショク」は「むしばむ」意《い》味《み》を持《も》ち、くさる意味《いみ》を表《あらわ》す字《じ》。借《か》りて、「ふやす」として使《つか》われている。

意味 ふやしそだてる。例 ネズミが殖《ふ》える。

ものしり巻物 第21巻

熟語《じゅくご》の読《よ》み方《かた》（音《おん》と訓《くん》をまぜるもの）

訓読《くんよ》みとは、もともとの日本語《にほんご》にもとづいた漢字《かんじ》の読《よ》み方《かた》です。そして、**音読《おんよ》み**とは、その漢字《かんじ》の中国《ちゅうごく》での発音《はつおん》にもとづいた読《よ》み方《かた》です。たとえば、「山」という漢字《かんじ》を「やま」と読《よ》むのは訓読《くんよ》み、「サン」と読《よ》むのは音読《おんよ》みです。

二字《にじ》の熟語《じゅくご》を読《よ》むとき、上《うえ》の字《じ》が訓読《くんよ》みならば、下《した》の字《じ》も訓読《くんよ》み、上《うえ》の字《じ》が音読《おんよ》みならば、下《した》の字《じ》も音読《おんよ》みになるのがふつうです。

たとえば、「塩味（しおあじ）」「道草（みちくさ）」「砂場（すなば）」は上《うえ》の字《じ》も下《した》の字《じ》も訓読《くんよ》みです。そして、「学校（ガッコウ）」「黒板（コクバン）」「算数（サンスウ）」は、上《うえ》の字《じ》も下《した》の字《じ》も音読《おんよ》みです。

ところが、なかには訓読《くんよ》みと音読《おんよ》みがまざった熟語《じゅくご》もあります。

「重箱（ジュウばこ）」「王様（オウさま）」「本箱（ホンばこ）」「毎朝（マイあさ）」「台所（ダイどころ）」などは、上《うえ》の字《じ》を音読《おんよ》みし、下《した》の字《じ》を訓読《くんよ》みします。こういう読《よ》み方《かた》を**重箱読《じゅうばこよ》み**といいます。

「湯桶（ゆトウ）」「手帳（てチョウ）」「場所（ばショ）」「夕刊（ゆうカン）」「切符（きップ）」などは、上《うえ》の字《じ》を訓読《くんよ》みし、下《した》の字《じ》を音読《おんよ》みします。こういう読《よ》み方《かた》を**湯桶読《ゆとうよ》み**といいます。「湯桶《ゆとう》」とは、むかし、食事《しょくじ》のときに飲《の》むお湯《ゆ》を入《い》れた、木《き》でできた器《うつわ》です。現在《げんざい》でも、おそばやさんなどで使《つか》われています。

以上《いじょう》のような「重箱読《じゅうばこよ》み」「湯桶読《ゆとうよ》み」のことばは、日本語《にほんご》と中国語《ちゅうごくご》が合体《がったい》してできたことばなのです。

財産《ざいさん》を殖《ふ》やす。殖産《しょくさん》・養殖《ようしょく》

使い分け ふえる［増・殖］☞261ページ

名前のよみ しげる・のぶ

【°殖財《しょくざい》】▲ 財産《ざいさん》をふやすこと。類 殖産《しょくさん》

【°殖産《しょくさん》】▲ ①産業《さんぎょう》をさかんにして、つくり出《だ》すものをふやすこと。②財産《ざいさん》をふやすこと。類 殖財《しょくざい》

殖が下につく熟語 上の字の働き

【増殖《ぞうしょく》 繁殖《はんしょく》】近《ちか》い意味《いみ》。

【生殖《せいしょく》 養殖《ようしょく》】ドウヤッテ、ふえる（ふやす）か。

◆ 拓殖《たくしょく》 利殖《りしょく》

4画 殳 ［るまた］［ほこづくり］の部

手《て》に武器《ぶき》を持《も》つ意味《いみ》を表《あらわ》す「殳《るまた》」をもとに作《つく》られ、打撃《だげき》をくわえる動作《どうさ》にかかわる字《じ》を集《あつ》めてあります。

この部首の字

殴

殳-4

総画8
JIS-1805
常用
音 オウ
訓 なぐる
〔毆〕

筆順 殴 殴 殴 殴 殴 殴 殴 殴

なりたち
［形声］もとの字は、「毆」。「殳」が打《う》つことを表《あらわ》し、「區《ク》」が「オウ」

とかわって読《よ》み方《かた》をしめしている。「オウ」もまた「打《う》つ」意味《いみ》を持《も》ち、「打《う》ちたたく」ことを表《あらわ》す字《じ》。

意味 なぐる。強《つよ》く打《う》つ。例 顔《かお》を殴《なぐ》る。

【殴打】《おうだ》 Ⅱ 〈―する〉強《つよ》くなぐること。例 殴打《おうだ》のあとがある。

殳-5

段

総画9　JIS-3542　教6年

音 ダン　訓 ―

筆順 段 段 段 段 段 段 段 段 段（だす／儿にならない／はらう）

なりたち 【形声】「殳」が打《う》つことを表《あらわ》し、「[illegible]《ダン》」が「ダン」とかわって読《よ》み方《かた》をしめしている。「ダン」は上《うえ》から下《した》へ打《う》ちおろす意味《いみ》を持《も》ち、「たたく」ことを表《あらわ》す字《じ》。

意味

❶だんだん。かいだんやはしごだん。例 段差《だんさ》・階段《かいだん》

❷ひとくぎり。例 段階《だんかい》・段落《だんらく》・値段《ねだん》

❸うでまえを表《あらわ》す等級《とうきゅう》。例 段《だん》が上《あ》がる。段位《だんい》・初段《しょだん》

❹やり方《かた》。方法《ほうほう》。例 段取《だんど》り・手段《しゅだん》

❶〈だんだん〉の意味で

【段差】《だんさ》 ↓ 道路《どうろ》などで、段《だん》になっていて、高《こう》低《てい》の差《さ》のあるところ。例 段差《だんさ》に注意《ちゅうい》。☞❸

【段段】《だんだん》 Ⅱ ①階段《かいだん》。そのような形《かたち》のもの。例 段々畑《だんだんばたけ》 ②〈―に〉少《すこ》しずつ。しだいに。例 空《そら》がだんだん明《あか》るくなる。

❷〈ひとくぎり〉の意味で

【段階】《だんかい》 Ⅱ ①ものごとが進《すす》んでいくときの、ひとくぎり。例 研究《けんきゅう》から実用《じつよう》の段階《だんかい》に入《はい》った。②力《ちから》やわざがあがっていく順序《じゅんじょ》をしめす目《め》もり。例 五段階評価《ごだんかいひょうか》

【段落】《だんらく》 ↓ ①文章《ぶんしょう》の中《なか》の、ひとまとまりの内容《ないよう》をもつ、それぞれの部分《ぶぶん》。例 段落《だんらく》ごとに内容《ないよう》を要約《ようやく》する。②ものごとのくぎり。例 仕事《しごと》が一段落《いちだんらく》する。知識 ①は、原稿用紙《げんこうようし》に書《か》くときや印刷《いんさつ》するときは、ふつう、段落《だんらく》の最《さい》初《しょ》の文字《もじ》を一字分《いちじぶん》さげる。

❸〈うでまえを表す等級〉の意味で

【段位】《だんい》 ↓ 武道《ぶどう》・碁《ご》・将棋《しょうぎ》などで、わざや力《ちから》のていどを表《あらわ》すもの。例 段位試験《だんいしけん》 類 級位《きゅうい》

【段差】《だんさ》 ↓ 碁《ご》や将棋《しょうぎ》などで、力《ちから》のちがい。例 初段《しょだん》と五段《ごだん》くらいの段差《だんさ》がある。☞❶

段が下につく熟語 上の字の働き

❷段＝〈ひとくぎり〉のとき

【上段《じょうだん》 中段《ちゅうだん》 下段《げだん》 別段《べつだん》】ドウイウ段《だん》か。

【一段《いちだん》 数段《すうだん》 格段《かくだん》】ドレダケの段《だん》のへだたりか。〔二《ふた》つのものの差《さ》をいう〕

◆ 階段《かいだん》 算段《さんだん》 手段《しゅだん》 値段《ねだん》

殳-6

殺

総画10　JIS-2706　教4年

音 サツ・サイ・セツ　訓 ころす　［殺］

筆順 殺 殺 殺 殺 殺 殺 殺 殺 殺 殺（はねない／儿にならない／はらう）

なりたち 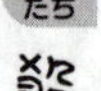【形声】ころす意味《いみ》の「杀《シ》」が「サツ」とかわって読《よ》み方《かた》をしめしている。「殳」をくわえて、「ころす」として使《つか》われる。

意味

❶ころす。命《いのち》をうばう。例 虫《むし》も殺《ころ》さない顔《かお》をしている。殺害《さつがい》・暗殺《あんさつ》

❷なくす。そぎとる。へらす。例 息《いき》を殺《ころ》す。抹殺《まっさつ》・相殺《そうさい》

❸意味《いみ》を強《つよ》めることば。例 殺到《さっとう》・忙殺《ぼうさつ》

注意するよみ サイ…例 相殺《そうさい》　セツ…例 殺生《せっしょう》

❶〈ころす〉の意味で

【殺意】《さつい》 ↓ 人《ひと》をころそうとする気持《きも》ち。例 殺意《さつい》をいだく。

【殺害】《さつがい》 Ⅱ 〈―する〉人《ひと》をころすこと。類 殺人《さつじん》

【殺気】《さっき》 ↓ 人《ひと》をころそうとでもするような、ぞっとする気配《けはい》。例 殺気《さっき》を感《かん》じる。

【殺菌】《さっきん》 ▲ 〈―する〉熱《ねつ》や薬《くすり》を使《つか》って、ばい菌《きん》をころすこと。例 殺菌剤《さっきんざい》 類 滅菌《めっきん》・消毒《しょうどく》

【殺傷】《さっしょう》 Ⅱ 〈―する〉ころしたり、きずつけたりすること。例 殺傷事件《さっしょうじけん》

【殺人】《さつじん》 ▲ 人《ひと》をころすこと。例 殺人犯《さつじんはん》・殺人《さつじん》事件《じけん》 類 殺害《さつがい》

【殺陣】《さつじん》《たて》 ◎ 映画《えいが》や演劇《えんげき》で、刀《かたな》やからだでたたかう場面《ばめん》の演技《えんぎ》。立《た》ちまわり。例 殺陣師《たてし》

【殺生】《せっしょう》 ▲ ①〈―する〉生《い》き物《もの》をころすこと。例 殺生《せっしょう》をつつしむ。②〈―な〉むごい。

❷〈なくす〉の意味で

【殺伐】《さつばつ》 Ⅱ 〈―たる〉あらあらしくすさんだよ

うす。例 殺伐《さつばつ》とした光景《こうけい》。

【殺風景《さっぷうけい》】□〈—な〉おもしろみやうるおいが、まるでない。例 殺風景《さっぷうけい》なへや。

❸〈意味を強めることば〉の意味で

【殺◦到《さっとう》】↓〈—する〉たくさんの人《ひと》やものごとが一度《いちど》におしよせる。例 注文《ちゅうもん》が殺到《さっとう》する。

殺が下につく熟語 上の字の働き

❶殺＝〈ころす〉のとき
【絞殺《こうさつ》 撲殺《ぼくさつ》 射殺《しゃさつ》 銃殺《じゅうさつ》 毒殺《どくさつ》】ドウヤッテ殺《ころ》すか。
【自殺《じさつ》 他殺《たさつ》】ダレによって殺《ころ》されるか。
【虐殺《ぎゃくさつ》 惨殺《ざんさつ》 暗殺《あんさつ》】ドノヨウニ殺《ころ》すか。
❷殺＝〈なくす〉のとき
【抹殺《まっさつ》 黙殺《もくさつ》 相殺《そうさい》】ドウヤッテなくすか。
❸殺＝〈意味を強めることば〉のとき
【笑殺《しょうさつ》 悩殺《のうさつ》 忙殺《ぼうさつ》】ナニがはなはだしいのか。
◆減殺《げんさい》

殳-7 殻 ［殼］

総画11　JIS-1944　常用
音 カク　訓 から

筆順

なりたち 【形声】もとの字《じ》は、「殼」。「殳」が打《う》つことを、「売」が「カク」という打《う》つ時《とき》の音《おと》を表《あらわ》している。打《う》ちたたく意味《いみ》の字《じ》であったが、のちに「から」として使《つか》われるようになった。

意味 から。外《そと》がわをおおっている固《かた》い部分《ぶぶん》。例 もぬけの殻《から》。貝殻《かいがら》・地殻《ちかく》

殻が下につく熟語 上の字の働き

【地殻《ちかく》 卵殻《らんかく》】ナニの外《そと》がわの部分《ぶぶん》か。

殳-9 毀

総画13　JIS-5244　常用
音 キ　訓 ―

筆順

意味 ❶こわす。ものをそこなう。❷そしる。他人《たにん》を悪《わる》く言《い》う。（けなしたりほめたりすること）例 毀誉褒貶《きよほうへん》

❶〈こわす〉の意味で

【◦毀損《きそん》】Ⅲ〈—する〉こわしたり傷《きず》つけたりすること。例 名誉毀損《めいよきそん》

殳-9 殿

総画13　JIS-3734　常用
音 デン・テン　訓 との・どの

筆順

なりたち 【形声】「殳」が打《う》つことを、「展」がしりの意味《いみ》と「デン」という読《よ》み方《かた》を表《あらわ》し、しりを打《う》つことを表《あらわ》す字《じ》。高《たか》い建物《たてもの》の意味《いみ》に借《か》りて使《つか》われるようになった。

意味 ❶大《おお》きな建物《たてもの》。神仏《しんぶつ》や位《くらい》の高《たか》い人《ひと》の住《す》まい。ごてん。例 殿堂《でんどう》・宮殿《きゅうでん》
❷位《くらい》の高《たか》い人《ひと》をうやまってよぶ名《な》。人名《じんめい》にそえて敬意《けいい》を表《あらわ》すことば。例 殿《との》の命令《めいれい》。殿様《とのさま》・殿下《でんか》・田中殿《たなかどの》

❶〈大きな建物〉の意味で

【◦殿堂《でんどう》】Ⅲ ①大《おお》きくて美《うつく》しく、りっぱな建物《たてもの》。②神《かみ》や仏《ほとけ》をまつってある建物《たてもの》。

❷〈位の高い人をうやまってよぶ名〉の意味で

【◦殿下《でんか》】↓君主《くんしゅ》以外《いがい》の皇族《こうぞく》・王族《おうぞく》をうやまってよぶことば。例 皇太子殿下《こうたいしでんか》・妃殿下《ひでんか》 表現 天皇《てんのう》や国王夫妻《こくおうふさい》には「陛下《へいか》」、皇族《こうぞく》・王族以外《おうぞくいがい》の身分《みぶん》の高《たか》い人《ひと》には「閣下《かっか》」を使《つか》う。

【◦殿方《とのがた》】↓男《おとこ》の人《ひと》。男《おとこ》の人《ひと》たち。類 紳士《しんし》 対 婦人《ふじん》 表現 おもに、女性《じょせい》が男性《だんせい》を指《さ》していう、ていねいで古《ふる》めかしいことば。

【◦殿様《とのさま》】↓江戸時代《えどじだい》の大名《だいみょう》など、身分《みぶん》の高《たか》い人《ひと》をうやまってよぶことば。表現「殿様育《とのさまそだ》ち」「殿様商売《とのさましょうばい》」などと、育《そだ》ちがよくて世間知《せけんし》らずの人《ひと》を、ややばかにしていうことがある。

殿が下につく熟語 上の字の働き

❶殿＝〈大きな建物〉のとき
【社殿《しゃでん》 神殿《しんでん》】ナニ・ダレの御殿《ごてん》か。
【湯殿《ゆどの》 拝殿《はいでん》 本殿《ほんでん》】ドウイウ建物《たてもの》か。
◆宮殿《きゅうでん》 御殿《ごてん》 沈殿《ちんでん》

殳-11 毅

総画15　JIS-2103　人名
音 キ　訓 つよ-い

意味 つよい。意志《いし》がつよい。例 毅然《きぜん》

名前のよみ かた・さだむ・しのぶ・たか・たかし・とし・のり・よし

【◆毅然《きぜん》】⊠〈—たる〉意志《いし》がつよくて、しっか

前ページ▶殻 毀 殿 毅

りしているようす。例 毅然《きぜん》とした態度《たいど》。

4画 母〔なかれ〕 母〔はは〕 の部

「母《なかれ》」の形《かたち》がめやすとなっている字《じ》を集《あつ》めてあります。

この部首の字 貫→貝954
0 母……644
2 毎……644
4 毒……645

母

母-0 総画5 JIS-4276 教2年
音 ボ
訓 はは

筆順 (はねる) (ノにならない)

なりたち 【象形】「女《おんな》」にちぶさ(:)をくわえて、子《こ》どもを育《そだ》てる「ははおや」をえがいた字《じ》。

意味 ❶ははおや。おんなおや。例 父《ちち》と母《はは》。母方《かた》・祖母《そぼ》 対 父《ふ》
❷もととなるもの。ものを生《う》みだすもの。出《で》どころ。よりどころ。例 母国《ぼこく》・分母《ぶんぼ》

特別なよみ 乳母(うば)・叔母(おば)・伯母(おば)・母屋(おもや)・母家(おもや)・母さん(かあさん)

❶〈ははおや〉の意味で

【母親】ははおや ↓ 母《はは》。類 女親《おんなおや》 対 父親《ちちおや》
【母方】ははかた ↓ 母親《ははおや》のほうの血《ち》のつながり。例 母方《ははかた》のいとこ。
【母系家族】ぼけいかぞく 母《はは》かたの血《ち》すじをもとにしてあととりなどを決《き》める家族《かぞく》。対 父系家族《ふけいかぞく》
【母子】ぼし ⇕ 母親《ははおや》とその子《こ》ども。対 父子《ふし》
【母性愛】ぼせいあい 母親《ははおや》が生《う》まれつきもっている、子《こ》どもへの愛情《あいじょう》。例 母性愛《ぼせいあい》を発揮《はっき》する。類 母性本能《ぼせいほんのう》 対 父性愛《ふせいあい》
【母体】ぼたい ↓ 出産《しゅっさん》する母親《ははおや》のからだ。例 母体《ぼたい》の安全《あんぜん》が第一《だいいち》。☞❷
【母堂】ぼどう ↓ 他人《たにん》の人《ひと》の母親《ははおや》。(うやまった言《い》い方《かた》) 例 ご母堂様《ぼどうさま》 類 母上《ははうえ》・母君《ははぎみ》 対 尊父《そんぷ》・父君《ふくん｜ちちぎみ》
【母乳】ぼにゅう ↓ 母親《ははおや》の乳《ち》。例 母乳《ぼにゅう》で育《そだ》てる。

❷〈もととなるもの〉の意味で

【母屋】おもや ↓ 離《はな》れ・物置《ものおき》などに対《たい》して、その家《いえ》の家族《かぞく》の生活《せいかつ》の中心《ちゅうしん》になる建物《たてもの》。表記「母家」とも書《か》く。
【母音】ぼいん ↓ ことばを音《おと》に出《だ》すとき、いちばんもとになっている音《おと》。日本語《にほんご》ではア・イ・ウ・エ・オの五《いつ》つの音《おと》をいう。対 子音《しいん》
【母校】ぼこう ↓ 自分《じぶん》がそこで学《まな》び、卒業《そつぎょう》した学校《がっこう》。例 母校《ぼこう》を訪問《ほうもん》する。
【母港】ぼこう ↓ その船《ふね》が、根拠地《こんきょち》にしている港《みなと》。
【母国】ぼこく ↓ 自分《じぶん》が生《う》まれた国《くに》。例 母国《ぼこく》の土《つち》をふむ。母国語《ぼこくご》 類 祖国《そこく》・本国《ほんごく》・故国《ここく》 対 異国《いこく》
【母体】ぼたい ↓ ものが生《う》まれたり、分《わ》かれて出《で》たりするときのもとになるもの。例 愛好会《あいこうかい》が母体《ぼたい》となって部《ぶ》ができた。☞❶

母が下につく熟語 上の字の働き

❶母=〈ははおや〉のとき
【継母《けいぼ｜ままはは》 養母《ようぼ》 伯母《おば》 叔母《おば》 祖母《そぼ》】ドウイウ関係《かんけい》の母《はは》か。
【慈母《じぼ》 聖母《せいぼ》 老母《ろうぼ》】ドノヨウナ母親《ははおや》か。
◆酵母《こうぼ》 父母《ふぼ》 分母《ぶんぼ》 寮母《りょうぼ》

毎

毎-2 総画6 JIS-4372 教2年 [毎]
音 マイ
訓 ごと・ごと-に

筆順 (はねる) (こにならない)

なりたち 【象形】もとの字《じ》は、「毎」。「母《はは》」の頭《あたま》にかんざし(𠂉)をつけた形《かたち》をえがいた字《じ》。「母《はは》」とおなじ意味《いみ》を表《あらわ》していたが、借《か》りて「…のたびに」の意味《いみ》に使《つか》われるようになった。

意味 そのたびに。いつも。…ごとに。例 毎《まい》日《にち》・夜毎《よごと》

名前のよみ かず・つね

【毎朝】まいあさ ▲ 朝《あさ》ごとに。例 毎朝散歩《まいあさ さんぽ》をする。対 毎晩《まいばん》
【毎回】まいかい ▲ 一回《いっかい》ごとに。例 毎回《まいかい》おなじことを言《い》われる。類 毎度《まいど》
【毎時】まいじ ▲ 一時間《いちじかん》ごとに。例 毎時《まいじ》三〇〇キロのスピードで走《はし》る。

【毎週《まいしゅう》】▲ 一週間《いっしゅうかん》ごとに。例 毎週《まいしゅう》一回《いっかい》そろばん塾《じゅく》にかよっている。

【毎月《まいつき|まいげつ》】▲ 一月《ひとつき》ごとに。例 毎月《まいつき》十五日《じゅうごにち》に会《かい》を開《ひら》いています。

【毎度《まいど》】▲ ①そのたびごとに。例 行《い》くと、毎度《まいど》せわになる。類 毎回《まいかい》・毎毎《まいまい》 ②いつも。例 毎度《まいど》ありがとうございます。

【毎日《まいにち》】▲ 一日《いちにち》ごとに。例 毎日《まいにち》の生活《せいかつ》に追《お》われる。類 日日《ひび|にちにち》・日毎《ひごと》

【毎年《まいねん|まいとし》】▲ 年《とし》ごとに。例 水不足《みずぶそく》は毎年《まいとし》のことだ。類 年年《ねんねん|としどし》・例年《れいねん》・年毎《としごと》

【毎晩《まいばん》】▲ 晩《ばん》ごとに。例 毎晩遅《まいばんおそ》く帰《かえ》る。類 毎夜《まいよ》・夜毎《よごと》・連夜《れんや》 対 毎朝《まいあさ》

母−4

毒

総画8 JIS-3839 教4年

音 ドク 訓 —

筆順

なりたち

【会意】くさ（屮）とそこなう意味《いみ》の「毒」を合《あ》わせて、人《ひと》に害《がい》をあたえるくさを表《あらわ》す字《じ》。

意味 からだを害《がい》する物質《ぶっしつ》。わるい影響《えいきょう》をあたえるもの。例 毒《どく》にも薬《くすり》にもならない。社《しゃ》会《かい》を毒《どく》する。毒舌《どくぜつ》・毒素《どくそ》・害毒《がいどく》・消毒《しょうどく》

【毒。牙《どくが》】↓ 獲物《えもの》にかみついたときに毒《どく》を出《だ》すきば。表現「毒牙《どくが》にかかる」といって、わるい人《ひと》のわるだくみにやられることを表《あらわ》す。

【毒気《どくけ|どっけ|どっき》】↓ ①からだによくない成《せい》分《ぶん》。例 ガスの毒気《どくけ》にやられる。②人《ひと》をひどいめにあわせようとする気持《きも》ち。例 毒気《どくけ》にあてられる。毒気《どくけ》をぬかれる（相手《あいて》の意外《いがい》な出方《でかた》に気《き》をくじかれて、おとなしくなってしまう）類 悪気《わるぎ》・悪意《あくい》

【毒殺《どくさつ》】↓〈―する〉毒《どく》をのませて殺《ころ》すこと。例 動物《どうぶつ》を毒殺《どくさつ》するのはひどい。類 薬殺《やくさつ》

【毒。蛇《どくじゃ|どくへび》】↓ マムシなど毒牙《どくが》をもつヘビ。

【毒性《どくせい》】↓ 生物《せいぶつ》に害《がい》をあたえる性質《せいしつ》。例 毒《どく》性《せい》の強《つよ》い農薬《のうやく》。

【毒舌《どくぜつ》】↓ 聞《き》きようによっては、ずいぶんひどいと思《おも》われることをえんりょなく言《い》うこと。例 毒舌家《どくぜつか》。毒舌《どくぜつ》をはく。

【毒素《どくそ》】↓ 生物《せいぶつ》にとって害《がい》になる成分《せいぶん》。

【毒草《どくそう》】↓ トリカブト・チョウセンアサガオなど毒《どく》のある草《くさ》。

【毒物《どくぶつ》】↓ 毒《どく》をふくんだものや薬《くすり》。例 死因《しいん》は毒物《どくぶつ》による中毒《ちゅうどく》。類 毒薬《どくやく》 表現 薬《くすり》として使《つか》う場合《ばあい》は「毒薬《どくやく》」という。

【毒味《どくみ》】↓〈―する〉①その食《た》べ物《もの》に毒《どく》が入《はい》っていないかどうか、人《ひと》に出《だ》す前《まえ》に食《た》べて確《たし》かめること。②料理《りょうり》の味《あじ》をみること。類 試食《ししょく》・味見《あじみ》 表記「毒見」とも書《か》く。

【毒薬《どくやく》】↓ 命《いのち》をうばったり、からだをだめにしてしまったりする薬《くすり》。類 毒物《どくぶつ》

毒が下につく熟語 上の字の働き

【解毒《げどく》 消毒《しょうどく》 服毒《ふくどく》 中毒《ちゅうどく》】毒《どく》をドウスルか・毒《どく》でドウナルか。

【有毒《ゆうどく》 無毒《むどく》】毒《どく》の有《あ》る無《な》し。

◆ 害毒《がいどく》 鉱毒《こうどく》 猛毒《もうどく》

4画 比［ならびひ］［くらべる］［ひ］の部

ここには「比《ひ》」の字《じ》だけが入《はい》ります。

この部首の字　0 比……645　昆→日566　皆→白762

比−0

比

総画4 JIS-4070 教5年

音 ヒ 訓 くらべる

筆順

なりたち

【会意】「人《ひと》」をふたつならべて、「ならぶ、くらべる」意味《いみ》を表《あらわ》す字《じ》。

意味

❶くらべる。なぞらえる。例 大《おお》きさを比《くら》べる。比較《ひかく》・対比《たいひ》

❷同等《どうとう》のものがならぶ。同等《どうとう》のもの。例 比類《ひるい》・無比《むひ》

❸わりあい。二《ふた》つのものをくらべたときのわりあい。例 前年比《ぜんねんひ》。比率《ひりつ》

名前のよみ たか・ちか・とも

❶〈くらべる〉の意味で

【比。較《ひかく》】Ⅱ〈―する〉あるものごとを、ほかの

ものごとくらべあわせること。例 よく比較《ひかく》して、よいほうをえらぶ。類 対比《たいひ》

【比。較的《ひかくてき》】〈―に〉ほかとくらべて。わりあいに。例 ことしの冬《ふゆ》は比較的《ひかくてき》あたたかい。

【比。喩《ひゆ》】II「丸《まる》い月《つき》」を「おぼんのような月《つき》」などと、あるものごとのようすを、ほかのものにたとえて表《あらわ》すこと。表記「譬喩」とも書《か》く。知識 つめたい手《て》を「氷《こおり》」を喩《たと》えに使《つか》って言《い》い表《あらわ》すのに、「氷《こおり》のようにつめたい手《て》」と言《い》うのと、「氷《こおり》の手《て》」と言《い》うのと、二《ふた》つの言《い》い方《かた》がある。前《まえ》の言《い》い方《かた》は、「氷《こおり》」「つめたい」「手《て》」と、三《みっ》つのことばが表現面《ひょうげんめん》にあらわれているので、この喩《たと》え方《かた》を「直喩《ちょくゆ》」という。後《あと》の「氷《こおり》の手《て》」は、「つめたい」がかくれているので「隠喩《いんゆ》」という。直喩《ちょくゆ》はわかりやすいぶん、すこしくどくなる。隠喩《いんゆ》はかんけつだが、わかりにくいこともある。

❷〈同等のものがならぶ〉の意味で

【比。肩《ひけん》】▲〈―する〉どちらもおなじくらいで差《さ》がないこと。類 匹敵《ひってき》 参考「肩《かた》を比《なら》べる」の意味《いみ》。表現「暗算《あんざん》では、かれに比肩《ひけん》する者《もの》がない」のように打《う》ち消《け》して使《つか》い、その人《ひと》やものがナンバーワンであることを表《あらわ》す。

【比類《ひるい》】II 同類《どうるい》のものの中《なか》で、それとならべることのできるもの。表現「比類《ひるい》ない美《うつく》しさ」のように打《う》ち消《け》しの形《かたち》で使《つか》う。

❸〈わりあい〉の意味で

【比重《ひじゅう》】↓ ①セ氏《し》四度《ど》の水《みず》の重《おも》さを一《いち》として、その水《みず》とおなじ体積《たいせき》のものの重《おも》さをくらべた割合《わりあい》。例 水銀《すいぎん》の比重《ひじゅう》は一三・六だ。②ほかとくらべたときの重要《じゅうよう》さの程度《ていど》。例 勉《べん》強《きょう》より体力《たいりょく》づくりに比重《ひじゅう》をかける。

【比率《ひりつ》】↓ 二《ふた》つ以上《いじょう》のものの数《かず》や量《りょう》をくらべたときの割合《わりあい》。例 合格者《ごうかくしゃ》の比率《ひりつ》。

【比例《ひれい》】↓〈―する〉一方《いっぽう》がふえたりへったりすると、関係《かんけい》するもう一方《いっぽう》もおなじ割合《わりあい》でふえたりへったりすること。例 正比例《せいひれい》・反比例《はんぴれい》

◆ 対比《たいひ》 無比《むひ》 類比《るいひ》

4画

毛 [け] の部

「毛《け》」にもとづく字《じ》を集《あつ》めてあります。

この部首の字
0 毛……646
7 毬……647
耗→耒 862
尾→尸 341

■ 毛-0

毛

総画4
JIS-4451
教2年
音 モウ
訓 け

筆順

なりたち

【象形】けの生《は》えているようすをえがいた字《じ》。

意味

❶け。人《ひと》や動物《どうぶつ》のからだに生《は》えている糸《いと》のようなもの。例 毛《け》が生《は》える。毛糸《けいと》・羊毛《ようもう》

❷草《くさ》や木《き》が生《は》えること。例 不毛《ふもう》・二毛作《にもうさく》

❸小数《しょうすう》の単位《たんい》。一《いち》の一万分《いちまんぶん》の一《いち》。厘《りん》の十《じゅう》分《ぶん》の一《いち》。例 三厘五毛《さんりんごもう》

❹毛野《けの》。古《ふる》い地名《ちめい》。例 両毛線《りょうもうせん》 参考 旧国《きゅうこく》名《めい》の上野《こうずけ》・下野《しもつけ》は、今《いま》の群馬県《ぐんまけん》・栃木県《とちぎけん》にあたる地域《ちいき》で、はじめは上毛野《かみつけの》・下毛野《しもつけの》であった。後《のち》に国名《こくめい》は二字《にじ》で書《か》くこととなり、「毛《け》」が落《お》ちて、上野《こうずけ》・下野《しもつけ》となった。

❶〈け〉の意味で

【毛糸《けいと》】↓ ヒツジなどの毛《け》を、より合《あ》わせてつくったやわらかい糸《いと》。例 毛糸《けいと》でセーターをあむ。

【毛色《けいろ》】↓ 動物《どうぶつ》などの毛《け》の色《いろ》。表現「毛色《けいろ》のかわった人物《じんぶつ》」は、なかまの中《なか》でも、ふうがわりなところが目立《めだ》つ人物《じんぶつ》という意味《いみ》。

【毛織物《けおりもの》】ヒツジなどの毛《け》で織《お》った布《ぬの》。

【毛皮《けがわ》】↓ 毛《け》がついたままの、けものの皮《かわ》。例 毛皮《けがわ》のコート。クマの毛皮《けがわ》。

【毛玉《けだま》】↓ 毛糸《けいと》であんだ服《ふく》や毛織物《けおりもの》の表面《ひょうめん》に、こすれてできた小《ち》さな毛《け》の玉《たま》。例 セーターの毛玉《けだま》をとる。

【毛虫《けむし》】↓ チョウやガの幼虫《ようちゅう》で、全身《ぜんしん》に毛《け》が生《は》えている虫《むし》。表現「毛虫《けむし》のようにきらわれる」などと、いやなもののたとえに使《つか》われる。

【毛根《もうこん》】↓ 毛《け》の根元《ねもと》の、皮膚《ひふ》の中《なか》に入《はい》っている部分《ぶぶん》。例 毛根《もうこん》がよわってぬけ毛《げ》が多《おお》い。

【毛頭《もうとう》】↓ 毛《け》の先《さき》ほども。少《すこ》しも。例 やめ

るつもりは毛頭《もうとう》ない。類 全然《ぜんぜん》 表現 打《う》ち消《け》しの形《かたち》で、「少《すこ》しも…ない」の意味《いみ》に使《つか》う。

【毛。髪】もうはつ Ⅱ かみの毛《け》。類 頭髪《とうはつ》

【毛筆】もうひつ ↓ タヌキなどけものの毛《け》をたばねて作《つく》った書道用《しょどうよう》の筆《ふで》。例 毛筆習字《もうひつしゅうじ》 対 硬筆《こうひつ》

【毛布】もうふ ↓ 寝具《しんぐ》などに使《つか》う、地《じ》のあつい毛織《けおり》物《もの》。

毛が下につく熟語 上の字の働き

❶ 毛＝〈け〉のとき
【羽毛《うもう》 羊毛《ようもう》】ナニの毛《け》か。
【産毛《うぶげ》 純毛《じゅんもう》 三毛《みけ》 綿毛《わたげ》】ドノヨウナ毛《け》か。
◆ 根毛《こんもう》 脱毛《だつもう》 不毛《ふもう》

毛-7 毬

総画11 JIS-6160 人名
音 キュウ 訓 まり・いが

意味
❶まり。まりのように丸《まる》いもの。例 手毬《てまり》
❷いが。するどいとげにおおわれた木《こ》の実《み》の外皮《がいひ》。例 毬栗《いがぐり》

4画 氏［うじ］の部

「氏《し》」の形《かたち》がめやすとなっている字《じ》を集《あつ》めてあります。

この部首の字
0 氏……647 1 民……647
邸→阝450

氏-0 氏

総画4 JIS-2765 教4年
音 シ 訓 うじ

筆順 氏 氏 氏 氏（はねる／にならない／はねる）

なりたち 【象形】さじの形《かたち》をえがいた字《じ》。借《か》りて、「うじ」として使《つか》われている。

意味
❶うじ。名字《みょうじ》。家系《かけい》を表《あらわ》すよび名《な》。例 氏《うじ》より育《そだ》ち(人《ひと》は家《いえ》がらより、育《そだ》った環境《かんきょう》がだいじである)。氏神《うじがみ》・氏名《しめい》・源氏《げんじ》
❷人《ひと》をていねいによぶことば。おもに、男性《だんせい》を指《さ》す。例 山本氏《やまもとし》

❶〈うじ〉の意味で

【氏神】うじがみ ↓ ①一族《いちぞく》の祖先《そせん》として祭《まつ》る神《かみ》。②産土神《うぶすながみ》や鎮守《ちんじゅ》の神《かみ》など、その土地《とち》の人《ひと》びとの守《まも》り神《がみ》。例 秋《あき》の実《みの》りを氏神様《うじがみさま》に供《そな》える。

【氏子】うじこ ↓ その土地《とち》の氏神《うじがみ》を祭《まつ》る人《ひと》びと。例 氏子総代《うじこそうだい》

【氏族】しぞく ↓ おなじ先祖《せんぞ》から出《で》た人《ひと》たちのなかま。例 氏族制度《しぞくせいど》 知識 古代《こだい》の日本《にほん》では、どの氏族《しぞく》の人《ひと》かがだいじであった。

【氏名】しめい Ⅱ 名字《みょうじ》と名前《なまえ》。例 氏名《しめい》を記入《きにゅう》する。類 姓名《せいめい》

氏が下につく熟語 上の字の働き

❷ 氏＝〈人をていねいによぶことば〉のとき
【華氏《かし》 摂氏《せっし》 某氏《ぼうし》】ダレという人《ひと》か。

氏-1 民

総画5 JIS-4417 教4年
音 ミン 訓 たみ

筆順 民 民 民 民（はねる／にならない／はねる）

なりたち 【象形】目《め》を針《はり》でさしたようすをえがいた字《じ》。むかし奴隷《どれい》は目《め》をつぶしたことから、奴隷《どれい》を表《あらわ》していた。借《か》りて、「たみ」として使《つか》われている。

意味
❶ふつうの人《ひと》びと。その土地《とち》の人《ひと》びと。例 民《たみ》の声《こえ》。民衆《みんしゅう》・民話《みんわ》・国民《こくみん》
❷おおやけではない。公営《こうえい》・官営《かんえい》ではない。例 官《かん》と民《みん》。民営《みんえい》 対 官《かん》・公《こう》

名前のよみ ひと・み

❶〈ふつうの人びと〉の意味で

【民意】みんい ↓ 国民《こくみん》の考《かんが》えや気持《きも》ち。例 選挙《せんきょ》で民意《みんい》を問《と》う。

【民家】みんか ↓ その地域《ちいき》に住《す》むふつうの人《ひと》の家《いえ》。

【民間】みんかん ↓ いっぱんの人《ひと》びとの社会《しゃかい》。例 民《みん》間療法《かんりょうほう》 類 世間《せけん》 ☞❷

【民具】みんぐ ↓ 人《ひと》びとがむかしからつくり、使《つか》ってきた、たんす・なべ・かま・茶《ちゃ》わんなど日常《にちじょう》生活《せいかつ》の道具《どうぐ》。例 民具展《みんぐてん》

【民芸】みんげい ↓ 人《ひと》びとの生活《せいかつ》の中《なか》で生《う》まれ、受《う》けつがれてきた、身近《みぢか》な道具《どうぐ》や美術品《びじゅつひん》・おもちゃなどをつくる技術《ぎじゅつ》。例 民芸品《みんげいひん》

【民。俗】みんぞく ↓ 人《ひと》びとのあいだに古《ふる》くからつたわってきた、くらしぶりや行事《ぎょうじ》・言《い》いつたえなど。例 民俗学《みんぞくがく》・民俗芸能《みんぞくげいのう》

【民族】みんぞく ↓ おなじ土地《とち》におこり、おなじこと

気◀ 次ページ

∘学習漢字でない常用漢字 ▴常用漢字表にない音訓 ◆常用漢字でない漢字

ばや文化《ぶんか》をもち、一《ひと》つのまとまりをもった人《ひと》びとの集《あつ》まり。例 民族《みんぞく》の独立《どくりつ》。

【民衆】《みんしゅう》 Ⅱ 国《くに》・社会《しゃかい》をつくっている、ふつうの人《ひと》びと。類 大衆《たいしゅう》・公衆《こうしゅう》・庶民《しょみん》・人民《じんみん》

【民宿】《みんしゅく》 ↓ ふつうの家《いえ》で、客《きゃく》をとめることを商売《しょうばい》にしているところ。

【民主主義】《みんしゅしゅぎ》 国民《こくみん》が国《くに》をおさめる権利《けんり》をもち、自分《じぶん》たちの手《て》で自分《じぶん》たちの幸福《こうふく》のために政治《せいじ》をおこなう、という考《かんが》え方《かた》。デモクラシー。例 民主主義国家《みんしゅしゅぎこっか》

【民主的】《みんしゅてき》 〈—な・—に〉 権力者《けんりょくしゃ》の独裁《どくさい》をゆるさず、みんなで相談《そうだん》しながらやっていくという考《かんが》え方《かた》の。対 封建的《ほうけんてき》

【民。謡】《みんよう》 ↓ その土地《とち》の人《ひと》びとが、むかしから仕事《しごと》や祭《まつ》りのときなどに歌《うた》いつたえてきた歌《うた》。例 民謡大会《みんようたいかい》。地方《ちほう》の民謡《みんよう》を集《あつ》める。

【民話】《みんわ》 ↓ その土地《とち》の人《ひと》びとのくらしのなかから生《う》まれ、語《かた》りつがれてきたむかし話《ばなし》。例 郷土《きょうど》の民話《みんわ》。民話劇《みんわげき》

❷〈おおやけではない〉の意味で

【民営】《みんえい》 ▽ 国《くに》や県《けん》・市《し》町《ちょう》村《そん》などではなく、いっぱんの人《ひと》や会社《かいしゃ》などが経営《けいえい》すること。例 国《こく》民宿舎《みんしゅくしゃ》を民営《みんえい》に移管《いかん》する。類 私営《しえい》 対 国営《こくえい》・公営《こうえい》・官営《かんえい》

【民間】《みんかん》 ↓ おおやけの機関《きかん》に属《ぞく》していないこと。例 民間放送《みんかんほうそう》 ☞❶

【民事】《みんじ》 ↓ お金《かね》の貸《か》し借《か》りや、土地《とち》の売買《ばいばい》など、人《ひと》と人《ひと》とのあいだの義務《ぎむ》や権利《けんり》についてのことがら。例 民事裁判《みんじさいばん》 対 刑事《けいじ》

【民。需】《みんじゅ》 ↓ 民間《みんかん》で、物《もの》を買《か》いたいともとめること。例 民需拡大《みんじゅかくだい》 対 軍需《ぐんじゅ》・官需《かんじゅ》

【民法】《みんぽう》 ↓ 国民《こくみん》の財産《ざいさん》や身分《みぶん》について、権利《けんり》や義務《ぎむ》などを定《さだ》めた法律《ほうりつ》。

【民有】《みんゆう》 ▽ いっぱんの人《ひと》や会社《かいしゃ》などのものであること。例 民有地《みんゆうち》・民有林《みんゆうりん》 類 私有《しゆう》 対 国有《こくゆう》・官有《かんゆう》

民が下につく熟語 上の字の働き

❶民＝〈ふつうの人びと〉のとき

【国民《こくみん》 市民《しみん》 村民《そんみん》 島民《とうみん》】ドコの範囲内《はんいない》の人《ひと》びとか。

【農民《のうみん》 漁民《ぎょみん》】ナニでくらす人《ひと》びとか。

【難民《なんみん》 平民《へいみん》 庶民《しょみん》 公民《こうみん》】ドウイウ人《ひと》びとか。

◆ 移民《いみん》 官民《かんみん》 住民《じゅうみん》 臣民《しんみん》 人民《じんみん》 半官半民《はんかんはんみん》 万民《ばんみん》

4画 气 ［きがまえ］の部

ここには「気《き》」の字《じ》だけが入《はい》ります。

この部首の字
2 気……648

□ 气-2

気

総画6
JIS-2104
教1年
訓 —
音 キ・ケ

筆順 気 気 気 気 気 気 （はねる）（とめる）

［氣］

なりたち 氣 【形声】もとの字《じ》は、「氣」。「气」が ゆげのたつようすを表《あらわ》し、「キ」という読《よ》み方《かた》をしめしている。「米《こめ》」をくわえて、米《こめ》をたくときのゆげを表《あらわ》す字《じ》。

意味

❶きたい。ガス。空気《くうき》のような物質《ぶっしつ》。例 気温《きおん》・湯気《ゆげ》

❷いき。こきゅう。例 気管《きかん》・一気《いっき》

❸心《こころ》のはたらき。精神活動《せいしんかつどう》の原動力《げんどうりょく》。例 気《き》を失《うしな》う。気性《きしょう》・病気《びょうき》

❹ようす。ふんいき。例 風邪《かぜ》の気《け》がある。気品《きひん》・活気《かっき》

❺自然現象《しぜんげんしょう》。自然《しぜん》のエネルギー。例 気候《きこう》・電気《でんき》

特別なよみ 意気地（いくじ）・浮気（うわき）

❶〈きたい〉の意味で

【気圧】《きあつ》 ↓ ①大気《たいき》の圧力《あつりょく》。ヘクトパスカルで表《あらわ》す。例 高気圧《こうきあつ》・低気圧《ていきあつ》・気圧配置《きあつはいち》 ②気圧《きあつ》をはかる単位《たんい》。一気圧《いちきあつ》は、約《やく》一〇一三ヘクトパスカルにあたる。知識 気圧《きあつ》は、高《たか》いところへ行《い》くほど低《ひく》く、また、天候《てんこう》によってもかわる。「ヘクト」は、「百《ひゃく》」を表《あらわ》す接頭語《せっとうご》。圧力《あつりょく》の単位《たんい》「パスカル」は、「人間《にんげん》は考《かんが》える葦《あし》である」という名言《めいげん》で知《し》られるフランスの学者《がくしゃ》パスカルにちなむ。

【気温】《きおん》 ↓ 大気《たいき》の温度《おんど》。例 気温《きおん》が下《さ》がる。関連 気温《きおん》・水温《すいおん》・地温《ちおん》

【気化】《きか》 ↓ 〈—する〉液体《えきたい》や固体《こたい》が気体《きたい》にかわること。例 気化熱《きかねつ》。水《みず》が気化《きか》して蒸気《じょうき》にな

る。[類]蒸発《じょうはつ》・揮発《きはつ》 [関連]液化《えきか》・昇華《しょうか》

【気《き》球《きゅう》】[↓]空気《くうき》より軽《かる》い気体《きたい》や熱《ねっ》した空《くう》気《き》を入《い》れて空中《くうちゅう》にあげる、大《おお》きな丸《まる》いふくろ。それを使《つか》った乗《の》り物《もの》。[例]熱気球《ねつききゅう》

【気《き》体《たい》】[↓]空気《くうき》など、決《き》まった形《かたち》や体積《たいせき》がなく、流《なが》れるように動《うご》く物質《ぶっしつ》。ガス。[関連]気体《きたい》・液体《えきたい》・固体《こたい》

【気《き》団《だん》】[↓]おなじ気温《きおん》・湿度《しつど》などをもって広《ひろ》い範囲《はんい》にわたって広《ひろ》がる大《おお》きな空気《くうき》のかたまり。[例]寒気団《かんきだん》・小笠原気団《おがさわらきだん》

【気《き》◦泡《ほう》】[↓]液体《えきたい》や氷《こおり》などの中《なか》に、空気《くうき》がはいってできるあわ。[例]気泡《きほう》ガラス [類]水泡《すいほう》

【気《き》密《みつ》】[↓]ぴったりしめきって、中《なか》の空気《くうき》をもらさないこと。[例]気密《きみつ》をたもつ。気密室《きみっしつ》

【気《き》流《りゅう》】[↓]大気中《たいきちゅう》におこる空気《くうき》の流《なが》れ。[例]上昇気流《じょうしょうきりゅう》に乗《の》る。乱気流《らんきりゅう》

❷〈いき〉の意味で

【気《き》管《かん》】[↓]のどから肺《はい》につながっていて、すったりはいたりする息《いき》をとおすくだ。[例]気管《きかん》に水《みず》がはいってむせる。気管支《きかんし》

【気《き》管《かん》支《し》】口《くち》からつづく気管《きかん》から分《わ》かれて、左右《さゆう》の肺《はい》につながる二本《にほん》のくだ。人間《にんげん》はこのくだをとおして呼吸《こきゅう》する。[例]気管支炎《きかんしえん》

【気《き》◦孔《こう》】[↓]植物《しょくぶつ》の葉《は》や茎《くき》にある小《ちい》さなあな。植物《しょくぶつ》はこのあなで呼吸《こきゅう》をしたり、水分《すいぶん》を空気中《くうきちゅう》に出《だ》したりする。

【気《き》息《そく》】[Ⅱ]いきづかい。[例]気息奄々《きそくえんえん》(息《いき》もたえだえのようす) [類]呼吸《こきゅう》

❸〈心のはたらき〉の意味で

【気《き》◦鋭《えい》】[↓]やる気《き》にあふれ、意気《いき》ごみがするどいこと。[例]新進気鋭《しんしんきえい》の作家《さっか》。

【気《き》◦炎《えん》】[↓]元気《げんき》のいい話《はな》し方《かた》で、さかんな意気《いき》ごみをしめすこと。[例]気炎《きえん》をあげる。

【気《き》◦概《がい》】[↓]なにがあってもくじけない強《つよ》い意気《いき》ごみ。[例]気概《きがい》を見《み》せる。[類]気骨《きこつ》・気迫《きはく》

【気《き》軽《がる》】[▽]〈—に・な〉めんどうがらずにおこなうようす。[例]気軽《きがる》に引《ひ》き受《う》ける。[類]気楽《きらく》

【気《き》位《ぐらい》】[↓]自分《じぶん》はすぐれているという思《おも》い。プライド。[例]気位《きぐらい》が高《たか》い。[類]自尊心《じそんしん》

【気《き》苦労《ぐろう》】あちこちに気《き》をつかったり、心配《しんぱい》したりすること。[例]子《こ》を持《も》つ親《おや》は気苦労《きぐろう》がたえない。[類]気骨《きぼね》・心労《しんろう》

【気《き》心《ごころ》】[Ⅱ]その人《ひと》の気持《きも》ちや考《かんが》え方《かた》。[例]気心《きごころ》の知《し》れた友人《ゆうじん》。

【気骨】[↓][一]《きこつ》自分《じぶん》の信《しん》じることをまもりとおそうとする強《つよ》い心《こころ》。[例]気骨《きこつ》のある青年《せいねん》。[類]気概《きがい》 [二]《きぼね》いろいろと気《き》をつかうこと。[例]気骨《ぼね》がおれる。[類]気苦労《きぐろう》

【気《き》▲障《ざ》】[〇]〈—に・な〉ことばづかい・態度《たいど》などが、わざとらしく、いやな感《かん》じのするようす。[例]気障《きざ》な人《ひと》。[参考]「気障《きざわ》り」を短《みじか》くしたことば。[表記]「きざ」とかなで書《か》いてよい。

【気質】[↓][一]《きしつ》それぞれの人《ひと》がもっている性《せい》質《しつ》。気《き》だて。[類]気性《きしょう》・性向《せいこう》 [二]《かたぎ》その職業《しょくぎょう》や身分《みぶん》などに特有《とくゆう》な性格《せいかく》、性質《せいしつ》。[例]職人気質《しょくにんかたぎ》 [類]気風《きふう》

【気《き》性《しょう》】[↓]行動《こうどう》にあらわれる、生《う》まれつきの性質《せいしつ》。[例]気性《きしょう》のあらい馬《うま》。[類]気質《きしつ》

【気《き》◦丈《じょう》】[▽]〈—に・な〉気持《きも》ちがしっかりしていて、心《こころ》をみださないようす。[類]気丈夫《きじょうぶ》

【気《き》勢《せい》】[↓]はりきってやろうとする意気《いき》ごみ。[例]気勢《きせい》をあげる。

【気《き》絶《ぜつ》】[▽]〈—する〉気《き》をうしなうこと。[例]おどろきのあまり気絶《きぜつ》する。[類]失神《しっしん》

【気付】[▽][一]《きつけ》気絶《きぜつ》した人《ひと》を正気《しょうき》に返《かえ》らせること。また、その薬《くすり》。[例]気付《きつ》け薬《やく|ぐすり》 [二]《きづけ》手紙《てがみ》などを、その人《ひと》の住所《じゅうしょ》にではなく、立《た》ち寄《よ》り先《さき》などに送《おく》るとき、そのあて先《さき》の下《した》に書《か》くことば。[例]〇〇旅館気付《りょかんきづけ》、春野花子様《はるのはなこさま》。

【気《き》長《なが》】[▽]〈—に・な〉のんびりして、あわてないようす。[例]気長《きなが》に待《ま》つ。[対]気短《きみじか》・短気《たんき》

【気《き》◦迫《はく》】[↓]なにかをなしとげようとする、強《つよ》い気持《きも》ち。[例]気迫《きはく》にみちた文章《ぶんしょう》。[類]気概《きがい》

【気《き》風《ふう》】[Ⅱ]その環境《かんきょう》にいる人《ひと》びとに共通《きょうつう》する考《かんが》え方《かた》や性質《せいしつ》。[例]土地《とち》の気風《きふう》にそまる。[類]気質《かたぎ》

【気《き》分《ぶん》】[↓]①そのときそのときの気持《きも》ち。[例]気分《きぶん》をかえる。[類]心地《ここち》 ②からだのぐあい。[例]気分《きぶん》がすぐれない。☞❹

【気《き》前《まえ》】[〇]お金《かね》や物《もの》を出《だ》しおしみしない性質《せいしつ》。[例]気前《きまえ》がいい。[表現]「気前《きまえ》がよくない」とはいえるが、「気前《きまえ》がわるい」とはいわない。

【気《き》味《み》】[↓]心《こころ》に受《う》ける感《かん》じ。[例]気味《きみ》がわるい。☞❹

【気短】《きみじか》 ▽〈[]に・な〉すぐにいらいらして、ゆっくり待《ま》っていられない性格《せいかく》である。例 気短《きみじか》な父《ちち》は、すぐにおこりだす。類 短気《たんき》 対 気長《きなが》

【気弱】《きよわ》 ▽〈[]に・な〉ちょっとしたことにも自信《じしん》をなくしたり、おじけづいたりするようす。例 父《ちち》は、年《とし》をとったせいか気弱《きよわ》になった。

【気楽】《きらく》 ▽〈[]に・な〉心配《しんぱい》なことや気《き》をつかうことがなく、のんきなようす。例 気楽《きらく》な生活《せいかつ》。気楽《きらく》に遊《あそ》ぶ。類 気軽《きがる》

【気力】《きりょく》 ↓ ものごとをなしとげようとする気持《きも》ち。例 気力《きりょく》にあふれる。気力《きりょく》が充実《じゅうじつ》する。類 精神力《せいしんりょく》・元気《げんき》 対 体力《たいりょく》

【気色】 ↓ 一《けしき》 顔《かお》つきや態度《たいど》に見《み》られるようす。例 だれをおそれる気色《けしき》もない。類 気配《けはい》 二《きしょく》 顔《かお》にあらわれた心《こころ》のようす。例 相手《あいて》の気色《きしょく》をうかがう。類 顔色《かおいろ》 表現「気色《きしょく》がわるい」は、腹立《はらだ》たしい、気味《きみ》がわるいなど、いやな感《かん》じをいう。☞❹

❹〈ようす〉の意味で

【気運】《きうん》 ↓ ある方向《ほうこう》にむかおうとするいきおい。例 戦争反対《せんそうはんたい》の気運《きうん》が高《たか》まる。

【気品】《きひん》 ↓ 人《ひと》がらや芸術《げいじゅつ》作品《さくひん》などから受《う》ける上品《じょうひん》な感《かん》じ。例 気品《きひん》がある。類 品格《ひんかく》

【気分】《きぶん》 ↓ その場《ば》の感《かん》じやふんいき。例 町《まち》はもう正月《しょうがつ》気分《きぶん》だ。☞❸

【気味】《きみ》 ↓ そのようなようすが少《すこ》し感《かん》じられること。例 かぜぎみ。言《い》いすぎの気味《きみ》がある。参考「かぜ気味」などとあとにつけていうときは、「ぎみ」とにごり、ふつう、かなで書《か》く。☞❸

【気色】《けしき》 ॥ なんとなく感《かん》じられるようす。例 いっこうに腰《こし》をあげる気色《けしき》もない。類 気《け》配《はい》 ☞❸

【気配】《けはい》 ◎ まわりのようすからなんとなくそうらしいと感《かん》じとれるもの。例 人《ひと》の気配《けはい》がする。秋《あき》の気配《けはい》を感《かん》じる。類 気色《けしき》

❺〈自然現象〉の意味で

【気候】《きこう》 ↓ ある土地《とち》の長《なが》いあいだを通《とお》して見《み》た、気温《きおん》・雨量《うりょう》などのようす。例 温暖《おんだん》な気《き》候《こう》。類 気象《きしょう》・天候《てんこう》

【気象】《きしょう》 ↓ 天候《てんこう》・気温《きおん》・風《かぜ》など、大気《たいき》のようす。例 気象《きしょう》情報《じょうほう》 類 気候《きこう》・天候《てんこう》

気が下につく熟語 上の字の働き

❶ 気＝〈きたい〉のとき
【熱気《ねっき》 冷気《れいき》】ドウイウ温度《おんど》の空気《くうき》か。
【香気《こうき》 臭気《しゅうき》】ナニのある空気《くうき》か。
【外気《がいき》 空気《くうき》】ドコにある気体《きたい》か。
【換気《かんき》 排気《はいき》】空気《くうき》をドウスルか。

❷ 気＝〈いき〉のとき
【呼気《こき》 酒気《しゅき》】ドウイウいきか。

❸ 気＝〈心のはたらき〉のとき
【悪気《わるぎ》 強気《つよき》 弱気《よわき》 内気《うちき》 鋭気《えいき》 覇気《はき》 血気《けっき》 勇気《ゆうき》 熱気《ねっき》 堅気《かたぎ》 怒気《どき》 短気《たんき》 若気《わかげ》 男気《おとこぎ》 無邪気《むじゃき》 一本気《いっぽんぎ》】ドウイウ性質《せいしつ》・性格《せいかく》か。
【狂気《きょうき》 本気《ほんき》 正気《しょうき》 平気《へいき》】ドウイウ状態《じょうたい》の心《こころ》か。
【元気《げんき》 根気《こんき》】心《こころ》のドノ部分《ぶぶん》か。
【士気《しき》 人気《にんき／じんき》】ダレの心《こころ》のさまか。
【上気《じょうき》 中気《ちゅうき》 病気《びょうき》】気《き》がドウナルか。

❹ 気＝〈ようす〉のとき
【塩気《しおけ》 火気《かき》 水気《みずけ／すいき》 湿気《しっき／しっけ》 生気《せいき》 人気《ひとけ》】ナニがある感《かん》じか。
【陽気《ようき》 陰気《いんき》 鬼気《きき》 殺気《さっき》 毒気《どくけ／どっけ／どっき》 活気《かっき》】ドウイウふんいきか。
【暑気《しょき》 寒気《かんき》】肌《はだ》に感《かん》じるドンナ気《き》か。

❺ 気＝〈自然現象〉のとき
【天気《てんき》 陽気《ようき》 電気《でんき》 磁気《じき》】ドノヨウナ自然現象《しぜんげんしょう》か。

◆意気《いき》 一気《いっき》 嫌気《いやけ／いやき》 景気《けいき》 心意気《こころいき》 才気《さいき》 蒸気《じょうき》 生意気《なまいき》 雰囲気《ふんいき》 湯気《ゆげ》

4画 水 〔みず〕 氵〔さんずい〕 氺〔したみず〕 の部

「水《みず》」をもとにして作《つく》られ、川《かわ》や液体《えきたい》にかかわる字《じ》を集《あつ》めてあります。

この部首の字

故事のはなし

水魚《すいぎょ》の交《まじ》わり

三国《さんごく》時代《じだい》に蜀《しょく》の皇帝《こうてい》劉備《りゅうび》と諸葛亮《しょかつりょう》とが日《ひ》に日《ひ》に親《した》しくなり、前《まえ》からいた関羽《かんう》や張飛《ちょうひ》などはおもしろくなかった。

劉備《りゅうび》が釈明《しゃくめい》して、わたしに孔明《こうめい》（諸葛亮《しょかつりょう》の字《あざな》）がいるのは、ちょうど魚《さかな》に水《みず》があるようなものだから、文句《もんく》を言《い》わないでくれ、と言《い》った。それで、関羽《かんう》や張飛《ちょうひ》もだまってしまった。（『三国志《さんごくし》』諸葛亮伝《しょかつりょうでん》）

筆順

水-0

水

総画4
JIS-3169
教1年
訓 みず
音 スイ

なりたち

【象形】みずの流《なが》れをえがいた字《じ》。

意味

❶みず。液体《えきたい》。川《かわ》や湖《みずうみ》や海《うみ》。例 水《みず》を浴《あ》びる。水鳥《みずとり》・水物《みずもの》・水道《すいどう》・香水《こうすい》・増水《ぞうすい》・防水《ぼうすい》

❷五行《ごぎょう》の一《ひと》つ。古代中国《こだいちゅうごく》で、万物《ばんぶつ》のもとと考《かんが》えられていた木《もく》・火《か》・土《ど》・金《ごん》・水《すい》によって、ものの順序《じゅんじょ》を表《あらわ》す。例 水星《すいせい》・水曜《すいよう》

発音あんない スイ→ズイ…例 洪水《こうずい》

特別なよみ 清水(しみず)

名前のよみ な

❶〈みず〉の意味で

【水圧《すいあつ》】↓水《みず》がものをおしつける力《ちから》。例 水圧《すいあつ》にたえる構造《こうぞう》。知識 ふつう、水圧《すいあつ》は気圧《きあつ》を単位《たんい》にしてはかり、「水深《すいしん》一〇メートルでは水圧《すいあつ》は二気圧《きあつ》になる」などという。

【水位《すいい》】↓川《かわ》・湖《みずうみ》・ダムなどの水面《すいめん》の高《たか》さ。例 川《かわ》が警戒水位《けいかいすいい》に達《たっ》する。

【水域《すいいき》】↓川《かわ》や海《うみ》などの、あるかぎられたところ。例 遊泳禁止水域《ゆうえいきんしすいいき》 類 海域《かいいき》

【水泳《すいえい》】↓およぐこと。また、泳《およ》ぐ速《はや》さや飛《と》びこみの技《わざ》をきそうスポーツ。例 水泳大会《すいえいたいかい》

【水温《すいおん》】↓水《みず》の温度《おんど》。例 春《はる》になると川《かわ》の水温《すいおん》が上《あ》がる。関連 気温《きおん》・水温《すいおん》・地温《ちおん》

【水害《すいがい》】↓大水《おおみず》による災害《さいがい》。類 水難《すいなん》

【水魚の交わり《すいぎょのまじわり》】きわめて親密《しんみつ》な交際《こうさい》。水《みず》をはなれて魚《さかな》は生《い》きられないように、切《き》っても切《き》れない関係《かんけい》。参考 もともとは君主《くんしゅ》と臣下《しんか》の緊密《きんみつ》な関係《かんけい》をいった。

故事のはなし ☞651ページ

【水銀《すいぎん》】[↓]ふつうの温度《おんど》で液体《えきたい》になっているただ一《ひと》つの金属《きんぞく》。銀白色《ぎんはくしょく》で、蛍光灯《けいこうとう》・温度《おんど》計《けい》などに使《つか》う。例 水銀灯《すいぎんとう》

【水源《すいげん》】[↓]川《かわ》の水《みず》が流《なが》れでるもと。みなもと。例 水源《すいげん》をつきとめる。類 源泉《げんせん》・源流《げんりゅう》

【水郷《すいごう｜すいきょう》】[↓]川《かわ》や湖《みずうみ》のほとりにひろがる、けしきのよい土地《とち》。例 水郷《すいごう》をたずねる。

【水。彩画《すいさいが》】水《みず》にとける絵《え》の具《ぐ》でかいた絵《え》。対 油絵《あぶらえ》

【水産《すいさん》】[↓]海《うみ》や川《かわ》・湖《みずうみ》などからとれること。とれた魚《さかな》や貝《かい》など。例 水産業《すいさんぎょう》・水産物《すいさんぶつ》 類 海産《かいさん》 対 陸産《りくさん》

【水死《すいし》】[↓]〈—する〉水《みず》におぼれて死《し》ぬこと。例 水死者《すいししゃ》が出《で》た。類 溺死《できし》

【水質《すいしつ》】[↓]その水《みず》の成分《せいぶん》や性質《せいしつ》。例 水質検《すいしつけん》査《さ》

【水車《すいしゃ｜みずぐるま》】[↓]川《かわ》の流《なが》れや落《お》ちる水《みず》を利用《りよう》して車《くるま》をまわし、米《こめ》をついたり、機械《きかい》を動《うご》かしたりするしかけ。例 水車小屋《すいしゃごや》

【水準《すいじゅん》】[↓]全体《ぜんたい》の平均的《へいきんてき》な高《たか》さ・程度《ていど》。レベル。例 生活水準《せいかつすいじゅん》・教育水準《きょういくすいじゅん》

【水。晶《すいしょう》】[↓]石英《せきえい》が結晶《けっしょう》して六角形《ろっかくけい》の柱《はしら》になっている鉱物《こうぶつ》。はんこ・かざり物《もの》などに使《つか》う。例 水晶《すいしょう》のネックレス。紫水晶《むらさきずいしょう》

【水上《すいじょう》】[↓][一]広《ひろ》い水面《すいめん》。例 水上《すいじょう》スキー 対 陸上《りくじょう》 [二]《みなかみ》川《かわ》の上流《じょうりゅう》。類 川上《かわかみ》

【水蒸気《すいじょうき》】水《みず》が蒸発《じょうはつ》して気体《きたい》になったもの。目《め》に見《み》えない。類 湯気《ゆげ》・蒸気《じょうき》 知識「湯《ゆ》気《げ》」は、水蒸気《すいじょうき》が空気中《くうきちゅう》で冷《ひ》やされてできた小《ちい》さな水《みず》のつぶで目《め》に見《み》える。

【水深《すいしん》】[↓]水面《すいめん》からの深《ふか》さ。とくに、底《そこ》までの深《ふか》さ。例 水深《すいしん》一〇〇メートルの湖《みずうみ》。

【水性《すいせい》】[↓]水《みず》にとける性質《せいしつ》。例 水性塗料《すいせいとりょう》 対 油性《ゆせい》

【水勢《すいせい》】[↓]水《みず》の流《なが》れるいきおい。例 はげしい水勢《すいせい》におし流《なが》される。

【水洗《すいせん》】[↓]水《みず》であらい流《なが》すこと。例 水洗式《すいせんしき》

【水素《すいそ》】[↓]色《いろ》・味《あじ》・においがなく、燃《も》えると水《みず》になる、もっとも軽《かる》い元素《げんそ》。知識 自然《しぜん》のままで水素《すいそ》だけがあることはほとんどなく、水《みず》を分解《ぶんかい》してとりだす。

【水。槽《すいそう》】[↓]水《みず》をためておくいれもの。例 防《ぼう》火用水槽《かようすいそう》。水槽《すいそう》で金魚《きんぎょ》をかう。

【水族館《すいぞくかん》】水《みず》の中《なか》にすむ生《い》き物《もの》を集《あつ》めて飼《か》い、生《い》きたすがたを人《ひと》びとに見《み》せるようにした所《ところ》。調査研究《ちょうさけんきゅう》もおこなわれる。

【水底《すいてい｜みなそこ》】[↓]川《かわ》・海《うみ》・湖《みずうみ》などの底《そこ》。類 川底《かわぞこ》・海底《かいてい》・湖底《こてい》

【水。滴《すいてき》】[↓]①水《みず》のしずく。例 水滴《すいてき》がぽとぽとと落《お》ちる。②すずりにさす水《みず》を入《い》れておく、小《ちい》さな入《い》れ物《もの》。水《みず》さし。

【水田《すいでん》】[↓]水《みず》を引《ひ》き入《い》れて、イネなどをつくる田《た》。みずた。たんぼ。対 畑《はたけ｜はた》

【水。筒《すいとう》】[↓]飲《の》み水《みず》を入《い》れて持《も》ち歩《ある》けるようにした入《い》れ物《もの》。

【水。稲《すいとう》】[↓]水田《すいでん》でつくるイネ。対 陸稲《りくとう》

【水道《すいどう》】[↓]①飲《の》み水《みず》や下水《げすい》を通《とお》すためのみち。ふつうに「水道《すいどう》」といえば、飲《の》み水《みず》を通《とお》す上水道《じょうすいどう》を指《さ》す。例 水道管《すいどうかん》 ②海《うみ》で、両《りょう》がわを陸地《りくち》にはさまれてせまくなったところ。例 紀《き》伊水道《いすいどう》 類 海峡《かいきょう》

【水難《すいなん》】[↓]①水《みず》におぼれたり、船《ふね》がしずんだりする災難《さいなん》。例 水難救助隊《すいなんきゅうじょたい》 ②洪水《こうずい》や津波《つなみ》などによる災難《さいなん》。類 水害《すいがい》

【水夫《すいふ》】[↓]船内《せんない》の下《した》ばたらきをする船員《せんいん》。

【水分《すいぶん》】[↓]中《なか》にふくまれている水《みず》。例 夏《なつ》は水分《すいぶん》の補給《ほきゅう》を欠《か》かせない。類 水気《みずけ》

【水平《すいへい》】[↓]〈—な｜—に〉①しずかな水面《すいめん》のようにたいらなこと。例 水平《すいへい》な面《めん》。②鉛直《えんちょく》に対《たい》して直角《ちょっかく》であること。例 糸《いと》を水平《すいへい》にはる。対 鉛《えん》直《ちょく》・垂直《すいちょく》

【水兵《すいへい》】[↓]海軍《かいぐん》の兵士《へいし》。例 水兵帽《すいへいぼう》

【水平線《すいへいせん》】[↓]①海面《かいめん》と空《そら》とのさかいめの平《たい》らな線《せん》。例 水平線《すいへいせん》の向《む》こうに日《ひ》がしずむ。②水平《すいへい》な面《めん》に平行《へいこう》な直線《ちょくせん》。対 鉛直線《えんちょくせん》

【水辺《すいへん｜みずべ》】[↓]湖《みずうみ》・川《かわ》・海《うみ》などのそば。例 水《みず》辺《べ》の植物《しょくぶつ》。類 水際《みずぎわ》

【水。泡《すいほう》】[↓]水面《すいめん》にできるあわ。みなわ。例 水泡《すいほう》に帰《き》する（努力《どりょく》してやったことがむだになる）。

【水防《すいぼう》】[↓]川《かわ》の水《みず》があふれるのをふせぐこと。例 水防訓練《すいぼうくんれん》

【水。墨画《すいぼくが》】墨《すみ》の濃淡《のうたん》を生《い》かしてえがいた

絵《え》。墨絵《すみえ》。

【水。没《すいぼつ》】↓〈—する〉水《みず》の中《なか》にしずんで、すがたが見《み》えなくなること。

【水面《すいめん|みなも》】↓ 水《みず》の表面《ひょうめん》。表現「水面下《すいめんか》で工作《こうさく》する」のように、「水面下《すいめんか》」を目《め》に見《み》えないところという意味《いみ》に使《つか》うことがある。

【水門《すいもん》】↓ 貯水池《ちょすいち》や水路《すいろ》などで、水《みず》の量《りょう》や流《なが》れを調節《ちょうせつ》するための門《もん》。例 水門《すいもん》を開《ひら》く。

【水薬《すいやく》】↓ 液体《えきたい》のくすり。関連 丸薬《がんやく》・水薬《すいやく》・散薬《さんやく》

【水陸《すいりく》】⇕ 海《うみ》と陸《りく》。海上《かいじょう》と陸上《りくじょう》。例 水陸両《すいりくりょう》用車《ようしゃ》

【水流《すいりゅう》】↓ 川《かわ》の流《なが》れ。例 水流《すいりゅう》にのる。

【水量《すいりょう》】↓ 水《みず》の量《りょう》。水《みず》かさ。例 大雨《おおあめ》で川《かわ》の水量《すいりょう》がふえる。類 水嵩《みずかさ》

【水力《すいりょく》】↓ 流《なが》れる水《みず》の力《ちから》。とくに、流《なが》れ落《お》ちる水《みず》の力《ちから》。例 水力発電《すいりょくはつでん》

【水路《すいろ》】↓ ①水《みず》が流《なが》れるみち。水《みず》を通《とお》すためのみち。例 農業用《のうぎょうよう》の水路《すいろ》を作《つく》る。②川《かわ》や湖《みずうみ》・海《うみ》などで、船《ふね》の通《とお》るみち。対 陸路《りくろ》

【水。菓子《みずがし》】くだもののの、すこし古《ふる》い言《い》い方《かた》。今《いま》はみずようかん・フルーツゼリーなど水気《みずけ》の多《おお》い菓子《かし》を言《い》うことが多《おお》い。参考 もともとは「菓子《かし》」が、くだものを指《さ》すことばだった。

【水着《みずぎ》】↓ 水泳《すいえい》のとき着《き》る服《ふく》。類 海水着《かいすいぎ》

【水際《みずぎわ》】↓ 海《うみ》や川《かわ》の水《みず》が陸地《りくち》に接《せっ》しているところ。例 水際《みずぎわ》で遊《あそ》ぶ。類 水辺《すいへん|みずべ》 表現「水際《みずぎわ》だったプレー」のように、「水際《みずぎわ》だつ」は、みごとさがめだつこと。

【水気《みずけ》】↓ 中《なか》にふくまれていたり、表面《ひょうめん》についていたりする水《みず》。例 水気《みずけ》たっぷりのくだもの。水気《みずけ》をふきとる。類 水分《すいぶん》

【水。杯《みずさかずき》】↓ 酒《さけ》のかわりに水《みず》をさかずきについで飲《の》みかわすこと。二度《にど》と会《あ》えないわかれのときにする。例 水杯《みずさかずき》をかわす。

【水先案内《みずさきあんない》】港《みなと》に船《ふね》が出入《でい》りするとき、タグボートなどで水路《すいろ》の案内《あんない》をすること。

【水仕事《みずしごと》】洗濯《せんたく》や炊事《すいじ》など、水《みず》を使《つか》ってする仕事《しごと》。例 冬《ふゆ》の水仕事《みずしごと》で手《て》があれる。

【水商売《みずしょうばい》】飲食店《いんしょくてん》や酒場《さかば》など、客《きゃく》の人気《にんき》しだいで大《おお》きく収入《しゅうにゅう》がかわる商売《しょうばい》。類 接客業《せっきゃくぎょう》

【水鳥《みずとり》】↓ アヒル・カモ・ハクチョウなど、水《みず》の上《うえ》や水《みず》べで生活《せいかつ》する鳥《とり》。

【水場《みずば》】↓ 山《やま》や野原《のはら》で、飲食《いんしょく》に使《つか》える水《みず》のある場所《ばしょ》。例 野生動物《やせいどうぶつ》の水場《みずば》。

【水物《みずもの》】↓ ①飲《の》み物《もの》や、くだものなど水分《すいぶん》の多《おお》い食《た》べ物《もの》。例 夏《なつ》はつめたい水物《みずもの》がいい。②そのときそのときで、かわりやすく、あてにならないもの。例 勝負《しょうぶ》は水物《みずもの》。

❷〈五行の一つ〉の意味で

【水星《すいせい》】↓ 太陽《たいよう》のまわりをまわる惑星《わくせい》のなかで、太陽《たいよう》にいちばん近《ちか》い星《ほし》。

水が下につく熟語 上の字の働き

❶水＝〈みず〉のとき

【上水《じょうすい》 下水《げすい》 硬水《こうすい》 軟水《なんすい》 真水《まみず》 淡水《たんすい》 生水《なまみず》 汗水《あせみず》 湖水《こすい》 泉水《せんすい》 洪水《こうずい》 大水《おおみず》】ドウイウ水《みず》か。

【行水《ぎょうずい》 用水《ようすい》】ドウスル水《みず》か。

【給水《きゅうすい》 散水《さんすい》 貯水《ちょすい》 排水《はいすい》 放水《ほうすい》 噴水《ふんすい》 覆水《ふくすい》 脱水《だっすい》 防水《ぼうすい》 引水《いんすい》（我田引水《がでんいんすい》） 冠水《かんすい》 喫水《きっすい》 治水《ちすい》 進水《しんすい》 潜水《せんすい》 着水《ちゃくすい》】水《みず》を（水《みず》に）ドウスルか。

【断水《だんすい》 漏水《ろうすい》 渇水《かっすい》 出水《しゅっすい》 増水《ぞうすい》 浸水《しんすい》】水《みず》がドウナルか。

◆雲水《うんすい》 香水《こうすい》 湯水《ゆみず》

水－1

永

総画5

JIS-1742

教5年

音 エイ

訓 ながい

筆順

なりたち

【象形】川《かわ》の本流《ほんりゅう》から支流《しりゅう》が分《わ》かれている形《かたち》をえがいた字《じ》。支流《しりゅう》をいくつも持《も》つ長《なが》い川《かわ》を表《あらわ》し、「ながい」の意味《いみ》に使《つか》われている。

意味 ながくつづく。いつまでもつづく。例 永《なが》のわかれ。永遠《えいえん》

使い分け ながい［長・永］☞1005ページ

名前のよみ つね・のぶ・のり・はるか・ひさ・ひさし

【永遠《えいえん》】Ⅱ〈—に〉いつまでもつづいて、終《お》わりがないこと。とこしえ。例 永遠《えいえん》の愛《あい》をちかう。類 永久《えいきゅう》・恒久《こうきゅう》・久遠《くおん》

【永久《えいきゅう》】Ⅱ かぎりなく、そのままいつまでもつづくこと。例 永久《えいきゅう》の平和《へいわ》。類 永遠《えいえん》・恒《こう》

久《きゅう》・悠久《ゆうきゅう》・長久《ちょうきゅう》・久遠《くおん》

【永久歯】えいきゅうし 子《こ》どものときの歯《は》(乳歯《にゅうし》)がぬけたあと、六《ろく》、七歳《しちさい》ごろからはえる歯《は》。ふつう、上下全部《じょうげぜんぶ》で三十二本《さんじゅうにほん》ある。対 乳歯《にゅうし》

【永住】えいじゅう ↓ (―する)その土地《とち》に死《し》ぬまで住《す》むこと。例 ここを永住《えいじゅう》の地《ち》とさだめる。

【永続】えいぞく ↓ (―する)いつまでもつづくこと。例 友情《ゆうじょう》の永続《えいぞく》をねがう。

【永代】えいたい|えいだい ↓ 代々《だいだい》いつまでも。例 永代供養料《えいたいくようりょう》 類 永世《えいせい》

【永年】えいねん|ながねん ↓ 長《なが》い年月《としつき》。例 永年勤続《えいねんきんぞく》 類 多年《たねん》

【永。眠】えいみん ↓ (―する)死《し》ぬこと。例 父《ちち》は昨夜《さくや》、永眠《えいみん》いたしました。類 死去《しきょ》・逝去《せいきょ》 表現「死《し》」をさけた、あらたまった言《い》い方《かた》。

氷

水-1 総画5 JIS-4125 教3年

音 ヒョウ 訓 こおり・ひ

筆順 丨 ｣ 氵 氺 氷 (はねる・一にならない・はらう)

なりたち 【会意】もとの字《じ》は、「冰」。こおりを表《あらわ》す「冫」と「水《みず》」を合《あ》わせて、「こおり」の意味《いみ》を表《あらわ》す字《じ》。

意味 こおり。こおる。例 氷《こおり》がはる。氷雨《ひさめ》・初氷《はつごおり》・氷結《ひょうけつ》

【氷▲柱】↓ 一 つらら 水《みず》のしずくがこおって、軒先《のきさき》からぼうのようにたれさがったもの。二 ひょうちゅう 夏《なつ》、へやをすずしく感《かん》じさせるために立《た》てる、大《おお》きな氷《こおり》のかたまり。

【氷雨】ひさめ ↓ ①ひょうやあられ。②みぞれに近《ちか》いつめたい雨《あめ》。表現 ①は古《ふる》い言《い》い方《かた》。

【氷河】ひょうが ↓ 一年《いちねん》じゅうとけない雪《ゆき》が大《おお》きな氷《こおり》のかたまりになり、その重《おも》みで低《ひく》いほうへ少《すこ》しずつ動《うご》いていくもの。ヒマラヤやアルプスなどの高山《こうざん》、南極《なんきょく》や北極《ほっきょく》に近《ちか》い地方《ちほう》に見《み》られる。例 氷河期《ひょうがき》

【氷解】ひょうかい ↓ (―する)氷《こおり》がとけるように、心《こころ》の中《なか》のわだかまりやうたがいがすっかり消《き》えること。例 長年《ながねん》の疑問《ぎもん》が氷解《ひょうかい》する。

【氷結】ひょうけつ ↓ (―する)こおりつくこと。類 凍結《とうけつ》

【氷山】ひょうざん ↓ 海《うみ》に浮《う》いている大《おお》きな氷《こおり》のかたまり。南極《なんきょく》や北極《ほっきょく》に近《ちか》い海《うみ》に多《おお》い。例 氷山《ひょうざん》の一角《いっかく》(全体《ぜんたい》のごく一部分《いちぶぶん》)。

【氷点】ひょうてん ↓ 水《みず》がこおったり、とけたりするさかいめの温度《おんど》。セ氏《し》〇度《ど》。例 氷点下《ひょうてんか》一度《ど》。

氷が下につく熟語 上の字の働き
【薄氷《はくひょう》 霧氷《むひょう》 流氷《りゅうひょう》 初氷《はつごおり》】ドノヨウナ氷《こおり》か。

求

氺-2 総画7 JIS-2165 教4年

音 キュウ 訓 もとめる

筆順 一 十 才 求 求 求 求 (はねる・はらう)

なりたち 【象形】もとの字《じ》は「裘」で、毛皮《けがわ》をつり下《さ》げた形《かたち》をえがいた字《じ》。のちに、「衣」がはぶかれ、「もとめる」の意味《いみ》に使《つか》われるようになった字《じ》。

意味 ほしいともとめる。してくれとたのむ。例 助《たす》けを求《もと》める。求人《きゅうじん》・要求《ようきゅう》

名前のよみ ひで

【求愛】きゅうあい ▲ (―する)わたしはあなたがすきだから、あなたもわたしを愛《あい》してくれるようにもとめること。例 動物《どうぶつ》の求愛行動《きゅうあいこうどう》。

【求。刑】きゅうけい ▲ (―する)裁判《さいばん》で、検察官《けんさつかん》が裁判官《さいばんかん》に対《たい》して、被告人《ひこくにん》に刑罰《けいばつ》をあたえるようもとめること。例 懲役三年《ちょうえきさんねん》を求刑《きゅうけい》する。

【求。婚】きゅうこん ▲ (―する)相手《あいて》に、自分《じぶん》と結婚《けっこん》してほしいと申《もう》しこむこと。プロポーズ。

【求職】きゅうしょく ▲ (―する)仕事《しごと》やはたらき口《ぐち》をもとめること。例 求職者《きゅうしょくしゃ》 対 求人《きゅうじん》

【求人】きゅうじん ▲ (―する)はたらいてくれる人《ひと》をもとめること。例 求人広告《きゅうじんこうこく》 対 求職《きゅうしょく》

【求心力】きゅうしんりょく 物体《ぶったい》が円《えん》をえがいてまわるときに、その物体《ぶったい》を、円《えん》の中心《ちゅうしん》にひきつけるようにはたらく力《ちから》。類 向心力《こうしんりょく》 対 遠心力《えんしんりょく》

求が下につく熟語 上の字の働き
【希求《ききゅう》 請求《せいきゅう》 要求《ようきゅう》 欲求《よっきゅう》】近《ちか》い意味《いみ》。
【探求《たんきゅう》 追求《ついきゅう》】ドウヤッテ求《もと》めるか。

汁

氵-2 総画5 JIS-2933 常用

音 ジュウ 訓 しる

筆順 氵 汁 汁 汁 汁

前ページ ▶ 永

なりたち 汁 [形声]「氵」が水《みず》を表《あらわ》し、「十」がしみ出《で》る意味《いみ》の「ジュウ」という読《よ》み方《かた》をしめしている。「しる」として使《つか》われる字《じ》。

意味 しる。水《みず》のような液体《えきたい》。すいもの。おつゆ。例 うまい汁《しる》を吸《す》う。汁粉《しるこ》・味噌汁《みそしる》・果汁《かじゅう》・一汁一菜《いちじゅういっさい》

【◦汁粉】しるこ ⇩ あんこをとかして煮《に》た汁《しる》に、もちや白玉《しらたま》などを入《い》れたあまい食《た》べ物《もの》。

汁が下につく熟語 上の字の働き

【果汁《かじゅう》 胆汁《たんじゅう》 墨汁《ぼくじゅう》】ナニからの汁《しる》か。

汀
氵-2 総画5 JIS-3685 人名

音 テイ 訓 なぎさ・みぎわ

意味 なぎさ。海《うみ》などの、波《なみ》がうちよせるところ。水《みず》ぎわ。波打《なみう》ちぎわ。

氾
氵-2 総画5 JIS-4037 常用

音 ハン 訓 —

筆順 氾 氾 氾 氾 氾

意味 あふれる。ひろがる。例 氾濫《はんらん》

汚
氵-3 総画6 JIS-1788 常用

音 オ 訓 けがす・けがれる・けがらわしい・よごす・よごれる・きたない

筆順 汚 汚 汚 汚 汚 汚

なりたち 汚 [形声]「氵」が水《みず》を表《あらわ》し、「于《う》→亐」が「オ」とかわって読《よ》み方《かた》をしめしている。「ウ」は「くぼみ」の意味《いみ》を持《も》ち、よごれたたまり水《みず》を表《あらわ》している字《じ》。

意味 きたない。きたなくする。けがす。けがれ。例 名誉《めいよ》を汚《けが》す。手《て》を汚《よご》す。汚《けが》れた金《かね》。汚《きたな》い部屋《へや》。汚染《おせん》・汚名《おめい》・油汚《あぶらよご》れ

【汚職】おしょく ▲ 政治家《せいじか》や役人《やくにん》などが地位《ちい》を利用《りよう》して、不正《ふせい》にお金《かね》やものをうけとること。例 汚職事件《おしょくじけん》

【◦汚◦辱】おじょく Ⅱ 名誉《めいよ》をけがされる、はずかしさ。例 汚辱《おじょく》にまみれる。類 恥辱《ちじょく》・屈辱《くつじょく》

【汚水】おすい ⇩ よごれた、きたない水《みず》。例 汚水《おすい》処理場《しょりじょう》 類 廃水《はいすい》・下水《げすい》 対 浄水《じょうすい》

【汚染】おせん ⇩ (—する)空気《くうき》・水《みず》・食物《しょくもつ》などが、薬《くすり》やガス、放射能《ほうしゃのう》などでよごれること。例 大気《たいき》汚染《おせん》

【汚損】おそん Ⅱ (—する)よごす、こわすなどすること。例 万一《まんいち》、汚損品《おそんひん》がとどいた場合《ばあい》は…。

【◦汚◦濁】おだく・おじょく Ⅱ (—する)きたなくにごっていること。例 洗剤《せんざい》による水質汚濁《すいしつおだく》。

【汚点】おてん ⇩ 失敗《しっぱい》や不名誉《ふめいよ》なこと。

【汚物】おぶつ ⇩ 大便《だいべん》・小便《しょうべん》・ごみなど、きたないもの。例 汚物処理場《おぶつしょりじょう》

【汚名】おめい ⇩ よくない人間《にんげん》だという評判《ひょうばん》。例 汚名《おめい》をすすぐ。類 悪評《あくひょう》

汗
氵-3 総画6 JIS-2032 常用

音 カン 訓 あせ

筆順 汗 汗 汗 汗 汗 汗

なりたち 汗 [形声]「氵」が水《みず》を表《あらわ》し、「干」が「カン」という読《よ》み方《かた》をしめしている。「カン」は「上《うえ》に出《で》る」の意味《いみ》を持《も》ち、皮膚《ひふ》から出《で》る「あせ」を表《あらわ》している字《じ》。

意味 あせ。あせをかく。例 汗《あせ》を流《なが》す。発汗《はっかん》

【◦汗水】あせみず ⇩ 水《みず》のように流《なが》れでるあせ。例 汗水《あせみず》たらしてはたらく(いっしょうけんめいはたらく)。

【◦汗顔】かんがん ▲ 顔《かお》にあせが出《で》るほどはずかしいこと。例 汗顔《かんがん》のいたりです。類 赤面《せきめん》

【◦汗牛◦充◦棟】かんぎゅうじゅうとう 書物《しょもつ》がたいへん多《おお》いこと。知識 中国《ちゅうごく》の柳宗元《りゅうそうげん》のことば。家《いえ》の中《なか》におくと、屋根《やね》の棟木《むなぎ》のところまでいっぱいになり、持《も》ち出《だ》すと重《おも》くて、荷車《にぐるま》を引《ひ》く牛馬《ぎゅうば》があせをかくほど大量《たいりょう》の書物《しょもつ》、という意味《いみ》。(柳宗元《りゅうそうげん》『陸文通先生墓表《りくぶんつうせんせいぼひょう》』)

【◦汗◦腺】かんせん ⇩ ひふにある、あせを出《だ》すほそいくだ。体温《たいおん》を調節《ちょうせつ》するはたらきをする。

汗が下につく熟語 上の字の働き

【脂汗《あぶらあせ》 寝汗《ねあせ》】ドンナ汗《あせ》か。

江
氵-3 総画6 JIS-2530 常用

音 コウ 訓 え

前ページ▶汀氾汚汗江

筆順 江江江江江江

なりたち 【形声】「氵」が川《かわ》を表《あらわ》し、「工」が「コウ」という読《よ》み方《かた》をしめしている。「コウ」は「ひろい」の意味《いみ》を持《も》ち、大《おお》きな川《かわ》を表《あらわ》す字《じ》。もと、「長江《ちょうこう》(揚子江《ようすこう》)」を指《さ》していた。

意味 ❶大《おお》きな川《かわ》。とくに、長江《ちょうこう》。例江湖《こうこ》 ❷いりえ。海《うみ》や湖《みずうみ》が陸地《りくち》に深《ふか》く入《はい》りこんだところ。例入《い》り江《え》 ❸近江《おうみ》。旧国名《きゅうこくめい》。今《いま》の滋賀県《しがけん》。例江州《ごうしゅう》

名前のよみ きみ

❶〈大きな川〉の意味で

【°江湖】こうこ 川 広《ひろ》い世間《せけん》。参考 大《おお》きな川《かわ》(長江《ちょうこう》)と大《おお》きな湖《みずうみ》(洞庭湖《どうていこ》)とで世間全体《せけんぜんたい》を表《あらわ》した中国《ちゅうごく》のことばをそのまま使《つか》ったもの。

汝
氵-3 総画6 JIS-3882 人名
音 ジョ 訓 なんじ

意味 なんじ。おまえ。参考 位《くらい》が同《おな》じか目下《めした》の人《ひと》に使《つか》う古《ふる》いよび方《かた》。

汐
氵-3 総画6 JIS-2814 人名
音 セキ 訓 しお・うしお

意味 しお。うしお。夕《ゆう》しお。例潮汐《ちょうせき》

池
氵-3 総画6 JIS-3551 教2年
音 チ 訓 いけ

筆順 池池池池池池 (つにならない)(おらない)(はねる)

なりたち 【形声】「氵」が水《みず》を表《あらわ》し、「也《や》」が「チ」とかわって読《よ》み方《かた》をしめしている。「ヤ」は「つつみ」の意味《いみ》を持《も》ち、つつみでかこまれた水《みず》を表《あらわ》す字《じ》。

意味 いけ。水《みず》などをためておくところ。例池《いけ》をほる。庭《にわ》の池《いけ》。池畔《ちはん》・電池《でんち》

汎
氵-3 総画6 JIS-4038 常用
音 ハン 訓 —

筆順 汎汎汎汎汎汎

意味 あまねく。㋐ひろい。大《おお》きく広《ひろ》がったさま。例広汎《こうはん》な分野《ぶんや》。汎用品《はんようひん》・汎用性《はんようせい》 ㋑すべてにわたる。英語のpanにあたる。例汎太平洋《はんたいへいよう》(パンパシフィック)

【°汎用】はんよう ↓〈—する〉広《ひろ》くいろいろな用途《ようと》に使《つか》うこと。例汎用《はんよう》コンピューター

汎が下につく熟語 上の字の働き

【広汎】近《ちか》い意味《いみ》。

汽
氵-4 総画7 JIS-2105 教2年
音 キ 訓 —

筆順 汽汽汽汽汽汽汽 (てにならない)

なりたち 【形声】「氵」が水《みず》を表《あらわ》し、「气」が蒸気《じょうき》の意味《いみ》と「キ」という読《よ》み方《かた》をしめしている。「水《みず》のじょうはつしたもの」を表《あらわ》す字《じ》。

意味 ゆげ。水《みず》のじょうはつしたもの。すいじょうき。例汽車《きしゃ》

【汽車】きしゃ ↓蒸気機関車《じょうききかんしゃ》に引《ひ》かれて走《はし》る列車《れっしゃ》。例夜汽車《よぎしゃ》

【汽船】きせん ↓蒸気《じょうき》の力《ちから》で進《すす》む大型《おおがた》の船《ふね》。ディーゼルエンジンで動《うご》くものについてもいう。類蒸気船《じょうきせん》 対帆船《はんせん》

【汽笛】きてき ↓蒸気《じょうき》を吹《ふ》きこんでならす、汽車《きしゃ》や汽船《きせん》などのふえ。例汽笛《きてき》をならす。

汲
氵-4 総画7 JIS-2166 人名
音 キュウ 訓 く-む

意味 くむ。すくいとる。例水《みず》を汲《く》む。表現「相手《あいて》の気持《きも》ちを汲《く》む」のように、人《ひと》の心《こころ》を思《おも》いやる場合《ばあい》にも使《つか》う。

決
氵-4 総画7 JIS-2372 教3年
音 ケツ 訓 きめる・きまる

筆順 決決決決決決決 (だす)(はらう)

なりたち 【形声】「氵」が川《かわ》を表《あらわ》し、「夬」が「ケツ」という読《よ》み方《かた》をしめしている。「ケツ」は「くずれる」意味《いみ》を持《も》ち、川《かわ》の

堤《つつみ》がきれることを表《あらわ》す字《じ》。

意味

❶きめる。ものごとを定《さだ》める。きまる。例意《い》を決《けっ》する。方針《ほうしん》を決《き》める。役《やく》が決《き》まる。例決《けっ》を採《と》る。決心《けっしん》

❷思《おも》いきってする。例決行《けっこう》

❸さけて切《き》れる。こわれる。やぶれる。例決裂《けつれつ》・決壊《けっかい》

名前のよみ さだ

❶〈きめる〉の意味で

【決意《けつい》】▲〈―する〉自分《じぶん》の考《かんが》えをはっきりきめること。例決意《けつい》をかためる。類決断《けつだん》

【決議《けつぎ》】▲〈―する〉会議《かいぎ》や集会《しゅうかい》で話《はな》し合《あ》って、ものごとをきめること。そのきめたことがら。例決議《けつぎ》にしたがう。決議案《けつぎあん》・決議文《けつぎぶん》

【決済《けっさい》】↓〈―する〉お金《かね》や品物《しなもの》の受《う》けわたしをして、売《う》り買《か》いの取《と》り引《ひ》きを終《お》えること。

【決裁《けっさい》】Ⅱ〈―する〉会社《かいしゃ》や役所《やくしょ》で、責任《せきにん》ある地《ち》位《い》の人《ひと》が、部《ぶ》下《か》の出《だ》した案《あん》をとりあげるかどうかきめること。例社長《しゃちょう》の決裁《けっさい》をあおぐ。

【決算《けっさん》】↓〈―する〉会社《かいしゃ》や団体《だんたい》などが、きめられた期間《きかん》(一年《いちねん》または半年《はんとし》)内《ない》の収入《しゅうにゅう》や支出《ししゅつ》をまとめて計算《けいさん》し、損益《そんえき》を明《あき》らかにすること。例決算期《けっさんき》・決算報告《けっさんほうこく》 表現「人生《じんせい》の総決算《そうけっさん》」などと、しめくくりの意味《いみ》でも使《つか》う。

【決勝《けっしょう》】▲①競技《きょうぎ》で、最終《さいしゅう》の勝《か》ち負《ま》けをきめること。その試合《しあい》。例決勝戦《けっしょうせん》 ②勝《か》ちをきめること。例決勝点《けっしょうてん》をあげる。

【決心《けっしん》】▲〈―する〉はっきり心《こころ》にきめること。そのきめたこと。例決心《けっしん》がつく。

【決戦《けっせん》】↓最後《さいご》の勝敗《しょうはい》をきめるためにたたかうこと。そのたたかい。例決戦《けっせん》をいどむ。

【決選投票《けっせんとうひょう》】最初《さいしょ》の投票《とうひょう》で当選者《とうせんしゃ》がきまらないとき、得票《とくひょう》の多《おお》い二名《にめい》の中《なか》で当選者《とうせんしゃ》をきめるためにおこなう投票《とうひょう》。

【決着《けっちゃく》】↓〈―する〉ものごとのきまりがつくこと。例決着《けっちゃく》がつく。類落着《らくちゃく》・帰結《きけつ》

【決定《けってい》】Ⅱ〈―する〉はっきりときめること。きまったことがら。類確定《かくてい》

【決定版《けっていばん》】これ以上《いじょう》なおすところがないという出版物《しゅっぱんぶつ》。表現本《ほん》の宣伝《せんでん》によく使《つか》われることば。

【決闘《けっとう》】↓〈―する〉あらそいやうらみなどに決着《けっちゃく》をつけるために、命《いのち》をかけてたたかうこと。はたしあい。例決闘《けっとう》をいどむ。

❷〈思いきってする〉の意味で

【決起《けっき》】↓〈―する〉決意《けつい》をかためて、行動《こうどう》をおこすこと。例決起集会《けっきしゅうかい》

【決行《けっこう》】↓〈―する〉きめたことを実行《じっこう》すること。例雨天決行《うてんけっこう》。類敢行《かんこう》・強行《きょうこう》

【決死《けっし》】▲目的《もくてき》をはたすためには、死《し》んでもかまわないという強《つよ》い気持《きも》ちを持《も》つこと。例決死隊《けっしたい》。決死《けっし》の覚悟《かくご》で打《う》って出《で》る。

【決然《けつぜん》】⊠〈―たる〉〈―と〉まよいのない、きっぱりしたようす。例決然《けつぜん》たる態度《たいど》。

【決断《けつだん》】Ⅱ〈―する〉思《おも》いきって、はっきりきめること。例決断《けつだん》をせまられる。類決意《けつい》

【決別《けつべつ》】↓〈―する〉もう二《に》度《ど》と会《あ》わないという気持《きも》ちでわかれること。例決別《けつべつ》の朝《あさ》。

❸〈さけて切れる〉の意味で

【決壊《けっかい》】Ⅱ〈―する〉堤防《ていぼう》などが切《き》れてくずれること。例大水《おおみず》で土手《どて》が決壊《けっかい》する。

【決裂《けつれつ》】Ⅱ〈―する〉互《たが》いの意見《いけん》が合《あ》わず、交渉《こうしょう》などが失敗《しっぱい》に終《お》わること。ものわかれ。

決が下につく熟語 上の字の働き

❶決＝〈きめる〉のとき

【先決《せんけつ》 即決《そっけつ》 未決《みけつ》】ドノヨウニ決《き》めるか。〔「未《み》」は「今《いま》はまだ…ない」と打《う》ち消《け》す〕

【議決《ぎけつ》 裁決《さいけつ》 判決《はんけつ》 票決《ひょうけつ》 評決《ひょうけつ》 表決《ひょうけつ》】ドウヤッテ決定《けってい》するか。

【可決《かけつ》 否決《ひけつ》】ドウダと決《き》めるか。

【解決《かいけつ》 自決《じけつ》 対決《たいけつ》】ドウヤッテ決《けっ》するか。

◆採決《さいけつ》

沙

氵-4

総画7

JIS-2627

常用

音 サ・シャ

訓 すな

筆順

汰

氵-4

総画7

JIS-3433

常用

音 タ

訓 ―

意味

❶すな。水《みず》の中《なか》の小《ちい》さな砂《すな》つぶ。

❷えらびわける。よりわける。例沙汰《さた》

筆順

意味 えらびわける。よりわける。例 淘汰《とうた》

沢 [澤]

氵-4 総画7 JIS-3484 常用
音 タク 訓 さわ

筆順 沢沢沢沢沢沢沢

なりたち 澤 [形声]もとの字は、「澤」。「氵」が水《みず》を表《あらわ》し、「睪」が「タク」という読《よ》み方《かた》をしめしている。「タク」は「入《い》りまじる」意味《いみ》を持《も》ち、草木《くさき》が入りまじって生《は》えている湿地《しっち》を表《あらわ》す字《じ》。

意味
❶さわ。水《みず》たまりなどのある、低《ひく》い草地《くさち》。例 沢《さわ》に生《は》える植物《しょくぶつ》。沼沢《しょうたく》
❷うるおう。たくさんある。例 潤沢《じゅんたく》
❸めぐみ。例 恩沢《おんたく》・恵沢《けいたく》
❹つや。例 光沢《こうたく》
❺《その他》例 沢山《たくさん》

名前のよみ ます

❺《その他》
[沢山《たくさん》] ◎ ①数《かず》や量《りょう》が多《おお》いこと。例 たくさんの客《きゃく》が来《き》た。②これ以上《いじょう》は、いらない。例 お説教《せっきょう》はもうたくさんだ。たくさんいただきました。

沖

氵-4 総画7 JIS-1813 常用
音 チュウ 訓 おき

筆順 沖沖沖沖沖沖沖

なりたち [形声]「氵」が水《みず》を表《あらわ》し、「中」が「チュウ」という読《よ》み方《かた》をしめしている。水《みず》がわきだして流《なが》れるようすを表《あらわ》す字《じ》。わが国《くに》で、この字《じ》を「おき」の意味《いみ》に用《もち》いる。

意味
❶おき。陸地《りくち》から遠《とお》くはなれた海《うみ》や湖《みずうみ》の水面《すいめん》。例 沖《おき》へこぎ出《だ》す。沖釣《おきづ》り
❷流《なが》れが注《そそ》ぐ。例 沖積《ちゅうせき》

❷〈流れが注ぐ〉の意味で
[沖積《ちゅうせき》] ↓ 〈―する〉水《みず》の流《なが》れに運《はこ》ばれた土《つち》や砂《すな》が、川《かわ》べりや河口《かこう》にしだいにつみかさなること。例 沖積平野《ちゅうせきへいや》・沖積土《ちゅうせきど》

沈

氵-4 総画7 JIS-3632 常用
音 チン 訓 しずむ・しずめる

筆順 沈沈沈沈沈沈沈

なりたち [形声]「氵」が水《みず》を表《あらわ》し、「冘」が「深《ふか》くしずめる」意味《いみ》と「チン」という読《よ》み方《かた》をしめしている。水《みず》にしずむことを表《あらわ》す字《じ》。

意味
❶しずむ。しずめる。例 船《ふね》が沈《しず》む。気《き》が沈《しず》む。沈下《ちんか》・撃沈《げきちん》 対 浮《ふ》
❷しずかにおちついている。活気《かっき》がない。例 沈着《ちんちゃく》・沈滞《ちんたい》・消沈《しょうちん》

❶〈しずむ〉の意味で
[沈下《ちんか》] ↓ 〈―する〉土地《とち》などがしずんで、地面《じめん》が低《ひく》くなること。例 地盤沈下《じばんちんか》 類 沈降《ちんこう》 対 隆起《りゅうき》・浮上《ふじょう》
[沈降《ちんこう》] Ⅱ 〈―する〉下《した》のほうにさがっていくこと。例 沈降速度《ちんこうそくど》 類 沈下《ちんか》 対 隆起《りゅうき》
[沈殿《ちんでん》] ↓ 〈―する〉液体《えきたい》にまざっているものが、底《そこ》にしずんでたまること。例 沈殿《ちんでん》したどろをとりのぞく。
[沈没《ちんぼつ》] Ⅱ 〈―する〉水中《すいちゅう》にしずんでしまうこと。例 船《ふね》が沈没《ちんぼつ》する。

❷〈しずかにおちついている〉の意味で
[沈思黙考《ちんしもっこう》] 〈―する〉だまって深《ふか》く考《かんが》えこむこと。例 沈思黙考《ちんしもっこう》の後《のち》、口《くち》を開《ひら》いた。
[沈静《ちんせい》] Ⅱ 〈―する〉さわぎなどが、おちついてしずかになること。例 インフレが沈静《ちんせい》する。表現 人《ひと》の気持《きも》ちのときは「鎮静《ちんせい》」を使《つか》う。
[沈滞《ちんたい》] ↓ 〈―する〉おちこんだままで、ものごとに活気《かっき》がみられないこと。例 沈滞《ちんたい》ムード。
[沈着《ちんちゃく》] Ⅱ 〈―に〉〈―な〉あわてず、おちついていること。例 沈着《ちんちゃく》に行動《こうどう》する。類 冷静《れいせい》
[沈痛《ちんつう》] ↓ 〈―な〉ふかい悲《かな》しみや心配《しんぱい》で、心《こころ》をいためているようす。例 沈痛《ちんつう》な面《おも》もち。
[沈黙《ちんもく》] ↓ 〈―する〉なにもいわないで、だまっていること。例 沈黙《ちんもく》を守《まも》る。類 無言《むごん》
◆意気消沈《いきしょうちん》 撃沈《げきちん》 浮沈《ふちん》

没

氵-4 総画7 JIS-4355 常用
音 ボツ 訓 ―

筆順 没没没没没没没

なりたち 【形声】もとの字は、「沒」。「氵」が水《みず》を表《あらわ》し、「夂」が「見《み》えなくなる」意味《いみ》と「ボツ」という読《よ》み方《かた》をしめしている。水中《すいちゅう》にしずんでなくなることを表《あらわ》す字《じ》。

意味
❶しずんで見《み》えなくなる。なくする。まったくない。例太陽《たいよう》が没《ぼっ》する。没落《ぼつらく》・日没《にちぼつ》
❷ふかくはいりこむ。例没頭《ぼっとう》・没《ぼつ》入《にゅう》
❸死《し》ぬ。例没年《ぼつねん》・戦没《せんぼつ》

❶〈しずんで見えなくなる〉の意味で
【°没°却《ぼっきゃく》】⊠〈—する〉すっかりなくしてしまうこと。すっかりわすれること。
【°没交°渉《ぼっこうしょう》｜ぼっこうしょう】〈|—な|—に〉つきあいもかかわりもないこと。例世間《せけん》と没交渉《ぼっこうしょう》にくらす。
【°没収《ぼっしゅう》】↓〈—する〉①むりやり取《と》りあげること。②国家《こっか》が法律《ほうりつ》によって個人《こじん》の持《も》ち物《もの》を取《と》りあげること。類押収《おうしゅう》・接収《せっしゅう》
【°没落《ぼつらく》】||〈—する〉さかえていたものが、おちぶれること。例平家《へいけ》の没落《ぼつらく》。

❷〈ふかくはいりこむ〉の意味で
【°没我《ぼつが》】▲一《ひと》つのものごとにうちこんで、ほかのことは考《かんが》えなくなること。例没我《ぼつが》の境《きょう》に入《い》る。類無《む》我《が》・忘《ぼう》我《が》
【°没頭《ぼっとう》】▲〈—する〉ほかのことをわすれて、そのことにうちこむこと。例制作《せいさく》に没頭《ぼっとう》する。類没入《ぼつにゅう》・専念《せんねん》
【°没入《ぼつにゅう》】↓〈—する〉ほかのことを忘《わす》れてその世界《せかい》にはいりこむこと。類没頭《ぼっとう》

❸〈死ぬ〉の意味で
【°没後《ぼつご》】↓その人《ひと》が死《し》んだのち。例没後《ぼつご》十年《じゅうねん》を数《かぞ》える。類死後《しご》 対生前《せいぜん》
【°没年《ぼつねん》】↓①その人《ひと》の死《し》んだ年《とし》。例没年不《ぼつねんふ》明《めい》 対生年《せいねん》 ②死《し》んだときの年齢《ねんれい》。例没年八《ぼつねんはち》十二《じゅうに》 類享年《きょうねん》・行年《ぎょうねん》

没が下につく熟語 上の字の働き
❶没=〈しずんで見えなくなる〉のとき
【陥没《かんぼつ》 沈没《ちんぼつ》 埋没《まいぼつ》】近《ちか》い意味《いみ》。
◆出没《しゅつぼつ》 戦没《せんぼつ》 日没《にちぼつ》

沃

氵-4 総画7 JIS-4564 常用 音ヨク 訓—

筆順 沃沃沃沃沃沃沃

意味 肥《こ》える。土地《とち》に栄養《えいよう》があって、作物《さくもつ》がよくできる。例肥沃《ひよく》な大地《だいち》。沃土《よくど》・沃野《よくや》

沃が下につく熟語 上の字の働き
【肥沃《ひよく》 豊沃《ほうよく》】近《ちか》い意味《いみ》。

例解 使い分け
［そう《沿う・添う》］
沿う=長《なが》くつづいているものにはなれないで進《すす》む。物《もの》のふちに長《なが》くならんでいる。
例川《かわ》に沿《そ》った家々《いえいえ》。線路《せんろ》に沿《そ》った道《みち》。最《さい》初《しょ》の計画《けいかく》に沿《そ》って仕事《しごと》を進《すす》める。
添う=いっしょにいる。目的《もくてき》に合《あ》う。
例連《つ》れ添《そ》う。より添《そ》う。期待《きたい》に添《そ》うよう努力《どりょく》する。

沿う

添う

泳

氵-5 総画8 JIS-1743 教3年 音エイ 訓およぐ

筆順 泳泳泳泳泳泳泳泳（はねる・はらう）

なりたち 【形声】「氵」が水《みず》の流《なが》れを表《あらわ》し、「永」が「エイ」という読《よ》み方《かた》をしめしている。「エイ」は「つづく」意味《いみ》を持《も》ち、流《なが》れにそっておよぐことを表《あらわ》す字《じ》。

意味 およぐ。およぎ。水面《すいめん》に体《からだ》をうかせて進《すす》むこと。例海《うみ》で泳《およ》ぐ。泳《およ》ぎが得意《とくい》。泳《えい》法《ほう》・水泳《すいえい》

【泳法《えいほう》】↓泳《およ》ぎ方《かた》。泳《およ》ぎの型《かた》。知識 クロール・背泳《せおよ》ぎ・平泳《ひらおよ》ぎ・バタフライなどの型《かた》がある。

泳が下につく熟語 上の字の働き
【遠泳《えんえい》 遊泳《ゆうえい》 力泳《りきえい》】ドノヨウニ泳《およ》ぐか。
◆競泳《きょうえい》 水泳《すいえい》 背泳《はいえい》

°学習漢字でない常用漢字 ▲常用漢字表にない音訓 ◆常用漢字でない漢字

沿

氵−5
総画8 JIS-1772 教6年
音 エン
訓 そう

筆順 沿沿沿沿沿沿沿沿（はらう）

なりたち 【形声】「氵」が川《かわ》の流《なが》れを表《あらわ》し、「㕣」が「エン」という読《よ》み方《かた》をしめしている。「エン」は「よりそう」意味《いみ》を持《も》ち、川《かわ》の流《なが》れにそうことを表《あらわ》す字《じ》。

意味 そう。続《つづ》いているものやことがらのそばからはなれない。例 川《かわ》に沿《そ》って歩《ある》く。沿《えん》岸《がん》

使い分け そう[沿・添] ☞659ページ

【沿海】《えんかい》▲ ①海《うみ》に近《ちか》い陸《りく》地《ち》。海《うみ》ぞい。例 沿《えん》海《かい》地《ち》方《ほう》。②陸《りく》地《ち》に近《ちか》い海《うみ》。類 近《きん》海《かい》

【沿革】《えんかく》⇕ ものごとの移《うつ》りかわり。例 学《がっ》校《こう》の沿《えん》革《かく》を調《しら》べる。類 歴《れき》史《し》・変《へん》遷《せん》

【沿岸】《えんがん》▲ ①陸《りく》地《ち》が海《うみ》・湖《みずうみ》・川《かわ》などに接《せっ》しているところ。例 東《とう》京《きょう》湾《わん》沿《えん》岸《がん》の工《こう》業《ぎょう》地《ち》帯《たい》。類 海《かい》岸《がん》・臨《りん》海《かい》 ②海《うみ》や湖《みずうみ》の、陸《りく》地《ち》に近《ちか》いあたり。例 沿《えん》岸《がん》漁《ぎょ》業《ぎょう》 類 近《きん》海《かい》 対 遠《えん》洋《よう》

【沿岸漁業】《えんがんぎょぎょう》 海《かい》岸《がん》の近《ちか》くでする漁《ぎょ》業《ぎょう》。近《きん》海《かい》漁《ぎょ》業《ぎょう》。

【沿線】《えんせん》▲ 鉄《てつ》道《どう》の線《せん》路《ろ》にそったところ。線《せん》路《ろ》ぞい。例 私《し》鉄《てつ》沿《えん》線《せん》。沿《えん》線《せん》の風《ふう》景《けい》。

【沿道】《えんどう》▲ 道《みち》にそったところ。道《どう》路《ろ》ぞい。例 沿《えん》道《どう》の人《ひと》々《びと》の応《おう》援《えん》を受《う》けて走《はし》る。

河

氵−5
総画8 JIS-1847 教5年
音 カ
訓 かわ

筆順 河河河河河河河河（でる・はねる）

なりたち 【形声】「氵」が川《かわ》を表《あらわ》し、「可」が「カ」という読《よ》み方《かた》をしめしている。もともと「黄《こう》河《が》」を表《あらわ》した字《じ》。のちに、「広《ひろ》く大《おお》きな川《かわ》」の意《い》味《み》にも使《つか》われるようになった。

意味 ❶かわ。大《おお》きな川《かわ》。例 河《か》口《こう》・運《うん》河《が》 ❷河《かわ》内《ち》。旧《きゅう》国《こく》名《めい》。今《いま》の大《おお》阪《さか》府《ふ》東《とう》部《ぶ》。例 河《か》州《しゅう》

特別なよみ 河岸（かし）・河原（かわら）

❶〈かわ〉の意味で

【河岸】↓ 一《かがん》 川《かわ》のほとり。川《かわ》辺《べ》。例 河《か》岸《がん》段《だん》丘《きゅう》。船《ふね》を河《かわ》岸《ぎし》につける。二《かし》 ①川《かわ》の岸《きし》にある船《ふな》つき場《ば》。②川《かわ》や海《うみ》のほとりにもうけられた魚《うお》市《いち》場《ば》。例 魚《うお》河《が》岸《し》

【河口】《かこう》↓ 川《かわ》が海《うみ》や湖《みずうみ》に流《なが》れこむところ。

【河川】《かせん》Ⅱ 川《かわ》。例 河《か》川《せん》が氾《はん》濫《らん》する。河《か》川《せん》敷《じき》

【河▲童】《かっぱ》↓ ①むかし話《ばなし》などに出《で》てくる泳《およ》ぎがとくいな生《い》き物《もの》。人《にん》間《げん》の子《こ》どもくらいの大《おお》きさで、頭《あたま》に皿《さら》があり、川《かわ》にすむという。②泳《およ》ぎのとくいな子《こ》ども。

【河。畔】《かはん》↓ 川《かわ》のほとり。川《かわ》ばた。類 川《かわ》岸《ぎし》

【河原】《かわら》↓ 川《かわ》すじの中《なか》にあるが、ふだんは水《すい》面《めん》より出《で》ていて、砂《すな》や石《いし》の多《おお》いところ。表記「川原」とも書《か》く。

河が下につく熟語 上の字の働き

❶河＝〈かわ〉のとき
【銀《ぎん》河《が》 氷《ひょう》河《が》】ナニの河《かわ》か。
◆運《うん》河《が》 山《さん》河《が》 大《たい》河《が》 渡《と》河《か》

泣

氵−5
総画8 JIS-2167 教4年
音 キュウ
訓 なく

筆順 泣泣泣泣泣泣泣泣（まっすぐ、つく・ながく）

なりたち 【形声】「氵」が水《みず》を表《あらわ》し、「立《リュウ》」が「キュウ」とかわって読《よ》み方《かた》をしめす。「リュウ」は「つぶ」の意《い》味《み》を持《も》ち、流《なが》すなみだを表《あらわ》す字《じ》。

意味 なく。例 泣《な》く子《こ》は育《そだ》つ。うれし泣《な》き。感《かん》泣《きゅう》・号《ごう》泣《きゅう》

使い分け なく[泣・鳴] ☞661ページ

況

氵−5
総画8 JIS-2223 常用
音 キョウ
訓 —

筆順 況況況況況況況況

意味 ようす。ありさま。例 状《じょう》況《きょう》

況が下につく熟語 上の字の働き

【情《じょう》況《きょう》 状《じょう》況《きょう》】近《ちか》い意《い》味《み》。
【概《がい》況《きょう》 実《じっ》況《きょう》】ドウとらえたようすか。

【活況《かっきょう》 好況《こうきょう》 盛況《せいきょう》 不況《ふきょう》】ドノヨウナようすか。
【漁況《ぎょきょう》 市況《しきょう》 戦況《せんきょう》 病況《びょうきょう》】ナニのようすか。
◇近況《きんきょう》

治

氵-5
総画8
JIS-2803
教4年
音 ジ・チ
訓 おさめる・おさまる・なおる・なおす

筆順 治 治 治 治 治 治 治 治（とめる）

なりたち 【形声】「氵」が川《かわ》を表《あらわ》し、「台《イ》」が「チ」とかわって読《よ》み方《かた》をしめしている。川《かわ》の名《な》。借《か》りて、「おさめる」として使《つか》われている。

意味
❶おさめる。正《ただ》しい状態《じょうたい》にととのえる。おさまる。例 国《くに》を治《おさ》める。治《ち》にいて乱《らん》をわすれず（平和《へいわ》なときも、いざというときにそなえておくべきである）。治安《ちあん》・政治《せいじ》
❷なおる。病気《びょうき》がよくなる。けがが治《おさ》まる。なおす。病気《びょうき》をいたみが治《おさ》まる。けがが治《なお》る。病気《びょうき》を治《なお》す。例 治療《ちりょう》・全治《ぜんち》

使い分け おさめる［納・収・修・治］☞831ページ
使い分け なおす［直・治］☞767ページ
名前のよみ さだ・つぐ・のぶ・はる

❶〈おさめる〉の意味で
【治安】《ちあん》 Ⅲ 国《くに》や社会《しゃかい》のきまりが守《まも》られ、平和《へいわ》なこと。例 治安《ちあん》の悪化《あっか》をふせぐ。
【治外法権】《ちがいほうけん》 外国人《がいこくじん》が、今住《います》んでいる国《くに》の法律《ほうりつ》にしたがわなくてもいいという権利《けんり》。ふつう、外交官《がいこうかん》などがもつ特別《とくべつ》な権利《けんり》をいう。
【治山】《ちさん》 ▲〈─する〉山《やま》が荒《あ》れないように、木《き》を植《う》えたり、手入《てい》れをしたりすること。例 治山《ちさん》事業《じぎょう》・治山治水《ちさんちすい》
【治水】《ちすい》 ▲〈─する〉ダムや堤防《ていぼう》をきずいて、水害《すいがい》をふせぎ、川《かわ》の水《みず》をいろいろに利用《りよう》できるようにすること。例 治水工事《ちすいこうじ》
【治世】《ちせい》 ①↓よい政治《せいじ》がゆきわたっている平和《へいわ》な世《よ》の中《なか》。対 乱世《らんせい》 ②▲ある君主《くんしゅ》が、世《よ》をおさめた時期《じき》。例 玄宗皇帝《げんそうこうてい》の治世《ちせい》。

❷〈なおる〉の意味で
【治。療】《ちりょう》 Ⅲ〈─する〉病気《びょうき》やけがをなおすこと。例 治療《ちりょう》をほどこす。類 療治《りょうじ》

治が下につく熟語 上の字の働き
❶治＝〈おさめる〉のとき
【自治《じち》 法治《ほうち》】ナニで治《おさ》めるか。
【退治《たいじ》 統治《とうち》】ドウヤッテ治《おさ》めるか。
❷治＝〈なおる〉のとき
【完治《かんち》 根治《こんち》 全治《ぜんち》 不治《ふじ|ふち》】ドノクライに治《なお》るか。
◇政治《せいじ》 湯治《とうじ》 療治《りょうじ》

例解 使い分け
［なく《泣く・鳴く》］
泣く＝人《ひと》がなみだを流《なが》す。
例 悲《かな》しみに泣《な》く。さめざめと泣《な》く。泣《な》き笑《わら》いの人生《じんせい》。
鳴く＝動物《どうぶつ》が声《こえ》を出《だ》す。
例 鳥《とり》が鳴《な》く。牛《うし》が鳴《な》く。鳴《な》かず飛《と》ばず。

泣く

鳴く

沼

氵-5
総画8
JIS-3034
常用
音 ショウ
訓 ぬま

筆順 沼 沼 沼 沼 沼 沼 沼 沼

なりたち 【形声】「氵」が水《みず》を表《あらわ》し、「召」が「ショウ」という読《よ》み方《かた》をしめしている。「ショウ」は「小《ちい》さい」の意味《いみ》を持《も》ち、小《ちい》さな水《みず》たまりを表《あらわ》す字《じ》。

意味 ぬま。どろ地《ち》にしぜんに水《みず》がたまった所《ところ》。例 池《いけ》と沼《ぬま》。沼地《ぬまち》・湖沼《こしょう》

【。沼地】《ぬまち》 ↓ 沼《ぬま》や水《みず》たまりの多《おお》い、じめじめした土地《とち》。類 沼沢地《しょうたくち》
◇湖沼《こしょう》 泥沼《どろぬま》

泉

水-5
総画9
JIS-3284
教6年
音 セン
訓 いずみ

筆順 泉 泉 泉 泉 泉 泉 泉（はねる） 泉 泉（はらう）

前ページ ▶ 治 沼 泉

なりたち 【象形】岩《いわ》のわれめから水《みず》がしたたり落《お》ちる形《かたち》をえがいた字《じ》。

意味 ❶いずみ。地中《ちちゅう》からわきでる水《みず》。また、その場所《ばしょ》。例泉《いずみ》がわき出《で》る。泉水《せんすい》・温泉《おんせん》 ❷和泉《いずみ》。旧国名《きゅうこくめい》。今《いま》の大阪府南部《おおさかふなんぶ》。例泉州《せんしゅう》

名前のよみ きよし・もと

❶〈いずみ〉の意味で

【泉水】《せんすい》⬇①わき水《みず》。いずみ。②庭《にわ》につくられた池《いけ》。例泉水《せんすい》のコイ。

泉が下につく熟語 上の字の働き

❶泉＝〈いずみ〉のとき

【温泉《おんせん》 鉱泉《こうせん》】ドウイウ泉《いずみ》か。

◆源泉《げんせん》

氺-5 泰

総画10 JIS-3457 常用 音 タイ 訓 ―

筆順

なりたち 【形声】「水《みず》(氺)」と「大」と両手《りょうて》の形《かたち》(廾)からでき、「大」が「タイ」という読《よ》み方《かた》をしめしている。手《て》でたくさんの水《みず》をすくうことを表《あらわ》す字《じ》。借《か》りて「やすらか」として使《つか》われるようになった。また、「太《タイ》」に通じて、「はなはだ」の意味《いみ》にも使《つか》われている。

意味 ❶やすらか。おちついた。例泰平《たいへい》・安泰《あんたい》 ❷はなはだ。おおいに。例泰西《たいせい》

名前のよみ あきら・とおる・ひろ・ひろし・やす・やすし・ゆたか・よし

❶〈やすらか〉の意味で

【泰然】《たいぜん》⊠〈―たる〉なにごとにもあわてず、ゆったりとおちついているようす。例泰然自若《たいぜんじじゃく》(「自若《じじゃく》」は、「思《おも》いのまま」という意味《いみ》)。泰然《たいぜん》たる態度《たいど》をくずさない。類悠然《ゆうぜん》

【泰平】《たいへい》Ⅱ〈―な〉世《よ》の中《なか》が平和《へいわ》におさまっていること。例天下泰平《てんかたいへい》 表記「太平」とも書《か》く。

❷〈はなはだ〉の意味で

【泰西】《たいせい》⬇西洋《せいよう》。ヨーロッパの国々《くにぐに》。例泰西《たいせい》の名画《めいが》。参考西《にし》のほうのはて、という意味《いみ》。

氵-5 注

総画8 JIS-3577 教3年 音 チュウ 訓 そそぐ

筆順 (ななめ、つかない／ながく)

なりたち 【形声】「氵」が水《みず》を表《あらわ》し、「主《シュ》」が「チュウ」とかわって読《よ》み方《かた》をしめしている。「シュ」は「つづく」意味《いみ》を持《も》ち、水《みず》を流《なが》しこむことを表《あらわ》す字《じ》。

意味 ❶そそぐ。ものの口《くち》から液体《えきたい》を流《なが》しこむ。例コップに水《みず》を注《そそ》ぐ。注射《ちゅうしゃ》 ❷一《ひと》つに集中《しゅうちゅう》する。例注意《ちゅうい》・傾注《けいちゅう》 ❸書《か》き入《い》れる。説明《せつめい》を入《い》れる。書《か》き入《い》れ。「注文《ちゅうもん》」の略《りゃく》。例注《ちゅう》をつける。注記《ちゅうき》・注文《ちゅうもん》・脚注《きゃくちゅう》・発注《はっちゅう》

❶〈そそぐ〉の意味で

【注射】《ちゅうしゃ》⬇〈―する〉管《くだ》になった細《ほそ》い針《はり》を皮膚《ひふ》にさして、薬《くすり》の液《えき》をからだの中《なか》に入《い》れること。例注射器《ちゅうしゃき》・予防注射《よぼうちゅうしゃ》

【注水】《ちゅうすい》▲〈―する〉ホースなどで、水《みず》をそそぎ入れること。また、そそぎかけること。

【注入】《ちゅうにゅう》⬇〈―する〉そそぎ入《い》れること。例機械《きかい》に油《あぶら》を注入《ちゅうにゅう》する。

【注油】《ちゅうゆ》▲〈―する〉機械《きかい》などに油《あぶら》をさすこと。例歯車《はぐるま》に注油《ちゅうゆ》する。類給油《きゅうゆ》

❷〈一つに集中する〉の意味で

【注意】《ちゅうい》▲〈―する〉①だいじなことを見《み》のがさないよう、心《こころ》をそこに集中《しゅうちゅう》すること。例注意《ちゅうい》をはらう。②用心《ようじん》すること。例健康《けんこう》に注意《ちゅうい》する。③気をつけなさいと、人《ひと》に言《い》うこと。例先生《せんせい》に注意《ちゅうい》された。類留意《りゅうい》

【注視】《ちゅうし》▲〈―する〉じっと見《み》つめること。例なりゆきを注視《ちゅうし》する。類注目《ちゅうもく》・凝視《ぎょうし》

【注目】《ちゅうもく》▲〈―する〉関心《かんしん》をもって、じっと見《み》まもること。例世間《せけん》の注目《ちゅうもく》をあびる。類注視《ちゅうし》・凝視《ぎょうし》

❸〈書き入れる〉の意味で

【注記】《ちゅうき》⬇〈―する〉文章《ぶんしょう》の内容《ないよう》がよくわかるように、ことばの説明《せつめい》などを書《か》きそえること。書《か》きそえたもの。例注記《ちゅうき》を参考《さんこう》にする。

【注釈】《ちゅうしゃく》Ⅱ〈―する〉本《ほん》の中《なか》の文章《ぶんしょう》やことばについて、意味《いみ》や使《つか》い方《かた》などを説明《せつめい》すること。その説明《せつめい》。例古典《こてん》の注釈書《ちゅうしゃくしょ》。類注解《ちゅうかい》

【注進《ちゅうしん》】↓〈―する〉事件《じけん》が起《お》こったとき、そのことをいそいで上《うえ》の人《ひと》に知《し》らせること。例ご注進《ちゅうしん》におよぶ。参考事件《じけん》をしるして上《うえ》の人《ひと》に申《もう》し上《あ》げるという意味《いみ》。

【注文《ちゅうもん》】↓〈―する〉①種類《しゅるい》や数《かず》・形《かたち》・ねだんなどを言《い》って、品物《しなもの》をつくらせたり、とどけさせたりすること。オーダー。例出前《でまえ》を注文《ちゅうもん》する。②このようにしてほしいと条件《じょうけん》や希望《きぼう》を言《い》うこと。例うるさく注文《ちゅうもん》をつける。

注が下につく熟語 上の字の働き

❸注＝〈書《か》き入《い》れる〉のとき

【頭注《とうちゅう》 脚注《きゃくちゅう》】ドコにつく注《ちゅう》か。

【発注《はっちゅう》 受注《じゅちゅう》】注文《ちゅうもん》をドウスルか。

◆外注《がいちゅう》 傾注《けいちゅう》 特注《とくちゅう》 補注《ほちゅう》

氵-5

泥

総画8 JIS-3705 常用 音デイ 訓どろ

筆順 泥泥泥泥泥泥泥泥

なりたち  【形声】「氵」が水《みず》を表《あらわ》し、「尼《ジ》」が「デイ」とかわって読《よ》み方《かた》をしめしている。「ジ」は「どろどろ」の意味《いみ》を持《も》ち、どろ水《みず》を表《あらわ》す字《じ》。

意味

❶どろ。細《こま》かい土《つち》と水《みず》とがまじりあったもの。例泥《どろ》にまみれる。泥沼《どろぬま》・泥土《でいど》・雲泥《うんでい》

❷こだわる。動《うご》きがとれない。例拘泥《こうでい》

❸《その他《た》》例泥棒《どろぼう》

❶〈どろ〉の意味で

【泥酔《でいすい》】↓〈―する〉なにもわからなくなるほど酒《さけ》にようこと。例泥酔状態《でいすいじょうたい》 類酩酊《めいてい》

【泥流《でいりゅう》】↓火山《かざん》の爆発《ばくはつ》や山《やま》くずれなどでおこる、泥土《でいど》のものすごい流《なが》れ。

【泥仕合《どろじあい》】たがいに相手《あいて》の悪口《わるくち》を言《い》ったり、ひみつをあばいたり、あげあしをとったりする、みにくいあらそい。例選挙戦《せんきょせん》は泥仕《どろじ》合《あい》の様相《ようそう》を呈《てい》してきた。

【泥沼《どろぬま》】↓どろの深《ふか》い沼《ぬま》。表現「泥沼《どろぬま》にはまる」「泥沼《どろぬま》からぬけ出《だ》す」など、どうにもならないこまった状態《じょうたい》という意味《いみ》でも使《つか》う。

❸《その他》

【泥縄式《どろなわしき》】なにかことが起《お》きてから、あわてて準備《じゅんび》したり、対策《たいさく》をたてたりするやり方《かた》。例今《いま》ごろ泥縄式《どろなわしき》に勉強《べんきょう》してもまにあわない。参考「泥棒《どろぼう》をつかまえてから縄《なわ》をなう」をちぢめたことば。

【泥棒《どろぼう》】◎〈―する〉ぬすみをすること。また、人《ひと》。例泥棒《どろぼう》が入《はい》る。類盗人《ぬすびと|ぬすっと》・盗賊《とうぞく》・強盗《ごうとう》

氵-5

波

総画8 JIS-3940 教3年 音ハ 訓なみ

筆順 波波波波波波波波（「にならない」「はらう」）

なりたち  【形声】「氵」が水《みず》を表《あらわ》し、「皮《ヒ》」が「ハ」とかわって読《よ》み方《かた》をしめしている。「ヒ」は「飛《と》ぶ」意味《いみ》を持《も》ち、水《みず》が飛《と》ぶように上《あ》がったり下《さ》がったりするようすを表《あらわ》す字《じ》。

意味 なみ。なみがつたわる。なみの動《うご》き。例波《なみ》が立《た》つ。波間《なみま》・波乱《はらん》・電波《でんぱ》・風波《ふうは》

特別なよみ 波止場(はとば)

【波風《なみかぜ》】Ⅲ波《なみ》と風《かぜ》。強《つよ》い風《かぜ》が吹《ふ》いて、あらい波《なみ》が立《た》つこと。類風波《ふうは》 表現「波風《なみかぜ》をたてる」「世間《せけん》の波風《なみかぜ》にもまれる」のように、もめごとやつらくて苦《くる》しいことの意味《いみ》で使《つか》われる。

【波間《なみま》】↓波《なみ》と波《なみ》のあいだ。例波間《なみま》にうかぶ水鳥《みずとり》。

【波及《はきゅう》】↓〈―する〉あることが波《なみ》のようにつぎつぎとつたわって、広《ひろ》がっていくこと。例波及効果《はきゅうこうか》 類伝播《でんぱ》・影響《えいきょう》

【波状《はじょう》】↓①波《なみ》のようにうねった形《かたち》。例波状《はじょう》の線《せん》。②波《なみ》がよせては返《かえ》すように、一定《いってい》の間《ま》をおいてくり返《かえ》すようす。例波状攻撃《はじょうこうげき》

【波長《はちょう》】↓光《ひかり》や音《おと》・電波《でんぱ》などの、波《なみ》の動《うご》きの山《やま》から山《やま》(谷《たに》から谷)までの長《なが》さ。例波長《はちょう》が長《なが》い。表現「波長《はちょう》が合《あ》う」「波長《はちょう》が合《あ》わない」の形《かたち》で、たがいの気持《きも》ちが通《つう》じ合《あ》うか合わないかをいうときにも使《つか》う。

【波頭《はとう|なみがしら》】↓波《なみ》のいちばん高《たか》くもりあがったところ。例波頭《はとう|なみがしら》が白《しろ》くくだける。

【波動《はどう》】↓①水《みず》の波《なみ》や地震《じしん》の波《なみ》、音波《おんぱ》・電磁《でんじ》波など、あるところでおこった動《うご》きが、次《つぎ》から次《つぎ》へとつたわっていくこと。例波動《はどう》がつた

◀次ページ

◦学習漢字でない常用漢字 ▴常用漢字表にない音訓 ◆常用漢字でない漢字

わる。②波の動《うご》きのように高《たか》くなったり低《ひく》くなったりすること。例 景気《けいき》の波動《はどう》。

【波止場《はとば》】港《みなと》で、船《ふね》をつなぎ、人《ひと》が乗《の》り降《お》りしたり荷物《にもつ》をつみおろしたりする場所《ばしょ》。ふつう、その両側《りょうがわ》に船《ふね》をつけることができるように、海《うみ》につき出《で》た形《かたち》になっている。

【波。紋《はもん》】↓水《みず》に石《いし》を投《な》げたとき、水面《すいめん》に丸《まる》くいくえにも広《ひろ》がってゆく波《なみ》のもよう。表現「波紋《はもん》を投《とう》じる」「波紋《はもん》が広《ひろ》がる」は、つぎつぎとまわりに影響《えいきょう》していくこと。

【波乱《はらん》】↓①大《おお》きなうきしずみ。例 波乱《はらん》に満《み》ちた一生《いっしょう》。波乱万丈《はらんばんじょう》の一生《いっしょう》。②もめごとやさわぎ。例 ひと波乱《はらん》あった。

【波。浪《はろう》】‖ 波《なみ》。例 波浪注意報《はろうちゅういほう》

波が下につく熟語 上の字の働き

【金波《きんぱ》 白波《しらなみ》 荒波《あらなみ》 余波《よは》 寒波《かんぱ》 短波《たんぱ》】ドノヨウナ波《なみ》か。

【音波《おんぱ》 電波《でんぱ》 脳波《のうは》 人波《ひとなみ》 穂波《ほなみ》】ナニの波《なみ》か。

◆津波《つなみ》 風波《ふうは》

氵-5

泊

総画8 JIS-3981 常用

訓音 ハク とまる・とめる

筆順

なりたち [形声]「氵」が水《みず》を表《あらわ》し、「白」(↑百)が「ハク」という読《よ》み方《かた》をしめしている。「ハク」は「うすい」の意味《いみ》を持《も》ち、水《みず》のあさくなった所《ところ》を表《あらわ》す字《じ》。

意味

❶船《ふね》が港《みなと》にとまる。例 停泊《ていはく》

❷宿《やど》をとる。旅先《たびさき》で夜《よる》をすごす回数《かいすう》。例 旅館《りょかん》に泊《と》まる。二泊三日《にはくみっか》の旅《たび》。宿泊《しゅくはく》

❸あっさりしている。例 淡泊《たんぱく》

◆宿泊《しゅくはく》 停泊《ていはく》 外泊《がいはく》 漂泊《ひょうはく》 淡泊《たんぱく》

文字物語

沸 湧

日本語《にほんご》で、「わく」ということばには、「わき返《かえ》る」と「わき出《で》る」という二《ふた》つの意味《いみ》がある。「わき返《かえ》る」のは、水《みず》などの上下《じょうげ》のはげしい動《うご》き、「わき出《で》る」のは、水《みず》などのおし出《だ》されるようなおだやかな動《うご》き。漢字《かんじ》では「わき返《かえ》る」のが「沸《ふつ》(音《おん》は「フツ」)」、「わき出《だ》す」のが「湧《ゆう》(音《おん》は「ユウ」)」で、どちらの字《じ》にも「わく」の訓《くん》をあてている。だから、漢字《かんじ》を使《つか》って「わく」を書《か》き分《わ》けるなら、「湯《ゆ》が沸《わ》く」「血沸《ちわ》き、肉躍《にくおど》る」であり、「泉《いずみ》が湧《わ》く」「興味《きょうみ》が湧《わ》く」となる。でも、ふつうには、どちらも「わく」とひらがなで書《か》いて、なんの問題《もんだい》もない。だが、漢語《かんご》では、「湧水《ゆうすい》」「湧泉《ゆうせん》」と「沸騰《ふっとう》」「煮沸《しゃふつ》」とは、はっきりと持《も》ち分《ぶん》が分《わ》かれていて、けっして通用《つうよう》することはないのだ。

氵-5

泌

総画8 JIS-4071 常用

訓音 ヒツ・ヒ ―

筆順

なりたち [形声]「氵」が水《みず》を表《あらわ》し、「必」が「しめつける」意味《いみ》と「ヒツ」という読《よ》み方《かた》をしめしている。にじみ出《で》る水《みず》を表《あらわ》す字《じ》。

意味 しみだす。しるなどがしみ出《だ》す。にじみ出《で》る。例 分泌《ぶんぴつ・ぶんぴ》

【泌。尿器《ひにょうき》】尿《にょう》をつくり、それをからだの外《そと》に出《だ》す、腎臓《じんぞう》・尿管《にょうかん》・膀胱《ぼうこう》・尿道《にょうどう》などの器《き》官《かん》。例 泌尿器科《ひにょうきか》の医院《いいん》。

氵-5

沸

総画8 JIS-4208 常用

訓音 フツ わく・わかす

筆順

なりたち [形声]「氵」が水《みず》を表《あらわ》し、「弗」が「ふき出《で》る」意味《いみ》と「フツ」という読《よ》み方《かた》をしめしている。湯《ゆ》がわくことを表《あらわ》す字《じ》。

意味 わく。わきたつ。湯《ゆ》になってにえたつ。例 ふろが沸《わ》く。湯《ゆ》を沸《わ》かす。沸点《ふってん》・煮沸《しゃふつ》

【沸点《ふってん》】↓「沸騰点《ふっとうてん》」の略《りゃく》。液体《えきたい》がにえたつ温度《おんど》。例 沸点《ふってん》に達《たっ》する。知識 水《みず》は一気圧《いちきあつ》のときセ氏一〇〇度《ど》で沸騰《ふっとう》する。気圧《きあつ》の低《ひく》いところでは沸点《ふってん》はさがる。

文字物語 ☞664ページ

【沸。騰《ふっとう》】↓〈―する〉液体《えきたい》がにえたつこと。例

湯《ゆ》が沸騰《ふっとう》する。類 煮沸《しゃふつ》 表現「世論《せろん》が沸騰《ふっとう》する」「人気《にんき》が沸騰《ふっとう》する」のように、ものごとがはげしくもり上《あ》がるようすにも使《つか》う。

氵－5

法

総画8

JIS-4301

教4年

音 ホウ・ハッ・ホッ

訓 のり

筆順 法 法 法 法 法 法 法 法 (ながく) (とめる)

なりたち 【会意】もとの字は「灋」で、「法」はその略《りゃく》したもの。水平《すいへい》となることから公平《こうへい》さを表《あらわ》す「水《みず》(氵)」と、悪《あく》をのけ去《さ》るといわれる珍獣《ちんじゅう》「廌《たい》」とを合《あ》わせて、「おきて」を表《あらわ》す字《じ》。

意味
❶おきて。さだめ。社会《しゃかい》や国《くに》でのさだめ。例 法律《ほうりつ》
❷やり方《かた》。きまり。例 法則《ほうそく》・方法《ほうほう》
❸宗教《しゅうきょう》。おもに仏教《ぶっきょう》の教《おし》えやきまり。例 法《ほう》を説《と》く。法事《ほうじ》・説法《せっぽう》

注意するよみ ハッ…例 法度《はっと》 ホッ…例 法主《ほっしゅ|ほっす》

名前のよみ かず・つね・のり

❶〈おきて。さだめ〉の意味で

【法度《はっと》】[Ⅱ] ①武家時代《ぶけじだい》の法律《ほうりつ》。例 武家諸法度《ぶけしょはっと》 ②(「ご法度《はっと》」の形《かたち》で)してはいけないとされていること。禁令《きんれい》。例 言《い》いわけはご法度《はっと》だ。類 禁制《きんせい》

【法案《ほうあん》】[↓] 法律《ほうりつ》のもとになる案《あん》。

【法学《ほうがく》】[↓] 法律《ほうりつ》を研究《けんきゅう》する学問《がくもん》。例 法学部《ほうがくぶ》

【法規《ほうき》】[Ⅱ] 法律《ほうりつ》や、法律《ほうりつ》のようにまもらなくてはならない規則《きそく》。例 交通法規《こうつうほうき》 類 法令《ほうれい》

【法人《ほうじん》】[↓] 法律《ほうりつ》のうえで、ひとりの人間《にんげん》とおなじような権利《けんり》や義務《ぎむ》をあたえられた、会社《かいしゃ》や団体《だんたい》。財団法人《ざいだんほうじん》・NPO法人《ほうじん》など。

【法治《ほうち》】[↓] 法律《ほうりつ》にもとづいて、政治《せいじ》をおこなうこと。例 法治国家《ほうちこっか》

【法。廷《ほうてい》】[↓] 裁判《さいばん》がおこなわれるところ。例 法廷《ほうてい》であらそう。法廷《ほうてい》に立《た》つ。類 裁判所《さいばんしょ》

【法定《ほうてい》】[↓] 法律《ほうりつ》で決《き》められていること。例 自転車《じてんしゃ》も法定速度《ほうていそくど》を守《まも》って走《はし》ろう。

【法的《ほうてき》】[⊠]〈ーな・ーに〉法律《ほうりつ》にもとづいている。法《ほう》律《りつ》にかんする。例 法的根拠《ほうてきこんきょ》

【法律《ほうりつ》】[Ⅱ] 国会《こっかい》で決《き》められ、政府《せいふ》や国民《こくみん》がまもらなければならないきまり。

【法令《ほうれい》】[Ⅱ] 国会《こっかい》で決《き》まった法律《ほうりつ》と、それを実《じっ》行《こう》するために政府《せいふ》が出《だ》した命令《めいれい》。例 法令集《ほうれいしゅう》 類 法規《ほうき》

❷〈やり方。きまり〉の意味で

【法外《ほうがい》】[↓]〈ーな・ーに〉ふつうの程度《ていど》をはるかにこえている。例 法外《ほうがい》なねだんをつける。

【法則《ほうそく》】[Ⅱ] ものごとにおいて、いつでもなり立《た》つ関係《かんけい》。例 法則性《ほうそくせい》。引力《いんりょく》の法則《ほうそく》。

❸〈宗教〉の意味で

【法衣《ほうい|ほうえ》】[↓] お坊《ぼう》さんや尼《あま》さんが着《き》る衣《い》服《ふく》。例 法衣《ほうい|ほうえ》をまとう。類 法服《ほうふく》・僧服《そうふく》

【法王《ほうおう》】[↓] ローマカトリック教会《きょうかい》の最高《さいこう》の位《くらい》。ローマ法王《ほうおう》。類 教皇《きょうこう》

【法皇《ほうおう》】[↓] むかし、天皇《てんのう》が位《くらい》をゆずってお坊《ぼう》さんになったときのよび名《な》。例 後白河法皇《ごしらかわほうおう》 類 上皇《じょうこう》

【法師《ほうし》】[↓] ①仏《ほとけ》の教《おし》えにしたがって修行《しゅぎょう》し、その教《おし》えを広《ひろ》める人《ひと》。お坊《ぼう》さん。例 三蔵《さんぞう》法師《ほうし》 ②(「…法師《ぼうし》」の形《かたち》で)人《ひと》の形《かたち》をしたもの。例 影法師《かげぼうし》・一寸法師《いっすんぼうし》

【法事《ほうじ》】[↓] 死《し》んだ人《ひと》をなぐさめ、あの世《よ》でのしあわせを祈《いの》るために、命日《めいにち》などにおこなう仏教《ぶっきょう》の行事《ぎょうじ》。例 三回忌《さんかいき》の法事《ほうじ》。類 法会《ほうえ》・法要《ほうよう》

【法名《ほうみょう》】[↓] ①出家《しゅっけ》してお坊《ぼう》さんになった人《ひと》にあたえられる名《な》。②仏教《ぶっきょう》の信者《しんじゃ》が死《し》んだとき、僧《そう》からあたえられる名《な》。類 戒名《かいみょう》 対 俗名《ぞくみょう》

【法要《ほうよう》】[↓] 死《し》んだ人《ひと》をなぐさめるための仏《ぶっ》教《きょう》の行事《ぎょうじ》。類 法会《ほうえ》・法事《ほうじ》・供養《くよう》

【法話《ほうわ》】[↓] 人《ひと》びとに仏《ほとけ》の教《おし》えをわかりやすく説《と》き聞《き》かせる話《はなし》。例 法話集《ほうわしゅう》

法が下につく熟語 上の字の働き

❶法＝〈おきて。さだめ〉のとき
【刑法《けいほう》 民法《みんぽう》 商法《しょうほう》 税法《ぜいほう》】ナニにかんする法《ほう》か。
【立法《りっぽう》 司法《しほう》 遵法《じゅんぽう》(順法《じゅんぽう》) 合法《ごうほう》 違法《いほう》 不法《ふほう》 無法《むほう》】法《ほう》を(法《ほう》に)ドウスルか。

❷法＝〈やり方。きまり〉のとき
【技法《ぎほう》 手法《しゅほう》 方法《ほうほう》】近《ちか》い意味《いみ》。
【便法《べんぽう》 秘法《ひほう》 正攻法《せいこうほう》】ドンナやり方《かた》か。

前ページ ▶ 法

【用法《ようほう》 戦法《せんぽう》 兵法《へいほう》 泳法《えいほう》 筆法《ひっぽう》 論法《ろんぽう》 療法《りょうほう》 製法《せいほう》】ナニのやり方《かた》か。
【作法《さほう|さくほう》 寸法《すんぽう》 文法《ぶんぽう》 暦法《れきほう》 加法《かほう》 減法《げんぽう》 乗法《じょうほう》 除法《じょほう》】ナニのきまりか。
◆擬人法《ぎじんほう》 憲法《けんぽう》 国法《こくほう》 十進法《じっしんほう》 尺貫法《しゃっかんほう》 説法《せっぽう》 仏法《ぶっぽう》 六法《ろっぽう》

泡
氵-5 総画8 JIS-4302 常用
音 ホウ 訓 あわ

筆順 泡泡泡泡泡泡泡泡

なりたち  【形声】もとの字は、「泡」。「氵」が水《みず》を表《あらわ》し、「包」が「つつむ」意味《いみ》と「ホウ」という読《よ》み方《かた》をしめしている。空気《くうき》をつつんでいる水《みず》の「あわ」を表《あらわ》す字《じ》。

意味 あわ。水《みず》などの液体《えきたい》が空気《くうき》をつつんでできたもの。例 泡《あわ》が立《た》つ。水泡《すいほう》

【泡沫《ほうまつ》】Ⅱ あわ。あぶく。表現「泡沫候補《ほうまつこうほ》」「泡沫会社《ほうまつかいしゃ》」などと、あらわれてすぐに消《き》えてしまうようなものをいうときにも使《つか》う。

泡が下につく熱語 上の字の働き
【水泡《すいほう》 気泡《きほう》】ナニの泡《あわ》か。
◆発泡《はっぽう》

沫
氵-5 総画8 JIS-4387 人名
音 バツ・マツ 訓 あわ・しぶき

意味
❶あわ。水《みず》のあわ。例 泡沫《ほうまつ》
❷しぶき。とびちる水《みず》のつぶ。例 飛沫《ひまつ》

油
氵-5 総画8 JIS-4493 教3年
音 ユ 訓 あぶら

筆順 油油油油油油油油（はっきりだす）

なりたち  【形声】「氵」が川《かわ》を表《あらわ》し、「由」が「ユ」という読《よ》み方《かた》をしめしている。もと川《かわ》の名《な》で、「あぶら」として借《か》りて使《つか》われている。

意味 あぶら。動物《どうぶつ》や植物《しょくぶつ》または鉱物《こうぶつ》にふくまれる、もえやすい液体《えきたい》。例 油《あぶら》を売《う》る（むだ話《ばなし》などをして時間《じかん》をついやす）。油絵《あぶらえ》・石油《せきゆ》

使い分け あぶら［油・脂］☞667ページ

【油絵《あぶらえ》】↓ 顔料《がんりょう》を油《あぶら》で練《ね》った絵《え》の具《ぐ》でかいた絵《え》。類 油彩《ゆさい》 対 水彩画《すいさいが》
【油紙《あぶらがみ|ゆし》】↓ 油《あぶら》や柿《かき》しぶをしみこませて、水《みず》がとおらないようにしたじょうぶな紙《かみ》。例 荷物《にもつ》を油紙《あぶらがみ|ゆし》でつつむ。
【油煙《ゆえん》】↓ 油《あぶら》やろうそくなどが燃《も》えるときに出《で》る、黒《くろ》いけむり。すすを多《おお》くふくむ。例 油煙《ゆえん》から墨《すみ》が作《つく》られる。
【油彩《ゆさい》】↓ 油《あぶら》で練《ね》った絵《え》の具《ぐ》で色《いろ》をぬること。そうしてかいた絵《え》。類 油絵《あぶらえ》 対 水彩《すいさい》
【油脂《ゆし》】Ⅱ 動物《どうぶつ》や植物《しょくぶつ》からとったあぶら。食用《しょくよう》にするほか石《せっ》けんなどの原料《げんりょう》にする。
【油断《ゆだん》】◎〈―する〉気《き》をゆるして、注意《ちゅうい》しないでいること。例 油断《ゆだん》もすきもない。
【油断大敵《ゆだんたいてき》】油断《ゆだん》すると思《おも》わぬ失敗《しっぱい》をしてしまうので、そのような自分《じぶん》の心《こころ》こそなによりもこわい敵《てき》である。
【油田《ゆでん》】↓ 石油《せきゆ》がとれるところ。

油が下につく熟語 上の字の働き
【鯨油《げいゆ》 石油《せきゆ》】ナニからとれた油《あぶら》か。
【原油《げんゆ》 重油《じゅうゆ》 灯油《とうゆ》 軽油《けいゆ》 精油《せいゆ》】ドウイウ種類《しゅるい》の油《あぶら》か。
◆給油《きゅうゆ》

洩
氵-6 総画9 JIS-1744 表外
音 エイ 訓 も-れる・も-らす

意味 もれる。もらす。例 漏洩《ろうえい》（ひみつなどがもれること）

海
氵-6 総画9 JIS-1904 教2年
音 カイ 訓 うみ
［海］

筆順 海海海海海海海海海（はねる）（ここにならない）

なりたち  【形声】「氵」が水《みず》を表《あらわ》し、「毎《マイ》」が「カイ」とかわって読《よ》み方《かた》をしめしている。「マイ」は「くらい」の意味《いみ》を持《も》ち、くろぐろと深《ふか》いうみを表《あらわ》す字《じ》。

意味 うみ。地球《ちきゅう》表面《ひょうめん》の三分《さんぶん》の二《に》をしめる、塩《しお》けのある水《みず》。うみのような大《おお》きな広《ひろ》がり。例 海《うみ》をわたる（外国《がいこく》に行《い》く）。海《うみ》の幸《さち》。海《かい》

岸《がん》・雲海《うんかい》・航海《こうかい》

特別なよみ 海女(あま)・海士(あま)・海原(うなばら)

名前のよみ み

【海女】《あま》 [↓] 海中《かいちゅう》にもぐり、魚《さかな》や貝《かい》、海藻《かいそう》などをとる仕事《しごと》をする女《おんな》の人《ひと》。例 海女《あま》漁《りょう》

【海原】《うなばら》 [↓] ひろびろとした海《うみ》。例 青海原《あおうなばら》

【海千山千】《うみせんやません》 世《よ》の中《なか》の経験《けいけん》をたくさんつみ、世間《せけん》のうらもおもても知《し》った、わるがしこい人《ひと》。例 海千山千《うみせんやません》のつわもの。参考 海《うみ》に千年《せんねん》、山《やま》に千年《せんねん》すんだ蛇《へび》は竜《りゅう》になる、という言《い》いつたえから。

【海運】《かいうん》 [↓] 船《ふね》で、人《ひと》や荷物《にもつ》をはこぶこと。例 海運業《かいうんぎょう》 対 陸運《りくうん》

【海外】《かいがい》 [↓] 海《うみ》のむこうにある外国《がいこく》。例 海外《かいがい》旅行《りょこう》 類 国外《こくがい》

【海岸】《かいがん》 [↓] 陸《りく》と海《うみ》とのさかいめのところ。例 リアス式海岸《しきかいがん》 類 海辺《うみべ》・海浜《かいひん》・沿岸《えんがん》

【海◦峡】《かいきょう》 [↓] 陸地《りくち》にはさまれて、せまくなっている海《うみ》。例 関門海峡《かんもんかいきょう》 類 瀬戸《せと》・水道《すいどう》

【海軍】《かいぐん》 [↓] 海《うみ》のまもりと攻撃《こうげき》をうけもつ軍隊《ぐんたい》。関連 陸軍《りくぐん》・海軍《かいぐん》・空軍《くうぐん》

【海◦溝】《かいこう》 [↓] 海《うみ》の底《そこ》が細長《ほそなが》いみぞのように深《ふか》く落《お》ちこんでいるところ。例 日本海溝《にほんかいこう》 類 海淵《かいえん》

【海産物】《かいさんぶつ》 魚《さかな》・貝《かい》・海藻《かいそう》など、海《うみ》からとれるもの。例 海産物問屋《かいさんぶつどんや》

【海上】《かいじょう》 [↓] 海《うみ》の上《うえ》。例 海上交通《かいじょうこうつう》 類 洋上《ようじょう》 対 陸上《りくじょう》

【海図】《かいず》 [↓] 海岸線《かいがんせん》や海《うみ》の深《ふか》さ、海水《かいすい》の流《なが》れる方向《ほうこう》など、航海《こうかい》に必要《ひつよう》な海《うみ》のようすを表《あらわ》した地図《ちず》。例 海図《かいず》を見《み》て船《ふね》を進《すす》める。

【海草】《かいそう》 [↓] アマモなど、海《うみ》の中《なか》に生《は》えて花《はな》をつける植物《しょくぶつ》。海藻《かいそう》のこともいう。

【海◦藻】《かいそう》 [↓] ワカメ・コンブ・アオノリなど、海《うみ》の中《なか》に生《は》える藻《も》のなかま。

【海◦賊】《かいぞく》 [↓] 船《ふね》に乗《の》ってあちこちにあらわれ、船《ふね》や海《うみ》ぞいの村《むら》などをおそって金品《きんぴん》などをうばう悪者《わるもの》たち。例 海賊船《かいぞくせん》 類 山賊《さんぞく》 表現 作《つく》った人《ひと》のゆるしをえないで本《ほん》やビデオテープなどを複製《ふくせい》したものを「海賊版《かいぞくばん》」という。

【海底】《かいてい》 [↓] 海《うみ》の底《そこ》。例 海底《かいてい》トンネル

【海難】《かいなん》 [↓] 海上《かいじょう》でおこる、思《おも》いがけない事故《じこ》。船《ふね》がしずんだり、岩《いわ》にのりあげたり、衝突《しょうとつ》したりすること。例 海難事故《かいなんじこ》

【海◦抜】《かいばつ》 [↓] 海面《かいめん》を基準《きじゅん》として、そこからはかった陸地《りくち》や山《やま》などの高《たか》さ。例 海抜《かいばつ》三〇〇〇メートルの山頂《さんちょう》。類 標高《ひょうこう》

【海◦浜】《かいひん》 [↓] 海《うみ》べ。砂浜《すなはま》になっているところ。例 海浜公園《かいひんこうえん》 類 浜《はま》・海岸《かいがん》

【海面】《かいめん》 [↓] 海《うみ》の表面《ひょうめん》。例 海面《かいめん》に浮《う》かぶ。

【海綿】《かいめん》 [↓] ①「海綿動物《かいめんどうぶつ》」の略《りゃく》。からだに筋肉《きんにく》や神経《しんけい》がなく、海中《かいちゅう》の岩《いわ》についている動物《どうぶつ》。②海綿動物《かいめんどうぶつ》の一種《いっしゅ》をかわかしたもの。やわらかくてあながたくさんあり、水《みず》をよく吸《す》うので、事務用品《じむようひん》・化粧《けしょう》用品《ようひん》として使《つか》う。スポンジ。

【海洋】《かいよう》 [II] 海《うみ》。ひろびろとした大《おお》きな海《うみ》。例 海洋性気候《かいようせいきこう》・海洋漁業《かいようぎょぎょう》 類 大洋《たいよう》

【海里】《かいり》 [↓] 海上《かいじょう》の距離《きょり》を表《あらわ》す単位《たんい》。一海里《いちかいり》は一八五二メートル。知識 船《ふね》の速《はや》さを表《あらわ》す「一《いち》ノット」は一時間《いちじかん》に一海里《いちかいり》進《すす》む速《はや》さ。

【海流】《かいりゅう》 [↓] いつもきまった方向《ほうこう》に流《なが》れる大《おお》きな海水《かいすい》のながれ。知識 南《みなみ》から流《なが》れてくるあたたかい暖流《だんりゅう》と、北《きた》から流《なが》れてくるつめたい寒流《かんりゅう》がある。

【海路】《かいろ》 [↓] 船《ふね》のとおる道《みち》。そこをとおっていくこと。例 海路《かいろ》インドへ向《む》かう。待《ま》てば海路《かいろ》の日和《ひより》あり(気長《きなが》に待《ま》っていればよいこともある)。類 船路《ふなじ》・潮路《しおじ》 関連 陸路《りくろ》・海路《かいろ》・空路《くうろ》

例解 使い分け

［あぶら《油・脂》］

油＝おもに植物性《しょくぶつせい》・鉱物性《こうぶつせい》の「あぶら」。
例 油《あぶら》でいためる。水《みず》と油《あぶら》。油《あぶら》を売《う》る。火《ひ》に油《あぶら》を注《そそ》ぐ。

脂＝肉《にく》についている、また、肉《にく》からにじみ出《で》る「あぶら」。
例 脂《あぶら》ぎった顔《かお》。脂《あぶら》あせをかく。仕事《しごと》に脂《あぶら》がのる。

参考 液体《えきたい》(氵)になっているほうが「油」で、肉《にく》(月)に関係《かんけい》するほうが「脂」とおぼえる。

【海▲苔】《のり》 ↓ ①アサクサノリやアオノリなど、海中《かいちゅう》の岩《いわ》などに、こけのようにつく海藻《かいそう》。②アサクサノリを紙《かみ》のようにすいて、ほして作《つく》った食品《しょくひん》。例 海苔《のり》まき

海が下につく熟語 上の字の働き

【近海《きんかい》 内海《ないかい・うちうみ》 深海《しんかい》 荒海《あらうみ》】ドウイウ海《うみ》か。

【公海《こうかい》 領海《りょうかい》】法律《ほうりつ》からみてドウイウ海《うみ》か。

【雲海《うんかい》 樹海《じゅかい》】ナニの広《ひろ》がりか。

◆沿海《えんかい》 航海《こうかい》 四海《しかい》

活

氵-6 総画9 JIS-1972 教2年

音 カツ 訓 い-きる・い-かす

筆順 活 活 活 活 活 活 活 活 活（ながく）

なりたち  [形声]「氵」が水《みず》を表《あらわ》し、「昏→舌」が「カツ」という読《よ》み方《かた》をしめしている。「カツ」は「いきおいよく動《うご》く」意味《いみ》を持《も》ち、水《みず》がさかんに動《うご》くことを表《あらわ》す字《じ》。

意味

❶生《い》きる。生《い》きている。生《い》かす。生《い》き生《い》きしている。例 活《かつ》を入《い》れる。活動《かつどう》・活用《かつよう》・活路《ろ》・快活《かいかつ》・生活《せいかつ》

❷固定《こてい》しない。動《うご》かせる。例 活字《かつじ》

❶〈生きる〉の意味で

【活火山】《かっかざん》 今《いま》もけむりや溶岩《ようがん》を出《だ》して活動《かつどう》している火山《かざん》や、近《ちか》い将来《しょうらい》に噴火《ふんか》が予想《よそう》される火山《かざん》。日本《にほん》では浅間山《あさまやま》・桜島《さくらじま》・三原山《みはらやま》などが有名《ゆうめい》。参考 ☞【火山】《かざん》(700ページ)

【活気】《かっき》 ↓ いきいきとして元気《げんき》があること。例 活気《かっき》づく。類 元気《げんき》・生気《せいき》・生彩《せいさい》

【活。況】《かっきょう》 ↓ 商売《しょうばい》などが、景気《けいき》よくにぎわっているようす。例 活況《かっきょう》を呈《てい》する。類 盛況《せいきょう》

【活写】《かっしゃ》 ↓〈—する〉ものごとのようすを文章《ぶんしょう》や絵《え》にいきいきと書《か》き表《あらわ》すこと。例 世相《せそう》を活写《かっしゃ》した小説《しょうせつ》。

【活動】《かつどう》 ↓〈—する〉いきいきとよく動《うご》いて、元気《げんき》にはたらくこと。例 クラブ活動《かつどう》 類 運動《うんどう》

【活発】《かっぱつ》 ↓〈—な・—に〉いきいきとして、いきおいがあること。例 活発《かっぱつ》な議論《ぎろん》。

【活。躍】《かつやく》 ↓〈—する〉自分《じぶん》からどんどん動《うご》いてりっぱなはたらきをすること。例 今後《こんご》の活躍《かつやく》に期待《きたい》する。

【活用】《かつよう》 ↓〈—する〉①ものや人《ひと》の特色《とくしょく》を生《い》かして使《つか》うこと。例 辞書《じしょ》を活用《かつよう》する。類 利用《りよう》・応用《おうよう》 ②ことばの一部《いちぶ》が、あとにつづくことばによって形《かたち》をかえること。たとえば「読《よ》む」の「む」のところが「読《よ》ま(ない)」・「読《よ》み(ます)」・「読《よ》む・読《よ》め(ば)・読《よ》も(う)」のように形《かたち》をかえること。知識 ②は、動詞《どうし》・形容詞《けいようし》・形容動詞《けいようどうし》に見《み》られ、この三《みっ》つをまとめて「用言《ようげん》」という。活用《かつよう》は助動詞《じょどうし》にも見《み》られる。

【活力】《かつりょく》 ↓ 動《うご》きをつくりだす力《ちから》。エネルギー。バイタリティー。例 明日《あす》への活力《かつりょく》。活力《かつりょく》をたくわえる。類 精力《せいりょく》

【活路】《かつろ》 ↓ 追《お》いつめられたところを、切《き》りぬけて生《い》きのびる方法《ほうほう》。例 活路《かつろ》を開《ひら》く。

❷〈固定しない〉の意味で

【活字】《かつじ》 ↓ 金属《きんぞく》でできた一字一字《いちじいちじ》の文字《もじ》のはんこ。活版印刷《かっぱんいんさつ》に使《つか》う。例 活字《かつじ》を組《く》む。

活が下につく熟語 上の字の働き

❶活＝〈生きる〉のとき

【自活《じかつ》 復活《ふっかつ》】ドノヨウニ生《い》きるか。

◆快活《かいかつ》 死活《しかつ》 生活《せいかつ》

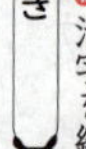

洪

氵-6 総画9 JIS-2531 常用

音 コウ 訓 —

筆順 洪 洪 洪 洪 洪 洪 洪 洪 洪

なりたち 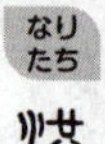 [形声]「氵」が水《みず》を表《あらわ》し、「共《キョウ》」が「コウ」とかわって読《よ》み方《かた》をしめしている。「キョウ」は「さかんで大《おお》きい」の意味《いみ》を持《も》ち、大水《おおみず》を表《あらわ》す字《じ》。

意味 おおみず。川《かわ》のはんらん。例 洪水《こうずい》

名前のよみ ひろ・ひろし

【。洪水】《こうずい》 ↓ 大雨《おおあめ》や雪《ゆき》どけなどのため、川《かわ》の水《みず》がふえてあふれでること。例 大洪水《だいこうずい》 類 大水《おおみず》・出水《しゅっすい・でみず》 表現 「インターネットはまるで情報《じょうほう》の洪水《こうずい》だ」のように、ものがあまりに多《おお》いことにもいう。

洸

氵-6 総画9 JIS-6211 人名

音 コウ 訓 —

意味 わき水《みず》が光《ひか》る。清《きよ》く、広《ひろ》く深《ふか》い。

名前のよみ たけ・ひろ・ひろし

洲

氵−6 総画9 JIS-2907 人名
音 シュウ・ス 訓 しま

意味 なかす。川《かわ》の中《なか》に土砂《どしゃ》がたまって、水面上《すいめんじょう》にあらわれたところ。

表記 現在《げんざい》では「州」に書きかえる。例 中洲《なかす》→中州《なかす》

洵

氵−6 総画9 JIS-6213 人名
音 ジュン 訓 まこと-に

意味 まさに。まことに。

名前のよみ くに

浄

氵−6 総画9 JIS-3084 常用
音 ジョウ 訓 きよ-い

［淨］

筆順 浄浄浄浄浄浄浄浄浄

なりたち 【形声】もとの字は、「淨」。「氵」が水《みず》を表《あらわ》し、「争《ソウ》|《ウ》ショ」が「ジョウ」とかわって読《よ》み方《かた》をしめしている。「ソウ」は「きよい」の意味《いみ》を持《も》ち、水《みず》のきよくすむことを表《あらわ》す字《じ》。

意味 きよい。きよめる。例 浄土《じょうど》・洗浄《せんじょう》

名前のよみ しず

【。浄化《じょうか》】↓〈—する〉よごれを取《と》りのぞいてきれいにすること。例 川《かわ》の水《みず》を浄化《じょうか》する。

表現 「政界《せいかい》を浄化《じょうか》する」「社内《しゃない》の浄化《じょうか》にのりだす」など、人間社会《にんげんしゃかい》のことにも言《い》う。

【。浄財《じょうざい》】↓ ①神社《じんじゃ》やお寺《てら》などに寄付《きふ》するお金《かね》。②こまっている人《ひと》を助《たす》けたいという気《き》持《も》ちで出《だ》すお金《かね》。

【。浄書《じょうしょ》】↓〈—する〉下書《したが》きの文章《ぶんしょう》などをきれいに書《か》き直《なお》すこと。また、その書《か》き直《なお》したもの。例 原稿《げんこう》を浄書《じょうしょ》する。類 清書《せいしょ》

【。浄水《じょうすい》】▲きれいな水《みず》にすること。清潔《せいけつ》な水《みず》。例 浄水場《じょうすいじょう》・浄水器《じょうすいき》

【。浄土《じょうど》】↓ 仏《ほとけ》や菩薩《ぼさつ》のいる、きよらかなところ。例 西方浄土《さいほうじょうど》 類 極楽《ごくらく》 対 穢土《えど》

◆清浄《せいじょう|しょうじょう》 洗浄《せんじょう》 不浄《ふじょう》 六根清浄《ろっこんしょうじょう》

津

氵−6 総画9 JIS-3637 常用
音 シン 訓 つ

筆順 津津津津津津津津津

なりたち 【形声】「氵」が川《かわ》を表《あらわ》し、「聿」が「シン」という読《よ》み方《かた》をしめしている。「シン」は「すすめる」意味《いみ》を持《も》ち、川《かわ》の向《む》こうへ船《ふね》をわたす「わたしば」を表《あらわ》す字《じ》。

意味 ❶みなと。わたしば。例 津波《つなみ》 ❷わきでる。しみでる。例 津津《しんしん》

❶〈みなと〉の意味で

【。津。津。浦。浦】《つつうらうら》 全国《ぜんこく》いたるところ。例 うわさは、津々浦々《つつうらうら》にひろまった。参考 「津《つ》」は港《みなと》、「浦《うら》」は海岸《かいがん》の意味《いみ》。字《じ》をかさねて「行《い》く所《ところ》、行《い》く所《ところ》どこでも」の意味《いみ》を表《あらわ》す。

【。津波《つなみ》】↓ 地震《じしん》などのために、とつぜん陸《りく》におしよせてくる高《たか》い波《なみ》。例 津波警報《つなみけいほう》 類 高潮《たかしお》

❷〈わきでる〉の意味で

【。津。津】《しんしん》 Ⅱ〈—たる〉〈—と〉(「興味津々《きょうみしんしん》」の形《かたち》で)おもしろさがつきないこと。

浅

氵−6 総画9 JIS-3285 教4年
音 セン 訓 あさ-い

［淺］

筆順 浅浅浅浅浅浅浅浅浅 (ながく・はねる・だす)

なりたち 【形声】もとの字は、「淺」。「氵」が水《みず》を表《あらわ》し、「戔」が「わずか」の意味《いみ》と「セン」という読《よ》み方《かた》をしめしている。水《みず》が少《すく》ないことを表《あらわ》す字《じ》。

意味 ❶あさい。水面《すいめん》やものの表面《ひょうめん》に近《ちか》いこと。例 浅瀬《あさせ》・遠浅《とおあさ》 対 深《しん》 ❷あさはか。ものごとにおくゆきがない。例 考《かんが》えが浅《あさ》い。浅薄《せんぱく》 対 深《しん》 ❸あっさりしている。色《いろ》や味《あじ》がうすい。例 浅緑《あさみどり》・浅漬《あさづ》け 対 深《しん》

❶〈あさい〉の意味で

【。浅瀬《あさせ》】↓ 川《かわ》や海《うみ》で、水《みず》のあさいところ。例 浅瀬《あさせ》をわたる。

❷〈あさはか〉の意味で

【浅学《せんがく》】↓ 勉強《べんきょう》がたりないこと。自分《じぶん》をへりくだっていうことば。例 浅学非才《せんがくひさい》の身《み》。

【。浅。薄《せんぱく》】Ⅱ〈—な〉〈—に〉考《かんが》えや学問《がくもん》が、うすっぺら

前ページ▶洲 洵 浄 津 浅

なようす。あさはか。例 浅薄《せんぱく》な人間《にんげん》。

【浅。慮】《せんりょ》 ↓ あさはかな考《かんが》え。例 浅慮《せんりょ》のいたすところ。類 短慮《たんりょ》 対 深慮《しんりょ》

❸〈あっさりしている〉の意味で

【浅緑】《あさみどり》 ↓ うすい緑色《りょくしょく》。類 草色《くさいろ》・若葉色《わかばいろ》・黄緑《きみどり》 対 深緑《しんりょく|ふかみどり》

◆ 深浅《しんせん》 遠浅《とおあさ》

氵-6

洗

総画9 JIS-3286 教6年

音 セン 訓 あらう

筆順 洗 洗 洗 洗 洗 洗 洗 洗 洗（ながく はねる おらない）

なりたち  【形声】「氵」が水《みず》を表《あらわ》し、「先」が「あしさき」の意味《いみ》と「セン」という読《よ》み方《かた》をしめしている。足《あし》に水《みず》をかけてあらうことを表《あらわ》す字《じ》。

意味 あらう。水《みず》などでよごれを流《なが》しおとす。例 足《あし》を洗《あら》う。洗《あら》いに出《だ》す。洗濯《せんたく》・水洗《すいせん》

名前のよみ きよ・きよし

【洗眼】《せんがん》 ▲〈―する〉水《みず》や薬《くすり》の液《えき》で目《め》をあらうこと。例 眼科《がんか》医《い》に洗眼《せんがん》してもらう。

【洗顔】《せんがん》 ▲〈―する〉顔《かお》をあらうこと。例 洗顔《せんがん》クリーム 類 洗面《せんめん》

【洗。剤】《せんざい》 ↓ 衣服《いふく》や食器《しょっき》・野菜《やさい》などのよごれをあらいおとすために使《つか》う薬《くすり》。例 中性洗剤《ちゅうせいせんざい》

【洗浄】《せんじょう》 Ⅱ〈―する〉水《みず》や薬《くすり》などできれいにすること。例 洗浄力《せんじょうりょく》のある洗剤《せんざい》。

【洗。濯】《せんたく》 Ⅱ〈―する〉衣類《いるい》などをあらってきれいにすること。例 洗濯機《せんたくき》 表現「いのちの洗濯《せんたく》」は、よく休《やす》んで日《ひ》ごろのつかれをいやすこと。

【洗。髪】《せんぱつ》 ▲〈―する〉髪《かみ》をあらうこと。例 美容院《びよういん》で洗髪《せんぱつ》してもらった。洗髪料《せんぱつりょう》

【洗面】《せんめん》 ▲〈―する〉顔《かお》をあらうこと。例 洗面器《せんめんき》・洗面所《せんめんじょ》 類 洗顔《せんがん》

【洗礼】《せんれい》 ↓ キリスト教《きょう》で、正式《せいしき》の信者《しんじゃ》になるための儀式《ぎしき》。例 洗礼《せんれい》をうける。表現 一人前《いちにんまえ》になるために経験《けいけん》しなければならない試練《しれん》を「…の洗礼《せんれい》をうける」のようにいう。

【洗練】《せんれん》 Ⅱ〈―する〉すぐれたものにみがきあげていくこと。例 洗練《せんれん》された文章《ぶんしょう》。

氵-6

洞

総画9 JIS-3822 常用

音 ドウ 訓 ほら

筆順 洞 洞 洞 洞 洞 洞 洞 洞 洞

なりたち  【形声】「氵」が水《みず》を表《あらわ》し、「同」が「ドウ」という読《よ》み方《かた》をしめしている。「ドウ」は「うつろ、つきぬける」の意味《いみ》を持《も》ち、水《みず》によってあけられたほらあなを表《あらわ》す字《じ》。

意味 ❶ほらあな。例 空洞《くうどう》・鍾乳洞《しょうにゅうどう》 ❷おくまで見《み》る。見《み》とおす。例 洞察《どうさつ》

名前のよみ ひろ

❶〈ほらあな〉の意味で

【洞。窟】《どうくつ》 Ⅱ がけや岩《いわ》などにできた、おくゆきの深《ふか》い大《おお》きなあな。ほらあな。類 洞穴《どうけつ》

【洞穴】《どうけつ》 Ⅱ 岩《いわ》やがけにあいた、大《おお》きくておくゆきの深《ふか》いあな。類 洞窟《どうくつ》

❷〈おくまで見る〉の意味で

【洞察】《どうさつ》 Ⅱ〈―する〉ふつうではわからないところをするどく見《み》ぬいたり、先《さき》のことまで見《み》とおしたりすること。例 洞察力《どうさつりょく》

氵-6

派

総画9 JIS-3941 教6年

音 ハ 訓 ―

筆順 派 派 派 派 派 派 派 派 派（はらう とめる はらう）

なりたち  【形声】「氵」が川《かわ》を、「𠂢」が本流《ほんりゅう》から支流《しりゅう》が分《わ》かれる形《かたち》を表《あらわ》し、川《かわ》の支流《しりゅう》が分《わ》かれることを表《あらわ》す字《じ》。また「𠂢」という読《よ》み方《かた》をしめしている。

意味 ❶分《わ》かれる。分《わ》かれてできた集《あつ》まり。例 三《みっ》つの派《は》に分《わ》かれる。派生《はせい》・派閥《はばつ》・党派《とうは》 ❷人《ひと》をやる。さしむける。例 派遣《はけん》・特派《とくは》 ❸《その他《た》》例 派手《はで》・立派《りっぱ》

❶〈分かれる〉の意味で

【派生】《はせい》 ↓〈―する〉もとのものごとから、新《あたら》しくべつのものごとが生《しょう》じてくること。例 新《あら》たな問題《もんだい》が派生《はせい》する。

【派。閥】《はばつ》 Ⅱ 政党《せいとう》や組合《くみあい》などの中《なか》で、考《かんが》えや利害《りがい》がおなじ者《もの》が集《あつ》まってつくったグルー

プ。例 派閥《はばつ》あらそい

❷〈人をやる〉の意味で

【派。遣】《はけん》 ‖ 〈―する〉ある目的《もくてき》のために人《ひと》をさしむけること。例 使節《しせつ》を派遣《はけん》する。

【派出】《はしゅつ》 ↓ 〈―する〉仕事《しごと》のために、人《ひと》をあちこちへ行《い》かせること。例 派出所《はしゅつじょ》

【派兵】《はへい》 ▲ 〈―する〉軍隊《ぐんたい》を国外《こくがい》へおくりこむこと。例 海外派兵《かいがいはへい》

❸《その他》

【派手】《はで》 ◎ 〈―な・―に〉身《み》なりや行動《こうどう》が、はなやかだったり、おおげさだったりして、人目《ひとめ》をひくようす。例 はでな服装《ふくそう》。はでなけんかをする。対 地味《じみ》

派が下につく熟語 上の字の働き

❶派＝〈分かれる〉のとき

【分派《ぶんぱ》 流派《りゅうは》 党派《とうは》】近《ちか》い意味《いみ》。

【右派《うは》 左派《さは》 硬派《こうは》 軟派《なんぱ》】ドンナグループか。

◆一派《いっぱ》 各派《かくは》 宗派《しゅうは》 特派《とくは》 立派《りっぱ》

氵-6

洋

総画9

JIS-4546

教3年

訓 ―

音 ヨウ

筆順 洋 洋 洋 洋 洋 洋 洋 洋 洋

ながく だささない

なりたち 洋 【形声】「氵」が川《かわ》を表《あらわ》し、「羊」が「ヨウ」という読《よ》み方《かた》をしめしている。もと川《かわ》の名《な》で、借《か》りて「大海《たいかい》」の意味《いみ》に使《つか》われている。

意味

❶広《ひろ》い海《うみ》。例 洋上《ようじょう》・外洋《がいよう》

❷世界《せかい》。地球《ちきゅう》を東《ひがし》と西《にし》に分《わ》けて、東洋《とうよう》と西洋《せいよう》とにする。例 洋《よう》の東西《とうざい》を問《と》わず。

❸西洋《せいよう》。ヨーロッパやアメリカ。例 洋式《ようしき》・和洋折衷《わようせっちゅう》 対 和《わ》

名前のよみ なみ・ひろ・ひろし・み

❶〈広い海〉の意味で

【洋上】《ようじょう》 ↓ 広《ひろ》い海《うみ》の上《うえ》。類 海上《かいじょう》

【洋洋】《ようよう》 ‖ 〈―たる・―と〉ひろびろとはてしなく広《ひろ》がっているようす。例 前途洋々《ぜんとようよう》

❸〈西洋〉の意味で

【洋画】《ようが》 ↓ ①油絵《あぶらえ》など、西洋《せいよう》のかき方《かた》によってかかれた絵画《かいが》。例 洋画家《ようがか》 対 邦画《ほうが》・日本画《にほんが》 ②ヨーロッパやアメリカなどでつくられた映画《えいが》。例 洋画劇場《ようがげきじょう》 対 邦画《ほうが》

【洋学】《ようがく》 ↓ 西洋《せいよう》の学問《がくもん》。江戸時代《えどじだい》に日本《にほん》に入《はい》ってきた西洋《せいよう》の学問《がくもん》や語学《ごがく》、西洋事情《せいようじじょう》の研究《けんきゅう》など。類 蘭学《らんがく》 関連 国学《こくがく》・漢学《かんがく》・洋学《ようがく》

【洋楽】《ようがく》 ↓ 西洋《せいよう》の音楽《おんがく》。対 邦楽《ほうがく》

【洋館】《ようかん》 ↓ 西洋《せいよう》ふうの建物《たてもの》。おもに明治《めいじ》・大正《たいしょう》時代《じだい》にたてられたものを指《さ》す。

【洋弓】《ようきゅう》 ↓ 西洋式《せいようしき》の弓《ゆみ》。アーチェリー。

【洋行】《ようこう》 ↓ 〈―する〉ヨーロッパやアメリカに旅行《りょこう》や留学《りゅうがく》をすること。例 洋行《ようこう》がえり 類 外遊《がいゆう》 表現 外国《がいこく》に行《い》くことがむずかしく、とびきりすばらしいことと思《おも》われていた時代《じだい》のことばで、現代《げんだい》ではあまり使《つか》われない。

【洋裁】《ようさい》 ↓ 洋服《ようふく》をしたてること。その技術《ぎじゅつ》。例 洋裁学校《ようさいがっこう》 対 和裁《わさい》

【洋式】《ようしき》 ↓ 西洋《せいよう》ふうのやり方《かた》やスタイル。例 洋式《ようしき》トイレ 類 洋風《ようふう》 対 和風《わふう》・和式《わしき》

【洋室】《ようしつ》 ↓ 西洋《せいよう》ふうに作《つく》ったへや。例 バス・トイレ付《つ》き洋室《ようしつ》。類 洋間《ようま》 対 和室《わしつ》・日本間《にほんま》

【洋酒】《ようしゅ》 ↓ 西洋《せいよう》ふうのつくり方《かた》による酒《さけ》。ウイスキーやブランデーなど。対 日本酒《にほんしゅ》

【洋書】《ようしょ》 ↓ 西洋《せいよう》で出版《しゅっぱん》された本《ほん》。関連 和書《わしょ》・漢籍《かんせき》・洋書《ようしょ》

【洋食】《ようしょく》 ↓ 西洋《せいよう》ふうに料理《りょうり》した食事《しょくじ》。例 洋食《ようしょく》でもてなす。類 西洋料理《せいようりょうり》 対 和食《わしょく》

【洋装】《ようそう》 ↓ ①〈―する〉西洋《せいよう》ふうの服装《ふくそう》をすること。対 和装《わそう》 ②西洋式《せいようしき》の本《ほん》のつくり方《かた》やとじ方《かた》。例 洋装本《ようそうぼん》 対 和装《わそう》

【洋品】《ようひん》 ↓ シャツやネクタイなど、西洋《せいよう》ふうの身《み》のまわりの品物《しなもの》。例 洋品店《ようひんてん》

【洋風】《ようふう》 ↓ 〈―な・―に〉形式《けいしき》ややり方《かた》などが西洋《せいよう》ふうであること。例 洋風建築《ようふうけんちく》 類 洋式《ようしき》・欧風《おうふう》 対 和風《わふう》

【洋服】《ようふく》 ↓ 西洋《せいよう》ふうの衣服《いふく》。例 洋服《ようふく》をしたてる。対 和服《わふく》

【洋間】《ようま》 ↓ 西洋《せいよう》ふうに作《つく》ったへや。例 洋間《ようま》にソファーをおく。類 洋室《ようしつ》 対 日本間《にほんま》・和室《わしつ》

洋が下につく熟語 上の字の働き

❶洋＝〈広い海〉のとき

【外洋《がいよう》 大西洋《たいせいよう》 太平洋《たいへいよう》】ドウイウ海《うみ》か。

❷洋＝〈世界〉のとき

【西洋《せいよう》 東洋《とうよう》】ドチラの世界《せかい》か。

前ページ ▶洋

洛

氵—6 総画9 JIS-4576 人名
音 ラク 訓 ——

意味 ❶洛陽《らくよう》。むかしの中国《ちゅうごく》のみやこ。❷京都《きょうと》。例 洛中《らくちゅう》・上洛《じょうらく》

浩

氵—7 総画10 JIS-2532 人名
音 コウ 訓 ひろ-い

意味 ひろくて大《おお》きい。さかん。例 浩然《こうぜん》
名前のよみ はる・ひろし・ゆたか

消

氵—7 総画10 JIS-3035 教3年
音 ショウ 訓 きえる・けす

筆順 消 消 消 消 消 消 消 消 消 消
（ッにならない　とめる　はねる）

なりたち  【形声】「氵」が水《みず》を表《あらわ》し、「肖」が「ショウ」という読《よ》み方《かた》をしめしている。「ショウ」は「すくない」の意味《いみ》を持《も》ち、水《みず》の少《すく》なくなることを表《あらわ》す字《じ》。

意味
❶きえる。けす。姿《すがた》かたちが見《み》えなくなる。つきはてる。例 火《ひ》が消《き》える。すがたを消《け》す。消失《しょうしつ》・解消《かいしょう》
❷ひきさがる。例 消極的《しょうきょくてき》

❶〈きえる。けす〉の意味で

【消印】けしいん [↓] 消《け》したしるしとしておす印《いん》。とくに、郵便局《ゆうびんきょく》で、使《つか》ったしるしとして切手《きって》やはがきにおす印《いん》。例 一月三十日消印《いちがつさんじゅうにちけしいん》まで有効《ゆうこう》。

【消化】しょうか [↓]〈—する〉①動物《どうぶつ》が食《た》べたものを胃《い》や腸《ちょう》で分解《ぶんかい》し、吸収《きゅうしゅう》しやすいものにすること。例 消化剤《しょうかざい》 ②学《まな》んだことをよく理解《りかい》して自分《じぶん》のものにすること。例 一度《いちど》に教《おそ》わっても消化《しょうか》できない。③わりあて分《ぶん》をしあげること。例 スケジュールを消化《しょうか》する。

【消火】しょうか [▲]〈—する〉火事《かじ》の火《ひ》を消《け》すこと。例 消火作業《しょうかさぎょう》・初期消火《しょきしょうか》 類 鎮火《ちんか》 対 出火《しゅっか》・発火《はっか》・点火《てんか》

【消却】しょうきゃく [⊠]〈—する〉①消《け》してなくしてしまうこと。類 消去《しょうきょ》 ②お金《かね》などを使《つか》いきること。例 予算《よさん》を消却《しょうきゃく》する。

【消去】しょうきょ [Ⅱ]〈—する〉消《け》してなくしてしまうこと。例 データを消去《しょうきょ》する。類 消却《しょうきゃく》

【消失】しょうしつ [Ⅱ]〈—する〉それまであったものが消《き》えてなくなること。例 権利《けんり》が消失《しょうしつ》する。

【消息】しょうそく [⇕] ①生活《せいかつ》のようすや安否《あんぴ》を知《し》らせるたより。それでわかる、その人《ひと》のようすや安否《あんぴ》。例 消息不明《しょうそくふめい》。消息《しょうそく》をたつ。類 音沙汰《おとさた》 ②ものごとの事情《じじょう》やなりゆき。例 政界《せいかい》の消息《しょうそく》に通《つう》じる。類 動静《どうせい》

【消息筋】しょうそくすじ その方面《ほうめん》の事情《じじょう》をよく知《し》っている人《ひと》。類 消息通《しょうそくつう》 表現 新聞《しんぶん》などで、情報《じょうほう》元《もと》がだれなのか明《あき》らかにできないときに、「消息筋《しょうそくすじ》によれば」のように使《つか》う。

【消息通】しょうそくつう その方面《ほうめん》の事情《じじょう》をよく知《し》っていること。知《し》っている人《ひと》。類 消息筋《しょうそくすじ》

【消長】しょうちょう [⇕]〈—する〉おとろえたり、さかえたりすること。例 消長《しょうちょう》をくりかえす。類 盛衰《せいすい》・栄枯《えいこ》

【消沈】しょうちん [↓]〈—する〉元気《げんき》をなくして、しょんぼりすること。例 意気消沈《いきしょうちん》

【消灯】しょうとう [▲]〈—する〉電灯《でんとう》などのあかりを消《け》すこと。例 消灯時間《しょうとうじかん》・十時消灯《じゅうじしょうとう》 対 点灯《てんとう》・点火《てんか》

【消毒】しょうどく [▲]〈—する〉ばい菌《きん》を熱《ねつ》や薬《くすり》でころすこと。例 煮沸消毒《しゃふつしょうどく》 類 殺菌《さっきん》・滅菌《めっきん》

【消費】しょうひ [Ⅱ]〈—する〉お金《かね》やもの、時間《じかん》などを使《つか》ってしまうこと。例 電力《でんりょく》の消費量《しょうひりょう》。消費《しょうひ》者《しゃ》 類 消耗《しょうもう》 対 生産《せいさん》

【消防】しょうぼう [↓] 火事《かじ》を消《け》しとめること。例 消防士《しょうぼうし》・消防署《しょうぼうしょ》・消防活動《しょうぼうかつどう》

【消滅】しょうめつ [Ⅱ]〈—する〉それまであったものが、なくなってしまうこと。例 自然消滅《しぜんしょうめつ》

【消耗】しょうもう [Ⅱ]〈—する〉①ものを使《つか》いきってなくしてしまうこと。例 消耗品《しょうもうひん》 類 消費《しょうひ》 ②体力《たいりょく》や気力《きりょく》を使《つか》いはたしてしまうこと。例 一日《いちにち》じゅう歩《ある》いて、すっかり消耗《しょうもう》した。類 損耗《そんもう》 参考 もともとの読《よ》みは「しょうこう」。

❷〈ひきさがる〉の意味で

【消極的】しょうきょくてき〈—な・—に〉ひかえめで、自分《じぶん》からすすんでものごとをしようとしないようす。例 消極的《しょうきょくてき》な性格《せいかく》。対 積極的《せっきょくてき》

消が下につく熟語 上の字の働き

❶消＝〈きえる。けす〉のとき
【解消《かいしょう》 抹消《まっしょう》】ドウヤッテ消《け》すか。
◆雲散霧消《うんさんむしょう》

ものしり巻物 第22巻

熟語《じゅくご》の読《よ》み方《かた》（音《おん》がかわるもの）

漢字《かんじ》が二字以上《にじいじょう》組《く》み合《あ》わさって熟語《じゅくご》になった場合《ばあい》、もとの漢字《かんじ》の音《おん》とは、少《すこ》しちがった音《おん》で読《よ》むようになることがあります。

たとえば、「学」は、ふつうは「ガク」と読《よ》みますが、「学校」という熟語《じゅくご》の場合《ばあい》は、「ガッ」と読《よ》みます。おなじように、「石(セキ)」は、「石器(セッキ)」というときは「セッ」になります。「一(イチ)」は、「一等(イットウ)」というときは「イッ」になります。「発(ハツ)」は、「発表(ハッピョウ)」というときは「ハッ」になります。「合(ゴウ)」のように、「合唱(ガッショウ)」というときに、「ガッ」という、まったくちがう音《おん》にかわることもあります。

つまり、漢字《かんじ》の音《おん》が「キ」「ク」「チ」「ツ」「ウ」で終《お》わるとき、熟語《じゅくご》の中《なか》で、その終《お》わりの部分《ぶぶん》が、**促音**《そくおん》(小《ちい》さい「ッ」で表《あらわ》します)にかわることがあるのです。

また、「一本(イッポン)」「二本(ニホン)」「三本(サンボン)」のように、「本(ホン)」の字《じ》が、「ポン」や「ボン」の音《おん》にかわることがあります。おなじように、「登山(トザン)」「黄金(オウゴン)」などでも、それぞれ、「山(サン)」「水(スイ)」「間(ケン)」「金(コン)」が、熟語《じゅくご》の中《なか》で**濁音**《だくおん》にかわったものです。

つまり、**清音**《せいおん》(カ行《ぎょう》・サ行《ぎょう》・タ行《ぎょう》・ハ行《ぎょう》の音《おん》)で始《はじ》まる漢字音《かんじおん》は、熟語《じゅくご》の中《なか》で濁音《だくおん》(ガ行《ぎょう》・ザ行《ぎょう》・ダ行《ぎょう》・バ行《ぎょう》の音《おん》)や**半濁音**《はんだくおん》(パ行《ぎょう》の音《おん》)にかわることがあるのです。

このほかにも、「天皇(テンノウ)」「反応(ハンノウ)」のように「皇(オウ)」「応(オウ)」が「ノウ」と読《よ》まれる熟語《じゅくご》もあります。

こうした熟語《じゅくご》の中《なか》にだけ出《で》てくるとくべつな音《おん》は、漢字《かんじ》（漢和《かんわ》）辞典《じてん》の音訓欄《おんくんらん》に全部《ぜんぶ》はのっていないのがふつうです。この辞書《じしょ》では、発音あんない欄《らん》で、そのうちのいくつかをあげてあります。あげきれなかった音《おん》がまだまだたくさんあるので、みなさんさがしてみてください。

氵－7

浸

総画10
JIS-3127
常用
音 シン
訓 ひたす・ひたる

筆順 浸 浸 浸 浸 浸 浸 浸 浸

なりたち 【形声】もとの字は、「浸」。「氵」が水《みず》を表《あらわ》し、「㑴(←㑴)」が「シン」という読《よ》み方《かた》をしめしている。「シン」は「つける」意味《いみ》を持《も》ち、水《みず》につけることを表《あらわ》す字《じ》。

意味
❶ひたす。ひたる。水《みず》などにつかる。水《みず》に浸《ひた》す。湯《ゆ》に浸《ひた》る。例 浸水《しんすい》
❷しみこむ。じわじわ入《はい》りこむ。例 浸食《しんしょく》

❶〈ひたす〉の意味で
【。浸水】《しんすい》 ▲ 〈―する〉大水《おおみず》などで通《とお》りや建物《たてもの》などが水《みず》びたしになること。水《みず》が入《はい》りこむこと。例 浸水《しんすい》家屋《かおく》・床下浸水《ゆかしたしんすい》

❷〈しみこむ〉の意味で
【。浸食】《しんしょく》 ↓ 〈―する〉水《みず》や風《かぜ》などが、岩《いわ》や大地《だいち》を少《すこ》しずつけずったり、くずしたりすること。例 海水《かいすい》の浸食《しんしょく》作用《さよう》。
【。浸。透】《しんとう》 ↓ 〈―する〉①液体《えきたい》が中《なか》までしみとおること。例 雨水《あまみず》が地中《ちちゅう》に浸透《しんとう》する。②考《かんが》え方《かた》ややり方《かた》が、人《ひと》びとのあいだにいきわたること。③こさのちがう液体《えきたい》どうしが、うすいまくを通《とお》してまじり合《あ》うこと。例 浸透圧《しんとうあつ》
【。浸入】《しんにゅう》 ↓ 〈―する〉建物《たてもの》や土地《とち》の中《なか》に水《みず》が流《なが》れ込《こ》んでくること。

使い分け [侵入・浸入] ☞87ページ

◦学習漢字でない常用漢字 ▲常用漢字表にない音訓 ◆常用漢字でない漢字

前ページ ▶浸

浜

氵−7 総画10 JIS-4145 常用

音 ヒン 訓 はま

［濱］

筆順 浜浜浜浜浜浜浜浜

なりたち 【形声】もとの字は「濱」。「氵」が水《みず》を表《あらわ》し、「賓」が「ヒン」という読《よ》み方《かた》をしめしている。「ヒン」は「ほとり」の意味《いみ》を持《も》ち、水《みず》のほとりを表《あらわ》している字《じ》。

意味

❶はま。海辺《うみべ》。水《みず》ぎわ。例 浜《はま》のまさご（砂《すな》）。浜辺《はまべ》・砂浜《すなはま》・海浜《かいひん》

❷横浜《よこはま》。例 浜っ子《こ》（横浜生《よこはまう》まれで、横浜育《よこはまそだ》ちの人《ひと》）。京浜《けいひん》

❶〈はま〉の意味で

【浜辺《はまべ》】↓ 海《うみ》や湖《みずうみ》の波《なみ》うちぎわのあたり。例 浜辺《はまべ》の千鳥《ちどり》。類 海辺《うみべ》

浮

氵−7 総画10 JIS-4166 常用

音 フ 訓 うく・うかれる・うかぶ・うかべる

筆順 浮浮浮浮浮浮浮浮浮浮

なりたち  【形声】「氵」が水《みず》を表《あらわ》し、「孚」が「フ」という読《よ》み方《かた》をしめしている。「フ」は「ただよう」意味《いみ》を持《も》ち、水《みず》にうかぶことを表《あらわ》す字《じ》。

意味

❶うく。水上《すいじょう》や空中《くうちゅう》にうかんでいる。表面《ひょうめん》にあらわれる。例 宇宙《ちゅう》に浮《う》く。雲《くも》が浮《う》かぶ。涙《なみだ》を浮《う》かべる。浮力《ふりょく》 対 沈《ちん》

文字物語

浴

「浴《よく》」は、「浴場《よくじょう》」「浴室《よくしつ》」「入浴《にゅうよく》」「水浴《すいよく》」などの二字《にじ》の熟語《じゅくご》のほか、「海水浴《かいすいよく》」「日光浴《にっこうよく》」などのことばもつくられる。海《うみ》べに出《で》かけて、泳《およ》いだり、からだを日《ひ》に焼《や》いたりして遊《あそ》ぶ「海水浴《かいすいよく》」、健康《けんこう》のために、わざわざ戸外《こがい》に出《で》て日《ひ》の光《ひかり》を浴《あ》びる「日光浴《にっこうよく》」。都会人《とかいじん》のレジャー志向《しこう》が生《う》んだことばだ。ところがある時期《じき》から紫外線《しがいせん》の皮膚《ひふ》にあたえる害《がい》が問題《もんだい》となってきて、今《いま》ではむしろ日光浴《にっこうよく》はさけられるようになり、野山《のやま》の森《もり》や林《はやし》に行《い》って、樹木《じゅもく》から出《だ》される精気《せいき》を浴《あ》びる「森林浴《しんりんよく》」がもてはやされている。

時代《じだい》がかわり、人《ひと》の考《かんが》えがかわって、新《あたら》しいことばが生《う》まれ、それまでのことばが消《き》えていく。

❷よりどころがない。はかない。あてにならない。例 浮世《うきよ》・浮説《ふせつ》

❸うわつく。かるがるしい。例 浮《う》かれた気分《きぶん》。浮薄《ふはく》

特別なよみ 浮気（うわき）・浮つく（うわつく）

❶〈うく〉の意味で

【浮上《ふじょう》】↓〈―する〉水面《すいめん》にうかび出《で》ること。対 沈下《ちんか》 表現 「最下位《さいかい》から三位《さんい》に浮上《ふじょう》」など、わるい状態《じょうたい》からぬけ出《だ》すことや、「計画《けいかく》が急浮上《きゅうふじょう》する」のように、それまで出《で》ていなかったものが表《おもて》にあらわれることにもいう。

【浮沈《ふちん》】⇕〈―する〉さかえることと、おとろえること。うきしずみ。例 会社《かいしゃ》の浮沈《ふちん》にかかわる。

【浮標《ふひょう》】↓ 水面《すいめん》にうかべる目《め》じるし。船《ふね》の通《とお》りみちや危険《きけん》な場所《ばしょ》、漁《りょう》のあみなどの位置《いち》をしめす。ブイ。

【浮遊《ふゆう》】↓〈―する〉水面《すいめん》や水中《すいちゅう》・空中《くうちゅう》をふわふわとただようこと。例 浮遊生物《ふゆうせいぶつ》（プランクトン）

【浮力《ふりょく》】↓ 液体《えきたい》や気体《きたい》が、中《なか》にある物《もの》をうかせようとする力《ちから》。例 浮力《ふりょく》がはたらく。

❷〈よりどころがない〉の意味で

【浮世《うきよ》】↓ はかないこの世《よ》。現世《げんせ》。例 浮《う》き世《よ》のしがらみ。参考 つらくて悲《かな》しいという意味《い》の「憂《う》き世《よ》」からできたことば。

【浮世絵《うきよえ》】江戸《えど》時代《じだい》にさかんだった、美人《びじん》や役者《やくしゃ》などをかいた絵《え》。例 浮世絵師《うきよえし》 参考 「今《いま》の世相《せそう》をえがいた絵《え》」という意味《いみ》。

【浮説《ふせつ》】↓ 根拠《こんきょ》のはっきりしないうわさ。

【浮動票《ふどうひょう》】選挙《せんきょ》のとき、どの政党《せいとう》、どの候《こう》補者《ほしゃ》に投票《とうひょう》するのかきまっていない人《ひと》の票《ひょう》。例 浮動票《ふどうひょう》の獲得《かくとく》をねらう。対 固定《こてい》票《ひょう》

❸〈うわつく〉の意味で

【浮気《うわき》】↓〈―な・―する〉気《き》がかわって、ほかに心《こころ》をうつすこと。とくに、男女《だんじょ》の愛情《あいじょう》についていう。例 浮気心《うわきごころ》

【浮薄《ふはく》】Ⅱ〈―な・―に〉心《こころ》がうわついていてたよ

りない。例 軽佻浮薄《けいちょうふはく》 対 重厚《じゅうこう》

浦

氵-7 総画10 JIS-1726 常用

音 ホ 訓 うら

筆順 浦浦浦浦浦浦浦浦

なりたち [形声]「氵」が水《みず》を表《あらわ》し、「甫」が「ホ」という読《よ》み方《かた》をしめしている。「ホ」は「つらなる」意味《いみ》を持《も》ち、水辺《みずべ》につらなったところを表《あらわ》す字《じ》。

意味 うら。㋐水辺《みずべ》。海辺《うみべ》。例 田子《たご》の浦《うら》 ㋑入《い》り江《え》。湾《わん》のように陸地《りくち》に入《はい》りこんだところ。例 津々浦々《つつうらうら》

浴

氵-7 総画10 JIS-4565 教4年

音 ヨク 訓 あびる・あびせる

筆順 浴浴浴浴浴浴浴浴（とめる・はらう）

なりたち [形声]「氵」が水《みず》を表《あらわ》し、「谷《コク》」が「ヨク」という読《よ》み方《かた》をしめしている。「コク」は「ふりかける」意味《いみ》を持《も》ち、水《みず》をあびることを表《あらわ》す字《じ》。

意味 あびる。あびせる。水《みず》や湯《ゆ》をからだにかける。身《み》に受《う》ける。例 日《ひ》を浴《あ》びる。非難《ひなん》を浴《あ》びせる。恩恵《おんけい》に浴《よく》す。浴室《よくしつ》・入浴《にゅうよく》

文字物語 ☞674ページ

特別なよみ 浴衣(ゆかた)

【浴衣】《ゆかた》 ↓ おもに夏《なつ》に着《き》る、もめんで作《つく》ったひとえの着物《きもの》。例 浴衣《ゆかた》すがた

【浴室】《よくしつ》 ↓ 入浴《にゅうよく》をするところ。ふろ場《ば》。バスルーム。例 浴室《よくしつ》のそうじ。類 湯殿《ゆどの》

【浴場】《よくじょう》 ↓ ①一度《いちど》に何人《なんにん》も入浴《にゅうよく》できるふろ場《ば》。②ふろ屋《や》。例 公衆浴場《こうしゅうよくじょう》 類 銭湯《せんとう》

【浴。槽】《よくそう》 ↓ ふろ場《ば》のゆぶね。ふろおけ。

流

氵-7 総画10 JIS-4614 教3年

音 リュウ・ル 訓 ながれる・ながす

筆順 流流流流流流流流（まっすぐ、つく・はねる・おらない）

なりたち [形声]もとの字《じ》は、「流」。「水《みず》」をしめす「氵」と、子《こ》どもが頭《あたま》を下《した》にして生《う》まれ出《で》てくるようすをかたどった「㐬」が「リュウ」という読《よ》み方《かた》をしめしている。水《みず》がながれることを表《あらわ》す字《じ》。

意味

❶ながれる。ながれ。例 川《かわ》が流《なが》れる。車《くるま》の流《なが》れ。汗《あせ》を流《なが》す。流水《りゅうすい》・気流《きりゅう》

❷ながれをうけつぐ。うけついだやり方《かた》。つながり。例 流儀《りゅうぎ》・女流《じょりゅう》

❸ひろまる。世《よ》の中《なか》にゆきわたる。例 流行《りゅうこう》・流布《るふ》

❹さまよう。遠《とお》くへ追《お》いやる。例 流《なが》しのタクシー。流転《るてん》・流罪《るざい》

❺ながれてきえる。例 流会《りゅうかい》

❻《その他《た》》例 流石《さすが》

注意するよみ ル…例 流布《るふ》・流転《るてん》・流罪《るざい》

名前のよみ とも・はる

❶〈ながれる〉の意味で

【流域】《りゅういき》 ↓ 川《かわ》の流《なが》れにそった地域《ちいき》。

【流血】《りゅうけつ》 ▲ あらそいごとや事故《じこ》などで、人《ひと》の血《ち》が流《なが》れること。例 流血《りゅうけつ》の惨事《さんじ》。

【流失】《りゅうしつ》 ↓ 〈―する〉流《なが》されてなくなること。例 洪水《こうずい》で、橋《はし》が流失《りゅうしつ》した。

【流出】《りゅうしゅつ》 ↓ 〈―する〉外《そと》へ流《なが》れ出《で》ること。例 タンカーの石油《せきゆ》が、海《うみ》に流出《りゅうしゅつ》した。対 流入《りゅうにゅう》 表現 「頭脳《ずのう》の流出《りゅうしゅつ》」のように貴重《きちょう》な人材《じんざい》や物《もの》がよそに移《うつ》ってしまうことにもいう。

【流星】《りゅうせい》 ↓ 夜《よる》の空《そら》に、線《せん》をえがくように光《ひか》って、すぐ消《き》えてしまう星《ほし》。流《なが》れ星《ぼし》。知識 宇宙《うちゅう》の小《ちい》さな天体《てんたい》が地球《ちきゅう》の大気《たいき》の中《なか》に飛《と》びこんで、空気《くうき》とのまさつでもえて光《ひか》るもの。

【流線型】《りゅうせんけい》 動《うご》くときに空気《くうき》や水《みず》の抵抗《ていこう》の少《すく》ない、流《なが》れるような曲線《きょくせん》でできたかたち。例 流線型《りゅうせんけい》のスマートな車体《しゃたい》。

【流・暢】《りゅうちょう》 Ⅲ 〈―に〉〈―な〉 ことばが、すらすらとよどみがなく出《で》てくるようす。表現 「フランス語《ご》を流暢《りゅうちょう》にしゃべる」のように、外国語《がいこくご》を話《はな》しているときのようすによく使《つか》う。

【流通】《りゅうつう》 ↓ 〈―する〉ものが止《と》まっていないでよく流《なが》れること。例 空気《くうき》の流通《りゅうつう》がよい。☞❸

【流動】《りゅうどう》 ↓ 〈―する〉一《いっ》か所《しょ》に止《と》まっていたり、かたまったりしないで、流《なが》れるように動《うご》くこと。例 情勢《じょうせい》が流動的《りゅうどうてき》で予想《よそう》がむずかしい。

【流入】《りゅうにゅう》 ↓ 〈―する〉そとから流《なが》れこんでくること。例 外国資本《がいこくしほん》の流入《りゅうにゅう》。対 流出《りゅうしゅつ》

【流氷】《りゅうひょう》 ↓ 寒《さむ》いところから流《なが》れてくる海《うみ》の氷《こおり》のかたまり。知識 日本《にほん》では春《はる》さき、宗谷《そうや》海峡《かいきょう》やオホーツク海《かい》などで見《み》られる。

【流木】《りゅうぼく》 ↓ ①海《うみ》や川《かわ》などに流《なが》れている木材《もくざい》。そうして岸《きし》にうち上《あ》げられた木材《もくざい》。例 流《りゅう》木《ぼく》をひろいあつめてたきぎにする。②山《やま》から木をきりだして、川《かわ》にうかべて流《なが》す木材《もくざい》。

【流。麗】《りゅうれい》 ↓ 〈―な・―に〉文字《もじ》の形《かたち》や文章《ぶんしょう》・音楽《おんがく》の流《なが》れなどが、なめらかで美《うつく》しいようす。

❷〈ながれをうけつぐ〉の意味で

【流。儀】《りゅうぎ》 ↓ 学問《がくもん》や技芸《ぎげい》など、その流派《りゅうは》やその人独特《ひとどくとく》のやり方《かた》。例 流儀《りゅうぎ》をうけつぐ。

【流派】《りゅうは》 ↓ 学問《がくもん》や芸術《げいじゅつ》・芸能《げいのう》などで、考《かんが》え方《かた》やり方《かた》のちがいを持《も》った、それぞれのグループ。類 系統《けいとう》・系列《けいれつ》

❸〈ひろまる〉の意味で

【流感】《りゅうかん》 ◎ 「流行性感冒《りゅうこうせいかんぼう》」の略《りゃく》。インフルエンザウイルスによって感染《かんせん》するかぜ。

【流言飛語】《りゅうげんひご》 根拠《こんきょ》のない、いいかげんなうわさ。例 流言飛語《りゅうげんひご》にまどわされる。

【流行】《りゅうこう》 ‖ 〈―する〉①服装《ふくそう》や持《も》ち物《もの》、歌《うた》やことばなど、あるものごとが、多《おお》くの人《ひと》びとにもてはやされ、世《よ》の中《なか》にひろがること。例 流《りゅう》行《こう》を追《お》う。②感染性《かんせんせい》の病気《びょうき》が、一時的《いちじてき》に世《よ》の中《なか》にひろがって、多《おお》くの病人《びょうにん》が出《で》ること。例 流行性感冒《りゅうこうせいかんぼう》

【流通】《りゅうつう》 ‖ 〈―する〉①商品《しょうひん》が生産者《せいさんしゃ》からいろいろな人《ひと》の手《て》によって消費者《しょうひしゃ》にとどくこと。例 流通機構《りゅうつうきこう》 ②世《よ》の中《なか》に広《ひろ》く通用《つうよう》すること。例 むかし流通《りゅうつう》した十円札《じゅうえんさつ》。☞❶

【流用】《りゅうよう》 ↓ 〈―する〉お金《かね》や品物《しなもの》を、もとの目的《もくてき》とはちがうことに使《つか》うこと。例 あまった資材《しざい》を流用《りゅうよう》する。類 転用《てんよう》

【流布】《るふ》 ‖ 〈―する〉世《よ》の中《なか》に広《ひろ》くゆきわたり、知《し》れわたること。例 いっぱんに流布《るふ》した説《せつ》。類 伝播《でんぱ》

❹〈さまよう〉の意味で

【流罪】《るざい》 ↓ むかしの刑罰《けいばつ》で、罪人《ざいにん》を遠《とお》くはなれた土地《とち》や島《しま》へ送《おく》ること。類 流刑《るけい》・遠島《えんとう》

【流転】《るてん》 ↓ 〈―する〉とどまることなく、たえずうつりかわること。例 流転《るてん》の世界《せかい》。

【流人】《るにん》 ↓ 流罪《るざい》になった人《ひと》。例 流人《るにん》の島《しま》。

【流。浪】《るろう》 ‖ 〈―する〉すむ家《いえ》をもたないで、あてもなくあちこちの地《ち》を歩《ある》きまわること。例 流浪《るろう》の民《たみ》。流浪《るろう》の旅《たび》。類 放浪《ほうろう》・漂泊《ひょうはく》

❺〈ながれてきえる〉の意味で

【流会】《りゅうかい》 ▲ 〈―する〉予定《よてい》してあった会《かい》がとりやめになること。

【流産】《りゅうざん》 ↓ 〈―する〉おなかの中《なか》の子《こ》どもが七《なな》か月《げつ》にならないうちに死《し》んで、母体《ぼたい》から出《で》てしまうこと。表現 計画《けいかく》したことが実現《じつげん》しないままとりやめになることのたとえにも使《つか》う。

❻《その他》

【流石】《さすが》 ◎ ①そうはいうもののやはり。例 さすがにそれだけはできない。②いかにも。評判《ひょうばん》どおり。例 さすが名人《めいじん》は強《つよ》い。

流が下につく熟語 上の字の働き

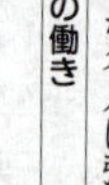

❶流＝〈ながれる〉のとき
【源流《げんりゅう》 本流《ほんりゅう》 支流《しりゅう》 上流《じょうりゅう》 中流《ちゅうりゅう》 下流《かりゅう》】ドノあたりの流《なが》れか。
【主流《しゅりゅう》 急流《きゅうりゅう》 激流《げきりゅう》 奔流《ほんりゅう》 清流《せいりゅう》 濁流《だくりゅう》 寒《かん》流《りゅう》 暖流《だんりゅう》】ドウイウ流《なが》れか。
【渓流《けいりゅう》 底流《ていりゅう》】ドコの流《なが》れか。
【海流《かいりゅう》 気流《きりゅう》 時流《じりゅう》 水流《すいりゅう》 潮流《ちょうりゅう》 電流《でんりゅう》】ナニの流《なが》れか。
【貫流《かんりゅう》 逆流《ぎゃくりゅう》 交流《こうりゅう》 直流《ちょくりゅう》 対流《たいりゅう》 漂流《ひょうりゅう》】ドノヨウニ流《なが》れるか。

❷流＝〈ながれをうけつぐ〉のとき
【亜流《ありゅう》 一流《いちりゅう》 女流《じょりゅう》 嫡流《ちゃくりゅう》】ドウイウつながりか。
【我流《がりゅう》 風流《ふうりゅう》】ドウイウやり方《かた》か。

◆合流《ごうりゅう》 放流《ほうりゅう》

氵-7

涙

総画10
JIS-4662
常用
音 ルイ
訓 なみだ

［涙］

筆順

なりたち

［形声］もとの字は、「淚」。「氵」が水《みず》を表《あらわ》し、「戾」が「ルイ」という読《よ》み方《かた》をしめしている。「ルイ」は「重《かさ》なる」意《い》味《み》を持《も》ち、目《め》の中《なか》にたまるなみだを表《あらわ》す字《じ》。

意味 なみだ。悲《かな》しさやうれしさなど気持《きも》ち

がこみあげたとき目《め》から流《なが》れ出《で》る液体《えきたい》。例 涙《なみだ》を流《なが》す。涙声《なみだごえ》・感涙《かんるい》

【◦涙雨《なみだあめ》】↓ ①悲《かな》しいときにふる、人《ひと》のなみだとも思《おも》えるような雨《あめ》。②ほんの少《すこ》しの雨《あめ》。例 ふるにはふっても、涙雨《なみだあめ》に終《お》わった。

【◦涙金《なみだきん／なみだがね》】↓ あわれむ気持《きも》ちであたえる、わずかばかりのお金《かね》。

【◦涙声《なみだごえ》】↓ 涙《なみだ》につまりながら語《かた》る声《こえ》。

涙が下につく熟語 上の字の働き

【催涙《さいるい》 落涙《らくるい》】涙《なみだ》をドウスルか。

◆感涙《かんるい》 血涙《けつるい》

浪

氵-7 総画10 JIS-4718 常用

音 ロウ 訓 なみ

筆順 浪 浪 浪 浪 浪 浪 浪 浪

なりたち 【形声】「氵」が水《みず》を表《あらわ》し、「良《リョウ》」が「ロウ」とかわって読《よ》み方《かた》をしめしている。「リョウ」は「もり上《あ》がる」意味《いみ》を持《も》ち、大《おお》きななみを表《あらわ》す字《じ》。

意味

❶大《おお》きななみ。例 波浪《はろう》

❷さまよう。さすらう。例 浪人《ろうにん》・放浪《ほうろう》

❸みだりに。節度《せつど》なく。例 浪費《ろうひ》

❹《その他《た》》例 浪花節《なにわぶし》

❷〈さまよう〉の意味で

【◦浪士《ろうし》】↓ つかえていた主家《しゅか》からはなれた武士《ぶし》。例 赤穂浪士《あこうろうし》 類 浪人《ろうにん》

【◦浪人《ろうにん》】↓〈―する〉①浪士《ろうし》。②卒業《そつぎょう》しても上《うえ》の学校《がっこう》の入学試験《にゅうがくしけん》に落《お》ちて、次《つぎ》の年《とし》も試験《しけん》を受《う》けるつもりの人《ひと》。例 大学浪人《だいがくろうにん》 対 現役《げんえき》

❸〈みだりに〉の意味で

【◦浪費《ろうひ》】↓〈―する〉お金《かね》やものや時間《じかん》などをむだに使《つか》うこと。むだづかい。例 時間《じかん》の浪《ろう》費《ひ》。類 乱費《らんぴ》・空費《くうひ》 対 倹約《けんやく》・節約《せつやく》

❹《その他》

【▲◦浪▲花節《なにわぶし》】三味線《しゃみせん》にあわせて、独特《どくとく》のふしをつけて物語《ものがたり》を語《かた》り聞《き》かせる演芸《えんげい》。例 浪花節《なにわぶし》を語《かた》る。類 浪曲《ろうきょく》 参考「なにわ」は大阪《おおさか》地方《ちほう》の古《ふる》くからの地方名《ちほうめい》で、「浪速」「浪花」「難波」のように書《か》いた。そこで始《はじ》まった演芸《えんげい》なので「浪花節《なにわぶし》」という。

【◦浪曲《ろうきょく》】↓ なにわぶし（浪花節）。

◆放浪《ほうろう》 流浪《るろう》

淫

氵-8 総画11 JIS-1692 常用

音 イン 訓 みだら

筆順 淫 淫 淫 淫 淫 淫 淫 淫

意味 みだら。（とくに男女《だんじょ》のことについて）つつしみがない。だらしがない。

字体のはなし 「淫」とも書《か》く。☞ふろく「字体についての解説」（[28]ページ）

【◦淫行《いんこう》】↓ みだらな行《おこな》い。

液

氵-8 総画11 JIS-1753 教5年

音 エキ 訓 ―

筆順 液 液 液 液 液 液 液 液（まっすぐ、つく／はらう）

なりたち 【形声】「氵」が水《みず》を表《あらわ》し、「夜《ヤ》」が「エキ」とかわって読《よ》み方《かた》をしめしている。「ヤ」は「一《ひと》つ一《ひと》つ続《つづ》く」意味《いみ》を持《も》ち、ひとつぶずつ落《お》ちるしずくを表《あらわ》す字《じ》。

意味 えき。水《みず》のような状態《じょうたい》のもの。例 液《えき》にひたす。液体《えきたい》・血液《けつえき》

【液化《えきか》】↓〈―する〉気体《きたい》や固体《こたい》が液体《えきたい》にかわること。例 液化《えきか》ガス

【液剤《えきざい》】↓ 液体《えきたい》になっている薬剤《やくざい》。関連 錠剤《じょうざい》・液剤《えきざい》・散剤《さんざい》（散薬《さんやく》）

【液◦晶《えきしょう》】⇕ 液体《えきたい》と固体《こたい》の中間的《ちゅうかんてき》な状態《じょうたい》の物質《ぶっしつ》。テレビやパソコンのディスプレーなどに使《つか》われる。

【液状《えきじょう》】↓ 液体《えきたい》の状態《じょうたい》。例 液状化《えきじょうか》（地震《じしん》で地盤《じばん》が液状《えきじょう》になること）

【液体《えきたい》】↓ 水《みず》や油《あぶら》のように、形《かたち》は自由《じゆう》にかわるが、体積《たいせき》はかわらないもの。例 どろどろの液体《えきたい》。液体肥料《えきたいひりょう》 関連 気体《きたい》・液体《えきたい》・固体《こたい》

液が下につく熟語 上の字の働き

【胃液《いえき》 血液《けつえき》 樹液《じゅえき》】ナニの液《えき》か。

【乳液《にゅうえき》 粘液《ねんえき》】ドノヨウナ液《えき》か。

【廃液《はいえき》 溶液《ようえき》】ドウナッタ液《えき》か。

涯

氵-8 総画11 JIS-1922 常用

音 ガイ 訓 はて

筆順

なりたち 涯 【形声】「氵」が水《みず》を表《あらわ》し、「厓」が「切《き》り立《た》った岸《きし》、がけ」の意味《いみ》と、「ガイ」という読《よ》み方《かた》をしめしている。「水《みず》ぎわ」を表《あらわ》す字《じ》。

意味 ❶水辺《みずべ》。水《みず》ぎわ。みぎわ。❷はて。おわり。かぎり。例 生涯《しょうがい》

渇
氵-8 総画11 JIS-1973 常用
訓音 カツ かわく
[渴]

筆順

なりたち 【形声】もとの字《じ》は、「渴」。「氵」が水《みず》を表《あらわ》し、「曷」が「カツ」という読《よ》み方《かた》をしめしている。「カツ」は「なくなる」意味《いみ》を持《も》ち、水《みず》がつきることを表《あらわ》す字《じ》。

意味 ❶かわく。かれる。水気《みずけ》や水分《すいぶん》がなくなる。例 渇水《かっすい》・枯渇《こかつ》
❷のどがかわく。とてもほしがる。例 渇《かわ》きをいやす。渇望《かつぼう》・飢渇《きかつ》

使い分け かわく[渇・乾] ☞679ページ

❶〈かわく〉の意味で
【渇水】《かっすい》▲〈―する〉雨《あめ》が少《すく》なくて、川《かわ》や貯水《ちょすい》池《ち》の水《みず》がなくなること。例 渇水期《かっすいき》

❷〈のどがかわく〉の意味で
【渇望】《かつぼう》↓〈―する〉のどがかわいた人《ひと》が水《みず》をほしがるように、なにかを心《こころ》から強《つよ》くのぞむこと。類 切望《せつぼう》・熱望《ねつぼう》

渓
氵-8 総画11 JIS-2344 常用
訓音 ケイ ―
[溪]

筆順渓渓渓渓渓渓渓渓

なりたち 【形声】もとの字《じ》は「谿」で、のちに「溪」にかわる。「氵」が川《かわ》を表《あらわ》し、「奚」が「ケイ」という読《よ》み方《かた》をしめしている。「たに川《がわ》」を表《あらわ》す字《じ》。

意味 たに。たに川《がわ》。山《やま》と山《やま》とのあいだを流《なが》れる川《かわ》。例 渓谷《けいこく》・雪渓《せっけい》

【渓谷】《けいこく》Ⅲ 山《やま》と山《やま》とにはさまれて、急《きゅう》な川《かわ》があるところ。例 谷川渓谷《たにがわけいこく》 類 谷間《たにま》・峡谷《きょうこく》
【渓流】《けいりゅう》↓ 谷間《たにま》を流《なが》れる川《かわ》。例 渓流釣《けいりゅうづ》り 類 谷川《たにがわ》

混
氵-8 総画11 JIS-2614 教5年
訓音 コン まじる・まざる・まぜる・こむ

筆順 はねる おらない

なりたち 【形声】「氵」が水《みず》を表《あらわ》し、「昆」が「コン」という読《よ》み方《かた》をしめしている。「コン」は「わきかえる」意味《いみ》を持《も》ち、水《みず》がわきかえることを表《あらわ》す字《じ》。

意味 まじる。まざる。まぜる。べつべつのものがいりまじっている。例 雑音《ざつおん》が混《ま》じる。色《いろ》を混《ま》ぜる。混《こ》んだ電車《でんしゃ》。混合《こんごう》・混同《こんどう》

使い分け まじる[交・混] ☞51ページ

【混血】《こんけつ》▲〈―する〉人種《じんしゅ》のちがう両親《りょうしん》の子《こ》どもに、両方《りょうほう》の特色《とくしょく》がまじりあうこと。対 純血《じゅんけつ》
【混交】《こんこう》Ⅲ〈―する〉性質《せいしつ》のちがうものがまじりあうこと。例 玉石混交《ぎょくせきこんこう》(ねうちのあるものとないものとがいりまじること)
【混合】《こんごう》Ⅲ〈―する〉いろいろなものがまじりあうこと。まぜ合《あ》わせること。
【混在】《こんざい》↓〈―する〉種類《しゅるい》や性質《せいしつ》のちがうものが入《い》りまじっていること。
【混雑】《こんざつ》Ⅲ〈―する〉人《ひと》やものが多《おお》く、ごたごたとこみ合《あ》うこと。例 混雑《こんざつ》する会場《かいじょう》。
【混成】《こんせい》↓〈―する〉種類《しゅるい》などのちがうものをまぜ合《あ》わせて、一《ひと》つのものをつくること。例 男女混成《だんじょこんせい》チーム。
【混声合唱】《こんせいがっしょう》 女声《じょせい》と男声《だんせい》による合唱《がっしょう》。例 混声四部合唱《こんせいしぶがっしょう》
【混戦】《こんせん》↓〈―する〉敵味方《てきみかた》が入《い》りみだれてたたかうこと。力《ちから》のおなじくらいの者《もの》がせり合《あ》って、勝《か》ち負《ま》けがどうなるかわからないこと。例 混戦状態《こんせんじょうたい》がつづく。類 乱戦《らんせん》
【混線】《こんせん》▲〈―する〉①電話《でんわ》・電信《でんしん》などにべつの通話《つうわ》や通信《つうしん》がまじって入《はい》ってくること。②いろいろな話《はなし》が入《い》りまじって、わけがわからなくなること。例 話《はなし》が混線《こんせん》している。
【混然】《こんぜん》⊠〈―たる〉べつべつのものが一《ひと》つに

とけあって、区別《くべつ》がつかないようす。例混然《こんぜん》一体《いったい》

【混《こん》◦濁《だく》】↓〈—する〉①なにかがまじって、すきとおっているはずのものがにごること。例川《かわ》の水《みず》が白《しろ》く混濁《こんだく》する。②意識《いしき》がはっきりしなくなること。例意識《いしき》が混濁《こんだく》する。

【混同《こんどう》】↓〈—する〉べつべつにしておかなければいけないものを、おなじようにあつかってしまうこと。例公私混同《こうしこんどう》

【混◆沌《こんとん》】◎〈—たる〉〈—と〉ものごとが入《い》りまじって、どうなっているのか、どうなるのかわからないようす。例政情《せいじょう》は混沌《こんとん》としている。表記「渾沌」とも書《か》く。

【混入《こんにゅう》】↓〈—する〉あるものの中《なか》に、べつのものがまじること。また、まぜること。例パンの中《なか》に異物《いぶつ》が混入《こんにゅう》する。

【混迷《こんめい》】↓〈—する〉いろいろなことが入《い》りまじってわけがわからなくなること。例政局《せいきょく》はますます混迷《こんめい》の度《ど》をましている。

【混乱《こんらん》】↓〈—する〉ものごとが入《い》りみだれて順序《じゅんじょ》もすじみちもなくなること。例頭《あたま》が混《こん》乱《らん》する。

済

氵-8　総画11　JIS-2649　教6年

訓音 サイ　すむ・すます　［濟］

筆順　済 済 済 済 済 済 済 済（まっすぐ、つく／はらう／はねない）

なりたち　【形声】もとの字《じ》は、「濟」。「氵」が川《かわ》を表《あらわ》し、「齊」が「サイ・セイ」という読《よ》み方《かた》をしめしている。「セイ」は「きよらか」の意味《いみ》を持《も》ち、水《みず》のきよらかな川《かわ》を表《あらわ》す字《じ》。

意味

❶すむ。すます。やることをやってしまう。例気《き》が済《す》む。用事《ようじ》を済《す》ます。決済《けっさい》

❷すくう。こまっている状態《じょうたい》からたすけだす。例救済《きゅうさい》

名前のよみ　ただ・とおる・なり・まさ・わたる

済が下につく熟語　上の字の働き

❶済＝〈すむ〉のとき

【決済《けっさい》 返済《へんさい》】ドウヤッテ済《す》ませるか。

◆救済《きゅうさい》 経済《けいざい》

渋

氵-8　総画11　JIS-2934　常用

訓音 ジュウ　しぶ・しぶい・しぶる　［澁］

筆順　渋 渋 渋 渋 渋 渋 渋 渋

なりたち　【形声】もとの字《じ》は、「澁」。なかなか進《すす》まないようすを表《あらわ》す。「歮《ジュウ》」が「ジュウ」とかわって読《よ》み方《かた》をしめしている。水《みず》（氵）がなめらかに流《なが》れないことを表《あらわ》す字《じ》。

意味

❶しぶい。舌《した》がしびれるような味《あじ》がする。しぶ（しぶがきから取《と》るしぶい液《えき》）。例渋《しぶ》いお茶《ちゃ》。渋紙《しぶがみ》・茶渋《ちゃしぶ》

❷不快《ふかい》。にがりきったようす。例渋《しぶ》い顔《かお》。

❸しぶる。なめらかでない。すらすらといかない。例返事《へんじ》を渋《しぶ》る。渋滞《じゅうたい》・難渋《なんじゅう》

❶〈しぶい〉の意味で

【渋紙《しぶがみ》】↓重《かさ》ねてはりあわせた紙《かみ》に、柿《かき》のしぶをぬって、じょうぶにしたもの。つつみ紙《がみ》や敷物《しきもの》などに使《つか》う。例渋紙《しぶがみ》をしく。

【渋皮《しぶかわ》】↓木《き》やくだものなどの、いちばん外《そと》がわの皮《かわ》の下《した》にある、うすくて、しぶい味《あじ》のする皮《かわ》。例栗《くり》の渋皮《しぶかわ》をむく。

【渋茶《しぶちゃ》】↓しぶいお茶《ちゃ》。例渋茶《しぶちゃ》をすする。

【渋味《しぶみ》】↓①しぶい味《あじ》。例渋《しぶ》みがつよい。②おちついたあじわいや美《うつく》しさ。例この絵《え》には渋《しぶ》みがある。

❷〈不快〉の意味で

【渋面《じゅうめん》】↓いかにも気《き》にいらないといっ

例解 使い分け

［かわく《渇く・乾く》］

渇く＝のどにうるおいがなくなり、水《みず》が飲《の》みたくなる。
例口《くち》が渇《かわ》く。暑《あつ》さで、のどが渇《かわ》く。

乾く＝中《なか》にふくまれている水分《すいぶん》がなくなる。
例空気《くうき》が乾《かわ》いている。洗濯物《せんたくもの》がよく乾《かわ》く。

4 水 氵・氺 みず・さんずい・したみず 8画 済 渋 淑 淳 渚 渉 深

◀次ページ

◦学習漢字でない常用漢字　▲常用漢字表にない音訓　◆常用漢字でない漢字

前ページ ▶ 済 渋

た、きげんのわるい顔《かお》つき。例 渋面《じゅうめん》をつくる。

❸〈しぶる〉の意味で

【渋渋】《しぶしぶ》 Ⅱ〈―と〉いやなことを、しかたなくするようす。例 しぶしぶ引《ひ》き受《う》ける。

【渋滞】《じゅうたい》 Ⅱ〈―する〉途中《とちゅう》でつかえてすらすらと進《すす》まないこと。例 車《くるま》の渋滞《じゅうたい》がひどい。大《だい》渋滞《じゅうたい》。

氵-8 【淑】

総画11 JIS-2942 常用 音 シュク 訓 ―

筆順 淑 淑 淑 淑 淑 淑 淑

なりたち [形声]「氵」が水《みず》を表《あらわ》し、「叔」が「シュク」という読《よ》み方《かた》をしめしている。「シュク」は「きよらか」の意味《いみ》を持《も》ち、きよらかな水《みず》を表《あらわ》す字《じ》。

意味 ❶よい。しとやかである。例 淑女《しゅくじょ》・貞淑《ていしゅく》 ❷よいとする。よいと思《おも》ってしたう。例 私淑《ししゅく》

名前のよみ きよ・きよし・すみ・とし・ひで・よし

❶〈よい〉の意味で

【淑女】《しゅくじょ》 ↓ 上品《じょうひん》でしとやかな女性《じょせい》。レディー。例 淑女《しゅくじょ》のたしなみ。対 紳士《しんし》

氵-8 【淳】

総画11 JIS-2963 人名 音 ジュン 訓 あつ-い

意味 ❶なさけがあつい。例 淳厚《じゅんこう》 ❷かざりけがない。すなお。例 淳朴《じゅんぼく》

名前のよみ あき・あつし・きよ・きよし・ただし・とし・まこと・よし

氵-8 【渚】 [渚]

総画11 JIS-2977 人名 音 ショ 訓 なぎさ

意味 なぎさ。波打《なみう》ちぎわ。

氵-8 【渉】 [涉]

総画11 JIS-3036 常用 音 ショウ 訓 わた-る

筆順 渉 渉 渉 渉 渉 渉 渉 渉

なりたち [会意] 川《かわ》を表《あらわ》す「氵」と「歩」とからでき、川《かわ》を歩《ある》いてわたることを表《あらわ》している字《じ》。

意味 ❶わたる。川《かわ》を歩《ある》いてわたる。例 渉猟《しょうりょう》 ❷かかわる。ほかとの関係《かんけい》を持《も》つ。例 渉外《しょうがい》・交渉《こうしょう》

名前のよみ たか・ただ

❶〈わたる〉の意味で

【渉猟】《しょうりょう》 ↓〈―する〉①なにかをもとめてあちこちを歩《ある》きまわること。②多《おお》くの書物《しょもつ》を読《よ》みあさること。例 古代史《こだいし》を渉猟《しょうりょう》する。

❷〈かかわる〉の意味で

【渉外】《しょうがい》 ▲ 外部《がいぶ》の人《ひと》や外国《がいこく》と連絡《れんらく》をとったり話《はな》し合《あ》ったりすること。例 会社《かいしゃ》の渉外係《しょうがいがかり》。類 外交《がいこう》

◆干渉《かんしょう》 交渉《こうしょう》

氵-8 【深】

総画11 JIS-3128 教3年 音 シン 訓 ふか-い・ふか-まる・ふか-める

筆順 深 深 深(はねる) 深 深(ハにならない) 深 深(はねない) 深

なりたち [形声]「罙」のもとの形《かたち》は「𥤢」で、「ふかい」意味《いみ》と「シン」という読《よ》み方《かた》をしめしている。水《みず》(氵)のふかいことを表《あらわ》す字《じ》。

意味 ❶ふかい。ふかさ。例 深《ふか》いみぞ。深《ふか》さを測《はか》る。深《ふか》みにはまる。目深《まぶか》・深海《しんかい》 対 浅《せん》 ❷おくふかい。内容《ないよう》がかんたんにはわからない。例 知識《ちしき》が深《ふか》まる。深遠《しんえん》 対 浅《せん》 ❸程度《ていど》が大《おお》きい。色《いろ》がこい。いいかげんでない。はじまりから時間《じかん》がかなりたつ。例 秋《あき》の深《ふか》まりを感《かん》じる。深緑《しんりょく》/《ふかみどり》・深夜《しんや》

名前のよみ み

❶〈ふかい〉の意味で

【深海】《しんかい》 ↓ 深《ふか》い海《うみ》。海《うみ》の深《ふか》いところ。例 深海魚《しんかいぎょ》

【深呼吸】《しんこきゅう》 〈―する〉大《おお》きく息《いき》を吸《す》い、じゅうぶんはきだすこと。例 深呼吸《しんこきゅう》をくりかえす。

【深浅】《しんせん》 ⇕ 深《ふか》いか浅《あさ》いか。深《ふか》さ浅《あさ》さ。

【深度】《しんど》 ↓ 深《ふか》さの度合《どあ》い。例 深度測定器《しんどそくていき》

❷〈おくふかい〉の意味で

【深遠】《しんえん》 Ⅱ〈―な〉はかりしれないほど、内容《ないよう》

がおく深《ふか》いこと。例 深遠《しんえん》な考《かんが》え。

【深。奥】《しんおう》 Ⅱ〈―な〉ちょっとやそっとでは中身《なかみ》をつかみきれないほど、おくが深《ふか》いこと。例 芸《げい》の深奥《しんおう》をきわめる。

【深。閑】《しんかん》 ⇩〈―たる・―と〉ひっそりとしずまりかえっているようす。例 休日《きゅうじつ》の学校《がっこう》は深閑《しんかん》としている。表記「森閑」とも書《か》く。

【深山】《しんざん》 ⇩ 人里《ひとざと》を遠《とお》くはなれたおく深《ふか》い山《やま》。例 深山幽谷《しんざんゆうこく》

【深長】《しんちょう》 Ⅱ〈―な・―に〉おくが深《ふか》くて、大《おお》きな広《ひろ》がりがあるようす。例 意味深長《いみしんちょう》なことば。

【深。慮】《しんりょ》 ⇩ 深《ふか》く思《おも》いめぐらすこと。例 深慮《しんりょ》遠謀《えんぼう》 類 熟考《じゅくこう》・熟慮《じゅくりょ》 対 浅慮《せんりょ》

❸〈程度が大きい〉の意味で

【深。更】《しんこう》 ⇩ 夜《よる》のとてもおそい時間《じかん》。ま夜中《よなか》。夜《よ》ふけ。例 交渉《こうしょう》は深更《しんこう》におよんだ。類 深夜《しんや》

【深刻】《しんこく》 ⇩〈―な・―に〉とてもたいせつなのに、どうすることもできないようす。例 事態《じたい》は深刻《しんこく》だ。

【深謝】《しんしゃ》 ⇩〈―する〉①心《こころ》からありがたく思《おも》うこと。例 ご厚情《こうじょう》に深謝《しんしゃ》いたします。②ていねいに心《こころ》をこめてあやまること。類 陳謝《ちんしゃ》

【深夜】《しんや》 ⇩ ま夜中《よなか》。夜《よ》ふけ。例 深夜《しんや》のできごと。類 深更《しんこう》

【深緑】《しんりょく｜ふかみどり》 ⇩ こいみどり色《いろ》。対 浅緑《あさみどり》

【深手】《ふかで》 ⇩ 深《ふか》いきず。大《だい》けが。例 戦場《せんじょう》で深《ふか》手《て》をおう。類 重傷《じゅうしょう》・痛手《いたで》 対 浅手《あさで》

◆水深《すいしん》 目深《まぶか》

氵-8

清

総画11

JIS-3222

教4年

音 セイ・ショウ・シン
訓 きよい・きよまる・きよめる

筆順 清 清 清 清 清 清 清 清（ながく とめる はねる）

なりたち 【形声】もとの字は、「淸」。「青」ががきれいにすむ意味《いみ》と「セイ」とい「セイ」という読《よ》み方《かた》をしめしている。よくすんだ水《みず》（氵）字《じ》を表《あらわ》す字。

意味

❶きよい。きよらか。にごりなどがなく、すんでいること。例 清《きよ》い交際《こうさい》。清《きよ》らかな流《なが》れ。清潔《せいけつ》・血清《けっせい》 対 濁《だく》

❷きれいにする。きまりをつける。例 身《み》を清《きよ》める。清掃《せいそう》・粛清《しゅくせい》

❸さわやか。すがすがしい。例 心《こころ》が清《きよ》まる。清新《せいしん》

❹相手《あいて》をうやまうことば。例 清聴《せいちょう》

❺中国《ちゅうごく》の最後《さいご》の王朝《おうちょう》の名《な》。例 清朝《しんちょう》

参考「シン」と読《よ》むのは❺のときだけ。

注意するよみ ショウ…例 六根清浄《ろっこんしょうじょう》

特別なよみ 清水（しみず）

名前のよみ すが・すみ

❶〈きよい〉の意味で

【清水】《しみず》 ⇩ 地中《ちちゅう》や岩《いわ》のあいだからわき出《で》る、すんだきれいな水《みず》。例 清水《しみず》がわく。

【清音】《せいおん》 ⇩ 日本語《にほんご》で「カ・サ・タ・ハ」など、濁《だく》音《おん》の記号《きごう》（゛）や半濁音《はんだくおん》の記号《きごう》（゜）をつけないかなで表《あらわ》される音《おと》。関連 清音《せいおん》・濁音《だくおん》・半濁音《はんだくおん》

【清潔】《せいけつ》 Ⅱ〈―な・―に〉①よごれがなく、きれいなこと。例 清潔《せいけつ》な手《て》。対 不潔《ふけつ》 ②心《こころ》がきれいで、やり方《かた》が正《ただ》しいこと。例 清潔《せいけつ》な人《ひと》がら。

【清純】《せいじゅん》 Ⅱ〈―な・―に〉きよらかで、けがれがない。表現 おもに、わかい人《ひと》の心《こころ》やおこない、それをえがく物語《ものがたり》について使《つか》われることば。

【清。浄】《せいじょう｜しょうじょう》 Ⅱ〈―な・―に〉きれいできよらかなこと。例 空気清浄器《くうきせいじょうき》 対 不浄《ふじょう》

【清。濁】《せいだく》 ⇳ すんできれいなものと、よごれてにごったもの。例 清濁《せいだく》あわせ飲《の》む（いいものもわるいものも、ともに受《う》け入《い》れる。大人《だいじん》物《ぶつ》の心《こころ》の広《ひろ》さを表《あらわ》す）。

【清。澄】《せいちょう》 Ⅱ〈―な・―に〉きれいにすみきっている。例 清澄《せいちょう》な山《やま》の空気《くうき》をすう。

【清貧】《せいひん》 ⇩ 欲《よく》ばらず、きよく正《ただ》しい生活《せいかつ》をして、しぜん貧乏《びんぼう》になるならそれでいいのだということ。例 清貧《せいひん》にあまんじる。

【清流】《せいりゅう》 ⇩ きれいにすんだ水《みず》の流《なが》れ。例 清《せい》流《りゅう》でアユをつる。対 濁流《だくりゅう》

【清◆冽】《せいれつ》 Ⅱ〈―な・―に〉水《みず》がきれいで、つめたいようす。例 清冽《せいれつ》なわき水《みず》。

【清。廉潔白】《せいれんけっぱく》〈―な〉心《こころ》にけがれがなく、良心《りょうしん》にはじるところがないこと。類 廉潔《れんけつ》

❷〈きれいにする〉の意味で

【清算】《せいさん》 ▲〈―する〉①たがいの貸《か》し借《か》りを計《けい》算《さん》して、きれいに整理《せいり》すること。②これまでの関係《かんけい》にきまりをつけること。

例解 使い分け

[清算《せいさん》・精算《せいさん》]

清算《せいさん》＝おたがいの貸《か》し借《か》りや、これまでの関係《かんけい》にきまりをつけること。例 借金《しゃっきん》を清算《せいさん》する。過去《かこ》の生活《せいかつ》を清算《せいさん》する。

精算《せいさん》＝お金《かね》を細《こま》かく計算《けいさん》してきまりをつけること。例 乗《の》りこし料金《りょうきん》を精算《せいさん》する。精算所《せいさんじょ》

【清書】せいしょ ⬇ (ーする) 下書《したが》きしたものをきれいに書《か》きなおすこと。例 作文《さくぶん》を清書《せいしょ》する。類 浄書《じょうしょ》

【清掃】せいそう Ⅱ (ーする) きれいにそうじをすること。例 清掃当番《せいそうとうばん》・清掃車《せいそうしゃ》 類 掃除《そうじ》

❸〈さわやか〉の意味で

【清新】せいしん ⬇ (ーな)(ーに) さわやかで、いきいきしている。例 清新《せいしん》の気《き》をふきこむ。対 陳腐《ちんぷ》

【清楚】せいそ ⬇ (ーな)(ーに) かざりけがなく、さっぱりしたようす。例 清楚《せいそ》な身《み》なり。表現 女性《じょせい》の服装《ふくそう》やすがたについていう。

【清涼】せいりょう Ⅱ (ーな)(ーに) ひんやりとして、さわやかなようす。例 清涼飲料《せいりょういんりょう》。清涼《せいりょう》な水《みず》。

❹〈相手をうやまうことば〉の意味で

【清聴】せいちょう ⬇ (ーする) 相手《あいて》が聞《き》くこと。(うやまった言《い》い方《かた》) 例 ご清聴《せいちょう》をたまわり、感謝《かんしゃ》いたします。

淡

氵-8 総画11 JIS-3524 常用
音 タン 訓 あわい

筆順 淡 淡 淡 淡 淡 淡 淡 淡

なりたち 【形声】「氵」がしるを表《あらわ》し、「炎《エン》」が「タン」とかわって読《よ》み方《かた》をしめしている。「エン」は「すくない」の意味《いみ》を持《も》ち、味《あじ》のうすいしるを表《あらわ》す字《じ》。

意味

❶あわい。味《あじ》や色《いろ》や中身《なかみ》などがあっさりしている。例 淡《あわ》い光《ひかり》。淡雪《あわゆき》・濃淡《のうたん》 対 濃《のう》

❷心《こころ》がさっぱりしている。こだわらない。例 淡泊《たんぱく》・冷淡《れいたん》

❸塩分《えんぶん》がない。例 淡水《たんすい》

❹淡路《あわじ》。旧国名《きゅうこくめい》。瀬戸内海《せとないかい》にあって、今《いま》の兵庫県《ひょうごけん》にふくまれる島《しま》。例 淡州《たんしゅう》・紀淡海峡《きたんかいきょう》

❶〈あわい〉の意味で

【淡雪】あわゆき ⬇ 春《はる》さきにふる、消《き》えやすい雪《ゆき》。

【淡彩】たんさい ⬇ あっさりした、うすいいろどり。

【淡泊】たんぱく Ⅱ (ーな)(ーに) 色《いろ》や味《あじ》などがうすくて、あっさりしていること。例 味《あじ》つけが淡泊《たんぱく》なのがいい。対 濃厚《のうこう》 表記「淡白」とも書《か》く。☞❷

❷〈心がさっぱりしている〉の意味で

【淡淡】たんたん Ⅱ (ーたる)(ーと) さっぱりしていてこだわらないようす。例 淡々《たんたん》と語《かた》る。

【淡泊】たんぱく Ⅱ (ーな)(ーに) 欲《よく》がなくて気持《きも》ちがさっぱりしている。例 淡泊《たんぱく》な性格《せいかく》。対 執拗《しつよう》 表記「淡白」とも書《か》く。☞❶

❸〈塩分がない〉の意味で

前ページ ▶ 清

【淡水】たんすい ⬇ 湖《みずうみ》や川《かわ》などの、塩分《えんぶん》をふくまない水《みず》。例 淡水魚《たんすいぎょ》 類 真水《まみず》 対 鹹水《かんすい》

淡が下につく熟語 上の字の働き

❷淡＝〈心がさっぱりしている〉のとき
【枯淡《こたん》 冷淡《れいたん》 平淡《へいたん》】近《ちか》い意味《いみ》。

◆濃淡《のうたん》

添

氵-8 総画11 JIS-3726 常用
音 テン 訓 そえる・そう

筆順 添 添 添 添 添 添 添 添

なりたち 【形声】もとの字《じ》は、「沾」。「占《セン》」が「テン」とかわって読《よ》み方《かた》をしめしている。「セン」は「うるおす」意味《いみ》を持《も》ち、水《みず》(氵)がじゅうぶんにあることを表《あらわ》す字《じ》。「添」は「忝」が「占」のかわりに「テン」という読《よ》み方《かた》をしめしている字《じ》。

意味 そえる。つけくわえる。例 手紙《てがみ》を添《そ》える。付《つ》き添《そ》う。添加《てんか》

使い分け そう[沿・添] ☞659ページ

【添加】てんか Ⅱ (ーする) あるものにほかのものをつけくわえること。例 食品添加物《しょくひんてんかぶつ》

【添削】てんさく ⇕ (ーする) 人《ひと》の作文《さくぶん》・詩歌《しいか》、テストの答案《とうあん》などで、たりないところをくわえたり、よぶんなところをけずったりして直《なお》すこと。例 通信添削《つうしんてんさく》。赤《あか》ペンで添削《てんさく》する。

【添乗】てんじょう ⬇ (ーする) 団体旅行《だんたいりょこう》などで、旅行会《りょこうがい》社《しゃ》の人が、せわや案内《あんない》をするためにつきそっ

て行《い》くこと。

【°添付《てんぷ》】↓〈―する〉書類《しょるい》などに、ほかのものをつけくわえること。例添付資料《てんぷしりょう》

【淀】
氵-8 総画11 JIS-4568 人名
訓音 テン・デン よど・よど-む

意味 ❶よどむ。水《みず》や空気《くうき》などの流《なが》れが止《と》まったままの状態《じょうたい》になる。ものごとがすらすら進《すす》まない。例水《みず》が淀《よど》む。淀《よど》みなく話《はな》す。❷よど。水《みず》が流《なが》れないでたまっている所《ところ》。よどみ。

【涼】
氵-8 総画11 JIS-4635 常用
訓音 リョウ すずしい・すずむ

筆順 涼涼涼涼涼涼涼

なりたち  【形声】「氵」が水《みず》を表《あらわ》し、「京《ケイ》」が「リョウ」とかわって読《よ》み方《かた》をしめしている。「ケイ」は「ひややか」の意味《いみ》を持《も》ち、つめたい水《みず》を表《あらわ》す字《じ》。

意味 ❶すずしい。例木《こ》かげで涼《すず》む。涼《りょう》をとる。涼《すず》しい風《かぜ》。夕涼《ゆうすず》み。清涼《せいりょう》 ❷ものさびしい。すさまじい。例荒涼《こうりょう》

参考「涼《リョウ》｜すずしい《すず》」の字《じ》は、人名用漢字《じんめいようかんじ》。

❶〈すずしい〉の意味で

【°涼感《りょうかん》】↓さっぱりしてすずしい感《かん》じ。

【°涼風《りょうふう｜すずかぜ》】↓すずしい風《かぜ》。

【°涼味《りょうみ》】↓すずしい感《かん》じ。例涼味満点《りょうみまんてん》

◆荒涼《こうりょう》 清涼《せいりょう》 納涼《のうりょう》

【渥】
氵-9 総画12 JIS-1615 人名
訓音 アク あつ-い

意味 てあつい。うるおう。

【淵】
氵-9 総画12 JIS-4205 人名
訓音 エン ふち

意味 ふち。川《かわ》や海《うみ》などで、水《みず》が深《ふか》くよどんでいる所《ところ》。おく深《ぶか》い所《ところ》。例悲《かな》しみの淵《ふち》にしずむ。海淵《かいえん》・深淵《しんえん》

【温】
氵-9 総画12 JIS-1825 教3年 ［溫］
訓音 オン あたたか・あたたかい・あたたまる・あたためる

筆順 温温温温温温温（おおきく）（だす）

なりたち  【形声】もとの字《じ》は、「溫」。「氵」が川《かわ》を表《あらわ》し、「𥁕」が「オン」という読《よ》み方《かた》をしめしている。もと川《かわ》の名《な》で、借《か》りて「あたたかい」として使《つか》われる。

意味 ❶あたたかい。あたたまる。あたためる。例ふろで温《あたた》まる。スープを温《あたた》める。温《あたた》かい料理《りょうり》。温室《おんしつ》・気温《きおん》 対冷《れい》・寒《かん》 ❷おだやかでやさしい。なごやか。性格《せいかく》などがすなおである。❸じっくりとたいせつにする。例温《あたた》かな家庭《かてい》。温和《おんわ》 例温故知新《おんこちしん》・温存《おんぞん》

使い分け あたたかい［暖・温］☞579ページ

名前のよみ あつ・あつし・なが・はる・まさ・みつ・やす・ゆたか・よし

❶〈あたたかい〉の意味で

【温室《おんしつ》】↓寒《さむ》さに弱《よわ》い草花《くさばな》や季節《きせつ》を先取《さきど》りした野菜《やさい》などを育《そだ》てるのに使《つか》う、ガラスやビニールでかこったへやや建物《たてもの》。例温室栽培《おんしつさいばい》

表現「温室育《おんしつそだ》ち」は、人《ひと》がだいじにされすぎて、世《よ》の中《なか》の苦労《くろう》を知《し》らないで育《そだ》つこと。

【温°床《おんしょう》】↓①寒《さむ》いときに植物《しょくぶつ》の苗《なえ》を育《そだ》てるために、中《なか》の空気《くうき》や土《つち》があたたかくなるようにかこった場所《ばしょ》。②（よくない）ものごとをおこりやすくする原因《げんいん》のあるところ。例さかり場《ば》は悪《あく》の温床《おんしょう》になりやすい。

【温水《おんすい》】↓あたたかい水《みず》。例温水《おんすい》プール・電《でん》気温水器《きおんすいき》 対冷水《れいすい》

【温泉《おんせん》】↓①地中《ちちゅう》からわきでる温水《おんすい》。例温《おん》泉《せん》をほりあてる。②地中《ちちゅう》からわき出《で》る温水《おんすい》を利用《りよう》して浴場《よくじょう》などにした場所《ばしょ》。例温泉旅館《おんせんりょかん》

知識 セ氏二五度以上《いじょう》の鉱泉《こうせん》を「温泉《おんせん》」という。同様《どうよう》の成分《せいぶん》をふくんでいても、温度《おんど》の低《ひく》い鉱泉《こうせん》は「冷泉《れいせん》」ということが多《おお》い。

【温帯《おんたい》】↓熱帯《ねったい》と寒帯《かんたい》とのあいだのところ。四季《しき》の変化《へんか》が見《み》られる。日本《にほん》もここにある。例温帯低気圧《おんたいていきあつ》 関連熱帯《ねったい》・温帯《おんたい》・寒帯《かんたい》

°学習漢字でない常用漢字 ▲常用漢字表にない音訓 ◆常用漢字でない漢字

前ページ ▶淀 涼 渥 淵 温

【温暖】《おんだん》 Ⅱ〈—な〉気候《きこう》があたたかで、おだやかなこと。例温暖《おんだん》な気候《きこう》。対寒冷《かんれい》

【温度】《おんど》 ↓ 熱《あつ》さ冷《つめ》たさの度合《どあ》い。例温度計《おんどけい》 知識 温度《おんど》を表《あらわ》す単位《たんい》は「度《ど》」で、ふつう、セ氏《し》(℃)を使《つか》う。

❷〈おだやかでやさしい〉の意味で

【温顔】《おんがん》 ↓ おだやかな人《ひと》がらが表《あらわ》れた、親《した》しみやすい顔《かお》つき。例老先生《ろうせんせい》の温顔《おんがん》に接《せっ》する。温顔《おんがん》がほころぶ。

【温厚】《おんこう》 ↓〈—な〉人《ひと》がらが、はげしさ、きびしさ、つめたさなどを感《かん》じさせず、おちつきのある感《かん》じ。例温厚《おんこう》な紳士《しんし》。類温和《おんわ》

【温順】《おんじゅん》 ↓〈—な〉①性質《せいしつ》がおとなしくて、人《ひと》にさからったりしない。例温順《おんじゅん》な人《ひと》。類温《おん》和《わ》・従順《じゅうじゅん》・柔順《じゅうじゅん》 ②気候《きこう》が、おだやかですごしやすい。例温順《おんじゅん》な気候《きこう》。

【温情】《おんじょう》 ↓ あたたかく、思《おも》いやりのある心《こころ》。例温情《おんじょう》あふれるとりはからいに感謝《かんしゃ》する。類恩情《おんじょう》

【温和】《おんわ》 Ⅱ〈—な〉①暑《あつ》さ寒《さむ》さの変化《へんか》が少《すく》なく、おだやかである。例温和《おんわ》な気候《きこう》。②おとなしくて、やさしい。例温和《おんわ》な性質《せいしつ》。類温順《おんじゅん》・柔和《にゅうわ》・温厚《おんこう》

❸〈じっくりとたいせつにする〉の意味で

【温故知新】《おんこちしん》 むかしからの考《かんが》え方《かた》ややり方《かた》をじっくりと調《しら》べて学《まな》び、その中《なか》から新《あたら》しい行《い》き方《かた》、やり方《かた》を見《み》つけだしていくこと。参考『論語《ろんご》』(為政第二《いせいだいに》)にある孔子《こうし》のことば。「故《ふる》きを温《たず》ねて、新《あたら》しきを知《し》る」と読《よ》まれてきたが、「故《ふる》きを温《あたた》めて」と読《よ》んでもよい。

【温存】《おんぞん》 ↓〈—する〉もとのままにたもつこと。例後半戦《こうはんせん》にそなえて体力《たいりょく》を温存《おんぞん》しておく。

温が下につく熟語 上の字の働き

❶温＝〈あたたかい〉のとき

【気温《きおん》 水温《すいおん》 体温《たいおん》】ナニの温度《おんど》か。

【検温《けんおん》 保温《ほおん》】温度《おんど》をドウスルか。

【常温《じょうおん》 高温《こうおん》 低温《ていおん》】ドレクライの温《あたた》かさか。

◆三寒四温《さんかんしおん》

氵-9

渦

総画12 JIS-1718 常用

音 カ 訓 うず

筆順

なりたち [形声]「氵」が水《みず》を表《あらわ》し、「咼」が「カ」という読《よ》み方《かた》をしめしている。「カ」は「まるい」の意味《いみ》を持《も》ち、まるくうずまく水《みず》を表《あらわ》す字《じ》。

意味 うず。水《みず》や空気《くうき》が中心《ちゅうしん》の一点《いってん》に向《む》けて回《まわ》りこんでいくうずまき。例渦《うず》を巻《ま》く。渦潮《しお》・渦中《かちゅう》

【°渦潮】《うずしお》 ↓ せまい海峡《かいきょう》で、潮《しお》のかわりめにおこる、海水《かいすい》がうずをまく現象《げんしょう》。徳島県鳴門《とくしまけんなると》の渦潮《うずしお》が有名《ゆうめい》。

【°渦中】《かちゅう》 ↓ うずまきのなか。事件《じけん》やさわぎのまっただなか。例渦中《かちゅう》の人《ひと》。

◆戦渦《せんか》

氵-9

減

総画12 JIS-2426 教5年

音 ゲン 訓 へる・へらす

筆順

なりたち

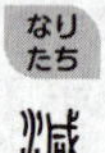

[形声]「氵」が水《みず》を表《あらわ》し、「咸《カン》《ケン》」が「ゲン」とかわって読《よ》み方《かた》をしめしている。「ケン」は「すくない」の意味《いみ》を持《も》ち、水《みず》のすくなくなることを表《あらわ》す字《じ》。

意味 へる。へらす。さしひく。例体重《たいじゅう》が減《へ》る。人数《にんずう》を減《へ》らす。格差《かくさ》を減《げん》じる。昨年度《さくねんど》より二割《にわり》の減《げん》。減少《げんしょう》・軽減《けいげん》 対増《ぞう》・加《か》

【減額】《げんがく》 ▲〈—する〉金額《きんがく》をへらすこと。例予《よ》算《さん》を減額《げんがく》する。対増額《ぞうがく》

【減。刑】《げんけい》 ▲〈—する〉罰《ばつ》を軽《かる》くすること。

【減殺】《げんさい》 Ⅱ〈—する〉程度《ていど》を下《さ》げたり量《りょう》をへらしたりすること。例負担《ふたん》を減殺《げんさい》する。類削《さく》減《げん》・減少《げんしょう》 参考「殺」は、「なくす」の意味《いみ》で、「サイ」と読《よ》む。

【減産】《げんさん》 ▲〈—する〉生産《せいさん》がへること。計画的《けいかくてき》に生産《せいさん》をへらすこと。例減産《げんさん》して売《う》れのこりをふせぐ。対増産《ぞうさん》

【減収】《げんしゅう》 ▲〈—する〉収入《しゅうにゅう》や収穫《しゅうかく》がへること。例前年《ぜんねん》より一割《いちわり》の減収《げんしゅう》だ。対増収《ぞうしゅう》

【減少】《げんしょう》 Ⅱ〈—する〉数《かず》や量《りょう》がへって、少《すく》なくなること。例人口《じんこう》が減少《げんしょう》する。類減殺《げんさい》 対増加《ぞうか》・増大《ぞうだい》

【減食《げんしょく》】▲〈―する〉食事《しょくじ》の量《りょう》をへらすこと。例体調《たいちょう》を考《かんが》えて減食《げんしょく》する。類節食《せっしょく》

【減税《げんぜい》】▲〈―する〉税金《ぜいきん》を安《やす》くすること。例特別減税《とくべつげんぜい》 対増税《ぞうぜい》

【減速《げんそく》】▲〈―する〉動《うご》きをおそくすること。おそくなること。例カーブの手前《てまえ》で減速《げんそく》する。景気《けいき》が減速《げんそく》する。対加速《かそく》

【減退《げんたい》】Ⅱ〈―する〉体力《たいりょく》や気力《きりょく》が弱《よわ》まること。例食欲《しょくよく》の減退《げんたい》。対増進《ぞうしん》・増強《ぞうきょう》

【減反《げんたん》】▲〈―する〉田畑《たはた》で、その年《とし》の農作物《のうさくぶつ》をつくる面積《めんせき》をへらすこと。例減反政策《げんたんせいさく》

【減点《げんてん》】▲〈―する〉点数《てんすう》をへらすこと。例減点法《げんてんほう》で採点《さいてん》する。対加点《かてん》

【減法《げんぽう》】↓ひき算《ざん》。対加法《かほう》 関連加法《かほう》(たし算《ざん》)・減法《げんぽう》・乗法《じょうほう》(かけ算《ざん》)・除法《じょほう》(わり算《ざん》)

【減量《げんりょう》】▲〈―する〉①重《おも》さや量《りょう》をへらすこと。例ごみの減量計画《げんりょうけいかく》。対増量《ぞうりょう》 ②体重《たいじゅう》をへらすこと。例減量《げんりょう》に成功《せいこう》する。

減が下につく熟語 上の字の働き

【加減《かげん》 増減《ぞうげん》】反対《はんたい》の意味《いみ》。

【激減《げきげん》 漸減《ぜんげん》 逓減《ていげん》 半減《はんげん》】ドノヨウニ減《へ》るか。

【軽減《けいげん》 削減《さくげん》 節減《せつげん》】ドウヤッテ減《へ》らすか。

湖

氵-9　総画12　JIS-2448　教3年

音 コ　訓 みずうみ

筆順 湖 湖 湖 湖 湖 湖 湖 湖 湖（はねる）

なりたち 【形声】「氵」が水《みず》を表《あらわ》し、「胡」が「コ」という読《よ》み方《かた》をしめしている。「コ」は「大《おお》きい」の意味《いみ》を持《も》ち、大《おお》きな「みずうみ」を表《あらわ》す字《じ》。

意味 みずうみ。例湖《みずうみ》のほとり。湖水《こすい》

【湖◦沼《こしょう》】Ⅱ みずうみやぬま。

【湖水《こすい》】↓ みずうみ。みずうみの水《みず》。例湖水《こすい》をくむ。

【湖底《こてい》】↓ みずうみの底《そこ》。対湖面《こめん》

【湖◦畔《こはん》】↓ みずうみに面《めん》した土地《とち》。例湖畔《こはん》の宿《やど》。類湖岸《こがん》

港

氵-9　総画12　JIS-2533　教3年

音 コウ　訓 みなと

筆順 港 港 港 港 港 港 港（はらう） 港（巳・已にならない）

なりたち 【形声】もとの字《じ》は、「港」。「氵」が水《みず》を表《あらわ》し、「巷」が「通《とお》り道《みち》」の意味《いみ》と「コウ」という読《よ》み方《かた》をしめしている。船《ふね》の通《とお》る水路《すいろ》を表《あらわ》す字《じ》。「みなと」として使《つか》われている。

意味 みなと。船《ふね》や飛行機《ひこうき》などの発着《はっちゃく》する場所《ばしょ》。例船《ふね》が港《みなと》に入《はい》る。港町《みなとまち》・空港

【港◦湾《こうわん》】Ⅱ 船《ふね》がとどまって、人《ひと》の乗《の》り降《お》りや荷物《にもつ》のつみおろしができるところ。

【港町《みなとまち》】↓ 港《みなと》があることで発展《はってん》してきた町《まち》。例古《ふる》くからの港町《みなとまち》。

港が下につく熟語 上の字の働き

【寄港《きこう》 帰港《きこう》 入港《にゅうこう》 出港《しゅっこう》 築港《ちっこう》】港《みなと》に(港《みなと》を)ドウスルか。

【漁港《ぎょこう》 空港《くうこう》 軍港《ぐんこう》】ナニのための港《みなと》か。

◆良港《りょうこう》

滋

氵-9　総画12　JIS-2802　常用

音 ジ　訓 ―

筆順 滋 滋 滋 滋 滋 滋 滋 滋

なりたち 【形声】「氵」が水《みず》を表《あらわ》し、「茲」が「ジ」という読《よ》み方《かた》をしめしている。「ジ」は「やしない育《そだ》てる」の意味《いみ》を持《も》ち、作物《さくもつ》を育《そだ》てる雨《あめ》や水《みず》を表《あらわ》す字《じ》。

意味 栄養《えいよう》がある。うるおう。うるおす。例滋養《じよう》

県名 滋賀(しが)

名前のよみ しげ・しげる

【◦滋味《じみ》】↓ ①食《た》べ物《もの》の栄養分《えいようぶん》。おいしさ。例山菜《さんさい》の滋味《じみ》。②心《こころ》をうるおす味《あじ》わい。例滋味《じみ》あふれる文章《ぶんしょう》。

【◦滋養《じよう》】Ⅱ からだを育《そだ》て、じょうぶにする成分《せいぶん》。例滋養強壮剤《じようきょうそうざい》 類栄養《えいよう》・養分《ようぶん》

湿

氵-9　総画12　JIS-2830　常用

音 シツ　訓 しめる・しめす

［濕］

筆順 湿 湿 湿 湿 湿 湿 湿 湿

なりたち 【形声】もとの字《じ》は、「濕」。「氵」が川《かわ》を表《あらわ》し、「㬎」が「シツ」という読《よ》み方《かた》をしめしている。もと川《かわ》の名《な》で、借《か》りて「しめる」として使《つか》われている。

意味 しめる。しめらせる。しめっぽい。例 水《みず》でのどを湿《しめ》す。湿《しめ》った空気《くうき》。湿地《しっち》・陰湿《いんしつ》 対 乾《かん》

【湿気《しっけ・しっき》】↓ しめりけ。例 湿気《しっけ》が多《おお》い。

【湿原《しつげん》】↓ じめじめしている草原《そうげん》。

【湿潤《しつじゅん》】Ⅱ〈—な〉しめりけが多《おお》く、じめじめしているようす。例 湿潤《しつじゅん》な土地《とち》。類 多湿《たしつ》 対 乾燥《かんそう》

【湿疹《しっしん》】↓ ひふの表面《ひょうめん》にできる赤《あか》いはれや、ただれなどのぼつぼつ。

【湿地《しっち》】↓ しめりけの多《おお》い土地《とち》。例 湿地帯《しっちたい》

【湿度《しつど》】↓ しめりけの度合《どあ》い。例 湿度計《しつどけい》

【湿布《しっぷ》】↓〈—する〉薬《くすり》などをふくませた布《ぬの》をいたみやはれのある部分《ぶぶん》にあてること。あてる布《ぬの》。例 湿布《しっぷ》をはる。

測

氵-9 総画12 JIS-3412 教5年 音 ソク 訓 はかる

筆順 とめる はねる

なりたち 【形声】「氵」が水《みず》を表《あらわ》し、「則」が「きまりにのっとる」意味《いみ》と、「ソク」という読《よ》み方《かた》をしめしている。水《みず》の深《ふか》さをはかることを表《あらわ》す字《じ》。

意味 はかる。長《なが》さ・広《ひろ》さなどを調《しら》べる。見当《けんとう》をつける。例 深《ふか》さを測《はか》る。測定《そくてい》・推測《すいそく》

使い分け はかる[図・計・量・測・謀・諮] ☞237ページ

名前のよみ ひろ

【測地《そくち》】▲〈—する〉土地《とち》の広《ひろ》さ・位置《いち》・高《たか》さなどをはかること。類 測量《そくりょう》

【測定《そくてい》】↓〈—する〉道具《どうぐ》や機械《きかい》で、大《おお》きさ・重《おも》さ・量《りょう》・速《はや》さ・温度《おんど》などをはかること。例 体重《たいじゅう》測定《そくてい》 類 測量《そくりょう》

【測量《そくりょう》】Ⅱ〈—する〉土地《とち》や川《かわ》などの広《ひろ》さや位置《いち》や高《たか》さをはかること。類 測定《そくてい》・測地《そくち》

【測候所《そっこうじょ》】その地域《ちいき》の天候《てんこう》を調《しら》べるところ。知識 天気予報《てんきよほう》や警報《けいほう》を出《だ》し、地震《じしん》の観測《かんそく》もおこなう。

測が下につく熟語 上の字の働き

【観測《かんそく》 実測《じっそく》 目測《もくそく》 憶測《おくそく》 推測《すいそく》】ドウヤッテ測《はか》るか。

◆不測《ふそく》 予測《よそく》

渡

氵-9 総画12 JIS-3747 常用 音 ト 訓 わたる・わたす

筆順

なりたち 【形声】はしからはしまで指《ゆび》をわたしてはかる意味《いみ》の「度」が、「ト」という読《よ》み方《かた》をしめしている。水《みず》(氵)をわたることを表《あらわ》す字《じ》。

意味 わたる。わたす。向《む》こうがわへ行《い》く。移《うつ》す。例 橋《はし》を渡《わた》る。お金《かね》を渡《わた》す。渡航《とこう》・譲渡《じょうと》

名前のよみ ただ

【渡航《とこう》】Ⅱ〈—する〉船《ふね》や飛行機《ひこうき》で外国《がいこく》へ行《い》くこと。例 渡航《とこう》の準備《じゅんび》。類 渡海《とかい》

【渡世《とせい》】▲①世《よ》の中《なか》を生《い》きていくこと。世《よ》わたり。②くらしを立《た》てるための職業《しょくぎょう》。なりわい。例 大工《だいく》を渡世《とせい》にする。類 生業《せいぎょう》・家業《かぎょう》 表現 古《ふる》い言《い》い方《かた》。

【渡来《とらい》】↓〈—する〉海《うみ》をわたって外国《がいこく》からやってくること。例 南蛮渡来《なんばんとらい》 類 伝来《でんらい》・舶来《はくらい》

湯

氵-9 総画12 JIS-3782 教3年 音 トウ 訓 ゆ

筆順 ながく はねる

なりたち 【形声】「氵」が水《みず》を表《あらわ》し、「昜《ヨウ》」が「トウ」とかわって読《よ》み方《かた》をしめしている。「ヨウ」は「熱《あつ》い」の意味《いみ》を持《も》ち、水《みず》の熱《あつ》くなった「ゆ」を表《あらわ》す字《じ》。

意味 ❶ゆ。水《みず》をわかしたもの。薬草《やくそう》をせんじたもの。例 湯気《ゆげ》・熱湯《ねっとう》・薬湯《やくとう》・葛根湯《かっこんとう》 ❷ふろ。温泉《おんせん》。例 湯治《とうじ》・銭湯《せんとう》

❶〈ゆ〉の意味で

【湯気《ゆげ》】↓ 水蒸気《すいじょうき》が小《ちい》さな水《みず》のつぶになっ

て白《しろ》いけむりのように見《み》えるもの。例 鍋《なべ》から湯気《ゆげ》が出《で》る。類 水蒸気《すいじょうき》

【湯・桶】《ゆとう》 ↓ 飲《の》むための湯《ゆ》などを入《い》れる、注《そそ》ぎ口《ぐち》と柄《え》のある木《き》で作《つく》った桶《おけ》。知識 「湯桶読《ゆとうよ》み」ものしり巻物(641ページ)

【湯水】《ゆみず》 Ⅲ 湯《ゆ》や水《みず》。表現 「金《かね》を湯水《ゆみず》のように使《つか》う」の湯水《ゆみず》は、どこにでもあるもののたとえで、お金《かね》を、どんどん使《つか》うこと。「湯水《ゆみず》ものどをとおらない」の湯水《ゆみず》は、いちばん飲《の》みやすいものという意味《いみ》で、それさえのどを通《とお》らないほど病気《びょうき》が重《おも》いこと。

❷〈ふろ〉の意味で

【湯治】《とうじ》 ↓ 〈—する〉温泉《おんせん》に入《はい》って、病気《びょうき》やつかれをいやすこと。例 湯治客《とうじきゃく》・湯治場《とうじば》

【湯。殿】《ゆどの》 ↓ 湯《ゆ》に入《はい》るためのへや、建物《たてもの》。類 浴室《よくしつ》 表現 古風《こふう》なことば。

【湯元】《ゆもと》 ↓ 温泉《おんせん》の湯《ゆ》がわき出《だ》しているもとのところ。類 源泉《げんせん》 表記 「湯本」とも書《か》く。

湯が下につく熟語 上の字の働き

❶湯＝〈ゆ〉のとき

【熱湯《ねっとう》 重湯《おもゆ》 白湯《さゆ》】ドンナ湯《ゆ》か。

◆ 産湯《うぶゆ》 給湯《きゅうとう》 銭湯《せんとう》

氵-9

満

総画12 JIS-4394 教4年

音 マン
訓 みちる・みたす

［滿］

筆順 満 満 満 満 満 満 満 満 （はねる）（だす）

なりたち 【形声】もとの字は、「滿」。「㒼」が「マン」という読《よ》み方《かた》をしめしている。「マン」は「おおう」意味《いみ》を持《も》ち、水《みず》(氵)がみちあふれていることを表《あらわ》す字《じ》。

意味

❶みちる。みたす。いっぱいになる。ある時期《じき》に達《たっ》して終《お》わりになる。例 潮《しお》が満《み》ちる。条件《じょうけん》を満《み》たす。満員《まんいん》・満了《まんりょう》・干満《かんまん》

❷すべて。ぜんぶ。例 満開《まんかい》

❸みちたりている。じゅうぶんにある。例 満《まん》を持《じ》す。満足《まんぞく》・円満《えんまん》

名前のよみ ます・まろ

❶〈みちる〉の意味で

【満員】《まんいん》 ▲ ①人《ひと》がそれ以上《いじょう》入《はい》れないほどこみあうこと。例 満員電車《まんいんでんしゃ》 ②決《き》められた人数《にんずう》いっぱいであること。例 満員御礼《まんいんおんれい》

【満願】《まんがん》 ▲ 神仏《しんぶつ》に、願《がん》をかける期間《きかん》の終《お》わりに達《たっ》すること。例 満願《まんがん》の日《ひ》。類 結願《けちがん》

【満期】《まんき》 ▲ 決《き》められた期間《きかん》の終《お》わりに達《たっ》すること。例 預金《よきん》が満期《まんき》になる。

【満月】《まんげつ》 ↓ まん丸《まる》にかがやく月《つき》。陰暦十五《いんれきじゅうご》夜《や》の月《つき》をいう。類 望月《もちづき》 対 新月《しんげつ》

【満。載】《まんさい》 ↓ 〈—する〉①荷物《にもつ》をいっぱいにつみこむこと。例 トラック満載《まんさい》の荷物《にもつ》。②新聞《しんぶん》や雑誌《ざっし》に特定《とくてい》の記事《きじ》をたくさんのせること。

【満作】《まんさく》 ▲ 作物《さくもつ》がじゅうぶんにみのること。例 豊年満作《ほうねんまんさく》 類 豊作《ほうさく》 対 不作《ふさく》・凶作《きょうさく》

【満室】《まんしつ》 ▲ ホテルや旅館《りょかん》などに、あいているへやがないこと。例 どのホテルも満室《まんしつ》だ。

【満車】《まんしゃ》 ▲ 駐車場《ちゅうしゃじょう》がいっぱいで、車《くるま》を入《い》れる場所《ばしょ》がないこと。対 空車《くうしゃ》

【満水】《まんすい》 ▲ 〈—する〉川《かわ》やダム、水槽《すいそう》などが、水《みず》でいっぱいになること。例 ダムが満水《まんすい》だ。

【満潮】《まんちょう》 ↓ 潮《しお》がみちて、海面《かいめん》の高《たか》さがいちばん高《たか》くなること。みちしお。対 干潮《かんちょう》

【満腹】《まんぷく》 ▲ 〈—する〉おなかがいっぱいになること。例 もう満腹《まんぷく》だ。対 空腹《くうふく》

【満満】《まんまん》 Ⅲ 〈—たる〉〈—と〉みちあふれるほど、いっぱいなようす。例 満々《まんまん》と水《みず》をたたえる。

【満。了】《まんりょう》 Ⅲ 〈—する〉決《き》められた期間《きかん》がすっかり終《お》わること。例 任期《にんき》が満了《まんりょう》する。

❷〈すべて〉の意味で

【満開】《まんかい》 ↓ 〈—する〉花《はな》が全部《ぜんぶ》開《ひら》くこと。たくさんの花《はな》がさきそろうこと。例 満開《まんかい》の桜《さくら》。

【満。艦。飾】《まんかんしょく》 おいわいのときに、軍艦《ぐんかん》が旗《はた》や電灯《でんとう》で船全体《ふねぜんたい》をかざること。

【満座】《まんざ》 ↓ 集《あつ》まっている人全員《ひとぜんいん》。例 満座《まんざ》の中《なか》ではじをかく。類 満場《まんじょう》

【満場】《まんじょう》 ▲ 会場《かいじょう》が人《ひと》でいっぱいになること。そこにいる人全員《ひとぜんいん》。例 満場一致《まんじょういっち》 類 満座《まんざ》

【満身】《まんしん》 ↓ からだ全体《ぜんたい》。例 満身《まんしん》の力《ちから》をこめる。類 全身《ぜんしん》 表現 「満身創痍《まんしんそうい》」は、からだじゅうきずだらけになるほどがんばるさまに使《つか》われる。「全身《ぜんしん》の力《ちから》」は「ぬける」こともあるが、「満身《まんしん》の力《ちから》」は「こめる」しかない。

【満天】《まんてん》 ▲ 空《そら》いっぱい。例 満天《まんてん》の星《ほし》。

【満点】《まんてん》 ▲ 決《き》められた点数《てんすう》の中《なか》の最高点《さいこうてん》。こ

◦学習漢字でない常用漢字 ▲常用漢字表にない音訓 ◆常用漢字でない漢字

れ以上《いじょう》はないというすばらしいこと。例 百《ひゃく》点満点《てんまんてん》・スリル満点《まんてん》

【満天下】《まんてんか》 世《よ》の中全体《なかぜんたい》。

【満年齢】《まんねんれい》 生《う》まれたときを〇歳《さい》とし、誕《たん》生日《じょうび》ごとに一歳《いっさい》ずつくわえて数《かぞ》えた年齢《ねんれい》。

知識 生《う》まれた年《とし》を一歳《いっさい》とし、正月《しょうがつ》がくるたびに一歳《いっさい》ずつくわえるのが「数《かぞ》え年《どし》」。

【満面】《まんめん》 ↓ 顔《かお》ぜんたい。例 満面《まんめん》の笑《え》み。満《まん》面に朱《しゅ》を注《そそ》ぐ（おこって顔《かお》をまっかにする）。

❸〈みちたりている〉の意味で

【満悦】《まんえつ》 ↓ （―する）満足《まんぞく》してよろこぶこと。

表現 頭《あたま》に「ご」をつけて使《つか》うことが多《おお》い。

【満喫】《まんきつ》 ↓ （―する）満足《まんぞく》するまで味《あじ》わうこと。

【満足】《まんぞく》 Ⅱ ①（―する）思《おも》いどおりにうまくいって、これで最高《さいこう》だと思《おも》う。②（―な）じゅうぶんで、たりないところがない。類 充足《じゅうそく》

満が下につく熟語 上の字の働き

❸満＝〈みちたりている〉のとき

【円満《えんまん》 豊満《ほうまん》】近《ちか》い意味《いみ》。

◆干満《かんまん》 充満《じゅうまん》 肥満《ひまん》 不満《ふまん》 未満《みまん》

湧

氵−9 総画12 JIS-4515 常用 音 ユウ・ヨウ 訓 わく

筆順 湧 湧 湧 湧 湧 湧 湧 湧

意味 わき出《で》る。例 勇気《ゆうき》が湧《わ》く。湧泉《ゆうせん》

文字物語 ☞664ページ

湾

氵−9 総画12 JIS-4749 常用 音 ワン 訓 ― ［灣］

筆順 湾 湾 湾 湾 湾 湾 湾 湾

なりたち ［形声］もとの字は、「灣《じ》」。「氵」が水《みず》を表《あらわ》し、「彎」が曲《ま》がる意味《いみ》と「ワン」という読《よ》み方《かた》をしめしている。陸地《りくち》に曲《ま》がって入《はい》りこんでいる水辺《みずべ》を表《あらわ》す字《じ》。

意味 ❶いりえ。海《うみ》が陸地《りくち》に弓《ゆみ》なりに入《はい》りこんだところ。入《い》り海《うみ》。例 湾岸《わんがん》・港湾《こうわん》
❷弓《ゆみ》なりにまがっている。例 湾曲《わんきょく》

❶〈いりえ〉の意味で

【湾岸】《わんがん》 ↓ 入《い》り海《うみ》にそった海岸《かいがん》。

【湾内】《わんない》 ↓ 入《い》り海《うみ》の内《うち》がわ。対 湾外《わんがい》

❷〈弓なりにまがっている〉の意味で

【湾曲】《わんきょく》 Ⅱ （―する）ひきしぼった弓《ゆみ》のような形《かたち》にまがっていること。例 湾曲《わんきょく》した道《みち》。

溢

氵−10 総画13 JIS-1678 人名 音 イツ 訓 あふ-れる

意味 あふれる。いっぱいになってこぼれる。例 なみだが溢《あふ》れる。

滑

氵−10 総画13 JIS-1974 常用 音 カツ・コツ 訓 すべる・なめらか

筆順 滑 滑 滑 滑 滑 滑 滑 滑

なりたち ［形声］「氵」が水《みず》を表《あらわ》し、「骨《コツ》」が「カツ」とかわって読《よ》み方《かた》をしめしている。「コツ」は「流《なが》れ出《で》る」意味《いみ》を持《も》ち、水《みず》がなめらかに流《なが》れることを表《あらわ》す字《じ》。

意味 すべる。なめらか。なめらかに動《うご》く。例 滑《なめ》らかな口調《くちょう》。滑走《かっそう》・円滑《えんかつ》

【滑空】《かっくう》 ▲ （―する）グライダーや飛行機《ひこうき》が、エンジンを使《つか》わず、気流《きりゅう》に乗《の》って飛《と》ぶこと。

【滑降】《かっこう》 ↓ （―する）スキーで、雪《ゆき》の上《うえ》をすべりおりること。例 滑降競技《かっこうきょうぎ》

【滑車】《かっしゃ》 ↓ 車輪《しゃりん》のみぞにかけた綱《つな》の力《ちから》で回《まわ》る道具《どうぐ》。重《おも》い物《もの》を持《も》ち上《あ》げるのに使《つか》う。

【滑走】《かっそう》 ↓ （―する）地面《じめん》や氷《こおり》の上《うえ》などを、すべるように走《はし》ること。例 滑走路《かっそうろ》

◆円滑《えんかつ》 潤滑《じゅんかつ》

漢

氵−10 総画13 JIS-2033 教3年 音 カン 訓 ― ［漢］

筆順 漢 漢 漢 漢 漢 漢 漢 漢（ださない）（はらう）

なりたち ［形声］もとの字は、「漢《じ》」。「氵」が川《かわ》を表《あらわ》し、「𦰩」が「カン」という読《よ》み方《かた》をしめしている。もと、川《かわ》の名《な》。のちに広《ひろ》く中国《ちゅうごく》のよび名《な》として使《つか》われている。

意味 ❶中国《ちゅうごく》。中国《ちゅうごく》に関係《かんけい》すること。むかしの中国《ちゅうごく》の王朝《おうちょう》の名《な》。例 漢民族《かんみんぞく》・漢字《かんじ》・和漢《わかん》
❷男《おとこ》。「…漢《かん》」の形《かたち》で使《つか》う。例 悪漢《あっかん》

❶〈中国《ちゅうごく》〉の意味で

【漢音《かんおん》】↓ 漢字《かんじ》の音《おん》の一種《いっしゅ》。「行《ぎょう》」を「コウ」、「明《あきら》」を「メイ」、「人《ひと》」を「ジン」と読《よ》む読《よ》み方《かた》。漢字《かんじ》の音読《おんよ》みで、もっとも多《おお》く用《もち》いられている。

【漢学《かんがく》】↓ 漢文《かんぶん》を学《まな》ぶことで、中国《ちゅうごく》の文化《ぶんか》などを研究《けんきゅう》する学問《がくもん》。例 漢学《かんがく》の素養《そよう》がある。参考 ☞ものしり巻物(257ページ) 関連 国学《こくがく》・漢学《かんがく》・洋学《ようがく》

【漢語《かんご》】↓ 漢字《かんじ》を音読《おんよ》みで書《か》き表《あらわ》したことば。中国《ちゅうごく》からつたわったものもあれば、日本《にほん》でつくられたものもある。参考 ☞ものしり巻物(577ページ)

【漢詩《かんし》】↓ 中国語《ちゅうごくご》の詩《し》。字数《じすう》や音《おん》の配列《はいれつ》の形式《けいしき》にならって、日本《にほん》でもつくられた。類 唐詩《とうし》 知識 四《よっ》つの句《く》からなるものを「絶句《ぜっく》」、八《はっ》句《く》のものを「律詩《りっし》」という。参考 ☞ものしり巻物(801ページ)

【漢字《かんじ》】↓ むかしの中国《ちゅうごく》でつくられた文字《もじ》。日本《にほん》につたわってきたのち、日本独自《にほんどくじ》のもの(国字《こくじ》)がくわわった。

【漢数字《かんすうじ》】「一《いち》・十《じゅう》・百《ひゃく》」などのように、数《かず》を漢字《かんじ》で書《か》き表《あらわ》したもの。関連 漢数字《かんすうじ》・ローマ数字《すうじ》・アラビア数字《すうじ》(算用数字《さんようすうじ》) 知識 ☞【数字《すうじ》】(547ページ)

【漢籍《かんせき》】↓ 中国《ちゅうごく》の書物《しょもつ》。関連 和書《わしょ》・漢籍《かんせき》・洋書《ようしょ》

【漢文《かんぶん》】↓ 中国《ちゅうごく》の古《ふる》い書物《しょもつ》の文章《ぶんしょう》。日本人《にほんじん》が漢字《かんじ》だけで書《か》いた詩《し》や文章《ぶんしょう》もいう。例 漢文《かんぶん》を訓読《くんどく》する。対 和文《わぶん》・国文《こくぶん》

【漢方薬《かんぽうやく》】中国《ちゅうごく》からつたわってきた薬《くすり》。草《くさ》の根《ね》や葉《は》などを用《もち》いたものが多《おお》い。

【漢和《かんわ》】⇕ ①中国《ちゅうごく》と日本《にほん》。中国語《ちゅうごくご》と日本語《にほんご》。類 和漢《わかん》 ②「漢和辞典《かんわじてん》」の略《りゃく》。

❷漢＝〈男《おとこ》〉のとき

【悪漢《あっかん》 巨漢《きょかん》 好漢《こうかん》 酔漢《すいかん》 痴漢《ちかん》 暴漢《ぼうかん》 門外漢《もんがいかん》 大食漢《たいしょくかん》】ドノヨウナ男《おとこ》か。

漢が下につく熟語 上の字の働き

氵-10

源

総画13 JIS-2427 教6年

訓 音 ゲン みなもと

筆順 (はねる・とめる)

なりたち 【形声】もともと「原」が「みなもと」を表《あらわ》していたが、「はら」として使《つか》われたため、「氵(水《みず》)」をくわえてあらためて「みなもと」として作《つく》りあげた字《じ》。「原」はまた「ゲン」という読《よ》み方《かた》をしめしている。

意味 みなもと。流《なが》れの始《はじ》まるところ。大《おお》もと。例 川《かわ》の源《みなもと》。源流《げんりゅう》・語源《ごげん》・水源《すいげん》・本源《ほんげん》

名前のよみ はじめ・もと・よし

【源泉《げんせん》】↓ ①水《みず》や温泉《おんせん》などがわき出《で》ているところ。類 源流《げんりゅう》・水源《すいげん》・湯元《ゆもと》 ②ものごとが生《しょう》じるおおもと。例 活力《かつりょく》の源泉《げんせん》。類 根源《こんげん》

【源流《げんりゅう》】↓ ①川《かわ》の流《なが》れの始《はじ》まるところ。例 源流《げんりゅう》をたどる。類 水源《すいげん》・源泉《げんせん》 ②ものごとの起《お》こりはじめ。例 文学《ぶんがく》の源流《げんりゅう》。類 起源《きげん》

源が下につく熟語 上の字の働き

【起源《きげん》 根源《こんげん》 本源《ほんげん》】近《ちか》い意味《いみ》。

【語源《ごげん》 字源《じげん》 光源《こうげん》 水源《すいげん》 電源《でんげん》 財源《ざいげん》】ナニのおおもとか。

氵-10

溝

総画13 JIS-2534 常用

訓 音 コウ みぞ

筆順

なりたち 【形声】「氵」が水《みず》を表《あらわ》し、「冓」が「入《い》り組《く》む」意味《いみ》と「コウ」という読《よ》み方《かた》をしめしている。田畑《たはた》のあいだに水《みず》を流《なが》すため、たてよこにほったみぞを表《あらわ》す字《じ》。

意味 みぞ。㋐細長《ほそなが》くほった水路《すいろ》。例 排水溝《はいすいこう》 ㋑細《ほそ》いくぼみ。例 しきいの溝《みぞ》。㋒人《ひと》との気持《きも》ちのへだたり。例 溝《みぞ》が深《ふか》まる。

氵-10

滉

総画13 JIS-6270 人名

訓 音 コウ —

意味 水《みず》が深《ふか》く広《ひろ》いようす。

名前のよみ ひろ・ひろし

氵-10

準

総画13 JIS-2964 教5年

訓 音 ジュン —

筆順 (ながく・だす)

◦学習漢字でない常用漢字 ▲常用漢字表にない音訓 ◆常用漢字でない漢字

なりたち [形声]「氵」が水《みず》を表《あらわ》し、「隼《シュン》」が「ジュン」とかわって読《よ》み方《かた》をしめす。「シュン」は「平《たい》ら」の意味《いみ》で、水平《すいへい》をはかる「みずもり」を表《あらわ》す字《じ》。

意味 ❶みずもり。例 水準器《すいじゅんき》 ❷めやす。手本《てほん》。よりどころにする。例 前年度《ぜんねんど》に準《じゅん》じる。準拠《じゅんきょ》・標準《ひょうじゅん》 ❸そなえる。用意《ようい》する。例 準備《じゅんび》 ❹ほんものの次《つぎ》。例 準決勝《じゅんけっしょう》

名前のよみ とし・のり・ひとし

❷〈めやす〉の意味で

【準拠】じゅんきょ Ⅱ（—する）あるもとになるものをよりどころにしてものごとをおこなうこと。例 教科書《きょうかしょ》に準拠《じゅんきょ》した参考書《さんこうしょ》。

❸〈そなえる〉の意味で

【準備】じゅんび Ⅱ（—する）まえもって用意《ようい》をすること。したく。例 準備運動《じゅんびうんどう》

❹〈ほんものの次〉の意味で

【準決勝】じゅんけっしょう 決勝戦《けっしょうせん》に出《で》る選手《せんしゅ》やチームを決めるための試合《しあい》。

【準優勝】じゅんゆうしょう 優勝《ゆうしょう》の次《つぎ》の位置《いち》。第二位《だいにい》。

準が下につく熟語 上の字の働き

❷準=〈めやす〉のとき

【基準《きじゅん》 標準《ひょうじゅん》】近《ちか》い意味《いみ》。

◆照準《しょうじゅん》 水準《すいじゅん》

氵-10 滞

総画13 JIS-3458 常用

訓音 タイ とどこおる

[滯]

なりたち [形声]もとの字《じ》は、「滯」。「氵」が水《みず》を表《あらわ》し、「帯」が「タイ」という読《よ》み方《かた》をしめしている。「タイ」は「とどまる」意味《いみ》を持《も》ち、水《みず》がとどまって流《なが》れないことを表《あらわ》す字。

意味 ❶とどこおる。つかえて動《うご》かない。例 支払《しはら》いが滞《とどこお》る。滞納《たいのう》・渋滞《じゅうたい》 ❷とどまる。おなじ場所《ばしょ》にいる。例 滞在《たいざい》

❶〈とどこおる〉の意味で

【滞貨】たいか ↓（—する）売《う》れなかったり、輸送《ゆそう》ができなかったりして、たまってしまった品物《しなもの》。

【滞納】たいのう ▲（—する）期限《きげん》がすぎても、お金《かね》や品物《しなもの》をおさめないでいること。例 家賃《やちん》を二《に》か月分滞納《げつぶんたいのう》する。類 延納《えんのう》・未納《みのう》

【滞留】たいりゅう ↓（—する）流《なが》れがわるくなって、ものがつかえること。類 停滞《ていたい》 ☞❷

❷〈とどまる〉の意味で

【滞空】たいくう ▲ 空中《くうちゅう》をとびつづけること。物体《ぶったい》が空中《くうちゅう》にあること。例 滞空時間《たいくうじかん》

【滞在】たいざい ↓（—する）よその土地《とち》に行《い》って、ある期間《きかん》そこにいること。類 滞留《たいりゅう》・逗留《とうりゅう》

【滞留】たいりゅう ↓（—する）よその土地《とち》に行《い》って、やや長《なが》い期間《きかん》そこにとどまること。類 滞在《たいざい》

滞が下につく熟語 上の字の働き

❶滞=〈とどこおる〉のとき

【延滞《えんたい》 渋滞《じゅうたい》 遅滞《ちたい》 停滞《ていたい》】近《ちか》い意味《いみ》。

◆沈滞《ちんたい》

前ページ▶源 溝 滉 準

氵-10 滝

総画13 JIS-3476 常用

訓音 たき —

[瀧]

なりたち [形声]もとの字《じ》は、「瀧」。「氵」が水《みず》を表《あらわ》し、「龍《リュウ》」が「ロウ」とかわって読《よ》み方《かた》をしめしている。「リュウ」は「落《お》ちる」意味《いみ》を持《も》ち、雨《あめ》がかすむようにふるようすを表《あらわ》す字《じ》。日本《にほん》では「たき」として使《つか》われている。

意味 たき。流《なが》れおちる水《みず》。例 滝《たき》に打《う》たれる。

【滝壺】たきつぼ ↓ 流《なが》れ落《お》ちる滝《たき》のいきおいで底《そこ》がえぐれ、水《みず》が深《ふか》くたまっているところ。

氵-10 溺

総画13 JIS-3714 常用

訓音 デキ おぼれる

意味 おぼれる。㋐水《みず》の中《なか》で死《し》ぬ。例 溺死《できし》 ㋑ほかのことが目《め》に入《はい》らないほどむちゅうになる。例 溺愛《できあい》

字体のはなし「溺」とも書《か》く。☞ふろく「字体についての解説」[28]ページ）

【溺愛】できあい ↓（—する）むちゃくちゃにかわいがること。例 初孫《はつまご》を溺愛《できあい》する。

【°溺死《できし》】[↓]〈—する〉おぼれて死《し》ぬこと。類 水死《すいし》

漠

氵−10 総画13 JIS-3989 常用 音 バク 訓 —

筆順 漠漠漠漠漠漠漠漠

なりたち 【形声】「莫」が「ない」意味《いみ》と「バク」という読《よ》み方《かた》をしめしている。水《みず》(氵)のないさばくを表《あらわ》す字《じ》。

意味 はても、くぎりもない。はっきりしない。例 広漠《こうばく》・砂漠《さばく》・索漠《さくばく》

名前のよみ ひろ

【°漠然《ばくぜん》】⊠〈—たる・—と〉考《かんが》えや話《はなし》などの内容《ないよう》がはっきりしない。例 漠然《ばくぜん》と想像《そうぞう》する。

滅

氵−10 総画13 JIS-4439 常用 音 メツ 訓 ほろびる・ほろぼす

筆順 滅滅滅滅滅滅滅滅

なりたち 【形声】「氵」が水《みず》を表《あらわ》し、「烕《べツ》」が「メツ」とかわって読《よ》み方《かた》をしめしている。水《みず》がなくなることを表《あらわ》す字《じ》。

意味 ほろびる。なくなる。ほろぼす。なくする。たやす。きえる。例 国《くに》が滅《ほろ》びる。敵《てき》を滅《ほろ》ぼす。滅亡《めつぼう》・破滅《はめつ》

【°滅°却《めっきゃく》】⊠〈—する〉すっかり消《け》しさる。例 座禅《ざぜん》をくんで心《こころ》の迷《まよ》いを滅却《めっきゃく》する。

【°滅°菌《めっきん》】[▲]〈—する〉熱《ねつ》や薬《くすり》などで、細菌《さいきん》をころすこと。例 熱湯《ねっとう》でふきんの滅菌《めっきん》をする。類 殺菌《さっきん》・消毒《しょうどく》

【°滅亡《めつぼう》】[II]〈—する〉ほろびてしまうこと。例 人類《じんるい》の滅亡《めつぼう》をふせぐ。

【°滅法《めっぽう》】[▲]①〈—な〉めちゃくちゃなこと。例 めっぽうなことを言《い》う。②たいへんに。例 めっぽう強《つよ》い。知識 もとは仏教《ぶっきょう》のことばで、きまりにあわないことを表《あらわ》す。

滅が下につく熟語 上の字の働き

【壊滅《かいめつ》 破滅《はめつ》 死滅《しめつ》 消滅《しょうめつ》 絶滅《ぜつめつ》】近《ちか》い意味《いみ》。
【点滅《てんめつ》 明滅《めいめつ》】反対《はんたい》の意味《いみ》。
【磨滅《まめつ》(摩滅《まめつ》) 撃滅《げきめつ》 撲滅《ぼくめつ》 隠滅《いんめつ》】ドウナッテなくなるか、ドウシテなくするか。
【自滅《じめつ》 全滅《ぜんめつ》】ドノヨウニなくなるか。
◆幻滅《げんめつ》 仏滅《ぶつめつ》 不滅《ふめつ》

溶

氵−10 総画13 JIS-4547 常用 音 ヨウ 訓 とける・とかす・とく

筆順 溶溶溶溶溶溶溶溶

なりたち 【形声】「氵」が水《みず》を表《あらわ》し、「容」が「入《い》れる」意味《いみ》と「ヨウ」という読《よ》み方《かた》をしめしている。水《みず》があふれることを表《あらわ》す字《じ》。借《か》りて、「とける」として使《つか》われる。

意味 とける。とかす。とく。固体《こたい》を液体《えきたい》にする。液体《えきたい》どうしをまぜあわせる。例 鉄《てつ》が溶《と》ける。水《みず》に溶《と》かす。絵《え》の具《ぐ》を溶《と》く。

使い分け とける[溶・解]691ページ

【°溶液《ようえき》】[↓]物質《ぶっしつ》がとけこんでいる液体《えきたい》。

【°溶解《ようかい》】[II]〈—する〉①物質《ぶっしつ》が液体《えきたい》にとけこむ。②金属《きんぞく》が熱《ねつ》でとける。

【°溶岩《ようがん》】[↓]火山《かざん》からふき出《だ》す、どろどろにとけた岩石《がんせき》。それが冷《ひ》えてかたまった岩《いわ》。

【°溶鉱°炉《ようこうろ》】鉱石《こうせき》を熱《ねつ》でとかし、鉄《てつ》や銅《どう》をとりだすための炉《ろ》。

【°溶接《ようせつ》】[↓]〈—する〉熱《ねつ》でとかして、金属《きんぞく》と金属《きんぞく》をつなぎ合《あ》わせること。例 溶接工《ようせつこう》

例解 使い分け

[とける《溶ける・解ける》]

溶ける＝ある物《もの》が液体《えきたい》の中《なか》にまじりこむ。固《かた》まっていた物《もの》が液状《えきじょう》になる。
例 砂糖《さとう》が水《みず》に溶《と》ける。せっけんがお湯《ゆ》に溶《と》ける。なまりが溶《と》ける。

解ける＝ばらばらになる。ゆるむ。
例 ひもが解《と》ける。なぞが解《と》ける。うたがいが解《と》ける。

溶ける

解ける

参考「雪《ゆき》がとける・氷《こおり》がとける」の場合《ばあい》は「解《と》ける」を使《つか》う。

前ページ ▶ 漢 滅 溶

氵-11

演

総画14 JIS-1773 教5年

音 エン 訓 ―

筆順 演 演 演 演 演 演 演 演（まっすぐ、つく／だす／とめる）

なりたち 演 [形声]「氵」が水《みず》の流《なが》れを表《あらわ》し、「寅《イン》」が「エン」とかわって読《よ》み方《かた》をしめしている。「イン」は「のびる」意味《いみ》を持《も》ち、長《なが》くのびた川《かわ》を表《あらわ》す字《じ》。

意味 ❶口《くち》でのべる。例 演説《えんぜつ》・講演《こうえん》 ❷わざを見《み》せる。人《ひと》の前《まえ》でやって見《み》せる。例 役《やく》を演《えん》じる。演技《えんぎ》・公演《こうえん》

名前のよみ のぶ・ひろ・ひろし

❶〈口でのべる〉の意味で

【演説《えんぜつ》】↓〈─する〉おおぜいの人《ひと》の前《まえ》で、自分《じぶん》の意見《いけん》や考《かんが》えを話《はな》して聞《き》かせること。例 候補者《こうほしゃ》の演説《えんぜつ》を聞《き》く。類 講演《こうえん》

【演題《えんだい》】↓ 演説《えんぜつ》や講演《こうえん》などの題名《だいめい》。

【演壇《えんだん》】↓ 話《はなし》をする人《ひと》が立《た》つ、一段高《いちだんたか》くなったところ。例 演壇《えんだん》に上《あ》がる。

❷〈わざを見せる〉の意味で

【演技《えんぎ》】▲〈─する〉①劇《げき》や映画《えいが》で、その中《なか》の人物《じんぶつ》を表現《ひょうげん》して見《み》せること。例 迫真《はくしん》の演技《えんぎ》。②体操《たいそう》などの競技《きょうぎ》で、わざを見《み》せること。

【演芸《えんげい》】▲ 人《ひと》に見《み》せる歌《うた》・おどり・落語《らくご》・漫才《まんざい》・曲芸《きょくげい》などの芸《げい》。例 演芸場《えんげいじょう》

【演劇《えんげき》】▲ 一《ひと》つの物語《ものがたり》を、俳優《はいゆう》がその中《なか》の人物《じんぶつ》になって見《み》せることで、目《め》の前《まえ》におこっているできごとのように感《かん》じさせる芸術《げいじゅつ》。類 劇《げき》・芝居《しばい》

【演習《えんしゅう》】↓〈─する〉①じっさいとおなじつもりでする練習《れんしゅう》。例 運動会《うんどうかい》の予行演習《よこうえんしゅう》。類 訓練《くんれん》 ②学生《がくせい》が、指導《しどう》を受《う》けながら自分《じぶん》たちで研究《けんきゅう》や討議《とうぎ》をすること。ゼミナール。③実戦《じっせん》の練習《れんしゅう》。例 実弾演習《じつだんえんしゅう》

【演出《えんしゅつ》】↓〈─する〉①脚本《きゃくほん》をもとに、俳優《はいゆう》の演技《えんぎ》などすべての面《めん》を指導《しどう》し、劇《げき》や映画《えいが》をつくりあげること。例 演出家《えんしゅつか》 類 監督《かんとく》 ②式《しき》や会《かい》などをもり上《あ》げるために、いろいろとくふうをすること。

【演奏《えんそう》】Ⅱ〈─する〉楽器《がっき》を使《つか》って、音楽《おんがく》を人《ひと》に聞《き》かせること。例 ピアノを演奏《えんそう》する。

演が下につく熟語 上の字の働き

❷演《えん》＝〈わざを見せる〉のとき

【上演《じょうえん》 開演《かいえん》 休演《きゅうえん》】演劇《えんげき》（演奏《えんそう》）をドウスルか。

【公演《こうえん》 口演《こうえん》 実演《じつえん》 初演《しょえん》 主演《しゅえん》 客演《きゃくえん》 独演《どくえん》 共演《きょうえん》 助演《じょえん》 熱演《ねつえん》】ドンナ立場《たちば》や仕方《しかた》で演《えん》じるか。

◆好演《こうえん》 講演《こうえん》 出演《しゅつえん》

氵-11

漁

総画14 JIS-2189 教4年

音 ギョ・リョウ 訓 あさ-る

筆順 漁 漁 漁 漁 漁 漁 漁 漁

なりたち 漁 [形声]「魚」が「さかな」の意味《いみ》と「ギョ」という読《よ》み方《かた》をしめしている。水中《すいちゅう》（氵）で魚《さかな》をとることを表《あらわ》す字《じ》。

意味 魚《さかな》をとる。魚《さかな》や貝《かい》・海藻類《かいそうるい》をとって生活《せいかつ》すること。例 漁《りょう》に出《で》る。漁業《ぎょぎょう》・漁村《ぎょそん》・豊漁《ほうりょう》

【漁火《いさりび／ぎょか》】↓ 漁船《ぎょせん》が夜《よる》、魚《さかな》を集《あつ》めるためにともす明《あ》かり。例 沖《おき》に漁火《いさりび》がゆれる。

【漁獲《ぎょかく》】Ⅱ〈─する〉魚《さかな》や貝《かい》などをとること。例 漁獲高《ぎょかくだか》が年々《ねんねん》へる。類 漁労《ぎょろう》

【漁期《ぎょき／りょうき》】↓ 魚《さかな》や貝《かい》をとるのに適《てき》した期間《きかん》。とってよい時期《じき》。

【漁業《ぎょぎょう》】↓ 魚《さかな》や貝《かい》をとったり育《そだ》てたりする仕事《しごと》。類 水産業《すいさんぎょう》

【漁区《ぎょく》】↓ 魚《さかな》をとってもよいとされている区域《くいき》。対 禁漁区《きんりょうく》

【漁港《ぎょこう》】↓ 漁船《ぎょせん》が出入《でい》りする港《みなと》。

【漁場《ぎょじょう／ぎょば》】↓ 漁《りょう》をする場所《ばしょ》。魚《さかな》や貝《かい》などがたくさんとれる場所《ばしょ》。例 漁場《ぎょじょう／ぎょば》にめぐまれる。

【漁船《ぎょせん》】↓ 漁業《ぎょぎょう》をするための船《ふね》。いさり船《ぶね》。

【漁村《ぎょそん》】↓ 漁業《ぎょぎょう》をおもな仕事《しごと》とする人《ひと》びとが集《あつ》まって住《す》んでいる村《むら》。対 農村《のうそん》

【漁夫の利《ぎょふのり》】他人《たにん》のあらそいに乗《じょう》じて、ほかの者《もの》がなんの苦労《くろう》もなく利益《りえき》を横《よこ》どりすること。参考「漁夫《ぎょふ》」は「漁師《りょうし》」の古《ふる》い言《い》い方《かた》。

表記「漁父」とも書《か》く。

故事のはなし ☞693ページ

【漁民】ぎょ みん ↓ 漁業《ぎょぎょう》を仕事《しごと》とする人《ひと》びと。類 漁《りょう》師《し》・漁夫《ぎょふ》

【漁師】りょう し ↓ 魚《さかな》や貝《かい》をとって、生計《せいけい》をたてている人《ひと》。類 漁民《ぎょみん》・漁夫《ぎょふ》

漁が下につく熟語 上の字の働き

【禁漁《きんりょう》 出漁《しゅつりょう》】漁《りょう》を(漁《りょう》に)ドウスルか。

【大漁《たいりょう》 豊漁《ほうりょう》 不漁《ふりょう》】ドノクライのとれ方《かた》か。

◆密漁《みつりょう》

【漆】

氵-11 総画14 JIS-2831 常用
音 シツ
訓 うるし

筆順

なりたち

【形声】「桼」が木と左右三《さゆうみっ》つずつの水滴《すいてき》からでき、木《き》から出《で》るしる「うるし」を表《あらわ》し、また「シツ」という読《よ》み方《かた》をしめす。「氵」をくわえた「漆《シツ》」はもと川《かわ》の名《な》。のちに「桼」に代《か》わって、「うるし」として使《つか》われるようになった。

意味 うるし。うるしの木《き》の樹液《じゅえき》から作《つく》った黒《くろ》い塗料《とりょう》。例 漆《うるし》をぬる。漆器《しっき》

【漆器】しっ き ↓ うるしをぬって作《つく》った器《うつわ》。

【漆黒】しっ こく ↓ うるしをぬったように、つやのある深《ふか》い黒色《こくしょく》。例 漆黒《しっこく》の髪《かみ》の毛《け》。

【漸】

氵-11 総画14 JIS-3318 常用
音 ゼン
訓 ようやく

筆順

なりたち

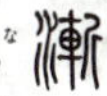

【形声】「斬」が「ゼン」という読《よ》み方《かた》をしめし、「氵」が川《かわ》を表《あらわ》す。もと川《かわ》の名《な》。借《か》りて、「ようやく、すこしずつ」の意味《いみ》に使《つか》われている。

意味 しだいに。少《すこ》しずつ。例 漸次《ぜんじ》

名前のよみ すすむ

【漸減】ぜん げん ↓ 〈─する〉だんだんに少《すく》なくなること。例 収入《しゅうにゅう》の漸減《ぜんげん》が心配《しんぱい》だ。対 漸増《ぜんぞう》

【漸次】ぜん じ Ⅲ だんだんと。しだいに。例 漸次《ぜんじ》改革《かいかく》が進《すす》む。

【漸進】ぜん しん ↓ 〈─する〉少《すこ》しずつ進《すす》むこと。対 急《きゅう》進《しん》

【漸増】ぜん ぞう ↓ 〈─する〉少《すこ》しずつふえること。例 人口《じんこう》が漸増《ぜんぞう》する。対 漸減《ぜんげん》

【漱】

氵-11 総画14 JIS-6291 人名
音 ソウ
訓 すすぐ

意味 すすぐ。水《みず》で口《くち》をゆすぐ。

【漱石。枕流】そう せき ちん りゅう 負《ま》けおしみが強《つよ》いこと。参考「枕石漱流《ちんせきそうりゅう》」(河原《かわら》の石《いし》を枕《まくら》にし、川《かわ》の流《なが》れで口《くち》をすすぐ風流《ふうりゅう》な生活《せいかつ》)と言《い》おうとして、まちがえて「漱石枕流《そうせきちんりゅう》」と言《い》った人《ひと》がまちがいをみとめずに、「石《いし》で歯《は》をみがき、流《なが》れで耳《みみ》をあらうのだ」と屁理屈《へりくつ》をこねた話《はなし》。夏目《なつめ》漱石《そうせき》の筆名《ひつめい》のもとになったことば。☞【枕石漱流】ちん せき そう りゅう (604ページ)

【漕】

氵-11 総画14 JIS-3370 人名
音 ソウ
訓 こぐ

意味 ❶はこぶ。船《ふね》で物《もの》を運《はこ》ぶ。❷こぐ。例 舟《ふね》を漕《こ》ぐ。

❷〈こぐ〉の意味で

【◆漕艇】そう てい ▲ (競技用《きょうぎよう》の)ボートをこぐこと。

故事のはなし

漁夫《ぎょふ》の利《り》

ドブガイ(大《おお》きな二枚貝《にまいがい》)が日《ひ》なたぼっこをしていたところ、シギ(水鳥《みずどり》の一種《いっしゅ》)が飛《と》んできて肉《にく》をついばんだので、ドブガイはあわてて貝《かい》を閉《と》じてそのくちばしをはさんだ。シギは「今日《きょう》も明日《あした》も雨《あめ》が降《ふ》らなければ、おまえは死《し》ぬぞ」と言《い》い、ドブガイは「今日《きょう》も明日《あした》も放《はな》さなければ、おまえは死《し》ぬだろう」と言《い》い、たがいに意地《いじ》をはって放《はな》そうとはしなかった。そこへたまたま通《とお》りかかった漁師《りょうし》が、まんまと両方《りょうほう》ともつかまえてしまった。(『戦国策《せんごくさく》』燕策《えんさく》上《じょう》)

漬

氵－11
総画14
JIS-3650
常用
音 ―
訓 つける・つかる

筆順 漬 漬 漬 漬 漬 漬 漬 漬

なりたち  【形声】もともとは「氵」と「賫」とからでき、「賫」が「かさねる」意味《い》と「シ」という読《よ》み方《かた》をしめしている。水《みず》(氵)につけることを表《あらわ》す字《じ》。

意味 水《みず》にひたす。つける。例 たくあんを漬《つ》ける。漬物《つけもの》が漬《つ》かる。茶漬《ちゃづ》け

文字物語 ☞ 694ページ

滴

氵－11
総画14
JIS-3709
常用
音 テキ
訓 しずく・したたる

筆順 滴 滴 滴 滴 滴 滴 滴 滴

なりたち  【形声】「氵」が水《みず》を表《あらわ》し、「啇」が「まとまる」意味《いみ》と「テキ」という読《よ》み方《かた》をしめしている。水《みず》がしたたることを表《あらわ》す字《じ》。

意味 しずく。水《みず》などがしたたる。また、その小《ちい》さなつぶ。例 あせが滴《したた》る。水滴《すいてき》

【°滴下】《てきか》 ↓ 〈―する〉水《みず》などがしたたり落《お》ちる。

滴が下につく熟語 上の字の働き

【雨滴《うてき》 水滴《すいてき》 油滴《ゆてき》】ナニの滴《しずく》か。

◆点滴《てんてき》

文字物語

漬

「漬」の字《じ》は、わが国《くに》ではもっぱら訓《くん》の「つける」「つかる」だけが使《つか》われ、音《おん》の「シ」がほかの漢字《かんじ》といっしょになって熟《じゅく》語《ご》をつくらないので、常用漢字表《じょうようかんじひょう》にも字音《じおん》の「シ」は入《い》れられていない。

「漬《つ》ける」と言《い》えば、なんといっても野菜《やさい》や肉《にく》を漬《つ》けた食品《しょくひん》の漬物《つけもの》。冷蔵庫《れいぞうこ》のなかったむかしでは、塩《しお》に漬《つ》けたり酢《す》に漬《つ》けたりした「漬物《つけもの》」は貴重《きちょう》な保存食品《ほぞんしょくひん》であった。今日《こんにち》でも、ごはんによく合《あ》う漬物《つけもの》はいちばんポピュラーな食品《しょくひん》の一《ひと》つで、日本全国《にほんぜんこく》どこにでも名《めい》物《ぶつ》の漬物《つけもの》がある。その名前《なまえ》は、何《なに》に漬《つ》けるかで「塩漬《しおづ》け」「酢漬《すづ》け」「みそ漬《づ》け」「粕漬《かすづ》け」、何《なに》を漬《つ》けるかで「なす漬《づ》け」「わさび漬《づ》け」「らっきょう漬《づ》け」、漬《つ》け方《かた》によって「浅漬《あさづ》け」「一夜《いちや》漬《づ》け」「千枚漬《せんまいづ》け」、また、それらを組《く》み合《あ》わせて「なすの芥子《からし》漬《づ》け」「きゅうりの酢《す》漬《づ》け」「牛肉《ぎゅうにく》のみそ漬《づ》け」「貝柱《かいばしら》の粕《かす》漬《づ》け」「だいこんの浅漬《あさづ》け」などいろいろある。どこにでもある「たくあん漬《づ》け」は、有名《ゆうめい》なお坊《ぼう》さん「沢庵《たくあん》和尚《おしょう》」の名《な》から、「奈良《なら》漬《づ》け」は地名《ちめい》から。そのほか「はりはり漬《づ》け」「かりかり漬《づ》け」「べったら漬《づ》け」などというおもしろい名前《なまえ》のものもある。

漂

氵－11
総画14
JIS-4126
常用
音 ヒョウ
訓 ただよう

筆順 漂 漂 漂 漂 漂 漂 漂 漂

なりたち  【形声】「氵」が水《みず》を表《あらわ》し、「票」が「ヒョウ」という読《よ》み方《かた》をしめしている。「ヒョウ」は「うく」意味《いみ》を持《も》ち、水《みず》にういてただようことを表《あらわ》す字《じ》。

意味 ❶ただよう。水面《すいめん》にうかび流《なが》れのままになること。例 波間《なみま》に漂《ただよ》う。漂流《ひょうりゅう》 ❷さらす。白《しろ》くすること。例 漂白《ひょうはく》

❶〈ただよう〉の意味で

【°漂着】《ひょうちゃく》 ↓ 〈―する〉海《うみ》や川《かわ》をただよっていたものが、岸《きし》にたどり着《つ》くこと。例 漂着物《ひょうちゃくぶつ》

【漂°泊】《ひょうはく》 ⇕ 〈―する〉あてもなく、ただようこと。例 漂泊《ひょうはく》の旅《たび》。類 放浪《ほうろう》・流浪《るろう》

【°漂流】《ひょうりゅう》 ↓ 〈―する〉船《ふね》などが動《うご》く力《ちから》をうしなって、水《みず》や潮《しお》の流《なが》れのままにただようこと。

❷〈さらす〉の意味で

【°漂白】《ひょうはく》 ↓ 〈―する〉布《ぬの》などを水《みず》にさらしたり、薬《くすり》の液《えき》にひたしたりして白《しろ》くすること。例 漂白剤《ひょうはくざい》 類 脱色《だっしょく》

漫

氵－11
総画14
JIS-4401
常用
音 マン
訓 ―

筆順 漫 漫 漫 漫 漫 漫 漫 漫

なりたち 【形声】「氵」が水《みず》を表《あらわ》し、「曼」が「マン」という読《よ》み方《かた》をしめしている。「マン」は「ひろがる」意味《いみ》を持《も》ち、水《みず》がはてしなくひろがることを表《あらわ》す字《じ》。

意味 ❶とりとめがない。けじめがない。なんとはなしに。例 漫然《まんぜん》・散漫《さんまん》 ❷気楽《きらく》でたのしい。例 漫画《まんが》

名前のよみ ひろ

❶〈とりとめがない〉の意味で

【°漫然《まんぜん》】⊠〈―たる〉〈―と〉これといった目的《もくてき》もなく、とりとめのないようす。例 漫然《まんぜん》とすごす。

【°漫歩《まんぽ》】⊻〈―する〉楽《たの》しみながら、のんびりと歩《ある》くこと。そぞろ歩《ある》き。類 散歩《さんぽ》

【°漫遊《まんゆう》】⊻〈―する〉あちらこちら、気《き》ままに旅《たび》してまわること。例 諸国《しょこく》を漫遊《まんゆう》する。

❷〈気楽でたのしい〉の意味で

【°漫画《まんが》】⊻世《よ》の中《なか》のできごとや人間《にんげん》を、おもしろくえがいた絵《え》。また、それに文《ぶん》をそえた物語《ものがたり》。例 漫画本《まんがぼん》・風刺漫画《ふうしまんが》 類 劇画《げきが》

【°漫才《まんざい》】⊻主《おも》に二人《ふたり》の芸人《げいにん》が、こっけいなことを言《い》いあって、客《きゃく》をわらわせる演芸《えんげい》。例 漫才師《まんざいし》

【°漫談《まんだん》】⊻世《よ》の中《なか》のことなどをおもしろい話《はなし》にして客《きゃく》に聞《き》かせる話芸《わげい》。

漫が下につく熟語 上の字の働き

❶漫＝〈とりとめがない〉のとき

【散漫《さんまん》 冗漫《じょうまん》 放漫《ほうまん》】近《ちか》い意味《いみ》。

◆ 天真爛漫《てんしんらんまん》

氵-11

漏

総画14 JIS-4719 常用

音 ロウ 訓 もる・もれる・もらす

筆順

なりたち

【形声】「氵」が水《みず》を表《あらわ》し、「屚」が雨《あめ》が屋根《やね》からもれて落《お》ちる意味《いみ》と「ロウ」という読《よ》み方《かた》をしめしている。水《みず》がもることを表《あらわ》す字《じ》。

意味 もれる。もる。ぬけおちている。例 選《せん》に漏《も》れる。不平《ふへい》を漏《も》らす。雨漏《あまも》り・漏水《ろうすい》

【°漏•洩《ろうえい》】Ⅱ〈―する〉ひみつを人《ひと》に知《し》られること、知《し》らせること。例 機密《きみつ》が漏洩《ろうえい》する。

【°漏水《ろうすい》】▲〈―する〉水《みず》がもれること。

【°漏電《ろうでん》】▲〈―する〉電気《でんき》が、流《なが》れてはいけないところに流《なが》れること。例 漏電《ろうでん》による火事《かじ》。

【°漏。斗《ろうと》《じょうご》】⊻口《くち》の小《ちい》さな入《い》れ物《もの》に、水《みず》や液《えき》をこぼさずに入《い》れるための道具《どうぐ》。

漏が下につく熟語 上の字の働き

【遺漏《いろう》 疎漏《そろう》】近《ちか》い意味《いみ》。

氵-12

潰

総画15 JIS-3657 常用

音 カイ 訓 つぶす・つぶれる

筆順

意味 力《ちから》をくわえてものをこわす。また、組《そ》織《しき》や建物《たてもの》がこわれる。例 会社《かいしゃ》が潰《つぶ》れる。

参考 音《おと》が同《おな》じで意味《いみ》も似《に》ている「壊」で書《か》くものが多《おお》い。潰滅《かいめつ》→壊滅《かいめつ》、倒潰《とうかい》→倒壊《とうかい》など。

【°潰。瘍《かいよう》】⊻皮膚《ひふ》や内臓《ないぞう》に傷《きず》がついて深《ふか》いところまでこわれること。例 胃潰瘍《いかいよう》

氵-12

漑

総画15 JIS-6284 表外

音 ガイ・カイ 訓 そそ-ぐ

意味 そそぐ。水《みず》をそそぎこむ。田畑《たはた》に水《みず》を引《ひ》く。例 灌漑《かんがい》

氵-12

潟

総画15 JIS-1967 常用

音 ― 訓 かた

筆順

なりたち 【形声】「氵」が海《うみ》の水《みず》を表《あらわ》し、「舄」が「セキ」という読《よ》み方《かた》をしめしている。「セキ」は「むき出《だ》し」の意味《いみ》を持《も》ち、潮《しお》が引《ひ》くとむき出《だ》しになる「かた」を表《あらわ》す字《じ》。

意味 かた。㋐潮《しお》のみち引《ひ》きであらわれたりしずんだりする所《ところ》。例 干潟《ひがた》 ㋑むかし、海《うみ》とつながっていた湖《みずうみ》や沼《ぬま》。例 八郎潟《はちろうがた》

氵-12

潔

総画15 JIS-2373 教5年

音 ケツ 訓 いさぎよい

筆順

なりたち

【形声】「絜」がきれいでよごれがない意味《いみ》と「ケツ」という読《よ》み方《かた》

をしめしている。きよらかな水《みず》(氵)を表《あらわ》す字《じ》。

意味 きよい。けがれがない。さっぱりとして美《うつく》しい。例 潔《いさぎよ》く身《み》を引《ひ》く。潔白《けっぱく》・清潔《せいけつ》

名前のよみ きよ・きよし・ゆき・よし

【潔白《けっぱく》】Ⅱ〈―に〉おこないが正《ただ》しく、うたがわれるようなことをしていない。例 潔白《けっぱく》の身《み》。

【潔°癖《けっぺき》】↓〈―な〉①度《ど》がすぎるほどにきれいずきなこと。②正《ただ》しくないことやまちがったことをきらうこと。

潔が下につく熟語 上の字の働き
【簡潔《かんけつ》 高潔《こうけつ》 純潔《じゅんけつ》 清潔《せいけつ》】近《ちか》い意味《いみ》。
◆不潔《ふけつ》

潤

氵-12 総画15 JIS-2965 常用
音 ジュン 訓 うるおう・うるおす・うるむ

筆順

なりたち [形声]「氵」が水《みず》を表《あらわ》し、「閏」が「ありあまる」意味《いみ》と「ジュン」という読《よ》み方《かた》をしめしている。じゅうぶんに水《みず》があることを表《あらわ》す字《じ》。

意味 ❶うるおう。ゆたか。水気《みずけ》がある。たっぷりある。例 生活《せいかつ》が潤《うるお》う。目《め》が潤《うる》む。利潤《りじゅん》 ❷美《うつく》しくととのえる。例 潤色《じゅんしょく》

名前のよみ さかえ・ひろ・ひろし・まさる・ます

❶〈うるおう。ゆたか〉の意味で

【°潤°滑《じゅんかつ》】↓〈―な〉うるおいがあって、なめらかなようす。例 潤滑油《じゅんかつゆ》

【°潤°沢《じゅんたく》】Ⅱ〈―な〉物《もの》がたくさんあるようす。例 潤沢《じゅんたく》な資金《しきん》。類 豊富《ほうふ》

❷〈美しくととのえる〉の意味で

【°潤色《じゅんしょく》】Ⅱ〈―する〉話《はなし》をおもしろくするために、事実《じじつ》とちがうことをつけくわえたりすること。例 潤色《じゅんしょく》して話《はな》す。類 脚色《きゃくしょく》 参考 もともとは、ただ用件《ようけん》を書《か》くだけでなく、文章《ぶんしょう》に人間《にんげん》らしいゆたかさや味《あじ》わいをつけくわえることをいうことば。

潜

氵-12 総画15 JIS-3288 常用
音 セン 訓 ひそむ・もぐる・くぐる
「潛」

筆順

なりたち [形声] もとの字《じ》は、「潛」。「朁《サン》」が「セン」とかわって読《よ》み方《かた》をしめしている。「サン」は「つらぬく」意味《いみ》を持《も》ち、水《みず》(氵)にもぐることを表《あらわ》す字《じ》。

意味 ❶水《みず》にもぐる。例 海《うみ》に潜《もぐ》る。潜水《せんすい》 ❷見《み》えないところにひそむ。かくれる。例 物《もの》かげに潜《ひそ》む。潜伏《せんぷく》・沈潜《ちんせん》

❶〈水にもぐる〉の意味で

【°潜行《せんこう》】↓〈―する〉水《みず》にもぐったまま進《すす》むこと。類 潜航《せんこう》 ☞❷

【°潜航《せんこう》】↓〈―する〉潜水艦《せんすいかん》などが、水中《すいちゅう》にもぐったまま航海《こうかい》すること。類 潜行《せんこう》

【°潜水《せんすい》】▲〈―する〉水《みず》の中《なか》にもぐること。例 潜水服《せんすいふく》・潜水艦《せんすいかん》

【°潜望鏡《せんぼうきょう》】もぐっている潜水艦《せんすいかん》が海上《かいじょう》のようすを見《み》るための、筒《つつ》の長《なが》い望遠鏡《ぼうえんきょう》。

❷〈見えないところにひそむ〉の意味で

【°潜行《せんこう》】↓〈―する〉人《ひと》の目《め》にふれないところで、行動《こうどう》する。例 地下《ちか》に潜行《せんこう》する。類 潜伏《せんぷく》 ☞❶

【°潜在《せんざい》】↓〈―する〉外《そと》から見《み》えないおく深《ふか》いところにあること。例 潜在能力《せんざいのうりょく》 対 顕在《けんざい》

【°潜在意識《せんざいいしき》】本人《ほんにん》の知《し》らないうちに、その人《ひと》のおこないを左右《さゆう》している心《こころ》のはたらき。

【°潜入《せんにゅう》】↓〈―する〉こっそりと入《はい》りこむこと。

【°潜°伏《せんぷく》】Ⅱ〈―する〉①みつからないようにかくれていること。例 犯人《はんにん》の潜伏先《せんぷくさき》をさがす。類 潜行《せんこう》 ②病原菌《びょうげんきん》が入《はい》っているのに、発病《はつびょう》しないでいること。例 潜伏期間《せんぷくきかん》

潮

氵-12 総画15 JIS-3612 教6年
音 チョウ 訓 しお

筆順 （はねる）

なりたち [形声] もとの字《じ》は、「淖」。「𠦝(のちに朝)」が「のぼる」意味《いみ》と「チョウ」という読《よ》み方《かた》をしめしている。「氵」は海水《かいすい》で、海水《かいすい》のおしよせることを表《あらわ》す字《じ》。「し

お」として使《つか》われている。

意味 ❶しお。海水《かいすい》。海水《かいすい》の満《み》ち引《ひ》き。例 潮風《しおかぜ》・潮流《ちょうりゅう》・満潮《まんちょう》 ❷世《よ》のなりゆき。大《おお》きな流《なが》れ。例 風潮《ふうちょう》

❶〈しお〉の意味で

【潮風《しおかぜ》】↓ 海《うみ》のほうからふいてくる風《かぜ》。類 海風《うみかぜ》

【潮▲。騒《しおさい｜しおざい》】◎ 海《うみ》の水《みず》が満《み》ちてくるときの波《なみ》の音《おと》。例 潮騒《しおさい｜しおざい》で目《め》がさめる。

【潮路《しおじ》】↓ ①潮流《ちょうりゅう》の通《とお》る道《みち》すじ。②船《ふね》の通《とお》る道《みち》すじ。類 海路《かいろ》

【潮時《しおどき》】↓ ①海水《かいすい》の満潮《まんちょう》または干潮《かんちょう》の時《じ》刻《こく》。②ちょうどよい時《とき》。チャンス。例 潮時《しおどき》をみてとりかかる。類 時機《じき》

【潮位《ちょうい》】↓ 海水《かいすい》の満《み》ち引《ひ》きによって変化《へんか》する海面《かいめん》の高《たか》さ。例 潮位《ちょうい》があがる。

【潮《ちょう》・汐《せき》】⇕ 海水《かいすい》の満《み》ち引《ひ》き。参考「潮《ちょう》」はあさしお、「汐《せき》」はゆうしお。

【潮流《ちょうりゅう》】↓ 潮《しお》の満《み》ち引《ひ》きでおきる海水《かいすい》の流《なが》れ。例 潮流《ちょうりゅう》がうずまく。☞❷

❷〈世のなりゆき〉の意味で

【潮流《ちょうりゅう》】↓ 世《よ》の中《なか》のなりゆき。例 時代《じだい》の潮流《ちょうりゅう》に乗《の》る。類 時流《じりゅう》 ☞❶

潮が下につく熟語 上の字の働き

❶潮＝〈しお〉のとき

【黒潮《くろしお》 親潮《おやしお》 赤潮《あかしお》】ドノヨウナ潮《しお》か。

【満潮《まんちょう》 干潮《かんちょう》 高潮《こうちょう｜たかしお》 大潮《おおしお》 小潮《こしお》 渦潮《うずしお》】ドウナッテイル潮《しお》か。

◆紅潮《こうちょう》 思潮《しちょう》 血潮《ちしお》 風潮《ふうちょう》

澄

氵-12 総画15 JIS-3201 常用

音 チョウ 訓 すむ・すます

筆順 澄澄澄澄澄澄澄澄

なりたち  【形声】もとの字は、「澂」。「徵」が「すきとおる」意味《いみ》と「チョウ」という読《よ》み方《かた》をしめす。「澄」は「澂」の代《か》わりとして用《もち》いられた字《じ》で、「登《トウ》」が「チョウ」とかわって読《よ》み方《かた》をしめしている。水《みず》（氵）がきれいにすきとおることを表《あらわ》す字《じ》。

意味 すむ。すます。すきとおる。例 水《みず》が澄《す》む。澄《す》まし汁《じる》・清澄《せいちょう》

名前のよみ きよ・きよし・とおる

激

氵-13 総画16 JIS-2367 教6年

音 ゲキ 訓 はげしい

筆順 激激激激激激激激（はねる・だす・はらう）

なりたち  【形声】「氵」が水《みず》を表《あらわ》し、「敫《ヤク》」が「ゲキ」とかわって読《よ》み方《かた》をしめしている。「ヤク・キョウ《キョウ》」は「とびあがる」意味《いみ》を持《も》ち、水《みず》しぶきがあがることを表《あらわ》す字《じ》。

意味 ❶はげしい。いきおいがひじょうに強《つよ》い。例 激《はげ》しく雨《あめ》が降《ふ》る。激戦《げきせん》・過激《かげき》 ❷心《こころ》を強《つよ》くうごかす。気持《きも》ちを高《たか》ぶらせる。例 激《げき》した口調《くちょう》。激励《げきれい》・感激《かんげき》

❶〈はげしい〉の意味で

【激化《げきか｜げっか》】↓〈―する〉いっそうはげしくなること。例 競争《きょうそう》が激化《げきか》する。

【激減《げきげん》】↓〈―する〉急《きゅう》に大《おお》きくへること。例 人口《じんこう》が激減《げきげん》する。対 激増《げきぞう》

【激賞《げきしょう》】↓〈―する〉ありったけのことばでほめること。例 新聞《しんぶん》が激賞《げきしょう》した映画《えいが》。類 絶賛《ぜっさん》

【激職《げきしょく》】↓ 休《やす》むひまがないほどいそがしいつとめ。例 激職《げきしょく》につく。類 激務《げきむ》 対 閑職《かんしょく》

【激戦《げきせん》】↓〈―する〉はげしいたたかい。表記「劇職」とも書《か》く。

【激増《げきぞう》】↓〈―する〉急《きゅう》にひどくふえること。例 都市部《としぶ》でカラスが激増《げきぞう》する。対 激減《げきげん》

【激痛《げきつう》】↓ はげしいいたみ。例 腰《こし》に激痛《げきつう》がはしる。対 鈍痛《どんつう》 表記「劇痛」とも書《か》く。

【激動《げきどう》】↓〈―する〉はげしくゆれ動《うご》いたり、急《きゅう》に変化《へんか》したりすること。例 激動《げきどう》の十年《じゅうねん》。

【激。突《げきとつ》】↓〈―する〉①強《つよ》いいきおいでぶつかること。②はげしくたたかうこと。例 優勝《ゆうしょう》をかけて、両《りょう》チームが激突《げきとつ》した。

【激変《げきへん》】↓〈―する〉急《きゅう》に大《おお》きくかわること。類 急変《きゅうへん》 表記「劇変」とも書《か》く。

【激務《げきむ》】↓ きつくていそがしい仕事《しごと》。例 激務《げきむ》におわれる。類 激職《げきしょく》 表記「劇務」とも書《か》く。

【激流《げきりゅう》】↓ はげしいいきおいで流《なが》れる水《みず》。例 激流《げきりゅう》にのまれる。類 急流《きゅうりゅう》・奔流《ほんりゅう》

濁 濃 澪 濯 濫 ◀次ページ

◦学習漢字でない常用漢字 ▲常用漢字表にない音訓 ◆常用漢字でない漢字

前ページ ▶ 澄 激

【激。烈】れつ《げき》 Ⅱ 〈—な・—に〉たいへんはげしいようす。類 猛烈《もうれつ》・熾烈《しれつ》・強烈《きょうれつ》・苛烈《かれつ》・激甚《げきじん》 表記「劇烈」とも書《か》く。

【激論】ろん《げき》 ↓ 〈—する〉はげしい意見《いけん》をやりとりすること。例 激論《げきろん》をたたかわす。

❷〈心を強くうごかす〉の意味で

【激高】こう《げき》｜こう《げっ》 ↓ 〈—する〉ひどくおこっていきりたつこと。類 激怒《げきど》

【激情】じょう《げき》 ↓ はげしくわきたつ気《き》持《も》ちの動《うご》き。例 激情《げきじょう》にかられる。類 熱情《ねつじょう》

【激。怒】ど《げき》 ↓ 〈—する〉ひどくおこること。例 失《しっ》礼《れい》な態《たい》度《ど》に激怒《げきど》する。類 憤激《ふんげき》・激高《げっこう》

【激。励】れい《げき》 Ⅱ 〈—する〉はげまし元《げん》気《き》づけること。

◆ 過激《かげき》 感激《かんげき》 急激《きゅうげき》 刺激《しげき》

濁

氵-13 総画16 JIS-3489 常用

音 ダク
訓 にごる・にごす

筆順 濁濁濁濁濁濁濁

なりたち 【形声】「氵」が水《みず》を表《あらわ》し、「蜀《ショク》」が「ダク」とかわって読《よ》み方《かた》をしめしている。「ショク」は「にごる」意《い》味《み》を持《も》ち、水《みず》がにごることを表《あらわ》す字《じ》。

意味 にごる。にごす。よごれている。例 水《みず》が濁《にご》る。言《こと》葉《ば》を濁《にご》す。濁流《だくりゅう》・混濁《こんだく》 対 清《せい》

【。濁音】おん《だく》 ↓「が・ざ・だ・ば」など、かなで書《か》くとき濁点《だくてん》をつけて表《あらわ》す音《おと》。関連 清音《せいおん》・濁音《だくおん》・半《はん》濁音《だくおん》

【。濁世】 ↓ 一 だくせい 政《せい》治《じ》もわるく、道《どう》徳《とく》もみだれた世《よ》の中《なか》。類 現世《げんせ》 二 じょくせ｜だくせ 仏《ぶっ》教《きょう》のことばで、人《にん》間《げん》の住《す》む、けがれた世《せ》界《かい》。類 末世《まっせ》

【。濁点】てん《だく》 ↓ ひらがな・かたかなの右《みぎ》肩《かた》につけて、濁《だく》音《おん》であることを表《あらわ》す点《てん》々《てん》のしるし。にごり点《てん》。類 濁音符《だくおんぷ》

【。濁流】りゅう《だく》 ↓ にごった水《みず》の流《なが》れ。対 清《せい》流《りゅう》

◆ 汚濁《おだく》 混濁《こんだく》 清濁《せいだく》 白濁《はくだく》

濃

氵-13 総画16 JIS-3927 常用

音 ノウ
訓 こい

筆順 濃濃濃濃濃濃濃濃

なりたち 【形声】「氵」が水《みず》を表《あらわ》し、「農」が「ノウ」という読《よ》み方《かた》をしめしている。「ノウ」は「多《おお》い」の意《い》味《み》を持《も》ち、水《すい》分《ぶん》が多《おお》くこいことを表《あらわ》す字《じ》。

意味 ❶こい。色《いろ》や味《あじ》が強《つよ》く、こってりしている。例 塩《しお》気《け》が濃《こ》い。濃縮《のうしゅく》 対 淡《たん》
❷美濃《みの》。旧国名《きゅうこくめい》。今《いま》の岐《ぎ》阜《ふ》県《けん》の南《みなみ》半《はん》分《ぶん》。例 濃州《のうしゅう》・濃尾《のうび》平《へい》野《や》

名前のよみ あつ・あつし

❶〈こい〉の意味で

【。濃厚】こう《のう》 Ⅱ 〈—な・—に〉①色《いろ》・味《あじ》などが、こってりとしている。例 濃厚《のうこう》なクリームのケーキ。類 濃密《のうみつ》 対 淡泊《たんぱく》・希《き》薄《はく》 ②そのようなようすがはっきり見《み》える。例 敗《はい》色《しょく》濃厚《のうこう》

【。濃縮】しゅく《のう》 ↓ 〈—する〉煮《に》つめるなどの方《ほう》法《ほう》で、液《えき》体《たい》を濃《こ》いものにすること。例 濃縮《のうしゅく》果《か》汁《じゅう》

【。濃。淡】たん《のう》 ⇕ 濃《こ》いこととうすいこと。類 深《しん》浅《せん》

【。濃度】ど《のう》 ↓ 液《えき》体《たい》や気《き》体《たい》の中《なか》に、ほかのものがどれだけふくまれているかの度《ど》合《あ》い。

【濃密】みつ《のう》 Ⅱ 〈—な・—に〉色《いろ》・味《あじ》などの濃《こ》いようす。例 濃《のう》密《みつ》な味《あじ》。類 濃《のう》厚《こう》

【。濃。霧】む《のう》 ↓ 近《ちか》くが見《み》えないほど濃《こ》い霧《きり》。例 濃《のう》霧《む》注《ちゅう》意《い》報《ほう》

澪

氵-13 総画16 JIS-6326 人名

音 レイ
訓 みお

意味 みお。船《ふね》の通《とお》れる道《みち》。水《すい》脈《みゃく》。例 澪《みお》標《つくし》

濯

氵-14 総画17 JIS-3485 常用

音 タク
訓 すすーぐ

筆順 濯濯濯濯濯濯濯

なりたち 【形声】もとの字《じ》は、「濯」。「氵」が水《みず》を表《あらわ》し、「翟《テキ》」が「タク」とかわって読《よ》み方《かた》をしめしている。「テキ」は「打《う》つ」意《い》味《み》を持《も》ち、水《みず》にひたし、たたいてよごれを落《お》とすことを表《あらわ》す字《じ》。

意味 すすぐ。あらう。水《みず》でよごれを落《お》とすこと。例 洗《せん》濯《たく》

濫

氵-15 総画18 JIS-4584 常用

音 ラン
訓 みだーりに

筆順

なりたち 【形声】「氵」が水《みず》を表《あらわ》し、「監《カン》」が「ラン」とかわって読《よ》み方《かた》をしめしている。「カン」は「あふれる」意味《いみ》を持《も》ち、水《みず》がいっぱいになってあふれることを表《あらわ》す字《じ》。

意味

❶あふれ出《で》る。例 氾濫《はんらん》

❷みだりに。やたらに。度《ど》をこしてむやみにすること。例 濫伐《らんばつ》 参考 音《おと》が同《おな》じで意味《いみ》も似《に》ているので「乱」と書《か》かれることが多《おお》くなった。濫費《らんぴ》→乱費《らんぴ》、濫用《らんよう》→乱用《らんよう》など。

❷〈みだりに〉の意味で

【°濫°獲】らんかく ↓〈—する〉鳥《とり》・けもの・魚《さかな》などをやたらにとること。例 濫獲《らんかく》で魚《さかな》がへる。

【°濫造】らんぞう ↓〈—する〉むやみにたくさんつくること。例 粗製濫造《そせいらんぞう》

【°濫読】らんどく ↓〈—する〉手《て》あたりしだいにたくさんの本《ほん》を読《よ》むこと。類 多読《たどく》

【°濫°伐】らんばつ ↓〈—する〉山林《さんりん》の木《き》を無計画《むけいかく》に切《き》りたおすこと。例 濫伐《らんばつ》で山《やま》があれる。

【°濫発】らんぱつ ↓〈—する〉お札《さつ》・手形《てがた》などをやたらに発行《はっこう》すること。例 手形《てがた》を濫発《らんぱつ》する。

【°濫費】らんぴ ↓〈—する〉お金《かね》や品物《しなもの》をむやみに使《つか》うこと。むだづかい。

【°濫用】らんよう ↓〈—する〉よいわるいを考《かんが》えず、むやみやたらに使《つか》うこと。例 職権濫用《しょっけんらんよう》

【°濫立】らんりつ ↓〈—する〉いろいろなものがむやみやたらにあらわれること。例 候補者《こうほしゃ》の濫立《らんりつ》。

氵−16

瀬

総画19 JIS-3205 常用

音 —
訓 せ

［瀬］

筆順

なりたち 【形声】もとの字《じ》は、「瀨」。「氵」が水《みず》の流《なが》れを表《あらわ》し、「賴」が「ライ」という読《よ》み方《かた》をしめしている。「ライ」は「はげしい」の意味《いみ》を持《も》ち、川《かわ》の水《みず》のはやく流《なが》れる所《ところ》を表《あらわ》す字《じ》。

意味

❶流《なが》れのはげしい所《ところ》。例 瀬戸《せと》・浅瀬《あさせ》

❷たちば。場所《ばしょ》。例 立《た》つ瀬《せ》がない。

❸とき。機会《きかい》。例 逢瀬《おうせ》

❹《その他《た》》例 瀬戸物《せともの》

❶〈流れのはげしい所〉の意味で

【°瀬戸】せと ◎ 陸《りく》と陸《りく》にはさまれて、海《うみ》がせまくなったところ。類 海峡《かいきょう》 ☞❹

【°瀬戸際】せとぎわ ものごとが、どちらかに決《き》まるぎりぎりのわかれめ。例 生死《せいし》の瀬戸際《せとぎわ》。参考「海《うみ》が瀬戸《せと》になるまぎわ」の意味《いみ》。

❹《その他》

【°瀬戸】せと ◎「瀬戸物《せともの》」の略《りゃく》。☞❶

【°瀬戸物】せともの 粘土《ねんど》をやいてつくったうつわ。類 陶磁器《とうじき》 参考 愛知県瀬戸市《あいちけんせとし》が陶磁器《とうじき》のおもな産地《さんち》であったことからいう。

瀬が下につく熟語 上の字の働き

❶瀬=〈流れのはげしい所〉のとき

【浅瀬《あさせ》 早瀬《はやせ》】ドノヨウナ瀬《せ》か。

氵−16

瀕

総画19 JIS-4146 人名

音 ヒン
訓 せま-る

意味 せまる。近《ちか》づく。例 死《し》に瀕《ひん》する。

【°瀕死】ひんし ▲ 今《いま》にも死《し》にそうなこと。例 瀕死《ひんし》の重傷《じゅうしょう》を負《お》う。

氵−17

灌

総画20 JIS-6285 表外

音 カン
訓 そそ-ぐ

意味

❶そそぐ。水《みず》をそそぎこむ。例 灌漑《かんがい》

❷むらがり生《は》える。例 灌木《かんぼく》

❶〈そそぐ〉の意味で

【°灌°漑】かんがい Ⅱ 田畑《たはた》に水《みず》を引《ひ》くこと。

❷〈むらがり生える〉の意味で

【°灌木】かんぼく ↓ せがひくく、根《ね》もとから枝《えだ》がむらがり生《は》えている木《き》。低木《ていぼく》。対 喬木《きょうぼく》

4画

火の部

［ひ］［ひへん］

灬［れんが］［れっか］

「ひ」をもとにして作《つく》られ、火《ひ》や明《あか》るさ、熱《ねつ》にかかわる字《じ》と、「灬《れんが》」の形《かたち》がめやすとなっている字《じ》を集《あつ》めてあります。

この部首の字

0 火……700　2 灰……701　灯……701
3 災……701　4 炎……702　炊……702　炉……703
5 為……703　炭……703　点……703　6 烏……705

前ページ ▶ 瀬 瀕 灌

烈……705
8 焔……706
煮……706
焼……706
焦……706
然……706
無……707
9 煙……710
照……710
煎……711
煩……711
10 熊……711
11 煕……711
熟……712
熱……712
12 燕……713
燃……713
燎……713
13 燦……713
燥……713
14 燿……713
15 爆……714
畑→田 746
秋→禾 795
魚→魚 1063
黒→黒 1069
勲→力 168
黙→黒 1070
黛→黒 1070

■ 火-0

【火】

総画4
JIS-1848
教1年
音 カ
訓 ひ・ほ

筆順 火 火 火 火（とめる／はらう）

なりたち 【象形】ひのもえるようすをえがいた字《じ》。

意味
❶ひ。ほのお。明《あ》かり。かじ(火事)。もえる。やける。例 火《ひ》の用心《ようじん》。野火《のび》・点火《てんか》
❷さしせまる。せわしい。例 火急《かきゅう》
❸五行《ごぎょう》の一《ひと》つ。古代中国《こだいちゅうごく》で万物《ばんぶつ》のもととして考《かんが》えられていた木《もく》・火《か》・土《ど》・金《ごん》・水《すい》によって、ものの順序《じゅんじょ》を表《あらわ》す。例 火星《かせい》・火曜《かよう》

注意するよみ ほ…例 火影《ほかげ》

❶〈ひ〉の意味で

【火。炎】《かえん》 Ⅱ もえる火《ひ》のほのお。

【火気】《かき》 ↓ ①火《ひ》の気《け》。例 火気厳禁《かきげんきん》 ②火《ひ》がもえるいきおい。類 火勢《かせい》

【火器】《かき》 ↓ ①鉄砲《てっぽう》・大砲《たいほう》など、火薬《かやく》を使《つか》ってたまをうちだすもの。例 重火器《じゅうかき》 ②火《ひ》ばちなど、火《ひ》をいれる器具《きぐ》。

【火口】 ↓ 一《かこう》 ①火山《かざん》の、ガスや溶岩《ようがん》がふき出《だ》しているあな。例 火口《かこう》から噴煙《ふんえん》が上《あ》がる。②火《ひ》をたく口《くち》。例 ボイラーの火口《かこう》。二《ひぐち》 ①ランプや灯籠《とうろう》などで、火《ひ》をつけるようにしてあるところ。②火事《かじ》のもえはじめたところ。出火場所《しゅっかばしょ》。類 火元《ひもと》 三《ほくち》 火打《ひう》ち石《いし》で出《だ》した火《ひ》をうつしとるために使《つか》ったもえやすい材料《ざいりょう》。

【火災】《かさい》 ↓ 火事《かじ》や火事《かじ》による災害《さいがい》。

【火山】《かざん》 ↓ 地下《ちか》の溶岩《ようがん》が地表《ちひょう》にふき出《だ》し、つみかさなってできた山《やま》。知識 現在《げんざい》、活動《かつどう》しているものや、近《ちか》い将来《しょうらい》に噴火《ふんか》の可能性《かのうせい》があるものは「活火山《かっかざん》」という。以前《いぜん》は「休火山《きゅうかざん》」「死火山《しかざん》」の区別《くべつ》があったが、今《いま》は使《つか》わない。

【火事】《かじ》 ↓ 建物《たてもの》・立《た》ち木《ぎ》・草《くさ》などがもえる事故《じこ》。例 火事場《かじば》・山火事《やまかじ》 類 火災《かさい》

【火傷】《かしょう｜やけど》 ↓ 〈─する〉火《ひ》など温度《おんど》の高《たか》いものにふれて、ひふがただれること。

【火勢】《かせい》 ↓ もえている火《ひ》のいきおい。例 火勢《かせい》が強《つよ》まる。類 火気《かき》

【火。葬】《かそう》 ↓ 〈─する〉死体《したい》を火《ひ》でやいて、骨《ほね》にしてほうむること。例 火葬場《かそうば》 関連 土葬《どそう》・火葬《かそう》・水葬《すいそう》・風葬《ふうそう》

【火薬】《かやく》 ↓ 銃《じゅう》の弾丸《だんがん》をとばしたり、岩石《がんせき》を爆破《ばくは》したり、花火《はなび》の材料《ざいりょう》にしたりする薬品《やくひん》。類 爆薬《ばくやく》

【火力】《かりょく》 ↓ 火《ひ》のもつエネルギー。火《ひ》のいきおい。例 火力《かりょく》が弱《よわ》まる。火力発電《かりょくはつでん》

【火加減】《ひかげん》 火《ひ》のもえぐあいや、火力《かりょく》の強《つよ》さ。例 火《ひ》かげんに気《き》をつけて魚《さかな》をやく。

【火種】《ひだね》 ↓ 炭火《すみび》をおこしたり、まきをもやしたりするときの、もとになる火《ひ》。表現「対立《たいりつ》の火種《ひだね》となる」のように、争《あらそ》いのもとになることを言《い》うこともある。

【火柱】《ひばしら》 ↓ いきおいよく、まっすぐにもえあがる火《ひ》。例 火柱《ひばしら》があがる。

【火花】《ひばな》 ↓ ①かたいものどうしがはげしくぶつかったときに出《で》る光《ひかり》。②放電《ほうでん》のときに出《で》る光《ひかり》。スパーク。表現 はげしいあらそいやたたかいのようすを「火花《ひばな》をちらす」という。

【火。蓋】《ひぶた》 ↓ 火《ひ》なわ銃《じゅう》の火皿《ひざら》にかぶせてあるふた。安全装置《あんぜんそうち》の役目《やくめ》をする。表現 火《ひ》なわ銃《じゅう》を点火《てんか》するときは、まず火蓋《ひぶた》を開《ひら》くことから、「熱戦《ねっせん》の火蓋《ひぶた》をきる(たたかいをはじめる)」ような言《い》い方《かた》もする。

【火元】《ひもと》 ↓ ①火《ひ》の気《け》のあるところ。②火事《かじ》が出《で》たいちばんもとのところ。例 火元《ひもと》は台所《だいどころ》だ。類 火口《ひぐち》 表現「けんかの火元《ひもと》は君《きみ》か」のように、さわぎをおこしたおおもとの意味《いみ》にも使《つか》う。

❷〈さしせまる〉の意味で

【火。影】《ほかげ》 ↓ ①ともしびの光《ひかり》。②あかりにうつしだされたもののすがた。

【火急《かきゅう》】 ⅡⅡ〈[ ]に/な〉ひじょうに急《いそ》ぐこと。例 火《か》急《きゅう》の用《よう》。類 至急《しきゅう》・緊急《きんきゅう》

❸〈五行の一つ〉の意味で

【火星《かせい》】 ↓ 太陽《たいよう》をまわる惑星《わくせい》のなかで、太陽《たいよう》から四番《よんばん》めにあって赤《あか》く見《み》える星《ほし》。

火が下につく熟語 上の字の働き

❶ 火＝〈ひ〉のとき

【引火《いんか》 着火《ちゃっか》 点火《てんか》 発火《はっか》 噴火《ふんか》 放火《ほうか》 失火《しっか》 導《どう》火《か》(導火線《どうかせん》) 耐火《たいか》】火《ひ》を(火《ひ》に)ドウスルか。

【口火《くちび》 聖火《せいか》 砲火《ほうか》 石火《せっか》(電光石火《でんこうせっか》)】ナニの火《ひ》か。

【鉄火《てっか》 野火《のび》】ナニがやける火《ひ》か。

【猛火《もうか》 烈火《れっか》】ドノヨウナ火《ひ》か。

【鬼火《おにび》 漁火《いさりび》】ナニのあかりか。

【近火《きんか》 大火《たいか》 下火《したび》】ドノヨウナ火事《かじ》か。

【出火《しゅっか》 消火《しょうか》 鎮火《ちんか》 防火《ぼうか》】火事《かじ》をドウスルか。

◆ 戦火《せんか》 灯火《とうか》 花火《はなび》

灰

火-2　総画6　JIS-1905　教6年

音 カイ　訓 はい

筆順 灰 灰 灰 灰 灰 灰（とめる・はらう）

なりたち 【形声】もとの字は、「灰」。「又《ユウ》→ナ」と「火」とからでき、「ユウ」が「カイ」とかわって読《よ》み方《かた》をしめしている。「ユウ」は「くろい」の意味《いみ》を持《も》ち、火《ひ》のもえたあとにのこるくろいものを表《あらわ》す字《じ》。

意味 はい。ものがもえたあとに残《のこ》るかす。例 灰《はい》になる。灰色《はいいろ》・石灰《せっかい》

【▲灰◦汁《あく》】 ◎ ①水《みず》の中《なか》に灰《はい》を入《い》れてつくる上《うえ》ずみの水《みず》。②食《た》べ物《もの》にふくまれるにがみやしぶみ。③人《ひと》の性質《せいしつ》や文章《ぶんしょう》などからうける、しつこい感《かん》じ。あくどさ。例 あくの強《つよ》い人《ひと》。

【灰◆燼《かいじん》】 Ⅱ 灰《はい》ともえかす。例 灰燼《かいじん》に帰《き》す(やけてあとかたもなくなる)。

【灰色《はいいろ》】 ↓ ①白《しろ》にうすい黒《くろ》のまじった色《いろ》。ねずみ色《いろ》。グレー。②はっきりしないようす。例 イエスかノーかまだ灰色《はいいろ》のままだ。③ねうちやおもしろみがないようす。類 不《ふ》透明《とうめい》

【灰皿《はいざら》】 ↓ たばこの灰《はい》やすいがらを入《い》れるためのうつわ。

灯

火-2　総画6　JIS-3784　教4年

音 トウ　訓 ひ・ともしび

［燈］

筆順 灯 灯 灯 灯 灯 灯（とめる・はねる）

なりたち 【形声】もとの字は「燈」。「登」が「ろうそくたて」の意味《いみ》と「トウ」という読《よ》み方《かた》をしめしている。ろうそくたてに立《た》てられた火《ひ》を表《あらわ》す字《じ》。

意味 ひ。ともしび。明《あ》かり。明《あか》るくてらすもの。例 灯《ひ》がともる。灯火《とうか》・電灯《でんとう》

【灯火《とうか》】 Ⅱ 火《ひ》や電灯《でんとう》の明《あ》かり。ともしび。例 灯《とう》火《か》親《した》しむべき候《こう》(読書《どくしょ》にふさわしい季節《きせつ》)。

【灯台《とうだい》】 ↓ ①港《みなと》の出入《でい》り口《ぐち》や岬《みさき》などにあって、船《ふね》が安全《あんぜん》に航海《こうかい》できるよう、海《うみ》をてらすしかけのある建物《たてもの》。②むかしの照明器具《しょうめいきぐ》で、台《だい》に皿《さら》をのせたもの。類 燭台《しょくだい》

【灯台下暗し《とうだいもとくらし》】 身近《みぢか》なことは、かえって気《き》づきにくいたとえ。参考 灯台《とうだい》は、むかしの部屋《へや》の照明器具《しょうめいきぐ》。真下《ました》は灯油《とうゆ》の皿《さら》のかげになって暗《くら》くなる。

【灯明《とうみょう》】 Ⅱ 神《かみ》や仏《ほとけ》にそなえる明《あ》かり。みあかし。例 灯明《とうみょう》をあげる。

【灯油《とうゆ》】 ↓ ストーブ・コンロなどの燃料《ねんりょう》にするあぶら。古《ふる》くは灯火用《とうかよう》のあぶらのこともいった。

【灯◦籠《とうろう》】 ↓ 木《き》・石《いし》や金属《きんぞく》などで台《だい》やわくを作《つく》り、中《なか》に明《あ》かりをともすようにしたもの。例 石灯籠《いしどうろう》・つり灯籠《どうろう》・灯籠流《とうろうなが》し

灯が下につく熟語 上の字の働き

【街灯《がいとう》 尾灯《びとう》】ドコの明《あ》かりか。

【点灯《てんとう》 消灯《しょうとう》】明《あ》かりをドウスルか。

◆ 行灯《あんどん》 幻灯《げんとう》 走馬灯《そうまとう》 探照灯《たんしょうとう》 電灯《でんとう》

災

火-3　総画7　JIS-2650　教5年

音 サイ　訓 わざわい

筆順 災 災 災 災 災 災 災（とめる・はらう）

なりたち 【会意】もとの字は、「災」。「巛→巛」は川《かわ》のふさがるようすをえがいた形《かたち》で、「わ

◦学習漢字でない常用漢字　▲常用漢字表にない音訓　◆常用漢字でない漢字

前ページ ▶ 灰 灯 災

ざわい」の意味《いみ》を表《あらわ》す。火《ひ》と合《あ》わせて、火《ひ》のわざわいを表《あらわ》す字《じ》。

意味 わざわい。不幸《ふこう》なできごと。例 災《わざわ》いを転《てん》じて福《ふく》となす（災《わざわ》いをうまく利用《りよう》して、幸《しあわ》せになるようにする）。火災《かさい》

【災禍】《さいか》 Ⅱ 自然《しぜん》の力《ちから》や、事故《じこ》などによるわるいできごと。例 災禍《さいか》にあう。類 災害《さいがい》・天災《てんさい》

【災害】《さいがい》 Ⅱ 自然《しぜん》の異変《いへん》や事故《じこ》から受《う》ける被害《がい》。例 自然災害《しぜんさいがい》 類 災禍《さいか》

【災難】《さいなん》 Ⅱ 思《おも》わぬ不幸《ふこう》なできごと。例 とんだ災難《さいなん》だ。類 危難《きなん》

災が下につく熟語 上の字の働き

【火災《かさい》 震災《しんさい》 人災《じんさい》 天災《てんさい》】ナニによる災《わざわ》いか。

【息災《そくさい》 被災《ひさい》 防災《ぼうさい》】災《わざわ》いをドウスルか。

火-4 炎

総画8 JIS-1774 常用 音 エン 訓 ほのお

筆順 炎 炎 炎 炎 炎 炎 炎 炎

なりたち 【会意】「火《ひ》」を重《かさ》ねて、火《ひ》がさかんにもえたっていることを表《あらわ》す字《じ》。

意味

❶ほのお。もえあがる火《ひ》。さかんにもえあがる。例 炎《ほのお》につつまれる。炎上《えんじょう》・火炎《かえん》

❷あつい。やけつくようにあつい。例 炎天《えんてん》・炎暑《えんしょ》

❸熱《ねつ》やいたみをおこす病気《びょうき》。例 炎症《えんしょう》・肺炎《はいえん》

❶〈ほのお〉の意味で

【炎炎】《えんえん》 Ⅱ（―たる）火《ひ》がさかんにもえるようす。例 炎々《えんえん》ともえあがるほのお。

【炎上】《えんじょう》 ↓（―する）大《おお》きな建物《たてもの》や船《ふね》などが火事《かじ》でもえること。例 炎上中《えんじょうちゅう》のタンカー。

【炎熱】《えんねつ》 ↓ もえあがる火《ひ》の熱気《ねっき》。例 炎熱地獄《えんねつじごく》 ☞❷

❷〈あつい〉の意味で

【炎暑】《えんしょ》 Ⅱ 夏《なつ》の、たいへんな暑《あつ》さ。例 炎暑《えんしょ》がつづく。類 酷暑《こくしょ》・猛暑《もうしょ》・炎熱《えんねつ》 対 酷寒《こっかん》・厳寒《げんかん》

【炎天】《えんてん》 ↓ やけつくような夏《なつ》の日《ひ》ざし。例 炎天下《えんてんか》ではたらく。

【炎熱】《えんねつ》 Ⅱ きびしい夏《なつ》の暑《あつ》さ。類 炎暑《えんしょ》・暑《しょ》熱《ねつ》 ☞❶

❸〈熱やいたみをおこす病気〉の意味で

【炎症】《えんしょう》 ↓ からだの一部《いちぶ》が熱《ねつ》をもったり、赤《あか》くはれたりして、いたくなること。例 きず口《ぐち》が炎症《えんしょう》をおこす。

文字物語 為

「為替《かわせ》」と書《か》いて「かわせ」とよむ。「かわせ」は、遠《とお》くにお金《かね》を送《おく》るとき、手形《てがた》とか証書《しょうしょ》などの書《か》きつけを作《つく》って、それを現金《げんきん》の代《か》わりにすること。だから、「替《か》わりと為《な》す」つまり「替《か》わりにする」の意味《いみ》で「為替《かわせ》」と書《か》かれるのだ。

こういうしはらい方法《ほうほう》は、鎌倉時代《かまくらじだい》からあったが、江戸時代《えどじだい》に「為替《かわせ》」と書《か》く「かわせ」ということばができた。明治時代《めいじじだい》に、国《くに》が正式《せいしき》に認《みと》めるしはらいの方法《ほうほう》の一《ひと》つとなった。今《いま》では、銀行《ぎんこう》がその仲介《ちゅうかい》をしている。

為替《かわせ》には、同一国内《どういつこくない》で用《もち》いられる「内国《ないこく》為替《かわせ》」と、国際間《こくさいかん》で用《もち》いられる「外国為替《がいこくかわせ》」とがある。「外国為替《がいこくかわせ》」を略《りゃく》して、「為替《かわせ》」の「為」の字《じ》をわざわざ訓《くん》で「ため」とよんで、「外為《がいため》」という習慣《しゅうかん》がある。

炎が下につく熟語 上の字の働き

❸炎＝〈熱《ねつ》やいたみをおこす病気《びょうき》〉のとき

【肺炎《はいえん》 脳炎《のうえん》】ドコの病気《びょうき》か。

火-4 炊

総画8 JIS-3170 常用 音 スイ 訓 たく

筆順 炊 炊 炊 炊 炊 炊 炊 炊

なりたち 【形声】「吹《スイ》（ふく）」を省略《しょうりゃく》した形《かたち》の「欠」が「スイ」という読《よ》み方《かた》をしめしている。火《ひ》であたためて蒸気《じょうき》をふき出《だ》させることを表《あらわ》す字《じ》。

意味 たく。ごはんや食《た》べ物《もの》を煮《に》たきする。例 赤飯《せきはん》を炊《た》く。炊事《すいじ》・炊飯器《すいはんき》・雑炊《ぞうすい》

【炊事】《すいじ》 ↓（―する）食事《しょくじ》をつくること。台所《だいどころ》仕事《しごと》。例 炊事場《すいじば》・炊事洗濯《すいじせんたく》 類 料理《りょうり》

【炊飯器】《すいはんき》 電気《でんき》やガスの熱《ねつ》でごはんがたけるようになっている器具《きぐ》。

◆自炊《じすい》　雑炊《ぞうすい》

炉
火−4　総画8　JIS-4707　常用
訓音 ロ　―
[爐]

筆順

なりたち [形声]もとの字《じ》は、「鑪」。のちに「爐」とかわる。「盧」が「入《い》れておく」意味《いみ》と「ロ」という読《よ》み方《かた》をしめしている。火《ひ》を入《い》れておく所《ところ》の「ろ」を表《あらわ》す字《じ》。

意味 ろ。いろり。火《ひ》をもやして高《たか》い温度《おんど》にしておく所《ところ》。例 炉《ろ》を囲《かこ》む。炉辺《ろへん》・暖炉《だんろ》・原子炉《げんしろ》

【炉端】ろばた ↓ いろりや暖炉《だんろ》のそば。いろりばた。例 炉端焼《ろばたや》き 類 炉辺《ろへん》

【炉辺】ろへん ↓ いろりや暖炉《だんろ》のそば。類 炉端《ろばた》

炉が下につく熟語 上の字の働き

【暖炉《だんろ》 香炉《こうろ》 溶鉱炉《ようこうろ》】ドウスルための炉《ろ》か。

◆懐炉《かいろ》

為
灬−5　総画9　JIS-1657　常用
訓音 イ　ため・な-す・な-る
[爲]

筆順

なりたち [会意]手《て》と象《ぞう》の形《かたち》とを合《あ》わせ、象《ぞう》を手《て》なずけることを表《あらわ》している字《じ》。「手《て》をくわえておこなう、する」意味《いみ》に使《つか》われる。

意味 する。なす。意識《いしき》しておこなう。例 行為《こうい》・人為《じんい》

文字物語 ☞702ページ

特別なよみ 為替(かわせ)

名前のよみ さだ・しげ・なり・ゆき・よし・より

【為政者】いせいしゃ 政治《せいじ》を進《すす》める立場《たちば》の人《ひと》。

【為替】かわせ 〇 現金《げんきん》のかわりに、手形《てがた》や小切手《こぎって》などの書《か》きつけにして送《おく》るしくみ。その書《か》きつけ。例 為替《かわせ》を組《く》む。為替相場《かわせそうば》

為が下につく熟語 上の字の働き

【行為《こうい》 作為《さくい》】近《ちか》い意味《いみ》。

【有為《ゆうい》 無為《むい》】行為《こうい》の有《あ》る無《な》し。

炭
火−5　総画9　JIS-3526　教3年
訓音 タン　すみ

筆順 ややたかく　はらう

なりたち [形声]「屵」が「タン」という読《よ》み方《かた》をしめしている。「タン」は「かえす」意味《いみ》を持《も》ち、いったん消《け》してまた火《ひ》にかえす「消《け》しずみ」を表《あらわ》す字《じ》。

意味
❶すみ。木《き》をむしやきにしてつくった燃料《ねんりょう》。例 炭《すみ》を焼《や》く。炭火《すみび》・木炭《もくたん》
❷せきたん。例 炭田《たんでん》・採炭《さいたん》
❸たんそ(炭素)。元素《げんそ》の一《ひと》つ。例 炭酸《たんさん》

❶〈すみ〉の意味で

【炭火】すみび ↓ 炭《すみ》でおこした火《ひ》。例 炭火《すみび》やき

❷〈せきたん〉の意味で

【炭坑】たんこう ↓ ①石炭《せきたん》をほり出《だ》すために地中《ちちゅう》につくったあな。②石炭《せきたん》の鉱山《こうざん》。

【炭田】たんでん ↓ 地中《ちちゅう》に石炭《せきたん》がたくさんあって掘《ほ》り出《だ》せる地域《ちいき》。例 炭田地帯《たんでんちたい》

❸〈たんそ(炭素)〉の意味で

【炭化】たんか ↓ (―する) ①炭素《たんそ》と化合《かごう》すること。②やけて黒《くろ》いかたまりになること。例 炭化水素《たんかすいそ》

【炭酸】たんさん ↓ 二酸化炭素《にさんかたんそ》(炭酸《たんさん》ガス)が水《みず》にとけてできる弱《よわ》い酸《さん》。例 炭酸水《たんさんすい》

【炭水化物】たんすいかぶつ でんぷんや砂糖《さとう》など、炭素《たんそ》・水素《すいそ》・酸素《さんそ》の化合物《かごうぶつ》。生物《せいぶつ》が生《い》きていくためのたいせつな栄養《えいよう》の一《ひと》つ。類 含水炭素《がんすいたんそ》

【炭素】たんそ ↓ 炭《すみ》や石炭《せきたん》のもとになっている元素《げんそ》の一《ひと》つ。生物《せいぶつ》のからだにもふくまれる。

炭が下につく熟語 上の字の働き

❷炭＝〈せきたん〉のとき

【黒炭《こくたん》 泥炭《でいたん》 無煙炭《むえんたん》】ドンナ石炭《せきたん》か。

◆採炭《さいたん》　薪炭《しんたん》　石炭《せきたん》　木炭《もくたん》　練炭《れんたん》

点
灬−5　総画9　JIS-3732　教2年
訓音 テン　つ-ける
[點]

筆順

なりたち [形声]もとの字《じ》は、「點」。「黒《くろ》」と「占《セン》」とからでき、「占」が

点◀次ページ

°学習漢字でない常用漢字　▲常用漢字表にない音訓　◆常用漢字でない漢字

「テン」とかわって読《よ》み方《かた》をしめしている。「セン」は「こまかい」の意味《いみ》を持《も》ち、小《ちい》さい黒《くろ》いしるしを表《あらわ》す字《じ》。

意味

❶**てん。**小《ちい》さなちょんのしるし。場所《ばしょ》や時間《じかん》の一点《いってん》。例点線《てんせん》・頂点《ちょうてん》・読点《とうてん》・交差点《こうさてん》

❷**問題《もんだい》となる箇所《かしょ》。**あることをとりあげていうそのこと。例その点《てん》はたしかだ。問題点《もんだいてん》

❸**評価《ひょうか》のしるし。**試験《しけん》や試合《しあい》の成績《せいせき》をしめす値《あたい》。例点《てん》をつける。点数《てんすう》・得点《とくてん》

❹**さす。**一滴《いってき》一滴《いってき》おとす。例点眼《てんがん》

❺**火《ひ》や明《あ》かりをつける。**ともす。例点火《てんか》

❻**しらべる。**一《ひと》つ一《ひと》つたしかめる。例点検《てんけん》

❼**ものをかぞえることば。**数《かず》の下《した》につける。例紅一点《こういってん》

❶〈てん〉の意味で

【点画】《てんかく》 ‖ 漢字《かんじ》を形《かたち》づくっている点《てん》や線《せん》。例点画《てんかく》に気《き》をつけて書《か》く。

【点在】《てんざい》 ⇩ 〈―する〉あちらこちらに散《ち》らばってあること。例点在《てんざい》する島々《しまじま》。類散在《さんざい》

【点字】《てんじ》 ⇩ 目《め》を使《つか》わなくても、指先《ゆびさき》でさわって読《よ》めるようにした字《じ》。紙《かみ》などの表面《ひょうめん》に小《ちい》さな点《てん》をもりあがらせ、その点《てん》の組《く》み合《あ》わせで、それぞれの音《おん》を表《あらわ》すようにしてある。

【点線】《てんせん》 ⇩ 点《てん》をならべて書《か》いた線《せん》。例点線《てんせん》にそって切《き》り取《と》る。類破線《はせん》 対実線《じっせん》

【点点】《てんてん》 ‖ 〈―と〉あちらこちらに散《ち》らばっているようす。例しみが点々《てんてん》とつく。☞❹

【点。描】《てんびょう》 ⇩ 〈―する〉①絵《え》のかき方《かた》の一《ひと》つ。絵《え》の具《ぐ》を広《ひろ》くぬりつけるのではなく、こまかい点《てん》だけでかくこと。例点描画《てんびょうが》 ②人物《じんぶつ》やものごとの特徴《とくちょう》を取《と》り出《だ》して、短《みじか》い文章《ぶんしょう》で書《か》き表《あらわ》すこと。寸描《すんびょう》。例時局点描《じきょくてんびょう》

【点訳】《てんやく》 ⇩ 〈―する〉ふつうの文字《もじ》で書《か》かれたものを、点字《てんじ》になおすこと。例点訳《てんやく》を読《よ》む。

❸〈評価のしるし〉の意味で

【点数】《てんすう》 ⇩ できぐあいを数字《すうじ》で表《あらわ》したもの。例テストの点数《てんすう》。類得点《とくてん》 ☞❼

❹〈さす〉の意味で

【点眼】《てんがん》 ▲ 〈―する〉目薬《めぐすり》をさすこと。類点薬《てんやく》

【点景】《てんけい》 ⇩ 風景《ふうけい》の絵《え》や写真《しゃしん》のおもしろみをますために入《い》れた、人《ひと》や動物《どうぶつ》。例点景人物《てんけいじんぶつ》 表記「添景」とも書《か》く。

【点。滴】《てんてき》 ①⇩ ぽつんぽつんと落《お》ちる水《みず》のしずく。例点滴石《てんてきいし》をうがつ。類水滴《すいてき》・雨滴《うてき》 ②‖ 〈―する〉薬《くすり》の液《えき》や栄養分《えいようぶん》をゆっくり一滴《いってき》ずつからだの中《なか》に入《い》れる注射《ちゅうしゃ》の方法《ほうほう》。注射《ちゅうしゃ》液《えき》を入《い》れたふくろを高《たか》いところにさげて、くだをとおして血管《けっかん》にさした注射針《ちゅうしゃばり》に液《えき》を落《お》とすようにする。

【点点】《てんてん》 ‖ 〈―と〉ぽたぽたとつづけて落《お》ちるようす。例点々《てんてん》としずくが落《お》ちる。☞❶

❺〈火や明かりをつける〉の意味で

【点火】《てんか》 ▲ 〈―する〉火《ひ》や明《あ》かりをつけること。類着火《ちゃっか》・発火《はっか》・点灯《てんとう》 対消火《しょうか》・消灯《しょうとう》

【点灯】《てんとう》 ▲ 〈―する〉明《あ》かりをつけること。例各室《かくしつ》いっせいに点灯《てんとう》する。類点火《てんか》 対消灯《しょうとう》

【点。滅】《てんめつ》 ⇕ 〈―する〉明《あ》かりがついたり消《き》えたりすること。例青信号《あおしんごう》が点滅《てんめつ》する。類明滅《めいめつ》

❻〈しらべる〉の意味で

【点検】《てんけん》 ⇩ 〈―する〉正常《せいじょう》かどうか、一《ひと》つ一《ひと》つ調《しら》べること。例機械《きかい》の定期点検《ていきてんけん》。類検査《けんさ》

【点呼】《てんこ》 ⇩ 〈―する〉全員《ぜんいん》がそろっているか、一人《ひとり》ひとりの名前《なまえ》や番号《ばんごう》を呼《よ》んで調《しら》べること。例点呼《てんこ》をとる。

❼〈ものをかぞえることば〉の意味で

【点数】《てんすう》 ⇩ 品物《しなもの》のかず。例展覧会《てんらんかい》の出品点数《しゅっぴんてんすう》。☞❸

点が下につく熟語 上の字の働き

❶点＝〈てん〉のとき
【交点《こうてん》 接点《せってん》 黒点《こくてん》 焦点《しょうてん》 支点《してん》 力点《りきてん》 基点《きてん》 起点《きてん》 拠点《きょてん》 極点《きょくてん》 終点《しゅうてん》 頂点《ちょうてん》 定点《ていてん》 分岐点《ぶんきてん》】ドノヨウナ点《てん》か。
【時点《じてん》 地点《ちてん》】ナニの中《なか》の一点《いってん》か。
【氷点《ひょうてん》 沸点《ふってん》 融点《ゆうてん》】ドウナル温度《おんど》の点《てん》か。
【濁点《だくてん》 句点《くてん》 読点《とうてん》（句読点《くとうてん》） 合点《がってん》】ドウスルしるしの点《てん》か。

❷点＝〈問題となる箇所〉のとき
【汚点《おてん》 疑点《ぎてん》 欠点《けってん》 弱点《じゃくてん》 失点《しってん》 重点《じゅうてん》 争点《そうてん》 難点《なんてん》 美点《びてん》 盲点《もうてん》 要点《ようてん》 利点《りてん》 論点《ろんてん》 観点《かんてん》 視点《してん》】ドウイウことの中心部《ちゅうしんぶ》か。

❸点＝〈評価のしるし〉のとき
【減点《げんてん》 採点《さいてん》 得点《とくてん》】点《てん》をドウスルか。

ものしり巻物 第23巻

とくべつな読《よ》み方《かた》

熟字訓《じゅくじくん》・当《あ》て字《じ》

例《れい》もたくさんあります。
「常用漢字表《じょうようかんじひょう》」の「付表《ふひょう》」は、このような「熟字訓《じゅくじくん》」や「当《あ》て字《じ》」など、「常用漢字表《じょうようかんじひょう》」の「本表《ほんぴょう》」の中《なか》では認《みと》められていない、とくべつな読《よ》み方《かた》をすることばを集《あつ》めたものです。
この辞書《じしょ》では 特別なよみ 欄《らん》でしめしていますが、次《つぎ》のことばは、その中《なか》でもとくにだいじなものです。

明日（**あす**）、母さん（**かあさん**）、父さん（**とうさん**）、大人（**おとな**）、河原・川原（**かわら**）、昨日（**きのう**）、今日（**きょう**）、果物（**くだもの**）、今朝（**けさ**）、景色（**けしき**）、今年（**ことし**）、清水（**しみず**）、上手（**じょうず**）、七夕（**たなばた**）、一日（**ついたち**）、手伝う（**てつだう**）、時計（**とけい**）、友達（**ともだち**）、兄さん（**にいさん**）、姉さん（**ねえさん**）、博士（**はかせ**）、二十日（**はつか**）、一人（**ひとり**）、二人（**ふたり**）、二日（**ふつか**）、下手（**へた**）、部屋（**へや**）、迷子（**まいご**）、真っ赤（**まっか**）、真っ青（**まっさお**）、眼鏡（**めがね**）、八百屋（**やおや**）

「明日」と書《か》いて、「あす」と読《よ》むことがあります。これは「明」を「あ」と読《よ》み、「日」を「す」と読《よ》んでいるのではありません。中国語《ちゅうごくご》の「明日」という熟語《じゅくご》が、日本語《にほんご》の「あす」ということばと、だいたいおなじ意味《いみ》であったため、「明日」を二字《にじ》まとめて、「あす」と読《よ》むことにしたのです。こういう読《よ》み方《かた》・書《か》き方《かた》を**熟字訓**《じゅくじくん》といいます。熟字訓《じゅくじくん》のほかにも、漢字《かんじ》を使《つか》ってとくべつな書《か》き方《かた》や読《よ》み方《かた》をすることがあるので、漢字《かんじ》の、そういうとくべつな使《つか》い方《かた》を広《ひろ》くふくめて、**当《あ》て字《じ》**といっています。

わたしたちの祖先《そせん》は、さまざまな日本語《にほんご》、ときには西洋《せいよう》から入《はい》ってきたことばを、なんとか漢字《かんじ》で書《か》き表《あらわ》そうと努力《どりょく》してきましたので、「熟字訓《じゅくじくん》」や「当《あ》て字《じ》」にも、いろいろな種《しゅ》類《るい》のものがありました。「すてき→素敵」「セビロ→背広」「クラブ→倶楽部」など、もともとは漢字《かんじ》で書《か》かないことばに、ちょくせつは関係《かんけい》のない漢字《かんじ》の音《おん》や意味《いみ》を借《か》りて、あてた

【満点《まんてん》 同点《どうてん》 次点《じてん》 打点《だてん》 失点《しってん》】ドノヨウナ点《てん》か。

◆紅一点《こういってん》

□ 灬−6

【鳥】

総画10 JIS-1708 人名

訓 音 ウ
訓 からす

意味 からす。全身《ぜんしん》が黒《くろ》い雑食性《ざっしょくせい》の鳥《とり》。不吉《ふきつ》の鳥《とり》とみなされることもある。例 三羽《さんば》鳥《がらす》・烏合《うごう》

□ 灬−6

【烈】

総画10 JIS-4685 常用

音 レツ
訓 はげ-しい

筆順 一 丆 歹 歹 列 列 烈 烈 烈 烈

なりたち  【形声】「灬」が火を表《あらわ》し、「列」が「レツ」という読《よ》み方《かた》をしめしている。「レツ」は「はじける」意味《いみ》を持《も》ち、火《ひ》がもえてはじけることを表《あらわ》す字《じ》。

意味 はげしい。いきおいがよい。信念《しんねん》が強《つよ》い。例 烈火《れっか》・烈士《れっし》・熱烈《ねつれつ》

名前のよみ いさお・たけ・たけし・やす・よし

【°烈火《れっか》】↓はげしくもえる火《ひ》。例 烈火《れっか》のごとくいかる。類 猛火《もうか》

【°烈士《れっし》】↓正《ただ》しいと思《おも》うことを、どこまでもやりぬこうとする、気性《きしょう》のはげしい男《おとこ》の人《ひと》。対 烈女《れつじょ》・烈婦《れっぷ》

【°烈風《れっぷう》】↓まともに立《た》って歩《ある》けないくらいの強《つよ》い風《かぜ》。類 暴風《ぼうふう》・強風《きょうふう》 対 微風《びふう》

°学習漢字でない常用漢字 ▲常用漢字表にない音訓 ◆常用漢字でない漢字

前ページ ▶ 烏 烈

烈が下につく熟語 上の字の働き

【激烈《げきれつ》(劇烈《げきれつ》) 猛烈《もうれつ》 強烈《きょうれつ》 熱烈《ねつれつ》】近《ちか》い意味《いみ》。
【壮烈《そうれつ》 痛烈《つうれつ》】ドノヨウニはげしいか。

焔
火-8 総画12 JIS-1775 人名
音 エン 訓 ほのお

意味 ほのお。もえている火《ひ》の先《さき》。
表記 今《いま》は「炎」を使《つか》って表《あらわ》す。例 ろうそくの焔《ほのお》→ろうそくの炎《ほのお》、火焔《かえん》→火炎《かえん》

煮 [煮]
灬-8 総画12 JIS-2849 常用
音 シャ 訓 にる・にえる・にやす

筆順

なりたち  【形声】「灬」が火《ひ》を表《あらわ》し、「者」が「シャ」という読《よ》み方《かた》をしめす。「シャ」は「ゆっくり」の意味《いみ》を持《も》ち、火《ひ》でゆっくりにつめることを表《あらわ》す字《じ》。

意味 にる。にえる。食《た》べ物《もの》を火《ひ》にかけ、湯《ゆ》や汁《しる》でやわらかくすること。例 豆《まめ》を煮《に》る。業《ごう》を煮《に》やす。煮沸《しゃふつ》・雑煮《ぞうに》

【°煮《しゃ》°沸《ふつ》】Ⅱ〈—する〉にえたたせること。例 煮沸消毒《しゃふつしょうどく》 類 沸騰《ふっとう》
【°煮物《にもの》】①▲ 食《た》べ物《もの》をにること。②↓ 材《ざい》料《りょう》をにて、味《あじ》つけをした料理《りょうり》。

焼 [燒]
火-8 総画12 JIS-3038 教4年
音 ショウ 訓 やく・やける

筆順 (とめる・はねる・おらない)

なりたち  【形声】もとの字《じ》は、「燒」。「堯《ギョウ》」が「ショウ」とかわって読《よ》み方《かた》をしめしている。「ギョウ」は「高《たか》い」の意味《いみ》を持《も》ち、火《ひ》が高《たか》くもえあがることを表《あらわ》す字《じ》。

意味 やく。もやす。やける。もえる。例 落《お》ち葉《ば》を焼《や》く。焼《や》きが回《まわ》る(にぶくなる。ぼける)。日《ひ》に焼《や》ける。焼失《しょうしつ》・全焼《ぜんしょう》・燃焼《ねんしょう》

【°焼《しょう》°却《きゃく》】⊠〈—する〉やいてしまうこと。例 焼却炉《しょうきゃくろ》
【°焼《しょう》°香《こう》】▲〈—する〉死《し》んだ人《ひと》をとむらうために香《こう》をたくこと。
【焼死《しょうし》】↓〈—する〉やけ死《し》ぬこと。
【焼失《しょうしつ》】↓〈—する〉やけてなくなること。

焼が下につく熟語 上の字の働き

【全焼《ぜんしょう》 延焼《えんしょう》 類焼《るいしょう》】ドノヨウニもえるか。

焦
灬-8 総画12 JIS-3039 常用
音 ショウ 訓 こげる・こがす・こがれる・あせる

筆順

なりたち  【形声】「灬」が火《ひ》を表《あらわ》し、「隹」が「雥《ソウ》」の省略形《しょうりゃくけい》で、「ショウ」とかわって読《よ》み方《かた》をしめしている。「ソウ」は「きずつける」意味《いみ》を持《も》ち、火《ひ》でやきこがすことを表《あらわ》す字《じ》。

意味 ❶こげる。こがす。やく。物《もの》がやけて炭《すみ》のように黒《くろ》くなる。例 魚《さかな》を焦《こ》がす。焦土《しょうど》
❷あせる。気《き》がせく。例 遅《おく》れはしないかと焦《あせ》る。待《ま》ち焦《こ》がれる。焦燥《しょうそう》

❶〈こげる〉の意味で

【°焦《しょう》°点《てん》】↓ ①レンズで屈折《くっせつ》した光《ひかり》や、凹《おう》面鏡《めんきょう》で反射《はんしゃ》した光《ひかり》が一《ひと》つに集《あつ》まる点《てん》。例 焦《しょう》点《てん》を合《あ》わせる。焦点距離《しょうてんきょり》 ②ものの中心《ちゅうしん》。人《ひと》の関心《かんしん》や注意《ちゅうい》の集《あつ》まるところ。例 焦点《しょうてん》のぼけた話《はなし》。
【°焦《しょう》°土《ど》】↓ 戦争《せんそう》や災害《さいがい》で、やけ野原《のはら》となったところ。例 戦火《せんか》で、町《まち》は焦土《しょうど》と化《か》した。

❷〈あせる〉の意味で

【°焦《しょう》°心《しん》】▲〈—する〉心配《しんぱい》やあせりで気《き》がもめること。類 焦燥《しょうそう》・焦慮《しょうりょ》
【°焦《しょう》°燥《そう》】Ⅱ〈—する〉時間《じかん》はすぎるが、どうにもならず、いらいらすること。例 焦燥《しょうそう》にかられる。焦燥感《しょうそうかん》 類 焦心《しょうしん》・焦慮《しょうりょ》
【°焦《しょう》°慮《りょ》】▲〈—する〉いくら考《かんが》えても、どうにもできずに気《き》をもむこと。類 焦燥《しょうそう》・焦心《しょうしん》

然
灬-8 総画12 JIS-3319 教4年
音 ゼン・ネン 訓 しか-し・しか-り

筆順 (はらう)

なりたち  【形声】「灬」が火《ひ》を表《あらわ》し、「肰《ゼン》《エン》」が「ゼン・ネン」という読《よ》み方《かた》

をしめしている。「エン」は「もえあがる」意味《いみ》を持《も》ち、火《ひ》がもえあがることを表《あらわ》す字《じ》。借《か》りて、「そうであること」として使《つか》われている。

意味
❶そうである。そのとおりであること。
❷じつに…らしいようすで。例 平然《へいぜん》

名前のよみ のり

然が下につく熟語 上の字の働き

❶然＝〈そうである〉のとき
【自然《しぜん》 天然《てんねん》 当然《とうぜん》 必然《ひつぜん》 偶然《ぐうぜん》 未然《みぜん》】ドノヨウニそうであるのか。〔「未然《みぜん》」は「まだそうでない」〕

❷然＝〈じつに…らしいようすで〉のとき
【暗然《あんぜん》 依然《いぜん》 隠然《いんぜん》 敢然《かんぜん》 決然《けつぜん》 厳然《げんぜん》 公然《こうぜん》 雑然《ざつぜん》 釈然《しゃくぜん》 純然《じゅんぜん》 整然《せいぜん》 全然《ぜんぜん》 騒然《そうぜん》 泰然《たいぜん》 端然《たんぜん》 断然《だんぜん》 超然《ちょうぜん》 陶然《とうぜん》 同然《どうぜん》 突然《とつぜん》 漠然《ばくぜん》 判然《はんぜん》 憤然《ふんぜん》 平然《へいぜん》 漫然《まんぜん》 猛然《もうぜん》 黙然《もくねん》 悠然《ゆうぜん》 歴然《れきぜん》 瞭然《りょうぜん》（一目《いちもく》瞭然《りょうぜん》） 蒼然《そうぜん》（古色蒼然《こしょくそうぜん》）】ドノヨウナようすか。

無

灬－8
総画12
JIS-4421
教4年
音 ム・ブ
訓 ない

筆順 無 無 無 無 無 無 無 無（ながく）

なりたち  【象形】人《ひと》がたもとにかざりをつけておどっている形《かたち》をえがいた字《じ》。「まい」を表《あらわ》す。のちに、借《か》りて「ない」として使《つか》われるようになった。「無《む》」がほかの意《い》味《み》に借《か》りて使《つか》われたため、「灬」の代《か》わりに両《りょう》足《あし》の形《かたち》をつけて「まい」を表《あらわ》す字《じ》として新《あたら》しく作《つく》ったのが「舞《まい》」。

意味
❶ない。物《もの》やことがらがない。あることをしない。例 無《な》いものは無《な》い。好《こう》意《い》を無《む》にする。無事《ぶじ》 対 有《ゆう》
❷《その他《た》》例 無駄《むだ》

❶〈ない〉の意味で

【無愛想】《ぶあいそう》 〈―な・―に〉そっけない、ぶっきらぼう、つっけんどん、などの感《かん》じを人《ひと》にあたえること。例 無愛想《ぶあいそう》な返事《へんじ》。

【無気味】《ぶきみ》 〈―な・―に〉なんとなくおそろしい感《かん》じがする。例 無気味《ぶきみ》なしずけさ。表記「不気味」とも書《か》く。

【無骨】《ぶこつ》 ◯〈―な・―に〉することやようすに、なめらかさやスマートさがない。例 無骨者《ぶこつもの》 表記「武骨」とも書《か》く。

【無事】《ぶじ》 ⊠〈―な・―に〉病気《びょうき》も事故《じこ》もなく順調《じゅんちょう》である。例 無事《ぶじ》終《お》わった。類 平穏《へいおん》 対 有事《ゆうじ》

【無精】《ぶしょう》 ⊠〈―する〉・〈―な・―に〉めんどうがってなまけること。ものぐさ。例 無精《ぶしょう》ひげ・筆無精《ふでぶしょう》 表記「不精」とも書《か》く。

【無。粋】《ぶすい》 ⊠〈―な・―に〉まじめなばかりで、人情《にんじょう》のこまやかなところや風流《ふうりゅう》の味《あじ》がわからない。やぼ。類 無風流《ぶふうりゅう》 表記「不粋」とも書《か》く。

【無勢】《ぶぜい》 ⊠人数《にんずう》が少《すく》ないこと。例 多勢《たぜい》に無《ぶ》勢《ぜい》。対 多勢《たぜい》

【無難】《ぶなん》 ⊠〈―な・―に〉①とくべつよいともいえないがこれという欠点《けってん》もない。例 無難《ぶなん》なでき。②安全《あんぜん》でまちがいがないこと。例 まわり道《みち》をしたほうが無難《ぶなん》でしょう。

【無礼】《ぶれい》 ⊠〈―な・―に〉礼儀《れいぎ》にはずれること。例 無《ぶ》礼講《れいこう》（上下関係《じょうげかんけい》などを抜《ぬ》きにして自由《じゆう》な雰囲《ふんい》気《き》を楽《たの》しむ集《あつ》まり）類 失礼《しつれい》・非礼《ひれい》

【無意識】《むいしき》 ①心《こころ》のはたらきがなくなっていること。例 無意識《むいしき》の状態《じょうたい》。類 人事《じんじ》不省《ふせい》・失《しっ》神《しん》 ②〈―な・―に〉自分《じぶん》でも気《き》づかずになにかをしてしまうようす。例 無意識《むいしき》に手《て》が出《て》る。

【無一物】《むいちもつ｜むいちぶつ》 お金《かね》や品物《しなもの》など、なに一《ひと》つ持《も》っていないこと。類 裸一貫《はだかいっかん》

【無一文】《むいちもん》 お金《かね》をまったく持《も》っていないこと。一文《いちもん》なし。

【無意味】《むいみ》 〈―な・―に〉中身《なかみ》がない。してもねうちがない。例 いくら言《い》っていても実行《じっこう》しなければ無意味《むいみ》だ。対 有意義《ゆういぎ》

【無益】《むえき》 ⊠〈―な・―に〉得《とく》になることが一《ひと》つもない。例 無益《むえき》なあらそい。類 無用《むよう》・無駄《むだ》 対 有《ゆう》益《えき》

【無。縁】《むえん》 ⊠〈―な・―に〉①つながりもかかわりもないこと。例 出世《しゅっせ》とは無縁《むえん》の人生《じんせい》。類 無関《むかん》係《けい》 ②家族《かぞく》や身《み》よりがいないこと。

【無我】《むが》 ⊠①自分《じぶん》の損得《そんとく》を考《かんが》えないこと。例 無我《むが》の愛《あい》。②自分《じぶん》というものさえわすれてしまうこと。例 無我《むが》の境地《きょうち》。類 忘我《ぼうが》・没我《ぼつが》

【無害】《むがい》 ⊠〈―な・―に〉わるいはたらきがない。害《がい》がない。例 人畜無害《じんちくむがい》 対 有害《ゆうがい》

◦学習漢字でない常用漢字　▴常用漢字表にない音訓　◆常用漢字でない漢字

【無学】《むがく》 ⊠〈—な〉勉強《べんきょう》をしたことがなく、なにも知《し》らないでいること。例無学《むがく》な人《ひと》。

【無我夢中】《むがむちゅう》 自分《じぶん》のこともわすれてしまうほど、いっしょうけんめいになること。例無我夢中《むがむちゅう》で泳《およ》ぎつづけた。類熱中《ねっちゅう》

【無感覚】《むかんかく》 〈—な・—に〉①からだや心《こころ》がなにも感《かん》じとれないようす。例指先《ゆびさき》が無感覚《むかんかく》になる。②相手《あいて》の気持《きも》ちやまわりのようすをなにも考《かんが》えようとしないこと。類無神経《むしんけい》

【無関係】《むかんけい》 〈—な・—に〉かかわりがないこと。例事件《じけん》とわたしとは無関係《むかんけい》です。類無縁《むえん》

【無関心】《むかんしん》 〈—な・—に〉まったく気《き》にかけないこと。例無関心《むかんしん》をよそおう。

【無期】《むき》 ⊠いつまでと期限《きげん》を決《き》めないこと。例無期延期《むきえんき》 類無期限《むきげん》

【無機】《むき》 ⊠無機化合物《むきかごうぶつ》や無機物《むきぶつ》の略《りゃく》。対有機《ゆうき》

【無期限】《むきげん》 いつまでというくぎりめがないこと。類無期《むき》

【無機質】《むきしつ》 ①栄養素《えいようそ》の一《ひと》つ。カルシウムやマグネシウムなど。ミネラル。②無機物《むきぶつ》のようにいのちを感《かん》じられないようす。例無機質《むきしつ》な声《こえ》。

【無傷】《むきず》 ⊠〈—な〉①からだに傷《きず》がないこと。例事故《じこ》にあったが、無傷《むきず》ですんだ。②失敗《しっぱい》や負《ま》けがないこと。例無傷《むきず》で決勝《けっしょう》に進《すす》む。

【無機的】《むきてき》 〈—な〉無機物《むきぶつ》のようにいのちが感《かん》じられない。対有機的《ゆうきてき》

【無。軌道】《むきどう》 ①レールがないこと。例無軌《むき》道電車《どうでんしゃ》 ②〈—な・—に〉考《かんが》えやおこないが気《き》まぐれで、でたらめなようす。

【無機物】《むきぶつ》 水《みず》・空気《くうき》・鉱物《こうぶつ》など、いのちのない物質《ぶっしつ》。無機化合物《むきかごうぶつ》ともいう。対有機物《ゆうきぶつ》

【無記名】《むきめい》 自分《じぶん》の名前《なまえ》を書《か》かないこと。例無記名投票《むきめいとうひょう》 対記名《きめい》

【無休】《むきゅう》 ⊠休《やす》みのないこと。例年中無休《ねんじゅうむきゅう》

【無給】《むきゅう》 ⊠給料《きゅうりょう》をもらわないこと。例無《む》給《きゅう》の奉仕活動《ほうしかつどう》。対有給《ゆうきゅう》

【無気力】《むきりょく》 〈—な・—に〉なにかをしようとする元《げん》気《き》がないこと。例無気力《むきりょく》でこまる。

【無。菌】《むきん》 ⊠病気《びょうき》のもとになるような細菌《さいきん》がいないこと。例病院《びょういん》の無菌室《むきんしつ》。

【無•垢】《むく》 ⊠①〈—な・—に〉けがれがないようす。例無垢《むく》なたましい。類純潔《じゅんけつ》・純真《じゅんしん》 ②なにもまじっていないこと。例金無垢《きんむく》の指輪《ゆびわ》。③全体《ぜんたい》が一色《いっしょく》で無地《むじ》の着物《きもの》。例白無垢《しろむく》

【無口】《むくち》 ⊠〈—な・—に〉しゃべろうとしないで、だまっているときが多《おお》いこと。類寡黙《かもく》 対冗舌《じょうぜつ》

【無形】《むけい》 ⊠はっきりした形《かたち》を持《も》たないこと。例無形文化財《むけいぶんかざい》 対有形《ゆうけい》

【無芸】《むげい》 ⊠〈—な〉これといった芸《げい》や技《わざ》を持《も》っていないこと。対多芸《たげい》

【無限】《むげん》 ⊠〈—な・—に〉かぎりがないこと。例無限《むげん》の宇宙《うちゅう》。類無窮《むきゅう》 対有限《ゆうげん》

【無限大】《むげんだい》 〈—な・—に〉これで終《お》わりということがない大《おお》きさ。例夢《ゆめ》は無限大《むげんだい》に広《ひろ》がる。

【無効】《むこう》 ⊠〈—な・—に〉役《やく》に立《た》たないようす。効力《こうりょく》がないこと。例無効投票《むこうとうひょう》 対有効《ゆうこう》

【無根】《むこん》 ⊠〈—な〉これという根拠《こんきょ》がなにもないこと。例事実無根《じじつむこん》

【無言】《むごん》 ⊠ものを言《い》わないこと。類沈黙《ちんもく》

【無罪】《むざい》 ⊠罪《つみ》がないこと。対有罪《ゆうざい》

【無作。為】《むさくい》 〈—な・—に〉特別《とくべつ》のことをしないで、しぜんのなりゆきにまかせること。例無作為《むさくい》にえらぶ。類無為《むい》 対作為《さくい》

【無差別】《むさべつ》 〈—な・—に〉差別《さべつ》をしないこと。差別《さべつ》がないこと。例無差別爆撃《むさべつばくげき》

【無残】《むざん》 ⊠〈—な・—に〉こわれ方《かた》、傷《きず》つき方《かた》がひどくて、まともには見《み》られないほどである。例見《み》るも無残《むざん》なやけあと。

【無私】《むし》 ⊠〈—な〉自分《じぶん》のつごうや損得《そんとく》を考《かんが》えないこと。例公平無私《こうへいむし》

【無視】《むし》 ⊠〈—する〉なにかがあっても、まったく問題《もんだい》にしないで、ないのとおなじようにふるまうこと。例信号無視《しんごうむし》 類度外視《どがいし》

【無地】《むじ》 ⊠紙《かみ》や布地《ぬのじ》で、もようなどがはいっていなくて全体《ぜんたい》が一色《いっしょく》のこと。対柄物《がらもの》

【無実】《むじつ》 ⊠①罪《つみ》をおかした事実《じじつ》がないこと。例無実《むじつ》の罪《つみ》。②なかみがないこと。例有名無実《ゆうめいむじつ》

【無。慈悲】《むじひ》 〈—な・—に〉弱《よわ》いものをやさしく思《おも》いやる気《き》持《も》ちがないこと。類冷酷《れいこく》・残酷《ざんこく》・冷血《れいけつ》

【無。邪気】《むじゃき》 〈—な・—に〉すなおで、かわいらしい。例無邪気《むじゃき》な寝顔《ねがお》。類無心《むしん》・天真爛漫《てんしんらんまん》

【無◦臭】《むしゅう》 ⊠ においがないこと。例 無《む》味《み》無《む》臭《しゅう》

【無◦償】《むしょう》 ⊠ お礼《れい》をもらわないこと。無料《むりょう》であること。例 無償奉仕《むしょうほうし》 対 有償《ゆうしょう》・有料《ゆうりょう》

【無上】《むじょう》 ⊠ これより上《うえ》はないこと。例 無《む》上《じょう》の喜《よろこ》び。類 最高《さいこう》・最上《さいじょう》・至上《しじょう》

【無常】《むじょう》 ⊠ 〈―な・―に〉①仏教《ぶっきょう》で、この世《よ》のすべてのものは、生《う》まれほろびるのであって、いつまでもつづくものは一《ひと》つもないということ。例 諸行無常《しょぎょうむじょう》 対 常住《じょうじゅう》 ②はかなく、むなしいこと。例 人生《じんせい》の無常《むじょう》を感《かん》じる。

【無情】《むじょう》 ⊠ ①〈―な・―に〉人間《にんげん》らしい思《おも》いやりの心《こころ》がないこと。例 無情《むじょう》なしうち。類 薄情《はくじょう》・不人情《ふにんじょう》 ②人間《にんげん》のような心《こころ》のはたらきを持《も》たないこと。例 無情《むじょう》の草木《くさき》。対 有情《うじょう》

【無条件】《むじょうけん》 〈―な・―に〉注文《ちゅうもん》や文句《もんく》を一《ひと》つもつけくわえないこと。例 無条件《むじょうけん》で決《き》める。

【無職】《むしょく》 ⊠ つとめや仕事《しごと》を持《も》たないこと。

【無心】《むしん》 ⊠ ①〈―な・―に〉よけいなことはいっさい考《かんが》えないようす。例 無心《むしん》に遊《あそ》ぶ子《こ》ども。類 一心《いっしん》・無邪気《むじゃき》 ②〈―する〉お金《かね》や物《もの》をねだること。

【無人】《むじん》 ⊠ 人《ひと》が住《す》んでいないこと。人《ひと》がまったくいないこと。例 無人島《むじんとう》・無人駅《むじんえき》

【無神経】《むしんけい》 〈―な・―に〉こまかい心《こころ》づかいがないようす。例 無神経《むしんけい》なことば。類 無感覚《むかんかく》

【無◦尽蔵】《むじんぞう》 〈―な・―に〉いくらとってもなくなることがないこと。例 資源《しげん》は無尽蔵《むじんぞう》にはない。

【無数】《むすう》 ⊠ 〈―な・―に〉数《かぞ》えきれない多《おお》さ。例 夜空《よぞら》に輝《かがや》く無数《むすう》の星《ほし》。

【無制限】《むせいげん》 〈―な・―に〉どれだけと決《き》めてないこと。例 回答時間《かいとうじかん》は無制限《むせいげん》とする。

【無責任】《むせきにん》 〈―な・―に〉することがいいかげんで、どんな結果《けっか》になっても平気《へいき》でいること。

【無節操】《むせっそう》 〈―な・―に〉しっかりした自分《じぶん》の考《かんが》えがなく、その場《ば》その場《ば》で考《かんが》えや態度《たいど》をかんたんにかえること。例 意見《いけん》を無節操《むせっそう》にかえる。

【無線】《むせん》 ⊠ 電線《でんせん》をひかずに電波《でんぱ》だけで通信《つうしん》をおこなうこと。例 無線電話《むせんでんわ》 対 有線《ゆうせん》

【無造作】《むぞうさ》 〈―な・―に〉気軽《きがる》に考《かんが》えて、かんたんにやってのけること。例 無造作《むぞうさ》に答《こた》える。

【無題】《むだい》 ⊠ 作品《さくひん》に題《だい》がないこと。

【無断】《むだん》 ⊠ ことわりなしになにかをすること。無届《むとど》け。例 無断《むだん》で持《も》っていかないこと。

【無知】《むち》 ⊠ 〈―な・―に〉①それについてなにも知《し》らないこと。例 相手《あいて》の無知《むち》につけこむ。②考《かんが》えがたりないこと。例 無知《むち》をさらけだす。

【無定見】《むていけん》 〈―な・―に〉その場《ば》その場《ば》で考《かんが》えがかわって、しっかりとした考《かんが》えがないこと。

【無◦抵◦抗】《むていこう》 〈―な・―に〉相手《あいて》の攻撃《こうげき》や圧力《あつりょく》にてむかいをしないようす。例 無抵抗《むていこう》で従《したが》う。

【無敵】《むてき》 ⊠ 〈―な〉相手《あいて》になるものがないくらい強《つよ》いこと。例 天下無敵《てんかむてき》

【無鉄◦砲】《むてっぽう》 〈―な・―に〉結果《けっか》も考《かんが》えず、むやみやたらに行動《こうどう》してしまうこと。むこうみず。例 無鉄砲《むてっぽう》な性格《せいかく》。類 無謀《むぼう》

【無電】《むでん》 ◎「無線電信《むせんでんしん》」「無線電話《むせんでんわ》」の略《りゃく》。例 無電《むでん》を打《う》つ。類 無線《むせん》

【無◦添加】《むてんか》 防腐剤《ぼうふざい》や着色料《ちゃくしょくりょう》などを使《つか》っていないこと。例 無添加食品《むてんかしょくひん》

【無◦頓着】《むとんちゃく|むとんじゃく》 〈―な・―に〉なにも気《き》にしないこと。例 身《み》なりに無頓着《むとんちゃく|むとんじゃく》な人《ひと》。類 平気《へいき》

【無二】《むに》 ⊠ くらべるものがないこと。例 無二《に》の親友《しんゆう》。唯一無二《ゆいいつむに》 類 無比《むひ》・無双《むそう》・無類《むるい》

【無念】《むねん》 ⊠ ①なにも考《かんが》えていないこと。例 無念無想《むねんむそう》 ②〈―な・―に〉とてもくやしい。類 残念《ざんねん》

【無能】《むのう》 ⊠ 〈―な・―に〉役《やく》に立《た》つような力《ちから》がなにもないこと。例 無能《むのう》な人間《にんげん》。対 有能《ゆうのう》

【無比】《むひ》 ⊠ ほかにくらべるものがないほどすぐれている。例 正確無比《せいかくむひ》な時計《とけい》。類 無二《むに》・無類《むるい》・無双《むそう》

【無病】《むびょう》 ⊠ 病気《びょうき》にかからないでいること。例 無病息災《むびょうそくさい》 類 達者《たっしゃ》

【無風】《むふう》 ⊠ ①風《かぜ》がないこと。②おだやかで、なにもおきないこと。例 無風選挙区《むふうせんきょく》

【無分別】《むふんべつ》 〈―な・―に〉なにをしたらよいかの見《み》きわめがつかないこと。例 無分別《むふんべつ》なおこない。類 無思慮《むしりょ》

【無法】《むほう》 ⊠ 〈―な・―に〉①悪《あく》をとりしまるきまりがない、あっても守《まも》られていないさま。例 無法《むほう》地帯《ちたい》 ②乱暴《らんぼう》。例 無法《むほう》をはたらく。類 非道《ひどう》

【無◦謀】《むぼう》 ⊠ 〈―な・―に〉あとさきのことを考《かんが》えないで、むちゃなことをするようす。例 無謀《むぼう》な計画《けいかく》。類 無鉄砲《むてっぽう》・無思慮《むしりょ》

【無味】《むみ》 ⊠〈―な／―に〉①味《あじ》がないこと。②おもしろみがないこと。例 無味乾燥《むみかんそう》なあいさつ。

【無名】《むめい》 ⊠ ①名前《なまえ》が書《か》いてないこと。例 無《む》名《めい》の答案《とうあん》。類 無記名《むきめい》 ②名前《なまえ》がわからないこと。例 無名戦士《むめいせんし》の墓《はか》。③人《ひと》に名前《なまえ》が知《し》られていないこと。例 無名《むめい》の新人《しんじん》。対 有名《ゆうめい》

【無用】《むよう》 ⊠〈―な／―に〉①用事《ようじ》がないこと。例 無用《むよう》の者《もの》入《はい》るべからず。②必要《ひつよう》でないこと。してはいけないこと。例 心配《しんぱい》ご無用《むよう》。問答無用《もんどうむよう》。③役《やく》に立《た》たないこと。例 無用《むよう》の長物《ちょうぶつ》。類 無《む》益《えき》

【無欲】《むよく》 ⊠〈―な／―に〉なにかがほしい、なにかをしたいと思《おも》う欲《よく》がないこと。例 無欲《むよく》の勝《しょう》利《り》。類 少欲《しょうよく》・小欲《しょうよく》 対 貪欲《どんよく》・強欲《ごうよく》

【無理】《むり》 ⊠ ①〈―な／―に〉すじみちがとおらないこと。例 無理《むり》を言《い》う。類 無体《むたい》・無法《むほう》 ②〈―な／―に〉とてもむずかしいこと。例 子《こ》どもにはとても無《む》理《り》だ。③〈―する〉・〈―な／―に〉できそうもないことを、なんとしてでもやろうとすること。例 無理《むり》をかさねる。無理《むり》におしきる。

【無理難題】《むりなんだい》 とてもできそうもないむずかしい注文《ちゅうもん》や、理屈《りくつ》に合《あ》わない言《い》いがかり。例 無理難題《むりなんだい》をふっかける。

【無料】《むりょう》 ⊠ 料金《りょうきん》がただのこと。例 無料《むりょう》駐車場《ちゅうしゃじょう》 類 無代《むだい》 対 有料《ゆうりょう》

【無力】《むりょく》 ⊠〈―な／―に〉実行力《じっこうりょく》や勢力《せいりょく》・財力《ざいりょく》などがないこと。類 非力《ひりき／ひりょく》 対 有力《ゆうりょく》

【無類】《むるい》 ⊠〈―な／―に〉くらべるものもない。例 無類《むるい》のお人《ひと》よし。類 無比《むひ》・無双《むそう》・無二《むに》

【無論】《むろん》 ⊠ いうまでもなく。例 無論《むろん》、ぼくも行《い》くよ。類 勿論《もちろん》

❷《その他》

【無°駄】《むだ》 [○]〈―な／―に〉役《やく》に立《た》たないこと。例 むだ口《ぐち》。努力《どりょく》がむだになる。類 無益《むえき》

【無°闇】《むやみ》 [○]〈―な／―に〉よく考《かんが》えないでものごとをするようす。でたらめ。やみくも。やたら。例 むやみに約束《やくそく》するな。

無が下につく熟語 上の字の働き

❶無＝〈ない〉のとき

【皆無《かいむ》 絶無《ぜつむ》】ドノクライに無《な》いか。

◇有無《うむ》 虚無《きょむ》

火−9

煙

総画13 JIS-1776 常用

音 エン 訓 けむる・けむり・けむい

筆順 煙 煙 煙 煙 煙 煙 煙 煙

なりたち  【形声】もとの字は、「煙」。「垔《イン》」が香炉《こうろ》からけむりがたちのぼる意《い》味《み》と、「エン」とかわって読《よ》み方《かた》をしめしている。火《ひ》をくわえて、「けむり」を表《あらわ》す字《じ》。

意味

❶けむり。けむりのようにたちこめたもの。もや。かすみ。例 雨《あめ》に煙《けむ》る。煙《けむり》に巻《ま》かれる。煙草《たばこ》が煙《けむ》い。煙突《えんとつ》・土煙《つちけむり》・煤煙《ばいえん》・噴煙《ふんえん》

❷たばこ。たばこをすう。例 禁煙《きんえん》

❶〈けむり〉の意味で

【°煙雨】《えんう》 [↓] つぶがこまかくて、まるでけむりのように見《み》える雨《あめ》。類 霧雨《きりさめ》・小糠雨《こぬかあめ》

【°煙害】《えんがい》 [↓] 工場《こうじょう》などから出《で》る煙《けむり》によって、人《ひと》や動植物《どうしょくぶつ》・作物《さくもつ》などが受《う》ける害《がい》。

【°煙°突】《えんとつ》 [↓] 煙《けむり》を外《そと》へ出《だ》すための長《なが》いつつ。

【°煙幕】《えんまく》 [↓] こっちのようすをかくすために空中《くうちゅう》にまきちらすけむり。表現「煙幕《えんまく》をはる」は、関係《かんけい》のないことを言《い》って、自分《じぶん》につごうがわるいことをかくす意味《いみ》にも使《つか》う。

❷〈たばこ〉の意味で

【°煙草】《たばこ》 [↓] 火《ひ》をつけてその煙《けむり》を吸《す》うもの。タバコという植物《しょくぶつ》の葉《は》から作《つく》られる。

煙が下につく熟語 上の字の働き

❷煙＝〈たばこ〉のとき

【喫煙《きつえん》 禁煙《きんえん》】たばこをドウスルか。

◇硝煙《しょうえん》 噴煙《ふんえん》 油煙《ゆえん》

灬−9

照

総画13 JIS-3040 教4年

音 ショウ 訓 てる・てらす・てれる

筆順 照 照 照 照 照 照 照 照（はねる）

なりたち  【形声】「灬」が火《ひ》を表《あらわ》し、「昭」が「あきらか」の意味《いみ》と「ショウ」という読《よ》み方《かた》をしめしている。火《ひ》の光《ひかり》のあきらかなことを表《あらわ》す字《じ》。

意味

❶てる。てらす。光《ひかり》がかがやく。光《ひかり》をあてる。例 日《ひ》が照《て》る。照《て》りがつづく。ほめられて照《て》れる。照明《しょうめい》・日照《にっしょう》

❷見《み》くらべる。てらしあわせる。例 前例《ぜんれい》に照《て》らす。照合《しょうごう》・参照《さんしょう》

名前のよみ あき・あきら・とし・のぶ・みつ

❶〈てる〉の意味で

【照射《しょうしゃ》】↓〈—する〉光線《こうせん》などをあてること。

【照明《しょうめい》】↓〈—する〉①明《あ》かりで照《て》らすこと。例 へやの照明《しょうめい》。②舞台《ぶたい》などで、雰囲気《ふんいき》をもりあげる光《ひかり》、その使《つか》い方《かた》。例 照明効果《しょうめいこうか》

❷〈見くらべる〉の意味で

【照会《しょうかい》】↓〈—する〉はっきりわからないことなどを問《と》い合《あ》わせること。例 残高照会《ざんだかしょうかい》

例解 使い分け

[照会《しょうかい》・紹介《しょうかい》]

照会＝問《と》い合《あ》わせること。

例 不明《ふめい》な点《てん》を電話《でんわ》で照会《しょうかい》する。照会《しょうかい》の件《けん》で回答《かいとう》する。

紹介＝人《ひと》を引《ひ》き合《あ》わせること。

例 友人《ゆうじん》を紹介《しょうかい》する。自己紹介《じこしょうかい》。新製品《しんせいひん》を人《ひと》に紹介《しょうかい》する。

照会

紹介

【照合《しょうごう》】↓〈—する〉そのとおりかどうか照《て》らし合《あ》わせてたしかめること。例 残金《ざんきん》を帳簿《ちょうぼ》と照合《しょうごう》する。類 参照《さんしょう》・対照《たいしょう》

【照準《しょうじゅん》】▲①銃《じゅう》などのねらいをつけること。例 的《まと》に照準《しょうじゅん》を合《あ》わせる。②目標《もくひょう》を決《き》めること。例 照準《しょうじゅん》は来月《らいげつ》の大会《たいかい》だ。

照が下につく熟語 上の字の働き

❷照＝〈見くらべる〉のとき

【参照《さんしょう》 対照《たいしょう》】ドノヨウニ見《み》くらべるか。

煎

灬—9　総画13　JIS-3289　常用

音 セン　訓 いる

筆順

意味

❶せんじる。草《くさ》や葉《は》を煮《に》て、味《あじ》や成分《せいぶん》を出《だ》す。例 煎《せん》じ薬《ぐすり》

❷いる。火《ひ》にあぶる。例 ごまを煎《い》る。

字体のはなし 「煎」とも書《か》く。☞ふろく「字体についての解説」(28ページ)

❶〈せんじる〉の意味で

【煎茶《せんちゃ》】↓茶《ちゃ》の葉《は》を湯《ゆ》でせんじた飲《の》み物《もの》。それに使《つか》う茶《ちゃ》の葉《は》。

❷〈いる〉の意味で

【煎餅《せんべい》】↓米《こめ》や小麦《こむぎ》の粉《こな》を水《みず》でこねてやいた菓子《かし》。

煩

火—9　総画13　JIS-4049　常用

音 ハン・ボン　訓 わずらう・わずらわす

筆順

なりたち  【会意】「頁」があたまを表《あらわ》し、「火《ひ》」をくわえて、あたまに熱《ねつ》を持《も》ってもやもやする思《おも》いを表《あらわ》している字《じ》。

意味

❶わずらわしい。めんどうくさい。例 手《て》を煩《わずら》わす。煩《はん》をさけて省《はぶ》く。煩雑《はんざつ》

❷思《おも》いなやむ。くるしむ。例 思《おも》い煩《わずら》う。

注意するよみ ボン…例 煩悩《ぼんのう》

❶〈わずらわしい〉の意味で

【煩雑《はんざつ》】Ⅲ〈—に・—な〉ごたごたしていてめんどうなようす。例 手《て》つづきが煩雑《はんざつ》でわかりにくい。類 煩瑣《はんさ》・繁雑《はんざつ》

❷〈思いなやむ〉の意味で

【煩悶《はんもん》】Ⅲ〈—する〉なやみ苦《くる》しむこと。例 将来《しょうらい》を考《かん》えて、日夜煩悶《にちやはんもん》する。類 苦悶《くもん》・苦悩《くのう》

【煩悩《ぼんのう》】Ⅲ仏教《ぶっきょう》で、人間《にんげん》のなやみや苦《くる》しみのもとになるいろいろな欲《よく》。例 煩悩《ぼんのう》をすてる。煩悩《ぼんのう》に苦《くる》しむ。

熊

灬—10　総画14　JIS-2307　常用

音 ユウ　訓 くま

筆順

意味 くま。野生《やせい》で大形《おおがた》の雑食動物《ざっしょくどうぶつ》。日本《にほん》では、ツキノワグマ・ヒグマが在来種《ざいらいしゅ》。例 熊《くま》の胆《い》。熊手《くまで》

熙

灬—11　総画15　JIS-8406　人名

音 キ　訓 —

意味

❶ひかる。かがやく。

❷やわらぐ。たのしむ。

名前のよみ てる・のり・ひろ・ひろし・よし

灬-11

熟

総画15
JIS-2947
教6年
訓 音 ジュク
うれる

筆順
熟 熟 享 享 孰 孰 熟 熟
まっすぐ、つく はねる はねる

なりたち
[形声]「孰」が、やわらかくなるまでにることを表《あらわ》す字《じ》で、「ジュク」という読《よ》み方《かた》をしめしている。これにさらに「火《ひ》(灬)」をくわえたもの。

意味
❶じゅうぶんにみのる。果物《くだもの》がじゅくす。すっかりできあがる。じゅうぶんに身《み》につく。例 木《き》の実《み》が熟《う》れる。機《き》が熟《じゅく》す。熟語《じゅくご》・熟練《じゅくれん》・習熟《しゅうじゅく》・成熟《せいじゅく》・半熟《はんじゅく》
❷よくよく。じっくりとそのことをする。例 熟読《じゅくどく》

発音あんない ジュク→ジュッ… 例 熟考《じゅっこう》

❶〈じゅうぶんにみのる〉の意味で
【熟語《じゅくご》】↓ 二《ふた》つ以上《いじょう》の漢字《かんじ》がむすびついてできあがったことば。例 四字熟語《よじじゅくご》
【熟字訓《じゅくじくん》】「明日」を「あす」、「二十歳《にじゅっさい》」を「はたち」と読《よ》むなど、二字以上《にじいじょう》の漢字《かんじ》を組《く》み合《あ》わせた語《ご》で、一字一字《いちじいちじ》の読《よ》み方《かた》とはちがう、全体《ぜんたい》としてのとくべつな読《よ》み方《かた》。
【熟成《じゅくせい》】↓〈―する〉じゅうぶんによくできあがること。例 チーズの熟成《じゅくせい》を待《ま》つ。
【熟達《じゅくたつ》】↓〈―する〉すっかり技術《ぎじゅつ》を身《み》につけて、じょうずにできるようになること。例 熟達《じゅくたつ》の技《わざ》。類 熟練《じゅくれん》・習熟《しゅうじゅく》・練達《れんたつ》
【熟年《じゅくねん》】↓ 人生経験《じんせいけいけん》ゆたかで、よい判断《はんだん》をして若《わか》い世代《せだい》をみちびくことができる年代《ねんだい》。老年前《ろうねんまえ》の人《ひと》。関連 幼年《ようねん》・少年《しょうねん》・青年《せいねん》・壮年《そうねん》・中年《ちゅうねん》・熟年《じゅくねん》・老年《ろうねん》
【熟練《じゅくれん》】↓〈―する〉経験《けいけん》をつみかさね、その仕事《しごと》によくなれていること。例 相当《そうとう》の熟練《じゅくれん》を要《よう》する作業《さぎょう》。熟練工《じゅくれんこう》 類 熟達《じゅくたつ》・習熟《しゅうじゅく》・円熟《えんじゅく》・練達《れんたつ》

❷〈よくよく〉の意味で
【熟睡《じゅくすい》】↓〈―する〉ぐっすりねむること。例 熟睡《じゅくすい》したのでつかれがとれた。類 安眠《あんみん》
【熟知《じゅくち》】↓〈―する〉じゅうぶんによく知《し》っていること。例 熟知《じゅくち》のあいだがら。
【熟読《じゅくどく》】↓〈―する〉ていねいにじっくり読《よ》むこと。例 反復熟読《はんぷくじゅくどく》 類 精読《せいどく》 対 速読《そくどく》
【熟慮《じゅくりょ》】↓〈―する〉よくよく考《かんが》えること。例 熟慮《じゅくりょ》のすえ決断《けつだん》した。類 深慮《しんりょ》・熟考《じゅっこう》
【熟考《じゅっこう》】↓〈―する〉時間《じかん》をかけてじっくりと考《かんが》えること。類 熟慮《じゅくりょ》・深慮《しんりょ》

熟が下につく熟語 上の字の働き
❶熟=〈じゅうぶんにみのる〉のとき
【完熟《かんじゅく》 早熟《そうじゅく》 半熟《はんじゅく》】ドノクライ熟《じゅく》したか。
【習熟《しゅうじゅく》 未熟《みじゅく》】ドウ身《み》についたか。
◆成熟《せいじゅく》

灬-11

熱

総画15
JIS-3914
教4年
訓 音 ネツ
あつい

筆順
熱 熱 熱 埶 埶 熱 熱
ハにならない はねる おらない

なりたち
[形声]「灬」が火《ひ》を表《あらわ》し、「埶《ゲイ》」が「ネツ」とかわって読《よ》み方《かた》をしめしている。「ゲイ」は「あつい」の意味《いみ》を持《も》ち、火《ひ》のあたたかさを表《あらわ》す字《じ》。

意味
❶あつい。温度《おんど》が高《たか》い。あつさ。ねつ。例 熱《ねつ》が高《たか》い。熱《あつ》い湯《ゆ》。熱帯《ねったい》・発熱《はつねつ》 対 冷《れい》
❷うちこむ心《こころ》。夢中《むちゅう》になる。例 熱《ねつ》のこもった講演《こうえん》。熱《ねつ》がさめる。熱意《ねつい》・情熱《じょうねつ》

使い分け あつい[暑・熱・厚] ☞ 575ページ

❶〈あつい〉の意味で
【熱気《ねっき》】↓ 高温《こうおん》の空気《くうき》。例 熱気《ねっき》がふき出《だ》す。類 熱風《ねっぷう》 対 冷気《れいき》 ☞❷
【熱帯《ねったい》】↓ 赤道近《せきどうちか》くの、一年《いちねん》じゅう気温《きおん》の高《たか》い地帯《ちたい》。例 熱帯植物《ねったいしょくぶつ》 関連 熱帯《ねったい》・温帯《おんたい》・寒帯《かんたい》
【熱帯夜《ねったいや》】夜間《やかん》の最低気温《さいていきおん》がセ氏《し》二五度《ど》以下《いか》に下《さ》がらない暑《あつ》い夜《よる》。
【熱湯《ねっとう》】↓ 煮《に》えたった熱《あつ》い湯《ゆ》。例 熱湯消毒《ねっとうしょうどく》
【熱病《ねつびょう》】↓ マラリア・チフスなど、ひじょうに高《たか》い熱《ねつ》の出《で》る病気《びょうき》。例 熱病《ねつびょう》にかかる。
【熱量《ねつりょう》】↓ ものがもえるときや、食《た》べたものがからだの中《なか》で出《だ》すときの熱《ねつ》エネルギーの量《りょう》。単位《たんい》はジュールのほかカロリーも使《つか》う。

❷〈うちこむ心〉の意味で
【熱意《ねつい》】↓ どうしても目的《もくてき》を達《たっ》したいと思《おも》う強《つよ》い気持《きも》ち。類 情熱《じょうねつ》・熱情《ねつじょう》・執念《しゅうねん》

【熱演】《ねつえん》 ↓〈―する〉演技《えんぎ》や演奏《えんそう》に打《う》ちこむこと。いっしょうけんめいさにあふれていること。例 少女《しょうじょ》の熱演《ねつえん》にひきこまれる。類 力演《りきえん》

【熱気】《ねっき》 ↓ 高《たか》ぶった気持《きも》ち。例 会場《かいじょう》の熱気《ねっき》に圧倒《あっとう》される。☞❶

【熱。狂】《ねっきょう》 Ⅱ〈―する〉むちゅうになって、ほかのことがわからなくなってしまうこと。

【熱血】《ねっけつ》 ↓ 血《ち》がわきたつようなはげしい情《じょう》熱《ねつ》。例 熱血漢《ねっけつかん》(情熱的《じょうねってき》な人《ひと》)

【熱情】《ねつじょう》 ↓ あるものごとに対《たい》する、強《つよ》くはげしい気持《きも》ち。類 情熱《じょうねつ》・激情《げきじょう》

【熱心】《ねっしん》 ↓〈―な・―に〉ものごとにうちこむ度合《どあ》いが強《つよ》い。例 勉強熱心《べんきょうねっしん》 類 専心《せんしん》・専念《せんねん》・一心《いっしん》

【熱戦】《ねっせん》 ↓ 力《ちから》のこもったはげしいたたかいや試合《しあい》。例 熱戦《ねっせん》を展開《てんかい》する。類 激戦《げきせん》・激闘《げきとう》

【熱中】《ねっちゅう》 ↓〈―する〉一《ひと》つのことに心《こころ》をうちこみ、むちゅうになること。例 ゲームに熱中《ねっちゅう》する。類 夢中《むちゅう》・専念《せんねん》・没頭《ぼっとう》・没入《ぼつにゅう》

【熱弁】《ねつべん》 ↓ 気持《きも》ちをこめた、力《ちから》づよい話《はな》しぶり。例 熱弁《ねつべん》をふるう。

【熱望】《ねつぼう》 ↓〈―する〉強《つよ》くねがうこと。類 切望《せつぼう》

【熱。烈】《ねつれつ》 Ⅱ〈―な・―に〉心《こころ》をこめてはげしくものごとをするようす。例 熱烈《ねつれつ》に支持《しじ》する。

熱が下につく熟語 上の字の働き

❶ 熱＝〈あつい〉のとき

【白熱《はくねつ》 過熱《かねつ》 余熱《よねつ》】ドノヨウナ熱《あつ》さか。

【加熱《かねつ》 解熱《げねつ》 発熱《はつねつ》 耐熱《たいねつ》】熱《ねつ》を(熱《ねつ》に)ドウスルか。

【地熱《ちねつ》 電熱《でんねつ》】ナニの熱《ねつ》か。

【微熱《びねつ》 平熱《へいねつ》】ドノ程度《ていど》の熱《ねつ》か。

◆炎熱《えんねつ》 情熱《じょうねつ》

灬－12

燕

総画16 JIS-1777 人名

音 エン 訓 つばめ

意味 つばめ。春《はる》、南《みなみ》から日本《にほん》にやってきて、秋《あき》に帰《かえ》るわたり鳥《どり》。例 飛燕《ひえん》

火－12

燃

総画16 JIS-3919 教5年

音 ネン 訓 もえる・もやす・もす

筆順 
とめる はらう

なりたち 【形声】もともと「然」がもえる意味を表《あらわ》し、「ネン」という読《よ》み方《かた》をしめしていたが、ほかの意味《いみ》に借《か》りて使《つか》われたため、さらに「火《ひ》」をつけて、あらためて「もえる」とした字《じ》。

意味 もえる。もやす。火《ひ》でやく。例 火《ひ》が燃《も》える。ごみを燃《も》やす。燃料《ねんりょう》・再燃《さいねん》

【燃焼】《ねんしょう》 Ⅱ〈―する〉①ものがもえること。例 燃焼実験《ねんしょうじっけん》 ② 力《ちから》や情熱《じょうねつ》を出《だ》しきること。例 若《わか》さを燃焼《ねんしょう》させる。

【燃費】《ねんぴ》 ↓ 自動車《じどうしゃ》が一リットルのガソリンで走《はし》れる距離《きょり》。例 燃費《ねんぴ》のいい車《くるま》。

【燃料】《ねんりょう》 ↓ 炭《すみ》・たきぎ・石油《せきゆ》・石炭《せきたん》・ガスなど、もやして熱《ねつ》や動力《どうりょく》をえるための材料《ざいりょう》。

◆再燃《さいねん》・不燃《ふねん》

火－12

燎

総画16 JIS-6389 人名

音 リョウ 訓 ―

意味 火《ひ》をたく。かがり火《び》。野火《のび》。の火《ひ》のように(すごいいきおいで)広《ひろ》がる。例 燎原《りょうげん》の火のように

火－13

燦

総画17 JIS-2724 人名

音 サン 訓 あき-らか

意味 光《ひか》りかがやく。例 燦然《さんぜん》とかがやく。燦燦《さんさん》

火－13

燥

総画17 JIS-3371 常用

音 ソウ 訓 ―

筆順 

なりたち 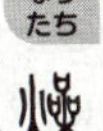 【形声】「喿」が「はらう」意味《いみ》と「ソウ」という読《よ》み方《かた》をしめしている。火《ひ》で水気《みずけ》をはらうことを表《あらわ》す字《じ》。

意味 かわく。水気《みずけ》がなくなって、からからになる。例 乾燥《かんそう》

燥が下につく熟語 上の字の働き

【乾燥《かんそう》 焦燥《しょうそう》】近《ちか》い意味《いみ》。

火－14

燿

総画18 JIS-6402 人名

音 ヨウ 訓 かがや-く

意味 かがやく。ひかり。例 栄燿《えいよう》(えよう) 栄華《えいが》

名前のよみ あき・あきら・てる

火-15

爆

総画19
JIS-3990
常用
訓 ―
音 バク

筆順 爆爆爆爆爆爆爆爆

なりたち  【形声】「暴」が「はじける」意味と「バク」という読《よ》み方《かた》をしめしている。火《ひ》によって物《もの》がはじけることを表《あらわ》す字《じ》。

意味 ばくはつする。はじける。ばくだん（爆弾）。例 爆撃《ばくげき》・爆発《ばくはつ》・原爆《げんばく》・自爆《じばく》

【爆音】《ばくおん》 ↓ ①火薬《かやく》が爆発《ばくはつ》するときの大《おお》きな音《おと》。例 爆音《ばくおん》で耳《みみ》ががんがんする。②飛行《ひこう》機《き》・自動車《じどうしゃ》・オートバイなどのエンジンが出《だ》す大《おお》きな音《おと》。例 爆音《ばくおん》をのこして走《はし》り去《さ》る。

【爆撃】《ばくげき》 ↓〈―する〉飛行機《ひこうき》から爆弾《ばくだん》を落《お》として攻撃《こうげき》すること。例 爆撃機《ばくげきき》

【爆笑】《ばくしょう》 ↓〈―する〉おおぜいの人《ひと》がどっと大声《おおごえ》で笑《わら》うこと。例 爆笑《ばくしょう》のうず。類 哄笑《こうしょう》

【爆心】《ばくしん》 ↓ 爆発《ばくはつ》があったところの中心《ちゅうしん》。

【爆弾】《ばくだん》 ↓ 中《なか》に火薬《かやく》をつめ、爆発《ばくはつ》させて建《たて》物《もの》をこわしたり人《ひと》を殺《ころ》したりする兵器《へいき》。例 原《げん》子爆弾《しばくだん》 表現 突然《とつぜん》人《ひと》をおどろかすようなことを言《い》うのが「爆弾発言《ばくだんはつげん》」、いつおこるかわからない病気《びょうき》や心配《しんぱい》ごとがあることを「爆弾《ばくだん》をかかえている」という。

【爆竹】《ばくちく》 ↓ 紙《かみ》の筒《つつ》に火薬《かやく》をつめてつなぎ、次々《つぎつぎ》に爆発《ばくはつ》するようにしたしかけ。おもに中《ちゅう》国《ごく》などでおいわいのときに鳴《な》らす。

【爆破】《ばくは》 ↓〈―する〉建造物《けんぞうぶつ》を、爆薬《ばくやく》を使《つか》ってこわすこと。例 ビルの爆破作業《ばくはさぎょう》。類 発破《はっぱ》

【爆発】《ばくはつ》 ↓〈―する〉①強《つよ》い熱《ねつ》や大《おお》きな音《おと》を出《だ》すなどして、はげしいいきおいで破裂《はれつ》すること。例 ガス爆発《ばくはつ》 ②たまっていた気持《きも》ちや感《かん》情《じょう》が一度《いちど》にふき出《だ》すこと。例 怒《いか》りが爆発《ばくはつ》した。

【爆風】《ばくふう》 ↓ 爆発《ばくはつ》によっておこるはげしい風《かぜ》。

【爆薬】《ばくやく》 ↓ 火薬《かやく》など、爆発《ばくはつ》する力《ちから》を持《も》つ化《か》学薬品《がくやくひん》。類 火薬《かやく》・発破《はっぱ》

爆が下につく熟語 上の字の働き

【原爆《げんばく》 水爆《すいばく》】ナニの爆弾《ばくだん》か。

◆空爆《くうばく》 自爆《じばく》

4画

爪［つめ］爫［つめかんむり］の部

手《て》の先《さき》を下《した》に向《む》けてものをつかむようすをえがいた「爪《つめ》」「爫《つめかんむり》」の形《かたち》がめやすとなっている字《じ》を集《あつ》めてあります。

この部首の字

0 爪……714
4 采……714
13 爵……714

妥→女 293
受→又 194
愛→心 485
舜→舛 991

爪-0

爪

総画4
JIS-3662
常用
訓 つめ・つま
音 ―

筆順 爪爪爪爪

意味 つめ。指先《ゆびさき》にはえている、かたいもの。例 爪《つめ》を切《き》る。爪先《つまさき》

注意するよみ つま…例 爪先《つまさき》・爪弾《つまび》く

参考 ☞「李《り》」の「文字物語」（602ページ）

爫-4

采

総画8
JIS-2651
常用
訓 ―
音 サイ

筆順 采采采采采采采采

意味
❶手《て》に取《と》る。えらびとる。例 采配《さいはい》
❷すがた。ようす。例 風采《ふうさい》
❸さいころ。例 喝采《かっさい》（ほめそやす。もと、かけ声《ごえ》をかけてさいころをふる意味《いみ》）

❶〈手に取る〉の意味で

【采配】《さいはい》 ↓ むかし、大将《たいしょう》が手《て》に持《も》って、兵《へい》を指図《さしず》するのに使《つか》った道具《どうぐ》。例 采配《さいはい》を振《ふ》る（指図《さしず》して全体《ぜんたい》を動《うご》かす）。

爫-13

爵

総画17
JIS-2863
常用
訓 ―
音 シャク

筆順 爵爵爵爵爵爵爵爵

なりたち  【会意】酒《さけ》（鬯→艮）とさかずき（爫）と手《て》（寸）からできていて、「さかずき」を表《あらわ》す字《じ》。むかしはさかずきの大《おお》きさで位《くらい》を区別《くべつ》したことから、位《くらい》を表《あらわ》すこと

前ページ ▶ 燕 燃 燎 燦 燥 燿

ばとして使《つか》われている。

意味 **貴族《きぞく》の位《くらい》を表《あらわ》すことば。** 古代中国《こだいちゅうごく》で、諸侯《しょこう》につけた階級名《かいきゅうめい》。例 公爵《こうしゃく》

名前のよみ たか

【°爵位《しゃくい》】↓ 貴族《きぞく》の階級《かいきゅう》。公爵《こうしゃく》・侯爵《こうしゃく》・伯爵《はくしゃく》・子爵《ししゃく》・男爵《だんしゃく》の五《いつ》つがある。知識 かつては日本《にほん》でもこの制度《せいど》があり、この身分《みぶん》の人《ひと》たちを華族《かぞく》といった。

爵が下につく熟語 上の字の働き

【公爵《こうしゃく》 侯爵《こうしゃく》 伯爵《はくしゃく》 子爵《ししゃく》 男爵《だんしゃく》】ドウイウ位《くらい》の貴族《きぞく》か。

4画 父［ちち］の部

「父」の字と、「父《ちち》」をもとにして作《つく》られた「爺」の字が入《はい》ります。

この部首の字 0父……715 9爺……715 釜→金996

父−0

父

総画4 JIS-4167 教2年

音 フ 訓 ちち

筆順 とめる はらう

なりたち  【象形】手《て》に石《いし》のおのを持《も》ったすがたをえがいて、「ちち」を表《あらわ》した字《じ》。

意味 **ちち。** ちちおや。親《おや》である男《おとこ》。例 父《ちち》と母《はは》。父母《ふぼ》・祖父《そふ》対 祖母《そぼ》

特別なよみ 叔父（おじ）・伯父（おじ）・父さん（とうさん）

名前のよみ のり

【父親《ちちおや》】↓ 父《ちち》。類 父《ちち》・男親《おとこおや》 対 母親《ははおや》

【父子《ふし》】⇕ 父親《ちちおや》と子《こ》ども。対 母子《ぼし》

【父祖《ふそ》】॥ 祖先《そせん》。例 父祖伝来《ふそでんらい》の地《ち》。対 子孫《しそん》

【父母《ふぼ》】⇕ 父《ちち》と母《はは》。例 父母《ふぼ》の恩《おん》。類 両親《りょうしん》・二親《ふたおや》

父が下につく熟語 上の字の働き

【祖父《そふ》 伯父《おじ》 叔父《おじ》 養父《ようふ》 岳父《がくふ》】自分《じぶん》を中心《ちゅうしん》としてドウイウ関係《かんけい》の父《ちち》か。

【厳父《げんぷ》 慈父《じふ》 老父《ろうふ》】ドウイウようすの父《ちち》か。

◆神父《しんぷ》 尊父《そんぷ》

父−9

爺

総画13 JIS-4476 表外

音 ヤ 訓 じい・じじ

意味 おじいさん。男《おとこ》の老人《ろうじん》。例 好好爺《こうこうや》 対 婆《ば》

4画 爻［こう］の部

「爻《こう》」の形《かたち》がめやすとなっている字《じ》を集《あつ》めてあります。

この部首の字 7爽……715 10爾……715

爻−7

爽

総画11 JIS-3354 常用

音 ソウ 訓 さわやか

筆順

意味 すがすがしい。さわやか。例 爽快《そうかい》・颯爽《さっそう》

名前のよみ あきら

爻−10

爾

総画14 JIS-2804 人名

音 ジ・ニ 訓 なんじ・しか-り・のみ

意味

❶なんじ。おまえ。

❷それ。例 爾来《じらい》（それ以来《いらい》）

❸…というようす。例 卒爾《そつじ》ながら（とつぜんですが）。

名前のよみ ちか

4画 片［かた］［かたへん］の部

「片《かた》」の形《かたち》がめやすとなっている字《じ》を集《あつ》めてあります。

この部首の字 0片……715 4版……716

片−0

片

総画4 JIS-4250 教6年

音 ヘン 訓 かた

筆順 おる はねない

なりたち  【象形】「木」を半分《はんぶん》に切《き》った右《みぎ》がわの形《かたち》の字《じ》で、「かたほう、きれ

4 父 ちち 0画—9画 父 爺 爻 こう 7画—10画 爽 爾 片 かた 0画 片 版 ◀次ページ

°学習漢字でない常用漢字 ▲常用漢字表にない音訓 ◆常用漢字でない漢字

はし」の意味《いみ》を表《あらわ》す。

意味

❶**かたほう。** 二《ふた》つのうちの一方《いっぽう》。例片道《かたみち》

❷**完全《かんぜん》でない。** きれはし。はし。少《すこ》し。例片言《へんげん|かたこと》・破片《はへん》

❶**〈かたほう〉の意味で**

【片。腕】《かたうで》 ↓ ①左右《さゆう》どちらかの腕《うで》。類片手《かたて》・隻腕《せきわん》 対両腕《りょううで》 ②もっとも頼《たよ》りになる相談相手《そうだんあいて》や部下《ぶか》。例社長《しゃちょう》の片腕《かたうで》となる。類右腕《みぎうで》・腹心《ふくしん》・股肱《ここう》・一翼《いちよく》

【片。端】《かたはし》 ↓ 一方《いっぽう》のはし。例片端《かたはし》からかたづける。対両端《りょうはし》 表現「かたっぱしから」ということが多《おお》い。

【片棒】《かたぼう》 ↓ かごなどをかつぐ棒《ぼう》の一方《いっぽう》。それをかつぐ人《ひと》。例片棒《かたぼう》をかつぐ（あまりよくない仕事《しごと》のなかまにはいる）。参考 棒《ぼう》をかつぐそれぞれが片棒《かたぼう》で、おたがいを相棒《あいぼう》とよんだ。前《まえ》が先棒《さきぼう》、うしろが後棒《あとぼう》。

【片道】《かたみち》 ↓ 行《い》きか帰《かえ》りか、どちらか一方《いっぽう》。例片道《かたみち》だけ飛行機《ひこうき》にする。対往復《おうふく》

❷**〈完全でない〉の意味で**

【片意地】《かたいじ》 〈[一]に〉がんこに自分《じぶん》の考《かんが》えをかえないこと。例片意地《かたいじ》をはる。類強情《ごうじょう》

【片田舎】《かたいなか》 都会《とかい》から遠《とお》くはなれていて、交通《こうつう》の不便《ふべん》なところ。類僻村《へきそん》・僻地《へきち》・辺地《へんち》

【片仮名】《かたかな》 かなの一《ひと》つ。漢字《かんじ》の一部《いちぶ》をとって作《つく》った文字《もじ》。現在《げんざい》は、外国人名《がいこくじんめい》・地名《ちめい》、外来語《がいらいご》、擬声語《ぎせいご》などを書《か》き表《あらわ》すのに使《つか》う。参考 ☞ ものしり巻物（65ページ）

文字物語

版

小説《しょうせつ》・詩《し》や絵《え》などを印刷《いんさつ》し、本《ほん》として世《よ》に出《だ》すのが「出版《しゅっぱん》」だが、「版《はん》」はまた、おなじ出版物《しゅっぱんぶつ》をある部数《ぶすう》まとめて印刷《いんさつ》する回数《かいすう》を表《あらわ》す。はじめに印刷《いんさつ》したものが「初版《しょはん》」、二回目《にかいめ》が「第二版《だいにはん》」、…となっていく。こうして、本《ほん》がよく売《う》れて、次々《つぎつぎ》と印刷回数《いんさつかいすう》がふえていくことを、「版《はん》を重《かさ》ねる」という。おなじ本《ほん》の、内容《ないよう》をかえたり、よそおいをあらたにしたりして出《だ》した本《ほん》を「改訂版《かいていばん》」「新版《しんぱん》」という。もとの本《ほん》は「旧版《きゅうはん》」となる。この言《い》い方《かた》を本《ほん》でないものに応用《おうよう》して「日本版《にほんばん》」

ミュージカル」「ゴジラのアメリカ版《ばん》」「現代版《げんだいばん》シンデレラ」などという。もとの作品《さくひん》やその主人公《しゅじんこう》を、べつの国《くに》や時代《じだい》にもってきてつくりなおしたもの、という意味《いみ》だ。また、本《ほん》のつくりがりっぱで、ねだんが高《たか》いのが「豪華《ごうか》版《ばん》」や「愛蔵版《あいぞうばん》」、逆《ぎゃく》に実用的《じつようてき》なつくりで、安《やす》いのが「普及版《ふきゅうばん》」「廉価版《れんかばん》」だ。

最近《さいきん》、コンピューターの世界《せかい》では、ソフトの「バージョンアップ」「セカンドエディション」などの言《い》い方《かた》で「バージョン」や「エディション」が進出《しんしゅつ》し、この方面《ほうめん》では「版《はん》」は、すこしおくれをとった。

【片言】 ↓ ■一《かたこと》 おさない子《こ》や外国人《がいこくじん》などのことのわないたどたどしいことばつき。例片言《かたこと》の英語《えいご》。■二《へんげん|かたこと》 ことばのほんの一部分《いちぶぶん》。例片言《かたこと》も聞《き》きもらさない。

【片。隅】《かたすみ》 ↓ すみっこのほう。例頭《あたま》の片隅《かたすみ》におぼえておいてください。類一隅《いちぐう》・一角《いっかく》

【片手間】《かたてま》 仕事《しごと》のあいま。例そんな大仕事《おおしごと》は、片手間《かたてま》ではできない。

【片時】《へんじ|かたとき》 ↓ ほんの少《すこ》しのあいだ。例片時《かたとき》も手放《てばな》さない。類一時《いっとき》・瞬時《しゅんじ》

【片•鱗】《へんりん》 ↓ それだけでも全体《ぜんたい》のスケールの大《おお》きさをうかがわせる、ほんのわずかな部分《ぶぶん》。例大器《たいき》の片鱗《へんりん》を見《み》せる。類一端《いったん》

片が下につく熟語 上の字の働き

❷片＝〈完全でない〉のとき

【一片《いっぺん》 断片《だんぺん》 破片《はへん》】ドノヨウナきれはしか。

片－4

版

総画8
JIS-4039
教5年
訓 ―
音 ハン

筆順 版版版版版版版版（とめる・はらう）

なりたち 【形声】「片」が木のきれはしを表《あらわ》し、「反」が「ハン」という読《よ》み方《かた》をしめしている。「ハン」は「うすい」の意味《いみ》を持《も》ち、平《ひら》たい木《き》のいたを表《あらわ》す字《じ》。

意味

❶**印刷《いんさつ》する板《いた》。** 印刷《いんさつ》するために字《じ》や絵《え》をほった板《いた》。印刷《いんさつ》して本《ほん》を出《だ》す。例版《はん》を重《かさ》ねる。版画《はんが》・版木《はんぎ》・出版《しゅっぱん》・図版《ずはん》

❷**戸籍簿《こせきぼ》。** 例版籍奉還《はんせきほうかん》・版図《はんと》

文字物語 ☞716ページ

❶〈印刷する板〉の意味で

【版画】《はんが》 ⇩木《き》や銅《どう》などの板《いた》にほりつけた絵《え》に、墨《すみ》やインクをつけ、紙《かみ》に写《うつ》しとった絵《え》。例 版画《はんが》の版木《はんぎ》をほる。

【版木】《はんぎ》 ⇩印刷《いんさつ》するための絵《え》や文字《もじ》をほった木《き》の板《いた》。例 浮世絵《うきよえ》の版木《はんぎ》。表記「板木」とも書《か》く。

❷〈戸籍簿〉の意味で

【版権】《はんけん》 ⇩「出版権《しゅっぱんけん》」の略《りゃく》。印刷《いんさつ》した本《ほん》を出《しゅっ》版する権利《けんり》。例 版権《はんけん》を持《も》っている会社《かいしゃ》。

【版図】《はんと》 Ⅱ 国《くに》の領土《りょうど》。例 版図《はんと》をひろげる。参考「図《と》」は、地図《ちず》の意味《いみ》。

版が下につく熟語 上の字の働き

❶版＝〈印刷する板〉のとき

【芋版《いもばん》 銅版《どうばん》 木版《もくはん》】ナニでできた版《はん》か。

【活版《かっぱん》 凸版《とっぱん》 図版《ずはん》】ドウイウ種類《しゅるい》の版《はん》か。

【初版《しょはん》 新版《しんぱん》 旧版《きゅうはん》】ドウイウ種類《しゅるい》の刊行物《かんこうぶつ》か。

4画 牙 ［きば］ の部

きばの形《かたち》をえがいた象形《しょうけい》である「牙《きば》」の字《じ》だけが入《はい》ります。

この部首の字

牙−0 【牙】

総画4 JIS-1871 常用

音 ガ・ゲ
訓 きば

筆順

意味 ❶きば。例 毒牙《どくが》・象牙《ぞうげ》 ❷天子《てんし》や大将《たいしょう》の旗《はた》。参考 象牙《ぞうげ》のかざりをつけていたことから。

注意するよみ ゲ…例 象牙《ぞうげ》

❷〈天子や大将の旗〉の意味で

【牙城】《がじょう》 ⇩城《しろ》の中《なか》で大将《たいしょう》のいる所《ところ》。本丸《ほんまる》。表現 組織《そしき》の中心《ちゅうしん》の意味《いみ》にも使《つか》う。

4画 牛 ［うし］ 牜［うしへん］ の部

「牛《うし》」をもとにして作《つく》られ、牛《うし》や牧畜《ぼくちく》にかかわる字《じ》を集《あつ》めてあります。

この部首の字

牛−0 【牛】

総画4 JIS-2177 教2年

音 ギュウ
訓 うし

筆順 ながく だす

なりたち 【象形】ウシの角《つの》と頭《あたま》をえがいた形《かたち》。

意味 うし。労働力《ろうどうりょく》・食肉《しょくにく》・乳用《にゅうよう》として飼《か》われる角《つの》のある家畜《かちく》。例 牛《うし》の歩《あゆ》み。牛乳《ぎゅうにゅう》・牧牛《ぼくぎゅう》

文字物語 ☞718ページ

【牛耳を執る】《ぎゅうじをとる》 集団《しゅうだん》の主導権《しゅどうけん》を握《にぎ》ること。「牛耳《ぎゅうじ》る」とも。参考『春秋左氏伝《しゅんじゅうさしでん》』(定公八年《ていこうはちねん》)の「衛人《えいひと》、牛耳《ぎゅうじ》を執《と》らんと請《こ》う」から。春秋時代《しゅんじゅうじだい》の諸侯《しょこう》が同盟《どうめい》を結《むす》ぶ時《とき》、いけにえの牛《うし》の左耳《ひだりみみ》を切《き》り取《と》って、その血《ち》をすすりあった。

【牛肉】《ぎゅうにく》 ⇩食材《しょくざい》とするウシの肉《にく》。

【牛乳】《ぎゅうにゅう》 ⇩牛《うし》の乳《ちち》。ミルク。例 しぼりたての牛乳。

【牛馬】《ぎゅうば》 Ⅱ 農作業《のうさぎょう》や荷物《にもつ》の運搬《うんぱん》に使《つか》う牛《うし》や馬《うま》。例 人《ひと》を牛馬《ぎゅうば》のようにつかう。

【牛歩】《ぎゅうほ》 ⇩牛《うし》の歩《あゆ》みのようにおそい進《すす》み方《かた》。例 牛歩戦術《ぎゅうほせんじゅつ》で時間《じかん》をかせぐ。

牛が下につく熟語 上の字の働き

【役牛《えきぎゅう》 肉牛《にくぎゅう》 乳牛《にゅうぎゅう》 牧牛《ぼくぎゅう》】ドノヨウナ役目《やくめ》をする牛《うし》か。

◆闘牛《とうぎゅう》

牛−2 【牝】

総画6 JIS-4438 表外

音 ヒン
訓 めす

意味 めす。例 牝鶏《ひんけい》 対 牡《ぼ》

牛−3 【牡】

総画7 JIS-1820 人名

音 ボ
訓 おす

○学習漢字でない常用漢字　▲常用漢字表にない音訓　◆常用漢字でない漢字

前ページ▶牙 牛 牝 牡

意味

❶おす。鳥《とり》やけもののおす。例 牡馬《ぼば》 対 牝《ひん》

❷《その他》例 牡丹《ぼたん》・牡蠣《かき》

牢

牛−3 総画7 JIS-4720 表外

音 ロウ 訓 —

意味

❶ろう。ひとや。例 牢獄《ろうごく》

❷かたい。しっかりしている。例 堅牢《けんろう》

❶〈ろう〉の意味で

【◆牢獄】《ろうごく》 Ⅱ ろうや。類 牢屋《ろうや》

【◆牢屋】《ろうや》 ↓ 悪《わる》いことをした人《ひと》をとじこめておく所《ところ》。例 牢屋《ろうや》に入《い》れられる。類 牢獄《ろうごく》

物

牛−4 総画8 JIS-4210 教3年

音 ブツ・モツ 訓 もの

筆順 物 物 物 物 物 物 物 物（だす・はねない・はねる）

なりたち 【形声】「まだら」の意味《いみ》を表《あらわ》す「勿《フツ》」が、「ブツ」とかわって読《よ》み方《かた》をしめしている。まだらもようの牛《うし》を表《あらわ》す字《じ》。ふぞろいのものということから、「もの」の意味《いみ》に使《つか》われている。

意味

❶形《かたち》のあるもの。例 物《もの》を大切《たいせつ》に。物体《ぶったい》

❷形《かたち》としてつかめないもの。なんとなく。例 物悲《ものがな》しい。物語《ものがたり》・物情《ぶつじょう》・物騒《ぶっそう》

❸ひと。人《ひと》らしく見《み》えるもの。例 人物《じんぶつ》・傑《けつ》物《ぶつ》・魔物《まもの》

特別なよみ 果物（くだもの）

文字物語 牛

「牛」を一字《いちじ》で「うし」と訓《くん》でよむときは動物《どうぶつ》の牛《うし》を指《さ》し、音《おん》で「ギュウ」といえば食品《しょくひん》の牛肉《ぎゅうにく》を指《さ》すことが多《おお》い。「牛鍋《ぎゅうなべ》」「牛缶《ぎゅうかん》」「牛丼《ぎゅうどん》」というし、産地《さんち》の名前《なまえ》をつけた「松阪牛《まつさかうし》」「神戸牛《こうべうし》」「米沢牛《よねざわうし》」も、肉屋《にくや》やレストランでは「すきやき用《よう》の松阪牛《まつさかぎゅう》」「神戸《こうべ》牛《ぎゅう》のステーキ」などと言って、はくをつけている。

牛《うし》は、利用《りよう》のしかたによって、「役牛《えきぎゅう》」「乳牛《にゅうぎゅう》」「肉牛《にくぎゅう》」と三《みっ》つに分《わ》けられるが、労働力《ろうどうりょく》が機械化《きかいか》されて、日本《にほん》では「役牛《えきぎゅう》」はほとんど見《み》られなくなってしまった。七夕《たなばた》の「牽牛星《けんぎゅうせい》」「織女星《しょくじょせい》」は、「彦星《ひこぼし》」「織姫《おりひめ》」ともいわれるが、「牽牛《けんぎゅう》」とは、牛《うし》引《ひ》きの男《おとこ》のことだ。

❶〈形《かたち》のあるもの〉の意味で

【物価】《ぶっか》 ↓ もののねだん。例 物価《ぶっか》が上《あ》がる。

【物件】《ぶっけん》 ↓ 品物《しなもの》や、土地《とち》・建物《たてもの》などの一《ひと》つ一《ひと》つ。例 証拠物件《しょうこぶっけん》。日当《ひあ》たりのよい物件《ぶっけん》。

【物産】《ぶっさん》 ↓ その土地《とち》でできる品物《しなもの》。類 産物《さんぶつ》

【物資】《ぶっし》 Ⅱ 食《た》べ物《もの》や着《き》る物《もの》など、生活《せいかつ》するのに必要《ひつよう》な品物《しなもの》。例 救援物資《きゅうえんぶっし》

【物質】《ぶっしつ》 ↓ ①形《かたち》も量《りょう》もあって見《み》たりさわったりすることができ、大《おお》きい、小《ちい》さい、多《おお》い、少《すく》ないなどがわかるもの。例 物質《ぶっしつ》を構成《こうせい》する元素《げんそ》。対 精神《せいしん》 ②食《た》べ物《もの》や着《き》る物《もの》、お金《かね》など。例 物質的《ぶっしつてき》にはめぐまれた人生《じんせい》。対 精《せい》神《しん》

【物色】《ぶっしょく》 ▲ (―する)よいものはないかとあちこちさがすこと。例 へやの中《なか》を物色《ぶっしょく》する。

【物心】《ぶっしん》 ⇕ 物《もの》と心《こころ》。物質《ぶっしつ》と精神《せいしん》。例 物心両《ぶっしんりょう》面《めん》の援助《えんじょ》が必要《ひつよう》だ。☞「ものごころ」は❷

【物体】《ぶったい》 ↓ 見《み》たりさわったりでき、それぞれの形《かたち》を持《も》ってこの世《よ》にあるもの。

【物的】《ぶってき》 ⧅ (―な・―に)ものとしての形《かたち》があるようす。類 物質的《ぶっしつてき》 対 精神的《せいしんてき》・心的《しんてき》・人的《じんてき》

【物品】《ぶっぴん》 Ⅱ 品物《しなもの》。例 物品税《ぶっぴんぜい》

【物物交換】《ぶつぶつこうかん》 (―する)お金《かね》を使《つか》わないで、物《もの》と物《もの》とをとりかえる取《と》り引《ひ》き。

【物欲】《ぶつよく》 ↓ お金《かね》や物《もの》をほしいと思《おも》う気持《きも》ち。例 物欲《ぶつよく》をおさえる。類 物質欲《ぶっしつよく》

【物理的】《ぶつりてき》 (―な・―に)ものごとの法則《ほうそく》や、状態《じょうたい》に合《あ》っている。例 物理的《ぶつりてき》に不可能《ふかのう》だ。

【物量】《ぶつりょう》 ↓ 品物《しなもの》の量《りょう》。

【物音】《ものおと》 ↓ なにかの立《た》てる音《おと》。例 あやしい物音《ものおと》に耳《みみ》をそばだてる。

【物事】《ものごと》 Ⅱ 世《よ》の中《なか》のいろいろなものやことがら。例 どんな物事《ものごと》にもおどろかない。

❷〈形《かたち》としてつかめないもの〉の意味で

【物議】《ぶつぎ》 ▽ 人《ひと》びとがいろいろと意見《いけん》を言《い》ったり、批評《ひひょう》したりすること。例 物議《ぶつぎ》をかもす(人《ひと》びとの議論《ぎろん》をひきおこす)。

【物故】《ぶっこ》 Ⅱ (―する)人《ひと》が死《し》ぬこと。例 物故者《ぶっこしゃ》

類 死去《しきょ》・死亡《しぼう》・逝去《せいきょ》 表現 名簿《めいぼ》などで使《つか》う。

【物情《ぶつじょう》】↓ 世《よ》の中《なか》のようすや人《ひと》びとの心《こころ》。

【物。騒《ぶっそう》】〇〈―な〉なにかあぶないことがおこりそうなようす。例 物騒《ぶっそう》な世《よ》の中《なか》だ。参考「ものさわがしい」を漢字《かんじ》で書《か》いて音読《おんよ》みしたことば。

【物語《ものがたり》】↓ ①すじのあるまとまった話《はなし》。例 恋物語《こいものがたり》 ②日本文学《にほんぶんがく》で、平安時代《へいあんじだい》から室町《むろまち》時代《じだい》までのあいだに生《う》まれた小説《しょうせつ》ふうの作《さく》品《ひん》。類 小説《しょうせつ》

【物心《ものごころ》】↓ 世《よ》の中《なか》のことや人《ひと》の気持《きも》ちなどがわかる心《こころ》。例 まだ物心《ものごころ》のつかない年《ねん》齢《れい》。類 分別《ふんべつ》 ☞「ぶっしん」は❶

【物。腰《ものごし》】〇 ことばつきや態度《たいど》。例 物腰《ものごし》のやわらかい人《ひと》。

物が下につく熟語 上の字の働き

❶ 物＝〈形のあるもの〉のとき
【鉱物《こうぶつ》 穀物《こくもつ》 臓物《ぞうもつ》 薬物《やくぶつ》 荷物《にもつ》 貨物《かもつ》 景物《けいぶつ》 宝物《ほうもつ／たからもの》】ナニというものか。
【金物《かなもの》 軸物《じくもの》 刃物《はもの》 柄物《がらもの》 鉢物《はちもの》 反物《たんもの》 水物《みずもの》 私物《しぶつ》 風物《ふうぶつ》 文物《ぶんぶつ》】ナニに関係《かんけい》したものか。
【異物《いぶつ》 汚物《おぶつ》 現物《げんぶつ》 実物《じつぶつ》 静物《せいぶつ》 名物《めいぶつ》 大物《おおもの》 小物《こもの》 青物《あおもの》 安物《やすもの》 際物《きわもの》 無機物《むきぶつ》】ドノヨウナものか。
【干物《ひもの》 乾物《かんぶつ》 煮物《にもの》 書物《しょもつ》 織物《おりもの》 鋳物《いもの》 獲物《えもの》 作物《さくもつ》 産物《さんぶつ》 廃物《はいぶつ》 生物《せいぶつ》 動物《どうぶつ》 植物《しょくぶつ》 供物《くもつ》 進物《しんもつ》 置物《おきもの》 着物《きもの》 遺物《いぶつ》 禁物《きんもつ》 食物《しょくもつ》 見世物《みせもの》】ドウスルものか・ドウシタものか。
【夏物《なつもの》 冬物《ふゆもの》 初物《はつもの》】イツのものか。

❸ 物＝〈ひと〉のとき
【堅物《かたぶつ》 鈍物《どんぶつ》 傑物《けつぶつ》 難物《なんぶつ》 俗物《ぞくぶつ》 大物《おおもの》 小物《こもの》 怪物《かいぶつ》 魔物《まもの》】ドノヨウナ人間《にんげん》か。
◆ 絵巻物《えまきもの》 器物《きぶつ》 小間物《こまもの》 品物《しなもの》 事物《じぶつ》 人物《じんぶつ》 本物《ほんもの》

牛-4

牧

総画8
JIS-4350
教4年
音 ボク
訓 まき

筆順 (だす・でる・はらう)

なりたち [形声]「ぼうで打《う》つ」ことを表《あらわ》す「攵」が「ボク」という読《よ》み方《かた》をしめしている。牛《うし》を打《う》って追《お》いやることから、「家畜《かちく》をかう」意味《いみ》を表《あらわ》す字《じ》。

意味 **原野《げんや》で家畜《かちく》をかう。**牛《うし》や馬《うま》などの家畜《かちく》を放《はな》しがいにする。例 牧場《ぼくじょう／まきば》

発音あんない ボク→ボッ…例 牧歌的《ぼっかてき》

【牧牛《ぼくぎゅう》】↓ 放《はな》しがいにしている牛《うし》。

【牧師《ぼくし》】↓ プロテスタント教会《きょうかい》で信者《しんじゃ》をみちびく人《ひと》。参考 羊《ひつじ》かいがどの羊《ひつじ》のめんどうも見《み》るように、人《ひと》のなやみをほうっておかない人《ひと》という意味《いみ》。

【牧場《ぼくじょう／まきば》】↓ 牛《うし》や馬《うま》などを放《はな》しがいできるようにした広《ひろ》い草地《くさち》。

【牧草《ぼくそう》】↓ 家畜《かちく》のえさにする草《くさ》。

【牧。畜《ぼくちく》】↓ 牛《うし》や馬《うま》などをかい、皮《かわ》・肉《にく》・乳《ちち》などを生産《せいさん》する仕事《しごと》。例 牧畜《ぼくちく》を営《いとな》む。

【牧童《ぼくどう》】↓ 牧場《ぼくじょう》で牛《うし》や馬《うま》などのせわをする男《おとこ》や少年《しょうねん》。カウボーイ。類 牧夫《ぼくふ》

【牧歌《ぼっか》】↓ 牧童《ぼくどう》がうたう歌《うた》。例 牧歌《ぼっか》調《ちょう》

【牧歌的《ぼっかてき》】〈―に／―な〉牧歌《ぼっか》がきこえてきそうな、のどかなふんいきの。

牧が下につく熟語 上の字の働き

【放牧《ほうぼく》 遊牧《ゆうぼく》】ドウヤッテかうか。

牛-5

牲

総画9
JIS-3223
常用
音 セイ
訓 ―

筆順

なりたち [形声]「生」が「いきる」意味《いみ》と「セイ」という読《よ》み方《かた》をしめしている。神《かみ》にささげる「いけにえ」の牛《うし》を表《あらわ》す字《じ》。

意味 **いけにえ。**祭礼《さいれい》などに生《い》きたままささげられる生《い》き物《もの》。例 犠牲《ぎせい》

牛-6

特

総画10
JIS-3835
教4年
音 トク
訓 ―

筆順 (はねない・はねる)

なりたち [形声]「寺《シ》」が「トク」とかわって読《よ》み方《かた》をしめしている。牛《うし》がついて、りっぱなおすの牛《うし》を表《あらわ》していた字《じ》。

意味 **とりわけ。**ほかのものからとびぬけている。例 特《とく》に注意《ちゅうい》する。特別《とくべつ》

発音あんない トク→トッ…例 特価《とっか》

特◀次ページ

【特異《とくい》】↓〈―な・―に〉ふつうとはちがっていることが目立《めだ》つ。[例]特異体質《とくいたいしつ》 [類]特殊《とくしゅ》

【特技《とくぎ》】↓その人《ひと》にしかできないような技《わざ》。その人《ひと》がとくにじまんできる技《わざ》。

【特産《とくさん》】↓その土地《とち》のすぐれた産物《さんぶつ》。その土《と》地《ち》でしかできない産物《さんぶつ》。[例]特産品《とくさんひん》 [類]名産《めいさん》

【特使《とくし》】↓特別《とくべつ》な役目《やくめ》をもって現地《げんち》に出向《でむ》く使者《ししゃ》。[例]特使《とくし》を派遣《はけん》する。

【特質《とくしつ》】↓それだけが持《も》っている性質《せいしつ》。[例]日本文学《にほんぶんがく》の特質《とくしつ》。[類]特性《とくせい》

【特。赦《とくしゃ》】↓刑《けい》の決《き》まっている罪人《ざいにん》のうち、範囲《はんい》を決《き》めて、刑《けい》を軽《かる》くしたり、ゆるしたりすること。[類]恩赦《おんしゃ》

【特。殊《とくしゅ》】‖〈―な・―に〉ふつうとちがって、めったにない。[例]特殊《とくしゅ》な材料《ざいりょう》を使《つか》う。[類]特別《とくべつ》・特異《とくい》 [対]普通《ふつう》・一般《いっぱん》・普遍《ふへん》

【特集《とくしゅう》】↓〈―する〉新聞《しんぶん》・雑誌《ざっし》などで、ある一《ひと》つのことをとくべつに力《ちから》を入《い》れてとり上《あ》げること。[例]特集《とくしゅう》を組《く》む。

【特賞《とくしょう》】↓とくべつにもうけた賞《しょう》。[例]特《とく》賞《しょう》にえらばれる。

【特色《とくしょく》】↓①ほかとちがっているところ。[例]特色《とくしょく》のある学校《がっこう》。[類]特徴《とくちょう》・特性《とくせい》・特質《とくしつ》 ②ほかとくらべてすぐれているところ。[例]特《とく》色《しょく》をアピールする。[類]特長《とくちょう》

【特性《とくせい》】↓ほかにはない、そのものだけが持《も》つ性質《せいしつ》。[類]特質《とくしつ》 [対]通性《つうせい》 [表現]「特性《とくせい》を生《い》かす」「特性《とくせい》を利用《りよう》する」などと、よい面《めん》に目《め》をつけていう。

【特製《とくせい》】↓とくべつなつくり方《かた》でつくること。[例]当店特製《とうてんとくせい》のあんみつ。[対]並製《なみせい》

【特設《とくせつ》】↓〈―する〉ふだんはないものを、そのときだけ、つくったり用意《ようい》したりすること。

【特選《とくせん》】↓〈―する〉①とくべつの意味《いみ》をこめてえらび出《だ》すこと。[例]ご進物用《しんもつよう》の特選《とくせん》コーナー。②とくにすぐれたものとしてえらばれること。[例]展覧会《てんらんかい》で特選《とくせん》になる。

【特注《とくちゅう》】○〈―する〉ふだんとちがう注文《ちゅうもん》を出《だ》して品物《しなもの》をつくってもらうこと。[例]家具《かぐ》を特注《とくちゅう》する。

【特長《とくちょう》】↓とくにすぐれたところ。[例]社員《しゃいん》の特長《とくちょう》を生《い》かす。[類]特色《とくしょく》・美点《びてん》 [表現]☞【特徴《とくちょう》】(720ページ)

【特。徴《とくちょう》】↓ほかのものにはないような、とくに目立《めだ》つところ。[例]特徴《とくちょう》のある顔《かお》。[類]特《とく》色《しょく》 [表現]「特徴《とくちょう》」は、よいわるいに関係《かんけい》なく使《つか》うが、「特長《とくちょう》」は長所《ちょうしょ》を指《さ》す。

【特定《とくてい》】↓①範囲《はんい》がかぎられていること。②〈―する〉「これだ」と一《ひと》つのものにきめること。[例]まだ犯人《はんにん》の特定《とくてい》はできない。

【特典《とくてん》】↓ある人《ひと》たちだけにあたえられる有利《ゆうり》なあつかい。[例]会員特典《かいいんとくてん》 [類]特権《とっけん》

【特等《とくとう》】↓一等《いっとう》より上《うえ》の等級《とうきゅう》。[例]特等席《とくとうせき》

【特派《とくは》】↓〈―する〉新聞記者《しんぶんきしゃ》などを、ある目的《もくてき》でとくべつにさしむけること。[例]特派員《とくはいん》

【特売《とくばい》】↓〈―する〉ふだんより、もっと安《やす》く売《う》

漢字パズル 10

むしくい

あいているところ(■)に、一週間《いっしゅうかん》の曜日《ようび》を入《い》れて、漢字《かんじ》を完成《かんせい》させましょう。

ること。例 特売日《とくばいび》

【特筆《とくひつ》】↓〈—する〉そのことを、とくに力《ちから》を入《い》れて書《か》くこと。例 特筆大書《とくひつたいしょ》 類 特記《とっき》

【特別《とくべつ》】↓〈—な・—に〉ふつうとちがっていること。スペシャル。類 別段《べつだん》・格別《かくべつ》・特殊《とくしゅ》 対 普通《ふつう》

【特報《とくほう》】↓〈—する〉ふつうとはちがうあつかいの放送《ほうそう》や記事《きじ》。例 選挙特報《せんきょとくほう》

【特命《とくめい》】↓ とくべつの命令《めいれい》。例 特命全権大使《とくめいぜんけんたいし》

【特約《とくやく》】↓〈—する〉とくべつな条件《じょうけん》で、商売《しょうばい》などの約束《やくそく》をすること。例 特約《とくやく》をむすぶ。

【特有《とくゆう》】↓〈—な・—に〉ほかにはなくて、そのものだけが持《も》っていること。例 ガス特有《とくゆう》のにおい。類 固有《こゆう》・独特《どくとく》

【特例《とくれい》】↓ その場合《ばあい》だけということにして、みとめられた例外《れいがい》。例 特例《とくれい》として許可《きょか》する。

【特価《とっか》】↓ ふつうよりも、もっと安《やす》いねだん。例 特価《とっか》で販売《はんばい》する。

【特級《とっきゅう》】↓ 一級《いっきゅう》よりも上《うえ》の等級《とうきゅう》。類 最上級《さいじょうきゅう》

【特許《とっきょ》】↓〈—する〉発明《はつめい》などに対《たい》して、ほかの者《もの》がおなじものを作《つく》ったり利用《りよう》したりすることができないように決《き》めた権利《けんり》。特許権《とっきょけん》。例 特許申請《とっきょしんせい》

【特訓《とっくん》】◎〈—する〉目的《もくてき》をきめて、とくに効果《こうか》のある方法《ほうほう》でおこなう訓練《くんれん》。

【特権《とっけん》】↓ ある人《ひと》たちだけが持《も》っている、とくべつな権利《けんり》。例 特権階級《とっけんかいきゅう》 類 特典《とくてん》

【特効薬《とっこうやく》】その病気《びょうき》や傷《きず》などをなおすのにぴったりあっている薬《くすり》。

特が下につく熟語 上の字の働き

【奇特《きとく》 独特《どくとく》】近《ちか》い意味《いみ》。

牽

牛-7 総画11 JIS-2403 人名 音 ケン 訓 ひ-く

意味 ひく。ひっぱる。

【◆牽引《けんいん》】Ⅱ〈—する〉引《ひ》っぱる。例 牽引車《けんいんしゃ》

【◆牽牛《けんぎゅう》】▲ ①牛《うし》を引《ひ》く。②「牽牛星《けんぎゅうせい》」のこと。わし座《ざ》の星《ほし》、アルタイル。対 織女《しょくじょ》

【◆牽制《けんせい》】↓〈—する〉引《ひ》きつけて自由《じゆう》に動《うご》けないようにする。例 走者《そうしゃ》を牽制《けんせい》する。

犠

牛-13 総画17 JIS-2130 常用 音 ギ 訓 — ［犧］

筆順 犠 犠 犠 犠 犠 犠 犠 犠

なりたち 犧 【形声】もとの字《じ》は、「犧」。「義《ぎ》」が「りっぱなすがた」の意味《いみ》と「ギ」という読《よ》み方《かた》をしめしている。神《かみ》にささげるりっぱな牛《うし》を表《あらわ》す字《じ》。

意味 いけにえ。祭礼《さいれい》などに生《い》きたままささげられる生《い》き物《もの》。例 犠牲《ぎせい》

【◦犠牲《ぎせい》】Ⅱ ①神《かみ》に供《そな》え物《もの》としてさしだす生《い》き物《もの》。②ある目的《もくてき》のために、生命《せいめい》やだいじなものをさしだすこと。例 わが身《み》を犠牲《ぎせい》にする。③災害《さいがい》や事故《じこ》による死者《ししゃ》。例 犠牲者《ぎせいしゃ》

4画 犬［いぬ］ 犭［けものへん］ の部

「犬《いぬ》」をもとにして作《つく》られ、犬《いぬ》や動物《どうぶつ》にかかわる字《じ》を集《あつ》めてあります。

この部首の字

	4 狂 723	狐 724	狼 725	猟 726	獅 727
0 犬 721	5 狗 723	狩 724	8 猪 725	9 献 726	11 獄 727
2 犯 722	狙 723	独 724	猫 725	猶 727	12 獣 727
3 状 722	6 狭 724	7 狸 725	猛 725	10 猿 727	13 獲 727

犬

犬-0 総画4 JIS-2404 教1年 音 ケン 訓 いぬ

筆順 犬 犬 犬 犬（はらう）

なりたち 【象形】いぬの形《かたち》をえがいた字《じ》。

意味

❶いぬ。古《ふる》くから家畜化《かちくか》されてきた小形《こがた》の動物《どうぶつ》。忠誠心《ちゅうせいしん》が強《つよ》く、猟犬《りょうけん》や番犬《ばんけん》、ペットとしても親《した》しまれている。例 番犬《ばんけん》・猛犬《もうけん》・介助犬《かいじょけん》

❷つまらないもの。ねうちのないものや、むだなことをいう。例 犬侍《いぬざむらい》・犬畜生《いぬちくしょう》

◦学習漢字でない常用漢字 ▲常用漢字表にない音訓 ◆常用漢字でない漢字

文字物語 ☞722ページ

❶〈いぬ〉の意味で

【犬《けん》。猿《えん》】⇕犬《いぬ》と猿《さる》。仲《なか》のわるいものの代《だい》表《ひょう》。例ふたりは犬猿《けんえん》の仲《なか》だ。

❷〈つまらないもの〉の意味で

【犬馬《けんば》】Ⅱよくはたらく犬《いぬ》や馬《うま》。表現 だれかのために身《み》をつくしてはたらくことを「犬《けん》馬《ば》の労《ろう》をとる」「犬馬《けんば》の労《ろう》をいとわない」のようにいう。

犬が下につく熟語 上の字の働き

❶犬＝〈いぬ〉のとき

【愛犬《あいけん》 駄犬《だけん》 名犬《めいけん》 猛犬《もうけん》】人《ひと》の評価《ひょうか》がドノヨウナ犬《いぬ》か。

【闘犬《とうけん》 番犬《ばんけん》 猟犬《りょうけん》 盲導犬《もうどうけん》 警察犬《けいさつけん》 軍用犬《ぐんようけん》】ドウイウ役目《やくめ》をする犬《いぬ》か。

犯

犭-2 総画5 JIS-4040 教5年

音 ハン　訓 おかす

筆順

なりたち

【形声】「犭」が犬《いぬ》を表《あらわ》し、「㔾」が「ハン」という読《よ》み方《かた》をしめしている。「ハン」は「きずつける」意味《いみ》を持《も》ち、犬《いぬ》が人《ひと》をおそってきずつけることを表《あらわ》す字《じ》。

意味 おかす。してはいけないことをする。例罪《つみ》を犯《おか》す。犯人《はんにん》・防犯《ぼうはん》

使い分け おかす［犯・侵・冒］☞723ページ

文字物語　犬

「盲導犬《もうどうけん》」「警察犬《けいさつけん》」をはじめとして、人《ひと》はおおいに犬《いぬ》の能力《のうりょく》をたよりにし、そのおかげをこうむっている。けっして主人《しゅじん》をうらぎらない存在《そんざい》として「忠犬《ちゅうけん》」とほめ、「愛犬《あいけん》」のせわをし、ペットとしてかわいがる。それなのに、いっぽうでは、むだな死《し》に方《かた》を「犬死《いぬじ》に」と言《い》って軽蔑《けいべつ》するし、ほかの人《ひと》の秘密《ひみつ》をかぎまわって調《しら》べる人《ひと》のことを「スパイだ、犬《いぬ》だ」と言《い》っておそれたり、きらったりする。また、似《に》てはいるけれども価値《かち》がひくいものだという意味《いみ》をこめて、植物《しょくぶつ》の名《な》の上《うえ》に「犬《いぬ》」をつけて、「犬山椒《いぬざんしょう》」「犬《いぬ》つげ」などと言《い》ったりする。

ものには、見方《みかた》によって、まったくちがった両面《りょうめん》があることを知《し》る。

【犯行《はんこう》】↓法律《ほうりつ》にそむくおこない。例犯行《はんこう》におよぶ。類犯罪《はんざい》

【犯罪《はんざい》】▲罪《つみ》になるわるいおこない。例犯《はん》罪《ざい》をとりしまる。類犯行《はんこう》

【犯人《はんにん》】↓罪《つみ》になるようなことをした人《ひと》。例犯人《はんにん》をつきとめる。

犯が下につく熟語 上の字の働き

【主犯《しゅはん》 共犯《きょうはん》】ドンナ立場《たちば》で罪《つみ》を犯《おか》したか。

◆侵犯《しんぱん》 防犯《ぼうはん》

状

犬-3 総画7 JIS-3085 教5年

音 ジョウ　訓 —

［狀］

筆順

なりたち

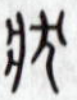

【形声】もとの字は、「狀」。「爿《ショウ》」が「ジョウ」とかわって読《よ》み方《かた》をしめしている。「ジョウ」は「すがた」の意味《いみ》を持《も》ち、犬《いぬ》のすがたを表《あらわ》す字《じ》。

意味 ❶ようす。ありさま。すがた。例形状《けいじょう》・症状《しょうじょう》 ❷書《か》きつけ。手紙《てがみ》や文字《もじ》を書《か》きつけたもの。例賞状《しょうじょう》

名前のよみ のり

❶〈ようす〉の意味で

【状況《じょうきょう》】Ⅱうつりかわってゆくものごとの、そのときどきのようす。ありさま。例状《じょう》況《きょう》を見《み》て判断《はんだん》する。類情勢《じょうせい》・状態《じょうたい》

【状態《じょうたい》】Ⅱそのときの、ものごとのようす。ありさま。例からだの状態《じょうたい》がおかしい。心理《しんり》状態《じょうたい》 類情態《じょうたい》・状況《じょうきょう》・情勢《じょうせい》

状が下につく熟語 上の字の働き

❶状＝〈ようす〉のとき

【異状《いじょう》 別状《べつじょう》 窮状《きゅうじょう》 惨状《さんじょう》】ドノヨウナようすか。

【行状《ぎょうじょう》 罪状《ざいじょう》 症状《しょうじょう》】ナニのようすか。

【白状《はくじょう》 名状《めいじょう》】ようすをドウスルか。

❷状＝〈書きつけ〉のとき

【賞状《しょうじょう》 訴状《そじょう》 令状《れいじょう》 免状《めんじょう》 礼状《れいじょう》 賀状《がじょう》】ドウスル内容《ないよう》の書《か》きつけか。
◆回状《かいじょう》 形状《けいじょう》 書状《しょじょう》 波状《はじょう》

犭-4 【狂】

総画7 JIS-2224 常用
音 キョウ
訓 くるう・くるおしい

筆順 狂 狂 狂 狂 狂 狂 狂

なりたち [形声]もとの字は、「犭㞷」。「犭」が犬《いぬ》を表《あらわ》し、「㞷《コウ》」が「キョウ」とかわって読《よ》み方《かた》をしめしている。「コウ」は「むやみに走《はし》りまわる」意味《いみ》を持《も》ち、走《はし》りまわる狂《きょう》犬《けん》を表《あらわ》す字《じ》。

意味
❶くるう。はたらきがおかしくなる。例 時計《とけい》が狂《くる》う。狂《くる》おしいほどの愛《あい》。怒《いか》り狂《くる》う。狂乱《きょうらん》
❷ふつうでない。なみはずれて熱中《ねっちゅう》する人《ひと》。マニア。例 狂喜《きょうき》・野球狂《やきゅうきょう》・熱狂《ねっきょう》
❸たわむれる。おもしろおかしくする。例 狂言《きょうげん》・粋狂《すいきょう》

❶〈くるう〉の意味で
【◦狂気】《きょうき》 ↓ 心《こころ》のはたらきがふつうではないこと。例 狂気《きょうき》のさた。対 正気《しょうき》
【◦狂乱】《きょうらん》 Ⅲ〈―する〉正気《しょうき》をうしなって、ことばやすることがめちゃめちゃであること。
❷〈ふつうでない〉の意味で
【◦狂喜】《きょうき》 ↓〈―する〉めちゃめちゃに大《おお》よろこびすること。例 狂喜乱舞《きょうきらんぶ》
【◦狂信】《きょうしん》 ↓〈―する〉ほかはなにも考《かんが》えられなくなるほど、強《つよ》く信《しん》じこむこと。類 妄信《もうしん》
【◦狂◦騒】《きょうそう》 ↓ 度《ど》をこした大《おお》さわぎ。例 一部《いちぶ》のファンの狂騒《きょうそう》ぶりにあきれる。類 喧騒《けんそう》
【◦狂暴】《きょうぼう》 ↓〈―な〉おそろしいいきおいであばれるようす。例 狂暴《きょうぼう》なふるまい。
【◦狂◦奔】《きょうほん》 ↓〈―する〉一《ひと》つの目的《もくてき》のために、目《め》の色《いろ》をかえて動《うご》きまわること。例 金集《かねあつ》めに狂奔《きょうほん》する。類 奔走《ほんそう》
❸〈たわむれる〉の意味で
【◦狂歌】《きょうか》 ↓ 江戸時代《えどじだい》の中《なか》ごろからはやった、こっけいな短歌《たんか》。知識 しゃれを中心《ちゅうしん》にしたものもあれば、世《よ》の中《なか》のできごとを皮肉《ひにく》るものもあった。
【◦狂言】《きょうげん》 ↓ ①日本《にほん》の伝統的《でんとうてき》な演劇《えんげき》の一《ひと》つ。能《のう》とともに室町時代《むろまちじだい》にできあがり、当時《とうじ》の日常生活《にちじょうせいかつ》を素材《そざい》にした、おかしみのあるものが多《おお》い。能狂言《のうきょうげん》。②歌舞伎《かぶき》で演《えん》じる劇《げき》。歌舞伎狂言《かぶききょうげん》。③人《ひと》をだますために、自分《じぶん》がそうなったように見《み》せかけること。例 どろぼうに入《はい》られたというのは、彼《かれ》の狂言《きょうげん》だった。
◆粋狂《すいきょう》 酔狂《すいきょう》 熱狂《ねっきょう》

犭-5 【狗】

総画8 JIS-2273 表外
音 コウ・ク
訓 いぬ

意味 いぬ。いやしいもののたとえ。
参考 想像上《そうぞうじょう》の怪物《かいぶつ》「天狗《てんぐ》」としても使《つか》う。また、羊《ひつじ》の頭《あたま》をかんばんにかかげて犬《いぬ》の肉《にく》を売《う》るような、表面《ひょうめん》だけりっぱに見《み》せかけることを「羊頭狗肉《ようとうくにく》」という。

犭-5 【狙】

総画8 JIS-3332 常用
音 ソ
訓 ねらう

筆順 狙 狙 狙 狙 狙 狙 狙 狙

意味
❶さる。てながざる。
❷ねらう。まとをねらう。うかがう。例 狙《ねら》い撃《う》ち

例解 使い分け
【おかす《犯す・侵す・冒す》】
犯《おか》す＝きまりにそむく。わるいことをする。
例 あやまちを犯《おか》す。法《ほう》を犯《おか》す。
侵《おか》す＝よその国《くに》や土地《とち》に、むりに入《はい》りこむ。
例 国境《こっきょう》を侵《おか》す。権利《けんり》を侵《おか》す。
冒《おか》す＝じゃまなものを乗《の》りこえていく。害《がい》をあたえる。
例 危険《きけん》を冒《おか》して進《すす》む。病《やまい》に冒《おか》される。

◦学習漢字でない常用漢字 ▲常用漢字表にない音訓 ◆常用漢字でない漢字

前ページ ▶ 狂 狗 狙

❷〈ねらう〉の意味で

【°狙°撃《そげき》】↓〈―する〉銃《じゅう》などでねらいうつこと。例 狙撃手《そげきしゅ》

狭

犭-6 総画9 JIS-2225 常用

音 キョウ
訓 せまい・せばめる・せばまる

［狹］

筆順 狭

なりたち 【形声】もとの字は「狹」。「夾」が「はさむ」意味《いみ》と「キョウ」という読《よ》み方《かた》をしめしている。山《やま》にはさまれたせまい所《ところ》を表《あらわ》す字《じ》。もともと「峡・陜」の字《じ》であったが、まちがえて「狭」が使《つか》われるようになった。

意味 せまい。きゅうくつで、よゆうがない。例 狭《せま》い道《みち》。先頭《せんとう》との距離《きょり》を狭《せば》める。選択《せんたく》の幅《はば》が狭《せば》まる。狭量《きょうりょう》・偏狭《へんきょう》 対 広

【°狭義《きょうぎ》】↓一《ひと》つのことばの意味《いみ》で、そのはんいをせまく考《かんが》えたときの意味《いみ》。例 狭義《きょうぎ》の「動物《どうぶつ》」に人間《にんげん》はふくまれない。対 広義《こうぎ》

【°狭量《きょうりょう》】↓〈―な〉〈―に〉心《こころ》がせまくて、人《ひと》の考《かんが》えをうけいれるゆとりがないこと。類 偏狭《へんきょう》

狐

犭-6 総画9 JIS-2449 表外

音 コ
訓 きつね

意味 きつね。体《からだ》は犬《いぬ》に似《に》て、太《ふと》く長《なが》い尾《お》を持《も》つ野生動物《やせいどうぶつ》。ずるがしこく、人《ひと》を化《ば》かすと考《かんが》えられていた。例 狐《きつね》につまれる。狐《きつね》色《いろ》

参考 もと 犭《けものへん》 の部《ぶ》「5画《かく》」、総画数《そうかくすう》「8画《かく》」。

狩

犭-6 総画9 JIS-2877 常用

音 シュ
訓 かる・かり

筆順 狩狩狩狩狩狩狩狩狩

なりたち 

【形声】「犭」が犬《いぬ》を表《あらわ》し、「守」が「シュ」という読《よ》み方《かた》をしめしている。「シュ」は「とりかこむ」意味《いみ》で、犬《いぬ》でけものをとらえることを表《あらわ》す字《じ》。

意味 鳥《とり》やけものをとらえる。例 キツネを狩《か》る。狩猟《しゅりょう》・潮干狩《しおひが》り・紅葉狩《もみじが》り

【°狩▲人《かりゅうど》】↓野生《やせい》の鳥《とり》やけものをとることを仕事《しごと》にしている人《ひと》。類 猟師《りょうし》

【°狩°猟《しゅりょう》】Ⅱ〈―する〉野生《やせい》の鳥《とり》やけものをとること。狩《か》り。例 狩猟民族《しゅりょうみんぞく》

独

犭-6 総画9 JIS-3840 教5年

音 ドク
訓 ひとり

［獨］

筆順 独（はねる・ださない・とめる）

なりたち 

【形声】もとの字は、「獨」。「犭」が犬《いぬ》を表《あらわ》し、「蜀《ショク》」が「ドク」とかわって読《よ》み方《かた》をしめしている。「ショク」は「たたかう」意味《いみ》を持《も》ち、たたかいをこのむ犬《いぬ》は一匹《いっぴき》でいることから「ひとり」の意味《いみ》を表《あらわ》す字《じ》。例 独《ひと》り

意味 ❶ひとつだけの。ひとりだけの。独自《どくじ》・独立《どくりつ》・単独《たんどく》 ❷ドイツ。「独逸《ドイツ》」の略《りゃく》。例 独和辞典《どくわじてん》

❶〈ひとつだけの〉の意味で

【▲独▲楽《こま》】◎軸《じく》を中心《ちゅうしん》にして、くるくるまわるようにつくったおもちゃ。例 こま回《まわ》し

【独演《どくえん》】↓〈―する〉ひとりで見物人《けんぶつにん》の前《まえ》に出《で》て、芸《げい》を見《み》せること。例 落語独演会《らくごどくえんかい》

【独学《どくがく》】↓〈―する〉学校《がっこう》にも行《い》かず、先生《せんせい》にもつかず、本《ほん》などで自分《じぶん》ひとりで学《まな》ぶこと。例 独学《どくがく》で法律《ほうりつ》の勉強《べんきょう》をする。類 独習《どくしゅう》

【独語《どくご》】↓〈―する〉相手《あいて》なしで、ひとりでしゃべること。ひとり言《ごと》。☞❷

【独裁《どくさい》】↓〈―する〉①集団《しゅうだん》の中《なか》でひとりでものごとを決《き》めること。②ひとり、または一部《いちぶ》の人《ひと》たちだけが力《ちから》をにぎって、思《おも》いどおりに政治《せいじ》をおこなうこと。例 独裁者《どくさいしゃ》・独裁政治《どくさいせいじ》

【独自《どくじ》】Ⅱ〈―な〉〈―に〉①ほかからの助《たす》けもかりず、影響《えいきょう》も受《う》けないこと。例 独自《どくじ》の判断《はんだん》で投票《とうひょう》した。類 単独《たんどく》 ②ほかにはなくて、そのものだけにあること。例 独自《どくじ》のスタイルをつらぬく。類 独特《どくとく》

【独習《どくしゅう》】↓〈―する〉自分《じぶん》ひとりで勉強《べんきょう》したり練習《れんしゅう》したりして身《み》につけること。類 独学《どくがく》

【独唱《どくしょう》】↓〈―する〉ひとりでうたうこと。ソロ。例 音楽会《おんがくかい》で独唱《どくしょう》をする。関連 独唱《どくしょう》・斉唱《せいしょう》・輪唱《りんしょう》・合唱《がっしょう》

【独身】《どくしん》 ↓ 結婚《けっこん》していないこと。独《ひと》り者《もの》。例 独身生活《どくしんせいかつ》 類 未婚《みこん》

【独占】《どくせん》 ↓ 〈—する〉ひとりじめにすること。例 富《とみ》を独占《どくせん》する。類 専有《せんゆう》

【独善】《どくぜん》 ↓ 人《ひと》の考《かんが》えを受《う》け入《い》れず、自分《じぶん》だけが正《ただ》しいと思《おも》いこむこと。ひとりよがり。例 独善的《どくぜんてき》な態度《たいど》。

【独走】《どくそう》 ↓ 〈—する〉①ほかの競争相手《きょうそうあいて》を大《おお》きく引《ひ》き離《はな》して先頭《せんとう》を走《はし》ること。例 マラソンは、先頭《せんとう》の選手《せんしゅ》の独走《どくそう》となった。②ひとりだけで走《はし》ること。③ほかの人《ひと》の意見《いけん》をきかず、自分《じぶん》かってに行動《こうどう》すること。類 暴走《ぼうそう》

【独奏】《どくそう》 ↓ 〈—する〉ひとりで楽器《がっき》を演奏《えんそう》すること。ソロ。例 ピアノ独奏会《どくそうかい》 対 合奏《がっそう》

【独創】《どくそう》 ↓ 〈—する〉人《ひと》のまねではなく、自分《じぶん》だけの考《かんが》えで新《あたら》しいものをつくりだすこと。例 独創的《どくそうてき》な作品《さくひん》。対 模倣《もほう》

【独断】《どくだん》 ↓ 〈—する〉人《ひと》と相談《そうだん》せず、自分《じぶん》の考《かんが》えだけで決《き》めること。例 係《かかり》の独断《どくだん》で許可《きょか》をあたえる。

【独。壇場】《どくだんじょう》 その人《ひと》だけが思《おも》うままに活躍《かつやく》できるところ。例 余興《よきょう》となると、かれの独《どく》壇場《だんじょう》だ。参考「独擅場《どくせんじょう》」の「擅」を「壇《だん》」とよみまちがえてできたことば。

【独特】《どくとく》 Ⅱ 〈—な・—に〉そのものだけが持《も》っていて、ほかではまねができないこと。例 独特《どくとく》の味《あじ》わい。類 独自《どくじ》・特有《とくゆう》・固有《こゆう》 表記「独得」とも書《か》く。

【独白】《どくはく》 ↓ 〈—する〉劇《げき》の中《なか》でひとりでせりふを言《い》うこと。そのせりふ。モノローグ。

【独立】《どくりつ》 ↓ 〈—する〉①ほかからの助《たす》けもかりず指図《さしず》もされないで、自分《じぶん》の力《ちから》でやっていくこと。例 親《おや》から独立《どくりつ》する。独立心《どくりつしん》 類 自立《じりつ》 ②ほかのものから、一《ひと》つだけはなれていること。例 独立家屋《どくりつかおく》

【独力】《どくりょく》 ↓ 自分《じぶん》ひとりだけの力《ちから》。例 独力《どくりょく》でやりとげる。類 自力《じりき》

❷〈ドイツ〉の意味で

【独語】《どくご》 ↓ ドイツ語《ご》。☞❶

独が下につく熟語 上の字の働き

❶ 独＝〈ひとつだけの〉のとき
【孤独《こどく》 単独《たんどく》】近《ちか》い意味《いみ》。

犭-7
狸
総画10 JIS-3512 表外
訓 音 リ
たぬき

意味 たぬき。日本《にほん》の里山《さとやま》にすむイヌ科《か》の動《どう》物《ぶつ》。人《ひと》を化《ば》かすが、キツネよりまがぬけているとされてきた。例 狸寝入《たぬきねい》り・古狸《ふるだぬき》・狐《こ》狸《り》

犭-7
狼
総画10 JIS-4721 人名
訓 音 ロウ
おおかみ

意味 ❶おおかみ。イヌ科《か》の食肉動物《しょくにくどうぶつ》。人《ひと》や家《か》畜《ちく》をおそう猛獣《もうじゅう》。例 一匹狼《いっぴきおおかみ》・狼藉《ろうぜき》
❷あわてる。例 狼狽《ろうばい》

❷〈あわてる〉の意味で

【◆狼◆狽】《ろうばい》 Ⅱ 〈—する〉思《おも》いがけないことに、あわてうろたえること。例 狼狽《ろうばい》の色《いろ》を見《み》せる。

犭-8
猪
総画11 JIS-3586 人名
訓 音 チョ
いのしし
「猪」

意味 いのしし。ブタの原種《げんしゅ》とされる野獣《やじゅう》。毛《け》は黒褐色《こっかっしょく》で、するどいきばを持《も》つ。い。例 猪突猛進《ちょとつもうしん》（いのししが突進《とっしん》するように、がむしゃらに進《すす》むたとえ）

犭-8
猫
総画11 JIS-3913 常用
訓 音 ビョウ
ねこ

筆順

なりたち

[形声]もとの字は、「貓」。「豸」がけものを表《あらわ》し、「苗」が「ビョウ」という鳴《な》き声《ごえ》をしめしている。「ネコ」を表《あらわ》す字《じ》。

意味 ねこ。むかしから人間《にんげん》にかわれてきた小形《こがた》の動物《どうぶつ》。しなやかなからだにするどい爪《つめ》を持《も》つ。例 猫《ねこ》の額《ひたい》ほどにせまい。猫背《ねこぜ》

【。猫舌】《ねこじた》 ↓ ネコに似《に》て、あついものを食《た》べたり飲《の》んだりするのがにがてなこと。

【。猫背】《ねこぜ》 ↓ ネコのように、背中《せなか》が丸《まる》くなって、首《くび》が前《まえ》のほうに出《で》ている姿勢《しせい》。

犭-8
猛
総画11 JIS-4452 常用
訓 音 モウ
たけ-し

前ページ ▶ 狸 狼 猪 猫 猛

筆順 猛 猛 猛 猛 猛 猛 猛 猛 猛 猛 猛

なりたち 𤠣 [形声]「犭」が犬《いぬ》を表《あらわ》し、「孟」が「強《つよ》い」の意味《いみ》と「モウ」という読《よ》み方《かた》をしめしている。強《つよ》い犬《いぬ》を表《あらわ》す字《じ》。

意味 たけだけしい。強《つよ》くはげしい。勇《いさ》ましくあらあらしい。例 猛獣《もうじゅう》・勇猛《ゆうもう》

特別なよみ 猛者(もさ)

名前のよみ たか・たけお・たける

【°猛《もう》°威《い》】[↓] はげしいいきおい。例 台風《たいふう》が猛《もう》威《い》をふるう。類 暴威《ぼうい》

【°猛《もう》火《か》】[↓] はげしいいきおいでもえる火《ひ》。例 猛《もう》火《か》に包《つつ》まれる。類 烈火《れっか》

【°猛《もう》犬《けん》】[↓] 性質《せいしつ》のあらい犬《いぬ》。

【°猛《もう》°獣《じゅう》】[↓] ライオン・トラなど性質《せいしつ》があらくてほかの動物《どうぶつ》の肉《にく》をたべるけもの。例 猛《もう》獣《じゅう》使《つか》い

【°猛《もう》暑《しょ》】[↓] 夏《なつ》のひどい暑《あつ》さ。類 炎暑《えんしょ》・酷暑《こくしょ》

【°猛《もう》進《しん》】[↓]〈—する〉はげしいいきおいでつき進《すす》むこと。例 猪突猛進《ちょとつもうしん》(あとさきを考《かんが》えず、ひたすら前《まえ》へ進《すす》む)

【°猛《もう》然《ぜん》】[⊠]〈—たる・—と〉いきおいがものすごい。例 猛然《もうぜん》とおそいかかる。

【°猛《もう》毒《どく》】[↓] ひじょうに強《つよ》い毒《どく》。

【°猛《もう》°烈《れつ》】[II]〈—な・—に〉いきおいがとてもはげしいこと。例 猛烈《もうれつ》にいそがしい。類 激烈《げきれつ》・痛烈《つうれつ》

【°猛《も》者《さ》】[↓] 人《ひと》なみ以上《いじょう》の体力《たいりょく》とわざをもつ勇《いさ》ましい人《ひと》。例 空手《からて》の猛者《もさ》。類 豪傑《ごうけつ》

犭-8

猟

総画11 JIS-4636 常用

訓 — 音 リョウ

[獵]

筆順 猟 猟 猟 猟 猟 猟 猟 猟 猟 猟 猟

なりたち 𤢿 [形声] もとの字《じ》は、「獵」。「犭」が犬《いぬ》を表《あらわ》し、「巤」が「リョウ」という読《よ》み方《かた》をしめしている。「リョウ」は「あつめてとる」意味《いみ》を持《も》ち、犬《いぬ》がえものを追《お》いかけてつかまえることを表《あらわ》す字《じ》。

意味 鳥《とり》やけものをとる。りょうをする。さがしもとめる。例 猟《りょう》に出《で》る。猟犬《りょうけん》・猟師《りょうし》・狩猟《しゅりょう》・渉猟《しょうりょう》

【°猟《りょう》奇《き》】[▲] ふしぎなこと、あやしげな話《はなし》をさがしもとめること。例 猟《りょう》奇《き》趣《しゅ》味《み》

【°猟《りょう》期《き》】[↓] ①鳥《とり》やけものをとるのにちょうどよい時期《じき》。②「狩猟期《しゅりょうき》」の略《りゃく》。けものや鳥《とり》をとることがゆるされる期間《きかん》。

【°猟《りょう》犬《けん》】[↓] 狩《か》りに使《つか》う犬《いぬ》。

【°猟《りょう》師《し》】[↓] 野生《やせい》の鳥《とり》やけものをとることを仕事《しごと》にしている人《ひと》。類 狩人《かりゅうど》

【°猟《りょう》°銃《じゅう》】[↓] 狩猟《しゅりょう》用《よう》の銃《じゅう》。

◆ 禁猟《きんりょう》 狩猟《しゅりょう》 渉猟《しょうりょう》 密猟《みつりょう》

犬-9

献

総画13 JIS-2405 常用

訓 — 音 ケン・コン

[獻]

筆順 献 献 献 献 献 献 献

なりたち 𤮊 [形声] もとの字《じ》は、「獻」。「鬳」が「ケン」という読《よ》み方《かた》をしめしている。「ケン」は「すすめる」意味《いみ》を持《も》ち、神前《しんぜん》にそなえる犬《いぬ》を表《あらわ》す字《じ》。

意味

❶ささげる。目上《めうえ》の人《ひと》や神仏《しんぶつ》にさしあげる。例 貢《みつ》ぎ物《もの》を献《けん》じる。献立《こんだて》・献花《けんか》・献身《けんしん》・貢献《こうけん》

❷かしこい人《ひと》。「賢《けん》」とおなじ意味《いみ》に使《つか》って、記録《きろく》や言《い》いつたえを指《さ》す。例 文献《ぶんけん》

注意するよみ コン…例 献立《こんだて》・一献《いっこん》

❶〈ささげる〉の意味で

【°献《けん》花《か》】[▲]〈—する〉死《し》んだ人《ひと》をいたんで花《はな》をささげること。例 白菊《しらぎく》を献花《けんか》する。

【°献《けん》金《きん》】[▲]〈—する〉すすんでお金《かね》をさしだすこと。例 政治献金《せいじけんきん》 類 寄付《きふ》

【°献《けん》血《けつ》】[▲]〈—する〉病人《びょうにん》やけが人《にん》の輸血用《ゆけつよう》に、自分《じぶん》の血液《けつえき》をさしだすこと。

【°献《けん》上《じょう》】[II]〈—する〉身分《みぶん》の高《たか》い人《ひと》に、ものをさしあげること。例 献上品《けんじょうひん》 類 進上《しんじょう》・進呈《しんてい》

【°献《けん》身《しん》】[▲]〈—する〉あることに自分《じぶん》のすべてをささげてつくすこと。例 献身的《けんしんてき》な努力《どりょく》がみられる。

【°献《けん》°呈《てい》】[II]〈—する〉目上《めうえ》の人《ひと》に、ものをさしあげること。例 献呈本《けんていぼん》 類 贈呈《ぞうてい》・進呈《しんてい》

【°献《こん》立《だて》】[↓] 食事《しょくじ》に出《だ》す料理《りょうり》の種類《しゅるい》や組《く》み合《あ》わせ。メニュー。例 献立《こんだて》を決《き》める。一週《いっしゅう》間《かん》の献立《こんだて》。献立表《こんだてひょう》

◆ 一献《いっこん》 貢献《こうけん》 文献《ぶんけん》

犭-9
猶
総画12 JIS-4517 常用
音 ユウ 訓 なお
筆順
なりたち 【形声】「犭」がけものを表《あらわ》し、「酋」が「ユウ」という読《よ》み方《かた》をしめしている。サルの一種《いっしゅ》の名《な》で、性質《せいしつ》がうたがいぶかいことから、「ためらう」意味《いみ》に使《つか》われている。
意味 まよいためらう。ぐずぐず引《ひ》きのばす。例 猶予《ゆうよ》
名前のよみ より
【°猶予】ゆうよ ◎〈—する〉①決定《けってい》や実行《じっこう》をぐずぐずのばすこと。例 一刻《いっこく》の猶予《ゆうよ》もゆるされない。②決《き》められた日時《にちじ》をのばすこと。例 執行猶予《しっこうゆうよ》

犭-10
猿
総画13 JIS-1778 常用
音 エン 訓 さる
筆順
なりたち 【形声】「犭」がけものを表《あらわ》し、「袁」が「エン」という読《よ》み方《かた》をしめしている。「エン」は「手《て》で引《ひ》く」意味《いみ》を持《も》ち、手《て》ながざるを表《あらわ》す字《じ》。
意味 さる。森《もり》にすむ、人間《にんげん》によく似《に》た動物《どうぶつ》。例 猿《さる》も木《き》から落《お》ちる。
【°猿人】えんじん ↓ 四百万年《よんひゃくまんねん》から百五十万年前《ひゃくごじゅうまんねんまえ》にアフリカにいたとされる、いちばん古《ふる》い人類《じんるい》。二本足《にほんあし》で立《た》って歩《ある》き、石器《せっき》を使《つか》っていた。
【°猿°芝居】さるしばい ①サルに芸《げい》をしこんで、芝居《しばい》をさせる見《み》せもの。②へたな芝居《しばい》やたくらみをばかにしていうことば。
【°猿知°恵】さるぢえ 利口《りこう》なようで、まのぬけた考《かんが》え。
【°猿真▲似】さるまね 他人《たにん》のすることを、考《かんが》えもなく、そのまままねすること。
◆犬猿《けんえん》 類人猿《るいじんえん》

犭-10
獅
総画13 JIS-2766 人名
音 シ 訓 しし
意味 しし。けものの王者《おうじゃ》とされる猛獣《もうじゅう》。ライオン。例 獅子《しし》

犭-11
獄
総画14 JIS-2586 常用
音 ゴク 訓 —
筆順：獄獄獄獄獄獄獄
なりたち 【会意】二《に》ひきのいぬ(犭・犬)と、ことばを表《あらわ》す「言」を合《あ》わせて、二《に》ひきの犬《いぬ》がほえあうことを表《あらわ》す字《じ》。言《い》いあらそうことから、「裁判《さいばん》」の意味《いみ》にも使《つか》われるようになった。
意味 ろうや。罪人《ざいにん》をとらえておくところ。例 獄《ごく》につながれる。獄門《ごくもん》・地獄《じごく》
【°獄死】ごくし ↓〈—する〉ろうやの中《なか》で死《し》ぬこと。
【°獄舎】ごくしゃ ↓ 罪人《ざいにん》をとじこめておくところ。類 刑務所《けいむしょ》・監獄《かんごく》・牢屋《ろうや》
【°獄門】ごくもん ↓ ①ろうやの門《もん》。②むかしの刑罰《けいばつ》の一《ひと》つ。死刑《しけい》になった罪人《ざいにん》の首《くび》をろうやの門《もん》などにさらすこと。例 はりつけ獄門《ごくもん》の刑《けい》。
◆監獄《かんごく》 疑獄《ぎごく》 地獄《じごく》

犬-12
獣
総画16 JIS-2935 常用
音 ジュウ 訓 けもの
[獸]
筆順
なりたち 【形声】もとの字《じ》は、「獸」。「嘼」が「ジュウ」という読《よ》み方《かた》をしめしている。「ジュウ」は「かり」の意味《いみ》を持《も》ち、犬《いぬ》を使《つか》ったかりでとらえられる「けもの」を表《あらわ》す字《じ》。
意味 けもの。野生動物《やせいどうぶつ》。けだもの。例 獣《けもの》を追《お》う。獣医《じゅうい》・野獣《やじゅう》
【°獣医】じゅうい ↓ 動物《どうぶつ》の病気《びょうき》やけがをなおすことを専門《せんもん》とする医者《いしゃ》。類 獣医師《じゅういし》
獣が下につく熟語 上の字の働き
【怪獣《かいじゅう》 猛獣《もうじゅう》 野獣《やじゅう》】ドノヨウナ獣《けもの》か。
◆鳥獣《ちょうじゅう》 百獣《ひゃくじゅう》

犭-13
獲
総画16 JIS-1945 常用
音 カク 訓 える
筆順

○学習漢字でない常用漢字 ▲常用漢字表にない音訓 ◆常用漢字でない漢字

なりたち  【形声】「犭」が犬《いぬ》を表《あらわ》し、「蒦」が「つかまえる」意味《いみ》と「カク」という読《よ》み方《かた》をしめしている。犬《いぬ》を使《つか》って鳥《とり》やけものをとることを表《あらわ》す字《じ》。

意味 とらえる。手《て》に入《い》れる。例 賞金《しょうきん》を獲《え》る。獲得《かくとく》・捕獲《ほかく》

【獲物《えもの》】↓ 狩《か》りや漁《りょう》でとったけものや魚《さかな》など。例 獲物《えもの》が多《おお》い。類 収獲《しゅうかく》

【獲得《かくとく》】Ⅱ（—する）努力《どりょく》して手《て》にいれること。例 待望《たいぼう》の金《きん》メダルを獲得《かくとく》する。

◆漁獲《ぎょかく》 捕獲《ほかく》 濫獲《らんかく》（乱獲《らんかく》）

4画 龶［あおのかんむり］の部

「龶」は、もともと部首《ぶしゅ》ではありませんが、「龶」の形《かたち》からでも字《じ》がひけるように、検索記号《けんさくきごう》として設《もう》けました。↓でしめされたページをひいてください。

この部首の字 麦→麦992 青→青1028 毒→母645 表→衣905 契→大287 素→糸830 責→貝954

5画 玄［げん］の部

細《ほそ》い糸《いと》の意《い》を表《あらわ》す「玄」の字《じ》と、それにもとづく「率」とが入《はい》ります。

この部首の字 0玄……728 6率……728 畜→田746

玄

玄-0 総画5 JIS-2428 常用 訓 — 音 ゲン

筆順 

なりたち  【会意】もともと黒《くろ》い糸《いと》（幺）を表《あらわ》していたが、のちに、覆《おお》い（亠）がくわえられて、見《み》えるか見《み》えないほどの細《ほそ》い糸《いと》として使《つか》われ、さらに「くらい、おく深《ぶか》い」の意味《いみ》を持《も》つようになった。

意味 ❶おく深《ぶか》い。例 玄関《げんかん》・幽玄《ゆうげん》 ❷黒《くろ》い。例 玄米《げんまい》

特別なよみ 玄人（くろうと）

名前のよみ くろ・しず・しずか・つね・のり・はじめ・はる・はるか・ひろ

❶〈おく深い〉の意味で

【玄関《げんかん》】↓ 建物《たてもの》の正式《せいしき》な出入《でい》り口《ぐち》。例 玄関先《げんかんさき》 対 勝手口《かってぐち》・裏口《うらぐち》 参考 もとは、禅寺《ぜんでら》の入《い》り口《ぐち》を指《さ》した。

❷〈黒い〉の意味で

【玄人《くろうと》】↓ ある方面《ほうめん》の専門技能《せんもんぎのう》をもつ人《ひと》。参考 なにも特別《とくべつ》なものがないことを「白《しろ》」で表《あらわ》し、「ふつうの人《ひと》」を「しろうと」と言《い》ったから、特別《とくべつ》の技能《ぎのう》をもつ人《ひと》を「白《しろ》」の反対《はんたい》の「黒《くろ》」で「くろうと」と言《い》った。こうしてできた日本《にほん》語《ご》を「素人《しろうと》」「玄人《くろうと》」と書《か》いた。

【玄米《げんまい》】↓ もみがらを取《と》り去《さ》った、皮《かわ》のついたままの米《こめ》。くろごめ。対 白米《はくまい》・精米《せいまい》

率

玄-6 総画11 JIS-4608 教5年 訓 ひきいる 音 ソツ・リツ

筆順 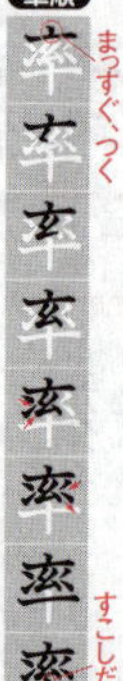

なりたち  【象形】甲骨文字《こうこつもじ》では「」と書《か》かれ、鳥《とり》をとらえる網《あみ》の形《かたち》をえがいた字《じ》。借《か》りて、「ひきいる」「わりあい」の意味《いみ》に使《つか》われる。

意味 ❶ひきいる。つれていく。例 生徒《せいと》を率《ひき》いる。率先《そっせん》・引率《いんそつ》 ❷ありのまま。すなお。例 率直《そっちょく》 ❸あわただしい。かるがるしい。例 軽率《けいそつ》 ❹わりあい。全体《ぜんたい》の中《なか》でしめる割合《わりあい》。例 雨《あめ》がふる率《りつ》が高《たか》い。伸《の》び率《りつ》・倍率《ばいりつ》

参考 ❶❷❸では「ソツ」と読《よ》み、❹では「リツ」と読《よ》む。

名前のよみ のり

❶〈ひきいる〉の意味で

【率先《そっせん》】▲（—する）人《ひと》の先《さき》に立《た》って、ものごとをおこなうこと。例 率先《そっせん》して救助《きゅうじょ》に向《む》かう。

❷〈ありのまま〉の意味で

【率直《そっちょく》】Ⅱ（—に・な）ありのままの、正直《しょうじき》なようす。例 君《きみ》の率直《そっちょく》な意見《いけん》がききたい。

❸〈あわただしい〉の意味で

【率爾《そつじ》】⊠ とつぜん。例 率爾《そつじ》ながら（とつぜんで失礼《しつれい》ですが）ものをおたずねしたい。

表記「卒爾」とも書《か》く。

【卒然】⊠ 急《きゅう》に。にわかに。例 卒然《そつぜん》と世《よ》を去《さ》る。類 突然《とつぜん》 表記「卒然」とも書《か》く。

率が下につく熟語 上の字の働き

❹ 率＝〈わりあい〉のとき

【税率《ぜいりつ》 利率《りりつ》 確率《かくりつ》】ナニの割合《わりあい》か。

【勝率《しょうりつ》 打率《だりつ》 効率《こうりつ》 能率《のうりつ》 仕事率《しごとりつ》 視聴率《しちょうりつ》】ナニの起《お》こる割合《わりあい》か。

【比率《ひりつ》 倍率《ばいりつ》 百分率《ひゃくぶんりつ》】ドウイウ割合《わりあい》か。

⬙ 引率《いんそつ》 軽率《けいそつ》 低率《ていりつ》 統率《とうそつ》

5画 玉〔たま〕 王〔おうへん〕の部

「玉《たま》」をもとにして作《つく》られ、宝石《ほうせき》や美《うつく》しい物《もの》にかかわる字《じ》と、「王《おう》」の形《かたち》がめやすとなっている字《じ》を集《あつ》めてあります。

この部首の字

■ 玉−0

玉

総画5 JIS-2244 教1年

音 ギョク 訓 たま

筆順 玉 玉 玉 玉 玉（ながく）（このばしょに）

なりたち 【象形】たまを三《みっ》つひもで通《とお》した形《かたち》をえがいた字《じ》。点《てん》をくわえて「王《おう》」と区別《くべつ》した。

意味

❶ うつくしい宝石《ほうせき》。みごとなたま。まるいもの。例 玉《たま》にきず。玉露《ぎょくろ》・珠玉《しゅぎょく》・繭玉《まゆだま》

❷ 天子《てんし》。例 玉座《ぎょくざ》

❸ 人物《じんぶつ》。例 親玉《おやだま》・善玉《ぜんだま》

使い分け たま［玉・球・弾］☞ 729ページ

❶〈うつくしい宝石〉の意味で

【玉石混交】《ぎょくせきこんこう》 宝石《ほうせき》のようにりっぱなものと、ただの石《いし》のようにつまらないものとが入《い》り交《ま》じっていること。例 この展覧会《てんらんかい》は玉石《ぎょくせき》混交《こんこう》だ。

【玉露】《ぎょくろ》 ↓ 最上級《さいじょうきゅう》のお茶《ちゃ》。参考 玉《たま》のように美《うつく》しい露《つゆ》（水滴《すいてき》）という意味《いみ》。

【玉虫】《たまむし》 ↓ 美《うつく》しい色《いろ》つやの羽《はね》をもつ甲虫《こうちゅう》。

【玉虫色】《たまむしいろ》 光《ひかり》のあたりぐあいで、むらさき色《いろ》・緑色《みどりいろ》・金色《きんいろ》と、いろいろに見《み》える玉虫《たまむし》の羽《はね》の色《いろ》。どちらともとれる、あいまいな態度《たいど》の意味《いみ》に使《つか》う。例 玉虫色《たまむしいろ》の返事《へんじ》。

❷〈天子〉の意味で

【玉座】《ぎょくざ》 ↓ 天子《てんし》や天皇《てんのう》の座席《ざせき》。類 王座《おうざ》

玉が下につく熟語 上の字の働き

❸ 玉＝〈人物〉のとき

【善玉《ぜんだま》 悪玉《あくだま》 親玉《おやだま》】ドンナ人物《じんぶつ》か。

⬙ 紅玉《こうぎょく》 珠玉《しゅぎょく》 繭玉《まゆだま》

■ 王−0

王

総画4 JIS-1806 教1年

音 オウ 訓 —

筆順 王 王 王 王（ながく）

例 解 使い分け

［たま《玉・球・弾》］

玉＝丸《まる》い形《かたち》をしたもの。
例 玉《たま》にきず。玉《たま》と石《いし》。玉《たま》のあせをかく。

球＝とくに、まりのような形《かたち》をした「たま」。
例 速《はや》い球《たま》を投《な》げる。電灯《でんとう》の球《たま》を取《と》りかえる。

弾＝鉄砲《てっぽう》などで撃《う》って飛《と》ばす「たま」。
例 ピストルの弾《たま》。大砲《たいほう》の弾《たま》。

◦学習漢字でない常用漢字 ▴常用漢字表にない音訓 ◆常用漢字でない漢字

前ページ ▶ 玉 王

なりたち 王 【象形】大《おお》きなおのの形《かたち》()をえがいた字《じ》。大《おお》きな力《ちから》を表《あらわ》し、「君《くん》主《しゅ》」の意味《いみ》に使《つか》われる。

意味
❶国《くに》の君主《くんしゅ》。その方面《ほうめん》で最高《さいこう》の人《ひと》。例 百《ひゃく》獣《じゅう》の王《おう》。王位《おうい》・国王《こくおう》・発明王《はつめいおう》
❷仏法《ぶっぽう》の守護神《しゅごしん》。例 仁王《におう》・四天王《してんのう》

発音あんない オウ→ノウ… 例 親王《しんのう》

名前のよみ きみ・たか

❶〈国の君主〉の意味で

【王位】《おうい》 ↓ 王《おう》のくらい。例 王位《おうい》を引《ひ》きつぐ。類 王座《おうざ》・帝位《ていい》・皇位《こうい》

【王。冠】《おうかん》 ↓ ①王《おう》であるしるしとしてかぶる冠《かんむり》。②ジュースなどのびんの口《くち》がね。

【王宮】《おうきゅう》 ↓ 王《おう》が住《す》む宮殿《きゅうでん》。類 王 城《おうじょう》

【王国】《おうこく》 ↓ 王《おう》がおさめる国《くに》。類 君主国《くんしゅこく》 対 共和国《きょうわこく》 表現「動物王国《どうぶつおうこく》」「自動車王国《じどうしゃおうこく》」のように「…王国《おうこく》」の形《かたち》で、あるものがさかえているところを表《あらわ》す。

【王座】《おうざ》 ↓ ①王《おう》のすわる座席《ざせき》。例 王座《おうざ》につく。類 王位《おうい》・玉座《ぎょくざ》 ②最高《さいこう》の地位《ちい》。例 テニス界《かい》の王座《おうざ》をしめる。類 首位《しゅい》

【王子】《おうじ》 ↓ 王《おう》のむすこ。対 王女《おうじょ》

【王室】《おうしつ》 ↓ 国王《こくおう》の一家《いっか》。類 王家《おうけ》・皇室《こうしつ》

【王者】《おうじゃ》 ↓ ①王《おう》である人《ひと》。例 王者《おうじゃ》として君《くん》臨《りん》する。類 国王《こくおう》 ②その世界《せかい》でいちばん強《つよ》いもの。例 ジャングルの王者《おうじゃ》。類 覇者《はしゃ》

【王女】《おうじょ》 ↓ 王《おう》のむすめ。対 王子《おうじ》

【王将】《おうしょう》 ↓ 将棋《しょうぎ》の駒《こま》の名《な》。いちばんたいせつな駒《こま》で、これをとられると負《ま》けになる。例 王将《おうしょう》をまもる。

【王朝】《おうちょう》 ↓ 王《おう》や天皇《てんのう》がちょくせつ政治《せいじ》をおこなう時代《じだい》。日本《にほん》では、奈良《なら》時代《じだい》・平安《へいあん》時代《じだい》を指《さ》す。

【王手】《おうて》 ↓ 将棋《しょうぎ》で、次《つぎ》の手《て》で相手《あいて》の王将《おうしょう》をとれるように駒《こま》を使《つか》うこと。例 王手《おうて》をかける(勝《か》ちになるという状況《じょうきょう》をつくる)。

【王道】《おうどう》 ↓ ①力《ちから》ではなく、王《おう》の徳《とく》によって平和《へいわ》で住《す》みよい国《くに》にする政治《せいじ》のやり方《かた》。例 王《おう》道楽土《どうらくど》をきずく。対 覇道《はどう》 ②楽《らく》にできるやり方《かた》。例 学問《がくもん》に王道《おうどう》なし。類 近道《ちかみち》

【王。妃】《おうひ》 ↓ 王《おう》の妻《つま》。類 妃《きさき》・皇后《こうごう》

王が下につく熟語 上の字の働き

❶王=〈国の君主〉のとき
【国王《こくおう》 法王《ほうおう》 魔王《まおう》】ナニの王《おう》か。
【女王《じょおう》 大王《だいおう》】ドンナ王《おう》か。
◆ 四天王《してんのう》 親王《しんのう》 帝王《ていおう》 仁王《におう》

王-3
玖
総画7 JIS-2274 人名
音 キュウ・ク 訓 —

意味 たま。黒《くろ》い石《いし》の玉《たま》。

名前のよみ たま・ひさ

王-4
玩
総画8 JIS-2065 常用
音 ガン 訓 もてあそ-ぶ

筆順

意味
❶もてあそぶ。なぐさみものにする。例 玩具《がんぐ》・愛玩《あいがん》
❷深《ふか》く味《あじ》わう。例 玩味《がんみ》

❶〈もてあそぶ〉の意味で

【。玩具】《がんぐ》 ↓ 子《こ》どもの遊《あそ》び道具《どうぐ》。おもちゃ。

王-5
珍
総画9 JIS-3633 常用
音 チン 訓 めずらしい

筆順

なりたち  【形声】「王」は玉《たま》のことで、「今《シン》」が「チン」とかわって読《よ》み方《かた》をしめしている。「シン」は「まじりけのない色《いろ》」の意《い》味《み》を持《も》ち、まじりけのない貴《とうと》い玉《たま》を表《あらわ》す字《じ》。

意味 めずらしい。めったにない。たっとい。おもしろい。例 珍《めずら》しい宝《たから》。珍奇《ちんき》・珍品《ちんぴん》

名前のよみ くに・たか・はる・よし

【。珍。奇】《ちんき》 ‖ 〈—な〉 かわっていて、めったにない。例 珍奇《ちんき》なかっこうの役者《やくしゃ》。類 珍妙《ちんみょう》・奇《き》妙《みょう》・奇態《きたい》

【。珍客】《ちんきゃく》 ↓ めったに来《く》ることのない、たいせつな客《きゃく》。例 とつぜんの珍客《ちんきゃく》におどろく。

【。珍事】《ちんじ》 ↓ 思《おも》いがけないできごと。例 最近《さいきん》にない珍事《ちんじ》。表記「椿事」とも書《か》く。

【。珍説】《ちんせつ》 ↓ あまり聞《き》かない、めずらしい考《かんが》えや意見《いけん》。例 それは珍説《ちんせつ》だね。

【。珍重】《ちんちょう》 ‖ 〈—する〉 たいせつにすること。例 わが家《や》で代々《だいだい》珍重《ちんちょう》してきた薬《くすり》です。

【°珍品】ちんぴん ↓ めったにない貴重《きちょう》な品物《しなもの》。例 珍品《ちんぴん》が手《て》に入《はい》る。

【°珍味】ちんみ ↓ めったに食《た》べられないおいしい食《た》べ物《もの》。例 山海《さんかい》の珍味《ちんみ》でもてなす。

【°珍°妙】ちんみょう ‖ 〈［一］に・［一］な〉ふつうとかわっていて、なんとなくおもしろい。例 珍妙《ちんみょう》なしぐさで人《ひと》びとを笑《わら》わせた。類 奇妙《きみょう》・珍奇《ちんき》

【°珍無類】ちんむるい 〈［一］な〉ほかには例《れい》がないほどふうがわりなようす。例 珍無類《ちんむるい》な話《はなし》。

玲

王－5 総画9 JIS-4672 人名

音 レイ 訓 ―

意味 玉《たま》のふれあう美《うつく》しい音《おと》。例 玲瓏《れいろう》

名前のよみ あきら・たま

珠

王－6 総画10 JIS-2878 常用

音 シュ 訓 たま

筆順 珠 珠 珠 珠 珠 珠 珠 珠

なりたち 【形声】「王」は玉《たま》で、「朱」は「シュ」という読《よ》み方《かた》をしめしている。「シュ」は「小《ちい》さい」の意味《いみ》を持《も》ち、小《ちい》さい玉《たま》を表《あらわ》す字《じ》。

意味 貝《かい》の中《なか》の美《うつく》しい玉《たま》。小《ちい》さい玉《たま》。例 珠《しゅ》算《ざん》・真珠《しんじゅ》

発音あんない シュ→ジュ…例 真珠《しんじゅ》

特別なよみ 数珠(じゅず)

名前のよみ み

【°珠玉】しゅぎょく ‖ ①美《うつく》しい宝石《ほうせき》。②小《ちい》さいが、すばらしいもの。例 珠玉《しゅぎょく》の短編《たんぺん》。

【°珠算】しゅざん ↓ そろばんを使《つか》ってする計算《けいさん》。たまざん。

班

王－6 総画10 JIS-4041 教6年

音 ハン 訓 ―

筆順 班 班 班 班 班 班 班 班 (、にならない)

なりたち 【会意】二《ふた》つの王(玉《たま》)と刀《かたな》(刂)を合《あ》わせて、玉《たま》を分《わ》けることを表《あらわ》す字《じ》。

意味 ❶分《わ》ける。分配《ぶんぱい》する。小分《こわ》けにしたグループ。例 それぞれの班《はん》が協力《きょうりょく》する。班田《はんでん》・研究《けんきゅう》班《はん》 ❷順序《じゅんじょ》。地位《ちい》。例 首班《しゅはん》

❶〈分ける〉の意味で

【班長】はんちょう ↓ グループの責任者《せきにんしゃ》。

【班田】はんでん ①▲ むかしの法律《ほうりつ》で、人《ひと》びとにたんぼを分《わ》けあたえること。②↓ 法律《ほうりつ》によって分《わ》けあたえられたたんぼ。類 口分田《くぶんでん》

班が下につく熟語 上の字の働き

❶班＝〈分ける〉のとき

【調査班《ちょうさはん》 救護班《きゅうごはん》 実行班《じっこうはん》】ナニをする班《はん》か。

球

王－7 総画11 JIS-2169 教3年

音 キュウ 訓 たま

筆順 球 球 球 球 球 球 球 球 (はねる・はらう)

なりたち 【形声】「王」は玉《たま》で、「求」は「キュウ」という読《よ》み方《かた》をしめしている。「キュウ」は「丸《まる》い」の意味《いみ》を持《も》ち、丸《まる》い玉《たま》を表《あらわ》す字《じ》。

意味 ❶まんまるの。例 球形《きゅうけい》・地球《ちきゅう》 ❷ボール。まり。例 球《たま》を投《な》げる。球技《きゅうぎ》 ❸野球《やきゅう》。例 球場《きゅうじょう》

使い分け たま［玉・球・弾］☞729ページ

❶〈まんまるの〉の意味で

【球形】きゅうけい ↓ どこから見《み》てもまるい立体《りったい》。

【球根】きゅうこん ↓ たまのような形《かたち》をした植物《しょくぶつ》の根《ね》や地下《ちか》のくき。知識 おなじ「球根《きゅうこん》」でも、ダリアやサツマイモなどは根《ね》がたまになったもの。カンナやジャガイモ・ユリなどはくきの一部《いちぶ》がふくらんだものである。

球根

❷〈ボール〉の意味で

【球技】きゅうぎ ↓ 野球《やきゅう》・サッカー・卓球《たっきゅう》など、ボールを使《つか》うスポーツ。例 球技大会《きゅうぎたいかい》

❸〈野球〉の意味で

【球場】きゅうじょう ↓ 「野球場《やきゅうじょう》」をちぢめた言《い》い方《かた》。例 甲子園《こうしえん》球場《きゅうじょう》 表現 サッカーやラグビーなどをする場所《ばしょ》は「球技場《きゅうぎじょう》」ということが多《おお》い。

°学習漢字でない常用漢字 ▲常用漢字表にない音訓 ◆常用漢字でない漢字

前ページ ▶ 玲 珠 班 球

【球審《きゅうしん》】↓野球《やきゅう》で、中心《ちゅうしん》になって判定《はんてい》をする審判員《しんぱんいん》。キャッチャーのうしろにたつ。例 球審《きゅうしん》がストライクと判定《はんてい》した。類 主審《しゅしん》

【球団《きゅうだん》】↓プロ野球《やきゅう》のチームを持《も》っていて、それを動《うご》かしている会社《かいしゃ》。例 球団《きゅうだん》と交渉《こうしょう》する。

球が下につく熟語 上の字の働き

❶球＝〈まんまるの〉のとき
【地球《ちきゅう》 気球《ききゅう》 眼球《がんきゅう》 赤血球《せっけっきゅう》】ナニの球《たま》か。
【半球《はんきゅう》 北半球《きたはんきゅう》 南半球《みなみはんきゅう》】ドノヨウナ球《たま》か。

❷球＝〈ボール〉のとき
【硬球《こうきゅう》 軟球《なんきゅう》 直球《ちょっきゅう》】ドンナ球《たま》か。
【卓球《たっきゅう》 庭球《ていきゅう》 野球《やきゅう》】ドコでやる球技《きゅうぎ》か。
【投球《とうきゅう》 捕球《ほきゅう》 返球《へんきゅう》】球《たま》をドウスルか。

◆打球《だきゅう》

王-7

【現】

総画11 JIS-2429 教5年

音 ゲン 訓 あらわれる・あらわす

筆順 現 現 現 現 現 現 現 現（はねる）（おらない）

なりたち 現 [形声]「王」は玉《たま》で、「見《ケン》」が「ゲン」とかわって読《よ》み方《かた》をしめしている。「ケン」は「はっきりする」意味《いみ》を持《も》ち、玉《たま》をみがいて光《ひかり》がはっきりと出《で》てくることを表《あらわ》す字《じ》。

意味

❶すがたをあらわす。あらわれる。例 英雄《えいゆう》が現《あらわ》れる。正体《しょうたい》を現《あらわ》す。現象《げんしょう》・出現《しゅつげん》

❷いまある。目《め》の前《まえ》にある。じっさいにある。例 現《げん》に証人《しょうにん》がいる。現物《げんぶつ》

使い分け あらわす[表・現・著] ☞907ページ

名前のよみ あり

❶〈すがたをあらわす〉の意味で

【現出《げんしゅつ》】Ⅱ（ーする）じっさいにあらわれ出《で》ること。例 目《め》の前《まえ》にふしぎな光景《こうけい》が現出《げんしゅつ》した。類 出現《しゅつげん》

【現象《げんしょう》】▲見《み》たり聞《き》いたりさわったりすることができるような、形《かたち》のあるものやできごと。例 自然現象《しぜんげんしょう》・社会現象《しゃかいげんしょう》 類 事象《じしょう》

【現像《げんぞう》】▲（ーする）カメラで写《うつ》したフィルムなどを薬品《やくひん》にひたして、画像《がぞう》があらわれるようにすること。例 現像液《げんぞうえき》

❷〈いまある〉の意味で

【現役《げんえき》】↓①現在《げんざい》、じっさいの仕事《しごと》や役目《やくめ》があってはたらいていること。例 現役《げんえき》をしりぞく。現役の医師《いし》。類 現職《げんしょく》 ②在学中《ざいがくちゅう》に、上《うえ》の学校《がっこう》の入試《にゅうし》を受《う》けること。例 現役《げんえき》で合格《ごうかく》する。対 浪人《ろうにん》

【現下《げんか》】↓ただ今《いま》。現在《げんざい》。例 現下《げんか》の急務《きゅうむ》。類 目下《もっか》・現今《げんこん》・時下《じか》

【現況《げんきょう》】↓今《いま》のじっさいの状況《じょうきょう》。例 現況《げんきょう》を報告《ほうこく》する。類 現状《げんじょう》

【現業《げんぎょう》】↓工場《こうじょう》や作業場《さぎょうば》などの現場《げんば》でする仕事《しごと》。例 現業《げんぎょう》にたずさわる。

【現金《げんきん》】↓①現在《げんざい》手《て》もとにあるお金《かね》。②お札《さつ》や硬貨《こうか》など、そのまま使《つか》えるお金《かね》。例 現金《げんきん》でしはらう。③（ーな）自分《じぶん》の損得《そんとく》を考《かんが》えて急《きゅう》に態度《たいど》をかえるようす。例 点数《てんすう》かせぎで役員《やくいん》になるなんて、げんきんなやつだ。

【現行《げんこう》】↓今《いま》じっさいにおこなわれていること。例 現行《げんこう》の法律《ほうりつ》。

【現行犯《げんこうはん》】今《いま》、目《め》の前《まえ》でしているわるいおこない。例 スリの現行犯《げんこうはん》をとらえる。

【現在《げんざい》】↓①いま。ただ今《いま》。例 現在《げんざい》の時刻《じこく》は三時十分《さんじじっぷん》です。②むかしでもこれからでもない、今《いま》という時間《じかん》。例 現在《げんざい》の日本《にほん》のすがた。関連 過去《かこ》・現在《げんざい》・未来《みらい》 ③あるときを今《いま》ととらえて、そのとき。例 四月一日現在《しがつついたちげんざい》。

【現実《げんじつ》】↓今《いま》のじっさいのものごとや、そのようす。例 現実《げんじつ》はきびしい。対 理想《りそう》・空想《くうそう》

【現実的《げんじつてき》】（ーな）考《かんが》えやおこないが、じっさいとむすびついている。例 現実的《げんじつてき》な人《ひと》。現《げん》実的《じってき》にわりきって考《かんが》える。

【現時点《げんじてん》】今《いま》という、このとき。例 現時点《げんじてん》では判断《はんだん》できない。

【現状《げんじょう》】↓今《いま》のじっさいのようす。現在《げんざい》のありさま。例 現状《げんじょう》を調査《ちょうさ》する。類 現況《げんきょう》

【現職《げんしょく》】↓今《いま》、ある職業《しょくぎょう》についていること。今《いま》の職業《しょくぎょう》。例 現職《げんしょく》の警官《けいかん》。類 現役《げんえき》

【現世《げんせ／げんぜ》】↓今《いま》、自分《じぶん》が生《い》きているこの世《よ》。例 現世《げんせ》に絶望《ぜつぼう》する。参考「げんぜ」は仏教《ぶっきょう》での読《よ》み方《かた》。仏教《ぶっきょう》では、前世《ぜんせ》・現世《げんせ》・来世《らいせ》（後世《ごせ》）の三世《さんぜ》があるとされている。関連 前世《ぜんせ》・現世《げんせ》・来世《らいせ》（後世《ごせ》）

【現存】《げんそん｜げんぞん》 ↓ 〈－する〉今《いま》あること。今生《いまい》きているること。例 現存《げんそん｜げんぞん》する最古《さいこ》の木造建築《もくぞうけんちく》。類 実在《じつざい》

【現代】《げんだい》 ↓ ①今《いま》の時代《じだい》。例 現代《げんだい》っ子《こ》 類 当世《とうせい》・今日《こんにち》 ②歴史《れきし》で、近代《きんだい》の次《つぎ》の時代《じだい》。日本史《にほんし》では、第二次世界大戦《だいにじせかいたいせん》以後《いご》現在《げんざい》までをいう。関連 古代《こだい》・中世《ちゅうせい》・近世《きんせい》・近代《きんだい》・現代《げんだい》

【現代的】《げんだいてき》 〈－な・－に〉今《いま》の時代《じだい》にうまくあっている。モダン。例 現代的《げんだいてき》な感覚《かんかく》。

【現地】《げんち》 ↓ あることがじっさいにおこなわれている、その土地《とち》。例 現地調査《げんちちょうさ》 類 現場《げんば》・実地《じっち》

【現場】《げんば｜げんじょう》 ↓ 一 そのことがじっさいにおこなわれている場所《ばしょ》。例 事故現場《じこげんば》 類 現地《げんち》 二 工事《こうじ》などのおこなわれている場所《ばしょ》。例 建築現場《けんちくげんば》

【現品】《げんぴん》 ↓ ①じっさいの品物《しなもの》。類 現物《げんぶつ》 ②今《いま》、ここにある品物《しなもの》。例 現品《げんぴん》かぎり三割引《さんわりび》き。

【現物】《げんぶつ》 ↓ ①じっさいの品物《しなもの》。例 現物《げんぶつ》を見《み》てから買《か》うかどうか決《き》める。類 現品《げんぴん》 ②お金《かね》のかわりとする、品物《しなもの》。例 現物支給《げんぶつしきゅう》

現が下につく熟語 上の字の働き

❶ 現＝〈すがたをあらわす〉のとき
【出現《しゅつげん》 表現《ひょうげん》】近《ちか》い意味《いみ》。
【再現《さいげん》 実現《じつげん》】ドノヨウニ現《あらわ》れるか。

王－7

琢

総画11
JIS-3486
人名
音 タク
訓 みが－く

［琢］

意味 みがく。玉《たま》をみがく。例 彫琢《ちょうたく》・切磋《せっさ》琢磨《たくま》

名前のよみ たか

王－7

理

総画11
JIS-4593
教2年
音 リ
訓 ―

筆順 理 理 理 理 理 理 理 理 ながく

なりたち 理 【形声】「王」は玉《たま》で、「里」は「リ」という読《よ》み方《かた》をしめしている。「リ」は「すじめ」の意味《いみ》を持《も》ち、玉《たま》にあるすじめを表《あらわ》す字《じ》。

意味

❶すじみち。ものごとのすじみち。道理《どうり》。例 理《り》にかなう。理由《りゆう》・真理《しんり》

❷ととのえる。うまくおさめる。例 理容《りよう》・修理《しゅうり》

❸自然科学《しぜんかがく》。例 理系《りけい》・理工学部《りこうがくぶ》 対 文《ぶん》

名前のよみ あや・おさむ・さだむ・たか・ただ・ただし・とし・のり・まさ・みち・よし

❶〈すじみち〉の意味で

【理科】《りか》 ↓ ①自然《しぜん》について科学的《かがくてき》に学《まな》ぶ学科《がっか》・教科《きょうか》。②大学《だいがく》などで自然科学《しぜんかがく》を専門《せんもん》に勉強《べんきょう》する分野《ぶんや》。類 理系《りけい》 対 文科《ぶんか》

【理解】《りかい》 ↓ 〈－する〉①内容《ないよう》やすじみち・やり方《かた》などがわかること。例 計算《けいさん》のしかたを理解《りかい》する。類 了解《りょうかい》 ②人《ひと》の気持《きも》ちや事情《じじょう》などをくみとること。例 理解《りかい》をしめす。

【理屈】《りくつ》 ↓ ①ものごとのすじみち。例 理屈《りくつ》に合《あ》わない。類 道理《どうり》・条理《じょうり》 ②自分《じぶん》の立場《たちば》や考《かんが》えをみとめさせるための、もっともらしい考《かんが》えや理由《りゆう》。例 理屈《りくつ》をこねる。類 付会《ふかい》

【理性】《りせい》 ↓ すじみちを立《た》ててものごとを考《かんが》え、正《ただ》しく判断《はんだん》する力《ちから》。例 かっとなって理性《りせい》をうしなう。類 知性《ちせい》 対 感性《かんせい》・感情《かんじょう》

【理想】《りそう》 ↓ 人《ひと》が、こうあるべきだとして心《こころ》にえがくもの。例 理想《りそう》を高《たか》くもつ。対 現実《げんじつ》

【理想郷】《りそうきょう》 こうなればいいと人《ひと》びとが夢見《ゆめみ》たとおりのすばらしい世《よ》の中《なか》ができあがっている場所《ばしょ》。ユートピア。類 桃源郷《とうげんきょう》

【理想的】《りそうてき》 〈－な・－に〉そうなればいちばんよいというようす。例 理想的《りそうてき》な住《す》まい。

【理知】《りち》 ↓ ものごとのよしあしを、すじみちをたてて考《かんが》えることのできるちえや力《ちから》。

【理念】《りねん》 ↓ どうあるべきかという、いちばんもとになる考《かんが》え方《かた》。例 教育《きょういく》の理念《りねん》。

【理非】《りひ》 ⇕ 道理《どうり》に合《あ》っていることと合《あ》わないこと。例 理非《りひ》をただす。理非曲直《りひきょくちょく》 類 是非《ぜひ》・正邪《せいじゃ》・善悪《ぜんあく》・曲直《きょくちょく》

【理不尽】《りふじん》 〈－な・－に〉道理《どうり》に合《あ》わないむちゃくちゃなこと。例 要求《ようきゅう》が理不尽《りふじん》だ。類 非道《ひどう》

【理由】《りゆう》 Ⅱ なぜそのように行動《こうどう》するか、そのわけ。例 反対《はんたい》する理由《りゆう》をのべる。類 事由《じゆう》
表現 何《なに》がもとでこういう結果《けっか》になったかという、事実《じじつ》と事実《じじつ》の関係《かんけい》をいうときは「原因《げんいん》」。

【理路整然】《りろせいぜん》 〈－たる・－と〉考《かんが》えのすじみちが、き

ちんとよく通《とお》っているようす。例 理路整然《りろせいぜん》と意見《いけん》をのべる。

【理論】《りろん》 ⇩ すじみちにしたがって、まとめあげた考《かんが》え。例 理論《りろん》を組《く》み立《た》てる。対 実践《じっせん》

❷〈ととのえる〉の意味で

【理事】《りじ》 ▲ 団体《だんたい》をとりしまり、その代表《だいひょう》となる立場《たちば》の人《ひと》。例 理事《りじ》長

【理。髪】《りはつ》 ▲ 〈—する〉かみの毛《け》を刈《か》って形《かたち》をととのえること。類 理容《りよう》・調髪《ちょうはつ》・整髪《せいはつ》・散髪《さんぱつ》

【理容】《りよう》 ‖ 理髪《りはつ》と美容《びよう》。類 調髪《ちょうはつ》・整髪《せいはつ》・理髪《りはつ》

理が下につく熟語 上の字の働き

❶理＝〈すじみち〉のとき
【義理《ぎり》 条理《じょうり》 節理《せつり》 哲理《てつり》 道理《どうり》】近《ちか》い意味《いみ》。
【一理《いちり》 原理《げんり》 真理《しんり》 定理《ていり》】ドノヨウナ理《り》か。
【心理《しんり》 生理《せいり》 地理《ちり》 倫理《りんり》 論理《ろんり》】ナニについての理《り》か。

❷理＝〈ととのえる〉のとき
【管理《かんり》 修理《しゅうり》 整理《せいり》】近《ちか》い意味《いみ》。
【受理《じゅり》 処理《しょり》 摂理《せつり》 総理《そうり》 代理《だいり》 料理《りょうり》】ドウヤッテととのえるか。

◆審理《しんり》 推理《すいり》 不合理《ふごうり》 無理《むり》

琉
王-7 総画11 JIS-4616 人名
訓 — 音 リュウ・ル

意味 ❶るり。青《あお》い色《いろ》の宝石《ほうせき》。七宝《しっぽう》の一《ひと》つ。例 琉璃《るり》(瑠璃《るり》)
❷琉球《りゅうきゅう》。むかしの国《くに》の名《な》。今《いま》の沖縄県《おきなわけん》。例 琉歌《りゅうか》

瑛
王-8 総画12 JIS-1745 人名
訓 — 音 エイ

意味 光《ひか》りかがやく玉《たま》。玉《たま》のかがやき。

名前のよみ あき・あきら・てる

琴
王-8 総画12 JIS-2255 常用
訓 こと 音 キン

筆順

なりたち

【形声】もともとは、琴《こと》の胴《どう》の断面《だんめん》をえがいた象形文字《しょうけいもじ》。胴《どう》の部分《ぶぶん》が「今」となって「キン」という読《よ》み方《かた》をしめす形声文字《けいせいもじ》。

意味 こと。胴《どう》にはった何本《なんぼん》かの糸《いと》をはじいて音《おと》を出《だ》す楽器《がっき》。例 琴《こと》をかなでる。木琴《もっきん》

【琴線】《きんせん》 ⇩ 人《ひと》の心《こころ》にある、ものに感《かん》じるはたらきを、琴《こと》の糸《いと》にたとえたことば。例 心《こころ》の琴線《きんせん》にふれる(深《ふか》い感動《かんどう》をあたえる)。

琶
王-8 総画12 JIS-3942 人名
訓 — 音 ハ

意味 楽器《がっき》の「琵琶《びわ》」ということばに使《つか》われる字《じ》。☞【琵】《び》734ページ

琵
王-8 総画12 JIS-4092 人名
訓 — 音 ビ

意味 「琵琶《びわ》」ということばに使《つか》われる字《じ》。

【琵。琶】《びわ》 ○ 弦《げん》をばちではじいて鳴《な》らす楽器《がっき》の一種《いっしゅ》。参考 「琵琶湖《びわこ》」の名《な》は、形《かたち》が琵琶《びわ》ににていることから。

琳
王-8 総画12 JIS-4654 人名
訓 — 音 リン

意味 うつくしい玉《たま》。

瑚
王-9 総画13 JIS-2474 人名
訓 — 音 コ・ゴ

意味 さんご。海《うみ》にできる珊瑚《さんご》。

瑞
王-9 総画13 JIS-3180 人名
訓 みず 音 ズイ

意味 ❶めでたい。めでたいしるし。例 瑞兆《ずいちょう》
❷みずみずしい。例 瑞穂《みずほ》

瑶
王-9 総画13 JIS-6486 人名
訓 たま 音 ヨウ

意味 美《うつく》しい玉《たま》。玉《たま》のように美《うつく》しい。

名前のよみ たま

瑳
王-10 総画14 JIS-2628 人名
訓 — 音 サ

意味 美《うつく》しくみがく。例 切瑳《せっさ》(切磋《せっさ》)琢磨《たくま》

瑠
王-10 総画14 JIS-4660 常用
訓 — 音 ル・リュウ

筆順 瑠 瑠 瑠 瑠 瑠 瑠 瑠 瑠 瑠 瑠

意味 るり。青《あお》い色《いろ》の宝石《ほうせき》。例 瑠璃《るり》

璃
王−11
総画15 JIS-4594 常用
音 リ 訓 ―

筆順 璃 璃 璃 璃 璃 璃 璃 璃 璃 璃

意味 美《うつく》しい玉《たま》。例 瑠璃《るり》（青《あお》い色《いろ》の玉《たま》）・玻璃《はり》（ア水晶《すいしょう》。イガラス）

環
王−13
総画17 JIS-2036 常用
音 カン 訓 ―

筆順 環 環 環 環 環 環 環 環 環 環

なりたち  【形声】もとの字は、「環」。「王」は玉《たま》で、「睘」は「めぐる」意味《いみ》と「カン」という読《よ》み方《かた》をしめしている。輪《わ》の形《かたち》をした玉《たま》を表《あらわ》す字《じ》。

意味 ❶まるい輪《わ》。例 環状《かんじょう》 ❷まわりをかこむ。めぐる。例 循環《じゅんかん》

名前のよみ たま・たまき

❶〈まるい輪〉の意味で
【。環。礁】《かんしょう》 ↓ 輪《わ》のような形《かたち》をしている水面《すいめん》すれすれの島《しま》。サンゴでできている。
【。環状線】《かんじょうせん》 輪《わ》のような形《かたち》になっている、道路《どうろ》や線路《せんろ》。

❷〈まわりをかこむ〉の意味で
【。環境】《かんきょう》 ↓ 人間《にんげん》やほかの生物《せいぶつ》をとりまき、いろいろにはたらきかけているまわりのようす。自然環境《しぜんかんきょう》・社会環境《しゃかいかんきょう》・教育環境《きょういくかんきょう》などがある。例 環境《かんきょう》に左右《さゆう》される。環境問題《かんきょうもんだい》にとりくむ。
【。環視】《かんし》 ↓ 〈―する〉たくさんの人《ひと》びとがまわりから見《み》ていること。例 衆人環視《しゅうじんかんし》
◆ 一環《いっかん》 循環《じゅんかん》

璧
玉−13
総画18 JIS-6490 常用
音 ヘキ 訓 ―

筆順 璧 璧 璧 璧 璧 璧 璧 璧 璧

意味 平《ひら》たい円形《えんけい》で、中央《ちゅうおう》に穴《あな》のあいた宝玉《ほうぎょく》。美《うつく》しいもの、りっぱなものにたとえる。例 完璧《かんぺき》・双璧《そうへき》

璧が下につく熟語 上の字の働き
【完璧】《かんぺき》璧《へき》をドウシタか。
【双璧】《そうへき》イクツの璧《へき》か。

璽
玉−14
総画19 JIS-2805 常用
音 ジ 訓 ―

筆順 璽 璽 璽 璽 璽 璽 璽 璽 璽

なりたち  【形声】「爾」は「おさえる」意味《いみ》と「ジ」という読《よ》み方《かた》をしめしている。玉《たま》で作《つく》った「はんこ」を表《あらわ》す字《じ》。

意味 はんこ。天子《てんし》の印《いん》。例 御璽《ぎょじ》

5画 瓦 ［かわら］の部

すやきの土器《どき》を表《あらわ》す「瓦」の字《じ》と、「瓦《かわら》」をもとにして作《つく》られた「瓶」の字《じ》とが入《はい》ります。

この部首の字

瓦
瓦−0
総画5 JIS-2004 常用
音 ガ 訓 かわら

筆順 瓦 瓦 瓦 瓦 瓦

意味 かわら。屋根《やね》をふくのに用《もち》いる、ねんどを固《かた》め、かまでやいたもの。例 瓦解《がかい》・屋根瓦《やねがわら》

参考 もと、「グラム」としても使《つか》われていた。

【。瓦解】《がかい》 ▽ 〈―する〉瓦《かわら》がくずれるように、がらがらとくずれてしまうこと。

瓶
瓦−6
総画11 JIS-4151 常用
音 ビン 訓 ―
［瓶］

筆順 瓶 瓶 瓶 瓶 瓶 瓶 瓶 瓶

なりたち  【形声】もとの字は、「瓶」。「瓦」がすやきのうつわで、「幷《へい》」が「ビン」とかわって読《よ》み方《かた》をしめしている。「ヘイ」は「ならぶ」意味《いみ》を持《も》ち、うつわを両《りょう》はしにつけ、上下《じょうげ》させて水《みず》をくむ道具《どうぐ》「つるべ」を表《あらわ》す

字《じ》。「びん」として使《つか》われている。

意味 びん。水《みず》を入《い》れるうつわ。例 ガラスの瓶《びん》。瓶詰《びんづ》め・花瓶《かびん》

5画 甘〔あまい〕の部

「甘」の字《じ》と、「甘」の形《かたち》がめやすとなっている「甚」の字《じ》とが入《はい》ります。

この部首の字
0 甘……736
4 甚……736
某→木610

甘-0 甘

総画5 JIS-2037 常用

訓音 カン あまい・あまえる・あまやかす

筆順 一 十 廿 廿 甘

なりたち  [指事] 口《くち》の中《なか》に物《もの》(一)をふくんで味《あじ》わう意味《いみ》を表《あらわ》している字《じ》。

意味 ❶あまい。うまい。気持《きも》ちよい。うけ入《い》れる。例 甘《あま》い汁《しる》をすう。甘《あま》んじる。甘酒《あまざけ》・甘露《かんろ》・甘言《かんげん》・甘受《かんじゅ》

❷きびしくない。だらしがない。例 甘《あま》い考《かん》え。甘《あま》える。甘《あま》やかす。

❶〈あまい〉の意味で

【甘酒】《あまざけ》 ↓ 米《こめ》こうじや酒《さけ》かすでつくるあまい飲《の》み物《もの》。

【甘党】《あまとう》 ↓ 酒《さけ》より菓子《かし》などのあまいもののほうがすきな人《ひと》。例 父《ちち》は甘党《あまとう》です。対 辛党《からとう》

【甘言】《かんげん》 ↓ 人《ひと》の気《き》に入《い》りそうな、うまいことば。例 甘言《かんげん》にのる。対 苦言《くげん》

【甘受】《かんじゅ》 ↓ (ーする) やむをえないこととして、がまんして受《う》け入《い》れること。例 つらいしうちを甘受《かんじゅ》する。

【甘美】《かんび》 ↓ (ーな) ①あまくておいしい。例 甘美《かんび》なくだもの。②うっとりするようにここちよい。例 甘美《かんび》なメロディー。

【甘味】 ↓ 一《かんみ》 あまいあじ。あまいあじのする食品《しょくひん》。例 甘味料《かんみりょう》 二《あまみ》 あまさの程度《ていど》。対 辛味《からみ》

【甘味料】《かんみりょう》 さとう・水《みず》あめ・サッカリンなど、食品《しょくひん》にあまみをつけるための調味料《ちょうみりょう》。例 人工甘味料《じんこうかんみりょう》

【甘露】《かんろ》 ↓ ①あまくておいしい味《あじ》。例 甘露煮《かんろに》 ②あまいつゆ。中国《ちゅうごく》には、天子《てんし》がよい政治《せいじ》をすると天《てん》があまいつゆを降《ふ》らせるという言《い》いつたえがある。

甘-4 甚

総画9 JIS-3151 常用

訓音 ジン はなはだ・はなはだしい

筆順 一 卄 甘 甘 甚 甚 甚 甚 甚

なりたち  [会意] 「匹」が男《おとこ》と女《おんな》(夫婦《ふうふ》)、「甘」が楽《たの》しみで、男女《だんじょ》の楽《たの》しみを表《あらわ》している字《じ》。

意味 はなはだしい。たいへんに。例 甚《はなは》だめいわくだ。誤解《ごかい》も甚《はなは》だしい。甚大《じんだい》

名前のよみ しげ・やす

【甚大】《じんだい》 ↓ (ーな) ひじょうに大《おお》きい。例 被害《ひがい》甚大 類 莫大《ばくだい》・絶大《ぜつだい》 表現 「莫大《ばくだい》」や「絶大《ぜつだい》」とくらべて、よくないことに使《つか》われる。

5画 生〔うまれる〕の部

「生」をもとにして作《つく》られ、いのちやうまれることにかかわる字《じ》を集《あつ》めてあります。

この部首の字
0 生……736
6 産……739
7 甥……740

生-0 生

総画5 JIS-3224 教1年

訓音 セイ・ショウ いきる・いかす・いける・うまれる・うむ・おう・はえる・はやす・き・なま

筆順 ノ ㇉ 仁 牛 生 (ながく)

なりたち 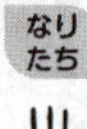 [象形] 草木《くさき》の生《は》えでた形《かたち》をえがいた字《じ》。

意味 ❶うまれる。はえる。うみだす。例 この世《よ》に生《う》まれる。新記録《しんきろく》を生《う》む。雑草《ざっそう》が生《は》える。ひげを生《は》やす。問題《もんだい》が生《しょう》じる。明治《めいじ》の生《う》まれ。生《お》い立《た》ち・生育《せいいく》・生産《せいさん》・出生《しゅっしょう/しゅっせい》

❷いきる。いきている。いきいきしている。例 生《い》きるか死《し》ぬか。才能《さいのう》を生《い》かす。花《はな》を生《い》ける。生《せい》と死《し》。生活《せいかつ》

ものしり巻物 第24巻

読《よ》み方《かた》によって意味《いみ》がかわる熟語《じゅくご》

「人気のない店《みせ》で買《か》い物《もの》をする」という文《ぶん》は、「人気」という熟語《じゅくご》の読《よ》み方《かた》をかえると、まったくべつの意味《いみ》になってしまいます。「にんき」と読《よ》めば、品物《しなもの》のねだんが高《たか》かったりして、みんなの評判《ひょうばん》がわるい店《みせ》で買《か》い物《もの》をするという意味《いみ》になります。「ひとけ」と読《よ》めば、ほかのお客《きゃく》さんがだれもいないような、がらんとした店《みせ》で買《か》い物《もの》をするという意味《いみ》になります。

上手(かみて・うわて・じょうず)、下手(しもて・したて・へた)、今日(こんにち・きょう)など、読《よ》み方《かた》によってまったくべつの意味《いみ》になってしまう熟語《じゅくご》は、ほかにもいろいろあります。

また、工場(こうじょう・こうば)、風車(ふうしゃ・かざぐるま)、草原(そうげん・くさはら)のように、よく似《に》たものを指《さ》していながら、指《さ》すものの大《おお》きさによって、読《よ》み方《かた》をかえる熟《じゅく》語《ご》もあります。

牧場(ぼくじょう・まきば)の場合《ばあい》は、指《さ》すものはほとんどかわりませんが、「まきば」と言《い》ったほうがのどかな感《かん》じですね。

❸なまの。まだ加工《かこう》していない。中途半《ちゅうとはん》端《ぱ》の。例生《なま》で食《た》べる。生物《なまもの》・生返事《なまへんじ》

❹まじりけのない。真《しん》の。例生《き》で飲《の》む。生《き》一本《いっぽん》

❺学《まな》ぶ人《ひと》。例生徒《せいと》・学生《がくせい》

使い分け うむ[生・産] ☞739ページ

特別なよみ 芝生(しばふ)・弥生(やよい)

名前のよみ あり・すすむ・たか・なり・のり・よ

❶〈うまれる〉の意味で

【生育】せいいく Ⅱ〈―する〉植物《しょくぶつ》がはえ育《そだ》つこと。例イネの生育《せいいく》に適《てき》した環境《かんきょう》。類生長《せいちょう》

【生家】せいか ↓その人《ひと》が生《う》まれた家《いえ》。類実家《じっか》

【生後】せいご ↓生《う》まれてのち。乳児《にゅうじ》について、あとに期間《きかん》を表《あらわ》すことばをつけて使《つか》う。例生後《せいご》二週間《にしゅうかん》。

【生産】せいさん Ⅱ〈―する〉自然《しぜん》のものに手《て》をくわえて、生活《せいかつ》に必要《ひつよう》なものをつくり出《だ》すこと。例大量生産《たいりょうせいさん》 類産出《さんしゅつ》 対消費《しょうひ》

【生産性】せいさんせい ものをつくり出《だ》すための手間《てま》や費用《ひよう》と、つくり出《だ》されたものの量《りょう》やねうちとの割合《わりあい》。例生産性《せいさんせい》を高《たか》める。

【生産的】せいさんてき 〈―に・―な〉ものをうみだす力《ちから》をもっている。例生産的《せいさんてき》な意見《いけん》。類建設的《けんせつてき》

【生。殖】せいしょく ↓〈―する〉生物《せいぶつ》が子《こ》をつくり、子孫《しそん》をのこすこと。例生殖機能《せいしょくきのう》

【生誕】せいたん Ⅱ〈―する〉生《う》まれること。例生誕《せいたん》の地《ち》。類誕生《たんじょう》

【生地】せいち ↓その人《ひと》が生《う》まれた土地《とち》。類出《しゅっ》

生地《しょうち》・出身地《しゅっしんち》 ☞「きじ」は❸

【生長】《せいちょう》 [‖]〈—する〉植物《しょくぶつ》がはえ育《そだ》つこと。例 竹《たけ》は生長《せいちょう》がはやい。類 生育《せいいく》・成長《せいちょう》

使い分け ［成長・生長］☞498ページ

【生年】《せいねん》 [↓]その人《ひと》の生《う》まれた年《とし》。対 没年《ぼつねん》

【生来】《せいらい》 [⊠]生《う》まれたときに、もう身《み》についていること。生《う》まれつき。例 生来手先《せいらいてさき》が器用《きよう》だ。

❷〈いきる〉の意味で

【生。涯】《しょうがい》 [↓]その人《ひと》が生《う》まれてから死《し》ぬまでのあいだ。例 幸《しあわ》せな生涯《しょうがい》を送《おく》る。生涯学習《しょうがいがくしゅう》 類 一生《いっしょう》・終世《しゅうせい》・人生《じんせい》 表現「トンボの一生《いっしょう》」など、「一生《いっしょう》」は人以外《ひといがい》にもいうが、「生涯《しょうがい》」は人以外《ひといがい》あまり使《つか》わない。

【生花】 [↓] [一]《せいか》 生《い》きている自然《しぜん》の花《はな》。例 生花《せいか》をそなえる。対 造花《ぞうか》 [二]《せいか｜いけばな》 華道《かどう》。お花《はな》。例 生花《せいか｜いけばな》を習《なら》う。

【生活】《せいかつ》 [‖]〈—する〉生《い》きて日々《ひび》のくらしをすること。例 豊《ゆた》かな生活《せいかつ》を送《おく》る。

【生。還】《せいかん》 [↓]〈—する〉①ぶじに生《い》きて帰《かえ》ること。②野球《やきゅう》で、塁《るい》に出《で》た人《ひと》が、本塁《ほんるい》に帰《かえ》って点《てん》を入《い》れること。ホームイン。

【生気】《せいき》 [↓]いきいきとした感《かん》じ。例 生気《せいき》のない顔《かお》。類 活気《かっき》・元気《げんき》・生彩《せいさい》・精気《せいき》・精彩《せいさい》

【生業】《せいぎょう》 [↓]生活《せいかつ》していくための仕事《しごと》。なりわい。例 魚屋《さかなや》を生業《せいぎょう》とする。類 職業《しょくぎょう》

【生計】《せいけい》 [↓]生活《せいかつ》していくための手《て》だて。例 アルバイトで生計《せいけい》をささえる。類 家計《かけい》

【生。彩】《せいさい》 [↓]いきいきとした元気《げんき》なありさま。例 ひときわ生彩《せいさい》をはなつ。類 生気《せいき》・活気《かっき》・精彩《せいさい》

【生死】《せいし｜しょうじ》 [⇕]生《い》きることと死《し》ぬこと。生《い》きているか死《し》んでいるか。例 生死不明《せいしふめい》。生死《せいし》にかかわるだいじな問題《もんだい》。類 死活《しかつ》 参考「しょうじ」は仏教《ぶっきょう》での言《い》い方《かた》。

【生。鮮】《せいせん》 [‖]〈—な〉新《あたら》しくていきがいいこと。例 生鮮野菜《せいせんやさい》を食《た》べる。類 新鮮《しんせん》

【生前】《せいぜん》 [↓]死《し》んだ人《ひと》が、まだ生《い》きていたとき。例 祖父《そふ》は生前《せいぜん》よく昔話《むかしばなし》をしてくれた。類 存命中《ぞんめいちゅう》 対 死後《しご》・没後《ぼつご》

【生息】《せいそく》 [‖]〈—する〉動物《どうぶつ》などがすみついて生活《せいかつ》している。例 めずらしいチョウの生息地《せいそくち》。

【生存】《せいぞん》 [‖]〈—する〉生《い》きていること。生《い》きのこること。例 生存《せいぞん》を確認《かくにん》する。生存者《せいぞんしゃ》 類 存命《ぞんめい》 対 死亡《しぼう》

【生存競争】《せいぞんきょうそう》 生《い》きのびて子孫《しそん》をのこそうとするためにおこる生物間《せいぶつかん》のあらそい。強《つよ》いものや、環境《かんきょう》に合《あ》ったものが生《い》きのこる。表現「業者間《ぎょうしゃかん》の生存競争《せいぞんきょうそう》がはげしい」など、人間社会《にんげんしゃかい》での競争《きょうそう》についてもいう。

【生態】《せいたい》 [↓]①生物《せいぶつ》が自然《しぜん》の中《なか》で生《い》きているようす。例 クマの生態《せいたい》。②人《ひと》びとのなまなましいすがた。例 高校生《こうこうせい》の生態《せいたい》にせまる。

【生物】《せいぶつ》 [↓]①いのちをもち、成長《せいちょう》したりふえたりするもの。動物《どうぶつ》・植物《しょくぶつ》をまとめていう。いきもの。例 海《うみ》の生物《せいぶつ》。②「生物学《せいぶつがく》」の略《りゃく》。生《せい》物《ぶつ》について研究《けんきゅう》する学問《がくもん》。

【生別】《せいべつ》 [↓]〈—する〉長《なが》い間《あいだ》わかれわかれになってしまうこと。生《い》きわかれ。対 死別《しべつ》

【生命】《せいめい》 [↓]①生《い》きるということの、いちばんもとになっているもの。いのち。例 生命《せいめい》をまもる。②もっともたいせつな力《ちから》やはたらき。例 選手生命《せんしゅせいめい》をかけて取《と》り組《く》む。

【生理】《せいり》 [↓]①生物《せいぶつ》が生《い》きていくうえでの、からだのはたらき。例 生理現象《せいりげんしょう》 ②女性《じょせい》が子《こ》どもを生《う》む準備《じゅんび》として、一《いっ》か月《げつ》に一度《いちど》おこるからだの内部《ないぶ》のはたらき。類 月経《げっけい》

【生理的】《せいりてき》〈—な〉〈—に〉からだのはたらきのうえでの。例 生理的現象《せいりてきげんしょう》

【生木】《なまき》 [↓]地《ち》にはえて、生《い》きている木《き》。例 生木《なまき》を裂《さ》く（家族《かぞく》や恋人《こいびと》など親《した》しいあいだがらの者《もの》をむりにわかれさせること）。☞❸

【生身】《なまみ》 [↓]血《ち》もかよい息《いき》もしている、生《い》きているからだ。例 生身《なまみ》だから、かぜもひくよ。

❸〈なまの〉の意味で

【生糸】《きいと》 [↓]カイコのまゆからとったままの、練《ね》っていない絹糸《きぬいと》。類 蚕糸《さんし》・絹糸《きぬいと｜けんし》

【生地】《きじ》 [↓]①着物《きもの》や服《ふく》などをつくるための布《ぬの》。例 ワンピースの生地《きじ》。類 布地《ぬのじ》 ②もって生《う》まれた性質《せいしつ》。例 おこりっぽいのがあの人《ひと》の生地《きじ》だ。☞「せいち」は❶

【生。硬】《せいこう》 [↓]〈—な〉〈—に〉かたくてぎこちないようす。例 こなれていない生硬《せいこう》な文章《ぶんしょう》。

【生食】《せいしょく》 [↓]〈—する〉なまのままで食《た》べること。例 生食用《せいしょくよう》のカキ（牡蠣）。対 加熱《かねつ》

あるのに、えらそうなふるまいをすること。
【生意気《なまいき》】〈—な・—に〉年齢《ねんれい》や力《ちから》がふじゅうぶんであるのに、えらそうなふるまいをすること。例生意気《なまいき》な子《こ》どもだ。

【生。菓子《なまがし》】クリーム・あんなどの、長持《ながも》ちしない材料《ざいりょう》を使《つか》ってつくった菓子《かし》。対干菓子《ひがし》

【生木《なまき》】↓切《き》ったばかりで、水分《すいぶん》を多《おお》くふくんだ木《き》。例生木《なまき》はもえにくい。☞❷

【生傷《なまきず》】↓できたばかりで、まだなおっていない状態《じょうたい》の傷《きず》。例生傷《なまきず》がたえない。対古傷《ふるきず》

【生半可《なまはんか》】〈—な・—に〉ものごとがいいかげんで、中途半端《ちゅうとはんぱ》なようす。例生《なま》はんかな知識《ちしき》。

【生兵法《なまびょうほう》】ほんのちょっと身《み》につけただけのふじゅうぶんな知識《ちしき》や技術《ぎじゅつ》。例生兵法《なまびょうほう》は大《おお》けがのもと（よく知《し》らないことをすると、大《おお》きなまちがいをおこす）。参考「兵法《ひょうほう》」は剣道《けんどう》などの武術《ぶじゅつ》。

【生返事《なまへんじ》】はっきりしない、いいかげんな返事《へんじ》。例生返事《なまへんじ》なら、するな。

【生水《なまみず》】↓わかしたりしてない水《みず》。例生水《なまみず》でおなかをこわさないように。

❹〈まじりけのない〉の意味で

【生一本《きいっぽん》】①まじりけがないこと。とくに、酒《さけ》についていう。②〈—な〉かざりけがなく、心《こころ》がまっすぐなこと。例生一本《きいっぽん》な人《ひと》がら。類一本気《いっぽんぎ》

【生真▲面目《きまじめ》】〈—な・—に〉ひじょうにまじめなようす。例きまじめに仕事《しごと》をする。

❺〈学ぶ人〉の意味で

【生徒《せいと》】↓学校《がっこう》などで学《まな》ぶ人《ひと》。とくに、中学《ちゅうがっ》校《こう》・高校《こうこう》で学《まな》んでいる人《ひと》。例生徒会《せいとかい》 対先生《せんせい》 表現小学校《しょうがっこう》の場合《ばあい》は「児童《じどう》」、大学《だいがく》では「学《がく》生《せい》」という。

生が下につく熟語 上の字の働き

❶生＝〈うまれる〉のとき
【出生《しゅっしょう／しゅっせい》 誕生《たんじょう》 発生《はっせい》】近《ちか》い意味《いみ》。
【卵生《らんせい》 胎生《たいせい》 往生《おうじょう》 畜生《ちくしょう》 派生《はせい》】ドウイウ生《う》まれ方《かた》か。

❷生＝〈いきる〉のとき
【自生《じせい》 密生《みっせい》】ドノヨウニ生《は》えるか。
【衛生《えいせい》 摂生《せっせい》 養生《ようじょう》 回生《かいせい》（起死回生《きしかいせい》） 更生《こうせい》】生《せい》をドウスルか。
【寄生《きせい》 群生《ぐんせい》 野生《やせい》】ドノヨウニして生《い》きていくか。
【人生《じんせい》 一生《いっしょう》 半生《はんせい》 終生《しゅうせい》 余生《よせい》 平生《へいぜい》】ドウイウ生《せい》か。
【一年生《いちねんせい》 二年生《にねんせい》 多年生《たねんせい》】草《くさ》がドレダケ生《い》きるか。〔「一年生草本《いちねんせいそうほん》」などの略《りゃく》〕

❺生＝〈学ぶ人〉のとき
【塾生《じゅくせい》 書生《しょせい》 寮生《りょうせい》 先生《せんせい》 小生《しょうせい》 後生《こうせい》 衆生《しゅじょう》 上級生《じょうきゅうせい》 一年生《いちねんせい》 練習生《れんしゅうせい》】ドンナ人《ひと》か。

◆写生《しゃせい》 誕生《たんじょう》

例解 使い分け

［うむ《生む・産む》］

生む＝生命《せいめい》をあたえる。ものごとを新《あたら》しく作《つく》る。
例英雄《えいゆう》を生《う》んだ土地《とち》。新記録《しんきろく》を生《う》む。

産む＝母体《ぼたい》からたまごや子《こ》どもを出《だ》す。
例ニワトリがたまごを産《う》む。産《う》みの苦《くる》しみ。

新記録を生む

卵を産む

生－6

産

総画11
JIS-2726
教4年
音 サン
訓 うむ・うまれる・うぶ

筆順 産 産 産 産 産 産 産（まっすぐ、つく／ながく）

なりたち 【形声】もとの字は、「產」。「彥《ゲン》」の省略《しょうりゃく》した形《かたち》「产」が「サン」とかわって読《よ》み方《かた》をしめしている。「ゲン」も「生《う》まれる」意味《いみ》を持《も》ち、「生」をくわえてうまれることを表《あらわ》す字《じ》。

意味

❶子《こ》どもやたまごをうむ。例卵《たまご》を産《う》む。ひなが産《う》まれる。産声《うぶごえ》・出産《しゅっさん》

❷ものをうみ出《だ》す。新《あたら》しくつくり出《だ》す。例リンゴを産《さん》する。北海道《ほっかいどう》の産《さん》。産業《さんぎょう》・産《さん》出《しゅっ》・生産《せいさん》

❸うみ出《だ》されたものやお金《かね》。例資産《しさん》・財産《ざいさん》

使い分け うむ[生・産] ☞ 739ページ

特別なよみ 土産（みやげ）

名前のよみ ただ

❶〈子どもやたまごをうむ〉の意味で

【産着】うぶぎ ↓ 生《う》まれたばかりの子《こ》どもに着《き》せる着物《きもの》。ベビーウエア。

【産毛】うぶげ ↓ ①生《う》まれたばかりの子《こ》どもの毛《け》。②ほおや首《くび》すじなどに生《は》えている、ごく短《みじか》く、やわらかい毛《け》。例 産毛《うぶげ》をそる。

【産声】うぶごえ ↓ 生《う》まれた子《こ》どもがはじめて出《だ》す泣《な》き声《ごえ》。例 産声《うぶごえ》を上《あ》げる。表現「新《あたら》しく三《みっ》つのクラブが産声《うぶごえ》を上《あ》げた」のように、ものが生《う》まれ出《で》る場合《ばあい》にも使《つか》う。

【産湯】うぶゆ ↓ 生《う》まれたばかりの子《こ》どもを入《い》れてあらう湯《ゆ》。例 産湯《うぶゆ》を使《つか》う。類 初湯《はつゆ》

【産院】さんいん ↓ お産《さん》のための病院《びょういん》。お産《さん》をする女《おんな》の人《ひと》や生《う》まれたばかりの子《こ》どものせわをする。例 産院《さんいん》に入院《にゅういん》する。

【産後】さんご ↓ 女《おんな》の人《ひと》が子《こ》どもを生《う》んだあとの時期《じき》。例 産後《さんご》の肥立《ひだ》ち。

【産。婆】さんば ↓ お産《さん》の手助《てだす》けやせわすることを仕事《しごと》にしている女《おんな》の人《ひと》。おさんばさん。表現「産婆《さんば》」は古《ふる》いことばで、今《いま》は「助産師《じょさんし》」という。「産婆《さんば》」を比喩的《ひゆてき》に使《つか》って、たとえば、新《あたら》しい会社《かいしゃ》や仕事《しごと》を始《はじ》めるときに、そのせわをすることを「産婆役《さんばやく》をつとめる」などという。

【産婦】さんぷ ↓ もうすぐ子《こ》どもが生《う》まれる人《ひと》。子《こ》どもを生《う》んだばかりの人《ひと》。

【産卵】さんらん ▲〈―する〉たまごをうむこと。例 サケの人工産卵床《じんこうさんらんしょう》。

❷〈ものをうみ出す〉の意味で

【産額】さんがく ↓ つくり出《だ》されるものの量《りょう》やその金額《きんがく》。類 生産高《せいさんだか》・生産量《せいさんりょう》・産出量《さんしゅつりょう》

【産業】さんぎょう ↓ 人間《にんげん》に必要《ひつよう》なものをつくり出《だ》す仕事《しごと》。例 産業革命《さんぎょうかくめい》。日本《にほん》のおもな産業《さんぎょう》。知識 自然《しぜん》の中《なか》からものをうみ出《だ》す農業《のうぎょう》・林業《りんぎょう》などは「第一次産業《だいいちじさんぎょう》」、材料《ざいりょう》からものをつくる工業《こうぎょう》は「第二次産業《だいにじさんぎょう》」、ものを運《はこ》んだり売《う》ったりするのは「第三次産業《だいさんじさんぎょう》」。

【産出】さんしゅつ ↓〈―する〉自然《しぜん》の中《なか》から役《やく》に立《た》つものをとり出《だ》したりつくり出《だ》したりすること。例 大理石《だいりせき》を産出《さんしゅつ》する。類 生産《せいさん》

【産地】さんち ↓ そのものがつくり出《だ》される土地《とち》。例 産地直送《さんちちょくそう》。リンゴの産地《さんち》。類 生産地《せいさんち》

【産物】さんぶつ ↓ ①その土地《とち》でつくられたりとれたりするもの。例 この町《まち》の産物《さんぶつ》を調《しら》べる。類 物産《ぶっさん》 ②あることの結果《けっか》として生《しょう》じたものごと。例 財産《ざいさん》は勤勉《きんべん》の産物《さんぶつ》。

産が下につく熟語 上の字の働き

❶産＝〈子どもやたまごをうむ〉のとき
【安産《あんざん》 難産《なんざん》 流産《りゅうざん》】ドノヨウナお産《さん》か。

❷産＝〈ものをうみ出す〉のとき
【日産《にっさん》 月産《げっさん》】ドレダケの期間《きかん》の生産《せいさん》か。
【減産《げんさん》 増産《ぞうさん》 殖産《しょくさん》】生産《せいさん》をドウスルか。
【国産《こくさん》 外国産《がいこくさん》】ドコの産《さん》か。
【特産《とくさん》 名産《めいさん》】ドノヨウナ産物《さんぶつ》か。

❸産＝〈うみ出されたものやお金〉のとき
【財産《ざいさん》 資産《しさん》】近《ちか》い意味《いみ》。
【遺産《いさん》 動産《どうさん》 不動産《ふどうさん》】ドノヨウナ財産《ざいさん》か。
【倒産《とうさん》 破産《はさん》】財産《ざいさん》がドウナルか。
◆出産《しゅっさん》 水産《すいさん》 生産《せいさん》 畜産《ちくさん》 量産《りょうさん》

生－7

甥

総画12 JIS-1789 人名
訓 おい 音 ―

意味 おい。兄弟姉妹《きょうだいしまい》のむすこ。おいご。おいっこ。対 姪《めい》

5画 **用**〔もちいる〕の部

「用」の字と、「用」の形《かたち》がめやすとなっている「甫」の字とが入《はい》ります。

この部首の字
0 用……740
2 甫……741

用－0

用

総画5 JIS-4549 教2年
訓 もちいる 音 ヨウ

筆順

なりたち

[象形] おけの形《かたち》をえがいた字《じ》。借《か》りて、「もちいる」として使《つか》われている。

意味 ❶もちいる。つかう。役立《やくだ》たせる。例 器《き》具《ぐ》を用《もち》いる。用心《ようじん》・利用《りよう》

❷はたらき。ききめ。例効用《こうよう》・作用《さよう》・通用《つうよう》 ❸仕事《しごと》。しなければならないこと。例用《よう》を済《す》ます。用事《ようじ》・急用《きゅうよう》・費用《ひよう》

名前のよみ ちか

❶〈もちいる〉の意味で

【用意】《ようい》 ▲〈—する〉あることのため、前《まえ》もって気《き》をくばり、こまらないようにしておくこと。例雨具《あまぐ》の用意《ようい》がいる。類準備《じゅんび》

【用意周。到】《よういしゅうとう》〈一な・一に〉計画《けいかく》や準備《じゅんび》が手《て》ぬかりなくよくできているようす。例用意周到《よういしゅうとう》な人《ひと》。用意周到《よういしゅうとう》に準備《じゅんび》する。

【用具】《ようぐ》 ↓なにかをするときに使《つか》う道具《どうぐ》。例筆記用具《ひっきようぐ》・キャンプ用具《ようぐ》

【用語】《ようご》 ↓①会話《かいわ》や文章《ぶんしょう》で使《つか》うことば。②学問《がくもん》の世界《せかい》など で、とくべつの意味《いみ》をもたせて使《つか》うことば。例用語《ようご》のまちがいをなおす。例医学用語《いがくようご》 類術語《じゅつご》

【用材】《ようざい》 ↓建築《けんちく》や土木《どぼく》などの仕事《しごと》に使《つか》う材《ざい》木《もく》。例建築用材《けんちくようざい》。用材《ようざい》の手配《てはい》をする。

【用紙】《ようし》 ↓あることのために使《つか》うようにできている紙《かみ》。例画用紙《がようし》・原稿用紙《げんこうようし》

【用心】《ようじん》 ▲〈—する〉わるいことが起《お》きないように気《き》をつけること。例火《ひ》の用心《ようじん》。用心《ようじん》ぶかい人《ひと》。類注意《ちゅうい》・警戒《けいかい》・戒心《かいしん》

【用心棒】《ようじんぼう》 自分《じぶん》の身《み》や財産《ざいさん》をまもるためにやとう人《ひと》。ボディーガード。ガードマン。例用心棒《ようじんぼう》をやとう。参考もとの意味《いみ》は、武《ぶ》器《き》としての棒《ぼう》や戸《と》じまりのしんばり棒《ぼう》。

【用水】《ようすい》 ↓なにかのために、よそから引《ひ》いてきたりためておいたりする水《みず》。例用水路《ようすいろ》・農《のう》業《ぎょう》用水《ようすい》・防火用水《ぼうかようすい》

【用地】《ようち》 ↓ある目的《もくてき》のために使《つか》う土地《とち》。例工場《こうじょう》の建設用地《けんせつようち》。類敷地《しきち》

【用。途】《ようと》 ↓お金《かね》やものの使《つか》い道《みち》。例お金《かね》の用途《ようと》を決《き》める。類使途《しと》

【用品】《ようひん》 ↓あることのために使《つか》う品物《しなもの》。例事務用品《じむようひん》・調理用品《ちょうりようひん》

【用法】《ようほう》 ↓そのものを役立《やくだ》てるための使《つか》い方《かた》。例ことばの用法《ようほう》を調《しら》べる。類使用法《しようほう》

【用量】《ようりょう》 ↓これだけ使《つか》うという、決《き》められた分量《ぶんりょう》。例薬《くすり》の用量《ようりょう》をへらす。

【用例】《ようれい》 ↓ことばの使《つか》い方《かた》の例《れい》。例用例《ようれい》をあげて説明《せつめい》する。類実例《じつれい》

❸〈仕事〉の意味で

【用件】《ようけん》 ↓しなければならないこと。とくに、その中身《なかみ》。用向《ようむ》き。類用事《ようじ》

例解 使い分け

［用件《ようけん》・要件《ようけん》］

用件＝用事《ようじ》の中身《なかみ》。

例用件《ようけん》を話《はな》す。どんなご用件《ようけん》でしょうか。用件《ようけん》は以上《いじょう》です。

要件＝たいせつなことがら。必要《ひつよう》なこと。

例要件《ようけん》を書《か》きとめる。要件《ようけん》を満《み》たす。

【用事】《ようじ》 ↓しなくてはならない仕事《しごと》。例父《ちち》の用事《ようじ》で町《まち》に行《い》く。類用《よう》・所用《しょよう》・用件《ようけん》

【用談】《ようだん》 ↓〈—する〉仕事《しごと》のことで人《ひと》と話《はな》し合《あ》うこと。例用談中《ようだんちゅう》。用談《ようだん》に入《はい》る。

【用便】《ようべん》 ▲〈—する〉大便《だいべん》や小便《しょうべん》をすること。

【用命】《ようめい》 ↓用事《ようじ》を言《い》いつけること。店《みせ》に品物《しなもの》を注文《ちゅうもん》すること。例ご用命《ようめい》の品《しな》。

用が下につく熟語 上の字の働き

❶用＝〈もちいる〉のとき

【使用《しよう》 雇用《こよう》 服用《ふくよう》】近《ちか》い意味《いみ》。

【愛用《あいよう》 悪用《あくよう》 引用《いんよう》 運用《うんよう》 援用《えんよう》 応用《おうよう》 活用《かつよう》 起用《きよう》 逆用《ぎゃくよう》 兼用《けんよう》 誤用《ごよう》 採用《さいよう》 試用《しよう》 実用《じつよう》 借用《しゃくよう》 常用《じょうよう》 信用《しんよう》 占用《せんよう》 専用《せんよう》 善用《ぜんよう》 代用《だいよう》 着用《ちゃくよう》 徴用《ちょうよう》 適用《てきよう》 転用《てんよう》 登用《とうよう》 盗用《とうよう》 当用《とうよう》 徳用《とくよう》 日用《にちよう》 任用《にんよう》 併用《へいよう》 利用《りよう》 流用《りゅうよう》 濫用《らんよう》（乱用《らんよう》）】ドウヤッテ用《もち》いるか。

【食用《しょくよう》 飲用《いんよう》 薬用《やくよう》 軍用《ぐんよう》 小児用《しょうによう》】ナニに用《もち》いるか。

❷用＝〈はたらき〉のとき

【器用《きよう》 作用《さよう》】近《ちか》い意味《いみ》。

【通用《つうよう》 両用《りょうよう》 効用《こうよう》】ドノヨウニはたらくか。

❸用＝〈仕事〉のとき

【私用《しよう》 公用《こうよう》 社用《しゃよう》 商用《しょうよう》 急用《きゅうよう》 御用《ごよう》 雑用《ざつよう》】ドンナ仕事《しごと》か。

◇所用《しょよう》 土用《どよう》 入用《にゅうよう》 無用《むよう》 有用《ゆうよう》

甫

用−2

総画7

JIS-4267

人名

音ホ

訓はじ-め

意味

❶平《たい》らで広《ひろ》い。広《ひろ》いたんぼ。

❷はじまり。はじめて。

名前のよみ すけ・とし・なみ・のり・まさ・もと・よし

5画 田 [た] [たへん] の部

「田《た》」をもとにして作《つく》られ、田地《でんち》や農耕《のうこう》にかかわる字《じ》と、「田《た》」の形《かたち》がめやすとなっている字《じ》を集《あつ》めてあります。

この部首の字

田
田-0
総画5
JIS-3736
教1年
音 デン
訓 た

筆順 まんなか

なりたち 【象形】耕作地《こうさくち》の形《かたち》をえがいた字《じ》。「たはた」の意味《いみ》を表《あらわ》している。

意味 たんぼ。イネをつくるたんぼ。ものがとれる土地《とち》。例 田《た》を耕《たがや》す。田《た》と畑《はたけ》。田畑《たはた|でんばた》・田園《でんえん》・水田《すいでん》・塩田《えんでん》

特別なよみ 田舎(いなか)

【田舎】《いなか》 [○] ①都会《とかい》とちがって、田畑《たはた》や山林《さんりん》の多《おお》いところ。例 定年後《ていねんご》は、田舎《いなか》でのんびりくらしたい。対 都会《とかい》 ②地方《ちほう》から都会《とかい》へ出《で》てきてくらしている人《ひと》が、出身地《しゅっしんち》を指《さ》していうことば。例 田舎《いなか》へ帰《かえ》る。

【田畑】《たはた|でんばた》 [‖] 田《た》や畑《はたけ》。例 田畑《たはた》をたがやす。田畑《でんぱた》を人手《ひとて》にわたす。表現 「でんぱた」と言《い》うと、財産《ざいさん》の感《かん》じが強《つよ》くなる。

【田園】《でんえん》 [‖] 森《もり》・林《はやし》・田《た》・畑《はたけ》などが広《ひろ》がっているところ。いなか。例 のどかな田園風景《でんえんふうけい》。

【田地】《でんち》 [↓] たんぼ。例 田地田畑《でんちでんばた》

田が下につく熟語 上の字の働き
【墾田《こんでん》 水田《すいでん》 美田《びでん》 青田《あおた》】ドノヨウナ田《た》か。
【塩田《えんでん》 炭田《たんでん》 油田《ゆでん》】ナニがとれる土地《とち》か。

甲
田-0
総画5
JIS-2535
常用
音 コウ・カン
訓 きのえ・かぶと

筆順

なりたち 【象形】たねのからがさけた形《かたち》をえがいた字《じ》。かたいからを表《あらわ》す。

意味
❶かたいから。よろい。ものの外《そと》の面《めん》。例 手《て》の甲《こう》。甲虫《こうちゅう》・甲板《かんぱん》
❷十干《じっかん》の一番《いちばん》め。きのえ。ものごとの一番《いちばん》め。例 甲種《こうしゅ》・甲乙《こうおつ》
❸甲斐《かい》。旧国名《きゅうこくめい》。今《いま》の山梨県《やまなしけん》。例 甲州《こうしゅう》
❹《その他《た》》例 甲斐《かい》がある。

名前のよみ かつ・まさる

❶〈かたいから〉の意味で

【甲板】《かんぱん|こうはん》 [↓] 船体《せんたい》の上部《じょうぶ》の平《たい》らなところ。デッキ。例 甲板《かんぱん》は風《かぜ》が強《つよ》い。甲板員《こうはんいん》

【甲骨文字】《こうこつもじ》 亀《かめ》のこうらや牛《うし》の骨《ほね》などにきざまれた、中国《ちゅうごく》のもっとも古《ふる》い時代《じだい》の文字《もじ》。亀甲文字《きっこうもじ》。☞ものしり巻物(129ページ)

【甲虫】《こうちゅう》 [↓] [一] カブトムシ・コガネムシ・ホタルなどのように、かたい羽《はね》がからだをおおっている昆虫《こんちゅう》のなかま。[二]《かぶとむし》 黒《くろ》くてかたいからにつつまれ、頭《あたま》に角《つの》のある昆虫《こんちゅう》。

【甲羅】《こうら》 [↓] カメやカニの背中《せなか》をおおっているかたいから。類 甲《こう》 表現 「浜辺《はまべ》で甲羅《こうら》を干《ほ》す」などと、人間《にんげん》の背中《せなか》のこともいう。

❷〈十干の一番め〉の意味で

【甲乙】《こうおつ》 [‖] ①一番《いちばん》めと二番《にばん》め。②すぐれているものと、おとっているもの。例 甲乙《こうおつ》つけがたい(どっちがすぐれているか決《き》められない)。類 優劣《ゆうれつ》

❹《その他》

【甲斐】《かい》 [○] やってよかったと思《おも》えるようなよい結果《けっか》。例 生《い》きがいを見《み》つける。苦心《くしん》のかいがあった。

【甲斐性】《かいしょう》 ものごとを本気《ほんき》になってやりとげようとするしっかりした気持《きも》ち。例 家《か》族《ぞく》をやしなうだけのかいしょうがない。類 意気地《いくじ》

申
田-0
総画5
JIS-3129
教3年
音 シン
訓 もうす・さる

前ページ ▶ 甫

筆順

なりたち 【象形】甲骨文字《こうこつもじ》では「ㄣ」と作《つく》り、いなびかりの形《かたち》をえがいた字《じ》。

意味

❶もうす。ものを言《い》う。例もの申《もう》す。お願《ねが》い申《もう》します。申告《しんこく》

❷十二支《じゅうにし》の九番《きゅうばん》め。動物《どうぶつ》ではサル。方角《ほうがく》では西南西《せいなんせい》。時刻《じこく》では午後四時《ごごよじ》、またはその前後二時間《ぜんごにじかん》。例庚申《こうしん》・壬申《じんしん》 参考☞「巽《そん》」の「文字物語」(356ページ)

名前のよみ のぶ

❶〈もうす〉の意味で

【申告】しんこく Ⅲ〈―する〉法律《ほうりつ》にしたがって、役所《やくしょ》にとどけ出《で》ること。例所得《しょとく》を申告《しんこく》する。確定申告書《かくていしんこくしょ》

【申。請】しんせい ⇩〈―する〉役所《やくしょ》に、許可《きょか》してくれという書類《しょるい》を出《だ》すこと。例建築許可《けんちくきょか》の申請《しんせい》をする。類出願《しゅつがん》

申が下につく熟語 上の字の働き

❶申＝〈もうす〉のとき

【具申《ぐしん》 答申《とうしん》】ドノヨウニ申《もう》すか。

田－0

由

総画5 JIS-4519 教3年

訓 よし 音 ユ・ユウ・ユイ

筆順

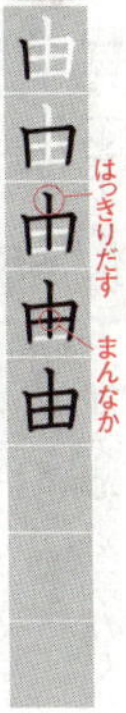

なりたち 【象形】酒《さけ》をしぼるためのかごの形《かたち》をえがいた字《じ》。借《か》りて、「わけ」として使《つか》われている。

意味

❶おこったところ。そこをとおってくる。例由緒《ゆいしょ》・経由《けいゆ》

❷わけ。事《こと》のしだい。例知《し》る由《よし》もない。無事《ぶじ》お帰《かえ》りの由《よし》、うかがいました。理由《りゆう》

注意するよみ ユイ…例由緒《ゆいしょ》

名前のよみ ゆき・より

❶〈おこったところ〉の意味で

【由。緒】ゆいしょ Ⅲものごとのおこりやそのいわれ。例この寺《てら》は由緒《ゆいしょ》ある寺《てら》らしい。類由来《ゆらい》・来歴《らいれき》・素性《すじょう》

【由来】ゆらい ⇩①ものごとがおこりたどってきた道《みち》すじ。例古《ふる》い絵巻物《えまきもの》の由来《ゆらい》を調《しら》べる。類由緒《ゆいしょ》・故事来歴《こじらいれき》 ②〈―する〉大《おお》もとになっていること。例俳句《はいく》は和歌《わか》に由来《ゆらい》する。類来歴《らいれき》

◆経由《けいゆ》 自由《じゆう》

田－2

男

総画7 JIS-3543 教1年

訓 おとこ 音 ダン・ナン

筆順

なりたち 【会意】田《た》と力《ちから》を合《あ》わせて、田《た》で力《ちから》仕事《しごと》をする者《もの》を表《あらわ》す字《じ》。

意味

❶おとこ。例男《おとこ》と女《おんな》。年男《としおとこ》・男子《だんし》 対女《じょ》

❷むすこ。親《おや》からみたおとこの子《こ》ども。例長男《ちょうなん》・一男一女《いちなんいちじょ》 対女《じょ》

❸華族《かぞく》の位《くらい》の五番《ごばん》め。例男爵《だんしゃく》

名前のよみ お

❶〈おとこ〉の意味で

【男気】⇩一おとこぎ 不正《ふせい》なことは見《み》のがせないとか、人《ひと》がこまっていれば助《たす》けずにいられないとかいう気質《きしつ》。例男気《おとこぎ》を見《み》せる。類侠気《きょうき》・義侠心《ぎきょうしん》・任侠《にんきょう》 二おとこけ 男《おとこ》の人《ひと》がいること。男《おとこ》っけ。対女気《おんなけ》

【男手】おとこで ⇩はたらき手《て》としての男性《だんせい》。例力《ちから》仕事《しごと》なので男手《おとこで》がほしい。対女手《おんなで》

【男前】おとこまえ ⇩〈―な〉〈―に〉男子《だんし》としての、すがたや顔《かお》かたちのよさ。例男前《おとこまえ》の役者《やくしゃ》。類美男子《びだんし》［美男子《びなんし》］・好男子《こうだんし》

例解 使い分け

[まち《町・街》]

町＝人《ひと》の住《す》む家《いえ》がたくさん集《あつ》まっている所《ところ》。例村《むら》から町《まち》へ移《うつ》る。町《まち》はずれ。城下町《じょうかまち》。

街＝店《みせ》がたくさんならんでいるにぎやかな所《ところ》。例街《まち》の明《あ》かりが美《うつく》しい。学生《がくせい》の街《まち》。

町

街

◦学習漢字でない常用漢字 ▴常用漢字表にない音訓 ◆常用漢字でない漢字

【男子】《だんし》 ↓ ①男《おとこ》の子《こ》。対 女子《じょし》 ②男《おとこ》の人《ひと》。例 男子一生《だんしいっしょう》の仕事《しごと》。類 男性《だんせい》・男児《だんじ》 対 女子《じょし》

【男児】《だんじ》 ↓ ①男《おとこ》の子《こ》。対 女児《じょじ》 ②男《おとこ》の人《ひと》。例 九州男児《きゅうしゅうだんじ》 類 男子《だんし》・男性《だんせい》

【男女】《だんじょ|なんにょ》 ⇕ 男《おとこ》と女《おんな》。例 老若男女《ろうにゃくなんにょ》 参考 「なんにょ」は「老若《ろうにゃく》」のあとにつづいたときの読《よ》み方《かた》。

【男声】《だんせい》 ↓ 声楽《せいがく》で、男《おとこ》の人《ひと》の声《こえ》。テノール・バリトン・バス。例 男声合唱《だんせいがっしょう》 対 女声《じょせい》

【男性】《だんせい》 ↓ 二《ふた》つの性《せい》のうち、男《おとこ》のほう。ふつう、おとなの男《おとこ》の人《ひと》をいう。類 男《おとこ》・男子《だんし》・男児《だんじ》 対 女性《じょせい》

【男性的】《だんせいてき》 〈―に・な〉男《おとこ》の特徴《とくちょう》がよく出《で》ている。男《おとこ》らしい。雄々《おお》しい。例 ごつごつした男性的《だんせいてき》な岩山《いわやま》。対 女性的《じょせいてき》 表現 ふつう、たくましさ、力《ちから》づよさ、決断《けつだん》のはやさなどが男性《だんせい》の特徴《とくちょう》と考《かん》えられている。

【男装】《だんそう》 ↓ 〈―する〉女《おんな》が男《おとこ》の身《み》なりをすること。例 男装《だんそう》して劇《げき》に出《で》る。対 女装《じょそう》

【男優】《だんゆう》 ↓ 男《おとこ》の俳優《はいゆう》。対 女優《じょゆう》

❸〈華族の位の五番め〉の意味で

【男爵】《だんしゃく》 ↓ むかしの貴族《きぞく》（華族《かぞく》）の位《くらい》の五《ご》番《ばん》め。知識 ☞【伯爵】《はくしゃく》（79ページ）

男が下につく熟語 上の字の働き

❶男＝〈おとこ〉のとき
【山男《やまおとこ》 年男《としおとこ》】ドウイウ男《おとこ》か。

❷男＝〈むすこ〉のとき
【長男《ちょうなん》 次男《じなん》】ドウイウ息子《むすこ》か。

【町】

田－2　総画7　JIS-3614　教1年
音 チョウ　訓 まち

筆順 町（はねる）

なりたち 【形声】「丁《テイ|チョウ》」が「チョウ」という読《よ》み方《かた》をしめしている。「テイ」は「まっすぐ通《とお》る」意味《いみ》を持《も》ち、田《た》のあいだをまっすぐ通《とお》る道《みち》「あぜ道《みち》」を表《あらわ》す字《じ》。日本《にほん》では、家《いえ》のあいだの道《みち》の意味《いみ》がくわわり、「まち」として使《つか》われている。

意味
❶家《いえ》がたくさん集《あつ》まったところ。地方公共団体《ちほうこうきょうだんたい》の一《ひと》つ。例 小《ちい》さな町《まち》。町会《ちょうかい》・町人《ちょうにん》・市町村《しちょうそん》
❷むかしの距離《きょり》や面積《めんせき》の単位《たんい》。距離《きょり》の一町《いっちょう》は六十間《ろくじっけん》で、約百九《やくひゃくきゅう》メートル。面積《めんせき》の一町《いっちょう》は十反《じったん》で、約一《やくいち》アール。

使い分け まち［町・街］☞743ページ

❶〈家がたくさん集まったところ〉の意味で

【町家】《ちょうか》 ↓ 町人《ちょうにん》の家《いえ》。おもに商家《しょうか》を指《さ》す。例 町家《ちょうか》の出《で》。表現 武士《ぶし》と町人《ちょうにん》の身分《みぶん》が分《わ》かれていた、むかしの言《い》い方《かた》。

【町会】《ちょうかい》 ↓ ①町《まち》の中《なか》のことを話《はな》し合《あ》うために、その地域《ちいき》の人《ひと》たちで作《つく》っている会《かい》。類 町内会《ちょうないかい》 ②「町議会《ちょうぎかい》」の略《りゃく》。町《ちょう》という地方公共団体《ちほうこうきょうだんたい》の議会《ぎかい》。

【町内】《ちょうない》 ↓ その町《まち》の中《なか》。例 町内会《ちょうないかい》

【町人】《ちょうにん》 ↓ 江戸時代《えどじだい》のことばで町《まち》に住《す》む商人《しょうにん》や職人《しょくにん》。

【町医者】《まちいしゃ》 大《おお》きな病院《びょういん》につとめず、自分《じぶん》で小《ちい》さな医院《いいん》を開《ひら》いている医者《いしゃ》。類 開業医《かいぎょうい》

【町工場】《まちこうば》 町《まち》なかにある小《ちい》さな工場《こうじょう》。

町が下につく熟語 上の字の働き

❶町＝〈家がたくさん集まったところ〉のとき
【港町《みなとまち》 裏町《うらまち》】ドウイウ町《まち》か。

【画】

田－3　総画8　JIS-1872　教2年
音 ガ・カク　訓 ―
［畫］

筆順 画（だす）（てない）

なりたち 【会意】もとの字《じ》は、「畫」。「かく」意味《いみ》の「聿」と「田《た》」と田《た》の境界線《きょうかいせん》をしめしている「一」を合《あ》わせて、田《た》の境界線《きょうかいせん》をかくことを表《あらわ》す字《じ》。

意味
❶くぎり。例 一線《いっせん》を画《かく》する。区画《くかく》
❷はかりごと。しようと考《かん》える。例 画策《かくさく》・計画《けいかく》
❸漢字《かんじ》の点《てん》や線《せん》。例 画数《かくすう》・点画《てんかく》
❹絵《え》。絵《え》をかく。例 画家《がか》・絵画《かいが》
❺映画《えいが》。画像《がぞう》。例 洋画《ようが》

❶〈くぎり〉の意味で

【画一】《かくいつ》 ▲ 〈―に・な〉全部《ぜんぶ》をおなじようにすること。例 やり方《かた》を画一《かくいつ》にする。画一的《かくいってき》なつくりの建物《たてもの》。類 杓子定規《しゃくしじょうぎ》

【画然《かくぜん》】⊠〈━たる・━と〉はっきりと区別《くべつ》できるようす。例 画然《かくぜん》と区別《くべつ》される。類 截然《せつぜん》

【画期的《かっきてき》】〈━な・━に〉そのことで、ものごとの流《なが》れがかわると思《おも》えるほど、新《あたら》しくてすばらしい。例 パソコンの出現《しゅつげん》は画期的《かっきてき》であった。

❷〈はかりごと〉の意味で

【画策《かくさく》】▲〈━する〉なにかをしようと考《かんが》えて、あれこれ動《うご》きまわること。例 かげでいろいろと画策《かくさく》する。類 策動《さくどう》・策謀《さくぼう》・策略《さくりゃく》 表現 あまりよくないことに使《つか》うことが多《おお》い。

❸〈漢字の点や線〉の意味で

【画数《かくすう》】↓ 漢字《かんじ》をかたちづくっている線《せん》や点《てん》の数《かず》。参考 ☞ものしり巻物(481ページ)

❹〈絵〉の意味で

【画家《がか》】↓ 絵《え》をかくことを職業《しょくぎょう》にしている人《ひと》。絵《え》かき。類 画工《がこう》・画伯《がはく》・絵師《えし》

【画材《がざい》】↓ ①風景《ふうけい》や人物《じんぶつ》・静物《せいぶつ》などの、絵《え》にかく材料《ざいりょう》。例 ヒマワリを画材《がざい》にえらぶ。類 題材《だいざい》・素材《そざい》 ②筆《ふで》や絵《え》の具《ぐ》など、絵《え》をかくための道具《どうぐ》や材料《ざいりょう》。

【画集《がしゅう》】↓ たくさんの絵《え》を印刷《いんさつ》してのせた本《ほん》。例 ゴッホの画集《がしゅう》。

【画像《がぞう》】↓ ①絵《え》にかいてある人《ひと》やもののすがた。例 キリストの画像《がぞう》。②テレビや画面《がめん》にうつっている人《ひと》やもののすがた。

【画。伯《がはく》】↓ すぐれた絵《え》かき。画家《がか》をうやまっていうときに使《つか》う。例 藤田画伯《ふじたがはく》。類 画家《がか》

【画風《がふう》】↓ 絵《え》のかき方《かた》の特色《とくしょく》。例 画風《がふう》で時代《じだい》がわかる。類 作風《さくふう》

【画面《がめん》】↓ ①絵《え》がかかれている、ある広《ひろ》がり。その上《うえ》の絵《え》。例 画面《がめん》のほこりをはらう。②テレビや映画《えいが》などで、うつし出《だ》された像《ぞう》。例 画面《がめん》がぼやけている。

【画用紙《がようし》】絵《え》をかくための厚手《あつで》の紙《かみ》。

【画▲。竜点◆睛《がりょうてんせい》】重要《じゅうよう》な最後《さいご》の仕上《しあ》げをすること。完成《かんせい》のためのだいじな仕上《しあ》げ。例 画竜点睛《がりょうてんせい》を欠《か》く。表記 「点《てん》」は書《か》き入《い》れることの意味《いみ》だから、日《ひ》へんでなく目《め》へんである。「睛《せい》」はひとみ…

故事のはなし ☞745ページ

【画。廊《がろう》】↓ 絵《え》・彫刻《ちょうこく》などの美術品《びじゅつひん》をならべてかざり、人《ひと》に見《み》せたり売《う》ったりするところ。ギャラリー。例 画廊《がろう》で個展《こてん》をひらく。

故事のはなし

画竜点睛《がりょうてんせい》

南朝《なんちょう》梁《りょう》の時代《じだい》の有名《ゆうめい》な画家《がか》、張僧繇《ちょうそうよう》が金陵《きんりょう》（現在《げんざい》の南京《なんきん》）の安楽寺《あんらくじ》に四匹《よんひき》の白竜《はくりゅう》をえがいたが、ひとみをかき入《い》れず、「ひとみを入《い》れると、飛《と》んで行《い》ってしまう」と話《はな》していた。人《ひと》びとはそれをでたらめだと思《おも》い、ぜひにと頼《たの》んでひとみをかき入《い》れてもらった。すると、雷《かみなり》が鳴《な》っていなずまが壁《かべ》をこわし、二《に》匹《ひき》の竜《りゅう》が雲《くも》に乗《の》って天《てん》に昇《のぼ》ってしまい、まだひとみを入《い》れていない二《に》匹《ひき》の竜《りゅう》の絵《え》だけが残《のこ》った。（『歴代《れきだい》名画記《めいがき》』巻七《かんなな》）

画が下につく熟語 上の字の働き

❷画＝〈はかりごと〉のとき
【企画《きかく》 計画《けいかく》】近《ちか》い意味《いみ》。

❸画＝〈漢字の点や線〉のとき
【字画《じかく》 総画《そうかく》】ナニの画《かく》か。

❹画＝〈絵〉のとき
【絵画《かいが》 図画《ずが》】近《ちか》い意味《いみ》。
【原画《げんが》 陰画《いんが》 壁画《へきが》 版画《はんが》 漫画《まんが》 戯画《ぎが》 劇画《げきが》 山水《さんすい》画《が》 水彩画《すいさいが》】ドウイウ絵《え》か。

❺画＝〈映画〉のとき
【邦画《ほうが》 洋画《ようが》】ドコの映画《えいが》か。

◆映画《えいが》 区画《くかく》 参画《さんかく》 点画《てんかく》 録画《ろくが》

田-4

畏

総画9
JIS-1658
常用
音 イ
訓 おそれる・かしこ━まる

筆順 畏 畏 畏 畏 畏 畏 畏 畏 畏

意味 おそれつつしむ。かしこまる。

使い分け おそれる［恐・畏］☞477ページ

【。畏敬《いけい》】Ⅲ〈━する〉おそれ多《おお》い気持《きも》ちをもち、尊敬《そんけい》すること。例 自然《しぜん》に対《たい》する畏敬《いけい》の念《ねん》

をたいせつにする。

界
田－4 総画9 JIS-1906 教3年
音 カイ
訓 —

筆順 (はらう・はねない)

なりたち 【形声】「介」が「分《わ》ける」意味《いみ》と「カイ」という読《よ》み方《かた》をしめしている。田《た》のさかいを表《あらわ》す字《じ》。

意味 さかい。くぎりの中《なか》。そのせかい。例 境界《きょうかい》・政界《せいかい》

【界・隈】界隈《かいわい》 Ⅱ そのあたり。例 浅草界隈《あさくさかいわい》。この界隈《かいわい》は寺《てら》が多《おお》い。類 近辺《きんぺん》・付近《ふきん》

界が下につく熟語 上の字の働き
【境界《きょうかい》 限界《げんかい》】近《ちか》い意味《いみ》。
【世界《せかい》 各界《かくかい》 外界《がいかい》 他界《たかい》 下界《げかい》 視界《しかい》 霊界《れいかい》】ドウイウ世界《せかい》か。
【政界《せいかい》 財界《ざいかい》 業界《ぎょうかい》 角界《かくかい／かっかい》 自然界《しぜんかい》 芸能界《げいのうかい》】ナニの世界《せかい》か。

畑
田－4 総画9 JIS-4010 教3年
音 —
訓 はた・はたけ

筆順 (とめる・とめる)

なりたち 【会意】国字《こくじ》。「火《ひ》」と「田《た》」を合《あ》わせて、火《ひ》で焼《や》いて開《ひら》いた「はたけ」を表《あらわ》す字《じ》。

意味 はたけ。㋐水《みず》をはらない耕作地《こうさくち》。例 畑《はたけ》を耕《たがや》す。例 畑作《はたさく》・田畑《たはた》 ㋑専門《せんもん》の分野《ぶんや》。例 畑《はたけ》ちがい

【畑作】畑作《はたさく》 ⇩ 畑《はたけ》で作物《さくもつ》をつくること。

畝
田－5 総画10 JIS-3206 常用
音 —
訓 うね・せ

筆順

なりたち 【会意】「田《た》」と「十《じゅう》」と人《ひと》を表《あらわ》す「久」を合《あ》わせて、一辺《いっぺん》の長《なが》さが十歩《じゅうぶ》ある田《た》の面積《めんせき》を表《あらわ》す字《じ》。

意味
❶うね。畑《はたけ》に作物《さくもつ》を作《つく》るために、ほそ長《なが》く土《つち》をもり上《あ》げたところ。例 畝伝《うねづた》い
❷面積《めんせき》の単位《たんい》。尺貫法《しゃっかんほう》で、一畝《いっせ》は一反《いったん》の十分《じゅうぶん》の一《いち》。約一《やくいち》アール。

畜
田－5 総画10 JIS-3560 常用
音 チク
訓 —

筆順

なりたち 【会意】「玄」は、ふやす意味《いみ》の「玆」を略《りゃく》した形《かたち》で、「田《た》」がついて、田《た》の作物《さくもつ》をふやす、たくわえることを表《あらわ》していた字《じ》。

意味 動物《どうぶつ》を飼《か》う。飼《か》っている動物《どうぶつ》。例 家畜《かちく》・牧畜《ぼくちく》

【◦畜産】畜産《ちくさん》 ⇩ ウシ・ウマ・ヒツジなどの家畜《かちく》を飼《か》って、乳《ちち》・肉《にく》・毛《け》などを生産《せいさん》する産業《さんぎょう》。例 畜産農家《ちくさんのうか》

【◦畜舎】畜舎《ちくしゃ》 ⇩ 家畜《かちく》を飼《か》うための小屋《こや》。

【◦畜生】畜生《ちくしょう》 ⇩ ①人間以外《にんげんいがい》のけもの。②人間《にんげん》ではないという意味《いみ》で、人《ひと》をののしっていうことば。例 畜生《ちくしょう》め、今《いま》に見《み》てろ。③いまいましい気持《きも》ちを表《あらわ》すときのことば。例 ちくしょう、なんということだ。表現 ②③は、品《ひん》のわるい使《つか》い方《かた》。「ちきしょう」とも発音《はつおん》する。

畜が下につく熟語 上の字の働き
【鬼畜《きちく》 人畜《じんちく》】近縁《きんえん》の関係《かんけい》。

畠
田－5 総画10 JIS-4011 人名
音 —
訓 はた・はたけ

意味 はたけ。はた。

参考 白《しろ》くかわいたはたけ（田）を表《あらわ》す国字《こくじ》。

畔
田－5 総画10 JIS-4042 常用
音 ハン
訓 あぜ・ほとり

筆順

なりたち 【形声】「半」が「分《わ》ける」意味《いみ》と「ハン」という読《よ》み方《かた》をしめし、田《た》と田《た》を分《わ》けるさかいのあぜ道《みち》を表《あらわ》す字《じ》。

意味 田畑《たはた》のあぜ。水《みず》のほとり。水《みず》ぎわ。例 畔道《あぜみち》・湖畔《こはん》

畔が下につく熟語 上の字の働き
【河畔《かはん》 湖畔《こはん》】ドコの畔《ほとり》か。

田−5

【留】

総画10
JIS-4617
教5年
音 リュウ・ル
訓 とめる・とまる

筆順

なりたち

[形声]「卯」と「田」とからでき、「卯」が「リュウ」という読《よ》み方《かた》をしめしている。「リュウ」は「かこう」意味《いみ》を持《も》ち、田畑《たはた》の中《なか》に作物《さくもつ》をかこうことを表《あらわ》している字《じ》。

意味 とどめる。とどまる。とめる。とまる。例ピンで留《と》める。鳥《とり》が木《き》に留《と》まる。留置《りゅうち》・留守《るす》・書留《かきとめ》

使い分け とめる［止・留］☞635ページ

注意するよみ ル…例留守《るす》

【留意】《りゅうい》▲〈—する〉心《こころ》にとめて、気《き》をつけること。例留意点《りゅういてん》 類注意《ちゅうい》 表現「注意《ちゅうい》」は心《こころ》をむけること、「留意《りゅうい》」は心《こころ》にとめおく意味合《いみあ》いが強《つよ》い。

【留学】《りゅうがく》↓〈—する〉外国《がいこく》に行《い》って、そこの大学《だいがく》などで学《まな》ぶこと。例留学生《りゅうがくせい》 類遊学《ゆうがく》

【留置】《りゅうち》↓〈—する〉わるいことをしたうたがいのある者《もの》を、警察《けいさつ》にとどめておくこと。

【留鳥】《りゅうちょう》↓スズメ・オナガ・ハトなど、季節《きせつ》による移動《いどう》をしない鳥《とり》。対候鳥《こうちょう》（わたり鳥《どり》）

【留任】《りゅうにん》▲〈—する〉今《いま》の役職《やくしょく》をやめないで、そのままつづけること。例委員長《いいんちょう》の留任《りゅうにん》がきまる。類再任《さいにん》

【留年】《りゅうねん》▲〈—する〉次《つぎ》の学年《がくねん》に進《すす》めず、おなじ学年《がくねん》の勉強《べんきょう》をもう一度《いちど》やること。例病気《びょうき》で、一年留年《いちねんりゅうねん》する。類落第《らくだい》 対進級《しんきゅう》

【留保】《りゅうほ》↓〈—する〉あることを決《き》めもせず、終《お》わらせもせずに、そのままにしておくこと。例決定《けってい》を留保《りゅうほ》する。類保留《ほりゅう》

【留守】《るす》↓①人《ひと》が出《で》かけたとき、あとにのこって家《いえ》の番《ばん》をすること。例留守番《るすばん》 ②家《いえ》にいないこと。例家《いえ》を留守《るす》にする。類不在《ふざい》 ③ほかのことに気《き》をとられて、ほったらかしになること。例勉強《べんきょう》がお留守《るす》になる。

留が下につく熟語 上の字の働き
【居留《きょりゅう》 在留《ざいりゅう》 保留《ほりゅう》 遺留《いりゅう》 残留《ざんりゅう》】近《ちか》い意味《いみ》。
【慰留《いりゅう》 蒸留《じょうりゅう》 係留《けいりゅう》 滞留《たいりゅう》 拘留《こうりゅう》 抑留《よくりゅう》 書留《かきとめ》】ドウ留《と》めるか。

田−6

【異】

総画11
JIS-1659
教6年
音 イ
訓 こと

筆順

なりたち

[象形]人《ひと》がお面《めん》をかぶった形《かたち》をえがいた字《じ》。べつの人《ひと》になることから、「ことなる」意味《いみ》に使《つか》われている。

意味
❶べつの。ちがう。例意見《いけん》を異《こと》にする。成分《せいぶん》が異《こと》なる。異《い》をとなえる。異質《いしつ》・差異《さい》 対同《どう》
❷ふうでない。めずらしい。例異《い》なことを言《い》う。異常《いじょう》・奇異《きい》

名前のよみ より

❶〈べつの〉の意味で

【異義】《いぎ》↓意味《いみ》がちがうこと。例同音異義《どうおんいぎ》 対同義《どうぎ》 参考「異議《いぎ》」とのちがいに注意《ちゅうい》。

【異議】《いぎ》↓べつの考《かんが》えや反対意見《はんたいいけん》。例異議《いぎ》をとなえる。類異存《いぞん》・異論《いろん》

【異郷】《いきょう》↓ふるさとから遠《とお》くはなれた土地《とち》。類他郷《たきょう》・異国《いこく》・他国《たこく》 対故郷《こきょう》

【異境】《いきょう》↓よその国《くに》。類異国《いこく》・他国《たこく》

【異口同音】《いくどうおん》 おおぜいの人《ひと》が、口々《くちぐち》におなじことを言《い》うこと。例異口同音《いくどうおん》に不満《ふまん》を言《い》いたてた。

【異見】《いけん》↓ほかの人《ひと》とちがった見方《みかた》・考《かんが》え方《かた》。例異見《いけん》をのべる。類異論《いろん》・異説《いせつ》

【異国】《いこく》↓よその国《くに》。例異国情緒《いこくじょうちょ》 類外国《がいこく》・異邦《いほう》・異境《いきょう》・異郷《いきょう》・他国《たこく》 対母国《ぼこく》・自国《じこく》

【異国情。緒】《いこくじょうちょ》 いかにも外国《がいこく》らしいふんいきや感《かん》じ。例異国情緒《いこくじょうちょ》たっぷりの街《まち》。

【異質】《いしつ》↓〈—な〉〈—に〉もともとの質《しつ》がちがうこと。例異質《いしつ》な文化《ぶんか》におどろく。対同質《どうしつ》・等質《とうしつ》

【異字同訓】《いじどうくん》 ちがう漢字《かんじ》が、おなじ訓《くん》をもっていること。たとえば、「贈《ぞう》」も「送《そう》」も訓《くん》が「おくる」だが、意味用法《いみようほう》にちがいがある。

【異種】《いしゅ》↓ちがう種類《しゅるい》。対同種《どうしゅ》

【異人】《いじん》↓①異国《いこく》の人《ひと》。類異邦人《いほうじん》・外国人《がいこくじん》 ②べつの人《ひと》。表現①は古《ふる》い言《い》い方《かた》。とくに

西洋人《せいようじん》を指《さ》す。②は、「同名異人《どうめいいじん》」と使《つか》うときだけの意味《いみ》。

【異性】《いせい》 ⇩ ちがう性《せい》。男性《だんせい》にとっての女性《じょせい》、女性《じょせい》にとっての男性《だんせい》。 対 同性《どうせい》

【異説】《いせつ》 ⇩ それまでの説《せつ》とはちがう考《かんが》え。例 異説《いせつ》を出《だ》す。類 異論《いろん》・異見《いけん》 対 通説《つうせつ》・定説《ていせつ》

【異存】《いぞん》 ⇩ 反対《はんたい》の意見《いけん》。例 どう決《き》まってもべつに異存《いぞん》はない。類 異議《いぎ》・異論《いろん》

【異同】《いどう》 ⇕ ちがうところ。例 二《ふた》つの資料《しりょう》の異同《いどう》を調《しら》べる。類 差異《さい》・相違《そうい》 表現 よく似《に》ているものをくらべるときにいうことが多《おお》い。

【異動】《いどう》 ⇩ 〈―する〉会社《かいしゃ》や役所《やくしょ》の中《なか》で、地位《ちい》や仕事《しごと》の配置《はいち》がかわること。例 春《はる》の人事異動《じんじいどう》。

使い分け [移動・異動] ☞797ページ

【異邦人】《いほうじん》 どこかよその国《くに》の人《ひと》。類 外国《がいこく》人《じん》・異人《いじん》

【異名】《いみょう/いめい》 ⇩ 本名《ほんみょう》以外《いがい》のべつの名前《なまえ》やあだな。例 「弥生《やよい》」は三月《さんがつ》の異名《いみょう/いめい》だ。類 別名《べつめい》

【異論】《いろん》 ⇩ まわりとちがう意見《いけん》。例 異論《いろん》をとなえる。類 異議《いぎ》・異説《いせつ》・異存《いぞん》・異見《いけん》

❷〈ふつうでない〉の意味で

【異彩】《いさい》 ⇩ ほかとちがっていて、よく目立《めだ》つこと。例 異彩《いさい》をはなつ。類 異色《いしょく》

【異臭】《いしゅう》 ⇩ なんともいえない、いやなにおい。例 異臭《いしゅう》がただよう。類 悪臭《あくしゅう》

【異状】《いじょう》 ⇩ ふだんとちがうようす。例 今《いま》のところ異状《いじょう》はない。類 異常《いじょう》・別状《べつじょう》

【異常】《いじょう》 ▲ 〈―な・に〉ふつうとはいえないようす。「よくない」という意味《いみ》をこめて使《つか》う。例 イナゴの異常発生《いじょうはっせい》。類 異状《いじょう》・病的《びょうてき》 対 正常《せいじょう》

【異色】《いしょく》 ⇩ ほかのものにはない、かわったよさ。例 異色《いしょく》の作品《さくひん》。類 異彩《いさい》

【異物】《いぶつ》 ⇩ まわりとうまく合《あ》わない、じゃまなもの。例 異物《いぶつ》が混入《こんにゅう》する。

【異分子】《いぶんし》 集団《しゅうだん》の中《なか》で、多《おお》くの人《ひと》と考《かんが》えがちがっている人《ひと》。類 異端者《いたんしゃ》

【異変】《いへん》 Ⅱ ふつうとはちがう何《なに》かがおこること。例 気候《きこう》の異変《いへん》。類 変事《へんじ》・変異《へんい》

【異様】《いよう》 ⇩ 〈―な・に〉ふつうとちがっていて、ふしぎな感《かん》じがする。例 異様《いよう》な風体《ふうてい》の男《おとこ》があらわれた。類 奇妙《きみょう》・奇怪《きかい》・奇異《きい》

【異例】《いれい》 ⇩ 〈―な〉これまでになかったようなこと。例 異例《いれい》の出世《しゅっせ》。

異が下につく熟語 上の字の働き

❷異＝〈ふつうでない〉のとき
【奇異《きい》 変異《へんい》 怪異《かいい》】近《ちか》い意味《いみ》。
◆ 驚異《きょうい》 差異《さい》 特異《とくい》

略

田-6 総画11 JIS-4612 教5年
音 リャク
訓 ―

筆順

なりたち

[形声]「各《カク》」が「リャク」とかわって読《よ》み方《かた》をしめしている。「カク」は「区切《くぎ》る」意味《いみ》を持《も》ち、田《た》を区切《くぎ》ってととのえることを表《あらわ》す字《じ》。

意味
❶はぶく。こまかいところをはぶいた、あらましのところ。例 略《りゃく》して書《か》く。以下《いか》は略《りゃく》する。略図《りゃくず》・大略《たいりゃく》
❷はかりごと。たくらみ。例 計略《けいりゃく》
❸うばい取《と》る。おかす。例 略奪《りゃくだつ》・攻略《こうりゃく》

発音あんない リャク→リャッ…例 略記《りゃっき》

❶〈はぶく〉の意味で

【略画】《りゃくが》 ⇩ こまかいところははぶいてざっとかいた絵《え》。例 略画《りゃくが》をかいて説明《せつめい》する。

【略語】《りゃくご》 ⇩ 「部活動《ぶかつどう》」を「部活《ぶかつ》」というなど、一部分《いちぶぶん》をはぶいて短《みじか》くしたことば。

【略号】《りゃくごう》 ⇩ かんたんに、見《み》てすぐわかるようにした記号《きごう》。駐車場《ちゅうしゃじょう》を「P《ピー》」(「パーキング」の略《りゃく》)、郵便局《ゆうびんきょく》を「〒」で表《あらわ》すなど。

【略字】《りゃくじ》 ⇩ 漢字《かんじ》の点《てん》や画《かく》の一部分《いちぶぶん》をはぶいたり形《かたち》をかえたりして、かんたんにした字《じ》。たとえば「学《がく》」「価《か》」「沢《たく》」は、「學」「價」「澤」の略《りゃく》字《じ》であった。類 略体《りゃくたい》・俗字《ぞくじ》 対 本字《ほんじ》・正字《せいじ》

【略式】《りゃくしき》 ⇩ 正式《せいしき》な方法《ほうほう》ではなく、はぶいたり、かんたんにしたりするやり方《かた》。例 略式《りゃくしき》礼服《れいふく》 類 略儀《りゃくぎ》 対 正式《せいしき》・本式《ほんしき》

【略称】《りゃくしょう》 ⇩ 〈―する〉正式《せいしき》な名前《なまえ》をかんたんな言《い》い方《かた》にしたもの。たとえば、国際連合教育科学文化機関《こくさいれんごうきょういくかがくぶんかきかん》→「ユネスコ」、日本放送協会《にっぽんほうそうきょうかい》→「NHK《エヌエッチケー》」などがある。

【略図】《りゃくず》 ⇩ おもなものだけをかき入《い》れた、

かんたんな図《ず》。例 駅《えき》までの略図《りゃくず》。

【略装】《りゃくそう》 ⇩ 気軽《きがる》な服装《ふくそう》。例 略装《りゃくそう》でおいでください。類 略服《りゃくふく》・平服《へいふく》 対 礼装《れいそう》・正装《せいそう》

【略伝】《りゃくでん》 ⇩ おもだったことがらだけを書《か》いたかんたんな伝記《でんき》。対 詳伝《しょうでん》

【略歴】《りゃくれき》 ⇩ その人《ひと》の、おおまかな履歴《りれき》。

【略記】《りゃっき》 ⇩ 〈―する〉かんたんに書《か》くこと。例 理由《りゆう》を略記《りゃっき》する。対 詳記《しょうき》

❸〈うばい取る〉の意味で

【略。奪】《りゃくだつ》 Ⅱ 〈―する〉むりにうばい取《と》ること。類 略取《りゃくしゅ》・強奪《ごうだつ》・奪取《だっしゅ》

略が下につく熟語 上の字の働き

❶略＝〈はぶく〉のとき
【省略《しょうりゃく》 簡略《かんりゃく》 粗略《そりゃく》（疎略《そりゃく》）】近《ちか》い意味《いみ》。
【概略《がいりゃく》 大略《たいりゃく》】ドノヨウニ略《りゃく》すか。
【前略《ぜんりゃく》 中略《ちゅうりゃく》 後略《こうりゃく》】ドコを略《りゃく》すか。

❷略＝〈はかりごと〉のとき
【計略《けいりゃく》 策略《さくりゃく》 謀略《ぼうりゃく》】近《ちか》い意味《いみ》。

❸略＝〈うばい取る〉のとき
【攻略《こうりゃく》 侵略《しんりゃく》】ドウヤッテうばうか。

◆戦略《せんりゃく》

田－7

畳

総画12 JIS-3086 常用

音 ジョウ
訓 たたむ・たたみ

［疊］

筆順 畳 畳 畳 畳 畳 畳 畳 畳

なりたち

【会意】もとの字は、「疊」。「晶（のちに畾）」が「多《おお》い」の意味《いみ》を、「宜」が「重《かさ》なる（宜）」の意味《いみ》を持《も》ち、たくさん重《かさ》ねることを表《あらわ》している字《じ》。

意味

❶たたむ。例 折《お》り畳《たた》む。畳語《じょうご》
❷たたみ。日本式《にほんしき》の家《いえ》のへやにしく、ぶあついしきもの。例 畳《たたみ》の上《うえ》で死《し》ぬ（おだやかに死《し》ぬ）。畳表《たたみおもて》・石畳《いしだたみ》
❸たたみの数《かず》をかぞえることば。例 八畳《はちじょう》の客間《きゃくま》。

❶〈たたむ〉の意味で

【。畳語】《じょうご》 ⇩ 「人《ひと》びと」「ますます」など、おなじことばが二《ふた》つかさなって、一《ひと》つのことばになっているもの。

田－7

番

総画12 JIS-4054 教2年

音 バン
訓 ―

筆順 番 番 番 番 番 番 番 番（ながく）（はらう）

なりたち

【会意】「釆」はてのひらに穀物《こくもつ》の種《たね》を持《も》っている形《かたち》で、「田」と合《あ》わせて、田《た》に種《たね》をまくことを表《あらわ》している字《じ》。

意味

❶じゅんばん。例 番《ばん》を待《ま》つ。番号《ばんごう》・順番《じゅんばん》
❷順《じゅん》にかわってする仕事《しごと》。例 当番《とうばん》
❸見《み》はり。例 家《いえ》の番《ばん》をする。番人《ばんにん》・門番《もんばん》

名前のよみ つぐ

❶〈じゅんばん〉の意味で

【番外】《ばんがい》 ⇩ ①決《き》められたプログラムにないもの。とび入《い》り。例 番外編《ばんがいへん》 ②決《き》まった番号《ばんごう》以外《いがい》のもの。例 番外地《ばんがいち》 ③ふつうのものとかけはなれているもの。例 かれは番外《ばんがい》だ。

【番組】《ばんぐみ》 ⇩ 放送《ほうそう》・試合《しあい》・演芸《えんげい》などの出《だ》し物《もの》の組《く》み合《あ》わせ。その一《ひと》つ一《ひと》つ。プログラム。例 番組表《ばんぐみひょう》・テレビ番組《ばんぐみ》

【番号】《ばんごう》 ⇩ 順番《じゅんばん》を表《あらわ》す数《かず》。ナンバー。例 番号順《ごうじゅん》にならぶ。電話番号《でんわばんごう》

【番地】《ばんち》 ⇩ こまかく分《わ》けた土地《とち》につけた番号《ごう》。例 一丁目一番地《いっちょうめいちばんち》。類 地番《ちばん》・住所《じゅうしょ》

【番茶】《ばんちゃ》 ⇩ よいところをつみとったあとの、かたい葉《は》でつくったお茶《ちゃ》。参考 一番茶《いちばんちゃ》、二番《にばん》茶《ちゃ》とつんでいった、さいごの番《ばん》のお茶《ちゃ》。

【番付】《ばんづけ》 ⇩ 相撲《すもう》で、力士《りきし》の名《な》を、横綱《よこづな》・大関《おおぜき》などの地位《ちい》の順番《じゅんばん》に書《か》きならべたもの。例 番《ばん》付表《づけひょう》 表現 「長者番付《ちょうじゃばんづけ》」など、相撲《すもう》以外《いがい》のことについても使《つか》う。

❸〈見はり〉の意味で

【番犬】《ばんけん》 ⇩ 家《いえ》の番《ばん》をさせるために飼《か》う犬《いぬ》。表現 人間《にんげん》の世界《せかい》で「資本家《しほんか》の番犬《ばんけん》」のように言《い》うと、忠実《ちゅうじつ》なボディーガードの意味《いみ》。

【番頭】《ばんとう》 ⇩ 店《みせ》や旅館《りょかん》などで、やとわれている人《ひと》の中《なか》で、位《くらい》がいちばん上《うえ》の人《ひと》。

【番人】《ばんにん》 ⇩ 見《み》はりをする人《ひと》。はり番《ばん》。

番が下につく熟語 上の字の働き

❷番＝〈順にかわってする仕事〉のとき
【当番《とうばん》 非番《ひばん》】番《ばん》にドウデアルか。
【交番《こうばん》 輪番《りんばん》】ドウイウ番《ばん》か。

❸番＝〈見はり〉のとき

◦学習漢字でない常用漢字 ▴常用漢字表にない音訓 ◆常用漢字でない漢字

【店番《みせばん》 門番《もんばん》】ドコの番《ばん》をするか。
◆順番《じゅんばん》 茶番《ちゃばん》 不寝番《ふしんばん》 本番《ほんばん》

田−10
畿
総画15
JIS-2106
常用
音 キ
訓 —

筆順 畿 畿 畿 畿 畿 畿 畿 畿

意味 都《みやこ》を中心《ちゅうしん》とした地域《ちいき》。例 畿内《きない》・近畿《きんき》地方《ちほう》

【畿内《きない》】⇩王城《おうじょう》の周《まわ》りの地域《ちいき》。日本《にほん》では、京都《きょうと》に近《ちか》い山城《やましろ》・大和《やまと》・河内《かわち》・和泉《いずみ》・摂津《せっつ》の五《ご》か国《こく》。これを「五畿内《ごきない》」という。

5画 疋［ひき］ ⺪［ひきへん］の部

「疋《ひき》」の形《かたち》がめやすとなっている字《じ》を集《あつ》めてあります。

この部首の字

疋−7
疎
総画12
JIS-3334
常用
音 ソ
訓 うとい・うとむ・おろそ-か

筆順 疎 疎 疎 疎 疎 疎 疎 疎

なりたち 【形声】もとの字《じ》は、「疏」。「㐬」が水《みず》の流《なが》れ、「⺪ショ|ソ」が「ソ」という読《よ》み方《かた》をしめしている。「ソ」は「とおる」意味《いみ》を持《も》ち、水《みず》の流《なが》れをよく通《とお》すことを表《あらわ》す字《じ》。のちに、「㐬」が「束」と書《か》かれた。

意味
❶目《め》があらい。おおまか。ちらばっている。例 疎略《そりゃく》・空疎《くうそ》 対 密《みつ》
❷うとい。うとんじる。親《した》しくない。世間《せけん》に疎《うと》い。上司《じょうし》に疎《うと》まれる。例 疎遠《そえん》
❸とおる。とおす。例 疎水《そすい》

❶〈目があらい〉の意味で
【疎略《そりゃく》】Ⅲ〈_な〉あつかいが、おおざっぱで心《こころ》がこもっていない。類 粗雑《そざつ》・疎漏《そろう》 対 丁重《ていちょう》
表記「粗略」とも書《か》く。
【疎漏《そろう》】Ⅲ〈_な・_に〉手《て》ぬかりがあること。例 疎漏がないように注意《ちゅうい》する。類 疎略《そりゃく》

❷〈うとい〉の意味で
【疎遠《そえん》】Ⅲ〈_な・_に〉行《い》き来《き》や手紙《てがみ》のやりとりがなく、つながりがうすいこと。例 しばらく会《あ》わないうちに疎遠《そえん》になる。対 親密《しんみつ》
【疎外《そがい》】Ⅲ〈_する〉なかまはずれにしてよせつけないこと。よそよそしくすること。例 疎外感《そがいかん》を受《う》ける。よそものを疎外《そがい》する。

❸〈とおる〉の意味で
【疎水《そすい》】⇩生活《せいかつ》や発電《はつでん》に必要《ひつよう》な水《みず》を通《とお》すために、土地《とち》を切《き》りひらいてつくった水路《すいろ》。例 琵琶湖疎水《びわこそすい》 類 用水《ようすい》
【疎通《そつう》】Ⅲ〈_する〉考《かんが》えや気持《きも》ちが相手《あいて》によく通《つう》じること。例 意思《いし》の疎通《そつう》をはかる。

◆過疎《かそ》 空疎《くうそ》

疋−9
疑
総画14
JIS-2131
教6年
音 ギ
訓 うたがう

筆順 疑 疑 疑 疑 疑 疑 疑 疑（はねる・「にならない・はらう）

なりたち 【形声】「𤴔」はもとは「𤴔」で、子《こ》どもが立《た》ちどまることを表《あらわ》し、「矣」は立《た》ちどまってうろうろしているようすと、「ギ」という読《よ》み方《かた》をしめしている。子《こ》どもが立《た》ちどまってうろうろしていることを表《あらわ》す字《じ》。

意味 うたがう。うたがわしい。例 人《ひと》を疑《うたが》う。疑《うたが》いをかける。疑問《ぎもん》・質疑《しつぎ》

【疑似《ぎじ》】Ⅲほんものによく似《に》ていること。例 疑似餌《ぎじえ》 類 仮性《かせい》 対 真性《しんせい》
【疑心《ぎしん》】⇩うたがう気持《きも》ち。類 疑念《ぎねん》
【疑心暗鬼《ぎしんあんき》】うたがいの心《こころ》で見《み》ると、ありもしない恐《おそ》れを抱《いだ》くようになる。例 疑心暗鬼《ぎしんあんき》を生《しょう》ず。参考『列子《れっし》』から出《で》たことば。
【疑点《ぎてん》】⇩うたがわしいところ。例 疑点《ぎてん》がのこる。類 疑問点《ぎもんてん》・疑義《ぎぎ》
【疑念《ぎねん》】⇩あやしいと思《おも》う気持《きも》ち。類 疑心《ぎしん》
【疑問《ぎもん》】⇩はっきりしないことがら。また、よくわからないと思《おも》うことがら。類 不審《ふしん》
【疑惑《ぎわく》】Ⅲなにかわるいことがかくされているのではないか、という思《おも》い。

疑が下につく熟語 上の字の働き

◇【質疑《しつぎ》 容疑《ようぎ》】疑《うたが》いをドウスルか。
◇嫌疑《けんぎ》 半信半疑《はんしんはんぎ》

5画 疒［やまいだれ］の部

寝台《しんだい》に人《ひと》がふせる意《い》を表《あらわ》す「疒《やまいだれ》」をもとに作《つく》られ、病気《びょうき》や苦痛《くつう》にかかわる字《じ》を集《あつ》めてあります。

この部首の字

疒-4

疫

総画9
JIS-1754
常用
訓 ―
音 エキ・ヤク

筆順 疫 疫 疫 疫 疫 疫 疫 疫 疫

なりたち 【形声】「疒」が「やまい」を、「役」の略《りゃく》の「殳」が「エキ・ヤク」という読《よ》み方《かた》をしめしている。「エキ」は「うつる」意《い》味《み》を持《も》ち、「感染症《かんせんしょう》」を表《あらわ》す字《じ》。

意味 感染症《かんせんしょう》。例 疫病《えきびょう／やくびょう》・検疫《けんえき》

注意するよみ ヤク…例 疫病神《やくびょうがみ》

【。疫病】《えきびょう／やくびょう》 Ⅱ 人《ひと》から人《ひと》にうつるおそろしい病気《びょうき》。はやりやまい。類 流行病《りゅうこうびょう》

【。疫。痢】《えきり》 ↓ 小《ちい》さい子《こ》どもが赤痢菌《せきりきん》に感染《かんせん》したときにおこる重《おも》い病気《びょうき》。高熱《こうねつ》や下痢《げり》、ひきつけをおこし、死《し》ぬことも多《おお》い。

【。疫病神】《やくびょうがみ》 ①病気《びょうき》をはやらせるという わるい神《かみ》。②きらわれ、いやがられる人《ひと》。

疫が下につく熟語 上の字の働き

【検疫《けんえき》 防疫《ぼうえき》 免疫《めんえき》】感染症《かんせんしょう》をドウスルか。

故事のはなし

病膏肓《やまいこうこう》に入《い》る

春秋時代《しゅんじゅうじだい》、晋《しん》の君主《くんしゅ》の景公《けいこう》が病気《びょうき》になり、秦《しん》から医者《いしゃ》をよぶことにした。すると、病気《びょうき》がふたりの童子《どうじ》になって話《はな》し合《あ》っている夢《ゆめ》を見《み》た。「名医《めいい》だからやられそうだ。どこへかくれよう」「肓《こう》の上《うえ》、膏《こう》の下《した》ならだいじょうぶだ」と言《い》う。やがて医者《いしゃ》が到着《とうちゃく》して、「この病気《びょうき》はなおせません。肓《こう》の上《うえ》、膏《こう》の下《した》では、薬石《やくせき》もおよばないのです」と言《い》ったので、景公《けいこう》は、「名《めい》医《い》である」と、手《て》あつく礼《れい》をして帰《かえ》らせた。

（『春秋左氏伝《しゅんじゅうさしでん》』成《せい》公十年《こうじゅうねん》）

参考 「肓《こう》の上《うえ》」は横《おう》隔膜《かくまく》の上《うえ》、「膏《こう》の下《した》」は心臓《しんぞう》の下《した》で、人体《じんたい》のもっとも深《ふか》いところという。

疒-5

疾

総画10
JIS-2832
常用
訓 ―
音 シツ

筆順 疾 疾 疾 疾 疾 疾 疾 疾 疾 疾

なりたち 【形声】「疒」が「やまい」を、「矢《シ》」が「シツ」とかわって読《よ》み方《かた》をしめしている。矢《や》で受《う》けたきずを表《あらわ》す字《じ》。

意味 ❶病気《びょうき》。やまい。例 疾患《しっかん》 ❷はやい。すばやい。例 疾風《しっぷう》

名前のよみ とし

❶〈病気〉の意味で

【。疾。患】《しっかん》 Ⅱ 病気《びょうき》にかかっているところ。医学《いがく》で使《つか》うことば。ふつうは、「病気《びょうき》」という。例 膝《ひざ》に疾患《しっかん》がある。類 疾病《しっぺい》

【。疾病】《しっぺい》 Ⅱ 病気《びょうき》。類 疾患《しっかん》 表現 「疾患《しっかん》」が病《びょう》気《き》のからだのほうをいうのに対《たい》して、「疾病《しっぺい》」は病気《びょうき》そのものを指《さ》すことが多《おお》い。

❷〈はやい〉の意味で

【。疾。駆】《しっく》 ↓〈―する〉車《くるま》や馬《うま》が速《はや》く走《はし》ること。例 大草原《だいそうげん》を疾駆《しっく》する馬《うま》。類 疾走《しっそう》 表現 「疾駆《しっく》」は車《くるま》や馬《うま》にだけ使《つか》い、人《ひと》には使《つか》わない。「疾《しっ》走《そう》」は人《ひと》・馬《うま》・車《くるま》のどれにも使《つか》う。

【。疾走】《しっそう》 ↓〈―する〉たいへん速《はや》く走《はし》ること。例 全力疾走《ぜんりょくしっそう》する。類 疾駆《しっく》

【。疾風】《しっぷう》 ↓ 強《つよ》くふく風《かぜ》。はやて。気象用語《きしょうようご》としては、木《き》のえだを動《うご》かしたり、白波《しらなみ》を立《た》たせたりするくらいの風《かぜ》をいう。例 疾風《しっぷう》のご

とかけぬける。

【°疾風°迅°雷《しっぷうじんらい》】強《つよ》い風《かぜ》とはげしいかみなり。行動《こうどう》のはげしくすばやいこと。

疒-5

症

総画10 JIS-3041 常用

音 ショウ 訓 —

筆順 

なりたち 【形声】「疒」が「やまい」を、「正」が「ショウ」という読《よ》み方《かた》をしめしている。「ショウ」は「しるし」の意味《いみ》を持《も》ち、病気《びょうき》のあらわれを表《あらわ》す字《じ》。

意味 病気《びょうき》のあらわれ。病気《びょうき》のようす。例 症状《しょうじょう》・炎症《えんしょう》

【症候群《しょうこうぐん》】はっきりした病名《びょうめい》はつかないが、いくつかの症状《しょうじょう》がいっしょにあらわれること。シンドローム。

【°症状《しょうじょう》】↓ 病気《びょうき》やけがのようす。例 症状《しょうじょう》が軽《かる》い。類 病状《びょうじょう》

症が下につく熟語 上の字の働き

【炎症《えんしょう》 軽症《けいしょう》 重症《じゅうしょう》 健忘症《けんぼうしょう》 後遺症《こういしょう》】ドノヨウナ症状《しょうじょう》か。

疒-5

疹

総画10 JIS-3130 表外

音 シン 訓 —

意味 ふきでもの。ひふにぶつぶつができる病気《びょうき》。例 湿疹《しっしん》・発疹《はっしん／ほっしん》・風疹《ふうしん》・麻疹《ましん》（はしか）

疒-5

疲

総画10 JIS-4072 常用

音 ヒ 訓 つかれる・つか-らす

筆順 

なりたち  【形声】「疒」が「やまい」を、「皮」が「ヒ」という読《よ》み方《かた》をしめしている。「ヒ」は「つかれる」意味《いみ》を持《も》ち、からだがつかれることを表《あらわ》す字《じ》。

意味 つかれる。力《ちから》がおとろえる。例 目《め》が疲《つか》れる。からだを疲《つか》らす。疲労《ひろう》

【°疲°弊《ひへい》】‖〈―する〉つかれてよわること。とくに、戦争《せんそう》などで国《くに》がびんぼうになること。

【°疲労《ひろう》】‖〈―する〉つかれること。例 疲労《ひろう》がかさなる。表現 金属《きんぞく》が使《つか》い古《ふる》されて質《しつ》がよわくなることを「金属疲労《きんぞくひろう》」という。

【°疲労困°憊《ひろうこんぱい》】〈―する〉くたくたにつかれはてること。例 徹夜作業《てつやさぎょう》で、疲労困憊《ひろうこんぱい》した。参考「困」も「憊」も、つかれを表《あらわ》す字《じ》。

疒-5

病

総画10 JIS-4134 教3年

音 ビョウ・ヘイ 訓 やむ・やまい

筆順 

なりたち 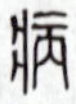 【形声】「疒」が「やまい」を、「丙」が「ヘイ」という読《よ》み方《かた》をしめしている。「ヘイ」は「くわる」意味《いみ》を持《も》ち、病気《びょうき》にかかることを表《あらわ》す字《じ》。

意味 びょうき。やまい。やむ。例 気《き》に病《や》む。病《やまい》は気《き》から。病院《びょういん》・疾病《しっぺい》

注意するよみ ヘイ…例 疾病《しっぺい》

【病院《びょういん》】↓ 病気《びょうき》やけがの人《ひと》が治療《ちりょう》してもらうところ。例 総合病院《そうごうびょういん》 類 医院《いいん》 知識 入院患者《にゅういんかんじゃ》のためのベッドが二十《にじゅう》以上《いじょう》のものを病院《びょういん》といい、それ以下《いか》は診療所《しんりょうじょ》とよぶ。

【病害《びょうがい》】↓ 農作物《のうさくぶつ》などの、病気《びょうき》によって受《う》ける害《がい》。例 消毒《しょうどく》して病害《びょうがい》を防《ふせ》ぐ。

【病気《びょうき》】▲ ①からだや心《こころ》のぐあいがわるくなること。例 病気《びょうき》にかかる。類 疾病《しっぺい》・疾患《しっかん》 ②身《み》についたわるいくせ。例 またいつもの病気《びょうき》が出《で》た。

【病苦《びょうく》】↓ 病気《びょうき》がもとの苦《くる》しみ。例 病苦《びょうく》になやまされる。

【病原°菌《びょうげんきん》】病気《びょうき》のもとになる細菌《さいきん》。

【病根《びょうこん》】↓ ①病気《びょうき》の原因《げんいん》。例 病根《びょうこん》をつきとめる。類 病因《びょういん》 ②世《よ》の中《なか》の悪《わる》い習慣《しゅうかん》やしきたり。例 病根《びょうこん》をとりのぞく。

【病死《びょうし》】↓〈―する〉病気《びょうき》で死《し》ぬこと。類 病没《びょうぼつ》

【病室《びょうしつ》】↓ 病院《びょういん》で、病人《びょうにん》のいるへや。

【病弱《びょうじゃく》】↓〈―な／―に〉からだがよわく病気《びょうき》になりやすいこと。

【病°床《びょうしょう》】↓ 病人《びょうにん》のねどこ。

【病状《びょうじょう》】↓ 病気《びょうき》のようす。例 病状《びょうじょう》が悪化《あっか》する。類 容体《ようだい》・病勢《びょうせい》・症状《しょうじょう》

【病身】びょう しん ↓ 病気《びょうき》にかかっているからだ。例 病身《びょうしん》の親《おや》をかかえている。類 病体《びょうたい》

【病巣】びょう そう ↓ からだの中《なか》の、病気《びょうき》におかされているところ。例 病巣《びょうそう》を切《き》りとる。

【病虫害】びょうちゅう がい 病気《びょうき》や害虫《がいちゅう》による植物《しょくぶつ》の被害《ひがい》。例 病虫害《びょうちゅうがい》に強《つよ》い品種《ひんしゅ》。

【病的】びょう てき ⊠〈—な・—に〉病気《びょうき》かと思《おも》うほど、ふつうでないようす。類 異常《いじょう》

【病棟】びょう とう ↓ 病院内《びょういんない》の建物《たてもの》のうち、病室《びょうしつ》のある建物《たてもの》。例 第一病棟《だいいちびょうとう》。類 病舎《びょうしゃ》

【病人】びょう にん ↓ 病気《びょうき》にかかっている人《ひと》。例 病《びょう》人《にん》を看護《かんご》する。類 患者《かんじゃ》

【病没】びょう ぼつ ↓〈—する〉病気《びょうき》で死《し》ぬこと。例 祖《そ》父《ふ》は八十三歳《はちじゅうさんさい》で病没《びょうぼつ》した。類 病死《びょうし》

【病魔】びょう ま ↓ 病気《びょうき》という魔物《まもの》。例 病魔《びょうま》におかされる。

【病名】びょう めい ↓ 病気《びょうき》の名前《なまえ》。

【病歴】びょう れき ↓ これまでにかかった病気《びょうき》の名《な》前《まえ》やようすの記録《きろく》。例 病歴《びょうれき》を記《しる》す。

【病◆膏◆肓に入る】やまい こうこうにいる 病気《びょうき》が、なおる見《み》こみがなくなること。趣味《しゅみ》などにのめりこんで、どうしようもないようす。

故事のはなし ☞ 751ページ

病が下につく熟語 上の字の働き

【疫病《えきびょう》/《やくびょう》 傷病《しょうびょう》 疾病《しっぺい》】近《ちか》い意味《いみ》。

【仮病《けびょう》 急病《きゅうびょう》 持病《じびょう》 重病《じゅうびょう》 大病《たいびょう》 難病《なんびょう》 奇《き》病《びょう》 熱病《ねつびょう》 万病《まんびょう》 夢遊病《むゆうびょう》】ドウイウ病気《びょうき》か。

【看病《かんびょう》 闘病《とうびょう》】病《やまい》を(病《やまい》と)ドウスルか。

◆発病《はつびょう》 無病《むびょう》

疒-6

痕

総画11 JIS-2615 常用

音 コン 訓 あと

筆順 痕痕痕痕痕痕痕痕

意味 あと。あとに残《のこ》った形《かたち》。きずあと。あとかた。例 爪痕《つめあと》・血痕《けっこん》・弾痕《だんこん》

使い分け あと[跡・痕] ☞ 969ページ

疒-7

痩

総画12 JIS-3373 常用

音 ソウ 訓 やせる

[瘦]

筆順 痩痩痩痩痩痩痩痩

意味 やせる。からだがほそいようす。

【°痩身】そう しん ↓ やせたからだ。類 痩躯《そうく》

疒-7

痛

総画12 JIS-3643 教6年

音 ツウ 訓 いたい・いたむ・いためる

筆順 痛(まっすぐ、つく) 痛 痛 痛 痛(とめる) 痛(はねる) 痛 痛

なりたち 𤺓 [形声]「疒」が「やまい」を、「甬《ヨウ》」が「ツウ」とかわって読《よ》み方《かた》をしめしている。「トウ《とう》」は「つきぬく」意味《いみ》を持《も》ち、つきとおされたようないたみを表《あらわ》す字《じ》。

意味
❶いたむ。いたみ。いたい。例 痛《いた》い目《め》にあう。傷口《きずぐち》が痛《いた》む。歯《は》の痛《いた》みをこらえる。
❷おおいに。ひどく。例 痛感《つうかん》

使い分け いたむ[痛・傷] ☞ 753ページ

❶〈いたむ〉の意味で

【痛手】いた て ↓ ①からだや心《こころ》に受《う》けたひどく重《おも》いきず。②大《おお》きな損害《そんがい》。例 痛手《いたで》を負《お》う。例 地震《じしん》の痛手《いたで》から立《た》ちなおる。類 深手《ふかで》・重傷《じゅうしょう》

【痛◆痒】つう よう Ⅲ いたみやかゆみ。例 なんの痛痒《つうよう》も感《かん》じない(いっこうに平気《へいき》だ)。

❷〈おおいに〉の意味で

例解 使い分け

[いたむ《痛む・傷む》]

痛む=いたみを感《かん》じる。
例 かぜでのどが痛《いた》む。傷口《きずぐち》が痛《いた》む。心《こころ》が痛《いた》む。

傷む=きずつく。こわれる。
例 果物《くだもの》が傷《いた》む。家《いえ》が傷《いた》む。道路《どうろ》が傷《いた》む。

参考 人《ひと》の死《し》をなげき悲《かな》しむ場合《ばあい》は「悼《いた》む」を使《つか》う。

痛む

傷む

°学習漢字でない常用漢字 ▲常用漢字表にない音訓 ◆常用漢字でない漢字

前ページ ▶ 痕 瘦 痛

【痛快】つうかい ↓ 〈―な〉むねがすっとして、とても気持《きも》ちがいい。例 痛快《つうかい》な話《はなし》を聞《き》いた。

【痛感】つうかん ↓ 〈―する〉身《み》にしみて強《つよ》く感《かん》じること。例 自分《じぶん》の力《ちから》のなさを痛感《つうかん》する。

【痛。恨】つうこん ↓ ひどくくやしく思《おも》うこと。例 痛《つう》恨《こん》のきわみ。痛恨《つうこん》にたえない。

【痛切】つうせつ Ⅱ 〈―に〉身《み》にしみて感《かん》じるようす。例 力不足《ちからぶそく》を痛切《つうせつ》に感《かん》じる。類 切実《せつじつ》

【痛。烈】つうれつ ↓ 〈―な〉徹底的《てっていてき》にきびしくあたるようす。例 痛烈《つうれつ》な批判《ひはん》。類 猛烈《もうれつ》・辛辣《しんらつ》

痛が下につく熟語 上の字の働き

❶ 痛＝〈いたむ〉のとき

【苦痛《くつう》 悲痛《ひつう》】近《ちか》い意味《いみ》。

【激痛《げきつう》(劇痛《げきつう》) 鈍痛《どんつう》 陣痛《じんつう》 沈痛《ちんつう》】ドンナ痛《いた》みか。

【心痛《しんつう》 頭痛《ずつう》 腹痛《ふくつう》 腰痛《ようつう》】ドコが痛《いた》む(ドコの痛《いた》み)か。

痘

疒-7 総画12 JIS-3787 常用 音 トウ 訓 ―

筆順

なりたち [形声]「疒」が「やまい」を、「豆」が「トウ」という読《よ》み方《かた》と「まめ」をしめし、ひふに豆形《まめがた》のぶつぶつができる病気《びょうき》「ほうそう」を表《あらわ》す字《じ》。

意味 ほうそう。例 痘苗《とうびょう》・種痘《しゅとう》

【痘。苗】とうびょう ↓ 天然痘《てんねんとう》にかからないようにするためのワクチン。知識 天然痘《てんねんとう》は、一九八〇年《ねん》に絶滅《ぜつめつ》が宣言《せんげん》された。

痢

疒-7 総画12 JIS-4601 常用 音 リ 訓 ―

筆順

なりたち [形声]「疒」が「やまい」を、「利」が「リ」という読《よ》み方《かた》と「流《なが》れ下《くだ》る」意味《いみ》を表《あらわ》し、腹《はら》が下《くだ》る病気《びょうき》を表《あらわ》す字《じ》。

意味 腹《はら》くだし。例 下痢《げり》

痢が下につく熟語 上の字の働き

【疫痢《えきり》 赤痢《せきり》】ドンナ下痢《げり》か。

痴

疒-8 総画13 JIS-3552 常用 音 チ 訓 ― [癡]

筆順

なりたち [形声]もとの字《じ》は、「癡」。「疒」が「やまい」を、「疑《ぎ》」が「とどこおる」意味《いみ》と、「チ」とかわって読《よ》み方《かた》をしめしている。知能《ちのう》がとどこおって発達《はったつ》しないことを表《あらわ》す字《じ》。

意味 おろか。頭《あたま》のはたらきがわるい。例 音《おん》痴

【痴漢】ちかん ↓ 女性《じょせい》にわるさをしかける男《おとこ》。

【痴。呆】ちほう Ⅱ 頭《あたま》のはたらきがふつうではなくなること。

◆ 音痴《おんち》 愚痴《ぐち》

瘍

疒-9 総画14 JIS-6571 常用 音 ヨウ 訓 ―

筆順

意味 できもの。ひふやねんまくが、はれあがったり、ただれたりしたもの。例 胃潰《いかい》瘍《よう》・脳腫瘍《のうしゅよう》

瘍が下につく熟語 上の字の働き

【潰瘍《かいよう》】ドノヨウナできものか。

【腫瘍《しゅよう》】近《ちか》い意味《いみ》。

癌

疒-12 総画17 JIS-2066 表外 音 ガン 訓 ―

意味 がん。㋐内臓《ないぞう》や骨《ほね》・ひふ・粘膜《ねんまく》にできる悪性《あくせい》のはれもの。例 胃癌《いがん》 ㋑集団《しゅうだん》の中《なか》で、全体《ぜんたい》にわるい影響《えいきょう》をあたえる人《ひと》や物《もの》。

療

疒-12 総画17 JIS-4637 常用 音 リョウ 訓 ―

筆順

なりたち [形声]「疒」が「やまい」を、「尞」が「リョウ」という読《よ》み方《かた》をしめしている。「リョウ」は「おさめる」意味《いみ》を持《も》ち、病気《びょうき》をなおすことを表《あらわ》す字《じ》。

意味 病気《びょうき》をなおす。例 療養《りょうよう》・診療《しんりょう》

【療治】りょうじ Ⅱ 〈―する〉専門的《せんもんてき》な技術《ぎじゅつ》で、病気《びょうき》

〈やけがをなおすこと。例荒療治《あらりょうじ》 類治療《ちりょう》

【°療法《りょうほう》】↓ 病気《びょうき》やけがをなおす方法《ほうほう》。

【°療養《りょうよう》】↓〈—する〉病気《びょうき》やけがをなおすために、医療《いりょう》をほどこしたり、よい環境《かんきょう》でからだを休《やす》ませたりすること。類静養《せいよう》・保養《ほよう》

療が下につく熟語 上の字の働き

【医療《いりょう》 治療《ちりょう》】近《ちか》い意味《いみ》。

癖

疒-13 総画18 JIS-4242 常用

音 ヘキ 訓 くせ

筆順

なりたち 【形声】「疒」が「やまい」を、「辟」が「ヘキ」という読《よ》み方《かた》をしめしている。「ヘキ」は「かたよる」意味《いみ》を持《も》ち、好《この》みがかたよることを表《あらわ》す字《じ》。

意味 くせ。身《み》についてしまった習性《しゅうせい》。例癖《くせ》になる。難癖《なんくせ》・悪癖《あくへき》

癖が下につく熟語 上の字の働き

【潔癖《けっぺき》 悪癖《あくへき》 盗癖《とうへき》 難癖《なんくせ》 浪費癖《ろうひへき》 収集癖《しゅうしゅうへき》】ドンナ癖《くせ》か。〔「難癖《なんくせ》」の「難《なん》」は「非難《ひなん》すべき」の意《い》〕

◆性癖《せいへき》

癒

疒-13 総画18 JIS-4494 常用

音 ユ 訓 いえる・いやす

筆順

なりたち 瘉 【形声】もとの字は、「瘉」。「疒」が「やまい」を、「俞」が「ユ」という読《よ》み方《かた》をしめしている。「ユ」は「ぬけ出《で》る」の意味《いみ》を持《も》ち、病気《びょうき》がなおることを表《あらわ》す字《じ》。

意味 病気《びょうき》やきずがなおる。例きずを癒《い》やす。癒着《ゆちゃく》・治癒《ちゆ》

【°癒着《ゆちゃく》】↓〈—する〉①からだの中《なか》で、はなれていた部分《ぶぶん》が、きずやただれのためにくっついてしまうこと。②べつべつの役目《やくめ》のものが、金《かね》もうけのためによくない関係《かんけい》をもつこと。例政治家《せいじか》と企業《きぎょう》との癒着《ゆちゃく》。

5画 癶〔はつがしら〕の部

足《あし》ぶみする意《い》を表《あらわ》す「癶《はつがしら》」をもとに作《つく》られ、両足《りょうあし》で進《すす》む動作《どうさ》にかかわる字《じ》を集《あつ》めてあります。

この部首の字

発

癶-4 総画9 JIS-4015 教3年

音 ハツ・ホツ 訓 たーつ

〔發〕

筆順 はらう はねる おらない

なりたち 𤼲 【形声】もとの字は、「發」。「癹」が弓《ゆみ》をいるときの「ハツ」という音《おと》をしめしている。弓《ゆみ》をいることを表《あらわ》す字《じ》。

意味

❶外《そと》に向《む》かって出《だ》す。しはじめる。起《お》こす。あらわす。例光《ひかり》を発《はっ》する。声《こえ》を発《はっ》する。発信《はっしん》・発明《はつめい》・活発《かっぱつ》・突発《とっぱつ》

❷出《で》かける。例発車《はっしゃ》・始発《しはつ》・出発《しゅっぱつ》

❸のびていく。大《おお》きくひろがっていく。例発育《はついく》・発展《はってん》

発音あんない ハツ→ハッ…例発表《はっぴょう》 ハツ→パツ…例一発《いっぱつ》

名前のよみ あきら・のぶ

❶〈外に向かって出す〉の意味で

【発案《はつあん》】▲〈—する〉①新《あたら》しい考《かんが》えや案《あん》を出《だ》すこと。②会議《かいぎ》に議案《ぎあん》を提出《ていしゅつ》すること。例休会《きゅうかい》を発案《はつあん》する。類提案《ていあん》・発議《はつぎ|ほつぎ》

【発°煙°筒《はつえんとう》】危険《きけん》を知《し》らせたりするために、けむりが出《で》るようなしかけをした筒《つつ》。

【発音《はつおん》】▲〈—する〉音《おと》や声《こえ》を出《だ》すこと。声《こえ》の出《だ》し方《かた》。例発音記号《はつおんきごう》

【発火《はっか》】▲〈—する〉火《ひ》がもえだすこと。例発火装置《はっかそうち》・自然発火《しぜんはっか》 類引火《いんか》・点火《てんか》 対消火《しょうか》

【発芽《はつが》】▲〈—する〉植物《しょくぶつ》のたねから芽《め》が出《で》ること。芽生《めば》え。例アサガオが発芽《はつが》する。

【発覚《はっかく》】Ⅱ〈—する〉かくしていたことやわるいことが見《み》つかること。例問題《もんだい》が発覚《はっかく》する。類露見《ろけん》

【発刊《はっかん》】↓〈—する〉本《ほん》や雑誌《ざっし》を新《あたら》しく出《だ》すこと。類創刊《そうかん》・発行《はっこう》 対廃刊《はいかん》

【発°汗《はっかん》】▲〈—する〉からだの中《なか》からあせが出《で》ること。例発汗作用《はっかんさよう》のある薬《くすり》。

発◀ 次ページ

【発揮《はっき》】[↓]〈—する〉持《も》っている力《ちから》やはたらきを外《そと》に向《む》けて表《あらわ》すこと。[例]実力《じつりょく》を発揮《はっき》する。

【発議《はつぎ|ほつぎ》】[▲]〈—する〉会議《かいぎ》で、最初《さいしょ》に意見《いけん》をのべたり案《あん》を持《も》ち出《だ》したりすること。[例]条《じょう》例制定《れいせいてい》が発議《はつぎ|ほつぎ》された。[類]提案《ていあん》・発案《はつあん》

【発。狂《はっきょう》】[▲]〈—する〉気《き》がくるうこと。[例]恐《きょう》怖《ふ》のあまり発狂《はっきょう》した。[類]乱心《らんしん》・狂気《きょうき》

【発禁《はっきん》】[○]「発売禁止《はつばいきんし》」の略《りゃく》。本《ほん》や雑誌《ざっし》を売《う》り出《だ》すことをさしとめること。

【発。掘《はっくつ》】[||]〈—する〉①土《つち》の中《なか》にうまっていたものをほり出《だ》すこと。[例]発掘調査《はっくつちょうさ》②かくれているものを見《み》つけ出《だ》すこと。[例]才能《さいのう》を発掘《はっくつ》する。

【発見《はっけん》】[↓]〈—する〉今《いま》まで知《し》られていなかったものを新《あたら》しく見《み》つけ出《だ》すこと。[例]新種《しんしゅ》を発《はっ》見《けん》する。

【発言《はつげん》】[▲]〈—する〉自分《じぶん》の考《かんが》えや意見《いけん》を口《くち》に出《だ》して言《い》うこと。[例]学級会《がっきゅうかい》で発言《はつげん》する。

【発光《はっこう》】[▲]〈—する〉光《ひかり》を出《だ》すこと。[例]発光《はっこう》ダイオード

【発行《はっこう》】[↓]〈—する〉①本《ほん》・雑誌《ざっし》などの出版物《しゅっぱんぶつ》や、新聞《しんぶん》・お札《さつ》などを印刷《いんさつ》して世《よ》の中《なか》に出《だ》すこと。[類]刊行《かんこう》・上梓《じょうし》・発刊《はっかん》②証明書《しょうめいしょ》や許可証《きょかしょう》などの書類《しょるい》をつくってわたすこと。[例]入場《にゅうじょう》許可証《きょかしょう》を発行《はっこう》する。

【発効《はっこう》】[▲]〈—する〉法律《ほうりつ》やきまりなどがその効力《こうりょく》をもちはじめること。[対]失効《しっこう》

【発散《はっさん》】[↓]〈—する〉中《なか》にこもっているものを外《そと》に出《だ》すこと。外《そと》に出《で》ること。[例]エネルギーを発散《はっさん》する。[類]放散《ほうさん》

【発射《はっしゃ》】[||]〈—する〉鉄砲《てっぽう》・大砲《たいほう》のたまやロケットなどをうちだすこと。

【発。祥《はっしょう》】[▲]〈—する〉ものごとが新《あたら》しくはじまること。[例]文明発祥《ぶんめいはっしょう》の地《ち》。

【発色《はっしょく》】[▲]〈—する〉カラー写真《しゃしん》や染《そ》め物《もの》などに色《いろ》がつくこと。そのしあがりぐあい。[例]色《いろ》インクの発色《はっしょく》を見《み》る。

【発信《はっしん》】[▲]〈—する〉郵便《ゆうびん》や電信《でんしん》を送《おく》り出《だ》すこと。[類]送信《そうしん》 [対]受信《じゅしん》・着信《ちゃくしん》

【発生《はっせい》】[||]〈—する〉①事件《じけん》・事故《じこ》などが起《お》こること。[例]交通事故《こうつうじこ》が発生《はっせい》する。[類]出来《しゅったい》②生《い》き物《もの》などが生《う》まれ出《で》ること。あらわれること。[例]シロアリが発生《はっせい》する。

【発声《はっせい》】[▲]〈—する〉①声《こえ》を出《だ》すこと。[例]歌《うた》う前《まえ》に発声練習《はっせいれんしゅう》をする。②おおぜいでいっせいに声《こえ》を出《だ》そうというとき、その音頭《おんど》を取《と》ること。[例]ばんざいの発声《はっせい》をたのまれる。

【発送《はっそう》】[||]〈—する〉荷物《にもつ》などを送《おく》り出《だ》すこと。[例]地方発送《ちほうはっそう》うけたまわります。

【発想《はっそう》】[▲]〈—する〉考《かんが》えのもとになる最初《さいしょ》の思《おも》いつき。考《かんが》え方《かた》。[例]発想《はっそう》の転換《てんかん》。[類]着想《ちゃくそう》

【発注《はっちゅう》】[▲]〈—する〉注文《ちゅうもん》を出《だ》すこと。[例]部品《ぶひん》を発注《はっちゅう》する。[対]受注《じゅちゅう》

【発電《はつでん》】[▲]〈—する〉電気《でんき》をおこすこと。[例]発《はっ》電所《でんしょ》・火力発電《かりょくはつでん》

【発動《はつどう》】〈—する〉①[▲]動力《どうりょく》を作《つく》りだすこと。[例]発動機《はつどうき》②[↓]はたらきはじめること。[例]超自然的《ちょうしぜんてき》な力《ちから》が発動《はつどう》する。③[↓]法律《ほうりつ》にもとづいて力《ちから》をはたらかせること。[例]指揮権《しきけん》を発《はつ》動《どう》する。

【発熱《はつねつ》】[▲]〈—する〉①熱《ねつ》を生《う》み出《だ》すこと。[例]発熱体《はつねつたい》②病気《びょうき》などで熱《ねつ》が出《で》ること。

【発売《はつばい》】[↓]〈—する〉品物《しなもの》を売《う》り出《だ》すこと。

【発病《はつびょう》】[▲]〈—する〉病気《びょうき》にかかって、からだのぐあいがわるくなること。[例]発病率《はつびょうりつ》

【発表《はっぴょう》】[||]〈—する〉①できごとや考《かんが》えを外《そと》に向《む》けて知《し》らせること。[例]意見《いけん》を発表《はっぴょう》する。②つくったものや、できるようになったことを人《ひと》びとに見《み》せること。[例]ピアノの発表会《はっぴょうかい》。

【発布《はっぷ》】[↓]〈—する〉新《あたら》しくできた法律《ほうりつ》などを、広《ひろ》く世《よ》の中《なか》に知《し》らせること。[例]新憲法《しんけんぽう》を発布《はっぷ》する。[類]公布《こうふ》

【発奮《はっぷん》】[↓]〈—する〉あることをきっかけにして、心《こころ》をふるい立《た》たせること。[類]奮起《ふんき》・奮発《ふんぱつ》

【発。砲《はっぽう》】[▲]〈—する〉銃《じゅう》などをうつこと。

[表記]「発憤」とも書《か》く。

【発明《はつめい》】[||]①〈—する〉今《いま》までなかったものを新《あたら》しくつくり出《だ》すこと。②〈—な〉かしこい。[例]生《う》まれつき発明《はつめい》な子《こ》。[類]聡明《そうめい》・利発《りはつ》

【発令《はつれい》】[▲]〈—する〉命令《めいれい》や警報《けいほう》などを出《だ》すこと。[例]転勤《てんきん》の辞令《じれい》を発令《はつれい》する。

【発。露《はつろ》】[||]〈—する〉その人《ひと》の心《こころ》や気持《きも》ちが、自然《しぜん》に動作《どうさ》やおこないにあらわれ出《で》ること。[例]感情《かんじょう》の発露《はつろ》。[類]発現《はつげん》・流露《りゅうろ》

【発起《ほっき》】Ⅱ〈―する〉①新《あたら》しく計画《けいかく》を立《た》てて、ものごとをはじめること。例 発起人《ほっきにん》 ②神《かみ》や仏《ほとけ》を信《しん》じようとする気持《きも》ちをおこすこと。例 一念発起《いちねんほっき》して仏《ほとけ》の道《みち》に入《はい》る。類 発心《ほっしん》

【発起人《ほっきにん》】ものごとを最初《さいしょ》に計画《けいかく》してはじめる人《ひと》。例 クラス会《かい》の発起人《ほっきにん》。

【発句《ほっく》】↓ 俳句《はいく》。知識 もとは、五《ご》・七《しち》・五《ご》に七《しち》・七《しち》をつけ、その七《しち》・七《しち》に別《べつ》の五《ご》・七《しち》・五《ご》をつけてつづけていく「くさり連歌《れんが》」の最初《さいしょ》の五《ご》・七《しち》・五《ご》を言《い》った。これが独立《どくりつ》して俳句《はいく》になった。

【発作《ほっさ》】Ⅱ 病気《びょうき》で、急《きゅう》にはげしいいたみや苦《くる》しみなどがおこること。例 ぜんそくの発作《ほっさ》がおこる。

【発心《ほっしん》】▲〈―する〉なにかをしようと思《おも》い立《た》つこと。例 発心《ほっしん》した日《ひ》から一日《いちにち》もかかさずに日記《にっき》を書《か》いている。参考 もともとは一念発起《いちねんほっき》して仏門《ぶつもん》に入《はい》るという意味《いみ》。

【発足《ほっそく|はっそく》】▲〈―する〉団体《だんたい》などの活動《かつどう》がはじめられること。例 新《しん》チームが発足《はっそく》する。

【発◦端《ほったん》】▲ ものごとのはじまり。例 事件《じけん》の発端《ほったん》をあきらかにする。類 端緒《たんしょ|たんちょ》 対 結末《けつまつ》

❷〈出かける〉の意味で

【発車《はっしゃ》】▲〈―する〉電車《でんしゃ》や車《くるま》などが動《うご》き出《だ》すこと。例 バスの発車時刻《はっしゃじこく》。対 停車《ていしゃ》

【発進《はっしん》】↓〈―する〉出発《しゅっぱつ》すること。車《くるま》や船《ふね》・飛行機《ひこうき》などが動《うご》きだすこと。例 緊急発進《きんきゅうはっしん》

【発着《はっちゃく》】⇕〈―する〉乗《の》り物《もの》などが出発《しゅっぱつ》したり到着《とうちゃく》したりすること。例 発着所《はっちゃくじょ》

❸〈のびていく〉の意味で

【発育《はついく》】Ⅱ〈―する〉だんだんに大《おお》きく育《そだ》つこと。例 発育測定《はついくそくてい》 類 成育《せいいく》・成長《せいちょう》・発達《はったつ》

【発◦酵《はっこう》】▲〈―する〉酵素《こうそ》のはたらきで、物質《ぶっしつ》が分解《ぶんかい》され変化《へんか》すること。知識 酒《さけ》・ビール・みそ・しょうゆなど、すべて発酵《はっこう》によってできるものである。

故事のはなし

登竜門《とうりゅうもん》

後漢《ごかん》の李膺《りよう》は、高《たか》い見識《けんしき》を持《も》ち、名声《めいせい》をえていたため、かれとの交際《こうさい》をゆるされた士人《しじん》がいると、その人《ひと》は、「登竜門《とうりゅうもん》(竜門《りゅうもん》を登《のぼ》った人《ひと》)」とよばれた。(『後漢書《ごかんじょ》』李膺伝《りようでん》)

参考 竜門《りゅうもん》は、黄河《こうが》の上流《じょうりゅう》にある急流《きゅうりゅう》の名前《なまえ》で、山西省河津県《さんせいしょうかしんけん》と陝西省韓城県《せんせいしょうかんじょうけん》のあいだに位置《いち》する。その由来《ゆらい》は、「大河《たいが》や海《うみ》にいる大魚《たいぎょ》がこの難所《なんしょ》の下《した》に数千《すうせん》も集《あつ》まっているが、登《のぼ》れない。ここを登《のぼ》れたら、竜《りゅう》になる」という伝説《でんせつ》からくる。(『三秦記《さんしんき》』)

【発達《はったつ》】↓〈―する〉成長《せいちょう》して大《おお》きくなり、内容《ないよう》が高度《こうど》になること。例 心身《しんしん》の発達《はったつ》。類 発育《はついく》・発展《はってん》・進歩《しんぽ》

【発展《はってん》】Ⅱ〈―する〉いきおいがよくなって、大《おお》きくのび広《ひろ》がること。例 大《おお》きな発展《はってん》をとげる。類 発達《はったつ》・展開《てんかい》・進化《しんか》・進歩《しんぽ》・向上《こうじょう》 表現「発達《はったつ》」がおもに中身《なかみ》のことをいうのに対《たい》して、「発展《はってん》」は、見《み》た目《め》の大《おお》きさや広《ひろ》がりをいうことが多《おお》い。

【発展◦途上国《はってんとじょうこく》】産業《さんぎょう》・文化《ぶんか》・経済《けいざい》などで、これから力《ちから》をつけようとしている国《くに》。第《だい》二次大戦後《にじたいせんご》に独立《どくりつ》した国《くに》に多《おお》い。対 先進国《せんしんこく》

【発◦揚《はつよう》】↓〈―する〉いきおいをさかんにすること。いきおいを見《み》せつけること。類 宣揚《せんよう》

発が下につく熟語 上の字の働き

❶発＝〈外に向かって出す〉のとき

【開発《かいはつ》 徴発《ちょうはつ》】近《ちか》い意味《いみ》。

【乱発《らんぱつ》 連発《れんぱつ》】ドンナニ発《はっ》するか。

【告発《こくはつ》 摘発《てきはつ》】ドウヤッテあらわすか。

【揮発《きはつ》 蒸発《じょうはつ》 爆発《ばくはつ》】ドウナッテ発《はっ》するか。

【再発《さいはつ》 続発《ぞくはつ》 併発《へいはつ》 突発《とっぱつ》 偶発《ぐうはつ》 暴発《ぼうはつ》】ドノヨウニ起《お》こるか。

【散発《さんぱつ》 多発《たはつ》 頻発《ひんぱつ》】ドレホド起《お》こるか。

【触発《しょくはつ》 挑発《ちょうはつ》 誘発《ゆうはつ》】ドウヤッテ起《お》こすか。

【単発《たんぱつ》 双発《そうはつ》】イクツの発動機《はつどうき》か。

❷発＝〈出かける〉のとき

【始発《しはつ》 先発《せんぱつ》】ドノヨウニ出発《しゅっぱつ》するか。

◆活発《かっぱつ》 啓発《けいはつ》 才気煥発《さいきかんぱつ》 出発《しゅっぱつ》 増発《ぞうはつ》 反発《はんぱつ》 不発《ふはつ》

◦学習漢字でない常用漢字 ▲常用漢字表にない音訓 ◆常用漢字でない漢字

奮発《ふんぱつ》 利発《りはつ》

癶-7

登

総画12
JIS-3748
教3年
訓 音 トウ・ト
のぼる

筆順

なりたち

【形声】「癶」が両足《りょうあし》をふんばっている形《かたち》を表《あらわ》し、「豆」が「トウ」という読《よ》み方《かた》をしめしている。「トウ」は「高《たか》い所《ところ》にのぼる」意味《いみ》を持《も》ち、両足《りょうあし》でのぼることを表《あらわ》す字《じ》。

意味
❶のぼる。その場《ば》に出《で》る。例 山《やま》を登《のぼ》る。急《きゅう》な登《のぼ》り。登場《とうじょう》・登山《とざん》
❷記録《きろく》にのせる。例 登録《とうろく》

使い分け のぼる[上・登・昇] ☞19ページ

名前のよみ たか・とみ・なり・のり・みのる

❶〈のぼる〉の意味で

【登校】《とうこう》 ▲〈―する〉児童《じどう》や生徒《せいと》が学校《がっこう》に行《い》く。例 登校時間《とうこうじかん》 対 下校《げこう》

【登場】《とうじょう》 ▲〈―する〉①役者《やくしゃ》が、映画《えいが》や舞台《ぶたい》の場面《ばめん》にあらわれ出《で》ること。例 主役《しゅやく》が登場《とうじょう》する。対 退場《たいじょう》 ②世《よ》の中《なか》にすがたをあらわすこと。例 新《あたら》しいモデルの車《くるま》が登場《とうじょう》する。

【登頂】《とうちょう》 ▲〈―する〉山《やま》の頂上《ちょうじょう》に登《のぼ》りつくこと。例 初《はつ》の登頂《とうちょう》に成功《せいこう》する。

【登板】《とうばん》 ▲〈―する〉野球《やきゅう》で、投手《とうしゅ》として試合《しあい》に出《で》ること。例 エースが登板《とうばん》する。対 降板《こうばん》

表現 野球《やきゅう》以外《いがい》でも、「急《きゅう》きょ登板《とうばん》することになった新《あたら》しい社長《しゃちょう》」など、だいじな役割《やくわり》を持《も》った立場《たちば》に立《た》つことをいうときもある。

【登用】《とうよう》 ↓〈―する〉人《ひと》をそれまでよりも高《たか》い地位《ちい》につけること。例 部長《ぶちょう》に登用《とうよう》する。類 起用《きよう》・抜擢《ばってき》 表記「登庸」とも書《か》く。

【登竜門】《とうりゅうもん》 そこを通《とお》りぬけることができれば、かならず成功《せいこう》して出世《しゅっせ》するといわれる関門《かんもん》。

故事のはなし ☞757ページ

【登山】《とざん》 ▲〈―する〉山《やま》にのぼること。対 下山《げざん》

【登城】《とじょう》 ▲〈―する〉武士《ぶし》が主君《しゅくん》の城《しろ》へ行《い》くこと。例 急《いそ》いで登城《とじょう》する。対 下城《げじょう》

❷〈記録にのせる〉の意味で

【登記】《とうき》 ‖〈―する〉土地《とち》や建物《たてもの》などの権利《けんり》をおおやけにしめすため、役所《やくしょ》の帳簿《ちょうぼ》に書《か》いておくこと。例 家《いえ》の登記《とうき》をすませる。

【登録】《とうろく》 ‖〈―する〉役所《やくしょ》などにとどけ出《で》て、公式《こうしき》の帳簿《ちょうぼ》にのせてもらうこと。例 防犯登録《ぼうはんとうろく》

5画 白 [しろ] [しろへん] の部

色《いろ》のしろを表《あらわ》す「白《しろ》」をもとにして作《つく》られた字《じ》と、「白《しろ》」の形《かたち》がめやすとなっている字《じ》を集《あつ》めてあります。

この部首の字

■ 白-0

白

総画5
JIS-3982
教1年
訓 音 ハク・ビャク
しろ・しら・しろい

筆順

なりたち

【象形】どんぐりの実《み》をえがいた字《じ》。実《み》のしろいことから、「しろい」として使《つか》われている。

意味
❶しろい。けがれがない。例 白星《しろぼし》・白衣《はくい》 対 黒《こく》
❷明《あか》るい。くもりがない。はっきりしている。例 東《ひがし》の空《そら》が白《しら》む。白夜《びゃくや》・明白《めいはく》
❸なにもない。なにも書《か》かれたり、ぬられたりしていない。例 白《しら》を切《き》る(知《し》らないふりをする)。白木《しらき》・白紙《はくし》・空白《くうはく》
❹申《もう》す。言《い》う。例 白状《はくじょう》・告白《こくはく》
❺《その他《た》》例 白寿《はくじゅ》・腕白《わんぱく》

注意するよみ しら…例 白壁《しらかべ》。白《しら》む。白《しら》ける。
特別なよみ 白髪(しらが)
発音あんない ハク→ハッ…例 白骨《はっこつ》 ハク→パク…例 純白《じゅんぱく》
名前のよみ あき・あきら・きよ・きよし

❶〈しろい〉の意味で

【白粉】《おしろい》 ↓ 顔《かお》のけしょうに使《つか》う白《しろ》やはだ色《いろ》のこな。それをとかした液体《えきたい》。

【白波】《しらなみ》 ⇩ あわだって白《しろ》く見《み》える波《なみ》。例 風《かぜ》で白波《しらなみ》が立《た》つ。表記 「白浪」とも書《か》く。参考 「白波《しらなみ》（白浪）」が盗賊《とうぞく》を指《さ》すことがあるのは、むかし、中国《ちゅうごく》で白波谷《はくはこく》という所《ところ》が賊軍《ぞくぐん》の陣地《じんち》になったことがあるため。

【白◦帆】《しらほ》 ⇩ ほかけ船《ぶね》の白《しろ》い帆《ほ》。

【白黒】《しろくろ》 ⇕ ①白《しろ》い色《いろ》と黒《くろ》い色《いろ》。とくに、写真《しゃしん》や映画《えいが》などで、色《いろ》のついていないものをいう。モノクロ。②よいかわるいか。罪《つみ》があるかないか。例 裁判《さいばん》で白黒《しろくろ》をはっきりさせる。類 黒白《こくびゃく》 表現 「目《め》を白黒《しろくろ》させる」は、びっくりしたり、苦《くる》しんだりするようすを表《あらわ》す。

【白地】《しろじ》 ⇩ 布《ぬの》・紙《かみ》などで、絵《え》や柄《がら》以外《いがい》の部分《ぶぶん》が白《しろ》いこと。例 白地《しろじ》のゆかた。

【白装束】《しろしょうぞく》 和服《わふく》で、白一色《しろいっしょく》の服装《ふくそう》。けがれのないことを表《あらわ》す。

【白星】《しろぼし》 ⇩ 相撲《すもう》で、勝《か》ちを表《あらわ》すしるし。勝《か》ち星《ぼし》。例 白星《しろぼし》をあげる。対 黒星《くろぼし》

【白無◆垢】《しろむく》 白《しろ》いままで何色《なにいろ》にも染《そ》めてない布地《ぬのじ》。白装束《しろしょうぞく》のすがた。

【白◦亜】《はくあ》 ⇩ ①白《しろ》い土《つち》。石灰岩《せっかいがん》の一《ひと》つで、白《しら》壁《かべ》やチョークの原料《げんりょう》に使《つか》う。②白《しろ》い壁《かべ》。例 白亜《はくあ》の殿堂《でんどう》。

【白衣】《はくい｜びゃくえ》 ⇩ 医師《いし》や看護師《かんごし》・化学者《かがくしゃ》などが着《き》る白《しろ》いうわっぱり。例 白衣《はくい》を着用《ちゃくよう》する。

【白眼視】《はくがんし》 〈―する〉つめたい目《め》つきで、人《ひと》を見《み》ること。つめたくあつかうこと。

故事のはなし ☞759ページ

【白砂青松】《はくしゃせいしょう｜はくさせいしょう》 白《しろ》い砂浜《すなはま》と青《あお》い松林《まつばやし》。美《うつく》しい海《うみ》べのようすをいう。

故事のはなし

白眼視《はくがんし》

竹林《ちくりん》の七賢《しちけん》のひとり、晋《しん》の阮籍《げんせき》は、白眼《はくがん》（しろめ）と青眼《せいがん》（くろめ）を使《つか》い分《わ》けることができた。礼儀作法《れいぎさほう》にとらわれている人《ひと》には白眼《はくがん》で応対《おうたい》した。阮籍《げんせき》の母《はは》のとむらいに嵆喜《けいき》がおとずれたとき、阮籍《げんせき》は白眼《はくがん》をあらわしたので、不愉快《ふゆかい》になって帰《かえ》った。喜《き》の弟《おとうと》の嵆康《けいこう》がそれを聞《き》いて、酒《さけ》と琴《こと》をたずさえて行《い》くと、阮籍《げんせき》は大《おお》いによろこんで青眼《せいがん》をあらわした。それから礼法《れいほう》をまもる人《ひと》びとは、かれをかたきのようににくんだ。（『晋書《しんじょ》』阮籍伝《げんせきでん》）

参考 阮籍《げんせき》は、世俗《せぞく》の礼儀作法《れいぎさほう》にとらわれず、母親《ははおや》が亡《な》くなったときにも、囲碁《いご》の勝負《しょうぶ》がつくまでつづけ、二斗《にと》の酒《さけ》を飲《の》み、号泣《ごうきゅう》して数升《すうしょう》の血《ち》をはいた。ほうむるときもおなじで、表面的《ひょうめんてき》な礼法《れいほう》の体裁《ていさい》よりも自己《じこ》の真実《しんじつ》の感情《かんじょう》をだいじにして行動《こうどう》した。

【白書】《はくしょ》 ⇩ 政府《せいふ》が、いろいろな分野《ぶんや》のじっさいのようすをまとめて、人《ひと》びとに報告《ほうこく》する文書《ぶんしょ》。例 子《こ》ども白書《はくしょ》 知識 イギリス政府《せいふ》が外交《がいこう》報告書《ほうこくしょ》に白《しろ》い表紙《ひょうし》を使《つか》ったことからの名《な》。日本《にほん》では、一九四七年《ねん》の経済白書《けいざいはくしょ》が最初《さいしょ》。

【白色人種】《はくしょくじんしゅ》 人種《じんしゅ》を三《みっ》つに分《わ》けたとき、はだの色《いろ》が明《あか》るい人種《じんしゅ》。関連 黄色人種《おうしょくじんしゅ》・黒色人種《こくしょくじんしゅ》・白色人種《はくしょくじんしゅ》

【白◦刃】《はくじん》 ⇩ 白《しろ》く光《ひか》る抜《ぬ》き身《み》の刀《かたな》。

【白◦濁】《はくだく》 ⇩ 〈―する〉白《しろ》くにごること。

【白鳥】《はくちょう》 ⇩ 首《くび》の長《なが》い白《しろ》く大《おお》きな水鳥《みずとり》。寒《さむ》い地方《ちほう》にすむ渡《わた》り鳥《どり》で、秋《あき》にシベリアから日本《にほん》の湖《みずうみ》や川《かわ》に渡《わた》ってくる。スワン。

【白熱】《はくねつ》 ⇩ 〈―する〉①鉄《てつ》などがひじょうに高《たか》い温度《おんど》で熱《ねっ》せられて、白色《はくしょく》に近《ちか》い光《ひかり》を出《だ》すこと。②はげしくぶつかりあってもりあがること。例 白熱《はくねつ》した議論《ぎろん》。

【白◦髪】《はくはつ｜しらが》 ⇩ 白《しろ》いかみの毛《け》。類 銀髪《ぎんぱつ》 知識 「白髪三千丈《はくはつさんぜんじょう》」は、心配《しんぱい》ごとや悲《かな》しみのためにかみの毛《け》が白《しろ》くなり、長《なが》くのびてしまったことを大《おお》げさにいうことば。

【白◦眉】《はくび》 〇 多《おお》くの中《なか》でもっともすぐれたもの。

故事のはなし ☞761ページ

【白票】《はくひょう》 ⇩ 白《しろ》い色《いろ》の票《ひょう》。国会《こっかい》で記名投票《きめいとうひょう》のときに賛成《さんせい》を表《あらわ》すために使《つか》う。対 青票《せいひょう》 ☞❸

【白兵戦】《はくへいせん》 刀《かたな》や槍《やり》、銃剣《じゅうけん》などをふるって、入《い》りまじってたたかうこと。参考 「白兵《はくへい》」

は白刃《はくじん》のこと。

【白墨】《はくぼく》 ⇩ 黒板《こくばん》に字《じ》や線《せん》を書《か》くためにこなを棒《ぼう》の形《かたち》にかためたもの。白《しろ》以外《いがい》にもいろいろな色《いろ》のものがある。チョーク。

【白米】《はくまい》 ⇩ もみがらを取《と》った米《こめ》をついて、皮《かわ》や胚芽《はいが》を取《と》り去《さ》り、白《しろ》くした米《こめ》。類 精米《せいまい》 対 玄米《げんまい》

【白金】《はっきん》 ⇩ 一 元素《げんそ》の一《ひと》つ。金《きん》よりも重《おも》く、白《しろ》くてつやのある金属《きんぞく》で、薬品《やくひん》にも強《つよ》く、化学器具《かがくきぐ》や装身具《そうしんぐ》に使《つか》われる。プラチナ。二 しろがね 銀《ぎん》のこと。

【白血球】《はっけっきゅう》 血液《けつえき》の中《なか》にある色《いろ》のない細胞《さいぼう》で、細菌《さいきん》をとらえてころすはたらきをするもの。対 赤血球《せっけっきゅう》

【白骨】《はっこつ》 ⇩ 死体《したい》が雨《あめ》や風《かぜ》にさらされて、肉《にく》がとれ、白《しろ》くなったほね。例 白骨死体《はっこつしたい》

❷〈明《あか》るい〉の意味で

【白日】《はくじつ》 ⇩ ①明《あか》るく照《て》りかがやく太陽《たいよう》。例 事件《じけん》を白日《はくじつ》のもとにさらす。②明《あか》るい昼《ひる》ひなか。例 白日夢《はくじつむ》 類 白昼《はくちゅう》・日中《にっちゅう》 表現 少《すこ》しもうしろぐらさがないことを「青天白日《せいてんはくじつ》の身《み》」という。

【白昼】《はくちゅう》 ⇩ 昼《ひる》ひなか。類 真昼《まひる》・昼間《ひるま》・日中《にっちゅう》・白日《はくじつ》 対 暗夜《あんや》

【白夜】《はくや｜びゃくや》 ⇩ 真夜中《まよなか》でも日《ひ》が沈《しず》まないか、沈《しず》んでも空《そら》がうす明《あか》るいままである現象《げんしょう》。北極《ほっきょく》または南極《なんきょく》に近《ちか》い地方《ちほう》の夏《なつ》に見《み》られる。

❸〈なにもない〉の意味で

【白湯】《さゆ》 ⇩ わかしただけで、なにもまぜていない湯《ゆ》。例 白湯《さゆ》で薬《くすり》をのむ。

【白木】《しらき》 ⇩ 皮《かわ》をはいだり、けずったりしたままで、なにもぬってない木《き》。例 白木《しらき》の柱《はしら》。

【白紙】《はくし》 ⇩ ①必要《ひつよう》なことが書《か》いてない紙《かみ》。例 白紙投票《はくしとうひょう》 ②意見《いけん》や考《かんが》えをもっていない状態《じょうたい》。例 白紙《はくし》の状態《じょうたい》で会議《かいぎ》にのぞむ。③なにもなかった、最初《さいしょ》の状態《じょうたい》。例 計画《けいかく》を白紙《はくし》にもどす。

【白地図】《はくちず》 陸地《りくち》・島《しま》・川《かわ》などの形《かたち》や、くぎりめだけが線《せん》でかかれていて、いろいろなことが書《か》きこめるようになっている地図《ちず》。

【白票】《はくひょう》 ⇩ 白紙《はくし》のままで投票《とうひょう》される票《ひょう》。表現 「白票《はくひょう》を投《とう》ずる」には、棄権《きけん》はしないが、賛成《さんせい》も反対《はんたい》もしないとか、どの候補者《こうほしゃ》にも票《ひょう》を入《い》れないとかの意味《いみ》がある。☞❶

❹〈申《もう》す〉の意味で

【白状】《はくじょう》 ▲ 〈―する〉かくしていたことをうちあけること。類 自白《じはく》・告白《こくはく》

❺《その他》

【白寿】《はくじゅ》 ⇩ 九十九歳《きゅうじゅうきゅうさい》。参考 「白《はく》」の字《じ》が、「百《ひゃく》」より「一《いち》」だけ少《すく》ないことから。☞【還暦】《かんれき》（448ページ）

白が下につく熟語 上の字の働き

❹ 白＝〈申《もう》す〉のとき
【自白《じはく》 独白《どくはく》 関白《かんぱく》】ドノヨウニ申《もう》すか。「関白《かんぱく》」の「関《かん》」は「国政《こくせい》のだいじなことにかかわる」の意味《いみ》」

◆空白《くうはく》 潔白《けっぱく》 純白《じゅんぱく》 告白《こくはく》 黒白《こくびゃく》 漂白《ひょうはく》 明白《めいはく》 卵白《らんぱく》 腕白《わんぱく》

百

白－1
総画6
JIS-4120
教1年
訓 ―
音 ヒャク

筆順 百 百 百 百 百 百（ながく）

なりたち [形声]「一《いち》」と、読《よ》み方《かた》をしめす「白《ハク》」とを合《あ》わせて、数《かず》の「いっぴゃく（ひゃく）」を表《あらわ》している字《じ》。

意味
❶ひゃく。十《じゅう》の十倍《じゅうばい》。例 百《ひゃく》に一《ひと》つ。百分率《ひゃくぶんりつ》
❷数《かず》が多《おお》い。たくさんの。例 百科《ひゃっか》

発音あんない ヒャク→ヒャッ…例 百回《ひゃっかい》 ヒャク→ビャク…例 三百《さんびゃく》 ヒャク→ピャク…例 六百《ろっぴゃく》

特別なよみ 八百長《やおちょう》・八百屋《やおや》

名前のよみ も・もも

❶〈ひゃく〉の意味で

【百人一首】《ひゃくにんいっしゅ》 百人《ひゃくにん》の歌人《かじん》の歌《うた》を一《ひと》つずつえらんで集《あつ》めたもの。ふつう、藤原定家《ふじわらのていか》が京都《きょうと》の小倉山《おぐらやま》でえらんだという「小倉百人一首《おぐらひゃくにんいっしゅ》」を指《さ》す。

【百分率】《ひゃくぶんりつ》 全体《ぜんたい》を一〇〇としたとき、そのうちのいくつになるかの割合《わりあい》。パーセント（%）で表《あらわ》す。たとえば、二分《にぶん》の一《いち》は百分率《ひゃくぶんりつ》で

表《あらわ》すと五〇パーセント。類 百分比《ひゃくぶんひ》

【百発百中】《ひゃっぱつひゃくちゅう》 ①うてば必《かなら》ずあたる射《しゃ》撃《げき》のうでまえ。②予想《よそう》がみなあたること。すること、みな成功《せいこう》すること。例 百《ひゃっ》発百中《ぱつひゃくちゅう》のうらない。

❷〈数が多い〉の意味で

【百害】《ひゃくがい》 ↓ たくさんのよくないこと。例 百《ひゃく》害《がい》あって一《いち》利《り》なし。

【百。獣】《ひゃくじゅう》 ↓ あらゆるけものたち。例 百《ひゃく》獣《じゅう》の王《おう》。

【百出】《ひゃくしゅつ》 ↓ 〈一する〉たくさんのものが、つぎつぎに出《で》てくること。例 議論百出《ぎろんひゃくしゅつ》

【百。姓】↓ 一《ひゃくしょう》 農業《のうぎょう》をして生活《せいかつ》をしている人《ひと》。例 百姓一揆《ひゃくしょういっき》 類 農民《のうみん》 二《ひゃくせい》 むかしのことばで、すべての人民《じんみん》。

【百戦。錬。磨】《ひゃくせんれんま》 多《おお》くのたたかいやむずかしいことを経験《けいけん》して、きたえられていること。

例 相手《あいて》は百戦錬磨《ひゃくせんれんま》のつわものだ。

【百人力】《ひゃくにんりき》 たいそう力《ちから》が強《つよ》いこと。

【百聞は一見にしかず】《ひゃくぶんはいっけんにしかず》 何度《なんど》も話《はなし》を聞《き》くよりも、実際《じっさい》に見《み》たほうがよくわかる。

参考 『漢書《かんじょ》』(趙充国伝《ちょうじゅうこくでん》)にあることば。

【百面相】《ひゃくめんそう》 かんたんな道具《どうぐ》だてで、いろいろなすがたや顔《かお》つきの人《ひと》に早《はや》がわりして見《み》せる芸《げい》。例 百面相《ひゃくめんそう》で笑《わら》わせる。

【百葉箱】《ひゃくようばこ|ひゃくようそう》 気象観測《きしょうかんそく》のために屋外《おくがい》におく木《き》の箱《はこ》。白《しろ》くぬったよろい戸《ど》の中《なか》に、温度計《おんどけい》や湿度計《しつどけい》がある。

百葉箱

【百科】《ひゃっか》 ↓ あらゆることがら。例 百科事典《ひゃっかじてん》・動物百科《どうぶつひゃっか》

【百貨店】《ひゃっかてん》 いろいろの種類《しゅるい》の商品《しょうひん》を、それぞれ売《う》り場《ば》を分《わ》けて売《う》っている大《おお》きな店《みせ》。デパート。例 大型百貨店《おおがたひゃっかてん》

【百。鬼夜行】《ひゃっきやこう|ひゃっきやぎょう》 化《ば》け物《もの》どもが夜中《よなか》に出歩《である》くこと。悪者《わるもの》たちがのさばり歩《ある》くこと。

【百。般】《ひゃっぱん》 ↓ あらゆる方面《ほうめん》のものごと。例 武芸百般《ぶげいひゃっぱん》に通《つう》じる。

故事のはなし

白眉《はくび》

三国時代《さんごくじだい》の蜀《しょく》の馬良《ばりょう》は五人兄弟《ごにんきょうだい》で、いずれも才能《さいのう》がすぐれていた。郷里《きょうり》の人《ひと》びとは、中《なか》でも良《りょう》を「馬氏五常《ばしごじょう》、白眉最《はくびもっと》も良《よ》し」と評《ひょう》した。馬家《ばけ》の兄弟五人《きょうだいごにん》はみな字《あざな》に常《じょう》がつくので五常《ごじょう》といい、良《りょう》(字《あざな》は季常《きじょう》)の眉毛《まゆげ》に白毛《はくもう》が交《ま》じっていたから、白眉《はくび》とよんだのである。

(『三国志《さんごくし》』蜀書馬良伝《しょくしょばりょうでん》)

参考 もともとは、優秀《ゆうしゅう》な兄弟《きょうだい》の中《なか》でも、とりわけすぐれたものを指《さ》すことば。なお、「泣《な》いて馬謖《ばしょく》を斬《き》る」の馬謖《ばしょく》(字《あざな》は幼常《ようじょう》)は、馬良《ばりょう》の弟《おとうと》である。

白-3

的

総画8

JIS-3710

教4年

音 テキ

訓 まと

筆順 的 的 的 的 的 的 的 的 (はねる)

なりたち  【形声】もともとは「日」と「勺」とからでき、「勺《シャク》」が「テキ」とかわって読《よ》み方《かた》をしめしている。「シャク」は「明《あき》らか」の意味《いみ》を持《も》ち、日《ひ》の光《ひかり》の明《あき》らかなことを表《あらわ》す字《じ》。借《か》りて、「まと」として使《つか》われている。

意味

❶まと。めあて。例 的《まと》を射《い》る。的中《てきちゅう》・目《もく》的《てき》

❷…の性質《せいしつ》をもった。いかにも…らしい。…に関係《かんけい》がある。例 劇的《げきてき》・一方的《いっぽうてき》・社会的《しゃかいてき》

文字物語 ☞762ページ

名前のよみ あきら・まさ

❶〈まと〉の意味で

【的確】《てきかく|てっかく》 ↓ 〈一な〉〈一に〉なにがたいせつかがよくわかっていて、たしかでまちがいないようす。例 的確《てきかく|てっかく》な判断《はんだん》。類 確実《かくじつ》

【的中】《てきちゅう》 ↓ 〈一する〉①たまや矢《や》が的《まと》にあたること。類 命中《めいちゅう》 ②こうなるだろうと思《おも》った

前ページ ▶的

ことが、そのとおりになること。例事前《じぜん》の予想《よそう》が的中《てきちゅう》した。表記②は、「適中」とも書く。

的が下につく熟語 上の字の働き

❷的＝〈…の性質をもった〉のとき
【私的《してき》 劇的《げきてき》 詩的《してき》 端的《たんてき》 知的《ちてき》 病的《びょうてき》 機械的《きかいてき》 事務的《じむてき》 抽象的《ちゅうしょうてき》 具体的《ぐたいてき》 一方的《いっぽうてき》 比較的《ひかくてき》 画期的《かっきてき》 全面的《ぜんめんてき》 抜本的《ばっぽんてき》 本格的《ほんかくてき》 意欲的《いよくてき》 自発的《じはってき》 積極的《せっきょくてき》 消極的《しょうきょくてき》 能動的《のうどうてき》 受動的《じゅどうてき》 功利的《こうりてき》 封建的《ほうけんてき》】ナニの性質《せいしつ》をもつか。

◆標的《ひょうてき》 目的《もくてき》

皆

白-4
総画9
JIS-1907
常用
音 カイ
訓 みな

筆順 皆皆皆皆皆皆皆皆皆

なりたち 【会意】「比」は人《ひと》がならんでいる形《かたち》、「白」は「言《い》う」意味《いみ》で、みなおなじように言《い》うことを表《あらわ》している字《じ》。

意味 みな。全部《ぜんぶ》。例皆《みな》さん。皆勤《かいきん》

【皆既食《かいきしょく》】日食《にっしょく》や月食《げっしょく》のとき、太陽《たいよう》または月《つき》が全部《ぜんぶ》かくれて見《み》えなくなること。対部分食《ぶぶんしょく》

【皆勤《かいきん》】↓〈―する〉学校《がっこう》や会社《かいしゃ》などを一日《いちにち》も休《やす》まないこと。例皆勤賞《かいきんしょう》

【皆無《かいむ》】↓まったくないこと。一《ひと》つもないこと。例見《み》つかる可能性《かのうせい》は皆無《かいむ》に近《ちか》い。類絶無《ぜつむ》

【皆目《かいもく》】↓（あとに打《う》ち消《け》しのことばがついて）まったく。ぜんぜん。例皆目《かいもく》わからない。

皇

白-4
総画9
JIS-2536
教6年
音 コウ・オウ
訓 ―

筆順 皇皇皇皇皇皇皇皇皇（ながく）

なりたち 【形声】「白」の部分《ぶぶん》はかんむりの形《かたち》からでき、「王」が「大《おお》きい」の意味《いみ》と「オウ」という読《よ》み方《かた》をしめしている。大《おお》きなかんむりを表《あらわ》す字《じ》。

意味 天子《てんし》。みかど。例皇帝《こうてい》・天皇《てんのう》

発音あんない オウ→ノウ…例天皇《てんのう》

【皇子《おうじ》】↓天皇《てんのう》の男《おとこ》の子《こ》。対皇女《こうじょ／おうじょ》

【皇位《こうい》】↓天皇《てんのう》の位《くらい》。類王位《おうい》

【皇居《こうきょ》】↓天皇《てんのう》の住居《じゅうきょ》。類宮城《きゅうじょう》・禁中《きんちゅう》

【皇后《こうごう》】↓天皇《てんのう》の妻《つま》。きさき。類王妃《おうひ》

【皇室《こうしつ》】↓天皇《てんのう》とその家族《かぞく》。類皇族《こうぞく》・王室《おうしつ》

【皇女《こうじょ／おうじょ》】↓天皇《てんのう》の女《おんな》の子《こ》。対皇子《おうじ》

【皇族《こうぞく》】↓天皇《てんのう》の一族《いちぞく》。類皇室《こうしつ》

【皇太后《こうたいごう／こうたいこう》】前《まえ》の天皇《てんのう》のきさきであった女性《じょせい》。

【皇太子《こうたいし》】次《つぎ》の天皇《てんのう》になる皇子《おうじ》。類東宮《とうぐう》

【皇帝《こうてい》】Ⅱ帝国《ていこく》の君主《くんしゅ》。類帝王《ていおう》・天子《てんし》

皇が下につく熟語 上の字の働き

【上皇《じょうこう》 天皇《てんのう》】ドンナ天子《てんし》か。

皐

白-6
総画11
JIS-2709
人名
音 コウ
訓 ―

文字物語 的

この字《じ》ぐらい、どんなことばの下《した》にでもつけて、便利《べんり》に使《つか》える字《じ》はめずらしい。「的が下《した》につく熟語《じゅくご》」にしめしたことば以外《いがい》にも「…的《てき》」ということばはいくらでもある。

中国語《ちゅうごくご》でも「的」はよく使《つか》われるが、日本《にほん》とは意味《いみ》と使《つか》い方《かた》にちがいがある。「日本的《にほんてき》」は、中国語《ちゅうごくご》では「日本《にほん》の」の意味《いみ》だが、日本語《にほんご》では「いかにも日本《にほん》らしい」「日本《にほん》の特徴《とくちょう》をもった」という意味《いみ》で使《つか》う。

「…的《てき》」の意味《いみ》を大《おお》きくまとめてみよう。

㋐「いかにも…らしい」の意味《いみ》で。例男性《だんせい》的《てき》な（ごつごつした）山《やま》のすがた。女性的《じょせいてき》な（なだらかな）山《やま》のすがた。

㋑「まさに…といえるほどの」の意味《いみ》で。例理想的《りそうてき》な（まさに理想《りそう》の）家《いえ》。病的《びょうてき》に（まさに病気《びょうき》といえるほど）神経質《しんけいしつ》な人《ひと》。

㋒「…に関係《かんけい》する」の意味《いみ》で。例知的《ちてき》（知性《ちせい》に関《かん》する）能力《のうりょく》。社会的《しゃかいてき》な（社会《しゃかい》に関係《かんけい》する）問題《もんだい》。

㋓「…の面《めん》から見《み》て」の意味《いみ》で。例内容的《ないようてき》に（内容《ないよう》という面《めん》から見《み》て）すぐれた作《さく》品《ひん》。教育的《きょういくてき》（教育《きょういく》という面《めん》から見《み》た）配慮《はいりょ》。

意味
❶さわ。水《みず》ぎわ。
❷さつき。旧暦《きゅうれき》で、五月《ごがつ》のこと。例 皐月《さつき》
名前のよみ すすむ・たか・たかし

白－7
皓
総画12 JIS-6611 人名
音 コウ
訓 しろ－い

意味 しろい。きよらか。例 月《つき》が皓皓《こうこう》と照《て》っている。皓歯《こうし》(まっ白《しろ》できれいな歯《は》)
名前のよみ あき・あきら・てる・ひろ・ひろし

5画 皮［けがわ］の部
ここには「皮」の字だけが入《はい》ります。

この部首の字
0 皮……763

皮－0
皮
総画5 JIS-4073 教3年
音 ヒ
訓 かわ

筆順 皮 皮 皮 皮 皮（「つにならない」「はらう」）

なりたち  【会意】手《て》(又)とけもののかわとを合《あ》わせて、手《て》でけもののかわをはぎとるようすを表《あらわ》している字《じ》。

意味
❶動植物《どうしょくぶつ》のかわ。例 皮《かわ》をはぐ。木《き》の皮《かわ》。毛皮《けがわ》・皮膚《ひふ》
❷うわべ。例 化《ば》けの皮《かわ》。皮相《ひそう》

❶〈動植物のかわ〉の意味で
【皮算用】《かわざんよう》〈―する〉まだそうなってもいないのに、そうなったつもりで、あれこれ考《かんが》えること。例 皮算用《かわざんよう》がはずれた。参考「とらぬたぬきの皮算用《かわざんよう》」ということわざから使《つか》われるようになったことば。
【皮下】《ひか》↓ 皮膚《ひふ》のすぐ下《した》。例 皮下《ひか》注射《ちゅうしゃ》
【皮革】《ひかく》Ⅱ 動物《どうぶつ》の毛皮《けがわ》やなめした皮《かわ》。
【皮肉】《ひにく》Ⅱ〈―な・―に〉①遠《とお》まわしに、相手《あいて》がきずつくようにいじわるく言《い》うこと。あてこすり。例 皮肉《ひにく》な笑《わら》いをうかべる。類 嫌味《いやみ》 ②あてがはずれて、ぐあいのわるいことになるようす。例 皮肉《ひにく》なめぐりあわせ。
【皮膚】《ひふ》Ⅱ 人《ひと》や動物《どうぶつ》のからだをおおっている皮《かわ》。類 肌《はだ》
❷〈うわべ〉の意味で
【皮相】《ひそう》↓〈―な・―に〉ものごとのうわべ。また、うわべのようすだけで、中身《なかみ》のことまで考《かんが》えないようす。例 皮相《ひそう》な見方《みかた》が多《おお》い。

皮が下につく熟語 上の字の働き

❶皮＝〈動植物のかわ〉のとき
【表皮《ひょうひ》 鉄面皮《てつめんぴ》】ドンナ皮《かわ》か。
◆ 毛皮《けがわ》 脱皮《だっぴ》

5画 皿［さら］の部
「皿《さら》」をもとにして作《つく》られ、容器《ようき》やその使用《しよう》にかかわる字《じ》を集《あつ》めてあります。

この部首の字
0 皿……763 4 盆……763 5 益……764 6 盛……764 盗……764 8 盟……765 10 監……765 盤……765 血→血 900 孟→子 305

皿－0
皿
総画5 JIS-2714 教3年
音 ―
訓 さら

筆順 皿 皿 皿 皿 皿（「だす」）

なりたち  【象形】食物《しょくもつ》を盛《も》り入《い》れる容器《ようき》の形《かたち》をえがいた字《じ》。

意味 さら。平《たい》らなうつわ。例 皿《さら》に盛《も》る。小《こ》皿《ざら》・大皿《おおざら》・洋皿《ようざら》

皿－4
盆
総画9 JIS-4363 常用
音 ボン
訓 ―

筆順 盆 盆 盆 盆 盆 盆 盆 盆 盆

なりたち  【形声】「分《フン》」が「ボン」とかわって読《よ》み方《かた》をしめしている。「フン」は「大《おお》きい」の意味《いみ》を持《も》ち、大《おお》きい皿《さら》を表《あらわ》す字《じ》。

意味
❶ぼん。食器《しょっき》・食品《しょくひん》をのせて運《はこ》ぶための、平《たい》らでまわりにやや高《たか》いふちのついた台《だい》。例 盆《ぼん》のような月《つき》。盆栽《ぼんさい》
❷盆《ぼん》の行事《ぎょうじ》。祖先《そせん》をまつる仏教《ぶっきょう》行事《ぎょうじ》である盂蘭盆《うらぼん》。旧暦《きゅうれき》の七月《しちがつ》十三日《じゅうさんにち》から十五日《じゅうごにち》(地域《ちいき》によっては、新暦《しんれき》の八月《はちがつ》十三日《じゅうさんにち》から

◀次ページ

°学習漢字でない常用漢字 ▲常用漢字表にない音訓 ◆常用漢字でない漢字

前ページ▶皓 皮 皿 盆

十五日《じゅうごにち》)までおこなわれる。例 盆踊《ぼんおど》り・新《にい》盆《ぼん》

❶〈ぼん〉の意味で

【盆栽】《ぼんさい》↓見《み》て楽《たの》しむために、鉢《はち》に植《う》えて育《そだ》てた木《き》や草《くさ》。類 鉢物《はちもの》

【盆地】《ぼんち》↓まわりを山《やま》にかこまれた平《たい》らなところ。

益

皿-5 総画10 JIS-1755 教5年

訓 ― 音 エキ・ヤク

筆順

なりたち

【会意】容器《ようき》(皿《さら》)から水《みず》があふれ出《で》るようすを表《あらわ》している字《じ》。「ふえる」意味《いみ》に使《つか》われる。

意味 ❶役立《やくだ》つ。ためになる。例 世《よ》に益《えき》する。なんの益もない。益虫《えきちゅう》・有益《ゆうえき》 対 害《がい》
❷もうけ。得《とく》する。例 利益《りえき》 対 損《そん》

注意するよみ ヤク…例 御利益《ごりやく》

名前のよみ すすむ・のり・ます・みつ・やす・よし

❶〈役立つ〉の意味で

【益虫】《えきちゅう》↓害虫《がいちゅう》を食《た》べたり花粉《かふん》をはこんだりして、人間《にんげん》のために役《やく》に立《た》つ昆虫《こんちゅう》。ミツバチなど。対 害虫《がいちゅう》

【益鳥】《えきちょう》↓農作物《のうさくぶつ》や家畜《かちく》に害《がい》をあたえる虫《むし》などを食《た》べて、人間《にんげん》のために役《やく》に立《た》つ鳥《とり》。ツバメやヒバリなど。対 害鳥《がいちょう》

益が下につく熟語 上の字の働き

❶益=〈役立つ〉のとき
【無益 有益《ゆうえき》】益の有《う》る無《な》し。

❷益=〈もうけ〉のとき
【収益《しゅうえき》 実益《じつえき》 純益《じゅんえき》】ドウイウもうけか。

◆権益《けんえき》 公益《こうえき》 損益《そんえき》 利益《りえき》《りやく》

盛

皿-6 総画11 JIS-3225 教6年

訓 もる・さかる・さかん 音 セイ・ジョウ

筆順

なりたち

【形声】「成《セイ》《ジョウ》」が読《よ》み方《かた》をしめしている。「セイ・ジョウ」は「もり上《あ》げる」意味《いみ》を持《も》ち、容器《ようき》(皿《さら》)の上《うえ》に物《もの》を高《たか》くもって神《かみ》にそなえることを表《あらわ》す字《じ》。

意味 ❶もる。高《たか》くつみあげる。例 土《つち》を盛《も》る。
❷さかんである。例 夏《なつ》の盛《さか》り。盛《さか》んな拍《はく》手《しゅ》。盛大《せいだい》・繁盛《はんじょう》 対 衰《すい》

注意するよみ ジョウ…例 繁盛《はんじょう》

名前のよみ しげ・しげる

❷〈さかんである〉の意味で

【盛夏】《せいか》↓夏《なつ》のいちばん暑《あつ》いころ。類 真夏《まなつ》 関連 初夏《しょか》・盛夏《せいか》・晩夏《ばんか》

【盛会】《せいかい》↓出席者《しゅっせきしゃ》が多《おお》くて、にぎやかにもりあがった会《かい》。例 ご盛会《せいかい》をいのる。

【盛観】《せいかん》↓りっぱで、はなやかなながめ。例 祭《まつ》りは盛観《せいかん》を呈《てい》した。類 壮観《そうかん》

【盛況】《せいきょう》↓式《しき》や会《かい》などがにぎやかで、もりあがっているようす。類 活況《かっきょう》

【盛衰】《せいすい》⇕さかんになることと、おとろえること。例 栄枯盛衰《えいこせいすい》 類 興亡《こうぼう》・消長《しょうちょう》

【盛装】《せいそう》↓(―する)はなやかに美《うつく》しく着《き》かざること。表現 儀式《ぎしき》のための正式《せいしき》な服装《ふくそう》は「正装《せいそう》」。

【盛大】《せいだい》Ⅱ(―な)(―に)会《かい》や式《しき》などが大《おお》がかりで、りっぱなようす。例 盛大《せいだい》な結婚式《けっこんしき》。

【盛名】《せいめい》↓りっぱだ、すばらしいという評判《ひょうばん》。例 盛名《せいめい》をはせる。類 名声《めいせい》

盛が下につく熟語 上の字の働き

❷盛=〈さかんである〉のとき
【隆盛《りゅうせい》 繁盛《はんじょう》】近《ちか》い意味《いみ》。

◆全盛《ぜんせい》

盗

皿-6 総画11 JIS-3780 常用

訓 ぬすむ 音 トウ

[盜]

筆順

なりたち

【会意】もとの字《じ》は、「盜」。「次」がうらやんでよだれを流《なが》すようすを表《あらわ》し、容器《ようき》(皿《さら》)の中《なか》の食《た》べ物《もの》をほしがってよだれを流《なが》すことから、「ぬすむ」として使《つか》われている。

意味 ぬすむ。人《ひと》のものを、かってにとって自分《じぶん》のものにする。例 金《かね》を盗《ぬす》む。盗難《とうなん》・強《ごう》

【°盗作《とうさく》】[↓]〈―する〉他人《たにん》の作品《さくひん》の全部《ぜんぶ》または一部《いちぶ》をその作者《さくしゃ》にことわらないで、自分《じぶん》のものとして発表《はっぴょう》すること。類 剽窃《ひょうせつ》

【盗°賊《とうぞく》】[↓]ぬすみをはたらく者《もの》ども。例 盗《とう》賊《ぞく》の首領《しゅりょう》。類 泥棒《どろぼう》・盗人《ぬすびと|ぬすっと》

【°盗°聴《とうちょう》】[↓]〈―する〉他人《たにん》の話《はなし》をこっそり聞《き》くこと。ぬすみ聞《ぎ》き。例 盗聴器《とうちょうき》

【°盗難《とうなん》】[↓]お金《かね》やものをぬすまれること。例 盗難事件《とうなんじけん》。盗難《とうなん》にあう。

【°盗品《とうひん》】[↓]ぬすんだ品物《しなもの》。類 贓品《ぞうひん》・贓物《ぞうぶつ》

【°盗°癖《とうへき》】[↓]思《おも》わずぬすみをしてしまう悪《わる》いくせ。

【°盗用《とうよう》】[↓]〈―する〉人《ひと》のものを、ゆるしをえないで使《つか》うこと。例 アイデアを盗用《とうよう》する。

【°盗°塁《とうるい》】[▲]〈―する〉野球《やきゅう》のランナーが相手《あいて》のすきを見《み》て次《つぎ》の塁《るい》へ進《すす》むこと。スチール。例 盗塁《とうるい》に成功《せいこう》する。

【°盗人《ぬすびと|ぬすっと》】[↓]ぬすみをはたらく者《もの》。例 盗人《ぬすびと|ぬすっと》たけだけしい(わるいことをしていながら、ひどくずうずうしい)。類 泥棒《どろぼう》・盗賊《とうぞく》

◆怪盗《かいとう》 強盗《ごうとう》 窃盗《せっとう》

皿-8

盟

総画13 JIS-4433 教6年

音 メイ 訓 ちか-う

筆順 (はねる はらう だす)

なりたち  【形声】「皿」が容器《ようき》、または血《ち》で、「明《めい》」が「あきらかにする」意味《いみ》と「メイ」という読《よ》み方《かた》をしめしている。神《かみ》にそなえたいけにえの血《ち》を受《う》けてすすり合《あ》い、約束《やくそく》をあきらかにすることを表《あらわ》す字《じ》。

意味 ちかう。かたい約束《やくそく》をする。例 同盟《どうめい》

【盟主《めいしゅ》】[↓]同盟《どうめい》をむすんだ人《ひと》びとや国々《くにぐに》の中《なか》で、中心《ちゅうしん》となる人《ひと》や国《くに》。

【盟約《めいやく》】[‖]〈―する〉かたく約束《やくそく》すること。かたい約束《やくそく》。例 盟約《めいやく》をむすぶ。

【盟友《めいゆう》】[↓]かたい約束《やくそく》でむすばれた友《とも》。例 盟友《めいゆう》として助《たす》けあう。類 同志《どうし》

盟が下につく熟語 上の字の働き

【同盟《どうめい》 連盟《れんめい》】ドウイウなかまか。

◆加盟《かめい》

皿-10

監

総画15 JIS-2038 常用

音 カン 訓 ―

筆順

なりたち  【会意】「皿」が水《みず》がめ、「臣」が大《おお》きく見開《みひら》いた目《め》、「𠂉」がうつむいている人《ひと》で、人《ひと》が水《みず》がめをのぞきこんでいるようすを表《あらわ》す字《じ》。「よく見《み》て調《しら》べる」意味《いみ》に使《つか》われている。

意味 とりしまる。見《み》はる。とりしまる人《ひと》。例 監督《かんとく》・総監《そうかん》

名前のよみ あき・あきら・てる

【監禁《かんきん》】[↓]〈―する〉ある場所《ばしょ》にとじこめて、自由《じゆう》にさせないこと。例 監禁罪《かんきんざい》 類 軟禁《なんきん》・幽閉《ゆうへい》

【監°獄《かんごく》】[‖]「刑務所《けいむしょ》・拘置所《こうちしょ》」の古《ふる》い言《い》い方《かた》。類 牢屋《ろうや》・牢獄《ろうごく》・獄舎《ごくしゃ》

【監査《かんさ》】[‖]〈―する〉会社《かいしゃ》や団体《だんたい》などの仕事《しごと》やお金《かね》の出《だ》し入《い》れがきちんとしているかどうか調《しら》べること。例 会計監査《かいけいかんさ》

【監察《かんさつ》】[‖]〈―する〉ものごとがきまりどおりにおこなわれているかどうかを調《しら》べて、とりしまること。例 監察官《かんさつかん》

【監視《かんし》】[↓]〈―する〉よくないことがおこらないように、気《き》をつけて見《み》はること。例 プールの監視《かんし》をする。

【監修《かんしゅう》】[↓]〈―する〉本《ほん》の編集《へんしゅう》を責任《せきにん》をもって監督《かんとく》すること。例 監修者《かんしゅうしゃ》

【監°督《かんとく》】[‖]〈―する〉仕事《しごと》の指図《さしず》やとりしまりをすること。製作《せいさく》や実行《じっこう》の責任者《せきにんしゃ》。例 野球《やきゅう》監督《かんとく》。映画《えいが》を監督《かんとく》する。類 演出《えんしゅつ》

監が下につく熟語 上の字の働き

【舎監《しゃかん》 総監《そうかん》】ドコをとりしまる人《ひと》か。

皿-10

盤

総画15 JIS-4055 常用

音 バン 訓 ―

筆順

なりたち 【形声】「般《ハン》」が「バン」とかわって読《よ》み方《かた》をしめしている。「ハン」は「平《ひら》たく大《おお》きい」の意味《いみ》を持《も》ち、大《おお》きい皿《さら》を表《あらわ》す字《じ》。

目◀ 次ページ

°学習漢字でない常用漢字 ▲常用漢字表にない音訓 ◆常用漢字でない漢字

意味 大《おお》きな皿《さら》。平《たい》らな、しっかりした台《だい》。例 盤石《ばんじゃく》・円盤《えんばん》・碁盤《ごばん》・地盤《じばん》

【°盤石《ばんじゃく》】[‖] 動《うご》かない大岩《おおいわ》。例 盤石《ばんじゃく》のかまえ。表記「磐石」とも書《か》く。

【°盤面《ばんめん》】[↓] ①レコードやCD《シーディー》の表面《ひょうめん》。②碁盤《ごばん》や将棋盤《しょうぎばん》の表面《ひょうめん》。その上《うえ》の碁石《ごいし》やこまの配置《はいち》。例 有利《ゆうり》な盤面《ばんめん》。

盤が下につく熟語 上の字の働き

【円盤《えんばん》 銀盤《ぎんばん》 鍵盤《けんばん》 水盤《すいばん》 吸盤《きゅうばん》 旋盤《せんばん》】ドノヨウナ盤《ばん》か。

【碁盤《ごばん》 算盤《そろばん》 羅針盤《らしんばん》】ナニに使《つか》う盤《ばん》か。

【序盤《じょばん》 中盤《ちゅうばん》 終盤《しゅうばん》】盤上《ばんじょう》でおこなわれるたたかいのドノクライの段階《だんかい》か。

◆基盤《きばん》 地盤《じばん》 落盤《らくばん》

5画 目 ［め］［めへん］の部

「目《め》」をもとにして作《つく》られ、目《め》や視力《しりょく》にかかわる字《じ》と、「目《め》」の形《かたち》がめやすとなっている字《じ》を集《あつ》めてあります。

この部首の字

0 目…766　3 直…767　盲…770　4 看…770　県…771　盾…771　省…771　相…772　眉…773　冒…773　5 真…773　眠…775　6 眼…775　眺…775　眸…775　8 睡…776　督…776　睦…776　12 瞳…776　瞭…776　13 瞬…776　自→自 882　見→見 916　貝→貝 952　具→八 121　着→羊 854

■ 目−0

目

総画5　JIS-4460　教1年

音 モク・ボク
訓 め・ま

筆順

なりたち

[象形]めの形《かたち》をえがいた字《じ》。

意味

❶ものを見《み》る目《め》。目《め》で見《み》る。目《め》のようなもの。例 目《め》が回《まわ》る。優勝候補《ゆうしょうこうほ》と目《もく》される選手《せんしゅ》。目前《もくぜん》・注目《ちゅうもく》

❷目《め》のつけどころ。めあてにするだいじなところ。例 目標《もくひょう》・眼目《がんもく》

❸くぎった一《ひと》つ一《ひと》つ。くぎり。例 目次《もくじ》・分《わ》かれ目《め》・節目《ふしめ》

❹順序《じゅんじょ》の位置《いち》づけ。例 二枚目《にまいめ》

注意するよみ ボク…例 面目《めんぼく》　ま…例 目《ま》の当《あ》たり。目深《まぶか》

特別なよみ 真面目(まじめ)

❶〈ものを見る目〉の意味で

【目深《まぶか》】[↓]〈―な〉〈―に〉帽子《ぼうし》などを、目《め》がかくれるほど深《ふか》くかぶるようす。

【目上《めうえ》】[↓] 地位《ちい》や年齢《ねんれい》などが自分《じぶん》よりも上《うえ》であること。上《うえ》の人《ひと》。例 目上《めうえ》をうやまう。対 目下《めした》

【目顔《めがお》】[↓] 考《かんが》えや気持《きも》ちを表《あらわ》す目《め》の動《うご》き。例 わかったと目顔《めがお》で知《し》らせる。

【目頭《めがしら》】[↓] 目《め》の、鼻《はな》に近《ちか》いほうのはし。ここからなみだが流《なが》れ出《だ》す。例 目頭《めがしら》があつくなる(なみだが出《で》そうになる)。対 目尻《めじり》

【目先《めさき》】[↓] ①目《め》の、すぐ前《まえ》。例 目先《めさき》にちらつく。類 眼前《がんぜん》 ②その場《ば》だけのこと。例 目先《めさき》の損得《そんとく》に左右《さゆう》される。類 目前《もくぜん》 ③ものごとの先《さき》を見《み》とおす力《ちから》。例 目先《めさき》がきく。④ぱっと見《み》たときの感《かん》じ。例 目先《めさき》をかえる。

【目分量《めぶんりょう》】目《め》で見《み》て、このくらいと思《おも》う量《りょう》。例 目分量《めぶんりょう》で水《みず》をくわえる。

【目°撃《もくげき》】[‖]〈―する〉そのときその場《ば》にいて、じかに見《み》る。例 目撃者《もくげきしゃ》

【目算《もくさん》】[↓]〈―する〉①くわしい計算《けいさん》はしないで、だいたいの数量《すうりょう》を見《み》さだめること。例 費用《ひよう》を目算《もくさん》する。②大《おお》まかな見《み》こみ。例 目算《もくさん》がはずれる。類 見当《けんとう》

【目前《もくぜん》】[↓] ①すぐ近《ちか》くのところ。例 ほんの目前《もくぜん》で落石事故《らくせきじこ》があった。類 眼前《がんぜん》・鼻先《はなさき》・目先《めさき》 ②じきにそのときが来《く》ること。例 テストが目前《もくぜん》にせまる。

【目測《もくそく》】[↓]〈―する〉目《め》で見《み》るだけで長《なが》さ・高《たか》さ・広《ひろ》さなどの見当《けんとう》をつけること。対 実測《じっそく》

【目礼《もくれい》】[↓]〈―する〉目《め》の動《うご》きであいさつの気持《きも》ちを表《あらわ》すこと。例 目礼《もくれい》をかわす。

【目下】[↓] 一《もっか》 ちょうど今《いま》。今《いま》のところ。例 目下《もっか》原因《げんいん》を究明中《きゅうめいちゅう》です。類 現下《げんか》 二《めした》 地位《ちい》や年齢《ねんれい》などが自分《じぶん》よりも下《した》であること。下《した》の人《ひと》。例 目下《めした》のめんどうを見《み》る。対 目上《めうえ》

❷〈目のつけどころ〉の意味で

【目印《めじるし》】↓見《み》たときにすぐわかるようにつけるしるし。例目印《めじるし》に棒《ぼう》を立《た》てる。

【目星《めぼし》】↓だいたいの目《め》あて。例犯人《はんにん》の目《め》星《ぼし》がついた。

【目安《めやす》】◎だいたいの目標《もくひょう》や基準《きじゅん》。おおよその見当《けんとう》。めど。類目標《もくひょう》

【目的《もくてき》】↓このことのために、それをするのだと、心《こころ》に目指《めざ》すもの。例目的《もくてき》のためには手《しゅ》段《だん》をえらばない。対手段《しゅだん》・方法《ほうほう》

【目標《もくひょう》】↓目指《めざ》していく目《め》じるし。そうなりたいと思《おも》って目指《めざ》すもの。例学級《がっきゅう》の目標《もくひょう》。

❸〈くぎった一つ一つ〉の意味で

【目次《もくじ》】↓本《ほん》や雑誌《ざっし》で、内容《ないよう》の見出《みだ》しをならべ、のっているページをしめしたところ。

【目録《もくろく》】↓①品物《しなもの》の名《な》を順序《じゅんじょ》よくならべて書《か》いたもの。類一覧《いちらん》②おくる品物《しなもの》の名《な》を書《か》いたもの。例記念品《きねんひん》の目録《もくろく》をわたす。

目が下につく熟語 上の字の働き

❶目＝〈ものを見る目〉のとき
【耳目《じもく》 面目《めんぼく|めんもく》】近縁《きんえん》の関係《かんけい》。
【衆目《しゅうもく》 人目《ひとめ》 鳥目《とりめ》】ダレの目《め》か。
【着目《ちゃくもく》 注目《ちゅうもく》】目《め》をドウスルか。
【夜目《よめ》 横目《よこめ》】イツ見《み》るか・ドノヨウニ見《み》るか。
【布目《ぬのめ》 木目《もくめ》】ナニの目《め》か。

❷目＝〈目のつけどころ〉のとき
【糸目《いとめ》 役目《やくめ》】ナニのだいじなところか。

❸目＝〈くぎった一つ一つ〉のとき
【科目《かもく》 項目《こうもく》 種目《しゅもく》】近《ちか》い意味《いみ》。
【課目《かもく》 綱目《こうもく》 題目《だいもく》 曲目《きょくもく》 品目《ひんもく》】ナニに目《め》をつけて小分《こわ》けにしたものか。
【境目《さかいめ》 節目《ふしめ》】ナニのくぎりか。

❹目＝〈順序の位置づけ〉のとき
【二枚目《にまいめ》 三枚目《さんまいめ》】順《じゅん》にかぞえてイクツめか。

◆跡目《あとめ》 網目《あみめ》 多目《おおめ》 皆目《かいもく》 金目《かねめ》 眼目《がんもく》 駄目《だめ》 反目《はんもく》 名目《めいもく》 盲目《もうもく》 量目《りょうめ》

一 目−3

直

総画8
JIS-3630
教2年
音 チョク・ジキ
訓 ただちに・なおす・なおる・じか・す−ぐ

筆順 一 十 𠂇 冇 有 育 直 直（まっすぐ、つく／ながく）

なりたち 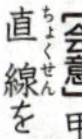【会意】甲骨文字《こうこつもじ》では「⌐」と目《め》に直線《ちょくせん》をつけ、まっすぐに見《み》る意《い》味《み》を表《あらわ》した。のちに「丨」が「十」にかわり、さらに「乚」がくわわり、目《め》で見《み》て曲《ま》がったものをまっすぐに正《ただ》すことを表《あらわ》している字《じ》。

意味

❶まっすぐ。心《こころ》がすなお。例直進《ちょくしん》・垂直《すいちょく》・正直《しょうじき》 対曲《きょく》

❷じかに。あいだになにもない。すぐ。そのまま。例直《ただ》ちに出発《しゅっぱつ》する。直接《ちょくせつ》

❸番《ばん》にあたる。例日直《にっちょく》

❹もとどおりにする。例あやまりを直《なお》す。時計《とけい》を直《なお》しに出《だ》す。故障《こしょう》が直《なお》る。

使い分け なおす［直・治］☞767ページ

名前のよみ ちか・まさ

❶〈まっすぐ〉の意味で

【直言《ちょくげん》】↓〈―する〉相手《あいて》がだれであろうと、自分《じぶん》の思《おも》うことをえんりょなくずばりと言《い》うこと。例校長《こうちょう》に直言《ちょくげん》する。

【直視《ちょくし》】↓〈―する〉目《め》をそむけず、まともに見《み》つめる。例現実《げんじつ》を直視《ちょくし》せよ。類正視《せいし》

【直情径行《ちょくじょうけいこう》】〈―な〉自分《じぶん》が思《おも》ったら、そのとおりに行動《こうどう》すること。例直情径行《ちょくじょうけいこう》の人《ひと》。参考「径《けい》」も、まっすぐを表《あらわ》す。

【直進《ちょくしん》】↓〈―する〉まっすぐ前《まえ》に進《すす》む。例交《こう》差点《さてん》を直進《ちょくしん》する。

【直線《ちょくせん》】↓まっすぐな線《せん》。対曲線《きょくせん》

【直方体《ちょくほうたい》】六《むっ》つの長方形《ちょうほうけい》の面《めん》にかこま

例解 使い分け

［なおす《直す・治す》］

直す＝わるいところを正《ただ》しくする。こわれたところをもとどおりにする。
例あやまりを直《なお》す。故障《こしょう》を直《なお》す。わるいくせを直《なお》す。

治す＝とくに、病気《びょうき》やけがを「なおす」。
例かぜを治《なお》す。きずを治《なお》す。

直す

治す

○学習漢字でない常用漢字　▲常用漢字表にない音訓　◆常用漢字でない漢字

れている立体《りったい》。類 立方体《りっぽうたい》

【直《ちょく》立《りつ》】↓〈―する〉まっすぐに立《た》つこと。例 直《ちょく》立《りつ》不動《ふどう》の姿勢《しせい》をとる。

【直流《ちょくりゅう》】↓①〈―する〉まっすぐに流《なが》れること。②いつもおなじ方向《ほうこう》に流《なが》れる電流《でんりゅう》。対 交流《こうりゅう》

【直列《ちょくれつ》】↓①まっすぐ一列《いちれつ》にならぶこと。②「直列接続《ちょくれつせつぞく》」の略《りゃく》。電池《でんち》のプラスの極《きょく》にべつの電池《でんち》のマイナス極《きょく》をつなぐなどのつなぎ方《かた》。対 並列《へいれつ》

【直角《ちょっかく》】↓〈―な・―に〉直線《ちょくせん》が、もう一本《いっぽん》の直線《ちょくせん》に、かたむかずに交《まじ》わったときにできる角《かく》の大《おお》きさ。九〇度《ど》。例 直角定規《ちょっかくじょうぎ》

【直球《ちょっきゅう》】↓野球《やきゅう》で、投手《とうしゅ》が投《な》げるまっすぐに進《すす》むボール。ストレート。例 直球勝負《ちょっきゅうしょうぶ》。対 変化球《へんかきゅう》

【直径《ちょっけい》】↓円《えん》の中心《ちゅうしん》を通《とお》る直線《ちょくせん》が、両方《りょうほう》で円周《えんしゅう》に交《まじ》わる二《ふた》つの点《てん》のあいだの長《なが》さ。さしわたし。例 円《えん》の直径《ちょっけい》をはかる。

❷〈じかに〉の意味で

【▲直談判《じかだんぱん》】〈―する〉ほかの人《ひと》をあいだに入《い》れないで、ちょくせつ相手《あいて》と話《はな》し合《あ》うこと。例 仕事《しごと》のことで社長《しゃちょう》とじか談判《だんぱん》する。

【直。訴《じきそ》】↓〈―する〉決《き》められた手《て》つづきをとらず、最高権力者《さいこうけんりょくしゃ》にちょくせつうったえ出《で》ること。例 死《し》を覚悟《かくご》して直訴《じきそ》する。知識 江戸《えど》時代《じだい》、将軍《しょうぐん》や藩主《はんしゅ》などに直訴《じきそ》したものは、死《し》刑《けい》になるというきまりがあった。

【直弟子《じきでし》】技能《ぎのう》や知識《ちしき》を、その先生《せんせい》や親方《おやかた》からちょくせつ教《おそ》わった門人《もんじん》。

【直伝《じきでん》】↓師匠《ししょう》や先生《せんせい》が、弟子《でし》や生徒《せいと》にじかに教《おし》えること。例 師匠直伝《ししょうじきでん》の早業《はやわざ》。

【直筆《じきひつ》】↓その人自身《ひとじしん》が書《か》いたもの。例 直《じき》筆《ひつ》の手紙《てがみ》。類 自筆《じひつ》・直書《じきしょ》 対 代筆《だいひつ》

【直営《ちょくえい》】↓〈―する〉会社《かいしゃ》などが、外部《がいぶ》の人《ひと》にたのまないで、自分《じぶん》たちの手《て》で店《みせ》や工場《こうじょう》などを経営《けいえい》すること。例 直営工場《ちょくえいこうじょう》・直営店《ちょくえいてん》

【直。撃《ちょくげき》】↓〈―する〉爆弾《ばくだん》や台風《たいふう》などが、まともにあたること。例 台風《たいふう》が九州《きゅうしゅう》を直撃《ちょくげき》した。

【直後《ちょくご》】↓①ものごとが起《お》こったすぐあと。対 直前《ちょくぜん》 ②もののすぐうしろ。例 車《くるま》の直前直後《ちょくぜんちょくご》の横断《おうだん》は危険《きけん》だ。対 直前《ちょくぜん》

【直射《ちょくしゃ》】↓〈―する〉光《ひかり》がじかに当《あ》たること。

【直接《ちょくせつ》】↓①ほかのものを通《とお》さないで、じかに。例 直接選挙《ちょくせつせんきょ》 対 間接《かんせつ》 ②〈―する〉あいだになにもなくて、じかにつながる。例 玄関《げんかん》に直接《ちょくせつ》する応接室《おうせつしつ》。類 直結《ちょっけつ》・隣接《りんせつ》

【直前《ちょくぜん》】↓①ものごとが起《お》きるすぐまえ。例 テストの直前《ちょくぜん》。類 寸前《すんぜん》 対 直後《ちょくご》 ②もののすぐまえ。例 車《くるま》の直前《ちょくぜん》。対 直後《ちょくご》

【直送《ちょくそう》】↓〈―する〉あいだに販売業者《はんばいぎょうしゃ》が入《はい》らず、生産者《せいさんしゃ》から消費者《しょうひしゃ》にちょくせつ品物《しなもの》を送《おく》ること。例 産地直送《さんちちょくそう》の野菜《やさい》。

【直属《ちょくぞく》】↓〈―する〉仕事《しごと》の指図《さしず》などをじかに受《う》ける関係《かんけい》にあること。例 直属《ちょくぞく》の上司《じょうし》。

【直通《ちょくつう》】↓〈―する〉①乗《の》り物《もの》が、乗《の》りかえなしに目的地《もくてきち》へ行《い》くこと。例 直通《ちょくつう》バス。②ちょくせつ相手《あいて》と通《つう》じること。例 直通電話《ちょくつうでんわ》

【直売《ちょくばい》】↓〈―する〉生産者《せいさんしゃ》が、じかに消費者《しょうひしゃ》に売《う》ること。例 直売店《ちょくばいてん》・産地直売《さんちちょくばい》 類 直販《ちょくはん》

【直面《ちょくめん》】↓〈―する〉めんどうなことやいやなことに、まともにぶつかってしまうこと。例 困難《こんなん》に直面《ちょくめん》する。類 当面《とうめん》

【直訳《ちょくやく》】↓〈―する〉もとの文《ぶん》の一語一語《いちごいちご》の意《い》味《み》を、そのままたどるように訳《やく》すこと。類 逐語訳《ちくごやく》 対 意訳《いやく》 知識 直訳《ちょくやく》は、名文《めいぶん》にはならないが、原文《げんぶん》を伝《つた》えるためには必要《ひつよう》である。

【直。喩《ちょくゆ》】↓「まるで砂漠《さばく》だ」「山《やま》のようなごちそう」「貝《かい》のごとく口《くち》をとざす」などのように、たとえるものとたとえられるものを、「まるで」「ようだ」「ごとく」などのことばでむすびつけるたとえ方《かた》。対 隠喩《いんゆ》・暗喩《あんゆ》

【直下《ちょっか》】↓ものや場所《ばしょ》のまっすぐ下《した》。例 赤道直下《せきどうちょっか》 表現 「急転直下《きゅうてんちょっか》」と言《い》うときは、「直下《ちょっか》に落《お》ちる」という意味《いみ》になり、「急転《きゅうてん》直下《ちょっか》、事件《じけん》は解決《かいけつ》した」のように使《つか》われる。

【直。轄《ちょっかつ》】↓〈―する〉国《くに》や役所《やくしょ》がちょくせつ経営《けいえい》すること。例 政府直轄《せいふちょっかつ》の研究所《けんきゅうじょ》。

【直感《ちょっかん》】↓〈―する〉りくつぬきで、じかに心《こころ》に感《かん》じること。例 直感《ちょっかん》がはたらく。これはへんだと直感《ちょっかん》した。類 第六感《だいろっかん》・勘《かん》

【直観《ちょっかん》】↓〈―する〉全体《ぜんたい》を一度《いちど》にとらえて理《り》解《かい》すること。例 真理《しんり》を直観《ちょっかん》する。類 直覚《ちょっかく》

【直観的《ちょっかんてき》】〈―な・―に〉全体《ぜんたい》を一度《いちど》にとらえる

ものしり巻物 第25巻

四字《よじ》の熟語《じゅくご》

四字《よじ》の熟語《じゅくご》の中《なか》には、「喜怒哀楽《きどあいらく》」「春夏《しゅんか》秋冬《しゅうとう》」「士農工商《しのうこうしょう》」のように、おなじ種類《しゅるい》のことばを四《よっ》つ組《く》み合《あ》わせて作《つく》られたものがあります。また、「五里霧中《ごりむちゅう》」(「五里霧＋中」)「言語道断《ごんごどうだん》」(「言語道＋断」)のように、三字《さんじ》の熟語《じゅくご》に漢字《かんじ》が一字《いちじ》くわわったものもあります。

しかし、多《おお》くの場合《ばあい》、四字《よじ》の熟語《じゅくご》は、前《まえ》の二《に》字《じ》からなる部分《ぶぶん》と後《あと》の二字《にじ》からなる部分《ぶぶん》に分《わ》けることができます。

①それぞれの部分《ぶぶん》がおなじ漢字《かんじ》をくり返《かえ》すもの。

明明白白《めいめいはくはく》　奇奇怪怪《ききかいかい》　正正堂堂《せいせいどうどう》　三三五五《さんさんごご》

②それぞれの部分《ぶぶん》におなじ漢字《かんじ》が一《ひと》つずつ入《はい》るもの。

自画自賛《じがじさん》　自給自足《じきゅうじそく》　自由自在《じゆうじざい》　自業自得《じごうじとく》　半信半疑《はんしんはんぎ》　多種多様《たしゅたよう》　不老不死《ふろうふし》　無為無策《むいむさく》　一進一退《いっしんいったい》　一朝一夕《いっちょういっせき》　一長一短《いっちょういったん》　一喜一憂《いっきいちゆう》　百発百中《ひゃっぱつひゃくちゅう》　適材適所《てきざいてきしょ》　誠心誠意《せいしんせいい》　独立独歩《どくりつどっぽ》　以心伝心《いしんでんしん》　右往左往《うおうさおう》　四苦八苦《しくはっく》

③それぞれの部分《ぶぶん》に異《こと》なる数字《すうじ》が一《ひと》つずつ入《はい》るもの。

一石二鳥《いっせきにちょう》　一刀両断《いっとうりょうだん》　一挙両得《いっきょりょうとく》(両《りょう》は二《に》という意味《いみ》です)　一日千秋《いちにちせんしゅう》　三寒四温《さんかんしおん》　四苦八苦《しくはっく》　五臓六腑《ごぞうろっぷ》　七転八倒《しちてんばっとう》　千客万来《せんきゃくばんらい》　千変万化《せんぺんばんか》　朝三暮四《ちょうさんぼし》

④それぞれの部分《ぶぶん》に似《に》た意味《いみ》の漢字《かんじ》が入《はい》るもの。

千変万化《せんぺんばんか》　七転八倒《しちてんばっとう》　独立独歩《どくりつどっぽ》　明明白白《めいめいはくはく》　奇奇怪怪《ききかいかい》　沈思黙考《ちんしもっこう》

⑤それぞれの部分《ぶぶん》に反対《はんたい》の意味《いみ》の漢字《かんじ》が入《はい》るもの。

三寒四温《さんかんしおん》　半信半疑《はんしんはんぎ》　自問自答《じもんじとう》　一進一退《いっしんいったい》　一朝一夕《いっちょういっせき》　一長一短《いっちょういったん》　一喜一憂《いっきいちゆう》　朝三暮四《ちょうさんぼし》　晴耕雨読《せいこううどく》　右往左往《うおうさおう》

「一朝一夕《いっちょういっせき》」②と⑤のように二《に》か所《しょ》にでてくる熟語《じゅくご》がたくさんありますね。四字《よじ》の熟《じゅく》語《ご》は、このようにしてみると、似《に》たような組《く》み立《た》てのものが多《おお》いことがわかります。

もちろん、これらのほかにも、前《まえ》の二字《にじ》とあとの二字《にじ》との関係《かんけい》には、まだまだいろいろな種類《しゅるい》があります。

という やり方《かた》で。例 問題《もんだい》の意味《いみ》を直観的《ちょっかんてき》に理《り》解《かい》する。類 直覚的《ちょっかくてき》

【直系】《ちょっけい》 ↓ ①親《おや》から子《こ》、子《こ》から孫《まご》へとまっすぐにつながる血《ち》すじ。例 直系親族《ちょっけいしんぞく》 類 嫡《ちゃく》流《りゅう》 対 傍系《ぼうけい》 ②師匠《ししょう》から弟子《でし》へと受《う》けつぐなかで、いちばん中心《ちゅうしん》となるつながり。例 直《ちょっ》系《けい》の弟子《でし》。対 傍系《ぼうけい》

【直結】《ちょっけつ》 ↓ 〈―する〉じかにつながっていること。例 産地《さんち》と直結《ちょっけつ》する。類 直接《ちょくせつ》

【直行】《ちょっこう》 ↓ 〈―する〉まっすぐ目的地《もくてきち》へ行《い》くこと。例 現地直行《げんちちょっこう》。

直が下につく熟語 上の字の働き

❶ 直＝〈まっすぐ〉のとき

【率直《そっちょく》 正直《しょうじき》 素直《すなお》】近《ちか》い意味《いみ》。

【硬直《こうちょく》 垂直《すいちょく》】ドノヨウニまっすぐか。

【愚直《ぐちょく》 剛直《ごうちょく》 実直《じっちょく》 廉直《れんちょく》】ドノヨウニまじめか。

❸ 直＝〈番にあたる〉のとき

【宿直《しゅくちょく》 日直《にっちょく》】イツの番《ばん》か。

◇ 安直《あんちょく》 曲直《きょくちょく》 当直《とうちょく》

文字物語

省

「省」の字《じ》は、音《おん》が「セイ」のときは「かえりみる」、「ショウ」なら「はぶく」と「分担《ぶんたん》」の意味《いみ》、というようによみ分《わ》けられている。

「セイ」の「かえりみる」は、ふりかえって「これでよかったか」とよく考《かんが》えてみる、心《こころ》のはたらきをいう。「省察《せいさつ》」「内省《ないせい》」「反省《はんせい》」などの熟語《じゅくご》になる。「三省堂《さんせいどう》」の「三省《さんせい》」も、中国《ちゅうごく》の古典《こてん》『論語《ろんご》』にある「吾日三省吾身(吾日《われひ》に吾身《わがみ》を三《さん》省《せい》す。または、吾日《われひ》に三《み》たび吾身《わがみ》を省《かえり》みる)」の「三省《さんせい》(一度《いちど》だけでなく、なん度《ど》も反省《はんせい》すること。または、三《みっ》つの面《めん》から反省《はんせい》すること)」からきている。「帰省《きせい》」というのは、生《う》まれ故《こ》郷《きょう》に帰《かえ》って、親《おや》が元気《げんき》かどうかをたずねること、「人事不省《じんじふせい》」の「不省《ふせい》」は、心《こころ》のはたらきがなくなってしまった状態《じょうたい》をいう。

「ショウ」は、「はぶく」の意味《いみ》では、むだなエネルギーとか人手《ひとで》とかをなくそうとする「省《しょう》エネ」「省力化《しょうりょくか》」などのことばに使《つか》われるし、「分担《ぶんたん》」の意味《いみ》では、国家《こっか》の仕事《しごと》を分担《ぶんたん》する機関《きかん》の名前《なまえ》を「財務省《ざいむしょう》」「経済産業省《けいざいさんぎょうしょう》」のように表《あらわ》すのに用《もち》いられる。中国《ちゅうごく》では、広《ひろ》い国土《こくど》を統治《とうち》するためにいくつかの地方《ちほう》に分《わ》けたそれぞれの区画《くかく》を「河北省《かほくしょう》」「四川省《しせんしょう》」のようにいう。

目-3

盲

総画8 JIS-4453 常用

訓 ― 音 モウ

筆順 盲盲盲盲盲盲盲盲

なりたち 𥃲 [形声]「亡」が「うしなう」意味《いみ》を持《も》ち、「モウ」という読《よ》み方《かた》もしめしている。目《め》が見《み》えないことを表《あらわ》す字《じ》。

意味

❶ 目《め》が見《み》えない。例 盲点《もうてん》

❷ よく考《かんが》えないで。むやみに。例 盲従《もうじゅう》

❸ ふさがっている。例 盲腸《もうちょう》

❶〈目が見えない〉の意味で

【°盲人】《もうじん》 ↓ 目《め》の見《み》えない人《ひと》。

【°盲点】《もうてん》 ↓ ①眼球《がんきゅう》のおくの、ものがうつっても見《み》えない部分《ぶぶん》。②うっかりしていて多《おお》くの人《ひと》が見落《みお》としたり、気《き》づかないでいたりするところ。例 盲点《もうてん》をつかれる。

【°盲導犬】《もうどうけん》 目《め》の不自由《ふじゆう》な人《ひと》の道案内《みちあんない》などをするように訓練《くんれん》された犬《いぬ》。

【°盲目】《もうもく》 ↓ 目《め》が見《み》えないこと。

❷〈よく考えないで〉の意味で

【°盲愛】《もうあい》 ↓ 〈―する〉むやみにかわいがること。

【°盲従】《もうじゅう》 ↓ 〈―する〉いいもわるいも考《かんが》えずに人《ひと》の言《い》うままになること。例 師《し》の説《せつ》に盲《もう》従《じゅう》するな。

【°盲信】《もうしん》 ↓ 〈―する〉よく考《かんが》えもしないで、ただただ信じること。例 盲信《もうしん》する弟子《でし》たち。

❸〈ふさがっている〉の意味で

【°盲腸】《もうちょう》 ↓ 腸《ちょう》の一部《いちぶ》で、大腸《だいちょう》のはじめの部分《ぶぶん》。虫垂《ちゅうすい》という細《ほそ》いくだがついている。

知識 虫垂《ちゅうすい》に細菌《さいきん》が入《はい》って炎症《えんしょう》をおこす「虫《ちゅう》垂炎《すいえん》」を「盲腸炎《もうちょうえん》」といっている。

目-4

看

総画9 JIS-2039 教6年

訓 み-る 音 カン

筆順

なりたち 【会意】「手《て》（手）」と「目《め》」とからできていて、目《め》の上《うえ》に手《て》をかざして遠《とお》くを見《み》ることを表《あらわ》している字《じ》。

意味 よく見《み》る。見《み》まもる。例 看病《かんびょう》

【看過《かんか》】↓〈—する〉見《み》て知《し》っているのに、そのままにしておくこと。みのがすこと。例 看過《かんか》できない問題《もんだい》。

【看護《かんご》】↓〈—する〉けが人《にん》や病人《びょうにん》の手当《てあ》てやせわをすること。例 看護師《かんごし》 類 看病《かんびょう》・介抱《かいほう》

【看守《かんしゅ》】↓ 刑務所《けいむしょ》で、囚人《しゅうじん》を見《み》はって、生活《せいかつ》や仕事《しごと》のせわをする役目《やくめ》の人《ひと》。類 刑務官《けいむかん》

【看破《かんぱ》】☒〈—する〉うそやごまかしなど、かくされていることを見《み》やぶること。

【看板《かんばん》】↓ ①店《みせ》の品物《しなもの》や店《みせ》の名前《なまえ》などを書《か》いて目立《めだ》つようにかかげたもの。例 看板《かんばん》を出《だ》す。②劇場《げきじょう》などで、俳優《はいゆう》の名《な》・題目《だいもく》・場面《ばめん》などを人目《ひとめ》をひくような絵《え》や文字《もじ》で表《あらわ》したもの。③食堂《しょくどう》などがその日《ひ》の営業《えいぎょう》を終《お》えること。例 本日《ほんじつ》はもう看板《かんばん》です。参考 ③は「看板《かんばん》をおろす（しまう）」の意味《いみ》。

【看病《かんびょう》】▲〈—する〉病人《びょうにん》のせわをすること。例 母《はは》の看病《かんびょう》をする。類 看護《かんご》・介抱《かいほう》

目-4

県

総画9
JIS-2409
教3年
訓 —
音 ケン

［縣］

筆順

なりたち 【会意】もとの字《じ》は、「縣」。「県」は首《くび》をさかさにした形《かたち》。「かける」意味《いみ》の「系」と合《あ》わせて、首《くび》をさかさまにかけることを表《あらわ》す字《じ》。むかし中国《ちゅうごく》で大《おお》きい行政区《ぎょうせいく》画《かく》であった郡《ぐん》の下《した》にかかる行政区画《ぎょうせいくかく》の名《な》として用《もち》いられた。

意味 けん（県）。地方公共団体《ちほうこうきょうだんたい》の一《ひと》つ。例 県《けん》の施設《しせつ》。県道《けんどう》

参考 地方公共団体《ちほうこうきょうだんたい》は、都《と》・道《どう》・府《ふ》・県《けん》が同列《どうれつ》にならび、それぞれの下《した》に市《し》・区《く》・郡《ぐん》・町《ちょう》・村《そん》がある。また、郡《ぐん》と県《けん》の関係《かんけい》は中国《ちゅうごく》と日本《にほん》とでは反対《はんたい》になっている。

【県営《けんえい》】▽ 県《けん》が経営《けいえい》すること。例 県営《けんえい》の施《し》設《せつ》。県営運動場《けんえいうんどうじょう》 関連 国営《こくえい》・県営《けんえい》・市営《しえい》・町営《ちょうえい》・村営《そんえい》

【県下《けんか》】↓ 県《けん》の中《なか》の地域《ちいき》。例 県下全域《けんかぜんいき》に大《おお》雨注意報《あめちゅういほう》が出《で》た。類 県内《けんない》

【県庁《けんちょう》】↓ 県全体《けんぜんたい》をおさめるための仕事《しごと》をする役所《やくしょ》。例 県庁所在地《けんちょうしょざいち》 関連 県庁《けんちょう》・市役《しやく》所《しょ》・町村役場《ちょうそんやくば》

【県道《けんどう》】↓ 県《けん》が管理《かんり》する道路《どうろ》。

【県民《けんみん》】↓ その県《けん》に住《す》む人《ひと》びと。

目-4

盾

総画9
JIS-2966
常用
訓 たて
音 ジュン

筆順

なりたち 【象形】かぶとのひさしが目《め》をおおっている形《かたち》をえがいた字《じ》。目《め》をまもることから、身《み》をまもる「たて」として使《つか》われている。

意味 たて。敵《てき》の矢《や》や刀《かたな》から身《み》をまもる武具《ぶぐ》。例 盾《たて》に取《と》る。矛盾《むじゅん》

目-4

省

総画9
JIS-3042
教4年
訓 かえりみる・はぶく
音 セイ・ショウ

筆順

なりたち 【形声】「少」が「セイ・ショウ」という読《よ》み方《かた》をしめしている。「セイ・ショウ」は、「あきらか」の意味《いみ》を持《も》ち、よく目《め》で見《み》てあきらかにすることを表《あらわ》している字《じ》。

意味

❶かえりみる。一《ひと》つ一《ひと》つ見《み》てあきらかにする。こまかくたずねる。みまう。例 自分《じぶん》自身《じしん》を省《かえり》みる。省察《せいさつ》・帰省《きせい》・反省《はんせい》

❷はぶく。節約《せつやく》する。例 むだを省《はぶ》く。省《しょう》略《りゃく》

❸国《くに》の役所《やくしょ》。例 省令《しょうれい》・外務省《がいむしょう》

❹中国《ちゅうごく》のもっとも大《おお》きな行政区画《ぎょうせいくかく》。例 山《さん》東省《とうしょう》

文字物語 ☞770ページ

名前のよみ あきら・よし

❶〈かえりみる〉の意味で

【省察】せいさつ Ⅱ 〈―する〉自分《じぶん》について、考《かんが》え方《かた》やおこないのよいところわるいところなどをよくよく考《かんが》えること。例 自己省察《じこせいさつ》 類 反省《はんせい》

❷〈はぶく〉の意味で

【省略】しょうりゃく Ⅱ 〈―する〉文章《ぶんしょう》や仕事《しごと》などの一部《いちぶ》分《ぶん》をはぶいてかんたんにすること。例 こまかいところは、説明《せつめい》を省略《しょうりゃく》します。

【省力】しょうりょく ▲ 〈―する〉機械《きかい》などを使《つか》って、仕事《しごと》に必要《ひつよう》な人手《ひとで》をへらすこと。例 物流《ぶつりゅう》省力《しょうりょく》化をはかる。

❸〈国の役所〉の意味で

【省令】しょうれい ↓ 大臣《だいじん》がそれぞれの省《しょう》の政務《せいむ》をおこなううえで出《だ》す命令《めいれい》。知識 法律《ほうりつ》をおぎなうために出《だ》す命令《めいれい》で、法律《ほうりつ》ほどの力《ちから》はない。

◆ 帰省《きせい》 内省《ないせい》 反省《はんせい》

目-4

【相】

総画9 JIS-3374 教3年

音 ソウ・ショウ
訓 あい

筆順 相 相 相 相 相 相 (はねない)

なりたち  【会意】「木《き》」と「目《め》」を合《あ》わせて、木《き》をあいてとしてよく見《み》ぬくことを表《あらわ》す字《じ》。

意味
❶ようす。ものごとのあらわれ。例 剣難《けんなん》の相《そう》。手相《てそう》
❷おたがいに。いっしょに。例 相対《あいたい》する意見《いけん》。相手《あいて》・相談《そうだん》
❸大臣《だいじん》。例 首相《しゅしょう》・外相《がいしょう》
❹相模《さがみ》。旧国名《きゅうこくめい》。今《いま》の神奈川県《かながわけん》の南西部《なんせいぶ》。例 相州《そうしゅう》・武相《ぶそう》

特別なよみ 相撲(すもう)

名前のよみ すけ・とも・はる・まさ

❶〈ようす〉の意味で

【相場】そうば ↓ 品物《しなもの》や株券《かぶけん》などの、そのときそのときのねだん。例 為替相場《かわせそうば》 類 時価《じか》・市価《しか》 表現 世《よ》の中《なか》のふつうの評価《ひょうか》ということを「通《とお》り相場《そうば》」といったり、「そのへんが相場《そうば》だろう」のような言《い》い方《かた》もある。

❷〈おたがいに〉の意味で

【相客】あいきゃく ↓ ①旅館《りょかん》などでおなじへやにとまりあわせる客《きゃく》。②食堂《しょくどう》などでおなじテーブルにつく客《きゃく》。類 相席《あいせき》

【相性】あいしょう ↓ 相手《あいて》と性格《せいかく》が合《あ》うかどうかということ。例 相性《あいしょう》がいい。相性《あいしょう》をうらなう。

【相手】あいて ↓ ①いっしょになにかをするもう一方《いっぽう》の人《ひと》。例 話《はな》し相手《あいて》。②競争《きょうそう》や勝負《しょうぶ》で顔《かお》を合《あ》わすもう一方《いっぽう》。例 試合《しあい》の相手《あいて》。③商売《しょうばい》のお客《きゃく》。例 子《こ》ども相手《あいて》の店《みせ》。

【相棒】あいぼう ↓ ふたりでいっしょになって仕事《しごと》をするなかまの片方《かたほう》。例 いい相棒《あいぼう》が見《み》つかった。知識 ☞【片棒】かたぼう(716ページ)

【相伴】しょうばん ↓ 〈―する〉客《きゃく》をもてなすために、自分《じぶん》もいっしょになってごちそうを味《あじ》わうこと。例 お相伴《しょうばん》をする。お相伴《しょうばん》にあずかる。

【相撲】すもう ↓ 土俵《どひょう》の上《うえ》でおし合《あ》ったり組《く》み合《あ》ったりして、二人《ふたり》が力《ちから》やわざをあらそう競技《きょうぎ》。土俵《どひょう》の外《そと》に出《で》るか、足《あし》以外《いがい》のどこかが土《つち》につくかしたほうが負《ま》けになる。例 相撲《すもう》をとる。表記「角力」とも書《か》く。

【相愛】そうあい ↓ 〈―する〉男女《だんじょ》がたがいに愛《あい》し合《あ》っていること。例 相思相愛《そうしそうあい》の二人《ふたり》。

文字物語

眉

「眉《まゆ》」は、人《ひと》の顔《かお》のなかで意外《いがい》に目立《めだ》つものなので、「眉《まゆ》」を使《つか》って、表情《ひょうじょう》を表《あらわ》す言《い》い回《まわ》しやことばがいろいろにある。

「眉《まゆ》をしかめる」は不快《ふかい》な表情《ひょうじょう》、「眉《まゆ》をひそめる」は、人《ひと》のすることが感心《かんしん》できなくて非難《ひなん》する表情《ひょうじょう》。美人《びじん》の眉《まゆ》を「柳眉《りゅうび》」と言《い》ってほめたことから、「柳眉《りゅうび》をさかだてる」は、美人《びじん》がおこるようすをいう。

眉《まゆ》と眉《まゆ》とのあいだのひたいの中央《ちゅうおう》を「眉間《みけん》」というが、「眉間《みけん》にしわをよせる」は、「眉《まゆ》(眉《まゆ》ね)をよせる」とおなじように、不快《ふかい》であったり、考《かんが》えこんだりする表情《ひょうじょう》にいう。

心配《しんぱい》ごとがなくなってほっと安心《あんしん》することを「愁眉《しゅうび》をひらく」といい、「眉《まゆ》をひらく」ともいう。

「眉目秀麗《びもくしゅうれい》」は、男子《だんし》の、顔立《かおだ》ちのととのった、美《うつく》しいようすをいうことば。

【相。違】《そうい》 ↓ 〈—する〉それぞれのあいだに見《み》られるちがい。 例 相違点《そういてん》 表現 「…に相違《そうい》ない（…にちがいない）」の形《かたち》でよく使《つか》う。

【相応】《そうおう》 ↓ 〈—する〉・〈—な・—に〉おたがいにつりあいがとれていること。 例 実力相応《じつりょくそうおう》 類 相当《そうとう》

【相関】《そうかん》 ↓ 〈—する〉一方《いっぽう》がかわると、もう一方《いっぽう》もおなじようにかわるという関係《かんけい》があること。 例 相関関係《そうかんかんけい》。相関性《そうかんせい》がある。

【相。互】《そうご》 ‖ ①二《ふた》つのものが、どちらからも相手《あいて》にはたらきかけること。 例 相互《そうご》に乗《の》り入《い》れる。②かわるがわるすること。 例 無線《むせん》で相互《そうご》に話《はな》す。 類 交互《こうご》

【相殺】《そうさい》 ↓ 〈—する〉もうけと損《そん》、貸《か》しと借《か》りなどをさしひきすること。帳消《ちょうけ》し。 例 相殺《そうさい》して、貸《か》し借《か》りなしになった。 参考 「殺」は「なくす」の意味《いみ》で、「サイ」と読《よ》む。

【相似】《そうじ》 ↓ ①〈—する〉二《ふた》つのものがたがいによく似《に》ていること。 類 酷似《こくじ》 ②幾何学《きかがく》では、大《おお》きさがちがっても形《かたち》がおなじである関係《かんけい》。

【相続】《そうぞく》 ↓ 〈—する〉人《ひと》が死《し》んで残《のこ》ったものをあとの人《ひと》が受《う》けつぐこと。 例 遺産相続《いさんそうぞく》

【相対的】《そうたいてき》 〈—な・—に〉ほかとくらべたとき、はじめて「どうだ」といえる関係《かんけい》。たとえば、「大《おお》きい」か「小《ちい》さい」かは、ほかのものとくらべないと言《い》えないから相対的《そうたいてき》だ。ところが、「ある」「ない」はくらべなくても、見《み》たらすぐわかる。このようにくらべなくても決《き》まることを「絶対的《ぜったいてき》」という。 例 相対的《そうたいてき》なものの見方《みかた》をする。 対 絶対的《ぜったいてき》

【相談】《そうだん》 ↓ 〈—する〉①あることがらについて、たがいに考《かんが》えを出《だ》し合《あ》って話《はな》し合《あ》うこと。 例 みんなと相談《そうだん》して決《き》める。 類 会議《かいぎ》 ②こまっていることを話《はな》して、助言《じょげん》してもらうこと。 例 相談《そうだん》にのる。身《み》の上相談《うえそうだん》

【相当】《そうとう》 ↓ ①〈—する〉当《あ》てはまること。 例 魚《さかな》のえらは人間《にんげん》の肺《はい》に相当《そうとう》する。 類 該当《がいとう》 ②〈—する〉おなじくらいで、つりあうこと。 例 それ相当《そうとう》の待遇《たいぐう》。 類 相応《そうおう》 ③〈—な・—に〉ふつうよりも、ずっとていどが上《うえ》であるようす。かなり。 例 けさは相当寒《そうとうさむ》い。 類 大分《だいぶ／だいぶん》

相が下につく熟語 上の字の働き

❶相＝〈ようす〉のとき
【形相《ぎょうそう》 様相《ようそう》】近《ちか》い意味《いみ》。
【世相《せそう》 人相《にんそう》 面相《めんそう》 手相《てそう》 血相《けっそう》】ナニの相《そう》か。
【真相《しんそう》 皮相《ひそう》】ドンナ相《そう》か。

❸相＝〈大臣〉のとき
【首相《しゅしょう》 宰相《さいしょう》 外相《がいしょう》】ドノヨウナ任務《にんむ》の大臣《だいじん》か。

◆寝相《ねぞう》 貧相《ひんそう》

目-4

眉

総画9
JIS-4093
常用
音 ビ・ミ
訓 まゆ

筆順 眉 眉 眉 眉 眉 眉 眉 眉 眉

意味 まゆ。 例 眉目《びもく》・眉間《みけん》・愁眉《しゅうび》・柳眉《りゅうび》

注意するよみ ミ…例 眉間《みけん》

【。眉目】《びもく》 ‖ まゆと目《め》。顔《かお》かたち。 例 眉目秀《びもくしゅう》麗《れい》

文字物語 ☞772ページ

目-4

冒

総画9
JIS-4333
常用
音 ボウ
訓 おかす

筆順 冒 冒 冒 冒 冒 冒 冒 冒 冒

なりたち  [形声]もとの字は、「冒」。「冃」は頭《あたま》にかぶるものをえがいた形《かたち》で、「ボウ」という読《よ》み方《かた》をしめしている。「目《め》をおおう」ことを表《あらわ》す字《じ》。

意味 ❶かぶる。かぶりもの。はじめ。 例 冒頭《ぼうとう》 ❷おかす。むりにする。害《がい》をあたえる。 例 危険《きけん》を冒《おか》す。冒険《ぼうけん》・感冒《かんぼう》

使い分け おかす[犯・侵・冒] ☞723ページ

❶〈かぶる〉の意味で
【。冒頭】《ぼうとう》 ‖ ものごとのはじめ。話《はなし》や文章《ぶんしょう》の最初《さいしょ》の部分《ぶぶん》。 例 会議《かいぎ》は冒頭《ぼうとう》からあれた。冒頭《ぼうとう》に述《の》べる。 対 文末《ぶんまつ》・末尾《まつび》

❷〈おかす〉の意味で
【。冒険】《ぼうけん》 ▲ 〈—する〉あぶないとわかっていることをおしきってやること。 例 冒険《ぼうけん》だがやってみよう。冒険家《ぼうけんか》 類 探検《たんけん》

◆感冒《かんぼう》

目-5

真

総画10
JIS-3131
教3年
音 シン
訓 ま・まこと

［眞］

筆順 真 真 真 真 真 真 真 真 真 真（ナにならない／ながく／とめる）

なりたち 眞 【会意】もとの字《じ》は、「眞」。さじ（匕）と鼎（かなえ）の省略形《しょうりゃくけい》（県）を合《あ》わせて、かなえをみたす意味《いみ》を表《あらわ》していたが、のちに「まこと」として借《か》りて使《つか》われるようになる。

意味

❶ほんとう。まこと。うそもごまかしもない。例 真《ま》に受《う》ける。真《しん》にせまる。真理《しんり》・真《しん》剣《けん》・写真《しゃしん》 対 偽《ぎ》

❷まったくの。まじりけがない。純粋《じゅんすい》の。例 真昼《まひる》・真紅《しんく》・純真《じゅんしん》

❸《その他《た》》例 真似《まね》

特別なよみ 真面目（まじめ）・真っ赤（まっか）・真っ青（まっさお）

名前のよみ ただ・ただし・ちか・なお・まさ

❶〈ほんとう〉の意味で

【真意】《しんい》 [↓] 心《こころ》のおくにしまってある、ほんとうの気持《きも》ち。例 真意《しんい》をさぐる。類 本心《ほんしん》・本《ほん》意《い》・本音《ほんね》

【真因】《しんいん》 [↓] ほんとうの原因《げんいん》。例 事件《じけん》の真因《しんいん》をさぐる。

【真価】《しんか》 [↓] ほんとうのねうち。例 真価《しんか》が問《と》われる。類 本領《ほんりょう》・真骨頂《しんこっちょう》・真面目《しんめんもく》

【真偽】《しんぎ》 [⇕] ほんとうか、うそか。例 ことの真偽《しんぎ》をたしかめる。類 真否《しんぴ》・真贋《しんがん》

【真剣】《しんけん》 [↓] ①ほんものの刀《かたな》。例 真剣勝負《しんけんしょうぶ》 対 木刀《ぼくとう》・竹刀《しない》・竹光《たけみつ》 ②〈―な／―に〉まじめでいっしょうけんめいなようす。例 真剣《しんけん》に話《はな》し合《あ》う。類 本気《ほんき》・一生懸命《いっしょうけんめい》

【真骨頂】《しんこっちょう》 そのもののほんとうのすがたやすぐれたところ。例 打者《だしゃ》としての真骨《しんこつ》頂《ちょう》を発揮《はっき》する。類 真面目《しんめんもく》・真価《しんか》・本領《ほんりょう》

【真実】《しんじつ》 [‖] ①ほんとうのこと。例 真実《しんじつ》をつたえる。類 事実《じじつ》・真相《しんそう》 対 虚偽《きょぎ》 ②ほんとうに。心《こころ》から。例 身《み》の上話《うえばなし》を聞《き》いて、真実《しんじつ》、気《き》の毒《どく》に思《おも》った。

【真珠】《しんじゅ》 [↓] アコヤガイなどの貝《かい》がらの内面《ないめん》にできる、銀白色《ぎんはくしょく》の美《うつく》しい玉《たま》。パール。

【真情】《しんじょう》 [↓] うそいつわりのないほんとうの気持《きも》ち。例 真情《しんじょう》を吐露《とろ》する。

【真髄】《しんずい》 [↓] ものごとの中心《ちゅうしん》にある、いちばんたいせつなこと。例 茶道《さどう》の真髄《しんずい》。類 精髄《せいずい》

【真正】《しんせい》 [‖] 〈―な／―に〉うそでもまちがいでもないようす。類 正真正銘《しょうしんしょうめい》

【真性】《しんせい》 [↓] ほんとうにその病気《びょうき》であること。例 真性《しんせい》チフス 対 疑似《ぎじ》 ☞❷

【真相】《しんそう》 [↓] 事件《じけん》のほんとうのすがた。世間《せけん》むけの発表《はっぴょう》ではわからないかくれた実態《じったい》、という意味《いみ》をこめて使《つか》われる。例 真相《しんそう》をさぐる。類 事実《じじつ》・真実《しんじつ》・実情《じつじょう》

【真面目】《しんめんもく／しんめんぼく》 ■一 ありのままのほんとうのねうち。例 真面目《しんめんもく／しんめんぼく》を発揮《はっき》する。類 真骨頂《しんこっちょう》・真価《しんか》・本領《ほんりょう》 ■二《まじめ》 〈―な／―に〉①真剣《しんけん》であること。うそでないこと。例 まじめにはたらく。②まごころがあること。例 まじめな人《ひと》。

【真理】《しんり》 [↓] だれもがみとめるほかない、正《ただ》しいすじみち。例 真理《しんり》を探究《たんきゅう》する。

❷〈まったくの〉の意味で

【真紅】《しんく》 [↓] 真《ま》っ赤《か》。例 真紅《しんく》のばら。

【真空】《しんくう》 [↓] 空気《くうき》もなにもないこと。からっぽの状態《じょうたい》。例 真空保存《しんくうほぞん》

【真性】《しんせい》 [↓] 生《う》まれついたままの性質《せいしつ》。類 本性《ほんしょう／ほんせい》 ☞❶

【真一文字】《まいちもんじ》 「一《いち》」の字《じ》のままに。例 真一《まいち》文字《もんじ》にすすむ。類 一直線《いっちょくせん》

【真顔】《まがお》 [↓] まじめな顔《かお》つき。例 真顔《まがお》で話《はな》す。

【真心】《まごころ》 [↓] 心《こころ》のそこからその人《ひと》やそのことをたいせつに思《おも》う気持《きも》ち。例 真心《まごころ》をつくす。料理《りょうり》に真心《まごころ》をこめる。類 誠意《せいい》

【真正面】《ましょうめん》 まん前《まえ》の、むかい合《あ》う場所《ばしょ》。真《ま》むかい。例 真正面《ましょうめん》から見《み》る。

【真人間】《まにんげん》 まじめにはたらき、きちんとした生《い》き方《かた》をしている人《ひと》。例 真人間《まにんげん》になる。

【真昼】《まひる》 [↓] ひるのさいちゅう。まっぴるま。類 白昼《はくちゅう》・昼日中《ひるひなか》 対 真夜中《まよなか》

【真水】《まみず》 [↓] 塩分《えんぶん》も、ほかのまじり物《もの》もない水《みず》。類 淡水《たんすい》 対 塩水《しおみず》・海水《かいすい》

【真夜中】《まよなか》 夜《よる》のいちばんふけたとき。ふつう、夜《よる》の十二時《じゅうにじ》から二時《にじ》までくらいを指《さ》す。夜《よ》ふけ。類 深夜《しんや》 対 真昼《まひる》

❸《その他》

【真▲似】《まね》 ◎ 〈―する〉ほかのものに似《に》せて、おなじようにすること。例 泣《な》きまね。類 模倣《もほう》

◆青写真《あおじゃしん》 写真《しゃしん》 純真《じゅんしん》 迫真《はくしん》

眠

目-5 総画10 JIS-4418 常用

音 ミン
訓 ねむる・ねむい

筆順

なりたち

【形声】もとの字は、「瞑」。「眠」は「民」が「ミン」という読《よ》み方《かた》と「まぶたを合《あ》わせる」意味《いみ》とを表《あらわ》し、目《め》をつぶってねむることを表《あらわ》す字《じ》。

意味 ねむる。例 ぐっすり眠《ねむ》った子《こ》ども。眠《ねむ》りに落《お》ちる。眠《ねむ》い目《め》。安眠《あんみん》

眠が下につく熟語 上の字の働き
【安眠《あんみん》 永眠《えいみん》 惰眠《だみん》】ドウ眠《ねむ》るか。
【冬眠《とうみん》 春眠《しゅんみん》】イツ眠《ねむ》るか。
◆睡眠《すいみん》 不眠《ふみん》

眼

目-6 総画11 JIS-2067 教5年

音 ガン・ゲン
訓 まなこ・め

筆順

はねる
人にならない

なりたち

【形声】「艮《コン》」が「ガン」とかわって読《よ》み方《かた》をしめしている。「コン」は「まるい」の意味《いみ》を持《も》ち、まるい目《め》玉《だま》を表《あらわ》す字《じ》。

意味
❶まなこ。目《め》。見《み》ぬく。よく見《み》る。例 眼《まなこ》を見開《みひら》く。眼球《がんきゅう》・眼力《がんりき》
❷だいじなところ。例 眼目《がんもく》・主眼《しゅがん》

注意するよみ ゲン…例 開眼《かいげん》

特別なよみ 眼鏡(めがね)

❶〈まなこ〉の意味で
【眼下】《がんか》 ↓ 高《たか》いところから見下《みお》ろした下《した》のほう。例 眼下《がんか》に広《ひろ》がる大海原《おおうなばら》。
【眼科】《がんか》 ↓ 医学《いがく》で、目《め》のことをとりあつかう分野《ぶんや》。例 眼科医《がんかい》
【眼球】《がんきゅう》 ↓ 目《め》のたま。例 眼球運動《がんきゅううんどう》 類 目玉《めだま》
【眼光】《がんこう》 ↓ ①目《め》のかがやき。例 眼光《がんこう》がするどい。②ものごとを見《み》ぬく力《ちから》。例 眼光紙背《がんこうしはい》に徹《てっ》す(文章《ぶんしょう》のおく深《ぶか》い意味《いみ》まで読《よ》みとる)。
【眼前】《がんぜん》 ↓ 目《め》のまえ。類 目前《もくぜん》・目先《めさき》
【眼帯】《がんたい》 ↓ 目《め》のけがや病気《びょうき》のとき、目《め》をおおうもの。例 眼帯《がんたい》をかける。
【眼中】《がんちゅう》 ↓ 考《かんが》えたり気《き》にかけたりする範《はん》囲《い》の中《なか》。例 眼中《がんちゅう》にない(気《き》にしていない)。
【眼底】《がんてい》 ↓ 眼球《がんきゅう》の内《うち》がわのいちばん後《うし》ろのところ。例 眼底出血《がんていしゅっけつ》
【眼力】《がんりき/がんりょく》 ↓ ほんとうかうそか、よいかわるいかなどを見《み》ぬく力《ちから》。例 にせ物《もの》をひと目《め》で見《み》ぬく眼力《がんりき/がんりょく》がある。
【眼鏡】《めがね》 ↓ ①レンズを使《つか》ってものがよく見《み》えるようにしたり、目《め》をまもったりするために、目《め》のところにつける器具《きぐ》。例 眼鏡《めがね》をかける。②もののよしあしを見《み》わける力《ちから》。例 眼鏡《めがね》にかなう(みとめられる。気《き》に入《い》られる)。

❷〈だいじなところ〉の意味で
【眼目】《がんもく》 Ⅱ いちばんたいせつなところ。例 研究《けんきゅう》の眼目《がんもく》。類 主眼《しゅがん》

眼が下につく熟語 上の字の働き
❶眼＝〈まなこ〉のとき
【開眼《かいがん/かいげん》 着眼《ちゃくがん》 検眼《けんがん》 点眼《てんがん》】目《め》を(目《め》に)ドウスルか。
【近眼《きんがん》 老眼《ろうがん》 酔眼《すいがん》 千里眼《せんりがん》】見《み》え方《かた》がドノヨウナ目《め》か。
【隻眼《せきがん》 複眼《ふくがん》】目《め》がイクツあるか。
【肉眼《にくがん》 心眼《しんがん》 義眼《ぎがん》 血眼《ちまなこ》】ドウイウ目《め》か。
◆主眼《しゅがん》

眺

目-6 総画11 JIS-3615 常用

音 チョウ
訓 ながめる

筆順
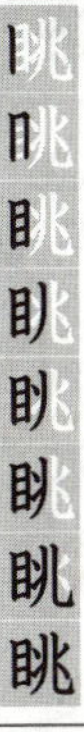

なりたち

【形声】「兆」が「チョウ」という読《よ》み方《かた》をしめしている。「チョウ」は「遠《とお》い」の意味《いみ》を持《も》ち、目《め》で遠《とお》くをながめることを表《あらわ》す字《じ》。

意味 ながめる。例 遠《とお》くを眺《なが》める。眺望《ちょうぼう》

【◦眺望】《ちょうぼう》 Ⅱ 遠《とお》くまで見《み》わたしたながめ。見《み》はらし。例 眺望《ちょうぼう》がひらける。類 展望《てんぼう》・遠望《えんぼう》

眸

目-6 総画11 JIS-6640 人名

音 ボウ
訓 ひとみ

意味 ひとみ。例 双眸《そうぼう》・明眸《めいぼう》

睡
目-8 総画13 JIS-3171 常用
音 スイ 訓 ねむ-る

筆順 睡

なりたち [形声]たれる意味《いみ》の「垂」が「スイ」という読《よ》み方《かた》をしめしている。まぶたがたれて、目《め》をつぶってねむることを表《あらわ》す字《じ》。

意味 ねむる。例 睡眠《すいみん》・熟睡《じゅくすい》

【睡魔《すいま》】↓人《ひと》をねむりに引《ひ》きこむ力《ちから》。強《つよ》いねむけ。例 睡魔《すいま》におそわれる。

【睡眠《すいみん》】Ⅱ（ーする）ねむること。例 睡眠不足《すいみんぶそく》。

◆一睡《いっすい》 熟睡《じゅくすい》

督
目-8 総画13 JIS-3836 常用
音 トク 訓 ―

筆順 督

なりたち [形声]「叔《シュク》」が「トク」とかわって読《よ》み方《かた》をしめしている。「シュク」は「よく、じゅうぶん」の意味《いみ》を持《も》ち、目《め》でよく見《み》ることから、「見《み》はる」として使《つか》われている字《じ》。

意味 きちんとやるようにとりしまる。せきたてる。例 督促《とくそく》・監督《かんとく》

名前のよみ おさむ・すすむ・ただ・まさ・よし

【督促《とくそく》】Ⅱ（ーする）するはずになっていることを、ちゃんとするように急《いそ》がせること。例 税金《ぜいきん》の督促《とくそく》がきた。類 催促《さいそく》

【督励《とくれい》】Ⅱ（ーする）仕事《しごと》ぶりをよく見《み》て、はげますこと。例 社長《しゃちょう》みずから督励《とくれい》した。

◆監督《かんとく》 総督《そうとく》

睦
目-8 総画13 JIS-4351 常用
音 ボク 訓 むつ-む・むつ-まじい

筆順 睦睦睦睦睦睦睦

意味 仲《なか》がよい。仲《なか》よくする。例 親睦《しんぼく》

名前のよみ あつし・ちか・とき・とも・のぶ・まこと・よし

瞳
目-12 総画17 JIS-3823 常用
音 ドウ 訓 ひとみ

筆順 瞳瞳瞳瞳瞳瞳瞳瞳

意味 ひとみ。目玉《めだま》の中《なか》の黒目《くろめ》。例 瞳孔《どうこう》

瞭
目-12 総画17 JIS-4638 常用
音 リョウ 訓 あき-らか

筆順 瞭

意味 あきらか。はっきりしている。例 明瞭《めいりょう》

名前のよみ あき・あきら

瞬
目-13 総画18 JIS-2954 常用
音 シュン 訓 またたく

筆順 瞬

なりたち [形声]「舜」が「シュン」という読《よ》み方《かた》をしめしている。「シュン」は「はやい」の意味《いみ》を持《も》ち、目《め》をぱちぱちとはやく動《うご》かすことを表《あらわ》す字《じ》。

意味 またたく。まばたきをする。例 星《ほし》が瞬《またた》く。瞬間《しゅんかん》・一瞬《いっしゅん》

【瞬間《しゅんかん》】↓①とても短《みじか》い時間《じかん》。例 決定的《けっていてき》な瞬間《しゅんかん》。類 瞬時《しゅんじ》・一瞬《いっしゅん》・刹那《せつな》 ②なにかをしたすぐあと。…したとたん。例 瞬間《しゅんかん》、なみだがこぼれた。

【瞬時《しゅんじ》】↓まばたきをするくらいの、とても短《みじか》い時間《じかん》。例 瞬時《しゅんじ》も忘《わす》れない。類 瞬間《しゅんかん》・一瞬《いっしゅん》・刹那《せつな》・片時《かたとき》

【瞬発力《しゅんぱつりょく》】↓短《みじか》い時間《じかん》にまとめて出《だ》せる力《ちから》。例 すぐれた瞬発力《しゅんぱつりょく》を発揮《はっき》する。対 持久力《じきゅうりょく》

5画 矛 ［ほこ］［ほこへん］ の部

ここには「矛」の字《じ》だけが入《はい》ります。

この部首の字
0 矛……777 柔→木 607 務→力 166

矛−0

矛

総画5
JIS-4423
常用
訓 ほこ 音 ム

筆順

なりたち 【象形】武器《ぶき》のほこをえがいた字《じ》。

意味 ほこ。長《なが》い柄《え》の先《さき》に、両刃《りょうば》の短《みじか》いつるぎをつけた、やりのような武器《ぶき》。例 矛《ほこ》を交《まじ》える。矛先《ほこさき》・矛盾《むじゅん》

【°矛先】《ほこさき》 ↓ ①ほこの刃《は》の先《さき》のとがったところ。②とがめたり問《と》いかけたりするときの、方向《ほうこう》やいきおい。例 質問《しつもん》の矛先《ほこさき》をむける。

故事のはなし

矛《む》盾《じゅん》

楚《そ》の国《くに》に、盾《たて》と矛《ほこ》を売《う》る人《ひと》がいた。盾《たて》を自慢《じまん》して「この盾《たて》は、どんな物《もの》でも突《つ》き通《とお》せない」と言《い》い、また、矛《ほこ》を自慢《じまん》して「この矛《ほこ》なら、どんな物《もの》でも突《つ》き通《とお》せる」と言《い》った。客《きゃく》のひとりが「その矛《ほこ》でその盾《たて》を突《つ》いたらどうなるか」とたずねたら、答《こた》えにつまった。（『韓《かん》非《ぴ》子《し》』難《なん》一篇《いちへん》）

【°矛°盾】《むじゅん》 ◎〈—する〉はじめにしたことや言《い》ったことと、あとになってしたり言《い》ったりしたこととのつじつまが合《あ》わないこと。また、二《ふた》つがくいちがって、同時《どうじ》にはなりたたないこと。例 矛盾《むじゅん》した二《ふた》つの感情《かんじょう》。類 背反《はいはん》

故事のはなし ☞777ページ

5画 矢［や］［やへん］の部

「矢《や》」をもとにして作《つく》られた矢《や》にかかわる字《じ》と、「矢《や》」の形《かたち》がめやすとなっている字《じ》を集《あつ》めてあります。

この部首の字

矢−0

矢

総画5
JIS-4480
教2年
訓 や 音 シ

筆順 ながく ださない はらう

なりたち 【象形】やの形《かたち》をえがいた字《じ》。

意味 や。弓《ゆみ》で飛《と》ばす細長《ほそなが》い棒状《ぼうじょう》の武器《ぶき》。例 矢《や》を射《い》る。矢面《やおもて》・一矢《いっし》

名前のよみ ただ・なお

【矢面】《やおもて》 ↓ ①敵《てき》の矢《や》がとんでくる正面《しょうめん》。例 敵《てき》の矢面《やおもて》に立《た》つ。類 矢先《やさき》 ②質問《しつもん》や文句《もんく》を受《う》ける立場《たちば》。例 非難《ひなん》の矢面《やおもて》に立《た》たされる。

【矢先】《やさき》 ↓ なにかをしようとした、ちょうどそのとき。例 出《で》かける矢先《やさき》に知《し》らせがきた。参考 もとは「矢《や》の先《さき》」「矢《や》おもて」の意味《いみ》。

【矢印】《やじるし》 ↓ 「→」など、矢《や》の形《かたち》で方向《ほうこう》をしめすしるし。例 順路《じゅんろ》を矢印《やじるし》でしめす。

◇一矢《いっし》 弓矢《ゆみや》

矢−3

知

総画8
JIS-3546
教2年
訓 しる 音 チ

筆順 ださない とめる

なりたち 【会意】「口《くち》」と「矢《や》」を合《あ》わせて、ことばが口《くち》から矢《や》のようにはやく出《で》ることを表《あらわ》す字《じ》。借《か》りて、「しる」として使《つか》われている。

意味

❶しる。よく知《し》っている。しらせる。しらせ。例 天《てん》知《し》る地《ち》知《し》るわれ知《し》る人《ひと》知《し》る（悪《わる》いおこないをいましめることば）。知覚《ちかく》・承《しょう》知《ち》・通知《つうち》

❷ちえ。頭《あたま》のはたらき。考《かんが》えたり、理解《りかい》したりする力《ちから》。例 知能《ちのう》・理《り》知《ち》

❸おさめる。例 知《ち》事《じ》

名前のよみ あき・あきら・おき・かず・さと・さとし・さとる・つぐ・とし・とも・のり・はる

❶〈しる〉の意味で

【知覚】《ちかく》 ↓ 〈—する〉見《み》る・聞《き》く・かぐ・味《あじ》わう・

°学習漢字でない常用漢字　▲常用漢字表にない音訓　◆常用漢字でない漢字

さわるなどして、外《そと》のものごとを感《かん》じたり区《く》別《べつ》したりするはたらき。例 知覚作用《ちかくさよう》

【知己《ちき》】▲ ①自分《じぶん》のことをほんとうによくわかってくれる、親《した》しい人《ひと》。類 親友《しんゆう》 ②前《まえ》から知《し》っている人《ひと》。類 知人《ちじん》

【知。遇《ちぐう》】↓ 人《ひと》がらや才能《さいのう》をみとめられて、たいせつにされること。例 先輩《せんぱい》の知遇《ちぐう》をえる。

【知見《ちけん》】Ⅱ じっさいに見《み》て知《し》ったこと。例 知見《ちけん》を広《ひろ》める。

【知識《ちしき》】Ⅱ ものごとについて知《し》っていること。例 知識《ちしき》が豊富《ほうふ》だ。

【知人《ちじん》】↓ たがいに知《し》り合《あ》っている人《ひと》。知《し》り合《あ》い。例 知人《ちじん》が多《おお》い。類 知己《ちき》

【知日《ちにち》】▲ 外国《がいこく》の人《ひと》が、日本《にほん》についてよく知《し》っていること。例 知日家《ちにちか》 類 親日《しんにち》

【知名《ちめい》】▲ 世間《せけん》に名前《なまえ》がよく知《し》られていること。例 知名人《ちめいじん》・知名度《ちめいど》 類 有名《ゆうめい》

【知命《ちめい》】▲ 天命《てんめい》を知《し》ること。参考 『論語《ろんご》』に「五十《ごじゅう》にして天命《てんめい》を知《し》る（五十歳《ごじっさい》で、天《てん》から与《あた》えられた自分《じぶん》の使命《しめい》を知《し》る）」とあることから、五十歳《ごじっさい》のこともいう。☞【而立《じりつ》】（862ページ）

❷〈ちえ〉の意味で

【知育《ちいく》】↓ 知能《ちのう》をのばし、広《ひろ》い知識《ちしき》を身《み》につけさせる教育《きょういく》。関連 知育《ちいく》・体育《たいいく》・徳育《とくいく》

【知。恵《ちえ》】Ⅱ やり方《かた》などをくふうし、ものごとをうまくなしとげるのに役立《やくだ》つ頭《あたま》のはたらき。例 知恵《ちえ》がつく。類 知能《ちのう》・才覚《さいかく》

【知。恵。袋《ちえぶくろ》】いろいろなことをよく知《し》っていて、頭《あたま》のはたらきのよい人《ひと》。

【知者《ちしゃ》】↓ ものの道理《どうり》をよく知《し》り、深《ふか》く考《かんが》える力《ちから》のある人《ひと》。例 知者《ちしゃ》の言《げん》を聞《き》く。

【知性《ちせい》】↓ ものごとをよく知《し》り、よく考《かんが》え、正《ただ》しく判断《はんだん》する頭《あたま》のはたらき。例 するどい知性《ちせい》。類 理性《りせい》・知力《ちりょく》

【知的《ちてき》】☒ [□な] ①すじみちを立《た》てて考《かんが》える力《ちから》がある。例 知的《ちてき》な女性《じょせい》。類 理知的《りちてき》・理性的《りせいてき》・知性的《ちせいてき》 ②知《ち》のはたらきに関《かん》する。例 知的《ちてき》環境《かんきょう》にめぐまれる。

【知能《ちのう》】↓ ものごとを見分《みわ》けたり、考《かんが》えたり、おぼえたりするための頭《あたま》の力《ちから》。類 知恵《ちえ》

【知能犯《ちのうはん》】わるぢえをはたらかせておこなう犯罪《はんざい》。対 強力犯《ごうりきはん》

【知力《ちりょく》】↓ おぼえたり考《かんが》えたりする頭《あたま》のはたらき。例 知力《ちりょく》を生《い》かす。類 知性《ちせい》

❸〈おさめる〉の意味で

【知事《ちじ》】▲ 都道府県《とどうふけん》の行政《ぎょうせい》のいちばん上《うえ》に立《た》つ人《ひと》。住民《じゅうみん》の選挙《せんきょ》でえらばれ、任期《にんき》は四年《よねん》。例 都知事《とちじ》・県知事《けんちじ》

知が下につく熟語 上の字の働き

❶ 知＝〈しる〉のとき
【通知《つうち》 報知《ほうち》】近《ちか》い意味《いみ》。
【未知《みち》 無知《むち》】打《う》ち消《け》し。
【関知《かんち》 察知《さっち》 探知《たんち》】ドノヨウニして知《し》るか。
【予知《よち》 旧知《きゅうち》】イツ知《し》るか。

❷ 知＝〈ちえ〉のとき
【英知《えいち》 機知《きち》 理知《りち》】ドンナちえか。
【衆知《しゅうち》 人知《じんち》】ダレのちえか。
◆ 告知《こくち》 周知《しゅうち》

矩

矢－5 総画10 JIS-2275 人名

音 ク
訓 さしがね・のり

意味
❶ものさし。さしがね。かねじゃく。
❷四角《しかく》。長方形《ちょうほうけい》。例 矩形《くけい》
❸きまり。規則《きそく》。例 規矩《きく》

名前のよみ ただし・つね

短

矢－7 総画12 JIS-3527 教3年

音 タン
訓 みじかい

筆順

なりたち

[形声]「豆《トウ》」が「タン」とかわって読《よ》み方《かた》をしめしている。「トウ」は「小《ちい》さい」の意味《いみ》を持《も》ち、小《ちい》さな矢《や》を表《あらわ》す字《じ》。「みじかい」として使《つか》われている。

意味
❶みじかい。例 気《き》が短《みじか》い。短文《たんぶん》・最短《さいたん》 対 長《ちょう》
❷たりない。おとっている。例 短所《たんしょ》 対 長《ちょう》

❶〈みじかい〉の意味で

【短音階《たんおんかい》】ラからはじまる音階《おんかい》で、ラ・シ・ド・レ・ミ・ファ・ソ・ラとならぶもの。悲《かな》しげな

メロディーになる。

【短歌《たんか》】↓ 日本《にほん》の古《ふる》くからの定形詩《ていけいし》。五《ご》・七《しち》・五《ご》・七《しち》・七の計三十一音《けいさんじゅういちおん》でできており、「みそひともじ」ともいう。類 和歌《わか》 対 長歌《ちょうか》 知識 はじめは、和歌《わか》の中《なか》で、五《ご》・七《しち》の音《おん》を何度《なんど》もくりかえす長歌《ちょうか》に対《たい》して短歌《たんか》といっていたが、今《いま》では和歌《わか》の代表《だいひょう》になっている。

【短気《たんき》】↓〈—な・—に〉すぐにいらいらしておこりたくなる気持《きも》ちや、すぐにはらを立《た》てる性格《せいかく》。例 短気《たんき》は損気《そんき》（短気《たんき》をおこすとけっきょく自《じ》分《ぶん》の損《そん》になる）。類 気短《きみじか》・短慮《たんりょ》 対 気長《きなが》

【短期《たんき》】↓ みじかい期間《きかん》。例 短期決戦《たんきけっせん》 類 短《たん》期間《きかん》 対 長期《ちょうき》

【短◦剣《たんけん》】↓ 短《みじか》いつるぎ。類 短刀《たんとう》

【短冊《たんざく》】↓ 和歌《わか》や俳句《はいく》などを書《か》く細長《ほそなが》い紙《かみ》。例 ねがいごとを短冊《たんざく》に書《か》く。表現「短冊切《たんざくぎ》り」は、細《ほそ》い長方形《ちょうほうけい》のこと。

【短◦銃《たんじゅう》】↓ つつの短《みじか》い銃《じゅう》。ピストル。例 短《たん》銃《じゅう》を発射《はっしゃ》する。類 拳銃《けんじゅう》

【短縮《たんしゅく》】↓〈—する〉短《みじか》くすること。例 勤務時《きんむじ》間《かん》を短縮《たんしゅく》する。対 延長《えんちょう》

【短針《たんしん》】↓ 時計《とけい》の、「時《じ》」をしめす短《みじか》い針《はり》。ふつう、十二時間《じゅうにじかん》でひとまわりする。類 時針《じしん》 対 長針《ちょうしん》

【短調《たんちょう》】↓ 短音階《たんおんかい》でつくられた調子《ちょうし》。暗《くら》くて悲《かな》しい感《かん》じがする。マイナー。対 長調《ちょうちょう》

【短刀《たんとう》】↓ 短《みじか》い刀《かたな》。例 短刀《たんとう》で切《き》りつける。類 短剣《たんけん》・小刀《しょうとう》 対 大刀《だいとう》・長刀《ちょうとう》

【短波《たんぱ》】↓ 遠《とお》いところとの通信《つうしん》に使《つか》われる、波長《はちょう》が一〇〇メートルから一〇メートルまでの電波《でんぱ》。例 短波放送《たんぱほうそう》 参考 ☞【超短波《ちょうたんぱ》】（966ページ）

【短評《たんぴょう》】↓〈—する〉作品《さくひん》などについて、短《みじか》い意見《いけん》や感想《かんそう》をのべること。のべた意見《いけん》や感想《かんそう》。例 小説《しょうせつ》の短評《たんぴょう》。類 寸評《すんぴょう》

【短文《たんぶん》】↓ 短《みじか》い文《ぶん》や文章《ぶんしょう》。対 長文《ちょうぶん》

【短編《たんぺん》】↓ 小説《しょうせつ》や映画《えいが》などの短《みじか》い作品《さくひん》。例 短編小説《たんぺんしょうせつ》・短編映画《たんぺんえいが》 対 長編《ちょうへん》

【短命《たんめい》】↓〈—な・—に〉①年《とし》がわかいうちに死《し》ぬこと。例 祖父《そふ》も父《ちち》も短命《たんめい》だった。対 長命《ちょうめい》・長《ちょう》寿《じゅ》 ②ものごとが、思《おも》ったほど長《なが》くつづかないで終《お》わってしまうこと。例 短命《たんめい》な内閣《ないかく》。

❷〈たりない〉の意味で

【短所《たんしょ》】↓ 人《ひと》やものの性質《せいしつ》などで、おとっているところやたりない点《てん》。類 欠点《けってん》・弱点《じゃくてん》 対 長所《ちょうしょ》

【短◦絡《たんらく》】↓〈—する〉①電流《でんりゅう》が正《ただ》しい回路《かいろ》を通《とお》らずにつながって通《つう》じてしまうこと。ショート。②すじみちを追《お》って考《かんが》えずに、いきなり結論《けつろん》を出《だ》すこと。例 短絡的《たんらくてき》な考《かんが》え。

【短◦慮《たんりょ》】▲ 考《かんが》えがたりないこと。例 短慮《たんりょ》からの失敗《しっぱい》。類 浅慮《せんりょ》

◆一長一短《いっちょういったん》 最短《さいたん》 長短《ちょうたん》

矯

矢−12
総画17
JIS-2226
常用
音 キョウ
訓 ためる

筆順

なりたち

【形声】「喬」が「キョウ」という読《よ》み方《かた》をしめしている。「キョウ」は「はさむ」意味《いみ》を持《も》ち、矢《や》をはさんでまっすぐにする道具《どうぐ》を表《あらわ》す字《じ》。

意味 まっすぐにする。正《ただ》しくする。例 枝《えだ》を矯《た》める。矯正《きょうせい》

名前のよみ たけし・ただ

【◦矯正《きょうせい》】Ⅱ〈—する〉わるいところやまがったところをなおすこと。例 矯正歯科《きょうせいしか》。

【◦矯正視力《きょうせいしりょく》】めがねやコンタクトレンズなどで矯正《きょうせい》した視力《しりょく》。

5画 石〔いし〕〔いしへん〕の部

「石《いし》」をもとに作《つく》られ、岩石《がんせき》や鉱物《こうぶつ》にかかわる字《じ》を集《あつ》めてあります。

この部首の字

石

石−0
総画5
JIS-3248
教1年
音 セキ・シャク・コク
訓 いし

筆順 ださない

なりたち 【会意】「厂」ががけをしめし、「口」が石《いし》で、合《あ》わせて「いしころ」を表《あらわ》している字《じ》。

意味
❶いし。いわ。碁《ご》で使《つか》う石《いし》。例石《いし》を投《な》げる。石器《せっき》・磁石《じしゃく》・碁石《ごいし》・定石《じょうせき》
❷鉱物《こうぶつ》。例石炭《せきたん》・鉱石《こうせき》
❸容積《ようせき》の単位《たんい》。尺貫法《しゃっかんほう》で、一石《いっこく》は一斗《いっと》の十倍《じゅうばい》。約《やく》一八〇リットル。例石高《こくだか》
❹石見《いわみ》。旧国名《きゅうこくめい》。今《いま》の島根県《しまねけん》の西部《せいぶ》。例石州《せきしゅう》

注意するよみ シャク…例磁石《じしゃく》 コク…例石高《こくだか》・千石船《せんごくぶね》

発音あんない セキ→セッ…例石器《せっき》

名前のよみ いわ

❶〈いし〉の意味で

【石畳】《いしだたみ》↓石《いし》を平《たい》らにしきつめたところ。例石畳《いしだたみ》の歩道《ほどう》。

【石像】《せきぞう》↓石《いし》をほって、神仏《しんぶつ》・人物《じんぶつ》・動物《どうぶつ》などのかたちを表《あらわ》したもの。例一対《いっつい》の狛犬《こまいぬ》の石像《せきぞう》。関連木像《もくぞう》・石像《せきぞう》・銅像《どうぞう》

【石塔】《せきとう》↓①石《いし》をつみ上《あ》げてつくった塔《とう》。例五輪《ごりん》の石塔《せきとう》。②石《いし》の墓《はか》。類石碑《せきひ》

【石碑】《せきひ》↓①記念《きねん》のために、文字《もじ》や文章《ぶんしょう》などをきざみこんでたてた石《いし》。いしぶみ。例城《しろ》跡《あと》に立《た》つ石碑《せきひ》。②石《いし》の墓《はか》。類石塔《せきとう》

【石仏】《せきぶつ｜いしぼとけ》↓石《いし》でつくった仏像《ぶつぞう》。岩《いわ》や石《いし》にほりつけた仏像《ぶつぞう》。例石仏《せきぶつ｜いしぼとけ》をきざむ。

【石器】《せっき》↓大《おお》むかしの人《ひと》が石《いし》でつくった、いろいろな道具《どうぐ》。おの・やじり・食器《しょっき》などがある。例石器時代《せっきじだい》 関連石器《せっき》・青銅器《せいどうき》・鉄器《てっき》

【石鹸】《せっけん》↓あかやよごれを落《お》とすために使《つか》う洗剤《せんざい》。シャボン。例洗濯石鹸《せんたくせっけん》

【石工】《せっこう｜いしく》↓石《いし》を切《き》り出《だ》したり、石《いし》に細工《さいく》をしたりする職人《しょくにん》。類石屋《いしや》

❷〈鉱物〉の意味で

【石炭】《せきたん》↓黒《くろ》い石《いし》のような燃料《ねんりょう》。知識大《おお》むかしの植物《しょくぶつ》が長《なが》いあいだ地中《ちちゅう》にうもれ、地熱《ちねつ》と圧力《あつりょく》で変化《へんか》してできたもので、化学工業《かがくこうぎょう》の原料《げんりょう》としても使《つか》われる。

【石油】《せきゆ》↓地中《ちちゅう》にある、黒《くろ》いどろどろした油《あぶら》。燃料《ねんりょう》やビニール・プラスチックなどの原料《げんりょう》にする。例石油《せきゆ》ストーブ 知識地下《ちか》からほり出《だ》したままのものを原油《げんゆ》といい、これを重油《じゅうゆ》・軽油《けいゆ》・灯油《とうゆ》・ナフサ・ガソリンなどに製油《せいゆ》して使《つか》う。

【石灰】《せっかい｜いしばい》↓石灰岩《せっかいがん》からつくる生石灰《せいせっかい》や消石灰《しょうせっかい》。知識生石灰《せいせっかい》は水《みず》とまざると熱《ねつ》を出《だ》す。消石灰《しょうせっかい》は肥料《ひりょう》やライン引《ひ》きに使《つか》う。

石が下につく熟語 上の字の働き

❶石＝〈いし〉のとき
【岩石《がんせき》 盤石《ばんじゃく》（磐石《ばんじゃく》）】近《ちか》い意味《いみ》。
【化石《かせき》 胆石《たんせき》 宝石《ほうせき》 落石《らくせき》 磁石《じしゃく》 軽石《かるいし》】ドノヨウナ石《いし》か。
【礎石《そせき》 庭石《にわいし》 敷石《しきいし》 碁石《ごいし》 墓石《ぼせき｜はかいし》 試金石《しきんせき》】ナニに使《つか》う石《いし》か。
【採石《さいせき》 砕石《さいせき》 投石《とうせき》】石《いし》をドウスルか。
◆鉱石《こうせき》 定石《じょうせき》 布石《ふせき》 木石《ぼくせき》

石-4

研

総画9
JIS-2406
教3年
音 ケン
訓 とぐ

「研」

筆順 ながく はねない

なりたち 【形声】もとの字《じ》は、「研」。「幵」が「ケン」という読《よ》み方《かた》をしめしている。「ケン」は「平《たい》らにする」意味《いみ》を持《も》ち、石《いし》の表面《ひょうめん》を平《たい》らにすることを表《あらわ》す字《じ》。

意味
❶とぐ。みがく。例刀《かたな》を研《と》ぐ。研磨《けんま》
❷きわめる。追究《ついきゅう》する。例研究《けんきゅう》

名前のよみ あき

❶〈とぐ〉の意味で

【研磨】《けんま》‖〈─する〉刃物《はもの》・宝石《ほうせき》・レンズなどをみがいたり、形《かたち》をととのえたりすること。

❷〈きわめる〉の意味で

【研究】《けんきゅう》‖〈─する〉事実《じじつ》をよく調《しら》べ、なぜそうなるか、その中《なか》にどういう原因《げんいん》・結果《けっか》がひそんでいるかなどを明《あき》らかにしていくこと。例研究《けんきゅう》にいそしむ。

【研修】《けんしゅう》↓〈─する〉必要《ひつよう》な知識《ちしき》や技術《ぎじゅつ》を身《み》につけるため、とくべつに勉強《べんきょう》すること。例研修会《けんしゅうかい》・新入社員研修《しんにゅうしゃいんけんしゅう》

石−4

砂

総画9
JIS-2629
教6年
音 サ・シャ
訓 すな

筆順 （はねる・とめる）

なりたち 【形声】「少」は「沙」を略《りゃく》した形《かたち》で、「サ」という読《よ》み方《かた》をしめしている。「サ」は「こまかい」の意味《いみ》を持《も》ち、こまかい石《いし》のつぶを表《あらわ》す字《じ》。

意味 すな。岩石《がんせき》のこまかいつぶ。すなのようにこまかいもの。例 砂《すな》をほる。砂《すな》をかける。砂丘《さきゅう》・砂金《さきん》・土砂《どしゃ》

特別なよみ 砂利(じゃり)

【砂。丘】《さきゅう》 ↓ 海岸《かいがん》や砂漠《さばく》などで、砂《すな》や小石《こいし》が風《かぜ》にふきよせられてできた小《ち》さい山《やま》。例 鳥取《とっとり》砂丘《さきゅう》 類 砂山《すなやま》

【砂金】《さきん》 ↓ 川底《かわぞこ》や海岸《かいがん》などの砂《すな》や小石《こいし》にまじっている、こまかい金《きん》のつぶ。

【砂。塵】《さじん》 ↓ 砂《すな》ぼこりや砂《すな》けむり。

【砂州】《さす》 ↓ 水《みず》の流《なが》れや風《かぜ》で運《はこ》ばれてきた砂《すな》や小石《こいし》がつもって、海岸《かいがん》や湖岸《こがん》につき出《で》た細《ほそ》長《なが》い砂地《すなじ》。

【砂鉄】《さてつ》 ↓ 砂《すな》の中《なか》にまじっているこまかな鉄鉱石《てっこうせき》のつぶ。例 磁石《じしゃく》で砂鉄《さてつ》を集《あつ》める。

【砂糖】《さとう》 ↓ サトウキビやテンサイ(サトウダイコン)などからつくる、あまい調味料《ちょうみりょう》。例 黒砂糖《くろざとう》・白砂糖《しろざとう》

【砂。漠】《さばく》 ↓ 雨《あめ》が少《すく》なくて、木《き》や草《くさ》がほとんど育《そだ》たず、砂《すな》や岩《いわ》ばかりが広《ひろ》がっているところ。表記「沙漠」とも書《か》く。

【砂利】《じゃり》 ◎ 小石《こいし》の集《あつ》まり。例 玉砂利《たまじゃり》

【砂場】《すなば》 ↓ 運動《うんどう》や遊《あそ》びのためにつくった、砂《すな》を入《い》れた場所《ばしょ》。例 砂場《すなば》で山《やま》をつくって遊《あそ》ぶ。

【砂。浜】《すなはま》 ↓ 砂地《すなじ》が広《ひろ》がっている海岸《かいがん》。

石−4

砕

総画9
JIS-2653
常用
音 サイ
訓 くだく・くだける
［碎］

筆順

なりたち 【形声】もとの字《じ》は、「碎」。「卒《ソツ》」が「サイ」とかわって読《よ》み方《かた》をしめしている。「ソツ」は「こまかい」の意味《いみ》を持《も》ち、石《いし》うすでこまかくくだくことを表《あらわ》す字《じ》。

意味 くだく。こまかにする。例 氷《こおり》を砕《くだ》く。波《なみ》が砕《くだ》ける。砕石《さいせき》・粉砕《ふんさい》

【。砕石】《さいせき》 ▲ 〈—する〉岩《いわ》や石《いし》を小《ち》さくくだくこと。くだいた石《いし》。例 砕石場《さいせきじょう》

【。砕氷船】《さいひょうせん》 海面《かいめん》の氷《こおり》をくだいて進《すす》むことができるようにした船《ふね》。

石−5

破

総画10
JIS-3943
教5年
音 ハ
訓 やぶる・やぶれる

筆順 （つにならない・はらう）

なりたち 【形声】「皮《ヒ》」が「ハ」とかわって読《よ》み方《かた》をしめしている。「ヒ」は「さける」意味《いみ》を持《も》ち、石《いし》がさけることから、固《かた》いものがこわれることを表《あらわ》す字《じ》。

意味 ❶こわす。こわれる。だめになる。やっつける。例 約束《やくそく》を破《やぶ》る。紙《かみ》が破《やぶ》れる。撃破《げきは》

例解 使い分け

［やぶれる《破れる・敗れる》］

破れる＝こわれてだめになる。
例 障子《しょうじ》が破《やぶ》れる。夢《ゆめ》が破《やぶ》れる。平和《へいわ》が破《やぶ》れる。

敗れる＝負《ま》ける。反対《はんたい》は「勝《か》つ」。
例 試合《しあい》に敗《やぶ》れる。勝負《しょうぶ》に敗《やぶ》れる。人生《じんせい》に敗《やぶ》れる。

参考 相手《あいて》を負《ま》かす場合《ばあい》は「破《やぶ》る」で、「敗《やぶ》る」とは使《つか》わない。「敗《やぶ》る」は「敗《やぶ》れる」とおなじ意味《いみ》。

破れる

敗れる

。学習漢字でない常用漢字　▲常用漢字表にない音訓　◆常用漢字でない漢字

❷わくからはずれる。はみ出《だ》す。例破格《はかく》
❸やりとげる。例走破《そうは》

使い分け やぶれる［破・敗］☞781ページ

❶〈こわす〉の意味で

【破壊《はかい》】Ⅱ〈―する〉むりに力《ちから》をくわえて、うちこわすこと。例環境破壊《かんきょうはかい》 類損壊《そんかい》 対建設《けんせつ》

【破顔一笑《はがんいっしょう》】〈―する〉顔《かお》つきをやわらげて、にっこりわらうこと。

【破棄《はき》】↓〈―する〉①手紙《てがみ》や書類《しょるい》などをやぶりすてること。②決《き》めてあった約束《やくそく》などを取《と》り消《け》すこと。例婚約《こんやく》を破棄《はき》する。③上級《じょうきゅう》の裁判所《さいばんしょ》がまえの裁判《さいばん》の判決《はんけつ》を取《と》り消《け》すこと。例一審《いっしん》の判決《はんけつ》を破棄《はき》する。

【破局《はきょく》】↓ものごとがいきづまって、どうにもならなくなり、たいへんな結果《けっか》になること。例破局《はきょく》に追《お》いやられる。

【破産《はさん》】▲〈―する〉全財産《ぜんざいさん》をなくしてしまうこと。例事業《じぎょう》に失敗《しっぱい》して破産《はさん》する。類倒産《とうさん》

【破損《はそん》】Ⅱ〈―する〉ものがこわれたりきずついたりすること。類損壊《そんかい》

【破綻《はたん》】Ⅱ〈―する〉ものごとがいきづまって、うまくいかなくなること。例破綻《はたん》を生《しょう》ずる。建設計画《けんせつけいかく》が破綻《はたん》する。

【破談《はだん》】▲まとまりかけていた約束《やくそく》ごとがだめになること。

【破片《はへん》】↓ものがこわれてできた小《ちい》さいかけら。例われたガラスの破片《はへん》をかたづける。

【破魔矢《はまや》】正月《しょうがつ》や棟上《むねあ》げのときに、魔《ま》よけとしてかざる矢《や》。例神社《じんじゃ》で破魔矢《はまや》を買《か》う。

【破滅《はめつ》】Ⅱ〈―する〉立《た》ちなおれないほど、だめになること。例身《み》の破滅《はめつ》をまねく。

【破門《はもん》】▲〈―する〉①先生《せんせい》や師匠《ししょう》が、それまで弟子《でし》であった者《もの》を、弟子《でし》としてあつかわないことにすること。対入門《にゅうもん》 ②宗教《しゅうきょう》で、信者《しんじゃ》のなかまから追《お》い出《だ》すこと。

【破約《はやく》】▲〈―する〉①約束《やくそく》を取《と》り消《け》すこと。キャンセル。類解約《かいやく》 ②約束《やくそく》をやぶって、実行《じっこう》しないこと。類違約《いやく》

【破裂《はれつ》】Ⅱ〈―する〉①内《うち》がわからの強《つよ》い力《ちから》でいきおいよくやぶれること。例水道管《すいどうかん》が破裂《はれつ》した。②相談《そうだん》などがまとまらず、話《はなし》がこわれること。例談判《だんぱん》が破裂《はれつ》する。類決裂《けつれつ》

❷〈わくからはずれる〉の意味で

【破格《はかく》】▲①〈―な〉それまでのしきたりから見《み》て、考《かんが》えられないほどであること。例破格《はかく》のあつかい。②詩《し》や文章《ぶんしょう》などが、きまりにしたがっていないこと。例破格《はかく》の詩《し》。

【破天荒《はてんこう》】〈―な〉今《いま》までだれもしなかったような、大胆《だいたん》でかわったことをするようす。例破天荒《はてんこう》な計画《けいかく》。類前代未聞《ぜんだいみもん》・未曽有《みぞう》 参考中国《ちゅうごく》の書物《しょもつ》にあることばから。「天荒《てんこう》」は「未開《みかい》の地《ち》」という意味《いみ》。

【破廉恥《はれんち》】〈―な〉恥《はじ》を恥《はじ》とも思《おも》わない厚《あつ》かましさ。はじしらず。例破廉恥《はれんち》な行為《こうい》。

破が下につく熟語 上の字の働き

❶破＝〈こわす〉のとき
【撃破《げきは》 打破《だは》 突破《とっぱ》 爆破《ばくは》 連破《れんぱ》 論破《ろんぱ》】ドウヤッテこわすか。

❸破＝〈やりとげる〉のとき
【走破《そうは》 踏破《とうは》 読破《どくは》 喝破《かっぱ》 看破《かんぱ》】ドウイウことをしてやりとげるか。

◆大破《たいは》 難破《なんぱ》

砲

石－5 総画10 JIS-4304 常用
訓 ―
音 ホウ

筆順

なりたち 【形声】もとの字《じ》は「砲」。「包」が「ホウ」という読《よ》み方《かた》をしめしている。「ホウ」は「はじきとばす」意味《いみ》を持《も》ち、石《いし》を遠《とお》くへとばす器械《きかい》を表《あらわ》す字《じ》。

意味 たいほう。例砲弾《ほうだん》・鉄砲《てっぽう》

【砲火《ほうか》】↓大砲《たいほう》から弾丸《だんがん》をうち出《だ》すときに出《で》る火《ひ》。例砲火《ほうか》をまじえる（戦闘《せんとう》する）。

【砲丸《ほうがん》】↓陸上競技《りくじょうきょうぎ》の砲丸投《ほうがんな》げで使《つか》う、丸《まる》い鉄《てつ》の玉《たま》。

【砲撃《ほうげき》】↓〈―する〉大砲《たいほう》をうって、敵《てき》をせめること。例敵《てき》の陣地《じんち》を砲撃《ほうげき》する。

【砲声《ほうせい》】↓大砲《たいほう》を発射《はっしゃ》する音《おと》。類銃声《じゅうせい》

【砲台《ほうだい》】↓大砲《たいほう》がうちやすいようにつくった陣地《じんち》。例山《やま》の上《うえ》に砲台《ほうだい》をきずく。

【砲弾《ほうだん》】↓大砲《たいほう》のたま。類弾丸《だんがん》

砲が下につく熟語 上の字の働き

【号砲《ごうほう》 礼砲《れいほう》】ナニのための発砲《はっぽう》か。

◆銃砲《じゅうほう》 鉄砲《てっぽう》 発砲《はっぽう》 無鉄砲《むてっぽう》

石−7 【硯】 総画12 JIS-2407 人名 訓音 ケン すずり

意味 すずり。墨《すみ》をする道具《どうぐ》。すずり石《いし》。

石−7 【硬】 総画12 JIS-2537 常用 訓音 コウ かたい

筆順

なりたち 【形声】「更」が「コウ」という読《よ》み方《かた》をしめしている。「コウ」は「かたい」の意味《いみ》を持《も》ち、かたい石《いし》を表《あらわ》す字《じ》。

意味 かたい。かんたんにくだけない。てごわい。例 硬《かた》い石《いし》。硬球《こうきゅう》・硬派《こうは》・強硬《きょうこう》 対 軟《なん》

使い分け かたい［固・堅・硬］☞239ページ

【硬化《こうか》】↓〈―する〉①やわらかいものが、かたくなること。例 動脈硬化《どうみゃくこうか》 対 軟化《なんか》 ②相手《あいて》の言《い》うことを受《う》けつけず、自分《じぶん》の考《かんが》えをおしとおそうとする態度《たいど》を強《つよ》めること。例 態度《たいど》を硬化《こうか》させる。対 軟化《なんか》

【硬貨《こうか》】↓金貨《きんか》・銀貨《ぎんか》・銅貨《どうか》など、金属《きんぞく》でつくったお金《かね》。コイン。対 紙幣《しへい》

【硬球《こうきゅう》】↓野球《やきゅう》やテニスなどで使《つか》う、かたいほうのボール。対 軟球《なんきゅう》

【硬骨《こうこつ》】↓①かたい骨《ほね》。例 硬骨魚類《こうこつぎょるい》 対 軟骨《なんこつ》 ②正《ただ》しいと信《しん》じていることをまげない意志《いし》をもっていること。例 硬骨漢《こうこつかん》 類 反骨《はんこつ》

【硬式《こうしき》】↓野球《やきゅう》やテニスなどで、硬球《こうきゅう》を使《つか》ってするやり方《かた》。例 硬式野球《こうしきやきゅう》 対 軟式《なんしき》

【硬質《こうしつ》】↓ふつうのものより質《しつ》がかたいこと。例 硬質《こうしつ》ガラス 対 軟質《なんしつ》

【硬水《こうすい》】↓カルシウムやマグネシウムなどがたくさんとけこんでいて、飲《の》み水《みず》や洗濯《せんたく》にはむかない水《みず》。対 軟水《なんすい》

【硬直《こうちょく》】↓〈―する〉①からだがこわばって、まがらないこと。例 硬直《こうちょく》した手《て》。対 柔軟《じゅうなん》 ②考《かんが》え方《かた》や態度《たいど》がこりかたまって、ゆうずうがきかないこと。例 硬直《こうちょく》した頭《あたま》。対 柔軟《じゅうなん》

【硬度《こうど》】↓①金属《きんぞく》や鉱物《こうぶつ》などのもののかたさの度合《どあ》い。②水《みず》がカルシウムやマグネシウムなどをふくむ度合《どあ》い。多《おお》くふくむものを硬水《こうすい》、少《すく》ないものを軟水《なんすい》という。

【硬派《こうは》】↓①手《て》あらな考《かんが》え方《かた》やり方《かた》で、ものごとを進《すす》めようとするなかま。その中《なか》の人《ひと》。対 軟派《なんぱ》 ②異性《いせい》や流行《りゅうこう》などにとらわれない人《ひと》。とくにそういう若者《わかもの》。対 軟派《なんぱ》

【硬筆《こうひつ》】↓ペンやえんぴつなど、紙《かみ》にふれるところがかたい筆記用具《ひっきようぐ》。対 毛筆《もうひつ》

◆強硬《きょうこう》 生硬《せいこう》

石−7 【硝】 総画12 JIS-3043 常用 訓音 ショウ ―

筆順

なりたち 【形声】「肖」が「ショウ」という読《よ》み方《かた》をしめしている。「ショウ」は「焼《や》ける」意味《いみ》を持《も》ち、火《ひ》をつければ燃《も》える鉱石《こうせき》を表《あらわ》す字《じ》。

意味 硝石《しょうせき》。火薬《かやく》や肥料《ひりょう》などの材料《ざいりょう》にする鉱石《こうせき》。例 硝煙《しょうえん》・硝酸《しょうさん》

参考 以前《いぜん》はガラスを「硝子」と書《か》いた。

【硝煙《しょうえん》】↓銃《じゅう》をうったときなどに出《で》る、火薬《かやく》のけむり。例 硝煙反応《しょうえんはんのう》。

【硝酸《しょうさん》】↓無色《むしょく》で強《つよ》い酸性《さんせい》の、鼻《はな》をつくようなにおいのする液体《えきたい》。肥料《ひりょう》・火薬《かやく》・染料《せんりょう》などの原料《げんりょう》となる。例 硝酸銀《しょうさんぎん》

石−7 【硫】 総画12 JIS-4618 常用 訓音 リュウ ―

筆順

なりたち 【形声】「㐬」が「リュウ」という読《よ》み方《かた》をしめしている。「リュウ」は「とける」意味《いみ》を持《も》ち、もろくてとけやすい鉱石《こうせき》「いおう」を表《あらわ》す字《じ》。

意味 いおう（硫黄）。火山《かざん》から流《なが》れ出《で》る黄色《きいろ》い鉱物《こうぶつ》。例 硫酸《りゅうさん》

特別なよみ 硫黄（いおう）

【硫黄《いおう》】↓元素《げんそ》の一《ひと》つ。黄色《きいろ》にかたまり、もやすと青白《あおじろ》いほのおを出《だ》す物質《ぶっしつ》。火薬《かやく》、硫酸《りゅうさん》、薬《くすり》の原料《げんりょう》になる。例 硫黄泉《いおうせん》

【硫安《りゅうあん》】◎「硫酸《りゅうさん》アンモニウム」の略《りゃく》。硫酸《りゅうさん》とアンモニアを反応《はんのう》させてつくる無色《むしょく》の

前ページ ▶ 硯 硬 硝 硫

結晶《けっしょう》。肥料《ひりょう》とする。

【°硫酸《りゅうさん》】⇩ 硫黄《いおう》・酸素《さんそ》・水素《すいそ》が化合《かごう》した、ねばりけのある無色《むしょく》で強《つよ》い酸性《さんせい》の液体《えきたい》。化学工《かがくこう》業《ぎょう》の分野《ぶんや》で使《つか》われている。例 濃硫酸《のうりゅうさん》

碍

石-8 総画13 JIS-1923 表外 音 ゲ 訓 —

意味 さまたげる。さしさわりになる。例 融《ゆう》通無碍《ずうむげ》

碁

石-8 総画13 JIS-2475 常用 音 ゴ 訓 —

筆順

なりたち 【形声】「其《き》」が「ゴ」とかわって読《よ》み方《かた》をしめしている。「キ」は四角《しかく》の意味《いみ》を持《も》ち、四角《しかく》い盤《ばん》の上《うえ》で遊《あそ》ぶ石《いし》のこま「ごいし」を表《あらわ》す字。

意味 いご。黒《くろ》と白《しろ》の石《いし》を、交互《こうご》に盤《ばん》の上《うえ》において、陣取《じんと》りをするゲーム。例 碁《ご》を打《う》つ。碁盤《ごばん》

文字物語 ☞616ページ

【°碁石《ごいし》】⇩ 碁を打つときに使《つか》う平《ひら》たくて円《えん》形《けい》の石。白石《しろいし》と黒石《くろいし》とがある。

【°碁盤《ごばん》】⇩ 碁《ご》を打《う》つときに使《つか》う四角《しかく》い台《だい》。表面《ひょうめん》に、たてよこそれぞれ十九本《じゅうきゅうほん》の線《せん》が引《ひ》いてある。例 碁盤《ごばん》にむかう(碁を打つ)。

◆囲碁《いご》

磁

石-9 総画14 JIS-2807 教6年 音 ジ 訓 —

筆順 とめる とめる

なりたち 【形声】「兹」が「ジ」という読《よ》み方《かた》をしめす。「ジ」は「ひきつける」意味《いみ》を持《も》ち、鉄《てつ》をすいつける鉱石《こうせき》を表《あらわ》す字。

意味 ❶鉄《てつ》を引《ひ》きつける性質《せいしつ》。南北《なんぼく》を指《さ》しめす性質《せいしつ》。例 磁気《じき》・磁石《じしゃく》 ❷白《しろ》くてかたいやきもの。陶器《とうき》よりも高温《こうおん》でやいたやきもの。例 磁器《じき》・青磁《せいじ》

❶〈鉄を引きつける性質〉の意味で

【磁気《じき》】⇩ 鉄《てつ》を引《ひ》きつけたり、磁針《じしん》を南北《なんぼく》にむけさせたりする力《ちから》のもとになっているもの。例 磁気をおびる。

【磁石《じしゃく》】⇩ ①鉄《てつ》を引《ひ》きつける性質《せいしつ》を持《も》っているもの。マグネット。②方角《ほうがく》を知《し》るための道具《どうぐ》。中《なか》にある磁針《じしん》が、地球《ちきゅう》の磁気《じき》にひかれて南北《なんぼく》を指《さ》す。コンパス。知識 磁石《じしゃく》には、N極《エヌきょく》とS極《エスきょく》があり、ちがう極《きょく》どうしでは引《ひ》きつけ合《あ》い、おなじ極ではしりぞけ合う。

【磁針《じしん》】⇩ 方角《ほうがく》を知《し》るのに使《つか》う、針《はり》のようにした磁石。まん中《なか》でささえ、自由《じゆう》に動《うご》くようにしておくと、南北《なんぼく》を指《さ》してとまる。

【磁場《じば・じじょう》】⇩ 磁力《じりょく》がはたらいている場《ば》所《しょ》。磁石のまわりや電流《でんりゅう》の流《なが》れている電線《でんせん》のまわりにできる。

【磁力《じりょく》】⇩ 磁石《じしゃく》が鉄《てつ》などを引《ひ》きつけたり、磁石どうしが引《ひ》き合《あ》ったりしりぞけ合《あ》ったりするときにはたらく力《ちから》。類 磁界《じかい》 例 磁力計《じりょくけい》

❷〈白くてかたいやきもの〉の意味で

【磁器《じき》】⇩ 高《たか》い温度《おんど》でやいてつくる、白《しろ》くてかたいやきもの。例 磁器《じき》の花《か》びん。

碩

石-9 総画14 JIS-3257 人名 音 セキ 訓 —

意味 大《おお》きい。りっぱである。例 碩学《せきがく》

名前のよみ ひろ・みち・みつる

碑

石-9 総画14 JIS-4074 常用 音 ヒ 訓 — [碑]

筆順

なりたち  【形声】「卑」が「ヒ」という読《よ》み方《かた》をしめしている。「ヒ」は「立《た》てる」意味《いみ》を持《も》ち、地上《ちじょう》に立《た》てる石《いし》を表《あらわ》す字。

意味 いしぶみ。文字《もじ》をほって記念《きねん》とした石《いし》。例 碑《ひ》を建《た》てる。碑文《ひぶん》・石碑《せきひ》・記念碑《きねんひ》

【°碑文《ひぶん》】⇩ 石碑《せきひ》にほりつけられた文字《もじ》や文《ぶん》章《しょう》。例 石《いし》にきざまれた碑文《ひぶん》を読《よ》む。

◆歌碑《かひ》 石碑《せきひ》

碧

石-9 総画14 JIS-4243 人名 音 ヘキ 訓 あお

確 石－10

総画15 JIS-1946 教5年

音 カク 訓 たしか・たしかめる

意味 青《あお》みがかった石《いし》。青《あお》く美《うつく》しい玉《たま》。青《あお》い色《いろ》。あおみどり。例 碧玉《へきぎょく》・紺碧《こんぺき》

名前のよみ きよし・みどり

筆順 確（だす）

なりたち【形声】「隺」が「カク」という読《よ》み方《かた》をしめしている。「カク」は「かたい」の意味《いみ》を持《も》ち、かたい石《いし》を表《あらわ》す字《じ》。

意味 たしか。まちがいない。しっかりしている。例 確《たし》かに引《ひ》き受《う》ける。答《こた》えを確《たし》かめる。確《かく》たる証拠《しょうこ》。確実《かくじつ》・正確《せいかく》

名前のよみ あきら・かた

【確言】かくげん ⬇〈―する〉はっきりと言《い》い切《き》ること。例 確言《かくげん》をさける。類 断言《だんげん》

【確。執】かくしつ ⬇〈―する〉それぞれが自分《じぶん》の考《かんが》えにこだわって、ゆずろうとしないために起《お》こるあらそい。例 むかしからの確執《かくしつ》。

【確実】かくじつ Ⅱ〈―な|―に〉たしかでまちがいがないようす。例 確実《かくじつ》な情報《じょうほう》。類 的確《てきかく|てっかく》・適確《てきかく|てっかく》

【確証】かくしょう ⬇ たしかで、まちがいのない証拠《しょうこ》。例 確証《かくしょう》をつかむ。確証《かくしょう》がない。

【確信】かくしん ⬇〈―する〉まちがいないと強《つよ》く思《おも》うこと。例 確信《かくしん》をえる。勝利《しょうり》を確信《かくしん》する。

【確定】かくてい ⬇〈―する〉はっきり決《き》めること。決《き》まること。例 日時《にちじ》が確定《かくてい》した。類 決定《けってい》

【確答】かくとう ⬇〈―する〉責任《せきにん》を持《も》って、はっきりと答《こた》えること。例 市長《しちょう》の確答《かくとう》をえる。

【確認】かくにん ⬇〈―する〉ほんとうにそうかどうかをたしかめること。例 在庫《ざいこ》を確認《かくにん》する。

【確保】かくほ ⬇〈―する〉なくならないように、しっかりと持《も》っていること。例 災害《さいがい》にそなえて食糧《しょくりょう》を確保《かくほ》する。

【確約】かくやく ⬇〈―する〉かならずまもると約束《やくそく》すること。例 確約《かくやく》を得《え》ている。

【確立】かくりつ ⬇〈―する〉しっかりしたものにつくること。例 友好関係《ゆうこうかんけい》を確立《かくりつ》する。類 樹立《じゅりつ》

【確率】かくりつ ⬇ あることが、そうなる割合《わりあい》。例 確率《かくりつ》が高《たか》いほうをえらぶ。類 公算《こうさん》

【確固】かっこ Ⅱ〈―たる|―と〉考《かんが》えや気持《きも》ちなどがしっかりしていて、ぐらぐらしないようす。例 確固《かっこ》たる信念《しんねん》。類 強固《きょうこ》 表記「確乎」とも書《か》く。

確が下につく熟語 上の字の働き

【正確《せいかく》 明確《めいかく》】近《ちか》い意味《いみ》。

◆ 的確《てきかく|てっかく》 適確《てきかく|てっかく》

磐 石－10

総画15 JIS-4056 人名

音 バン・ハン 訓 ―

意味 大《おお》きな岩《いわ》。いわお。例 磐石《ばんじゃく》のかまえ。

磨 石－11

総画16 JIS-4365 常用

音 マ 訓 みがく

筆順 磨磨磨磨磨磨磨

なりたち【形声】もとの字《じ》は、「礳」。「磨」は略《りゃく》した形《かたち》で、「麻」が「マ」という読《よ》み方《かた》をしめしている。「マ」は「こする」意味《いみ》を持《も》ち、石《いし》をこすってみがくことを表《あらわ》す字《じ》。

意味 みがく。こする。例 歯《は》を磨《みが》く。研磨《けんま》

名前のよみ おさむ・きよ

【。磨。滅】まめつ ⬇〈―する〉すりへること。すりへってなくなること。例 石碑《せきひ》の文字《もじ》が磨滅《まめつ》して見《み》えにくい。表記「摩滅」とも書《か》く。

【。磨。耗】まもう ⬇〈―する〉他《た》のものにこすれて、すりへること。表記「摩耗」とも書《か》く。

磨が下につく熟語 上の字の働き

【研磨《けんま》 錬磨《れんま》】近《ちか》い意味《いみ》。

磯 石－12

総画17 JIS-1675 人名

音 キ 訓 いそ

意味 いそ。波《なみ》うちぎわ。例 磯辺《いそべ》

礁 石－12

総画17 JIS-3044 常用

音 ショウ 訓 ―

筆順 礁

なりたち【形声】「焦」が「ショウ」という読《よ》み方《かた》をしめしている。「ショウ」は「さえぎられて見《み》えない」の意味《いみ》を持《も》ち、水中《すいちゅう》にかくれて見《み》えない岩石《がんせき》を表《あらわ》す字《じ》。

意味 水中《すいちゅう》の岩《いわ》。かくれ岩《いわ》。例 珊瑚《さんご》礁《しょう》

礁が下につく熟語 上の字の働き
【暗礁《あんしょう》 環礁《かんしょう》 魚礁《ぎょしょう》】ドノヨウナ礁《しょう》か。
◆岩礁《がんしょう》 座礁《ざしょう》

石-13
礎
総画18
JIS-3335
常用
音 ソ
訓 いしずえ

筆順 礎 礎 礎 礎 礎 礎 礎 礎 礎

なりたち 【形声】「楚」が「ソ」という読《よ》み方《かた》をしめしている。「ソ」は「はじめ」の意味《いみ》を持《も》ち、はじめに置《お》く石《いし》「いしずえ」を表《あらわ》す字《じ》。

意味 いしずえ。土台石《どだいいし》。例 国《くに》の礎《いしずえ》を築《きず》く。
礎石《そせき》・基礎《きそ》

【礎石】《そせき》 ↓ ①建物《たてもの》の柱《はしら》の下《した》にすえて、土台《どだい》にする石《いし》。類 土台石《どだいいし》・礎《いしずえ》 ②ものごとのもとになる力《ちから》や人《ひと》。例 この研究《けんきゅう》は新《あたら》しい学問《がくもん》の礎石《そせき》になるだろう。類 礎《いしずえ》

5画 示 [しめす] ネ [しめすへん] の部

「示《じ》」をもとに作《つく》られ、神《かみ》や祭礼《さいれい》にかかわる字《じ》を集《あつ》めてあります。

この部首の字

示-0
示
総画5
JIS-2808
教5年
音 ジ・シ
訓 しめす

筆順 示 示 示 示 示（ながく はねる とめる）

なりたち 【会意】つくえ(丅)と、その上《うえ》にのせられたいけにえ(一)と、したたる血《ち》(八)とからでき、いけにえを神《かみ》にそなえることを表《あらわ》している字《じ》。神《かみ》にいけにえをしめすことから、「しめす」として使《つか》われる。

意味 しめす。見《み》せて、わからせる。例 模範《もはん》を示《しめ》す。示《しめ》しがつかない。示唆《しさ》・展示《てんじ》

名前のよみ とき

【示威】《じい》 ▲〈—する〉力《ちから》やいきおいがあることを見《み》せつけること。例 示威運動《じいうんどう》(デモ)

【示唆】《しさ》 ↓〈—する〉それとなく教《おし》えること。ヒント。例 示唆《しさ》に富《と》むことば。類 暗示《あんじ》

【示談】《じだん》 ↓ あらそいごとを、裁判《さいばん》ではなく、話《はな》し合《あ》いで解決《かいけつ》すること。例 示談《じだん》が成立《せいりつ》する。

示が下につく熟語 上の字の働き
【指示《しじ》 表示《ひょうじ》 標示《ひょうじ》】近《ちか》い意味《いみ》。
【明示《めいじ》 暗示《あんじ》 公示《こうじ》 内示《ないじ》】ドノヨウニ示《しめ》すか。
【訓示《くんじ》 啓示《けいじ》 掲示《けいじ》 告示《こくじ》 指示《しじ》 提示《ていじ》 展示《てんじ》】ドウヤッテ示《しめ》すか。
【例示《れいじ》 図示《ずし》】ナニによって示《しめ》すか。

前ページ ▶ 確 磐 磨 磯 礁

ネ-1
礼
総画5
JIS-4673
教3年
音 レイ・ライ
訓 —
[禮]

筆順 礼 礼 礼 礼 礼（ななめ、つかない おらない はねる）

なりたち 【形声】もとの字《じ》は、「禮」。「示」が「神《かみ》」を、「豊」(もとは「ゆたか」の「豊」とはことなる)が「レイ」という読《よ》み方《かた》をしめしている。「レイ」は「おこなう」意味《いみ》を持《も》ち、神前《しんぜん》でおこなう動作《どうさ》を表《あらわ》す字《じ》。

意味
❶きまった儀式《ぎしき》。作法《さほう》。例 礼《れい》をつくす。礼儀《れいぎ》・祭礼《さいれい》・失礼《しつれい》
❷おじぎ。相手《あいて》をうやまう気持《きも》ちを表《あらわ》す動作《どうさ》。例 立《た》って礼《れい》をする。礼拝《れいはい|らいはい》
❸感謝《かんしゃ》のしるし。おれい。例 礼金《れいきん》・謝礼《しゃれい》

名前のよみ あき・あきら・あや・のり・ひろ・ひろし・まさ・まさし・みち・ゆき・よし

❶〈きまった儀式〉の意味で
【礼儀】《れいぎ》 Ⅱ 相手《あいて》をうやまいたいせつに思《おも》う気持《きも》ちを表《あらわ》す、ことばづかいやふるまい。エチケット。マナー。例 礼儀正《れいぎただ》しくあいさつをする。礼儀作法《れいぎさほう》
【礼節】《れいせつ》 Ⅱ 相手《あいて》をうやまい、ものごとのけじ

めをたいせつにしようとする気持《きも》ちや態度《たいど》。例 衣食《いしょく》足《た》りて礼節《れいせつ》を知《し》る（礼節《れいせつ》は生活《せいかつ》が成《な》り立《た》ってからわきまえるようになるものだ）。

【礼装《れいそう》】↓ 式《しき》や会《かい》などに出《で》るときに着《き》るきちんとした服装《ふくそう》。類 正装《せいそう》・礼服《れいふく》 対 略装《りゃくそう》

【礼服《れいふく》】↓ 儀式《ぎしき》のときに着《き》る、あらたまった服《ふく》。例 礼服着用《れいふくちゃくよう》のこと。類 式服《しきふく》 対 平服《へいふく》

【礼法《れいほう》】↓ 人《ひと》に接《せっ》するときの態度《たいど》や日常《にちじょう》の動作《どうさ》の一《ひと》つ一《ひと》つについてのきまり。礼儀作法《れいぎさほう》。

【礼。砲《れいほう》】↓ 儀式《ぎしき》として軍隊《ぐんたい》などが空砲《くうほう》をうつこと。例 礼砲《れいほう》とともに式典《しきてん》がはじまった。

❷〈おじぎ〉の意味で

【礼賛《らいさん》】Ⅱ〈―する〉すばらしさをほめたたえること。例 東洋《とうよう》の美《び》を礼賛《らいさん》する。類 賛美《さんび》

【礼拝《れいはい|らいはい》】Ⅱ〈―する〉神《かみ》や仏《ほとけ》をおがむこと。参考 ふつう、キリスト教《きょう》では「れいはい」、仏教《ぶっきょう》では「らいはい」という。

❸〈感謝のしるし〉の意味で

【礼金《れいきん》】↓ ①お礼《れい》としてさし出《だ》すお金《かね》。例 礼金《れいきん》はいりません。類 謝金《しゃきん》 ②家《いえ》やへやを借《か》りるとき、家主《やぬし》にはらうようにもとめられるお金《かね》。例 大家《おおや》さんに、礼金《れいきん》と敷金《しききん》をはらう。

【礼状《れいじょう》】↓ お礼《れい》の手紙《てがみ》。例 礼状《れいじょう》を出《だ》す。

礼が下につく熟語 上の字の働き

❶礼＝〈きまった儀式〉のとき
【非礼《ひれい》 無礼《ぶれい》】打《う》ち消《け》し。
【婚礼《こんれい》 祭礼《さいれい》 洗礼《せんれい》】ナニのための儀式《ぎしき》か。

❷礼＝〈おじぎ〉のとき
【一礼《いちれい》 敬礼《けいれい》 巡礼《じゅんれい》 黙礼《もくれい》 目礼《もくれい》】ドノヨウニおじぎをするか。

◆虚礼《きょれい》 失礼《しつれい》 謝礼《しゃれい》 答礼《とうれい》 返礼《へんれい》

ネ-3

社

総画7
JIS-2850
教2年
音 シャ
訓 やしろ

［社］

筆順 社社社社社社 ななめ、つかない ながく

なりたち 社 【形声】もとの字は、「社」。「示」が「神《かみ》」を、「土《ト》」が「シャ」とかわって読《よ》み方《かた》をしめしている。「土地《とち》の神《かみ》」を表《あらわ》す字《じ》。

意味
❶やしろ。お宮《みや》。例 社《やしろ》の境内《けいだい》。社殿《しゃでん》・神社《じんじゃ》
❷人《ひと》の集《あつ》まり。例 社会《しゃかい》・公社《こうしゃ》
❸会社《かいしゃ》。例 社員《しゃいん》・商社《しょうしゃ》

発音あんない シャ→ジャ…例 神社《じんじゃ》

名前のよみ たか

❶〈やしろ〉の意味で

【社寺《しゃじ》】Ⅱ 神社《じんじゃ》と寺《てら》。例 社寺《しゃじ》めぐりの旅《たび》。

【社。殿《しゃでん》】↓ 神体《しんたい》を祭《まつ》る神社《じんじゃ》の建物《たてもの》。

❷〈人の集まり〉の意味で

【社会《しゃかい》】Ⅱ ①いっしょになって生活《せいかつ》をしている人《ひと》びとの集《あつ》まり。例 国際社会《こくさいしゃかい》 ②世《よ》の中《なか》。世間《せけん》。例 社会《しゃかい》の荒波《あらなみ》。③なかま。おなじ仕事《しごと》をしている人《ひと》や、おなじ年《とし》ごろの人《ひと》たちなどの集《あつ》まり。例 芸能人《げいのうじん》の社会《しゃかい》。

【社会人《しゃかいじん》】世《よ》の中《なか》に出《で》てはたらいている人《ひと》。

【社会性《しゃかいせい》】①多《おお》くの人《ひと》たちとなかよくやっていく力《ちから》や性質《せいしつ》。例 社会性《しゃかいせい》が身《み》につく。類 社交性《しゃこうせい》 ②その世《よ》の中《なか》で広《ひろ》く通《つう》じる性質《せいしつ》。例 社会性《しゃかいせい》のある題材《だいざい》で映画《えいが》をつくる。

【社交《しゃこう》】↓ 世間《せけん》の、人《ひと》と人《ひと》とのつきあい。人《ひと》づきあい。例 社交的《しゃこうてき》

【社交辞令《しゃこうじれい》】つきあいのための、あいさつやほめことば。おせじ。類 外交辞令《がいこうじれい》

❸〈会社〉の意味で

【社員《しゃいん》】↓ その会社《かいしゃ》につとめている人《ひと》。

【社運《しゃうん》】↓ 会社《かいしゃ》が上向《うわむ》くか下向《したむ》くか、そのなりゆき。例 新製品《しんせいひん》に社運《しゃうん》をかける。

【社屋《しゃおく》】↓ その会社《かいしゃ》の建物《たてもの》。

【社説《しゃせつ》】↓ 新聞社《しんぶんしゃ》が、自分《じぶん》の会社《かいしゃ》を代表《だいひょう》する意見《いけん》としてのせる文章《ぶんしょう》。類 論説《ろんせつ》

【社宅《しゃたく》】↓ 社員《しゃいん》とその家族《かぞく》を住《す》まわせるために、会社《かいしゃ》が用意《ようい》した家《いえ》。例 社宅《しゃたく》に入《はい》る。

【社風《しゃふう》】↓ その会社《かいしゃ》の人《ひと》びとに共通《きょうつう》する考《かんが》え方《かた》ややり方《かた》。例 社風《しゃふう》に合《あ》わない。

【社用《しゃよう》】↓ 会社《かいしゃ》の仕事《しごと》や用事《ようじ》。

社が下につく熟語 上の字の働き

❷社＝〈人の集まり〉のとき
【結社《けっしゃ》 会社《かいしゃ》 公社《こうしゃ》】ドノヨウナ集団《しゅうだん》か。

❸社＝〈会社〉のとき
【商社《しょうしゃ》 支社《ししゃ》 弊社《へいしゃ》】ドウイウ会社《かいしゃ》か。
【入社《にゅうしゃ》 退社《たいしゃ》】会社《かいしゃ》を（会社《かいしゃ》に）ドウスルか。

◆寺社《じしゃ》 神社《じんじゃ》

前ページ ▶ 社

ネ-4

祈

総画8 JIS-2107 常用

音 キ
訓 いのる

［祈］

筆順

なりたち 【形声】もとの字《じ》は、「祈」。「示」が「神《かみ》」を、「斤」が「キ」という読《よ》み方《かた》をしめしている。「キ」は「ねがう」意味《いみ》を持《も》ち、神《かみ》にねがうことを表《あらわ》す字《じ》。

意味 いのる。神《かみ》や仏《ほとけ》にねがう。例 神《かみ》に祈《いの》る。祈願《きがん》

【°祈願】きがん Ⅱ〈—する〉神《かみ》や仏《ほとけ》に、ねがいごとがかなうようにいのること。例 合格《ごうかく》を祈願《きがん》する。類 祈念《きねん》

【°祈念】きねん Ⅱ〈—する〉のぞみがかなうように心《こころ》の中《なか》でじっといのること。例 平和《へいわ》を祈念《きねん》する。類 祈願《きがん》

ネ-4

祉

総画8 JIS-2767 常用

音 シ
訓 —

［祉］

筆順

なりたち 【形声】もとの字《じ》は、「祉」。「示」が神《かみ》を、「止」が「シ」という読《よ》み方《かた》をしめす。「シ」は「たまわる」意味《いみ》を持《も》ち、神《かみ》からのたまわりものを表《あらわ》す字《じ》。

意味 しあわせ。さいわい。例 福祉《ふくし》

名前のよみ よし

ネ-5

祝

総画9 JIS-2943 教4年

音 シュク・シュウ
訓 いわう

［祝］

筆順 ななめ、つかない はねる おらない

なりたち 【会意】もとの字《じ》は、「祝」。「示」が神《かみ》、「口」がくち、「儿」が人《ひと》がひざまずいている形《かたち》で、みこが神《かみ》に向《む》かってよびもとめているようすを表《あらわ》す字《じ》。

意味 いわう。よろこびの気持《きも》ちを表《あらわ》す。例 門出《かどで》を祝《いわ》う。勝利《しょうり》を祝《しゅく》す。祝《いわ》いのさかずき。祝典《しゅくてん》・祝言《しゅうげん》

注意するよみ シュウ…例 祝儀《しゅうぎ》・祝言《しゅうげん》

特別なよみ 祝詞（のりと）

名前のよみ とき・のり・はじめ・よし

【°祝儀】しゅうぎ ⇩ ①おいわいの儀式《ぎしき》。おもに結婚式《けっこんしき》をいう。例 祝儀《しゅうぎ》にまねかれる。類 祝言《しゅうげん》 対 不祝儀《ぶしゅうぎ》 ②おいわいの気持《きも》ちを表《あらわ》しておくるお金《かね》や品物《しなもの》。例 祝儀《しゅうぎ》ぶくろ ③人《ひと》のはたらきに対《たい》して、お礼《れい》としてあげるお金《かね》や品物《しなもの》。心《こころ》づけ。チップ。例 祝儀《しゅうぎ》をはずむ。

【°祝言】しゅうげん ⇩ 結婚式《けっこんしき》の古めかしい言い方《かた》。例 祝言《しゅうげん》をあげる。類 祝儀《しゅうぎ》・婚礼《こんれい》

【祝°宴】しゅくえん ⇩ おいわいの酒《さか》もり。

【祝賀】しゅくが Ⅱ〈—する〉おめでたいことをよろこんで、いわうこと。例 祝賀会《しゅくがかい》 類 慶賀《けいが》

【祝祭日】しゅくさいじつ 祝日《しゅくじつ》と祭日《さいじつ》。

【祝詞】一 しゅくし ⇩ おいわいのことば。類 祝辞《しゅくじ》 対 弔詞《ちょうし》 二 のりと ◎ 神主《かんぬし》が神《かみ》に申《もう》しあげることば。例 地鎮祭《じちんさい》で祝詞《のりと》をあげる。

【祝辞】しゅくじ ⇩ おいわいの気持《きも》ちをのべるあいさつのことば。例 来賓《らいひん》が祝辞《しゅくじ》をのべる。類 祝詞《しゅくし》 対 弔辞《ちょうじ》

【祝日】しゅくじつ ⇩ いわいの日《ひ》。国《くに》で決《き》めた、いわいの日《ひ》（国民《こくみん》の祝日《しゅくじつ》）。類 祭日《さいじつ》・祝祭日《しゅくさいじつ》・旗日《はたび》

【祝勝】しゅくしょう ▲ 戦争《せんそう》やスポーツなどの勝利《しょうり》をいわうこと。例 祝勝会《しゅくしょうかい》・祝勝《しゅくしょう》パレード

【祝典】しゅくてん ⇩ おいわいの儀式《ぎしき》。

【祝電】しゅくでん ⇩ おいわいの電報《でんぽう》。例 祝電《しゅくでん》をうつ。対 弔電《ちょうでん》

【祝°杯】しゅくはい ⇩ おいわいの酒《さけ》を飲《の》むさかずき。例 祝杯《しゅくはい》をあげる。

【祝福】しゅくふく ▲〈—する〉幸福《こうふく》をいわうこと。幸福《こうふく》をいのること。例 前途《ぜんと》を祝福《しゅくふく》する。

◆慶祝《けいしゅく》 奉祝《ほうしゅく》

ネ-5

神

総画9 JIS-3132 教3年

音 シン・ジン
訓 かみ・かん・こう

［神］

筆順 ななめ、つかない はっきりだす

なりたち 【形声】もとの字《じ》は、「神」。「示」が「神《かみ》」を、「申」が稲光《いなびかり》の形《かたち》と「シン」という読《よ》み方《かた》をしめしている。雷神《らいじん》を表《あらわ》す字《じ》で、広《ひろ》く「かみ」として使《つか》われている。

意味

❶かみ。神様《かみさま》。例神《かみ》にいのる。技《ぎ》、神《しん》に入《い》る（神《かみ》わざと思《おも》うほどすぐれている）。神主《かんぬし》・神話《しんわ》・神社《じんじゃ》・女神《めがみ》
❷ふしぎな力《ちから》。人間《にんげん》わざでない。例神秘《しんぴ》
❸こころ。例神経《しんけい》・精神《せいしん》
❹神戸《こうべ》。兵庫県神戸市《ひょうごけんこうべし》。例阪神《はんしん》・名神《めいしん》

注意するよみ かん…例神主《かんぬし》　こう…例神々《こうごう》しい

特別なよみ お神酒（おみき）・神楽（かぐら）

県名 神奈川（かながわ）

❶〈かみ〉の意味で

【神楽《かぐら》】◎ 神《かみ》を祭《まつ》るための、日本古来《にほんこらい》の音楽《おんがく》と舞《まい》。例神楽《かぐら》を奉納《ほうのう》する。

【神業《かみわざ》】↓ 人間《にんげん》の力《ちから》ではとてもできないような、ふしぎなおこない。類奇跡《きせき》 対人間業《にんげんわざ》

【神主《かんぬし》】↓ 神社《じんじゃ》にいて、神《かみ》を祭《まつ》ることを仕事《しごと》にしている人《ひと》。類神官《しんかん》

【神学《しんがく》】↓ キリスト教《きょう》の研究《けんきゅう》をする学問《がくもん》。

【神官《しんかん》】↓ 神社《じんじゃ》にいて、神《かみ》を祭《まつ》ることを仕事《しごと》にしている人《ひと》。類神主《かんぬし》

【神宮《じんぐう》】↓ とくべつに格式《かくしき》の高《たか》い神社《じんじゃ》のよび名《な》。例伊勢神宮《いせじんぐう》・明治神宮《めいじじんぐう》

【神事《しんじ》】↓ おそなえや祝詞《のりと》をあげたりして、神《かみ》を祭《まつ》る儀式《ぎしき》。例神事《しんじ》がおこなわれる。

【神式《しんしき》】↓ 神道《しんとう》のきまりによっておこなう、結婚式《けっこんしき》や葬式《そうしき》などの儀式《ぎしき》。対仏式《ぶっしき》

【神社《じんじゃ》】↓ 神《かみ》を祭《まつ》ってあるところ。類社《やしろ》

【神出《しんしゅつ》。鬼。没《きぼつ》】 思《おも》わぬとき急《きゅう》にあらわれ、いるかと思《おも》えばいないというように、とらえがたいこと。参考 中国《ちゅうごく》の書物《しょもつ》にあることば。鬼《おに》や神《かみ》であるかのように出没《しゅつぼつ》するという意味《いみ》。

【神聖《しんせい》】Ⅱ〈─な・─に〉少《すこ》しのけがれもない、とうときよらかなこと。例神聖《しんせい》な場所《ばしょ》。

【神前《しんぜん》】↓ 祭《まつ》ってある神《かみ》の前《まえ》。例神前結婚《しんぜんけっこん》

【神体《しんたい》】↓ 神《かみ》がやどるものとして、神社《じんじゃ》などに祭《まつ》られているもの。鏡《かがみ》・剣《つるぎ》・玉《たま》などが多《おお》い。例山全体《やまぜんたい》がご神体《しんたい》だ。

【神。殿《しんでん》】↓ 神《かみ》を祭《まつ》ってある大《おお》きな建物《たてもの》。

【神道《しんとう》】↓ 日本《にほん》に古《ふる》くからある信仰《しんこう》。神々《かみがみ》をうやまい、祖先《そせん》をたっとぶことを中心《ちゅうしん》にする宗教《しゅうきょう》。

【神父《しんぷ》】↓ キリスト教《きょう》のカトリックで、神《かみ》の教《おし》えをとく人《ひと》。類司祭《しさい》 知識 プロテスタントの「牧師《ぼくし》」にあたる。

【神話《しんわ》】↓ その民族《みんぞく》がむかしからつたえてきた、神々《かみがみ》の話《はなし》。例日本《にほん》の神話《しんわ》。

❷〈ふしぎな力〉の意味で

【神通力《じんつうりき｜じんずうりき》】 神《かみ》のように、どんなことでもできるふしぎな力《ちから》。

【神童《しんどう》】↓ ずばぬけて頭《あたま》のよい子《こ》ども。

【神秘《しんぴ》】Ⅱ〈─な・─に〉人《ひと》のちえでは考《かんが》えおよばないようなふしぎなこと。例自然《しぜん》の神秘《しんぴ》。

【神。妙《しんみょう》】Ⅱ〈─な・─に〉①なんともふしぎである。例神妙不可思議《しんみょうふかしぎ》 ②すなおで、おとなしいようす。例神妙《しんみょう》な顔《かお》で注意《ちゅうい》を聞《き》く。

❸〈こころ〉の意味で

【神経《しんけい》】↓ ①動物《どうぶつ》のからだの中《なか》にひろがっていて、いろいろな感《かん》じを脳《のう》やせきずいに知《し》らせたり、脳《のう》からの命令《めいれい》をからだのすみずみまでつたえたりするはたらきをするすじ。例視神経《ししんけい》 ②こまかく感《かん》じ、こまかく気《き》づかう心《こころ》のはたらき。例神経《しんけい》がゆきとどく。

【神経質《しんけいしつ》】〈─な・─に〉ものごとに感《かん》じやすくて、ちょっとしたことでも気《き》にする性質《せいしつ》。

【神。髄《しんずい》】↓ ものごとの、もっとも中心《ちゅうしん》となるだいじなところ。例学問《がくもん》の神髄《しんずい》をきわめる。類精髄《せいずい》・奥義《おうぎ｜おくぎ》 表記「真髄」とも書《か》く。

神が下につく熟語 上の字の働き

❶神＝〈かみ〉のとき

【魔神《まじん》 鬼神《きじん｜きしん》 竜神《りゅうじん》 七福神《しちふくじん》 女神《めがみ》】ドウイウ神《かみ》か。

【祭神《さいじん》 氏神《うじがみ》】ナニの神《かみ》か。

◆失神《しっしん》 精神《せいしん》

ネ-5

祖

総画9
JIS-3336
教5年
訓 ―
音 ソ
［祖］

筆順

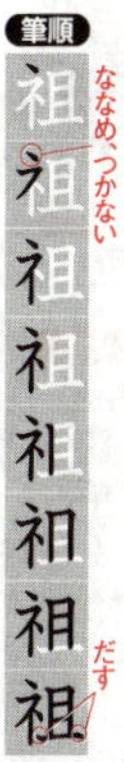

なりたち 祖 【形声】もとの字は、「祖」。「示」が「神《かみ》」を、「且」が「重《かさ》なる」の意味《いみ》と「ソ」という読《よ》み方《かた》をしめしている。いく代《よ》も重《かさ》なる先祖《せんぞ》を表《あらわ》す字《じ》。

前ページ▶祖

意味 血《ち》すじのもと。おおもと。つながりのはじまり。例 医術《いじゅつ》の祖《そ》。開山《かいざん》の祖《そ》。元祖《がんそ》

名前のよみ のり・はじめ・ひろ・もと

【祖国】《そこく》 ↓ 自分《じぶん》が生《う》まれ育《そだ》った国《くに》。祖先《そせん》からずっと住《す》みつづけてきた国《くに》。例 祖国《そこく》をなつかしく思《おも》う。類 故国《ここく》・母国《ぼこく》・本国《ほんごく》

【祖先】《そせん》 Ⅱ ①その家《いえ》のいちばんはじめの人《ひと》。今《いま》よりも前《まえ》の代《だい》の人《ひと》びと。例 祖先《そせん》の墓《はか》をまもる。類 先祖《せんぞ》・元祖《がんそ》 対 子孫《しそん》 ②生物《せいぶつ》が進化《しんか》してきた、そのおおもと。例 人類《じんるい》の祖先《そせん》。

【祖父】《そふ》 ↓ 父母《ふぼ》の父《ちち》。おじいさん。対 祖母《そぼ》

【祖母】《そぼ》 ↓ 父母《ふぼ》の母《はは》。おばあさん。対 祖父《そふ》

祖が下につく熟語 上の字の働き

【元祖《がんそ》 始祖《しそ》】ドウイウおおもとか。

◆ 先祖《せんぞ》 父祖《ふそ》

祐

ネ-5 総画9 JIS-4520 人名

音 ユウ 訓 たす-ける

［祐］

意味 たすける。例 天祐《てんゆう》

名前のよみ さち・すけ・まさ・むら・よし

祭

示-6 総画11 JIS-2655 教3年

音 サイ 訓 まつる・まつり

筆順 祭 祭 祭 祭 祭 祭 祭 祭 祭（すこしでる・とめる・はねる）

なりたち  【会意】「肉《にく》（月）」と「手《て》（又）」と「神《かみ》（示）」とからできていて、いけにえの肉《にく》を手《て》に取《と》り、神《かみ》にささげまつることを表《あらわ》している字《じ》。

意味 まつり。記念《きねん》の行事《ぎょうじ》。例 神《かみ》を祭《まつ》る。神社《じんじゃ》の祭《まつ》り。祭典《さいてん》・祭礼《さいれい》・葬祭《そうさい》

【祭日】《さいじつ》 ↓ ①神《かみ》の祭《まつ》りをおこなう日《ひ》。②国民《こくみん》の祝日《しゅくじつ》。例 祝祭日《しゅくさいじつ》

【祭神】《さいじん｜さいしん》 ↓ 神社《じんじゃ》に祭《まつ》ってある神《かみ》。数《かず》は、「一柱《ひとはしら》」「二柱《ふたはしら》」とかぞえる。

【祭壇】《さいだん》 ↓ 祭《まつ》りに必要《ひつよう》な供《そな》えものなどを置《お》く壇《だん》。例 祭壇《さいだん》をしつらえる。

【祭典】《さいてん》 ↓ 祭《まつ》りの儀式《ぎしき》。にぎやかにおこなうおいわいや行事《ぎょうじ》。フェスティバル。類 式典《しきてん》

【祭礼】《さいれい》 ↓ 神社《じんじゃ》の祭《まつ》り。例 祭礼《さいれい》のおはやし。

祭が下につく熟語 上の字の働き

【例祭《れいさい》 生誕祭《せいたんさい》】ドウイウ祭《まつ》りか。

◆ 冠婚葬祭《かんこんそうさい》

祥

ネ-6 総画10 JIS-3045 常用

音 ショウ 訓 —

［祥］

筆順 祥 祥 祥 祥 祥 祥 祥 祥 祥 祥

なりたち  【形声】もとの字《じ》は、「祥」。「示」が神《かみ》を、「羊《ヨウ》」が「ショウ」とかわって読《よ》み方《かた》をしめしている。「ヨウ」は「よい」の意味《いみ》を持《も》ち、神《かみ》のたまわるよいことを表《あらわ》す字《じ》。

意味 ①めでたいこと。よいことのしるし。きざし。例 吉祥《きちじょう｜きっしょう》

②とむらいのまつりの名《な》。例 祥月《しょうつき》

名前のよみ あきら・さき・さち・ただ・なが・やす・よし

②〈とむらいのまつりの名〉の意味で

【祥月命日】《しょうつきめいにち》 人《ひと》が死《し》んだ、その月《つき》その日《ひ》。例 祥月命日《しょうつきめいにち》には墓参《はかまい》りに行《い》く。

票

示-6 総画11 JIS-4128 教4年

音 ヒョウ 訓 —

筆順 票 票 票 票 票 票 票 票（西にならない・はねる・とめる）

なりたち  【会意】もとの字《じ》は、「㶾」。「𡨄」が「高《たか》くかかげる」意味《いみ》を持《も》ち、「火《ひ》」と合《あ》わせて、火《ひ》の飛《と》びまうことを表《あらわ》す字《じ》。借《か》りて、「ふだ、しるし」として使《つか》われている。なお、「火」が、あやまって「示」と書《か》かれてしまった。

意味 ①書《か》きつけのふだ。例 伝票《でんぴょう》

②選挙《せんきょ》に使《つか》うふだ。例 票《ひょう》を投《とう》じる。票決《ひょうけつ》・投票《とうひょう》・十五万票《じゅうごまんびょう》

②〈選挙に使うふだ〉の意味で

【票決】《ひょうけつ》 ↓ （―する）一人《ひとり》ひとりの投票《とうひょう》で、ものごとを決《き》めること。例 票決《ひょうけつ》に入《はい》る。

【票田】《ひょうでん》 ↓ 選挙《せんきょ》で、その候補者《こうほしゃ》がたくさんの票《ひょう》を取《と》れると見《み》こんだ地域《ちいき》。例 大票田《だいひょうでん》

票が下につく熟語 上の字の働き

②票＝〈選挙に使うふだ〉のとき

【開票《かいひょう》 投票《とうひょう》 得票《とくひょう》】票《ひょう》をドウスルか。

◆決選投票《けっせんとうひょう》 伝票《でんぴょう》 白票《はくひょう》

禁

示−8 総画13 JIS-2256 教5年

音 キン
訓 —

筆順 はねない はねない はねる

なりたち 【形声】「示」が神を、「林《リン》」が「キン」とかわって読《よ》み方《かた》をしめしている。「リン」は「いむ(不吉《ふきつ》なことをきらったりさけたりする)」意味《いみ》を持《も》ち、神《かみ》のいみきらうことを表《あらわ》す字《じ》。

意味 ❶なにもさせない。とどめる。とじこめる。例 禁《きん》をおかす。外出《がいしゅつ》を禁《きん》じる。禁固《きんこ》・禁止《きんし》・禁帯出《きんたいしゅつ》(持《も》ち出《だ》し禁止《きんし》)・解禁《かいきん》 ❷天子《てんし》のいるところ。例 禁中《きんちゅう》

❶〈なにもさせない〉の意味で

【禁。煙】《きんえん》 ▲〈—する〉たばこをすうことをやめること。ゆるさないこと。例 全席禁煙《ぜんせききんえん》。禁煙《きんえん》車《しゃ》 対 喫煙《きつえん》

【禁。忌】《きんき》 Ⅱ〈—する〉①その社会《しゃかい》でよくないこととして、禁《きん》じたりさけたりすること。タブー。例 禁忌《きんき》をおかす。②ウナギと梅《うめ》ぼしのように、食《た》べ合《あ》わせることをさけること。

【禁句】《きんく》 ↓ ここではそのことばは口《くち》にしないと決《き》めていることば。忌《い》みことば。タブー。例 練習中《れんしゅうちゅう》は「できない」は禁句《きんく》だ。

【禁。錮】《きんこ》 Ⅱ〈—する〉①へやの中《なか》にとじこめて外《そと》へ出《だ》さないようにすること。②法律《ほうりつ》で、刑務所《けいむしょ》に入《い》れておくが、労働《ろうどう》をさせないでとじこめておくだけの刑罰《けいばつ》。例 禁錮刑《きんこけい》 類 懲役《ちょうえき》 表記「禁固」とも書《か》く。

【禁止】《きんし》 Ⅱ〈—する〉してはいけないととめること。例 駐車禁止《ちゅうしゃきんし》 類 禁断《きんだん》

【禁酒】《きんしゅ》 ▲〈—する〉酒《さけ》を飲《の》むことをやめること。ゆるさないこと。類 断酒《だんしゅ》

【禁制】《きんせい》 Ⅱ〈—する〉命令《めいれい》や規則《きそく》で、してはいけないとさしとめること。例 禁制品《きんせいひん》 類 法度《はっと》

【禁足】《きんそく》 ▲〈—する〉外出《がいしゅつ》をさしとめること。外出禁止《がいしゅつきんし》。例 三日間《みっかかん》の禁足《きんそく》をくらう。

【禁断】《きんだん》 Ⅱ〈—する〉かたく禁《きん》じること。例 禁断《きんだん》の木《こ》の実《み》(禁《きん》じられるだけに誘惑《ゆうわく》が大《おお》きいもの)。類 禁止《きんし》

【禁物】《きんもつ》 ↓ してはならないこと。例 油断禁物《ゆだんきんもつ》

【禁欲】《きんよく》 ▲〈—する〉したいと思《おも》うことをがまんすること。例 禁欲生活《きんよくせいかつ》。

【禁。猟】《きんりょう》 ▲〈—する〉鳥《とり》やけものなどをとることを、法律《ほうりつ》で禁《きん》じること。例 禁猟区《きんりょうく》

【禁漁】《きんりょう》 ▲〈—する〉魚《さかな》・貝《かい》・海藻《かいそう》などをとることを、法律《ほうりつ》で禁《きん》じること。例 禁漁期《きんりょうき》

【禁令】《きんれい》 ↓ してはいけないという命令《めいれい》。例 幕府《ばくふ》の禁令《きんれい》をやぶる。類 禁止令《きんしれい》

❷〈天子のいるところ〉の意味で

【禁中】《きんちゅう》 ↓ 天皇《てんのう》が住《す》んでいるところ。類 皇居《こうきょ》・宮中《きゅうちゅう》・内裏《だいり》

◆解禁《かいきん》 監禁《かんきん》 厳禁《げんきん》 軟禁《なんきん》

禄

ネ−8 総画12 JIS-4729 人名 [祿]

音 ロク
訓 —

意味 いただきもの。ありがたくいただくもの。俸給《ほうきゅう》。例 禄高《ろくだか》・貫禄《かんろく》

名前のよみ よし

禄が下につく熟語 上の字の働き

【家禄《かろく》 高禄《こうろく》】ドノヨウナいただきものか。

禍

ネ−9 総画13 JIS-1850 常用 [禍]

音 カ
訓 わざわ-い

筆順

なりたち 【形声】もとの字《じ》は、「禍」。「示」が神《かみ》を、「咼」が「カ」という読《よ》み方《かた》をしめしている。「カ」は「とがめる」意味《いみ》を持《も》ち、神《かみ》のとがめを表《あらわ》す字《じ》。

意味 わざわい。わるいできごと。例 禍根《かこん》・災禍《さいか》 対 福《ふく》

【。禍根】《かこん》 ↓ よくないことがおこるもと。例 あとに禍根《かこん》をのこさないようにしよう。

【。禍福】《かふく》 ⇕ 不幸《ふこう》と幸福《こうふく》。例 禍福《かふく》はあざなえる縄《なわ》のごとし(幸福《こうふく》と不幸《ふこう》とはちょうど縄《なわ》のように一《ひと》つにより合《あ》わさっていて、幸《こう》が不幸《ふこう》に、不幸《ふこう》が幸《こう》にかわるというように、どんどんかわっていくものである)。類 吉凶《きっきょう》

【。禍いを転じて福となす】《わざわいをてんじてふくとなす》 不利《ふり》

や失敗《しっぱい》をうまく処置《しょち》して、逆《ぎゃく》に成功《せいこう》のきっかけとする。

禍が下につく熟語 上の字の働き

【災禍《さいか》 舌禍《ぜっか》 輪禍《りんか》】ナニによるわざわいか。
◆惨禍《さんか》 大禍《たいか》

禅

ネ-9 総画13 JIS-3321 常用
音 ゼン
訓 ―
［禪］

筆順 禅 禅 禅 禅 禅 禅 禅 禅 禅 禅 禅 禅 禅

なりたち 禪 【形声】もとの字は、「禪」。「示」が神《かみ》を、「單《タン》」が「ゼン」とかわって読《よ》み方《かた》をしめしている。「タン」は「平《たい》ら」の意味《み》を持ち、地面《じめん》を平らにならして神《かみ》をまつることを表《あらわ》す字《じ》。仏教《ぶっきょう》では、古代《こだい》インドで使《つか》われた梵語《ぼんご》を漢字《かんじ》に当《あ》てた「禅那《ぜんな》」の略《りゃく》として使《つか》っている。

意味
❶ゆずる。位《くらい》をゆずる。例禅譲《ぜんじょう》
❷仏教《ぶっきょう》の修行《しゅぎょう》。その修行《しゅぎょう》を中心《ちゅうしん》とする仏《ぶっ》教《きょう》の宗派《しゅうは》。例禅宗《ぜんしゅう》・座禅《ざぜん》

❶〈ゆずる〉の意味で

【禅譲《ぜんじょう》】‖ ①天子《てんし》が子孫《しそん》以外《いがい》の、徳《とく》の高《たか》い者《もの》に位《くらい》をゆずること。対革命《かくめい》 ②支配者《しはいしゃ》がその権力《けんりょく》を話《はな》し合《あ》いで人《ひと》にわたすこと。

❷〈仏教の修行〉の意味で

【禅宗《ぜんしゅう》】↓ 仏教《ぶっきょう》の宗派《しゅうは》の一《ひと》つ。座禅《ざぜん》をくんでさとりをひらき、仏《ほとけ》の心《こころ》に近《ちか》づこうとするもの。インドから達磨《だるま》が中国《ちゅうごく》につたえ、栄《えい》西《さい》と道元《どうげん》が鎌倉時代《かまくらじだい》に日本《にほん》につたえた。

【禅問答《ぜんもんどう》】禅宗《ぜんしゅう》の僧《そう》が、さとりをひらくためにする問答《もんどう》。表現 話《はな》している人《ひと》はわかっていても、聞《き》いているまわりの人《ひと》にはさっぱりわからない会話《かいわ》を、「あの人《ひと》たちの話《はなし》は禅問《ぜんもん》答《どう》だ」などということがある。

禎

ネ-9 総画13 JIS-3687 人名
音 テイ
訓 ―
［禎］

意味 さいわい。めでたいしるし。例禎祥《ていしょう》

名前のよみ さだ・さち・ただ・ただし・とも・よし

福

ネ-9 総画13 JIS-4201 教3年
音 フク
訓 ―
［福］

筆順 福 福 福 福 福 福 福 福 福 福 福 福 福（ななめ、つかない）（おおきく）

なりたち 福 【形声】もとの字は、「福」。「示」が神《かみ》、「畐」が酒《さけ》を入《い》れるかめで、「フク」という読《よ》み方《かた》をしめしている。神《かみ》からたまわる酒《さけ》を表《あらわ》す字《じ》。神《かみ》のあたえてくれるしあわせの意味《いみ》に使《つか》われている。

意味 しあわせ。さいわい。例福《ふく》は内《うち》、鬼《おに》は外《そと》。福《ふく》の神《かみ》。福音《ふくいん》・幸福《こうふく》 対禍《か》

名前のよみ さき・さち・とし・とみ・もと・よし

【福音《ふくいん》】↓ ①よい知《し》らせ。②キリスト教《きょう》で説《と》く、キリストが人間《にんげん》の罪《つみ》をせおって罰《ばつ》を受《う》

漢字パズル 11

くみあわせ

じょうずに組《く》み合《あ》わせて、熟語《じゅくご》を作《つく》ってみましょう。

例 ネ ネ 申 土 → 神社

① 日 寺 リ 亥
② 木 木 莫 羕
③ 金 木 失 奉
④ 月 其 艮 阝
⑤ 唐 少 米 石
⑥ 辛 門 斤 耳
⑦ 扌 扌 軍 旨

けてくれたという知《し》らせ。例 福音書《ふくいんしょ》

【福◦祉《ふくし》】Ⅱ 多《おお》くの人《ひと》びとのしあわせ。例 公共《こうきょう》の福祉《ふくし》。社会福祉《しゃかいふくし》

【福徳《ふくとく》】Ⅱ 幸福《こうふく》と財産《ざいさん》。例 福徳円満《ふくとくえんまん》の人《ひと》。

【福利《ふくり》】Ⅱ 幸福《こうふく》と利益《りえき》。例 福利厚生施設《ふくりこうせいしせつ》

福が下につく熟語 上の字の働き

【幸福《こうふく》 裕福《ゆうふく》】近《ちか》い意味《いみ》。

◆禍福《かふく》 祝福《しゅくふく》

5画 禾［のぎ］［のぎへん］の部

穀物《こくもつ》の実《み》った形《かたち》をえがいた象形《しょうけい》である「禾《のぎ》」をもとに作《つく》られ、イネや穀物《こくもつ》にかかわる字《じ》を集《あつ》めてあります。

この部首の字

2 私…793　秀…794　4 科…794　秋…795　秒…795　5 称…795　秦…796　祖…796　秩…796　秘…796　6 移…797　7 稀…797　税…798　程…798　8 稚…798　稔…799　稜…799　9 穀…799　種…799　稲…799　10 稼…800　稽…800　稿…800　穂…800　11 穏…800　積…802　13 穫…802　穣…802　利→刂 147　和→口 218　委→女 294　季→子 305　香→香 1053　梨→木 616　愁→心 490　黎→黍 1071

禾-2

私

総画7　JIS-2768　教6年

訓音 シ　わたくし・わたし

筆順

なりたち

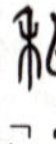

【会意】「厶」はもともとは「口」で、「かこむ」意味《いみ》をしめしている。イネ(禾)をかこみこんで自分《じぶん》のものにすることを表《あらわ》す字《じ》で、「わたくし」として使《つか》われている。

意味

❶おおやけでない。わたくし。個人《こじん》の。民間《みんかん》の。例 私《わたくし》の用件《ようけん》。私案《しあん》・私立《しりつ》・私事《しじ｜わたくしごと》・公私《こうし》 対 公《こう》

❷自分《じぶん》だけの。自分《じぶん》かってな。例 政治《せいじ》を私《わたくし》する。私腹《しふく》・私利《しり》私欲《しよく》

❸ひそかに。こっそり。例 私語《しご》

❹わたし。わたくし。自分《じぶん》を指《さ》す。例 私《わたくし｜わたし》の家族《かぞく》。私共《わたくしども》

❶〈おおやけでない〉の意味で

【私案《しあん》】↓ 自分《じぶん》ひとりでつくった計画《けいかく》や考《かんが》え。表現「ためしにつくった案《あん》」というときは「試案」を使《つか》う。

【私営《しえい》】▽ 民間《みんかん》の人《ひと》が事業《じぎょう》をおこなうこと。例 私営《しえい》の病院《びょういん》。類 民営《みんえい》 対 公営《こうえい》・国営《こくえい》

【私学《しがく》】↓ 民間《みんかん》の人《ひと》たちでつくった学校《がっこう》。私立学校《しりつがっこう》。対 官学《かんがく》

【私見《しけん》】↓ 立場《たちば》や肩書《かたが》きをはなれた、ひとりの人間《にんげん》としての意見《いけん》。例 私見《しけん》をのべる。

【私財《しざい》】↓ 自分《じぶん》の持《も》っている財産《ざいさん》。例 私財《しざい》をなげうつ。

【私事《しじ｜わたくしごと》】↓ ①自分《じぶん》の身《み》や自分《じぶん》の家族《かぞく》に関係《かんけい》したこと。例 私事《わたくしごと》で欠席《けっせき》する。②他人《たにん》に知《し》られたくない、その人《ひと》だけのこと。プライバシー。例 私事《しじ》をあばく。

【私情《しじょう》】↓ 役目《やくめ》や立場《たちば》をはなれた、個人的《こじんてき》な心《こころ》の動《うご》き。例 私情《しじょう》をおさえる。☞❷

【私小説《ししょうせつ》】作者《さくしゃ》自身《じしん》を主人公《しゅじんこう》にして、その経験《けいけん》や身《み》のまわりのできごとを材料《ざいりょう》にして書《か》かれた小説《しょうせつ》。日本《にほん》独特《どくとく》のもので、大正《たいしょう》時代《じだい》から昭和《しょうわ》のはじめにかけてさかんになった。「わたくし小説《しょうせつ》」ともいう。

【私書箱《ししょばこ》】個人《こじん》や団体《だんたい》が、自分《じぶん》あての郵便物《ゆうびんぶつ》をまとめて受《う》け取《と》るために、郵便局《ゆうびんきょく》においてもらうはこ。

【私信《ししん》】↓ 個人的《こじんてき》な用事《ようじ》を書《か》いた手紙《てがみ》。個人《こじん》として出《だ》す手紙《てがみ》。類 私書《ししょ》・信書《しんしょ》

【私人《しじん》】↓ おおやけの地位《ちい》や立場《たちば》をはなれた、ただの人《ひと》。対 公人《こうじん》

【私製《しせい》】▽ 官庁《かんちょう》でなく、個人《こじん》や民間《みんかん》でつくったもの。例 私製《しせい》はがき 対 官製《かんせい》

【私生活《しせいかつ》】つとめや立場《たちば》をはなれた、個人《こじん》としての生活《せいかつ》。例 人《ひと》の私生活《しせいかつ》をのぞく。

【私設《しせつ》】▽ 個人《こじん》や民間《みんかん》でつくっていること。例 私設図書館《しせつとしょかん》・私設保育所《しせつほいくしょ》 対 公設《こうせつ》

【私的《してき》】⊠〈一な〉〈一に〉その人《ひと》だけの。例 私的《してき》な用事《ようじ》で外出《がいしゅつ》する。類 個人的《こじんてき》 対 公的《こうてき》

【私鉄《してつ》】◎「私有鉄道《しゆうてつどう》」の略《りゃく》。民間《みんかん》の会社《かいしゃ》が経営《けいえい》している鉄道《てつどう》。

5 禾 のぎ 2画 私 秀 科 ◀次ページ

【私道】しどう ↓ 個人《こじん》が自分《じぶん》の土地《とち》につくった道《どう》路《ろ》。例 私道《しどう》につき、進入禁止《しんにゅうきんし》。対 公道《こうどう》

【私費】しひ ↓ 自分《じぶん》で出《だ》すお金《かね》。例 私費《しひ》留《りゅう》学《がく》。類 自費《じひ》・身銭《みぜに》 対 公費《こうひ》・官費《かんぴ》・国費《こくひ》

【私服】しふく ↓ ①学校《がっこう》や会社《かいしゃ》・役所《やくしょ》などで決《き》めた服《ふく》でない、個人《こじん》の服《ふく》。例 制服《せいふく》を私服《しふく》に着《き》がえる。対 制服《せいふく》 ②「私服刑事《しふくけいじ》」の略《りゃく》。ふつうの服装《ふくそう》で仕事《しごと》をする警察官《けいさつかん》。

【私物】しぶつ ↓ おおやけのものでない、個人《こじん》の持《も》ち物《もの》。例 会社《かいしゃ》に私物《しぶつ》を持《も》ちこむ。対 官物《かんぶつ》

【私有】しゆう ▽〈—する〉自分《じぶん》のものとして持《も》っていること。例 私有地《しゆうち》 対 国有《こくゆう》・公有《こうゆう》

【私用】しよう ↓ ①役所《やくしょ》や会社《かいしゃ》の用事《ようじ》でなく、その人自身《ひとじしん》の用事《ようじ》。例 私用《しよう》で外出《がいしゅつ》する。対 公用《こうよう》 ②〈—する〉役所《やくしょ》や会社《かいしゃ》のものを、自分《じぶん》のために使《つか》うこと。例 公用車《こうようしゃ》の私用《しよう》を禁《きん》じる。

【私立】しりつ ▽ ①国《くに》や県《けん》・市《し》などでなく、民間《みんかん》でつくって運営《うんえい》していること。例 私立中学《しりつちゅうがく》 対 国立《こくりつ》・公立《こうりつ》 ②「私立学校《しりつがっこう》」の略《りゃく》。例 子《こ》どもを私立《しりつ》に入《い》れる。表現「市立《しりつ》」と区別《くべつ》するため、「市立」を「いちりつ」、「私立」を「わたくしりつ」と読《よ》むことがある。

❷〈自分だけの〉の意味で

【私情】しじょう ↓ 自分《じぶん》だけの利益《りえき》やつごうを考《かんが》える気持《きも》ち。例 私情《しじょう》をすてる。☞❶

【私心】ししん ↓ 自分《じぶん》だけのつごうや損得《そんとく》を考《かんが》える気持《きも》ち。例 私心《ししん》のない人《ひと》。類 利己心《りこしん》

【私腹】しふく ↓ 自分《じぶん》の利益《りえき》や財産《ざいさん》。例 私腹《しふく》を肥《こ》やす（地位《ちい》を悪用《あくよう》して自分《じぶん》の財産《ざいさん》をふやす）。

【私欲】しよく ↓ 自分《じぶん》の得《とく》になることだけを考《かんが》える心《こころ》。例 私利私欲《しりしよく》にはしる。

【私利】しり ↓ 自分《じぶん》だけの利益《りえき》。例 私利《しり》をはかる。表現「私利私欲《しりしよく》」の形《かたち》で使《つか》うことが多《おお》い。

❸〈ひそかに〉の意味で

【私刑】しけい ↓ ちゃんとした裁判《さいばん》をせず、なかまどうしでかってにくわえるばつ。

【私語】しご ↓〈—する〉講演《こうえん》や授業《じゅぎょう》・会議《かいぎ》などのとき、なかまどうしでひそひそと話《はな》すこと。ひそひそ話《ばなし》。例 授業中《じゅぎょうちゅう》は私語《しご》をつつしむ。

【私淑】ししゅく ↓〈—する〉じかにその人《ひと》から教《おし》えを受《う》けないが、心《こころ》の中《なか》でその人《ひと》を先生《せんせい》として尊敬《そんけい》し、書物《しょもつ》などをとおして学《まな》ぶこと。例 あの先生《せんせい》に私淑《ししゅく》している。表現 じかに教《おそ》わる先生《せんせい》には「師事《しじ》」を使《つか》う。

◆公私

秀

禾-2 総画7 JIS-2908 常用
訓 音 シュウ ひいでる

筆順

なりたち

【形声】もともとは「禿」で、「はげ」の意味《いみ》の「禿」と書《か》き分《わ》けられて「秀」となった。「禾」は「イネ」で、「儿」が「シュウ」という読《よ》み方《かた》をしめしている。「シュウ」は「出《で》る」意味《いみ》を持《も》ち、イネの穂《ほ》がのびることを表《あらわ》す字《じ》。

意味 すぐれる。ぬきんでる。ひいでる。例 一芸《いちげい》に秀《ひい》でる。秀才《しゅうさい》・優秀《ゆうしゅう》

名前のよみ さかえ・しげる・すえ・ひで・ほ・みつ・みのる・よし

【秀逸】しゅういつ Ⅱ〔—な〕〔—に〕とびぬけてすぐれていること。例 秀逸《しゅういつ》のでき。類 秀抜《しゅうばつ》

【秀才】しゅうさい ↓ たいそう頭《あたま》のいい人《ひと》。才能《さいのう》や学《がく》問《もん》がとくにすぐれている人《ひと》。例 秀才《しゅうさい》の名《な》が高《たか》い。類 俊才《しゅんさい》・英才《えいさい》 対 凡才《ぼんさい》

【秀作】しゅうさく ↓ すぐれた作品《さくひん》。類 名作《めいさく》・傑作《けっさく》

【秀麗】しゅうれい Ⅱ〔—な〕〔—に〕じつにすっきりと美《うつく》しい。例 眉目秀麗《びもくしゅうれい》（顔《かお》だちがとても美《うつく》しい）

科

禾-4 総画9 JIS-1842 教2年
訓 音 カ ―

筆順

なりたち

【形声】「禾」がイネの意味《いみ》と「カ」という読《よ》み方《かた》をしめしている。「斗」がはかることで、イネをたばねてかぞえることを表《あらわ》す字《じ》。

意味 ❶分類《ぶんるい》の名目《めいもく》。区分《くぶん》。例 科目《かもく》・学科《がっか》・放射《ほうしゃ》線科《せんか》 ❷つみ。とが。例 罰《ばつ》を科《か》する。前科《ぜんか》

❶〈分類の名目〉の意味で

【科学】かがく ↓ ①観察《かんさつ》や実験《じっけん》を通《とお》して、ものごとのしくみやなりたち、そこにはたらく法則《ほうそく》

を明《あき》らかにしようとする学問《がくもん》。例人文科学《じんぶんかがく》 ②科学《かがく》のうちの自然科学《しぜんかがく》。例科学者《かがくしゃ》

【科学的】《かがくてき》〈―な・―に〉事実《じじつ》をよく調《しら》べて正確《せいかく》にとらえ、すじみちをたてて、ものごとにとりくむようす。例科学的《かがくてき》な捜査《そうさ》。対非科学的《ひかがくてき》

【科目】《かもく》Ⅱ①ものごとをいくつかに分《わ》けた一《ひと》つ一《ひと》つのまとまり。例収入《しゅうにゅう》を科目《かもく》ごとに分類《ぶんるい》する。②算数《さんすう》・理科《りか》・図工《ずこう》などの、学科《がっか》の一《ひと》つ一《ひと》つ。表記②は、「課目」とも書《か》く。

科が下につく熟語 上の字の働き

❶科＝〈分類の名目〉のとき
【学科《がっか》 教科《きょうか》 専科《せんか》 文科《ぶんか》 理科《りか》 内科《ないか》 外科《げか》 眼科《がんか》 歯科《しか》】ナニという分類科目《ぶんるいかもく》か。
◇罪科《ざいか》 前科《ぜんか》 百科《ひゃっか》

秋

禾-4
総画9
JIS-2909
教2年
音シュウ
訓あき

筆順 秋 秋 秋（はねない） 秋 秋 秋 秋 秋 秋（はらう）

なりたち 【形声】「禾」がイネで、「火」が「龝」の省略《しょうりゃく》で「シュウ」という読《よ》み方《かた》をしめしている。「シュウ」の音《おと》を借《か》り、「禾」をくわえてイネをとりいれる「あき」を表《あらわ》す字《じ》。

意味
❶あき。四季《しき》の一《ひと》つ。例春《はる》と秋《あき》。秋《あき》の七《なな》草《くさ》。秋分《しゅうぶん》・立秋《りっしゅう》 対春《しゅん》
❷一年《いちねん》。としつき。例千秋《せんしゅう》・春秋《しゅんじゅう》

名前のよみ おさむ・とき・とし・みのる

❶〈あき〉の意味で
【秋▲刀▲魚】《さんま》秋《あき》に日本《にほん》の近海《きんかい》でとれる細長《ほそなが》い形《かたち》のさかな。
【秋季】《しゅうき》⇩秋《あき》の季節《きせつ》。例秋季大運動会《しゅうきだいうんどうかい》 関連春季《しゅんき》・夏季《かき》・秋季《しゅうき》・冬季《とうき》 表現☞【秋期】《しゅうき》（795ページ）
【秋期】《しゅうき》⇩秋《あき》の期間《きかん》。例秋期交通安全教室《しゅうきこうつうあんぜんきょうしつ》 関連春期《しゅんき》・夏期《かき》・秋期《しゅうき》・冬期《とうき》 表現「秋季《しゅうき》」と「秋期《しゅうき》」は、じっさいには使《つか》い分《わ》けできないことが多《おお》く、「秋季交通安全教室《しゅうきこうつうあんぜんきょうしつ》」でもよいし、「秋季大運動会《しゅうきだいうんどうかい》」を「秋期大運動会《しゅうきだいうんどうかい》」と書《か》いてもよい。
【秋色】《しゅうしょく》⇩秋《あき》らしさの感《かん》じ。秋《あき》らしいけしき。例十月《じゅうがつ》に入《はい》って秋色《しゅうしょく》が深《ふか》まった。
【秋分】《しゅうぶん》⇩一年《いちねん》に二度《にど》の、昼《ひる》と夜《よる》の長《なが》さがおなじになる日《ひ》のうちの秋《あき》のほうの日《ひ》。九月《くがつ》二十三日《にじゅうさんにち》ごろで、秋《あき》の彼岸《ひがん》の中日《ちゅうにち》にあたる。例秋分《しゅうぶん》の日《ひ》 対春分《しゅんぶん》

秋が下につく熟語 上の字の働き

❶秋＝〈あき〉のとき
【初秋《しょしゅう》 中秋《ちゅうしゅう》 仲秋《ちゅうしゅう》 晩秋《ばんしゅう》】秋《あき》の中《なか》でイツゴロの秋《あき》か。
◇一日千秋《いちじつせんしゅう／いちにちせんしゅう》 錦秋《きんしゅう》 春秋《しゅんじゅう》 爽秋《そうしゅう》 麦秋《ばくしゅう》 立秋《りっしゅう》

秒

禾-4
総画9
JIS-4135
教3年
音ビョウ
訓―

筆順 秒 秒 秒（はねない） 秒 秒 秒（はねる） 秒（とめる） 秒 秒

なりたち 【形声】「禾」がイネで、「少《ショウ》」が「ごく小《ちい》さい」の意味《いみ》と、「ビョウ」とかわって読《よ》み方《かた》をしめしている。イネの穂先《ほさき》を表《あらわ》す字《じ》。

意味 時間《じかん》・角度《かくど》の単位《たんい》。一分《いっぷん》の六十分《ろくじゅうぶん》の一《いち》。例秒《びょう》を刻《きざ》む。秒速《びょうそく》・寸秒《すんびょう》

【秒針】《びょうしん》⇩時計《とけい》の、秒《びょう》のめもりを指《さ》しめす針《はり》。例秒針《びょうしん》を見《み》て脈《みゃく》をはかる。
【秒速】《びょうそく》⇩一秒間《いちびょうかん》にどれだけの距離《きょり》を動《うご》くかで表《あらわ》す速《はや》さ。例秒速《びょうそく》一五メートルの強《つよ》い風《かぜ》がふく。関連秒速《びょうそく》・分速《ふんそく》・時速《じそく》

称

禾-5
総画10
JIS-3046
常用
音ショウ
訓たた-える

［稱］

筆順 称 称 称 称 称 称 称 称 称 称

なりたち 【形声】もとの字《じ》は、「稱」。「禾」がイネで、「爯」が「ショウ」という読《よ》み方《かた》をしめしている。「ショウ」は「上《あ》げる」意味《いみ》を持《も》ち、イネのたばを取《と》り上《あ》げ、口《くち》に出《だ》して数《かず》をかぞえることを表《あらわ》す字《じ》。

意味
❶よび名《な》。名《な》づける。となえる。例名称《めいしょう》
❷ほめあげる。たたえる。例功績《こうせき》を称《しょう》する。称賛《しょうさん》
❸向《む》きあう。つり合《あ》う。例対称《たいしょう》

◦学習漢字でない常用漢字 ▲常用漢字表にない音訓 ◆常用漢字でない漢字

名前のよみ よし

❶〈よび名〉の意味で

【°称《しょう》号《ごう》】Ⅱ その人《ひと》の身分《みぶん》や資格《しかく》を表《あらわ》す名《な》前《まえ》。例 学士《がくし》の称号《しょうごう》。

❷〈ほめあげる〉の意味で

【°称《しょう》賛《さん》】Ⅱ〈―する〉ほめたたえること。例 人《ひと》びとの称賛《しょうさん》の的《まと》となる。類 賛美《さんび》・称揚《しょうよう》 表記「賞賛」とも書《か》く。

【°称《しょう》°揚《よう》】Ⅱ〈―する〉ほめること。類 称賛《しょうさん》 表記「賞揚」とも書《か》く。

称が下につく熟語 上の字の働き

❶ 称＝〈よび名〉のとき

【呼称《こしょう》 名称《めいしょう》】近《ちか》い意味《いみ》。

【仮称《かしょう》 詐称《さしょう》 自称《じしょう》 総称《そうしょう》 俗称《ぞくしょう》 通称《つうしょう》 略《りゃく》称《しょう》 愛称《あいしょう》 尊称《そんしょう》 敬称《けいしょう》】ドウイウよび名《な》か。

【一人称《いちにんしょう》 二人称《ににんしょう》 三人称《さんにんしょう》】文法用語《ぶんぽうようご》で人間《にんげん》を自分《じぶん》・相手《あいて》・他人《たにん》と三《みっ》つに分《わ》けた中《なか》のイクツめか。

◆ 改称《かいしょう》 対称《たいしょう》

秦

禾－5 総画10 JIS-3133 人名

音 シン 訓 はた

意味 むかしの中国《ちゅうごく》の国名《こくめい》。例 秦《しん》の始皇帝《しこうてい》。

租

禾－5 総画10 JIS-3337 常用

音 ソ 訓 ―

筆順

なりたち

[形声]「禾」がイネで、「且」が「ソ」という読《よ》み方《かた》をしめしている。「ソ」は「おさめる」意味《いみ》を持《も》ち、国《くに》におさめるイネを表《あらわ》す字《じ》。

意味 ❶ 税金《ぜいきん》。年貢《ねんぐ》。例 租税《そぜい》 ❷ 借《か》りる。借《か》り賃《ちん》。例 租借《そしゃく》

❶〈税金〉の意味で

【°租《そ》税《ぜい》】Ⅱ 国《くに》や都道府県《とどうふけん》・市町村《しちょうそん》などが、その運営《うんえい》のために必要《ひつよう》だとして、住民《じゅうみん》から取《と》り立《た》てるお金《かね》。類 税金《ぜいきん》

❷〈借りる〉の意味で

【°租《そ》借《しゃく》】Ⅱ〈―する〉国《くに》が、ほかの国《くに》の土地《とち》の一部《いちぶ》を、期間《きかん》を決《き》めて借《か》りること。例 租借《そしゃく》権《けん》

秩

禾－5 総画10 JIS-3565 常用

音 チツ 訓 ―

筆順

なりたち

[形声]「禾」がイネで、「失《シツ》」が「チツ」とかわって読《よ》み方《かた》をしめす。「シツ」は「積《つ》む」意味《いみ》を持《も》ち、イネをきちんと積《つ》み重《かさ》ねることを表《あらわ》す字《じ》。

意味 ものの順序《じゅんじょ》。例 秩序《ちつじょ》

名前のよみ さとし・つね

【°秩《ちつ》序《じょ》】Ⅱ 全体《ぜんたい》が安定《あんてい》するために必要《ひつよう》なきちんとした順序《じゅんじょ》。例 秩序《ちつじょ》をたもつ。社会《しゃかい》の秩《ちつ》序《じょ》がくずれる。

秘

禾－5 総画10 JIS-4075 教6年

音 ヒ 訓 ひめる

「祕」

筆順

はねない はねる とめる

なりたち

[形声]もとの字《じ》は、「祕」。「示」が神《かみ》を、「必《ヒツ》」が「ヒ」とかわって読《よ》み方《かた》をしめしている。「ヒ」は「見《み》えない」の意《い》味《み》を持《も》ち、見《み》えないかくれた神《かみ》を表《あらわ》す字《じ》。

意味 ❶ かくす。知《し》られていない。例 名《な》を秘《ひ》す。悲《かな》しみを胸《むね》に秘《ひ》める。秘密《ひみつ》・極秘《ごくひ》・神秘《しんぴ》 ❷ とどこおる。つまる。例 便秘《べんぴ》

名前のよみ やす

❶〈かくす〉の意味で

【秘《ひ》境《きょう》】↓ 人《ひと》がほとんど行《い》ったことがなく、知《し》られていないところ。例 秘境《ひきょう》探検《たんけん》

【秘《ひ》・訣《けつ》】↓ あることをうまくやるための、人《ひと》の知《し》らないいい方法《ほうほう》。おくの手《て》。例 字《じ》をきれいに書《か》く秘訣《ひけつ》。類 奥義《おうぎ》〈おくぎ〉・極意《ごくい》

【秘《ひ》策《さく》】↓ だれにも知《し》られないように、こっそり考《かんが》えた計画《けいかく》。例 秘策《ひさく》を練《ね》る。

【秘《ひ》術《じゅつ》】↓ 自分《じぶん》だけが知《し》っていて、人《ひと》に見《み》せたり、教《おし》えたりしない術《じゅつ》。おくの手《て》。例 秘《ひ》術《じゅつ》をつたえる。類 秘法《ひほう》

【秘《ひ》書《しょ》】↓ 重《おも》い役目《やくめ》をもつ人《ひと》のそばにいて、外《そと》との連絡《れんらく》や記録《きろく》などの事務《じむ》をおこなう人《ひと》。

【秘《ひ》蔵《ぞう》】↓〈―する〉めったに人《ひと》に見《み》せず、たい

せつにしまっておくこと。例 秘蔵《ひぞう》の絵《え》。

【秘伝】《ひでん》 ↓ 秘密《ひみつ》にしているたいせつなことを、とくべつな人《ひと》にだけ教《おし》えること。例 秘伝《ひでん》の妙薬《みょうやく》。類 奥義《おうぎ／おくぎ》

【秘宝】《ひほう》 ↓ 人《ひと》に見《み》せないで、たいせつにしまってある宝物《たからもの》。例 秘宝《ひほう》を公開《こうかい》する。

【秘法】《ひほう》 ↓ 秘密《ひみつ》にしているとくべつのやり方《かた》やわざ。例 秘法《ひほう》をさずかる。類 秘術《ひじゅつ》

【秘密】《ひみつ》 Ⅱ〈―な・―に〉①人《ひと》に知《し》らせないでかくしておくこと。かくしてあるものごと。例 秘密《ひみつ》文書《ぶんしょ》。秘密《ひみつ》をまもる。類 内密《ないみつ》・機密《きみつ》 ②おくの手《て》。例 成功《せいこう》の秘密《ひみつ》を教《おし》えてくれ。類 秘訣《ひけつ》

【秘話】《ひわ》 ↓ いっぱんの人《ひと》びとに知《し》られていない話《はなし》。例 幕末《ばくまつ》の秘話《ひわ》。類 裏話《うらばなし》

◆極秘《ごくひ》 神秘《しんぴ》 便秘《べんぴ》 丸秘《まるひ》 黙秘《もくひ》

禾-6

【移】

総画11 JIS-1660 教5年

音 イ 訓 うつる・うつす

筆順

なりたち

【形声】「禾」がイネで、「多《タ》」が「イ」とかわって読《よ》み方《かた》をしめしている。「イ」は「ゆれ動《うご》く」意味《いみ》を持《も》ち、イネのゆれ動《うご》くことを表《あらわ》す字《じ》。

意味 うつる。うつす。例 季節《きせつ》が移《うつ》る。住居《じゅうきょ》を移《うつ》す。移動《いどう》・転移《てんい》

【移管】《いかん》 ▲〈―する〉仕事《しごと》やもののとりあつかいを、ほかの役所《やくしょ》などがおこなうようにすること。例 県《けん》の文化財《ぶんかざい》を国《くに》に移管《いかん》する。

【移行】《いこう》 ↓〈―する〉今《いま》の状態《じょうたい》から次《つぎ》の状態《じょうたい》にうつっていくこと。例 新制度《しんせいど》に移行《いこう》する。

【移住】《いじゅう》 ↓〈―する〉今《いま》まで住《す》んでいた土地《とち》をはなれて、よその土地《とち》に行《い》ってくらすこと。例 外国《がいこく》へ移住《いじゅう》する。

【移出】《いしゅつ》 ↓〈―する〉国内《こくない》のある地方《ちほう》から他《た》の地方《ちほう》へ産物《さんぶつ》や商品《しょうひん》を送《おく》りだすこと。例 特産物《とくさんぶつ》の移出《いしゅつ》。対 移入《いにゅう》 表現 外国《がいこく》に送《おく》りだすのは「輸出《ゆしゅつ》」という。

【移植】《いしょく》 ↓〈―する〉①植物《しょくぶつ》をほかの場所《ばしょ》に植《う》えかえること。例 苗《なえ》を移植《いしょく》する。②からだの一部分《いちぶぶん》を切《き》りとって、ほかの部分《ぶぶん》やほかの人《ひと》にうつしかえること。例 臓器《ぞうき》移植《いしょく》

【移◦籍】《いせき》 ▲〈―する〉①戸籍《こせき》をほかのところへうつすこと。類 転籍《てんせき》 ②所属《しょぞく》する団体《だんたい》をかえること。トレード。例 移籍《いせき》選手《せんしゅ》。

【移送】《いそう》 ↓〈―する〉あるところからほかのところへ、送《おく》りとどけること。例 患者《かんじゃ》をほかの病院《びょういん》に移送《いそう》する。

【移築】《いちく》 ↓〈―する〉建物《たてもの》を解体《かいたい》して、場所《ばしょ》をうつし、もとの形《かたち》になるようにたてなおすこと。例 古《ふる》い民家《みんか》を公園《こうえん》に移築《いちく》する。

【移転】《いてん》 Ⅱ〈―する〉住《す》まいや建物《たてもの》などを、ほかの場所《ばしょ》にかえること。例 移転《いてん》通知《つうち》。店《みせ》を移転《いてん》する。類 転居《てんきょ》・転移《てんい》

【移動】《いどう》 Ⅱ〈―する〉場所《ばしょ》をかえること。

例解 使い分け

[移動《いどう》・異動《いどう》]

移動＝場所《ばしょ》をかえること。例 車《くるま》を移動《いどう》する。牛《うし》の群《む》れが移動《いどう》を始《はじ》めた。

異動＝職場《しょくば》で、地位《ちい》やはたらき場所《ばしょ》がかわること。例 春《はる》の人事《じんじ》異動《いどう》が発表《はっぴょう》になる。異動《いどう》にともなって辞令《じれい》が出《で》た。

参考 ほかに「異同《いどう》」もあるが、これは「異《こと》なる」か「同《おな》じ」かということで、まったくべつのことば。

【移入】《いにゅう》 ↓〈―する〉①国内《こくない》のある地方《ちほう》から他《た》の地方《ちほう》へ産物《さんぶつ》や商品《しょうひん》をはこび入《い》れること。例 早場米《はやばまい》を移入《いにゅう》する。対 移出《いしゅつ》 ②考《かんが》え方《かた》や感《かん》じ方《かた》などをとりこむこと。例 感情《かんじょう》移入《いにゅう》。文化《ぶんか》の移入《いにゅう》。表現 ①で、外国《がいこく》からはこび入《い》れるのは「輸入《ゆにゅう》」という。

【移民】《いみん》 ↓〈―する〉外国《がいこく》ではたらくためにうつり住《す》むこと。うつり住《す》んだ人《ひと》。例 移民《いみん》の受《う》け入《い》れ。

移が下につく熟語 上の字の働き

【推移《すいい》 転移《てんい》】近《ちか》い意味《いみ》。

禾-7

【稀】

総画12 JIS-2109 人名

音 キ・ケ 訓 まれ

意味 ❶まれ。めずらしい。めったにない。例 稀少《きしょう》・稀有《けう》 ❷うすい。例 稀薄《きはく》

◦学習漢字でない常用漢字 ▲常用漢字表にない音訓 ◆常用漢字でない漢字

【税】 禾−7

総画12 JIS-3239 教5年

音 ゼイ 訓 —

筆順 はねない はねる おらない

なりたち  【形声】「禾」がイネで、「兌《ダ》」が「ゼイ」とかわって読《よ》み方《かた》をしめしている。「兌」は「分《わ》けて取《と》る」意味《いみ》を持《も》ち、小作人《さくにん》が取《と》り入《い》れたイネの中《なか》から分《わ》けておさめるイネを表《あらわ》す字《じ》。

意味 ぜいきん。例 税《ぜい》を納《おさ》める。税関《ぜいかん》

名前のよみ おさむ・ちから

【税関】《ぜいかん》 ↓ 港《みなと》や空港《くうこう》・国境《こっきょう》で、出入《でい》りする品《しな》物《もの》を調《しら》べ、税金《ぜいきん》をかけたりする役所《やくしょ》。

【税金】《ぜいきん》 ↓ 国《くに》や都道府県《とどうふけん》・市町村《しちょうそん》などが、自《じ》分《ぶん》たちのことをやっていくために必要《ひつよう》だとして、住民《じゅうみん》から取《と》り立《た》てるお金《かね》。類 祖税《そぜい》

【税収】《ぜいしゅう》 ↓ 税金《ぜいきん》による収入《しゅうにゅう》。

【税制】《ぜいせい》 ↓ 税金《ぜいきん》についてのきまりやしくみ。

【税法】《ぜいほう》 ↓ 税金《ぜいきん》のわりあてや、取《と》り立《た》てについて決《き》めた法律《ほうりつ》。例 税法《ぜいほう》を改正《かいせい》する。

【税務】《ぜいむ》 ↓ 税金《ぜいきん》をわりあてたり、取《と》り立《た》てたりする仕事《しごと》。例 税務署《ぜいむしょ》

【税理士】《ぜいりし》 税金《ぜいきん》をおさめる事務《じむ》をとりあつかう資格《しかく》を持《も》つ人《ひと》。

【税率】《ぜいりつ》 ↓ もとの金額《きんがく》に対《たい》して税金《ぜいきん》がどれだけになるかを計算《けいさん》するための割合《わりあい》。例 消《しょう》費税《ひぜい》の税率《ぜいりつ》。

税が下につく熟語 上の字の働き

【課税《かぜい》 徴税《ちょうぜい》 納税《のうぜい》 増税《ぞうぜい》 減税《げんぜい》 免税《めんぜい》 脱税《だつぜい》】税《ぜい》をドウスルか。

【国税《こくぜい》 関税《かんぜい》 重税《じゅうぜい》 血税《けつぜい》】ドウイウ税《ぜい》か。

◆ 祖税《そぜい》

【程】 禾−7

総画12 JIS-3688 教5年

音 テイ 訓 ほど

筆順 はねない ながく

なりたち  【形声】「禾」がイネで、「呈」が「まっすぐのびる」意味《いみ》と「テイ」という読《よ》み方《かた》をしめしている。イネののびぐあいを表《あらわ》す字《じ》。

意味
❶どあい。ほど。きまり。例 身《み》の程《ほど》を知《し》る。程度《ていど》・規程《きてい》
❷進《すす》みぐあい。みちのり。例 行程《こうてい》・日程《にってい》

名前のよみ のり

❶〈どあい〉の意味で

【程度】《ていど》 ＝ ①高《たか》い低《ひく》い、強《つよ》い弱《よわ》い、よいわるいなどの度合《どあ》い。例 テスト問題《もんだい》の程度《ていど》が高《たか》く、とてもむずかしい。②ちょうどいいくらい。例 ものには程度《ていど》がある。③数《かず》や量《りょう》を表《あらわ》すことばのあとにつけて、だいたいそのくらい、という意味《いみ》を表《あらわ》す。例 家《いえ》から学校《がっこう》までは十分程度《じっぷんていど》だ。類 内外《ないがい》

程が下につく熟語 上の字の働き

❷程＝〈進みぐあい〉のとき

【工程《こうてい》 航程《こうてい》 旅程《りょてい》 射程《しゃてい》 課程《かてい》】ナニの進《すす》みぐあいか。

【道程《どうてい》 里程《りてい》 日程《にってい》】ナニではかる進《すす》みぐあいか。

◆ 音程《おんてい》 過程《かてい》 規程《きてい》 行程《こうてい》 先程《さきほど》 余程《よほど》

【稚】 禾−8

総画13 JIS-3553 常用

音 チ 訓 —

筆順

なりたち  【形声】もとの字《じ》は、「穉」。「禾」がイネで、「犀《セイ》→隹《スイ》」が「チ」とかわって読《よ》み方《かた》をしめしている。「スイ」は「小《ちい》さい」の意味《いみ》を持《も》ち、小《ちい》さいイネを表《あらわ》す字《じ》。

意味 おさない。未熟《みじゅく》だ。例 稚魚《ちぎょ》・幼稚《ようち》

特別なよみ 稚児(ちご)

名前のよみ のり

【稚気】《ちき》 ↓ 子《こ》どものような気持《きも》ち。例 稚気《ちき》あふれる。

【稚魚】《ちぎょ》 ↓ たまごからかえったばかりの小《ちい》さなさかな。類 幼魚《ようぎょ》

【稚児】《ちご》 ↓ ①おさない子《こ》ども。類 幼児《ようじ》 ②神社《じんじゃ》や寺《てら》の祭《まつ》りに、着《き》かざって行列《ぎょうれつ》する男女《だんじょ》の子《こ》ども。例 稚児姿《ちごすがた》・稚児行列《ちごぎょうれつ》

【稚拙】《ちせつ》 ＝ 〈□に□な〉子《こ》どもっぽくて、へたなようす。例 稚拙《ちせつ》な文章《ぶんしょう》。類 幼稚《ようち》

禾−8

【稔】

総画13 JIS-4413 人名

音 ネン 訓 みの-る

意味 みのる。穀物《こくもつ》がみのる。

名前のよみ とし・なり

禾−8

【稜】

総画13 JIS-4639 人名

音 リョウ 訓 —

意味 かど。すみ。例 稜線《りょうせん》

名前のよみ たか

【◆稜線】《りょうせん》 ⇩ 山《やま》のみねとみねとをむすんだ線《せん》。例 山《やま》の稜線《りょうせん》。

禾−9

【穀】

総画14 JIS-2582 教6年

音 コク 訓 —

「穀」

筆順

なりたち

[形声] もとの字は、「穀」。「禾」がイネで、「𣪊《カク》」はかたい外皮の意味《み》と、「コク」とかわって読《よ》み方《かた》をしめしている。イネのもみを表《あらわ》す字《じ》。

意味 こくもつ。からのついた食《た》べ物《もの》。例 穀《こく》倉《そう》・穀物《こくもつ》

名前のよみ よし

【穀倉】《こくそう》 ⇩ ①穀物《こくもつ》をためておく倉《くら》。②穀物《こくもつ》のよくとれる地方《ちほう》。例 日本《にほん》の穀倉地帯《こくそうちたい》。

【穀物】《こくもつ》 ⇩ 米《こめ》・ムギ・トウモロコシ・アワ・マメなど、人間《にんげん》の主食《しゅしょく》になる作物《さくもつ》。類 穀類《こくるい》

穀が下につく熟語 上の字の働き

【米穀《べいこく》 五穀《ごこく》 雑穀《ざっこく》】ドンナ穀物《こくもつ》か。

◇ 脱穀《だっこく》

禾−9

【種】

総画14 JIS-2879 教4年

音 シュ 訓 たね

筆順

なりたち

[形声] 「禾」がイネで、「重《チョウ》」が「シュ」とかわって読《よ》み方《かた》をしめしている。「チョウ」は「長《なが》い」の意味《いみ》を持《も》ち、長《なが》いあいだかかって実《みの》る(おくての)イネを表《あらわ》す字《じ》。借《か》りて、「たね」として使《つか》われている。

意味

❶たね。たねをうえる。例 種《たね》をまく。種《しゅ》子《し》・接種《せっしゅ》

❷分類《ぶんるい》の区分《くぶん》。例 この種《しゅ》のものはあつかっていない。種類《しゅるい》・人種《じんしゅ》

名前のよみ かず・しげ・ふさ

❶〈たね〉の意味で

【種子】《しゅし》 Ⅲ 植物《しょくぶつ》のたね。例 種子植物《しゅししょくぶつ》

【種。痘】《しゅとう》 ▲ 天然痘《てんねんとう》にかからないようにするために、ワクチンをからだにうえること。

知識 ウシの病原体《びょうげんたい》をワクチンとするこの方法《ほうほう》は、イギリスのジェンナーが一七九六年《ねん》に発見《はっけん》した。

【種本】《たねほん》 ⇩ ものを書《か》いたり、話《はな》したりするときのもとになる本《ほん》。例 民話《みんわ》を種本《たねほん》にする。

❷〈分類の区分〉の意味で

【種種】《しゅじゅ》 Ⅲ 〈[一]な[一]に〉いろいろ。さまざま。例 種々《しゅじゅ》雑多《ざった》 類 各種《かくしゅ》

【種族】《しゅぞく》 ⇩ おなじ祖先《そせん》から出《で》て、ことばや習慣《しゅうかん》がおなじである人《ひと》の集《あつ》まり。類 部族《ぶぞく》

【種別】《しゅべつ》 ⇩ 〈—する〉種類《しゅるい》によって分《わ》けること。例 種別《しゅべつ》に昆虫《こんちゅう》の標本《ひょうほん》をつくる。類 類別《るいべつ》

【種目】《しゅもく》 Ⅲ 種類《しゅるい》によって分《わ》けた区分《くぶん》。

【種類】《しゅるい》 Ⅲ おなじような形《かたち》や性質《せいしつ》をもっているものの集《あつ》まり。例 種類《しゅるい》が多《おお》い。

種が下につく熟語 上の字の働き

❷種＝〈分類の区分〉のとき

【一種《いっしゅ》 雑種《ざっしゅ》 変種《へんしゅ》】ドンナ種《しゅ》か。

【職種《しょくしゅ》 人種《じんしゅ》 品種《ひんしゅ》】ナニの種《しゅ》か。

◇ 接種《せっしゅ》 特種《とくしゅ|とくだね》 菜種《なたね》

禾−9

【稲】

総画14 JIS-1680 常用

音 トウ 訓 いね・いな

「稲」

筆順

なりたち

[形声] もとの字は、「稻」。「禾」がイネで、「舀」が「トウ」という読《よ》み方《かた》と「こねる」意味《いみ》を表《あらわ》し、こねてもちにするイネを表《あらわ》す字《じ》。

意味 いね。米《こめ》を実《みの》らせる植物《しょくぶつ》。例 稲《いね》を刈《か》る。稲作《いなさく》・水稲《すいとう》

注意するよみ いな…例 稲作《いなさく》・稲穂《いなほ》

◦学習漢字でない常用漢字　▲常用漢字表にない音訓　◆常用漢字でない漢字

前ページ ▶ 稔 稜 穀 種 稲

【゜稲作】いなさく ⬇ ①イネをつくること。例稲作農家《いなさくのうか》。類米作《べいさく》 ②イネのできぐあい。例ことしの稲作《いなさく》は平年《へいねん》なみだ。

【゜稲妻】いなずま ○ かみなりが鳴《な》る前《まえ》に、いっしゅん大空《おおぞら》を走《はし》るつよい光《ひかり》のすじ。例稲妻《いなずま》が走《はし》る。類稲光《いなびかり》

【゜稲光】いなびかり ○ かみなりが鳴《な》る前《まえ》に、いっしゅんあたりを明《あか》るくするつよい光《ひかり》。例稲光《いなびかり》がする。類稲妻《いなずま》 参考かみなりとイネの育《そだ》ちぐあいとは関係《かんけい》があると思《おも》われていたので、「稲妻《いなずま》」「稲光《いなびかり》」という。

【゜稲゜穂】いなほ ⬇ イネの実《み》がつらなってついているところ。例実《みの》って重《おも》たげにたれた稲穂《いなほ》。

稲が下につく熟語 上の字の働き
【水稲《すいとう》 陸稲《りくとう／おかぼ》】ドコで作《つく》る稲《いね》か。

稼
禾－10 総画15 JIS-1852 常用
音 カ
訓 かせぐ

筆順 稼 稼 稼 稼 稼 稼 稼

なりたち 【形声】「禾」がイネで、「家」が「カ」という読《よ》み方《かた》をしめしている。「カ」は「よい」の意味《いみ》を持《も》ち、よく実《みの》ったイネを表《あらわ》す字《じ》。

意味 かせぐ。仕事《しごと》をする。例学費《がくひ》を稼《かせ》ぐ。

稼業《かぎょう》

【゜稼業】かぎょう ⬇ 生活《せいかつ》のためのお金《かね》を得《え》ている仕事《しごと》。例人気稼業《にんきかぎょう》 類商売《しょうばい》・職業《しょくぎょう》・仕事《しごと》 表現その家《いえ》がむかしからひきついできた商売《しょうばい》をいうときは「家業《かぎょう》」を使《つか》う。

【゜稼働】かどう Ⅱ 〈—する〉①お金《かね》を得《え》るためにはたらくこと。例稼働日数《かどうにっすう》。②仕事《しごと》をするために機械《きかい》を動《うご》かすこと。表記「稼動」とも書《か》く。

稽
禾－10 総画15 JIS-2346 常用
音 ケイ
訓 かんが-える

筆順 稽 稽 稽 稽 稽 稽 稽

意味 くらべる。くらべて考《かんが》える。

字体のはなし 「稽」（禾部《ぶ》「11画《かく》」、総画《そうかく》「16画《かく》」）とも書《か》く。☞ふろく「字体についての解説」（[28]ページ）

【゜稽古】けいこ ▲ 〈—する〉武術《ぶじゅつ》・芸能《げいのう》などのわざを身《み》につけるために練習《れんしゅう》すること。例寒稽古《かんげいこ》

稿
禾－10 総画15 JIS-2538 常用
音 コウ
訓 —

筆順 稿 稿 稿 稿 稿 稿 稿

なりたち 【形声】「禾」がイネで、「高」が「たかい」の意味《いみ》と「コウ」という読《よ》み方《かた》をしめしている。高《たか》くのびるイネのくき「わら」を表《あらわ》す字《じ》。

意味 詩《し》や文章《ぶんしょう》の下書《したが》き。例原稿《げんこう》

【゜稿料】こうりょう ⬇ 文章《ぶんしょう》を書《か》いてくれた人《ひと》にしはらうお金《かね》。類原稿料《げんこうりょう》

稿が下につく熟語 上の字の働き
【寄稿《きこう》 投稿《とうこう》 脱稿《だっこう》】稿《こう》をドウスルか。
【原稿《げんこう》 遺稿《いこう》】ドウイウ稿《こう》か。

穂
禾－10 総画15 JIS-4270 常用
音 スイ
訓 ほ
［穗］

筆順 穂 穂 穂 穂 穂 穂 穂

なりたち 【形声】もとの字《じ》は、「穗」。「禾」がイネで、「惠《ケイ》」が「スイ」とかわって読《よ》み方《かた》をしめしている。「ケイ」は「たれる」意味《いみ》を持《も》ち、イネのたれさがった「ほ」を表《あらわ》す字《じ》。

意味 イネや麦《むぎ》の、ほ。例穂《ほ》が出《で》る。穂波《ほなみ》・稲穂《いなほ》

名前のよみ みのる

【゜穂波】ほなみ ⬇ たんぼのイネなどの穂《ほ》が、風《かぜ》をうけて、まるで波《なみ》のように見《み》えるもの。例こがねの穂波《ほなみ》が豊作《ほうさく》をものがたる。

穏
禾－11 総画16 JIS-1826 常用
音 オン
訓 おだやか
［穩］

筆順 穏 穏 穏 穏 穏 穏 穏

なりたち 【形声】もとの字《じ》は、「穩」。「禾」はイネ。「㥯《イン》」は「オン」とかわった読《よ》み方《かた》のほか、「やわらかくする」意味《いみ》を表《あらわ》し、イネなどの穂先《ほさき》をふんでやわらかくすること

ものしり巻物 第26巻

漢詩《かんし》の世界《せかい》

日本《にほん》でも有名《ゆうめい》な漢詩《かんし》の一《ひと》つに、次《つぎ》のようなものがあります。

江碧鳥逾白　江碧《こうみどり》にして鳥《とり》逾《いよいよ》白《しろ》く
山青花欲然　山青《やまあお》くして花《はな》然《も》えんと欲《ほっ》す
今春看又過　今春《こんしゅん》看《みすみす》又《また》過《す》ぐ
何日是帰年　何《いず》れの日《ひ》か是《こ》れ帰年《きねん》ならん

(川《かわ》の水《みず》は緑《みどり》に澄《す》んで、鳥《とり》はいっそう白《しろ》く見《み》える。山《やま》は青々《あおあお》と色《いろ》づいて、花《はな》は燃《も》えるように鮮《あざ》やかだ。この春《はる》も、みるみるうちにまた過《す》ぎてしまった。いつになったら故郷《こきょう》に帰《かえ》れるのだろう)

日本《にほん》の文学《ぶんがく》などへの影響《えいきょう》も大《おお》きい杜甫《とほ》の詩《し》です。☞「ものしり巻物」865ページ

もともと上段《じょうだん》のように漢字《かんじ》だけで書《か》かれていて、下段《げだん》は日本語《にほんご》で読《よ》み下《くだ》したものです。

漢詩《かんし》には、大《おお》きく分《わ》けて**古体詩**《こたいし》と**近体詩**《きんたいし》があります。近体詩《きんたいし》は、唐《とう》の時代《じだい》に完成《かんせい》しました。陶淵明《とうえんめい》のような唐代《とうだい》より前《まえ》の詩人《しじん》の作品《ひん》は、すべて古体詩《こたいし》です。一方《いっぽう》、唐代以降《とうだいいこう》の詩人《しじん》もやはり古体詩《こたいし》を作《つく》っています。

近体詩《きんたいし》は、定型詩《ていけいし》なので、句数《くすう》・字数《じすう》・押韻《おういん》・平仄《ひょうそく》・対句《ついく》など、多《おお》くのきまりがあります。窮屈《きゅうくつ》なきまりに縛《しば》られているからこそ、詩《し》の表現《ひょうげん》の美《うつく》しさや面白味《おもしろみ》がいっそう際立《きわだ》つのです。不思議《ふしぎ》なことに、日本語《にほんご》で読《よ》んでもそのすばらしさを味《あじ》わうことができます。

この詩《し》のように、詩全体《しぜんたい》が四句《よんく》のものを**絶句**《ぜっく》といい、八句《はっく》のものを**律詩**《りっし》といいます。一句《いっく》の字数《じすう》は、五文字《ごもじ》のものと七文字《しちもじ》のものとがあり、それぞれ**五言**《ごごん》と**七言**《しちごん》とよびます。したがって、この詩《し》の形《かたち》は、五言絶句《ごごんぜっく》です。

絶句《ぜっく》の構成法《こうせいほう》は、**起承転結**《きしょうてんけつ》でできています。それは、**起句**《きく》でうたい起《お》こし、**承句**《しょうく》でそれをうけて、**転句**《てんく》で転換《てんかん》して、**結句**《けっく》でしめくくる、というものです。日本《にほん》で親《した》しまれている漢詩《かんし》から、起承転結《きしょうてんけつ》があざやかに描《えが》かれているものを一《ひと》つ挙《あ》げましょう。

春眠不覚暁　春眠《しゅんみん》暁《あかつき》を覚《おぼ》えず
処処聞啼鳥　処処《しょしょ》啼鳥《ていちょう》を聞《き》く
夜来風雨声　夜来《やらい》風雨《ふうう》の声《こえ》
花落知多少　花《はな》落《お》つること知《し》る多少《たしょう》

(春《はる》の心地《ここち》よい眠《ねむ》りに、夜《よ》が明《あ》けるのも気《き》がつかなかった。外《そと》のあちらこちらから、鳥《とり》のさえずりが聞《き》こえてきた。昨夜《さくや》は風《かぜ》と雨《あめ》の音《おと》がだいぶ激《はげ》しかったが、花《はな》はどれほど散《ち》ったことだろう)

中国《ちゅうごく》の唐《とう》の時代《じだい》の詩人《しじん》、孟浩然《もうこうねん》の「春暁《しゅんぎょう》」と題《だい》する詩《し》です。春《はる》のころの心地《ここち》よい眠《ねむ》りを表《あらわ》す「春眠暁《しゅんみんあかつき》を覚《おぼ》えず」は、今《いま》でも親《した》しまれる有名《ゆうめい》な句《く》になっています。

韻文《いんぶん》である詩《し》には、韻《いん》をふむ(**押韻**《おういん》)というきまりがあり、第二句《だいにく》や第四句《だいよんく》など偶数番目《ぐうすうばんめ》の句末《くまつ》は、母音《ぼいん》がそろうように作《つく》られています。一《ひと》つ目《め》の詩《し》の第二《だいに》・第四句《だいよんく》の最後《さいご》にある「然」と「年」の二《ふた》つの漢字《かんじ》を音読《おんどく》してみると、どちらも「ネン」です(この詩《し》は音《おん》そのものがそろっています)。これを**韻字**《いんじ》といいます。七言詩《しちごんし》は、第一句末《だいいっくまつ》にも韻《いん》をふみます。

また、中国語《ちゅうごくご》の漢字《かんじ》の読《よ》みには、**声調**《せいちょう》という発音《はつおん》の高低《こうてい》の変化《へんか》があります。声調《せいちょう》には、**平声**《ひょうしょう》・**上声**《じょうしょう》・**去声**《きょしょう》・**入声**《にっしょう》の四種類《よんしゅるい》(四声《しせい》)があり、詩《し》の中《なか》でどの声調《せいちょう》の漢字《かんじ》を組《く》み合《あ》わせるかのきまりのことを**平仄**《ひょうそく》といいます。

さらに、律詩《りっし》の場合《ばあい》は、第三句《だいさんく》と第四句《だいよんく》、第五句《だいごく》と第六句《だいろっく》とが**対句**《ついく》で構成《こうせい》される必要《ひつよう》があります。対句《ついく》とは、「鳥《とり》は宿《やど》る池中《ちちゅう》の樹《じゅ》、僧《そう》は敲《たた》く月下《げっか》の門《もん》」(☞【**推敲**《すいこう》】529ページ)のように、句中《くちゅう》のことばがそれぞれ対《つい》の関係《かんけい》になっているものです。

を表《あらわ》す字《じ》。

意味 おだやか。やすらか。例 穏《おだ》やかな天気《てんき》。穏和《おんわ》・平穏《へいおん》

名前のよみ とし・やす

【穏健】《おんけん》 Ⅱ 〈―に・―な〉おだやかで、落《お》ち着《つ》いている。例 穏健派《おんけんは》。穏健な思想《しそう》。対 過激《かげき》

【穏当】《おんとう》 Ⅱ 〈―に・―な〉おだやかで、むりがない。例 穏当《おんとう》なやり方《かた》。類 妥当《だとう》・穏便《おんびん》 対 不穏当《ふおんとう》

【穏便】《おんびん》 Ⅱ 〈―に・―な〉おだやかで、あらだてないようす。例 事《こと》を穏便《おんびん》にすます。類 穏当《おんとう》

【穏和】《おんわ》 Ⅱ 〈―な〉おだやかで、やさしい。例 穏和な人《ひと》。表記「温和」とも書《か》く。

穏が下につく熟語 上の字の働き

【安穏《あんのん》 静穏《せいおん》 平穏《へいおん》】近《ちか》い意味《いみ》。

◆不穏《ふおん》

禾-11 積

総画16 JIS-3249 教4年

訓音 セキ つむ・つもる

筆順 積 積 積 積 積 積 積 積 (はねない) (ながく とめる)

なりたち 形声「禾」がイネで、「責」が「セキ」という読《よ》み方《かた》をしめしている。「セキ」は「集《あつ》める」意味《いみ》を持《も》ち、イネを集《あつ》めてつみ上《あ》げることを表《あらわ》す字《じ》。

意味
❶つみかさなる。つもる。つむ。例 努力《どりょく》を積《つ》む。雪《ゆき》が積もる。積雪《せきせつ》
❷大《おお》きさ。例 面積《めんせき》
❸かけ算《ざん》の結果《けっか》。かけ算《ざん》をして出《で》た数《かず》。例 積《せき》を求《もと》める。対 商《しょう》

名前のよみ かず・かつ・もり

❶〈つみかさなる〉の意味で

【積載】《せきさい》 Ⅱ 〈―する〉船《ふね》や車《くるま》が荷物《にもつ》をのせること。例 積載量《せきさいりょう》

【積算】《せきさん》 ↓ 〈―する〉じゅんじゅんに小計《しょうけい》を足《た》し合《あ》わせて、全体《ぜんたい》の数《かず》を出《だ》すこと。類 累計《るいけい》

【積雪】《せきせつ》 ↓ ふりつもった雪《ゆき》。例 積雪《せきせつ》は二メートルをこえた。積雪量《せきせつりょう》 類 降雪《こうせつ》

【積年】《せきねん》 ↓ それまでの長《なが》い年月《ねんげつ》のあいだ。例 積年《せきねん》の苦労《くろう》がむくわれる。類 多年《たねん》

【積極的】《せっきょくてき》 〈―に・―な〉自分《じぶん》から進《すす》んでものごとをするようす。対 消極的《しょうきょくてき》

積が下につく熟語 上の字の働き

❶積＝〈つみかさなる〉のとき
【集積《しゅうせき》 蓄積《ちくせき》 累積《るいせき》】近《ちか》い意味《いみ》。

❷積＝〈大きさ〉のとき
【面積《めんせき》 体積《たいせき》 容積《ようせき》】ナニの大《おお》きさか。

◆山積《さんせき》 沖積《ちゅうせき》

禾-13 穫

総画18 JIS-1947 常用

訓音 カク ―

筆順 穫 穫 穫 穫 穫 穫 穫 穫

なりたち 形声「禾」がイネで、「蒦」が「カク」という読《よ》み方《かた》をしめしている。「カク」は「手《て》に取《と》る」意味《いみ》を持《も》ち、イネを取《と》り入《い》れることを表《あらわ》す字《じ》。

意味 かり入《い》れる。取《と》り入《い》れる。例 収穫《しゅうかく》

名前のよみ みのる

禾-13 穣

総画18 JIS-3087 人名

訓音 ジョウ みの-る

[穰]

意味 ゆたかに実《みの》る。例 豊穣《ほうじょう》

名前のよみ しげ・ゆたか

5画 穴 の部 [あな] [あなかんむり]

「穴《あな》」をもとに作《つく》られ、洞窟《どうくつ》や空間《くうかん》にかかわる字《じ》を集《あつ》めてあります。

この部首の字

0 穴……802　2 究……803　3 空……803
突……804　4 窃……805　穿……805　6 窓……805
窒……805　8 窟……806　9 窪……806　10 窮……806
窯……806　容→宀 320

穴-0 穴

総画5 JIS-2374 教6年

訓音 ケツ あな

筆順 穴 穴 穴 穴 穴 (まっすぐ、つく) (はらう)

なりたち 形声「宀」がすまいで、「八《ハツ》」が「ケツ」とかわって読《よ》み方《かた》をしめしている。「ハツ」は「ほりあける」意味《いみ》を持《も》ち、地面《じめん》をほりあけてつくったすまいを表《あらわ》す字《じ》。

「あな」として使《つか》われている。

意味 あな。ほらあな。例 穴《あな》をあける。穴《あな》をほる。穴蔵《あなぐら》・墓穴《ぼけつ》

【穴蔵《あなぐら》】↓ 土《つち》の中《なか》に穴《あな》をほって、品物《しなもの》をしまっておくようにしたところ。

【穴場《あなば》】↓ よいところなのに、まだあまり人《ひと》に知《し》られていない場所《ばしょ》。例 つりの穴場《あなば》。

【穴居《けっきょ》】↓〈—する〉ほらあなの中《なか》に住《す》むこと。

◆ 大穴《おおあな》 洞穴《どうけつ》 墓穴《ぼけつ/はかあな》

穴−2

究

総画7 JIS-2170 教3年

音 キュウ
訓 きわめる

筆順

なりたち

【形声】「穴」があなぐらを表《あらわ》し、「九」が「ク・キュウ」という読《よ》み方《かた》をしめしている。「ク」は「まがる」意味《いみ》を持《も》ち、まがりくねったせまいあなぐらを表《あらわ》す字《じ》。

意味 きわめる。つきとめる。例 学問《がくもん》を究《きわ》める。究明《きゅうめい》・研究《けんきゅう》

【究極《きゅうきょく》】Ⅱ いきつく最後《さいご》のところ。例 究《きゅう》極《きょく》の目的《もくてき》。表記「窮極」とも書《か》く。

【究明《きゅうめい》】↓〈—する〉わからなかったことをよく調《しら》べて、はっきりさせること。例 真相《しんそう》の究《きゅう》明《めい》を求《もと》める。真理《しんり》を究明《きゅうめい》する。類 解明《かいめい》 表現 罪《つみ》を問《と》いただして、白黒《しろくろ》をはっきりさせるというときは「糾明《きゅうめい》」。

究が下につく熟語 上の字の働き

【探究《たんきゅう》 追究《ついきゅう》】ドウヤッテ究《きわ》めるか。

◆ 学究《がっきゅう》 研究《けんきゅう》

穴−3

空

総画8 JIS-2285 教1年

音 クウ
訓 そら・あく・あける・から・むな-しい

筆順

なりたち

【形声】「穴」と「工」からでき、「工《コウ》」が「クウ」とかわって読《よ》み方《かた》をしめしている。「コウ」も「あな」の意味《いみ》を持《も》ち、からっぽなことを表《あらわ》す字《じ》。

意味

❶からっぽ。中身《なかみ》がない。例 席《せき》が空《あ》く。家《いえ》を空《あ》ける。空《くう》を切《き》る。空《から》の箱《はこ》。真空《しんくう》

❷むだな。役《やく》に立《た》たない。例 空《くう》に帰《き》する。空費《くうひ》

❸そら。例 青《あお》い空《そら》。空中《くうちゅう》・空路《くうろ》・青空《あおぞら》

使い分け あける[開・空・明] ☞1009ページ

名前のよみ たか

❶〈からっぽ〉の意味で

【空景気《からげいき》】うわべだけ景気《けいき》がよいように見《み》えて、中身《なかみ》がないこと。例 空景気《からげいき》をあおる。

【空元気《からげんき》】見《み》えすいたうわべだけの元気《げんき》。

【空梅雨《からつゆ》】つゆの季節《きせつ》なのに雨《あめ》がふらないこと。例 農家《のうか》泣《な》かせの空梅雨《からつゆ》。

【空手《からて》】↓ ①手《て》になにも持《も》っていないこと。手《て》ぶら。例 空手《からて》では人《ひと》の家《いえ》をたずねにくい。類 徒手《としゅ》 ②武器《ぶき》を持《も》たず、からだだけでたたかう武術《ぶじゅつ》。例 空手道場《からてどうじょう》 表記 ②は、中国《ちゅうごく》から来《き》たので「唐手」とも書《か》く。

【空位《くうい》】↓ 国王《こくおう》などの、定《さだ》められた地位《ちい》にだれもついていないこと。

【空間《くうかん》】↓ ①なにもないところ。すきま。スペース。例 おしいれの空間《くうかん》を利用《りよう》する。②前後《ぜんご》・左右《さゆう》・上下《じょうげ》すべての方向《ほうこう》にあるはてしない広《ひろ》がり。類 宇宙空間《うちゅうくうかん》 対 時間《じかん》

【空◦虚《くうきょ》】Ⅱ〈—な・—に〉①中身《なかみ》がなにもなくて、からっぽなこと。類 空疎《くうそ》 ②心《こころ》がみたされず、生《い》きるはりあいがないこと。例 空虚《くうきょ》な生活《せいかつ》。

【空車《くうしゃ》】↓ ①客《きゃく》や荷物《にもつ》をのせていない車《くるま》。例 空車《くうしゃ》のタクシーをさがす。対 実車《じっしゃ》 ②駐車場《ちゅうしゃじょう》にあきがあること。対 満車《まんしゃ》

【空席《くうせき》】↓ ①あいている座席《ざせき》。②その地位《ちい》に人《ひと》がついていないこと。例 空席《くうせき》をうめる。

【空前《くうぜん》】▲ そんな例《れい》が今《いま》までにないこと。例 空前《くうぜん》の大《だい》ヒット曲《きょく》。類 未曽有《みぞう》

【空前絶後《くうぜんぜつご》】あとにも先《さき》にも、こんな例《れい》はないというほどめずらしいこと。例 空前絶《くうぜんぜつ》後《ご》の大事件《だいじけん》。

【空◦疎《くうそ》】Ⅱ〈—な・—に〉形《かたち》だけで、中身《なかみ》がなにもないこと。例 空疎《くうそ》な演説《えんぜつ》。類 空虚《くうきょ》

【空想《くうそう》】↓〈—する〉心《こころ》の中《なか》の世界《せかい》で、自由気《じゆうき》ままに思《おも》いえがくこと。例 空想《くうそう》にふける。類 夢想《むそう》・幻想《げんそう》

【空白《くうはく》】Ⅱ ①なにも書《か》きこまれていない白《しろ》

◦学習漢字でない常用漢字 ▲常用漢字表にない音訓 ◆常用漢字でない漢字

いところ。ブランク。例ノートの空白《くうはく》をうめる。類余白《よはく》 ②〈―に〉内容《ないよう》といえるものがなにもないこと。ブランク。例政治《せいじ》の空白《くうはく》。

【空腹】《くうふく》▲おなかがすいていること。例仕事《しごと》に夢中《むちゅう》で空腹《くうふく》をわすれる。対満腹《まんぷく》

【空。欄】《くうらん》↓書類《しょるい》で、ことばが書《か》きこめるようにあけてあるところ。例空欄《くうらん》をうめる。

【空似】《そらに》↓血《ち》のつながりがないのに、顔《かお》かたちがよくにていること。例他人《たにん》の空似《そらに》。

【空。寝】《そらね》↓〈―する〉ねむっているふりをすること。たぬき寝入《ねい》り。ねたふり。

❷〈むだな〉の意味で

【空転】《くうてん》↓〈―する〉むだな動《うご》きばかりあって、必要《ひつよう》なことはなにも進《すす》まないこと。からまわり。例国会《こっかい》の審議《しんぎ》が空転《くうてん》する。

【空費】《くうひ》↓〈―する〉むだに使《つか》うこと。例道《みち》をまちがえて、三十分時間《さんじっぷんじかん》を空費《くうひ》した。類浪費《ろうひ》

表現 ふつう、時間《じかん》は「空費《くうひ》」、お金《かね》は「浪費《ろうひ》」を使《つか》うが、「時間《じかん》の浪費《ろうひ》」と言《い》うことはできる。

【空文】《くうぶん》↓書《か》いてあっても、じっさいにはなんの役《やく》にも立《た》たないきまりや文章《ぶんしょう》。例憲法《けんぽう》を空文《くうぶん》にしてはならない。

【空理】《くうり》↓役《やく》に立《た》たないりくつ。例空理空論《くうりくうろん》

【空論】《くうろん》↓じっさいには役《やく》に立《た》たない考《かんが》え。例机上《きじょう》の空論《くうろん》。

❸〈そら〉の意味で

【空気】《くうき》↓①地球《ちきゅう》をとりまく、色《いろ》も味《あじ》もにおいもない、すきとおった気体《きたい》。おもに酸素《さんそ》と窒素《ちっそ》からなっている。例新鮮《しんせん》な空気《くうき》をすう。類大気《たいき》 ②その場《ば》のようすから受《う》ける感《かん》じ。例なごやかな空気《くうき》。類雰囲気《ふんいき》

【空軍】《くうぐん》↓飛行機《ひこうき》やロケットを使《つか》って、空《そら》から攻《せ》める軍隊《ぐんたい》。関連陸軍《りくぐん》・海軍《かいぐん》・空軍《くうぐん》

【空港】《くうこう》↓飛行機《ひこうき》の出発《しゅっぱつ》や到着《とうちゃく》、旅行者《りょこうしゃ》や荷物《にもつ》のとりあつかいをする施設《しせつ》。類飛行場《ひこうじょう》

【空。襲】《くうしゅう》↓〈―する〉飛行機《ひこうき》で、空《そら》から敵《てき》をせめること。例空襲警報《くうしゅうけいほう》

【空中】《くうちゅう》↓地上《ちじょう》をはなれたところ。例空中転回《くうちゅうてんかい》。こいのぼりが空中《くうちゅう》を泳《およ》いでいる。

【空中分解】《くうちゅうぶんかい》〈―する〉①飛行機《ひこうき》が、事故《じこ》のために空中《くうちゅう》でばらばらにこわれること。②計画《けいかく》や組織《そしき》などが、とちゅうでだめになってしまうこと。例事業計画《じぎょうけいかく》が空中分解《くうちゅうぶんかい》した。

【空輸】《くうゆ》○〈―する〉飛行機《ひこうき》で人《ひと》や荷物《にもつ》をはこぶこと。空中輸送《くうちゅうゆそう》。例食《た》べ物《もの》を空輸《くうゆ》する。

【空路】《くうろ》↓①飛行機《ひこうき》がとんでいく空《そら》の道《みち》すじ。例空路《くうろ》をはずれる。類航路《こうろ》 ②飛行機《ひこうき》に乗《の》っていくこと。例首相《しゅしょう》は、空路帰国《くうろきこく》の途《と》についた。関連陸路《りくろ》・海路《かいろ》・空路《くうろ》

【空模様】《そらもよう》空《そら》のようすから見《み》た、天気《てんき》のぐあい。雲《くも》ゆき。例雨《あめ》がふりそうな空模様《そらもよう》。

空が下につく熟語 上の字の働き

❸空＝〈そら〉のとき

【航空《こうくう》 滑空《かっくう》 滞空《たいくう》】空を（空《そら》に）ドウスルか。

【上空《じょうくう》 中空《ちゅうくう》 低空《ていくう》 領空《りょうくう》 寒空《さむぞら》 青空《あおぞら》 夜空《よぞら》】◆ドウイウ空《そら》か。

架空《かくう》 虚空《こくう》 真空《しんくう》 防空《ぼうくう》

穴-3

突

総画8　JIS-3845　常用

音 トツ　訓 つく

「突」

筆順 突突突突突突突突

なりたち  【会意】もとの字は、「突」。「犬《いぬ》」が「穴《あな》」からとび出《だ》すことを表《あらわ》している字《じ》。

意味

❶つきでる。つきだす。つきすすむ。つきあたる。例針《はり》で突《つ》く。突出《とっしゅつ》・突進《とっしん》・激突《げきとつ》

❷だしぬけ。急《きゅう》に。例突然《とつぜん》・唐突《とうとつ》

❶〈つきでる〉の意味で

【。突。貫】《とっかん》↓〈―する〉①大声《おおごえ》をあげて、敵《てき》の陣地《じんち》につき進《すす》むこと。類突撃《とつげき》 ②休《やす》みもとらずに仕事《しごと》を進《すす》めること。例突貫工事《とっかんこうじ》

【。突起】《とっき》||〈―する〉ある部分《ぶぶん》がつき出《で》ていること。つき出《で》たもの。例表面《ひょうめん》の小《ちい》さな突起《とっき》。

【。突。撃】《とつげき》↓〈―する〉はげしいいきおいでつき進《すす》み、敵《てき》をせめること。例ついに突撃《とつげき》の命令《めいれい》が出《で》た。類突貫《とっかん》・突進《とっしん》

【。突出】《とっしゅつ》↓〈―する〉①高《たか》く、または、長《なが》くつき出《で》る。②一《ひと》つだけがとくにすぐれていて、目立《めだ》つ。例成績《せいせき》が突出《とっしゅつ》している。

【。突進】《とっしん》↓〈―する〉はげしいいきおいでつき進《すす》むこと。例ゴールめがけて突進《とっしん》する。類突撃《とつげき》

【突°端】とったん ⇩ つき出《で》たものの先《さき》のほう。例 岬《みさき》の突端《とったん》に灯台《とうだい》がある。類 先端《せんたん》

【突°堤】とってい ⇩ 岸《きし》から海《うみ》や川《かわ》につき出《だ》した長《なが》い土手《どて》。例 突堤《とってい》でつりをする。

【突°入】とつにゅう ⇩〈—する〉いきおいよく入《はい》りこむこと。例 大気圏《たいきけん》に突入《とつにゅう》する。表現「ストライキに突入《とつにゅう》する」のように、その場《ば》のなりゆきがたいへんなことになってしまうこともいう。

【突°破】とっぱ ⇩〈—する〉①つきやぶること。例 突破口《とっぱこう》 ②むずかしいところを通《とお》りぬけること。例 難関《なんかん》を突破《とっぱ》する。③数量《すうりょう》がある範囲《はんい》をこえること。例 応募者《おうぼしゃ》が定員《ていいん》を突破《とっぱ》した。

❷〈だしぬけ〉の意味で

【突°如】とつじょ ⊠ 思《おも》わぬとき、急《きゅう》になにかが起《お》こるようす。だしぬけに。例 突如《とつじょ》、非常《ひじょう》ベルが鳴《な》りだした。類 突然《とつぜん》

【突°然】とつぜん ⊠ いきなりなにかが起《お》こるようす。例 突然声《とつぜんこえ》をかけられる。類 突如《とつじょ》・唐突《とうとつ》

【突°然変異】とつぜんへんい 親《おや》とはちがう形《かたち》や性質《せいしつ》をもった子《こ》がいきなり生《う》まれ、それが次《つぎ》の子《こ》にも受《う》けつがれること。

【突°発】とっぱつ ⇩〈—する〉思《おも》ってもいなかったことが急《きゅう》に起《お》こること。例 突発事故《とっぱつじこ》 類 勃発《ぼっぱつ》・暴発《ぼうはつ》

【突°風】とっぷう ⇩ 急《きゅう》につよくふいて、すぐやんでしまう風《かぜ》。例 突風《とっぷう》で屋根《やね》がわらがとんだ。

突が下につく熟語 上の字の働き

❶ 突＝〈つきでる〉のとき

【激突《げきとつ》 追突《ついとつ》】ドノヨウニつきあたるか。

◆ 煙突《えんとつ》 衝突《しょうとつ》 唐突

穴-4

窃

総画9 JIS-3264 常用

訓 音 セツ —

「竊」

筆順

なりたち

【形声】もとの字は、「竊」。「窃」は「穴」が「すまい」を、「切」が「セツ」という読《よ》み方《かた》をしめしている。「セツ」は「かすめとる」意味《いみ》を持《も》ち、他人《たにん》のすまいから物《もの》をかすめとることを表《あらわ》す字《じ》。

意味 ぬすむ。かすめとる。例 窃盗《せっとう》

【窃取】せっしゅ ⇩〈—する〉人《ひと》のものをこっそりぬすみ取《と》ること。類 窃盗《せっとう》

【窃°盗】せっとう Ⅱ 人《ひと》のものをぬすむこと。ぬすんだ人。例 窃盗事件《せっとうじけん》 類 泥棒《どろぼう》・窃取《せっしゅ》

穴-4

穿

総画9 JIS-3292 人名

訓 音 セン うが-つ・は-く

意味

❶うがつ。ほる。穴《あな》をあける。例 雨《あま》だれ石《いし》を穿《うが》つ。

❷ものごとの深《ふか》いところまでとらえる。例 穿《うが》った見《み》かたをする。穿鑿《せんさく》

❸はく。腰《こし》から下《した》に衣類《いるい》をつける。例 ズボンを穿《は》く。

❶〈うがつ〉の意味で

【穿◆鑿】せんさく Ⅱ〈—する〉①穴《あな》をあける。②細《こま》かく調《しら》べる。例 無用《むよう》の穿鑿《せんさく》。表記「詮索」とも書《か》く。

穴-6

窓

総画11 JIS-3375 教6年

訓 音 ソウ まど

筆順

なりたち

【形声】もとの字は、「窻」。「穴」があなのすまいを、「悤→忩」が「ソウ」という読《よ》み方《かた》をしめしている。「ソウ」は「よく通《とお》る」意味《いみ》を持《も》ち、明《あ》かりを通《とお》す「まど」を表《あらわ》す字《じ》。

意味 ❶まど。例 窓《まど》を開《あ》ける。窓口《まどぐち》・車窓《しゃそう》 ❷教室《きょうしつ》。まどのあるへや。例 同窓《どうそう》

❶〈まど〉の意味で

【窓外】そうがい ⇩ まどの外《そと》。

【窓口】まどぐち ⇩ ①役所《やくしょ》・郵便局《ゆうびんきょく》・銀行《ぎんこう》・駅《えき》などで、書類《しょるい》を受《う》けつけたり、お金《かね》の出《だ》し入《い》れをしたりするところ。例 受付窓口《うけつけまどぐち》 ②外部《がいぶ》と連絡《れんらく》をとる係《かかり》。例 窓口《まどぐち》を一《ひと》つにして交渉《こうしょう》にあたる。

窓が下につく熟語 上の字の働き

❷ 窓＝〈教室〉のとき

【学窓《がくそう》 同窓《どうそう》】ドウイウ教室《きょうしつ》か。

穴-6

窒

総画11 JIS-3566 常用

訓 音 チツ —

筆順 窒窒窒窒窒窒窒窒

なりたち 【形声】「至《シ》」が「チツ」とかわって読《よ》み方《かた》をしめしている。「シ」は「ふさがる」意味《いみ》を持《も》ち、穴《あな》がふさがることを表《あらわ》す字《じ》。

意味 ❶つまる。ふさがる。例 窒息《ちっそく》 ❷ちっそ(窒素)。元素《げんそ》の一《ひと》つ。

❶〈つまる〉の意味で

【窒息】《ちっそく》 ▲ 〈—する〉のどがつまったり、空気《くうき》がなくなったりして、息《いき》ができなくなること。例 窒息死《ちっそくし》。けむりで窒息《ちっそく》しそうだ。

❷〈ちっそ(窒素)〉の意味で

【窒素】《ちっそ》 ↓ 元素《げんそ》の一《ひと》つ。味《あじ》・におい・色《いろ》のない気体《きたい》。例 窒素肥料《ちっそひりょう》 知識 空気《くうき》の体積《たいせき》の五分《ごぶん》の四《よん》が窒素《ちっそ》。肥料《ひりょう》や火薬《かやく》の原料《げんりょう》に使《つか》う。

穴-8

窟

総画13 JIS-2302 常用

音 クツ 訓 —

筆順 窟窟窟窟窟窟窟窟

意味 ❶あな。ほらあな。あなぐら。例 洞窟《どうくつ》 ❷すみか。例 巣窟《そうくつ》

穴-9

窪

総画14 JIS-2306 人名

音 — 訓 くぼ・くぼ-む

意味 くぼみ。地面《じめん》などの、まわりより低《ひく》くなっている部分《ぶぶん》。例 窪地《くぼち》

穴-10

窮

総画15 JIS-2171 常用

音 キュウ 訓 きわめる・きわまる

筆順 窮窮窮窮窮窮窮窮

なりたち 【形声】「躬」が「まげる」意味《いみ》と「キュウ」という読《よ》み方《かた》をしめしている。からだを曲《ま》げて入《はい》るせまい穴《あな》を表《あらわ》す字《じ》。

意味 ❶きわめる。例 窮極《きゅうきょく》 ❷ゆきづまる。こまる。例 進退窮《しんたいきわ》まる。窮《きゅう》地《ち》・困窮《こんきゅう》

❶〈きわめる〉の意味で

【窮極】《きゅうきょく》 Ⅱ ゆきつく最後《さいご》のところ。例 窮極《きゅうきょく》の目的《もくてき》。表記「究極」とも書《か》く。

❷〈ゆきづまる〉の意味で

【窮屈】《きゅうくつ》 Ⅱ 〈—に・な〉①せまくて、ゆとりがなく、動《うご》きにくい。例 窮屈《きゅうくつ》な服《ふく》。②かたくるしくて気《き》づまりだ。例 窮屈《きゅうくつ》に考《かんが》えすぎだ。③お金《かね》がたりなくて、思《おも》うようにならない。例 食費《しょくひ》が窮屈《きゅうくつ》だ。

【窮状】《きゅうじょう》 ↓ たいへんこまっているようす。例 被災地《ひさいち》の窮状《きゅうじょう》をうったえる。

【窮地】《きゅうち》 ↓ どうにもしようがない、こまった立場《たちば》。例 窮地《きゅうち》に追《お》いこまれる。類 苦境《くきょう》・逆境《ぎゃっきょう》・危地《きち》

【窮迫】《きゅうはく》 Ⅱ 〈—する〉お金《かね》がたりなくて苦《くる》しいこと。例 財政《ざいせい》が窮迫《きゅうはく》する。類 窮乏《きゅうぼう》・逼迫《ひっぱく》

【窮乏】《きゅうぼう》 Ⅱ 〈—する〉お金《かね》がたりなくて、生活《せいかつ》にこまること。例 窮乏生活《きゅうぼうせいかつ》 類 窮迫《きゅうはく》

【窮余】《きゅうよ》 ↓ どうにもならなくなったあげくの苦《くる》しまぎれ。例 窮余《きゅうよ》の一策《いっさく》(こまりはてたすえに、なんとか思《おも》いついたやり方《かた》)。

窮が下につく熟語 上の字の働き

❷窮=〈ゆきづまる〉のとき
【困窮《こんきゅう》 貧窮《ひんきゅう》】近《ちか》い意味《いみ》。

穴-10

窯

総画15 JIS-4550 常用

音 ヨウ 訓 かま

筆順 窯窯窯窯窯窯窯窯

なりたち 【形声】「羔《コウ》」が「ヨウ」とかわって読《よ》み方《かた》をしめしている。「コウ」は「焼《や》く」意味《いみ》を持《も》ち、焼《や》き物《もの》を焼《や》く穴《あな》を表《あらわ》す字《じ》。

意味 陶磁器《とうじき》をやくかま。例 窯業《ようぎょう》

【窯元】《かまもと》 ↓ 陶磁器《とうじき》をやいてつくるところ。

【窯業】《ようぎょう》 ↓ かまを使《つか》って、陶磁器《とうじき》・ガラス・れんが・かわらなどをつくる仕事《しごと》。

5画 立 [たつ][たつへん] の部

「立」をもとに作《つく》られ、立《た》つ動作《どうさ》にかかわる字《じ》と、「立」の形《かたち》がめやすとなっている字《じ》を集《あつ》めてあります。

この部首の字

彦→彡388　音→音1033　竜→竜1063　翌→羽858
産→生739　意→心486　靖→青1029　颯→風1046

■立-0

立

総画5

JIS-4609

教1年

音 リツ・リュウ

訓 たつ・たてる

筆順

なりたち

【象形】人《ひと》が地面《じめん》に立《た》っている形《かたち》をえがいた字《じ》。

意味

❶たつ。まっすぐにたつ。その地位《ちい》につく。例 柱《はしら》が立《た》つ。旗《はた》を立《た》てる。立場《たちば》・立候《りっこう》補《ほ》・独立《どくりつ》・擁立《ようりつ》

❷なりたつ。はじまる。例 立春《りっしゅん》・成立《せいりつ》

❸《その他《た》》例 立派《りっぱ》

使い分け たてる[立・建] ☞807ページ

注意するよみ リュウ…例 建立《こんりゅう》

特別なよみ 立ち退く（たちのく）

名前のよみ たか・たかし・はる

❶〈たつ〉の意味で

【立場】《たちば》 ㊦ ①その人《ひと》のおかれている地位《ちい》や状態《じょうたい》。②ものの見方《みかた》や考《かんが》え方《かた》のよりどころ。例 自然《しぜん》をまもる立場《たちば》からの発言《はつげん》。

【立。脚】《りっきゃく》 ▲〈―する〉考《かんが》えのよりどころを定《さだ》めること。例 民主主義《みんしゅしゅぎ》に立脚《りっきゃく》する。

【立候補】《りっこうほ》〈―する〉選挙《せんきょ》のときに、候補者《こうほしゃ》として名乗《なの》り出《で》ること。例 立候補者《りっこうほしゃ》

【立食】《りっしょく》 ㊦〈―する〉立《た》ったままで食《た》べること。とくに洋式《ようしき》の宴会《えんかい》で、テーブルの上《うえ》の飲《いん》食《しょく》物《ぶつ》を自由《じゆう》にとって食《た》べる形式《けいしき》。

【立像】《りつぞう》 ㊦ 立《た》っているすがたの像《ぞう》。対 座像《ざぞう》

【立体】《りったい》 ㊦ 箱《はこ》や筒《つつ》などのように、高《たか》さ・はば・おくゆきがあるもの。例 立体交差《りったいこうさ》 対 平面《へいめん》

【立地】《りっち》 ㊦〈―する〉事業《じぎょう》をおこなう土地《とち》を決《き》めること。その土地《とち》。例 立地条件《りっちじょうけん》

【立腹】《りっぷく》 ▲〈―する〉おこること。腹《はら》をたてること。例 ご立腹《りっぷく》はもっともです。類 憤慨《ふんがい》

【立方】《りっぽう》 ▲ ①おなじ数《かず》を三回《さんかい》かけあわせること。例 二《に》の立方《りっぽう》は八《はち》だ。類 三乗《さんじょう》 ②長《なが》さの単位《たんい》の前《まえ》につけて、体積《たいせき》の単位《たんい》を表《あらわ》すことば。例 九立方《りっぽう》メートル。③長《なが》さの単位《たんい》のあとにつけて、その長《なが》さを一辺《いっぺん》とする立方体《りっぽうたい》を表《あらわ》すことば。例 一〇センチ立方《りっぽう》の箱《はこ》。

【立方体】《りっぽうたい》 おなじ大《おお》きさの六《むっ》つの正方形《せいほうけい》の面《めん》でかこまれてできている立体《りったい》。類 直方《ちょくほう》体《たい》

❷〈なりたつ〉の意味で

【立案】《りつあん》 ▲〈―する〉①計画《けいかく》や案《あん》をつくること。例 運動会《うんどうかい》のプログラムを立案《りつあん》する。②案《あん》を書《か》いて原稿《げんこう》にすること。類 起案《きあん》・起草《きそう》

【立夏】《りっか》 ▲ 五月六《ごがつろく》、七日《しちにち》ごろの、こよみのうえで夏《なつ》がはじまる日《ひ》。

【立憲】《りっけん》 ▲ 憲法《けんぽう》を定《さだ》めること。例 立憲君主《りっけんくんしゅ》国《こく》・立憲政治《りっけんせいじ》

【立志】《りっし》 ▲ 目的《もくてき》を見《み》さだめ、よしやろうと、心《こころ》をきめること。

【立志伝】《りっしでん》「立志《りっし》」を成功《せいこう》させた人《ひと》の一生《いっしょう》を書《か》いた作品《さくひん》。例 発明家《はつめいか》の立志伝《りっしでん》を読《よ》む。

【立秋】《りっしゅう》 ▲ 八月七《はちがつしち》、八日《はちにち》ごろの、こよみのうえで秋《あき》がはじまる日《ひ》。表現 この日以後《ひいご》の暑《あつ》さが「残暑《ざんしょ》」。

【立春】《りっしゅん》 ▲ 二月三《にがつさん》、四日《よっか》ごろの、こよみのうえで春《はる》がはじまる日《ひ》。知識 立春《りっしゅん》の前《まえ》の日《ひ》が「節分《せつぶん》」。「八十八夜《はちじゅうはちや》」や「二百十日《にひゃくとおか》」は、立春《りっしゅん》からかぞえた日数《にっすう》。

例解 使い分け

[たてる《立てる・建てる》]

立てる＝垂直《すいちょく》にすえる。例 旗《はた》を立《た》てる。ほうきを立《た》てる。目標《もくひょう》を立《た》てる。

建てる＝とくに、大《おお》きくて複雑《ふくざつ》な物《もの》を「たてる」。例 倉庫《そうこ》を建《た》てる。家《いえ》を建《た》てかえる。銅像《どうぞう》を建《た》てる。

◦学習漢字でない常用漢字　▲常用漢字表にない音訓　◆常用漢字でない漢字

【立証】りっしょう ▲〈—する〉証拠《しょうこ》をあげて、事実《じじつ》であることをはっきりさせること。例 無罪《むざい》を立証《りっしょう》する。類 証明《しょうめい》・実証《じっしょう》・論証《ろんしょう》

【立身出世】りっしんしゅっせ 〈—する〉世《よ》に出《で》て成功《せいこう》し、高《たか》い地位《ちい》を得《え》ること。

【立冬】りっとう ▲ 十一月七《じゅういちがつなの》か、八日《ようか》ごろの、こよみのうえで冬《ふゆ》がはじまる日《ひ》。

【立法】りっぽう ▲〈—する〉法律《ほうりつ》を定《さだ》めること。例 立法《りっぽう》機関《きかん》。立法《りっぽう》は国会《こっかい》の仕事《しごと》である。関連 立法《りっぽう》・行政《ぎょうせい》・司法《しほう》

❸《その他》

【立派】りっぱ ◎〈—な〉〈—に〉だれの目《め》にも、すばらしい。例 りっぱな建物《たてもの》。

立が下につく熟語 上の字の働き

❶立＝〈たつ〉のとき
【自立《じりつ》 中立《ちゅうりつ》 孤立《こりつ》 独立《どくりつ》 並立《へいりつ》 対立《たいりつ》 林立《りんりつ》 直立《ちょくりつ》 倒立《とうりつ》】ドノヨウニ立《た》つか。

❷立＝〈なりたつ〉のとき
【樹立《じゅりつ》 成立《せいりつ》 設立《せつりつ》 建立《こんりゅう》】近《ちか》い意味《いみ》。
【確立《かくりつ》 創立《そうりつ》 存立《そんりつ》 乱立《らんりつ》 両立《りょうりつ》 連立《れんりつ》】ドノヨウニなりたっているか。
【公立《こうりつ》 国立《こくりつ》 都立《とりつ》 府立《ふりつ》 私立《しりつ》】ダレがなりたたせているか。

◆脚立《きゃたつ》 共立《きょうりつ》 起立《きりつ》 群立《ぐんりつ》 木立《こだち》 献立《こんだて》 出立《しゅったつ》 夕立《ゆうだち》 擁立《ようりつ》

立-6
章
総画11
JIS-3047
教3年
音 ショウ
訓 —

筆順 章 章 章 章 章 章 章 章 章（まっすぐ、つく／ながく）

なりたち 章 【象形】いれずみ用《よう》のはりの形《かたち》をえがいた字《じ》。身分《みぶん》を明《あき》らかにするために、どれいや罪人《ざいにん》にいれずみをしたことから、「明《あき》らか、しるし」の意味《いみ》に使《つか》われている。

意味 ❶ひとくぎり。文章《ぶんしょう》や音楽《おんがく》のひとまとまり。例 三《みっ》つの章《しょう》に分《わ》ける。章《しょう》を改《あらた》める。章節《しょうせつ》・文章《ぶんしょう》・楽章《がくしょう》 ❷しるし。例 記章《きしょう》

名前のよみ あき・あきら・たか・とし・のり・ふみ・ゆき

章が下につく熟語 上の字の働き

❶章＝〈ひとくぎり〉の意味で
【章節】しょうせつ Ⅱ 長《なが》い文章《ぶんしょう》の中《なか》で、章《しょう》や節《せつ》などでくぎられたまとまり。

❷章＝〈しるし〉のとき
【印章《いんしょう》 記章《きしょう》 紋章《もんしょう》】近《ちか》い意味《いみ》。
【勲章《くんしょう》 喪章《もしょう》 褒章《ほうしょう》 校章《こうしょう》】ナニを意味《いみ》するしるしか。
【肩章《けんしょう》 腕章《わんしょう》】ドコにつけるしるしか。

◆楽章《がくしょう》 憲章《けんしょう》 文章《ぶんしょう》

立-7
竣
総画12
JIS-2955
人名
音 シュン
訓 お-わる

意味 おわる。おえる。例 竣工《しゅんこう》

【竣工】しゅんこう ▲〈—する〉建築《けんちく》や土木《どぼく》の工事《こうじ》が終《お》わって、建造物《けんぞうぶつ》ができること。例 球場《きゅうじょう》の竣工式《しゅんこうしき》がとりおこなわれる。類 落成《らくせい》 対 起工《きこう》・着工《ちゃっこう》 表記「竣功」とも書《か》く。

立-7
童
総画12
JIS-3824
教3年
音 ドウ
訓 わらべ・わらわ

筆順 童 童 童 童 童 童 童 童 童（まっすぐ、つく／ながく）

なりたち 童 【形声】「辛」と「重」とでできている。「辛」がいれずみ用《よう》のはりで、「重《チョウ》」が「ドウ」とかわって読《よ》み方《かた》をしめしている。「チョウ」は「どれい」の意味《いみ》を持《も》ち、いれずみをしたどれいを表《あらわ》す字《じ》。

意味 子ども。わらべ。例 童歌《わらべうた》・児童《じどう》

【童顔】どうがん ↓ ①子《こ》どもの顔《かお》。②子《こ》どもっぽい顔《かお》つき。例 童顔《どうがん》なので、年《とし》がわからない。

【童子】どうじ Ⅱ おさない子《こ》ども。類 童《わらべ》

【童女】どうじょ ↓ おさない女《おんな》の子《こ》。類 幼女《ようじょ》

【童心】どうしん ↓ おさない子《こ》どもの、むじゃきな心《こころ》。例 童心《どうしん》にかえって孫《まご》とあそぶ。

【童謡】どうよう ↓ 子《こ》どもの心《こころ》でうたう歌《うた》や詩《し》。例 童謡歌手《どうようかしゅ》 類 童歌《わらべうた》

【童話】どうわ ↓ 子《こ》どもの心《こころ》で語《かた》る物語《ものがたり》。おとぎばなし。メルヘン。例 童話集《どうわしゅう》

【童歌】わらべうた ↓ むかしから子《こ》どもたちのあいだでうたいつがれてきた歌《うた》。類 童謡《どうよう》

童が下につく熟語 上の字の働き

【学童《がくどう》 神童《しんどう》 牧童《ぼくどう》 悪童《あくどう》】ドウイウ童《わらべ》か。

立−9

端

総画14 JIS-3528 常用

音 タン
訓 はし・は・はた

筆順

なりたち 【形声】「耑」が「タン」という読《よ》み方《かた》をしめしている。「タン」は「まっすぐ」の意味《いみ》を持《も》ち、まっすぐに立《た》つことを表《あらわ》す字《じ》。

意味
❶きちんと整《ととの》う。まっすぐ。例 端正《たんせい》
❷はしっこ。例 道路《どうろ》の端《はし》。山《やま》の端《は》。池《いけ》の端《はた》。端数《はすう》・片端《かたはし》
❸はじめ。いとぐち。例 端緒《たんしょ／たんちょ》・発端《ほったん》

名前のよみ ただ・ただし・はじめ・まさ・もと

❶〈きちんと整う〉の意味で

【°端座】《たんざ》 ↓〈―する〉正《ただ》しい姿勢《しせい》できちんとすわること。例 端座《たんざ》して本《ほん》を読《よ》む。類 正座《せいざ》

【°端正】《たんせい》 ||〈―な・―に〉動作《どうさ》や形《かたち》などにみだれたところがなく、きちんとととのっている。例 端《たん》正《せい》な顔《かお》だち。類 端麗《たんれい》・奇麗《きれい》

【°端然】《たんぜん》 ⊠〈―たる・―と〉動作《どうさ》やすがたが、じつにきちんとしている。例 端然《たんぜん》と正座《せいざ》する。

【°端的】《たんてき》 ⊠〈―な・―に〉ずばり、要点《ようてん》をついて。例 端的《たんてき》に言《い》えば、この計画《けいかく》は無理《むり》だ。

【°端°麗】《たんれい》 ||〈―な・―に〉すがたかたちがととのっていて、美《うつく》しい。例 端麗《たんれい》な容姿《ようし》。類 端正《たんせい》

❷〈はしっこ〉の意味で

【°端末】《たんまつ》 || ①電流《でんりゅう》の出入《でい》り口《ぐち》。②コンピューターにつなげて、情報《じょうほう》の出《だ》し入《い》れをする装置《そうち》。キーボードなど。端末装置《たんまつそうち》。

【°端境期】《はざかいき》 前《まえ》の年《とし》にとれた作物《さくもつ》はなくなりかけ、次《つぎ》の年《とし》のものはまだ出《で》ないころ。米《こめ》でいえば八月末《はちがつまつ》から九月《くがつ》はじめごろ。

【°端数】《はすう》 ↓はんぱな数《かず》。例 十円《じゅうえん》以下《いか》の端《は》数《すう》は切《き》りすて。

【°端役】《はやく》 ↓劇《げき》で、ほんのちょっと出《で》るだけの役《やく》。例 端役《はやく》にありつく。対 主役《しゅやく》

❸〈はじめ〉の意味で

【°端午】《たんご》 ↓五月五日《ごがついつか》の、男《おとこ》の子《こ》の節句《せっく》。よろい・かぶと・こいのぼりなどでいわう。今《いま》の子《こ》どもの日《ひ》。例 端午《たんご》の節句《せっく》。参考「午《ご》」は「五《ご》」で、はじめの五《ご》の日《ひ》を指《さ》す。

【°端°緒】《たんしょ／たんちょ》 || 始《はじ》まるきっかけ。解決《かいけつ》のいとぐち。例 端緒《たんしょ／たんちょ》をつかむ。類 発端《ほったん》・糸口《いとぐち》

端が下につく熟語 上の字の働き

❷端＝〈はしっこ〉のとき
【先端《せんたん》 末端《まったん》】近《ちか》い意味《いみ》。
【突端《とったん》 北端《ほくたん》 極端《きょくたん》】ドウイウはしっこか。
【一端《いったん》 片端《かたはし》 両端《りょうたん》 万端《ばんたん》】イクツのはしっこか。

◆途端《とたん》 半端《はんぱ》 発端《ほったん》

立−15

競

総画20 JIS-2205 教4年

音 キョウ・ケイ
訓 きそう・せる

筆順 まっすぐ、つく かたちちゅうい

なりたち 【会意】「音」はもと「言」で、ふたり（儿）が言《い》いあらそっているようすを表《あらわ》す字《じ》。

意味 きそう。せりあう。勝《か》ち負《ま》けをあらそう。例 技《わざ》を競《きそ》う。ねだんを競《せ》る。競《せ》りにかける。競技《きょうぎ》・競馬《けいば》

【競泳】《きょうえい》 ▲〈―する〉水泳《すいえい》の速《はや》さをきそう競《きょう》技《ぎ》。例 競泳大会《きょうえいたいかい》。競泳《きょうえい》の選手《せんしゅ》。

【競演】《きょうえん》 ↓〈―する〉①役者《やくしゃ》たちが芸《げい》をきそうように演《えん》じること。例 二大《にだい》スターの競演《きょうえん》。②おなじような作品《さくひん》を上演《じょうえん》して、できばえをきそう形《かたち》になること。表現 主役級《しゅやくきゅう》の人《ひと》がふたり以上《いじょう》いっしょに出演《しゅつえん》する場合《ばあい》は、「共演《きょうえん》」を使《つか》う。

【競技】《きょうぎ》 ▲〈―する〉スポーツでわざをきそい、勝《か》ち負《ま》けをあらそうこと。例 陸上競技《りくじょうきょうぎ》

【競合】《きょうごう》 ↓〈―する〉競争《きょうそう》になること。せりあう。例 三《みっ》つの会社《かいしゃ》が競合《きょうごう》するバス路線《ろせん》。

【競争】《きょうそう》 ||〈―する〉たがいに相手《あいて》に勝《か》とうとしてあらそうこと。例 業者間《ぎょうしゃかん》の競争《きょうそう》。

【競走】《きょうそう》 ▲〈―する〉走《はし》る速《はや》さをくらべあうこと。その競技《きょうぎ》。かけっこ。かけくらべ。例 一〇〇メートル競走《きょうそう》に出場《しゅつじょう》する。

【競売】《きょうばい》 ↓〈―する〉品物《しなもの》を買《か》いたい人《ひと》たちにねだんをつけさせ、そのなかでいちばん高《たか》い

前ページ▶端 競

ねだんをつけた人《ひと》にそれを売《う》ること。せり。せり売《う》り。例 土地《とち》を競売《きょうばい》にかける。参考 ふつう、法律用語《ほうりつようご》では「けいばい」という。

【競歩】きょうほ ▲ 陸上競技《りくじょうきょうぎ》の一《ひと》つ。歩《ある》く速《はや》さをきそうもの。知識 両方《りょうほう》の足《あし》が同時《どうじ》に地面《じめん》からはなれると失格《しっかく》になる。

【競馬】けいば ▲ 騎手《きしゅ》が馬《うま》を走《はし》らせる競走《きょうそう》。どの馬《うま》がいちばん速《はや》いかを予想《よそう》して、お金《かね》をかけるのがふつう。例 草競馬《くさけいば》

5画 罒［あみがしら］の部

あみの形《かたち》をえがいた象形《しょうけい》である「罒《あみがしら》」をもとに作《つく》られ、あみの種類《しゅるい》やその用法《ようほう》にかかわる字《じ》を集《あつ》めてあります。

この部首の字

8 罪……810 署……810 置……811
9 罰……811
10 罵……811 罷……811
14 羅……811
買→貝 956

罒－8

罪

総画13 JIS-2665 教5年
音 ザイ
訓 つみ

筆順 （四にならない）（はらう）

なりたち

【会意】「罪《つみ》」はもと、「罒」があみで、「非」が読《よ》み方《かた》をしめし、魚《さかな》をとるあみを表《あらわ》す形声字《けいせいじ》であった。しかし、もともと「つみ」を表《あらわ》す字《じ》の「辠」が、「皇」と似《に》ていたため、秦《しん》の始皇帝《しこうてい》がこれをさけ、「罪」の字《じ》を借《か》りてとらえるあみ（罒）とわるい人《ひと》（非）とを意味《いみ》する会意字《かいいじ》の「つみ」として使《つか》うようになった。

意味 悪《わる》いおこない。つみ。つみに対《たい》するばつ。例 罪《つみ》を犯《おか》す。罪悪《ざいあく》・犯罪《はんざい》・流罪《るざい》 対 功《こう》

【罪悪】ざいあく Ⅱ してはならないわるいおこない。つみ。とが。例 ぬすみは罪悪《ざいあく》だ。

【罪悪感】ざいあくかん 自分《じぶん》がわるいことをしていると思《おも》えてならないときの、その気持《きも》ち。例 罪悪感《ざいあくかん》にせめられる。罪悪感《ざいあくかん》がうすい。

【罪科】ざいか Ⅱ ①法律《ほうりつ》や道徳《どうとく》にそむくおこない。つみ。とが。例 罪科《ざいか》がある。②法律《ほうりつ》によって刑罰《けいばつ》をあたえること。しおき。類 刑罰《けいばつ》 参考「科《か》」もつみを表《あらわ》す字《じ》。

【罪業】ざいごう ↓ 仏教《ぶっきょう》のことばで、人間《にんげん》につみをおかさせる、どうにもならないわるいおこない。

【罪状】ざいじょう ↓ どんなわるいことをしたか、そのわけやようす。例 罪状《ざいじょう》を否認《ひにん》する。

【罪人】ざいにん｜つみびと ↓ ①つみをおかした人《ひと》。②裁判《さいばん》で有罪《ゆうざい》と決《き》まった人《ひと》。犯罪者《はんざいしゃ》。知識 判決《はんけつ》が出《で》るまでは、「容疑者《ようぎしゃ》」または「被告《ひこく》」であっても、「罪人《ざいにん｜つみびと》」とは言《い》わない。

【罪名】ざいめい ↓ 殺人《さつじん》・放火《ほうか》など、おかしたつみを表《あらわ》す名《な》。

罪が下につく熟語 上の字の働き

【謝罪《しゃざい》 断罪《だんざい》 犯罪《はんざい》】罪《つみ》をドウスルか。
【重罪《じゅうざい》 大罪《たいざい》 同罪《どうざい》 余罪《よざい》】ドウイウ罪《つみ》か。
【死罪《しざい》 流罪《るざい》】ナニに相当《そうとう》する罪《つみ》か。
【有罪《ゆうざい》 無罪《むざい》】罪《つみ》の有《あ》る無《な》し。
◆ 功罪《こうざい》

罒－8

署

総画13 JIS-2980 教6年
音 ショ
訓 —

［署］

筆順 （四にならない）（ながく）（つきだす）

なりたち

【形声】もとの字《じ》は、「署」。「罒」があみで、「者《シャ》」が「ショ」とかわって読《よ》み方《かた》をしめす。「シャ」は「おく」意味《いみ》を持《も》ち、あみをしかけるために人《ひと》をあちらこちらにおくことを表《あらわ》す字《じ》。

意味

❶役所《やくしょ》。役割《やくわり》を手分《てわ》けする。わりあてられた役目《やくめ》。「警察署《けいさつしょ》」の略《りゃく》。例 署《しょ》に連行《れんこう》する。署長《しょちょう》・部署《ぶしょ》

❷名《な》を書《か》きしるす。例 署名《しょめい》

❶〈役所〉の意味で

【署長】しょちょう ↓ 警察署《けいさつしょ》・消防署《しょうぼうしょ》・税務署《ぜいむしょ》など、署《しょ》という名《な》のつく役所《やくしょ》のいちばん上《うえ》の役《やく》。

❷〈名を書きしるす〉の意味で

【署名】しょめい ①▲〈―する〉自分《じぶん》の名前《なまえ》を書《か》きしるすこと。例 署名運動《しょめいうんどう》 類 記名《きめい》 ②↓ 自分《じぶん》で書《か》いた名前《なまえ》。サイン。

◆ 部署《ぶしょ》 連署《れんしょ》

罒-8
置
総画13
JIS-3554
教4年
音 チ
訓 おく

筆順

なりたち

【形声】「罒」があみで、「直《チョク》」が「チ」とかわって読《よ》み方《かた》をしめしている。「チョク」は「立《た》てる」意味《いみ》を持《も》ち、あみを立《た》てることを表《あらわ》す字《じ》。

意味 おく。そなえつける。とりはからう。例 留守番《るすばん》を置《お》く。置物《おきもの》・位置《いち》

【置物】《おきもの》 ↓ たなの上《うえ》などにおくかざりもの。

【置◦換】《ちかん》 ↓〈―する〉順序《じゅんじょ》をかえたり、ほかのものとおきかえたりすること。

置が下につく熟語 上の字の働き
【措置 装置】《そち そうち》近《ちか》い意味《いみ》。
【設置 配置 安置 処置 放置 拘置 留置】《せっち はいち あんち しょち ほうち こうち りゅうち》ドウヤッテ置《お》くか。

罒-9
罰
総画14
JIS-4019
常用
音 バツ・バチ
訓 ―

筆順

なりたち

【会意】ののしる意味《いみ》の「詈」と「刀《かたな》(刂)」を合《あ》わせて、とらえて、ことばで責《せ》め、刀《かたな》で切《き》ることを表《あらわ》す字《じ》。「しおきする」意味《いみ》に使《つか》われている。

意味 ばつ。しおき。例 罰《ばつ》をあたえる。罰《ばち》が当《あ》たる。罰金《ばっきん》・刑罰《けいばつ》

【◦罰金】《ばっきん》 ↓ ①法律《ほうりつ》をおかした人《ひと》から、罰《ばつ》として取《と》り立《た》てるお金《かね》。例 罰金《ばっきん》を科《か》す。②罰《ばつ》として出《だ》させるお金《かね》。

【◦罰則】《ばっそく》 ↓ 規則《きそく》や法律《ほうりつ》を守《まも》らなかった人《ひと》に、どういう罰《ばつ》をあたえるかを決《き》めたもの。

罰が下につく熟語 上の字の働き
【懲罰 体罰】《ちょうばつ たいばつ》ナニによる罰《ばつ》か。
◆刑罰《けいばつ》 厳罰《げんばつ》 賞罰《しょうばつ》 信賞必罰《しんしょうひつばつ》 天罰《てんばつ》

罒-10
罵
総画15
JIS-3945
常用
音 バ
訓 ののしる

筆順

意味 大声《おおごえ》で悪口《わるくち》を言《い》う。相手《あいて》をせめ、はずかしめる。例 口汚《くちぎたな》く罵《ののし》る。罵詈雑言《ばりぞうごん》

【◦罵声】《ばせい》 ↓ 大声《おおごえ》で言《い》う悪口《わるくち》。例 罵声《ばせい》が飛《と》ぶ。

【◦罵◦倒】《ばとう》 ⊠〈―する〉ひどい悪口《わるくち》で相手《あいて》をやりこめる。例 人前《ひとまえ》で罵倒《ばとう》する。

罵が下につく熟語 上の字の働き
【面罵 痛罵】《めんば つうば》ドノヨウニののしるか。

罒-10
罷
総画15
JIS-4077
常用
音 ヒ
訓 ―

筆順

なりたち

【会意】「罒」があみで、「能」が力《ちから》のあるけものをしめす。合《あ》わせて、あみでとらえて力《ちから》を取《と》り去《さ》ることを表《あらわ》す字《じ》。

意味 やめる。やめさせる。しりぞける。例 罷免《ひめん》

【◦罷◦免】《ひめん》 ‖〈―する〉役目《やくめ》やつとめをやめさせること。例 裁判官《さいばんかん》を罷免《ひめん》する。類 免職《めんしょく》

罒-14
羅
総画19
JIS-4569
常用
音 ラ
訓 ―

筆順

なりたち

【会意】あみの意味《いみ》の「罒」と「つなぐ」意味《いみ》の「維」を合《あ》わせ、あみをつないでめぐらすことを表《あらわ》す字《じ》。

意味
❶あみ。あみにかける。例 網羅《もうら》
❷つらねる。ならべる。例 羅列《られつ》・森羅万象《しんらばんしょう》・星羅《せいら》
❸うすもの。うすぎぬの織物《おりもの》。例 一張羅《いっちょうら》

❷〈つらねる〉の意味で
【◦羅針◦盤】《らしんばん》 船《ふね》や飛行機《ひこうき》などが、磁石《じしゃく》の性質《せいしつ》を利用《りよう》して方角《ほうがく》を知《し》るのに使《つか》う道具《どうぐ》。コンパス。類 羅針儀《らしんぎ》

【◦羅列】《られつ》 ‖〈―する〉数字《すうじ》や文字《もじ》などを、ずらずらと書《か》きならべること。表現 「ただならんでいるだけ」という意味《いみ》でよく使《つか》われ、「文字《もじ》の羅列《られつ》」は、おもしろくないという意味《いみ》になる。

◆森羅《しんら》 星羅《せいら》 網羅《もうら》

5画 旡 [むにょう] の部

ここには「既」の字だけが入《はい》ります。

この部首の字
5 既……812

既

旡－5
総画10
JIS-2091
常用
音 キ
訓 すでに
[旣]

筆順

なりたち  [形声] もとの字は、「旣」。「皀」が食《た》べ物《もの》をうつわにもった形《かたち》、「旡」はおなかいっぱいに食《た》べている形《かたち》で、「キ」という読《よ》み方《かた》もしめしている。じゅうぶんに食《た》べ終《お》わることを表《あらわ》す字《じ》で、ものごとの終《お》わった意味《いみ》に使《つか》われる。

意味 すでに。もはや。例 既《すで》に手《て》おくれだ。既定《きてい》 対 未《み》

【°既往°症】きおうしょう 今《いま》はなおっているが、前《まえ》にかかったことのある病気《びょうき》。

【°既刊】きかん ↓ 雑誌《ざっし》や本《ほん》などが、これまでにも発行《はっこう》されていること。対 未刊《みかん》

【°既決】きけつ ↓ ①もう決《き》まっていること。②裁《さい》判《ばん》で、判決《はんけつ》が出《で》ていること。対 未決《みけつ》

【既°婚】きこん ↓ 結婚《けっこん》している。対 未婚《みこん》

【°既成】きせい ↓ ものごとがもうそのようになってしまっていること。例 既成《きせい》の事実《じじつ》。

【°既成°概念】きせいがいねん あることがらについて、前《まえ》からもっている考《かんが》えや知識《ちしき》。

【°既製】きせい ↓ 注文《ちゅうもん》で作《つく》るのでなく、前《まえ》もってできあがっていること。例 既製服《きせいふく》 表現 品物《しなもの》なら「既製《きせい》」、事件《じけん》や事実《じじつ》なら「既成《きせい》」。

【°既存】きそん|きぞん ↓ 〈―する〉そのときよりも前《まえ》からあること。例 既存《きそん|きぞん》のものでまにあわせる。

【°既知】きち ↓ その前《まえ》から知《し》られていること。例 既知《きち》の事実《じじつ》。対 未知《みち》

【°既定】きてい ↓ もう決《き》まってしまっていること。例 既定《きてい》の方針《ほうしん》に合《あ》わせる。対 未定《みてい》

【°既得権】きとくけん それまでに手《て》に入《い》れている権《けん》利《り》。

5画 夫 [はるのかんむり] の部

「夫」は、もともと部首《ぶしゅ》ではありませんが、「夫」の形《かたち》からでも字《じ》がひけるように、検索記《けんさくき》号《ごう》として設《もう》けました。

この部首の字
泰↓氺 662
奉↓大 286
奏↓大 287
春↓日 569

6画 竹 [たけ] [たけかんむり] の部

「竹《たけ》」をもとに作《つく》られ、竹《たけ》の種類《しゅるい》やその加工品《かこうひん》にかかわる字《じ》を集《あつ》めてあります。

この部首の字
0 竹……812
2 竺……813
3 竿……813
4 笑……813
5 笹……813
笙……813
第……813
笛……814
符……814
笠……814
6 筋……814
策……814
筑……815
答……815
等……815
筒……816
筆……816
7 節……817
8 箇……817
管……818
算……818
箋……819
箔……819
9 箱……819
箸……819
範……819
10 築……820
篤……820
12 簡……820
13 簿……820
14 籍……821
16 籠……821

竹

竹－0
総画6
JIS-3561
教1年
音 チク
訓 たけ

筆順
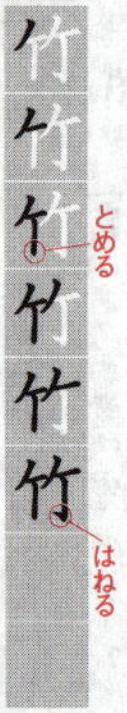

なりたち  [象形] 小《ち》いささだけをえがいた字《じ》。

意味 たけ。節《ふし》のある筒状《つつじょう》の茎《くき》に葉《は》をつける多年性植物《たねんせいしょくぶつ》。例 竹《たけ》の棒《ぼう》。竹馬《たけうま|ちくば》

特別なよみ 竹刀（しない）

【竹刀】しない ↓ 剣道《けんどう》で使《つか》う、竹《たけ》でつくった刀《かたな》。対 真剣《しんけん》

【竹馬】たけうま|ちくば ↓ 二本《にほん》の竹《たけ》の棒《ぼう》にそれぞれ足《あし》をのせる台《だい》をつけ、それに乗《の》って歩《ある》く遊《あそ》び道具《どうぐ》。例 竹馬《ちくば》の友《とも》（竹馬《たけうま》で遊《あそ》んだ、子《こ》どものころか

らの友達《ともだち》)。

竹−2

【竺】

総画8　JIS-2819　人名

音 トク・チク・ジク
訓 ―

意味 インドの古《ふる》いよび方《かた》「天竺《てんじく》」に使《つか》われる字《じ》。

竹−3

【竿】

総画9　JIS-2040　人名

音 カン
訓 さお

意味 さお。竹《たけ》などで作《つく》った長《なが》い棒《ぼう》。例 物干《ものほ》し竿《ざお》・釣《つ》り竿《ざお》

竹−4

【笑】

総画10　JIS-3048　教4年

音 ショウ
訓 わらう・えむ

筆順 笑笑笑笑笑笑笑（とめる・はねない・はらう）

なりたち  [形声]「あざみ」を表《あらわ》す「芺」の字《じ》が誤《あやま》って「笑」と書《か》かれ、「わらう」意味《いみ》の「咲」の代《か》わりに使《つか》われるようになった字《じ》。「咲」は「芺《ヨウ》」が「ショウ」とかわって読《よ》み方《かた》をしめしている。「ヨウ」は「しなをつくる」意味《いみ》を持《も》ち、口《くち》もとにしなをつくってわらうことを表《あらわ》す字《じ》。

意味 ❶わらう。ほほえむ。例 花《はな》が笑《え》む。笑《わら》い声《ごえ》・苦笑《くしょう》
❷けんそんの気持《きも》ちを表《あらわ》すことば。例 笑《しょう》納《のう》

特別なよみ 笑顔(えがお)

❶〈わらう〉の意味で

【笑顔】《えがお》↓ わらった顔《かお》。例 笑顔《えがお》の写真《しゃしん》。

【笑止】《しょうし》◎〈―な〉ばかばかしくて話《はなし》にもならない。例 笑止千万《しょうしせんばん》

【笑話】《しょうわ》↓ わらいばなし。おもしろい話《はなし》。

❷〈けんそんの気持ちを表すことば〉の意味で

【笑納】《しょうのう》↓〈―する〉人《ひと》におくりものをするとき、「こんなつまらないものですが、わらってお受《う》けとりください」という意味《いみ》で使《つか》うことば。例 どうぞご笑納《しょうのう》ください。

【笑覧】《しょうらん》↓〈―する〉自分《じぶん》のものを人《ひと》に見《み》せるときに、「つまらないものなのでわらって見《み》てください」と、けんそんしていうことば。

笑が下につく熟語　上の字の働き

❶笑=〈わらう〉のとき
【苦笑《くしょう》　失笑《しっしょう》　爆笑《ばくしょう》　微笑《びしょう》　冷笑《れいしょう》】ドノヨウニ笑《わら》うか。

◆談笑《だんしょう》

竹−5

【笹】

総画11　JIS-2691　人名

音 ―
訓 ささ

意味 ささ。例 笹舟《ささぶね》・熊笹《くまざさ》

参考 国字《こくじ》。「竹《たけ》」と、「葉《は》」を略《りゃく》した「世」とを合《あ》わせた字《じ》。

竹−5

【笙】

総画11　JIS-6789　人名

音 ショウ
訓 ―

意味 しょうのふえ。長短《ちょうたん》の竹筒《たけづつ》を立《た》てならべた雅楽《ががく》の楽器《がっき》。

竹−5

【第】

総画11　JIS-3472　教3年

音 ダイ
訓 ―

筆順 第第第第第第第第（はねない・はねる・ださない）

なりたち [形声]「弟」が順序《じゅんじょ》の意味《いみ》と「ダイ」という読《よ》み方《かた》をしめしている。巻《ま》いた竹簡《ちくかん》(竹《たけ》のふだでつくった書物《しょもつ》)の順序《じゅんじょ》を表《あらわ》す字《じ》。

意味 ❶順序《じゅんじょ》。例 第三者《だいさんしゃ》・次第《しだい》
❷試験《しけん》。例 及第《きゅうだい》

❶〈順序〉の意味で

【第一人者】《だいいちにんしゃ》ある方面《ほうめん》や、おなじなかまの中《なか》で、もっとも力《ちから》があり、すぐれている人《ひと》。例 短歌《たんか》の第一人者《だいいちにんしゃ》。

【第一線】《だいいっせん》①会社《かいしゃ》や組織《そしき》の中《なか》で、先頭《せんとう》に立《た》ってたいせつな仕事《しごと》をうけもつところ。例 新聞社《しんぶんしゃ》の第一線《だいいっせん》で活躍《かつやく》する。②戦場《せんじょう》で、敵《てき》とじかにむかいあって、たたかうところ。例 一兵卒《いっぺいそつ》として第一線《だいいっせん》に立《た》つ。類 最前線《さいぜんせん》

【第一歩】《だいいっぽ》最初《さいしょ》のひと足《あし》。ものごとの出《で》だし。例 社会生活《しゃかいせいかつ》の第一歩《だいいっぽ》をふみだす。

【第三者】《だいさんしゃ》そのことにちょくせつ関係《かんけい》のない人《ひと》。例 第三者《だいさんしゃ》の意見《いけん》を聞《き》く。類 他人《たにん》 対 当事者《とうじしゃ》

【第六感】《だいろっかん》目《め》・耳《みみ》・鼻《はな》・口《くち》・皮膚《ひふ》の五《いつ》つの感《かん》

覚《かく》のほかに、なにかを感《かん》じとる心《こころ》のはたらき。例 第六感《だいろっかん》がはたらく。類 直感《ちょっかん》・勘《かん》

第が下につく熟語 上の字の働き

❷第＝〈試験〉のとき
【及第《きゅうだい》 落第《らくだい》】試験《しけん》の結果《けっか》、ドウナルか。

笛

竹−5 総画11 JIS-3711 教3年
音 テキ 訓 ふえ

筆順 笛 笛 笛 笛（はねない） 笛 笛（はっきりだす） 笛 笛 笛

なりたち 【形声】「由《ユウ》」が「テキ」とかわって読《よ》み方《かた》をしめしている。「ユウ」は「あなをあける」意味《いみ》を持《も》ち、竹《たけ》にあなをあけてつくった楽器《がっき》を表《あらわ》す字《じ》。

意味 ふえ。例 笛《ふえ》をふく。笛《ふえ》の音《ね》。草笛《くさぶえ》・汽笛《きてき》

笛が下につく熟語 上の字の働き

【汽笛《きてき》 警笛《けいてき》 霧笛《むてき》 横笛《よこぶえ》 角笛《つのぶえ》 草笛《くさぶえ》】ドノヨウナ笛《ふえ》か。

◆鼓笛《こてき》

符

竹−5 総画11 JIS-4168 常用
音 フ 訓 ―

筆順 符 符 符 符 符 符 符 符

なりたち 【形声】「付」が「合《あ》わせる」意味《いみ》と「フ」という読《よ》み方《かた》をしめしている。つき合《あ》わせて証拠《しょうこ》をたしかめる竹《たけ》のふだ「わりふ」を表《あらわ》す字《じ》。

意味 ❶ふだ。わりふ。例 符合《ふごう》・切符《きっぷ》 ❷しるし。記号《きごう》。例 符号《ふごう》・音符《おんぷ》

❶〈ふだ〉の意味で

【符合《ふごう》】↓（―する）二《ふた》つにわったふだが合《あ》うように、ぴったり合《あ》う。例 事実《じじつ》と符合《ふごう》する。

❷〈しるし〉の意味で

【符号《ふごう》】Ⅱ 文章《ぶんしょう》や算数《さんすう》の式《しき》の中《なか》などで使《つか》われる、文字《もじ》以外《いがい》の記号《きごう》。たとえば、「＋」はプラス、「－」はマイナスを表《あらわ》す符号《ふごう》。

【符丁《ふちょう》】↓ なかまにしかわからない特別《とくべつ》なことばやしるし。例 符丁《ふちょう》で合図《あいず》する。類 暗号《あんごう》

笠

竹−5 総画11 JIS-1962 人名
音 リュウ 訓 かさ

意味 かさ。頭《あたま》にかぶるかさ。例 陣笠《じんがさ》・花笠《はながさ》

筋

竹−6 総画12 JIS-2258 教6年
音 キン 訓 すじ

筆順 筋 筋 筋 筋（はねない） 筋（はねる） 筋 筋（はねる） 筋

なりたち 【会意】「竹《たけ》」と「月《にく》（肉）」と「力《ちから》」とからできている字《じ》。「肋」は力《ちから》を入《い》れるとぴんとはるすじを表《あらわ》し、「竹《たけ》」をくわえて、竹《たけ》のすじを表《あらわ》している。

意味 すじ。通《とお》るすじ。からだの中《なか》のすじ。骨組《ほねぐ》みのすじ。例 話《はなし》の筋《すじ》。筋《すじ》道《みち》・筋肉《きんにく》・鉄筋《てっきん》

【筋骨《きんこつ》】Ⅱ 肉《にく》づきと骨組《ほねぐ》み。例 筋骨《きんこつ》たくましい青年《せいねん》。

【筋肉《きんにく》】Ⅱ 細《ほそ》いすじが集《あつ》まってできている肉《にく》。のびちぢみしてからだを動《うご》かすはたらきをする。

【筋力《きんりょく》】↓ 筋肉《きんにく》の力《ちから》。例 毎日《まいにち》トレーニングをして筋力《きんりょく》をつける。

【筋金《すじがね》】↓ ものをじょうぶにするために、中《なか》にはめこむ金属《きんぞく》の線《せん》や棒《ぼう》。例 筋金入《すじがねい》り

【筋道《すじみち》】↓ 話《はなし》や考《かんが》えを進《すす》めていくつながりや順序《じゅんじょ》。例 筋道《すじみち》をたてて説明《せつめい》する。類 筋目《すじめ》・道筋《みちすじ》

筋が下につく熟語 上の字の働き

【一筋《ひとすじ》 大筋《おおすじ》 本筋《ほんすじ》】ドノヨウナ筋《すじ》か。
【血筋《ちすじ》 道筋《みちすじ》 鼻筋《はなすじ》 背筋《せすじ》】ナニの筋《すじ》か。

策

竹−6 総画12 JIS-2686 教6年
音 サク 訓 ―

筆順 策 策 策（はねない） 策 策（つにならない） 策（はねない） 策

なりたち 【形声】「朿《シ》」が「サク」とかわって読《よ》み方《かた》をしめしている。「シ」は「うつ」意味《いみ》を持《も》ち、竹《たけ》のむちを表《あらわ》す字《じ》。

意味 はかりごと。例 策《さく》を練《ね》る。策略《さくりゃく》・対策《たいさく》・

政策《せいさく》

名前のよみ かず

【策士《さくし》】↓ はかりごとのじょうずな人《ひと》。例 策士《さくし》、策《さく》におぼれる（策士《さくし》は、策《さく》を使《つか》いすぎて、かえって失敗《しっぱい》するものだ）。

【策動《さくどう》】↓（―する）こっそりとよくないことを考《かんが》えて、かげで動《うご》きまわること。例 策動家《さくどうか》 類 暗躍《あんやく》・画策《かくさく》・裏工作《うらこうさく》

【策謀《さくぼう》】Ⅱ こっそりしくんで、相手《あいて》をだまそうとするたくらみ。例 策謀《さくぼう》をめぐらす。類 策略《さくりゃく》・計略《けいりゃく》・謀略《ぼうりゃく》

【策略《さくりゃく》】Ⅱ 事《こと》をやりとげるための計画《けいかく》・方《ほう》法《ほう》。はかりごと。例 策略《さくりゃく》を練《ね》る。類 策謀《さくぼう》・計《けい》略《りゃく》・謀略《ぼうりゃく》

策が下につく熟語 上の字の働き

【術策《じゅっさく》 方策《ほうさく》】近《ちか》い意味《いみ》。
【奇策《きさく》 対策《たいさく》 得策《とくさく》 秘策《ひさく》 善後策《ぜんごさく》】ドウイウ策《さく》か。
【一策《いっさく》 万策《ばんさく》】イクツの策《さく》か。
【金策《きんさく》 国策《こくさく》 政策《せいさく》】ナニのための策《さく》か。
【画策《かくさく》 施策《しさく》 失策《しっさく》】策《さく》をドウスルか。

竹-6 【筑】

総画12 JIS-3562 人名

音 チク 訓 ―

意味

❶ちく。琴《こと》に似《に》た楽器《がっき》の名《な》。

❷筑前《ちくぜん》・筑後《ちくご》。旧国名《きゅうこくめい》。だいたい今《いま》の福岡《ふくおか》県《けん》にあたる。例 筑州《ちくしゅう》

参考「筑紫《つくし》」「筑波《つくば》」など、「ツク」とも読《よ》む。

竹-6 【答】

総画12 JIS-3790 教2年

音 トウ 訓 こたえる・こたえ

筆順 はねない はらう

なりたち 【会意】「竹《たけ》」と「合《あ》」を合《あ》わせて、竹《たけ》のふたつき容器《ようき》がぴたりと合《あ》うことから、こたえを表《あらわ》す字《じ》となった。

意味 こたえ。こたえる。例 質問《しつもん》に答《こた》える。答《こた》えを確《たし》かめる。答案《とうあん》・解答《かいとう》 対 問《もん》

使い分け こたえる［答・応］☞815ページ

【答案《とうあん》】↓ 問題《もんだい》の答《こた》えを書《か》いた紙《かみ》。例 答案《とうあん》用紙《ようし》

【答辞《とうじ》】↓ おもに卒業式《そつぎょうしき》で、在校生《ざいこうせい》からの「送辞《そうじ》（送《おく》り出《だ》すことば）」に卒業生《そつぎょうせい》が答《こた》えることば。対 送辞《そうじ》

【答申《とうしん》】↓（―する）大臣《だいじん》や上役《うわやく》などの質問《しつもん》に対《たい》して考《かんが》えや意見《いけん》をまとめ、書《か》いてさし出《だ》すこと。例 答申案《とうしんあん》 対 諮問《しもん》

【答弁《とうべん》】↓（―する）議会《ぎかい》などで質問《しつもん》に答《こた》えて説明《せつめい》すること。例 答弁《とうべん》に立《た》つ。

【答礼《とうれい》】▲（―する）相手《あいて》のあいさつに対《たい》して、あいさつをかえすこと。例 にこやかに答礼《とうれい》する。類 返礼《へんれい》

答が下につく熟語 上の字の働き

【応答《おうとう》 解答《かいとう》】近《ちか》い意味《いみ》。
◆回答《かいとう》 確答《かくとう》 自問自答《じもんじとう》 贈答《ぞうとう》 問答《もんどう》

竹-6 【等】

総画12 JIS-3789 教3年

音 トウ 訓 ひとしい・など・ら

筆順 はねない ながく はねる

なりたち 【形声】「寺《シジ》」が「トウ」とかわって読《よ》み方《かた》をしめしている。「シ」は「そろう」意味《いみ》を持《も》ち、竹《たけ》のふだ（書物《しょもつ》）をそろえてととのえることを表《あらわ》す字《じ》。

意味

❶ひとしい。おなじである。例 等《ひと》しい長《なが》さ。等分《とうぶん》・平等《びょうどう》

❷順位《じゅんい》。段階《だんかい》。ランク。例 等級《とうきゅう》・上等《じょうとう》

❸なかま。…など。そのほかをふくむこと。例 電車《でんしゃ》やバス等《とう》の交通機関《こうつうきかん》。郎等《ろうとう》

名前のよみ とし・とも

❶〈ひとしい〉の意味で

【等圧線《とうあつせん》】天気図《てんきず》で、気圧《きあつ》のひとしいところをむすんだ線《せん》。

例解 使い分け

［こたえる《答える・応える》］

答える＝返事《へんじ》をする。問《と》いかけや呼《よ》びかけにかえす。
例 質問《しつもん》に答《こた》える。回答用紙《かいとうようし》に答《こた》えを記入《きにゅう》する。

応える＝むくいる。反応《はんのう》をしめす。
例 観客《かんきゃく》の声援《せいえん》に応《こた》える。期待《きたい》に応《こた》える。手応《てごた》えがある。

前ページ ▶ 筑 答 等

【等号】《とうごう》 ↓ 二《ふた》つの数《かず》や式《しき》がひとしいことを表《あらわ》す記号《きごう》。「＝」。イコール。例 二《ふた》つの式《しき》を等《とう》号《ごう》でむすぶ。
【等高線】《とうこうせん》 地図《ちず》で、陸地《りくち》のおなじ高《たか》さの地《ち》点《てん》をむすんだ線《せん》。類 等深線《とうしんせん》
【等式】《とうしき》 ↓ 数学《すうがく》で、二《ふた》つの数《かず》や式《しき》を、等号《とうごう》（＝）でむすんである式《しき》。
【等質】《とうしつ》 ↓〈━に・な〉性質《せいしつ》や材質《ざいしつ》がおなじであること。例 等質《とうしつ》の製品《せいひん》。類 同質《どうしつ》・均質《きんしつ》 対 異質《いしつ》
【等身大】《とうしんだい》 人《ひと》のからだとおなじくらいの大《おお》きさ。例 等身大《とうしんだい》の仏像《ぶつぞう》。
【等分】《とうぶん》 ↓〈━する〉おなじ数《かず》やおなじ量《りょう》に分《わ》けること。例 材料《ざいりょう》を五等分《ごとうぶん》する。

❷〈順位〉の意味で
【等外】《とうがい》 ↓ 決《き》められた等級《とうきゅう》や順位《じゅんい》に入《はい》らないこと。例 等外佳作《とうがいかさく》
【等級】《とうきゅう》 Ⅱ 位《くらい》の上下《じょうげ》や、品質《ひんしつ》のよしあしを区別《くべつ》した段階《だんかい》。ランク。例 商品《しょうひん》のリンゴに等級《とうきゅう》をつける。類 階級《かいきゅう》

等が下につく熟語 上の字の働き
❶ 等＝〈ひとしい〉のとき
【均等《きんとう》 平等《びょうどう》 対等《たいとう》 同等《どうとう》】近《ちか》い意味《いみ》。
❷ 等＝〈順位〉のとき
【特等《とくとう》 優等《ゆうとう》 高等《こうとう》 上等《じょうとう》 初等《しょとう》 劣等《れっとう》】ドノヘンの順位《じゅんい》か。

竹-6
筒
総画12
JIS-3791
常用
訓 つつ
音 トウ

筆順 筒筒筒筒筒筒筒筒

なりたち
【形声】「同」が「通《とお》る」意味《いみ》と「トウ」という読《よ》み方《かた》をしめしている。ふしをぬいた竹《たけ》づつを表《あらわ》す字《じ》。

意味 つつ。例 竹《たけ》の筒《つつ》。筒先《つつさき》・円筒《えんとう》

【筒先】《つつさき》 ↓ ①つつの形《かたち》をしたものの先《さき》っぽ。②大砲《たいほう》や鉄砲《てっぽう》などの、たまがとびだす口《くち》。例 筒先《つつさき》をむける。③消火《しょうか》ホースの先《さき》。消火《しょうか》のとき筒《つつ》の先《さき》を持《も》つ消防士《しょうぼうし》。

筒が下につく熟語 上の字の働き
【円筒《えんとう》 封筒《ふうとう》】ドウイウ筒《つつ》か。

竹-6
筆
総画12
JIS-4114
教3年
訓 ふで
音 ヒツ

筆順 筆筆筆筆筆筆筆筆 （はねない・だす・だす）

なりたち
【形声】「聿《イツ｜リツ》」はふでを持《も》っている形《かたち》で、「ヒツ」とかわって読《よ》み方《かた》をしめしている。竹《たけ》をくわえて、竹《たけ》のふでを表《あらわ》す字《じ》。

意味
❶ ふで。字《じ》を書《か》く道具《どうぐ》。例 絵筆《えふで》・毛筆《もうひつ》
❷ ふでで書《か》く。ものを書《か》く。書《か》かれた文字《もじ》や文章《ぶんしょう》。例 筆《ふで》をふるう。筆者《ひっしゃ》・筆順《ひつじゅん》・代筆《だいひつ》

❷〈ふでで書く〉の意味で
【筆記】《ひっき》 ↓〈━する〉書《か》きしるすこと。書《か》きしるしたもの。例 筆記用具《ひっきようぐ》
【筆算】《ひっさん》 ↓〈━する〉紙《かみ》などに数字《すうじ》を書《か》いて計《けい》算《さん》すること。その計算《けいさん》。対 暗算《あんざん》
【筆写】《ひっしゃ》 ↓〈━する〉書《か》きうつすこと。類 書写《しょしゃ》 表現 【書写】《しょしゃ》（583ページ）
【筆者】《ひっしゃ》 ↓ その文章《ぶんしょう》や書物《しょもつ》を書《か》いた人《ひと》。例 筆者《ひっしゃ》の考《かんが》えを読《よ》みとる。類 作者《さくしゃ》・著者《ちょしゃ》 表現 文《ぶん》芸作品《げいさくひん》のときは「作者《さくしゃ》」、論説《ろんせつ》なら「筆者《ひっしゃ》」、また、一冊《いっさつ》の本《ほん》では「著者《ちょしゃ》」というのがふつう。書《か》き手《て》が自分《じぶん》を「筆者《ひっしゃ》」ということもある。
【筆順】《ひつじゅん》 ↓ 文字《もじ》を書《か》くときの、点《てん》や線《せん》を書《か》く順序《じゅんじょ》。書《か》き順《じゅん》。例 筆順《ひつじゅん》をおぼえる。参考 ものしり巻物（513ページ）
【筆勢】《ひっせい》 ↓ 文字《もじ》や絵《え》にあらわれたふでづかいのいきおい。例 力強《ちからづよ》い筆勢《ひっせい》。類 筆力《ひつりょく》
【筆跡】《ひっせき》 ↓ 書《か》かれた文字《もじ》。文字《もじ》の書《か》きぶり。例 美《うつく》しい筆跡《ひっせき》の手紙《てがみ》。筆跡鑑定《ひっせきかんてい》（だれが書《か》いた文字《もじ》か調《しら》べて当《あ》てること）
【筆舌】《ひつぜつ》 Ⅱ 文章《ぶんしょう》に書《か》くことと口《くち》に出《だ》して言《い》うこと。例 筆舌《ひつぜつ》につくしがたい苦《くる》しみ。
【筆談】《ひつだん》 ↓〈━する〉口《くち》で話《はな》すかわりに、文字《もじ》を書《か》いて気《き》持《も》ちや考《かんが》えをつたえあうこと。
【筆頭】《ひっとう》 ↓ 書《か》きならべてある名前《なまえ》のなかで、いちばんはじめの人《ひと》。ふつう、いちばん地位《ちい》が上《うえ》のことをいう。例 前頭筆頭《まえがしらひっとう》
【筆法】《ひっぽう》 ↓ ①ふでの動《うご》かし方《かた》。ふでづかい。例 筆法伝授《ひっぽうでんじゅ》。類 運筆《うんぴつ》 ②ことばの言《い》いまわしや文章《ぶんしょう》の書《か》きぶり。③ものごとの進《すす》め方《かた》。例 いつもの筆法《ひっぽう》で進《すす》めよう。類 手法《しゅほう》

【筆名《ひつめい》】↓文章《ぶんしょう》、とくに文学作品《ぶんがくさくひん》などを発表《はっぴょう》するときに使《つか》う本名《ほんみょう》以外《いがい》の名前《なまえ》。ペンネーム。類 雅号《がごう》

【筆力《ひつりょく》】↓①書画《しょが》にあらわれている、筆《ふで》はこびのいきおい。例 見《み》る者《もの》を圧倒《あっとう》する筆力《ひつりょく》。類 筆勢《ひっせい》 ②読《よ》み手《て》をひきつける文章《ぶんしょう》を書《か》く力《ちから》。例 筆力《ひつりょく》のある文章《ぶんしょう》。類 文章力《ぶんしょうりょく》

【筆不精《ふでぶしょう》】（—な）手紙《てがみ》を書《か》くことをめんどうがること。表記「筆無精」とも書《か》く。

筆が下につく熟語 上の字の働き

❶筆＝〈ふで〉のとき
【運筆《うんぴつ》 執筆《しっぴつ》】筆《ふで》をドウスルか。
【毛筆《もうひつ》 硬筆《こうひつ》 鉛筆《えんぴつ》 朱筆《しゅひつ》 絵筆《えふで》】ドウイウ筆《ふで》か。

❷筆＝〈ふでで書く〉のとき
【一筆《いっぴつ》 代筆《だいひつ》 特筆《とくひつ》】ドノヨウニ書《か》くか。
【能筆《のうひつ》 達筆《たっぴつ》 乱筆《らんぴつ》 悪筆《あくひつ》】ドノヨウナ筆《ふで》づかいか。
【絶筆《ぜっぴつ》 乱筆《らんぴつ》 末筆《まっぴつ》】ドウイウ文章《ぶんしょう》か。
◆随筆《ずいひつ》 肉筆《にくひつ》 文筆《ぶんぴつ》

竹-7 【節】

総画13 JIS-3265 教4年
訓 音 セツ・セチ ふし
「節」

筆順 節 節 節 節 節 節 節（はねない・とめる・はねる）

なりたち 【形声】もとの字は、「節」。「即《ソク》」が「セツ」とかわって読《よ》み方《かた》をしめしている。「ソク」は「へだてる」意味《いみ》を持《も》ち、竹《たけ》のみきにしきりをつけている「ふし」を表《あらわ》す字《じ》。

意味

❶ふしめ。くぎりめ。ひとくぎり。例 竹《たけ》の節《ふし》。その節《せつ》。節穴《ふしあな》・節分《せつぶん》・関節《かんせつ》・章節《しょうせつ》
❷けじめ。みさおをまもる。例 節操《せっそう》・節度《せつど》
❸むだをはぶく。ほどよくする。例 節約《せつやく》・調節《ちょうせつ》
❹ふしまわし。メロディー。例 浪花節《なにわぶし》
❺身分《みぶん》をしめすしるし。わりふ。例 使節《しせつ》

注意するよみ セチ…例 お節料理《せちりょうり》
名前のよみ さだ・たか・たかし・たけ・とき・とも・のり・まこと・みさお・よし

❶〈ふしめ〉の意味で

【節句《せっく》】↓古《ふる》くからおこなわれてきた、季節《きせつ》のかわりめなどのおいわいの日《ひ》。例 初節句《はつぜっく》
知識 一月七日《いちがつなのか》の七草《ななくさ》、三月三日《さんがつみっか》の桃《もも》、五月五日《ごがついつか》の端午《たんご》、七月七日《しちがつなのか》の七夕《たなばた》、九月九日《くがつここのか》の菊《きく》の五節句《ごせっく》。

【節分《せつぶん》】↓季節《きせつ》がうつりかわるさかいめ。立春《りっしゅん》・立夏《りっか》・立秋《りっしゅう》・立冬《りっとう》の前《まえ》の日《ひ》。とくに立春《りっしゅん》の前《まえ》の日《ひ》をいう。例 節分《せつぶん》の豆《まめ》まき。

【節理《せつり》】Ⅱ 岩石《がんせき》にできたわれめ。柱《はしら》をならべたような柱状節理《ちゅうじょうせつり》、板《いた》をならべたような板状節理《ばんじょうせつり》などがある。

【節穴《ふしあな》】↓木《き》の板《いた》のふしがぬけて、あとにできたあな。例 その目《め》は節穴《ふしあな》か（穴《あな》があるだけでなにも見《み》えていないのか）。

【節目《ふしめ》】↓①木《き》や竹《たけ》などのふしのあるところ。②ものごとのくぎり。例 人生《じんせい》の節目《ふしめ》。

❷〈けじめ〉の意味で

【節操《せっそう》】Ⅱ 正《ただ》しいと思《おも》うことをどこまでもまもりつづけること。例 節操《せっそう》がない。

【節度《せつど》】↓けじめとして、ちょうどよいくらいのところ。例 節度《せつど》をまもる。

❸〈むだをはぶく〉の意味で

【節減《せつげん》】↓（—する）お金《かね》やものの使《つか》い方《かた》に気《き》をつけて、できるだけ少《すく》なくすること。例 経費《けいひ》を節減《せつげん》する。類 節約《せつやく》・倹約《けんやく》

【節食《せっしょく》】▲（—する）食事《しょくじ》を少《すく》なめにすること。例 節食《せっしょく》して体重《たいじゅう》をへらす。類 減食《げんしょく》

【節水《せっすい》】▲（—する）水《みず》をたいせつにして、むだに使《つか》わないこと。例 節水《せっすい》につとめる。

【節制《せっせい》】Ⅱ（—する）やりすぎにならないように少《すく》なめにすること。例 節制《せっせい》を心《こころ》がける。

【節約《せつやく》】Ⅱ（—する）むだをはぶいてたいせつに使《つか》うこと。類 倹約《けんやく》・節減《せつげん》 対 浪費《ろうひ》

節が下につく熟語 上の字の働き

❶節＝〈ふしめ〉のとき
【関節《かんせつ》 季節《きせつ》 時節《じせつ》 当節《とうせつ》】ドノヨウナふしめか。
【一節《いっせつ》 小節《しょうせつ》 末節《まっせつ》】ドノヨウナひとくぎりか。

❷節＝〈けじめ〉のとき
【苦節《くせつ》 忠節《ちゅうせつ》】ドノヨウナけじめか。
◆使節《しせつ》 調節《ちょうせつ》 礼節《れいせつ》

竹-8 【箇】

総画14 JIS-1853 常用
訓 音 カ
—

筆順 箇箇箇箇箇箇箇箇箇

なりたち 箇 【形声】「固《こ》」が「カ」とかわって読《よ》み方《かた》をしめしている。竹《たけ》をかぞえることばを表《あらわ》す字《じ》。

意味 一つ一つ《ひとひと》ものを指《さ》してかぞえることば。例 箇所《かしょ》

名前のよみ かず

【箇所《かしょ》】↓ ①そのところ。例 危険箇所《きけんかしょ》を調《しら》べる。類 場所《ばしょ》 ②場所《ばしょ》の数《かず》をかぞえることば。例 まちがいが二箇所《にかしょ》ある。表記 ②は「か所」「カ所」「ヶ所」「個所」とも書《か》く。

【箇条《かじょう》】↓ ①書くことをいくつかに分《わ》けたときの、一つ一つ《ひとひと》。例 箇条書《かじょうが》き 類 条項《じょうこう》 ②条文《じょうぶん》をかぞえるときのことば。表記 ②は「か条」「カ条」「ヶ条」「個条」とも書《か》く。

管

竹−8 総画14 JIS-2041 教4年 音 カン 訓 くだ

筆順 管管管管管管管 （はねない つにならない）

なりたち 【形声】「官」が「カン」という読《よ》み方《かた》をしめしている。「カン」は「つらぬく」意味《いみ》を持《も》ち、ふしのつらぬき通《とお》った竹《たけ》のくだを表《あらわ》す字《じ》。

意味 ❶くだ。中《なか》がからっぽの細長《ほそなが》いもの。例 ゴムの管《くだ》。血管《けっかん》 ❷つかさどる。責任《せきにん》をもつ。例 管理《かんり》・保管《ほかん》

❶〈くだ〉の意味で

【管楽器《かんがっき》】フルートなど、くだに息《いき》をふきこんで音《おと》を出《だ》す楽器《がっき》。木管《もっかん》と金管《きんかん》とがある。関連 管楽器《かんがっき》・弦楽器《げんがっき》・打楽器《だがっき》

【管弦楽《かんげんがく》】管楽器《かんがっき》・弦楽器《げんがっき》・打楽器《だがっき》などを使《つか》って、おおぜいの人《ひと》で演奏《えんそう》する音楽《おんがく》。オーケストラ。例 管弦楽《かんげんがく》の編成表《へんせいひょう》。

❷〈つかさどる〉の意味で

【管轄《かんかつ》】Ⅱ〈−する〉政府《せいふ》や役所《やくしょ》が、ある範囲《はんい》の仕事《しごと》のとりしまりに責任《せきにん》をもつこと。また、その範囲《はんい》。例 その問題《もんだい》は、交通課《こうつうか》の管轄《かんかつ》だ。類 所轄《しょかつ》

【管制《かんせい》】↓〈−する〉①政府《せいふ》が、とりしまって制限《せいげん》をすること。例 報道管制《ほうどうかんせい》 ②飛行機《ひこうき》の発着《はっちゃく》を指図《さしず》すること。例 管制塔《かんせいとう》

【管内《かんない》】↓ とりしまりをする役所《やくしょ》の、うけもち範囲《はんい》のなか。例 管内《かんない》を見《み》まわる。

【管理《かんり》】Ⅱ〈−する〉責任《せきにん》をもってとりしまり、めんどうをみること。例 管理職《かんりしょく》

管が下につく熟語 上の字の働き

❶管＝〈くだ〉のとき
【鉛管《えんかん》 鉄管《てっかん》 土管《どかん》】ナニでできた管《くだ》か。
【気管《きかん》 血管《けっかん》 下水管《げすいかん》 水道管《すいどうかん》】ナニを通《とお》す管《くだ》か。
◆移管《いかん》 所管《しょかん》 配管《はいかん》 保管《ほかん》 雷管《らいかん》

算

竹−8 総画14 JIS-2727 教2年 音 サン 訓 ―

筆順 算算算算算算算 （はねない ながく）

なりたち 【会意】「そろえる」意味《いみ》の「具」と「竹《たけ》」を合《あ》わせて、竹《たけ》のぼうでかぞえることを表《あらわ》す字《じ》。

意味 かぞえる。みこむ。見《み》つもる。例 算数《さんすう》・算段《さんだん》・計算《けいさん》・打算《ださん》

名前のよみ かず

【算出《さんしゅつ》】↓〈−する〉計算《けいさん》によって数《かず》をはっきりさせること。例 工事費《こうじひ》を算出《さんしゅつ》する。

【算術《さんじゅつ》】↓ 計算《けいさん》の仕方《しかた》。むかし小学校《しょうがっこう》などで教《おし》えた初歩《しょほ》の数学《すうがく》。今《いま》の「算数《さんすう》」。

【算数《さんすう》】▲ 数《かず》をかぞえること。小学校《しょうがっこう》で教《おし》える初歩《しょほ》の数学《すうがく》。例 算数《さんすう》はおもしろい。

【算段《さんだん》】▲〈−する〉必要《ひつよう》なものをなんとか用意《ようい》すること。例 算段《さんだん》を立《た》てる。やりくり算段《さんだん》 類 工面《くめん》・才覚《さいかく》

【算定《さんてい》】↓〈−する〉計算《けいさん》して決《き》めること。例 二酸化炭素《にさんかたんそ》排出量《はいしゅつりょう》を算定《さんてい》する。

【算入《さんにゅう》】↓〈−する〉勘定《かんじょう》に入《い》れること。例 校舎改築費《こうしゃかいちくひ》を、予算《よさん》に算入《さんにゅう》する。

【算用数字《さんようすうじ》】算数《さんすう》で使《つか》う、0・1・2・3・4・5・6・7・8・9の十個《じっこ》の数字《すうじ》。アラビア数字《すうじ》。関連 漢数字《かんすうじ》・ローマ数字《すうじ》・アラビア数字《すうじ》（算用数字《さんようすうじ》） 知識 アラビア人《じん》がインド人《じん》からうけついでヨーロッパにつたえた数字《すうじ》。

【数字《すうじ》】（547ページ）

【算盤《そろばん》】↓①ひし形のたまを竹《たけ》ひごに通《とお》してならべ、それを動《うご》かすことによって数《かず》を表《あらわ》す計算《けいさん》の道具《どうぐ》。例そろばんをはじく。②計算《けいさん》や損得《そんとく》の勘定《かんじょう》。例そろばんが合《あ》わない(商売《しょうばい》などで、入《はい》るお金《かね》よりも出《で》るお金《かね》が多《おお》くて損《そん》する)。そろばんずく(ものごとを、損《そん》か得《とく》かだけで考《かんが》えること)

算が下につく熟語 上の字の働き

【精算《せいさん》 換算《かんさん》 逆算《ぎゃくさん》 加算《かさん》 合算《がっさん》 通算《つうさん》 予算《よさん》 決算《けっさん》】ドノヨウニ計算《けいさん》するか。

【起算《きさん》 検算《けんさん》(験算《けんさん》) 採算《さいさん》 清算《せいさん》 御破算《ごはさん》】算《さん》をドウスルか。

【暗算《あんざん》 筆算《ひっさん》 目算《もくさん》 珠算《しゅざん》】ナニによって計算《けいさん》するか。

【公算《こうさん》 勝算《しょうさん》 成算《せいさん》 誤算《ごさん》】ドウイウ見《み》こみか。

竹-8

箋

総画14 JIS-6821 常用

訓 — 音 セン

筆順 箋 箋 箋 箋 箋 箋 箋

意味 詩《し》や手紙《てがみ》などを書《か》く用紙《ようし》。手紙《てがみ》。例便箋《びんせん》・処方箋《しょほうせん》・付箋《ふせん》

字体のはなし 「箋」(竹部《ぶ》「6画《かく》」、総画《そうかく》「12画《かく》」)とも書《か》く。☞ふろく「字体についての解説」(28ページ)

箋が下につく熟語 上の字の働き

【便箋《びんせん》 処方箋《しょほうせん》】ナニにつかう紙《かみ》か。

【付箋《ふせん》】ドノヨウニつかう紙《かみ》か。

竹-8

箔

総画14 JIS-3983 人名

訓 — 音 ハク

意味 はく。金属《きんぞく》をうすくのばしたもの。例台紙《だいし》に箔《はく》を押《お》す。箔《はく》がつく(ねうちが上《あ》がる)。金箔《きんぱく》

竹-9

箱

総画15 JIS-4002 教3年

訓 はこ 音 —

筆順 箱 箱 箱 箱 箱 箱 箱 箱（はねない）（はねない）

なりたち 箱 【形声】「相《ソウ》ショ」が「ソウ」という読《よ》み方《かた》をしめしている。「ショウ」は「さえぎる」意味《いみ》を持《も》ち、外《そと》に出《で》ないように竹《たけ》でかこったはこを表《あらわ》す字《じ》。

意味 はこ。入《い》れ物《もの》。例箱《はこ》につめる。空《から》の箱《はこ》。箱庭《はこにわ》・巣箱《すばこ》

【箱庭《はこにわ》】↓箱などに土《つち》やすなを入《い》れ、山《やま》・池《いけ》などのようすを小《ちい》さくかたどってつくったもの。例谷間《たにま》の風景《ふうけい》が箱庭《はこにわ》のように見《み》える。

箱が下につく熟語 上の字の働き

【重箱《じゅうばこ》 貯金箱《ちょきんばこ》】ドンナ箱《はこ》か。

竹-9

箸

総画15 JIS-4004 常用

訓 はし 音 —

筆順 箸 箸 箸 箸 箸 箸 箸 箸

意味 はし。食《た》べ物《もの》をはさむ、二本《にほん》の細《ほそ》い棒《ぼう》。例竹《たけ》の箸《はし》。火箸《ひばし》

字体のはなし 「箸」(竹部《ぶ》「8画《かく》」、総画《そうかく》「14画《かく》」)とも書《か》く。☞ふろく「字体についての解説」(28ページ)

竹-9

範

総画15 JIS-4047 常用

訓 のり 音 ハン

筆順 範 範 範 範 範 範 範 範

なりたち 範 【形声】「笵→笆」が「竹《たけ》のわく」の意味《いみ》と「ハン」という読《よ》み方《かた》をしめしている。車《くるま》をくわえて、車《くるま》をつくるときの「てほん」を表《あらわ》す字《じ》。

意味 ❶てほん。例範《はん》をしめす。規範《きはん》 ❷くぎり。わく。例範囲《はんい》

名前のよみ すすむ

❶〈てほん〉の意味で

【範例《はんれい》】↓手本《てほん》にできる、よい例《れい》。例範例《はんれい》をしめす。範例《はんれい》にしたがう。

❷〈くぎり〉の意味で

【範囲《はんい》】Ⅲ中《なか》と外《そと》をくぎるためのかこい。大《おお》わくの中《なか》。例活動範囲《かつどうはんい》を広《ひろ》げる。こづかいの範囲《はんい》でほしいものを買《か》う。

範が下につく熟語 上の字の働き

❶範=〈てほん〉のとき

【規範《きはん》 模範《もはん》 師範《しはん》】近《ちか》い意味《いみ》。

◆垂範《すいはん》

竹−10

築

総画16 JIS-3559 教5年

音 チク 訓 きずく

筆順 （はねない・はねる・はねない）

なりたち 【形声】「筑」が「チク」という読《よ》み方《かた》をしめしている。「チク」は「つきかためる」意味《いみ》を持《も》ち、木《き》で土《つち》をつきかためること、またそのきねを表《あらわ》す字《じ》。

意味 きずく。例 土手《どて》を築《きず》く。建物《たてもの》・庭《にわ》・港《みなと》などをつくる。城《しろ》を築《きず》く。築城《ちくじょう》・建築《けんちく》

特別なよみ 築山（つきやま）

【築城《ちくじょう》】▲〈―する〉城《しろ》をつくること。

【築港《ちっこう》】▲〈―する〉港《みなと》としての設備《せつび》をつくること。例 築港工事《ちっこうこうじ》

【築山《つきやま》】↓ 庭《にわ》に、土《つち》を盛《も》ってつくった小《ちい》さな山《やま》。例 築山《つきやま》に松《まつ》を植《う》える。

築が下につく熟語 上の字の働き

【建築《けんちく》 構築《こうちく》】近《ちか》い意味《いみ》。

【改築《かいちく》 新築《しんちく》 増築《ぞうちく》】ドノヨウニ築《きず》くか。

竹−10

篤

総画16 JIS-3838 常用

音 トク 訓 あつ-い

筆順

なりたち 【形声】「竹《チク》」が「トク」とかわって読《よ》み方《かた》をしめしている。「チク」は「おそい」の意味《いみ》を持《も》ち、馬《うま》の歩《あゆ》みのおそいことを表《あらわ》す字《じ》。借《か》りて、「てあつい」の意味《いみ》に使《つか》われている。

意味 ❶人情《にんじょう》があつい。熱心《ねっしん》である。例 篤行《とっこう》 ❷病気《びょうき》が重《おも》い。例 危篤《きとく》

名前のよみ しげ

❶〈人情があつい〉の意味で

【。篤学《とくがく》】▲〈―な・―に〉学問《がくもん》に打《う》ちこんでいる。例 篤学《とくがく》の人《ひと》。

【。篤志家《とくしか》】世《よ》の中《なか》のためになることに熱《ねっ》心《しん》な人《ひと》。例 篤志家《とくしか》の寄付《きふ》。

【。篤実《とくじつ》】‖〈―な・―に〉思《おも》いやりがあり、正直《しょうじき》でまじめなこと。例 温厚篤実《おんこうとくじつ》

【。篤行《とっこう》】↓ 人《ひと》のためを思《おも》う、まごころのこもったおこない。例 篤行《とっこう》をかさねる。

竹−12

簡

総画18 JIS-2042 教6年

音 カン 訓 ―

筆順 （はねない・とめる・はねる）

なりたち 【形声】「間」が「カン」という読《よ》み方《かた》をしめしている。「カン」は「けずる」意味《いみ》を持《も》ち、文字《もじ》を書《か》けるように平《ひら》たくけずった竹《たけ》のふだを表《あらわ》す字《じ》。

意味 ❶竹《たけ》のふだ。てがみ。例 書簡《しょかん》 ❷むだがない。手軽《てがる》な。例 簡単《かんたん》

名前のよみ あきら・ひろ・ふみ

❷〈むだがない〉の意味で

【簡易《かんい》】‖〈―な・―に〉手《て》つづきなどが、手軽《てがる》でやさしいようす。例 簡易裁判所《かんいさいばんしょ》 類 容易《ようい》

【簡潔《かんけつ》】‖〈―な・―に〉かんたんで、すっきりしている。例 簡潔《かんけつ》な表現《ひょうげん》。類 簡明《かんめい》 対 冗漫《じょうまん》

【簡素《かんそ》】‖〈―な・―に〉あっさりしていて、かざりけがない。例 簡素《かんそ》な家《いえ》。類 簡単《かんたん》・質素《しっそ》

【簡単《かんたん》】‖〈―な・―に〉①こみいっていなくて、やさしい。例 この問題《もんだい》は簡単《かんたん》だ。類 単純《たんじゅん》 対 複雑《ふくざつ》 ②手軽《てがる》で、あっさりしている。例 簡単《かんたん》な昼食《ちゅうしょく》をすませる。類 簡素《かんそ》

【簡便《かんべん》】‖〈―な・―に〉手軽《てがる》で、便利《べんり》なこと。例 簡《かん》便《べん》なやり方《かた》を考《かんが》える。類 簡略《かんりゃく》

【簡明《かんめい》】↓〈―な・―に〉こみいっていなくて、はっきりしている。例 簡明《かんめい》にのべる。類 簡潔《かんけつ》

【簡略《かんりゃく》】‖〈―な・―に〉必要《ひつよう》なことだけにとどめてある。手《て》みじか。例 簡略《かんりゃく》な説明《せつめい》。類 簡便《かんべん》

簡が下につく熟語 上の字の働き

❶簡＝〈竹のふだ〉のとき

【竹簡《ちくかん》 木簡《もっかん》】ナニでできた簡《かん》か。

竹−13

簿

総画19 JIS-4277 常用

音 ボ 訓 ―

筆順

意味 帳面《ちょうめん》。文書《ぶんしょ》。例 簿記《ぼき》・名簿《めいぼ》

【。簿記《ぼき》】↓ お金《かね》や品物《しなもの》の出《だ》し入《い》れを整理《せいり》するための、帳面《ちょうめん》の書《か》き方《かた》。例 簿記《ぼき》を習《なら》う。

簿が下につく熟語 上の字の働き

【原簿《げんぼ》 名簿《めいぼ》】ドウイウ帳面《ちょうめん》か。

◆帳簿《ちょうぼ》

竹−14

籍

総画20　JIS-3250　常用

音 セキ　訓 —

筆順 籍 籍 籍 籍 籍 籍 籍 籍

なりたち 【形声】もとの字は、「籍」。「耤《せき》」が「セキ」という読《よ》み方《かた》をしめしている。「セキ」は「書《か》く」意味《いみ》を持《も》ち、文字《もじ》の書《か》かれた竹《たけ》のふだを表《あらわ》す字《じ》。

意味

❶書物《しょもつ》。例 書籍《しょせき》

❷名前《なまえ》をのせた文書《ぶんしょ》。どこの人間《にんげん》かをしめす書類《しょるい》。例 籍《せき》を入れる。戸籍《こせき》

名前のよみ ふみ

籍が下につく熟語 上の字の働き

❶籍＝〈書物〉のとき

【書籍《しょせき》 典籍《てんせき》】近《ちか》い意味《いみ》。

❷籍＝〈名前をのせた文書〉のとき

【移籍《いせき》 除籍《じょせき》】籍《せき》をドウスルか。

【戸籍《こせき》 国籍《こくせき》 鬼籍《きせき》】ドコの籍《せき》か。

◆在籍《ざいせき》 本籍《ほんせき》

竹−16

籠

総画22　JIS-6838　常用

音 ロウ　訓 かご・こもる

筆順 籠 籠 籠 籠 籠 籠 籠 籠

意味

❶かご。竹《たけ》などを編《あ》んで作《つく》った入《い》れもの。例 虫籠《むしかご》・灯籠《とうろう》

❷こもる。例 冬籠《ふゆご》もり・籠城《ろうじょう》

❶〈かご〉の意味で

【籠°球《ろうきゅう》】⇩ バスケットボールのこと。

❷〈こもる〉の意味で

【籠°城《ろうじょう》】▲〈—する〉城《しろ》に立《た》てこもって、敵《てき》と戦《たたか》うこと。例 籠城作戦《ろうじょうさくせん》 表現 「犯人《はんにん》は人質《ひとじち》をとって籠城《ろうじょう》している」のように、部屋《へや》や建物《たてもの》に立《た》てこもる場合《ばあい》にも使《つか》う。

【籠°絡《ろうらく》】Ⅱ〈—する〉人《ひと》を言《い》いくるめて、思《おも》いどおりにあやつること。

籠が下につく熟語 上の字の働き

❶籠＝〈かご〉のとき

【印籠《いんろう》 灯籠《とうろう》 薬籠《やくろう》】ナニを入《い》れるものか。

【蒸籠《せいろう》】ドウスルための入《い》れものか。

◆旅籠《はたご》

6画 米 [こめ] [こめへん] の部

「米《こめ》」をもとに作《つく》られ、米《こめ》の種類《しゅるい》や形状《けいじょう》にかかわる字《じ》を集《あつ》めてあります。

この部首の字

- 0 米……821
- 3 籿……822
- 4 粋……822
- 粉……822
- 5 粗……822
- 粘……823
- 粒……823
- 6 粥……823
- 粧……823
- 粟……824
- 8 精……824
- 9 糊……825
- 糎……825
- 10 糖……825
- 11 糞……825
- 12 糧……825
- 料→斗 553

米−0

米

総画6　JIS-4238　教2年

音 ベイ・マイ　訓 こめ

筆順 米 米 米 米 米 米（はねない）（はらう）

なりたち 【象形】もみがらをやぶって出《で》たこめつぶをえがいた字《じ》。

意味

❶こめ。例 米《こめ》を作《つく》る。米作《べいさく》・精米《せいまい》

❷アメリカ。「亜米利加《アメリカ》」のアクセントのある字《じ》「米」から。例 米国《べいこく》・欧米《おうべい》

❸メートル。長《なが》さの単位《たんい》。

❹《その他《た》》例 米寿《べいじゅ》

❶〈こめ〉の意味で

【米所《こめどころ》】⇩ よい米《こめ》がたくさんとれる地方《ちほう》。

【米価《べいか》】⇩ 米《こめ》のねだん。

【米穀《べいこく》】Ⅱ 米《こめ》または、ムギ・アワ・キビ・マメなどの穀物《こくもつ》。例 米穀商《べいこくしょう》

【米作《べいさく》】⇩ ①イネを育《そだ》てて米《こめ》を作《つく》ること。例 米作農家《べいさくのうか》 ②米《こめ》のとれぐあい。類 稲作《いなさく》

【米食《べいしょく》】⇩〈—する〉米《こめ》を主食《しゅしょく》とすること。例 米食人口《べいしょくじんこう》が減少傾向《げんしょうけいこう》にある。

❷〈アメリカ〉の意味で

【米国《べいこく》】⇩ アメリカ合衆国《がっしゅうこく》。例 米国空軍《べいこくくうぐん》

❹《その他》

【米寿《べいじゅ》】⇩ 八十八歳《はちじゅうはっさい》という長寿《ちょうじゅ》をいわうこと。参考 米という字《じ》を分《わ》けると八《はち》と十《じゅう》と八《はち》になるのでいう。☞【還暦《かんれき》】(448ページ)

○学習漢字でない常用漢字　▲常用漢字表にない音訓　◆常用漢字でない漢字

米が下につく熟語 上の字の働き

❶米＝〈こめ〉のとき
【玄米《げんまい》 精米《せいまい》 白米《はくまい》 新米《しんまい》】ドノヨウナ米《こめ》か。

米−3
【籵】
総画9 JIS-2246 表外
訓 音 ― キロメートル

意味 キロメートル。千《せん》メートル。
参考 国字《こくじ》。一《いち》メートル（米）の千《せん》ばいを表《あらわ》す字《じ》。

米−4
【粋】
総画10 JIS-3172 常用
訓 音 スイ いき
［粹］

筆順

なりたち 【形声】もとの字は、「粹」。「卒《ソツ》」が「スイ」とかわって読《よ》み方《かた》をしめしている。「ソツ」は「まじりけのない」の意味《いみ》を持《も》ち、まじりけのない米《こめ》を表《あらわ》す字《じ》。

意味
❶まじりけがない。質《しつ》がすぐれている。例 技術《ぎじゅつ》の粋《すい》を集《あつ》める。純粋《じゅんすい》
❷いきである。あかぬけしている。気《き》がきいている。例 粋人《すいじん》・小粋《こいき》・無粋《ぶすい》

名前のよみ きよ・ただ

❷〈いきである〉の意味で
【粋狂】すいきょう ↓〈―な〉かわったことを、おもしろがって、やろうとすること。ものずき。例 粋狂《すいきょう》にもほどがある。表記「酔狂」とも書《か》く。
【粋人】すいじん ↓ ①趣味《しゅみ》がゆたかで、風流《ふうりゅう》な人《ひと》。例 茶《ちゃ》の湯《ゆ》・生《い》け花《ばな》など、なんでもこいの粋人《すいじん》だ。②世《よ》の中《なか》のことや人間《にんげん》の気持《きも》ちなどがよくわかっている人《ひと》。

◆国粋《こくすい》 純粋《じゅんすい》 抜粋《ばっすい》 無粋《ぶすい》（不粋《ぶすい》）

米−4
【粉】
総画10 JIS-4220 教4年
訓 音 フン こ・こな

筆順 はねない あける はねる

なりたち 【形声】「分」が「わける」意味《いみ》と「フン」という読《よ》み方《かた》をしめしている。米《こめ》をくだいてこまかくした「こな」を表《あらわ》す字《じ》。

意味
❶こな。こまかいつぶ。例 身《み》を粉《こ》にする。粉《こな》を練《ね》る。粉雪《こなゆき》・汁粉《しるこ》
❷くだく。こなごなにする。例 粉砕《ふんさい》
❸おしろい。例 粉飾《ふんしょく》・脂粉《しふん》

❶〈こな〉の意味で
【粉粉】こなごな Ⅱ〈―に〉小《ち》さくくだけたようす。例 コップが粉々《こなごな》にわれた。類 粉微塵《こなみじん》
【粉雪】こなゆき ↓ こまかくて、さらさらしている雪《ゆき》。例 粉雪《こなゆき》がまう。
【粉乳】ふんにゅう ↓ こなミルク。例 脱脂粉乳《だっしふんにゅう》
【粉末】ふんまつ Ⅱ こな。例 粉末《ふんまつ》ジュース

❷〈くだく〉の意味で
【粉骨砕身】ふんこつさいしん〈―する〉骨《ほね》も身《み》もこなごなになるほど、はたらきにはたらくこと。身《み》を粉《こ》にする。例 粉骨砕身《ふんこつさいしん》、努力《どりょく》する。
【粉砕】ふんさい Ⅱ〈―する〉①こなごなにくだくこと。例 岩石《がんせき》を粉砕《ふんさい》する。②相手《あいて》を完全《かんぜん》にうち負《ま》かすこと。例 敵《てき》を粉砕《ふんさい》する。

❸〈おしろい〉の意味で
【粉飾】ふんしょく ↓〈―する〉うわべをかざってごまかすこと。例 粉飾決算《ふんしょくけっさん》（決算《けっさん》で、数字《すうじ》をごまかして利益《りえき》があるように見《み》せること）参考 おしろいをぬってきれいに見《み》せるという意味《いみ》。

粉が下につく熟語 上の字の働き

❶粉＝〈こな〉のとき
【花粉《かふん》 魚粉《ぎょふん》 金粉《きんぷん》】ナニの粉《こな》か。
【受粉《じゅふん》 製粉《せいふん》】粉《こな》をドウスルか。

◆脂粉《しふん》 汁粉《しるこ》

米−5
【粗】
総画11 JIS-3338 常用
訓 音 ソ あらい

筆順

なりたち 【形声】「且」が「ソ」という読《よ》み方《かた》をしめしている。「ソ」は「あらい」の意味《いみ》を持《も》ち、まだ白《しろ》くしていないあらい米《こめ》を表《あらわ》す字《じ》。

意味
❶きめがあらい。ていねいでない。例 粒《つぶ》が粗《あら》い。粗雑《そざつ》 対 精《せい》・密《みつ》・細《さい》
❷けんそんの気持《きも》ちを表《あらわ》すことば。例 粗《そ》茶《ちゃ》

使い分け あらい［荒・粗］☞405ページ

❶〈きめがあらい〉の意味で

【°粗筋】あらすじ [↓] 計画《けいかく》・話《はなし》・小説《しょうせつ》などの、内容《ないよう》のだいたいのところ。例 物語《ものがたり》の粗筋《あらすじ》を話《はな》す。類 梗概《こうがい》 表記「荒筋」とも書《か》く。

【°粗悪】そあく [Ⅱ]〈―な・―に〉でき方《かた》や質《しつ》がわるい。例 粗《そ》悪品《あくひん》 類 劣悪《れつあく》

【°粗•忽】そこつ [Ⅱ]〈―な・―に〉①気持《きも》ちに落《お》ち着《つ》きがなく、そそっかしい。例 粗忽者《そこつもの》 ②不注意《ふちゅうい》からのあやまち。類 粗相《そそう》

【°粗雑】そざつ [Ⅱ]〈―な・―に〉あらっぽくていいかげん。がさつ。例 粗雑《そざつ》な仕事《しごと》。類 雑《ざつ》・粗略《そりゃく》

【°粗食】そしょく [↓] そまつな食《た》べ物《もの》。例 粗《そ》衣《い》粗《そ》食《しょく》。対 美《び》食《しょく》

【°粗製】そせい [↓] 品物《しなもの》をいいかげんにつくること。例 粗製乱造《そせいらんぞう》(できのわるい品物《しなもの》ばかり、やたらにつくること) 対 精製《せいせい》

【°粗相】そそう [↓]〈―する〉①不注意《ふちゅうい》からのあやまち。例 とんだ粗相《そそう》をしました。類 粗忽《そこつ》 ②大《だい》・小便《しょうべん》をもらすこと。

【°粗暴】そぼう [Ⅱ]〈―な・―に〉あらあらしくてらんぼうなようす。例 粗暴《そぼう》なふるまい。類 粗野《そや》

【°粗末】そまつ [Ⅱ]〈―な・―に〉①質《しつ》がよくない。例 粗末《そまつ》な食事《しょくじ》。②だいじにしないようす。例 食《た》べ物《もの》を粗末《そまつ》にする。類 粗《そ》略《りゃく》

【°粗密】そみつ [⇕] まばらなこととつまっていること。表記「疎密」とも書《か》く。

【°粗野】そや [Ⅱ]〈―な・―に〉ことばや動作《どうさ》があらっぽくて、品《ひん》がない。がさつ。類 粗暴《そぼう》 対 優雅《ゆうが》

【°粗略】そりゃく [Ⅱ]〈―な・―に〉ものごとや人《ひと》のあつかいに心《こころ》がこもらず、いいかげんなこと。ぞんざい。例 客《きゃく》を粗略《そりゃく》にあつかう。類 粗雑《そざつ》・粗末《そまつ》 対 丁重《ていちょう》 表記「疎略」とも書《か》く。

❷〈けんそんの気持ちを表すことば〉の意味で

【°粗茶】そちゃ [↓] 上等《じょうとう》でないお茶《ちゃ》。表現「粗茶《そちゃ》でございますが」などと、客《きゃく》にお茶《ちゃ》を出《だ》すときに、けんそんして言《い》う。

【°粗品】そひん/そしな [↓] つまらない品物《しなもの》。表現「粗品《そひん/そしな》ですが、どうぞ」などと、人《ひと》にあげる品《しな》物《もの》をへりくだって言《い》うことば。おくり物《もの》ののし紙《がみ》にも書《か》く。

粘

米-5 総画11 JIS-3920 常用 訓 ねばる 音 ネン

筆順

なりたち

[形声]「米」は、もともとは「黍《きび》」。「占《セン》」が「ネン」となって読《よ》み方《かた》をしめす。「セン」は「くっつく」意味《いみ》を持《も》ち、手《て》にくっつくきびを表《あらわ》す字《じ》。

意味 ねばる。例 粘《ねば》り気《け》・粘着《ねんちゃく》

【°粘液】ねんえき [↓] ねばねばした液体《えきたい》。

【°粘着】ねんちゃく [↓]〈―する〉ねばりつくこと。例 粘着《ねんちゃく》力《りょく》の強《つよ》いのり。粘着《ねんちゃく》テープ

【°粘土】ねんど [↓] ねばりけのある、きめのこまかい土《つち》。やきものやれんがの原料《げんりょう》になる。例 粘《ねん》土《ど》をこねる。粘《ねん》土《ど》細《ざい》工《く》

【°粘°膜】ねんまく [↓] 口《くち》・鼻《はな》・食道《しょくどう》・胃《い》などの内《うち》がわをおおう、やわらかくしめっているうすい皮《かわ》。

粒

米-5 総画11 JIS-4619 常用 訓 つぶ 音 リュウ

筆順

なりたち
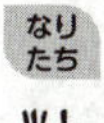
[形声]「立」が「リュウ」という読《よ》み方《かた》をしめす。「リュウ」は「ばらばらにはなれている」意味《いみ》を持《も》ち、ばらばらになっている米《こめ》つぶを表《あらわ》す字《じ》。

意味 つぶ。米《こめ》つぶのように小《ちい》さいもの。例 粒《りゅう》子《し》・飯《めし》粒《つぶ》

【°粒子】りゅうし [⊠] ものを形《かたち》づくっているひじょうに小《ちい》さいつぶ。例 微《び》粒子《りゅうし》

【°粒°粒°辛苦】りゅうりゅうしんく〈―する〉長《なが》いあいだの、たいへんな苦労《くろう》。例 粒々辛苦《りゅうりゅうしんく》のすえ、ようやく成功《せいこう》した。参考 米《こめ》のひとつぶひとつぶに、つくった人《ひと》の苦労《くろう》があることから。

◆小粒《こつぶ》 飯粒《めしつぶ》

粥

米-6 総画12 JIS-2001 人名 訓 かゆ・ひさ-ぐ 音 シュク・イク

意味 ❶かゆ。例 粥《かゆ》をする。芋粥《いもがゆ》 ❷ひさぐ。売《う》る。

粧

米-6 総画12 JIS-3049 常用 訓 ― 音 ショウ

前ページ▶粘粒粥粧

筆順 粧 粧 粧 粧 粧 粧 粧 粧

なりたち 【形声】「米」はおしろいの意味《いみ》の「粉《こな》」を省略《しょうりゃく》した形《かたち》で、「庄」が「ショウ」という読《よ》み方《かた》をしめしている。「ショウ」は「形《かた》づくる」意味《いみ》を持《も》ち、おしろいを顔《かお》につけてよそおうことを表《あらわ》す字《じ》。

意味 よそおう。おしろいをつけて身《み》をかざる。例 化粧《けしょう》

粟

米-6 総画12 JIS-1632 人名 音 ゾク 訓 あわ

意味 あわ。イネ科《か》の一年草《いちねんそう》。例 粟粒《あわつぶ》

精

米-8 総画14 JIS-3226 教5年 音 セイ・ショウ 訓 くわ-しい

筆順 精 精 精 精 精 精 精 精 （はねない・はねる・とめる）

なりたち 【形声】もとの字《じ》は、「精」。「青」が「すみきっている」意味《いみ》と「セイ」という読《よ》み方《かた》をしめしている。きれいに白《しろ》くした米《こめ》を表《あらわ》す字《じ》。

意味
❶えりすぐり。まじりけのないもの。余分《よぶん》なものをとりのぞく。例 精製《せいせい》・精選《せいせん》
❷こまかい。くわしい。例 精密《せいみつ》 対 粗《そ》
❸生命力《せいめいりょく》のもと。たましい。例 精《せい》を出《だ》す。精根《せいこん》・精神《せいしん》・不精《ぶしょう》

注意するよみ ショウ…例 精進《しょうじん》・不精《ぶしょう》

名前のよみ あき・あきら・きよ・きよし・すぐる・ただ・ただし・つとむ・ひとし・まこと・まさし・もり・よし

❶〈えりすぐり〉の意味で

【精《せい》鋭《えい》】‖ いきおいさかんで、力《ちから》にみちていること。えりすぐりの人《ひと》たち。例 精鋭部隊《せいえいぶたい》。少数精鋭《しょうすうせいえい》。

【精《せい》髄《ずい》】‖ いちばんたいせつなところ。例 学問《がくもん》の精髄《せいずい》をきわめる。類 神髄《しんずい》・真髄《しんずい》

【精《せい》製《せい》】↓〈―する〉①まじりけをとりのぞいてよいものにすること。例 原油《げんゆ》を精製《せいせい》する。②念《ねん》を入《い》れて、ていねいにつくること。例 精製《せいせい》した極上《ごくじょう》のパン。対 粗製《そせい》

【精《せい》選《せん》】↓〈―する〉念《ねん》を入《い》れてえらぶこと。例 品物《しなもの》を精選《せいせん》して仕入《しい》れる。類 厳選《げんせん》

【精《せい》肉《にく》】↓ 上等《じょうとう》の肉《にく》。例 精肉店《せいにくてん》

【精《せい》米《まい》】①▲〈―する〉玄米《げんまい》をついて皮《かわ》をとりのぞき、白《しろ》くすること。例 精米歩合《せいまいぶあい》 類 精白《せいはく》 ②↓ 皮《かわ》がとれて白《しろ》くなった米《こめ》。類 白米《はくまい》 対 玄米《げんまい》

【精《せい》油《ゆ》】①↓ 植物《しょくぶつ》からとれる油状《あぶらじょう》の香料《こうりょう》。例 バラの精油《せいゆ》をいれた香水《こうすい》。②▲〈―する〉原油《げんゆ》からまじりものを取《と》りのぞき、良質《りょうしつ》の石油《せきゆ》にすること。例 精油所《せいゆしょ》 対 原油《げんゆ》

【精《せい》練《れん》】↓〈―する〉①羊毛《ようもう》や生糸《きいと》などのよごれや脂《あぶら》を取《と》りのぞくこと。②よく訓練《くんれん》してきたえあげること。例 精練《せいれん》された軍隊《ぐんたい》。

【精《せい》錬《れん》】↓〈―する〉鉱石《こうせき》から金属《きんぞく》を取《と》り出《だ》して純度《じゅんど》のよいものにすること。

❷〈こまかい〉の意味で

【精《せい》巧《こう》】↓〈―な〉こまかいところまでよくできていて、くるいがない。例 精巧《せいこう》な時計《とけい》。

【精《せい》細《さい》】‖〈―な〉くわしくてこまかい。例 内状《ないじょう》を精細《せいさい》に報告《ほうこく》する。類 詳細《しょうさい》

【精《せい》算《さん》】↓〈―する〉かかったお金《かね》の額《がく》をこまかく計算《けいさん》しなおして、あまった分《ぶん》を返《かえ》したり、たりない分《ぶん》をはらったりすること。例 乗《の》りこし運賃《うんちん》を精算《せいさん》する。対 概算《がいさん》

使い分け [清算・精算] ☞682ページ

【精《せい》通《つう》】↓〈―する〉こまかいところまでよく知《し》っていること。例 美術史《びじゅつし》に精通《せいつう》した人《ひと》。

【精《せい》度《ど》】↓ 機械《きかい》などがどのくらいこまかくきちんとできているかという度合《どあ》い。例 精度《せいど》の高《たか》いはかり。精度《せいど》がおとる。

【精《せい》読《どく》】↓〈―する〉念《ねん》を入《い》れて、ていねいに読《よ》むこと。例 文章《ぶんしょう》を精読《せいどく》する。類 熟読《じゅくどく》 対 乱読《らんどく》

【精《せい》密《みつ》】‖〈―な〉こまかいところまで計算《けいさん》どおりで、くるいがない。例 精密機械《せいみつきかい》 類 細密《さいみつ》

❸〈生命力のもと。たましい〉の意味で

【精《しょう》進《じん》】↓〈―する〉①一《ひと》つのことにむかって、いっしょうけんめいに努力《どりょく》すること。例 勉学《べんがく》に精進《しょうじん》する。②心身《しんしん》のけがれを落《お》とし、おこないをつつしむこと。例 精進料理《しょうじんりょうり》

【精霊《しょうりょう・せいれい》】‖ ━ 死《し》んだ人《ひと》のたましい。例

精霊流《しょうりょうなが》し 二《せいれい》 すべてのものにやどっていると考《かんが》えられているたましい。例 精霊崇拝《せいれいすうはい》

【精一°杯】《せいいっぱい》 いっしょうけんめい、できるだけのことをするようす。例 精一杯《せいいっぱい》がんばる。

【精気】《せいき》 II すべてのものの活動《かつどう》のもとになる力《ちから》。例 万物《ばんぶつ》の精気《せいき》。類 生気《せいき》・精力《せいりょく》

【精勤】《せいきん》 ↓ 〈—する〉休《やす》んだりなまけたりしないで、まじめに仕事《しごと》や勉強《べんきょう》をつづけること。

【精根】《せいこん》 II 力《ちから》を出《だ》す大《おお》もとである気力《きりょく》。精力《せいりょく》と根気《こんき》。例 精根《せいこん》つきはてる。

【精°魂】《せいこん》 II なにかに打《う》ちこむ気持《きも》ち。たましい。例 精魂《せいこん》こめてかいた絵《え》。

【精°彩】《せいさい》 ↓ 目立《めだ》ってはなやかに見《み》えるようす。ひときわすぐれているようす。例 精彩《せいさい》をはなつ。精彩《せいさい》を欠《か》く。類 生彩《せいさい》

【精子】《せいし》 ↓ おすのからだの中《なか》で作《つく》られ、卵子《らんし》とむすびついて新《あたら》しい生命《せいめい》のもとになる細胞《さいぼう》。対 卵子《らんし》

【精神】《せいしん》 II ①考《かんが》えたり感《かん》じたりなどのはたらきをする、人間《にんげん》の心《こころ》。例 精神修養《せいしんしゅうよう》 類 魂《たましい》 対 肉体《にくたい》・物質《ぶっしつ》 ②ものごとをやりとげようとする気持《きも》ち。例 精神《せいしん》を集中《しゅうちゅう》する。類 気力《きりょく》・根気《こんき》 ③もとになるいちばんたいせつな考《かんが》え。例 憲法《けんぽう》の精神《せいしん》。類 思想《しそう》

【精神力】《せいしんりょく》 ものごとをやりとげようとする心《こころ》の強《つよ》さ。類 気力《きりょく》 対 体力《たいりょく》

【精巣】《せいそう》 ↓ おすのからだの中《なか》にあって、精子《せいし》をつくるとともにホルモンを出《だ》すところ。対 卵巣《らんそう》

【精力】《せいりょく》 ↓ 人《ひと》の活動《かつどう》のもとになる力《ちから》。例 精力《せいりょく》を使《つか》いはたす。精力《せいりょく》がおとろえる。類 活力《かつりょく》・元気《げんき》・精気《せいき》

【精°励】《せいれい》 ↓ 〈—する〉仕事《しごと》や勉強《べんきょう》でよい結果《けっか》を出《だ》そうと、いっしょうけんめいにとりくむこと。例 職務《しょくむ》に精励《せいれい》する。類 勉励《べんれい》

◆丹精《たんせい》 不精《ぶしょう》（無精《ぶしょう》） 妖精《ようせい》

米-9 糊

総画15 JIS-2450 人名

訓 のり 音 コ

意味

❶のり。おかゆ。例 口《くち》を糊《のり》する。糊代《のりしろ》・糊《こ》口《こう》

❷あいまいにする。ぼんやりとさせる。例 あいまい模糊《もこ》・糊塗《こと》

米-9 糎

総画15 JIS-3324 表外

訓 センチメートル 音 —

意味 センチメートル。

参考 国字《こくじ》。一《いち》メートル（米）の百分《ひゃくぶん》の一《いち》（厘《りん》）を表《あらわ》す字《じ》。

米-10 糖

総画16 JIS-3792 教6年

訓 — 音 トウ

筆順

なりたち

【形声】「唐」が「トウ」という読《よ》み方《かた》をしめしている。「トウ」は「かわかす」意味《いみ》を持《も》ち、いり米《こめ》とあめをまぜ、水《すい》分《ぶん》を取《と》り去《さ》ってつくったほしあめを表《あらわ》す字《じ》。

意味 あまいもの。さとう。例 糖分《とうぶん》

【糖衣】《とうい》 ↓ 飲《の》みやすいように、薬《くすり》などの外《そと》がわに砂糖《さとう》をぬりつけたもの。例 糖衣錠《とういじょう》

【糖分】《とうぶん》 ↓ 食《た》べ物《もの》にふくまれているあまみ。例 糖分《とうぶん》のとりすぎに気《き》をつける。

◆砂糖《さとう》 製糖《せいとう》

米-11 糞

総画17 JIS-4221 表外

訓 くそ 音 フン

意味 くそ。大《だい》べん。例 犬《いぬ》の糞《ふん》。糞便《ふんべん》

【◆糞°尿】《ふんにょう》 II 大《だい》べんと小《しょう》べん。

米-12 糧

総画18 JIS-4640 常用

訓 かて 音 リョウ・ロウ

筆順

なりたち

【形声】「量」が「はかる」意味《いみ》と「リョウ」という読《よ》み方《かた》をしめしている。はかった米《こめ》を表《あらわ》す字《じ》。

意味 食《た》べ物《もの》。例 生活《せいかつ》の糧《かて》。食糧《しょくりょう》

注意するよみ ロウ…例 兵糧《ひょうろう》

【°糧食】《りょうしょく》 II とっておくためや、旅行《りょこう》に持《も》って行《い》くために用意《ようい》してある食《た》べ物《もの》。かて。例 非常用《ひじょうよう》の糧食《りょうしょく》。類 食糧《しょくりょう》

【。糧道】りょうどう ↓ 軍隊《ぐんたい》などに食糧《しょくりょう》を送《おく》りとどける道《みち》。例 敵《てき》の糧道《りょうどう》を断《た》つ。

◆食糧《しょくりょう》 兵糧《ひょうろう》

6画 糸［いと］［いとへん］の部

「糸《いと》」をもとに作《つく》られ、織維《せんい》や織物《おりもの》にかかわる字《じ》を集《あつ》めてあります。

この部首の字

糸 糸-0

総画6 JIS-2769 教1年 音 シ 訓 いと

「絲」

筆順

なりたち  【会意】もとの字は、「絲《し》」。まゆから出《で》る生糸《きいと》をより合《あ》わせた形《かたち》を表《あらわ》す「糸《いと》」を二《ふた》つ合《あ》わせて、「いと」を表《あらわ》す字《じ》。もとは別字《べつじ》であった象形文字《しょうけいもじ》の「糸《いと》」を代《か》わりに用《もち》いてきた。

意味 いと。例 糸口《いとぐち》・蚕糸《さんし》

【糸口】いとぐち ↓ ①糸《いと》まきなどの糸《いと》のはし。②ものごとをやりはじめる手《て》がかり。例 問題《もんだい》を解決《かいけつ》する糸口《いとぐち》が見《み》つかった。類 端緒《たんしょ｜たんちょ》

【糸目】いとめ ↓ ①布《ぬの》の中《なか》におりこまれている一本一本《いっぽんいっぽん》の糸《いと》のすじ。例 布《ぬの》の糸目《いとめ》がほつれる。②凧《たこ》につける、つりあいをとるための糸《いと》。例 金《かね》に糸目《いとめ》をつけない（お金《かね》の出《だ》し入《い》れのつりあいを考《かんが》えないでいくらでも出《だ》す）。③器《うつわ》の表面《ひょうめん》にきざまれた細《ほそ》いすじ。例 糸目椀《いとめわん》

糸が下につく熟語 上の字の働き

【蚕糸《さんし》 繭糸《けんし》 生糸《きいと》 絹糸《けんし｜きぬいと》 麻糸《あさいと》 綿糸《めんし》 毛糸《けいと》】ナニの糸《いと》か。

◆製糸《せいし》

系 糸-1

総画7 JIS-2347 教6年 音 ケイ 訓 —

筆順

なりたち  【会意】糸《いと》と手《て》（ノ）を合《あ》わせて、糸《いと》が手《て》につながり下《さ》がっていることを表《あらわ》す字《じ》。

意味 つながり。例 系統《けいとう》・家系《かけい》

【系図】けいず ↓ 先祖《せんぞ》からの代々《だいだい》の血《ち》すじのつながりがわかるように書《か》きしるした表《ひょう》。例 源氏《げんじ》の系図《けいず》。類 系譜《けいふ》

【系統】けいとう Ⅱ ①ものごとのつながり。例 系統《けいとう》だてて話《はな》す。②親《おや》と子《こ》、先生《せんせい》と生徒《せいと》などの、人間《にんげん》どうしのたてのつながり。例 おなじ学者《がくしゃ》の系統《けいとう》をひく。類 流派《りゅうは》

【系。譜】けいふ ↓ ①先祖代々《せんぞだいだい》の血《ち》すじのつながりを書《か》き表《あらわ》したもの。例 徳川家《とくがわけ》の系譜《けいふ》をたどる。類 系図《けいず》 ②学問《がくもん》や思想《しそう》などが、受《う》けつがれてつづいていく流《なが》れ。例 この小説《しょうせつ》はロマン主義《しゅぎ》の系譜《けいふ》に属《ぞく》する。

【系列】けいれつ ↓ すじみちにしたがってならんでいる一連《いちれん》のもの。例 系列会社《けいれつがいしゃ》

系が下につく熟語 上の字の働き

【家系《かけい》 山系《さんけい》 太陽系《たいようけい》 神経系《しんけいけい》 循環器系《じゅんかんきけい》】ナニのつながりか。

【体系《たいけい》 直系《ちょっけい》 傍系《ぼうけい》】ドノヨウナつながりか。

紀 糸-3

総画9 JIS-2110 教4年 音 キ 訓 —

筆順 紀 はねない はねる おらない

なりたち 【形声】「己」は糸《いと》の先《さき》がまがりくねっている形《かたち》で、「キ」という読《よ》み方《かた》をしめしている。糸《いと》の先《さき》を表《あらわ》す字《じ》。

意味
❶きまり。すじみち。例綱紀《こうき》・風紀《ふうき》
❷順序《じゅんじょ》よく書《か》きしるす。また、その書いたもの。例紀行《きこう》
❸年代《ねんだい》。とし。例紀元《きげん》・世紀《せいき》
❹紀伊《きい》。旧国名《きゅうこくめい》。今《いま》の和歌山県《わかやまけん》。例紀州《きしゅう》・紀勢線《きせいせん》・南紀《なんき》

名前のよみ あき・おさむ・かず・すみ・ただ・ただし・つな・とし・のり・はじめ・もと・よし

❷〈順序よく書きしるす〉の意味で
【紀行】《きこう》▲旅行中《りょこうちゅう》に見聞《みき》きしたことや感《かん》じたことを順《じゅん》をおって書《か》きしるしたもの。例瀬《せ》戸内紀行《とうちきこう》。紀行文《きこうぶん》を書《か》く。類旅行記《りょこうき》

❸〈年代〉の意味で
【紀元】《きげん》↓歴史《れきし》で、年数《ねんすう》をかぞえる起点《きてん》となる年《とし》。例紀元前《きげんぜん》 知識 時《とき》の流《なが》れのとらえ方《かた》を共通《きょうつう》にするため、キリストの生《う》まれた年《とし》からかぞえる西洋紀元《せいようきげん》(西暦《せいれき》)を、大体《だいたい》において世《せ》界各国《かいかっこく》が用《もち》いている。

紀が下につく熟語 上の字の働き

❸紀=〈年代〉のとき
【世紀《せいき》 芳紀《ほうき》】ドノヨウナくぎりか。

◆綱紀《こうき》 風紀《ふうき》

糸-3

級

総画9
JIS-2173
教3年
訓 ―
音 キュウ

筆順 級 はねない はらう

なりたち 【形声】「及」が順《じゅん》を追《お》う意味《いみ》と、「キュウ」という読《よ》み方《かた》をしめしている。はたおりで糸《いと》を順序《じゅんじょ》よくくり出《だ》すことを表《あらわ》す字《じ》。

意味
❶ていど。順序《じゅんじょ》。例級《きゅう》が上《あ》がる。階級《かいきゅう》
❷クラス。例級友《きゅうゆう》・学級《がっきゅう》

❷〈クラス〉の意味で
【級友】《きゅうゆう》↓おなじ学級《がっきゅう》の友達《ともだち》。クラスメート。例級友《きゅうゆう》と仲《なか》よくする。類同級生《どうきゅうせい》

級が下につく熟語 上の字の働き

❶級=〈ていど〉のとき
【階級《かいきゅう》 等級《とうきゅう》】近《ちか》い意味《いみ》。
【特級《とっきゅう》 高級《こうきゅう》 上級《じょうきゅう》 中級《ちゅうきゅう》 下級《かきゅう》 初級《しょきゅう》 低《てい》級《きゅう》】ドノクライの程度《ていど》か。
❷級=〈クラス〉のとき
【学級《がっきゅう》 同級《どうきゅう》】ドウイウ級《きゅう》か。

◆進級《しんきゅう》

糸-3

糾

総画9
JIS-2174
常用
訓 ―
音 キュウ

筆順 糾

なりたち 【形声】「丩」がからみ合《あ》う意味《いみ》と「キュウ」という読《よ》み方《かた》をしめしている。糸《いと》をより合《あ》わせることを表《あらわ》す字《じ》。

意味
❶よせ集《あつ》める。例糾合《きゅうごう》・紛糾《ふんきゅう》
❷正《ただ》す。取《と》り調《しら》べる。例糾明《きゅうめい》

名前のよみ ただ・ただし

❶〈よせ集める〉の意味で
【°糾合】《きゅうごう》Ⅱ〈―する〉おおぜいの人《ひと》によびかけて、なかまを集《あつ》めること。例若手《わかて》を糾合《きゅうごう》して、新《あたら》しい政党《せいとう》をつくる。

❷〈正す〉の意味で
【°糾°弾】《きゅうだん》↓〈―する〉罪《つみ》や不正《ふせい》を問題《もんだい》としてとりあげ、きびしくせめること。類弾劾《だんがい》
【°糾明】《きゅうめい》↓〈―する〉罪《つみ》や不正《ふせい》などを問《と》いただして、明《あき》らかにすること。例汚職事件《おしょくじけん》を糾明《きゅうめい》する。

糸-3

紅

総画9
JIS-2540
教6年
訓 べに・くれない
音 コウ・ク

筆順 紅 はねない ながく

なりたち 【形声】「工」が「コウ」という読《よ》み方《かた》をしめしている。「コウ」は「もも色《いろ》」の意味《いみ》を持《も》ち、もも色《いろ》の糸《いと》を表《あらわ》す字《じ》。

意味
❶くれない。深《ふか》みのある赤《あか》い色《いろ》。例空《そら》が紅《くれない》に染《そ》まる。紅玉《こうぎょく》・真紅《しんく》
❷べに。例紅《べに》をさす。口紅《くちべに》

6 糸 いと 3画 級 糾 紅 約 紘 索 ◀次ページ

注意するよみ ク…例 真紅《しんく》・深紅《しんく》

特別なよみ 紅葉(もみじ)

❶〈くれない〉の意味で

【紅一点】《こういってん》 多《おお》くの男性《だんせい》の中《なか》に、ただひとりだけ女性《じょせい》がまじっていること。参考 青《あお》い草《くさ》むらの中《なか》に、赤《あか》い花《はな》が一《ひと》つさいているようすをいう詩句《しく》「万緑叢中紅一点《ばんりょくそうちゅうこういってん》」にもとづく。

【紅顔】《こうがん》 ↓ 血色《けっしょく》のいいわかわかしい顔《かお》。

【紅玉】《こうぎょく》 ↓ ①赤《あか》い色《いろ》の美《うつく》しい宝石《ほうせき》。ルビー。②リンゴの品種《ひんしゅ》のひとつ。皮《かわ》の色《いろ》が赤《あか》く、すっぱさがある。

【紅茶】《こうちゃ》 ↓ 茶《ちゃ》の若葉《わかば》を発酵《はっこう》させてかわかしたもの。湯《ゆ》をそそぐとかおりのよい赤茶色《あかちゃいろ》の飲《の》み物《もの》ができる。ティー。対 緑茶《りょくちゃ》

【紅潮】《こうちょう》 ↓〈―する〉はずかしさや興奮《こうふん》のために顔《かお》が赤《あか》くなること。例 ほおを紅潮《こうちょう》させる。

【紅梅】《こうばい》 ↓ もも色《いろ》の花《はな》をさかせるウメ。

【紅白】《こうはく》 ⇕ 赤《あか》と白《しろ》。例 紅白対抗戦《こうはくたいこうせん》

【紅葉】 ↓ 一 こうよう〈―する〉秋《あき》になって木《こ》の葉《は》が赤《あか》くなること。例 山々《やまやま》が美《うつく》しく紅葉《こうよう》する。 二 もみじ カエデの木《き》。表記 葉《は》が黄色《きいろ》になるときは「黄葉」とも書《か》く。

約

糸-3

総画9

JIS-4483

教4年

訓 ―

音 ヤク

筆順 約 約 約 約 約 約 約 約 約

はねない

はねる

〉にならない

なりたち 【形声】「勺《シャク》」が「ヤク」とかわって読《よ》み方《かた》をしめしている。「シャク」は「しめつける」意味《いみ》を持《も》ち、糸《いと》でしばることを表《あらわ》す字《じ》。

意味

❶とりきめる。例 約束《やくそく》・予約《よやく》

❷ちぢめる。つづめる。例 約分《やくぶん》・節約《せつやく》

❸およそ。(きまりのいい数量《すうりょう》の上《うえ》につけて)だいたい。例 約《やく》一キロの距離《きょり》。

❶〈とりきめる〉の意味で

【約束】《やくそく》 ‖ 〈―する〉①将来《しょうらい》のことについて、ほかの人《ひと》と取《と》り決《き》めをすること。例 約束《やくそく》をはたす。②きまり。ルール。例 約束《やくそく》にしたがう。類 規則《きそく》

❷〈ちぢめる〉の意味で

【約数】《やくすう》 ↓ 数学《すうがく》で、ある整数《せいすう》をちょうど割《わ》り切《き》ることのできる整数《せいすう》。たとえば、一五の約数《やくすう》は、一・三・五・一五の四《よっ》つである。例 公約数《こうやくすう》 対 倍数《ばいすう》

【約分】《やくぶん》 ▲〈―する〉分母《ぶんぼ》と分子《ぶんし》をおなじ数《かず》で割《わ》って、分数《ぶんすう》をかんたんにすること。たとえば、$\frac{2}{4}$を約分《やくぶん》すると、$\frac{1}{2}$になる。

約が下につく熟語 上の字の働き

❶約＝〈とりきめる〉のとき

【規約《きやく》 契約《けいやく》 誓約《せいやく》】近《ちか》い意味《いみ》。

【違約《いやく》 解約《かいやく》 破約《はやく》】約束《やくそく》をドウスルか。

【先約《せんやく》 予約《よやく》 確約《かくやく》 特約《とくやく》 公約《こうやく》 密約《みつやく》 婚約《こんやく》 売約《ばいやく》 協約《きょうやく》 条約《じょうやく》】ドウイウ約束《やくそく》か。

❷約＝〈ちぢめる〉のとき

【倹約《けんやく》 制約《せいやく》 節約《せつやく》】近《ちか》い意味《いみ》。

【集約《しゅうやく》 要約《ようやく》】ドウヤッテまとめるか。

紘

糸-4

総画10

JIS-2541

人名

訓 ―

音 コウ

意味 ひも。つな。なわばり。はて。

名前のよみ ひろ・ひろし

索

糸-4

総画10

JIS-2687

常用

訓 ―

音 サク

筆順 索 索 索 索 索 索 索 索 索 索

なりたち 【会意】金文《きんぶん》では「𦃃」と作《つく》るものがあり、両手《りょうて》で糸《いと》をより合《あ》わせ、なわを作《つく》ることを表《あらわ》す字《じ》。

意味

❶つな。なわ。例 鋼索《こうさく》

❷さがしもとめる。例 索引《さくいん》・捜索《そうさく》

❸ちりぢりになる。さびしい。例 索漠《さくばく》

名前のよみ もと

❷〈さがしもとめる〉の意味で

【°索引】《さくいん》 ‖ 本《ほん》の中《なか》のたいせつなことばやことがらが、どこに書《か》かれているのかをすぐにさがし出《だ》せるように、それらを順序《じゅんじょ》よくならべて、表《ひょう》にしたもの。インデックス。例 音訓《おんくん》索引《さくいん》・総画索引《そうかくさくいん》

❸〈ちりぢりになる〉の意味で

【°索。漠】《さくばく》 ‖ 〈―たる〉〈―と〉あじけなくて、ものさびしく感《かん》じるようす。例 索漠《さくばく》たる思《おも》いにかられ

る。類寂寞《せきばく》 表記「索莫」とも書《か》く。

索が下につく熟語 上の字の働き

❷索＝〈さがしもとめる〉のとき

【検索《けんさく》 捜索《そうさく》 探索《たんさく》 模索《もさく》】近《ちか》い意味《いみ》。

◆鋼索《こうさく》 思索《しさく》

糸-4 紙

総画10　JIS-2770　教2年

音 シ　訓 かみ

筆順 はねない はねる はねる

なりたち [形声]「糸」は繊維《せんい》で、「氏」が「シ」という読《よ》み方《かた》をしめしている。「シ」は「平《たい》ら」の意味《いみ》を持《も》ち、繊維《せんい》を平《たい》らにおしのばした「かみ」を表《あらわ》す字《じ》。

意味 ❶かみ。例紙《かみ》を配《くば》る。紙幣《しへい》・色紙《しきし／いろがみ》 ❷新聞《しんぶん》。例紙面《しめん》・全紙《ぜんし》・日刊紙《にっかんし》

❶〈かみ〉の意味で

【紙一重《かみひとえ》】紙《かみ》一枚《いちまい》の厚《あつ》さという意味《いみ》で、ごくわずかなこと。例紙一重《かみひとえ》の差《さ》。

【紙◦吹雪《かみふぶき》】おいわいや歓迎《かんげい》の気持《きも》ちを表《あらわ》すためにまきちらす、こまかくちぎった紙《かみ》。

【紙背《しはい》】[↓]紙《かみ》のうらがわ。例眼光《がんこう》紙背《しはい》に徹《てっ》す（文章《ぶんしょう》のおくの意味《いみ》まで読《よ》みとる）。

【紙◦幣《しへい》】[↓]紙《かみ》のお金《かね》。おさつ。例一万円《いちまんえん》紙幣《しへい》 対硬貨《こうか》

【紙片《しへん》】[↓]かみきれ。例紙片《しへん》にメモした。

❷〈新聞〉の意味で

【紙上《しじょう》】[↓]新聞《しんぶん》の、記事《きじ》がのっている面《めん》。例紙上《しじょう》討論会《とうろんかい》 類紙面《しめん》 表記雑誌《ざっし》の場合《ばあい》は「誌上」と書《か》く。

【紙面《しめん》】[↓]新聞《しんぶん》の、記事《きじ》がのっている面《めん》。例写真《しゃしん》もイラストもなくて紙面《しめん》がさびしい。類紙上《しじょう》 表記雑誌《ざっし》の場合《ばあい》は「誌面」と書《か》く。

紙が下につく熟語 上の字の働き

❶紙＝〈かみ〉のとき

【印紙《いんし》 色紙《しきし／いろがみ》 白紙《はくし》 表紙《ひょうし》 台紙《だいし》 別紙《べっし》 用紙《ようし》 和紙《わし》 巻紙《まきがみ》 型紙《かたがみ》 手紙《てがみ》】ドノヨウナ紙《かみ》か。

【壁紙《かべがみ》 画用紙《がようし》】ナニに使《つか》う紙《かみ》か。

❷紙＝〈新聞〉のとき

【各紙《かくし》 全紙《ぜんし》】ドレダケの新聞《しんぶん》か。

糸-4 紗

総画10　JIS-2851　人名

音 シャ・サ　訓 ―

意味 うすい絹《きぬ》の布《ぬの》。うすぎぬ。例羅紗《らしゃ》

◆寒冷紗《かんれいしゃ》 錦紗《きんしゃ》 羅紗《らしゃ》

糸-4 純

総画10　JIS-2967　教6年

音 ジュン　訓 ―

筆順 はねない だす はねる

なりたち [形声]「屯《トン》」が「ジュン」とかわって読《よ》み方《かた》をしめしている。「トン」は「すぐれてりっぱ」の意味《いみ》を持《も》ち、まじりけのない生糸《きいと》を表《あらわ》す字《じ》。

意味 まじりけがない。けがれていない。例純《じゅん》な人《ひと》。純真《じゅんしん》・清純《せいじゅん》

名前のよみ あつ・あつし・きよし・すみ・つな・まこと・よし

【純愛《じゅんあい》】[↓]相手《あいて》のことだけを思《おも》うまごころからの愛情《あいじょう》。例純愛《じゅんあい》に感動《かんどう》する。

【純益《じゅんえき》】[↓]売《う》ったお金《かね》から、かかった費用《ひよう》を引《ひ》いた、ほんとうのもうけ。例バザーの純益《じゅんえき》を寄付《きふ》する。類純利《じゅんり》

【純金《じゅんきん》】[↓]まじりけのない金《きん》。金《きん》むく。例純金《じゅんきん》の仏像《ぶつぞう》。類二十四金《にじゅうよんきん》

【純血《じゅんけつ》】[↓]その血統《けっとう》の中《なか》に、べつの種類《しゅるい》の血《ち》がまじっていないこと。対混血《こんけつ》

【純潔《じゅんけつ》】[‖]〈―な〉心《こころ》やからだにけがれがなく、きよいこと。例純潔《じゅんけつ》をまもる。類無垢《むく》 対不純《ふじゅん》

【純情《じゅんじょう》】[↓]〈―な〉すなおでまっすぐな心《こころ》。例純情《じゅんじょう》な少女《しょうじょ》。類純真《じゅんしん》・素直《すなお》

【純真《じゅんしん》】[↓]〈―な〉気持《きも》ちや考《かんが》えにうそやかざりけがなく、きれいだ。例純真《じゅんしん》な心《こころ》をきずつける。類純情《じゅんじょう》・無垢

【純◦粋《じゅんすい》】[‖]〈―な〉①少《すこ》しのまじりけもないこと。きっすい。例純粋《じゅんすい》のアルコール。類純良《じゅんりょう》 ②わるい考《かんが》えが少《すこ》しもない。例純粋《じゅんすい》な気持《きも》ち。類純《じゅん》 対不純《ふじゅん》

【純然《じゅんぜん》】[×]〈―たる〉〈―と〉①まじりけがない。例純然《じゅんぜん》たる伝統文化《でんとうぶんか》。②まぎれもない。明白《めいはく》な。例これは純然《じゅんぜん》たる憲法違反《けんぽういはん》だ。

◦学習漢字でない常用漢字　▲常用漢字表にない音訓　◆常用漢字でない漢字

【純度】じゅんど ↓ どれくらいまじりけがないかという度合《どあ》い。例 純度《じゅんど》が高《たか》い。

【純白】じゅんぱく ↓〈―な/に〉まっ白《しろ》なこと。例 純白《じゅんぱく》のウエディングドレス。

【純文学】じゅんぶんがく 芸術作品《げいじゅつさくひん》としてつくる文学作品《ぶんがくさくひん》。

【純。朴】じゅんぼく Ⅱ〈―な/に〉すなおでかざりけがないようす。例 純朴《じゅんぼく》な青年《せいねん》。類 素朴《そぼく》

【純毛】じゅんもう ↓ ヒツジやヤギなどの毛《け》だけでつくった糸《いと》や織物《おりもの》。例 純毛《じゅんもう》の毛布《もうふ》。

【純良】じゅんりょう Ⅱ〈―な/に〉まじりけがなく、質《しつ》がよい。例 純良《じゅんりょう》なはちみつ。類 純粋《じゅんすい》

純が下につく熟語 上の字の働き

【清純《せいじゅん》 単純《たんじゅん》】近《ちか》い意味《いみ》。

◆不純《ふじゅん》

糸-4

素

総画10　JIS-3339　教5年
音 ソ・ス
訓 もと

筆順

なりたち

【形声】「垂《スイ》｜シ→龶」が「ソ」とかわって読《よ》み方《かた》をしめしている。「シ」は「白《しろ》い」の意味《いみ》を持《も》ち、白《しろ》い生糸《きいと》を表《あらわ》す字《じ》。

意味
❶もと。もとになるもの。例 素材《そざい》・要素《ようそ》
❷ありのまま。手《て》をくわえていない。かざらない。例 素足《すあし》・質素《しっそ》
❸ふだんの。つねづね。例 素行《そこう》・平素《へいそ》
❹《その他》例 素敵《すてき》

特別なよみ 素人《しろうと》

名前のよみ はじめ

❶〈もと〉の意味で

【素因】そいん Ⅱ おおもとの原因《げんいん》。例 被害拡大《ひがいかくだい》の素因《そいん》をさぐる。

【素材】そざい ↓ ①なにかをつくるもとになるもの。例 この布《ぬの》の素材《そざい》は羊毛《ようもう》だ。類 材料《ざいりょう》 ②小説《しょうせつ》や絵《え》などのもとになるものやことがら。例 日常《にちじょう》の生活《せいかつ》の中《なか》にドラマの素材《そざい》がある。類 題材《だいざい》・画材《がざい》・材料《ざいりょう》

【素地】そじ ↓ なにかをするためのもとになるもの。例 話《はな》し合《あ》いの素地《そじ》をかためる。類 基礎《きそ》・土台《どだい》・下地《したじ》

【素質】そしつ ↓ 生《う》まれつき持《も》っているとくべつの性質《せいしつ》や才能《さいのう》。例 音楽家《おんがくか》の素質《そしつ》がある。類 資質《ししつ》・天分《てんぶん》・天性《てんせい》・下地《したじ》

❷〈ありのまま〉の意味で

【素人】しろうと ↓ その仕事《しごと》を職業《しょくぎょう》にしていない人《ひと》。そのことについてよく知《し》らない人《ひと》。アマチュア。例 ずぶの素人《しろうと》。参考 ☞【玄人】くろうと(728ページ)

【素足】すあし ↓ くつ・くつ下《した》などをはいていない足《あし》。はだし。例 素足《すあし》で歩《ある》く。

【素顔】すがお ↓ ①けしょうをしていない顔《かお》。例 素顔《すがお》のまま出《で》かける。②ものごとのありのままのようす。例 現代《げんだい》の日本《にほん》の素顔《すがお》。

【素性】すじょう ↓ ①生《う》まれや育《そだ》ち。例 氏《うじ》も素性《すじょう》もわからない。類 経歴《けいれき》・出自《しゅつじ》・身元《みもと》 ②そうなった事情《じじょう》。例 素性《すじょう》のはっきりしない金《かね》はうけとれない。類 由緒《ゆいしょ》 表記「素姓」とも書《か》く。

【素手】すで ↓ なにも持《も》ったりつけたりしていない手《て》。例 素手《すで》でたたかう。類 徒手《としゅ》

【素直】すなお Ⅱ〈―な/に〉①性質《せいしつ》や態度《たいど》に、ひねくれたところがない。例 注意《ちゅうい》を素直《すなお》に聞《き》く。類 従順《じゅうじゅん》・純情《じゅんじょう》 ②くせがなくて、すっきりしている。例 素直《すなお》なかみの毛《け》。

【素。肌】すはだ ↓ ①おしろいなど、なにもつけていないはだ。例 素肌《すはだ》の手入《てい》れ。類 地肌《じはだ》 ②なにも身《み》につけていないはだ。例 素肌《すはだ》を見《み》せる。

【素読】そどく ↓〈―する〉内容《ないよう》のことはあとまわしにして、声《こえ》を出《だ》して文章《ぶんしょう》を読《よ》むこと。例 漢文《かんぶん》を素読《そどく》する。

【素。描】そびょう ↓〈―する〉絵《え》の具《ぐ》を使《つか》わずに、えんぴつや木炭《もくたん》などでだいたいの形《かたち》を絵《え》にかくこと。そうしてかいた絵《え》。デッサン。

【素。封家】そほうか 古《ふる》くからの大金持《おおがねも》ち。例 村《むら》の素封家《そほうか》。類 財産家《ざいさんか》

【素。朴】そぼく Ⅱ〈―な/に〉かざらず、ありのままのようす。例 素朴《そぼく》な疑問《ぎもん》。類 純朴《じゅんぼく》・朴訥《ぼくとつ》

❸〈ふだんの〉の意味で

【素行】そこう ↓ ふだんのおこない。例 素行《そこう》がわるい。類 品行《ひんこう》・操行《そうこう》

【素養】そよう ↓ ふだんからの勉強《べんきょう》や訓練《くんれん》で、身《み》

について いる学問《がくもん》・知識《ちしき》・技術《ぎじゅつ》などの力《ちから》。たしなみ。例 日本画《にほんが》の素養《そよう》がある。

❹《その他》

【素敵《すてき》】◎〈□に・□な〉じつにすばらしい。例 すてきなくつ。表記「素的」とも書《か》く。参考 当《あ》て字《じ》。「すばらしい」から出《で》たことばらしい。

素が下につく熟語 上の字の働き

❶素＝〈もと〉のとき
【塩素《えんそ》 酸素《さんそ》 水素《すいそ》 炭素《たんそ》 窒素《ちっそ》 酵素《こうそ》 毒素《どくそ》 色素《しきそ》 葉緑素《ようりょくそ》】ナニのもとか。

❷素＝〈ありのまま〉のとき
【簡素《かんそ》 質素《しっそ》】近《ちか》い意味《いみ》。

◆元素《げんそ》 要素《ようそ》

納

糸-4
総画10
JIS-3928
教6年

音 ノウ・ナッ・ナ・ナン・トウ
訓 おさめる・おさまる

筆順 納 納 納（はねない） 納 納 納（はねる） 納 納（とめる）

なりたち  【形声】「内ナイ|ダイ」が「いれる」意味《いみ》と、「ノウ・トウ」とかわって読《よ》み方《かた》をしめしている。糸《いと》を貢《みつ》ぎ物《もの》としておさめることを表《あらわ》す字《じ》。

意味

❶とどけておさめる。払《はら》いこむ。さしあげる。例 税金《ぜいきん》を納《おさ》める。納入《のうにゅう》・奉納《ほうのう》

❷中《なか》におさめる。しまいこむ。うけ入《い》れる。例 社長《しゃちょう》に納《おさ》まる。納屋《なや》・納得《なっとく》・出納《すいとう》

❸おわりにする。例 見納《みおさ》め・納会《のうかい》

使い分け おさめる［納・収・修・治］☞831ページ

注意するよみ ナッ…例 納得《なっとく》・納豆《なっとう》 ナ…例 納屋《なや》 ナン…例 納戸《なんど》 トウ…例 出納《すいとう》

❶〈とどけておさめる〉の意味で

【納期《のうき》】↓お金《かね》や品物《しなもの》などをおさめる期限《きげん》。例 製品《せいひん》が納期《のうき》に間《ま》に合《あ》わない。

【納税《のうぜい》】▲〈―する〉税金《ぜいきん》をおさめること。例 納税《のうぜい》の義務《ぎむ》。納税通知《のうぜいつうち》 対 徴税《ちょうぜい》

【納入《のうにゅう》】↓〈―する〉お金《かね》や品物《しなもの》をわたしたりとどけたりすること。例 会費《かいひ》を納入《のうにゅう》する。

【納品《のうひん》】①▲〈―する〉品物《しなもの》をわたしたりとどけたりすること。例 納品書《のうひんしょ》 ②↓とどけられた品物《しなもの》。例 納品《のうひん》を倉庫《そうこ》につむ。

【納付《のうふ》】Ⅱ〈―する〉役所《やくしょ》などにお金《かね》をはらいこむこと。例 入学金《にゅうがくきん》を納付《のうふ》する。

❷〈中におさめる〉の意味で

【納豆《なっとう》】↓大豆《だいず》を発酵《はっこう》させて、ねばねばと糸《いと》をひくようにした食品《しょくひん》。

【納得《なっとく》】↓〈―する〉もっともだと理解《りかい》すること。例 納得《なっとく》ずく 類 得心《とくしん》・合点《がてん|がってん》

【納屋《なや》】↓ものおき小屋《ごや》。

【納戸《なんど》】↓着物《きもの》や道具《どうぐ》などをしまっておくへや。例 小《ちい》さくても納戸《なんど》がほしい。

【納骨《のうこつ》】▲〈―する〉火葬《かそう》した骨《ほね》を、墓《はか》などにおさめること。例 納骨堂《のうこつどう》

【納。涼《のうりょう》】▲夏《なつ》の夜《よる》に、すずしさを味《あじ》わうこと。夕《ゆう》すずみ。例 納涼花火大会《のうりょうはなびたいかい》

❸〈おわりにする〉の意味で

【納会《のうかい》】↓①その年《とし》のいちばん終《お》わり、または、その行事《ぎょうじ》のさいごにおこなう反省《はんせい》や慰《い》労《ろう》の会《かい》。②株式取引所《かぶしきとりひきじょ》で、毎月《まいつき》のさいごの日《ひ》におこなう立《た》ち会《あ》い。対 発会《はっかい》

納が下につく熟語 上の字の働き

❶納＝〈とどけておさめる〉のとき
【完納《かんのう》 前納《ぜんのう》 奉納《ほうのう》】ドノヨウニ納《おさ》めるか。

◆出納《すいとう》 滞納《たいのう》 未納《みのう》 結納《ゆいのう》

紛

糸-4
総画10
JIS-4222
常用

音 フン
訓 まぎれる・まぎらす・まぎらわす・まぎらわしい

例解 使い分け

［おさめる《納める・収める・修める・治める》］

納める＝引《ひ》きわたす。さし出《だ》して、しまってもらう。
例 税金《ぜいきん》を納《おさ》める。月謝《げっしゃ》を納《おさ》める。

収める＝受《う》け入《い》れる。取《と》り入《い》れて、しまう。
例 利益《りえき》を収《おさ》める。成功《せいこう》を収《おさ》める。

修める＝学問《がくもん》や技術《ぎじゅつ》を身《み》につける。心《こころ》やおこないを正《ただ》しくする。
例 学業《がくぎょう》を修《おさ》める。身《み》を修《おさ》める。

治める＝おだやかな状態《じょうたい》にする。
例 領地《りょうち》を治《おさ》める。内乱《ないらん》を治《おさ》める。

筆順 紛

なりたち 紛 [形声]「分」が「わかれる」意味《いみ》と「フン」という読《よ》み方《かた》をしめしている。糸《いと》がみだれてもつれることを表《あらわ》す字《じ》。

意味 まぎれる。区別《くべつ》できなくなる。例 人《ひと》ごみに紛《まぎ》れる。気《き》を紛《まぎ》らす。さびしさを紛《まぎ》らわす。紛争《ふんそう》・内紛《ないふん》

【紛糾】《ふんきゅう》 II 〈—する〉ものごとがもつれて、まとまらないこと。例 会議《かいぎ》が紛糾《ふんきゅう》する。

【紛失】《ふんしつ》 ↓ 〈—する〉どこにいったかわからなくなること。例 だいじな書類《しょるい》が紛失《ふんしつ》した。

【紛争】《ふんそう》 ↓ 国《くに》や団体間《だんたいかん》でのあらそいごと。例 両国間《りょうこくかん》の紛争《ふんそう》が長引《ながび》く。

【紛紛】《ふんぷん》 II 〈—たる〉〈—と〉さまざまのものが入《い》りみだれているようす。例 諸説紛々《しょせつふんぷん》

紡

糸-4 総画10 JIS-4334 常用 音 ボウ 訓 つむぐ

筆順 紡

なりたち 紡 [形声]「方《ホウ》」が「ならべる」意味《いみ》と、「ボウ」とかわって読《よ》み方《かた》をしめしている。糸《いと》をならべてより合《あ》わせ、つむぐことを表《あらわ》す字《じ》。

意味 つむぐ。繊維《せんい》をより合《あ》わせて糸《いと》にする。例 糸《いと》を紡《つむ》ぐ。紡織《ぼうしょく》

【紡織】《ぼうしょく》 II 糸《いと》をつむぐことと、布《ぬの》をおること。例 紡織機械《ぼうしょくきかい》・紡織工場《ぼうしょくこうじょう》

【紡錘】《ぼうすい》 ↓ 綿《わた》やまゆから繊維《せんい》を引《ひ》き出《だ》して、糸《いと》をつむぎながらまき取《と》る道《どう》具《ぐ》。つむ(錘)。例 紡錘形《ぼうすいけい》(レモンのような形《かたち》)

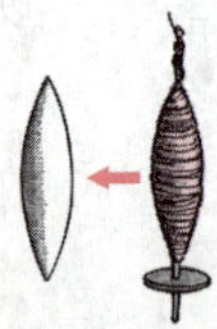

紡錘形　紡錘

【紡績】《ぼうせき》 II 綿《わた》や羊毛《ようもう》などをつむいで、糸《いと》にすること。例 紡績機械《ぼうせききかい》

紋

糸-4 総画10 JIS-4470 常用 音 モン 訓 —

筆順 紋

なりたち [形声]「文」が「もよう」の意味《いみ》と「モン」という読《よ》み方《かた》をしめしている。糸《いと》でおりだすもようを表《あらわ》す字《じ》。

意味
❶もよう。例 波紋《はもん》
❷もん。家《いえ》などのしるしとしてきまった形《かたち》の図柄《ずがら》。例 葵《あおい》の紋《もん》。紋章《もんしょう》・家紋《かもん》

名前のよみ あや

❶〈もよう〉の意味で

【紋様】《もんよう》 ↓ 織物《おりもの》や工芸品《こうげいひん》などにつけたもよう。例 折《お》りづるの紋様《もんよう》のある着物《きもの》。表記「文様」とも書《か》く。

❷〈もん〉の意味で

【紋章】《もんしょう》 II その家《いえ》や団体《だんたい》などを表《あらわ》す、きまったしるし。類 紋《もん》・紋所《もんどころ》・家紋《かもん》

【紋所】《もんどころ》 ↓ 家《いえ》のしるしとして決《き》められている図柄《ずがら》。例 葵《あおい》の紋所《もんどころ》。類 家紋《かもん》・紋《もん》・紋章《もんしょう》

紋が下につく熟語 上の字の働き

❶紋＝〈もよう〉のとき
【指紋《しもん》 波紋《はもん》】ナニの紋《もん》か。

経

糸-5 総画11 JIS-2348 教5年 音 ケイ・キョウ 訓 へる・た-つ ［經］

筆順 経（はねない はらう ながく）

なりたち 經 [形声]もとの字《じ》は、「經」。まっすぐにはったはたおりのたて糸《いと》を表《あらわ》す「巠」が「ケイ」という読《よ》み方《かた》をしめしている。糸《いと》をくわえて、はたおりのたて糸《いと》を表《あらわ》す字《じ》。

意味
❶たて糸《いと》。南北《なんぼく》の線《せん》。例 経緯《けいい》・経度《けいど》 対 緯《い》
❷通《とお》っていく。例 年月《としつき》を経《へ》る。経過《けいか》
❸すじみちをつける。治《おさ》める。例 経営《けいえい》
❹一定《いってい》している。例 経常《けいじょう》
❺正《ただ》しい教《おし》え。ものごとの道理《どうり》を説《と》いた教《おし》え。例 経典《けいてん/きょうてん》・読《ど》経《きょう》

特別なよみ 読経(どきょう)

名前のよみ おさむ・つね・のぶ・のり

❶〈たて糸〉の意味で

【経緯】《けいい》 ⇕ ①織物《おりもの》のたて糸《いと》とよこ糸《いと》。②ものごとがおこったこまかな事情《じじょう》。いきさつ。例 事件《じけん》の経緯《けいい》を話《はな》す。類 過程《かてい》

ものしり巻物 第27巻

唐代《とうだい》を代表《だいひょう》する詩人《しじん》・李白《りはく》

唐詩《とうし》を代表《だいひょう》する二大詩人《にだいしじん》として、李白《りはく》と杜甫《とほ》があげられます。

李白《りはく》は、天才肌《てんさいはだ》の詩人《しじん》で、酒《さけ》を好《この》む豪放《ごうほう》な人柄《ひとがら》のため、「詩仙《しせん》」とも呼《よ》ばれています。

李白《りはく》の有名《ゆうめい》な七言絶句《しちごんぜっく》「早発白帝城《はくていじょう》(早《つと》に白《はく》帝城《ていじょう》を発《はっ》す)」は、つぎのとおりです。

朝辞白帝彩雲間
千里江陵一日還
両岸猿声啼不住
軽舟已過万重山

朝《あした》に辞《じ》す白帝彩雲《はくていさいうん》の間《かん》
千里《せんり》の江陵一日《こうりょういちじつ》にして還《かえ》る
両岸《りょうがん》の猿声《えんせい》啼《な》いて住《や》まざるに
軽舟已《けいしゅうすで》に過《す》ぐ万重《ばんちょう》の山《やま》

(朝早《あさはや》く、朝焼《あさや》け雲《ぐも》のたなびく白帝城《はくていじょう》に別《わか》れを告《つ》げて、三峡《さんきょう》を下《くだ》ると、千里《せんり》も遠《とお》い江陵《こうりょう》にたった一日《いちにち》で着《つ》いてしまう。両岸《りょうぎし》から聞《き》こえる猿《さる》の鳴《な》き声《ごえ》が続《つづ》いているうちに、わたしの乗《の》った軽《かる》い船《ふね》は、幾重《いくえ》にも重《かさ》なった山々《やまやま》の間《あいだ》を通《とお》り抜《ぬ》けていく)

《韻字＝間・還・山》

急流《きゅうりゅう》の三峡《さんきょう》(長江《ちょうこう》の三《みっ》つの大《おお》きな峡谷《きょうこく》の総称《そうしょう》)を下《くだ》る船旅《ふなたび》のスピード感《かん》が伝《つた》わってくる作品《さくひん》です。中国語《ちゅうごくご》で音読《おんどく》すると、その特《とく》長《ちょう》がいっそうはっきりするそうです。中国《ちゅうごく》の古典《こてん》では、猿《さる》の鳴《な》き声《ごえ》は、「断腸《だんちょう》の思《おも》い」の故事《こじ》(☞555ページ)のように、もの悲《がな》しいものとして描《えが》かれています。

漢詩《かんし》の題材《だいざい》には、旅立《たびだ》つ友人《ゆうじん》を見送《みおく》るなど、別《わか》れを詠《よ》んだものが数多《かずおお》くあります。

たとえば、七言絶句《しちごんぜっく》「黄鶴楼送孟浩然之広陵(黄鶴楼《こうかくろう》にて孟浩然《もうこうねん》の広陵《こうりょう》に之《ゆ》くを送《おく》る)」は、つぎのような送別《そうべつ》の詩《し》です。

故人西辞黄鶴楼
煙花三月下揚州
孤帆遠影碧空尽
惟見長江天際流

故人《こじん》西《にし》のかた黄鶴楼《こうかくろう》を辞《じ》し
煙花《えんか》三月《さんがつ》揚州《ようしゅう》に下《くだ》る
孤帆《こはん》の遠影《えんえい》碧空《へきくう》に尽《つ》き
惟《た》だ見《み》る長江《ちょうこう》の天際《てんさい》に流《なが》るるを

(わが友《とも》の孟浩然君《もうこうねんくん》は、この西《にし》の黄鶴楼《こうかくろう》に別《わか》れを告《つ》げて、春《はる》の花《はな》がすみの三月《さんがつ》に、揚《よう》州《しゅう》へ舟《ふね》で下《くだ》っていく。楼上《ろうじょう》から見送《みおく》ると、彼《かれ》の乗《の》った一艘《いっそう》の帆《ほ》かけ舟《ぶね》が青《あお》い空《そら》に吸《す》い込《こ》まれて消《き》え、後《あと》にはただ長江《ちょうこう》が天《てん》の果《は》てへと流《なが》れていくばかりだ)

《韻字＝楼・州・流》

親《した》しい友人《ゆうじん》を見送《みおく》った別離《べつり》の悲《かな》しさと一人《ひとり》残《のこ》された寂《さび》しさとが、大《おお》きなスケールで描《えが》かれています。黄鶴楼《こうかくろう》とは、現在《げんざい》の湖北省《こほくしょう》武《ぶ》漢市《かんし》の長江《ちょうこう》のほとりに建《た》つ三層《さんそう》の楼閣《ろうかく》のことです。揚州《ようしゅう》は、東《ひがし》の下流《かりゅう》に位置《いち》しています。

酒《さけ》を飲《の》むと即興《そっきょう》で一気呵成《いっきかせい》に詩《し》を作《つく》ったといわれる李白《りはく》には、「白髪三千丈《はくはつさんぜんじょう》」(秋浦《しゅうほ》の歌《うた》)や「飛流直下三千尺《ひりゅうちょっかさんぜんじゃく》」(廬山《ろざん》の瀑布《ばくふ》を望《のぞ》む)といった卓絶《たくぜつ》した表現《ひょうげん》が多《おお》く見《み》られます。

【経線】《けいせん》⇩ 地球《ちきゅう》の表面《ひょうめん》にかりに引《ひ》いた、北《ほっ》極《きょく》と南極《なんきょく》をむすぶたての線《せん》。例 明石《あかし》は東経《とうけい》一三五度《ど》の経線上《けいせんじょう》にある。類 子午線《しごせん》 対 緯線《いせん》

【経度】《けいど》⇩ 地球上《ちきゅうじょう》のある地点《ちてん》をとおる経《けい》線《せん》が、イギリスの旧《きゅう》グリニッジ天文台《てんもんだい》をとおる経線《けいせん》(これを〇度《ど》とする)からどのくらいはなれているかの度合《どあ》い。東《ひがし》へはかるものを東《とう》経《けい》、西《にし》にはかるものを西経《せいけい》といい、どちらも一八〇度《ど》まである。対 緯度《いど》

❷〈通っていく〉の意味で

【経過】《けいか》‖〈―する〉①時間《じかん》がすぎていくこと。例 出発《しゅっぱつ》してから一時間《いちじかん》が経過《けいか》した。②ものごとのうつりかわり方《かた》。例 手術後《しゅじゅつご》の経《けい》過《か》は順調《じゅんちょう》だ。類 過程《かてい》

【経験】《けいけん》⇩〈―する〉じっさいに見《み》たり聞《き》いたり、したりすること。してみて身《み》につくもの。例 経験《けいけん》を積《つ》む。類 体験《たいけん》

【経口】《けいこう》▲ 口《くち》から入《い》れること。例 経口薬《けいこうやく》

【経由】《けいゆ》‖〈―する〉目的地《もくてきち》までのあいだに、ある場所《ばしょ》をとおりすぎること。例 モスクワ経由《けいゆ》でロンドンへ行《い》く。

【経歴】《けいれき》‖ その人《ひと》が、それまでにどんな学校《がっこう》に入《はい》り、どんな仕事《しごと》をし、どんな生活《せいかつ》をしてきたかということ。例 講師《こうし》の経歴《けいれき》を紹介《しょうかい》する。類 履歴《りれき》・過去《かこ》・素性《すじょう》

【経路】《けいろ》⇩ ①とちゅうの道《みち》すじ。例 通学経《つうがくけい》路《ろ》 ②ものごとがたどってきたすじみち。例 病気《びょうき》の感染経路《かんせんけいろ》を調《しら》べる。

❸〈すじみちをつける〉の意味で

【経営】《けいえい》‖〈―する〉①計画《けいかく》をたて、くふうしてものごとをおこなうこと。例 学級経営《がっきゅうけいえい》 類 運営《うんえい》 ②利益《りえき》があがるように会社《かいしゃ》や商店《しょうてん》などをやっていくこと。例 経営者《けいえいしゃ》

【経済】《けいざい》○ ①人間《にんげん》の生活《せいかつ》に必要《ひつよう》なものを、つくったり、売《う》ったり、買《か》ったりするすべてのはたらき。例 国《くに》の経済《けいざい》を発展《はってん》させる。②お金《かね》のやりくり。例 家《いえ》の経済《けいざい》が苦《くる》しい。参考「経国済民《けいこくさいみん》」「経世済民《けいせいさいみん》」からできたことば。

【経済的】《けいざいてき》〈―な・―に〉①経済《けいざい》にかんする。例 経《けい》済的見地《ざいてきけんち》。②お金《かね》がかからない。安《やす》くあがる。例 まとめて買《か》えば経済的《けいざいてき》。

【経費】《けいひ》⇩ なにかをするために必要《ひつよう》なお金《かね》。例 必要経費《ひつようけいひ》 類 費用《ひよう》

【経理】《けいり》‖ 役所《やくしょ》や会社《かいしゃ》・商店《しょうてん》などで、お金《かね》を出《だ》し入《い》れする仕事《しごと》。例 経理課《けいりか》 類 会計《かいけい》

❹〈一定している〉の意味で

【経常】《けいじょう》‖ いつもおなじようにつづいていくこと。例 経常《けいじょう》収支《しゅうし》・経常利益《けいじょうりえき》 類 平常《へいじょう》 対 臨時《りんじ》

❺〈正しい教え〉の意味で

【経文】《きょうもん》⇩ 仏《ほとけ》の教《おし》えを書《か》いた文章《ぶんしょう》。お経《きょう》。例 経文《きょうもん》をとなえる。

【経典】⇩ [一]《けいてん》 むかしの、りっぱな人《ひと》の教《おし》えを書《か》いた本《ほん》。とくに、中国《ちゅうごく》の儒教《じゅきょう》の教《おし》えを書《か》いた本《ほん》をいう。[二]《きょうてん》 仏教《ぶっきょう》の教《おし》え(お経《きょう》)を書《か》いた本《ほん》。類 仏典《ぶってん》 [三]《きょうてん／けいてん》 キリスト教《きょう》の聖書《せいしょ》、イスラム教《きょう》のコーランなど、宗教《しゅうきょう》の教《おし》えを書《か》いた本《ほん》。類 教典《きょうてん》

経が下につく熟語 上の字の働き

❶ 経＝〈たて糸〉のとき

【東経《とうけい》 西経《せいけい》】地球上《ちきゅうじょう》のドチラの経線《けいせん》か。

◆ 神経《しんけい》 読経《どきょう》

糸-5

紘

総画11 JIS-2430 人名

音 ゲン 訓 つる

意味 つる。琴《こと》などの楽器《がっき》にはった糸《いと》。例 管《かん》紘《げん》

糸-5

紺

総画11 JIS-2616 常用

音 コン 訓 ―

筆順

なりたち

【形声】「甘《カン》」が「コン」とかわって読《よ》み方《かた》をしめす。「カン」は「赤《あか》みをおびる」の意味《いみ》を持《も》ち、赤《あか》みがかったこい青《あお》(こん)色《いろ》の糸《いと》を表《あらわ》す字《じ》。

意味 こん色《いろ》。こい青色《あおいろ》。例 紺《こん》のブレザー。

紺青《こんじょう》

【。紺青】《こんじょう》‖ あざやかな明《あか》るいあい色《いろ》。

【。紺・碧】《こんぺき》‖ 黒《くろ》みをおびた青《あお》い色《いろ》。例 紺碧《こんぺき》の空《そら》。

糸-5

細

総画11 JIS-2657 教2年

音 サイ 訓 ほそい・ほそる・こまか・こまかい

筆順
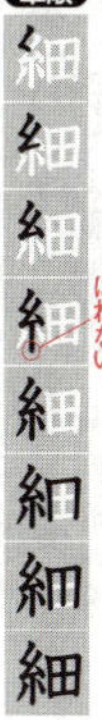

なりたち  【形声】もとの字は、「綑」。「囟《シン》」が「サイ」とかわって読《よ》み方《かた》をしめしている。「シン」は「こまかい」の意味《いみ》を持《も》ち、糸《いと》のほそいことを表《あらわ》す字《じ》。

意味
❶ほそい。例身《み》が細《ほそ》る。細《ほそ》い糸《いと》。細道《ほそみち》・繊《せん》細《さい》 対太《たい》
❷こまかい。こまごまとしている。くわしい。例微《び》に入《い》り細《さい》にわたる(こまかいところまでおよぶ)。細《こま》かい注《ちゅう》意《い》。きめ細《こま》かな肌《はだ》。細《さい》部《ぶ》・細《さい》密《みつ》・詳《しょう》細《さい》・微《び》細《さい》 対大《だい》・粗《そ》

❶〈ほそい〉の意味で
【細。腕】ほそうで ↓ ①細《ほそ》くて力《ちから》のないうで。②とぼしい生活力《せいかつりょく》。
【細字】ほそじ｜さいじ ↓ 線《せん》の細《ほそ》い文字《もじ》。例細字用《ほそじよう》のサインペン。対太字《ふとじ》 ☞❷
【細細】ほそぼそ Ⅱ〈—と〉細《ほそ》くつづいているようす。例細々《ほそぼそ》としたくらし。☞「こまごま」は❷
【細道】ほそみち ↓ 細《ほそ》い道《みち》。類小道《こみち》
❷〈こまかい〉の意味で
【細細】こまごま Ⅱ〈—と〈—する〉①こまかいようす。例こまごました用事《ようじ》。②くわしいようす。例こまごまと手紙《てがみ》に書《か》く。③よくいきとどいているようす。例こまごまとした注意《ちゅうい》をあたえる。☞「ほそぼそ」は❶
【細。菌】さいきん ↓ 顕微鏡《けんびきょう》でなければ見《み》ることのできない、一《ひと》つの細胞《さいぼう》でできている生物《せいぶつ》。バクテリア。例土《つち》の中《なか》の細菌《さいきん》を調《しら》べる。類黴《ばい》菌《きん》 知識細菌《さいきん》には、酵母菌《こうぼきん》や病原菌《びょうげんきん》など、ひじょうに多《おお》くの種類《しゅるい》がある。
【細工】さいく ↓〈—する〉①手先《てさき》を使《つか》って、器具《きぐ》や道具《どうぐ》などをつくること。つくられたもの。例竹細工《たけざいく》 ②人《ひと》の目《め》をごまかそうとして、あれこれくふうすること。例帳簿《ちょうぼ》を細工《さいく》する。
【細君】さいくん ↓ ①他人《たにん》に対《たい》して、自分《じぶん》の妻《つま》をいうことば。例細君《さいくん》との旅行《りょこう》はひさしぶりだ。②自分《じぶん》とおなじか目下《めした》の人《ひと》の妻《つま》を指《さ》すことば。例細君《さいくん》は元気《げんき》かね。
【細字】さいじ ↓ こまかい文字《もじ》。小《ちい》さな文字《もじ》。例米《こめ》つぶにびっしり書《か》かれた細字《さいじ》。☞❶
【細事】さいじ ↓ 小《ちい》さなこと。つまらないこと。例細事《さいじ》にこだわる。類小事《しょうじ》
【細心】さいしん ↓〈—な〉こまかいところまで、心《こころ》をくばること。例細心《さいしん》の注意《ちゅうい》。類綿密《めんみつ》
【細則】さいそく ↓ 大《おお》きな規則《きそく》にもとづいたこまかいきまり。例細則《さいそく》を設《もう》ける。対総則《そうそく》・概則《がいそく》・通則《つうそく》
【細大】さいだい ⇕ 小《ちい》さなことも大《おお》きなことも。例細大《さいだい》もらさず記録《きろく》する(こまかいことも大《おお》きいことも全部《ぜんぶ》記録《きろく》する)。
【細部】さいぶ ↓ ものごとのこまかいところ。例注《ちゅう》意《い》が細部《さいぶ》にまで行《い》きわたる。
【細分】さいぶん ↓〈—する〉こまかく分《わ》けること。例役割《やくわり》を細分化《さいぶんか》する。類細別《さいべつ》
【細別】さいべつ ↓〈—する〉こまかに区別《くべつ》すること。例年齢《ねんれい》で細別《さいべつ》する。類細分《さいぶん》 対大別《たいべつ》
【細。胞】さいぼう｜さいほう ↓ 生物《せいぶつ》のからだをつくっている、いちばん小《ちい》さな単位《たんい》。例細胞分裂《さいぼうぶんれつ》
【細密】さいみつ Ⅱ〈—な〉〈—に〉こまかくてくわしい。例細《さい》密画《みつが》 類精密《せいみつ》・緻密《ちみつ》
【細目】さいもく ↓ 規則《きそく》や計画《けいかく》などで、こまかい点《てん》をくわしく決《き》めてある項目《こうもく》。例細目《さいもく》についてはあとで連絡《れんらく》します。対大綱《たいこう》

細が下につく熟語 上の字の働き

❷細＝〈こまかい〉のとき
【微細《びさい》 零細《れいさい》 委細《いさい》 詳細《しょうさい》 精細《せいさい》】近《ちか》い意味《いみ》。
◆繊細《せんさい》 明細《めいさい》

糸−5
終
総画11
JIS-2910
教3年
訓 音 シュウ
おわる・おえる

筆順

なりたち 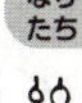 【形声】「冬《トウ》」が「シュウ」とかわって読《よ》み方《かた》をしめしている。「トウ」は「糸《いと》どめ」の意味《いみ》を持《も》ち、糸《いと》のまきおわりの糸《いと》どめを表《あらわ》す字《じ》。

意味
❶おわる。おわり。例授業《じゅぎょう》が終《お》わる。宿《しゅく》題《だい》を終《お》える。終点《しゅうてん》 対始《し》
❷おわりまでずっと。例終日《しゅうじつ》

❶〈おわる。おわり〉の意味で
【終、焉】しゅうえん ☒ いのちが終《お》わること。死《し》にぎ

◦学習漢字でない常用漢字　▲常用漢字表にない音訓　◆常用漢字でない漢字

わ。例 一茶《いっさ》の終焉《しゅうえん》の地《ち》。類 臨終《りんじゅう》・最期《さいご》・末期《まつご》
【終《しゅう》演《えん》】▲〈―する〉音楽会《おんがくかい》や劇《げき》などの上演《じょうえん》が終《お》わること。例 終演日《しゅうえんび》 類 閉幕《へいまく》 対 開演《かいえん》
表現 一日《いちにち》の上演《じょうえん》の終《お》わりも、何日《なんにち》かつづいたものの終《お》わりも「終演《しゅうえん》」。
【終《しゅう》業《ぎょう》】▲〈―する〉その日《ひ》やその期間《きかん》の仕事《しごと》や授業《じゅぎょう》を終《お》えること。例 終業式《しゅうぎょうしき》 対 始業《しぎょう》
【終《しゅう》局《きょく》】▲〈―する〉①碁《ご》や将棋《しょうぎ》での、一回《いっかい》の勝負《しょうぶ》の終《お》わり。②事件《じけん》などが解決《かいけつ》して落《お》ち着《つ》くこと。例 一連《いちれん》の事件《じけん》も終局《しゅうきょく》をむかえる。
【終《しゅう》結《けつ》】‖〈―する〉あることがすっかり終《お》わること。例 議論《ぎろん》が終結《しゅうけつ》した。
【終《しゅう》止《し》】‖〈―する〉終《お》わること。例 終止形《しゅうしけい》
【終止《しゅうし》。符《ふ》】①英語《えいご》などで、文《ぶん》の終《お》わりにつける「.」のしるし。ピリオド。②ものごとの終《お》わり。例 活動《かつどう》に終止符《しゅうしふ》を打《う》つ。
【終《しゅう》戦《せん》】▲戦争《せんそう》が終《お》わること。第二次世界《だいにじせかい》大戦《たいせん》の終《お》わりをいうことが多《おお》い。例 終戦《しゅうせん》をむかえる。終戦記念日《しゅうせんきねんび》 対 開戦《かいせん》
【終《しゅう》着《ちゃく》】↓①電車《でんしゃ》やバスなどで、一日《いちにち》の最《さい》後《ご》に到着《とうちゃく》するもの。例 終着列車《しゅうちゃくれっしゃ》 類 最終《さいしゅう》 対 始発《しはつ》 ②電車《でんしゃ》やバスなどのいちばん最後《さいご》の目的地《もくてきち》。例 終着駅《しゅうちゃくえき》 類 終点《しゅうてん》
【終《しゅう》点《てん》】↓電車《でんしゃ》やバスなどの交通機関《こうつうきかん》が最後《さいご》に着《つ》くところ。例 列車《れっしゃ》はまもなく終点《しゅうてん》に到着《とうちゃく》します。類 終着《しゅうちゃく》 対 起点《きてん》
【終《しゅう》電《てん》】↓その日《ひ》の最後《さいご》に運転《うんてん》される電《てん》車《しゃ》。終電車《しゅうてんしゃ》。類 終列車《しゅうれっしゃ》・終発《しゅうはつ》 対 始発《しはつ》

【終《しゅう》。盤《ばん》】↓碁《ご》や将棋《しょうぎ》などで、まもなく勝《しょう》負《ぶ》の決《き》まる終《お》わりのころ。例 勝負《しょうぶ》は終盤《しゅうばん》に入《はい》る。関連 序盤《じょばん》・中盤《ちゅうばん》・終盤《しゅうばん》 表現「選挙戦《せんきょせん》も終盤《しゅうばん》に入《はい》ってきた」などと、碁《ご》・将棋《しょうぎ》以外《いがい》のことにも使《つか》う。
【終《しゅう》末《まつ》】‖終《お》わり。終《お》わり方《かた》。終《お》わりぎわ。例 意外《いがい》な終末《しゅうまつ》をむかえる。類 結末《けつまつ》
【終《しゅう》。了《りょう》】‖〈―する〉すっかり終《お》わること。例 本日《ほんじつ》の営業《えいぎょう》は終了《しゅうりょう》いたしました。対 開始《かいし》

例解 使い分け
[終了《しゅうりょう》・修了《しゅうりょう》]
終了＝ものごとが終《お》わること。反対《はんたい》は「開《かい》始《し》」。
例 作業《さぎょう》を終了《しゅうりょう》する。試合終了《しあいしゅうりょう》。
修了＝きめられた学業《がくぎょう》を学《まな》び終《お》えること。
例 本課程《ほんかてい》を修了《しゅうりょう》する。修了証書《しゅうりょうしょうしょ》

❷〈おわりまでずっと〉の意味で
【終《しゅう》始《し》】⇕①はじめから終《お》わりまでずっと。例 終始一貫《しゅうしいっかん》 類 首尾《しゅび》 ②〈―する〉はじめから終《お》わりまでずっとつづくこと。例 あいまいな受《う》け答《こた》えに終始《しゅうし》する。類 始終《しじゅう》
【終《しゅう》日《じつ》】↓一日《いちにち》じゅう。ひねもす。例 終《しゅう》日《じつ》、読書《どくしょ》を楽《たの》しむ。
【終《しゅう》身《しん》】↓一生《いっしょう》を終《お》えるまで。例 終身刑《しゅうしんけい》・終身年金《しゅうしんねんきん》 類 終生《しゅうせい》
【終《しゅう》生《せい》】↓生《い》きているあいだ、ずっと。例 ご恩《おん》は終生《しゅうせい》わすれません。類 一生《いっしょう》・生涯《しょうがい》・終身《しゅうしん》 表記「終世」とも書《か》く。

【終《しゅう》夜《や》】↓ひとばんじゅう。例 終夜運転《しゅうやうんてん》
◆最終《さいしゅう》 始終《しじゅう》 臨終《りんじゅう》

紹

糸－5
総画11
JIS-3050
常用
音 ショウ
訓 ―

筆順

なりたち

【形声】「召」が「ショウ」という読《よ》み方《かた》をしめしている。「ショウ」は「うけつぐ」意味《いみ》を持《も》ち、糸《いと》をつなぐことを表《あらわ》す字《じ》。

意味 つなぐ。引《ひ》き合《あ》わせる。例 紹介《しょうかい》

名前のよみ あき・つぐ

【紹《しょう》。介《かい》】‖〈―する〉①あいだに立《た》って、人《ひと》と人《ひと》を引《ひ》き合《あ》わせる。例 紹介状《しょうかいじょう》 ②まだ知《し》らない人《ひと》に知《し》らせる。例 内容紹介《ないようしょうかい》

使い分け [照会・紹介] ☞711ページ

紳

糸－5
総画11
JIS-3134
常用
音 シン
訓 ―

筆順

なりたち

【形声】「糸」が布《ぬの》を表《あらわ》し、「申」が「シン」という読《よ》み方《かた》をしめしている。「シン」は「たばねる」意味《いみ》を持《も》ち、身分《みぶん》の高《たか》い人《ひと》が腰《こし》にまいて、そのあまりをたらしてかざりとした大《おお》きな帯《おび》を表《あらわ》す字《じ》。

意味 りっぱな人《ひと》。身分《みぶん》の高《たか》い、教養《きょうよう》のある

人《ひと》。例 紳士《しんし》
【。紳士】《しんし》 ↓ ①上品《じょうひん》で礼儀正《れいぎただ》しいりっぱな男性《だんせい》。ジェントルマン。例 紳士的《しんしてき》な態度《たいど》。対 淑女《しゅくじょ》 ②男性《だんせい》。とくに、おとなの男《おとこ》の人《ひと》。例 紳士服《しんしふく》 類 殿方《とのがた》 対 婦人《ふじん》

糸-5
組
総画11
JIS-3340
教2年
訓 音 ソ
くむ・くみ

筆順

なりたち

【形声】「重《かさ》ねる」意味《いみ》を持《も》つ「且」が「ソ」という読《よ》み方《かた》をしめしている。糸《いと》を重《かさ》ね合《あ》わせることを表《あらわ》す字《じ》。

意味
くみ合《あ》わせる。くみ立《た》てる。くみ。例 二《ふた》つの組《くみ》うでを組《く》む。活字《かつじ》の組《く》みが悪《わる》い。二つの組に分《わ》ける。番組《ばんぐみ》・組織《そしき》

【組合】《くみあい》 ↓ おなじ目的《もくてき》や利害《りがい》を持《も》つ人《ひと》びとが集《あつ》まって、たがいに助《たす》け合《あ》うためにつくった団体《だんたい》。例 労働組合《ろうどうくみあい》
【組曲】《くみきょく》 ↓ 短《みじか》い曲《きょく》をいくつか組《く》み合《あ》わせて、一《ひと》つにまとめたもの。例 ピアノ組曲《くみきょく》
【組閣】《そかく》 ▲ 〈―する〉総理大臣《そうりだいじん》が、各省庁《かくしょうちょう》の国務大臣《こくむだいじん》をえらんで内閣《ないかく》をつくること。
【組織】《そしき》 Ⅱ ①〈―する〉きちんとしたしくみとはたらきをもつまとまり。また、そのまとまりをつくること。システム。例 調査班《ちょうさはん》を組織《そしき》する。組織票《そしきひょう》 類 機構《きこう》・構成《こうせい》 ②からだの中《なか》で形《かたち》やはたらきがおなじような細胞《さいぼう》が集《あつ》まって、一《ひと》つにまとまったもの。例 筋肉組織《きんにくそしき》
【組成】《そせい》 ↓ 〈―する〉組《く》み立《た》てること。組み立《た》てのもとになっている、成分《せいぶん》や要素《ようそ》。例 水《みず》の組成《そせい》を調《しら》べる。

糸-5
紬
総画11
JIS-3661
人名
訓 音 チュウ
つむぎ

意味
つむぎ。つむぐ。例 紬《つむぎ》の着物《きもの》。

【◆紬糸】《つむぎいと》 ↓ くずまゆ(かいこが穴《あな》をあけて出《で》てしまって生糸《きいと》のとれなくなったまゆ)や真綿《まわた》からとった糸《いと》。

糸-5
累
総画11
JIS-4663
常用
訓 音 ルイ
―

筆順

なりたち

【形声】「田」は、「畾」の省略《しょうりゃく》した形《かたち》。「畾」が「重《かさ》ねる」意味《いみ》と、「ルイ《ライ》」とかわって読《よ》み方《かた》をしめしている。糸《いと》を積《つ》み重《かさ》ねることを表《あらわ》す字《じ》。

意味
❶つみかさなる。例 累計《るいけい》・累進《るいしん》
❷つながり。かかわりあい。例 累《るい》をおよぼす(めいわくをかける)。係累《けいるい》

名前のよみ たか

❶〈つみかさなる〉の意味で

【。累計】《るいけい》 ↓ 〈―する〉ある数《かず》にべつの数《かず》をくわえ、その合計《ごうけい》にさらに次《つぎ》の数《かず》をくわえていった全部《ぜんぶ》の合計《ごうけい》。例 月《つき》ごとの食費《しょくひ》を累計《るいけい》する。類 積算《せきさん》 関連 小計《しょうけい》・合計《ごうけい》・総計《そうけい》・累計《るいけい》
【。累進】《るいしん》 ↓ 〈―する〉①次々《つぎつぎ》と地位《ちい》が進《すす》むこと。例 局長《きょくちょう》に累進《るいしん》する。②数《かず》がふえるにしたがって、率《りつ》も高《たか》くなること。例 累進課税《るいしんかぜい》(所得《しょとく》が多《おお》いほど、税金《ぜいきん》の割合《わりあい》を高《たか》くする)
【。累積】《るいせき》 Ⅱ 〈―する〉つみかさなってふえること。例 仕事《しごと》が累積《るいせき》する。累積赤字《るいせきあかじ》
【。累代】《るいだい》 ↓ 次々《つぎつぎ》に代《だい》をかさねること。例 家《いえ》累代《るいだい》の墓《はか》。類 代代《だいだい》
【。累。累】《るいるい》 Ⅱ 〈―たる〉〈―と〉いくつもかさなりあっているようす。例 累々《るいるい》たる死体《したい》の山《やま》。

糸-6
絵
総画12
JIS-1908
教2年
訓 音 カイ・エ
―
「繪」

筆順

なりたち

【形声】「あわせる」意味《いみ》の「会」が「カイ」という読《よ》み方《かた》をしめしている。五色《ごしょく》の糸《いと》をあわせて、ししゅうすることを表《あらわ》す字《じ》。

意味
え。例 絵画《かいが》・油絵《あぶらえ》

【絵図】《えず》 Ⅱ ①絵《え》。例 人体《じんたい》のしくみを表《あらわ》した絵図《えず》。②土地《とち》や建物《たてもの》などの平面図《へいめんず》。絵図面《えずめん》。
【絵空事】《えそらごと》 じっさいにはありえないこと。例 そんな計画《けいかく》は絵空事《えそらごと》にすぎない。
【絵葉書】《えはがき》 一方《いっぽう》の面《めん》に、絵《え》や写真《しゃしん》が印刷《いんさつ》し

。学習漢字でない常用漢字 ▲常用漢字表にない音訓 ◆常用漢字でない漢字

前ページ ▶ 組 紬 累 絵

てある郵便《ゆうびん》はがき。

【絵筆《えふで》】⇩絵《え》をかくための筆《ふで》。例絵筆《えふで》をとる(絵《え》をかく)。

【絵本《えほん》】⇩小《ち》さい子《こ》ども向《む》きの絵《え》を多《おお》く入《い》れた本《ほん》。例童話《どうわ》の絵本《えほん》。

【絵馬《えま》】⇩ねがいごとやお礼《れい》のため、神社《じんじゃ》やお寺《てら》におさめる、馬《うま》の絵《え》をかいた板《いた》のがく。例絵馬《えま》を奉納《ほうのう》する。

【絵巻物《えまきもの》】横長《よこなが》の紙《かみ》か布《ぬの》に絵《え》と文章《ぶんしょう》を書《か》いて、だんだんに広《ひろ》げて見《み》るようにしたまきもの。表現「源氏物語《げんじものがたり》絵巻《えまき》」「信貴山縁起絵《しぎさんえんぎえ》巻《まき》」のように、「絵巻《えまき》」ともいう。

【絵画《かいが》】Ⅱ絵《え》のあらたまった言《い》い方《かた》。例絵《かい》画展《がてん》 類図画《ずが》

絵が下につく熟語 上の字の働き

◆【影絵《かげえ》 墨絵《すみえ》 油絵《あぶらえ》】ナニでえがく絵《え》か。

◇口絵《くちえ》

■ 糸-6

給

総画12 JIS-2175 教4年

音 キュウ
訓 たま-う

筆順 給 給 給 給 給 給 給 給（はねない・とめる・はらう）

なりたち 【形声】「シュウ」とも読《よ》んだ「合」が「あわせる」意味《いみ》と、「キュウ」とかわって読《よ》み方《かた》をしめしている。切《き》れた糸《いと》をつなぐことを表《あらわ》す字《じ》。

意味 あたえる。あてがう。例給料《きゅうりょう》・供給《きょうきゅう》

参考 むかしは、「…し給《たま/たも》う」の形《かたち》で、「…する」人《ひと》へのひじょうに高《たか》い敬意《けいい》を表《あらわ》す用法《ようほう》があった。

【給金《きゅうきん》】⇩仕事《しごと》のためにやとった人《ひと》にはらうお金《かね》。例一《いっ》か月《げつ》の給金《きゅうきん》。類給料《きゅうりょう》・賃金《ちんぎん》

【給仕《きゅうじ》】Ⅱ①〈—する〉人《ひと》の食事《しょくじ》のせわをすること。例お給仕《きゅうじ》する。②むかし、学校《がっこう》や役所《やくしょ》などでやとった雑用係《ざつようがかり》。

【給食《きゅうしょく》】▲学校《がっこう》や会社《かいしゃ》などで児童《じどう》や社員《しゃいん》に食事《しょくじ》をあたえること。その食事《しょくじ》。例学校《がっこう》給食《きゅうしょく》

【給水《きゅうすい》】▲〈—する〉水《みず》、とくに飲《の》み水《みず》をくばること。例給水車《きゅうすいしゃ》 類配水《はいすい》 対排水《はいすい》

【給湯《きゅうとう》】▲〈—する〉必要《ひつよう》な場所《ばしょ》で湯《ゆ》を出《だ》して使《つか》えるようにすること。例給湯設備《きゅうとうせつび》

【給費《きゅうひ》】▲〈—する〉国《くに》・学校《がっこう》・会社《かいしゃ》などがその人《ひと》の学費《がくひ》を出《だ》すこと。例給費生《きゅうひせい》・給費制度《きゅうひせいど》

【給付《きゅうふ》】Ⅱ〈—する〉団体《だんたい》やおおやけの機関《きかん》が、ものやお金《かね》をあたえること。例補助金《ほじょきん》を給付《きゅうふ》する。類交付《こうふ》

【給油《きゅうゆ》】▲〈—する〉①機械《きかい》に油《あぶら》をさすこと。例ミシンに給油《きゅうゆ》する。類注油《ちゅうゆ》 ②自動車《じどうしゃ》や飛行機《ひこうき》などに燃料《ねんりょう》を入《い》れること。例給油所《きゅうゆじょ》

【給与《きゅうよ》】Ⅱ①はたらいた人《ひと》に、やとい主《ぬし》がはらうお金《かね》。サラリー。例給与所得《きゅうよしょとく》 類給料《きゅうりょう》・給金《きゅうきん》・俸給《ほうきゅう》 ②〈—する〉お金《かね》や品物《しなもの》を人《ひと》にあたえること。例作業衣《さぎょうい》を給与《きゅうよ》する。類支給《しきゅう》

【給料《きゅうりょう》】⇩やとい主《ぬし》が、はたらいている人《ひと》にはらうお金《かね》。サラリー。例給料日《きゅうりょうび》 類給金《きゅうきん》・給与《きゅうよ》・賃金《ちんぎん》・俸給《ほうきゅう》

給が下につく熟語 上の字の働き

【供給《きょうきゅう》 配給《はいきゅう》 俸給《ほうきゅう》】近《ちか》い意味《いみ》。

【恩給《おんきゅう》 支給《しきゅう》 自給《じきゅう》 補給《ほきゅう》】ドノヨウニあたえるか。

【月給《げっきゅう》 週給《しゅうきゅう》 日給《にっきゅう》 時給《じきゅう》】ドレダケの期間《きかん》の給与《きゅうよ》か。

【薄給《はっきゅう》 高給《こうきゅう》】ドレホドの給与《きゅうよ》か。

【有給《ゆうきゅう》 無給《むきゅう》】給与《きゅうよ》の有《あ》る無《な》し。

◆基本給《きほんきゅう》 需給《じゅきゅう》 昇給《しょうきゅう》

■ 糸-6

結

総画12 JIS-2375 教4年

音 ケツ
訓 むすぶ・ゆう・ゆわえる

筆順 結 結 結 結 結 結 結 結（はねない・とめる・みじかく）

なりたち 【形声】「吉《キッ》」が「ケツ」とかわって読《よ》み方《かた》をしめしている。「キツ」は「一《ひと》つにする」意味《いみ》を持《も》ち、二本《にほん》の糸《いと》を一本《いっぽん》にすることを表《あらわ》す字《じ》。

意味

❶たばねる。むすぶ。一《ひと》つにまとまる。例ひもを結《むす》ぶ。髪《かみ》を結《ゆ》う。ひもで結《ゆ》わえる。結合《けつごう》・団結《だんけつ》

❷できあがる。しめくくる。例結果《けっか》・終《しゅう》結《けつ》

❶〈たばねる〉の意味で

【結◦核】《けっかく》 ▲ 結核菌《けっかくきん》によっておこる感染症《かんせんしょう》。肺結核《はいけっかく》を指《さ》すことが多《おお》い。例 結核《けっかく》にかかる。

【結構】《けっこう》 ① Ⅱ 建物《たてもの》や文章《ぶんしょう》のしくみ。② ○〈―な・―に〉たいへんいい。例 結構《けっこう》なできばえ。③ ○ 意外《いがい》なことに。思《おも》ったよりも。例 結構《けっこう》いい点《てん》がとれた。④ ○ これ以上《いじょう》はいらない。例 お茶《ちゃ》はもう結構《けっこう》です。⑤ ○ してもよい。例 お帰《かえ》りくださって結構《けっこう》です。

【結合】《けつごう》 ↓〈―する〉むすび合《あ》わせること。むすびつくこと。例 水素《すいそ》と酸素《さんそ》が結合《けつごう》する。

【結◦婚】《けっこん》 ▲〈―する〉男《おとこ》と女《おんな》が夫婦《ふうふ》になること。例 結婚式《けっこんしき》 類 婚姻《こんいん》 対 離婚《りこん》

【結社】《けっしゃ》 ↓ おなじ目的《もくてき》を持《も》つ人《ひと》たちが集《あつ》まってつくった団体《だんたい》。例 政治結社《せいじけっしゃ》

【結集】《けっしゅう》 Ⅱ〈―する〉ばらばらなものを集《あつ》めて一《ひと》つにまとめること。例 総力《そうりょく》を結集《けっしゅう》する。類 集結《しゅうけつ》・団結《だんけつ》

【結◦晶】《けっしょう》 ▲〈―する〉① 水晶《すいしょう》や雪《ゆき》などのように、物質《ぶっしつ》が液体《えきたい》や気体《きたい》から固体《こたい》になるときにできる規則正《きそくただ》しい形《かたち》。例 雪《ゆき》の結晶《けっしょう》。② 努力《どりょく》や苦心《くしん》のすえ、形《かたち》のないものが形《かたち》となってあらわれたもの。例 努力《どりょく》の結晶《けっしょう》。

【結成】《けっせい》 ↓〈―する〉ある目的《もくてき》に賛成《さんせい》する人《ひと》たちが集《あつ》まって、会《かい》や団体《だんたい》をつくること。例 サッカーチームを結成《けっせい》する。

【結束】《けっそく》 Ⅱ〈―する〉① まとめてむすぶこと。② おなじ目的《もくてき》を持《も》った人《ひと》たちが、心《こころ》を合《あ》わせて一《ひと》つにまとまること。例 結束《けっそく》をかためる。

【結◦託】《けったく》 ↓〈―する〉よくないことをするために、力《ちから》を合《あ》わせること。例 政治家《せいじか》が業者《ぎょうしゃ》と結託《けったく》して、金《かね》もうけをたくらむ。

【結団】《けつだん》 ▲〈―する〉団体《だんたい》を正式《せいしき》につくること。例 選手団《せんしゅだん》の結団式《けつだんしき》。対 解団《かいだん》

【結◦露】《けつろ》 ▲〈―する〉空気中《くうきちゅう》の水蒸気《すいじょうき》が、ものの表面《ひょうめん》に水滴《すいてき》となってくっつくこと。例 冬《ふゆ》は窓一面《まどいちめん》に結露《けつろ》することがある。

【結納】《ゆいのう》 ○ 結婚《けっこん》の約束《やくそく》をしたしるしにとりかわすお金《かね》や品物《しなもの》。例 結納《ゆいのう》をかわす。

❷〈できあがる〉の意味で

【結果】《けっか》 ▲ ① あることがもとになって、そこから生《しょう》じたこと。例 努力《どりょく》の結果《けっか》できあがった。対 原因《げんいん》 ② なにかをおこなって、わかったり決《き》まったりしたこと。例 採点《さいてん》の結果《けっか》が出《で》る。③〈―する〉実《み》がなること。例 ことしはリンゴの結果《けっか》がおそい。類 結実《けつじつ》

【結果論】《けっかろん》 結果《けっか》を見《み》る前《まえ》に批評《ひひょう》や議論《ぎろん》をするのではなく、結果《けっか》を見《み》てからする、価値《かち》のひくい議論《ぎろん》。例 結果論《けっかろん》をのべてもしょうがない。

【結局】《けっきょく》 ▲ いろいろなことがあったうえでのさいごのところ。とうとう。例 がんばったが、結局《けっきょく》だめだった。類 所詮《しょせん》

【結実】《けつじつ》 ▲〈―する〉① 草木《くさき》が実《み》をつけること。類 結果《けっか》 ② 努力《どりょく》のすえによい結果《けっか》が出《で》ること。例 長年《ながねん》の研究《けんきゅう》がりっぱに結実《けつじつ》した。

【結末】《けつまつ》 Ⅱ ものごとの終《お》わり。例 結末《けつまつ》をつける。類 帰結《きけつ》・終末《しゅうまつ》・始末《しまつ》 対 発端《ほったん》

【結論】《けつろん》 ↓〈―する〉考《かんが》えたり話《はな》し合《あ》ったりして、さいごに出《で》てきたまとまった考《かんが》え。例 結論《けつろん》を出《だ》す。結論《けつろん》に達《たっ》する。対 前提《ぜんてい》 関連 序論《じょろん》・本論《ほんろん》・結論《けつろん》

結が下につく熟語 上の字の働き

❶ 結＝〈たばねる〉のとき
【凝結《ぎょうけつ》 団結《だんけつ》 締結《ていけつ》】近《ちか》い意味《いみ》。
【凍結《とうけつ》 氷結《ひょうけつ》】ドノヨウニかたまるか。
【直結《ちょっけつ》 連結《れんけつ》 増結《ぞうけつ》】ドノヨウニ結《むす》びつく（結《むす》びつける）か。

❷ 結＝〈できあがる〉のとき
【完結《かんけつ》 妥結《だけつ》 帰結《きけつ》】ドウナッテしめくくられるか。

◆ 起承転結《きしょうてんけつ》 終結《しゅうけつ》

糸-6
絢
総画12
JIS-1628
人名
音 ケン
訓 あや

意味 あや。いろどり。例 絢爛《けんらん》

糸-6
絞
総画12
JIS-2542
常用
音 コウ
訓 しぼる・しめる・しまる

筆順

なりたち

【形声】「まじえる」意味《いみ》を持《も》つ「交」が「コウ」という読《よ》み方《かた》をしめしている。二本《にほん》の糸《いと》をまじえ合《あ》わせてしめることを表《あらわ》す字《じ》。

前ページ ▶ 絢 絞

意味 しめる。しぼる。例 タオルを絞《しぼ》る。首《くび》を絞《し》める。首《くび》が絞《し》まる。絞殺《こうさつ》

使い分け しぼる［絞・搾］☞841ページ

【。絞殺】こうさつ ↓〈—する〉首《くび》をしめて殺《ころ》すこと。例 絞殺死体《こうさつしたい》 類 絞首《こうしゅ》

【。絞首】こうしゅ ▲ 首《くび》をしめて殺《ころ》すこと。例 絞首刑《こうしゅけい》 類 絞殺《こうさつ》

紫

糸-6

総画12

JIS-2771

常用

音 シ

訓 むらさき

筆順

なりたち

［形声］「此」が「シ」という読《よ》み方《かた》をしめしている。「シ」は「まじる」意味《いみ》を持《も》ち、青《あお》と赤《あか》をまぜた色《いろ》の糸《いと》を表《あらわ》す字《じ》。

意味 むらさき。例 紫色《むらさきいろ》の花《はな》。紫外線《しがいせん》

【。紫外線】しがいせん 日光《にっこう》にふくまれる、目《め》に見《み》えない光線《こうせん》の一《ひと》つ。はだの日《ひ》やけやがんの原因《げんいん》になる。知識 日光《にっこう》をプリズムで分《わ》けると七色《なないろ》の光《ひかり》になるが、その一方《いっぽう》のはしのむらさき色《いろ》の光線《こうせん》の外《そと》にあるのでこの名《な》がつけられた。

絶

糸-6

総画12

JIS-3268

教5年

音 ゼツ

訓 たえる・たやす・たつ

筆順

なりたち

［形声］もとの字《じ》は、「絶」。「巴」は「卩《セツ》」の変形《へんけい》で、「ゼツ」とかわって読《よ》み方《かた》をしめしている。「セツ」は「きる」意《い》味《み》を持《も》ち、糸《いと》を刀《かたな》できることを表《あらわ》す字《じ》。

意味

❶ たちきる。とちゅうでやめる。例 火《ひ》を絶《た》やす。命《いのち》を絶《た》つ。絶交《ぜっこう》・断絶《だんぜつ》

❷ たえる。なくなる。例 息《いき》が絶《た》える。絶《ぜつ》望《ぼう》・気絶《きぜつ》

❸ かけはなれている。この上《うえ》なくよい。例 想像《そうぞう》を絶《ぜっ》する。絶妙《ぜつみょう》

使い分け たつ［断・絶］☞553ページ

❶〈たちきる〉の意味で

【。絶縁】ぜつえん ▲〈—する〉①今《いま》までのつながりやかかわり合《あ》いを切《き》ること。例 絶縁状《ぜつえんじょう》をつきつける。類 絶交《ぜっこう》・離縁《りえん》 ②電流《でんりゅう》や熱《ねつ》がつたわらないようにすること。例 絶縁体《ぜつえんたい》

【絶句】ぜっく ↓ 漢詩《かんし》の形式《けいしき》の一《ひと》つ。起《き》・承《しょう》・転《てん》・結《けつ》の四句《よんく》からできていて、一句《いっく》が五字《ごじ》のものと七字《しちじ》のものがある。例 七言絶句《しちごんぜっく》 ☞❷

【絶交】ぜっこう ▲〈—する〉つきあいをやめること。参考 ☞ものしり巻物（801ページ）例 君《きみ》とはもう絶交《ぜっこう》だ。類 絶縁《ぜつえん》・断交《だんこう》

【絶食】ぜっしょく ▲〈—する〉食事《しょくじ》をまったくとらないこと。例 絶食療法《ぜっしょくりょうほう》 類 断食《だんじき》

【絶版】ぜっぱん ▲ 出版《しゅっぱん》した本《ほん》をもうつくらないこと。

【絶筆】ぜっぴつ ↓ 一生《いっしょう》のさいごに書《か》いた文章《ぶんしょう》や絵《え》。例 この絵《え》がかれの絶筆《ぜっぴつ》になった。

❷〈たえる〉の意味で

【絶句】ぜっく ▲〈—する〉ことばにつまってあとが出《で》ないこと。例 感激《かんげき》のあまり絶句《ぜっく》する。☞❶

【絶後】ぜつご ▲ あとに、またとおなじ例《れい》がないこと。例 空前絶後《くうぜんぜつご》 対 空前《くうぜん》

【絶体絶命】ぜったいぜつめい 追《お》いつめられて、のがれる方法《ほうほう》も助《たす》かる見《み》こみもないこと。例 絶体絶命《ぜったいぜつめい》の危機《きき》。参考「体《からだ》も命《いのち》もまさにたえようとする」の意味《いみ》。「絶対《ぜったい》」ではない。

【。絶壁】ぜっぺき ↓ かべのようにきりたったけわしいがけ。例 絶壁《ぜっぺき》をよじのぼる。類 断崖《だんがい》

【絶望】ぜつぼう ▲〈—する〉希望《きぼう》や期待《きたい》がまったくもてなくなる。例 絶望的《ぜつぼうてき》な状態《じょうたい》。類 失望《しつぼう》

【絶無】ぜつむ ↓〈—な〉まったくない。類 皆無《かいむ》

【絶命】ぜつめい ▲〈—する〉息《いき》がたえて死《し》ぬ。

【。絶滅】ぜつめつ ||〈—する〉ある種類《しゅるい》の動物《どうぶつ》や植物《しょくぶつ》が、死《し》にたえてなくなる。例 恐竜《きょうりゅう》はなぜ絶《ぜつ》滅《めつ》したか。類 根絶《こんぜつ》・死滅《しめつ》・撲滅《ぼくめつ》

❸〈かけはなれている〉の意味で

【。絶佳】ぜっか ↓〈—な〉この上《うえ》なくすばらしい。例 風光絶佳《ふうこうぜっか》の地《ち》。

【絶海】ぜっかい ↓ 陸《りく》から遠《とお》くはなれた海《うみ》。例 絶海《ぜっかい》の孤島《ことう》。

【。絶叫】ぜっきょう ↓〈—する〉ありったけの声《こえ》を出《だ》してさけぶ。例 おそろしさのあまり絶叫《ぜっきょう》する。

【絶景】ぜっけい ↓ この上《うえ》なく美《うつく》しいけしき。例 天《てん》下《か》の絶景《ぜっけい》。

【絶好】ぜっこう ↓ またとない。この上《うえ》なくよい。例

絶好《ぜっこう》のチャンス。類最良《さいりょう》

【絶賛】《ぜっさん》 ↓〈—する〉思《おも》いきりほめたたえる。例絶賛《ぜっさん》をあびる。類激賞《げきしょう》

【絶唱】《ぜっしょう》 ↓ ①たいへんすぐれた、詩《し》や歌《うた》。②〈—する〉心《こころ》をこめて、この上《うえ》なくみごとに歌《うた》うこと。その歌《うた》いぶり。

【絶世】《ぜっせい》 ▲世《よ》の中《なか》にまたとないほど、すぐれている。例絶世《ぜっせい》の美女《びじょ》。類希代《きだい》

【絶対】《ぜったい》 ▲ ①ほかにくらべるものがないこと。どんな条件《じょうけん》や制限《せいげん》もつけられないこと。例絶対的存在《ぜったいてきそんざい》 対相対《そうたい》 ②〈—に〉文句《もんく》なしに。まちがいなく。例絶対優勝《ぜったいゆうしょう》だ。③〈—に〉(あとに打《う》ち消《け》す意味《いみ》のことばをともなって)どんなことがあっても。例絶対《ぜったい》にゆるせない。

【絶大】《ぜつだい》 ↓〈—な〉とてつもなく大《おお》きいようす。例絶大《ぜつだい》な信頼《しんらい》をえている。類甚大《じんだい》

【絶頂】《ぜっちょう》 ↓ ①山《やま》のいちばん高《たか》いところ。例アルプスの絶頂《ぜっちょう》をきわめる。類頂上《ちょうじょう》 ②いきおいや調子《ちょうし》がいちばんよいとき。例幸福《こうふく》の絶頂《ぜっちょう》にある。類最盛期《さいせいき》・頂上《ちょうじょう》・頂点《ちょうてん》

【絶品】《ぜっぴん》 ↓くらべるものがないほど、いいもの。天下《てんか》一品《いっぴん》。例このつぼは、色《いろ》といい形《かたち》といいまさに絶品《ぜっぴん》だ。類逸品《いっぴん》

【絶。妙】《ぜつみょう》 ↓〈—な・—に〉この上《うえ》なくすぐれているようす。例絶妙《ぜつみょう》のコントロール。類精妙《せいみょう》

絶が下につく熟語 上の字の働き

❶絶＝〈たちきる〉のとき
【拒絶《きょぜつ》 謝絶《しゃぜつ》 断絶《だんぜつ》】近《ちか》い意味《いみ》。

【中絶《ちゅうぜつ》 途絶《とぜつ》】イツ絶《た》えるか。

❸絶＝〈かけはなれている〉のとき
【隔絶《かくぜつ》 卓絶《たくぜつ》】近《ちか》い意味《いみ》。

◆気絶《きぜつ》 根絶《こんぜつ》 壮絶《そうぜつ》 廃絶《はいぜつ》

糸-6

統

総画12
JIS-3793
教5年
音トウ
訓すべる

筆順
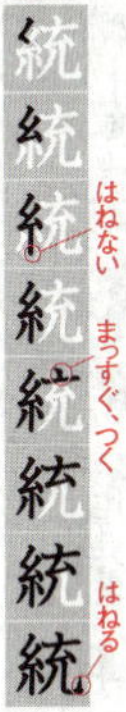

なりたち

【形声】「充《ジュウ》」が「みたす」意味《いみ》と、「トウ」とかわって読《よ》み方《かた》をしめしている。多《おお》くの糸《いと》をまとめて充実《じゅうじつ》させた糸《いと》たばを表《あらわ》す字《じ》。

意味 ❶まとめる。例国《くに》を統《す》べる。統一《とういつ》 ❷ひとつづき。例系統《けいとう》

名前のよみ おさむ・かね・すみ・つな・つね・のり・むね・もと

❶〈まとめる〉の意味で

【統一】《とういつ》 ▲〈—する〉①多《おお》くのものを一《ひと》つにまとめること。例天下《てんか》を統一《とういつ》する。類統合《とうごう》 対分裂《ぶんれつ》 ②ちがいをなくし、全部《ぜんぶ》をおなじにすること。例規格《きかく》を統一《とういつ》する。

【統。括】《とうかつ》 ＝〈—する〉いくつかのものをまとめること。例意見《いけん》を統括《とうかつ》する。類一括《いっかつ》・総括《そうかつ》

【統。轄】《とうかつ》 ↓〈—する〉多《おお》くの人《ひと》や組織《そしき》を、一《ひと》つにまとめていくこと。例国政《こくせい》を統轄《とうかつ》する。類統御《とうぎょ》

【統。御】《とうぎょ》 ↓〈—する〉ある組織《そしき》などをまとめて、自分《じぶん》の思《おも》うとおりに動《うご》かすこと。例部下《ぶか》を統御《とうぎょ》する。類統制《とうせい》・統轄《とうかつ》

【統計】《とうけい》 ↓〈—する〉たくさんの事実《じじつ》を調《しら》べ、数量《すうりょう》に表《あらわ》して全体《ぜんたい》の傾向《けいこう》がわかるようにすること。例統計表《とうけいひょう》

【統合】《とうごう》 ＝〈—する〉二《ふた》つ以上《いじょう》のものをまとめて一《ひと》つにすること。例整理統合《せいりとうごう》 類併合《へいごう》・統一《とういつ》

【統制】《とうせい》 ↓〈—する〉①考《かんが》えや動《うご》きがばらばらにならないようにまとめること。例統制《とうせい》をみだす。類統御《とうぎょ》 ②ある方針《ほうしん》やきまりによって、とりしまること。例言論《げんろん》を統制《とうせい》する。類規《き》

例解 使い分け

［しぼる《絞る・搾る》］

絞る＝ねじって、中《なか》のものを出《だ》す。広《ひろ》がったものを小《ちい》さくする。
例手《て》ぬぐいを絞《しぼ》る。ちえを絞《しぼ》る。的《まと》を絞《しぼ》る。

搾る＝押《お》しちぢめて、中《なか》のものを取《と》り出《だ》す。むりに取《と》りたてる。
例乳《ちち》を搾《しぼ》る。油《あぶら》を搾《しぼ》る。税金《ぜいきん》を搾《しぼ》り取《と》る。

絞る

搾る

前ページ▶統

制《せい》・制御《せいぎょ》

【統率】《とうそつ》 ↓〈—する〉集団《しゅうだん》をまとめて、指図《さしず》したり動《うご》かしたりすること。例 統率力《とうそつりょく》

【統治】《とうち》 ↓〈—する〉国土《こくど》や国民《こくみん》を支配《しはい》し、おさめること。例 軍《ぐん》の統治下《とうちか》にある。

◆系統《けいとう》 血統《けっとう》 正統《せいとう》 伝統《でんとう》

絡

糸-6 総画12 JIS-4577 常用

音 ラク 訓 からむ・からまる・からめる

筆順

なりたち 【形声】「各《カク》」が「ラク」とかわって読《よ》み方《かた》をしめしている。「カク」は「からむ」意味《いみ》を持《も》ち、糸《いと》がからみつくことを表《あらわ》す字《じ》。

意味 つながり。つながる。からみつく。例 糸《いと》が絡《から》む。ツタが絡《から》まる。連絡《れんらく》

絡が下につく熟語 上の字の働き

【連絡《れんらく》 脈絡《みゃくらく》】近《ちか》い意味《いみ》。

継

糸-7 総画13 JIS-2349 常用 [繼]

音 ケイ 訓 つぐ

筆順

なりたち 【会意】もとの字《じ》は、「繼」。「㡭」が「ケイ」という読《よ》み方《かた》と〈糸《いと》を〉つなぐことを表《あらわ》し、さらに「糸《いと》」をつけて、「つぐ」として使《つか》われている字《じ》。

意味 うけつぐ。あとをうけてつづける。例 家業《かぎょう》を継《つ》ぐ。継続《けいぞく》・継母《けいぼ》・中継《ちゅうけい》

使い分け つぐ[次・接・継] ☞631ページ

名前のよみ つね・ひで

【継子】《けいし・ままこ》 ↓ 血《ち》のつながりのない子《こ》。対 実子《じっし》・継親《ままおや》

【継承】《けいしょう》 ∥〈—する〉地位《ちい》や財産《ざいさん》、仕事《しごと》などを受《う》けつぐこと。例 王位継承《おういけいしょう》 類 後継《こうけい》

【継走】《けいそう》 ↓〈—する〉何人《なんにん》かで、つぎつぎに引《ひ》きついで走《はし》ること。リレー競走《きょうそう》。

【継続】《けいぞく》 ∥〈—する〉ひきつづいておこなうこと。例 話《はな》し合《あ》いを継続《けいぞく》する。類 存続《そんぞく》

【継父】《けいふ・ままちち》 ↓ 血《ち》のつながりのない父《ちち》。類 養父《ようふ》・義父《ぎふ》 対 実父《じっぷ》

【継母】《けいぼ・ままはは》 ↓ 血《ち》のつながりのない母《はは》。類 養母《ようぼ》・義母《ぎぼ》 対 実母《じつぼ》

絹

糸-7 総画13 JIS-2408 教6年

音 ケン 訓 きぬ

筆順 はねない とめる はねる

なりたち 【形声】「肙」が「ケン」という読《よ》み方《かた》をしめしている。「ケン」は「浅黄色《あさぎいろ》」の意味《いみ》を持《も》ち、浅黄色《あさぎいろ》の糸《いと》である「生糸《きいと》」を表《あらわ》す字《じ》。

意味 きぬ。カイコの糸《いと》。例 絹糸《きぬいと・けんし》

名前のよみ まさ

【絹糸】《きぬいと・けんし》 ↓ カイコのまゆから取《と》ってつくった、細《ほそ》くてつやのある糸《いと》。シルク。類 生糸《きいと》

【絹織物】《きぬおりもの》 絹糸《きぬいと》でおった布《ぬの》。ちりめんやつむぎなど。類 絹布

【絹布】《けんぷ》 ↓ 絹糸《きぬいと》でおった布《ぬの》。類 絹織物《きぬおりもの》

続

糸-7 総画13 JIS-3419 教4年 [續]

音 ゾク 訓 つづく・つづける

筆順 はねない はねる 几にならない

なりたち 【形声】もとの字《じ》は、「續」。「賣《ショク》」が「ゾク」とかわって読《よ》み方《かた》をしめしている。「ショク」は「つなぐ」意味《いみ》を持《も》ち、切《き》れた糸《いと》をつなぐことを表《あらわ》す字《じ》。

意味 つづく。つづける。例 快晴《かいせい》が続《つづ》く。仕事《しごと》を続《つづ》ける。連続《れんぞく》 対 断《だん》

名前のよみ つぐ

【続出】《ぞくしゅつ》 ↓〈—する〉次《つぎ》から次《つぎ》へと出《で》てくること。例 不満《ふまん》が続出《ぞくしゅつ》する。類 続発《ぞくはつ》

【続発】《ぞくはつ》 ↓〈—する〉おなじような事件《じけん》が、ひきつづいて起《お》こること。例 続発《ぞくはつ》する凶悪犯《きょうあくはん》罪《ざい》。類 頻発《ひんぱつ》・多発《たはつ》・連発《れんぱつ》・続出《ぞくしゅつ》

【続編】《ぞくへん》 ↓ 本《ほん》や映画《えいが》などで、前《まえ》の作品《さくひん》のつづき。例 小説《しょうせつ》の続編《ぞくへん》を読《よ》む。対 正編《せいへん》・本編《ほんぺん》

【続報】《ぞくほう》 ↓〈—する〉前《まえ》の知《し》らせのつづき。例 事故《じこ》についての続報《ぞくほう》がとどいた。

【続刊】《ぞっかん》 ↓〈—する〉新聞《しんぶん》・雑誌《ざっし》・本《ほん》などをつづ

けて発行《はっこう》すること。つづきとして発行《はっこう》されたもの。例このシリーズの続刊《ぞっかん》がでた。

【続行】《ぞっこう》 ⇩〈—する〉つづけておこなうこと。例会議《かいぎ》を続行《ぞっこう》する。

【続◦柄】《つづきがら|ぞくがら》 ◎ 夫《おっと》と妻《つま》、父親《ちちおや》と次男《じなん》、姉《あね》と妹《いもうと》など、家族《かぞく》どうしで、どういうつながりかということ。例続柄《つづきがら|ぞくがら》を記入《きにゅう》する。

続が下につく熟語 上の字の働き

【継続《けいぞく》 接続《せつぞく》 連続《れんぞく》】近《ちか》い意味《いみ》。
【永続《えいぞく》 相続《そうぞく》】ドノヨウニ続《つづ》くか。
【勤続《きんぞく》 持続《じぞく》 存続《そんぞく》】ドウヤッテ続《つづ》けるか。
◆断続《だんぞく》 陸続《りくぞく》

糸-8 維

総画14 JIS-1661 常用
音 イ
訓 —

筆順

なりたち

[形声]「隹《スイ》」が「イ」とかわって読《よ》み方《かた》をしめしている。「スイ」は「とめる」意味《いみ》を持《も》ち、糸《いと》でつなぎとめることを表《あらわ》す字。

意味 ❶つな。つなぎとめる。例維持《いじ》・繊維《せんい》 ❷これ。力《りき》んで言《い》うことば。例維新《いしん》

名前のよみ これ・しげ・すみ・ただ・たもつ・つな・まさ・ゆき

❶〈つな〉の意味で

【◦維持】《いじ》 ⇩〈—する〉ある状態《じょうたい》を、そのまま持《も》ちつづけること。例現状維持《げんじょういじ》 類保持《ほじ》

❷〈これ〉の意味で

【◦維新】《いしん》 ⇩ ①すべてがあらたまり新《あたら》しくなること。②「明治維新《めいじいしん》」の略《りゃく》。例維新政府《いしんせいふ》
参考「これ新《あら》たなり」の意味《いみ》。

糸-8 綺

総画14 JIS-6926 人名
音 キ
訓 あや

意味 あやぎぬ。美《うつく》しい織物《おりもの》。例綺羅《きら》（すばらしい着物《きもの》）・綺麗《きれい》
表記「奇麗」とも書《か》く。かなで書《か》くことも多《おお》い。

糸-8 綱

総画14 JIS-2543 常用
音 コウ
訓 つな

筆順

なりたち

[形声]「岡」が「コウ」という読《よ》み方《かた》をしめしている。「コウ」は「かたい」の意味《いみ》を持《も》ち、糸《いと》をくわえて、太《ふと》くてかたいつなを表《あらわ》す字《じ》。

意味 ❶つな。太《ふと》いなわ。例綱引《つなひ》き・手綱《たづな》 ❷おおもと。たいせつなところ。例綱紀《こうき》・要綱《ようこう》 ❸大《おお》きな区分《くわ》け。生物《せいぶつ》を分類《ぶんるい》するときの「門《もん》」と「目《もく》」のあいだ。例綱目《こうもく》

❷〈おおもと〉の意味で

【◦綱紀】《こうき》 Ⅲ ものごとをしめくくるおおもとのきまり。とくに、国《くに》をおさめるうえでのだいじなきまり。例役所内《やくしょない》の綱紀《こうき》を正《ただ》す。

【◦綱領】《こうりょう》 Ⅲ ①もとになるいちばんたいせつなことがら。②政党《せいとう》や組合《くみあい》などの基本方針《きほんほうしん》をまとめたもの。例平和《へいわ》な社会《しゃかい》の実現《じつげん》を党《とう》の綱領《こうりょう》にかかげる。

❸〈大きな区分け〉の意味で

【◦綱目】《こうもく》 ⊕ 大《おお》きな分《わ》け方《かた》と小《ちい》さな分《わ》け方《かた》。例分類《ぶんるい》の綱目《こうもく》を立《た》てる。参考「大綱《たいこう》」と「細目《さいもく》」をいっしょにしたことば。

綱が下につく熟語 上の字の働き

❶綱＝〈つな〉のとき
【横綱《よこづな》 手綱《たづな》】ドウイウ綱《つな》か。
❷綱＝〈おおもと〉のとき
【大綱《たいこう》 要綱《ようこう》】ドンナ大《おお》もとか。

糸-8 緒

総画14 JIS-2979 常用
音 ショ・チョ
訓 お
［緒］

筆順
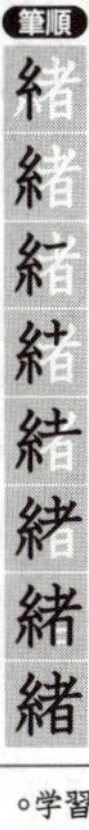

なりたち

[形声]「者《シャ》」が「ショ」とかわって読《よ》み方《かた》をしめしている。「シャ」は「はじめ」の意味《いみ》を持《も》ち、糸《いと》のはじめ「糸《いと》ぐち」を表《あらわ》す字。

意味 ❶いとぐち。おこり。例緒《ちょ》につく。緒戦《しょせん》・端緒《たんしょ|たんちょ》 ❷つながり。例情緒《じょうちょ|じょうしょ》 ❸ひも。例玉《たま》の緒《お》。鼻緒《はなお》

注意するよみ チョ…例情緒《じょうちょ》

◀次ページ

❶〈いとぐち〉の意味で

【°緒言】しょげん [↓] 書物《しょもつ》や論文《ろんぶん》などのまえがき。はしがき。 類 序文《じょぶん》

【°緒戦】しょせん [↓] ①戦争《せんそう》や試合《しあい》のはじまったばかりのころ。②何回《なんかい》もある試合《しあい》の、第一戦《だいいっせん》。 例 緒戦《しょせん》をかざる。 類 序盤戦《じょばんせん》 表記 ②は、「初戦」とも書《か》く。

❷緒＝〈つながり〉のとき
【一緒《いっしょ》 内緒《ないしょ》】ドノヨウニつながるか。

緒が下につく熟語 上の字の働き

◆情緒《じょうちょ|じょうしょ》 端緒《たんしょ|たんちょ》 鼻緒《はなお》 由緒《ゆいしょ》

糸-8

総

総画14 JIS-3377 教5年
音 ソウ
訓 すべ-て
［總］

筆順

なりたち

【形声】もとの字は、「總」。「悤」が「ソウ」という読《よ》み方《かた》をしめしている。「ソウ」は「あつめる」意味《いみ》を持《も》ち、糸《いと》をたばねることを表《あらわ》す字《じ》。

意味
❶一《ひと》つにする。 例 総合《そうごう》
❷すっかり。すべて。みな。 例 総力《そうりょく》
❸総州《そうしゅう》。上総《かずさ》(千葉県南部《ちばけんなんぶ》)と下総《しもうさ》(千葉県《ちばけん》北部《ほくぶ》と茨城県南部《いばらきけんなんぶ》)に分《わ》かれる。 例 総武線《そうぶせん》・房総半島《ぼうそうはんとう》 参考 上《かみ》つ総《ふさ》→上総《かずさ》。下《しも》つ総《ふさ》→下総《しもうさ》。「つ」は古語《こご》で「の」の意味《いみ》。

名前のよみ のぶ・ふさ・みち

❶〈一つにする〉の意味で

【総°括】そうかつ [↓]〈―する〉①全体《ぜんたい》を一《ひと》つにまとめること。 例 総括責任者《そうかつせきにんしゃ》 類 一括《いっかつ》・統括《とうかつ》・総合《そうごう》 ②いろいろなことがらを全体《ぜんたい》の立場《たちば》から考《かんが》えておこなうこと。 例 総括質問《そうかつしつもん》 ③一《ひと》つのことが終《お》わったあとで、よかった点《てん》、わるかった点《てん》などについて、みんなで反省《はんせい》しあうこと。 例 一年間《いちねんかん》の活動《かつどう》を総括《そうかつ》する。

【総°監】そうかん [↓] 全体《ぜんたい》の仕事《しごと》や人《ひと》をまとめて監督《かんとく》する役目《やくめ》。その役《やく》の人《ひと》。 例 警視総監《けいしそうかん》

【総計】そうけい [↓]〈―する〉全部《ぜんぶ》を合《あ》わせて計算《けいさん》すること。全部《ぜんぶ》合《あ》わせた数《かず》。 例 総計《そうけい》を出《だ》す。 類 総額《そうがく》・総和《そうわ》 関連 小計《しょうけい》・合計《ごうけい》・総計《そうけい》・累計《るいけい》

【総決算】そうけっさん〈―する〉①そのときまでの、入《はい》ったお金《かね》と出《だ》したお金《かね》を全部計算《ぜんぶけいさん》してまとめをすること。 例 総決算《そうけっさん》の結果《けっか》は黒字《くろじ》だった。②それまでのしめくくりをすること。 例 六年生《ろくねんせい》は小学校《しょうがっこう》の勉強《べんきょう》の総決算《そうけっさん》のときだ。

【総合】そうごう [||]〈―する〉いくつかのものを一《ひと》つにまとめること。 例 総合大学《そうごうだいがく》 類 総括《そうかつ》 対 分析《ぶんせき》

【総裁】そうさい [↓] ある機関《きかん》や団体《だんたい》のすべての仕事《しごと》をとりしまる役《やく》の人《ひと》。 例 政党《せいとう》の総裁《そうさい》。

【総長】そうちょう [↓] 全体《ぜんたい》の仕事《しごと》をまとめ、しめくくる役目《やくめ》の人《ひと》。 例 事務総長《じむそうちょう》

【総°督】そうとく [↓] 植民地《しょくみんち》をおさめる最高責任者《さいこうせきにんしゃ》。

【総本山】そうほんざん その宗派《しゅうは》の寺《てら》の全部《ぜんぶ》をまとめる中心《ちゅうしん》の寺《てら》。 例 天台宗《てんだいしゅう》の総本山《そうほんざん》。

【総務】そうむ [↓] 会社《かいしゃ》や役所《やくしょ》などで、全体《ぜんたい》を動《うご》かすための仕事《しごと》。 例 総務部《そうむぶ》

【総理】そうり [↓]「内閣総理大臣《ないかくそうりだいじん》」の略《りゃく》。 例 総理官邸《そうりかんてい》 類 首相《しゅしょう》

【総領】そうりょう [↓] 長男《ちょうなん》に生《う》まれて家《いえ》を受《う》けつぐはずの子《こ》ども。 知識 むかしは、長男《ちょうなん》が財産《ざいさん》を全部《ぜんぶ》受《う》けついだ。それで、とかく長男《ちょうなん》は苦労《くろう》知《し》らずに育《そだ》ち、「総領《そうりょう》の甚六《じんろく》(いちばんはじめに生《う》まれた子《こ》は、のんびりした人間《にんげん》になりやすい)」ということばもできた。

❷〈すっかり〉の意味で

【総意】そうい [↓] みんなの考《かんが》えや意見《いけん》。 例 国民《こくみん》の総意《そうい》。クラスの総意《そうい》で決《き》まった。

【総員】そういん [↓] そのなかまの全部《ぜんぶ》。 例 総員三十五名《そういんさんじゅうごめい》の乗組員《のりくみいん》。 類 総勢《そうぜい》・全員《ぜんいん》・総数《そうすう》

【総会】そうかい [↓] 会員《かいいん》が全部《ぜんぶ》集《あつ》まって開《ひら》く会《かい》。 例 株主総会《かぶぬしそうかい》 類 大会《たいかい》 対 部会《ぶかい》

【総画】そうかく [↓] 一《ひと》つの漢字《かんじ》を作《つく》る点《てん》や線《せん》を全部《ぜんぶ》合《あ》わせた数《かず》。総画数《そうかくすう》。 例 総画索引《そうかくさくいん》

【総額】そうがく [↓] 全体《ぜんたい》のお金《かね》をぜんぶ合《あ》わせた額《がく》。 例 総額《そうがく》で二万円《にまんえん》です。 類 総計《そうけい》・全額《ぜんがく》

【総°攻°撃】そうこうげき〈―する〉みんなでいっせいに相手《あいて》にせめかかること。 例 総攻撃《そうこうげき》をかける。

【総辞職】そうじしょく〈―する〉全員《ぜんいん》が一度《いちど》にその役《やく》をやめること。 例 内閣総辞職《ないかくそうじしょく》

【総°称】そうしょう [↓]〈―する〉おなじ種類《しゅるい》のものを、全部《ぜんぶ》ひとまとめにしたよび方《かた》。たとえば、音楽《おんがく》・美術《びじゅつ》・文学《ぶんがく》の総称《そうしょう》は「芸術《げいじゅつ》」。

【総身】そうしん|そうみ [↓] からだ全体《ぜんたい》。からだじゅう。

例 大男総身《おおおとこそうみ》に知恵《ちえ》が回《まわ》りかね。類 全身《ぜんしん》

【総数《そうすう》】↓ 全体《ぜんたい》の数《かず》。例 総数《そうすう》を出《だ》す。会員《かいいん》総数《そうすう》 類 総員《そういん》

【総勢《そうぜい》】↓ 軍隊《ぐんたい》やある団体《だんたい》などの、全体《ぜんたい》の人数《にんずう》。例 総勢五百人《そうぜいごひゃくにん》の選手団《せんしゅだん》。類 総員《そういん》

【総選挙《そうせんきょ》】議員《ぎいん》や委員《いいん》の全員《ぜんいん》を一度《いちど》にえらぶこと。とくに、衆議院議員《しゅうぎいんぎいん》の選挙《せんきょ》。

【総則《そうそく》】↓ 規則《きそく》の中《なか》の、全体《ぜんたい》に当《あ》てはまる部分《ぶぶん》。対 細則《さいそく》

【総体《そうたい》】↓ ①ものごとの全体《ぜんたい》。例 一部《いちぶ》だけで、総体《そうたい》がわからない。対 部分《ぶぶん》 ②だいたい。すべてにおいて。例 総体《そうたい》むりな話《はなし》だ。

【総代《そうだい》】↓ 全体《ぜんたい》の代表《だいひょう》。例 氏子《うじこ》総代《そうだい》

【総動員《そうどういん》】〈―する〉あることをするために関係《かんけい》のある人《ひと》全部《ぜんぶ》を集《あつ》めてはたらかせること。

【総評《そうひょう》】↓〈―する〉全体《ぜんたい》についての批評《ひひょう》。例 演劇《えんげき》コンクールの総評《そうひょう》をのべる。

【総覧《そうらん》】↓ ①〈―する〉全体《ぜんたい》をのこらず見《み》ること。②関係《かんけい》のあることを全部《ぜんぶ》まとめてのせた本《ほん》。例 地名総覧《ちめいそうらん》

【総量《そうりょう》】↓ 全体《ぜんたい》の分量《ぶんりょう》や重《おも》さ。

【総力《そうりょく》】↓ 持《も》っている、全部《ぜんぶ》の力《ちから》。例 総力《そうりょく》をつくす。総力《そうりょく》をあげてとりくむ。

【総論《そうろん》】↓ 全体《ぜんたい》を見《み》とおした意見《いけん》や理論《りろん》。例 総論《そうろん》をのべる。類 総説《そうせつ》 対 各論《かくろん》

【総和《そうわ》】↓〈―する〉全部《ぜんぶ》を合《あ》わせた数量《すうりょう》。例 費用《ひよう》の総和《そうわ》を計算《けいさん》する。類 総計《そうけい》

綜

糸-8 総画14 JIS-3378 人名

音 ソウ
訓 ―

意味
❶おさ。機織《はたお》りのとき、たて糸《いと》をととのえるために使《つか》う道具《どうぐ》。
❷すべる。まとめあつめる。例 綜合《そうごう》(↓総《そう》合《ごう》)

綻

糸-8 総画14 JIS-3530 常用

音 タン
訓 ほころびる

筆順 綻 綻 綻 綻 綻 綻 綻 綻

意味
❶ぬい目《め》がほどける。例 裾《すそ》が綻《ほころ》びる。
❷さける。つぼみが開《ひら》く。例 桜《さくら》の花《はな》のつぼみが綻《ほころ》びる。
❸やぶれる。だめになる。例 破綻《はたん》

綴

糸-8 総画14 JIS-3654 人名

音 テイ
訓 つづ-る・つづ-り・と-じる

意味 つづる。とじる。㋐ことばや文《ぶん》を書《か》く。文字《もじ》のならび。例 文章《ぶんしょう》を綴《つづ》る。アルファベットの綴《つづ》り。㋑書《か》いたものをとじる。とじたもの。例 書類《しょるい》を綴《つづ》る。

緋

糸-8 総画14 JIS-4076 人名

音 ヒ
訓 あか

意味 赤《あか》いきぬ。あざやかな赤《あか》。例 緋色《ひいろ》・緋鯉《ひごい》(赤色《あかいろ》のコイ)

綿

糸-8 総画14 JIS-4442 教5年

音 メン
訓 わた

筆順 綿 綿 綿(はねない) 綿 綿 綿 綿(はねる) 綿(だす)

なりたち

[会意]もとの字は、「緜」。「帛」が絹《きぬ》の布《ぬの》、「系」が糸《いと》でつなぐ意味《いみ》で、糸《いと》をつないで絹《きぬ》の布《ぬの》をおることを表《あらわ》していた字《じ》。

意味
❶わた。もめん。例 綿《わた》をつむぐ。綿《めん》の下着《したぎ》。綿毛《わたげ》・綿糸《めんし》
❷つづく。細長《ほそなが》くつづく。例 連綿《れんめん》
❸こまかい。例 綿密《めんみつ》

特別なよみ 木綿(もめん)

❶〈わた〉の意味で

【綿織物《めんおりもの》】もめんの糸《いと》でおった布《ぬの》。類 綿布《めんぷ》

【綿花《めんか》】↓ ワタのたねのまわりの白《しろ》いやわらかい繊維《せんい》。ふとんわた・もめん糸《いと》・綿織物《めんおりもの》などの原料《げんりょう》にする。参考 ワタの実《み》全体《ぜんたい》が花《はな》のように見《み》えるのでこの名《な》がある。

【綿糸《めんし》】↓ もめんの糸《いと》。カタン糸《いと》。

【綿布《めんぷ》】↓ もめんの糸《いと》をおってつくった布《ぬの》。類 綿織物《めんおりもの》

【綿毛《わたげ》】↓ わたのようにやわらかい毛《け》。例 タンポポの綿毛《わたげ》。

【綿雪《わたゆき》】↓ わたのように軽《かる》く、やわらかい

雪《ゆき》。類 牡丹雪《ぼたんゆき》

❷〈つづく〉の意味で

【綿綿】《めんめん》 Ⅱ 〈｜たる〉長《なが》くつづいて終《お》わらない。例 思《おも》いを綿々《めんめん》とつづる。

❸〈こまかい〉の意味で

【綿密】《めんみつ》 Ⅱ 〈｜に〉〈｜な〉こまかくゆきとどいて、すきがない。例 綿密《めんみつ》な計画《けいかく》。類 緻密《ちみつ》・細心《さいしん》

糸−8
網
総画14 JIS-4454 常用
音 モウ 訓 あみ

筆順 網網網網網網網網

なりたち  [形声]「网→罔」はあみの形《かたち》で、「亡」が「モウ」という読《よ》み方《かた》をしめしている。糸《いと》であんだあみを表《あらわ》す字《じ》。

意味 あみ。あみですくう。例 網《あみ》を張《は》る。網《あみ》目《め》・網羅《もうら》・金網《かなあみ》・通信網《つうしんもう》

特別なよみ 投網(とあみ)

【網。棚】《あみだな》 ↓ 電車《でんしゃ》などで、荷物《にもつ》をのせられるように、あみをはったたな。

【網。戸】《あみど》 ↓ 目《め》のこまかいあみをはった戸《と》。風《かぜ》を通《とお》し、蚊やはえをふせぐためのもの。

【網目】《あみめ》 ↓ あみの目。あみのすきま。例 網《あみ》目《め》の柄《がら》の着物《きもの》。網目《あみめ》もよう

【網元】《あみもと》 ↓ 漁船《ぎょせん》や、魚《さかな》をとるあみの持《も》ち主《ぬし》で、漁師《りょうし》をやとって漁《りょう》をする人《ひと》。例 網元《あみもと》にやとわれる。類 網主《あみぬし》

【網。膜】《もうまく》 ↓ 目《め》の奥《おく》にあって、光《ひかり》を感《かん》じるはたらきをするうすい膜《まく》。例 網膜炎《もうまくえん》・網膜剥離《もうまくはくり》

【網。羅】《もうら》 Ⅱ 〈｜する〉一《ひと》つのこらず集《あつ》めること。例 関係者全員《かんけいしゃぜんいん》の名前《なまえ》を網羅《もうら》する。

◆ 鉄条網《てつじょうもう》

糸−8
綾
総画14 JIS-1629 人名
音 リョウ 訓 あや

意味 あやぎぬ。美《うつく》しい織物《おりもの》。例 綾錦《あやにしき》

糸−8
緑
総画14 JIS-4648 教3年
音 リョク・ロク 訓 みどり
[綠]

筆順 緑緑緑緑緑緑緑緑（だささない だす／水にならない）

なりたち  [形声] もとの字《じ》は、「綠」。「彔」が「ロク」という読《よ》み方《かた》をしめしている。「ロク」は「みどり色《いろ》」の意味《いみ》を持《も》ち、みどり色の糸《いと》を表《あらわ》す字《じ》。

意味 みどり。例 緑地《りょくち》・緑青《ろくしょう》・浅緑《あさみどり》

注意するよみ ロク…例 緑青

名前のよみ のり

【緑。陰】《りょくいん》 ↓ 青葉《あおば》のしげった、すずしい木《き》のかげ。例 緑陰《りょくいん》で読書《どくしょ》を楽《たの》しむ。

【緑地】《りょくち》 ↓ 草《くさ》や木《き》が青々《あおあお》としげった土地《とち》。例 緑地《りょくち》をふやす。緑地帯《りょくちたい》

【緑茶】《りょくちゃ》 ↓ 茶《ちゃ》の木《き》の若葉《わかば》からつくった日本《にほん》のお茶。例 緑茶《りょくちゃ》を飲《の》む。

【緑野】《りょくや》 ↓ 草や木が青々《あおあお》としげった野原《のはら》。

【緑化】《りょっか》 ↓ 〈｜する〉草《くさ》や木《き》を植《う》えて、植物《しょくぶつ》の生《お》いしげった土地《とち》にすること。例 緑化運動《りょっかうんどう》

【緑青】《ろくしょう》 Ⅱ 銅《どう》の表面《ひょうめん》に出《で》る、みどり色《いろ》のさび。例 緑青《ろくしょう》がふく。

緑が下につく熟語 上の字の働き

【深緑《しんりょく》《ふかみどり》 浅緑《あさみどり》 新緑《しんりょく》】ドノヨウナ緑《みどり》か。

糸−8
綸
総画14 JIS-6937 人名
音 リン 訓 いと

意味 ❶いと。ひも。例 綸子《りんず》 ❷おさめる。例 経綸《けいりん》 ❸天子《てんし》のことば。例 綸言《りんげん》

糸−8
練
総画14 JIS-4693 教3年
音 レン 訓 ねる
[練]

筆順 練練練練練練練練（はねない／はねない／はらう）

なりたち 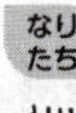 [形声] もとの字《じ》は、「練」。「柬」が「レン」という読《よ》み方《かた》をしめしている。「レン」は「にてやわらかくする」意味《いみ》を持《も》ち、やわらかくし、つやを出《だ》した糸《いと》を表《あらわ》す字。

意味 ❶こねる。例 粉《こな》を練《ね》る。練乳《れんにゅう》 ❷きたえる。みがき上《あ》げる。例 練習《れんしゅう》・訓《くん》練

❶〈こねる〉の意味で

【練炭】《れんたん》 ↓ 石炭《せきたん》や木炭《もくたん》のこなを筒形《つつがた》にねり

かためた燃料《ねんりょう》。例 練炭《れんたん》ひばち

【練乳《れんにゅう》】⇩ 牛乳《ぎゅうにゅう》をにつめて、こくしたもの。さとうをくわえたものをコンデンスミルク、くわえないものをエバミルクという。

❷〈きたえる〉の意味で

【練習《れんしゅう》】Ⅱ〈─する〉うまくできるようにするために、おなじことをくりかえしておこなうこと。例 練習試合《れんしゅうじあい》 類 習練《しゅうれん》 対 本番《ほんばん》

【練達《れんたつ》】⇩〈─する〉練習《れんしゅう》をつみかさねて、じゅうぶんなわざを身《み》につけること。例 練達《れんたつ》の士《し》。類 熟達《じゅくたつ》・熟練《じゅくれん》

練が下につく熟語 上の字の働き

❷ 練＝〈きたえる〉のとき

【修練《しゅうれん》 洗練《せんれん》 鍛練《たんれん》】近《ちか》い意味《いみ》。

【熟練《じゅくれん》 老練《ろうれん》】ドノクライきたえられているか。

◆ 訓練《くんれん》 手練《しゅれん》 試練《しれん》

糸-9

縁

総画15

JIS-1779

常用

音 エン

訓 ふち

［緣］

筆順 縁 縁 縁 縁 縁 縁 縁 縁

なりたち 
【形声】もとの字は、「緣」。「糸」が布《ぬの》を、「彖」が「エン」という読《よ》み方《かた》をしめしている。「エン」は「はし」の意味《いみ》を持《も》ち、布《ぬの》のはしを表《あらわ》す字《じ》。

意味 ❶ふち。へり。例 めがねの縁《ふち》。縁側《えんがわ》・額縁《がくぶち》

❷つながり。かかわりあい。例 縁故《えんこ》

名前のよみ まさ・より

❶〈ふち〉の意味で

【縁側《えんがわ》】Ⅱ へやの外《そと》がわにある細長《ほそなが》い板《いた》じきのゆか。例 縁側《えんがわ》でひなたぼっこをする。

【°縁台《えんだい》】⇩ 外《そと》で夕《ゆう》すずみなどをするときに使《つか》う細長《ほそなが》いこしかけ。例 縁台将棋《えんだいしょうぎ》

❷〈つながり〉の意味で

【°縁起《えんぎ》】⇩ ①幸運《こううん》や不運《ふうん》の前《まえ》ぶれ。例 縁起《えんぎ》がわるい。縁起《えんぎ》をかつぐ。②神社《じんじゃ》や寺《てら》がそこにできたわけ。例 信貴山縁起《しぎさんえんぎ》

【°縁故《えんこ》】⇩ 人《ひと》と人《ひと》、人《ひと》とものなどのとくべつのつながり。コネ。例 縁故採用《えんこさいよう》

【°縁者《えんじゃ》】⇩ 血《ち》すじや結婚《けっこん》でつながる親類《しんるい》の人《ひと》。例 親類縁者《しんるいえんじゃ》 類 親類《しんるい》・親戚《しんせき》

【°縁°戚《えんせき》】⇩ 血《ち》すじや家《いえ》の関係《かんけい》でつながっている人《ひと》。例 かれとは縁戚関係《えんせきかんけい》にある。類 親類《しんるい》・親戚《しんせき》

【°縁談《えんだん》】⇩ 結婚《けっこん》の縁組《えんぐ》みをすすめるための相談《そうだん》。例 縁談《えんだん》がまとまる。

【°縁日《えんにち》】⇩ 神社《じんじゃ》や寺《てら》で、祭《まつ》りや供養《くよう》がおこなわれる日《ひ》。例 お地蔵《じぞう》さまの縁日《えんにち》。

縁が下につく熟語 上の字の働き

❷ 縁＝〈つながり〉のとき

【因縁《いんねん》 機縁《きえん》】近《ちか》い意味《いみ》。

【血縁《けつえん》 遠縁《とおえん》 奇縁《きえん》 宿縁《しゅくえん》 良縁《りょうえん》】ドノヨウナつながりか。

【絶縁《ぜつえん》 離縁《りえん》】つながりをドウスルか。

◆ 額縁《がくぶち》 無縁《むえん》

糸-9

緩

総画15

JIS-2043

常用

音 カン

訓 ゆるい・ゆるやか・ゆるむ・ゆるめる

筆順 緩 緩 緩 緩 緩 緩 緩 緩

なりたち 
【形声】もとの字は、「緩」。「爰《エン》」が「ゆるやか」の意味《いみ》と、「カン」とかわって読《よ》み方《かた》をしめしている。糸《いと》でゆるやかにしめることを表《あらわ》す字《じ》。

意味 ゆるい。ゆっくり。ゆるやか。ゆるめる。例 気《き》が緩《ゆる》む。ねじを緩《ゆる》める。緩《ゆる》いカーブ。緩《ゆる》やかな坂道《さかみち》。緩和《かんわ》 対 急《きゅう》

名前のよみ のぶ・ひろ

【°緩急《かんきゅう》】①⇕ ゆるやかなこととときついこと。おそいことと速《はや》いこと。例 投球《とうきゅう》に緩急《かんきゅう》をつける。②⊠ さしせまった状態《じょうたい》。例 いったん緩急《かんきゅう》あるときは…。類 危急《ききゅう》

【°緩°衝《かんしょう》】▲ ぶつかり合《あ》ったりあらそったりしているもののあいだにあって、そのはげしさをやわらげること。例 緩衝剤《かんしょうざい》をすき間《ま》に入《い》れる。緩衝地帯《かんしょうちたい》

【°緩°慢《かんまん》】Ⅱ〈─に〉〈─な〉ゆっくりで、のろのろしている。のろい。例 緩慢《かんまん》な動《うご》き。

【°緩和《かんわ》】Ⅱ〈─する〉ゆるやかにすること。やわらげること。例 規制緩和《きせいかんわ》

糸-9

緊

総画15

JIS-2259

常用

音 キン

訓 し─める

°学習漢字でない常用漢字　▲常用漢字表にない音訓　◆常用漢字でない漢字

筆順

なりたち 【形声】「臤《ケン》」が「かたい」の意味《いみ》と「キン」とかわって読《よ》み方《かた》をしめしている。糸《いと》をきつくしめることを表《あらわ》す字《じ》。

意味 ❶きつい。きつくしめる。例緊張《きんちょう》 ❷さしせまる。よゆうがない。例緊急《きんきゅう》

❶〈きつい〉の意味で

【。緊縮《きんしゅく》】↓〈―する〉お金《かね》をできるだけ使《つか》わないようにすること。例緊縮財政《きんしゅくざいせい》

【。緊張《きんちょう》】↓〈―する〉①心《こころ》やからだがひきしまること。例緊張《きんちょう》してこちこちになる。対弛緩《しかん》 ②国《くに》や人《ひと》の関係《かんけい》がわるくなり、いまにもあらそいがおこりそうであること。例両《りょう》国間《こくかん》の緊張《きんちょう》が高《たか》まる。

【。緊密《きんみつ》】Ⅱ〈―[な]に〉ものごとのむすびつきがしっかりしていて、くいちがいがない。例緊密《きんみつ》に連絡《れんらく》をとる。類密接《みっせつ》

❷〈さしせまる〉の意味で

【。緊急《きんきゅう》】Ⅱ〈―[な]に〉すぐになんとかしなければならない。例緊急《きんきゅう》の用事《ようじ》を思《おも》い出《だ》す。類火急《かきゅう》

【。緊。迫《きんぱく》】Ⅱ〈―する〉ことのなりゆきがひどくさしせまってゆとりがなくなること。例緊迫《きんぱく》度《ど》をます。類切迫《せっぱく》・急迫《きゅうはく》

糸−9

縄

総画15
JIS-3876
常用
訓 なわ
音 ジョウ

「繩」

筆順

なりたち 【形声】もとの字《じ》は、「繩」。「黽《ヨウ》」が「ジョウ」とかわって読《よ》み方《かた》をしめしている。「ヨウ」は「より合《あ》わせる」意味《いみ》を持《も》ち、糸《いと》をより合《あ》わせることを表《あらわ》す字《じ》。

意味 なわ。例縄《なわ》をなう。縄文《じょうもん》

名前のよみ つな

【。縄文土器《じょうもんどき》】縄文時代《じょうもんじだい》(数千年前《すうせんねんまえ》から紀元前三世紀《きげんぜんさんせいき》ころまで)の人《ひと》がねん土《ど》で作《つく》ったやきもの。縄《なわ》をおしあてた模様《もよう》のあるものが多《おお》い。縄文式土器《じょうもんしきどき》。知識 縄文時代《じょうもんじだい》の後《のち》に、弥生土器《やよいどき》の弥生時代《やよいじだい》がつづく。

糸−9

線

総画15
JIS-3294
教2年
訓 ―
音 セン

筆順 はねない ※にならない

なりたち 【形声】「泉(←戔)」が「セン」という読《よ》み方《かた》をしめしている。「セン」は「細《ほそ》い」の意味《いみ》を持《も》ち、細《ほそ》い糸《いと》を表《あらわ》す字《じ》。

意味 細《ほそ》いすじ。すじみち。例線香《せんこう》・線条《せんじょう》・沿線《えんせん》・点線《てんせん》

特別なよみ 三味線(しゃみせん)

【線。香《せんこう》】↓つよいかおりをもった、草《くさ》や木《こ》の葉《は》を粉末《ふんまつ》にしたものを、細長《ほそなが》く練《ね》りかためたもの。仏壇《ぶつだん》などでたく。例線香《せんこう》をそなえる。蚊取《かと》り線香《せんこう》 類抹香《まっこう》

【線条《せんじょう》】Ⅱ細《ほそ》いすじや線《せん》。

【線路《せんろ》】↓電車《でんしゃ》や列車《れっしゃ》の通《とお》る道《みち》すじ。レール。例線路《せんろ》を横切《よこぎ》る。類軌道《きどう》

線が下につく熟語 上の字の働き

【銅線《どうせん》 導線《どうせん》 導火線《どうかせん》 直線《ちょくせん》 曲線《きょくせん》 垂線《すいせん》 斜線《しゃせん》 点線《てんせん》 傍線《ぼうせん》 死線《しせん》 視線《しせん》 光線《こうせん》 紫外線《しがいせん》 赤外線《せきがいせん》 緯線《いせん》 経線《けいせん》 子午線《しごせん》 回帰線《かいきせん》 水平線《すいへいせん》 等高線《とうこうせん》 等《とう》圧線《あっせん》 不連続線《ふれんぞくせん》 第一線《だいいっせん》 前線《ぜんせん》 幹線《かんせん》 支線《しせん》 単線《たんせん》 複線《ふくせん》 全線《ぜんせん》 路線《ろせん》】ドノヨウナ線《せん》か。

【断線《だんせん》 混線《こんせん》】線《せん》がドウナルか。

【架線《かせん》 脱線《だっせん》 保線《ほせん》 配線《はいせん》 沿線《えんせん》】線《せん》を(線《せん》に)ドウスルか。

【無線《むせん》 有線《ゆうせん》】線《せん》の有《あ》る無《な》し。

糸−9

締

総画15
JIS-3689
常用
訓 しまる・しめる
音 テイ

筆順

なりたち 【形声】「帝」が「固定《こてい》する」意味《いみ》と「テイ」という読《よ》み方《かた》をしめしている。糸《いと》でかたくむすぶことを表《あらわ》す字《じ》。

意味 むすぶ。しめくくる。とりきめる。例結《むす》び目《め》が締《し》まる。帯《おび》を締《し》める。締結《ていけつ》

使い分け しめる[閉・締] ☞1007ページ

【。締結《ていけつ》】Ⅱ〈―する〉おたがいの約束《やくそく》をむすんで、しっかりした条約《じょうやく》や協定《きょうてい》などにかためること。例条約《じょうやく》を締結《ていけつ》する。

糸-9

編

総画15
JIS-4252
教5年
音 ヘン
訓 あむ

筆順 編 編 編 編 編 編 編 編 編（はねない・はねる・ださない）

なりたち 【形声】「扁」が「竹簡《ちくかん》（文字《もじ》を書《か》いた竹《たけ》のふだ）」の意味《いみ》と「ヘン」という読《よ》み方《かた》をしめしている。竹簡《ちくかん》を糸《いと》でつづり合《あ》わせることを表《あらわ》す字《じ》。

意味
❶あむ。糸《いと》でつづる。組《く》み合《あ》わせる。一《ひと》つにまとめる。例かごを編《あ》む。編成《へんせい》
❷小説《しょうせつ》などの作品《さくひん》。また、それをかぞえることば。例一編《いっぺん》の詩《し》。長編《ちょうへん》

❶〈あむ〉の意味で
【編曲】へんきょく ▲〈—する〉ある曲《きょく》を、ほかの演奏《えんそう》の仕方《しかた》に合《あ》うようにつくりかえること。例校歌《こうか》を鼓笛隊《こてきたい》用に編曲《へんきょく》する。
【編者】へんじゃ|へんしゃ ↓ 集《あつ》まった原稿《げんこう》に手《て》を入《い》れて、本《ほん》にまとめあげる人《ひと》。例辞書《じしょ》の編者《へんじゃ|へんしゃ》。類編集者《へんしゅうしゃ》
【編集】へんしゅう ↓〈—する〉原稿《げんこう》や写真《しゃしん》などの材料《ざいりょう》を集《あつ》めて、本《ほん》・雑誌《ざっし》・新聞《しんぶん》などにまとめること。例卒業文集《そつぎょうぶんしゅう》を編集《へんしゅう》する。類編纂《へんさん》
【編成】へんせい ↓〈—する〉人《ひと》やものなどを組《く》み合《あ》わせて、まとまったものにすること。例学級《がっきゅう》編成《へんせい》
【編制】へんせい ↓〈—する〉団体《だんたい》や軍隊《ぐんたい》を組織《そしき》すること。例部隊《ぶたい》を編制《へんせい》する。
【編隊】へんたい ▲ 飛行機《ひこうき》などが、きまった形《かたち》にならんで進《すす》むこと。例編隊《へんたい》を組《く》む。編隊飛行《へんたいひこう》
【編入】へんにゅう ↓〈—する〉できている組織《そしき》の中《なか》に、人《ひと》やものごとを、あとから組《く》み入《い》れること。学年《がくねん》や学期《がっき》のとちゅうで、ほかから児童《じどう》や生徒《せいと》を入《い》れること。例編入試験《へんにゅうしけん》
【編年体】へんねんたい ものごとがおこったじゅんに、年月《ねんげつ》をおって書《か》いていく歴史《れきし》を書《か》く方法《ほうほう》。参考 編年体《へんねんたい》で書《か》かれた歴史《れきし》を「編年史《へんねんし》」という。

❷編＝〈小説などの作品〉のとき
【前編《ぜんぺん》 後編《こうへん》 続編《ぞくへん》】ドウイウ部分《ぶぶん》の作品《さくひん》か。
【短編《たんぺん》 長編《ちょうへん》】長《なが》さがドレホドの作品《さくひん》か。
（編が下につく熟語 上の字の働き）

糸-10

緯

総画16
JIS-1662
常用
音 イ
訓 —

筆順 緯 緯 緯 緯 緯 緯 緯 緯 緯

なりたち 【形声】「韋」が「イ」という読《よ》み方《かた》をしめしている。「イ」は「かこむ」意味《いみ》を持《も》ち、織物《おりもの》でたて糸《いと》をかこむよこ糸《いと》を表《あらわ》す字《じ》。

意味 よこ糸《いと》。東西《とうざい》の線《せん》。例緯度《いど》・経緯《けいい》・北緯《ほくい》
緯《い》対経《けい》

【◦緯線】いせん ↓ 地球《ちきゅう》の表面《ひょうめん》にかりに引《ひ》いた赤道《せきどう》と平行《へいこう》の線《せん》。対経線《けいせん》
【◦緯度】いど ↓ 地球上《ちきゅうじょう》のある地点《ちてん》が、赤道《せきどう》からどのくらいはなれているかの度合《どあ》い。赤道《せきどう》を〇度《ど》、南北《なんぼく》の極点《きょくてん》を九〇度《ど》とし、その地点《ちてん》と地球《ちきゅう》の中心《ちゅうしん》をむすぶ線《せん》が赤道面《せきどうめん》とつくる角度《かくど》によって表《あらわ》す。対経度《けいど》 知識 日本《にほん》は、北緯《ほくい》二〇度《ど》から四五度《ど》のあいだに入《はい》る。

緯が下につく熟語 上の字の働き
【南緯《なんい》 北緯《ほくい》】地球上《ちきゅうじょう》のドチラの緯線《いせん》か。
◆経緯《けいい》

糸-10

縦

総画16
JIS-2936
教6年
音 ジュウ
訓 たて

［縱］

筆順 縦 縦 縦 縦 縦 縦 縦 縦 縦（はねない・はらう）

なりたち 【形声】もとの字《じ》は、「縱」。「従」が「したがう」意味《いみ》と「ジュウ」という読《よ》み方《かた》をしめしている。糸《いと》がつらなることを表《あらわ》す字《じ》。

意味
❶たて。例縦《たて》と横《よこ》。縦断《じゅうだん》 対横《おう》
❷思《おも》うままに。自由《じゆう》にふるまう。例縦横無尽《じゅうおうむじん》・操縦《そうじゅう》

❶〈たて〉の意味で
【縦横】じゅうおう|たてよこ ⇕ たてとよこ。南北《なんぼく》と東西《とうざい》。例縦横《じゅうおう》に線《せん》を引《ひ》く。☞❷
【縦◦貫】じゅうかん ↓〈—する〉たてにつきぬける。例縦貫道路《じゅうかんどうろ》 類縦断《じゅうだん》
【縦走】じゅうそう ↓〈—する〉山々《やまやま》を尾根《おね》づたいに歩《ある》く

こと。例南《みなみ》アルプスを縦走《じゅうそう》する。

【縦隊】《じゅうたい》 ↓ たてに長《なが》くならんだ列《れつ》。例二列《にれつ》縦隊《じゅうたい》にならぶ。対横隊《おうたい》

【縦断】《じゅうだん》 ↓ 〈―する〉①細長《ほそなが》いところを、たてに通《とお》りぬけること。例台風《たいふう》が日本列島《にほんれっとう》を縦断《じゅうだん》する。類縦貫《じゅうかん》 対横断《おうだん》 ②細長《ほそなが》いものを、たてに切《き》りさくこと。例縦断面《じゅうだんめん》 対横断《おうだん》

❷〈思うままに〉の意味で

【縦横】《じゅうおう》 ↕ 〈―に〉思《おも》いのままに。例縦横《じゅうおう》に活躍《かつやく》する。☞❶

【縦横無尽】《じゅうおうむじん》 〈―な〉思《おも》いのままにふるまうようす。例縦横無尽《じゅうおうむじん》にパソコンをあやつる。類自由自在

【縦覧】《じゅうらん》 ↓ 〈―する〉自由《じゆう》に見《み》ること。例縦《じゅう》覧歓迎《らんかんげい》・縦覧謝絶《じゅうらんしゃぜつ》

緻

糸-10 総画16 JIS-6944 常用 音チ 訓―

筆順

意味 きめがこまかい。くわしい。例巧緻《こうち》

【緻密】《ちみつ》 Ⅱ 〈―な〉①きめこまかい。例緻密《ちみつ》な織《お》り目《め》。②くわしい。手《て》ぬかりがない。例緻密《ちみつ》な計画《けいかく》を立《た》てる。類細密《さいみつ》・綿密《めんみつ》

◆巧緻《こうち》 細緻《さいち》 精緻《せいち》

縛

糸-10 総画16 JIS-3991 常用 音バク 訓しばる

筆順

なりたち [形声]「尃《ハク》」が「ぴったりあてる」意味《いみ》と、「バク」とかわって読《よ》み方《かた》をしめしている。物《もの》にぴったりなわ(糸)をあてることを表《あらわ》す字《じ》。

意味 しばる。例手足《てあし》を縛《しば》る。束縛《そくばく》・捕縛《ほばく》

◆自縄自縛《じじょうじばく》

繁

糸-10 総画16 JIS-4043 常用 音ハン 訓しげ-る ［繁］

筆順

なりたち [形声]もとの字《じ》は「緐」で、のちに「繁」と書かれるようになる。「敏《ビン》」が「ハン」とかわって読《よ》み方《かた》をしめしている。「ビン」は「組《く》む」意味《いみ》を持《も》ち、糸《いと》を組《く》み合《あ》わせて作《つく》ったかざりを表《あらわ》す字《じ》。

意味 ❶しげる。さかんになる。例繁殖《はんしょく》 ❷いりくむ。こみいる。例繁雑《はんざつ》・頻繁《ひんぱん》

名前のよみ とし

❶〈しげる〉の意味で

【繁栄】《はんえい》 Ⅱ 〈―する〉さかえること。例一家《いっか》の繁栄《はんえい》をねがう。対衰退《すいたい》

【繁華】《はんか》 Ⅱ 〈―な〉人通《ひとどお》りが多《おお》くて、にぎやかなこと。例繁華《はんか》な場所《ばしょ》。繁華街《はんかがい》

【繁盛】《はんじょう》 Ⅱ 〈―する〉仕事《しごと》や店《みせ》などが、注文《ちゅうもん》や客《きゃく》がふえて、さかえること。例商売繁盛《しょうばいはんじょう》 表記「繁昌」とも書《か》く。

【繁殖】《はんしょく》 Ⅱ 〈―する〉動物《どうぶつ》や植物《しょくぶつ》が、どんどんふえること。例繁殖期《はんしょくき》・繁殖力《はんしょくりょく》

【繁茂】《はんも》 Ⅱ 〈―する〉草《くさ》や木《き》が、たくさん生《は》え、よくしげること。例木々《きぎ》が繁茂《はんも》する。

❷〈いりくむ〉の意味で

【繁雑】《はんざつ》 Ⅱ 〈―に〉〈―な〉ものごとがこみいっている。例手《て》つづきが繁雑《はんざつ》だ。類煩雑《はんざつ》

【繁忙】《はんぼう》 ↓ 〈―に〉〈―な〉用事《ようじ》がたくさんで、いそがしい。例繁忙期《はんぼうき》 類繁多《はんた》・多忙《たぼう》

縫

糸-10 総画16 JIS-4305 常用 音ホウ 訓ぬう

筆順

なりたち [形声]「逢」が「合《あ》う」意味《いみ》と「ホウ」という読《よ》み方《かた》をしめしている。糸《いと》でぬい合《あ》わせることを表《あらわ》す字《じ》。

意味 ぬう。糸《いと》でぬい合《あ》わせる。例着物《きもの》を縫《ぬ》う。縫合《ほうごう》・裁縫《さいほう》

【縫合】《ほうごう》 ↓ 〈―する〉傷口《きずぐち》などをぬい合《あ》わせること。例縫合手術《ほうごうしゅじゅつ》

【縫製】《ほうせい》 ↓ 〈―する〉布《ぬの》をぬい合《あ》わせて衣服《いふく》などをつくること。例縫製工場《ほうせいこうじょう》

◆裁縫《さいほう》 天衣無縫《てんいむほう》

縮

糸-11 総画17 JIS-2944 教6年

音 シュク
訓 ちぢむ・ちぢまる・ちぢめる・ちぢれる・ちぢらす

筆順 （はねない）（まっすぐ、つく）

なりたち 【形声】「宿」が「ちぢめる」意味と「シュク」という読《よ》み方《かた》をしめしている。糸《いと》や布地《ぬのじ》がちぢむことを表《あらわ》す字《じ》。

意味 ちぢめる。小《ちい》さくする。小《ちい》さくなる。例 差《さ》が縮《ちぢ》まる。からだを縮《ちぢ》める。布《ぬの》が縮《ちぢ》れる。髪《かみ》を縮《ちぢ》らす。縮図《しゅくず》・短縮《たんしゅく》 対 伸《しん》

【縮減】しゅくげん ↓〈—する〉計画《けいかく》や数量《すうりょう》を、小《ちい》さくしたりへらしたりすること。例 予算《よさん》の縮減《しゅくげん》。

【縮刷】しゅくさつ ↓〈—する〉本《ほん》や絵《え》などを、もとのものよりちぢめて印刷《いんさつ》すること。印刷《いんさつ》したもの。例 新聞《しんぶん》の縮刷版《しゅくさつばん》。

【縮写】しゅくしゃ ↓〈—する〉もとの形《かたち》をちぢめて写《うつ》すこと。ちぢめて写《うつ》したもの。例 設計図《せっけいず》を縮写《しゅくしゃ》する。

【縮尺】しゅくしゃく ▲〈—する〉地図《ちず》や設計図《せっけいず》・模型《もけい》などをつくるのに、実物《じつぶつ》よりも小《ちい》さくすること。ちぢめる割合《わりあい》。例 五分《ごぶん》の一《いち》に縮尺《しゅくしゃく》する。

【縮小】しゅくしょう Ⅱ〈—する〉ちぢめて小《ちい》さくすること。例 規模《きぼ》を縮小《しゅくしょう》する。縮小《しゅくしょう》コピー 類 圧縮《あっしゅく》 対 拡大《かくだい》

【縮図】しゅくず ↓ ①もとのものをちぢめてかいた図《ず》。例 千分《せんぶん》の一《いち》の縮図《しゅくず》。類 縮尺図《しゅくしゃくず》 ②全体《ぜんたい》のようすを、そのまま小《ちい》さくうつし出《だ》したようなものごと。例 人生《じんせい》の縮図《しゅくず》。

縮が下につく熟語 上の字の働き

【圧縮《あっしゅく》 濃縮《のうしゅく》 凝縮《ぎょうしゅく》 緊縮《きんしゅく》 短縮《たんしゅく》 恐縮《きょうしゅく》】ドウヤッテ縮《ちぢ》める(縮《ちぢ》む)か。

◆軍縮《ぐんしゅく》 収縮《しゅうしゅく》 伸縮《しんしゅく》

糸-11

績

総画17 JIS-3251 教5年

音 セキ
訓 —

筆順 （はねない）（ながく）（とめる）

なりたち 【形声】「責」が「セキ」という読《よ》み方《かた》をしめしている。「セキ」は「つなぐ」意味《いみ》を持《も》ち、糸《いと》を一本一本《いっぽんいっぽん》くわえていって太《ふと》くすることを表《あらわ》す字《じ》。

意味 ❶つむぐ。まっすぐな繊維《せんい》によりをかけて糸《いと》にする。例 紡績《ぼうせき》 ❷仕事《しごと》の結果《けっか》。てがら。例 成績《せいせき》

名前のよみ いさお・なり・のり

績が下につく熟語 上の字の働き

❷績＝〈仕事の結果〉のとき
【業績《ぎょうせき》 実績《じっせき》 成績《せいせき》】ドウイウ結果《けっか》か。

糸-11

織

総画17 JIS-3301 常用

音 セン
訓 —

［纖］

筆順

なりたち 【形声】もとの字《じ》は、「纖」。「韱」が「小《ちい》さい」の意味《いみ》と「セン」という読《よ》み方《かた》をしめしている。ほそい糸《いと》を表《あらわ》す字《じ》。

意味 ほそい。こまかい。例 繊細《せんさい》

【°繊°維】せんい ↓ ①動物《どうぶつ》や植物《しょくぶつ》のからだをかたちづくる細《ほそ》いすじのようなもの。例 繊維質《せんいしつ》・植物繊維《しょくぶつせんい》 ②糸《いと》や布《ぬの》・紙《かみ》などの材料《ざいりょう》になる、細《ほそ》いすじの形《かたち》をしたもの。例 化学繊維《かがくせんい》(化繊《かせん》)

【°繊細】せんさい Ⅱ〈—に〉〈—な〉①ほっそりして美《うつく》しいようす。例 繊細《せんさい》な白《しろ》い指《ゆび》。②心《こころ》のはたらきがこまかくて感《かん》じやすいようす。類 敏感《びんかん》

糸-12

繭

総画18 JIS-4390 常用

音 ケン
訓 まゆ

筆順

なりたち 【形声】左右同《さゆうおな》じ形《かたち》の「芇《カン》」が「ケン」とかわって読《よ》み方《かた》をしめしている。カイコ(虫)が糸《いと》で左右《さゆう》おなじような形《かたち》につくった「まゆ」を表《あらわ》す字《じ》。

意味 まゆ。昆虫《こんちゅう》の幼虫《ようちゅう》がさなぎにかわるとき、口《くち》から糸《いと》をだしてつくるからのようなもの。ふつう、カイコのまゆをさす。例 繭玉《まゆだま》・繭糸《けんし》

【°繭糸】けんし ①Ⅱまゆと糸《いと》。②↓まゆからとった糸《いと》。

【°繭玉】まゆだま ↓ 正月《しょうがつ》のかざりものの一《ひと》つ。葉《は》のない竹《たけ》やヤナギのえだに、カイコのまゆの形《かたち》

前ページ ▶ 績 織 繭

のだんごやもち、稲《いね》のほ・小判《こばん》など、えんぎのいいものをぶらさげて、家《いえ》の戸口《とぐち》や室内《しつない》にかざるもの。

糸−12

織

総画18　JIS-3105　教5年

音 ショク・シキ
訓 おる

筆順 織 織（はねない） 織 織（ながく） 織 織（はねる） 織 織

なりたち 【形声】「戠」が「ショク」という読《よ》み方《かた》をしめしている。「ショク」は「まっすぐ」の意味《いみ》を持《も》ち、機《はた》にたて糸《いと》をまっすぐにはることを表《あらわ》す字《じ》。

意味 おる。布《ぬの》をおる。くみたてる。例 機《はた》を織《お》る。織《お》りの工程《こうてい》。織機《しょっき》・組織《そしき》

【織物】《おりもの》 ↓ 糸《いと》をたてよこに組《く》み合《あ》わせてつくった布《ぬの》。例 絹織物《きぬおりもの》

【織女】《しょくじょ》 ↓ ①機《はた》をおる女性《じょせい》。おりひめ。②織女星《しょくじょせい》。琴座《ことざ》の星《ほし》、ベガ。知識 七月七日《しちがつなのか》の夜《よる》、織女星《しょくじょせい》が天《あま》の川《がわ》をわたってきた牽牛星《けんぎゅうせい》に会《あ》うという伝説《でんせつ》を祭《まつ》りにしたのが、「七夕《たなばた》」。

【織機】《しょっき》 ↓ 布《ぬの》をおる機械《きかい》。例 自動織機《じどうしょっき》

織が下につく熟語 上の字の働き
【紡織《ぼうしょく》 組織《そしき》】近《ちか》い意味《いみ》。
◇ 羽織《はおり》

糸−12

繕

総画18　JIS-3322　常用

音 ゼン
訓 つくろう

筆順 繕 繕 繕 繕 繕 繕 繕 繕

なりたち 【形声】「よい」の意味《いみ》を持《も》つ「善」が「ゼン」という読《よ》み方《かた》をしめしている。やぶれを糸《いと》でぬいなおしてよくすることを表《あらわ》す字《じ》。

意味 つくろう。なおす。例 ほころびを繕《つくろ》う。修繕《しゅうぜん》

名前のよみ よし

繕が下につく熟語 上の字の働き
【修繕《しゅうぜん》 営繕《えいぜん》】近《ちか》い意味《いみ》。

糸−13

繰

総画19　JIS-2311　常用

音 —
訓 くる

筆順 繰 繰 繰 繰 繰 繰 繰 繰

なりたち 【形声】「喿」が「さわがしい」の意味《み》と「ソウ」という読《よ》み方《かた》をしめしている。「糸《いと》をくる」意味《いみ》に使《つか》われている字《じ》。

意味 だんだんにひき出《だ》す。じゅんに動《うご》かす。例 糸《いと》を繰《く》る。繰越金《くりこしきん》

【繰越金】《くりこしきん》 ある期限《きげん》（月末《げつまつ》・年末《ねんまつ》・期末《きまつ》）

文字物語　缶

「缶《かん》ジュース」「缶《かん》ビール」などと使《つか》われてよく目《め》にする「缶」の字《じ》、一見《いっけん》かんたんな字《じ》だが、ふくざつな歴史《れきし》をもっている。

「缶《かん》」は、もともと中国《ちゅうごく》で「フウ」の音《おと》をもち、日本《にほん》に来《き》て「ほとぎ」という訓《くん》をあたえられた字《じ》だ。「ほとぎ」は、口《くち》が小《ち》さく胴《どう》がふくらんだ形《かたち》の、素焼《すや》きの土《つち》の器《うつわ》。湯《ゆ》や水《みず》を入《い》れたり、たたいて楽器《がっき》にしたりした。

いっぽう、中国《ちゅうごく》には「罐《かん》」という字《じ》があり、これは水《みず》などを入《い》れたりくんだりする、陶器《とうき》や金属製《きんぞくせい》の筒形《つつがた》の器《うつわ》をいった。日本《にほん》にはいって、「罐子《かんす》（金属製《きんぞくせい》の湯《ゆ》わかし）」「薬罐《やかん》（金属製《きんぞくせい》の湯《ゆ》わかし）」などのように使《つか》われた。明治時代《めいじじだい》になって、「罐《かん》」は、動力《どうりょく》にする蒸気《じょうき》を出《だ》すためのかま、ボイラーを表《あらわ》す字《じ》ともされた。また、オランダから、ブリキなどの金属《きんぞく》でできた器《うつわ》をいう「カン」ということばがはいってきたのにも、「罐」の字《じ》をあてて、「空《あ》き罐《かん》」「罐詰《かんづめ》」などのように書《か》いた。

ところで、「罐《かん》」は、画数《かくすう》が多《おお》くむずかしい字《じ》なので、むかしから、偏《へん》の「缶」を「罐」の略《りゃく》字《じ》として使《つか》うことも多《おお》かった。

常用漢字表《じょうようかんじひょう》ができたとき、「缶」が「罐」に代《か》わる正式《せいしき》の字体《じたい》とされ、「カン」の音《おん》をもつ字《じ》として登録《とうろく》されたので、「薬罐《やかん》」も「空《あ》き罐《かん》」も「罐詰《かんづめ》」もすべて「薬缶《やかん》」「空《あ》き缶《かん》」「缶詰《かんづめ》」と書《か》かれることになり、「缶」の字《じ》は「缶《かん》コーラ」「鮭《さけ》缶《かん》」「ドラム缶《かん》」などと今《いま》や大《だい》かつやく。むかしの「ほとぎ」の意味《いみ》はすっかりわすれ去《さ》られてしまった。

までに使《つか》いきれずに、次《つぎ》の期間《きかん》に使《つか》うようにまわすお金《かね》。例 前年度《ぜんねんど》繰越金《くりこしきん》

糸-14
纂
総画20　JIS-2728　人名
音 サン
訓 あつ-める

意味 あつめる。(材料《ざいりょう》を集《あつ》めて本《ほん》にまとめる) あつめてまとめる。例 編纂《へんさん》

6画 缶［ほとぎ］の部

ここには「缶」の字《じ》だけが入《はい》ります。

この部首の字　0 缶……853

缶-0
缶
総画6　JIS-2044　常用
音 カン
訓 ―
［罐］

筆順 缶 缶 缶 缶 缶 缶

なりたち ［形声］もとの字《じ》は、「罐」。「缶」はすやきのかめの形《かたち》で、「雚」が「カン」という読《よ》み方《かた》をしめしている。「カン」は「水《みず》を注《そそ》ぐ」意味《いみ》を持《も》ち、水《みず》を注《そそ》ぎ入《い》れるかめを表《あらわ》す字《じ》。

意味 かん。金属《きんぞく》の板《いた》でできた入《い》れ物《もの》。例 ブリキの缶《かん》。缶詰《かんづめ》・石油缶《せきゆかん》

文字物語 ☞852ページ

【。缶《かん》。詰《づめ》】↓ 食品《しょくひん》を缶《かん》につめて加熱《かねつ》・密封《みっぷう》して、長《なが》くとっておけるようにしたもの。

6画 羊 ⺷［ひつじ］の部

「羊《ひつじ》」をもとにして作《つく》られた字《じ》と、「⺶」の形《かたち》がめやすとなっている字《じ》を集《あつ》めてあります。

この部首の字
0 羊……853　3 美……853　5 羞……854
6 着……854　7 義……855　群……856　羨……857
差→工 354　善→口 228　翔→羽 859　養→食 1050

羊-0
羊
総画6　JIS-4551　教3年
音 ヨウ
訓 ひつじ

筆順 羊 羊 羊 羊 羊 羊（ながく　ださない）

なりたち ［象形］ひつじの頭《あたま》をえがいた字《じ》。

意味 ひつじ。例 羊《ひつじ》の毛《け》。羊毛《ようもう》・綿羊《めんよう》

【羊頭・狗肉】《ようとうくにく》 見《み》かけだけりっぱで、中身《なかみ》がともなわないこと。参考 看板《かんばん》にはヒツジの頭《あたま》を出《だ》しておきながら、じっさいにはイヌ(狗)の肉《にく》を売《う》ったという中国《ちゅうごく》の故事《こじ》からできたことば。「羊頭《ようとう》をかかげて狗肉《くにく》を売《う》る」とも。

【羊皮紙】《ようひし》 むかし西洋《せいよう》で使《つか》われた、ヒツジの皮《かわ》でつくった紙《かみ》。

【羊毛】《ようもう》 ↓ 毛糸《けいと》や毛織物《けおりもの》のもとにするヒツジの毛《け》。ウール。例 羊毛《ようもう》の毛糸《けいと》。

⺶-3
美
総画9　JIS-4094　教3年
音 ビ
訓 うつくしい

筆順 美 美 美 美 美 美 美 美 美（ながく　はらう）

なりたち ［会意］「⺶」は「羊《ひつじ》」で、「大」とあわせて、肥《こ》えた大《おお》きな羊《ひつじ》を表《あらわ》す字《じ》。「うつくしい」として使《つか》われている。

意味
❶うつくしい。例 美《うつく》しい音楽《おんがく》。天然《てんねん》の美《び》。美術《びじゅつ》・優美《ゆうび》 対 醜《しゅう》
❷すばらしい。すぐれている。例 美味《びみ》
❸ほめる。たたえる。例 賛美《さんび》

名前のよみ きよし・とみ・はる・ふみ・み・よ・よし・よしみ

❶〈うつくしい〉の意味で

【美意識】《びいしき》 何《なに》かを美《うつく》しいと感《かん》じる心《こころ》。どういうものを美《うつく》しいと感《かん》じるかの感《かん》じ方《かた》。

【美化】《びか》 ↓〈―する〉きれいにすること。例 校内《こうない》の美化《びか》につとめる。☞❷

【美学】《びがく》 ↓ 芸術作品《げいじゅつさくひん》などについて、美《うつく》しいと感《かん》じるのはなぜか、ほんとうの美《うつく》しさとはなにかを研究《けんきゅう》する学問《がくもん》。

【美観】《びかん》 ↓ 見《み》た目《め》の美《うつく》しさ、感《かん》じのよさ。例 都市《とし》の美観《びかん》をそこなわない看板《かんばん》。

【美醜】《びしゅう》 ⇕ 美《うつく》しいことと、みにくいこと。例 人《ひと》の美醜《びしゅう》は心《こころ》できまる。

【美術】《びじゅつ》 ↓ 絵《え》や彫刻《ちょうこく》などのように、目《め》に見《み》える色《いろ》や形《かたち》で、美《うつく》しさを表《あらわ》す芸術《げいじゅつ》。例 美術《びじゅつ》館《かん》・美術品《びじゅつひん》

【美辞麗句】《びじれいく》 美《うつく》しくかざったことばや、耳《みみ》ざわりのよい文句《もんく》。例 美辞麗句《びじれいく》をつらねる。

【美人】《びじん》 ↓ 顔《かお》やすがたの美《うつく》しい女性《じょせい》。例 絶世《ぜっせい》の美人《びじん》。類 美女《びじょ》・佳人《かじん》・麗人《れいじん》

【美声】《びせい》 ↓ 聞《き》いていて、感《かん》じのいい声《こえ》。例 バスガイドの美声《びせい》に聞《き》きほれる。対 悪声《あくせい》

【美的】《びてき》 ⊠ 〈—な〉〈—に〉美《うつく》しいと感《かん》じられる。例 美的《びてき》な要素《ようそ》が多《おお》い。

【美文】《びぶん》 ↓ 美《うつく》しいことばをつらねた、調子《ちょうし》のよい文章《ぶんしょう》。例 美文調《びぶんちょう》の手紙《てがみ》。

【美貌】《びぼう》 ↓ 美《うつく》しい顔《かお》かたち。例 美貌《びぼう》の持《も》ち主《ぬし》。美貌《びぼう》をほこる。

【美容】《びよう》 ▲ 顔《かお》やすがたを美《うつく》しくととのえること。例 美容院《びよういん》・美容体操《びようたいそう》

❷〈すばらしい〉の意味で

【美化】《びか》 ↓ 〈—する〉かざって、じっさい以上《いじょう》によく見《み》せる。例 美化《びか》しないで、ありのままに書《か》いた伝記《でんき》。☞❶

【美技】《びぎ》 ↓ すばらしい演技《えんぎ》。ファインプレー。例 選手《せんしゅ》の美技《びぎ》に拍手《はくしゅ》がわく。

【美酒】《びしゅ》 ↓ うまい酒《さけ》。例 美酒《びしゅ》に酔《よ》う。表現 「勝利《しょうり》の美酒《びしゅ》に酔《よ》う」は、勝《か》ったうれしさにすべてをわすれること。

【美食】《びしょく》 ↓ 〈—する〉おいしいものだけを食《た》べること。また、おいしい食《た》べ物《もの》。例 美食家《びしょくか》 対 粗食《そしょく》

【美談】《びだん》 ↓ 人《ひと》の心《こころ》をうつような、りっぱなおこないをした話《はなし》。例 近《ちか》ごろまれな美談《びだん》だ。

【美点】《びてん》 ↓ すばらしいとほめられるところ。例 美点《びてん》を強調《きょうちょう》し、欠点《けってん》をカバーする。類 長所《ちょうしょ》・特長《とくちょう》 対 欠点《けってん》

【美田】《びでん》 ↓ 土《つち》がこえていて、米《こめ》がたくさんとれる田《た》。例 児孫《じそん》（子孫《しそん》）のために美田《びでん》を買《か》わず（人間《にんげん》は財産《ざいさん》が多《おお》いと、かえってだめになるから、子《こ》や孫《まご》のために、よいたんぼを買《か》うことはしない。本当《ほんとう》にかわいいなら、決《けっ》して甘《あま》やかすな）。

【美徳】《びとく》 ↓ 人《ひと》に尊敬《そんけい》され、人《ひと》の手本《てほん》になるような、すぐれた心《こころ》やおこない。例 美徳《びとく》をつむ。対 悪徳《あくとく》

【美風】《びふう》 ↓ 長《なが》くつたえていきたい、すぐれたならわし。例 美風《びふう》を受《う》けつぐ。対 悪風《あくふう》

【美味】《びみ》 ↓ 〈—な〉〈—に〉味《あじ》がよいこと。おいしいこと。例 天下《てんか》の美味《びみ》。

【美名】《びめい》 ↓ ①いい評判《ひょうばん》。②ていさいのいい、表向《おもてむ》きの名前《なまえ》。例 福祉《ふくし》の美名《びめい》にかくれた金《かね》もうけ。類 名目《めいもく》

美が下につく熟語 上の字の働き

❶美＝〈うつくしい〉のとき
【華美《かび》 優美《ゆうび》】近《ちか》い意味《いみ》。

❸美＝〈ほめる〉のとき
【賛美《さんび》 賞美《しょうび》 褒美《ほうび》】近《ちか》い意味《いみ》。

羊-5

羞

総画11
JIS-7023
常用
音 シュウ
訓 —

筆順 羞 羞 羞 羞 羞 羞 羞 羞

意味 はじる。はずかしく思《おも》う。例 羞悪《しゅうお》・羞《しゅう》恥・含羞《がんしゅう》

【羞恥】《しゅうち》 Ⅱ はずかしく思《おも》うこと。例 羞恥《しゅうち》心《しん》をいだく。

羊-6

着

総画12
JIS-3569
教3年
音 チャク・ジャク
訓 きる・きせる・つく・つける

筆順 着 着 着 着 着 着 着 着 （ながく）（つきださない）

なりたち

【形声】もともとは竹《たけ》のはしを表《あらわ》す「箸」で、これが「著」、そして「着」とかわって使《つか》われるようになった字《じ》。「者《シャ》」が「チャク」とかわって読《よ》み方《かた》をしめし、「着」の読《よ》みに引《ひ》きつがれている。

意味
❶身《み》につける。例 服《ふく》を着《き》る。衣服《いふく》を身《み》に着《つ》ける。着衣《ちゃくい》・上着《うわぎ》 対 脱《だつ》
❷つく。つける。くっつく。とりかかる。例 罪《つみ》を着《き》せる。席《せき》に着《つ》く。着席《ちゃくせき》・接着《せっちゃく》
❸いきつく。例 船《ふね》が岸《きし》に着《つ》く。到着《とうちゃく》
❹おちつく。きまりがつく。例 決着《けっちゃく》

⑤衣服《いふく》の数《かず》をかぞえることば。例 背広《せびろ》一着《ちゃく》

使い分け つく[付・着・就]☞63ページ

注意するよみ ジャク…例 愛着《あいじゃく》・執着《しゅうじゃく》

発音あんない チャク→チャッ…例 着火《ちゃっか》

❶〈身につける〉の意味で

【着心地《きごこち》】その衣服《いふく》を着《き》たとき、からだに感《かん》じる気持《きも》ちのよしあし。例 着心地《きごこち》のいいセーター。

【着物《きもの》】↓①からだをおおうために身《み》につけるもの。例 各国《かっこく》の着物《きもの》の歴史《れきし》。類 衣服《いふく》・衣類《るい》 ②日本《にほん》のむかしからの衣服《いふく》。例 正月《しょうがつ》の着物《きもの》。着物《きもの》すがた 類 和服《わふく》

【着衣《ちゃくい》】①▲〈―する〉衣服《いふく》を身《み》につけること。対 脱衣《だつい》 ②↓いま着《き》ている衣服《いふく》。

【着◦脱《ちゃくだつ》】⇕〈―する〉衣服《いふく》を着《き》たりぬいだりすること。例 着脱《ちゃくだつ》の楽《らく》な服《ふく》。☞❷

【着用《ちゃくよう》】↓〈―する〉衣服《いふく》などを身《み》につけること。例 コートを着用《ちゃくよう》する。

❷〈つく。つける〉の意味で

【着眼《ちゃくがん》】▲〈―する〉目《め》をつけること。目《め》のつけ方《かた》。例 着眼点《ちゃくがんてん》 類 着目《ちゃくもく》・着想《ちゃくそう》

【着手《ちゃくしゅ》】▲〈―する〉仕事《しごと》などにとりかかること。例 新《あたら》しい研究《けんきゅう》に着手《ちゃくしゅ》する。

【着色《ちゃくしょく》】▲〈―する〉色《いろ》をつけること。例 着色剤《ちゃくしょくざい》・人工着色料《じんこうちゃくしょくりょう》 対 脱色《だっしょく》

【着席《ちゃくせき》】▲〈―する〉すわること。席《せき》につくこと。例 来賓《らいひん》が着席《ちゃくせき》する。類 着座《ちゃくざ》 対 起立《きりつ》

【着想《ちゃくそう》】▲考《かんが》えやくふう。思《おも》いつき。例 ユニークな着想《ちゃくそう》。類 発想《はっそう》・着眼《ちゃくがん》

【着◦脱《ちゃくだつ》】⇕〈―する〉とりつけたりとりはずしたりすること。例 着脱自在《ちゃくだつじざい》 ☞❶

【着服《ちゃくふく》】Ⅲ〈―する〉人《ひと》のお金《かね》や品物《しなもの》をこっそりと自分《じぶん》のものにしてしまうこと。例 公金《こうきん》を着服《ちゃくふく》する。類 横領《おうりょう》

【着目《ちゃくもく》】▲〈―する〉だいじなことがらとして、よく注意《ちゅうい》して見《み》ること。例 構造《こうぞう》に着目《ちゃくもく》する。類 着眼《ちゃくがん》

【着火《ちゃっか》】▲〈―する〉火《ひ》をつけること。火《ひ》がつくこと。例 すぐに着火《ちゃっか》する。類 点火《てんか》

【着工《ちゃっこう》】▲〈―する〉工事《こうじ》にとりかかること。例 着工予定《ちゃっこうよてい》 類 起工《きこう》 対 落成《らくせい》・竣工《しゅんこう》

❸〈いきつく〉の意味で

【着順《ちゃくじゅん》】↓ある場所《ばしょ》に着《つ》いた順序《じゅんじょ》。例 着順《ちゃくじゅん》を発表《はっぴょう》する。

【着水《ちゃくすい》】▲〈―する〉空中《くうちゅう》から水《みず》の上《うえ》におりること。例 飛行艇《ひこうてい》が着水《ちゃくすい》した。対 離水《りすい》

【着地《ちゃくち》】▲〈―する〉①空中《くうちゅう》から地面《じめん》におりること。例 気球《ききゅう》が着地《ちゃくち》する。類 着陸《ちゃくりく》 ②体操《たいそう》やスキーなどの競技《きょうぎ》で、とびあがった選手《せんしゅ》が、ゆかや地面《じめん》、雪面《せつめん》などにおり立《た》つこと。例 着地姿勢《ちゃくちしせい》

【着任《ちゃくにん》】▲〈―する〉新《あたら》しいつとめや、新《あたら》しいつとめ先《さき》の土地《とち》に着《つ》くこと。例 新《あたら》しい先生《せんせい》が着任《ちゃくにん》された。類 赴任《ふにん》 対 離任《りにん》

【着陸《ちゃくりく》】▲〈―する〉飛行機《ひこうき》などが、空《そら》から地《ち》上《じょう》におりること。例 ぶじ空港《くうこう》に着陸《ちゃくりく》する。類 着地《ちゃくち》 対 離陸《りりく》

❹〈おちつく〉の意味で

【着実《ちゃくじつ》】Ⅲ〈(―な)〉一《ひと》つ一《ひと》つきちんきちんとものごとがおこなわれるようす。例 着実《ちゃくじつ》に成果《せいか》があがっている。類 堅実《けんじつ》・地道《じみち》

【着着《ちゃくちゃく》】Ⅲ〈(―と)〉ものごとが一《ひと》つ一《ひと》つ確実《かくじつ》に進《すす》むようす。例 着々《ちゃくちゃく》と完成《かんせい》に近《ちか》づく。

着が下につく熟語 上の字の働き

❶着＝〈身につける〉のとき

【上着《うわぎ》 下着《したぎ》 肌着《はだぎ》 産着《うぶぎ》 水着《みずぎ》 古着《ふるぎ》】ドノヨウナ着物《きもの》か。

❷着＝〈つく。つける〉のとき

【接着《せっちゃく》 付着《ふちゃく》】近《ちか》い意味《いみ》。

【粘着《ねんちゃく》 密着《みっちゃく》 癒着《ゆちゃく》 土着《どちゃく》 愛着《あいちゃく／あいじゃく》 執着《しゅうちゃく／しゅうじゃく》 横着《おうちゃく》】ドノヨウニくっつくか。

❸着＝〈いきつく〉のとき

【帰着《きちゃく》 終着《しゅうちゃく》 先着《せんちゃく》 延着《えんちゃく》 必着《ひっちゃく》 漂着《ひょうちゃく》】ドノヨウニ行《い》き着《つ》くか。

❹着＝〈おちつく〉のとき

【決着《けっちゃく》 定着《ていちゃく》 落着《らくちゃく》】ドウナッテ落《お》ち着《つ》くか。

◆厚着《あつぎ》 沈着《ちんちゃく》 到着《とうちゃく》 発着《はっちゃく》 未着《みちゃく》

義

⺶-7

総画13

JIS-2133

教5年

訓 ―

音 ギ

筆順

なりたち 義 [形声]「羊」が美《うつく》しい意味《いみ》を表《あらわ》し、「我《ガ》」が儀式用《ぎしきよう》の武器《ぶき》の意味《いみ》と、「ギ」とかわって読《よ》み方《かた》をしめしている。「正《ただ》しくふみおこなうみち」を表《あらわ》す字《じ》。

意味

❶正《ただ》しさ。正《ただ》しいすじみち。例義《ぎ》を見《み》てせざるは勇《ゆう》なきなり(正《ただ》しいことを知《し》っていてしないのは、勇気《ゆうき》がないからだ)。義《ぎ》務《む》・正義《せいぎ》

❷意味《いみ》。わけ。例意義《いぎ》

❸代《か》わってそのはたらきをするもの。例義足《ぎそく》

名前のよみ あき・いさ・しげ・ただし・ちか・つとむ・とも・のり・みち・よし・より

❶〈正しさ〉の意味で

【義援金《ぎえんきん》】災害《さいがい》にあった人《ひと》や、気《き》のどくな人《ひと》を助《たす》けるためにさし出《だ》すお金《かね》。例義援金《ぎえんきん》をおくる。表記「義捐金」とも書《か》く。

【義挙《ぎきょ》】↓ 損得《そんとく》をぬきにして、正《ただ》しさのためにするおこない。例義挙《ぎきょ》をたたえる。

【義士《ぎし》】↓ 正義《せいぎ》のためには命《いのち》もおしまない人《ひと》。例義士《ぎし》の討《う》ち入《い》り。類志士《しし》

【義賊《ぎぞく》】↓ 金持《かねも》ちからお金《かね》をぬすみ、まずしい人《ひと》、こまっている人《ひと》にあたえるなど、自分《ぶん》なりにすじみちを通《とお》すどろぼう。

【義憤《ぎふん》】↓ 世《よ》の中《なか》のまちがいやわるいおこないに対《たい》して、自分《じぶん》の損得《そんとく》に関係《かんけい》なく、はらをたてること。例義憤《ぎふん》にかられる。

【義務《ぎむ》】↓ しなければならないこと。例義《ぎ》務《む》をはたす。義務教育《ぎむきょういく》 対権利《けんり》

【義勇軍《ぎゆうぐん》】民間《みんかん》の人《ひと》たちが、自分《じぶん》たちからすすんでつくった軍隊《ぐんたい》。

【義理《ぎり》】Ⅱ 人《ひと》とのつきあいの中《なか》で、世間《せけん》の常識《じょうしき》としてしなければならないこと。例義《ぎ》理《り》を立《た》てる(相手《あいて》からの恩義《おんぎ》にむくいる)。☞❸

❸〈代わってそのはたらきをするもの〉の意味で

【義眼《ぎがん》】↓ うしなわれた目《め》の代《か》わりに入《い》れる、人工《じんこう》の目玉《めだま》。例義眼《ぎがん》を入《い》れる。

【義兄《ぎけい》】↓ 姉《あね》の夫《おっと》や、夫《おっと》や妻《つま》の兄《あに》など、血《ち》のつながりはないが、兄《あに》にあたる人《ひと》。対実兄《じっけい》
関連 義兄《ぎけい》・義姉《ぎし》・義弟《ぎてい》・義妹《ぎまい》

【義姉《ぎし》】↓ 兄《あに》の妻《つま》や、夫《おっと》や妻《つま》の姉《あね》。対実姉《じっし》
関連 義兄《ぎけい》・義姉《ぎし》・義弟《ぎてい》・義妹《ぎまい》

【義肢《ぎし》】↓ うしなった手《て》や足《あし》の代《か》わりにつける、人工《じんこう》の手足《てあし》。例義肢《ぎし》で歩《ある》く。

【義歯《ぎし》】↓ ぬけた歯《は》やぬいた歯《は》の代《か》わりに入《い》れる人工《じんこう》の歯《は》。入《い》れ歯《ば》。

【義手《ぎしゅ》】↓ うしなった手《て》の代《か》わりにつける、人工《じんこう》の手《て》。

【義足《ぎそく》】↓ うしなった足《あし》の代《か》わりにつける、人工《じんこう》の足《あし》。

【義弟《ぎてい》】↓ 妹《いもうと》の夫《おっと》や、夫《おっと》や妻《つま》の弟《おとうと》など、血《ち》のつながりはないが、弟《おとうと》にあたる人《ひと》。対実弟《じってい》
関連 義兄《ぎけい》・義姉《ぎし》・義弟《ぎてい》・義妹《ぎまい》

【義妹《ぎまい》】↓ 弟《おとうと》の妻《つま》や、夫《おっと》や妻《つま》の妹《いもうと》。対実妹《じつまい》 関連 義兄《ぎけい》・義姉《ぎし》・義弟《ぎてい》・義妹《ぎまい》

【義理《ぎり》】Ⅱ 血《ち》のつながりはないが、結婚《けっこん》などによって、親子《おやこ》やきょうだいとおなじと見《み》られる関係《かんけい》。例義理《ぎり》の父母《ふぼ》。☞❶

義が下につく熟語 上の字の働き

❶義＝〈正しさ〉のとき
【信義《しんぎ》 道義《どうぎ》 仁義《じんぎ》】近《ちか》い意味《いみ》。
【恩義《おんぎ》 正義《せいぎ》 教義《きょうぎ》 忠義《ちゅうぎ》 主義《しゅぎ》】ドウイウすじみちか。

❷義＝〈意味〉のとき
【名義《めいぎ》 意義《いぎ》】近《ちか》い意味《いみ》。
【奥義《おうぎ/おくぎ》 広義《こうぎ》 狭義《きょうぎ》 多義《たぎ》 同義《どうぎ》 異義《いぎ》】ドノヨウナ意味《いみ》か。
【語義《ごぎ》 字義《じぎ》】ナニの意味《いみ》か。
【講義《こうぎ》 談義《だんぎ》 定義《ていぎ》】わけをドウスルか。

羊-7 群

総画13
JIS-2318
教5年
訓 音 グン
むれる・むれ・むら

筆順 群 群 ヨ 君 君 群 群 群（だす／ながく／ださない）

なりたち [形声]「君《グン》」が「集《あつ》まる」意味《いみ》と、「グン」とかわって読《よ》み方《かた》をしめしている。羊《ひつじ》のむれを表《あらわ》す字《じ》。

意味 むれ。数多《かずおお》く集《あつ》まる。例カモメが群《む》れて飛《と》ぶ。群《む》れをはなれる。アリが群《むら》がる。群《ぐん》をぬく。群島《ぐんとう》・魚群《ぎょぐん》

注意するよみ むら…例人《ひと》が群《むら》がる。群《むら》すずめ・群千鳥《むらちどり》

名前のよみ とも

【群衆】ぐんしゅう ↓ むらがり集《あつ》まっている多《おお》くの人《ひと》びと。例 群衆《ぐんしゅう》をかきわけて進《すす》む。群衆《ぐんしゅう》がひしめきあう。

【群集】ぐんしゅう Ⅱ 〈―する〉たくさんの人《ひと》または動物《どうぶつ》などがむらがり集《あつ》まること。また、その集《あつ》まり。例 イナゴが群集《ぐんしゅう》する。

【群集心理】ぐんしゅうしんり おおぜいの人《ひと》が集《あつ》まったときに生《う》まれる、とくべつの心《こころ》の動《うご》きや状《じょう》態《たい》。気《き》がたかぶって、ついまわりといっしょになって動《うご》いてしまうことなどをいう。

【群小】ぐんしょう ↓ たくさんの小《ちい》さいもの。例 群《ぐん》小国家《しょうこっか》

【群生】ぐんせい ↓ 〈―する〉おなじ種類《しゅるい》の植物《しょくぶつ》が一《いっ》か所《しょ》にむらがって生《は》えること。例 ワラビの群生《ぐんせい》地《ち》。表現 動物《どうぶつ》がむれすむのは「群棲《ぐんせい》」。

【群像】ぐんぞう ↓ おおぜいの人《ひと》のすがたをえがき出《だ》したもの。例 青春《せいしゅん》の群像《ぐんぞう》。

【群島】ぐんとう ↓ 小《ちい》さな島々《しまじま》の集《あつ》まり。類 諸島《しょとう》

【群発】ぐんぱつ ↓ 〈―する〉おなじことが、まとまって次々《つぎつぎ》に起《お》こること。例 群発地震《ぐんぱつじしん》

【群。雄割。拠】ぐんゆうかっきょ 〈―する〉軍団《ぐんだん》をしたがえるたくさんの英雄《えいゆう》が、各地《かくち》に根《ね》をはり勢力《せいりょく》をあらそうこと。

【群落】ぐんらく ↓ おなじ種類《しゅるい》の植物《しょくぶつ》がそのあたり一帯《いったい》にかたまって生《は》えているところ。例 ミズバショウの群落《ぐんらく》。

◆魚群《ぎょぐん》 大群《たいぐん》 抜群《ばつぐん》

羊-7

羨

総画13 JIS-3302 常用

音 セン
訓 うらやむ・うらやましい

筆順

意味 うらやましく思《おも》う。ほしがる。例 人《ひと》も羨《うらや》む仲《なか》。

【。羨望】せんぼう Ⅱ 〈―する〉うらやましく思《おも》うこと。例 羨望《せんぼう》の的《まと》。

6画 羽［はね］の部

「羽《はね》」をもとに作《つく》られ、翼《つばさ》や飛《と》ぶことにかかわる字《じ》を集《あつ》めてあります。

この部首の字

0 羽……857	4 翁……857	5 習……858
翌……858	6 翔……859	8 翠……859
11 翼……859	12 翻……859	14 耀……859
扇→戸 503		

羽-0

羽

総画6 JIS-1709 教2年

音 ウ
訓 は・はね

筆順

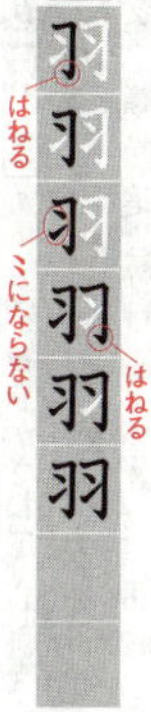

なりたち

【象形】鳥《とり》のはねの形《かたち》をえがいた字《じ》。

意味

❶はね。鳥《とり》や虫《むし》のはね。例 羽《はね》をのばす。羽《は》音《おと》・羽毛《うもう》

❷鳥《とり》やうさぎをかぞえるときのことば。例 一羽《いちわ》 一羽《いっぱ》

❸出羽《でわ》。旧国名《きゅうこくめい》。羽前《うぜん》（今《いま》の山形県《やまがたけん》の大部《だいぶ》分《ぶん》）と羽後《うご》（秋田県《あきたけん》の大部分《だいぶぶん》と山形県《やまがたけん》の一《いち》部《ぶ》）に分《わ》かれる。例 羽州《うしゅう》

❶〈はね〉の意味で

【羽化】うか ↓ 〈―する〉昆虫《こんちゅう》の幼虫《ようちゅう》やさなぎが、羽《はね》の生《は》えた成虫《せいちゅう》になること。

【羽毛】うもう ↓ 鳥《とり》のからだに生《は》えているやわらかい毛《け》。例 羽毛《うもう》ぶとん

【羽音】はおと ↓ 鳥《とり》や虫《むし》が羽《はね》を動《うご》かしてとぶときに出《で》る音《おと》。例 羽音《はおと》をたてる。

【羽織】はおり ◎ 着物《きもの》の上《うえ》に着《き》る、えりをおった短《みじか》い上着《うわぎ》。前《まえ》はかさねないでひもでとめる。例 羽織袴《はおりはかま》であらわれる。

【羽子板】はごいた 羽根《はね》つきのとき、羽根《はね》をつく板《いた》。例 羽子板市《はごいたいち》

【羽衣】はごろも ↓ 鳥《とり》の羽《はね》でつくったという、うすくて軽《かる》い天人《てんにん》の着物《きもの》。例 天女《てんにょ》の羽衣《はごろも》。

【羽根】はね ◎ ①鳥《とり》の一本一本《いっぽんいっぽん》の羽毛《うもう》。例 赤《あか》い羽根募金《はねぼきん》。②羽子板《はごいた》でついて遊《あそ》ぶ、小《ちい》さい玉《たま》に鳥《とり》のはねをつけたもの。例 羽根《はね》つき ③器《き》械《かい》についているつばさの形《かたち》をしたもの。例 扇《せん》風機《ぷうき》の羽根《はね》。

◆白羽《しらは》 手羽《てば》

羽-4

翁

総画10 JIS-1807 常用

音 オウ
訓 おきな

◦学習漢字でない常用漢字　▴常用漢字表にない音訓　◆常用漢字でない漢字

前ページ ▶美 羽 翁

筆順

なりたち

【形声】「公《コウ》」が「オウ」とかわって読《よ》み方《かた》をしめしている。「コウ」は「くびすじ」の意味《いみ》を持《も》ち、鳥《とり》のくびすじに生《は》えている羽《はね》を表《あらわ》す字《じ》。借《か》りて、「おきな」として使《つか》われている。

意味 おきな。年《とし》をとった男《おとこ》の人《ひと》。例 翁《おきな》の面《めん/おもて》。老翁《ろうおう》 表現 老人《ろうじん》でなくても男子《だんし》をうやまって翁《おう》をつけてよぶことがある。

羽-5

習

総画11 JIS-2912 教3年

訓 音 シュウ ならう

筆順 はねる はねる

なりたち

【形声】「白」は「自《ジ》」を略《りゃく》した形《かたち》で、「自」が「シュウ」とかわって読《よ》み方《かた》をしめしている。「ジ」は「かさねる」意味《いみ》を持《も》ち、ひな鳥《とり》がいく度《と》も羽《はね》を動《うご》かして飛《と》び方《かた》をけいこすることを表《あらわ》す字《じ》。

意味 ❶ならう。例 字《じ》を習《なら》う。習字《しゅうじ》・学習《がくしゅう》 ❷ならわし。しきたり。例 習《なら》い性《せい》となる（習慣《しゅうかん》がその人《ひと》の生《う》まれつきの性質《せいしつ》のようになってしまう）。習慣《しゅうかん》・風習《ふうしゅう》

名前のよみ しげ

❶〈ならう〉の意味で

【習作】《しゅうさく》 ↓ 〈―する〉練習《れんしゅう》のために絵《え》や彫刻《ちょうこく》や音楽《おんがく》などの作品《さくひん》をつくること。練習《れんしゅう》としてつくった作品《さくひん》。

【習字】《しゅうじ》 ▲ 正《ただ》しい、美《うつく》しい字《じ》の書《か》き方《かた》をならうこと。例 ペン習字《しゅうじ》。類 書道《しょどう》

【習熟】《しゅうじゅく》 ↓ 〈―する〉練習《れんしゅう》をかさねて、じょうずになること。例 パソコンの使《つか》い方《かた》に習熟《しゅうじゅく》する。類 熟達《じゅくたつ》・熟練《じゅくれん》

【習得】《しゅうとく》 ↓ 〈―する〉やり方《かた》を身《み》につけること。例 手話《しゅわ》を習得《しゅうとく》する。類 修得《しゅうとく》・学習《がくしゅう》

【習練】《しゅうれん》 ＝ 〈―する〉くりかえしならうこと。例 習練《しゅうれん》をつむ。類 練習《れんしゅう》・訓練《くんれん》

❷〈ならわし〉の意味で

【習慣】《しゅうかん》 ＝ ①長《なが》いあいだくりかえしているうちに、身《み》についたやり方《かた》。例 習慣《しゅうかん》になる。②ある国《くに》やある地方《ちほう》の人《ひと》びとに根《ね》づいている決《き》まったやり方《かた》。しきたり。例 風俗《ふうぞく》習慣《しゅうかん》 類 慣習《かんしゅう》・風習《ふうしゅう》・習俗《しゅうぞく》

【習性】《しゅうせい》 ↓ ①くりかえしやっているうちに、性質《せいしつ》のようになってしまったもの。例 朝《あさ》ねぼうの習性《しゅうせい》。類 癖《くせ》 ②動物《どうぶつ》が、それぞれ生《う》まれつき持《も》っている、ある決《き》まった性質《せいしつ》。例 動物《どうぶつ》の習性《しゅうせい》を利用《りよう》する。

【習。俗】《しゅうぞく》 ＝ その国《くに》、その土地《とち》にのこっている、くらし方《かた》や行事《ぎょうじ》・芸能《げいのう》など。ならわし。例 雪国《ゆきぐに》の習俗《しゅうぞく》。山村《さんそん》にのこる習俗《しゅうぞく》。類 風習《ふうしゅう》・慣習《かんしゅう》・習慣《しゅうかん》・俗習《ぞくしゅう》

【習。癖】《しゅうへき》 ＝ やりなれて、もうくせになってしまったこと。例 よくない習癖《しゅうへき》だ。

習が下につく熟語 上の字の働き

❶習＝〈ならう〉のとき

【学習《がくしゅう》 練習《れんしゅう》】近《ちか》い意味《いみ》。

【演習《えんしゅう》 講習《こうしゅう》 実習《じっしゅう》 自習《じしゅう》 独習《どくしゅう》 予習《よしゅう》 復《ふく》習《しゅう》 補習《ほしゅう》】ドノヨウニ習《なら》うか。

❷習＝〈ならわし〉のとき

【風習《ふうしゅう》 慣習《かんしゅう》】近《ちか》い意味《いみ》。

【旧習《きゅうしゅう》 常習《じょうしゅう》 奇習《きしゅう》 悪習《あくしゅう》 因習《いんしゅう》】ドノヨウナ習《なら》わしか。

◆俗習《ぞくしゅう》

羽-5

翌

総画11 JIS-4566 教6年

訓 音 ヨク ―

筆順 はねる はねる まっすぐ、つく

なりたち

【形声】「立《リュウ》」が「ヨク」とかわって読《よ》み方《かた》をしめしている。「リュウ」は「飛《と》ぶ」意味《いみ》を持《も》ち、鳥《とり》が羽《はね》を動《うご》かして飛《と》ぶことを表《あらわ》す字《じ》。借《か》りて、「あくる日《ひ》」の意味《いみ》に使《つか》われている。

意味 つぎの。例 翌日《よくじつ》・翌年《よくねん》 表現 ある日《ひ》、ある時《とき》をもとにする言《い》い方《かた》。今《いま》をもとにしていうときは、「明日《みょうにち/あす/あした》」「来月《らいげつ》」など明・来を使《つか》う。

名前のよみ あきら

【翌月】《よくげつ》 ↓ その次《つぎ》の月《つき》。関連 前月《ぜんげつ》・当月《とうげつ》・翌《よく》月《げつ》

【翌日】よくじつ ↓ 次《つぎ》の日《ひ》。あくる日《ひ》。関連 前日《ぜんじつ》・当日《とうじつ》・翌日《よくじつ》
【翌朝】よくちょう｜よくあさ ↓ 次《つぎ》の日《ひ》の朝《あさ》。あくる朝《あさ》。
【翌年】よくねん｜よくとし ↓ 次《つぎ》の年《とし》。あくる年《とし》。関連 前年《ぜんねん》・当年《とうねん》・翌年《よくねん》
【翌晩】よくばん ↓ 次《つぎ》の日《ひ》の晩《ばん》。あくる日《ひ》の晩《ばん》。

羽-6
【翔】
総画12 JIS-7038 人名
音 ショウ 訓 か-ける・と-ぶ

意味 とぶ。かけまわる。例 飛翔《ひしょう》

羽-8
【翠】
総画14 JIS-3173 人名
音 スイ 訓 —

意味 ❶みどり。例 翠玉《すいぎょく》 ❷かわせみのめす。例 翡翠《ひすい》(「翡《ひ》」はかわせみのおす)
名前のよみ あきら・みどり

羽-11
【翼】
総画17 JIS-4567 常用
音 ヨク 訓 つばさ

筆順

なりたち

【形声】「異《イ》」が「ヨク」とかわって読《よ》み方《かた》をしめしている。「イ」は「つばさ」の意味《いみ》を持《も》ち、鳥《とり》のつばさ(羽)を表《あらわ》す字《じ》。

意味 つばさ。つばさのように左右《さゆう》にはりだした部分《ぶぶん》。例 翼《つばさ》を広《ひろ》げる。一翼《いちよく》・尾翼《びよく》

翼が下につく熟語 上の字の働き
【右翼《うよく》 左翼《さよく》 一翼《いちよく》 両翼《りょうよく》】ドチラ・イクツのはりだしか。

羽-12
【翻】
総画18 JIS-4361 常用
音 ホン 訓 ひるがえる・ひるがえす
［飜］

筆順

なりたち

【形声】「番《ハン》」が「ホン」とかわって読《よ》み方《かた》をしめしている。「ハン」は「かえす」意味《いみ》を持《も》ち、鳥《とり》が羽《はね》をひるがえして飛《と》ぶことを表《あらわ》す字《じ》。

意味 ひるがえる。ひっくりかえす。べつの形《かたち》にかえる。例 旗《はた》が翻《ひるがえ》る。マントを翻《ひるがえ》す。翻意《ほんい》・翻訳《ほんやく》

【°翻案】ほんあん ▲〈—する〉劇《げき》や小説《しょうせつ》などで、すじはそのままにして、土地《とち》や時代《じだい》の設定《せってい》をかえたりしてつくりなおすこと。例 翻案小説《ほんあんしょうせつ》
【°翻意】ほんい ▲〈—する〉決心《けっしん》や考《かんが》えをかえること。例 翻意《ほんい》をうながす。
【°翻訳】ほんやく ↓〈—する〉ある言語《げんご》による文章《ぶんしょう》を、ほかの言語《げんご》になおすこと。
【°翻°弄】ほんろう Ⅲ〈—する〉相手《あいて》を軽《かる》く見《み》て、自分《じぶん》の思《おも》うようにあしらうこと。手玉《てだま》にとること。例 波《なみ》に翻弄《ほんろう》される船《ふね》。

羽-14
【耀】
総画20 JIS-4552 人名
音 ヨウ 訓 かがや-く

意味 かがやく。ひかる。例 大賞《たいしょう》に耀《かがや》く。栄耀栄華《えいようえいが》《えいえいが》をきわめる。
名前のよみ あき・あきら・てる

6画 老［おい］ 耂［おいかんむり］の部

「老」をもとにして作《つく》られた字《じ》と、「耂」の形《かたち》がめやすとなっている字《じ》を集《あつ》めてあります。

この部首の字
0老……859 2考……861 4者……861
孝→子303 煮→灬706

老-0
【老】
総画6 JIS-4723 教4年
音 ロウ 訓 お-いる・ふ-ける

筆順

なりたち

【象形】かみの長《なが》い年《とし》よりがつえをついている形《かたち》をえがいた字《じ》。

意味 ❶年《とし》をとる。古《ふる》くなる。例 めっきり老《ふ》ける。老《お》いも若《わか》きも。老人《ろうじん》・老眼《ろうがん》・長老《ちょうろう》 対 若《じゃく》・少《しょう》・幼《よう》 ❷経験《けいけん》ゆたかな。例 老巧《ろうこう》・家老《かろう》
特別なよみ 老舗(しにせ)

❶〈年をとる〉の意味で
【老化】ろうか ↓〈—する〉年《とし》をとって、はたらきがお

6 羽 はね 6画—14画 翔 翠 翼 翻 耀 老 耂 おい・おいかんむり 0画 老 老 ◀次ページ

°学習漢字でない常用漢字 ▲常用漢字表にない音訓 ◆常用漢字でない漢字

とろえること。[例]老化《ろうか》が進《すす》む。老化現象《ろうかげんしょう》。

【老眼】《ろうがん》 [↓]年《とし》をとって、小《ちい》さい字《じ》などが見《み》えにくくなること。[例]老眼鏡《ろうがんきょう》

【老。朽】《ろうきゅう》 [‖]〈—する〉古《ふる》くなって、役《やく》に立《た》たなくなること。[例]老朽家屋《ろうきゅうかおく》

【老境】《ろうきょう》 [↓]老人《ろうじん》とよばれる年齢《ねんれい》になっていること。[例]老境《ろうきょう》に入《はい》る。

【老後】《ろうご》 [↓]年《とし》をとってからあと。[例]老後《ろうご》の楽《たの》しみ。今《いま》はいいが、老後《ろうご》が心配《しんぱい》だ。

【老骨】《ろうこつ》 [↓]年《とし》をとって、よわってしまったからだ。[例]老骨《ろうこつ》にむちうつ。[類]老体《ろうたい》

【老。醜】《ろうしゅう》 [↓]年《とし》をとった、みにくいすがた。[例]老醜《ろうしゅう》をさらしたくない。

【老女】《ろうじょ》 [↓]年《とし》をとった女《おんな》の人《ひと》。[類]老婆《ろうば》

【老人】《ろうじん》 [↓]年《とし》をとった人《ひと》。年《とし》より。[例]老人《ろうじん》ホーム [類]高齢者《こうれいしゃ》

【老。衰】《ろうすい》 [↓]〈—する〉年《とし》をとって、からだがすっかりよわくなること。[例]老衰《ろうすい》で死《し》ぬ。

【老体】《ろうたい》 [↓]①老人《ろうじん》のからだ。[例]老体《ろうたい》にはこの寒《さむ》さがこたえる。[類]老骨《ろうこつ》 ②老人《ろうじん》。

【老若】《ろうにゃく／ろうじゃく》 [⇕]年《とし》をとった人《ひと》とわかい人《ひと》。[例]老若《ろうにゃく／ろうじゃく》を問《と》わず楽《たの》しめる場所《ばしょ》。

【老若男女】《ろうにゃくなんにょ／ろうじゃくだんじょ》 老人《ろうじん》も若者《わかもの》も、男《おとこ》も女《おんな》も。[例]初詣《はつもう》でに、老若男女《ろうにゃくなんにょ／ろうじゃくだんじょ》がつめかけた。

【老年】《ろうねん》 [↓]年《とし》をとってからの時期《じき》。[例]老年期《ろうねんき》にはいる。[対]若年《じゃくねん》 [関連]幼年《ようねん》・少年《しょうねん》・青年《せいねん》・壮年《そうねん》・中年《ちゅうねん》・熟年《じゅくねん》・老年《ろうねん》

【老。婆】《ろうば》 [↓]年《とし》をとった女《おんな》の人《ひと》。[類]老女《ろうじょ》

【老。廃物】《ろうはいぶつ》 使《つか》われたり古《ふる》くなったりして、もう役《やく》に立《た》たなくなった、いらないもの。

【老。婆心】《ろうばしん》 うるさいほどせわをやきたがる気持《きも》ち。[表現]相手《あいて》によけいなおせっかいと思《おも》われそうなときに、「老婆心《ろうばしん》ながら」と先《さき》に言《い》って、忠告《ちゅうこく》のことばをかける。

【老父】《ろうふ》 [↓]年《とし》をとった父《ちち》。[対]老母《ろうぼ》

【老。舗】《ろうほ／しにせ》 [↓]長《なが》くつづいている有名《ゆうめい》な店《みせ》。[例]老舗《ろうほ／しにせ》ののれん。

【老母】《ろうぼ》 [↓]年《とし》をとった母《はは》。[対]老父《ろうふ》

【老。齢】《ろうれい》 [↓]年《とし》をとっていること。[例]老齢者《ろうれいしゃ》・老齢年金《ろうれいねんきん》 [類]高齢《こうれい》

❷〈経験ゆたかな〉の意味で

【老。獪】《ろうかい》 [↓]〈—な〉〈—に〉長《なが》いあいだの経験《けいけん》から、ずるいやり方《かた》も知《し》っているようす。

【老。巧】《ろうこう》 [↓]〈—な〉長《なが》いあいだの経験《けいけん》から、何事《なにごと》もうまくあつかうこつを知《し》っていること。[例]老巧《ろうこう》な商売人《しょうばいにん》。[類]老練《ろうれん》

【老師】《ろうし》 [↓]①年《とし》をとって経験《けいけん》ゆたかな先生《せんせい》。[例]老師《ろうし》にみちびかれて仏《ほとけ》の道《みち》に入《はい》る。②年《とし》をとったりっぱなお坊《ぼう》さん。[表現]年齢《ねんれい》よりも、経験《けいけん》のゆたかさを尊敬《そんけい》する気持《きも》ちをこめたことば。

【老成】《ろうせい》 [↓]〈—する〉①年《とし》とともにつみかさねた経験《けいけん》をゆたかにもっていること。②まだわかいのに、言《い》ったりすることがおとなびていること。[例]老成《ろうせい》した考《かんが》え方《かた》。

文字物語

者

「者」の字《じ》は、音《おん》「シャ」では、漢字《かんじ》やことばの上《うえ》にはつかないが、下《した》についていくらでもことばをつくる。学校《がっこう》で入学《にゅうがく》試験《しけん》をすれば、「応募者《おうぼしゃ》」「受験者《じゅけんしゃ》」「合格者《ごうかくしゃ》」「不合格者《ふごうかくしゃ》」ができるし、つづいて「入学者《にゅうがくしゃ》」「脱落者《だつらくしゃ》」「卒業者《そつぎょうしゃ》」「進学者《しんがくしゃ》」などができる。会社《かいしゃ》があれば、「創立者《そうりつしゃ》」「経営者《けいえいしゃ》」がおり、事業《じぎょう》計画《けいかく》の「立案者《りつあんしゃ》」「協力者《きょうりょくしゃ》」などがいる。どれも「…する立場《たちば》の人《ひと》」の意味《いみ》を表《あらわ》す。「者」を一字《いちじ》で使《つか》うときは、訓《くん》で「もの」とよむ。日本語《にほんご》の「もの」は、物質《ぶっしつ》・物体《ぶったい》のときは「物」と書《か》き、人《ひと》のときは「者」と書く。ただ、「者《もの》」は、もともと「世《よ》の中《なか》には得《とく》する者《もの》もあれば、損《そん》する者《もの》もある」「さいごに笑《わら》う者《もの》はだれか」のように、ひとりひとりの人格《じんかく》は問題《もんだい》にしないで一般的《いっぱんてき》にいうことばだから、とかく人《ひと》をぞんざいにいうときのことばとなる。たとえば、人《ひと》に「知《し》っていたら知《し》らせてほしい」とつたえるのに、

「お心当《こころあ》たりの方《かた》はお知《し》らせください」

「心当《こころあ》たりのある人《ひと》は知《し》らせてください」

「思《おも》い当《あ》たる者《もの》は知《し》らせてくれ」

「知《し》ってるやつは知《し》らせろ」

のような言《い》い方《かた》がある。これを見《み》ると「者《もの》」の使《つか》われるランクがわかる。

【老大家】ろう《たいか》ゆたかな経験《けいけん》をもち、その道《みち》でとくにすぐれている人《ひと》。例 文壇《ぶんだん》の老大家《ろうたいか》。

【老練】ろう《れん》 ↓ 〈—な〉長《なが》いあいだのゆたかな経験《けいけん》から、むずかしいこともみごとにこなしてしまうようす。例 老練《ろうれん》な弁護士《べんごし》。類 老巧《ろうこう》

老が下につく熟語 上の字の働き

❶ 老＝〈年をとる〉のとき
【敬老《けいろう》 養老《ようろう》】老人《ろうじん》をドウスルか。

◆家老《かろう》 古老《ころう》 初老《しょろう》 長老《ちょうろう》

耂−2

考

総画6 JIS-2545 教2年
音 コウ
訓 かんがえる

筆順

なりたち  【形声】「耂」は「老」を略《りゃく》した形《かたち》であり、「丂(丂)」が「コウ」という読《よ》み方《かた》をしめしている。「コウ」は「まがる」意《い》味《み》を持《も》ち、腰《こし》の曲《ま》がった年《とし》よりを表《あらわ》す字《じ》。借《か》りて、「かんがえる」として使《つか》われている。

意味 かんがえる。くふうする。調《しら》べる。例 問題《もんだい》を考《かんが》える。考案《こうあん》・参考《さんこう》

名前のよみ たか・ただ・ちか・とし・なり・のり・やす・よし

【考案】こう《あん》 Ⅱ 〈—する〉くふうして、新《あたら》しいものや方法《ほうほう》を考《かんが》え出《だ》すこと。例 町《まち》の発明家《はつめいか》の考案《こうあん》になる作品展《さくひんてん》。

【考古学】こう《こがく》 遺跡《いせき》や遺物《いぶつ》を研究《けんきゅう》して、大《おお》むかしの人《ひと》びとのくらしや文化《ぶんか》を知《し》ろうとする学《がく》問《もん》。例 考古学者《こうこがくしゃ》

【考査】こう《さ》 Ⅱ 〈—する〉学力《がくりょく》を調《しら》べる試験《しけん》。例 期《き》末考査《まっこうさ》

【考察】こう《さつ》 Ⅱ 〈—する〉ほんとうのようすを知《し》ろうと、考《かんが》えたり調《しら》べたりすること。例 不況《ふきょう》の原因《げんいん》について考察《こうさつ》する。

【考証】こう《しょう》 ↓ 〈—する〉古《ふる》い文書《ぶんしょ》や品物《しなもの》を調《しら》べて、むかしの人《ひと》びとの生活《せいかつ》などを明《あき》らかにすること。例 時代考証《じだいこうしょう》

【考。慮】こう《りょ》 Ⅱ 〈—する〉よく考《かんが》えてみること。例 まだまだ考慮《こうりょ》の余地《よち》がある。

考が下につく熟語 上の字の働き

【思考《しこう》 選考《せんこう》】近《ちか》い意味《いみ》。
【一考《いっこう》 再考《さいこう》 熟考《じゅっこう》 黙考《もっこう》 参考《さんこう》】ドノヨウニ考《かんが》えるか。

◆備考《びこう》

耂−4

者

総画8 JIS-2852 教3年
音 シャ
訓 もの

［者］

筆順

なりたち  【象形】容器《ようき》の上《うえ》でたきぎのもえているようすをえがいた字《じ》。借《か》りて、「もの」として使《つか》われている。

意味
❶人《ひと》。…である人《ひと》。例 若者《わかもの》・学者《がくしゃ》
❷もの。…であるもの。例 前者《ぜんしゃ》・二者択一《にしゃたくいつ》

文字物語 ☞860ページ

発音あんない シャ→ジャ…例 王者《おうじゃ》

特別なよみ 猛者(もさ)

者が下につく熟語 上の字の働き

❶ 者＝〈人〉のとき
【易者《えきしゃ》 医者《いしゃ》 武者《むしゃ》 学者《がくしゃ》 記者《きしゃ》 業者《ぎょうしゃ》 御者《ぎょしゃ》 役《やく》者《しゃ》 忍者《にんじゃ》】(職業《しょくぎょう》のうえで)ドノヨウナ者《もの》か。
【作者《さくしゃ》 使者《ししゃ》 従者《じゅうしゃ》 著者《ちょしゃ》 筆者《ひっしゃ》 編者《へんじゃ／へんしゃ》 訳《やく》者《しゃ》】(仕事《しごと》のうえで)ドノヨウナ者《もの》か。
【賢者《けんじゃ》 識者《しきしゃ》 聖者《せいじゃ》 勇者《ゆうしゃ》 長者《ちょうじゃ》 若者《わかもの》 壮者《そうしゃ》 達《たっ》者《しゃ》 弱者《じゃくしゃ》 拙者《せっしゃ》 悪者《わるもの》】(評価《ひょうか》する目《め》で見《み》て)ドノヨウナ者《もの》か。
【勝者《しょうしゃ》 覇者《はしゃ》 敗者《はいしゃ》 患者《かんじゃ》 死者《ししゃ》 亡者《もうじゃ》 縁者《えんじゃ》 信《しん》者《じゃ》 走者《そうしゃ》 打者《だしゃ》 読者《どくしゃ》】(そのつどの状況《じょうきょう》から)ドノヨウナ者《もの》か。
【有権者《ゆうけんしゃ》 為政者《いせいしゃ》 当事者《とうじしゃ》 第三者《だいさんしゃ》 配偶者《はいぐうしゃ》 被疑《ひぎ》者《しゃ》】世《よ》の中《なか》でのはたらきや立場《たちば》からいってドノヨウナ者《もの》か。

❷ 者＝〈もの〉のとき
【前者《ぜんしゃ》 後者《こうしゃ》 二者《にしゃ》 両者《りょうしゃ》】ドチラにあたるものか。

6画 而［しこうして］の部

「而」の形《かたち》がめやすとなっている「而」「耐」の字《じ》が入《はい》ります。

この部首の字
0 而……862
3 耐……862

○学習漢字でない常用漢字 ▲常用漢字表にない音訓 ◆常用漢字でない漢字

前ページ▶考 者

【而】 而－0

総画6 JIS-2809 人名
音 ジ
訓 しこう‐して・しか‐も

意味 しこうして。そして。それから。すなわち。しかも。

【而立】《じりつ》 三十歳《さんじっさい》。参考 『論語《ろんご》』の「三十而立《さんじゅうじりつ》（三十《さんじゅう》にして立《た》つ＝三十《さんじゅう》になって一人立《ひとりだ》ちする）」ということばから。知識 十五歳《じゅうごさい》は「志学《しがく》」、四十歳《よんじっさい》「不惑《ふわく》」、五十歳《ごじっさい》「知命《ちめい》」、六十歳《ろくじっさい》「耳順《じじゅん》」、七十歳《しちじっさい》「従心《じゅうしん》」。

【耐】 而－3

総画9 JIS-3449 常用
音 タイ
訓 たえる

筆順 一 ｒ 丆 万 而 而 耐 耐 耐

なりたち  形声 「而《ジ》」が「やわらかいあごひげ」の意味《いみ》と、「タイ」とかわって読《よ》み方《かた》をしめしている。「寸（手《て》）」をくわえて、なにかをする時《とき》にしなやかに「たえる」ことを表《あらわ》す字《じ》。

意味 たえる。がまんする。もちこたえる。例 風雪《ふうせつ》に耐《た》える。耐火《たいか》・忍耐《にんたい》

名前のよみ つよし

【耐火】《たいか》 ▲ 熱《ねつ》に強《つよ》く、火事《かじ》にあってももえたりとけたりしにくいこと。例 耐火建築《たいかけんちく》・耐火性《たいかせい》

【耐寒】《たいかん》 ▲ 寒《さむ》さにまけないようにすること。例 耐寒訓練《たいかんくんれん》

【耐久】《たいきゅう》 ▲ 長《なが》いあいだつづけられること。例 耐久《たいきゅう》レース 類 持久《じきゅう》

【耐震】《たいしん》 ▲ 地震《じしん》があっても、こわれないようにしてあること。例 耐震構造《たいしんこうぞう》

【耐水】《たいすい》 ▲ 水《みず》にぬれても水分《すいぶん》がしみとおらず、質《しつ》もかわらないこと。例 耐水性《たいすいせい》

【耐熱】《たいねつ》 ▲ 高《たか》い熱《ねつ》をくわえても、とけたりこわれたり質《しつ》がかわったりしにくいこと。例 耐熱《たいねつ》ガラス

【耐乏】《たいぼう》 ▲ 必要《ひつよう》なものやお金《かね》がたりなくても、がまんすること。例 耐乏生活《たいぼうせいかつ》

6画 耒 ［すきへん］ の部

農具《のうぐ》のすきの形《かたち》をえがいた象形《しょうけい》である「耒→耒」をもとに作《つく》られ、耕作《こうさく》にかかわる字《じ》を集《あつ》めてあります。

この部首の字

【耕】 耒－4

総画10 JIS-2544 教5年
音 コウ
訓 たがやす

筆順 一 三 丰 耒 耒 耒 耔 耕 耕 耕（ながく・はねない）

なりたち  形声 もとの字《じ》は、「耕」。「耒」がすきの形《かたち》で、「井《セイ》」が「ととのえる」意味《いみ》と、「コウ」とかわって読《よ》み方《かた》をしめしている。すきで田畑《たはた》をたがやすことを表《あらわ》す字《じ》。

意味 たがやす。例 畑《はたけ》を耕《たがや》す。耕作《こうさく》・農耕《のうこう》・晴耕雨読《せいこううどく》

名前のよみ おさむ・つとむ・やす

【耕作】《こうさく》 ↓〈―する〉田《た》や畑《はたけ》をたがやして、作物《さくもつ》をつくること。例 耕作地《こうさくち》・耕作者《こうさくしゃ》

【耕地】《こうち》 ↓ 田《た》や畑《はたけ》など、たがやして作物《さくもつ》をつくる土地《とち》。例 耕地面積《こうちめんせき》 類 農地《のうち》

◆ 休耕《きゅうこう》 水耕《すいこう》 農耕《のうこう》

【耗】 耒－4

総画10 JIS-4455 常用
音 モウ・コウ
訓 ―

筆順 一 三 丰 耒 耒 耒 耔 耔 耗 耗

なりたち  形声 もとは「秏」で、誤《あやま》って「耗」と書《か》かれた字《じ》。「禾」がイネで、「毛」が「モウ」という読《よ》み方《かた》をしめしている。「モウ」は「へる」意味《いみ》を持《も》ち、イネをついて脱穀《だっこく》してへることを表《あらわ》す字《じ》。

意味 すりへる。おとろえる。例 消耗《しょうもう》

注意するよみ コウ…例 心神耗弱《しんしんこうじゃく》

6画 耳 ［みみ］［みみへん］ の部

「耳《みみ》」をもとに作《つく》られ、耳《みみ》や聴力《ちょうりょく》にかかわる字《じ》を集《あつ》めてあります。

この部首の字

耳−0
【耳】
総画6
JIS-2810
教1年
音 ジ
訓 みみ

筆順
すこしだす

なりたち
【象形】みみの形《かたち》をえがいた字《じ》。

意味 みみ。例 耳《みみ》をすます。耳目《じもく》・早耳《はやみみ》

【耳順】《じじゅん》 ↓ 耳《みみ》したがう（ほかの人《ひと》の意見《いけん》を聞《き》くようになる）。参考『論語《ろんご》』にある「六十《ろくじゅう》にして耳順《みみした》がう」から。六十歳《ろくじっさい》のこともいう。

【而立】《じりつ》（862ページ）

【耳目】《じもく》 Ⅲ 聞《き》くことと見《み》ること。人《ひと》びとの注意《ちゅうい》や関心《かんしん》。例 世間《せけん》の耳目《じもく》を集《あつ》める。

【耳学問】《みみがくもん》 自分《じぶん》で学《まな》んだり、調《しら》べてたしかめたりしたのではなく、人《ひと》の話《はなし》を聞《き》いて身《み》につけた知識《ちしき》。

【耳元】《みみもと》 ↓ 耳《みみ》のすぐそば。例 耳元《みみもと》でささやく。

耳が下につく熟語 上の字の働き
【初耳《はつみみ》 早耳《はやみみ》】ドノヨウニ聞《き》くか。

耳−3
【耶】
総画9
JIS-4477
人名
音 ヤ
訓 や・か

意味 …か。…や。（疑問《ぎもん》や反語《はんご》・感嘆《かんたん》を表《あらわ》す）例 有耶無耶《うやむや》（あるかないかはっきりしない）

耳−4
【耽】
総画10
JIS-3531
人名
音 タン
訓 ふけ-る

意味 ふける。一《ひと》つのことに熱中《ねっちゅう》して楽《たの》しむ。例 読書《どくしょ》に耽《ふけ》る。

【◆耽。溺】《たんでき》 Ⅲ（ーする）よくないことにむちゅうになること。

耳−7
【聖】
総画13
JIS-3227
教6年
音 セイ
訓 ひじり

筆順
でない ノにならない ながく

なりたち
【形声】「耳」と「呈」とからでき、「呈《テイ》」が「セイ」とかわって読《よ》み方《かた》をしめしている。「テイ」は「よく通《とお》る」意味《いみ》を持《も》ち、耳《みみ》がよく通《とお》って神《かみ》の声《こえ》を聞《き》くことのできる人《ひと》を表《あらわ》す字《じ》。

意味
❶けだかい。神《かみ》にかかわる。例 聖火《せいか》・聖典《せいてん》・神聖《しんせい》
❷徳《とく》や技《わざ》をきわめた人《ひと》。ひじり。例 聖賢《せいけん》・聖人《せいじん》・楽聖《がくせい》

名前のよみ あきら・きよ・さと・さとし・さとる・とし・まさ

❶〈けだかい〉の意味で

【聖域】《せいいき》 ↓ 人間《にんげん》が立《た》ち入《い》ったりして、けがしてはならない場所《ばしょ》。例 聖域《せいいき》をおかす。聖域《せいいき》にふみこむ。

【聖火】《せいか》 ↓ ①神《かみ》にささげる、きよらかな火《ひ》。②オリンピック大会《たいかい》で、期間中《きかんちゅう》もやしつづけられる火《ひ》。例 聖火《せいか》リレー 知識 ②は、ギリシャのオリンピアで太陽《たいよう》の光《ひかり》を集《あつ》めて点火《てんか》され、リレーによってはこばれる。

【聖歌】《せいか》 ↓ 神《かみ》をたたえる歌《うた》。例 聖歌隊《せいかたい》

【聖書】《せいしょ》 ↓ キリスト教《きょう》の経典《きょうてん》。キリスト降誕《こうたん》以前《いぜん》のことを記《しる》した旧約聖書《きゅうやくせいしょ》と降誕以後《こうたんいご》のことを記《しる》す新約聖書《しんやくせいしょ》とがある。バイブル。

【聖職】《せいしょく》 ↓ 神《かみ》と人《ひと》の仲立《なかだ》ちをする職業《しょくぎょう》。とくに、キリスト教《きょう》の牧師《ぼくし》・神父《しんぷ》の仕事《しごと》。例 聖職者《せいしょくしゃ》。聖職《せいしょく》につく。

【聖誕祭】《せいたんさい》 キリストが生《う》まれた日《ひ》（十二月二十五日《じゅうにがつにじゅうごにち》）をいわう祭《まつ》り。クリスマス。類 降誕祭《こうたんさい》

【聖地】《せいち》 ↓ その宗教《しゅうきょう》の開祖《かいそ》を記念《きねん》する土地《とち》。例 聖地巡礼《せいちじゅんれい》

【聖典】《せいてん》 ↓ その宗教《しゅうきょう》のもとになる教《おし》えが書《か》いてある本《ほん》。仏教《ぶっきょう》の経典《きょうてん》、キリスト教《きょう》の聖書《せいしょ》、イスラム教《きょう》のコーランなどをいう。例 聖典《せいてん》をひもとく。

【聖堂】《せいどう》 ↓ ①中国《ちゅうごく》の聖人《せいじん》、孔子《こうし》をまつった建物《たてもの》。例 湯島聖堂《ゆしませいどう》 類 聖廟《せいびょう》 ②キリスト教《きょう》の教会堂《きょうかいどう》。

【聖母】《せいぼ》 ↓ キリストの母《はは》。例 聖母《せいぼ》マリア

【聖夜】《せいや》 ↓ キリストが生《う》まれた十二月二《じゅうにがつに》

◀次ページ

前ページ▶耳 耶 耽 聖

十四日《じゅうよっか》から二十五日《にじゅうごにち》にかけての夜《よる》。クリスマス・イブ。

【聖霊《せいれい》】↓人間《にんげん》にはたらきかける神《かみ》の心《こころ》。知識 キリスト教《きょう》では、父《ちち》なる神《かみ》、神《かみ》の子《こ》イエス・キリスト、聖霊《せいれい》を一体《いったい》のものと考《かんが》え、「三《さん》位一体《みいったい》」という。

2〈徳や技をきわめた人〉の意味で

【聖賢《せいけん》】Ⅱ人《ひと》がらや知識《ちしき》がとくにすぐれている人《ひと》。例 聖賢《せいけん》の教《おし》え。

【聖者《せいじゃ》】↓①世《よ》の人《ひと》の手本《てほん》になるような、おこないのすぐれた人《ひと》。類 聖人《せいじん》 ②キリスト教《きょう》で、信仰《しんこう》をまもるために死《し》んだ人《ひと》や、とくにりっぱな信者《しんじゃ》。類 聖人《せいじん》

【聖人】↓ 一 せいじん ①りっぱなおこないや深《ふか》いちえによって、多《おお》くの人《ひと》に尊敬《そんけい》される人《ひと》。例 聖《せい》人君子《じんくんし》 類 聖者《せいじゃ》・君子《くんし》 ②キリスト教《きょう》で、信仰《しんこう》のあついりっぱな信徒《しんと》。 二 しょうにん 仏教《ぶっきょう》で、徳《とく》の高《たか》い僧《そう》。そのよび名《な》。類 上人《しょうにん》

◆楽聖《がくせい》 神聖《しんせい》

聡

耳-8 総画14 JIS-3379 人名 音 ソウ 訓 さと-い

意味 かしこい。さとい。例 聡明《そうめい》

名前のよみ あき・あきら・さとし・とき・とし・とみ

【◆聡明《そうめい》】Ⅱ〈□に□な〉頭《あたま》がよくて、ものわかりがはやい。例 聡明《そうめい》な人《ひと》。聡明《そうめい》さを欠《か》く。類 利発《りはつ》・発明《はつめい》・賢明《けんめい》

聞

耳-8 総画14 JIS-4225 教2年 音 ブン・モン 訓 き-く・き-こえる

筆順 聞 聞 聞 聞 聞 聞 聞 (とめる・はねる・ださない)

なりたち [形声]「門《モン》」が「ブン」とかわって読《よ》み方《かた》をしめしている。「モン」は「わける」意味《いみ》を持《も》ち、耳《みみ》でききわけることを表《あらわ》す字《じ》。

意味 きく。きこえる。きこえ。例 話《はなし》を聞《き》く。物音《ものおと》が聞《き》こえる。伝聞《でんぶん》

使い分け きく[聞・聴]☞867ページ

聞が下につく熟語 上の字の働き

【外聞《がいぶん》 内聞《ないぶん》 醜聞《しゅうぶん》 新聞《しんぶん》 伝聞《でんぶん》 風聞《ふうぶん》】ドノヨウナ伝《つた》わり方《かた》か。

◆寡聞《かぶん》 見聞《けんぶん》 前代未聞《ぜんだいみもん》

聴

耳-11 総画17 JIS-3616 常用 音 チョウ 訓 き-く [聽]

筆順 聴 聴 聴 聴 聴 聴 聴 聴

なりたち [形声]もとの字《じ》は、「聽」。「悳」が「たてる」意味《いみ》を、「壬《テイ》」が「チョウ」とかわって読《よ》み方《かた》をしめしている。「テイ」は「よくとおる」意味《いみ》を持《も》ち、声《こえ》がよくとおるようにきき耳《みみ》を立《た》ててきくことを表《あらわ》す字《じ》。

意味 ききとる。耳《みみ》をかたむける。注意《ちゅうい》して

漢字パズル 12

クロスワード

まん中《なか》の□に漢字《かんじ》を入《い》れて、三字熟語《さんじじゅくご》を作《つく》りましょう。

例 貯 / 海 水 浴 / 池 — 貯水池（ちょすいち） 海水浴（かいすいよく）

① 年 / 祝 □ 会 / 状

② 不 / 画 □ 紙 / 心

③ 科 / 小 □ 生 / 者

④ 逆 / 観 □ 地 / 線

⑤ 事 / 公 □ 員 / 所

⑥ 英 / 町 □ 長 / 話

⑦ 看 / 弁 □ 士 / 師

⑧ 危 / 保 □ 金 / 物

答えは1074ページ

ものしり巻物 第28巻

杜《と》甫《ほ》の詩《し》と日本《にほん》への影響《えいきょう》

杜甫《とほ》は、李白《りはく》と並《なら》び称《しょう》される大詩人《だいしじん》ですが、その人柄《ひとがら》はまったく対照的《たいしょうてき》で、「詩聖《しせい》」と呼《よ》ばれています。一生《いっしょう》を貧窮《ひんきゅう》と病苦《びょうく》の不遇《ふぐう》の中《なか》で過《す》ごし、各地《かくち》を流浪《るろう》して生涯《しょうがい》を終《お》えました。

絶句《ぜっく》を得意《とくい》とする李白《りはく》に対《たい》して、杜甫《とほ》はとくに律詩《りっし》のすばらしさに定評《ていひょう》があります。杜甫《とほ》の代表作《だいひょうさく》である五言律詩《ごごんりっし》「春望《しゅんぼう》」は、つぎのとおりです。

国破山河在　国破《くにやぶ》れて山河《さんが》在《あ》り
城春草木深　城春《しろはる》にして草木《そうもく》深《ふか》し
感時花濺涙　時《とき》に感《かん》じては花《はな》にも涙《なみだ》を濺《そそ》ぎ
恨別鳥驚心　別《わか》れを恨《うら》んでは鳥《とり》にも心《こころ》を驚《おどろ》かす
烽火連三月　烽火《ほうか》三月《さんげつ》に連《つら》なり
家書抵万金　家書《かしょ》万金《ばんきん》に抵《あた》る
白頭掻更短　白頭《はくとう》掻《か》けば更《さら》に短《みじか》く
渾欲不勝簪　渾《す》べて簪《しん》に勝《た》えざらんと欲《ほっ》す

（国家《こっか》は、賊軍《ぞくぐん》のためにすっかり崩壊《ほうかい》し、自然《しぜん》だけがそのままに存在《そんざい》する。長安《ちょうあん》の町《まち》に春《はる》がやってきて、草木《くさき》が変《か》わらずに深々《ふかぶか》と生《お》い茂《しげ》った。戦乱《せんらん》の時節《じせつ》を思《おも》うと、咲《さ》く花《はな》を見《み》ても涙《なみだ》がこぼれ、家族《かぞく》との別《わか》れを悲《かな》しんでは、鳥《とり》の鳴《な》く声《こえ》にも心《こころ》が痛《いた》む。戦《たたか》いののろしは何《なん》か月《げつ》もの間続《あいだつづ》いており、家族《かぞく》からの手紙《てがみ》はなかなか届《とど》かないので、万金《ばんきん》にも値《あたい》するほど貴重《きちょう》だ。心痛《しんつう》のために白髪頭《しらがあたま》をかけばかくほど薄《うす》くなり、もうすっかり冠《かんむり》をとめるかんざしもさせなくなりそうだ）

《韻字＝深・心・金・簪》

春《はる》のながめと題《だい》したこの詩《し》は、楽《たの》しいはずの春《はる》の景色《けしき》を戦乱《せんらん》の世相《せそう》と重《かさ》ね合《あ》わせて、みごとな対照《たいしょう》によって描《えが》いています。律詩《りっし》のきまりで第三句《だいさんく》と第四句《だいよんく》、第五句《だいごく》と第六句《だいろっく》が対句《ついく》になるのですが、この詩《し》は第一句《だいいっく》と第二《だいに》句《く》も対句《ついく》で構成《こうせい》されています。

わが国《くに》の江戸時代《えどじだい》の俳人《はいじん》、松尾芭蕉《まつおばしょう》は、とくに杜甫《とほ》の詩《し》を好《この》んで、その影響《えいきょう》を強《つよ》く受《う》けています。たとえば、紀行《きこう》『おくのほそ道《みち》』の冒頭《ぼうとう》の「月日《つきひ》は百代《はくたい》の過客《かかく》にして」につづく文《ぶん》で、「古人《こじん》も多《おお》く旅《たび》に死《し》せるあり」という「古人《こじん》」は、おそらく李白《りはく》や杜甫《とほ》のことを指《さ》すのだろうと思《おも》われます。また、平泉《ひらいずみ》でも「国《くに》破《やぶ》れて山河《さんが》あり、城春《しろはる》にして草青《くさあお》みたり」と杜甫《とほ》の「春望《しゅんぼう》」から引用《いんよう》したうえで、「夏草《なつくさ》や兵《つわもの》どもが夢《ゆめ》の跡《あと》」の句《く》を詠《よ》んでいます。

このようにして、多《おお》くの日本《にほん》の文学者《ぶんがくしゃ》たちも唐詩《とうし》を愛読《あいどく》し、その豊《ゆた》かな表現《ひょうげん》から大《おお》きな影響《えいきょう》を受《う》けて、新《あら》たな作品世界《さくひんせかい》へと花開《はなひら》かせていったことがわかります。

きく。例 音楽《おんがく》を聴《き》く。聴覚《ちょうかく》・聴力《ちょうりょく》・静聴《せいちょう》・拝聴《はいちょう》

使い分け きく［聞・聴］ ☞867ページ

名前のよみ あき・あきら・とし

【°聴《ちょう》音《おん》】▲ 音《おと》を聞《き》きとること。また、聞《き》きわけること。例 聴音機《ちょうおんき》

【°聴《ちょう》覚《かく》】↓ 音《おと》や声《こえ》をききとるはたらき。関連 視覚《しかく》(目《め》)・聴覚《ちょうかく》(耳《みみ》)・嗅覚《きゅうかく》(臭覚《しゅうかく》、鼻《はな》)・味覚《みかく》(した)・触覚《しょっかく》(ひふ)

【°聴《ちょう》講《こう》】▲ 〈―する〉講義《こうぎ》・講演《こうえん》などをきくこと。例 聴講生《ちょうこうせい》

【°聴《ちょう》視《し》】Ⅱ 〈―する〉テレビ・ラジオの放送《ほうそう》を聴《き》いたり見《み》たりすること。例 聴視者《ちょうししゃ》 表現 ふつう、テレビには「視聴《しちょう》」、ラジオには「聴取《ちょうしゅ》」を使《つか》う。

【°聴《ちょう》取《しゅ》】↓ 〈―する〉①ききとること。とくに、なにかを調《しら》べるために、意見《いけん》や事情《じじょう》をくわしくきくこと。例 警察《けいさつ》の事情《じじょう》聴取《ちょうしゅ》。②ラジオをきくこと。例 聴取者《ちょうしゅしゃ》

【°聴《ちょう》衆《しゅう》】↓ 演説《えんぜつ》や講演《こうえん》・音楽《おんがく》などをききに集《あつ》まった人《ひと》びと。例 みごとな演奏《えんそう》が、聴衆《ちょうしゅう》を魅了《みりょう》した。

【聴《ちょう》°診《しん》】↓ 医者《いしゃ》が、呼吸《こきゅう》や心臓《しんぞう》の音《おと》などを耳《みみ》できいて診察《しんさつ》すること。例 聴診器《ちょうしんき》 関連 問診《もんしん》・打診《だしん》・触診《しょくしん》・聴診《ちょうしん》・視診《ししん》

【°聴《ちょう》聞《もん》】Ⅱ 〈―する〉①説教《せっきょう》や演説《えんぜつ》などをきくこと。②役所《やくしょ》が、ものごとを決《き》める前《まえ》に、関係者《かんけいしゃ》の意見《いけん》をきくこと。例 聴聞会《ちょうもんかい》

【°聴《ちょう》力《りょく》】↓ 耳《みみ》で音《おと》をききとる力《ちから》。例 聴《ちょう》力《りょく》検査《けんさ》

聴が下につく熟語 上の字の働き

【傾聴《けいちょう》 清聴《せいちょう》 静聴《せいちょう》 拝聴《はいちょう》 傍聴《ぼうちょう》 盗聴《とうちょう》】ドノヨウニ聴《き》きとるか。

耳-12

職

総画18
JIS-3106
教5年
訓 ―
音 ショク

筆順

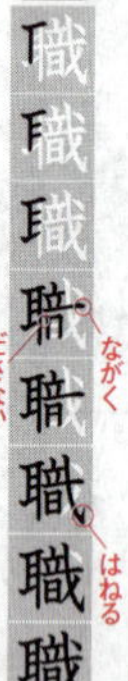

なりたち

［形声］「戠」が「ショク」という読《よ》み方《かた》をしめしている。「ショク」は「知《し》る」意味《いみ》を持《も》ち、耳《みみ》でよく聞《き》き分《わ》けておぼえていることを表《あらわ》す字《じ》。借《か》りて、「しごと」の意味《いみ》に使《つか》われている。

意味 しごと。はたらき。やくめ。身《み》につけたわざ。例 職《しょく》を探《さが》す。職《しょく》を辞《じ》す。職業《しょくぎょう》・職《しょく》務《む》・就職《しゅうしょく》

名前のよみ もと

【職《しょく》域《いき》】↓ 仕事《しごと》や役目《やくめ》の受《う》けもちの範囲《はんい》。例 職域《しょくいき》の代表《だいひょう》。職域《しょくいき》をこえる。類 職場《しょくば》

【職《しょく》員《いん》】↓ 役所《やくしょ》・会社《かいしゃ》・学校《がっこう》・病院《びょういん》などにつとめている人《ひと》。例 職員室《しょくいんしつ》・事務《じむ》職員《しょくいん》

【職《しょく》業《ぎょう》】Ⅱ くらしをささえていくためにする仕事《しごと》。例 職業安定所《しょくぎょうあんていじょ》。類 商売《しょうばい》・生業《せいぎょう》・稼業《かぎょう》

【職《しょく》種《しゅ》】↓ 仕事《しごと》の種類《しゅるい》。例 いろいろな職《しょく》種《しゅ》を経験《けいけん》する。類 業種《ぎょうしゅ》

【職《しょく》制《せい》】↓ ①職場《しょくば》での仕事《しごと》のうけもちについてのとりきめ。②部下《ぶか》を管理《かんり》する、係長《かかりちょう》や課長《かちょう》以上《いじょう》の役《やく》。類 管理《かんり》職《しょく》

【職《しょく》責《せき》】↓ 仕事《しごと》のうえで、しなければならないつとめ。例 重《おも》い職責《しょくせき》をはたす。

【職《しょく》人《にん》】↓ 大工《だいく》・左官《さかん》・植木屋《うえきや》など、からだでおぼえた技術《ぎじゅつ》で仕事《しごと》をする人《ひと》。例 職人芸《しょくにんげい》・職人《しょくにん》かたぎ

【職《しょく》場《ば》】↓ 仕事《しごと》をする場所《ばしょ》。つとめ先《さき》。例 職場《しょくば》を去《さ》る。類 職域《しょくいき》

【職《しょく》務《む》】Ⅱ 仕事《しごと》のうえで、うけもっている役目《やくめ》。例 職務質問《しょくむしつもん》。職務《しょくむ》にはげむ。

【職《しょく》歴《れき》】↓ その人《ひと》が社会《しゃかい》に出《で》て、はじめて職業《しょくぎょう》についてから、今《いま》までしてきた職業《しょくぎょう》。例 職歴《しょくれき》を書《か》く。

【職《しょっ》権《けん》】↓ 地位《ちい》にしたがってあたえられる仕事《しごと》のうえの権力《けんりょく》。例 職権《しょっけん》を乱用《らんよう》する。

職が下につく熟語 上の字の働き

【官職《かんしょく》 公職《こうしょく》 天職《てんしょく》 現職《げんしょく》 定職《ていしょく》 本職《ほんしょく》 教職《きょうしょく》】ドノヨウナ性質《せいしつ》や内容《ないよう》の職《しょく》か。

【就職《しゅうしょく》 奉職《ほうしょく》 求職《きゅうしょく》 在職《ざいしょく》 休職《きゅうしょく》 復職《ふくしょく》 辞職《じしょく》 退職《たいしょく》 停職《ていしょく》 転職《てんしょく》 免職《めんしょく》 離職《りしょく》】職《しょく》を(職《しょく》に)ドウスルか。

【閑職《かんしょく》 住職《じゅうしょく》 要職《ようしょく》 役職《やくしょく》】ドノヨウナ仕事《しごと》か。

【汚職《おしょく》 殉職《じゅんしょく》】仕事上《しごとじょう》の役目《やくめ》を(役目《やくめ》に)ドウスルか。

【内職《ないしょく》（手内職《てないしょく》）下職《したしょく》】ドノヨウナ仕事《しごと》か。

6画 聿 ［ふでづくり］の部

手《て》で筆《ふで》を持《も》つ意《い》を表《あらわ》す「聿」をもとにして作《つく》られた「肇」の字《じ》だけが入《はい》ります。

この部首の字
8 肇……867 書→曰 582 粛→ヨ 386

聿－8
肇
総画14 JIS-4005 人名
訓音 チョウ はじ-める

意味 はじめる。はじめ。もとをひらく。例 肇国《ちょうこく》（はじめて国《くに》をたてる）

名前のよみ ただ・ただし・とし

6画 肉 ［にく］ 月 ［にくづき］ の部

「肉《にく》（月）」をもとにして作《つく》られ、身体《しんたい》の形《かたち》や器《き》官《かん》にかかわる字《じ》を集《あつ》めてあります。「月《つき》（つきへん）」（585ページ）とはべつです。

この部首の字
0 肉……867 2 肌……868 肋……868
3 肝……868 肛……869 肖……869 肘……869
4 育……869 肩……869 股……869 肯……870
肴……870 肢……870 肥……870 肪……870
5 胃……870 胤……871 胡……871 胎……871
胆……871 背……872 肺……872 胞……873
6 胸……873 脅……874 脇……874 脂……874
脊……874 胴……874 能……875 脈……875
7 脚……876 脩……876 脱……876 脳……877
8 脹……878 腐……878 腕……878 9 腫……879
腎……879 腺……879 腸……879 腹……879
腰……880 10 膜……880 11 膝……881 膚……881
12 膳……881 膨……881 13 臆……881 15 臓……881
骨→骨 1057 豚→豕 950 勝→力 167

肉－0
肉
総画6 JIS-3889 教2年
訓音 ニク 訓 ―

筆順 肉 はねる とめる とめる

なりたち ［象形］切《き》りとった鳥《とり》やけもののにくをえがいた字《じ》。

例解 使い分け
［きく《聞く・聴く》］
聞く＝音《おと》や声《こえ》を耳《みみ》に入《い》れる。耳《みみ》に感《かん》じる。
例 話《はな》し声《ごえ》を聞《き》く。うわさを聞《き》く。人聞《ひとぎ》きがわるい。
聴く＝とくに、頭《あたま》や心《こころ》を使《つか》っていっしょうけんめいに「きく」。
例 音楽《おんがく》を聴《き》く。意見《いけん》を聴《き》く。聴《き》き耳《みみ》をたてる。
参考 「聞」は「聞《き》こえる」とも使《つか》うが、「聴」は「聴《き》こえる」とは使《つか》わない。

意味 ❶にく。動物《どうぶつ》のからだなどの、やわらかく、ふくらみのある中身《なかみ》。例 肉牛《にくぎゅう》・筋肉《きんにく》・果肉《かにく》 ❷人間《にんげん》のからだ。血《ち》のつながりがある。例 肉眼《にくがん》・肉親《にくしん》

❶〈にく〉の意味で
【肉牛《にくぎゅう》】↓ 肉《にく》を食《た》べるために飼《か》うウシ。関連 肉牛《にくぎゅう》・役牛《えきぎゅう》・乳牛《にゅうぎゅう》
【肉食《にくしょく》】↓〈―する〉①人間《にんげん》が、動物《どうぶつ》の肉《にく》を食《た》べること。例 肉食《にくしょく》をこのむ人《ひと》がふえた。対 菜食《さいしょく》 ②動物《どうぶつ》が、ほかの動物《どうぶつ》を食《た》べること。例 肉食動物《にくしょくどうぶつ》 関連 肉食《にくしょく》・草食《そうしょく》・雑食《ざっしょく》
【肉太《にくぶと》】▽〈―に〉字《じ》の線《せん》や点《てん》が太《ふと》く書《か》いてあること。例 肉太《にくぶと》の文字《もじ》。対 肉細《にくぼそ》

❷〈人間のからだ〉の意味で
【肉眼《にくがん》】↓ 望遠鏡《ぼうえんきょう》や顕微鏡《けんびきょう》・眼鏡《めがね》などを使《つか》わないでじかに見《み》ること。例 肉眼《にくがん》ではとらえ

られない小《ち》さなきず。類 裸眼《らがん》

【肉親】《にくしん》 ↓ 親子《おやこ》やきょうだいなど、血《ち》のつながりのこい人《ひと》。例 肉親《にくしん》の情《じょう》。

【肉声】《にくせい》 ↓ マイクなどをとおさない、人《ひと》の口《くち》から出《で》るなまの声《こえ》。例 肉声《にくせい》に接《せっ》する。

【肉体】《にくたい》 Ⅱ 人間《にんげん》のなまみのからだ。例 肉体《にくたい》労働《ろうどう》 類 身体《しんたい》 対 精神《せいしん》・霊魂《れいこん》

【肉。薄】《にくはく》 ↓ 〈—する〉からだがふれ合《あ》うほど近《ちか》くまでせまること。参考「薄《はく》」は、迫《せま》ること。

【肉筆】《にくひつ》 ↓ 印刷《いんさつ》やコピーではなく、筆《ふで》やペンでじかに書《か》いた字《じ》や絵《え》。例 肉筆《にくひつ》の浮世絵《うきよえ》。

◆ 印肉《いんにく》 筋肉《きんにく》 骨肉《こつにく》 朱肉《しゅにく》 皮肉《ひにく》 豚肉《ぶたにく》

肌

月−2 総画6 JIS-4009 常用 訓 はだ 音 —

筆順 丿 月 月 月 肌 肌

なりたち 【形声】「月」が「からだ」を、「几」が「キ」という読《よ》み方《かた》をしめしている。「キ」は「おおう」意味《いみ》を持《も》ち、からだをおおっているはだを表《あらわ》す字《じ》。

意味 ❶はだ。からだの表面《ひょうめん》。ひふ。例 肌着《はだぎ》・素《す》肌《はだ》 ❷気質《きしつ》。その人《ひと》の感《かん》じ。例 肌《はだ》が合《あ》わない。学者肌《がくしゃはだ》

❶〈はだ〉の意味で

【。肌合】《はだあい》 ↓ そのものの表面《ひょうめん》の感《かん》じ。はだざわり。例 ぬくもりのある肌合《はだあ》い。☞❷

【。肌着】《はだぎ》 ↓ シャツやパンツなど、じかにはだにつける下着《したぎ》。例 清潔《せいけつ》な肌着《はだぎ》。類 下着《したぎ》

【。肌身】《はだみ》 Ⅱ からだ。例 肌身《はだみ》はなさず持《も》つ。

❷〈気質〉の意味で

【。肌合】《はだあい》 ↓ その人《ひと》に接《せっ》したときの感《かん》じ。例 二人《ふたり》の肌合《はだあ》いはまったくちがう。☞❶

肌が下につく熟語 上の字の働き

❶肌＝〈はだ〉のとき
【素肌《すはだ》 地肌《じはだ》 鳥肌《とりはだ》】ドウイウ質《しつ》の肌《はだ》か。

❷肌＝〈気質〉のとき
【学者肌《がくしゃはだ》 職人肌《しょくにんはだ》】ドノヨウナ人《ひと》の気質《きしつ》か。

肋

月−2 総画6 JIS-4730 人名 訓 — 音 ロク

意味 あばら。あばらぼね。例 肋骨《ろっこつ》

【・肋木】《ろくぼく》 ↓ 体操《たいそう》の用具《ようぐ》。柱《はしら》のあいだにたくさんの丸《まる》い横棒《よこぼう》を取《と》りつけたもの。

【・肋骨】《ろっこつ》 ↓ あばらぼね。

肝

月−3 総画7 JIS-2046 常用 訓 きも 音 カン

筆順 丿 月 月 月 肝 肝 肝

なりたち 【形声】「月」が「にく・からだ」を、「干」が「カン」という読《よ》み方《かた》をしめしている。「カン」は「おおもと」の意味《いみ》を持《も》ち、活力《かつりょく》を生《う》み出《だ》すもととなる臓器《ぞうき》を表《あらわ》す字《じ》。

意味 ❶きも。内臓《ないぞう》の一《ひと》つ。例 肝臓《かんぞう》 ❷こころ。度胸《どきょう》。例 肝《きも》をつぶす。肝《きも》っ玉《たま》・肝胆《かんたん》 ❸たいせつなところ。かなめ。例 肝要《かんよう》

❶〈きも〉の意味で

【。肝臓】《かんぞう》 ↓ 食《た》べたものの消化《しょうか》をたすける胆《たん》汁《じゅう》をつくるところ。栄養分《えいようぶん》をたくわえたり、からだによくないものを消《け》したりする役目《やくめ》もする。きも。

【。肝油】《かんゆ》 ↓ 魚《さかな》の肝臓《かんぞう》からとったあぶらでつくった薬《くすり》。ビタミンA《エー》・D《ディー》をたくさんふくんでいる。

❷〈こころ〉の意味で

【。肝。胆】《かんたん》 Ⅱ ほんとうの心《こころ》の中《なか》。例 肝胆《かんたん》をくだく(なんとかしようと、けんめいに考《かんが》える)。参考「胆《たん》」は胆《たん》のうで、肝臓《かんぞう》から出《で》た胆汁《たんじゅう》を一《いち》時《じ》ためておくところ。

【。肝。胆相照らす】《かんたんあいてらす》 たがいに心《こころ》の底《そこ》まで打《う》ち明《あ》けて親《した》しく交《まじ》わる。参考 中国《ちゅうごく》の書《しょ》物《もつ》にあることば。

❸〈たいせつなところ〉の意味で

【。肝心】《かんじん》 Ⅱ 〈—な・—に〉何《なに》よりだいじ。例 たいへんなときこそ、しんぼうが肝心《かんじん》だ。類 肝要《かんよう》 参考 もともとは、「肝腎」と書《か》いた。人《ひと》の内臓《ないぞう》の中《なか》で、肝臓《かんぞう》と腎臓《じんぞう》をとくにたいせつなものと考《かんが》えてできたことば。

【。肝心要】《かんじんかなめ》 もっともたいせつなこと。例 肝心要《かんじんかなめ》のことを書《か》き落《お》としてしまった。

【○肝要】かんよう Ⅱ 〈－な〉なにかをするときに、たいへん重要《じゅうよう》である。類 肝心《かんじん》・重要《じゅうよう》

肛
月－3 総画7 JIS-7074 表外
音 コウ 訓 ―

意味 しりのあな。例 肛門《こうもん》

肖
月－3 総画7 JIS-3051 常用
音 ショウ 訓 ―

筆順 肖肖肖肖肖肖肖

なりたち [形声]もとの字は、「肖」。「月」が「からだ」を、「小」が「ショウ」という読《よ》み方《かた》をしめしている。「ショウ」は「かたどる」意味《いみ》を持《も》ち、からだつきの似《に》ていることを表《あらわ》す字《じ》。

意味 にる。にせる。例 肖像《しょうぞう》・不肖《ふしょう》

名前のよみ すえ・たか・のり・ゆき

【○肖像】しょうぞう ↓ 人《ひと》のすがたや顔《かお》などを絵《え》や彫刻《ちょうこく》・写真《しゃしん》にうつしたもの。例 肖像画《しょうぞうが》

肘
月－3 総画7 JIS-4110 常用
音 チュウ 訓 ひじ

筆順 肘肘肘肘肘肘肘

意味 ひじ。腕《うで》の上《うえ》と下《した》をつなぐ関節《かんせつ》の外《そと》がわの部分《ぶぶん》。例 肘《ひじ》をつく。

【○肘鉄】ひじてつ ↓ 〔「肘鉄砲《ひじでっぽう》」の略《りゃく》〕①ひじでつきのけること。②相手《あいて》のさそいや要求《ようきゅう》をはねつけること。例 肘鉄《ひじてつ》を食《く》らわす。

育
月－4 総画8 JIS-1673 教3年
音 イク 訓 そだつ・そだてる・はぐくむ

筆順 育育育育育育育育（まっすぐつく・とめる・はねる）

なりたち [形声]「𠫓」は子どもがさかさになって生《う》まれ出《で》てくる形《かたち》の象形《しょうけい》。「月(肉《ニク》)」が「イク」とかわって読《よ》み方《かた》をしめしている。「ニク」も「生《う》まれる」意味《いみ》を持《も》ち、子どもが生まれ出ることを表《あらわ》す字《じ》。

意味 そだてる。そだつ。やしなう。例 寝《ね》る子《こ》は育《そだ》つ。育《そだ》ちがいい。育児《いくじ》・教育《きょういく》・発育《はついく》

名前のよみ なり・やす

【育英】いくえい ▲ すぐれた才能《さいのう》を持《も》つ青少年《せいしょうねん》を教育《きょういく》すること。才能《さいのう》のある青少年《せいしょうねん》に学費《がくひ》を出《だ》し育《そだ》てること。例 育英資金《いくえいしきん》

【育児】いくじ ▲ 〈－する〉おさない子《こ》どもを育《そだ》てること。子育《こそだ》て。例 育児日記《いくじにっき》・育児休業《いくじきゅうぎょう》

【育成】いくせい ↓ 〈－する〉しっかりしたものになるように、育《そだ》てあげること。例 人材育成《じんざいいくせい》 類 養成《ようせい》

育が下につく熟語 上の字の働き

【発育《はついく》 成育《せいいく》 生育《せいいく》 養育《よういく》 飼育《しいく》】近《ちか》い意味《いみ》。
【教育《きょういく》 愛育《あいいく》 保育《ほいく》】ドウヤッテ育《そだ》てるか。
【体育《たいいく》 知育《ちいく》 徳育《とくいく》】ナニの教育《きょういく》か。

肩
月－4 総画8 JIS-2410 常用
音 ケン 訓 かた

筆順 肩肩肩肩肩肩肩肩

なりたち [会意]「月」が「にく」を、「戸」がかたの形《かたち》を表《あらわ》し、「かた」として使《つか》われている字《じ》。

意味 かた。首《くび》から腕《うで》のつけ根《ね》までの部分《ぶぶん》。例 肩《かた》をもむ。肩車《かたぐるま》・強肩《きょうけん》

参考 肩《かた》は、人《ひと》の姿勢《しせい》のとり方《かた》と力《ちから》の入《い》れ方《かた》がよくあらわれる場所《ばしょ》なので、「肩《かた》をいからす」「肩《かた》の力《ちから》をぬく」「肩入《かたい》れする」「双肩《そうけん》にかかる」「肩《かた》すかしをくう」など、力《ちから》の使《つか》い方《かた》や使《つか》い道《みち》を表《あらわ》す言《い》い方《かた》がいろいろとできる。

【○肩車】かたぐるま ↓ ①〈－する〉こどもなどを、両《りょう》かたにまたがらせて、かつぐこと。②相手《あいて》をかたにかつぎあげて投《な》げる柔道《じゅうどう》のわざ。

【○肩身】かたみ Ⅱ 世間《せけん》に対《たい》して自分《じぶん》がどうであるかと思《おも》う気持《きも》ち。例 肩身《かたみ》のひろい思《おも》い。

【○肩章】けんしょう ↓ 軍人《ぐんじん》や警察官《けいさつかん》が制服《せいふく》のかたにつけて位《くらい》を表《あらわ》す記章《きしょう》。

◆強肩《きょうけん》 双肩《そうけん》 比肩《ひけん》 路肩《ろかた・ろけん》

股
月－4 総画8 JIS-2452 常用
音 コ 訓 また

筆順 股股股股股股股股

前ページ ▶ 肛 肖 肘 育 肩 股

意味 また。両足《りょうあし》の分《わ》かれている部分《ぶぶん》。足《あし》のつけね。例 股間《こかん》・二股《ふたまた》

肯
月−4 総画8 JIS-2546 常用 音 コウ 訓 ―

筆順

なりたち [会意]もとの字《じ》は、「肎」。「冎(ほね)」を略《りゃく》した形《かたち》の「冖」と、「にく」の意味《いみ》の「月」とからでき、骨《ほね》についているにくを表《あらわ》す字《じ》。借《か》りて、「うなずく」の意味《いみ》に使《つか》われている。

意味 うなずく。ききいれる。例 肯定《こうてい》・首肯《しゅこう》 対 否《ひ》

【。肯定《こうてい》】↓〈―する〉そのとおりだと、みとめること。例 相手《あいて》の考《かんが》えを肯定《こうてい》する。肯定的《こうていてき》 対 否定《ひてい》

肴
月−4 総画8 JIS-2672 人名 音 コウ 訓 さかな

意味 さかな。酒《さけ》のさかな(酒《さけ》がいっそうたのしく飲《の》めるように食《た》べる物《もの》)。例 酒肴《しゅこう》(酒《さけ》と料理《りょうり》)

参考 「さかな」の「さか」は酒《さけ》、「な」はおかずの意味《いみ》。

肢
月−4 総画8 JIS-2772 常用 音 シ 訓 ―

筆順

なりたち [形声]「月」が「からだ」を、「支」が「分《わ》かれる」意味《いみ》と「シ」という読《よ》み方《かた》をしめしている。胴体《どうたい》から分《わ》かれている手足《てあし》を表《あらわ》す字《じ》。

意味 手や足。枝分《えだわ》かれ。例 四肢《しし》・選択肢《せんたくし》

【。肢体《したい》】Ⅱ 手足《てあし》。手足《てあし》とからだ。

肥
月−4 総画8 JIS-4078 教5年 音 ヒ 訓 こえる・こえ・こやす・こやし

筆順

なりたち [形声]もとの字《じ》は、「肥」。「月」が「にく」を、「己《き》」が「ヒ」とかわって読《よ》み方《かた》をしめしている。「キ」は「くわわる」意味《いみ》を持《も》ち、肉《にく》がふえることを表《あらわ》す字《じ》。

意味
❶ふとる。ふとらせる。例 からだが肥《こ》える。肥大《ひだい》
❷土地《とち》がこえる。土地《とち》に作物《さくもつ》を育《そだ》てる栄養《えいよう》がある。こやし。例 肥《こ》やしをまく。肥沃《ひよく》・肥料《ひりょう》
❸肥前《ひぜん》・肥後《ひご》。旧国名《きゅうこくめい》。今《いま》の長崎県《ながさきけん》の大部分《だいぶぶん》と佐賀県《さがけん》および熊本県《くまもとけん》。例 薩長土肥《さっちょうとひ》

名前のよみ とみ・とも・ゆたか

❶〈ふとる〉の意味で

【肥大《ひだい》】↓〈―する〉ふとったりはれたりして、ふつうよりも大《おお》きくなること。例 心臓肥大《しんぞうひだい》

【肥満《ひまん》】↓〈―する〉からだがふとって大《おお》きくなること。例 肥満体《ひまんたい》。肥満《ひまん》をおさえる。

❷〈土地がこえる〉の意味で

【肥。沃《ひよく》】Ⅱ〈―な〉土地《とち》がよくこえていて、作物《さくもつ》がたくさんできる。例 肥沃《ひよく》な大地《だいち》。対 不毛《ふもう》

【肥料《ひりょう》】↓ 作物《さくもつ》がよく育《そだ》つように、土《つち》の中《なか》に入《い》れる栄養分《えいようぶん》。こやし。例 化学肥料《かがくひりょう》

肪
月−4 総画8 JIS-4335 常用 音 ボウ 訓 ―

筆順

なりたち [形声]「月」が「にく」を、「方《ホウ》」が「ボウ」とかわって読《よ》み方《かた》をしめしている。「ホウ」は「あぶらが多《おお》い」の意味《いみ》を持《も》ち、肉《にく》のまわりについたあぶらを表《あらわ》す字《じ》。

意味 あぶら。動物《どうぶつ》のからだの中《なか》のあぶら。例 脂肪《しぼう》

胃
月−5 総画9 JIS-1663 教4年 音 イ 訓 ―

筆順

なりたち [会意]「にく・からだ」の意味《いみ》の「月」と、いぶくろに食物《しょくもつ》が入《はい》っ

ている形《かたち》(田)とからでき、「いぶくろ」を表《あらわ》す字《じ》。

意味 いぶくろ。い。例 胃《い》と腸《ちょう》。胃液《いえき》・胃薬《いぐすり》

【胃液】いえき ↓胃《い》の中《なか》から出《で》る酸性《さんせい》の液《えき》。たんぱく質《しつ》を消化《しょうか》するはたらきがある。

【胃◦潰◦瘍】いかいよう 胃《い》の内《うち》がわがただれたりくずれたりして、いたんでいく病気《びょうき》。例 ストレスがたまって胃潰瘍《いかいよう》になった。

【胃◆癌】いがん ↓胃《い》のかべにできる悪性《あくせい》のできもの。例 胃《い》がんの早期発見《そうきはっけん》につとめる。

【胃散】いさん ↓胃《い》の病気《びょうき》に使《つか》うこなぐすり。胃《い》酸過多《さんかた》に用《もち》いることが多《おお》い。

【胃酸】いさん ↓胃液《いえき》にふくまれる酸《さん》。例 胃酸過《いさんか》多《た》

【胃腸】いちょう 〓胃《い》と腸《ちょう》。例 胃腸薬《いちょうやく》

【胃◦袋】いぶくろ ↓食《た》べたものをこなすための臓《ぞう》器《き》。胃《い》。例 底《そこ》なしの胃袋《いぶくろ》だな。

故事のはなし

胡蝶の夢

かつて荘周《そうしゅう》が夢《ゆめ》の中《なか》でチョウとなった。ひらひらと飛《と》んで、自由自在《じゆうじざい》に楽《たの》しんだ。自分《じぶん》が荘周《そうしゅう》であるとは思《おも》わなかった。ふと目《め》が覚《さ》めると、やはり荘周《そうしゅう》であった。いったい荘周《そうしゅう》の夢《ゆめ》の中《なか》でチョウとなったのか、チョウの夢《ゆめ》で荘周《そうしゅう》となったのであろうか。(『荘子《そうし》』斉物論《せいぶつろん》)

胤

月-5 総画9 JIS-1693 人名 音 イン 訓 たね

意味 ちすじ。たね。あとをつぐ。

名前のよみ かず・つぐ

胡

月-5 総画9 JIS-2453 人名 音 コ・ゴ・ウ 訓 ―

意味 ❶異民族《いみんぞく》。中国北方《ちゅうごくほっぽう》にいた民族《みんぞく》。例 胡弓《こきゅう》 ❷いいかげんな。例 胡散《うさん》くさい。胡乱《うろん》 ❸《その他》例 胡蝶《こちょう》

名前のよみ ひさ

❸《その他》

【胡◆蝶の夢】こちょうのゆめ 現実《げんじつ》と夢《ゆめ》との区別《くべつ》がつかないこと。

故事のはなし ☞871ページ

胎

月-5 総画9 JIS-3459 常用 音 タイ 訓 ―

筆順 胎

なりたち [形声]「月」が「からだ」を、「台《シタイ》」が「はじめ」の意味《いみ》と「タイ」という読《よ》み方《かた》をしめしている。母《はは》の体内《たいない》で子《こ》どもができはじめることを表《あらわ》す字《じ》。

意味 おなかの中《なか》の子《こ》ども。子《こ》どものやどるところ。例 胎児《たいじ》・母胎《ぼたい》

【◦胎教】たいきょう ↓おなかの中《なか》の子《こ》どもがりっぱに育《そだ》つように、お母《かあ》さんになる人《ひと》が心《こころ》の持《も》ち方《かた》に気《き》をくばること。例 胎教《たいきょう》のために音楽《おんがく》を聞《き》いてみる。

【◦胎児】たいじ ↓母親《ははおや》のおなかの中《なか》にいて、まだ生《う》まれていない子《こ》ども。

【◦胎生】たいせい ↓子《こ》が母親《ははおや》のおなかの中《なか》で栄養《えいよう》をもらって、ある程度《ていど》そだってから生《う》まれること。おもに、哺乳類《ほにゅうるい》にみられる。対 卵生《らんせい》

【◦胎動】たいどう ↓(-する)①母親《ははおや》のおなかの中《なか》の子《こ》どもが動《うご》くこと。②新《あたら》しいことがはじまろうとしている気配《けはい》。例 新《あたら》しい時代《じだい》の胎動《たいどう》を感《かん》じる。

【◦胎内】たいない ↓①妊娠《にんしん》した母親《ははおや》のおなかの中《なか》。②仏像《ぶつぞう》のおなかのうちがわ。例 胎内《たいない》くぐり

胆

月-5 総画9 JIS-3532 常用 音 タン 訓 きも [膽]

筆順 胆

なりたち [形声]もとの字《じ》は、「膽」。「月」が「にく・からだ」を、「詹」が「タン」という読《よ》み方《かた》をしめしている。「タン」は「かめ」の意味《いみ》を持《も》ち、入《い》れ物《もの》のかめの形《かたち》をした臓《ぞう》器《き》を表《あらわ》す字《じ》。

意味 ❶きも。肝臓《かんぞう》でできた胆汁《たんじゅう》をためるところ。例 胆石《たんせき》 ❷こころ。きもったま。例 肝《きも》だめし。胆力《たんりょく》・大胆《だいたん》

❶〈きも〉の意味で

【°胆°汁《たんじゅう》】[↓] 肝臓《かんぞう》でできるにがい消化液《しょうかえき》。脂肪《しぼう》の消化《しょうか》をたすけるはたらきをする。

【°胆石《たんせき》】[↓] 胆汁《たんじゅう》の中《なか》にふくまれている成《せい》分《ぶん》がかたまって、胆《たん》のうの中《なか》にできる石《いし》のようなかたまり。胆石症《たんせきしょう》の原因《げんいん》となる。

❷〈こころ〉の意味で

【°胆力《たんりょく》】[↓] ものをおそれず、気《き》おくれしない強《つよ》い気力《きりょく》。きもったま。例 胆力《たんりょく》をやしなう。類 度胸《どきょう》

胆が下につく熟語 上の字の働き

❷胆＝〈こころ〉のとき
【肝胆《かんたん》 魂胆《こんたん》 心胆《しんたん》】近《ちか》い意味《いみ》。
【豪胆《ごうたん》 大胆《だいたん》】ドンナこころか。

◆ 落胆《らくたん》

背

月-5　総画9　JIS-3956　教6年

音 ハイ　訓 せ・せい・そむく・そむける

筆順

なりたち

【形声】「月」が「からだ」を、「北《ホク》」が「せなかをむけあう」意味《いみ》と、「ハイ」とかわって読《よ》み方《かた》をしめしている。からだのうらがわを表《あらわ》す字《じ》。

意味

❶せなか。せ。うしろがわ。例 背《せ》を向《む》ける。背面《はいめん》・猫背《ねこぜ》

❷そむく。さからう。例 顔《かお》を背《そむ》ける。

❸せたけ。身長《しんちょう》。せい。例 背《せい》をくらべる。背伸《せの》び・背格好《せいかっこう/せかっこう》

❹《その他《た》》例 背広《せびろ》

名前のよみ しろ

❶〈せなか〉の意味で

【背筋】[↓] 一 せすじ せなかのまん中《なか》をとおって、たてに長《なが》くのびているすじ。例 背筋《せすじ》をのばす。背筋《せすじ》が寒《さむ》くなる（ぞっとする）。二 はいきん せなかにある筋肉《きんにく》。対 腹筋《ふっきん》

【背番号《せばんごう》】スポーツ選手《せんしゅ》が、ユニホームのせなかにつける番号《ばんごう》。

【背骨《せぼね》】[↓] 脊椎動物《せきついどうぶつ》のせなかのまん中《なか》をとおって、からだをささえている骨《ほね》。

【背泳《はいえい》】[↓] あおむけのしせいで泳《およ》ぐ泳《およ》ぎ方《かた》。せおよぎ。バックストローク。

【背景《はいけい》】[↓] ①絵《え》や写真《しゃしん》などの、中心《ちゅうしん》となるもののうしろのけしきやようす。例 山《やま》を背景《はいけい》にして写真《しゃしん》をとる。②芝居《しばい》で、舞台《ぶたい》のうしろのほうにかいたけしき。③ものごとの表面《ひょうめん》にあらわれないかくれた事情《じじょう》。例 事件《じけん》の背景《はいけい》をさぐる。

【背後《はいご》】[‖] ①せなかのほう。うしろ。例 敵《てき》の背後《はいご》にまわる。②事件《じけん》などの、かげにかくれた部分《ぶぶん》。例 背後関係《はいごかんけい》を調《しら》べる。

【背水の°陣《はいすいのじん》】必死《ひっし》の覚悟《かくご》でことにあたること。

故事のはなし ☞873ページ

【背面《はいめん》】[↓] うしろがわ。例 背面《はいめん》とび。敵《てき》の背面《はいめん》をつく。対 前面《ぜんめん》 関連 正面《しょうめん》・側面《そくめん》・背面《はいめん》

❷〈そむく〉の意味で

【背信《はいしん》】[▲] 信《しん》じてくれている人《ひと》の思《おも》っていることと、ちがうことをすること。うらぎり。

【背徳《はいとく》】[▲] 人《ひと》としてまもらなければならない道《みち》からはずれること。例 背徳行為《はいとくこうい》

【背任《はいにん》】[▲]〈―する〉自分《じぶん》のつとめにそむくこと。とくに、公務員《こうむいん》や会社員《かいしゃいん》が、自分《じぶん》の立場《たちば》を利用《りよう》して不正《ふせい》をおこなうこと。例 背任罪《はいにんざい》に問《と》われる。

【背反《はいはん》】[‖]〈―する〉①まもらないといけないことに、そむくこと。うらぎること。例 命令《めいれい》に背反《はいはん》する。類 違反《いはん》 ②たがいにくいちがうこと。例 二律背反《にりつはいはん》（あちらを立《た》てればこちらが立《た》たないこと）類 矛盾《むじゅん》

❸〈せたけ〉の意味で

【背格好《せいかっこう/せかっこう》】せの高《たか》さやからだつきのようす。例 背格好《せかっこう》がそっくりだ。

【背°丈《せたけ》】[↓] せの高《たか》さ。例 背丈《せたけ》がずいぶんのびた。類 身長《しんちょう》

❹《その他》

【背広《せびろ》】[○] 男子《だんし》の着《き》るふつうの洋服《ようふく》。おなじ布《ぬの》でつくった上着《うわぎ》・ズボン・チョッキの三《み》つぞろいが正式《せいしき》。スーツ。例 背広《せびろ》すがた。

◆ 猫背《ねこぜ》 腹背《ふくはい》

肺

月-5　総画9　JIS-3957　教6年

音 ハイ　訓 ―

筆順 肺 肺 肺 肺 肺 肺 肺 肺 肺 （まっすぐつく・はねる）

なりたち 【形声】もとの字は、「肺」。「月」が「にく・からだ」を、「市」が「ハイ」という読《よ》み方《かた》をしめしている。「ハイ」は「二《ふた》つに分《わ》かれる」意味《いみ》を持《も》ち、左右二《さゆうふた》つある臓器《ぞうき》を表《あらわ》す字《じ》。

意味 はい。胸《むね》の中《なか》の、呼吸《こきゅう》をする器官《きかん》。例 肺《はい》を病《や》む。肺炎《はいえん》

【肺。炎《はいえん》】↓ 肺《はい》に肺炎菌《はいえんきん》が入《はい》って起《お》こる病《びょう》気《き》。高《たか》い熱《ねつ》やせきが出《で》て、むねが痛《いた》み、息《いき》が苦《くる》しい。例 肺炎《はいえん》を併発《へいはつ》する。

【肺活量《はいかつりょう》】 じゅうぶん空気《くうき》をすいこんで、はき出《だ》すことのできる空気《くうき》の量《りょう》。

【肺臓《はいぞう》】↓ むねの中《なか》にある左右二《さゆうふた》つのふくろ。空気《くうき》をすいこんで血《ち》をきれいにし、きたなくなった空気《くうき》をはき出《だ》すはたらきをする。肺《はい》。

胞

月−5　総画9　JIS-4306　常用

音 ホウ　訓 —

筆順 胞 胞 胞 胞 胞 胞 胞 胞 胞

なりたち 【形声】もとの字は、「胞」。つつむ意味《いみ》の「包」が「ホウ」という読《よ》み方《かた》をしめしている。胎児《たいじ》をつつんでいる膜《まく》を表《あらわ》す字《じ》。

意味 胎児《たいじ》をつつみこむ膜《まく》。膜《まく》につつまれた小《ちい》さなつぶ。例 胞子《ほうし》・細胞《さいぼう》・同胞《どうほう》

【。胞子《ほうし》】↓ シダ・コケ・キノコ・カビなど花《はな》をつけない植物《しょくぶつ》が、なかまをふやすためにばらまく小《ちい》さなこなのような細胞《さいぼう》。例 胞子《ほうし》植《しょく》物《ぶつ》

故事のはなし

背水《はいすい》の陣《じん》

秦《しん》がほろびて楚《そ》と漢《かん》とが天下《てんか》をあらそっていたころ、漢《かん》の名将《めいしょう》の韓信《かんしん》が趙《ちょう》をせめ、川《かわ》を背《せ》にして陣《じん》をしいた。それを見《み》て趙軍《ちょうぐん》はおおわらいし、さっそく攻撃《こうげき》をしかけた。圧倒的《あっとうてき》に数《かず》の多《おお》い趙軍《ちょうぐん》に対《たい》して、韓信《かんしん》はわざと負《ま》けたふりをして自分《じぶん》の陣地《じんち》ににげこみ、敵《てき》の全軍《ぜんぐん》をおびき出《だ》した。川《かわ》を背《せ》にしてにげ道《みち》のない将《しょう》兵《へい》たちが必死《ひっし》にたたかっているあいだに、韓《かん》信《しん》は伏兵《ふくへい》を出《だ》して、敵《てき》の陣地《じんち》の中《なか》に、漢《かん》の赤旗《あかはた》を立《た》てさせた。それを見《み》て趙軍《ちょうぐん》はすっかり混乱《こんらん》し、ついに、漢軍《かんぐん》の大《だい》勝利《しょうり》となった。

（『史記《しき》』淮陰侯列伝《わいいんこうれつでん》）

胸

月−6　総画10　JIS-2227　教6年

音 キョウ　訓 むね・むな

筆順 胸 胸 胸 胸 胸 胸 胸 胸 胸 胸 （はねる・はねる・とめる）

なりたち 【形声】もとの字は、「匈」。のちに、「からだ」を意味《いみ》する「月」をくわえた。むねを表《あらわ》す「匈」が「キョウ」という読《よ》み方《かた》をしめしている。「むね」として使《つか》われている字《じ》。

意味

❶むね。胴体《どうたい》の上部《じょうぶ》のほう。例 胸《むね》を張《は》る。胸板《むないた》・胸囲《きょうい》

❷むねの中《なか》の思《おも》い。例 胸《むね》がいっぱいになる。胸中《きょうちゅう》・度胸《どきょう》

注意するよみ むな…例 胸板《むないた》・胸毛《むなげ》・胸騒《むなさわ》ぎ

❶〈むね〉の意味で

【胸囲《きょうい》】↓ むねまわりの長《なが》さ。バスト。

【胸像《きょうぞう》】↓ 人《ひと》のむねから上《うえ》の部分《ぶぶん》をかたどった像《ぞう》。例 創業者《そうぎょうしゃ》の胸像《きょうぞう》。

【胸板《むないた》】↓ ①人《ひと》のむねのあたり。例 胸板《むないた》が厚《あつ》い。②よろいのむねの部分《ぶぶん》。例 胸板《むないた》をうちぬく。

【胸倉《むなぐら》】◎ 着物《きもの》の左右《さゆう》のえりがかさなりあう部分《ぶぶん》。例 相手《あいて》の胸倉《むなぐら》をつかむ。

【胸元《むなもと》】↓ むねのみぞおちのあたり。例 ブラウスの胸元《むなもと》にブローチをかざる。

❷〈むねの中の思い〉の意味で

【胸。襟】きょうきん 〓 心《こころ》の中《なか》。例 胸襟《きょうきん》を開《ひら》いて語《かた》り合《あ》う。

【胸中】きょうちゅう ↓ 心《こころ》に思《おも》っていること。例 胸中《きょうちゅう》を察《さっ》する。類 心中《しんちゅう》・心情《しんじょう》

【胸算用】むなざんよう 心《こころ》の中《なか》で計算《けいさん》してみること。どのくらいもうかるか、心《こころ》の中《なか》で見《み》つもりをたてること。例 胸算用《むなざんよう》がはずれた。

月−6
脅
総画10 JIS-2228 常用
音 キョウ
訓 おびやかす・おどす・おどかす

筆順 

意味 おびやかす。おどかす。例 生命《せいめい》を脅《おびや》かす。人《ひと》を脅《おど》す。棒《ぼう》で脅《おど》かす。脅威《きょうい》

【。脅。威】きょうい 〓 押《お》しせまる力《ちから》から受《う》けるおそろしさの感《かん》じ。例 脅威《きょうい》にさらされる。

【。脅。迫】きょうはく ↓〈—する〉強《つよ》くおどして、むりになにかをさせようとすること。例 脅迫《きょうはく》に屈《くっ》しない。脅迫電話《きょうはくでんわ》

月−6
脇
総画10 JIS-4738 常用
音 キョウ
訓 わき

筆順 

なりたち  [形声]「月」が「にく・からだ」を、「劦」が「キョウ」という読《よ》み方《かた》をしめしている。「キョウ」は「わき」の意味《いみ》を持《も》ち、わきばらを表《あらわ》す字《じ》。

意味 ❶わき。胸《むね》や腹《はら》の両《りょう》がわの部分《ぶぶん》。例 脇腹《わきばら》 ❷そば。よこのほう。かたわら。例 脇道《わきみち》

❷〈そば〉の意味で

【。脇役】わきやく ↓ 主役《しゅやく》を助《たす》けて、もり立《た》てる役《やく》。類 助演《じょえん》 対 主役《しゅやく》 表記「傍役」とも書《か》く。

月−6
脂
総画10 JIS-2773 常用
音 シ
訓 あぶら

筆順 

なりたち  [形声]「月」が「にく」を、「旨」が「シ」という読《よ》み方《かた》をしめしている。「シ」は「かたまる」意味《いみ》を持《も》ち、にくの中《なか》にかたまっているあぶらを表《あらわ》す字《じ》。

意味 あぶら。動植物《どうしょくぶつ》のあぶら。けしょうに使《つか》うあぶら。例 脂《あぶら》がのる。脂汗《あぶらあせ》・油脂《ゆし》

使い分け あぶら[油・脂] ☞667ページ

【。脂。汗】あぶらあせ ↓ 苦《くる》しいとき、おどろいたときなどに出《で》る、ねばねばした感《かん》じの汗《あせ》。例 脂《あぶら》汗《あせ》がにじむ。

【。脂身】あぶらみ ↓ 食《た》べる肉《にく》で、脂肪《しぼう》の多《おお》いところ。

【。脂粉】しふん 〓 女性《じょせい》がけしょうに使《つか》うべにとおしろい。例 脂粉《しふん》の香《か》。

【。脂。肪】しぼう 〓 動物《どうぶつ》や植物《しょくぶつ》にふくまれているあぶら。エネルギーのもとになるたいせつな栄養素《えいようそ》の一《ひと》つ。例 皮下脂肪《ひかしぼう》

◆ 樹脂《じゅし》 脱脂《だっし》 油脂《ゆし》

月−6
脊
総画10 JIS-3252 常用
音 セキ
訓 —

筆順 

意味 せ。せぼね。例 脊髄《せきずい》・脊椎《せきつい》

【。脊。髄】せきずい ↓ 脳《のう》とからだをつなぐ背骨《せぼね》のなかにある神経《しんけい》。

【。脊柱】せきちゅう ↓ 背骨《せぼね》。

【。脊。椎】せきつい ↓ 背骨《せぼね》をつくっているたくさんの骨《ほね》。例 脊椎動物《せきついどうぶつ》(背骨《せぼね》をもつ動物《どうぶつ》)

月−6
胴
総画10 JIS-3825 常用
音 ドウ
訓 —

筆順 

なりたち  [形声]「月」が「にく・からだ」を、「同《トウ》|《ドウ》」が「ドウ」という読《よ》み方《かた》をしめしている。「トウ」は「中《なか》がつきぬけている」意味《いみ》を持《も》ち、つつになっている臓器《ぞうき》「大腸《だいちょう》」を表《あらわ》す字《じ》。のちに、「どうたい」として使《つか》われるようになった。

意味 どう。からだやものの中心《ちゅうしん》となる部分《ぶぶん》。例 飛行機《ひこうき》の胴《どう》。胴体《どうたい》

【。胴体】どうたい ↓ ①からだの、頭《あたま》や手足《てあし》などをとりのけた、むねやはらの部分《ぶぶん》。例 トンボの胴体《どうたい》。②いろいろなものをとりつけるもとになっている部分《ぶぶん》。例 飛行機《ひこうき》が胴体着陸《どうたいちゃくりく》する。

【◦胴乱《どうらん》】◎ 植物採集《しょくぶつさいしゅう》のとき、集《あつ》めた植物《しょくぶつ》を入《い》れておく、ブリキやトタンでつくったつつの形《かたち》をした入《い》れもの。

月-6

【能】

総画10
JIS-3929
教5年
訓 ―
音 ノウ

筆順
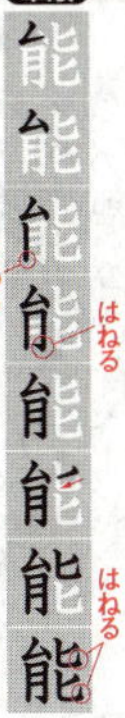

なりたち

【象形】「ヒヒ」がけもののからだと手足《てあし》の形《かたち》、「⺼」が口《くち》と頭部《とうぶ》の形《かたち》で、「クマ」のすがたをえがいた字《じ》。借《か》りて、「よくできる」意味《いみ》に使《つか》われている。

意味
❶できる。よくできる。例 能弁《のうべん》・可能《かのう》
❷はたらきかける。はたらく力《ちから》。例 能《のう》ある鷹《たか》はつめをかくす(すぐれた力《ちから》をもっている人《ひと》は、むやみにそれを見《み》せない)。能《のう》率《りつ》・才能《さいのう》
❸のう。日本《にほん》の伝統芸能《でんとうげいのう》の一《ひと》つ。例 能面《のうめん》

名前のよみ たか・ちから・のり・ひさ・むね・やす・よし

❶〈できる〉の意味で
【能書】《のうしょ》▲ 文字《もじ》を書《か》くのがじょうずなこと。例 能書家《のうしょか》 類 能筆《のうひつ》・達筆《たっぴつ》 対 悪筆《あくひつ》
【能筆】《のうひつ》▲ 文字《もじ》をじょうずに書《か》くこと。能書《のうしょ》の人《ひと》。類 能書《のうしょ》・達筆《たっぴつ》 対 悪筆《あくひつ》
【能弁】《のうべん》▲〈―に〉話《はなし》のしかたがじょうずなこと。例 能弁《のうべん》をふるう。類 雄弁《ゆうべん》 対 訥弁《とつべん》

❷〈はたらきかける〉の意味で
【能動的】《のうどうてき》〈―に〉自分《じぶん》から進《すす》んで、ものごとにはたらきかけるようす。例 能動的《のうどうてき》な人《ひと》。能動的《のうどうてき》に動《うご》く。対 受動的《じゅどうてき》
【能率】《のうりつ》↓ 決《き》められた時間内《じかんない》にどれだけの仕事《しごと》ができるかの割合《わりあい》。仕事《しごと》の進《すす》みぐあい。例 能率《のうりつ》が上《あ》がる。能率《のうりつ》がいい。
【能率的】《のうりつてき》〈―に〉仕事《しごと》がむだなくはやく進《すす》んでいくようす。例 能率的《のうりつてき》に作業《さぎょう》する。
【能力】《のうりょく》Ⅱ ものごとをなしとげる力《ちから》やはたらき。例 能力《のうりょく》を発揮《はっき》する。類 性能《せいのう》

❸〈のう〉の意味で
【能楽】《のうがく》↓ 室町時代《むろまちじだい》にはじまった伝統芸能《でんとうげいのう》。面《めん》をつけた役者《やくしゃ》が、笛《ふえ》・つづみ・たいこの伴奏《ばんそう》に合《あ》わせて、うたうようにせりふを言《い》ったり、舞《まい》をまったりして物語《ものがたり》を進《すす》めるもの。例 能《のう》楽《がく》師《し》
【能◦狂言】《のうきょうげん》① 能楽《のうがく》と狂言《きょうげん》。② 能楽《のうがく》と能《のう》楽《がく》のあいだに上演《じょうえん》される、こっけいを中心《ちゅうしん》とする劇《げき》。狂言《きょうげん》。知識 ②は、「歌舞伎狂言《かぶききょうげん》」と区別《くべつ》していうことば。
【能面】《のうめん》↓ 能楽《のうがく》をまう人《ひと》が、顔《かお》につける面《めん》。おもて。例 能面《のうめん》のような顔《かお》(無表情《むひょうじょう》な顔《かお》、または、よくととのっている顔《かお》)。

能が下につく熟語 上の字の働き

❶能＝〈できる〉のとき
【可能《かのう》 不能《ふのう》 不可能《ふかのう》】できるかどうか。
❷能＝〈はたらきかける〉のとき
【効能《こうのう》 才能《さいのう》 芸能《げいのう》】近《ちか》い意味《いみ》。
【有能《ゆうのう》 無能《むのう》】能力《のうりょく》の有《あ》る無《な》し。
【万能《ばんのう》 全能《ぜんのう》(全知全能《ぜんちぜんのう》)】ドレダケの能力《のうりょく》か。
【性能《せいのう》 機能《きのう》 知能《ちのう》 官能《かんのう》 技能《ぎのう》 本能《ほんのう》】ナニの能《のう》力《りょく》か。
◆堪能《たんのう／かんのう》

月-6

【脈】

総画10
JIS-4414
教4年
訓 ―
音 ミャク

筆順

なりたち

【形声】「𠂢《ハイ》」が「分《わ》かれる」意味《いみ》と、「ミャク」とかわって読《よ》み方《かた》をしめしている。からだ(月)の中《なか》を分《わ》かれて流《なが》れる血《ち》のすじみちを表《あらわ》す字《じ》。

意味
❶血がめぐるすじ。血《ち》の通《とお》るくだ。例 動《どう》脈《みゃく》
❷みゃく。血液《けつえき》を送《おく》り出《だ》す心臓《しんぞう》のきそく正《ただ》しい動《うご》き。例 脈《みゃく》をとる。脈《みゃく》打《う》つ。脈拍《みゃくはく》
❸つながるすじ。例 脈絡《みゃくらく》・鉱脈《こうみゃく》・山脈《さんみゃく》

❷〈みゃく〉の意味で
【脈動】《みゃくどう》↓〈―する〉外《そと》からは見《み》えないが、脈《みゃく》をうつように、力強《ちからづよ》くつづく動《うご》き。例 新《あたら》しい時代《じだい》の脈動《みゃくどう》を感《かん》じる。
【脈◦拍】《みゃくはく》↓ 心臓《しんぞう》から血液《けつえき》がおし出《だ》されるたびに血管《けっかん》におこる動《うご》き。脈《みゃく》。

❸〈つながるすじ〉の意味で

◦学習漢字でない常用漢字 ▲常用漢字表にない音訓 ◆常用漢字でない漢字

【脈《みゃく》脈《みゃく》】‖〈—たる〉とぎれずに、長《なが》くつづくようす。例 脈々《みゃくみゃく》とつづく村祭《むらまつ》りの伝統《でんとう》。

【脈。絡】《みゃくらく》 ‖ すじみちの通《とお》ったつながり。例 脈絡《みゃくらく》のない文章《ぶんしょう》。

脈が下につく熟語 上の字の働き

❶脈＝〈血がめぐるすじ〉のとき
【静脈《じょうみゃく》 動脈《どうみゃく》】ドノヨウナ血《ち》のすじか。

❸脈＝〈つながるすじ〉のとき
【山脈《さんみゃく》 鉱脈《こうみゃく》 葉脈《ようみゃく》 文脈《ぶんみゃく》】ナニのすじか。

◆一脈《いちみゃく》 乱脈《らんみゃく》

脚

月-7 総画11 JIS-2151 常用
音 キャク・キャ
訓 あし

筆順

なりたち  【形声】「月」が「からだ」を、「却」が「キャク」という読《よ》み方《かた》をしめしている。「キャク」は「まがる」意味《いみ》を持《も》ち、ひざから曲《ま》がる「すね」を表《あらわ》す字《じ》。

意味
❶人間《にんげん》や動物《どうぶつ》のあし。ものの下《した》の部分《ぶぶん》。例 つくえの脚《あし》。行脚《あんぎゃ》・偏旁冠脚《へんぼうかんきゃく》 参考 ☞ふろく「漢字の組み立て」([4]ページ)
❷ささえとなるもの。足場《あしば》。例 脚本《きゃくほん》・橋脚《きょうきゃく》
❸あゆみ。速《はや》さ。例 雨脚《あまあし》・船脚《ふなあし》
❹あしのあるものをかぞえることば。例 いす一脚《いっきゃく》

注意するよみ キャ…例 脚立《きゃたつ》・行脚《あんぎゃ》

発音あんない キャク→キャッ…例 脚光《きゃっこう》

❶〈人間や動物のあし〉の意味で

【。脚《きゃく》注《ちゅう》】↓ 書物《しょもつ》などの本文《ほんぶん》の下《した》のほうにつけた語句《ごく》や文《ぶん》などの説明《せつめい》。対 頭注《とうちゅう》

【。脚《きゃく》力《りょく》】↓ 歩《ある》いたり、走《はし》ったりする足《あし》の力《ちから》。例 なわとびで脚力《きゃくりょく》をつける。

【。脚《きゃっ》光《こう》】↓ 舞台《ぶたい》のゆかのいちばん前《まえ》にあって、下《した》からてらす光《ひかり》。フットライト。例 今回《こんかい》の優勝《ゆうしょう》で、一躍脚光《いちやくきゃっこう》をあびる(注目《ちゅうもく》されることとなった)。

❷〈ささえとなるもの〉の意味で

【。脚《きゃく》色《しょく》】↓〈—する〉①物語《ものがたり》や小説《しょうせつ》を、映画《えいが》・演劇《えんげき》・テレビドラマ用《よう》に書《か》きかえること。類 劇化《げきか》 ②じっさいにあったことを少《すこ》しかえたり、べつのことをつけくわえたりして、おもしろくしてつたえること。例 あの話《はなし》はだいぶ脚色《きゃくしょく》してある。類 潤色《じゅんしょく》

【。脚《きゃく》本《ほん》】↓ 演劇《えんげき》や映画《えいが》などをつくるために、せりふやしぐさ、舞台《ぶたい》のようすなどを書《か》いたもの。シナリオ。例 脚本《きゃくほん》を書《か》く。類 台本《だいほん》

【。脚《きゃ》立《たつ》】↓ はしごを二《ふた》つ、八《はち》の字形《じがた》に組《く》み合《あ》わせ、その上《うえ》に板《いた》をとりつけたふみ台《だい》。

脚が下につく熟語 上の字の働き

❶脚＝〈人間や動物のあし〉のとき
【健脚《けんきゃく》 飛脚《ひきゃく》】ドンナ脚《あし》か。

❷脚＝〈ささえとなるもの〉のとき
【失脚《しっきゃく》 立脚《りっきゃく》】足場《あしば》を(足場《あしば》に)ドウスルか。

❸脚＝〈あゆみ〉のとき
【雨脚《あまあし》 日脚《ひあし》 船脚《ふなあし》】ナニの速《はや》さか。

◆行脚《あんぎゃ》 橋脚《きょうきゃく》 三脚《さんきゃく》 二人三脚《ににんさんきゃく》

脩

月-7 総画11 JIS-7091 人名
音 シュウ
訓 おさ-める

意味 ほし肉《にく》。ほそく切《き》りさいて、かわかした肉《にく》。例 束脩《そくしゅう》(先生《せんせい》に弟子入《でしい》りするときにおくるお礼《れい》の品物《しなもの》やおかね)

名前のよみ おさむ・なお・なが・のぶ

脱

月-7 総画11 JIS-3506 常用
音 ダツ
訓 ぬぐ・ぬげる

筆順

なりたち  【形声】もとの字《じ》は、「脫」。「月」が「にく」を、「兌《ダ/タイ》」が「ダツ」とかわって読《よ》み方《かた》をしめしている。「ダ」は「ぬけ出《で》る」意味《いみ》を持《も》ち、肉《にく》が骨《ほね》からはなれ落《お》ちることを表《あらわ》す字《じ》。

意味
❶ぬぐ。身《み》につけているものをぬぐ。例 上着《うわぎ》を脱《ぬ》ぐ。くつが脱《ぬ》げる。脱衣《だつい》 対 着《ちゃく》
❷とりのぞく。取《と》り去《さ》る。例 脱臭《だっしゅう》
❸しぜんにぬける。はずれる。例 脱線《だっせん》・逸脱《いつだつ》
❹ぬけ出《だ》す。ぬけ出《で》る。例 脱出《だっしゅつ》・離脱《りだつ》

❶〈ぬぐ〉の意味で

【。脱《だつ》衣《い》】▲〈—する〉着《き》ているものをぬぐこ

と。例 脱衣場《だついじょう》 対 着衣《ちゃくい》

【°脱皮】《だっぴ》 ▲ 〈―する〉①ヘビや昆虫《こんちゅう》が古《ふる》い皮《かわ》をぬいで次《つぎ》のすがたになること。例 セミの脱《だっ》皮《ぴ》。②古《ふる》い考《かんが》えや習慣《しゅうかん》をすてて、新《あたら》しいほうへ進《すす》むこと。例 悪習《あくしゅう》からの脱皮《だっぴ》をとげる。

【°脱°帽】《だつぼう》 ▲ 〈―する〉①帽子《ぼうし》をぬぐこと。例 脱帽《だつぼう》して一礼《いちれい》する。対 着帽《ちゃくぼう》 ②相手《あいて》が自分《じぶん》よりすぐれていることをみとめ、尊敬《そんけい》の気持《きも》ちを表《あらわ》すこと。例 努力《どりょく》に脱帽《だつぼう》する。

❷〈とりのぞく〉の意味で

【°脱穀】《だっこく》 ▲ 〈―する〉①穀物《こくもつ》の実《み》を穂《ほ》からはなし取《と》ること。例 脱穀機《だっこくき》 ②穀物《こくもつ》の実《み》から、もみがらを取《と》りのぞくこと。

【°脱°脂】《だっし》 ▲ 〈―する〉脂肪分《しぼうぶん》を取《と》りのぞくこと。例 脱脂粉乳《だっしふんにゅう》

【°脱°脂綿】《だっしめん》 あぶらけやまじりものを取《と》りのぞいて消毒《しょうどく》したわた。

【°脱°臭】《だっしゅう》 ▲ 〈―する〉においを取《と》り去《さ》ること。例 脱臭剤《だっしゅうざい》

【°脱色】《だっしょく》 ▲ 〈―する〉布《ぬの》や液体《えきたい》などの色《いろ》を取《と》りさること。例 オキシドールには脱色作用《だっしょくさよう》がある。類 漂白《ひょうはく》 対 着色《ちゃくしょく》

【°脱水】《だっすい》 ▲ 〈―する〉水分《すいぶん》を取《と》りのぞくこと。例 脱水機《だっすいき》 ☞❸

【°脱毛】《だつもう》 ▲ 〈―する〉からだのいらない毛《け》を取《と》りのぞくこと。例 脱毛剤《だつもうざい》 ☞❸

❸〈しぜんにぬける〉の意味で

【°脱°臼】《だっきゅう》 ▲ 〈―する〉ほねとほねのつなぎめがはずれること。例 腕《うで》のほねが脱臼《だっきゅう》した。

【°脱字】《だつじ》 ↓ 文章《ぶんしょう》の中《なか》で書《か》きおとした文字《もじ》。印刷《いんさつ》などでぬけている文字《もじ》。例 誤字脱字《ごじだつじ》

【°脱水】《だっすい》 ▲ からだの中《なか》の水分《すいぶん》がたりなくなること。例 脱水症状《だっすいしょうじょう》 ☞❷

【°脱線】《だっせん》 ▲ 〈―する〉①走《はし》っている列車《れっしゃ》や電車《でんしゃ》などの車輪《しゃりん》が線路《せんろ》からはずれること。例 脱線《だっせん》事故《じこ》 ②話《はなし》が本筋《ほんすじ》からはずれること。行動《こうどう》が横道《よこみち》にそれること。例 話《はなし》が脱線《だっせん》する。類 逸脱《いつだつ》

【°脱毛】《だつもう》 ▲ 〈―する〉毛《け》がぬけおちること。ぬけげ。例 円形脱毛症《えんけいだつもうしょう》 表現 おもに頭髪《とうはつ》の毛《け》のことをいう。☞❷

【°脱落】《だつらく》 Ⅱ 〈―する〉①本《ほん》の中《なか》で、ページや文《も》字《じ》などがぬけおちること。②ついていけなくなって、仲間《なかま》からはずれること。例 マラソンの先頭集団《せんとうしゅうだん》から脱落《だつらく》する。類 落後《らくご》

【°脱力】《だつりょく》 ▲ 〈―する〉からだから力《ちから》がぬけてしまうこと。例 脱力感《だつりょくかん》におそわれる。

❹〈ぬけ出す〉の意味で

【°脱会】《だっかい》 ▲ 〈―する〉入《はい》っていた会《かい》からぬけること。例 脱会届《だっかいとどけ》 類 退会《たいかい》 対 入会《にゅうかい》

【°脱°却】《だっきゃく》 ⊠ 〈―する〉それまでのわるい状態《じょうたい》からぬけ出《で》ること。例 だらけた生活《せいかつ》からの脱《だっ》却《きゃく》。

【°脱°稿】《だっこう》 ▲ 〈―する〉原稿《げんこう》を書《か》きおえること。例 ようやく脱稿《だっこう》にこぎつけた。対 起稿《きこう》

【°脱°獄】《だつごく》 ▲ 〈―する〉囚人《しゅうじん》が刑務所《けいむしょ》からにげだすこと。例 脱獄囚《だつごくしゅう》

【°脱出】《だっしゅつ》 Ⅱ 〈―する〉よくない場所《ばしょ》や状態《じょうたい》からぬけ出《だ》すこと。例 危機《きき》を脱出《だっしゅつ》する。

【°脱税】《だつぜい》 ▲ 〈―する〉おさめなければならない税金《ぜいきん》をごまかしておさめないこと。例 脱税《だつぜい》を摘発《てきはつ》する。

【°脱走】《だっそう》 ↓ 〈―する〉いなければならない場所《ばしょ》からぬけ出《だ》してにげること。例 脱走兵《だっそうへい》

【°脱退】《だったい》 Ⅱ 〈―する〉入《はい》っていた会《かい》などからぬけること。例 組合《くみあい》を脱退《だったい》する。対 加入《かにゅう》

【°脱◆兎】《だっと》 ↓ にげていくウサギ。行動《こうどう》がひじょうにすばやいことのたとえに使《つか》う。例 脱兎《だっと》のごとく走《はし》り去《さ》る。

◆ 逸脱《いつだつ》 虚脱《きょだつ》 離脱《りだつ》

月-7

脳

総画11

JIS-3930

教6年

訓 ―

音 ノウ

「腦」

筆順

なりたち 【形声】もとの字《じ》は、「腦」。「𡿺」は頭《あたま》の形《かたち》で、頭《あたま》の中《なか》の「のうみそ」を表《あらわ》していたが、これに「からだ」をしめす「月」をくわえてできた字《じ》。「𡿺」が「ノウ」という読《よ》み方《かた》をしめしている。

意味 のうみそ。あたま。考《かんが》えるはたらき。組織《そしき》の中心《ちゅうしん》。例 脳波《のうは》・脳裏《のうり》・首脳《しゅのう》・頭脳《ずのう》

【脳°髄】《のうずい》 ↓ 動物《どうぶつ》の頭《あたま》の中《なか》にあって、からだ

◦学習漢字でない常用漢字 ▲常用漢字表にない音訓 ◆常用漢字でない漢字

じゅうの神経《しんけい》のはたらきをまとめる部分《ぶぶん》。大《だい》脳《のう》・小脳《しょうのう》・延髄《えんずい》などに分《わ》かれ、ものを考《かんが》えるはたらきをする。脳《のう》。脳《のう》みそ。

【脳天《のうてん》】↓ 頭《あたま》のてっぺん。

【脳波《のうは》】↓ 脳《のう》から出《で》る弱《よわ》い電流《でんりゅう》。その変化《へんか》を記録《きろく》したグラフ。例 脳波《のうは》に異状《いじょう》はない。

【脳味・噌《のうみそ》】 脳髄《のうずい》を指《さ》す俗《ぞく》なことば。例 もう少《すこ》し脳味噌《のうみそ》をはたらかせろ。

【脳裏《のうり》】↓ 頭《あたま》の中《なか》。感《かん》じ考《かんが》える、脳《のう》の内面《ないめん》。例 脳裏《のうり》をよぎる。脳裏《のうり》にやきつく。

脹

月−8 総画12 JIS-3617 人名

音 チョウ
訓 ふく-れる

意味 ふくれる。はる。例 脹《ふく》らはぎ。膨脹《ぼうちょう》（↓膨張）

腐

肉−8 総画14 JIS-4169 常用

音 フ
訓 くさる・くされる・くさらす

筆順

なりたち  [形声]「府」が「フ」という読《よ》み方《かた》をしめしている。「フ」は「くずれる」意味《いみ》を持《も》ち、肉《にく》がくさることを表《あらわ》す字《じ》。

意味
❶くさる。ものがいたむ。古《ふる》くさい。例 野菜《やさい》を腐《くさ》らす。腐《くさ》っても鯛《たい》（すぐれたものは、だめになったようでもそれなりのねうちがある）。宝《たから》の持《も》ち腐《ぐさ》れ。腐敗《ふはい》・陳腐《ちんぷ》
❷心《こころ》をなやます。例 腐心《ふしん》

❶〈くさる〉の意味で

【腐臭《ふしゅう》】↓ くさったものが出《だ》すいやなにおい。例 腐臭《ふしゅう》がただよう。

【腐食《ふしょく》】↓〈─する〉さびたり、くさったりして形《かたち》がくずれること。例 腐食作用《ふしょくさよう》

【腐敗《ふはい》】II〈─する〉①食《た》べ物《もの》などがくさること。②心《こころ》がゆるみ、わるいことが平気《へいき》でおこなわれるようになること。例 政治《せいじ》の腐敗《ふはい》。

【腐葉土《ふようど》】 落《お》ち葉《ば》がくさってできた土《つち》。園《えん》芸《げい》などに使《つか》う。

【腐乱《ふらん》】↓〈─する〉くさって形《かたち》がくずれること。例 腐乱死体《ふらんしたい》

❷〈心をなやます〉の意味で

【腐心《ふしん》】▲〈─する〉どう解決《かいけつ》しようかとさまざまに心《こころ》をつかうこと。例 対策《たいさく》に腐心《ふしん》する。類 苦心《くしん》・苦慮《くりょ》

◇陳腐《ちんぷ》 豆腐《とうふ》

文字物語 腹

腹《はら》は、食《た》べたものがおさまるところ。ものを考《かんが》えるのは「頭《あたま》」、ものを思《おも》うのは「胸《むね》をいためる」などと言《い》うから、「胸《むね》」に関係《かんけい》するらしい。考《かんが》えたこと・思《おも》ったことを、おさめておくところが「腹《はら》」になるようだ。人《ひと》の言《い》ったことを「腹《はら》におさめた」と言《い》うのは、「よくわかった、もっともだ」と思《おも》うこと。いやなことがあれば「腹《はら》にすえかねる」し、「腹《はら》が立《た》つ」。「腹《はら》をくくる」のは、「よしっ」と覚悟《かくご》すること。「腹《はら》を決《き》める」で、「こうするぞ」とさいごの決断《けつだん》をする。人《ひと》が何《なに》を考《かんが》えているかわからないときは、「どうも腹《はら》が読《よ》めない」と言《い》い、なぞをかけて「腹《はら》をさぐる」こともする。自分《じぶん》の考《かんが》えをつつみかくさず言《い》おうとするときは「腹《はら》を割《わ》って話《はな》す」こととなる。

人《ひと》のからだで、「背《せ》」は、背骨《せぼね》のあるかたい面《めん》、反対《はんたい》がわの「腹《はら》」は、ふっくらとしたまるい面《めん》。指《ゆび》の先《さき》でも、肉《にく》があってやわらかいほうを「指《ゆび》の腹《はら》」という。とくに指圧《しあつ》では、親指《おやゆび》の腹《はら》がだいじで、そこでおすことで効果《こうか》をあげている。

腕

月−8 総画12 JIS-4751 常用

音 ワン
訓 うで

筆順

なりたち  [形声] もとの字《じ》（掔）は「手《て》」と「ワン」の読《よ》み方《かた》をしめす「臤」とからなる。のち「腕」となり、「月」が「からだ」を、「宛《エン》」が「ワン」とかわって読《よ》み方《かた》をしめしている。「エン」は「曲《ま》がる」意味《いみ》を持《も》ち、からだの曲《ま》げて動《うご》かす部分《ぶぶん》「うで」を表《あらわ》す字《じ》。

意味
❶うで。例 腕力《わんりょく》・細腕《ほそうで》
❷うでまえ。例 腕《うで》が上《あ》がる。手腕《しゅわん》

３《その他》例 腕白《わんぱく》

❶〈うで〉の意味で

【腕章《わんしょう》】↓衣服《いふく》などのうでのところにつけるしるし。例 赤十字《せきじゅうじ》の腕章《わんしょう》。

【腕力《わんりょく》】↓①うでの力《ちから》。例 腕力《わんりょく》が強《つよ》い。②からだでの攻撃《こうげき》。暴力《ぼうりょく》。例 腕力《わんりょく》をふるう。

❷〈うでまえ〉の意味で

【腕前《うでまえ》】◎仕事《しごと》などをうまくやりとげる力《ちから》。手《て》なみ。例 腕前《うでまえ》をひろうする。類 腕《うで》

❸《その他》

【腕白《わんぱく》】◎〈一な〉〈一に〉いたずらで言《い》うことをきかない、子《こ》どものふるまい。例 腕白小僧《わんぱくこぞう》

腕が下につく熟語 上の字の働き

❶腕＝〈うで〉のとき

【隻腕《せきわん》 片腕《かたうで》】イクツの腕《うで》か。

【細腕《ほそうで》 右腕《みぎうで》】ドウイウ腕《うで》か。

◆手腕《しゅわん》 敏腕《びんわん》

月−9

腫

総画13 JIS-2880 常用

訓音 シュ はれる・はらす

筆順 腫 腫 腫 腫 腫 腫 腫

意味 はれる。はれもの。できもの。例 肉腫《にくしゅ》・骨肉腫《こつにくしゅ》

【°腫°瘍《しゅよう》】Ⅲ はれもの。

月−9

腎

総画13 JIS-3153 常用

訓音 ジン ―

筆順 腎 腎 腎 腎 腎 腎 腎 腎

意味 じんぞう（腎臓）。血液《けつえき》から尿《にょう》をとりだすはたらきをする器官《きかん》。たいせつな部分《ぶぶん》。例 肝腎《かんじん》（↓肝心）

参考 もと月部《ぶ》「8画《かく》」、総画数《そうかくすう》「12画《かく》」。

月−9

腺

総画13 JIS-3303 常用

訓音 セン ―

筆順 腺 腺 腺 腺 腺 腺 腺 腺

意味 せん。からだの中《なか》にあり、液《えき》などをしみ出《だ》させる器官《きかん》。例 汗腺《かんせん》・涙腺《るいせん》

参考 国字《こくじ》。からだ（月）の中《なか》の液《えき》がわき出《で》るところ（泉）を表《あらわ》す。

月−9

腸

総画13 JIS-3618 教4年

訓音 チョウ はらわた

筆順 腸 腸 腸 腸 腸 腸 腸 腸 （はねる・ながく・はねる）

なりたち [形声]「月」が「にく・からだ」を、「昜」が「チョウ」という読み方をしめしている。「チョウ」は「長《なが》い」の意味《いみ》を持《も》ち、長《なが》くうねうねとのびた臓器《ぞうき》を表《あらわ》す字《じ》。

意味 ちょう（腸）。胃《い》につづいてある長《なが》い管《くだ》の形《かたち》をした消化器《しょうかき》。食《た》べたものから栄養分《えいようぶん》をとり入《い》れるはたらきをする。はらわた。

例 胃《い》と腸《ちょう》。腸詰《ちょうづ》め・腸壁《ちょうへき》・胃腸《いちょう》

◆胃腸《いちょう》 小腸《しょうちょう》 大腸《だいちょう》 直腸《ちょくちょう》 盲腸《もうちょう》

月−9

腹

総画13 JIS-4202 教6年

訓音 フク はら

筆順 腹 腹 腹 腹 腹 腹 腹 （はねる・はらう）

なりたち [形声]「月」が「にく・からだ」を、「复」が「フク」という読み方をしめしている。「フク」は「おおう」意味《いみ》を持《も》ち、臓器《ぞうき》をおおいつつむところを表《あらわ》す字《じ》。

意味 ❶はら。おなか。もののはらにあたる部分《ぶぶん》。例 腹《はら》がふくれる。指《ゆび》の腹《はら》。山腹《さんぷく》 ❷はらのうち。考《かんが》えていること。気持《きも》ち。例 腹《はら》を立《た》てる。腹案《ふくあん》・立腹《りっぷく》

文字物語 ☞878ページ

❶〈はら〉の意味で

【腹°鼓《はらつづみ》】↓①つづみの音《おと》をまねてはらをたたくこと。例 タヌキの腹鼓《はらつづみ》。②たくさん食《た》べてふくれたおなかをたたくこと。例 腹鼓《はらつづみ》を打《う》つ（じゅうぶんに食《た》べておなかがいっぱいになり、満足《まんぞく》する）。

【腹式呼吸《ふくしきこきゅう》】腹部《ふくぶ》をふくらませたりへこませたりしてする呼吸《こきゅう》。対 胸式呼吸《きょうしきこきゅう》

【腹痛《ふくつう》】↓おなかが痛《いた》むこと。例 腹痛《ふくつう》をおこす。

【腹背《ふくはい》】⇕はらとせなか。また、前《まえ》とうし

ろ。例腹背《ふくはい》に敵《てき》を受《う》けて苦戦《くせん》する。

【腹部】ふくぶ ↓ おなかのあたり。例腹部《ふくぶ》の痛《いた》みをうったえる。

【腹。膜】ふくまく ↓ おなかの内臓《ないぞう》をおおっているうすい膜《まく》。例腹膜炎《ふくまくえん》

【腹話術】ふくわじゅつ ↓ 口《くち》をほとんど動《うご》かさずに声《こえ》を出《だ》して話《はな》す術《じゅつ》。ふつう人形《にんぎょう》を使《つか》って、それが話《はな》しているように見《み》せる。

❷〈はらのうち〉の意味で

【腹芸】はらげい ↓ ①芝居《しばい》で、役者《やくしゃ》がせりふなどにたよらずに、気持《きも》ちの入《い》れ方《かた》で人物《じんぶつ》の気持《きも》ちを観客《かんきゃく》につたえること。②ことばに出《だ》さず、度胸《どきょう》や経験《けいけん》・迫力《はくりょく》で自分《じぶん》の思《おも》うように、ものごとを進《すす》めること。例腹芸《はらげい》で政治《せいじ》をおこなう。

【腹案】ふくあん ↓ 人《ひと》には言《い》わず、自分《じぶん》であらかじめ用意《ようい》している考《かんが》えや計画《けいかく》。例腹案《ふくあん》をねっておく。

【腹心】ふくしん Ⅱ ①心《こころ》のおくそこ。②心《こころ》から信《しん》じてまかせられる人《ひと》。例腹心《ふくしん》の部下《ぶか》。類右腕《みぎうで》・片腕《かたうで》

【腹蔵】ふくぞう ↓ 自分《じぶん》の考《かんが》えをはらのうちにしまっておいて、顔《かお》やことばに表《あらわ》さないこと。例腹蔵《ふくぞう》なく話《はな》し合《あ》う。

腹が下につく熟語 上の字の働き

❶腹＝〈はら〉のとき

【空腹《くうふく》 満腹《まんぷく》】腹《はら》がドウナッテイルか。

【割腹《かっぷく》 切腹《せっぷく》】腹《はら》をドウスルか。

【山腹《さんぷく》 船腹《せんぷく》 蛇腹《じゃばら》】ナニの腹《はら》の部分《ぶぶん》か。

◆裏腹《うらはら》 横腹《よこばら》 立腹《りっぷく》

腰

月−9 総画13 JIS-2588 常用

音 ヨウ 訓 こし

筆順 腰

なりたち 【形声】もともと「要」が「こし」を表《あらわ》し、「ヨウ」という読《よ》み方《かた》をしめしていた。のちに「もとめる」として使《つか》われたため、あらためて「にく・からだ」の意味《いみ》の「月」をつけて「こし」を表《あらわ》すようにした字《じ》。

意味

❶こし。胴体《どうたい》の下部《かぶ》のほう。例腰《こし》が曲《ま》がる。腰痛《ようつう》・中腰《ちゅうごし》

❷身がまえ。例腰《こし》をすえる。弱腰《よわごし》

文字物語 ☞880ページ

文字物語 腰

人《ひと》のからだで、胴体《どうたい》をささえ、脚《あし》につながる部分《ぶぶん》をいう「腰《こし》」は、動作《どうさ》をするときからだの中心《ちゅうしん》となるところだ。だから、腰《こし》のかまえがとてもだいじになる。「腰《こし》をかがめておじぎをする」のはへりくだった姿勢《しせい》。だから「腰《こし》の低《ひく》い人《ひと》」は、謙虚《けんきょ》な人《ひと》ということになる。スポーツ、中《なか》でもすもうで「腰《こし》」がよく問題《もんだい》とされる。「腰《こし》が高《たか》い」のは不《ふ》安定《あんてい》な姿勢だから、「腰《こし》をおとしてかまえる」ほうがよいし、「腰《こし》がのびる」と「及《およ》び腰《ごし》」になってあぶない。土俵《どひょう》ぎわの「腰《こし》のねばり」が勝《か》ち負《ま》けを分《わ》けるさかいめとなる。からだの「腰《こし》」ばかりでなく、ものごとをするときの心《こころ》のかまえ方《かた》・姿勢《しせい》についても、「腰《こし》をすえて問《もん》題《だい》にとりくむ」などという。そうして、はじめは意気《いき》ごんでがんばっていたのに、とちゅうでふにゃふにゃになってつづかなくなるのが「腰《こし》くだけ」だ。

ねばりけが強《つよ》く、歯《は》ごたえのあるうどんやラーメンを「腰《こし》が強《つよ》い」「腰《こし》がある」と言ってほめる。

❶〈こし〉の意味で

【腰。巾着】こしぎんちゃく ↓ 有力者《ゆうりょくしゃ》にいつもくっついてはなれない人《ひと》。参考もとの意味《いみ》は、腰《こし》につける巾着《きんちゃく》（財布《さいふ》）の意味《いみ》。

【腰痛】ようつう ↓ こしの痛《いた》み。例腰痛《ようつう》もち。

腰が下につく熟語 上の字の働き

❷腰＝〈身がまえ〉のとき

【弱腰《よわごし》 強腰《つよごし》】ドンナ身《み》がまえか。

◆中腰《ちゅうごし》 丸腰《まるごし》 物腰《ものごし》

膜

月−10 総画14 JIS-4376 常用

音 マク 訓 —

筆順 膜

なりたち 【形声】「月」が「にく」を、「莫」が「マク」という読《よ》み方《かた》をしめして

いる。「マク」は「おおう」意味《いみ》を持《も》ち、臓器《ぞうき》をおおいつつむまくを表《あらわ》す字《じ》。

意味 まく。生物《せいぶつ》の体内《たいない》にあるうすい皮《かわ》。物《もの》の表面《ひょうめん》をおおううすい皮《かわ》。例 膜《まく》がはがれる。粘膜《ねんまく》・被膜《ひまく》

参考 「幕《まく》」の「文字物語」(364ページ)

◆鼓膜《こまく》 粘膜《ねんまく》 腹膜《ふくまく》

膝

月-11 総画15 JIS-4108 常用
音 シツ 訓 ひざ

筆順 

意味 ひざ。足《あし》のももとすねをつなぐ、折《お》れ曲《ま》がる部分《ぶぶん》。例 膝《ひざ》の屈伸運動《くっしんうんどう》。膝小僧《ひざこぞう》・膝《ひざ》下《した》・膝枕《ひざまくら》

【膝◦蓋骨】《しつがいこつ》 ひざの関節《かんせつ》の前《まえ》がわにある、平《ひら》たい皿《さら》のような骨《ほね》。ひざさら。

【◦膝元】《ひざもと》 ↓ ①ひざの近《ちか》く。②からだの近《ちか》く。③皇居《こうきょ》や幕府《ばくふ》のあるところ。例 江戸《えど》は幕府《ばくふ》のお膝元《ひざもと》だ。④親《おや》など、自分《じぶん》をまもってくれる人《ひと》のそば。例 親《おや》の膝元《ひざもと》をはなれる。

表記 「膝下」「膝許」とも書《か》く。表現 ③は「お」をつけて言《い》うのがふつう。

膚

月-11 総画15 JIS-4170 常用
音 フ 訓 はだ

筆順 

なりたち  [形声]「月」が「にく」を、「盧《ロ》」が「フ」とかわって読《よ》み方《かた》をしめしている。「ロ」は「しきならべる」意味《いみ》を持《も》ち、肉《にく》の上《うえ》をすきまなくおおっているものを表《あらわ》す字《じ》。

意味 はだ。からだの表面《ひょうめん》。例 皮膚《ひふ》

膳

月-12 総画16 JIS-3323 常用
音 ゼン 訓 ―

筆順 

意味 ❶ぜん。食器《しょっき》をのせる台《だい》。例 食膳《しょくぜん》・配膳《はいぜん》 ❷茶《ちゃ》わんにもったごはんや、はしの一対《いっつい》をかぞえることば。例 はし一膳《いちぜん》。一膳飯《いちぜんめし》

膨

月-12 総画16 JIS-4336 常用
音 ボウ 訓 ふくらむ・ふくれる

筆順 

なりたち [形声]「彭《ホウ》」が「ボウ」とかわって読《よ》み方《かた》をしめしている。「ホウ」は「ふくれる」意味《いみ》を持《も》ち、肉《にく》(月)がふくれあがることを表《あらわ》す字《じ》。

意味 ふくらむ。ふくれあがる。例 つぼみが膨《ふく》らむ。膨《ふく》れっ面《つら》・膨張《ぼうちょう》

【◦膨大】《ぼうだい》 ↓ (に)(な) 数《かず》や分量《ぶんりょう》がとても多《おお》い。例 膨大《ぼうだい》な資料《しりょう》。

【◦膨◦張】《ぼうちょう》 Ⅱ (ーする) ①くわえられた熱《ねつ》で、物体《ぶったい》がふくれあがって大《おお》きくなること。例 気《き》体《たい》の膨張《ぼうちょう》。対 収縮《しゅうしゅく》 ②限度《げんど》をこえて、ふくれあがること。例 予算《よさん》が膨張《ぼうちょう》する。表記 「膨脹」とも書《か》く。

臆

月-13 総画17 JIS-1818 常用
音 オク 訓 ―

筆順 

意味 ❶心《こころ》の中《なか》。❷おしはかる。例 臆説《おくせつ》・臆断《おくだん》 ❸おじける。例 臆《おく》することなく意見《いけん》を言《い》う。臆病《おくびょう》・臆面《おくめん》

❷〈おしはかる〉の意味で

【◦臆測】《おくそく》 Ⅱ (ーする) かってに想像《そうぞう》をめぐらして考《かんが》えること。表記 「憶測」とも書《か》く。

❸〈おじける〉の意味で

【◦臆病】《おくびょう》 ↓ (に)(な) 気《き》が小《ちい》さく、びくびくすること。表記 「憶病」とも書《か》く。

臓

月-15 総画19 JIS-3401 教6年
音 ゾウ 訓 ―
[臟]

筆順 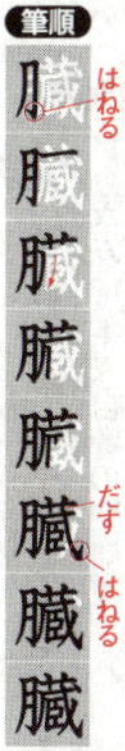

なりたち [形声]「おさめる」意味《いみ》の「蔵」が「ゾウ」という読《よ》み方《かた》をしめしている。からだ(月)の中《なか》におさめられている「はらわた」を表《あらわ》している字《じ》。

意味 はらわた。例 心《しん》の臓《ぞう》。臓器《ぞうき》・内臓《ないぞう》

【臓器《ぞうき》】↓ からだの中《なか》にあって、呼吸《こきゅう》・消《しょう》化《か》などをうけもつ、心臓《しんぞう》・胃《い》・腎臓《じんぞう》などの器官《きかん》。

【臓物《ぞうもつ》】↓ 鳥《とり》・牛《うし》・豚《ぶた》・魚《さかな》などのはらわた。もつ。わた。例 臓物《ぞうもつ》の煮込《にこ》み。類 内臓《ないぞう》

臓が下につく熟語 上の字の働き

【心臓《しんぞう》 肺臓《はいぞう》 肝臓《かんぞう》】ナンという臓器《ぞうき》か。

6画 自 [みずから] の部

「自」の字《じ》と、それをもとにして作《つく》られた「臭」の字《じ》とが入《はい》ります。

この部首の字

0 自……882　3 臭……885

息→心477　鼻→鼻1072　首→首1052

自-0

自

総画6　JIS-2811　教2年

音 ジ・シ　訓 みずから・おのずか-ら・よ-り

筆順

なりたち 【象形】人《ひと》のはなの形《かたち》をえがいた字《じ》で、「はな」を表《あらわ》していた字《じ》。はなをさして「じぶん」ということから、「じぶん」の意味《いみ》に使《つか》われるようになり、「はな」はさらに「畀」をくわえて「鼻(鼻)」とした。

意味

❶じぶん。おのれ。例 自身《じしん》・独自《どくじ》 対 他《た》

❷じぶんで。みずから。例 自活《じかつ》

❸しぜんに。ひとりでに。おのずから。例 自明《じめい》・自由《じゆう》

❹…より。はじまりをしめす。例 自今《じこん》

参考 もよおしものの期間《きかん》などを「自四月三日至五月十日(四月三日《しがつみっか》から五月十日《ごがつとおか》まで)」のように表《あらわ》す。

名前のよみ さだ

❶〈じぶん〉の意味で

【自意識《じいしき》】今《いま》、自分《じぶん》がなにをし、なにを考《かんが》えているか、その自分《じぶん》はなにものなのか、というように、自分《じぶん》を見《み》るその気持《きも》ち。自我《じが》の意識《いしき》。例 自意識過剰《じいしきかじょう》

【自我《じが》】‖ ほかのだれでもない、この世《よ》にたったひとりしかいない自分《じぶん》というもの。例 自《じ》我《が》にめざめる。

【自家製《じかせい》】自分《じぶん》の家《いえ》や店《みせ》・工場《こうじょう》などでつくること。例 自家製《じかせい》のケーキ。

【自家撞着《じかどうちゃく》】〈―する〉自分《じぶん》の言動《げんどう》がくいちがって、つじつまが合《あ》わないこと。例 自家《じか》撞着《どうちゃく》におちいる。類 自己矛盾《じこむじゅん》

【自己《じこ》】‖ 自分自身《じぶんじしん》。おのれ。われ。例 自《じ》己紹介《こしょうかい》。自己《じこ》を語《かた》る。類 自分《じぶん》

【自国《じこく》】↓ 自分《じぶん》の国《くに》。対 他国《たこく》・異国《いこく》

【自重《じじゅう》】↓ 機械《きかい》・車体《しゃたい》などの、それ自体《じたい》の重《おも》さ。例 のせている荷物《にもつ》より自重《じじゅう》が大《おお》きい。☞「じちょう」は❷

【自。称《じしょう》】↓「ぼく」「わたくし」など、自分《じぶん》を指《さ》すことばをまとめて表《あらわ》す文法《ぶんぽう》での言《い》い方《かた》。関連 自称《じしょう》(一人称《いちにんしょう》)・対称《たいしょう》(二人称《ににんしょう》)・他《た》称《しょう》(三人称《さんにんしょう》)☞❷

【自縄自縛《じじょうじばく》】自分《じぶん》の縄《なわ》で自分《じぶん》が縛《しば》られること。自分《じぶん》のしたことがもとで、したかったことができなくなってしまうこと。

【自身《じしん》】↓ ほかのものではない、それそのもの。例 自分自身《じぶんじしん》。本人自身《ほんにんじしん》の問題《もんだい》。

【自説《じせつ》】↓ 自分《じぶん》の意見《いけん》・考《かんが》え。例 自説《じせつ》を曲《ま》げない。

【自他《じた》】↕ 自分《じぶん》と他人《たにん》。例 自他《じた》ともにゆるす(自分《じぶん》も他人《たにん》もともにみとめる)。

【自体《じたい》】↓ ①そのもの。例 計画自体《けいかくじたい》はわるくない。②もともと。そもそも。例 かれがここにいるというのが、自体気《じたいき》にいらない。

【自宅《じたく》】↓ 自分《じぶん》が住《す》んでいる家《いえ》。例 自宅通《じたくつう》学《がく》。

【自動詞《じどうし》】動詞《どうし》のうち、他《ほか》のものに働《はたら》きかけないもの。対 他動詞《たどうし》 知識「花《はな》が咲《さ》く」の「咲《さ》く」のようなもの。日本語《にほんご》では、自動詞《じどうし》と他動《たどう》詞《し》の区別《くべつ》がはっきりしていない。

【自腹《じばら》】↓ 自分《じぶん》のお金《かね》でしはらいをすること。例 自腹《じばら》を切《き》る(そのお金《かね》をほかにたよらずに、自分《じぶん》で引《ひ》き受《う》けてはらう)。類 身銭《みぜに》

【自費《じひ》】↓ 必要《ひつよう》な費用《ひよう》を自分《じぶん》で出《だ》すこと。自《じ》己負担《こふたん》。例 自費出版《じひしゅっぱん》 類 私費《しひ》

【自分《じぶん》】↓ ①その人自身《ひとじしん》。例 自分《じぶん》のことは自分《じぶん》でする。類 自己《じこ》 ②わたくし。例 それは、自分《じぶん》がやった仕事《しごと》です。

【自分勝手】《じぶんかって》〈[二]な〉自分《じぶん》のことだけを考《かんが》えて行動《こうどう》すること。類身勝手《みがって》・手前勝手《てまえがって》

【自力】《じりき》↓他人《たにん》の助《たす》けをかりない自分《じぶん》ひとりの力《ちから》。例自力《じりき》で解決《かいけつ》する。類独力《どくりょく》 対他力《たりき》

❷〈じぶんで〉の意味で

【自愛】《じあい》↓〈―する〉自分《じぶん》で、自分《じぶん》のからだをたいせつにすること。表現「ご自愛《じあい》のほど」「ご自愛専一《じあいせんいつ》に」など、手紙《てがみ》のあいさつ文《ぶん》としてよく使《つか》うことば。

【自営】《じえい》↓〈―する〉自分《じぶん》が主《しゅ》になって仕事《しごと》や商売《しょうばい》をすること。例自営業《じえいぎょう》

【自衛】《じえい》↓〈―する〉自分《じぶん》の力《ちから》で、自分《じぶん》をまもること。例自衛《じえい》の手段《しゅだん》。自衛策《じえいさく》

【自。戒】《じかい》↓〈―する〉自分《じぶん》で自分《じぶん》に注意《ちゅうい》したり言《い》い聞《き》かせたりすること。例失敗《しっぱい》を自戒《じかい》の意味《い》《み》をこめて日記《にっき》に記《しる》す。類自粛《じしゅく》

【自害】《じがい》↓〈―する〉刀《かたな》でのどやむねをつくなどして、自分《じぶん》のいのちをたつこと。類自殺《じさつ》・自決《じけつ》

【自覚】《じかく》↓〈―する〉①自分《じぶん》がしなければならないことや、自分《じぶん》の立場《たちば》・ねうちなどがわかっていること。例みずからの責任《せきにん》を自覚《じかく》する。類意識《いしき》②自分《じぶん》で感《かん》じとること。

【自覚。症状】《じかくしょうじょう》病人《びょうにん》が自分《じぶん》でからだに感《かん》じる病気《びょうき》のぐあい。

【自画自賛】《じがじさん》〈―する〉自分《じぶん》のしたことを自分《じぶん》でほめること。てまえみそ。参考もともとの意味《いみ》は自分《じぶん》のかいた絵《え》に自分《じぶん》で詩《し》や文章《ぶんしょう》をつけること。

【自画像】《じがぞう》自分《じぶん》でかいた、自分《じぶん》の顔《かお》やすがたの絵《え》。例ゴッホの自画像《じがぞう》。

【自活】《じかつ》↓〈―する〉人《ひと》のたすけをかりず、自分《じぶん》ではたらいて、生活《せいかつ》をささえていくこと。

【自。虐】《じぎゃく》↓〈―する〉必要以上《ひつよういじょう》に、自分《じぶん》で自分《じぶん》につらくあたること。例自虐的性格《じぎゃくてきせいかく》

【自給】《じきゅう》↓〈―する〉自分《じぶん》に必要《ひつよう》なものを自分《じぶん》でつくり出《だ》すこと。例食糧《しょくりょう》を自給《じきゅう》する。

【自給自足】《じきゅうじそく》〈―する〉自分《じぶん》の生活《せいかつ》に必要《ひつよう》な食糧《しょくりょう》・衣服《いふく》などを自分《じぶん》でつくって間《ま》に合《あ》わせること。例自給自足《じきゅうじそく》の生活《せいかつ》。

【自供】《じきょう》↓〈―する〉警察《けいさつ》などの取《と》り調《しら》べに対《たい》して、自分《じぶん》のおかした罪《つみ》を話《はな》すこと。類自白《じはく》

【自決】《じけつ》↓〈―する〉①人《ひと》の指図《さしず》を受《う》けないで、自分《じぶん》たちのことを自分《じぶん》たちで決《き》めること。例民族自決《みんぞくじけつ》②自分《じぶん》の責任《せきにん》で、自分《じぶん》のいのちをたつこと。例集団自決《しゅうだんじけつ》 類自殺《じさつ》・自害《じがい》

【自業自得】《じごうじとく》自分《じぶん》のしたわるいことのために、自分自身《じぶんじしん》が苦《くる》しい目《め》にあうこと。

【自作】《じさく》↓〈―する〉①自分《じぶん》でつくること。自分《じぶん》でつくったもの。例自作自演《じさくじえん》②かりた土地《とち》ではなく、自分《じぶん》の土地《とち》を自分《じぶん》でたがやして作物《さくもつ》を作《つく》ること。例自作農《じさくのう》 対小作《こさく》

【自殺】《じさつ》↓〈―する〉自分《じぶん》で自分《じぶん》のいのちをたつこと。類自害《じがい》・自決《じけつ》 対他殺《たさつ》 表現「自殺行為《じさつこうい》」は「自殺《じさつ》という行為《こうい》」ではなく、自分《じぶん》で自分《じぶん》をだめにする「自殺《じさつ》にもひとしい行為《こうい》」。

【自賛】《じさん》↓〈―する〉自分《じぶん》で自分《じぶん》をほめること。例自画自賛《じがじさん》 類自慢《じまん》

【自失】《じしつ》↓〈―する〉気《き》がぬけてぼうっとなる。

【自主】《じしゅ》↓自分《じぶん》の力《ちから》や考《かんが》えですること。例自主性《じしゅせい》・自主《じしゅ》トレーニング 類自立《じりつ》

【自首】《じしゅ》↓〈―する〉わるいことをした人《ひと》が、つかまる前《まえ》に自分《じぶん》からそのことを警察《けいさつ》などに申《もう》し出《で》ること。例自首《じしゅ》をすすめる。

【自習】《じしゅう》↓〈―する〉先生《せんせい》などに教《おそ》わらずに、自分《じぶん》で勉強《べんきょう》をすること。例家《いえ》で自習《じしゅう》する。

【自。粛】《じしゅく》↓〈―する〉自分《じぶん》のほうから、おこないをつつしみ、ものごとをひかえめにすること。例自粛《じしゅく》を求《もと》める。類自主規制《じしゅきせい》・自戒《じかい》

【自。称】《じしょう》↓〈―する〉自分《じぶん》がどういうものであるかを、自分《じぶん》で言《い》うこと。例俳優《はいゆう》と自称《じしょう》する人物《じんぶつ》。表現ほんとうのことはわからないが、自分《じぶん》ではそう言《い》っている、という気持《きも》ちをこめて使《つか》うことが多《おお》い。☞❶

【自。叙伝】《じじょでん》自分《じぶん》がこれまでどう生《い》きてきたかを書《か》いた文章《ぶんしょう》。類自伝《じでん》

【自信】《じしん》↓自分《じぶん》の力《ちから》やねうちを信《しん》じる気持《きも》ち。例自信満々《じしんまんまん》。自信《じしん》をつける。

【自。炊】《じすい》↓〈―する〉自分《じぶん》の食事《しょくじ》を自分《じぶん》でつくって生活《せいかつ》すること。例自炊生活《じすいせいかつ》

【自制】《じせい》↓〈―する〉自分《じぶん》の気持《きも》ちや欲望《よくぼう》をおさえること。例自制心《じせいしん》が強《つよ》い。類自重《じちょう》

【自責】《じせき》↓〈―する〉自分《じぶん》のまちがいやわるいところを自分《じぶん》でせめること。例自責《じせき》の念《ねん》にか

自◀ 次ページ

◦学習漢字でない常用漢字　▲常用漢字表にない音訓　◆常用漢字でない漢字

られる。

【自。薦《じせん》】↓〈―する〉自分《じぶん》で自分《じぶん》をすいせんすること。例 自薦《じせん》、他薦《たせん》を問《と》わない。対 他薦《たせん》

【自尊心《じそんしん》】自分《じぶん》には自分《じぶん》のねうちがあることを知《し》って、それをだいじに思《おも》う気持《きも》ち。例 自尊心《じそんしん》をきずつけられる。類 気位《きぐらい》

【自治《じち》】↓ 自分《じぶん》たちのことを、自分《じぶん》たちで決《き》めてやっていくこと。例 地方自治《ちほうじち》

【自重《じちょう》】↓〈―する〉①自分《じぶん》のおこないに気《き》をつけて、軽《かる》はずみなことをしないこと。類 自制《じせい》 ②自分《じぶん》のからだをたいせつにする。例 どうかご自重《じちょう》ください。☞「じじゅう」は❶

【自。嘲《じちょう》】↓〈―する〉自分《じぶん》で自分《じぶん》をばかにすること。例 自嘲《じちょう》気味《ぎみ》にわらっていた。

【自転《じてん》】↓〈―する〉天体《てんたい》が、それ自体《じたい》の軸《じく》を中心《ちゅうしん》にしてまわること。例 地球《ちきゅう》は自転《じてん》しながら太陽《たいよう》のまわりをまわる。対 公転《こうてん》

【自伝《じでん》】↓ 自分《じぶん》で書《か》いた自分《じぶん》の伝記《でんき》。類 自《じ》叙伝《じょでん》

【自任《じにん》】↓〈―する〉その仕事《しごと》や役目《やくめ》に自分《じぶん》こそがふさわしいと思《おも》っていること。類 自負《じふ》

【自認《じにん》】↓〈―する〉自分《じぶん》からそうだとみとめること。

【自白《じはく》】↓〈―する〉自分《じぶん》がおかした罪《つみ》の内容《ないよう》を自分《じぶん》で言《い》うこと。類 自供《じきょう》・白状《はくじょう》

【自発的《じはってき》】〈―な・―に〉自分《じぶん》からその気《き》になって、やろうとしている。例 自発的《じはってき》に行動《こうどう》する。

【自筆《じひつ》】↓ 自分《じぶん》で書《か》くこと。自分《じぶん》で書《か》いたもの。例 自筆《じひつ》の原稿《げんこう》。類 直筆《じきひつ》・自書《じしょ》 対 代筆《だいひつ》

【自負《じふ》】↓〈―する〉自分《じぶん》の力《ちから》やはたらきに自《じ》信《しん》をもち、ほこりに思《おも》っている。類 自任《じにん》

【自弁《じべん》】↓〈―する〉かかった費用《ひよう》を自分《じぶん》ではらうこと。例 交通費《こうつうひ》は自弁《じべん》だ。

【自暴自。棄《じぼうじき》】〈―な・―に〉自分《じぶん》はだめな人間《にんげん》だと、自分自身《じぶんじしん》をそまつにして、なげやりになること。やけくそ。すてばち。

【自。慢《じまん》】↓〈―する〉自分《じぶん》のことや自分《じぶん》のものを、得意《とくい》そうにほめて言《い》うこと。類 自賛《じさん》

【自。滅《じめつ》】↓〈―する〉自分《じぶん》のしたことがもとになってだめになること。例 きのうの試合《しあい》では、勝《か》ちをあせって自滅《じめつ》してしまった。

【自問《じもん》】↓〈―する〉自分《じぶん》で自分《じぶん》の心《こころ》に聞《き》いてみること。例 これでいいのかと自問《じもん》する。

【自問自答《じもんじとう》】〈―する〉自分《じぶん》にたずね、自分《じぶん》で答《こた》えること。例 自問自答《じもんじとう》をくりかえす。

【自立《じりつ》】↓〈―する〉人《ひと》のたすけをかりないで、自分《じぶん》の力《ちから》でやっていくこと。例 自立心《じりつしん》。親《おや》もとをはなれて自立《じりつ》する。類 独立《どくりつ》・自主《じしゅ》

【自律《じりつ》】↓〈―する〉自分《じぶん》できまりをつくり、それにしたがって行動《こうどう》すること。対 他律《たりつ》

❸〈しぜんに〉の意味で

【自在《じざい》】↓〈―な・―に〉思《おも》うとおりになるようす。例 自在《じざい》かぎ。自在《じざい》にあやつる。類 自由《じゆう》

【自。浄《じじょう》】↓ 川《かわ》や海《うみ》・湖《みずうみ》・大気《たいき》などが、自然《しぜん》の力《ちから》でよごれをとりさること。例 自浄作用《じじょうさよう》 表現「政界《せいかい》の自浄《じじょう》力《りょく》」のようにもいう。

【自生《じせい》】↓〈―する〉植物《しょくぶつ》が、しぜんに生《は》えること。例 ワサビの自生《じせい》する沢《さわ》。類 野生《やせい》 対 栽培《さいばい》

【自然《しぜん》】↓ ①山《やま》・川《かわ》・草《くさ》・木《き》・鳥《とり》・けものなど、人間《にんげん》が作《つく》り出《だ》したもの以外《いがい》のあらゆるもの。例 自然《しぜん》の恵《めぐ》みに感謝《かんしゃ》する。類 天然《てんねん》 ②もとのままで、人《ひと》の手《て》がくわえられていないこと。例 自然食品《しぜんしょくひん》 類 天然《てんねん》 対 人為《じんい》・人工《じんこう》・人造《じんぞう》 ③〈―な・―に〉ありのままの。動作《どうさ》などがふつうであること。ひとりでにそうなる。例 自然《しぜん》な笑顔《えがお》。うれしくて自然《しぜん》に歩《ある》き方《かた》がはやくなった。対 不《ふ》自然《しぜん》 表現 ③では「自然《しぜん》と」の形《かたち》もよく使《つか》う。

【自然科学《しぜんかがく》】自然《しぜん》がどんな法則《ほうそく》にしたがってできているか、動《うご》いているかを研究《けんきゅう》する学問《がくもん》。物理学《ぶつりがく》・化学《かがく》・地学《ちがく》・生物学《せいぶつがく》などがある。

【自動的《じどうてき》】〈―な・―に〉①機械《きかい》が状況《じょうきょう》を判断《はんだん》して次々《つぎつぎ》と仕事《しごと》をするようになっている。例 お金《かね》を入《い》れると自動的《じどうてき》に品物《しなもの》が出《で》てくる。②こうなると決《き》まっていて何《なに》もしなくてもそうなる。例 会期中《かいきちゅう》に成立《せいりつ》しない法案《ほうあん》は自動的《じどうてき》に廃案《はいあん》になる。

【自明《じめい》】↓〈―な・―に〉だれにでもはっきりそうだとわかること。例 自明《じめい》の理《り》。

【自由《じゆう》】↓〈―な・―に〉ほかからはいっさいしばられず、自分《じぶん》の思《おも》うようにできること。例 自由《じゆう》の身《み》。言論《げんろん》の自由《じゆう》。類 自在《じざい》 対 不自由《ふじゆう》・束縛《そくばく》

【自由自在《じゆうじざい》】〈―な・―に〉どんなことでも思《おも》うとおりにできるようす。例 ボールを自由自在《じゆうじざい》にあやつる。類 縦横《じゅうおう》

【自由。奔放】じゆうほんぽう〈―な・―に〉だれからもしばられず、なにごとにもとらわれず、自分《じぶん》のすきかってにものごとをするようす。例自由奔放《じゆうほんぽう》に生《い》きる。

❹〈…より〉の意味で

【自今】じこん ▲ 今《いま》からあと。これからのち。例自今《じこん》はきびしくとりしまる。

◆各自《かくじ》　出自《しゅつじ》　独自《どくじ》

臭

自-3　総画9　JIS-2913　常用

音 シュウ
訓 くさい・におう

［臭］

筆順 臭 臭 臭 臭 臭 臭 臭 臭 臭

なりたち  【会意】もとの字は、「臭」。「自」が「はな」で、犬《いぬ》がはなでにおいをかぐことを表《あらわ》す字《じ》。

意味 におい。いやなにおい。例臭《くさ》い物《もの》にふたをする。臭覚《しゅうかく》・悪臭《あくしゅう》

使い分け におう［匂・臭］☞169ページ

【。臭覚】しゅうかく ↓ においを感《かん》じるはたらき。例臭覚《しゅうかく》がするどい。類嗅覚《きゅうかく》 関連視覚《しかく》（目《め》）・聴覚《ちょうかく》（耳《みみ》）・嗅覚《きゅうかく》（臭覚《しゅうかく》、鼻《はな》）・味覚《みかく》（した）・触覚《しょっかく》（ひふ）

【。臭気】しゅうき ↓ いやなにおい。例臭気《しゅうき》ふんぷん。臭気がただよう。対香気《こうき》

臭が下につく熟語 上の字の働き

【悪臭 異臭】あくしゅう いしゅう ドンナにおいか。

◆体臭《たいしゅう》　脱臭《だっしゅう》　無臭《むしゅう》

6画　至［いたる］［いたるへん］の部

矢《や》が達《たっ》した意《い》を表《あらわ》す「至」と、それをもとにして作《つく》られた「致」の字《じ》が入《はい》ります。

この部首の字　0 至……885　4 致……885
屋→尸 343　到→刂 150

至

至-0　総画6　JIS-2774　教6年

音 シ
訓 いたる

筆順 至 至 至 至 至 至（ながく）

なりたち  【会意】遠《とお》くから飛《と》んできた矢《や》（↓）と地面《じめん》（一）を合《あ》わせて、矢《や》がつきささりいたったことを表《あらわ》す字《じ》。

意味
❶いたる。行《い》き着《つ》く。例山頂《さんちょう》に至《いた》る。若気《わかげ》の至《いた》り。必至《ひっし》（きっとそうなる）
❷この上《うえ》なく。きわめて。ひじょうに。例至急《しきゅう》

名前のよみ ちか・のり・みち・むね・ゆき・よし

❷〈この上なく〉の意味で

【至急】しきゅう ↓ できるだけ急《いそ》ぐこと。例至急《しきゅう》ご連絡《れんらく》ください。類早急《さっきゅう》《そうきゅう》・火急《かきゅう》

【至近】しきん ↓ ひじょうに近《ちか》いこと。例至近距離《しきんきょり》

【至芸】しげい ↓ この上《うえ》なくみがきぬかれた芸《げい》。例一世一代《いっせいいちだい》の至芸《しげい》を見《み》せる。類名人芸《めいじんげい》

【至言】しげん ↓ だれもがそうだと感心《かんしん》するような、きわめてすぐれたことば。類名言《めいげん》

【至極】しごく ‖ この上《うえ》なく。きわめて。いたって。例残念《ざんねん》至極《しごく》。至極満足《しごくまんぞく》している。

【至上】しじょう ↓ これ以上《いじょう》のものはないこと。例至上《しじょう》のよろこび。類最高《さいこう》・無上《むじょう》

【至誠】しせい ↓ この上《うえ》なくまじめで、まごころがあること。例至誠《しせい》をもって仕《つか》える。

【至当】しとう ↓〈―な〉きわめてあたりまえで、ほかに考《かんが》えようもないこと。例至当《しとう》な措置《そち》。

【至難】しなん ↓〈―な〉できそうもないほど、むずかしいこと。例至難《しなん》のわざ。

【至福】しふく ↓ 最高《さいこう》の幸《しあわ》せ。例至福《しふく》のひとときをすごす。

【至便】しべん ↓〈―な・―に〉ひじょうに便利《べんり》なこと。例駅《えき》から三分《さんぷん》の交通至便《こうつうしべん》な地《ち》にあるホテル。

至が下につく熟語 上の字の働き

❶至＝〈いたる〉のとき

【冬至 夏至】とうじ げし イツのきわまりか。

致

至-4　総画10　JIS-3555　常用

音 チ
訓 いたす

筆順 致 致 致 致 致 致 致 致 致 致

なりたち  【形声】もとの字は、「致」。「いたる」意味《いみ》の「至《シ》」が「チ」とかわって読《よ》み方《かた》をしめしている。「あるく」意味《いみ》の

6 自 みずから 3画 臭 至 いたる 0画―4画 至 致 臼 興 ◀次ページ

「夂」をくわえて、向《む》こうまで送《おく》っていくことを表《あらわ》す字《じ》。

意味

❶**そこまでさせる。** 行《い》きつかせる。例 致《ち》死《し》・致命的《ちめいてき》・一致《いっち》・誘致《ゆうち》

❷**ようす。** おもむき。例 筆致《ひっち》・風致《ふうち》

❸**する。**（へりくだった言《い》い方《かた》）例 そのように致《いた》します。

名前のよみ とも・のり・むね・ゆき・よし

❶〈そこまでさせる〉の意味で

【。致死】ちし ▲ ①「死《し》」につながること。例 致死《ちし》量《りょう》。②殺《ころ》すつもりはなかったが、ある行為《こうい》のけっかとして、人《ひと》を死《し》なせてしまうこと。例 過失《かしつ》致死《ちし》

【。致命傷】ちめいしょう それがもとで、死《し》ぬことになるようなきず。いのちとり。表現「会社《かいしゃ》にとって致命傷《ちめいしょう》だ」などと、決定的《けっていてき》な打撃《だげき》を受《う》けたことを表《あらわ》すこともある。

【。致命的】ちめいてき〈—な〉〈—に〉ほかによい点《てん》があっても、それ一《ひと》つで全体《ぜんたい》をだめにしてしまう。例 ねじがゆるむのは致命的《ちめいてき》な欠陥《けっかん》だ。類 決定的《けっていてき》

◆一致《いっち》 合致《がっち》 極致《きょくち》 筆致《ひっち》 風致《ふうち》 誘致《ゆうち》

6画 臼［うす］の部

「臼」の字《じ》と、「臼《うす》」の形《かたち》がめやすとなる「興」の字《じ》とが入《はい》ります。

この部首の字
0 臼……886
10 興……886
鼠→鼠 1072

文字物語 舌

「舌《した》」は、もちろん動物《どうぶつ》の口《くち》のなかにある「した」をいうが、そのはたらきから意味《いみ》が分《わ》かれてくる。

「舌《した》」は、食《た》べ物《もの》や飲《の》み物《もの》をとり入《い》れて、味《あじ》を知《し》る器官《きかん》だ。あついものをうっかり口《くち》に入《い》れると「舌《した》を焼《や》く（やけどをする）」。おいしそうなものを見《み》ると思《おも》わず「舌《した》なめずり」するし、おいしいものを食《た》べると「舌鼓《したつづみ》を打《う》つ」。そして、おいしい味《あじ》がよくわかる人《ひと》のことを「舌《した》が肥《こ》えている人《ひと》」という。また、とても感《かん》心《しん》することを「舌《した》を巻《ま》く」というし、しまったと思《おも》うとつい「舌《した》を出《だ》す」。

「舌《した》」はまた、ものを言《い》うときになくてはならない器官《きかん》だ。だから、「ことばをあやつる」という意味《いみ》で、「した」一語《いちご》だけでも、熟語《じゅくご》としてもよく使《つか》われる。なんだかんだとしゃべりまくる人《ひと》のことを「よく舌《した》が回《まわ》るやつだ」というし、「舌先三寸《したさきさんずん》で人《ひと》を言《い》いくるめる」という。「舌戦《ぜっせん》」「弁舌《べんぜつ》」「毒舌《どくぜつ》」なども、この意味《いみ》からできたことばだ。

■ 臼—0

臼

総画6
JIS-1717
常用
音 キュウ
訓 うす

筆順

意味 うす。㋐円筒形《えんとうけい》の木《き》の上《うえ》の部分《ぶぶん》をくりぬいた、もちをつく道具《どうぐ》。つきうす。㋑きざみ目《め》を入《い》れた円盤形《えんばんけい》の石《いし》を重《かさ》ね、回《まわ》しながら穀物《こくもつ》を粉《こな》にする道具《どうぐ》。ひきうす。

【。臼歯】きゅうし ↓ 口《くち》のおくにある臼《うす》の形《かたち》の歯《は》。

臼—10

興

総画16
JIS-2229
教5年
音 コウ・キョウ
訓 おこる・おこす

筆順

なりたち  【会意】四本《よんほん》の手《て》と、「いっしょに」の意味《いみ》の「同」を合《あ》わせて、いっしょに力《ちから》を合《あ》わせてもりあげることを表《あらわ》す字《じ》。

意味

❶**おこる。** おこす。さかんになる。さかんにする。例 産業《さんぎょう》が興《おこ》る。国《くに》を興《おこ》す。興隆《こうりゅう》・復興《ふっこう》 対 亡《ぼう》

❷**おもしろみ。** たのしみ。例 興《きょう》をそえる。水遊《みずあそ》びに興《きょう》じる。興味《きょうみ》・余興《よきょう》

参考 ❶では「コウ」と読《よ》み、❷では「キョウ」と読《よ》む。

名前のよみ さき・とも・ふさ

❶〈おこる〉の意味で

【興行】こうぎょう ↓ 劇《げき》や映画《えいが》・音楽会《おんがくかい》・ショー・スポーツなど、客《きゃく》から入場料《にゅうじょうりょう》を取《と》って見《み》せるもよおしをすること。例 興行元《こうぎょうもと》・顔見世《かおみせ》興行《こうぎょう》

【興奮】こうふん 〓〈—する〉強《つよ》く心《こころ》に感《かん》じて気持《きも》ちが高《たか》ぶること。例 興奮《こうふん》してねむれない。

【興亡】こうぼう ⇔ 国《くに》などが新《あたら》しくできたり、ほろびたりすること。類 興廃《こうはい》・盛衰《せいすい》・栄枯《えいこ》

【興。隆】こうりゅう 〓〈—する〉国《くに》・文化《ぶんか》・学問《がくもん》などのいきおいがさかんになること。対 衰亡《すいぼう》

❷〈おもしろみ〉の意味で

【興。趣】きょうしゅ 〓 心《こころ》をひきつけるおもしろさ。例 興趣《きょうしゅ》をそえる。類 感興《かんきょう》 表現「興趣《きょうしゅ》」は、その場《ば》やそのもののようすを表《あらわ》すのに対《たい》して、「興味《きょうみ》」は見《み》るがわの心《こころ》のようすを表《あらわ》す。だから、「興味《きょうみ》を持《も》つ」とは言《い》っても、「興趣《きょうしゅ》を持《も》つ」とは言《い》わない。「興趣《きょうしゅ》のある風景《ふうけい》」のように、風景《ふうけい》の中《なか》に「興趣《きょうしゅ》がある」のであり、「興味《きょうみ》がある」のように、おもしろく思《おも》う人《ひと》の心《こころ》の中《なか》に「興味《きょうみ》がある」のだ。

【興味】きょうみ ↓ おもしろくて、心《こころ》をひかれること。例 興味《きょうみ》がわく。類 関心《かんしん》 表現 ☞【興趣】

【興味。津。津】きょうみしんしん〈—たる〉おもしろいと思《おも》う気持《きも》ちが次々《つぎつぎ》にわいてくるようす。（887ページ）

興が下につく熟語 上の字の働き

❶ 興＝〈おこる〉のとき
【新興《しんこう》 中興《ちゅうこう》 再興《さいこう》 復興《ふっこう》】（時《とき》の流《なが》れの中《なか》で）ドノヨウニ興《おこ》るか。

❷ 興＝〈おもしろみ〉のとき
【即興《そっきょう》 座興《ざきょう》 余興《よきょう》】ドノヨウナおもしろみか。

◆一興《いっきょう》 振興《しんこう》 不興《ふきょう》 遊興《ゆうきょう》

6画 舌［した］の部

ここには「舌」の字だけが入《はい》ります。

この部首の字
0 舌……887
憩→心 494
乱→し 40
辞→辛 979

舌

舌−0
総画6
JIS-3269
教5年
音 ゼツ
訓 した

筆順

なりたち

【象形】口《くち》から出入《でい》りする「した」の形《かたち》をえがいた字《じ》。

意味

❶ した。べろ。例 舌《した》を出《だ》す。舌《した》を巻《ま》く。舌鼓《したつづみ》

❷ 話《はな》す。しゃべる。話《はな》しぶり。例 舌戦《ぜっせん》・弁《べん》舌《ぜつ》

文字物語 ☞ 886ページ

❶〈した〉の意味で

【舌先】したさき ↓ 舌《した》のさき。例 舌先《したさき》でなめる。☞❷

【舌。鼓】したつづみ ↓ おいしいものを食《た》べたときなどに、舌《した》を鳴《な》らすこと。例 あまりの美味《びみ》に舌《した》鼓《つづみ》を打《う》つ。参考「したつづみ」がもともとの言《い》い方《かた》だが、「したづつみ」とも言《い》う。

❷〈話す〉の意味で

【舌先】したさき ↓ じょうずな話《はな》し方《かた》。例 舌先三寸《したさきさんずん》で人《ひと》をあやつる。☞❶

【舌。禍】ぜっか ↓ ①自分《じぶん》が話《はな》したことがもとになって起《お》こるわざわい。②事実《じじつ》でないことやわるくちを人《ひと》に言《い》われて受《う》けるめいわく。表現 自分《じぶん》の発表《はっぴょう》した文章《ぶんしょう》がもとで受《う》けるわざわいは「筆禍《ひっか》」と言《い》う。

【舌戦】ぜっせん ↓ 演説《えんぜつ》や議論《ぎろん》をして、たがいに相手《あいて》を言《い》い負《ま》かそうとすること。

【舌。鋒】ぜっぽう ↓ 議論《ぎろん》をして相手《あいて》を問《と》いつめていく話《はな》しぶり。例 舌鋒《ぜっぽう》するどくつめよる。

舌が下につく熟語 上の字の働き

❷ 舌＝〈話す〉のとき
【毒舌《どくぜつ》 二枚舌《にまいじた》】ドンナ話《はな》し方《かた》か。

◆筆舌《ひつぜつ》 弁舌《べんぜつ》

6画 舟［ふね］［ふねへん］の部

「舟《ふね》」をもとにして作《つく》られ、船《ふね》の形《かたち》や運行《うんこう》にかかわる字《じ》を集《あつ》めてあります。

この部首の字
0 舟……887
4 航……888
般……888
船……888
舶……889
7 艇……890
5 舷……888
15 艦……890
盤→皿 765

舟

舟−0
総画6
JIS-2914
常用
音 シュウ
訓 ふね・ふな

前ページ▶舌 舟

筆順 舟舟舟舟舟舟

なりたち  【象形】丸木《まるき》ぶねの形《かたち》をえがいた字《じ》。

意味 小《ちい》さなふね。こぶね。例 舟《ふな》歌《うた》・舟艇《しゅうてい》 表現 小《ちい》さなふねは「舟」、大《おお》きなふねは「船」と書《か》き分《わ》ける。

注意するよみ ふな…例 舟遊《ふなあそ》び・舟宿《ふなやど》・舟歌《ふなうた》

名前のよみ のり

【°舟°艇《しゅうてい》】Ⅱ 小型《こがた》のふね。例 上陸用舟艇《じょうりくようしゅうてい》

【°舟歌《ふなうた》】↓ 船頭《せんどう》が舟《ふね》をこぐときや、舟《ふね》をひくときに、うたう歌《うた》。表記「船歌」「舟唄」とも書《か》く。

◆丸木舟《まるきぶね》

舟−4

航

総画10 JIS-2550 教4年

訓 —— 音 コウ

筆順 航航航航航航航航航航（ーにならない／まっすぐ、つく／はねる）

なりたち 【形声】「亢」が「コウ」という読《よ》み方《かた》をしめしている。「コウ」は「横《よこ》ぎる」意味《いみ》を持《も》ち、ふね(舟)で川《かわ》をわたることを表《あらわ》す字《じ》。

意味 水上《すいじょう》や空中《くうちゅう》をわたる。船《ふね》や飛行機《ひこうき》でわたる。例 航路《こうろ》・出航《しゅっこう》

名前のよみ わたる

【航海《こうかい》】▲〈―する〉船《ふね》で海《うみ》をわたること。例 遠洋航海《えんようこうかい》。長《なが》い航海《こうかい》を終《お》える。類 航行《こうこう》

【航空《こうくう》】▲ 飛行機《ひこうき》などで空《そら》をとぶこと。例 航空会社《こうくうがいしゃ》・航空写真《こうくうしゃしん》・航空便《こうくうびん》

【航空機《こうくうき》】飛行機《ひこうき》・飛行船《ひこうせん》・グライダーなど、人《ひと》や荷物《にもつ》をのせて空《そら》をとぶもの。

【航行《こうこう》】↓〈―する〉船《ふね》で海《うみ》や川《かわ》を行《い》くこと。飛《ひ》行機《こうき》などで行《い》くこと。類 航海《こうかい》

【航°跡《こうせき》】↓ 船《ふね》がとおりすぎたあとに波《なみ》やあわが立《た》ってできる白《しろ》いすじ。

【航程《こうてい》】↓ 船《ふね》や飛行機《ひこうき》で行《い》くときの、目的地《もくてきち》までの道《みち》のり。例 航程《こうてい》が長《なが》い。

【航路《こうろ》】↓ 船《ふね》や飛行機《ひこうき》がとおるきまった道《みち》すじ。例 定期航路《ていきこうろ》 類 水路《すいろ》・海路《かいろ》・船路《ふなじ》・空路《くうろ》

航が下につく熟語 上の字の働き

【運航《うんこう》 周航《しゅうこう》 巡航《じゅんこう》】ドウヤッテわたるか。

【出航《しゅっこう》 就航《しゅうこう》 欠航《けっこう》】航海《こうかい》に(航海《こうかい》を)ドウスルか。

◆渡航《とこう》 難航《なんこう》 密航《みっこう》 来航《らいこう》

舟−4

般

総画10 JIS-4044 常用

訓 —— 音 ハン

筆順 般般般般般般般般般般

なりたち  【会意】動作《どうさ》をしめす「殳」と「舟」を合《あ》わせて、ふね(舟)をめぐらすことを表《あらわ》す字《じ》。

意味 めぐる。めぐらす。ものごとのひとくくり。例 一般《いっぱん》・全般《ぜんぱん》

名前のよみ かず

般が下につく熟語 上の字の働き

【一般《いっぱん》 全般《ぜんぱん》 諸般《しょはん》 先般《せんぱん》】ドノクライ・ドノヨウ二視線《しせん》をめぐらすか。

舟−5

舷

総画11 JIS-2431 常用

訓 —— 音 ゲン

筆順 舷舷舷舷舷舷舷舷舷舷舷

意味 ふなばた。ふなべり。船《ふね》の横《よこ》の部分《ぶぶん》。例 舷側《げんそく》・右舷《うげん》・半舷《はんげん》

【°舷側《げんそく》】Ⅱ ふなべり。船《ふね》の横側《よこがわ》。

舷が下につく熟語 上の字の働き

【接舷《せつげん》】ふなべりをドウスルか。

舟−5

船

総画11 JIS-3305 教2年

訓 ふね・ふな 音 セン

筆順 船船船船船船船船船船船（はねる／ーにならない／はらう）

なりたち 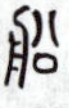 【形声】「㕣《エン》」が「セン」とかわって読《よ》み方《かた》をしめしている。「エン」は「くりぬく」意味《いみ》を持《も》ち、木《き》をくりぬいてつくったふね(舟)を表《あらわ》す字《じ》。

意味 ふね。大《おお》きなふね。例 船《ふね》の旅《たび》。汽船《きせん》

表現 大《おお》きなふねは「船」、小《ちい》さなふねは「舟」と書《か》き分《わ》ける。

注意するよみ ふな…例 船旅《ふなたび》・船賃《ふなちん》

特別なよみ 伝馬船(てんません)

【船医】せんい [↓] 船《ふね》に乗《の》り組《く》んで、船員《せんいん》や船客《せんきゃく》の病気《びょうき》やけがをみる医者《いしゃ》。

【船員】せんいん [↓] 船《ふね》に乗《の》り組《く》んではたらく人《ひと》。船乗《ふなの》り。類 海員《かいいん》・乗員《じょういん》・乗組員《のりくみいん》

【船客】せんきゃく [↓] 船《ふね》に乗《の》っている客《きゃく》。例 一等船客《いっとうせんきゃく》

【船橋】❶ せんきょう [↓] 船《ふね》の上《うえ》で、船長《せんちょう》が指揮《しき》をしたり、かじをとったりするへや。ブリッジ。❷ ふなばし たくさんの船《ふね》を横《よこ》にならべてつなぎ、その上《うえ》に板《いた》をわたしてつくった橋《はし》。浮《う》き橋《ばし》。

【船室】せんしつ [↓] 船《ふね》の中《なか》のへや・客室《きゃくしつ》。キャビン。例 二等船室《にとうせんしつ》

【船主】せんしゅ｜ふなぬし [↓] 船《ふね》の持《も》ち主《ぬし》。

【船首】せんしゅ [↓] 船《ふね》のいちばん前《まえ》の部分《ぶぶん》。例 船首《せんしゅ》を北《きた》に向《む》ける。類 舳先《へさき》 対 船尾《せんび》

【船倉】せんそう｜ふなぐら [↓] 船《ふね》の中《なか》の底《そこ》に近《ちか》い、貨物《かもつ》などを入《い》れておくところ。

【船体】せんたい [↓] 船《ふね》の胴体《どうたい》にあたる部分《ぶぶん》。また、船《ふね》の全体《ぜんたい》。例 波《なみ》で船体《せんたい》がかたむく。

【船団】せんだん [↓] まとまって航行《こうこう》する船《ふね》の集《あつ》まり。例 輸送船団《ゆそうせんだん》。船団《せんだん》を組《く》む。

【船長】せんちょう [↓] ①船《ふね》の乗組員《のりくみいん》の頭《かしら》で、いっさいをとりしきり、監督《かんとく》する人《ひと》。キャプテン。②船首《せんしゅ》から船尾《せんび》までの船《ふね》の長《なが》さ。対 船幅《せんぷく》

【船頭】せんどう [↓] 船《ふね》を動《うご》かすことを仕事《しごと》にしている人《ひと》。例 船頭多《せんどうおお》くして、船《ふね》、山《やま》に登《のぼ》る（指図《さしず》する人《ひと》が多《おお》すぎて意見《いけん》がまとまらず、まったくちがう方向《ほうこう》へ、事《こと》が進《すす》んでしまうこと）。

参考 「船頭《せんどう》」のもとの意味《いみ》は、「船《ふな》」乗《の》りの「頭《かしら》」。

【船舶】せんぱく Ⅱ 船《ふね》。どちらかといえば、大《おお》きな船《ふね》を指《さ》す。

【船尾】せんび [↓] 船《ふね》のいちばんうしろの部分《ぶぶん》。例 船尾《せんび》に日《ひ》の丸《まる》をかかげる。類 艫《とも》 対 船首《せんしゅ》

【船腹】せんぷく [↓] ①船《ふね》の胴体《どうたい》。②船《ふね》の、荷物《にもつ》を入《い》れておく場所《ばしょ》。③船《ふね》で運《はこ》ぶことのできる荷物《にもつ》の量《りょう》。荷《に》を運《はこ》ぶ船《ふね》の数《かず》。

【船脚】ふなあし [↓] ①船《ふね》の進《すす》む速《はや》さ。例 船脚《ふなあし》が速《はや》い。②船《ふね》の、水《みず》につかっている部分《ぶぶん》。例 船《ふな》脚《あし》があさい。類 喫水《きっすい》 表記 「船足」とも書《か》く。

【船路】ふなじ [↓] ①船《ふね》の行《い》き来《き》する道《みち》すじ。類 航路《こうろ》・海路《かいろ》 ②船《ふね》でする旅行《りょこう》。例 船路《ふなじ》を楽《たの》しむ。類 船旅《ふなたび》

【船旅】ふなたび [↓] 船《ふね》に乗《の》ってする旅行《りょこう》。類 船路《ふなじ》

【船賃】ふなちん [↓] 船《ふね》に乗《の》ったり、船《ふね》を借《か》りたりするときにはらう料金《りょうきん》。

【船出】ふなで ▽ 〈―する〉船《ふね》が港《みなと》を出《で》ていくこと。例 船出《ふなで》の合図《あいず》のどらが鳴《な》る。類 出帆《しゅっぱん》・出航《しゅっこう》・出船《しゅっせん》・出港《しゅっこう》 表現 「人生《じんせい》の船出《ふなで》」「新《あたら》しい船《ふな》出《で》」などと、はじめて世《よ》の中《なか》に出《で》たり、新《あたら》しい生活《せいかつ》をはじめたりする意味《いみ》にも使《つか》う。

【船便】ふなびん｜せんびん [↓] ①利用《りよう》できる船《ふね》の行《い》き来《き》。②船《ふね》で荷物《にもつ》や郵便物《ゆうびんぶつ》を送《おく》ること。対 航空便《こうくうびん》

船が下につく熟語 上の字の働き

【造船《ぞうせん》 乗船《じょうせん》 下船《げせん》 停船《ていせん》】船《ふね》を（船《ふね》に）ドウスルか。

【漁船《ぎょせん》 商船《しょうせん》 客船《きゃくせん》 宇宙船《うちゅうせん》】ナニのための船《ふね》か。

【帆船《はんせん》 汽船《きせん》】ナニで動《うご》く船《ふね》か。

【母船《ぼせん》 僚船《りょうせん》 便船《びんせん》 和船《わせん》 黒船《くろふね》】ドウイウ船《ふね》か。

◆艦船《かんせん》

舟−5

船

総画11

JIS-3985

常用

訓 ―

音 ハク

筆順 丿 ⺆ 舟 舟 舟 舶 舶 舶 舶

例解 使い分け

［よい《良い・善い》］

良い＝このましい。すぐれている。

例 質《しつ》が良《よ》い。気持《きも》ちが良《よ》い。良《よ》かれと思《おも》ってしたこと。

善い＝人《ひと》の道《みち》に正《ただ》しくあてはまっている。

例 善《よ》いおこない。社会《しゃかい》に役立《やくだ》つ善《よ》いことをする。

参考 「よい」の反対《はんたい》は「悪《わる》い」。

仲が良い

善いおこない

前ページ ▶舶

なりたち 【形声】「白」が「ハク」という読《よ》み方《かた》をしめしている。「ハク」は「大《おお》きい」の意味《いみ》を持《も》ち、大《おお》きいふね(舟)を表《あらわ》す字《じ》。

意味 大《おお》きいふね。例 舶来《はくらい》・船舶《せんぱく》

【舶来《はくらい》】⬇ 船《ふね》で外国《がいこく》から運《はこ》んでくること。外国《がいこく》からの輸入《ゆにゅう》。例 舶来品《はくらいひん》 類 輸入《ゆにゅう》・渡来《とらい》 対 国産《こくさん》

艇

舟-7 総画13 JIS-3690 常用 音 テイ 訓 ―

筆順

なりたち 【形声】「廷」が「まっすぐ」の意味《いみ》と「テイ」という読《よ》み方《かた》をしめしている。まっすぐ進《すす》む細長《ほそなが》いふね(舟)を表《あらわ》す字《じ》。

意味 こぶね。細長《ほそなが》いふね。ボート。例 艇身《ていしん》・舟艇《しゅうてい》

【艇庫《ていこ》】⬇ ボートをしまっておく建物《たてもの》。

【艇身《ていしん》】⬇ ボートの長《なが》さ。表現 ボートレースで、相手《あいて》ボートからのおくれを「二艇身《にていしん》の差《さ》」のように言《い》う。

◆艦艇《かんてい》 舟艇《しゅうてい》

艦

舟-15 総画21 JIS-2047 常用 音 カン 訓 ―

筆順

なりたち 【形声】「監」が「カン」という読《よ》み方《かた》をしめしている。「カン」は「かこむ」意味《いみ》を持《も》ち、矢《や》や石《いし》などをふせぐために、まわりを板《いた》でかこったふね(舟)を表《あらわ》す字《じ》。

意味 戦争《せんそう》のための大《おお》きなふね。例 軍艦《ぐんかん》

【艦船《かんせん》】Ⅱ 軍艦《ぐんかん》やふつうの船《ふね》。

【艦隊《かんたい》】⬇ 二隻《にせき》以上《いじょう》の軍艦《ぐんかん》でつくられている海軍《かいぐん》の部隊《ぶたい》。例 連合艦隊《れんごうかんたい》

【艦艇《かんてい》】Ⅱ 大小《だいしょう》さまざまの軍艦《ぐんかん》。

艦が下につく熟語 上の字の働き

【軍艦《ぐんかん》 戦艦《せんかん》】ドウスル艦《かん》か。

6画 艮 [こんづくり] の部

「艮」の字《じ》と、「良」の形《かたち》がめやすとなっている「良」の字《じ》とが入《はい》ります。

この部首の字 0 艮……890 1 良……890 食→食 1047

艮

艮-0 総画6 JIS-2617 表外 音 コン・ゴン 訓 うしとら

意味 方向《ほうこう》をしめす記号《きごう》。うしとら(東北《とうほく》)。

良

艮-1 総画7 JIS-4641 教4年 音 リョウ 訓 よい

筆順 まっすぐ、つく はねる はらう

なりたち 【会意】穀物《こくもつ》をふるいにかけて、よいものをえらぶようすからできた字《じ》。

意味 よい。すぐれている。このましい。例 良《よ》い成績《せいせき》。良心《りょうしん》・改良《かいりょう》 対 悪《あく》

使い分け よい[良・善] ☞889ページ

特別なよみ 野良(のら)

県名 奈良(なら)

名前のよみ あきら・かず・すけ・たか・つかさ・なおし・なか・なが・はる・ひさ・ふみ・まこと・み・ら・ろう

【良縁《りょうえん》】⬇ その人《ひと》にふさわしい相手《あいて》とのよい縁組《えんぐ》み。例 良縁《りょうえん》にめぐまれる。

【良家《りょうけ|りょうか》】⬇ 家《いえ》がらのよい家《いえ》。例 この学《がっ》校《こう》の生徒《せいと》は良家《りょうけ|りょうか》の子女《しじょ》ばかりだ。

【良好《りょうこう》】Ⅱ 〔―な〕ものごとのぐあいがいいこと。例 日当《ひあ》たり良好《りょうこう》のアパート。対 不良《ふりょう》

【良港《りょうこう》】⬇ 船《ふね》が出入《でい》りしたりとまったりするのにつごうのよいみなと。例 天然《てんねん》の良港《りょうこう》。

【良妻《りょうさい》】⬇ 夫《おっと》とともによい家庭《かてい》をつくるよい妻《つま》。例 良妻賢母《りょうさいけんぼ》 対 悪妻《あくさい》

【良識《りょうしき》】⬇ おだやかでかたよらない、健全《けんぜん》なものの見方《みかた》や考《かんが》え方《かた》。例 良識《りょうしき》ある行動《こうどう》を心《こころ》がける。類 常識《じょうしき》

【良質《りょうしつ》】⬇ 〔―な〕品質《ひんしつ》がよいこと。対 悪質《あくしつ》

【良心《りょうしん》】⬇ 自分《じぶん》のおこないがよいかわるいかをしっかり見分《みわ》け、よいことをしようと

する心《こころ》のはたらき。例 良心《りょうしん》がとがめる。

【良心的】《りょうしんてき》〈━な〉〈━に〉責任感《せきにんかん》のある考《かんが》え方《かた》をしていて、信頼《しんらい》できる。例 値段《ねだん》も適切《てきせつ》な良心《りょうしん》的《てき》な店《みせ》。

【良性】《りょうせい》↓ 病気《びょうき》やはれものが、命《いのち》にかかわるようなものでないこと。例 良性腫瘍《りょうせいしゅよう》 対 悪性《あくせい》

【良薬】《りょうやく》↓ よくきく薬《くすり》。

【良薬は口に苦し】《りょうやくはくちににがし》 よい薬《くすり》はのむときには苦《にが》いが、病気《びょうき》には効《き》く。参考 中国《ちゅうごく》の書物《しょもつ》にある「良薬《りょうやく》は口《くち》に苦《にが》けれども病《やまい》に利《り》あり、忠言《ちゅうげん》は耳《みみ》に逆《さか》らえども行《おこな》いに利《り》あり（同様《どうよう》に、忠告《ちゅうこく》はすなおには聞《き》けないけれども、自分《じぶん》のためになる）」ということばから。

【良友】《りょうゆう》↓ つきあっていて、ためになるよい友達《ともだち》。例 良友《りょうゆう》にまさる宝《たから》はない。対 悪友《あくゆう》

良が下につく熟語 上の字の働き

◆【善良《ぜんりょう》 優良《ゆうりょう》 純良《じゅんりょう》】近《ちか》い意味《いみ》。

◆改良《かいりょう》 最良《さいりょう》

故事のはなし

虎穴《こけつ》に入《い》らずんば虎子《こじ》を得《え》ず

後漢《ごかん》の班超《はんちょう》が漢《かん》の使者《ししゃ》として西域《せいいき》の鄯善《ぜんぜん》国《こく》をおとずれたところ、親善的《しんぜんてき》だった鄯善王《ぜんぜんおう》の態度《たいど》が急《きゅう》によそよそしくなった。その原因《げんいん》は、漢《かん》と敵対《てきたい》する匈奴《きょうど》の使者《ししゃ》がおとずれたためであった。そこで、危険《きけん》を感《かん》じて意《い》を決《けっ》した班超《はんちょう》は、三十六人《さんじゅうろくにん》の部《ぶ》下《か》を集《あつ》めて「トラの穴《あな》に入《はい》らなければ、トラの子《こ》は手《て》に入《はい》らない」と語《かた》り、匈奴《きょうど》の使者《ししゃ》の一行《いっこう》に夜襲《やしゅう》をかけた。

（『後漢書《ごかんじょ》』班超伝《はんちょうでん》）

6画 色［いろ］の部

いろどりの意《い》を表《あらわ》す「色」の字と、それをもとにして作《つく》られた「艶」の字とが入《はい》ります。

この部首の字

■ 色-0

色

総画6 JIS-3107 教2年

音 ショク・シキ
訓 いろ

筆順

なりたち 【会意】人《ひと》（⺈）とひざまずく人《ひと》「㔾」のかわった形《かたち》の「巴」を合《あ》わせて、人《ひと》のつながり、男女《だんじょ》のまじわりを表《あらわ》す字《じ》。

意味

❶いろ。いろどり。例 色《いろ》をぬる。色彩《しきさい》・茶《ちゃ》色《いろ》

❷かおつき。表情《ひょうじょう》。例 色《いろ》に出《で》る。色《いろ》に出《だ》す。難色《なんしょく》

❸おもむき。ようす。例 脚色《きゃくしょく》・特色《とくしょく》

❹男女《だんじょ》のひかれあい。例 色恋《いろこい》・好色《こうしょく》

特別なよみ 景色（けしき）

❶〈いろ〉の意味で

【色色】《いろいろ》Ⅲ〈━な〉・〈━に〉〈━と〉種類《しゅるい》が多《おお》いようす。さまざま。例 いろいろとめんどうをみる。参考 以前《いぜん》は「種々」を「いろいろ」とも読《よ》んだ。

【色紙】↓ ━ 《いろがみ》きれいな色《いろ》にそめた紙《かみ》。正方形《せいほうけい》で、折《お》り紙《がみ》などに使《つか》う。例 色紙細工《いろがみざいく》 類 千代紙《ちよがみ》 ━ 《しきし》和歌《わか》や俳句《はいく》・書《しょ》・絵《え》などをかく、四角《しかく》い厚《あつ》みのある紙《かみ》。例 サイン入《い》りの色紙《しきし》。

【色目】《いろめ》↓ 衣服《いふく》の色合《いろあ》い。知識 平安時代《へいあんじだい》の女子《じょし》の衣服《いふく》では、表地《おもてじ》と裏地《うらじ》の色《いろ》の配合《はいごう》を大事《だいじ》にし、これを「重《かさ》ねの色目《いろめ》」といった。☞❹

【色眼鏡】《いろめがね》①レンズに色《いろ》のついた眼鏡《めがね》。サングラス。②思《おも》いこみによる、かたよった見《み》方《かた》や考《かんが》え方《かた》。例 人《ひと》を色眼鏡《いろめがね》で見《み》る。類 偏見《へんけん》

【色感】《しきかん》↓ ①色《いろ》から受《う》ける感《かん》じ。例 すずしい色感《しきかん》のシャツ。②色《いろ》を見分《みわ》けたり、色《いろ》の感《かん》じをつかんだりする力《ちから》。例 色感《しきかん》がするどい。

【色。彩】《しきさい》Ⅲ ①いろどり。例 あざやかな色《しき》彩《さい》。②ある面《めん》へのかたより。例 この行事《ぎょうじ》は、宗教的《しゅうきょうてき》な色彩《しきさい》がこい。

【色弱】《しきじゃく》↓ 一部《いちぶ》の色《いろ》を見分《みわ》けることが少《すこ》ししてきない目《め》であること。

【色素】《しきそ》↓ ものに色《いろ》をつけるもとになるも

∘学習漢字でない常用漢字 ▴常用漢字表にない音訓 ◆常用漢字でない漢字

の。例色素《しきそ》が薄《うす》い。色素沈着《しきそちんちゃく》

【色調】《しきちょう》 ↓ こい・うすい、明《あか》るい・暗《くら》いなどの色《いろ》のぐあい。色合《いろあ》い。トーン。例落《お》ち着《つ》いた色調《しきちょう》。しぜんな色調《しきちょう》が目《め》にやさしい。

❹〈男女のひかれあい〉の意味で

【色男】《いろおとこ》 ↓ 顔《かお》かたちがよく、女《おんな》の人《ひと》にすかれそうな男《おとこ》。類二枚目《にまいめ》

【色気】《いろけ》 ↓ ①異性《いせい》をひきつける魅力《みりょく》。例色《いろ》気のある目《め》つき。②異性《いせい》に対《たい》する関心《かんしん》。例色気《いろけ》づく。③関心《かんしん》があって、やってみたいと思《おも》う気持《きも》ち。例市長選挙《しちょうせんきょ》に色気《いろけ》を出《だ》す。

【色目】《いろめ》 ↓ 相手《あいて》に関心《かんしん》をもっていることを知《し》らせる目《め》の表情《ひょうじょう》。流《なが》し目《め》。類秋波《しゅうは》 ☞❶

色が下につく熟語 上の字の働き

❶色＝〈いろ〉のとき

【潤色《じゅんしょく》 彩色《さいしき｜さいしょく》】近《ちか》い意味《いみ》。

【桃色《ももいろ》 桜色《さくらいろ》 茶色《ちゃいろ》 灰色《はいいろ》 金色《きんいろ｜こんじき》 褐色《かっしょく》 暖色《だんしょく》 寒色《かんしょく》 原色《げんしょく》 乳白色《にゅうはくしょく》】ドンナ色《いろ》か。

【毛色《けいろ》 顔色《がんしょく｜かおいろ》 血色《けっしょく》】ナニの色《いろ》か。

【着色《ちゃくしょく》 染色《せんしょく》 配色《はいしょく》 変色《へんしょく》】色《いろ》をドウスルか・色《いろ》がドウナルか。

【五色《ごしき》 三原色《さんげんしょく》】イクツの色《いろ》か。

❷色＝〈かおつき〉のとき

【喜色《きしょく》 難色《なんしょく》】ドンナ顔《かお》つきか。

❸色＝〈おもむき〉のとき

【景色《けしき》 気色《けしき》】近《ちか》い意味《いみ》。

【音色《おんしょく｜ねいろ》 声色《こわいろ》 旗色《はたいろ》 暮色《ぼしょく》】ナニのおもむきか。

【異色《いしょく》 特色《とくしょく》 国際色《こくさいしょく》】ドノヨウナおもむきか。

◆気色《きしょく》 脚色《きゃくしょく》 巧言令色《こうげんれいしょく》 好色《こうしょく》 十人十色《じゅうにんといろ》 出色《しゅっしょく》 物色《ぶっしょく》

色－13

艶

総画19　JIS-1780　常用

音エン　訓つや・なまめ-かしい

［艷］

筆順 艶 艶 艶 艶 艶 艶 艶 艶

意味 なまめく。なまめかしい。つやっぽい。例艶麗《えんれい》・濃艶《のうえん》・妖艶《ようえん》

参考 女性《じょせい》のおとなっぽい美《うつく》しさを表《あらわ》すのに使《つか》う字《じ》。物《もの》の「光沢《こうたく》」をいうふつうのつやは「つやがいい」のようにかなで書《か》くのがふつう。

名前のよみ よし

6画 虍［とらがしら］の部

トラのすがたをえがいた象形《しょうけい》である「虎」にもとづいた「虍」をもとにして作《つく》られた字《じ》を集《あつ》めてあります。

この部首の字

2虎……892　3虐……892　5虚……893　7虞……894　虜……894

彪→彡388　劇→刂157　慮→心494　戯→戈501　膚→月881

虍－2

虎

総画8　JIS-2455　常用

音コ　訓とら

筆順 虎 虎 虎 虎 虎 虎 虎 虎

意味 とら。アジアにいるネコ科《か》の猛獣《もうじゅう》。しなやかなからだは茶《ちゃ》と黄《き》のしま模様《もよう》の毛皮《けがわ》におおわれ、すばやい動《うご》きでえものにおそいかかる。例苛政《かせい》は虎《とら》よりも猛《たけ》し（むごい政治《せいじ》の害《がい》は、人《ひと》を食《く》い殺《ころ》す虎《とら》の害《がい》よりもひどい）。虎口《ここう》・猛虎《もうこ》

名前のよみ たけ

【虎穴に入らずんば虎子を得ず】《こけつにいらずんばこじをえず》 利益《りえき》は手《て》に入《はい》らない。危険《きけん》をおかさなければ、大《おお》きな

故事のはなし ☞891ページ

【虎の威を借る狐】《とらのいをかるきつね》 自分《じぶん》には実力《じつりょく》がないのに、強《つよ》いものの力《ちから》をかさにきていばる者《もの》。

故事のはなし ☞893ページ

◆白虎《びゃっこ》 猛虎《もうこ》 竜虎《りゅうこ》

虍－3

虐

総画9　JIS-2152　常用

音ギャク　訓しいたげる

筆順 虐 虐 虐 虐 虐 虐 虐 虐 虐

なりたち 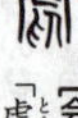 【会意】もとの字《じ》は、「虐」。「虍」は「虎《とら》」を略《りゃく》した形《かたち》、「⺕」は「つめ」の形《かたち》で、トラがつめできずつけることを表《あらわ》す字《じ》。

意味 しいたげる。むごたらしいことをする。

【◦虐殺《ぎゃくさつ》】[↓] 例 不当《ふとう》に虐《しいた》げる。虐待《ぎゃくたい》・残虐《ざんぎゃく》・自虐《じぎゃく》
ころすこと。例 虐殺事件《ぎゃくさつじけん》

【◦虐待《ぎゃくたい》】[↓]〈―する〉むごたらしいやり方《かた》でいじめること。例 動物《どうぶつ》を虐待《ぎゃくたい》するな。いじめること。

◆残虐《ざんぎゃく》 自虐《じぎゃく》

虍-5

虚

総画11
JIS-2185
常用
音 キョ・コ
訓 むな-しい
［虛］

筆順 虚 虚 虚 虚 虚 虚 虚 虚 虚

なりたち 【形声】もとの字は「虛」。中《なか》がくぼんでいる形《かたち》の「业」と、「虎」を略《りゃく》した「虍」とからでき、「虍」が「コ」という読《よ》み方《かた》をしめしている。「コ」は「からっぽ」の意味《いみ》を持《も》ち、まわりが高《たか》く中《なか》がくぼんでいる土地《とち》を表《あらわ》す字《じ》。

意味
虚《きょ》 ❶からっぽ。中《なか》になにもない。例 虚無《きょむ》・空《くう》
❷うわべだけ。うその。例 虚栄《きょえい》 対 実《じつ》
❸よわい。体力《たいりょく》がない。例 虚《きょ》弱《じゃく》

注意するよみ コ…例 虚空《こくう》・虚無僧《こむそう》

❶〈からっぽ〉の意味で

【◦虚心《きょしん》】[↓]〈―な〉〈―に〉心《こころ》にわだかまりがなく、さっぱりしていること。例 虚心坦懐《きょしんたんかい》

【◦虚◦脱《きょだつ》】[↓]〈―する〉体力《たいりょく》や気力《きりょく》をなくして、ぼんやりとしてしまうこと。例 ショックで虚《きょ》脱状態《だつじょうたい》におちいる。

【◦虚無《きょむ》】[Ⅱ] からっぽで、なんにもないこと。とくに、心《こころ》をみたすものがなく、ただ、むなしいこと。例 虚無感《きょむかん》にとらわれる。参考 ただし、「虚無主義《きょむしゅぎ》」という考《かんが》え方《かた》もあって、何《なに》も無《な》いことを心《こころ》の基本《きほん》とし、人生《じんせい》や社会《しゃかい》を、その上《うえ》にたてていこうとする生《い》き方《かた》もある。

【◦虚空《こくう》】[Ⅱ] 大空《おおぞら》のように、なにもない空間《くうかん》。例 虚空《こくう》に舞《ま》う。

❷〈うわべだけ〉の意味で

【◦虚栄《きょえい》】[↓] うわべをかざって、中身《なかみ》よりもりっぱに見《み》せようとすること。例 虚栄《きょえい》をはる。虚栄心《きょえいしん》 類 見栄《みえ》・虚飾《きょしょく》

【◦虚◦偽《きょぎ》】[Ⅱ] ほんとうでないことを、ほんとうのように見《み》せかけること。いつわり。うそ。例 虚偽《きょぎ》の証言《しょうげん》をする。対 真実《しんじつ》

【◦虚◦虚実実《きょきょじつじつ》】たたかいなどで、相手《あいて》のすきや油断《ゆだん》をねらったり、まもりのかたいところをさけたりするなど、あらゆる手《て》を使《つか》うやり方《かた》。例 虚々実々《きょきょじつじつ》のかけひき。

【◦虚言《きょげん》】[↓]〈―する〉うそを言《い》うこと。うそ。例 虚言癖《きょげんへき》

【◦虚構《きょこう》】[↓] じっさいにはないことを、いかにもほんとうのようにつくりあげること。フィクション。例 虚構《きょこう》の世界《せかい》。類 架空《かくう》

【◦虚◦飾《きょしょく》】[↓] 中身《なかみ》がないのに、うわべだけをかざること。例 虚飾《きょしょく》にみちた生活《せいかつ》。虚飾《きょしょく》

故事のはなし

虎《とら》の威《い》を借《か》る狐《きつね》

いろいろなけものをとらえて食《た》べるトラがキツネをつかまえた。キツネは、「わたしを食《た》べてはいけません。天帝《てんてい》がわたしを百獣《ひゃくじゅう》の長《ちょう》にしたのです。わたしを食《た》べると天帝《てんてい》の命《めい》令《れい》にそむくことになります。うそだと思《おも》うなら、わたしのうしろからついてきなさい。けものたちはわたしを見《み》るときっとにげますから」と言《い》う。トラはなるほどと思《おも》い、いっしょに歩《ある》いたところ、それを見《み》てけものたちはみなにげ出《だ》した。はたしてトラは、けものが自分《じぶん》をおそれてにげたのに気《き》づかず、キツネをおそれていると思《おも》った。（『戦国策《せんごくさく》』楚策《そさく》）

参考 戦国時代《せんごくじだい》、楚《そ》の宣王《せんおう》の問《と》いに対《たい》し、家《け》来《らい》の江乙《こういつ》が答《こた》えたことば。「北方《ほっぽう》の国々《くにぐに》は大《たい》将《しょう》の昭奚恤《しょうけいじゅつ》をおそれているそうだが本当《ほんとう》か、昭奚恤《しょうけいじゅつ》は本当《ほんとう》にそんなに強《つよ》いのか」と問《と》われたのに対《たい》し、江乙《こういつ》は、宣王《せんおう》をトラ、昭奚《しょうけい》恤《じゅつ》をキツネにたとえ、北方《ほっぽう》の国々《くにぐに》が昭奚恤《しょうけいじゅつ》をおそれるのは、じっさいには、背後《はいご》にある楚《そ》の大《おお》きな力《ちから》、つまり、宣王《せんおう》をおそれてのことだと答《こた》えたのである。

前ページ ▶ 虚

をはぎとる。

【虚勢】《きょせい》 ↓ 力《ちから》もないのに、強《つよ》がって見《み》せること。からいばり。類 見栄《みえ》・虚栄《きょえい》 例 虚勢《きょせい》をはる。

【虚像】《きょぞう》 ↓ ①かがみやレンズのむこうに見《み》えているすがた。対 実像《じつぞう》 ②ほんとうでない、見《み》せかけのすがた。例 マスコミがつくりあげた虚像《きょぞう》。対 実像《じつぞう》

【虚礼】《きょれい》 ↓ 心《こころ》のこもっていない、形式《けいしき》だけになってしまった礼儀《れいぎ》。例 虚礼廃止《きょれいはいし》

❸〈よわい〉の意味で

【虚弱】《きょじゃく》 Ⅱ 〈―な・―に〉 病気《びょうき》がちである。よわよわしいようす。例 虚弱《きょじゃく》な体質《たいしつ》。対 頑健《がんけん》・頑《がん》丈《じょう》・強健《きょうけん》

虞

虍-7　総画13　JIS-2283　常用

訓 おそれ　音 グ

筆順 虞 虞 虞 虞 虞 虞 虞

なりたち  【形声】「呉《ゴ》」が「グ」とかわって読《よ》み方《かた》をしめしている。「虎」を略《りゃく》した「虍」をくわえて、トラに似《に》た動物《どうぶつ》を表《あらわ》す字《じ》。

意味 おそれる。心配《しんぱい》する。例 悪用《あくよう》される虞《おそれ》がある。表現 このましくないことが実現《じつげん》する可能性《かのうせい》があることを「…のおそれがある」といい「…の虞がある」と書《か》くが、今《いま》は「…の恐れがある」「…のおそれがある」と書《か》くほうがふつうになった。

文字物語 虫

「虫《むし》」というと、昆虫《こんちゅう》をはじめ、自然界《しぜんかい》に生《い》きている虫《むし》を思《おも》いうかべるが、人《ひと》のからだの中《なか》にも「腹《はら》の虫《むし》」というかわった虫《むし》がいるらしい。この虫《むし》は、まず、おなかがすいたときに「クウクウ」と鳴《な》く。この虫《むし》をだまらせようと、ちょっと何《なに》かを食《た》べるのが「虫《むし》やしない」だ。どうも腹《はら》が立《た》ってしかたがないのも、この虫《むし》のしわざらしく、「腹《はら》の虫《むし》がおさまらない」というし、人《ひと》がなぜかへんにきげんがわるいのを「虫《むし》のいどころがわるい」という。

人《ひと》の中《なか》にいる虫《むし》は、ときに、超能力《ちょうのうりょく》をはたらかせて、よくないことを予感《よかん》させることがある。これが「虫《むし》の知《し》らせ」だ。

人《ひと》がそっくり虫《むし》になってしまうこともある。本《ほん》に夢中《むちゅう》なのは「本《ほん》の虫《むし》」、仕事《しごと》べったりなのは「仕事《しごと》の虫《むし》」。「泣《な》き虫《むし》」「弱虫《よわむし》」「点取《てんと》り虫《むし》」となると、あまりほめられない虫《むし》になる。

虜

虍-7　総画13　JIS-4626　常用

訓 とりこ　音 リョ

［虜］

筆順 虜 虜 虜 虜 虜 虜 虜

なりたち  【形声】もとの字《じ》は、「虜」。「虎《コ》」の略《りゃく》の「虍」が「リョ」とかわって読《よ》み方《かた》をしめしている。「コ」は「とらえる」意味《いみ》を持《も》ち、「力」と「つらぬく」意味《いみ》の「毌」をくわえて、力《ちから》ずくでつなぎとらえることを表《あらわ》す字《じ》。

意味 とりこ。いけどりにする。例 虜囚《りょしゅう》・捕《ほ》虜《りょ》

【虜囚】《りょしゅう》 Ⅱ 敵《てき》にいけどりにされた人《ひと》。例 虜囚《りょしゅう》の身《み》となる。類 捕虜《ほりょ》

6画 虫 ［むし］［むしへん］ の部

「虫《むし》」をもとにして作《つく》られ、昆虫《こんちゅう》や爬虫類《はちゅうるい》などにかかわる字《じ》を集《あつ》めてあります。

この部首の字
- 0 虫……894
- 3 虹……895
- 4 蚊……895
- 蚕……895
- 5 蛍……895
- 蛇……896
- 蛋……896
- 6 蛙……896
- 蛮……896
- 7 蛾……898
- 蜂……898
- 8 蝕……898
- 蜜……898
- 9 蝶……898
- 10 融……898
- 12 蟬……899
- 13 蟹……899
- 蠍……899
- 蟻……899
- 蠅……899
- 風→風……1044
- 触→角……923

虫

虫-0　総画6　JIS-3578　教1年

訓 むし　音 チュウ

［蟲］

筆順 虫 虫 虫 虫 虫 虫（とめる）

なりたち  【会意】もとの字《じ》は「蟲」。まむしの形《かたち》をえがいた象形文字《しょうけいもじ》の「虫《むし》」

を三《みっ》つ合《あ》わせて、たくさん集まる小《ちい》さな「むし」を表《あらわ》す字《じ》。

意味 むし。㋐昆虫《こんちゅう》など、生《い》きている虫《むし》。例 虫《むし》が鳴《な》く。虫《むし》くだし・虫害《ちゅうがい》・毛虫《けむし》・寄生虫《きせいちゅう》 ㋑なにかに熱中《ねっちゅう》している人。よくそうしている人。例 本《ほん》の虫《むし》。㋒人《ひと》のからだの中《なか》にいて人《ひと》の心《こころ》をうごかすと思《おも》われているもの。例 虫《むし》のいどころがわるい（きげんがわるくて、はらをたてる）。虫《むし》の知《し》らせ。

文字物語 ☞894ページ

【虫害】ちゅうがい ↓ 作物《さくもつ》や木《き》が、虫《むし》のために受《う》ける害《がい》。例 山林《さんりん》のマツが虫害《ちゅうがい》でかれた。

【虫媒花】ちゅうばいか 昆虫《こんちゅう》によってはこばれた花《か》粉《ふん》がめしべについて実《み》をむすぶ花《はな》。バラ・サクラ・ユリなど、花《はな》が美《うつく》しく、みつが多《おお》くあって強《つよ》いかおりをもつものが多《おお》い。

【虫歯】むしば ↓ 虫《むし》に食《く》われたように、穴《あな》があいたり、欠《か》けたようになった歯《は》。例 虫歯《むしば》が痛《いた》む。

虫が下につく熟語 上の字の働き

【益虫《えきちゅう》 害虫《がいちゅう》】（人間《にんげん》にとって）ドノヨウナ虫《むし》か。
【甲虫《こうちゅう》 毛虫《けむし》】（形《かたち》が）ドノヨウナ虫《むし》か。
【幼虫《ようちゅう》 成虫《せいちゅう》】（成長過程《せいちょうかてい》で）ドノヨウナ虫《むし》か。
◆駆虫《くちゅう》 昆虫《こんちゅう》 弱虫《よわむし》

故事のはなし

蛍雪《けいせつ》の功《こう》

晋《しん》の時代《じだい》の車胤《しゃいん》という人《ひと》は貧乏《びんぼう》で、明《あ》かりをともす油《あぶら》がいつも手《て》に入《はい》るとはかぎらなかった。そこで、夏《なつ》には絹《きぬ》のうすい布《ぬの》のふくろに数十《すうじっ》ぴきのホタルを入《い》れて、その明《あ》かりで夜《よる》も読書《どくしょ》につとめた。また、孫康《そんこう》も家《いえ》が貧乏《びんぼう》で油《あぶら》がなかったので、冬《ふゆ》は雪明《ゆきあ》かりで読書《どくしょ》した。どちらも貧乏《びんぼう》にたえて努力《どりょく》し、のちにりっぱな人物《じんぶつ》になった。（『晋書《しんじょ》』）

虹

虫-3 総画9 JIS-3890 常用
音 コウ 訓 にじ

筆順

意味 にじ。空《そら》に、橋《はし》のようにかかる七色《なないろ》のにじ。例 虹彩《こうさい》

文字物語 ☞896ページ

蚊

虫-4 総画10 JIS-1867 常用
音 ― 訓 か

筆順

なりたち 【形声】「文」が「ブン」という読《よ》み方《かた》をしめしている。ブンブンと音《おと》をたてて飛《と》ぶ虫《むし》を表《あらわ》す字《じ》。

意味 か。とんできて、血《ち》をすう小《ちい》さな虫《むし》。例 蚊《か》の鳴《な》くような声《こえ》。蚊帳《かや》

特別なよみ 蚊帳（かや）

【蚊帳】かや ↓ こまかい網目《あみめ》の布《ぬの》でつくった、カをふせぐための大《おお》きなおおい。夜《よる》、へやいっぱいにつるして、その中《なか》でねる。

蚕 ［蠶］

虫-4 総画10 JIS-2729 教6年
音 サン 訓 かいこ

筆順 ながく はらう とめる

なりたち 【形声】もとの字《じ》は、「蠶」。「朁」が「サン」という読《よ》み方《かた》をしめしている。「サン」は「はらむ」意味《いみ》を持《も》ち、糸《いと》をはらむ虫《むし》を表《あらわ》す字《じ》。

意味 かいこ。生糸《きいと》のもとになる糸《いと》を出《だ》してまゆを作《つく》る虫《むし》。例 蚕《かいこ》を飼《か》う。蚕糸《さんし》・養蚕《ようさん》

【蚕糸】さんし ↓ カイコのまゆからとった糸《いと》。蚕糸試験場《さんししけんじょう》 類 生糸《きいと》

蛍 ［螢］

虫-5 総画11 JIS-2354 常用
音 ケイ 訓 ほたる

筆順

なりたち 【形声】もとの字は、「螢」。「𤇾」が光《ひかり》を放《はな》って飛《と》び交《か》うようすと、「ケイ」という読《よ》み方《かた》をしめしている。光《ひかり》を放《はな》って飛《と》ぶ虫《むし》「ホタル」を表《あらわ》す字《じ》。

意味 ほたる。夏《なつ》の夜《よる》に光《ひかり》を放《はな》つ虫《むし》。例 蛍《ほたる》の光《ひかり》、窓《まど》の雪《ゆき》。蛍光《けいこう》

【。蛍光】《けいこう》 ⇩ ①ホタルの出《だ》す光《ひかり》。②とくべつな物質《ぶっしつ》に光《ひかり》や電磁《でんじ》波《は》などをあてたときに出《で》る、ホタルの光《ひかり》のように熱《ねつ》のない光《ひかり》。例 蛍光《けいこう》灯《とう》・蛍光《けいこう》塗料《とりょう》

【。蛍雪の功】《けいせつのこう》 まずしさに負《ま》けず、苦労《くろう》して学問《がくもん》に精《せい》を出《だ》し、りっぱな人《ひと》になることのたとえ。

故事のはなし ☞895ページ

蛇

虫-5 総画11 JIS-2856 常用
訓 音 ジャ・ダ
へび

筆順

なりたち  【形声】「へビ」の意味《いみ》の「它」が「ダ」という読《よ》み方《かた》をしめしている。「虫」をくわえてヘビを表《あらわ》す字《じ》。

意味 へび。細長《ほそなが》くて、からだをくねらせて地《ち》をはう動物《どうぶつ》。ヘビのようなもの。例 蛇《じゃ》の道《みち》は蛇《へび》(なかまどうしは、おたがいにすることがわかっている)。蛇口《じゃぐち》・蛇足《だそく》・大蛇《だいじゃ》

【。蛇口】《じゃぐち》 ⇩ 水道《すいどう》などの、水《みず》を出《だ》す口《くち》につける金具《かなぐ》。例 蛇口《じゃぐち》をひねる。

【。蛇腹】《じゃばら》 ⇩ アコーディオンなどの、のびちぢみするようになっているところ。参考 ヘビのはらのように見《み》えるので、この名《な》がついた。

【。蛇行】《だこう》 ⇩〈—する〉ヘビがはうように、くねくねと曲《ま》がりくねって進《すす》むこと。例 川《かわ》は蛇行《だこう》しながら流《なが》れている。蛇行《だこう》運転《うんてん》

【。蛇足】《だそく》 ◎ よけいなつけたし。いらないものを、あとからつけくわえること。表現 「蛇《だ》足《そく》ではありますが」と言《い》って、さらにつけくわえるときに使《つか》う。

故事のはなし ☞899ページ

◆大蛇《だいじゃ》 長蛇《ちょうだ》

文字物語 虹

空《そら》にかかる七色《なないろ》のにじを表《あらわ》す漢字《かんじ》「虹」に虫偏《むしへん》がついているのは、なぜだろう。にじの形《かたち》が「虫《むし》」に似《に》ているからだという。この「虫《むし》」という漢字《かんじ》のもとは、へびの「まむし」を表《あらわ》す象形文字《しょうけいもじ》だった。へびもえらくなると竜《りゅう》になるという。美《うつく》しいにじを、雨上《あめあ》がりに竜《りゅう》が七色《なないろ》に映《は》えて天《てん》にのぼっていくすがただと見《み》たのだ。

「虹《にじ》」は、アーチの外《そと》がわが赤《あか》く、内《うち》がわがむらさき色《いろ》のものをいうが、気象《きしょう》のかげんで、まれに、その外《そと》がわにさらに大《おお》きなにじがかかることがある。このにじは、色《いろ》がうすく、色《いろ》のならび方《かた》も外《そと》がわがむらさき、内《うち》がわが赤《あか》だ。中国《ちゅうごく》ではこれを「蜺《げい》」といって、「虹《にじ》」を男性《だんせい》に見立《みた》て、「蜺」を女性《じょせい》に見立《みた》てて「虹《にじ》」によりそうすがただと考《かんが》えた。理科《りか》では、外《そと》がわのにじを「副虹《ふくこう》」という。

蛋

虫-5 総画11 JIS-3533 表外
訓 音 タン
—

意味 たまご。鳥《とり》のたまご。

【•蛋白】《たんぱく》 ⇩ ①たまごの白身《しろみ》。卵白《らんぱく》。②「蛋《たん》白質《ぱくしつ》」のこと。

【•蛋白質】《たんぱくしつ》 生《い》き物《もの》の体《からだ》を作《つく》っている栄養《えいよう》の一《ひと》つ。たまごの白身《しろみ》・肉《にく》・牛乳《ぎゅうにゅう》・豆《まめ》などに多《おお》くふくまれている。

蛙

虫-6 総画12 JIS-1931 表外
訓 音 かえる・かわず
—

意味 かえる。水《みず》の中《なか》や水辺《みずべ》にいてはねることの得意《とくい》な両生類《りょうせいるい》。例 井《い》の中《なか》の蛙《かわず》(広《ひろ》い世《よ》の中《なか》を知《し》らず、考《かんが》えのせまい人《ひと》)。雨蛙《あまがえる》

蛮

虫-6 総画12 JIS-4058 常用
訓 音 バン
—
［蠻］

筆順

なりたち  【形声】もとの字《じ》は、「蠻」。「虫」が「ヘビ」を、「䜌《ラン》」が「バン」とかわって読《よ》み方《かた》をしめしている。中国《ちゅうごく》にすむ、ヘビを神《かみ》としてあがめているという種族《しゅぞく》の名《な》。

ものしり巻物 第29巻

白居易《はくきょい》の詩《し》と平安文学《へいあんぶんがく》

『文選《もんぜん》』や『白氏文集《はくしもんじゅう》』は、わが国《くに》でもよく読《よ》まれました。とりわけ白居易《はくきょい》(楽天《らくてん》)の詩《し》は、彼《かれ》の生《い》きている間《あいだ》に日本《にほん》にも伝《つた》わり、平安時代《へいあんじだい》の文学《ぶんがく》に大《おお》きな影響《えいきょう》を与《あた》えました。

たとえば、清少納言《せいしょうなごん》の『枕草子《まくらのそうし》』第《だい》二八〇段《だん》には、中宮定子《ちゅうぐうていし》が清少納言《せいしょうなごん》に「香炉峰《こうろほう》の雪《ゆき》はどのようか」とたずねたので、女官《にょかん》に御格子《みこうし》を上《あ》げさせて、御簾《みす》を高《たか》く巻《ま》き上《あ》げたという話《はなし》があり、白居易《はくきょい》の七言律詩《しちごんりっし》の句《く》が当時《とうじ》の人々《ひとびと》によく知《し》られていたことがわかります。清少納言《せいしょうなごん》は、このとっさの機転《きてん》を利《き》かせた行動《こうどう》によって称賛《しょうさん》されました。

香炉峰下新卜山居草堂初成偶題東壁
香炉峰下《こうろほうか》、新《あら》たに山居《さんきょ》を卜《ぼく》し、草堂初《そうどうはじ》めて成《な》り、偶《たまたま》東壁《とうへき》に題《だい》す

日高睡足猶慵起
日高《ひたか》く睡《ねむ》り足《た》りて猶《なお》起《お》くるに慵《ものう》し

小閣重衾不怕寒
小閣《しょうかく》に衾《しとね》を重《かさ》ねて寒《さむ》さを怕《おそ》れず

遺愛寺鐘欹枕聴
遺愛寺《いあいじ》の鐘《かね》は枕《まくら》を欹《そばだ》てて聴《き》き

香炉峰雪撥簾看
香炉峰《こうろほう》の雪《ゆき》は簾《すだれ》を撥《かか》げて看《み》る

匡廬便是逃名地
匡廬《きょうろ》は便《すなわ》ち是《こ》れ名《な》を逃《のが》るるの地《ち》

司馬仍為送老官
司馬《しば》は仍《なお》お老《お》いを送《おく》るの官《かん》為《た》り

心泰身寧是帰処
心泰《こころやす》く身寧《みやす》きは是《こ》れ帰《き》する処《ところ》

故郷何独在長安
故郷何《こきょうなん》ぞ独《ひと》り長安《ちょうあん》にのみ在《あ》らんや

(香炉峰《こうろほう》のふもとに新《あたら》しく山居《さんきょ》をさだめ、草《くさ》ぶきの家《いえ》ができたおり、たまたま東壁《とうへき》に書《か》き付《つ》けた詩《し》)日《ひ》は高《たか》くのぼり、睡眠《すいみん》はもう十分《じゅうぶん》であるが、それでもなお起《お》き上《あ》がるのがけだるい。ささやかな住居《じゅうきょ》であるが、夜具《やぐ》を重《かさ》ねているので、寒《さむ》さの心配《しんぱい》もない。遺愛寺《いあいじ》から響《ひび》いてくる鐘《かね》の音《ね》は、枕《まくら》を傾《かたむ》けてじっと聞《き》き、香炉峰《こうろほう》に降《ふ》り積《つ》もる雪《ゆき》は、簾《すだれ》をはねあげて眺《なが》める。ここ廬山《ろざん》こそは、俗世間《ぞくせけん》の名利《めいり》から逃《のが》れるのに最《もっと》もふさわしい土地《とち》であり、司馬《しば》という役職《やくしょく》は、老後《ろうご》を過《す》ごすのに適《てき》した官職《かんしょく》である。心身《しんしん》ともに安《やす》らかでいられるところこそ、自分《じぶん》が最終的《さいしゅうてき》に落《お》ち着《つ》くべき場所《ばしょ》なのだ。故郷《こきょう》は何《なに》もただ長安《ちょうあん》だけにあるわけではない)

《韻字＝寒・看・官・安》

この詩《し》は、江州司馬《こうしゅうしば》の役職《やくしょく》に左遷《させん》された白居易《はくきょい》が、自《みずか》らが置《お》かれた境遇《きょうぐう》を心静《こころしず》かに受《う》け入《い》れるという人生観《じんせいかん》を述《の》べたものです。

さらに紫式部《むらさきしきぶ》の『源氏物語《げんじものがたり》』などにも白居易《はくきょい》の詩文《しぶん》の影響《えいきょう》が見《み》られます。

前ページ▶蛮

「文明《ぶんめい》の開《ひら》けていない人《ひと》」の意味《いみ》に使《つか》われている。

意味 ❶やばん人《じん》。例 蛮族《ばんぞく》・南蛮《なんばん》 ❷らんぼうな。あらあらしい。例 蛮勇《ばんゆう》

❶〈やばん人〉の意味で

【°蛮族《ばんぞく》】⇩ 文明《ぶんめい》の開《ひら》けていない民族《みんぞく》。

❷〈らんぼうな〉の意味で

【°蛮声《ばんせい》】⇩ 下品《げひん》で、あらあらしく、ふとい大声《おおごえ》。例 蛮声《ばんせい》をはりあげる。

【°蛮勇《ばんゆう》】⇩ 考《かんが》えのたりない、むちゃくちゃな元気《げんき》。例 蛮勇《ばんゆう》をふるう。

◆南蛮《なんばん》 野蛮《やばん》

蛾

虫-7 総画13 JIS-1875 表外 音 ガ 訓 ―

意味 が。カイコや毛虫類《けむしるい》の成虫《せいちゅう》。

文字物語 ☞898ページ

蜂

虫-7 総画13 JIS-4310 常用 音 ホウ 訓 はち

筆順

意味 はち。ハチのようにむらがる。例 蜂起《ほうき》・蜜蜂《みつばち》

【°蜂起《ほうき》】⇩〈―する〉強《つよ》く大《おお》きな力《ちから》に立《た》ちむかって、おおぜいの人《ひと》びとがそろって行動《こうどう》を起《お》こすこと。例 武装蜂起《ぶそうほうき》。一斉蜂起《いっせいほうき》。参考 ハチの巣《す》をつつくと、いっせいにハチがとび出《だ》し、おそいかかってくる。そのようすからできたことば。

文字物語

蝶 蛾

「蝶《ちょう》」と「蛾《が》」は、すがたかたちが似《に》ているけれども、羽《はね》をたいらに広《ひろ》げてとまるのが「蛾《が》」、羽《はね》をとじて立《た》てたかたちでとまるのが「蝶《ちょう》」だと、だいたい見分《みわ》けられる。

「蝶《ちょう》」は、ひるま花《はな》から花《はな》へひらひらと飛《と》びまわるようすが優雅《ゆうが》なので、「蝶《ちょう》のように舞《ま》う」などといわれる。「蛾《が》」は、夜《よる》、灯火《とうか》をめがけて飛《と》んでくるから、「飛《と》んで火《ひ》に入《い》る夏《なつ》の虫《むし》」といわれるのは「蛾《が》」のほうだ。「蝶《ちょう》」は羽《はね》の色《いろ》やもようが美《うつく》しいが、「蛾《が》」は左右《さゆう》に分《わ》かれた触角《しょっかく》のかたちがすっきりとしてきれいなので、中国《ちゅうごく》では、三日月形《みかづきがた》の美《うつく》しい眉《まゆ》を「蛾眉《がび》」といい、美人《びじん》のほめことばとした。

蜜

虫-8 総画14 JIS-4410 常用 音 ミツ 訓 ―

筆順

意味 みつ。はちみつ。例 蜜蜂《みつばち》

【°蜜月《みつげつ》】⇩ ①結婚《けっこん》してから一《いっ》か月《げつ》のあいだ。とくに、結婚《けっこん》したばかりのころをいうことが多《おお》い。②親密《しんみつ》な関係《かんけい》にあること。参考 英語《えいご》のハネムーンを日本語《にほんご》におきかえたことば。

【°蜜蜂《みつばち》】⇩ はちみつをとるために飼《か》うハチ。

蝕

虫-9 総画15 JIS-3110 表外 音 ショク 訓 むしば-む

意味 むしばむ。虫《むし》が食《く》う。少《すこ》しずつ悪《わる》くする。おかす。例 健康《けんこう》が蝕《むしば》まれる。

表記 「蝕」のつく熟語《じゅくご》は、今は「食」におきかえて使う。例 日蝕《にっしょく》→日食《にっしょく》

蝶

虫-9 総画15 JIS-3619 人名 音 チョウ 訓 ―

意味 ちょう。ちょうちょう。例 胡蝶《こちょう》

文字物語 ☞898ページ

融

虫-10 総画16 JIS-4527 常用 音 ユウ 訓 と-ける

筆順

なりたち

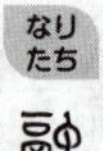

[形声]「鬲」が穀物《こくもつ》をむすうつわの形《かたち》で、「虫《チュウ》」が「ユウ」とかわって読《よ》み方《かた》をしめしている。「チュウ」は「ぬけ出《で》る」意味《いみ》を持《も》ち、物《もの》を煮《に》て蒸気《じょうき》がぬけ出《で》るこ

とを表《あらわ》す字《じ》。❶とける。とけあって一《ひと》つになる。とかす。例融和《ゆうわ》 ❷とおる。たがいに通《つう》じあう。例融通《ゆうずう》・金融《きんゆう》

名前のよみ あき・あきら・とおる・みち・よし

❶〈とける〉の意味で

【◦融解】ゆうかい Ⅱ（―する）固体《こたい》が熱《ねつ》でとけて液体《えきたい》になること。例氷《こおり》が融解《ゆうかい》する。対凝固《ぎょうこ》 表現ほかのものにとけこむのは「溶解《ようかい》」。

【◦融合】ゆうごう ↓（―する）べつべつのものがとけあって、一《ひと》つのものになること。対分裂《ぶんれつ》

【◦融点】ゆうてん ↓固体《こたい》がとけて液体《えきたい》になりはじめるときの温度《おんど》。融解点《ゆうかいてん》。例氷《こおり》の融点《ゆうてん》はセ氏《し》〇度《ど》だ。

【◦融和】ゆうわ ↓（―する）とけあって、一《ひと》つになること。とくに、気持《きも》ちがうちとけて、なかよくなること。例民族《みんぞく》の融和《ゆうわ》。対不和《ふわ》

❷〈とおる〉の意味で

【◦融資】ゆうし ▲（―する）銀行《ぎんこう》などが事業《じぎょう》などに必要《ひつよう》なお金《かね》を貸《か》すこと。例融資《ゆうし》を受《う》ける。類金融《きんゆう》

【◦融通】ゆうずう Ⅱ ①（―する）お金《かね》や物《もの》などを貸《か》したり借《か》りたりすること。例ちょっと時間《じかん》を融通《ゆうずう》してくれないか。②必要《ひつよう》によって考《かんが》え方《かた》ややり方《かた》をかえること。例融通《ゆうずう》のきかない人《ひと》。

虫－12

蟬

総画18 JIS-3270 人名 音― 訓せみ

意味 せみ。夏《なつ》、木《き》にとまって鳴《な》き声《ごえ》をたてる昆虫《こんちゅう》。例閑《しずか》さや岩《いわ》にしみ入《い》る蟬《せみ》の声《こえ》（芭蕉《ばしょう》の俳句《はいく》）。油蟬《あぶらぜみ》

参考 JIS《ジス》の字形《じけい》は、「蝉」。

虫－13

蟹

総画19 JIS-1910 人名 音カイ 訓かに

意味 かに。かたいこうらにおおわれた動物《どうぶつ》の一種《いっしゅ》。十本《じっぽん》の足《あし》を持《も》ち、そのうちの二本《にほん》ははさみになっていて、横《よこ》に歩《ある》く。例毛蟹《けがに》・蟹歩《かにある》き

故事のはなし

蛇足《だそく》

ひとりで飲《の》めばじゅうぶんだが、おおぜいで分《わ》けたらものたりない分量《ぶんりょう》の酒《さけ》をもらった召《め》し使《つか》いたちが相談《そうだん》して、地面《じめん》にヘビの絵《え》を最初《さいしょ》にかきあげた人《ひと》が飲むことにした。その競争《きょうそう》でいちばん早《はや》くかきあげた人《ひと》が余裕《よゆう》を見《み》せて、左手《ひだりて》に酒《さけ》を引《ひ》きよせて、「足《あし》だってかけるさ」と右手《みぎて》でヘビの絵《え》に足《あし》をつけくわえた。すると、次《つぎ》にかきあげた人《ひと》が「もともとヘビには足《あし》なんてないぞ」と言《い》って、その酒《さけ》をうばい取《と》って飲《の》んでしまった。（『戦国策《せんごくさく》』斉策《せいさく》上《じょう》）

虫－13

蠍

総画19 JIS-7424 表外 音カツ 訓さそり

意味 さそり。尾《お》の先《さき》の針《はり》に猛毒《もうどく》を持《も》つ節足《せっそく》動物《どうぶつ》。例蛇蠍《だかつ》（ヘビとサソリ）のようにきらわれる。蠍座《さそりざ》

虫－13

蟻

総画19 JIS-2134 表外 音ギ 訓あり

意味 あり。羽《はね》は退化《たいか》していて、地上《ちじょう》をはってあるく昆虫《こんちゅう》。例蟻《あり》の巣《す》。蟻《あり》の塔《とう》。蟻酸《ぎさん》・白蟻《しろあり》

虫－13

蠅

総画19 JIS-7404 表外 音― 訓はえ

意味 はえ。夏《なつ》、食《た》べ物《もの》にたかる虫《むし》。例うるさい蠅《はえ》だ。蠅叩《はえたた》き

6画 血［ち］［ちへん］の部

動物《どうぶつ》の血《ち》を表《あらわ》す「血」の字《じ》と、「血」の形《かたち》がめやすとなっている「衆」の字《じ》とが入《はい》ります。

血−0

【血】

総画6
JIS-2376
教3年
訓 ち
音 ケツ

筆順 血 血 血 血 血 血 だす

なりたち 【会意】容器《ようき》とその中《なか》にちのかたまりがある形《かたち》を合《あ》わせて、神《かみ》にささげる神聖《しんせい》な「ち」を表《あらわ》す字《じ》。

意味
❶ち。血液《けつえき》。例 血《ち》もなみだもない。血気《けっき》・鼻血《はなぢ》
❷ちすじ。ちのつながり。例 血統《けっとう》・純血《じゅんけつ》
❸生死《せいし》にかかわる。ちが流《なが》れるほどはげしい。例 血路《けつろ》

❶〈ち〉の意味で

【血圧】けつあつ ↓ 心臓《しんぞう》からおし出《だ》された血《ち》が、血管《けっかん》のかべをおす力《ちから》。例 血圧《けつあつ》をはかる。

【血液】けつえき ↓ 動物《どうぶつ》のからだの中《なか》をまわって、酸《さん》素《そ》や養分《ようぶん》を運《はこ》ぶはたらきなどをする赤《あか》い液《えき》体《たい》。血《ち》。例 血液型《けつえきがた》・血液検査《けつえきけんさ》

【血管】けっかん ↓ からだじゅうに血《ち》をかよわせるためのくだ。心臓《しんぞう》から血《ち》を送《おく》り出《だ》すための動《どう》脈《みゃく》と、心臓《しんぞう》に血《ち》を送《おく》り返《かえ》すための静脈《じょうみゃく》とがある。例 毛細血管《もうさいけっかん》

【血気】けっき ↓ 元気《げんき》ないきおい。むこう見《み》ずな意《い》気《き》。例 血気《けっき》にはやる。

【血行】けっこう ↓ 血《ち》がからだの中《なか》を流《なが》れていること。その流《なが》れ方《かた》。例 血行《けっこう》をよくする。

【血。痕】けっこん ↓ 血《ち》のついたあと。

【血書】けっしょ ↓〈—する〉強《つよ》い決意《けつい》を表《あらわ》すために、自《じ》分《ぶん》の血《ち》で文字《もじ》を書《か》くこと。血《ち》で書《か》いた文書《ぶんしょ》。

【血色】けっしょく ↓ 血《ち》のめぐりによる顔《かお》の色《いろ》つや。例 血色《けっしょく》のいい顔《かお》。血色《けっしょく》がわるい。

【血清】けっせい ↓ 血液《けつえき》がかたまるときに分《わ》かれて出《で》る黄色《きいろ》いすきとおった液体《えきたい》。病気《びょうき》の診断《しんだん》や治療《ちりょう》に利用《りよう》する。例 血清療法《けっせいりょうほう》

【血相】けっそう ↓ 顔《かお》の色《いろ》や顔《かお》つき。とくに、いかりやおどろきの表《あらわ》れとしての顔《かお》のようす。例 血《けっ》相《そう》をかえて、どなりこんできた。

【血潮】ちしお ↓ ①からだからあふれ出《で》る血《ち》。例 朱《あけ》の血潮《ちしお》に染《そ》まる。類 鮮血《せんけつ》 ②からだに流《なが》れる血《ち》。情熱《じょうねつ》や感情《かんじょう》のたとえ。例 あつい血潮《ちしお》。血潮《ちしお》がおどる。表記「血汐」とも書《か》く。

【血眼】ちまなこ ↓ 頭《あたま》に血《ち》がのぼって、赤《あか》みをおびた目《め》。血走《ちばし》った目《め》。例 血眼《ちまなこ》になる（あることを必死《ひっし》になってする）。

【血道】ちみち ↓ からだをめぐる血《ち》の道《みち》。例 血道《ちみち》をあげる（異性《いせい》や道楽《どうらく》などにむちゅうになる）。

❷〈ちすじ〉の意味で

【血。縁】けつえん ↓ 親子《おやこ》・きょうだいなど、血《ち》のつながりのあるあいだがら。類 血族《けつぞく》・血筋《ちすじ》

【血族】けつぞく ↓ 先祖《せんぞ》がおなじで、血《ち》のつながりがある人《ひと》びと。類 血縁《けつえん》・親族《しんぞく》

【血統】けっとう ↓ 先祖《せんぞ》から親《おや》・子《こ》・孫《まご》へとつづく血《ち》のつながり。例 血統書《けっとうしょ》つき。類 血筋《ちすじ》・家系《かけい》

【血筋】ちすじ ↓ 先祖《せんぞ》からの血《ち》のつながり。例 名《めい》家《か》の血筋《ちすじ》をひく。類 血縁《けつえん》・血統《けっとう》・家系《かけい》

❸〈生死にかかわる〉の意味で

【血税】けつぜい ↓ 血《ち》の出《で》るような苦労《くろう》をしておさめる税金《ぜいきん》。例 血税《けつぜい》をむだにするな。

【血戦】けっせん ↓ 血《ち》みどろのはげしいたたかい。類 死闘《しとう》

【血。涙】けつるい ↓ ひじょうにはげしい悲《かな》しみや苦《くる》しみ、いかりの気持《きも》ちから流《なが》れ出《で》るなみだ。例 血涙《けつるい》をしぼる（ひどく悲《かな》しんで泣《な》く）。

【血路】けつろ ↓ 敵《てき》のかこみをやぶってにげだし、生《い》きのびるための道《みち》。苦《くる》しいところを切《き》りぬける方法《ほうほう》。例 血路《けつろ》をひらく。

血が下につく熟語 上の字の働き

❶血＝〈ち〉のとき
【採血《さいけつ》 止血《しけつ》 輸血《ゆけつ》 吐血《とけつ》】血《ち》をドウスルか。
【充血《じゅうけつ》 貧血《ひんけつ》 流血《りゅうけつ》 出血《しゅっけつ》】血《ち》がドウナルか。
【鼻血《はなぢ》 内出血《ないしゅっけつ》】ドコに出《で》る血《ち》か。
◆ 鮮血《せんけつ》

血−6

【衆】

総画12
JIS-2916
教6年
訓 —
音 シュウ・シュ

筆順 衆 衆 衆 衆 衆 衆 衆 衆 衆 衆 衆 衆 だす とめる はらう

なりたち 【会意】もとの字《じ》は「眾」。三《みっ》つの「人」がおおぜいの人《ひと》を、「罒」がその頭《あたま》をしめしている。「おおぜいの人《ひと》」を表《あらわ》

す字《じ》。

意味 おおぜいの人《ひと》。例 衆《しゅう》をたのむ（人数《にんずう》の多《おお》いことをあてにする）。民衆《みんしゅう》 対 寡《か》

注意するよみ シュ…例 衆生《しゅじょう》

名前のよみ とも・ひろ

【衆議】《しゅうぎ》 ▽ たくさんの人《ひと》が集《あつ》まって相談《そうだん》すること。例 衆議一決《しゅうぎいっけつ》。衆議《しゅうぎ》にかける。

【衆議院】《しゅうぎいん》 参議院《さんぎいん》とともに日本《にほん》の国会《こっかい》をつくり、国《くに》の予算《よさん》や法律《ほうりつ》を決《き》めるところ。例 衆《しゅう》議院議員《ぎいんぎいん》 対 参議院《さんぎいん》 知識 議員《ぎいん》の任期《にんき》は最《さい》大四年《だいよねん》。いろいろなことを決《き》めるうえで、衆《しゅう》議院《ぎいん》は参議院《さんぎいん》よりも大《おお》きな力《ちから》がある。

【衆人】《しゅうじん》 ↓ たくさんの人《ひと》びと。例 衆人環《しゅうじんかん》視《し》（たくさんの人《ひと》が見《み》ていること）

【衆知】《しゅうち》 ↓ たくさんの人《ひと》びとのちえ。例 衆知《しゅうち》の結集《けっしゅう》。衆知《しゅうち》を集《あつ》める。

使い分け ［周知・衆知］☞217ページ

【衆望】《しゅうぼう》 ↓ たくさんの人《ひと》びとが、その人《ひと》に対《たい》して持《も》っている、期待《きたい》の気持《きも》ち。例 衆望《しゅうぼう》を集《あつ》める。衆望《しゅうぼう》をになって立《た》ちあがる。

【衆目】《しゅうもく》 ↓ たくさんの人《ひと》びとの目《め》や見方《みかた》。例 衆目《しゅうもく》の一致《いっち》するところ。

【衆生】《しゅじょう》 ↓ 仏教《ぶっきょう》で、人間《にんげん》をはじめ、この世《よ》に生《い》きるすべてのものを指《さ》すことば。

衆が下につく熟語 上の字の働き

【観衆《かんしゅう》 聴衆《ちょうしゅう》 群衆《ぐんしゅう》】ドウシテイル人《ひと》びとか。

◆公衆《こうしゅう》 大衆《たいしゅう》 民衆《みんしゅう》

6画 行《ぎょうがまえ》［ゆきがまえ］の部

「行」をもとに作《つく》られ、交通《こうつう》や道路《どうろ》にかかわる字《じ》を集《あつ》めてあります。

この部首の字

0 行……901　5 術……903　6 街……903
9 衝……903　10 衛……904　衡……904

■ 行−0

行

総画6
JIS-2552
教2年

音 コウ・ギョウ・アン
訓 いく・ゆく・おこなう

筆順 行 行 行 行 行 行（ながく）（はねる）

なりたち 【象形】十字路《じゅうじろ》の形《かたち》をえがいた字《じ》。通《とお》り道《みち》を表《あらわ》し、「いく、おこなう」として使《つか》われている。

意味

❶いく。いかせる。歩《ある》いていく。例 学校《がっこう》へ行《い》く。行《ゆ》く春《はる》をおしむ。行進《こうしん》・通行《つうこう》

❷おこなう。おこない。ふるまい。例 式《しき》を行《おこな》う。行《おこな》いを改《あらた》める。行動《こうどう》・実行《じっこう》

❸仏《ほとけ》の道《みち》に近《ちか》づくための修行《しゅぎょう》。みずからをきたえるおこない。例 苦行《くぎょう》

❹世間《せけん》に広《ひろ》くいきわたる。例 発行《はっこう》・流行《りゅうこう》

❺ならんでいる列《れつ》。例 行列《ぎょうれつ》・改行《かいぎょう》

❻みせ。例 銀行《ぎんこう》

注意するよみ アン…例 行脚《あんぎゃ》・行火《あんか》

特別なよみ 行方（ゆくえ）

名前のよみ あきら・たか・のり・ひら・みち・やす

❶〈いく〉の意味で

【行火】《あんか》 ↓ 炭火《すみび》などを入《い》れて、足《あし》をあたためるための器具《きぐ》。切《き》りごたつや掘《ほ》りごたつとちがって、動《うご》かすことができる。

【行◦脚】《あんぎゃ》 ↓〈—する〉①坊《ぼう》さんが修行《しゅぎょう》のためにほうぼう歩《ある》いてまわること。類 遊行《ゆぎょう》 ②おおぜいの人《ひと》に知《し》らせたりうったえたりするために、あちこちへ出《で》かけること。例 キャンペーンの全国行脚《ぜんこくあんぎゃ》。

【行▲灯】《あんどん》 ↓ 四角《しかく》いわくに紙《かみ》をはり、中《なか》に油《あぶら》を入《い》れたさらをおいて、火《ひ》をともす、むかしの照明器具《しょうめいきぐ》。取《と》っ手《て》があり、家《いえ》の中《なか》でおき場《ば》所《しょ》をかえて使《つか》った。例 昼行灯《ひるあんどん》（ぼんやりとして役《やく》に立《た》たない人《ひと》）

【行幸】《ぎょうこう》 Ⅱ〈—する〉天皇《てんのう》が出《で》かけること。表現 古《ふる》い言《い》い方《かた》で、今《いま》はふつうに「おでかけ」「ご旅行《りょこう》」などという。

【行書】《ぎょうしょ》 ↓ 漢字《かんじ》の書《か》き方《かた》の一《ひと》つで、字画《じかく》を少《すこ》しくずしたりつづけたりしたもの。関連 楷《かい》書《しょ》・行書《ぎょうしょ》・草書《そうしょ》 参考 ☞ものしり巻物（193ページ）

【行商】《ぎょうしょう》 ↓〈—する〉品物《しなもの》を持《も》って売《う》り歩《ある》くこと。また、売《う》り歩《ある》く人《ひと》。例 行商人《ぎょうしょうにん》

【行軍】《こうぐん》 ▲ 軍隊《ぐんたい》が列《れつ》をととのえて移動《いどう》すること。例 雪中《せっちゅう》の行軍《こうぐん》。類 進軍《しんぐん》

【行進】《こうしん》 Ⅱ〈—する〉おおぜいの人《ひと》が列《れつ》をつく

行 ◀次ページ

◦学習漢字でない常用漢字　▲常用漢字表にない音訓　◆常用漢字でない漢字

って進《すす》んでいくこと。例 入場行進《にゅうじょうこうしん》 道《みち》のり。

【行程】《こうてい》 [↓] ①目的地《もくてきち》までの距離《きょり》。道《みち》のり。例 歩《ある》いて八時間《はちじかん》の行程《こうてい》だ。類 道程《どうてい》 ②旅行《りょこう》の日取《ひど》りやコース。例 修学旅行《しゅうがくりょこう》の行程表《こうていひょう》。

【行楽】《こうらく》 [↓] 野山《のやま》や観光地《かんこうち》に出《で》かけて、遊《あそ》び楽《たの》しむこと。例 行楽《こうらく》シーズン・行楽地《こうらくち》 類 遊山《ゆさん》

【行方】《ゆくえ》 [↓] ①立《た》ち去《さ》っていった方向《ほうこう》。行《ゆ》き先《さき》。例 行方不明《ゆくえふめい》 ②これから進《すす》んでいく方向《ほうこう》。行《ゆ》く手《て》。例 日本経済《にほんけいざい》の行方《ゆくえ》。類 将来《しょうらい》

❷〈おこなう〉の意味で

【行。儀】《ぎょうぎ》 [↓] ふだんの生活《せいかつ》の中《なか》での礼儀《れいぎ》。立《た》ったり、すわったり、あいさつしたりなどするときの仕方《しかた》。例 行儀《ぎょうぎ》よくすわる。

【行司】《ぎょうじ》 [↓] すもうで、土俵《どひょう》の上《うえ》で取組《とりくみ》の進行《しんこう》と、勝負《しょうぶ》の判定《はんてい》をする人《ひと》。例 行司《ぎょうじ》が軍配《ぐんばい》をあげる。

【行事】《ぎょうじ》 [↓] 世《よ》の中《なか》や学校《がっこう》などで、ならわしや計画《けいかく》にしたがっておこなわれる、ふだんの生活《せいかつ》とはちがうことがら。もよおし。例 恒例《こうれい》行事《ぎょうじ》。年中《ねんちゅう》|《ねんじゅう》行事《ぎょうじ》

【行状】《ぎょうじょう》 [↓] その人《ひと》の日《ひ》ごろの行動《こうどう》のようす。身持《みも》ち。例 行状《ぎょうじょう》がわるい。類 品行《ひんこう》

【行水】《ぎょうずい》 [▲] 〈―する〉たらいなどにお湯《ゆ》や水《みず》を入《い》れて、その中《なか》でからだの汗《あせ》をあらいながすこと。例 カラスの行水《ぎょうずい》(おふろに入《はい》る時間《じかん》がとても短《みじか》いこと)。行水《ぎょうずい》を使《つか》う。

【行政】《ぎょうせい》 [▲] 法律《ほうりつ》にしたがって、国《くに》や都道府《とどうふ》県《けん》や市町村《しちょうそん》の政治《せいじ》をおこなうこと。例 行政《ぎょうせい》機関《きかん》 関連 立法《りっぽう》・行政《ぎょうせい》・司法《しほう》

【行。為】《こうい》 [Ⅱ] 人《ひと》がなにかをすること。とくに、なにかの目的《もくてき》を持《も》ってするおこない。例 医療《いりょう》行為《こうい》 類 行動《こうどう》

【行使】《こうし》 [Ⅱ] 〈―する〉持《も》っている権利《けんり》や力《ちから》をじっさいに使《つか》うこと。例 実力行使《じつりょくこうし》

【行動】《こうどう》 [Ⅱ] 〈―する〉じっさいになにかをすること。ふるまい。おこない。例 行動計画《こうどうけいかく》 類 行為《こうい》

❸〈仏の道に近づくための修行〉の意味で

【行者】《ぎょうじゃ》 [↓] 仏教《ぶっきょう》などの修行《しゅぎょう》をする人《ひと》。例 役行者《えんのぎょうじゃ》 類 修験者《しゅげんじゃ》・山伏《やまぶし》

❺〈ならんでいる列〉の意味で

【行間】《ぎょうかん》 [↓] 書《か》かれた文章《ぶんしょう》の行《ぎょう》と行《ぎょう》とのあいだのあき。例 行間《ぎょうかん》にふりがなをふる。表現 「行間《ぎょうかん》を読《よ》む」は、ことばのおくにある、書《か》き手《て》の気持《きも》ちをくみとることをいう。

【行列】《ぎょうれつ》 [Ⅱ] 〈―する〉たくさんの人《ひと》やものが列《れつ》をつくってならぶこと。例 大名行列《だいみょうぎょうれつ》。店《みせ》の前《まえ》に行列《ぎょうれつ》ができる。参考 この列《れつ》は、そのまま歩行《ほこう》できる列《れつ》で、たて並《なら》びがふつう。

文字物語

街

町《まち》にはかならずメーンストリートがあって、そこは、その町《まち》でいちばん人通《ひとどお》りが多《おお》いところ。それに交《まじ》わるいくつものストリート(街路《がいろ》)があり、ストリートにそって商店《しょうてん》がならび、人《ひと》びとがたえず往来《おうらい》している。これが「街《まち》」である。だから、この字《じ》は、ことばの下《した》につけて「…街《がい》」の言《い》い方《かた》で、「商店街《しょうてんがい》」「アーケード街《がい》」「名店街《めいてんがい》」「繁華街《はんかがい》」などのように使《つか》われて、にぎやかな人通《ひとどお》りのある風景《ふうけい》のイメージを作《つく》り出《だ》している。

「街《まち》」にはまたべつの一面《いちめん》もある。大《おお》きなビルがたちならぶ都会《とかい》の「オフィス街《がい》」や「銀行《ぎんこう》街《がい》」などの「ビル街《がい》」は、真昼《まひる》でもひっそりとしていることがある。ニューヨークのストリートの一《ひと》つウォール街《がい》は、世界経済《せかいけいざい》の中心《ちゅうしん》となる「金融街《きんゆうがい》」として有名《ゆうめい》なところ。その一帯《いったい》にはそれほど人《ひと》かげは見《み》えないが、それぞれの建物《たてもの》の中《なか》では、世界《せかい》の経済《けいざい》情報《じょうほう》が二十四時間《にじゅうよじかん》めまぐるしく行《い》きかっているのだ。

行が下につく熟語 上の字の働き

❶ 行＝〈いく〉のとき
【移行《いこう》 運行《うんこう》 携行《けいこう》 航行《こうこう》 進行《しんこう》 随行《ずいこう》 潜行《せんこう》 通行《つうこう》 飛行《ひこう》 並行《へいこう》 歩行《ほこう》 連行《れんこう》】ドウヤッテ行《い》くか。
【逆行《ぎゃっこう》 横行《おうこう》 直行《ちょっこう》 蛇行《だこう》 平行《へいこう》 急行《きゅうこう》 徐行《じょこう》 先行《せんこう》 同行《どうこう》 尾行《びこう》】ドノヨウニ行《い》くか。

❷ 行＝〈おこなう〉のとき
【挙行《きょこう》 執行《しっこう》 遂行《すいこう》 履行《りこう》 施行《しこう》|《せこう》 性行《せいこう》】近《ちか》い意味《いみ》。
【善行《ぜんこう》 徳行《とっこう》 篤行《とっこう》 孝行《こうこう》 犯行《はんこう》 悪行《あくぎょう》 凶行《きょうこう》 暴《ぼう》行《こう》 乱行《らんぎょう》 奇行《きこう》 非行《ひこう》 慣行《かんこう》 径行《けいこう》(直情径《ちょくじょうけい》

行《こう》)】ドノヨウナ行《おこな》いか。
【品行《ひんこう》 操行《そうこう》】ナニを表《あらわ》す行《おこな》いか。
【現行《げんこう》 先行《せんこう》】イツ行《おこな》われる(行《おこな》われた)か。
【敢行《かんこう》 強行《きょうこう》 決行《けっこう》 断行《だんこう》 実行《じっこう》 並行《へいこう》 励行《れいこう》 続行《ぞっこう》 予行《よこう》 代行《だいこう》】ドノヨウニ行《おこな》うか。
【興行《こうぎょう》 奉行《ぶぎょう》】ドウしながら行《おこな》うか。

❸ 行＝〈仏の道に近づくための修行〉のとき
【難行《なんぎょう》 苦行《くぎょう》】ドンナ修行《しゅぎょう》か。
【修行《しゅぎょう》 勤行《ごんぎょう》】行《ぎょう》をドウスルか。

❹ 行＝〈世間に広くいきわたる〉のとき
【刊行《かんこう》 発行《はっこう》】ドウヤッテ広《ひろ》めるか。

◆ 改行《かいぎょう》 紀行《きこう》 銀行《ぎんこう》 血行《けっこう》 兼行《けんこう》 言行《げんこう》 素行《そこう》 壮行《そうこう》 百鬼夜行《ひゃっきやこう》|《ひゃっきやぎょう》 洋行《ようこう》 流行《りゅうこう》 旅行《りょこう》

行-5
術
総画11
JIS-2949
教5年
音 ジュツ
訓 すべ

筆順

なりたち

【形声】もとの字は、「術」。「朮」が「ジュツ」という読《よ》み方《かた》をしめしている。「ジュツ」は「まがる」意味《いみ》を持《も》ち、「道《みち》」の意味《いみ》の「行」をくわえて、曲《ま》がった小道《こみち》を表《あらわ》す字《じ》。

意味
❶ わざ。身《み》につけた力《ちから》・うでまえ。例 術《じゅつ》をかける。忍《しの》びの術《じゅつ》。術語《じゅつご》・技術《ぎじゅつ》
❷ はかりごと。ものごとを解決《かいけつ》するやり方《かた》。例 術策《じゅっさく》・戦術《せんじゅつ》

名前のよみ みち・やす

❶〈わざ〉の意味で
【術後《じゅつご》】↓ 手術《しゅじゅつ》をすませたあと。例 術後《じゅつご》の経過《けいか》はよい。
【術語《じゅつご》】↓ 専門家《せんもんか》のあいだで、共通《きょうつう》の理解《りかい》ができていることば。例 哲学術語《てつがくじゅつご》。術語集《じゅつごしゅう》
類 用語《ようご》

❷〈はかりごと〉の意味で
【術策《じゅっさく》】Ⅱ 相手《あいて》をだましたりやっつけたりするための計画《けいかく》。例 術策《じゅっさく》にはまる。類 策略《さくりゃく》
【術中《じゅっちゅう》】↓ しかけたはかりごとのなか。例 敵《てき》の術中《じゅっちゅう》におちいる。

術が下につく熟語 上の字の働き

❶ 術＝〈わざ〉のとき
【武術《ぶじゅつ》 剣術《けんじゅつ》 馬術《ばじゅつ》 学術《がくじゅつ》 算術《さんじゅつ》 芸術《げいじゅつ》 美術《びじゅつ》 話術《わじゅつ》 忍術《にんじゅつ》 催眠術《さいみんじゅつ》 占星術《せんせいじゅつ》 錬金術《れんきんじゅつ》】ナニのわざか。
【魔術《まじゅつ》 奇術《きじゅつ》 秘術《ひじゅつ》】ドノヨウナわざか。

◆ 技術《ぎじゅつ》 手術《しゅじゅつ》 戦術《せんじゅつ》

行-6
街
総画12
JIS-1925
教4年
音 ガイ・カイ
訓 まち

筆順

なりたち

【形声】「圭《ケイ》」が「ガイ」とかわって読《よ》み方《かた》をしめしている。「ケイ」は「たてよこに交《まじ》わる」意味《いみ》を持《も》ち、「道《みち》」の意味《み》の「行」をくわえて、まちの中《なか》にたてよこに通《つう》じている道《みち》を表《あらわ》す字《じ》。

意味 まち。まちのにぎやかな通《とお》り。例 街《まち》の灯《ひ》。学生《がくせい》の街《まち》。街道《かいどう》・市街《しがい》

文字物語 ☞902ページ

使い分け まち[町・街] ☞743ページ

注意するよみ カイ…例 街道《かいどう》

【街道《かいどう》】↓ 町々《まちまち》をむすび、人《ひと》が行《い》き来《き》する重要《じゅうよう》な道路《どうろ》。例 街道《かいどう》すじの宿場町《しゅくばまち》。表現「表街道《おもてかいどう》」「裏街道《うらかいどう》」「出世街道《しゅっせかいどう》」などと、人《ひと》の生《い》き方《かた》を表《あらわ》すのにも使《つか》う。
【街灯《がいとう》】↓ 町《まち》の通《とお》りを明《あか》るくするために、道路《どうろ》わきにつける電灯《でんとう》。
【街頭《がいとう》】↓ 人通《ひとどお》りの多《おお》い町《まち》の中《なか》。例 街頭演説《がいとうえんぜつ》
【街路《がいろ》】↓ 町《まち》の中《なか》の大《おお》きな通《とお》り。例 街路樹《がいろじゅ》がつづく町並《まちな》み。

行-9
衝
総画15
JIS-3055
常用
音 ショウ
訓 つ-く

筆順

なりたち

【形声】「重《チョウ》」が「ショウ」とかわって読《よ》み方《かた》をしめしている。「チョウ」は「通《とお》る」意味《いみ》を持《も》ち、「道《みち》」の意味《いみ》の「行」をくわえて、まちをつきぬけて通《とお》っている道《みち》を表《あらわ》す字《じ》。

意味
❶つきあたる。つよくぶつかる。例 衝突《しょうとつ》・緩衝《かんしょう》 ❷かなめ。だいじな部分《ぶぶん》。例 衝《しょう》に当《あ》たる。要衝《ようしょう》

❶〈つきあたる〉の意味で

【°衝《しょう》°撃《げき》】 Ⅱ ①ものにぶつかったときに受《う》けるはげしい力《ちから》。ショック。例 急停車《きゅうていしゃ》したときの衝撃《しょうげき》で首《くび》のすじをいためた。②心《こころ》をはげしくゆり動《うご》かされること。ショック。例 親《おや》の死《し》という衝撃《しょうげき》からやっと立《た》ち直《なお》る。

【°衝《しょう》動《どう》】 ↓ とつぜんそれをしたくなる心《こころ》の動《うご》き。例 にげ出《だ》したい衝動《しょうどう》にかられる。

【°衝《しょう》動《どう》的《てき》】〈—な・—に〉急《きゅう》にしたくなって、そのままやってしまうさま。例 衝動的犯行《しょうどうてきはんこう》におよぶ。

【°衝《しょう》°突《とつ》】 Ⅱ〈—する〉①ぶつかること。例 衝突事故《しょうとつじこ》 ②考《かんが》え方《かた》などがちがっていてあらそうこと。例 両者《りょうしゃ》の主張《しゅちょう》が衝突《しょうとつ》する。

衝が下につく熟語 上の字の働き

❶衝＝〈つきあたる〉のとき
【緩衝《かんしょう》 折衝《せっしょう》】つきあたってくるのをドウスルか。

行-10
衛
総画16 JIS-1750 教5年
音 エイ
訓 —
[衞]

筆順

なりたち

[形声]「韋《イ》」がまわりを歩《ある》く意味《いみ》と、「エイ」とかわって読《よ》み方《かた》をしめしている。「行」は「道《みち》」の意味《いみ》を持《も》ち、道《みち》を歩《ある》きまわってまもることを表《あらわ》す字《じ》。

意味 まもる。ふせぐ。例 衛生《えいせい》・護衛《ごえい》

名前のよみ ひろ・まもる・もり・よし

【衛《えい》生《せい》】 ▲ 身《み》のまわりを清潔《せいけつ》にして、病気《びょうき》にかからないようにすること。例 衛生的《えいせいてき》。公《こう》衆《しゅうえいせい》衛生

【衛《えい》星《せい》】 ↓ ①惑星《わくせい》のまわりをまわっている天体《てんたい》。例 人工衛星《じんこうえいせい》 ②中心《ちゅうしん》になるもののまわりにあって、それにつきしたがっているもの。例 衛星都市《えいせいとし》

知識 いちばん中心《ちゅうしん》になる天体《てんたい》を「恒星《こうせい》」、そのまわりをまわる天体《てんたい》を「惑星《わくせい》」という。太陽系《たいようけい》では、太陽《たいよう》は恒星《こうせい》、地球《ちきゅう》は惑《わく》星《せい》、月《つき》が衛星《えいせい》となる。

衛が下につく熟語 上の字の働き

【護衛《ごえい》 守衛《しゅえい》 防衛《ぼうえい》】近《ちか》い意味《いみ》。

◆自衛《じえい》 前衛《ぜんえい》

行-10
衡
総画16 JIS-2553 常用
音 コウ
訓 —

筆順

なりたち

[形声]「奐」が「大《おお》きな角《つの》」を、「行」が「コウ」という読《よ》み方《かた》をしめしている。「コウ」は「よこ」の意味《いみ》を持《も》ち、人《ひと》にふれないように牛《うし》の角《つの》にしばりつけた横木《よこぎ》を表《あらわ》す字《じ》。

意味 つりあう。つりあい。重《おも》さをはかるはかり。例 均衡《きんこう》・度量衡《どりょうこう》

参考 「度《ど》」は長《なが》さを測《はか》る「ものさし」。「量《りょう》」は容《よう》積《せき》を測《はか》る「ます(升)」。「衡《こう》」は重《おも》さ(重量《じゅうりょう》・目《め》方《かた》)を測《はか》る「はかり(秤)」で、「天秤《てんびん》ばかり」がその代表《だいひょう》。もののねうちを比《くら》べる「はかりにかける」は、天秤《てんびん》ではかること。それで「天秤《てんびん》にかける」ともいう。

名前のよみ ひで・ひとし・ひら・ひろ・まもる

衡が下につく熟語 上の字の働き

【均衡《きんこう》 平衡《へいこう》】近《ちか》い意味《いみ》。

◆度量衡《どりょうこう》

6画 衣［ころも］ 衤［ころもへん］ の部

「衣《ころも》」をもとにして作《つく》られ、衣服《いふく》の形《かたち》やその製造《せいぞう》にかかわる字《じ》を集《あつ》めてあります。

この部首の字

0 衣……905
2 表……905
3 衷……906
4 衿……906
衰……906
袂……906
5 袈……906
袖……906
袋……907
被……907
6 裁……907
装……908
裂……909
7 裟……909
補……909
裕……909
裏……910
8 褐……910
裾……910
製……911
裸……911
9 複……911
褒……912
13 襟……912
16 襲……912
初→刀 142
哀→口 220

衣-0

衣

総画6
JIS-1665
教4年
訓 音 イ・エ ころも・きぬ

筆順
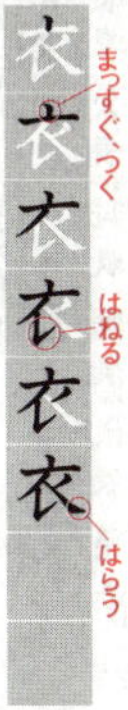

なりたち

【象形】きもののえりもとをえがいた字《じ》。

意味 ころも。きもの。ふく。例 衣食住《いしょくじゅう》。
衣類《いるい》・着衣《ちゃくい》

特別なよみ 浴衣(ゆかた)

【衣装《いしょう》】[Ⅱ] ①美《うつく》しく着《き》かざるための衣《い》服《ふく》。例 花嫁衣装《はなよめいしょう》 ②舞台《ぶたい》に出《で》るときの衣服《いふく》。例 役柄《やくがら》に合《あ》わせて衣装《いしょう》を決《き》める。表記「衣裳」とも書《か》く。

【衣食住《いしょくじゅう》】人《ひと》が生《い》きていくのになくてはならない、着《き》るもの・食《た》べるもの・住《す》むところ。例 衣食住《いしょくじゅう》を第一《だいいち》に考《かんが》える。

【衣服《いふく》】[Ⅱ] 洋服《ようふく》や着物《きもの》など、からだをおおうもの。例 衣服《いふく》をぬぐ。類 衣料《いりょう》・衣類《いるい》・着物《きもの》

【衣料《いりょう》】[↓] 着《き》るものやその材料《ざいりょう》。例 衣料《いりょう》品《ひん》 類 衣服《いふく》・衣類《いるい》

【衣類《いるい》】[↓] 着《き》たりはいたりして身《み》につけるもの。例 衣類品《いるいひん》。衣類《いるい》ケース 類 衣服《いふく》・衣料《いりょう》・着物《きもの》

衣が下につく熟語 上の字の働き

【着衣《ちゃくい》 脱衣《だつい》】衣《ころも》をドウスルか。

◆僧衣《そうい》 白衣《はくい／びゃくえ》 羽衣《はごろも》

衣-2

表

総画8
JIS-4129
教3年
訓 音 ヒョウ おもて・あらわす・あらわれる

筆順

なりたち

【会意】「毛」と「衣」を合《あ》わせて、おもてが毛皮《けがわ》の衣《ころも》を表《あらわ》す字《じ》。

意味

❶おもて。例 用紙《ようし》の表《おもて》。表面《ひょうめん》・地表《ちひょう》 対 裏《り》

❷あらわす。あらわれる。例 敬意《けいい》を表《ひょう》す。努力《どりょく》の表《あらわ》れ。表情《ひょうじょう》・発表《はっぴょう》

❸上《うえ》の人《ひと》に出《だ》す文書《ぶんしょ》。例 辞表《じひょう》

❹ひょう(表)。ことがらを整理《せいり》し、ならべ方《かた》をくふうして、ひと目《め》でわかるように書《か》いたもの。例 出欠席《しゅっけっせき》を表《ひょう》につける。図表《ずひょう》

使い分け あらわす[表・現・著] ☞907ページ

名前のよみ あきら・よし

❶〈おもて〉の意味で

【表作《おもてさく》】[↓] おなじ田畑《たはた》で、一年《いちねん》のうちに時《じ》期《き》をずらして二種類《にしゅるい》つくる作物《さくもつ》のうち、おもなほうの作物《さくもつ》。対 裏作《うらさく》

【表◦沙◦汰《おもてざた》】①あらそいごとを裁判《さいばん》にもちこむこと。②うちうちの話《はなし》にとどまらず、それが世間《せけん》に知《し》れわたること。

【表記《ひょうき》】[↓]〈—する〉おもてがわに書《か》いてあること。例 表記《ひょうき》の住所《じゅうしょ》に移転《いてん》しました。☞❷

【表具《ひょうぐ》】[↓] 絵《え》や書《しょ》などを、掛《か》け軸《じく》などにつくりあげること。例 表具師《ひょうぐし》 類 表装《ひょうそう》

【表札《ひょうさつ》】[↓] 住《す》んでいる人《ひと》の名前《なまえ》を書《か》いて家《いえ》の戸口《とぐち》や門《もん》にかけるふだ。例 表札《ひょうさつ》がかかっている。類 門札《もんさつ》 表記「標札」とも書《か》く。

【表紙《ひょうし》】[↓] 本《ほん》の外《そと》がわにつける、紙《かみ》・皮《かわ》・布《ぬの》などのおおい。例 表紙《ひょうし》をめくる。

【表題《ひょうだい》】[↓] 書物《しょもつ》や文章《ぶんしょう》・講演《こうえん》などの最初《さいしょ》にかかげる題《だい》。タイトル。表記「標題」とも書《か》く。

【表皮《ひょうひ》】[↓] 動物《どうぶつ》や植物《しょくぶつ》のいちばん外《そと》がわのかわ。例 表皮《ひょうひ》をはぐ。表皮《ひょうひ》をきずつける。

【表面《ひょうめん》】[↓] ①ものの外《そと》がわやおもてがわの部分《ぶぶん》。例 月《つき》の表面《ひょうめん》。類 外面《がいめん》 対 裏面《りめん》・内面《ないめん》 ②ものごとの外《そと》から見《み》える部分《ぶぶん》。例 表面的《ひょうめんてき》な見方《みかた》。事件《じけん》が表面化《ひょうめんか》する。対 内面《ないめん》

【表裏《ひょうり》】[⇕] ①もののおもてとうら。例 表裏一体《ひょうりいったい》 ②人《ひと》の見《み》ているときと見《み》ていないときとで、することにちがいがあること。例 表裏《ひょうり》がある。類 裏表《うらおもて》・陰日向《かげひなた》

❷〈あらわす〉の意味で

【表意文字《ひょういもじ》】漢字《かんじ》のように、一字一字《いちじいちじ》が意味《いみ》を表《あらわ》している文字《もじ》。類 表語文字《ひょうごもじ》 対 表音文字《ひょうおんもじ》 参考 ☞ものしり巻物(289ページ)

【表音文字《ひょうおんもじ》】かなやローマ字《じ》のように、音《おん》だけを表《あらわ》す文字《もじ》。対 表意文字《ひょういもじ》 参考 ☞ものしり巻物(289ページ)

【表記《ひょうき》】[Ⅱ]〈—する〉ことばを文字《もじ》で書《か》き表《あらわ》すこと。例 表記法《ひょうきほう》 ☞❶

【表敬《ひょうけい》】[▲]〈—する〉相手《あいて》をうやまう気持《きも》ちを表《あらわ》すこと。例 表敬訪問《ひょうけいほうもん》

【表決《ひょうけつ》】↓〈—する〉議案《ぎあん》について、出席者《しゅっせきしゃ》が賛成《さんせい》・反対《はんたい》の考《かんが》えをしめして、事《こと》を決《き》めること。例 表決《ひょうけつ》に入《はい》る。

【表現《ひょうげん》】‖〈—する〉自分《じぶん》の考《かんが》えや感《かん》じたことを、ことば・文字《もじ》・色《いろ》・音《おと》・しぐさなどによって表《あらわ》すこと。例 表現力《ひょうげんりょく》。表現《ひょうげん》の自由《じゆう》。

【表語文字《ひょうごもじ》】一字一字《いちじいちじ》が単語《たんご》を表《あらわ》している文字《もじ》。中国《ちゅうごく》では、漢字《かんじ》はそれぞれがある意《い》味《み》をもつ単語《たんご》とみとめられる。類 表意文字《ひょういもじ》

参考 ☞ ものしり巻物(289ページ)

【表示《ひょうじ》】‖〈—する〉はっきりとわかるかたちで表《あらわ》すこと。例 意思《いし》表示《ひょうじ》・品質《ひんしつ》表示《ひょうじ》

【表。彰《ひょうしょう》】‖〈—する〉よいおこないやよい成績《せいせき》などをほめて、広《ひろ》く知《し》らせること。例 表彰状《ひょうしょうじょう》

【表情《ひょうじょう》】▲ 気持《きも》ちが顔《かお》つきにあらわれ出《で》たもの。例 表情《ひょうじょう》ゆたかな人《ひと》。

【表明《ひょうめい》】↓〈—する〉自分《じぶん》の考《かんが》えや意見《いけん》をはっきりと表《あらわ》すこと。例 所信表明《しょしんひょうめい》

表が下につく熟語 上の字の働き

❶表＝〈おもて〉のとき
【地表《ちひょう》 意表《いひょう》】ナニの外《そと》がわか。

❹表＝〈ひょう(表)〉のとき
【年表《ねんぴょう》 別表《べっぴょう》 一覧表《いちらんひょう》】ドノヨウナ表《ひょう》か。

◆裏表《うらおもて》 公表《こうひょう》 辞表《じひょう》 図表《ずひょう》 代表《だいひょう》 発表《はっぴょう》

衣-3 衷

総画9 JIS-3579 常用
音 チュウ 訓 —

筆順

なりたち

【形声】「中」が「チュウ」という読《よ》み方《かた》をしめしている。「衣《ころも》」の中《なか》に着《き》る「したぎ」を表《あらわ》す字《じ》。

意味 ❶まんなか。なかほど。例 折衷《せっちゅう》 ❷まごころ。心《こころ》の中《なか》。例 衷心《ちゅうしん》

名前のよみ ただ・ただし・よし

❷〈まごころ〉の意味で
【。衷心《ちゅうしん》】‖ 心《こころ》のおくそこにある、ほんとうの気持《きも》ち。例 衷心《ちゅうしん》より感謝《かんしゃ》します。

◆折衷《せっちゅう》 和洋折衷《わようせっちゅう》

ネ-4 衿

総画9 JIS-2262 人名
音 キン 訓 えり

意味 えり。着物《きもの》のえり。

衣-4 衰

総画10 JIS-3174 常用
音 スイ 訓 おとろえる

筆順

なりたち

【象形】雨具《あまぐ》の「みの」をえがいた字《じ》。借《か》りて、「おとろえる」として使《つか》われている。

意味 おとろえる。力《ちから》やいきおいが弱《よわ》くなる。例 体力《たいりょく》が衰《おとろ》える。衰退《すいたい》・老衰《ろうすい》 対 盛《せい》

【。衰弱《すいじゃく》】‖〈—する〉からだの力《ちから》やもののいきおいが弱《よわ》くなること。例 神経衰弱《しんけいすいじゃく》

【。衰退《すいたい》】↓〈—する〉いきおいが弱《よわ》くなって、活気《かっき》がなくなること。例 衰退《すいたい》の一途《いっと》をたどる。類 衰微《すいび》 対 隆盛《りゅうせい》・繁栄《はんえい》

【衰。微《すいび》】‖〈—する〉さかんだったものごとが、おとろえ弱《よわ》ること。例 内乱《ないらん》で国《くに》のいきおいが衰微《すいび》する。類 衰退《すいたい》 対 隆盛《りゅうせい》

【。衰亡《すいぼう》】↓〈—する〉国《くに》や王朝《おうちょう》などのいきおいがおとろえて、ほろびること。例 衰亡《すいぼう》をまねく。対 興隆《こうりゅう》

◆盛衰《せいすい》 老衰《ろうすい》

ネ-4 袂

総画9 JIS-7454 表外
音 ベイ 訓 たもと

意味 たもと。和服《わふく》の両《りょう》そでのふくろのようになった部分《ぶぶん》。ものの両《りょう》がわ。例 袂《たもと》を分《わ》かつ(別《わか》れる)。橋《はし》の袂《たもと》。連袂《れんぺい》(行動《こうどう》をともにする)

衣-5 袈

総画11 JIS-2322 人名
音 ケ 訓 —

意味 僧《そう》が肩《かた》からかける衣服《いふく》「けさ(袈裟)」に使《つか》われる字《じ》。

ネ-5 袖

総画10 JIS-3421 常用
音 シュウ 訓 そで

筆順

意味 そで。衣服《いふく》のそで。ものの両《りょう》わき。例

袖《そで》をしぼる(ひどく泣《な》くさま)。袖口《そでぐち》・長袖《ながそで》

衣−5

袋

総画11 JIS-3462 常用
訓音 タイ ふくろ

筆順

なりたち 【形声】もとの字《じ》は、「帒」。「巾」が「布《ぬの》」を、「代」が「タイ」という読《よ》み方《かた》をしめしている。「タイ」は「つつむ」意味《いみ》を持《も》ち、物《もの》をつつみ入《い》れる布《ぬの》のふくろを表《あらわ》す字《じ》。のちに、「巾」が「衣」にかわって、「袋」となる。

意味 ふくろ。例 袋《ふくろ》につめる。手袋《てぶくろ》・風袋《ふうたい》

特別なよみ 足袋(たび)

【°袋▲小路】ふくろこうじ ①行《ゆ》き止《と》まりになっていて、通《とお》りぬけのできないせまい道《みち》。②ものごとが行《い》きづまること。例 袋小路《ふくろこうじ》にはいりこむ。

袋が下につく熟語 上の字の働き

【戸袋《とぶくろ》 手袋《てぶくろ》 足袋《たび》 知恵袋《ちえぶくろ》】ナニが入《はい》る袋《ふくろ》か。

◆胃袋《いぶくろ》 風袋《ふうたい》 寝袋《ねぶくろ》

ネ−5

被

総画10 JIS-4079 常用
訓音 ヒ こうむる

筆順

なりたち 【形声】「皮」が「おおう」意味《いみ》と「ヒ」という読《よ》み方《かた》をしめしている。ねるときにおおう衣《ころも》(ネ)を表《あらわ》す字《じ》。

意味 ❶なにかをされる。めいわくをこうむる。例 損害《そんがい》を被《こうむ》る。被害《ひがい》 ❷おおいかぶさる。かぶせる。例 被服《ひふく》

❶〈なにかをされる〉の意味で

【被害】ひがい ▲損害《そんがい》やわざわいを受《う》けること。受《う》けた害《がい》。例 被害者《ひがいしゃ》 対 加害

【被疑者】ひぎしゃ 警察《けいさつ》などから、犯人《はんにん》ではないかという、うたがいをかけられている人《ひと》。例 被《ひ》疑者《ぎしゃ》を取《と》り調《しら》べる。類 容疑者《ようぎしゃ》

【被告】ひこく ☒裁判《さいばん》で、うったえられたほうの人《ひと》。例 被告人《ひこくにん》 対 原告《げんこく》

【被災】ひさい ▲(−する)火事《かじ》・地震《じしん》・台風《たいふう》などの災難《さいなん》にあうこと。例 出先《でさき》だったため、被災《ひさい》をまぬがれた。被災地《ひさいち》 類 罹災《りさい》

【被写体】ひしゃたい 写真《しゃしん》にうつされる人《ひと》やもの。例 被写体《ひしゃたい》にカメラを向《む》ける。

【°被°爆】ひばく ▲(−する)爆弾《ばくだん》によって被害《ひがい》を受《う》けること。とくに、放射線《ほうしゃせん》を出《だ》す爆弾《ばくだん》についていう。例 被爆者《ひばくしゃ》 表現 爆発《ばくはつ》ではなく、放射線《ほうしゃせん》にさらされるのは、「被曝《ひばく》」。

❷〈おおいかぶさる〉の意味で

【被服】ひふく Ⅲ きもの。からだに着《き》るもの。類 衣料《いりょう》

例解 使い分け

【あらわす《表す・現す・著す》】

表す=中《なか》にあるものを、ことば・絵《え》・色《いろ》などを使《つか》ってわかるように示《しめ》す。例 白丸《しろまる》は勝《か》ちを表《あらわ》す。うれしさを顔《かお》に表《あらわ》す。

現す=かくれているものを、そのままのすがたや形《かたち》で見《み》えるようにする。反対《はんたい》は「隠《かく》す」。例 正体《しょうたい》を現《あらわ》す。雲間《くもま》から太陽《たいよう》がすがたを現《あらわ》す。

著す=書物《しょもつ》を世《よ》に出《だ》す。例 本《ほん》を著《あらわ》す。

衣−6

裁

総画12 JIS-2659 教6年
訓音 サイ たつ・さばく

筆順 まっすぐ、つく はねる はねる

なりたち 【形声】「𢦏」が「たちきる」意味《いみ》と「サイ」という読《よ》み方《かた》をしめして

いる。布《ぬの》をたって衣《ころも》をつくることを表《あらわ》す字《じ》。

意味

❶布地《ぬのじ》を切《き》る。たつ。例 布《ぬの》を裁《た》つ。裁断《さいだん》・洋裁《ようさい》

❷さばく。よいかわるいかを決《き》める。「裁《さい》判所《ばんしょ》」の略《りゃく》。例 罪《つみ》を裁《さば》く。裁判《さいばん》・制裁《せいさい》・最高《さいこう》裁《さい》

❸ようす。すがた。例 体裁《ていさい》

❶〈布地を切る〉の意味で

【裁断】《さいだん》 ‖ 〈—する〉紙《かみ》や布《ぬの》を型《かた》に合《あ》わせて切《き》ること。例 生地《きじ》を裁断《さいだん》してスーツをぬう。☞❷

【裁。縫】《さいほう》 ↓ 〈—する〉布地《ぬのじ》を用《もち》いて、着物《きもの》に仕《し》立《た》てたり、つくろいをしたりするしごと。例 裁縫《さいほう》を習《なら》う。裁縫箱《さいほうばこ》 類 針仕事《はりしごと》

❷〈さばく〉の意味で

【裁決】《さいけつ》 ↓ 〈—する〉あるものごとについて、よいかわるいかを決《き》めること。例 裁決《さいけつ》をあおぐ。

【裁断】《さいだん》 ↓ 〈—する〉よい、わるいを考《かんが》えて、どうするかを決《き》めること。☞❶

【裁定】《さいてい》 ↓ 〈—する〉上《うえ》に立《た》つ人《ひと》が、ものごとのよしあしをはっきり決《き》めること。例 理事会《りじかい》の裁定《さいてい》がくだる。

【裁判】《さいばん》 ↓ 〈—する〉うったえに対《たい》してどちらが正《ただ》しいか、また、罪《つみ》となるかどうかを、法《ほう》律《りつ》に当《あ》てはめてはっきりさせること。例 裁判《さいばん》であらそう。裁判所《さいばんしょ》

【裁量】《さいりょう》 ↓ 〈—する〉その人《ひと》の考《かんが》えで、ものごとを決《き》めて、始末《しまつ》をつけること。例 自由裁《じゆうさい》量《りょう》。各家庭《かくかてい》の裁量《さいりょう》にまかせる。

裁が下につく熟語 上の字の働き

❶裁＝〈布地を切る〉のとき
【洋裁《ようさい》 和裁《わさい》】ナニ式《しき》の裁縫《さいほう》か。

❷裁＝〈さばく〉のとき
【制裁《せいさい》 決裁《けっさい》】近《ちか》い意味《いみ》。
【仲裁《ちゅうさい》 独裁《どくさい》 総裁《そうさい》】ドノヨウニ裁《さば》くか。

◆体裁《ていさい》

衣-6

装

総画12
JIS-3385
教6年
訓 音 ソウ・ショウ
よそおう
「裝」

筆順

なりたち

【形声】もとの字は、「裝」。「壮」が「ソウ・ショウ」という読《よ》み方《かた》をしめしている。「ソウ」は「つつみおさめる」意《い》味《み》を持《も》ち、衣《ころも》をつけて身《み》じたくすることを表《あらわ》す字《じ》。

意味

❶よそおう。おもてをかざる。よそおい。例 装《よそお》いを新《あら》たにする。装束《しょうぞく》・服装《ふくそう》

❷そなえつける。とりつける。例 装置《そうち》・装《そう》備《び》

❶〈よそおう〉の意味で

【装束】《しょうぞく》 ↓ とくべつの場合《ばあい》にそなえて、身《み》じたくをすること。また、その着物《きもの》。例 装《しょう》束《ぞく》を着《つ》ける。白装束《しろしょうぞく》・能装束《のうしょうぞく》

【装。飾】《そうしょく》 ‖ 〈—する〉美《うつく》しくかざること。かざるためにとりつけるもの。例 装飾《そうしょく》をほどこす。装飾品《そうしょくひん》・室内《しつない》装飾《そうしょく》

【装身具】《そうしんぐ》 首《くび》かざり・ゆびわ・ブローチなど、かざりとして身《み》につけるもの。アクセサリー。例 服《ふく》に合《あ》わせた装身具《そうしんぐ》。

【装丁】《そうてい》 ↓ 〈—する〉紙《かみ》をとじ、表紙《ひょうし》をつけて本《ほん》の形《かたち》にすること。そのデザイン。例 装丁《そうてい》のよい本《ほん》。装丁家《そうていか》

❷〈そなえつける〉の意味で

【装置】《そうち》 ‖ 〈—する〉ある仕事《しごと》をするための機《き》械《かい》や道具《どうぐ》をとりつけること。とりつけたもの。例 冷房装置《れいぼうそうち》・舞台装置《ぶたいそうち》

【装。塡】《そうてん》 ‖ 〈—する〉しかけの中《なか》にものをつめこんで準備《じゅんび》すること。例 ピストルにたまを装《そう》塡《てん》する。フィルムをカメラに装塡《そうてん》する。

【装備】《そうび》 ‖ 〈—する〉①必要《ひつよう》な身《み》じたくをしたり道具《どうぐ》などをそろえたりすること。例 完全装《かんぜんそう》備《び》 ②道具《どうぐ》や機械《きかい》をそなえつけること。例 船《ふね》にレーダーを装備《そうび》する。

装が下につく熟語 上の字の働き

❶装＝〈よそおう〉のとき
【衣装《いしょう》 服装《ふくそう》】近《ちか》い意味《いみ》。
【和装《わそう》 洋装《ようそう》 盛装《せいそう》 正装《せいそう》 礼装《れいそう》 軽装《けいそう》 旅装《りょそう》 武装《ぶそう》 男装《だんそう》 女装《じょそう》】ドノヨウナ装《よそお》いか。
【改装《かいそう》 変装《へんそう》】装《よそお》いをドウスルか。
【仮装《かそう》 偽装《ぎそう》】ドノヨウニ装《よそお》うか。
【塗装《とそう》 舗装《ほそう》 包装《ほうそう》】ドウヤッテかざるか。

衣−6

【裂】

総画12 JIS-4686 常用

音 レツ 訓 さく・さける

筆順 裂 裂 裂 裂 裂 裂 裂 裂

なりたち  【形声】「切《き》りさく」意味《いみ》の「列」が「レツ」という読《よ》み方《かた》をしめしている。衣《ころも》を切《き》りさくことを表《あらわ》す字《じ》。

意味 さく。さける。ひきさく。例 布《ぬの》を裂《さ》く。大地《だいち》が裂《さ》ける。裂傷《れっしょう》・分裂《ぶんれつ》

【°裂傷】《れっしょう》 ↓ 皮膚《ひふ》などがさけてできたきず。

裂が下につく熟語 上の字の働き 

【分裂《ぶんれつ》 破裂《はれつ》 決裂《けつれつ》】近《ちか》い意味《いみ》。

◆支離滅裂《しりめつれつ》

衣−7

【裟】

総画13 JIS-2632 人名

音 サ 訓 —

意味 僧《そう》が肩《かた》からかける衣服《いふく》「けさ(袈裟)」に使《つか》われる字《じ》。

ネ−7

【補】

総画12 JIS-4268 教6年

音 ホ 訓 おぎなう

筆順 補 補 補 補 補 補 補(ななめ、つかない)(はねる)

なりたち  【形声】「ネ(衣《ころも》)」が「布《ぬの》」を、「甫」が「ホ」という読《よ》み方《かた》をしめしている。「ホ」は「つける」意味《いみ》を持《も》ち、やぶれたところに布《ぬの》をつけたすことを表《あらわ》す字《じ》。「おぎなう」として使《つか》われている。

意味

❶おぎなう。たりないところをうめあわせる。例 不足《ふそく》を補《おぎな》う。補充《ほじゅう》

❷たすける。例 補助《ほじょ》・補佐《ほさ》

❸役目《やくめ》を命《めい》じる。例 部長《ぶちょう》に補《ほ》する。

❹見習《みなら》い。正式《せいしき》の役《やく》につく前《まえ》の身分《みぶん》。例 候補《こうほ》・警部補《けいぶほ》

名前のよみ すけ

❶〈おぎなう〉の意味で

【補遺】《ほい》 ▲ 書《か》きもらしたことを集《あつ》めて、あとで書《か》きくわえた部分《ぶぶん》。例 巻末《かんまつ》の補遺《ほい》。

【補給】《ほきゅう》 ↓ 〈—する〉使《つか》ってたりなくなったものをおぎなうこと。例 水分《すいぶん》を補給《ほきゅう》する。

【補強】《ほきょう》 ↓ 〈—する〉弱《よわ》いところやたりないところをおぎなって、強《つよ》くすること。例 補強《ほきょう》工事《こうじ》。

【補欠】《ほけつ》 ▲ 人《ひと》がたりなくなったところをおぎなうこと。定員《ていいん》が欠《か》けたとき、そこに入《はい》る人《ひと》。例 補欠選挙《ほけつせんきょ》。補欠《ほけつ》の選手《せんしゅ》。

【補修】《ほしゅう》 ↓ 〈—する〉こわれたところやたりないところをつくろうこと。例 補修工事《ほしゅうこうじ》

【補習】《ほしゅう》 ↓ 〈—する〉ふつうの授業《じゅぎょう》でできなかったところを、とくべつに時間《じかん》をわりあてて学習《がくしゅう》すること。例 補習授業《ほしゅうじゅぎょう》

【補°充】《ほじゅう》 ↓ 〈—する〉たりない分《ぶん》のあなうめをすること。例 欠員《けついん》を補充《ほじゅう》する。

【補°償】《ほしょう》 ↓ 〈—する〉相手《あいて》にあたえた損害《そんがい》をお金《かね》などでうめあわせること。類 代償《だいしょう》

使い分け [保証・保障・補償] ☞90ページ

【補正】《ほせい》 ↓ 〈—する〉ぐあいのわるいところをなおして、きちんとすること。例 補正予算《ほせいよさん》 類 修正《しゅうせい》

【補足】《ほそく》 Ⅱ 〈—する〉たりないところをおぎなって、つけたすこと。例 補足説明《ほそくせつめい》

❷〈たすける〉の意味で

【補°佐】《ほさ》 Ⅱ 〈—する〉中心《ちゅうしん》となって仕事《しごと》をしている人《ひと》をたすけること。その役目《やくめ》の人《ひと》。例 副《ふく》会長《かいちょう》は会長《かいちょう》の補佐役《ほさやく》である。課長《かちょう》補佐《ほさ》

【補助】《ほじょ》 Ⅱ 〈—する〉たりないところをおぎなって、たすけること。例 学資《がくし》の補助《ほじょ》をうける。補助教材《ほじょきょうざい》

【補助席】《ほじょせき》 劇場《げきじょう》や乗《の》り物《もの》などで、ふだんの座席《ざせき》だけでたりないとき、通路《つうろ》などにつくる席《せき》。例 補助席《ほじょせき》をもうける。

【補°聴器】《ほちょうき》 耳《みみ》のよく聞《き》こえない人《ひと》が聞《き》こえるようにするために耳《みみ》にあてる器具《きぐ》。

【補導】《ほどう》 ↓ 〈—する〉少年少女《しょうねんしょうじょ》がわるいことをせず、正《ただ》しい道《みち》を進《すす》むようにみちびくこと。

ネ−7

【裕】

総画12 JIS-4521 常用

音 ユウ 訓 ゆた-か

筆順 裕 裕 裕 裕 裕 裕 裕 裕

なりたち  【形声】「谷《コク|ヨク》」が「ユウ」とかわって読《よ》み方《かた》をしめしている。「コ

前ページ▶裂 裟 補 裕

ク」は「ゆたかにある」意味《いみ》を持《も》ち、衣《ころも》（ネ）がゆったりしていることを表《あらわ》す字《じ》。

意味 ゆたか。ゆとりがある。例 裕福《ゆうふく》・余裕《よゆう》

名前のよみ すけ・ひろ・ひろし・まさ・みち・やす

【°裕福《ゆうふく》】⊞（|に）ものやお金《かね》がたくさんあって、くらしがゆたかなこと。例 裕福《ゆうふく》な家庭《かてい》に育《そだ》つ。類 富裕《ふゆう》 対 貧乏《びんぼう》

裕が下につく熟語 上の字の働き

【富裕《ふゆう》 余裕《よゆう》】近《ちか》い意味《いみ》。

裏

衣-7 総画13 JIS-4602 教6年 音 リ 訓 うら

筆順 まっすぐ、つく はねる 人にならない

なりたち [形声]「衣」と「里」とからでき、「里」が「リ」という読《よ》み方《かた》をしめしている。「リ」は「うちがわ」の意味《いみ》を持《も》ち、衣《ころも》のうちがわを表《あらわ》す字《じ》。

意味 ❶うらがわ。表面《ひょうめん》の反対《はんたい》がわ。主《おも》でないほう。例 裏《うら》の裏を行く。裏口《うらぐち》・裏町《うらまち》 対 表《ひょう》 ❷うちがわ。心《こころ》のうち。例 脳裏《のうり》 ❸…のうちに。例 成功裏《せいこうり》

❶〈うらがわ〉の意味で

【裏表《うらおもて》】⇕ ①布《ぬの》や紙《かみ》などのうらとおもて。②おもてとうらを反対《はんたい》にすること。うらがえし。あべこべ。例 シャツを裏表《うらおもて》に着《き》る。③人《ひと》に見《み》えるところと見《み》えないところとで、おこないにちがいがあること。例 裏表《うらおもて》があって信用《しんよう》できない人《ひと》。類 表裏《ひょうり》・陰日向《かげひなた》

【裏方《うらかた》】⇩ ①劇《げき》や映画《えいが》で、観客《かんきゃく》から見《み》えないところではたらく人《ひと》たち。②もよおしものなどを、表面《ひょうめん》に出《で》ないでかげでささえる仕事《しごと》をする人《ひと》たち。例 裏方《うらかた》に徹《てっ》する。

【裏口《うらぐち》】⇩ ①家《いえ》のうらがわにある出入《でい》り口《ぐち》。類 勝手口《かってぐち》 対 玄関《げんかん》 ②正式《せいしき》ではなく、かげにかくれてするやり方《かた》。例 裏口入学《うらぐちにゅうがく》

【裏声《うらごえ》】⇩ ふつうの声《こえ》とちがう、とくべつな発声法《はっせいほう》で出《だ》す高《たか》い声《こえ》。ファルセット。例 裏声《うらごえ》がきれいに出《で》る。対 地声《じごえ》

【裏作《うらさく》】⇩ おなじ田畑《たはた》で、おもな作物《さくもつ》の収穫《しゅうかく》のあとにつくる作物《さくもつ》。例 イネの裏作《うらさく》にムギをつくる。対 表作《おもてさく》

【裏地《うらじ》】⇩ 衣服《いふく》のうらにつける布《ぬの》。

【裏腹《うらはら》】⇕（|に）二《ふた》つのことが正反対《せいはんたい》のようす。例 本心《ほんしん》とは裏腹《うらはら》のことを言《い》う。

【裏町《うらまち》】⇩ 大《おお》きな通《とお》りからはなれた、あまり人《ひと》のとおらない町《まち》。

【裏目《うらめ》】⇩ さいころで、ある目《め》の反対《はんたい》がわの目《め》。例 裏目《うらめ》に出《で》る（思《おも》っていたのとはぎゃくの、不利《ふり》な結果《けっか》になる）。

【裏面《りめん》】⇩ ①もののうらがわ。例 月《つき》の裏面《りめん》。対 表面《ひょうめん》 ②おもてにあらわれない、かくれたところ。人《ひと》に知《し》られていない部分《ぶぶん》。対 表面《ひょうめん》

裏が下につく熟語 上の字の働き

❷ 裏＝〈うちがわ〉のとき

【脳裏《のうり》 庫裏《くり》 手裏《しゅり》（手裏剣《しゅりけん》）】ナニのうちがわか。

❸ 裏＝〈…のうちに〉のとき

【成功裏《せいこうり》 秘密裏《ひみつり》】ドンナ状態《じょうたい》のうちにか。

◆ 囲炉裏《いろり》 内裏《だいり》 表裏《ひょうり》

褐

ネ-8 総画13 JIS-1976 常用 音 カツ 訓 ― ［褐］

筆順

なりたち [形声] もとの字《じ》は、「褐」。「曷」が植物《しょくぶつ》の「クズカズラ」の意味《いみ》と「カツ」という読《よ》み方《かた》をしめしている。クズの繊維《せんい》でおった衣《ころも》（ネ）を表《あらわ》す字《じ》。

意味 こげちゃ色《いろ》。例 褐色《かっしょく》

【°褐色《かっしょく》】⇩ 黒《くろ》みがかった茶色《ちゃいろ》。こげ茶色《ちゃいろ》。例 日《ひ》に焼《や》けた褐色《かっしょく》のはだ。茶褐色《ちゃかっしょく》

裾

ネ-8 総画13 JIS-3194 常用 音 キョ 訓 すそ

筆順

意味 すそ。衣服《いふく》の下《した》のはし。山《やま》のふもと。例 着物《きもの》の裾《すそ》。山裾《やますそ》

【°裾野《すその》】⇩ 山《やま》のふもとにゆるやかに広《ひろ》がる野原《のはら》。例 富士《ふじ》の裾野《すその》。

衣-8

製

総画14 JIS-3229 教5年

音 セイ 訓 —

筆順 製 製 製 製 製 製 製 （だす／はねる／人にならない）

なりたち  【形声】「制」が「たちきる」意味《いみ》と「セイ」という読《よ》み方《かた》をしめしている。布《ぬの》をたって衣《ころも》をつくることを表《あらわ》す字《じ》。

意味 品物《しなもの》をつくる。こしらえる。例 工具《こうぐ》を製する。製材《せいざい》・作製《さくせい》

【製塩】《せいえん》 ▲ 〈—する〉しおをつくること。

【製。菓】《せいか》 ▲ おかしをつくること。例 製菓材《せいかざい》料《りょう》・製菓会社《せいかがいしゃ》

【製材】《せいざい》 ▲ 〈—する〉山《やま》から切《き》り出《だ》した丸太《まるた》を、板《いた》や角材《かくざい》などにすること。例 製材所《せいざいしょ》

【製作】《せいさく》 Ⅱ 〈—する〉道具《どうぐ》や機械《きかい》を使《つか》って品物《しなもの》や道具《どうぐ》をつくること。類 製造《せいぞう》・作製《さくせい》

例解 使い分け ［製作《せいさく》・制作《せいさく》］

製作＝物《もの》を作《つく》ること。例 電気《でんき》の器具《きぐ》を製作《せいさく》する。機械《きかい》を製作《せいさく》する。

制作＝芸術《げいじゅつ》などの作品《さくひん》を作《つく》ること。例 工芸品《こうげいひん》を制作《せいさく》して展示《てんじ》する。

参考 映画《えいが》には「製作」を、テレビには「制作」を使《つか》うことが多《おお》い。

【製糸】《せいし》 ▲ 糸《いと》をつくること。まゆから生糸《きいと》をとること。例 製糸業《せいしぎょう》・製糸工場《せいしこうじょう》

【製図】《せいず》 ▲ 〈—する〉機械《きかい》や建物《たてもの》などをつくるために、その形《かたち》や大《おお》きさを正確《せいかく》にしめした図《ず》面《めん》をかくこと。例 製図板《せいずばん》

【製造】《せいぞう》 Ⅱ 〈—する〉原材料《げんざいりょう》から品物《しなもの》をつくること。例 製造元《せいぞうもと》 類 製作《せいさく》・作製《さくせい》

【製鉄】《せいてつ》 ▲ 鉄鉱石《てっこうせき》をとかして、鉄《てつ》をつくること。例 製鉄所《せいてつじょ》

【製糖】《せいとう》 ▲ サトウキビ・サトウダイコンなどからさとうをつくること。例 製糖会社《せいとうがいしゃ》

【製品】《せいひん》 ↓ 手《て》や機械《きかい》でつくりあげた品物《しなもの》。例 製品検査《せいひんけんさ》。製品《せいひん》を展示《てんじ》する。

【製粉】《せいふん》 ▲ 穀物《こくもつ》をひいて、こなにすること。

【製法】《せいほう》 ↓ もののつくり方《かた》。製造《せいぞう》する方法《ほうほう》。例 秘伝《ひでん》の製法《せいほう》。

【製本】《せいほん》 ▲ 〈—する〉印刷《いんさつ》したものなどをとじて表紙《ひょうし》をつけ、本《ほん》の形《かたち》にしあげること。例 クラスの文集《ぶんしゅう》を製本《せいほん》する。

【製薬】《せいやく》 ▲ くすりをつくること。

製が下につく熟語 上の字の働き

【並製《なみせい》 上製《じょうせい》 特製《とくせい》】ドノ程度《ていど》のつくりか。

【粗製《そせい》 精製《せいせい》 謹製《きんせい》】ドノ程度《ていど》につくるか。

【官製《かんせい》 私製《しせい》】ダレがつくるか。

◆既製《きせい》 作製《さくせい》 手製《てせい》 複製《ふくせい》 木製《もくせい》 和製《わせい》

ネ-8

裸

総画13 JIS-4571 常用

音 ラ 訓 はだか

筆順 裸 裸 裸 裸 裸 裸 裸

なりたち  【形声】「果《カ》」が「ラ」とかわって読《よ》み方《かた》をしめしている。「カ」は「はだを出《だ》す」意味《いみ》を持《も》ち、衣《ころも》（ネ）をつけないむきだしのはだを表《あらわ》す字《じ》。

意味 はだか。むきだしになっているもの。例 裸《はだか》になる。裸体《らたい》・丸裸《まるはだか》

【。裸一。貫】《はだかいっかん》 自分《じぶん》のからだのほかには財《ざい》産《さん》といえるものはなにもないこと。例 裸一《はだかいっ》貫《かん》から身《み》をおこす。

【。裸眼】《らがん》 ↓ 眼鏡《めがね》をかけないで物《もの》を見《み》るときの目《め》。例 裸眼《らがん》の視力《しりょく》は〇・三だ。類 肉眼《にくがん》

【。裸体】《らたい》 ↓ なにも着《き》ていないはだかのからだ。例 裸体画《らたいが》。裸体《らたい》をさらす。

裸が下につく熟語 上の字の働き

【全裸《ぜんら》 丸裸《まるはだか》 半裸《はんら》 赤裸裸《せきらら》】ドノ程度《ていど》の裸《はだか》か。

ネ-9

複

総画14 JIS-4203 教5年

音 フク 訓 —

筆順 複 複 複 複 複 複 複 （ななめ、つかない／とめる／はらう）

なりたち  【形声】「复」が「かさねる」意味《いみ》と「フク」という読《よ》み方《かた》をしめしている。衣《ころも》（ネ）を重《かさ》ねることを表《あらわ》す字《じ》。

意味

❶二《ふた》つ以上《いじょう》である。重《かさ》なっている。例 複《ふく》雑《ざつ》・重複《ちょうふく｜じゅうふく》 対 単《たん》

❷おなじものをつくる。もう一度《いちど》する。例 複写《ふくしゃ》

前ページ ▶ 製 裸 複

❶〈二つ以上である〉の意味で

【複眼】ふく《ふく》がん《がん》 ⇩ 一《ひと》つのように見《み》えるが、じつは小《ちい》さな目《め》がたくさん集《あつ》まってできている目《め》。トンボ・セミなどの昆虫《こんちゅう》にある。対 単眼《たんがん》 表現 ものごとをいろいろな面《めん》から見《み》て、考《かんが》えあわせることを、「複眼的《ふくがんてき》な思考《しこう》」「多角的思考《たかくてきしこう》」「立《りっ》体的見方《たいてきみかた》」などという。

【複合】ふく《ふく》ごう《ごう》 ⇩〈―する〉二《ふた》つ以上《いじょう》のものが合《あ》わさって一《ひと》つになること。例 スキーの複合競技《ふくごうきょうぎ》。

【複雑】ふく《ふく》ざつ《ざつ》 Ⅱ〈―な・―に〉いろいろなことがからみあって、ややこしいようす。例 複雑《ふくざつ》な表情《ひょうじょう》。対 単純《たんじゅん》・簡単《かんたん》

【複式】ふく《ふく》しき《しき》 ⇩ 二《ふた》つ以上《いじょう》のものが合《あ》わさって、一《ひと》つになっている形式《けいしき》。例 複式学級《ふくしきがっきゅう》・複式顕《けん》微鏡《びきょう》 類 複合《ふくごう》 対 単式《たんしき》・単独《たんどく》

【複数】ふく《ふく》すう《すう》 ⇩ 二《ふた》つ以上《いじょう》の数《かず》。例 複数回答《ふくすうかいとう》可《か》。対 単数《たんすう》

【複線】ふく《ふく》せん《せん》 ⇩ 鉄道《てつどう》で、上《のぼ》りと下《くだ》りの線路《せんろ》がべつべつにしかれているもの。対 単線《たんせん》 表現 「複複《ふくふく》線《せん》」は、複線《ふくせん》を二《ふた》つならべてしいた線路《せんろ》で、四《よん》台《だい》の電車《でんしゃ》が同時《どうじ》に走《はし》れる。

【複利】ふく《ふく》り《り》 ⇩ 利子《りし》のつけ方《かた》で、きまった期間《きかん》が終《お》わるたびに、利子《りし》を元金《がんきん》にくり入《い》れて、その全体《ぜんたい》に利子《りし》をつけていくやり方《かた》。対 単利《たんり》

❷〈おなじものをつくる〉の意味で

【複写】ふく《ふく》しゃ《しゃ》 ⇩〈―する〉①機械《きかい》やカメラなどで、書類《しょるい》や図面《ずめん》などをそのままうつしとること。コピー。例 設計図《せっけいず》を複写《ふくしゃ》する。類 転写《てんしゃ》 ②書《しょ》類《るい》などで、おなじものを同時《どうじ》に二《ふた》つ以上《いじょう》つくること。例 複写紙《ふくしゃし》

【複製】ふく《ふく》せい《せい》 ⇩〈―する〉美術品《びじゅつひん》・工芸品《こうげいひん》・録画《ろくが》・録《ろく》音《おん》・書物《しょもつ》などを、もとのものとそっくりにつくること。原物《げんぶつ》そっくりに作《つく》った品《しな》。レプリカ。例 複製画《ふくせいが》・不許複製《ふきょふくせい》 類 模造《もぞう》

衣-9

褒

総画15 JIS-4311 常用

音 ホウ
訓 ほめる

「褎」

筆順

なりたち  【形声】「衣」と「保《ホ》（もとは「𤓯」）」とからでき、「保」が「ホウ」とかわって読《よ》み方《かた》をしめしている。「ホ」は「ひろい」の意味《いみ》を持《も》ち、すその大《おお》きく広《ひろ》がった衣《ころも》を表《あらわ》す字《じ》。

意味 ほめる。ほめたたえる。例 褒賞《ほうしょう》

名前のよみ よし

【褒章】ほう《ほう》しょう《しょう》 ⇩ 学問《がくもん》・文化《ぶんか》・産業《さんぎょう》などにつくした人《ひと》をほめて、国《くに》があたえる記章《きしょう》。紅綬《こうじゅ》・緑《りょく》綬《じゅ》・藍綬《らんじゅ》・紺綬《こんじゅ》・黄綬《おうじゅ》・紫綬《しじゅ》の六種類《ろくしゅるい》がある。

【褒賞】ほう《ほう》しょう《しょう》 Ⅱ〈―する〉国《くに》や機関《きかん》がほめて、あたえるお金《かね》や品物《しなもの》。類 褒美《ほうび》

【褒美】ほう《ほう》び《び》 Ⅱ よいおこないをほめてあたえるお金《かね》や品物《しなもの》。例 ご褒美《ほうび》をあげる。類 褒賞《ほうしょう》

ネ-13

襟

総画18 JIS-2263 常用

音 キン
訓 えり

筆順 襟襟襟襟襟襟襟

なりたち  【形声】もとの字《じ》は、「䘳」。「禁（←金）」が「とじる」意味《いみ》と「キン」という読《よ》み方《かた》をしめす。衣《ころも》（ネ）の前《まえ》を合《あ》わせてとじる部分《ぶぶん》を表《あらわ》す字《じ》。

意味 ❶衣服《いふく》のえり。例 襟《えり》を正《ただ》す。襟首《えりくび》・開襟《かいきん》 ❷心《こころ》の中《なか》。むねのうち。例 胸襟《きょうきん》

❶〈衣服のえり〉の意味で

【襟首】えり《えり》くび《くび》 ⇩ 首《くび》のうしろ。うなじ。例 襟首《えりくび》をつかまれる。類 首筋《くびすじ》

【襟巻】えり《えり》まき《まき》 ⇩ 寒《さむ》さをふせぐために首《くび》にまく布《ぬの》や毛皮《けがわ》。マフラー。表記 「襟巻き」とも書《か》く。

【襟元】えり《えり》もと《もと》 ⇩ えりのあたり。着物《きもの》のえりの合《あ》わさる胸《むね》のあたり。例 襟元《えりもと》を合《あ》わせる。

衣-16

襲

総画22 JIS-2917 常用

音 シュウ
訓 おそう

筆順 襲襲襲襲襲襲襲

なりたち  【形声】「𩇔《トウ》→龍《リュウ》」が「かさねる」意《い》味《み》と、「シュウ」とかわって読《よ》み方《かた》をしめしている。衣《ころも》をくわえて、重《かさ》ね着《ぎ》することを表《あらわ》す字《じ》。借《か》りて、「おそう」として使《つか》われている。

意味 ❶おそう。せめかかって害《がい》をくわえる。例 敵《てき》を襲《おそ》う。襲撃《しゅうげき》・強襲《きょうしゅう》 ❷あとをつぐ。受《う》けつぐ。例 襲名《しゅうめい》・踏襲《とうしゅう》

❶〈おそう〉の意味で

【°襲°撃《しゅうげき》】↓〈―する〉いきおいをつけて敵《てき》にせめかかること。例 敵《てき》の襲撃《しゅうげき》を受《う》ける。

【°襲来《しゅうらい》】↓〈―する〉敵《てき》や台風《たいふう》などが、おそってくること。例 敵機《てっき》襲来《しゅうらい》 類 来襲《らいしゅう》

❷〈あとをつぐ〉の意味で

【°襲名《しゅうめい》】▲〈―する〉歌舞伎《かぶき》役者《やくしゃ》や落語家《らくごか》などが、親《おや》や師匠《ししょう》の名《な》を受《う》けつぐこと。例 襲《しゅう》名《めい》披露《ひろう》

襲が下につく熟語 上の字の働き

❶襲＝〈おそう〉のとき

【奇襲《きしゅう》 急襲《きゅうしゅう》 強襲《きょうしゅう》 空襲《くうしゅう》 夜襲《やしゅう》 来襲《らいしゅう》】ドノヨウニ襲《おそ》うか。

❷襲＝〈あとをつぐ〉のとき

【世襲《せしゅう》 踏襲《とうしゅう》】ドノヨウニつぐか。

6画 西 襾 ［にし］の部

方角《ほうがく》の西《にし》を表《あらわ》す「西」の字《じ》と、「襾」の形《かたち》がめやすとなっている字《じ》を集《あつ》めてあります。

この部首の字

0 西……913　3 要……913　12 覆……915　13 覇……915

栗→木 615　票→示 790　粟→米 824

西

西－0

総画6　JIS-3230　教2年

音 セイ・サイ　訓 にし

筆順

なりたち

【象形】酒《さけ》をしぼるかごをえがいた字《じ》。借《か》りて、「にし」として使《つか》われている。

意味

❶にし。例 日《ひ》が西《にし》にかたむく。西日《にしび》・東西《とうざい》 対 東《とう》

❷せいよう（西洋）。ヨーロッパやアメリカ。例 西暦《せいれき》

名前のよみ あき

❶〈にし〉の意味で

【西下《さいか》】↓〈―する〉東京《とうきょう》から西《にし》のほうへ行《い》くこと。例 視察《しさつ》のために西下《さいか》する。対 東上《とうじょう》

【西国《さいごく｜さいこく》】↓ 西《にし》のほうの国《くに》。日本《にほん》の関西《かんさい》より西《にし》のほう、とくに、九州《きゅうしゅう》地方《ちほう》をいう。例 西国《さいごく｜さいこく》にくだる。対 東国《とうごく》

【西方°浄土《さいほうじょうど》】仏教《ぶっきょう》のことばで、西《にし》のほうにあって、阿弥陀仏《あみだぶつ》が住《す》むといわれる極楽《ごくらく》世界《せかい》。

【西域《せいいき｜さいいき》】↓ 中国《ちゅうごく》の西《にし》のほうの国々《くにぐに》。例 西域《せいいき｜さいいき》諸国《しょこく》 知識 今《いま》の新疆《しんきょう》ウイグル自治《じち》区《く》（☞うしろ見返し「東アジア地図」）から中央《ちゅうおう》アジアのあたり。その中《なか》を通《とお》る道《みち》を、「シルクロード（絹《きぬ》の道《みち》＝絹《きぬ》の交易《こうえき》に使《つか》われた道《みち》）」という。『西遊記《さいゆうき》』の三蔵法師《さんぞうほうし》（実《じつ》の名《な》は玄奘《げんじょう》）は、この道《みち》を通《とお》っていった。

【西°欧《せいおう》】↓ ヨーロッパの中《なか》でドイツあたりから西《にし》のほうを指《さ》すことば。西《にし》ヨーロッパ。例 西欧諸国《せいおうしょこく》 対 東欧《とうおう》 ☞❷

【西経《せいけい》】↓ イギリスの旧《きゅう》グリニッジ天文台《てんもんだい》を通《とお》る子午線《しごせん》を〇度《ど》として、それから西《にし》のほうへはかった経度《けいど》。一八〇度《ど》まである。例 西《せい》経《けい》一二〇度《ど》 対 東経《とうけい》

【西洋《せいよう》】↓ ヨーロッパやアメリカの国々《くにぐに》。例 西洋料理《せいようりょうり》 類 欧米《おうべい》・西欧《せいおう》 対 東洋《とうよう》

【西日《にしび》】↓ 西《にし》にかたむいた太陽《たいよう》の光《ひかり》。例 西《にし》日《び》がさす。午後《ごご》は西日《にしび》があたって暑《あつ》い。

❷〈せいよう（西洋）〉の意味で

【西°欧《せいおう》】Ⅱ ヨーロッパの国々《くにぐに》。例 西欧文明《せいおうぶんめい》 類 西洋《せいよう》 ☞❶

【西°暦《せいれき》】↓ キリストの生《う》まれた年《とし》を紀元《きげん》とする、年数《ねんすう》のかぞえ方《かた》。

◆ 関西《かんさい》 泰西《たいせい》 東西《とうざい》 古今東西《ここんとうざい》

要

襾－3

総画9　JIS-4555　教4年

音 ヨウ　訓 かなめ・いる

筆順

なりたち

【象形】人《ひと》がこしに両手《りょうて》をあてているようすをえがいて、こしを表《あらわ》す字《じ》。

意味

❶かなめ。だいじなところ。たいせつな点《てん》をまとめる。例 要《よう》を得《え》ている。守備《しゅび》の要《かなめ》。要点《ようてん》・重要《じゅうよう》

要◀ 次ページ

◦学習漢字でない常用漢字　▲常用漢字表にない音訓　◆常用漢字でない漢字

❷もとめる。必要《ひつよう》である。例お金《かね》が要《い》る。注意《ちゅうい》を要《よう》する。要求《ようきゅう》・必要《ひつよう》

使い分け いる［入・要・居］☞115ページ

文字物語 ☞914ページ

名前のよみ とし・やす

❶〈かなめ〉の意味で

【要因《よういん》】↓なにかがなりたつために、もとになることがら。おもな原因《げんいん》。例事故《じこ》の発生《はっせい》にはいろいろな要因《よういん》がからんでいる。類主因《しゅいん》・要素《ようそ》

【要害《ようがい》】Ⅱ①地形《ちけい》がけわしくて、せめるのにむずかしく、まもるのにつごうのよいところ。例要害《ようがい》の地《ち》。②人《ひと》の力《ちから》でつくった城《しろ》やとりで。例山《やま》の上《うえ》に要害《ようがい》をきずく。

【要件《ようけん》】↓仕事《しごと》をするうえで、たいせつなことがら。例第一《だいいち》の要件《ようけん》。☞❷

使い分け［用件・要件］☞741ページ

【要。項《ようこう》】↓だいじなことがらを、項目《こうもく》にまとめたもの。例募集要項《ぼしゅうようこう》

【要。綱《ようこう》】↓考《かんが》え方《かた》などのもとになる、たいせつなすじみちをまとめた文章《ぶんしょう》。例実施要綱《じっしようこう》

【要。塞《ようさい》】↓敵《てき》をふせぐためにつくった、がんじょうな陣地《じんち》。とりで。

【要。旨《ようし》】↓文章《ぶんしょう》や話《はなし》の中《なか》で言《い》い表《あらわ》そうとしているだいじなことがら。例講演《こうえん》の要旨《ようし》をまとめる。要旨《ようし》をかんたんに述《の》べる。類主旨《しゅし》・主題《しゅだい》・大意《たいい》

文字物語

要

「要」の字の訓《くん》の一《ひと》つに「かなめ」というのがある。「かなめ」は、もともと、扇《おうぎ》の骨《ほね》をとじあわせるためにさし通《とお》した小《ちい》さなくぎをいった。扇《おうぎ》の骨《ほね》をまとめ、開《ひら》いたりとじたりするときにだいじなポイントとなるところだから、そのものにとっていちばんたいせつなところを「かなめ」というようになった。それで、おなじ「重要《じゅうよう》なこと・部分《ぶぶん》」の意味《いみ》をもつ漢字《かんじ》の「要」に「かなめ」の訓《くん》があてられた。

「要」のもう一《ひと》つの訓《くん》は、「必要《ひつよう》とする」の意味《いみ》の「いる」。わたしたちは物《もの》を「いらない」と言《い》ってことわるときに、「いりません」では、ぶっきらぼうではないかと思《おも》い、つい「けっこうです」とか「いいです」とか言《い》う。すると、外国人《がいこくじん》には、受《う》け入《い》れて「オーケー」と言《い》っているようにも思《おも》われてしまう。こういうとき中国語《ちゅうごくご》では「プヤオ」と言《い》って、はっきり態《たい》度《ど》を表《あらわ》し、失礼《しつれい》にならない。「プヤオ」は「不《ふ》要《よう》」である。

【要所《ようしょ》】↓①たいせつな場所《ばしょ》。例交通《こうつう》の要《よう》所《しょ》に関所《せきしょ》をおく。類要衝《ようしょう》・要地《ようち》②全体《ぜんたい》の中《なか》で、たいせつなところ。例要所要所《ようしょようしょ》で気《き》をひきしめる。類要点《ようてん》・急所《きゅうしょ》

【要。衝《ようしょう》】Ⅱ交通《こうつう》・軍事《ぐんじ》・産業《さんぎょう》などから見《み》て、だいじな場所《ばしょ》。例交通《こうつう》の要衝《ようしょう》。類要所《ようしょ》・要地《ようち》

【要職《ようしょく》】↓責任《せきにん》の重《おも》い、たいせつな役目《やくめ》。例要職《ようしょく》につく。類重職《じゅうしょく》

【要人《ようじん》】↓重要《じゅうよう》な地位《ちい》についている人《ひと》。例外国《がいこく》の要人《ようじん》を空港《くうこう》に出《で》むかえる。

【要素《ようそ》】↓なりたちのもとになっているもの。例構成要素《こうせいようそ》 類成分《せいぶん》・要因《よういん》

【要点《ようてん》】↓もっともたいせつなところ。例文章《ぶんしょう》の要点《ようてん》をまとめる。類要所《ようしょ》・急所《きゅうしょ》・主旨《しゅし》・骨子《こっし》・要領《ようりょう》

【要約《ようやく》】↓〈―する〉文章《ぶんしょう》や話《はなし》のだいじなところをまとめて、全体《ぜんたい》を短《みじか》くすること。まとめて短《みじか》くしたもの。例話《はなし》の全体《ぜんたい》を要約《ようやく》すると、こういうことだ。類概括《がいかつ》

【要覧《ようらん》】↓学校《がっこう》や会社《かいしゃ》などのようすを、図《ず》や表《ひょう》などを使《つか》って見《み》やすくまとめたもの。例学校要覧《がっこうようらん》

【要領《ようりょう》】Ⅱ①だいじなすじみち。例指導《しどう》要領《ようりょう》。要領《ようりょう》をえない話《はなし》。類要点《ようてん》②仕事《しごと》を手《て》ぎわよくやるための方法《ほうほう》。こつ。例要領《ようりょう》のよい手順《てじゅん》を考《かんが》える。

❷〈もとめる〉の意味で

【要員《よういん》】↓仕事《しごと》などをするのに必要《ひつよう》な人員《じんいん》。例代《か》わりの要員《よういん》を確保《かくほ》する。

【要求《ようきゅう》】Ⅱ〈―する〉こうしてほしいと、相手《あいて》に強《つよ》くもとめること。例時代《じだい》の要求《ようきゅう》にこた

える。類 要望《ようぼう》・要請《ようせい》・請求《せいきゅう》

【要件】《ようけん》 ↓ なにかをするのになくてはならない条件《じょうけん》。例 要件《ようけん》のすべてをみたす。☞❶

使い分け ［用件・要件］☞741ページ

【要。請】《ようせい》 Ⅱ〈—する〉こうしてほしいと、相手《あいて》におねがいすること。例 救助隊《きゅうじょたい》の出動《しゅつどう》を要請《ようせい》する。類 要求《ようきゅう》・要望《ようぼう》

【要注意】《ようちゅうい》 気《き》をつけなければならないこと。例 雨《あめ》の日《ひ》の運転《うんてん》は要注意《ようちゅうい》だ。

【要望】《ようぼう》 Ⅱ〈—する〉こうしてほしいと、相手《あいて》にのぞむこと。例 要望《ようぼう》にこたえる。類 要求《ようきゅう》・要請《ようせい》

要が下につく熟語 上の字の働き

❶要＝〈かなめ〉のとき
【肝要《かんよう》 枢要《すうよう》 重要《じゅうよう》 主要《しゅよう》】近《ちか》い意味《いみ》。
【概要《がいよう》 大要《たいよう》】ドノクライのまとめか。

❷要＝〈もとめる〉のとき
【必要《ひつよう》 需要《じゅよう》】近《ちか》い意味《いみ》。

◆ 強要《きょうよう》 所要《しょよう》 摘要《てきよう》 不要《ふよう》 法要《ほうよう》

襾－12

覆

総画18　JIS-4204　常用

音 フク　訓 おおう・くつがえす・くつがえる

筆順 覆 覆 覆 覆 覆 覆 覆 覆

なりたち 𧟄 ［形声］「襾」が「おおう」意味を、「復」が「フク」という読《よ》み方《かた》をしめしている。「フク」は「つつむ」意味《いみ》を持《も》ち、おおいかぶせることを表《あらわ》す字《じ》。

意味
❶おおう。上《うえ》にかぶせて全体《ぜんたい》をつつむ。例 顔《かお》を覆《おお》う。覆面《ふくめん》
❷くつがえす。ひっくりかえる。例 予想《よそう》を覆《くつがえ》す。船《ふね》が覆《くつがえ》る。転覆《てんぷく》

❶〈おおう〉の意味で
【。覆面】《ふくめん》 ▲〈—する〉布《ぬの》などで顔《かお》をおおいかくすこと。おおう布《ぬの》。表現「覆面作家《ふくめんさっか》」「覆面《ふくめん》パトカー」など、名前《なまえ》や正体《しょうたい》をかくす意味《いみ》にも使《つか》う。

❷〈くつがえす〉の意味で
【。覆水。盆に返らず】《ふくすいぼんにかえらず》 いったんわかれた夫婦《ふうふ》は元《もと》どおりになれない。おわったことは、元《もと》にはもどらない。故事のはなし ☞915ページ

故事のはなし

覆水盆《ふくすいぼん》に返《かえ》らず

むかしの中国《ちゅうごく》で、周《しゅう》の太公望呂尚《たいこうぼうりょしょう》がわかいときに読書《どくしょ》にふけってばかりいたので、妻《つま》は愛想《あいそ》をつかして家《いえ》を出《で》た。のちに出世《しゅっせ》してから、そのわかれた妻《つま》が復縁《ふくえん》をもとめたところ、呂尚《りょしょう》は、盆《ぼん》の水《みず》をこぼして、「元《もと》どおりにしてみよ（そんなことはできないことだ）」と言《い》ってことわった。（王嘉《おうか》『拾遺記《しゅういき》』）

参考 太公望《たいこうぼう》はよく釣《つ》りをしていたことでも有名《ゆうめい》である。

襾－13

覇

総画19　JIS-3938　常用

音 ハ　訓 —

［霸］

筆順 覇 覇 覇 覇 覇 覇 覇 覇

なりたち 霸 ［形声］もとの字《じ》は、「霸」。「䨣《ハク》」が「ハ」とかわって読《よ》み方《かた》をしめしている。「ハク」は「白《しろ》い」の意味《いみ》を持《も》ち、月《つき》の白《しろ》い光《ひかり》を表《あらわ》す字《じ》。

意味 力《ちから》でみんなの上《うえ》にたつ。武力《ぶりょく》で天下《てんか》をおさめる。例 覇《は》を競《きそ》う。制覇《せいは》

【。覇気】《はき》 ↓ 自分《じぶん》から進《すす》んで立《た》ちむかおうとする意気《いき》ごみ。例 覇気《はき》がある。

【。覇権】《はけん》 ↓ ①武力《ぶりょく》によって手《て》に入《い》れた、天《てん》下《か》をおさめる権力《けんりょく》。例 覇権《はけん》をにぎる。②競《きょう》技《ぎ》などの優勝者《ゆうしょうしゃ》としての地位《ちい》や名誉《めいよ》。例 リーグの覇権《はけん》をかける。

【。覇者】《はしゃ》 ↓ ①武力《ぶりょく》で天下《てんか》を取《と》った者《もの》。対 王者《おうじゃ》 ②競技《きょうぎ》の優勝者《ゆうしょうしゃ》。例 リーグ戦《せん》の覇《は》者《しゃ》。類 王者《おうじゃ》 知識 むかしの中国《ちゅうごく》の考《かんが》え方《かた》で、天下《てんか》を取《と》るのに二《ふた》つの方法《ほうほう》があり、徳《とく》によるものを「王道《おうどう》」、武力《ぶりょく》によるものを「覇道《はどう》」といった。①は、その意味《いみ》での「覇者《はしゃ》」であり、「王《おう》者《じゃ》」はその反対《はんたい》ということになる。

6画 瓜 ［うり］ の部

つるに下《さ》がるウリの形《かたち》をえがいた象形《しょうけい》である「瓜」の字《じ》だけが入《はい》ります。もとは「瓜」の形《かたち》で、「5画《かく》」。

この部首の字

瓜-0 【瓜】

総画6 JIS-1727 人名

音 カ　訓 うり

意味 うり。ウリ科《か》の作物《さくもつ》をまとめていうことば。例 南瓜《かぼちゃ》・胡瓜《きゅうり》・西瓜《すいか》・糸瓜《へちま》

参考 ☞「李《り》」の「文字物語」(602ページ)

【◆瓜田】《かでん》 ⇩ うり畑《ばたけ》。

【◆瓜田に◆履を◆納れず】《かでんにくつをいれず》 うり畑《ばたけ》では(うりをぬすんでいるのではないかと疑《うたが》われるから)くつをはきなおさないほうがよい。瓜田《かでん》に履《くつ》を納《い》れず、李下《りか》に冠《かんむり》を正《ただ》さず。☞「李《り》」の「文字物語」(602ページ)

7画 見 ［みる］ の部

「見」をもとに作《つく》られ、目《め》で見《み》ることにかかわる字《じ》を集《あつ》めてあります。

この部首の字

文字物語 規

「規矩準縄《きくじゅんじょう》」ということばがある。「人《ひと》がまもるべきめやすとするきまり」という意味《いみ》で使《つか》われるが、もともと、「規」はコンパス、「矩」はかねじゃくというL字形《エルじがた》の定規《じょうぎ》、「準」は水準器《すいじゅんき》、「縄」は墨《すみ》と糸《いと》とで直線《ちょくせん》をかく道具《どうぐ》、墨縄《すみなわ》をいった。この四《よっ》つは、むかしから建築《けんちく》になくてはならない基本《きほん》の道具《どうぐ》であった。コンパスで円《えん》をえがき、かねじゃくで四角形《しかくけい》(直角《ちょっかく》)をえがいて、水準器《すいじゅんき》で水平《すいへい》かどうかをはかり、墨縄《すみなわ》で直線《ちょくせん》をひくのだ。

「規」はまた、コンパスでえがかれる円形《えんけい》をいう。わたしたちの耳《みみ》の中《なか》に「半規管《はんきかん》」というものがある。からだのバランスをたもつのにはたらいている器官《きかん》だ。「半規《はんき》」は「半円《はんえん》」の意味《いみ》。リンパ液《えき》のはいった半円形《はんえんがた》の管《くだ》が三本《さんぼん》、たがいに直角《ちょっかく》にまじわっているところから、これを「三半規管《さんはんきかん》」ともいう。

見-0 【見】

総画7 JIS-2411 教1年

音 ケン　訓 みる・みえる・みせる

筆順

なりたち

【会意】大《おお》きな目《め》と人体《じんたい》(儿)を合《あ》わせて、人《ひと》が大《おお》きな目《め》でみることを表《あらわ》している字《じ》。

意味

❶みる。目《め》でみる。見《み》える。例 テレビを見《み》る。山々《やまやま》が見《み》える。すがたを見《み》せる。見《けん》物《ぶつ》・露見《ろけん》

❷人《ひと》と会《あ》う。顔《かお》を合《あ》わせる。例 会見《かいけん》

❸考《かんが》え。まとまった考《かんが》え。例 見解《けんかい》・意見《いけん》

名前のよみ あき・あきら・ちか

❶〈みる〉の意味で

【見学】《けんがく》 ⇩ 〈—する〉①じっさいに見《み》て学《まな》ぶこと。例 社会見学《しゃかいけんがく》 類 参観《さんかん》 ②じっさいにするのではなく、見《み》るだけで勉強《べんきょう》をすること。例 かぜで、体育《たいいく》の時間《じかん》を見学《けんがく》する。

【見当】《けんとう》 ◎ ①ものごとや先《さき》のことに対《たい》する見《み》こみ。例 見当《けんとう》ちがい(見《み》こみや考《かんが》えがはずれていること)。類 目算《もくさん》 ②だいたいの方角《ほうがく》。例 バス停《てい》はこっちだろうと見当《けんとう》をつける。③だいたいそれくらい。例 千円見当《せんえんけんとう》の品《しな》。

表現 ③は、数《かず》を表《あらわ》すことばにつけて使《つか》う。

【見物】《けんぶつ》 ❶ ▲ 〈—する〉おもしろいものやめずらしいものを見《み》て楽《たの》しむこと。例 高《たか》みの見物《けんぶつ》(自分《じぶん》は安全《あんぜん》な場所《ばしょ》にいて、人《ひと》のこまったできごとなどをおもしろ半分《はんぶん》に見《み》ること)。見物《けんぶつ》客《きゃく》・名所見物《めいしょけんぶつ》 ❷《みもの》 ⇩ 見《み》るねうちのあるもの。例 ゆうべの花火《はなび》は見《み》ものだった。

【見聞】《けんぶん》 Ⅱ 〈—する〉じっさいに見《み》たり聞《き》いたりすること。また、それによって得《え》た知識《ちしき》。例 見聞《けんぶん》を広《ひろ》める。

【見事】《みごと》 ◎ 〈—に〉〈—な〉できばえや結果《けっか》がすぐれて

いるようす。例見事《みごと》なできだ。表現ほめる意味《いみ》のことばだが、よくないことにでも、「見事《ごと》に負《ま》けた」などと、文句《もんく》のつけようがないという意味《いみ》で使《つか》うことがある。

【見世物《みせもの》】①入場料《にゅうじょうりょう》を取《と》ってめずらしいものやわざを見《み》せるもよおしもの。例見世物《みせもの》小屋《ごや》 ②まわりの人《ひと》からおもしろがって見《み》られること。例いい見世物《もの》にされてしまった。

【見所《みどころ》】↓①見《み》るねうちのあるところ。例この映画《えいが》の見《み》どころは主人公《しゅじんこう》のアクションだ。②これから先《さき》、役《やく》に立《た》ちそうな長所《ちょうしょ》。例見《み》どころのある青年《せいねん》。

【見本《みほん》】↓①どんな品物《しなもの》かがわかるように見《み》せるための実物《じつぶつ》。サンプル。例見本市《みほんいち》・商品見本《ひんみほん》 ②それを見《み》ればどんなことかわかる代表的《だいひょうてき》な例《れい》。よい手本《てほん》。例なまけ者《もの》の見本《みほん》のような男《おとこ》だ。

【見目《みめ》】◎見《み》たときに受《う》ける感《かん》じ。例見目《みめ》うるわしい女性《じょせい》。類器量《きりょう》

❸〈考え〉の意味で

【見解《けんかい》】Ⅲあるものごとについての、その人《ひと》の見方《みかた》や考《かんが》え方《かた》。例見解《けんかい》の相違《そうい》。

【見識《けんしき》】Ⅲものごとについてのしっかりとした考《かんが》え。例見識《けんしき》がある。見識《けんしき》が高《たか》い。類識見《しきけん/しっけん》

【見地《けんち》】↓ものを見《み》るとき、考《かんが》えるときの立場《たちば》。例人道的見地《じんどうてきけんち》に立《た》って意見《いけん》を言《い》う。類観点《かんてん》・視点《してん》・視角《しかく》・角度《かくど》

【見境《みさかい》】↓もののちがいが見分《みわ》けられること。例見境《みさかい》がない。類分別《ふんべつ》

見が下につく熟語 上の字の働き

❶見＝〈みる〉のとき
【一見《いっけん》 後見《こうけん》 拝見《はいけん》 発見《はっけん》 披見《ひけん》 予見《よけん》 下見《したみ》】ドノヨウニ見るか。

❷見＝〈人と会う〉のとき
【形見《かたみ》 雪見《ゆきみ》】ナニを見《み》るか。
【謁見《えっけん》 会見《かいけん》】近《ちか》い意味《いみ》。

❸見＝〈考え〉のとき
【意見《いけん》 識見《しきけん/しっけん》】近《ちか》い意味《いみ》。
【高見《こうけん》 卓見《たっけん》 達見《たっけん》 定見《ていけん》 私見《しけん》 偏見《へんけん》 異見《いけん》 了見《りょうけん》】ドノヨウナ考《かんが》えか。

◆引見《いんけん》 外見《がいけん》 所見《しょけん》 政見《せいけん》 露見《ろけん》

見-4

規

総画11 JIS-2112 教5年
音 キ
訓 ―

筆順

なりたち

【形声】「夫」が「道具《どうぐ》・ものさし」を、「見《ケン》」が「キ」とかわって読《よ》み方《かた》をしめしている。「ケン」は「まるい」の意味《いみ》を持《も》ち、円《えん》をかくコンパスを表《あらわ》す字《じ》。

意味
❶コンパス。例定規《じょうぎ》
❷きまり。てほん。例規則《きそく》・法規《ほうき》

文字物語 ☞916ページ

名前のよみ ただ・ただし・ちか・のり・もと

❷〈きまり〉の意味で

【規格《きかく》】Ⅲ製品《せいひん》の形《かたち》・大《おお》きさ・品質《ひんしつ》についてのきまり。例規格《きかく》に合《あ》っている。

【規・矩準。縄《きくじゅんじょう》】きまり。参考☞「規《き》」の「文字物語」(916ページ)

【規制《きせい》】↓(―する)きまりをつくって、それからはずれないようにすること。例車《くるま》の乗《の》り入《い》れを規制《きせい》する。類統制《とうせい》

【規則《きそく》】Ⅲ世《よ》の中《なか》のことや自分《じぶん》の生活《せいかつ》などをきちんと進《すす》めていくために、まもらなければならないきまり。ルール。例規則正《きそくただ》しい生活《せいかつ》。交通規則《こうつうきそく》 類規約《きやく》・規律《きりつ》・規定《きてい》・規程《きてい》・法則《ほうそく》・約束《やくそく》

【規定《きてい》】↓(―する)きちんとしたきまりをつくること。そのきまり。例規定《きてい》の書式《しょしき》にしたがう。類規則《きそく》・規程《きてい》

【規程《きてい》】Ⅲきまり。とくに、役所《やくしょ》や会社内《かいしゃない》の仕事《しごと》のやり方《かた》について決《き》めたもの。例服務規程《ふくむきてい》 類規定《きてい》・規則《きそく》

【規。範《きはん》】Ⅲ考《かんが》え方《かた》や行動《こうどう》の仕方《しかた》についての、人《ひと》びとのよりどころ。例規範《きはん》をしめす。

【規模《きぼ》】Ⅲものごとのしくみ・わくぐみなどの大《おお》きさ。スケール。例大規模《だいきぼ》・小規模《しょうきぼ》。規模《きぼ》を広《ひろ》げる。

【規約《きやく》】Ⅲ関係《かんけい》する人《ひと》びとが話《はな》し合《あ》って決《き》めたきまり。例クラブの規約《きやく》にしたがって活動《かつどう》する。類規則《きそく》

【規律《きりつ》】Ⅲ①人《ひと》のおこないのよりどころに

前ページ ▶ 規

なるきまり。例 規律《きりつ》を重《おも》んじる。
ものごとのすじみちや順序《じゅんじょ》がきちんとしていること。例 規律《きりつ》ある生活《せいかつ》。類 規則《きそく》②

規が下につく熟語 上の字の働き

❷規＝〈きまり〉のとき
【新規《しんき》 正規《せいき》 内規《ないき》】ドノヨウナきまりか。
◆法規《ほうき》

視

見-4
総画11
JIS-2775
教6年
音 シ
訓 み-る
[視]

筆順 視 視 視 視 視 視 視 視 視 視 視（ななめ、つかない／はねる／おらない）

なりたち 視 【形声】「ネ(示)」が「シ」という読《よ》み方《かた》をしめしている。「シ」は「とめる」意味《いみ》を持《も》ち、目《め》をとめてじっと見《み》ることを表《あらわ》す字《じ》。

意味
❶目《め》を向《む》ける。じっと見《み》る。ものを見《み》るはたらき。例 視察《しさつ》・監視《かんし》・近視《きんし》
❷…だと思《おも》って見《み》る。例 重視《じゅうし》

❶〈目を向ける〉の意味で
【視界《しかい》】↓ 自分《じぶん》の目《め》で見《み》ることのできる広《ひろ》さ。例 視界《しかい》に入《はい》る。類 視野《しや》
【視角《しかく》】↓ ①自分《じぶん》が見《み》ているものの両《りょう》はしと目《め》をむすんだ二《ふた》つの直線《ちょくせん》がつくる角度《かくど》。同《おな》じ大《おお》きさのものでも、遠《とお》いと視角《しかく》は小《ちい》さくなり、近《ちか》いと大《おお》きくなる。②ものごとを見《み》るときや考《かんが》えるときの立場《たちば》。例 べつの視角《しかく》から見《み》る。類 観点《かんてん》・見地《けんち》・角度《かくど》・視点《してん》
【視覚《しかく》】↓ ものの色《いろ》や形《かたち》・遠《とお》い近《ちか》いなどを見分《みわ》ける目《め》のはたらき。例 視覚《しかく》にうったえる。関連 視覚《しかく》(目《め》)・聴覚《ちょうかく》(耳《みみ》)・嗅覚《きゅうかく》(臭覚《しゅうかく》、鼻《はな》)・味覚《みかく》(した)・触覚《しょっかく》(ひふ)
【視察《しさつ》】↓ 〈―する〉ある目的《もくてき》のために、じっさいにその場所《ばしょ》に行《い》き、見《み》たり調《しら》べたりすること。例 海外視察《かいがいしさつ》 表現 おおやけの立場《たちば》でおこなう場合《ばあい》に使《つか》う。
【視診《ししん》】↓ 〈―する〉医者《いしゃ》が顔《かお》の色《いろ》やからだのようすを目《め》で見《み》て診察《しんさつ》すること。関連 問診《もんしん》・打診《だしん》・触診《しょくしん》・聴診《ちょうしん》・視診《ししん》
【視線《しせん》】↓ 目《め》の見《み》ている向《む》き。例 視線《しせん》をそらす。人《ひと》の視線《しせん》が気《き》になる。類 目線《めせん》
【視。聴覚《しちょうかく》】目《め》で見《み》たり、耳《みみ》で聞《き》いたりするはたらき。視覚《しかく》と聴覚《ちょうかく》。例 視聴覚教室《しちょうかくきょうしつ》
【視。聴率《しちょうりつ》】テレビ放送《ほうそう》で、その番組《ばんぐみ》がじっさいにどのくらい人《ひと》びとから見《み》られていたかをしめす割合《わりあい》。例 視聴率《しちょうりつ》が上《あ》がる。
【視点《してん》】↓ ものごとを見《み》たり考《かんが》えたりするときの立場《たちば》。例 視点《してん》を変《か》えて考《かんが》える。類 観点《かんてん》・見地《けんち》・角度《かくど》・視角《しかく》・目線《めせん》
【視野《しや》】↓ ①目《め》に見《み》えるだけの広《ひろ》さ。例 視野《しや》がひらける。類 視界《しかい》 ②ものごとをとらえたり、それについて考《かんが》えたりできる範囲《はんい》。例 視野《しや》がせまい。
【視力《しりょく》】↓ 目《め》の、ものを見《み》る力《ちから》。例 視力検査《しりょくけんさ》。視力《しりょく》がおちる。

視が下につく熟語 上の字の働き

❶視＝〈目を向ける〉のとき
【注視《ちゅうし》 凝視《ぎょうし》 正視《せいし》 直視《ちょくし》 環視《かんし》 監視《かんし》 透視《とうし》 座視《ざし》 黙視《もくし》】ドノヨウニ見るか。
【近視《きんし》 遠視《えんし》 弱視《じゃくし》 斜視《しゃし》 乱視《らんし》】ドノヨウナ目《め》のはたらきか。
❷視＝〈…だと思って見る〉のとき
【重視《じゅうし》 軽視《けいし》 無視《むし》 度外視《どがいし》】ナニだと見《み》るか。
◆聴視《ちょうし》 敵視《てきし》

覚

見-5
総画12
JIS-1948
教4年
音 カク
訓 おぼえる・さます・さめる
[覺]

筆順 覚 覚 覚 覚 覚 覚 覚 覚（はねる／おらない）

なりたち 覺 【形声】もとの字《じ》は、「覺」。「𦥯《コウ》」が「カク」とかわって読《よ》み方《かた》をしめしている。「コウ」は「あきらか」の意味《いみ》を持《も》ち、明《あか》るく見《み》えることを表《あらわ》す字《じ》。

意味
❶感《かん》じる。感《かん》じ取《と》る。例 感覚《かんかく》
❷さとる。心《こころ》を決《き》める。例 覚悟《かくご》・自覚《じかく》
❸おぼえる。きおくする。例 こつを覚《おぼ》える。見覚《みおぼ》え
❹めざめる。目《め》をさます。例 目《め》を覚《さ》ます。目《め》が覚《さ》める。覚醒《かくせい》
❺あらわれる。ばれる。例 発覚《はっかく》

名前のよみ あき・あきら・さだ・さと・さとし・さとる・ただ・ただし・よし

❷〈さとる〉の意味で

【覚。悟】《かくご》 Ⅱ〈—する〉そうなってもしかたがないと、心《こころ》の準備《じゅんび》をすること。例 覚悟《かくご》はよいか。死《し》を覚悟《かくご》する。参考 もとは、生《い》きるとはどういうことかを悟《さと》る意味《いみ》の、仏教《ぶっきょう》のことば。

❹〈めざめる〉の意味で

【覚。醒】《かくせい》 Ⅱ〈—する〉①目《め》をさますこと。目《め》がさめること。例 麻酔《ますい》からの覚醒《かくせい》を早《はや》める。②心《こころ》のまよいがなくなって、自分《じぶん》のまちがいに気《き》がつくこと。例 悪《あく》の道《みち》から覚醒《かくせい》する。

覚が下につく熟語 上の字の働き

❶覚＝〈感じる〉のとき

【幻覚《げんかく》 錯覚《さっかく》】ドノヨウニ感《かん》じ取《と》るか。

【視覚《しかく》 聴覚《ちょうかく》 臭覚《しゅうかく》 味覚《みかく》 触覚《しょっかく》 知覚《ちかく》】ドウヤッテ感《かん》じ取《と》るか。

◆感覚《かんかく》 才覚《さいかく》 自覚《じかく》 発覚《はっかく》 不覚《ふかく》

見-9

親

総画16

JIS-3138

教2年

音 シン

訓 おや・したしい・したしむ

筆順

なりたち

【形声】「(亲↓)亲」が「シン」という読《よ》み方《かた》をしめしている。「シン」は「ちかい」の意味《いみ》を持《も》ち、近《ちか》くによって見《み》ることを表《あらわ》す字《じ》。「したしい」として使《つか》われている。

意味

❶おや。父母《ちちはは》。例 親心《おやごころ》・両親《りょうしん》 対 子《こ》

❷みうち。近《ちか》い血《ち》のつながり。例 親類《しんるい》・近親《きんしん》

❸したしい。へだてがない。例 親《した》しい友達《ともだち》。読書《どくしょ》に親《した》しむ。親友《しんゆう》

❹その人《ひと》みずから。例 親書《しんしょ》

名前のよみ ちか・よし・より

❶〈おや〉の意味で

【親方】《おやかた》 ↓ いちばん上《うえ》に立《た》って仕事《しごと》を教《おし》えたり生活《せいかつ》のせわをしたりする人《ひと》。おもに、職《しょく》人《にん》や相撲《すもう》の社会《しゃかい》で使《つか》う。対 徒弟《とてい》

【親孝行】《おやこうこう》〈—する・—な〉親《おや》をたいせつにしてつくすこと。例 親孝行《おやこうこう》なむすこ。対 親不孝《おやふこう》

【親心】《おやごころ》 ↓ 親《おや》が子《こ》を思《おも》うやさしい気持《きも》ち。目上《めうえ》の人《ひと》が目下《めした》の者《もの》に対《たい》して持《も》つ、あたたかくやさしい気持《きも》ち。

【親潮】《おやしお》 ↓ 千島列島《ちしまれっとう》にそって日本《にほん》の東《ひがし》がわを北《きた》から南《みなみ》に流《なが》れる寒流《かんりゅう》。対 黒潮《くろしお》 知識 北《きた》からの海流《かいりゅう》が、豊富《ほうふ》なプランクトンでたくさんの魚《さかな》を育《そだ》てることからこの名《な》がついた。「千島《ちしま》海流《かいりゅう》」ともいう。

【親不孝】《おやふこう》〈—する・—な〉親《おや》をたいせつにせず、心《しん》配《ぱい》や苦労《くろう》ばかりかけること。例 この親不孝者《おやふこうもの》め。類 不孝《ふこう》 対 親孝行《おやこうこう》

【親分】《おやぶん》 ↓ なかまの中《なか》でいちばん上《うえ》に立《た》つ人《ひと》。ボス。類 頭《かしら》・頭領《とうりょう》・頭目《とうもく》 対 子分《こぶん》

【親元】《おやもと》 ↓ 親《おや》の住《す》んでいるところ。例 親元《おやもと》をはなれる。表記「親許」とも書《か》く。表現 親子《おやこ》がべつべつにくらす場合《ばあい》のことば。

【親権】《しんけん》 ↓ 子《こ》どもを育《そだ》てるための、親《おや》の権利《けんり》や義務《ぎむ》。例 親権者《しんけんしゃ》

❷〈みうち〉の意味で

【親。戚】《しんせき》 Ⅱ 血《ち》のつながりのある人《ひと》や、結婚《けっこん》によってつながりのできた人《ひと》。例 遠《とお》い親戚《しんせき》にあたる。類 親類《しんるい》・親族《しんぞく》・身内《みうち》・縁者《えんじゃ》・縁戚《えんせき》

【親族】《しんぞく》 ↓ 血《ち》のつながりのある人《ひと》や、結婚《けっこん》によってつながりのできた人《ひと》。例 親族会議《しんぞくかいぎ》 類 親類《しんるい》・親戚《しんせき》・血族《けつぞく》 表現「親類《しんるい》」より「親戚《しんせき》」のほうがあらたまったことば。「親族《しんぞく》」は、「親類《しんるい》」や「親戚《しんせき》」よりせまい範囲《はんい》の身内《みうち》。

表現 ☞【親族】《しんぞく》(919ページ)

【親等】《しんとう》 ↓ 血《ち》のつながりの遠《とお》い近《ちか》いを、自分《じぶん》を中心《ちゅうしん》にして言《い》うことば。知識 一親等《いっしんとう》＝父《ふ》母《ぼ》・子《こ》。二親等《にしんとう》＝祖父母《そふぼ》・孫《まご》・兄弟姉妹《きょうだいしまい》。三親《さんしん》等《とう》＝曽祖父母《そうそふぼ》・曽孫《そうそん》・おじおば・おいめい。

【親王】《しんのう》 ↓ 天皇《てんのう》の子《こ》や孫《まご》にあたる男子《だんし》。参考 女子《じょし》は「内親王《ないしんのう》」。表現「○○親王《しんのう》(内親《ないしん》王《のう》)」と、名《な》の下《した》につけて使《つか》うことが多《おお》い。

【親身】《しんみ》 ↓ ごく近《ちか》い身内《みうち》。例 親身《しんみ》になって考《かんが》える(親《おや》きょうだいのような気持《きも》ちでその人《ひと》のことを考《かんが》える)。

【親類】《しんるい》 ↓ 血《ち》すじや、結婚《けっこん》などでのつながりがある人《ひと》たち。例 親類《しんるい》づきあい 類 親族《しんぞく》・親《しん》戚《せき》・縁者《えんじゃ》・縁戚《えんせき》 表現 ☞【親族】《しんぞく》(919ページ)

❸〈したしい〉の意味で

【親愛】しんあい [II]〈―な〉したしみと愛情《あいじょう》を感《かん》じていること。例 親愛《しんあい》の情《じょう》。

【親衛隊】しんえいたい ①国王《こくおう》や大統領《だいとうりょう》などの近《ちか》くにいて、まもる役目《やくめ》の軍隊《ぐんたい》。②ある歌手《かしゅ》や俳《はい》優《ゆう》などをとくにひいきにして、いつもまわりにつきまとっている人《ひと》びと。

【親近感】しんきんかん 身近《みぢか》で、したしみやすい感《かん》じ。例 親近感《しんきんかん》をいだく。

【親交】しんこう [↓] したしいつきあい。例 父《ちち》と親交《しんこう》のあった人《ひと》。親交《しんこう》をむすぶ。

【親切】しんせつ [⊠]〈―に・―な〉相手《あいて》を思《おも》いやる、やさしい心《こころ》や態度《たいど》で接《せっ》すること。例 親切《しんせつ》な人《ひと》が道《みち》をおしえてくれた。

【親善】しんぜん [II] たがいになかよくすること。例 国際親善《こくさいしんぜん》・親善試合《しんぜんじあい》 類 友好《ゆうこう》

【親日】しんにち [▲] 外国《がいこく》の人《ひと》が日本《にほん》や日本人《にほんじん》にしたしみをもつこと。例 親日家《しんにちか》 類 知日《ちにち》 対 反日《はんにち》

【親。睦】しんぼく [II] たがいにうちとけてなかよくすること。例 親睦《しんぼく》をはかる。類 懇親《こんしん》

【親密】しんみつ [II]〈―に・―な〉とてもしたしくしていて、なかがよい。例 親密《しんみつ》の度《ど》をくわえる。親密《しんみつ》な関係《かんけい》。類 懇意《こんい》 対 疎遠《そえん》

【親友】しんゆう [↓] 心《こころ》から信《しん》じ合《あ》い、したしくしている友達《ともだち》。例 無二《むに》の親友《しんゆう》。

❹〈その人みずから〉の意味で

【親書】しんしょ [↓] ①自分《じぶん》で書《か》いた手紙《てがみ》。自筆《じひつ》の手《て》紙《がみ》。②天皇《てんのう》や大統領《だいとうりょう》などの公式《こうしき》の手紙《てがみ》。例 大統領《だいとうりょう》の親書《しんしょ》を持参《じさん》する。

【親展】しんてん [↓] 手紙《てがみ》や書類《しょるい》をあて名《な》の人自身《ひとじしん》に開《あ》けてもらうために、あて名《な》のわきに書《か》きそえることば。参考「みずから(親)ひらく(展)」の意味《いみ》。

親が下につく熟語 上の字の働き

❶親＝〈おや〉のとき
【両親《りょうしん》 片親《かたおや》 父親《ちちおや》 母親《ははおや》 肉親《にくしん》 里親《さとおや》】ドノヨウナ親《おや》か。

見-10

覧

総画17 JIS-4587 教6年
音 ラン
訓 み-る
［覽］

筆順 覧（ノにならない・おらない・はねる）

なりたち  【形声】もとの字は、「覽」。「監《カン》」が「ラン」とかわって読《よ》み方《かた》をしめしている。「見」がついて、よく見《み》ることを表《あらわ》す字《じ》。水《みず》かがみで見《み》る意味《いみ》と、

意味 見《み》る。見《み》られる。まとめて見《み》せる。例 観覧《かんらん》・要覧《ようらん》

覧が下につく熟語 上の字の働き

【総覧《そうらん》 一覧《いちらん》 回覧《かいらん》 縦覧《じゅうらん》 遊覧《ゆうらん》 便覧《べんらん／びんらん》 要《よう》覧《らん》】ドノヨウニ見《み》られるか。

◆閲覧《えつらん》

見-11

観

総画18 JIS-2049 教4年
音 カン
訓 み-る
［觀］

筆順 観（ださない・ノ・はねる）

なりたち  【形声】もとの字は、「觀」。「雚」が「カン」という読《よ》み方《かた》をしめしている。「カン」は「めぐる」意味《いみ》を持《も》ち、見《み》まわすことを表《あらわ》す字《じ》。

意味
❶くわしく見《み》る。ながめる。例 観測《かんそく》・参観《さんかん》
❷ものの見方《みかた》。考《かんが》え方《かた》。例 観念《かんねん》・楽観《らっかん》・世《せ》界観《かいかん》
❸目《め》に見《み》えるようす。ながめ。例 別人《べつじん》の観《かん》がある。外観《がいかん》

名前のよみ あき

❶〈くわしく見る〉の意味で

【観客】かんきゃく [↓] 映画《えいが》・劇《げき》・スポーツなどのもよおしものを見《み》に来《き》た人《ひと》。例 観客《かんきゃく》の声援《せいえん》にこたえる。観客席《かんきゃくせき》 類 見物人《けんぶつにん》

【観劇】かんげき [▲]〈―する〉劇《げき》を見《み》ること。例 観劇会《かんげきかい》。

【観光】かんこう [▲]〈―する〉よその土地《とち》に行《い》って、美《うつく》しいけしきや、有名《ゆうめい》な場所《ばしょ》などを見《み》ること。例 観光地《かんこうち》・観光旅行《かんこうりょこう》・観光《かんこう》シーズン

【観察】かんさつ [II]〈―する〉ありのままのすがたや変《へん》化《か》するようすを注意《ちゅうい》ぶかく見《み》ること。例 観察《かんさつ》記録《きろく》

【観衆】かんしゅう [↓] おおぜいの見物人《けんぶつにん》。例 大観衆《だいかんしゅう》が集《あつ》まる。

【観賞】かんしょう [↓]〈―する〉植物《しょくぶつ》や動物《どうぶつ》など、美《うつく》しいものを見《み》て楽《たの》しむこと。例 バラの観賞会《かんしょうかい》。

例解 使い分け

［観賞《かんしょう》・鑑賞《かんしょう》］

観賞＝見《み》て楽《たの》しむこと。見《み》て味《あじ》わうこと。例観賞魚《かんしょうぎょ》。日本庭園《にほんていえん》を観賞《かんしょう》する。

鑑賞＝芸術作品《げいじゅつさくひん》のよさを深《ふか》く味《あじ》わうこと。例絵画《かいが》を鑑賞《かんしょう》する。音楽鑑賞会《おんがくかんしょうかい》。

観賞魚

音楽鑑賞会

【観戦】かんせん▲〈―する〉試合《しあい》や、競技《きょうぎ》を見物《けんぶつ》すること。例サッカーの試合《しあい》を観戦《かんせん》する。

【観測】かんそく↓〈―する〉①気象《きしょう》の変化《へんか》、天体《てんたい》のようすなどを調《しら》べること。例気象観測《きしょうかんそく》 ②もののことのようすをよく見《み》て、どうなっていくかを考《かんが》えること。例景気《けいき》についての観測《かんそく》をのべる。希望的観測《きぼうてきかんそく》。

【観点】かんてん↓ものごとを見《み》たり考《かんが》えたりするときの立場《たちば》。例べつの観点《かんてん》に立《た》って見《み》る。類視点《してん》・視角《しかく》

【観音】かんのん◎「観世音菩薩《かんぜおんぼさつ》」の略《りゃく》。慈悲《じひ》の心《こころ》で人《ひと》びとの苦《くる》しみをすくう仏《ほとけ》。例千手観音《せんじゅかんのん》

表現「観音開《かんのんびら》き」というのは、観音像《かんのんぞう》をおさめた厨子《ずし》のとびらのように、二《ふた》つのとびらがまん中《なか》で分《わ》かれて、左右《さゆう》に開《ひら》くものをいう。

【観覧】かんらん↓〈―する〉楽《たの》しみや勉強《べんきょう》のために見物《けんぶつ》すること。例観覧席《かんらんせき》・観覧車《かんらんしゃ》

❷〈ものの見方〉の意味で

【観念】かんねん Ⅲ ①頭《あたま》の中《なか》にもっている考《かんが》え。例固定観念《こていかんねん》 ②〈―する〉あきらめてかくごすること。例もう観念《かんねん》しろ。

観が下につく熟語 上の字の働き

❶観＝〈くわしく見る〉のとき
【概観《がいかん》 参観《さんかん》 拝観《はいかん》 静観《せいかん》 傍観《ぼうかん》】ドノヨウニ見《み》るか。

❷観＝〈ものの見方〉のとき
【楽観《らっかん》 悲観《ひかん》 客観《きゃっかん》 主観《しゅかん》 達観《たっかん》 先入観《せんにゅうかん》】ドノヨウナ見方《みかた》か。

❸観＝〈目に見えるようす〉のとき
【盛観《せいかん》 壮観《そうかん》 美観《びかん》 奇観《きかん》 外観《がいかん》】ドンナながめか。

◆景観《けいかん》 人生観《じんせいかん》

7画 角 ［つの］［つのへん］の部

「角《つの》」をもとにして作《つく》られ、角《つの》やそのはたらきにかかわる字《じ》を集《あつ》めてあります。

この部首の字
0角……921
6解……922
触……923

■ 角-0

角

総画7
JIS-1949
教2年
訓音 カク かど・つの

筆順

なりたち

【象形】牛《うし》や羊《ひつじ》などのつのの生《は》え始《はじ》めの形《かたち》をえがいた字《じ》。

意味
❶つの。動物《どうぶつ》のつの。例角《つの》を出《だ》す。角笛《つのぶえ》・触角《しょっかく》
❷かど。四角《しかく》いもの。例角《かど》を曲《ま》がる。角材《かくざい》・角度《かくど》・方角《ほうがく》
❸きそう。勝《か》ち負《ま》けをあらそう。例角力《すもう》・角界《かくかい|かっかい》

❶〈つの〉の意味で

【角質】かくしつ↓動物《どうぶつ》のつののように、かたくて弾力《だんりょく》があるたんぱく質《しつ》。つののほか、ひづめ・羽《はね》・毛《け》・うろこなどにある。

【角。膜】かくまく↓目《め》の玉《たま》の前面《ぜんめん》のいちばん外《そと》がわにあるすきとおった角質《かくしつ》の膜《まく》。例角膜移植《かくまくいしょく》

【角笛】つのぶえ↓動物《どうぶつ》のつのでつくった笛《ふえ》。羊飼《ひつじか》いや、かりゅうどが使《つか》う。例角笛《つのぶえ》をふく。

❷〈かど〉の意味で

【角材】かくざい↓切《き》り口《くち》が四角《しかく》の木材《もくざい》。

【角◆錐】かくすい↓底《そこ》が多角形《たかくけい》になっていて、上《うえ》がとがっている立体《りったい》。関連円錐《えんすい》・角錐《かくすい》

【角柱】かくちゅう↓①四角《しかく》い柱《はしら》。例ひのきの角柱《かくちゅう》。②切《き》り口《くち》が多角形《たかくけい》になっている柱《はしら》。関連円柱《えんちゅう》・角柱《かくちゅう》

【角度】かくど↓①直線《ちょくせん》、または平面《へいめん》が交《まじ》わってできる角《かく》の大《おお》きさ。例急角度《きゅうかくど》。②ものごとの見方《みかた》・考《かんが》え方《かた》の立場《たちば》や方向《ほうこう》。例いろいろな角度《かくど》から検討《けんとう》する。類視点《してん》・視角《しかく》・見地《けんち》

❸〈きそう〉の意味で

◦学習漢字でない常用漢字　▲常用漢字表にない音訓　◆常用漢字でない漢字

【角界】《かくかい｜かっかい》 ↓ 相撲《すもう》の社会《しゃかい》。例 角界《かくかい｜かっかい》の伝統《でんとう》をまもる。参考 相撲《すもう》は「角力」とも書《か》いたから。

角が下につく熟語 上の字の働き

❶ 角＝〈つの〉のとき
【一角《いっかく》 触角《しょっかく》】ドウイウ角《つの》か。

❷ 角＝〈かど〉のとき
【直角《ちょっかく》 鋭角《えいかく》 鈍角《どんかく》 方角《ほうがく》 仰角《ぎょうかく》 視角《しかく》】ドノヨウナ角度《かくど》か。

◆ 口角《こうかく》 互角《ごかく》 折角《せっかく》 頭角《とうかく》

角-6

解

総画13
JIS-1882
教5年
音 カイ・ゲ
訓 とく・とかす・とける

筆順
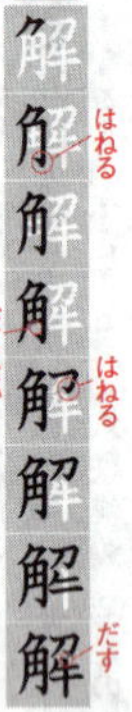

なりたち
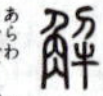
【会意】「角」と「刀」と「牛」を合《あ》わせて、刀《かたな》で牛《うし》をばらばらにすることを表《あらわ》す字《じ》。

意味

❶ばらばらにする。切《き》りひらいて分《わ》ける。例 解体《かいたい》・分解《ぶんかい》
❷ときほどく。ゆるめる。とかす。とける。例 雪《ゆき》や氷《こおり》を解《と》かす。結《むす》び目《め》が解《と》ける。解放《かいほう》・和解《わかい》
❸ときあかす。はっきりさせる。わかる。例 問題《もんだい》を解《と》く。疑問《ぎもん》が解《と》ける。解答《かいとう》・理解《りかい》
❹とりのぞく。やめさせる。例 解除《かいじょ》・解毒《げどく》

使い分け とける［溶・解］☞691ページ

名前のよみ さとる・とき

❶〈ばらばらにする〉の意味で

【解体】《かいたい》 ▲〈—する〉ばらばらにすること。例 解体工事《かいたいこうじ》 類 分解《ぶんかい》

【解。剖】《かいぼう》 Ⅱ〈—する〉①生《い》き物《もの》のからだを切《き》り開《ひら》いて中《なか》のようすを調《しら》べること。例 カエルを解剖《かいぼう》する。②こまかくときほぐして調《しら》べること。例 心理《しんり》を解剖《かいぼう》する。

❷〈ときほどく〉の意味で

【解禁】《かいきん》 ▲〈—する〉それまで禁止《きんし》していたことをゆるすこと。例 アユ漁《りょう》の解禁日《かいきんび》。

【解散】《かいさん》 Ⅱ〈—する〉①集《あつ》まっていた人《ひと》びとがわかれわかれになること。例 現地解散《げんちかいさん》 対 集《しゅう》合《ごう》 ②会《かい》や団体《だんたい》としての、まとまった活動《かつどう》をやめること。例 チームを解散《かいさん》する。③国会《こっかい》で、衆議院議員《しゅうぎいんぎいん》の任期《にんき》の終《お》わる前《まえ》に、全議員《ぜんぎいん》の資格《しかく》をとくこと。例 議会解散後《ぎかいかいさんご》、総選挙《そうせんきょ》が行《おこな》われる。

【解。凍】《かいとう》 ▲〈—する〉①冷凍《れいとう》したものをとかして、もとの状態《じょうたい》にもどすこと。例 電子《でんし》レンジで肉《にく》の解凍《かいとう》をする。対 冷凍《れいとう》 ②コンピューターで、圧縮《あっしゅく》されたデータを展開《てんかい》すること。対 圧縮《あっしゅく》

【解放】《かいほう》 Ⅱ〈—する〉ときはなして自由《じゆう》にすること。例 人質《ひとじち》を解放《かいほう》する。類 釈放《しゃくほう》 対 束縛《そくばく》

使い分け［開放・解放］☞1010ページ

❸〈ときあかす〉の意味で

【解決】《かいけつ》 ↓〈—する〉事件《じけん》や問題《もんだい》などをうまくかたづけること。かたづくこと。例 解決《かいけつ》がつかない難題《なんだい》。円満解決《えんまんかいけつ》。

【解。釈】《かいしゃく》 Ⅱ〈—する〉ことばやものごとの意味《いみ》を知《し》って、わかるようにすること。例 古典《こてん》の解釈《かいしゃく》。

【解説】《かいせつ》 Ⅱ〈—する〉わかりやすく説明《せつめい》すること。例 ニュース解説《かいせつ》

【解答】《かいとう》 Ⅱ〈—する〉問題《もんだい》の答《こた》えを出《だ》すこと。出《だ》した答《こた》え。例 模範解答《もはんかいとう》 対 問題《もんだい》

使い分け［回答・解答］☞236ページ

【解読】《かいどく》 ↓〈—する〉読《よ》めない文字《もじ》や記号《きごう》などの読《よ》み方《かた》を考《かんが》え出《だ》して、読《よ》めるようにすること。例 暗号《あんごう》を解読《かいどく》する。

【解明】《かいめい》 Ⅱ〈—する〉よくわからないことを調《しら》べてはっきりさせること。例 事件《じけん》のなぞを解明《かいめい》する。類 究明《きゅうめい》

❹〈とりのぞく〉の意味で

【解。雇】《かいこ》 ▲〈—する〉会社《かいしゃ》などではたらいていた人《ひと》をやめさせること。例 解雇《かいこ》を通知《つうち》する。類 解職《かいしょく》・免職《めんしょく》

【解除】《かいじょ》 Ⅱ〈—する〉それまで禁止《きんし》したり制限《せいげん》したりしていたことを取《と》り消《け》して、もとの状態《じょうたい》にもどすこと。例 かかっていたロックを解《かい》除《じょ》する。津波警報解除《つなみけいほうかいじょ》。

【解消】《かいしょう》 ↓〈—する〉それまでのかかわりあいや状態《じょうたい》をなくすこと。例 先生《せんせい》に相談《そうだん》して不安《ふあん》が解消《かいしょう》した。ストレスの解消《かいしょう》。

【解任】《かいにん》 ▲〈—する〉役目《やくめ》をやめさせること。

例 社長《しゃちょう》を解任《かいにん》する。対 任命《にんめい》

【解約《かいやく》】▲〈—する〉約束《やくそく》を取《と》り消《け》すこと。キャンセル。例 保険《ほけん》を解約《かいやく》する。類 破約《はやく》

【解。脱《げだつ》】Ⅱ〈—する〉仏教《ぶっきょう》で、心《こころ》のまよいからときはなされて、自由《じゆう》の境地《きょうち》に入《はい》ること。

【解毒《げどく》】▲〈—する〉からだの中《なか》の毒《どく》のはたらきをなくすこと。例 解毒剤《げどくざい》・解毒作用《げどくさよう》

【解熱《げねつ》】▲〈—する〉病気《びょうき》などで高《たか》くなった体温《たいおん》を下《さ》げること。例 解熱剤《げねつざい》

解が下につく熟語 上の字の働き

❷解＝〈ときほどく〉のとき

【融解《ゆうかい》 溶解《ようかい》】近《ちか》い意味《いみ》。

❸解＝〈ときあかす〉のとき

【理解《りかい》 明解《めいかい》 読解《どっかい》 曲解《きょっかい》 誤解《ごかい》 図解《ずかい》 例解《れいかい》 弁解《べんかい》】ドノヨウニ解《かい》するか。

◆見解《けんかい》 正解《せいかい》 難解《なんかい》 氷解《ひょうかい》 不可解《ふかかい》 分解《ぶんかい》 了解《りょうかい》 和解《わかい》

触

角-6

総画13

JIS-3108

常用

音 ショク

訓 ふれる・さわる

［觸］

筆順 触 角 角 角 角 角 触 触

なりたち  【形声】もとの字は、「觸」。「蜀」が「ショク」という読《よ》み方《かた》をしめしている。「ショク」は「つく、ふれる」意味《いみ》を持《も》ち、牛《うし》の角《つの》が物《もの》につく、物《もの》にふれることを表《あらわ》す字《じ》。

意味 ふれる。さわる。例 手《て》に触《ふ》れる。手触《てざわ》り・触覚《しょっかく》・接触《せっしょく》

発音あんない ショク→ショッ…例 触角《しょっかく》

【。触手《しょくしゅ》】↓ クラゲやナマコなどの下等動《かとうどう》物《ぶつ》の口《くち》のまわりにある細長《ほそなが》い出《で》っぱり。触角《しょっかく》の役目《やくめ》や食物《しょくもつ》をとらえる役目《やくめ》をする。表現「触手《しょくしゅ》をのばす」は、ほしいものを手《て》に入《い》れようとしてはたらきかけることをいう。

【。触。診《しょくしん》】↓〈—する〉医者《いしゃ》が患者《かんじゃ》のからだにさわって病気《びょうき》のようすをみること。関連 問《もん》診《しん》・打診《だしん》・触診《しょくしん》・聴診《ちょうしん》・視診《ししん》

【。触。媒《しょくばい》】↓ 化学反応《かがくはんのう》で、その物質自身《ぶっしつじしん》はかわらずに、ほかの物質《ぶっしつ》の変化《へんか》をはやくしたりおそくしたりするもの。

【。触発《しょくはつ》】↓〈—する〉①ものにふれて爆発《ばくはつ》すること。②ある行動《こうどう》や気持《きも》ちを起《お》こすきっかけをあたえること。例 友達《ともだち》の活躍《かつやく》に触発《しょくはつ》されて、サッカーを始《はじ》める。類 誘発《ゆうはつ》

【。触角《しょっかく》】↓ 昆虫《こんちゅう》などの頭《あたま》の先《さき》にあって、ものをさぐったりにおいを感《かん》じたりするひげのような形《かたち》をしたもの。

【。触覚《しょっかく》】↓ ものにさわって、形《かたち》やかたさ、温度《おんど》などを感《かん》じ取《と》るはたらき。関連 視覚《しかく》(目《め》)・聴覚《ちょうかく》(耳《みみ》)・嗅覚《きゅうかく》(臭覚《しゅうかく》、鼻《はな》)・味覚《みかく》(した)・触覚《しょっかく》(ひふ)

【。触感《しょっかん》】↓ 手《て》やはだにふれたときの感《かん》じ。手《て》ざわり。はだざわり。例 触感《しょっかん》のいいタオル。

触が下につく熟語 上の字の働き

【接触《せっしょく》 抵触《ていしょく》】近《ちか》い意味《いみ》。

◆感触《かんしょく》

7画 言 〔げん〕〔ごんべん〕の部

「言《げん》」をもとにして作《つく》られ、言論《げんろん》や表現《ひょうげん》にかかわる字《じ》を集《あつ》めてあります。

この部首の字

	訃 925	討 927	設 928	詐 930	診 931	詰 932	試 933	詮 935	誤 936	読 938	課 939	誰 940	談 941	論 942	諮 943	謡 944	謝 946	12 警 947	護 948
0 言 924	3 記 925	4 訛 927	訪 928	詞 930	訴 931	詣 933	詢 934	誉 935	誌 937	認 938	誼 939	請 940	調 941	9 謂 943	諦 944	10 謹 944	謄 946	識 947	譲 948
2 計 924	訓 926	許 927	訳 928	証 930	評 931	誇 933	詳 934	話 935	誓 937	誘 939	諄 940	諾 940	誹 942	諧 943	謀 944	謙 945	謎 946	譜 947	15 讃 949
訂 925	託 927	訟 927	5 詠 929	詔 930	6 該 932	詩 933	誠 934	7 語 935	説 937	8 謁 939	諸 940	誕 941	諒 942	諺 943	諭 944	講 945	11 謬 946	13 議 948	

■ 言-0

言

総画7
JIS-2432
教2年
訓 音 ゲン・ゴン
いう・こと

筆順

なりたち

【会意】するどい刃物《はもの》を表《あらわ》す「辛」と「口」を合《あ》わせて、心《こころ》に思《おも》うことをするどく口《くち》に出《だ》す「ことば」を表《あらわ》す字《じ》。

意味
❶いう。のべる。例ものを言《い》う。言《げん》をまたない（言《い》うまでもない）。言明《げんめい》・他言《たごん》
❷口《くち》にすることば。例言語《げんご》・小言《こごと》

名前のよみ あき・とき・のぶ・のり・ゆき

❶〈いう〉の意味で

【言下】げんか [↓] 言《い》い終《お》わったすぐあと。例言下《げんか》に否定《ひてい》する。

【言及】げんきゅう [↓]〈—する〉話《はなし》をしているなかで、べつのことにまで話《はなし》がおよぶこと。例米不足《こめぶそく》の問題《もんだい》から、農業問題《のうぎょうもんだい》にまで言及《げんきゅう》する。

【言行】げんこう [⇕] 言《い》うこととじっさいにおこなうこと。例言行一致《げんこういっち》 類言動《げんどう》 表現☞【言動】げんどう（924ページ）

【言動】げんどう [Ⅱ] 言《い》うことやすること。例日《ひ》ごろの言動《げんどう》をつつしむ。類言行《げんこう》 表現「言行《げんこう》」は言《い》うこととすることとをべつべつのものととらえるが、「言動《げんどう》」は一《ひと》つのものと見《み》たことば。だから「言行不一致《げんこうふいっち》」とはいっても、「言動不一致《げんどうふいっち》」とはいわない。

【言明】げんめい [↓]〈—する〉はっきり言《い》い切《き》ること。例言明《げんめい》をさける。

【言論】げんろん [Ⅱ] ことばで、自分《じぶん》の考《かんが》えや意見《いけん》などを発表《はっぴょう》すること。例言論《げんろん》の自由《じゆう》。

【言上】ごんじょう [▲]〈—する〉身分《みぶん》の高《たか》い人《ひと》に申《もう》し上《あ》げること。例御礼言上《おれいごんじょう》に出《で》むく。

❷〈口にすることば〉の意味で

【言外】げんがい [↓] はっきりとことばに出《だ》して表《あらわ》されていない部分《ぶぶん》。例言外《げんがい》ににおわせる。

【言語】げんご [Ⅱ] 考《かんが》えや気持《きも》ちを声《こえ》や文字《もじ》にして、つたえるための手段《しゅだん》。ことば。例言語《げんご》に絶《ぜっ》する（ことばではとても言《い》い表《あらわ》せない）。類言葉《ことば》

【言質】げんち [↓] あとあとになって、証拠《しょうこ》になることば。例言質《げんち》を取《と》られる。

【言文一致】げんぶんいっち 話《はな》すときとおなじようなことばづかいで文章《ぶんしょう》を書《か》くこと。知識江戸時代《えどじだい》まで、話《はな》しことばと書《か》きことばは、ずいぶんちがっていたが、明治《めいじ》の中《なか》ごろ、二葉亭四迷《ふたばていしめい》・山田美妙《やまだびみょう》らが言文一致運動《げんぶんいっちうんどう》をはじめ、しだいに今《いま》のような話《はな》しことばに近《ちか》いことばで文章《ぶんしょう》が書《か》かれるようになった。

【言葉】ことば [◎] ①自分《じぶん》の考《かんが》えや気持《きも》ちをつたえるための、声《こえ》や文字《もじ》。例日本《にほん》の言葉《ことば》。類言語《げんご》 ②単語《たんご》や句《く》など、それぞれに意味《いみ》やはたらきをもつ一《ひと》つ一《ひと》つ。例言葉《ことば》の意味《いみ》を辞書《じしょ》で調《しら》べる。③人《ひと》がじっさいに言《い》ったり書《か》いたりしたもの。例別《わか》れの言葉《ことば》。

【言語道断】ごんごどうだん〈—な〉ことばで言《い》い表《あらわ》せないほどひどいこと。例言語道断《ごんごどうだん》のふるまい。参考「道断《どうだん》」は道《みち》が断《た》たれることで、表《あらわ》す方法《ほうほう》がないという意味《いみ》。

言が下につく熟語 上の字の働き

❶言＝〈いう〉のとき
【明言《めいげん》 断言《だんげん》 直言《ちょくげん》 証言《しょうげん》 助言《じょげん》 高言《こうげん》 放言《ほうげん》 失言《しつげん》 公言《こうげん》 広言《こうげん》 予言《よげん》 預言《よげん》 他言《たごん》】ドノヨウニ言《い》うか。

❷言＝〈口にすることば〉のとき
【名言《めいげん》 金言《きんげん》 至言《しげん》 格言《かくげん》 甘言《かんげん》 苦言《くげん》 忠言《ちゅうげん》 小言《こごと》 寸言《すんげん》 片言《へんげん／かたこと》 一言《いちげん／いちごん／ひとこと》 暴言《ぼうげん》 過言《かごん》 雑言《ぞうごん》 妄言《もうげん／ぼうげん》 前言《ぜんげん》 祝言《しゅうげん》 方言《ほうげん》 遺言《ゆいごん／いごん》 寝言《ねごと》 狂言《きょうげん》】ドノヨウナ言葉《ことば》か。
【換言《かんげん》 進言《しんげん》 伝言《でんごん》 発言《はつげん》 提言《ていげん》】言葉《ことば》をドウスルか。

◆極言《きょくげん》 宣言《せんげん》 無言《むごん》

■ 言-2

計

総画9
JIS-2355
教2年
訓 音 ケイ
はかる・はからう

筆順
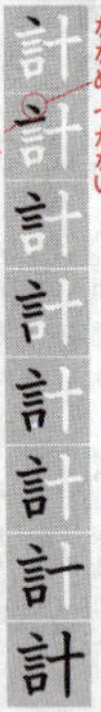

なりたち
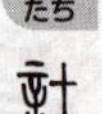
【会意】「十」が「かず」を表《あらわ》し、「言」と合《あ》わせて数《かず》をことば（言）で読《よ》みあげることを表《あらわ》す字《じ》。

意味
❶かぞえる。はかる。例時間《じかん》を計《はか》る。計《けい》算《さん》・集計《しゅうけい》

❷考《かんが》える。思《おも》いめぐらす。はからう。例 とくべつに計《はか》らってもらう。計画《けいかく》・設計《せっけい》

❸はかる器具《きぐ》。数量《すうりょう》をはかるための道具《どうぐ》。例 体温計《たいおんけい》

使い分け はかる［図・計・量・測・謀・諮］☞237ページ

特別なよみ 時計(とけい)

名前のよみ かず

❶〈かぞえる〉の意味で

【計器】《けいき》 ↓ 長《なが》さ・重《おも》さ・体積《たいせき》・速《はや》さなどをはかる器具《きぐ》。メーター。例 計器飛行《けいきひこう》

【計算】《けいさん》 II 〈─する〉いくつかの数《かず》を、たしたり、ひいたり、かけたり、わったりして答《こた》えを出《だ》すこと。例 計算《けいさん》が速《はや》い。類 勘定《かんじょう》 ☞❷

【計上】《けいじょう》 ↓ 〈─する〉必要《ひつよう》なものとして、全体《ぜんたい》の計算《けいさん》の中《なか》にふくめておくこと。例 交通費《こうつうひ》を予算《よさん》に計上《けいじょう》する。

【計数】《けいすう》 ▲ 数《かず》をかぞえること。かぞえた数《かず》。

【計測】《けいそく》 II 〈─する〉器械《きかい》を使《つか》って、数《かず》や量《りょう》・長《なが》さ・重《おも》さなどを正確《せいかく》にはかること。

【計量】《けいりょう》 II 〈─する〉重《おも》さや分量《ぶんりょう》をはかること。例 計量《けいりょう》カップ

❷〈考える〉の意味で

【計画】《けいかく》 II 〈─する〉実行《じっこう》する内容《ないよう》、方法《ほうほう》・順序《じゅんじょ》などを前《まえ》もって考《かんが》えること。プラン。例 計画《けいかく》を実行《じっこう》する。計画的犯行《けいかくてきはんこう》 類 企画《きかく》

【計算】《けいさん》 II 〈─する〉どのようになるか、考《かんが》えておくこと。例 計算《けいさん》だかい人《ひと》。類 打算《ださん》 ☞❶

【計略】《けいりゃく》 II 自分《じぶん》のつごうのいいようにものごとを進《すす》めたり、相手《あいて》をだましたりするための計画《けいかく》。例 計略《けいりゃく》を練《ね》る。類 策略《さくりゃく》

計が下につく熟語 上の字の働き

❶計＝〈かぞえる〉のとき
【家計《かけい》 生計《せいけい》】ナニについての計算《けいさん》か。
【合計《ごうけい》 総計《そうけい》 累計《るいけい》 集計《しゅうけい》 統計《とうけい》 推計《すいけい》 小計《しょうけい》 余計《よけい》 会計《かいけい》】ドウヤッテかぞえるか。

❷計＝〈考える〉のとき
【一計《いっけい》 早計《そうけい》】ドノヨウナ計画《けいかく》か。

❸計＝〈はかる器具〉のとき
【温度計《おんどけい》 寒暖計《かんだんけい》 体温計《たいおんけい》 速度計《そくどけい》 圧力計《あつりょくけい》 風力計《りょくけい》】ナニをはかる器具《きぐ》か。

◆設計《せっけい》

訂

言-2 総画9 JIS-3691 常用
音 テイ 訓 ―

筆順 訂 訂 訂 訂 訂 訂 訂 訂 訂

なりたち [形声]「丁」が「テイ」という読《よ》み方《かた》をしめしている。「テイ」は「公《こう》平《へい》」の意味《いみ》を持《も》ち、正《ただ》しく公平《こうへい》なことば(言)を表《あらわ》す字《じ》。

意味 ただす。あやまりをあらためる。例 訂《てい》正《せい》・改訂《かいてい》

名前のよみ ただ

【。訂正】《ていせい》 II 〈─する〉まちがいをなおして、正《ただ》しいものにすること。例 訂正事項《ていせいじこう》 類 修正《しゅうせい》

◆改訂《かいてい》 校訂《こうてい》

訃

言-2 総画9 JIS-7530 常用
音 フ 訓 ―

筆順 訃 訃 訃 訃 訃 訃 訃 訃 訃

意味 死亡《しぼう》の知《し》らせ。例 訃報《ふほう》・訃音《ふいん》

【。訃報】《ふほう》 II 人《ひと》が死《し》んだ知《し》らせ。例 訃報《ふほう》が届《とど》く。類 訃音《ふいん》

記

言-3 総画10 JIS-2113 教2年
音 キ 訓 しるす

筆順 記 記 記 記 記 記 記 記 記 記（ななめ、つかない／はねる／おらない）

なりたち [形声]「己」が「キ」という読《よ》み方《かた》をしめしている。「キ」は「しるす」意味《いみ》を持《も》ち、ことば(言)をしるすことを表《あらわ》す字《じ》。

意味
❶書《か》きしるす。例 名前《なまえ》を記《しる》す。記名《きめい》・筆記《ひっき》
❷書《か》いたもの。例 思《おも》い出《で》の記《き》。日記《にっき》
❸しるし。きごう。例 記章《きしょう》
❹おぼえる。例 記憶《きおく》・暗記《あんき》

名前のよみ とし・のり・ふさ・ふみ・よし

❶〈書きしるす〉の意味で

【記。載】《きさい》 ↓ 〈─する〉本《ほん》や書類《しょるい》に書《か》いてのせること。例 名簿《めいぼ》に記載《きさい》する。類 掲載《けいさい》

【記事】《きじ》 ▲ できごとやものごとをつたえる

ために書《か》かれた文章《ぶんしょう》。例 新聞記事《しんぶんきじ》

【記者《きしゃ》】↓ 新聞《しんぶん》や雑誌《ざっし》・放送《ほうそう》などの記事《きじ》を書《か》いたりまとめたりする人《ひと》。例 記者会見《きしゃかいけん》

【記述《きじゅつ》】॥〈—する〉ことばで、文章《ぶんしょう》に書《か》き表《あらわ》すこと。例 記述式《きじゅつしき》の試験《しけん》。類 叙述《じょじゅつ》

【記帳《きちょう》】▲〈—する〉帳簿《ちょうぼ》に、名前《なまえ》など、必要《ひつよう》なことを書《か》き入《い》れること。例 通帳《つうちょう》に金額《きんがく》を記帳《きちょう》する。

【記入《きにゅう》】↓〈—する〉書《か》き入《い》れること。例 カードに名前《なまえ》を記入《きにゅう》する。

【記名《きめい》】▲〈—する〉名前《なまえ》を書《か》くこと。例 持《も》ち物《もの》に記名《きめい》する。類 署名《しょめい》 対 無記名《むきめい》

【記録《きろく》】॥〈—する〉①のちのちのために、事実《じじつ》を文字《もじ》や映像《えいぞう》などにしてとどめておくこと。そうしてとどめたもの。例 記録映画《きろくえいが》 ②スポーツなどの、成績《せいせき》や結果《けっか》。とくに、それまでの最高《さいこう》のもの。例 世界記録《せかいきろく》を更新《こうしん》する。

【記録的《きろくてき》】〈—な・—に〉記録《きろく》としてのこりそうなようす。例 記録的《きろくてき》な大雨《おおあめ》。

❸〈しるし〉の意味で

【記号《きごう》】॥ ○(白星《しろぼし》)が「勝《か》ち」、●(黒星《くろぼし》)が「負《ま》け」というように、表《あらわ》す意味《いみ》を決《き》めて使《つか》っているしるし。サイン。シンボル。例 地図記号《ちずきごう》 類 符号《ふごう》

【記章《きしょう》】॥ 身分《みぶん》や職業《しょくぎょう》・資格《しかく》などを表《あらわ》すために、服《ふく》や帽子《ぼうし》につけるしるし。バッジ。

❹〈おぼえる〉の意味で

例 服《ふく》の襟《えり》に記章《きしょう》をつける。

【記。憶《きおく》】॥〈—する〉わすれないでおぼえていること。例 記憶《きおく》がうすれる。記憶力《きおくりょく》

【記念《きねん》】▲〈—する〉思《おも》い出《で》のためにのこしておくこと。また、そのもの。例 記念品《きねんひん》

記が下につく熟語 上の字の働き

❶ 記=〈書きしるす〉のとき

【書記《しょき》 登記《とうき》】近《ちか》い意味《いみ》。

【速記《そっき》 略記《りゃっき》 転記《てんき》 簿記《ぼき》 単記《たんき》 連記《れんき》 併記《へいき》 列記《れっき》 別記《べっき》 注記《ちゅうき》 付記《ふき》 筆記《ひっき》 表記《ひょうき》 明記《めいき》】ドノヨウニ書《か》き記《しる》すか。

【上記《じょうき》 下記《かき》】ドコに書《か》き記《しる》したか。

❷ 記=〈書いたもの〉のとき

【戦記《せんき》 雑記《ざっき》 歳時記《さいじき》】ナニを記《しる》したものか。

【手記《しゅき》 伝記《でんき》 日記《にっき》】ドノヨウナ記録《きろく》か。

◆ 銘記《めいき》

言-3

訓

総画10
JIS-2317
教4年
訓 —
音 クン

筆順

なりたち

[形声]「川《セン》」が「クン」とかわって読《よ》み方《かた》をしめしている。「セン」は「したがう」意味《いみ》を持《も》ち、ことば(言)でおしえしたがわせることを表《あらわ》す字《じ》。

意味

❶ おしえる。みちびく。例 訓練《くんれん》・教訓《きょうくん》

❷ くん読《よ》み。漢字《かんじ》の意味《いみ》に日本語《にほんご》をあてはめた読《よ》み方《かた》。例 音《おん》と訓《くん》。訓読《くんどく》・字訓《じくん》 対 音《おん》

名前のよみ くに・とき・のり・みち

❶〈おしえる〉の意味で

【訓育《くんいく》】↓〈—する〉子《こ》どもたちを、りっぱな人《ひと》になるように教《おし》え育《そだ》てること。

【訓。戒《くんかい》】↓〈—する〉上《うえ》の人《ひと》が下《した》の人《ひと》に対《たい》して、ものごとのよしあしを教《おし》え、まちがいをきびしく注意《ちゅうい》すること。例 訓戒《くんかい》をたれる。

【訓示《くんじ》】↓〈—する〉上《うえ》の地位《ちい》の人《ひと》が下《した》の人《ひと》に、仕事《しごと》の仕方《しかた》や心《こころ》がけなどを教《おし》えること。例 新入社員《しんにゅうしゃいん》を前《まえ》に社長《しゃちょう》が訓示《くんじ》をたれる。

【訓辞《くんじ》】↓ まちがったことをしないように、教《おし》えさとすことば。例 学校長《がっこうちょう》が訓辞《くんじ》をのべる。類 訓話《くんわ》

【訓令《くんれい》】↓〈—する〉上《うえ》の役所《やくしょ》がその下《した》の役所《やくしょ》に出《だ》す仕事上《しごとじょう》の命令《めいれい》。

【訓練《くんれん》】↓〈—する〉力《ちから》やわざを身《み》につけるために、くりかえしやらせて教《おし》えること。例 訓練《くんれん》をつむ。避難訓練《ひなんくんれん》 類 習練《しゅうれん》

【訓話《くんわ》】↓ 心《こころ》がまえや生《い》き方《かた》を教《おし》えるための話《はなし》。類 訓辞《くんじ》

❷〈くん読み〉の意味で

【訓読《くんどく》】↓〈—する〉❶くんどく｜くんよみ「秋」を「あき」、「雨」を「あめ」と読《よ》むなど、漢字《かんじ》に、日本《にほん》にもとからあることばを当《あ》てて読《よ》むこと。対 音読《おんどく｜おんよみ》 ❷くんどく 漢文《かんぶん》を日本語式《にほんごしき》に読《よ》むこと。送《おく》りがなをつけたり、返《かえ》り点《てん》を使《つか》ったりして読《よ》む。参考 ものしり巻物(225ページ)

◆ 音訓《おんくん》 教訓《きょうくん》 字訓《じくん》

言-3

託

総画10
JIS-3487
常用
音 タク
訓 ―

筆順

なりたち 【形声】「乇」が「タク」という読《よ》み方《かた》をしめしている。「タク」は「よせる」意味《いみ》を持《も》ち、ことば(言)をよせてたのむ、ことづけることを表《あらわ》す字《じ》。

意味
❶まかせる。たのむ。あずける。例 託児《たくじ》・委託《いたく》
❷かこつける。ことよせる。例 託宣《たくせん》・仮託《かたく》

❶〈まかせる〉の意味で
【。託児所《たくじしょ》】親《おや》がはたらきに出《で》ているあいだ、子《こ》どもをあずかってせわするところ。
【。託送《たくそう》】⬇〈―する〉運送業者《うんそうぎょうしゃ》にたのんで荷《に》物《もつ》を送《おく》ること。

❷〈かこつける〉の意味で
【。託宣《たくせん》】Ⅱ 神《かみ》が、人《ひと》の口《くち》をかりるなどして人間《にんげん》につげることば。おつげ。類 神託《しんたく》

託が下につく熟語 上の字の働き

❶託=〈まかせる〉のとき
【委託《いたく》 嘱託《しょくたく》】近《ちか》い意味《いみ》。
【供託《きょうたく》 結託《けったく》 信託《しんたく》】ドウヤッテまかせるか。
◆仮託《かたく》

言-3

討

総画10
JIS-3804
教6年
音 トウ
訓 うつ

筆順

なりたち 【形声】「肘《チュウ》」を略《りゃく》した形《かたち》の「寸」が「トウ」とかわって読《よ》み方《かた》をしめしている。「チュウ」は「せめる」意味《いみ》を持《も》ち、ことば(言)でとがめることを表《あらわ》す字《じ》。

意味
❶やっつける。うつ。例 敵《かたき》を討《う》つ。征討《せいとう》
❷よく考《かんが》える。意見《いけん》をのべあう。例 討議《とうぎ》・検討《けんとう》

使い分け うつ[打・討・撃] ☞507ページ

❶〈やっつける〉の意味で
【討。伐《とうばつ》】Ⅱ〈―する〉軍隊《ぐんたい》によって、手向《てむ》かう者《もの》をやっつけること。例 反乱軍《はんらんぐん》を討伐《とうばつ》する。類 征伐《せいばつ》

❷〈よく考える〉の意味で
【討議《とうぎ》】⬇〈―する〉たがいに意見《いけん》を出《だ》して、話《はな》し合《あ》うこと。例 討議《とうぎ》をかさねる。
【討論《とうろん》】⬇〈―する〉それぞれの意見《いけん》を出《だ》し合《あ》い、考《かんが》えを深《ふか》めること。ディスカッション。ディベート。例 討論会《とうろんかい》
◆検討《けんとう》 征討《せいとう》 掃討《そうとう》

言-4

訛

総画11
JIS-7534
表外
音 ガ・カ
訓 なま-り・なま-る・あやま-る

意味
❶あやまる。まちがえる。
❷なまる。標準的《ひょうじゅんてき》でない発音《はつおん》をする。例 ことばが訛《なま》る。訛《なま》りがぬけない。

❷〈なまる〉の意味で
【◆訛音《かおん》】⬇ 標準的《ひょうじゅんてき》な発音《はつおん》とはちがう発《はつ》音《おん》。口《くち》の形《かたち》だけでなく、アクセントについてもいう。

言-4

許

総画11
JIS-2186
教5年
音 キョ
訓 ゆるす

筆順

なりたち 【形声】「午《ゴ》」が「キョ」とかわって読《よ》み方《かた》をしめしている。「ゴ」は「ゆるす」意味《いみ》を持《も》ち、相手《あいて》のことば(言)を聞《き》き入《い》れることを表《あらわ》す字《じ》。

意味 ゆるす。聞《き》き入《い》れる。みとめる。例 罪《つみ》を許《ゆる》す。許《ゆる》しを得《え》る。許可《きょか》・特許《とっきょ》

名前のよみ もと

【許可《きょか》】Ⅱ〈―する〉よいとしてゆるすこと。例 許可証《きょかしょう》 類 認可《にんか》・承認《しょうにん》・許諾《きょだく》
【許。諾《きょだく》】Ⅱ〈―する〉ねがいを聞《き》き入《い》れて、よろしいと返事《へんじ》をすること。例 許諾《きょだく》を得《え》る。類 許可《きょか》・承諾《しょうだく》
【許容《きょよう》】Ⅱ〈―する〉このくらいならよいとゆるすこと。例 許容範囲《きょようはんい》 類 容認《ようにん》
◆特許《とっきょ》 免許《めんきょ》

言-4

訟

総画11
JIS-3057
常用
音 ショウ
訓 ―

◦学習漢字でない常用漢字 ▲常用漢字表にない音訓 ◆常用漢字でない漢字

筆順

なりたち 【形声】「公《コウ／ウ　ショ》」が「ショウ」という読《よ》み方《かた》をしめしている。「コウ」は「あらそう」意《い》味《み》を持《も》ち、ことば(言)であらそうことを表《あらわ》す字《じ》。

意味 うったえる。裁《さい》判《ばん》であらそう。例 訴《そ》訟《しょう》

言-4
設

総画11
JIS-3263
教5年
音 セツ
訓 もうける

筆順 ななめ、つかない　はねる　おらない

なりたち 【会意】くさびの形《かたち》が誤《あやま》って書《か》かれた「言」と、手《て》につちを持《も》って打《う》ちつけている形《かたち》の「殳」とでき、くさびを打《う》ちこむことを表《あらわ》す字《じ》。

意味 用《よう》意《い》する。もうける。つくる。建《た》てる。例 席《せき》を設《もう》ける。設《せっ》備《び》・建《けん》設《せつ》

名前のよみ のぶ

【設営】《せつえい》 II 〈―する〉会《かい》場《じょう》や施《し》設《せつ》の用《よう》意《い》をすること。例 お花《はな》見《み》の席《せき》を設《せつ》営《えい》する。

【設計】《せっけい》 ▲ 〈―する〉①建《たて》物《もの》や機《き》械《かい》をつくるときに、その形《かたち》やしくみを図《ず》面《めん》に表《あらわ》すこと。例 設《せっ》計《けい》図《ず》 ②これからのことについてはっきりした計《けい》画《かく》を立《た》てること。例 人《じん》生《せい》設《せっ》計《けい》

【設置】《せっち》 ↓ 〈―する〉①機《き》械《かい》や器《き》具《ぐ》を新《あたら》しくそなえつけること。例 消《しょう》火《か》器《き》を各《かく》階《かい》に設《せっ》置《ち》する。②組《そ》織《しき》・機《き》関《かん》を新《あたら》しくつくること。例 特《とく》別《べつ》委《い》員《いん》会《かい》を設《せっ》置《ち》する。

【設定】《せってい》 ↓ 〈―する〉計《けい》画《かく》を立《た》て、しっかりしたかまえを作《つく》ること。例 目《もく》標《ひょう》を設《せっ》定《てい》する。

【設備】《せつび》 II 〈―する〉仕《し》事《ごと》に必《ひつ》要《よう》な建《たて》物《もの》・機《き》械《かい》・道《どう》具《ぐ》などのそなえつけ。そなえつけること。例 設《せつ》備《び》投《とう》資《し》。設《せつ》備《び》がととのった病《びょう》院《いん》。

【設問】《せつもん》 ▲ 〈―する〉答《こた》えをもとめる問《と》い。その問《と》いを作《つく》ること。例 設《せつ》問《もん》に答《こた》える。

【設立】《せつりつ》 II 〈―する〉会《かい》社《しゃ》・学《がっ》校《こう》・会《かい》など、新《あたら》しい組《そ》織《しき》をつくること。例 外《がい》国《こく》語《ご》学《がっ》校《こう》を設《せつ》立《りつ》する。類 創《そう》設《せつ》・創《そう》立《りつ》・開《かい》設《せつ》

設が下につく熟語 上の字の働き

【建《けん》設《せつ》 施《し》設《せつ》】近《ちか》い意《い》味《み》。

【新《しん》設《せつ》 開《かい》設《せつ》 創《そう》設《せつ》 特《とく》設《せつ》 常《じょう》設《せつ》 仮《か》設《せつ》 付《ふ》設《せつ》 増《ぞう》設《せつ》 敷《ふ》設《せつ》 埋《まい》設《せつ》 架《か》設《せつ》】ドノヨウニ設《もう》けるか。

◆私《し》設《せつ》

言-4
訪

総画11
JIS-4312
教6年
音 ホウ
訓 おとずれる・たずねる

筆順 ななめ、つかない　まっすぐ、つく　はねる

なりたち 【形声】「方」が「ホウ」という読《よ》み方《かた》をしめしている。「ホウ」は「はかる」意《い》味《み》を持《も》ち、ことば(言)で相《そう》談《だん》することを表《あらわ》す字《じ》。「おとずれる、たずねる」として使《つか》われている。

意味 おとずれる。たずねていく。例 中《ちゅう》国《ごく》を訪《おとず》れる。会《かい》社《しゃ》を訪《たず》ねる。訪《ほう》問《もん》・探《たん》訪《ぼう》

使い分け たずねる[尋・訪] ☞333ページ

参考 諏《す》訪《わ》(諏《す》訪《わ》市《し》・諏《す》訪《わ》湖《こ》)

【訪問】《ほうもん》 II 〈―する〉人《ひと》に会《あ》うために、その人《ひと》のいる場《ば》所《しょ》へ行《い》くこと。例 家《か》庭《てい》訪《ほう》問《もん》

訪が下につく熟語 上の字の働き

【探《たん》訪《ぼう》 来《らい》訪《ほう》 歴《れき》訪《ほう》】ドウヤッテ訪《たず》ねるか。

言-4
訳

［譯］

総画11
JIS-4485
教6年
音 ヤク
訓 わけ

筆順 ななめ、つかない　はらう

なりたち 【形声】もとの字《じ》は、「譯」。「睪《エキ》」が「ヤク」とかわって読《よ》み方《かた》をしめしている。「エキ」は「かえる」意《い》味《み》を持《も》ち、ほかのことば(言)にかえることを表《あらわ》す字《じ》。

意味

❶やくす。ほかの国《くに》のことばになおす。例 訳《やく》をつける。日《に》本《ほん》語《ご》に訳《やく》す。訳《やく》語《ご》・英《えい》訳《やく》

❷わけ。理《り》由《ゆう》。事《じ》情《じょう》。例 訳《わけ》を話《はな》す。言《い》い訳《わけ》・内《うち》訳《わけ》

参考 ❶について、おなじ国《くに》の、ちがう時《じ》代《だい》のことばをなおすことも「訳《やく》」といい、ふつうは「現《げん》代《だい》語《ご》訳《やく》」「口《こう》語《ご》に訳《やく》す」のようにいう。

❶〈やくす〉の意味で

【訳語】《やくご》 ↓ ある国《くに》のことばをほかの国《くに》のことばになおすときにあてはめることば。対 原《げん》

ものしり巻物 第30巻

同音《どうおん》のことば

わるいことをした生徒《せいと》が、先生《せんせい》にしかられていました。

先生《せんせい》「きみには、りょうしんというものがあるのか！」

生徒《せいと》「はい。りょうしんは二人《ふたり》とも元気《げんき》です」

先生《せんせい》は、目《め》を白黒《しろくろ》。「良心《りょうしん》」と「両親《りょうしん》」をまちがえているのです。

おなじ「リョウシン」と発音《はつおん》しても、「良《りょう》心《しん》」と「両親《りょうしん》」はちがうことばです。漢字《かんじ》も意味《いみ》もちがいます。このような、おなじ発音《はつおん》なのに、漢字《かんじ》も意味《いみ》もちがう漢語《かんご》を**同音異義語**《どうおんいぎご》といいます（「義《ぎ》」は意味《いみ》のことです）。

同音異義語《どうおんいぎご》は、たくさんあります。

〈げんし〉　原子——原始
〈こうこう〉　孝行——高校
〈きょうだい〉　兄弟——鏡台
〈ぜんしん〉　前進——全身
〈げんしょう〉　現象——減少
〈はっせい〉　発生——発声

アクセントのちがいで区別《くべつ》できるものもありますが、まったくおなじものもあります。そのような区別《くべつ》のむずかしいことばに出《で》あった場合《ばあい》、どのような場面《ばめん》で使《つか》われているのかを考《かんが》えることがだいじです。

わるいことをしたのは、心《こころ》の問題《もんだい》です。だから、しかられているのです。そこで、「良心《りょうしん》」だなとわかります。「両親《りょうしん》」のあるなしは、関係《かんけい》ないのです。

語《ご》

【訳詩】《やくし》 ▲ 〈—する〉ある国《くに》の詩《し》をほかの国《くに》のことばになおすこと。訳《やく》した詩《し》。

【訳者】《やくしゃ》 ↓ ある国《くに》の文章《ぶんしょう》をほかの国《くに》のことばになおす人《ひと》。 類 翻訳者《ほんやくしゃ》

【訳文】《やくぶん》 ↓ ある国《くに》の文章《ぶんしょう》をほかの国《くに》のことばになおした文章《ぶんしょう》。 対 原文《げんぶん》

【訳本】《やくほん》 ↓ ある国《くに》の本《ほん》をほかの国《くに》のことばに書《か》きなおした本《ほん》。 類 訳書《やくしょ》 対 原本《げんぽん》・原書《げんしょ》

訳が下につく熟語 上の字の働き

❶ 訳＝〈やくす〉のとき

【全訳《ぜんやく》 対訳《たいやく》 直訳《ちょくやく》 通訳《つうやく》 翻訳《ほんやく》 名訳《めいやく》】ドノヨウニ訳《やく》すか。

【英訳《えいやく》 和訳《わやく》】ナニ語《ご》に訳《やく》すか。

言-5

詠

総画12
JIS-1751
常用
訓 音
よむ エイ

筆順 詠

なりたち  【形声】「ながい」の意味《いみ》を持《も》つ「永」が「エイ」という読《よ》み方《かた》をしめしている。ことば（言）をながく引《ひ》いてうたうことを表《あらわ》す字《じ》。

意味

❶ 歌《うた》いあげる。声《こえ》に出《だ》す。例 詩《し》を詠《えい》じる。朗詠《ろうえい》

❷ 詩歌《しいか》をつくる。例 俳句《はいく》を詠《よ》む。詠歌《えいか》

名前のよみ うた

❶〈歌いあげる〉の意味で

◦学習漢字でない常用漢字　▲常用漢字表にない音訓　◆常用漢字でない漢字

【゜詠唱《えいしょう》】Ⅱ ①〈―する〉ふしをつけ、気持《きも》ちをこめてゆったりと歌《うた》いあげること。例 和歌《わか》を詠唱《えいしょう》する。②オペラなどのなかでひとりで歌《うた》われる曲《きょく》。アリア。例 椿姫《つばきひめ》の詠唱《えいしょう》。

【゜詠。嘆《えいたん》】Ⅱ〈―する〉ため息《いき》や声《こえ》が出《で》るほど、深《ふか》く心《こころ》を動《うご》かされること。例 思《おも》わず詠嘆《えいたん》の声《こえ》をあげる。類 感嘆《かんたん》

❷〈詩歌をつくる〉の意味で

【゜詠歌《えいか》】▲ 和歌《わか》をつくること。つくった和《わ》歌《か》。

◇ 吟詠《ぎんえい》 朗詠《ろうえい》

詐

言-5 総画12 JIS-2630 常用
訓音 サ いつわ-る

筆順

なりたち 【形声】「乍《サ|サク》」が「サ」という読《よ》み方《かた》をしめしている。「サ」は「つくる」意味《いみ》を持《も》ち、つくりごと、いつわりのことば(言)を表《あらわ》す字《じ》。

意味 いつわる。人《ひと》をだます。例 詐欺《さぎ》

【゜詐。欺《さぎ》】Ⅱ 人《ひと》をだましてお金《かね》やものを取《と》ること。例 詐欺師《さぎし》

【゜詐取《さしゅ》】↓〈―する〉人《ひと》のものやお金《かね》をだまし取《と》ること。例 財産《ざいさん》を詐取《さしゅ》される。

【゜詐。称《さしょう》】↓〈―する〉自分《じぶん》の名前《なまえ》や住所《じゅうしょ》・年《ねん》齢《れい》・仕事《しごと》などについて、うそを言《い》うこと。例 学歴《がくれき》を詐称《さしょう》する。

詞

言-5 総画12 JIS-2776 教6年
訓音 シ ことば

筆順 ななめ、つかない はねる

なりたち 【形声】「司」が「シ」という読《よ》み方《かた》をしめしている。「シ」は「つぐ」意味《いみ》を持《も》ち、つなぎ使《つか》うことば(言)を表《あらわ》す字《じ》。

意味 ことば。歌曲《かきょく》のことば。文法的《ぶんぽうてき》に見《み》たときのことば。例 作詞《さくし》・品詞《ひんし》

特別なよみ 祝詞(のりと)

名前のよみ のり・ふみ

詞が下につく熟語 上の字の働き

【名詞《めいし》 形容詞《けいようし》 動詞《どうし》 副詞《ふくし》 助詞《じょし》 助動詞《じょどうし》】ドノヨウナ品詞《ひんし》か。

◇ 歌詞《かし》 作詞《さくし》 品詞《ひんし》

証

言-5 総画12 JIS-3058 教5年
訓音 ショウ あかし

［證］

筆順 ななめ、つかない ながく

なりたち 【形声】もとの字《じ》は、「證」。「登《トウ》」が「ショウ」とかわって読《よ》み方《かた》をしめしている。「トウ」は「はっきりさせる」の意《い》味《み》を持《も》ち、あかしのことば(言)を表《あらわ》す字《じ》。

意味 あかし。あきらかにする。あかしになる書類《しょるい》。例 証明《しょうめい》・立証《りっしょう》

名前のよみ あきら

【証券《しょうけん》】↓ 株券《かぶけん》や債券《さいけん》など、借《か》りるお金《かね》とひきかえに出《だ》す書類《しょるい》。例 証券会社《しょうけんがいしゃ》

【証言《しょうげん》】↓〈―する〉そのことをまちがいないこととしてのべること。のべたことば。例 法《ほう》廷《てい》で証言《しょうげん》する。

【証。拠《しょうこ》】↓ たしかにそうであるというしるし。例 論《ろん》より証拠《しょうこ》。

【証書《しょうしょ》】↓ たしかにそうだとしめす文書《ぶんしょ》。例 卒業証書《そつぎょうしょうしょ》 類 証文《しょうもん》・証明書《しょうめいしょ》

【証人《しょうにん》】↓ そのことがまちがいないことだと証明《しょうめい》する人《ひと》。裁判《さいばん》などで、自分《じぶん》が知《し》っている事実《じじつ》をのべる人《ひと》。例 証人《しょうにん》をたてる。

【証明《しょうめい》】↓〈―する〉あることが正《ただ》しいとか、ほんとうにそうであるとかを明《あき》らかにすること。例 不在証明《ふざいしょうめい》 類 実証《じっしょう》・立証《りっしょう》

【証文《しょうもん》】↓ 約束《やくそく》や事実《じじつ》がたしかだと証明《しょうめい》する書類《しょるい》。例 借用証文《しゃくようしょうもん》 類 証書《しょうしょ》

証が下につく熟語 上の字の働き

【確証《かくしょう》 心証《しんしょう》 反証《はんしょう》 偽証《ぎしょう》】ドノヨウナ証拠《しょうこ》か。

【検証《けんしょう》 考証《こうしょう》 査証《さしょう》 実証《じっしょう》 認証《にんしょう》 保証《ほしょう》 例《れい》証《しょう》 論証《ろんしょう》】ドノヨウニ・ドウヤッテ証明《しょうめい》するか。

詔

言-5 総画12 JIS-3059 常用
訓音 ショウ みことのり

筆順 詔

なりたち 【形声】「召」が「ショウ」という読《よ》み方《かた》をしめしている。「ショウ」は「上《うえ》から下《した》に告《つ》げる」意味《いみ》を持《も》ち、上《うえ》から下《した》に告《つ》げることば(言)を表《あらわ》す字《じ》。

意味 みことのり。天子《てんし》のことば。例 詔《みことのり》をたまわる。詔書《しょうしょ》

名前のよみ のり

【°詔書《しょうしょ》】↓ 天皇《てんのう》のことばを書《か》いた文書《ぶんしょ》。例 国会《こっかい》召集《しょうしゅう》の詔書《しょうしょ》。

【°詔°勅《しょうちょく》】II 天皇《てんのう》が自分《じぶん》の考《かんが》えを国民《こくみん》につげるための文書《ぶんしょ》。

診

言-5 総画12 JIS-3139 常用 音 シン 訓 みる

筆順 診

なりたち 【形声】「㐱」が「シン」という読《よ》み方《かた》をしめしている。「シン」は「しらべる」意味《いみ》を持《も》ち、ことば(言)でたずねて調《しら》べることを表《あらわ》す字《じ》。

意味 調《しら》べる。病気《びょうき》のようすをみて調《しら》べる。例 脈《みゃく》を診《み》る。診察《しんさつ》・検診《けんしん》

【°診察《しんさつ》】II〈—する〉医者《いしゃ》が病人《びょうにん》のからだのようすを調《しら》べること。例 診察室《しんさつしつ》 類 診断《しんだん》

【°診断《しんだん》】↓〈—する〉①医者《いしゃ》がからだを調《しら》べて病気《びょうき》のようすや病名《びょうめい》を判断《はんだん》すること。例 健《けん》康《こう》診《しん》断《だん》 ②問題《もんだい》となる点《てん》があるかを調《しら》べること。類 診察《しんさつ》 例 経営診断《けいえいしんだん》

【°診°療《しんりょう》】↓〈—する〉医者《いしゃ》が患者《かんじゃ》の病気《びょうき》やけがをなおすこと。診察《しんさつ》と治療《ちりょう》。例 診療所《しんりょうじょ》

診が下につく熟語 上の字の働き

【往診《おうしん》 来診《らいしん》 回診《かいしん》 視診《ししん》 触診《しょくしん》 打診《だしん》 聴診《ちょうしん》 問診《もんしん》】ドウヤッテ診《み》るか。

【受診《じゅしん》 休診《きゅうしん》】診察《しんさつ》をドウスルか。

【初診《しょしん》 誤診《ごしん》】ドノヨウナ診察《しんさつ》か。

◆検診《けんしん》 定期検診《ていきけんしん》

訴

言-5 総画12 JIS-3342 常用 音 ソ 訓 うったえる

筆順 訴

なりたち 【形声】「斥《せき》」が「逆《ぎゃく》にすすむ」意味《いみ》と、「ソ」とかわって読《よ》み方《かた》をしめしている。ことば(言)で上《うえ》に向《む》けてうったえることを表《あらわ》す字《じ》。

意味 うったえる。例 裁判所《さいばんしょ》に訴《うった》える。訴《そ》訟《しょう》・告訴《こくそ》

【°訴°訟《そしょう》】II〈—する〉どちらが正《ただ》しいか決《き》めてほしいと、裁判所《さいばんしょ》にうったえ出《で》ること。例 訴訟《そしょう》を起《お》こす。

【°訴状《そじょう》】↓ 裁判《さいばん》を起《お》こす理由《りゆう》を書《か》いた書《しょ》類《るい》。例 検事《けんじ》が訴状《そじょう》を読《よ》み上《あ》げる。

訴が下につく熟語 上の字の働き

【告訴《こくそ》】近《ちか》い意味《いみ》。

【起訴《きそ》 提訴《ていそ》 控訴《こうそ》 勝訴《しょうそ》 敗訴《はいそ》】訴《うった》えをドウスルか・訴《うった》えにドウナルか。

◆直訴《じきそ》

評

言-5 総画12 JIS-4130 教5年 音 ヒョウ 訓 —

筆順 評（ななめ、つかない／ださない）

なりたち 【形声】「たいらでかたよらない」の意味《いみ》の「平《たいら》」が「ヒョウ」という読《よ》み方《かた》をしめしている。公平《こうへい》なことば(言)を表《あらわ》す字《じ》。

意味 ひひょうする。よしあしや、ねうちを決《き》める。例 評判《ひょうばん》・論評《ろんぴょう》

名前のよみ ただ

【評価《ひょうか》】▲〈—する〉①もののねうちやねだんを決《き》めること。例 この作品《さくひん》は高《たか》い評価《ひょうか》をえた。②とくにねうちがあるとみとめること。例 地道《じみち》な努力《どりょく》が評価《ひょうか》された。

【評議《ひょうぎ》】II〈—する〉ある問題《もんだい》について関係者《かんけいしゃ》が集《あつ》まって相談《そうだん》すること。例 評議会《ひょうぎかい》

【評決《ひょうけつ》】↓〈—する〉意見《いけん》を出《だ》し合《あ》って決《き》めること。例 評決《ひょうけつ》にしたがう。

【評定《ひょうてい》】↓〈—する〉一《ひょうてい》 ある基準《きじゅん》にしたがって、価値《かち》・質《しつ》が、どのくらいと決《き》めること。例 勤務評定《きんむひょうてい》 二《ひょうじょう》 みんなで相談《そうだん》して決《き》めること。例 小田原評定《おだわらひょうじょう》

°学習漢字でない常用漢字 ▲常用漢字表にない音訓 ◆常用漢字でない漢字

【評伝】ひょうでん [↓] その人《ひと》への評価《ひょうか》も入《い》れながら書《か》いた伝記《でんき》。

【評判】ひょうばん [↓] ①世間《せけん》で言《い》われている、そのものごとについてのよしあし。例 評判《ひょうばん》がいい。類 世評《せひょう》 ②うわさや人《ひと》びとの話題《わだい》になっていること。例 大評判《だいひょうばん》。評判《ひょうばん》の本《ほん》を買《か》う。

【評論】ひょうろん [||] 〈―する〉ものごとのねうちやよしあしについて、意見《いけん》をのべること。その意見《いけん》。例 評論家《ひょうろんか》・文芸評論《ぶんげいひょうろん》

評が下につく熟語 上の字の働き

【定評《ていひょう》 好評《こうひょう》 悪評《あくひょう》 不評《ふひょう》 酷評《こくひょう》 高評《こうひょう》】ドノヨウナ評価《ひょうか》か。

【批評《ひひょう》 論評《ろんぴょう》 講評《こうひょう》 寸評《すんぴょう》 短評《たんぴょう》 総評《そうひょう》】ドノヨウニ・ドウヤッテ評《ひょう》するか。

【時評《じひょう》 書評《しょひょう》】ナニについての評価《ひょうか》か。

【風評《ふうひょう》 世評《せひょう》 下馬評《げばひょう》】ドコでの評価《ひょうか》か。

言-6

該

総画13
JIS-1926
常用
音 ガイ
訓 ―

筆順 該 該 該 該 該 該 該

なりたち 【形声】「亥」が「ガイ」という読《よ》み方《かた》をしめしている。「ガイ」は「たばねる」意味《いみ》を持《も》ち、約束《やくそく》のことば(言)を表《あらわ》す字《じ》。「あてはまる」意味《いみ》に使《つか》われている。

意味

❶ゆきわたる。じゅうぶんにある。例 該《がい》博《はく》

❷あてはまる。ぴったりだ。例 該当《がいとう》・当該《とうがい》

名前のよみ かね

❶〈ゆきわたる〉の意味で

【該博】がいはく [||] 〈―に〉知識《ちしき》がとても広《ひろ》い。例 該博《がいはく》な知識《ちしき》の持《も》ち主《ぬし》。類 博学《はくがく》・博識《はくしき》

❷〈あてはまる〉の意味で

【該当】がいとう [||] 〈―する〉あることがらに当《あ》てはまること。例 条件《じょうけん》に該当《がいとう》する。類 相当《そうとう》

◆当該《とうがい》

文字物語

詰

「詰」の字《じ》は、音《おん》の「キツ」よりも、訓《くん》の「つめる」「つまる」「つむ」のほうがよく使《つか》われる。

「つめる」は、中《なか》に物《もの》を入《い》れること。それ以上《いじょう》はいるすきまがなくなるまで、中《なか》に物《もの》を入《い》れること。

「つまる」は、中《なか》が物《もの》でいっぱいになって、それ以上《いじょう》はいるすきまがない状態《じょうたい》になること。

「つむ」は、織《お》り目《め》や編《あ》み目《め》が詰《つ》まっていてすきまがないこと。どれも、すきまやゆとりのない状態《じょうたい》をいうことばだ。

だから、「つめる」「つまる」は、「とことんさいごのところまで」「それ以上《いじょう》はできない」の意味《いみ》をもつ。人《ひと》をがけっぷちに追《お》い詰《つ》めたり、問《と》い詰《つ》められてことばに詰《つ》まったり。将棋《しょうぎ》で、一方《いっぽう》の王将《おうしょう》が追《お》い詰《つ》められて逃《に》げられない状態《じょうたい》になり負《ま》けることを「詰《つ》む」というし、「詰《つ》め将棋《しょうぎ》」「詰《つ》め碁《ご》」という遊《あそ》びもある。ここから、どんな仕事《しごと》でも、さいごのところをいいかげんにしたために失敗《しっぱい》することを「詰《つ》めがあまい」というのだ。

それまでの話《はなし》をしめくくって「つまり、それはこういうことです」と言《い》うが、このときのつなぎのことば「つまり」も「詰《つ》まり」で、「詰《つ》まるところ」の意味《いみ》だ。

「つめる」「つまる」「つめ」「つまり」が上《うえ》や下《した》についてつくることばが、左《ひだり》のようにいろいろある。これまでのべたことが、それぞれにあてはまることがわかるだろう。

詰《つ》め～ 例 詰《つ》め合《あ》わせ・詰《つ》め襟《えり》・詰《つ》め寄《よ》る・詰《つ》めかける

～詰《づ》め 例 缶詰《かんづめ》・箱詰《はこづ》め・ぎゅうぎゅう詰《づ》め・理詰《りづ》め・働《はたら》き詰《づ》め

～詰《つ》める 例 思《おも》い詰《つ》める・切《き》り詰《つ》める・張《は》り詰《つ》める

～詰《つ》まる 例 行《い》き詰《づ》まる・息詰《いきづ》まる・煮詰《につ》まる

～詰《づ》まり 例 鼻詰《はなづ》まり・金詰《かねづ》まり・どん詰《づ》まり

言-6

詰

総画13
JIS-2145
常用
音 キツ
訓 つめる・つまる・つむ

筆順 詰 詰 詰 詰 詰 詰 詰 詰

なりたち 【形声】「吉」が「キツ」という読《よ》み方《かた》をしめしている。「キツ」は「しめつける」意味《いみ》を持《も》ち、ことば(言)で相手《あいて》を問《と》

いつめることを表《あらわ》す字《じ》。問《と》いつめる。

意味

❶問《と》いただす。問《と》いつめる。例 詰問《きつもん》・難詰《なんきつ》 ❷ものをつめる。つまる。いっぱいになる。例 箱《はこ》に詰《つ》める。鼻《はな》が詰《つ》まる。詰《つ》めを誤《あやま》る。

文字物語 ☞932ページ

❶〈問《と》いただす〉の意味で

【∘詰問】きつもん Ⅱ〈―する〉ほんとうのことを言《い》え と、問《と》いつめること。例 詰問《きつもん》を受《う》ける。表現 返事《へんじ》を聞《き》こうというより、相手《あいて》をせめる気持《きも》ちのほうが強《つよ》い。

言−6

【詣】

総画13 JIS-2356 常用

音 ケイ 訓 もうでる

筆順

意味

❶もうでる。お寺《てら》や神社《じんじゃ》におまいりする。例 参詣《さんけい》 ❷いきつく。いたる。例 造詣《ぞうけい》

言−6

【誇】

総画13 JIS-2456 常用

音 コ 訓 ほこる

筆順

なりたち [形声]「大《おお》きい」の意味の「夸」が「コ」という読《よ》み方《かた》をしめしている。大《おお》きいことを言《い》う意味《いみ》の字《じ》。

意味 ほこる。おおげさに言《い》う。例 才能《さいのう》を誇《ほこ》る。誇示《こじ》

【∘誇示】こじ ↓〈―する〉じまんして見《み》せびらかすこと。例 力《ちから》を誇示《こじ》する。

【∘誇大】こだい ↓〈―な・―に〉実際《じっさい》よりおおげさに言《い》ったり、見《み》せたりすること。例 誇大広告《こだいこうこく》

【∘誇大∘妄想】こだいもうそう それほどでもないことを、ものすごく大《おお》きいことのように思《おも》いこむこと。例 誇大妄想《こだいもうそう》もいいところだ。

【∘誇張】こちょう ↓〈―する〉ようすを実際《じっさい》よりおおげさに表《あらわ》すこと。例 誇張《こちょう》した表現《ひょうげん》。

言−6

【詩】

総画13 JIS-2777 教3年

音 シ 訓 ―

筆順 ななめ、つかない ながく はねる

なりたち [形声]「寺《じ》」が「シ」とかわって読《よ》み方《かた》をしめしている。「シ」は「こころがあるものに向《む》く」の意味《いみ》を持《も》ち、「思《おも》い」をことば(言)に表《あらわ》したもの」の意味《いみ》の字《じ》。

意味 し。感動《かんどう》をリズミカルに表現《ひょうげん》したもの。ポエム。例 詩《し》を書《か》く。詩歌《しいか｜しか》・詩《し》集《しゅう》

名前のよみ うた

【詩歌】しいか｜しか Ⅱ ①詩《し》や歌《うた》。例 詩歌《しいか》に親《した》しむ。②漢詩《かんし》と和歌《わか》。例 詩歌《しか》集《しゅう》

【詩。吟】しぎん ↓漢詩《かんし》にふしをつけてうたうこと。

【詩作】しさく ↓〈―する〉詩《し》をつくること。例 詩作《しさく》に熱中《ねっちゅう》する。類 作詩《さくし》

【詩集】ししゅう ↓詩《し》を集《あつ》めた本《ほん》。例 現代詩《げんだいし》集《しゅう》

【詩情】しじょう ↓その場《ば》の情景《じょうけい》が詩《し》だなあと感《かん》じられること。詩《し》に表《あらわ》したいという感《かん》じ。例 詩情《しじょう》ゆたかな作品《さくひん》。詩情《しじょう》がわく。類 詩趣《ししゅ》

【詩人】しじん ↓詩《し》を作《つく》る人《ひと》。例 田園詩人《でんえんしじん》

詩が下につく熟語 上の字の働き

【漢詩《かんし》 唐詩《とうし》】ドコの詩《し》か。

【作詩《さくし》 訳詩《やくし》】詩《し》をドウスルか。

言−6

【試】

総画13 JIS-2778 教4年

音 シ 訓 こころみる・ためす

筆順 ななめ、つかない はねる

なりたち [形声]「式《シキ|ショク》」が「シ」とかわって読《よ》み方《かた》をしめしている。「ショク」は「ようすをみる」意味《いみ》を持《も》ち、相手《あいて》のことば(言)によってようすをみることを表《あらわ》す字《じ》。「こころみる」として使《つか》われている。

意味

❶こころみる。ためしにやってみる。新《あたら》しい実験《じっけん》を試《こころ》みる。力《ちから》を試《ため》す。例 試験《しけん》・試《し》作《さく》 ❷試験《しけん》。例 入試《にゅうし》・追試《ついし》

❶〈こころみる〉の意味で

【試合】しあい ◎〈―する〉スポーツや武芸《ぶげい》などで、おたがいの力《ちから》やわざをくらべあい、勝《か》ち負《ま》けを

∘学習漢字でない常用漢字 ▲常用漢字表にない音訓 ◆常用漢字でない漢字

決《き》めること。例 親善試合《しんぜんじあい》 類 勝負《しょうぶ》

【試案】しあん ↓ ためしにつくった計画《けいかく》や考《かんが》え。例 試案《しあん》を発表《はっぴょう》する。類 素案《そあん》 対 成案《せいあん》 表現 「自分《じぶん》だけの考《かんが》え」の意味《いみ》なら「私案」と書《か》く。

【試運転】しうんてん 〈―する〉新《あたら》しくつくった乗《の》り物《もの》や機械《きかい》のぐあいを調《しら》べるために、じっさいに動《うご》かしてみること。例 新型車両《しんがたしゃりょう》の試運転《しうんてん》。

【試供品】しきょうひん ためしに使《つか》うように出《だ》す品《しな》。例 クリームの試供品《しきょうひん》をもらう。

【試金石】しきんせき ①金《きん》や銀《ぎん》の品質《ひんしつ》を調《しら》べるために、それにこすりつけてテストする、黒《くろ》くてかたい石《いし》。②それによって実力《じつりょく》がためされ、その真価《しんか》がわかるものごと。例 今度《こんど》の試合《しあい》が新《しん》チームにとってひとつの試金石《しきんせき》になる。

【試。掘】しくつ ↓ 〈―する〉出《で》てくるものを調《しら》べるために、ためしにほってみること。例 温泉《おんせん》が出《で》るかどうか試掘《しくつ》する。

【試験】しけん ‖ 〈―する〉①問題《もんだい》を出《だ》して答《こた》えさせ、学力《がくりょく》や能力《のうりょく》を調《しら》べること。テスト。例 入学試験《にゅうがくしけん》 ②もののよしあしや性質《せいしつ》を、ためしたり調《しら》べたりすること。例 試験飛行《しけんひこう》

【試行。錯誤】しこうさくご 〈―する〉やってみて失敗《しっぱい》する、それをなおす、ということをくりかえして、解決《かいけつ》に近《ちか》づくこと。例 試行錯誤《しこうさくご》を重《かさ》ねる。

【試作】しさく ↓ 〈―する〉ためしにつくってみること。例 試作品《しさくひん》。機械《きかい》は試作《しさく》の段階《だんかい》だ。

【試算】しさん ↓ 〈―する〉だいたいの見当《けんとう》をつけるために、ざっと計算《けいさん》してみること。例 家《いえ》をたてる費用《ひよう》を試算《しさん》する。

【試写】ししゃ ↓ 〈―する〉映画《えいが》を公開《こうかい》する前《まえ》に、一部《いちぶ》の人《ひと》に見《み》せること。例 試写会《ししゃかい》

【試食】ししょく ↓ 〈―する〉料理《りょうり》のできぐあいを調《しら》べるために、ためしに食《た》べてみること。例 試《し》食会《しょくかい》。試食《ししょく》をどうぞ。類 味見《あじみ》・毒味《どくみ》

【試問】しもん ↓ 〈―する〉質問《しつもん》して答《こた》えを聞《き》き、その人《ひと》の知識《ちしき》や力《ちから》をはかること。例 口頭試問《こうとうしもん》

【試用】しよう ↓ 〈―する〉ためしに使《つか》ってみること。例 試用品《しようひん》・試用期間《しようきかん》

【試練】しれん ↓ 心《こころ》の強《つよ》さや実力《じつりょく》などをためすこと。そのときの苦《くる》しみやたいへんさ。例 きびしい試練《しれん》を乗《の》りこえる。

◆追試《ついし》 入試《にゅうし》 模試《もし》

言-6

詢

総画13 JIS-7546 人名

訓 ― 音 ジュン

意味 ❶はかる。相談《そうだん》する。❷まこと。まことに。

名前のよみ まこと

言-6

詳

総画13 JIS-3060 常用

訓 くわしい 音 ショウ

筆順 詳 詳 詳 詳 詳 詳 詳 詳

なりたち  [形声]「羊《ヨウ》」が「ショウ」とかわって読《よ》み方《かた》をしめしている。「ヨウ」は「小《ちい》さい」の意味《いみ》を持《も》ち、ことこまかにはなす(言)ことを表《あらわ》す字《じ》。

意味 くわしい。例 詳《くわ》しく話《はな》す。詳細《しょうさい》

名前のよみ みつ

【。詳細】しょうさい ‖ 〈―に〉こまかくくわしいこと。例 事件《じけん》の詳細《しょうさい》を聞《き》く。類 委細《いさい》・精細《せいさい》

【。詳述】しょうじゅつ ↓ 〈―する〉こまかいことまでくわしくのべること。例 理由《りゆう》は次《つぎ》の章《しょう》で詳述《しょうじゅつ》する。類 詳説《しょうせつ》 対 略述《りゃくじゅつ》

【。詳説】しょうせつ ↓ 〈―する〉くわしく説明《せつめい》すること。類 詳述《しょうじゅつ》 対 概説《がいせつ》・略説《りゃくせつ》

【。詳報】しょうほう ↓ くわしい知《し》らせ。例 事故《じこ》の詳《しょう》報《ほう》が入《はい》る。

詳が下につく熟語 上の字の働き
【不詳《ふしょう》 未詳《みしょう》】「よくわかる」を打《う》ち消《け》す。

言-6

誠

総画13 JIS-3231 教6年

訓 まこと 音 セイ

筆順 誠 誠 誠 誠 誠 誠 誠 誠（なな め、つかない／つにならない／はねる）

なりたち  [形声]「成」が「セイ」という読《よ》み方《かた》をしめしている。「セイ」は「かさなる」意味《いみ》を持《も》ち、ことば(言)と心《こころ》が一致《いっち》して、うそいつわりのないことを表《あらわ》す字《じ》。

意味 まごころ。うそいつわりのないこと。例 誠《まこと》をつくす。誠意《せいい》・忠誠《ちゅうせい》

名前のよみ あき・あきら・かね・さと・さね・しげ・たか・たかし・とも・なり・のぶ・のり・まさ・

もと・よし

【誠意《せいい》】↓うそがなく、心《こころ》をこめてつくす気持《きも》ち。例 誠意《せいい》をしめす。類 真心《まごころ》

【誠実《せいじつ》】Ⅱ〈―に・―な〉まごころをもっているようす。例 誠実《せいじつ》な人《ひと》がら。類 忠実《ちゅうじつ》 対 不実《ふじつ》

【誠心誠意《せいしんせいい》】心《こころ》をこめて、いっしょうけんめいに。例 誠心誠意《せいしんせいい》、社会《しゃかい》につくす。

言-6

詮

総画13 JIS-3307 常用

音 セン 訓 ―

筆順 詮 詮 詮 詮 詮 詮 詮 詮 詮

意味 あきらかにする。例 詮議《せんぎ》・詮索《せんさく》

字体のはなし 「詮」とも書く。☞ふろく「字体についての解説」(28ページ)

【。詮議《せんぎ》】Ⅱ〈―する〉①相談《そうだん》してはっきりさせること。②容疑者《ようぎしゃ》をさがしたり、とりしらべたりすること。

言-6

誉

総画13 JIS-4532 常用

音 ヨ 訓 ほまれ

［譽］

筆順 誉 誉 誉 誉 誉 誉 誉 誉

なりたち 【形声】もとの字は、「譽」。「與」が「ヨ」という読《よ》み方《かた》をしめしている。「ヨ」は「もちあげる」意味《いみ》を持《も》ち、ことば(言)でもちあげて「ほめる」ことを表《あらわ》す字《じ》。

意味 ほまれ。評判《ひょうばん》がよい。ほめる。例 郷土《きょうど》の誉《ほま》れ。名誉《めいよ》

名前のよみ しげ・たか・たかし・のり・もと・やす・よし

誉が下につく熟語 上の字の働き

【栄誉《えいよ》 名誉《めいよ》】近《ちか》い意味《いみ》。

言-6

話

総画13 JIS-4735 教2年

音 ワ 訓 はなす・はなし

筆順 話 話 話 話 話 話 話 話 話（ななめ、つかない）（おおきく）

なりたち 【形声】「舌→舌《カツ》」が「ワ」とかわって読《よ》み方《かた》をしめしている。「カツ」は「よい」の意味《いみ》を持《も》ち、よいことば(言)を表《あらわ》す字《じ》。「はなし」として使《つか》われている。

意味 はなす。はなし。ものがたり。例 できごとを話《はな》す。話題《わだい》・昔話《むかしばなし》

【話芸《わげい》】↓落語《らくご》や漫才《まんざい》・講談《こうだん》など、口《くち》からのことばだけで人《ひと》を楽《たの》しませる芸《げい》。例 落語家《らくごか》の話芸《わげい》に聞《き》きほれる。

【話術《わじゅつ》】↓聞《き》かせるための話《はな》し方《かた》。例 話術《わじゅつ》で人《ひと》をひきつける。

【話題《わだい》】↓話《はなし》の材料《ざいりょう》になることがら。例 話題《わだい》をかえる。スポーツを話題《わだい》にする。

話が下につく熟語 上の字の働き

【説話《せつわ》 談話《だんわ》】近《ちか》い意味《いみ》。

【哀話《あいわ》 悲話《ひわ》 笑話《しょうわ》 逸話《いつわ》 実話《じつわ》 挿話《そうわ》 秘話《ひわ》 訓話《くんわ》 夜話《やわ／よばなし》 昔話《むかしばなし》】ドンナ話《はなし》か。

【会話《かいわ》 対話《たいわ》 講話《こうわ》】ドウヤッテ話《はな》すか。

【神話《しんわ》 法話《ほうわ》】ナニについての話《はなし》か。

【童話《どうわ》 民話《みんわ》】ダレのあいだでの話《はなし》か。

◆通話《つうわ》 電話《でんわ》

言-7

語

総画14 JIS-2476 教2年

音 ゴ 訓 かたる・かたらう

筆順 語 語 語 語 語 語 語 語 語（ななめ、つかない）（ながく）

なりたち 【形声】「吾」が「ゴ」という読《よ》み方《かた》をしめしている。「ゴ」は「たがいにとりかわす」意味《いみ》を持《も》ち、たがいにことば(言)を交《か》わすことを表《あらわ》す字《じ》。

意味 ❶かたる。はなす。例 思《おも》い出《で》を語《かた》る。仲間《なかま》と語《かた》らう。物語《ものがたり》・語調《ごちょう》

❷ことば。一《ひと》つ一《ひと》つの単語《たんご》。それぞれの言語《げんご》。例 語句《ごく》・国語《こくご》

❶〈かたる〉の意味で

【語気《ごき》】↓話《はな》すときのいきおいやことばの調子《ちょうし》。例 語気《ごき》があらい。類 語勢《ごせい》・語調《ごちょう》

【語調《ごちょう》】↓話《はなし》や文章《ぶんしょう》の全体《ぜんたい》の調子《ちょうし》。例 強《つよ》い語調《ごちょう》で言《い》う。類 語気《ごき》・語勢《ごせい》

【語。尾《ごび》】↓話《はな》すときの、言《い》い終《お》わりに近《ちか》いところ。ことばじり。例 語尾《ごび》をにごす。☞❷

【語。弊《ごへい》】↓ことばの使《つか》い方《かた》がよくなくて、まちがって受《う》け取《と》られたり、受《う》け取《と》るがわの気分《きぶん》をそこなったりすること。例 こう言《い》え

ば、語弊《ごへい》があるかもしれないが…。

【語。呂】《ごろ》 [↓] ことばを発音《はつおん》したときの、音《おん》のつづきぐあい。例 語呂合《ごろあ》わせ

❷〈ことば〉の意味で

【語。彙】《ごい》 [↓] ある範囲《はんい》で使《つか》われる単語《たんご》の集《あつ》まり。ボキャブラリー。例 語彙《ごい》をゆたかにする。

【語学】《ごがく》 [↓] ①ことばについて研究《けんきゅう》する学《がく》問《もん》。類 言語学《げんごがく》 ②外国語《がいこくご》を学《まな》ぶこと。

【語感】《ごかん》 [↓] ①そのことばがもっている感《かん》じ。例 語感《ごかん》をたいせつにする。②ことばの感《かん》じをとらえる感覚《かんかく》。例 語感《ごかん》がするどい。

【語義】《ごぎ》 [↓] ことばの意味《いみ》。類 語意《ごい》・字義《じぎ》

【語句】《ごく》 [‖] 一《ひと》つ一《ひと》つのことばや、ひとまとまりになっていることば。例 語句《ごく》の使《つか》い方《かた》。

【語源】《ごげん》 [↓] そのことばのもともとの形《かたち》や意《い》味《み》。例 語源《ごげん》を調《しら》べる。表記「語原」とも書《か》く。

【語。釈】《ごしゃく》 [↓] 〈―する〉語句《ごく》の意味《いみ》を説明《せつめい》すること。例 語釈《ごしゃく》がていねいだ。

【語。尾】《ごび》 [↓] 一《ひと》つ一《ひと》つのことばの終《お》わりの部《ぶ》分《ぶん》。例 活用語尾《かつようごび》 対 語幹《ごかん》 ☞❶

語が下につく熟語 上の字の働き

❶ **語**＝〈かたる〉のとき

【私語《しご》 落語《らくご》 物語《ものがたり》 豪語《ごうご》 大言壮語《たいげんそうご》】ドノヨウニ語《かた》るか。

❷ **語**＝〈ことば〉のとき

【単語《たんご》 熟語《じゅくご》 口語《こうご》 文語《ぶんご》 主語《しゅご》 述語《じゅつご》 類語《るいご》 略語《りゃくご》 同意語《どういご》 反意語《はんいご》 類義語《るいぎご》 擬声語《ぎせいご》 擬態語《ぎたいご》 原語《げんご》 訳語《やくご》 畳語《じょうご》 用語《ようご》 術語《じゅつご》 反語《はんご》 標語《ひょうご》 俗語《ぞくご》 語《ご》 隠語《いんご》 敬語《けいご》 季語《きご》 勅語《ちょくご》 死語《しご》】ドノヨウナことばか。

【国語《こくご》 和語《わご》 漢語《かんご》 英語《えいご》 独語《どくご》】ドコのことばか。

◆言語《げんご》

言-7

誤

総画14
JIS-2477
教6年
音 ゴ
訓 あやまる

筆順 誤 誤 誤 誤 誤 誤 誤（なな め、つかない／だす／とめる）

なりたち 【形声】「呉」が「ゴ」という読《よ》み方《かた》をしめしている。「ゴ」は「くいちがう」の意味《いみ》を持《も》ち、事実《じじつ》とくいちがうことば（言）を表《あらわ》す字《じ》。

意味 あやまり。まちがい。例 方針《ほうしん》を誤《あやま》る。誤《あやま》りを正《ただ》す。誤解《ごかい》・錯誤《さくご》 対 正《せい》

【誤解】《ごかい》 [↓] 〈―する〉人《ひと》の言《い》ったことを、ちがう意味《いみ》で受《う》け取《と》ること。例 誤解《ごかい》をとく。類 曲《きょっ》解《かい》

【誤記】《ごき》 [↓] 〈―する〉書《か》きまちがい。例 このノートには誤記《ごき》が多《おお》い。

【誤差】《ごさ》 [‖] 計算《けいさん》して出《だ》したあたいと、じっさいに測定《そくてい》したあたいとのちがい。例 この誤差《ごさ》は、ゆるされる範囲内《はんいない》だ。

【誤算】《ごさん》 [↓] 〈―する〉①計算《けいさん》をまちがえること。計算《けいさん》ちがい。②考《かんが》えや見《み》こみがそのとおりにいかないこと。見《み》こみちがい。例 エー

漢字パズル 13

● むしくい

■にそれぞれ同《おな》じ部首《ぶしゅ》を入《い》れて、熟語《じゅくご》を完成《かんせい》させましょう。

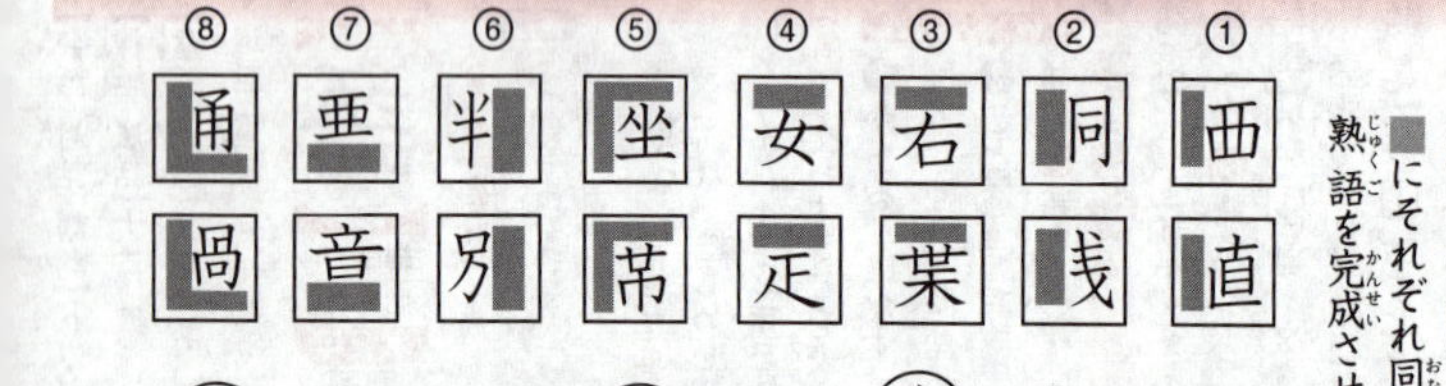

スのけがが誤算《ごさん》だった。

【誤字《ごじ》】[↓]まちがっている字《じ》。例 誤字脱字《ごじだつじ》

【誤植《ごしょく》】[↓]印刷《いんさつ》で、文字《もじ》がまちがっていること。ミスプリント。例 誤植《ごしょく》を直《なお》す。

【誤。診《ごしん》】[↓]〈—する〉医者《いしゃ》が病気《びょうき》の診断《しんだん》をまちがえること。例 誤診《ごしん》のおそれがある。

【誤。審《ごしん》】[↓]〈—する〉裁判《さいばん》や競技《きょうぎ》などで裁判官《さいばんかん》や審判《しんぱん》がまちがって判定《はんてい》すること。

【誤認《ごにん》】[↓]〈—する〉まちがえて、べつのものをそれだとみとめること。見《み》まちがえ。例 事実《じじつ》誤認《ごにん》。信号《しんごう》の誤認《ごにん》による事故《じこ》。

【誤報《ごほう》】[↓]まちがった知《し》らせ。例 誤報《ごほう》を訂《てい》正《せい》する。

【誤用《ごよう》】[↓]〈—する〉まちがって使《つか》うこと。まちがった使《つか》い方《かた》をすること。例 ことばの誤用《ごよう》。

◆錯誤《さくご》 試行錯誤《しこうさくご》 正誤《せいご》

誌

言-7 総画14 JIS-2779 教6年

訓 — 音 シ

筆順 誌 誌 誌 誌 誌 誌 誌（ななめ、つかない／みじかく／はねる）

なりたち [形声]「志」が「シ」という読《よ》み方《かた》をしめしている。「シ」は「とどめおく」意味《いみ》を持《も》ち、ことば(言)を書《か》きとめることを表《あらわ》す字《じ》。

意味 ❶書《か》いたもの。記録《きろく》。例 日誌《にっし》 ❷雑誌《ざっし》。例 誌面《しめん》・週刊誌《しゅうかんし》

❷〈雑誌〉の意味で

【誌上《しじょう》】[↓]雑誌《ざっし》の記事《きじ》ののっているところ。例 誌上《しじょう》対談《たいだん》。表現 新聞《しんぶん》の場合《ばあい》は「紙上」と書《か》く。

【誌面《しめん》】[↓]雑誌《ざっし》の、記事《きじ》や写真《しゃしん》がのっているページ。表現 新聞《しんぶん》の場合《ばあい》は「紙面」と書《か》く。

誌が下につく熟語 上の字の働き

❶誌＝〈書いたもの〉のとき
【日誌《にっし》 雑誌《ざっし》】ドウイウ書《か》き物《もの》か。

◆本誌《ほんし》

誓

言-7 総画14 JIS-3232 常用

訓 ちかう 音 セイ

筆順 誓 誓 誓 誓 誓 誓 誓 誓

なりたち [形声]「折」が「セイ」という読《よ》み方《かた》をしめしている。「セイ」は「とりきめる」意味《いみ》を持《も》ち、ことば(言)でとりきめることを表《あらわ》す字《じ》。

意味 ちかう。かたく約束《やくそく》する。例 神《かみ》に誓《ちか》う。誓約《せいやく》・宣誓《せんせい》

【。誓文《せいもん》】[↓]ちかいのことばを書《か》いた文章《ぶんしょう》。例 神前《しんぜん》で誓文《せいもん》を読《よ》み上《あ》げる。

【。誓約《せいやく》】[II]〈—する〉かならず守《まも》ると約束《やくそく》すること。その約束《やくそく》。例 誓約《せいやく》をかわす。

説

言-7 総画14 JIS-3266 教4年

訓 とく 音 セツ・ゼイ

筆順 説 説 説 説 説 説 説 説（ななめ、つかない／はねる／おらない）

なりたち [形声]「兑《エツ》」が「セツ」とかわって読《よ》み方《かた》をしめしている。「エツ」は「ならべる」意味《いみ》を持《も》ち、ことば(言)をならべて明《あき》らかにすることを表《あらわ》す字《じ》。

意味 ❶とく。よくわかるように、すじみちを立《た》ててのべる。例 道理《どうり》を説《と》く。説明《せつめい》・解説《かいせつ》 ❷意見《いけん》。考《かんが》え。例 説《せつ》が分《わ》かれる。論説《ろんせつ》 ❸はなし。ものがたり。例 説話《せつわ》・小説《しょうせつ》

注意するよみ ゼイ…例 遊説《ゆうぜい》

名前のよみ とき・のぶ

❶〈とく〉の意味で

【説教《せっきょう》】[▲]〈—する〉①神《かみ》や仏《ほとけ》の教《おし》えをわかりやすく話《はな》すこと。例 お坊《ぼう》さんのありがたい説教《せっきょう》を聞《き》く。類 説法《せっぽう》 ②注意《ちゅうい》したりしかったりすること。例 父《ちち》のお説教《せっきょう》が身《み》にしみる。類 説諭《せつゆ》・意見《いけん》・忠告《ちゅうこく》

【説得《せっとく》】[⊠]〈—する〉よく話《はな》して、相手《あいて》にそのとおりだと思《おも》わせること。例 説得力《せっとくりょく》

【説法《せっぽう》】[▲]〈—する〉仏教《ぶっきょう》の教《おし》えを人《ひと》びとにときかせること。例 辻説法《つじせっぽう》。釈迦《しゃか》に説法《せっぽう》(相《あい》手《て》がよく知《し》っていて、言《い》う必要《ひつよう》がないことを言《い》うこと)。類 説教《せっきょう》

【説明《せつめい》】[↓]〈—する〉ことばや図《ず》などを使《つか》って相手《あいて》によくわからせること。例 説明書《せつめいしょ》

【説。諭《せつゆ》】[↓]〈—する〉わるいおこないをあらた

めるように言《い》って聞《き》かせること。類 説教《せっきょう》

❸〈はなし〉の意味で
【説話】《わせっ》 [‖] 神話《しんわ》・伝説《でんせつ》・昔話《むかしばなし》など、むかしから語《かた》りつたえられた物語《ものがたり》。例 説話《せつわ》集《しゅう》

説が下につく熟語 上の字の働き

❶ 説＝〈とく〉のとき
【序説《じょせつ》 概説《がいせつ》 詳説《しょうせつ》 図説《ずせつ》 力説《りきせつ》 演説《えんぜつ》 遊説《ゆうぜい》】ドノヨウニ説《と》くか。

❷ 説＝〈意見〉のとき
【学説《がくせつ》 仮説《かせつ》 逆説《ぎゃくせつ》 一説《いっせつ》 諸説《しょせつ》 新説《しんせつ》 異説《いせつ》 俗説《ぞくせつ》 通説《つうせつ》 定説《ていせつ》】ドノヨウナ説《せつ》か。
【自説《じせつ》 社説《しゃせつ》 高説《こうせつ》】ダレの意見《いけん》か。

❸ 説＝〈はなし〉のとき
【小説《しょうせつ》 伝説《でんせつ》 風説《ふうせつ》】ドノヨウナ話《はなし》か。

◆ 解説《かいせつ》

言－7

読

総画14 JIS-3841 教2年

音 ドク・トク・トウ
訓 よむ

［讀］

筆順

ななめ、つかない　はねる　おらない

なりたち

【形声】もとの字は、「讀」。「賣《イク》」が「トク」とかわって読《よ》み方《かた》をしめしている。「イク」は「声《こえ》をあげてよむ」意味《いみ》を持《も》ち、ことば(言)に出《だ》して読《よ》むことを表《あらわ》す字《じ》。

意味 よむ。例 本《ほん》を読《よ》む。読本《とくほん》・愛読《あいどく》

発音あんない ドク→ドッ…例 読解《どっかい》

注意するよみ トウ…例 読点《とうてん》・句読点《くとうてん》

特別なよみ 読経（どきょう）

名前のよみ よし

【読点】《とうてん》 [↓] 文《ぶん》の中《なか》の息《いき》の切《き》れ目《め》に打《う》つ「、」のしるし。対 句点《くてん》 知識「ぼくは、大急《おおいそ》ぎで出《で》かけた母《はは》を追《お》いかけた」と「ぼくは大急《おおいそ》ぎで、出《で》かけた母《はは》を追《お》いかけた」など、読点《とうてん》の打《う》ち方《かた》で、文全体《ぶんぜんたい》の意味《いみ》が大《おお》きくかわることがある。

【読経】《どきょう》 [▲]〈―する〉声《こえ》を出《だ》してお経《きょう》を読《よ》むこと。例 読経《どきょう》の声《こえ》が流《なが》れる。

【読者】《どくしゃ》 [↓] 新聞《しんぶん》・雑誌《ざっし》・本《ほん》などを読《よ》む人《ひと》。例 読者《どくしゃ》の心《こころ》をつかむ。読者層《どくしゃそう》

【読書】《どくしょ》 [▲]〈―する〉本《ほん》を読《よ》むこと。例 読書週間《どくしょしゅうかん》

【読破】《どくは》 [⊠]〈―する〉むずかしい本《ほん》や長《なが》い読《よ》み物《もの》を終《お》わりまで読《よ》みとおすこと。例 半年《はんとし》かかってやっと全巻読破《ぜんかんどくは》した。類 読了《どくりょう》

【読本】《とくほん｜どくほん》 [↓] ①むかしの国語《こくご》の教科書《きょうかしょ》。②わかりやすく説明《せつめい》した本《ほん》。入門書《にゅうもんしょ》。例 文章読本《ぶんしょうとくほん》

【読了】《どくりょう》 [↓]〈―する〉すっかり読《よ》みおわること。類 読破《どくは》

【読解】《どっかい》 [↓]〈―する〉文章《ぶんしょう》を読《よ》んで内容《ないよう》を理解《りかい》していくこと。例 読解力《どっかいりょく》

読が下につく熟語 上の字の働き

【愛読《あいどく》 熟読《じゅくどく》 味読《みどく》 精読《せいどく》 解読《かいどく》 判読《はんどく》 必読《ひつどく》 一読《いちどく》 通読《つうどく》 速読《そくどく》 閲読《えつどく》 拝読《はいどく》 黙読《もくどく》 音読《おんどく》 朗読《ろうどく》 訓読《くんどく》 素読《そどく》 多読《たどく》 濫読《らんどく》(乱読《らんどく》) 代読《だいどく》 輪読《りんどく》 購読《こうどく》】ドノヨウニ読《よ》むか。

◆ 句読《くとう》 晴耕雨読《せいこううどく》

言－7

認

総画14 JIS-3907 教6年

音 ニン
訓 みとめる

筆順

ななめ、つかない　はねる　はねる

なりたち 【形声】「忍」が「ゆるす」意味《いみ》と「ニン」という読《よ》み方《かた》をしめしている。ことば(言)に出《だ》して承知《しょうち》することを表《あらわ》す字《じ》。

意味
❶ 見《み》て心《こころ》にとめる。見分《みわ》ける。はっきりと知《し》る。例 人影《ひとかげ》を認《みと》める。認識《にんしき》・確認《かくにん》
❷ 受《う》けいれる。ゆるす。例 入学《にゅうがく》を認《みと》める。認可《にんか》・承認《しょうにん》

❶〈見て心にとめる〉の意味で
【認識】《にんしき》 [‖]〈―する〉ものごとをはっきりと見《み》分《わ》け、正《ただ》しく理解《りかい》すること。例 認識不足《にんしきぶそく》

【認定】《にんてい》 [↓]〈―する〉ことがらの内容《ないよう》や程度《ていど》、事実《じじつ》のあるなしを調《しら》べて、そのとおりだと決《き》めること。例 公害《こうがい》と認定《にんてい》する。

❷〈受けいれる〉の意味で
【認可】《にんか》 [‖]〈―する〉ねがい出《で》たことを役所《やくしょ》などがよいとみとめてゆるすこと。例 認可《にんか》を申請《しんせい》する。無認可《むにんか》の保育所《ほいくしょ》。類 許可《きょか》・認証《にんしょう》

【認証】《にんしょう》 [↓]〈―する〉①役所《やくしょ》などがみとめて、証明《しょうめい》すること。類 認可《にんか》 ②内閣《ないかく》または内閣総理大臣《ないかくそうりだいじん》がおこなったことを天皇《てんのう》が公《おおやけ》に証明《しょうめい》すること。例 大臣《だいじん》の認証式《にんしょうしき》。

認が下につく熟語 上の字の働き

❶認＝〈見て心にとめる〉のとき
【確認《かくにん》 誤認《ごにん》】ドノヨウニ見分《みわ》けるか。
❷認＝〈受けいれる〉のとき
【公認《こうにん》 自認《じにん》】ダレが認《みと》めるか。
【承認《しょうにん》 容認《ようにん》 是認《ぜにん》 否認《ひにん》 黙認《もくにん》 追認《ついにん》】ドノヨウニ認《みと》めるか。

誘
言-7 総画14 JIS-4522 常用 音 ユウ 訓 さそう

筆順

なりたち 【形声】「秀《シュウ》」が「ユウ」とかわって読《よ》み方《かた》をしめしている。「シュウ」は「みちびく」意味《いみ》を持《も》ち、ことば(言)でみちびくことを表《あらわ》す字《じ》。

意味 さそう。さそい入《い》れる。さそい出《だ》す。引《ひ》きおこす。例 映画《えいが》に誘《さそ》う。誘拐《ゆうかい》・誘発《ゆうはつ》・勧誘《かんゆう》

【。誘因《ゆういん》】↓ あることを引《ひ》きおこすもと。例 ちょっとしたかぜが肺炎《はいえん》の誘因《ゆういん》となる。
【。誘。拐《ゆうかい》】Ⅱ〈―する〉人《ひと》をだましてさそい出《だ》し、つれさること。例 誘拐事件《ゆうかいじけん》
【。誘。致《ゆうち》】↓〈―する〉よい条件《じょうけん》を用意《ようい》して、まねきよせること。例 工場《こうじょう》を誘致《ゆうち》する。類 招致《しょうち》
【。誘導《ゆうどう》】↓〈―する〉思《おも》うところへ行《い》きつくように、うまくみちびくこと。例 誘導弾《ゆうどうだん》
【。誘発《ゆうはつ》】↓〈―する〉あることがもとになって、ほかのことを引《ひ》きおこすこと。例 小《ちい》さなミスが大事故《だいじこ》を誘発《ゆうはつ》する。類 触発《しょくはつ》
【。誘。惑《ゆうわく》】Ⅱ〈―する〉人《ひと》の心《こころ》をまよわせて、悪《わる》いことにさそいこむこと。例 誘惑《ゆうわく》に勝《か》つ。

謁
言-8 総画15 JIS-1758 常用 音 エツ 訓 ― ［謁］

筆順

なりたち 【形声】もとの字《じ》は、「謁」。「曷《カツ》」が「声《こえ》に出《だ》す」意味《いみ》と、「エツ」とかわって読《よ》み方《かた》をしめしている。声《こえ》に出《だ》してことば(言)を申《もう》しあげることを表《あらわ》す字《じ》。

意味 お目《め》にかかる。身分《みぶん》の高《たか》い人《ひと》に会《あ》う。例 陛下《へいか》に謁《えっ》する。謁見《えっけん》

【。謁見《えっけん》】Ⅱ〈―する〉身分《みぶん》の高《たか》い人《ひと》にお目《め》にかかること。例 ローマ法王《ほうおう》に謁見《えっけん》する。類 拝謁《はいえつ》

課
言-8 総画15 JIS-1861 教4年 音 カ 訓 ―

筆順 ななめ、つかない はねない はらう

なりたち 【形声】「果《カ》」が「カ」という読《よ》み方《かた》をしめしている。「カ」は「ふたんする」意味《いみ》を持《も》ち、言《い》いつけてふたんさせることを表《あらわ》す字《じ》。

意味 ❶わりあてる。うけもたせる。例 宿題《しゅくだい》を課《か》す。課題《かだい》・日課《にっか》 ❷仕事《しごと》のうけもち区分《くぶん》。例 庶務課《しょむか》

❶〈わりあてる〉の意味で
【課外《かがい》】↓ 学校《がっこう》で、決《き》まっている授業《じゅぎょう》や課目《かもく》以外《いがい》のこと。例 課外活動《かがいかつどう》 対 正課《せいか》
【課税《かぜい》】▲〈―する〉税金《ぜいきん》をわりあてること。例 課税対象《かぜいたいしょう》・累進課税《るいしんかぜい》
【課題《かだい》】↓ 答《こた》えを出《だ》したり、解決《かいけつ》したりするようにもとめられた問題《もんだい》。例 当面《とうめん》の課題《かだい》。
【課程《かてい》】↓ 学校《がっこう》などで、一定期間《いっていきかん》勉強《べんきょう》するように決《き》められたことがら。カリキュラム。例 教育課程《きょういくかてい》
【課目《かもく》】↓ 学校《がっこう》で教《おし》えるようにわりあてられた一《ひと》つ一《ひと》つの学科《がっか》。例 選択課目《せんたくかもく》

課が下につく熟語 上の字の働き

❶課＝〈わりあてる〉のとき
【正課《せいか》 日課《にっか》】ドノヨウナわりあてか。
❷課＝〈仕事のうけもち区分〉のとき
【総務課《そうむか》 庶務課《しょむか》 会計課《かいけいか》 人事課《じんじか》】ナニを受《う》けもつところか。
◆賦課《ふか》

誼
言-8 総画15 JIS-2135 人名 音 ギ 訓 よしみ

意味 よしみ。したしみ。仲《なか》よくする。例 交誼《こうぎ》・友誼《ゆうぎ》

前ページ ▶ 誘 謁 課 誼

言-8

【諄】

総画15 JIS-7557 人名

音 ジュン 訓 ―

意味 ❶ていねい。ねんごろ。例 諄諄《じゅんじゅん》と諭《さと》す。❷くどい。くりかえし言《い》う。

名前のよみ あつ・しげ・とも・のぶ・まこと

言-8

【諸】

総画15 JIS-2984 教6年

音 ショ 訓 もろ

［諸］

筆順 言 諸 諸 諸 諸 諸 諸 諸（ななめ、つかない／ながく／つきだす）

なりたち 𧭹 [形声]もとの字は、「諸」。「者《シャ》」が「ショ」とかわって読《よ》み方《かた》をしめしている。「ショ」は「おおい」の意味《いみ》を持《も》ち、ことば(言)が多《おお》いことを表《あらわ》す字《じ》。

意味 おおくの。さまざまの。例 諸国《しょこく》

【諸行無常】《しょぎょうむじょう》 この世《よ》のすべてのものは、少《すこ》しの間《あいだ》もとどまることなくうつりかわっていくのだ、ということ。例 諸行無常《しょぎょうむじょう》を実感《じっかん》する。参考 この世《よ》のはかなさを語《かた》っている仏《ぶっ》教《きょう》のことば。「諸行《しょぎょう》」は因縁《いんねん》によって生《しょう》じたこの世《よ》のいっさいのことがら、「無常《むじょう》」はいつも同《おな》じではないという意味《いみ》。

【諸君】《しょくん》 ↓ みなさん。君《きみ》たち。例 諸君《しょくん》のがんばりに期待《きたい》する。表現 おもに男子《だんし》のあいだで、目下《めした》の人《ひと》たちによびかけることば。

【諸兄】《しょけい》 ↓ みなさん。男《おとこ》の人《ひと》たちをうやまっていうときのことば。例 これも諸兄《しょけい》のおかげです。対 諸姉《しょし》

【諸国】《しょこく》 ↓ 多《おお》くの国々《くにぐに》。例 諸国《しょこく》を歴訪《れきほう》する。類 列国《れっこく》・国国《くにぐに》

【諸氏】《しょし》 ↓ みなさん。多《おお》くの人《ひと》をうやまっていうときのことば。

【諸事】《しょじ》 ↓ いろいろなことがら。類 万事《ばんじ》

【諸説】《しょせつ》 ↓ あるものごとについてのいろいろの考《かんが》え。例 諸説《しょせつ》ふんぷんで定《さだ》まらない。

【諸島】《しょとう》 ↓ 近《ちか》くにかたまってある、いくつかの島々《しまじま》。例 小笠原諸島《おがさわらしょとう》 類 群島《ぐんとう》・列島《れっとう》

【諸。般】《しょはん》 ↓ 考《かんが》えられるいろいろのこと。例 諸般《しょはん》の事情《じじょう》を考慮《こうりょ》する。類 各般《かくはん》

言-8

【誰】

総画15 JIS-3515 常用

音 スイ 訓 だれ

筆順 誰 誰 誰 誰 誰 誰 誰 誰

意味 だれ。どの人《ひと》ときまっていない人《ひと》や、名前《なまえ》のわからない人《ひと》を指《さ》すことば。例 誰彼《だれかれ》かまわず話《はな》しかける。

【。誰何】《すいか》 Ⅱ 〈―する〉不審《ふしん》な人《ひと》に向《む》かって「だれか」とよびかけること。

言-8

【請】

総画15 JIS-3233 常用

音 セイ・シン 訓 こう・うける

筆順 請 請 請 請 請 請 請 請

なりたち 𧬊 [形声]もとの字《じ》は、「請」。「青」が「セイ」という読《よ》み方《かた》をしめしている。「セイ」は「みる、まみえる」の意味《いみ》を持《も》ち、君主《くんしゅ》に会《あ》ってさしずのことば(言)を受《う》けることを表《あらわ》す字《じ》。

意味 ❶たのみこむ。もとめる。例 教《おし》えを請《こ》う。請求《せいきゅう》・要請《ようせい》 ❷うける。うけあう。例 工事《こうじ》を請《う》ける。請《う》負《お》・下請《したう》け

注意するよみ シン…例 普請《ふしん》

❶〈たのみこむ〉の意味で

【。請願】《せいがん》 Ⅱ 〈―する〉こうしてほしいという希《き》望《ぼう》を、役所《やくしょ》や議会《ぎかい》にねがい出《で》ること。例 請願《せいがん》書《しょ》 類 陳情《ちんじょう》・申請《しんせい》

【。請求】《せいきゅう》 Ⅱ 〈―する〉受《う》け取《と》れるはずのものを相手《あいて》にもとめること。例 請求書《せいきゅうしょ》 類 要求《ようきゅう》

❷〈うける〉の意味で

【。請負】《うけおい》 ◎ いつまでに、どれだけの費用《ひよう》でしあげるかを決《き》めて、仕事《しごと》を引《ひ》き受《う》けること。おもに、土木《どぼく》・建築関係《けんちくかんけい》の仕事《しごと》でいう。

請が下につく熟語 上の字の働き

❶請＝〈たのみこむ〉のとき

【懇請《こんせい》 招請《しょうせい》 申請《しんせい》 普請《ふしん》】ドノヨウニもとめるか。

◆要請《ようせい》

言-8

【諾】

総画15 JIS-3490 常用

音 ダク 訓 ―

筆順 諾

なりたち  【形声】「若」が「ダク」という読《よ》み方《かた》をしめし、「ダク(はい)」と言《い》って返事《へんじ》をすることを表《あらわ》す字《じ》。

意味 聞《き》き入《い》れる。「はい」と答《こた》える。承知《しょうち》して引《ひ》き受《う》ける。例 承諾《しょうだく》 対 否《ひ》

【。諾否《だくひ》】ひだく ⊕ 承知《しょうち》するかしないか。例 参加《さんか》の諾否《だくひ》を聞《き》く。

諾が下につく熟語 上の字の働き

【許諾《きょだく》 受諾《じゅだく》 承諾《しょうだく》】近《ちか》い意味《いみ》。

【快諾《かいだく》 内諾《ないだく》】ドノヨウニ聞《き》き入《い》れるか。

誕

言-8 総画15 JIS-3534 教6年

音 タン 訓 —

筆順 誕（ななめ、つかない／だす／はらう）

なりたち  【形声】「のばす」意味《いみ》の「延《エン》」が「タン」とかわって読《よ》み方《かた》をしめしている。事実《じじつ》を引《ひ》きのばして大《おお》きく言《い》うことを表《あらわ》す字《じ》。のちに、「生《う》まれる」として使《つか》われるようになった。

意味 生《う》まれる。例 誕生《たんじょう》・降誕《こうたん》

名前のよみ のぶ

【誕生《たんじょう》】Ⅲ〈—する〉①子《こ》どもが生《う》まれること。例 誕生日《たんじょうび》 類 出生《しゅっしょう／しゅっせい》・生誕《せいたん》 ②新《あたら》しくできあがること。例 新《あたら》しい町《まち》が誕生《たんじょう》した。

◆降誕《こうたん》 生誕《せいたん》

談

言-8 総画15 JIS-3544 教3年

音 ダン 訓 —

筆順 談（ななめ、つかない／はらう）

なりたち  【形声】「淡→炎」が「おだやか」の意味《いみ》と「ダン」という読《よ》み方《かた》をしめしている。静《しず》かにはなす(言)ことを表《あらわ》す字《じ》。

意味 話《はな》す。語《かた》る。ものがたり。例 談話《だんわ》・相談《そうだん》

【談合《だんごう》】↓〈—する〉①集《あつ》まって話《はな》し合《あ》いをすること。②入札《にゅうさつ》に先立《さきだ》って、業者《ぎょうしゃ》たちが入札《にゅうさつ》価格《かかく》や落札《らくさつ》業者《ぎょうしゃ》などを話《はな》し合《あ》いで決《き》めるという不正《ふせい》なおこない。

【談笑《だんしょう》】↓〈—する〉わらいをまじえながら話《はな》し合《あ》うこと。例 談笑《だんしょう》のひととき。類 歓談《かんだん》

【談判《だんぱん》】↓〈—する〉ものごとのきまりをつけるために話《はな》し合《あ》うこと。かけあうこと。例 ひざづめ談判《だんぱん》・じか談判《だんぱん》 類 交渉《こうしょう》・折衝《せっしょう》

【談話《だんわ》】Ⅲ ①〈—する〉くつろいで話《はなし》をすること。例 談話室《だんわしつ》 ②あることについての意見《いけん》。例 首相《しゅしょう》の談話《だんわ》。

談が下につく熟語 上の字の働き

【縁談《えんだん》 怪談《かいだん》 奇談《きだん》 商談《しょうだん》 用談《ようだん》 冗談《じょうだん》 美談《びだん》 雑談《ざつだん》 漫談《まんだん》 余談《よだん》】ドノヨウナ話《はなし》か。

【歓談《かんだん》 懇談《こんだん》 直談《じきだん》 密談《みつだん》 会談《かいだん》 相談《そうだん》 対談《たいだん》 面談《めんだん》 座談《ざだん》 示談《じだん》 筆談《ひつだん》 放談《ほうだん》】ドノヨウニ話《はな》すか。

◆講談《こうだん》 破談《はだん》

調

言-8 総画15 JIS-3620 教3年

音 チョウ 訓 しらべる・ととのう・ととのえる

筆順 調（ななめ、つかない／はねる）

なりたち  【形声】「周《シュウ—チョウ》」が「ゆきわたる」の意味《いみ》と「チョウ」という読《よ》み方《かた》をしめしている。ことば(言)を全体《ぜんたい》にゆきわたらせることを表《あらわ》す字《じ》。

意味

❶ととのえる。ちょうどいいぐあいにする。用意《ようい》する。間《ま》に合《あ》うように作《つく》らせる。例 準備《じゅんび》が調《ととの》う。道具《どうぐ》を調《ととの》える。新調《しんちょう》

❷しらべる。まちがいがないか、たしかめる。例 原因《げんいん》を調《しら》べる。調査《ちょうさ》

❸ぐあい。全体《ぜんたい》の流《なが》れやリズム。例 たえなる調《しら》べ。調子《ちょうし》・順調《じゅんちょう》

使い分け ととのえる[整・調] ☞549ページ

名前のよみ しげ・つぐ

❶〈ととのえる〉の意味で

【調印《ちょういん》】▲〈—する〉条約《じょうやく》や契約《けいやく》などの約束《やくそく》が成立《せいりつ》したしるしに、それを書《か》いた文書《ぶんしょ》に両方《りょうほう》の代表《だいひょう》がサインしたり印《いん》をおしたりすること。例 調印式《ちょういんしき》

【調教《ちょうきょう》】↓〈—する〉動物《どうぶつ》を飼《か》いならして、技《わざ》や芸《げい》を教《おし》えこむこと。例 調教師《ちょうきょうし》

【調合《ちょうごう》】[↓]〈―する〉薬《くすり》などを決《き》められた割合《わりあい》にまぜ合《あ》わせること。例 処方《しょほう》に合《あ》わせて薬《くすり》を調合《ちょうごう》する。類 調剤《ちょうざい》・配合《はいごう》

【調書《ちょうしょ》】[↓]取《と》り調《しら》べたことがらを書《か》いた文書《ぶんしょ》。例 容疑者《ようぎしゃ》から調書《ちょうしょ》をとる。

【調製《ちょうせい》】[↓]〈―する〉注文《ちゅうもん》どおりに品物《しなもの》をつくること。例 紳士服《しんしふく》、調製《ちょうせい》いたします。

【調整《ちょうせい》】[Ⅱ]〈―する〉ちょうどよくなるようになおしたり、はたらきかけたりすること。例 意見《いけん》の調整《ちょうせい》に苦労《くろう》する。類 調節《ちょうせつ》

【調節《ちょうせつ》】[▲]〈―する〉ちょうどよいぐあいになるように加減《かげん》すること。例 エアコンの温度《おんど》を調節《ちょうせつ》する。類 調整《ちょうせい》

【調達《ちょうたつ》】[↓]〈―する〉必要《ひつよう》なものをとりそろえて間《ま》に合《あ》わせること。例 調達係《ちょうたつがかり》。資金《しきん》を調《ちょう》達《たつ》する。類 工面《くめん》

【調停《ちょうてい》】[↓]〈―する〉あらそうもののあいだに入《はい》り、意見《いけん》をとりまとめてなかなおりさせること。例 調停案《ちょうていあん》 類 仲裁《ちゅうさい》

【調度《ちょうど》】[↓]ふだんの生活《せいかつ》で使《つか》う身《み》のまわりの道具《どうぐ》。針箱《はりばこ》・鏡台《きょうだい》・本立《ほんた》て・置《お》き時計《どけい》のような、家具《かぐ》というより少《すこ》し小《ちい》さいものをいう。

【調髪《ちょうはつ》】[▲]〈―する〉かみの毛《け》を切《き》ったりゆったりして形《かたち》をととのえること。例 調髪料《ちょうはつりょう》 類 理髪《りはつ》・散髪《さんぱつ》・整髪《せいはつ》・理容《りよう》

【調味料《ちょうみりょう》】塩《しお》・さとう・しょうゆなど、食《た》べ物《もの》に味《あじ》をつけるために使《つか》うもの。

【調理《ちょうり》】[Ⅱ]〈―する〉材料《ざいりょう》に手《て》をくわえ食《た》べ物《もの》をつくること。例 川魚《かわざかな》の調理法《ちょうりほう》。類 料理《りょうり》

【調律《ちょうりつ》】[▲]〈―する〉楽器《がっき》の音《おと》を正《ただ》しい高《たか》さに合《あ》わせること。例 ピアノを調律《ちょうりつ》する。

【調和《ちょうわ》】[↓]〈―する〉つりあいがよくとれていること。例 調和《ちょうわ》をたもつ。

❷〈しらべる〉の意味で

【調査《ちょうさ》】[Ⅱ]〈―する〉はっきり知《し》るために調《しら》べること。例 世論《よろん／せろん》調査《ちょうさ》

❸〈ぐあい〉の意味で

【調子《ちょうし》】[⊠]①声《こえ》や楽器《がっき》の音《おと》の高《たか》さやリズム・テンポなどのぐあい。例 調子《ちょうし》はずれ ②話《はな》し方《かた》や文章《ぶんしょう》の書《か》きぶりから受《う》ける感《かん》じ。例 強《つよ》い調子《ちょうし》でしかる。類 口調《くちょう》 ③はたらきのぐあい。ようす。例 エンジンの調子《ちょうし》がいい。類 具合《ぐあい》 ④ものごとが進《すす》むときのいきおい。例 調子《ちょうし》づく。

調が下につく熟語 上の字の働き

❸調＝〈ぐあい〉のとき

【快調《かいちょう》 好調《こうちょう》 順調《じゅんちょう》 低調《ていちょう》 不調《ふちょう》 変調《へんちょう》 乱調《らんちょう》 哀調《あいちょう》 単調《たんちょう》 五七調《ごしちちょう》 七五調《しちごちょう》】ドンナぐあいか。

【格調《かくちょう》 基調《きちょう》 論調《ろんちょう》 語調《ごちょう》 口調《くちょう》 色調《しきちょう》 体調《たいちょう》 歩調《ほちょう》】ナニのぐあいか。

【同調《どうちょう》 復調《ふくちょう》 失調《しっちょう》】ぐあいをドウスルか。

◆協調《きょうちょう》 強調《きょうちょう》 新調《しんちょう》

言-8

【誹】

総画15 JIS-4080 表外

音 ヒ 訓 そし-る

意味 そしる。人《ひと》を非難《ひなん》する。けなす。

【誹謗《ひぼう》】[Ⅱ]〈―する〉他人《たにん》を悪《わる》く言《い》うこと。

言-8

【諒】

総画15 JIS-4642 人名

音 リョウ 訓 ―

意味 ❶まこと。真実《しんじつ》。❷思《おも》いやる。そうだとみとめる。例 諒解《りょうかい》・諒承《りょうしょう》

名前のよみ あき・まこと・まさ

言-8

【論】

総画15 JIS-4732 教6年

音 ロン 訓 ―

筆順

なりたち

【形声】「侖《ロン|リン》」が「すじみち」の意味《いみ》と「ロン」という読《よ》み方《かた》をしめしている。すじみちを立《た》ててはなす(言)ことを表《あらわ》す字《じ》。

意味 のべる。すじみちを立《た》てて話《はな》す。考《かんが》え。例 是非《ぜひ》を論《ろん》じる。論《ろん》より証拠《しょうこ》。論議《ろんぎ》・理論《りろん》

名前のよみ とき・のり

【論外《ろんがい》】[↓]①〈―な・―に〉考《かんが》えてみるねうちがない。話《はなし》にならない。例 君《きみ》の意見《いけん》は、まったく論外《ろんがい》だ。②話《はな》し合《あ》う問題《もんだい》からはずすこと。例 この件《けん》は今《いま》は論外《ろんがい》とする。

【論議《ろんぎ》】[Ⅱ]〈―する〉たがいに意見《いけん》を出《だ》し合《あ》うこと。例 論議《ろんぎ》をつくす。類 議論《ぎろん》

【論客《ろんきゃく|ろんかく》】↓議論《ぎろん》にかけては人《ひと》に負《ま》けない人《ひと》。議論《ぎろん》ずき。例たのもしい論客《ろんきゃく|ろんかく》。
【論。及《ろんきゅう》】↓〈―する〉話《はなし》が広《ひろ》がって、べつの問《もん》題《だい》にまでおよぶこと。例ごみ処理《しょり》のことから始《はじ》まって、環境問題《かんきょうもんだい》に論及《ろんきゅう》する。
【論。拠《ろんきょ》】↓意見《いけん》のよりどころになっているものごと。例反対《はんたい》する論拠《ろんきょ》をのべる。
【論告《ろんこく》】↓〈―する〉裁判《さいばん》で、検察官《けんさつかん》が被告《ひこく》の罪《つみ》の内容《ないよう》を明《あき》らかにすること。その結論《けつろん》が、罰《ばっ》としての刑《けい》の要求《ようきゅう》になるので、合《あ》わせて「論《ろん》告求刑《こくきゅうけい》」となる。
【論。旨《ろんし》】↓意見《いけん》の中心《ちゅうしん》となる考《かんが》え。例論旨《ろんし》を明《あき》らかにする。
【論述《ろんじゅつ》】Ⅱ〈―する〉すじみちを立《た》てて考《かんが》えをのべること。例くわしく論述《ろんじゅつ》する。
【論証《ろんしょう》】↓〈―する〉何《なに》が正《ただ》しいか、証拠《しょうこ》をあげてのべ、はっきりさせること。例通説《つうせつ》のあやまりを論証《ろんしょう》する。類立証《りっしょう》
【論。陣《ろんじん》】↓議論《ぎろん》を進《すす》めるための主張《しゅちょう》や意《い》見《けん》の組《く》み立《た》て。例論陣《ろんじん》をはる。
【論説《ろんせつ》】↓〈―する〉すじみちを立《た》てて意見《いけん》をのべること。また、その文章《ぶんしょう》。例論説委員《ろんせついいん》類社説《しゃせつ》
【論戦《ろんせん》】↓〈―する〉議論《ぎろん》をたたかわせること。例論戦《ろんせん》をくりひろげる。類論争《ろんそう》
【論争《ろんそう》】↓〈―する〉それぞれの人《ひと》が意見《いけん》を言《い》い合《あ》ってあらそうこと。例教育問題《きょういくもんだい》ではげしく論争《ろんそう》する。類論戦《ろんせん》

【論題《ろんだい》】↓それについて論《ろん》じようとしている問題《もんだい》。例議論《ぎろん》が論題《ろんだい》からそれる。

【論。壇《ろんだん》】↓批評家《ひひょうか》や評論家《ひょうろんか》などの社会《しゃかい》。例論壇《ろんだん》で活躍《かつやく》している人《ひと》。

【論調《ろんちょう》】↓議論《ぎろん》の仕方《しかた》や雰囲気《ふんいき》。論説《ろんせつ》での問題《もんだい》のとりあげ方《かた》や意見《いけん》ののべ方《かた》。例きびしい論調《ろんちょう》で非難《ひなん》する。

【論点《ろんてん》】↓議論《ぎろん》の中心《ちゅうしん》となるところ。例論《ろん》点《てん》をしぼる。論点《ろんてん》を整理《せいり》する。

【論破《ろんぱ》】↓〈―する〉議論《ぎろん》して相手《あいて》を言《い》い負《ま》かすこと。例反対意見《はんたいいけん》を論破《ろんぱ》する。

【論評《ろんぴょう》】↓〈―する〉あることについて、意見《いけん》をのべ、批評《ひひょう》すること。例論評《ろんぴょう》をくわえる。

【論文《ろんぶん》】↓ある問題《もんだい》をとりあげ、自分《じぶん》の考《かんが》えによって研究《けんきゅう》し、はっきりした結論《けつろん》をのべる文章《ぶんしょう》。例卒業論文《そつぎょうろんぶん》
【論法《ろんぽう》】↓議論《ぎろん》を進《すす》めるための方法《ほうほう》。例三《さん》段論法《だんろんぽう》
【論理《ろんり》】↓考《かんが》えや説明《せつめい》を正《ただ》しく進《すす》めるすじみち。例論理《ろんり》に飛躍《ひやく》がある。

論が下につく熟語 上の字の働き

【議論《ぎろん》 言論《げんろん》 弁論《べんろん》 評論《ひょうろん》】近《ちか》い意味《いみ》。
【正論《せいろん》 異論《いろん》 極論《きょくろん》 愚論《ぐろん》 空論《くうろん》】ドノヨウナ意《い》見《けん》か。
【理論《りろん》 推論《すいろん》 概論《がいろん》 討論《とうろん》 激論《げきろん》 争論《そうろん》 口論《こうろん》 反《はん》論《ろん》】ドノヨウニのべるか。
【序論《じょろん》 本論《ほんろん》 結論《けつろん》 総論《そうろん》 各論《かくろん》】ドノ部分《ぶぶん》の議論《ぎろん》か。
【持論《じろん》 世論《よろん|せろん》】ドウイウ意見《いけん》か。

言-9
謂
総画16 JIS-1666 人名
音 イ 訓 い-う

意味 いう。人《ひと》に話《はな》しかける。

言-9
諧
総画16 JIS-7563 常用
音 カイ 訓 ―

筆順

意味
❶おどける。ふざける。
❷ととのう。やわらぎ、うちとける。例諧《かい》調《ちょう》

❶〈おどける〉の意味で
【。諧・謔《かいぎゃく》】Ⅱ（謔《ぎゃく》もおどける、の意味《いみ》）気《き》のきいた冗談《じょうだん》。ユーモア。例諧謔《かいぎゃく》をまじえる。

諧謔曲《かいぎゃくきょく》

諧が下につく熟語 上の字の働き

【俳諧《はいかい》】近《ちか》い意味《いみ》。

言-9
諺
総画16 JIS-2433 人名
音 ゲン 訓 ことわざ

意味 ことわざ。教訓《きょうくん》・風刺《ふうし》など、人《ひと》びとの生活《せいかつ》のちえを短《みじか》いことばにまとめ、むかしから言《い》いつたえられてきたもの。

言-9
諮
総画16 JIS-2780 常用
音 シ 訓 はかる

筆順 諮 諮 諮 諮 諮 諮 諮 諮 諮 諮

なりたち [形声]「咨」が「はかる」意味《いみ》と「シ」という読《よ》み方《かた》をしめしている。ことば(言)をかけて相談《そうだん》することを表《あらわ》す。

意味 はかる。相談《そうだん》する。意見《いけん》を聞《き》く。例 会議《かいぎ》に諮《はか》る。諮問《しもん》

使い分け はかる[図・計・量・測・謀・諮] ☞237ページ

[諮問]しもん Ⅱ〈─する〉関係者《かんけいしゃ》に考《かんが》えを聞《き》くこと。例 諮問機関《しもんきかん》 対 答申《とうしん》

諦
言-9 総画16 JIS-3692 常用
音 テイ 訓 あきらめる

筆順 諦 諦 諦 諦 諦 諦 諦 諦 諦

意味 はっきりさせる。㋐あきらかにする。例 諦視《ていし》 ㋑あきらめる。例 諦《あきら》め顔・諦念《ていねん》

[諦観]ていかん ↓〈─する〉①はっきりとよく見《み》る。類 諦視《ていし》 ②あきらめる。思《おも》いきる。

◆ 要諦《ようてい》

謀
言-9 総画16 JIS-4337 常用
音 ボウ・ム 訓 はかる

筆順 謀 謀 謀 謀 謀 謀 謀 謀 謀

なりたち [形声]「某」が「ボウ」という読《よ》み方《かた》をしめしている。「ボウ」は「さぐる、もとめる」意味《いみ》を持《も》ち、ことば(言)をさぐることを表《あらわ》す字《じ》。

意味 たくらむ。はかる。くわだてる。例 悪事《あくじ》を謀《はか》る。謀反《むほん》・参謀《さんぼう》

使い分け はかる[図・計・量・測・謀・諮] ☞237ページ

注意するよみ ム…例 謀反《むほん》

[謀議]ぼうぎ ↓〈─する〉わるいことを計画《けいかく》したり、相談《そうだん》したりすること。例 共同謀議《きょうどうぼうぎ》

[謀略]ぼうりゃく Ⅱ 人《ひと》をだますためのはかりごと。例 謀略《ぼうりゃく》をめぐらす。類 策略《さくりゃく》

[謀反]むほん ▲〈─する〉主君《しゅくん》にそむいて、たたかいをしかけること。例 謀反《むほん》をおこす。類 反逆《はんぎゃく》

謀が下につく熟語 上の字の働き
[共謀《きょうぼう》 首謀《しゅぼう》]ドウヤッテたくらむか。

◆ 陰謀《いんぼう》 参謀《さんぼう》 無謀《むぼう》

諭
言-9 総画16 JIS-4501 常用
音 ユ 訓 さとす

筆順 諭 諭 諭 諭 諭 諭 諭 諭 諭

なりたち [形声]「俞」が「ユ」という読《よ》み方《かた》をしめしている。「ユ」は「あきらか」の意味《いみ》を持《も》ち、ことば(言)で明《あき》らかにすることを表《あらわ》す字《じ》。

意味 さとす。話《はな》してわからせる。例 親《おや》が子《こ》を諭《さと》す。諭旨《ゆし》・説諭《せつゆ》

[諭旨]ゆし ▲ 決《き》めたことについて、わけを言《い》い聞《き》かせること。例 諭旨免職《ゆしめんしょく》

諭が下につく熟語 上の字の働き
[教諭 説諭《せつゆ》]近《ちか》い意味《いみ》。

謡
言-9 総画16 JIS-4556 常用
音 ヨウ 訓 うたい・うたう [謠]

筆順 謡 謡 謡 謡 謡 謡 謡 謡 謡

なりたち [形声]もとの字《じ》は、「謠」。「䍃」が「ヨウ」という読《よ》み方《かた》をしめしている。「ヨウ」は「上《あ》げ下《さ》げする」意味《いみ》を持《も》ち、ことば(言)にふしをつけてうたうことを表《あらわ》す字《じ》。

意味 うた。節《ふし》をつけてうたう。例 謡《うたい》を習《なら》う。謡《うた》い物《もの》・謡曲《ようきょく》・童謡《どうよう》

[謡曲]ようきょく ↓ 能楽《のうがく》のことばにふしをつけてうたうもの。うたい。

謡が下につく熟語 上の字の働き
[童謡《どうよう》 民謡《みんよう》]ダレのあいだでのうたか。

謹
言-10 総画17 JIS-2264 常用
音 キン 訓 つつしむ [謹]

筆順 謹 謹 謹 謹 謹 謹 謹 謹 謹

なりたち [形声]もとの字《じ》は、「謹」。「堇」が「キン」という読《よ》み方《かた》をしめしている。「キン」は「すくない」の意味《いみ》を持《も》ち、こ

とば(言)をひかえめにすることを表《あらわ》す字《じ》。

意味 つつしむ。うやうやしくする。例 謹《つつし》んで申《もう》し上《あ》げます。謹呈《きんてい》

名前のよみ すすむ・ちか・なり・のり

【°謹賀新年《きんがしんねん》】「つつしんで新年《しんねん》をおいわい申《もう》し上《あ》げます」という意味《いみ》で、年賀状《ねんがじょう》に書《か》くことば。

【°謹°啓《きんけい》】↓手紙《てがみ》のはじめに書《か》く、「つつしんで申《もう》し上《あ》げます」という意味《いみ》の、あいさつのことば。類 拝啓《はいけい》 表現「拝啓《はいけい》」よりもう一《ひと》つあらたまったことば。終《お》わりは「敬白《けいはく》」がよいが「敬具《けいぐ》」でもよい。

【°謹厳《きんげん》】Ⅱ〈―な・―に〉まじめでつつしみぶかいようす。例 謹厳実直《きんげんじっちょく》

【°謹°慎《きんしん》】Ⅱ〈―する〉失敗《しっぱい》や罪《つみ》をつぐなうために、行《おこな》いをつつしむこと。例 謹慎《きんしん》を命《めい》じる。

【°謹製《きんせい》】↓〈―する〉心《こころ》をこめてていねいにつくること。例 当店謹製《とうてんきんせい》の品《しな》です。

【°謹°呈《きんてい》】↓〈―する〉つつしんで人《ひと》にものをさし上《あ》げること。例 粗品《そしな》を謹呈《きんてい》いたします。類 贈呈《ぞうてい》

言-10

謙

総画17 JIS-2412 常用

訓 ― 音 ケン

筆順

なりたち

[形声]もとの字《じ》は、「謙」。「兼」が「ケン」という読《よ》み方《かた》をしめしている。「ケン」は「たりない」の意味《いみ》を持《も》ち、ことばをじゅうぶん言《い》えないでひかえめなことを表《あらわ》す字《じ》。

意味 へりくだる。相手《あいて》をうやまってえんりょする。例 謙遜《けんそん》

名前のよみ あき・かた・かね・しず・のり・よし

【°謙°虚《けんきょ》】↓〈―な・―に〉ひかえめですなおなようす。例 謙虚《けんきょ》に反省《はんせい》する。対 高慢《こうまん》

【°謙°譲《けんじょう》】↓自分《じぶん》はへりくだって、相手《あいて》を上《うえ》に立《た》てること。例 謙譲《けんじょう》の精神《せいしん》。参考「謙譲《けんじょう》語《ご》」は☞【敬語《けいご》】(546ページ)

【°謙°遜《けんそん》】Ⅱ〈―する〉いばらずにひかえめな態《たい》度《ど》をとること。例 謙遜《けんそん》して言《い》う。対 不遜《ふそん》

言-10

講

総画17 JIS-2554 教5年

訓 ― 音 コウ

筆順

なりたち

[形声]「冓」が「つみ上《あ》げて組《く》む」意味《いみ》と「コウ」という読《よ》み方《かた》をしめしている。ことば(言)で話《はな》し合《あ》うことを表《あらわ》す字《じ》。

意味

❶説《と》いて聞《き》かせる。よくわかるように口《くち》で説明《せつめい》する。例 講演《こうえん》・講義《こうぎ》・受講《じゅこう》

❷仲《なか》なおりする。例 和《わ》を講《こう》じる。講和《こうわ》

名前のよみ つぐ・のり・みち

❶〈説いて聞かせる〉の意味で

【講演《こうえん》】▲〈―する〉ある問題《もんだい》について、おおぜいの人《ひと》にむかって、まとまった話《はなし》をすること。例 講演《こうえん》を聞《き》く。類 演説《えんぜつ》

使い分け [公演・講演] ☞118ページ

【講義《こうぎ》】▲①〈―する〉知識《ちしき》や学問《がくもん》をわかりやすくといて聞《き》かせること。②大学《だいがく》の授業《じゅぎょう》。例 前期《ぜんき》の講義《こうぎ》がはじまる。

【講座《こうざ》】↓①大学《だいがく》で学生《がくせい》に教《おし》えるために設《もう》けた学科《がっか》。②一定《いってい》の期間《きかん》、一《ひと》つのことについて勉強《べんきょう》する集《あつ》まりや放送番組《ほうそうばんぐみ》。例 ラジオの外国語講座《がいこくごこうざ》を聞《き》く。③一《ひと》つの主題《しゅだい》について講《こう》義《ぎ》ふうに何冊《なんさつ》にも分《わ》けて出《だ》される本《ほん》。例 現代《げんだい》文学講座《ぶんがくこうざ》。

【講師《こうし》】↓①講演会《こうえんかい》や講習会《こうしゅうかい》などで話《はなし》をする人《ひと》。例 講師《こうし》をまねいて研究会《けんきゅうかい》を開《ひら》く。②教員《きょういん》の職名《しょくめい》の一《ひと》つ。例 専任講師《せんにんこうし》 ③いろいろな学校《がっこう》や塾《じゅく》などで知識《ちしき》や技術《ぎじゅつ》を教《おし》える人《ひと》。

【講°釈《こうしゃく》】Ⅱ①〈―する〉むずかしいことばや文章《ぶんしょう》の意味《いみ》をわかりやすく説明《せつめい》して聞《き》かせること。例「徒然草《つれづれぐさ》」を講釈《こうしゃく》する。②「講談《こうだん》」の古《ふる》い言《い》い方《かた》。例 講釈師《こうしゃくし》 類 講談《こうだん》

【講習《こうしゅう》】↓〈―する〉ある期間《きかん》、人《ひと》を集《あつ》めて知《ち》識《しき》や技術《ぎじゅつ》を教《おし》えること。例 講習会《こうしゅうかい》

【講談《こうだん》】Ⅱむかしのいくさやあだうちなどの物語《ものがたり》を、調子《ちょうし》をつけておもしろく聞《き》かせる演芸《えんげい》。例 ラジオで講談《こうだん》を聞《き》く。類 講釈《こうしゃく》

【講堂《こうどう》】↓学校《がっこう》や役所《やくしょ》などで、おおぜいの人《ひと》

前ページ ▶ 謙 講

が集《あつ》まって式《しき》やもよおしものなどをするための場所《ばしょ》。例 講堂《こうどう》で入学式《にゅうがくしき》をおこなう。

【講評《こうひょう》】↓〈―する〉作品《さくひん》や演技《えんぎ》について、批評《ひひょう》すること。また、その批評《ひひょう》。例 審査員《しんさいん》の講評《こうひょう》。

【講話《こうわ》】↓〈―する〉ためになる教《おし》えなどを、わかりやすく話《はな》して聞《き》かせること。その話《はなし》。

❷〈仲なおりする〉の意味で

【講和《こうわ》】▲〈―する〉国《くに》と国《くに》とが話《はな》し合《あ》い、戦争《せんそう》をやめてなかなおりすること。例 講和条約《こうわじょうやく》

講が下につく熟語 上の字の働き

❶講＝〈説いて聞かせる〉のとき

【休講《きゅうこう》 受講《じゅこう》 聴講《ちょうこう》】講義《こうぎ》をドウスルか。

謝

言-10 総画17 JIS-2853 教5年

訓 あやまる 音 シャ

筆順 謝 謝 謝 謝 謝 謝 謝 謝（ななめ、つかない／はねる／だす）

なりたち 【形声】「射」が「シャ」という読《よ》み方《かた》をしめしている。「シャ」は「さる」意味《いみ》を持《も》ち、あいさつのことば(言)をのべて引《ひ》きさがることを表《あらわ》す字《じ》。

意味

❶わびる。あやまる。例 悪《わる》かったと謝《あやま》る。謝罪《しゃざい》・深謝《しんしゃ》

❷お礼《れい》をする。お礼《れい》の心《こころ》を表《あらわ》すためのお金《かね》や品物《しなもの》。例 謝辞《しゃじ》・感謝《かんしゃ》・薄謝《はくしゃ》

❸ことわる。立《た》ち去《さ》る。例 謝絶《しゃぜつ》

❶〈わびる〉の意味で

【謝意《しゃい》】↓申《もう》しわけないというおわびの気《き》持《も》ち。例 遺族《いぞく》に対《たい》して謝意《しゃい》を表《ひょう》する。類 陳謝《ちんしゃ》 ☞❷

【謝罪《しゃざい》】▲〈―する〉罪《つみ》をわびること。

【謝辞《しゃじ》】↓おわびのことば。☞❷

❷〈お礼をする〉の意味で

【謝意《しゃい》】↓ありがたいと思《おも》う気持《きも》ち。例 ご厚意《こうい》に対《たい》し謝意《しゃい》を表《ひょう》します。☞❶

【謝恩《しゃおん》】▲〈―する〉おせわになった人《ひと》に感謝《かんしゃ》すること。例 謝恩《しゃおん》セール・謝恩会《しゃおんかい》

【謝辞《しゃじ》】↓お礼《れい》のことば。例 卒業生《そつぎょうせい》の父母《ふぼ》が謝辞《しゃじ》をのべる。☞❶

【謝礼《しゃれい》】↓〈―する〉感謝《かんしゃ》の気《き》持《も》ちを表《あらわ》すお礼《れい》のことばや品物《しなもの》。例 謝礼金《しゃれいきん》。謝礼《しゃれい》を贈《おく》る。

❸〈ことわる〉の意味で

【謝絶《しゃぜつ》】Ⅱ〈―する〉人《ひと》の申《もう》し出《で》などをことわること。例 面会謝絶《めんかいしゃぜつ》 表現「その申《もう》し出《で》をしてくださるのはありがたいが」という気持《きも》ちを「謝」で表《あらわ》している。

謝が下につく熟語 上の字の働き

❶謝＝〈わびる〉のとき

【深謝《しんしゃ》 陳謝《ちんしゃ》】ドノヨウニわびるか。

❷謝＝〈お礼をする〉のとき

【月謝《げっしゃ》 薄謝《はくしゃ》】ドウイウ礼金《れいきん》か。

◆感謝《かんしゃ》 新陳代謝《しんちんたいしゃ》

謄

言-10 総画17 JIS-3805 常用

訓 ― 音 トウ

筆順 謄 謄 謄 謄 謄 謄 謄 謄

なりたち 【形声】「朕《チン》→朕」が「トウ」とかわって読《よ》み方《かた》をしめしている。「トウ」は「のせる」意味《いみ》を持《も》ち、文字《もじ》(言)を紙《かみ》の上《うえ》にのせて書《か》き写《うつ》すことを表《あらわ》す字《じ》。

意味 うつしとる。書《か》き写《うつ》す。例 謄写《とうしゃ》

【°謄写《とうしゃ》】Ⅱ〈―する〉書《か》き写《うつ》すこと。知識「謄写《とうしゃ》版《ばん》」は、「ガリ版《ばん》」ともいい、ろうをぬった原紙《げんし》に鉄筆《てっぴつ》で文字《もじ》や絵《え》を書《か》き、インクをつけたローラーでこすって印刷《いんさつ》するしくみの道具《どうぐ》。

【°謄本《とうほん》】↓もとになる書類《しょるい》の中身《なかみ》を全部《ぜんぶ》うつしとったもの。例 戸籍謄本《こせきとうほん》 対 抄本《しょうほん》・原本《げんぽん》

謎

言-10 総画17 JIS-3870 常用

謎 言-9 総画16

訓 なぞ 音 メイ

筆順 謎 謎 謎 謎 謎 謎 謎 謎

意味 なぞ。なぞなぞ。

字体のはなし 手書《てが》きでは「謎」(言部《ぶ》「9画《かく》」、総《そう》画《かく》「16画《かく》」)と書《か》く。☞ふろく「字体《じたい》についての解説《かいせつ》」[28]ページ)

謬

言-11 総画18 JIS-4121 表外

訓 あやま-る 音 ビュウ

意味 あやまる。まちがえる。まちがい。例 誤謬《ごびゅう》（まちがい）

【◆謬見《びゅうけん》】↓ まちがった考《かんが》えかた。

言-12

警

総画19 JIS-2357 教6年

訓 ― 音 ケイ

筆順

なりたち  [形声]「敬」が「いましめる」意味《いみ》と「ケイ」という読《よ》み方《かた》をしめしている。ことば(言)でいましめることを表《あらわ》す字《じ》。

意味 ❶注意《ちゅうい》させる。用心《ようじん》する。例 警告《けいこく》・警戒《けいかい》 ❷とりしまる。まもる。例 警備《けいび》・夜警《やけい》

❶〈注意させる〉の意味で

【警。戒《けいかい》】＝〈―する〉おこるかもしれないわるいことに対《たい》して、前《まえ》もって用心《ようじん》すること。例 台風《たいふう》に対《たい》する警戒《けいかい》をよびかける。類 用心《ようじん》

【警句《けいく》】↓「短気《たんき》は損気《そんき》」など、人《ひと》をはっとさせ、なるほどと思《おも》わせる、短《みじか》くするどいことば。例 警句《けいく》をはく。類 金言《きんげん》・格言《かくげん》

【警告《けいこく》】↓〈―する〉あぶないから用心《ようじん》しろと、よびかけること。例 警告《けいこく》を発《はっ》する。

【警。鐘《けいしょう》】↓①火事《かじ》や大水《おおみず》などの危険《きけん》を知《し》らせるために鳴《な》らすかね。②人《ひと》びとの注意《ちゅうい》をよびおこすもの。例 地球温暖化《ちきゅうおんだんか》は車社会《くるましゃかい》への警鐘《けいしょう》だ。

【警笛《けいてき》】↓自動車《じどうしゃ》などが危険《きけん》を知《し》らせ、気《き》をつけさせるために鳴《な》らす音《おと》。

【警報《けいほう》】↓危険《きけん》なことがおこりそうなときに、人《ひと》びとにじゅうぶんに用心《ようじん》するようよびかける知《し》らせ。例 津波警報《つなみけいほう》

❷〈とりしまる〉の意味で

【警官《けいかん》】↓警察官《けいさつかん》。例 派出所《はしゅつじょ》の警官《けいかん》。

【警護《けいご》】↓〈―する〉危険《きけん》のないように注意《ちゅうい》してまもること。例 身辺警護《しんぺんけいご》 類 警備《けいび》・護衛《ごえい》

【警察《けいさつ》】↓国民《こくみん》の生命《せいめい》・財産《ざいさん》や世《よ》の中《なか》の安全《あんぜん》をまもる組織《そしき》。例 警察署《けいさつしょ》

【警備《けいび》】＝〈―する〉わるいことがおきないように用心《ようじん》し、見《み》はりなどしてまもること。例 警備員《けいびいん》。警備《けいび》を厳重《げんじゅう》にする。類 警護《けいご》

◆婦警《ふけい》 夜警《やけい》

言-12

識

総画19 JIS-2817 教5年

訓 し-る 音 シキ

筆順

なりたち  [形声]「戠《ショク》」が「シキ」とかわって読《よ》み方《かた》をしめしている。「シキ」は「区別《くべつ》し見分《みわ》ける」意味《いみ》を持《も》ち、ことば(言)の良《よ》い悪《わる》いを見分《みわ》けることを表《あらわ》す字《じ》。

意味 ❶めじるし。しるす。例 標識《ひょうしき》 ❷見分《みわ》ける。よく知《し》っていて区別《くべつ》できる。知《し》っている内容《ないよう》。例 識別《しきべつ》・意識《いしき》

名前のよみ さと・つね・のり

❷〈見分ける〉の意味で

【識見《しきけん／しっけん》】＝ほんとうかうそかを見分《みわ》ける力《ちから》。例 識見《しきけん／しっけん》の高《たか》い人《ひと》。類 見識《けんしき》

【識者《しきしゃ》】↓必要《ひつよう》な知識《ちしき》をもち、正《ただ》しい判断《はんだん》のできる人《ひと》。例 識者《しきしゃ》の意見《いけん》を聞《き》く。

【識別《しきべつ》】↓〈―する〉性質《せいしつ》や種類《しゅるい》などの何《なに》がどうちがうかを見分《みわ》けること。例 色《いろ》のちがいを識別《しきべつ》する。類 判別《はんべつ》・鑑別《かんべつ》・弁別《べんべつ》

識が下につく熟語 上の字の働き 

❷識＝〈見分ける〉のとき

【学識《がくしき》 見識《けんしき》 知識《ちしき》 鑑識《かんしき》 認識《にんしき》】近《ちか》い意味《いみ》。

【意識《いしき》 博識《はくしき》 面識《めんしき》】ドノヨウニ知《し》っているか。

【常識《じょうしき》 良識《りょうしき》】ドノヨウナ心《こころ》のはたらきか。

言-12

譜

総画19 JIS-4172 常用

訓 ― 音 フ

筆順

なりたち  [形声]「普」が「しきならべる」意味《いみ》と「フ」という読《よ》み方《かた》をしめしている。ことば(言)をすじみちにしたがって書《か》きならべることを表《あらわ》す字《じ》。

意味 書《か》きならべる。順序《じゅんじょ》にしたがって書《か》きならべた記録《きろく》。例 譜《ふ》を読《よ》む。譜面《ふめん》・系譜《けいふ》

名前のよみ つぐ

【。譜代《ふだい》】↓代々《だいだい》おなじ主人《しゅじん》に仕《つか》えてきた家来《けらい》。とくに関《せき》ヶ原《がはら》の戦《たたか》いの前《まえ》から徳川家《とくがわけ》に仕《つか》

えていた大名《だいみょう》や家来《けらい》。例 譜代《ふだい》の臣《しん》。

【譜面】《ふめん》 ↓ 楽譜《がくふ》を書《か》いた紙《かみ》。例 譜面台《ふめんだい》 類 楽譜《がくふ》・音譜《おんぷ》

譜が下につく熟語 上の字の働き

【年譜《ねんぷ》 系譜《けいふ》 楽譜《がくふ》 音譜《おんぷ》 棋譜《きふ》】ナニについての記録《きろく》か。

言-13

議

総画20 JIS-2136 教4年

訓 ―
音 ギ

筆順 議 議 議 議 議 議 議（なな め、つかない／はねる／はねる）

なりたち  【形声】「正《ただ》しい」の意味《いみ》の「義」が「ギ」という読《よ》み方《かた》をしめしている。ことのよしあしを話《はな》し合《あ》う(言)ことを表《あらわ》す字《じ》。

意味 ❶話《はな》し合《あ》う。相談《そうだん》する。例 議論《ぎろん》・会議《かいぎ》 ❷意見《いけん》。考《かん》え。例 異議《いぎ》

名前のよみ のり

❶〈話し合う〉の意味で

【議案】《ぎあん》 ↓ 会議《かいぎ》で、話《はな》し合《あ》いのもとになることがら。例 議案《ぎあん》を審議《しんぎ》する。類 議題《ぎだい》

【議員】《ぎいん》 ↓ 選挙《せんきょ》でえらばれ、国会《こっかい》や地方議会《ちほうぎかい》などで政治《せいじ》について相談《そうだん》し、決《き》める権利《けんり》をもっている人《ひと》。例 市議会議員《しぎかいぎいん》

【議会】《ぎかい》 ↓ 選挙《せんきょ》でえらばれた国民《こくみん》や住民《じゅうみん》の代表《だいひょう》が、国《くに》や地方《ちほう》の政治《せいじ》について話《はな》し合《あ》い、とりきめをするところ。参考 県《けん》や都《と》の議会《ぎかい》は「県議会《けんぎかい》」「都議会《とぎかい》」というが、国《くに》の議会《ぎかい》は「国会《こっかい》」という。

【議決】《ぎけつ》 ↓〈―する〉会議《かいぎ》で決《き》めること。決《き》めたことがら。例 議決《ぎけつ》を尊重《そんちょう》する。

【議事】《ぎじ》 ↓ 会議《かいぎ》で話《はな》し合《あ》うこと。話《はな》し合《あ》うことがら。例 議事《ぎじ》を進《すす》める。類 議題《ぎだい》

【議席】《ぎせき》 ↓ ①議場《ぎじょう》の中《なか》で議員《ぎいん》がすわる席《せき》。②議員《ぎいん》としての資格《しかく》。例 落選《らくせん》して議席《ぎせき》をうしなう。

【議題】《ぎだい》 ↓ 会議《かいぎ》で話《はな》し合《あ》うことがら。例 議《ぎ》題《だい》を提出《ていしゅつ》する。類 議案《ぎあん》・議事《ぎじ》

【議長】《ぎちょう》 ↓ 会議《かいぎ》の責任者《せきにんしゃ》となって話《はな》し合《あ》いを進《すす》め、まとめる役《やく》。その役《やく》の人《ひと》。例 議長《ぎちょう》をつとめる。類 座長《ざちょう》

【議論】《ぎろん》 Ⅱ〈―する〉おたがいに意見《いけん》をのべ合《あ》うこと。例 議論《ぎろん》をたたかわせる。類 論議《ろんぎ》

議が下につく熟語 上の字の働き

❶議＝〈話し合う〉のとき

【評議《ひょうぎ》 論議《ろんぎ》】近《ちか》い意味《いみ》。

【会議《かいぎ》 協議《きょうぎ》 審議《しんぎ》 合議《ごうぎ》 争議《そうぎ》 討議《とうぎ》 抗議《こうぎ》 謀議《ぼうぎ》 密議《みつぎ》 和議《わぎ》】ドウヤッテ話《はな》し合《あ》うか。

❷議＝〈意見〉のとき

【建議《けんぎ》 動議《どうぎ》 発議《はつぎ／ほつぎ》 決議《けつぎ》】意見《いけん》をドウスルか。

◆異議《いぎ》 閣議《かくぎ》 衆議《しゅうぎ》 不可思議《ふかしぎ》 不思議《ふしぎ》

言-13

護

総画20 JIS-2478 教5年

訓 まも-る
音 ゴ

筆順 護 護 護 護 護 護 護（なな め、つかない／ノ／はらう）

なりたち  【形声】「蒦」が「ゴ」という読《よ》み方《かた》をしめしている。「ゴ」は「まわり、まわる」意味《いみ》を持《も》ち、まわりからことば(言)を出《だ》してまもることを表《あらわ》す字《じ》。

意味 まもる。かばう。助《たす》ける。例 護衛《ごえい》・保《ほ》護《ご》

名前のよみ もり

【護衛】《ごえい》 Ⅱ〈―する〉人《ひと》につきそってまもること。例 護衛《ごえい》をつける。類 警護《けいご》

【護岸】《ごがん》 ▲ 川《かわ》や海《うみ》などの岸《きし》に堤防《ていぼう》などをきずいて水害《すいがい》からまもること。例 護岸工事《ごがんこうじ》

【護憲】《ごけん》 ▲ 憲法《けんぽう》の内容《ないよう》を尊重《そんちょう》し、その憲法《けんぽう》をまもること。例 護憲運動《ごけんうんどう》 対 改憲《かいけん》

【護身】《ごしん》 ▲ 自分《じぶん》にくわえられる危険《きけん》から身《み》をまもること。例 護身術《ごしんじゅつ》

【護送】《ごそう》 ↓〈―する〉身《み》がらを保護《ほご》しながら、人《ひと》を目的地《もくてきち》へ送《おく》りとどけること。例 護送車《ごそうしゃ》

護が下につく熟語 上の字の働き

【援護《えんご》 救護《きゅうご》 守護《しゅご》 保護《ほご》 介護《かいご》 擁護《ようご》】近《ちか》い意味《いみ》。

【愛護《あいご》 看護《かんご》 警護《けいご》 養護《ようご》 弁護《べんご》】ドウヤッテまもるか。

言-13

譲

総画20 JIS-3089 常用

訓 ゆず-る
音 ジョウ

［讓］

筆順 言 言 訁 訁 譲 譲 譲 譲

なりたち 【形声】もとの字は、「讓」。「襄」が「ジョウ」という読《よ》み方《かた》をしめす。「ジョウ」は「あらそう」意味《いみ》を持《も》ち、たがいに言《い》いあらそうことを表《あらわ》す字《じ》。借《か》りて、「ゆずる」として使《つか》われている。

意味 ゆずる。例 座席《ざせき》を譲《ゆず》る。譲歩《じょうほ》・分譲《ぶんじょう》

名前のよみ のり・よし

【譲位】《じょうい》 ▲〈—する〉王《おう》や君主《くんしゅ》がその位《くらい》を次《つぎ》の人《ひと》にゆずること。

【°譲°渡】《じょうと》 II〈—する〉自分《じぶん》のもっているものや権利《けんり》などをゆずること。例 会社《かいしゃ》の株《かぶ》を譲渡《じょうと》する。類 譲与《じょうよ》

【°譲歩】《じょうほ》 ▲〈—する〉自分《じぶん》の意見《いけん》をおしとおすことをやめて、相手《あいて》の意見《いけん》を受《う》け入《い》れること。例 譲歩《じょうほ》をせまる。類 妥協《だきょう》

【°譲°与】《じょうよ》 II〈—する〉財産《ざいさん》などを人《ひと》にゆずりあたえること。例 権利《けんり》を譲与《じょうよ》する。類 譲渡《じょうと》

譲が下につく熟語 上の字の働き

【委譲《いじょう》 分譲《ぶんじょう》】ドウヤッテ譲《ゆず》るか。

言-15

【讃】

総画22 JIS-2730 人名

訓 — 音 サン

意味

❶ほめる。たたえる。例 讃歌《さんか》(↓賛歌《さんか》)

❷讃岐《さぬき》。旧国名《きゅうこくめい》。今《いま》の香川県《かがわけん》。例 讃州《さんしゅう》・土讃線《どさんせん》

参考 もとの字《じ》は、「讚」。

7画 谷 ［たに］の部

ここには「谷《たに》」の字《じ》だけが入《はい》ります。

この部首の字 0谷……949 欲→欠632

谷-0

【谷】

総画7 JIS-3511 教2年

訓 たに・や 音 コク

筆順 谷 谷 谷 谷 谷 谷 谷 (とめる)(はらう)

なりたち 【会意】「仌」はもと「八」で「ひらく」意味《いみ》をしめし、「口」がついて、深《ふか》く開《ひら》いている口《くち》を表《あらわ》す字《じ》。山《やま》あいの「たに」として使《つか》われている。

意味 たに。山《やま》と山《やま》にはさまれた、ひくくせまいところ。山《やま》あい。例 谷川《たにがわ》・渓谷《けいこく》

名前のよみ ひろ

【谷川】《たにがわ》 ↓ 山《やま》と山《やま》とのあいだのせまいところを流《なが》れる川《かわ》。例 谷川《たにがわ》をわたる。類 渓流《けいりゅう》

【谷底】《たにそこ》 ↓ 谷《たに》のいちばん深《ふか》いところ。例 つり橋《ばし》から谷底《たにそこ》をのぞく。

【谷間】《たにま・たにあい》 ↓ 山《やま》と山《やま》のあいだのくぼんでいるところ。例 谷間《たにま・たにあい》にさく花《はな》。類 渓谷《けいこく》

表現 「まわりよりも低《ひく》いところ」という意味《いみ》から、山《やま》だけではなく、「ビルの谷間《たにま》」「好景気《こうけいき》の谷間《たにま》」などと使《つか》うこともある。

谷が下につく熟語 上の字の働き

【渓谷《けいこく》 峡谷《きょうこく》】近《ちか》い意味《いみ》。

◆幽谷《ゆうこく》

7画 豆 ［まめ］の部

「豆《まめ》」の字《じ》と、それをもとにして作《つく》られた「豊《ゆたか》」の字《じ》が入《はい》ります。

この部首の字 0豆……949 6豊……950 頭→頁1039 登→癶758

豆-0

【豆】

総画7 JIS-3806 教3年

訓 まめ 音 トウ・ズ

筆順 豆 豆 豆 豆 豆 豆 豆 (ながく)

なりたち 【象形】「一」がふた、「口」がうつわ、「丷」があしで、食物《しょくもつ》をもる食器《しょっき》をえがいた字《じ》。のちに借《か》りて、「まめ」として使《つか》われるようになった。

意味

❶まめ。例 豆《まめ》をまく。豆腐《とうふ》・大豆《だいず》

❷小《ちい》さい。例 豆本《まめほん》

❸伊豆《いず》。旧国名《きゅうこくめい》。今《いま》の静岡県東南部《しずおかけんとうなんぶ》。例 豆州《ずしゅう》

注意するよみ ズ…例 大豆《だいず》

特別なよみ 小豆(あずき)

❶〈まめ〉の意味で

【豆乳《とうにゅう》】 ⇩ すりつぶしたダイズをにて、布《ぬの》でこしてつくる白《しろ》いしる。そのまま飲《の》んだり、かためて豆腐《とうふ》をつくったりする。

【豆。腐《とうふ》】 ⇩ 豆乳《とうにゅう》ににがりを入《い》れてかためた、白《しろ》くてやわらかい食品《しょくひん》。例 豆腐《とうふ》にかすがい(手《て》ごたえもききめもないこと)。

❷〈小さい〉の意味で

【豆本《まめほん》】 ⇩ ひじょうに小《ちい》さくつくった本《ほん》。ふつう、たてと横《よこ》が九センチと六センチ以下《いか》の本《ほん》をいう。

◆小豆《あずき》 枝豆《えだまめ》 大豆《だいず》 納豆《なっとう》

豆−6

豊

総画13 JIS-4313 教5年

音 ホウ
訓 ゆたか

［豐］

筆順 豊 豊 豊 豊 豊 豊 豊 豊（だす）

なりたち 【象形】もとの字は、「豐」。食器《しょっき》(豆)の上《うえ》に食《た》べ物《もの》(丰丰)がうずたかくもられている形《かたち》をえがいた字《じ》。

意味

❶ゆたか。ものがたくさんある。ふっくらしている。例 豊《ゆた》かに実《みの》る。豊富《ほうふ》 対 貧《ひん》

❷豊《とよ》の国《くに》。古《ふる》い地名《ちめい》。豊前《ぶぜん》(今《いま》の福岡県東部《ふくおかけんとうぶ》と大分県北部《おおいたけんほくぶ》)と豊後《ぶんご》(今《いま》の大分県中・南部《おおいたけんちゅうなんぶ》)に分《わ》かれる。例 筑豊炭田《ちくほうたんでん》

名前のよみ あつ・とよ・のぼる・ひろ・みのる・よし

❶〈ゆたか〉の意味で

【豊作《ほうさく》】 ⇩ 米《こめ》などの作物《さくもつ》がよく実《みの》り、たくさんとれること。例 ことしはリンゴが豊作《ほうさく》だ。類 満作《まんさく》 対 凶作《きょうさく》・不作《ふさく》

【豊年《ほうねん》】 ⇩ 作物《さくもつ》がよく実《みの》り、たくさんとれた年《とし》。豊作《ほうさく》の年《とし》。例 豊年満作《ほうねんまんさく》 対 凶年《きょうねん》

【豊富《ほうふ》】 Ⅱ〈□に□な〉たっぷりと、たくさんある。例 豊富《ほうふ》な経験《けいけん》。類 潤沢《じゅんたく》 対 貧弱《ひんじゃく》

【豊満《ほうまん》】 Ⅱ〈□に□な〉からだの肉《にく》づきがよく、ふっくらしている。例 豊満《ほうまん》なからだつき。

【豊漁《ほうりょう》】 ⇩ 魚《さかな》がたくさんとれること。例 サンマの豊漁《ほうりょう》。類 大漁《たいりょう》 対 不漁《ふりょう》

7画 豕 の部
［ぶた］［いのこへん］

ブタの形《かたち》をえがいた象形《しょうけい》である「豕《ぶた》」をもとにして作《つく》られ、ブタ・イノシシにかかわる字《じ》を集《あつ》めてあります。

この部首の字

豕−4

豚

総画11 JIS-3858 常用

音 トン
訓 ぶた

筆順 豚 豚 豚 豚 豚 豚 豚 豚

なりたち 【会意】「月」が「にく(肉)」、「豕」が「いのこ」で、合《あ》わせて、祭《まつ》りのいけにえにするブタを表《あらわ》す字《じ》。

意味 ぶた。例 豚《ぶた》に真珠《しんじゅ》(価値《かち》ある物《もの》でも、それがわからない者《もの》にとってはなんにもならない)。豚肉《ぶたにく》・豚舎《とんしゃ》・養豚《ようとん》

【。豚舎《とんしゃ》】 ⇩ ブタを飼《か》う建物《たてもの》。ブタ小屋《ごや》。

【。豚。汁《とんじる・ぶたじる》】 ⇩ ブタ肉《にく》と野菜《やさい》・こんにゃくなどを入《い》れたみそ汁《しる》。

【。豚肉《ぶたにく》】 ⇩ 食料《しょくりょう》にするブタの肉《にく》。ポーク。

豕−5

象

総画12 JIS-3061 教4年

音 ショウ・ゾウ
訓 かたどる

筆順 象 象 象 象 象 象 象 象 象（はねる）（はらう）

なりたち 【象形】ゾウの形《かたち》をえがいた字《じ》。

意味

❶ぞう。鼻《はな》が長《なが》く、耳《みみ》が大《おお》きく、力《ちから》が強《つよ》くて、目《め》がやさしい、地上《ちじょう》でいちばん大《おお》きな動物《どうぶつ》。例 象《ぞう》のきば。象牙《ぞうげ》

❷かたち。かたどる。例 象形《しょうけい》・現象《げんしょう》

参考 ❶では「ゾウ」と読《よ》み、❷では「ショウ」と読《よ》む。

名前のよみ たか・のり

❶〈ぞう〉の意味で

【象。牙《ぞうげ》】 ⇩ ゾウのきば。かたくて美《うつく》しいのでほりものやかざりものなどに使《つか》われる。例 象牙《ぞうげ》のブローチ。

❷〈かたち〉の意味で

【象形《しょうけい》】 ▲ ものの形《かたち》をかたどって漢字《かんじ》を

前ページ▶讃 谷 豆

つくる方法《ほうほう》。象形文字《しょうけいもじ》。漢字《かんじ》の六書《りくしょ》の一《ひと》つ。
参考 ☞ふろく「漢字のなりたち」(［3］ページ)

【象形文字《しょうけいもじ》】ものの形《かたち》をかたどって作《つく》った文字《もじ》。エジプトのヒエログリフや、中国《ちゅうごく》の漢字《かんじ》の中《なか》のだいじな部分《ぶぶん》をしめている。

【象。徴《しょうちょう》】Ⅱ〈—する〉考《かんが》えや気持《きも》ちなど、目《め》に見《み》えないものを、形《かたち》や色《いろ》によって表《あらわ》すこと。また、表《あらわ》したもの。シンボル。例 ハトは平和《へいわ》の象徴《しょうちょう》だ。

象が下につく熟語 上の字の働き

❶象＝〈ぞう〉のとき
【巨象《きょぞう》 白象《はくぞう》】ドンナ象《ぞう》か。
【インド象《ぞう》 アフリカ象《ぞう》】ドコの象《ぞう》か。

❷象＝〈かたち〉のとき
【抽象《ちゅうしょう》 捨象《しゃしょう》 現象《げんしょう》】かたちをドウスルか。
【気象《きしょう》 事象《じしょう》 対象《たいしょう》】ナニのかたちか。

◇印象《いんしょう》

豕-7

【豪】

総画14
JIS-2575
常用
音 ゴウ
訓 —

筆順

なりたち

［形声］「豕」が「いのこ」を、「高」を略《りゃく》した形《かたち》の「亠」が「長《なが》く立《た》つ」意《い》味《み》と「コウ」という読み方《かた》をしめしている。長《なが》い毛《け》の立《た》った「ヤマアラシ」を表《あらわ》す字《じ》。「すぐれる、つよい」意味《いみ》に使《つか》われている。

意味 ものすごい。なみはずれた才能《さいのう》や力《ちから》を持《も》つ人《ひと》。例 豪華《ごうか》・強豪《きょうごう》

名前のよみ かつ・たけ・たけし・つよし・とし・ひで

【豪雨《ごうう》】↓ いちどきにはげしいいきおいでたくさんふる雨《あめ》。例 集中豪雨《しゅうちゅうごうう》

【豪。華《ごうか》】↓〈—に・—な〉ぜいたくではなやかなようす。例 豪華《ごうか》な衣装《いしょう》。類 豪勢《ごうせい》

【豪快《ごうかい》】↓〈—に・—な〉力《ちから》にみちあふれていて、気《き》持《も》ちがはればれするようす。例 豪快《ごうかい》なホームラン。豪快《ごうかい》に笑《わら》いとばす。類 豪放《ごうほう》

【豪。傑《ごうけつ》】Ⅱ 力《ちから》や勇気《ゆうき》がずばぬけてすぐれた人《ひと》。ものにこだわらない、大《だい》たんな人《ひと》。例 戦国時代《せんごくじだい》の豪傑《ごうけつ》。類 猛者《もさ》

【豪語《ごうご》】↓〈—する〉自信《じしん》たっぷりに、大《おお》きなことを言《い》うこと。例 かならず勝《か》つと豪語《ごうご》する。類 大言壮語《たいげんそうご》・高言《こうげん》・広言《こうげん》

【豪商《ごうしょう》】↓ 大金持《おおがねも》ちで、手広《てびろ》く商売《しょうばい》をしている人《ひと》。例 豪商《ごうしょう》の名《な》が高《たか》い。

【豪勢《ごうせい》】↓〈—に・—な〉なみはずれてぜいたくではでなようす。例 豪勢《ごうせい》にくらす。類 豪華《ごうか》

【豪雪《ごうせつ》】↓ ものすごくたくさんふる雪《ゆき》。例 豪雪《ごうせつ》になやまされる。豪雪地帯《ごうせつちたい》

【豪。壮《ごうそう》】Ⅱ〈—に・—な〉かまえが大《おお》きくて、りっぱなようす。例 豪壮《ごうそう》な邸宅《ていたく》。類 広壮《こうそう》

【豪族《ごうぞく》】↓ むかしからその土地《とち》に住《す》んでいて、たくさんの財産《ざいさん》と強《つよ》い勢力《せいりょく》を持《も》っている一族《いちぞく》。

【豪。胆《ごうたん》】↓〈—に・—な〉度胸《どきょう》があって、どんなこともおそろしいと思《おも》わないようす。例 豪胆《ごうたん》な男《おとこ》。類 大胆《だいたん》 表記「剛胆」とも書《か》く。

【豪放《ごうほう》】↓〈—に・—な〉気《き》が大《おお》きくて、小《ち》さなことを気《き》にしないようす。例 豪放磊落《ごうほうらいらく》(気《き》が大《おお》きくて、さっぱりしている) 類 豪気《ごうき》

【豪遊《ごうゆう》】↓〈—する〉お金《かね》をどんどん使《つか》ってぜいたくな遊《あそ》びをすること。例 世界中《せかいじゅう》を豪遊《ごうゆう》して回《まわ》る。

豪が下につく熟語 上の字の働き

【強豪《きょうごう》 富豪《ふごう》】近《ちか》い意味《いみ》。
【酒豪《しゅごう》 文豪《ぶんごう》】ナニにすぐれたものか。

7画 豸 の部

［むじな］［むじなへん］

胴《どう》の長《なが》い獣《けもの》をえがいた象形《しょうけい》である「豸《むじな》」の形《かたち》がめやすとなっている字《じ》を集《あつ》めてあります。

この部首の字

豸-3

【豹】

総画10
JIS-4131
人名
音 ヒョウ
訓 —

意味 ひょう。黒色《くろいろ》のまだらもようを持《も》った猛獣《もうじゅう》。

【◆豹変《ひょうへん》】↓〈—する〉考《かんが》えや態度《たいど》がはっきりとかわること。例 君子《くんし》は豹変《ひょうへん》す(すぐれた人《ひと》は、自分《じぶん》がまちがえていると知《し》れば、豹《ひょう》のもようのように、見《み》た目《め》にもはっきりとあらためる)。表現「君子《くんし》は豹変《ひょうへん》す」はもともとよい

○学習漢字でない常用漢字 ▲常用漢字表にない音訓 ◆常用漢字でない漢字

前ページ▶豪 豹

意味《いみ》のことばであるが、今《いま》は「豹変《ひょうへん》」はよくない意味《いみ》で使《つか》われることが多《おお》い。

豸-7
貌
総画14
JIS-4338
常用
訓 —
音 ボウ

筆順 貌貌貌貌貌貌貌貌

意味 かたち。すがた。例 容貌《ようぼう》・美貌《びぼう》

7画 貝 の部 [かい] [かいへん]

「貝《かい》」をもとにして作《つく》られ、貨幣《かへい》や財産《ざいさん》にかかわる字《じ》を集《あつ》めてあります。

この部首の字

0 貝…952	2 貞…952	負…952	
3 貢…953	財…953	4 貨…953	貫…954
責…954	貪…954	販…954	貧…955
5 賀…955	貴…955	貸…956	貯…956
貼…956	買…956	費…957	貿…957
6 資…957	賊…958	賃…958	賂…958
賄…958	7 賑…959	8 賛…959	賜…959
質…959	賞…960	賠…960	賓…962
賦…962	9 賢…962	賭…962	10 購…963
11 贈…963	12 贋…963	則→刂 153	員→口 221
敗→攵 544	頼→頁 1040		

貝-0
貝
総画7
JIS-1913
教1年
訓 かい
音 —

筆順 貝貝貝貝貝貝貝 とめる

なりたち [象形] タカラガイのかいがらの形《かたち》をえがいた字《じ》。

意味 かい。からだをじょうぶなからでつつまれた軟体動物《なんたいどうぶつ》。例 貝《かい》を拾《ひろ》う。貝柱《かいばしら》

【貝塚《かいづか》】↓ 大《おお》むかしの人《ひと》がすてた貝《かい》がらなどが、かたまってのこっているところ。石器《せっき》や土器《どき》などもいっしょに発見《はっけん》され、当時《とうじ》の生活《かつ》を知《し》ることができる。

【貝柱《かいばしら》】↓ 二枚貝《にまいがい》のからを開《あ》けたりとじたりする筋肉《きんにく》。

貝-2
貞
総画9
JIS-3671
常用
訓 —
音 テイ

筆順 貞貞貞貞貞貞貞

なりたち [形声] もと「卜」と「鼎」とからでき、「卜」が「うらなう」ことを、「鼎」が「テイ」という読《よ》み方《かた》をしめしている。「テイ」は「問《と》いただす」意味《いみ》を持《も》ち、うらなって神《かみ》の意思《いし》を問《と》いただすことを表《あらわ》す字《じ》。借《か》りて、「心《こころ》やおこないが正《ただ》しい」の意味《いみ》に使《つか》われている。

意味 心《こころ》がまえやおこないが正《ただ》しい。例 貞節《ていせつ》・不貞《ふてい》

名前のよみ さだ・ただ・ただし・みさお

【貞淑《ていしゅく》】Ⅱ〔(一)な〕女《おんな》の人《ひと》がつつしみぶかくしとやかなこと。例 貞淑《ていしゅく》な妻《つま》。

【貞節《ていせつ》】Ⅱ〔(一)な〕女性《じょせい》としてのおこないが正《ただ》しいこと。例 貞節《ていせつ》をまもる。

【貞操《ていそう》】Ⅱ 結婚《けっこん》している男女《だんじょ》が、そのあいだがらをくずさないようにすること。例 貞操《ていそう》がかたい。

貝-2
負
総画9
JIS-4173
教3年
訓 まける・まかす・おう
音 フ

筆順 負負負負負負負 とめる

なりたち [形声] 「⺈」が「人《ひと》」を、「貝《ハイ》」が「フ」とかわって読《よ》み方《かた》をしめしている。「ハイ」は「せなか」の意味《いみ》を持《も》ち、せなかの上《うえ》に人《ひと》をのせることを表《あらわ》す字《じ》。「おう」として、また借《か》りて「まける」として使《つか》われている。

意味
❶せおう。おう。例 傷《きず》を負《お》う。負傷《ふしょう》・自負《じふ》
❷まける。例 たたかいに負《ま》ける。敵《てき》を負《ま》かす。勝負《しょうぶ》 対 勝《しょう》
❸マイナス。0より小《ちい》さい。例 負《ふ》の数《すう》。負数《すう》 対 正《せい》

❶〈せおう〉の意味で

【負荷《ふか》】Ⅱ ①〈―する〉ものをせおうこと。役目《やくめ》を引《ひ》き受《う》けること。②機械《きかい》などにさせる仕事《ごと》の量《りょう》。例 負荷《ふか》が大《おお》きい。

【負。債】ふさい Ⅱ 人《ひと》から借《か》りているお金《かね》やもの。例負債《ふさい》をかかえる。類借金《しゃっきん》・借財《しゃくざい》

【負傷】ふしょう ▲〈―する〉けがをすること。例負傷者《ふしょうしゃ》 類怪我《けが》

【負担】ふたん Ⅱ〈―する〉仕事《しごと》や責任《せきにん》を引《ひ》き受《う》けること。引《ひ》き受《う》けなければならない仕事《しごと》や責任《せきにん》。例親《おや》に負担《ふたん》をかけたくない。類重荷《おもに》

❸〈マイナス〉の意味で

【負数】ふすう ↓ 0より小《ちい》さい数《かず》。−1のように、マイナス「−」の記号《きごう》をつけて表《あらわ》す。対正数《せいすう》

◆請負《うけおい》 自負《じふ》 勝負《しょうぶ》 抱負《ほうふ》

貝−3

【貢】

総画10 JIS-2555 常用 音コウ・ク 訓みつぐ

筆順

なりたち

[形声]「貝」が「お金《かね》・たから」を、「工」が「コウ」という読《よ》み方《かた》をしめしている。「コウ」は「ささげる」意味《いみ》を持《も》ち、天子《てんし》にささげるお金《かね》やたからを表《あらわ》す字《じ》。

意味 みつぐ。物《もの》や力《ちから》をさし出《だ》す。例金《かね》を貢《みつ》ぐ。貢物《みつぎもの》・貢献《こうけん》・年貢《ねんぐ》

注意するよみ ク…例年貢《ねんぐ》

名前のよみ すすむ・つぐ

【。貢。献】こうけん Ⅱ〈―する〉あることのために力《ちから》をつくして役《やく》に立《た》つこと。例世界平和《せかいへいわ》に貢献《こうけん》する。類寄与《きよ》

◆入貢《にゅうこう》

貝−3

【財】

総画10 JIS-2666 教5年 音ザイ・サイ 訓―

筆順

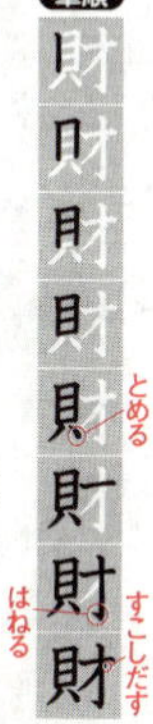

なりたち

[形声]「貝」が「お金《かね》」を、「才」が「サイ」という読《よ》み方《かた》をしめしている。「サイ」は「つみ重《かさ》ねる」意味《いみ》を持《も》ち、たくわえたお金《かね》を表《あらわ》す字《じ》。

意味 たから。お金《かね》やねうちの高《たか》いもの。例財《ざい》をなす。財布《さいふ》・家財《かざい》

注意するよみ サイ…例財布《さいふ》

【財貨】ざいか Ⅱ お金《かね》やねうちのある品物《しなもの》。例財貨《ざいか》をたくわえる。類財産《ざいさん》

【財界】ざいかい ↓ 大《おお》きな会社《かいしゃ》や銀行《ぎんこう》などを経営《けいえい》している人《ひと》たちの社会《しゃかい》。例財界人《ざいかいじん》 類経済界《けいざいかい》

【財源】ざいげん ↓ 事業《じぎょう》などをするためのお金《かね》や、その出《で》どころ。例財源《ざいげん》がとぼしい。

【財産】ざいさん Ⅱ お金《かね》・土地《とち》・建物《たてもの》・品物《しなもの》など、持《も》ち物《もの》としてねうちのあるもの。例財産家《ざいさんか》 類資産《しさん》・財貨《ざいか》・身代《しんだい》 表現「一生《いっしょう》の友達《ともだち》はいちばんの財産《ざいさん》だ」などと、お金《かね》では買《か》えないたいせつなものという意味《いみ》の使《つか》い方《かた》もある。

【財政】ざいせい ↓ 国《くに》や市町村《しちょうそん》などが仕事《しごと》を進《すす》めていくためにおこなう、お金《かね》のやりくり。例財政《ざいせい》をたてなおす。

【財。閥】ざいばつ ↓ 大《おお》きな資本《しほん》を持《も》ち、いろいろな事業《じぎょう》をしている人《ひと》びとの集《あつ》まりや一族《いちぞく》。

【財布】さいふ ↓ お金《かね》を入《い》れて持《も》ち歩《ある》くための入《い》れもの。がまぐち。さつ入《い》れ。例財布《さいふ》の底《そこ》をはたく(持《も》っているお金《かね》をすっかり使《つか》ってしまう)。財布《さいふ》のひもがかたい(なかなかお金《かね》を使《つか》おうとしない)。

【財宝】ざいほう Ⅱ お金《かね》や宝物《たからもの》など、ねうちの高《たか》いもの。例王家《おうけ》の財宝《ざいほう》が見《み》つかった。

【財力】ざいりょく ↓ 財産《ざいさん》が多《おお》いことから生《う》まれる実行力《じっこうりょく》。事業《じぎょう》にお金《かね》を出《だ》せる力《ちから》。例財力《ざいりょく》にものを言《い》わせる。類金力《きんりょく》・資力《しりょく》・経済力《けいざいりょく》

財が下につく熟語 上の字の働き

【家財《かざい》 私財《しざい》 浄財《じょうざい》 文化財《ぶんかざい》】ドウイウたからか。

【散財《さんざい》 借財《しゃくざい》 蓄財《ちくざい》】たからをドウスルか。

貝−4

【貨】

総画11 JIS-1863 教4年 音カ 訓―

筆順

なりたち

[形声]「貝」が「お金《かね》」を、「化」が「カ」という読《よ》み方《かた》をしめしている。「かわる」意味《いみ》と「カ」という読《よ》み方《かた》をしめしている。お金《かね》ととりかえられるものを表《あらわ》す字《じ》。

意味 ❶しなもの。にもつ。例貨物《かもつ》・雑貨《ざっか》 ❷お金《かね》。例貨幣《かへい》・金貨《きんか》

❶〈しなもの〉の意味で

【貨車】か《か》しゃ《しゃ》 ↓ 荷物《にもつ》をはこぶのに使《つか》う鉄道《てつどう》の車《くるま》。例 石炭《せきたん》を貨車《かしゃ》ではこぶ。対 客車《きゃくしゃ》

【貨物】か《か》もつ《もつ》 ↓ 貨車《かしゃ》や船《ふね》などではこぶ大《おお》きな荷《に》物《もつ》。例 貨物船《かもつせん》

❷〈お金〉の意味で

【貨。幣】か《か》へい《へい》 ＝ お金《かね》。硬貨《こうか》と紙幣《しへい》をいっしょにしたことば。例 外国《がいこく》の貨幣《かへい》を集《あつ》める。

貨が下につく熟語 上の字の働き

❶貨＝〈しなもの〉のとき

【雑貨《ざっか》 滞貨《たいか》】ドノヨウナ品《しな》か。

❷貨＝〈お金〉のとき

【外貨《がいか》 邦貨《ほうか》】ドコのお金《かね》か。

【金貨《きんか》 銀貨《ぎんか》 銅貨《どうか》】ナニでできたお金《かね》か。

【硬貨《こうか》 通貨《つうか》】ドノヨウナお金《かね》か。

◆ 財貨《ざいか》

貝-4

貫

総画11
JIS-2051
常用
音 カン
訓 つらぬく

筆順

なりたち

【形声】「貝」が「お金《かね》」を、「毌」が「つらぬき通《とお》す」意味《いみ》と「カン」という読《よ》み方《かた》をしめしている。ひもで通《とお》したお金《かね》を表《あらわ》す字《じ》。

意味

❶つらぬく。つき通《とお》す。例 的《まと》を貫《つらぬ》く。貫《かん》通《つう》・縦貫《じゅうかん》

❷重《おも》さの単位《たんい》。尺貫法《しゃっかんほう》で、一貫《いっかん》は約《やく》三・七五キログラム。

❸むかしのお金《かね》の単位《たんい》。例 一貫文《いっかんもん》

名前のよみ とおる

❶〈つらぬく〉の意味で

【貫通】かん《かん》つう《つう》 ＝ 〈─する〉あなをあけて、むこうがわまでつきぬけること。例 貫通銃創《かんつうじゅうそう》（銃弾《じゅうだん》がつきぬけたきずあと）。トンネルが貫通《かんつう》する。

【貫。徹】かん《かん》てつ《てつ》 ＝ 〈─する〉一《ひと》つのことを最後《さいご》までやりとおすこと。例 初志《しょし》を貫徹《かんてつ》する。

【貫流】かん《かん》りゅう《りゅう》 ↓ 〈─する〉川《かわ》などが、その場所《ばしょ》をつきぬけて流《なが》れること。

❸〈むかしのお金の単位〉の意味で

【貫。禄】かん《かん》ろく《ろく》 ＝ 大《たい》したものだと思《おも》わせるような、動作《どうさ》・態度《たいど》などの重々《おもおも》しさ。例 横綱《よこづな》の貫《かん》禄《ろく》をしめす。類 威厳《いげん》 参考 貫《かん》も禄《ろく》も金額《きんがく》にかかわることば。表記 「貫録」とも書《か》く。

貫が下につく熟語 上の字の働き

❶貫＝〈つらぬく〉のとき

【一貫《いっかん》 縦貫《じゅうかん》 突貫《とっかん》】ドノヨウニ貫《つらぬ》くか。

貝-4

責

総画11
JIS-3253
教5年
音 セキ
訓 せめる

筆順

なりたち

【形声】「貝」が「お金《かね》」を、「朿《シ》→龶」が「セキ」とかわって読《よ》み方《かた》をしめしている。「シ」は「きびしくもとめる」意味《いみ》を持《も》ち、お金《かね》のことできびしく言《い》いたてることを表《あらわ》す字《じ》。

意味

❶とがめる。つぐないをもとめる。例 落《お》ち度《ど》を責《せ》める。自責《じせき》

❷つとめ。はたすべきつとめ。例 責任《せきにん》・重《じゅう》責《せき》

❷〈つとめ〉の意味で

【責任】せき《せき》にん《にん》 ＝ 仕事《しごと》や役目《やくめ》として、しなければならないこと。負《お》うべきつとめ。例 責任《せきにん》をはたす。類 責務《せきむ》

【責務】せき《せき》む《む》 ＝ 役目《やくめ》のうえでしなければならないつとめ。例 責務《せきむ》を負《お》う。類 任務《にんむ》・責任《せきにん》

責が下につく熟語 上の字の働き

❷責＝〈つとめ〉のとき

【職責《しょくせき》 文責《ぶんせき》】ナニの責任《せきにん》か。

◆ 引責《いんせき》 自責《じせき》 重責《じゅうせき》

貝-4

貪

総画11
JIS-7637
常用
音 ドン
訓 むさぼる

筆順

意味 ひどく欲張《よくば》る。満足《まんぞく》せずに求《もと》める。例 利益《りえき》を貪《むさぼ》る。貪《むさぼ》るように本《ほん》を読《よ》む。

【貪。欲】どん《どん》よく《よく》 ＝ 〈─な〉〈─に〉ひじょうに欲《よく》が深《ふか》い。例 貪《どん》欲《よく》に利益《りえき》を追求《ついきゅう》する。

貝-4

販

総画11
JIS-4046
常用
音 ハン
訓 ─

筆順 販

なりたち 【形声】「貝」が「お金《かね》」を、「反」が「ハン」という読《よ》み方《かた》をしめしている。「ハン」は「とりかえる」意味《いみ》を持《も》ち、品物《しなもの》を売《う》ってお金《かね》にかえることを表《あらわ》す字《じ》。

意味 売《う》る。売《う》りさばく。例 販売《はんばい》・市販《しはん》

【。販売】はんばい Ⅱ〈―する〉商品《しょうひん》を売《う》ること。例 自動《じどう》販売機《はんばいき》 対 購入《こうにゅう》・購買《こうばい》

【。販路】はんろ ↓ 商品《しょうひん》を売《う》りさばく先《さき》。売《う》れ口《くち》。例 販路《はんろ》を広《ひろ》げる。販路《はんろ》をもとめる。

貧

貝-4　総画11　JIS-4147　教5年

音 ヒン・ビン　訓 まずしい

筆順 貧（あける・はらう・はねる）

なりたち 【形声】「貝」が「お金《かね》」を、「分《ブン》」が「こまかくわかれる」意味《いみ》と、「ヒン」とかわって読《よ》み方《かた》をしめしている。お金《かね》がちらばることを表《あらわ》す字《じ》。

意味 まずしい。たりない。例 貧《ひん》すれば鈍《どん》する（びんぼうになると、考《かんが》える力《ちから》もにぶる）。貧《まず》しい生活《せいかつ》。貧乏《びんぼう》 対 富《ふ》・豊《ほう》

【貧。窮】ひんきゅう Ⅱ〈―する〉お金《かね》もものもなくて、日々《ひび》の生活《せいかつ》にもこまること。例 貧窮《ひんきゅう》のどん底《ぞこ》にあえぐ。類 貧乏《びんぼう》

【貧苦】ひんく ↓ まずしさからくる生活《せいかつ》の苦《くる》しさ。例 貧苦《ひんく》にたえる。類 貧困《ひんこん》

【貧血】ひんけつ ▲〈―する〉血液《けつえき》の中《なか》の赤血球《せっけっきゅう》が少《すく》なくなること。例 貧血《ひんけつ》でからだがだるい。

【貧困】ひんこん ↓〈―な・―に〉①お金《かね》もものもなくて生活《せいかつ》が苦《くる》しいこと。例 貧困《ひんこん》とたたかう。類 貧苦《ひんく》 ②必要《ひつよう》なものがたりないこと。例 政治《せいじ》の貧《ひん》困《こん》。

【貧者】ひんじゃ ↓ まずしい人《ひと》。例 貧者《ひんじゃ》の一灯《いっとう》（まずしくて、わずかなものしか出《だ》せないが、心《こころ》のこもったおくりもの）。

【貧弱】ひんじゃく Ⅱ〈―な・―に〉①弱々《よわよわ》しいようす。みすぼらしいようす。例 貧弱《ひんじゃく》なからだ。②中身《なかみ》がとぼしいようす。例 貧弱《ひんじゃく》な知識《ちしき》。対 豊富《ほうふ》

【貧相】ひんそう ↓〈―な・―に〉顔《かお》つきやすがたがみすぼらしいこと。例 貧相《ひんそう》な身《み》なり。

【貧富】ひんぷ ⇕ まずしいこととゆたかなこと。

【貧。乏】びんぼう Ⅱ〈―する〉・〈―な・―に〉まずしくてくらしにこまること。例 貧乏人《びんぼうにん》 類 貧窮《ひんきゅう》 対 裕福《ゆうふく》

【貧民】ひんみん ↓ お金《かね》もものもなく、生活《せいかつ》にこまっている人《ひと》びと。例 貧民街《ひんみんがい》

貧が下につく熟語 上の字の働き

【清貧《せいひん》 赤貧《せきひん》 極貧《ごくひん》】ドンナ貧《まず》しさか。

賀

貝-5　総画12　JIS-1876　教5年

音 ガ　訓 ―

筆順 賀（はねる・とめる）

なりたち 【形声】「貝」が「お金《かね》・たから」を、「加」が「くわえる」意味《いみ》と「ガ」という読《よ》み方《かた》をしめしている。お金《かね》やたからものを積《つ》み上《あ》げていわいのことばをのべることを表《あらわ》す字《じ》。

意味
❶いわう。よろこぶ。例 賀正《がしょう》・祝賀《しゅくが》
❷加賀《かが》。旧国名《きゅうこくめい》。今《いま》の石川県南部《いしかわけんなんぶ》。例 賀州《がしゅう》

名前のよみ しげ・のり・よし・より

❶〈いわう〉の意味で

【賀春】がしゅん ▲ 新年《しんねん》をいわう意味《いみ》の、年賀状《ねんがじょう》などに書《か》くことば。類 賀正《がしょう》・頌春《しょうしゅん》

【賀正】がしょう ▲ 正月《しょうがつ》をいわう意味《いみ》の、年賀状《ねんがじょう》などに書《か》くことば。類 賀春《がしゅん》・頌春《しょうしゅん》

【賀状】がじょう ↓ おいわいの手紙《てがみ》。年賀状《ねんがじょう》。

賀が下につく熟語 上の字の働き

❶賀＝〈いわう〉のとき

【慶賀《けいが》 祝賀《しゅくが》】近《ちか》い意味《いみ》。

【恭賀《きょうが》 参賀《さんが》】ドウヤッテいわうか。

◆年賀《ねんが》

貴

貝-5　総画12　JIS-2114　教6年

音 キ　訓 たっとい・とうとい・たっとぶ・とうとぶ

筆順 貴（ながく・とめる）

7 貝 かい 4画―5画 貧 賀 貴 貸 貯 貼 買 ◀次ページ

。学習漢字でない常用漢字　▲常用漢字表にない音訓　◆常用漢字でない漢字

なりたち  【形声】「貝」が「お金《かね》」を、「臾→𠀐」が「たかい」の意味《いみ》と「キ」という読《よ》み方《かた》をしめしている。ねだんが高《たか》い、ねうちがあることを表《あらわ》す字《じ》。

意味
❶とうとい。身分《みぶん》が高《たか》い。ねうちが高《たか》い。例 貴《たっと／とうと》い教《おし》え。経験《けいけん》を貴《たっと／とうと》ぶ。貴《き》重《ちょう》・高貴《こうき》 対 賤《せん》
❷相手《あいて》をうやまって使《つか》うことば。例 貴下《きか》

使い分け たっとい・とうとい［尊・貴］☞335ページ

名前のよみ あつ・たか・たかし・たけ・よし

❶〈とうとい〉の意味で
【貴《き》金属《きんぞく》】金《きん》・銀《ぎん》・白金《はっきん》などのねうちの高《たか》い金属。例 貴金属商《ききんぞくしょう》
【貴《き》公子《こうし》】身分《みぶん》の高《たか》い家《いえ》の男子《だんし》。
【貴《き》人《じん》】↓ 身分《みぶん》や家《いえ》がらの高《たか》い人《ひと》。
【貴•賤《きせん》】↕ とうといことといやしいこと。身分《みぶん》の高《たか》い人《ひと》と低《ひく》い人《ひと》。例 職業《しょくぎょう》に貴賤《きせん》はない。類 尊卑《そんぴ》
【貴《き》族《ぞく》】↓ 家《いえ》がらや身分《みぶん》が高《たか》く、とくべつな権力《けんりょく》をもつ人《ひと》たち。例 貴族階級《きぞくかいきゅう》
【貴《き》重《ちょう》】II〈─に／な〉大《おお》きなねうちがある。例 貴《き》重品《ちょうひん》。貴重《きちょう》な経験《けいけん》をいかす。
【貴。賓《きひん》】↓ 身分《みぶん》の高《たか》いお客《きゃく》。例 貴賓席《きひんせき》
【貴《き》婦人《ふじん》】身分《みぶん》の高《たか》い女性《じょせい》。

❷〈相手をうやまって使うことば〉の意味で
【貴下《きか》】↓ あなた。例 貴下《きか》のお手紙拝読《てがみはいどく》しました。類 貴殿《きでん》 表現 男《おとこ》の人《ひと》が自分《じぶん》とおなじか、目下《めした》の人《ひと》に対《たい》して手紙文《てがみぶん》で使《つか》うていねいな言《い》い方《かた》。
【貴。殿《きでん》】↓ あなた。男《おとこ》の人《ひと》が手紙《てがみ》などで相《あい》手《て》をうやまっていうときに使《つか》うことば。例 貴殿《きでん》のお力《ちから》をおかりしたい。類 貴下《きか》

貴が下につく熟語 上の字の働き
❶貴＝〈とうとい〉のとき
【高貴《こうき》 騰貴《とうき》 富貴《ふうき》】近《ちか》い意味《いみ》。

貝−5
貸
総画12
JIS-3463
教5年
音 タイ
訓 かす

筆順 

なりたち  【形声】「貝」が「お金《かね》」を、「代」が「タイ」という読《よ》み方《かた》をしめしている。「タイ」は「あたえる」意味《いみ》を持《も》ち、お金《かね》をかしあたえることを表《あらわ》す字《じ》。

意味 かす。例 家《いえ》を貸《か》す。貸与《たいよ》・賃貸《ちんたい》 対 借《しゃく》 例 貸《かし》家《や》

【貸《かし》家《や》】↓ 家賃《やちん》を取《と》って人《ひと》にかす家《いえ》。家《や》をさがす。対 借家《しゃくや》
【貸借《たいしゃく》】↕〈─する〉かすこととかりること。お金《かね》や品物《しなもの》のかしかり。例 貸借関係《たいしゃくかんけい》
【貸。与《たいよ》】↓〈─する〉かすこと。かしてやること。例 作業服《さぎょうふく》は会社《かいしゃ》で貸与《たいよ》する。

貝−5
貯
総画12
JIS-3589
教4年
音 チョ
訓 たくわ-える

筆順 

なりたち 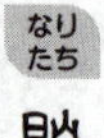 【形声】「貝」が「お金《かね》」を、「宁」が「チョ」という読《よ》み方《かた》をしめしている。「チョ」は「つみかさねる」意味《いみ》を持《も》ち、お金《かね》をたくわえることを表《あらわ》す字《じ》。

意味 たくわえる。ためる。例 貯金《ちょきん》

名前のよみ おさむ

【貯金《ちょきん》】▲〈─する〉お金《かね》をためること。ためたお金《かね》。例 貯金箱《ちょきんばこ》 類 預金《よきん》・貯蓄《ちょちく》 表現 銀行《ぎんこう》の口座《こうざ》にお金《かね》をためることは「預金《よきん》」という。
【貯水《ちょすい》】▲〈─する〉水《みず》をためておくこと。
【貯蔵《ちょぞう》】II〈─する〉ものをためこんで、しまっておくこと。例 倉庫《そうこ》に貯蔵《ちょぞう》する。
【貯。蓄《ちょちく》】II〈─する〉お金《かね》などをためること。ためたお金《かね》。例 財形貯蓄《ざいけいちょちく》 類 貯金《ちょきん》・預金《よきん》

貝−5
貼
総画12
JIS-3729
常用
音 チョウ・テン
訓 はる

筆順 

意味 はる。はりつける。例 切手《きって》を貼《は》る。貼付《ちょうふ／てんぷ》

使い分け はる［張・貼］☞383ページ

貝−5
買
総画12
JIS-3967
教2年
音 バイ
訓 かう

筆順　四にならない　とめる

なりたち　【会意】「貝」が「お金《かね》」を、「网→罒」であみを表し、合《あ》わせて、あみで集《あつ》めるように品物《しなもの》をかうことを表《あらわ》す字《じ》。

意味　かう。お金《かね》でかいとる。例 品物《しなもの》を買《か》う。買収《ばいしゅう》・購買《こうばい》 対 売《ばい》

【買価】《ばいか》 ↓ 品物《しなもの》を買《か》うときのねだん。例 買《ばい》価《か》以上《いじょう》のねうちがある。類 買値《かいね》 対 売価《ばいか》・売《うり》値《ね》

【買収】《ばいしゅう》 ↓〈―する〉①土地《とち》や家《いえ》など、大《おお》きなものを買《か》い取《と》る。例 工場用地《こうじょうようち》を買収《ばいしゅう》する。②お金《かね》やものなどをわたして、自分《じぶん》のためにとくべつのはたらきをしてもらう。

◆購買《こうばい》 売買《ばいばい》

費

貝-5　総画12　JIS-4081　教4年　音 ヒ　訓 ついやす・ついえる

筆順　つにならない　だす　とめる

なりたち　【形声】「貝」が「お金《かね》」を、「弗《フツ》」が「ヒ」とかわって読《よ》み方《かた》をしめしている。「フツ」は「ちらす、なくす」意味《いみ》を持《も》ち、お金《かね》を使《つか》いへらすことを表《あらわ》す字《じ》。

意味

❶ついやす。使《つか》ってへらす。例 力《ちから》を費《つい》やす。時間《じかん》が費《つい》える。消費《しょうひ》

❷かかるお金《かね》。ものいり。例 費《つい》えがかかる。費用《ひよう》・会費《かいひ》

❷〈かかるお金〉の意味で

【費用】《ひよう》 Ⅱ なにかをするためにいるお金《かね》。例 費用《ひよう》がかさむ。費用《ひよう》を出《だ》す。類 経費《けいひ》

費が下につく熟語　上の字の働き

❶費＝〈ついやす〉のとき
【空費《くうひ》 濫費《らんぴ》（乱費《らんぴ》） 浪費《ろうひ》】ドノヨウニ費《つい》やすか。

❷費＝〈かかるお金〉のとき
【経費《けいひ》 会費《かいひ》 学費《がくひ》 工費《こうひ》 歳費《さいひ》 雑費《ざっぴ》 実費《じっぴ》 旅費《りょひ》 人件費《じんけんひ》】ナニにかかるお金《かね》か。
【給費《きゅうひ》 出費《しゅっぴ》】お金《かね》をドウスルか。
【公費《こうひ》 私費《しひ》 自費《じひ》】ダレのお金《かね》か。

◆巨費《きょひ》 消費《しょうひ》

貿

貝-5　総画12　JIS-4339　教5年　音 ボウ　訓 ―

筆順　はねる　ださない　とめる

なりたち　【形声】「貝」が「お金《かね》」を、「𠂱（卯）」が「ボウ」という読《よ》み方《かた》をしめしている。「ボウ」は「とりかえる」意味《いみ》を持《も》ち、お金《かね》と品物《しなもの》とをとりかえることを表《あらわ》す字《じ》。

意味　交換《こうかん》する。売《う》り買《か》いする。例 貿易《ぼうえき》

【貿易】《ぼうえき》 Ⅱ〈―する〉外国《がいこく》と品物《しなもの》の売《う》り買《か》いをすること。例 貿易赤字《ぼうえきあかじ》 類 交易《こうえき》・通商《つうしょう》

資

貝-6　総画13　JIS-2781　教5年　音 シ　訓 ―

筆順　はねる　はらう　とめる

なりたち　【形声】「貝」が「お金《かね》」を、「次」が「シ」という読《よ》み方《かた》をしめしている。「シ」は「たくわえる」意味《いみ》を持《も》ち、たくわえたお金《かね》を表《あらわ》す字《じ》。

意味

❶もとで。なにかをするのに必要《ひつよう》な物《もの》やお金《かね》。役立《やくだ》てる。例 資金《しきん》・学資《がくし》

❷うまれつき。なにかをするのに役立《やくだ》つ素《そ》質《しつ》。例 資質《ししつ》

名前のよみ　すけ・とし・もと・やす・よし・より

❶〈もとで〉の意味で

【資格】《しかく》 ↓ ①なにかをするときの、その人《ひと》の身分《みぶん》や立場《たちば》。例 個人《こじん》の資格《しかく》で参加《さんか》する。②ある仕事《しごと》などをするために、持《も》っていなければならない条件《じょうけん》。例 弁護士《べんごし》の資格《しかく》を取《と》る。

【資金】《しきん》 ↓ 事業《じぎょう》をおこなうための、もとになるお金《かね》。例 建築資金《けんちくしきん》 類 元手《もとで》・資本《しほん》

【資源】《しげん》 Ⅱ ものを生産《せいさん》するときの、もとになるもの。ふつう、石油《せきゆ》や石炭《せきたん》・木材《もくざい》など、自然《しぜん》からとれるものをいう。例 地下資源《ちかしげん》

【資材】《しざい》 ↓ あるものをつくるための、もとになる材料《ざいりょう》。例 建築資材《けんちくしざい》

【資産】《しさん》 Ⅱ お金《かね》・家《いえ》・土地《とち》などの財産《ざいさん》。例 資《し》

◀次ページ

◦学習漢字でない常用漢字　▲常用漢字表にない音訓　◆常用漢字でない漢字

産家《さんか》 類 財産《ざいさん》・身上《しんしょう》・身代《しんだい》

【資本《しほん》】 Ⅱ 仕事《しごと》をはじめるときのもとになるお金《かね》。例 資本金《しほんきん》 類 元手《もとで》・資金《しきん》

【資料《しりょう》】 ↓ 研究《けんきゅう》をしたり考《かんが》えを決《き》めたりするときのもとになる材料《ざいりょう》。例 資料室《しりょうしつ》

【資力《しりょく》】 ↓ なにかをするときに、元手《もとで》にすることができるお金《かね》。例 店《みせ》を出《だ》すだけの資力《しりょく》がない。類 財力《ざいりょく》・経済力《けいざいりょく》

❷〈うまれつき〉の意味で

【資質《ししつ》】 Ⅱ なにかをするのに役《やく》に立《た》つように、そなわっている性質《せいしつ》や才能《さいのう》。例 資質《ししつ》にめぐまれる。類 素質《そしつ》・天性《てんせい》

資が下につく熟語 上の字の働き

❶ 資＝〈もとで〉のとき
【出資《しゅっし》 投資《とうし》 融資《ゆうし》】もとでをドウスルか。
◇ 外資《がいし》 学資《がくし》 物資《ぶっし》

賊

貝－6 総画13 JIS-3417 常用
訓 ―
音 ゾク

筆順 賊賊賊賊賊賊

なりたち 【形声】武器《ぶき》のほこ（戈）と「則↓財」とからでき、「則」が「ゾク《ソク》」とかわって読《よ》み方《かた》をしめしている。「ソク」は「きずつける」意味《いみ》を持《も》ち、ほこできずつけることを表《あらわ》す字《じ》。「わるもの」の意味《いみ》に使《つか》われている。

意味 **わるもの。** 社会《しゃかい》に害《がい》をあたえる者《もの》。どろぼう。例 賊《ぞく》を討《う》つ。賊軍《ぞくぐん》・盗賊《とうぞく》

【。賊軍《ぞくぐん》】 ↓ 国《くに》や政府《せいふ》にそむいたりさからったりするがわの軍隊《ぐんたい》。例 勝《か》てば官軍《かんぐん》、負《ま》ければ賊軍《ぞくぐん》（りくつはどうでも、勝《か》った者《もの》が正《ただ》しいことになり、負《ま》けた者《もの》は悪者《わるもの》にされる）。対 官軍《かんぐん》

賊が下につく熟語 上の字の働き

【海賊《かいぞく》 山賊《さんぞく》 義賊《ぎぞく》 盗賊《とうぞく》】ドウイウ賊《ぞく》（どろぼう）か。

賃

貝－6 総画13 JIS-3634 教6年
訓 ―
音 チン

筆順 みじかく とめる

なりたち 【形声】「貝」が「お金《かね》」を、「任《ニン》」が「しごと」の意味《いみ》と、「チン」とかわって読《よ》み方《かた》をしめしている。しごとに対《たい》してはらうお金《かね》を表《あらわ》す字《じ》。

意味 **代金《だいきん》。** 仕事《しごと》や物《もの》に対《たい》してしはらうお金《かね》。例 賃金《ちんぎん》・家賃《やちん》

【賃金《ちんぎん》】 ↓ 仕事《しごと》をしたことに対《たい》してしはらわれるお金《かね》。例 賃金《ちんぎん》がひくい。類 労賃《ろうちん》・給与《きゅうよ》・給料《きゅうりょう》 表記 「賃銀」とも書《か》く。

【賃貸《ちんたい》】 ↓ 〈―する〉お金《かね》を取《と》ってものをかすこと。賃貸《ちんが》し。レンタル。例 賃貸《ちんたい》マンション 対 賃借《ちんしゃく》

賃が下につく熟語 上の字の働き

【家賃《やちん》 宿賃《やどちん》 工賃《こうちん》 船賃《ふなちん》 運賃《うんちん》 駄賃《だちん》】ナニに対《たい》する代金《だいきん》か。

賂

貝－6 総画13 JIS-4708 常用
訓 ―
音 ロ

筆順

意味 **わいろ。** 人《ひと》にお金《かね》や物《もの》をおくって、不正《ふせい》にたのみごとをする。例 賄賂《わいろ》

賄

貝－6 総画13 JIS-4737 常用
訓 まかなう
音 ワイ

筆順

なりたち 【形声】「貝」が「お金《かね》」を、「有《ユウ》」が「ワイ」とかわって読《よ》み方《かた》をしめしている。「ユウ」は「おしすすめる」意味《いみ》を持《も》ち、お金《かね》を人《ひと》におくることを表《あらわ》す字《じ》。

意味
❶ **わいろ。** とくべつなはからいをしてもらうためにおくる不正《ふせい》なお金《かね》や物《もの》。例 賄賂《わいろ》
❷ **まかなう。** やりくりする。食事《しょくじ》をつくって出《だ》す。例 費用《ひよう》を賄《まかな》う。

❶〈わいろ〉の意味で

【。賄。賂《わいろ》】 Ⅱ 自分《じぶん》につごうよくしてもらうために、政治家《せいじか》や役人《やくにん》などにこっそりとわたすお金《かね》や品物《しなもの》。例 賄賂《わいろ》をおくる。

賄が下につく熟語 上の字の働き

❶ 賄＝〈わいろ〉のとき
【贈賄《ぞうわい》 収賄《しゅうわい》】わいろをドウスルか。

貝−7

【賑】

総画14 JIS-3888 人名

音 シン　訓 にぎ-わう・にぎ-やか

意味 にぎやか。さかんである。㋐人《ひと》がたくさん出《で》てこみあう。例 賑《にぎ》やかな街《まち》の通《とお》り。㋑さわがしくしゃべったり、わらったりするようす。例 賑《にぎ》やかな人《ひと》。

貝−8

【賛】

総画15 JIS-2731 教5年

音 サン　訓 ―　［贊］

筆順 （とめる・はらう・とめる）

なりたち  【形声】もとの字は、「贊」。「貝」が「お金《かね》」を、「兟《シン》」が「サン」とかわって読《よ》み方《かた》をしめす。「シン」は「すすめる」意味《いみ》を持《も》ち、人《ひと》に会《あ》うときお金《かね》を手《て》みやげとしてさし出《だ》すことを表《あらわ》す字《じ》。

意味
❶力《ちから》をそえる。例 賛成《さんせい》・協賛《きょうさん》
❷ほめる。ほめたたえる。例 賛美《さんび》・賞賛《しょうさん》
❸そえたことば。絵《え》の中《なか》に書《か》きそえたことば。例 賛《さん》を書《か》く。自画自賛《じがじさん》

名前のよみ あきら・すけ・よし

❶〈力をそえる〉の意味で

【賛意】さんい ↓ 賛成《さんせい》の気持《きも》ち。例 賛意《さんい》を表《ひょう》する。

【賛助】さんじょ Ⅱ〈―する〉そのことに賛成《さんせい》して応援《おうえん》すること。例 賛助会員《さんじょかいいん》 類 協賛《きょうさん》

【賛成】さんせい ↓〈―する〉人《ひと》の考《かんが》え方《かた》や意見《いけん》がよいとみとめること。類 賛同《さんどう》 対 反対《はんたい》

【賛同】さんどう ↓〈―する〉おなじ考《かんが》えで賛成《さんせい》すること。例 賛同《さんどう》を得《え》る。類 賛成《さんせい》・同意《どうい》・共鳴《きょうめい》

【賛否】さんぴ ⇔ 賛成《さんせい》と反対《はんたい》。例 賛否《さんぴ》を問《と》う。類 可否《かひ》

【賛否両論】さんぴりょうろん 賛成《さんせい》と反対《はんたい》と両方《りょうほう》の意見《いけん》。例 賛否両論《さんぴりょうろん》に分《わ》かれた。

❷〈ほめる〉の意味で

【賛辞】さんじ ↓ ほめたたえることば。ほめことば。例 賛辞《さんじ》をおくる。

【賛◦嘆】さんたん ↓〈―する〉深《ふか》く心《こころ》を打《う》たれ、ほめたたえること。例 賛嘆《さんたん》の声《こえ》を上《あ》げる。

【賛美】さんび Ⅱ〈―する〉ほめたたえること。例 賛《さん》美歌《びか》 類 称賛《しょうさん》・賞賛《しょうさん》・礼賛《らいさん》

賛が下につく熟語 上の字の働き

❷賛＝〈ほめる〉のとき
【称賛《しょうさん》（賞賛《しょうさん》）礼賛《らいさん》】近《ちか》い意味《いみ》。

◆協賛《きょうさん》 自画自賛《じがじさん》 絶賛《ぜっさん》

貝−8

【賜】

総画15 JIS-2782 常用

音 シ　訓 たまわる

筆順

なりたち  【形声】「貝」が「お金《かね》」を、「易《エキ》」が「シ」とかわって読《よ》み方《かた》をしめしている。「エキ」は「ほどこす」意味《いみ》を持《も》ち、上《うえ》の人《ひと》が下《した》の人《ひと》にお金《かね》をほどこすことを表《あらわ》す字《じ》。

意味 たまわる。くださる。例 ごほうびを賜《たまわ》る。賜杯《しはい》・恩賜《おんし》

【◦賜◦杯】しはい ↓ 天皇《てんのう》や皇族《こうぞく》などから優勝者《ゆうしょうしゃ》におくられるカップ。例 賜杯《しはい》を手《て》にする。

貝−8

【質】

総画15 JIS-2833 教5年

音 シツ・シチ・チ　訓 ただ-す

筆順 （とめる・とめる）

なりたち  【形声】「貝」が「お金《かね》」を、「斦《ギン》」が「シツ・チ」とかわって読《よ》み方《かた》をしめしている。「ギン」は「ひとしい」の意味《いみ》を持《も》ち、お金《かね》にひとしいねうちのあるもの「しちぐさ」を表《あらわ》す字《じ》。

意味
❶なかみ。もともとそなわっているもの。中身《なかみ》の価値《かち》。例 質《しつ》がいい。量《りょう》より質《しつ》。性質《せいしつ》
❷じみ。かざりけがない。例 質素《しっそ》
❸問《と》いただす。内容《ないよう》をはっきりさせるためにたずねる。例 質問《しつもん》
❹しちぐさ（質草）。保証《ほしょう》のためにあずけておくもの。例 質《しち》に入《い》れる。質屋《しちや》・言質《げんち》

注意するよみ チ…例 言質《げんち》

名前のよみ かた・もと

❶〈なかみ〉の意味で

【質的】しってき ⊠〈―に〉〈―な〉ものの中身《なかみ》や内容《ないよう》の面《めん》からみたようす。例 数《かず》は多《おお》いが、質的《しってき》に問題《もんだい》がある。対 量的《りょうてき》

◦学習漢字でない常用漢字　▲常用漢字表にない音訓　◆常用漢字でない漢字

【質量《しつりょう》】①[↓]物体《ぶったい》が持《も》っている物質《ぶっしつ》としての量《りょう》。②[⇕]中身《なかみ》のよしあしと全体《ぜんたい》の量《りょう》。例 質量《しつりょう》ともにおとる。

❷〈じみ〉の意味で

【質実《しつじつ》】[‖]〈—な・—に〉かざりけがなく、まじめである。例 質実剛健《しつじつごうけん》(はでなところがなく、強《つよ》くたくましい)

【質素《しっそ》】[‖]〈—な・—に〉必要《ひつよう》なものだけにとどめている。つましい。例 質素《しっそ》な身《み》なり。類 簡素《かんそ》

❸〈問いただす〉の意味で

【質疑《しつぎ》】[▲]〈—する〉わからないことについて、説明《せつめい》や答《こた》えをもとめる。例 質疑応答《しつぎおうとう》

【質問《しつもん》】[‖]〈—する〉わからないことや知《し》りたいことについてたずねる。例 質問《しつもん》に答《こた》える。

❹〈しちぐさ(質草)〉の意味で

【質屋《しちや》】[↓]品物《しなもの》をあずかって、その代《か》わりとしてお金《かね》を貸《か》す店《みせ》。

質が下につく熟語 上の字の働き

❶質＝〈なかみ〉のとき
【資質《ししつ》 性質《せいしつ》】近《ちか》い意味《いみ》。
【素質《そしつ》 物質《ぶっしつ》 本質《ほんしつ》 実質《じっしつ》 上質《じょうしつ》 良質《りょうしつ》 悪質《あくしつ》 特質《とくしつ》 異質《いしつ》 均質《きんしつ》 等質《とうしつ》 硬質《こうしつ》 神経質《しんけいしつ》】ドノヨウナ質《しつ》か。
【材質《ざいしつ》 品質《ひんしつ》 水質《すいしつ》 音質《おんしつ》 気質《きしつ／かたぎ》 体質《たいしつ》 地質《ちしつ》】ナニの質《しつ》か。
❹質＝〈しちぐさ(質草)〉のとき
【人質《ひとじち》 言質《げんち》】ナニである質草《しちぐさ》か。
◆変質《へんしつ》

貝-8

賞

総画15
JIS-3062
教4年
訓 —
音 ショウ

筆順

たかく
つにならない
とめる

なりたち

[形声]「貝」が「お金《かね》」を、「尚」が「ショウ」という読《よ》み方《かた》をしめしている。「ショウ」は「あたる」意味《いみ》を持《も》ち、てがらに当《あ》たる金品《きんぴん》をあたえることを表《あらわ》す字《じ》。

意味
❶ほめる。例 賞賛《しょうさん》・激賞《げきしょう》 対 罰《ばつ》
❷ほうび。例 賞《しょう》をあたえる。賞金《しょうきん》・参加《さんか》賞《しょう》
❸めでる。味《あじ》わって楽《たの》しむ。例 賞味《しょうみ》・鑑《かん》賞《しょう》

名前のよみ たか・たかし・よし

❶〈ほめる〉の意味で

【賞賛《しょうさん》】[‖]〈—する〉りっぱだとほめたたえること。例 賞賛《しょうさん》のまと。賞賛《しょうさん》をあびる。類 賛《さん》美《び》・賞美《しょうび》・賞揚《しょうよう》 表記「称賛」とも書《か》く。

【賞罰《しょうばつ》】[⇕]ほめることとばっすること。例 賞罰《しょうばつ》を明《あき》らかにする。

【賞美《しょうび》】[‖]〈—する〉よいものだとほめたたえること。類 賞賛《しょうさん》 表記「称美」とも書《か》く。

【賞揚《しょうよう》】[↓]〈—する〉すばらしいとほめること。類 賞賛《しょうさん》 表記「称揚」とも書《か》く。

❷〈ほうび〉の意味で

【賞金《しょうきん》】[↓]ほうびとしてあたえるお金《かね》。

【賞状《しょうじょう》】[↓]りっぱなおこないや成績《せいせき》をほめることばを書《か》いた文書《ぶんしょ》。例 賞状《しょうじょう》を授与《じゅよ》する。類 表彰状《ひょうしょうじょう》

【賞品《しょうひん》】[↓]ほうびとしてあたえる品物《しなもの》。例 賞品《しょうひん》としてノートをもらう。

【賞与《しょうよ》】[↓]ほうびとしてあたえる品物《しなもの》やお金《かね》。とくに、給料《きゅうりょう》のほかにとくべつに出《で》るお金《かね》。ボーナス。例 年末賞与《ねんまつしょうよ》

❸〈めでる〉の意味で

【賞味《しょうみ》】[‖]〈—する〉よく味《あじ》わって、おいしく食《た》べること。例 お早《はや》めにご賞味《しょうみ》ください。賞《しょう》味期限《みきげん》

賞が下につく熟語 上の字の働き

❷賞＝〈ほうび〉のとき
【恩賞《おんしょう》 特賞《とくしょう》 副賞《ふくしょう》】ドノヨウナ賞《しょう》か。
【懸賞《けんしょう》 授賞《じゅしょう》 受賞《じゅしょう》 入賞《にゅうしょう》】賞《しょう》をドウスルか・賞《しょう》にドウナルか。
❸賞＝〈めでる〉のとき
【観賞《かんしょう》 鑑賞《かんしょう》】ドノヨウニ楽《たの》しむか。
◆激賞《げきしょう》 褒賞《ほうしょう》

貝-8

賠

総画15
JIS-3969
常用
訓 —
音 バイ

筆順

なりたち

[形声]「貝」が「お金《かね》」を、「音《フ》」が「バイ」とかわって読《よ》み方《かた》をしめしている。「フ」は「おぎなう」意味《いみ》を持《も》ち、損《そん》

ものしり巻物 第31巻

ものを数《かぞ》えることば

たとえば、わたしたちが本《ほん》を数《かぞ》えるとき、一《いっ》冊《さつ》、二《に》冊《さつ》、三《さん》冊《さつ》…というように、数字《すうじ》の下《した》に「冊《さつ》」ということばをつけます。日本語《にほんご》では、何《なに》を数《かぞ》えるのかによって数字《すうじ》の下《した》につけることばがだいたいきまっています。こういうことばを**助数詞**《じょすうし》といいます。助数詞《じょすうし》には次《つぎ》のようなものがあります。

(一)ものを数《かぞ》えることば

枚…紙《かみ》・布《ぬの》・和服《わふく》・皿《さら》など、平《ひら》たく薄《うす》いもの。
例 一枚《いちまい》・二枚《にまい》・三枚《さんまい》

冊《さつ》…ノート・本《ほん》のように紙《かみ》が何枚《なんまい》かたばねられたもの。
例 一冊《いっさつ》・二冊《にさつ》・三冊《さんさつ》

本…木《き》・鉛筆《えんぴつ》・びんやかんに入《はい》った飲《の》み物《もの》のように細《ほそ》くて長《なが》いもの。
例 一本《いっぽん》・二本《にほん》・三本《さんぼん/さんほん》

個…リンゴ・ミカンや角砂糖《かくざとう》のように、手《て》につかめるようなかたまりになっているもの。
例 一個《いっこ》・二個《にこ》・三個《さんこ》

丁…豆腐《とうふ》やこんにゃくなどの食《た》べ物《もの》。はさみやほうちょうなどの刃物《はもの》や銃《じゅう》など。
例 一丁《いっちょう》・二丁《にちょう》・三丁《さんちょう》

着…洋服《ようふく》。(和服《わふく》には「枚《まい》」を使《つか》う)
例 一着《いっちゃく》・二着《にちゃく》・三着《さんちゃく》

足…くつやくつ下《した》などのはきもの。
例 一足《いっそく》・二足《にそく》・三足《さんぞく/さんそく》

脚…机《つくえ》やいすなど、脚《あし》のついている道具《どうぐ》。
例 一脚《いっきゃく》・二脚《にきゃく》・三脚《さんきゃく》

台…機械《きかい》や自転車《じてんしゃ》・自動車《じどうしゃ》・ピアノ・机《つくえ》など。
例 一台《いちだい》・二台《にだい》・三台《さんだい》

軒…家《いえ》。(「戸《こ》」も使《つか》われる)
例 一軒《いっけん》・二軒《にけん》・三軒《さんげん/さんけん》

隻…船《ふね》。(ボートなどの小《ちい》さい船《ふね》のときは「艘《そう》」を使《つか》う)
例 一隻《いっせき》・二隻《にせき》・三隻《さんせき》

通…手紙《てがみ》や文書《ぶんしょ》。
例 一通《いっつう》・二通《につう》・三通《さんつう》

句…俳句《はいく》。
例 一句《いっく》・二句《にく》・三句《さんく》

首…和歌《わか》・漢詩《かんし》。
例 一首《いっしゅ》・二首《にしゅ》・三首《さんしゅ》

(2)生《い》きものを数《かぞ》えることば

人…人間《にんげん》。(「名《めい》」も使《つか》われる)
例 一人《ひとり》・二人《ふたり》・三人《さんにん》

羽…鳥《とり》。ウサギ。(「匹《ひき》」も使《つか》われる)
例 一羽《いちわ》・二羽《にわ》・三羽《さんば/さんわ》

匹…虫《むし》や魚《さかな》、犬《いぬ》や猫《ねこ》などの小《ちい》さな動物《どうぶつ》。
例 一匹《いっぴき》・二匹《にひき》・三匹《さんびき/さんひき》

頭…馬《うま》や牛《うし》などの大《おお》きな動物《どうぶつ》。(「匹《ひき》」も使《つか》われる)
例 一頭《いっとう》・二頭《にとう》・三頭《さんとう》

むかしは、何《なに》を数《かぞ》えるかによって、いろいろな助数詞《じょすうし》を細《こま》かく使《つか》い分《わ》けていましたが、最《さい》近《きん》では、「ひとつ・ふたつ・みっつ」「一個《いっこ》・二《に》個《こ》・三個《さんこ》」「一匹《いっぴき》・二匹《にひき》・三匹《さんびき》」などですませることが、多《おお》くなっています。

前ページ ▶ 賠

害《がい》をお金《かね》でおぎなうことを表《あらわ》す字《じ》。

意味 **つぐないをする。** 損害《そんがい》のうめあわせをする。例 賠償《ばいしょう》

【°賠°償】《ばいしょう》 Ⅱ 〈─する〉相手《あいて》にあたえた損害《そんがい》をお金《かね》などでうめあわせること。例 損害賠償《そんがいばいしょう》を請求《せいきゅう》する。賠償金《ばいしょうきん》 類 弁償《べんしょう》・代償《だいしょう》 表現 ふつう、小《ちい》さなめいわくについては「弁償《べんしょう》」、重大《じゅうだい》な損害《そんがい》には「賠償《ばいしょう》」を使《つか》う。

賓

貝－8 総画15 JIS-4148 常用 音 ヒン 訓 ─

［賓］

筆順 賓 賓 賓 賓 賓 賓 賓 賓

なりたち 賓 【形声】もとの字は、「賓」。「貝」が「たから」を、「㝉」が「ヒン」という読《よ》み方《かた》をしめしている。「ヒン」は「もてなす」意味《いみ》を持《も》ち、高《たか》いねうちのおくり物《もの》をして人《ひと》をもてなすことを表《あらわ》す字《じ》。

意味 **きゃく。** だいじな客《きゃく》。例 賓客《ひんきゃく》・主賓《しゅひん》・来賓《らいひん》

【°賓客】《ひんきゃく／ひんかく》 Ⅱ たいせつなお客《きゃく》。例 賓客《ひんきゃく／ひんかく》をむかえる。

賓が下につく熟語 上の字の働き

◆【貴賓《きひん》 国賓《こくひん》 主賓《しゅひん》 来賓《らいひん》】ドノヨウナ客《きゃく》か。

◆迎賓《げいひん》

賦

貝－8 総画15 JIS-4174 常用 音 フ 訓 ─

筆順 賦 賦 賦 賦 賦 賦 賦 賦

なりたち 賦 【形声】「貝」が「お金《かね》」を、「武《ブ》」が「フ」とかわって読《よ》み方《かた》をしめしている。「フ」は「わける」意味《いみ》を持《も》ち、わりあてのお金《かね》を表《あらわ》す字《じ》。

意味

❶ **わりあてて取《と》り立《た》てる。** わりあてられる税金《ぜいきん》や労力《ろうりょく》。例 賦役《ふえき》・月賦《げっぷ》

❷ **さずかる。** 例 天賦《てんぷ》

❶〈わりあてて取り立てる〉の意味で

【°賦役】《ふえき》 Ⅱ むかし、領主《りょうしゅ》などが人《ひと》びとにわりあてた税金《ぜいきん》や仕事《しごと》。例 賦役《ふえき》に苦《くる》しむ。

【°賦課】《ふか》 ↓ 〈─する〉税金《ぜいきん》をわりあてておさめさせること。例 重《おも》い税金《ぜいきん》を賦課《ふか》する。賦課《ふか》課税方式《ぜいほうしき》

◆割賦《かっぷ》 月賦《げっぷ》 天賦《てんぷ》

賢

貝－9 総画16 JIS-2413 常用 音 ケン 訓 かしこい

筆順 賢 賢 賢 賢 賢 賢 賢 賢

なりたち 賢 【形声】「貝」が「お金《かね》」を、「臤」が「ケン」という読《よ》み方《かた》をしめしている。「ケン」は「多《おお》い」の意味《いみ》を持《も》ち、多《おお》くの財産《ざいさん》を持《も》っていることを表《あらわ》す字《じ》。

意味

❶ **かしこい。** りこうである。かしこい人《ひと》。例 賢《かしこ》いやり方《かた》。賢明《けんめい》・聖賢《せいけん》 対 愚《ぐ》

❷ **うやまう気持《きも》ちを表《あらわ》すことば。** 例 賢察《けんさつ》

名前のよみ かた・さと・さとし・さとる・すぐる・たか・ただ・ただし・とし・のり・まさ・まさる・ます・やす・よし・より

❶〈かしこい〉の意味で

【°賢者】《けんじゃ》 ↓ かしこくて、ものごとの道理《どうり》がよくわかっている人《ひと》。類 賢人《けんじん》 対 愚者《ぐしゃ》

【°賢母】《けんぼ》 ↓ かしこくて、しっかりと子《こ》どもを育《そだ》てる母《はは》。例 良妻賢母《りょうさいけんぼ》

【°賢明】《けんめい》 Ⅱ 〈─な／─に〉かしこくて、ものごとのすじみちがよくわかっている。例 賢明《けんめい》なやり方《かた》だ。つねに賢明《けんめい》でありたい。類 聡明《そうめい》

❷〈うやまう気持ちを表すことば〉の意味で

【°賢察】《けんさつ》 ↓ 〈─する〉ものごとのいきさつや人《ひと》の気持《きも》ちなどがよくわかること。お察《さっ》し。表現 「ご賢察《けんさつ》のとおり」は、相手《あいて》が見《み》とおしていることをうやまって言《い》うことば。

賭

貝－9 総画16 JIS-3750 常用 音 ト 訓 かける

筆順 賭 賭 賭 賭 賭 賭 賭 賭

意味 **かける。** お金《かね》や品物《しなもの》を出《だ》して勝負《しょうぶ》をあらそう。例 賭《か》けごと

字体のはなし 「賭」（貝部「8画《かく》」、総画《そうかく》「15画《かく》」）とも書《か》く。☞ふろく「字体についての解説」[28]ページ）

【°賭博】《とばく》 Ⅱ お金《かね》などを出《だ》しあって勝負《しょうぶ》をあらそうこと。賭《か》けごと。例 賭博師《とばくし》

貝－10

購

総画17
JIS-2556
常用
音 コウ
訓 ―

筆順

なりたち

【形声】「貝」が「お金《かね》」を、「冓」が「コウ」という読《よ》み方《かた》をしめしている。「コウ」は「もとめる」意味《いみ》を持《も》ち、お金《かね》をかけてもとめることを表《あらわ》す字《じ》。

意味 買《か》う。買《か》いもとめる。例 購入《こうにゅう》

【。購読】《こうどく》 ↓〈―する〉雑誌《ざっし》や新聞《しんぶん》などを買《か》って読《よ》むこと。例 定期購読《ていきこうどく》

【。購入】《こうにゅう》 ↓〈―する〉買《か》って自分《じぶん》のものにすること。例 ピアノを購入《こうにゅう》する。購入費《こうにゅうひ》 類 購買《こうばい》 対 売却《ばいきゃく》・販売《はんばい》

【。購買】《こうばい》 II〈―する〉品物《しなもの》などを買《か》い入《い》れること。例 購買力《こうばいりょく》 類 購入《こうにゅう》 対 販売《はんばい》

貝－11

贈

総画18
JIS-3403
常用
音 ゾウ・ソウ
訓 おくる

［贈］

筆順

なりたち

【形声】もとの字《じ》は、「贈」。「貝」が「お金《かね》」を、「曾」が「ゾウ」という読《よ》み方《かた》をしめしている。「ゾウ」は「おくる」意《い》味《み》を持《も》ち、お金《かね》や物《もの》をおくることを表《あらわ》す字《じ》。

意味 おくる。さしあげる。例 記念品《きねんひん》を贈《おく》る。贈与《ぞうよ》・寄贈《きぞう|きそう》

使い分け おくる［送・贈］☞425ページ

注意するよみ ソウ…例 寄贈《きそう》

【。贈収。賄】《ぞうしゅうわい》 自分《じぶん》につごうよく動《うご》いてもらうために役人《やくにん》にお金《かね》や品物《しなもの》をおくることと、役人《やくにん》がそれを受《う》け取《と》って便宜《べんぎ》をはかること。例 ダム建設《けんせつ》をめぐる贈収賄事件《ぞうしゅうわいじけん》。 参考「贈賄《ぞうわい》」と「収賄《しゅうわい》」を一《ひと》つにしたことば。

【。贈。呈】《ぞうてい》 II〈―する〉人《ひと》にものをさしあげること。例 贈呈式《ぞうていしき》 類 進呈《しんてい》・献呈《けんてい》・謹呈《きんてい》・寄贈《きぞう|きそう》

【。贈答】《ぞうとう》 ⇕〈―する〉品物《しなもの》をおくったり、お返《かえ》しをしたりすること。例 贈答品《ぞうとうひん》

【。贈。与】《ぞうよ》 II〈―する〉品物《しなもの》やお金《かね》を人《ひと》にあたえること。例 贈与税《ぞうよぜい》

【。贈。賄】《ぞうわい》 ▲〈―する〉自分《じぶん》のためにとくべつなことをしてもらえるように、関係者《かんけいしゃ》に不正《ふせい》にお金《かね》や品物《しなもの》をわたすこと。わいろをおくること。例 贈賄罪《ぞうわいざい》に問《と》われる。対 収賄《しゅうわい》

贈が下につく熟語 上の字の働き
【恵贈《けいぞう》 寄贈《きぞう|きそう》】近《ちか》い意味《いみ》。

貝－12

贋

総画19
JIS-2070
表外
音 ガン
訓 にせ

意味 にせ。にせもの。例 真贋《しんがん》

【◆贋作】《がんさく》 ↓〈―する〉ほんものににせてつくること。つくったもの。例 贋作《がんさく》を売《う》りに出《だ》す。

【◆贋造】《がんぞう》 ↓〈―する〉ほんものににせてつくること。つくったもの。例 贋造紙幣《がんぞうしへい》(にせ札《さつ》) 類 偽造《ぎぞう》

7画

赤［あか］［あかへん］の部

「赤」の字《じ》と、「赤《あか》」の形《かたち》がめやすとなっている「赦」の字《じ》とが入《はい》ります。

この部首の字

赤－0

赤

総画7
JIS-3254
教1年
音 セキ・シャク
訓 あか・あかい・あからむ・あからめる

筆順

なりたち

【会意】「大」と「火」を合《あ》わせて、火《ひ》が大《おお》きくもえているようすを表《あらわ》す字《じ》。火《ひ》の色《いろ》から、「あか」として使《つか》われている。

意味
❶あかい。顔《かお》が赤《あか》らむ。例 信号《しんごう》が赤《あか》になる。赤《あか》い羽根《はね》。顔《かお》を赤《あか》らめる。赤面《せきめん》・赤銅《しゃくどう》
❷まったくの。むきだしの。例 赤《あか》の他人《たにん》。赤貧《せきひん》

発音あんない セキ→セッ…例 赤血球《せっけっきゅう》

注意するよみ シャク…例 赤銅《しゃくどう》

特別なよみ 真っ赤(まっか)

❶〈あかい〉の意味で

【赤字】《あかじ》 ↓ ①入《はい》ってくるお金《かね》より出《で》ていくお金《かね》のほうが多《おお》いこと。例 赤字《あかじ》を出《だ》す。対 黒字《くろじ》 ②紙面《しめん》のまちがいをなおすとき、赤色《あかいろ》

。学習漢字でない常用漢字　▲常用漢字表にない音訓　◆常用漢字でない漢字

で書《か》き入《い》れた文字《もじ》。例赤字《あかじ》を入《い》れる。類朱《しゅ》
筆《ひっ》 知識 ①は、帳簿《ちょうぼ》に記録《きろく》するとき、たりない金額《きんがく》を赤色《あかいろ》で書《か》くことからいう。

【赤潮《あかしお》】↓プランクトンが急《きゅう》にふえて、海水《かいすい》が赤《あか》くなったように見《み》えること。魚《さかな》や貝《かい》が死《し》ぬので漁業《ぎょぎょう》に被害《ひがい》が出《で》る。

【赤札《あかふだ》】↓買《か》い手《て》の決《き》まった品物《しなもの》や、安売《やすう》りの商品《しょうひん》につける赤《あか》い色《いろ》のふだ。例赤札市《あかふだいち》

【赤銅《しゃくどう》】↓銅《どう》に金《きん》や銀《ぎん》をまぜてつくる、むらさきがかった黒《くろ》い色《いろ》をした合金《ごうきん》。例日《ひ》やけした赤銅色《しゃくどういろ》のはだ。

【赤外線《せきがいせん》】日光《にっこう》をプリズムにとおしたとき、赤色《あかいろ》の外《そと》がわにあって目《め》に見《み》えない光線《こうせん》。熱《ねつ》をふくみ、熱線《ねっせん》ともいう。例遠赤外線《えんせきがいせん》 対紫外線《しがいせん》

【赤十字《せきじゅうじ》】「赤十字社《せきじゅうじしゃ》」の略《りゃく》。戦争《せんそう》のときには敵味方《てきみかた》の区別《くべつ》なく、きずついた人《ひと》を介抱《かいほう》し、ふだんは災害《さいがい》にあった人《ひと》びとを助《たす》ける仕《し》事《ごと》をする、世界《せかい》の国々《くにぐに》にある団体《だんたい》。

【赤道《せきどう》】↓地球《ちきゅう》の中心《ちゅうしん》から地軸《ちじく》と直角《ちょっかく》に広《ひろ》がる平面《へいめん》が、地球《ちきゅう》の表面《ひょうめん》とまじわるところにあって、地球《ちきゅう》を南北《なんぼく》二《ふた》つに分《わ》ける線《せん》。例赤《せき》道直下《どうちょっか》 知識「赤道《せきどう》」は緯度《いど》でいえば〇度《ど》。この線《せん》から北《きた》が北半球《きたはんきゅう》、南《みなみ》が南半球《みなみはんきゅう》。

【赤飯《せきはん》】↓もち米《ごめ》にアズキをくわえてむしたもの。おいわいのときに食《た》べる。おこわ。

【赤面《せきめん》】↓〈―する〉はずかしくて顔《かお》が赤《あか》くなること。例赤面《せきめん》のいたり（どうしようもなくはずかしい）。類汗顔《かんがん》

【赤。痢《せきり》】↓高《たか》い熱《ねつ》が出《で》て、はげしくはらが痛《いた》み、血《ち》のまじった便《べん》が出《で》る病気《びょうき》。感染症《かんせんしょう》の一《ひと》つ。

【赤血球《せっけっきゅう》】血液《けつえき》の中《なか》にある小《ちい》さくて赤《あか》い円盤状《えんばんじょう》のもの。からだじゅうに酸素《さんそ》をはこぶはたらきをする。対白血球《はっけっきゅう》

❷〈まったくの〉の意味で

【赤。恥《あかはじ》】↓ひどくはずかしい思《おも》いをすること。赤《あか》っぱじ。例赤恥《あかはじ》をかく。類大恥《おおはじ》

【赤貧《せきひん》】↓ひじょうにまずしいこと。例赤《せき》貧洗《ひんあら》うがごとし（ひどいびんぼうで、なにもない）。類極貧《ごくひん》

【赤。裸。裸《せきらら》】〈―な／―に〉なにごともかくさずありのままであること。例赤裸々《せきらら》な記録《きろく》。

赤−4

赦

総画11
JIS-2847
常用
音 シャ
訓 ゆる-す

筆順

なりたち

【形声】「攵」が「むちで打《う》つこと」を、「赤《セキ／シャ》」が「シャ」とかわって読《よ》み方《かた》をしめしている。「セキ」は「すてておく、ゆるめる」意味《いみ》を持《も》ち、むちで打《う》つのをやめることを表《あらわ》す字《じ》。

意味 ゆるす。罪《つみ》やあやまちをゆるす。例赦免《しゃめん》・容赦《ようしゃ》

【赦。免《しゃめん》】Ⅱ〈―する〉罪《つみ》をゆるすこと。例赦免《しゃめん》をねがい出《で》る。

◆恩赦《おんしゃ》 大赦《たいしゃ》 特赦《とくしゃ》 容赦《ようしゃ》

7画 走 ［はしる］［そうにょう］ の部

「走」をもとに作《つく》られ、走《はし》り方《かた》や進《すす》むことにかかわる字《じ》を集《あつ》めてあります。

この部首の字

走−0

走

総画7
JIS-3386
教2年
音 ソウ
訓 はしる

筆順
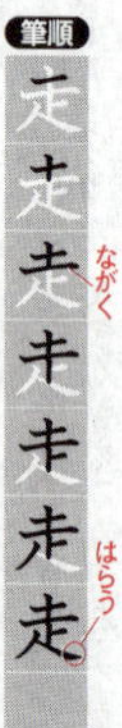

なりたち

【会意】人《ひと》が手《て》をふっている形《かたち》（土）と、行《い》く意味《いみ》をしめす足《あし》の形《かたち》（止）を合《あ》わせて、「はしる」ことを表《あらわ》す字《じ》。

意味 はしる。かける。例駅《えき》まで走《はし》る。走者《そうしゃ》・競走《きょうそう》

特別なよみ 師走（しわす）

【走者《そうしゃ》】↓①陸上競技《りくじょうきょうぎ》のランナー。例リレーの走者《そうしゃ》。②野球《やきゅう》で、塁《るい》に出《で》たランナー。例走者《そうしゃ》をけんせいする。

【走破《そうは》】⊠〈―する〉長《なが》い道《みち》のりやけわしい道《みち》を走《はし》りとおすこと。例砂漠《さばく》を走破《そうは》する。

【走馬灯《そうまとう》】火《ひ》をともすと、中《なか》の絵《え》がまわっ

て次々《つぎつぎ》にいろいろな影絵《かげえ》が見《み》える灯籠《とうろう》。「まわりどうろう」ともいう。表現「走馬灯《そうまとう》のように思《おも》い出《だ》される」などと、心《こころ》に次々《つぎつぎ》とうかんでは消《き》えていくことのたとえにも使《つか》う。

【走路《そうろ》】↓陸上競技《りくじょうきょうぎ》の競走《きょうそう》に使《つか》うコース。

走が下につく熟語 上の字の働き

【滑走《かっそう》 継走《けいそう》 疾走《しっそう》 縦走《じゅうそう》 独走《どくそう》 完走《かんそう》 暴走《ぼうそう》 快《かい》走《そう》 力走《りきそう》 東奔西走《とうほんせいそう》】ドノヨウニ走《はし》るか。

【助走《じょそう》 伴走《ばんそう》 脱走《だっそう》 逃走《とうそう》 帆走《はんそう》 敗走《はいそう》】ドウヤッテ・ドウナッテ走《はし》るか。

◆競走《きょうそう》 師走《しわす》 奔走《ほんそう》

走-2 赴

総画9 JIS-4175 常用

音 フ 訓 おもむく

筆順

なりたち

【形声】「走（はしる）」と、神《かみ》のおつげの意味《いみ》の「卜《ボク》」とからでき、「卜」が「フ」とかわって読《よ》み方《かた》をしめしている。走《はし》っていってつげることを表《あらわ》す字《じ》。

意味 おもむく。出《で》かけていく。例 任地《にんち》に赴《おもむ》く。赴任《ふにん》

【。赴任《ふにん》】▲〈—する〉新《あたら》しくつとめることになった土地《とち》に行《い》くこと。例 大阪《おおさか》に赴任《ふにん》する。単身赴任《しんふにん》 類 着任《ちゃくにん》

走-3 起

総画10 JIS-2115 教3年

音 キ 訓 おきる・おこる・おこす・た-つ

筆順

なりたち

【形声】もとの字《じ》は、「起」。「走（はしる）」と「巳《シ》」とからでき、「巳」が「キ」とかわって読《よ》み方《かた》をしめしている。「シ」は「はじめる」意味《いみ》を持《も》ち、走《はし》りはじめることを表《あらわ》す字《じ》。

意味

❶おきる。立《た》ち上《あ》がる。もち上《あ》げる。例 朝早《あさはや》く起《お》きる。寝《ね》た子《こ》を起《お》こす。起立《きりつ》

❷はじめる。はじまる。はじまり。例 さわぎが起《お》こる。事《こと》の起《お》こり。起工《きこう》・発起《ほっき》

名前のよみ かず・ゆき

❶〈おきる〉の意味で

【起居《ききょ》】⇕〈—する〉ふだんの生活《せいかつ》。例 起居《ききょ》を共《とも》にする。参考 もともとの意味《いみ》は、立《た》ったりすわったりの動作《どうさ》。

【起死回生《きしかいせい》】死《し》にかけているものやほろびかけているものを生《い》きかえらせること。例 起死回生《きしかいせい》の名案《めいあん》。起死回生《きしかいせい》をはかる。

【起重機《きじゅうき》】重《おも》いものをつり上《あ》げたり動《うご》かしたりするための機械《きかい》。クレーン。

【起。床《きしょう》】▲〈—する〉おきあがって、ねどこからでること。例 起床時間《きしょうじかん》 対 就寝《しゅうしん》

【起。伏《きふく》】⇕〈—する〉①地面《じめん》が高《たか》くなったり低《ひく》くなったりしていること。例 起伏《きふく》にとんだ地《ち》形《けい》。②強《つよ》くなったり弱《よわ》くなったり、さかんになったりおとろえたりなどの変化《へんか》。例 感情《かんじょう》の起伏《きふく》がはげしい。

【起用《きよう》】↓〈—する〉多《おお》くの人《ひと》の中《なか》から、とくにえらんでだいじな仕事《しごと》をさせること。例 新人《しんじん》を起用《きよう》する。類 登用《とうよう》・抜擢《ばってき》

【起立《きりつ》】Ⅱ〈—する〉席《せき》から立《た》ち上《あ》がること。例 全員起立《ぜんいんきりつ》して校歌《こうか》を歌《うた》う。対 着席《ちゃくせき》

❷〈はじめる〉の意味で

【起案《きあん》】▲〈—する〉もとになる案《あん》や文《ぶん》をつくること。例 会則《かいそく》を起案《きあん》する。類 起草《きそう》・立案《りつあん》

【起因《きいん》】↓〈—する〉なにかがおこるもとになること。もとになっているものごと。例 飲酒《いんしゅ》運転《うんてん》に起因《きいん》する事故《じこ》が増加《ぞうか》している。類 基因《きいん》

【起源《きげん》】Ⅱものごとのはじまり。例 生命《せいめい》の起源《きげん》をさぐる。類 源流《げんりゅう》 表記「起原」とも書《か》く。

【起工《きこう》】▲〈—する〉大《おお》きな工事《こうじ》をはじめること。例 起工式《きこうしき》 類 着工《ちゃっこう》 対 竣工《しゅんこう》・落成《らくせい》・完工《かんこう》

【起算《きさん》】▲〈—する〉そこからかぞえはじめること。例 入院《にゅういん》した日《ひ》から起算《きさん》して十日《とおか》たつ。

【起承転結《きしょうてんけつ》】①四句《よんく》で作《つく》る漢詩《かんし》のならべ方《かた》の原理《げんり》。「起《き》」は言《い》いおこす第一句《だいいっく》、「承《しょう》」は前《まえ》をうける第二句《だいにく》、「転《てん》」はがらっとかえる第《だい》三句《さんく》、「結《けつ》」はしめくくる第四句《だいよんく》。②文章《ぶんしょう》の組《く》み立《た》てやものごとの順序《じゅんじょ》。例 起承転結《きしょうてんけつ》を考《かんが》えて文章《ぶんしょう》をまとめる。

【起。訴《きそ》】▲〈—する〉検察官《けんさつかん》が裁判所《さいばんしょ》にうったえを起《お》こすこと。例 起訴猶予《きそゆうよ》 類 提訴《ていそ》

【起草《きそう》】▲〈—する〉文章《ぶんしょう》の下書《したが》きを書《か》くこ

と。類 起案《きあん》・立案《りつあん》 表現 公的《こうてき》な文章《ぶんしょう》についていう。

【起点《きてん》】[↓] ものごとのはじまりのところ。例 東京駅《とうきょうえき》を起点《きてん》とする東海道本線《とうかいどうほんせん》。類 出発《しゅっぱつ》点《てん》 対 着点《ちゃくてん》・終点《しゅうてん》

起が下につく熟語 上の字の働き

❶ 起＝〈おきる〉のとき
【突起《とっき》 隆起《りゅうき》】近《ちか》い意味《いみ》。
【奮起《ふんき》 決起《けっき》 躍起《やっき》 再起《さいき》 提起《ていき》 喚起《かんき》 想起《そうき》】ドノヨウニ起《お》きる・起《お》こすか。
◆ 縁起《えんぎ》 蜂起《ほうき》 発起《ほっき》

赳
走-3 総画10 JIS-7666 人名
音 キュウ 訓 ―
意味 つよい。たくましい。
名前のよみ たけ・たけし

越
走-5 総画12 JIS-1759 常用
音 エツ 訓 こす・こえる

筆順 越 越 越 越 越 越 越 越

なりたち  【形声】「戉」が「エツ」という読《よ》み方《かた》と「こえる」意味《いみ》を表《あらわ》し、走《はし》ってとびこえることを表《あらわ》す字《じ》。

意味
❶こえる。こす。乗《の》りこえる。例 山《やま》を越《こ》える。勝《か》ち越《こ》す。越境《えっきょう》・超越《ちょうえつ》
❷越の国《こしのくに》。古《ふる》い地名《ちめい》。越前《えちぜん》（今《いま》の福井県東《ふくいけんとう》部《ぶ》）・越中《えっちゅう》（今《いま》の富山県《とやまけん》）・越後《えちご》（今《いま》の新潟県《にいがたけん》の大部分《だいぶぶん》）に分《わ》かれる。例 甲信越《こうしんえつ》
参考「呉越同舟《ごえつどうしゅう》」（213ページ）の「越《えつ》」は、古代《こだい》中国《ちゅうごく》の国《くに》。

使い分け こえる［越・超］☞967ページ

❶〈こえる〉の意味で
【°越境《えっきょう》】[▲]〈―する〉境界線《きょうかいせん》や国境《こっきょう》をこえること。例 越境入学《えっきょうにゅうがく》
【°越権《えっけん》】[▲] 自分《じぶん》の権限《けんげん》にはないことをかってにすること。例 越権行為《えっけんこうい》
【°越冬《えっとう》】[▲]〈―する〉冬《ふゆ》をこすこと。例 南極越冬隊《なんきょくえっとうたい》。ハクチョウは日本《にほん》に来《き》て越冬《えっとう》する。
【°越年《えつねん》】[▲]〈―する〉年《とし》をこして、新年《しんねん》をむかえること。年《とし》こし。例 越年草《えつねんそう》

越が下につく熟語 上の字の働き

❶ 越＝〈こえる〉のとき
【卓越《たくえつ》 超越《ちょうえつ》】近《ちか》い意味《いみ》。

超
走-5 総画12 JIS-3622 常用
音 チョウ 訓 こえる・こす

筆順 超 超 超 超 超 超 超 超

なりたち  【形声】「召《ショウ》」が「チョウ」とかわって読《よ》み方《かた》をしめしている。「ショウ」は「おどりあがる」意味《いみ》を持《も》ち、走《はし》ってとびこえることを表《あらわ》す字《じ》。

意味
❶こえる。ある限度《げんど》をこえる。例 能力《のうりょく》を超《こ》える。定員《ていいん》を超《こ》す。超過《ちょうか》
❷なみでない。かけはなれる。例 超人《ちょうじん》

使い分け こえる［越・超］☞967ページ

名前のよみ おき・たつ・とおる

❶〈こえる〉の意味で
【°超°越《ちょうえつ》】[‖]〈―する〉いろいろなことを乗《の》りこえて、いちだんと高《たか》い立場《たちば》に立《た》つこと。例 たがいの利害《りがい》を超越《ちょうえつ》して協力《きょうりょく》する。
【°超音速《ちょうおんそく》】音《おと》の速《はや》さより速《はや》いこと。例 超音速旅客機《ちょうおんそくりょかっき》
【°超音波《ちょうおんぱ》】振動数《しんどうすう》が毎秒《まいびょう》一万六千回《いちまんろくせんかい》以上《いじょう》で、人《ひと》の耳《みみ》には聞《き》こえない音波《おんぱ》。例 超音《ちょうおん》波診断装置《ぱしんだんそうち》
【°超過《ちょうか》】[‖]〈―する〉決《き》められた時間《じかん》や数量《すうりょう》をこえること。例 定員《ていいん》を超過《ちょうか》する。
【°超短波《ちょうたんぱ》】波長《はちょう》が一メートルから一〇メートルの電波《でんぱ》。テレビやFM《エフエム》放送《ほうそう》・トランシーバーなどで使《つか》う。参考 ☞【短波《たんぱ》】（779ページ）
【°超満員《ちょうまんいん》】決《き》まった数《かず》をこえていっぱい人《ひと》が入《はい》っていること。例 超満員《ちょうまんいん》の電車《でんしゃ》。

❷〈なみでない〉の意味で
【°超人《ちょうじん》】[↓] とびぬけてすぐれた能力《のうりょく》を持《も》っている人《ひと》。スーパーマン。表現「超人的記《ちょうじんてききろく》録」「超人的《ちょうじんてき》な努力《どりょく》」など「的《てき》」をつけて使《つか》うことが多《おお》い。
【°超絶《ちょうぜつ》】[⊠]〈―する〉とびぬけてすぐれていること。例 超絶《ちょうぜつ》した技巧《ぎこう》。
【°超然《ちょうぜん》】[⊠]〈―たる〉〈―と〉ものごとにこだわらず、落《お》ちついているようす。例 ひとり超然《ちょうぜん》としている。超然《ちょうぜん》たる態度《たいど》。

走-8

趣

総画15
JIS-2881
常用
音 シュ
訓 おもむき

筆順

なりたち [形声]「取」が「シュ」という読《よ》み方《かた》をしめしている。「シュ」は「うながす、せかせる」意味《いみ》を持《も》ち、せかして走《はし》らせることを表《あらわ》す字《じ》。

意味
❶おもむき。おもしろみ。あじわい。例 趣《おもむき》のある庭《にわ》。趣向《しゅこう》・興趣《きょうしゅ》
❷ねらい。考《かんが》え。例 趣旨《しゅし》

名前のよみ とし

❶〈おもむき〉の意味で
【°趣向《しゅこう》】‖ 味《あじ》わいやおもしろみを出《だ》すためのくふうや考《かんが》え。例 趣向《しゅこう》をこらす。類 意匠《いしょう》
【°趣味《しゅみ》】‖ ①仕事《しごと》とはべつに、楽《たの》しみでやること。例 趣味《しゅみ》が広《ひろ》い。類 道楽《どうらく》 ②味《あじ》わいやおもむき。例 趣味《しゅみ》のよい服《ふく》。

❷〈ねらい〉の意味で
【°趣意《しゅい》】↓ ものごとをしようとするときの考《かんが》えや目的《もくてき》。例 趣意書《しゅいしょ》
【°趣旨《しゅし》】↓ ①ものごとをしようとするときのねらいやわけ。例 計画《けいかく》の趣旨《しゅし》を説明《せつめい》する。②文章《ぶんしょう》や話《はなし》などの言《い》おうとしている内容《ないよう》。例 話《はなし》の趣旨《しゅし》はわかった。類 主旨《しゅし》

使い分け [主旨・趣旨] ☞37ページ

趣が下につく熟語 上の字の働き

❶趣＝〈おもむき〉のとき
【興趣《きょうしゅ》 風趣《ふうしゅ》】近《ちか》い意味《いみ》。
【情趣《じょうしゅ》 雅趣《がしゅ》 野趣《やしゅ》】ドンナ趣《おもむき》か。

7画 足［あし］ 𧾷［あしへん］ の部

「足《あし》」をもとに作《つく》られ、足《あし》での動作《どうさ》や歩行《ほこう》にかかわる字《じ》を集《あつ》めてあります。

この部首の字
0 足……967
5 距……968
6 跡……968
践……969
跳……969
路……969
7 踊……969
8 踪……970
踏……970
12 蹴……970
14 躍……970

足-0

足

総画7
JIS-3413
教1年
音 ソク
訓 あし・たりる・たる・たす

筆順 はらう

なりたち [象形]「口」がひざ、「止(止)」があしの形《かたち》で、「あし」をえがいた字《じ》。

意味
❶あし。人間《にんげん》や動物《どうぶつ》のあし。例 足元《あしもと》・土足《どそく》
❷あしであるく。移動《いどう》する。あゆみ。例 足早《あしばや》・発足《ほっそく》
❸たりる。じゅうぶんである。くわえる。例 お金《かね》が足《た》りる。信《しん》ずるに足《た》る。用《よう》を足《た》す。補足《ほそく》
❹はきものの数《かず》をかぞえることば。例 一足《いっそく》

特別なよみ 足袋(たび)
名前のよみ みつ・ゆき

❶〈あし〉の意味で
【足°腰《あしこし》】‖ 動作《どうさ》のもとになる足《あし》と腰《こし》など、下半身《かはんしん》の強《つよ》さ。例 足腰《あしこし》をきたえる。
【足場《あしば》】↓ ①立《た》ったり歩《ある》いたりするときに、足《あし》をつけるところ。例 すべりやすく足場《あしば》がわるい。②高《たか》いところで仕事《しごと》をするために、丸太《まるた》や鉄《てつ》パイプを組《く》んで、人《ひと》がのぼれるようにしたもの。例 足場《あしば》を組《く》む。③これか

例解 使い分け
[こえる《越える・超える》]
越《こ》える＝またぐようにして通《とお》りすぎる。例 山《やま》を越《こ》える。国境《こっきょう》を越《こ》える。障害物《しょうがいぶつ》をとび越《こ》える。
超《こ》える＝ある分量《ぶんりょう》や範囲《はんい》をすぎる。例 目標額《もくひょうがく》を超《こ》える。二十万人《にじゅうまんにん》を超《こ》える人出《ひとで》。人間《にんげん》の能力《のうりょく》を超《こ》える。

◦学習漢字でない常用漢字 ▲常用漢字表にない音訓 ◆常用漢字でない漢字

ら仕事《しごと》をするためのよりどころ。例 足場《あしば》をかためる。

【足元】《あしもと》↓ ①立《た》っている足《あし》の下《した》やまわり。例足元に気をつける。君《きみ》の足元《あしもと》にもおよばない（君《きみ》のほうがずっとすぐれている）。②身近《みぢか》なところ。例 足元《あしもと》をかためる。表現「足元《あしもと》を見《み》る」は、相手《あいて》の弱《よわ》みを知《し》って、そこにつけこむ態度《たいど》に出《で》ること。表記「足下」「足許」とも書《か》く。

【足。跡】《そくせき／あしあと》↓ ①歩《ある》いたあとにのこる足《あし》やはきものの形《かたち》。例 雪《ゆき》の上《うえ》の足跡《あしあと》をたどる。②なしとげた仕事《しごと》や成果《せいか》。例 科学《かがく》に大《おお》きな足跡《そくせき》をのこした人《ひと》。☞❷

【足。袋】《たび》↓ 和服《わふく》を着《き》るとき、足《あし》にはくもの。おもに布《ぬの》でつくり、げたやぞうりがはけるように、指先《ゆびさき》が二《ふた》つに分《わ》かれている。例 白足袋《しろたび》

❷〈あしであるく〉の意味で

【足音】《あしおと》↓ 歩《ある》いたり走《はし》ったりするときに出《で》る音《おと》。例 足音《あしおと》をしのばせる。足音《あしおと》がひびく。表現「春《はる》の足音《あしおと》」などと、ものごとが近《ちか》づいてくる気配《けはい》をいうときにも使《つか》う。

【足代】《あしだい》↓ 電車《でんしゃ》・バスなどの乗《の》り物《もの》にかかるお金《かね》。交通費《こうつうひ》。例 足代《あしだい》がかかる。

【足早】《あしばや》↓〈―な〉〈―に〉足《あし》をはやく動《うご》かして歩《ある》くようす。例 足早《あしばや》に通《とお》りすぎる。

【足元】《あしもと》↓ 歩《ある》き方《かた》。足《あし》どり。例 足元《あしもと》がふらつく。表記「足下」「足許」とも書《か》く。☞❶

【足労】《そくろう》↓ ふだんいるところから、べつの場《ば》所《しょ》へ出《で》かけること。表現「ご足労《そくろう》おかけしました」などと、人《ひと》にたのんでどこかへ行《い》ってもらったり来《き》てもらったりするのに使《つか》う。

足が下につく熟語 上の字の働き

❶足＝〈あし〉のとき
【素足《すあし》 土足《どそく》 軸足《じくあし》 義足《ぎそく》】ドウイウ足《あし》か。

❷足＝〈あしであるく〉のとき
【禁足《きんそく》 発足《ほっそく／はっそく》】歩《ある》くことをドウスルか。
【快足《かいそく》 俊足《しゅんそく》 鈍足《どんそく》 遠足《えんそく》 長足《ちょうそく》 出足《であし》 千鳥足《ちどりあし》】ドウイウ歩《ある》き（歩《あゆ》み）か。
【雨足《あまあし》 雲足《くもあし》 客足《きゃくあし》】ナニの動《うご》きぐあいか。

❸足＝〈たりる〉のとき
【充足《じゅうそく》 具足《ぐそく》 自足《じそく》（自給《じきゅう》自足《じそく》） 不足《ふそく》 補足《ほそく》】ドノヨウニ足《た》りる（足《た》らす）か。

◆ 一挙手《いっきょしゅ》一投足《いっとうそく》 襟足《えりあし》 蛇足《だそく》 手足《てあし》 一足《ひとあし／いっそく》 満足《まんぞく》

⻊-5

距

総画12 JIS-2187 常用 訓 ― 音 キョ

筆順 距 距 距 距 距 距 距 距

なりたち  【形声】「巨」が「キョ」という読《よ》み方《かた》をしめしている。「キョ」は「やりのようなつめ」の意味《いみ》を持《も》ち、ニワトリの足《あし》のけづめを表《あらわ》す字《じ》。ニワトリがけづめで相手《あいて》をふせいだり、しりぞけたりすることから、「へだたり」の意味《いみ》に使《つか》われている。

意味 へだたり。あいだがある。例 距離《きょり》

【距。離】《きょり》‖ 二《ふた》つの地点《ちてん》のあいだの長《なが》さ。二《ふた》つがはなれていること。例 長距離《ちょうきょり》

⻊-6

跡

総画13 JIS-3255 常用 訓 あと 音 セキ

筆順 跡 跡 跡 跡 跡 跡 跡 跡

なりたち  【形声】「亦《エキ》」が「セキ」とかわって読《よ》み方《かた》をしめしている。「エキ」は「つづく」意味《いみ》を持《も》ち、ずっとつづいていく足《あし》あとを表《あらわ》す字《じ》。

意味 あと。人《ひと》の歩《ある》いたあと。ものごとがおこなわれた場所《ばしょ》やしるし。例 城跡《しろあと》・遺跡《いせき》

使い分け あと［跡・痕］☞969ページ

【。跡始末】《あとしまつ》〈―する〉ものごとが終《お》わったあとで、のこっているものなどをかたづけること。あとかたづけ。例 運動会《うんどうかい》の跡始末《あとしまつ》。表記「後始末」とも書《か》く。

【。跡地】《あとち》↓ 建物《たてもの》や施設《しせつ》などをとりはらったあとの土地《とち》。例 跡地《あとち》利用《りよう》

【。跡目】《あとめ》↓ 家《いえ》や職業《しょくぎょう》・仕事《しごと》などを受《う》けつぐ役目《やくめ》。あとつぎ。例 親《おや》の跡目《あとめ》をつぐ。

跡が下につく熟語 上の字の働き

【遺跡《いせき》 旧跡《きゅうせき》 古跡《こせき》 名跡《めいせき》 航跡《こうせき》 奇跡《きせき》】ドウイウ跡《あと》か。
【軌跡《きせき》 形跡《けいせき》 史跡《しせき》 人跡《じんせき》 筆跡《ひっせき》 城跡《しろあと／じょうせき》 足跡《そくせき／あしあと》 傷跡《きずあと》】ナニの跡《あと》か。

◆ 追跡《ついせき》

践

⻊－6

総画13　JIS-3309　常用

音 セン　訓 —

［踐］

筆順 践践践践践践践践

なりたち 【形声】もとの字は、「踐」。「戔」が「セン」という読《よ》み方《かた》をしめしている。「セン」は「ふむ」意味《いみ》を持《も》ち、足《あし》でふみつけることを表《あらわ》す字《じ》。「じっさいにおこなう」意味《いみ》に使《つか》われている。

意味 おこなう。じっさいにおこなう。例 実《じっ》践《せん》

跳

⻊－6

総画13　JIS-3623　常用

音 チョウ　訓 はねる・とぶ

筆順 跳跳跳跳跳跳跳跳

なりたち 【形声】「兆」が「チョウ」という読《よ》み方《かた》をしめしている。「チョウ」は「高《たか》くあがる」意味《いみ》を持《も》ち、足《あし》を使《つか》ってとびあがることを表《あらわ》す字《じ》。

意味 とびはねる。とびあがる。例 どろが跳《は》ねる。みぞを跳《と》ぶ。跳躍《ちょうやく》

使い分け とぶ［飛・跳］→1045ページ

【。跳。躍】《ちょうやく》 Ⅱ〈—する〉①地面《じめん》をけって、とび上《あ》がったり、とびはねたりすること。ジャンプ。例 跳躍運動《ちょうやくうんどう》 ②「跳躍競技《ちょうやくきょうぎ》」の略《りゃく》。走《はし》りはばとび、走《はし》り高《たか》とびなど。

路

⻊－6

総画13　JIS-4709　教3年

音 ロ　訓 じ・みち

筆順 路路路路路路路路（はらう）

なりたち 【形声】「各《カク》」が「ロ」とかわって読《よ》み方《かた》をしめしている。「カク」は「ふむ」意味《いみ》を持《も》ち、足《あし》でふむ所《ところ》を表《あらわ》す字《じ》。人《ひと》がふみかためた「みち」として使《つか》われている。

意味 みち。通《とお》りみち。例 路面《ろめん》・家路《いえじ》

名前のよみ のり・ゆき

【路。肩】《ろかた／ろけん》 ⇩ 道路《どうろ》の両《りょう》がわの縁《ふち》。例 路肩《ろかた》注意《ちゅうい》

【路銀】《ろぎん》 ⇩ 旅行《りょこう》をするためのお金《かね》。例 路銀《ろぎん》がつきる。類 旅費《りょひ》 表現 やや古《ふる》い言《い》い方《かた》。

【路地】《ろじ》 ⇩ ①家《いえ》と家《いえ》とにはさまれた、はばのせまい道《みち》。例 路地《ろじ》うら ②やしきや庭《にわ》のなかの道《みち》。例 路地《ろじ》を飛《と》び石《いし》づたいに歩《ある》く。

【路上】《ろじょう》 ⇩ 道路《どうろ》の上《うえ》。例 路上駐車《ろじょうちゅうしゃ》 類 途《と》上《じょう》

【路線】《ろせん》 ⇩ ①電車《でんしゃ》やバスの決《き》まったコース。例 路線《ろせん》バス ②活動《かつどう》する団体《だんたい》がこれから進《すす》もうとする方向《ほうこう》。例 平和《へいわ》路線《ろせん》をまもる。

【路頭】《ろとう》 ⇩ 道《みち》のあたり。参考 「頭《とう》」は、「…のあたり」という意味《いみ》。表現 「路頭《ろとう》にまよう」は、家《いえ》やお金《かね》がなくなって、生活《せいかつ》にこまることをいう。

【路。傍】《ろぼう》 ⇩ 道《みち》ばた。例 路傍《ろぼう》の石《いし》（道《みち》を通《とお》る人《ひと》も気《き》にとめないようなつまらないもの）。

【路面】《ろめん》 ⇩ 道路《どうろ》の表面《ひょうめん》。例 路面電車《ろめんでんしゃ》

路が下につく熟語 上の字の働き

【道路《どうろ》 街路《がいろ》】近《ちか》い意味《いみ》。

【一路《いちろ》 遠路《えんろ》 岐路《きろ》 血路《けつろ》 順路《じゅんろ》 線路《せんろ》 末路《まつろ》 迷《めい》路《ろ》 難路《なんろ》 小路《こうじ》】ドノヨウナみちか。

【往路《おうろ》 復路《ふくろ》 帰路《きろ》 進路《しんろ》 退路《たいろ》 針路《しんろ》 通路《つうろ》 経路《けいろ》 航路《こうろ》 走路《そうろ》 活路《かつろ》 販路《はんろ》 家路《いえじ》】ドウスルみちか。

【水路《すいろ》 潮路《しおじ》 船路《ふなじ》 夢路《ゆめじ》 旅路《たびじ》 恋路《こいじ》】ナニのみちか。

【海路《かいろ》 空路《くうろ》 陸路《りくろ》 山路《やまじ》】ドコを行《い》くみちか。

踊

⻊－7

総画14　JIS-4557　常用

音 ヨウ　訓 おどる・おどり

筆順 踊踊踊踊踊踊踊踊

なりたち 【形声】「甬」が「ヨウ」という読《よ》み方《かた》をしめしている。「ヨウ」は「あがる」意味《いみ》を持《も》ち、足《あし》をあげておどることを表す字。

例解 使い分け

［あと《跡・痕》］

跡＝ものごとがおこなわれたしるし。例 車輪《しゃりん》の跡《あと》がついている。苦心《くしん》の跡《あと》が見《み》える。父《ちち》の跡《あと》を継《つ》ぐ。

痕＝人《ひと》の体《からだ》についたあと。例 手術《しゅじゅつ》の痕《あと》が痛々《いたいた》しい。弾丸《だんがん》の痕《あと》が残《のこ》っている。

表《あらわ》す字《じ》。
意味 おどる。音楽《おんがく》に合《あ》わせて、おどりをする。例 輪《わ》になって踊《おど》る。盆踊《ぼんおど》り・舞踊《ぶよう》

踪
⻊-8　総画15　JIS-7709　常用
音 ソウ　訓 —

筆順

意味 あと。ゆくえ。例 失踪事件《しっそうじけん》

踏
⻊-8　総画15　JIS-3807　常用
音 トウ　訓 ふむ・ふまえる

筆順

なりたち  [形声]もとの字は、「蹋」。「昜」(のちに「沓」)が「トウ」という読《よ》み方《かた》をしめしている。「トウ」は「かさねる」意味《いみ》を持《も》ち、足《あし》をとんとんふみ重《かさ》ねることを表《あらわ》す字《じ》。

意味 足《あし》でふむ。ふみあるく。ふみつける。例 二《に》の足《あし》を踏《ふ》む。現実《げんじつ》を踏《ふ》まえる。踏査《とうさ》・舞踏《ぶとう》

【踏査《とうさ》】↓〈―する〉じっさいにその場所《ばしょ》に行《い》って調《しら》べること。例 実地踏査《じっちとうさ》 類 探査《たんさ》

【踏襲《とうしゅう》】↓〈―する〉それまでのやり方《かた》や考《かんが》え方《かた》などを、そのまま受《う》けつぐこと。例 前任者《ぜんにんしゃ》の方針《ほうしん》を踏襲《とうしゅう》する。

【踏破《とうは》】⊠〈―する〉長《なが》い道《みち》のりやけわしい道《みち》を歩《ある》きとおすこと。例 長《なが》い尾根《おね》を踏破《とうは》する。

【踏切《ふみきり》】◎ ①鉄道線路《てつどうせんろ》と道路《どうろ》とが交《ま》わっているところ。例 踏切《ふみきり》をわたる。②とび箱《ばこ》や走《はし》りはばとびなどで、とぶ前《まえ》に強《つよ》くけって、はずみをつけること。また、その場所《ばしょ》。表記 ②は、「踏《ふ》み切《き》り」と送《おく》りがなをつける。

◆ 雑踏《ざっとう》 舞踏《ぶとう》 未踏《みとう》

蹴
⻊-12　総画19　JIS-2919　常用
音 シュウ　訓 ける

筆順

意味 ける。けとばす。例 蹴球《しゅうきゅう》(球《たま》をけるスポーツ。ふつうはサッカーをさす)・一蹴《いっしゅう》(はねつける)

躍
⻊-14　総画21　JIS-4486　常用
音 ヤク　訓 おどる

筆順

なりたち  [形声]もとの字は、「躍」。「翟《タク》」が「ヤク」とかわって読《よ》み方《かた》をしめしている。「タク」は「おどりあがる」意味《いみ》を持《も》ち、足《あし》をけってはねあがることを表《あらわ》す字《じ》。

意味 とびはねる。おどるように動《うご》く。いきいきと動《うご》く。例 胸《むね》が躍《おど》る。躍動《やくどう》・活躍《かつやく》

【躍如《やくじょ》】⊠〈―たる〉〈―と〉目《め》に見《み》えるようないきいきとしたようす。例 面目躍如《めんぼくやくじょ》

発音あんない ヤク→ヤッ…例 躍起《やっき》

【躍進《やくしん》】↓〈―する〉すばらしいいきおいで上《うえ》へあがっていく。例 躍進《やくしん》の年《とし》。

【躍動《やくどう》】Ⅱ〈―する〉いきおいよく、いきいきと動《うご》く。例 生命《せいめい》の躍動《やくどう》。

【躍起《やっき》】↓〈―に〉〈―と〉むきになるようす。

躍《やく》が下《した》につく熟語《じゅくご》 上《うえ》の字《じ》の働《はたら》き
【跳躍《ちょうやく》 飛躍《ひやく》】近《ちか》い意味《いみ》。
【暗躍《あんやく》 一躍《いちやく》 活躍《かつやく》 勇躍《ゆうやく》】ドノヨウニ躍《おど》り動《うご》くか。

7画 身 [み] の部

ここには「身」の字《じ》だけが入《はい》ります。

この部首の字
0 身……970
射→寸331

身
身-0　総画7　JIS-3140　教3年
音 シン　訓 み

筆順 はねる　だす　はっきりだす

なりたち  [象形]おなかに子《こ》どものある女《おんな》の人《ひと》をえがいた字《じ》。「からだ」の意味《いみ》に使《つか》われている。

意味 ❶からだ。命《いのち》のやどる肉体《にくたい》。例 身《み》をまもる。身体《しんたい》・人身《じんしん》

❷なかみ。そのものの本体《ほんたい》。例 黄身《きみ》・刀身《とうしん》
❸じぶんじしん。例 身近《みぢか》・自身《じしん》
❹その人《ひと》のたちば。社会《しゃかい》の中《なか》でおかれている状態《じょうたい》。例 身分《みぶん》・出身《しゅっしん》

名前のよみ ただ・ちか・よし

❶〈からだ〉の意味で

【身心《しんしん》】[⇕] からだと心《こころ》。表記「心身」とも書《か》く。

【身体《しんたい》】[Ⅱ] 人《ひと》のからだ。例 身体検査《しんたいけんさ》 類 人体《じんたい》・肉体《にくたい》

【身長《しんちょう》】[↓] せいの高《たか》さ。例 身長《しんちょう》をはかる。身長《しんちょう》がのびる。類 背丈《せたけ》・上背《うわぜい》

【身重《みおも》】[▽] おなかの中《なか》に子《こ》どもがいること。例 身重《みおも》のからだではたらいている。

【身。柄《みがら》】[○] その人《ひと》のからだ。例 身柄《みがら》を保護《ほご》する。身柄《みがら》を引《ひ》き取《と》る。

【身軽《みがる》】[▽]〈—な・—に〉①からだが楽《らく》に動《うご》くこと。動《うご》きやすいこと。例 身軽《みがる》な動作《どうさ》。②責任《せきにん》などがなく、自分《じぶん》の思《おも》うように行動《こうどう》できること。例 一人《ひとり》で身軽《みがる》に生《い》きる。

【身支度《みじたく》】なにかをするために、身《み》なりをととのえること。例 旅《たび》の身支度《みじたく》。表記「身仕度」とも書《か》く。

❸〈じぶんじしん〉の意味で

【身辺《しんぺん》】[↓] 自分《じぶん》の仕事《しごと》や人間関係《にんげんかんけい》にかかわること。身《み》のまわり。例 身辺整理《しんぺんせいり》

【身内《みうち》】[↓] ①血《ち》のつながっている人《ひと》たち。例 身内《みうち》に不幸《ふこう》があった。類 親類《しんるい》・親戚《しんせき》 対 他人《たにん》 ②おなじ親分《おやぶん》の下《した》にいる子分《こぶん》たち。例 身内《みうち》をかばう。

【身勝手《みがって》】〈—な・—に〉人《ひと》のことは考《かんが》えないで、自分《じぶん》のことだけを考《かんが》えて行動《こうどう》すること。わがまま。例 身勝手《みがって》にふるまう。類 自分勝手《じぶんかって》

【身銭《みぜに》】[↓] 自分《じぶん》のお金《かね》。例 身銭《みぜに》を切《き》る（自分《じぶん》のお金《かね》ではらう）。類 私費《しひ》・自腹《じばら》

【身近《みぢか》】[↓]〈—な・—に〉自分《じぶん》に近《ちか》いところ。自分《じぶん》に関係《かんけい》が深《ふか》い。例 身近《みぢか》な問題《もんだい》。類 手近《てぢか》

❹〈その人のたちば〉の意味で

【身上】[↓] 一《しんしょう》 お金《かね》のたくわえや土地《とち》・財《ざい》産《さん》。例 身上《しんしょう》持《も》ち（金持《かねも》ち） 類 身代《しんだい》・資産《しさん》 二《しんじょう》 ①人《ひと》の生《う》まれ、育《そだ》ち、仕事《しごと》、生活《せいかつ》などのようす。例 身上調査《しんじょうちょうさ》 ②人《ひと》がもともと持《も》っているねうち。例 正直《しょうじき》なのがかれの身上《しんじょう》だ。

【身代《しんだい》】[↓] お金《かね》のたくわえや土地《とち》・財産《ざいさん》。例 身代《しんだい》をきずく。類 身上《しんしょう》・財産《ざいさん》・資産《しさん》

【身空《みそら》】[↓] 人《ひと》のおかれた状態《じょうたい》。例 旅《たび》の身空《みそら》。

【身分《みぶん》】[↓] ①その人《ひと》の、世《よ》の中《なか》での地位《ちい》や立場《たちば》。例 身分証明書《みぶんしょうめいしょ》 類 分際《ぶんざい》 ②その人《ひと》の生活《せいかつ》のようす。身《み》の上《うえ》。例 苦労《くろう》なしの、けっこうなご身分《みぶん》だ。類 境遇《きょうぐう》

【身元《みもと》】[↓] その人《ひと》の名前《なまえ》、生《う》まれ育《そだ》った家《いえ》や土地《とち》、卒業《そつぎょう》した学校《がっこう》やしてきた仕事《しごと》などのこと。例 身元《みもと》をたしかめる。類 素性《すじょう》

身が下につく熟語 上の字の働き

❶身＝〈からだ〉のとき
【肩身《かたみ》 肌身《はだみ》】近縁《きんえん》の関係《かんけい》。
【一身《いっしん》 単身《たんしん》 人身《じんしん》 長身《ちょうしん》 病身《びょうしん》 化身《けしん》 分身《ぶんしん》 不死身《ふじみ》】ドノヨウナ身《み》か。
【全身《ぜんしん》 満身《まんしん》 総身《そうしん／そうみ》 半身《はんしん》】ドノ部分《ぶぶん》の身《み》か。
【護身《ごしん》 保身《ほしん》 投身《とうしん》 砕身《さいしん》（粉骨砕身《ふんこつさいしん》） 献身《けんしん》 挺身《ていしん》】身《み》をドウスルか。
❷身＝〈なかみ〉のとき
【中身《なかみ》 黄身《きみ》 刀身《とうしん》】ドノヨウナ本体《ほんたい》か。
❹身＝〈その人のたちば〉のとき
【独身《どくしん》 親身《しんみ》】ドノヨウナ立場《たちば》か。
【転身《てんしん》 変身《へんしん》】立場《たちば》をドウスルか。
◆御身《おんみ》 刺身《さしみ》 自身《じしん》 終身《しゅうしん》 出身《しゅっしん》 心身《しんしん》 前身《ぜんしん》

7画 車 ［くるま］［くるまへん］ の部

「車《くるま》」をもとにして作《つく》られ、車《くるま》の種類《しゅるい》や部分《ぶぶん》・運行《うんこう》にかかわる字《じ》を集《あつ》めてあります。

この部首の字

■ 車-0

車

総画7
JIS-2854
教1年
音 シャ
訓 くるま

○学習漢字でない常用漢字 ▲常用漢字表にない音訓 ◆常用漢字でない漢字

筆順

なりたち 車 【象形】人《ひと》の乗《の》るくるまの形《かたち》をえがいた字《じ》。

意味
❶くるま。軸《じく》を中心《ちゅうしん》に回《まわ》る円《まる》いもの。例 歯車《はぐるま》・車輪《しゃりん》
❷乗《の》り物《もの》。くるまのついた乗《の》り物《もの》。例 車《くるま》が走《はし》る。車両《しゃりょう》・電車《でんしゃ》

特別なよみ 山車(だし)

名前のよみ のり

❶〈くるま〉の意味で

【車座】くるまざ ⇩ 何人《なんにん》かの人《ひと》が輪《わ》になって、中心《ちゅうしん》にむかってすわる形《かたち》。例 車座《くるまざ》になって話《はな》し合《あ》う。

【車軸】しゃじく ⇩ 車《くるま》の心棒《しんぼう》。例 車輪《しゃりん》を車軸《しゃじく》にとりつける。

【車輪】しゃりん ⇩ 車体《しゃたい》を動《うご》かすための車《くるま》のわ。例 車輪《しゃりん》がはずれる。

❷〈乗《の》り物《もの》〉の意味で

【車代】くるまだい ⇩ 自動車《じどうしゃ》などに乗《の》った料金《りょうきん》。例 車代《くるまだい》をはらう。類 車賃《くるまちん》・交通費《こうつうひ》 表現 少額《しょうがく》の謝礼《しゃれい》を、「お車代《くるまだい》」という名目《めいもく》でわたすこともある。

【車庫】しゃこ ⇩ 電車《でんしゃ》や自動車《じどうしゃ》などを入《い》れておく建物《たてもの》。例 バスの車庫《しゃこ》。

【車掌】しゃしょう ⇩ 電車《でんしゃ》やバスで、乗客《じょうきゃく》のせわやきっぷの発行《はっこう》など、車内《しゃない》の仕事《しごと》をする人《ひと》。

【車線】しゃせん ⇩ 車一台分《くるまいちだいぶん》のはばで、道路《どうろ》の上《うえ》を分《わ》けたコース。例 三車線《さんしゃせん》の道路《どうろ》。追《お》いこし車線《しゃせん》

【車窓】しゃそう ⇩ 電車《でんしゃ》・自動車《じどうしゃ》などの乗《の》り物《もの》のまど。例 車窓《しゃそう》をすぎるけしき。

【車体】しゃたい ⇩ 電車《でんしゃ》や自動車《じどうしゃ》などで、人《ひと》や荷物《にもつ》を乗《の》せる部分《ぶぶん》。ボディー。例 車体検査《しゃたいけんさ》

【車道】しゃどう ⇩ 道路《どうろ》で、車《くるま》だけが通《とお》るように決《き》められている部分《ぶぶん》。対 歩道《ほどう》・人道《じんどう》

【車両】しゃりょう ⇩ 電車《でんしゃ》・自動車《じどうしゃ》など、車《くるま》で動《うご》く乗《の》り物《もの》。例 新型車両《しんがたしゃりょう》・車両通行止《しゃりょうつうこうど》め

車が下につく熟語 上の字の働き

❶車＝〈くるま〉のとき
【滑車《かっしゃ》 歯車《はぐるま》】ドノヨウナ車《くるま》か。
【水車《すいしゃ》 風車《ふうしゃ》】ナニで動《うご》く車《くるま》か。

❷車＝〈乗り物〉のとき
【乗車《じょうしゃ》 降車《こうしゃ》 下車《げしゃ》 操車《そうしゃ》 発車《はっしゃ》 停車《ていしゃ》 駐車《ちゅうしゃ》 廃車《はいしゃ》】車《しゃ》を(車に)ドウスルか。
【空車《くうしゃ》 単車《たんしゃ》 列車《れっしゃ》 肩車《かたぐるま》 口車《くちぐるま》】ドノヨウナ車《くるま》か。
【貨車《かしゃ》 客車《きゃくしゃ》 戦車《せんしゃ》】ナニ用《よう》の車《くるま》か。
【汽車《きしゃ》 電車《でんしゃ》 馬車《ばしゃ》】ナニで動《うご》く車《くるま》か。

◆高飛車《たかびしゃ》 山車《だし》 拍車《はくしゃ》 飛車《ひしゃ》 満車《まんしゃ》

車-2 軌

総画9 JIS-2116 常用

訓 — 音 キ

筆順

なりたち 軌 【形声】「九《キュウ》」が「キ」とかわって読《よ》み方《かた》をしめしている。「キュウ」は「あいだ」の意味《いみ》を持《も》ち、車輪《しゃりん》と車輪《しゃりん》のあいだを表《あらわ》す字。「わだち」の意味《いみ》に使《つか》われている。

意味
❶わだち。車《くるま》の通《とお》ったあと。車《くるま》などの動《うご》く道《みち》すじ。例 軌《き》を一《いつ》にする(考《かんが》え方《かた》・やり方《かた》がおなじである)。軌跡《きせき》・軌道《きどう》
❷とおるべき道《みち》。例 常軌《じょうき》

名前のよみ のり

❶〈わだち〉の意味で

【軌跡】きせき ⇩ ①車《くるま》がとおったあとにのこる車輪《しゃりん》のあと。わだち。②人《ひと》やものごとが、それまでにたどってきた道《みち》すじ。例 平和運動《へいわうんどう》の軌跡《きせき》をたどる。③数学《すうがく》で、点《てん》が、ある条件《じょうけん》で動《うご》いた道《みち》すじ。例 一点《いってん》からおなじ距離《きょり》にある点《てん》の軌跡《きせき》が「円《えん》」。

【軌道】きどう ⇩ ①電車《でんしゃ》や列車《れっしゃ》などが通《とお》るレールのしいてある道《みち》。類 線路《せんろ》 ②太陽《たいよう》・月《つき》・星《ほし》などの天体《てんたい》の動《うご》く道《みち》すじ。例 人工衛星《じんこうえいせい》が軌道《きどう》を外《はず》れる。③ものごとが進《すす》んでいく道《みち》すじ。例 仕事《しごと》が軌道《きどう》に乗《の》る。

◆常軌

車-2 軍

総画9 JIS-2319 教4年

訓 いくさ 音 グン

筆順

なりたち
【形声】「かこむ」意味《いみ》の「勹→冖」と「車《くるま》」を合《あ》わせて、戦車《せんしゃ》でかこんで陣地《じんち》をつくることを表《あらわ》す字《じ》。

意味 ぐんたい。兵士《へいし》の集《あつ》まり。例 軍備《ぐんび》・官《かん》軍《ぐん》

名前のよみ いさ・すすむ

【軍医《ぐんい》】↓ 軍隊《ぐんたい》で、医者《いしゃ》の仕事《しごと》をする軍人《ぐんじん》。

【軍歌《ぐんか》】↓ 兵士《へいし》や国民《こくみん》の、たたかう気持《きも》ちを高《たか》めるためにつくられた歌《うた》。

【軍拡《ぐんかく》】◎「軍備拡大《ぐんびかくだい》」の略《りゃく》。兵隊《へいたい》や兵器《へいき》をふやすこと。対 軍縮《ぐんしゅく》

【軍◦艦《ぐんかん》】↓ 戦争《せんそう》をするために、大砲《たいほう》やミサイルなどの武器《ぶき》をそなえた船《ふね》。

【軍港《ぐんこう》】↓ 軍艦《ぐんかん》などが出入《でい》りして、船《ふね》や兵器《へいき》などの手《て》入《い》れなどができるようにしてあるとくべつの港《みなと》。

【軍国主義《ぐんこくしゅぎ》】強《つよ》い軍事力《ぐんじりょく》をもつことが国《くに》の第一目的《だいいちもくてき》だという考《かんが》え方《かた》。ミリタリズム。類 富国強兵《ふこくきょうへい》

【軍事《ぐんじ》】↓ 軍隊《ぐんたい》や兵器《へいき》など、戦争《せんそう》にかかわることがら。例 軍事費《ぐんじひ》

【軍資金《ぐんしきん》】① 戦争《せんそう》に必要《ひつよう》なお金《かね》。② ひと仕《し》事《ごと》するのに必要《ひつよう》なお金《かね》。

【軍◦需《ぐんじゅ》】↓ 軍隊《ぐんたい》や戦争《せんそう》のために物《もの》が必要《ひつよう》になること。例 軍需工場《ぐんじゅこうじょう》 対 民需《みんじゅ》

【軍縮《ぐんしゅく》】◎「軍備縮小《ぐんびしゅくしょう》」の略《りゃく》。兵隊《へいたい》や兵器《へいき》をへらすこと。例 軍縮会議《ぐんしゅくかいぎ》 対 軍拡《ぐんかく》

【軍人《ぐんじん》】↓ 軍隊《ぐんたい》に入《はい》っている人《ひと》。例 職業《しょくぎょう》軍人《ぐんじん》 対 文民《ぶんみん》

【軍勢《ぐんぜい》】↓ 兵士《へいし》の数《かず》や軍隊《ぐんたい》の力《ちから》。また、軍隊《ぐんたい》そのもの。例 敵《てき》の軍勢《ぐんぜい》。類 兵力《へいりょく》

【軍隊《ぐんたい》】↓ 戦争《せんそう》をするための、兵器《へいき》を持《も》った軍人《ぐんじん》の集《あつ》まり。例 軍隊生活《ぐんたいせいかつ》 類 兵隊《へいたい》

【軍手《ぐんて》】◎ 太《ふと》いもめん糸《いと》でつくった作業用《さぎょうよう》の手《て》ぶくろ。例 軍手《ぐんて》をはめて草《くさ》をむしる。
参考 もともとは軍隊《ぐんたい》で使《つか》っていたもの。

【軍配《ぐんばい》】◎ ①「軍配《ぐんばい》うちわ」の略《りゃく》。むかし、いくさのときに大将《たいしょう》が軍《ぐん》を指図《さしず》するのに使《つか》ったうちわ形《がた》の道具《どうぐ》。② 相撲《すもう》で、行司《ぎょうじ》が手《て》に持《も》つ、うちわ形《がた》の道具《どうぐ》。例 軍配《ぐんばい》をあげる（勝《か》ちをみとめる）。

軍配

【軍備《ぐんび》】↓ 戦争《せんそう》のために用意《ようい》しておく、兵士《へいし》や武器《ぶき》。例 軍備《ぐんび》を強化《きょうか》する。

【軍部《ぐんぶ》】↓ 政府《せいふ》の一部《いちぶ》としての軍隊《ぐんたい》。国《くに》や政府全体《せいふぜんたい》の中《なか》での軍隊《ぐんたい》を指《さ》すときに使《つか》うことば。

【軍用《ぐんよう》】↓ 軍事《ぐんじ》や軍隊《ぐんたい》のために使《つか》うこと。例 軍用機《ぐんようき》・軍用犬《ぐんようけん》・軍用道路《ぐんようどうろ》

軍が下につく熟語 上の字の働き

【官軍《かんぐん》 賊軍《ぞくぐん》 援軍《えんぐん》 友軍《ゆうぐん》 両軍《りょうぐん》】ドノヨウナ軍《ぐん》か。

【陸軍《りくぐん》 海軍《かいぐん》 空軍《くうぐん》】ドコで活動《かつどう》する軍《ぐん》か。

【将軍《しょうぐん》 進軍《しんぐん》 行軍《こうぐん》 従軍《じゅうぐん》】軍《ぐん》を（軍《ぐん》に）ドウスルか。

車-3

軒

総画10
JIS-2414
常用
音 ケン
訓 のき

筆順

なりたち
【形声】「干《カン》」が「ケン」とかわって読《よ》み方《かた》をしめしている。「カン」は「たかくあがる」意味《いみ》を持《も》ち、おおいが高《たか》くそりあがった車《くるま》を表《あらわ》す字《じ》。のちに、「のき、ひさし」として使《つか》われている。

意味
❶ のき。ひさし。例 軒《のき》を連《つら》ねる。軒先《のきさき》・軒《けん》灯《とう》
❷ 家《いえ》の数《かず》をかぞえることば。例 五軒《ごけん》の家《いえ》。一軒家《いっけんや》

❶〈のき〉の意味で

【◦軒先《のきさき》】↓ ① はり出《だ》している屋根《やね》の先《さき》の部分《ぶぶん》。そのすぐ下《した》。例 軒先《のきさき》を借《か》りて雨宿《あまやど》りする。類 軒端《のきば》 ② 建物《たてもの》のすぐ近《ちか》く。家《いえ》の前《まえ》。例 農家《のうか》の軒先《のきさき》で野菜《やさい》を売《う》っている。

【◦軒下《のきした》】↓ のきの下《した》になっている場所《ばしょ》。例 軒下《のきした》のツバメの巣《す》。

❷〈家の数をかぞえることば〉の意味で

【◦軒数《けんすう》】↓ 家《いえ》の数《かず》。類 戸数《こすう》

車-4

転

総画11
JIS-3730
教3年
音 テン
訓 ころがる・ころげる・ころがす・ころぶ

［轉］

転◀次ページ

筆順

なりたち

【形声】もとの字は、「轉」。「專《セン》」が「テン」とかわって読《よ》み方《かた》をしめしている。「セン」は「まわる」意味《いみ》を持《も》ち、車《くるま》がくるくる回《まわ》ることを表《あらわ》す字《じ》。

意味

❶くるくるまわる。くるりとまわす。ころがる。ころがす。例ボールが転《ころ》がる。たるを転《ころ》がす。運転《うんてん》
❷ひっくりかえる。ころぶ。例転《ころ》げて下《した》に落《お》ちる。つまずいて転《ころ》ぶ。転落《てんらく》
❸かわる。うつる。かえる。うつす。例転校《てんこう》・移転《いてん》

❶〈くるくるまわる〉の意味で

【転回】《てんかい》[‖]〈―する〉くるりと向《む》きがかわること。例一八〇度《ど》の転回《てんかい》(正反対《せいはんたい》になる)。

【転転】《てんてん》[‖]〈―と〉丸《まる》いものがころころ転《ころ》がるようす。例ボールが転々《てんてん》と転《ころ》がる。☞❸

❷〈ひっくりかえる〉の意味で

【転。倒】《てんとう》[‖]〈―する〉①上下《じょうげ》や順序《じゅんじょ》がさかさまになること。例本末転倒《ほんまつてんとう》・主客転倒《しゅかくてんとう》(だいじなことと、だいじでないこととをとりちがえる)②転《ころ》んでひっくり返《かえ》ること。例雪道《ゆきみち》で転《てん》倒《とう》する。③あわて、うろたえること。例事《じ》故《こ》の知《し》らせに気《き》が転倒《てんとう》する。類動転《どうてん》

【転。覆】《てんぷく》[‖]〈―する〉①船《ふね》や列車《れっしゃ》などがひっくり返《かえ》る。例ボートが転覆《てんぷく》する。②大《おお》きな組《そ》織《しき》をたおす。例政府《せいふ》の転覆《てんぷく》をはかる。

【転落】《てんらく》[↓]〈―する〉①高《たか》いところから転《ころ》がり落《お》ちる。例転落事故《てんらくじこ》 ②まともだった人《ひと》が、悪事《あくじ》にはしったり、あわれな身《み》の上《うえ》になったりする。例転落《てんらく》の人生《じんせい》。

❸〈かわる。うつる〉の意味で

【転移】《てんい》[‖]〈―する〉場所《ばしょ》がほかへうつること。例がんが胃《い》に転移《てんい》する。類移転《いてん》

【転化】《てんか》[‖]〈―する〉ほかの状態《じょうたい》にかわること。例苦《くる》しみをよろこびに転化《てんか》する。

【転。嫁】《てんか》[↓]〈―する〉自分《じぶん》の罪《つみ》や責任《せきにん》などを、ほかの人《ひと》におしつけること。例責任《せきにん》を転嫁《てんか》する。

【転。換】《てんかん》[‖]〈―する〉べつの方向《ほうこう》に向《む》きをかえること。例気分転換《きぶんてんかん》・方向転換《ほうこうてんかん》

【転記】《てんき》[↓]〈―する〉書《か》いてあることがらをほかの紙《かみ》などに書《か》き写《うつ》すこと。例転記《てんき》ミス

【転機】《てんき》[↓]それまでとはちがった状態《じょうたい》にかわるきっかけ。例転機《てんき》がおとずれる。

【転居】《てんきょ》[▲]〈―する〉住《す》んでいるところをほかにうつすこと。ひっこし。例転居先《てんきょさき》を通知《つうち》する。類移転《いてん》

【転業】《てんぎょう》[▲]〈―する〉商売《しょうばい》や仕事《しごと》をかえること。商売《しょうばい》がえ。例転業《てんぎょう》をはかる。類転職《てんしょく》

【転勤】《てんきん》[▲]〈―する〉一《ひと》つの会社《かいしゃ》や官庁《かんちょう》の中《なか》で、つとめる場所《ばしょ》がかわること。例東京《とうきょう》から大阪《おおさか》に転勤《てんきん》する。類転任《てんにん》

【転向】《てんこう》[▲]〈―する〉生《い》き方《かた》や考《かんが》え方《かた》などをかえること。例プロに転向《てんこう》する。類転身《てんしん》

【転校】《てんこう》[▲]〈―する〉児童《じどう》・生徒《せいと》がほかの学校《がっこう》へうつること。例転校生《てんこうせい》 類転学《てんがく》・転入《てんにゅう》

【転。載】《てんさい》[↓]〈―する〉いちど本《ほん》や雑誌《ざっし》にのった文章《ぶんしょう》や写真《しゃしん》・絵《え》などを、べつの印刷物《いんさつぶつ》にのせること。例無断転載《むだんてんさい》を禁《きん》じる。

【転写】《てんしゃ》[↓]〈―する〉文章《ぶんしょう》や絵《え》などをほかの紙《かみ》などにうつしとること。コピー。例図案集《ずあんしゅう》からカットを転写《てんしゃ》する。類複写《ふくしゃ》

【転出】《てんしゅつ》[↓]〈―する〉それまで住《す》んでいた土地《とち》やつとめ先《さき》からほかの場所《ばしょ》へうつること。例転出届《てんしゅつとどけ》 対転入《てんにゅう》

【転職】《てんしょく》[▲]〈―する〉べつの仕事《しごと》にかわること。例やりがいをもとめて転職《てんしょく》する。類転《てん》業《ぎょう》

【転身】《てんしん》[▲]〈―する〉それまでの職業《しょくぎょう》や生《い》き方《かた》などをかえること。例銀行員《ぎんこういん》から作家《さっか》に転身《てんしん》する。類転向《てんこう》

【転戦】《てんせん》[↓]〈―する〉あちこち場所《ばしょ》をかえてたたかうこと。例チームは各地《かくち》を転戦中《てんせんちゅう》だ。

【転送】《てんそう》[↓]〈―する〉送《おく》られてきたものを、そのままべつのところへ送《おく》ること。例小包《こづつみ》を移《い》転先《てんさき》に転送《てんそう》する。類回送《かいそう》

【転地】《てんち》[▲]〈―する〉病気《びょうき》をなおしたりからだを休《やす》めたりするために、ほかの土地《とち》にうつること。例転地療養《てんちりょうよう》

【転注】《てんちゅう》[↓]ある漢字《かんじ》を、それとべつの音《おん》をもつ似《に》た意味《いみ》のことばに使《つか》う使《つか》い方《かた》。漢字《かんじ》の

六書《りくしょ》の一《ひと》つ。参考 ☞ふろく「漢字のなりたち」(3ページ)

【転転《てんてん》】Ⅱ(―と)(―する)住《す》む所《ところ》や仕事《しごと》が次々《つぎつぎ》とかわるようす。例 職《しょく》を転々《てんてん》とする。☞❶

【転入《てんにゅう》】↓(―する)①ほかの土地《とち》から、その土地《とち》にうつり住《す》むこと。例 転入届《てんにゅうとどけ》 対 転出《てんしゅつ》 ②児童《じどう》・生徒《せいと》が、ほかの学校《がっこう》からその学校《がっこう》にうつってくること。例 転入生《てんにゅうせい》 類 転校《てんこう》

【転任《てんにん》】▲(―する)一《ひと》つの会社《かいしゃ》や官庁《かんちょう》の中《なか》でほかの職務《しょくむ》や勤務地《きんむち》にうつること。例 本社《ほんしゃ》から地方《ちほう》に転任《てんにん》する。類 転勤《てんきん》

【転売《てんばい》】↓(―する)買《か》ったものを、そのままほかへ売《う》ること。例 土地《とち》を転売《てんばい》してもうける。

【転用《てんよう》】↓(―する)もともとの使《つか》い道《みち》とはちがう使《つか》い方《かた》をすること。例 宅地《たくち》を駐車場《ちゅうしゃじょう》に転用《てんよう》する。類 流用《りゅうよう》

転が下につく熟語 上の字の働き

❶転=〈くるくるまわる〉のとき
【運転《うんてん》 回転《かいてん》】近《ちか》い意味《いみ》。
【公転《こうてん》 自転《じてん》】ドノヨウニ回《まわ》るか。

❸転=〈かわる。うつる〉のとき
【動転《どうてん》 変転《へんてん》 移転《いてん》】近《ちか》い意味《いみ》。
【流転《るてん》 急転《きゅうてん》 好転《こうてん》 陽転《ようてん》 栄転《えいてん》 暗転《あんてん》 一転《いってん》 二転《にてん》三転《さんてん》】ドノヨウニかわるか。

◆逆転《ぎゃくてん》 反転《はんてん》

軟

車−4 総画11 JIS-3880 常用

音 ナン
訓 やわらか・やわらかい

筆順

なりたち 輭 [形声]もとの字は、「輭」。「耎《ゼン》」が「やわらかい」の意味《いみ》と、「ナン」とかわって読《よ》み方《かた》をしめしている。車輪《しゃりん》をガマ(水《みず》べに生《は》える草《くさ》)でまいて震動《しんどう》をやわらげることを表《あらわ》す字《じ》。

意味 やわらかい。よわよわしい。例 軟《やわ》らかな土《つち》。軟《やわ》らかいご飯《はん》。柔軟《じゅうなん》 対 硬《こう》

使い分け やわらかい[柔・軟] ☞607ページ

【°軟化《なんか》】↓(―する)①やわらかくなること。対 硬化《こうか》 ②それまでとちがって、考《かんが》え方《かた》や態度《たいど》がおだやかになること。例 この事件《じけん》で相手《あいて》の態度《たいど》が急《きゅう》に軟化《なんか》した。対 硬化《こうか》

【°軟球《なんきゅう》】↓ 野球《やきゅう》やテニスで使《つか》う、やわらかいほうのボール。対 硬球《こうきゅう》

【°軟禁《なんきん》】↓(―する)家《いえ》やへやの中《なか》にとじこめて、外出《がいしゅつ》や外部《がいぶ》との連絡《れんらく》などができないようにすること。軽《かる》い監禁《かんきん》。例 自宅《じたく》に軟禁《なんきん》する。

【°軟骨《なんこつ》】↓ やわらかく弾力性《だんりょくせい》のあるほね。脊椎動物《せきついどうぶつ》の鼻《はな》・耳《みみ》・関節部《かんせつぶ》分などにある。対 硬骨《こうこつ》

【°軟式《なんしき》】↓ 野球《やきゅう》やテニスなどで、やわらかいボールを使《つか》うやり方《かた》。例 軟式野球《なんしきやきゅう》 対 硬式《こうしき》

【°軟弱《なんじゃく》】Ⅱ(―な)①やわらかくて弱々《よわよわ》しく、たよりない。例 地盤《じばん》が軟弱《なんじゃく》だ。②しっかりした意志《いし》がなく、人《ひと》にしたがいやすい。例 軟弱《なんじゃく》な態度《たいど》。類 弱腰《よわごし》・柔弱《にゅうじゃく》 対 強硬《きょうこう》

【°軟水《なんすい》】↓ カルシウムやマグネシウムが少《すく》ない水《みず》。せんたくに適《てき》している。対 硬水《こうすい》

【°軟体動物《なんたいどうぶつ》】イカ・貝《かい》などのように、背骨《せぼね》がなくて、からだ全体《ぜんたい》がやわらかい動物《どうぶつ》。

【°軟派《なんぱ》】↓ ①ひかえめで、自分《じぶん》の意見《いけん》を強《つよ》くおしとおさない人《ひと》。対 硬派《こうは》 ②異性《いせい》や流行《りゅうこう》ばかりを気《き》にする人《ひと》。対 硬派《こうは》

軽

車−5 総画12 JIS-2358 教3年

音 ケイ
訓 かるい・かろやか

[輕]

筆順

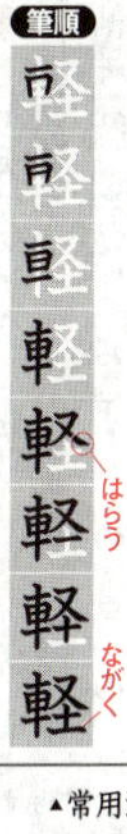

なりたち 輕 [形声]もとの字は、「輕」。「巠《ケイ》」が「まっすぐ」の意味《いみ》と「ケイ」という読《よ》み方《かた》をしめしている。まっすぐにつき進《すす》むかるい戦車《せんしゃ》を表《あらわ》す字《じ》。「かるい」として使《つか》われている。

意味

❶かるい。㋐重量《じゅうりょう》が少《すく》ない。例 軽《かろ》やかな足《あし》どり。軽石《かるいし》・軽快《けいかい》 ㋑程度《ていど》や価値《かち》がおもくない。例 軽量《けいりょう》・手軽《てがる》 対 重

❷かるがるしい。考《かんが》えがたりない。かるはずみだ。例 軽率《けいそつ》 対 重《じゅう》

❸見《み》くだす。かるく見《み》る。例 人命《じんめい》を軽《かろ》んじる。軽視《けいし》 対 重《じゅう》

❶〈かるい〉の意味で

【軽石《かるいし》】↓ 火山《かざん》からふき出《だ》した溶岩《ようがん》が急《きゅう》にひえてできた岩石《がんせき》。小《ちい》さなあながたくさんあ

◀次ページ

前ページ▶ 軟 軽

り、水《みず》にうくほど軽《かる》い。

【軽軽《かるがる》】＝〈―と〉重《おも》いものをいかにも軽《かる》そうに持《も》つようす。例 大《おお》きな荷物《にもつ》を軽々《かるがる》と持《も》ち上《あ》げる。

【軽口《かるくち》】↓ じょうだんなど、おもしろいことを気軽《きがる》に言《い》うこと。例 軽口《かるくち》をたたく。

【軽音楽《けいおんがく》】気軽《きがる》に楽《たの》しめる音楽《おんがく》。クラシックに対《たい》して、ジャズやポピュラー音楽《おんがく》などをいう。例 軽音楽《けいおんがく》を楽《たの》しむ。

【軽快《けいかい》】＝〈―な／―に〉①身軽《みがる》で動《うご》きがすばやい。例 軽快《けいかい》なフットワーク。②明《あか》るく、心《こころ》がはずむようである。例 軽快《けいかい》なリズム。

【軽減《けいげん》】↓〈―する〉仕事《しごと》の量《りょう》や心《こころ》の重荷《おもに》をへらすこと。例 税《ぜい》を軽減《けいげん》する。

【軽少《けいしょう》】＝〈―な／―に〉数量《すうりょう》や程度《ていど》が、少《すく》ないこと。例 被害《ひがい》が軽少《けいしょう》ですんだ。

【軽。症《けいしょう》】↓ 病気《びょうき》の程度《ていど》が軽《かる》いこと。例 胃《い》潰瘍《かいよう》としては軽症《けいしょう》だった。対 重症《じゅうしょう》

【軽傷《けいしょう》】↓ すぐになおるような、軽《かる》いきずやけが。例 軽傷《けいしょう》ですむ。対 重傷《じゅうしょう》

【軽食《けいしょく》】↓ かんたんで、手軽《てがる》な食事《しょくじ》。例 昼《ひる》はうどんなどの軽食《けいしょく》ですます。

【軽装《けいそう》】↓ 身軽《みがる》で動《うご》きやすい服装《ふくそう》。例 冬山《ふゆやま》での軽装《けいそう》は命《いのち》とりになる。

【軽重《けいちょう／けいじゅう》】⇕ ①軽《かる》いことと重《おも》いこと。例 税金《ぜいきん》に軽重《けいちょう》の差《さ》がある。②だいじなこととそれほどでないこと。例 事《こと》の軽重《けいちょう》を判断《はんだん》する。

【軽。微《けいび》】＝〈―な／―に〉ほんの少《すこ》し。例 台風《たいふう》の被害《ひがい》はさいわい軽微《けいび》なものであった。

【軽。妙《けいみょう》】↓〈―な／―に〉気《き》がきいていて、おもしろみがある。例 軽妙《けいみょう》なしゃれ。

【軽量《けいりょう》】↓ 重量《じゅうりょう》が軽《かる》いこと。対 重量《じゅうりょう》

❷〈かるがるしい〉の意味で

【軽挙《けいきょ》】↓〈―する〉よく考《かんが》えないで、なにかをしてしまうこと。例 軽挙《けいきょ》をいましめる。

【軽挙。妄動《けいきょもうどう》】〈―する〉そうしてよいかどうか、あとがどうなるかなど考《かんが》えずに行動《こうどう》すること。例 軽挙妄動《けいきょもうどう》をつつしむ。

【軽率《けいそつ》】＝〈―な／―に〉前後《ぜんご》のことも考《かんが》えずにやってしまうこと。軽《かる》はずみ。例 軽率《けいそつ》な発言《はつげん》はつつしんでほしい。対 慎重《しんちょう》

【軽•佻。浮。薄《けいちょうふはく》】〈―な／―に〉ゆっくり考《かんが》えることなくさわぎ回《まわ》るようす。うわついている。例 軽佻《けいちょう》浮薄《ふはく》な人《ひと》たち。参考「佻《ちょう》」も、かるい意味《いみ》。

【軽。薄《けいはく》】＝〈―な／―に〉言《い》うこともすることもいいかげんで、軽々《かるがる》しい。例 軽薄《けいはく》な考《かんが》え。対 重厚《じゅうこう》

❸〈見くだす〉の意味で

【軽視《けいし》】↓〈―する〉だいじでないから、考《かんが》えに入《い》れなくてもいいと思《おも》う。かろんじる。例 人《ひと》の意見《いけん》を軽視《けいし》すべきではない。対 重視《じゅうし》

【軽。蔑《けいべつ》】＝〈―する〉おとったものだとして見《み》さげる。例 軽蔑《けいべつ》のまなざし。類 侮蔑《ぶべつ》 対 尊重《そんちょう》・尊敬《そんけい》

軽が下につく熟語 上の字の働き

❶軽＝〈かるい〉のとき
【気軽《きがる》 手軽《てがる》 身軽《みがる》】ナニがかろやかに動《うご》くか。

車－5

軸

総画12
JIS-2820
常用
訓 ―
音 ジク

筆順

なりたち

[形声]「由《ユウ》」が「ジク」とかわって読《よ》み方《かた》をしめしている。「ユウ」は「ささえる」意味《いみ》を持《も》ち、車《くるま》をささえている心棒《しんぼう》を表《あらわ》す字《じ》。

意味
❶じく。それを中心《ちゅうしん》にしてものがまわったり、ものをささえたりする棒《ぼう》のようなもの。例 車輪《しゃりん》の軸《じく》。マッチの軸《じく》。軸物《じくもの》・地軸《ちじく》
❷中心《ちゅうしん》となるもの。かなめ。例 枢軸《すうじく》

❶〈じく〉の意味で

【。軸足《じくあし》】↓ 動作《どうさ》をおこすときの、自分《じぶん》のからだをささえる中心《ちゅうしん》となるほうの足《あし》。

【。軸物《じくもの》】↓ 床《とこ》の間《ま》やかべなどにかけるようにした書《しょ》や絵《え》。掛《か》け軸《じく》。

軸が下につく熟語 上の字の働き

❶軸＝〈じく〉のとき
【車軸《しゃじく》 地軸《ちじく》】ナニの軸《じく》か。
◆新機軸《しんきじく》 枢軸《すうじく》 中軸《ちゅうじく》

車－6

較

総画13
JIS-1951
常用
訓 くら－べる
音 カク・コウ

筆順

なりたち 較 【形声】もとの字《じ》は、「較」。「爻(交)」が「組《く》み合《あ》わせる」意味《いみ》と「コウ」という読《よ》み方《かた》をしめしている。車《くるま》の上《うえ》に組《く》み合《あ》わせた横木《よこぎ》を表《あらわ》す字《じ》。横木《よこぎ》が両《りょう》がわにならんでいることから、「ならべてくらべる」意味《いみ》に使《つか》われている。

意味 較《かく》 くらべる。ならべて見《み》くらべる。例 比《ひ》較《かく》

【°較差】かくさ|こうさ ↓ 二《ふた》つ以上《いじょう》のものをくらべたときのちがい。例 較差《かくさ》が大《おお》きい。

車−6 載

総画13 JIS-2660 常用

訓音 サイ のせる・のる

筆順

なりたち 【形声】「𢦏」が「サイ」という読《よ》み方《かた》をしめしている。「サイ」は「つみかさねる」意味《いみ》を持《も》ち、車《くるま》の上《うえ》に物《もの》をのせることを表《あらわ》す字《じ》。

意味
❶のせる。上《うえ》におく。例 トラックに載《の》せる。積載《せきさい》
❷かかげる。新聞《しんぶん》や雑誌《ざっし》にかかげる。書《か》きしるす。例 記事《きじ》が載る。記載《きさい》

使い分け のる[乗・載] ☞39ページ

名前のよみ とし

載が下につく熟語 上の字の働き

❶載=〈のせる〉のとき
【積載《せきさい》 搭載《とうさい》】近《ちか》い意味《いみ》。
❷載=〈かかげる〉のとき
【記載《きさい》 転載《てんさい》 連載《れんさい》】ドノヨウニかかげるか。
◆掲載《けいさい》 所載《しょさい》 満載《まんさい》

車−7 輔

総画14 JIS-4269 人名

訓音 ホ たす-ける・すけ

意味 たすける。つきそって助《たす》ける。例 輔佐《ほさ》(→補佐《ほさ》)

車−8 輝

総画15 JIS-2117 常用

訓音 キ かがやく

筆順

なりたち 【形声】もとの字《じ》は、「煇」。「軍《グン》」が「キ」とかわって読《よ》み方《かた》をしめしている。「グン」は「まるくとりかこむ」意味《いみ》を持《も》ち、火《ひ》のまわりに見《み》えるまるい光《ひかり》の輪《わ》を表《あらわ》す字《じ》。

意味 かがやく。きらきらと光《ひか》る。例 日《ひ》が輝《かがや》く。輝《かがや》かしい業績《ぎょうせき》。光輝《こうき》

名前のよみ あきら・てる・ひかる

車−8 輩

総画15 JIS-3958 常用

訓音 ハイ やから

筆順

なりたち 輩 【形声】「非《ヒ》」が「ハイ」とかわって読《よ》み方《かた》をしめしている。「ヒ」は「ならぶ」意味《いみ》を持《も》ち、車《くるま》が数多《かずおお》くならぶことを表《あらわ》す字《じ》。

意味
❶なかま。例 先輩《せんぱい》
❷つぎつぎと。つづいてならぶ。例 輩出《はいしゅつ》

名前のよみ とも

❷〈つぎつぎと〉の意味で

【°輩出】はいしゅつ ↓〈−する〉すぐれた人物《じんぶつ》などがつぎつぎと世《よ》に出《で》る。例 大作家《だいさっか》が輩出《はいしゅつ》した時代《じだい》。

輩が下につく熟語 上の字の働き

❶輩=〈なかま〉のとき
【先輩《せんぱい》 同輩《どうはい》 後輩《こうはい》 若輩《じゃくはい》】ドノヨウナなかまか。

車−8 輪

総画15 JIS-4656 教4年

訓音 リン わ

筆順 はねる ださない ださない

なりたち 輪 【形声】「侖」が「きちんとならぶ」意味《いみ》と「リン」という読《よ》み方《かた》をしめしている。スポークがきちんとならんだ車《くるま》のわを表《あらわ》す字《じ》。

意味
❶わ。車《くるま》のわ。わのように回《まわ》る。例 輪《わ》をえがく。輪読《りんどく》・花輪《はなわ》
❷もののまわり。外《そと》まわり。例 輪郭《りんかく》

❸花《はな》の数《かず》をかぞえることば。例二《に》、三輪《さんりん》のバラ。一輪挿《いちりんざ》し

❶〈わ〉の意味で

【輪禍】りんか ↓ 自動車《じどうしゃ》などにひかれたりはねられたりする災難《さいなん》。例輪禍《りんか》にあう。

【輪作】りんさく ↓〈—する〉おなじ土地《とち》に、ちがう種類《しゅるい》の作物《さくもつ》を順《じゅん》につくり、たえず土地《とち》を利用《りよう》するやり方《かた》。対連作《れんさく》

【輪唱】りんしょう ↓〈—する〉合唱《がっしょう》する人《ひと》たちがいくつかのグループに分《わ》かれ、一《ひと》つの歌《うた》を少《すこ》しずつずらして、前《まえ》のグループを追《お》いかけるように歌《うた》う歌《うた》い方《かた》。関連独唱《どくしょう》・斉唱《せいしょう》・輪唱《りんしょう》・合唱《がっしょう》

【輪転機】りんてんき 印刷原版《いんさつげんばん》をとりつけた丸《まる》いつつを回転《かいてん》させて印刷《いんさつ》する印刷機《いんさつき》。新聞《しんぶん》など、高速《こうそく》で大量《たいりょう》の印刷《いんさつ》に用《もち》いる。

【輪読】りんどく ↓〈—する〉一《ひと》つの文章《ぶんしょう》を何人《なんにん》かの人《ひと》が順《じゅん》に読《よ》み、説明《せつめい》したり意見《いけん》を出《だ》し合《あ》ったりすること。例輪読会《りんどくかい》

【輪廻】りんね ‖〈—する〉一《ひと》つの生命《せいめい》は、からだが死《し》んでもべつのものに生《う》まれかわり、いつまでも生《せい》と死《し》をくりかえしつづけるという仏教《ぶっきょう》の考《かんが》え方《かた》。例輪廻転生《りんねてんしょう》

【輪番】りんばん ↓ かわるがわるその仕事《しごと》を受《う》け持《も》つこと。例司会《しかい》を輪番《りんばん》でおこなう。

【輪舞】りんぶ ↓〈—する〉おおぜいの人《ひと》が輪《わ》になってまわりながらおどること。そのおどり。例輪舞曲《りんぶきょく》（ロンド）

❷〈もののまわり〉の意味で

【輪郭】りんかく ‖ ①ものの形《かたち》を表《あらわ》すまわりの線《せん》。例輪郭《りんかく》をはっきりかく。顔《かお》の輪郭《りんかく》。②ものごとのだいたいのようす。おおすじ。例物語《ものがたり》の輪郭。

輪が下につく熟語 上の字の働き

❶輪=〈わ〉のとき

【大輪《たいりん》 銀輪《ぎんりん》 年輪《ねんりん》 両輪《りょうりん》 外輪《がいりん》 内輪《ないりん》 二輪《にりん》】ドノヨウナ輪か。

【車輪《しゃりん》 日輪《にちりん》 花輪《はなわ》 指輪《ゆびわ》】ナニの輪《わ》か。

輸

車-9 総画16 JIS-4502 教5年

訓 — 音 ユ

筆順

なりたち

[形声]もとの字は、「輸」。「兪」が「ユ」という読み方《かた》をしめしている。「ユ」は「うつす」意味《いみ》を持《も》ち、車《くるま》でものを運《はこ》ぶことを表《あらわ》す字《じ》。

意味 はこぶ。べつの場所《ばしょ》に動《うご》かす。送《おく》りこむ。例輸送《ゆそう》・運輸《うんゆ》

【輸血】ゆけつ ▲〈—する〉手術《しゅじゅつ》やけがでたくさんの血《ち》をうしなった人《ひと》のからだに、健康《けんこう》な人《ひと》の血液《けつえき》をおくりこむこと。

【輸出】ゆしゅつ ↓〈—する〉国内《こくない》の製品《せいひん》・技術《ぎじゅつ》などを外国《がいこく》へ売《う》ること。例輸出産業《ゆしゅつさんぎょう》 対輸入《ゆにゅう》

【輸送】ゆそう ‖〈—する〉船《ふね》や大型車両《おおがたしゃりょう》・航空機《こうくうき》などで、ものや人《ひと》を大量《たいりょう》にはこぶこと。例輸《ゆ》送機関《そうきかん》 類運送《うんそう》・運搬《うんぱん》・運輸《うんゆ》

【輸入】ゆにゅう ↓〈—する〉外国《がいこく》の製品《せいひん》・技術《ぎじゅつ》などを買《か》い入《い》れること。例輸入《ゆにゅう》を規制《きせい》する。類舶来《はくらい》 対輸出《ゆしゅつ》

◆運輸《うんゆ》 空輸《くうゆ》 密輸《みつゆ》

轄

車-10 総画17 JIS-1977 常用

訓 — 音 カツ

筆順

なりたち

[形声]「害《ガイ》」が「カツ」とかわって読《よ》み方《かた》をしめしている。「カツ」は「くさび」の意味《いみ》を持《も》ち、車《くるま》のわがはずれないように軸《じく》のはしにさしこんだくさびを表《あらわ》す字《じ》。のちに、「とりしまる」意味《いみ》に使《つか》われている。

意味 とりしまる。とりまとめる。支配《しはい》する。例統轄《とうかつ》・管轄《かんかつ》

轄が下につく熟語 上の字の働き

【直轄《ちょっかつ》 統轄《とうかつ》】ドノヨウニ支配《しはい》するか。

◆管轄《かんかつ》 所轄《しょかつ》

輿

車-10 総画17 JIS-4533 人名

訓 こし 音 ヨ

意味

❶こし。おみこし。人《ひと》や物《もの》をのせる台《だい》。例お神《み》（御《お》）輿《こし》

❷多《おお》い。多《おお》くの。例輿論《よろん》 参考☞【世論《よろん／せろん》】（28ページ）

車−12
轍
総画19　JIS-3718　表外
音 テツ　訓 わだち
意味 わだち。車《くるま》の通《とお》った後《あと》にのこる輪《わ》のあと。例 轍《てつ》を踏《ふ》む（前《まえ》の人《ひと》と同《おな》じしっぱいをする）。

車−14
轟
総画21　JIS-2576　人名
音 ゴウ　訓 とどろ-く
意味 とどろく。大《おお》きな音《おと》がひびく。例 雷鳴《らいめい》が轟《とどろ》く。
参考 たくさんの車《くるま》が音《おと》をたてて進《すす》んでいくようすを表《あらわ》している字《じ》。
【◆轟音《ごうおん》】↓ とどろきわたる音《おと》。

7画 辛［からい］［しん］の部
「辛」の字《じ》と、それをもとにして作《つく》られた「辞」の字《じ》、「辣」の字《じ》が入《はい》ります。

この部首の字

辛−0
辛
総画7　JIS-3141　常用
音 シン　訓 から-い・つら-い
筆順
なりたち 【象形】いれずみをする針《はり》の形《かたち》をかたどった字《じ》。

意味 ❶からい。ぴりりとした味《あじ》。例 辛《から》いカレー。辛口《からくち》・塩辛《しおから》 ❷つらい。きびしい。例 辛苦《しんく》・辛抱《しんぼう》 ❸十干《じっかん》の八番《はちばん》め。かのと。

❶〈からい〉の意味で
【◦辛口《からくち》】↓ ①酒《さけ》やみそ・カレーなどの口当《くちあ》たりが強《つよ》く、からいこと。例 辛口《からくち》の酒《さけ》。対 甘口《あまくち》 ②からいもの、とくに酒《さけ》がすきなこと。例 父《ちち》は辛口《からくち》だ。類 辛党《からとう》 対 甘口《あまくち》 ☞❷
【◦辛子《からし》】◎ 料理《りょうり》に使《つか》う黄色《きいろ》のからいこな。カラシナのたねをこなにしたもの。例 辛子《からし》あえ 表記「芥子」とも書《か》く。

❷〈つらい〉の意味で
【◦辛口《からくち》】↓ 言《い》うことが手《て》きびしい。例 辛口《からくち》の批評《ひひょう》。☞❶
【◦辛苦《しんく》】Ⅲ（−する）つらく、苦《くる》しいこと。例 粒々辛苦《りゅうりゅうしんく》。辛苦《しんく》にたえる。類 辛酸《しんさん》・困苦《こんく》
【◦辛酸《しんさん》】Ⅲ たいへんつらく苦《くる》しい思《おも》い。例 人生《じんせい》のあらゆる辛酸《しんさん》をなめる。類 辛苦《しんく》
【◦辛勝《しんしょう》】↓（−する）やっとのことで勝《か》つこと。例 激戦《げきせん》のすえ、二対一《にたいいち》で辛勝《しんしょう》した。対 圧勝《あっしょう》・楽勝《らくしょう》
【◦辛抱《しんぼう》】◎（−する）つらく苦《くる》しいところを、じっとがまんすること。例 辛抱強《しんぼうづよ》く待《ま》つ。類 忍耐《にんたい》
【◦辛◦辣《しんらつ》】Ⅲ（ーな）言《い》い方《かた》や見方《みかた》がたいへんにきびしい。例 辛辣《しんらつ》な批評《ひひょう》をあびる。類 痛烈《つうれつ》 参考 ぴりぴり舌《した》にくるからさから。

辛−6
辞
総画13　JIS-2813　教4年
音 ジ　訓 や-める
［辭］
筆順 まっすぐ、つく
なりたち 【会意】もとの字《じ》は、「辭」。「辛」が「つみ」の意味《いみ》を、「𤔔」が「おさめる」意味《いみ》を持《も》ち、罪《つみ》をさばくことを表《あらわ》す字《じ》。借《か》りて、「ことば」の意味《いみ》に使《つか》われている。

意味 ❶ことば。文章《ぶんしょう》。例 開会《かいかい》の辞《じ》。辞典《じてん》・式辞《しきじ》 ❷やめる。ことわる。例 会社《かいしゃ》を辞《や》める。職《しょく》を辞《じ》す（辞《じ》する）。固辞《こじ》 対 就《しゅう》 ❸別《わか》れをつげる。例 辞去《じきょ》・辞世《じせい》

❶〈ことば〉の意味で
【辞書《じしょ》】↓ ことばを決《き》まった順序《じゅんじょ》にならべ、発音《はつおん》・意味《いみ》・使《つか》い方《かた》などを説明《せつめい》した本《ほん》。例 辞書《じしょ》を引《ひ》く。類 辞典《じてん》・字引《じびき》・事典《じてん》・字典《じてん》
【辞典《じてん》】↓「辞書《じしょ》」のあらたまった言《い》い方《かた》。書名《しょめい》などに使《つか》う。例 例解小学漢字辞典《れいかいしょうがくかんじじてん》

例解 使い分け
［辞典《じてん》・事典《じてん》］
辞典《じてん》＝ことばの意味《いみ》、読《よ》み方《かた》・書《か》き方《かた》・使《つか》い方《かた》を説明《せつめい》した「じてん」。
例 国語辞典《こくごじてん》・漢和辞典《かんわじてん》・漢字辞典《かんじじてん》
事典《じてん》＝ことがらの内容《ないよう》を説明《せつめい》した「じてん」。
例 百科事典《ひゃっかじてん》・社会科事典《しゃかいかじてん》・人名事典《じんめいじてん》
参考 口《くち》で言《い》うときには、わかりやすいよ

うに「辞典」を「ことばてん」、「事典」を「ことてん」といって区別《くべつ》することがある。また、漢字《かんじ》の「じてん」を、「字典《じてん》」と書き表《あらわ》すことがある。

【辞令《じれい》】↓ ①役所《やくしょ》や会社《かいしゃ》などで、採用《さいよう》や異動《いどう》などについて、本人《ほんにん》にわたす正式《せいしき》の文書《ぶんしょ》。例 転勤《てんきん》の辞令《じれい》が出《だ》される。②応対《おうたい》するときの形式的《けいしきてき》なことばやあいさつ。例 社交辞令《しゃこうじれい》

❷〈やめる〉の意味で

【辞意《じい》】↓ 今《いま》やっている仕事《しごと》や役目《やくめ》をやめたいという気持《きも》ち。例 辞意《じい》をもらす。

【辞職《じしょく》】▲〈—する〉つとめていた職《しょく》をやめること。例 辞職願《じしょくねがい》 類 辞任《じにん》 対 就職《しゅうしょく》

【辞退《じたい》】॥〈—する〉人《ひと》にすすめられたことや、とうぜん受《う》けてもいいことを、ことわること。例 受賞《じゅしょう》を辞退《じたい》する。類 遠慮《えんりょ》

【辞任《じにん》】▲〈—する〉今《いま》までついていた役目《やくめ》やつとめを自分《じぶん》からやめること。例 会長《かいちょう》を辞《じ》任《にん》する。類 辞職《じしょく》・退陣《たいじん》 対 就任《しゅうにん》

❸〈別れをつげる〉の意味で

【辞表《じひょう》】↓ つとめや役目《やくめ》をやめたいということを書《か》いてさし出《だ》す文書《ぶんしょ》。辞職願《じしょくねがい》。例 辞表《じひょう》を出《だ》す。

【辞去《じきょ》】↓〈—する〉あいさつをして、その場所《ばしょ》を立《た》ち去《さ》ること。例 訪問先《ほうもんさき》を早《はや》めに辞去《じきょ》する。

【辞世《じせい》】▲ 死《し》ぬこと。また、死《し》にぎわに、この世《よ》にのこすことば。例 辞世《じせい》の句《く》。

辞が下につく熟語 上の字の働き

❶辞＝〈ことば〉のとき
【訓辞《くんじ》 賛辞《さんじ》 祝辞《しゅくじ》 謝辞《しゃじ》 弔辞《ちょうじ》 悼辞《とうじ》 送辞《そうじ》 答辞《とうじ》】ドウスルためのことばか。
【式辞《しきじ》 世辞《せじ》】ナニのためのことばか。
◆ 固辞《こじ》 修辞《しゅうじ》

辛−7

辣

総画14
JIS-7769
常用
訓 —
音 ラツ

筆順

意味

❶味《あじ》がからい。参考 中華料理《ちゅうかりょうり》の調味料《ちょうみりょう》「ラー油《ゆ》」は、この字《じ》を使《つか》って「辣油」とも書《か》く。
❷ぴりっと引《ひ》きしまって、きびしい。

❷〈ぴりっと引きしまって、きびしい〉の意味で

【°辣。腕《らつわん》】↓ 仕事《しごと》をてきぱきと進《すす》めるうでまえ。例 辣腕《らつわん》をふるう。類 敏腕《びんわん》

辣が下につく熟語 上の字の働き

【辛辣《しんらつ》 悪辣《あくらつ》】近《ちか》い意味《いみ》。

7画 辰 ［しんのたつ］ の部

「辰《たつ》」をもとに作《つく》られ、農作《のうさく》にかかわる字《じ》を集《あつ》めてあります。

この部首の字
0 辰……980
3 辱……980
6 農……981
唇→口 222
晨→日 573

辰−0

辰

総画7
JIS-3504
人名
訓 たつ
音 シン

意味

❶十二支《じゅうにし》の五番《ごばん》め。たつ。動物《どうぶつ》では竜《りゅう》。方角《ほうがく》では東南東《とうなんとう》。時刻《じこく》では午前八時《ごぜんはちじ》、またはその前後二時間《ぜんごにじかん》。
❷ほし。天体《てんたい》。例 星辰《せいしん》・北辰《ほくしん》

参考 ☞「巽《そん》」の「文字物語」(356ページ)

名前のよみ とき・のぶ・よし

辰−3

辱

総画10
JIS-3111
常用
訓 はずかしめる
音 ジョク

筆順

なりたち

【会意】「辰」が「はまぐり貝《がい》」、「寸」が「手《て》」の意味《いみ》で、はまぐり貝《がい》で作《つく》った草《くさ》かり道具《どうぐ》を手《て》にすることを表《あらわ》す字《じ》。借《か》りて、「はじ」の意味《いみ》に使《つか》われている。

意味 はずかしめる。はじをかく。例 家名《かめい》を辱《はずかし》める。屈辱《くつじょく》

辱が下につく熟語 上の字の働き

【恥辱《ちじょく》 侮辱《ぶじょく》 汚辱《おじょく》】近《ちか》い意味《いみ》。
◆ 屈辱《くつじょく》 国辱《こくじょく》 雪辱《せつじょく》

辰-6

農

総画13
JIS-3932
教3年
音 ノウ
訓 —

筆順

なりたち  【会意】「はまぐり貝《がい》」を表《あらわ》す「辰」と、「曲」(金文《きんぶん》では「田」と「くさ(艸)」を合《あ》わせたものの変形《へんけい》)を合《あ》わせて、はまぐり貝《がい》でつくった道具《どうぐ》で草《くさ》をかることを表《あらわ》す字《じ》。

意味 作物《さくもつ》をつくる。田畑《たはた》をたがやして作物《さくもつ》をつくる。つくる人《ひと》。例 農業《のうぎょう》

名前のよみ あつ・たか・たみ・とよ

【農園《のうえん》】[↓] 野菜《やさい》やくだもの・草花《くさばな》などの作物《さくもつ》を大《おお》がかりなしくみでつくるところ。例 リンゴ農園《のうえん》を経営《けいえい》する。

【農家《のうか》】[↓] おもに農業《のうぎょう》によってくらしを立《た》てている家《いえ》。例 農家《のうか》のあとをつぐ。類 農場《のうじょう》

【農。閑期《のうかんき》】 一年《いちねん》のうちで、農業《のうぎょう》の仕事《しごと》のひまな時期《じき》。おもに冬《ふゆ》をいう。対 農繁期《のうはんき》

【農機具《のうきぐ》】 農業《のうぎょう》で使《つか》う機械《きかい》や道具《どうぐ》。耕運機《こううんき》・脱穀機《だっこくき》・くわ・かまなど。

【農協《のうきょう》】[〇]「農業協同組合《のうぎょうきょうどうくみあい》」の略《りゃく》。農家《のうか》の人《ひと》たちが、くらしの向上《こうじょう》をめざしてつくった団体《だんたい》。組合員《くみあいいん》のために共同《きょうどう》でものを買《か》い入《い》れたり農作物《のうさくぶつ》を出荷《しゅっか》したりする。

【農業《のうぎょう》】[↓] 田畑《たはた》で米《こめ》や野菜《やさい》・くだものなどをつくったり、家畜《かちく》を飼《か》ったりして、農作物《のうさくぶつ》や肉《にく》・牛乳《ぎゅうにゅう》・たまごなどを生産《せいさん》する仕事《しごと》。

【農芸《のうげい》】①[↓] 農作物《のうさくぶつ》をつくるための技術《ぎじゅつ》。例 農芸化学《のうげいかがく》 ②[II] 農業《のうぎょう》と園芸《えんげい》。例 専門学校《せんもんがっこう》で農芸《のうげい》を学《まな》ぶ。

【農耕《のうこう》】[↓] 田畑《たはた》をたがやして、作物《さくもつ》をつくること。例 農耕民族《のうこうみんぞく》 類 農作《のうさく》

【農作物《のうさくぶつ》】 田畑《たはた》でつくられる、米《こめ》・ムギ・野《や》菜《さい》・くだものなどの作物《さくもつ》。類 作物《さくもつ》

【農産物《のうさんぶつ》】 米《こめ》・ムギ・野《や》菜《さい》・くだもの・たまご・肉《にく》・茶《ちゃ》など、農業《のうぎょう》で生産《せいさん》するもの。例 農産《のうさん》物《ぶつ》を出荷《しゅっか》する。

【農場《のうじょう》】[↓] 広《ひろ》い土地《とち》を使《つか》って、規模《きぼ》の大《おお》きな農業《のうぎょう》をしている場所《ばしょ》。類 農園《のうえん》

【農村《のうそん》】[↓] 農業《のうぎょう》をいとなむ人《ひと》が中心《ちゅうしん》になってできている村《むら》。例 農村地帯《のうそんちたい》。対 都市《とし》

【農地《のうち》】[↓] 田《た》や畑《はたけ》など、作物《さくもつ》をつくり育《そだ》てる土地《とち》。例 開墾《かいこん》して農地《のうち》を広《ひろ》げる。類 耕地《こうち》

【農道《のうどう》】[↓] 農業《のうぎょう》をするためにできた農地《のうち》の中《なか》の道路《どうろ》。

【農。繁期《のうはんき》】 農業《のうぎょう》の仕事《しごと》のいそがしい時期《じき》。例 農繁期《のうはんき》には一家総出《いっかそうで》だ。対 農閑期《のうかんき》

【農夫《のうふ》】[↓] 田畑《たはた》をたがやして、農作物《のうさくぶつ》をつくることを仕事《しごと》にしている男《おとこ》の人《ひと》。類 農民《のうみん》

【農民《のうみん》】[↓] 農業《のうぎょう》をして生活《せいかつ》をたてている人《ひと》びと。例 農民文学《のうみんぶんがく》 類 農夫《のうふ》・農婦《のうふ》・百姓《ひゃくしょう》

【農薬《のうやく》】[↓] 農作物《のうさくぶつ》の病気《びょうき》や害虫《がいちゅう》をふせいだり、雑草《ざっそう》をからしたりするために使《つか》う薬《くすり》。

【農林《のうりん》】[II] 農業《のうぎょう》と林業《りんぎょう》。例 農林水産省《のうりんすいさんしょう》

◆酪農《らくのう》

7画 邑 [むら] の部

「部《ぶ》」などのつくりの「阝(おおざと)」のもとの字《じ》である「邑」の字《じ》のみを入《い》れました。

☞「阝(右)の部」(448ページ)

この部首の字

邑-0

邑

総画7
JIS-4524
人名
音 ユウ
訓 むら・さと

意味 人《ひと》が集《あつ》まるところ。むら。領地《りょうち》。例 都《と》邑《ゆう》

名前のよみ くに

7画 酉 [ひよみのとり] [とりへん] の部

酒《さけ》を入《い》れる壺《つぼ》の形《かたち》をえがいた象形《しょうけい》である「酉《とり》」をもとにして作《つく》られ、酒《さけ》の種類《しゅるい》や酒《さけ》にかかわる字《じ》を集《あつ》めてあります。

この部首の字

前ページ ▶ 農 邑

酉-0
【酉】
総画7 JIS-3851 人名
訓音 ユウ とり

意味 十二支《じゅうにし》の十番《じゅうばん》め。とり。動物《どうぶつ》ではニワトリ。方角《ほうがく》では西《にし》。時刻《じこく》では午後六時《ごごろくじ》、またはその前後《ぜんご》二時間《にじかん》。例 酉年《とりどし》 参考 ☞「巽《そん》」の「文字物語」(356ページ)

酉-3
【酌】
総画10 JIS-2864 常用
訓音 シャク くむ

名前のよみ なが・みのる

筆順

なりたち [形声]「酉」が「さけ」を、「勺」がひしゃくの形《かたち》で「くむ」意味《いみ》と「シャク」という読《よ》み方《かた》をしめしている。酒《さけ》をくむことを表《あらわ》す字《じ》。

意味
❶酒《さけ》をつぐ。さかずきに酒《さけ》をついで飲《の》む。例 酒《さけ》を酌《く》む。酌《しゃく》をかわす。酌《しゃく》をする。手酌《てじゃく》・独酌《どくしゃく》・晩酌《ばんしゃく》
❷くみとる。わかってあげる。例 酌量《しゃくりょう》

❷〈くみとる〉の意味で
【酌量】《しゃくりょう》 ⇩〈—する〉人《ひと》の気持《きも》ちや事情《じじょう》をくみとって、同情《どうじょう》をしめすこと。例 情状酌量《じょうじょうしゃくりょう》(裁判官《さいばんかん》が判決《はんけつ》をくだすときに、罪《つみ》をおかした理由《りゆう》に同情《どうじょう》すべき点《てん》があるとみとめて、刑罰《けいばつ》を軽《かる》くすること)

◆媒酌《ばいしゃく》 晩酌《ばんしゃく》

酉-3
【酒】
総画10 JIS-2882 教3年
訓音 シュ さけ・さか

筆順 （西にならない／一、しっかり）

なりたち [形声]「酉」がさかつぼをかたどった字《じ》で、「シュ」という読《よ》み方《かた》をしめしている。液体《えきたい》の意味《いみ》の「氵《さんずい》」がついて、「さけ」を表《あらわ》している字《じ》。

意味 さけ。例 酒屋《さかや》・甘酒《あまざけ》・飲酒《いんしゅ》

注意するよみ さか…例 酒場《さかば》・酒屋《さかや》・酒盛《さかも》り

特別なよみ お神酒《おみき》

【酒場】《さかば》 ⇩ 客《きゃく》にお酒《さけ》などを飲《の》ませる店《みせ》。例 大衆酒場《たいしゅうさかば》
【酒屋】《さかや》 ⇩ 酒《さけ》をつくる店《みせ》や、酒《さけ》を売《う》る店《みせ》。表現 酒《さけ》をつくる店《みせ》は、「造《つく》り酒屋《ざかや》」。
【酒°宴】《しゅえん》 ⇩ 酒《さけ》をくみかわして楽《たの》しむ集《あつ》まり。さかもり。例 酒宴《しゅえん》をもよおす。類 宴会《えんかい》
【酒気】《しゅき》 ⇩ 酒《さけ》を飲《の》んだ人《ひと》の酒《さけ》くさい息《いき》。酒《さけ》に酔《よ》っている状態《じょうたい》。例 酒気《しゅき》をおびる。
【酒°豪】《しゅごう》 ⇩ 酒《さけ》がすきで、一度《いちど》にたくさん飲《の》める人《ひと》。例 酒豪《しゅごう》でならす。
【酒食】《しゅしょく》 Ⅱ 酒《さけ》と食《た》べ物《もの》。酒《さけ》のついた食事《しょくじ》。例 酒食《しゅしょく》でもてなす。
【酒席】《しゅせき》 ⇩ さかもりの会《かい》。例 酒席《しゅせき》がもり上《あ》がる。類 宴会《えんかい》
【酒乱】《しゅらん》 ⇩ ふだんはおとなしいが、酒《さけ》に酔《よ》うとあばれるくせ。例 酒乱《しゅらん》の気《け》がある。

酒が下につく熟語 上の字の働き
【飲酒《いんしゅ》 禁酒《きんしゅ》 断酒《だんしゅ》】酒《さけ》をドウスルか。
【地酒《じざけ》 洋酒《ようしゅ》 甘酒《あまざけ》 梅酒《うめしゅ》】ドノヨウナ酒《さけ》か。

◆斗酒《としゅ》

酉-3
【酎】
総画10 JIS-3581 常用
訓音 チュウ —

筆順

意味 よくかもした濃《こ》い酒《さけ》。例 焼酎《しょうちゅう》

酉-3
【配】
総画10 JIS-3959 教3年
訓音 ハイ くばる

筆順 （西にならない／はねる／おらない）

なりたち [会意]「酉」が「さけ」を、「己」が人《ひと》がひざまずいている形《かたち》をしめし、酒《さけ》をならべること、または酒《さけ》をくばることを表《あらわ》す字《じ》。

意味
❶くばる。それぞれに分《わ》ける。とりしまる。例 気《き》を配《くば》る。手配《てはい》
❷組《く》み合《あ》わせる。取《と》り合《あ》わせる。例 配色《はいしょく》・交配《こうはい》
❸ながす。罪人《ざいにん》を遠《とお》くに送《おく》る。例 配所《はいしょ》

発音あんない ハイ→パイ…例 心配《しんぱい》

❶〈くばる〉の意味で

【配下】《はいか》 ↓ ある人《ひと》の支配《しはい》や管理《かんり》のもとにある人《ひと》たち。例 配下《はいか》を集《あつ》める。類 手下《てした》・部下《ぶか》

【配管】《はいかん》 ▲ 〈―する〉水《みず》やガスなどを通《とお》す管《くだ》を取《と》りつけること。例 水道《すいどう》の配管工事《はいかんこうじ》。

【配給】《はいきゅう》 Ⅱ 〈―する〉わりあてていめいに配《くば》ること。例 配給制度《はいきゅうせいど》

【配水】《はいすい》 ▲ 〈―する〉水《みず》を配《くば》ること。例 配水管《はいすいかん》

【配線】《はいせん》 ▲ 〈―する〉電線《でんせん》を引《ひ》いたり取《と》りつけたりする。また、電気《でんき》の機械《きかい》や器具《きぐ》の、それぞれの部分《ぶぶん》を電線《でんせん》でつなぐ。例 配線工事《はいせんこうじ》

【配送】《はいそう》 ↓ 〈―する〉荷物《にもつ》や郵便物《ゆうびんぶつ》をあて先《さき》に送《おく》ったり、とどけたりすること。

【配属】《はいぞく》 ↓ 〈―する〉役目《やくめ》ごとに人《ひと》をわりふること。例 新入社員《しんにゅうしゃいん》の配属《はいぞく》を決《き》める。類 配置《はいち》

【配達】《はいたつ》 ↓ 〈―する〉ものを配《くば》ってとどけること。例 新聞配達《しんぶんはいたつ》。小包《こづつみ》を配達《はいたつ》する。

【配置】《はいち》 ↓ 〈―する〉人《ひと》やものを、必要《ひつよう》な場所《ばしょ》におくこと。例 人員配置《じんいんはいち》 類 配属《はいぞく》

【配点】《はいてん》 ▲ 問題《もんだい》ごとの、点数《てんすう》のわりふり。

【配当】《はいとう》 ↓ 〈―する〉①わりあてて配《くば》ること。例 仕事量《しごとりょう》におうじて人員《じんいん》を配当《はいとう》する。②会《かい》社《しゃ》・銀行《ぎんこう》などが、株主《かぶぬし》に利益《りえき》の一部《いちぶ》を分《わ》けること。分《わ》けられたお金《かね》。例 配当金《はいとうきん》

【配備】《はいび》 ↓ 〈―する〉人《ひと》やものを、まえもって必《ひつ》要《よう》な場所《ばしょ》に用意《ようい》しておくこと。例 検問所《けんもんじょ》にパトカーを配備《はいび》する。

【配付】《はいふ》 Ⅱ 〈―する〉書類《しょるい》や資料《しりょう》を関係者《かんけいしゃ》に配《くば》る。例 用紙《ようし》を配付《はいふ》する。

【配布】《はいふ》 Ⅱ 〈―する〉おおぜいの人《ひと》に行《い》きわたるように広《ひろ》く配《くば》ること。例 宣伝《せんでん》ビラを配布《はいふ》する。類 頒布《はんぷ》

【配分】《はいぶん》 Ⅱ 〈―する〉分《わ》けて配《くば》ること。例 比例《ひれい》配分《はいぶん》。利益《りえき》の配分《はいぶん》。類 分配《ぶんぱい》

【配本】《はいほん》 ▲ 〈―する〉本《ほん》を書店《しょてん》や読者《どくしゃ》に配《くば》りとどけること。例 全集《ぜんしゅう》の配本《はいほん》が始《はじ》まった。

【配役】《はいやく》 ▲ 映画《えいが》や演劇《えんげき》などで、出演者《しゅつえんしゃ》に役《やく》をわりあてること。キャスト。

【配。慮】《はいりょ》 ▲ 〈―する〉あれこれと気《き》を配《くば》ること。気配《きくば》り。例 配慮《はいりょ》がゆきとどく。

❷〈組み合わせる〉の意味で

【配。偶者】《はいぐうしゃ》 結婚《けっこん》した相手《あいて》。夫《おっと》から妻《つま》、妻《つま》から夫《おっと》を指《さ》していう。

【配合】《はいごう》 ↓ 〈―する〉組《く》み合《あ》わせること。組《く》み合《あ》わせぐあい。例 色《いろ》の配合《はいごう》がいい。

【配色】《はいしょく》 ▲ 色《いろ》のとりあわせ。例 イメージに合《あ》った配色《はいしょく》。

【配列】《はいれつ》 ↓ 〈―する〉きまったならべ方《かた》にならべること。例 五十音順《ごじゅうおんじゅん》に配列《はいれつ》する。表記「排列」とも書《か》く。

配が下につく熟語 上の字の働き

❶配＝〈くばる〉のとき

【心配《しんぱい》 手配《てはい》】ナニを配《くば》るか。〔「こころくばり」「てくばり」ということばからできた〕

【差配《さはい》 支配《しはい》 采配《さいはい》】ドノヨウニとりしまるか。

◆軍配《ぐんばい》 気配《けはい》 交配《こうはい》 集配《しゅうはい》 宅配《たくはい》 遅配《ちはい》 年配《ねんぱい》 分《ぶん》配《ぱい》

酉－4

酔

総画11 JIS-3176 常用

音 スイ 訓 よう

［醉］

筆順 一 㔾 酉 酉 酉 酔 酔 酔 酔

なりたち 【形声】もとの字は、「醉」。「酉」が「さけ」を、「卒《ソツ》」が「スイ」とかわって読《よ》み方《かた》をしめしている。「ソツ」は「つくす」または「つぶれる」意味《いみ》を持《も》ち、酒《さけ》を飲《の》みつくしてつぶれることを表《あらわ》す字《じ》。

意味

❶酒《さけ》によう。例 酔《よ》いがさめる。酔《よ》っぱらう。酔態《すいたい》・泥酔《でいすい》

❷うっとりする。例 名曲《めいきょく》に酔《よ》う。心酔《しんすい》

❶〈酒にようう〉の意味で

【。酔漢】《すいかん》 ↓ 酒《さけ》によった男《おとこ》。よっぱらい。

【。酔眼】《すいがん》 ↓ 酒《さけ》によってとろりとした目《め》つき。例 酔眼朦朧《すいがんもうろう》（酒《さけ》によってものがはっきりみえない）

【。酔。狂】《すいきょう》 ↓ 〈―に・―な〉ふつうの人《ひと》のしないようなことを、わざわざこのんですること。ものずき。例 酔狂《すいきょう》な人《ひと》もいるものだ。表記「粋狂」とも書《か》く。

【。酔態】《すいたい》 ↓ 酒《さけ》によったときのみっともないすがたやおこない。例 酔態《すいたい》をさらす。

酔が下につく熟語 上の字の働き

❷酔＝〈うっとりする〉のとき

【陶酔《とうすい》 麻酔《ますい》】近《ちか》い意味《いみ》。

◆心酔《しんすい》 泥酔《でいすい》

前ページ ▶ 酔

酉-5
酢
総画12 JIS-3161 常用
音 サク 訓 す

筆順

なりたち 【形声】「酉」が「さけ」を、「乍」が「サク」という読《よ》み方《かた》をしめしている。「サク」は「かさねる」意味《いみ》を持《も》ち、日《ひ》がたって酒《さけ》がすっぱくなることを表《あらわ》す字《じ》。

意味 調味料《ちょうみりょう》の、す。例 酢《す》をきかす。酢《す》の物《もの》・酢酸《さくさん》

【。酢酸《さくさん》】↓ すっぱくて、鼻《はな》をつくような強《つよ》いにおいのある、無色《むしょく》の液体《えきたい》。酢《す》のおもな成《せい》分《ぶん》で、食品《しょくひん》や薬品《やくひん》の原料《げんりょう》にもする。

酉-6
酬
総画13 JIS-2923 常用
音 シュウ 訓 —

筆順

なりたち 【形声】「酉」が「さけ」を、「州」が「シュウ」という読《よ》み方《かた》をしめしている。「シュウ」は「かえす」意味《いみ》を持《も》ち、さかずきを返《かえ》して客《きゃく》に酒《さけ》をすすめることを表《あらわ》す字《じ》。

意味 かえす。むくいる。例 応酬《おうしゅう》・報酬《ほうしゅう》

酉-6
酪
総画13 JIS-4579 常用
音 ラク 訓 —

筆順

なりたち 【形声】「酉」が「さけに似《に》た乳《ちち》のしる」を、「各《カク》」が「ラク」とかわって読《よ》み方《かた》をしめしている。「カク」は「かたまる」意味《いみ》を持《も》ち、乳《ちち》のしるのかたまったものを表《あらわ》す字《じ》。

意味 乳製品《にゅうせいひん》。牛《うし》やヤギの乳《ちち》からつくった食品《しょくひん》。例 酪農《らくのう》

【。酪農《らくのう》】↓ 乳牛《にゅうぎゅう》を飼《か》って牛乳《ぎゅうにゅう》を生産《せいさん》したり、それをチーズやバターなどに加工《かこう》したりする農業《のうぎょう》。例 酪農家《らくのうか》

酉-7
酵
総画14 JIS-2558 常用
音 コウ 訓 —

筆順

なりたち 【形声】「酉」が「さけ」を、「孝」が「コウ」という読《よ》み方《かた》をしめしている。「コウ」は「もと」の意味《いみ》を持《も》ち、酒《さけ》を発酵《はっこう》させるもとを表《あらわ》す字《じ》。

意味 酒《さけ》をつくるもと。酒《さけ》がかもされる。例 酵素《こうそ》・発酵《はっこう》

【。酵素《こうそ》】↓ 生物《せいぶつ》のからだの中《なか》でつくられ、体内《たいない》でおこなわれる食《た》べ物《もの》の消化《しょうか》などを助《たす》けるはたらきをする物質《ぶっしつ》。アミラーゼやペプシンなど。

【。酵母《こうぼ》】↓「酵母菌《こうぼきん》」の略《りゃく》。糖分《とうぶん》をアルコールと二酸化炭素《にさんかたんそ》に分《わ》けるはたらきをする、カビのなかまの菌《きん》。酒《さけ》・みそ・しょうゆなどをつくるときや、パンをふくらますのに使《つか》う。

酉-7
酷
総画14 JIS-2583 常用
音 コク 訓 ひど-い

筆順

なりたち 【形声】「酉」が「さけ」を、「告」が「コク」という読《よ》み方《かた》をしめしている。「コク」は「こい」の意味《いみ》を持《も》ち、酒《さけ》の味《あじ》がこいことを表《あらわ》す字《じ》。

意味 ❶むごい。手《て》きびしい。例 酷使《こくし》・残酷《ざんこく》 ❷ひどい。度《ど》をこえる。例 酷似《こくじ》・酷暑《こくしょ》

発音あんない コク→コッ… 例 酷寒《こっかん》

❶〈むごい〉の意味で

【。酷使《こくし》】↓〈—する〉休《やす》む間《ま》もないほどひどく使《つか》うこと。例 体《からだ》を酷使《こくし》する。

【。酷評《こくひょう》】↓〈—する〉欠点《けってん》をきびしく批評《ひひょう》すること。例 酷評《こくひょう》がくすりになった。

❷〈ひどい〉の意味で

【。酷似《こくじ》】↓〈—する〉とてもよく似《に》ている。例 母《はは》に酷似《こくじ》している娘《むすめ》。類 相似《そうじ》

【。酷暑《こくしょ》】↓ 真夏《まなつ》のきびしい暑《あつ》さ。例 酷暑《こくしょ》にたえられない。類 炎暑《えんしょ》・猛暑《もうしょ》 対 酷寒《こっかん》

【。酷寒《こっかん》】↓ ひじょうにきびしい寒《さむ》さ。例 酷《こっ》寒《かん》の北《きた》の果《は》て。類 厳寒《げんかん》 対 酷暑《こくしょ》・炎暑《えんしょ》

酷が下につく熟語 上の字の働き

❶酷＝〈むごい〉のとき
【残酷《ざんこく》 冷酷《れいこく》】近《ちか》い意味《いみ》。
◆過酷《かこく》

酉−7
【酸】
総画14
JIS-2732
教5年
音 サン
訓 すい

筆順 酉 酉 酉 酉 酸 酸 酸 酸（酉にならない・とめる・おらない）

なりたち 【形声】「酉」が「さけ」を、「夋《シュン》」が「サン」とかわって読《よ》み方《かた》をしめしている。「シュン」は「きりでさす」意味《いみ》を持《も》ち、舌《した》をさすようなすっぱい味《あじ》の酒《さけ》を表《あらわ》す字《じ》。

意味
❶すっぱい。すい。酸性《さんせい》の物質《ぶっしつ》。例 酸《す》いも甘《あま》いもかみ分《わ》ける（人生《じんせい》の経験《けいけん》をつんで、人《ひと》のつらさ、うれしさなどをよくわかっている）。酸《さん》とアルカリ。酸味《さんみ》・炭酸《たんさん》
❷いたましい。みじめだ。例 辛酸《しんさん》
❸さんそ（酸素）。元素《げんそ》の一《ひと》つ。例 酸化《さんか》

❶〈すっぱい〉の意味で
【酸性《さんせい》】⇩すっぱい味《あじ》がして、アルカリを中和《ちゅうわ》する性質《せいしつ》。青色《あおいろ》のリトマス試験紙《しけんし》を赤色《あかいろ》にかえる。例 酸性雨《さんせいう》・酸性食品《さんせいしょくひん》
【酸味《さんみ》】⇩すっぱい味《あじ》。例 酸味《さんみ》の強《つよ》いリンゴ。
❷〈いたましい〉の意味で
【酸鼻《さんび》】⇩すさまじく、いたましいこと。例 事故現場《じこげんば》は酸鼻《さんび》をきわめた。
❸〈さんそ（酸素）〉の意味で
【酸化《さんか》】⇩〈－する〉ある物質《ぶっしつ》が酸素《さんそ》と化合《かごう》して、ほかの物質《ぶっしつ》になること。例 酸化鉄《さんかてつ》 対 還元《かんげん》
【酸欠《さんけつ》】◎「酸素欠乏《さんそけつぼう》」の略《りゃく》。空気中《くうきちゅう》の酸素《さんそ》がたりなくなること。例 酸欠状態《さんけつじょうたい》。
【酸素《さんそ》】⇩元素《げんそ》の一《ひと》つで、色《いろ》もにおいもない気体《きたい》。ふつうの状態《じょうたい》では、空気《くうき》の体積《たいせき》の五分《ごぶん》の一《いち》をしめる。水《みず》の中《なか》にもとけこんでいる。生物《せいぶつ》の生存《せいぞん》になくてはならないもの。例 酸素《さんそ》吸入《きゅうにゅう》

酸が下につく熟語 上の字の働き
❶酸＝〈すっぱい〉のとき
【塩酸《えんさん》 硝酸《しょうさん》 酢酸《さくさん》 炭酸《たんさん》 乳酸《にゅうさん》 硫酸《りゅうさん》】ナニと化合《かごう》した酸《さん》か。
◆胃酸《いさん》 辛酸《しんさん》

酉−8
【醇】
総画15
JIS-2970
人名
音 ジュン
訓 ―

意味
❶味《あじ》がこい。まじりけがない。例 芳醇《ほうじゅん》
❷てあつい。心《こころ》がこもっている。

名前のよみ あつ・あつし

酉−9
【醒】
総画16
JIS-3235
常用
音 セイ
訓 さ-める・さ-ます

筆順 酉 酉 酉 酉 酉 酉 醒 醒

意味 さめる。酒《さけ》のよいがさめる。例 覚醒《かくせい》

酉−10
【醜】
総画17
JIS-2925
常用
音 シュウ
訓 みにくい

筆順 酉 酉 酉 酉 酉 醜 醜 醜

なりたち 【形声】「酉」が「シュウ」という読《よ》み方《かた》をしめしている。「シュウ」は「からだをまげる」意味《いみ》を持《も》ち、仮面《かめん》をつけたみこ（鬼）が神前《しんぜん》に酒《さけ》（酉）をそそぐことを表《あらわ》す字《じ》。のちに、「みにくい」として使《つか》われている。

意味 みにくい。見苦《みぐる》しい。みっともない。例 醜《みにく》いすがた。醜態《しゅうたい》 対 美《び》

【°醜悪《しゅうあく》】Ⅲ〈□な〉①すがたや形《かたち》がひどくぶかっこうで見苦《みぐる》しい。例 醜悪《しゅうあく》な怪物《かいぶつ》。②考《かんが》え方《かた》やり方《かた》がきたない。
【°醜態《しゅうたい》】⇩人《ひと》に見《み》せられないほどぶざまなすがた。例 醜態《しゅうたい》をさらす。類 失態《しったい》・狂態《きょうたい》
【°醜聞《しゅうぶん》】⇩人《ひと》に聞《き》かれてはこまるようなわるいうわさ。スキャンダル。例 醜聞《しゅうぶん》が広《ひろ》まる。
◆美醜《びしゅう》 老醜《ろうしゅう》

酉−11
【醬】
総画18
JIS-3063
人名
音 ショウ
訓 ―

意味 麦《むぎ》・米《こめ》・豆《まめ》などをこうじで発酵《はっこう》させ、塩《しお》をくわえて作《つく》ったもの。料理《りょうり》の味《あじ》をよくするもの。

◀次ページ

前ページ ▶ 酸 醇 醒 醜 醤

【醤油《しょうゆ》】↓ 調味料《ちょうみりょう》の一《ひと》つ。小麦《こむぎ》や大豆《だいず》を原料《げんりょう》とするこうじに塩《しお》や水《みず》をくわえ、発酵《はっこう》させてつくる。

酉-13

醸

総画20　JIS-3090　常用

訓音 ジョウ かもす

［釀］

筆順

なりたち 釀 ［形声］もとの字《じ》は、「釀」。「酉」が「酒《さけ》」を、「襄」が「中《なか》に入《い》れこむ」の意味《いみ》と「ジョウ」という読《よ》み方《かた》をしめしている。つぼの中《なか》に原料《げんりょう》を入れて酒《さけ》を発酵《はっこう》させることを表《あらわ》す字《じ》。

意味 酒《さけ》をつくる。発酵《はっこう》させて酒《さけ》にする。かもす。例 酒《さけ》を醸《かも》す。醸造《じょうぞう》

【醸成《じょうせい》】↓〈─する〉①酒《さけ》・みそ・しょうゆなどをつくること。類 醸造《じょうぞう》 ②あるふんいきや気分《きぶん》をだんだんにつくり出《だ》すこと。

【醸造《じょうぞう》】↓〈─する〉酒《さけ》・みそ・しょうゆなどをつくること。例 醸造元《じょうぞうもと》 類 醸成《じょうせい》

◆ 吟醸《ぎんじょう》

7画 釆 の部 ［のごめ］［のごめへん］

分《わ》ける意《い》を表《あらわ》す「釆《のごめ》」をもとにして作《つく》られた「釈」の字《じ》だけが入《はい》ります。

この部首の字　4 釈……986　番→田749　翻→羽859

釆-4

釈

総画11　JIS-2865　常用

訓音 シャク ─

［釋］

筆順

なりたち 釋 ［形声］もとの字《じ》は、「釋《しゃく》」。「釆」が分《わ》ける意味《いみ》をしめし、「睪《エキ》」が「シャク」とかわって読《よ》み方《かた》をしめしている。「エキ」は「わける」意味《いみ》を持《も》ち、ものごとをばらばらにする、解《と》きわけることを表《あらわ》す字《じ》。

意味 ❶説明《せつめい》する。くわしくときあかす。言《い》いわけする。うたがいがとける。例 釈明《しゃくめい》・解釈《かいしゃく》 ❷ゆるす。ゆるして自由《じゆう》にする。例 釈放《しゃくほう》・保釈《ほしゃく》 ❸《その他《た》》例 釈迦《しゃか》

発音あんない シャク→シャ…例 釈迦《しゃか》

名前のよみ とき

❶〈説明する〉の意味で

【釈然《しゃくぜん》】☒〈─たる〉うたがいやうらみなどの気持《きも》ちが消《き》えて、心《こころ》がさっぱりすること。例 いまいち釈然《しゃくぜん》としない話《はなし》だ。表現「釈然《しゃくぜん》としない」のように、下《した》に打《う》ち消《け》しのことばをともなうことが多《おお》い。

【釈明《しゃくめい》】Ⅱ〈─する〉誤解《ごかい》や非難《ひなん》に対《たい》し、事情《じじょう》を説明《せつめい》して、相手《あいて》にわかってもらおうとすること。例 なにを言《い》っても聞《き》いてもらえず、釈明《しゃくめい》の余地《よち》がない。類 弁明《べんめい》

❷〈ゆるす〉の意味で

【釈放《しゃくほう》】Ⅱ〈─する〉とらえていた人《ひと》をゆるして、自由《じゆう》にしてやること。例 身《み》がらを釈放《しゃくほう》する。類 解放《かいほう》

❸《その他》

【釈迦《しゃか》】⊙ 紀元前五世紀《きげんぜんごせいき》ころ、仏教《ぶっきょう》をひらいた人《ひと》。きびしくつらい修行《しゅぎょう》をしてさとりをひらき、人《ひと》びとに苦《くる》しみからぬけだすための教《おし》えをといた。例 釈迦《しゃか》に説法《せっぽう》（そのことをよく知《し》っている人《ひと》にわざわざ教《おし》えてやるのはおろかなことだ）。

釈が下につく熟語 上の字の働き

❶釈＝〈説明する〉のとき
【解釈《かいしゃく》 講釈《こうしゃく》 注釈《ちゅうしゃく》】近《ちか》い意味《いみ》。

◆ 会釈《えしゃく》 語釈《ごしゃく》 保釈《ほしゃく》

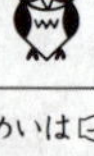

7画 里 の部 ［さと］［さとへん］

区画《くかく》された土地《とち》の意《い》を表《あらわ》す「里《さと》」をもとにして作《つく》られた字《じ》と、「里」の形《かたち》がめやすとなっている字《じ》を集《あつ》めてあります。

この部首の字　0 里……986　2 重……987　4 野……988　5 量……989　黒→黒1069　童→立808　墨→土263　裏→衣910

里-0

里

総画7　JIS-4604　教2年

訓音 リ さと

筆順 里里里里里里里 ながく

なりたち 里 【会意】「田」がきちんと整理《せいり》された土地《とち》を、「土」が「みち」をしめし、たてよこに道《みち》を通《とお》して整理《せいり》された土地《とち》を表《あらわ》す字《じ》。

意味

❶村《むら》ざと。ふるさと。例 里《さと》の秋《あき》。里心《さとごころ》・郷里《きょうり》

❷道《みち》のり。道《みち》の長《なが》さをはかる単位《たんい》。一里《いちり》は約《やく》三・九キロメートル。例 里程《りてい》・一里塚《いちりづか》

名前のよみ のり

❶〈村ざと〉の意味で

【里親】《さとおや》 ↓ 他人《たにん》の子《こ》をあずかり、親代《おやが》わりとなって育《そだ》てる人《ひと》。例 里親《さとおや》になる。対 里子《さとご》

【里子】《さとご》 ↓ よその家《いえ》にあずけられ、やしない育《そだ》てられる子《こ》。例 里子《さとご》に出《だ》す。対 里親《さとおや》

【里心】《さとごころ》 ↓ よその土地《とち》やよその家《いえ》にいる人《ひと》が、ふるさとや実家《じっか》、家族《かぞく》などをなつかしく思《おも》う気持《きも》ち。ホームシック。例 里心《さとごころ》がつく。類 郷愁《きょうしゅう》・望郷《ぼうきょう》

❷〈道のり〉の意味で

【里程】《りてい》 ↓ ある場所《ばしょ》から他《ほか》の場所《ばしょ》までの道《みち》の長《なが》さ。道《みち》のり。例 里程標《りていひょう》 類 里数《りすう》

里が下につく熟語 上の字の働き

❶里＝〈村ざと〉のとき

【山里《やまざと》 村里《むらざと》 人里《ひとざと》】ドウイウ里《さと》か。

◆一望千里《いちぼうせんり》 海里《かいり》 郷里《きょうり》

里-2

重

総画9

JIS-2937

教3年

音 ジュウ・チョウ

訓 え・おも▲い・かさねる・かさなる

筆順 重重重重重重重重重 ながく ながく

なりたち 【形声】人《ひと》が地面《じめん》に立《た》っている形《かたち》（亻土）と荷物《にもつ》の形《かたち》の「東」とからでき、「東」が「チョウ」とかわって読《よ》み方《かた》をしめしている。人《ひと》が荷物《にもつ》をせおって立《た》っているようすを表《あらわ》す字《じ》。

意味

❶おもい。程度《ていど》が大《おお》きい。例 重荷《おもに》・重傷《じゅうしょう》・体重《たいじゅう》 対 軽《けい》

❷おもおもしい。落《お》ち着《つ》いている。例 重《じゅう》厚《こう》・慎重《しんちょう》 対 軽《けい》

❸たいせつにする。だいじにする。おもんじる。例 重要《じゅうよう》・貴重《きちょう》 対 軽《けい》

❹かさなる。かさねる。例 ふとんを重《かさ》ねる。予定《よてい》が重《かさ》なる。重箱《じゅうばこ》・八重《やえ》

特別なよみ 十重二十重（とえはたえ）

名前のよみ あつ・あつし・かず・しげ・しげる・のぶ・ふさ

❶〈おもい〉の意味で

【重荷】《おもに》 ↓ ①重《おも》い荷物《にもつ》。②自分《じぶん》でなんとかしなければならない、めんどうなものごと。例 一生《いっしょう》の重荷《おもに》。重荷《おもに》をおう。類 負担《ふたん》

【重湯】《おもゆ》 ↓ 少《すこ》しの米《こめ》をたくさんの水《みず》でたいた、しるのようなおかゆ。

【重圧】《じゅうあつ》 ↓ 上《うえ》からおさえつける強《つよ》い力《ちから》。例 重圧《じゅうあつ》がかかる。税金《ぜいきん》の重圧《じゅうあつ》に苦《くる》しむ。

【重工業】《じゅうこうぎょう》 重《おも》くて大《おお》きな製品《せいひん》をつくる工業《こうぎょう》。例 鉄鋼《てっこう》・船《ふね》・車両《しゃりょう》・機械《きかい》などの、重工業《じゅうこうぎょう》の発展《はってん》に力《ちから》を入《い》れる。対 軽工業《けいこうぎょう》

【重罪】《じゅうざい》 ↓ 大《おお》きな罪《つみ》。例 重罪《じゅうざい》をおかす。類 大罪《たいざい》 対 微罪《びざい》

【重。症】《じゅうしょう》 ↓ 病気《びょうき》やけがの状態《じょうたい》がわるいこと。例 重症患者《じゅうしょうかんじゃ》 対 軽症《けいしょう》

【重傷】《じゅうしょう》 ↓ ひどいけが。例 全治《ぜんち》二《に》か月《げつ》の重傷《じゅうしょう》。類 深手《ふかで》・痛手《いたで》・重体《じゅうたい》 対 軽傷《けいしょう》

【重心】《じゅうしん》 ↓ そのものの重《おも》さがそこに集《あつ》まっていると見《み》なせる一点《いってん》。例 三角形《さんかくけい》の重心《じゅうしん》。重心《じゅうしん》をとる（バランスをとる）。

【重税】《じゅうぜい》 ↓ おさめるのに苦労《くろう》するようなたくさんの税金《ぜいきん》。例 重税《じゅうぜい》にあえぐ。

【重体】《じゅうたい》 ↓ 病気《びょうき》やけがの状態《じょうたい》がとてもわるいこと。例 意識不明《いしきふめい》の重体《じゅうたい》。類 重病《じゅうびょう》・重傷《じゅうしょう》・危篤《きとく》 表記「重態」とも書《か》く。

【重病】《じゅうびょう》 ↓ いのちにかかわるようなたいへんな病気《びょうき》。例 重病人《じゅうびょうにん》 類 大病《たいびょう》・重体《じゅうたい》

【重量】《じゅうりょう》 ↓ ①ものの重《おも》さ。目方《めかた》。例 重量《じゅうりょう》をはかる。②目方《めかた》が重《おも》いこと。例 重量級《じゅうりょうきゅう》の選手《せんしゅ》。対 軽量《けいりょう》

【重力】《じゅうりょく》 ↓ 地球《ちきゅう》が、地上《ちじょう》のものを引《ひ》きつける力《ちから》。例 重力《じゅうりょく》にさからってとびたつ。知識 わたしたちが、ものに重《おも》さ（重力《じゅうりょく》）を感《かん》じるのは、地球《ちきゅう》と地上《ちじょう》のものとのあいだに引力《いんりょく》

7 里 さと 2画 重 野 ◀次ページ

がはたらいているからである。

【重労働《じゅうろうどう》】 ひじょうに体力《たいりょく》を使《つか》う仕事《しごと》。例 重労働《じゅうろうどう》をこなす。

❷〈おもおもしい〉の意味で

【重厚《じゅうこう》】[‖]〈―な―に〉どっしりと落《お》ち着《つ》いているようす。例 重厚《じゅうこう》な人《ひと》がら。対 軽薄《けいはく》・浮薄《ふはく》

❸〈たいせつにする〉の意味で

【重視《じゅうし》】[↓]〈―する〉だいじなことだと考《かんが》えて、たいせつにすること。例 結果《けっか》よりも意欲《いよく》を重視《じゅうし》する。類 重要視《じゅうようし》 対 軽視《けいし》

【重責《じゅうせき》】[↓] その役目《やくめ》にかかる大《おお》きな責任《せきにん》。例 重責《じゅうせき》をになう。類 大任《たいにん》

【重大《じゅうだい》】[‖]〈―な―に〉たいへん大《おお》きな問題《もんだい》をはらんでいる。ただごとでない。例 重大《じゅうだい》な事件《じけん》。

【重鎮《じゅうちん》】[↓] その社会《しゃかい》で強《つよ》い力《ちから》を持《も》っているだいじな人《ひと》。例 政界《せいかい》の重鎮《じゅうちん》。

【重点《じゅうてん》】[↓] だいじだと考《かんが》えて力《ちから》を入《い》れるところ。例 教育《きょういく》に重点《じゅうてん》をおく政策《せいさく》。類 力点《りきてん》

【重宝《じゅうほう・ちょうほう》】[↓] [一] たいせつなたからもの。[二]〈―する〉・〈―な―に〉便利《べんり》で役《やく》に立《た》つ。例 重宝《ちょうほう》な道具《どうぐ》。表記 [二]は、「調法」とも書《か》く。

【重役《じゅうやく》】[↓] 会社《かいしゃ》で大《おお》きな責任《せきにん》をもつ役職《やくしょく》。専務取締役《せんむとりしまりやく》・常務取締役《じょうむとりしまりやく》・監査役《かんさやく》などをいう。例 重役会議《じゅうやくかいぎ》 類 役員《やくいん》

【重要《じゅうよう》】[‖]〈―な―に〉必要《ひつよう》で、とてもだいじなこと。例 重要書類《じゅうようしょるい》 類 大切《たいせつ》・肝要《かんよう》

【重要視《じゅうようし》】〈―する〉ひじょうにだいじだとみとめること。例 人《ひと》がらを重要視《じゅうようし》する。類 重視《じゅうし》

❹〈かさなる〉の意味で

【重重《じゅうじゅう》】[‖] じゅうぶんに。かさねがさね。例 重々《じゅうじゅう》承知《しょうち》しております。類 万万《ばんばん》

【重箱《じゅうばこ》】[↓] いろいろな料理《りょうり》をつめて、いく段《だん》かにかさねられるようにした箱《はこ》の形《かたち》のいれもの。お重《じゅう》。参考 「重箱読《じゅうばこよ》み」☞ものしり巻物（641ページ） 表現 「重箱《じゅうばこ》のすみをつつく」は、どうでもいいようなこまかいことまでうるさく問題《もんだい》にすること。

重箱

【重複《ちょうふく・じゅうふく》】[‖]〈―する〉おなじことが二度《にど》またはそれ以上《いじょう》かさなること。例 話《はなし》が重複《ちょうふく》する。重複《ちょうふく》をさける。

重が下につく熟語 上の字の働き

❶重＝〈おもい〉のとき
【荷重《かじゅう》 自重《じじゅう》 体重《たいじゅう》】ナニの重《おも》さか。

❷重＝〈おもおもしい〉のとき
【鈍重《どんじゅう》 荘重《そうちょう》】近《ちか》い意味《いみ》。

❸重＝〈たいせつにする〉のとき
【貴重《きちょう》 尊重《そんちょう》 珍重《ちんちょう》】近《ちか》い意味《いみ》。

❹重＝〈かさなる〉のとき
【一重《ひとえ》 二重《にじゅう・ふたえ》 八重《やえ》 幾重《いくえ》 十重二十重《とえはたえ》】ドレダケの重《かさ》なりか。

◆過重《かじゅう》 軽重《けいちょう・けいじゅう》 厳重《げんじゅう》 自重《じちょう・じじゅう》 慎重《しんちょう》 丁重《ていちょう》 比重《ひじゅう》 偏重《へんちょう》 身重《みおも》

里-4

野

総画11
JIS-4478
教2年
訓 の　音 ヤ

筆順
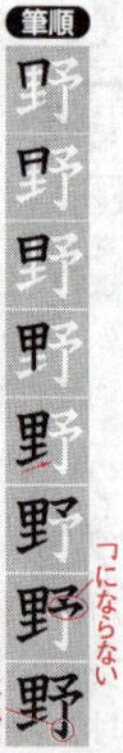

なりたち

【形声】「里《さと》」が「むらざと」を、「予《ヨ》」が「のびる」意味《いみ》と、「ヤ」とかわって読《よ》み方《かた》をしめしている。「広々《ひろびろ》としたのはら」を表《あらわ》す字《じ》。

意味

❶はらっぱ。のはら。例 野《の》にさく花《はな》。野宿《のじゅく》・野外《やがい》・平野《へいや》

❷しぜんのままの。あらっぽい。例 野鳥《やちょう》・粗野《そや》

❸民間《みんかん》の。政府《せいふ》の外《そと》にいる（役人《やくにん》をやめて民間《みんかん》に入《はい》る）。例 野《や》に下《くだ》る。在野《ざいや》 対 官《かん》

❹はんい。かぎられた場所《ばしょ》。例 視野《しや》

❺下野《しもつけ》。旧国名《きゅうこくめい》。今《いま》の栃木県《とちぎけん》。例 野州《やしゅう》

❻《その他《た》》例 野次《やじ》

特別なよみ 野良《のら》

参考 「埜《や・の》」の字《じ》は、人名用漢字《じんめいようかんじ》。

❶〈はらっぱ〉の意味で

【野宿《のじゅく》】[↓]〈―する〉ホテルや宿屋《やどや》などにとまらず、野原《のはら》や山《やま》の中《なか》など外《そと》でねること。例 野宿《のじゅく》しながら旅《たび》をする。類 野営《やえい》・露営《ろえい》

【野天《のてん》】[↓] 野原《のはら》の中《なか》のように、屋根《やね》もおおいもなく、空《そら》が見《み》えるようなところ。例 野天風呂《のてんぶろ》 類 露天《ろてん》

【野火】のび [↓] 春《はる》のはじめに、野山《のやま》のかれ草《くさ》をやくこと。その火《ひ》。野《の》やき。山《やま》やき。例 野火《のび》のけむりが見《み》える。

【野良】のら [◎] ①野原《のはら》。例 春《はる》の野良《のら》で若草《わかくさ》をつむ。②田《た》や畑《はたけ》。例 野良仕事《のらしごと》・野良着《のらぎ》

【野分】のわき｜のわけ [↓] 秋《あき》にふく強《つよ》い風《かぜ》。とくに、台《たい》風《ふう》を指《さ》す。参考 古《ふる》い、文学的《ぶんがくてき》な言《い》い方《かた》。「野《の》の草《くさ》をふき分《わ》ける風《かぜ》」という意味《いみ》。

【野営】やえい [↓]〈―する〉①軍隊《ぐんたい》が野山《のやま》に陣地《じんち》をつくり、そこにねとまりすること。類 露営《ろえい》 ②野《の》や山《やま》でテントなどをはったりしてとまること。類 野宿《のじゅく》・露営《ろえい》

【野外】やがい [↓] 家《いえ》の外《そと》の野原《のはら》や広場《ひろば》など。例 野《や》外劇《がいげき》・野外《やがい》コンサート 類 屋外《おくがい》・戸外《こがい》

【野球】やきゅう [↓] 九人《きゅうにん》ずつ二《に》チームに分《わ》かれ、相《あい》手《て》チームの投手《とうしゅ》の投《な》げるボールをバットで打《う》って塁《るい》へ走《はし》り得点《とくてん》をあらそう球技《きゅうぎ》。

【野菜】やさい [↓] 畑《はたけ》で作《つく》る食用《しょくよう》の植物《しょくぶつ》。例 生野《なまや》菜《さい》・野菜《やさい》ジュース 類 青物《あおもの》

❷〈しぜんのままの〉の意味で

【野放図】のほうず 〈―に｜―な〉しまりがなくだらしないようす。例 野放図《のほうず》な生活《せいかつ》。野放図《のほうず》に育《そだ》つ。

【野犬】やけん [↓] 飼《か》い主《ぬし》のいない犬《いぬ》。のら犬《いぬ》。

【野◦趣】やしゅ [↓] 自然《しぜん》のままのそぼくな味《あじ》わい。例 野趣《やしゅ》に富《と》む。

【野◦獣】やじゅう [↓] 野山《のやま》にすむけもの。とくに、猛《もう》獣《じゅう》をいう。例 野獣《やじゅう》のえじきとなる。

【野心】やしん [↓] できそうもない大《おお》きなことをやりたいと思《おも》う気持《きも》ち。例 野心作《やしんさく》。類 野望《やぼう》

【野人】やじん [↓] ①いなかで育《そだ》ったそぼくな人《ひと》。②身《み》なりや礼儀《れいぎ》などに気《き》をつかわない人《ひと》。☞❸

【野生】やせい [↓]〈―する〉動物《どうぶつ》や植物《しょくぶつ》が、自然《しぜん》のままに山野《さんや》で生《う》まれ育《そだ》つこと。例 野生動物《やせいどうぶつ》 類 自《じ》生《せい》

【野性】やせい [↓] 自然《しぜん》のまま、また、本能《ほんのう》のままのあらあらしい性質《せいしつ》。例 野性《やせい》に返《かえ》る。

【野草】やそう [↓] 山《やま》や野原《のはら》などに自然《しぜん》に生《は》える草《くさ》。

【野鳥】やちょう [↓] 自然《しぜん》の中《なか》で生《い》きている鳥《とり》。例 野《や》鳥《ちょう》公園《こうえん》 類 野禽《やきん》

【野◦蛮】やばん [Ⅱ]〈―に｜―な〉①学問《がくもん》や技術《ぎじゅつ》などがおくれていること。文明《ぶんめい》が進《すす》んでいないこと。類 未開《みかい》 ②教養《きょうよう》がなくて、ことばづかいやおこないがらんぼうなこと。例 野蛮《やばん》なふるまい。

【野◦卑】やひ [Ⅱ]〈―に｜―な〉下品《げひん》でいやしいようす。

【野望】やぼう [↓] とてもできそうもない大《おお》きなのぞみ。大《だい》それたのぞみ。例 野望《やぼう》をいだく。類 野心《やしん》

❸〈民間の〉の意味で

【野人】やじん [↓] 役所《やくしょ》づとめなどしない民間《みんかん》の人《ひと》。例 野人《やじん》として生《い》きる。☞❷

【野党】やとう [↓] 政権《せいけん》をにぎっていない政党《せいとう》。例 野党勢力《やとうせいりょく》。野党《やとう》の党首《とうしゅ》。対 与党《よとう》

❻《その他》

【野次】やじ [◎] 人《ひと》の話《はなし》やしていることを、からかったりばかにしたりして、大《おお》きな声《こえ》をかけること。例 やじをとばす。表記「弥次」とも書《か》く。参考「野次馬《やじうま》」の無責任《むせきにん》さから出《で》たことば。

【野次馬】やじうま 自分《じぶん》に関係《かんけい》のないことを、人《ひと》のあとにくっついて、おもしろ半分《はんぶん》にさわぎたてる人《ひと》。例 やじ馬根《うまこんじょう》性

【野暮】やぼ [◎]〈―に｜―な〉①世間《せけん》のならわしや人《ひと》の情《じょう》がわからず、気《き》がきかないこと。例 まったくやぼな男《おとこ》だ。対 粋《いき》 ②趣味《しゅみ》がわるくて、どろくさいこと。例 やぼな服装《ふくそう》。対 粋《いき》

野が下につく熟語 上の字の働き

❶ 野＝〈はらっぱ〉のとき
【山野《さんや》 林野《りんや》 原野《げんや》】近縁《きんえん》の関係《かんけい》。
【広野《こうや》 平野《へいや》 緑野《りょくや》 荒野《こうや》】ドノヨウナ野《の》か。

❹ 野＝〈はんい〉のとき
【視野《しや》 分野《ぶんや》】ドノヨウナ範囲《はんい》か。

◆在野《ざいや》 粗野《そや》 朝野《ちょうや》

里－5

量

総画12
JIS-4644
教4年
音 リョウ
訓 はかる

筆順

なりたち

【会意】「穀物《こくもつ》のつぶ」の形《かたち》の「日」と「重」を合《あ》わせて、もののおもさをはかることを表《あらわ》す字《じ》。

意味

❶重《おも》さをはかる。おしはかる。例 目方《めかた》を量《はか》る。量目《りょうめ》・推量《すいりょう》

◦学習漢字でない常用漢字 ▲常用漢字表にない音訓 ◆常用漢字でない漢字

❷重《おも》さや大《おお》きさ。もののかさ。例量産《りょうさん》・雨量《うりょう》

❸力《ちから》の大《おお》きさ。うでまえ。例度量《どりょう》

使い分け はかる［図・計・量・測・謀・諮］☞237ページ

名前のよみ かず・とも

❶〈重さをはかる〉の意味で

【量目《りょうめ》】⇩はかりではかった品物《しなもの》の重《おも》さ。例量目《りょうめ》がたりない。類目方《めかた》

❷〈重さや大きさ〉の意味で

【量感《りょうかん》】⇩人《ひと》やものから感《かん》じとれる重《おも》みや厚《あつ》み。ボリューム。例量感《りょうかん》たっぷりの人《じん》物像《ぶつぞう》。

【量産《りょうさん》】⇩〈―する〉おなじ品物《しなもの》を、たくさんつくり出《だ》すこと。大量生産《たいりょうせいさん》。例量産品《りょうさんひん》

【量的《りょうてき》】⊠〈―に〉数《かず》やかさなどからものを見《み》るようす。例ここの食事《しょくじ》は、味《あじ》はともかく量的《りょうてき》にはじゅうぶんだ。対質的《しってき》

【量。販《りょうはん》】⇩〈―する〉おなじ品物《しなもの》をたくさん販売《はんばい》すること。例量販店《りょうはんてん》

量が下につく熟語 上の字の働き

❶量＝〈重さをはかる〉のとき

【計量《けいりょう》 測量《そくりょう》 推量《すいりょう》】近《ちか》い意味《いみ》。

【裁量《さいりょう》 酌量《しゃくりょう》】ドノヨウニおしはかるか。

❷量＝〈重さや大きさ〉のとき

【斤量《きんりょう》 数量《すうりょう》 分量《ぶんりょう》】近《ちか》い意味《いみ》。

【雨量《うりょう》 水量《すいりょう》 音量《おんりょう》 声量《せいりょう》 熱量《ねつりょう》 物量《ぶつりょう》 質《しつ》量《りょう》 肺活量《はいかつりょう》 降水量《こうすいりょう》】ナニの量《りょう》か。

【多量《たりょう》 大量《たいりょう》 少量《しょうりょう》 微量《びりょう》 軽量《けいりょう》】ドレホドの量《りょう》か。

【総量《そうりょう》 容量《ようりょう》 重量《じゅうりょう》 定量《ていりょう》 適量《てきりょう》 用量《ようりょう》】ドノヨウナ量《りょう》か。

【増量《ぞうりょう》 減量《げんりょう》】量《りょう》をドウスルか。

❸量＝〈力の大きさ〉のとき

【器量《きりょう》 技量《ぎりょう》 力量《りきりょう》】ナニの大《おお》きさか。

◆感無量《かんむりょう》 狭量《きょうりょう》 度量《どりょう》

7画 臣［しん］の部

「臣」の字《じ》と、それをもとにして作《つく》られた「臥」と「臨」の字《じ》とが入《はい》ります。

この部首の字
0 臣……990
2 臥……990
11 臨……990
監→皿765
賢→貝962

臣

臣-0
総画7
JIS-3135
教4年
音 シン・ジン
訓 ―

筆順 臣 臣 臣 臣 臣 臣 臣（まっすぐ、つく）

なりたち

【象形】目玉《めだま》をむき、目《め》を見開《みひら》いている形《かたち》をえがき、「目玉《めだま》」の意味《いみ》を表《あらわ》している字《じ》。借《か》りて、「けらい」の意味《いみ》に使《つか》われている。

意味 けらい。たみ。例臣民《しんみん》・大臣《だいじん》 対君《くん》

名前のよみ おみ・しげ・たか・とみ・み

【臣下《しんか》】⇩大名《だいみょう》や君主《くんしゅ》に仕《つか》える人《ひと》。類家来《けらい》 対主君《しゅくん》・君主《くんしゅ》

【臣民《しんみん》】⇩君主《くんしゅ》がおさめている国《くに》の国民《こくみん》。

臣が下につく熟語 上の字の働き

【家臣《かしん》 忠臣《ちゅうしん》 陪臣《ばいしん》 大臣《だいじん》】ドノヨウナけらいか。

臥

臣-2
総画9
JIS-1873
人名
音 ガ
訓 ふ-す

意味 ふす。横《よこ》になってねる。

【臥。薪。嘗。胆《がしんしょうたん》】〈―する〉薪《たきぎ》の上《うえ》に臥《ふ》す、苦《にが》い胆《きも》を嘗《な》める、ということで志《こころざし》を果《は》たすために苦労《くろう》すること。

故事のはなし ☞991ページ

臨

臣-11
総画18
JIS-4655
教6年
音 リン
訓 のぞ-む

筆順 臨 臨 臨 臨 臨 臨 臨 臨 臨（ややちいさく）

なりたち

【会意】「臥」が「うつむいて見《み》る」意味《いみ》を、「品」が「多《おお》くのもの」をしめし、合《あ》わせて、高《たか》いところから見下《みお》ろすことを表《あらわ》す字《じ》。

意味 ❶見下《みお》ろす。上《うえ》に立《た》つ。例臨席《りんせき》・君臨《くんりん》 ❷その場《ば》にのぞむ。その時《とき》に出合《であ》う。例海《うみ》に臨《のぞ》む。面《めん》している。式《しき》に臨《のぞ》む。臨機応《りんきおう》変《へん》・臨海《りんかい》・臨時《りんじ》

使い分け のぞむ［望・臨］☞589ページ

❶〈見下ろす〉の意味で

【臨席《りんせき》】▲〈—する〉会合《かいごう》や式《しき》に出《で》ること。例 ご臨席《りんせき》をたまわり、光栄《こうえい》に存《ぞん》じます。類 列席《れっせき》 表現 出席《しゅっせき》する人《ひと》ではなく、その人《ひと》の出席《しゅっせき》をありがたく思《おも》う人《ひと》たちの立場《たちば》でいうことば。

❷〈その場にのぞむ〉の意味で

【臨海《りんかい》】▲ 海《うみ》のすぐ近《ちか》くにあること。例 臨海学校《りんかいがっこう》・臨海工業地帯《りんかいこうぎょうちたい》 類 沿岸《えんがん》

【臨機応変《りんきおうへん》】「機《き》に臨《のぞ》んで変《へん》に応《おう》ず」と訓読《くんよ》みし、なにが起《お》こるかわからない状況《じょうきょう》（機）の中《なか》で、なにが起《お》こっても、あわてず、てきぱきと、そのときにできる最良《さいりょう》のやり方《かた》で処置《しょち》する（応《おう》）こと。例 臨機応変《りんきおうへん》に対処《たいしょ》する。

【臨月《りんげつ》】▲ 母親《ははおや》が子《こ》どもを生《う》む予定《よてい》の月《つき》をむかえること。

【臨時《りんじ》】▲ ①いつと決《き》まったときでなく必要《ひつよう》なときにすること。例 臨時《りんじ》ニュース 対 定期《ていき》・定時《ていじ》・定例《ていれい》・経常《けいじょう》 ②ずっとつづくのでなく、あるひとときだけ。例 臨時列車《りんじれっしゃ》 類 一時的《いちじてき》

【臨終《りんじゅう》】▲ 人《ひと》が死《し》ぬさいごの瞬間《しゅんかん》。死《し》にぎわ。例 臨終《りんじゅう》をむかえる。類 最期《さいご》・末期《まつご》・往生際《おうじょうぎわ》・終焉《しゅうえん》

【臨床《りんしょう》】▲ ①じっさいに一人《ひとり》ひとりの病人《びょうにん》の診察《しんさつ》や治療《ちりょう》をすること。例 臨床経験《りんしょうけいけん》をつむ。臨床例《りんしょうれい》 ②病人《びょうにん》の床《とこ》のそばにいること。例 臨床尋問《りんしょうじんもん》

【臨場感《りんじょうかん》】じっさいにその場《ば》にいるような感《かん》じ。例 臨場感《りんじょうかん》にあふれるサッカーの実況中継《じっきょうちゅうけい》。

◆来臨《らいりん》

故事のはなし

臥薪嘗胆《がしんしょうたん》

むかし、中国《ちゅうごく》の呉王《ごおう》の夫差《ふさ》は父《ちち》の敵《かたき》をうとうと、薪《たきぎ》の上《うえ》にねてその心《こころ》を強《つよ》め、みごとに越王《えつおう》の勾践《こうせん》を降服《こうふく》させた。一方《いっぽう》、やぶれた勾践《こうせん》は苦《にが》いきもをなめてしかえしを誓《ちか》い、ついに夫差《ふさ》をやぶった。

7画 廾［まいあし］の部

「廾」の形《かたち》がめやすとなっている字《じ》を集《あつ》めてあります。

この部首の字

廾−6

【舜】

総画13 JIS-2956 人名 訓 — 音 シュン

意味 古代中国《こだいちゅうごく》の天子《てんし》の名《な》。例 尭舜《ぎょうしゅん》

参考 ☞ふろく「中国書名物語《ちゅうごくしょめいものがたり》」の「夏《か》の禹王《うおう》」と『書経《しょきょう》』（12ページ）

名前のよみ きよ・とし・みつ

廾−8

【舞】

総画15 JIS-4181 常用 訓 まう・まい 音 ブ

筆順

なりたち

【会意】もとは、長《なが》いたもとの着物《きもの》を着《き》てまいをまうすがたをえがいた「無」が「まい」を表《あらわ》していたが、「ない」として使《つか》われるようになったため、あらためて両足《りょうあし》（舛）をつけて「まい」を表《あらわ》すようにした字《じ》。

意味 ❶まう。まい。例 宙《ちゅう》に舞《ま》う。剣《つるぎ》の舞《まい》。舞踊《ぶよう》・日舞《にちぶ》（「日本舞踊《にほんぶよう》」の略《りゃく》）・輪舞《りんぶ》 ❷はげます。心《こころ》をふるいおこす。例 鼓舞《こぶ》

❶〈まう〉の意味で

【°舞曲《ぶきょく》】↓ おどりのための音楽《おんがく》。おどりのリズムを使《つか》って作曲《さっきょく》された曲《きょく》。例 ハンガリー舞曲《ぶきょく》

【°舞台《ぶたい》】↓ 劇《げき》・おどり・音楽《おんがく》などの演技《えんぎ》や演奏《えんそう》を見《み》せるために、観客席《かんきゃくせき》よりいちだん高《たか》くつくられているところ。ステージ。例 舞台装置《ぶたいそうち》 表現 「ひのき舞台《ぶたい》」「晴《は》れの舞台《ぶたい》」は、わざを見《み》せるよい機会《きかい》の意味《いみ》。「国際社会《こくさいしゃかい》を舞台《ぶたい》に活躍《かつやく》する」は活躍《かつやく》の場《ば》をいう。

【°舞台裏《ぶたいうら》】舞台《ぶたい》のうらがわにある、俳優《はいゆう》のひかえ室《しつ》などのあるところ。類 楽屋《がくや》 表現 「政界《せいかい》の舞台裏《ぶたいうら》」などと、外《そと》からはわからない内部《ないぶ》の事情《じじょう》を表《あらわ》すこともある。

【°舞°踏】ぶとう Ⅱ〈―する〉西洋《せいよう》ふうのおどりをすること。そのおどり。ダンス。例 舞踏会《ぶとうかい》

【°舞°踊】ぶよう Ⅱ 音楽《おんがく》に合《あ》わせて感情《かんじょう》を表現《ひょうげん》するおどりやまい。例 日本舞踊《にほんぶよう》

舞が下につく熟語 上の字の働き

❶ 舞＝〈まう〉のとき
【群舞《ぐんぶ》 乱舞《らんぶ》 輪舞《りんぶ》】ドノヨウニ舞《ま》うか。

◆ 歌舞《かぶ》 鼓舞《こぶ》

7画 麦 麥 ［むぎ］［ばくにょう］ の部

むぎの意《い》を表《あらわ》す「麦」の字と「麦・麥」の字《じ》をもとにして作《つく》られた「麹」と「麺」の字《じ》を入《い》れました。

■ 麦－0
麦
総画7
JIS-3994
教2年
訓 むぎ 音 バク
［麥］

筆順

なりたち

【会意】もとの字《じ》は、「麥」。「夂」が「あし」をしめし、「來」が「ムギの穂《ほ》がたれた」形《かたち》で、合《あ》わせて、遠方《えんぽう》からもたらされた「ムギ」を表《あらわ》す字《じ》。もともと「來」が「ムギ」の意味《いみ》を、「麥」が「くる」意味《いみ》を表《あらわ》していたが、「來」が「くる」意味《いみ》に使《つか》われ出《だ》したため、「麥」が逆《ぎゃく》に「ムギ」を表《あらわ》すようになった。

意味 むぎ。例 麦《むぎ》の穂《ほ》。麦茶《むぎちゃ》・麦芽《ばくが》

【麦芽】ばくが ↓ オオムギやコムギなどから出《で》た芽《め》を干《ほ》したもの。ビールや水《みず》あめなどをつくるのに使《つか》う。知識 ビールを「麦酒」と書《か》くのは、「麦芽《ばくが》を原料《げんりょう》とする酒《さけ》」だから。

【麦芽°糖】ばくがとう 麦芽《ばくが》の酵素《こうそ》がでんぷんに作用《さよう》してできる糖分《とうぶん》。水《みず》あめの原料《げんりょう》になる。

【麦秋】ばくしゅう／むぎあき ↓ ムギが実《みの》ってかり入《い》れをする時期《じき》。初夏《しょか》、六月《ろくがつ》のころをいう。

【麦粉】むぎこ ↓ コムギをひいたこな。

【麦茶】むぎちゃ ↓ オオムギをからのついたままいり、にだした飲《の》み物《もの》。

【麦笛】むぎぶえ ↓ ムギのくきを口《くち》に当《あ》てて、笛《ふえ》のようにふき鳴《な》らすもの。例 麦笛《むぎぶえ》をふく。

【麦飯】むぎめし ↓ 米《こめ》にオオムギやハダカムギをまぜてたいた飯《めし》。また、ムギだけをたいた飯《めし》。

【麦・藁】むぎわら ↓ 穂《ほ》をとりのぞいたあとのムギのくき。例 麦藁帽子《むぎわらぼうし》・麦藁細工《むぎわらざいく》

◆ 精麦《せいばく》 小麦《こむぎ》

□ 麥－8
麹
総画19
JIS-2577
表外
訓 こうじ 音 キク

意味 こうじ。蒸《む》した米《こめ》・麦《むぎ》・豆《まめ》などにこうじかびをはたらかせたもの。酒《さけ》・しょう油《ゆ》・みそなどを作《つく》るのに使《つか》う。

□ 麦－9
麺
総画16
JIS-4445
常用
訓 ― 音 メン
［麵］

参考 JIS《ジス》の字形《じけい》は、「麵」。

筆順

意味 めん。そば・うどんなどをまとめていうことば。例 麺類《めんるい》

8画 金 ［かね］［かねへん］ の部

金属《きんぞく》の意《い》を表《あらわ》す「金」をもとに作《つく》られ、金属《きんぞく》やそれを加工《かこう》した製品《せいひん》にかかわる字《じ》を集《あつ》めてあります。

■ 金－0
金
総画8
JIS-2266
教1年
訓 かね・かな 音 キン・コン

ものしり巻物 第30巻

くり返《かえ》し符号《ふごう》「々」

いくとおりにも読《よ》まれているのに、それ自《じ》身《しん》は音《おん》も訓《くん》も一《ひと》つも読《よ》みを持《も》っていない字《じ》(?)は、なんでしょうか。

クイズのようですが……答《こた》えは「々」です。「年《ねん》」の下《した》に「々」がつくと、「々」はねんと読《よ》まれます。「山《やま》」の下《した》に「々」がつくと、「々」はやまと読《よ》まれます。

年《ねん》々《ねん》　山《やま》々《やま》

むかし、一《ひと》つのことばでおなじ漢字《かんじ》がかさなると、「〻」を使《つか》ったことがありました。そして今《いま》は、「〻」の代《か》わりに「々」を使《つか》うようになりました。

年年→(年〻)→年々
山山→(山〻)→山々

というわけです。

このように、「々」は、上《うえ》の漢字《かんじ》をくり返《かえ》していることをしめす符号《ふごう》です。符号《ふごう》なので、漢字辞典《かんじじてん》には出《で》ていません。正式《せいしき》の字《じ》ではないので、「ねん・やま……」とたくさんの読《よ》みを持《も》っているように見《み》えても、「々」だけの読《よ》みはないのです。「々」だけで使《つか》われることがないからです。

けれど、呼《よ》び名《な》は、いろいろあります。いちばんやさしいのは「くり返《かえ》し符号《ふごう》」という呼《よ》び方《かた》です。また、「重《かさ》ね字《じ》」「畳字《じょうじ》」「おどり字《じ》」などとも呼《よ》びますが、とくに「同《どう》の字点《じてん》」ともいいます。上《うえ》とおなじ字《じ》の代《か》わりをしていることをしめす呼《よ》び名《な》です。

さて、「々」はおなじ漢字《かんじ》がくり返《かえ》すときどんな場合《ばあい》でも使《つか》えるかといえば、そうでもありません。あくまでも、一《ひと》つのことばの中《なか》でおなじ漢字《かんじ》がかさなったときだけです。

たとえば、「音楽会会場《おんがくかいかいじょう》」の場合《ばあい》、「音楽《おんがく》会《かい》」と「会場《かいじょう》」はちがうことばです。「会《かい》」がかさなって「会会《かいかい》」ということばになったのではありません。そのため、「々」は使《つか》えません。

×音楽会々場　→　○音楽会会場

もう一《ひと》つ、気《き》をつけたいことがあります。それは、つながり方《かた》があくまでも一行《いちぎょう》でつづいているときだけです。たとえば、「年々《ねんねん》」と書《か》きたいとき、二《ふた》つの字《じ》が二行《にぎょう》に分《わ》かれてしまった場合《ばあい》は、「々」は使《つか》えません。

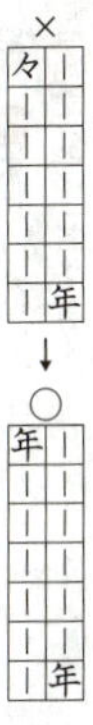

いろいろ説明《せつめい》しましたが、結論《けつろん》からいえば、規則《きそく》にさえあてはまっていれば「々」は使《つか》ってもよく、またまったく使《つか》わなくてもよいのです。

たとえば、「正々堂々《せいせいどうどう》」だといさましく見《み》えないといって、「正正堂堂《せいせいどうどう》」と意識《いしき》して書《か》く人《ひと》もいます。また、訓読《くんよ》みの場合《ばあい》、「々」の部分《ぶぶん》をかな書《が》きする人《ひと》もいます。

山山→山々→山やま

みなさんなら、どの方法《ほうほう》で書《か》きますか。

8
金
かね
0画
金
金◀
次ページ

筆順 （はらう）（ながく）

なりたち 金 【形声】「亼（今）」が「キン」という読《よ》み方《かた》をしめしている。「土」と、土《つち》の中《なか》に光《ひか》るようすを表《あらわ》す「丷」をくわえて、土の中にあって光《ひか》りかがやくものを表《あらわ》す字《じ》。

意味

❶きん。おうごん。きん色《いろ》の。こがねのように美《うつく》しい。りっぱな。例 金《きん》が採《と》れる。金貨《きんか》・砂金《さきん》

❷きんぞく。かなもの。例 金具《かなぐ》・地金《じがね》

❸おかね。ぜに。例 金《かね》をためる。料金《りょうきん》

❹五行《ごぎょう》の一《ひと》つ。古代中国《こだいちゅうごく》で、万物《ばんぶつ》のもととして考《かんが》えられていた木《もく》・火《か》・土《ど》・金《ごん》・水《すい》によって、ものの順序《じゅんじょ》を表《あらわ》す。例 金星《きんせい》・金曜《きんよう》

注意するよみ かな…例 金物《かなもの》・金具《かなぐ》・金縛《かなしば》り

発音あんない コン→ゴン…例 黄金《おうごん》

❶〈きん〉の意味で

【金色】きんいろ／こんじき ↓ 金《きん》の色《いろ》のようなつやのある黄《き》色《いろ》。こがね色《いろ》。例 金色《きんいろ／こんじき》にかがやく稲穂《いなほ》。表現「こんじき」は、古《ふる》めかしい言《い》い方《かた》。

【金貨】きんか ↓ 金《きん》をおもな材料《ざいりょう》にしてできているお金《かね》。関連 金貨《きんか》・銀貨《ぎんか》・銅貨《どうか》

【金塊】きんかい ↓ 金《きん》のかたまり。金《きん》の地金《じがね》。例 金《きん》塊《かい》を積《つ》み上《あ》げる。

【金科玉条】きんかぎょくじょう 絶対《ぜったい》にまもらなければならない、たいせつな教《おし》えやきまり。例 先生《せんせい》のことばを金科玉条《きんかぎょくじょう》とする。参考「金《きん》」「玉《ぎょく》」はたいせつなもの。「科《か》」「条《じょう》」は規則《きそく》を表《あらわ》す。中《ちゅう》国《ごく》の詩文集《しぶんしゅう》にあることば。表現 現在《げんざい》では、その教《おし》えが正《ただ》しいものとかたく思《おも》い込《こ》んで、融《ゆう》通《ずう》がきかないさまを言《い》うことが多《おお》い。

【金環食】きんかんしょく 日食《にっしょく》の一《ひと》つ。月《つき》が太陽《たいよう》のほとんどをかくし、太陽《たいよう》のまわりだけが金《きん》の輪《わ》のようにかがやいて見《み》えるもの。

【金言】きんげん ↓ 深《ふか》い道理《どうり》を表《あらわ》し、生《い》きていくうえの教《おし》えとなる短《みじか》いことば。類 格言《かくげん》・警句《けいく》

【金鉱】きんこう ↓ 金《きん》をふくんでいる鉱石《こうせき》。それをとるための鉱山《こうざん》。類 金脈《きんみゃく》・金山《きんざん》

【金婚式】きんこんしき 結婚《けっこん》五十年《ごじゅうねん》をいわう式《しき》。関連 銅婚式《どうこんしき》・銀婚式《ぎんこんしき》・金婚式《きんこんしき》

【金字塔】きんじとう のちのちまでのこるような、すぐれた研究《けんきゅう》や作品《さくひん》・記録《きろく》などの成果《せいか》。例 金字《きんじ》塔《とう》をうちたてる。参考「金《きん》」の字《じ》の形《かたち》の塔《とう》。もともとは、ピラミッドを指《さ》すことば。

【金波】きんぱ ↓ 日《ひ》の光《ひかり》や月《つき》の光《ひかり》がうつって、金色《きんいろ》にかがやく波《なみ》。例 金波銀波《きんばぎんば》のきらめく海《うみ》。

【金髪】きんぱつ ↓ 金色《きんいろ》のかみの毛《け》。ブロンド。

【金粉】きんぷん ↓ 金《きん》のこな。または、金色《きんいろ》のこな。類 金砂《きんしゃ》・金砂子《きんすなご》 知識 うるしで絵《え》やもようをえがき、そこに金粉《きんぷん》や銀粉《ぎんぷん》をまいてみがいたものを「蒔絵《まきえ》」という。

【金星】きんぼし ↓ ①すもうで、大関《おおぜき》・関脇《せきわけ》・小結《こむすび》ではない力士《りきし》が横綱《よこづな》に勝《か》つこと。②大《おお》きなてがら。例 金星《きんぼし》をあげる。☞「きんせい」は❹

【金脈】きんみゃく ↓ 金《きん》の鉱脈《こうみゃく》。例 金脈《きんみゃく》をほりあてる。類 金鉱《きんこう》 ☞❸

【金堂】こんどう ↓ 寺《てら》で、本尊《ほんぞん》をまつってある建物《たてもの》。例 法隆寺《ほうりゅうじ》の金堂《こんどう》。類 本堂《ほんどう》

【金輪際】こんりんざい 絶対《ぜったい》に。決《けっ》して。参考 大地《だいち》のおくそこにあり世界《せかい》のはてである場所《ばしょ》をいう仏教《ぶっきょう》のことば。これより先《さき》には絶対《ぜったい》に行《い》けない底《そこ》の底《そこ》。表現「金輪際《こんりんざい》ゆるさない」のように、あとに打《う》ち消《け》しのことばをともなう。

❷〈きんぞく〉の意味で

【金具】かなぐ ↓ 木《き》や布《ぬの》などでできた品物《しなもの》にとりつけてある金属製《きんぞくせい》の部品《ぶひん》。

【金槌】かなづち ↓ 頭《あたま》の部分《ぶぶん》が金属《きんぞく》でできているつち。くぎを打《う》つときなどに使《つか》う。とんかち。ハンマー。表現 頭《あたま》のほうから水《みず》にしずんでいくところから、泳《およ》げない人《ひと》をいうのにも使《つか》う。

【金棒】かなぼう ↓ ①鉄《てつ》の棒《ぼう》。②まわりにいぼをつけた、ふとい鉄《てつ》の棒《ぼう》。ふりまわして敵《てき》をたおす武《ぶ》器《き》。例 鬼《おに》に金棒《かなぼう》。表記「鉄棒」とも書《か》く。

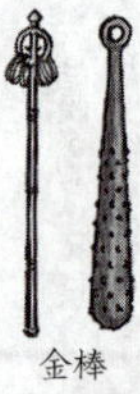

金棒

【金物】かなもの ↓ なべ・やかん・かなづち・くぎなど、金属《きんぞく》でつくった道具類《どうぐるい》。例 金物屋《かなものや》

【金属】きんぞく ↓ 金《きん》・銀《ぎん》・銅《どう》・鉄《てつ》・アルミニウムなどのなかまや、広《ひろ》くは、それらをまぜ合《あ》わせた合金《ごうきん》をまとめていうことば。例 金属加工《きんぞくかこう》・貴《き》金属《きんぞく》

❸〈おかね〉の意味で

【金目《かねめ》】○ お金《かね》にかえたときのねうちが高《たか》いこと。例 金目《かねめ》のものは全部《ぜんぶ》とられた。

【金一◦封《きんいっぷう》】 金額《きんがく》を明記《めいき》せず、紙《かみ》につつんで封《ふう》をしたお金《かね》。お礼《れい》や賞品《しょうひん》として贈《おく》るお金《かね》についていう。

【金額《きんがく》】↓ いくらいくらと数字《すうじ》でしめされたお金《かね》の量《りょう》。例 金額《きんがく》が張《は》る。大《おお》きな金額《きんがく》。類 金高《きんだか|かねだか》

【金権《きんけん》】↓ お金《かね》の力《ちから》で世《よ》の中《なか》や人《ひと》を動《うご》かすこと。例 金権政治《きんけんせいじ》

【金庫《きんこ》】↓ ①お金《かね》やたいせつな品物《しなもの》・書類《しょるい》などを、火事《かじ》や盗難《とうなん》からまもるために入《い》れておく、とくべつじょうぶにつくられた入《い》れ物《もの》や倉庫《そうこ》。例 手《て》さげ金庫《きんこ》。②国《くに》や地方公共団体《ちほうこうきょうだんたい》のお金《かね》をあつかうための組織《そしき》。

【金策《きんさく》】↓ 〈―する〉必要《ひつよう》なお金《かね》をいろいろとくふうして集《あつ》めようとすること。例 金策《きんさく》に走《はし》る。

【金銭《きんせん》】＝ 「お金《かね》」のややあらたまった言《い》い方《かた》。例 金銭的《きんせんてき》な補償《ほしょう》。

【金品《きんぴん》】↓ お金《かね》や品物《しなもの》。例 金品《きんぴん》の授受《じゅじゅ》。

【金満家《きんまんか》】 金持《かねも》ち。

【金脈《きんみゃく》】↓ お金《かね》を出《だ》すとか貸《か》すとかしてくれる人《ひと》や団体《だんたい》。かねづる。☞❶

【金◦融《きんゆう》】↓ 〈―する〉金銭《きんせん》の貸《か》し借《か》りの動《うご》き。おもに、事業《じぎょう》のための流《なが》れをいう。例 金融《きんゆう》機関《きかん》（銀行《ぎんこう》・信用金庫《しんようきんこ》・保険会社《ほけんがいしゃ》など）類 融資《ゆうし》

【金利《きんり》】↓ 借《か》りたお金《かね》やあずけたお金《かね》に対《たい》する利子《りし》。元金《もときん》に対《たい》する利子《りし》の割合《わりあい》。例 金利《きんり》が高《たか》い。

❹〈五行の一つ〉の意味で

【金星《きんせい》】↓ 太陽《たいよう》のまわりをまわる惑星《わくせい》のなかで、水星《すいせい》について、太陽《たいよう》に二番《にばん》めに近《ちか》い星《ほし》。

知識 よくかがやき、朝早《あさはや》くに見《み》えるときは「明《あ》けの明星《みょうじょう》」、夕方《ゆうがた》に見《み》えるときは「宵《よい》の明星《みょうじょう》」とよばれる。☞「きんぼし」は❶

金が下につく熟語 上の字の働き

❶金＝〈きん〉のとき
【砂金《さきん》 純金《じゅんきん》 黄金《おうごん|こがね》 白金《はっきん》】ドノヨウナ形《かたち》・色《いろ》・質《しつ》の金《きん》か。

❷金＝〈きんぞく〉のとき
【筋金《すじがね》 針金《はりがね》】ナニの形《かたち》の金物《かなもの》か。

❸金＝〈おかね〉のとき
【集金《しゅうきん》 募金《ぼきん》 入金《にゅうきん》 換金《かんきん》 献金《けんきん》 貯金《ちょきん》 預金《よきん》 借金《しゃっきん》 送金《そうきん》 返金《へんきん》】お金《かね》をドウスルか。
【基金《ききん》 元金《がんきん|もときん》 資金《しきん》 税金《ぜいきん》 公金《こうきん》 罰金《ばっきん》 前金《まえきん》 代金《だいきん》 料金《りょうきん》 頭金《あたまきん》 敷金《しききん》 礼金《れいきん》 現金《げんきん》 残金《ざんきん》 賞金《しょうきん》 賃金《ちんぎん》 涙金《なみだきん》 繰越金《くりこしきん》 軍資金《ぐんしきん》】ドウイウお金《かね》か。

◆口金《くちがね》 合金《ごうきん》 地金《じがね》 大金《たいきん》 鋳金《ちゅうきん》 成金《なりきん》

金-2

針

総画10
JIS-3143
教6年
音 シン
訓 はり

筆順

なりたち 針 [形声]「金」が「金属《きんぞく》」を、あなのあるはりの形《かたち》からできた「十」が「シン」という読《よ》み方《かた》をしめしている。金属《きんぞく》のはりを表《あらわ》す字《じ》。

意味
❶ぬいばり。はりの形《かたち》をしたもの。例 針《はり》でぬう。針金《はりがね》・釣針《つりばり》
❷さししめすはり。目《め》もりや方向《ほうこう》を指《さ》ししめすはり。例 時計《とけい》の針《はり》。針路《しんろ》・検針《けんしん》

❶〈ぬいばり〉の意味で

【針小棒大《しんしょうぼうだい》】〈―な・―に〉ちょっとしたことを大《おお》げさに言《い》うこと。例 針小棒大《しんしょうぼうだい》に言《い》いふらす。

【針葉樹《しんようじゅ》】 マツやスギのように、葉《は》がはりのように細《ほそ》くとがっている樹木《じゅもく》。常緑樹《じょうりょくじゅ》（一年《いちねん》じゅう緑《みどり》の葉《は》をつけている樹木《じゅもく》）に多《おお》い。対 広葉樹《こうようじゅ》

【針金《はりがね》】↓ 鉄《てつ》や銅《どう》などの金属《きんぞく》をひものように細長《ほそなが》くのばしたもの。ワイヤ。

【針仕事《はりしごと》】 はりを使《つか》って衣服《いふく》などをこしらえたり、つくろったりすること。類 裁縫《さいほう》

❷〈さししめすはり〉の意味で

【針路《しんろ》】↓ ①船《ふね》や飛行機《ひこうき》などが進《すす》んでいく方向《ほうこう》。例 針路《しんろ》を北《きた》にとる。②進《すす》むべき方向《ほうこう》。例 人生《じんせい》の針路《しんろ》。類 進路《しんろ》・方針《ほうしん》 参考「針《しん》」は、方角《ほうがく》を指《さ》ししめす羅針盤《らしんばん》の磁石《じしゃく》のはり。

針が下につく熟語 上の字の働き

❷針＝〈さししめすはり〉のとき
【方針《ほうしん》 指針《ししん》 磁針《じしん》 短針《たんしん》 長針《ちょうしん》 秒針《びょうしん》】ドノヨ

◇ウナ針《はり》か。
◇運針《うんしん》 検針《けんしん》 避雷針《ひらいしん》

金-2
【釘】
総画10 JIS-3703 人名
音 テイ 訓 くぎ

意味 くぎ。くぎを打《う》ちつける。例 ぬかに釘《くぎ》。釘付《くぎづ》け・五寸釘《ごすんくぎ》

金-2
【釜】
総画10 JIS-1988 常用
音 フ 訓 かま

筆順

意味 かま。お湯《ゆ》をわかしたり、ご飯《はん》をたいたりする道具《どうぐ》。例 釜飯《かまめし》・茶釜《ちゃがま》

金-3
【釣】
総画11 JIS-3664 常用
音 チョウ 訓 つる

筆順

なりたち

【形声】「金」が「金属《きんぞく》」を、「勺《シャク》」が「すくいあげる」意味《いみ》と、「チョウ」とかわって読《よ》み方《かた》をしめしている。金属《きんぞく》のはりやかぎに魚《さかな》をひっかけてつりあげることを表《あらわ》す字《じ》。

意味 ❶つる。魚《さかな》をつる。つりさげる。例 釣《つ》りに行《い》く。釣《つ》り鐘《がね》・釣果《ちょうか》 ❷つりせん。おつり。例 釣《つ》り銭《せん》が出《で》る。

❶〈つる〉の意味で

【釣果】《ちょうか》 ↓ つりの成果《せいか》。つった魚《さかな》。

金-4
【鈍】
総画12 JIS-3863 常用
音 ドン 訓 にぶい・にぶる

筆順
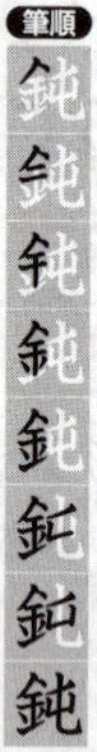

なりたち

【形声】「金」が「金属《きんぞく》」を、「屯《トン》」が「まるくなる」意味《いみ》と、「ドン」とかわって読《よ》み方《かた》をしめしている。刀《かたな》やりの刃《は》がなまってまるくなることを表《あらわ》す字《じ》。

意味 ❶にぶい。切れ味《あじ》がわるい。とがっていない。例 鈍器《どんき》・鈍角《どんかく》 対 鋭《えい》 ❷のろい。はたらきがよくない。ぐずぐずしている。例 勘《かん》が鈍《にぶ》い。腕《うで》が鈍《にぶ》る。鈍感《どんかん》・愚鈍《ぐどん》 対 敏《びん》

❶〈にぶい〉の意味で

【鈍角】《どんかく》 ↓ 九〇度《ど》より大《おお》きく、一八〇度《ど》より小《ちい》さい角《かく》。例 鈍角三角形《どんかくさんかくけい》 対 鋭角《えいかく》

【鈍器】《どんき》 ↓ ①よく切《き》れない刃物《はもの》。対 利器《りき》 ②棒《ぼう》・かなづち・石《いし》など、刃《は》がなくてかたく重《おも》いもの。人《ひと》を害《がい》する道具《どうぐ》になったときのよび方《かた》。例 鈍器《どんき》でなぐられたあとがある。

❷〈のろい〉の意味で

【鈍感】《どんかん》 ↓ 〈―な・―に〉ものの動《うご》きや意味《いみ》を感《かん》じるのがおそいこと。対 敏感《びんかん》・鋭敏《えいびん》

【鈍重】《どんじゅう》 Ⅱ 〈―な・―に〉動作《どうさ》や性質《せいしつ》がのろのろしているようす。例 動《うご》きが鈍重《どんじゅう》だ。

【鈍足】《どんそく》 ↓ 走《はし》るのがおそいこと。対 俊足《しゅんそく》

【鈍痛】《どんつう》 ↓ おさえつけるような重苦《おもくる》しい痛《いた》み。例 胃《い》のあたりに鈍痛《どんつう》をおぼえる。対 激痛《げきつう》

金-5
【鉛】
総画13 JIS-1784 常用
音 エン 訓 なまり

筆順

なりたち

【形声】「金」が「金属《きんぞく》」を、「㕣」が「エン」という読《よ》み方《かた》をしめしている。「エン」は「青白《あおじろ》い」の意味《いみ》を持《も》ち、青白《あおじろ》い金属《きんぞく》「なまり」を表《あらわ》す字《じ》。

意味 なまり。やわらかくて重《おも》く、熱《ねつ》にとけやすい青白《あおじろ》い金属《きんぞく》。例 鉛筆《えんぴつ》・亜鉛《あえん》

【鉛管】《えんかん》 ↓ 水道管《すいどうかん》などに使《つか》われる、なまりでつくったくだ。知識 今《いま》はステンレス管《かん》や塩化《えんか》ビニール管《かん》が使《つか》われている。

【鉛筆】《えんぴつ》 ↓ 木《き》のじくに、黒鉛《こくえん》とねんどをまぜあわせてつくったしんを入《い》れた筆記用具《ひっきようぐ》。例 鉛筆《えんぴつ》けずり・赤鉛筆《あかえんぴつ》

金-5
【鉱】
総画13 JIS-2559 教5年
音 コウ 訓 ―
【鑛】

筆順

なりたち

【形声】「礦→鑛→鉱」とかわった字《じ》。「広」のしめす「コウ」という

読《よ》み方《かた》は「黄」を意味《いみ》している。「金」は「金属《きんぞく》」で、金属《きんぞく》をとる黄色《きいろ》い石《いし》を表《あらわ》す字《じ》。
意味 金属《きんぞく》の原石《げんせき》。金属《きんぞく》を多《おお》くふくむ石《いし》。例 鉱物《こうぶつ》・金鉱《きんこう》
名前のよみ かね
【鉱業】《こうぎょう》 ↓ 地中《ちちゅう》から、鉄《てつ》・銅《どう》を多《おお》くふくむ鉱石《こうせき》や石炭《せきたん》などをほり出《だ》し、材料《ざいりょう》として使《つか》えるようにする産業《さんぎょう》。例 鉱業資源《こうぎょうしげん》
【鉱山】《こうざん》 ↓ 地中《ちちゅう》から鉱石《こうせき》をほり出《だ》しているところ。金山《きんざん》・銀山《ぎんざん》・銅山《どうざん》・鉄山《てつざん》などがある。例 鉱山《こうざん》ではたらく。
【鉱石】《こうせき》 ↓ 金《きん》・銀《ぎん》・銅《どう》・鉄《てつ》などの金属《きんぞく》を多《おお》くふくんでいる岩石《がんせき》。
【鉱泉】《こうせん》 ↓ 鉱物質《こうぶつしつ》をたくさんふくんでいるわき水《みず》。例 鉱泉《こうせん》をわかしたお湯《ゆ》。知識 ☞【温泉】《おんせん》(676ページ)
【鉱毒】《こうどく》 ↓ 鉱山《こうざん》や精錬所《せいれんじょ》などから出《で》る、けむりや排水《はいすい》などの中《なか》の有害《ゆうがい》な毒物《どくぶつ》。例 鉱毒《こうどく》で山《やま》の木《き》が枯《か》れた。
【鉱物】《こうぶつ》 ↓ 自然《しぜん》にある岩石《がんせき》などの無機物《むきぶつ》。例 鉱物資源《こうぶつしげん》
【鉱脈】《こうみゃく》 ↓ 質《しつ》のいい鉱石《こうせき》が、岩石《がんせき》のあいだにたくさんつまってつづいているところ。例 金《きん》の鉱脈《こうみゃく》をさがす。
◆金鉱《きんこう》 採鉱《さいこう》

金-5 鉄

総画13 JIS-3720 教3年

音 テツ 訓 ―

「鐵」

筆順

なりたち 鐵 【形声】もとの字は、「鐵」。「金」が「金属《きんぞく》」を、「戴」が「テツ」という読《よ》み方《かた》をしめしている。「テツ」は「黒色《くろいろ》」の意味《いみ》を持《も》ち、黒色《くろいろ》の金属《きんぞく》「くろがね(てつ)」を表《あらわ》す字《じ》。

意味
❶てつ。くろがね。例 鉄棒《てつぼう》・鋼鉄《こうてつ》
❷てつのような。てつのようにかたくて強《つよ》い。武器《ぶき》。例 鉄壁《てっぺき》・寸鉄《すんてつ》
❸鉄道《てつどう》。例 私鉄《してつ》

名前のよみ かね・とし

❶〈てつ〉の意味で
【鉄管】《てっかん》 ↓ 鉄《てつ》でつくったくだ。
【鉄器】《てっき》 ↓ 鉄《てつ》でつくった道具《どうぐ》。例 鉄器時代《てっきじだい》 関連 石器《せっき》・青銅器《せいどうき》・鉄器《てっき》
【鉄橋】《てっきょう》 ↓ 鉄《てつ》でつくった橋《はし》。とくに、鉄道《てつどう》のための橋《はし》。例 列車《れっしゃ》が鉄橋《てっきょう》をわたる。
【鉄筋】《てっきん》 ↓ ①コンクリートを強《つよ》くするためにしんに入《い》れる鉄《てつ》の棒《ぼう》。例 鉄筋《てっきん》コンクリート ②鉄筋《てっきん》コンクリートなどの建物《たてもの》。例 鉄筋五《てっきんご》階建《かいだ》て。
【鉄鉱】《てっこう》 ↓ 鉄《てつ》の原料《げんりょう》となる鉱石《こうせき》。鉄鉱石《てっこうせき》。
【鉄鋼】《てっこう》 Ⅱ 銑鉄《せんてつ》や鋼鉄《こうてつ》など、鉄材《てつざい》をまとめていうことば。例 鉄鋼《てっこう》業《ぎょう》
【鉄格子】《てつごうし》 鉄《てつ》の棒《ぼう》をたてよこに組《く》んで、戸《と》や窓《まど》につけてあるもの。例 倉庫《そうこ》の窓《まど》に鉄格子《てつごうし》をはめる。表現「鉄格子《てつごうし》の中《なか》」というと刑務所《けいむしょ》に入《はい》っていることを意味《いみ》する。
【鉄骨】《てっこつ》 ↓ 建物《たてもの》などのほねぐみに使《つか》う鉄材《てつざい》。例 ビルの鉄骨《てっこつ》を組《く》む。
【鉄材】《てつざい》 ↓ 工業《こうぎょう》・建築《けんちく》・土木工事《どぼくこうじ》などに使《つか》う鉄《てつ》の材料《ざいりょう》。
【鉄条網】《てつじょうもう》 とげのついた太《ふと》い針金《はりがね》(有刺《ゆうし》鉄線《てっせん》)をはりめぐらしたさく。
【鉄塔】《てっとう》 ↓ 鉄材《てつざい》で組《く》み立《た》てた塔《とう》や柱《はしら》。
【鉄道】《てつどう》 ↓ レールをしいて電車《でんしゃ》・列車《れっしゃ》を走《はし》らせる交通機関《こうつうきかん》。例 登山鉄道《とざんてつどう》
【鉄分】《てつぶん》 ↓ ものにふくまれている成分《せいぶん》としての鉄《てつ》。例 鉄分《てつぶん》の多《おお》い食材《しょくざい》。類 金気《かなけ》
【鉄棒】 ↓ ❶《てつぼう/かなぼう》 鉄《てつ》でできている棒《ぼう》。例 鉄棒《てつぼう/かなぼう》をふりまわす。❷《てつぼう》 ①器械体操《きかいたいそう》の用具《ようぐ》の一《ひと》つ。二本《にほん》の柱《はしら》のあいだに一本《いっぽん》の鉄《てつ》の棒《ぼう》をわたしたもの。②体操競技《たいそうきょうぎ》の種目《しゅもく》の一《ひと》つ。器械体操用《きかいたいそうよう》の鉄棒《てつぼう》を使《つか》ってわざを見《み》せるもの。
【鉄∘砲】《てっぽう》 ↓ 火薬《かやく》の爆発《ばくはつ》する力《ちから》でたまがとび出《だ》す小型《こがた》の武器《ぶき》。類 小銃《しょうじゅう》・銃《じゅう》 知識 一五四三年《ねん》、ポルトガル人《じん》によって九州《きゅうしゅう》の種子島《たねがしま》に鉄砲《てっぽう》がつたわったので、鉄砲《てっぽう》のことを「種子島《たねがしま》」といった。

❷〈てつのような〉の意味で
【鉄火】《てっか》 ↓ ①刀剣《とうけん》と鉄砲《てっぽう》。例 鉄火《てっか》をくぐる。②〈─に/─な〉気性《きしょう》がはげしく威勢《いせい》がいいようす。例 鉄火《てっか》はだのおかみさん。③すして、な

∘学習漢字でない常用漢字 ▲常用漢字表にない音訓 ◆常用漢字でない漢字

まのマグロを使《つか》ったもの。例 鉄火《てっか》まき

【鉄。拳】《てっけん》 ⊻ 鉄《てつ》のようにかたくにぎったこぶし。げんこつ。例 鉄拳制裁《てっけんせいさい》(ばっとしてげんこつでなぐること)

【鉄則】《てっそく》 ⊻ なにが起《お》こっても絶対《ぜったい》にかえられないきびしいきまり。例「安全第一《あんぜんだいいち》」が作《さ》業《ぎょう》のさいの鉄則《てっそく》だ。類 原則《げんそく》

【鉄。壁】《てっぺき》 ⊻ 鉄《てつ》のかべのように、かたいまもり。例 鉄壁《てっぺき》の守備《しゅび》をほこる。

【鉄面皮】《てつめんぴ》〈一な・一に〉顔《かお》の皮《かわ》が鉄《てつ》でできているかのようにあつかましくて、ふつうの人《ひと》なら、はずかしくてたまらないことを、なんとも思《おも》わないこと。類 厚顔《こうがん》

鉄が下につく熟語 上の字の働き

❶ 鉄＝〈てつ〉のとき
【鋼鉄《こうてつ》 銑鉄《せんてつ》 砂鉄《さてつ》】ドンナ鉄《てつ》か。

❸ 鉄＝〈鉄道〉のとき
【私鉄《してつ》 電鉄《でんてつ》 地下鉄《ちかてつ》】ドウイウ鉄道《てつどう》か。

◆ 寸鉄《すんてつ》 製鉄《せいてつ》

金－5

鉢

総画13 JIS-4013 常用 訓 音 ハチ・ハツ 訓 ―

筆順 鉢 鉢 鉢 鉢 鉢 鉢 鉢 鉢

なりたち 𨥁 [形声] もとの字は、「盋」。「犮」が「ハツ・ハチ」という読《よ》み方《かた》をしめしている。「ハツ」は「大《おお》きい」の意味《いみ》を持《も》ち、深《ふか》くて大《おお》きい容器《ようき》(皿《さら》)を表《あらわ》す字《じ》。「鉢」は、「金」が「金属《きんぞく》」を、「朩→本」が「ハツ・ハチ」という読《よ》み方《かた》をしめし、金属製《きんぞくせい》のうつわを表《あらわ》している字《じ》。

意味 はち。㋐底《そこ》が深《ふか》くて、上《うえ》がひらいた入《い》れ物《もの》。例 鉢物《はちもの》・植木鉢《うえきばち》・火鉢《ひばち》 ㋑人《ひと》の頭《あたま》。例 鉢巻《はちま》き

注意するよみ ハツ…例 衣鉢《いはつ》

【。鉢物】《はちもの》 ⊻ ①鉢《はち》に植《う》えてある草木《くさき》。鉢植《はちう》え。例 植木市《うえきいち》で鉢物《はちもの》を買《か》う。類 盆栽《ぼんさい》 ②鉢《はち》に盛《も》って出《だ》す、料理《りょうり》。

金－5

鈴

総画13 JIS-4675 常用 訓 音 レイ・リン 訓 すず

筆順 鈴 鈴 鈴 鈴 鈴 鈴 鈴 鈴

なりたち 𨦟 [形声]「金」が「金属《きんぞく》」を、「令」が「レイ・リン」という読《よ》み方《かた》をしめしている。金属《きんぞく》で作《つく》ったリンリンと鳴《な》る「すず」を表《あらわ》す字《じ》。

意味 すず。りん。ベル。例 鈴《すず》を鳴《な》らす。風《ふう》鈴《りん》・予鈴《よれい》

文字物語 ☞998ページ

【。鈴虫】《すずむし》 ⊻ 黒褐色《こっかっしょく》で、触角《しょっかく》の長《なが》い、体長《たいちょう》二センチほどの昆虫《こんちゅう》。草《くさ》むらにすみ、秋《あき》の夜《よる》、すずを鳴《な》らすようなすんだ声《こえ》で鳴《な》く。

◆ 土鈴《どれい》 風鈴《ふうりん》 予鈴《よれい》

文字物語

鐘 鈴

中国《ちゅうごく》や日本《にほん》のお寺《てら》の鐘《かね》は、大《おお》きなつりがねで、ふとい木《き》でつくと「ゴーン」と鳴《な》る。西洋《せいよう》の教会《きょうかい》の鐘《かね》は、ふりうごかすと、中《なか》に下《さ》がっている玉《たま》があたって「カランカラン」「ガランガラン」と鳴《な》る。教《きょう》会《かい》の鐘《かね》は、英語《えいご》でいうと「ベル」だ。日本《にほん》の「鈴《すず》」も英語《えいご》でいえば「ベル」で、「鐘《かね》」とおなじなかまになる。しかし、日本《にほん》の「鈴《すず》」は、手《て》でふって、「リンリン」とか「チリンチリン」とか鳴《な》らすもの。わたしたちがふつうにいう「ベル」は、「電鈴《でんれい》」など、手《て》でおして鳴《な》らすものだ。この音《おと》は、「リーン」と長《なが》く聞《き》こえるが、じっさいには「リンリンリンリン」と小刻《こきざ》みに鳴《な》る音《おと》がつづいているのだ。「ベル」ということばをとおしてみると、「鐘《かね》」と「鈴《すず》」とがいっしょになるが、日本語《にほんご》だけでいえば、「鐘《かね》」と「鈴《すず》」とはまったくべつのものだ。

金-6

銀

総画14 JIS-2268 教3年

音 ギン 訓 —

筆順 銀 銀 銀 銀 銀 銀 銀（はねる・人にならない）

なりたち 【形声】「金」が「金属《きんぞく》」を、「艮《コン》」が「ギン」とかわって読《よ》み方《かた》をしめしている。「コン」は「白《しろ》い」の意味《いみ》を持《も》ち、白《しろ》色《いろ》の金属《きんぞく》「しろがね（ぎん）」を表《あらわ》す字《じ》。

意味 ❶ぎん。しろがね。ぎんのように白《しろ》く光《ひか》るもの。例 金《きん》と銀《ぎん》。銀河《ぎんが》・水銀《すいぎん》 ❷おかね。例 銀行《ぎんこう》

名前のよみ かね

❶〈ぎん〉の意味で

【銀貨】《ぎんか》 ↓ 銀《ぎん》をおもな材料《ざいりょう》にして作《つく》ったお金《かね》。関連 金貨《きんか》・銀貨《ぎんか》・銅貨《どうか》

【銀河】《ぎんが》 ↓ ①夜空《よぞら》に白《しろ》くあわく光《ひかり》の川《かわ》のように見《み》える、星《ほし》の集《あつ》まり。天《あま》の川《がわ》。②銀河系《ぎんがけい》の外《そと》にある星雲《せいうん》。アンドロメダ星雲《せいうん》など。

【銀河系】《ぎんがけい》 太陽系《たいようけい》をふくむ、星《ほし》の集団《しゅうだん》。また、肉眼《にくがん》で見《み》える天体《てんたい》の大部分《だいぶぶん》がこれにふくまれる。まん中《なか》がふくらんだ円盤《えんばん》の形《かたち》をしている。

【銀。婚式】《ぎんこんしき》 結婚《けっこん》二十《にじゅう》五年《ごねん》をいわう式《しき》。関連 銅婚式《どうこんしき》・銀婚式《ぎんこんしき》・金婚式《きんこんしき》

【銀世界】《ぎんせかい》 雪《ゆき》がつもって、あたり一面《いちめん》が白《しろ》くかがやいている美《うつく》しい景色《けしき》。例 一面《いちめん》の銀世《ぎんせ》界《かい》。

【銀波】《ぎんば》 ↓ 月《つき》の光《ひかり》が水面《すいめん》にうつって、銀色《ぎんいろ》にかがやく波《なみ》。例 金波《きんば》銀波《ぎんば》の海《うみ》を行《い》く。

【銀。髪】《ぎんぱつ》 ↓ 銀色《ぎんいろ》の髪《かみ》。老人《ろうじん》の、白《しろ》くなった髪《かみ》。例 銀髪《ぎんぱつ》の老婦人《ろうふじん》。類 白髪《はくはつ》

【銀。盤】《ぎんばん》 ↓ スケート場《じょう》の氷《こおり》の面《めん》。例 銀盤《ぎんばん》の女王《じょおう》。

【銀幕】《ぎんまく》 ↓ 映画《えいが》をうつす白《しろ》い幕《まく》。スクリーン。例 銀幕《ぎんまく》のスター。

【銀輪】《ぎんりん》 ↓ ①銀色《ぎんいろ》の輪《わ》。または、銀《ぎん》でつくった輪《わ》。②自転車《じてんしゃ》。例 銀輪《ぎんりん》をつらねて走《はし》る。

【銀◆嶺】《ぎんれい》 ↓ 雪《ゆき》がつもって、銀色《ぎんいろ》にかがやく山《やま》。参考 車輪《しゃりん》が美《うつく》しく光《ひか》ることからいう。

❷〈おかね〉の意味で

【銀行】《ぎんこう》 ↓ 多《おお》くの人《ひと》からお金《かね》をあずかり、必《ひつ》要《よう》な人《ひと》や会社《かいしゃ》に貸《か》すなど、お金《かね》をあつかうことを仕事《しごと》にしているところ。

【銀座】《ぎんざ》 ↓ 東京都中央区《とうきょうとちゅうおうく》にある、はなやかでにぎやかな街通《まちどお》り。参考 江戸《えど》時代《じだい》、銀貨《ぎんか》をつくるところがあったから。表現「○○銀座《ぎんざ》」と町名《ちょうめい》のあとにつけて、その町《まち》でいちばんにぎやかな商店街《しょうてんがい》という意味《いみ》を表《あらわ》す。

◆水銀《すいぎん》 路銀《ろぎん》

金-6

銃

総画14 JIS-2938 常用

音 ジュウ 訓 —

筆順 銃 銃 銃 銃 銃 銃 銃 銃

なりたち 【形声】「金」が「金属《きんぞく》」を、「充」が「ジュウ」という読《よ》み方《かた》をしめしている。「ジュウ」は「あな」の意味《いみ》を持《も》ち、柄《え》をさしこむ斧《おの》のあなを表《あらわ》す字《じ》。のちに、「てっぽう」の意味《いみ》に使《つか》われるようになった。

意味 てっぽう。例 銃《じゅう》で撃《う》つ。銃声《じゅうせい》・銃弾《じゅうだん》・短銃《たんじゅう》

【。銃。撃】《じゅうげき》 ↓〈―する〉小銃《しょうじゅう》や機関銃《きかんじゅう》で目標《もくひょう》とする相手《あいて》を攻撃《こうげき》すること。例 銃撃《じゅうげき》をうける。銃撃戦《じゅうげきせん》

【。銃口】《じゅうこう》 ↓ 小銃《しょうじゅう》やピストルなどの、たまが出《で》るつつさき。例 銃口《じゅうこう》を向《む》ける。

【。銃殺】《じゅうさつ》 ↓〈―する〉小銃《しょうじゅう》でうちころす刑《けい》罰《ばつ》。例 銃殺刑《じゅうさつけい》

【。銃声】《じゅうせい》 ↓ 小銃《しょうじゅう》やピストルなどをうったときの音《おと》。例 銃声《じゅうせい》がひびく。類 砲声《ほうせい》

【。銃創】《じゅうそう》 ↓ 小銃《しょうじゅう》やピストルなどのたまで受《う》けたきず。

【。銃。弾】《じゅうだん》 ↓ 小銃《しょうじゅう》やピストルなどのたま。類 弾丸《だんがん》

【。銃。砲】《じゅうほう》 ↓ 小銃《しょうじゅう》・ピストル・大砲《たいほう》など、火《か》薬《やく》の力《ちから》でたまを発射《はっしゃ》する武器《ぶき》。例 銃砲店《じゅうほうてん》

銃が下につく熟語 上の字の働き

【拳銃《けんじゅう》 小銃《しょうじゅう》 短銃《たんじゅう》 猟銃《りょうじゅう》 機関銃《きかんじゅう》】ドウイウ銃《じゅう》か。

金-6

銭

総画14 JIS-3312 教5年

音 セン 訓 ぜに

［錢］

前ページ▶銀 銃 銭

筆順 銭（はねる・だす）

なりたち 【形声】もとの字は、「錢」。「金」が「金属《きんぞく》」を、「戔」が「セン」という読《よ》み方《かた》をしめしている。「セン」は「うすくけずる」意味《いみ》を持《も》ち、金属《きんぞく》をけずった農具《のうぐ》「くわ」を表《あらわ》す字《じ》。のちに、「お金《かね》」の意味《いみ》に使《つか》われるようになった。

意味 おかね。㋐ぜに。例 安物《やすもの》買《が》いの銭失《ぜにうしな》い。銭湯《せんとう》・金銭《きんせん》 ㋑お金《かね》の単位《たんい》。円《えん》の百分《ひゃくぶん》の一《いち》。例 日歩《ひぶ》一銭五厘《いっせんごりん》。

【銭湯《せんとう》】↓ 料金《りょうきん》を取《と》って、客《きゃく》を入浴《にゅうよく》させるところ。ふろや。公衆浴場《こうしゅうよくじょう》。

銭が下につく熟語 上の字の働き
【悪銭《あくせん》 小銭《こぜに》】ドノヨウナお金《かね》か。
◆金銭《きんせん》 日銭《ひぜに》

銑
金-6 総画14 JIS-3313 人名 訓 — 音 セン

意味 あらがね。鉱石《こうせき》から取《と》り出《だ》したばかりで、きたえてない鉄《てつ》。例 銑鉄《せんてつ》

【◆銑鉄《せんてつ》】↓ 鉄鉱石《てっこうせき》をとかしただけの、多《おお》くの不純物《ふじゅんぶつ》をふくんでいる鉄《てつ》。鋳物《いもの》の材料《ざいりょう》にする。

銅
金-6 総画14 JIS-3828 教5年 訓 — 音 ドウ

筆順 銅（とめる・はねる）

なりたち 【形声】「金」が「金属《きんぞく》」を、「同《トウ》」が「ドウ」という読《よ》み方《かた》をしめしている。「トウ」は「赤《あか》い」の意味《いみ》を持《も》ち、赤《あか》い金属《きんぞく》「あかがね（どう）」を表《あらわ》す字《じ》。

意味 あかがね。どう。例 銅《どう》メダル。赤銅《しゃくどう》

【銅貨《どうか》】↓ 銅《どう》でつくったお金《かね》。例 十円銅貨《じゅうえんどうか》
関連 金貨《きんか》・銀貨《ぎんか》・銅貨《どうか》

【銅。婚式《どうこんしき》】結婚七年《けっこんななねん》（または十五年《じゅうごねん》）をいわう式《しき》。関連 銅婚式《どうこんしき》・銀婚式《ぎんこんしき》・金婚式《きんこんしき》

【銅山《どうざん》】↓ 銅《どう》の鉱石《こうせき》をほり出《だ》すところ。

【銅線《どうせん》】↓ 銅《どう》でつくった針金《はりがね》。やわらかく、電気《でんき》をよくとおす。

【銅像《どうぞう》】↓ 銅《どう》や青銅《せいどう》でつくった人《ひと》や動物《どうぶつ》の像《ぞう》。ブロンズ像《ぞう》。例 西郷《さいごう》さんの銅像《どうぞう》。

【銅◆鐸《どうたく》】↓ 弥生時代《やよいじだい》につくられた青銅器《せいどうき》の一《ひと》つ。つりがね形《がた》で、祭《まつ》りに使《つか》われたものらしい。

銅が下につく熟語 上の字の働き
【赤銅《しゃくどう》 青銅《せいどう》】ナニ色《いろ》がかった銅《どう》か。
◆分銅《ふんどう》

銘
金-6 総画14 JIS-4435 常用 訓 — 音 メイ

筆順 銘

なりたち 【形声】「名」が「文字《もじ》」の意味《いみ》と「メイ」という読《よ》み方《かた》をしめしている。金属《きんぞく》にきざみこんだ文字《もじ》を表《あらわ》す字《じ》。

意味 ❶きざみこむ。しるす。例 肝《きも》に銘《めい》じる。銘文《ぶん》・感銘《かんめい》 ❷名《な》のとおった。上等《じょうとう》の。例 銘茶《めいちゃ》

❶〈きざみこむ〉の意味で
【。銘。柄《めいがら》】↓ 生産者《せいさんしゃ》や発売者《はつばいしゃ》をしめすために品物《しなもの》につけるしるしや、株式《かぶしき》などの名前《なまえ》。例 服《ふく》の銘柄《めいがら》。表現「銘柄《めいがら》もの」といって有名《ゆうめい》ブランドの品《しな》を指《さ》すことがある。

【。銘記《めいき》】Ⅱ〈―する〉深《ふか》く心《こころ》にきざみつけて、わすれないようにすること。例 心《こころ》に銘記《めいき》する。

【。銘文《めいぶん》】↓ 石碑《せきひ》や金属器《きんぞくき》などにきざみこまれた文字《もじ》や文章《ぶんしょう》。

❷〈名のとおった〉の意味で
【銘。菓《めいか》】↓ とくべつの名《な》のついている、いわれのある菓子《かし》。例 土地《とち》の銘菓《めいか》をおみやげにする。

【。銘酒《めいしゅ》】↓ 広《ひろ》く名《な》が知《し》られた上等《じょうとう》の酒《さけ》。例 全国《ぜんこく》の銘酒《めいしゅ》が売《う》られている店《みせ》。

【。銘茶《めいちゃ》】↓ とくべつ上等《じょうとう》のお茶《ちゃ》。例 宇治《うじ》の銘茶《めいちゃ》をあじわう。

◆感銘《かんめい》 正真正銘《しょうしんしょうめい》

鋭
金-7 総画15 JIS-1752 常用 訓 するどい 音 エイ

筆順

なりたち 【形声】「金」が「金属《きんぞく》」を、「兌《タイ》」が「エイ」とかわって読《よ》み方《かた》をしめしている。「タイ」は「小《ちい》さくとがる」意味《いみ》を持《も》ち、金属《きんぞく》の刃物《はもの》の先《さき》がとがってするどいことを表《あらわ》す字《じ》。

意味 ❶先《さき》がするどい。とがっている。よく切《き》れる。例 鋭《するど》いつめ。鋭利《えいり》・先鋭《せんえい》 対 鈍《どん》 ❷はたらきがするどい。あたまのはたらきや感《かん》じ方《かた》がすばやい。元気《げんき》がよい。例 鋭敏《えいびん》・精鋭《せいえい》

名前のよみ とき・とし

❶〈先がするどい〉の意味で

【°鋭角】えいかく ↓ 九〇度《ど》より小《ちい》さい角《かく》。例 鋭角三角形《えいかくさんかくけい》 対 鈍角《どんかく》

【°鋭利】えいり Ⅱ〈—に・—な〉刃物《はもの》がするどく切《き》れ味《あじ》がよい。例 鋭利《えいり》なナイフ。☞❷

❷〈はたらきがするどい〉の意味で

【°鋭意】えいい ▲ 一《ひと》つのことにむかって一心《いっしん》につとめるようす。例 鋭意努力《えいいどりょく》する。

【°鋭気】えいき ↓ いきおいのよい気持《きも》ちや意気《いき》ごみ。例 鋭気《えいき》あふれる作品《さくひん》。

【°鋭°敏】えいびん Ⅱ〈—に・—な〉①感《かん》じ方《かた》がするどい。例 鋭敏《えいびん》な感覚《かんかく》。類 敏感《びんかん》 対 鈍感《どんかん》 ②頭《あたま》のはたらきが早《はや》くてすぐれている。例 鋭敏《えいびん》な頭脳《ずのう》。類 鋭利《えいり》

【°鋭利】えいり Ⅱ〈—に・—な〉頭《あたま》のはたらきが早《はや》くてするどい。例 鋭利《えいり》な判断《はんだん》。類 鋭敏《えいびん》 ☞❶

鋭が下につく熟語 上の字の働き

❷鋭＝〈はたらきがするどい〉のとき
【気鋭《きえい》 新鋭《しんえい》】ドノヨウニ元気《げんき》がよいか。

◆精鋭《せいえい》 先鋭《せんえい》

金-7

鋳

総画15 JIS-3582 常用
音 チュウ 訓 いる

［鑄］

筆順

なりたち 【形声】もとの字《じ》は、「鑄」。「金」が「金属《きんぞく》」をしめし、「壽《ジュ》」が「チュウ」とかわって読《よ》み方《かた》をしめしている。とけた金属《きんぞく》を型《かた》に流《なが》しこむことを表《あらわ》す字《じ》。

意味 いる。金属《きんぞく》をとかし、型《かた》に入《い》れていものをつくる。例 つりがねを鋳《い》る。鋳型《いがた》・鋳造《ちゅうぞう》

【°鋳型】いがた ↓ とかした鉄《てつ》やなまりなどを流《なが》しこんで鋳物《いもの》をつくるときに使《つか》う型《かた》。こまかい砂《すな》をかためたり、強《つよ》い金属《きんぞく》をくりぬいたりしてつくる。例 鋳型《いがた》にはめる(型《かた》どおりの人間《にんげん》をつくろうとする)。

【°鋳物】いもの ↓ 熱《ねっ》してとかした金属《きんぞく》を型《かた》に流《なが》しこんでつくった入《い》れ物《もの》や道具《どうぐ》。例 鋳物《いもの》のてつびん。鋳物工場《いものこうじょう》。

【°鋳造】ちゅうぞう ↓〈—する〉金属《きんぞく》を熱《ねつ》でとかし、鋳型《いがた》に流《なが》しこんで物《もの》をつくること。例 貨幣《かへい》を鋳造《ちゅうぞう》する。類 鋳金《ちゅうきん》

金-8

錦

総画16 JIS-2251 常用
音 キン 訓 にしき

筆順

意味 にしき。美《うつく》しい糸《いと》でもようを織《お》り出《だ》した、高級《こうきゅう》なきぬの織物《おりもの》。にしきのように、いろどりやもようの美《うつく》しいもの。例 錦《にしき》の御旗《みはた》。錦絵《にしきえ》・錦鯉《にしきごい》・錦旗《きんき》・錦秋《きんしゅう》

金-8

錮

総画16 JIS-7894 常用
音 コ 訓 —

名前のよみ かね

筆順

意味 とじこめる。例 禁錮刑《きんこけい》にする。

参考 「禁錮《きんこ》」は「禁固」と書《か》かれることもある。

金-8

鋼

総画16 JIS-2561 教6年
音 コウ 訓 はがね

筆順

とめる はねる

なりたち 【形声】「金」が「金属《きんぞく》」を、「岡」が「コウ」という読《よ》み方《かた》をしめしている。「コウ」は「つよい」の意味《いみ》を持《も》ち、きたえて強《つよ》くした金属《きんぞく》を表《あらわ》す字《じ》。

意味 はがね。きたえて強《つよ》くした鉄《てつ》。例 鋼《はがね》

°学習漢字でない常用漢字　▲常用漢字表にない音訓　◆常用漢字でない漢字

のような強《つよ》いからだ。鋼鉄《こうてつ》・鉄鋼《てっこう》

【鋼材《こうざい》】⇩ 機械《きかい》や建築《けんちく》などの材料《ざいりょう》にするために、鋼鉄《こうてつ》を板《いた》やくだなどに加工《かこう》したもの。

【鋼鉄《こうてつ》】⇩ 炭素《たんそ》をふくんだ、かたくてじょうぶな鉄《てつ》。はがね。スチール。例 鋼鉄製《こうてつせい》

錯

金-8 総画16 JIS-2688 常用

音 サク　訓 ―

筆順

なりたち 【形声】「昔《セキ》」が「サク」とかわって読《よ》み方《かた》をしめしている。「セキ」は「かさねる」意味《いみ》を持《も》ち、金《きん》をぬりかさねてめっきすることを表《あらわ》す字《じ》。借《か》りて、「いりまじる」意味《いみ》に使《つか》われている。

意味 ❶いりまじる。乱雑《らんざつ》になる。例 錯乱《さくらん》・交錯《こうさく》 ❷とりちがえる。くいちがう。例 錯誤《さくご》

発音あんない サク→サッ…例 錯覚《さっかく》

❶〈いりまじる〉の意味で

【°錯・綜《さくそう》】Ⅱ〈─する〉ものごとが複雑《ふくざつ》に入《い》り交《ま》じって区別《くべつ》がつかないこと。例 利害関係《りがいかんけい》が錯綜《さくそう》する。類 交錯《こうさく》

【°錯乱《さくらん》】Ⅱ〈─する〉気持《きも》ちや考《かんが》えが混乱《こんらん》して、わけがわからなくなること。例 錯乱状態《さくらんじょうたい》

❷〈とりちがえる〉の意味で

【°錯誤《さくご》】Ⅱ ①まちがい。例 試行錯誤《しこうさくご》 ②考《かんが》えていることと、事実《じじつ》とがくいちがっていること。例 時代錯誤《じだいさくご》

【°錯覚《さっかく》】⇩〈─する〉ものの色《いろ》・形《かたち》・音《おと》などが事実《じじつ》とちがって見《み》えたり、聞《き》こえたり、感《かん》じられたりすること。例 錯覚《さっかく》を起《お》こす。目《め》の錯覚《さっかく》。

◆交錯《こうさく》 倒錯《とうさく》

錠

金-8 総画16 JIS-3091 常用

音 ジョウ　訓 ―

筆順

なりたち 【形声】「定」が「ジョウ」という読《よ》み方《かた》をしめしている。「ジョウ」は「足《あし》のついたうつわ」の意味《いみ》を持《も》ち、足《あし》のついた金属製《きんぞくせい》の食器《しょっき》を表《あらわ》す字《じ》。

意味 ❶じょうまえ。戸締《とじ》まりなどのための金具《かなぐ》。例 錠《じょう》をおろす。錠《じょう》をかける。施錠《せじょう》・手錠《てじょう》 ❷丸《まる》めた薬《くすり》。小《ちい》さくかためた薬《くすり》。また、その薬《くすり》をかぞえることば。例 三錠《さんじょう》

❶〈じょうまえ〉の意味で

【°錠前《じょうまえ》】◎ 戸《と》をとざすためにつける金具《かなぐ》。おもに倉庫《そうこ》や門《もん》などに用《もち》い、ふつうの家《いえ》のまどやドアには使《つか》わない。例 錠前《じょうまえ》をかける。

❷〈丸めた薬〉の意味で

【°錠°剤《じょうざい》】⇩ 丸《まる》く平《ひら》たいつぶにした薬《くすり》。類 丸薬《がんやく》 関連 錠剤《じょうざい》・液剤《えきざい》・散剤《さんざい》（散薬《さんやく》）

◆解錠《かいじょう》 施錠《せじょう》 糖衣錠《とういじょう》

錘

金-8 総画16 JIS-3178 人名

音 スイ　訓 つむ・おもり

意味 ❶おもり。はかりのおもり。分銅《ふんどう》。 ❷つむ。糸《いと》をつむぐ棒《ぼう》。例 錘《つむ》を回《まわ》す。

参考 ☞【紡錘《ぼうすい》】（832ページ）

錬

金-8 総画16 JIS-4703 常用

音 レン　訓 ね-る

「鍊」

筆順

なりたち 【形声】もとの字《じ》は、「鍊」。「金」が「金属《きんぞく》」を、「柬」が「えらぶ」意味《いみ》と「レン」という読《よ》み方《かた》をしめしている。金属《きんぞく》を熱《ねっ》し、やわらかくして精製《せいせい》することを表《あらわ》す字《じ》。

意味 ねりきたえる。㋐金属《きんぞく》をねりあげ、質《しつ》をよくする。例 錬金《れんきん》・精錬《せいれん》 ㋑心《こころ》やからだをつよくし、技《わざ》をみがく。例 錬磨《れんま》・鍛錬《たんれん》

表記 ㋑の意味《いみ》では、今《いま》はほとんど「練」と書《か》く。

【°錬金術《れんきんじゅつ》】むかし、銅《どう》・なまりなどのありふれた金属《きんぞく》を、金《きん》・銀《ぎん》など価値《かち》の高《たか》いものにかえようとして追《お》いもとめた技術《ぎじゅつ》。知識 古代《こだい》エジプトではじまり、中世《ちゅうせい》のヨーロッパなどで研究《けんきゅう》された。金《きん》を作《つく》ることはできなかったが、今《いま》の化学《かがく》のもとになった。

【°錬°磨《れんま》】Ⅱ〈─する〉わざや学問《がくもん》・人格《じんかく》を高《たか》め

るために、きびしい練習《れんしゅう》をつみかさねること。例 百戦錬磨《ひゃくせんれんま》 類 鍛錬《たんれん》 表記「練磨」とも書《か》く。
◆精錬《せいれん》 製錬《せいれん》 鍛錬《たんれん》

金-8
録
総画16 JIS-4731 教4年
音 ロク 訓 —
［錄］

筆順

ださない だす 氺にならない

なりたち  【形声】もとの字は、「錄」。「金」が「金属《きんぞく》」を、「彔」が「ロク」という読《よ》み方《かた》をしめしている。「ロク」は「しみでる」意味《いみ》を持《も》ち、金属《きんぞく》（銅《どう》）からしみ出《で》る緑青《ろくしょう》を表《あらわ》す字《じ》。借《か》りて、「しるす」の意味《いみ》に使《つか》われている。

意味 書《か》きとめる。のちのために書《か》きしるす。音声《おんせい》や画像《がぞう》などをあとに残《のこ》るようにとっておく。例 録音《ろくおん》・記録《きろく》

名前のよみ とし・ふみ

【録音】《ろくおん》 ▲〈—する〉テープなどのレコーダーに、音《おと》や声《こえ》などを記録《きろく》すること。例 インタビューを録音《ろくおん》する。

【録画】《ろくが》 ▲〈—する〉ビデオテープやディスクなどに画像《がぞう》を記録《きろく》すること。例 公開録画《こうかいろくが》。テレビドラマを録画《ろくが》する。

録が下につく熟語 上の字の働き

【記録《きろく》 登録《とうろく》】近《ちか》い意味《いみ》。
【採録《さいろく》 収録《しゅうろく》】ドウヤッテ記録《きろく》するか。
【図録《ずろく》 目録《もくろく》 秘録《ひろく》 付録《ふろく》 実録《じつろく》 言行録《げんこうろく》 備忘録《びぼうろく》】ドウイウ記録《きろく》か。

金-9
鍋
総画17 JIS-3873 常用
音 カ 訓 なべ

筆順

意味 なべ。煮炊《にた》きに使《つか》ううつわ。例 鍋物《なべもの》（鍋《なべ》で煮《に》ながら食《た》べる料理《りょうり》）

参考 部首《ぶしゅ》の「亠」を「なべぶた」とよぶのは、形《かたち》が鍋《なべ》のふたににていることから。

金-9
鍵
総画17 JIS-2416 常用
音 ケン 訓 かぎ

筆順

意味
❶かぎ。錠《じょう》をあけるかぎ。問題《もんだい》を解決《かいけつ》するための重要《じゅうよう》なことがら。例 鍵穴《かぎあな》
❷けんばん（鍵盤）。ピアノなどの、指《ゆび》でおすところ。キー。例 黒鍵《こっけん》

金-9
鍛
総画17 JIS-3535 常用
音 タン 訓 きたえる

筆順

なりたち  【形声】「段」が「うちすえる」意味《いみ》と「タン」という読《よ》み方《かた》をしめしている。「タン」は金属《きんぞく》を打《う》ってきたえることを表《あらわ》す字《じ》。

意味 きたえる。じょうぶにする。金属《きんぞく》を打《う》って強《つよ》くする。例 からだを鍛《きた》える。鍛錬《たんれん》

特別なよみ 鍛冶（かじ）

【鍛錬】《たんれん》 Ⅱ〈—する〉きびしい訓練《くんれん》をつんで、心《こころ》やからだをきたえたり、わざをみがいたりすること。類 錬磨《れんま》・修練《しゅうれん》 表記「鍛練」とも書《か》く。

金-10
鎖
総画18 JIS-2631 常用
音 サ 訓 くさり

筆順

なりたち 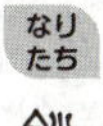 【形声】もとの字《じ》は、「鎖」。「貨」が「サ」という読《よ》み方《かた》をしめしている。「サ」は「つらなる」意味《いみ》を持《も》ち、金属《きんぞく》の輪《わ》を組《く》み合《あ》わせてつないだ「くさり」を表《あらわ》す字《じ》。

意味 ❶くさり。つながったもの。例 鎖骨《さこつ》・連鎖《れんさ》 ❷とざす。とじこめる。例 鎖国《さこく》・閉鎖《へいさ》

❶〈くさり〉の意味で
【鎖骨】《さこつ》 ↓ むねの上《うえ》のほうにあり、むねとかたのほねをつないでいる左右一対《さゆういっつい》のほね。

❷〈とざす〉の意味で
【鎖国】《さこく》 ▲〈—する〉国《くに》が外国《がいこく》とのつきあいをやめ、国外《こくがい》との行《い》き来《き》や取《と》り引《ひ》きを禁止《きんし》すること。例 鎖国時代《さこくじだい》 対 開国《かいこく》 知識 日本《にほん》では江《え》戸時代《とじだい》、中国《ちゅうごく》とオランダの長崎《ながさき》入港《にゅうこう》をのぞ

前ページ▶録 鍋 鍵 鍛 鎖

き、鎖国《さこく》がおこなわれた。

鎖が下につく熟語 上の字の働き

❷鎖＝〈とざす〉のとき
【封鎖《ふうさ》 閉鎖《へいさ》】近《ちか》い意味《いみ》。

◆鉄鎖《てっさ》 連鎖《れんさ》

金－10

鎮

総画18
JIS-3635
常用
音 チン
訓 しずめる・しずまる
［鎭］

筆順 鎮鎮鎮鎮鎮鎮鎮鎮

なりたち 【形声】もとの字は、「鎭」。「眞《シン》」が「いっぱいにつまっておもい」の意味《いみ》と、「チン」とかわって読《よ》み方《かた》をしめしている。物《もの》の上《うえ》に置《お》いておさえる金属《きんぞく》のおもしを表《あらわ》している字《じ》。

意味
❶しずめる。しずまる。おちつかせる。おちつく。例 痛《いた》みを鎮《しず》める。内乱《ないらん》が鎮《しず》まる。鎮静《ちんせい》
❷おもし。上《うえ》からおさえて動《うご》かないようにするもの。例 文鎮《ぶんちん》

名前のよみ おさむ・しげ・つね・まさ・まもる・やす・やすし

❶〈しずめる〉の意味で
【鎮圧《ちんあつ》】Ⅱ〈―する〉大《おお》きなあらそいやさわぎを、警察《けいさつ》や軍隊《ぐんたい》が力《ちから》でしずめること。例 反乱《はんらん》軍《ぐん》を鎮圧《ちんあつ》する。類 平定《へいてい》・制圧《せいあつ》
【鎮火《ちんか》】▲〈―する〉火事《かじ》が消《き》えること。類 消《しょう》火《か》 対 出火《しゅっか》
【鎮魂《ちんこん》】▲〈―する〉死者《ししゃ》のたましいをしずめなぐさめること。例 鎮魂歌《ちんこんか》
【鎮座《ちんざ》】↓〈―する〉神《かみ》が、そこを居場所《いばしょ》としてしずかにとどまっていること。例 この社《やしろ》に鎮座《ちんざ》まします四柱《よはしら》の神《かみ》。
【鎮守《ちんじゅ》】↓その土地《とち》のまもり神《がみ》。その神《かみ》を祭《まつ》った神社《じんじゃ》。例 鎮守《ちんじゅ》の杜《もり》。類 氏神《うじがみ》
【鎮静《ちんせい》】Ⅱ〈―する〉高《たか》ぶった気持《きも》ちをしずめ、落《お》ち着《つ》かせること。例 鎮静剤《ちんせいざい》を打《う》つ。
【鎮痛《ちんつう》】▲痛《いた》みをとめるか、やわらげるかすること。例 鎮痛剤《ちんつうざい》・鎮痛作用《ちんつうさよう》

◆重鎮《じゅうちん》 文鎮《ぶんちん》

金－10

鎌

総画18
JIS-1989
常用
音 レン
訓 かま

筆順 鎌鎌鎌鎌鎌鎌鎌鎌

意味 かま。草《くさ》をかる道具《どうぐ》。例 鎌首《かまくび》・鎌倉《かまくら》（地《ち》名《めい》）

名前のよみ かね

【鎌首《かまくび》】↓横《よこ》から見《み》ると鎌《かま》のように見《み》える、ヘビの首《くび》。例 鎌首《かまくび》をもたげる。

金－11

鏡

総画19
JIS-2232
教4年
音 キョウ
訓 かがみ

筆順 鏡鏡鏡鏡鏡鏡鏡鏡（まっすぐ、つく／はねる／おらない）

なりたち 【形声】「竟」が「キョウ」という読《よ》み方《かた》をしめしている。「キョウ」は「かたち」の意味《いみ》を持《も》ち、かたちをうつし出《だ》す金属《きんぞく》の道具《どうぐ》「かがみ」を表《あらわ》す字《じ》。

意味
❶かがみ。すがたみ。例 鏡《かがみ》に映《うつ》す。鏡台《きょうだい》・手鏡《てかがみ》
❷レンズ。レンズを使《つか》う器具《きぐ》。例 拡大鏡《かくだいきょう》・望遠鏡《ぼうえんきょう》

特別なよみ 眼鏡（めがね）

名前のよみ あき・あきら・かね・とし

❶〈かがみ〉の意味で
【鏡餅《かがみもち》】○正月《しょうがつ》などに、かさねてそなえる大小二《だいしょうふた》つのまるもち。おそなえ。
【鏡台《きょうだい》】↓けしょう用《よう》のかがみをとりつけた台《だい》。

鏡が下につく熟語 上の字の働き

❶鏡＝〈かがみ〉のとき
【凹面鏡《おうめんきょう》 凸面鏡《とつめんきょう》 三面鏡《さんめんきょう》 手鏡《てかがみ》 水鏡《みずかがみ》 合《あ》わせ鏡《かがみ》】ドノヨウナ鏡《かがみ》か。

❷鏡＝〈レンズ〉のとき
【眼鏡《めがね》 拡大鏡《かくだいきょう》 顕微鏡《けんびきょう》 電子顕微鏡《でんしけんびきょう》 双眼鏡《そうがんきょう》 望遠鏡《ぼうえんきょう》 潜望鏡《せんぼうきょう》】ドウイウ光学器具《こうがくきぐ》か。

◆内視鏡《ないしきょう》 立体鏡《りったいきょう》

金－12

鐘

総画20
JIS-3066
常用
音 ショウ・シュ
訓 かね

筆順 鐘鐘鐘鐘鐘鐘鐘鐘

なりたち 【形声】「金」が「金属《きんぞく》」を、「童《トウ》」が「ショウ」とかわって読《よ》み方《かた》をしめしている。「トウ」は「つく」意味《いみ》を持《も》ち、ついて音《おと》を出《だ》すかねを表《あらわ》す字《じ》。

意味 かね。つりがね。かねの音《おと》。例 鐘《かね》をつく。

鐘楼《しょうろう／しゅろう》・警鐘《けいしょう》

文字物語 998ページ

【。鐘。楼】《しょうろう／しゅろう》 ↓ 寺《てら》の境内《けいだい》の、かねをつるしてあるやぐら。かねつき堂《どう》。

◆ 警鐘《けいしょう》 早鐘《はやがね》 半鐘《はんしょう》 晩鐘《ばんしょう》

金-15

【鑑】

総画23 JIS-2053 常用

音 カン

訓 かんがみる・かがみ

筆順

なりたち 【形声】「監」が「水《みず》かがみ」の意味《いみ》と「カン」という読《よ》み方《かた》をしめしている。「金」をくわえ、金属製《きんぞくせい》のかがみを表《あらわ》す字《じ》。

意味 ❶かがみ。てほん。もはん。てらし合《あ》わせるもの。例 亀鑑《きかん》・年鑑《ねんかん》 ❷よく見《み》る。見分《みわ》ける。例 鑑識《かんしき》・印鑑《いんかん》

名前のよみ あき・あきら・かね・のり

❷〈よく見る〉の意味で

【。鑑札】《かんさつ》 ↓ 役所《やくしょ》が、よく調《しら》べたうえで許可《きょか》したしるしに発行《はっこう》するふだ。例 鑑札《かんさつ》のついた犬《いぬ》。

【。鑑識】《かんしき》 Ⅲ〈―する〉①いいものかどうか、ほんものかどうかを見分《みわ》けること。例 鑑識眼《かんしきがん》 類 鑑定《かんてい》 ②犯罪事件《はんざいじけん》の調査《ちょうさ》で、のこされた指紋《しもん》や足跡《あしあと》などをこまかく調《しら》べること。

【。鑑賞】《かんしょう》 ↓〈―する〉芸術作品《げいじゅつさくひん》のよさを深《ふか》く味《あじ》わうこと。例 音楽鑑賞《おんがくかんしょう》

使い分け ［観賞・鑑賞］ 921ページ

【。鑑定】《かんてい》 ↓〈―する〉美術品《びじゅつひん》や資料《しりょう》・筆跡《ひっせき》などがほんものかにせものか、どのくらいのねうちがあるかを見《み》さだめること。例 宝石《ほうせき》の鑑定《かんてい》書《しょ》。類 鑑識《かんしき》

【。鑑別】《かんべつ》 ↓〈―する〉よく調《しら》べて、種類《しゅるい》や性質《せいしつ》・程度《ていど》などを見分《みわ》けること。例 ひよこの雌雄《しゆう》を鑑別《かんべつ》する。類 識別《しきべつ》・判別《はんべつ》

◆ 印鑑《いんかん》 図鑑《ずかん》 年鑑《ねんかん》

8画 長［ながい］の部

ここには「長《ちょう》」の字《じ》だけが入《はい》ります。

この部首の字 0 長……1005

長-0

【長】

総画8 JIS-3625 教2年

音 チョウ

訓 ながい

筆順 ながく はねる 人にならない

なりたち 【象形】ながい毛《け》の老人《ろうじん》が、つえをついている形《かたち》をえがいた字《じ》。

意味 ❶ながい。のびる。のばす。ながさ。例 長《なが》さを比《くら》べる。長文《ちょうぶん》・夜長《よなが》・身長《しんちょう》 対 短《たん》 ❷年《とし》をかさねる。そだつ。年《とし》が上《うえ》である。例 長老《ちょうろう》・成長《せいちょう》 ❸まさる。すぐれている。例 音楽《おんがく》に長《ちょう》じる。一日《いちじつ》の長《ちょう》（少《すこ》しまさっている）。長所《ちょうしょ》・特長《とくちょう》 対 短《たん》 ❹かしら。いちばん上《うえ》に立《た》つ人《ひと》。例 一家《いっか》の長《ちょう》。長官《ちょうかん》・院長《いんちょう》 ❺長門《ながと》。旧国名《きゅうこくめい》。今《いま》の山口県《やまぐちけん》の北西部《ほくせいぶ》。例 長州《ちょうしゅう》・薩長《さっちょう》

使い分け ながい［長・永］ 1005ページ

特別なよみ 八百長（やおちょう）

例解 使い分け

［ながい《長い・永い》］

長い＝へだたりが大《おお》きい。反対《はんたい》は「短《みじか》い」。

例 長《なが》い髪《かみ》。気《き》が長《なが》い。長《なが》い目《め》で見《み》る。

永い＝はてしなく、いつまでもつづく。

例 永《なが》いねむりにつく。永《なが》のわかれ。末永《すえなが》く付《つ》き合《あ》う。

。学習漢字でない常用漢字 ▲常用漢字表にない音訓 ◆常用漢字でない漢字

名前のよみ おさ・たけ・たけし・つかさ・つね・のぶ・ひさ・ひさし・まさ・まさる・ます・みち

❶〈ながい〉の意味で

【長《ちょう》音《おん》】[↓]「おばあさん」の「ばあ」、「アーモンド」の「アー」のように、長《なが》くのばして声《こえ》に出《だ》す音《おん》。[知識]ひらがなの場合《ばあい》は「おばあさん、おじいさん、ゆうひ、ねえさん、とおる」のように、「あ・い・う・え・お」を使《つか》って表《あらわ》し、かたかなの場合《ばあい》は、「ー(長音記号《ちょうおんきごう》)」で表《あらわ》す。

【長《ちょう》音《おん》階《かい》】ドからはじまる音階《おんかい》で、ド・レ・ミ・ファ・ソ・ラ・シ・ドとならぶもの。明《あか》るい感《かん》じのメロディーになる。

【長《ちょう》歌《か》】[↓]五《ご》・七《しち》の形《かたち》を三回以上《さんかいいじょう》くりかえし、最後《さいご》に七音《しちおん》の句《く》をつけてしめくくる形《かたち》の和歌《わか》。[対]短歌《たんか》

【長《ちょう》期《き》】[↓]長《なが》い期間《きかん》。[例]長期戦《ちょうきせん》 [対]短期《たんき》

【長《ちょう》久《きゅう》】[‖]いつまでも長《なが》くつづくこと。[例]武運長久《ぶうんちょうきゅう》 [類]永久《えいきゅう》

【長《ちょう》。距《きょ》。離《り》】①ある地点《ちてん》からべつの地点《ちてん》までがとても遠《とお》いこと。[例]長距離電話《ちょうきょりでんわ》 [類]遠距離《えんきょり》 ②陸上競技《りくじょうきょうぎ》で三千《さんぜん》メートル以上《いじょう》の競走《きょうそう》。[例]長距離《ちょうきょり》ランナー [対]短距離《たんきょり》・中距離《ちゅうきょり》

【長《ちょう》広《こう》舌《ぜつ》】うんざりするほど長々《ながなが》としゃべりたてること。[例]長広舌《ちょうこうぜつ》をふるう。

【長《ちょう》。寿《じゅ》】[↓]長生《ながい》きをすること。[例]長寿《ちょうじゅ》をたもつ。[類]長命《ちょうめい》 [対]短命《たんめい》・夭折《ようせつ》 [表現]「長寿番組《ちょうじゅばんぐみ》」のように、ふつうより長《なが》くつづいていることにもいう。

【長《ちょう》身《しん》】[↓]背《せ》が高《たか》いこと。

【長《ちょう》針《しん》】[↓]時計《とけい》の、「分《ふん》」をしめす長《なが》いはり。[類]分針《ふんしん》 [対]短針《たんしん》・時針《じしん》

【長《ちょう》足《そく》】[↓]ものごとの進《すす》みぐあいが、ひじようにはやいこと。[例]長足《ちょうそく》の進歩《しんぽ》。

【長《ちょう》。蛇《だ》】[↓]大《おお》きなヘビ。長《なが》くつながっているもの。[例]長蛇《ちょうだ》の列《れつ》。長蛇《ちょうだ》を逸《いっ》する(大《おお》きなえものやチャンスをのがす)。

【長《ちょう》短《たん》】長《なが》いことと短《みじか》いこと。[例]ひもの長《ちょう》短《たん》を測《はか》る。☞❸

【長《ちょう》調《ちょう》】[↓]音楽《おんがく》で、長音階《ちょうおんかい》でつくられた調子《ちょうし》。明《あか》るい感《かん》じがある。メジャー。[例]ハ長調《ちょうちょう》 [対]短調《たんちょう》

【長《ちょう》。途《と》】[↓]遠《とお》い道《みち》のり。[例]長途《ちょうと》の旅《たび》。

【長《ちょう》。髪《はつ》】[↓]長《なが》くのばしたかみの毛《け》。[対]短髪《たんばつ》

【長《ちょう》文《ぶん》】[↓]長《なが》い文章《ぶんしょう》。[例]長文《ちょうぶん》の手紙《てがみ》をもらう。[対]短文《たんぶん》

【長《ちょう》編《へん》】[↓]詩《し》・小説《しょうせつ》・映画《えいが》などの、長《なが》い作品《さくひん》。[例]長編小説《ちょうへんしょうせつ》 [対]短編《たんぺん》

【長《ちょう》方《ほう》形《けい》】四《よっ》つの角《かく》がすべて直角《ちょっかく》で、となりあう二《ふた》つの辺《へん》の長《なが》さがことなる四角形《しかくけい》。[例]紙《かみ》を長方形《ちょうほうけい》に切《き》る。[対]正方形《せいほうけい》

【長《ちょう》命《めい》】[↓]〈―な〉〈―に〉長生《ながい》き。[例]長命《ちょうめい》の相《そう》がある。[類]長寿《ちょうじゅ》 [対]短命《たんめい》

【長《なが》居《い》】[↓]〈―する〉よその家《いえ》をたずねて、そこに長《なが》くいること。[例]長居《ながい》は無用《むよう》。

【長《なが》談《だん》義《ぎ》】だらだらと長《なが》くてまとまりのない話《はなし》。[例]へたの長談義《ながだんぎ》。

【長《なが》丁《ちょう》場《ば》】仕事《しごと》などで楽《らく》ではない場面《ばめん》が長《なが》くつづくこと。[例]長丁場《ながちょうば》を乗《の》り切《き》る。

【長《なが》話《ばなし》】[↓]〈―する〉長《なが》い時間《じかん》、話《はなし》をすること。[例]電話《でんわ》で長話《ながばなし》する。

【長《なが》屋《や》】[↓]一棟《ひとむね》の細長《ほそなが》い建物《たてもの》をいくつかにくぎって、何世帯《なんせたい》も住《す》めるようにした家《いえ》。[例]長屋住《ながやず》まい

❷〈年をかさねる〉の意味で

【長《ちょう》兄《けい》】[↓]いちばん上《うえ》の兄《あに》。

【長《ちょう》子《し》】[↓]①いちばんはじめに生《う》まれた子《こ》。[類]第一子《だいいっし》 [対]末子《まっし｜ばっし》 ②最初《さいしょ》に生《う》まれた男《おとこ》の子《こ》。[類]長男《ちょうなん》・総領《そうりょう》

【長《ちょう》女《じょ》】[↓]子《こ》どもの中《なか》で、最初《さいしょ》に生《う》まれた女《おんな》の子《こ》。

【長《ちょう》上《じょう》】[‖]年上《としうえ》または目上《めうえ》の人《ひと》。[例]長上《ちょうじょう》の教《おし》えにしたがう。

【長《ちょう》男《なん》】[↓]子《こ》どもの中《なか》で、最初《さいしょ》に生《う》まれた男《おとこ》の子《こ》。[類]総領《そうりょう》・長子《ちょうし》

【長《ちょう》幼《よう》】[⇕]年上《としうえ》の者《もの》と年下《としした》の者《もの》。[例]長幼《ちょうよう》の序《じょ》(年上《としうえ》の者《もの》と年下《としした》の者《もの》とのけじめ)。

【長《ちょう》老《ろう》】[‖]年《とし》をとって、経験《けいけん》がゆたかで、その集団《しゅうだん》や分野《ぶんや》で尊敬《そんけい》される人《ひと》。[例]村《むら》の長老《ちょうろう》。財界《ざいかい》の長老《ちょうろう》。

❸〈まさる〉の意味で

【長《ちょう》所《しょ》】[↓]その人《ひと》やそのもののもっているすぐれたところ。[例]長所《ちょうしょ》をのばす。[類]美点《びてん》・利点《りてん》 [対]短所《たんしょ》

【長短】ちょうたん ⇕ 長所《ちょうしょ》と短所《たんしょ》。例どんな人《ひと》にも長短《ちょうたん》があるものだ。☞❶

❹〈かしら〉の意味で

【長官】ちょうかん ↓ その官庁《かんちょう》で、いちばん位《くらい》の高《たか》い人《ひと》。例文化庁長官《ぶんかちょうちょうかん》

【長者】ちょうじゃ ↓ 大金持《おおがねも》ち。例億万長者《おくまんちょうじゃ》 類富豪《ふごう》 表現むかしふうの言《い》い方《かた》。

長が下につく熟語 上の字の働き

❶長=〈ながい〉のとき
【延長《えんちょう》 伸長《しんちょう》 深長《しんちょう》 増長《ぞうちょう》 悠長《ゆうちょう》】近《ちか》い意味《いみ》。
【全長《ぜんちょう》 身長《しんちょう》 体長《たいちょう》 波長《はちょう》】ナニの長《なが》さか。

❷長=〈年をかさねる〉のとき
【成長《せいちょう》 生長《せいちょう》】近《ちか》い意味《いみ》。

❹長=〈かしら〉のとき
【院長《いんちょう》 駅長《えきちょう》 校長《こうちょう》 学長《がくちょう》 園長《えんちょう》 館長《かんちょう》 座長《ざちょう》 署長《しょちょう》 船長《せんちょう》 隊長《たいちょう》 団長《だんちょう》 班長《はんちょう》 塾長《じゅくちょう》 議長《ぎちょう》】ナニのかしらか。
【総長《そうちょう》 局長《きょくちょう》 次長《じちょう》 霊長《れいちょう》】ドノヨウナかしらか。

◆意味深長《いみしんちょう》 面長《おもなが》 気長《きなが》 首長《しゅちょう》 消長《しょうちょう》 冗長《じょうちょう》 助長《じょちょう》 特長《とくちょう》 年長《ねんちょう》 八百長《やおちょう》 夜長《よなが》

8画 門 [もん][もんがまえ] の部

「門《もん》」をもとにして作《つく》られ、門《もん》や出入《でい》り口《ぐち》にかかわる字《じ》と、「門《もん》」の形《かたち》がめやすとなっている字《じ》を集《あつ》めてあります。

門-0

門

総画8
JIS-4471
教2年
音モン
訓かど

筆順

なりたち

【象形】左右《さゆう》の戸《と》がならんでしまっている「もん」をえがいた字《じ》。

意味
❶でいりぐち。もん。物《もの》などを通《とお》すせまい口《くち》。例笑《わら》う門《かど》には福《ふく》きたる(笑《わら》い声《ごえ》のあふれる家《いえ》には幸《しあわ》せがやってくる)。門松《かどまつ》・門歯《もんし》・校門《こうもん》
❷なかま。先生《せんせい》のもとに集《あつ》まったなかま。例門人《もんじん》・一門《いちもん》
❸分野《ぶんや》。方面《ほうめん》。いくつかに分《わ》けられた中《なか》の一《ひと》つ。例専門《せんもん》・仏門《ぶつもん》
❹大砲《たいほう》の数《かず》をかぞえることば。例三門《さんもん》の砲《ほう》が火《ひ》をふいた。

名前のよみ ゆき

❶〈でいりぐち〉の意味で

【門口】かどぐち ↓ 家《いえ》の出入《でい》り口《ぐち》。例門口《かどぐち》に立《た》つ。

【門出】かどで ↓ ①旅《たび》に出《で》ること。旅立《たびだ》ち。類出発《しゅっぱつ》 ②新《あたら》しい生活《せいかつ》や仕事《しごと》につくこと。例人生《じんせい》の門出《かどで》をいわう。類出発《しゅっぱつ》

【門松】かどまつ ↓ 正月《しょうがつ》に、玄関《げんかん》や門《もん》に立《た》てるかざりの松《まつ》。松《まつ》かざり。例門松《かどまつ》を立《た》てる。知識「門松《かどまつ》」は一月七日《いちがつなのか》まで立《た》てておくのがふつう。元日《がんじつ》からの七日間《なのかかん》を「松《まつ》の内《うち》」という。

【門外不出】もんがいふしゅつ とてもたいせつにしていて、やたらに外《そと》に持《も》ち出《だ》したり他人《たにん》に貸《か》したりしないこと。例門外不出《もんがいふしゅつ》の家宝《かほう》。

【門限】もんげん ↓ 門《もん》をとじ、それ以後《いご》は人《ひと》が出入《でい》り

例解 使い分け

[しめる《閉める・締める》]

閉める=門《もん》や戸《と》をとじる。例窓《まど》を閉《し》める。ふたを閉《し》める。店《みせ》を閉《し》める。

締める=ゆるまないようにむすびつける。例帯《おび》を締《し》める。財布《さいふ》のひもを締《し》める。気《き》持《も》ちを引《ひ》き締《し》める。

参考「門《もん》を閉《し》める」「糸《いと》で締《し》める」とおぼえて区別《くべつ》する。なお、「閉《し》める」の反対《はんたい》は「開《あ》ける」、「締《し》める」の反対《はんたい》は「ゆるめる」。

◦学習漢字でない常用漢字　▲常用漢字表にない音訓　◆常用漢字でない漢字

できなくなる、きまった時刻《じこく》。例 門限厳守《もんげんげんしゅ》。

【門戸《もんこ》】Ⅱ ①家《いえ》の戸《と》やとびら。出入《でい》り口《ぐち》。例 門戸《もんこ》を張《は》る（りっぱに家《いえ》をかまえる）。②人《ひと》やものが出入《でい》りするための入《い》り口《ぐち》。例 いっぱんにも門戸《もんこ》を開放《かいほう》する。☞❷

【門札《もんさつ》】↓ 住《す》んでいる人《ひと》の名前《なまえ》を書《か》いて家《いえ》の玄関口《げんかんぐち》や門《もん》にかけるふだ。類 表札《ひょうさつ》

【門歯《もんし》】↓ 歯《は》のならびのまん中《なか》にある、上《じょう》下四本《げよんほん》ずつ、計八本《けいはちほん》の歯《は》。前歯《まえば》。

【門前《もんぜん》】↓ 門《もん》の前《まえ》。例 門前《もんぜん》ばらいをくわせる（たずねてきた人《ひと》を、会《あ》わないで帰《かえ》す）。門《もん》前《ぜん》の小僧習《こぞうなら》わぬ経《きょう》を読《よ》む（教《おそ》わらなくても、いつも見聞《みき》きしていると、知《し》らないうちにそれが身《み》についてしまうものだ）。門前町《もんぜんまち》

【門柱《もんちゅう》】↓ 門《もん》の両《りょう》がわの柱《はしら》。

【門灯《もんとう》】↓ 門《もん》にとりつけたあかり。

【門番《もんばん》】↓ 門《もん》のところにいて出入《でい》りする人《ひと》を見《み》はる役目《やくめ》をする人《ひと》。類 門衛《もんえい》

❷〈なかま〉の意味で

【門下《もんか》】↓ ある先生《せんせい》のもとで学問《がくもん》や芸《げい》ごとなどを教《おそ》わること。例 漱石門下《そうせきもんか》 類 弟子《でし》

【門下生《もんかせい》】その先生《せんせい》に教《おし》えを受《う》ける人《ひと》。類 弟子《でし》・門人《もんじん》・門弟《もんてい》

【門戸《もんこ》】Ⅱ 独立《どくりつ》した流派《りゅうは》。例 門戸《もんこ》を張《は》る（一《いっ》派《ぱ》を立《た》てる）。☞❶

【門人《もんじん》】↓ ある先生《せんせい》のもとで学問《がくもん》や芸《げい》ごとを学《まな》ぶ人《ひと》。類 門下生《もんかせい》・門弟《もんてい》・弟子《でし》

【門弟《もんてい》】↓ ある先生《せんせい》について、学問《がくもん》や芸《げい》ごとなどを学《まな》ぶ人《ひと》。類 門下生《もんかせい》・門人《もんじん》・弟子《でし》

【門徒《もんと》】↓ ①ある人《ひと》の教《おし》えを受《う》けている人《ひと》。弟子《でし》。②仏教《ぶっきょう》のある宗派《しゅうは》を信《しん》じている人《ひと》。とくに、浄土真宗《じょうどしんしゅう》の信者《しんじゃ》。類 信徒《しんと》

❸〈分野〉の意味で

【門外漢《もんがいかん》】そのことについて専門《せんもん》ではないのでよくわからない人《ひと》。例 美術《びじゅつ》についてはまったくの門外漢《もんがいかん》だ。対 専門家《せんもんか》

門が下につく熟語 上の字の働き

❶ 門＝〈でいりぐち〉のとき
【正門《せいもん》 山門《さんもん》 城門《じょうもん》 楼門《ろうもん》 鬼門《きもん》 獄門《ごくもん》 登竜門《とうりゅうもん》】ドウイウ門《もん》か。

❷ 門＝〈なかま〉のとき
【一門《いちもん》 名門《めいもん》 武門《ぶもん》 仏門《ぶつもん》 宗門《しゅうもん》】ドウイウなかまか。
【入門《にゅうもん》 破門《はもん》】なかまとしてのあつかいをドウスルか。

❸ 門＝〈分野〉のとき
【部門《ぶもん》 専門《せんもん》】ドウイウ分野《ぶんや》か。

◆ 関門《かんもん》 水門《すいもん》 閉門《へいもん》

門－3

閉

総画11
JIS-4236
教6年
音 ヘイ
訓 とじる・とざす・しめる・しまる

筆順

なりたち

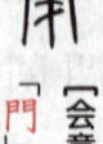

【会意】「ふさぐ」意味《いみ》の「才」と「門」とを合《あ》わせ、門《もん》をとじるこ

漢字パズル 14

● あなうめ
□の中《なか》に数《かず》の漢字《かんじ》を入《い》れて、四字熟語《よじじゅくご》を完成《かんせい》させましょう。

例 一石二鳥《いっせきにちょう》
① □発《ぱつ》□中《ちゅう》
② □人《にん》□色《いろ》
③ □進《しん》□退《たい》
④ □寒《かん》□温《おん》
⑤ □変《へん》□化《か》
⑥ □客《きゃく》□来《らい》
⑦ □方《ほう》□方《ぽう》

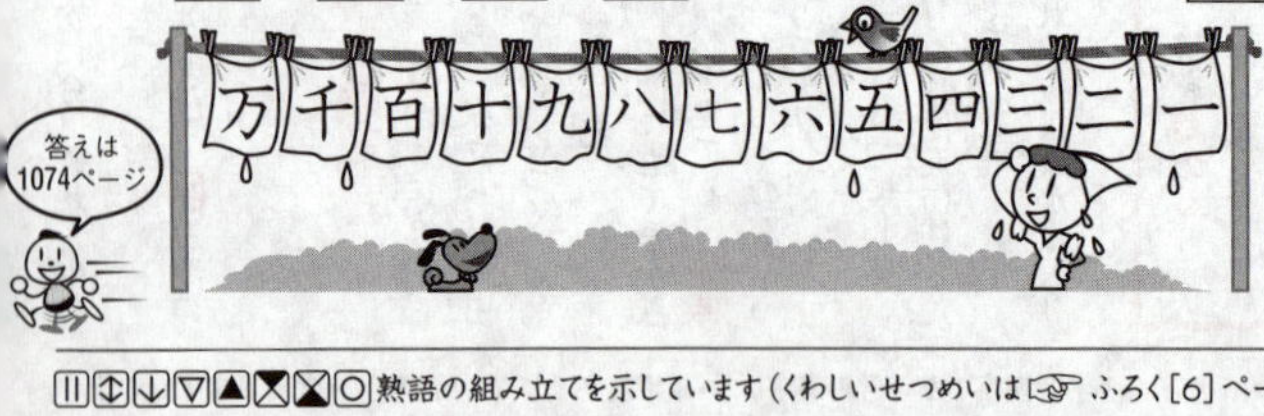

とを表《あらわ》す字《じ》。

意味

❶しめる。とざす。とじる。とじこめる。例本《ほん》を閉《と》じる。門《もん》を閉《と》ざす。戸《と》が閉《し》まる。密閉《みっぺい》 対開《かい》

❷おわりにする。やめる。例閉店《へいてん》 対開《かい》

使い分け しめる［閉・締］☞1007ページ

❶〈しめる〉の意味で

【閉館】へいかん ▲〈―する〉図書館《としょかん》や美術館《びじゅつかん》などがその日《ひ》の利用《りよう》を終《お》わりにして入《い》り口《ぐち》をとざすこと。例午後五時《ごごごじ》に閉館《へいかん》する。対開館《かいかん》☞❷

【閉口】へいこう ▲〈―する〉どうにもならなくて、こまってしまうこと。例へりくつを言《い》われて閉口《へいこう》した。類降参《こうさん》

【閉鎖】へいさ Ⅱ〈―する〉①入《い》り口《ぐち》などをとじて、通行《つうこう》ができないようにすること。例道路《どうろ》を閉《へい》鎖《さ》する。対開放《かいほう》 ②仕事《しごと》や活動《かつどう》などをやめること、やすむこと。例学級閉鎖《がっきゅうへいさ》

【閉鎖的】へいさてき〈―な・―に〉他人《たにん》に心《こころ》を開《ひら》かず、内《うち》にこもってうちとけないでいる。例閉鎖的《へいさてき》な社《しゃ》会《かい》。対開放的《かいほうてき》

【閉店】へいてん ▲〈―する〉店《みせ》をしめて、その日《ひ》の商売《しょうばい》を終《お》わりにすること。例本日《ほんじつ》は閉店《へいてん》しました。対開店《かいてん》☞❷

【閉門】へいもん ▲〈―する〉①門《もん》をしめること。対開《かい》門《もん》 ②江戸時代《えどじだい》、武家《ぶけ》に対《たい》する罰《ばつ》。門《もん》をとじ、出入《でい》りを禁《きん》じた。

❷〈おわりにする〉の意味で

【閉会】へいかい ▲〈―する〉会議《かいぎ》や集会《しゅうかい》などを終《お》わりにすること。例閉会式《へいかいしき》。これで閉会《へいかい》とします。類散会《さんかい》 対開会《かいかい》

【閉館】へいかん ▲〈―する〉図書館《としょかん》や美術館《びじゅつかん》などが仕《し》事《ごと》をやめてしまうこと。例今月末《こんげつまつ》、閉館《へいかん》します。対開館《かいかん》☞❶

【閉校】へいこう ▲〈―する〉それまであった学校《がっこう》をおわりにすること。例分校《ぶんこう》を閉校《へいこう》にする。対開校《かいこう》

【閉山】へいざん ▲〈―する〉①鉱山《こうざん》の採掘《さいくつ》をやめること。②その年《とし》の登山期間《とざんきかん》が終《お》わること。

【閉廷】へいてい ▲〈―する〉裁判《さいばん》のその日《ひ》の審理《しんり》が終《お》わること。例午後三時《ごごさんじ》に閉廷《へいてい》した。対開廷《かいてい》

【閉店】へいてん ▲〈―する〉それまでつづけてきた商《しょう》売《ばい》をやめること。店《みせ》じまい。例二月《にがつ》いっぱいで閉店《へいてん》します。閉店《へいてん》セール 対開店《かいてん》☞❶

【閉幕】へいまく ▲〈―する〉①劇《げき》や映画《えいが》などが終《お》わること。終《お》わりにすること。例午後十時《ごごじゅうじ》に閉《へい》幕《まく》する。類終演《しゅうえん》 対開幕《かいまく》 ②長《なが》くつづいた会《かい》やもよおしものなどが終《お》わること。例博覧会《はくらんかい》はあと三日《みっか》で閉幕《へいまく》する。対開幕《かいまく》

閉が下につく熟語 上の字の働き

❶閉＝〈しめる〉のとき
【密閉《みっぺい》 幽閉《ゆうへい》】ドノヨウニ閉《と》じこめるか。

◆開閉《かいへい》

□ 門-4

開

総画12
JIS-1911
教3年

音 カイ
訓 ひらく・ひらける・あく・あける

筆順 

なりたち 
［形声］もとの字は、「開」。「幵《ケン》」が「カイ」とかわって読《よ》み方《かた》をしめしている。「ケン」は「そむく」意味《いみ》を持《も》ち、門《もん》のならんでいる両方《りょうほう》の戸《と》がはなれてひらく

例解 使い分け

［あける《開ける・空ける・明ける》］

開ける＝とじていたものをひらく。
例門《もん》を開《あ》ける。店《みせ》を開《あ》ける。戸《と》の開《あ》けたて。

空ける＝中《なか》をからにする。すきまを作《つく》る。
例家《いえ》を空《あ》ける。席《せき》を空《あ》ける。時間《じかん》を空《あ》けてお待《ま》ちしています。

明ける＝ある期間《きかん》が終《お》わって、新《あたら》しい期間《きかん》が始《はじ》まる。
例夜《よる》が明《あ》ける。年《とし》が明《あ》ける。梅雨《つゆ》がやっと明《あ》けた。

参考「開《あ》ける」の反対《はんたい》は「閉《と》じる・閉《と》ざす・閉《し》める」、「空《あ》ける」の反対《はんたい》は「ふさぐ・うめる」、「明《あ》ける」の反対《はんたい》は「暮《く》れる」。

ことを表《あらわ》す字《じ》。

意味

❶ひらく。ひらける。きりひらく。例口《くち》を開《ひら》く。文明《ぶんめい》が開《ひら》ける。戸《と》が開《あ》く。開放《かいほう》・開発《かいはつ》・公開《こうかい》・展開《てんかい》 対閉《へい》
❷はじめる。例開業《かいぎょう》 対閉《へい》

使い分け あける［開・空・明］☞1009ページ

名前のよみ さく・はる

❶〈ひらく〉の意味で

【開運《かいうん》】▲〈―する〉運《うん》がよいほうにむかうこと。例開運《かいうん》のお守《まも》り。

【開化《かいか》】↓〈―する〉学問《がくもん》や知識《ちしき》が進《すす》むにつれて、人《ひと》びとの考《かんが》え方《かた》やくらし方《かた》がかわってくること。例文明開化《ぶんめいかいか》（明治《めいじ》のはじめ、西洋《せいよう》の文化《ぶんか》をさかんにとりいれた世《よ》の動《うご》き）

【開花《かいか》】▲〈―する〉①木《き》や草《くさ》の花《はな》がさくこと。例サクラの開花予想《かいかよそう》。②文化《ぶんか》や芸術《げいじゅつ》がさかんになること。例町人文化《ちょうにんぶんか》が開花《かいか》する。

【開館《かいかん》】▲〈―する〉図書館《としょかん》や博物館《はくぶつかん》などが入《い》り口《ぐち》をあけて、利用《りよう》する人《ひと》びとを入《い》れること。例日曜日《にちようび》も開館《かいかん》している。対閉館《へいかん》☞❷

【開眼】▲〈―する〉〔一〕《かいがん》目《め》が見《み》えるようになること。目《め》を見《み》えるようにすること。〔二〕《かいげん》新《あたら》しくできあがった仏像《ぶつぞう》や仏画《ぶつが》にたましいをむかえ入《い》れること。例開眼供養《かいげんくよう》〔三〕《かいげん／かいがん》仏教《ぶっきょう》や学問《がくもん》・芸術《げいじゅつ》などの根本《こんぽん》にはっと気《き》づくこと。例役者《やくしゃ》として開眼《かいげん／かいがん》する。

【開口《かいこう》】▲ものを言《い》うために口《くち》を開《ひら》くこと。例開口一番《かいこういちばん》（ものを言《い》いはじめたとたん）

【開港《かいこう》】▲〈―する〉貿易《ぼうえき》のために外国船《がいこくせん》の出《で》入《い》りをみとめること。例開港条約《かいこうじょうやく》☞❷

【開口部《かいこうぶ》】▲人《ひと》・空気《くうき》・光《ひかり》などをとおすためにつけてある、まどや入《い》り口《ぐち》。例開口部《かいこうぶ》を大《おお》きくとって室内《しつない》を明《あか》るくする。

【開国《かいこく》】▲〈―する〉外国《がいこく》との行《い》き来《き》や貿易《ぼうえき》を新《あたら》しく始《はじ》めること。例ペリーが来《き》て、日本《にほん》に開国《かいこく》をせまった。対鎖国《さこく》

【開。墾《かいこん》】‖〈―する〉野山《のやま》やあれ地《ち》を切《き》りひらいて田畑《たはた》を作《つく》ること。例開墾地《かいこんち》。類開拓《かいたく》

【開。催《かいさい》】↓〈―する〉会《かい》やもよおしものなどをおこなうこと。例研究発表会《けんきゅうはっぴょうかい》を開催《かいさい》する。

【開場《かいじょう》】▲〈―する〉もよおしものをする会《かい》場《じょう》の入《い》り口《ぐち》をあけて人《ひと》びとを入《い》れること。例午後五時開場《ごごごじかいじょう》。

【開。拓《かいたく》】‖〈―する〉①原野《げんや》を切《き》りひらき、田《た》畑《はた》にすること。例開拓地《かいたくち》 類開墾《かいこん》・拓殖《たくしょく》 ②新《あたら》しい活動《かつどう》の場《ば》をつくり出《だ》すこと。例市場《しじょう》を開拓《かいたく》する。

【開帳《かいちょう》】▲〈―する〉寺《てら》が、ふだんはしめてあるとびらを開《ひら》いて、人《ひと》びとに仏像《ぶつぞう》をおがませること。例七年《ななねん》に一度《いちど》のご開帳《かいちょう》。類開扉《かいひ》

【開通《かいつう》】‖〈―する〉鉄道《てつどう》・道路《どうろ》・電話《でんわ》などが通《つう》じること。例道路《どうろ》の開通式《かいつうしき》。

【開店《かいてん》】▲〈―する〉店《みせ》をあけて、その日《ひ》の仕事《しごと》をはじめること。例十時開店《じゅうじかいてん》。対閉店《へいてん》☞❷

【開店休業《かいてんきゅうぎょう》】店《みせ》を開《ひら》いたが、客《きゃく》がこないで、休業《きゅうぎょう》とおなじであること。

【開発《かいはつ》】‖〈―する〉①土地《とち》や水《みず》など自然《しぜん》にあるものを利用《りよう》して、その地域《ちいき》の生活《せいかつ》や産業《さんぎょう》を高《たか》めること。例資源開発《しげんかいはつ》 ②新《あたら》しい技術《ぎじゅつ》や製《せい》品《ひん》を考《かんが》え、つくり出《だ》すこと。例新薬《しんやく》を開発《かいはつ》する。③うもれていたものを新《あたら》しくほりおこすこと。例音楽《おんがく》の才能《さいのう》を開発《かいはつ》する。

【開票《かいひょう》】▲〈―する〉投票箱《とうひょうばこ》をあけて票数《ひょうすう》を調《しら》べること。例開票速報《かいひょうそくほう》・即日開票《そくじつかいひょう》

【開。封《かいふう》】▲〈―する〉手紙《てがみ》などの封《ふう》をあけること。例はさみで開封《かいふう》する。

【開閉《かいへい》】⇕〈―する〉ひらいたりとじたりすること。あけしめ。例上下《じょうげ》に開閉《かいへい》するまど。

【開放《かいほう》】‖〈―する〉①戸《と》やまどをすっかりあけること。あけておくこと。②だれでも自由《じゆう》に出入《でい》りできること。対閉鎖《へいさ》

例解 使い分け

［開放《かいほう》・解放《かいほう》］

開放＝あけはなすこと。自由《じゆう》に入《い》れて使《つか》わせること。
例ドアの開放厳禁《かいほうげんきん》。校庭《こうてい》を子《こ》どもたちに開放《かいほう》する。門戸《もんこ》を開放《かいほう》する。

開放

解放

解放＝いろいろの制限《せいげん》でしばりつけていたものをときはなして自由《じゆう》にさせること。反対《はんたい》は「束縛《そくばく》」。例どれいを解放《かいほう》する。民族解放戦争《みんぞくかいほうせんそう》。苦痛《くつう》から解放《かいほう》される。

参考「開《あ》け放《はな》つ」「解《と》き放《はな》つ」とおぼえて使《つか》い分《わ》ける。

【開放的《かいほうてき》】〈—に・—な〉あけっぴろげで、人《ひと》や情報《じょうほう》の出入《でい》りが自由《じゆう》なようす。例開放的《かいほうてき》な校風《こうふう》。対閉鎖的《へいさてき》

❷〈はじめる〉の意味で

【開演《かいえん》】▲〈—する〉劇《げき》や音楽会《おんがくかい》などをはじめること。例開演時刻《かいえんじこく》 類開幕《かいまく》 対終演《しゅうえん》

【開会《かいかい》】▲〈—する〉会議《かいぎ》や集会《しゅうかい》などをはじめること。例開会《かいかい》のあいさつ。対閉会《へいかい》

【開館《かいかん》】▲〈—する〉図書館《としょかん》や博物館《はくぶつかん》などが新《あたら》しくつくられて利用《りよう》できるようになること。例来年四月《らいねんしがつ》に開館《かいかん》の予定《よてい》です。対閉館《へいかん》☞❶

【開基《かいき》】▲〈—する〉寺《てら》を新《あたら》しくつくること。つくった人《ひと》。例永平寺《えいへいじ》の開基《かいき》は道元《どうげん》である。類開山《かいさん》

【開業《かいぎょう》】▲〈—する〉新《あたら》しく事業《じぎょう》をはじめること。例本屋《ほんや》を開業《かいぎょう》する。類開店《かいてん》 対廃業《はいぎょう》

【開業医《かいぎょうい》】個人《こじん》で医院《いいん》・病院《びょういん》を経営《けいえい》している医者《いしゃ》。類町医者《まちいしゃ》

【開局《かいきょく》】▲〈—する〉放送局《ほうそうきょく》・郵便局《ゆうびんきょく》など「局《きょく》」と名《な》のつくところが新《あたら》しく仕事《しごと》をはじめること。例開局二十周年記念番組《かいきょくにじっしゅうねんきねんばんぐみ》。

【開校《かいこう》】▲〈—する〉新《あたら》しく学校《がっこう》がつくられること。例開校記念日《かいこうきねんび》 対閉校《へいこう》・廃校《はいこう》

【開港《かいこう》】▲〈—する〉新《あたら》しく港《みなと》や空港《くうこう》をつくること。☞❶

【開始《かいし》】||〈—する〉ものごとをはじめること。例試合開始《しあいかいし》 対終了《しゅうりょう》

【開設《かいせつ》】↓〈—する〉施設《しせつ》を新《あたら》しくつくり、仕事《しごと》ができるようにすること。例保育所《ほいくしょ》を開設《かいせつ》する。類新設《しんせつ》・創設《そうせつ》・設立《せつりつ》・創立《そうりつ》

【開戦《かいせん》】▲〈—する〉戦争《せんそう》をはじめること。例開戦《かいせん》の火《ひ》ぶたをきる。対終戦《しゅうせん》

【開店《かいてん》】▲〈—する〉新《あたら》しく店《みせ》を開《ひら》いて商売《しょうばい》をはじめること。例駅前《えきまえ》におもちゃ屋《や》が開店《かいてん》した。類開業《かいぎょう》 対閉店《へいてん》☞❶

【開幕《かいまく》】▲〈—する〉①舞台《ぶたい》の幕《まく》をあけて、劇《げき》や演奏《えんそう》をはじめること。例開幕《かいまく》のベル。類開演《かいえん》 対閉幕《へいまく》 ②もよおしものがはじまること。例オリンピックが開幕《かいまく》した。対閉幕《へいまく》

開が下につく熟語 上の字の働き

❶開＝〈ひらく〉のとき

【満開《まんかい》 全開《ぜんかい》 再開《さいかい》 公開《こうかい》】ドノヨウニ開《ひら》くか。

◆切開《せっかい》 打開《だかい》 展開《てんかい》 未開《みかい》

□ 門-4

間

総画12

JIS-2054

教2年

音カン・ケン

訓あいだ・ま

筆順

なりたち

【会意】もとの字《じ》は、「閒」。「月」と「門」を合《あ》わせて、月《つき》の光《ひかり》が門《もん》のすきまからもれてくることから、すきまを表《あらわ》す字《じ》。

意味

❶あいだ。ものともの、時《とき》と時《とき》とのへだたり。例間《あいだ》をつめる。間《ま》を置《お》く。指呼《しこ》の間《かん》（よべば答《こた》えられるほど近《ちか》いこと）。間近《まぢか》・時間《じかん》

❷のぞき見《み》る。うかがう。例間者《かんじゃ》

❸へや。へやをかぞえることば。例洋間《ようま》・二間《ふたま》

❹長《なが》さの単位《たんい》。一間《いっけん》は六尺《ろくしゃく》。約《やく》一・八メートル。例二間間口《にけんまぐち》

発音あんない ケン→ゲン…例人間《にんげん》

❶〈あいだ〉の意味で

【間柄《あいだがら》】↓①親子《おやこ》・親類《しんるい》などのつながり方《かた》。例おじ、おいの間柄《あいだがら》。②人《ひと》と人《ひと》のつきあいでできる関係《かんけい》。例ごく親《した》しい間柄《あいだがら》だ。

【間一髪《かんいっぱつ》】もう一瞬《いっしゅん》おそければだめだったというあぶないところ。例間一髪《かんいっぱつ》セーフ。類危機一髪《ききいっぱつ》 参考かみの毛《け》一本《いっぽん》ほどのわずかなすきまという意味《いみ》。

【間隔《かんかく》】||①ものとものとのあいだの、へだたり。例五メートル間隔《かんかく》に木《き》を植《う》える。②時間《じかん》と時間《じかん》のあいだのへだたり。例五分間隔《ごふんかんかく》。

【間隙《かんげき》】||①もののすきま。とぎれめ。例群衆《ぐんしゅう》の間隙《かんげき》をぬって進《すす》む。②すき。緊張《きんちょう》の

◦学習漢字でない常用漢字 ▴常用漢字表にない音訓 ◆常用漢字でない漢字

前ページ▶間

とぎれめ。例敵《てき》の間隙《かんげき》をついてせめこむ。③気持《きも》ちのすれちがい。例ふたりのあいだに間隙《かんげき》が生《しょう》じた。類不和《ふわ》

【間色《かんしょく》】[↓]原色《げんしょく》と原色《げんしょく》のあいだの、やわらかい感《かん》じの色《いろ》。類中間色《ちゅうかんしょく》

【間食《かんしょく》】[↓]〈―する〉食事《しょくじ》と食事《しょくじ》とのあいだに、ちょっとしたものを食《た》べること。おやつ。例間食《かんしょく》をひかえる。

【間接《かんせつ》】[↓]あいだになにかをはさんで、ものごとがおこなわれること。例間接的《かんせつてき》に伝《つた》える。間接照明《かんせつしょうめい》 対直接《ちょくせつ》

【間断《かんだん》】[↓]たえま。きれめ。表現「間断《かんだん》なく雨《あめ》が降《ふ》る」のように、下《した》に「なく」をつけて使《つか》うことが多《おお》い。

【間近《まぢか》】[▽]〈―な・―に〉時間《じかん》や距離《きょり》で、あいだがあまりないこと。例ゴール間近《まぢか》で追《お》いぬく。

❷〈のぞき見る〉の意味で

【間者《かんじゃ》】[↓]敵《てき》がわにしのびこんで、ようすをさぐる人《ひと》。スパイ。

❸〈へや〉の意味で

【間口《まぐち》】[↓]①土地《とち》・家《いえ》などの正面《しょうめん》のはばの広《ひろ》さ。例間口《まぐち》のせまい家《いえ》。②あつかうものの範囲《はんい》の広《ひろ》さ。例商売《しょうばい》の間口《まぐち》を広《ひろ》げる。

間が下につく熟語 上の字の働き

❶間＝〈あいだ〉のとき
【期間《きかん》 区間《くかん》 行間《ぎょうかん》 波間《なみま》 雲間《くもま》 幕間《まくあい》】ナニの間《あいだ》か。
【空間《くうかん》 時間《じかん》 昼間《ちゅうかん／まひる》 夜間《やかん》 山間《さんかん》 林間《りんかん》 谷間《たにま／たにあい》 世間《せけん》 民間《みんかん》 人間《にんげん／じんかん》 仲間《なかま》 欄間《らんま》】ナニの広《ひろ》がりのなかか。
【瞬間《しゅんかん》 週間《しゅうかん》 旬間《じゅんかん》 年間《ねんかん》】ドレダケの時間《じかん》か。
❸間＝〈へや〉のとき
【居間《いま》 客間《きゃくま》 広間《ひろま》 洋間《ようま》 土間《どま》】ドウイウへやか。
◆合間《あいま》 中間《ちゅうかん》

門-4

閑

総画12
JIS-2055
常用
音 カン
訓 ひま

筆順

なりたち
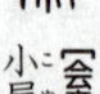
【会意】牛《うし》や馬《うま》がにげないように、小屋《こや》の門《もん》の入《い》り口《ぐち》にわたした横木《よこぎ》を表《あらわ》す字《じ》。借《か》りて、「ひま」の意味《いみ》に使《つか》われている。

意味

❶ひまである。のんびりできる。例忙中《ぼうちゅう》閑《かん》あり（いそがしいなかにも、たまにはひまなときもあるものだ）。農閑期《のうかんき》・安閑《あんかん》 対忙《ぼう》
❷しずか。ひっそりしている。例閑散《かんさん》・森閑《しんかん》・深閑《しんかん》
❸いいかげん。なおざり。ほうっておく。例等閑《とうかん》に付《ふ》す。閑却《かんきゃく》

名前のよみ しず・のり・やす

❶〈ひまである〉の意味で

【°閑居《かんきょ》】[↓]〈―する〉なにもすることがなくて、ひまにしていること。例小人閑居《しょうじんかんきょ》して不善《ふぜん》をなす（つまらない人間《にんげん》は、ひまでいると、ろくなことをしない）。☞❷

【°閑散《かんさん》】[‖]〈―と・―な〉仕事《しごと》もなくひまであるようす。例店《みせ》は閑散《かんさん》としている。☞❷

【°閑職《かんしょく》】[↓]たいして重要《じゅうよう》な仕事《しごと》もないつとめ。例閑職《かんしょく》に追《お》いやられる。対激職《げきしょく》

❷〈しずか〉の意味で

【°閑居《かんきょ》】[↓]①ひっそりしたしずかな住《す》まい。②〈―する〉仕事《しごと》をはなれてしずかにくらすこと。例山奥《やまおく》にひっこんで閑居《かんきょ》する。☞❶

【°閑古鳥《かんこどり》】「カッコウ」の別名《べつめい》。例閑古鳥《かんこどり》が鳴《な》く（商売《しょうばい》がはやらず、ひっそりしている）。参考日本《にほん》で漢字《かんじ》をあてたことば。

【°閑散《かんさん》】[‖]〈―と・―な〉人《ひと》やものがなく、ひっそりしているようす。例閑散《かんさん》とした日曜《にちよう》の校庭《こうてい》。☞❶

【°閑°寂《かんじゃく》】[‖]〈―な・―に〉ひっそりして、ものさびしいほどしずかなようす。例閑寂《かんじゃく》な住《す》まい。類静寂《せいじゃく》

【°閑静《かんせい》】[‖]〈―な・―に〉しずかで、ひっそりしている。例閑静《かんせい》な住宅街《じゅうたくがい》。類静寂《せいじゃく》

❸〈いいかげん〉の意味で

【°閑°却《かんきゃく》】[⊠]〈―する〉だいじでないと考《かんが》えてほうっておくこと。なおざりにすること。例閑却《かんきゃく》できない問題《もんだい》。類等閑《とうかん》

【°閑話休題《かんわきゅうだい》】むだ話《ばなし》はやめて、話《はなし》を本論《ほんろん》にもどそう。それはさておき。

◆深閑《しんかん》 森閑《しんかん》

門-4

閏

総画12
JIS-1728
人名
音 ジュン
訓 うるう

意味 うるう。多《おお》い。暦《こよみ》と季節《きせつ》のずれを調節《ちょうせつ》するために日《ひ》を多《おお》くすること。

【◆閏年】うるうどし ↓ 暦《こよみ》で一年《いちねん》を三百六十六日《さんびゃくろくじゅうろくにち》とする年《とし》。四年《よねん》に一度《いちど》あり、二月《にがつ》を二十九日《にじゅうくにち》とし、一日多《いちにちおお》くする。

門-6

閣

総画14
JIS-1953
教6年
音 カク
訓 —

筆順
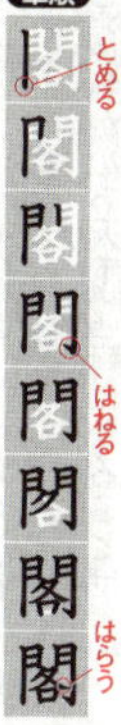

なりたち

【形声】「各」が「カク」という読《よ》み方《かた》をしめしている。「カク」は「とどめる」意味《いみ》を持《も》ち、門《もん》の戸《と》が開《ひら》いたときにとめる木《き》を表《あらわ》す字《じ》。りっぱな門《もん》の建物《たてもの》のことから、「りっぱな建物《たてもの》」の意味《いみ》に使《つか》われている。

意味
❶りっぱな建物《たてもの》。高《たか》くて大《おお》きい建物《たてもの》。例 閣下《かっか》・仏閣《ぶっかく》
❷内閣《ないかく》。政府《せいふ》の中心《ちゅうしん》の組織《そしき》。例 閣議《かくぎ》・組閣《そかく》

発音あんない カク→カッ… 例 閣下《かっか》

名前のよみ はる

❶〈りっぱな建物〉の意味で

【閣下】かっか ↓ 地位《ちい》や身分《みぶん》の高《たか》い人《ひと》をうやまってよぶことば。例 大統領閣下《だいとうりょうかっか》 参考「閣《かく》」は、身分《みぶん》の高《たか》い人《ひと》の住《す》まい。「下《か》」は、「お住《す》まいには入《はい》らず、下《した》にひかえて申《もう》し上《あ》げます」というつつしみのことば。「陛下《へいか》」「殿下《でんか》」の「下《か》」とおなじ。

❷〈内閣〉の意味で

【閣議】かくぎ ↓ 内閣《ないかく》のすべての大臣《だいじん》が集《あつ》まる会議《かいぎ》。例 閣議決定《かくぎけってい》。閣議《かくぎ》が開《ひら》かれる。

【閣。僚】かくりょう ↓ 内閣《ないかく》をつくっているそれぞれの国務大臣《こくむだいじん》。例 閣僚名簿《かくりょうめいぼ》 類 大臣《だいじん》

閣が下につく熟語 上の字の働き

❶閣＝〈りっぱな建物〉のとき
【仏閣《ぶっかく》 天守閣《てんしゅかく》】ドウイウ建物《たてもの》か。

❷閣＝〈内閣〉のとき
【組閣《そかく》 倒閣《とうかく》 入閣《にゅうかく》】内閣《ないかく》を（内閣《ないかく》に）ドウスルか。

◆内閣《ないかく》 楼閣《ろうかく》

門-6

関

総画14
JIS-2056
教4年
音 カン
訓 せき・かかわる

［關］

筆順
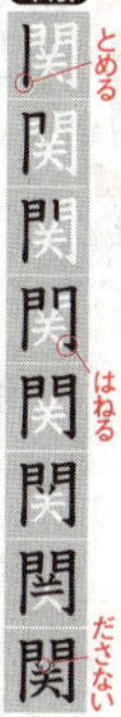

なりたち

【形声】もとの字《じ》は、「關」。「𢇍」が「カン」という読《よ》み方《かた》をしめしている。「カン」は「つらぬく」意味《いみ》を持《も》ち、木《き》を横《よこ》につらぬき通《とお》して門《もん》をとざすことを表《あらわ》す字《じ》。

意味
❶せきしょ。人《ひと》やものの出入《でい》りを調《しら》べるところ。出入《でい》り口《ぐち》。例 箱根《はこね》の関《せき》。関門《かんもん》・税関《ぜいかん》
❷つなぎめ。からくり。例 関節《かんせつ》・機関《きかん》
❸かかわる。かかわりあう。例 水害《すいがい》に関《かん》する報道《ほうどう》。関係《かんけい》・相関《そうかん》
❹せきとり（関取）。十両以上《じゅうりょういじょう》の力士《りきし》。

❶〈せきしょ〉の意味で

【関西】かんさい ↓ 京都《きょうと》・大阪《おおさか》・神戸《こうべ》を中心《ちゅうしん》にした地方《ちほう》。関西地方《かんさいちほう》。例 関西弁《かんさいべん》 対 関東《かんとう》

【関税】かんぜい ↓ 外国《がいこく》から買《か》った品物《しなもの》にかける税金《ぜいきん》。例 関税《かんぜい》を引《ひ》き下《さ》げる。

【関東】かんとう ↓ 東京《とうきょう》を中心《ちゅうしん》とする地方《ちほう》。関東地方《かんとうちほう》。例 関東平野《かんとうへいや》 対 関西《かんさい》

【関門】かんもん ↓ 目的《もくてき》をやりとげるために、なんとしても通《とお》りぬけなければならないところ。例 入学試験《にゅうがくしけん》の関門《かんもん》を突破《とっぱ》する。参考 関所《せきしょ》の門《もん》の意味《いみ》。

【関所】せきしょ ↓ むかし、国《くに》ざかいや交通上《こうつうじょう》たいせつなところにおかれた役所《やくしょ》で、そこをとおる人《ひと》の身分《みぶん》・荷物《にもつ》などを調《しら》べたところ。例 箱根《はこね》の関所《せきしょ》。

❷〈つなぎめ〉の意味で

【関節】かんせつ ↓ 手首《てくび》やひじ・ひざなどの、ほねとほねとがつながっているところ。例 関節炎《かんせつえん》・顎関節《がくかんせつ》

❸〈かかわる〉の意味で

【関係】かんけい Ⅱ ①ほかのものとどんなつながりがあるかのつながり方《かた》。あいだがら。例 利害関係《りがいかんけい》。親子《おやこ》の関係《かんけい》。②〈―する〉かかわり合《あ》いをもつこと。例 事件《じけん》に関係《かんけい》した人《ひと》。③あるも

◦学習漢字でない常用漢字　▲常用漢字表にない音訓　◆常用漢字でない漢字

のが、ほかのものに影響《えいきょう》をあたえるようなかかわり。例 気候《きこう》の関係《かんけい》でことしは不作《ふさく》だ。④…の方面《ほうめん》。〈ぼかしてはっきり言《い》わないときに使《つか》う〉例 教育関係《きょういくかんけい》の仕事《しごと》。類 分野《ぶんや》

【関心《かんしん》】▲ 気《き》にかけて注意《ちゅうい》を向《む》けること。例 政治《せいじ》に関心《かんしん》をもつ。類 興味《きょうみ》 対 無関心《むかんしん》

使い分け [歓心・関心・感心] ☞633ページ

【関知《かんち》】↓〈—する〉あることにかかわりがあり、それについてよく知《し》っていること。表現 「わたくしの関知《かんち》しないことです」のように、打《う》ち消《け》して使《つか》うことが多《おお》い。

【関白《かんぱく》】↓ むかし、天皇《てんのう》を助《たす》けてちょくせつ国《くに》の政治《せいじ》をした役職《やくしょく》。例 摂政《せっしょう》関白《かんぱく》 参考 「関《かん》」は「国《くに》の政治《せいじ》にかかわる」こと、「白《はく》」は「ものをもうす」という意味《いみ》。表現 「亭主関白《ていしゅかんぱく》」は、家《いえ》の中《なか》では亭主《ていしゅ》が関白《かんぱく》のようにいばっていること。「かかあ天下《てんか》」と対《つい》になることば。

【関°与《かんよ》】‖〈—する〉仕事《しごと》や事件《じけん》などにかかわりをもつこと。例 国政《こくせい》に関与《かんよ》する。

【関連《かんれん》】↓〈—する〉ふたつのものごとのあいだにつながりやかかわりがあること。例 両者《りょうしゃ》の関連《かんれん》をしらべる。関連《かんれん》が深《ふか》い。

❹〈せきとり（関取）〉の意味で

【関取《せきとり》】◎ 相撲《すもう》で、十両《じゅうりょう》と幕内《まくうち》の力士《りきし》。参考 もとは、「大関《おおぜき》」の意味《いみ》。

関が下につく熟語 上の字の働き

❶関＝〈せきしょ〉のとき
【玄関《げんかん》 税関《ぜいかん》 難関《なんかん》】ドノヨウナ関所《せきしょ》か。

◆ 機関《きかん》 相関《そうかん》 連関《れんかん》

閤

門-6 総画14 JIS-2562 人名
音 コウ 訓 —

意味 ❶大《おお》きな門《もん》のわきにある小《ちい》さな門《もん》。❷ごてん。

参考 摂政《せっしょう》・太政大臣《だいじょうだいじん》、また前《まえ》の関白《かんぱく》のことを「太閤《たいこう》」という。とくに、豊臣秀吉《とよとみひでよし》をさして使《つか》うことが多《おお》い。

閥

門-6 総画14 JIS-4022 常用
音 バツ 訓 —

筆順

なりたち

[形声]「伐」が「バツ」という読《よ》み方《かた》をしめしている。「バツ」は「ぬきんでる」意味《いみ》を持《も》ち、ほかよりぬきんでたりっぱな門《もん》（家《いえ》がら）を表《あらわ》す字《じ》。

意味 なかま。強《つよ》いつながりをもつ人《ひと》びとの集《あつ》まり。例 閥《ばつ》を作《つく》る。閥族《ばつぞく》・派閥《はばつ》

閥が下につく熟語 上の字の働き

【学閥《がくばつ》 財閥《ざいばつ》】ナニのなかまか。

◆ 派閥《はばつ》

閲

門-7 総画15 JIS-1760 常用
音 エツ 訓 —

筆順

なりたち

[形声] もとの字《じ》は、「閱」。「兌《エッ》」《タイ》が「エツ」という読《よ》み方《かた》をしめしている。「タイ」は「かぞえる」意味《いみ》を持《も》ち、門《もん》の出入《でい》りを調《しら》べることを表《あらわ》す字《じ》。

意味 目《め》をとおす。ていねいによく見《み》る。調《しら》べる。例 閲覧《えつらん》・検閲《けんえつ》

【°閲読《えつどく》】↓〈—する〉本《ほん》や書類《しょるい》などを調《しら》べながらていねいに読《よ》むこと。類 閲覧《えつらん》

【°閲覧《えつらん》】‖〈—する〉図書館《としょかん》にある本《ほん》や新聞《しんぶん》などを調《しら》べたり読《よ》んだりすること。類 閲読《えつどく》

閲が下につく熟語 上の字の働き

【検閲《けんえつ》 校閲《こうえつ》】ドウヤッテ調《しら》べるか。

闇

門-9 総画17 JIS-1639 常用
音 アン 訓 やみ

筆順

意味 やみ。くらい。くらがり。例 暗闇《くらやみ》

【°闇夜《やみよ》】↓ まっ暗《くら》な夜《よる》。表記 「あんや」とも読《よ》むが、今《いま》は「暗夜《あんや》」と書《か》く。

闘

門-10 総画18 JIS-3814 常用
音 トウ 訓 たたかう
「鬭」

筆順

なりたち

[形声] もとの字《じ》は、「鬭」。「鬥」が手《て》に物《もの》を持《も》ってふたりが向《む》かい合《あ》ってあらそっている形《かたち》を、「斲」が「トウ」と

いう読《よ》み方《かた》をしめしている。「トウ」は「打《う》つ」意味《いみ》を持《も》ち、たたかうことを表《あらわ》す字《じ》。

意味 たたかう。あらそう。たたかわせる。例 病魔《びょうま》と闘《たたか》う。闘争《とうそう》・戦闘《せんとう》

使い分け たたかう［戦・闘］☞499ページ

【°闘牛】《とうぎゅう》 ▲ ①牛《うし》と牛《うし》をたたかわせる競《きょう》技《ぎ》。②人《ひと》と牛《うし》がたたかう競技《きょうぎ》。例 闘牛士《とうぎゅうし》

【°闘°魂】《とうこん》 ↓ くじけることなくたたかいぬこうとする心《こころ》がまえ。類 闘志《とうし》

【°闘士】《とうし》 ↓ ①たたかう人《ひと》。類 戦士《せんし》 ②自分《じぶん》が持《も》っている考《かん》えや要求《ようきゅう》をつらぬくためにさかんに活動《かつどう》する人《ひと》。例 労働運動《ろうどううんどう》の闘士《とうし》。

【°闘志】《とうし》 ↓ たたかって相手《あいて》を負《ま》かしてやろうという意気《いき》ごみ。ファイト。例 闘志満々《とうしまんまん》。闘志《とうし》をもやす。類 闘魂《とうこん》

【°闘争】《とうそう》 Ⅱ 〈—する〉 ①相手《あいて》に勝《か》とうとして、はげしくあらそうこと。②労働者《ろうどうしゃ》と使用者《しようしゃ》がそれぞれの利益《りえき》のためにあらそうこと。例 賃上《ちんあ》げ闘争《とうそう》。

【°闘病】《とうびょう》 ▲ 〈—する〉 病人《びょうにん》が病気《びょうき》をなおそうと、がまん強《づよ》く療養《りょうよう》すること。例 闘病生活《とうびょうせいかつ》

闘が下につく熟語 上の字の働き

【苦闘《くとう》（悪戦苦闘《あくせんくとう》）敢闘《かんとう》 奮闘《ふんとう》 健闘《けんとう》 死闘《しとう》 乱闘《らんとう》

格闘《かくとう》】ドノヨウニ闘《たたか》うか。

◆決闘《けっとう》 戦闘《せんとう》

8画 皐 ［おか］ の部

この部首の字

「階《かい》」などのへんの「阝（こざとへん）」のもとの字《じ》である「皐」の字《じ》のみを入《い》れました。

☞「阝（左）の部」（453ページ）

0皐……1015

皐-0

皐

総画8 JIS-4176 常用

音 フ
訓 おか

筆順

意味 おか。平地《へいち》より少《すこ》しもりあがった土地《とち》。台地《だいち》。丘陵《きゅうりょう》。

県名 岐阜（ぎふ）

8画 隶 ［れいづくり］ の部

追《お》いかけてつかまえる意《い》を表《あらわ》す「隶《れいづくり》」をもとにして作《つく》られた「隷」の字《じ》だけが入《はい》ります。

この部首の字

8隷……1015

粛→ヨ386

隶-8

隷

総画16 JIS-4676 常用

音 レイ
訓 —

筆順

なりたち  【形声】「隶」が「おいかけてつかまえる」意味《いみ》を、「柰（もと柰《ダイ》）」が「レイ」とかわって読《よ》み方《かた》をしめしている。「レイ」は「つなぐ」意味《いみ》を持《も》ち、つかまえてつなぎとめることを表《あらわ》す字《じ》。

意味 ❶したがう。しもべ。例 隷属《れいぞく》・奴隷《どれい》 ❷れいしょ（隷書）。秦《しん》の時代《じだい》に使《つか》われ始《はじ》めた漢字《かんじ》の書体《しょたい》。例 古隷《これい》

❶〈したがう〉の意味で

【°隷従】《れいじゅう》 Ⅱ 〈—する〉 きわめて従順《じゅうじゅん》に、つきしたがう。決《けっ》して反抗《はんこう》することなく、命《めい》じられたとおりのことをする。類 隷属《れいぞく》

【°隷属】《れいぞく》 Ⅱ 〈—する〉 なにからなにまで上《うえ》の人《ひと》や相手《あいて》の言《い》いなりになっていること。例 大国《たいこく》に隷属《れいぞく》する。類 従属《じゅうぞく》・隷従《れいじゅう》

【°隷°吏】《れいり》 ↓ 下級《かきゅう》の官吏《かんり》。参考 ☞ものしり巻物（161ページ）

❷〈れいしょ（隷書）〉の意味で

【°隷書】《れいしょ》 ↓ 漢字《かんじ》が今《いま》のような字形《じけい》になる前《まえ》、古代中国《こだいちゅうごく》で行《おこな》われた、漢字《かんじ》の字形《じけい》の一種《いっしゅ》類《るい》。篆書《てんしょ》をかんたんにしたもの。参考 ☞ものしり巻物（161ページ）

◆奴隷《どれい》

8画 隹 ［ふるとり］ の部

尾《お》の短《みじか》い鳥《とり》の形《かたち》をえがいた象形《しょうけい》である「隹《ふるとり》」をもとにして作《つく》られた鳥《とり》にかかわる字《じ》と、「隹《ふるとり》」の形《かたち》がめやすとなっている字《じ》とを集《あつ》めてあります。

この部首の字

2隼……1016 隻……1016 3雀……1016

前ページ ▶ 阜 隷

隼
隹−2　総画10　JIS-4027　人名
音 ジュン　訓 はやぶさ

意味 はやぶさ。つばさが長《なが》く、飛《と》ぶのが速《はや》い勇猛《ゆうもう》な鳥《とり》。鷹狩《たかが》りに使《つか》われた。

名前のよみ とし・はや

隻
隹−2　総画10　JIS-3241　常用
音 セキ　訓 —

筆順

なりたち

【会意】「とり(隹)」と「手《て》(又)」を合《あ》わせ、手《て》に一羽《いちわ》のとりを持《も》っていることを表《あらわ》す字《じ》。「二《ふた》つ」の意味《いみ》の「雙(双)」に対《たい》して、「一《ひと》つ」の意味《いみ》に使《つか》われている。

意味
❶ひとつだけ。対《つい》になっているものの片《かた》方《ほう》。例 隻手《せきしゅ》 対 双《そう》
❷ほんのわずか。例 片言隻語《へんげんせきご》(ちょっとしたことば)
❸船《ふね》をかぞえることば。例 一隻《いっせき》の船《ふね》。

❶〈ひとつだけ〉の意味で

【隻眼】せきがん ↓ 片方《かたほう》の目《め》。目《め》が片方《かたほう》しかないこと。例 隻眼《せきがん》の武将《ぶしょう》伊達政宗《だてまさむね》。類 独眼《どくがん》・片目《かため》 対 双眼《そうがん》・両眼《りょうがん》 表現「一隻眼《いっせきがん》をそなえる」は、その方面《ほうめん》に高《たか》い見識《けんしき》をもつこと。

【隻手】せきしゅ ↓ 片方《かたほう》の手《て》。対 双手《そうしゅ》

【隻腕】せきわん ↓ 片方《かたほう》のうで。片《かた》うでしかないこと。例 隻腕《せきわん》の大投手《だいとうしゅ》。類 片腕《かたうで》

雀
隹−3　総画11　JIS-3193　人名
音 ジャク　訓 すずめ

意味 すずめ。茶色《ちゃいろ》の地《じ》に黒《くろ》の斑点《はんてん》がある小《ちい》さな鳥《とり》。人家《じんか》の近《ちか》くにすむ。例 雀百《すずめひゃく》まで踊《おど》りわすれず(おさない時《とき》に身《み》についたことは、年《とし》をとっても決《けっ》してわすれない)。欣《きん》喜雀躍《きじゃくやく》(よろこんでこおどりする)

雁
隹−4　総画12　JIS-2071　人名
音 ガン　訓 かり

意味 かり。ガン。秋《あき》に日本《にほん》にわたってきて、冬《ふゆ》のあいだ水辺《みずべ》ですごす水鳥《みずとり》の一種《いっしゅ》。ななめに列《れつ》をなして飛《と》ぶ習性《しゅうせい》がある。

【雁行】がんこう ↓ (−する)ガンの行列《ぎょうれつ》のように、ななめにならんで行《い》くこと。

雇
隹−4　総画12　JIS-2459　常用
音 コ　訓 やとう

筆順

なりたち

【形声】「隹」が「とり」を、「戸」が「コ」という読《よ》み方《かた》をしめしている。「フナシウズラ」を表《あらわ》す字《じ》。

意味 やとう。賃金《ちんぎん》をはらって人《ひと》をはたらかせる。例 店員《てんいん》を雇《やと》う。雇用《こよう》・解雇《かいこ》

【雇員】こいん ↓ 会社《かいしゃ》や役所《やくしょ》が、正式《せいしき》の職員《しょくいん》でなく、てつだいとしてやとい入《い》れた人《ひと》。

【雇用】こよう ↓ (−する)会社《かいしゃ》や役所《やくしょ》が、人《ひと》をやとい仕事《しごと》をさせること。例 終身雇用《しゅうしんこよう》

集
隹−4　総画12　JIS-2924　教3年
音 シュウ　訓 あつまる・あつめる・つどう

筆順

なりたち

【会意】「隹(とり)」と「木」とからでき、たくさんのとりが木《き》にあつまっているようすを表《あらわ》している字《じ》。

意味
❶あつまる。あつめる。あつまり。例 人《ひと》が集《あつ》まる。答案用紙《とうあんようし》を集《あつ》める。若者《わかもの》が集《つど》う。集団《しゅうだん》・密集《みっしゅう》
❷あつめた書《か》き物《もの》。作品《さくひん》などを一《ひと》つにあつめてのせた本《ほん》。例 詩集《ししゅう》

名前のよみ ため・ちか

❶〈あつまる。あつめる〉の意味で

【集荷】しゅうか ▲ (−する)各地《かくち》からの産物《さんぶつ》などの荷《に》物《もつ》を市場《いちば/しじょう》や倉庫《そうこ》に集《あつ》めること。例 集荷場《しゅうかじょう》。トラックで集荷《しゅうか》する。

【集会】しゅうかい ‖ (−する)多《おお》くの人《ひと》がおなじ目的《もくてき》で一《ひと》つの会場《かいじょう》に集《あつ》まること。その集《あつ》まり。例 全《ぜん》

校児童集会《こうじどうしゅうかい》 類 会合《かいごう》

【集金《しゅうきん》】▲〈—する〉会費《かいひ》・代金《だいきん》など、きまっている額《がく》のお金《かね》を集《あつ》めて回《まわ》ること。例 集金《しゅうきん》に回《まわ》る。

【集計《しゅうけい》】↓〈—する〉数《かず》をよせ集《あつ》めて合計《ごうけい》すること。例 得点《とくてん》を集計《しゅうけい》する。類 合計《ごうけい》

【集結《しゅうけつ》】Ⅲ〈—する〉ばらばらになっていたものが一《いっ》か所《しょ》に集《あつ》まること。例 船団《せんだん》が母港《ぼこう》に集結《しゅうけつ》する。類 結集《けっしゅう》

【集合《しゅうごう》】Ⅲ〈—する〉人《ひと》びとが一《ひと》つの場所《ばしょ》により集《あつ》まること。例 集合時刻《しゅうごうじこく》 対 解散《かいさん》

【集散《しゅうさん》】⇕〈—する〉①ものや人《ひと》が集《あつ》まったりちらばったりすること。例 離合集散《りごうしゅうさん》をくりかえす。②生産地《せいさんち》から集《あつ》まる動《うご》きと、それを送《おく》り出《だ》す動《うご》き。例 木材《もくざい》の集散地《しゅうさんち》。

【集積《しゅうせき》】Ⅲ〈—する〉たくさんのものが集《あつ》まってつみかさなること。集めてたくわえること。例 集積回路《しゅうせきかいろ》(IC《アイシー》)。貨物《かもつ》の集積所《しゅうせきじょ》。

【集大成《しゅうたいせい》】〈—する〉多《おお》くのものを集《あつ》めて、一《ひと》つにまとめること。例 長年《ながねん》の研究《けんきゅう》を集大成《しゅうたいせい》して出版《しゅっぱん》する。

【集団《しゅうだん》】Ⅲ 多《おお》くの人《ひと》や動物《どうぶつ》が集《あつ》まってつくる一《ひと》つのまとまり。例 集団《しゅうだん》で行動《こうどう》する。集団登校《しゅうだんとうこう》 類 団体《だんたい》 対 個人《こじん》

【集中《しゅうちゅう》】↓〈—する〉ひとつところに集《あつ》まること。集《あつ》めること。例 集中豪雨《しゅうちゅうごうう》。注意《ちゅうい》を集中《しゅうちゅう》する。

【集配《しゅうはい》】⇕〈—する〉郵便物《ゆうびんぶつ》や荷物《にもつ》などを集《あつ》めたり配《くば》ったりすること。例 集配局《しゅうはいきょく》

【集約《しゅうやく》】↓〈—する〉集《あつ》めたものを整理《せいり》し、とらえやすい形《かたち》にまとめること。例 会員《かいいん》の意見《いけん》を集約《しゅうやく》する。

【集落《しゅうらく》】Ⅲ 人家《じんか》が集《あつ》まっているところ。例 谷沿《たにぞ》いに集落《しゅうらく》が点在《てんざい》する。類 村落《そんらく》

集が下につく熟語 上の字の働き

❶集＝〈あつまる。あつめる〉のとき
【収集《しゅうしゅう》 募集《ぼしゅう》 群集《ぐんしゅう》】近《ちか》い意味《いみ》。
【参集《さんしゅう》 密集《みっしゅう》 凝集《ぎょうしゅう》 採集《さいしゅう》 召集《しょうしゅう》 招集《しょうしゅう》】ドノヨウニ集《あつ》まる(集《あつ》める)か。

❷集＝〈あつめた書《か》き物《もの》〉のとき
【歌集 句集《くしゅう》 詩集《ししゅう》 文集《ぶんしゅう》 画集《がしゅう》】ナニを集《あつ》めた書物《しょもつ》か。
【全集《ぜんしゅう》 特集《とくしゅう》】ドノヨウニ集《あつ》めたものか。

◆結集《けっしゅう》 編集《へんしゅう》

雄

隹-4 総画12 JIS-4526 常用
音 ユウ
訓 お・おす

筆順

なりたち

[形声]「隹」が「とり」を、「厷」が「ユウ」という読《よ》み方《かた》をしめしている。「ユウ」は「いさましい」の意味《いみ》を持《も》ち、いさましい「おすのとり」を表《あらわ》す字《じ》。

意味
❶おす。動植物《どうしょくぶつ》のおす。人間《にんげん》で言《い》えば男《おとこ》。例 雄《おす》と雌《めす》。雄花《おばな》 対 雌花《めばな》
❷おおしい。いさましい。すぐれている。力《ちから》のある者《もの》。例 雄大《ゆうだい》・英雄《えいゆう》

名前のよみ かず・かつ・たか・たけ・たけし・のり・よし

❶〈おす〉の意味で

【雄花《おばな》】↓ おしべだけで、めしべがなく、実《み》をむすばない花《はな》。キュウリ・カボチャなどにある。対 雌花《めばな》

❷〈おおしい〉の意味で

【雄姿《ゆうし》】↓ いさましく堂々《どうどう》としたすがた。例 富士山《ふじさん》の雄姿《ゆうし》をあおぐ。

【雄大《ゆうだい》】Ⅲ〈—な〉規模《きぼ》が大《おお》きく堂々《どうどう》としていてすばらしい。例 雄大《ゆうだい》な自然《しぜん》。雄大《ゆうだい》な構想《こうそう》。類 壮大《そうだい》

【雄図《ゆうと》】↓ 大《おお》がかりですばらしい計画《けいかく》。例 雄図《ゆうと》に胸《むね》をおどらせる。類 壮図《そうと》

【雄飛《ゆうひ》】↓〈—する〉自分《じぶん》に合《あ》った新《あたら》しい場所《ばしょ》を見《み》つけ、思《おも》いきり活躍《かつやく》すること。例 海外《かいがい》に雄飛《ゆうひ》する。対 雌伏《しふく》

【雄弁《ゆうべん》】↓〈—な〉話《はな》しぶりが力強《ちからづよ》く堂々《どうどう》として、聞《き》く人《ひと》をひきつける。そのような話《はな》し方《かた》。例 雄弁《ゆうべん》をふるう。一枚《いちまい》の写真《しゃしん》が真実《しんじつ》を雄弁《ゆうべん》に語《かた》る。類 能弁《のうべん》

◆英雄《えいゆう》 雌雄《しゆう》 両雄《りょうゆう》

雅

隹-5 総画13 JIS-1877 常用
音 ガ
訓 みやび-やか

筆順

なりたち  【形声】「隹」が「とり」を、「牙」が「ガ」という読《よ》み方《かた》をしめしている。「ガ」はカラスの鳴《な》き声《ごえ》で、「ミヤマガラス」を表《あらわ》す字《じ》。借《か》りて、「みやびやか」の意味《いみ》に使《つか》われている。

意味 みやびやか。おちついていて品《ひん》がある。例 雅趣《がしゅ》・優雅《ゆうが》 対 俗《ぞく》

名前のよみ ただ・ただし・つね・なり・のり・ひとし・まさ・まさし・まさる・もと

【°雅楽《ががく》】[↓] 日本《にほん》に古《ふる》くからあり、宮中《きゅうちゅう》や寺社《じしゃ》で演奏《えんそう》される音楽《おんがく》。知識 奈良時代《ならじだい》に中国《ちゅうごく》や朝鮮《ちょうせん》からつたわった舞楽《ぶがく》や日本古来《にほんこらい》の音楽《おんがく》をもとにしている。

【°雅号《がごう》】[↓] 画家《がか》や書家《しょか》などが、本名《ほんみょう》のほかにもつ名前《なまえ》。類 筆名《ひつめい》・号《ごう》・ペンネーム

【°雅°趣《がしゅ》】[↓] 風流《ふうりゅう》で上品《じょうひん》なおもむき。例 雅《が》趣《しゅ》に富《と》んだ庭《にわ》。

雅が下につく熟語 上の字の働き

【典雅《てんが》 優雅《ゆうが》】近《ちか》い意味《いみ》。

隹-6

雑

総画14

JIS-2708

教5年

音 ザツ・ゾウ

訓 まーじる

［雜］

筆順

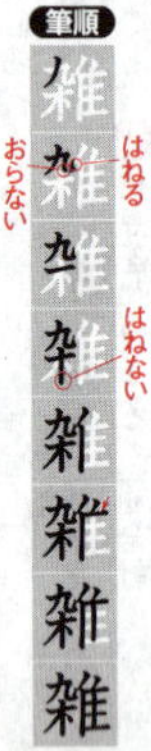

なりたち  【形声】もとの字は、「襍」。「集《シュウ》」が「ゾウ」とかわって読《よ》み方《かた》をしめしている。「ネ」は「ころも（衣）」で、いろいろな布《ぬの》を集《あつ》めて作《つく》ったころもを表《あらわ》す字《じ》。

意味

❶入《い》りまじる。とりまぜる。まざる。ごちゃごちゃしている。例 雑音《ざつおん》・雑多《ざった》・複雑《ふくざつ》・乱雑《らんざつ》

❷だいじでない。とるにたりない。こまごました。例 雑草《ざっそう》・雑巾《ぞうきん》

❸あらい。大《おお》ざっぱ。例 雑《ざつ》な仕事《しごと》。粗雑《そざつ》

特別なよみ 雑魚（ざこ）

❶〈入りまじる〉の意味で

【雑魚《ざこ》】[↓] いろいろの小《ちい》さな魚《さかな》。例 つれたのは雑魚《ざこ》ばかりだ。☞❷

【雑°魚寝《ざこね》】〈―する〉おおぜいの人《ひと》が入《い》りまじって一《ひと》つのへやでねること。

【雑音《ざつおん》】[↓] ①耳《みみ》ざわりなさわがしい音《おと》。例 まわりの雑音《ざつおん》に気《き》をとられる。類 騒音《そうおん》 ②テレビ・電話《でんわ》などに入《はい》りこむじゃまな音《おと》。例 電話《でんわ》に雑音《ざつおん》が入《はい》る。

【雑貨《ざっか》】[↓] ふだんの生活《せいかつ》に使《つか》う、こまごまとした道具《どうぐ》。例 雑貨屋《ざっかや》 類 荒物《あらもの》

【雑学《ざつがく》】[↓] 一《ひと》つのことを深《ふか》く知《し》っているのでなく、いろいろな方面《ほうめん》のことについてのばらばらな知識《ちしき》。

【雑感《ざっかん》】[↓] まとまりのないさまざまな感想《かんそう》。例 生活雑感《せいかつざっかん》を書《か》き送《おく》る。

【雑記《ざっき》】[↓] つながりもまとまりもないことを、きれぎれに書《か》くこと。例 雑記帳《ざっきちょう》

【雑居《ざっきょ》】[↓] 〈―する〉①一《ひと》つの家《いえ》の中《なか》にいくつかの家族《かぞく》が入《い》りまじって住《す》むこと。例 雑居生活《ざっきょせいかつ》 ②おなじところにいろいろな人《ひと》が、入《い》りまじっていること。例 雑居《ざっきょ》ビル

【雑°菌《ざっきん》】[↓] いろいろな種類《しゅるい》の細菌《さいきん》。

【雑誌《ざっし》】[↓] いろいろなことがらについての記事《きじ》や写真《しゃしん》などをのせて、決《き》まった時期《じき》に号《ごう》をおって出《だ》す本《ほん》。例 学習雑誌《がくしゅうざっし》

【雑種《ざっしゅ》】[↓] 種類《しゅるい》のちがうもののあいだに生《う》まれた動物《どうぶつ》や植物《しょくぶつ》。例 雑種《ざっしゅ》の犬《いぬ》。対 純血種《じゅんけつしゅ》

【雑食《ざっしょく》】[↓] 〈―する〉動物性《どうぶつせい》と植物性《しょくぶつせい》の両方《りょうほう》の食《た》べ物《もの》を食《た》べること。例 雑食動物《ざっしょくどうぶつ》 関連 肉食《にくしょく》・草食《そうしょく》・雑食《ざっしょく》

【雑然《ざつぜん》】[⊠] 〈―たる・―と〉まとまりもなく、ごたごたしているようす。例 雑然《ざつぜん》としたへや。対 整然《せいぜん》

【雑多《ざった》】[↓] 〈―な・―に〉やたらにいろんなものがごたごたとあるようす。例 種々雑多《しゅじゅざった》な品《しな》。

【雑°踏《ざっとう》】[↓] 〈―する〉さまざまな人《ひと》たちでこみあっていること。例 都会《とかい》の雑踏《ざっとう》をぬけだす。

【雑念《ざつねん》】[↓] 気《き》を散《ち》らせる、よけいな考《かんが》え。例 雑念《ざつねん》をはらう。類 余念《よねん》・邪念《じゃねん》

【雑°炊《ぞうすい》】[↓] 野菜《やさい》や魚《さかな》などをきざんで入《い》れ、味《あじ》をつけたおかゆ。おじや。例 かに雑炊《ぞうすい》

【雑°煮《ぞうに》】[↓] 野菜《やさい》や肉《にく》などを入《い》れたしるに、もちを入《い》れて食《た》べる正月料理《しょうがつりょうり》の一《ひと》つ。例 元日《がんじつ》を雑煮《ぞうに》でいわう。

❷〈だいじでない〉の意味で

【雑魚《ざこ》】[↓] かるく見《み》られる下《した》っぱの者《もの》。例

離 ◀次ページ

雑魚《ざこ》にかまうな。類小物《こもの》☞❶

【雑役】《ざつえき》 ↓ そうじ・かたづけなど、会社《かいしゃ》や工《こう》場《じょう》での雑多《ざった》な仕事《しごと》。例雑役係《ざつえきがかり》 類雑用《ざつよう》

【雑件】《ざっけん》 ↓ それほどだいじでない、こまごました事件《じけん》や用件《ようけん》。

【雑穀】《ざっこく》 ↓ 米《こめ》・ムギ以外《いがい》の、マメ・ソバ・キビなどの穀物《こくもつ》。例米《こめ》に雑穀《ざっこく》をまぜてたく。

【雑事】《ざつじ》 ↓ おもな仕事《しごと》以外《いがい》の、こまごました用事《ようじ》。例雑事《ざつじ》に追《お》われる。類雑用《ざつよう》・雑務《ざつむ》・俗事《ぞくじ》

【雑草】《ざっそう》 ↓ 育《そだ》てないのに自然《しぜん》に生《は》えるいろいろな草《くさ》。例庭《にわ》の雑草《ざっそう》をぬく。表現「雑草《ざっそう》のように」の言《い》い方《かた》で、強《つよ》い生命力《せいめいりょく》をもつもののたとえにも使《つか》われる。

【雑談】《ざつだん》 ↓〈―する〉話題《わだい》も決《き》めず、気楽《きらく》にとりとめのない話《はなし》をすること。類世間《せけんばなし》話

【雑費】《ざっぴ》 ↓ おもな費用《ひよう》のほかにかかる、こまごましたお金《かね》。類諸費《しょひ》

【雑文】《ざつぶん》 ↓ 気楽《きらく》に書《か》いた、軽《かる》い文章《ぶんしょう》。例同《どう》人誌《じんし》に雑文《ざつぶん》をよせる。

【雑務】《ざつむ》 ↓ おもな仕事《しごと》のほかの、こまごました仕事《しごと》。例雑務《ざつむ》が多《おお》い。類雑用《ざつよう》・雑事《ざつじ》

【雑用】《ざつよう》 ↓ こまごましたいろいろな用事《ようじ》。例雑用《ざつよう》に追《お》われる。類雑事《ざつじ》・雑務《ざつむ》・雑役《ざつえき》

【雑木】《ぞうき｜ざつぼく》 ↓ 家《いえ》などをつくる材料《ざいりょう》にはならない、まきや炭《すみ》にするような木《き》。例雑木《ぞうき》林《ばやし》

【雑。巾】《ぞうきん》 ↓ ふきそうじに使《つか》う、布《ぬの》をかさねて厚《あつ》めにぬったもの。例雑巾《ぞうきん》がけ

【雑言】《ぞうごん》 ↓ いろいろのわるくち。例悪口雑言《あっこうぞうごん》

【雑兵】《ぞうひょう》 ↓ 名《な》もない、身分《みぶん》の低《ひく》い兵士《へいし》。例足軽雑兵《あしがるぞうひょう》

雑が下につく熟語 上の字の働き

❶雑＝〈入りまじる〉のとき
【混雑《こんざつ》 繁雑《はんざつ》 煩雑《はんざつ》 乱雑《らんざつ》】近《ちか》い意味《いみ》。
◆粗雑《そざつ》 複雑《ふくざつ》

隹—6

雌

総画14　JIS-2783　常用

音 シ　訓 め・めす

筆順

なりたち 【形声】「隹」が「とり」を、「此」が「シ」という読《よ》み方《かた》をしめしている。「シ」は「小《ち》さい」の意味《いみ》を持《も》ち、からだの小《ち》さい「めすのとり」を表《あらわ》す字《じ》。

意味 めす。動植物《どうしょくぶつ》のめす。人間《にんげん》で言《い》えば女《おんな》。例雄《おす》と雌《めす》。雌花《めばな》 対雄《ゆう｜おす》

【。雌。伏】《しふく》 ↓〈―する〉やがて活躍《かつやく》できるときが来《く》るのを、じっとがまんしながら待《ま》つこと。例雌伏《しふく》十年《じゅうねん》。対雄飛《ゆうひ》

【。雌。雄】《しゆう》 ⇕ ①めすとおす。例ひよこの雌《し》雄《ゆう》を見分《みわ》ける。②すぐれたものと、おとるもの。勝《か》ち負《ま》け。例雌雄《しゆう》を決《けっ》する。類優劣《ゆうれつ》

【。雌花】《めばな》 ↓ めしべだけでおしべのない花《はな》。雄花《おばな》から花粉《かふん》をもらって実《み》をつける。キュウリ・カボチャなどにある。対雄花《おばな》

隹—10

雛

総画18　JIS-3187　人名

音 スウ　訓 ひな

意味
❶ひな。ひよこ。例雛鳥《ひなどり》
❷かわいい。小《ち》さい。例雛菊《ひなぎく》
❸ひな人形《にんぎょう》。例雛壇《ひなだん》・雛人形《ひなにんぎょう》・雛祭《ひなまつ》り・内《だい》裏雛《りびな》

隹—10

難

総画18　JIS-3881　教6年

音 ナン　訓 かたい・むずかしい

［難］

筆順 とめる ださない

なりたち 【形声】もとの字《じ》は、「難」。「隹」が「とり」を、「菓《キン》」が「ナン」とかわって読《よ》み方《かた》をしめしている。とりの名《な》を表《あらわ》す字《じ》。借《か》りて、「むずかしい」として使《つか》われている。

意味
❶むずかしい。かんたんにはできない。例難《むずか》しい問題《もんだい》。想像《そうぞう》に難《かた》くない。難問《なんもん》 対易《えき》
❷わざわい。苦《くる》しみ。例難《なん》をのがれる。難《なん》民《みん》・災難《さいなん》
❸とがめる。欠点《けってん》をせめる。欠点《けってん》。例難《なん》詰《きつ》・非難《ひなん》

❶〈むずかしい〉の意味で

【難易】《なんい》 ⇕ むずかしいことと、やさしいこと。むずかしさの程度《ていど》。例難易度《なんいど》

【難解】《なんかい》 ▲〈―な〉〈―に〉むずかしくてわかりにくい

こと。例難解《なんかい》な文章《ぶんしょう》。対平易《へいい》

【難関《なんかん》】↓かんたんには通《とお》りぬけることができないところ。例難関《なんかん》を突破《とっぱ》する。類難《なん》所《しょ》

【難行《なんぎょう》】↓〈—する〉仏道《ぶつどう》をおさめるための苦《くる》しくてつらい修行《しゅぎょう》。

【難行苦行《なんぎょうくぎょう》】仏道《ぶつどう》をおさめるために、苦《くる》しみや痛《いた》みにたえておこなう修行《しゅぎょう》。

【難局《なんきょく》】↓切《き》りぬけるのがむずかしい場《ば》面《めん》やできごと。例難局《なんきょく》を打開《だかい》する。

【難航《なんこう》】▲〈—する〉①あらしなどのために船《ふね》や飛行機《ひこうき》が航行《こうこう》しにくいこと。②ものごとがうまく進《すす》まないこと。例交渉《こうしょう》が難航《なんこう》する。類難渋《なんじゅう》

【難。攻不落《なんこうふらく》】せめにくくて、なかなかせめ落《お》とせないこと。例難攻不落《なんこうふらく》の城《しろ》。

【難産《なんざん》】↓〈—する〉お産《さん》のとき、子《こ》どもがなかなかうまれなくて苦《くる》しむこと。対安産《あんざん》 表現「難産《なんざん》のすえに予算案《よさんあん》が成立《せいりつ》した」のように、仕事《しごと》がなかなかまとまらないことにも使《つか》う。

【難。渋《なんじゅう》】‖〈—する〉ものごとがうまくはかどらず、苦労《くろう》すること。例雪道《ゆきみち》に難渋《なんじゅう》する。類難航《なんこう》・難儀《なんぎ》

【難所《なんしょ》】↓けわしくて、通《とお》りぬけるのがむずかしいところ。例難所《なんしょ》にさしかかる。類難《なん》関《かん》・難路《なんろ》

【難色《なんしょく》】↓賛成《さんせい》できないという顔《かお》つきや態度《たいど》。例解決案《かいけつあん》に難色《なんしょく》をしめす。

【難題《なんだい》】↓①むずかしい問題《もんだい》。処理《しょり》するのがむずかしいことがら。例難題《なんだい》に取《と》り組《く》む。類難問《なんもん》 ②できそうもないむりな注文《ちゅうもん》。例無理難題《むりなんだい》をふっかける。

【難。聴《なんちょう》】▲①耳《みみ》に障害《しょうがい》があって、音《おと》や声《こえ》がよく聞《き》きとれないこと。②ラジオの音《おと》などが聞《き》きとりにくいこと。例難聴地域《なんちょうちいき》

【難点《なんてん》】↓ものごとをするうえでの困難《こんなん》なところ。例実用化《じつようか》にさいしての難点《なんてん》。☞❸

【難度《なんど》】↓むずかしさの程度《ていど》。例難度《なんど》の高《たか》い演技《えんぎ》をこなす。類難易度《なんいど》

【難病《なんびょう》】↓なかなかなおらない重《おも》い病気《びょうき》。例難病《なんびょう》にうちかつ。類難症《なんしょう》

【難物《なんぶつ》】↓あつかい方《かた》がむずかしいもの。気《き》むずかしくて、あつかいにくい人《ひと》。

【難問《なんもん》】↓すぐに答《こた》えたり解決《かいけつ》したりするのがむずかしいことがら。例難問《なんもん》が続出《ぞくしゅつ》した。多《おお》くの難問《なんもん》をかかえる。類難題《なんだい》

【難路《なんろ》】↓通《とお》って行《い》くのがむずかしい道《みち》。危《き》険《けん》な道《みち》。例難路《なんろ》がつづく。類悪路《あくろ》・難所《なんしょ》

❷〈わざわい〉の意味で

【難。儀《なんぎ》】↓〈—な・—する〉①苦《くる》しむこと。例雪道《ゆきみち》で難儀《なんぎ》した。類苦労《くろう》・難渋《なんじゅう》 ②めんどうなこと。めいわく。例家族《かぞく》に難儀《なんぎ》をかける。類苦労《くろう》

【難破《なんぱ》】↓〈—する〉あらしのために、船《ふね》がこわれたりしずんだりすること。例難破船《なんぱせん》

【難民《なんみん》】↓戦争《せんそう》や災害《さいがい》などで住《す》むところをなくし、よそへ出《で》た人《ひと》びと。類流民《るみん》・避難民《ひなんみん》

❸〈とがめる〉の意味で

【難。詰《なんきつ》】‖〈—する〉相手《あいて》のわるい点《てん》をあげて問《と》いつめること。例級友《きゅうゆう》の行為《こうい》を難詰《なんきつ》する。

【難。癖《なんくせ》】↓欠点《けってん》。わるいところ。例難癖《なんくせ》をつける（ちょっとした欠点《けってん》を言《い》いたててけちをつける。あらさがしをする）。

【難点《なんてん》】↓よくないところ。欠点《けってん》。例気《き》が短《みじか》いのが難点《なんてん》だ。☞❶

難が下につく熟語 上の字の働き

❷難＝〈わざわい〉のとき

【危難《きなん》 苦難《くなん》 災難《さいなん》 困難《こんなん》】近《ちか》い意味《いみ》。

【水難《すいなん》 海難《かいなん》 盗難《とうなん》 後難《こうなん》】ドノヨウナわざわいか。

【受難《じゅなん》 遭難《そうなん》 避難《ひなん》 救難《きゅうなん》】わざわいを（わざわいに）ドウスルか。

【万難《ばんなん》 多難《たなん》 無難《ぶなん》】ドレホドのわざわいか。

◆至難《しなん》 非難《ひなん》

隹−11

離

総画19
JIS-4605
常用
訓 音 リ
はなれる・はなす

筆順

なりたち

【形声】「隹」が「とり」を、「离」が「リ」という読《よ》み方《かた》をしめしている。「リ」という「チョウセンウグイス」を表《あらわ》す字《じ》。借《か》りて、「はなれる」として使《つか》われている。

意味 はなれる。はなす。ばらばらになる。わかれる。例手《て》を離《はな》す。離別《りべつ》・分離《ぶんり》 対合《ごう》

参考 ☞「巽《そん》」の「文字物語」(356ページ)
使い分け はなす[放・離] ☞541ページ

【°離°縁】《りえん》▲〈―する〉①夫婦《ふうふ》の縁《えん》を切《き》ってわかれること。例妻《つま》を離縁《りえん》する。②養子《ようし》・養女《ようじょ》などの関係《かんけい》を取《と》り消《け》すこと。類離婚《りこん》・離別《りべつ》 類絶縁《ぜつえん》

【°離宮】《りきゅう》↓皇居《こうきょ》とはべつにつくられた天《てん》皇《のう》や皇族《こうぞく》の宮殿《きゅうでん》。例赤坂離宮《あかさかりきゅう》

【°離合】《りごう》⇕〈―する〉はなれたりくっついたりすること。なかまが、わかれたり集《あつ》まったりすること。例離合集散《りごうしゅうさん》をくり返《かえ》す。

【°離°婚】《りこん》▲〈―する〉夫婦《ふうふ》が縁《えん》を切《き》ってわかれること。類離縁《りえん》・離別《りべつ》 対結婚《けっこん》

【°離散】《りさん》Ⅱ〈―する〉家族《かぞく》など、いっしょにくらしていた人《ひと》びとがばらばらになること。例一家離散《いっかりさん》

【°離職】《りしょく》▲〈―する〉それまでの職《しょく》をやめること。例病気《びょうき》のため離職《りしょく》する。表現失業《しつぎょう》や失職《しっしょく》などを遠《とお》まわしにいうときに使《つか》う。

【°離°脱】《りだつ》Ⅱ〈―する〉入《はい》っていたグループや自《じ》分《ぶん》の持《も》ち場《ば》からはなれること。例戦線離脱《せんせんりだつ》

【°離着陸】《りちゃくりく》〈―する〉飛行機《ひこうき》が地上《ちじょう》からとびたつことと地上《ちじょう》におりること。離陸《りりく》と着《ちゃく》陸《りく》。類発着《はっちゃく》

【°離党】《りとう》▲〈―する〉それまで入《はい》っていた政党《せいとう》からぬけること。対入党《にゅうとう》

【°離島】《りとう》①↓本土《ほんど》から遠《とお》くはなれた島《しま》。類孤島《ことう》 対本土《ほんど》 ②▲〈―する〉それまで住《す》んでいた島《しま》を出《で》ること。例就職《しゅうしょく》のため離島《りとう》する。

【°離日】《りにち》▲〈―する〉日本《にほん》に来《き》ていた外国人《がいこくじん》が、日本《にほん》をはなれること。対来日《らいにち》

【°離乳】《りにゅう》▲〈―する〉あかんぼうが成長《せいちょう》して、ちちを飲《の》むのがだんだんへり、ふつうの食《た》べ物《もの》を食《た》べるようになること。乳《ち》ばなれ。例離《り》乳食《にゅうしょく》・離乳《りにゅう》期《き》

【°離任】《りにん》▲〈―する〉それまでしていた役目《やくめ》や仕事《しごと》からはなれること。類退任《たいにん》 対就任《しゅうにん》・着《ちゃく》任《にん》

【°離反】《りはん》↓〈―する〉それまで従《したが》っていた集《しゅう》団《だん》や人《ひと》、ものごとからはなれそむくこと。例人心《じんしん》が離反《りはん》する。

【°離別】《りべつ》Ⅱ〈―する〉①親《した》しくしていた人《ひと》とわかれること。例離別《りべつ》の日《ひ》が近《ちか》づく。類別離《べつり》 ②夫婦《ふうふ》の縁《えん》を切《き》って相手《あいて》とわかれること。例夫《おっと》と離別《りべつ》する。類離婚《りこん》・離縁《りえん》

【°離陸】《りりく》▲〈―する〉飛行機《ひこうき》などが陸地《りくち》からとびたつこと。例当機《とうき》は、まもなく離陸《りりく》いたします。対着陸《ちゃくりく》

離が下につく熟語 上の字の働き

【隔離《かくり》 距離《きょり》 分離《ぶんり》 別離《べつり》 遊離《ゆうり》】近《ちか》い意味《いみ》。

◆不即不離《ふそくふり》

8画 雨 [あめ] [あめかんむり] の部

「雨《あめ》」をもとに作《つく》られ、天候《てんこう》や気象《きしょう》にかかわる字《じ》を集《あつ》めてあります。

この部首の字

雨-0

雨

総画8
JIS-1711
教1年
訓 あめ・あま
音 ウ

筆順

なりたち 【象形】天《てん》(一)と雲《くも》(巾)と水《みず》のつぶ(::)とからでき、天《てん》から落《お》ちてくる「あめ」をえがいた字《じ》。

意味 あめ。例雨《あめ》が降《ふ》る。雨具《あまぐ》・雨天《うてん》

発音あんない あめ→さめ…例春雨《はるさめ》・小雨《こさめ》・霧雨《きりさめ》

注意するよみ あま…例雨雲《あまぐも》・雨戸《あまど》・雨具《あまぐ》

特別なよみ 五月雨(さみだれ)・時雨(しぐれ)・梅雨(つゆ)

【雨足】《あまあし》↓①白《しろ》い線《せん》のように見《み》える雨《あめ》のふり方《かた》。例雨足《あまあし》がはげしい。②雨《あめ》がふりながら通《とお》りすぎていくようす。例雨足《あまあし》が速《はや》い。表記「雨脚」とも書《か》く。

【雨具】《あまぐ》↓雨《あま》がさ・レインコート・雨《あま》ぐつなど、雨《あめ》にぬれないために使《つか》うもの。例ぬれた雨具《あまぐ》をかわかす。

【雨雲】《あまぐも》↓空《そら》に低《ひく》く広《ひろ》がり、雨《あめ》をふらせる雲《くも》。例雨雲《あまぐも》が低《ひく》くたれこめる。

◦学習漢字でない常用漢字 ▲常用漢字表にない音訓 ◆常用漢字でない漢字

前ページ ▶ 雨

【雨戸《あまど》】[↓]雨風《あめかぜ》や寒《さむ》さなどをふせぐために、また、夜《よる》の用心《ようじん》のために、ガラス戸《ど》などの外《そと》がわにとりつける戸《と》。

【雨模様《あめもよう|あまもよう》】①今《いま》にも雨《あめ》がふりだしそうな空《そら》のようす。雨《あめ》もよい。②雨《あめ》がふっていること。例このところ雨模様《あめもよう》がつづく。

【雨季《うき》】[↓]熱帯地方《ねったいちほう》で、一年《いちねん》のうち、雨《あめ》が多《おお》くふる期間《きかん》。例雨季《うき》に入《はい》る。対乾季《かんき》・乾期《かんき》 表記「雨期」とも書《か》く。

【雨。滴《うてき》】[↓]ふってくる雨《あめ》のつぶ。また、ふった雨《あめ》のしずく。あまだれ。

【雨天《うてん》】[↓]雨《あめ》のふる天候《てんこう》。雨《あめ》ふり。例雨天《うてん》決行《けっこう》(雨《あめ》がふっても思《おも》い切《き》ってやること)。雨《う》天《てん》順《じゅん》延《えん》(雨《あめ》のふらない日《ひ》までのばすこと)。関連晴天《せいてん》・雨天《うてん》・曇天《どんてん》

【雨量《うりょう》】[↓]雨《あめ》や雪《ゆき》などの、ある時間内《じかんない》にふった量《りょう》。ミリメートルで表《あらわ》す。例雨量《うりょう》をはかる。類降水量《こうすいりょう》・降雨《こうう》量《りょう》

【雨。露《うろ|あめつゆ》】[‖]あめとつゆ。例雨露《うろ|あめつゆ》をしのぐだけの家《いえ》(そまつな家《いえ》)。

雨が下につく熟語 上の字の働き

【煙雨《えんう》 霧雨《きりさめ》 小雨《こさめ》 涙雨《なみだあめ》 春雨《はるさめ》 梅雨《ばいう|つゆ》 五月雨《さみだれ》 時雨《しぐれ》 氷雨《ひさめ》 豪雨《ごうう》 雷雨《らいう》 暴風雨《ぼうふうう》 慈雨《じう》】ドノヨウナ雨《あめ》か。

◆降雨《こうう》 晴雨《せいう》 風雨《ふうう》 村雨《むらさめ》

雪

雨-3 総画11 JIS-3267 教2年 音セツ 訓ゆき

筆順

なりたち

[形声]「雨」が天《てん》からふってくるものを、「彗《セイ|スイ》→ヨ」が「セツ」とかわって読《よ》み方《かた》をしめしている。「セイ」は「きよらか」の意味《いみ》を持《も》ち、天《てん》からふってくるきよらかな「ゆき」を表《あらわ》す字《じ》。

意味

❶ゆき。例雪《ゆき》が積《つ》もる。雪原《せつげん》・雪国《ゆきぐに》・残雪《ざんせつ》・粉雪《こなゆき》

❷すすぐ。きれいにする。例雪《せつ》辱《じょく》

特別なよみ 雪崩(なだれ)・吹雪(ふぶき)

❶〈ゆき〉の意味で

【雪害《せつがい》】[↓]大雪《おおゆき》やなだれなどによって、交通《こうつう》や農作物《のうさくぶつ》などに被害《ひがい》が出《で》ること。

【雪。渓《せっけい》】[↓]夏《なつ》でも雪《ゆき》や氷《こおり》がのこっている高《たか》い山《やま》の谷《たに》。例雪渓《せっけい》をわたる。

【雪月花《せつげっか|せっげっか》】冬《ふゆ》の雪《ゆき》と秋《あき》の月《つき》と春《はる》の桜《さくら》。日本《にほん》の季節《きせつ》ごとの自然《しぜん》の美《うつく》しさを代表《だいひょう》するもの。類花鳥風月《かちょうふうげつ》

【雪原《せつげん》】[↓]①一面《いちめん》に雪《ゆき》がふりつもった野《の》原《はら》。例北海道《ほっかいどう》の雪原《せつげん》。②高《たか》い山《やま》や北極《ほっきょく》・南《なん》極《きょく》などで、いつも雪《ゆき》がとけないでいる広《ひろ》いところ。例犬《いぬ》ぞりで雪原《せつげん》をわたる。

【雪。崩《なだれ》】[↓]山《やま》の斜面《しゃめん》につもっていたたくさんの雪《ゆき》が、一度《いちど》にどっとくずれ落《お》ちること。例表層雪崩《ひょうそうなだれ》。雪崩《なだれ》にあう。

【雪女《ゆきおんな》】[↓]雪《ゆき》のふりしきる夜《よる》、女《おんな》のすがたであらわれる雪《ゆき》の精《せい》。雪国《ゆきぐに》の言《い》いつたえに登《とう》場《じょう》する。類雪娘《ゆきむすめ》・雪女郎《ゆきじょろう》

【雪合戦《ゆきがっせん》】雪《ゆき》を丸《まる》めてぶつけあう遊《あそ》び。

【雪国《ゆきぐに》】[↓]雪《ゆき》がたくさんふる地方《ちほう》。例雪国《ゆきぐに》にもおそい春《はる》がきた。

【雪化。粧《ゆきげしょう》】〈―する〉雪《ゆき》がふって、あたりがまっ白《しろ》になり、化粧《けしょう》をしたように美《うつく》しく見《み》えること。

【雪▲達。磨《ゆきだるま》】雪《ゆき》をかためて、だるまの形《かたち》に作《つく》ったもの。例雪《ゆき》だるまが日《ひ》にとけていく。表現雪《ゆき》のかたまりをころがしていくとどんどん大《おお》きくなるように、ものがどんどんふえていくことを「雪《ゆき》だるま式《しき》にふえる」という。

【雪見《ゆきみ》】[↓]雪《ゆき》のふりつもった風景《ふうけい》を見《み》て楽《たの》しむこと。例雪見酒《ゆきみざけ》。雪見《ゆきみ》の宴《えん》。

❷〈すすぐ〉の意味で

【雪。辱《せつじょく》】[▲]〈―する〉前《まえ》に受《う》けたはじをすすぎ、名誉《めいよ》をとりもどすこと。例雪辱戦《せつじょくせん》。雪《せつ》辱《じょく》をはたす。表現試合《しあい》・競技《きょうぎ》などで前《まえ》に負《ま》けた相手《あいて》に勝《か》つことによくいう。

雪が下につく熟語 上の字の働き

❶雪=〈ゆき〉のとき

【豪雪《ごうせつ》 吹雪《ふぶき》 積雪《せきせつ》 残雪《ざんせつ》 根雪《ねゆき》 万年雪《まんねんゆき》 新雪《しんせつ》 初《はつ》雪《ゆき》 淡雪《あわゆき》 粉雪《こなゆき》 綿雪《わたゆき》】ドノヨウナ雪《ゆき》か。

◆降雪《こうせつ》 除雪《じょせつ》 風雪《ふうせつ》

雲

雨-4 総画12 JIS-1732 教2年 音ウン 訓くも

筆順 （ つにならない ク にならない とめる ）

なりたち 【形声】くもが立《た》ちのぼる形《かたち》をえがいた象形文字《しょうけいもじ》の「云」が、「ウン」という読《よ》み方《かた》をしめしている。「云」が「いう」意味《いみ》に使《つか》われたため、あらためて「雨」をつけて「くも」を表《あらわ》した字《じ》。

意味 ❶くも。空《そら》にうかび、流《なが》れてゆくくも。例 雲《くも》がうかぶ。雲《くも》がたなびく。雲海《うんかい》・雨雲《あまぐも》・星雲《せいうん》 ❷出雲《いずも》。旧国名《きゅうこくめい》。今《いま》の島根県東部《しまねけんとうぶ》。例 雲州《うんしゅう》

❶〈くも〉の意味で

【雲海】《うんかい》 ⇩ 海《うみ》のように広《ひろ》がってつづくたくさんの雲《くも》。飛行機《ひこうき》や高《たか》い山《やま》の上《うえ》から見下《みお》ろしたときに見《み》える。例 雲海《うんかい》の上《うえ》を飛《と》ぶ。

【雲散。霧消】《うんさんむしょう》 〈—する〉雲《くも》やきりがさあっと消《き》えるように、ものがたちまちなくなってしまうこと。類 霧散《むさん》

【雲水】《うんすい》 Ⅱ 空《そら》の雲《くも》や流《なが》れる水《みず》のように、あちこちをめぐり歩《ある》いて修行《しゅぎょう》する僧《そう》。

【雲。泥の差】《うんでいのさ》 くらべものにならないほど、ひどくかけ離《はな》れているたとえ。参考 中《ちゅう》国《ごく》の白居易《はくきょい》の詩《し》などにあることば。

【雲足】《くもあし》 ⇩ ①雲《くも》が流《なが》れ動《うご》くようす。例 雲足《くもあし》が速《はや》い。②つくえなどの、雲《くも》の形《かたち》のもようのある足《あし》。表記「雲脚」とも書《か》く。

【雲間】《くもま》 ⇩ 雲《くも》の切《き》れ目《め》。例 雲間《くもま》から日《ひ》がさす。

雲が下につく熟語 上の字の働き

❶雲＝〈くも〉のとき

【暗雲《あんうん》 雷雲《らいうん》 雨雲《あまぐも》 入道雲《にゅうどうぐも》】ドノヨウナ雲《くも》か。

◆星雲《せいうん》 戦雲《せんうん》 風雲《ふううん》

雨-4

雰

総画12 JIS-4223 常用

訓 — 音 フン

筆順

なりたち 【形声】「雨」が水蒸気《すいじょうき》を、「分」が「フン」という読《よ》み方《かた》をしめしている。「フン」は「白《しろ》いこな」の意味《いみ》を持《も》ち、水《すい》蒸気《じょうき》が細《こま》かい白《しろ》いこなのように見《み》える「きり」を表《あらわ》す字《じ》。のちに、「空中《くうちゅう》をただよう気体《きたい》」の意味《いみ》に使《つか》われるようになる。

意味 空中《くうちゅう》にたちこめる気体《きたい》。

【。雰囲気】《ふんいき》 その場《ば》やそこにいる人《ひと》びとからしぜんに生《う》まれてくる気分《きぶん》や感《かん》じ。例 明《あか》るい雰囲気《ふんいき》。雰囲気《ふんいき》のいい教室《きょうしつ》。類 空気《くうき》・ムード

雨-5

電

総画13 JIS-3737 教2年

訓 — 音 デン

筆順 （ クにならない はねる おらない ）

なりたち 【形声】いなびかりの形《かたち》の「申《シン》（电）」が「デン」とかわって読《よ》み方《かた》をしめしている。「シン」はかみなりの音《おと》で、雨《あめ》のときに光《ひか》る「いなずま」を表《あらわ》す字《じ》。

意味 ❶いなずま。いなびかり。例 電光《でんこう》 ❷でんき（電気）。エネルギーとしての電《でん》気《き》。例 電力《でんりょく》・発電《はつでん》 ❸電信《でんしん》・電報《でんぽう》・電車《でんしゃ》など。例 終電《しゅうでん》・祝電《しゅくでん》

❶〈いなずま〉の意味で

【電光】《でんこう》 ⇩ いなびかり。いなずま。例 まっくらな空《そら》に電光《でんこう》が走《はし》る。☞❷

【電光石火】《でんこうせっか》 とても短《みじか》い時間《じかん》のすばやい動《うご》き。例 電光石火《でんこうせっか》のはやわざ。参考「電光《でんこう》」はいなびかり、「石火《せっか》」は石《いし》などを打《う》ちつけたときに出《で》る火花《ひばな》。どちらも、あっという間《ま》のもの。

❷〈でんき（電気）〉の意味で

【電圧】《でんあつ》 ⇩ ある点《てん》からある点《てん》に電気《でんき》が流《なが》れるとき、その二点《にてん》における電気《でんき》の強《つよ》さのちがい。単位《たんい》はV（ボルト）。例 電圧《でんあつ》が高《たか》い。

【電化】《でんか》 ⇩ 〈—する〉生活《せいかつ》に必要《ひつよう》な熱《ねつ》や明《あ》かり、機械《きかい》を動《うご》かす力《ちから》などに、電気《でんき》を利用《りよう》するようになること。例 鉄道《てつどう》の電化《でんか》。電化製品《でんかせいひん》

知識 ☞【電気】《でんき》（1023ページ）

【電気】《でんき》 ⇩ ①自然界《しぜんかい》でかみなりを起《お》こしたり、人間《にんげん》が光《ひかり》・熱《ねつ》・力《ちから》などにかえて使《つか》ったりしているエネルギー。電気《でんき》エネルギー。例 電気《でんき》自動車《じどうしゃ》 ②電灯《でんとう》のこと。例 へやの電気《でんき》をつけ

電 ◀次ページ

る。知識 電気《でんき》を水《みず》の流《なが》れにたとえると、流《なが》れる水《みず》が「電流《でんりゅう》」で、流《なが》れはじめのいちばん高《たか》いところと、水《みず》の落《お》ちるいちばん下《した》のところとの高《たか》さの差《さ》が「電圧《でんあつ》」、流《なが》れおちるいきおいを「電力《でんりょく》」と考《かんが》えることができる。

【電球《でんきゅう》】↓ 発光体《はっこうたい》(フィラメント)が入《はい》ったガラスの球《たま》。電灯《でんとう》として使《つか》う。例 白熱電球《はくねつでんきゅう》

【電極《でんきょく》】↓ 電流《でんりゅう》の出口《でぐち》・入《い》り口《ぐち》となる一対《いっつい》の金属《きんぞく》の板《いた》や棒《ぼう》。電池《でんち》では、電流《でんりゅう》が出《で》ていくところを陽極《ようきょく》(プラス、+)、流《なが》れこんでくるところを陰極《いんきょく》(マイナス、-)という。

【電源《でんげん》】↓ ①発電所《はつでんしょ》など、電気《でんき》をつくるところ。例 電源開発《でんげんかいはつ》 ②電気《でんき》で動《うご》かす装置《そうち》に電《でん》気《き》を送《おく》るおおもと。例 電源《でんげん》を切《き》る。

【電光《でんこう》】↓ 電灯《でんとう》の光《ひかり》。例 電光掲示板《でんこうけいじばん》 ☞❶

【電子《でんし》】⊠ 原子核《げんしかく》のまわりをまわっているマイナスの電気《でんき》をもった、ひじょうに小《ちい》さいつぶ。エレクトロン。例 電子《でんし》オルガン

【電子計算機《でんしけいさんき》】コンピューター。電子《でんし》回《かい》路《ろ》を使《つか》って、こみいった計算《けいさん》をすばやくおこなったり、たくさんのことを記憶《きおく》したりできる。電算機《でんさんき》。

【電磁石《でんじしゃく》】電流《でんりゅう》を流《なが》すと、そのあいだだけ磁石《じしゃく》になるもの。鉄《てつ》の棒《ぼう》を芯《しん》にして細《ほそ》い電《でん》線《せん》をいくえにもまきつけてつくる。

【電車《でんしゃ》】↓ 電気《でんき》の力《ちから》でレールの上《うえ》を走《はし》る乗《の》り物《もの》。例 電車賃《でんしゃちん》・特急電車《とっきゅうでんしゃ》

【電信《でんしん》】↓ 文字《もじ》・図《ず》・写真《しゃしん》などを、電気《でんき》の符号《ふごう》にかえて相手《あいて》に送《おく》る通信《つうしん》の方法《ほうほう》。有線《ゆうせん》と無線《むせん》とがある。例 電信機《でんしんき》

【電線《でんせん》】↓ 電流《でんりゅう》をとおすための金属《きんぞく》の線《せん》。

【電送《でんそう》】↓〈―する〉文字《もじ》や写真《しゃしん》を、電波《でんぱ》を利用《りよう》して相手《あいて》へ送《おく》ること。例 電送写真《でんそうしゃしん》

【電池《でんち》】↓ 薬品《やくひん》や金属《きんぞく》の化学反応《かがくはんのう》を使《つか》って電流《でんりゅう》をとりだす装置《そうち》。例 乾電池《かんでんち》 知識 太陽《たいよう》エネルギーを電気《でんき》にかえる太陽電池《たいようでんち》や、電気《でんき》エネルギーをたくわえておける蓄電池《ちくでんち》もある。

【電柱《でんちゅう》】↓ 空中《くうちゅう》にはった電線《でんせん》や電話線《でんわせん》をささえるはしら。電信柱《でんしんばしら》。

【電灯《でんとう》】↓ 電球《でんきゅう》や蛍光灯《けいこうとう》に電流《でんりゅう》を流《なが》して光《ひかり》を出《だ》させ、明《あ》かりに使《つか》うもの。例 懐中電灯《かいちゅうでんとう》。電灯《でんとう》をつける。類 電気《でんき》

【電動《でんどう》】↓ 機械《きかい》が電気《でんき》モーターの力《ちから》で動《うご》くこと。例 電動工具《でんどうこうぐ》・電動車《でんどうくるま》いす 対 手動《しゅどう》

【電動機《でんどうき》】電流《でんりゅう》を流《なが》すと回転《かいてん》し、ものを動《うご》かすのに利用《りよう》する機械《きかい》。モーター。

【電熱器《でんねつき》】電流《でんりゅう》をニクロム線《せん》などに流《なが》したときに出《で》る熱《ねつ》を利用《りよう》した電気器具《でんききぐ》。

【電波《でんぱ》】↓ 電気《でんき》と磁気《じき》の波《なみ》。テレビやラジオなどに広《ひろ》く使《つか》われる。例 電波《でんぱ》にのる。電波時《でんぱど》計《けい》 知識 波《なみ》の山《やま》から山《やま》までの長《なが》さ(波長《はちょう》)によって、超長波《ちょうちょうは》・長波《ちょうは》・中波《ちゅうは》・短波《たんぱ》・超短波《ちょうたんぱ》・極《ごく》超短波《ちょうたんぱ》などに分《わ》けられる。

【電報《でんぽう》】↓ 電信《でんしん》を使《つか》って送《おく》るしらせ。おいわいは「祝電《しゅくでん》」、おくやみは「弔電《ちょうでん》」という。例 電報《でんぽう》を打《う》つ。

【電流《でんりゅう》】↓ 電気《でんき》の流《なが》れ。単位《たんい》はA(アンペア)。知識 ☞【電気《でんき》】(1023ページ)

【電力《でんりょく》】↓ 電気《でんき》の力《ちから》。電圧《でんあつ》が高《たか》く、電流《でんりゅう》が多《おお》いほど強《つよ》い。単位《たんい》はW(ワット)。例 電力《でんりょく》輸送《ゆそう》(送電線《そうでんせん》を使《つか》って、発電所《はつでんしょ》から電力《でんりょく》を送《おく》ること) 知識 ☞【電気《でんき》】(1023ページ)

【電話《でんわ》】↓ 声《こえ》を電波《でんぱ》や電流《でんりゅう》にかえて、遠《とお》くの人《ひと》と話《はな》すしかけ。知識 一八七六年《ねん》。アメリカのグラハム・ベルの発明《はつめい》で電話機《でんわき》が作《つく》られた。翌《よく》一八七七年《ねん》、エジソンの改良《かいりょう》によって実用化《じつようか》され普及《ふきゅう》した。長《なが》い間《あいだ》、有線電話《ゆうせんでんわ》が大《だい》部分《ぶぶん》であったが、第二次大戦後《だいにじたいせんご》、無線電話《むせんでんわ》が大《おお》いに増《ふ》え、今《いま》はまったく線《せん》のない携帯電話《けいたいでんわ》の時代《じだい》となっている。

❸〈電信・電報・電車など〉の意味で

【電文《でんぶん》】↓ 電報《でんぽう》の文章《ぶんしょう》。例 おいわいの電文《でんぶん》を考《かんが》える。

電が下につく熟語 上の字の働き

❷ 電＝〈でんき(電気)〉のとき

【発電《はつでん》 送電《そうでん》 充電《じゅうでん》 帯電《たいでん》 放電《ほうでん》 感電《かんでん》】電気《でんき》をドウスルか。

【停電《ていでん》 漏電《ろうでん》】電気《でんき》がドウナルか。

❸ 電＝〈電信・電報・電車など〉のとき

【外電《がいでん》 祝電《しゅくでん》 弔電《ちょうでん》】ドウイウ電報《でんぽう》か。

【打電《だでん》 入電《にゅうでん》】電信《でんしん》・電報《でんぽう》をドウスル(がドウナル)か。

【市電《しでん》 終電《しゅうでん》】ドウイウ電車《でんしゃ》か。

◆ 無電《むでん》

雷

雨-5　総画13　JIS-4575　常用
音 ライ　訓 かみなり

筆順

なりたち 【形声】「畾《ルイ》」を略《りゃく》した「田」が「ライ」とかわって読《よ》み方《かた》をしめしている。「ルイ」はかみなりの音《おと》で、雨《あめ》をふらせながら鳴《な》る「かみなり」を表《あらわ》す字《じ》。

意味
❶かみなり。大《おお》きくなりひびく。例 雷《かみなり》に打《う》たれる。雷雨《らいう》・雷名《らいめい》・落雷《らくらい》
❷ばくはつするもの。爆薬《ばくやく》を使《つか》う兵器《へいき》。例 雷管《らいかん》・地雷

❶〈かみなり〉の意味で
【雷雨】らいう ↓ かみなりといっしょにはげしくふる雨《あめ》。例 雷雨《らいう》注意報《ちゅういほう》。
【雷雲】らいうん｜かみなりぐも ↓ かみなりをおこし、雨《あめ》をふらせる雲《くも》。例 雷雲《らいうん｜かみなりぐも》が発生《はっせい》した。
【°雷同】らいどう ↓ （―する）自分《じぶん》の意見《いけん》をしっかりもたずに、かんたんに他人《たにん》の意見《いけん》に賛成《さんせい》して、いっしょに行動《こうどう》すること。例 付和雷同《ふわらいどう》 参考 かみなりが鳴ると、いろんなものがいっしょにひびくという意味《いみ》。
【°雷名】らいめい ↓ 広《ひろ》く世間《せけん》に知《し》られている、名声《めいせい》や評判《ひょうばん》。例 雷名《らいめい》が天下《てんか》にとどろく。
【雷鳴】らいめい ↓ かみなりの鳴《な》る音《おと》。

❷〈ばくはつするもの〉の意味で
【°雷管】らいかん ↓ 火薬《かやく》を爆発《ばくはつ》させるときに使《つか》う装《そう》置《ち》。

雷が下につく熟語 上の字の働き
❶雷＝〈かみなり〉のとき
【遠雷《えんらい》 春雷《しゅんらい》 万雷《ばんらい》 迅雷《じんらい》（疾風迅雷《しっぷうじんらい》）】ドノヨウナ雷《かみなり》か。
◆魚雷《ぎょらい》 地雷《じらい》 落雷《らくらい》

零

雨-5　総画13　JIS-4677　常用
音 レイ　訓 ―

筆順

なりたち 【形声】「令」が「レイ」という読《よ》み方《かた》をしめしている。「レイ」は「おちる」意味《いみ》を持《も》ち、天《てん》から落《お》ちる雨《あめ》のしずくを表《あらわ》す字《じ》。

意味
❶こぼれおちる。おちぶれる。例 零落《れいらく》
❷ほんのわずか。とても小《ちい》さい。はんぱな。例 零細《れいさい》
❸ゼロ。数《かず》のれい。例 一対零《いったいれい》で勝《か》つ。零《れい》下《か》

❶〈こぼれおちる〉の意味で
【°零落】れいらく Ⅲ （―する）生活《せいかつ》や身分《みぶん》がひどく落《お》ちぶれること。例 見《み》るかげもなく零落《れいらく》する。

❷〈ほんのわずか〉の意味で
【°零細】れいさい Ⅲ （□に・□な）①量《りょう》がひじょうに少《すく》ない。②規模《きぼ》やしくみが小《ち》さい。例 零細企業《れいさいきぎょう》

❸〈ゼロ〉の意味で
【°零下】れいか ↓ 温度《おんど》がセ氏《し》〇度《ど》よりも低《ひく》いこと。例 零下《れいか》一〇度《ど》 類 氷点下《ひょうてんか》
【°零時】れいじ ↓ 夜《よる》または昼《ひる》の十二時《じゅうにじ》。例 午前零時《ごぜんれいじ》（真夜中《まよなか》）・午後零時《ごごれいじ》（正午《しょうご》）
【°零点】れいてん ↓ テストやスポーツで点《てん》がまったくとれないこと。得点《とくてん》ゼロ。例 今度《こんど》の試合《しあい》も零点《れいてん》に終《お》わった。
【°零度】れいど ↓ ①温度《おんど》・角度《かくど》・緯度《いど》・経度《けいど》など、度《ど》数《すう》をはかるときのもとになる点《てん》。②セ氏温度《しおんど》で、水《みず》がこおるときの温度《おんど》。

需

雨-6　総画14　JIS-2891　常用
音 ジュ　訓 ―

筆順

なりたち 【会意】「ひげ」の意味《いみ》をしめす「而」と「雨」を合《あ》わせて、雨《あめ》にぬれてやわらかくなることを表《あらわ》す字《じ》。借《か》りて、「もとめる」意味《いみ》に使《つか》われている。

意味 もとめる。必要《ひつよう》とする。もとめ。例 需《じゅ》要《よう》・必需《ひつじゅ》

名前のよみ もと

【°需給】じゅきゅう ⇕ 品物《しなもの》をもとめることと、つくりあたえること。需要《じゅよう》と供給《きょうきゅう》。例 需給《じゅきゅう》の関係《かんけい》。
【°需要】じゅよう Ⅲ 品物《しなもの》を手《て》に入《い》れたいともとめること。例 需要《じゅよう》がふえる。対 供給《きょうきゅう》

需が下につく熟語 上の字の働き
【外需《がいじゅ》 内需《ないじゅ》 軍需《ぐんじゅ》】ドコからのもとめか。
◆必需《ひつじゅ》

震

雨−7　総画15　JIS-3144　常用
音 シン　訓 ふるう・ふるえる

筆順

なりたち　【形声】「辰」が「シン」という読《よ》み方《かた》をしめしている。「シン」は「ふるえる」意味《いみ》を持《も》ち、「雨」をくわえて、かみなりが物《もの》をふるわすことを表《あらわ》す字《じ》。

意味
❶ふるえる。ふるわす。ゆれ動《うご》く。例 大《だい》地《ち》が震《ふる》う。声《こえ》が震《ふる》える。震動《しんどう》
❷じしん（地震）。大地《だいち》のゆれ動《うご》き。例 震《しん》災《さい》・余震《よしん》
参考 ☞「巽《そん》」の「文字物語」（356ページ）

❶〈ふるえる〉の意味で
【°震動《しんどう》】Ⅱ〈―する〉どっしりしたものがふるえ動《うご》くこと。例 大地《だいち》が震動《しんどう》する。表現 ☞【振動】（523ページ）

❷〈じしん（地震）〉の意味で
【°震源《しんげん》】↓ 地震《じしん》のもとになる変動《へんどう》がおこったところ。例 震源地《しんげんち》
【°震災《しんさい》】↓ 地震《じしん》によっておこる災害《さいがい》。例 関《かん》東大震災《とうだいしんさい》・震災記念日《しんさいきねんび》
【°震度《しんど》】↓ 地震《じしん》による、各地点《かくちてん》でのゆれの度合《どあ》い。知識 もっとも弱《よわ》いものから、0・1・2・3・4・5弱《じゃく》・5強《きょう》・6弱《じゃく》・6強《きょう》・7と十段《じゅうだん》階《かい》に分《わ》けられている。地震自体《じしんじたい》の大《おお》きさは、マグニチュード（M）で表《あらわ》す。

◆地震《じしん》　耐震《たいしん》　余震《よしん》

霊

雨−7　総画15　JIS-4678　常用
音 レイ・リョウ　訓 たま
［靈］

筆順

なりたち　【形声】もとの字《じ》は、「靈」。「巫」が「みこ」を、「霝」が「レイ」という読《よ》み方《かた》をしめしている。「レイ」は「おりる」意《い》味《み》を持《も》ち、神《かみ》おろしをするみこを表《あらわ》す字《じ》。

意味
❶たましい。死《し》んだ人《ひと》のたましい。例 みたま霊《たま》をまつる。霊魂《れいこん》・亡霊《ぼうれい》・精霊《せいれい｜しょうりょう》
❷神秘《しんぴ》の力《ちから》。人間《にんげん》にはわからない、ふしぎなはたらき。神聖《しんせい》な。例 霊感《れいかん》

名前のよみ　よし

❶〈たましい〉の意味で
【°霊園《れいえん》】↓ 公園《こうえん》のような感《かん》じの、広《ひろ》い共同《きょうどう》墓地《ぼち》。例 多磨霊園《たまれいえん》 類 墓地《ぼち》
【°霊界《れいかい》】↓ ①死後《しご》の世界《せかい》。あの世《よ》。②精神《せいしん》の世界《せかい》。対 肉界《にくかい》
【°霊・柩車《れいきゅうしゃ》】死者《ししゃ》のなきがらをおさめたひつぎをはこぶ車《くるま》。
【°霊°魂《れいこん》】Ⅱ 人《ひと》のからだにやどって、精神《せいしん》を支配《しはい》すると考《かんが》えられるもの。たましい。例 霊《れい》魂《こん》の不滅《ふめつ》を信《しん》じる。類 魂魄《こんぱく》 対 肉体《にくたい》
【°霊前《れいぜん》】↓ 死《し》んだ人《ひと》のたましいがまつられているところの前《まえ》。例 霊前《れいぜん》に献花《けんか》する。
【°霊°媒《れいばい》】↓ 神《かみ》や死《し》んだ人《ひと》のたましいをよびよせて、なかだちをする人《ひと》。くちよせ。みこ。いちこ。例 霊媒者《れいばいしゃ》

❷〈神秘の力〉の意味で
【°霊感《れいかん》】↓ ①神《かみ》・仏《ほとけ》からのはたらきかけ。②人間《にんげん》の心《こころ》のふしぎなひらめき。インスピレーション。例 霊感《れいかん》がはたらく。
【°霊験《れいげん｜れいけん》】↓ 人《ひと》の願《ねが》いや祈《いの》りに対《たい》してあたえられる、神仏《しんぶつ》のふしぎな力《ちから》。例 霊験《れいげん｜れいけん》あらたかな神様《かみさま》。類 御利益《ごりやく》
【°霊場《れいじょう》】↓ 信徒《しんと》たちが深《ふか》く信仰《しんこう》する場所《ばしょ》。
【°霊長《れいちょう》】↓ はかりしれないふしぎな力《ちから》を持《も》つ、いちばんすぐれたもの。例 万物《ばんぶつ》の霊《れい》長《ちょう》。
【°霊長類《れいちょうるい》】ヒト・類人猿《るいじんえん》・サルなど、哺《ほ》乳類《にゅうるい》の中《なか》で、もっとも大脳《だいのう》の発達《はったつ》した動物《どうぶつ》。
【°霊°峰《れいほう》】↓ 神《かみ》と一体《いったい》の、神聖《しんせい》な山《やま》。例 霊峰《れいほう》富士《ふじ》 類 霊山《れいざん》
【°霊°妙《れいみょう》】Ⅱ〈―に・―な〉おく深《ふか》く、とらえがたいなにかのはたらき。例 霊妙《れいみょう》不可思議《ふかしぎ》

霊が下につく熟語 上の字の働き
❶霊＝〈たましい〉のとき
【英霊《えいれい》 亡霊《ぼうれい》 幽霊《ゆうれい》 全霊《ぜんれい》（全身全霊《ぜんしんぜんれい》）】ドノヨウナ霊《れい》か。

◆慰霊《いれい》

霞

雨−9　総画17　JIS-1866　人名
音 カ　訓 かすみ・かすむ

意味　かすみ。かすむ。ぼんやりして、はっ

きりと見《み》えない。例 春霞《はるがすみ》・雲霞《うんか》

雨−9

【霜】

総画17　JIS-3390　常用

音 ソウ　訓 しも

筆順

なりたち　[形声]「雨」が「水蒸気《すいじょうき》」を、「相」が「ソウ」という読《よ》み方《かた》をしめしている。「ソウ」は「こおる」意味《いみ》を持《も》ち、水蒸気《すいじょうき》が地上《ちじょう》でこおったものを表《あらわ》す字《じ》。

意味　しも。例 霜《しも》が降《お》りる。霜害《そうがい》・初霜《はつしも》

【°霜柱《しもばしら》】↓ 寒《さむ》さのために、土《つち》の中《なか》の水分《すいぶん》がこおってできる細《ほそ》い氷《こおり》の柱《はしら》。土《つち》の表面《ひょうめん》を持《も》ち上《あ》げる。

【°霜害《そうがい》】↓ 季節《きせつ》はずれの霜《しも》が降《お》りて農作物《のうさくぶつ》が受《う》ける害《がい》。例 霜害対策《そうがいたいさく》

◆星霜《せいそう》　初霜《はつしも》

雨−11

【霧】

総画19　JIS-4424　常用

音 ム　訓 きり

筆順

なりたち　[形声]「雨」が「水蒸気《すいじょうき》」を、「敄《ブ》」のかわった形《かたち》の「務」が「ム」という読《よ》み方《かた》をしめしている。「ブ」は「おおう」意味《いみ》を持《も》ち、空中《くうちゅう》をおおう水蒸気《すいじょうき》「きり」を表《あらわ》す字《じ》。

意味　きり。ごくこまかい水滴《すいてき》。例 霧《きり》がたちこめる。霧雨《きりさめ》・濃霧《のうむ》

【°霧雨《きりさめ》】↓ きりのようにこまかい雨《あめ》。こぬか雨《あめ》。ぬか雨《あめ》。例 霧雨《きりさめ》にけむる町《まち》。類 煙雨《えんう》

【°霧散《むさん》】↓〈—する〉きりのようにあとかたもなく消《き》えてしまうこと。例 今《いま》までの不安《ふあん》が霧《む》散《さん》した。類 雲散霧消《うんさんむしょう》

【°霧笛《むてき》】↓ きりが深《ふか》いときに、海《うみ》での事故《じこ》をふせぐために、船《ふね》や灯台《とうだい》で鳴《な》らす汽笛《きてき》やサイレン。例 遠《とお》く霧笛《むてき》が聞《き》こえる。

【°霧氷《むひょう》】↓ 氷点下《ひょうてんか》になって、きりがこおり、木《き》のえだなどにくっついた氷《こおり》の結晶《けっしょう》。

霧が下につく熟語 上の字の働き

【濃霧《のうむ》　夜霧《よぎり》】ドンナ霧《きり》か。

◆噴霧《ふんむ》

雨−12

【霰】

総画20　JIS-8039　表外

音 サン　訓 あられ

意味　あられ。空《そら》からふってくる氷《こおり》のつぶ。雹《ひょう》より小《ちい》さいもの。例 雨霰《あめあられ》

雨−13

【露】

総画21　JIS-4710　常用

音 ロ・ロウ　訓 つゆ

筆順

なりたち　[形声]「路」が「ロ」という読《よ》み方《かた》をしめしている。「ロ」は「まるい」の意味《いみ》を持《も》ち、雨《あめ》のような丸《まる》い水《みず》のつぶを表《あらわ》す字《じ》。

意味

❶つゆ。ものの表面《ひょうめん》につく水滴《すいてき》。はかなく消《き》えて、あとに何《なに》ものこらないもの。例 蓮《はす》の葉《は》の露《つゆ》。露《つゆ》を結《むす》ぶ。露《つゆ》の命《いのち》。夜露《よつゆ》

❷つゆにさらす。屋根《やね》などのおいがない。例 露天《ろてん》

❸あらわれる。あらわにする。むきだしになる。例 露出《ろしゅつ》・披露《ひろう》

❹ロシア。「露西亜《ロシア》」の略《りゃく》。例 露語《ろご》・日露《にちろ》

注意するよみ　ロウ…例 披露《ひろう》

名前のよみ　あきら

❶〈つゆ〉の意味で

【°露命《ろめい》】↓ つゆのように消《き》えやすい、短《みじか》いいのち。例 わずかな収入《しゅうにゅう》で露命《ろめい》をつなぐ。

❷〈つゆにさらす〉の意味で

【°露営《ろえい》】↓〈—する〉①野《の》や山《やま》でテントをはってねること。キャンプ。類 野営《やえい》・野宿《のじゅく》 ②軍《ぐん》隊《たい》などが、野《の》や山《やま》に陣《じん》をはること。その陣《じん》営《えい》。類 野営《やえい》

【°露地《ろじ》】↓ 屋根《やね》もおおいもなく、雨《あめ》やつゆにさらされている土地《とち》。例 露地栽培《ろじさいばい》

【°露台《ろだい》】↓ 建物《たてもの》の外《そと》へはり出《だ》した、屋根《やね》のない平《たい》らなところ。バルコニー。

【°露天《ろてん》】↓ 屋根《やね》のないところ。家《いえ》の外《そと》。例 露《ろ》天《てん》ぶろ・露天市《ろてんいち》・露天商《ろてんしょう》 類 野天《のてん》 参考「露《ろ》天市《てんいち》」「露天商《ろてんしょう》」は、「露店市」「露店商」とも書《か》かれる。

【°露店《ろてん》】↓ 道《みち》ばたや広場《ひろば》などに商品《しょうひん》をならべて売《う》る店《みせ》。類 屋台店《やたいみせ》・出店《でみせ》

°学習漢字でない常用漢字　▲常用漢字表にない音訓　◆常用漢字でない漢字

❸〈あらわれる〉の意味で

【°露見】《ろけん》 ‖ 〈—する〉かくしていた悪事《あくじ》やひみつがわかること。ばれること。[例] 悪事《あくじ》が露見《ろけん》する。[類] 発覚《はっかく》・露呈《ろてい》 [表記]「露顕」とも書《か》く。

【°露骨】《ろこつ》 ▲ 〈—に〉〈—な〉あまりにもあからさまにしめすこと。むきだし。[例] 露骨《ろこつ》にいやな顔《かお》をする。[対] 遠《とお》まわし・えんきょく(婉曲)

【°露出】《ろしゅつ》 ‖ 〈—する〉①むきだしにすること。むきだしになること。[例] 雪《ゆき》がとけて地面《じめん》がところどころ露出《ろしゅつ》している。②写真機《しゃしんき》のシャッターを開《ひら》いてフィルムに光《ひかり》を当《あ》てること。[例] 星《ほし》の撮影《さつえい》は露出《ろしゅつ》を長《なが》めにする。

【°露°呈】《ろてい》 ‖ 〈—する〉かくしたくてもかくせないで、おもてにあらわれてしまうこと。[例] 練《れん》習《しゅう》不《ぶ》足《そく》を露呈《ろてい》する結果《けっか》となった。[類] 露見《ろけん》

露が下につく熟語 上の字の働き

❶ 露=〈つゆ〉のとき
【甘露《かんろ》 玉露《ぎょくろ》 朝露《あさつゆ》 夜露《よつゆ》】ドノヨウナ露《つゆ》か。

❸ 露=〈あらわれる〉のとき
【発露《はつろ》 暴露《ばくろ》 披露《ひろう》】近《ちか》い意味《いみ》。

◆ 雨露《うろ／あめつゆ》 結露《けつろ》 吐露《とろ》

8画 青 [あお] [あおへん] の部

「青《あお》」の字《じ》と、「青《あお》」の形《かたち》がめやすとなっている字《じ》とを集《あつ》めてあります。

■ 青−0

青

総画8
JIS-3236
教1年
訓 音 セイ・ショウ
あお・あおい

筆順 青 青 青 青 青 青 青 青 （ながく とめる はねる）

なりたち 青 [形声]もとの字《じ》は、「靑」。草木《くさき》ののびる意味《いみ》の「生」が「セイ」という読《よ》み方《かた》をしめしている。地中《ちちゅう》から出《で》る鉱物《こうぶつ》をしめす「丹」をくわえて、草色《くさいろ》の鉱物《こうぶつ》を表《あらわ》す字《じ》。

意味

❶あおい。㋐あお色《いろ》。[例] 青《あお》い空《そら》。青空《あおぞら》・群《ぐん》青《じょう》 ㋑緑色《みどりいろ》。[例] 青葉《あおば》・青物《あおもの》

❷わかい。いきいきしている。[例] 青春《せいしゅん》

注意するよみ ショウ…[例] 緑青《ろくしょう》・紺青《こんじょう》・群青《ぐんじょう》

特別なよみ 真っ青(まっさお)

名前のよみ きよ・はる

❶〈あおい〉の意味で

【青息。吐息】《あおいきといき》 心配《しんぱい》したりこまったりしてはくため息《いき》。[例] 勉強《べんきょう》が進《すす》まず、青息吐息《あおいきといき》だ。

【青写真】《あおじゃしん》 ①青地《あおじ》に図《ず》や文字《もじ》を白《しろ》くやきつけた写真《しゃしん》。建物《たてもの》の設計図《せっけいず》などに使《つか》う。②ものごとの予定《よてい》や計画《けいかく》。[例] 将来《しょうらい》の青写真《あおじゃしん》をえがく。

【青筋】《あおすじ》 ↓ 青《あお》いすじ。とくに、皮膚《ひふ》の上《うえ》から見《み》える静脈《じょうみゃく》。[例] 青筋《あおすじ》をたてる(表情《ひょうじょう》に出《だ》してはげしくおこる)。

【青空】《あおぞら》 ↓ ①よく晴《は》れた空《そら》。[例] 青空《あおぞら》が広《ひろ》がる。[類] 晴天《せいてん》 ②屋根《やね》やおおいのない場所《ばしょ》。[例] 青空市場《あおぞらいちば》・青空駐車場《あおぞらちゅうしゃじょう》

【青田】《あおた》 ↓ イネが青々《あおあお》と広《ひろ》がる、初夏《しょか》のたんぼ。[例] 一面《いちめん》の青田《あおた》。☞❷

【青天。井】《あおてんじょう》 大《おお》きく広《ひろ》がる青空《あおぞら》。

【青菜】《あおな》 ↓ ホウレンソウやコマツナのような、緑《りょく》色《しょく》の野菜《やさい》。[例] 青菜《あおな》のおひたし。青菜《あおな》に塩《しお》(青菜《あおな》に塩《しお》をかけると、しんなりしてしまうように、急《きゅう》に元気《げんき》がなくなること)。

【青葉】《あおば》 ↓ 初夏《しょか》のころの青々《あおあお》とした木《こ》の葉《は》。[例] 目《め》に青葉山《あおばやま》ほととぎす初《はつ》がつお。[類] 新緑《しんりょく》

【青物】《あおもの》 ↓ ①緑《りょく》色《しょく》の野菜《やさい》。または、野菜《やさい》のなかまをまとめていうことば。[例] 青物屋《あおものや》・青物市場《ものいちば》 [類] 野菜《やさい》・青果《せいか》 ②イワシ・サバ・サンマなど、皮《かわ》の色《いろ》が青《あお》い魚《さかな》。[類] 青魚《あおざかな》

【青果】《せいか》 ‖ 野菜《やさい》とくだもの。[例] 青果商《せいかしょう》・青果市場《せいかしじょう》 [類] 青物《あおもの》

【青天】《せいてん》 ↓ 晴《は》れわたった日《ひ》の、まっさおな空《そら》。[類] 晴天《せいてん》

【青天の˙霹˙靂】《せいてんのへきれき》 青《あお》く晴《は》れた空《そら》に突然《とつぜん》激《はげ》しい雷《かみなり》が鳴《な》ったように、突然《とつぜん》おこった大事《だいじ》件《けん》や予期《よき》しない出来事《できごと》のたとえ。「霹靂《へきれき》」は雷《かみなり》のこと。[参考] 中国《ちゅうごく》の詩《し》のなかのことばから。

【青天白日】《せいてんはくじつ》 ①よく晴《は》れわたった天気《てんき》。②うたがいをかけられていたが、罪《つみ》がないことがはっきりすること。[例] 青天白日《せいてんはくじつ》の身《み》になる。

【青銅】せいどう ↓ 銅《どう》とすずをまぜあわせてつくった金属《きんぞく》。銅像《どうぞう》などをつくるのに使《つか》われる。ブロンズ。例 青銅《せいどう》の像《ぞう》。

【青銅器】せいどうき 青銅《せいどう》でつくられた器《うつわ》や道具《どうぐ》。関連 石器《せっき》・青銅器《せいどうき》・鉄器《てっき》

❷〈わかい〉の意味で

【青田】あおた ↓ 今《いま》はまだイネがみのっていない、青《あお》いたんぼ。☞❶ 表現 まだイネが青《あお》いうちに、米《こめ》のできぐあいを予想《よそう》して買《か》い取《と》ることを「青田買《あおたが》い」というが、そのことから、会社《かいしゃ》などが学生《がくせい》にはやばやと採用《さいよう》の約束《やくそく》をすることを「青田買《あおたが》い」というようになり、「青田刈《あおたが》り」ともいわれるようになった。

【青二才】あおにさい 年《とし》がわかくて、まだいろいろのことを知《し》らない男《おとこ》。例 青二才《あおにさい》のくせになまいきだ。類 弱輩《じゃくはい》・若輩《じゃくはい》

【青春】せいしゅん 〓 わかくて、いきいきとしている年《とし》ごろ。人生《じんせい》の、春《はる》にたとえられる時期《じき》。例 青春時代《せいしゅんじだい》。参考 むかしの中国《ちゅうごく》の五行《ごぎょう》思想《しそう》で、「青《あお》」が春《はる》を表《あらわ》す色《いろ》だったことから。

【青少年】せいしょうねん 青年《せいねん》と少年《しょうねん》。わかい人《ひと》たち。

【青年】せいねん ↓ わかい人《ひと》。二十歳《にじっさい》から三十歳《さんじっさい》くらいの人《ひと》。例 青年団《せいねんだん》 類 若者《わかもの》・若人《わこうど》 関連 幼年《ようねん》・少年《しょうねん》・青年《せいねん》・壮年《そうねん》・中年《ちゅうねん》・熟年《じゅくねん》・老年《ろうねん》

青が下につく熟語 上の字の働き

❶ 青＝〈あおい〉のとき

【紺青《こんじょう》 緑青《ろくしょう》】近《ちか》い意味《いみ》。

◆群青《ぐんじょう》

青−5

靖

総画13 JIS-4487 人名

音 セイ
訓 やすーい・やすーんじる

意味 やすらか。しずか。やすんずる。しずかにする。例 靖国《せいこく｜やすくに》

名前のよみ おさむ・きよし・しず・のぶ

青−6

静

総画14 JIS-3237 教4年

「靜」

音 セイ・ジョウ
訓 しず・しずか・しずまる・しずめる

筆順

なりたち

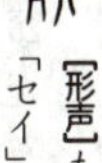

【形声】もとの字は、「靜」。「青」が「セイ」という読《よ》み方《かた》をしめしている。「セイ」は「とめる」意味《いみ》を持《も》ち、「争(争)」をくわえて、あらそいをしずめることを表《あらわ》す字《じ》。

意味

❶ 動《うご》きがない。おちついている。しずまる。しずめる。例 風《かぜ》が静《しず》まる。静止《せいし》・安静《あんせい》 対 動《どう》

❷ 音《おと》がしない。ひっそりとしている。例 静静《しずしず》と歩《あゆ》む。静《しず》かな夜《よる》。静粛《せいしゅく》・閑静《かんせい》

注意するよみ ジョウ…例 静脈《じょうみゃく》

名前のよみ きよ・ちか・やす・やすし・よし

❶〈動きがない〉の意味で

【静脈】じょうみゃく ↓ からだじゅうからよごれた血《ち》を心臓《しんぞう》に送《おく》りかえす血管《けっかん》。例 静脈注射《じょうみゃくちゅうしゃ》 対 動脈《どうみゃく》 知識 動脈《どうみゃく》とちがって脈《みゃく》を打《う》たない。

【静。穏】せいおん 〓〈―な｜―に〉なにごともなく、しずかでおだやかなようす。例 静穏《せいおん》な毎日《まいにち》をすごす。

【静観】せいかん ↓〈―する〉手出《てだ》しや口出《くちだ》しなどをせず、だまって見《み》まもること。例 事態《じたい》のなりゆきを静観《せいかん》する。類 傍観《ぼうかん》・黙視《もくし》・座視《ざし》

【静止】せいし 〓〈―する〉じっとしていて動《うご》かないこと。例 静止画像《せいしがぞう》 対 運動《うんどう》

【静的】せいてき ⊠ しずかで動《うご》きがない。例 静的《せいてき》な側面《そくめん》。対 動的《どうてき》

【静電気】せいでんき ものとものをこすり合《あ》わせたときに出《で》る電気《でんき》などのように、たまっていて動《うご》かない電気《でんき》。例 静電気《せいでんき》がおこる。知識 化学《かがく》繊維《せんい》のセーターなどをぬぐときにパチパチと音《おと》がするのは、これが発生《はっせい》するから。

【静物】せいぶつ ↓ 絵《え》の題材《だいざい》で、花《はな》や道具《どうぐ》などのような動《うご》かないもの。それをかいた絵《え》。例 静物画《せいぶつが》

【静養】せいよう ↓〈―する〉心《こころ》やからだをしずかにやすめて、つかれや病気《びょうき》をなおすこと。例 しばらく静養《せいよう》する。類 休養《きゅうよう》・保養《ほよう》・療養《りょうよう》

❷〈音がしない〉の意味で

【静。寂】せいじゃく 〓〈―な｜―に〉物音《ものおと》がせず、ひっそりとしずまりかえっているようす。例 山《やま》の夜《よる》は静寂《せいじゃく》そのものだ。類 閑寂《かんじゃく》・閑静《かんせい》

【静。粛】せいしゅく 〓〈―な｜―に〉音《おと》も立《た》てず声《こえ》も出《だ》さず、しずかにきちんとしているようす。例 式《しき》のあいだは静粛《せいしゅく》にねがいます。

◀次ページ

【静。聴】《せいちょう》 ↓ 〈—する〉人《ひと》の話《はなし》をしずかによく聞《き》くこと。例 ご静聴《せいちょう》ねがいます。表現「ごせいちょうありがとうございました」と、聞《き》いてくれたことを感謝《かんしゃ》していうのは「清聴」。

静が下につく熟語 上の字の働き

❶ 静＝〈動きがない〉のとき
【安静《あんせい》 鎮静《ちんせい》 沈静《ちんせい》 平静《へいせい》 冷静《れいせい》】近《ちか》い意味《いみ》。
◆ 閑静《かんせい》 動静《どうせい》

8画 非［あらず］の部

ここには「非」の字《じ》だけが入《はい》ります。

この部首の字
0 非……1030
悲↓心 484
斐↓文 552
扉↓戸 503
罪↓罒 810
輩↓車 977

非

非−0
総画8
JIS-4083
教5年
音 ヒ
訓 あら-ず

筆順

まっすぐ

なりたち

【象形】鳥《とり》のつばさが羽《はね》を開《ひら》いてそむきあった形《かたち》をえがいた字《じ》。

意味
❶よくない。正《ただ》しくない。あやまち。例 非《ひ》を認《みと》める。非行《ひこう》・理非《りひ》 対 是《ぜ》
❷…でない。…がない。打《う》ち消《け》すことば。例 非常《ひじょう》
❸そしる。とがめる。わるく言《い》う。例 非《ひ》の打《う》ちどころがない。非難《ひなん》

文字物語 面

物体《ぶったい》は、それをどちらの方《ほう》向《こう》から見《み》るかで、見《み》える「面《めん》」がちがい、面《めん》がちがうと、それぞれにちがったすがたが見《み》える。また、物体《ぶったい》を切《き》ると「断面《だんめん》」があらわれ、断面《だんめん》は、切《き》る場所《ばしょ》、切《き》り方《かた》で、さまざまの形《かたち》になる。それで、「面《めん》」は、ものをどういうところでとらえるか、をいうことばになり、「この物語《ものがたり》は、ことばの面《めん》ではやさしいが、内《ない》容《よう》の面《めん》ではとても奥《おく》がふかい」のように使《つか》われる。人《ひと》を援助《えんじょ》するのにも「資金面《しきんめん》での援助《えんじょ》」と「精神面《せいしんめん》での援助《えんじょ》」とではやり方《かた》がちがってくる。

❶〈よくない〉の意味で

【非運】《ひうん》 ↓ あまりにもひどい運命《うんめい》。例 非運《ひうん》に泣《な》く。類 不運《ふうん》 対 幸運《こううん》 表記「否運」とも書《か》く。

【非行】《ひこう》 ↓ よくないおこない。してはならないおこない。例 非行少年《ひこうしょうねん》。非行《ひこう》にはしる。

【非道】《ひどう》 ⊠ 〈—な —に〉人間《にんげん》の道《みち》にはずれていること。例 極悪非道《ごくあくひどう》 類 無法《むほう》・理不尽《りふじん》

【非礼】《ひれい》 ⊠ 〈—な —に〉礼儀《れいぎ》にはずれること。そのようなおこない。例 非礼《ひれい》をわびる。類 無礼《ぶれい》・失礼《しつれい》

❷〈…でない。…がない〉の意味で

【非公開】《ひこうかい》 ふつうの人《ひと》には見《み》せたり聞《き》かせたりしないこと。例 非公開《ひこうかい》の会議《かいぎ》。対 公《こう》開《かい》

【非公式】《ひこうしき》 〈—な —に〉おもてむきでないこと。正式《せいしき》にみんなに知《し》らせるものでないこと。例 非公式《ひこうしき》の訪問《ほうもん》。対 公式《こうしき》

【非業】《ひごう》 ↓ 仏教《ぶっきょう》で、この世《よ》に生《う》まれる前《まえ》から決《き》まっていたものではない、思《おも》いがけない災難《さいなん》。例 旅先《たびさき》で、非業《ひごう》の死《し》をとげた。表現「業《ごう》」はわるいことをしたむくい。だからこのことばには、「なにもわるいことはしていないのに」といううらみの気持《きも》ちがこもる。

【非合法】《ひごうほう》 〈—な —に〉法律《ほうりつ》に合《あ》っていないこと。法律《ほうりつ》がみとめていないことをすること。例 非合法活動《ひごうほうかつどう》 類 違法《いほう》 対 合法《ごうほう》

【非常】《ひじょう》 ⊠ ①ふつうのときとちがう。たいへんだ。危険《きけん》である。例 非常口《ひじょうぐち》・非常事態《ひじょうじたい》（大災害《だいさいがい》や戦争《せんそう》などのたいへん危険《きけん》な状態《じょうたい》）②〈—な —に〉たいへん。とても。例 非常《ひじょう》におもしろい。

【非情】《ひじょう》 ⊠ ①〈—な —に〉人間《にんげん》らしい感情《かんじょう》や思《おも》いやりをもたないようす。例 非情《ひじょう》な人《ひと》。類 冷《れい》酷《こく》・冷血《れいけつ》・薄情《はくじょう》 ②仏教《ぶっきょう》のことばで、木《き》や石《いし》のようにいのちのないもの。類 無情《むじょう》 対 有情《うじょう》

【非常勤】《ひじょうきん》 毎日《まいにち》でなく、ある決《き》まった日《ひ》や時間《じかん》だけつとめること。例 非常勤講師《ひじょうきんこうし》 対

常勤《じょうきん》

【非常識】《ひじょうしき》〈—な・に〉言《い》うことやすることが、ふつうの人《ひと》の考《かんが》えからかなりはずれていること。常識《じょうしき》はずれ。例 非常識《ひじょうしき》な発言《はつげん》。

【非人間的】《ひにんげんてき》〈—に・な〉人間《にんげん》としての心《こころ》づかいや思《おも》いやりがないようす。人間本来《にんげんほんらい》のあり方《かた》からはずれるさま。対 人間的《にんげんてき》

【非人情】《ひにんじょう》〈—な・に〉①人《ひと》に対《たい》する思《おも》いやりがなく、あたたかい気持《きも》ちを持《も》たないこと。例 非人情《ひにんじょう》なやり方《かた》。類 不人情《ふにんじょう》 ②人情《にんじょう》とか不人情《ふにんじょう》とかが問題《もんだい》にならない、風景画《ふうけいが》を見《み》ているような、さわやかな世界《せかい》にいること。参考 ②は、夏目漱石《なつめそうせき》の小説《しょうせつ》『草枕《くさまくら》』にあることばから。

【非売品】《ひばいひん》 記念品《きねんひん》など、とくべつにつくったもので、店《みせ》などでは売《う》らない品物《しなもの》。対 売品《ばいひん》

【非番】《ひばん》 ☒ 交代《こうたい》でする仕事《しごと》で、その当番《とうばん》でないこと。例 きょうは非番《ひばん》だから家《いえ》にいる。対 当番《とうばん》

【非◦凡】《ひぼん》 ☒〈—な〉ふつうの人《ひと》よりもとくにすぐれているようす。例 非凡《ひぼん》な才能《さいのう》。対 平凡《へいぼん》・凡庸《ぼんよう》

【非力】《ひりき/ひりょく》 ☒〈—な〉①うでの力《ちから》や筋肉《きんにく》が弱《よわ》いこと。②そのことをするだけの能力《のうりょく》や実力《じつりょく》がないこと。例 自分《じぶん》の非力《ひりき》を知《し》る。類 無力《むりょく》

❸〈そしる〉の意味で

【非難】《ひなん》 Ⅱ〈—する〉人《ひと》の欠点《けってん》やあやまちを強《つよ》くせめること。例 世間《せけん》の非難《ひなん》をあびる。

非が下につく熟語 上の字の働き

❶非＝〈よくない〉のとき
【是非《ぜひ》 理非《りひ》】反対《はんたい》の意味《いみ》。

◆是是非非《ぜぜひひ》 前非《ぜんぴ》

8画 斉［せい］の部

「斉《せい》」の字と、「斉《せい》」の形《かたち》がめやすとなっている「斎《さい》」の字《じ》とが入《はい》ります。

この部首の字 0斉……1031 3斎……1031 剤→刂154

斉-0 斉

総画8 JIS-3238 常用 訓 — 音 セイ ［齊］

筆順

なりたち  【象形】もとの字《じ》は、「齊」。穀物《こくもつ》の穂《ほ》の出《で》そろう形《かたち》をえがいた字《じ》。

意味 そろう。そろえる。どれもおなじにする。例 斉唱《せいしょう》・一斉《いっせい》

名前のよみ きよ・ただ・ただし・とき・とし・なお・なり・ひとし・まさ・むね・よし

【◦斉唱】《せいしょう》 ↓〈—する〉みんなが声《こえ》をそろえておなじふしを歌《うた》うこと。例 全校集会《ぜんこうしゅうかい》で、校歌《こうか》を斉唱《せいしょう》する。関連 独唱《どくしょう》・斉唱《せいしょう》・輪唱《りんしょう》・合唱《がっしょう》

◆一斉《いっせい》

斉-3 斎

総画11 JIS-2656 常用 訓 — 音 サイ ［齋］

筆順

なりたち  【形声】もとの字《じ》は、「齋」。「齊」を略《りゃく》した「齐」が「きよめる」意味《いみ》と「サイ」という読《よ》み方《かた》をしめしている。「神《かみ》」の意味《いみ》の「示」をくわえて、神《かみ》をまつるとき身《み》をきよめることを表《あらわ》す字《じ》。

意味 ❶きよめる。神《かみ》や仏《ほとけ》のために心身《しんしん》をきよらかにする。例 斎場《さいじょう》・精進潔斎《しょうじんけっさい》 ❷静《しず》かに読《よ》み書《か》きするへや。例 書斎《しょさい》

名前のよみ きよ・ただ・とき・ひとし・よし

❶〈きよめる〉の意味で

【◦斎◦戒◆沐浴】《さいかいもくよく》〈—する〉神《かみ》をまつるなど、神聖《しんせい》な仕事《しごと》をする前《まえ》に飲食《いんしょく》やおこないをつつしみ、水《みず》をあびて、身《み》も心《こころ》もきよめること。

【◦斎場】《さいじょう》 ↓ ①神《かみ》や仏《ほとけ》をまつるためにとくべつに作《つく》られた、とうとい場所《ばしょ》。②葬式《そうしき》をおこなう場所《ばしょ》。類 葬儀《そうぎ》場《じょう》

9画 面［めん］の部

ここには「面《めん》」の字《じ》だけが入《はい》ります。

この部首の字 0面……1032 麺→麦992

面−0

面

総画9
JIS-4444
教3年
音 メン
訓 おも・おもて・つら

筆順 一 面 面 面 面 面 面 面 面 (石にならない)

なりたち 
【会意】「かお」の形《かたち》(百)と顔《かお》のりんかく(口)を合わせ《あ》て、顔《かお》を表《あらわ》す字《じ》。

意味

❶かお。かおをかたどったかぶりもの。おめん。例 面《おもて》を上《あ》げる。面《めん》と向《む》かって言《い》う。面《つら》の皮《かわ》。面長《おもなが》・面会《めんかい》・能面《のうめん》

❷むく。むき。方向《ほうこう》。全体《ぜんたい》の中《なか》のある方《ほう》面《めん》・ある部分《ぶぶん》。例 海《うみ》に面《めん》する。正面《しょうめん》・三面《さんめん》鏡《きょう》

❸おもてに見《み》えるところ。おもて。外《そと》がわ。例 面積《めんせき》・表面《ひょうめん》

❹たいらなもの。字《じ》などが書《か》かれているところ。例 帳面《ちょうめん》・社会面《しゃかいめん》

❺《その他《た》》例 面倒《めんどう》

文字物語 ☞1030ページ

特別なよみ 真面目(まじめ)

❶〈かお〉の意味で

【面。影】おも かげ ↓ ①心《こころ》にうかんでくる、その場《ば》にいない人《ひと》のすがたや顔《かお》つき。例 面影《おもかげ》をしのぶ。②むかしのことを思《おも》い出《だ》させる、人《ひと》やところのようす。例 むかしの面影《おもかげ》をのこす町《まち》なみ。

【面長】おも なが ↓〈━な〉顔《かお》が少《すこ》し長《なが》めなこと。例 面《おも》長《なが》な美人《びじん》。

【面会】めん かい ↓〈━する〉じかに相手《あいて》の人《ひと》と会《あ》うこと。人《ひと》と会《あ》って話《はなし》をすること。例 面会《めんかい》を申《もう》しこむ。類 対面《たいめん》・面談《めんだん》

【面識】めん しき ↓ 会《あ》ったことがあって顔《かお》を知《し》っていること。顔見知《かおみし》り。知《し》り合《あ》い。例 面識《めんしき》がある。

【面接】めん せつ ↓〈━する〉その人《ひと》をよく知《し》るために、じかに会《あ》って話《はなし》をすること。例 面接試験《めんせつしけん》

【面前】めん ぜん ↓ 目《め》の前《まえ》。人《ひと》の見《み》ている前《まえ》。例 公《こう》衆《しゅう》の面前《めんぜん》ではじをかく。

【面相】めん そう ↓ 顔《かお》つき。顔《かお》かたち。例 百面相《ひゃくめんそう》

【面談】めん だん ↓〈━する〉じかに会《あ》って話《はな》すこと。例 保護者《ほごしゃ》と面談《めんだん》する。類 面会《めんかい》 表現 用事《ようじ》があって話《はな》す場合《ばあい》に使《つか》う。楽《たの》しい話《はな》し合《あ》いやおしゃべりなどには使《つか》わない。

【面目】めん ぼく｜めん もく ‖ ①人《ひと》にあわせる顔《かお》。世間《せけん》の人《ひと》から受《う》ける評価《ひょうか》。例 面目《めんぼく》ない(はずかしくて人《ひと》に顔《かお》を向《む》けられない)。面目《めんぼく》をほどこす(なにかをりっぱにやりとげて、名誉《めいよ》をえる)。類 体面《たいめん》・名誉《めいよ》 ②そとから見《み》たときのようす。ありさま。例 面目《めんぼく》を一新《いっしん》する。

【面面】めん めん ‖ そこにいる人《ひと》たちの一人《ひとり》ひとり。めいめい。例 代表《だいひょう》に選《えら》ばれた面々《めんめん》。

❸〈おもてに見えるところ〉の意味で

【面積】めん せき ↓ 平面《へいめん》または曲面《きょくめん》の広《ひろ》さ。例 長方《ちょうほう》形《けい》の面積《めんせき》。

❺《その他》

【面。倒】めん どう ○ ①〈━な・━に〉手数《てすう》がかかってやっかいなようす。例 めんどうな仕事《しごと》。②こまごまとしたせわ。例 弟《おとうと》のめんどうをみる。

面が下につく熟語 上の字の働き

❶面＝〈かお〉のとき
【顔面《がんめん》 体面《たいめん》】近《ちか》い意味《いみ》。
【渋面《じゅうめん》 赤面《せきめん》 満面《まんめん》 馬面《うまづら》 仏頂面《ぶっちょうづら》】ドノヨウナ顔《かお》つきか。
【洗面《せんめん》 対面《たいめん》 覆面《ふくめん》】顔《かお》を(顔《かお》に)ドウスルか。

❷面＝〈むく〉のとき
【一面《いちめん》 四面《しめん》 半面《はんめん》 全面《ぜんめん》】ドレダケの方面《ほうめん》か。
【場面《ばめん》 局面《きょくめん》 方面《ほうめん》 新生面《しんせいめん》】ドノヨウナ向《む》きか。
【正面《しょうめん》 前面《ぜんめん》 側面《そくめん》 背面《はいめん》 底面《ていめん》 他面《ためん》 反面《はんめん》 外《がい》面《めん》 内面《ないめん》 裏面《りめん》 両面《りょうめん》 南面《なんめん》 北面《ほくめん》 矢面《やおもて》】ドチラに向《む》いているか。
【直面《ちょくめん》 当面《とうめん》】ドウ向《む》かうか。

❸面＝〈おもてに見えるところ〉のとき
【表面《ひょうめん》 海面《かいめん》 水面《すいめん｜みなも》 川面《かわも｜かわづら》 地面《じめん》 盤面《ばんめん》 壁面《へきめん》 路面《ろめん》 額面《がくめん》 字面《じづら》 鼻面《はなづら》】ナニのおもてか。

❹面＝〈たいらなもの〉のとき
【画面《がめん》 書面《しょめん》 図面《ずめん》 譜面《ふめん》 文面《ぶんめん》 社会面《しゃかいめん》 スポーツ面《めん》】ナニを書《か》いた平《たい》らなものか。
【紙面《しめん》 誌面《しめん》 帳面《ちょうめん》】ナニの上《うえ》の平《たい》らなところか。
【平面《へいめん》 凹面《おうめん》 凸面《とつめん》 斜面《しゃめん》 断面《だんめん》】ドノヨウナ平《たい》らなところか。

◇仮面《かめん》 工面《くめん》 能面《のうめん》

9画 革 〔つくりがわ〕〔かわへん〕 の部

「革《かわ》」をもとにして作《つく》られ、革製品《かわせいひん》にかかわる字《じ》を集《あつ》めてあります。

この部首の字
0 革……1033 4 靴……1033 5 鞄……1033 6 鞍……1033 8 鞠……1033 9 鞭……1033

革−0 【革】

総画9 JIS-1955 教6年
音 カク 訓 かわ

筆順 革 革 革 革 革 革 革 革（ながく） 革（だす）

なりたち  【象形】獣《けもの》の皮《かわ》をはいで広《ひろ》げてさらしている形《かたち》をえがいた字《じ》。

意味 ❶なめしがわ。動物《どうぶつ》の皮《かわ》の毛《け》をとりのぞいてやわらかくしたもの。例 革《かわ》の靴《くつ》。皮革《ひかく》
❷あらためる。新《あたら》しくする。例 革新《かくしん》・改革《かいかく》

❷〈あらためる〉の意味で

【革新】《かくしん》 Ⅱ〈―する〉新《あたら》しい考《かんが》えをもって世《よ》の中《なか》のしくみやものごとのやり方《かた》を大《おお》きくかえること。例 技術革新《ぎじゅつかくしん》 対 保守《ほしゅ》

【革命】《かくめい》 ▲ ①世《よ》の中《なか》のしくみや政治《せいじ》の仕方《しかた》などを急《きゅう》にかえること。クーデター。例 フランス革命《かくめい》 ②ものごとのやり方《かた》やようすなどが、急《きゅう》にはげしくかわること。例 産業革命《さんぎょうかくめい》

革が下につく熟語 上の字の働き

❷革＝〈あらためる〉のとき
【改革《かいかく》 変革《へんかく》】近《ちか》い意味《いみ》。
◆沿革《えんかく》 皮革《ひかく》

革−4 【靴】

総画13 JIS-2304 常用
音 カ 訓 くつ

筆順 靴 靴 靴 靴 靴 靴 靴 靴

なりたち  【形声】「華→化」が「カ」という読《よ》み方《かた》をしめしている。「カ」は異《い》民族《みんぞく》のことばで「くつ」の意味《いみ》をしめし、異民《いみん》族《ぞく》の革《かわ》ぐつを表《あらわ》す字《じ》（古代中国《こだいちゅうごく》では木《き》ぐつをはいていた）。

意味 くつ。例 靴《くつ》をはく。長靴《ながぐつ》

【。靴下】《くつした》 ↓ 足《あし》にはく、ふくろの形《かたち》をした布《ぬの》のはきもの。

革−5 【鞄】

総画14 JIS-1983 人名
音 ホウ 訓 かばん

意味 かばん。革《かわ》や布《ぬの》などで作《つく》った物入《ものい》れ。例 手《て》さげ鞄《かばん》

革−6 【鞍】

総画15 JIS-1640 人名
音 アン 訓 くら

意味 くら。牛《うし》や馬《うま》のせなかにつけて、人《ひと》や物《もの》をのせる台《だい》とするもの。

【◆鞍馬】《あんば》 ↓ くらの形《かたち》をした、体《たい》そうの道具《どうぐ》。それを使《つか》った競技《きょうぎ》。

革−8 【鞠】

総画17 JIS-2139 人名
音 キク 訓 まり

意味 まり。てまり。けまり。身《み》を丸《まる》める。

革−9 【鞭】

総画18 JIS-4260 人名
音 ベン 訓 むち

意味 むち。例 鞭《むち》で打《う》つ。教鞭《きょうべん》をとる。

9画 音 〔おと〕〔おとへん〕 の部

「音《おと》」をもとに作《つく》られ、音声《おんせい》にかかわる字《じ》を集《あつ》めてあります。

この部首の字
0 音……1033 10 韻……1035 11 響……1035

音−0 【音】

総画9 JIS-1827 教1年
音 オン・イン 訓 おと・ね

筆順 音 音（まっすぐ、つく） 音 音（ながく） 音 音 音 音 音

なりたち  【指事】「言」の「口《くち》」に「一」をくわえて、口《くち》の中《なか》の舌《した》をしめしている字《じ》。口《くち》から出《で》る「ふしのついた声《こえ》やおと」の意味《いみ》に使《つか》われる。

意味 音《おん》 ❶ものおと。ひびき。例 虫《むし》の音《ね》。音速《おんそく》・雑《ざつ》

。学習漢字でない常用漢字 ▲常用漢字表にない音訓 ◆常用漢字でない漢字

❷リズムのあるおと。ふし。例 音楽《おんがく》・和音《わおん》

❸ことばになるおと。ことばの調子《ちょうし》。例 音読《おんどく》・母音《ぼいん》

❹漢字のおん。漢字《かんじ》の読《よ》み方《かた》のうち中国《ちゅうごく》音《おん》によるもの。例 音《おん》と訓《くん》。呉音《ごおん》 対 訓《くん》 参考 日本語《にほんご》の漢字《かんじ》の音《おん》は、現代《げんだい》の中国語《ちゅうごくご》の発音《はつおん》とはかなりちがう。

❺たより。知《し》らせ。例 音信《おんしん|いんしん》・福音《ふくいん》

発音あんない オン→ノン…例 観音《かんのん》

名前のよみ なり

❶〈ものおと〉の意味で

【音。響】《おんきょう》 ↓ 音《おと》。音《おと》のひびき。例 音響効果《おんきょうこうか》。大音響《だいおんきょう》

【音質】《おんしつ》 ↓ 音《おと》や声《こえ》の性質《せいしつ》。テレビ・ステレオなどの音《おと》のよしあし。例 音質《おんしつ》のいいコンポ。

【音速】《おんそく》 ↓ 音《おと》がつたわる速《はや》さ。例 超音速《ちょうおんそく》 知識 空気中《くうきちゅう》ではセ氏《し》〇度《ど》のとき、一秒間《いちびょうかん》に三三一・五メートルつたわる。

【音波】《おんぱ》 ↓ 音《おと》が空気《くうき》や水《みず》の中《なか》をつたわるときの波《なみ》。例 超音波《ちょうおんぱ》

【音量】《おんりょう》 ↓ 音《おと》の大《おお》きさ。ボリューム。例 音《おん》量《りょう》をあげる。大音量《だいおんりょう》。

❷〈リズムのあるおと〉の意味で

【音域】《おんいき》 ↓ 声《こえ》や楽器《がっき》などが出《だ》すことのできる、いちばん高《たか》い音《おと》からいちばん低《ひく》い音《おと》までの範囲《はんい》。例 音域《おんいき》が広《ひろ》い人《ひと》。類 声域《せいいき》

【音階】《おんかい》 ↓ 音楽《おんがく》に使《つか》われる音《おと》を、高《たか》さの順《じゅん》にならべたもの。ド・レ・ミ・ファ・ソ・ラ・シ・ド。例 長音階《ちょうおんかい》

【音楽】《おんがく》 ↓ さまざまな音《おと》を組《く》み合《あ》わせ、声《こえ》や楽器《がっき》で表現《ひょうげん》する芸術《げいじゅつ》。例 音楽家《おんがくか》

【音感】《おんかん》 ↓ 音《おと》の高低《こうてい》・組《く》み合《あ》わせ・音色《ねいろ》などを正《ただ》しく聞《き》き分《わ》ける力《ちから》。例 音感《おんかん》がするどい。

【音色】《おんしょく|ねいろ》 ↓ 音《おと》の高《たか》さや強《つよ》さはおなじでも、楽器《がっき》や声《こえ》などによってちがった感《かん》じに聞《き》こえるそれぞれのひびき。例 やわらかい音《ね》色《いろ》。

【音。痴】《おんち》 ↓ 〈─な〉①音《おと》を聞《き》きとる感覚《かんかく》がにぶく、正確《せいかく》な音程《おんてい》や調子《ちょうし》で歌《うた》えないこと。②ある面《めん》での感覚《かんかく》がにぶいこと。例 方向音痴《ほうこうおんち》

【音程】《おんてい》 ↓ 前《まえ》の音《おと》とあとにつづく音《おと》との、二《ふた》つの音《おと》の高《たか》さのちがい。例 音程《おんてい》がくるう。

【音頭】《おんど》 ↓ ①みんなでいっしょに歌《うた》うとき、先《さき》に立《た》って歌《うた》ったり拍子《ひょうし》を取《と》ったりすること。②おおぜいの人《ひと》がそろっておどるための歌《うた》。例 東京音頭《とうきょうおんど》 ③人《ひと》の先《さき》に立《た》ってものごとをすること。リードすること。例 乾杯《かんぱい》の音《おん》頭《ど》を取《と》る。

【音。符】《おんぷ》 ↓ 音楽《おんがく》の楽譜《がくふ》に使《つか》われる記号《きごう》のうち、音《おと》の長短《ちょうたん》・高低《こうてい》を表《あらわ》すもの。𝅝𝅗𝅥♩♪♬など。おたまじゃくし。例 四分音符《しぶおんぷ》・八《はち》分音符《ぶおんぷ》

【音。譜】《おんぷ》 ↓ 音楽《おんがく》の曲《きょく》を音符《おんぷ》やいろいろの記《き》号《ごう》を使《つか》って書《か》き表《あらわ》したもの。類 楽譜《がくふ》

❸〈ことばになるおと〉の意味で

【音声】《おんせい|おんじょう》 Ⅱ ①話《はな》したりさけんだりする、人《ひと》の声《こえ》。例 音声言語《おんせいげんご》。大音声《だいおんじょう》でよばわる。②テレビや映画《えいが》などから出《で》てくる声《こえ》や音《おと》。例 副音声《ふくおんせい》 参考「おんじょう」と読《よ》むのは、「大音声」のときだけ。

【音節】《おんせつ》 ↓ ことばをつくっている音《おと》の一《ひと》つ一《ひと》つのくぎり。日本語《にほんご》では、かなの一字《いちじ》がほぼそれぞれ一音節《いちおんせつ》にあたる。

【音読】《おんどく》 ↓ 〈─する〉声《こえ》を出《だ》して読《よ》むこと。例 作品《さくひん》を音読《おんどく》する。類 朗読《ろうどく》 対 黙読《もくどく》 ☞❹

【音便】《おんびん》 ↓ あることばを発音《はつおん》するとき、もともとの音《おん》が、発音《はつおん》しやすいほかの音《おん》にかわること。知識「花《はな》がさきて」→「花《はな》がさいて」(イ音便《おんびん》)、「問《と》いて」→「問《と》うて」(ウ音便《おんびん》)、「飛《と》びて」→「飛《と》んで」(撥音便《はつおんびん》)、「立《た》ちて」→「立《た》って」(促音便《そくおんびん》)の四種《しゅ》がある。

❹〈漢字のおん〉の意味で

【音訓】《おんくん》 ⇕ 漢字《かんじ》の音《おん》と訓《くん》。音読《おんよ》みと訓読《くんよ》み。たとえば、「海」の字《じ》で「かい」は音《おん》、「うみ」は訓《くん》。参考 ☞ものしり巻物(225ページ)

【音読】《おんどく|おんよみ》 ↓ 〈─する〉「草原」を「そうげん」と読《よ》むように、漢字《かんじ》や漢語《かんご》を音《おん》で読《よ》むこと。対 訓読《くんどく|くんよみ》 ☞❸ 参考 ☞ものしり巻物(225ページ)

❺〈たより〉の意味で

【音。沙。汰】《おとさた》 たより。知《し》らせ。例 その後《ご》、なんの音沙汰《おとさた》もない。類 音信《おんしん》・消息《しょうそく》

【音信】《おんしん|いんしん》 Ⅱ 手紙《てがみ》や電話《でんわ》などでようすを知《し》らせること。また、その手紙《てがみ》や電話《でんわ》など。例

音信《おんしん》不通《ふつう》。音信《おんしん》がとだえる。類 音沙汰《おとさた》

音が下につく熟語 上の字の働き

❶ 音＝〈ものおと〉のとき
【物音《ものおと》 足音《あしおと》 心音《しんおん》 羽音《はおと》】ナニの音《おと》か。
【雑音《ざつおん》 騒音《そうおん》 爆音《ばくおん》 擬音《ぎおん》 初音《はつね》】ドノヨウナ音《おと》か。
【防音《ぼうおん》 録音《ろくおん》】音《おと》をドウスルか。

❷ 音＝〈リズムのあるおと〉のとき
【高音《こうおん》 低音《ていおん》 和音《わおん》 半音《はんおん》 全音《ぜんおん》】ドノヨウナ音《おと》か。

❸ 音＝〈ことばになるおと〉のとき
【同音《どうおん》（異口同音《いくどうおん》） 清音《せいおん》 濁音《だくおん》 長音《ちょうおん》 促音《そくおん》 鼻《び》音《おん》 母音《ぼいん》 子音《しいん》 本音《ほんね》 弱音《よわね》】ドノヨウナ音《おと》か。

❹ 音＝〈漢字のおん〉のとき
【漢音《かんおん》 唐音《とうおん》 呉音《ごおん》 字音《じおん》 同音《どうおん》 慣用音《かんようおん》】ドノヨウナ音《おん》か。

◆ 観音《かんのん》 発音《はつおん》 福音《ふくいん》

韻

音－10
総画19
JIS-1704
常用
訓 ―
音 イン

筆順 韻 韻 韻 韻 韻 韻 韻 韻

なりたち 【形声】「員」が「イン」という読《よ》み方《かた》をしめしている。「イン」は「まるい」の意味《いみ》を持《も》ち、音声《おんせい》のなめらかなひびきを表《あらわ》す字《じ》。

意味
❶ 音《おと》のひびき。美《うつく》しいひびき。例 余韻《よいん》
❷ 詩《し》や歌《うた》。文章《ぶんしょう》の区切《くぎ》りにおかれたことばのひびき。例 韻《いん》をふむ。韻文《いんぶん》

❷〈詩や歌〉の意味で
【。韻文《いんぶん》】↓ ことばの音《おと》やひびきをそろえた、リズムをもった文章《ぶんしょう》。詩《し》・短歌《たんか》・俳句《はいく》などをいう。対 散文《さんぶん》
【。韻律《いんりつ》】＝ 詩《し》や歌《うた》などの韻文《いんぶん》がそなえている、ことばの音楽的《おんがくてき》な調子《ちょうし》。ことばのリズム。

響

音－11
総画20
JIS-2233
常用
訓 ひびく
音 キョウ
「響」

筆順 響 響 響 響 響 響 響 響 響

なりたち 【形声】「郷」が「むかう」意味《いみ》と「キョウ」という読《よ》み方《かた》をしめしている。四方《しほう》にむかって広《ひろ》がっていく音《おと》を表《あらわ》す字《じ》。

意味
❶ 音《おと》がひびく。音《おと》のひびき。こだま。例 汽笛《きてき》が響《ひび》く。音響《おんきょう》・残響《ざんきょう》・反響《はんきょう》
❷ およぼす。他《た》のものに変化《へんか》をおこさせる。例 重《おも》い荷物《にもつ》がこしに響《ひび》く。影響《えいきょう》

9画 頁［おおがい］の部

人《ひと》の頭部《とうぶ》の形《かたち》をえがいた象形《しょうけい》である「頁」をもとにして作《つく》られた頭部《とうぶ》にかかわる字《じ》と、「頁」の形《かたち》がめやすとなっている字《じ》を集《あつ》めてあります。

この部首の字

頁

頁－0
総画9
JIS-4239
人名
訓 ―
音 ケツ・ヨウ

意味
❶ あたま。部首《ぶしゅ》の「おおがい」。また、「いちのかい（一ノ貝）」ともいう。
❷ ページ。本《ほん》などの紙《かみ》の片方《かたほう》の面《めん》。それを数《かぞ》えることば。例 頁数《ページすう》 参考 もともと紙《かみ》などを数《かぞ》えることばは「葉《よう》」であったが、読《よ》み方《かた》が同《おな》じである「頁《よう》」が代《か》わりに使《つか》われ、さらに特別《とくべつ》に「ページ」と読《よ》まれるようになった。

頃

頁－2
総画11
JIS-2602
常用
訓 ころ
音 ケイ

筆順 頃 頃 頃 頃 頃 頃 頃 頃

意味 ころ。ある時期《じき》をおおまかに指《さ》すことば。なにかをするのにちょうどよい時《とき》や状態《じょうたい》。例 もうそろそろ来《き》てもいい頃《ころ》だ。頃《ころ》をみて話《はな》してみるよ。頃合《ころあ》い・近頃《ちかごろ》・手頃《てごろ》・年頃《としごろ》・日頃《ひごろ》

◀次ページ

頁−2
頂
総画11
JIS-3626
教6年
訓 音 チョウ
いただく・いただき

筆順

なりたち

【形声】「頁」が「あたま」を、「丁《テイ》」が「チョ《チョ》ウ」という読《よ》み方《かた》をしめしている。「テイ」は「いただき」の意味《いみ》を持《も》ち、頭《あたま》のてっぺんを表《あらわ》す字《じ》。

意味
❶てっぺん。いちばん高《たか》いところ。例 山《やま》の頂《いただき》。頂上《ちょうじょう》・山頂《さんちょう》
❷いただく。例 ご飯《はん》を頂《いただ》く。頂戴《ちょうだい》

❶〈てっぺん〉の意味で
【頂角】《ちょうかく》 ↓ 三角形《さんかくけい》で、底辺《ていへん》に対《たい》する角《かく》。
【頂上】《ちょうじょう》 ‖ ①山《やま》のいちばん高《たか》いところ。いただき。例 富士山《ふじさん》の頂上《ちょうじょう》。類 山頂《さんちょう》・絶頂《ぜっちょう》 ②ものごとのいちばん上《うえ》。トップ。例 人気《にんき》も今《いま》が頂上《ちょうじょう》だろう。類 頂点《ちょうてん》・絶頂《ぜっちょう》
【頂点】《ちょうてん》 ↓ ①いちばん高《たか》いところ。いただき。例 頂点《ちょうてん》をきわめる。類 頂上《ちょうじょう》・山頂《さんちょう》 ②いちばんさかんなとき。ピーク。例 緊張《きんちょう》は頂点《ちょうてん》に達《たっ》した。類 絶頂《ぜっちょう》・極点《きょくてん》 ③角《かく》をつくる二《ふた》つの直線《ちょくせん》が交《まじ》わる点《てん》。例 三角形《さんかくけい》の頂点《ちょうてん》。

❷〈いただく〉の意味で
【頂。戴】《ちょうだい》 ‖ ①〈—する〉「もらう」「食《た》べる」のへりくだった言《い》い方《かた》。いただく。ていねいな言《い》い方《かた》としても使《つか》う。例 おみやげをちょうだいした。おいしくちょうだいしました。②「ください」と言《い》うときに使《つか》う気軽《きがる》な言《い》い方《かた》。例 これ、読《よ》んでちょうだい。

頂が下につく熟語 上の字の働き
❶頂＝〈てっぺん〉のとき
【絶頂《ぜっちょう》 丹頂《たんちょう》】ドノヨウナてっぺんか。
◆山頂《さんちょう》 登頂《とうちょう》 骨頂《こっちょう》

頁−3
項
総画12
JIS-2564
常用
訓 — 音 コウ

筆順

なりたち

【形声】「頁」が「あたま」を、「工」が「コウ」という読《よ》み方《かた》をしめしている。「コウ」は「うしろ」の意味《いみ》を持《も》ち、頭《あたま》の下《した》のうしろの「うなじ」を表《あらわ》す字《じ》。のちに、「ことがらの一《ひと》つ一《ひと》つ」の意味《いみ》に使《つか》われるようになる。

意味 小《ち》さく分《わ》けたことがらの一《ひと》つ一《ひと》つ。例 項《こう》に分《わ》ける。項目《こうもく》・事項《じこう》

【。項目】《こうもく》 ‖ ①ものごとの内容《ないよう》を、話題《わだい》ごとに一《ひと》つ一《ひと》つとり出《だ》して、短《みじか》いことばにまとめたもの。例 三《みっ》つの項目《こうもく》に分《わ》ける。類 事項《じこう》・条項《じょう》 ②辞書《じしょ》の見出《みだ》し語《ご》の一《ひと》つ一《ひと》つ。例「海《うみ》」の項目《こうもく》をさがす。

項が下につく熟語 上の字の働き
【事項《じこう》 条項《じょうこう》 要項《ようこう》 別項《べっこう》】ドノヨウナことがらか。

頁−3
順
総画12
JIS-2971
教4年
訓 — 音 ジュン

筆順

なりたち

【形声】「頁」が「あたま」を、「川《セン》」が「ジュン」とかわって読《よ》み方《かた》をしめしている。「セン」は「したがう」意味《いみ》を持《も》ち、頭《あたま》を深《ふか》くたれてしたがうことを表《あらわ》す字《じ》。

意味
❶きまりにしたがう。さからわない。例 順応《じゅんのう》・従順《じゅうじゅん》 対 逆《ぎゃく》
❷きまったならび方《かた》。つぎからつぎへのはこび。例 順《じゅん》に並《なら》ぶ。順序《じゅんじょ》・筆順《ひつじゅん》
❸うまくすすむ。ぐあいがよい。例 順調《じゅんちょう》

名前のよみ あや・あり・おさむ・かず・しげ・とし・なお・のぶ・のり・はじめ・まさ・みち・むね・もと・やす・ゆき・よし・より

❶〈きまりにしたがう〉の意味で
【順接】《じゅんせつ》 ↓ 二《ふた》つの句《く》や文《ぶん》が、予想《よそう》どおりの意味《いみ》で、前《まえ》から後《あと》へつながっていくこと。ふつう「天気《てんき》がいいから外《そと》で遊《あそ》んだ」のように、「から」「ので」「そして」「だから」「それで」などのことばでつながる。対 逆接《ぎゃくせつ》
【順応】《じゅんのう》 ‖ 〈—する〉まわりのようすになれて、それに合《あ》うような動《うご》きができること。例 新《あたら》しい環境《かんきょう》に順応《じゅんのう》する。類 適応《てきおう》・順化《じゅんか》
【順法】《じゅんぼう》 ▲ 法律《ほうりつ》を正《ただ》しくまもること。例

順法精神《じゅんぽうせいしん》 類 合法《ごうほう》 対 違法《いほう》 表記「遵法」とも書《か》く。

❷〈きまったならび方〉の意味で

【順位《じゅんい》】[↓] 一位《いちい》・二位《にい》・三位《さんい》のように、上《うえ》のものからだんだんにならべたときの位置《いち》。例 順位《じゅんい》をつける。順位《じゅんい》が上《あ》がる。

【順延《じゅんえん》】[↓]〈―する〉決《き》めてあった日《ひ》がだめになったら、だんだんに期日《きじつ》を先《さき》に送《おく》ること。例 雨天順延《うてんじゅんえん》

【順次《じゅんじ》】[Ⅱ] だんだんに次《つぎ》から次《つぎ》へ。順々《じゅんじゅん》に。例 これから順次述《じゅんじの》べる。類 逐次《ちくじ》

【順順《じゅんじゅん》】[Ⅱ]〈―に〉次々《つぎつぎ》にものごとを進《すす》めていくようす。例 順々《じゅんじゅん》に名前《なまえ》をよぶ。

【順序《じゅんじょ》】[Ⅱ] ①ならび方《かた》。例 順序《じゅんじょ》をちがえる。順序《じゅんじょ》よく。類 順《じゅん》・順番《じゅんばん》 ②ものごとをおこなう段《だん》どり。手順《てじゅん》。例 順序《じゅんじょ》だてて話《はな》す。

【順番《じゅんばん》】[↓] 次々《つぎつぎ》に入《い》れかわってなにかをすること。その順序《じゅんじょ》。また、その順序《じゅんじょ》であたる番《ばん》。例 順番《じゅんばん》がくる。類 順序《じゅんじょ》

【順路《じゅんろ》】[↓] 決《き》められたように進《すす》むための道《みち》すじ。例 順路《じゅんろ》にしたがって進《すす》む。類 道順《みちじゅん》

❸〈うまくすすむ〉の意味で

【順境《じゅんきょう》】[↓] いろいろなことがぐあいよく進《すす》んでいく、幸運《こううん》な身《み》の上《うえ》。対 逆境《ぎゃっきょう》

【順調《じゅんちょう》】[↓]〈―な・―に〉ものごとがすらすらと調子《ちょうし》よくいくようす。例 仕事《しごと》が順調《じゅんちょう》に進《すす》む。

【順当《じゅんとう》】[↓]〈―な・―に〉そうなるのがあたりまえであること。例 順当《じゅんとう》に勝《か》ち進《すす》む。

【順風《じゅんぷう》】[↓] 船《ふね》が進《すす》むのとおなじ方向《ほうこう》にふく風《かぜ》。追《お》い風《かぜ》。追《お》いて。対 逆風《ぎゃくふう》

【順風満∘帆《じゅんぷうまんぱん》】〈―な・―に〉帆《ほ》をはった船《ふね》が追《お》い風《かぜ》を受《う》けてぐんぐん進《すす》むように、すべて調子《ちょうし》よくはこんでいくこと。

順が下につく熟語 上の字の働き

❶順＝〈きまりにしたがう〉のとき
【温順《おんじゅん》 恭順《きょうじゅん》】ドノヨウニしたがうか。

❷順＝〈きまったならび方〉のとき
【語順《ごじゅん》 手順《てじゅん》 席順《せきじゅん》 打順《だじゅん》 着順《ちゃくじゅん》 道順《みちじゅん》 筆順《ひつじゅん》】ナニの順序《じゅんじょ》か。

◆帰順《きじゅん》 五十音順《ごじゅうおんじゅん》 柔順《じゅうじゅん》 従順《じゅうじゅん》 先着順《せんちゃくじゅん》 不順《ふじゅん》

須

頁-3
総画12
JIS-3160
常用
音 ス
訓 すべから-く

筆順

意味
❶もちいる。もとめる。必要《ひつよう》とする。例 必須《ひっす》
❷しばらく。わずかのあいだ。
❸…べきである。すべからく…べし。

頑

頁-4
総画13
JIS-2072
常用
音 ガン
訓 かたくな

名前のよみ もち

筆順

なりたち

【形声】もともと「元」が「まるいあたま」を表《あらわ》し、「ガン」という読《よ》み方《かた》をしめしている。「はじめ」の意味《いみ》に使《つか》われたため、あらためて「あたま」の意味《いみ》の「頁」をつけて、「まるいあたま」を表《あらわ》すようにした字《じ》。のちに、かたい頭《あたま》の意味《いみ》を表《あらわ》すようになった。

意味
❶かたくな。人《ひと》の言《い》うことを聞《き》き入《い》れようとしない。例 頑《がん》として謝《あやま》らない。頑固《がんこ》
❷つよい。がっちりしている。とうてい、こわれそうにない。例 頑強《がんきょう》

❶〈かたくな〉の意味で

【∘頑固《がんこ》】[Ⅱ]〈―な・―に〉①自分《じぶん》の考《かんが》えをまげず、人《ひと》のことばを受《う》け入《い》れようとしないようす。例 頑固者《がんこもの》。頑固《がんこ》に言《い》いはる。類 意固地《いこじ》・強情《ごうじょう》 ②病気《びょうき》などが、なおそうとしてもなかなかなおらないようす。例 頑固《がんこ》な咳《せき》。

❷〈つよい〉の意味で

【∘頑強《がんきょう》】[Ⅱ]〈―な・―に〉ねばりづよくて、がんばるようす。例 頑強《がんきょう》な抵抗《ていこう》。

【∘頑健《がんけん》】[Ⅱ]〈―な・―に〉からだがじょうぶで、がんばりがきき、かんたんに病気《びょうき》にならないこと。例 頑健《がんけん》なからだ。類 頑丈《がんじょう》 対 虚弱《きょじゃく》

【∘頑∘丈《がんじょう》】[◎]〈―な・―に〉①しっかりしていてこわれにくい。例 頑丈《がんじょう》なつくりの机《つくえ》。②からだつきがしっかりしていて丈夫《じょうぶ》。例 頑丈《がんじょう》なからだの持《も》ち主《ぬし》。類 頑健《がんけん》・丈夫《じょうぶ》 対 虚弱《きょじゃく》

【∘頑迷《がんめい》】[◎]〈―な・―に〉がんこで、ものの道理《どうり》をわかろうとしないようす。

前ページ ▶ 須 頏

頌

頁−4
総画13
JIS-8083
人名
音 ショウ
訓 —

意味 ほめる。たたえる。いわう。例 頌春《しょうしゅん》

名前のよみ のぶ

頓

頁−4
総画13
JIS-3860
常用
音 トン
訓 —

筆順

意味
❶ぬかずく。頭《あたま》を下《さ》げる。例 頓首《とんしゅ》
❷急《きゅう》に。たちどころに。すぐに。例 頓知《とんち》
❸ととのえる。かたづける。例 整頓《せいとん》
❹一度《いちど》。一回《いっかい》。ひとたび。

❷〈急に〉の意味で
【。頓。挫《とんざ》】↓〈—する〉いきおいが急《きゅう》におとろえること。とちゅうでくじけること。例 あたためていた計画《けいかく》が頓挫《とんざ》する。類 挫折《ざせつ》
【。頓死《とんし》】↓〈—する〉急《きゅう》に死《し》ぬこと。類 急死《きゅうし》
【。頓知《とんち》】↓その場《ば》ですぐにはたらくちえ。例 頓知《とんち》をはたらかせる。類 機転《きてん》・機知《きち》

❹〈一度〉の意味で
【。頓服《とんぷく》】↓薬《くすり》を何回《なんかい》にも分《わ》けないで、ひつようなときに一回《いっかい》飲《の》むこと。そのための薬《くすり》。例 頓服薬《とんぷくやく》

頒

頁−4
総画13
JIS-4050
常用
音 ハン
訓 —

筆順

なりたち

【形声】「頁」が「あたま」を、「分」が「ハン」という読《よ》み方《かた》をしめしている。「ハン」は「大《おお》きい」の意味《いみ》を持《も》ち、大《おお》きい頭《あたま》を表《あらわ》す字《じ》。借《か》りて、「くばる」意味《いみ》に使《つか》われている。

意味 分《わ》けあたえる。配《くば》る。例 頒布《はんぷ》

【。頒布《はんぷ》】↓〈—する〉多《おお》くの人《ひと》に分《わ》けて配《くば》ること。例 無料《むりょう》頒布《はんぷ》 類 配布《はいふ》 表現「頒布会《はんぷかい》」は、会員《かいいん》を募集《ぼしゅう》して、その会員《かいいん》にだけ品物《しなもの》を販売《はんばい》する会《かい》のこと。

預

頁−4
総画13
JIS-4534
教5年
音 ヨ
訓 あずける・あずかる

筆順

なりたち

【形声】「頁」が「かお」を、「予」が「ヨ」という読《よ》み方《かた》をしめしている。「ヨ」は「のびやか」の意味《いみ》を持《も》ち、のんびりした顔《かお》を表《あらわ》す字《じ》。借《か》りて、「あずける」意味《いみ》に使《つか》われている。

意味
❶あずける。お金《かね》やものを人《ひと》にあずける。あずかる。例 荷物《にもつ》を預《あず》ける。預金《よきん》
❷前《まえ》もって。あらかじめ。例 預言《よげん》

❶〈あずける〉の意味で
【預金《よきん》】▲〈—する〉銀行《ぎんこう》などにお金《かね》をあずけること。例 定期預金《ていきよきん》 類 貯金《ちょきん》・貯蓄《ちょちく》

❷〈前もって〉の意味で
【預言《よげん》】↓〈—する〉神《かみ》の霊感《れいかん》をさずかった人《ひと》が、神《かみ》のことばを受《う》け、人《ひと》につたえること。表現 未来《みらい》のことを、こうなるだろうと言《い》うときは「予言」。

領

頁−5
総画14
JIS-4646
教5年
音 リョウ
訓 —

筆順

なりたち

【形声】「頁」が「あたま」を、「令」が「リョウ」という読《よ》み方《かた》をしめしている。「リョウ」は「まっすぐに立《た》つ」意味《いみ》を持《も》ち、頭《あたま》のうしろのまっすぐにのびた「くびすじ」を表《あらわ》す字《じ》。借《か》りて、「おさめる」意味《いみ》に使《つか》われている。

意味
❶もっともたいせつなところ。かなめ。例 要領《ようりょう》・首領《しゅりょう》
❷おさめる。支配《しはい》する。自分《じぶん》のものにする。例 領収《りょうしゅう》・領土《りょうど》・受領《じゅりょう》・占領《せんりょう》

名前のよみ むね

❷〈おさめる〉の意味で
【領域《りょういき》】↓①領土《りょうど》・領海《りょうかい》・領空《りょうくう》など、その国《くに》の力《ちから》がおよぶ範囲《はんい》。例 わが国《くに》の領域《りょういき》。②学問《がくもん》・仕事《しごと》・人《ひと》などがじかに関係《かんけい》する範囲《はんい》。例 医学《いがく》の領域《りょういき》。類 分野《ぶんや》

【領海】《りょうかい》 ↓ 国《くに》のまわりにあって、その国《くに》が自由《じゆう》に支配《しはい》できる海《うみ》。例 領海侵犯《りょうかいしんぱん》。対 公海《こうかい》 関連 領土《りょうど》・領空《りょうくう》・領海《りょうかい》 知識 ふつう海岸《かいがん》から十二海里《じゅうにかいり》(約二十二《やくにじゅうに》キロ)とされているが、国《くに》によって主張《しゅちょう》がちがう。

【領空】《りょうくう》 ↓ その国《くに》が支配《しはい》している土地《とち》や海《うみ》の上空《じょうくう》。例 領空権《りょうくうけん》 関連 領土《りょうど》・領空《りょうくう》・領《りょう》海《かい》

【領事】《りょうじ》 ▲ 外国《がいこく》にいて、そこに住《す》んでいる自分《じぶん》の国《くに》の人《ひと》のせわをしたり、貿易《ぼうえき》を進《すす》めたりする役人《やくにん》。例 領事館《りょうじかん》 関連 大使《たいし》・公使《こうし》・領《りょう》事《じ》

【領主】《りょうしゅ》 ↓ ①広《ひろ》い土地《とち》とそこに住《す》んでいる人《ひと》たちを支配《しはい》している人《ひと》。②平安時代《へいあんじだい》に荘《しょう》園《えん》を持《も》っていた人《ひと》。③江戸時代《えどじだい》の大名《だいみょう》や小《しょう》名《みょう》。

【領収】《りょうしゅう》 Ⅱ〈—する〉代金《だいきん》などを受《う》け取《と》ること。例 領収書《りょうしゅうしょ》(代金《だいきん》を受《う》け取《と》ったしるしとしてわたす書《か》きつけ) 類 受領《じゅりょう》

【領地】《りょうち》 ↓ ①その国《くに》がおさめている土地《とち》。例 日本《にほん》の領地《りょうち》。類 領土《りょうど》 ②むかし、大名《だいみょう》などがおさめていた土地《とち》。例 徳川家《とくがわけ》の領地《りょうち》。

【領土】《りょうど》 ↓ その国《くに》がおさめている土地《とち》。例 日本《にほん》の領土《りょうど》。類 領地《りょうち》 関連 領土《りょうど》・領空《りょうくう》・領《りょう》海《かい》

【領分】《りょうぶん》 ↓ ①自分《じぶん》が持《も》っている土地《とち》。例 川《かわ》のこちらはわが家《や》の領分《りょうぶん》だ。②力《ちから》のおよぶ範囲《はんい》。得意《とくい》な分野《ぶんや》。なわばり。例 花《はな》づくりは母《はは》の領分《りょうぶん》だ。

【領民】《りょうみん》 ↓ 領主《りょうしゅ》が支配《しはい》している土地《とち》の住《じゅう》民《みん》。

【領有】《りょうゆう》 ↓〈—する〉土地《とち》などを国《くに》のものとして持《も》っていること。例 領有権《りょうゆうけん》

領が下につく熟語 上の字の働き

❶ 領＝〈もっともたいせつなところ〉のとき
【綱領《こうりょう》 要領《ようりょう》 首領《しゅりょう》 頭領《とうりょう》】近《ちか》い意味《いみ》。
【総領《そうりょう》 大統領《だいとうりょう》】ドノクライのかなめか。
◆ 横領《おうりょう》 受領《じゅりょう》 占領《せんりょう》 本領《ほんりょう》

頁－7

頬

総画16 JIS-4343 常用
音 キョウ
訓 ほお

筆順

意味 ほお。ほほ。顔《かお》の両《りょう》がわのふっくらした部分《ぶぶん》。例 頬杖《ほおづえ》をつく。頬《ほお》を赤《あか》らめる。頬《ほお》笑《え》む・頬紅《ほおべに》

参考 「ほほ」とも。JIS《ジス》の字形《じけい》は、「頬」。

字体のはなし 「頬」(頁部《ぶ》「6画《かく》」、総画《そうかく》「15画《かく》」)とも書《か》く。☞ふろく「字体についての解説」(28ページ)

頁－7

頭

総画16 JIS-3812 教2年
音 トウ・ズ・ト
訓 あたま・かしら

筆順 とめる

なりたち 【形声】「頁」が「あたま」を、「豆」が「トウ」という読《よ》み方《かた》をしめしている。「トウ」は「くび」の意味《いみ》を持《も》ち、人間《にんげん》のあたまを表《あらわ》す字《じ》。

意味

❶あたま。首《くび》から上《うえ》の部分《ぶぶん》。物《もの》の上《うえ》や先《さき》のほう。例 頭《あたま》をかかえる。頭《かしら》を下《お》ろす(髪《かみ》をそる)。頭《ず》が高《たか》い。釘《くぎ》の頭《あたま》。頭脳《ずのう》・没頭《ぼっとう》

❷仲間《なかま》のかしら。いちばん上《うえ》に立《た》つ人《ひと》。例 盗賊《とうぞく》の頭《かしら》。頭領《とうりょう》

❸さいしょ。全体《ぜんたい》のはじまりのところ。例 頭《あたま》から数《かぞ》えなおす。頭金《あたまきん》

❹…のあたり。…に近《ちか》いところ。(場所《ばしょ》を表《あらわ》すことばの下《した》につける) 例 街頭《がいとう》

❺大形《おおがた》の動物《どうぶつ》をかぞえることば。例 牛一《うしいっ》頭《とう》

注意するよみ ト…例 音頭《おんど》

名前のよみ あき・かみ

❶〈あたま〉の意味で

【頭数】《あたまかず》 ↓ 人《ひと》の数《かず》。人数《にんずう》。例 参加者《さんかしゃ》の頭数《あたまかず》がそろう。☞「とうすう」は❺

【頭寒足熱】《ずかんそくねつ》 頭《あたま》をつめたくして、足《あし》をあたたかくするとよくねむれるという、むかしからの健康法《けんこうほう》。

【頭巾】《ずきん》 ↓ 頭《あたま》をすっぽりおおう、布《ぬの》でつくったかぶりもの。寒《さむ》さをふせいだり、頭部《とうぶ》を保護《ほご》したりする。例 大黒頭巾《だいこくずきん》・防災頭巾《ぼうさいずきん》

【頭痛】《ずつう》 ①▽ 頭《あたま》が痛《いた》むこと。例 頭痛薬《ずつうやく》 ②↓ 心配《しんぱい》やなやみごと。例 宿題《しゅくだい》が頭痛《ずつう》のた

断《だん》する頭《あたま》のはたらき。例 頭脳労働《ずのうろうどう》

【頭角《とうかく》】[↓] 頭《あたま》の先《さき》。例 頭角《とうかく》をあらわす（できる人《ひと》として目立《めだ》ってくる）。

【頭注《とうちゅう》】[↓] 本文《ほんぶん》より上《うえ》につけた、語句《ごく》などの説明《せつめい》。対 脚注《きゃくちゅう》

【頭。髪《とうはつ》】[↓] かみの毛《け》。類 毛髪《もうはつ》

❷〈仲間のかしら〉の意味で

【頭取《とうどり》】[◎] 銀行《ぎんこう》の代表者《だいひょうしゃ》。会社《かいしゃ》の「社長《しゃちょう》」にあたる。

【頭目《とうもく》】[||] 悪者《わるもの》のなかまの中《なか》で、いちばん上《うえ》に立《た》つ人《ひと》。かしら。ボス。類 首領《しゅりょう》・親分《おやぶん》・頭《とう》領《りょう》

【頭領《とうりょう》】[||] ある団体《だんたい》やなかまのかしら。例 盗賊《とうぞく》の頭領《とうりょう》。類 頭目《とうもく》・首領《しゅりょう》・親分《おやぶん》

❸〈さいしょ〉の意味で

【頭金《あたまきん》】[↓] ものを買《か》った代金《だいきん》を何回《なんかい》かに分《わ》けてはらうとき、最初《さいしょ》にはらうお金《かね》。例 頭《あたま》金《きん》をわたす。

【頭文字《かしらもじ》】 ローマ字《じ》や英文《えいぶん》で、人名《じんめい》・地名《ちめい》や文《ぶん》の最初《さいしょ》に書《か》く大文字《おおもじ》。知識 姓名《せいめい》の頭文字《かしらもじ》をイニシャルという。

❺〈大形の動物をかぞえることば〉の意味で

【頭数《とうすう》】[↓] 牛《うし》や馬《うま》などの数《かず》。☞「あたまかず」は❶

頭が下につく熟語 上の字の働き

❶ 頭＝〈あたま〉のとき

【出頭《しゅっとう》 台頭《たいとう》 没頭《ぼっとう》 低頭《ていとう》（平身低頭《へいしんていとう》）】頭《あたま》をドウスルか。

【波頭《はとう／なみがしら》 柱頭《ちゅうとう》 目頭《めがしら》】ナニの頭《あたま》か。

❷ 頭＝〈仲間のかしら〉のとき

【地頭《じとう》 船頭《せんどう》 番頭《ばんとう》】ナニの頭《かしら》か。

❸ 頭＝〈さいしょ〉のとき

【先頭《せんとう》 初頭《しょとう》 冒頭《ぼうとう》】近《ちか》い意味《いみ》。

【年頭《ねんとう》 巻頭《かんとう》 筆頭《ひっとう》 陣頭《じんとう》 音頭《おんど》】ナニの最初《さいしょ》か。

❹ 頭＝〈…のあたり〉のとき

【駅頭《えきとう》 街頭《がいとう》 路頭《ろとう》 店頭《てんとう》 念頭《ねんとう》】ナニ・ドコのあたりか。

◆ 教頭《きょうとう》 巨頭《きょとう》

頁-7

頼

総画16 JIS-4574 常用

［賴］

音 ライ
訓 たのむ・たのもしい・たよる

筆順

なりたち

【形声】もとの字は、「賴」。「貝」が「お金《かね》」を、「剌《ラツ》」が「ライ」とかわって読《よ》み方《かた》をしめしている。「ラツ」は「もうける」意味《いみ》を持《も》ち、お金《かね》をもうけることを表《あらわ》す字《じ》。

意味 たよる。たよりにする。たのむ。例 頼《たの》みの綱《つな》。頼《たの》もしい青年《せいねん》。依頼《いらい》・信頼《しんらい》

名前のよみ のり・よし・より

頁-8

頻

総画17 JIS-4149 常用

［頻］

音 ヒン
訓 —

筆順

なりたち
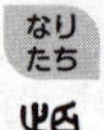
【会意】もとの字は、「瀕」。「水《みず》をわたる」意味《いみ》の「渉」を略《りゃく》した「歩」と、「かお」の意味《いみ》の「頁」を合《あ》わせて、水《みず》をわたるとき、深《ふか》さのあまり顔《かお》にしわをよせる（顔《かお》をしかめる）ことを表《あらわ》す字《じ》。

意味 しきりに。しばしば。つぎつぎと。例 頻度《ひんど》

名前のよみ かず

【頻出《ひんしゅつ》】[↓]〈—する〉おなじようなものごとが、くりかえして何度《なんど》もあらわれること。例 頻出語句《ひんしゅつごく》

【頻度《ひんど》】[↓] そのことが、ある時間内《じかんない》に何回《なんかい》起《お》こるかという回数《かいすう》。出現度数《しゅつげんどすう》。例 頻度《ひんど》が高《たか》い。

【頻発《ひんぱつ》】[↓]〈—する〉事件《じけん》・事故《じこ》・災害《さいがい》などが、次々《つぎつぎ》と何度《なんど》も起《お》こること。例 交通事故《こうつうじこ》が頻発《ひんぱつ》する。類 多発《たはつ》・続発《ぞくはつ》 対 散発《さんぱつ》

【頻。繁《ひんぱん》】[||]〈—に〉〈—な〉あることがくりかえし起《お》こったりおこなわれたりするようす。例 バスが頻繁《ひんぱん》に行《い》き来《き》する通《とお》り。

【頻。頻《ひんぴん》】[||]〈—たる〉〈—と〉よくないことが次々《つぎつぎ》につづいて起《お》こるようす。例 火事《かじ》が頻々《ひんぴん》と起《お》こる。

頁-9

額

総画18 JIS-1959 教5年

音 ガク
訓 ひたい

筆順 額（まっすぐ、つく／とめる／とめる）

なりたち 【形声】もとの字は、「頟」。「頁」が「あたま」を、「各→客《カク》」が「ガク」とかわって読《よ》み方《かた》をしめしている。「カク」は「ひろい」の意味《いみ》を持《も》ち、頭《あたま》の中《なか》で広《ひろ》いところ「ひたい」を表《あらわ》す字《じ》。

意味
❶ひたい。顔《かお》の、まゆより上《うえ》の部分《ぶぶん》。例額《ひたい》にしわをよせる。猫《ねこ》の額《ひたい》ほどの土地《とち》。
❷門《もん》やかべにかかげるもの。絵《え》や文字《もじ》を見《み》せるためにへやなどにかけたもの。例額《がく》をかざる。額縁《がくぶち》
❸きんがく（金額）。数《かず》で表《あらわ》されるお金《かね》の量《りょう》。例額面《がくめん》・高額《こうがく》

❷〈門やかべにかかげるもの〉の意味で
【額。縁《がくぶち》】↓①絵《え》や書《しょ》や写真《しゃしん》を入《い》れて、かべなどにかざるためのわく。②かざりのために、まどや出入《でい》り口《ぐち》などのまわりにはめるわく。

❸〈きんがく（金額）〉の意味で
【額面《がくめん》】↓①債券《さいけん》や株券《かぶけん》などに書《か》かれる金《きん》額《がく》。例株価《かぶか》が額面《がくめん》をわる。②ことばのうわべの意味《いみ》。例かれのことばを額面《がくめん》どおり（言《い》ったことばそのまま）にはうけとれない。

額が下につく熟語 上の字の働き
❸額＝〈きんがく（金額）〉のとき
【巨額《きょがく》 多額《たがく》 高額《こうがく》 低額《ていがく》 少額《しょうがく》 小額《しょうがく》 全額《ぜんがく》 総《そう》額《がく》 半額《はんがく》】ドレホドの額《がく》か。
【金額《きんがく》 月額《げつがく》 産額《さんがく》】ナニの額《がく》か。
【差額《さがく》 残額《ざんがく》】ドノヨウナ額《がく》か。
【増額《ぞうがく》 減額《げんがく》】額《がく》をドウスルか。

頁−9

顎

総画18
JIS-1960
常用
訓 あご　音 ガク

筆順 顎

意味 あご。口《くち》の上《うえ》と下《した》にあって話《はな》したり、食《た》べたりするのに使《つか》う部分《ぶぶん》。例顎《あご》をなでる（得意《とくい》なようす）。顎《あご》で使《つか》う（えらそうにして他人《たにん》をこき使《つか》う）。

【。顎関節《がくかんせつ》】上顎《うわあご》と下顎《したあご》の骨《ほね》をつなぎ、動《うご》かすための関節《かんせつ》。これを使《つか》って口《くち》を開《ひら》いたりとじたりする。

頁−9

顔

総画18
JIS-2073
教2年
訓 かお　音 ガン

筆順 顔（まっすぐ、つく／ミにならない／とめる）

なりたち 【形声】美《うつく》しいことをしめす「彦《ゲン》」が「ガン」とかわって読《よ》み方《かた》をしめしている。「かお」の意味《いみ》の「頁」をくわえて、「美《うつく》しいかお」を表《あらわ》す字《じ》。

意味
❶かお。かおつき。例顔《かお》を合《あ》わせる。顔《がん》面《めん》・横顔《よこがお》
❷いろどり。色《いろ》をぬりつける。例顔料《がんりょう》

特別なよみ 笑顔（えがお）

❶〈かお〉の意味で
【顔色】↓一 顔《かお》の色《いろ》つや。例顔色《かおいろ》がわるい。顔色《がんしょく》なし（相手《あいて》にすっかり圧倒《あっとう》されて、手《て》も足《あし》も出《で》ない）。二 その人《ひと》の気持《きも》ちが表《あらわ》れた顔《かお》のようす。例顔色《かおいろ》をうかがう。類気《き》色《しょく》
（一 かおいろ／がんしょく　二 かおいろ）
【顔役《かおやく》】↓その土地《とち》やなかまの中《なか》で、勢力《せいりょく》があり、よく知《し》られている人《ひと》。ボス。類有力《ゆうりょく》者《しゃ》
【顔面《がんめん》】Ⅱかお。顔《かお》の表面《ひょうめん》。例顔面蒼白《がんめんそうはく》

❷〈いろどり〉の意味で
【顔料《がんりょう》】↓①ものに色《いろ》をつける物質《ぶっしつ》。水《みず》や油《あぶら》にとけず、ペンキやインク・けしょう品《ひん》などの原料《げんりょう》になる。例赤《あか》い顔料《がんりょう》。②絵《え》の具《ぐ》。例油絵《あぶらえ》の顔料《がんりょう》。

顔が下につく熟語 上の字の働き
❶顔＝〈かお〉のとき
【尊顔《そんがん》 温顔《おんがん》 厚顔《こうがん》 紅顔《こうがん》 童顔《どうがん》 古顔《ふるがお》 新顔《しんがお》 素顔《すがお》 真顔《まがお》 横顔《よこがお》 寝顔《ねがお》 笑顔《えがお》】ドノヨウナ顔《かお》か。
【丸顔《まるがお》 瓜実顔《うりざねがお》】ドノヨウナ形《かたち》の顔《かお》か。
【破顔《はがん》 拝顔《はいがん》 洗顔《せんがん》】顔《かお》をドウスルか。

頁−9

顕

総画18
JIS-2418
常用
訓 ―　音 ケン

［顯］

筆順 顕

なりたち 【形声】もとの字は、「顯」。「頁」が「あたま」を、「㬎」が「ケン」という読《よ》み方《かた》をしめしている。「ケン」は「かがやく、あきらか」の意味《いみ》を持《も》ち、頭《あたま》につけた美《うつく》しいかざりを表《あらわ》す字《じ》。

意味 あきらか。あらわれる。例 顕著《けんちょ》

名前のよみ あき・あきら・てる

【顕現】《けんげん》 Ⅱ〈―する〉形《かたち》になって現《あらわ》れる。

【顕在】《けんざい》 ↓〈―する〉はっきりと目《め》に見《み》える形《かたち》でそこにあること。例 かくれていた問題《もんだい》が顕《けん》在化《ざいか》する。対 潜在《せんざい》

【°顕°彰】《けんしょう》 Ⅱ〈―する〉かくれたよいことなどをたたえて、広《ひろ》く世間《せけん》に知《し》らせること。

【°顕著】《けんちょ》 Ⅱ〈―な〉〈―に〉とくにはっきり目立《めだ》っているようす。いちじるしいこと。例 努力《どりょく》のあとが顕著《けんちょ》だ。

【°顕°微鏡】《けんびきょう》 ふつうでは見《み》えない小《ちい》さいものを、大《おお》きくはっきり見《み》えるようにする器械《きかい》。例 顕微鏡《けんびきょう》で調《しら》べる。電子顕微鏡《でんしけんびきょう》

題

頁－9

総画18　JIS-3474　教3年

訓 ―　音 ダイ

筆順 題 題 題 題 題（はらう） 題 題 題（とめる）

なりたち 【形声】「頁」が「かお」を、「是《シ》」が「ダイ」とかわって読《よ》み方《かた》をしめしている。「シ」は「しるし」の意味《いみ》を持《も》ち、顔《かお》の中《なか》のしるしをつけるところを表《あらわ》す字《じ》。

意味

❶みだし。内容《ないよう》をまとめてひと目《め》でわかるようにした短《みじか》いことば。タイトル。例 作《さく》文《ぶん》の題《だい》。題名《だいめい》・副題《ふくだい》

❷言《い》おうとすることがら。考《かんが》えてほしいこと。解決《かいけつ》しなければならないこと。テーマ。例 題材《だいざい》・問題《もんだい》・話題《わだい》

❶〈みだし〉の意味で

【題字】《だいじ》 ↓本《ほん》・書物《しょもつ》のはじめや石碑《せきひ》などの上《うえ》に書《か》く文字《もじ》。例 毛筆《もうひつ》で題字《だいじ》を書《か》く。

【題名】《だいめい》 ↓本《ほん》や映画《えいが》・文学作品《ぶんがくさくひん》などについた名《な》。タイトル。類 題《だい》

【題目】《だいもく》 ↓①文章《ぶんしょう》・本《ほん》などの内容《ないよう》を短《みじか》いことばで表《あらわ》したもの。例 卒業論文《そつぎょうろんぶん》の題目《だいもく》。類 題《だい》 ②日蓮宗《にちれんしゅう》でとなえる「南無妙法蓮華経《なむみょうほうれんげきょう》」の七文字《ななもじ》。例 お題目《だいもく》をとなえる。表現「お題《だい》目《もく》をとなえる」の形《かたち》で、できもしないことをくりかえし言《い》う意味《いみ》にも使《つか》う。☞❷

❷〈言おうとすることがら〉の意味で

【題意】《だいい》 ↓①作品《さくひん》のねらい。②問題《もんだい》の意《い》味《み》。例 題意《だいい》をとりちがえる。

【題材】《だいざい》 ↓詩《し》・文章《ぶんしょう》・絵《え》・音楽《おんがく》などの芸術作《げいじゅつさく》品《ひん》の内容《ないよう》になる材料《ざいりょう》。類 画材《がざい》・素材《そざい》

【題目】《だいもく》 ↓話《はな》し合《あ》いや研究会《けんきゅうかい》などで取《と》り上《あ》げる問題《もんだい》。テーマ。類 主題《しゅだい》 ☞❶

題が下につく熟語 上の字の働き

❶題＝〈みだし〉のとき

【副題《ふくだい》 仮題《かだい》 無題《むだい》】ドノヨウナ題名《だいめい》か。

❷題＝〈言おうとすることがら〉のとき

【演題《えんだい》 議題《ぎだい》 論題《ろんだい》 話題《わだい》 季題《きだい》】ナニの内容《ないよう》か。

【主題《しゅだい》 本題《ほんだい》】ドノヨウナ内容《ないよう》か。

【課題《かだい》 宿題《しゅくだい》 難題《なんだい》 例題《れいだい》】ドノヨウナ問題《もんだい》か。

◆ 出題《しゅつだい》 表題《ひょうだい》 問題《もんだい》

類

頁－9

総画18　JIS-4664　教4年

訓 たぐい　音 ルイ

［類］

筆順 類 類（はねない） 類 類（とめる） 類 類 類（とめる）

なりたち 【形声】もとの字は、「類」。「犬」が「けもの」を、「頪《リ》」が「ルイ」とかわって読《よ》み方《かた》をしめしている。「リ」は「タヌキ」の意味《いみ》を持《も》ち、タヌキに似《に》たけものを表《あらわ》す字《じ》。のちに、「似《に》ているもの、なかま」の意《い》味《み》に使《つか》われている。

意味 おなじなかまのもの。似《に》ている。なかま入《い》りする。例 類《るい》は友《とも》を呼《よ》ぶ(似《に》たものどうしはしぜんに集《あつ》まる)。これに類《るい》する事《じ》件《けん》。類別《るいべつ》・類焼《るいしょう》・人類《じんるい》

名前のよみ よし

【類義語】《るいぎご》 「おりる」と「くだる」、「土台《どだい》」と「基礎《きそ》」のように、意味《いみ》がよく似《に》ていることば。類 類語《るいご》・同意語《どういご》 対 対義語《たいぎご》|《ついぎご》 参考 この辞典《じてん》の 類 は、類義語《るいぎご》を表《あらわ》す記号《きごう》です。

【類型】《るいけい》 ↓似《に》ているもののあいだに共通《きょうつう》する特徴《とくちょう》を、一《ひと》つの型《かた》としてとらえたもの。タ

イプ。例いくつかの類型《るいけい》を立《た》てる。

【類型的】《るいけいてき》〈―な|―に〉いかにも型《かた》どおりであること。例この風景画《ふうけいが》は類型的《るいけいてき》な構図《こうず》だ。

【類語】《るいご》↓意味《いみ》がよく似《に》ていることば。例類語辞典《るいごじてん》 類 類義語《るいぎご》 対 対義語《たいぎご|ついぎご》

【類似】《るいじ》Ⅱ〈―する〉よく似《に》ていること。例類《るい》似品《じひん》にご注意《ちゅうい》ください。類 近似《きんじ》

【類書】《るいしょ》↓おなじような内容《ないよう》の本《ほん》。おなじ種《しゅ》類《るい》の本《ほん》。例類書《るいしょ》を比較《ひかく》する。

【類焼】《るいしょう》↓〈―する〉よそから出《で》た火事《かじ》で、その家《いえ》もやけること。もらい火《び》。例類焼《るいしょう》をふせぐ。類 延焼《えんしょう》・類火《るいか》

【類人。猿】《るいじんえん》オランウータン・チンパンジー・ゴリラなどのように、立《た》って歩《ある》いたり、指《ゆび》で物《もの》をにぎったりできる、サル類《るい》の中《なか》でもいちばん人間《にんげん》に近《ちか》い種類《しゅるい》。ヒトニザル。

【類推】《るいすい》↓〈―する〉今《いま》までの知識《ちしき》や経験《けいけん》から考《かんが》えて、こうだろうと見当《けんとう》をつけること。例類推《るいすい》して知《し》る。

【類別】《るいべつ》↓〈―する〉特徴《とくちょう》や種類《しゅるい》によって、ものをいくつかのグループに分《わ》けること。例漢《かん》字《じ》のなりたちは六《むっ》つに類別《るいべつ》される。類 分類《ぶんるい》・分別《ぶんべつ》・種別《しゅべつ》

【類例】《るいれい》↓よく似《に》ている例《れい》。例ほかに類例《るいれい》を見《み》ない事件《じけん》。

類が下につく熟語 上の字の働き

【種類《しゅるい》 比類《ひるい》】近《ちか》い意味《いみ》。

【人類《じんるい》 鳥類《ちょうるい》 魚類《ぎょるい》 藻類《そうるい》 菌類《きんるい》 両生類《りょうせいるい》 霊長《れいちょう》類《るい》 衣類《いるい》 書類《しょるい》 親類《しんるい》】ナニのなかまか。

◆同類《どうるい》 部類《ぶるい》 分類《ぶんるい》 無類《むるい》

頁-10

願

総画19

JIS-2074

教4年

音 ガン

訓 ねがう

筆順

なりたち

【形声】「頁」が「あたま」を、「原《ゲン》」が「ガン」とかわって読《よ》み方《かた》をしめしている。「ゲン」は「大《おお》きい」の意味《いみ》を持《も》ち、「大《おお》きい頭《あたま》」を表《あらわ》す字《じ》。借《か》りて、「ねがう」として使《つか》われている。

意味 ねがう。ねがい。例成功《せいこう》を願《ねが》う。願《ねが》いがかなう。願《がん》をかける。願書《がんしょ》・志願《しがん》

【願書】《がんしょ》↓ゆるしを受《う》けるために出《だ》す書類《しょるい》。とくに、入学願書《にゅうがくがんしょ》を指《さ》すことが多《おお》い。

【願望】《がんぼう|がんもう》Ⅱ〈―する〉ぜひそうなってほしいと心《こころ》に思《おも》うこと。例変身願望《へんしんがんぼう》。類 念願《ねんがん》・希望《きぼう》

願が下につく熟語 上の字の働き

【志願《しがん》 請願《せいがん》 祈願《きがん》 念願《ねんがん》】近《ちか》い意味《いみ》。

【哀願《あいがん》 懇願《こんがん》 嘆願《たんがん》】ドノヨウニ願《ねが》うか。

【大願《たいがん》 宿願《しゅくがん》 悲願《ひがん》 本願《ほんがん》(他力本願《たりきほんがん》)】ドノヨウナ願《ねが》いか。

◆依願《いがん》 出願《しゅつがん》 満願《まんがん》

頁-12

顧

総画21

JIS-2460

常用

音 コ

訓 かえりみる

筆順

なりたち

【形声】「頁」が「あたま」を、「雇」が「コ」という読《よ》み方《かた》をしめしている。「コ」は「めぐらす」意味《いみ》を持《も》ち、頭《あたま》をめぐらしてふりかえって見《み》ることを表《あらわ》す字《じ》。

意味

❶ふりかえる。ふりかえってようすを見《み》る。例歴史《れきし》を顧《かえり》みる。回顧《かいこ》

❷心《こころ》にかける。目《め》をかける。例顧問《こもん》・愛《あい》顧《こ》・恩顧《おんこ》

❷〈心にかける〉の意味で

【。顧客】《こきゃく|こかく》↓商売《しょうばい》のお得意先《とくいさき》。ひいきにして、いつもその店《みせ》の品物《しなもの》を買《か》ってくれる客《きゃく》。例顧客《こきゃく》リスト 類 得意《とくい》

【。顧問】《こもん》↓会社《かいしゃ》や団体《だんたい》などで、いろいろの相談《そうだん》を受《う》け、それに意見《いけん》を言《い》う役《やく》。

【。顧。慮】《こりょ》Ⅱ〈―する〉あることに心《こころ》をとめて、よく気《き》を配《くば》ること。考《かんが》えに入《い》れること。例相《あい》手《て》の立場《たちば》も顧慮《こりょ》する。

顧が下につく熟語 上の字の働き

❶顧=〈ふりかえる〉のとき

【回顧《かいこ》 後顧《こうこ》】近《ちか》い意味《いみ》。

◆愛顧《あいこ》

9画 風 [かぜ] の部

「風」の字《じ》と、それをもとにして作《つく》られた「颯」の字《じ》とが入《はい》ります。

風－0

風

総画9
JIS-4187
教2年
音 フウ・フ
訓 かぜ・かざ

筆順 風 風 風 風 風 風 風 風 風（はねる）（とめる）

なりたち  【形声】もとの字は「おおとり」を表《あらわ》す「鳳」。「凡《ハン》」が「フウ」とかわって読《よ》み方《かた》をしめしている。「おおとり（鳳《ほう》凰《おう》）」がおこす「かぜ」の意味《いみ》に使《つか》われ、のちに「おおとり」と区別《くべつ》するため、「鳥」の代《か》わりに「虫」を入《い》れ、「風」となった。

意味

❶かぜ。空気《くうき》の流《なが》れ。例 風《かぜ》がふく。風向《かざむ》き・風雨《ふうう》・風力《ふうりょく》・強風《きょうふう》・潮風《しおかぜ》

❷社会《しゃかい》ぜんたいにわたるもの。その土地《とち》やところのならわし・しきたり・やり方《かた》。様《よう》式《しき》。例 都《みやこ》の風《ふう》をまねる。風習《ふうしゅう》・風俗《ふうぞく》・家風《かふう》・和《わ》風《ふう》

❸おもむき。味《あじ》わい。そのものから感《かん》じられるふんいき。例 風格《ふうかく》・風物《ふうぶつ》・風情《ふぜい》・威風《いふう》

❹うわさ。例 風説《ふうせつ》・風評《ふうひょう》

❺それとなく言《い》う。ほのめかす。例 風刺《ふうし》

❻びょうきの名《な》。例 風邪《かぜ／ふうじゃ》

❼《その他《た》》例 風呂《ふろ》

文字物語 ☞1044ページ

注意するよみ フ…例 風情《ふぜい》・中風《ちゅうぶ》 かざ…例

文字物語

風

「風《かぜ》」は、吹《ふ》き方《かた》によって、いろいろな風《かぜ》になる。春《はる》の「そよ風《かぜ》」はのどかで気持《きも》ちがよく、秋《あき》の「すず風《かぜ》」は人《ひと》をしんみりとした気持《きも》ちにさせる。夏《なつ》の「台風《たいふう》」「暴《ぼう》風《ふう》」はおそろしい「大風《おおかぜ》」だが、「無風《むふう》」であってもまたやりきれない。冬《ふゆ》の「寒風《かんぷう》」は肌《はだ》をさすようで、「すきま風《かぜ》」は身《み》にしみる。ものをじっと見《み》ていると、そこになんとなくほかのものとはちがったとくべつのようすとか雰囲気《ふんいき》とかが感《かん》じられてくる。これも漢《かん》字《じ》「風《ふう》」がもつ、だいじな意味《いみ》の一《ひと》つだ。その人《ひと》の「風采《ふうさい》」「風格《ふうかく》」、その社会《しゃかい》の「風潮《ふうちょう》」「風《ふう》俗《ぞく》」、その家《いえ》の「家風《かふう》」、その学校《がっこう》の「校風《こうふう》」「学《がく》風《ふう》」など。そこから、「一風《いっぷう》かわった」とか「教室《きょうしつ》の中《なか》はどんなふう?」などということばがでてくるし、「やり方《かた》のスタイル」の意味《いみ》をもつ「和風《わふう》」「洋風《ようふう》」「都会風《とかいふう》」「いなか風《ふう》」「関《かん》西風《さいふう》」「東京風《とうきょうふう》」などの言《い》い方《かた》ができてくる。「―ふう」は世《よ》をなびかせる風《かぜ》だ。

特別なよみ 風邪（かぜ）

風上《かざかみ》・風車《かざぐるま》

❶〈かぜ〉の意味で

【風上】かざかみ ↓ 風《かぜ》のふいてくるほう。例 風上《かざかみ》に立《た》つ。対 風下《かざしも》 表現「…の風上《かざかみ》にもおけない」は、おこないや性質《せいしつ》のよくない人《ひと》をいうことば。

【風下】かざしも ↓ 風《かぜ》がふいていく方向《ほうこう》。例 火《か》事《じ》は風下《かざしも》にもえひろがった。対 風上《かざかみ》

【風圧】ふうあつ ↓ 風《かぜ》がものをおす力《ちから》。例 風圧計《ふうあつけい》

【風雨】ふうう ①Ⅱ 風《かぜ》と雨《あめ》。例 風雨《ふうう》にさらされる。②↓ 強《つよ》い風《かぜ》とともにふる雨《あめ》。あらし。例 風雨《ふうう》の中《なか》を出発《しゅっぱつ》する。類 暴風雨《ぼうふうう》

【風雲】ふううん Ⅱ 大《おお》きくかわろうとする世《よ》の中《なか》のようす。例 風雲急《ふううんきゅう》を告《つ》げる。

【風雲児】ふううんじ 世《よ》の中《なか》が大《おお》きくかわるときにめざましく活躍《かつやく》する人《ひと》。例 幕末《ばくまつ》の風雲児《ふううんじ》。

【風化】ふうか ↓〈―する〉①岩《いわ》や石《いし》が、長《なが》いあいだ雨《あめ》や風《かぜ》、熱《ねつ》などにさらされて、しだいにくずれて土《つち》や砂《すな》になること。例 風化作用《ふうかさよう》 ②時《とき》の流《なが》れとともに、しだいにわすれさられること。例 原爆《げんばく》の体験《たいけん》を風化《ふうか》させてはならない。

【風向】ふうこう ↓ 風《かぜ》のふいてくる方向《ほうこう》。かざむき。十六《じゅうろく》の方向《ほうこう》に分《わ》ける。例 風向計《ふうこうけい》 類 風位《ふうい》

【風車】↓ 一 ふうしゃ 風《かぜ》の力《ちから》でまわる大《おお》きな羽《は》根《ね》車《ぐるま》。例 発電用《はってんよう》の風車《ふうしゃ》がならぶ。二 かざぐるま 羽《は》根《ね》が風《かぜ》を受《う》けてまわるおもちゃ。例 おみやげに風車《かざぐるま》を買《か》う。

【風雪】ふうせつ ①Ⅱ 風《かぜ》と雪《ゆき》。例 風雪注意報《ふうせつちゅういほう》 ②↓ 風《かぜ》とともにふる雪《ゆき》。ふぶき。例 風雪《ふうせつ》が強《つよ》まる。③Ⅱ 世《よ》の中《なか》の苦《くる》しみやつらさ。例 風雪《ふうせつ》にたえる。

【風船】ふうせん ↓ ①紙《かみ》やゴムでふくろを作《つく》り、中《なか》に空気《くうき》や水素《すいそ》を入《い》れてふくらませたおもち

や。例紙風船《かみふうせん》②「気球《ききゅう》」の古《ふる》い言《い》い方《かた》。例風船旅行《ふうせんりょこう》

【風速】《ふうそく》[↓]風《かぜ》の進《すす》む速《はや》さ。一秒間《いちびょうかん》に進《すす》む距《きょ》離《り》をメートルで表《あらわ》し、「風速《ふうそく》二〇メートル」のようにいう。

【風波】《ふうは》①[Ⅱ]風《かぜ》と波《なみ》。②[↓]風《かぜ》のためにおこる大波《おおなみ》。例風波《ふうは》が高《たか》い。③[Ⅱ]あらそい。もめごと。例風波《ふうは》のたえない家庭《かてい》。類波風《なみかぜ》

【風◦媒花】《ふうばいか》風《かぜ》によってはこばれた花粉《かふん》がめしべについて、実《み》をむすぶ花《はな》。マツ・スギ・イネ・ムギなどがある。

【風力】《ふうりょく》[↓]①風《かぜ》の力《ちから》。例風力発電《ふうりょくはつでん》②風《かぜ》の強《つよ》さ。ふつう、0から12までに分《わ》けてしめす。数《かず》が大《おお》きいほど強《つよ》い。例風力計《ふうりょくけい》

【風◦鈴】《ふうりん》[↓]金属《きんぞく》・ガラス・せとものなどでつくった、つりがね形《がた》のすず。

❷〈社会ぜんたいにわたるもの〉の意味で

【風紀】《ふうき》[↓]人《ひと》びとがきちんとした社会生活《しゃかいせいかつ》をしていくうえでのきまり。とくに、男女《だんじょ》の交際《こうさい》についていう。例風紀《ふうき》のみだれ。類風《ふう》俗《ぞく》

【風習】《ふうしゅう》[Ⅱ]その土地《とち》につたわる、しきたりや生活《せいかつ》の仕方《しかた》など。ならわし。例今《いま》にのこるおもしろい風習《ふうしゅう》。類慣習《かんしゅう》・習慣《しゅうかん》・習俗《しゅうぞく》

【風◦俗】《ふうぞく》[Ⅱ]①その土地《とち》にむかしからつたわる行事《ぎょうじ》や、衣《い》・食《しょく》・住《じゅう》の生活上《せいかつじょう》のならわし。例東北地方《とうほくちほう》の風俗《ふうぞく》を研究《けんきゅう》する。②社会生活《しゃかいせいかつ》をしていくうえでのけじめ。類風紀《ふうき》

【風潮】《ふうちょう》[↓]時代時代《じだいじだい》でうつりかわる世《よ》の中《なか》の傾向《けいこう》。例最近《さいきん》の風潮《ふうちょう》。類時流《じりゅう》

【風土】《ふうど》[Ⅱ]人《ひと》びとの生活《せいかつ》に関係《かんけい》する、土地《とち》の地形《ちけい》・気候《きこう》などの自然《しぜん》のようす。例山国《やまぐに》の風《ふう》土《ど》。

【風土病】《ふうどびょう》気候《きこう》などが原因《げんいん》で、その土地《とち》だけにおこる病気《びょうき》。例風土病《ふうどびょう》にかかる。

【風◆靡】《ふうび》[▽]〈―する〉強《つよ》い風《かぜ》が草木《くさき》をなびかせるように、みんなを従《したが》わせること。例一世《いっせい》を風靡《ふうび》する(世《よ》の中《なか》ぜんたいで、はやる)。

【風土記】《ふどき》①奈良時代《ならじだい》に地方《ちほう》ごとにつくられた、産物《さんぶつ》や地名《ちめい》のおこり、伝説《でんせつ》などが書《か》かれている本《ほん》。②地方《ちほう》の風土《ふうど》や産物《さんぶつ》・文化《ぶんか》などを書《か》きしるした本《ほん》。例鎌倉風土記《かまくらふどき》

❸〈おもむき。味わい〉の意味で

【風格】《ふうかく》[↓]①その人《ひと》のことばや行動《こうどう》からにじみでる、すぐれた味《あじ》わい。例横綱《よこづな》らしい風《ふう》格《かく》が出《で》てきた。②りっぱな感《かん》じ。深《ふか》い味《あじ》わい。例風格《ふうかく》のある文字《もじ》。類格調《かくちょう》

【風景】《ふうけい》[Ⅱ]①目《め》にうつる景色《けしき》。ながめ。例風景画《ふうけいが》類景色《けしき》・風物《ふうぶつ》②ある場《ば》面《めん》のありさま。例練習風景《れんしゅうふうけい》。類情景《じょうけい》・光景《こうけい》

【風光】《ふうこう》[Ⅱ]自然《しぜん》の美《うつく》しいながめ。景色《けしき》。例風《ふう》光明媚《こうめいび》(景色《けしき》がとても美《うつく》しい)

【風◦采】《ふうさい》[Ⅱ]身《み》なりやかっこう・顔《かお》つきなどの、外《そと》から見《み》ての感《かん》じ。例風采《ふうさい》があがらない(見《み》ばえがしない)。類風貌《ふうぼう》

【風◦趣】《ふうしゅ》[Ⅱ]しみじみとしたおもしろみ。おもむき。例風趣《ふうしゅ》あふれる庭《にわ》。

【風◦致】《ふうち》[Ⅱ]自然《しぜん》の景色《けしき》などの美《うつく》しさや味《あじ》わい。例風致林《ふうちりん》・風致地区《ふうちちく》

【風体】《ふうてい|ふうたい》[Ⅱ]人《ひと》のようすや身《み》なり。例あやしい風体《ふうてい|ふうたい》の男《おとこ》。

【風物】《ふうぶつ》[↓]①景色《けしき》やながめ。類風景《ふうけい》②その土地《とち》らしさや季節《きせつ》を表《あらわ》すもの。例四季折々《しきおりおり》の風物《ふうぶつ》。

【風物詩】《ふうぶつし》①季節《きせつ》を人《ひと》びとの心《こころ》に感《かん》じさせるもの。例花火《はなび》は夏《なつ》の夜《よる》の風物詩《ふうぶつし》だ。②その季節《きせつ》を感《かん》じさせる自然《しぜん》や生活《せいかつ》をうたった詩《し》。

【風◦貌】《ふうぼう》[Ⅱ]顔《かお》・すがた・身《み》なりなどから受《う》ける感《かん》じ。例りりしい風貌《ふうぼう》。類容貌《ようぼう》・風采《ふうさい》

例解 使い分け

[とぶ《飛ぶ・跳ぶ》]

飛ぶ＝空中《くうちゅう》を動《うご》いて、目《め》あての所《ところ》へ行《い》く。
例鳥《とり》が飛《と》ぶ。うわさが飛《と》ぶ。飛《と》んで火《ひ》に入《い》る夏《なつ》の虫《むし》。

跳ぶ＝地面《じめん》からはねあがる。
例なわを跳《と》ぶ。みぞを跳《と》ぶ。走《はし》り高跳《たかと》び。

飛ぶ

跳ぶ

【風味】ふうみ ↓ その食《た》べ物《もの》が持《も》っている上品《じょうひん》な味《あじ》わい。例 材料《ざいりょう》の風味《ふうみ》を生《い》かす。

【風流】ふうりゅう ↓（—な）①実用性《じつようせい》とは関係《かんけい》なしに、見《み》る人《ひと》の心《こころ》をなごませるおもしろみ。おくゆかしさ。例 風流《ふうりゅう》な茶室《ちゃしつ》。②詩歌《しいか》・書画《しょが》などをつくってそれを味《あじ》わい、楽《たの》しむこと。例 風流《ふうりゅう》人《じん》 類 風雅《ふうが》

【風情】ふぜい ↓ ①その場《ば》のようすから感《かん》じられるなんともいえない味《あじ》わい。おもむき。例 古《ふる》い町《まち》にはどこか風情《ふぜい》がある。類 情趣《じょうしゅ》 ②（人《ひと》を表《あらわ》すことばの下《した》につけて）自分《じぶん》がへりくだったり、人《ひと》をけいべつしたりするときに使《つか》うことば。例 わたくし風情《ふぜい》の出《で》る幕《まく》ではありません。

❹〈うわさ〉の意味で

【風説】ふうせつ ↓ どこからともなくつたわってきたうわさ。例 風説《ふうせつ》が流《なが》れる。類 風評《ふうひょう》・風聞《ふうぶん》

【風評】ふうひょう ↓ 世《よ》に流《なが》れるうわさ。例 風評《ふうひょう》が立《た》つ。類 風説《ふうせつ》・風聞《ふうぶん》 表現 よくないうわさをいう。

【風聞】ふうぶん Ⅱ どこからともなく聞《き》こえてくるうわさ。例 風聞《ふうぶん》を耳《みみ》にする。類 風説《ふうせつ》・風評《ふうひょう》

❺〈それとなく言う〉の意味で

【風刺】ふうし ↓（—する）世《よ》の中《なか》や話題《わだい》の人物《じんぶつ》のわるいところを、遠《とお》まわしにからかったり批判《ひはん》したりすること。例 風刺漫画《ふうしまんが》

❻〈びょうきの名〉の意味で

【風邪】かぜ／ふうじゃ ↓ 寒《さむ》けがし、鼻水《はなみず》やせきが出《で》たり、のどや頭《あたま》が痛《いた》かったり、熱《ねつ》が出《で》たりする病気《びょうき》。例 風邪《かぜ》をひく。類 感冒《かんぼう》

❼《その他》

【風袋】ふうたい ↓ ものの重《おも》さをはかりではかるときの入《い》れ物《もの》。例 風袋《ふうたい》こみの目方《めかた》。対 正味《しょうみ》

【風呂】ふろ ◎ 湯《ゆ》に入《はい》ってからだをあたためたり、あらったりする設備《せつび》。例 風呂《ふろ》をたてる。露天風呂《ろてんぶろ》

【風呂敷】ふろしき ↓ ものをつつむ真四角《ましかく》の布《ぬの》。例 風呂敷《ふろしき》づつみ 参考 むかし、風呂屋《ふろや》で着物《きもの》をつつんだりするのに用《もち》いた布《ぬの》からこの名《な》がついた。

風が下につく熟語 上の字の働き

❶風＝〈かぜ〉のとき
【無風《むふう》 微風《びふう》 強風《きょうふう》 疾風《しっぷう》 烈風《れっぷう》 突風《とっぷう》 薫風《くんぷう》 涼風《りょうふう／すずかぜ》 寒風《かんぷう》 順風《じゅんぷう》 逆風《ぎゃくふう》 旋風《せんぷう》 爆風《ばくふう》 季節風《きせつふう》 東風《とうふう》（馬耳東風《ばじとうふう》） 偏西風《へんせいふう》 潮風《しおかぜ》】ドノヨウナ風か。

❷風＝〈社会ぜんたいにわたるもの〉のとき
【美風《びふう》 悪風《あくふう》 新風《しんぷう》 弊風《へいふう》】ドノヨウナならわしか。
【家風 校風《こうふう》 学風《がくふう》 社風《しゃふう》 洋風《ようふう》 和風《わふう》】ドコのならわしか。

❸風＝〈おもむき。味わい〉のとき
【威風《いふう》 古風《こふう》】ドノヨウナおもむきか。
【歌風《かふう》 画風《がふう》 作風《さくふう》 芸風《げいふう》】ナニのおもむきか。

◆気風 送風《そうふう》 台風《たいふう》 中風《ちゅうふう／ちゅうぶ／ちゅうぶう》 痛風《つうふう》 波《なみ》風《かぜ》

風-5

颯

総画14 JIS-8105 人名
訓 — 音 サツ

意味
❶さっと風《かぜ》がふくようす。例 颯颯《さっさつ》
❷はぎれよく動《うご》きがはやい。例 颯爽《さっそう》

9画 飛〔とぶ〕の部

ここには「飛」の字《じ》だけが入《はい》ります。

この部首の字
0 飛……1046

飛-0

飛

総画9 JIS-4084 教4年
訓 とぶ・とばす 音 ヒ

筆順

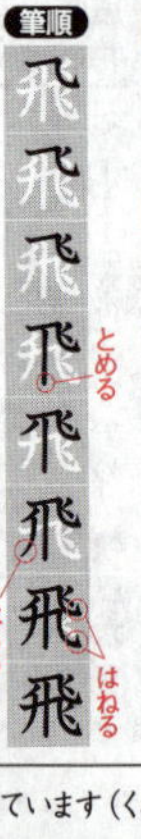

なりたち

［象形］鳥《とり》が羽《はね》を広《ひろ》げてとぶ形《かたち》をえがいた字《じ》。

意味
❶とぶ。空中《くうちゅう》をとぶ。とびあがる。とぶようにはやい。例 空《そら》を飛《と》ぶ。飛行《ひこう》・飛躍《ひやく》・雄《ゆう》飛《ひ》
❷飛驒《ひだ》。旧国名《きゅうこくめい》。今《いま》の岐阜県《ぎふけん》の北部《ほくぶ》。例 飛州《ひしゅう》・濃飛《のうひ》
❸《その他》例 飛鳥《あすか》

使い分け とぶ［飛・跳］☞1045ページ

名前のよみ たか

❶〈とぶ〉の意味で

【飛。脚】ひ きゃく ↓ ①むかし、遠《とお》いところに急《いそ》ぎの用《よう》を知《し》らせた使《つか》いの人《ひと》。②江戸《えど》時代《じだい》、手紙《てがみ》や荷物《にもつ》をとどける仕事《しごと》をした人《ひと》。例 早飛脚《はやびきゃく》

飛脚

【飛行】ひ こう ↓〈―する〉空中《くうちゅう》をとんでいくこと。例 飛行機《ひこうき》・低空飛行《ていくうひこう》

【飛散】ひ さん ↓〈―する〉とびちること。例 ガラスのかけらが道路《どうろ》に飛散《ひさん》している。

【飛◆翔】ひ しょう Ⅱ〈―する〉鳥《とり》などが空中《くうちゅう》をとんでいくこと。例 大空《おおぞら》を飛翔《ひしょう》するワシ。

【飛鳥】ひ ちょう ↓ 空《そら》をとぶ鳥《とり》。例 飛鳥《ひちょう》のような早業《はやわざ》。☞「あすか」は❸

【飛◆沫】ひ まつ ↓ 水《みず》がとびちるときにできる小《ちい》さな玉《たま》。しぶき。例 滝《たき》の飛沫《ひまつ》がかかる。

【飛。躍】ひ やく Ⅱ〈―する〉①大《おお》きく高《たか》くとびあがること。②急《きゅう》に進歩《しんぽ》すること。例 売《う》り上《あ》げが飛躍的《ひやくてき》に増大《ぞうだい》した。③考《かんが》えや話《はなし》などが順序《じゅんじょ》をぬかしてそれてしまうこと。例 論理《ろんり》の飛躍《ひやく》がある。

【飛来】ひ らい ↓〈―する〉とんでくること。例 ことしも湖《みずうみ》に白鳥《はくちょう》が飛来《ひらい》した。

❸《その他》

【飛鳥】あす か ◎「飛鳥時代《あすかじだい》」の略《りゃく》。奈良県《ならけん》の飛鳥《あすか》地方《ちほう》に都《みやこ》があった六世紀《ろくせいき》後半《こうはん》から七世紀《ななせいき》中《なか》ごろまでの時代《じだい》。例 飛鳥仏《あすかぶつ》 ☞「ひちょう」は❶

◆雄飛《ゆうひ》

故事のはなし

食指《しょくし》が動《うご》く

楚《そ》の国《くに》の人《ひと》が鄭《てい》の霊公《れいこう》に大《おお》きなすっぽんを献上《けんじょう》した。公子宋《こうしそう》と子家《しか》が宮中《きゅうちゅう》に参内《さんだい》しようとしたとき、公子宋《こうしそう》の人《ひと》さし指《ゆび》が動《うご》いた。公子宋《こうしそう》は、それを子家《しか》に見《み》せて「前《まえ》にもこうなると、かならずごちそうにありついた」と言《い》った。宮中《きゅうちゅう》に入《はい》ると、料理人《りょうりにん》がちょうどすっぽんを料理《りょうり》しようとしていた。二人《ふたり》は顔《かお》を見合《みあ》わせて笑《わら》った。(『春秋左氏伝《しゅんじゅうさしでん》』宣公四年《せんこうよねん》)

9画 食 [しょく] 飠𩙿 [しょくへん] の部

「食《しょく》」をもとに作《つく》られ、食《た》べ物《もの》や飲食《いんしょく》の行動《こうどう》にかかわる字《じ》を集《あつ》めてあります。

この部首の字

■ 食-0

食

総画9
JIS-3109
教2年
訓 音 ショク・ジキ
くう・くらう・たべる

筆順

なりたち

【会意】ふたの形《かたち》(亼)と、うつわにたべものを盛《も》った形《かたち》(良)とからでき、「たべもの」を表《あらわ》す字《じ》。

意味

❶たべる。たべもの。例 ごはんを食《た》べる。食《しょく》が進《すす》む。食事《しょくじ》・断食《だんじき》

❷むしばむ。少《すこ》しずつへる。例 月食《げっしょく》・侵食《しん》

注意するよみ ジキ…例 断食《だんじき》

発音あんない ショク→ショッ…例 食器《しょっき》

❶〈たべる〉の意味で

【食育】しょく いく ↓ 食生活《しょくせいかつ》や食物《しょくもつ》について知識《ちしき》を深《ふか》め、心身《しんしん》の健康《けんこう》を高《たか》めるための教育《きょういく》。

【食塩】しょく えん ↓ 食《た》べ物《もの》に使《つか》うしお。例 食塩水《しょくえんすい》

【食後】しょく ご ↓ 食事《しょくじ》をしたあと。例 食後《しょくご》のデザート。対 食前《しょくぜん》

【食指】しょく し ↓ 人《ひと》さし指《ゆび》。

【食指が動く】しょくしが うごく 食《た》べたい、そうしたいと求《もと》める気《き》になる。食指《しょくし》とは人《ひと》さし指《ゆび》のこと。

故事のはなし ☞1047ページ

【食事】しょく じ ↓〈―する〉人《ひと》が生《い》きるのに必要《ひつよう》な食《た》べ物《もの》を食《た》べること。例 三度《さんど》の食事《しょくじ》。類 飯《めし》・御《ご》飯《はん》

【食傷】しょく しょう ↓〈―する〉①わるいものを食《た》べて中毒《ちゅうどく》を起《お》こすこと。食《しょく》あたり。②おなじ食《た》べ物《もの》やものごとのくりかえしで、うんざりする

◦学習漢字でない常用漢字　▴常用漢字表にない音訓　◆常用漢字でない漢字

こと。例いささか食傷気味《しょくしょうぎみ》だ。

【食。餌。療法《しょくじりょうほう》】食《た》べ物《もの》の内容《ないよう》や分量《ぶんりょう》を調節《ちょうせつ》して、病気《びょうき》をなおす方法《ほうほう》。

【食生活《しょくせいかつ》】毎日《まいにち》の生活《せいかつ》の中《なか》での、食事《しょくじ》にかかわること。例米中心《こめちゅうしん》の食生活《しょくせいかつ》。

【食前《しょくぜん》】↓食事《しょくじ》のまえ。例食前酒《しょくぜんしゅ》 対食《しょく》後《ご》

【食。膳《しょくぜん》】↓食事《しょくじ》のとき、食《た》べ物《もの》をのせる台《だい》。お膳《ぜん》。例食膳《しょくぜん》にのぼる(料理《りょうり》としてでる)。

【食。卓《しょくたく》】↓食事《しょくじ》をするときに使《つか》うテーブル。お膳《ぜん》。例食卓《しょくたく》をかこむ。類飯台《はんだい》

【食中毒《しょくちゅうどく》】食《た》べ物《もの》にふくまれていた細《さい》菌《きん》や毒《どく》などによってはきけや下痢《げり》・腹痛《ふくつう》などがおこる病気《びょうき》。食《しょく》あたり。例集団食中毒《しゅうだんしょくちゅうどく》

【食通《しょくつう》】↓食《た》べ物《もの》についてよく知《し》っていて、味《あじ》にもうるさい人《ひと》。グルメ。例食通《しょくつう》ぶる。

【食堂《しょくどう》】↓①食事《しょくじ》をするへや。ダイニングルーム。②料理《りょうり》を出《だ》して食事《しょくじ》をさせる店《みせ》。レストラン。例大衆食堂《たいしゅうしょくどう》

【食費《しょくひ》】↓食事《しょくじ》のためにかかるお金《かね》。例一《いっ》か月《げつ》の食費《しょくひ》。食費《しょくひ》をきりつめる。

【食品《しょくひん》】↓食《た》べるようにつくられた品物《しなもの》。食《た》べ物《もの》。例食品売《しょくひんう》り場《ば》 類食料品《しょくりょうひん》・食物《しょくもつ》

【食物《しょくもつ》】↓食《た》べ物《もの》。飲《の》み物《もの》もふくめていうことが多《おお》い。例消化《しょうか》によい食物《しょくもつ》。類食料《しょくりょう》・食料品《しょくりょうひん》・食品《しょくひん》

【食用《しょくよう》】↓食《た》べ物《もの》にできること。食《た》べ物《もの》として使《つか》うこと。例食用油《しょくようあぶら》。食用《しょくよう》のキノコ。

【食欲《しょくよく》】↓食《た》べたいと思《おも》う気持《きも》ち。食《く》いけ。例食欲《しょくよく》がない。食欲不振《しょくよくふしん》

【食料《しょくりょう》】↓食《た》べるためのもの。例食料《しょくりょう》を買《か》いこむ。類食品《しょくひん》・食物《しょくもつ》

【食。糧《しょくりょう》】↓食《た》べ物《もの》。おもに、米《こめ》・ムギなどの主食《しゅしょく》を指《さ》す。例食糧不足《しょくりょうぶそく》 類糧食《りょうしょく》

【食器《しょっき》】↓茶《ちゃ》わんやはしなどの、食事《しょくじ》に使《つか》う道具《どうぐ》。例食器《しょっき》だな・食器《しょっき》あらい

食が下につく熟語 上の字の働き

❶食＝〈たべる〉のとき

【飲食《いんしょく》 酒食《しゅしょく》 寝食《しんしょく》】近縁《きんえん》の関係《かんけい》。

【和食《わしょく》 洋食《ようしょく》 外食《がいしょく》】ドコの食《しょく》か。

【主食《しゅしょく》 副食《ふくしょく》 常食《じょうしょく》 美食《びしょく》 粗食《そしょく》 軽食《けいしょく》】ドノヨウナ食《しょく》か。

【給食《きゅうしょく》 減食《げんしょく》 節食《せっしょく》 絶食《ぜっしょく》 断食《だんじき》】食《く》うことをドウスルか。

【米食《べいしょく》 菜食《さいしょく》 草食《そうしょく》 肉食《にくしょく》】ナニを食《く》うか。

【朝食《ちょうしょく》 昼食《ちゅうしょく》 夕食《ゆうしょく》 夜食《やしょく》 間食《かんしょく》】イツの食事《しょくじ》か。

【小食《しょうしょく》(少食《しょうしょく》) 大食《たいしょく》 暴飲暴食《ぼういんぼうしょく》】ドレホド食《く》うか。

【試食《ししょく》 徒食《としょく》 偏食《へんしょく》 雑食《ざっしょく》】ドノヨウニ食《く》うか。

❷食＝〈むしばむ〉のとき

【侵食《しんしょく》 浸食《しんしょく》 腐食《ふしょく》 金環食《きんかんしょく》 皆既食《かいきしょく》】ドノヨウニむしばむか。

【月食《げっしょく》 日食《にっしょく》】ナニがむしばまれるか。

◆ 弱肉強食《じゃくにくきょうしょく》 飽食《ほうしょく》 立食《りっしょく》 糧食《りょうしょく》

食－2

飢

総画10 JIS-2118 常用

音 キ 訓 うえる

筆順

なりたち

[形声]「食」が「食べ《た》る」ことを、「几」が「キ」という読《よ》み方《かた》をしめしている。「キ」は「とぼしい」の意味《いみ》を持《も》ち、食《た》べ物《もの》がとぼしいことを表《あらわ》す字《じ》。

意味 うえる。食《た》べ物《もの》がなくて苦《くる》しむ。例飢《う》えをしのぐ。飢餓《きが》

【。飢。餓《きが》】Ⅱ食《た》べ物《もの》がなくて、ひどくおなかがすくこと。飢《う》え。例飢餓《きが》に苦《くる》しむ。

【。飢•饉《ききん》】Ⅱ①農作物《のうさくぶつ》のできがわるくて、食物《しょくもつ》がたりなくなって苦《くる》しむこと。例天明《てんめい》の大飢饉《だいききん》。類凶作《きょうさく》 ②生活《せいかつ》に必要《ひつよう》なものがたりなくなること。例夏《なつ》の水飢饉《みずききん》が心配《しんぱい》だ。類欠乏《けつぼう》

食－4

飲

総画12 JIS-1691 教3年

音 イン 訓 のむ

筆順

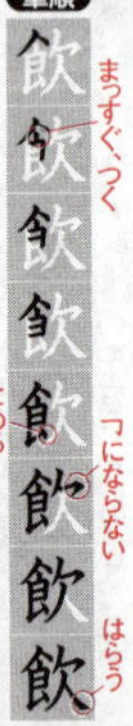

なりたち

[形声]もとの字《じ》は、「歙」。「今」と、さけ(酉)と、口《くち》をあける意味《いみ》の

「欠」とからできていて、「今《キン》」が「イン」とかわって読《よ》み方《かた》をしめしている。「キン」は「のむ」意味《いみ》を持《も》ち、酒《さけ》をのむことを表《あらわ》す字《じ》。

意味 のむ。水《みず》や酒《さけ》などを口《くち》にいれる。例 水《みず》を飲《の》む。飲《の》まず食《く》わず。飲料《いんりょう》・暴飲《ぼういん》

【飲酒】《いんしゅ》 ▲ (—する)酒《さけ》を飲《の》むこと。例 飲酒運《いんしゅうん》転禁止《てんきんし》。

【飲食】《いんしょく》 Ⅱ (—する)飲《の》んだり食《た》べたりすること。例 飲食店《いんしょくてん》

【飲用】《いんよう》 ↓ (—する)飲《の》み物《もの》として使《つか》うこと。飲《の》めること。例 飲用《いんよう》に適《てき》する。

【飲料】《いんりょう》 ↓ 飲《の》むためのもの。飲《の》み物《もの》。例 飲《いん》料水《りょうすい》・清涼飲料《せいりょういんりょう》

飲が下につく熟語 上の字の働き
【暴飲《ぼういん》 鯨飲《げいいん》】ドノヨウニ飲《の》むか。

食-4

【飯】

総画12 JIS-4051 教4年

音 ハン 訓 めし

筆順 (まっすぐ、つく とめる はらう)

なりたち  【形声】「食」が「食《た》べる」ことを、「反」が「ハン」という読《よ》み方《かた》をしめしている。「ハン」は「口《くち》にふくむ」意味《いみ》を持《も》ち、口《くち》に物《もの》をふくんで食《た》べることを表《あらわ》す字《じ》。「めし」として使《つか》われている。

意味 めし。米《こめ》をたいたごはん。食事《しょくじ》。例 飯《めし》を食《く》う。飯粒《めしつぶ》・残飯《ざんぱん》

【飯台】《はんだい》 ↓ 何人《なんにん》かで食事《しょくじ》をするときに使《つか》う台《だい》。ちゃぶ台《だい》。類 食卓《しょくたく》

【飯場】《はんば》 ↓ 土木工事《どぼくこうじ》などではたらく人《ひと》たちが、ねとまりするところ。

【飯◦粒】《めしつぶ》 ↓ ごはんのつぶ。

◆残飯《ざんぱん》 赤飯《せきはん》 日常茶飯《にちじょうさはん》 噴飯《ふんぱん》 夕飯《ゆうはん》

食-5

【飴】

総画14 JIS-1627 表外

音 ― 訓 あめ

意味 あめ。イモ・米《こめ》・さとうなどからつくるあまい菓子《かし》。例 飴色《あめいろ》・飴玉《あめだま》・水飴《みずあめ》・綿《わた》飴《あめ》・千歳飴《ちとせあめ》

食-5

【飼】

総画13 JIS-2784 教5年

音 シ 訓 かう

筆順 (まっすぐ、つく とめる はねる)

なりたち 【形声】「食」が「食《た》べる」ことを、「司」が「つかさどる」意味《いみ》と「シ」という読《よ》み方《かた》をしめしている。食《た》べ物《もの》をあたえて「かう」ことを表《あらわ》す字《じ》。

意味 かう。動物《どうぶつ》をやしなう。例 犬《いぬ》を飼《か》う。家畜《かちく》を飼《か》う。飼育《しいく》

【飼育】《しいく》 Ⅱ (—する)動物《どうぶつ》にえさをあたえて育《そだ》てること。例 学校《がっこう》でウサギを飼育《しいく》する。

【飼料】《しりょう》 ↓ 家畜《かちく》にあたえるえさ。例 混合飼《こんごうし》料《りょう》。ウシの飼料《しりょう》にする草《くさ》をかる。

食-5

【飾】

総画13 JIS-3094 常用

音 ショク 訓 かざる

筆順

なりたち  【形声】「飤」と「巾」とからできた字《じ》。「巾」が「ぬの」を、「飤《シ》」が「ショク」とかわって読《よ》み方《かた》をしめしている。「シ」は「ぬぐう」意味《いみ》を持《も》ち、人《ひと》がぬのでふききよめることを表《あらわ》す字《じ》。「かざる」として使《つか》われている。

意味 かざる。きれいに見《み》えるようにする。かざり。例 花《はな》を飾《かざ》る。装飾《そうしょく》

飾が下につく熟語 上の字の働き
【修飾《しゅうしょく》 装飾《そうしょく》 服飾《ふくしょく》】近《ちか》い意味《いみ》。
【虚飾《きょしょく》 粉飾《ふんしょく》 宝飾《ほうしょく》】ドノヨウニ飾《かざ》るか。

食-5

【飽】

総画13 JIS-4316 常用

音 ホウ 訓 あきる・あかす

筆順

なりたち  【形声】「食」が「食《た》べる」ことを、「包」が「ふくらむ」意味《いみ》と「ホウ」という読《よ》み方《かた》をしめしている。じゅうぶんに食《た》べることを表《あらわ》す字《じ》。

意味 あきる。いっぱいになる。例 金《かね》に飽《あ》かして(お金《かね》をすきなだけつぎこんで)買《か》いこむ。飽和《ほうわ》

前ページ ▶ 飯 飴 飼 飾 飽

【飽食】ほうしょく ▲ 〈—する〉あきるほど腹《はら》いっぱい食《た》べること。例 暖衣飽食《だんいほうしょく》（なにひとつ不自由《ふじゆう》のない、みちたりた生活《せいかつ》）

【飽和】ほうわ ↓ 〈—する〉いっぱいになって、もうすきもよゆうもないこと。例 飽和状態《ほうわじょうたい》に達《たっ》する。

飠-6 **餌** 総画15 JIS-1734 常用 音 ジ 訓 えさ・え

食-6 **餌** 総画14

筆順

意味 えさ。動物《どうぶつ》の食《た》べ物《もの》。飼《か》っている動物《どうぶつ》にあたえる食《た》べ物《もの》。例 小鳥《ことり》に餌《えさ》をやる。好餌《こうじ》・食餌《しょくじ》

字体のはなし 「餌」（総画《そうかく》「14画《かく》」）とも書《か》く。☞ ふろく「字体についての解説」（28ページ）

【餌食】えじき Ⅱ ①ほかの動物《どうぶつ》のえさとして食《た》べられる生《い》き物《もの》。②ほかの人《ひと》にうまく利用《りよう》されること。例 悪人《あくにん》の餌食《えじき》になる。

飠-6 **餅** 総画15 JIS-4463 常用 音 ヘイ 訓 もち

食-6 **餅** 総画14

［餠］

文字物語 館

新《あたら》しい土地《とち》へ行《い》って、どこを見《み》ようかとまよったら、まず「博物館《はくぶつかん》」と「美術館《びじゅつかん》」へ行けばよい。「水族館《すいぞくかん》」があったら、もっと楽《たの》しい。「博物館《はくぶつかん》」にも「自然博物館《しぜんはくぶつかん》」「民俗博物館《みんぞくはくぶつかん》」「科学博物館《かがくはくぶつかん》」などがあるし、また、その土地《とち》出身《しゅっしん》の詩人《しじん》・歌人《かじん》などの「記念《きねん》館《かん》」もある。それぞれの所《ところ》で、とてもたくさんの勉強《べんきょう》をすることができる。また、各市《かくし》町村《ちょうそん》には、たいてい「公民館《こうみんかん》」「図書館《としょかん》」があるし、講演《こうえん》とか演劇《えんげき》などがもよおされる「文《ぶん》化会館《かかいかん》」などのりっぱな施設《しせつ》もある。このように、「館」のつく所《ところ》には、その土地《とち》の文化《ぶんか》の花《はな》がさいている。

筆順

意味 もち。もち米《ごめ》をむして、ついた食《た》べ物《もの》。例 餅《もち》は餅屋《もちや》（なにごともそれを専門《せんもん》とする者《もの》がいちばんうまくやるものだ）。餅《もち》つき・柏餅《かしわもち》・煎餅《せんべい》

字体のはなし 「餅」（総画《そうかく》「14画《かく》」）とも書《か》く。☞ ふろく「字体についての解説」（28ページ）

食-6 **養** 総画15 JIS-4560 教4年 音 ヨウ 訓 やしなう

筆順 （ださない・はねる・人にならない）

なりたち  [形声]「ヒツジ」を表《あらわ》す「羊」が「ヨウ」という読《よ》み方《かた》をしめしている。ヒツジがうまい食《た》べ物《もの》であることから、「やしなう」ことを表《あらわ》す字《じ》。

意味 ❶やしなう。食《た》べ物《もの》をあたえて育《そだ》てたり、せわをしたりする。例 養育《よういく》・孝養《こうよう》

❷からだや心《こころ》に力《ちから》をつける。健康《けんこう》に注意《ちゅうい》する。例 養分《ようぶん》・休養《きゅうよう》・教養《きょうよう》

❸他人《たにん》を自分《じぶん》の子《こ》とする。例 養子《ようし》

名前のよみ きよ・まもる・やす・よし

❶〈やしなう〉の意味で

【養育】よういく Ⅱ 〈—する〉子《こ》どもをやしない育《そだ》てること。例 養育費《よういくひ》

【養魚】ようぎょ ▲ 魚《さかな》を売《う》るために、飼《か》って育《そだ》てること。例 養魚場《ようぎょじょう》

【養鶏】ようけい ▲ 肉《にく》やたまごをとるために、ニワトリを飼《か》うこと。例 養鶏農家《ようけいのうか》

【養護】ようご ↓ 〈—する〉からだの弱《よわ》い子《こ》や不自由《ふじゆう》な子《こ》を、とくべつ注意《ちゅうい》して育《そだ》てること。

【養蚕】ようさん ▲ まゆをとるために、カイコを飼《か》うこと。例 養蚕業《ようさんぎょう》

【養殖】ようしょく ↓ 〈—する〉魚《さかな》や貝《かい》などを、人間《にんげん》が育《そだ》てて、ふやすこと。例 池《いけ》でマスを養殖《ようしょく》する。

【養老】ようろう ▲ 老人《ろうじん》をいたわり、生活《せいかつ》のめんどうをみること。例 養老施設《ようろうしせつ》・養老年金《ようろうねんきん》

❷〈からだや心に力をつける〉の意味で

【養生《ようじょう》】▲〈—する〉①健康《けんこう》でくらせるように気《き》をつけること。例日《ひ》ごろの養生《ようじょう》。類摂生《せっせい》②病気《びょうき》やけがよくなるように、心《こころ》がけること。例温泉《おんせん》で養生《ようじょう》する。類保養《ほよう》

【養成《ようせい》】↓〈—する〉仕事《しごと》などに必要《ひつよう》な知識《ちしき》や技術《ぎじゅつ》を教《おし》えること。例選手《せんしゅ》を養成《ようせい》する。類育成《いくせい》

【養分《ようぶん》】↓生物《せいぶつ》が育《そだ》つために必要《ひつよう》な栄養《えいよう》になるもの。例養分《ようぶん》をとる。類栄養《えいよう》・滋養《じよう》

❸〈他人を自分の子とする〉の意味で

【養家《ようか》】↓養子《ようし》になって入《はい》った家《いえ》。対実家《じっか》

【養子《ようし》】↓戸籍《こせき》の上《うえ》で親子関係《おやこかんけい》をむすんで、子《こ》どもとなった人《ひと》。例養子縁組《ようしえんぐ》み 対実子《じっし》

【養女《ようじょ》】↓養子《ようし》になった女性《じょせい》。

【養父《ようふ》】↓養子《ようし》に行《い》った先《さき》の父《ちち》。または、父《ちち》代《が》わりになった人《ひと》。類継父《けいふ》・義父《ぎふ》 対実父《じっぷ》

【養母《ようぼ》】↓養子《ようし》に行《い》った先《さき》の母《はは》。または、母《はは》代《が》わりになった人《ひと》。類継母《けいぼ》・義母《ぎぼ》 対実母《じつぼ》

養が下につく熟語 上の字の働き

❶養＝〈やしなう〉のとき

【供養《くよう》 孝養《こうよう》 扶養《ふよう》】ドノヨウニ養《やしな》うか。

❷養＝〈からだや心に力をつける〉のとき

【栄養《えいよう》 滋養《じよう》 修養《しゅうよう》】近《ちか》い意味《いみ》。

【休養《きゅうよう》 静養《せいよう》 保養《ほよう》 療養《りょうよう》】ドノヨウニ養《やしな》うか。

◆教養《きょうよう》 素養《そよう》 培養《ばいよう》

食-7

餓

総画15 JIS-1878 常用

訓 —

音 ガ

筆順 餓 餓 餓 餓 餓 餓 餓 餓

なりたち 餓 【形声】「食」が「食《た》べる」ことを、「我」が「ガ」という読《よ》み方《かた》をしめしている。「ガ」は「ちぢまる」意味《いみ》を持《も》ち、食《た》べ物《もの》がとぼしくておなかがへることを表《あらわ》す字《じ》。

意味 うえる。食《た》べ物《もの》がなくて苦《くる》しむ。例餓《が》死《し》・飢餓《きが》

【°餓鬼《がき》】↓①仏教《ぶっきょう》で、わるいことをしたむくいで、死《し》んでから地獄《じごく》におちてひもじさに苦《くる》しめられる人《ひと》。例餓鬼道《がきどう》におちる。②子《こ》どもをののしったり、からかったりしていうことば。例がき大将《だいしょう》・わるがき

【°餓死《がし》】↓〈—する〉食《た》べ物《もの》がなくて、おなかがすききって死《し》ぬこと。飢《う》え死《じ》に。

◆飢餓《きが》

食-7

餐

総画16 JIS-2733 表外

訓 —

音 サン

意味 食《た》べもの。食事《しょくじ》。料理《りょうり》。例正餐《せいさん》・粗餐《そさん》・晩餐《ばんさん》

食-8

館

総画16 JIS-2059 教3年

訓 やかた・たて

音 カン

筆順 館 館 館 館 館 館 館 館（まっすぐ、つく／とめる／まっすぐ、つく）

なりたち 館 【形声】「食」が「人《ひと》がおおぜい集《あつ》まる家《いえ》」の意味《いみ》と「カン」という読《よ》み方《かた》をしめしている。「官」が旅人《たびびと》が食事《しょくじ》をする家《いえ》を表《あらわ》す字《じ》。

意味 やかた。多《おお》くの人《ひと》が集《あつ》まる大《おお》きな建物《たてもの》。例館長《かんちょう》・旅館《りょかん》・図書館《としょかん》

文字物語 ☞1050ページ

【館長《かんちょう》】↓図書館《としょかん》・博物館《はくぶつかん》などで、いちばん責任《せきにん》のある人《ひと》。例館長室《かんちょうしつ》

館が下につく熟語 上の字の働き

【会館《かいかん》 旅館《りょかん》】ナニのための館《やかた》か。

【本館《ほんかん》 別館《べっかん》 洋館《ようかん》】ドノヨウナ館《やかた》か。

【開館《かいかん》 閉館《へいかん》 休館《きゅうかん》 来館《らいかん》】館《やかた》を（館《やかた》に）ドウスルか。

食-13

饗

総画22 JIS-2234 人名

訓 もてな-す

音 キョウ

意味 もてなす。ごちそうする。多《おお》くの人《ひと》が集《あつ》まって飲《の》んだり食《た》べたりして楽《たの》しむ。

【◆饗。宴《きょうえん》】↓客《きゃく》をまねいて、また多《おお》くの人《ひと》が集《あつ》まってする宴会《えんかい》。表現花火大会《はなびたいかい》を「光《ひかり》の饗宴《きょうえん》」というなど、大《おお》がかりではなやかな行《ぎょう》事《じ》をいうこともある。

【◆饗応《きょうおう》】↓〈—する〉酒《さけ》やごちそうを出《だ》して客《きゃく》をもてなす。表記「供応」とも書《か》く。

9画 首［くび］の部

ここには「首」の字《じ》だけが入《はい》ります。

この部首の字
0 首……1052

■ 首-0

首

総画9
JIS-2883
教2年
音 シュ
訓 くび・こうべ

筆順 首 首 首 首 首 首 首 首（ながく）

なりたち [象形] かみの毛《け》を生《は》やしたあたまをえがいた字《じ》。

意味

❶あたまの部分《ぶぶん》。㋐人《ひと》や動物《どうぶつ》のあたま。物《もの》の、いちばん上《うえ》や前《まえ》の部分《ぶぶん》。かしら。例 首《くび》をふる。首肯《しゅこう》・機首《きしゅ》 ㋑くび。例 襟首《えりくび》

❷はじめの部分《ぶぶん》。順位《じゅんい》のいちばん上《うえ》。トップ。例 首位《しゅい》・首席《しゅせき》・首尾《しゅび》

❸代表《だいひょう》となるもの。かしら。トップ。例 首相《しゅしょう》・首都《しゅと》・首謀者《しゅぼうしゃ》・党首《とうしゅ》

❹申《もう》し出《で》る。例 自首《じしゅ》

❺和歌《わか》・漢詩《かんし》をかぞえることば。例 一首《いっしゅ》

名前のよみ はじめ

文字物語 ☞1052ページ

❶〈あたまの部分〉の意味で

【首実検】《くびじっけん》〈—する〉じっさいに会《あ》って、その人《ひと》かどうかたしかめること。

【首。肯】《しゅこう》 ↓ 〈—する〉相手《あいて》の言《い》うことなどを、そうだとみとめてうなずくこと。承知《しょうち》すること。例 その案《あん》には首肯《しゅこう》できない。

❷〈はじめの部分〉の意味で

【首位】《しゅい》 ↓ 第一位《だいいちい》。一番《いちばん》。トップ。例 首位《しゅい》をあらそう。首位《しゅい》に立《た》つ。類 首席《しゅせき》・王座《おうざ》

【首席】《しゅせき》 ↓ ①おなじ役《やく》の人《ひと》びとの中《なか》で、いちばん上《うえ》の人《ひと》。②成績《せいせき》のいちばん上《うえ》の人《ひと》。例 首席《しゅせき》で卒業《そつぎょう》する。類 一席《いっせき》・首位《しゅい》

【首。尾】《しゅび》 ⇕ ①はじめと終《お》わり。例 話《はなし》の首尾《しゅび》。類 終始《しゅうし》 ②終《お》わったところでみた、ぜんたいのできばえ。例 上首尾《じょうしゅび》。首尾《しゅび》よく合格《ごうかく》した。

【首。尾一。貫】《しゅびいっかん》〈—する〉はじめから終《お》わりまで考《かんが》え方《かた》や態度《たいど》がかわらないこと。例 首尾《しゅび》一貫《いっかん》して国《くに》につくす。類 終始一貫《しゅうしいっかん》

❸〈代表となるもの〉の意味で

【首相】《しゅしょう》 ↓ 内閣総理大臣《ないかくそうりだいじん》。例 首相官邸《しゅしょうかんてい》（首《しゅ》相《しょう》が公務《こうむ》をおこなうための建物《たてもの》）類 総理《そうり》

【首長】《しゅちょう》 || ①上《うえ》に立《た》って全体《ぜんたい》をまとめていく人《ひと》。②知事《ちじ》・市長《しちょう》など、地方自治体《ちほうじちたい》の長《ちょう》。例 首長選挙《しゅちょうせんきょ》

【首都】《しゅと》 ↓ その国《くに》をおさめる政府《せいふ》のある都市《とし》。例 首都圏《しゅとけん》 類 首府《しゅふ》

【首脳】《しゅのう》 || 国《くに》・会社《かいしゃ》・団体《だんたい》などで、いちばん上《うえ》の役《やく》についている人《ひと》。例 首脳会談《しゅのうかいだん》 類 巨頭《きょとう》・領袖《りょうしゅう》

【首班】《しゅはん》 ↓ 内閣《ないかく》でいちばん上《うえ》の人《ひと》。内閣総理大臣《ないかくそうりだいじん》。例 首班《しゅはん》を指名《しめい》する。

【首府】《しゅふ》 ↓ その国《くに》をおさめる政府《せいふ》のある都市《とし》。例 首府《しゅふ》ワシントン 類 首都《しゅと》

【首。謀者】《しゅぼうしゃ》 中心《ちゅうしん》になって悪事《あくじ》などをたくらむ人物《じんぶつ》。例 銀行強盗《ぎんこうごうとう》の首謀者《しゅぼうしゃ》。類 張本人《ちょうほんにん》

【首領】《しゅりょう》 || 悪者《わるもの》のかしら。ボス。例 盗賊《とうぞく》の首領《しゅりょう》。類 頭目《とうもく》・頭領《とうりょう》

首が下につく熟語 上の字の働き

❶首＝〈あたまの部分〉のとき
【機首《きしゅ》 船首《せんしゅ》 部首《ぶしゅ》 乳首《ちくび》】ナニの先端部《せんたんぶ》か。

❸首＝〈代表となるもの〉のとき

文字物語 首

「首」の字の訓《くん》は「くび」だが、現代語《げんだいご》でいう「くび」と、頭部《とうぶ》を指《さ》す漢字《かんじ》の「首《しゅ》」とは指《さ》す部分《ぶぶん》が少《すこ》しちがっている。現代《げんだい》語《ご》の「くび」は、あたまと胴体《どうたい》をつなぐ細《ほそ》いところ、漢字《かんじ》でいうと「頸《けい》（のどくび）」「領《りょう》（くびすじ）」にあたる。「頸《けい》」も「領《りょう》」も命《いのち》にかかわる急所《きゅうしょ》だから、「えりくびをつかまれ」「くびねっこをおさえられる」と、手《て》も足《あし》も出《で》なくなってしまうのだ。

日本《にほん》でもむかしは、くびから上《うえ》の部分全体《ぶぶんぜんたい》、つまり、あたま・かしらを「くび」ともいったから、うちとった敵《てき》の頭《あたま》をだれのものであるか調《しら》べることを「首実検《くびじっけん》」といった。今《いま》でも、会社《かいしゃ》をやめさせることを「首《くび》を切《き》る」「首切《くびき》り」といったり、「首《くび》にする」といったりする。

【元首《げんしゅ》 党首《とうしゅ》】ナニのかしらか。
◆襟首《えりくび》 自首《じしゅ》 手首《てくび》 百人一首《ひゃくにんいっしゅ》

9画 香 [かおり] の部

「香」の字と、それをもとにして作《つく》られた「馨」の字《じ》とが入《はい》ります。

香-0 香

総画9 JIS-2565 常用
訓音 コウ・キョウ か・かおり・かおる

筆順 香 香 香 香 香 香 香 香 香

なりたち 【会意】「黍《きび》」と「甘《あま》(あまい)」を合《あ》わせて、味《あじ》のよい黍《きび》を表《あらわ》す字《じ》。

意味 ❶かおり。よいにおい。よいにおいを出《だ》すもの。例バラの花《はな》が香《かお》る。梅《うめ》の香《か》。香水《こうすい》・芳香《ほうこう》
❷将棋《しょうぎ》のこまの一《ひと》つ。香車《きょうしゃ》。例成香《なりきょう》

注意するよみ キョウ…例香車《きょうしゃ》

名前のよみ たか・よし

❶〈かおり〉の意味で

【°香《こう》気《き》】↓よいにおい。例香気《こうき》をはなつ。類芳香《ほうこう》 対臭気《しゅうき》

【°香°辛料《こうしんりょう》】こしょう・からしなど、食《た》べものに香《かお》りや辛《から》みをくわえる調味料《ちょうみりょう》。スパイス。

【°香《こう》水《すい》】↓からだや着物《きもの》などにつける、いいにおいの液体《えきたい》。例香水《こうすい》をつける。

【°香《こう》典《でん》】↓死者《ししゃ》の霊前《れいぜん》にそなえるお金《かね》。例香典返《こうでんがえ》し。香典《こうてん》をつつむ。類香料《こうりょう》

【°香《こう》道《どう》】↓香木《こうぼく》をたき、それぞれのかおりをたのしむ風流《ふうりゅう》の道《みち》。

【°香《こう》木《ぼく》】↓香道《こうどう》に使《つか》う、かおりのよい木《き》。沈香《じんこう》・白檀《びゃくだん》・伽羅《きゃら》などがある。

【°香《こう》料《りょう》】↓①食品《しょくひん》やけしょう品《ひん》などによいかおりをつけるために入《い》れるもの。例アイスクリームの香料《こうりょう》。②香典《こうでん》。例香料《こうりょう》を供《そな》える。

【°香《こう》°炉《ろ》】↓香《こう》をたくのに使《つか》う入《い》れ物《もの》。中《なか》に炭火《すみび》を入《い》れる。例床《とこ》の間《ま》に香炉《こうろ》をおく。

◆焼香《しょうこう》 線香《せんこう》 芳香《ほうこう》

香-11 馨

総画20 JIS-1930 人名
訓音 ケイ かお-る

意味 かおる。かおり。

名前のよみ きよ

10画 馬 [うま][うまへん] の部

「馬《うま》」をもとに作《つく》られ、馬《うま》の種類《しゅるい》やあつかいにかかわる字《じ》を集《あつ》めてあります。

馬-0 馬

総画10 JIS-3947 教2年
訓音 バ うま・ま

筆順 馬 馬 馬 馬 馬 馬 馬(はねる) 馬 馬

なりたち 【象形】うまの形《かたち》をえがいた字《じ》。

意味 ❶うま。人《ひと》や荷物《にもつ》をのせてはこんだり、田畑《たはた》をたがやしたりする家畜《かちく》の一《ひと》つ。例馬《うま》に乗《の》る。かれとは馬《うま》が合《あ》う(気持《きも》ちが合《あ》ってしっくりいく)。馬車《ばしゃ》・馬力《ばりき》・車馬《しゃば》・乗馬《じょうば》
❷《その他《た》》例馬鹿《ばか》

注意するよみ ま…例馬子《まご》・絵馬《えま》

特別なよみ 伝馬船(てんません)

名前のよみ たけし

❶〈うま〉の意味で

【馬°脚《ばきゃく》】↓馬《うま》の足《あし》。表現「馬脚《ばきゃく》をあらわす」は、かくしていたことがわかってしまうこと。

【馬耳東風《ばじとうふう》】人《ひと》の意見《いけん》や注意《ちゅうい》などを少《すこ》しも気《き》にとめないで聞《き》き流《なが》すこと。例親《おや》の言《い》うことなど馬耳東風《ばじとうふう》だ。類馬《うま》の耳《みみ》に念仏《ねんぶつ》 参考東風《とうふう》は、春風《はるかぜ》のこと。春風《はるかぜ》が吹《ふ》くと人《ひと》は喜《よろこ》ぶが、馬《うま》は少《すこ》しも気《き》にとめないから。中国《ちゅうごく》の李白《りはく》の詩《し》から出《で》たことば。

◦学習漢字でない常用漢字 ▲常用漢字表にない音訓 ◆常用漢字でない漢字

【馬車】《ばしゃ》 [↓] 馬《うま》に引《ひ》かせて、人《ひと》や荷物《にもつ》をはこぶ車《くるま》。例 駅馬車《えきばしゃ》・荷馬車《にばしゃ》

【馬術】《ばじゅつ》 [↓] 馬《うま》を乗《の》りこなすわざ。例 馬術《ばじゅつ》競技大会《きょうぎたいかい》

【馬場】《ばば》 [↓] 馬《うま》に乗《の》るけいこをしたり競馬《けいば》や馬術《ばじゅつ》の競技《きょうぎ》をしたりするところ。

【馬力】《ばりき》 [↓] ①ある時間《じかん》で、ものをどれだけ動《うご》かせるかを表《あらわ》す単位《たんい》。七五キロの重《おも》さのものを一秒間《いちびょうかん》に一《いち》メートル動《うご》かす力《ちから》を一馬力《いちばりき》という。②がんばる力《ちから》。例 馬力《ばりき》をだす。

【馬齢】《ばれい》 [↓] 馬《うま》の年齢《ねんれい》。表現「馬齢《ばれい》をかさねる」は、むだに年《とし》をとる意味《いみ》で、自分《じぶん》を馬《うま》に見《み》立《た》ててへりくだっていうことば。

【馬子】《まご》 [↓] むかし、馬《うま》を引《ひ》いて人《ひと》や荷物《にもつ》をはこぶ仕事《しごと》をした人《ひと》。

❷《その他》

【馬鹿】《ばか》 [○]〈‐な・‐に〉①知恵《ちえ》のはたらきが、まるでだめなこと。その人《ひと》。例 ばか者《もの》 対 利口《りこう》 ②めちゃくちゃで、なんの意味《いみ》もない。例 ばかな話《はなし》。③(「…ばか」の形《かたち》で)それひとすじで、ほかの方面《ほうめん》のことはまるでだめなこと。例 専門《せんもん》ばか ④(「ばか…」の形《かたち》で)度《ど》はずれて。例 ばかていねい

【馬鹿正直】《ばかしょうじき》〈‐な・‐に〉あまりにも正直《しょうじき》で気《き》がきかないようす。類 愚直《ぐちょく》

【馬鹿力】《ばかぢから》 ふつうでは考《かんが》えられない、どえらい力《ちから》。例 火事場《かじば》のばか力《ぢから》。

馬が下につく熟語 上の字の働き

❶馬＝〈うま〉のとき
【牛馬《ぎゅうば》 犬馬《けんば》】近縁《きんえん》の関係《かんけい》。
【騎馬《きば》 乗馬《じょうば》 下馬《げば》 落馬《らくば》】馬《うま》に(馬《うま》から)ドウスルか。
【木馬《もくば》 竹馬《ちくば／たけうま》 絵馬《えま》 駄馬《だば》】ナニの馬《うま》か。〔駄《だ》馬《ば》の「駄《だ》」は馬《うま》が運《はこ》ぶ「にもつ」〕
◆競馬《けいば》 出馬《しゅつば》 南船北馬《なんせんほくば》

馬－3
馴
総画13 JIS-3875 人名
音 シュン・ジュン
訓 な-れる・な-らす

意味 なれる。動物《どうぶつ》が人《ひと》になれる。なつく。ならす。例 人《ひと》に馴《な》れた鳥《とり》。

馬－3
馳
総画13 JIS-3558 人名
音 チ
訓 は-せる

意味 はせる。はやく走《はし》る。かけめぐる。例 故郷《こきょう》に思《おも》いを馳《は》せる。参考「馳走《ちそう》」は、食事《しょくじ》の材料《ざいりょう》を集《あつ》めるためにかけ回《まわ》ること。

馬－4
駅
総画14 JIS-1756 教3年
音 エキ
訓 ―
［驛］

筆順

なりたち

【形声】もとの字は、「驛」。「睪」が「エキ」という読《よ》み方《かた》をしめしている。「エキ」は「かえる」意味《いみ》を持《も》ち、馬《うま》をとりかえる、乗《の》りかえるところ(宿場《しゅくば》)を表《あらわ》す字《じ》。

意味 ❶停車場《ていしゃじょう》。例 駅《えき》で電車《でんしゃ》を待《ま》つ。駅員《えきいん》・終着駅《しゅうちゃくえき》 ❷むかしの宿場《しゅくば》。例 駅伝《えきでん》・駅馬車《えきばしゃ》・宿駅《しゅくえき》

❶〈停車場〉の意味で

【駅員】《えきいん》 [↓] 駅《えき》ではたらく人《ひと》。

【駅長】《えきちょう》 [↓] その駅《えき》の責任者《せきにんしゃ》。例 駅長室《えきちょうしつ》

【駅頭】《えきとう》 [↓] 駅前《えきまえ》や駅《えき》のあたり。例 駅頭《えきとう》でまつ。

【駅弁】《えきべん》 [↓] 駅《えき》で売《う》っている弁当《べんとう》。

❷〈むかしの宿場〉の意味で

【駅伝】《えきでん》 [↓]「駅伝競走《えきでんきょうそう》」の略《りゃく》。長《なが》い距離《きょり》をくぎり、リレー式《しき》に走《はし》る競技《きょうぎ》。例 大学駅伝《だいがくえきでん》 参考 もともとは、宿場《しゅくば》から宿場《しゅくば》へと人《ひと》やものを送《おく》りとどけること。

馬－4
駆
総画14 JIS-2278 常用
音 ク
訓 かける・かる
［驅］

筆順

なりたち

【形声】もとの字は、「驅」。「區」が「ク」という読《よ》み方《かた》をしめしている。「ク」は「むちをあてる」意味《いみ》を持《も》ち、むち打《う》って馬《うま》を速《はや》く走《はし》らせることを表《あらわ》す字《じ》。

意味 ❶はしらせる。かける。はしる。例 馬《うま》を駆《か》る。駆《か》け足《あし》・先駆《せんく》 ❷追《お》いたてる。追《お》いはらう。例 駆除《くじょ》

参考「駈《ク／かける》」の字は、人名用漢字《じんめいようかんじ》。

❷〈追いたてる〉の意味で

【駆使】《くし》↓〈―する〉思《おも》いのままに使《つか》いこなすこと。例最新《さいしん》の技術《ぎじゅつ》を駆使《くし》する。

【°駆除】《くじょ》Ⅱ〈―する〉追《お》いはらったり、ころしたりすること。例害虫駆除《がいちゅうくじょ》 類駆逐《くちく》

【°駆°逐】《くちく》Ⅱ〈―する〉追《お》いはらうこと。例駆逐《くちく》艦《かん》。敵《てき》を駆逐《くちく》する。類駆除《くじょ》

【°駆虫】《くちゅう》▲〈―する〉寄生虫《きせいちゅう》や害虫《がいちゅう》を薬《くすり》などでころすこと。例駆虫薬《くちゅうやく》を飲《の》む。

駆が下につく熟語 上の字の働き

❶駆=〈はしらせる〉のとき

【疾駆《しっく》 先駆《せんく》 長駆《ちょうく》】ドノヨウニ走《はし》るか。

駄

馬-4 総画14 JIS-3444 常用

訓 ―
音 ダ・タ

筆順 駄 駄 駄 駄 馬 馬 駄 駄

なりたち [形声]もとの字は、「馱」。「大《タイ》」が「タ」とかわって読《よ》み方《かた》をしめしている。「タイ」は「のせる」意味《いみ》を持《も》ち、馬《うま》に荷物《にもつ》をせおわせることを表《あらわ》す字《じ》。

意味 ❶荷《に》をはこぶ。馬《うま》の背《せ》や車《くるま》に荷《に》をのせて運《はこ》ぶ。例駄賃《だちん》 ❷つまらない。上等《じょうとう》でない。例駄作《ださく》 ❸はきもの。例足駄《あしだ》・下駄《げた》・雪駄《せった》

❶〈荷をはこぶ〉の意味で

【°駄賃】《だちん》↓子《こ》どもがお使《つか》いやてつだいをしたときに、お礼《れい》の気持《きも》ちであたえるお金《かね》。例お駄賃《だちん》をもらう。参考もとは、馬《うま》で荷物《にもつ》をはこぶ運賃《うんちん》を指《さ》すことば。

【°駄馬】《だば》↓荷物《にもつ》をはこぶのに使《つか》う馬《うま》。☞❷

❷〈つまらない〉の意味で

【°駄°菓子】《だがし》せんべい、かりんとうなど安《やす》い材料《ざいりょう》で作《つく》ったありふれたおかし。例駄菓子《だがし》屋《や》

【°駄作】《ださく》↓つまらない作品《さくひん》。類愚作《ぐさく》 対傑作《けっさく》

【°駄馬】《だば》↓足《あし》がおそくてあまり役《やく》に立《た》たない馬《うま》。例老《お》いては駄馬《だば》にもおとる。類駑馬《どば》 ☞❶

【°駄文】《だぶん》↓へたでつまらない文章《ぶんしょう》。表現「駄文《だぶん》ですが、お読《よ》みいただければ、さいわいです」などと、自分《じぶん》の文章《ぶんしょう》をへりくだっていうときにも使《つか》う。

【°駄目】《だめ》↓〈[]に[な]〉①やっても効果《こうか》がない。むだ。例くすりをのんでもだめだった。②できない。例水泳《すいえい》はだめです。③してはいけない。例自転車《じてんしゃ》のふたり乗《の》りはだめだよ。知識碁《ご》の勝負《しょうぶ》で、白《しろ》と黒《くろ》のどちらの領地《りょうち》にもならない目《め》を指《さ》したことば。そこに石《いし》を置《お》くのが「駄目《だめ》を押《お》す（念《ねん》のためにたしかめる）」。

◆下駄《げた》 無駄《むだ》

駕

馬-5 総画15 JIS-1879 人名

訓 の-る
音 カ・ガ

意味 ❶のる。馬《うま》や馬車《ばしゃ》にのる。例駕籠《かご》・来駕《らいが》 ❷のりもの。❸のりこえる。しのぐ。例凌駕《りょうが》

駒

馬-5 総画15 JIS-2280 常用

訓 こま
音 ク

筆順 駒 駒 駒 馬 馬 駒 駒

意味 ❶馬《うま》。子馬《こうま》。例若駒《わかごま》 ❷こま。将棋《しょうぎ》のこま。例手駒《てごま》・持《も》ち駒《ごま》 ❸弦楽器《げんがっき》の弦《げん》をささえる木片《もくへん》。例三味線《しゃみせん》の駒《こま》。

駐

馬-5 総画15 JIS-3583 常用

訓 ―
音 チュウ

筆順 駐 駐 駐 駐 馬 馬 駐 駐

なりたち [形声]「主《シュ》」が「チュウ」とかわって読《よ》み方《かた》をしめしている。「シュ」は「とどまる」意味《いみ》を持《も》ち、馬《うま》が立《た》ちどまることを表《あらわ》す字《じ》。

意味 とどまる。とどめる。例駐車《ちゅうしゃ》・進駐《しんちゅう》

【°駐在】《ちゅうざい》Ⅱ①〈―する〉仕事《しごと》でおもむいた外国《がいこく》などの土地《とち》に長《なが》い期間《きかん》とどまること。例アメリカ駐在大使《ちゅうざいたいし》 ②「駐在所《ちゅうざいしょ》」の略《りゃく》。警察官《けいさつかん》が受《う》け持《も》ち地区《ちく》に住《す》みこんで仕事《しごと》をするところ。例駐在《ちゅうざい》で道《みち》をたずねる。

【°駐車】《ちゅうしゃ》▲〈―する〉運転《うんてん》する人《ひと》が車《くるま》をはな

◀次ページ

前ページ ▶ 駄 駕 駒 駐

れたままで、長《なが》い時間自動車《じかんじどうしゃ》をとめておくこと。例 立体駐車場《りったいちゅうしゃじょう》・駐車禁止《ちゅうしゃきんし》 類 停車《ていしゃ》

【°駐°屯《ちゅうとん》】 Ⅱ 〈—する〉軍隊《ぐんたい》がある場所《ばしょ》にしばらくとどまること。例 米軍《べいぐん》の駐屯地《ちゅうとんち》。

【°駐留《ちゅうりゅう》】 Ⅱ 〈—する〉軍隊《ぐんたい》がある土地《とち》に長《なが》くとどまること。例 駐留軍《ちゅうりゅうぐん》 類 進駐《しんちゅう》・駐屯《ちゅうとん》

【°駐輪《ちゅうりん》】 ▲ 〈—する〉自転車《じてんしゃ》を長《なが》い時間《じかん》とめておくこと。例 駐輪場《ちゅうりんじょう》・駐輪禁止《ちゅうりんきんし》

駐が下につく熟語 上の字の働き

【常駐《じょうちゅう》 進駐《しんちゅう》】ドノヨウニ・ドウヤッテとどまるか。

馬–7

駿

総画17 JIS-2957 人名

音 シュン 訓 —

意味

❶足《あし》がはやい。すぐれている。例 駿馬《しゅんめ》・駿足《しゅんそく》(↓俊足《しゅんそく》)・駿才《しゅんさい》(↓俊才《しゅんさい》)

❷駿河《するが》。旧国名《きゅうこくめい》。今《いま》の静岡県《しずおかけん》の中部《ちゅうぶ》。例 駿州《すんしゅう》・駿府《すんぷ》

名前のよみ たか・とし

馬–8

騎

総画18 JIS-2119 常用

音 キ 訓 —

筆順

なりたち

[形声]「奇」が「キ」という読《よ》み方《かた》をしめしている。「キ」は「またがる」意味《いみ》を持《も》ち、馬《うま》にまたがって乗《の》ることを表《あらわ》す字《じ》。

意味

❶馬《うま》に乗《の》る。例 騎手《きしゅ》・騎兵《きへい》

❷馬《うま》に乗《の》った兵《へい》。それをかぞえることば。例 一騎討《いっきう》ち・一騎当千《いっきとうせん》

名前のよみ のり

❶〈馬に乗る〉の意味で

【°騎士《きし》】 ↓ ①馬《うま》に乗《の》った武士《ぶし》。②むかしのヨーロッパの武士《ぶし》。ナイト。例 中世《ちゅうせい》の騎士《きし》。

【°騎手《きしゅ》】 ↓ 馬《うま》をあやつる人《ひと》。とくに、競馬《けいば》で馬《うま》にのる人《ひと》。

【°騎乗《きじょう》】 Ⅱ 〈—する〉馬《うま》に乗《の》ること。例 たくみな騎乗《きじょう》ぶり。

【°騎馬《きば》】 ▲ 馬《うま》を乗《の》りこなすこと。例 騎馬《きば》戦《せん》・騎馬民族《きばみんぞく》

【°騎兵《きへい》】 ↓ 馬《うま》に乗《の》った兵士《へいし》。例 騎兵隊《きへいたい》

馬–8

験

総画18 JIS-2419 教4年

音 ケン・ゲン 訓 しるし

［驗］

筆順

なりたち

[形声]もとの字《じ》は、「驗」。「僉」が「ケン」という読《よ》み方《かた》をしめしている。もと、馬《うま》の名《な》。借《か》りて、「たしかめる」意味《いみ》に使《つか》われる。

意味

❶たしかめる。ためす。例 験算《けんざん》・実験《じっけん》

❷ききめ。しるし。しょうこ。例 験《げん》がいい(えんぎがいい)。霊験《れいげん|れいけん》・効験《こうけん》・修験道《しゅげんどう》

注意するよみ ゲン…例 験《げん》がある。霊験《れいげん》

名前のよみ とし

❶〈たしかめる〉の意味で

【験算《けんざん》】 ▲ 〈—する〉たしかめるためにもういちどする計算《けいさん》。ためし算《ざん》。表記 ふつう「検算」と書《か》く。

験が下につく熟語 上の字の働き

❶験=〈たしかめる〉のとき

【実験《じっけん》 体験《たいけん》 経験《けいけん》】ドノヨウニたしかめるか。

◆ 効験《こうけん》 試験《しけん》 受験《じゅけん》 霊験《れいげん|れいけん》

馬–8

騒

総画18 JIS-3391 常用

音 ソウ 訓 さわぐ

［騷］

筆順

なりたち

[形声]もとの字《じ》は、「騷」。「蚤」が「かく」意味《いみ》と「ソウ」という読《よ》み方《かた》をしめしている。馬《うま》が前足《まえあし》で地面《じめん》をかいてさわぐことを表《あらわ》す字《じ》。

意味 さわぐ。さわがしい。例 観客《かんきゃく》が騒《さわ》ぐ。騒音《そうおん》・物騒《ぶっそう》・騒騒《そうぞう》しい

【°騒音《そうおん》】 ↓ さわがしい音《おと》。うるさい音《おと》。例 騒音公害《そうおんこうがい》。騒音《そうおん》がひどい。類 雑音《ざつおん》

【°騒°擾《そうじょう》】 Ⅱ 〈—する〉おおぜいの人《ひと》がさわぎをおこして世《よ》の中《なか》のきまりをみだすこと。類 騒動《そうどう》

【°騒然《そうぜん》】 ⊠ 〈—たる〉がやがやとさわがしくなるようす。例 会場《かいじょう》が騒然《そうぜん》となった。

【°騒動《そうどう》】 ↓ おおぜいの人《ひと》がさわぎたてるこ

と。あらそいやもめごと。例お家騒動《いえそうどう》 類騒《そう》乱《らん》・騒擾《そうじょう》

【騒乱】《そうらん》 ↓ 世《よ》の中《なか》が大《おお》きくみだれること。例幕末《ばくまつ》の騒乱《そうらん》。類騒動《そうどう》

◆狂騒《きょうそう》 潮騒《しおさい》 物騒《ぶっそう》

騰

馬－10 総画20 JIS-3813 常用

訓音 トウ ―

筆順 月 月 月 胖 胖 朕 騰 騰 騰

なりたち  【形声】もとの字は、「騰」。「朕」が「あがる」意味と「トウ」という読《よ》み方《かた》をしめしている。馬《うま》がはねあがることを表《あらわ》す字《じ》。借《か》りて、「はねあがる」意味《いみ》に使《つか》われている。

意味 はねあがる。ねだんや温度《おんど》がいっきに上《あ》がる。例騰貴《とうき》・暴騰《ぼうとう》

名前のよみ のぼる

【騰貴】《とうき》 Ⅲ 〈―する〉もののねだんが急《きゅう》に高《たか》くなること。例物価《ぶっか》が騰貴《とうき》する。類高騰《こうとう》 対下落《げらく》

騰が下につく熟語 上の字の働き

【沸騰《ふっとう》 暴騰《ぼうとう》 急騰《きゅうとう》】ドノヨウニはねあがるか。

◆高騰《こうとう》

驚

馬－12 総画22 JIS-2235 常用

訓音 キョウ おどろく・おどろかす

筆順 艹 苟 敬 驚 驚 驚 驚 驚 驚

なりたち  【形声】「敬《ケイ》」が「キョウ」とかわって読《よ》み方《かた》をしめしている。「ケイ」は「おどろいて上《うえ》を向《む》く」意味《いみ》を持《も》ち、馬《うま》がおどろいてぼう立《だ》ちになることを表《あらわ》す字《じ》。

意味 おどろく。びっくりする。例物音《ものおと》に驚《おどろ》く。世間《せけん》を驚《おどろ》かせる大事件《だいじけん》。驚異《きょうい》

【驚異】《きょうい》 ↓ ただただ、おどろくしかないすばらしさ。例自然《しぜん》の驚異《きょうい》。

【驚愕】《きょうがく》 Ⅲ 〈―する〉とつぜんのできごとなどにひどくびっくりすること。例驚愕《きょうがく》の事件《じけん》。

【驚喜】《きょうき》 ↓ 〈―する〉思《おも》いがけなくうれしいことに出合《であ》って、たいへんよろこぶこと。例めずらしい高山植物《こうざんしょくぶつ》を見《み》つけて驚喜《きょうき》する。

【驚嘆】《きょうたん》 ↓ 〈―する〉あっとおどろくほど感心《かんしん》すること。例驚嘆《きょうたん》にあたいする。類感嘆《かんたん》

10画 骨 ［ほね］［ほねへん］ の部

「骨《ほね》」をもとに作《つく》られ、骨《ほね》の種類《しゅるい》や形《かたち》にかかわる字《じ》を集《あつ》めてあります。

この部首の字

骨

骨－0 総画10 JIS-2592 教6年

訓音 コツ ほね

筆順 骨 骨 骨 骨 骨 骨 骨 骨 （つにならない・とめる・はねる）

なりたち  【会意】「ずがいこつ（冎）」と「にく（月）」とからでき、「ほね」の意味《いみ》を表《あらわ》す字《じ》。

意味

❶からだのほね。ほねぐみ。全体《ぜんたい》のささえとなるもの。からだ。例骨《ほね》を拾《ひろ》う。骨格《こっかく》・背骨《せぼね》

❷心《こころ》をささえるだいじなもの。強《つよ》い心《こころ》がまえ。例骨《ほね》を折《お》る（力《ちから》をつくす。苦労《くろう》する）。反骨《はんこつ》

❸《その他》例骨頂《こっちょう》

❶〈からだのほね〉の意味で

【骨格】《こっかく》 ↓ ①からだのほねぐみ。例骨格《こっかく》のがっしりした人《ひと》。②全体《ぜんたい》のささえとなるもの。ほねぐみ。例文章《ぶんしょう》の骨格《こっかく》がしっかりしている。

【骨子】《こっし》 ☒ 考《かんが》えや計画《けいかく》の中心《ちゅうしん》になるだいじな部分《ぶぶん》。例法案《ほうあん》の骨子《こっし》を作《つく》る。計画《けいかく》の骨子《こっし》。類要点《ようてん》

【骨髄】《こつずい》 ↓ ①ほねの中心部《ちゅうしんぶ》をみたしているやわらかいもの。例骨髄液《こつずいえき》・骨髄移植《こつずいいしょく》 ②心《こころ》のおくふかいところ。例うらみ骨髄《こつずい》にてっする（ひじょうにうらみに思《おも》う）。

【骨折】《こっせつ》 ▽ 〈―する〉けがなどでからだのほねがおれること。例足首《あしくび》を骨折《こっせつ》した。

【骨肉】《こつにく》 Ⅲ 親子《おやこ》やきょうだいなど、血《ち》のつな

◀次ページ

がった関係《かんけい》にある者《もの》。例骨肉《こつにく》のあらそい。

【骨太】《ほねぶと》▽〈一に〉〈一な〉ほねが太《ふと》くて、がっしりしているようす。例骨太《ほねぶと》のがんじょうな体格《たいかく》。☞❷

❷〈心をささえるだいじなもの〉の意味で

【骨太】《ほねぶと》▽〈一な〉〈一に〉しっかりとした大《おお》きな考《かんが》えですじが通《とお》っているようす。例骨太《ほねぶと》の意見《いけん》をはく人《ひと》だ。☞❶

❸《その他》

【骨頂】《こっちょう》◎この上《うえ》もないこと。例愚《ぐ》の骨頂《こっちょう》。

【骨董品】《こっとうひん》古《ふる》くてねうちのある美術品《びじゅつひん》や道具《どうぐ》。例骨董品《こっとうひん》を収集《しゅうしゅう》する。

骨が下につく熟語 上の字の働き

❶骨=〈からだのほね〉のとき
【背骨《せぼね》 鎖骨《さこつ》 軟骨《なんこつ》 遺骨《いこつ》 白骨《はっこつ》 鉄骨《てっこつ》】ドノヨウナ骨《ほね》か。

❷骨=〈心をささえるだいじなもの〉のとき
【気骨《きこつ》 硬骨《こうこつ》 反骨《はんこつ》 土性骨《どしょうぼね》】ドノヨウナ強《つよ》い心《こころ》がまえか。

◆筋骨《きんこつ》《すじぼね》 接骨《せっこつ》 鉄骨《てっこつ》 納骨《のうこつ》 武骨《ぶこつ》 無骨《ぶこつ》 老骨《ろうこつ》 露骨《ろこつ》

骨-6
骸
総画16 JIS-1928 常用
音 ガイ 訓 むくろ

筆順

意味 なきがら。死体《したい》。骨《ほね》だけになった死体《したい》。

骨-9
髄
総画19 JIS-3181 常用
音 ズイ 訓 —
〔髓〕

筆順
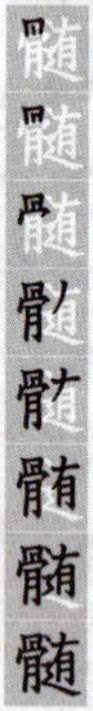

なりたち  【形声】もとの字は、「髓」。「遀」が「ズイ」という読《よ》み方《かた》をしめしている。「したがう」意味《いみ》と、骨《ほね》の中《なか》にしたがうようにあるやわらかい部分《ぶぶん》を表《あらわ》す字《じ》。

意味
❶ほねのずい。ほねの中心《ちゅうしん》のやわらかい部分《ぶぶん》。例骨《ほね》の髄《ずい》まで冷《ひ》える。髄質《ずいしつ》・骨髄《こつずい》・歯髄《しずい》
❷たいせつな部分《ぶぶん》。ものごとの中心《ちゅうしん》をしめるところ。例真髄《しんずい》

髄が下につく熟語 上の字の働き

❶髄=〈ほねのずい〉のとき
【骨髄《こつずい》 脳髄《のうずい》】ナニの髄《ずい》か。

❷髄=〈たいせつな部分〉のとき
【真髄《しんずい》 神髄《しんずい》】ドノクライたいせつか。

◆精髄《せいずい》

10画 高 〔たかい〕 の部

ここには「高」の字《じ》だけが入《はい》ります。

この部首の字

高-0
高
総画10 JIS-2566 教2年
音 コウ 訓 たかい・たか・たかまる・たかめる

筆順

なりたち  【象形】たかいたてもの(亯)と入《い》り口《ぐち》(口)をえがいた字《じ》。それから「たかい」の意味《いみ》となった。

意味
❶たかい。上《うえ》の方《ほう》にある。例高台《たかだい》・高山《こうざん》・標高《ひょうこう》
❷程度《ていど》がたかい。数《かず》が大《おお》きい。金額《きんがく》や数量《すうりょう》。例高値《たかね》・高温《こうおん》・高級《こうきゅう》・残高《ざんだか》
❸すぐれている。りっぱである。たっとい。例高貴《こうき》・高潔《こうけつ》・高名《こうめい》・崇高《すうこう》
❹動《うご》きや力《ちから》が強《つよ》くなる。たかまる。たかぶる。例教養《きょうよう》を高《たか》める。高揚《こうよう》・激高《げきこう》
❺えらぶる。思《おも》いあがる。えらそうにする。例おごり高《たか》ぶる。高慢《こうまん》・高飛車《たかびしゃ》
❻うやまう気持《きも》ちを表《あらわ》す。例高説《こうせつ》・高覧《こうらん》
❼「高等学校《こうとうがっこう》」の略《りゃく》。例中高一貫《ちゅうこういっかん》・女子高《じょしこう》

名前のよみ あきら・すけ

❶〈たかい〉の意味で

【高架】《こうか》↓線路《せんろ》や道路《どうろ》・橋《はし》などを、地面《じめん》から高《たか》いところにかけわたすこと。例高架線《こうかせん》

【高原】《こうげん》↓標高《ひょうこう》の高《たか》い山地《さんち》にある、平《たい》らで広《ひろ》いところ。例高原野菜《こうげんやさい》。高原《こうげん》でのキャンプ。

【高座】《こうざ》↓①講演《こうえん》や説法《せっぽう》をするために一段《いちだん》

高《たか》く作《つく》った席《せき》。②寄席《よせ》で、芸《げい》をするために一《いち》段高《だんたか》く作《つく》ったところ。[例]高座《こうざ》にあがる。

【高山】《こうざん》[↓]高《たか》い山《やま》。[例]高山病《こうざんびょう》・高山植物《こうざんしょくぶつ》

【高所】《こうしょ》[↓]高《たか》いところ。[例]高所恐怖症《こうしょきょうふしょう》

☞❸

【高層】《こうそう》[↓]①建物《たてもの》が何階《なんかい》にもなっていて高《たか》いこと。[例]高層建築《こうそうけんちく》②空《そら》の高《たか》いところ。[例]高層雲《こうそううん》[類]高空《こうくう》[対]低層《ていそう》

【高潮】《こうちょう》[↓][一]満潮《まんちょう》で、しおがいちばん高《たか》くなること。[例]高潮時《こうちょうじ》[二]《たかしお》台風《たいふう》などで、海水《かいすい》が高《たか》くもりあがること。[例]高潮注意報《たかしおちゅういほう》[類]津波《つなみ》☞❷

【高低】《こうてい》[⇕]高《たか》いことと低《ひく》いこと。[例]高低差《こうていさ》

【高度】《こうど》[↓]海面《かいめん》からの高《たか》さ。[例]高度《こうど》一万《いちまん》メートル。☞❷

【高。楼】《こうろう》[↓]高《たか》く、りっぱな建物《たてもの》。たかどの。[例]大廈高楼《たいかこうろう》[表現]むかしふうのことば。

【高台】《たかだい》[↓]まわりより少《すこ》し高《たか》くなっている平《たい》らな土地《とち》。[例]高台《たかだい》にある学校《がっこう》。

❷〈程度がたかい〉の意味で

【高圧】《こうあつ》[↓]①おさえつける力《ちから》が強《つよ》いこと。強《つよ》い圧力《あつりょく》。[例]高圧《こうあつ》ガス②電圧《でんあつ》が高《たか》いこと。[例]高圧線《こうあつせん》

【高位】《こうい》[↓]位《くらい》が高《たか》いこと。その地位《ちい》にある人《ひと》。[例]高位高官《こういこうかん》

【高音】《こうおん》[↓]①高《たか》い声《こえ》や音《おと》。[例]高音《こうおん》がかすれて出《で》ない。②合唱《がっしょう》で高《たか》い声《こえ》の部分《ぶぶん》。ソプラノ。[対]低音《ていおん》

【高温】《こうおん》[↓]〈─な〉〈─に〉温度《おんど》が高《たか》いこと。[例]高温多湿《こうおんたしつ》・高温殺菌《こうおんさっきん》[対]低温《ていおん》

【高価】《こうか》[↓]〈─な〉〈─に〉ねだんが高《たか》いこと。[例]高価《こうか》な宝石《ほうせき》。[対]安価《あんか》・廉価《れんか》・低廉《ていれん》

【高額】《こうがく》[↓]〈─な〉〈─に〉①金額《きんがく》が多《おお》いこと。[例]高額所得《こうがくしょとく》[類]多額《たがく》[対]低額《ていがく》・少額《しょうがく》②金額《きんがく》の単位《たんい》が大《おお》きいこと。[例]高額紙幣《こうがくしへい》[対]小額《しょうがく》

【高官】《こうかん》[↓]大臣《だいじん》や長官《ちょうかん》など、政府《せいふ》や役所《やくしょ》で、上《うえ》の役目《やくめ》についている人《ひと》。[例]政府《せいふ》の高官《こうかん》。

【高気圧】《こうきあつ》気圧《きあつ》がまわりにくらべて高《たか》いところ。[例]高気圧《こうきあつ》がはりだす。[対]低気圧《ていきあつ》

【高級】《こうきゅう》[↓]〈─な〉〈─に〉①身分《みぶん》や地位《ちい》が上《うえ》であること。[例]高級官僚《こうきゅうかんりょう》[類]上級《じょうきゅう》[対]下級《かきゅう》②品物《しなもの》の質《しつ》がよく、値段《ねだん》も高《たか》いこと。[例]高級車《こうきゅうしゃ》・高級品《こうきゅうひん》[類]上等《じょうとう》[対]低級《ていきゅう》③程度《ていど》が高《たか》く、むずかしいこと。[例]小学生《しょうがくせい》には高級《こうきゅう》すぎる問題《もんだい》。[類]高度《こうど》・高等《こうとう》[対]低級《ていきゅう》

【高。僧】《こうそう》[↓]位《くらい》の高《たか》い僧《そう》。☞❸

【高速】《こうそく》[↓]①速度《そくど》がとても速《はや》いこと。[例]高速回転《こうそくかいてん》[対]低速《ていそく》②「高速道路《こうそくどうろ》」の略《りゃく》。[例]東名《とうめい》高速《こうそく》

【高潮】《こうちょう》[↓]〈─する〉いきおいや調子《ちょうし》がいちだんと強《つよ》くなること。[例]最高潮《さいこうちょう》☞❶

【高度】《こうど》[↓]〈─な〉〈─に〉ほかとくらべて程度《ていど》が高《たか》いこと。[例]高度《こうど》な技術《ぎじゅつ》。[類]高級《こうきゅう》・高等《こうとう》☞❶

【高等】《こうとう》[↓]〈─な〉〈─に〉程度《ていど》が高《たか》いこと。[例]高等数学《こうとうすうがく》[類]高度《こうど》・高級《こうきゅう》[対]初等《しょとう》

【高利】《こうり》[↓]ふつうより利率《りりつ》が大《おお》きいこと。[例]高利貸《こうりが》し[対]低利《ていり》

【高。齢】《こうれい》[↓]年《とし》をとっていること。[例]高齢《こうれい》者《しゃ》・高齢化社会《こうれいかしゃかい》[類]高年《こうねん》・老齢《ろうれい》

【高値】《たかね》[↓]高《たか》いねだん。[例]野菜《やさい》の高値《たかね》がつづく。[対]安値《やすね》・廉価《れんか》

❸〈すぐれている〉の意味で

【高遠】《こうえん》[II]〈─な〉〈─に〉スケールが大《おお》きくて、すぐれているようす。[例]高遠《こうえん》な理想《りそう》。[類]高邁《こうまい》

【高貴】《こうき》[II]〈─な〉〈─に〉身分《みぶん》が高《たか》くてりっぱなようす。[例]高貴《こうき》な家《いえ》がら。[対]下賤《げせん》

【高潔】《こうけつ》[II]〈─な〉〈─に〉心《こころ》がけだかいようす。[例]高《こう》潔《けつ》の士《し》。

【高所】《こうしょ》[↓]ものごとの全体《ぜんたい》を見《み》わたす立場《たちば》。[例]大所高所《たいしょこうしょ》から判断《はんだん》する。☞❶

【高。尚】《こうしょう》[II]〈─な〉〈─に〉このみがよくて上品《じょうひん》なようす。[例]高尚《こうしょう》な趣味《しゅみ》。[対]低俗《ていぞく》

【高説】《こうせつ》[↓]すぐれた考《かんが》え。[類]卓説《たくせつ》☞❻

【高。僧】《こうそう》[↓]考《かんが》えやおこないがりっぱな僧《そう》。[例]高僧《こうそう》の説法《せっぽう》を聞《き》く。☞❷

【高弟】《こうてい》[↓]とくにすぐれている弟子《でし》。

【高評】《こうひょう》[↓]評判《ひょうばん》がよいこと。高《たか》い評価《ひょうか》。[例]研究《けんきゅう》が高評《こうひょう》をえる。☞❻

【高名】《こうめい|こうみょう》[↓]〈─な〉世間《せけん》に広《ひろ》く知《し》られていること。名高《なだか》い。[例]高名《こうめい|こうみょう》な医者《いしゃ》。[類]著名《ちょめい》・有名《ゆうめい》・令名《れいめい》☞❻

❹〈動きや力が強くなる〉の意味で

【高。騰】《こうとう》[II]〈─する〉もののねだんがひどくあがること。[例]地価《ちか》が高騰《こうとう》する。[類]騰貴《とうき》・急騰《きゅうとう》

前ページ ▶ 高

対 低落《ていらく》・下落《げらく》

【高。揚】《こうよう》 ‖ 〈―する〉気分《きぶん》が高《たか》まること。意気《いき》ごみをもり上《あ》げること。例 士気《しき》を高揚《こうよう》する。

❺〈えらぶる〉の意味で

【高圧的】《こうあってき》 〈―な／―に〉上《うえ》から人《ひと》をおさえつけてしたがわせようとするようす。例 高圧的《こうあってき》な態度《たいど》。類 威圧的《いあってき》・高飛車《たかびしゃ》・居丈高《いたけだか》

【高言】《こうげん》 ↓ 〈―する〉いばってえらそうに言《い》うこと。例 高言《こうげん》をはく。類 大言壮語《たいげんそうご》・豪語《ごうご》

【高姿勢】《こうしせい》 相手《あいて》を頭《あたま》からおさえつけるようないばった態度《たいど》。例 高姿勢《こうしせい》をくずさない。類 居丈高《いたけだか》・高飛車《たかびしゃ》 対 低姿勢《ていしせい》

【高。慢】《こうまん》 ‖ 〈―な／―に〉うぬぼれが強《つよ》くて人《ひと》をばかにするようす。例 高慢《こうまん》な顔《かお》つき。類 尊大《そんだい》・不《ふ》遜《そん》 対 謙虚《けんきょ》

【高飛車】《たかびしゃ》 〈―な／―に〉上《うえ》からむりやりに自分《じぶん》の考《かんが》えをおしつけるようす。頭《あたま》ごなし。例 高飛《たかび》車《しゃ》な言《い》い方《かた》。類 高圧的《こうあってき》・居丈高《いたけだか》・高姿勢《こうしせい》

❻〈うやまう気持ちを表す〉の意味で

【高見】《こうけん》 ↓ (「ご高見《こうけん》」の形《かたち》で)あなたのご意《い》見《けん》。例 ご高見《こうけん》をお聞《き》かせください。

【高説】《こうせつ》 ↓ (「ご高説《こうせつ》」の形《かたち》で)あなたのお説《せつ》。例 ご高説《こうせつ》、感服《かんぷく》いたしました。☞❸

【高評】《こうひょう》 ↓ (「ご高評《こうひょう》」の形《かたち》で)あなたがしてくださる批評《ひひょう》。☞❸

【高名】《こうめい｜こうみょう》 ↓ (「ご高名《こうめい｜こうみょう》」の形《かたち》で)あなたのお名前《なまえ》。例 ご高名《こうめい｜こうみょう》はかねがねうけたまわっております。☞❸

【高覧】《こうらん》 ↓ ごらんになる。相手《あいて》が見《み》ることをうやまっていうことば。例 ご高覧《こうらん》いただければさいわいです。

高が下につく熟語 上の字の働き

❶高＝〈たかい〉のとき
【座高《ざこう》 標高《ひょうこう》】ナニの高《たか》さか。

❷高＝〈程度がたかい〉のとき
【円高《えんだか》 声高《こわだか》】ナニが高《たか》いか。

◆居丈高《いたけだか》 激高《げきこう》 孤高《ここう》 最高《さいこう》 残高《ざんだか》 崇高《すうこう》 鼻高高《はなたかだか》 割高《わりだか》

10画 髟［かみがしら］の部

髪《かみ》の毛《け》の意《い》を表《あらわ》す「髟」をもとにして作《つく》られた「髪」の字《じ》だけが入《はい》ります。

この部首の字 4 髪……1060

髟-4

髪

総画14 JIS-4017 常用

音 ハツ 訓 かみ

［髪］

筆順

なりたち 【形声】もとの字は、「髮」。「髟」が「かみの毛《け》」を、「犮」が「ハツ」という読《よ》み方《かた》をしめしている。「ハツ」は「生《は》える」意味《いみ》を持《も》ち、頭《あたま》に生《は》えるかみの毛《け》を表《あらわ》す字《じ》。

意味 かみ。あたまの毛《け》。例 髪《かみ》を結《ゆ》う。髪形《かみがた》・調髪《ちょうはつ》・毛髪《もうはつ》

特別なよみ 白髪(しらが)

髪が下につく熟語 上の字の働き

【頭髪《とうはつ》 金髪《きんぱつ》 銀髪《ぎんぱつ》 白髪《はくはつ｜しらが》 長髪《ちょうはつ》 怒髪《どはつ》】ドノヨウナ髪《かみ》か。

【散髪《さんぱつ》 整髪《せいはつ》 洗髪《せんぱつ》 調髪《ちょうはつ》 理髪《りはつ》 束髪《そくはつ》】髪《かみ》をドウスルか。

◆間一髪《かんいっぱつ》 危機一髪《ききいっぱつ》 毛髪《もうはつ》

10画 鬯［ちょう］の部

香草《こうそう》をひたした酒《さけ》の意《い》を表《あらわ》す「鬯」をもとにして作《つく》られた「鬱」の字《じ》だけが入《はい》ります。

この部首の字 19 鬱……1060

鬯-19

鬱

総画29 JIS-6121 常用

音 ウツ 訓 ふさ-ぐ

筆順

意味

❶しげる。草木《くさき》がむらがる。例 鬱蒼《うっそう》とした森《もり》。

❷ふさぎこむ。気分《きぶん》がはれない。例 憂鬱《ゆううつ》

10画 鬼［おに］［きにょう］の部

「鬼《おに》」をもとに作《つく》られ、霊《れい》やふしぎなことにかかわる字《じ》を集《あつ》めてあります。

この部首の字
0 鬼……1061　4 魁……1061　魂……1061
5 魅……1061　8 魏……1062　11 魔……1062　醜→酉 985

鬼−0

鬼

総画10
JIS-2120
常用
音 キ
訓 おに

筆順

なりたち

【象形】大《おお》きな頭《あたま》(由)を持《も》つひと(儿)のすがたをえがいて、「死者《ししゃ》のたましい」の意味《いみ》を表《あらわ》す字《じ》。

意味
❶死者《ししゃ》のたましい。亡霊《ぼうれい》。例鬼神《きしん|きじん》
❷おに。人《ひと》に似《に》たすがたの、おそろしい化《ば》け物《もの》。例鬼《おに》に金棒《かなぼう》。鬼畜《きちく》・赤鬼《あかおに》
❸人間《にんげん》ばなれしている。例鬼才《きさい》
❹大《おお》きい。植物《しょくぶつ》や動物《どうぶつ》の名《な》の上《うえ》につけて、形《かたち》が大《おお》きくて、ごつい感《かん》じを表《あらわ》す。例鬼《おに》百合《ゆり》・鬼蜘蛛《おにぐも》

❶〈死者のたましい〉の意味で
【°鬼火】おにび ↓夜《よる》、墓地《ぼち》などで、もえるように見《み》える青白《あおじろ》い光《ひかり》。類狐火《きつねび》
【°鬼神】きしん|きじん 川 死者《ししゃ》のたましい。☞❷
【°鬼°籍】きせき ↓死者《ししゃ》の名前《なまえ》や死《し》んだ日《ひ》などを書《か》いておく帳簿《ちょうぼ》。例鬼籍《きせき》に入《い》る(死亡《しぼう》する)。類過去《かこ》帳《ちょう》

❷〈おに〉の意味で
【°鬼°瓦】おにがわら ↓屋根《やね》のいちばん高《たか》いところの両《りょう》はしにつける、おにの顔《かお》などに似《に》せてつくった大《おお》きなかわら。魔《ま》よけのためだといわれている。例鬼瓦《おにがわら》のような顔《かお》。
【°鬼気】きき ↓思《おも》わず身《み》ぶるいするようなおそろしさ。例鬼気《きき》せまるものがある。
【°鬼神】きしん|きじん ↓あらあらしく、おそろしい神《かみ》。おにがみ。例断《だん》じておこなえば、鬼神《きしん》もこれを避《さ》く(勇気《ゆうき》を出《だ》してやれば、むずかしいことも、むずかしくなくなる)。☞❶
【°鬼°畜】きちく 川 おにやけだもののように、むごいことを平気《へいき》でする者《もの》。人《ひと》でなし。例鬼畜《きちく》のふるまい。
【°鬼門】きもん ↓①なにごとをするにも、さけたほうがいいといわれる北東《ほくとう》の方角《ほうがく》。②にがてでさけたいと思《おも》っている、人《ひと》やものごと。例理科《りか》は鬼門《きもん》だ。

❸〈人間ばなれしている〉の意味で
【°鬼才】きさい ↓人間《にんげん》わざとは思《おも》えないほどのすぐれた才能《さいのう》。その持《も》ち主《ぬし》。例映画界《えいがかい》の鬼才《きさい》。

◆餓鬼《がき》

鬼−4

魁

総画14
JIS-1901
人名
音 カイ
訓 さきがけ

意味
❶さきがけ。例改革《かいかく》の魁《さきがけ》となる。
❷かしら。先頭《せんとう》に立《た》つ人《ひと》。例首魁《しゅかい》
❸大《おお》きい。すぐれている。例魁偉《かいい》

名前のよみ いさお・いさむ

鬼−4

魂

総画14
JIS-2618
常用
音 コン
訓 たましい

筆順

なりたち
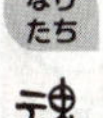
【形声】「のぼる」意味《いみ》の「云《ウン》」が、「コン」とかわって読《よ》み方《かた》をしめしている。死者《ししゃ》(鬼)のからだをはなれて立《た》ちのぼっていく「たましい」を表《あらわ》す字《じ》。

意味
❶たましい。例魂魄《こんぱく》・霊魂《れいこん》
❷こころ。精神《せいしん》。例魂《たましい》をこめる。三《み》つ子《ご》の魂《たましいひゃく》百まで(おさないときの性格《せいかく》は、年《とし》をとってもかわらないものだ)。魂胆《こんたん》・精《せい》魂《こん》・闘魂《とうこん》

❷〈こころ〉の意味で
【°魂°胆】こんたん 川 心《こころ》の中《なか》にひそかにもっている、たくらみ。例魂胆《こんたん》を見《み》ぬく。類下心《したごころ》

魂が下につく熟語 上の字の働き

❷魂＝〈こころ〉のとき
【商魂《しょうこん》 闘魂《とうこん》】ドノヨウナ心《こころ》か。

◆精魂《せいこん》　鎮魂《ちんこん》　入魂《にゅうこん》　霊魂《れいこん》

鬼−5

魅

総画15
JIS-4405
常用
音 ミ
訓 ―

筆順

なりたち
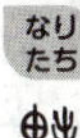
【形声】「鬼」が「ばけもの」を、「未《ミ》」が「ビ」という読《よ》み方《かた》をしめ

°学習漢字でない常用漢字　▲常用漢字表にない音訓　◆常用漢字でない漢字

前ページ ▶ 鬼 魁 魂 魅

している。「ビ」は「かいぶつ」の意味《いみ》を持《も》ち、人《ひと》をまどわすことを表《あらわ》す字《じ》。

意味 まどわす。人《ひと》の心《こころ》をひきつける。例 美《うつく》しさに魅《み》せられる。魅力《みりょく》

【魅了】《みりょう》 ↓〈—する〉すっかり人《ひと》をむちゅうにさせること。例 聴衆《ちょうしゅう》を魅了《みりょう》する演奏《えんそう》。類 魅惑《みわく》

【魅力】《みりょく》 ↓人《ひと》の心《こころ》をひきつけ、むちゅうにさせる力《ちから》。例 美《うつく》しさに魅力《みりょく》を感《かん》じる。

【魅惑】《みわく》 ॥〈—する〉人《ひと》の心《こころ》をひきつけ、まよわせること。例 魅惑的《みわくてき》なまなざし。類 魅了《みりょう》

鬼-8

魏

総画18 JIS-8218 表外 音 ギ 訓 —

意味 むかしの中国《ちゅうごく》の国《くに》の名《な》。

参考 古代中国《こだいちゅうごく》で、前漢《ぜんかん》・後漢《ごかん》のあとに、中国《ちゅうごく》が「魏《ぎ》」「呉《ご》」「蜀《しょく》」と三《みっ》つに分《わ》かれて、たがいに戦《たたか》った時代《じだい》があった。これが三国時代《さんごくじだい》で、いちばん活躍《かつやく》した人《ひと》が魏《ぎ》の曹操《そうそう》である。

鬼-11

魔

総画21 JIS-4366 常用 音 マ 訓 —

筆順 魔 魔 魔 魔 魔 魔 魔 魔

なりたち 魔 [形声]もとの字《じ》は、「魔」。「鬼」と「麻」とからでき、「麻」が「マ」という読《よ》み方《かた》をしめしている。「あくま、ばけもの」を表《あらわ》し、古代《こだい》インドのサンスクリット語《ご》の悪神《あくじん》「マーラ」の音《おん》を当《あ》てた字《じ》。

意味 ❶まもの。やみの世界《せかい》の支配者《しはいしゃ》。よくないはたらきをするものや人《ひと》。例 魔王《まおう》・悪魔《あくま》 ❷あやしい。ふしぎな。例 魔力《まりょく》

❶〈まもの〉の意味で

【魔王】《まおう》 ↓①仏道《ぶつどう》の修行《しゅぎょう》のじゃまをする魔物《まもの》の王《おう》。②人《ひと》の心《こころ》をまよわせ、悪《あく》の道《みち》に引《ひ》き入《い》れる魔物《まもの》のかしら。悪魔《あくま》の王《おう》。

【魔手】《ましゅ》 ↓魔物《まもの》の手《て》。危害《きがい》をあたえたり、悪《あく》の道《みち》へさそったりして、人《ひと》を不幸《ふこう》におとしいれるものをいう。例 魔手《ましゅ》がのびる。

【魔女】《まじょ》 ↓女《おんな》の魔法使《まほうつか》い。ふしぎな力《ちから》をもった女《おんな》。

【魔性】《ましょう》 ↓悪魔《あくま》のように人《ひと》の心《こころ》をまよわせ、だます性質《せいしつ》。例 魔性《ましょう》のもの。

【魔神】《ましん｜まじん》 ↓わざわいをおこす神《かみ》。類 悪魔《あくま》

【魔物】《まもの》 ↓人《ひと》に害《がい》をあたえるあやしいもの。化《ば》け物《もの》。例 魔物《まもの》がすむ森《もり》。類 悪魔《あくま》・妖怪《ようかい》

❷〈あやしい〉の意味で

【魔術】《まじゅつ》 ↓①人《ひと》の心《こころ》をまよわせるふしぎな術《じゅつ》。例 魔術《まじゅつ》にかかる。類 魔法《まほう》 ②大《おお》がかりな手品《てじな》。例 魔術師《まじゅつし》・魔術団《まじゅつだん》 類 奇術《きじゅつ》

【魔法】《まほう》 ↓人間《にんげん》にはできないようなふしぎなことをおこなう術《じゅつ》。例 魔法《まほう》にかける。魔法《まほう》使《つか》い 類 魔術《まじゅつ》

【魔力】《まりょく》 ↓人《ひと》をまどわせるふしぎな力《ちから》。例 お金《かね》の魔力《まりょく》にまける。

魔が下につく熟語 上の字の働き

❶魔＝〈まもの〉のとき

【悪魔《あくま》 邪魔《じゃま》】ドンナ魔物《まもの》か。

【睡魔《すいま》 病魔《びょうま》】ドンナはたらきをする魔物《まもの》か。

◆ 断末魔《だんまつま》

10画 韋〔なめしがわ〕の部

毛《け》をとりさってやわらかくした皮《かわ》を表《あらわ》す「韋《なめしがわ》」をもとにして作《つく》られた「韓」の字《じ》だけが入《はい》ります。もとは「韋」の形《かたち》で、「9画《かく》」。

この部首の字 8 韓……1062

韋-8

韓

総画18 JIS-2058 常用 音 カン 訓 —

筆順 韓 韓 韓 韓 韓 韓 韓 韓

意味 韓国《かんこく》。朝鮮半島南部《ちょうせんはんとうなんぶ》の国《くに》の名《な》。大韓民国《だいかんみんこく》。例 日韓《にっかん》

参考 もと、総画数《そうかくすう》「17画《かく》」。

10画 竜〔りゅう〕の部

ここには「竜」の字《じ》だけが入《はい》ります。

この部首の字 0 竜……1063

■竜-0

竜

総画10
JIS-4621
常用
訓音 リュウ たつ
［龍］

筆順 竜竜竜竜竜竜竜竜竜竜

なりたち  【象形】もとの字《じ》は、「龍」。想像《そうぞう》上《じょう》の動物《どうぶつ》の「りゅう」の形《かたち》をえがいた字《じ》。

竜

意味 りゅう。たつ。雲《くも》をよび、空《そら》を飛《と》ぶ力《ちから》をもつというふしぎな動物《どうぶつ》。例 竜宮《りゅうぐう》・飛竜《ひりゅう》
参考 昔《むかし》の中国《ちゅうごく》で、竜《りゅう》は天子《てんし》の権威《けんい》を形《かたち》にしめしたもので、霊的《れいてき》な生《い》きものだった。

名前のよみ きみ・しげみ・とおる

【◦竜宮《りゅうぐう》】↓ 海《うみ》の底《そこ》にあって、竜王《りゅうおう》や乙姫《おとひめ》がすむという宮殿《きゅうでん》。例 竜宮城《りゅうぐうじょう》

【◦竜神《りゅうじん》】↓ 雨《あめ》と水《みず》を支配《しはい》する神《かみ》。例 竜神《りゅうじん》に雨乞《あまご》いをする。類 竜王《りゅうおう》

【◦竜頭◦蛇◦尾《りゅうとうだび》】はじめはいきおいがさかんだが、終《お》わりにはそのいきおいがなくなってしまうこと。しりすぼみ。例 大作《たいさく》をしあげる計画《けいかく》は竜頭蛇尾《りゅうとうだび》に終《お》わった。参考「頭《あたま》はりっぱな竜《りゅう》、しっぽは小《ちい》さな蛇《へび》」という意味《いみ》から。

◆恐竜《きょうりゅう》 飛竜《ひりゅう》

11画 魚［うお］［うおへん］の部

「魚《うお》」をもとに作《つく》られ、魚類《ぎょるい》や水生《すいせい》の動物《どうぶつ》にかかわる字《じ》を集《あつ》めてあります。

この部首の字
0 魚……1063
5 鮎……1063
6 鮭……1064
鮫……1064
鮨……1064
鮮……1064
鮪……1064
7 鯉……1064
8 鯨……1064
鯖……1064
鯛……1065
10 鰯……1065
11 鰺……1065
鰻……1065
12 鰹……1065
鱒……1065
13 鱗……1065

■魚-0

魚

総画11
JIS-2191
教2年
訓音 ギョ うお・さかな

筆順 魚魚魚魚魚魚魚魚魚魚魚

なりたち  【象形】さかなの形《かたち》をえがいた字《じ》。

意味 うお。さかな。さかなのかたちをしたもの。例 魚《さかな》を焼《や》く。魚類《ぎょるい》・川魚《かわうお/かわざかな》

特別なよみ 雑魚(ざこ)

名前のよみ な

【魚市場《うおいちば》】魚《さかな》や貝《かい》などを売《う》り買《か》いする市場《いちば》。例 朝早《あさはや》く魚市場《うおいちば》のせりで仕入《しい》れた魚《さかな》。類 魚河岸《うおがし》

【魚河岸《うおがし》】魚《さかな》や貝《かい》を売《う》り買《か》いする、港《みなと》に近《ちか》い市場《いちば》。例 魚河岸《うおがし》に仕入《しい》れに行《い》く。類 魚市《うおいち》場《ば》

【魚◦介《ぎょかい》】Ⅱ 魚《さかな》や貝《かい》など、海《うみ》や川《かわ》でとれて、食用《しょくよう》になるものをまとめていうことば。例 魚介類《ぎょかいるい》 参考「介」は、貝《かい》がらを表《あらわ》す字《じ》。表記「魚貝」とも書《か》く。

【魚群《ぎょぐん》】↓ 水中《すいちゅう》を泳《およ》ぐ魚《さかな》のむれ。例 魚群探知機《ぎょぐんたんちき》

【魚◦礁《ぎょしょう》】↓ 海《うみ》の中《なか》の岩場《いわば》で、魚《さかな》が多《おお》く集《あつ》まるところ。例 人工魚礁《じんこうぎょしょう》

【魚◦拓《ぎょたく》】↓ 魚《さかな》の表面《ひょうめん》にすみをぬり、紙《かみ》で形《かたち》をうつしとったもの。例 大物《おおもの》をつった記念《きねん》に魚拓《ぎょたく》をとる。

魚拓

【魚粉《ぎょふん》】↓ 魚《さかな》をほして、こなにしたもの。食用《しょくよう》のほか、肥料《ひりょう》や飼料《しりょう》にする。

【魚雷《ぎょらい》】◎「魚形水雷《ぎょけいすいらい》」の略《りゃく》。水中《すいちゅう》を進《すす》んでいき、船《ふね》を爆破《ばくは》する兵器《へいき》。

【魚類《ぎょるい》】↓ 魚《さかな》のなかまをまとめてよぶことば。例 魚類図鑑《ぎょるいずかん》

魚が下につく熟語 上の字の働き
【鮮魚《せんぎょ》 稚魚《ちぎょ》 金魚《きんぎょ》 川魚《かわうお/かわざかな》 煮魚《にざかな》 雑魚《ざこ》
秋刀魚《さんま》】ドノヨウナ魚《さかな》か。
◆人魚《にんぎょ》 木魚《もくぎょ》

◧魚-5

鮎

総画16
JIS-1630
人名
訓音 デン あゆ

意味 あゆ。清流《せいりゅう》にすみ、香《かお》りがよく味《あじ》もよ

◀次ページ

前ページ ▶ 竜 魚 鮎

い淡水魚《たんすいぎょ》。例 鮎鮨《あゆずし》・若鮎《わかあゆ》

魚-6 鮭

総画17 JIS-2690 表外 音 ケイ 訓 さけ

意味 さけ。川《かわ》で生《う》まれて海《うみ》に下《くだ》り、秋《あき》の産《さん》卵《らん》の時期《じき》には生《う》まれた川《かわ》にもどる回遊魚《かいゆうぎょ》。例 鮭缶《さけかん》・塩鮭《しおざけ》《しおじゃけ》

魚-6 鮫

総画17 JIS-2713 表外 音 コウ 訓 さめ

意味 さめ。するどい歯《は》を持《も》ち、あらあらしい性質《せいしつ》をもつ海《うみ》の魚《さかな》。例 鮫肌《さめはだ》

魚-6 鮨

総画17 JIS-8231 表外 音 キ 訓 すし

意味 すし。酢《す》や砂糖《さとう》などで味《あじ》つけしたごはんと魚介類《ぎょかいるい》の具《ぐ》を組《く》み合《あ》わせた料理《りょうり》。例 鮨《すし》屋《や》

表記 「寿司」とも書《か》く。

魚-6 鮮

総画17 JIS-3315 常用 音 セン 訓 あざやか

筆順 鮮 鮮 鮮 鮮 鮮 鮮 鮮 鮮

なりたち [形声]「𩻞《セン》」を略《りゃく》した形《かたち》の「羊」が「セン」という読《よ》み方《かた》をしめしている。「セン」は「なま」の意味《いみ》を持《も》ち、なまの魚《さかな》を表《あらわ》す字《じ》。

意味 ❶なまで新《あたら》しい。例 鮮度《せんど》・新鮮《しんせん》 ❷あざやか。はっきりしている。例 鮮《あざ》やかな色彩《しきさい》。鮮明《せんめい》

名前のよみ あきら・よし

❶〈なまで新しい〉の意味で

【鮮魚】《せんぎょ》 ↓ とりたての新《あたら》しい魚《さかな》。例 鮮魚《せんぎょ》店《てん》・鮮魚商《せんぎょしょう》

【鮮血】《せんけつ》 ↓ 傷口《きずぐち》から出《で》たばかりの、まっかな血《ち》。例 鮮血《せんけつ》がとびちる。類 血潮《ちしお》

【鮮度】《せんど》 ↓ 新《あたら》しさの程度《ていど》。例 鮮度《せんど》が落《お》ちる。

❷〈あざやか〉の意味で

【鮮明】《せんめい》 Ⅱ 〈―な・―に〉あざやかで、はっきりしているようす。例 あの時《とき》の光景《こうけい》は、今《いま》も鮮明《せんめい》にのこっている。鮮明《せんめい》な画像《がぞう》。

【鮮烈】《せんれつ》 Ⅱ 〈―な・―に〉実《じつ》にあざやかで、強《つよ》く心《こころ》を打《う》つようす。例 鮮烈《せんれつ》な印象《いんしょう》。

鮮が下につく熟語 上の字の働き

❶鮮＝〈なまで新しい〉のとき
【新鮮《しんせん》 生鮮《せいせん》】近《ちか》い意味《いみ》。

魚-6 鮪

総画17 JIS-4378 表外 音 ユウ 訓 まぐろ

意味 まぐろ。海《うみ》にすむ大形《おおがた》の魚《さかな》。すしやさしみにして食《た》べる。

魚-7 鯉

総画18 JIS-2481 人名 音 リ 訓 こい

意味 こい。川《かわ》や池《いけ》にすみ、口《くち》に二対《につい》のひげをもつ魚《さかな》。食用《しょくよう》と、観賞用《かんしょうよう》とがある。例 鯉《こい》幟《のぼり》・錦鯉《にしきごい》・緋鯉《ひごい》(赤《あか》い鯉《こい》)・真鯉《まごい》(黒《くろ》い鯉《こい》)

鯉

魚-8 鯨

総画19 JIS-2363 常用 音 ゲイ 訓 くじら

筆順 鯨 鯨 鯨 鯨 鯨 鯨 鯨 鯨

なりたち [形声]「京《ケイ》」が「大《おお》きい」意味《いみ》と、「ゲイ」とかわって読《よ》み方《かた》をしめしている。大《おお》きい魚《さかな》を表《あらわ》す字《じ》。

意味 くじら。海《うみ》にすむ、地球《ちきゅう》でいちばん大《おお》きな哺乳動物《ほにゅうどうぶつ》。例 鯨油《げいゆ》・捕鯨《ほげい》

【鯨飲】《げいいん》 ↓ 〈―する〉クジラが大量《たいりょう》の海水《かいすい》を飲《の》みこむように、酒《さけ》などをたくさん飲《の》むこと。例 鯨飲馬食《げいいんばしょく》 類 牛飲《ぎゅういん》

【鯨油】《げいゆ》 ↓ クジラのあぶら肉《にく》やほねなどからとったあぶら。

◆捕鯨《ほげい》

魚-8 鯖

総画19 JIS-2710 表外 音 セイ 訓 さば

意味 さば。背《せ》が青緑《あおみどり》で、まだらな黒《くろ》いもようのある魚《さかな》。近海《きんかい》でとれ、食用《しょくよう》にする。例

鯖《さば》を読《よ》む(数《かず》をごまかす)。鯖鮨《さばずし》

魚-8
鯛
総画19 JIS-3468 人名
音 チョウ 訓 たい

意味 たい。近海《きんかい》でとれる高級魚《こうきゅうぎょ》。形《かたち》がよく、おいわいごとなどに使《つか》われる。例 尾頭《おかしら》つきの鯛《たい》の塩焼《しおや》き。真鯛《まだい》

魚-10
鰯
総画21 JIS-1683 人名
音 ―― 訓 いわし

意味 いわし。近海《きんかい》を、群《む》れをなして泳《およ》ぐ、小形《こがた》の回遊魚《かいゆうぎょ》。例 鰯《いわし》の丸干《まるぼ》し。鰯雲《いわしぐも》

参考 国字《こくじ》。「魚」とよわい意の「弱」とを合《あ》わせて「イワシ」を表《あらわ》す。

魚-11
鰺
総画22 JIS-8245 表外
音 ソウ 訓 あじ

意味 あじ。からだの両側《りょうがわ》にとげに似《に》たうろこ(ぜいご)のある近海魚《きんかいぎょ》。日常《にちじょう》、食卓《しょくたく》にのぼることの多《おお》いさかな。例 室鰺《むろあじ》

魚-11
鰻
総画22 JIS-1723 表外
音 マン 訓 うなぎ

意味 うなぎ。川《かわ》で成長《せいちょう》し深海《しんかい》で産卵《さんらん》する、細長《ほそなが》い形《かたち》をした魚《さかな》。例 鰻重《うなじゅう》・鰻登《うなぎのぼ》り

魚-12
鰹
総画23 JIS-1979 表外
音 ケン 訓 かつお

意味 かつお。海《うみ》にすむ回遊魚《かいゆうぎょ》。例 鰹《かつお》のたたき。鰹節《かつおぶし》・初鰹《はつがつお》

参考 もと魚部《ぶ》「11画《かく》」、総画数《そうかくすう》「22画《かく》」。

【◆鰹節《かつおぶし》】↓ カツオを煮《に》て、いぶしたあと、熟成《じゅくせい》させたもの。汁《しる》のだしをとるのに使《つか》う。かつぶし。

魚-12
鱒
総画23 JIS-4380 人名
音 ソン 訓 ます

意味 ます。サケに似《に》た魚《さかな》で、川《かわ》をさかのぼって産卵《さんらん》する。食用《しょくよう》。例 鱒釣《ますづ》り・虹鱒《にじます》

魚-13
鱗
総画24 JIS-4658 人名
音 リン 訓 うろこ

意味 うろこ。魚類《ぎょるい》や爬虫類《はちゅうるい》などのからだの表面《ひょうめん》を、ならんでおおっている、うすくてかたいもの。例 鱗雲《うろこぐも》・銀鱗《ぎんりん》・逆鱗《げきりん》

参考 もと魚部《ぶ》「12画《かく》」、総画数《そうかくすう》「23画《かく》」。

11画 鳥 [とり] の部

「鳥《とり》」をもとに作《つく》られ、鳥《とり》にかかわる字《じ》を集《あつ》めてあります。

この部首の字

鳥-0
鳥
総画11 JIS-3627 教2年
音 チョウ 訓 とり

筆順

なりたち  【象形】尾《お》の長《なが》い「とり」の形《かたち》をえがいた字《じ》。

意味 とり。空《そら》を飛《と》ぶための翼《つばさ》をもつ動物《どうぶつ》。例 鳥《とり》が鳴《な》く。鳥獣《ちょうじゅう》・水鳥《みずとり》・花鳥風月《かちょうふうげつ》

県名 鳥取《とっとり》

【鳥瞰図《ちょうかんず》】高《たか》いところから鳥《とり》が見下《みお》ろしたようにかいた風景図《ふうけいず》や地図《ちず》。例 町《まち》の鳥瞰図《ちょうかんず》。類 俯瞰図《ふかんず》

【鳥獣《ちょうじゅう》】Ⅱ 鳥《とり》とけもののすべて。類 禽獣《きんじゅう》

【鳥媒花《ちょうばいか》】鳥《とり》によってはこばれた花粉《かふん》がめしべについて、実《み》をむすぶ花《はな》。ツバキ・ビワ・サザンカなどがある。

【鳥類《ちょうるい》】↓ 鳥《とり》のなかまをまとめてよぶことば。例 鳥類図鑑《ちょうるいずかん》

【鳥居《とりい》】◎ 神社《じんじゃ》の入《い》り口《ぐち》に立《た》っている門《もん》。例 朱色《しゅいろ》の鳥居《とりい》。鳥居《とりい》をくぐる。

【鳥肌《とりはだ》】↓ 寒《さむ》さやおそろしさのために、皮膚《ひふ》が鳥《とり》の毛《け》をむしりとったあとのようになること。例 鳥肌《とりはだ》が立《た》つ。表記「鳥膚」とも書《か》く。

【鳥目《とりめ》】↓ 夜《よる》、暗《くら》くなるとよく見《み》えなくなる目《め》の病気《びょうき》。類 夜盲症《やもうしょう》 参考 多《おお》くの鳥《とり》は夜《よる》、目《め》が見《み》えないことから。

鳥が下につく熟語 上の字の働き

【益鳥《えきちょう》 害鳥《がいちょう》】(人間《にんげん》にとって)ドウイウ鳥《とり》か。

【野鳥《やちょう》 水鳥《みずとり》 山鳥《やまどり》】ドコにすむ鳥《とり》か。

◆白鳥《はくちょう》 飛鳥《ひちょう》《あすか》 閑古鳥《かんこどり》 九官鳥《きゅうかんちょう》 不死鳥《ふしちょう》 一石二鳥《いっせきにちょう》

鳩

鳥-2 総画13 JIS-4023 人名

音 キュウ 訓 はと

意味 ❶はと。中形《ちゅうがた》で、神社《じんじゃ》や公園《こうえん》などに多《おお》くいる鳥《とり》。例 鳩笛《はとぶえ》・山鳩《やまばと》・伝書鳩《でんしょばと》

❷あつめる。あつまる。例 鳩首《きゅうしゅ》

名前のよみ やす

【鳩首】《きゅうしゅ》 ↓ 相談《そうだん》のため、おおぜいが集《あつ》まって頭《あたま》をつき合《あ》わせること。例 鳩首会談《きゅうしゅかいだん》

鳳

鳥-3 総画14 JIS-4317 人名

音 ホウ 訓 おおとり

意味 ❶おおとり。中国《ちゅうごく》であらわれるとめでたいと考《かんが》えられていた想像上《そうぞうじょう》の鳥《とり》。例 鳳凰《ほうおう》

❷天子《てんし》のことにつけることば。うやまって言《い》うときに使《つか》われることば。例 鳳声《ほうせい》

鳳凰

鳴

鳥-3 総画14 JIS-4436 教2年

音 メイ 訓 なく・なる・ならす

筆順

なりたち  [会意]「鳥」と「口」を合《あ》わせて、鳥《とり》がなくことを表《あらわ》している字《じ》。

意味 ❶動物《どうぶつ》がなく。例 虫《むし》が鳴《な》く。鶏鳴《けいめい》・悲鳴《ひめい》

❷音《おと》が出《で》る。なりひびく。例 かねが鳴《な》る。のどを鳴《な》らす。鳴子《なるこ》・共鳴《きょうめい》

使い分け なく[泣・鳴] ☞661ページ

❷〈音が出る〉の意味で

【鳴子】《なるこ》 ☒ 田《た》や畑《はたけ》をあらす鳥《とり》やけものを追《お》いはらうために、小《ちい》さな竹《たけ》づつを板《いた》にならべてかけたしかけ。

【鳴動】《めいどう》 ↓(—する) 大《おお》きな音《おと》をたててゆれ動《うご》くこと。例 大山鳴動《たいざんめいどう》してねずみ一匹《いっぴき》(さわぎばかり大《おお》きく、結果《けっか》は大《たい》したことがない)。

◆共鳴《きょうめい》 悲鳴《ひめい》 雷鳴《らいめい》

鴨

鳥-5 総画16 JIS-1991 人名

音 オウ 訓 かも

意味 かも。冬《ふゆ》に日本《にほん》にやってきて、春《はる》には北《きた》に帰《かえ》る水鳥《みずとり》の一種《いっしゅ》。例 鴨鍋《かもなべ》

鴻

鳥-6 総画17 JIS-2567 人名

音 コウ 訓 おおとり

意味 ❶ひしくい。大形《おおがた》の水鳥《みずとり》。例 鴻毛《こうもう》

❷大《おお》きい。例 鴻図《こうと》(大《おお》きなはかりごと)

名前のよみ ひろ・ひろし

鵜

鳥-7 総画18 JIS-1713 人名

音 テイ 訓 う

意味 う。黒《くろ》い水鳥《みずとり》。飼《か》いならしてアユなどをとらせる。例 鵜《う》のみにする。鵜飼《うか》い

鶏

鳥-8 総画19 JIS-2360 常用

音 ケイ 訓 にわとり

［鷄］

筆順

なりたち  [形声] もとの字《じ》は、「鷄(雞)」。「奚」が「ケイ」という読《よ》み方《かた》をしめしている。「ケイ」は「夜明《よあ》け」の意味《いみ》を持《も》ち、夜明《よあ》けをつげる鳥《とり》「ニワトリ」を表《あらわ》す字《じ》。

意味 にわとり。たまごや肉《にく》をとるために飼《か》う、ほとんど飛《と》べない中形《ちゅうがた》の鳥《とり》。頭《あたま》に赤《あか》いとさかがある。例 鶏卵《けいらん》・養鶏《ようけい》

【鶏口牛後】《けいこうぎゅうご》 大《おお》きな牛《うし》のおしり(大集団《だいしゅうだん》のビリ)になるよりは、小《ちい》さくてもにわとりの口《くち》(小集団《しょうしゅうだん》のトップ)になったほうがよい。大《おお》きな集団《しゅうだん》につきしたがうよりも、小《ちい》さい集団《しゅうだん》でもよいからそのリーダーになれということ。「鶏口《けいこう》となるとも牛後《ぎゅうご》となるなかれ」とも。

参考 中国《ちゅうごく》の戦国時代《せんごくじだい》、蘇秦《そしん》は諸国《しょこく》をめぐって合従策《がっしょうさく》を説《と》き、秦《しん》に屈従《くつじゅう》するよりも各国《かっこく》が同盟《どうめい》して秦《しん》に対抗《たいこう》すべきだと説《と》いた。『史記《しき》』蘇秦列伝《そしんれつでん》に出《で》てくる韓《かん》の宣恵王《せんけいおう》を説得《せっとく》する時《とき》に引用《いんよう》したことば。

【°鶏舎《けいしゃ》】🡓ニワトリを飼《か》う小屋《こや》。とり小屋《ごや》。
【°鶏卵《けいらん》】🡓ニワトリのたまご。例鶏卵《けいらん》を使《つか》った料理《りょうり》。

鶏が下につく熟語 上の字の働き
【養鶏《ようけい》 闘鶏《とうけい》】鶏《にわとり》をドウスルか。

鳥-8
鵬
総画19 JIS-4318 人名
音ホウ 訓おおとり
意味 おおとり。想像上《そうぞうじょう》の大《おお》きな鳥《とり》。「鳳《ほう》」におなじ。例鵬翼《ほうよく》

鳥-10
鶯
総画21 JIS-8284 表外
音オウ 訓うぐいす
名前のよみ とも
意味 うぐいす。スズメくらいの大《おお》きさの鳥《とり》。やや茶色《ちゃいろ》がかった緑色《みどりいろ》をしている。早春《そうしゅん》に美《うつく》しい声《こえ》で鳴《な》く。例鶯色《うぐいすいろ》

鳥-10
鶴
総画21 JIS-3665 常用
音カク 訓つる
筆順

意味 つる。足《あし》とくびが長《なが》く、すらりとしている鳥《とり》。亀《かめ》とならんでめでたい生《い》き物《もの》とされる。例鶴《つる》は千年《せんねん》、亀《かめ》は万年《まんねん》。丹頂鶴《たんちょうづる》
名前のよみ ず・つ
【°鶴首《かくしゅ》】🡓〈―する〉ツルのようにくびを長《なが》くして、今《いま》か今《いま》かと待《ま》っていること。

鳥-11
鷗
総画22 JIS-1810 人名
音オウ 訓かもめ
意味 かもめ。冬《ふゆ》、群《む》れをつくって日本《にほん》の海岸《かいがん》にやってくるわたり鳥《とり》。体《からだ》は白色《はくしょく》で、バイトよりやや大《おお》きい。
参考 明治《めいじ》の文豪《ぶんごう》、森鷗外《もりおうがい》の名《な》でよく知《し》られる字《じ》。JIS《ジス》の字形《じけい》は、「鴎」。

鳥-12
鷲
総画23 JIS-4741 人名
音シュウ 訓わし
意味 わし。大《おお》きくて強《つよ》い鳥《とり》。くちばしとつめがするどく、大《おお》きなつばさを広《ひろ》げて空《そら》を舞《ま》い、山野《さんや》の小動物《しょうどうぶつ》をとらえて食《た》べる。

鳥-13
鷹
総画24 JIS-3475 人名
音ヨウ 訓たか
意味 たか。くちばしとつめがするどく、山《さん》野《や》の小動物《しょうどうぶつ》をとらえてたべる鳥《とり》。鷲《わし》よりも小形《こがた》で鷹狩《たかが》りに使《つか》われた。例鷹匠《たかじょう》・大鷹《おおたか》

鳥-13
鷺
総画24 JIS-2677 人名
音ロ 訓さぎ
意味 さぎ。ツルに似《に》た水鳥《みずとり》で、くちばしや首《くび》・足《あし》が長《なが》い。例白鷺《しらさぎ》・朱鷺《とき》

11画 鹿［しか］の部

シカの形《かたち》をえがいた象形《しょうけい》である「鹿《しか》」をもとに作《つく》られ、鹿《しか》にかかわる字《じ》を集《あつ》めてあります。

この部首の字

鹿-0
鹿
総画11 JIS-2815 常用
音ロク 訓しか・か
筆順

意味 しか。枝分《えだわ》かれしたつののあるけもの。日本各地《にほんかくち》にいるが、奈良公園《ならこうえん》の鹿《しか》が特《とく》に有名《ゆうめい》である。例鹿《しか》の角《つの》。鹿《か》の子《こ》・神鹿《しんろく》
注意するよみ か…例鹿《か》の子《こ》

鹿-8
麗
総画19 JIS-4679 常用
音レイ 訓うるわしい・うら-らか
筆順

なりたち

［象形］りっぱなつの二《ふた》つ（丽《じ》）をもつ鹿《しか》のすがたをえがいた字。
意味 うつくしい。うるわしい。例麗《うるわ》しい情景《じょうけい》。麗《うるわ》しの姫君《ひめぎみ》。麗人《れいじん》・華麗《かれい》
名前のよみ あきら・かず・よし
【°麗句《れいく》】🡓美《うつく》しくかざりたてたことば。例美辞麗句《びじれいく》をつらねる。
【°麗人《れいじん》】🡓きれいな女《おんな》の人《ひと》。類美人《びじん》・佳人《かじん》

麓麟麻磨黄◀次ページ

°学習漢字でない常用漢字　▲常用漢字表にない音訓　◆常用漢字でない漢字

前ページ▶ 鵬 鶯 鶴 鷗 鷲 鷹 鷺 鹿 麗

麗が下につく熟語 上の字の働き
【華麗《かれい》 秀麗《しゅうれい》 端麗《たんれい》 奇麗《きれい》 美麗《びれい》】近《ちか》い意味《いみ》。
【壮麗《そうれい》 流麗《りゅうれい》】ドノヨウニ美《うつく》しいか。

鹿―8
麓
総画19 JIS-4728 常用
音 ロク
訓 ふもと

筆順 麓 麓 麓 麓 麓 麓 麓 麓

意味 ふもと。山《やま》すそ。例 山麓《さんろく》

鹿―13
麟
総画24 JIS-4659 人名
音 リン
訓 ―

意味 中国《ちゅうごく》で、とうとい動物《どうぶつ》と考《かんが》えられた「きりん（麒麟）」に使《つか》われる字《じ》。例 麒麟児《きりんじ》（才能《さいのう》があって、将来《しょうらい》が期待《きたい》される少年《しょうねん》）

麒麟

11画 麻 ［あさ］［あさかんむり］の部

「麻《あさ》」の字《じ》と、「麻《あさ》」の形《かたち》がめやすとなっている「麿」の字《じ》とが入《はい》ります。

この部首の字
0 麻……1068　7 麿……1068
磨→石 785　魔→鬼 1062　摩→手 535

麻―0
麻
総画11 JIS-4367 常用
音 マ
訓 あさ

筆順 麻 麻 麻 麻 麻 麻 麻 麻 麻 麻 麻

なりたち 【会意】もとの字は、「麻」。「アサの茎《くき》からはぎとる」意味《いみ》の「𣏟」と家《いえ》（广）を合《あ》わせて、家《いえ》の中《なか》でアサの皮《かわ》をむく仕事《しごと》を表《あらわ》す字《じ》。

意味 ❶あさ。茎《くき》の皮《かわ》から繊維《せんい》をとるために栽培《さいばい》する植物《しょくぶつ》。その繊維《せんい》。例 麻《あさ》の布《ぬの》。麻糸《あさいと》
❷しびれる。神経《しんけい》がまひする。例 麻酔《ますい》・麻《ま》薬《やく》

名前のよみ お

❶〈あさ〉の意味で
【°麻糸《あさいと》】⊻ アサの繊維《せんい》でつくった糸《いと》。例 麻糸《いと》をつむぐ。
【°麻布《あさぬの》】⊻ 麻糸《あさいと》で織《お》った布《ぬの》。夏《なつ》の衣服《いふく》や船《ふね》の帆《ほ》などに使《つか》われる。例 麻布《あさぬの》の洋服《ようふく》。

❷〈しびれる〉の意味で
【°麻°酔《ますい》】Ⅱ〈―する〉手術《しゅじゅつ》などをするときに、薬品《やくひん》を使《つか》って痛《いた》みを感《かん》じないようにすること。例 麻酔《ますい》をかける。麻酔薬《ますいやく》
【°麻•痺《まひ》】Ⅱ〈―する〉①しびれたり、動《うご》かなくなったりすること。例 手足《てあし》が麻痺《まひ》する。心臓《しんぞう》麻痺《まひ》 ②ものごとの動《うご》きがとまったり、にぶくなったりすること。例 交通《こうつう》が麻痺《まひ》する。
【°麻薬《まやく》】⊻ 神経《しんけい》をしびれさせるくすり。モルヒネ・コカインなどをいう。例 麻薬中毒《まやくちゅうどく》

知識 医療《いりょう》以外《いがい》に使《つか》うことは禁《きん》じられている。

◆亜麻《あま》 乱麻《らんま》

麻―7
麿
総画18 JIS-4391 人名
音 ―
訓 まろ

意味 まろ。㋐われ。おのれ。わたくし。㋑人名《じんめい》につけることば。

11画 黄 ［き］の部

ここには「黄」の字《じ》だけが入《はい》ります。

この部首の字
0 黄……1068

黄―0
黄
総画11 JIS-1811 教2年
音 コウ・オウ
訓 き・こ
［黃］

筆順 黄 黄 黄 黄（ながく） 黄 黄（だす） 黄 黄 黄（とめる）

なりたち 【象形】もとの字は、「黃」。火《ひ》（炗）とおもり（田）をつけた火矢《ひや》の形《かたち》をえがいた字《じ》。

意味 きいろい色《いろ》。例 赤《あか》・黄《き》・青《あお》。卵黄《らんおう》

参考 黄色《きいろ》は、中国《ちゅうごく》では、古来《こらい》、皇帝《こうてい》だけにゆるされる高貴《こうき》の色《いろ》だった。日本古代《にほんこだい》の冠位《かんいじゅう》十

二階《にかい》は、上《うえ》から紫《むらさき》・青《あお》・赤《あか》・黄《き》・白《しろ》・黒《くろ》の六色《ろくしょく》(各濃淡《かくのうたん》)で示《しめ》した。

注意するよみ こ…例 黄金《こがね》

特別なよみ 硫黄(いおう)

【黄金】↓ 一 おう|ごん こ|がね ①貴金属《ききんぞく》の金《きん》。例 黄金《おう|ごん》。例 黄金《おう|ごん こ|がね》の山《やま》。②お金《かね》。金貨《きんか》。例 黄金《こ|がね》のつぼ。二 おう|ごん とても価値《かち》のあるもの。例 黄金《おうごん》の左腕《さわん》。

【黄金時代】おうごんじだい そのもののいきおいが、いちばんさかんな時代《じだい》。例 チームの黄金時代《おうごんじだい》をきずく。類 全盛時代《ぜんせいじだい》

【黄金分割】おうごんぶんかつ ある長《なが》さの直線《ちょくせん》を約《やく》一・六一八対《たい》一の比《ひ》に分《わ》けること。もっとも美《うつく》しい調和《ちょうわ》のとれた比《ひ》とされ、たてとよこの比《ひ》に使《つか》われる。

【黄色人種】おうしょくじんしゅ 人種《じんしゅ》を三《みっ》つに分《わ》けたとき、はだの色《いろ》が黄色《きいろ》の人種《じんしゅ》。関連 黄色《おうしょくじんしゅ》人種《》・黒《こく》色人種《しょくじんしゅ》・白色人種《はくしょくじんしゅ》

【黄身】きみ ↓ たまごの黄色《きいろ》い部分《ぶぶん》。類 卵黄《らんおう》 対 白身《しろみ》

【黄緑】き|みどり ◎ 黄色《きいろ》がかった緑色《みどりいろ》。

【黄砂】こう|さ ↓ 中国北部《ちゅうごくほくぶ》で、黄色《きいろ》い砂《すな》が強《つよ》い風《かぜ》に吹《ふ》き上《あ》げられて空《そら》をおおう現象《げんしょう》。春《はる》さき、季節風《きせつふう》にのって日本《にほん》にもやってくる。

【黄葉】こう|よう もみ|じ ↓ 〈―する〉秋《あき》になって、木《こ》の葉《は》が黄色《きいろ》に色《いろ》づくこと。例 黄葉《こうよう》した山々《やまやま》。表記 葉《は》が赤色《あかいろ》になるときは「紅葉」と書《か》く。

◆卵黄《らんおう》

11画

黒 [くろ] の部

「黒《くろ》」をもとにして作《つく》られた字《じ》と、「黒《くろ》」の形《かたち》がめやすとなっている字《じ》を集《あつ》めてあります。

この部首の字
墨→土263

黒-0

黒

総画11
JIS-2585
教2年
音 コク
訓 くろ・くろい
[黑]

筆順 黒 黒 黒 黒 黒 黒 黒 黒 (ながく)

なりたち

【会意】もとの字《じ》は、「黑」。炎《ほのお》(炎)と通気《つうき》のまどをすすでよごしているようす(四)を合《あ》わせて、「くろい色《いろ》」を表《あらわ》す字《じ》。

意味

❶くろい。くろい色《いろ》。くらい。例 黒《くろ》の上着《うわぎ》。日《ひ》に焼《や》けた黒《くろ》い顔《かお》。黒字《くろじ》・黒板《こくばん》

❷わるい。例 黒白《こくびゃく》・腹黒《はらぐろ》 対 白《はく》

❶〈くろい〉の意味で

【黒帯】くろ|おび ↓ ①黒《くろ》い色《いろ》をした帯《おび》。②柔道《じゅうどう》や空手《からて》で、有段者《ゆうだんしゃ》がしめる黒《くろ》い帯《おび》。また、段位《だんい》をもっている人《ひと》。

【黒髪】くろ|かみ ↓ 色《いろ》が黒《くろ》くて、つやのあるかみの毛《け》。例 みどりの黒髪《くろかみ》。

【黒黒】くろ|ぐろ 三 とても黒《くろ》いようす。まっくろ。例 黒々《くろぐろ》としたかみの毛《け》。

【黒字】くろ|じ ↓ ①すみで書《か》いた文字《もじ》。黒《くろ》い色《いろ》の字《じ》。②入《はい》ったお金《かね》のほうが、出《で》たお金《かね》よりも多《おお》いこと。例 貿易黒字《ぼうえきくろじ》 対 赤字《あかじ》

【黒潮】くろ|しお ↓ 台湾《たいわん》の南《みなみ》のほうから、日本列島《にほんれっとう》にそって太平洋《たいへいよう》を北《きた》へ向《む》かってながれている暖流《だんりゅう》。「日本海流《にほんかいりゅう》」ともいう。対 親潮《おやしお》 参考 水《みず》の色《いろ》が濃《こ》いあい色《いろ》なのでこの名《な》がついた。

【黒船】くろ|ふね ↓ 江戸《えど》時代《じだい》の終《お》わりにアメリカやヨーロッパから日本《にほん》へ来《き》た大《おお》きな船《ふね》。鉄《てつ》の船《ふね》で黒《くろ》くぬっていたのでこうよばれた。例 黒船《くろふね》来航《らいこう》

【黒星】くろ|ぼし ↓ ①黒《くろ》くぬった丸《まる》いしるし。例 的《まと》の黒星《くろぼし》をねらう。②「負《ま》け」のしるし。負《ま》け。失敗《しっぱい》。例 黒星《くろぼし》つづき。対 白星《しろぼし》 参考 ②は、おもに、すもうで使《つか》われる。

【黒山】くろ|やま ↓ たくさんの人《ひと》びとが集《あつ》まって山《やま》のように見《み》えること。例 黒山《くろやま》の人《ひと》だかり。

【黒枠】くろ|わく ↓ 黒《くろ》いわく。とくに死亡《しぼう》の知《し》らせをかこむわく。

【黒色人種】こくしょくじんしゅ 人種《じんしゅ》を三《みっ》つに分《わ》けたとき、はだの色《いろ》が褐色《かっしょく》の人種《じんしゅ》。関連 黄色《おうしょくじんしゅ》人種《》・黒《こく》色人種《しょくじんしゅ》・白色人種《はくしょくじんしゅ》

【黒点】こく|てん ↓ 黒《くろ》い点《てん》。とくに、太陽《たいよう》の表面《ひょうめん》にあらわれる黒《くろ》い点《てん》。例 太陽黒点《たいようこくてん》

❷〈わるい〉の意味で

【黒板】こく|ばん ↓ 白墨《はくぼく》(チョーク)で字《じ》や絵《え》をかくために黒《くろ》や緑《みどり》に色《いろ》をぬった板《いた》。

◦学習漢字でない常用漢字 ▲常用漢字表にない音訓 ◆常用漢字でない漢字

【黒幕《くろまく》】⇩ 表面《ひょうめん》には出《で》ず、かげで人《ひと》をあやつる実力者《じつりょくしゃ》。例事件《じけん》の黒幕《くろまく》がつかまった。参考舞台《ぶたい》でものをかくすのに黒《くろ》い幕《まく》を使《つか》ったことをもとにした言《い》い方《かた》。

【黒白《こくびゃく》】⇕ 正《ただ》しいかまちがっているか。有《ゆう》罪《ざい》か無罪《むざい》か。例黒白《こくびゃく》をつける。黒白《こくびゃく》をあらそう。類白黒《しろくろ》

◆暗黒《あんこく》 漆黒《しっこく》 白黒《しろくろ》

黒-4

黙

総画15 JIS-4459 常用 音モク 訓だまる

［默］

筆順 

なりたち  【形声】もとの字は、「默」。「黑《コク》」が「モク」とかわって読《よ》み方《かた》をしめしている。「コク」は「声《こえ》を出《だ》さない」意味《いみ》を持《も》ち、犬《いぬ》が口《くち》をとじることを表《あらわ》す字《じ》。

意味 だまっている。ものを言《い》わない。例黙《だま》りこくる。黙認《もくにん》・黙秘《もくひ》・沈黙《ちんもく》

発音あんない モク→モッ…例黙考《もっこう》

【黙殺《もくさつ》】⇩〈―する〉無視《むし》して問題《もんだい》にしないこと。例反対意見《はんたいいけん》を黙殺《もくさつ》する。

【黙視《もくし》】⇩〈―する〉口出《くちだ》ししないでだまって見《み》ていること。類静観《せいかん》・傍観《ぼうかん》・座視《ざし》・黙過《もっか》

【黙然《もくぜん／もくねん》】⊠〈―たる／―と〉だまってじっとしているようす。例黙然《もくぜん》とすわりつづける。

【黙想《もくそう》】⇩〈―する〉ものを言《い》わず、しずかに考《かんが》えること。例黙想《もくそう》にふける。類黙考《もっこう》

【黙禱《もくとう》】⇩〈―する〉心《こころ》の中《なか》でいのること。ことばに出《だ》さないいのり。例死者《ししゃ》に黙禱《もくとう》をささげる。

【黙読《もくどく》】⇩〈―する〉声《こえ》に出《だ》さないで、文章《ぶんしょう》などを読《よ》むこと。例本《ほん》を黙読《もくどく》する。対音読《おんどく》

【黙認《もくにん》】⇩〈―する〉知《し》っていても、見《み》ぬふりをしてゆるすこと。例遅刻《ちこく》を黙認《もくにん》する。類黙許《もっきょ》

【黙秘《もくひ》】‖〈―する〉聞《き》かれてもなにも答《こた》えないこと。例黙秘《もくひ》をつづける。

【黙秘権《もくひけん》】取《と》り調《しら》べや裁判《さいばん》の時《とき》、自分《じぶん》に不《ふ》利《り》になることには答《こた》えなくてよいという権《けん》利《り》。

【黙黙《もくもく》】‖〈―たる／―と〉ものを言《い》わず、一《ひと》つのことをしつづけるようす。例黙々《もくもく》とはたらく。

【黙礼《もくれい》】⇩〈―する〉だまっておじぎだけすること。表現目《め》だけであいさつするのは「目《もく》礼《れい》」。

【黙過《もっか》】⇩〈―する〉気《き》がついていながらだまって見《み》のがすこと。例不正《ふせい》を黙過《もっか》できない。類黙視《もくし》・座視《ざし》

【黙考《もっこう》】⇩〈―する〉だまってじっと考《かんが》えること。例沈思黙考《ちんしもっこう》 類黙想《もくそう》

◆暗黙《あんもく》 寡黙《かもく》 沈黙《ちんもく》

黒-5

黛

総画16 JIS-3467 人名 音タイ 訓まゆずみ

意味 まゆずみ。けしょうで、まゆをかくためのすみ。例粉黛《ふんたい》

前ページ▶黒

11画 亀［かめ］の部

亀《かめ》の形《かたち》をえがいた象形《しょうけい》である「亀」の字《じ》だけが入《はい》ります。

この部首の字 0亀……1070

亀-0

亀

総画11 JIS-2121 常用 音キ 訓かめ

［龜］

筆順 

意味 かめ。背中《せなか》にかたいこうらのある動物《どうぶつ》。そのこうら。鶴《つる》とならんでめでたい生《い》き物《もの》とされる。例亀《かめ》の甲《こう》より年《とし》の功《こう》（長年《ながねん》の経《けい》験《けん》は大切《たいせつ》にすべきだということ。甲《こう》はカメのこうら）。兎《うさぎ》と亀《かめ》。亀甲《きっこう》・亀裂《きれつ》

名前のよみ すすむ・ひさ・ひさし

【亀裂《きれつ》】◎ 物《もの》の表面《ひょうめん》に入《はい》ったひびわれ。さけめ。例かべに亀裂《きれつ》が入《はい》る。亀裂《きれつ》が走《はし》る。

12画 黍［きび］の部

「黍《きび》」の形《かたち》がめやすとなっている「黎」の字《じ》だけが入《はい》ります。

この部首の字 3黎……1071

黍-3
【黎】
総画15 JIS-8353 人名
音 レイ・リ
訓 ——

意味 ❶くろい。例 黎民《れいみん》(かんむりをつけていない、黒髪《くろかみ》のままの人《ひと》びと。一般民衆《いっぱんみんしゅう》) ❷ころ。例 黎明《れいめい》

名前のよみ たみ

❷〈ころ〉の意味で
【◆黎明】《れいめい》▲ ①夜《よる》が明《あ》けてくるころ。明《あ》け方《がた》。②ものごとがはじまろうとするとき。例 近代文学《きんだいぶんがく》の黎明《れいめい》。

12画 歯［は］［はへん］の部

歯《は》の意《い》を表《あらわ》す「歯」と、それをもとにして作《つく》られた「齢」の字《じ》とが入《はい》ります。

この部首の字 0 歯……1071 5 齢……1071

歯-0
【歯】
総画12 JIS-2785 教3年
音 シ
訓 は
［齒］

筆順

とめる でる

なりたち

【形声】もとの字は、「齒」。「𠚕」が口《くち》の中《なか》に「は」がならんでいる象《しょう》形文字《けいもじ》であったが、これにさらに「シ」という読《よ》み方《かた》をしめす「止」をくわえて、「は」を表《あらわ》した字《じ》。

意味 口《くち》の中《なか》の上《うえ》がわと下《した》がわとにかむためにある、かたい「は」。はのようにならんだもの。例 歯《は》が生《は》える。歯科《しか》・虫歯《むしば》

【歯科】《しか》↓ 歯《は》の病気《びょうき》をなおす仕事《しごと》。歯《は》の医学《いがく》。例 歯科医《しかい》・歯科医院《しかいいん》

【歯。牙】《しが》‖ 歯《は》ときば。また、歯《は》。例 歯牙《しが》にもかけない(まったく問題《もんだい》にしない)。

【歯根】《しこん》↓ 歯《は》の根元《ねもと》の、骨《ほね》にはまっている部分《ぶぶん》。例 歯根《しこん》が細《ほそ》くなる。

【歯周病】《ししゅうびょう》 歯茎《はぐき》の周囲《しゅうい》に雑菌《ざっきん》がふえ、歯《は》の根元《ねもと》がおかされる病気《びょうき》。

【歯石】《しせき》↓ 歯《は》についたかすがかたまってできた石灰質《せっかいしつ》のかたまり。歯周病《ししゅうびょう》などの原因《げんいん》になる。例 歯石《しせき》をとる。

【歯列】《しれつ》↓ 歯並《はなら》び。例 歯列《しれつ》を矯正《きょうせい》する。

【歯形】《はがた》↓ 歯《は》でかんだとき、残《のこ》ったあと。例 歯形《はがた》がつく。

【歯。茎】《はぐき》↓ 歯《は》の根元《ねもと》をつつんでいる肉《にく》の部分《ぶぶん》。例 歯茎《はぐき》から血《ち》が出《で》る。

【歯車】《はぐるま》↓ まわりにぎざぎざがついた車《くるま》。かみ合《あ》わせてまわし、力《ちから》をつたえるはたらきをする。表現「歯車《はぐるま》がかみ合《あ》わない」は、ちぐはぐでうまくいかないこと。

歯が下につく熟語 上の字の働き

【乳歯《にゅうし》 永久歯《えいきゅうし》 義歯《ぎし》 金歯《きんば》 虫歯《むしば》】ドノヨウナ歯《は》か。

【門歯《もんし》 前歯《まえば》 奥歯《おくば》】ドコに生《は》えている歯《は》か。

◆ 抜歯《ばっし》

歯-5
【齢】
総画17 JIS-4680 常用
音 レイ
訓 よわい
［齡］

筆順

なりたち

【形声】もとの字は、「齡」。としを表《あらわ》す「歯」と、「レイ」という読《よ》み方《かた》をしめす「令」とからできている。「レイ」は「としをへる」意味《いみ》を持《も》ち、生《う》まれてからへてきたとしを表《あらわ》している字《じ》。

意味 とし。よわい。ねんれい。例 齢《よわい》をかさねる(年《とし》をとること)。樹齢《じゅれい》・年齢《ねんれい》・学齢《がくれい》

参考 「年齢《ねんれい》」は「年令」と書《か》かれることもある。

名前のよみ とし

齢が下につく熟語 上の字の働き

【学齢《がくれい》 弱齢《じゃくれい》 妙齢《みょうれい》 高齢《こうれい》 老齢《ろうれい》】ドレホドの年《ねん》齢《れい》か。

【樹齢《じゅれい》 馬齢《ばれい》 月齢《げつれい》】ナニの年齢《ねんれい》か。

◆ 年齢《ねんれい》

13画 鼎［てい］［かなえ］の部

ここには、三《みっ》つの足《あし》で二《ふた》つのとってのある器《うつわ》を表《あらわ》す「鼎」の字《じ》だけが入《はい》ります。

この部首の字 0 鼎……1072

◦学習漢字でない常用漢字 ▴常用漢字表にない音訓 ◆常用漢字でない漢字

鼎−0

鼎

総画13 JIS-3704 人名

音 テイ 訓 かなえ

意味 かなえ。三《みっ》つの足《あし》と二《ふた》つのとってのある、鉄《てつ》や銅《どう》の器《うつわ》。

参考 むかしの中国《ちゅうごく》では、鼎《かなえ》は王位《おうい》のシンボルだった。政治《せいじ》を行《おこな》っている人《ひと》の力《ちから》をうたがうことを「鼎《かなえ》の軽重《けいちょう》を問《と》う」という。

【◆鼎立】《ていりつ》 ↓〈—する〉かなえの三本《さんぼん》の足《あし》のように、三《みっ》つに分《わ》かれて向《む》き合《あ》う。例 三党《さんとう》が鼎立《ていりつ》する。

【◆鼎談】《ていだん》 ↓〈—する〉三人《さんにん》でする話《はな》し合《あ》いや座談会《ざだんかい》。

13画 鼓［つづみ］の部

ここには「鼓」の字《じ》だけが入《はい》ります。

この部首の字 0 鼓……1072

鼓−0

鼓

総画13 JIS-2461 常用

音 コ 訓 つづみ

筆順

なりたち 【会意】台《だい》にのせたつづみの形《かたち》（壴）と、手《て》にぼうを持《も》った形《かたち》の「支（攴）」を合《あ》わせて、つづみを打《う》つことを表《あらわ》している字《じ》。

意味 ❶楽器《がっき》のたいこ。つづみ。たいこを打《う》つ。例 鼓《つづみ》を打《う》つ。鼓笛《こてき》・鼓動《こどう》 ❷はげます。元気《げんき》づける。例 鼓舞《こぶ》

❶〈楽器のたいこ〉の意味で

【°鼓手】《こしゅ》 ↓合図《あいず》や行進《こうしん》でたいこを打《う》つ役《やく》の人《ひと》。

【°鼓笛】《こてき》 ‖ たいこと、ふえ。

【°鼓笛隊】《こてきたい》 太鼓《たいこ》と笛《ふえ》を演奏《えんそう》しながら行進《こうしん》する楽隊《がくたい》。

【°鼓動】《こどう》 ↓〈—する〉①活力《かつりょく》をえてふるえ動《うご》くこと。例 春《はる》の鼓動《こどう》が聞《き》こえる。②心臓《しんぞう》の規則正《きそくただ》しくひびく音《おと》。例 むねの鼓動《こどう》。

【°鼓°膜】《こまく》 ↓耳《みみ》のあなのおくにあるうすい膜《まく》。音《おと》をとらえて振動《しんどう》し、その波動《はどう》を脳《のう》につたえるはたらきをする。

❷〈はげます〉の意味で

【°鼓°吹】《こすい》 ‖〈—する〉大《おお》いに宣伝《せんでん》して、みんなにその気《き》をおこさせる。例 志気《しき》を鼓吹《こすい》する。

【°鼓°舞】《こぶ》 ‖〈—する〉元気《げんき》づけ、ふるい立《た》たせる。例 志気《しき》を鼓舞《こぶ》する。

鼓が下につく熟語 上の字の働き

❶鼓＝〈楽器のたいこ〉のとき

【舌鼓《したつづみ》・（したづつみ）　腹鼓《はらつづみ》・（はらづつみ）】ナニで打《う》つ鼓《つづみ》か。

◆太鼓《たいこ》

13画 鼠［ねずみ］の部

ネズミの形《かたち》をえがいた象形《しょうけい》である「鼠」の字《じ》だけが入《はい》ります。

この部首の字 0 鼠……1072

鼠−0

鼠

総画13 JIS-3345 表外

音 ソ 訓 ねずみ

意味 ねずみ。しっぽの長《なが》い小《ちい》さな動物《どうぶつ》。人《ひと》の家《いえ》にすんで食《た》べ物《もの》をくいあらすなど、害《がい》をあたえることが多《おお》い。例 鼠算式《ねずみざんしき》にふえる（あっという間《ま》にふえる）。窮鼠《きゅうそ》かえって猫《ねこ》をかむ（追《お》いつめられると、弱《よわ》いものでもすて身《み》の攻撃《こうげき》をする）。

14画 鼻［はな］の部

ここには「鼻」の字《じ》だけが入《はい》ります。

この部首の字 0 鼻……1072

鼻−0

鼻

総画14 JIS-4101 教3年

音 ビ 訓 はな

筆順 ながく はらう

なりたち 【形声】もとの字《じ》は、「鼻」。「自」が「はな」をえがいた象形文字《しょうけいもじ》であ

前ページ ▶ 黎 歯 齢

ったが、これに「ビ」という読《よ》み方《かた》をしめす「畀」をくわえて、「はな」を表《あらわ》した字《じ》。

意味 顔《かお》のまんなかにある、はな。ものの先端《せんたん》。例 鼻《はな》が高《たか》い。鼻《はな》をかむ。鼻血《はなぢ》・鼻音《びおん》・目鼻《めはな》

【鼻息】《はないき》 ↓ ①鼻《はな》から出《で》る息《いき》。②意気《いき》ごみ。例 鼻息《はないき》があらい。

【鼻歌】《はなうた》 ↓ 気分《きぶん》がいいときなどに鼻《はな》にかかったひくい声《こえ》で口《くち》ずさむ歌《うた》。例 鼻歌《はなうた》まじり。

【鼻。緒】《はなお》 ↓ げたやぞうりの、足《あし》の指《ゆび》をかけるひもの部分《ぶぶん》。例 鼻緒《はなお》をすげる。表記 「鼻唄」とも書《か》く。

【鼻紙】《はながみ》 ↓ 鼻《はな》をかんだりするために使《つか》うやわらかい紙《かみ》。

【鼻薬】《はなぐすり》 ↓ ①鼻《はな》の病気《びょうき》をなおすくすり。②自分《じぶん》につごうよくしてもらうために、相手《あいて》にあたえるお金《かね》や品物《しなもの》。例 鼻薬《はなぐすり》をかがせる。

【鼻毛】《はなげ》 ↓ 鼻《はな》のあなの中《なか》にはえる毛《け》。

【鼻声】《はなごえ》 ↓ ①かぜなどで鼻《はな》がつまったときに出《で》る、はっきりしない声《こえ》。例 鼻声《はなごえ》がなおらない。②なみだにむせんで鼻《はな》のつまった声《こえ》。③あまえるときに出《だ》す鼻《はな》にかかった声《こえ》。例 鼻声《はなごえ》でねだる。

【鼻先】《はなさき》 ↓ ①鼻《はな》の先《さき》。鼻《はな》のあたま。例 鼻先《はなさき》であしらう(ばかにして軽《かる》く応対《おうたい》する)。鼻先《はなさき》でせせらわらう。②目《め》の前《まえ》。ごく近《ちか》いところ。例 鼻先《はなさき》につきつける。類 目前《もくぜん》

【鼻。汁】《はなじる》 ↓ 鼻《はな》のあなから出《で》る液《えき》。

【鼻筋】《はなすじ》 ↓ まゆのあいだから、鼻《はな》の先《さき》までの線《せん》。例 鼻筋《はなすじ》がとおった顔《かお》だち。類 鼻柱《はなばしら》

【鼻高高】《はなたかだか》 ↓ 〈一な・一に〉とても得意《とくい》なようす。例 優勝《ゆうしょう》した選手《せんしゅ》は鼻高々《はなたかだか》だ。

【鼻血】《はなぢ》 ↓ 鼻《はな》から出《で》る血《ち》。例 鼻血《はなぢ》を出《だ》す。

【鼻面】《はなづら》 ↓ 鼻《はな》の先《さき》。鼻《はな》のすぐ前《まえ》。例 馬《うま》の鼻面《はなづら》をなでる。

【鼻柱】《はなばしら》 ↓ ①鼻《はな》の左右《さゆう》のあなのあいだにある肉《にく》。②鼻《はな》の中心《ちゅうしん》をとおっているほね。類 鼻筋《はなすじ》 ③人《ひと》に負《ま》けまいとする強気《つよき》。表現 ③は、「鼻《はな》っ柱《ぱしら》をへしおる(負《ま》けん気《き》をくじく)」のように「はなっぱしら」というのがふつう。

【鼻水】《はなみず》 ↓ 水《みず》っぽい鼻《はな》じる。

【鼻音】《びおん》 ↓ 息《いき》が鼻《はな》にぬけるように出《だ》す音《おと》。「ナ・ニ・ヌ・ネ・ノ」「マ・ミ・ム・メ・モ」や「花《はな》がさく」の「が」などの音《おと》。

【鼻。孔】《びこう》 ↓ 鼻《はな》のあな。

【鼻◆腔】《びこう》 ↓ 鼻《はな》のあなからのどにかけての空間《くうかん》で、嗅覚《きゅうかく》の器官《きかん》などがあるところ。鼻《はな》のなか。例 あまいかおりが鼻腔《びこう》をくすぐる。

【鼻。濁音】《びだくおん》 鼻《はな》にぬけて発音《はつおん》される、「ガ・ギ・グ・ゲ・ゴ」の音《おん》。知識 東京語《とうきょうご》では、「学校《がっこう》」の「が」のように一《ひと》つのことばの最初《さいしょ》に来《く》るものをのぞいて、あとの「ガ・ギ・グ・ゲ・ゴ」(「大学《だいがく》」の「が」など)はほとんど鼻濁音《びだくおん》。

◆ 小鼻《こばな》 酸鼻《さんび》 出鼻《でばな》 目鼻《めはな》

漢字パズルの答《こた》え

1―しりとり（72ページ）

①合計算数字《ごうけいさんすう》《けいさんすうじ》　②安全部屋上《あんぜんへや》《ぜんぶおくじょう》
③牧場面会社《ぼくじょうめんかい》《ばめんかいしゃ》　④西洋食事実《せいようしょくじ》《ようしょくじじつ》
⑤正解決心配《せいかいけっしん》《かいけつしんぱい》　⑥記録音楽器《きろくおんがく》《ろくおんがっき》
⑦味方角度胸《みかたかくど》《ほうがくどきょう》

2―よみかた（144ページ）

①ふくし　②かし　③こうがい
④はくしゅ　⑤れいてん　⑥れいとう
⑦はんばい　⑧ひがい　⑨ちょうせん
⑩はれつ　⑪ろてん　⑫こはん

3―かがみたて（196ページ）

①森　②回　③困　④品　⑤里　⑥来
⑦買　⑧半　⑨宙

4―くみあわせ（216ページ）

①―オ　②―キ　③―ア　④―イ
⑤―カ　⑥―エ　⑦―ウ

5―まちがいさがし（288ページ）

①入場券を買う　②神社にお参りする
③太平洋と大西洋　④手を挙げて質問する
⑤過去と現在と未来　⑥弓で矢を射る
⑦博士は動物の専門家

6―よみかた（360ページ）

①陸上（りくじょう）　②着水（ちゃくすい）
③賞金（しょうきん）　④定規（じょうぎ）
⑤王女（おうじょ）　⑥火花（ひばな）
⑦日本（にほん・にっぽん）　⑧日曜（にちよう）

7―かきじゅん（432ページ）

①山　②糸　③円　④花　⑤皿　⑥雨

8―かきじゅん（506ページ）

①イ　②ア　③イ　④イ

9―くみあわせ（576ページ）

①唱　②賛　③街　④協　⑤能　⑥曜　⑦操

10―むしくい（720ページ）

①泉　②困　③鉄　④昔　⑤堂　⑥栄
⑦径　⑧湖　⑨肺　⑩燃　⑪災　⑫針
⑬基　⑭炭　⑮氷　⑯曜

11―くみあわせ（792ページ）

①時刻（じこく）　②模様（もよう）　③鉄棒（てつぼう）　④期限（きげん）　⑤砂糖（さとう）　⑥新聞（しんぶん）　⑦指揮（しき）

12―クロスワード（864ページ）

①年賀状（ねんがじょう）・祝賀会（しゅくがかい）　②不用心（ぶようじん）・画用紙（がようし）　③科学者（かがくしゃ）・小学生（しょうがくせい）　④逆光線（ぎゃくこうせん）・観光地（かんこうち）　⑤事務所（じむしょ）・公務員（こうむいん）　⑥英会話（えいかいわ）・町会長（ちょうかいちょう）　⑦看護師（かんごし）・弁護士（べんごし）　⑧危険物（きけんぶつ）・保険金（ほけんきん）

13―むしくい（936ページ）

①―ウ　②―ア　③―カ　④―キ
⑤―エ　⑥―ク　⑦―オ　⑧―イ

14―あなうめ（1008ページ）

①百発百中（ひゃっぱつひゃくちゅう）
②十人十色（じゅうにんといろ）
③一進一退（いっしんいったい）
④三寒四温（さんかんしおん）
⑤千変万化（せんぺんばんか）
⑥千客万来（せんきゃくばんらい）
⑦四方八方（しほうはっぽう）

ふろく

ひらがな・かたかなのもとになった漢字《かんじ》

ひらがなは、漢字《かんじ》の草書体《そうしょたい》をさらにくずして生《う》まれました。

「草書体《そうしょたい》」については「ものしり巻物《まきもの》」(193ページ)

かたかなは、漢字《かんじ》の一部分《いちぶぶん》を用《もち》いるなどして生《う》まれました。

ひらがなの由来《ゆらい》

	(な)奈	(た)太	(さ)左	(か)加	(あ)安
	(に)仁	(ち)知	(し)之	(き)幾	(い)以
	(ぬ)奴	(つ)州	(す)寸	(く)久	(う)宇
	(ね)祢	(て)天	(せ)世	(け)計	(え)衣
	(の)乃	(と)止	(そ)曽	(こ)己	(お)於
(ん)无	(わ)和	(ら)良	(や)也	(ま)末	(は)波
		(り)利		(み)美	(ひ)比
		(る)留	(ゆ)由	(む)武	(ふ)不
		(れ)礼		(め)女	(へ)部
	(を)遠	(ろ)呂	(よ)与	(も)毛	(ほ)保

かたかなの由来《ゆらい》

	(ナ)奈	(タ)多	(サ)散	(カ)加	(ア)阿
	(ニ)二	(チ)千	(シ)之	(キ)幾	(イ)伊
	(ヌ)奴	(ツ)川	(ス)須	(ク)久	(ウ)宇
	(ネ)祢	(テ)天	(セ)世	(ケ)介	(エ)江
	(ノ)乃	(ト)止	(ソ)曽	(コ)己	(オ)於
(ン)?	(ワ)和	(ラ)良	(ヤ)也	(マ)末	(ハ)八
		(リ)利		(ミ)三	(ヒ)比
		(ル)流	(ユ)由	(ム)牟	(フ)不
		(レ)礼		(メ)女	(ヘ)部
	(ヲ)乎	(ロ)呂	(ヨ)与	(モ)毛	(ホ)保

漢字《かんじ》のなりたち

「かわ」の漢字《かんじ》は、三本《さんぼん》の線《せん》で表《あらわ》されています。真《ま》ん中《なか》が水《みず》の流《なが》れで、両《りょう》がわは岸《きし》です。

この「川《かわ》」の字《じ》のように、絵《え》がもとになってできた字《じ》を**象形文字**《しょうけいもじ》といいます。「象形《しょうけい》」は、形《かたち》を象《かたど》るという意味《いみ》です。

世《よ》の中《なか》が進《すす》んでくると、生活《せいかつ》の仕方《しかた》や人《ひと》びとの考《かんが》え方《かた》が高度《こうど》になり、象形文字《しょうけいもじ》だけでは必要《ひつよう》なことばをじゅうぶんに表《あらわ》すことができなくなりました。そこで、**指事文字**《しじもじ》というのが考《かんが》えられました。

たとえば、木《き》の根《ね》もとを表《あらわ》す「もと」は、「ここが根《ね》もとです」と、「木《き》」の字《じ》にしるしをつけて、「本《もと》」として表《あらわ》しました。「上《うえ》」も「下《した》」も「天《てん》」も、このようにしてできた指事文字《しじもじ》です。「指事《しじ》」は、事《こと》がらを指《さ》ししめすという意味《いみ》です。

さらに漢字《かんじ》をふやすために、今《いま》までにできている字《じ》を組《く》み合《あ》わせて、新《あたら》しい意味《いみ》の新《あたら》しい字《じ》を作《つく》る方法《ほうほう》がとられました。たとえば、木《き》のならんでいる「はやし」は、「木《き》」と「木《き》」を合《あ》わせて、「林《はやし》」という字《じ》にしました。木《き》がもりあがっている「森《もり》」、鳥《とり》が口《くち》でなく「鳴《めい》」、動物《どうぶつ》の耳《みみ》を手《て》(又《また》)でつかんでいる「取《とり》」なども、このようにしてできた字《じ》です。

口＋鳥＝鳴

このような字《じ》を**会意文字**《かいいもじ》といいます。「会意《かいい》」は、意味《いみ》をあわせることです。

「象形《しょうけい》」「指事《しじ》」「会意《かいい》」と、いろいろな方法《ほうほう》で漢字《かんじ》が作《つく》られてきましたが、なんといっても、数《かず》が多《おお》いのは**形声文字**《けいせいもじ》です。全体《ぜんたい》の約《やく》八〇パーセントを占《し》めています。

ことばは、文字《もじ》ができるよりずっと古《ふる》くからあって、みんなが口《くち》で発音《はつおん》していましたから、大《おお》きな意味《いみ》のまとまりを表《あらわ》するし(形《けい》)と、そのことばの意味《いみ》をはっきりと表《あらわ》す発音《はつおん》をしめす部分《ぶぶん》(声《せい》)を組《く》み合《あ》わせて、一《ひと》つの文字《もじ》を作《つく》るのです。

たとえば、食《た》べたり話《はな》したりすることを表《あらわ》す形《かたち》の「口《くち》」と、「あじわい」の意味《いみ》と発音《はつおん》をしめす「ミ(未)」とを合《あ》わせたのが「味《み》」です。また、川《かわ》や水《みず》の流《なが》れを表《あらわ》す「氵」と、「すきとおる」意味《いみ》と発音《はつおん》をしめす「セイ(青)」とを合《あ》わせたのが「清《せい》」です。

右《みぎ》に挙《あ》げた四《よっ》つの方法《ほうほう》で漢字《かんじ》が作《つく》られてきましたが、それらの漢字《かんじ》のうち、べつの意味《いみ》がくわわったり、まったくべつの意味《いみ》に使《つか》われてしまったりした字《じ》もあります。

「楽《らく》」の字《じ》は、もともとは「おんがく」の意味《いみ》を表《あらわ》していましたが、おんがくは人《ひと》の心《こころ》をたのしませるので、「楽」は「ラク」という発音《はつおん》で「たのしい」という語《ご》を表《あらわ》すようになりました。このような字《じ》を**転注文字**《てんちゅうもじ》といいます。

「来《らい》」はもともとは「むぎ」を表《あらわ》していましたが、おなじ「ライ」と発音《はつおん》する「くる」として使《つか》われるようになってしまいました。このようにおなじ発音《はつおん》の文字《もじ》をかりた字《じ》を**仮借文字**《かしゃもじ》といいます。

漢字《かんじ》のなりたちを四《よっ》つ、使《つか》われ方《かた》を二《ふた》つ説明《せつめい》しました。これら六《むっ》つを、**六書**《りくしょ》とよんでいます。

漢字《かんじ》の組《く》み立《た》て

「人《ひと》」は一《ひと》つの字《じ》です。「匕」がつくと、「人《ひと》」が細《ほそ》くなって「化《か》」になります。「化《か》」は二《ふた》つの部分《ぶぶん》からできている字《じ》です。さらに、「艹」がつくと、「花《はな》」になります。「花《はな》」は、三《みっ》つの部分《ぶぶん》からできている字《じ》です。

人　化　花

このように、漢字《かんじ》には、一《ひと》つだけのものと、いくつもの部分《ぶぶん》によって組《く》み立《た》てられているものとがあります。

いくつもの部分《ぶぶん》によって組《く》み立《た》てられている場合《ばあい》、おもに意《い》味《み》を表《あらわ》す部分《ぶぶん》を**部首《ぶしゅ》**といいます。部分《ぶぶん》の代表《だいひょう》です。この辞典《じてん》では、部首《ぶしゅ》の場所《ばしょ》を黒色《くろいろ》でしめしています。

「化《か》」は、人《ひと》がばける意味《いみ》です。そこで、ばける意味《いみ》を表《あらわ》す部分《ぶぶん》の「匕」が部首《ぶしゅ》になります。

化……

「花《はな》」は、人《ひと》ではなく、植物《しょくぶつ》です。そこで、植物《しょくぶつ》の意味《いみ》を表《あらわ》す「艹」が部首《ぶしゅ》になります。（「化」は、「カ」と読《よ》むことをしめしているのです）

花……

「人《ひと》」はどうでしょうか。「人《ひと》」は一《ひと》つだけで、「ひと」の意味《いみ》を表《あらわ》しているので、そのまま字全体《じぜんたい》が部首《ぶしゅ》になります。

人……

では、漢字《かんじ》はどのように組《く》み立《た》てられているのか、説明《せつめい》しましょう。

漢字《かんじ》の組《く》み立《た》ては、大《おお》きく七《なな》つに分《わ》けられます。そして組《く》み立《た》ての各部分《かくぶぶん》には、それぞれ名前《なまえ》がついています。

へん【偏】

左《ひだり》がわの部分《ぶぶん》を「へん」といいます。

氵（さんずい）海池注……
冫（にすい）冷凍凝……
亻（にんべん）住係作……
木（きへん）林村橋……
糸（いとへん）紅線絵……
扌（てへん）投打持……
弓（ゆみへん）引強張……
歹（がつへん）残殊殖……
阝（こざとへん）防階陸……
⻊（あしへん）路跡距……
火（ひへん）灯焼燃……
牜（うしへん）物牧特……
犭（けものへん）独猫犯……
飠（しょくへん）飲飯館……
石（いしへん）研砂破……
禾（のぎへん）科秋秒……
耳（みみへん）職恥聴……

口（くちへん）味吸呼……
言（ごんべん）計語記……
忄（りっしんべん）情快性……
日（ひへん）明晴時……
王（おうへん）球理現……
目（めへん）眼眠眺……
礻（しめすへん）神社礼……
衤（ころもへん）補複被……
米（こめへん）粉精糖……
舟（ふねへん）船航般……
貝（かいへん）貯財販……
車（くるまへん）転軽輪……
金（かねへん）鉄銅針……
馬（うまへん）駅験騎……
女（おんなへん）姉妹好……
土（つちへん）地城坂……

つくり【旁】

右《みぎ》がわの部分《ぶぶん》を「つくり」といいます。

刂（りっとう）割利別……
彡（さんづくり）形彩影……
卩（ふしづくり）印即却……
寸（すん）対射封……
⻏（おおざと）都部郡……
斤（おのづくり）新断……
欠（あくび けんづくり）歌欲次……
殳（るまた ほこづくり）殺殿段……
頁（おおがい）頭顔額……
攵（ぼくづくり）教放改……

かんむり【冠】

上《うえ》の部分《ぶぶん》を「かんむり」といいます。

冖（わかんむり）写冗冠……
竹（たけかんむり）笛箱節……
宀（うかんむり）家安客……
雨（あめかんむり）雪雲電……
艹（くさかんむり）草花薬……
癶（はつがしら）発登……
耂（おいかんむり）考者……
罒（あみがしら）置署罪……
穴（あなかんむり）空究窓……
亠（なべぶた けいさんかんむり）交京亡……

あし【脚】

下《した》の部分《ぶぶん》を「あし」といいます。

儿（ひとあし）兄元光……
皿（さら）益盛盟……
灬（れんが れっか）照熱然……

たれ【垂】

上《うえ》と左《ひだり》をかこむ部分《ぶぶん》を「たれ」といいます。

厂（がんだれ）原厚厘……
尸（しかばね）局居屋……
广（まだれ）度広店……
疒（やまいだれ）病疲痛……

にょう【繞】

左《ひだり》と下《した》をかこむ部分《ぶぶん》を「にょう」といいます。

辶（しんにょう しんにゅう）道近進……
走（そうにょう）起越趣……
廴（えんにょう）建廷延……

かまえ【構】

外《そと》がわをかこむ部分《ぶぶん》を「かまえ」といいます。

冂（けいがまえ どうがまえ）円内……
气（きがまえ）気……
門（もんがまえ）間開関……
匚（はこがまえ）区医匹……
勹（つつみがまえ）勺匁……
囗（くにがまえ）国固園……
戈（ほこがまえ）成戒我……
行（ぎょうがまえ ゆきがまえ）術街衛……

これらの組《く》み立《た》てをおぼえ、部首《ぶしゅ》はどの部分《ぶぶん》かがわかるようになると、漢字《かんじ》の辞典《じてん》を引《ひ》くのに便利《べんり》なだけでなく、漢字全体《かんじぜんたい》の勉強《べんきょう》にたいへん役《やく》に立《た》ちます。

熟語《じゅくご》の組《く》み立《た》て

漢字《かんじ》は、一字《いちじ》ずつその意味《いみ》や使《つか》い方《かた》を学習《がくしゅう》することもだいじなことですが、二字《にじ》以上《いじょう》の漢字《かんじ》を組《く》み合《あ》わせて用《もち》いる「熟語《じゅくご》」を理解《りかい》することもまた重要《じゅうよう》なことです。

たとえば「学校《がっこう》」「校庭《こうてい》」また「理科《りか》」「社会《しゃかい》」は毎日《まいにち》使《つか》っていてよく知《し》っていることばですが、この中《なか》で「校《こう》」「理《り》」「科《か》」「社《しゃ》」という漢字《かんじ》の一字《いちじ》だけの意味《いみ》や使《つか》い方《かた》はどうでしょうか。これらは、「学《がく》」は「まなぶ」だとか「庭《てい》」は「にわ」だとかというのとちがって、すぐにはその意味《いみ》を言《い》いにくいことでしょう。これは漢字《かんじ》の中《なか》には、熟語《じゅくご》として使《つか》われることが中心《ちゅうしん》となっている漢字《かんじ》がかなりあるからなのです。

このように、漢字《かんじ》が組《く》み合《あ》わされて熟語《じゅくご》となり、さまざまなことばを作《つく》り出《だ》すことは、漢字《かんじ》のもつはたらきの中《なか》でもとりわけ重要《じゅうよう》なものなのです。

それでは、とくに漢字二字《かんじにじ》からできている二字熟語《にじじゅくご》について、その組《く》み立《た》てのしくみを考《かんが》えていきましょう。

この組《く》み立《た》てのしくみ、つまり上《うえ》の漢字《かんじ》と下《した》の漢字《かんじ》との関係《かんけい》には、いくつかの型《かた》があります。そしてこれらの型《かた》を知《し》ることは、一《ひと》つ一《ひと》つの漢字《かんじ》がもつはたらき、また、熟語《じゅくご》がもつ意味《いみ》やその熟語《じゅくご》の使《つか》い方《かた》などの理解《りかい》を深《ふか》めるのに役立《やくだ》ちます。

この辞典《じてん》では、それぞれの熟語《じゅくご》の下《した》に、熟語《じゅくご》の組《く》み立《た》ての型《かた》を、

‖　↕　↓　▽　▲　☒　⧓　○

という八《やっ》つの記号《きごう》でしめしてあります。

‖ おなじような意味《いみ》の漢字《かんじ》を重《かさ》ねた熟語《じゅくご》

これは上《うえ》の漢字《かんじ》と下《した》の漢字《かんじ》とがそれぞれ意味《いみ》が似《に》かよっていることから重《かさ》ねられたもので、この型《かた》は次《つぎ》の三《みっ》つに区分《くぶん》できます。

㋐ほとんどおなじ意味《いみ》の漢字《かんじ》を重《かさ》ねて熟語《じゅくご》としたもの。
なかには、漢字一字《かんじいちじ》ではいくつもの意味《いみ》があるために、どの意味《いみ》で用《もち》いているかわかりにくいので、意味《いみ》をはっきりさせるために熟語《じゅくご》としたものもあります。

道《みち》＋路《みち》＝道路《どうろ》
永《なが》い＋久《ひさ》しい＝永久《えいきゅう》
起《お》きる＋立《た》つ＝起立《きりつ》
流《なが》す＋布《ふ》＝流布《るふ》（布には、「きれ」という意味《いみ》もあるが、この場合《ばあい》は「広《ひろ》くゆきわたる」の意味《いみ》）

㋑関係《かんけい》のあることがらどうしの漢字《かんじ》をならべたもの。
鳥《とり》＋獣《けもの》＝鳥獣《ちょうじゅう》

見《み》る＋聞《き》く＝見聞《けんぶん》
飲《の》む＋食《た》べる＝飲食《いんしょく》

ウおなじ漢字《かんじ》を重《かさ》ねて、強調《きょうちょう》や複数《ふくすう》を表《あらわ》すもの。
重《かさ》ねる＋重《かさ》ねる＝重重《じゅうじゅう》
続《つづ》く＋続《つづ》く＝続続《ぞくぞく》
人《ひと》＋人《ひと》＝人人《ひとびと》
山《やま》＋山《やま》＝山山《やまやま》

⇕ 反対《はんたい》や対立《たいりつ》する意味《いみ》の漢字《かんじ》を重《かさ》ねた熟語《じゅくご》

ア「これもあれも」というように上《うえ》と下《した》の漢字《かんじ》の両方《りょうほう》の意味《いみ》を取《と》るもの。
左《ひだり》＋右《みぎ》＝左右《さゆう》
遠《とお》い＋近《ちか》い＝遠近《えんきん》
送《おく》る＋迎《むか》える＝送迎《そうげい》
発《た》つ＋着《つ》く＝発着《はっちゃく》

イ上《うえ》と下《した》の漢字《かんじ》のどちらかをえらぶもの。
黒《くろ》い＋白《しろ》い＝黒白《こくびゃく》
取《と》る＋捨《す》てる＝取捨《しゅしゃ》

ウ一方《いっぽう》の意味《いみ》だけが強調《きょうちょう》されるようになるもの。
異《こと》なる＋同《おな》じ＝異同《いどう》（異《こと》なる意味《いみ》で用《もち》いられる）
多《おお》い＋少《すく》ない＝多少《たしょう》（少《すく》ない意味《いみ》で用《もち》いられる）
緩《ゆる》い＋急《きゅう》な＝緩急《かんきゅう》（急《きゅう》の意味《いみ》で用《もち》いられる）

エとくべつの意味《いみ》になるもの。
春《はる》＋秋《あき》＝春秋《しゅんじゅう》（年月《ねんげつ》や時間《じかん》の意味《いみ》）
動《うご》く＋静《しず》まる＝動静《どうせい》（状態《じょうたい》やようすの意味《いみ》）
寒《さむ》い＋暖《あたた》かい＝寒暖《かんだん》（温度《おんど》の意味《いみ》）

↓ 上《うえ》の漢字《かんじ》が下《した》の漢字《かんじ》に対《たい》してようすや程度《ていど》、また関連《かんれん》などを明《あき》らかにする熟語《じゅくご》

ア「ナニ」にかかわるかやようすを説明《せつめい》するもの。
海《うみ》の＋草《くさ》＝海草《かいそう》
善《よ》い＋行《おこな》い＝善行《ぜんこう》
曲《ま》がった＋線《せん》＝曲線《きょくせん》

イある状態《じょうたい》や動作《どうさ》に対《たい》して程度《ていど》や状態《じょうたい》を説明《せつめい》するもの。
最《もっと》も＋高《たか》い＝最高《さいこう》
速《はや》く＋攻《せ》める＝速攻《そっこう》
山《やま》のように＋積《つ》む＝山積《さんせき》

ウある動作《どうさ》に対《たい》して時間《じかん》のうえで先《さき》になったり前提《ぜんてい》となる行動《こうどう》をしめすもの。
転《てん》じて＋用《もち》いる＝転用《てんよう》
敗《やぶ》れて＋走《はし》る＝敗走《はいそう》
迎《むか》えて＋撃《う》つ＝迎撃《げいげき》

エある状態《じょうたい》に対《たい》してその原因《げんいん》となる行動《こうどう》をしめすもの。
説《と》いたので＋明《あき》らかになった＝説明《せつめい》

●熟語の組み立て

拡《ひろ》げたので＋大《おお》きくなった＝拡大《かくだい》
改《あらた》めたので＋良《よ》くなった＝改良《かいりょう》

▽ 上《うえ》の漢字《かんじ》が主語《しゅご》で、下《した》の漢字《かんじ》がドウスル・ドウデアル・ドウナルと述《の》べる熟語《じゅくご》

地《ち》が＋震《ふる》える＝地震《じしん》
国《くに》が＋立《た》てる＝国立《こくりつ》
年《とし》が＋長《た》けている＝年長《ねんちょう》
人《ひと》が＋造《つく》る＝人造《じんぞう》
気《き》が＋長《なが》い＝気長《きなが》
船《ふね》が＋出《で》る＝船出《ふなで》
円《えん》が＋安《やす》い＝円安《えんやす》

▲ 上《うえ》の漢字《かんじ》に対《たい》して下《した》の漢字《かんじ》がその内容《ないよう》を補《おぎな》う熟語《じゅくご》

㋐上《うえ》の漢字《かんじ》の動作《どうさ》「ドウスル」に対《たい》して下《した》の漢字《かんじ》が「ナニを、ナニに」と補《おぎな》うもの。
読《よ》む＋書物《しょもつ》を＝読書《どくしょ》
作《つく》る＋曲《きょく》を＝作曲《さっきょく》
決《けっ》する＋意《い》を＝決意《けつい》
減《へ》らす＋量《りょう》を＝減量《げんりょう》
着《つ》く＋席《せき》に＝着席《ちゃくせき》
登《のぼ》る＋山《やま》に＝登山《とざん》
沿《そ》う＋道《みち》に＝沿道《えんどう》
対《たい》する＋外《そと》に＝対外《たいがい》

㋑上《うえ》の漢字《かんじ》の動作《どうさ》「ドウスル」「ドウデアル」に対《たい》して下《した》の漢字《かんじ》が「ナニが」と補《おぎな》うもの。
有《あ》る＋益《えき》が＝有益《ゆうえき》
有《あ》る＋望《のぞ》みが＝有望《ゆうぼう》
開《ひら》く＋花《はな》が＝開花《かいか》
半分《はんぶん》＋値《ね》が＝半値《はんね》
少《すく》ない＋食事量《しょくじりょう》が＝少食《しょうしょく》

⊠ ある特定《とくてい》の意味《いみ》を表《あらわ》す漢字《かんじ》が上《うえ》につく熟語《じゅくご》

㋐意味《いみ》を打《う》ち消《け》す漢字《かんじ》がつくもの。
ない（不）＋明《あき》らか＝不明《ふめい》
ない（未）＋来《く》る＝未来《みらい》
ない（非）＋常《つね》である＝非常《ひじょう》
ない（否）＋認《みと》める＝否認《ひにん》
ない（無）＋益《えき》＝無益《むえき》

㋑「できる」（可能《かのう》）・「すべきである」（義務《ぎむ》）・「される」（受《う》け身《み》）を表《あらわ》すもの。
できる（可）＋燃《も》やす＝可燃《かねん》
すべきである（当）＋そうする（然）＝当然《とうぜん》
される（被）＋告《つ》げる＝被告《ひこく》

㋒「こと・もの」（所）という意味《いみ》で内容《ないよう》や理由《りゆう》を表《あらわ》すもの。
こと・もの（所）＋定《さだ》める＝所定《しょてい》
こと・もの（所）＋見《み》る＝所見《しょけん》

⊠ ある特定《とくてい》の意味《いみ》を表《あらわ》す漢字《かんじ》が下《した》につく熟語《じゅくご》

㋐ものごとのようすやかかわりを表《あらわ》すもの。また、特定《とくてい》のものに軽《かる》くそえたもの。

雑《ざつ》である＋ようす（然）＝雑然《ざつぜん》
知識《ちしき》＋かかわり（的）＝知的《ちてき》
量《りょう》＋かかわり（的）＝量的《りょうてき》
菓《か》＋子（軽《かる》くそえた字《じ》）＝菓子《かし》
帽《ぼう》＋子（軽《かる》くそえた字《じ》）＝帽子《ぼうし》

㋑上《うえ》の漢字《かんじ》に対《たい》して、「すっかり」「とても」「ずっと」あるいは「しおわる」「できる」という意味《いみ》を補《おぎな》いそえたもの。

忘《わす》れる＋すっかり（却）＝忘却《ぼうきゃく》
読《よ》む＋すっかり（破）＝読破《どくは》
愛《あい》する＋とても（着）＝愛着《あいちゃく》
悩《なや》ます＋とても（殺）＝悩殺《のうさつ》
壮《さか》ん＋とても（絶）＝壮絶《そうぜつ》
元《もと》から＋ずっと（来）＝元来《がんらい》
修《おさ》める＋おわる（了）＝修了《しゅうりょう》
説《と》く＋できる（得）＝説得《せっとく》

◎ 上《うえ》の漢字《かんじ》と下《した》の漢字《かんじ》との組《く》み立《た》てを考《かんが》えても仕方《しかた》のない熟語《じゅくご》

㋐故事《こじ》・成語《せいご》として用《もち》いられているもの。

故事《こじ》・成語《せいご》の組《く》み立《た》ては、たとえば「蛇足《だそく》」が⬇で、「完璧《かんぺき》」が▲であると説明《せつめい》することはできますが、このように説明《せつめい》してもこれらの意味《いみ》が理解《りかい》できるものではなく、それぞれの故事《こじ》・成語《せいご》の背景《はいけい》にある説話《せつわ》の内容《ないよう》がわからなければどうしようもありません。そこでこうした故事《こじ》や成語《せいご》もここに分類《ぶんるい》します。

蛇足《だそく》／完璧《かんぺき》／矛盾《むじゅん》

㋑長《なが》い熟語《じゅくご》を略語《りゃくご》として短《みじか》く二字《にじ》に省略《しょうりゃく》したもの。

国連《こくれん》（＝国際連合《こくさいれんごう》）
高校《こうこう》（＝高等学校《こうとうがっこう》）
特急《とっきゅう》（＝特別急行列車《とくべつきゅうこうれっしゃ》）

㋒二字《にじ》の漢字《かんじ》の連続《れんぞく》した音《おん》によって意味《いみ》を表《あらわ》すもの。

「シトシト」とか「ハラハラ」のように連続《れんぞく》した音《おん》によって意味《いみ》を表《あらわ》すことばがあるように、連続《れんぞく》した音《おん》によってはじめて意味《いみ》を表《あらわ》すものがあります。これを「連綿語《れんめんご》」といいます。

従容《しょうよう》／混沌《こんとん》／躊躇《ちゅうちょ》

㋓外来語《がいらいご》に漢字《かんじ》を当《あ》てたもの。

葡萄《ぶどう》／琵琶《びわ》／菩薩《ぼさつ》

㋔もともと日本《にほん》のことばであったものに漢字《かんじ》を当《あ》てたもの。

素敵《すてき》／家来《けらい》／為替《かわせ》／物騒《ぶっそう》（「ものさわがしい」から）

その字《じ》が下《した》につく熟語《じゅくご》

わたしたちは、ふだん使《つか》うことばの中《なか》で、二《ふた》つの漢字《かんじ》で書《か》かれる二字熟語《にじじゅくご》をたいへんよく使《つか》います。一《ひと》つ一《ひと》つの漢字《かんじ》は、二《に》字熟語《じじゅくご》の上《うえ》の字《じ》としてもはたらくし、下《した》の字《じ》としてもはたらくわけです。ですから、漢字《かんじ》のはたらきをじゅうぶんに知《し》るためには、その字《じ》が一字《いちじ》だけでどうはたらくかを知《し》ることのほかに、

一、二字熟語《にじじゅくご》の上《うえ》の字《じ》としてどうはたらくか

二、二字熟語《にじじゅくご》の下《した》の字《じ》としてどうはたらくか

という二《ふた》つのことを知《し》っていることが必要《ひつよう》です。

漢和《かんわ》（漢字《かんじ》）辞典《じてん》では、各漢字《かくかんじ》の解説《かいせつ》のあとに、その字《じ》が上《うえ》につく熟語《じゅくご》をかかげて解説《かいせつ》します。しかし漢字《かんじ》の中《なか》には、二字《にじ》熟語《じゅくご》で上《うえ》になるより下《した》になるほうが多《おお》いという字《じ》もたくさんありますし、なかには「者《もの》」という字《じ》のように、「打者《だしゃ》」「記者《きしゃ》」「作者《さくしゃ》」「学者《がくしゃ》」など下《した》につく熟語《じゅくご》はいくらでもあるのに、上《うえ》につく熟語《じゅくご》は一《ひと》つもないという極端《きょくたん》なものさえあります。

そこで、この辞典《じてん》では、その字《じ》が下《した》になってはたらくときのすがたも、見《み》のがさないようにしたいと考《かんが》え、下《した》つき熟語《じゅくご》の部《ぶ》分《ぶん》をとくに取《と》り立《た》てて解説《かいせつ》をほどこすことにしました。解説《かいせつ》の仕方《しかた》は、次《つぎ》のとおりです。

(1)上《うえ》つき熟語《じゅくご》の解説《かいせつ》が終《お》わったあとに、次《つぎ》のような表示《ひょうじ》をしたところがあります。たとえば「帯《おび》」の字《じ》なら、

帯が下につく熟語 上の字の働き 

とあります。ここから先《さき》が、帯《おび》が下《した》の字《じ》になったときのはたらきを調《しら》べる部分《ぶぶん》です。調《しら》べ方《かた》として、似《に》たはたらきのものをおなじところに集《あつ》めました。はたらきが似《に》ているというのは、上《うえ》の字《じ》の意味《いみ》との関係《かんけい》が似《に》ているということですから、上《うえ》の字《じ》の意味《いみ》を調《しら》べなければなりません。それで「上《うえ》の字《じ》の働《はたら》き」と掲《かか》げたのです。

(2)字《じ》の意味《いみ》の区分《くぶん》にしたがって考《かんが》えていきましょう。「帯《おび》」の意《い》味《み》は❶〈おび〉❷〈おびる。ともなう〉と二《ふた》つに区分《くぶん》されますので、次《つぎ》のようにしめされます。

❶**帯**＝〈おび〉のとき

【声帯《せいたい》 地帯《ちたい》】ナニの帯《おび》か。

【一帯《いったい》 寒帯《かんたい》 温帯《おんたい》 熱帯《ねったい》】ドノヨウナ地域《ちいき》か。

❷**帯**＝〈おびる。ともなう〉のとき

【携帯《けいたい》 連帯《れんたい》】近《ちか》い意味《いみ》。

(3)かたかな書《が》きのナニやドノヨウナが上《うえ》の字《じ》の意味《いみ》を型《かた》に分《わ》けてしめしたものです。「声帯《せいたい》」は「声《こえ》の帯《おび》」ですし「地帯《ちたい》」は「地《じ》面《めん》の帯《おび》」ですので、そういう関係《かんけい》を「ナニの帯《おび》」と表《あらわ》したのです。「声《こえ》の帯《おび》」とは何《なに》か、「地面《じめん》の帯《おび》」とは何《なに》か。それは、「声《こえ》」や「地《ち》」の字《じ》の項目《こうもく》で、それらの熟語《じゅくご》を調《しら》べて学《まな》んでください。この欄《らん》では一《ひと》つ一《ひと》つの熟語《じゅくご》の解説《かいせつ》はしないで、上《うえ》の字《じ》と下《した》の字《じ》の意味《いみ》の関係《かんけい》の似《に》たものをなかまにし、その型《かた》を、かたかな書《か》きのパターン表示法《ひょうじほう》でしめしました。ですから、そういうかたかな表示《ひょうじ》のところに上《うえ》の字《じ》を当《あ》てはめて、その意味《いみ》と下《した》の字《じ》の意味《いみ》との関係《かんけい》を考《かんが》えてみてください。とくに「上《うえ》の

字《じ》の働《はたら》き」としたのは、ここで、辞典《じてん》を使《つか》うみなさんに考《かんが》えてほしいからです。

このようなかたかな表示《ひょうじ》には、おおよそ次《つぎ》のようなものがあります。

ダレ　ナニ……人《ひと》・物《もの》・ものごと・事件《じけん》
イツ　ドコ……時《とき》・場所《ばしょ》
ドウスル　ドウナル……動作《どうさ》・変化《へんか》・推移《すいい》・進展《しんてん》
ドウデアル……状態《じょうたい》・ありさま
ドノクライ　ドレホド……数量《すうりょう》・大《おお》きさ・程度《ていど》
ドノヨウナ　ドンナ　ドウイウ……ものごとのようす
ドノヨウニ　ドウヤッテ……動作《どうさ》のやり方《かた》・変化《へんか》のようす

たとえば「地《ち》」が下《した》につく熟語《じゅくご》について見《み》ると、

❶**地**＝〈大地〉のとき
【山地《さんち》　平地《へいち》　湿地《しっち》　沼地《ぬまち》　台地《だいち》　低地《ていち》　盆地《ぼんち》　大地《だいち》　陸地《りくち》】ドノヨウナ大地《だいち》か。

❷**地**＝〈ある土地〉のとき
【内地《ないち》　外地《がいち》　局地《きょくち》　極地《きょくち》　現地《げんち》　実地《じっち》　当地《とうち》　辺地《へんち》】ドノアタリの地域《ちいき》か。

❸**地**＝〈立場〉のとき
【窮地《きゅうち》　死地《しち》】ドンナ立場《たちば》か。

❹**地**＝〈もとにあるもの〉のとき
【生地《きじ》　下地《したじ》　素地《そじ》】近《ちか》い意味《いみ》。

❺**地**＝〈材料としての、ぬの〉のとき
【厚地《あつじ》　薄地《うすじ》　白地《しろじ》】ドンナぐあいのぬのか。

のようになっています。ここで、たとえば❶の「ドノヨウナ大地《だいち》」の項《こう》なら、「山地《さんち》」は「山《やま》ばかりの大地《だいち》」、「平地《へいち》」は「平《たい》らな大地《だいち》」、「湿地《しっち》」は「しめった大地《だいち》」……というように当《あ》てはめてみると、関係《かんけい》がわかると思《おも》います。

(4)次《つぎ》に「ならび」ということを説明《せつめい》します。これまでの例《れい》の中《なか》に「近《ちか》い意味《いみ》」というのが【携帯《けいたい》　連帯《れんたい》】【生地《きじ》　下地《したじ》　素地《そじ》】のようにありました。これらはどれも、上《うえ》の字《じ》の意味《いみ》と下《した》の字《じ》の意味《いみ》とに、多《おお》かれ少《すく》なかれ共通性《きょうつうせい》があって、たがいに類義字《るいぎじ》の関《かん》係《けい》(類義《るいぎ》のならび)にあることをしめしています。「携帯《けいたい》」なら「携《けい》」も「帯《たい》」も「身《み》につけていること」、「連帯《れんたい》」は「連《れん》」も「帯《たい》」も「いっしょにいること」を表《あらわ》します。このように類義《るいぎ》の二字《にじ》がならぶ熟語《じゅくご》はひじょうに多《おお》くて、たとえば「楽《らく》」という字《じ》では【安楽《あんらく》　快楽《かいらく》　歓楽《かんらく》　悦楽《えつらく》　娯楽《ごらく》】のようにいくつも類義《るいぎ》二字《にじ》の熟《じゅく》語《ご》が作《つく》られています。

「ならび」の関係《かんけい》には、類義《るいぎ》のほかにも「反対《はんたい》の意味《いみ》」と「近《きん》縁《えん》の関係《かんけい》」とがあります。「反対《はんたい》の意味《いみ》」とは、「増《ふ》える」と「減《へ》る」で「増減《ぞうげん》」、「物《もの》」と「心《こころ》」で「物心《ものごころ》」のように、たくさんある正反対《せいはんたい》の関係《かんけい》です。「近縁《きんえん》の関係《かんけい》」というのは、類義《るいぎ》や対義《たいぎ》のようにはっきりした関係《かんけい》ではなく、「山林《さんりん》」「森林《しんりん》」のように、なにかの縁《えん》があって、AといえばBが思《おも》い浮《う》かびやすいといった関係《かんけい》の二字《にじ》がならぶものを言《い》います。

(5)「有料《ゆうりょう》」と「無料《むりょう》」のように、「有《ゆう》」と「無《む》」の二字《にじ》は、よくおなじ字《じ》の上《うえ》についてそれが有《あ》ることと無《な》いことを表《あらわ》します。こういうものについては、たとえば、

【有料《ゆうりょう》　無料《むりょう》】料金《りょうきん》の有《あ》る無《な》し。

のようなしめし方《かた》をしました。

中国《ちゅうごく》書名《しょめい》物語《ものがたり》

林《はやし》 四郎《しろう》

水《みず》を治《おさ》める者《もの》は国《くに》を治《おさ》める。黄河《こうが》を治《おさ》める者《もの》は中国《ちゅうごく》を治める。中国《ちゅうごく》で最初《さいしょ》に黄河《こうが》の治水《ちすい》に成功《せいこう》し、流域《りゅういき》の人民《じんみん》に生活《せいかつ》の安定《あんてい》をもたらした人物《じんぶつ》が禹《う》である。禹《う》は、この功績《こうせき》によって帝王舜《ていおうしゅん》から帝位《ていい》を引《ひ》きつぎ、夏《か》の王朝《おうちょう》を開《ひら》いたと伝《つた》えられる。今《いま》から四千年《よんせんねん》も前《まえ》のことだから、確《たし》かな事実《じじつ》はわからない。揚子江《ようすこう》(長江《ちょうこう》)の水《みず》を治《おさ》めたのだという言《い》い伝《つた》えもある。夏王朝《かおうちょう》の次《つぎ》、殷《いん》(商《しょう》ともいう)の王朝《おうちょう》からは考古学資料《こうこがくしりょう》も多《おお》く、歴史《れきし》が確実《かくじつ》にたどられるので、その存在《そんざい》を疑《うたが》う人《ひと》はいない。王朝《おうちょう》は、夏《か》・殷《いん》・周《しゅう》と続《つづ》く。夏《か》の禹王《うおう》、殷の湯王《とうおう》、周《しゅう》の文王《ぶんおう》・武王《ぶおう》あたりまでが、中国《ちゅうごく》で最《もっと》も古《ふる》い時代《じだい》の聖人帝王《せいじんていおう》として尊敬《そんけい》される人《ひと》たちである。

夏《か》の禹王《うおう》と『書経《しょきょう》』

これらの人《ひと》たちの業績《ぎょうせき》を伝《つた》える書物《しょもつ》が『書経《しょきょう》』で、この本《ほん》の叙述《じょじゅつ》は、聖人帝王《せいじんていおう》の最初《さいしょ》である尭《ぎょう》から始《はじ》まる。尭《ぎょう》を受《う》ける帝王《ていおう》が舜《しゅん》である。書経《しょきょう》は中国《ちゅうごく》で一番古《いちばんふる》い書物《しょもつ》の一《ひと》つに数《かぞ》えられ、制作《せいさく》者《しゃ》はわからない。日本《にほん》の天皇《てんのう》や年号《ねんごう》の名前《なまえ》は、この書物《しょもつ》の中《なか》から取《と》られることが多《おお》い。

孔子《こうし》と『論語《ろんご》』

周王朝《しゅうおうちょう》の統率力《とうそつりょく》が衰《おとろ》えて、中国各地方《ちゅうごくかくちほう》に、事実上独立国《じじつじょうどくりつこく》である国《くに》がいくつもできたころ、山東地方《さんとうちほう》の魯《ろ》の国《くに》に孔丘《こうきゅう》というすぐれた思想家《しそうか》が現《あらわ》れた。だれよりも学問《がくもん》が好《す》きで、魯《ろ》を中心《ちゅうしん》に周辺各国《しゅうへんかっこく》の歴史《れきし》や文化《ぶんか》をよく学《まな》び、権力者《けんりょくしゃ》たちに正《ただ》しい政治《せいじ》の仕方《しかた》を教《おし》えようとしたが、なかなか意見《いけん》が採用《さいよう》されず、隣《となり》の斉《せい》の国《くに》など、いろいろ回《まわ》って意見《いけん》を述《の》べたが、どこでも安定《あんてい》した地位《ちい》を得《え》ることができなかった。やがて魯《ろ》の国《くに》に帰《かえ》り、以後《いご》は門弟《もんてい》を集《あつ》めて教育《きょういく》と文化事業《ぶんかじぎょう》に専念《せんねん》した。中国最初《ちゅうごくさいしょ》の確実《かくじつ》な歴史記録《れきしきろく》『春秋《しゅんじゅう》』の文章《ぶんしょう》を監修《かんしゅう》したほか、『易経《えききょう》』『詩経《しきょう》』『礼記《らいき》』『書経《しょきょう》』(これらを合《あ》わせて五経《ごきょう》という)など、中国古代《ちゅうごくこだい》の哲学《てつがく》・文学《ぶんがく》や社会制度《しゃかいせいど》の重要書物《じゅうようしょもつ》は、ほとんどみな、この人《ひと》の手《て》で本文《ほんぶん》が整《ととの》えられたと伝《つた》えられている。紀元前《きげんぜん》五五一年《ねん》に生《う》まれ、紀元前《きげんぜん》四七九年《ねん》に没《ぼっ》したが、その間《あいだ》にすぐれた門弟《もんてい》たちをたくさん教育《きょういく》した。この門弟《もんてい》たちが、先生《せんせい》の言葉《ことば》や行《おこな》いを中心《ちゅうしん》に、自分《じぶん》たちの言葉《ことば》も交《まじ》えて編集《へんしゅう》した書物《しょもつ》が『論語《ろんご》』である。

孔子《こうし》

論語《ろんご》は二十編《にじっぺん》から成《な》り、大人物孔丘《だいじんぶつこうきゅう》が何《なに》を考《かんが》え、人々《ひとびと》と何《なに》を語《かた》り合《あ》ったかが手《て》に取《と》るようにわかるおもしろい書物《しょもつ》である。今日私《こんにちわたし》たちが、三十歳《さんじっさい》を而立《じりつ》の年《とし》、四十《しじゅう》を不惑《ふわく》、五十《ごじゅう》を知命《ちめい》、六十歳《ろくじっさい》を耳順《じじゅん》の年《とし》などと言《い》うのは、みなこの書物《しょもつ》の言葉《ことば》を使《つか》っているのである。「子曰、学而時習之不亦説乎(子《し》いわく、学《まなび》て時《とき》にこれを習《なら》う、またよろこばしからずや)」というのが論語《ろんご》最初《さいしょ》の文章《ぶんしょう》である。「子《し》」は孔子《こうし》。門弟《もんてい》たちが「孔先生《こうせんせい》」と呼《よ》んだことばが「孔子《こうし》」である。孔子《こうし》を祭《まつ》る廟《びょう》は、山東省《さんとうしょう》の曲阜《きょくふ》をはじめ中国《ちゅうごく》各地《かくち》にあり、今《いま》も世界《せかい》の人々《ひとびと》の尊敬《そんけい》を集《あつ》めている。

孔子《こうし》の弟子《でし》たちと四書《ししょ》

孔子《こうし》は、門弟三千人《もんていさんぜんにん》といわれるほどたくさんの弟子《でし》を教育《きょういく》した。顔回《がんかい》、子路《しろ》、子貢《しこう》など、孔門《こうもん》の十哲《じゅってつ》と呼《よ》ばれる人《ひと》たちは特《とく》に重要《じゅうよう》な弟子《でし》である。孔子《こうし》の教《おし》えを儒教《じゅきょう》という。

儒教《じゅきょう》の内容《ないよう》がいちばんよくわかる書物《しょもつ》に『大学《だいがく》』『中庸《ちゅうよう》』『論語《ろんご》』『孟子《もうし》』の四《よっ》つがあり、これらを合《あ》わせて四書《ししょ》という。『大学《だいがく》』は孔子《こうし》の直接《ちょくせつ》の門弟曽子《もんていそうし》が先生《せんせい》の教《おし》えのエッセンスを記《しる》したといわれるもので、人間《にんげん》だれでも自分《じぶん》の家族《かぞく》に親愛《しんあい》の情《じょう》をもつ、その自然《しぜん》な情愛《じょうあい》を伸《の》ばして人《ひと》に施《ほどこ》していけば、そこから正《ただ》しい政《せい》治《じ》の仕方《しかた》も生《う》まれるのだと教《おし》える。『中庸《ちゅうよう》』は、孔子《こうし》の孫《まご》の子思《しし》が、曽子《そうし》から祖父《そふ》の教《おし》えを教《おそ》わって記《しる》したものだといわれる。片寄《かたよ》らぬ人間性《にんげんせい》を育《そだ》てみがくことが、宇宙《うちゅう》の根本原理《こんぽんげんり》を身《み》につけることになるので、人間《にんげん》にとって中庸《ちゅうよう》の徳《とく》ほど大事《だいじ》なものはないと教《おし》える。『論語《ろんご》』は、親《した》しみ深《ぶか》い孔子《こうし》の言葉《ことば》の宝庫《ほうこ》。『孟《もう》子《し》』は、孔子《こうし》から百五十年《ひゃくごじゅうねん》ほど後《あと》の人《ひと》である孟軻《もうか》が、子思《しし》の門《もん》弟《てい》から教《おし》えを受《う》けて身《み》につけた孔子《こうし》の教《おし》えを、世《よ》の中《なか》に生《い》かそうとして、諸国《しょこく》を回《まわ》り歩《ある》きながら、あちこちの王《おう》や政治家《せいじか》と議《ぎ》論《ろん》を交《か》わした、その言葉《ことば》をくわしく記《しる》した書物《しょもつ》である。中国古《ちゅうごくこ》代《だい》の政治思想《せいじしそう》や儒教《じゅきょう》の考《かんが》え方《かた》を学《まな》ぶための教科書《きょうかしょ》とするのによい内容《ないよう》を備《そな》えている。

最初《さいしょ》の歴史書《れきししょ》『春秋《しゅんじゅう》』と司馬遷《しばせん》の『史記《しき》』

中国《ちゅうごく》で初《はじ》めてしっかりした政《せい》治組織《じそしき》を作《つく》った王朝《おうちょう》は殷《いん》で、そのあとを受《う》けたのが周《しゅう》の王朝《おうちょう》だったが、殷《いん》や周《しゅう》の支配《しはい》した国土《こくど》は、黄河中流《こうがちゅうりゅう》・下流《かりゅう》の流域《りゅういき》を中心《ちゅうしん》とした地域《ちいき》で、今日《こんにち》の中国《ちゅうごく》から見《み》れば、まだ狭《せま》い範囲《はんい》のものだった。中国《ちゅうごく》が、黄河《こうが》の北方《ほっぽう》から揚子江《ようすこう》のはるか南方《なんぼう》に及《およ》ぶ大帝国《だいていこく》となったのは、秦王朝《しんおうちょう》の時《とき》で、これを作《つく》り上《あ》げた英雄《えいゆう》が、万里《ばんり》の長城《ちょうじょう》で名高《なだか》い秦《しん》の始皇帝《しこうてい》であった。周《しゅう》の時代《じだい》が秦《しん》の時代《じだい》になるまでに数百年《すうひゃくねん》の時《とき》が流《なが》れる。その間《あいだ》、地域地域《ちいきちいき》に、大小《だいしょう》いくつもの政権《せいけん》があった。秦《しん》は、その中《なか》でも大《おお》きくて強《つよ》い政権《せいけん》だったが、ほかにも、斉《せい》・晋《しん》・燕《えん》・楚《そ》・魯《ろ》・宋《そう》・呉《ご》・越《えつ》など、有力《ゆうりょく》な地方政権《ちほうせいけん》があった。これらの政権《せいけん》が統治《とうち》する範囲《はんい》を、一《いっ》般《ぱん》に「国《くに》」といっている。この時代《じだい》、周《しゅう》の王朝《おうちょう》は、全体《ぜんたい》を統率《とうそつ》する中央政権《ちゅうおうせいけん》としてあったが、その力《ちから》が次第《しだい》に衰《おとろ》えて、有《あ》るか無《な》いかわからないものになってしまい、ついに、始皇帝《しこうてい》に滅《ほろ》ぼされて終《お》わる。その間《あいだ》、各国《かっこく》は互《たが》いに力《ちから》を競《きそ》って、戦争《せんそう》が絶《た》えなかった。この数百年《すうひゃくねん》の前半《ぜんはん》を春秋時代《しゅんじゅうじだい》といい、後半《こうはん》を戦国時《せんごくじ》代《だい》という。

春秋時代《しゅんじゅうじだい》を代表《だいひょう》する有力者《ゆうりょくしゃ》が、斉《せい》の桓公《かんこう》・晋《しん》の文公《ぶんこう》・宋《そう》の襄公《じょうこう》・秦《しん》の穆公《ぼくこう》・楚《そ》の荘王《そうおう》の五人《ごにん》で、次々《つぎつぎ》と、時代《じだい》の第一人者《だいいちにんしゃ》となった。歴史上《れきしじょう》、この人《ひと》たちを「春秋《しゅんじゅう》の五覇《ごは》」と呼《よ》ぶ。この時《じ》期《き》を春秋時代《しゅんじゅうじだい》というのは、この間《あいだ》の歴史事実《れきしじじつ》が『春秋《しゅんじゅう》』という書物《しょもつ》に記《しる》されているからである。『春秋《しゅんじゅう》』は魯《ろ》の国《くに》の記録《きろく》だが、各国《かっこく》での主要事件《しゅようじけん》も記《しる》してあるので、当時《とうじ》の国《くに》と国《くに》との関係《かんけい》を、ここから知《し》ることができる。『春秋《しゅんじゅう》』の文章《ぶんしょう》を、一字一字吟味《いちじいちじぎんみ》して、最終的《さいしゅうてき》に定《さだ》めたのが孔子《こうし》である。孔子《こうし》は、一《ひと》つ一《ひと》つの戦争《せんそう》や事件《じけん》について、関係者《かんけいしゃ》の正義《せいぎ》・不義《ふぎ》の関係《かんけい》がわかるような表《ひょう》現《げん》を用《もち》いた。これが、後世《こうせい》の人《ひと》がいう「春秋《しゅんじゅう》の筆法《ひっぽう》」である。『春秋《しゅんじゅう》』は、魯《ろ》の統治者《とうちしゃ》を基準《きじゅん》とする年代区分《ねんだいくぶん》に従《したが》いながら、何《なん》年《ねん》の何月《なんがつ》にどこで何《なに》があったという事実《じじつ》を、極《きわ》めて簡潔《かんけつ》に記《しる》している。歴史《れきし》の、こういう書《か》き方《かた》を「編年体《へんねんたい》」という。

『春秋《しゅんじゅう》』に続《つづ》く歴史書《れきししょ》が、漢《かん》の司馬遷《しばせん》の著《あらわ》した『史記《しき》』である。漢《かん》は、秦《しん》が始皇帝《しこうてい》のあと、すぐ滅《ほろ》びたのを受《う》けた王朝《おうちょう》で、その国土《こくど》は秦《しん》よりも一段《いちだん》と大《おお》きく、政治《せいじ》・軍事《ぐんじ》・文化《ぶんか》の全面《ぜんめん》にわたって、よく組織《そしき》された国家《こっか》を作《つく》ったので、前漢《ぜんかん》と後漢《ごかん》とを合《あ》わせると四百年《よんひゃくねん》続《つづ》いた大帝国《だいていこく》となった。司馬遷《しばせん》は、前漢《ぜんかん》の中《なか》ごろ、国《くに》の歴史記録《れきしきろく》を担当《たんとう》する家《いえ》に生《う》まれ、歴史《れきし》の書《か》き方《かた》について非《ひ》常《じょう》に深《ふか》く研究《けんきゅう》した結果《けっか》、それまでだれも思《おも》いつかなかった書《か》き方《かた》を発案《はつあん》した。『史記《しき》』の書《か》き方《かた》は、歴史叙述《れきしじょじゅつ》の部分《ぶぶん》を「本紀《ほんぎ》」「世家《せいか》」「列伝《れってん》」の三部《さんぶ》に分《わ》け、本紀《ほんぎ》では、この世《よ》の中心人物《ちゅうしんじんぶつ》として、各王朝《かくおうちょう》の帝王《ていおう》について記《しる》し、世家《せいか》では、各帝王《かくていおう》の下《した》で国政《こくせい》を担当《たんとう》して、事実上《じじつじょう》世《よ》の中《なか》を支《ささ》えるのに最《もっと》も力《ちから》のあった人《ひと》たちの業績《ぎょうせき》を記《しる》した。そのあと、列伝《れってん》では、政治家《せいじか》・軍人《ぐんじん》・事《じ》業《ぎょう》家《か》・文化人《ぶんかじん》・芸能《げいのう》人《じん》・その他各方面《たかくほうめん》で、さまざまな働《はたら》きをした、たくさんの人《ひと》たちについて事実《じじつ》を書《か》き記《しる》している。何《なに》についてもよく調《しら》べ、事実《じじつ》かどうか疑《うたが》わしいことは書《か》かなかったにもかかわらず、その文章《ぶんしょう》は生《い》き生《い》きとしていて、どんな小説《しょうせつ》よりもおもしろいという定評《ていひょう》がある。以上《いじょう》の三部分《さんぶぶん》のほかに、「十表《じっぴょう》」「八書《はっしょ》」というものがある。十表《じっぴょう》は十種類《じっしゅるい》の年表《ねんぴょう》である。十種類《じっしゅるい》もあるのは、王朝別《おうちょうべつ》と、本紀《ほんぎ》・世家《せいか》の区別《くべつ》に対応《たいおう》する、いくつもの着眼《ちゃくがん》点《てん》によって別々《べつべつ》の表《ひょう》ができているからである。八書《はっしょ》は、国民《こくみん》の社会生活《しゃかいせいかつ》を維持《いじ》するのに必要《ひつよう》な、各方面《かくほうめん》の制度《せいど》や科学技術《かがくぎじゅつ》の要点《ようてん》を、例《たと》えば、社会秩序《しゃかいちつじょ》を保《たも》つための儀礼《ぎれい》の制度《せいど》とか、治水《ちすい》のための国土計画《こくどけいかく》や土木工学《どぼくこうがく》の根本原理《こんぽんげんり》とかについて、八章《はっしょう》に分《わ》けて記《しる》すものである。このように、本紀《ほんぎ》・世家《せいか》・列伝《れってん》・十《じっ》表《ぴょう》・八書《はっしょ》と五《いつ》つの部門《ぶもん》に分《わ》けて、各方面《かくほうめん》から社会《しゃかい》の発展《はってん》をたどり、記述《きじゅつ》するという方法《ほうほう》は、西洋《せいよう》のすぐれた歴史家《れきしか》たちも全《まった》く気《き》づかなかったやり方《かた》で、この後長《あとなが》く、歴史記述《れきしきじゅつ》の模範《もはん》となったものである。『春秋《しゅんじゅう》』式《しき》の編年体《へんねんたい》に対《たい》して、『史記《しき》』のような構《こう》造《ぞう》の書《か》き方《かた》を「紀伝体《きでんたい》」といっている。

司馬遷《しばせん》は、『史記《しき》』を書《か》くために、目《め》に入《はい》る限《かぎ》りの文書《ぶんしょ》を調《しら》べたほか、全国各地《ぜんこくかくち》を旅行《りょこう》して、その土地《とち》の言《い》い伝《つた》えを調《しら》べ、いろいろ照《て》らし合《あ》わせて、確実《かくじつ》だと思《おも》う情報《じょうほう》を採用《さいよう》して文章《ぶんしょう》にした。事実《じじつ》を記《しる》し終《お》わると、そのあとに「太史公《たいしこう》いわく」と言《い》って自《じ》分《ぶん》の意見《いけん》を述《の》べた。太史公《たいしこう》とは、歴史《れきし》を司《つかさど》る役人《やくにん》としての自分《じぶん》を指《さ》している。意見《いけん》の述《の》べ方《かた》は、理由《りゆう》をあげて判断《はんだん》を下《くだ》すというやり方《かた》で、極《きわ》めて論理的《ろんりてき》であった。このように事実《じじつ》と意見《いけん》とをはっきり分《わ》けて書《か》く書《か》き方《かた》は、孔子《こうし》の「春秋《しゅんじゅう》の筆法《ひっぽう》」とは違《ちが》って、だれにでもわかりやすく、論説文《ろんせつぶん》の書《か》き方《かた》としても模範《もはん》的《てき》なものであった。このように、何事《なにごと》にも態度《たいど》をはっきりさせた司馬遷《しばせん》は、李陵《りりょう》という将軍《しょうぐん》が、北方《ほっぽう》の異民族《いみんぞく》と戦《たたか》って敗《やぶ》れ、捕虜《ほりょ》となったとき、状況《じょうきょう》を調《しら》べて、やむをえなかったと弁護《べんご》したため、皇帝《こうてい》の大《おお》きな怒《いか》りを買《か》い、男性《だんせい》の性《せい》を奪《うば》われるという、

司馬遷《しばせん》

ひどい刑罰《けいばつ》を受《う》けた。生《い》きる希望《きぼう》を失《うしな》い、ほとんど死《し》のうとした司馬遷《しばせん》であったが、後世《こうせい》に事実《じじつ》を伝《つた》える歴史家《れきしか》の使命《しめい》を思《おも》い、ひたすら、『史記《しき》』の完成《かんせい》に命《いのち》をかけて、余生《よせい》を生《い》き抜《ぬ》いた結果《けっか》、受刑《じゅけい》から八年《はちねん》目《め》の紀元前《きげんぜん》九一年《ねん》に『史記《しき》』が出来上《できあ》がった。文字通《もじどお》り、司馬遷《しばせん》が一生《いっしょう》を投入《とうにゅう》した書物《しょもつ》であった。

老荘《ろうそう》の思想《しそう》と韓非子《かんぴし》の文章《ぶんしょう》

中国《ちゅうごく》の古《ふる》くからの思想《しそう》で、国民《こくみん》の間《あいだ》にしっかり根《ね》づいて、伝《つた》えられてきたものは、第一《だいいち》儒教《じゅきょう》、第二《だいに》道教《どうきょう》、第三《だいさん》仏教《ぶっきょう》の三《みっ》つである。第一《だいいち》の儒教《じゅきょう》は、孔子《こうし》の説《と》いた教《おし》えで、そのことは、『論語《ろんご》』や四書五経《ししょごきょう》によって説明《せつめい》したとおりである。第三《だいさん》の仏教《ぶっきょう》は、インドの釈迦《しゃか》の教《おし》えで、日本人《にほんじん》にもなじみが深《ふか》い。唐《とう》の三《さん》蔵法師《ぞうほうし》玄奘《げんじょう》がインドへの大冒険旅行《だいぼうけんりょこう》をして、貴重《きちょう》な経文《きょうもん》を持《も》ち帰《かえ》ったのは、仏教《ぶっきょう》の正《ただ》しい思想《しそう》を中国《ちゅうごく》に伝《つた》えるためであった。
第二《だいに》の道教《どうきょう》は、日本《にほん》ではあまり知《し》られておらず、宗教《しゅうきょう》としての道教《どうきょう》は、日本《にほん》には全《まった》く入《はい》らなかった。しかし、道教思想《どうきょうしそう》の大《おお》もとには、宗教《しゅうきょう》とは違《ちが》う、老荘思想《ろうそうしそう》という哲学《てつがく》があって、それを学《まな》んだ日本人《にほんじん》は、決《けっ》して少《すく》なくはない。

老荘思想《ろうそうしそう》とは、老子《ろうし》・荘子《そうし》、二人《ふたり》の人《ひと》の考《かんが》え出《だ》した思想《しそう》という意味《いみ》である。老子《ろうし》は孔子《こうし》と同時代《どうじだい》の人《ひと》で、孔子《こうし》より年長者《ねんちょうしゃ》であった。姓名《せいめい》は李耳《りじ》で、老耼《ろうたん》という名《な》もあるが、ふつうには「老《ろう》子《し》」という。「子《し》」は孔子《こうし》の子《し》と同《おな》じで、後《あと》の人《ひと》が尊《とうと》んでいう呼《よ》び名《な》である。どんな生活《せいかつ》をした人《ひと》か、ほとんど何《なに》もわからないが、孔子《こうし》がある日《ひ》、「礼《れい》」について教《おし》えを受《う》けに行《い》ったと、『史記《しき》』に書《か》いてある。老子《ろうし》は、孔子《こうし》に「礼《れい》とは何《なに》か」と教《おし》えたりはしないで、「良《よ》い品《しな》を持《も》つ商人《しょうにん》の品物《しなもの》は、奥深《おくふか》くにあって、外《そと》からは見《み》えない。大人物《だいじんぶつ》は、見《み》かけは、ばかのようだ」と言《い》い、自分《じぶん》を偉《えら》い者《もの》と思《おも》ったり、何《なに》かできると思《おも》ったりする気持《きも》ちを捨《す》てなさいと、それだけ言《い》った。孔子《こうし》は帰《かえ》って、弟子《でし》たちに「鳥《とり》も魚《さかな》も獣《けもの》も、捕《と》らえ方《かた》がわかるが、竜《りゅう》の捕《と》らえ方《かた》だけはわからない。今日会《きょうあ》った老子《ろうし》は、その竜《りゅう》だ」と言《い》った。老子《ろうし》は、いつ生《う》まれていつ死《し》んだのか、だれにもわからないが、『道徳経《どうとくきょう》』と呼《よ》ばれる短《みじか》い書《か》き物《もの》を残《のこ》した。これが世《よ》にいう『老子《ろうし》』である。ここでいう道徳《どうとく》は、良《よ》い行《おこな》いの徳目《とくもく》を挙《あ》げて、ああしなさいこうしなさいと教《おし》えるようなものではなく、宇宙《うちゅう》の大道《だいどう》には何《なに》も決《き》まった形《かたち》は無《な》いが、人間《にんげん》が名《な》をつけて、生《い》き方《かた》ややり方《かた》を考《かんが》え出《だ》していくので、どういう名《な》でどういうものを生《う》み出《だ》すかで、良《よ》い生《い》き方《かた》とむだな生《い》き方《かた》とが分《わ》かれる、と言《い》っている。哲学的《てつがくてき》な言葉《ことば》で、短《みじか》く切《き》れる文《ぶん》が並《なら》ぶので、読者《どくしゃ》は、その文《ぶん》その文《ぶん》から、自由《じゆう》にものを考《かんが》えることができるし、文章《ぶんしょう》の流《なが》れからも、さまざまな思《おも》いが呼《よ》び起《お》こされて、楽《たの》しい。『老子《ろうし》』は、どういう世《よ》の中《なか》でも、尽《つ》きない生命《せいめい》を持《も》つ書物《しょもつ》である。

荘子《そうし》も、実際《じっさい》の生活《せいかつ》は知《し》られていないが、荘周《そうしゅう》というのが実《じつ》の名《な》で、孔子《こうし》や老子《ろうし》より百年以上後《ひゃくねんいじょうあと》の人《ひと》である。思想家《しそうか》として名《な》が知《し》られていたので、ある国《くに》(楚《そ》)の王《おう》が大臣《だいじん》にしたいと言《い》って招《まね》いたが、出世《しゅっせ》したり落《お》ちぶれたりするのを心配《しんぱい》して生《い》きるのはいやだと言《い》って断《ことわ》った。老子《ろうし》の思想《しそう》に共鳴《きょうめい》して、かなりの量《りょう》の文章《ぶんしょう》を書《か》いた。その残《のこ》した書物《しょもつ》が『荘子《そうじ》』である。日本《にほん》では、荘子《そうし》のその人《ひと》の方《ほう》を「そうし」といい、書物《しょもつ》を「そうじ」と呼《よ》んで区別《くべつ》している。『荘子《そうじ》』には、老子《ろうし》、孔子《こうし》をはじめ、孔子《こうし》の弟子《でし》たちもたびたび登場《とうじょう》して、いろいろなことを言《い》ったりしたりするが、それらをそのまま史実《しじつ》だと思《おも》って読《よ》む人《ひと》は、あまりいない。

荘子《そうし》

この本《ほん》で語《かた》られるたくさんの話《はなし》は、ものごとの奥《おく》にひそむ真理《しんり》を考《かんが》えるための「お話《はなし》」(そういう話《はなし》を寓話《ぐうわ》という)として、いつ、だれが読《よ》んでもおもしろい内容《ないよう》をもっている。『荘子《そうじ》』三十三編《さんじゅうさんぺん》の文《ぶん》章《しょう》には、荘子《そうし》自身《じしん》が書《か》いたもののほか、直《ちょく》接《せつ》・間接《かんせつ》の弟子《でし》たちが書《か》いた文章《ぶんしょう》も含《ふく》まれているが、そこに荘子《そうし》の思想《しそう》が語《かた》られていることは間違《まちが》いないとして、今《いま》も、多《おお》くの人《ひと》に読《よ》まれ、親《した》しまれている。

荘子《そうし》からまた百年以上後《ひゃくねんいじょうあと》に、韓《かん》の国《くに》に、韓非《かんぴ》という非常《ひじょう》な秀《しゅう》才《さい》が出《で》た。国主《こくしゅ》の子《こ》ではあったが、国主《こくしゅ》の地位《ちい》が継《つ》げる立場《たちば》にはいなかった。韓非《かんぴ》はたくさんの書物《しょもつ》を読《よ》んで、古代《こだい》から春秋《しゅんじゅう》戦国時代《せんごくじだい》までの史実《しじつ》を非常《ひじょう》によく知《し》っていた。老子《ろうし》の思想《しそう》に深《ふか》い共感《きょうかん》を持《も》ち、老子《ろうし》のいう「虚《きょ》(何《なに》も無《な》いこと)」を大切《たいせつ》にする考《かんが》え方《かた》に立《た》ちながら、極《きわ》めて現実的《げんじつてき》・具体的《ぐたいてき》な政策《せいさく》を大事《だいじ》にする「法《ほう》による政治《せいじ》」のやり方《かた》を提案《ていあん》した。韓非《かんぴ》は口《くち》でしゃべることは下手《へた》だったから、その提案《ていあん》を専《もっぱ》ら文章《ぶんしょう》に書《か》いて示《しめ》した。韓非《かんぴ》は三十九歳《さんじゅうきゅうさい》の若《わか》さで不幸《ふこう》な死《し》に方《かた》をしたが、一生《いっしょう》の間《あいだ》に書《か》いた文章《ぶんしょう》が集《あつ》められ、長文《ちょうぶん》五十五編《ごじゅうごへん》から成《な》る大著《たいちょ》『韓非子《かんぴし》』が後世《こうせい》に残《のこ》った。この書物《しょもつ》の文章《ぶんしょう》はすべて論説文《ろんせつぶん》で、そのほとんどが、君主《くんしゅ》の政治《せいじ》の仕方《しかた》を論《ろん》ずるものである。君主《くんしゅ》は、自分《じぶん》の能力《のうりょく》や個人的好《こじんてきこの》みを臣下《しんか》に示《しめ》さず、いつも自分《じぶん》を「虚《きょ》」にしておかなくてはならない。君主《くんしゅ》が政治《せいじ》をするのではなく、法《ほう》を定《さだ》めて、法《ほう》が政治《せいじ》をするようにする。法《ほう》を運用《うんよう》するのは臣下《しんか》の役人《やくにん》たちだから、君主《くんしゅ》は臣下《しんか》の政治《せいじ》の実績《じっせき》を審査《しんさ》し、法《ほう》に照《て》らして実績《じっせき》の良《よ》い者《もの》は良《よ》さによって賞《しょう》し、実績《じっせき》の悪《わる》い者《もの》は悪《わる》いだけ処罰《しょばつ》する。このやり方《かた》を徹底《てってい》できること、それだけが君主《くんしゅ》の条件《じょうけん》だというのが、彼《かれ》の主張《しゅちょう》である。『韓非子《かんぴし》』の文章《ぶんしょう》は論旨《ろんし》が明快《めいかい》で、まず主張《しゅちょう》の中心点《ちゅうしんてん》をはっきりかかげ、それをいくつもの歴史事実《れきしじじつ》で論証《ろんしょう》してから、きっちり締《し》めくくるという、すきのない論理構成《ろんりこうせい》になっているので、わかりやすく説得力《せっとくりょく》がある。世界中《せかいじゅう》のどういう言語《げんご》に訳《やく》しても、そのまま好論文《こうろんぶん》となる、近代的《きんだいてき》な文章《ぶんしょう》である。中国《ちゅうごく》の古代《こだい》に、良《よ》い文章《ぶんしょう》、味《あじ》わいのある文章《ぶんしょう》は、ほかにたくさんあるが、一編《いっぺん》にこれだけの分量《ぶんりょう》があって、その中《なか》に論理《ろんり》と話《はなし》のおもしろさとが備《そな》わる文章《ぶんしょう》は、『韓非子《かんぴし》』をおいてほかにはない。後世《こうせい》、唐宋八家《とうそうはっか》といわれる文章家《ぶんしょうか》たちも、論説文《ろんせつぶん》については、この書物《しょもつ》から学《まな》ぶことが最《もっと》も多《おお》かった。それはすなわち、私《わたし》たち日本《にほん》の先輩《せんぱい》たちも、論説文《ろんせつぶん》の勉強《べんきょう》には、まず『韓非子《かんぴし》』を学《まな》んだということである。私《わたし》たちは、韓非《かんぴ》が口舌《くぜつ》の人《ひと》でなく、筆《ふで》の人《ひと》であったことに、本当《ほんとう》に感謝《かんしゃ》しなければならない。もし彼《かれ》が口先《くちさき》で勝負《しょうぶ》をする人《ひと》だったら、これだけ重量感《じゅうりょうかん》のある模範文《もはんぶん》の宝庫《ほうこ》を、私《わたし》たちが、今《いま》、目《め》の前《まえ》に見《み》ることはできないのである。

王羲之《おうぎし》の書《しょ》

漢字《かんじ》の学問《がくもん》と芸術《げいじゅつ》は、その大《おお》もとが、すべて、漢字《かんじ》の国《くに》、中国《ちゅうごく》にある。文字《もじ》の書《か》き方《かた》の芸術《げいじゅつ》は、中国《ちゅうごく》では漢字《かんじ》の「書法《しょほう》」として確立《かくりつ》し、日本《にほん》では、漢字《かんじ》と仮名《かな》とに分《わ》かれながら、ともに「書道《しょどう》」として発展《はってん》した。書法《しょほう》・書道《しょどう》を一《ひと》つにした漢字芸術《かんじげいじゅつ》の世界《せかい》で、古今《ここん》を通《つう》じてその頂点《ちょうてん》に立《た》つ人《ひと》が、晋《しん》の王羲之《おうぎし》である。晋《しん》とは、三国時代《さんごくじだい》の最後《さいご》の勝利者《しょうりしゃ》になった魏《ぎ》の曹操《そうそう》のあとを受《う》けた王朝《おうちょう》で、中国《ちゅうごく》の古代文学《こだいぶんがく》は、この王朝《おうちょう》を含《ふく》む六朝時代《りくちょうじだい》に、いちじるしい発展《はってん》をとげた。日本《にほん》の平安時《へいあんじ》代《だい》以後《いご》の文学《ぶんがく》に大《おお》きな影響《えいきょう》を与《あた》えた詩文集《しぶんしゅう》『文選《もんぜん》』も、この時期《じき》に作《つく》られている。王羲之《おうぎし》は軍人《ぐんじん》であり、官吏《かんり》であり、詩文《しぶん》の作《さく》者《しゃ》でもあるが、何《なに》より書法《しょほう》にすぐれた人《ひと》で、楷書《かいしょ》・草書《そうしょ》・行書《ぎょうしょ》、それぞれの書体《しょたい》を用《もち》いて、永《なが》く後世《こうせい》の模範《もはん》となる書《しょ》を書《か》き残《のこ》している。特《とく》に、自作《じさく》の文章《ぶんしょう》「蘭亭集序《らんていしゅうじょ》」の書《しょ》が有名《ゆうめい》である。

玄宗皇帝《げんそうこうてい》と安禄山《あんろくざん》、そして「長恨歌《ちょうごんか》」

日本《にほん》の大和《やまと》朝廷《ちょうてい》が奈良《なら》にりっぱな都《みやこ》を作《つく》ったころ、その手本《てほん》になった唐《とう》の長安《ちょうあん》の都《みやこ》は、強大《きょうだい》な唐《とう》帝国《ていこく》の首都《しゅと》として、地球《ちきゅう》の東半分《ひがしはんぶん》の中心地《ちゅうしんち》になっていた。日本《にほん》で最初《さいしょ》の歴史書《れきししょ》『古事記《こじき》』ができたその年《とし》、唐《とう》では若《わか》い皇帝玄宗《こうていげんそう》が位《くらい》についた。玄宗《げんそう》は勉強家《べんきょうか》で、初《はじ》め、よい政治《せいじ》をしたので、世《よ》の中《なか》は平和《へいわ》だったが、中年《ちゅうねん》を迎《むか》えるころ、妃《きさき》の楊貴妃《ようきひ》を愛《あい》し過《す》ぎたことから、楊家《ようけ》の代表者楊国忠《だいひょうしゃようこくちゅう》に何事《なにごと》もまかせたので、政治《せいじ》が乱《みだ》れ始《はじ》めた。このころ、東北地方《とうほくちほう》の軍隊《ぐんたい》をあずかる将軍《しょうぐん》に安禄山《あんろくざん》という人《ひと》がいた。安禄山《あんろくざん》は、父《ちち》が中東《ちゅうとう》のソグド人《じん》、母《はは》が北方《ほっぽう》、突厥族《とっけつぞく》の人《ひと》だったので、周辺民族《しゅうへんみんぞく》の言葉《ことば》をたくさん知《し》っていて、商業《しょうぎょう》のための接触《せっしょく》もうまく、よく民衆《みんしゅう》を治《おさ》めて、大《おお》きな軍隊《ぐんたい》を自由《じゆう》に動《うご》かす力《ちから》があった。楊国忠《ようこくちゅう》が安禄山《あんろくざん》の忠誠《ちゅうせい》を疑《うたが》ったことから二人《ふたり》が不和《ふわ》になり、安禄山《あんろくざん》が反乱《はんらん》を起《お》こした。反乱軍《はんらんぐん》は勢《いきお》いが強《つよ》く、遂《つい》に長安《ちょうあん》を占領《せんりょう》したので、玄宗《げんそう》は四川《しせん》省《しょう》へのがれ、楊国忠《ようこくちゅう》も楊貴妃《ようきひ》も命《いのち》を落《お》とした。安禄山《あんろくざん》も、結局《けっきょく》やり方《かた》を失敗《しっぱい》して自分《じぶん》の息子《むすこ》に殺《ころ》され、有力《ゆうりょく》な部下《ぶか》の史思明《ししめい》も死《し》んで、安史《あんし》の乱《らん》と呼《よ》ばれる八年間《はちねんかん》の反乱《はんらん》も終《お》わったが、この反乱《はんらん》は唐《とう》の王朝《おうちょう》を土台《どだい》からゆり動《うご》かす大事件《だいじけん》だった。玄宗皇《げんそうこう》帝《てい》と楊貴妃《ようきひ》の愛情物語《あいじょうものがたり》は、詩人白居易《しじんはくきょい》の長編詩《ちょうへんし》「長恨歌《ちょうごんか》」によって後世《こうせい》に語《かた》りつがれている。「長恨歌《ちょうごんか》」は、日本平安朝《にほんへいあんちょう》の大小《だいしょう》説《せつ》『源氏物語《げんじものがたり》』の成立《せいりつ》にも大《おお》きな影響《えいきょう》を与《あた》えた作品《さくひん》である。

李白《りはく》と杜甫《とほ》、および唐《とう》の詩人《しじん》たち

漢詩《かんし》は中国語《ちゅうごくご》の詩《し》だから、中国語《ちゅうごくご》の発音《はつおん》で読《よ》むのを聞《き》くときに、その美《うつく》しさがわかるものであるのに、すぐれた漢詩《かんし》は、日本語《にほんご》で訓読《くんどく》しても、良《よ》さ、美《うつく》しさがわかるのは、まことにふしぎである。発音《はつおん》の美《うつく》しさのほかに、表現内容《ひょうげんないよう》の持《も》つりっぱさや美《うつく》しさや真実感《しんじつかん》が人《ひと》の心《こころ》を打《う》つのだろう。中国文学《ちゅうごくぶんがく》の歴史《れきし》の中《なか》で、漢詩《かんし》がもっとも栄《さか》えたのは唐《とう》の時代《じだい》である。唐《とう》の王朝《おうちょう》は、日本《にほん》で聖徳太子《しょうとくたいし》の時代《じだい》が終《お》わろうとするころ（七世紀初《しちせいきはじ》め）に成立《せいりつ》し、日本《にほん》の古墳時代末期《こふんじだいまっき》・奈良時代《ならじだい》・平安時代初期《へいあんじだいしょき》にかけて、三百年近《さんびゃくねんちか》く続《つづ》いたのち、十世紀初《じっせいきはじ》めに、宋《そう》の王朝《おうちょう》へと変《か》わる。その間《あいだ》に、女帝則天武后《じょていそくてんぶこう》が国号《こくごう》を「周《しゅう》」と変《か》える騒《さわ》ぎがあったり、安禄山《あんろくざん》の大反乱《だいはんらん》があったりはしたが、大体《だいたい》において平和《へいわ》が続《つづ》き、大《おお》いに文化《ぶんか》が発展《はってん》した。日本《にほん》からは十五回《じゅうごかい》も遣唐使《けんとうし》が派遣《はけん》され、空海《くうかい》、最澄《さいちょう》などが大陸《たいりく》に渡《わた》ってたくさんのことを学《まな》んで来《き》た。中国《ちゅうごく》の三蔵法師玄奘《さんぞうほうしげんじょう》が十六年《じゅうろくねん》にわたる大冒険旅行《だいぼうけんりょこう》の末《すえ》、インドから大量《たいりょう》の経文《きょうもん》を持《も》ち帰《かえ》るという文化的大事件《ぶんかてきだいじけん》もあった。また、中国《ちゅうごく》の名僧鑑真《めいそうがんじん》が五度《ごど》の漂《ひょう》流《りゅう》を経《へ》て、失明《しつめい》しつつ日本《にほん》にたどり着《つ》き、奈良《なら》に唐招提寺《とうしょうだいじ》を建立《こんりゅう》して正《ただ》しい仏教《ぶっきょう》を伝《つた》えたのは、日中文化交流史上《にっちゅうぶんかこうりゅうしじょう》の大事件《だいじけん》であった。

こんなことのあった唐《とう》の時代《じだい》は、長安《ちょうあん》の都《みやこ》を中心《ちゅうしん》に、漢詩《かんし》の花《はな》が咲《さ》き乱《みだ》れた時代《じだい》でもあって、たくさんの詩人《しじん》が出《で》ておびただしい数《かず》の作品《さくひん》を後世《こうせい》に残《のこ》した。それらの中《なか》からえりすぐって作《つく》った詩集《ししゅう》『唐詩三百首《とうしさんびゃくしゅ》』（三二〇首《しゅ》を収録《しゅうろく》）と『唐詩選《とうしせん》』（四六五首《しゅ》収録《しゅうろく》）とがよく読《よ》まれた。日本《にほん》では特《とく》に唐詩選《とうしせん》が江戸時代《えどじだい》からよく読《よ》まれ、日本人《にほんじん》による注釈書《ちゅうしゃくしょ》もかなり作《つく》られた。

数多《かずおお》い唐《とう》の詩人《しじん》の中《なか》で特《とく》に日本人《にほんじん》に大《おお》きな影響《えいきょう》を与《あた》えた人《ひと》に、まず、李白《りはく》、杜甫《とほ》、白居易《はくきょい》の三人《さんにん》があり、あと、王維《おうい》、孟浩然《もうこうねん》の名《な》を落《お》とすことができない。李白《りはく》は本当《ほんとう》に酒《さけ》の好《す》きな人《ひと》で、「李白一斗詩百篇《りはくいっとしひゃっぺん》」と言《い》われるように、酒《さけ》を楽《たの》しみ興《きょう》に乗《の》ると、いくつでも詩句《しく》を連《つら》ねることができた。その終《お》わり方《かた》も、酔《よ》った末《すえ》に、川《かわ》に映《うつ》る名月《めいげつ》を取《と》ろうとして水中《すいちゅう》の人《ひと》となったと言《い》われている。杜甫《とほ》は人生派《じんせいは》の詩人《しじん》で、深《ふか》い味《あじ》わいのある名詩《めいし》をたくさん残《のこ》した。日本《にほん》の俳人《はいじん》芭蕉《ばしょう》は杜甫《とほ》や李白《りはく》の詩《し》に常《つね》に親《した》しんでいたから、『奥《おく》の細道《ほそみち》』の文章《ぶんしょう》を起《お》こすときに、李白《りはく》の詩《し》のリズムを借《か》りて「月日《つきひ》は百代《はくたい》の過客《かかく》にして、行《い》き交《か》う年《とし》もまた旅人《たびびと》なり」と書《か》き出《だ》しているし、奥州平泉《おうしゅうひらいずみ》で源義経《みなもとのよしつね》たちを追懐《ついかい》する時《とき》には、杜甫《とほ》の詩句《しく》を用《もち》いて「国破《くにやぶ》れて山河《さんが》あり、城《しろ》春《はる》にして草青《くさあお》みたり」と記《しる》している。これは、芭蕉《ばしょう》がこれらの詩句《しく》を利用《りよう》して書《か》いたというよりも、この人《ひと》たちの詩《し》の心《こころ》とリズムがいっしょになって、普段《ふだん》から芭蕉《ばしょう》の詩心《しごころ》に溶《と》けこんでいたものにちがいない。白居易《はくきょい》は白楽天《はくらくてん》の名《な》で日本人《にほんじん》に親《した》しまれており、『白氏文集《はくしもんじゅう》』という個人詩文集《こじんしぶんしゅう》もよく読《よ》まれた。玄宗皇帝《げんそうこうてい》と楊貴妃《ようきひ》をうたった「長恨歌《ちょうごんか》」のことは、その項目《こうもく》に記《しる》した通《とお》りである。王維《おうい》と孟浩然《もうこうねん》は仲《なか》の良《よ》い友《とも》だち同士《どうし》であった。王維《おうい》は官吏《かんり》としても出世《しゅっせ》し、孟浩然《もうこうねん》は出世《しゅっせ》しなかったという差《さ》があっても、二人《ふたり》とも十分《じゅうぶん》に浮《う》き世《よ》の生活《せいかつ》をしながら、詩《し》の世界《せかい》では、同《おな》じように浮《う》き世《よ》を離《はな》れた、すがすがしい世界《せかい》を楽《たの》しむことができた。王維《おうい》の「ひとり竹《たけ》やぶの中《なか》で琴《こと》をひき歌《うた》をうたっていると……深林人不知　名月来相照（深林《しんりん》の中《なか》、人《ひと》は知《し》らない、月《つき》と二人《ふたり》きり）」——こんな言葉《ことば》に接《せっ》すると、だれでも、人《ひと》と離《はな》れて月《つき》を友《とも》とする心《こころ》を楽《たの》しみたくなるし、孟浩然《もうこうねん》の「春眠《しゅんみん》不覚暁《あかつきをおぼえず》　処処聞啼鳥《しょしょていちょうをきく》　夜来風雨声《やらいふううのこえ》　花落知多少《はなおつることしるたしょう》」に至《いた》っては、中国人《ちゅうごくじん》・日本人《にほんじん》といわず、およそ花《はな》が咲《さ》き鳥《とり》の鳴《な》く世界《せかい》に住《す》む人間《にんげん》で、この詩《し》の心《こころ》に共感《きょうかん》しない人《ひと》は一人《ひとり》もいないだろうと思《おも》われる。そういう詩《し》である。こんな人《ひと》たちがたくさん出《で》て、数《かず》えきれぬ名詩《めいし》を残《のこ》してくれたのが、唐《とう》の時代《じだい》であった。

杜甫《とほ》　李白《りはく》　白居易《はくきょい》

中国《ちゅうごく》の王朝《おうちょう》と日本《にほん》の時代《じだい》

	中国《ちゅうごく》の王朝《おうちょう》			著名《ちょめい》な人《ひと》	日本《にほん》の時代《じだい》	
	太古《たいこ》			蒼頡《そうけつ》		
				尭《ぎょう》　舜《しゅん》		
	夏《か》			禹《う》　桀王《けつおう》		
紀《き》	殷《いん》	前1700?		紂王《ちゅうおう》　伯夷《はくい》・叔斉《しゅくせい》	縄文時代《じょうもんじだい》	
	周《しゅう》	前1120?		周公旦《しゅうこうたん》　太公望《たいこうぼう》		
元《げん》		前770				
		春秋時代《しゅんじゅうじだい》		管仲《かんちゅう》　勾践《こうせん》・夫差《ふさ》　西施《せいし》		
前《ぜん》		前403		孔子《こうし》　顔回《がんかい》　老子《ろうし》　墨子《ぼくし》　孫子《そんし》		
		戦国時代《せんごくじだい》		荘子《そうし》　孟子《もうし》　荀子《じゅんし》　屈原《くつげん》		
	秦《しん》	前《ぜん》221		秦始皇帝《しんしこうてい》　項羽《こうう》		
西暦《せいれき》0年	前漢《ぜんかん》	前《ぜん》202		劉邦《りゅうほう》　韓信《かんしん》　司馬遷《しばせん》　李陵《りりょう》		
	新《しん》	8				
	後漢《ごかん》	25		許慎《きょしん》　蔡倫《さいりん》	弥生時代《やよいじだい》	
	三国《さんごく》	220	魏《ぎ》	曹操《そうそう》	倭奴国王《わのなのこくおう》、漢《かん》に使者《ししゃ》	
			蜀《しょく》	劉備《りゅうび》　諸葛亮《しょかつりょう》　関羽《かんう》　張飛《ちょうひ》　馬謖《ばしょく》	卑弥呼《ひみこ》、魏《ぎ》に使者《ししゃ》	
			呉《ご》	孫権《そんけん》		
	晋《しん》	265	西晋《せいしん》		大和時代《やまとじだい》	
		317	東晋《とうしん》	王羲之《おうぎし》　法顕《ほっけん》		
	南北朝《なんぼくちょう》	420		陶淵明《とうえんめい》		
500	北魏《ほくぎ》・北斉《ほくせい》・北周《ほくしゅう》・宋《そう》・斉《せい》・梁《りょう》・陳《ちん》			達磨《だるま》	雄略天皇《ゆうりゃくてんのう》、宋《そう》に使者《ししゃ》	
	隋《ずい》	589		煬帝《ようだい》	飛鳥時代《あすかじだい》	
	唐《とう》	618		玄奘《げんじょう》　則天武后《そくてんぶこう》　孟浩然《もうこうねん》　王維《おうい》	遣隋使《けんずいし》・小野妹子《おののいもこ》	
				安禄山《あんろくざん》　楊貴妃《ようきひ》	奈良時代《ならじだい》	710
				李白《りはく》　杜甫《とほ》　鑑真《がんじん》	遣唐使《けんとうし》・阿倍仲麻呂《あべのなかまろ》	
				韓愈《かんゆ》　柳宗元《りゅうそうげん》　白居易《はくきょい》	平安時代《へいあんじだい》	794
	五代《ごだい》	907			最澄《さいちょう》・空海《くうかい》	
	宋《そう》	960	北宋《ほくそう》	蘇軾《そしょく》	鎌倉時代《かまくらじだい》	1192
1000			南宋《なんそう》	朱子《しゅし》　陸游《りくゆう》	室町時代《むろまちじだい》	1338
	元《げん》	1279		成吉思汗《じんぎすかん》　耶律楚材《やりつそざい》	安土桃山時代《あづちももやまじだい》	1573
1500	明《みん》	1368		王陽明《おうようめい》　高啓《こうけい》　鄭成功《ていせいこう》	江戸時代《えどじだい》	1603
	清《しん》	1644		林則徐《りんそくじょ》	明治《めいじ》	1868
	中華民国《ちゅうかみんこく》	1912		孫文《そんぶん》　蔣介石《しょうかいせき》　魯迅《ろじん》　老舎《ろうしゃ》	大正《たいしょう》	1912
	中華人民共和国《ちゅうかじんみんきょうわこく》			毛沢東《もうたくとう》　周恩来《しゅうおんらい》　郭沫若《かくまつじゃく》	昭和《しょうわ》	1926
		1949			平成《へいせい》	1989

人名《じん》用《めい》漢字《よう》

•人名《じんめい》に用《もち》いる文字《もじ》は「戸籍法《こせきほう》」と「戸籍法施行規則《こせきほうしこうきそく》」によって定《さだ》められています。このうち、漢字《かんじ》は、「常用漢字《じょうようかんじ》」と「人名用漢字《じんめいようかんじ》別表《べっぴょう》」の漢字《かんじ》について、名前《なまえ》に使《つか》うことが認《みと》められています。

•ここでは「人名用漢字別表《じんめいようかんじべっぴょう》」に掲《かか》げられている全《ぜん》八六一字《じ》を「戸籍法施行規則《こせきほうしこうきそく》」(平成二十二年十一月三十日一部改正《へいせいにじゅうにねんじゅういちがつさんじゅうにちいちぶかいせい》)に基《もと》づいてしめしました。

•「人名用漢字《じんめいようかんじ》」では漢字《かんじ》の読《よ》み方《かた》はとくに定《さだ》められていませんが、前半《ぜんはん》の表《ひょう》では、その代表的《だいひょうてき》な音訓《おんくん》をしめしました(「―」はその音訓《おんくん》がないことをしめします)。

•この辞典《じてん》に収録《しゅうろく》した漢字《かんじ》には、そのページ数《すう》をしめしました。

【漢字《かんじ》の表《ひょう》 一《いち》】

•「―」でつながれた漢字《かんじ》は、「人名用漢字《じんめいようかんじ》」では、同《おな》じ字《じ》とされています。

•ここでしめしたページ数《すう》は、この辞典《じてん》で親字《おやじ》としてあつかった漢字《かんじ》のものです。

漢字	音	訓	ページ
丑	チュウ	うし	21
丞	ジョウ	―	28
乃	ダイ・ナイ	の	38
之	シ	これ・の	35
乎	コ	か・や	–
也	ヤ	なり	40
云	ウン	い・う	48
亘―亙	コウ	わた・る	49
些	サ	いささ・か	–
亦	エキ	また	50
亥	ガイ	い	50
亨	コウ・キョウ	とお・る	52
亮	リョウ	あき・らか	52
仔	シ	こ	–
伊	イ	―	63
伍	ゴ	―	67
伽	ガ・カ	とぎ	73
佃	デン	つくだ	–
佑	ユウ	たす・ける	79
伶	レイ	―	80
侃	カン	―	81
侑	ユウ	―	84
俄	ガ	にわ・か	85
俠	キョウ	―	–
俣	―	また	–
俐	リ	―	–
倭	ワ	やまと	96
倶	グ・ク	とも・に	91
倦	ケン	う・む	–
倖	コウ	さいわ・い	92
偲	サイ・シ	しの・ぶ	98
傭	ヨウ	やと・う	–
儲	チョ	もう・ける	–
允	イン	―	107
兎	ト	うさぎ	113
兜	トウ	かぶと	–
其	キ	そ・の・そ・れ	121
冴	コ・ゴ	さ・える	130
凌	リョウ	しの・ぐ	131
凜―凛	リン	―	131
凧	―	たこ	133
凪	―	なぎ	133
凰	コウ・オウ	おおとり	133
凱	ガイ	―	133
函	カン	はこ	137
劉	リュウ	―	–

劫	ゴウ	—	—
勁	ケイ	つよ・い	163
勺	シャク	—	169
勿	ブツ・モチ	なか・れ	169
匁	—	もんめ	169
匡	キョウ	ただ・す	172
廿	ジュウ	にじゅう	—
卜	ボク	うらな・う	—
卯	ボウ	う	182
卿	キョウ・ケイ	—	184
厨	チュウ・ズ	くりや	187
廐	キュウ	うまや	187
叉	サ	—	—
叡	エイ	あき・らか	196
叢	ソウ	くさむら	—
叶	キョウ	かな・う	200
只	シ	ただ	203
吾	ゴ	われ・あ	214
吞	ドン	の・む	—
吻	フン	—	—
哉	サイ	かな・や	220
哨	ショウ	—	—
啄	タク	つい・ばむ	222
哩	リ	マイル	—
喬	キョウ	たか・い	228
喧	ケン	かまびす・しい	228
喰	サン	く・らう	—
喋	チョウ	しゃべ・る	—
嘩	カ	かまびす・しい	230
嘉	カ	よ・い	231
嘗	ショウ	な・める	—
噌	ソウ・ソ	かまびす・しい	232
噂	ソン	うわさ	231
圃	ホ	—	—
圭	ケイ	—	246
坐	ザ	すわ・る	250
尭—堯	ギョウ	—	113
坦	タン	ひろ・い	—
埴	ショク	はに	—
堰	エン	せき	—
堺	カイ	さかい	255
堵	ト・ド	—	—
塙	カク	はなわ	—
壕	ゴウ	ほり	—
壬	ジン・ニン	みずのえ	265
夷	イ	えびす	285
奄	エン	—	—
奎	ケイ	—	287
套	トウ	—	—
娃	アイ	—	—
姪	—	めい	297
姥	ボ	うば	—
娩	ベン	—	—
嬉	キ	うれ・しい	299
孟	モウ	—	305
宏	コウ	ひろ・い	310
宋	ソウ	—	310
宕	トウ	—	—
宥	ユウ	ゆる・す・なだ・める	317
寅	—	とら	323
寓	グウ	—	—
寵	チョウ	—	—
尖	セン	とが・る	—
尤	ユウ	もっと・も	—
屑	セツ	くず	344
峨	ガ	けわ・しい	—
峻	シュン	—	349
崚	リョウ	—	350
嵯	サ	—	350
嵩	スウ	かさ	350
嶺	レイ	ね・みね	350
巌—巖	ガン・ゲン	いわ	350
已	イ	すで・に・のみ	—
巳	シ	み	355
巴	ハ	ともえ	355
巷	コウ	ちまた	356
巽	ソン	たつみ	356
帖	チョウ・ジョウ	—	358
幌	コウ	ほろ	363
幡	ハン	はた	—
庄	ショウ	—	371
庇	ヒ	おお・う	—
庚	コウ	かのえ	—
庵	アン	いおり	375
廟	ビョウ	みたまや	—
廻	カイ	めぐ・る	—
弘	コウ	ひろ・い	381
弛	シ	ゆる・む	—
彗	スイ	—	387
彦	ゲン	ひこ	388
彪	ヒョウ	—	388
彬	ヒン	—	388
徠	ライ	—	—
忽	コツ	たちま・ち	469
怜	レイ	さと・い	474
恢	カイ	ひろ・い	—
恰	コウ	あたか・も	—
恕	ジョ	ゆる・す	477
悌	テイ	—	480
惟	イ	おも・う	482
惚	コツ	ほ・れる	—
悉	シツ	ことごと・く	480
惇	トン・ジュン	—	484
惹	ジャク	ひ・く	—
惺	セイ	—	—
惣	ソウ	—	484
慧	ケイ・エ	—	493
憐	レン	あわ・れむ	496
戊	ボ	つちのえ	—
或	ワク	あ・る・ある・いは	499
戟	ゲキ	ほこ	—
托	タク	—	—
按	アン	—	—
挺	テイ	—	—
挽	バン	ひ・く	—
掬	キク	すく・う	—
捲	ケン	ま・く	—
捷	ショウ	か・つ・はや・い	527

漢字	音	訓	ページ
捺	ナツ	お・す	530
捧	ホウ	ささ・げる	531
掠	リャク	かす・める	—
揃	セン	そろ・う・そろ・える	532
摑	カク	つか・む	—
摺	ショウ	す・る	—
撒	サン	ま・く	—
撰	セン	えら・ぶ	536
撞	ドウ	つ・く	—
播	ハ・ハン・バン	｜	536
撫	ブ・フ	な・でる	536
擢	テキ	｜	—
孜	シ	｜	—
敦	トン	｜	547
斐	ヒ	｜	552
斡	アツ	｜	—
斧	フ	おの	—
斯	シ	か・く	—
於	オ	お・いて	559
旭	キョク	あさひ	563
昂	コウ	たか・ぶる	565
昊	コウ	｜	—
昏	コン	くら・い	566
昌	ショウ	｜	566
昴	ボウ	すばる	571
晏	アン	｜	571
晃—晄	コウ	あき・らか	572
晒	サイ	さら・す	—
晋	シン	すす・む	573
晟	セイ	｜	573
晦	カイ	みそか・くら・い	573
晨	シン	あした	573
智	チ	｜	575
暉	キ	かがや・く	578
暢	チョウ	の・びる	579
曙	ショ	あけぼの	581
曝	バク	さら・す	—
曳	エイ	ひ・く	—
朋	ホウ	とも	588
朔	サク	ついたち	588
杏	キョウ・アン	あんず	599
杖	ジョウ	つえ	600
杜	ト・ズ	もり	601
李	リ	すもも	602
杭	コウ	くい	603
杵	ショ	きね	—
杷	ハ	え	—
枇	ビ	｜	—
柑	カン	｜	606
柴	サイ	しば	614
柘	シャ	｜	—
柊	シュウ	ひいらぎ	607
柏	ハク	かしわ	608
柾	｜	まさ・まさき	610
柚	ユウ	ゆず	610
桧—檜	カイ	ひのき	629
栞	カン	しおり	612
桔	キツ	｜	—
桂	ケイ	かつら	612
栖	セイ	す・む	—
桐	トウ	きり	615
栗	リツ	くり	615
梧	ゴ	あおぎり	616
梓	シ	あずさ・きささげ	616
梢	ショウ	こずえ	616
梛	ダ	なぎ	—
梯	テイ	はしご	—
桶	トウ	おけ	616
梶	ビ	かじ	—
椛	｜	もみじ	—
梁	リョウ	はり	—
棲	セイ	す・む	—
椋	リョウ	むく	620
椀	ワン	｜	620
楯	ジュン	たて	—
楚	ソ	いばら	—
楕	ダ	｜	622
椿	チン	つばき	622
楠	ナン	くす・くすのき	623
楓	フウ	かえで	623
椰	ヤ	やし	623
楢	ユウ	なら	—
楊	ヨウ	やなぎ	623
榎	カ	えのき	—
樺	カ	かば・かんば	623
榊	｜	さかき	—
榛	シン	はしばみ・はり・はん	624
槙—槇	シン・テン	まき	624
槍	ソウ	やり	624
槌	ツイ	つち	—
樫	｜	かし	627
槻	キ	つき	626
樟	ショウ	くすのき	—
樋	トウ	とい・ひ	—
橘	キツ	たちばな	628
樽	ソン	たる	629
橙	トウ	だいだい	—
檎	ゴ	｜	—
檀	ダン・タン	まゆみ	629
櫂	トウ	かい	—
櫛	シツ	くし	—
櫓	ロ	やぐら	—
欣	キン・ゴン	よろこ・ぶ	632
欽	キン	つつし・む	632
歎	タン	なげ・く	633
此	シ	ここ・これ・こ・の	636
殆	タイ	ほとん・ど	—
毅	キ	つよ・い	643
毘	ビ	｜	—
毬	キュウ	まり・いが	647
汀	テイ	なぎさ・みぎわ	655
汝	ジョ	なんじ	656
汐	セキ	しお・うしお	656
汲	キュウ	く・む	656
沌	トン	｜	—
沓	トウ	くつ	—
沫	バツ・マツ	あわ・しぶき	666

漢字	音	訓	頁
洸	コウ	｜	668
洲	シュウ・ス	しま	669
洵	ジュン	まこと・に	669
洛	ラク	｜	672
浩	コウ	ひろ・い	672
浬	リ	ノット	–
淵	エン	ふち	683
淳	ジュン	あつ・い	680
渚―渚	ショ	なぎさ	680
淀	デン・テン	よど・よど・む	683
淋	リン	さび・しい	–
渥	アク	あつ・い	683
湘	ショウ	｜	–
湊	ソウ	みなと	–
湛	タン	たた・える	–
溢	イツ	あふ・れる	688
滉	コウ	｜	689
溜	リュウ	た・まる	–
漱	ソウ	すす・ぐ	693
漕	ソウ	こ・ぐ	693
漣	レン	さざなみ	–
澪	レイ	みお	698
濡	ジュ	ぬ・れる	–
瀕	ヒン	せま・る	699
灘	タン	なだ	–
灸	キュウ	やいと	–
灼	シャク	や・く	–
烏	ウ	からす	705
焰	エン	ほのお	706
焚	フン	や・く・た・く	–
煌	コウ	かがや・く	–
煤	バイ	すす	–
煉	レン	ね・る	–
熙	キ	｜	711
燕	エン	つばめ	713
燎	リョウ	｜	713
燦	サン	あき・らか	713
燭	ショク	｜	–
燿	ヨウ	かがや・く	713
爾	ジ・ニ	なんじ・しか・り	715
牒	チョウ	ふだ	–
牟	ボウ・ム	｜	–
牡	ボ	おす	717
牽	ケン	ひ・く	721
犀	セイ	さい	–
狼	ロウ	おおかみ	725
猪―猪	チョ	いのしし	725
獅	シ	しし	727
玖	キュウ・ク	｜	730
珂	カ	｜	–
珈	カ	｜	–
珊	サン	｜	–
珀	ハク	｜	–
玲	レイ	｜	731
琢―琢	タク	みが・く	733
琉	リュウ・ル	｜	734
瑛	エイ	｜	734
琥	コ	｜	–
琶	ハ	｜	734
琵	ビ	｜	734
琳	リン	｜	734
瑚	コ・ゴ	｜	734
瑞	ズイ	みず	734
瑶	ヨウ	たま	734
瑳	サ	｜	734
瓜	カ	うり	916
瓢	ヒョウ	ひさご	–
甥	｜	おい	740
甫	ホ	はじ・め	741
畠	｜	はた・はたけ	746
畢	ヒツ	｜	–
疋	ヒツ	ひき	–
疏	ソ	うと・む	–
皐	コウ	｜	762
皓	コウ	しろ・い	763
眸	ボウ	ひとみ	775
瞥	ベツ	｜	–
矩	ク	さしがね・のり	778
砦	サイ	とりで	–
砥	シ	と・ぐ	–
砧	チン	きぬた	–
硯	ケン	すずり	783
碓	タイ	うす	–
碗	ワン	｜	–
碩	セキ	｜	784
碧	ヘキ	あお	784
磐	バン・ハン	｜	785
磯	キ	いそ	785
祇	キ	｜	–
祢―禰	デイ	ね	–
祐―祐	ユウ	たす・ける	790
祷―禱	トウ	｜	–
禄―祿	ロク	｜	791
禎―禎	テイ	｜	792
禽	キン	とり	–
禾	カ	のぎ	–
秦	シン	はた	796
秤	ヒョウ	はかり	–
稀	キ・ケ	まれ	797
稔	ネン	みの・る	799
稟	ヒン・リン	｜	–
稜	リョウ	｜	799
穣―穰	ジョウ	みの・る	802
穹	キュウ	｜	–
穿	セン	うが・つ・は・く	805
窄	サク	せま・い	–
窪	｜	くぼ・くぼ・む	806
窺	キ	うかが・う	–
竣	シュン	お・わる	808
竪	ジュ	たて	–
竺	トク・チク・ジク	｜	813
竿	カン	さお	813
笈	キュウ	おい	–
笹	｜	ささ	813
笙	ショウ	｜	813

笠	リュウ	かさ	814
筈	カツ	はず	―
筑	チク	｜	815
箕	キ	み	―
箔	ハク	｜	819
篇	ヘン	｜	―
篠	ショウ	しの	―
簞	タン	｜	―
簾	レン	｜	―
籾	｜	もみ	―
粥	シュク・イク	かゆ	823
粟	ゾク	あわ	824
糊	コ	のり	825
紘	コウ	｜	828
紗	シャ・サ	｜	829
紐	チュウ	ひも	―
絃	ゲン	つる	834
紬	チュウ	つむぎ	837
絆	バン	｜	―
絢	ケン	あや	839
綺	キ	あや	843
綜	ソウ	｜	845
綴	テイ	つづ・る・と・じる	845
緋	ヒ	あか	845
綾	リョウ	あや	846
綸	リン	いと	846
縞	コウ	しま	―
徽	キ	しるし	―
繫	ケイ	つな・ぐ	―
繡	シュウ	｜	―
纂	サン	あつ・める	853
纏	テン	まとい	―
羚	レイ	｜	―
翔	ショウ	か・ける・と・ぶ	859
翠	スイ	｜	859
耀	ヨウ	かがや・く	859
而	ジ	しこう・して	862
耶	ヤ	や・か	863
耽	タン	ふけ・る	863
聡	ソウ	さと・い	864
肇	チョウ	はじ・める	867
肋	ロク	｜	868
肴	コウ	さかな	870
胤	イン	たね	871
胡	コ・ゴ・ウ	｜	871
脩	シュウ	おさ・める	876
腔	コウ・クウ	｜	―
脹	チョウ	ふく・れる	878
膏	コウ	｜	―
臥	ガ	ふ・す	990
舜	シュン	｜	991
舵	ダ	かじ	―
芥	ケ・カイ	からし・あくた	401
芹	キン	せり	401
芭	ハ・バ	｜	402
芙	フ	はす・はちす	402
芦	ロ	あし	―
苑	エン・オン	その	403
茄	カ	なす・なすび	404
苔	タイ	こけ	406
苺	｜	いちご	403
茅	ボウ	かや・ち・ちがや	406
茉	マツ・バツ	ま	406
茸	ジョウ	きのこ・たけ	407
茜	｜	あかね	406
莞	カン	｜	409
荻	テキ	おぎ	409
莫	ボ・モ・バク	な・かれ	409
莉	リ	｜	410
菅	カン	すげ	410
菫	キン	すみれ	410
菖	ショウ	｜	411
萄	トウ・ドウ	｜	411
菩	ホ・ボ	｜	411
萌｜萠	ホウ	も・える・きざ・す	411
萊	ライ	｜	―
菱	リョウ	ひし	―
葦	イ	あし	413
葵	キ	あおい	412
萱	ケン	かや	―
葺	シュウ	ふ・く	―
萩	シュウ	はぎ	412
董	トウ	｜	―
葡	ブ・ホ	｜	412
蓑	サ	みの	―
蒔	シ	ま・く	414
蒐	シュウ	あつ・める	―
蒼	ソウ	あお・あお・い	414
蒲	ホ・フ	がま・かま	414
蒙	モウ	こう・む・くら・い	414
蓉	ヨウ	はす	415
蓮	レン	はす・はちす	415
蔭	イン	かげ	―
蔣	ショウ	｜	―
蔦	チョウ	つた	415
蓬	ホウ	よもぎ	―
蔓	マン	つる	―
蕎	キョウ	そば	―
蕨	ケツ	わらび	―
蕉	ショウ	｜	415
蕃	バン	｜	―
蕪	ブ	かぶ	―
薙	テイ	な・ぐ	―
蕾	ライ	つぼみ	―
蕗	ロ	ふき	418
藁	コウ	わら	―
薩	サツ	｜	418
蘇	ソ	よみがえ・る	419
蘭	ラン	｜	419
蝦	カ	えび	―
蝶	チョウ	｜	898
螺	ラ	｜	―
蟬	｜	せみ	899
蟹	カイ	かに	899
蠟	ロウ	｜	―
衿	キン	えり	906
袈	ケ	｜	906
袴	コ	はかま	―
裡	リ	うら	―

漢字	読み	頁
裟	｜サ	909
裳	｜ショウ	–
襖	オウ ふすま	–
訊	｜ジン	–
訣	｜ケツ	–
註	｜チュウ	–
詢	｜ジュン	934
詫	タ わ・びる	–
誼	ギ よしみ	939
諏	｜シュ	–
諄	｜ジュン	940
諒	｜リョウ	942
謂	イ い・う	943
諺	ゲン ことわざ	943
讃	｜サン	949
豹	｜ヒョウ	951
貰	セイ もら・う	–
賑	シン にぎ・わう	959
赳	｜キュウ	966
跨	コ また・ぐ	–
蹄	テイ ひづめ	–
蹟	セキ あと	–
輔	ホ たす・ける・すけ	977
輯	｜シュウ	–
輿	ヨ こし	978
轟	ゴウ とどろ・く	979
辰	シン たつ	980
辻	｜ つじ	420
迂	｜ウ	–
迄	キツ まで・いた・る	420
辿	テン たど・る	–
迪	テキ みち	423
迦	｜カ	422
這	ゲン は・う	–
逞	テイ たくま・しい	–
逗	｜トウ	–
逢	ホウ あ・う	432
遥―遙	ヨウ はる・か	442
遁	｜トン	–
遼	リョウ はる・か	447
邑	ユウ むら・さと	981
祁	｜キ	–
郁	｜イク	450
鄭	｜テイ	–
酉	ユウ とり	982
醇	｜ジュン	985
醐	｜ゴ	–
醍	｜ダイ	–
醬	｜ショウ	985
釉	ユウ うわぐすり	–
釘	テイ くぎ	996
釧	｜セン	–
銑	｜セン	1000
鋒	｜ホウ	–
鋸	キョ のこぎり	–
錘	スイ つむ	1002
錐	スイ きり	–
錆	セイ さび	–
錫	シャク すず	–
鍬	シュウ すき・くわ	–
鎧	カイ よろい	–
閃	セン ひらめ・く	–
閏	ジュン うるう	1013
閤	｜コウ	1014
阿	ア くま・おもね・る・お	454
陀	｜タ・ダ	454
隈	ワイ くま	462
隼	ジュン はやぶさ	1016
雀	ジャク すずめ	1016
雁	ガン かり	1016
雛	スウ ひな	1019
雫	ダ しずく	–
霞	カ かすみ・かす・む	1026
靖	セイ やす・い	1029
鞄	ホウ かばん	1033
鞍	アン くら	1033
鞘	ショウ さや	–
鞠	キク まり	1033
鞭	ベン むち	1033
頁	｜ケツ・ヨウ	1035
頌	｜ショウ	1038
頗	ハ すこぶ・る	–
顚	｜テン	–
颯	｜サツ	1046
饗	キョウ もてな・す	1051
馨	ケイ かお・る	1053
馴	シュン・ジュン な・れる	1054
馳	チ は・せる	1054
駕	カ・ガ の・る	1055
駿	｜シュン	1056
驍	｜ギョウ	–
魁	カイ さきがけ	1061
魯	｜ロ	–
鮎	デン あゆ	1063
鯉	リ こい	1064
鯛	チョウ たい	1065
鰯	｜ いわし	1065
鱒	ソン ます	1065
鱗	リン うろこ	1065
鳩	キュウ はと	1066
鳶	エン とび	–
鳳	ホウ おおとり	1066
鴨	オウ かも	1066
鴻	コウ おおとり	1066
鵜	テイ う	1066
鵬	ホウ おおとり	1067
鷗	オウ かもめ	1067
鷲	シュウ わし	1067
鷺	ロ さぎ	1067
鷹	ヨウ たか	1067
麒	｜キ	–
麟	｜リン	1068
麿	｜ まろ	1068
黎	｜レイ・リ	1071
黛	タイ まゆずみ	1070
鼎	テイ かなえ	1072

人名用漢字

【漢字《かんじ》の表《ひょう》 二《に》】

- かっこ内《ない》の漢字《かんじ》は、「人名用漢字《じんめいようかんじ》」では、常用漢字《じょうようかんじ》で対応《たいおう》する字《じ》をしめしたものとされています。
- ここでしめしたページ数《すう》は、そのかっこ内《ない》の漢字《かんじ》のものです。

あ		
亞	（亜）	49
惡	（悪）	478
爲	（為）	703
逸	（逸）	434
榮	（栄）	605
衞	（衛）	904
謁	（謁）	939
圓	（円）	122
緣	（縁）	847
薗	（園）	243
應	（応）	466
櫻	（桜）	611
奧	（奥）	288
橫	（横）	625
溫	（温）	683
か		
價	（価）	81
禍	（禍）	791
悔	（悔）	475
海	（海）	666
壞	（壊）	264
懷	（懐）	495
樂	（楽）	621
渴	（渇）	678
卷	（巻）	356
陷	（陥）	455
寬	（寛）	325
漢	（漢）	688
氣	（気）	648
祈	（祈）	788
器	（器）	231
僞	（偽）	96
戲	（戯）	501
虛	（虚）	893
峽	（峡）	348
狹	（狭）	724
響	（響）	1035
曉	（暁）	573
勤	（勤）	166
謹	（謹）	944
驅	（駆）	1054
勳	（勲）	168
薰	（薫）	415
惠	（恵）	476
揭	（掲）	525
鷄	（鶏）	1066
藝	（芸）	401
擊	（撃）	535
縣	（県）	771
儉	（倹）	91
劍	（剣）	153
險	（険）	458
圈	（圏）	243
檢	（検）	618
顯	（顕）	1041
驗	（験）	1056
嚴	（厳）	549
廣	（広）	370
恆	（恒）	476
黃	（黄）	1068
國	（国）	240
黑	（黒）	1069
穀	（穀）	799
さ		
碎	（砕）	781
雜	（雑）	1018
祉	（祉）	788
視	（視）	918
兒	（児）	112
濕	（湿）	685
實	（実）	311
社	（社）	787
者	（者）	861
煮	（煮）	706
壽	（寿）	329
收	（収）	189
臭	（臭）	885
從	（従）	394
澁	（渋）	679
獸	（獣）	727
縱	（縦）	849
祝	（祝）	788
暑	（暑）	574
署	（署）	810
緖	（緒）	843
諸	（諸）	940
敍	（叙）	195
將	（将）	332
祥	（祥）	790
涉	（渉）	680
燒	（焼）	706
奬	（奨）	288
條	（条）	600
狀	（状）	722
乘	（乗）	39
淨	（浄）	669
剩	（剰）	155
疊	（畳）	749

孃	（嬢）	300
讓	（譲）	948
釀	（醸）	986
神	（神）	788
眞	（真）	773
寢	（寝）	326
愼	（慎）	491
盡	（尽）	340
粹	（粋）	822
醉	（酔）	983
穗	（穂）	800
瀨	（瀬）	699
齊	（斉）	1031
靜	（静）	1029
攝	（摂）	534
節	（節）	817
專	（専）	330
戰	（戦）	499
纖	（繊）	851
禪	（禅）	792
祖	（祖）	789
壯	（壮）	266
爭	（争）	44
莊	（荘）	408
搜	（捜）	523
巢	（巣）	616
曾	（曽）	583
裝	（装）	908
僧	（僧）	103
層	（層）	345
瘦	（痩）	753
騷	（騒）	1056
增	（増）	262
憎	（憎）	493
藏	（蔵）	415
贈	（贈）	963
臟	（臓）	881
卽	（即）	183
帶《た》	（帯）	361
滯	（滞）	690
瀧	（滝）	690
單	（単）	178
嘆	（嘆）	230
團	（団）	237
彈	（弾）	386
晝	（昼）	571
鑄	（鋳）	1001
著	（著）	411
廳	（庁）	371
徵	（徴）	399
聽	（聴）	864
懲	（懲）	496
鎭	（鎮）	1004
轉	（転）	973
傳	（伝）	69
都	（都）	451
嶋	（島）	349
燈	（灯）	701
盜	（盗）	764
稻	（稲）	799
德	（徳）	399
突	（突）	804
難《な》	（難）	1019
拜《は》	（拝）	518
盃	（杯）	604
賣	（売）	113
梅	（梅）	615
髮	（髪）	1060
拔	（抜）	512
繁	（繁）	850
晚	（晩）	575
卑	（卑）	180
祕	（秘）	796
碑	（碑）	784
賓	（賓）	962
敏	（敏）	542
冨	（富）	325
侮	（侮）	83
福	（福）	792
拂	（払）	509
佛	（仏）	57
勉	（勉）	164
步	（歩）	637
峯	（峰）	349
墨	（墨）	263
飜	（翻）	859
每《ま》	（毎）	644
萬	（万）	20
默	（黙）	1070
埜《や》	（野）	988
彌	（弥）	382
藥	（薬）	418
與	（与）	21
搖	（揺）	533
樣	（様）	625
謠	（謡）	944
來《ら》	（来）	601
賴	（頼）	1040
覽	（覧）	920
欄	（欄）	629
龍	（竜）	1063
虜	（虜）	894
凉	（涼）	683
綠	（緑）	846
淚	（涙）	676
壘	（塁）	259
類	（類）	1042
禮	（礼）	786
曆	（暦）	579
歷	（歴）	637
練	（練）	846
鍊	（錬）	1002
郞	（郎）	450
朗	（朗）	588
廊	（廊）	376
錄	（録）	1003

字体《じたい》についての解説《かいせつ》

平成《へいせい》二十二《にじゅうに》年《ねん》十一月《じゅういちがつ》三十日《さんじゅうにち》内閣告示《ないかくこくじ》「常用漢字表《じょうようかんじひょう》」による。原文《げんぶん》は横書《よこが》き。ふりがなはない。

第《だい》1◉明朝体《みんちょうたい》のデザインについて

常用漢字表《じょうようかんじひょう》では、個々《ここ》の漢字《かんじ》の字体《じたい》(文字《もじ》の骨組《ほねぐ》み)を、明《みん》朝体《ちょうたい》のうちの一種《いっしゅ》を例《れい》に用《もち》いて示《しめ》した。現在《げんざい》、一般《いっぱん》に使用《しよう》されている明朝体《みんちょうたい》の各種書体《かくしゅしょたい》には、同《おな》じ字《じ》でありながら、微細《びさい》なところで形《かたち》の相違《そうい》の見《み》られるものがある。しかし、各種《かくしゅ》の明朝体《みんちょうたい》を検討《けんとう》してみると、それらの相違《そうい》はいずれも書体設計上《しょたいせっけいじょう》の表《ひょう》現《げん》の差《さ》、すなわちデザインの違《ちが》いに属《ぞく》する事柄《ことがら》であって、字体《じたい》の違《ちが》いではないと考《かんが》えられるものである。つまり、それらの相《そう》違《い》は、字体《じたい》の上《うえ》からは全《まった》く問題《もんだい》にする必要《ひつよう》のないものである。以下《いか》に、分類《ぶんるい》して、その例《れい》を示《しめ》す。

なお、ここに挙《あ》げているデザイン差《さ》は、現実《げんじつ》に異《こと》なる字形《じけい》がそれぞれ使《つか》われていて、かつ、その実態《じったい》に配慮《はいりょ》すると、字形《じけい》の異《こと》なりを字体《じたい》の違《ちが》いと考《かんが》えなくてもよいと判断《はんだん》したものである。すなわち、実態《じったい》として存在《そんざい》する異字形《いじけい》を、デザインの差《さ》と、字体《じたい》の差《さ》に分《わ》けて整理《せいり》することがその趣旨《しゅし》であり、明朝体字《みんちょうたいじ》形《けい》を新《あら》たに作《つく》り出《だ》す場合《ばあい》に適用《てきよう》し得《う》るデザイン差《さ》の範囲《はんい》を示《しめ》したものではない。また、ここに挙《あ》げているデザイン差《さ》は、おおむね「筆写《ひっしゃ》の楷書字形《かいしょじけい》において見《み》ることができる字形《じけい》の異《こと》なり」と捉《とら》えることも可能《かのう》である。

1 へんとつくり等《とう》の組合《くみあわ》せ方《かた》について

(1) 大小《だいしょう》、高低《こうてい》などに関《かん》する例《れい》

硬　硬　　吸　吸　　頃　頃

(2) はなれているか、接触《せっしょく》しているかに関《かん》する例《れい》

睡　睡　　異　異　　挨　挨

2 点画《てんかく》の組合《くみあわ》せ方《かた》について

(1) 長短《ちょうたん》に関《かん》する例《れい》

雪　雪　雪　　満　満　　無　無　　斎　斎

(2) つけるか、はなすかに関《かん》する例《れい》

発 発 備 備 奔 奔 溺 溺

空 空 湿 湿 吹 吹 冥 冥

(3) 接触《せっしょく》の位置《いち》に関《かん》する例《れい》

岸 岸 家 家 脈 脈 脈

蚕 蚕 印 印 蓋 蓋

(4) 交《まじ》わるか、交《まじ》わらないかに関《かん》する例《れい》

聴 聴 非 非 祭 祭

存 存 孝 孝 射 射

(5) その他《た》

芽 芽 芽 夢 夢 夢

3 点画《てんかく》の性質《せいしつ》について

(1) 点《てん》か、棒《ぼう》(画《かく》)かに関《かん》する例《れい》

帰 帰 班 班 均 均 麗 麗 蔑 蔑

(2) 傾斜《けいしゃ》、方向《ほうこう》に関《かん》する例《れい》

考 考 値 値 望 望

(3) 曲《ま》げ方《かた》、折《お》り方《かた》に関《かん》する例《れい》

勢 勢 競 競 頑 頑 頑 災 災

(4) 「筆押《ふでお》さえ」等《とう》の有無《うむ》に関《かん》する例《れい》

芝 芝 更 更 伎 伎

八 八 八 公 公 公 雲 雲

(5) とめるか、はらうかに関《かん》する例《れい》

環 環 泰 泰 談 談

医 医 継 継 園 園

● 字体についての解説

(6) とめるか、ぬくかに関《かん》する例《れい》

耳耳　邦邦　衝衝　餌餌

(7) はねるか、とめるかに関《かん》する例《れい》

四四　配配　換換　湾湾

(8) その他《た》

次次　姿姿

4 特定《とくてい》の字種《じしゅ》に適用《てきよう》されるデザイン差《さ》について

「特定《とくてい》の字種《じしゅ》に適用《てきよう》されるデザイン差《さ》」とは、以下《いか》の(1)〜(5)それぞれの字種《じしゅ》にのみ適用《てきよう》されるデザイン差《さ》のことである。したがって、それぞれに具体的《ぐたいてき》な字形《じけい》として示《しめ》されているデザイン差《さ》を他《た》の字種《じしゅ》にまで及《およ》ぼすことはできない。

なお、(4)に掲《かか》げる「叱」と「叱」は本来別字《ほんらいべつじ》とされるが、その使用実態《しようじったい》から見《み》て、異体《いたい》の関係《かんけい》にある同字《どうじ》と認《みと》めることができる。

(1) 牙・牙・牙

(2) 韓・韓・韓

(3) 茨・茨・茨

(4) 叱・叱

(5) 栃・栃

第《だい》2 ● 明朝体《みんちょうたい》と筆写《ひっしゃ》の楷書《かいしょ》との関係《かんけい》について

常用漢字表《じょうようかんじひょう》では、個々《ここ》の漢字《かんじ》の字体《じたい》（文字《もじ》の骨組《ほねぐ》み）を、明《みん》朝体《ちょうたい》のうちの一種《いっしゅ》を例《れい》に用《もち》いて示《しめ》した。このことは、これによって筆写《ひっしゃ》の楷書《かいしょ》における書《か》き方《かた》の習慣《しゅうかん》を改《あらた》めようとするものではない。字体《じたい》としては同《おな》じであっても、1、2に示《しめ》すように明《みん》朝体《ちょうたい》の字形《じけい》と筆写《ひっしゃ》の楷書《かいしょ》の字形《じけい》との間《あいだ》には、いろいろな点《てん》で違《ちが》いがある。それらは、印刷文字《いんさつもじ》と手書《てが》き文字《もじ》におけるそれぞれの習慣《しゅうかん》の相違《そうい》に基《もと》づく表現《ひょうげん》の差《さ》と見《み》るべきものである。

さらに、印刷文字《いんさつもじ》と手書《てが》き文字《もじ》におけるそれぞれの習慣《しゅうかん》の相《そう》違《い》に基《もと》づく表現《ひょうげん》の差《さ》は、3に示《しめ》すように、字体《じたい》（文字《もじ》の骨組《ほねぐ》み）の違《ちが》いに及《およ》ぶ場合《ばあい》もある。

以下《いか》に、分類《ぶんるい》して、それぞれの例《れい》を示《しめ》す。いずれも「明朝体《みんちょうたい》―手書《てが》き（筆写《ひっしゃ》の楷書《かいしょ》）」という形《かたち》で、上《うえ》（原文《げんぶん》は左《ひだり》）側《がわ》に明朝体《みんちょうたい》、下《した》（原文《げんぶん》は右《みぎ》）側《がわ》にそれを手書《てが》きした例《れい》を示《しめ》す。

1　明朝体《みんちょうたい》に特徴的《とくちょうてき》な表現《ひょうげん》の仕方《しかた》があるもの

(1) 折《お》り方《かた》に関《かん》する例《れい》

衣―衣　去―去　玄―玄

(2) 点画《てんかく》の組合《くみあわ》せ方《かた》に関《かん》する例《れい》

人―人　家―家　北―北

(3) 「筆押《ふでお》さえ」等《とう》に関《かん》する例《れい》

芝―芝　史―史　入―入　八―八

(4) 曲直《きょくちょく》に関《かん》する例《れい》

子―子　手―手　了―了

(5) その他《た》

辶・辶―辶　⺮―⺮　心―心

2　筆写《ひっしゃ》の楷書《かいしょ》では、いろいろな書《か》き方《かた》があるもの

(1) 長短《ちょうたん》に関《かん》する例《れい》

雨―雨雨　戸―戸戸戸　無―無無

(2) 方向《ほうこう》に関《かん》する例《れい》

風―風風　比―比比　仰―仰仰　糸―糸糸　ネ―ネネ　ネ―ネネ

字体についての解説

主—主主　言—言言言

年—年年年

(3) つけるか、はなすかに関《かん》する例《れい》

又—又又　文—文文

月—月月

条—条条　保—保保

(4) はらうか、とめるかに関《かん》する例《れい》

奥—奥奥　公—公公

角—角角　骨—骨骨

(5) はねるか、とめるかに関《かん》する例《れい》

切—切切切　改—改改改

酒—酒酒　陸—陸陸陸

穴—穴穴

木—木木　来—来来

糸—糸糸　牛—牛牛

環—環環

(6) その他《た》

令—令令　外—外外外

女—女女　叱—叱叱叱

3 筆写《ひっしゃ》の楷書字形《かいしょじけい》と印刷文字字形《いんさつもじじけい》の違《ちが》いが、字体《じたい》の違《ちが》いに及《およ》ぶもの

以下《いか》に示《しめ》す例《れい》で、括弧内《かっこない》は印刷文字《いんさつもじ》である明朝体《みんちょうたい》の字形《じけい》に倣《なら》って書《か》いたものであるが、筆写《ひっしゃ》の楷書《かいしょ》ではどちらの字形《じけい》で書《か》いても差《さ》し支《つか》えない。なお、括弧内《かっこない》の字形《じけい》の方《ほう》が、筆写字形《ひっしゃじけい》としても一般的《いっぱんてき》な場合《ばあい》がある。

(1) 方向《ほうこう》に関《かん》する例《れい》

淫―淫（淫）　恣―恣（恣）

煎―煎（煎）　嘲―嘲（嘲）

溺―溺（溺）　蔽―蔽（蔽）

(2) 点画《てんかく》の簡略化《かんりゃくか》に関《かん》する例《れい》

葛―葛（葛）　嗅―嗅（嗅）

僅―僅（僅）　餌―餌（餌）

(3) その他《た》

箋―箋（箋）　塡―填（塡）

賭―賭（賭）　頰―頬（頰）

惧―惧（惧）　稽―稽（稽）

詮―詮（詮）　捗―捗（捗）

剝―剥（剝）　喩―喩（喩）

1999年10月1日　初版発行
2002年1月10日　第2版発行
2005年1月10日　第3版発行
2009年1月10日　第3版新装版発行
2011年2月1日　第4版発行

三省堂 例解小学漢字辞典 第四版

二〇一一年八月一日　第二刷発行

監修者……林　四郎（はやし・しろう）
　　　　　大村はま（おおむら・はま）
編者……月本雅幸（つきもと・まさゆき）
　　　　濱口富士雄（はまぐち・ふじお）
発行者……株式会社三省堂　代表者 北口克彦
印刷者……三省堂印刷株式会社
発行所……株式会社三省堂
〒一〇一-八三七一
東京都千代田区三崎町二丁目二十二番十四号
電話――［編集］（〇三）三二三〇-九四一一
　　　［営業］（〇三）三二三〇-九四一二
振替口座――〇〇一六〇-五-五四三〇〇
http://www.sanseido.co.jp/

［4版例解小漢・1,184pp.］

落丁本・乱丁本はお取替えいたします。

ISBN978-4-385-13958-6

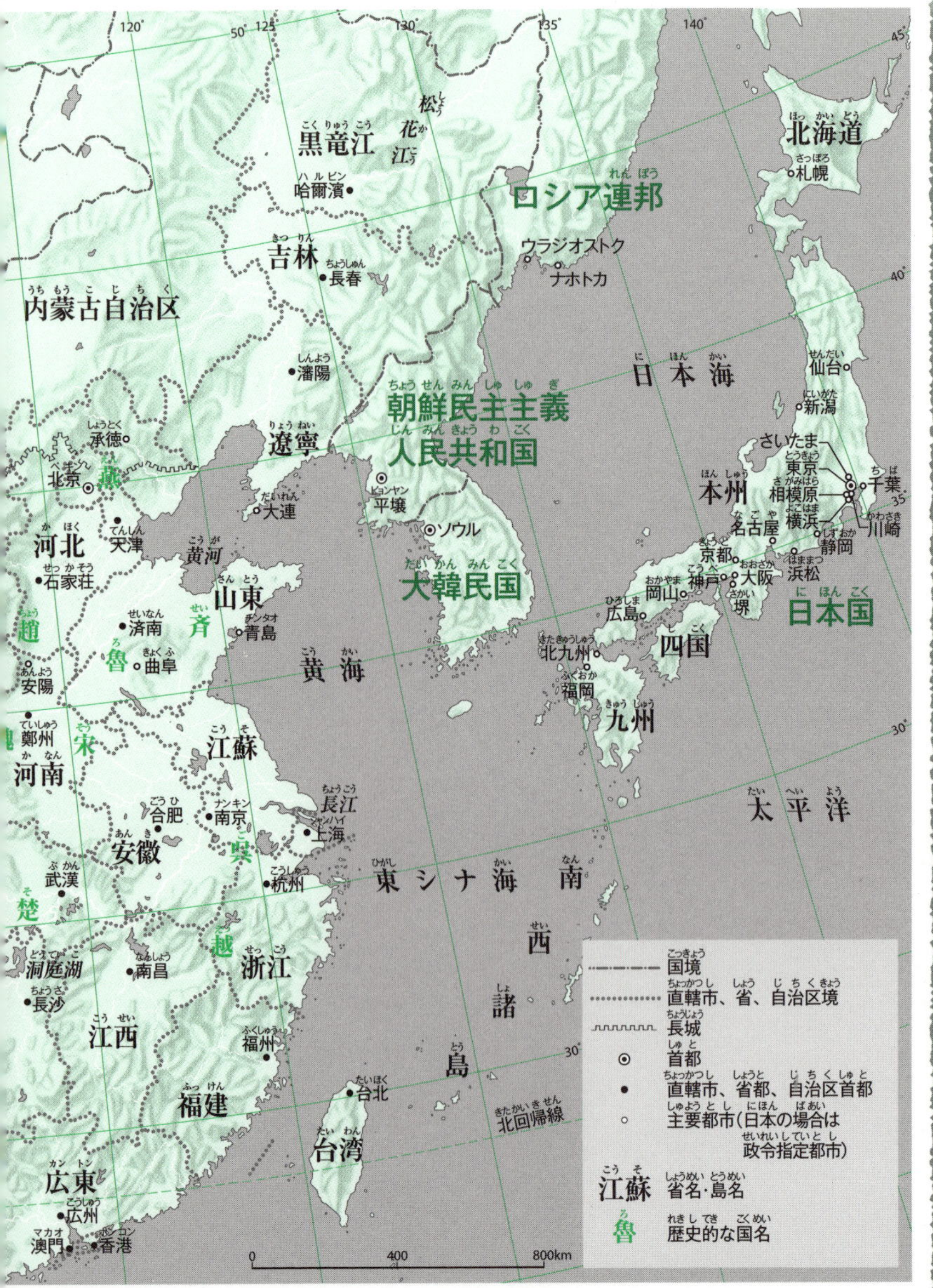

北海道
さっぽろ
札幌

ロシア連邦
松花江
黒竜江
こくりゅうこう
ハルビン
哈爾濱

吉林
きつりん
ちょうしゅん
長春

内蒙古自治区
うちもうこじちく

瀋陽
しんよう

ウラジオストク
ナホトカ

日本海
にほんかい

仙台
せんだい
新潟
にいがた

朝鮮民主主義
ちょうせんみんしゅしゅぎ
人民共和国
じんみんきょうわこく

遼寧
りょうねい

大連
だいれん

ピョンヤン
平壌

ソウル

大韓民国
だいかんみんこく

本州
ほんしゅう
さいたま
東京
とうきょう
相模原
さがみはら
横浜
よこはま
千葉
ちば
川崎
かわさき
静岡
しずおか
浜松
はままつ

承徳
しょうとく
北京
ペキン

燕
えん

河北
かほく
天津
てんしん
石家荘
せっかそう

趙
ちょう
安陽
あんよう

黄河
こうが

山東
さんとう

済南
さいなん

青島
チンタオ

斉
せい
曲阜
きょくふ
魯
ろ

名古屋
なごや
京都
きょうと
神戸
こうべ
大阪
おおさか
堺
さかい
岡山
おかやま

広島
ひろしま

北九州
きたきゅうしゅう
福岡
ふくおか

四国
しこく

日本国
にほんこく

鄭州
ていしゅう
河南
かなん

宋
そう

江蘇
こうそ

黄海
こうかい

九州
きゅうしゅう

武漢
ぶかん

楚
そ

安徽
あんき

合肥
ごうひ
南京
ナンキン
上海
シャンハイ
杭州
こうしゅう

呉
ご

長江
ちょうこう

洞庭湖
どうていこ

越
えつ

浙江
せっこう

南昌
なんしょう

東シナ海
ひがしシナかい

南西諸島
なんせいしょとう

長沙
ちょうさ

江西
こうせい

福建
ふっけん

福州
ふくしゅう

台北
タイペイ

北回帰線
きたかいきせん

太平洋
たいへいよう

台湾
たいわん

広東
カントン

広州
こうしゅう
マカオ
澳門
香港
ホンコン

―――― 国境
こっきょう
‥‥‥ 直轄市、省、自治区境
ちょっかつし　しょう　じちくきょう
長城
ちょうじょう
◎ 首都
しゅと
● 直轄市、省都、自治区首都
ちょっかつし　しょうと　じちくしゅと
○ 主要都市（日本の場合は政令指定都市）
しゅようとし　にほん　ばあい　せいれいしていとし

江蘇　省名・島名
こうそ　しょうめい　とうめい
魯　歴史的な国名
ろ　れきしてきなこくめい